2020 年 12 月 17 日十三届全国人大福建代表团调研福平铁路建设

2020 年 9 月 8 日中国工程院院士团调研福平铁路平潭海峡公铁大桥

2020 年 9 月 8 日中国工程院副院长、院士何华武调研平潭海峡公铁大桥

2019 年 11 月 28 日中国工程院院士卢春房调研平潭海峡公铁大桥，
福建福平铁路有限责任公司副总经理乐以谷等陪同调研

2015 年 9 月 17 日中国工程院院士秦顺全调研平潭海峡公铁大桥

2020 年 12 月 25 日福建省委书记尹力调研平潭站站房

2020 年 8 月 13 日现任云南省委书记，时任福建省委副书记、省长王宁调研福平铁路平潭站

2020 年 12 月 26 日现任福建省委副书记、省长，时任福建省常务副省长赵龙慰问福平铁路建设者

2017 年 10 月 1 日铁路总公司副总经理王同军检查平潭海峡公铁大桥，南昌局集团公司党委书记、董事长王培等陪同检查

2014 年 3 月 6 日现任交通运输部党组成员、国家铁路局局长，时任南昌铁路局局长刘振芳
检查福平铁路建设，福建福平铁路有限责任公司党委书记、董事长、总经理宗德明等陪同检查

2020 年 10 月 15 日国铁集团副总经理郭竹学检查福平铁路建设，
福建福平铁路有限责任公司党委书记、董事长、总经理彭光辉等陪同检查

2020 年 12 月 20 日国铁集团副总经理钱铭对福平铁路进行开通前检查，时任南昌局集团公司总经理蒋辉等陪同检查

2020年10月24日国铁集团副总工程师王峰检查福平铁路建设，南昌局集团公司副总经理谭立新等陪同检查

2016年12月9日中国中铁董事长、党委书记李长进检查平潭海峡公铁大桥工地

2016 年 4 月 9 日中国铁建总裁庄尚标检查平潭海峡公铁大桥工地

2015 年 3 月 18 日首个海上门式空心墩墩身浇筑

2015 年 5 月 1 日首榀导管架辅助平台（重达 1 470 t）整体吊装安装

2015 年 6 月 4 日首个斜拉桥 4.5 m 超大直径钻孔桩（Z05-4 号）桩基混凝土灌注

2015 年 8 月 26 日首个深水裸岩区钢吊箱成功吊放

2015 年 11 月 29 日首个超千吨主墩钢吊箱成功吊放

2015 年 11 月 30 日首孔铁路箱梁浇筑

2016 年 3 月 6 日首孔节段梁拼装（国内首台双孔连做造桥机）

2016 年 6 月 3 日首个主塔墩防撞箱围堰吊装对接(S04 号主塔)

2016 年 6 月 30 日首个主塔墩防撞箱围堰封底

2017 年 3 月 12 日首节主塔浇筑(N03)

2017 年 8 月 20 日首孔深水区非通航孔桥简支钢桁梁整孔架设

2018 年 1 月 22 日首孔 3 000 t 级钢桁梁大节段架设

2018 年 3 月 31 日 158 只三角挂篮全面展开大桥公路混凝土梁施工

2018 年 4 月 25 日首个主塔封顶(鼓屿门航道桥 Z04 号塔)

2018 年 8 月 15 日首根斜拉索安装

2018 年 10 月 3 日北东口航道桥铁路混凝土连续梁合龙

2018 年 12 月 16 日大小练岛航道桥钢桁梁合龙

2019 年 3 月 4 日元洪航道桥钢桁梁最大双悬臂对称架设

2019 年 5 月 12 日最后一孔简支钢桁梁(共 34 孔)完成架设

2019 年 6 月 5 日元洪航道桥钢桁梁中跨合龙

2019 年 7 月 17 日北东口航道桥公路混凝土连续梁合龙

2019 年 9 月 25 日全桥合龙贯通（鼓屿门航道桥合龙）

2020 年 10 月 1 日平潭海峡公铁大桥公路桥开通试运营

平潭海峡公铁大桥建成实景一

平潭海峡公铁大桥建成实景二

平潭海峡公铁大桥建成实景三

平潭海峡公铁大桥建成实景四

平潭海峡公铁大桥建成实景五

乌龙江特大桥建成实景

2019 年 10 月 18 日福州站改完成大拨接施工

2018 年 8 月 8 日首孔 T 梁架设

2017 年 11 月 17 日高峰山隧道全线贯通

2020 年 6 月 30 日全线铺轨贯通

2020 年 8 月 10 日“四电”工程全部完成

2020 年 9 月 19 日信号楼室内机柜配置及上走线完成精品工程施工

2020 年 8 月 20 日接触网一次送电成功

平潭站建成实景一

平潭站建成实景二

平潭站站房外景

平潭站站房内景

福平铁路工程总结

谭立新　彭光辉　等 编著

中国铁道出版社有限公司

2022年·北　京

内 容 简 介

本书从管理、设计、施工等维度全面阐述了福平铁路工程的建设情况，重点介绍了我国第一座复杂海域跨海公铁两用大桥的建设工程实践，深入总结了在风浪涌及地质条件极端复杂的暴风潮海峡环境中桥梁集群的建造技术及建设管理经验。本书共五篇六十四章，内容包括建设管理、勘察设计、工程施工、科研与技术创新等。

本书可供从事铁路工程勘察设计、施工、监理、咨询、建设管理、健康监测的工程技术人员学习参考，尤其对跨海桥梁建造的工程技术人员具有重要指导与启发作用，也可供铁路工程及相关领域的科研人员以及高等院校师生参考。

图书在版编目（CIP）数据

福平铁路工程总结/谭立新等编著. —北京：中国铁道出版社有限公司，2022.1
ISBN 978-7-113-28446-6

Ⅰ.①福… Ⅱ.①谭… Ⅲ.①铁路工程-建设-概况-中国 Ⅳ.①F532.3

中国版本图书馆 CIP 数据核字（2021）第 201537 号

书　　名：福平铁路工程总结
作　　者：谭立新　彭光辉　等

责任编辑：梁　雪　冯海燕　　**编辑部电话：**（010）51873193
封面设计：崔丽芳
责任校对：孙　玫
责任印制：樊启鹏

出版发行：中国铁道出版社有限公司（100054，北京市西城区右安门西街 8 号）
网　　址：http://www.tdpress.com
印　　刷：北京建宏印刷有限公司
版　　次：2022 年 1 月第 1 版　2022 年 1 月第 1 次印刷
开　　本：880 mm×1 230 mm 1/16　**印张：**59.5　**插页：**14　**字数：**1825千
书　　号：ISBN 978-7-113-28446-6
定　　价：500.00 元

编 委 会

倪　勇　张　奥　辛　怡　胡　芳　阎　顺　金超量　金贵州
陶银春　舒盛荣　王嘉林　汪顺丰　丁玉仁　陈荣刚　高　添
吴　文　王毅斌　周宏才　周廷宜　翁嘉霞　林　苏　陈　强
何伯伟

完成单位： 中国铁路南昌局集团有限公司
福建福平铁路有限责任公司
京台高速(平潭)跨海大桥有限公司
中铁第四勘察设计院集团有限公司
中铁大桥勘测设计院集团有限公司
中铁大桥局集团有限公司
中国铁建大桥工程局集团有限公司
中铁二十四局集团有限公司
中铁十八局集团有限公司
中铁武汉电气化局集团有限公司
中国铁建电气化局集团有限公司
中国铁路通信信号股份有限公司
中国中铁建工集团有限公司
通号通信信息集团有限公司
中国铁道科学研究院集团有限公司
中铁桥隧技术有限公司
铁四院(湖北)工程监理咨询有限公司
西安铁一院工程咨询监理有限责任公司
南昌华路建设咨询监理有限公司
中铁武汉大桥工程咨询监理有限公司
北京铁城建设监理有限责任公司
陕西华营工程监理有限公司
中铁上海设计院集团有限公司
中国铁路设计集团有限公司
中铁大桥科学研究院有限公司

序言

长风破浪会有时，直挂云帆济沧海。历经 3 年设计、7 年建设的福平铁路于 2020 年 12 月正式开通运营，复兴号动车呼啸驶过平潭海峡公铁两用大桥，进出平潭岛，联通海内外。

福平铁路是京福台快速铁路通道的重要组成部分和内地对台客货交流的主通道，是京福铁路向平潭岛的延伸，是未来京台高铁的先建段。福平铁路的开通，进一步拉近了两岸的时空距离，将有力促进两岸经济融合和祖国的和平统一。

福平铁路是习近平总书记关心关怀福建发展、亲自擘画"一岛二窗三区"的标志性工程；福平铁路的顺利建成，是国铁集团、福建省认真贯彻落实习近平总书记重要指示精神，努力实施"交通强国"战略部署的丰硕成果体现。

跨越"建桥禁区"的平潭海峡公铁两用大桥，为全线控制工程、难点工程，是世界首座公铁两用大跨度跨海大桥，大桥全长 16.3 km，是世界上首次在风浪涌及地质条件极端复杂的暴风潮海峡环境建桥，是我国复杂海域桥梁建造的开创性工程，标志着我国铁路桥梁由内陆江河迈向海洋，是中国铁路桥梁建设史的又一里程碑。大桥整体规模大、科技含量高、结构类型新，属于超大型跨海桥梁集群工程。大桥所处的海坛海峡为世界三大风口之一，素有"建桥禁区"之称，海况极其恶劣、地质条件异常复杂、大风天气频繁且台风登陆频次高，波流力为常规内河的十倍以上，加之缺乏现成技术经验可借鉴，建桥难度前所未有。在国铁集团组织下，参建各方积极开展科技创新，在新材料、新结构、新工艺、新工法、新设备等方面取得重大突破，取得专利及科研成果 138 项，开创了我国铁路桥梁工程建设的技术新篇章。

生动体现铁路站房"畅通融合、绿色温馨、经济艺术、智能便捷"建设新理念，充分融入闽都文化元素的福平铁路站房也颇具特色，特别是采用平潭岛独特的"石头厝"立面的平潭站站房选取双塔造型，象征两岸同胞融合航路上的灯塔，堪称"岛上明珠"，值得大家参观鉴赏。

十年磨一剑，全体参建者栉风沐雨，开拓创新，用"可上九天揽月，可下五洋捉鳖"的攻坚精神铸就了中国智造、中国创造的超级工程，用"敢教日月换新天"的豪情壮志书写建设历史，创造了又一世界建桥奇迹。

在福平铁路建设过程中，参建单位不断总结探索，为我国铁路建设积累了宝贵经验，培养了一批铁路设计、施工、管理人才。目前以及今后很长时间，我国的基础设施建设依然是国家的重点发展领域。正在规划建设的甬舟（宁波到舟山）铁路、琼州海峡通道以及台湾海峡通道，是我国从内陆走向海洋的真正实践。《福平铁路工程总结》对勘察设计、施工技术、建设管理等方面进行了全面阐述，系统总结了福平铁路建设过程中取得的成功经验，是福平铁路全体建设者智慧的结晶。这部铁路建设工程专著，将为我国今后的铁路建设提供有益的借鉴和参考。

卢春房

2021 年 8 月于北京

前言

新中国成立70多年来，尤其是改革开放以来，中国铁路发展取得了举世瞩目的伟大成就，建成了世界上最现代化的铁路网和最发达的高铁网，截至2020年底，中国铁路营业里程达14.63万公里，其中高铁3.79万公里，居世界第一。这张有着“国民经济命脉”之美誉的“国家名片”吸引了众多国家的关注，受到世界广泛赞誉。与此同时，铁路桥梁、跨海桥梁的跨越式发展，更彰显了我国基建事业由“中国制造”向“中国智造”的转变。

福平铁路的建设推动了海峡两岸交流融合，在国家经济战略布局中有着重要地位。其关键性控制性工程——平潭海峡公铁两用大桥，是我国首座公铁两用跨海大桥，也是世界上最长的公铁两用跨海大桥。平潭海峡公铁两用大桥跨越海坛海峡，面临地质复杂、大水深、急海流、强台风、强波浪力等巨大挑战。建设者们积极组织开展大桥科技攻关，在跨海大桥的设计、施工方面取得一系列创新成果，填补了多项技术空白，为今后我国更大、更深海峡大桥建设积累了宝贵经验。

本书从管理、设计、施工等角度全方位整理总结福平铁路建设过程中的创新技术和管理成果，并提出了相应的经验体会和问题探讨。详细介绍了平潭海峡公铁两用大桥的设计情况及施工方法，并针对相应技术展开深入的创新研究，解决了恶劣海峡环境及复杂地质条件下海峡桥梁建造难题，形成了复杂海域跨海大桥建造成套技术。

在设计方面的创新研究：国内首次在桥梁基础中采用ϕ4.5 m超大直径钻孔桩基础，是迄今为止世界桥梁桩径最大的工程桩；国内首次在钢桁梁斜拉桥中采用大节段（两节间）全焊接设计，研发了带副桁的两节间整节段全焊钢桁梁结构，适应了现场快速施工的要求，并减少了后期运营维护的工作量；国内大跨径钢桁梁桥首次采用整孔全焊接，采用主桁预压减小主桁与桥面系共同作用，设计了大间距箱形横梁-预应力混凝土槽形梁新型铁路结合桥面，将复合钢板新材料应用于铁路横梁顶板，节约钢材，丰富了我国钢桁结合梁的结构形式；航道桥防船撞系统采用了“吊箱围堰＋防撞箱”永临结合设计，充分将主体设计和施工设计相结合，经济效益高；全桥范围内的公路、铁路桥面两侧设置了金属障条风屏障，大大改善了常遇大风环境下铁路和公路的行车安全条件，可满足桥上与陆地相同的行车条件；在海洋环境条件下桥梁耐久性设计创新，将特制环氧富锌底漆中的最低锌含量由80％提高到82％，氟碳面漆中最低氟含量由22％提高到24％，确保钢梁在海洋重度腐蚀环境中防腐周期达到25年。

在施工方面的创新研究：复杂海域长栈桥设计及施工技术，制定了复杂海域长栈桥设计标准，填补了国内技术空白；“埋置式”及“导管架”平台搭建技术，实现了深水强波流海域施工平台快速建立；超大直径钻孔桩施工技术，研制KTY5000型全液压动力头旋转钻机和截锥形三瓣组合式滚刀钻头，实现了倾斜坚硬岩层ϕ4.5 m嵌岩钻孔桩一次钻进成孔；强浪涌海域大型承台施工技术，创新多层限位导向辅助下放、新型封底吊挂和抗沉牛腿、系梁桁架设计及分块封底等多种技术，有效解决了强波流力海域大型围堰及承台施工难题；常遇大风环境下高塔施工技术，液压爬模采用全封闭防风设计，塔式起重机进行特殊选型及加强设计，增设塔柱空间桁架式临时横撑，解决塔柱施工期间抗风难题；钢桁梁整孔(整节段)制造及架设施工技术，斜拉桥中跨合龙整节段全断面多点合龙技术，实现钢桁梁快速精准合龙，钢桁梁建造工厂化、装配化程度高，解决了复杂海域钢桁梁快速安装难题；海上造桥机施工技术，创新了造桥机纵、横移施工公路双幅连续梁技术和墩位无临时支架整体吊装技术，降低了复杂海域造桥机拼装安全风险，提高了工效；风浪监测及抗风技术，通过对桥址风、浪、流场监测及预报，制定现场施工工序作业条件，大幅提高了现场作业工效；“钢吊箱快速施工技术研究”“双孔连做”节段拼装造桥技术、BIM技术应用、机制砂海工耐久性混凝土研究应用等。

此外，本书在一般工程总结的基础上，增加了铁路桥梁建设过程中的全寿命周期健康监测的内容。设计方面针对跨海大桥的地质勘察，施工组织、桩基、钢结构防腐、结构抗风等设计，结构大型化、整体化设计以及大跨度铁路桥梁预拱度设置和轨道线形提出新的经验认识和改进措施；施工方面针对跨海桥梁现场调查、地勘、大临设施设计、材料耐久性研究等工作提出新的要求，要加强对工厂化、预制化的装配式结构和主体工程的维修养护方面的研究。

本书包含了福平铁路各参建单位多年的科研成果和经验总结，同时也参考了国内外部分研究成果和工程资料。在编写过程中，许多同行专家给予了大力支持，并提出很多宝贵建议，在此表示感谢。

由于作者的认知水平及经验的局限性，书中难免存在一些不足和欠缺，愿与同行探讨，同时也请同行前辈和专家给予批评指正。

谭立新　彭光辉 等

2021年7月于福州

目录

第一篇 综　述

第二篇 建设管理

第三篇 勘察设计

第四篇　工 程 施 工

第五篇　科研与技术创新

第一篇

综　　述

第一章 概 述

新建福州至平潭铁路工程(以下简称“福平铁路”)起于福州,北接合福、向莆、峰福铁路,南衔杭深铁路,跨越海坛海峡,直连大陆距台湾最近的岛屿——平潭岛,是我国“八纵八横”高铁网中合福高铁的重要延伸。福平铁路大幅缩短了福州至平潭的时空距离,形成了“半小时生活圈”,也是完善闽东北区域综合交通网络、推进东南沿海铁路进一步融入全国高铁网的咽喉要道。

平潭海峡公铁两用大桥是福平铁路的关键控制性工程,是我国首座公铁两用跨海大桥,也是世界上最长的公铁两用跨海大桥。平潭海峡公铁两用大桥的建成通车标志着我国公铁两用桥梁由内陆江河迈向海洋首战告捷,其整体规模大、结构类型多、使用功能广、建造环境恶劣,突破了“建桥禁区”海坛海峡暴风潮海域风大、水深、浪高、航道多、流速大、冲刷严重、潮汐明显、海洋腐蚀重、地质环境复杂等诸多限制;取得了复杂海域桥梁结构设计、施工工艺、工程装备和运营安全方面多项重大技术创新;实现了我国铁路跨海桥梁从无到有的巨大飞跃;开创了世界在风浪涌及地质条件极端复杂的暴风潮海峡环境中建造桥梁的先河。

第一节 建设目的和意义

为贯彻落实党的十七大精神、国民经济和社会发展“十一五”规划纲要的部署,支持和推动福建省加快建设海峡西岸经济区,促进该地区又好又快发展,党中央、国务院从全国工作大局和中华民族核心利益考虑,作出重大战略部署,正式颁布《国务院关于支持福建省加快建设海峡西岸经济区的若干意见》(国发〔2009〕24 号),将海峡西岸战略定位为两岸交流合作先行先试区域。福建省委积极响应中央政策,在八届六次全会作出了设立福州(平潭)综合试验区的决定,积极开展两岸区域合作,努力把平潭建设成为探索两岸合作新模式的示范区,使平潭成为台湾与大陆经贸交往的前沿平台及重要中转基地,海峡西岸经济区科学发展的先行区和省会中心城市的重要组成部分。

福平铁路直接将京福铁路从福州延伸至大陆最前沿,形成平潭综合试验区对外的重要交通联系通道,是服务于平潭综合试验区、两岸先行先试,适应海峡西岸经济区最新发展要求,强化海峡西岸经济区铁路网构架的重要举措;福平铁路也是平潭、长乐与福州中心城区及内地都市区内各组团间的沟通纽带,有利于沿线海岛旅游业及经济社会发展,加强辐射区域内经济、文化、人员和信息交流,对促进区域经济协作、推动海峡两岸经济来往、服务祖国统一大业有着重要意义。同时这条铁路也是我国桥梁建设者践行“交通强国、铁路先行”的又一里程碑工程,是我国首座、世界最长的公铁两用大桥,构建了我国复杂海域桥梁集群建造关键技术体系。

(1)是加快推进海峡西岸经济区建设,实现国家经济战略布局的需要

海峡西岸经济区与台湾一水相隔,北承长三角,南接珠三角,是我国沿海经济带的重要组成部分,在我国区域经济发展布局中处于重要位置。海峡西岸经济区的产业空间布局为“一带、四轴、双极、多核”结构,通过建立完善的复合交通走廊,密切城市联系,引导促进城市分工合作,加快推进滨海资源有序开发,打造沿海产业带。

福平铁路经过福州的副中心城市长乐市,连接福建省对台合作先行先试的综合试验区——平潭县,加强了与海西沿海产业带其他城市之间的联系,拓宽了海峡西岸经济产业布局,形成了沿海一线持续拓展、纵深推进的开放开发格局。福平铁路的建设,有利于引导促进沿海产业带城市之间的分工合作,加快相互融合,促进自身发展;有利于构建服务和辐射周边地区新的对外开放通道,促进海峡西岸经济区整体协调

发展;是加快推进海峡西岸经济区建设,实现国家经济战略布局的需要。

(2)是开发平潭综合试验区建设的需要

平潭地处台湾海峡北部,陆域面积 393 km^2,主岛海坛岛面积 324 km^2,相当于香港本岛的 4 倍、厦门本岛的 2 倍,2010 年常住人口 40 万人,实现地区生产总值 90 亿元,人均 GDP 25 000 元。平潭是祖国大陆距台湾本岛最近的岛屿县,在拓展两岸交流合作中处于重要地位。此前,平潭与内陆的交通主要依靠娘宫至福清小山东的汽车轮渡,交通运输是制约福州(平潭)综合试验区发展的“瓶颈”问题。

福平铁路的建设,极大改善平潭对外交通薄弱的现状,加强平潭与海西中心城市福州、厦门之间的联系,有利于增强平潭自身发展能力,推进形成海峡西岸新的经济增长点。同时,福平铁路与合福、向莆、沿海铁路通道衔接,形成畅达中西部、长三角、珠三角的完善网络,有利于将平潭打造成为大陆与台湾经贸交往的前沿平台及重要中转基地,在推进两岸区域合作试点中率先示范,凸显对台合作的特殊地位和作用,也有利于平潭海岛旅游城市的建设。平潭岛上岛铁路的建设,是平潭加快自身发展,开发建设平潭综合试验区的需要。

(3)是实现福州都市区空间布局,促进区域经济一体化的需要

随着福州市城市规模的快速扩充以及建设海峡西岸经济区战略目标的实施,福州市迎来了新一轮快速发展的时期。根据《福州市城市总体规划(2009—2020)》,福州市都市区城市空间布局将形成“一主一区两副”的中心体系格局,其中中心发展区将充分利用空港资源、海港资源和滨海资源,依托沿海发展轴和沿江发展轴,进行“南进东扩”沿江、沿海发展,打造具有区域竞争力的都市区核心城市,共同承担海西经济区中心城市功能。长乐、平潭都将成为福州都市区核心功能区的重要组成部分,是未来福州都市区重要的发展方向和经济发展新引擎。加强福州都市区的基础设施建设,尤其是建设好轨道交通方式的大能力运输通道,是实现福州都市区城市与经济快速融合,福州都市区经济一体化的首要任务。

(4)是节约资源、保护环境,实现区域可持续发展的需要

福建省人多地少,土地资源稀缺,人均耕地面积仅 0.48 亩,不足全国平均水平的 40%。铁路建设占地少,能力大,快速便捷,土地综合利用效率高。此外,铁路还具有能耗低、污染少、全天候、适应性强的技术经济比较优势,尤其是电气化铁路几乎不排放有害气体,更为高效、节能、环保。在交通运输领域,控制石油需求,提倡电力应用,大力发展铁路尤其是大能力电气化铁路满足运输需求数量增长和质量提高的要求,不仅符合国家建设两型社会的基本战略,尤其对土地资源稀缺的福建省更具有迫切的现实意义。本项目的实施不但能很好地解决区域交通需求与供给的矛盾问题,而且也是对科学发展观的贯彻落实,符合建设资源节约型和环境友好型社会发展战略,有利于实现区域可持续发展。

第二节　建设项目总体目标

以科学发展观为指导,树立“以人为本、服务运输、强本简末、系统优化、着眼发展”的铁路建设新理念,坚持“快速、有序、优质、高效”的建设方针,推行“标准化管理”,以创建“精品工程、安全工程、环保工程、和谐工程”为载体,以“四化”为支撑,精心组织、精心管理、精心设计、精心施工,全面落实质量、安全、工期、投资、环保、科技创新的管理目标,提高铁路建设管理水平。

第三节　建设程序与决策

(1)2010 年 6 月 22 日,铁道部、福建省人民政府《关于新建福州至平潭铁路项目建议书的批复》(铁计函〔2010〕754 号),批复投资估算总额为 202.8 亿元,其中,静态投资 176 亿元,建设期贷款利息 8.7 亿元,动车组购置费 18 亿元,铺底流动资金 0.1 亿元。本项目公铁合建大桥公路部分投资由福建省筹集(公铁合建大桥公铁分摊比例在可研阶段确定)。项目其余投资由铁道部和福建省共同承担,项目资本金按总投资的 50%,其中铁道部、福建省出资分别为 60%、40%,铁道部出资由铁路建设专项资金安排,福建省出资

由自筹资金安排;其余资金使用国内银行贷款。铁道部负责组织建设,福建省依法负责征地拆迁工作并承担费用,费用依照国家有关规定并经双方认可后冲抵地方资本金。本项目主要为福州(平潭)综合试验区建设服务,是综合试验区开发开放的重要基础设施,享受综合试验区城市公共交通项目财政补贴政策。

(2)2012 年 10 月 25 日,国家发展和改革委员会《关于福州至平潭铁路可行性研究报告的批复》(发改基础〔2012〕3393 号),批复项目总投资为 257.3 亿元,其中工程投资 243.3 亿元,机车车辆购置费 14 亿元。资金来源:跨海坛海峡公铁两用大桥公路分摊投资部分 63.3 亿元由福州长平高速公路有限责任公司筹资建设并负责运营维护管理;铁路工程投资 194 亿元,项目资本金安排 97 亿元(占 50%),其中安排中央预算内投资 15 亿元,铁道部承担 39.3 亿元,使用铁路建设基金和铁道部自筹资金,福建省承担 42.7 亿元,自筹解决,资本金以外的资金利用国内银行贷款。由铁道部与福建省共同组建合资铁路公司作为项目法人,负责铁路工程建设和运营管理。

(3) 2013 年 5 月 17 日,中国铁路总公司、福建省人民政府《关于新建福州至平潭铁路初步设计的批复》(铁总办函〔2013〕220 号),批复福平铁路工程初步设计总概算按 244.36 亿元控制(不含长乐站、长乐东站、长乐南站、平潭站站房综合楼及配套工程投资)。其中:静态投资 218.48 亿元,建设期贷款利息 11.77 亿元,机车车辆购置费 14.00 亿元,铺底流动资金 0.11 亿元。

(4)2013 年 11 月 1 日开工建设,平潭海峡公铁两用大桥公路桥 2020 年 9 月 3 日完成了交工验收,10 月 1 日投入试运营;全线铁路工程 2020 年 12 月 11 日完成了初步验收,12 月 26 日开通运营。

第二章 工程概况

第一节 自然特征和地质概况

沿线地形地貌主要为冲洪积平原、闽江及乌龙江阶地、低山丘陵区、山前洪积扇及滨海海积平原区，地下水类型主要为孔隙水、基岩裂隙水，低山丘陵区、山前洪积扇区地表、地下水一般无侵蚀性，滨海海积平原区环境水对混凝土结构无化学侵蚀性。近海区，氯盐环境为L1～L3。冲洪积平原、闽江及乌龙江阶地、地下水对混凝土无化学侵蚀性，但个别小沟渠和闽江相连，受海水倒灌影响，氯盐环境作用等级为L3。

福州东南沿海地处大陆临东南沿海新华夏系构造带中，构造以断裂为主，褶皱构造不发育。福平铁路处于闽西北隆起带东南部，闽东火山断拗带南部，地质构造复杂，构造线主要展布方向为北北东向。沿线断裂规模大，分布密集，主要深大断裂带为长乐—诏安断裂带、平原—高山断裂带。按照《中国地震动参数区划图》(GB 18036—2015)，沿线地震动峰值加速度为0.10g，场地土地震动反应谱特征周期值为0.35～0.45 s。

本地区临近海洋。境内气候总特征：四季分明，冬寒不剧，夏暑不酷，春季天气多变，秋季稳定；冬季主要为偏北风，夏季主要为偏南风；春秋两季风向多变，以东北风为主。福州、长乐年均风速2.60 m/s，最大风速26 m/s，平潭年均风速6.5～8.50 m/s，全年大于等于8级大风日数，中部90～130 d，影响平潭台风每年3～5次，最多达11次，风速常达40 m/s以上。多年平均气温20.0 ℃，多年平均降雨量1 436.4 mm，日最大降雨量347.2 mm。

第二节 技术标准

1. 福平铁路主要技术标准

(1)铁路等级：Ⅰ级。

(2)正线数目：双线。

(3)设计旅客列车最高行车速度：福州至福州南160 km/h，福州南至平潭200 km/h。

(4)最小曲线半径：160 km/h区段，一般地段2 000 m、困难地段1 600 m；200 km/h区段，一般地段3 500 m、困难地段2 800 m。

(5)限制坡度：福州至福州南30‰，福州南至平潭13‰。

(6)牵引种类：电力。

(7)牵引质量：3 000 t。

(8)到发线有效长度：长乐东、平潭站650 m，预留850 m；长乐、长乐南站450 m。

(9)闭塞类型：自动闭塞。

2. 平潭海峡公铁两用大桥主要技术标准

铁路：设计行车速度200 km/h；正线线间距4.4 m。

公路：高速公路，双向六车道，设计行车速度100 km/h；桥面宽度35.5 m。

第三节 工程特点和工程数量

1. 工程特点

福平铁路沿线地经城区、平潭海峡、平潭岛等，不良地质有危岩落石、岩堆、球形风化、断裂破碎带及节理裂隙密集带、地震液化等;特殊岩土有填土、风化岩与残积土、海滨相软土、松软土。软土、松软土主要分布在长乐首占至平潭站一带。

线路跨越平潭海峡为公铁两用大桥,是我国第一座公铁两用跨海桥梁,工程量巨大。桥址条件具有典型跨海桥梁特征:风大、水深、浪高、航道多、流速大、冲刷严重、潮汐明显,建设规模宏伟,工程数量巨大,施工条件差。

2. 主要工程数量

路基土石方 693.1 万 m^3,桥梁 71 座/42.3 km,隧道 16 座/34.7 km,正线铺轨 164.7 铺轨公里,站线铺轨 17.1 铺轨公里,道岔 73 组。通信光缆 352 条公里,电源设备 63 套,铁塔 24 座;信号光电缆敷设 817.8 条公里,微机联锁 5 座,CTC 站机 5 套,利旧改造 2 套,新设列控中心 6 套,新设信号集中监测设备站机(含中继站)6 套。新设智能电源屏(含 UPS)7 套,信号机 227 架,应答器 337 台;电力新建 10 kV 外电源线 89.5 km,贯通电缆线路 595 条公里,新建 10 kV 配电所 2 座,改造 10 kV 配电所 1 座,新建 10/0.4 kV 变电所 16 座,新建箱式变电站 35 座,新建地埋式变电站 2 座;电气化接触网架设 233.3 条公里,新建牵引变电所 1 座,分区所 3 座,改造既有牵引变电所 1 座。全线新建房屋 86 346 m^2,声屏障 15 114 m,新建信息、客服、自然灾害及异物监测系统,全线永久用地 4 199 亩。

第三章 建设概况

第一节 参建单位及任务划分

一、建设单位

南昌铁路局和福建省铁路投资有限责任公司分别作为铁道部、福建省人民政府的出资者代表出资，设立福建福平铁路有限责任公司（以下简称“福平公司”），负责福平铁路的建设管理工作。站房及生产生活用房屋由福平公司委托南昌局集团公司福州枢纽改造建设指挥部代建及管理。

二、勘察设计单位

中铁第四勘察设计院集团有限公司（以下简称“铁四院”）负责福平铁路总体设计，其中平潭海峡公铁两用大桥（DK59＋415～DK70＋564.70段）由中铁大桥勘测设计院集团有限公司（以下简称“大桥院”）设计。

三、施工图审核单位

中铁上海设计院集团有限公司（以下简称“上海院”），负责福平铁路全线站前（不含平潭海峡公铁两用大桥 DK59＋415～DK70＋564.70段）、“四电”、生产生活房、站台雨棚等相关工程施工图咨询审核。

中国铁路设计集团有限公司（以下简称“中国铁设”）负责福平铁路站房和信息工程施工图咨询审核。

中国铁道科学研究院集团有限公司（以下简称“铁科院”），负责平潭海峡公铁两用大桥 DK59＋415～DK70＋564.70段站前工程站前相关工程施工图咨询审核。

四、监理单位

全段共划分为5个监理标段，负责工程的监理任务。

福平监理一标：南昌华路建设咨询监理有限公司 FPJL-1 标项目部，承担 DK0＋000～DK25＋475.58段、上下行联络线站前及站后有关接口、四电、房屋（站房除外）工程、站台雨棚和旅客地道装修工程监理工作。

福平监理二标：北京铁城建设监理有限责任公司 FPJL-2 标项目部，承担 DK25＋475.58～DK59＋415.00段站前及站后有关接口工程监理。

福平监理三标：铁四院（湖北）工程监理咨询有限公司和西安铁一院工程咨询监理有限责任公司联合体 FPJL-3 标项目部，承担 DK59＋415.00～DK70＋564.70段站前及站后有关接口工程监理。

福平监理四标：中铁武汉大桥工程咨询监理有限公司 FPJL-4 标项目部，承担 DK70＋564.70～DK88＋099.55段站前及站后有关接口工程监理。

福平监理站房标：陕西华营工程建设监理有限公司 FPZF 标项目部，承担站房工程监理。

五、施工单位

1. 站前施工标段

全线共划分4个站前工程施工标段。

福平站前一标段：中铁十八局中铁建电气化局联合体 FPZQ-1 标，负责正线 DK0＋000～DK25＋

475.58 和上下行联络线，站前工程、“三电”及管线迁改与道路改移、综合接地、接触网立柱基础等与站后有关接口工程、航道航标相关工程。

福平站前二标段：中铁二十四局 FPZQ-2 标，负责 DK25+475.58～DK59+415 段，站前工程、“三电”及管线迁改与道路改移、综合接地、接触网立柱基础等与站后有关接口工程；全线预制架设梁和铺轨。

福平站前三标段：中铁大桥局 FPZQ-3 标，负责平潭海峡公铁两用大桥 DK59+415～DK70+564.70 段，站前工程、三电及管线迁改与道路改移、综合接地、接触网立柱基础等与站后有关接口工程、航道航标相关工程。

福平站前四标段：中铁建大桥局 FPZQ-4 标，负责 DK70+564.70～DK88+099.55 段，站前工程、“三电”及管线迁改与道路改移；综合接地，接触网立柱基础等与站后有关接口工程；航道航标相关工程。

2. 站房施工标段

中铁建工集团有限公司负责福平铁路长乐、长乐东、长乐南、平潭 4 站站房及站台、站台面装修、雨棚等相关工程施工。

3. 通信、信号、电力及牵引供电、防灾系统等“四电”集成施工标段

中铁武汉电气化局集团有限公司负责福平铁路全线电力及电力牵引供电、四电房屋工程施工。

中国铁路通信信号股份有限公司福平铁路全线通信、信号、自然灾害及异物侵限监测系统工程施工。

4. 客服及信息系统标段

中铁建工集团有限公司负责福平铁路长乐、长乐东、长乐南、平潭 4 站部分客服设施房建工程。

通号通信信息集团有限公司负责福平铁路长乐、长乐东、长乐南、平潭 4 个新建车站的信息工程和部分客服设施工程建设。

5. 生产生活用房

中铁二十四局集团福建铁路建设有限公司负责福平铁路长乐、长乐东、长乐南、平潭 4 站生产生活用房(不含独立四电房屋)及相关附属工程施工。

6. 声、风屏障供应厂家

(1)风屏障

江苏远兴集团建设有限公司、西藏中驰集团股份有限公司、江苏新光环保工程有限公司，负责 FPZQ-3 标管段风屏障供应。

山西尚风科技股份有限公司负责 FPZQ-4 标管段风屏障供应。

(2)声屏障

江苏国强镀锌实业有限公司负责 FPZQ-1 标、FPZQ-2 标、FPZQ-4 标管段声屏障供应。

江苏远兴集团建设有限公司负责 FPZQ-3 标管段声屏障供应。

7. 咨询、检测单位

(1)轨道精测咨询：中铁二院工程集团有限责任公司。

(2)沉降变形评估：上海天佑工程咨询有限公司。

(3)第三方检测单位：

①站前检测：福州建通工程试验检测有限公司、山西三江工程检测有限公司、山东广信工程试验检测有限公司、厦门市工程检测中心有限公司。

②原材料检测：福州铁建工程质量检测有限公司。

③钢结构检测：山东广信工程试验检测有限公司、中钢集团郑州金属制品研究院有限公司。

④技术咨询：福建省港航管理局勘测中心、中国铁道科学研究院节能环保劳卫研究所、福建省海事技术协会。

⑤通信系统专门检测：上海中铁通信信号测试有限公司。

⑥通信铁塔检测：江西省钢结构网架质量检验中心。

第二节 主要建设过程

一、开 工 建 设

国家发改委 2012 年 6 月批复可行性研究报告(发改基础〔2012〕3393 号),铁路总公司和福建省人民政府 2013 年 5 月批复初步设计(铁总办函〔2013〕220 号)。2013 年 11 月 1 日根据《中国铁路总公司关于开工建设新建福州至平潭铁路平潭海峡公铁两用大桥等 6 处控制性工程的批复》(铁总计统函〔2014〕10 号)开工建设。

二、施 工 概 况

福平铁路 2013 年 11 月 1 日开工建设,至 2020 年 1 月完成路基和桥梁下部工程,5 月完成架梁,6 月完成铺轨和四电房屋工程,7 月完成四电工程;11 月 20 日完成站房、生产生活房屋及配套设施,同步完成客服设施和信息工程;9 月 26 日开始联调联试,2020 年 12 月 26 日开通运营。

福平铁路控制性工程为平潭海峡公铁两用大桥,重点工程为闽江特大桥、乌龙江特大桥和新鼓山隧道。

三、工 程 验 收

2018 年 7 月 5 日,南昌局集团公司公布《新建福州至平潭铁路工程提前介入工作总体方案》(南铁建设函〔2018〕446 号),对提前介入工作做了统筹部署。2020 年 5 月,福平公司申请静态验收,同时准备动态验收准备工作,11 月静态验收完成形成结论:新建静态整体系统及其专业接口满足设计及验收标准,工程总体质量合格;动态验收完成并形成结论:福平铁路动态整体系统及各系统功能和实体质量符合设计要求和验收标准。

2020 年 12 月 11 日,国铁集团成立的初步验收委员会通过了对福平铁路的初验《新建福州至平潭铁路工程初步验收报告》。

四、联 调 联 试

福平铁路自 2020 年 9 月 26 日至 12 月 21 日完成了全线联调联试、动态检测及运行试验工作。其中福平铁路联调联试及动态检测范围:福平铁路正线(上、下行线 K1809+188～K1896+341);货车动力学响应检测范围:福平铁路福州南(不含)至平潭段正线(上、下行线 K1829+300～K1896+341)。

联调联试验收内容:福平铁路正线动态检测,包括轨道(含轨道几何状态、货车动力学响应、动车组动力学响应、轨道结构动力性能及道岔动力性能)、路基(含路基状况、路基动力性能)、桥梁、隧道(含列车空气动力学、隧道内气动效应)、电力牵引供电(含牵引供电系统、接触网、远动系统、自动过分相)、通信系统、信号系统、客运服务系统、综合接地、电磁环境、振动噪声、灾害监测系统等共 12 大项测试内容。

五、安 全 评 估

南昌局集团公司于 2020 年 12 月 11 日至 13 日对福平铁路开通运营准备工作进行了安全预评估。

国铁集团于 2020 年 12 月 15 日至 17 日对福平铁路进行了运营安全评估。

六、试 运 营

2020 年 11 月 23 日,按照《南昌局集团公司关于做好福平线运行试验工作的通知》(南铁运电〔2020〕115 号)要求进入试运营阶段,11 月 24～26 日运行图参数测试,27～30 日进行故障模拟及应急救援演练,12 月 1 日开始按图行车,2020 年 12 月 26 日正式开通动车组。

第四章 综合评价

福平铁路是合福高铁的延长线，也是京台高铁的重要组成部分，建成后直接将高铁路网延伸至大陆东南最前沿，台湾同胞通过台湾至平潭海上客运航线，可在平潭乘高铁通达祖国各地，对进一步促进两岸交流融合具有重要意义。

控制性工程——平潭海峡公铁两用大桥跨越海坛海峡，海床起伏大、岩面倾斜裸露、高强度孤石密集，地质条件极其复杂，强涌波浪力、大潮汐影响显著，桥址处年 6 级以上大风超过 300 d，7 级以上大风超过 238 d，登陆及影响区域的台风年平均 6～7 次，极大程度影响了有效施工作业天数。大桥建设面临的技术挑战和施工风险都远超国内已建或在建的其他跨海湾桥梁。国铁集团坚持自主创新，发挥产学研用合力，积极组织开展大桥科技攻关，取得一系列创新成果，填补多项技术空白。自主研制了 KTY5000 型液压动力头钻机，可一次成孔 5 m 直径钻孔桩，形成了复杂海域条件下钻孔平台施工成套技术，成功施作了世界上桩径最大的桥梁工程桩；自主研制了吊高 110 m、吊重 3 600 t 的巨型起重船，提出了简支钢桁梁全工厂化整孔全焊制造工艺，实现了钢桁梁海上起重船整孔架设；研究建立了桥址处小范围风、浪、流监测及预报系统，制定桥梁施工作业环境标准，保障了复杂海洋气象条件下安全有序作业。这些成果为大桥工程安全、优质、高效建设提供了重要技术支撑，同时，平潭海峡公铁两用大桥的建成为今后我国更大、更深海峡大桥建设积累了宝贵经验。

第二篇

建 设 管 理

第一章 建设管理模式

福平铁路项目由福平公司全面负责建设管理。

1. 以现代企业为主体的项目管理机制

福平公司成立于 2013 年 6 月 28 日(2010 年 10 月成立公司筹备组),由南昌铁路局和福建省铁路投资有限责任公司分别作为铁道部、福建省人民政府的出资者代表出资设立,负责福平铁路、改建铁路南平至龙岩铁路扩能改造工程建设和运营管理。2017 年 6 月,根据《中国铁路总公司关于授权相关铁路项目出资人代表的通知》(铁总计统函〔2017〕406 号)要求,新建龙岩至龙川铁路龙岩至武平段(龙龙铁路)纳入公司建设和运营管理。公司注册资本 237.86 亿元,其中:福建省铁路投资有限责任公司出资 114.7 亿元,占公司注册资本的 48.22%;中国铁路发展基金股份有限公司出资 88.16 亿元,占公司注册资本 37.06%;南昌局集团公司出资 35 亿元,占公司注册资本的 14.72%。中国铁路发展基金股份有限公司和南昌局集团公司共同作为铁路方出资,福建省铁路投资有限责任公司代表地方政府出资。

2. 探索大项目管理机构管理模式

2017 年 8 月,根据《南昌局集团公司　南昌局集团公司党委关于整合局管合资铁路项目管理机构及有关事项的通知》(南铁劳卫〔2017〕264 号),以福平公司为主体,将泉州铁路有限责任公司、武夷山铁路有限责任公司和 7 个港口铁路支线(福州江阴港铁路支线有限责任公司、福建可门港铁路支线有限责任公司、福建湄洲湾港口铁路支线有限责任公司、福建湄洲湾南岸铁路支线有限责任公司、福建白马港铁路支线有限责任公司、福建港尾铁路有限责任公司、福建罗源湾北岸铁路支线有限责任公司)整合为“福建福平铁路项目管理机构”,实行“一个机构、多块牌子”的管理模式。同时成立中国共产党福建福平铁路有限责任公司委员会和纪律检查委员会、福建福平铁路有限责任公司工会和共青团组织。

3. 一省一公司模式下公司调整和资产移交

2021 年 6 月 30 日,福平公司召开 2021 年第二次临时股东会,福平公司股权结构调整由福建省方控股,更名为“福建铁路有限公司”。福建福平铁路项目管理机构更名为“福建铁路项目管理机构”,福建铁路项目管理机构和福建铁路建设指挥部实行“一套人员、两块牌子”的管理模式,党组织同时更名为中国共产党福建铁路建设指挥部委员会、中国共产党福建铁路建设指挥部纪律检查委员会,工会、共青团组织同时更名。

第二章　建设管理机构

第一节　公司领导

(1)董事长、总经理 1 人(路方)。

(2)纪委书记 1 人(路方)。

(3)副总经理 9 人(路方 6 人,地方 3 人)。

(4)总会计师 1 人(路方)。

公司另设有党委、纪委、工会。

第二节　职能部门

(1)综合管理部(党群工作部)。

(2)计划财务部。

(3)工程管理部。

(4)征拆协调部(经营开发部)。

(5)安全质量部。

(6)物资设备部。

(7)运输安全部。

(8)福平指挥部。

(9)南龙指挥部。

(10)龙岩至龙川指挥部。

(11)港口支线指挥部。

第三章　标准化管理体系

第一节　管理制度

福平公司根据铁路建设项目标准化管理有关要求，结合所管铁路建设项目实际，制定并发布了《福建福平铁路有限责任公司安全生产管理办法》《福建福平铁路有限责任公司工程质量管理办法》《福建福平铁路有限责任公司参建单位标准化管理绩效考评实施细则》《福建福平铁路有限责任公司铁路建设项目施工企业信用评价实施细则》等管理文件共计 106 项，并结合建设过程管理需要，及时进行更新和完善，自 2013 年底开工起至 2020 年底开通为止，先后修订及完善相关管理文件 189 项次，确保了管理制度满足现场管理需要和管理行为有章可循。

在做好自身管理体系建设的同时，公司按照合同约定和管理文件要求，督促参建各方建立健全各种管理制度，每年对项目参建的设计、施工、监理单位项目部的管理办法、制度的抽查不少于 2 次，对不符合标准化管理要求的提出整改意见，对不按标准化管理要求执行的单位进行考核。通过不断规范各项管理行为，有效促进了福平铁路项目标准化管理和标准化建设工作的顺利实施。

第二节　人员配备

公司严格按照铁路建设管理要求，设立了总经理，各分管副总经理、总会计师等岗位，设置了工程管理部、安全质量部、物资设备部、运输安全部、综合管理部、计划财务部、征地拆迁部等 7 个职能部门。并根据福平铁路项目实际，在项目现场设立了福平指挥部，代表公司靠前指挥项目建设，有序推进项目管理工作。

各职能部门严格按照配备正职领导 1 名，副职领导 1～3 名不等，并根据工作需要，配备了若干工程、政工、会计类中、高级职称管理人员。其中安全质量管理人员数量，超过公司员工数量的 20%，符合铁路管理要求。

福平铁路项目开工建设后，公司根据合同约定和铁路建设管理要求，督促参建各方严格履行投标承诺，严格按照标准化管理有关要求，配齐配足各类管理人员，并确保业务能力和水平胜任岗位需求。

第三节　现场管理

现场管理，规划先行。在福平铁路项目参建单位开工进场前，公司已明确了标准化管理的目标，制定了现场管理的各项标准。参建各方进场后，公司要求各单位根据已定的标准化管理目标，结合各自实际，深化标准化管理目标，细化标准化管理细则，量化标准化管理行为，为后续持续深入推进标准化管理工作打下了坚实基础。

每一个工点开工前，开工报告必须有完整的现场标准化管理规划，可行的标准化管理措施。在工点建设推进过程中，要求监理单位督促施工单位严格按照批准的实施方案，落实现场管理工作，并结合实际不断修订和完善存在的不足，确保标准化管理工作的各项措施落到实处。

第四节　过程控制

公司对福平铁路项目的过程控制，除了要求施工单位严格实施自控、确保自控体系有效运转外，还通过公开招标，委托5家符合资质要求的监理企业，开展监管工作。同时在建设过程中，公司通过每月定期开展现场检查、不定期开展专项检查，督促施工单位修正过程控制中存在的不规范行为，保证自控体系运行。对过程控制开展不力的单位，公司坚持以问题为导向，及时通过信用评价考核、激励约束考核、标准化管理绩效考评等手段进行考核，督促责任单位采取积极有效措施，整改存在问题。

第五节 “四化”支撑

(1)机械化施工作业：隧道工程开挖掘进，在新鼓山隧道等具备施工条件的地段，施工单位配备凿岩台车进行作业，切实提高了功效；在所有隧道的初期支护喷射混凝土施工，采用机械手进行湿喷作业；防水板铺挂采用铺挂台车作业；二衬混凝土施工采用全断面二衬台车施工。桥梁工程桩基施工全部采用钻孔桩结构，所有混凝土施工均采用输送泵车作业；梁体张拉、压浆等作业全部采用机械作业，保证了工程质量；架梁工程架设、运输均采用大型机械设备作业，安全可控。铺轨工程、“四电”工程等全部采用机械化作业，人工辅助实施，全线线路质量优良。

(2)工厂化管理：对福平铁路项目的钢筋加工工程、钢结构加工工程、混凝土生产作业、T梁预制作业、小构件预制作业、线路轨排加工作业等工序，全部实施工厂化作业，每个标段根据实际需要，建立加工厂，经验收合格后进行流水作业，确保了工程质量稳定可靠。

(3)专业化施工：针对福平铁路项目全线的桥梁桩基工程，特别是平潭海峡公铁两用大桥的桩基工程，以及铺轨架梁工程、“四电”工程等专业化极强的施工作业，督促施工单位全部安排专业化施工作业队伍进行施工，确保了工程质量可控和施工安全稳定。

(4)信息化管理：针对福平铁路项目各单位的中心试验室、混凝土拌和站等工程质量控制关键环节，公司根据有关要求，结合现场实际，督促施工、监理单位全面实施了信息化管理，及时掌控质量信息，确保了发现问题得到及时处理。

第四章　设计管理

第一节　预可研与可研阶段

按照铁道部有关文件精神，福平公司筹备组积极介入建设管理前期工作，协同设计单位听取地方及有关部门意见，配合设计单位摸清影响线路方案的外界环境，研究绕避重要建筑（或文物）、风景名胜区、自然保护区、基本农田保护区、军事设施、不良地质地段等，参与协调、解决影响线位的重点问题，分析对路外工程设施影响并提出处理措施，组织设计单位尽快完成立交桥设置、征地拆迁、三电迁改、管线等地上、地下构筑物改移等方案论证和迁改方案并签订协议。

第二节　勘察阶段

为确保福平铁路工程地质勘察质量，规范工程地质勘察工作，在定测阶段和补充定测阶段实行工程地质勘察监理。工程地质勘察监理单位由福平公司通过招标确定，并签定工程地质勘察监理合同。工程地质勘察监理实行报告制度、例会制度、考评及奖惩制度、资料管理制度等。

第三节　初步设计阶段

初步设计初审工作是建设管理的重要环节，福平公司充分运用"业主＋咨询＋监理＋施工项目部"管理模式的优势，发挥咨询机构的作用，有力地加强了设计咨询工作。

1. 设计咨询制度

根据福平公司制定的《福建福平铁路有限责任公司初步设计管理办法》，工程咨询单位按照工程咨询合同和有关规定，履行工程咨询工作义务和责任，咨询单位对以下内容进行重点咨询：①工程系统设计、技术标准、使用功能；②设计采用的标准图、通用图及参考图；③总体设计原则、专业设计细则及专业接口设计原则；④重点难点工程；⑤重大施工方案、施工措施及施工工艺；⑥其他有必要的工程项目。

2. 初步设计初审

初步设计文件初审工作，采用先进的运输管理模式，使用先进、成熟、经济、适用、可靠的技术、工艺、设备和材料，体现"提高质量、节省投资、保护环境"的总体要求。

公司工程管理部在收到初步设计文件后，及时组织各部门、福平指挥部专业技术人员进行初审。同时将设计文件转送给咨询单位；咨询单位立即组织有关技术人员进行预审，形成书面预审意见报公司。根据审核意见及时修改，并进行二次初审。形成公司正式初审意见及修改后，初步设计文件上报上级相关部门。初步设计文件审查批复后，公司组织设计单位按批复意见开展施工图设计，并将批复意见抄送审核单位。

第四节　施工图设计阶段

福平铁路建设是在利用我国已有研究和经验，总结设计和咨询成果的基础上，借鉴、吸收国外高铁的先进技术和成熟经验，结合在建铁路工程和技术发展的具体情况，高标准、高起点进行设计和咨询。福平铁路在设计阶段严格贯彻设计规范，为确保建设世界一流铁路奠定了良好的基础。

第五节　项目实施阶段

1. 严格施工图审核程序，确保施工图质量

为加强福平铁路项目施工图审核管理工作，依据铁道部《铁路建设项目施工图审核管理办法》（铁建设〔2010〕36 号）和铁道部工程管理中心《铁路建设项目施工图审核考核实施暂行办法》（铁工管〔2010〕179 号）文件精神，福平公司制定了《关于印发新建福州至平潭铁路工程施工图审核实施细则的通知》，每半年对施工图进行一次考核，并将考核结果上报相关部门。通过对设计院施工图考核，提高了施工图质量，加快了施工图设计速度。咨询方严格施工图审核程序，严把施工图质量关，确保施工图质量满足福平铁路技术标准要求。

2. 强化施工图现场核对，完善施工图设计

为加强福平铁路建设管理，最大限度地纠正和避免因施工图与现场实际不一致及工点设置不合理而造成的损失乃至造成工程隐患。依据施工承发包合同的规定，施工单位应对承包标段内线、桥、隧、涵、路基工程在工点开工前进行施工图现场核对，完善施工图设计，确保工点设置合理，强化使用功能，合理使用投资。未经现场核对、完善的工点不予开工。

3. 依法办理变更设计，强化过程控制

依据铁道部《铁路建设项目变更设计管理办法》（铁建设〔2012〕253 号），公司于 2014 年 5 月制定了《福平铁路公司工程变更设计管理办法》。根据工程建设情况，按照铁路总公司《铁路建设项目勘察设计管理办法》（铁建设〔2014〕124 号）文要求，福平公司于 2015 年 3 月对《福平铁路公司工程变更设计管理办法》进行了修订，确定了变更分类原则、变更设计项目划分原则、变更设计原因和责任、变更设计程序和分工、变更设计时限等规定。

第五章 质量与安全

为了实现国铁集团“一流的工程质量、一流的装备水平、一流的运营管理”建设目标，福平铁路在建设过程中始终坚持“安全第一、质量至上”的建设理念，结合工程实际情况，建立健全质量管理体系，对保证整个工程质量发挥了良好作用。

第一节 质量体系的建立与运行

公司针对福平铁路项目特点，科学制定工程质量管理目标，坚决杜绝工程质量隐患，有效克服质量通病；合理设立管理机构，各单位各司其职，开展相应的质量管理工作；注重工程建设标准化管理，建立健全工程质量管理制度，注重工程质量过程控制，加强工程质量问题举报机制，在整个项目建设运营期间保障质量体系的持续有效运行。

第二节 质量事故的处理与闭合

施工过程中发生工程质量问题，承包单位立即采取措施及时向监理单位、建设单位及现场指挥部报告，并积极采取有效措施及时整改，防止类似质量问题的重复发生，杜绝留下工程质量隐患。对每一个工程质量问题的整改，都须经现场专业监理工程师验收后，由总监理工程师签署意见，并经建设单位审核后才可以销号或复工。工程质量问题处理的相关资料按要求报送建设单位存档。

第三节 安全体系的建立与运行

在项目实施过程中，加强安全防范意识，制定安全生产管理目标；落实安全责任制度，设立安全管理组织机构；夯实安全管理工作，建立健全安全生产管理制度；严把工程安全生产关，实施安全生产全过程控制，重点是健全安全风险制度体系，强化应急处置，并精心组织节后复工检查，全面治理隐患，同时加强高风险作业环节的把关督导，强化过程控制，落实安全责任。

平潭海峡公铁两用大桥工程体量较大，施工环境差，为了保障大桥施工质量，福平公司专门制订了平潭海峡公铁两用大桥质量控制措施。具体包含：施工组织设计和专项施工方案的质量控制，施工测量的质量控制，试验工作的质量控制，钢结构检测的质量控制，原材料的质量控制，栈桥及平台的质量控制，桩基施工的质量控制，围堰及承台的质量控制，墩身硅烷浸渍涂装的质量控制，移动模架制梁的质量控制，主塔及横梁施工的质量控制，钢结构制造及安装的质量控制，斜拉索的质量控制，风(声)屏障的质量控制。

本工程地处建桥禁区，是世界三大风口之一，防台风安全压力极大。公司将平潭海峡公铁两用大桥列为防台风重点和高空作业安全风险控制点，每当台风来临前，安排专业干部包保，督促海上作业人员在台风登陆 24 h 前及时撤离上岸，做好海上作业平台、栈桥、施工机械设备的加固和防护，确保了大桥开工建设期间未发生由于台风引发的安全事故和高空作业人员零伤亡。

第六章 施工组织

第一节 施工组织设计管理

1. 编制依据

(1)2013 年 5 月 17 日中国铁路总公司、福建省人民政府《关于新建福州至平潭铁路初步设计的批复》(铁总办函〔2013〕220 号)。

(2)2015 年 6 月中国铁路总公司《关于新建铁路福州至平潭铁路长乐等 3 站站房初步设计的批复》(铁总鉴函〔2015〕598 号)。

(3)中国铁路总公司《关于新建铁路福州至平潭铁路平潭站站房及相关工程初步设计的批复》(铁总鉴函〔2017〕601 号)。

(4)铁道部工程管理中心《关于新建福州至平潭铁路平潭海峡公铁两用大桥、乌龙江特大桥、闽江特大桥施工图及施工方案审查意见的函》(工管工技函〔2013〕313 号)。

(5)铁道部工程管理中心《关于新建福州至平潭铁路站前工程施工图审核审查意见的函》(工管工技函〔2013〕314 号)。

(6)铁道部工程管理中心《关于新建福州至平潭铁路站前工程施工图审核报告审查意见的函》(工管工技函〔2013〕315 号)。

2. 指导思想和编制原则

遵守招标文件的各项条款、各种规范和初步设计文件的原则,统筹安排,突出重难点工程,优化施工方案,合理安排施工进度计划,合理配置施工所需劳、材、机具设备,实行标准化作业,组建架子队作业层,组织连续均衡生产,做好工序衔接,加强施工监控,确保工程质量。

兼顾工程地质、工程特点和工期要求,坚持“项目法”施工,采用机械作业,确保工程质量及安全,保证按期竣工。运用现代科学技术,始终坚持“安全第一,预防为主”的方针,建立健全安全生产责任制,采用先进可靠的安全保证措施,确保生产安全,做到文明施工。

严格按照 ISO 9001《质量管理体系》、ISO 14001《环境管理体系》及 OHSAS 18001《职业健康安全管理体系》认证标准要求组织施工。遵守国家关于环保、野生动物保护、文物保护等法律、法规,施工中尽最大限度减少对既有植被的破坏,注意水土保持和野生动物、地下文物保护,尽量节约施工用地,做到文明施工及职业安全卫生健康。

3. 优化平潭海峡公铁两用大桥设计,动态调整施组

由于平潭海峡公铁两用大桥桥址恶劣的海峡环境,加上国内首次修建跨海峡公铁两用大桥,尚无有效经验可循,外海深水、急流、强涌、强波浪力、潮汐等影响更为显著。前期对海峡大桥基础施工难度认识不足,国内对于跨海峡大桥建设所面临的复杂地质、大水深、急海流、强台风、强波浪力条件下进行基础施工的巨大挑战和超高风险认识尚不充分,大桥所面临的技术挑战和工程风险都远超国内已建成或在建的其他跨海湾桥梁。施工进场以来,福平公司组织专家多次研讨论证,综合考虑复杂条件下跨海桥梁工程安全以及功能等需求,对航道桥部分承台予以提高,优化施工措施和风屏障设计,调整跨海桥栈桥、码头等大临设施设计,大桥水中基础采用栈桥+施工平台、独立平台方案,分别修建栈桥连通至各墩位,将海上施工转化为栈桥及平台施工,降低安全风险,减少浪、涌对施工的影响,为大桥工程安全、优质、高效建设提供了重要技术支撑。

第二节　重点控制工程工期控制

1. 重点路基

山重特大桥桥头路基：DK3＋300～＋600，2018 年 10 月 18 日开工，2020 年 3 月 1 日竣工，工期 16 个月。

2. 重点隧道

新鼓山隧道：2014 年 4 月 1 日开工，2017 年 8 月 13 日贯通，工期 40 个月。

高峰山隧道：2014 年 1 月 25 日开工，2017 年 11 月 18 日贯通，工期 45 个月。

3. 重点桥梁

控制性工程平潭海峡公铁两用大桥：2013 年 11 月 1 日开工，2020 年 6 月 25 日竣工，工期 79 个月。

山重特大桥：2015 年 5 月 1 日开工，2019 年 12 月 30 日竣工，工期 55 个月。

闽江特大桥：2014 年 4 月 1 日开工，2019 年 1 月 24 日竣工，工期 57 个月。

乌龙江特大桥：2014 年 4 月 1 日开工，2019 年 1 月 26 日竣工。

4. 重点营业线施工

福州站站改：2019 年 3 月 25 日开工，2019 年 10 月 18 日竣工，工期 6 个月。

福州南站站改：2019 年 3 月 25 日开工，2020 年 9 月 10 日竣工，工期 17 个月。

5. 铺架工程

2018 年 8 月 8 日开工，2020 年 6 月 30 日竣工，工期 22 个月。

第七章 投资控制

第一节 项目资金筹措

1. 项目资金结构

2012 年 10 月 25 日，国家发展改革委批复《关于福州至平潭铁路可行性研究报告的批复》(发改基础〔2012〕3393 号)。福平铁路投资总额为 257.3 亿元，其中工程投资 243.3 亿元，机车车辆购置费 14 亿元。资金来源：跨海峡公铁两用大桥公路分摊投资部分 63.3 亿元由福州长平高速公路有限责任公司筹资建设并负责运营维护管理；铁路工程投资 194 亿元，项目资金 97 亿元(占 50%)，其中安排中央预算内投资 15 亿元；铁道部承担 39.3 亿元，使用铁路建设基金和铁道部自筹资金；福建省承担 42.7 亿元。资本金以外的资金利用国内银行贷款。

2. 公司融资策略

2013 年 7 月 4 日，南昌局集团公司和福建省投资有限责任公司分别作为铁道部、福建省人民政府的出资代表，与中国铁路发展基金股份有限公司共同出资，设立福平公司，负责项目的资金筹措、工程建设、生产经营、还本付息及资产保值增值。公司主要融资策略是优先使用权益性资金，首先是积极督促资本金及时到位；其次是对债务性资金的筹集，密切同银行合作，根据项目建设的年度投资计划和工程建设进度，科学合理编制每一年度的资金预算和筹资计划。

在南昌局集团公司、福建省和各金融机构的支持下，福平公司不断克服信贷规模紧缩，融资环境复杂等现实困难，筹资工作取得了较好的成效，有力地保障了项目顺利建设；并通过合理地融资安排，大大降低了融资成本，有效地控制投资支出。

第二节 技术标准与规模的确定

根据中国铁路总公司、福建省人民政府《关于新建福州至平潭铁路初步设计的批复》(铁总办函〔2013〕220 号)，福平铁路正线全长 88.433 km，其中跨海段工程 16.322 km(公铁合建段 14.399 km、分建段铁路 1.923 km)，为双线Ⅰ级铁路，最高行车速度 200 km/h。

福平铁路初步设计批复总投资 244.36 亿元，其中：静态投资 218.48 亿元，建设期贷款利息 11.77 亿元，动车组购置费 14 亿元。具体为：铁路工程初步设计总投资 177.29 亿元，其中静态投资 151.41 亿元、建设期贷款利息 11.77 亿元，动车组购置费 14 亿元，平潭海峡公铁两用特大桥公路工程分摊 50%投资计 67.07 亿元。

增加站房工程初步设计后的批复总投资 251.09 亿元。

根据中国铁路总公司《关于新建福州至平潭铁路长乐等 3 站站房初步设计的批复》(铁总鉴函〔2015〕598 号)，长乐、长乐东、长乐南站站房建筑面积为 4 000 m^2、3 000 m^2、2 000 m^2，初步设计投资 12 775 万元。

根据中国铁路总公司《关于新建福州至平潭铁路平潭站站房及相关工程初步设计的批复》(铁总鉴函〔2017〕601 号)，平潭站站房建筑面积 54 000 m^2，初步设计投资 54530 万元(含按协议地方政府承担投资 30 900 万元)。

严格按中国铁路总公司批复的技术标准和规模进行建设，对于建设期间中国铁路总公司颁布新规范新标准需执行时，一律布置设计单位编制变更设计文件，及时审核上报，批复后方可建设；相关部门和运营管理单位在工程实施过程，要求增加的项目，需按规定履行相应的决策和变更程序；严禁擅自提高标准和扩大规模，严谨的决策原则保证了建设项目技术体系的完整性和先进性，同时也从源头控制了投资。对地方政府或企业来文来函要求提高标准或增加配套工程等情况，严格执行“谁点菜，谁买单”原则，并签订委托建设协议，承诺投资并取得报批同意。

第三节 合同管理

为维护公司合法权益，遵循依法签订合同、依法履行合同、及时处理纠纷、归口管理分级负责的原则管理合同，通过建立健全组织机构，建立合同管理制度；严格逐级把关，降低风险；加强日常管理工作，做好合同履约管理；合同调整依法合规等方面进行合同管控。

第四节 验工计价管理

为加强建设项目投资管理，规范验工计价行为，合理确定和控制工程造价，维护各参建方的合法权益，根据《铁路建设项目验工计价办法》(铁总建设〔2014〕298 号)、《关于印发南昌铁路局铁路建设项目验工计价办法的通知》(南铁建设字〔2015〕175 号)及有关规定，结合项目的实际情况，公司制定了验工计价管理办法。通过明确验工计价管理机构职责、审批流程，确定原则、计价依据、严格过程控制、明确不予验工计价情况，发挥监理单位的现场监督职能并纳入考核，验工计价采用软件模式等方法，提高了工作效率及准确性。

第五节 财务管理

公司财务管理工作执行总经理负责制，总会计师协管，计划财务部归口管理，工程、安质、物资、综合部、指挥部配合。建立健全财务管理制度；建立会计核算体系，规范会计基础工作；加强建设资金管理，确保资金安全；加强建设资金使用流向监管；落实国家关于保障农民工权益的政策等。

第六节 变更设计管理

福平铁路工程建设共有变更设计 161 项，总金额 475 357 万元。其中Ⅰ类变更设计 3 项，金额 23 664 万元；Ⅱa 类变更设计 158 项，金额 451 693 万元。具体变更情况见表 2-7-1。

表 2-7-1 福平铁路变更设计汇总

序号	变更设计	批复费用(万元)
	Ⅰ类变更设计	**23 664**
1	福州至平潭铁路福州南动车运用所扩能工程Ⅰ类变更设计	22 920
2	福州至平潭铁路松下牵引变电所外电电压等级调整引起Ⅰ类变更设计	−431
3	福州至平潭铁路综合视频监控系统及相关配套工程Ⅰ类变更设计	1 175
	Ⅱa 类变更设计	**451 693**
1	跨海桥风屏障变更设计	9 083
2	跨海桥钢桥面防腐涂装变更	428
3	跨海桥钢梁防腐标准提高	4 448
4	跨海桥附属钢构件变更	10 579
5	平潭海峡公铁两用大桥栈桥变更设计	35 444

续上表

序号	变更设计	批复费用(万元)
6	平潭海峡公铁两用大桥钻孔平台变更	147 329
7	平潭海峡公铁两用大桥码头变更设计	31 037
8	海上生产平台变更设计	13 340
9	平潭海峡公铁两用大桥施工临时用电变更	4 663
10	平潭海峡公铁两用大桥围堰变更设计	8 390
11	航道桥防撞设施变更	14 006
12	海上炸礁、航道疏浚	3 030
13	海上大型机械船舶费用调整	66 409
14	DK45＋050～＋759 段软基处理变更设计	311
15	GDK0＋670～＋930 段路基地基加固变更设计	343
16	DK88＋287～＋873.86 段路基地基加固处理变更设计	538
17	DK37＋743.46～DK38＋370 地基处理变更	363
18	DK37＋055～＋187 段(岱岭隧道出口)抗滑桩变更	459
19	新苔井山左线隧道 XLDK2＋415～＋830 段基底加固变更设计	558
20	DK86＋180～＋418.5 段路基地基加固变更设计	339
21	跨沈海高速特大桥基础变更设计	414
22	平潭海峡公铁两用大桥桩长加长变更	6 221
23	平潭海峡公铁两用大桥不良地质引起桩基处理措施增加变更	34 814
24	乌龙江特大桥 4 号～10 号墩桩基础施工钢护筒变更	613
25	大象山隧道 DK28＋239～＋414 段围岩变更设计	367
26	岱岭隧道 DK34＋728～＋980 段围岩变更设计	315
27	岱岭隧道 DK35＋515～＋705 段围岩变更设计	583
28	高峰山隧道 DK48＋595～＋735 段围岩变更设计	372
29	岱岭隧道 DK34＋300～＋570 段围岩变更	377
30	大象山隧道 DK26＋400～＋640 段围岩变更	342
31	高峰山隧道 DK51＋490～＋360 段围岩变更	641
32	高峰山隧道 DK55＋825～＋565 段围岩变更	418
33	高峰山隧道 DK50＋840～DK51＋240 段围岩变更	559
34	大象山隧道 DK25＋900～DK26＋270 段围岩变更	604
35	塘屿隧道 DK30＋195～＋330 段变更	305
36	DK85＋760～DK86＋080 土石比例变更	316
37	DK80＋800～DK81＋060 段地层变更	469
38	隧道注浆及地表加固	－686
39	平潭海峡公铁两用大桥增设风水管路变更	551
40	全线桥墩围栏、防护网、安全通道、异物侵限及防灾等安防及养修设施等变更设计	496
41	平潭海峡公铁两用大桥综合接地变更	381
42	平潭海峡公铁两用大桥公路桥集中排水	1 099
43	全线防护栅栏变更	1 645
44	全线绿化工程变更	1 099
45	既有苔井山隧道刚性悬挂改柔性悬挂变更	617

续上表

序号	变更设计	批复费用(万元)
46	峡南牵引变电所分相调整后供电线径路变更设计	432
47	车站站台电力电缆沟改电缆排管变更设计	350
48	站房、站台雨棚品质提升变更设计(长乐、长乐东、长乐南)	901
49	福州南站3、4道改正线变更设计	540
50	新增危岩落石防护设计工程(不含高峰山隧道进出口)	478
51	高峰山隧道进口危岩落石防护变更	796
52	高峰山隧道出口危岩落石防护变更	938
53	全线道砟外观整理变更	902
54	福州枢纽新增信号改造工程变更设计	748
55	全线工务品质提升工程	1 528
56	平潭海峡公铁两用桥增设警务区	304
57	平潭海峡公铁两用大桥增设维养风、水生产用房变更	379
58	客服系统优化变更	199
59	生产生活房屋文化设施变更	732
60	平潭货场缓建工程变更设计	－3 918
61	牵引变电所精品工程变更	319
62	平潭海峡公铁两用大桥海门隧道出口至苏澳隧道进口接触网架空回流线改电缆敷设变更	231
63	T梁接触网隔离开关操作平台及坠砣检修平台	77
64	安防工程(桥梁)变更	244
65	工务预介入工程(桥梁)变更	46
66	平潭海峡公铁两用大桥梁面细部构造调整	58
67	平潭海峡公铁两用大桥岛屿段边坡防护	99
68	DK56＋300福州端新增挡墙变更	35
69	DK71＋476.11～DK86＋120路堑堑顶混凝土硬化	78
70	平潭海峡公铁两用大桥B57号～B58号边坡防护	68
71	乌龙江特大桥11号墩～平潭台边坡支挡加固防护	47
72	马耳山大桥10号墩～平潭台边坡防护	21
73	寨山中桥边坡加固及防护	148
74	ZPW-2000系列一体化轨道电路股道绝缘破损防护	84
75	新建车站股道分割变更设计	255
76	高峰山隧道进口增设异物监测点	226
77	平潭海峡公铁两用大桥增设3个风监测点	123
78	沿海铁路联络线还建既有车辆成像检测设备房屋(新增TFDS探测房)	121
79	道岔缺口监测变更	315
80	平潭海峡公铁两用大桥室外信号设备增加防腐蚀耐盐雾性措施变更	36
81	平潭海峡公铁两用大桥钢梁钢槽通号槽电缆绝缘加强变更	214
82	信号蓄电池组增加在线均衡系统	97
83	福州站标识标牌更换	39
84	福州站4、7道更换承导线	109
85	福州开闭所供电线变更	116

续上表

序号	变更设计	批复费用(万元)
86	福州南站新增电力电缆槽变更	126
87	福州站及联络线供电方案调整变更	183
88	全线构筑物上跨接触网新增防护设施	40
89	全线跨越接触网附加线改电缆	34
90	四电房屋新增场坪硬化及围墙安防变更	140
91	福州南新增室内信号设备房及还建车站补票、检票及公安值班室变更设计	79
92	福州通信楼三楼通信机房增设气体灭火系统	22
93	平潭站雨棚基础降标高	101
94	站房桩基增加声测管	181
95	新增铁塔监测	44
96	福州站站改工程	724
97	长乐站雨棚结构形式变化引起桥梁工程变更设计	902
98	平潭海峡公铁两用大桥检修监测电源系统变更	1 297
99	苏澳隧道进出口新增风监测点	92
100	SCADA 复示系统接入国铁集团变更	69
101	新苔井山左线隧道出口暗挖段变更设计	329
102	新苔井山右线隧道出口暗挖段变更设计	416
103	岱岭隧道增设斜井变更设计	532
104	二埠山取土场变更设计	1 120
105	新苔井山左线隧道增加竖向提升井施工变更设计	512
106	新苔井山右线隧道增加竖向提升井施工变更设计	314
107	苔井山左线隧 XLDK2+258～+375 暗洞变明洞变更	521
108	地方防洪排涝调整规划引起长乐东站防洪排涝及立交工程变更设计	1 710
109	石门特大桥台尾(DK47+969～DK48+191)段路改桥变更	1 090
110	青湖特大桥 77 号墩～80 号墩孔跨调整变更	−878
111	长乐站站房场坪抬高工程变更设计	576
112	长乐站生产生活房屋场坪工程变更	333
113	长乐东维修工区通段道路变更	366
114	平潭站房引起站前相关工程变更	605
115	平潭站生产生活房屋场坪规模调整变更	440
116	DK43+388～+710 段路基基底处理	457
117	松下牵引变电所所址调整变更	727
118	长乐东站 DK43+300～DK44+045 声屏障变更	594
119	DK52+850 斜井救援通道道路变更	333
120	长乐东站洋下村完善地方交通通道变更设计	418
121	新建 DK84+931.5 1-3.0 m×2.7 m 人行通道变更	286
122	DK85+800～DK86+020 地表变化变更	411
123	XLDK3+690～+810 增加路基防护	127
124	主桥航空障碍灯变更	105
125	松下牵引所信息直采变更设计	191

续上表

序号	变更设计	批复费用(万元)
126	新增 DK78+951　(4+8+4) m 红卫村框架中桥变更设计	135
127	新增 DK79+213.515　(8+6) m 红卫村框架小桥变更设计	65
128	新增 DK86+920.21　1-4×4.3 m 框架涵变更设计	199
129	DK4+605 增加 1-5.0 m 交通涵洞	63
130	DK38+220 增加 1-6×5.3 m 排水涵变更	196
131	长乐 10 kV 配电所一路外电源变更设计	97
132	长乐东站 10 kV 电源线变更设计	171
133	平潭站 10 kV 配电所电源线变更	301
134	平潭站新增给排水、排污管变更	20
135	DK85+550 U 形槽新增排水泵房	167
136	新增 DK86+415　1-1.0 m 泉眼涵洞变更设计	217
137	新苔井山左线隧道临近营业线天窗点爆破施工变更设计	3 780
138	新苔井山右线隧道临近营业线天窗点爆破施工变更设计	4 005
139	新鼓山隧道(出口段)临近营业线天窗点爆破施工变更设计	1 799
140	新樟岚左线隧道临近营业线天窗点爆破施工变更设计	1 069
141	新樟岚右线隧道临近营业线天窗点爆破施工变更设计	1 544
142	鸡笼山隧道临近营业线天窗点爆破施工变更设计	709
143	新云山寺左线隧道临近营业线天窗点爆破施工变更设计	1 293
144	新云山寺右线隧道临近营业线天窗点爆破施工变更设计	1 140
145	清凉山隧道临近营业线天窗点爆破施工变更设计	1 408
146	DK21+056～+148.99 段邻近既有线开挖方式变更	379
147	信号调度集中系统变更	771
148	站线接触网线形调整变更设计	161
149	新鼓山隧道、高峰山隧道 明挂电缆型号变更	304
150	灾害监测地震预警监测系统变更	1 006
151	电子客票变更设计	−457
152	新增 ZPW-2000A 轨道电路区间室外监测诊断系统	589
153	松下牵引所无人值守变更	695
154	四电工程细部设计和工艺质量标准变更设计	1 001
155	紧急疏散通道变更	518
156	简支 T 梁梁型变更	−1 620
157	钢轨伸缩调节器和梁端伸缩装置变更设计	1 524
158	接触网防雷加强变更设计	231
变更费用合计		**475 357**

第八章 征地拆迁

第一节 管理方式

福平公司于2013年10月制定了《征地拆迁工作管理办法》，明确公司分管领导协助总经理全面主持征地拆迁工作，征拆协调部作为征地拆迁工作的职能部门，负责组织协调各项征地拆迁工作。福平指挥部配备一名征地拆迁工作人员，施工单位设置征拆协调部。

第二节 用地报批

国土资源部于2010年11月19日对福平铁路工程建设用地预审意见进行复函(国土资预审函〔2010〕314号)，建议工程用地规模控制在216.45 ha以内，核减弃渣场用地91.21 ha。

福建省住房和城市建设厅于2012年6月25日办理完成《建设项目选址意见书》，拟用地面积3702.14亩。

国土资源部于2015年2月17日，对项目建设用地进行了批复(国土资函〔2015〕75号)，批准建设用地203.6613 ha，其中拆迁安置用地9.3964 ha。

福建省人民政府根据国土资源部的批复意见，于2015年6月8日分别对福州段、平潭段项目建设用地进行了批复(闽政文〔2015〕203号)、(闽政文〔2015〕202号)。

第三节 征地拆迁实施

福平公司于2013年2月分别与福平铁路福州市重点项目征迁服务中心和平潭综合试验区铁路建设工作领导小组办公室签订《委托征收框架协议》。福州市重点项目征迁服务中心和平潭综合试验区铁路建设工作领导小组办公室依据《委托征收框架协议》和福建省国土资源厅(闽国土资函〔2012〕501号)、(闽国土资函〔2012〕500号)，福建省住房和城市建设厅(闽建房函〔2016〕58号)和(闽建房函〔2014〕54号)等项目征地拆迁补偿政策、标准批复文件，开展全线的征地拆迁工作。

福平铁路施工图设计全线永久用地2 973.58亩(不含扩补征用地132.67亩、路内用地244.98亩)、用海974.13亩，房屋拆迁30.393万m^2；至工程建设竣工止，全线共完成永久用地征收3 106.25亩(不含路内用地)、用海1 072.54亩，房屋拆迁30.8382万m^2。

第四节 “三电”迁改

福平铁路“三电”及管线迁改工程于2013年启动。工程包含全线路外通信、电力、给排水及油气管线迁改和引入福州、福州南站引起的路内设施迁改，主要有35 kV及以上电力迁改原设计数量37处；10 kV及以下电力迁改为535处；军缆迁改76处；路外通信迁改1 807处；500 mm以上及给排水迁改10 km；至2019年迁改工程结束，共完成投资38 237万元。完成主要迁改如下：

(1)福平铁路上跨既有福厦高铁闽江桥、乌龙江桥、福州南动车所引起既有接触网供电线迁改。

(2)电力220 kV福郊线迁改，因涉及跨既有福州东站场造成迁改难度增加。

(3)电力110 kV兰圃线迁改，因前期迁改设计径路与新建福厦铁路、国网规划双回220 kV线位冲突，调整后为远迁绕避及跨江段同塔四回，迁改长度由 1.5 km 调整为 3.2 km。

(4)塘屿隧道上方福建成品油管道管径 355 mm，壁厚 7.1 mm，压力 10 MPa 迁改。

(5)DK56+600 电力 110 kV 西首线斜跨松下车站迁改。

(6)大练岛至小练岛 10 kV 架空线路改海底电缆及小练岛至鼓屿门岛 10 kV 海底电缆迁改。

(7)平潭 49 号风力发电机距铁路倒杆距不符铁路安全要求，迁改。

第五节 土地证领取

根据国铁集团《关于加快推进合资铁路土地确权领证工作的通知》，福平铁路建设用地通车前开始办理铁路用地不动产权证。经与福州市、闽侯县、长乐区和平潭试验区四个不动产登记局沟通协调，按办证流程组织开展用地确权指界、征迁补偿清册收集、不动产权籍调查表填报、宗地图绘制、划拨土地价款缴纳凭证、完税凭证等相关资料的收集整理和上报工作。2020 年 12 月 30 日办理完成了平潭境内 812 690 m^2 的土地不动产权证，占全线批复用地面积的 41.83%。平潭公铁两用大桥用海面积 1 072.54 亩，于 2017 年 4 月 19 日领取了海域不动产权证。

第九章　环境保护

第一节　环评水保批复

1. 环保批复

铁四院依据《新建铁路福州至平潭铁路可行性研究》(2010 年 8 月),于 2010 年 12 月编制完成《新建铁路福州至平潭铁路环境影响报告书》。2010 年 12 月,福建省环境保护厅以闽环保监〔2010〕132 号对《新建铁路福州至平潭铁路环境影响报告书》进行了批复。根据《新建铁路福州至平潭铁路修改可行性研究》(2012 年 5 月)及补充研究,主要受平潭海峡公铁两用大桥通航论证影响,福平铁路部分线位及长乐南站站址等发生变化。2012 年 7 月编制完成《新建铁路福州至平潭铁路补充环境影响报告书》。2012 年 10 月,福建省环境保护厅以闽环保监〔2012〕101 号对《新建铁路福州至平潭铁路补充环境影响报告书》进行了批复。

依据环保部办公厅下发的《关于印发环评管理中部分行业建设项目重大变动清单的通知》(环办〔2015〕52 号)文,以《新建福州至平潭扩能工程补充环境影响报告书》为依据,从性质、规模、地点、生产工艺、环保措施等五个方面对本次验收范围内的工程进行逐条对比。通过对比分析可知,福平铁路全线与补充环境影响报告书相比不存在重大变化,不需再进行补充环评。

2. 水保批复

2011 年 2 月,水利部以《关于新建福州至平潭铁路水土保持方案的复函》(水保函〔2011〕38 号)进行了批复。

2020 年 9 月 15 日,福建省水利厅以《关于福州至平潭铁路弃土(渣)场变更水土保持方案补充报告书的批复》(闽水审批〔2020〕82 号)对项目水土保持方案补充进行批复。

第二节　环保水保实施

一、环保水保管理措施实施情况

公司坚决贯彻铁路建设项目生态环境保护要求,高起点规划,高标准定位,把环保设施工程当成主体工程,严格按照“三同时”原则,狠抓各项措施的落实,保障了建设项目环水保手续依法合规,现场环水保工作有序推进,各项措施落实良好,促进了铁路建设与生态环境的协调发展。

1. 坚持依法依规,及时履行报批程序

福平铁路项目环水保工作政策性强,涉及面广,工作难度大,严格按照国家相关法律法规,履行环水保有关报批手续,为项目建设创造了前提条件:一是依法取得相应环评报告书和水土保持方案;二是依法缴纳水土保持补偿费;三是依法履行变更工作。

2. 注重源头把控,参建各方达成共识

项目开工时委托主体各标段监理单位一并开展水土保持监理工作,与参建的施工、设计、监理等单位一道,树立“环水保工程与主体工程同步建设”工作理念,落实“同时设计、同时施工、同时投入使用”的要求,从源头上确保环水保工作措施落到实处。规范工程建设过程中的水土保持管理工作,定期召开环境保护、水土保持专题培训会,加强环境保护、水土保持法律、法规、规范性文件及技术标准、规范的宣贯培训。

3. 坚持过程管控,实现全周期管理

对环水保工作,实行从项目开工至竣工的全过程监控、全周期管理,一是提前谋划,专业化监管;二是超前组织,专人专职管理;三是按时对接,每月通报。

4. 重点盯控,做到有的放矢

为保证福平铁路顺利开通,有效整治弃土(渣)场问题,南昌局集团公司多次现场检查,形成问题库,以解决环水保工作的重点问题为抓手,看板销号,限期进行整改销号,确保问题及时解决。同时组织召开环水保验收工作推进周例会,阶段总结现场存在的环水保问题,群策群力制定方案措施,限期完成现场整改工作。

5. 积极协调地方支持,营造良好的工作氛围

环水保工作涉及单位、部门较多,协调工作多、难度大,为推进环水保工作营造了良好的内外部环境。南昌局集团公司主要领导多次现场平推检查,每月不定期与福建省铁办、重点办进行对接会谈,及时协调解决现场存在的问题。并取得地方政府的大力支持,福平铁路的环保拆迁、水土保持变更方案批复、地方占用弃渣场的移交、隔声窗安装等工作顺利落实。

二、环水保措施落实情况

1. 生态敏感区

本工程邻近或穿越过风景名胜区、森林公园路段,施工时强化施工组织管理,严格控制施工用地范围,落实环评设计措施,工程建设未对当地生态造成破坏。通过加强环水保管理,针对福平铁路穿越的饮用水源保护区落实了各项环保措施,施工期未发生过水源污染和水源漏失事故,确保铁路沿线民众生产、生活的水源安全。

2. 主体工程

跨水桥梁都已按照桥涵设计要求充分考虑洪水影响,在设计、施工过程中根据地形设置涵管,确保农灌沟、渠原有功能;施工未对水利水保设施产生损害。跨水桥梁岸坡防护措施,桥梁水中墩施工设置的围堰拆除,沿线旱桥桥下平整;路基边坡防护工程,种植灌木、草皮及乔木;隧道洞顶的天沟、排水沟已完成,边坡进行防护、绿化、植草;站场绿化实施情况良好。

3. 临时工程

福平铁路全线无取土场、弃土渣场 4 处、临时堆渣场 10 处、制梁场 3 处、铺架基地 1 处、拌和站 17 处、施工营地 23 处、钢筋加工场 15 处、新建改建施工便道 21.06 km,均已恢复、移交手续已办理。

4. 声屏障

福平铁路全线共设置声屏障 25 处共计 15 114 m。声屏障实施前,福平公司组织设计、施工、监理等相关单位进行技术交底,明确安装标准、位置,并根据现场实际情况进行个别的优化调整。施工过程中,按照公司标准化管理要求,严格质量控制及工序验收,确保质量达标;安装完成后,按照相关要求,组织验收,保证外观平滑顺直,接缝填塞紧密,板材表面光洁平整。

5. 隔声窗

沿线共设计隔声窗 14 处合计 11 520 m^2。隔声窗施工前,福平公司组织设计、施工、监理等单位根据环评批复及施工图设计,对全线设置隔声窗敏感点进行全面调查和确认,确保隔声窗安装方式、位置、面积正确,并在动态验收前全部完成了安装工作。

6. 功能置换

根据环评报告及批复意见,对距线路较近及夹心地带的 11 处居民敏感点共计 72 户进行功能置换。结合环保拆迁工作特点,积极与地方政府部门沟通,并形成了以地方政府为主,建设、施工等单位全力配合的方式进行,按照拆迁管理相关规定,扎实做好前期调查确认工作,充分发挥地方各级政府的组织协调优势,全力推进环保拆迁工作。

7. 污水处理设施

福州站、福州南站和长乐东站生活污水经市政管网进入城市污水处理厂;长乐东附近污水管网已建成,污水接入市政管网协议已办理,实际污水处理方式为化粪池处理后经市政管网进入城市污水处理厂;长乐南站(原"松下站")、平潭站和长乐站生活污水经 SBR 工艺处理后排入附近沟渠;各车站的污水处理措施均已完成安装调试,投入运行。

第三节 环保水保验收

一、环水保静动态验收

2020 年 9 月 15～16 日,国铁集团发改部和工程管理中心组织专家对福平铁路进行了现场检查;2020 年 11 月 23～24 日,南昌局集团公司计统部牵头组织对福平铁路环水保动态验收工作进行了现场检查;2020 年 12 月 1 日,国铁集团发改部和工程管理中心组织专家在北京召开了《新建福州至平潭铁路环境保护与水土保持工程动态验收报告》审查会。每次验收审查结束,福平公司都会牵头组织相关单位进行整改,严格落实并解决专家意见提出的问题。

二、环保自主验收

2020 年 11 月 4～5 日,福平公司在福州市主持召开了竣工环境保护、水土保持自主验收会。由南昌局集团公司、福建省铁路建设发展中心、福平公司、铁四院、铁科院、华测检测、各施工监理单位的代表及特邀专家共同组成验收组,一致同意福平铁路通过竣工环境保护验收。2020 年 11 月 9 日～12 月 9 日,福平铁路竣工环保验收报告在公共网站完成了公示。12 月 12 日,登录生态环境部全国建设项目竣工环境保护验收信息平台,完成填报建设项目基本信息、环境保护设施验收情况等相关信息,完成提交竣工环保验收报告及自主验收会意见等资料,并对上述信息予以公开。

三、水保自主验收

2020 年 11 月 5 日,福平公司在福州市主持召开了水土保持自主验收会。由特邀专家、南昌局集团公司、福建省铁路建设发展中心、福平公司、铁四院、华东院、施工监理单位的代表共同组成验收组,一致同意福平铁路通过水土保持设施专项验收;2020 年 11 月 9 日对水土保持设施自主验收情况在公开网站进行了公示;2020 年 12 月 4 日,福平公司以专函形式将自主验收情况向福建省水利厅进行报备;2020 年 12 月 11 日,福建省水利厅以"验收回执〔2020〕22 号"接受项目水土保持验收报备。

第十章　工 程 监 理

第一节　监 理 制 度

为进一步规范工程监理管理工作，强化现场过程控制，提升工程监理水平，根据《建设工程监理规范》《铁路建设工程监理规范》、监理合同及相关监理文件，结合工程项目实际情况，建设、监理单位分别制定了较为完善的监理制度体系，并针对平潭海峡公铁两用大桥建设特点，制定了专家组管理制度及船舶安全管理制度，提高了管理制度的实效性。

1. 建设单位管理制度

建设单位管理制度包括报告制度、检查制度、请假制度、人员更换制度、“黑名单”管理制度、教育培训制度、监理信息管理制度、考评制度等多项管理制度，通过规范化、科学化、信息化的管理制度，全方位监管项目进度、工程质量、参建单位及人员等情况，为平潭铁路的建设工程质量及安全生产提供保障。

2. 监理单位管理制度

监理单位制度包括：施工组织设计（方案）审批制度，开工报告审批制度，设计和施工技术交底监理管理制度，变更设计管理制度，验工计价审查签认制度，进度管理制度，隐蔽工程及关键部位检查验收制度，船舶安全管理制度，专家组管理制度，以及监理部门的日常管理制度，包括：环水保监理管理制度，进场原材料、构配件及设备进场检验制度，检验批、分项、分部工程检查验收制度，日常检查、巡视及旁站监理制度，工程质量事故报告和配合调查处理制度，工程安全事故报告和配合调查处理制度，安全风险管理制度，火工品管理制度，监理日志（记）、会议及文档图纸管理制度，监理工作报告制度，监理人员定期培训及持证上岗制度，监理人员工作考评及奖罚制度，监理人员廉洁从业工作制度等。

上述监理制度明确落实监理人员职责、强化绩效考核，对全线建设过程实现有效控制。

第二节　现场监理工作的实施

福平铁路监理标段划分及监理单位情况见表 2-10-1。

表 2-10-1　福平铁路工程项目监理单位及工作内容

监理标段	监理单位	控制性工程
FPJL-1 标	南昌华路建设咨询监理有限公司	
FPJL-2 标	北京铁城建设监理有限责任公司	
FPJL-3 标	铁四院（湖北）工程监理咨询有限公司和 西安铁一院工程咨询监理有限责任公司联合体	平潭海峡公铁两用大桥
FPJL-4 标	中铁武汉大桥工程咨询有限公司	
四电工程标	南昌华路建设咨询监理有限公司	
站房工程标	陕西华营工程建设监理有限公司	

建设单位安全质量部是所辖工程项目监理管理工作的归口管理部门，福平指挥部负责本项目日常监理管理工作。各监理单位按照“便利、安全、适宜”原则及监理合同约定，结合管段工程实际情况，合理选址，在施工现场设置监理项目部。根据工程进度调整和补充监理人员，适应现场作业的需要，同时配备了满足监理工作需要的办公、生活设施、检验检测设备及交通、通信工具，为现场监理工作的实施提供良好条件。

1. 工程质量控制

平潭铁路工程质量控制目标：达到国家和国铁集团、国家铁路局现行的质量验收标准和设计要求，工程合格率 100%，开通速度达到设计速度目标值，主体工程质量零缺陷；杜绝发生因监理原因导致的质量事故。

平潭海峡公铁两用大桥创优目标：确保平潭海峡公铁两用大桥达到省优部优，争创“中国建筑工程鲁班奖”或“中国土木工程詹天佑奖”。

各监理项目部围绕质量控制目标，主要从施工组织设计和专项施工方案、施工测量、试验工作、专业工程等方面抓过程质量控制。

针对平潭海峡公铁两用大桥在海上进行施工测量的复杂性，监理项目部委托铁四院精测队开展测量工作。铁四院精测队共投入人员 20 人，其中教授级高级工程师 1 人，高级工程师 2 人，工程师 3 人，助理工程师及技术人员 14 人。投入双频 GPS 接收机 6 套，电子水准仪 2 套，车辆 3 台，保质保量完成了对平潭海峡公铁两用大桥平面控制网（首级网、首级加密网）、二等水准网（含跨海三角高程控制网）及延伸到 FPJL-2 标两个点的平面控制网和水准网的平行复测工作。

针对平潭海峡公铁两用大桥专业工程的高标准、严要求，在硅烷浸渍涂装施工前，监理单位要求承包单位在完成各项施工准备工作后，及时提报“混凝土表面硅烷浸渍确认单”，并经监理人员确认基层处理和修补合格后才能进行；进行航道防撞箱施工时，监理项目部指派监理工程师到厂家负责防撞箱制造质量的监督，重点对油漆厚度检测、油漆附着力试验进行见证，增强抵抗海洋腐蚀性环境的承受力；进行风（声）屏障安装施工前，监理项目部及时组织监理人员学习掌握新方法、新工艺，并在施工过程中重点对现场风（声）屏障基础预留、预埋件间距及螺栓垂直度及外露长度进行检查验收。

2. 工程安全控制

为了杜绝施工安全较大及以上等级事故、杜绝铁路交通安全一般 B 类及以上等级事故，减少生产安全一般事故和铁路交通一般 C、D 类事故，不断消除各种安全隐患。各监理项目部采取的工程安全控制措施主要有：增强安全管理力量，加强安全业务培训，推行安全双重预防机制，开展安全检查活动，抓好既有线施工安全控制，落实季节性安全工作要求等。

3. 工程进度控制

为确保工程总目标工期符合合同工期要求，确保控制工程节点工期、年度工期、开通运营前各项工程的顺利完成，各监理项目部通过施工进度的审核，确保节点目标的实现，加强过程控制，全面开展组织协调工作，提高监理工作效率等方面实施工程进度控制。

4. 环水保控制

认真贯彻执行国家有关环保、水土保持的相关法律法规，坚持项目建设“三同时”的规定，全力把平潭海峡公铁两用大桥打造成集安全防护、生态环境和景观设计于一体，体现人与自然相和谐的绿色风景线。及时建立环水保监理管理体系，严格承包单位环水保体系的审查，做好施工过程中环水保工作的检查和管理。

第三节 监理结论

福平铁路建设过程中，监理单位能够认真执行国家法律、法规和工程建设强制性标准，以监理规范和工程质量验收标准为依据，积极开展监理工作，严格落实事前预防、事中跟踪监控和事后检查验证的质量控制方法，切实履行了监理管理职责。在施工过程中督促承包单位按照监理指令落实整改要求，并逐项复查销号，实施闭环管理，从而保证工程质量一次达标，未发生质量事故，兑现了监理合同规定的质量控制目标。

监理单位通过对承包单位检验批、分项、分部及单位工程的预验收，认为单位工程质量控制资料齐全完整，单位工程实体质量和主要功能符合设计要求，单位工程的观感质量合格，工程质量达到验收标准和设计文件要求，具备竣工验收条件，工程质量合格。

第十一章 工程咨询

第一节 咨询方式

1. 现场核对

根据铁道部工管中心《铁路建设项目施工图审核管理指南(试行)》(工管审〔2010〕76 号)文件要求和建设管理单位对施工图审核现场核对的要求,在福平公司的组织下,审核单位会同设计、监理、施工单位,对三电迁改(电力、通信、信号)以及大临工程进行了现场踏勘及核对;桥涵等各工点位置、数量、规模、功能及周边环境与设计内容的一致性进行了现场踏勘及核对。

经过第一阶段的核对和踏勘,线路平、纵断面图与现场基本一致。大桥院的设计位置合理性、方案可实施性、工程措施安全性均较好。

2. 编制施工图审核大纲

审核大纲的主要内容:主要技术标准,施工图审核范围,施工图审核依据,施工图审核组织机构、职责及人员配置,施工图审核重点及内容及风险管理,施工图审核流程,施工图审核时限,审核单位的职责、工作要点及审核工作的关键环节,施工图审核成果等方面。施工图审核工作按批复后的审核大纲要求进行。

2013 年 8 月 5 日,福平公司对铁科院编制的《新建福平铁路工程施工图审核大纲》、中铁大桥院编制的《总体设计原则》进行了审查。讨论研究结论:施工图审核组织机构、职责及人员配置、工作流程、审核时限、审核重点、审核内容等符合《铁路建设项目施工图审核管理办法》(铁建设〔2010〕36 号)、《铁路建设项目施工图审核管理指南(试行)》(工管审〔2010〕76 号)等有关文件的规定,有关质量保证体系及保障措施能满足本项目施工图审核质量要求。大桥院编制的《总体设计原则》执行了《中国铁路总公司和福建省人民政府关于新建福州至平潭铁路初步设计的批复》(铁总办函〔2013〕220 号),符合现行国家法律法规、铁路行业及相关行业的有关技术标准、规范规程等的要求,《总体设计原则》能指导施工图设计工作。

经评审后的《施工图审核大纲》《总体设计原则》由福平公司行文批准执行。

3. 施工图审核

根据施工图供图协议,大桥院自 2013 年 7 月底陆续提交站前各专业及相关配套工程设计文件及图纸,以及施工图预算、大临等全部设计文件及图纸。审核过程主要事件及时间节点见表 2-11-1。

表 2-11-1 福平铁路施工图审核记录

编号	时　间	审核工作内容
1	2013 年 7 月 19 日	在福州进行施工图审核合同的签订仪式
2	2013 年 7 月 24 日	完成大纲、签订供图协议(站前专业)及审核计划
3	2013 年 7 月 25～27 日	完成现场踏勘及核对
4	2013 年 7 月 28 日	开展图审工作
5	2013 年 8 月 5 日	审核大纲的修改、现场核对报告的编制并交付公司、大桥院
6	2013 年 8 月 21～23 日	铁路总公司工管中心对审核工作进行了现场检查,就站前专业提出了相应的检查意见
7	2013 年 8 月 28 日	完成图纸审核,并提交余下的桥梁专业审核意见
8	2013 年 8 月 30 日	福平公司组织中铁上海院、铁科院、铁四院、大桥院在武汉就设计、审核相关问题进行了对接

续上表

编号	时　　间	审核工作内容
9	2013 年 8 月 31 日、9 月 1 日	在北京就跨海峡的平潭海峡公铁两用大桥元洪航道主桥(133.1＋196＋532＋196＋133.25) m连续钢桁斜拉桥、鼓屿门航道主桥(129.1＋154＋364＋154＋129.2) m连续钢桁斜拉桥、大小练岛航道主桥(81.1＋140＋336＋140＋81.15) m连续钢桁斜拉桥、北东口航道主桥(92＋2×168＋92) m双层连续刚构和主桥(110＋198＋110) m连续刚构、乌龙江特大桥主桥(144＋288＋144) m双塔双索面刚构斜拉桥施工图设计和审核工作再次进行了重点审查
10	2013 年 9 月 2 日	铁路总公司工管中心对设计、审核情况进行审查
11	2013 年 9 月 4 日	审核单位核对审查意见落实情况及其他正式施工图的核对工作
12	2013 年 9 月 5 日	完成审核报告的编制修改并报上级主管部门

4. 现场服务

审核单位参加了由福平公司主持召开的现场会议，对各项工程的设计方案、技术措施、设计变更等进行研究、处理并提出咨询意见；同时参加各专业的现场图纸会审，均提出了相应的审核意见。根据项目工作推进需求，施工图审核现场工作部及时参加建设单位等组织的各类技术会议，提出了相关意见和建议。

第二节　主要咨询成果

一、施工图审核主要意见及落实情况

1. 初步设计意见执行情况

大桥院承担的设计范围为平潭海峡公铁两用大桥的松下离岸至大练上岛的土建工程，全长 11 149.7 m，按照铁路总公司下发的《中国铁路总公司和福建省人民政府关于新建福州至平潭铁路初步设计的批复》(铁总办函〔2013〕220 号)进行施工图设计。

2. 施工图设计原则审核情况

铁科院对大桥院提出的平潭海峡公铁两用大桥施工图设计原则进行了审核，审核的主要内容：技术标准、采用及参考的设计规范、主要建筑材料及特性、结构计算、结构设计。审核的结论是该设计原则的设计深度符合设计审核要求，能够符合国家和铁路的技术政策和有关规范的规定，执行了初步设计的审批意见，采用了新技术、新材料，同时审核出具体的错漏意见 15 条。

3. 各专业审核情况

原咨询单位落实铁路总公司工管中心 2013 年 8 月 21～23 日对本项目的审查要求，完成全线站前工程的工程数量、软土路基和无缝线路检算的专项审核，并编制相应的专项审核报告，供审查。其中，中国铁道科学研究院负责大桥院设计范围的施工图审核工作，包括全长 11 149.7 m 的松下离岸至大练上岛的土建工程，含公铁合建段长度 9 227.1 m，单建铁路长度 1 922.6 m。主要桥梁结构咨询情况见表 2-11-2。

表 2-11-2　福平铁路咨询桥梁情况

分类	桥名	结构形式
航道桥	元洪航道桥	(133.1＋196＋532＋196＋133.25) m斜拉桥
	鼓屿门航道桥	(129.1＋154＋364＋154＋129.2) m斜拉桥
	大小练岛航道桥	(81.1＋140＋336＋140＋81.15) m斜拉桥
非通航孔引桥	深水高墩区引桥	26 孔跨径 80 m简支钢桁结合梁结构和 8 孔跨径 88 m简支钢桁结合梁结构
	浅水及陆地高墩区引桥	73 孔跨径 49.2 m预应力混凝土梁结构
	陆地低墩区引桥	38 孔跨径 40.7 m预应力混凝土梁结构
铁路路基	小练岛上设有 324.8 m长的铁路路基	公路为 8 孔跨径 40.6 m的预应力混凝土连续箱梁高架桥

针对大桥院设计范围施工图审核工作共完成了 9 大册、38 分册的图纸审核，提出有关技术方案、工程措施和结构安全方面共性问题意见 84 条，具体差错碰漏审核意见 2 700 余条，全部得到专业回复。其中少部分意见存在分歧，经过组织设计、审核对接后都得到了很好落实。将在施工图图纸审核在中形成的共性和具体的意见按照结构的不同部分进行分类，分类之后共形成施工图审核意见联系单 27 份。联系单形成后，主送设计方大桥院，并抄送福平公司，大桥院对联系单中的每一条意见进行了回复，有不同意见的，双方进行了进一步的沟通，直至问题的解决和落实，并进一步反映在各个联系单上。

4. 专业审核主要意见

(1)桥梁专业

从共性问题意见 84 条中选取有代表性的意见如下。

技术方案方面：

①设计说明中，钢筋笼主筋接头采用焊接或机械接头，建议取消焊接的方法，因为如此大直径的桩采用焊接接头无法保证施工质量，现场也不易实施；建议明确钢筋主筋采用的机械连接接头形式及应用范围。

设计回复：按意见修改。

②桥塔钢锚梁及钢牛腿钢材采用 Q370qD 制造，最大板厚均超过 40 mm，按《铁路桥梁钢结构设计规范》(TB 10002.2—2005)第 5.3.4 和第 5.3.5 条规定，当板材厚度超过 40 mm 时，应采用同钢种的 E 级钢，即 Q370qE 钢。

设计回复：主结构采用 Q370qD，符合《桥梁用结构钢》(GB/T 714—2008)的规定，超过 40 mm 板厚可采用 Q370qD。

工程措施方面：

大小练岛航道桥 S04 号桥塔承台底 类钢筋用其他类型钢筋替代。

设计回复：用 HPB300 钢筋替代 HPB235 钢筋。

结构安全方面：

①关于优化同墩下桩长的建议。审核发现承台及群桩采用长短桩组合设计，且每个主墩同一基础的钻孔桩长度不一致，采用桩长相差过大的基桩(例如，大小练岛航道桥主塔墩基础 S03 号墩桩长为 14.5～47.5 m；S04 号墩桩长为 14.0～47.5 m，其他两孔航道桥也存在此现象)，不仅设计复杂，且施工中极易产生差错，除地形地质条件特殊外，为方便施工、减少施工中可能的桩长差错，在保证设计意图的前提下，建议同一墩下尽量采用相近的桩长或尽可能少的桩长组数。

设计回复：按意见修改，在满足结构受力和与地质吻合度的前提下，下阶段优化桩长。

②杆件过焊孔的设置。列车通过时，部分主桁腹杆承受较大循环应力幅作用，设计图纸中，主桁腹杆与整体节点的连接是采用在腹板处开 $R=50$ mm 过焊孔，翼板与节点板熔透对接焊的形式，这一连接形式的疲劳强度较低，能否满足大桥的使用要求，请设计方考虑。并且在箱形杆件对接焊中(“节段焊缝及细节图”-“Ha 大样”)，对开孔区域进行塞板焊接密封，这种处理方法是否合适。

设计回复：结构设计时对该部位疲劳已经进行检算，并对检算未通过的截面进行了局部加强。

③上弦杆隔板在顶板的纵向加劲肋穿过时，设置了开口，在公路荷载的作用下，这种构造容易产生疲劳裂纹，是否可以对其进行优化，请考虑。

设计回复：经检算受力满足要求。

④设计图纸中，在部分横梁加劲板上设有补强板，但在平面图中未画出，请考虑其设置的必要性以及与纵肋连接形式的合理性。

设计回复：对端横梁加劲板连接细节完善。

(2)工经专业

施工图预算编制执行了铁总办函〔2013〕220 号文初步设计批复意见，基本符合铁道部预(概)算编制办法和有关规定，各项费用计取合理、准确。设计单位对审核意见都给予了回复。

二、变更设计审核情况

在建设过程中，根据实际工程项目需要，铁科院完成了N03、N04号桥墩承台提高，S03、S04号墩承台提高，N01号墩承台提高，Z05号墩承台提高，Z03、Z04号墩承台提高，S02、S05号墩承台提高，Z02号墩承台提高，Z01、Z06号墩承台提高，N02、N05号墩承台提高，N06号墩承台提高；通航孔桥主塔斜拉索锚固区预应力；栈桥变更；码头变更；主塔航空障碍灯布置；公路桥面电力、通信管道预留预埋；救援疏散通道等16项与航道桥相关的变更设计审核。

三、咨询结论

大桥院提供的平潭海峡公铁两用大桥三座航道桥施工图满足施工图的深度要求，设计质量较好，基本符合设计审核要求。

(1)平潭海峡公铁两用大桥三座航道桥工务专业施工图设计执行了现行设计相关技术规程、规范及标准，没有违反工程建设强制性条文的情况。

(2)执行了国铁集团和福建省发改委相关初设批复意见。

(3)通过施工图审核单位与设计单位的相互沟通，对分歧意见基本上取得共识，无重大分歧意见。

(4)按施工图审核单位审核意见修改后，施工图设计文件及图表内容、深度及其质量达到《铁路建设项目预可行性研究、可行性研究和设计文件编制办法》(铁建设〔2007〕152号)。新标准为国铁科法〔2018〕93号)有关文件规定，满足施工需求。

(5)福平铁路静态验收工务工作基本完成，具备下一步检测条件。

第十二章　物资管理

第一节　物资采购供应

1. 福平铁路物资管理的特点

由于福平铁路所处的地理环境、气候条件、工程特点和物资资源情况，在物资采购上具有如下特点：

(1)福平铁路线路桥隧比例高达 80.2%，主要物资需求量较大，材料费用占总投资额的比重也大，给物资的及时供应和质量控制提出了更高的要求。

(2)福平铁路施工受台风雨季的影响多，平潭海峡全年 6 级以上大风天气超过 310 d，对物资供应的时效性要求更高。

(3)福平铁路所需的新型材料及设备较多，特别是因受海洋气候影响，对防锈防腐等级要求高。

(4)福平铁路地处闽东沿海地区，工程所需主要物资资源相对较为匮乏，特别是海西加快建设，对主要材料(钢材、水泥)的需求量较大，市场易受卖方控制，供需矛盾大。

2. 建立健全物资设备采购供应管理制度

公司成立以总经理为组长，公司领导班子其他成员为副组长，物资设备部、工程管理部、计划财务部、安全质量部负责人及现场指挥部为成员的物资设备管理领导小组。对公司建设期物资设备的采购、供应、质量管理及供应商信用评价实施统一领导。依法建立健全了物资计划管理、招标采购、供应管理，从源头上加强建设物资设备采购管理，明确甲供、自购物资流转及各方责任，严格招投标程序，规范招投标行为，主动提前介入维护和协调好各方的权益，为福平铁路建设物资采购的顺利实施起到了保驾护航的作用。

3. 依法实施甲供物资设备招标采购，加强自购物资设备采购指导

(1)甲供物资设备招标采购

按照“坚持阳光采购、全面开放市场、严格合同约束、实行信息公开”和“公开、公平、公正和诚实信用”的原则，依法认真履行建设单位的职责。对国铁集团管理甲供物资，按照规定程序做好计划提报、招标文件初审、参与评标、签订合同等工作，共完成 8 批次 46 种物资招标采购，主要物资有桥梁支座、道岔、钢轨伸缩调节器、轨枕、钢轨扣配件、信号电缆、通信光缆、高压电缆等，采购总价约为 7.40 亿元；对建管甲供物资，根据项目施工组织设计，及时编制招标文件，合理设置资格条件和包件划分，审查技术规格书，履行法定程序组织招标采购，在江西省南昌公共资源交易中心共完成 4 批次 12 种物资招标采购，主要物资有止水带、综合接地系统、隧道防水板、防水卷材、防水涂料、桥梁伸缩缝、声风屏障、桥梁检查车等，采购总价约为 3.70 亿元。为了保证运营物资工机具、备品备件采购达到满足使用，杜绝闲置浪费的要求，报请南昌局集团公司专业部门审定清单，多次召开相关会议，并通过查询国铁集团物资存量网，结合站段库存及现场实际需求对工机具、备品备件采购清单进行优化，工机具、备品备件招标采购共 57 个包件，采购总价约为 0.34 亿元。

(2)自购物资设备采购指导

为保证施工单位自购物资设备的技术和质量符合国家及国铁集团有关规定，满足铁路建设要求，制定了《福建福平铁路有限责任公司建设项目自购物资设备管理实施细则》(福平铁物字〔2013〕151 号)，明确了自购物资设备目录。福平铁路站前施工单位的钢筋、水泥、钢绞线、外加剂、粉煤灰等大宗及重要自购物资按规定必须进行公开招标采购，招标前公司认真组织审核采购计划是否符合建设项目施工组织要求，在投标人资格条件、技术规格书的设定、招标文件等方面进行严格把关。开标、评标过程派人进行过程指导，确保大宗及重要物资招标采购行为规范运作。

4. 积极协调，严格履约完成物资供应

“兵马未动，粮草先行”，物资设备的供应是铁路建设工程顺利实施的前提和保障。为了确保福平铁路物资供应能够及时、保质、保量地满足施工要求，公司在管理上做到有条不紊，严谨有效，多次组织施工单位、供应商召开专题研讨会，共同研究主要物资供应的方式、方法、注意事项及管理模式，注重信息对称，建立协调机制，充分预想预判，提前介入供应。

第二节　物资质量控制

工程质量能否达到设计标准要求，物资设备的质量是控制工程质量的重中之重。公司制定了《福建福平铁路有限责任公司建设项目物资设备质量管理实施细则》(福平铁物字〔2013〕152 号)，明确了建设单位、设计单位、监理单位、第三方质量检测机构、物资代理公司、施工单位职责。福平铁路在物资设备质量的控制上采取了卡好采购源头、加强进场验收、完善保管使用三个方面措施，确保物资设备质量达标。

1. 卡好物资设备采购源头

在福平铁路物资设备招标采购上，始终遵循“公开、公正、公平和诚实守信“的原则，按照有关规定，国铁集团管理甲供物资进入北京市建设工程发包承包交易中心招标采购，建设单位管理甲供物资进入江西省南昌公共资源交易中心招标采购。

为了保证物资设备质量，质量控制前移至招标采购文件编制阶段，对招标的物资设备严格按相关要求，对列入国家实行生产许可证制度的工业产品目录、铁路行政许可目录、铁路产品认证采信目录内的铁路专用设备，必须选用通过许可认证的物资设备；对新型物资设备采购，明确必须提供技术评审报告、产品质量检验报告和产品验收标准；从福平铁路招标结果看，采购的物资设备质量稳定，未发生产品质量问题。

2. 加强物资设备进场验收

(1)要求各参建单位要建立健全物资设备质量责任制，明确物资设备采购供应管理中各环节责任人和责任单位。建立健全物资设备质量跟踪追溯制度，全过程记录物资设备从厂家到最终使用的质量状况，保证物资设备质量的追溯性。

(2)组织施工单位、监理单位严格按合同要求把控进场物资设备质量，坚决杜绝未经检验或检验不合格物资设备进入施工现场。在进场产品出现质量问题时，立即对问题物资进行清退。组织参建各方到钢轨伸缩调节器、梁端伸缩装置、风屏障、桥梁检查小车等重要物资设备的厂家进行驻厂监造及预验收，将验收环节延伸到厂家，把质量问题消化在产品出厂前。为了加强声屏障质量管理，严格进场验收，制定并下发了《声屏障进场验收实施细则》。

(3)对“四电”重要物资设备，委托有资质的第三方检测单位到生产地对产品进行抽检，抽检时公司组织相关单位共同见证取样，产品验收合格后才能准予出厂。对直接影响行车安全的通信信号器材，入场前委托运营单位对产品技术性能、技术指标及外观等进行检查测试，合格方可使用。充分利用供应商信用评价手段，督促供应商以优质的产品质量完成供应。

3. 完善物资设备保管使用

(1)福平铁路施工单位物资管理部门按公司要求建立健全甲供物资设备到货初验收台账，于每月25 日前上报甲供物资设备月度收、发、存明细表。

(2)施工单位必须按照国铁集团及公司相关规定，对所有物资设备进行现场维护、保管、保养。坚持“先进先用”原则，先进场的物资设备必须先使用，以保证质量。监理单位对进场物资设备的保管、使用进行监督，公司组织人员进行检查、抽检。

(3)对有质量问题的物资设备及时会同公司相关部门、施工单位、监理深入现场进行调查取证，并立即将不合格批次产品进行封存、清退。对供应商按照合同约定进行处罚和信用评价，制定确保产品质量的具体措施，并在全线进行通报，确保工程质量。

第十三章 队伍管理

第一节 专业队伍要求

根据福平铁路工程建设需要，公司开展了各种专业技术队伍的招标工作和队伍的管理工作。在编制招标文件时，公司依据项目特色对各参建单位的专业技术队伍条件做出了明确要求，并严格按招标文件进行招标，同时实行设计、施工、监理等全过程管理，确保各中标公司的专业技术队伍各项能力满足福平铁路建设需要。

对设计单位的要求着重以下几个方面：一是做好站前与站后工程的衔接以及专业间勘察设计配合，确保全线设计原则及采用标准的统一；二是做好现场调查，核实征地拆迁、改路改渠、“三电”迁改等数量，确保数量准确；三是依法合规编制初步设计、施工图设计文件；及时进行技术交底，说明设计意图，解释设计文件，并对涉及施工安全的重点部位和环节提出防范安全事故的指导意见；四是推广、采用经铁道部批准的先进、成熟、经济、可靠的新技术、新材料、新设备；五是按要求及时编制变更设计文件，定期提交变更设计统计资料；六是不得以任何方式指定工程材料、设备的生产厂或供应商，不得承担本工程施工，不得将本合同内的设计工作向第三方转包或发包；七是积极参加发包人组织的施工图现场核对优化工作，负责及时进行技术交底，派现场设计组驻现场全过程配合施工，对复杂技术问题组织专家现场研究解决，提交勘察设计技术总结，参加重点隐蔽工程检查、工程竣工验收和固定资产移交工作，参加工程回访。同时为了做好对设计单位的管理工作，激励勘察设计单位集中力量做好铁路勘察设计工作，及时提供高质量的勘察设计文件，满足工程建设需要，对设计单位施工图提供、审核、实施过程及质量进行考核管理。

福平铁路平潭海峡公铁两用大桥的工程量比较大，结构类型多，施工过程中尤其加强施工单位管理，包括：施工单位质量管理体系的控制、施工过程的质量控制、施工进度的控制，强化施工单位架子队的管理，强力推进施工单位不良行为的管理。同时依法对监理单位的资质等级、人员设备、合同义务等作出明确规定；并制定了工程监理项目信用评价实施办法，根据信用评价结果，对监理单位进行绩效考核，同时制定各项制度、办法、措施，完善对监理单位的管理。

第二节 岗位培训

为提高福平公司及参建单位人员整体素质，推动培训工作走向科学化、制度化、规范化，福平公司制定了人员教育培训计划，明确了培训的管理机构与职能，培训的内容、形式与方法，培训周期与时间，培训计划的编制与实施，培训的检查与考核，培训经费的管理与使用，继续教育证书的管理与使用。

1. 培训周期与时间

公司的岗位培训一个周期为 5 年，根据工作需要可以集中时间安排，也可以分段进行。具体要求如下：

(1)局级后备培训时间为 3 个半月。

(2)处级领导培训时间为 3 个月。

(3)优秀青年培训时间为 2 个月以上。

(4)机关、建设指挥部中的科级培训时间为 1 个月以上。

(5)关键岗位培训时间为 1 个月。

高、中级专业技术人员每年接受继续教育的时间累计不少于 40 学时，初级专业技术人员累计不少于

32学时。其他人员培训，由福平公司结合实际，按照部有关规定组织。

2. 培训计划的编制与实施

福平公司综合部依据铁道部培训计划和公司工程建设工作总体部署，结合公司员工队伍建设实际，负责编制公司年度培训计划并组织实施。公司各部门、各建设指挥部按照公司规定时间，编制本部门、建设指挥部培训计划，并报公司综合部。

福平公司综合部按照铁道部及公司的培训计划和要求，编制培训教学计划，完成培训工作任务。对重点班次，公司综合部及有关部门派专人参与组织和管理，并对学员进行入学教育和考试监督。培训内容涉及项目管理、岗位知识、技术业务、安全管理，特别是平潭桥（主塔施工）新技术、新知识、新设备、新工艺等方面的培训，切实提高了各级各类管理、技术人员自我学习、技术创新、经营管理和科学决策的能力。

3. 培训的检查与考核

福平公司综合部会同有关部门组成培训检查考核组，负责对福平公司培训工作及培训主办单位进行检查、指导、考核。培训主办单位对参加培训人员在培训期间的表现进行全面考核，并将考核结果定期向福平公司综合部汇报。

各部门、福平指挥部强化了对培训工作的管理。在培训周期内，应参加培训的员工未经过相应脱产培训的，不得继续聘任；参加培训未通过结业考试的员工，需重新补考，不合格者不得上岗；培训期间发生违纪行为的，一律视为不合格，必须参加下次培训。

第三节　劳务使用

1. 劳务分包模式

劳务分包可以采取劳务队和架子队两种方式。劳务队模式是将工程非主要工序分包给具有法人资格、对应资质、信誉良好的劳务公司或其他有相应资格的承包公司，由各单位签订相应的合同；架子队模式是将劳务工直接补充至各工班，由项目经理部直接管理，各单位与劳务工本人签订相应的劳务用工协议。所有劳务分包应采取“劳务承包、工序分离、设备租赁、包工不包料”的形式。禁止与无资质或不具备相应资质的单位签订劳务分包合同。

2. 劳务分包管理

(1)严格规范各施工单位架子队

施工单位负责架子队的组建管理工作，制定架子队建设的具体要求；福平指挥部对架子队管理工作开展定期或不定期检查。

(2)规范劳务用工管理

从劳务公司的调查、会审、批准、合同签订、履约、结算等过程建立相应制度，规范管理，形成逐级负责、相互制约、层层落实的管理机制。通过正确引导，划清违法分包与合法用工的界限，引导施工企业依法合规地使用劳务工，同时加强核查，施工单位使用劳务工必须先培训合格再行录用，并按规范要求建立花名册备案等措施，坚持把规范劳务用工作为首要任务来抓。

(3)建立劳务用工管理台账

每份劳务合同应有三证（营业执照、资质证书、安全生产许可证）及授权书，架子队模式的合同应建立三员台账，对三员的管理应符合福平公司的相关规定。

(4)加强对劳务人员的技术培训

劳务人员必须是具有3年以上铁路工程施工经验并经客货共线施工技术培训的熟练劳务人员。对已进场人员应进一步加强客货共线知识的培训，确保所有施工人员的能力满足客货共线施工要求。

第十四章 文明施工

第一节 优化工作环境

为了响应国家和企业对做好绿色施工工作的号召，贯彻落实节材、节能、节水、节地和保护环境的技术经济政策，建设资源节约型、环境友好型社会，通过采用先进的技术措施和管理，最大程度地节约资源，提高能源利用率，减少施工活动对环境造成的不利影响，塑造福平铁路建设形象，展现施工单位文明施工的风采，福平公司积极宣传、推广《铁路建设项目现场管理规范》(TB 10441—2008)和《铁路建设项目现场安全文明标志》(建技〔2009〕44 号)、《建筑施工场界环境噪声排放标准》(GB 12523—2011)、《污水综合排放标准》(GB 8978—1996)，其中《铁路建设项目现场管理规范》总结了以往现场管理工作的成熟做法和成功经验，吸取了安全事故教训，提出了施工过程中的管理规定，对规范建设项目现场管理和施工过程控制具有很好的指导作用。

福平铁路从福州站引出后，跨闽江、乌龙江至长乐市松下以公铁合建桥梁(平潭海峡公铁两用大桥)跨越人屿岛、长屿岛、小练岛、大练岛至平潭岛，施工期间对环境影响要求很高，福平公司在《新建铁路福州到平潭铁路工程指导性施工组织设计》中对文明施工措施提出了要求。

1. 文明施工目标

本工程位于福建省城区，并且作为国家重点工程，公司牢牢树立“以人为本”的指导思想，坚持两个文明一起抓，大力创建“文明工地”。做到现场布局合理，施工组织有序，材料堆码整齐，设备停放有序，标识标志醒目，环境整洁干净，实现施工现场标准化、规范化管理。

2. 文明施工内容

根据相关法律法规、技术规范制定了文明施工目标，成立了以各项目经理为首的现场文明施工领导小组，建立、健全组织管理机构，加强对管理人员和施工人员的教育，强化文明施工意识，提高文明施工水平，不但重视工地容貌的改观，更注重员工精神面貌的改变及素质的提高。通过整治场容场貌、污水排放、材料堆放，加强项目文化宣传、素质教育，规范制度建设及办公生活区设置，严控光污染、施工废弃物、船舶油污、施工噪声及扬尘，建立施工机械设备管理措施、陆域生态破坏水土流失措施、营地生活污水处理措施、竣工后的环境保护措施等。

第二节 安全防护

福平铁路地质环境复杂，尤其是平潭海峡公铁两用大桥地处“建桥禁区”台湾海峡暴风潮海域，地质条件极端复杂，且常年受风浪涌影响，施工难度及安全风险极高。在项目实施过程中，各参建单位高度重视作业环境及安全施工，创新海上安全施工手段，注重防台风安全措施落实，认真贯彻“安全第一、预防为主、综合治理”的方针，严格落实安全责任制度，积极采用先进的安全生产技术和管理方法，确保项目建设过程中的安全生产。

强化营业线施工安全把关，落实干部带班制度，顺利完成了福平铁路福州站、福州站至樟林站区间以及福州南站既有线改造。为有效规范做好平潭海峡公铁两用大桥管养工作，南昌局集团公司、福平公司开通前专门制定了《福平线平潭海峡公铁两用大桥委托管养实施办法》《平潭海峡公铁两用大桥动车组故障应急处置补充规定》《平潭海峡公铁两用大桥公路面危险化学品泄漏、失火应急处置办法》《平潭海峡公铁两用大桥机动车撞击斜拉索应急处置办法》《平潭海峡公铁两用大桥撞击主塔应急处置办法》《平潭海峡公铁两用大桥轮船(漂浮物等)撞桥墩应急处置办法》《平潭海峡公铁两用大桥监测系统发出报警应急处置办法》等系列应急处置管理办法。

第三节　福平铁路建设特色

福平铁路建设特色主要是平潭海峡公铁两用大桥、地处福州市区的闽江特大桥和乌龙江特大桥的文明施工，在施工示范工程的实践过程中，紧紧围绕"四节一环保"为核心的绿色施工理念，通过采用新工艺、新设备、新媒体、新技术及创新管理方式，最大限度地达到经济效益、社会效益和环境效益的有效结合。

(1)采用将海上施工转为陆地施工方案研究。针对施工船舶等设施受风、浪、流及涌的影响大，作业效率低，海况具有不可预见性强和可控性差等特点，采用以海中岛屿为中心向两侧延伸的长栈桥方案和海上大平台方案，通过在平台上布设履带式起重机、固定式起重机、门式起重机和岸上混凝土工厂，取代部分起重船及海上混凝土工作船，来提高设备使用效率、作业工效，保证施工安全和工期可控性。

(2)为减小波浪力对承台围堰施工影响，降低工程项目风险，同时减少工程施工对生态环境的影响，全力推进承台标高提高研究，从源头解决施工风险，减少对海洋环境造成污染和海洋生态的破坏。

(3)80 m、88 m 简支钢桁梁整孔架设方案、斜拉桥钢桁梁大节段(2 节间)悬臂架设方案研究。能够加快钢梁架设施工进度，节省施工工期，尽量减少海况条件对钢梁架设的影响和减少大船舶施工作业次数。

(4)全桥共 1 729 根钻孔桩施工，优化钻机资源配置，冲击、旋转工艺共同使用，大幅缩短钻孔桩施工工期。墩身采用模板支架一体化方案，节约支架，加快施工速度。

(5)主塔塔身施工采用大节段爬模施工，减少施工节段次数，节约施工工期。在下塔柱施工同时，进行下横梁支架安装、下横梁中部钢筋模板施工，减少下横梁与下塔柱衔接时间；主塔上横梁与塔柱采取异步施工方案，使上横梁不影响塔柱施工速度。

(6)加快"跨复杂海域公铁两用大桥施工关键技术研究"科研技术研究，尽早形成平潭海峡公铁两用大桥新的统一作业标准，积极指导施工，提高施工效率。

第四节　经 验 建 议

树立良好的社会形象，创造宽松的外部社会环境结合现场实际情况，制定明确的劳动纪律。严格遵守国家《劳动保护法》和有关部门制定的劳动保护条例，自觉执行关于劳动保护的有关规定。

创建良好环境，组织开展爱岗建家活动。对全体职工加强文化、生活管理，积极引导职工利用业余时间学习专业知识和进行国家有关政策法规的宣传教育。现场设简易文体娱乐场所，使施工人员及时了解国家大事，得到愉悦身心的锻炼，以促进生产。在职工生活环境上做到"五小设施齐全"(食堂、更衣室、医务室、浴室、厕所)，并由专人负责食堂清洁卫生和生活区环境卫生。

第十五章 建设协调

建设协调是铁路工程建设中资源整合与项目推进的一项重要工作内容，铁路建设协调主要内容是完成建设单位与当地政府相关部门协调联动的机制，为确保铁路工程建设有序推进，建设协调必须在组织、制度、机制上保障协调工作能达到有序和有力。

福平铁路从立项、开工、建设、验收和开通运营都十分重视建设协调工作，2018 年初公司组建了征拆协调部，将原新隶属于工程管理部的对外协调办职能划到征拆协调部，部门定编设 8 人，在组织上确保了建设协调工作的战斗力。

福平铁路工程建设协调工作内容主要包括：

(1)用地、用海手续的报批。

(2)建设工程用地征地拆迁推进。

(3)建设资金筹措。

(4)建设中各类矛盾的化解。

(5)地方“三改”问题。

(6)安全评估中涉及的外部环境整治问题。

1. 用地、用海手续的报批

福平铁路沿线涉及福州市和平潭综合试验区两个设区市，晋安、仓山、马尾、长乐、闽侯、平潭六个区县，以及鼓山、城门、祥谦、苏澳等 16 个乡镇；在土地报批材料准备阶段，公司征迁人员积极与各市、区(县)铁办(指挥部)、林业、规划、国土部门进行协调沟通，建立正常的联系工作机制，克服重重困难和阻力，报批组卷材料于 2014 年 5 月经福建省国土资源厅审核后上报国土资源部，2015 年 2 月取得国土资源部批复。

平潭海峡公铁两用大桥所需办理用海报批手续，国家海洋局在用海审查中发现大桥用海海域与两宗已确权的用海项目重叠(平潭县电力公司 10 kV 苏沃—大练岛海底电缆和福州港松下港区榕振船厂项目)，导致用海未能得到批复。经过与地方各级政府、部门的积极沟通协调，2015 年 5 月完成了平潭县电力公司 10 kV 苏沃—大练岛海底电缆用海使用权的转移；2015 年 6 月 15 日，福建省人民政府发出《收回海域使用决定权》(闽政海域〔2015〕25 号)收回榕振船厂海域使用权。2016 年底国家海洋局完成福平铁路平潭海峡公铁两用大桥项目用海的批复(国海管字〔2016〕693 号)。

2. 建设工程用地征迁推进

征地拆迁是大中型建设项目推进过程中的瓶颈，征迁快慢将直接影响到工程建设的进度，公司对项目征地拆迁情况建立了详实台账，及时掌握与跟踪建设用地交付情况，房屋拆迁完成情况，特别是影响控制性工点的情况，每月报送相关地方政府。

福平铁路沿线除跨海大桥涉及的海域外，其他区段均处于人口密集的沿海发达区域，征地拆迁工作问题多、难度大；公司积极组织力量，加大与地方政府的沟通协调力度，定期召开征迁现场推进会，及时准确的把握现场征迁进度，科学评估征地拆迁对工程建设进度的影响，按轻重缓急、先易后难的原则制定推进方案，有效保障现场施工有序推进。2016 年 6 月 30 日，已完成全部红线内土地征收(2 973.58 亩，补征用地、路内用地除外)、全部海域征收(1 072.54 亩)、全部房屋拆迁(30.838 2 m^2)、全线需特构物征收(106 宗)以及全部评估补偿工作。

福平铁路征地拆迁工作基本保障了项目建设的进度，总结有以下几个方面经验：

(1)与各级地方政府建立联动机制，在项目建设过程中遇到征迁困难问题，由县、区铁办上报至市征收指挥部，市指无法协调的，及时上报福建省铁办、省重点办协调。

（2）及时准确掌握现场数据资料，每月与工程管理部、指挥部、施工单位、监理单位开碰头会，了解工程进度情况，编制征地拆迁月报表，并及时向地方各级政府、部门反馈。

（3）对重点、难点问题，特殊个案，及时召开专题工作会议，研究解决方案和措施，并上报公司办公会、省铁办、省重点办批准后，及时进行处理。

3. 建设中各类矛盾的化解

阻工问题在项目建设过程中常有发生，是项目建设社会矛盾一个部分，如何化解矛盾，公司做了深入的调查研究，将问题按性质进行分类。矛盾的产生的原因基本有三类：一类是工程设计上缺陷问题造成的，比如“三改”未到位，铁路项目阻断了村庄的出行道路和原有排水设施，未及时修复，给群众生产生活造成影响；二类是施工企业在施工中不尊重当地的生活习惯和民风民俗，存在施工扰民现象；三是社会黑恶势力想从建设项目中获取个人私利，故意挑起事端，煽动村民闹事，阻碍项目推进。

针对这些情况，公司不回避矛盾，采取积极应对的方式，一是加强对征拆人员业务培训，牢牢把握政策，同时细致了解与老百姓的切身利益息息相关的影响因素，深入现场调查研究，与地方政府一起研究问题，寻找化解矛盾的办法；二是针对施工工点范围内多居民区，房屋密集，现场施工与老百姓利益间的矛盾等问题，加强对施工单位的宣传教育工作，要求施工单位关好自家门、管好自家人，多与工点所在地的各级政府、村委会、村民沟通交流，多帮助当地群众做一些力所能及的好事，不要扰民、损民，确保施工生产和内部人员的和谐稳定，建立和谐的路地关系。经多管其下的推进方式，将建设过程中的各种矛盾问题逐个化解，确保了按期竣工验收，顺利开通。

4. 地方“三改”问题

“三改”包括改路、改沟、改渠，列入工程变更的“三改”项目 15 项。一方面减少了铁路工程建设对当地百姓生产生活的影响，另一方面增强与属地政府间的信任关系，为今后的路地协调清除了障碍。

5. 安全评估中涉及的外部环境整治问题

铁路外部环境安全评估是新建铁路运营开通验收工作的一项关键阶段，从 2020 年 5 月初起由公司、设备管理单位、施工单位共同组织了外部环境排查组，对福平铁路外部环境安全隐患问题进行拉网式排查，共发现各类隐患问题 1233 个，其中需要当地政府协调解决的问题 1 024 个（福州市境内 653 个、平潭综合试验区境内 371 个）。针对存在的安全隐患问题，公司在外部环境外部整治协调工作上总的分为四个阶段进行推进：

（1）第一阶段：启动阶段

2020 年 6 月 30 日福平公司正式向福州市政府、平潭综合试验区政府致函，要求尽快开展外部环境安全整治工作，并提交排查问题库；同时积极协调福建省铁办，组织召开了研究福平铁路运营安全外部环境整治工作的专题会，并形成了工作协调会议纪要，对外部环境整治工作做了总体部署，明确了完成的时间节点，同时就福平铁路外部环境整治中产生的费用给出了明确的意见，所有费用由地方政府全部承担。

（2）第二阶段：方案阶段

由于外部环境整治问题较多，各种问题交叉并行，给问题的解决造成了很大困难。地方基层政府（主要是乡镇）对外部环境整治的意识及问题处置方案不明确，需要公司、设备管理单位、铁路安监、施工单位、铁办与基层政府单位在方案上达成一致意见，因而公司与相关地方政府召开多次现场会、专题会，逐个对问题进行分类、制定整治措施，形成处置纪要，对所有存在问题的处理达成一致意见。

（3）第三阶段：跟踪推进

采用分类、分层、分策方式推进，通过问题库彩印册、航拍影像、编制《福平铁路外部环境整治情况简报》（共 6 期）、外部环境整治推进表、路地协调工作微信群、专题整治会议、现场推进会等多种方式全面启动了福平铁路外部环境工作，协调打通了涉及外部环境整治工作中各个处理环节，帮助各区县政府解决和落实拖欠的征迁补偿款和外部环境整治费用的筹措问题。本项工作中《福平铁路外部环境整治情况简报》将“整治依据”、“整治方案”、“会议动态”、“现场动态”及“整治进度完成情况指标”、“一线反馈”等栏目全面反映了各区、各县、各乡镇的整治工作情况，对路、地各方的协调联动、形成合力发挥了很大的作用。

(4)第四阶段:会战攻坚阶段

随着外部环境问题整改销号率的上升,复杂和难度较大的问题逐渐显现。征迁协调部门认真梳理收集,加以分析和研判,确定问题性质与处理解决层面是十分关键的,理清问题的范围及思路后,抓住时机(如路地高层领导会面、省市领导现场检查、省重大项目协调会等)向上进行汇报,寻求解决的多方途径,使重难点问题能够按期解决销号。

通过公司的统筹协调和推进,在国铁集团安全评估前,全部整改销号完成了外部环境安全整治问题。

第十六章　工 程 验 收

第一节　验 收 方 式

福平铁路竣工验收分为静态验收、动态验收、初步验收、安全评估和国家验收五个阶段。静态验收、动态验收由南昌局集团公司组织实施，初步验收及安全评估由中国国家铁路集团有限公司组织，国家验收由国家主管部门组织。

在静态验收之前福平公司组织完成了平潭海峡公铁两用大桥三座通航孔斜拉桥和一座 88 m 简支钢桁梁成桥静、动载试验。试验从 2020 年 7 月 28 日开始至 2020 年 10 月 10 日结束。

成桥静、动载试验结果表明，三座通航孔斜拉桥钢桁梁和 88 m 简支钢桁梁在强度、横向刚度、竖向刚度和动力性能等方面均满足规范要求及设计要求；主塔强度、纵横向刚度和动力性能符合设计状态；斜拉索及索梁锚固结构受力合理；支座工作状态良好；桥梁总体工作性能满足相关规范和设计文件要求；桥梁动力性能满足动车组以 200 km/h 及以下速度运行时的相关标准要求。

第二节　静 态 验 收

1. 验收组织

2020 年 5 月 27 日，南昌局集团公司以《关于申请开展新建福州至平潭铁路静态验收的函》(南铁建设函〔2020〕211 号)申请开展静态验收。6 月 29 日，国铁集团工程管理中心以《国铁集团工程管理中心关于开始新建福州至平潭铁路工程静态验收的通知》(工管工调函〔2020〕65 号)，同意 7 月 1 日开始静态验收。

2020 年 7 月 1 日～9 月 5 日，南昌局集团公司组织完成了福平铁路工务、通信、信号、供电、房建(四电房屋、站台雨棚天桥等)、车辆、环水保、防灾工程等 8 个专业静态验收，并上报了静态验收报告。9 月 25 日～10 月 31 日完成平潭海峡公铁两用大桥补充静态验收，并上报了静态验收报告。10 月 19 日完成客服设施、信息、建设用地，11 月 11 日完成站房及生产生活房屋静态验收。

2. 验收结论

2020 年 9 月 14 日～12 月 6 日，国铁集团高铁验收专家组先后对各专业静态验收报告进行了审查，审查意见为：福平铁路静态整体系统满足设计要求和验收标准，工程总体质量合格，同意通过静态验收，具备动态验收条件。

第三节　动 态 验 收

一、检测任务概况及依据

根据南昌局集团公司《关于印发〈南昌局集团公司福平线联调联试及运行试验试验方案〉的通知》(南铁科信〔2020〕188 号)，成立了南昌局集团公司福平铁路联调联试及运行试验领导小组和各专业组。福平铁路完成静态验收，并经专家评审，具备联调联试及动态验收条件后，依据国铁集团《关于福平铁路联调联试、动态检测及运行试验大纲的批复》(铁工管函〔2020〕348 号)，自 2020 年 9 月 26 日至 12 月 21 日完成了福平铁路联调联试、动态检测及运行试验，并通过动态验收。

1. 验收依据

依据《客货共线铁路工程动态验收技术规范》(TB 10461—2019)、《高速铁路联调联试及运行试验技术规范》(Q/CR 472—2015)等文件有关要求进行了联调联试及动态检测。

2. 验收范围

(1)福平铁路联调联试及动态检测范围:福平铁路正线(上、下行线 K1809+188～K1896+341)。

(2)货车动力学响应检测范围:福平铁路福州南(不含)至平潭段正线(上、下行线 K1829+300～K1896+341)。

3. 验收内容

福平铁路正线动态检测内容包括轨道(含轨道几何状态、货车动力学响应、动车组动力学响应、轨道结构动力性能及道岔动力性能)、路基(含路基状况、路基动力性能)、桥梁、隧道(含列车空气动力学、隧道内气动效应)、电力牵引供电(含牵引供电系统、接触网、远动系统、自动过分相)、通信系统、信号系统、客运服务系统、综合接地、电磁环境、振动噪声、灾害监测系统等共 12 大项测试内容。

4. 验收过程

(1)现场准备

2020 年 9 月 22～26 日,铁科院完成了地面测点的设备安装、调试工作,9 月 27 日开始采用检测列车上线检测,9 月 29 日在长乐南站开展 1 号岔位 18 号道岔转换阻力及夹异物测试。2020 年 10 月 9 日,完成了福平铁路新建正线路基状况探地雷达测试。

(2)货物检测列车逐级提速测试

2020 年 9 月 28 日～10 月 4 日,采用 C70E1807223(空)+C70E1807241(重)货物检测列车进行了福州南至平潭上、下行正线货物检测列车逐级提速测试,测试速度等级为 80 km/h、90 km/h、100 km/h、110 km/h、120 km/h。测试内容包括货车动力学响应、轨道结构动力性能、道岔动力性能、路基动力性能、桥梁动力性能、供变电运行参数、综合接地、电磁环境、振动噪声等。

10 月 4 日,在长乐南站完成了道岔侧向测试,速度级为 70 km/h、80 km/h、90 km/h,各运行 3 个往返。

(3)动车组逐级提速测试

2020 年 10 月 3 日～11 月 3 日,采用 CRH2A-2010 综合检测列车在福平铁路上、下行正线开展了单列动车组逐级提速测试,测试速度等级为 180 km/h、200 km/h、210 km/h、220 km/h(其中福州至福州南区段为 160 km/h、176 km/h)。测试内容包括轨道几何状态、动车组动力学响应、轨道结构动力性能、道岔动力性能、路基动力性能、桥梁动力性能、列车空气动力学、隧道内气动效应、供变电系统运行参数、接触网、自动过分相、通信系统、轨旁信号设备状态、综合接地、电磁环境、振动噪声等。

11 月 14 日,在长乐南站完成了道岔侧向测试,速度级为 70 km/h、80 km/h、90 km/h,各运行 3 个往返。

2020 年 11 月 4 日,采用 CRH2A-2494+CRH2A-2477 重联动车组在福平铁路上、下行正线进行了弓网受流性能测试,试验速度等级为 180 km/h、200 km/h(其中福州至福州南速度等级为 160 km/h)。

2020 年 10 月 14 日,在海门变电所至莲花山分区所供电臂进行了接触网短路试验。

(4)信号系统测试

2020 年 9 月 10 日～12 月 21 日,先后运用装载 CTCS2-200H、CTCS2-200C、CTCS3-300S、CTCS3-300H、CTCS3-300T 型号车载设备的动车组开展了信号(列控)系统测试,共计完成了 642 个 C2 级测试序列的测试,检测里程 8 573 km。车站联锁系统接口功能测试、CTC 系统接口及相关功能测试结合信号(列控)系统测试同步开展并完成。

(5)其他系统测试

①2020 年 10 月 31 日～11 月 5 日、11 月 15 日,在长乐站、长乐东站、长乐南站、平潭站进行了客运服务系统测试。

②2020 年 10 月 21～23 日、10 月 26～27 日，在视频接入节点平潭站及南昌局集团公司视频区域节点进行了综合视频监控系统联调联试的初测工作。10 月 30～31 日，对初测中出现的问题及不具备测试条件项目的进行复测、补测。11 月 19 日完成接入视频核心节点的测试工作。

③2020 年 10 月 16～22 日，在福平铁路南昌局集团公司调度所、海门牵引变电所、莲花山分区所、莲花山分区所网开关站、福州开闭所(福平相关馈线)、平潭配电所、长乐站电力远动间、K1841＋696 箱变开展了运动系统测试。

④2020 年 10 月 21～30 日，进行了灾害监测系统测试，包括风监测功能、雨监测功能、异物侵限监测功能测试，列车调度终端、工务调度终端、工务段终端、通信段终端、信息终端的测试。12 月 21 日，完成了福平铁路灾害监测系统新增异物监测点补测工作。

(6)全线拉通

2020 年 11 月 15～18 日，采用 CRH2A-2010 综合检测列车开展了全线拉通测试，检测速度级为 200 km/h。11 月 19 日、23 日进行了轨道几何状态复测。

截至 2020 年 11 月 23 日，逐级提速测试阶段共开行检测列车 50 列，检测里程约 3 790 km；开行货物检测列车 32 列，检测里程约 1 838 km；开行综合检测列车 125 列，检测里程约 7 021 km；开行重联动车组 18 列，检测里程约 843 km。信号系统测试阶段共计完成了 642 个 C2 测试序列的测试，检测里程约 8 573 km。累计开行试验列车 867 次，累计检测里程 22 065 km。

5. 动态检测总结论

福平铁路正线轨道、路基、桥梁、隧道各项测试指标满足动车组以 200 km/h 及以下速度(其中 K1809＋188～K1829＋300 区段满足动车组以 160 km/h 及以下速度)运行时的安全性、平稳性相关标准要求；福平铁路福州南(不含)至平潭段正线轨道、路基、桥梁各项测试指标满足 23 t 轴重货物列车以 120 km/h 及以下速度运行时的安全性、平稳性相关标准要求。

福平铁路牵引供电系统满足设计和相关标准要求；福平铁路正线接触网满足单弓受流及双弓受流动车组以 200 km/h 及以下速度运行时的相关标准要求；磁感应器自动过分相功能满足相关标准要求；检测的远动系统遥控(调)、遥信、遥测项目功能正确。

福平铁路 GSM-R 场强覆盖、GSM-R 网络服务质量、通信系统应用业务(含调度通信、调度命令信息无线传送、列车无线车次号校核信息传送)、传输通道保护等功能和性能满足相关标准和设计要求，福平铁路接入引起既有营业线 GSM-R 调整后所测区段(福州联络线、杭福联络线、杭深线连江至福清段)GSM-R 系统场强覆盖、GSM-R 网络服务质量检测结果满足相关标准要求。综合视频监控系统(铁路综合视频监控系统 V3.0)各项功能、性能符合设计文件及相关技术文件要求。

依据试验大纲和相关规范，完成了福平铁路信号系统测试项目的动态检测，试验大纲中的测试项目通过测试，满足相关标准和规范的要求。

福平铁路客票系统在各站能够正确开展正常及应急模式下电子客票的售、检票业务，能够正确开展自动售、到站补、行程信息提示打印、报销凭证打印、报销凭证作废、实名制验票业务；旅客服务信息系统能够正确开展中心站代管和本站站控模式下的广播、引导业务；时钟系统能够实现时间同步功能；视频监控功能正常、图像质量合格；接口功能正常；站内局域网、客票系统广域网各项指标正常；客票安全系统保障功能正常。福平铁路客运服务系统功能及相关性能符合设计及相关标准要求。

福平铁路在列车运行和接触网短路条件下的钢轨电位及轨旁设施电位测试结果均满足相关标准要求；在列车运行条件下的钢轨电流测试结果满足相关标准要求；贯通地线接地电阻测试结果满足相关标准要求；列车运行条件下各回流途径的回流比例满足回流技术指标要求。

福平铁路列车运行时铁路系统对外部电磁辐射场强、列车运行时牵引变电所电磁辐射场强、列车运行和接触网短路试验条件下的信号电缆芯线感应纵电动势等各项测试指标均满足相关标准要求。

福平铁路设计近期车流对数条件下昼、夜间铁路边界噪声满足相关标准要求，昼、夜间 4b 类声环境功能区噪声满足相关标准要求，沿线环境振动满足相关标准要求，声屏障降噪效果满足设计要求。

福平铁路自然灾害及异物侵限监测系统(V3.9)风监测、雨监测、异物侵限监测、设备冗余、设备状态监测、辅助功能测试结果符合设计文件及相关技术文件要求。

二、动态验收报告专家组审查结论

1. 工务工程专业专家组审查结论

根据铁科院《福州至平潭铁路工程动态检测报告》的结论和静态验收遗留问题整改情况,福平铁路轨道、路基、桥梁、隧道、声屏障各专业主要功能和实体质量符合设计要求,满足动车组以 200 km/h 及以下速度(其中 K1809+188～K1829+300 区段满足动车组以 160 km/h 及以下速度)运行时的安全性、平稳性要求;K1825+385～K1896+341 满足货物列车以 120 km/h 及以下速度运行时的安全性、平稳性要求。同意通过动态验收,具备初步验收条件。

2. 供电工程专业专家组审查结论

福平铁路动态验收范围为福州站至平潭站(正线里程 K1809+188～K1896+341,含福州枢纽改造、还建福州联络线以及接入南昌局集团公司调度中心)。

同意南昌局集团公司《关于报送〈新建福州至平潭铁路动态验收报告〉的函》(南铁建设函〔2020〕546 号)中供电工程及相关部分的动态验收结论,通过动态验收,具备初步验收条件。

福平铁路的联调联试、动态检测及运行试验工作按《高速铁路竣工验收办法》(铁建设〔2012〕107 号)、《高速铁路工程动态验收技术规范》(TB 10761—2013)、《客货共线铁路工程动态验收技术规范》(TB 10461—2019)、《高速铁路联调联试及运行试验技术规范》(Q/CR 472—2015)和《国铁集团关于新建福州至平潭铁路联调联试、动态检测及运行试验大纲的批复》(铁工管函〔2020〕348 号)等文件要求进行,供电工程及相关检测试验项目和内容完整。

3. 电务工程专业专家组审查结论

南昌局集团公司组织的福平铁路电务工程动态验收工作,其程序及报告内容符合相关文件规定的要求,同意动态验收报告的结论意见,即福平铁路通信工程、信号工程(含综合接地信号部分)通过动态检测项目测试,满足相关标准和规范要求,通过动态验收,具备初步验收条件。

4. 信息工程专业专家组审查结论

南昌局集团公司组织有关单位对福平铁路信息工程进行了动态验收,上报了动态验收报告。根据《高速铁路工程动态验收技术规范》(铁建设〔2013〕45 号)等文件精神,经专家组审议,同意其动态验收意见,福平铁路信息工程具备初步验收条件。

5. 客服设施专业专家组审查结论

南昌局集团公司组织相关单位对福平铁路客服设施进行了动态验收,提交了动态验收报告。根据《高速铁路工程动态验收技术规范》(铁建设〔2013〕45 号)等文件精神,经专家组审议,同意其动态验收意见,福平铁路客服设施具备初步验收条件。

6. 环境保护与水土保持工程专业专家组审查结论

根据铁道部《关于发布高速铁路竣工验收办法的通知》(铁建设〔2012〕107 号)、《高速铁路环境保护、水土保持设施竣工验收工作实施细则》(铁计〔2012〕264 号)要求,本工程环境影响报告书及环评批复意见、水土保持方案及批复意见和设计文件中涉及的环保水保措施已基本得到落实,防护效果比较明显。本工程建设执行了环境影响评价制度和环水保设施与主体工程同时设计、同时施工、同时建成投产使用的“三同时”制度,环、水保工程动态验收合格,具备开展初步验收条件。

7. 自然灾害及异物侵限监测系统工程专业专家组审查结论

动态验收报告内容完整,满足动态验收相关规定,同意《新建福州至平潭铁路动态验收报告》(南铁建设函〔2020〕546 号)中灾害监测系统工程动态验收报告结论,具备初步验收条件。

第四节 初步验收

2020 年 12 月 9～11 日，国铁集团组成初步验收委员会对福平铁路进行现场检查并召开初步验收会议，12 月 11 日，通过了福平铁路初步验收，初步验收委员会认为：福平铁路工程各项测试指标满足动车组以 200 km/h 及以下速度(其中 K1809＋188～K1829＋300 区段满足动车组以 160 km/h 及以下速度)运行时的安全性、平稳性要求；K1825＋385～K1896＋341 满足货物列车以设计速度及以下运行时的安全性、平稳性要求，工程质量合格，工程验收程序符合规定，同意通过初步验收。

第五节 安全评估

2020 年 12 月 15～17 日，国铁集团组成运营安全评估验收委员会对福平铁路进行现场检查并召开运营安全评估验收会议，12 月 17 日，通过了福平铁路安全评估验收，验收委员会认为：福平铁路安全管理、规章制度、作业标准、应急预案、安全保障措施、人员配备和培训、劳动安全、路外安全、治安消防等工作和移动设备配备已基本到位，满足运营要求，具备动车组以 200 km/h 及以下速度(其中 K1809＋188～K1829＋300 区段满足动车组以 160 km/h 及以下速度)开通运营条件，K1825＋385～K1896＋341 区段具备货物列车以设计速度及以下开通运营条件。2020 年 12 月 10 日福平公司与南昌局集团公司签订了委托运输合同，明确了由南昌局集团公司负责福平铁路各专业运营管理。平潭综合性货场尚未建成，暂不具备办理货运业务条件，开办货运业务前，南昌局集团公司另行组织检查确认。

第十七章 竣工决算

第一节 项目批复情况

1. 立项批复

2010年6月22日，铁道部 福建省人民政府《关于新建福州至平潭铁路项目建议书的批复》(铁计函〔2010〕754号)，批复投资估算总额为202.8亿元，其中，静态投资176亿元，建设期贷款利息8.7亿元，动车组购置费18亿元，铺底流动资金0.1亿元。

2. 可研批复

2012年10月25日，国家发展和改革委员会《关于福州至平潭铁路可行性研究报告的批复》(发改基础〔2012〕3393号)，批复项目总投资为257.3亿元，其中工程投资243.3亿元，机车车辆购置费14亿元。资金来源：跨海坛海峡公铁两用大桥公路分摊投资部分63.3亿元由福州长平高速公路有限责任公司筹资建设并负责运营维护管理；铁路工程投资194亿元，项目资本金安排97亿元(占50%)，其中安排中央预算内投资15亿元，铁道部承担39.3亿元，使用铁路建设基金和铁道部自筹资金，福建省承担42.7亿元，自筹解决，资本金以外的资金利用国内银行贷款。由铁道部与福建省共同组建合资铁路公司作为项目法人，负责铁路工程建设和运营管理。

3. 初步设计批复

2013年5月17日，中国铁路总公司 福建省人民政府《关于新建福州至平潭铁路初步设计的批复》(铁总办函〔2013〕220号)，批复福平铁路工程初步设计总概算按244.36亿元控制(不含长乐站、长乐东站、长乐南站、平潭站站房综合楼及配套工程投资)。其中：静态投资218.48亿元，建设期贷款利息11.77亿元，机车车辆购置费14.00亿元，铺底流动资金0.11亿元。具体如下：

铁路工程初步设计总概算(含分摊平潭海峡公铁两用特大桥50%投资)按177.29亿元控制，其中静态投资151.41亿元、建设期贷款利息11.77亿元、动车组购置费14.00亿元、铺底流动资金0.11亿元。

公路工程分摊平潭海峡公铁两用特大桥50%投资67.07亿元(全部为静态投资)。

4. 其他修改初步设计批复

(1)2015年6月16日，中国铁路总公司《关于新建福州至平潭铁路长乐等3站站房初步设计的批复》(铁总鉴函〔2015〕598号)，批复福平铁路长乐、长乐东、长乐南站站房(含信息、电力、暖通等配套)工程初步设计概算按12 775万元控制。

(2)2017年7月21日，中国铁路总公司《关于新建福州至平潭铁路平潭站站房及相关工程初步设计的批复》(铁总鉴函〔2017〕601号)，批复福平铁路平潭站站房(含信息、电力、暖通等配套)及相关工程初步设计概算按54 530万元控制(含按协议地方政府承担投资30 900万元)。

5. 清理概算的批复

2021年5月30日，国铁集团、福建省人民政府《关于新建福州至平潭铁路总概算的批复》(铁鉴函〔2021〕228号)，福平铁路总概算按3 007 820万元控制。其中公路工程分摊平潭海峡公铁两用大桥50%投资，计816 370万元；铁路工程2 191 450万元(含地方承担站房规模调整投资30 900万元)。公路工程分摊平潭海峡公铁两用大桥50%投资、计816 370万元，由京台高速(平潭)跨海大桥有限公司承担；铁路工程部分，由国铁集团承担资本金578 600万元，福建省承担资本金455 000万元，地方政府承担站房规模调整投资30 900万元，其余资金使用铁道债券和银行贷款。

6. 其他批复文件

2015 年 2 月 5 日，中国铁路总公司《关于福州至平潭铁路福州南动车运用所扩能工程Ⅰ类变更设计的批复》(铁总办函〔2015〕115 号)，批复按标段招标降造率扣除降造费后，福州南动车运用所扩能工程Ⅰ类变更设计概算增加按 22 920 万元控制(含勘察设计费 240 万元)。

第二节　基本建设投资计划和资金到位情况

截至 2021 年 6 月 25 日，福平铁路累计下达投资计划 3 003 490.00 万元，按照建设资金款源分为：铁路方出资 735 600.00 万元；地方出资 1 302 270.00 万元；银行贷款 965 620.00 万元。

截至 2021 年 6 月 25 日，福平铁路累计到位资金 2 589 250.00 万元。具体情况如下：

(1)国铁集团(中国铁路总公司)计划出资 578 600.00 万元，已到位资金 543 000.00 万元。累计到位资金包括中央预算内资金 150 000.00 万元，铁路建设基金 90 000.00 万元，车购税 100 000.00 万元，开行专项基金 100 000.00 万元，铁路债券(权益性资金)53 000.00 万元，发展基金社会融资 50 000.00 万元。

未到位资金 35 600.00 万元(铁路权益性资金，未明确资金分类)。

(2)地方资金计划出资 1 302 270.00 万元，已到位资金 1 128 600.00 万元。累计到位资金包括福建省铁路投资有限公司 427 000.00 万元(资本金)，平潭交通投资集团有限公司 30 900.00 万元(平潭站站房调整规模地方出资)，京台高速(平潭)跨海大桥有限公司 670 700.00 万元(公路工程分摊平潭海峡公铁两用特大桥 50%投资)。

未到位资金 173 670.00 万元，其中福建省出资(资本金)28 000.00 万元，京台高速(平潭)跨海大桥有限公司出资 145 670.00 万元(公路工程分摊平潭海峡公铁两用特大桥 50%投资)。

(3)债务性资金计划应到位 1 122 620.00 万元，累计实际到位 917 650.00 万元，其中银行贷款资金 652 300.00 万元，铁路债券(债务性资金)157 000.00 万元。

未到位资金 204 970.00 万元，全部为银行贷款。

已落实该项目所需全部未到位资金，将根据工程结算、尾工实施的实际资金需求提款。

第三节　概算执行情况及分析

福平铁路批复总概算金额 3 007 820.00 万元，截至 2021 年 6 月 25 日累计已完成投资 2 968 793.29 万元，尾工及预留费用 34 341.00 万元，见表 2-17-1。

表 2-17-1　工程投资概算执行情况　　(单位：万元)

序号	工程项目及费用名称	概算批复 ①	实际支出 ②	预留尾工 ③	小计 ④=②+③	节(－)超(＋)金额 ④－①
一	拆迁及征地费用	326 022.00	317 646.00	8 376.00	326 022.00	
二	路基	80 394.00	80 300.00	94.00	80 394.00	
三	桥涵	1 431 797.00	1 431 797.00	—	1 431 797.00	
四	隧道及明洞	173 481.00	173 481.00	—	173 481.00	
五	轨道	60 303.00	56 441.00	3 862.00	60 303.00	
六	通信、信号及信息	36 086.00	35 672.00	414.00	36 086.00	
七	电力及电力牵引供电	41 094.00	40 584.00	510.00	41 094.00	
八	房屋	56 806.00	56 806.00	—	56 806.00	
九	其他运营生产设备及建筑物	28 416.00	28 391.00	25.00	28 416.00	

续上表

序号	工程项目及费用名称	概算批复 ①	实际支出 ②	预留尾工 ③	小计 ④=②+③	节(一)超(+)金额 ④-①
十	大型临时设施和过渡工程	22 640.00	22 615.00	25.00	22 640.00	
十一	其他费用	189 559.00	173 844.00	15 715.00	189 559.00	
十二	基本预备费	342 300.00	336 980.00	5 320.00	342 300.00	
十三	建设期利息	77 861.00	77 861.00	—	77 861.00	
十四	机车车辆购置费	140 000.00	135 314.00	—	135 314.00	−4 686.00
十五	铺底流动资金	1 061.00	1 061.00	—	1061.00	
合计		3 007 820.00	2 968 793.00	34 341.00	3 003 134.00	−4 685.71

概算执行控制较好的主要原因：一是工程较好地执行了招投标程序，执行了合同风险共担的原则；二是根据国家增值税进项税抵扣政策调整，可抵扣增值税税率下降减少了工程支出；三是建设期利息结余，主要是建设期利息收入冲减；四是严格执行概算批复，严格控制变更设计。

福平公司严格执行基建程序，实行目标管理，工程管理科学化、制度化、规范化，有效地控制了工程质量、工程进度和建设投资，使福平铁路总体投资控制在概算以内。该项目按照批准的概(预)算内容实施，不存在超标准、超规模、超概(预)算建设现象。

第十八章　健康监测系统

第一节　建设目的

平潭海峡公铁大桥是福建省福州市境内跨海通道，位于海坛海峡北口，是福平铁路、长乐—平潭高速公路的关键性控制工程，是合福高铁的延伸、北京至台北铁路通道的重要组成部分，也是连接长乐和平潭综合试验区的快速通道。为掌握桥梁运营状况、满足大桥养护管理的需求，利用当今科技手段(结构分析、传感测试、通信、计算机及网络技术)，建立集环境监测、结构监测、数据分析处理、报警与评估、电子化巡检为一体的桥梁运营监测系统。全面、实时地掌握大桥在运营过程中的健康状况，有效指导大桥的养护工作；建立有效安全报警机制，在结构出现异常情况或突发事件时及时报警；定期或突发事件后对桥梁的结构状态和轨道安全(系统监测内容涉及的方面)作出评估，掌握大桥工作状态的变化规律，为桥梁养护管理单位提供技术依据。并达到技术先进、操作简便、运行可靠的总体目标。根据平潭海峡公铁大桥自身的结构特点和运营期养护管理的需要，健康监测系统建立的目的有以下几个方面：

1. 掌握结构工作状态

平潭海峡公铁大桥具有体系复杂、重载交通、位移及结构内力较大、安全性十分重要等显著特点，并且外部荷载(汽车、列车、风荷载、温度等)种类繁多、组合多样。因此需针对大桥结构特点合理选取监测内容，以便及时掌握桥梁结构的健康状态。在列车和汽车荷载作用下，结构变形和振动较大，结构变形和振动过大又会影响列车行驶的安全性和舒适性，增加车-桥耦合振动的附加作用，同时车辆动力荷载的作用对桥面板、主桁杆件的疲劳应力影响显著；此外，主塔、拉索作为主要的受力或传力杆件，其工作性能的好坏直接影响桥梁的使用性能。因此针对桥梁结构变形(包含大桥空间姿态及变形、主梁挠度、梁端转角)、主梁振动及拉索索力等布设相应的传感器进行监测，用以实时掌握大桥的结构工作状态。

2. 掌握特殊部位工作状态

大桥采用了特制钢轨伸缩调节器及梁端伸缩装置，其工作性能的好坏直接影响列车的行车安全，根据《铁路桥梁检定规范》(2004)中有关列车行车安全特征参数的规定，对表征列车行车安全的特征参数进行监测，以达到掌握行车安全状态的目的。

3. 预见性维修管养

通过大桥的运营安全监测系统，利用采集得到的特征信息，通过处理、统计、分析，实现大桥工作状态和安全性能的评估和预测，给桥梁管理者提供管养的重点，在大桥出现明显的病害和损伤前实施有效的养护、维修及加固措施，节约大量的后期维护经费，达到预见性维修管养的目的。

第二节　系统设计与实施

根据研究成果，考虑经济和结构运营状态等方面的原因，通过有限的传感器来获取尽可能多的桥梁健康状况信息。实现用最少的传感器完成大桥必要项目监测的目的。主要监测内容包括：

桥址环境方面：海洋环境下的风荷载(涵盖台风)、大气温湿度(针对整体温度的升降以及影响耐久性能的环境湿度)的监测；列车行车信息、公路桥面交通信息的监测；地震、船舶撞击的监测。

结构响应方面：结构空间变位、梁体挠度/线形监测；结构和构件的应力、温度及局部温度场监测；拉索索力监测；结构动力性能监测。

养护管理方面：除沿线视频安全监控外，还包括日常巡检任务所涵盖内容的监测，并为日后既有病害的跟踪监测预留接口。

福平铁路特殊孔跨大桥健康监测系统包含3座桥梁健康监测系统和沿线风荷载及视频监控，各桥梁监测测点内容信息见表2-18-1。

表2-18-1　健康监测系统监测测点统计

序　号	桥名/监测项目	测点数量
1	元洪航道桥	207个
2	鼓屿门航道桥	201个
3	大小练岛航道桥	196个
4	沿线风荷载	3个
5	沿线视频监控	50个
合　计		657个

一、测点布置情况

监测项目包含：①环境风荷载监测；②环境温湿度监测；③地震与船舶撞击监测；④结构温度监测；⑤腐蚀监测；⑥主梁挠度线形监测；⑦支座位移监测；⑧主塔空间变位监测；⑨结构应力监测；⑩索力监测；⑪动力性能监测；⑫梁端变形监测；⑬汽车荷载监测；⑭列车车速监测。

二、元洪航道桥测点布置

元洪航道桥测点共计207个，具体见表2-18-2，测点总体布置如图2-18-1所示。

表2-18-2　元洪航道桥监测项目及测点一览

监测类型	监测项目		传感器类型	测点数量(个)	监测部位
环境荷载源监测	环境风荷载		风速风向仪	1	塔顶
			超声风速风向仪	2	主跨跨中
	环境温湿度		温湿度计	4	塔顶、索塔锚固区、主跨跨中
	腐蚀监测		腐蚀传感器	4	主塔承台
	结构温度	钢结构温度	光纤光栅温度传感器	28	中跨跨中
		混凝土结构温度	振弦式温度传感器	18	福州侧主塔塔身(同施工监控共用)
		轨道温度	轨温传感器	8	N01/N06铁路桥面
结构响应监测	空间变位		GPS	4	主跨跨中主梁、塔顶、基站(监控中心，未在图中标出)
	主梁变形		挠度仪	16	边跨跨中、次边跨跨中、主跨四等分点、主塔处基准点
	支座位移		位移传感器	6	N01、N06号墩
	轨道位移		轨道位移	8	N01、N06号墩
	梁端变形		倾角仪	4	N01、N06号墩上主梁
	索力监测		索力计	32	各典型拉索
	动力响应		振动传感器	26	主跨四等分点、次边跨跨中、边跨跨中、N01/N02/N05/N06号墩墩顶
	地震、船撞		地震仪	2	索塔根部
	结构应力	钢结构应力	光纤光栅应变传感器	18	中跨跨中
		混凝土结构应力/钢结构静应力	振弦式应变传感器	18	福州侧主塔塔身(同施工监控共用)
	列车车速监测		测速雷达	2	N01、N06号墩处铁路桥面
	交通荷载		车速车轴仪	6	SR78号墩处公路桥面
共　计				207	

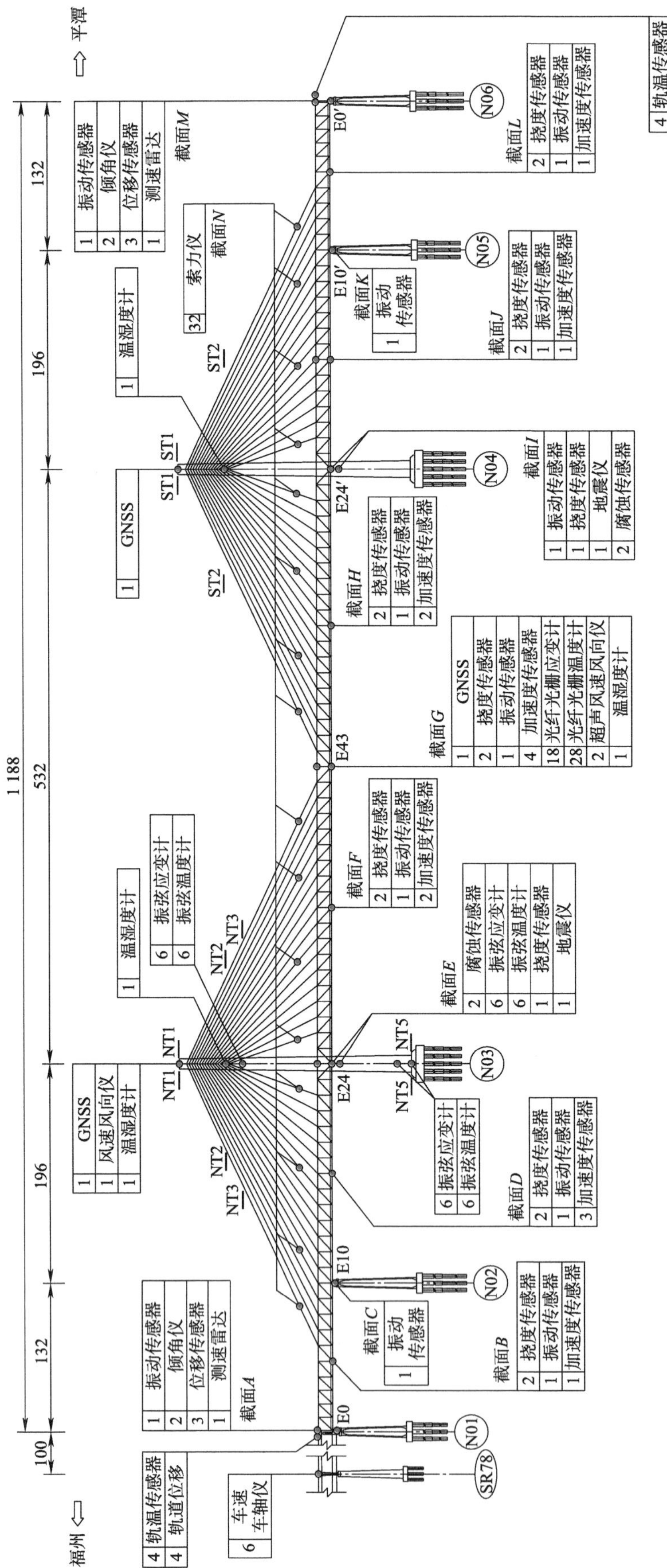

图 2-18-1 元洪航道桥测点总体布置(单位:m)

三、鼓屿门航道桥测点布置

鼓屿门航道桥测点共计 201 个，具体见表 2-18-3，测点总体布置如图 2-18-2 所示。

表 2-18-3　鼓屿门航道桥监测项目及测点一览

监测类型	监测项目		传感器类型	测点数量(个)	监测部位
环境荷载源监测	环境风荷载		超声风速风向仪	1	主跨跨中
			风速风向仪	1	Z04 号塔塔顶
	环境温湿度		温湿度计	4	塔顶、索塔锚固区、主跨跨中
	结构温度	钢结构温度	光纤光栅温度传感器	33	边跨跨中、塔梁相交处以及中跨跨中
		混凝土结构温度/钢结构应变温度补偿	振弦式温度传感器	14	福州侧主塔塔身、塔梁相交区域主梁(同施工监控共用)
结构响应监测	空间变位		GPS	3	塔顶、主跨跨中
	索塔倾斜变位/主梁转角变形		倾角仪	8	塔顶、梁端
	主梁线形/挠度		挠度仪	19	边跨跨中、次边跨四等分点、主跨八等分点、主塔处基准点
	支座位移		位移传感器	4	Z01、Z06 号墩
	索力监测		振动式索力计	12	各典型拉索
	动力响应		振动传感器	29	主跨八等分点、次边跨跨中、边跨跨中、塔顶
	地震、船撞		地震仪	2	索塔根部
	结构应力	钢结构应力	光纤光栅应变传感器	52	Z02 墩顶、Z03 墩顶以及中跨跨中
		混凝土结构应力/钢结构静应力	振弦式应变传感器	15	福州侧主塔塔身、塔梁相交部位主梁(同施工监控共用)
行车状况	列车车速监测		测速雷达	2	Z01、Z06 号墩处铁路桥面
结构耐久性监测	视频监测		高清摄像机	2	Z03 主塔承台
共计				201	

四、大小练岛航道桥测点布置

大小练岛航道桥测点共计 196 个，具体见表 2-18-4，测点总体布置如图 2-18-3 所示。

五、沿线风荷载、视频监控测点布置

沿线风荷载、视频监控测点布置见表 2-18-5，具体布置如图 2-18-4～图 2-18-8 所示。

六、系 统 组 成

系统架构的组成，应能够获得环境荷载以及结构的响应、局部损伤等信息，在对监(检)测信息进行综合评估的基础上得到行车条件和结构的双重安全状态信息，为结构高质量的安全、高效、经济运营决策提供成套技术支持。

综上考虑，平潭海峡公铁大桥健康监测系统由自动化监测子系统、电子化人工巡检子系统、视频安全监控子系统、数据存储与管理子系统、综合报警与安全评估子系统、用户界面子系统六个子系统组成，如图 2-18-9 所示。

(1)自动化监测子系统：通过传感器、数据采集、数据传输设备实时采集桥址环境、结构响应及行车条件特征数据。

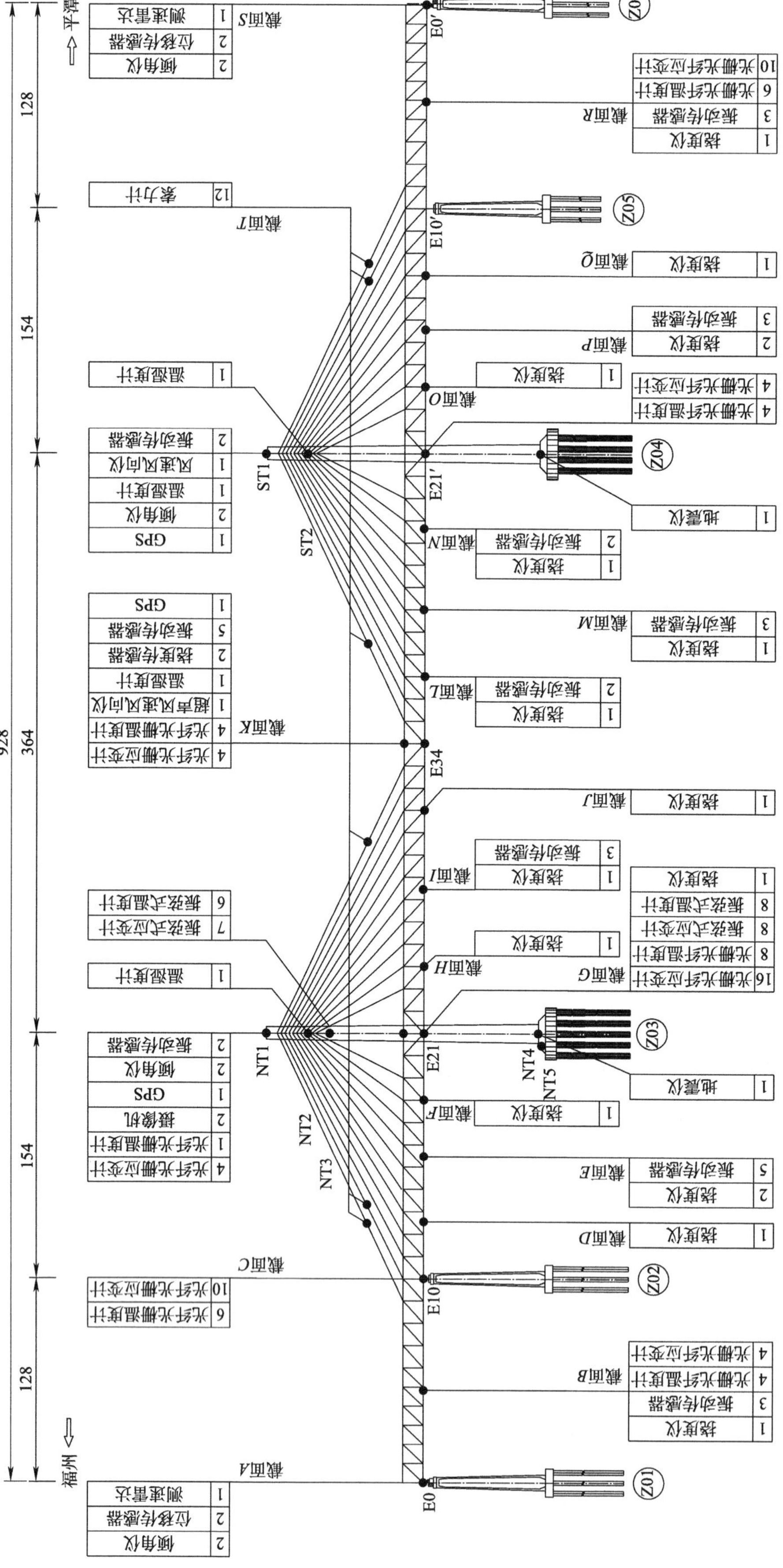

图 2-18-2 鼓屿门水道桥测点总体布置(单位:m)

表 2-18-4 大小练岛航道桥监测项目及测点一览

<table>
<tr><th>监测类型</th><th colspan="2">监测项目</th><th>传感器类型</th><th>测点数量(个)</th><th>监测部位</th></tr>
<tr><td rowspan="5">环境荷载源监测</td><td colspan="2" rowspan="2">环境风荷载</td><td>超声风速风向仪</td><td>1</td><td>主跨跨中</td></tr>
<tr><td>风速风向仪</td><td>1</td><td>S03 号塔塔顶</td></tr>
<tr><td colspan="2">环境温湿度</td><td>温湿度计</td><td>4</td><td>塔顶、索塔锚固区、主跨跨中</td></tr>
<tr><td rowspan="2">结构温度</td><td>钢结构温度</td><td>光纤光栅温度传感器</td><td>32</td><td>辅助墩、中跨跨中、索塔部位边跨跨中</td></tr>
<tr><td>混凝土结构温度/钢结构应变温度补偿</td><td>振弦式温度传感器</td><td>15</td><td>S03 主塔塔身、塔梁相交部位主梁(同施工监控共用)</td></tr>
<tr><td rowspan="9">结构响应监测</td><td colspan="2">空间变位</td><td>GPS</td><td>3</td><td>主跨跨中主梁、塔顶</td></tr>
<tr><td colspan="2">索塔倾斜变位/主梁转角变形</td><td>倾角仪</td><td>8</td><td>塔顶、梁端</td></tr>
<tr><td colspan="2">主梁线形/挠度</td><td>挠度仪</td><td>19</td><td>边跨跨中、次边跨四等分点、主跨八等分点、主塔处</td></tr>
<tr><td colspan="2">支座位移</td><td>位移传感器</td><td>4</td><td>S01、S06 号墩</td></tr>
<tr><td colspan="2">索力监测</td><td>索力计</td><td>12</td><td>各典型拉索</td></tr>
<tr><td colspan="2">动力响应</td><td>振动传感器</td><td>29</td><td>主跨四等分点、次边跨跨中、边跨跨中、塔顶</td></tr>
<tr><td colspan="2">地震、船撞</td><td>地震仪</td><td>2</td><td>索塔根部</td></tr>
<tr><td rowspan="2">结构应力</td><td>钢结构应力</td><td>光纤光栅应变传感器</td><td>48</td><td>S03 墩顶、S05 墩顶以及中跨跨中</td></tr>
<tr><td>混凝土结构应力/钢结构静应力</td><td>振弦式应变传感器</td><td>15</td><td>福州侧主塔塔身、塔梁相交部位主梁(同施工监控共用)</td></tr>
<tr><td rowspan="2">行车状况</td><td colspan="2">列车车速监测</td><td>测速雷达</td><td>2</td><td>S01、S06 号墩处铁路桥面</td></tr>
<tr><td colspan="2">视频监测</td><td>摄像机</td><td>1</td><td>S04 墩上公路桥面</td></tr>
<tr><td colspan="4">共计</td><td>196</td><td></td></tr>
</table>

表 2-18-5 平潭海峡公铁两用大桥沿线风荷载及视频监测测点

监测类型	监测项目	传感器类型	测点数量(个)	监测部位
视频监测	跨海段沿线图像采集	高清摄像机	50	公铁沿线
风荷载监测	沿线风荷载	风速风向仪	3	公路沿线

(2)电子化人工巡检子系统:该子系统实现巡检智能化,支持流程管理、计划任务管理、病害库管理,并且能够将养护手册电子化。

(3)视频安全监控子系统:通过安装摄像头,进行实施采集沿线桥梁视频,为后期事件取证以及管养提供依据。

(4)数据存储与管理子系统:数据存储与管理子系统由外场采集站内的数据采集设备、数据传输设备及辅助支持设备组成。子系统一方面完成传感器数据的采集、信号调理与数据传输;另一方面主要管理整个系统全寿命期桥梁的所有动态、静态数据(包括设计资料、实时监测数据、预警评估数据、桥梁基本信息、系统管理信息等),并完成数据的归档、查询、存储等功能。数据存储与管理子系统设计的主要依据是传感器输出信号类型、采样频率以及传感器精度。

(5)综合报警与安全评估子系统:该子系统可以对实时在线监测数据进行统一分析处理,利用实测数据和结构分析数据对桥梁结构进行异常诊断、辨识桥梁的服役性能、综合评估桥梁的健康状态,并根据综合原始监测信号、识别的结果对桥梁结构和行车条件进行预警。

(6)用户界面子系统:用户界面子系统主要是向业主、科研单位、设计单位、养护单位、结构工程师、巡检工程师等相关人员提供桥梁结构监测及巡检管理的人机交互界面。

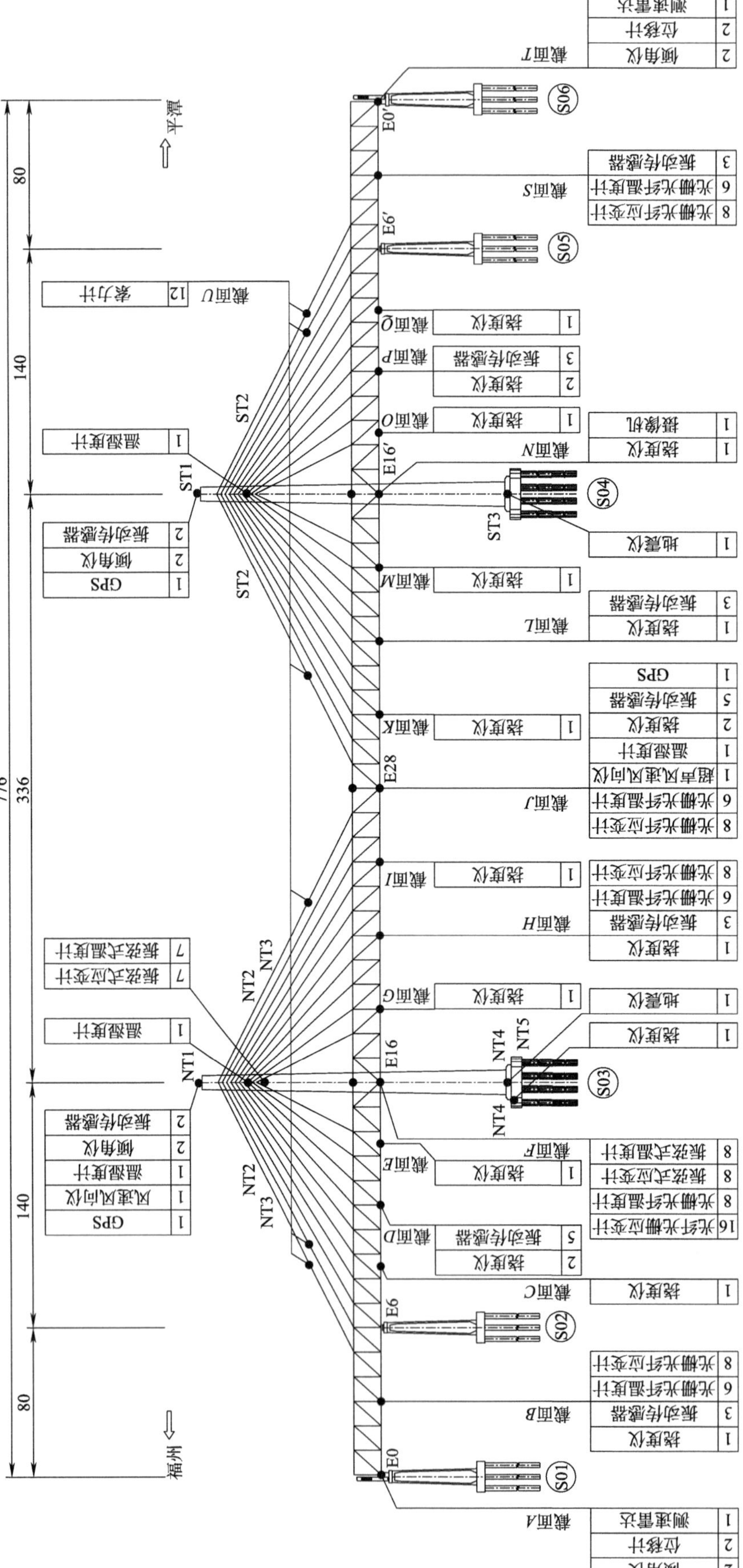

图 2-18-3　大小练岛水道桥测点总体布置(单位:m)

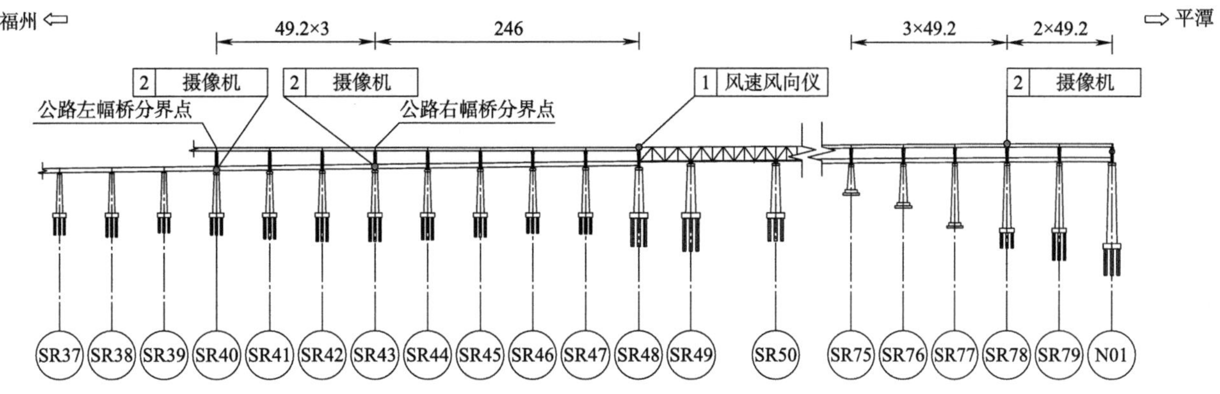

图 2-18-4　沿线视频及风荷载测点(SR30～SR79)布置示意图(单位:m)

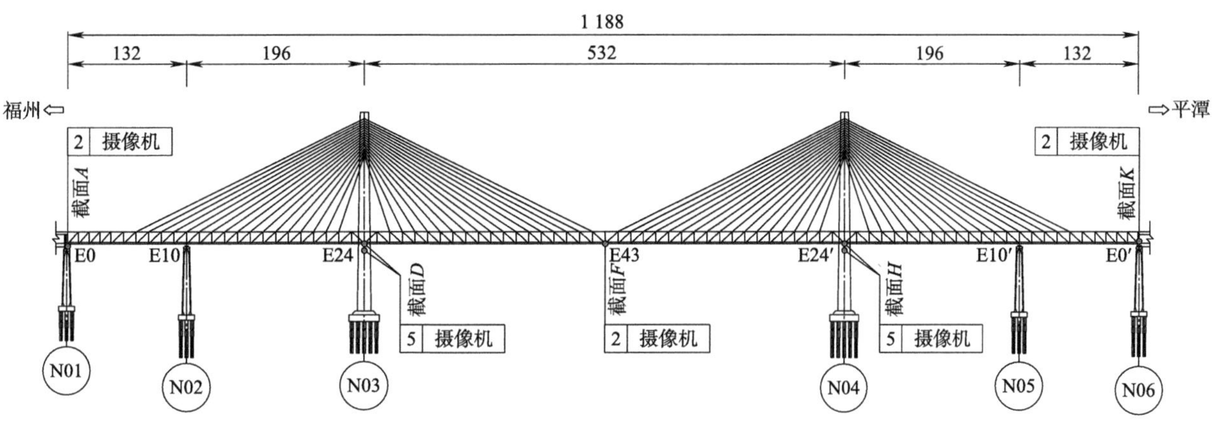

图 2-18-5　沿线视频及风荷载测点(N01～N06)布置示意图(单位:m)

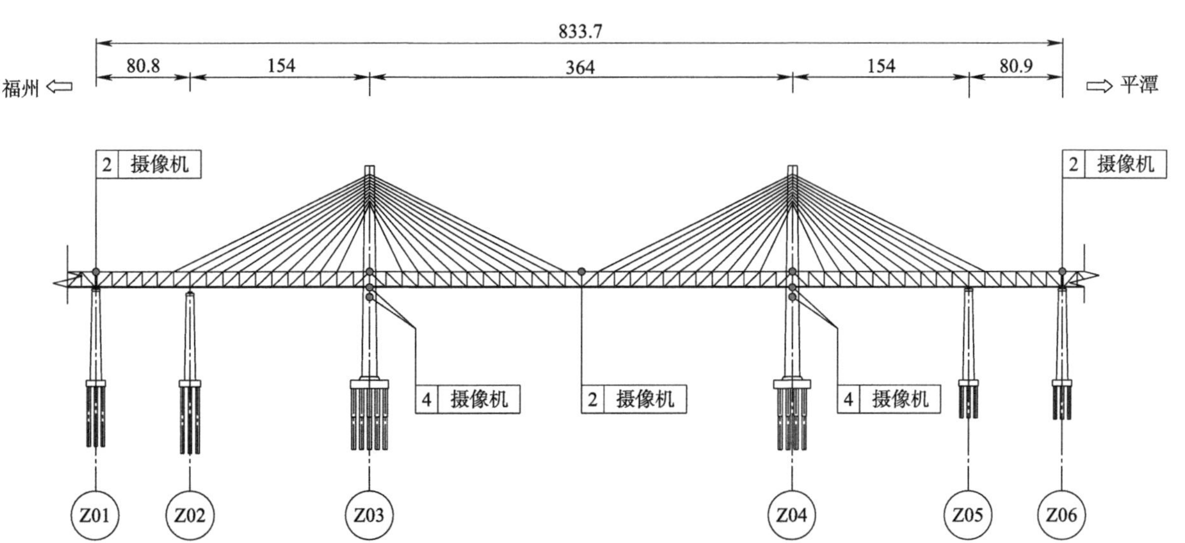

图 2-18-6　沿线视频及风场测点(Z01～Z06)布置示意图(单位:m)

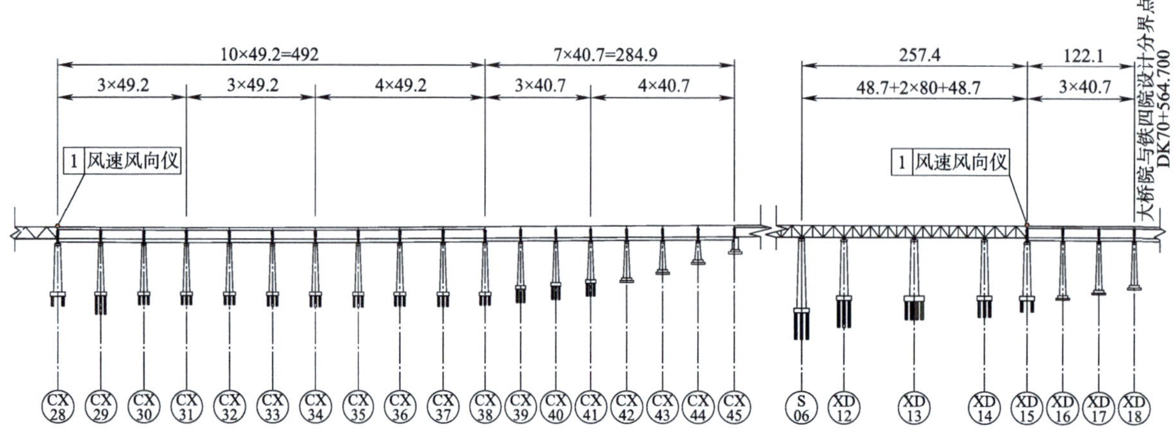

图 2-18-7 沿线视频及风场测点(CX28～XD18)布置示意图(单位:m)

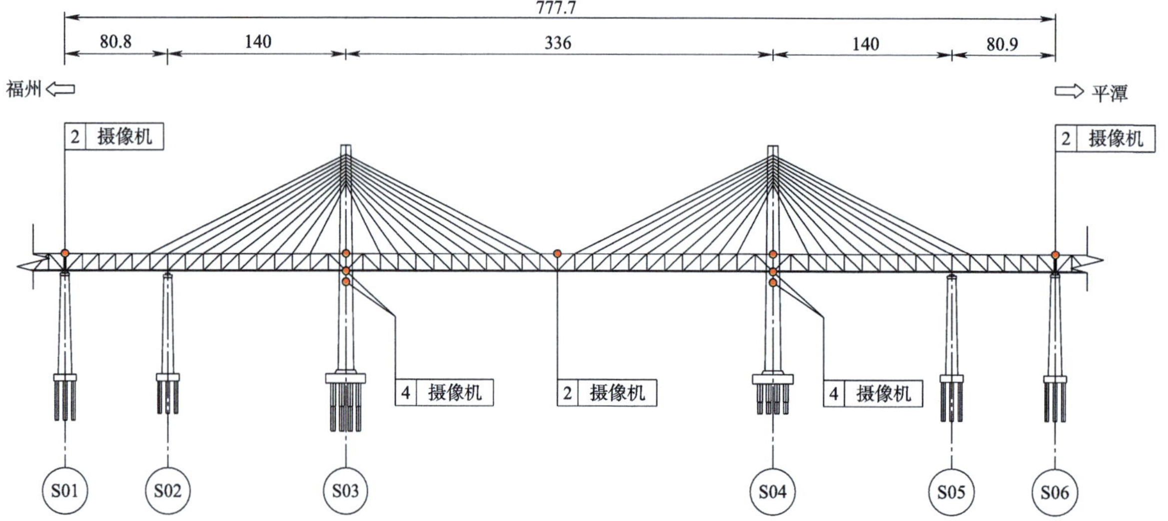

图 2-18-8 沿线视频及风场测点(S01～S06)布置示意图(单位:m)

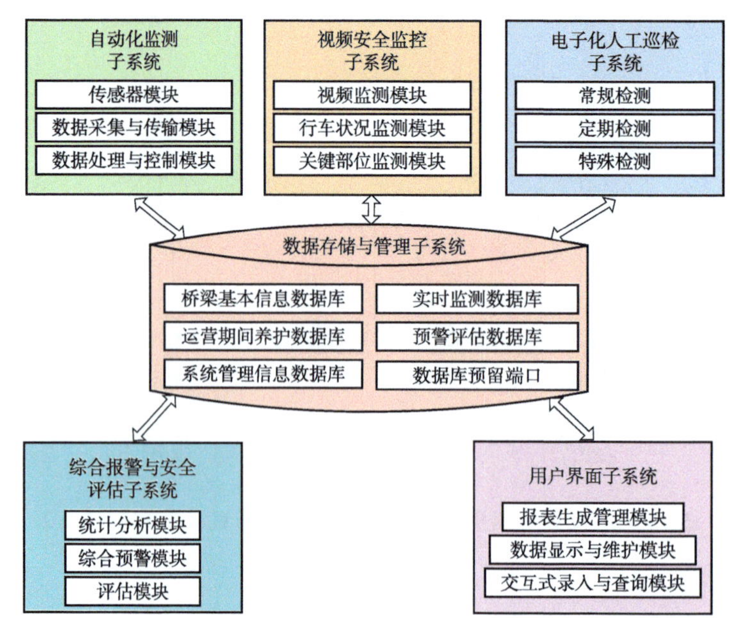

图 2-18-9 系统总体架构示意图

七、工 程 实 施

1. 项目实施内容

福平铁路特殊孔跨大桥健康监测系统项目服务主要内容包括系统施工组织设计、系统测试、软件开发、设备采购与安装、系统调试、试运行、培训、验收移交及维护服务等内容。

(1)系统施工组织设计:根据系统设计图和设计方案,开展系统施工组织设计,经批准后组织系统实施。

(2)系统测试:系统设备现场安装前,对采用的传感器设备、采集子系统、供电通信设备进行模拟测试,确保安装桥上的传感器子系统、采集子系统、供电、通信设备方案的可行性、实用性和耐久性。

(3)软件开发:在系统实施方案确定的系统功能、用户界面、数据库结构等的基础上,编制数据采集和传输、数据处理与控制、数据存储与管理等软件。

(4)系统安装和调试、试运行:根据施工进度,采购系统设备开展现场设备安装实施工作,同时将采购的系统软件和开发软件安装到各数据采集站以及监控中心内各采集、处理、控制、分析、存储硬件设备上,进行系统调试和联调,直至系统稳定运行后投入试运行。

(5)编制系统维护手册和用户培训:系统投入试运行后,为保证系统的正常使用和顺利移交,编写系统使用和维护手册,对大桥管养人员进行系统使用培训。完成上述实施内容后申请系统竣工验收,经验收合格后进行系统移交。

(6)维护期服务:系统正式投入运行后,系统实施单位开展系统自初步验收后的 2 年维护服务期,内容包括系统设备运行维护、系统数据分析和结构评估分析及相关技术支持服务。

系统实施主要包括检测试验室测试与监造、现场安装集成与调试、系统试运行及验收、缺陷责任期维护及服务共 4 个步骤,如图 2-18-10 所示。

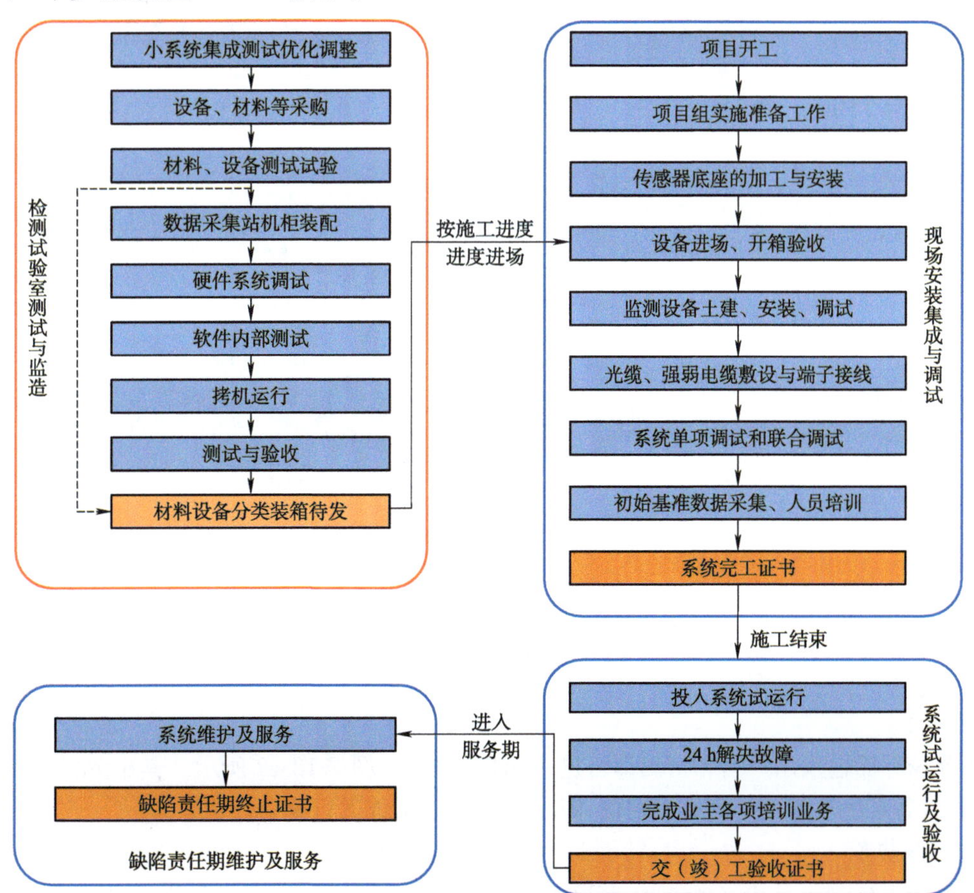

图 2-18-10　系统实施流程图

2. 施工节点控制

具体时间节点如下：

(1)2015 年 9 月，项目部向指挥部提交《福平铁路特殊孔跨大桥健康监测项目实施方案》，指挥部同意该方案后期作为项目实施指导材料。

(2)2020 年 4 月初，项目部对现场情况进行勘查，次月组织人员进场，开展施工作业。

(3)2020 年 8 月初，完成线缆槽道敷设、立柱、设备底座安装。

(4)2020 年 10 月底，完成传感器测试、安装和调试。

(5)2020 年 11 月中旬，完成采集站和监控中心设备安装、软件开发及系统联调联试。

(6)2020 年 11 月 29 日，系统正式上线，进入试运行。

(7)2021 年 1 月 27 日，完成竣工验收，进入维护期。

3. 施工过程

福平铁路特殊孔跨大桥健康监测系统实施过程中对设备严格测试，对设备安装方法和工艺严格把关，软件开发完成后，开展系统联调联试工作。结合建设单位和管养单位的需求，对数据质量、分析结果、展示效果及内容进行优化，如图 2-18-11 所示。

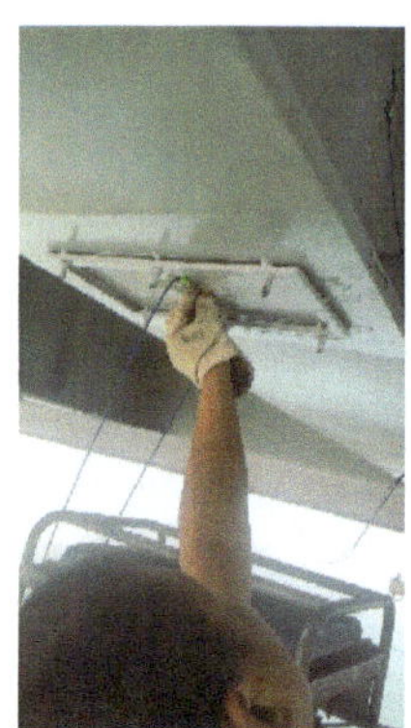

图 2-18-11　现场系统实施

第三节　系统功能应用展示

1. 登录界面

用户在登录界面输入用户名和密码即可进入用户门户，如图 2-18-12 所示。其中元洪航道桥、鼓屿门航道桥、大小练岛系统功能及监测类型相似，以元洪航道桥系统进行统一介绍。

2. 系统概况界面

系统概况分为桥梁概况和监测概况，该模块主要对系统功能进行文字与图片介绍，方便普通用户了解桥梁概况及健康监测系统主要信息内容，如图 2-18-13 所示。

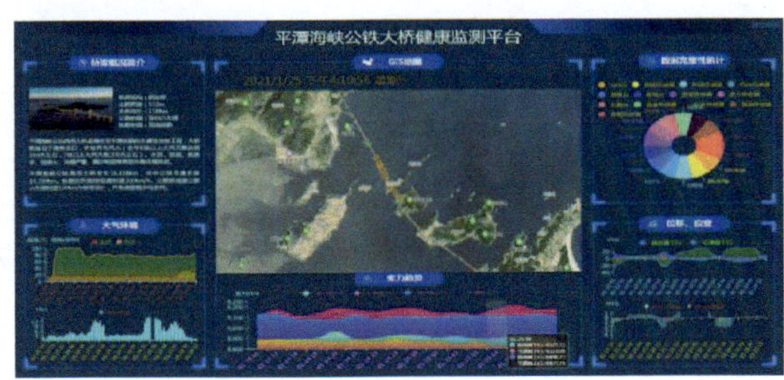

图 2-18-12　系统登录界面

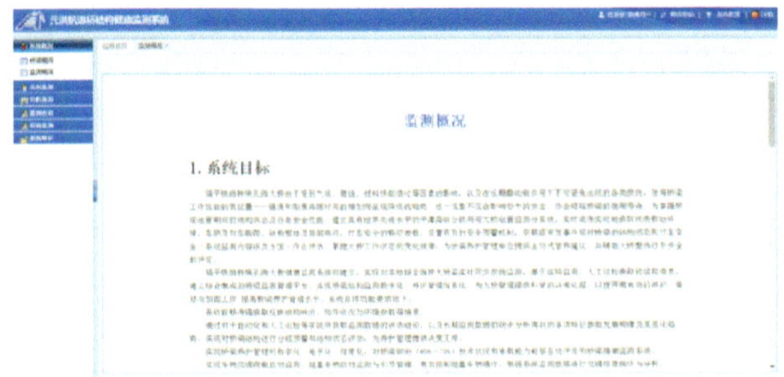

图 2-18-13　桥梁概况及监测概况界面

3. 实时监测界面

实时监测界面可以直观反映桥梁各传感器实时数据的趋势变化情况，如图 2-18-14 所示。主要监测类型有大气环境、支座位移、挠度、倾角、空间变形、应力、振动、索力等。

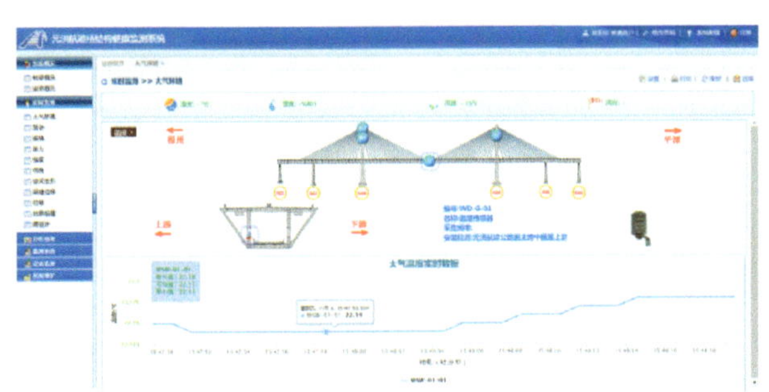
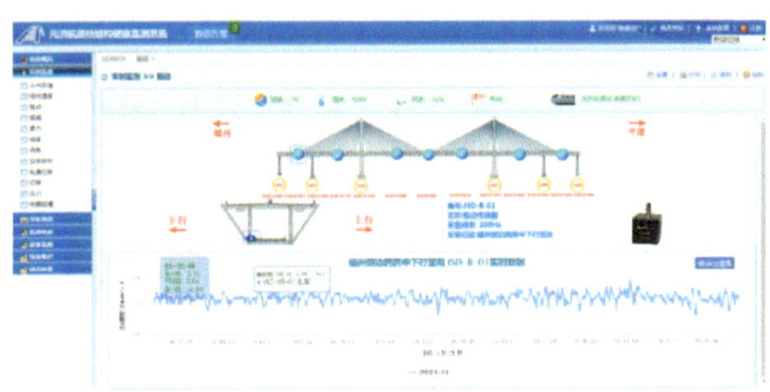

图 2-18-14　温度及振动实时监测界面

4. 分析查询界面

分析查询界面的查询类型与实时监测的监测类型一致，主要用于查询历史统计分析数据，如图 2-18-15～图 2-18-17 所示。

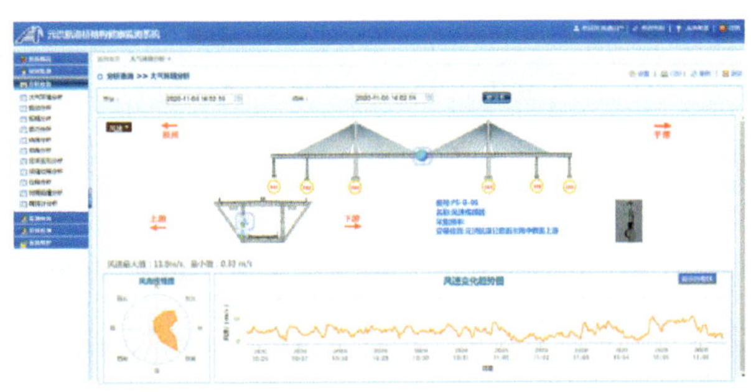
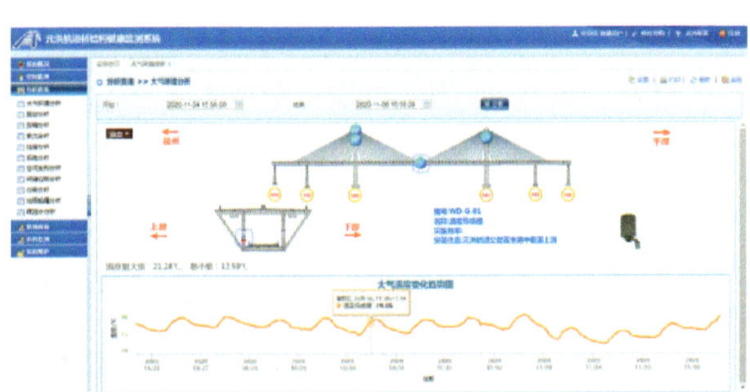

图 2-18-15　风速及温度分析查询界面

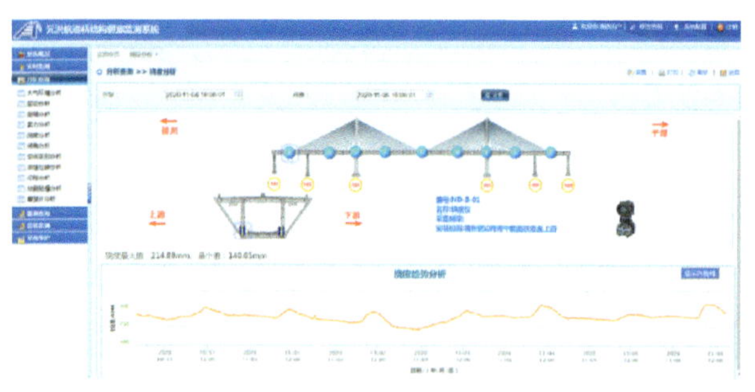
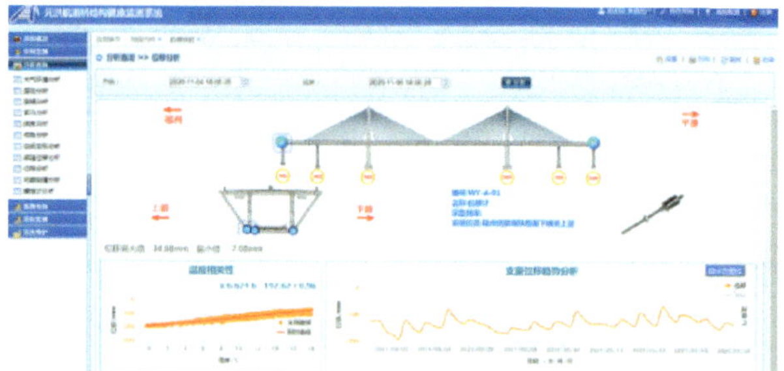

图 2-18-16　挠度及位移分析查询界面

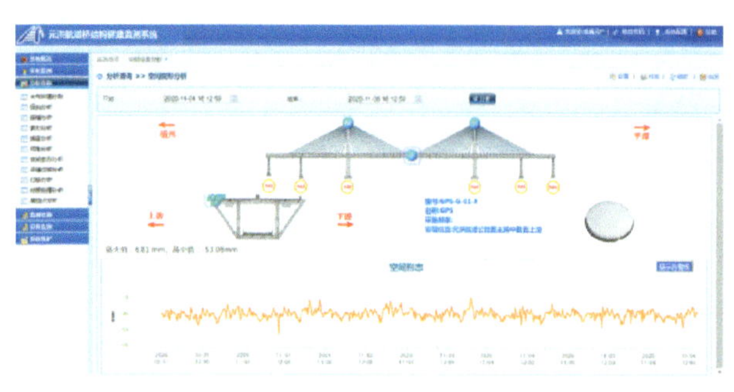
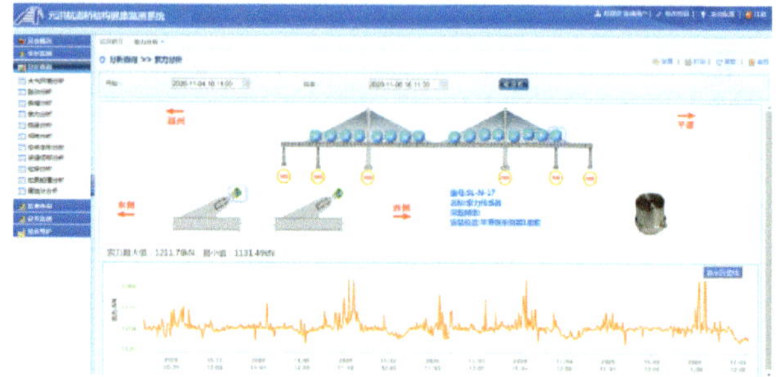

图 2-18-17　空间变形及索力分析查询界面

5. 监测查询界面

多指标告警是根据桥梁结构分析提供的多组传感器的关联指标进行数值告警，如图 2-18-18 所示。

图 2-18-18　告警弹窗页面

报告列表界面，用户可以下载或上传自动分析日报表，来了解系统运行情况，如图 2-18-19 所示。

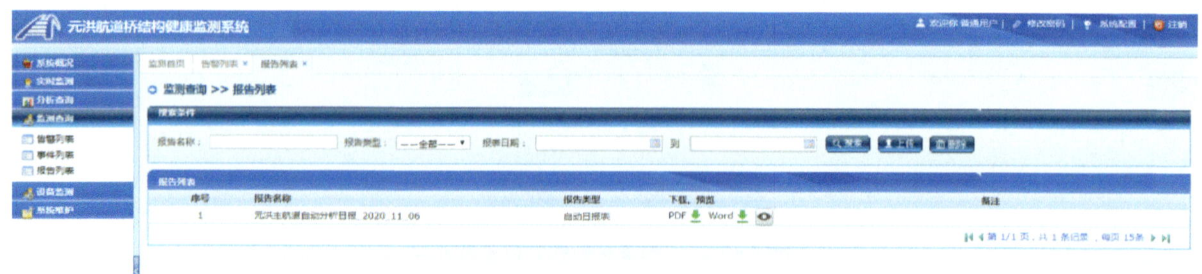

图 2-18-19　自动分析日报表界面

6. 设备监测界面

在设备监测界面可以查看系统的监测设备运行情况，包括系统拓扑图和设备故障列表，如图 2-18-20 所示。

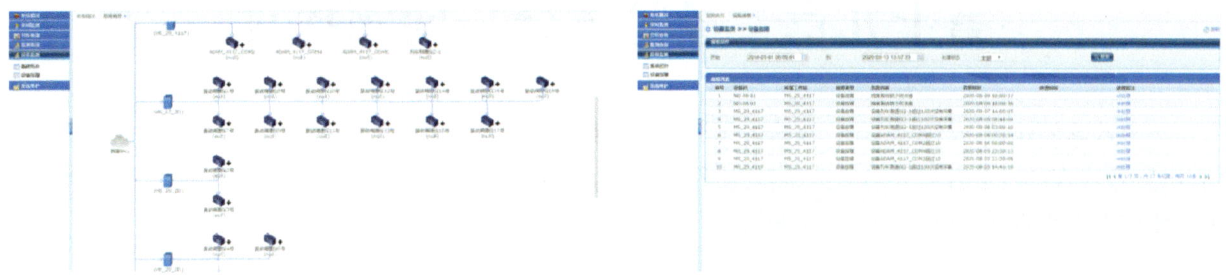

图 2-18-20　设备拓扑及故障界面

7. 系统维护界面

在系统维护界面用户可以填写故障管理单和查看设备的维护情况，如图 2-18-21、图 2-18-22 所示。

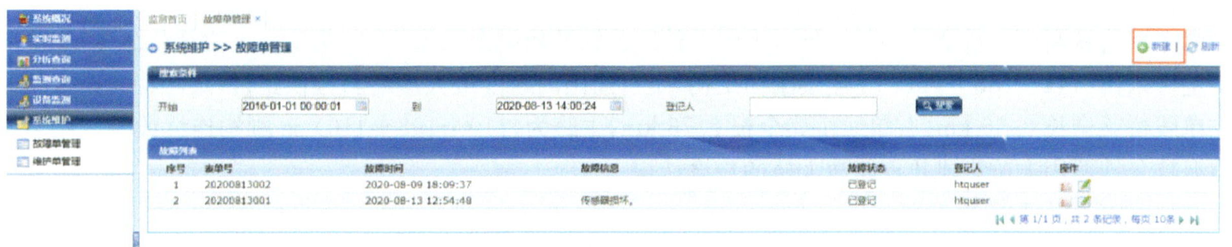

图 2-18-21　故障单管理界面

图 2-18-22　维护单管理界面

第十九章　经验体会与问题探讨

福平铁路的建成，是国铁集团、福建省领导亲切关怀、高度重视和正确领导的结果，是路地双方有关部门、出资者代表和社会各界大力支持、密切协作的结果，是参建单位和广大建设者无私奉献、顽强拼搏的结果。建设者勇担责任、开拓创新、七年磨砺，高质量建成了福平铁路。

第一节　齐心协力、攻坚克难，以科技创新推动全线重难点工程

一、攻克平潭海峡公铁两用大桥等重难点桥梁建设难关

福平铁路平潭海峡公铁两用大桥为全线控制性工程，乌龙江特大桥、闽江特大桥为全线重难点工程。平潭海峡公铁两用大桥全长16.34 km，为国内首座公铁两用跨海峡大桥；乌龙江特大桥全长1.17 km，其中主桥采用(144＋288＋144) m连续刚构结构，是目前国内跨度最大矮塔斜拉铁路桥；闽江特大桥双线及左单线桥梁全长2.56 km，右单线桥梁全长0.76 km，主跨为(110＋198＋110) m刚构连续梁桥。结合平潭海峡公铁两用大桥讲述几点跨海大桥的建设认识。

1. 大桥概况和阶段工期

大桥分为两层，大桥下层设计为时速200 km的双线Ⅰ级铁路，上层设计为时速100 km的双向6车道高速公路。大桥跨越元洪航道、鼓屿门航道、大小练岛航道、北东口航道4条航道，元洪航道(主跨532 m、主塔200 m)、鼓屿门航道(主跨364 m、主塔158 m)、大小练岛航道(主跨336 m、主塔152 m)均采用钢桁混合梁斜拉桥结构，北东口航道采用预应力混凝土连续刚构结构(92 m＋2×168 m＋92 m)，其他区域如深水高墩区采用跨度80 m(88 m)简支钢桁梁、铁路64 m/40 m混凝土简支箱梁、公路预应力混凝土梁，公路梁孔跨与铁路简支梁跨度相对应。全桥共284个墩台，水中墩185个，主要采用桩基础，钻孔桩总数为3 248根，最大桩径4.5 m，钢结构123.2万t、混凝土294.7万m^3。

大桥于2013年11月开工建设，2017年11月3日完成桩基施工，2018年6月10日完成承台施工，2018年6月20日全部主塔封顶，2018年10月23日完成墩身施工，元洪航道桥2019年6月5日、大小练岛航道桥2018年12月28日合龙，北东口航道桥铁路刚构连续梁2018年10月3日合龙、公路梁2019年7月底合龙，鼓屿门航道桥2019年9月25日合龙全桥贯通。

2. 科研攻关，突破"建桥禁区"

大桥桥址所处平潭海峡是世界著名三大风暴海域之一，常年风大、浪高、水深、涌急、流速大，潮汐明显，岛屿、暗礁多，覆盖层浅薄、岩面倾斜、裸露，桥址处最大水深达45 m。100年重现期浪高达9.69 m，流速达3.09 m/s，潮差达7.09 m，年平均六级以上大风超过300 d，年平均七级大风达238 d，且季风与台风活动频繁。海上有效作业时间短、施工工效低、工程量大。为保障大桥建设安全有序推进，福平公司组织参建单位结合海况自然条件和主体结构特点，以科研攻关为指导，以技术创新为保障，化部分海上施工为半陆地施工，化高空作业为地面作业，化强风为弱风，化强浪涌集中受力为分散多点抵抗，从而降低海洋环境施工难度，保证工程施工质量。

(1)设计方案大桥主要创新点

一是采用增大桩径和高桩承台设计。开展平潭海峡公铁两用大桥三座斜拉桥部分桥墩、部分非通航孔桥墩承台设置标高的技术、经济比选工作，通过增加桩径、减少桩数，将10个通航孔主、边墩承台顶面置于高潮位水面以上，从源头解决施工难题和降低安全风险，加快工程进度。

二是首次采用斜拉桥钢桁梁整节段全焊设计。首创了带副桁的两节间整节段全焊钢桁梁结构，采用大节段整体吊装方案，满足了现场快速施工的要求，并减少后期运营维护工作量。

三是首次采用双层钢-混结合全焊简支钢桁梁设计。深水区非通航桥创造性地采用了双层结合简支钢桁梁结构，钢桁主梁首次采用整孔全焊结构设计，首创主桁预压减小主桁与桥面系共同作用，设计了大间距箱形横梁-预应力混凝土槽形梁新型铁路结合桥面，将复合钢板新材料应用于铁路横梁顶板。

四是恶劣海洋环境长效防腐体系设计。在传统铁路第7防腐体系基础上，研发了适应恶劣海洋环境的新型防腐体系。

五是主墩防撞设计。平潭桥主塔墩采用了带复合材料填充Ⅴ型防撞梁的钢防撞箱，采用了永临结合的设计思路，兼作主体防撞结构和施工围堰，充分将主体设计和施工设计相结合。

六是大规模全线风屏障设计。平潭桥全桥公路和铁路均设置风屏障，以适应桥址大风环境的运营需要，满足海上桥梁和陆上同等行车条件要求。

七是多功能大桥设计。平潭桥全桥满足双向六车道高速公路与双线Ⅰ级铁路通行外，还可满足过桥电力线路及水管线路搭载，搭载管线多且重，管线混合搭载在公铁桥梁中也属首次应用，实现了大桥多功能化。

(2)施工技术主要创新点

一是研发了复杂海域长栈桥及施工平台快速施工技术。优化大临施工和设计方案，采用长栈桥＋海上平台方案施工，以海中岛屿为中心向两侧延伸的长栈桥方案(除在通航孔桥的主跨处断开外)＋海上工作平台、围堰整体下放及导管架方案，栈桥长度由5 048 m增加到10 329 m，化部分海上施工为半陆地施工，化高空作业为地面作业，化强风为弱风，化强浪涌集中受力为分散多点抵抗，来提高设备使用效率、作业工效，从而降低海洋环境施工作业风险。

二是加大塔柱施工分节高度。液压爬模由4.5 m分节提高到6 m分节，并通过对劲性骨架和液压爬模结构加强设计，确保满足7级风爬升、8级风以下正常施工的要求，缩短塔柱施工周期。

三是优化大节段钢梁整体架设方案。航道桥边辅墩均设置墩旁托架，利用3 600 t浮式起重机资源，辅助跨及边跨采用多节间大节段整体吊装方案，通过多节间大节段整体吊装和架梁起重机架设相结合方案，加快航道桥钢桁梁架设进度。

四是复杂海域施工结构抗风浪安全关键技术。通过对平潭桥桥址风、浪、流场监测及预报，有效指导桥址现场施工。

五是新型施工装备研发。为适应海洋环境施工要求，研发了KTY5000新型液压动力头旋转钻机、3 600 t大型浮式起重机、1 100 t架梁起重机、2×64 m双孔连做造桥机等多种新型海洋施工装备，有效确保了现场施工，推动我国施工装备研制水平。

六是强波流力海域大型防撞箱围堰及承台施工技术。主塔墩防撞箱围堰最大需承受超过2 000 t波浪力，通过围堰工厂整体制造现场整体吊装安装、多层限位导向辅助下放、系梁桁架设计及分块封底等多种工艺，有效解决了强波流力海域大型围堰及承台施工难题。

七是斜拉桥钢桁梁整节段全焊制造及架设技术。首次实现了斜拉桥钢桁梁两节间整节段全焊制造，采用两节间整节段悬臂架设和边跨、辅助跨整孔吊装架设方案，为国内首创，有效提高了海上施工工效。

八是80 m/88 m双层简支钢桁梁整孔全焊制造及架设技术。首次实现了80 m/88 m简支钢桁梁主梁采用全工厂化整孔全焊制造、现场浮式起重机整孔架设，工厂化、装配化程度高，解决了复杂海域大型双层结合简支钢桁梁快速安装难题。

九是规范大桥作业条件。2016年全年，在前两年施工的基础上公司组织参建单位研究制定了《平潭海峡公铁两用大桥施工工序作业条件》，经业内专家对施工作业条件评审、界定，确定移动模架、造桥机、挂篮过孔均在7级风以下(规范要求6级风以下)，其他工序作业在8级风以下，9级及以上停止一切作业，明确工序作业条件并严格遵守，大幅提高了现场作业工效，确保了施工安全，降低现场施工安全风险。

通过科研攻关和课题研究，在大桥的建设过程中获得授权专利50项，正在申报专利130余项；省部级工法6项，企业级工法23项；省部级科学技术奖一等奖3项、二等奖2项，核心期刊发表文章110余篇，通过科技成果评审14项，达到国际领先水平9项，国际先进水平5项。

3. 制定验收标准、维养要求和研发监控系统，确保运营安全

一是制定大桥验收标准。在《钢结构工程施工质量验收标准》(GB 50205—2020)、《铁路桥涵工程施工质量验收标准》(TB 10415—2018)等规范基础上，总结平潭海峡公铁两用大桥建设经验和科研成果，对大直径钻孔灌注桩、防撞箱、混凝土防腐涂装(硅烷浸渍)、钢桁梁、风屏障、附属设施、混凝土箱梁涂装、成桥状态综合质量评定在广泛征求意见的基础上，补充编制，制定发布了《福平铁路平潭海峡公铁两用大桥施工质量验收补充标准》(Q/CR NCTJJS01001—2020)，确保大桥验收有序推进。

二是编制大桥养护维修手册。组织参建单位结合大桥的特殊海况环境条件，编制了大桥养护维修手册，对工务、电务、供电等专业设备设施的巡视和维修相关标准及要求进行了规范，为后续大桥设备的养维提供了一定的指导帮助。

三是研发大桥健康监测系统。通过大桥健康监测系统的研发，对桥梁结构的荷载和响应进行监测，从而判断桥梁的安全性，为桥梁的养护维修管理提供了依据，提高了桥梁监测管理科学化、信息化水平，对运营期间桥梁的完好、安全和通畅提供了保障。

四是研制大桥风环境监测系统。通过大桥风环境监测系统的研制安装，掌握现场风速风力，为风荷载对大桥结构的影响分析，及时提供数据，检验风屏障应用效果，确保运输安全，同时为同类风气候的桥梁抗风设计提供有益参考。

二、强化领导、各方支持确保站改顺利实施

福平铁路从福州站引出，接入福州南站后，至平潭。福州和福州南两站均为枢纽站，开行列车多，既有设备养护维修压力大，天窗资源极其稀缺，为了满足施组工期，主要通过以下工作确保站改顺利实施。

一是积极请求集团公司支持，提供天窗便利条件。通过南昌局集团公司的帮助，增加了天窗时长，保障了现场有效作业时间。南昌局集团公司督导组进驻，帮助协调与业务部室和设备管理单位的有关事项，督促施工单位上足施工要素。

二是优化施工方案，整合天窗资源。掌握实际工作效率，将设备、劳力和完成工作量精确到每个工天，同时按照天窗兑现情况，分析进度，动态控制施工计划安排。将现场作业内容分为可在路用车和信号停用两种天窗类型内实施的作业项目，减少所需天窗数量。

三是加强现场组织协调，减少施工干扰。针对站改作业单位多，作业面交叉的情况，每天召开碰头会，协调解决现场实际问题，减少相互干扰，确保各道工序衔接紧密。加强和设备单位的沟通交流，掌握现场设备养护维修的实际需要，动态调整日计划类型和封锁范围，争取天窗利用满足各方需求，在满足既有设备养维需求的同时确保天窗数量，将新福厦铁路福州南站施工计划的申报纳入福平公司统一管理，闭环福州南站改和新福厦施工天窗冲突。

四是加强安全管控，确保施工安全。为杜绝安全事故发生对工期影响，公司组织各施工单位制定严密的安全防护措施，严格落实主体施工单位首责制；遇路用车天窗，工前组织碰头会议，明确调车径路，商定作业范围；每个天窗点公司均由中层干部带队进行把关，确保站改施工安全可控。

三、精心安排隧道施工，确保沿海高铁行车安全

福平铁路隧道共计16座约34.736 km，其中新苔井山隧道、新鼓山隧道等9座隧道16.5 km邻近上跨既有福厦、杭深线等沿海高铁，需在天窗点内控制爆破，尤其是新苔井山隧道距既有隧道仅有6 m和新鼓山隧道上跨福厦高铁，施工难度极为突出。为了确保沿海高铁行车安全和施组工期，进行了如下安排：

一是强化施工安全风险管控，加强既有设备监控。在施工过程中，严格按照控制爆破的振速要求，精确计算炸药用量，同时根据不同围岩等级，采用不同炸药用量的掘进方案。在既有隧道内安装视频监控和异物监控系统对隧道进行动态监控，及时掌握施工对既有设备的影响。

二是解决受天窗点内控制爆破影响工期进展缓慢的问题。加强与南昌局集团公司相关部室协调，制定了《福平铁路邻近杭深线控爆及安全巡视施工期间营业线施工安全管理暂行办法》，办法中明确“在图定天窗前后各安排半个小时进行杭深线控爆及安全巡视施工，控爆及安全巡视施工与该区段的维修天窗计划（含‘全程全网’天窗）和其他施工计划可同步安排。”确保循环进尺满足施组要求。

四、通过技术创新，确保四电设备满足现场环境需求

一是针对跨海大桥段高盐、大风等的环境特点，采用接触网整体腕臂装置加降低结构、接触下锚补偿装置增加双导向滑轮、架空回流线改为利用电缆槽敷设加风屏障合架悬挂方式的回流电缆等新技术、新工艺，提升了接触网系统在大风环境下的稳定性；二是优化变电所、分区所架空供电线路径及支柱安装方式，采用国网集团大容量供电塔杆、增设电缆敷设等措施，减少了外部环境对供电路径的影响；三是通过接触网零部件采用热浸镀锌加 VCI、牵引变电所增加二次防腐、信号设备增加甲板漆及增加接触网高防腐区段等工艺，提高了四电设备防腐的性能。

第二节　精心安排、严格落实，积极推进福平铁路精品工程建设

公司精心安排，严格落实，积极推进福平铁路精品工程，以样板引路，分别进行工务、四电、房建精品工程试点，组织参建单位现场观摩和总结后全线推广实施。在路肩硬化、绿化补强、栅栏细化施工、检查道通道防护、作业门、线路标志、桥涵隧路基标识和吊围接长等方面均取得较好效果，确保建设项目内优外美。同时突出以平潭站、平潭海峡公铁两用大桥为龙头，着力打造福平铁路精品工程。

一、认真贯彻国铁集团“十六字”方针，打造站房建设精品工程

公司认真贯彻国铁集团“站城融合、绿色温馨、经济艺术，智能便捷”方针，和南昌局集团公司“高标准、强基础、严程序、勤思考、重落实”建设管理理念，致力于打造精心、精细、精致、精品工程，并实现“建设为运营服务”“安全出行、温馨出行”“新时代标志、引领性站房”等目标，在推进长乐站、长乐东、长乐南站房和生产生活房建设，实现站区一体化的同时，重点打磨平潭精品站房。

1. 突出个性化设计

平潭站是京台高铁将来延伸到台北的桥头堡，同时也是目前全国侧平式最大的站房，建筑面积 53 985 m^2。站房建设不仅要对接现代车站标准，还要突出国际旅游岛的现实要求，指挥部会同设计、施工等参建单位，反复研究，比对选优，并征询国铁集团、南昌局集团公司有关专家意见，形成最终方案。

(1)开放式综合服务中心

开放式综合服务中心取代了以往带有阻挡玻璃的售票中心，使得铁路工作人员与旅客之间更加直接、无障的交流，同时也增加了旅客的亲切舒适感。服务中心在六个独立窗口中单独设立了一个无障碍窗口，以供残障人士进行无障碍购取票及咨询服务。

同时，服务中心中引进了手持式及立式二维码收支系统，使得收付款更加快速便捷。

(2)安检模块-验检合一

为满足高峰客流验证安检工作要求，畅通旅客验证安检通道，提高旅客验证安检进站体验，制定了客运车站安检模块设置标准。其中不仅实现了进站查验、检票合二为一，同时单独设立了无障碍通道，将进、出站系统化布置，减少了候车区域的使用面积，增加了旅客的活动空间，使旅客进站更加便捷。

(3)中岛式卫生间

公共卫生间盥洗区采用独立中岛式洗手台，解决通视问题，优化人流动线，同时独立设置了无障碍清洗台、女士梳妆台以及儿童洗手台等，大大增加了旅客使用的温馨舒适度。仿大理石瓷砖墙地面以及白色吊顶打造型简约空间氛围；局部流水纹墙砖、海鸥装饰挂件点缀增强地域性、文化性。男女卫前室背景融入装饰端景台、象征性颜色区分摆件增强识别性以及海洋元素挂件点缀，使空间增添童趣性及仪式感。

(4)母婴室、第三卫生间

母婴室内两边设置哺乳区及清洗区、中间等候活动区，分区合理、私密性好；以浅灰、珍珠绿、暖色木纹等为主体色，营造柔和更具亲和力的空间效果，暗藏灯光保护儿童视力，搭配云朵吊灯、装饰卡通挂件以及花形软凳等更具趣味性及安全性。

第三卫生间进出门采用电动式平移门，实现一键进出、一键封锁的要求，同时其内设置了儿童坐便器及小便斗，方便旅客所携带儿童可以实现同时使用。其内整体装修风格以暖色调设计手法，营造简洁温馨空间。

(5)候车厅功能分区设置

车站二层候车厅设置了近十个功能分区，其中包括儿童区、母婴候车区、军人候车区、按摩座椅区、卫生服务区、旅客服务区、综合服务区、商务候车区、公共候车区及排队检票区，其不仅缓解了旅客候车过程中的枯燥心情，同时也大大增加了旅客的候车体验，进一步实现车站客运的“绿色温馨”理念。

2. 实现“六个创新”

创新点一：站房内装深度开展了优化设计，整体风格充分融入平潭海岛和海洋文化，追求空间与效果、色彩与尺度、文化与经济、品质与细节的高度统一。

创新点二：结合大空间混凝土结构，创新大空间竖向表现技术：石材墙面采用整体无缝构造体系，柱面采用丰富的竖向线条或者长大铝板提升空间视觉高度，对墙柱结合部位节点和空间的声光色影进行了专项设计与研究，效果突出。

创新点三：室内装饰广泛运用海洋元素：二层吊顶采用沙滩造型板和叠级海浪收边板；一层吊顶采用贝壳意向的三角板；售票厅创作平潭著名景观“蓝眼泪”背景；二层候车大厅创作以石头厝、石牌洋、平潭公铁两用大桥为背景的主题硅藻泥浮雕；风口、消防箱饰面创作了浪花点点的主题格栅；出站地道吊顶以“蓝眼泪”和“海上升明月”作为装饰主题。

创新点四：雨棚、天桥、进站门厅改变传统灰白饰面特征，借鉴传统中式表现手法，大胆采用木纹柱、木纹梁板等元素，为旅客进站和乘降提供了强烈的仪式感。

创新点五：充分利用好站房空间，优化卫生间和商务候车布局，创新设计手法和材料使用，为旅客提供现代简约时尚的卫生空间和商务候车空间。

创新点六：深度研究如何实现以平潭“石头厝”为特征的外幕墙设计，在石材排版深化、表面肌理处理、厚度和色彩选择、石头缝处理工艺等方面，做了大量工艺创新，圆满实现了设计效果。

二、以标准化为抓手，深化、优化设计方案，致力打造平潭大桥精品工程

公司发挥建设单位龙头作用，坚持科学发展、安全发展理念，引领参建单位以标准化管理、安全风险管理为抓手，突出质量安全现场管理，严格过程控制，坚持以解决问题为导向，动态优化施工组织设计，加大考核力度，强力推进精品工程建设。

1. 着力建设、落实大桥“十大质量管理措施”

公司督促大桥项目部着力建设、落实大桥“十大质量管理措施”：质量管理体系、项目质量管理制度办法、质量安全责任承诺书、施工专项方案管理、三级施工技术交底、施工质量管理工作清单和责任矩阵、首件制和三检制、质量管理信息平台、质量检查与整改、质量管理专项活动。七年来，大桥未发生一起质量、安全事故，有力地确保了工程进度。

2. 细化标准、制定方案

公司总结经验，结合南龙铁路精品工程建设经验和南昌局集团公司南龙铁路精品工程研讨会精神，细化制定了《福平铁路平潭海峡公铁两用大桥施工质量验收补充标准》及《福平铁路精品工程建设实施方案》，确保了精品工程建设有章可循、有据可依。

第三节 主动担当、勇于作为，确保落实十项开通条件

1. 积极推进剩余工程和问题整改

为推进剩余工程和问题整改，公司制定相关考核管理办法，有力地推动了全线剩余工程进展及各类验收问题的整改，全线剩余 2 个警务区未完成，各类验收问题整改仅遗留部分不影响开通运营的问题，且已基本整改完毕。

2. 加强投资过程管理，准确把握批复概算

一是加强验工计价管理。严格按相关规定办理验工计价，严格执行相关概算标准，据试验工计价，严格投资控制。及时解决验工计价相匹配。二是加强变更设计管理。严把变更设计，认真审核变更设计，严格审查工程数量和费用，规范现场变更设计行为，杜绝变更设计项目的违规合并和拆分。三是进一步强化资金管理。积极努力落实各项资金来源、落实贷款银行，做好建设资金筹资工作。四是严格资金支付。加强资金监管，加强合同管理和合同履约检查，切实维护合同的约束力和严肃性。

3. 稳步推进外部环境整治和环水保工作

(1)严格落实高铁环境管理标准，杜绝路外环境对运营安全影响。严格按照高铁安全环境管理标准和《福建省高速铁路安全管理规定》相关要求，多次组织参建单位，全面排查影响设备稳定和行车安全的路外环境安全隐患，共发现问题 1 244 项，通过积极协调地方职能部门进行整改落实，目前外部环境问题已基本整改销号，剩余问题与地方相关单位明确了处理时限，对于穿越铁路的油气管线无法在开通前整治销号等问题，也与地方相关单位签订了安全协议，建立了应急处置机制和制定了应急预案。

(2)着力践行绿色发展理念，努力打造福平绿色铁路通道。牢固树立“创新、协调、绿色、开放、共享”的发展理念，在规划选址、设计、施工各个环节充分考虑环保因素，有针对性地制定并落实环保措施，坚决制止和惩处人为破坏生态环境行为，将铁路建设对生态环境的影响降到最低程度。公司督促各参建单位按照环保、水保批复逐一对规达标，确保将环水保要求落到实处；积极协调解决好包括征地拆迁、环境污染、施工扰民、生产生活用水、农田水利设施和道路设施损坏赔偿等涉及沿线群众切身利益问题，尤其是线下工程扫尾后的及时复垦、水系恢复、取弃土场的平整等，通过福建省水利、环保部门的验收，实现福平铁路绿色铁路通道。

4. 加强沟通，确保消防验收一次性通过

按照住建部《建设工程消防设计审查验收管理暂行规定》(第 51 号)和福建省重点办专题会议纪要(〔2020〕31 号)意见，福平铁路由福建省住建厅指定福州市住建局负责消防验收；福州市住建局按照行政委托的要求，委托南铁公安局开展消防验收并提交验收报告，福州市住建局根据验收报告出具消防验收意见书。为确保消防验收的顺利推进，公司多次组织地方各单位进行现场检查，同时梳理各方存在问题、理顺各方关系，确保了消防验收一次性通过。

5. 有序推进大桥管养界面划分协议签订

经与福建省高指多次对接，平潭公铁两用大桥管理界面划分为公路专用、铁路专用、公铁共用三个部分。公铁共用部分包括公铁大桥合建段基础(桩基、承台)、主塔、斜拉索系统、水上墩台防撞设施、公路排水管、助航标志、健康监测系统。公铁共用部分的公铁大桥合建段基础(桩基、承台)、主塔、斜拉索系统、水上墩台防撞设施的日常养护(含日常巡查、经常检查、定期检查、小修保养)由铁路方负责，公路方每年承担费用，由铁路方包干使用；专项维修由甲、乙双方共同负责，费用按比例承担。公铁共用部分的公路排水管、助航标志、健康监测系统日常养护和专项维修由双方委托有资质的第三方单位负责，费用由甲乙双方共同负责，费用按比例承担。在正式签订前为确保大桥管养推进，2020 年 12 月 29 日与施工单位、设备管理单位签订管养三方协议，安排 25 人进驻工区进行巡检和维养。

第四节 福平铁路建设的体会和收获

1. 抓好设计源头，是做好技术管理的关键因素

一是可研、初设阶段需对工程投资进行充分考量。平潭海峡公铁两用大桥桥址所处海坛海峡海况复杂，无成熟建设经验和投资定额可借鉴，实际工程投资较初步设计批复增加较多，今后在项目建设可研、初设阶段就应对工程投资进行充分考量，确保概算编制符合现场实际需求；二是设计各专业间应建立良好的沟通渠道。在项目建设中，遇到了一些站前和站后结合部问题，例如：T梁预制未充分考虑后期风屏障和声屏障的设置；风屏障设置对接触网下锚补偿装置和检修通道带来一定影响；电缆沟槽在曲线段的设置，以及简支梁和连续梁的连接处，存在部分地段无法顺接的问题。需要设计各专业间建立良好的沟通渠道，减少接口问题的发生。

2. 准确把握批复概算，是做好建设管理的关键因素

一是周期性对概算投资进行梳理，及时做好变更设计，解决现场资金困难；二是优化初步设计方案，合理利用既有资源，永临结合，减少投资；三是以初步设计批复概算为投资控制红线，研读初步设计批复文件，深入掌握批复概算内容，认真分析施工图方案和预算，合理确定招标现价；四是严控变更设计，严格落实先变更后实施原则。

3. 充分发挥预介入作用，是及早发现设计问题的关键因素

目前设备接管单位普遍在项目建设中后期介入，由于工程设计规范与运营维修标准不完全一致，而竣工验收、达标评定阶段设备接管单位按运营维修标准进行验收，已按设计规范施工的项目，需要满足维修标准，导致相应变更设计100余项，增加了后期施工难度和建设费用。建议设备接管单位介入工作在施工图审核阶段开始实施，减少因设计规范和维标不一致带来的现场返工情况发生。

4. 加强成品保护，是确保工程质量的关键因素

一是杜绝因交叉施工对成品外形及质量造成破坏情况发生。参建各方要对成品进行重点保护，制定成品保护专项方案，同时做好安全排查，尤其重点盯控隧道上方覆土堆积、安全范围内的桩基施工和深基坑开挖带来的成品变形及开裂情况发生。二是杜绝路外施工对成品外形及质量造成破坏情况发生。福州地铁滨海快线上跨福平铁路岱岭隧道未按照铁路相关文件要求，履行涉铁工程建设程序，导致未纳入铁路建设施工监控，造成福平铁路岱岭隧道混凝土衬砌发生裂纹病害，对福平铁路联调联试安全带来影响。参建单位要加强巡视巡检，及时消除外部环境对项目建设的影响。

5. 落实党建工作机制，是对工程质量的有力保障

一是参建党员干部认真落实党建工作机制和“一岗双责”，坚持把党风廉政建设工作同中心工作同部署、同落实、同检查、同考核；二是定期开展警示教育，邀请福州铁路检察院专家与参建单位面对面开展预防职务犯罪宣讲，帮助广大建设人员增强廉洁从业意识，提高预防职务犯罪能力；三是落实工程建设重点领域廉政风险防控措施，抓好项目建设重点环节的监控，堵住管理漏洞，营造“风清气正”的良好建设氛围。

回首福平铁路建设历程，通过团结拼搏、攻坚克难、开拓创新，取得了一定的成绩，但也收获了许多经验教训。今后要继续紧盯当前工作重点，认真履职、勇于担当，再为铁路建设做出积极贡献。

第三篇

勘 察 设 计

第一章 地质勘察

第一节 概 述

1. 勘察范围及工程概况

福平铁路勘察范围为福州站至平潭站(DK0+000～DK88+099.55),还建沿海铁路联络线(福州至樟林段)上、下行线各长4.3 km。

2. 勘察完成的工作量

本线完成区域地质测绘95 km^2,工程地质测绘192 m,深孔勘探723 m/4孔,普通钻孔127 426 m/3 167孔,静力触探6 534 m/246孔,物探89.9 km,各类岩土试验16 225组,震探、电法等物探52.7 km,各类测井96孔。

第二节 勘察依据、勘察技术原则和要求

一、勘察依据

本线工程地质勘察主要执行《铁路工程地质勘察规范》(TB 10012—2007)、《岩土工程勘察规范》(GB 50021—2001)、《铁路工程不良地质勘察规程》(TB 10027—2001)、《铁路工程特殊岩土勘察规程》(TB 10038—2001)、《铁路工程岩土分类标准》(TB 10077—2001)、《铁路工程地质原位测试规程》(TB 10041—2003)、《铁路工程地质遥感技术规程》(TB 10041—2003)、《铁路工程物理勘探规范》(TB 10013—2010)、《铁路工程水文地质勘测规程》(TB 10049—2004)等铁路国家、行业规范。

二、勘察技术原则和要求

1. 勘察工作总原则

(1)针对高铁要求和本项目特点,在充分分析既有勘探、测试、土工试验及设计成果资料的基础上,采用工程地质调查测绘、机动钻探、挖探、物探、原位测试、土工试验等综合手段,详细查明沿线各类工程建筑物、建筑材料场地的工程地质和水文地质条件,获取满足各类工程建筑物施工设计所需的工程地质资料。

(2)工程地质勘察开展前,重点研究前阶段勘察遗留问题(工点范围划分、地层纵横向分布、勘探点密度及深度、勘探手段选择、土工试验项目及频度、设计措施优化以及方案调整等),按照高铁技术标准以及各类建筑物对地基的要求,结合既有工程地质资料,必要时会同有关专业进行实地调查,制定切实可行的勘察计划。

(3)不良地质、特殊岩土或有特殊要求的工程勘察,按其特殊性,执行《铁路工程不良地质勘察规程》及《铁路工程特殊岩土勘察规程》,选择适宜的勘探、测试方法,获取工程地质参数,满足工程施工设计需要。

(4)各测段地质组应认真学习补充勘察作业细则,在地质调查测绘的基础上,按工点的类型、范围、要求,结合地形地质条件,选择适宜的勘察手段,合理布置勘探点。探点数量和勘探测试深度应能控制重要的地质界线并能满足工程施工设计需要。

(5)勘探测线、点的布置及深度必须在既有调绘基础上,结合规范、工程特点及前期勘探成果综合确定。

(6)探点的布置应满足各类地质问题的工程地质条件评价的需要以及各类构筑物基础设计的需要,满

足稳定以及地基变形分析的需要。

(7)隧道勘察应充分采用综合勘探技术,对隧道洞口、浅埋地段应布置钻孔勘探。穿越隧道的重要地质界线应采用适宜的物探方法勘探,明显的物探异常点、段应布置钻孔验证。岩溶隧道地质调绘范围应包括岩溶水的补给边界和隔水边界。

(8)线路岩土工程性质的差异性较大,对严格控制不均匀沉降的工程结构物,应充分考虑岩土体的不均匀性、不确定性和不同工程措施的长期安全可靠度。

2. 工程地质勘察一般要求

工程地质勘察应采用工程地质调查测绘、机动钻探、挖探、物探、原位测试、土工试验等综合勘探手段,查明沿线的工程地质和水文地质条件,提供各类工程建筑物设计所需的工程地质资料。

工程地质勘察应在加强工程地质调绘的基础上,按工点的类型、范围、要求,结合地形地貌条件,选择适宜的勘察手段,合理布置地质点,地质点的布置具代表性,其数量和勘探测试深度能控制重要地质界线的变化并能满足工程设计需要。

对特殊地质或有特殊要求的工程勘察,按其特殊性,选择适宜的勘探、测试方法,获取相应的工程地质参数,满足工程设计需要。

取土、采石场地应作专项勘察,选择适宜的勘察手段并取样分析,获取相关参数,确定可采取范围内石渣、道砟和填料的质量和储量。当填料不满足要求时,应提出改良措施。

(1)路基工程地质勘探原则

路堤工点一般沿线路中线每隔 100 m 左右布置一个勘探点;以机动钻探为主,静力触探为辅,与涵洞等横向构筑物勘探综合考虑。软土、松软土地基路堤工点勘探以机动钻孔为主,辅以静力触探,兼顾小桥涵。勘探点纵向间距一般为 50～100 m。山前或下伏硬底有明显横披时,应进行代表性地质横断面勘探,勘探横断面间距一般为 100 m,当地形地质条件变化较大时,间距适当减小,当地层单一时,间距适当加大。勘探测试孔深度:应穿透软土钻至硬层、主要持力层或下伏基岩内一定深度,并满足路基稳定性分析和沉降计算要求。

路堑工点通过地质调绘确定地质横断面和勘探工作量,地质横断面间距一般为 100 m,每个工点至少有代表性地质横断面 1 个,横断面上至少应有 2 个钻孔。勘探测试孔深度:一般深度应至路基面以下 10 m 或穿过软弱结构面并进入稳定层 10 m,并能满足变形计算或加固设计要求;地下水发育地段应适当加深,以查清地下水性质为原则。

(2)桥涵工程地质勘探原则

涵洞工程:涵洞勘探应与路堤勘探紧密结合,资料相互利用。一般在涵轴上布置 1 个勘探测试孔,当涵洞较长,地形地质条件复杂时,勘探测试孔应适当增加。涵洞勘探以机动钻探为主。勘探深度:基础置于土层中,勘探深度应满足沉降变形计算要求,一般应与相邻的路基勘探深度一致。

桥梁工程:勘探以机动钻探为主,静力触探为辅。勘探点根据桥梁结构形式、墩台位置和基础类型,结合地质调绘结果布置,一般在墩台基础中心附近,桥台必须有勘探点。勘探深度:结合桥梁结构形式、桥式布置、基础桩长等综合确定。

(3)隧道工程地质勘探原则

地质条件复杂(花岗岩不均匀风化和构造发育等)的隧道宜采用综合勘探方法。在洞身和洞口均应布置勘探点;物探工作在既有资料和工程地质测绘的基础上布设,查明隧道围岩分级、重要地层接触带、断层构造等。通过地质测绘及物探资料的综合分析,针对重要的地质界线及对隧道工程影响较大的断裂构造和环境敏感点采用钻探验证。

(4)站场和房屋建筑工程地质勘探原则

高层、大型站房、大跨度建筑物及房屋集中区房屋建筑和构筑物场地工程地质勘察,执行《岩土工程勘察规范》(GB 50021—2001)相关规定。勘探手段以机动钻孔为主,辅以静力触探。以剖面勘探为主,每个剖面的勘探点数目不少于 3 个,剖面间距、钻孔深度根据场地复杂程度、工程重要性等级和勘探阶段综合确定。

(5)取弃土(渣)场地工程地质勘探原则

对取弃土场的勘察主要以地质调绘为主,辅以必要的勘探,查明取弃土场的地形地貌、地层岩性、地质构造、地下水埋深等工程与水文地质条件,查明不良地质和特殊岩土的性质、分布范围,查明工程区的场地地基和堆积体的地震效应,为取弃土场平面位置的确定提供依据,为稳定分析(场地、地基和边坡)及加固方案提供地质资料。

第三节　主要勘察技术手段、综合地质勘察方法

1. 主要勘察技术手段

工程地质勘察,是查明与建设相关工程有关的场地自然特征、工程地质和水文地质条件,并进行工程地质条件评价的全过程。工程地质勘察应查明建设工程场区的工程地质条件,为线路方案的选择、各类建筑物设计、特殊岩土处理、不良地质整治、环境保护和水土保持方案的制定及合理确定施工方法提供可靠依据。工程地质综合勘察,是在研究、分析区域地质条件和进行地质调绘的基础上,采用多种工程地质勘察手段进行勘察的方法,一般包括遥感图像地质解译、工程地质调绘、物探、钻探、原位测试、室内试验等手段和方法的综合利用,以及对成果资料的综合分析。福平铁路重点应用的勘察技术有遥感图像地质解译、物探、钻探、室内试验、原位测试、深孔钻探等。

2. 综合地质勘察方法

地质选线的首要要求是低风险、精度高,采用传统有效的先进综合勘察手段是十分必要的。福平铁路采用了工程地质调查与测绘、钻探、浅层地震反射勘探、大地电磁、高密度、原位测试(标准贯入、动力触探、静力触探)、综合测井、室内试验等手段相结合的综合勘探方法。并根据海坛海峡水深、潮汐、波浪等特点,有针对性地采取了船舶或浮筒等钻探平台,确保了勘察工作顺利完成。

典型工点工程地质勘察情况如下:

(1)DK42+800.92~DK45+746.09 长乐东站软土路基

DK42+800.92~DK45+746.09 段软土路堤,长 2 945.17 m,路堤填高 6~8.5 m。地貌属海积平原区,地势平坦,辟为耕田和村庄,交通便利。地层主要为:

①种植土,厚 0.6 m。

②淤泥,深灰色,流塑,厚 3.4~13.3 m,物理力学指标:$\omega=54.72\%$,$\gamma=16.6\ \mathrm{kN/m^3}$,$e=1.53$,$C_u=11.16\ \mathrm{kPa}$,$\phi_u=3.51°$,$C_{cu}=10.96\ \mathrm{kPa}$,$\phi_{cu}=7.92°$,$E_s=1.84\ \mathrm{MPa}$。

③粉细砂、细圆砾土,深灰色,松散至稍密,饱和,厚 1.7~12.31 m,该层为可液化层,抗液化指数为 0.57,强度折减系数 0.33。

④淤泥质黏土,深灰色,软~流塑,厚 7.8~26.95 m,物理力学指标:$\omega=47.8\%$,$\gamma=17.1\ \mathrm{kN/m^3}$,$e=1.34$,$C_u=15.09\ \mathrm{kPa}$,$\phi_u=6.45°$,$C_{cu}=12.48\ \mathrm{kPa}$,$\phi_{cu}=9.09°$,$E_s=2.42\ \mathrm{MPa}$。

⑤细角砾土,灰白色,松散~稍密,饱和,厚 1.9~5.0 m。

⑥淤泥质黏土,深灰色,软~流塑,厚 4.1~12.1 m,物理力学指标:$\omega=44.63\%$,$\gamma=17.2\ \mathrm{kN/m^3}$,$e=1.26$,$C_u=13.36\ \mathrm{kPa}$,$\phi_u=7.03°$,$C_{cu}=15.25\ \mathrm{kPa}$,$\phi_{cu}=12.23°$,$E_s=2.65\ \mathrm{MPa}$。

⑦粗圆砾土、中砂,局部夹粉质黏土,灰黄色,稍密饱和,厚 0~20 m。

⑧花岗岩,灰白色,全风化~弱风化,厚大于 14 m。

水文地质:地下水为孔隙潜水,地下水埋深 0.5 m,地下水对混凝土无化学侵入性。

本区Ⅱ类场地基本地震动峰值加速度为 0.10g,基本地基动反应谱特征周期为 0.45 s。

由于第四系软弱土层厚度较大,且性质较差,路基的稳定和沉降不宜控制,综合分析后采用合理的软基处理方案,以确保沉降控制效果。

(2)跨海坛海峡公铁两用特大桥

平潭海峡公铁两用大桥总长16.322 km。桥址位于福建省长乐松下镇至平潭县的东海海域，主体跨东海海坛海峡，桥台位于东海岸边山坡处，为丘陵区，地势起伏较大，山坡上危岩落石发育；岸边植被发育一般，海蚀现象明显。桥区内上覆第四系地层及坡残积地层，下伏白垩系石帽山群组凝灰岩或燕山晚期花岗岩，地层岩性主要描述如下：

①淤泥质黏土，灰色、深灰色，流塑状，混砂；层厚一般1～5 m，σ_0=80 kPa。

②淤泥质粉质黏土，深灰色，流塑状，局部混砂及少量云母、贝壳碎屑；层厚一般5～15 m，σ_0=80 kPa。

③粉细砂，灰色，饱和，稍密；层厚一般不超过10 m，σ_0=100 kPa。

④中砂，灰色，饱和，稍密，夹薄层粉质黏土；层厚一般5～10 m，σ_0=300 kPa。

⑤粉质黏土，灰色、深灰色，硬塑；层厚度1～3 m，σ_0=280 kPa。

⑥粉质黏土，棕黄色、青灰色杂灰绿色，硬塑；主要分布在SR35墩以北地段，层厚1～14 m，σ_0=280 kPa。

⑦黏土，灰色、青灰色，软塑为主，局部硬塑，主要分布SR35墩以北地段，分布较连续，层厚3～10 m，σ_0=170 kPa。

⑧粉细砂，浅灰色、灰白色，中密，饱和；质不纯，层厚2～5 m，σ_0=150 kPa。

⑨中砂，灰色、灰黄色、灰白色，饱和，中密，含少量卵砾石，多呈透镜体状分布；层厚1～6 m，σ_0=400 kPa。

⑩细圆砾土，密实，充填物主要为粉细砂及黏性土，卵石含量15%～20%，粒径一般2～6 cm；主要分布在元洪航道N04以东，层厚0.3～4 m，σ_0=600 kPa。

⑪碎石土，灰色，成分以碎石、角砾为主，多分布于岛屿四周及近岸低丘坡脚处，分布不连续，层厚一般1～6 m，σ_0=450 kPa。

⑫粉质黏土，灰黄、灰白、紫红相杂的花斑色，硬塑～坚硬状，零星分布；层厚一般2～5 m，局部厚度大于8 m，σ_0=200 kPa。

该桥位处于海洋环境，为氯盐环境，作用等级为L3。本区Ⅱ类场地基本地震动峰值加速度为0.10g，基本地基动反应谱特征周期为0.45 s。

第四系软弱土层和全风化层力学性质较差，厚度变化较大，且地层中岩层不均匀风化现象严重，桥梁桩基础以弱风化凝灰岩和花岗闪长岩为持力层，桩基穿过软弱土层至弱风化凝灰岩和花岗闪长岩一定深度。

第四节 专题研究及应用

主要开展了福平铁路线路工程场地地震安全性评价及与本线相邻的杭深线隧道衬砌检测专题研究工作。

工程场地地震安全性评价报告明确了全线工程场地地震基本烈度，确定了沿线不存在地震地质灾害问题，对沿线可能存在砂土液化、软土震陷与边坡地震稳定性问题的段落进行了说明，其结论指导了后续不良地质体、特殊岩土的地质勘察工作。

与本线相邻的杭深线隧道衬砌检测专题对既有与本线相邻段杭深线隧道进行了全面检测，并对本线隧道开挖方式、参数提出建议，成功指导了本线隧道开挖设计。

第五节 经验总结与建议

福平铁路工程地质条件复杂，施工自然条件恶劣，其工程地质勘察与常规铁路差异大，主要表现在本线桥隧比例高，海积软土层深厚，基础变形难以控制，海上气候条件恶劣多变，航道复杂，对海上钻孔定位要求严格，海底地形复杂多变，地质条件复杂，跨海公铁两用桥桩基直径大，桩基数量多，工程地质勘察工作量大，勘察工期较短。在大勘探工作量、短工期的双重压力下，各级领导通力协调，组织了十几家勘察队伍同时进场作业，多专业协同作战，共同完成了福平铁路的勘察工作，其有效无缝的勘察组织为大规模勘察的质量控制提供了组织保障，勘察成果整体准确可靠。

一、经验总结

福平铁路工程勘察成果资料，通过现场配合施工揭示的地质资料，较好地满足了各项工程设计需求，总结经验如下：

1. 强有力的勘察组织管理

福平铁路勘察工作有较大比例的海上勘探，受到各方高度重视，根据本项目的推进计划及工作安排，每一个勘察阶段在现场都成立了强有力的勘察组织机构(勘探项目部)，靠前指挥。项目部由处室领导、专家、地质组长分级组成，统一协调全线工程地质勘察工作，负责全线钻探、原位测试、土工试验、物探等勘探工作的组织实施，加强质量控制和安全监督，专门制定了一系列质量保证体系、工期保证措施以及安全、环保注意事项，确保了各个阶段勘察质量、工期按计划圆满完成。

2. 强化勘察质量管理

(1)在工程实施过程中，揭示设计文件较符合现场实际情况。其中隧道工程围岩等级划分等与现场实际情况基本相符，仅有小比例的围岩变更。部分隧道围岩零变更。

(2)桥梁工程基本与现场实际情况符合较好，仅有跨海桥由于基础造价高的原因出现了少量Ⅱa类变更。

(3)路基工程设计与现场一般符合较好，但也出现了部分Ⅱa类变更。

3. 重视山区越岭地段的工程地质选线

(1)山区越岭段工程地质选线在大面积地质调查测绘的基础上，采用先进的三维可视化遥感技术手段展开大面积地质选线、局部方案的平纵断面优选，成功地选择了地质风险小的线位方案，突出了地质选线的重要作用，为工程顺利建成，高速安全运营提供了保障。

(2)高铁受大曲线半径的影响，工程地质选线更加困难，要求对控制方案的不良地质与特殊地质体进行精确定位并超越阶段提前进行较为详细、准确的地质勘察与分析评价，以稳定线路平面位置。

(3)高铁工程地质选线对勘察手段的先进性、宏观性、精度性提出了更高的要求。为确保工程地质选线的合理可靠，采用具有先进性、综合性的勘察手段是极为必要的。

4. 加强复杂隧道的综合勘察

隧道围岩完整性的综合勘察在可靠的地质调查分析成果基础上应用了钻孔 RQD 统计、多种物探方法(折射法，大地音频电磁法，高密度电法等)、地表岩体节理的统计分析等，效果较为显著。

断层的判释需要在区城地质成果的基础上，加强地表浅埋沟谷段的测绘与调查、多种物探(折射结合高密度、ETH-4)、深孔钻探等多种勘察手段工作进行分析判释，在查明断层的工作中取得较好效果。

二、建　　议

(1)花岗岩具不均匀风化特征，东南沿海花岗岩地区普遍存在球状风化现象是影响铁路基础工程施工及投资的重要因素。受勘察精度、勘察手段局限性的影响，彻底查清不均匀风化的程度、范围是个行业难题。建议花岗岩不均匀风化发育地区的工程地质勘察适当加大勘察密度，采用多种勘察手段同步分析，并注重施工阶段验槽验桩工作，以确保工程基础安全可靠。

(2)充分运用综合勘察手段，加强斜坡地段的土石类别的勘察工作，以便有效控制工程投资概算。

(3)重视路基工点横、纵断面的资料整理。在勘察资料整理过程中，应特别重视地质条件明显变化地段的路基工点横、纵断面资料整理与审核，资料分析过程中有疑问应尽快提出补充勘察方案，以确保工程地质资料分析精度，为路基工程设计提供准确可靠地质资料。

(4)在路桥、路隧方案比较过程中习惯性认为路基方案更经济，但在山区铁路建设中，受地形困难、地质条件复杂、危岩落石发育等工程地质条件的影响，路基工程的施工安全、运营安全均难以保证，同时从土地资源利用及环保角度，桥隧方案要优于路基方案。因此，勘察中在做好工程地质条件研究的基础上，全面分析工程比选方案，提出合理化建议。

(5)高度重视地质核查工作。施工中地质核查工作是确保工程质量的最后关口，高度重视该项工作，根据核查地质资料，及时完善、提供相关岩土参数。

第二章　线路设计

第一节　线路走向与重大方案比选

一、线路走向

福平铁路从福州站引出后，DK0＋000～DK3＋300 利用既有沿海铁路至东山，下穿机场高速公路后以隧道穿鼓山、桥梁跨闽江，引入福州南站；再跨乌龙江至长乐市设长乐站；出站穿董奉山至青山村附近预留机场铁路接轨站莲花山站，之后铁路向南上跨福北路、湖文路至洋下村设长乐东站；穿越高峰山隧道，在松下镇南侧约 600 m 处设长乐南站；穿鑫海冶金、和盛塑业，在牛角山附近以公铁合建桥梁跨越长屿岛、小练岛、大练岛至平潭岛，在二埠山附近设平潭站。线路长 88.433 km，其中 DK0＋000～DK3＋300 段利用沿海联络线 3.300 km，新建段建筑长度 85.133 km，相应还建沿海上、下行联络线各 4.300 km。新建隧道 16 座 34.736 km(其中左线 12 座 28.685 km)，桥梁 71 座 42.344 km(其中左线 62 座 40.01 km)，路基 15.113 km(其中左线 14.133 km)，桥隧比 80.2%(以左线计)。设车站 6 个，分别为福州、福州南、长乐、长乐东、长乐南、平潭；其中福州和福州南为既有车站，预留莲花山设站条件，其余均为新设中间站。

二、重大方案比选(海坛海峡段线路方案比选)

福平铁路横跨海坛海峡，铁路走向受海峡的地质地貌、水深、气候、通航条件等多种因素控制，在前期研究中铁四院根据海坛海峡沿岸岛屿分布，海底地质条件，海坛海峡第二公路大桥研究初步成果，研究了经苦屿岛方案，又结合通航论证要求补充研究了经长屿岛跨海线位方案，如图 3-2-1 所示。

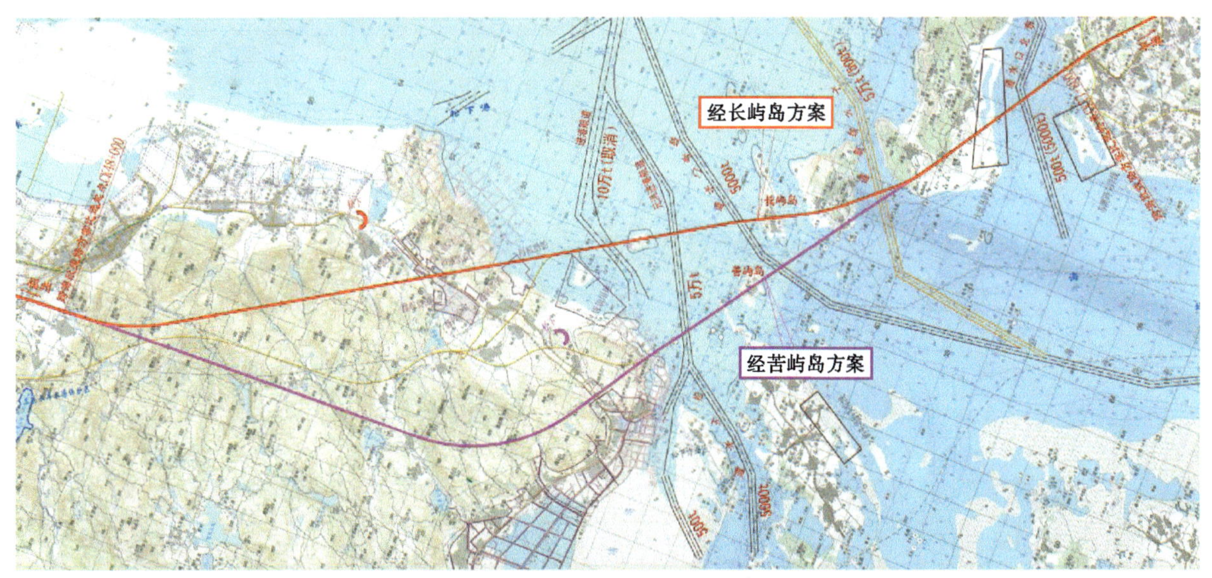

图 3-2-1　海坛海峡段线路方案示意图

1. 方案说明

经苦屿岛方案：线路自方案比较起点 DIK48＋000 引出，设风洞山隧道，出隧道后上跨省道 S201，在旗山山坡脚设长乐南站，出站后设旗山隧道，之后上跨海坛海峡，跨越了元洪航道、鼓屿门航道、大小练航道，经苦屿岛、小练岛、大练岛、东北口航道至方案比较终点 DIK77＋800，比较范围内线路长度 29.746 km。

经长屿岛方案：线路自方案比较起点 DK48＋000 引出，设高峰山隧道，出隧道后，在松下镇南侧约 600 m 处设长乐南站、出站后穿越龟山，之后上跨省道 S201，之后穿越牛角山设海门隧道，在牛角山附近上跨海坛海峡，跨越了元洪航道、鼓屿门航道、大小练航道，经长屿岛、小练岛、大练岛、东北口航道至方案比较终点 DK77＋800，比较范围内线路长度 27.771 km。

2. 主要工程数量及投资估算比较

两方案主要工程数量及投资估算比较见表 3-2-1。

表 3-2-1 主要工程数量及投资比较

工程项目			单　位	经苦屿岛方案	经长屿岛方案
				DIK48＋000～DK77＋800	DK48＋000～DK77＋800
线路长度			km	29.746	27.771
征用土地			亩	984.48	1 070.52
拆迁建筑物			万 m^2	0.65	3.72
路基工程	土石方	土方	万 m^3	22.96	10.07
		石方	万 m^3	21.28	13.85
		A、B组填料	万 m^3	6.58	4.81
		C组填料	万 m^3	16.43	15.09
桥梁	大中桥		座-延米	1-422.18	1-176.27
	特大桥		座-延米	2-1 070.62	1-665.95
	海坛海峡特大桥	主跨	延米	75＋180＋450＋180＋75	84＋196＋532＋196＋84
				140＋336＋140	154＋364＋154
					140＋336＋140
				110＋2×200＋110	92＋2×168＋92
		边跨	延米	(55＋3×80＋55)＋2×(55＋4×80＋55)＋4×(50＋6×80＋50)	3×(48＋2×80＋48)＋(48.5＋5×80＋48.5)＋3×(48.5＋7×80＋48.5)
		连续梁	延米	6 420	9 688.53
	合计		座-延米	4-9 869.4	4-12 934.05
隧道	$L\leqslant 1\,000$		座-延米	1-772	1-410
	$1\,000<L\leqslant 3\,000$		座-延米		1-1 130
	$1\,000<L\leqslant 6\,000$		座-延米	1-4 857	
	$L\geqslant 6\,000$		座-延米	1-8 380	1-7 915
	合计		座-延米	3-14 009	3-9 155
	最长隧道		m	8 380	7 915
桥隧总长			km	27.648	25.835
桥隧比				92.95%	93.03%
路基长度			km	2.122	1.936
正线铺轨			km	52	48.05
主要工程费			亿元	82.16	106.87
差额			亿元	0	24.71

3. 优缺点分析

由于经苦屿岛方案铁路与航道的交叉点距离航道拐点不能满足 4 倍船长的距离，且交叉角度不符合航道相关规范要求，故该方案的通航论证未获得交通部的认可。

2011 年 6 月 22～29 日福建省发改委组织省铁办、省港航局、省交通局、福州市、长乐市、省港航院、省交通规划设计院、铁四院和大桥院结合通航论证的相关要求，对经长屿岛方案进一步进行了补充研究，同时福建省有关部门对航道进行了相应调整：取消了 100 000 t 级的进港航道，将大小练航道由原来 500 t 调整为 50 000 t，北东口航道由原来的 5 000 t 调整为 500 t，合理调整了铁路跨越航道孔跨；分别为跨越元洪航道桥跨布置由原来的(75＋180＋450＋180＋75) m 调整为(84＋196＋532＋196＋84) m，鼓屿门航道桥跨布置由原来的(140＋336＋140) m 调整为(154＋364＋154) m，大小练岛航道桥跨布置由原来的(55＋4×180＋55) m 调整为(140＋336＋140) m，北东口航道桥跨布置由原来的(100＋2×180＋100) m 调整为(92＋2×168＋92) m。大桥院设计的跨海公铁合建特大桥，桥梁长度由原来的 8.376 km 增加到 11.165 km 及通航孔跨的调整，工程投资增加了约 23.07 亿元；铁四院设计的大练岛公铁合建特大桥，由于大小练航道由原来 500 t 调整为 50 000 t，线路纵坡抬高约 20 m，工程投资增加了约 1.67 亿元；由于通航和施工的要求，主跨由 2×180 m 变为 2×168 m，引桥取消了 24 m 和 32 m 简支梁，全部改为连续梁，涉及施工方案的调整，投资增加约 2.58 亿元，合计跨海部分工程投资共增加了 27.32 亿元；陆地上工程投资共减少了约 2.61 亿元，工程投资总共增加了约 24.71 亿元。考虑到铁路定额变化和材料价格调整，投资增加约 10.42 亿元，该方案工程总投资合计增加了 35.13 亿元。

4. 结论

经长屿岛方案通航论证报告 2012 年 1 月上报交通运输部，于 2012 年 3 月通过了交通运输部的通航评估论证。故最终采用经长屿岛方案。

第二节　重大设计原则的确定

一、线路平、纵断面设计

本项目线路平、纵断面设计严格执行了初步设计批复意见和《新建时速 200 公里客货共线铁路设计暂行规定》(铁建设函〔2005〕285 号)及《铁路线路设计规范》(GB 50090—2006)的相关规定。

二、改移道路及平(立)交道设计

福平铁路按全封闭、全立交设计，与其他交通通道的交叉均设计为立交，交叉时一般采用铁路上跨方式，不改移或不降低既有通道标准。立交净空原则：高速公路净空不小于 5.5 m，省级以上道路净空不小于 5 m，省级以下道路净空按不小于 4 m 设计；铁路与规划公(道)路交叉时，预留了规划公(道)路交叉条件。跨既有福厦铁路、温福铁路净空按 7.96 m 设计。

三、建筑物拆迁工程说明

本次建筑物拆迁按照铁路正线用地界范围内全拆计算，部分浅埋隧道施工、运营影响建筑物安全，也按拆迁计算；部分隧道洞口无消噪措施时，按隧道专业要求扩大拆迁范围。

四、铁路线路安全设施设计

为保证列车安全运行，福平铁路全线贯通封闭。路基地段采用防护栅栏与桥梁桥台、隧道进出口及交通涵相连，实现全线贯通封闭，防护栅栏采用铁路工程建设通用参考图(铁总运〔2014〕249 号)钢筋混凝土防护栅栏，其组成部分立柱、上槛、下槛、栏片、柱帽均采用 C30 钢筋混凝土预制。立柱截面尺寸为 180 mm×180 mm，2.2 m 高度加 0.5 m 刺丝滚笼，两侧设置 100 mm 长牛腿支撑，以便搭接上下槛，并通过上下槛固定栏片。

在旱桥墩高小于 3 m 时设置与路基地段相同的线路防护栅栏，即采用 2.2 m 高度钢筋混凝土加 0.5 m 刺丝滚笼防护栅栏；在旱桥墩高大于 3 m 时设置桥下防护栅栏，即采用高 1.8 m 高钢筋混凝土立柱金属网片防护栅栏。

为保证车站内的运营安全，车站范围内设置高度为 3 m 的实体围墙，站台范围内围墙设装饰斜顶墙头。

五、线 路 标 志

福平铁路福州至福州南段正线参照《铁路线路及信号标志　第三分册：高速铁路线路标志图集》[图号：通线(2010)8024-Ⅲ]的要求设置公里标、半公里标、桥梁标、防灾安全监控标等线路标志。标志标牌按通线(2010)8024-Ⅲ进行制造及安装；并按通线(2010)8024-Ⅲ—20 的要求，在钢轨轨腰(或无砟轨道底座)喷涂"▲"白底红色标记，标注出其实际准确位置。

福平铁路福州南至平潭段正线及沿海铁路联络线按《铁路线路及信号标志　第一分册：客货共线铁路线路标志图集》[图号：通线(2007)8024-Ⅰ]的要求设置公里标、半公里标、桥梁标、防灾安全监控标等线路标志。标志标牌按通线(2007)8024-Ⅰ要求进行制造及安装。

六、绿 色 通 道

1. 路基地段

(1)路堤地段

路堤地段绿化形式分为有水沟和无水沟两种类型，花灌木、小灌木及小乔木根据所处地理位置选用。植灌种乔时，注意避让路基附属的沟槽管孔井等设施，注意避让边坡踏步。防护栅栏进出口处，水沟至栅栏间预留与门同宽的维修通道，通道部分不得植灌种乔。

①路堤坡脚外有排水沟地段

坡脚至排水沟栽植 2 排小灌木，株距 1 m，交错布置，并撒播草籽。排水沟至用地界栽植 1 排花灌木，株距 1 m；1 排小乔木，株距 2 m。

②路堤坡脚外无排水沟地段

坡脚至用地界栽植 1 排小灌木，株距 1 m；1 排小乔木，株距 2 m，并撒播草籽。

(2)路堑地段

路堑地段绿化形式分为有天沟和无天沟两种类型，花灌木、小灌木根据所处地理位置选用。

①堑顶有天沟地段

堑顶外侧至天沟栽植 4 排小灌木，株距 1 m，交错布置，并撒播草籽。天沟至用地界栽植 1 排花灌木，株距 1 m。

②堑顶无天沟地段

堑顶外侧至用地界栽植 2 排小灌木、1 排花灌木，株距均为 1 m，交错布置，并撒播草籽。

2. 桥梁地段

桥梁地段距线路 5.8 m 侧用地界边缘种植小灌木、花灌木或者乔木各一排，灌木株距 1.0 m，乔木株距 2.0 m，两行之间穴位按梅花状错位布置。桥梁用地界其他范围内含维修通道在内采用撒草籽进行绿化。

第三章　大型临时设施设计

第一节　大型临时设施的设置原则

大型临时设施工程主要是为主体工程施工服务。本线需设置的大型临时工程主要有铺轨基地、制(存)梁场、混凝土集中搅拌站、汽车运输便道、改良土和级配碎石拌和站、码头，主要原则如下：

(1)认真贯彻国家土地政策，尽量减少土地占用量，尤其是少占耕地，有条件的要充分考虑永临结合，有效利用预留工程、铁路货场、站坪、维修基地及站前广场等。

(2)充分利用既有建筑物和设备或新建线路的建筑物和设施，并考虑方便运营，减少对运营的干扰。大型临时工程设计方案应经过技术经济比较后确定。

(3)满足建设项目总工期的要求，并与施工组织设计统筹考虑。

(4)高度重视环境保护、水土保持、文物保护、节约能源和用地，要满足项目总工期、施工组织设计等要求，并应与城市建设总体规划相协调。同时应加强地质勘探工作，将大型临时工程设置在地质条件较好的地段。

(5)要优化大临设施布局，在保证满足工程进度需要的前提下，严格控制其规模、标准和投资。

(6)不具备永临结合条件，需要征用临时用地的，必须对临时用地进行复垦，临时用地的复垦按宜农则农、宜建则建的原则进行设计。

(7)铁路大型临时工程在场地布置方面，在满足工艺流程设计合理条件下，遵循生产区和生活区既相互分开，又有机联系的原则进行布局。生产区按工艺流程分区划块，要求结构紧凑，占地面积较少，同时又便于流水作业生产，容易实现现代化生活管理，并有足够的施工作业和活动空间。

(8)铁路大型临时工程设计除应符合铁路规范规定外，尚应符合国家现行的有关强制性标准的规定。

第二节　大型临时设施的设计依据

福平铁路大型临时设施工程根据《铁路大型临时工程和过渡工程设计暂行规定》(铁建设〔2008〕189号)，并结合工程实际情况和施工需要设置。

第三节　交 通 运 输

1. 铁路

本项目所经区域内相邻的主要既有铁路有鹰厦线、外南线、峰福铁路、温福线、福厦线、向莆线。本线工程施工时，可通过上述既有铁路将主要材料运至既有邻近的车站，再转运到工地。

2. 公路

本线所经地区公路主要有沈海、福银、机场高速公路，G324 国道、S201 线、S203 线、S305 线省道，另有县乡道交错纵横，公路运输较为便利。

3. 水运

本段线路所经地区主要有闽江、乌龙江、海坛海峡，航道等级较高，但由于航道与本线走向不一致，且陆路交通方便，运输快捷，本项目不考虑水运。

第四节　沿线水源、电源、燃料等可资利用的情况

1. 施工用水

本段线路福州段所经地区河网密集，湖泊众多，水系发达，施工用水可就近取水或打井取水，进入城区范围内施工用水可利用城市自来水；跨海段淡水资源较为匮乏，可经驳船自陆上转运自来水运至工点；平潭岛上，淡水资料也相对匮乏，可打井取水(需化验)及结合城市自来水。

2. 施工用电

陆上部分沿线电力资源丰富，3.5 kV、10 kV、35 kV 等高压电力线或交错或平行线路分布，施工用电可就近引入；其余部分可搭设海底电缆并结合自发电解决施工用电问题。

3. 施工用燃料

本段线路沿线燃料供应比较充足，施工机械使用的燃料可就近购买。

第五节　当地建筑材料的分布情况

1. 工程用砂

目前福州市区内所需工程用砂主要来自闽候，长乐市和平潭县的工程用砂除来自闽候外，部分来自福建省漳州市和广东省部分地区，由于福州市加强了闽江下游采砂管理工作，对闽江下游两岸河道管理范围内设置的堆砂场进行了统一管理，其中闽江下游北港北岸河道管理范围内禁止设置堆砂场。目前线路附近的堆砂场主要集中在福州市的仓山区、长乐市的营前镇通达码头、松下码头，以及平潭县的金井码头、苏澳码头。

2. 石料

本线经过的地区石料资源丰富，沿线分布有众多的采石场。工程用石料，在充分考虑隧道弃渣利用的基础上，由既有采石场就近供应，汽车运至工地。

3. 道砟

本线周边道砟场主要有南昌铁路局的沙县采石场，产量较为丰富，火车运输便利，本次设计采用南昌铁路局的沙县采石场生产的道砟。

4. 砖

沿线砖厂众多，工程用砖可就近供应，汽车运至工地。

5. 石灰

沿线石灰厂较少，均需远运。

6. 填料

取弃土场设置应和地质地形环境相适应，本着移挖作填、少弃少取、就近设置、保护环境的原则，合理设置取弃土场。本线土石方工程不平衡，主要表现为集中地段填方和集中地段挖方。挖方大于填方，弃土量较大，设置多处弃土、弃渣场。

区间路基填料主要利用隧道弃渣和路堑挖方，长乐东站和平潭站填方主要利用集中取土。取弃土设置见表 3-3-1。

表 3-3-1　取弃土场设置

弃土场名称	位　置	相对线路位置		总取弃量(m^3)	占地(亩)
		左右侧	距离(m)		
福州市弃土场	DK13＋000	右	20 000	258 390	129.32
福州市弃土场	DK13＋000	左	20 000	51 989	26.02

续上表

弃土场名称	位　置	相对线路位置		总取弃量(m³)	占地(亩)
		左右侧	距离(m)		
赤屿隧道进口弃砟场	DK25+464	右	165	37 155	18.60
赤屿隧道出口弃砟场	DK30+167	左	180	3 562	1.78
塘屿隧道弃砟场	DK30+481	右	150	11 447	5.73
岱岭隧道出口弃砟场	DK35+620	左	128	70 077	35.07
高峰山隧道进口弃砟场	DK48+200	右	77	31 985	16.01
松下弃土场	DK57+000	右	785	14 237	7.13
大练岛弃土场	DK72+200	左	500	232 853	116.54
幸福洋弃土场	DK88+000	右	4 700	338 257	169.30
虎头山取土场	DK53+365	左	2 186	768 459	72
二埠山取土场	DK88+470	左	344	877 166	76

7. 粉煤灰

位于长乐市的吴航钢铁厂有粉煤灰销售点，沿线有较多的粉煤灰供应点，可满足本线的需要。

8. 隧道弃渣利用

隧道弃渣应尽量用作路堤填料、施工场地的填筑及填补沟壑造田。选择或规划弃渣场地应按国家土地利用的基本政策，合理占用土地，尽量占用荒地，少占耕地，严格控制侵占良田。

隧道穿越质地良好的岩层，应尽量利用石料资源就地加工为料石或粗、细骨料等建筑材料以减少堆放数量并少占土地。

第六节　主要大型临时设施的设置

一、制(存)梁场

1. 简支T梁预制场的选址原则

(1)简支T梁制(存)梁场与铺轨基地原则上一并设置。在场地条件不满足时可考虑适当分开设置。

(2)梁场选址充分考虑永临结合，有效利用预留工程、铁路货场、站坪、维修基地等。不能永临结合的梁场选址避开易积水和严重不良地质地点，并远离生态环境敏感区。

(3)梁场位置一般考虑设在线路起点、终点或中间邻近铁路既有车站的线路附近，衔接运营线便捷，对运营线干扰小、邻近技术站的开阔地带。

(4)梁场的选点结合拆迁工程量、土建工程量、供料情况、运输条件、地形条件等因素，并按宜大不宜小、宜少不宜多的原则，经技术经济比选后合理确定配置方案。

(5)梁场的供应半径根据沿线铁路引入条件、工期要求等因素综合考虑，不大于200 km。

2. 简支T梁预制场的设置规模

简支T梁预制场的设置规模需考虑线路的施工条件、总工期等因素，并结合质量要求进行技术经济比选后确定，本线共设1处制存梁场(1 036单线孔)。梁场位于长乐东站附近。

二、铺轨基地

1. 铺轨基地选址原则

同简支T梁预制场选址原则。

2. 铺轨基地设置情况

根据选址原则，结合本线与既有线的关系，全线共设置铺轨基地1处，为杜坞铺轨基地，供应范围起于DK0+000，止于DK88+929，铺轨长174.68 km，平均运距52.4 km，占地面积约59亩。

三、无砟轨道轨枕预制场

本线仅新鼓山及高峰山两座长大隧道采用无砟道床，经过经济比选，采用外购方案，不设置双块式预制场。

四、汽车运输便道

1. 设置原则

(1)在安全使用并满足施工运输要求的前提下，在对当地交通情况作详细的调查研究的基础上，能用则用，能改则改，减少新建数量。

(2)汽车运输干线尽可能靠近修建的铁路，以减少引入线的长度。

(3)充分利用有利地形，在不受地形、地物限制的情况下，便道尽可能顺直，以缩短运程。

(4)尽量避免与铁路线交叉，以减少施工对行车的干扰。在山区一面坡的困难地段，便道位置尽可能在铁路线的上方，以免施工时堵塞便道或造成行车上的不安全。

(5)便道干线不占用铁路路基，在必要情况下，引入线利用铁路路基可以减少大量工程，而不影响铁路路基施工时可以考虑，但以越短越好。

(6)尽可能避免穿过地质不良地带和行车危险地带，在特殊情况下，要采取措施，保证运输安全。

(7)在合理布局的情况下，可适当结合地方需要，使运输便道能与地方交通运输道路相结合。

(8)便道尽量避免拆迁建筑物和穿过良田，少占农田，并注意保护农田水利。

(9)永临结合，充分考虑利用通站、所道路，维修通道。

2. 设置情况

共设置通往重点工程及施工辅助企业等的施工临时便道合计 68.6 km，其中新建便道 5.8 km，改建既有道路 13.4 km，利用县村道 49.4 km。

五、填料集中拌和站

1. 设置原则

(1)长路基地段填料拌和站的设置与路基施工区段相适应，原则上一个路基施工区段设一处填料拌和站。填方较大的车站可单独考虑设置一处填料拌和站。

(2)填料拌和站一般设置在供应范围的中点附近，地形平坦开阔，靠近施工便道。

(3)需利用挖方填料拌和站的设置考虑以挖作填土方的调配运输，以不发生倒运为原则。

(4)集中取土的填方地段，填料拌和站可以考虑与取土场一并设置。

(5)填料拌和站的供应范围原则上不考虑通过施工栈桥跨河调配。

2. 设置情况

根据全线路基分布情况，在路基集中地段设置填料拌和站两处，设置情况见表 3-3-2。

表 3-3-2 填料拌和站一览

序号	拌和站名称	拌和站位置		
		地点	左	右
1	洋尾山拌和站	DK47+600	—	0.6 km
2	二埠山南拌和站	DK88+500	0.5 km	—

六、混凝土集中搅拌站

1. 设置原则

(1)长大隧道每个施工工区设置一处混凝土搅拌站。跨越较大的河流桥梁，在河两岸考虑分别设置混凝土搅拌站，原则上不考虑混凝土通过施工栈桥跨越较大的河流运输。

(2)按工期要求，长桥地段混凝土搅拌站供应半径按不大于 4 km 考虑，其他地段混凝土搅拌站供应半径按不大于 10 km 考虑，特殊情况混凝土搅拌站供应半径按不大于 15 km 考虑。

(3)混凝土搅拌站选址充分考虑永临结合，有效利用预留工程、铁路货场、站坪、维修基地等。不能永临结合的混凝土搅拌站选址避开易积水和严重不良地质地点，并远离生态环境敏感区。

(4)混凝土搅拌站的选点结合拆迁工程量、土建工程量、供料情况、运输条件、地形条件等因素，并按宜大不宜小、宜少不宜多的原则，经技术经济比选后合理确定配置方案。

2. 设置情况

根据全线重点工程的分布情况及大临暂规的相关规定，全线(含联络线、辅助坑道)设置混凝土拌和站共 11 处，根据混凝土拌和站的施工任务量和高峰强度，确定各混凝土拌和站的规模占地 15～30 亩。

七、临时施工码头

1. 设置原则

(1)桥梁基础工程采用船舶施工时，原则上在河的两岸分别设置一处临时码头；在外海施工时，大陆侧及岛屿侧，根据码头功能，适当增加。

(2)砂、石等建筑材料或路基填料通过航道运输，在工程附近设置临时码头可有效降低材料运杂费的，可考虑在河及海峡的两岸分别设置一处临时码头。

(3)码头功能为材料起运点。

2. 设置情况

根据以上原则，闽江桥与乌龙江桥位于市中心，场地有限，每座桥各设置 1 处码头；平潭海峡公铁两用大桥根据岛屿分部，考虑功能复杂性，为提高材料的周转及转运效率，在桥梁两端岛屿分设起重、砂石料不同功能码头共计 12 处。

全线设置临时码头 14 处作为材料起运点，见表 3-3-3。

表 3-3-3　临时码头设置情况一览

序　号	临时码头地点	数量	备　注
1	闽江临时码头	1 处	闽江特大桥施工
2	乌龙江临时码头	1 处	乌龙江特大桥施工
3	平潭海峡公铁两用大桥临时码头	12 处	跨海桥施工
合计		14 处	桥梁施工

八、其他大临设施工程

(1)临时材料厂：全线共设置临时材料厂 4 处，各临时材料厂具体情况见表 3-3-4。

表 3-3-4　临时材料厂设置情况

序　号	材料厂名称	材料厂位置		供应范围		规模(亩)
		中心里程	偏距	起点里程	终点里程	
1	福州南临时材料厂	DK18+600	0.5	DK00+000	DK21+800	15
2	长乐临时材料厂	DK32+600	0.5	DK21+800	DK42+800	15
3	松下临时材料厂	DK56+500	0.5	DK42+800	DK56+700	15
4	平潭临时材料厂	DK87+800	0.5	DK56+700	DK88+433	15

(2)临时通信设施：全线不考虑设置临时通信贯通线路。

(3)施工供水方案：本线沿线所属地区河流有闽江、乌龙江等，地表水系发达，沟渠纵横交错，除地处偏僻的长大隧道，施工用水困难的重点工程考虑给水管路外，其余工程施工用水均考虑采用使用地表水或打井取水。全线通往隧道工程及施工辅助企业，临时给水管路合计 17.7 km。

(4)施工供电方案：本线沿线的电网隶属于华东电网体系，高压电源线分布广，沿线村镇电网改造已经完成，经调查能满足铁路施工用电的需求。因而，本工程的施工用电，主要考虑充分利用地方电力资源，施工前与地方电力部门联系，进行现场勘察，就近“T”接，架立临时电力干线解决工程施工用电。对部分重点工程的施工用电，为保证施工进度，考虑部分自发电。共设置临时电力干线 63.45 km；平潭海峡公铁两用大桥大练岛端由平潭岛采用海底电缆供电，独立平台采用发电机发电。

(5)海上孤岛、平潭岛等缺水地段，共设置水井 5 口，水质检验合格后使用。

第七节 实施的主要大型临时设施差异性分析

部分主要大型临时设施设计与实施对比见表 3-3-5。

表 3-3-5 部分主要大型临时设施设计与实施对比

序号	分类	项目	单位	设计数量	实施数量	差值
1	陆上	铺轨基地	处	1	1	0
2		制存梁场(T 梁)	处	1	1	0
3		存梁场(外购 T 梁)	处	1	0	−1
4		混凝土拌和站	处	9	10	1
5		填料拌和站	处	2	2	0
6		码头	处	2	2	0
7		栈桥	m	430	715	285
8		便道	km	62.1	65.82	3.72
9	海上	码头	处	14	24	10
10		栈桥	m	5 048	10 165	5 116
11		拌和站(岛上)	处	5	5	0
12		生产平台	处	0	1	1
13		钢结构加工厂	处	4	5	1
14		公路桥面板及道砟槽板预制场	处	1	1	0
15		水上配电平台	处	4	19	15
16		沥青混凝土拌和站	处	1	1	0
17		箱梁节段预制场	处	2	2	0
18		电力线(含海底电缆)	km	43.6	30.7	−12.9
19		便道(孤岛)	km	17.65	15.9	−1.75

1. 陆上工程部分

陆上主要大临工程实施设置情况基本与设计相符。

(1)T 梁存梁场

因杜坞物流园区的提前建设，原设置与杜坞站附近的外购梁存梁场不具设置条件，取消福州至福州南区间的外购 T 梁。此区间的 T 梁由新建梁场供应，新建梁场供应规模增加；T 梁经过福州南站，需在天窗点内进行，并需缴纳相应的取货票费用。

(2)混凝土集中拌和站

根据工区分部，增加混凝土集中拌和站 1 处。

(3)栈桥

主要是乌龙江特大桥为减少水上施工，栈桥增加。

2. 海上工程部分

海上工程大临设施主要是为平潭海峡公铁两用大桥施工服务。

(1)栈桥

栈桥原设计深水区独立平台采用船舶施工，船舶受风浪的影响大，施工的时段存在较大的不确定性。2.5 m以上大浪频发，船舶难以连续作业，桩基混凝土等连续施工较为困难；在大风浪天气下，浮式起重机稳定性差，吊装难以准确对位；8级风间歇性频发，船舶需回港避风，有效作业时间进一步缩短。若继续采用独立平台施工，为保障工期，各独立平台需同步施工，需进一步加大船舶数量，则在有限海域大量船舶锚链密布、立体交织，存在安全风险，组织实施困难。

综上，参建各方对船舶作业受恶劣海况的影响认识不足，安全、工期难以保证。为此，采取了延伸栈桥将深水区平台分段连通，将小吨位结构采用船舶吊装调整为大型履带式起重机吊装，为满足7级风吊装作业，考虑采用150 t、130 t履带式起重机吊装，设置履带式起重机走行及作业区。以充分发挥栈桥作用、增加吊装作业灵活性、提高吊装作业效率，提高有效作业时间利用率，保障施工质量。

鉴于平潭桥建设周期长，遭遇超强台风频率高，将12级台风工况不破坏调整为14级台风工况不破坏；增加防腐涂装，减缓钢结构腐蚀。

(2)码头

码头变化原因，主要是项目开工后，结合桥位海况环境及周边地形、地貌，为降低施工安全风险，采用装配化施工，在场外租赁拼装码头，将围堰、导管架、移动模架等大型钢构拼装成整体，再采用大型浮式起重机选择合适天气整体吊装施工；同时面对巨大的材料、物资及人员周转、倒运及交通需求，在桥址各个作业区分别新建码头，利用作业"窗口期"集中完成物资、材料上岛，并将大量物资临时存放于码头，逐一分送至各个施工工点，有效减少海上船舶作业时间，降低海况影响，提高有效作业时间。施工单位根据施组总体安排要求设置码头数量并调整使用规模。

(3)生产平台

生产平台主要服务平潭海峡公铁两用大桥两个通航孔(位于陆地连通地段)。

元洪航道与鼓屿门航道间11个墩位(含2个主塔墩)采用栈桥连通后形成了独立的施工区域，该区域无陆地或海岛作为生产场地可以利用，且被水运繁忙的元洪航道与鼓屿门航道阻隔。该区域新建有栈桥、平台，但栈桥和平台只能用于墩位施工和履带式起重机、车辆走行，没有可长期利用的多余场地。若在人屿岛或长屿岛布设施工场地，则面临反复倒运及频繁海上运输需求，在恶劣海况下严重影响施工工效。所以需要在施工区域周围设置海上生产平台，主要负责主塔钢筋、模板施工，劲性骨架、围堰构件及半成品转运吊装，后期公路桥面板和铁路槽梁转运和吊装，砂石料粉料转运、混凝土生产及供应等，其中一区负责N05～Z02等9个墩位，二区负责N04号主塔墩，三区负责Z03号主塔墩，四区、五区负责RC01～RC05号墩及砂石料粉料存储、转运(含运输车辆走行)等。新增CX23号海上平台负责CX17～CX23号墩。

(4)施工用电

根据国家电网的要求，因局域性气候与气象部门提供的气象数据存在较大差异，导致同时开工的工作面较多，单位工程设备功率增加较大，用电负荷较设计增加较大，原设计的接入点及回路均较难获批准。根据管理部分要求，临时用电海底电缆高低压配电设施应按照国家相关标准规定的要求设计与建设，需按永久工程的标准进行实施，主航道区海底电缆需加装钢质保护套进行保护，电缆径路需避开抛锚区；另外电力线路回路有所优化减少，因此，临时施工用电较设计存在较大的差异。

供电部门要求使用不大于800 kVA的变压器，同时施工的工作面增加较多，故水上配电平台较设计存在较大的变化。

第四章　路 基 设 计

第一节　路基工程概况与特点

1. 路基工程概况

福平铁路全线路基长 15.113 km，路基工点类型主要有路基边坡防护、陡坡及深路堑、软土及松软土和过渡段路基等。

2. 路基工程特点

福平铁路为沿海山区铁路，工程地质与水文地质条件复杂，路基类型多样，在消化吸收已建或竣工通车的沿海铁路路基设计技术和现有规范的基础上，为确保路基工程的平稳和长期安全，充分落实“高速铁路，安全无小事”的铁路建设理念，在引进消化国外相关技术的同时，根据我国国情、福平铁路的地形、地质条件，转变路基设计理念，圆满完成了福平铁路路基设计。

第二节　设计原则与采用的主要技术标准

1. 路基设计原则

福州至福州南站(不含)，新建线路长 14.4 km。线路标准为客运专线，设计速度目标值为 160 km/h；福州南站(含)至平潭站(含)，新建线路长 70 km。线路标准为Ⅰ级铁路客货共线，设计速度目标值为 200 km/h，有砟轨道；福州至樟林沿海联络线，线路长度 8.6 km(上下行各 4.3 km)，线路标准为Ⅰ级铁路客货共线，设计速度目标值为 120 km/h，有砟轨道；维修工区、货场等，线路标准为Ⅱ级铁路，列车走行线设计时速按 80～120 km；车站范围不能与正线分隔的到发线按正线标准设计，其他站线按Ⅱ级铁路标准设计。

2. 路基设计执行的主要技术规范

本线路基设计主要执行了《新建时速 200 公里客货共线铁路设计暂行规定》(铁建设函〔2005〕285 号)、《铁路边坡防护及防排水工程设计补充规定》(铁建设〔2009〕172 号)、《铁路路基设计规范》(TB 10001—2005)、《铁路特殊路基设计规范》(TB 10035—2006)、《铁路路基支挡结构设计规范》(TB 10025—2006)等行业设计规范。

第三节　地基处理设计

在系统分析地基土(含软土及松软土)分布范围、厚度、埋深及分层物理力学指标的基础上，分工点进行地基承载力与路基稳定检算及工后沉降分析估算，对地基承载力、稳定和工后沉降控制要求，地基应采取加固措施。地基处理措施按照“安全可靠、经济合理、技术先进成熟”的原则，从工后沉降的控制效果、工程经济性、施工工期、施工工艺及质量检验难易程度、环境保护，结合工点工程地质条件等方面综合考虑确定。主要采用预压、复合地基、预应力管桩桩网结构等措施加固。

第四节　路基基床设计

一、基床结构形式及厚度

基床结构及填料要求见表 3-4-1。

表 3-4-1　基床结构及填料要求一览

项目	200 km/h 路基		160 km/h 及以下路基			
			Ⅰ级铁路		Ⅱ级铁路	
基床表层	0.6 m	级配碎石	0.6 m	A 组填料(砂类土除外)	0.6 m	A、B 组填料
基床底层	1.9 m	A、B 组填料	1.9 m	A、B 组填料	1.9 m	A、B、C 组填料

二、基床材料规格及压实标准

1. 沿海铁路联络线及福州至福州南

(1)基床表层

基床表层采用 A 组填料(砂类土除外),颗粒粒径不得大于 150 mm。当路堑基床表层土质不能满足基床表层要求时应进行换填处理,路堑基床表层土的天然密实度应符合基床表层的压实标准,否则应采取压实措施。基床表层的压实标准应符合《铁路路基设计规范》的相关规定。

(2)基床底层

基床底层选用最大粒径不大于 200 mm 或摊铺厚度的 2/3 的 A、B 组填料,否则应采取土质改良或加固措施。基床底层的压实标准应符合《铁路路基设计规范》的相关规定。

2. 福州南至平潭

(1)基床表层

基床表层采用级配碎石进行填筑,材料规格及压实标准应符合相关规范的规定。

(2)基床底层

基床底层采用 A、B 组填料或改良土,最大粒径不大于 100 mm。其压实标准应符合相关规范的规定。

三、基 床 设 计

1. 沿海铁路联络线及福州至福州南

路堤基床自路肩以下 2.5 m 路基基床范围内不得有 P_s<1.5 MPa 或 σ_0<180 kPa 的土层,路堑基床底层范围内不得有 P_s<1.2 MPa 或 σ_0<150 kPa 的土层,否则采取相应措施进行地基加固处理。不易风化的硬质岩石基床,路基面作成向外 4%的横向排水坡,对凹凸不平处应以混凝土或级配砂砾石、级配碎石填平。

2. 福州南至平潭

自路肩以下 2.5 m 路基基床范围内不得有 P_s<1.5 MPa 或 σ_0<180 kPa 的土层,否则应采取相应措施进行地基加固处理。不易风化的硬质岩基床,应将路基面作成向外 4%的横向排水坡,对凹凸不平处应以 C25 混凝土填平。

第五节　一般路基设计

1. 路基面宽度

直线地段路基面宽度见表 3-4-2。

表 3-4-2　路基面宽度　(单位:m)

单双线	沿海联络线		福州至福州南		福州南至平潭	
	路基面宽	线间距	路基面宽	线间距	路基面宽	线间距
单线	8.3	—	8.3	—	8.3	—
双线	—	—	13.0	4.2	13.2	4.4

2. 路基面形状

路基面为三角形，由中心线向两侧设4%的横向排水坡。曲线加宽时，仍保持三角形。

第六节　特殊路基设计

1. 地基加固处理设计原则

地基处理措施按照“安全可靠、经济合理、技术先进成熟”的原则，从工后沉降的控制效果、工程经济性、施工工期、施工工艺及质量检验难易程度、环境保护，结合工点工程地质条件等方面综合考虑确定。主要采用预压、复合地基、预应力管桩桩网结构等措施加固。

2. 深路堑

土质及各类基岩全风化地层堑坡高度大于10 m，软质岩、硬质岩强风化带堑坡高度大于20 m，硬质岩弱风化带堑坡高度大于30 m及有不利结构面路堑地段，按深路堑进行设计；当岩体较差、存在不利结构面，且边坡高度大于15 m时，与隧道或明洞作经济技术比较后确定。

土质及各类全风化地层边坡采用截水拱形骨架(净间距3.0 m)撒播草籽防护，坡脚设置挡墙，墙高一般不超过6 m。

对硬质岩石路堑，且岩体节理裂隙不发育时，应采用光面爆破技术开挖，以减少坡面防护工程。当边坡较高或有不利结构面组合的工点，采用框架锚索加厚层基材客土植生加固防护。

对挖方较大，工程地质条件较差的路堑工点，如不利结构面组合的工点、岩石风化严重且地下水发育的工点，应根据具体工点情况进行特别设计，可采用分级、分层稳定及坡脚预加固措施，一般边坡采用框架锚杆或锚索结合厚层基材客土植生加固防护，并设3～5 m边坡平台。当有地下水出露时，视具体情况采取相应的处理措施。

挡墙采用C30、锚固桩采用C35混凝土浇筑(存在氯盐环境影响时，根据环境等级确定混凝土强度等级)。挡土墙墙背反滤层采用土工合成材料或袋装砂夹砾石。

3. 不良地质路基

本线部分线路位于低山丘陵区，各类不良地质体广泛分布，大部分在外业勘察阶段进行了绕避，尚存一些无法规避的危岩落石工点。

当山体坡面存在危岩、落石，并对铁路施工和营运安全产生危险时，应按危岩落石工点进行设计。一般采用清除、支撑加固、拦石墙、设置SNS被动防护网和GPS2型主动防护网及锚索、锚杆等措施。危岩落石的处理原则如下：

清除原则：当危石分布集中、数量有限、易查清时，可采用爆破或人工清除。

支撑加固原则：当危岩落石存在较大临空面且基底条件较好时，可采用M10浆砌片石或混凝土支撑。

锚索和锚杆加固设计原则：对不能清除的大于2 m直径以上的原生孤石采取预应力锚索加固；对不能清除的小于2 m直径的原生孤石下部设置锚杆固定，锚孔直径50 mm，锚杆采用HRB335级钢筋。

主动网设计原则：对存在大面积崩落松动的危石堆，不易清除处理干净的区域采取主动网防护。

被动网或拦石墙设计原则：通过以上加固防护危石的措施，还可能存在加固不到位或对小型危石清除不干净，可采用被动网防护。

对原生危岩存在小于10 cm的裂缝，采用灌注M10水泥砂浆处理。

4. 绿色防护设计

路基绿色防护设计应优先选用绿色植物防护与工程防护相结合的措施，符合草灌结合、内灌外乔的原则。

路堤：路堤边坡原则上土质路堤边坡采用种植灌木＋撒种草籽防护，路堤坡脚种植1排乔木或1～2排灌木，路堤排水沟外种植2排乔、灌木或2～4排灌木。

路堑：对于土质及全风化层路堑边坡，原则上采用种植灌木＋撒种草籽防护。对于部分适合植物生长的强～弱风化岩质路堑边坡，根据当地气候条件和降水量大小，采用厚层基材客土植生、三维排水柔性生态边坡等防护措施。

在不影响行车和设备安全条件下，路堤坡脚及路堑堑顶种植灌木或乔木。

第七节　路堑设计

1. 路堑边坡高度控制及稳定控制标准

一般土质路堑边坡高度宜控制在 10 m 以内；一般软质岩、强风化硬质岩路堑边坡高度宜控制在 15～20 m 以内；硬质岩路堑边坡高度宜控制在 30 m 以内。路堑边坡最小稳定系数 k_{min}不小于 1.25。

2. 路堑边坡形式及设计参数

路堑边坡采用分级式设计，分级高度 6～10 m，边坡坡率视岩性、风化程度、软弱结构面、边坡高度等因素综合确定。全线路堑地段在侧沟与堑坡坡脚之间设置宽度为 2.0 m 的侧沟平台，土质路堑侧沟平台采用 C25 混凝土封闭。支挡结构物顶部等设置宽不小于 2.0 m 的平台，在边坡平台上设置截水沟。

第八节　填料设计

本线填料来源以隧道弃渣和路堑开挖方为主，长乐东站和平潭站长大路基段落采用集中取土。可利用的填料主要为中低山及丘陵区的岩块类填料，其中花岗岩、闪长岩、凝灰熔岩等硬质岩为 A、B 组填料，经破碎解小后可用于路基基床底层和底层以下路堤填筑，弱风化层破碎解小，经配改良后可作为级配碎石填筑基床表层；凝灰岩夹凝灰质砂岩等软质岩属 C 组填料，经破碎解小后可用于路基基床底层以下路堤填筑。砂卵砾石土类填料，分布在沿线河流区域，属 A、B 组填料，可直接用于路基基床底层及以下路堤填筑。

第九节　过渡段设计

路基过渡段的形式主要有桥路过渡段、路堤与横向结构物（立交框构、箱涵）过渡段、路堤路堑过渡段、隧路和半挖半填路基横向过渡以及桥隧、隧隧、桥桥间距小于 60 m 的刚性过渡段等，各种过渡段分别解决地基的沉降过渡和本体及基床的过渡问题。

第十节　路基防排水设计

线路跨河、沟一般以桥梁形式通过。较大河、沟原则上不考虑改移；一般较小沟渠，当斜交角度较小以致影响桥梁布置时，遵循按原标准改移的原则。

排水设备应布置合理，并与桥涵、车站等排水设备衔接配合，形成完整的排水系统，排水设备应有足够的过水能力，保证水流畅通。排水工程应结合具体条件，适当加强路基的横向排水设施，并及时实施，防止在施工期间因地表水及地下水的侵入而造成路基松软和坡面坍塌。排水系统的设置，应与水土保持及农田水利的综合利用相结合。对于桥涵等过水建筑物的布置，切实遵循“一沟一涵”的原则，不要勉强改沟或合并天然沟。在天然沟槽不甚明显的漫流地段，应布置足够数量的过水建筑物，并在其上游设置必要的束流设施，以防发生水害。当水沟经过不宽的凹地，在凹地横坡不太陡的地方采用培堤成沟的方法通过，以保持水沟的圆顺畅通。

第十一节　路基防护工程设计

1. 主要防护类型

路堑地段边坡根据路堑高度、边坡坡率、地层岩性、风化程度以及地下水发育等因素分析采用；路堤边坡防护依据路堤边坡高度、填料性质以及地基条件等确定，本线路基采用的边坡防护措施的类型多，形式多样。主要类型：绿色防护；用于路基加固与防护的土工合成材料、截水骨架护坡、预制空心砖、(边坡)支撑渗沟、主动、被动防护网及其多种组合形式等。

2. 支挡工程

本线路基采用的支挡工程的主要类型有重力式挡土墙、桩板墙(含抗滑桩)、边坡预应力锚索(梁)等。

第十二节　路基沉降控制设计

1. 地基条件要求

当路基基底压缩层范围内(一般不小于 25 m)的地基土不符合规范要求时，应结合架梁和铺轨的施工组织安排和工期要求，进行工后沉降分析。

2. 路基工后沉降技术要求

(1)工后沉降控制标准

时速 160 km 客运专线铁路路基的工后沉降量一般地段不应大于 20 cm，年沉降速率小于 5 cm/年。桥台台尾过渡段路基工后沉降不应大于 10 cm。

时速 200 km 预留 250 km/h 客货共线铁路路基的工后沉降量一般地段不应大于 15 cm，年沉降速率小于 4 cm/年。桥台台尾过渡段路基工后沉降不应大于 8 cm。

(2)工后沉降计算要求

①路堤地基沉降量计算时，其压缩层厚度按附加应力等于 0.1 倍自重应力确定。

②路堤地基的总沉降量(S)计算应包括瞬时沉降(S_d)和主固结沉降(S_c)，对于富含有机质土和泥炭土应计算次固结沉降(S_s)。

③双线路堤地基沉降计算时，列车荷载只计算单线；车站路基根据站线数目单独研究确定。

第十三节　设计优化与变更

1. 高风险路基设计优化

在路基施工图进行期间，路基专业经过详细排查梳理，认为部分路基工点风险较大，进行了路改桥或路改隧优化设计，降低了福平铁路日后运营的安全风险。并及时申请了福平铁路路基风险工点排查评审会，经过十几天的专业协商研究清理后，专业间达成了一致性意见：

(1)通过桥隧延长取消长度小于 10 m 短路基工点 3 处。

(2)排水不畅、有水害安全隐患的 5 处路基工点，以增设涵洞、扩大涵洞孔径、涵洞改桥、增大侧沟、天沟尺寸等各种措施解决。

(3)有高填方陡边坡风险的 3 段工点改为桥梁通过。

(4)有深挖方路堑边坡风险的 2 段工点改为隧道或明洞通过。

2. 路基变更设计

本线在施工期间路基未发生Ⅰ类变更设计，Ⅱa 类变更 4 处，Ⅱb 类变更 21 处，其中地基处理变更设计 8 处，支挡工程变更设计 5 处，边坡防护及排水变更设计 12 处。

第五章 桥涵设计

第一节 桥涵工程概况与特点

一、主要自然特征和地质概况

1. 水文

(1)沿线主要河流水系特征

沿线经过的水系主要为闽江水系。闽江是福建省内最大的一条河流,发源于福建省与江西省交界的宁化县枫树排村,全长 577 km,流经福建省北部 35 个县市和浙江省 2 个县市,全流域面积 60 992 km^2,占全省面积的一半,其中山区面积占 90%以上。

闽江具有水量丰沛、含砂量少、洪枯水流量悬殊、山区性河流明显的特点,闽江年平均流量居全国第七位,多年平均径流量达 583 亿 m^3(1962～2001 年)。闽江口又处于我国东南沿海大潮差区和大波浪区,平均潮差达 4 m 以上,潮流十分强劲,波浪作用显著。

闽江下游为感潮河段,潮区界可达洪山桥。马尾以上河段高水位受径流控制。1989 年建成的水口水电站坝址下濮位于安仁溪上游 3 km,控制流域面积 52 438 km^2,大坝防洪标准按千年一遇设计,万年一遇加 10%修正保证值校核,属一等一级水利枢纽工程。坝顶高程 74.0 m,最大坝高 100.0 m;总库容 29.7 亿 m^3,正常蓄水位库容 23.4 亿 m^3,有效库容 7.0 亿 m^3,汛期限制水位库容 19.8 亿 m^3,装机容量 140 万 kW,平均年发电量 49.5 亿 kW·h。

①南港河道概况

南港绕南台岛南侧流经科贡、湾边右纳大樟溪经乌龙江特大桥马尾与北港汇合,全长 40.2 km,河道宽浅,滩槽多变,为泄洪排砂通道。峡兜上成袋状河形,两岸地质除淮安、科贡、湾边、新岐、螺洲、峡兜等处有岩石裸露、矶头伸入岸傍外,其余多为砂质土壤,松软易崩塌。当地虽建了不少护岸工程,但因河势摆动不定,塌岸仍难遏止,河道中泥砂堆积明显,江心洲、边滩纵横交错。比较大的滩地,左岸有橘园洲、湾边、义序等滩地;右岸有上街、新洲、南屿、南通等滩地;江心有禄家洲、龙祥岛。洪水时水面宽阔,枯水时航道蜿蜒曲折,一般河宽 300～600 m,河床浅滩、深槽相间,纵断面呈锯齿状,水面比降淮安至湾边平均为 0.15‰(枯水),湾边至峡兜平均为 0.09‰,河床底质粒径由上游向下游方向递减,d_{50}=0.45～0.65 mm,河床横断面基本上为复式形态,但枯水期仍有单一河槽。该河段跨河桥梁现有洪塘大桥、橘园洲大桥、浦上大桥、湾边大桥、324 国道乌龙江特大桥、福厦铁路乌龙江特大桥和福泉高速公路乌龙江特大桥共 7 座,在建桥梁福厦高铁桥梁 1 座。

淘江为闽江支流,发源于闽侯县青口镇联丰村相思岭,流经大义、古渡、越洋下杨厝、凤岗、尚干、枕峰,于峡南附近汇入闽江南港,全长约 49 km。

②北港河道概况

北港河道是通航主汊,马尾港即位于北港下段的出口处。北港沿岸有许多基岩裸露江边,构成控制河道的节点,形成宽窄相间的河身。自上而下,在观音亭、解放桥和魁岐,河宽分别为 170 m、350 m 和 1 100 m;在洪山桥至三县洲、浦下以及魁岐至马尾等河道展宽段,河宽介于 900～1 400 m、1 200～2 000 m 和 1 900～2 200 m 之间。解放大桥至马尾河段长约 15.7 km,其中解放大桥至魁岐长约 7.5 km,魁岐至壁头长约 3.5 km,魁岐至快安顺坝尾 4.7 km,中间有闽江二桥、三桥将福州市区与南台岛相连,闽江二桥以下建有连续长顺坝,顺坝顶标高自上而下在 4.5～4.0 m 之间。把中枯水以下河道宽度约束在 250～500 m 之间。现有北港河道上已有跨河桥梁有洪山大桥、金山大桥、尤溪洲大桥、三县洲大桥、解放大桥、闽江特大桥(二桥)、鳌峰洲大桥(三桥)、鼓山大桥、福厦铁路闽江特大桥共九座,在建桥梁魁岐大桥一座,拟建桥梁马尾大桥一座。

(2)水文概况

从福州到海坛海峡段,线路跨越闽江。闽江流域内水系呈扇形分布,河道坡降大,汇流时间短,洪水暴涨暴落,破坏力强,典型的山区河流特征。

海坛海峡—平潭岛段:

①潮汐

基准面:1956 黄海基准在理论最低潮面以上 3.4 m,在平潭平均海平面以下 0.25 m。

潮汐类型:工程海域的潮汐类型属于正规半日潮性质。

平均潮位:松下码头处为 0.2 m,苏澳处为 0.17 m。北部的平均潮位比南部高。

高、低潮位:最高潮位,松下 3.36 m,苏澳 4.62 m;平均高潮位,松下 2.52 m;最低潮位,松下−2.12 m,苏澳−2.13 m。

潮差:平均潮差,松下 4.63 m,苏澳 4.56 m,最大潮差松下 6.78 m。

平均涨、落潮历时:平均涨潮历时,松下 5 h 58 min,苏澳 5 h 59 min;平均落潮历时,松下 6 h 26 min,苏澳 6 h 55 min。涨潮历时短于落潮历时约 26 min。平均涨潮历时短于平均落潮历时。

平潭海洋站潮汐特征:根据平潭海洋站 1975~2006 年的潮位实测资料统计出主要的潮位特征值,其中最高潮位 4.43 m,最低潮位−3.71 m,平均潮差 4.28 m。

②波浪

波况:平潭跨海大桥位于海坛海峡北口,桥区西临松下港、福清湾,南向为海坛海峡,东南为平潭岛,E—NNE 向直接与外海相通,基本没有掩护,受波浪影响较大。

设计波要素:苏澳处,100 年重现期,方向 SW,$H_{1\%}=4.65$ m,$T=7.1$ s;50 年重现期,方向 SW,$H_{2\%}=4.3$ m,$T=6.8$ s。

③潮流

海坛海峡的潮流为正规半日潮,潮流运动形式为往复流性质。实测最大涨落潮流速分布为 2.35 m/s、1.31 m/s。最大涨落潮垂线平均流速为 2.1 m/s、1.14 m/s。

④泥砂

工程海域的泥砂主要来源于邻区经过的一系列岛屿,其次是海域来砂,但其量值很小。

2. 气象

(1)福州

福州纬度较低,临近海洋,受冷暖气流季节性交换的影响,四季分明,冬寒不剧,夏暑不酷,春季天气多变,秋季稳定。多年平均气温 20.2 ℃,历年极端最高气温 41.7 ℃,历年极端最低气温−1.7 ℃。历年平均雾日为 12.3 d。年平均最大相对湿度 75%,年平均最小相对湿度 11%。每年 5~6 月为雨季,月最高雨日达 18 d,年平均雨日为 149 d,多年平均降雨量 1 374.9 mm,日最大降雨量 195.6 mm。历年地面平均风速为 2.6 m/s,各风位的平均风速在 2~4 m/s 之间,年平均最大风速 23.5 m/s。年平均最大风日 91 d,年平均雷暴日数 46 d。

(2)长乐

长乐多年平均气温 19.9 ℃,历年极端最高气温 38.0 ℃,历年极端最低气温−1.3 ℃。历年平均雾日为 7.4 d。年平均最大相对湿度 78%,年平均最小相对湿度 13%。每年 5~6 月为雨季,月最高雨日达 18 d,年平均雨日为 149 d,多年平均降雨量 1 436.4 mm,日最大降雨量 347.2 mm。历年地面平均风速为 2.1 m/s,各风位的平均风速在 2~4 m/s 之间,最大 2.4 m/s;最小值 1.9 m/s;年平均最大风速 26 m/s。年平均最大风日 99 d,年平均雷暴日数 34.2 d。

(3)平潭

平潭地处南亚热带北界,气候温暖,境内各地年平均气温 19.0～19.9 ℃。最热月 7～8 月,月平均气温 27.0～28.2 ℃;最冷月 2 月,月平均气温 9.7～10.8 ℃。历年极端最低温 0.9 ℃,≤3 ℃日数平均仅 0.5 d;极端最高温度 37.4 ℃,≥30 ℃日数平均为 20.9～68.4 d(1960～1968 年)。冬无严寒,夏无酷暑,霜雪罕见。气温年较差 17.0～17.7 ℃,日较差 3.6～4.8 ℃,比内陆同纬度地区分别偏小 2～3 ℃和 4～5 ℃。春温低于秋温,海洋性显著。在季风环流影响下,冬季 11 月至翌年 1 月偏北风频率占 90%左右,夏季 6～8 月偏南风频率占 50%左右。春秋两季风向多变,仍以东北风为主。年平均风速 6.5～8.5 m/s。全年≥8 级大风日数,中部 90 d 左右,沿海 130 d 左右。影响平潭台风每年 3～5 次,最多达 11 次,强度比内陆大,风速常达 40 m/s 以上。一年四季几乎都有大风出现。年降水量 900～1 200 mm。全年 82%的降水集中在 3～9 月,其中 5～6 月梅雨占 34%。多年平均 7～9 月降水量约占全年的三分之一,分配不均,年际变化大,夏秋旱十分突出。其中连续 30 d 以上无透雨的大夏旱,约占总年数的 60%;连续 40 d 以上无透雨的大秋旱,约占总年数的 40%。

3. 地质特征

(1)地形地貌

线路位于福建省福州市东部沿海地带。线路所经地区地形地貌较为复杂,地形总的趋势是西北高、东南低。其中福州至长乐段线路主要为低山丘陵区,长乐至平潭主要为滨海海积平原及局部丘陵区。低山丘陵区,地势起伏较大,峰顶高程 200～800 m,多呈尖顶状,山坡陡峭,自然坡度 20°～50°;山间谷地相对平缓,多辟为耕地、村舍;海积平原地势平坦开阔,地面高程在 2～5 m 之间,河网密布,村庄城镇密集;剥蚀丘陵台地,多处于近海附近,为浑圆状丘陵、台地,高程 15～75 m,自然坡度 5°～25°;滨海堆积平原分布于各河口及海湾滩涂地带,海岸线曲折,湾内多为淤泥质漫滩,少数低山丘陵直通海岸,海蚀作用强烈,海蚀地貌形态颇为壮观。

平潭海峡呈近南北向狭长状,南东口与台湾海峡相连,北东口与东海相连,西北向接福清湾,海峡南北两头宽中间窄。赤表尾—沟屿一线以北海面开阔,宽达 10 km 以上,两岸地形低平;赤表尾—沟屿一线以南,至可门岛—吉沟岛一线海面狭窄,宽约 3 km。

平潭海峡属于近代海相沉积型海域,海底沉积有巨厚的近代海积层,海底高程一般为－5.33～－30.49 m。除海湾地带外,潮间带范围小,西岸仅 30～40 m,东岸仅 10～20 m。

线位跨平潭海峡附近地貌属闽东南沿海低山丘陵～滨海平原区,地貌主要有低丘陵、残积台地及冲积平原。

线位附近海域岛屿、礁石分布众多,主要岛屿有吉兆岛、屿头岛、乐屿岛、长屿岛、小练岛、大练岛,多处基岩裸露。经过的大练岛最高点卫营山海拔 238.5 m。众岛屿分布有村庄、农田及水产养殖场。海域岛屿风化剥蚀强烈兼加海浪冲击,环岛四周均堆积有风化崩塌碎块石。

线位经过处海域宽约 16 km,由于众岛屿、礁石分布,且呈北东向狭长状,将海域分隔成多个狭长航道,海水深度约 15～40 m。

(2)工程地质

沿线可划分为低山丘陵、河流及其阶地、冲海积平原三个工程地质分区,各分区工程地质特征有明显差异性。

①低山丘陵区

本区高程 50～800 m,自然坡度 20°～50°,地层以中生代火山岩系和燕山期花岗岩系组成。岩石致密坚硬,风化层厚度一般 1～3 m。工程地质条件总体较好。

丘间谷地:表层为第四系全新统黏性土,软塑～硬塑,厚 3～5 m,最厚达 11 m。下伏侏罗系上统、白垩系下统凝灰岩及燕山期花岗岩。地基稳定,地基工程地质条件较好,桥涵可采用扩大基础。

剥蚀丘陵台地:为火山岩、花岗岩及动力变质岩形成的次球状风化、蘑菇石、块石遍布山体高处,常形成崩坍、岩堆等不良地质现象,影响边坡稳定,工程地质条件较差。桥涵可采用扩大基础。

②河流及阶地区

闽江及乌龙江之河床和阶地区，上覆第四系地层具明显的二元结构，上部黏性土多厚 2～10 m，软～硬塑，下部砂卵石厚 0～15 m，其下为基岩风化层。部分一级阶地含淤泥质土。本区桥梁工程需采用桩基础。

③冲海积—海积平原区

福州闽江、福清乌龙江一带冲海积平原区、长乐海积平原及沿海滩涂地带广泛分布滩涂溺谷相淤泥及淤泥质粉质黏土，厚 5～35 m，最厚达 65 m；粉土及粉细砂层，松散饱和，容易产生震动液化。本区桥梁工程需采用桩基础，路基应进行地基处治控制沉降及消除路基地基液化。

(3)地层岩性及地质构造

①地层岩性

线路所经地区地层岩性复杂，沿线出露中生代火山岩、动力变质岩、燕山期侵入岩及第四系松散地层。在长乐至福清一带，分布侏罗系熔岩夹火山碎屑沉积岩及正常沉积岩；在长乐新田、南山岭镇、平潭大、小练岛及君山一带，分布白垩系下统流纹质凝灰岩、凝灰质泥岩、凝灰质砂岩等。第四系地层在滨海平原、山间谷地、山前坡麓广泛分布，岩性为粉质黏土、淤泥、淤泥质粉质黏土，厚度 15～65 m 不等。喷出岩主要为熔结凝灰岩与晶屑凝灰岩；侵入岩为燕山期花岗岩类；动力变质岩为混合岩、片理火山岩、碎裂花岗岩等。

②地质构造

与线路有关的地质构造简述如下：

新华夏系构造：本区处于闽西北隆起带东南部，闽东火山断拗带南部，地质构造复杂，构造线主要展布方向为北北东向。沿线断裂规模大，分布密集，主要深大断裂带主要有长乐—南澳断裂带、平原—高山断裂带。

山字形构造体系：由北东 65°～70°的压扭性断裂和北西 30°～35°张扭性断裂两组断裂组成棋盘格式构造。两组断裂延伸长、倾角较陡、破碎带宽。

(4)水文地质和环境地质特征

本线所经地区的地下水主要为第四系孔隙水和基岩裂隙水。第四系孔隙水主要分布于谷地、河流及其阶地和冲海积平原的第四系冲洪积砂类土和碎石类土层中；基岩裂隙水主要赋存于低山丘陵区岩石的构造裂隙、层间裂隙以及风化裂隙中，在断层破碎带、侵入岩接触带、褶皱核部裂隙密集带及揉皱强烈发育带等储水构造中，水量较丰富。

沿线风化层及土层深厚，雨量丰富，山坡植被破坏后或弃方处易被冲刷，甚至可能形成泥石流，对环境造成较大影响。

闽江特大桥：地表水、地下水对混凝土无化学侵蚀性及无氯盐侵蚀性。场地碳化作用等级为 T2 级。

乌龙江特大桥：环境类别属化学侵蚀环境，地下水对混凝土具弱硫酸型酸性侵蚀性和中等溶出性侵蚀性，环境土对混凝土具有弱酸性腐蚀，化学侵蚀作用等级为 H1。同时桥位处属于感潮河段，桥区为氯盐锈蚀环境，作用等级为 L3。场地碳化作用等级为 T2 级。

平潭海峡公铁两用大桥：

大桥院设计范围：海床面起伏和覆盖层厚度差异均较大，无覆盖层或浅覆盖层区段长(超过 60%)。基岩为花岗岩、凝灰岩、火山角砾岩等，强度高 。岩石球形风化严重，孤石多有分布，节理裂隙异常发育。

大练岛段：DK70＋564.70～DK70＋715 段地下水存在氯盐侵蚀，DK71＋000～DK71＋050 段地下水存在硫酸盐侵蚀；桥址其他区段地表水、地下水均无化学侵蚀和氯盐侵蚀。由于桥址区位于海岸线 100 m 范围内，因此氯盐环境作用等级为 L2。场地碳化环境作用等级为 T2 级。

舍仁宫段：地表水及地下水无化学侵蚀，地下水具氯盐侵蚀，氯盐环境作用等级为 L2。

北东口段：海水具有硫酸盐侵蚀、镁盐侵蚀，环境作用等级为 H2；盐类结晶破坏作用等级为 Y3；由于桥位处于海水区，氯盐环境作用等级为 L3；碳化环境作用等级为 T3。本桥址地下水无化学侵蚀性，无盐类结晶破坏作用。

(5)地震烈度

根据 1∶400 万《中国地震动参数区划图》(GB 18306—2001)的划分：福州至平潭岛地震动峰值加速度为 0.10g，中硬土场地震动反应谱特征周期值为 0.45 s，属七度地震区。

二、桥梁设计概况

1. 设计范围和设计分工

(1)设计范围

铁路范围：松下离岸(DK59＋415)至平潭上岸(DK75＋737.65)，跨海坛海峡段全长 16.322 km(短链 0.89 m)。

公路范围：长乐至平潭高速公路与福平铁路公铁合建段范围，左幅桥范围 GK61＋338.724～GK75＋853.212，总长 14 513.598 m；右幅桥范围 GK61＋484.935～GK75＋853.212，总长 14 367.387 m。本项目工程及投资仅含跨海路段高速公路主线桥部分结构和路面工程，不含长乐至平潭高速公路跨海路段公路专用部分[跨海段主线桥中的公路附属工程部分(含交通工程、三大系统)、大练岛互通匝道工程(收费站及接线)等]。

(2)设计分工

大桥院铁路范围为松下至大练岛间公铁合建桥(仅桥梁部分)的勘察设计工作，具体分界里程为 DK59＋415～DK70＋564.7，全长 111 149.7 m；公路范围为左幅 DK61＋337.6(对应公路里程 GK61＋338.724)～DK70＋564.7，总长 9 227.1 m，右幅 DK61＋485.2(对应公路里程 GK61＋484.935)～DK70＋564.7，总长 9 079.5 m。

铁四院铁路范围为陆上全部＋海上铁路线下 5 172.06 m(DK70＋564.7～DK75＋737.65)＋海上线上全部 16 321.76 m(DK59＋415～DK75＋737.65)；公路范围为公路左幅、右幅桥范围 DK70＋564.7(对应公路里程 GK70＋564.7)～GK75＋853.212，总长 5 287.622 m。

2. 桥涵分布情况

线路全长 88.433 km，左线桥梁全长 39 977.109 m，左线桥梁占线路长度的 45.2%；右线桥梁全长 2 365.206 m。全线桥涵分布见表 3-5-1。

表 3-5-1 全线桥涵分布

<table>
<tr><th>线路</th><th colspan="4">分 类</th><th>座 数</th><th>长度(m)</th><th>备 注</th></tr>
<tr><td rowspan="9">左线</td><td rowspan="7">特大桥、大、中桥</td><td rowspan="6">梁式桥</td><td rowspan="3">双线</td><td>特大桥</td><td>15</td><td>36 920.967</td><td></td></tr>
<tr><td>大桥</td><td>4</td><td>895.065</td><td></td></tr>
<tr><td>中桥</td><td>2</td><td>179.66</td><td></td></tr>
<tr><td rowspan="3">单线</td><td>特大桥</td><td>0</td><td>0</td><td></td></tr>
<tr><td>大桥</td><td>2</td><td>646.083</td><td></td></tr>
<tr><td>中桥</td><td>3</td><td>240.425</td><td></td></tr>
<tr><td colspan="2">框架</td><td>中桥</td><td>20</td><td>861.919</td><td></td></tr>
<tr><td colspan="4">小桥</td><td>15</td><td>232.99</td><td></td></tr>
<tr><td colspan="4">涵洞</td><td>37</td><td>1 041.537</td><td>横延米</td></tr>
<tr><td rowspan="9">右线</td><td rowspan="7">特大桥、大、中桥</td><td rowspan="6">梁式桥</td><td rowspan="3">双线</td><td>特大桥</td><td>0</td><td>0</td><td></td></tr>
<tr><td>大桥</td><td>0</td><td>0</td><td></td></tr>
<tr><td>中桥</td><td>0</td><td>0</td><td></td></tr>
<tr><td rowspan="3">单线</td><td>特大桥</td><td>1</td><td>764.09</td><td></td></tr>
<tr><td>大桥</td><td>5</td><td>1 542.325</td><td></td></tr>
<tr><td>中桥</td><td>2</td><td>51.291</td><td></td></tr>
<tr><td colspan="2">框架</td><td>中桥</td><td>0</td><td>0</td><td></td></tr>
<tr><td colspan="4">小桥</td><td>1</td><td>7.5</td><td></td></tr>
<tr><td colspan="4">涵洞</td><td>0</td><td>0</td><td>横延米</td></tr>
</table>

续上表

线路	分　类	座　数	长度(m)	备　注
合计	特大桥	16	37 685.057	
	大桥	11	3 083.473	
	中桥	28	1 333.295	
	小桥	16	240.49	
	涵洞	37	1 041.537	横延米

注:平潭海峡公铁两用大桥按全长 16 321.76 m统计在内。

全线超过 3 km 的桥梁为青湖特大桥(3.179 km)、平潭海峡公铁两用大桥(16.322 km)。全线重要桥梁有闽江特大桥[跨闽江主跨(110＋198＋110) m 刚构连续梁桥]、乌龙江特大桥[跨乌龙江主跨(114＋288＋144) m 刚构斜拉桥]、平潭海峡公铁两用大桥[跨元洪航道(133.1＋196＋532＋196＋133.25) m 钢桁混合梁斜拉桥、跨鼓屿门航道(129.1＋154＋364＋154＋129.2) m 钢桁混合梁斜拉桥、跨大小练岛航道(81.1＋140＋336＋140＋81.15) m 钢桁混合梁斜拉桥、跨北东口航道主跨(92＋2×168＋92) m 双层预应力混凝土连续刚构桥]。

三、主要桥梁一览

全线桥梁结构详见表 3-5-2～表 3-5-5。

四、桥梁工程技术特点

1. 桥梁的主要功能

桥梁是为高速列车提供平顺、稳定的桥上线路,与路基、隧道中的线路不同。由于桥梁结构在列车活载通过时产生变形和振动,并在风力、温度、日照、制动、混凝土收缩徐变等因素作用下产生各种变形,线路平顺度也随之发生变化。因此,每座桥梁都是对线路平顺的干扰,尤其是大跨度桥梁。为了保证高速列车的行车安全和乘坐舒适,铁路桥梁除了具备一般桥梁跨越功能外,更重要的是为列车高速通过提供平顺、稳定的桥上线路。

2. 以预应力混凝土桥梁为主

全线桥梁多以预应力混凝土结构为主,具有刚度大、温度变化引起的结构变形对线路影响小、维养工作量小、造价低等优点。

3. 桥梁工程所占比例大

全线桥梁比例大。原因为沿线河流、河道、海洋、道路多,节省用地、减少取弃土,确保线路基础稳定。

4. 桥上无缝线路与桥梁共同作用大

桥上无缝线路可看作为不能移动的线上荷载,而桥梁结构在列车荷载、列车制动力、牵引力和温度变化时会产生位移。当梁、轨体系产生相对位移时,桥上钢轨会产生附加应力。如果附加应力过大,会造成线路失去稳定而破坏。所有必须考虑梁轨共同作用。尽量减少桥梁的位移与变形,以限制桥上钢轨的附加应力,保证桥上无缝线路的稳定和行车安全。

5. 100 年使用寿命

主要承力结构要有 100 年的使用年限,所以需要采取一定的措施保证结构的耐久性要求。

6. 景观要求

桥梁设计充分考虑景观与环境的协调。具有以下特点:

(1)高架桥多、桥梁比例大:全线左线桥梁占线路长度的 45%。

(2)大量采用标准简支 T 梁结构形式:全线以混凝土梁为主,主要采用 32 m 简支 T 梁。

表 3-5-2　梁式桥梁一览

序号	桥名	桥梁分类	单/双线	中心里程	孔径类型	桥全长(m)
1	山重特大桥	特大桥	双线	DK04+055.120	3-32 m 双线简支 T 梁(路改桥)+8-32 m 双线简支 T 梁+2×32 m 连续梁+1-32 m 双线简支 T 梁+1-24 m 双线简支 T 梁+9-32 m 双线简支 T 梁+2-24 m 双线简支 T 梁+4-32 m 双线简支 T 梁	970.60
2	闽江特大桥	特大桥	双线→单线	DK14+646.530	双线[4-32 m 简支 T 梁+(68+128+68) m 连续梁+1-32 m 简支 T 梁+(68+128+68) m 连续梁+1-27 m 简支 T 梁+(48+89+48) m 连续梁+(48+80+48) m 连续梁+(110+198+110) m 连续刚构+3-32 m 简支 T 梁+2-24 m 简支 T 梁+1-32 m 简支 T 梁+(40+72+40) m 连续梁+1-32 m 简支 T 梁]+单线[6-32 m 简支 T 梁+2-24 m 简支 T 梁+1-32 m 简支 T 梁+(43+72+43) m 连续梁+5-32 m 简支 T 梁]	2 563.510
	闽江特大桥右线桥	特大桥	单线	YDK15+697.915	5-32 m 简支 T 梁+3-24 m 简支 T 梁+1-32 m 简支 T 梁+(43+72+43) m 连续梁+2-32 m 简支 T 梁+5×32 m 道岔连续梁+3-32 m 简支 T 梁	764.090
	闽江特大桥右线桥(福厦段)	特大桥	单线	FZNSLDK000+146.850	2-32 m 简支 T 梁	71.900
3	湖边左线大桥	大桥	双线→单线	DK16+418.283	1-32 m 双线 T 梁+11-32 m 简支 T 梁	406.208
	湖边左线大桥(福厦段)	大桥	单线	FZNXLDK000+142.233	2-32 m 单线 T 梁+2-24 m 单线 T 梁	186.945
4	湖边右线大桥	大桥	单线	YDK16+398.078	11-32 m 简支 T 梁	373.038
5	天马山左线大桥	大桥	单线	DK17+378.173	6-32 m 简支 T 梁+1-24 m 简支 T 梁	239.875
6	天马山右线大桥	大桥	单线	YDK17+360.053	4-32 m 简支 T 梁+2-24 m 简支 T 梁	198.938
7	永南中桥	中桥	单线	YDK17+768.000	2×14 m 刚架	30.000
8	跨动车所左线中桥	中桥	单线	DK19+513.733	1-36 m 钢桁梁	42.785
9	跨动车所右线中桥	中桥	单线	YDK19+474.160	1-18.5 m 单线形钢梁	21.291
10	云山寺左线中桥	中桥	单线	DK20+238.995	2×45 m T 构	102.410
11	云山寺右线大桥	大桥	单线	YDK20+344.115	3-32 m 简支 T 梁+(40+64+40) m 单线连续梁+5×16 m 钢筋混凝土连续梁	343.430
12	清凉山右线大桥	大桥	单线	YDK20+709.545	7-32 m 简支 T 梁	242.090
13	寨山中桥	中桥	单线	DK21+013.338	1-32 m T 梁+2-24 m T 梁	95.230
14	乌龙江特大桥	特大桥	单线→双线	DK21+586.603	单线(1-24 m 简支 T 梁+3-32 m 简支 T 梁)+双线[4-32 m 简支 T 梁+(144+288+144) m 刚构斜拉桥+1-32 m 简支 T 梁]	875.315
	乌龙江特大桥右线桥	特大桥	单线	YDK21+089.093	6-24 m 简支 T 梁+7-32 m 简支 T 梁	384.838
15	湾里特大桥	特大桥	双线	DK22+761.038	6-32 m 简支 T 梁+(60+100+60) m 连续梁+26-32 m 简支 T 梁+2-24 m 简支 T 梁	1 331.555
16	跨沈海高速特大桥	特大桥	双线	DK24+052.460	9-32 m 简支 T 梁+(62+112+62) m 连续梁+3-32 m 简支 T 梁+2-24 m 简支 T 梁	692.890
17	下华岭大桥	大桥	双线	DK24+529.250	4-32 m 简支 T 梁+1-24 m 简支 T 梁	168.740
18	下华岭特大桥	特大桥	双线	DK25+059.920	25-32 m 简支梁	831.320

续上表

序号	桥名	桥梁分类	单/双线	中心里程	孔径类型	桥全长(m)
19	虎尾山大桥	大桥	双线	DK30+065.125	2-24 m简支T梁+3-32 m简支T梁	160.820
20	首占特大桥	特大桥	双线	DK30+969.460	2-32 m简支T梁+3-24 m简支T梁+11-32 m简支T梁+1-24 m简支T梁+10-32 m简支T梁	864.320
21	长乐特大桥	特大桥	双线	DK32+678.921	3-32 m简支T梁+2-24 m简支T梁+3-32 m简支T梁+(32+48+32) m连续梁+7-32 m简支T梁+4×32 m变宽连续梁+(40+56+40) m双幅连续梁+9-32 m简支箱梁+4×32 m双幅道岔连续梁+4×29.7 m双幅道岔连续梁+(32+48+32) m连续梁+14-32 m简支T梁+1-24 m简支T梁+(16.2+26+16.2) m连续刚架+5-32 m简支T梁	2 231.462
22	岱岭中桥	中桥	双线	DK37+701.260	(16+2×22+16) m连续梁	84.400
23	青湖特大桥	特大桥	双线	DK39+808.245	1-24 m简支T梁+6-32 m简支T梁+2-24 m简支T梁+1-5.0 m框架+(8+12.3+12.3+8) m框架+1-10.0 m框架+7-32 m简支T梁+(32+48+32) m连续梁+2-24 m简支T梁+10-32 m简支T梁+19-32 m简支T梁+(40+2×64+40) m连续梁+5-32 m简支T梁+3-24 m简支T梁+9-32 m简支T梁+3-24 m简支T梁+2-32 m简支T梁+6-28.8 m简支T梁+1-24 m简支T梁+8-32 m简支T梁	3 179.37
24	古槐特大桥	特大桥	双线	DK42+316.775	9-32 m简支T梁+3-24 m简支T梁+(32+48+32) m连续梁+3-24 m简支T梁+8-32 m简支T梁+11-32 m简支T梁	1 190.230
25	石门特大桥	特大桥	双线	DK46+996.025	1-12 m框架+1-16 m框架+15-32 m简支T梁+(8+12.3+12.3+8) m斜交框架+1-4.0 m框架+15-32 m简支T梁+(40+2×56+40) m连续梁+6-32 m简支T梁+2-24 m简支T梁+1-32 m简支T梁+(40+64+40) m连续梁+14-32 m简支T梁+2×(20+3×24+20) m连续刚架	2 430.292
26	松下特大桥	特大桥	双线	DK57+941.048	5-32 m简支T梁+8-12 m框架+(8+16+16+8) m斜交框架+7-32 m简支梁	633.033
27	平潭海峡公铁两用大桥(大桥院段)	特大桥	双线	DK64+991.750	48-49.2 m混凝土箱梁(浅水区非通航孔桥)+[(6-80 m)+(2-88 m)+(7-80 m)]简支钢桁梁(深水高墩区非通航孔桥)+14-49.2 m混凝土箱梁(浅水及陆地高墩区非通航孔桥)+(133.1+196+532+196+133.25) m钢桁混合梁斜拉桥(元洪航道桥)+6-80 m简支钢桁梁(深水高墩区非通航孔桥)+(129.1+154+364+154+129.2) m钢桁混合梁斜拉桥(鼓屿门航道桥)+[(1-88 m)+(1-80 m)]简支钢桁梁(深水高墩区非通航孔桥)+17-40.7 m混凝土箱梁(陆地低墩区非通航孔桥)+[(4-80 m)+(1-88 m)+(2-80 m)]简支钢桁梁(深水高墩区非通航孔桥)+11-49.2 m混凝土箱梁(浅水区非通航孔桥)+7-40.7 m混凝土箱梁(陆地低墩区非通航孔桥)+324.8 m(铁路路基)+9-40.7 m混凝土箱梁(陆地低墩区非通航孔桥)+2-88 m简支钢桁梁(深水高墩区非通航孔桥)+(81.1+140+336+140+81.15) m钢桁混合梁斜拉桥(大小练岛航道桥)+2-88 m简支钢桁梁(深水高墩区非通航孔桥)+5-40.7 m混凝土箱梁(陆地低墩区非通航孔桥)	11 149.700

续上表

序号	桥名	桥梁分类	单/双线	中心里程	孔径类型	桥全长(m)
27	平潭海峡公铁两用大桥（大练岛段）	特大桥	双线	DK71+017.040	19-40 m简支箱梁+4-32 m简支箱梁	911.410
	平潭海峡公铁两用大桥（含仁宫段）	特大桥	双线	DK71+685.120	4-32 m简支T梁	144.400
	平潭海峡公铁两用大桥（北东口段）	特大桥	双线	DK73+881.620	1-40 m简支箱梁++9-64 m简支箱梁++2-40 m简支箱梁+11-64 m简支箱梁+2-40 m简支箱梁+11-64 m简支箱梁+1-40 m简支箱梁+(92+2×168+92) m双层连续刚构+1-64 m简支箱梁+1-40 m简支箱梁+5-64 m简支箱梁+2-40 m简支箱梁+5-64 m简支箱梁+1-40 m简支箱梁	3 712.060
28	马耳山2号中桥	中桥	双线	DK76+007.290	1-24 m简支T梁+1-32 m简支箱T梁+1-24 m简支T梁	95.260
29	马耳山大桥	大桥	双线	DK76+381.600	10-32 m简支T梁+2-24 m简支T梁	389.720
30	福厝岭大桥	大桥	双线	DK76+813.203	(32+48+32) m连续梁+2-24 m简支T梁	175.785
31	平原特大桥	特大桥	双线	DK80+110.610	13-32简支T梁+2-24 m简支T梁+(48+80+48)连续梁+1-24 m简支T梁+1-32 m简支T梁+1-24 m简支T梁+8-32 m简支T梁	1 010.060
32	洋中特大桥	特大桥	双线	DK83+765.055	28-32 m简支T梁+1-24 m简支T梁+3-32 m简支T梁+1-(40+3×56+40) m连续梁+15-32 m简支T梁	1 795.250

注：表中序号为1～7的桥梁，设计时速为160 km，其余桥梁设计时速为200 km。

表 3-5-3　框架中桥一览

序号	里程	桥名	孔径			分类	用途	横延米(m)			桥长(m)	顶平方(m^2)	备注
			孔数	宽(m)	高(m)			新建	接长				
									左	右			
1	DK43+140.50	南阳三河	3	10	7	框架中桥	排洪	29.06			33.13	960.77	变更新增
2	DK43+201.86	古东路	1	6+12+12+6	5.5	框架中桥	交通	22.06			40.62	896.08	变更拓宽
3	DK43+601.0		4	6	5.5	框架中桥	交通	24.89			29.295	660.88	2-6 m变4-6 m
4	DK43+675.0		4	8+9+9+8		框架中桥					38.46		海峡院设计
5	DK43+740.00	南阳四河框架中桥	4	12.5	8	框架中桥	排洪	29.09			55.43	1612.5	变更扩宽、改里程
6	DK44+968.00	华元路	2	12	5	框架中桥	交通	15			26.31	394.65	原设计
7	DK45+295.02	南阳五河框架中桥	1	4-12.5+7.5		框架中桥	排洪	14.03			64.39	930.532	变更
8	DK45+342.70	规划营滨路	2	14	6.5	框架中桥	交通	14			30.92	432.88	原设计

续上表

序号	里程	桥名	孔径			分类	用途	横延米(m)			桥长(m)	顶平方(m^2)	备注
			孔数	宽(m)	高(m)			新建	接长 左	接长 右			
9	DK45+564.20		2	13	5.5	框架中桥	排洪	23			29.4	676.2	原设计
10	DK56+235.0		1	6+8+6	6	框架中桥	交通	30.53			22.6	690	变更(增设)
11	DK57+480.7		1	8+16+8	6	框架中桥	交通	13.17			44.43	1608.5	变更
12	DK78+951.0	红卫村框架中桥	1	4+8+4	4	框架中桥	交通	17.93			21.78	338.24	
13	DK82+671.0	洋中路	2	15	7	框架中桥	交通	16.03			34.43	550.91	预留地下管线
14	DK86+446.5	芦中路框架中桥	4	8+12+12+8	5	框架中桥	交通	55.06			141.34	2472.79	
15	DK86+524.1	幸福洋2号排洪渠框架中桥	4	12		框架中桥		47			53.72	2520.6	
16	DK87+261.0	车站一路	1	6+16+16+6	7	框架中桥	交通	31.53			51.112	1601.75	预留地下管线
17	DK87+455.0	车站二路	1	6+8+8+6	7.4	框架中桥	交通	44.09			32.86	1444.63	预留地下管线
18	DK87+975.0	车站三路	1	6+8+8+6	7.5	框架中桥	交通	47.97			32.86	1543.03	预留地下管线
19	DK88+166.7	车站四路	1	6+16+16+6	7.4	框架中桥	交通	14.26			51.316	711.66	预留地下管线
20	DK88+676.0	规划路	2	12	7.5	框架中桥	交通	11.5			27.516	316.43	预留地下管线

表 3-5-4 框架小桥一览

序号	里程	桥名	孔径			分类	用途	横延米(m)			桥长(m)	顶平方(m^2)	备注
			孔数	宽(m)	高(m)			新建	接长 左	接长 右			
1	XLDK4+074.0		2	5	4.5	框架小桥	排洪		4.02		10.9	43.82	既有涵(改LXDK6+843.36)左侧接长
2	SLDK4+098.2		2	5	4	框架小桥	排洪		4.02		11.8	47.2	既有涵(K187+739)拆除重建
3	DK04+987.5		2	5	4.5	框架小桥	排洪	16.02			10.9	174.62	
4	YDK17+753.0		2	8	8	框架小桥	排洪			7.5	18.4	138	既有涵(DK7+066)右侧接长
5	DK37+393.0		2	6	6	框架小桥	排洪	15.03			13.15	197.25	原设计
6	DK43+388.80	洋下村框架小桥	2	8	10	框架小桥	排洪、交通	16.5			21.132	513.678	变更新增
7	DK44+024.00		2	6	4.5	框架小桥	交通	30.06			13.02	390.6	原设计
8	DK44+717.80		1	8	4.5	框架小桥	交通	17.03			9.34	163.47	原设计
9	DK44+841.62	规划河道7	2	10	6	框架小桥	排洪	22.06			22.3	490.6	原设计

续上表

序号	里程	桥名	孔径			分类	用途	横延米(m)			桥长(m)	顶平方(m^2)	备注
			孔数	宽(m)	高(m)			新建	接长				
									左	右			
10	DK56+155.0		2	7.5	7.5	框架小桥	排洪、灌溉	30.63			19.63	287.31	变更(扩宽)
11	DK79+213.5	红卫村框架小桥	1	8+6	6	框架小桥	排洪	19.03			16.03	305	
12	DK82+167.5		1	12	5.7	框架小桥	排洪	18.03			14.58	262.44	
13	DK85+383.7	既有排洪沟	2	8	4	框架小桥	排洪	15.03			25.39	380.79	
14	DK85+550.0		1	8	5	框架小桥	交通	15.03			9	135.18	学校通道
15	DK88+210.0		1	8	6	框架小桥	排洪	14.5			11.48	166.4	
16	DK88+481.0		1	8	6	框架小桥	排洪	14			13.44	188.1	

表 3-5-5 涵洞一览

序号	里程	桥名	孔径			分类	用途	横延米(m)			桥长(m)	顶平方(m^2)	备注
			孔数	宽(m)	高(m)			新建	接长				
									左	右			
1	XLDK0+819.8		1	3		盖板涵	保护涵	23.06			5.82	150.1	
2	XLDK0+916		1	1.5		框架涵	保护涵	20.21			2.6	52.5	变更
3	XLDK3+250		1	2.5	2.6	框架涵	排洪	13.44			3.1	41.66	既有涵 LXDK6+045(1-2.0 m),原涵利用
4	XLDK3+284		2	2.3	4.8	框架涵	排洪	13.5			6		隧道明洞下
5	XLDK3+728		1	5	4	框架涵	交通	10			5.64	56.4	
6	XLDK3+955		1	1	1.6	框架涵	排洪	10			1.6	16	
7	XLDK4+097.2		1	4	3.5	盖板涵	保护涵				4.78	38.24	既有保护涵(LXDK6+870.181)左侧接长
8	SLDK3+302.8		1	2.5	2.6	框架涵	排洪、灌溉	13.22			3.1	40.98	既有涵 LXDK6+045(1-2.0 m),原涵利用
9	SLDK3+730		1	5		框架涵	交通	3.86			5.9	22.77	
10	DK4+605		1	5		框架涵		16.287			5.93	94.5	
11	DK19+481.0		1	6	5.3	框架涵	交通		14.04	4.02	6.88	124.53	既有涵里程(DK8+751 1-6.0 m 盖板涵)左、右侧接长
12	DK24+420.0		1	3.5	2	框架涵	保护涵	15.52			4.1	63.63	煤气管保护涵
13	DK25+620.0		1	2.5	3	框架涵	排洪	24.07			3.1	74.62	原设计

续上表

序号	里程	桥名	孔径			分类	用途	横延米(m)			桥长(m)	顶平方(m^2)	备注
			孔数	宽(m)	高(m)			新建	接长				
									左	右			
14	DK37+562.0		1	6	3.5	框架涵	排洪、灌溉	15.52			6.68	103.67	原设计
15	DK37+880.6		1	3	3.5	框架涵	灌溉	22.02			3.6	79.27	原设计
16	DK38+112.9		1	6	4.5	框架涵	交通	15.87			9.342	146	1-6×4.5 m变更为1-8×5.0 m
17	DK38+220.0		1	6	5.3	框架涵	排洪	29.68			9.9	207.76	变更新增
18	DK41+525.00		1	5	5.3	框架涵	灌溉	20.06			5.92	118.8	变更
19	DK43+795		1	4	4.7	框架涵	交通	29.08			4.68	136.09	新增
20	DK43+989.75		1	3	5	框架涵	排洪	34.06			3.6	122.62	原设计
21	DK45+390.5		1	2	2.5	框架涵	灌溉	26.06			2.6	67.8	原设计
22	DK48+354.75		1	4	3.7	框架涵	排洪、交通	17.92			4.6	82.43	断链前里程
23	DK56+041.1		1	4	3.7	框架涵	交通、灌溉	17.02			4.6	78.29	原设计
24	DK56+743.0		1	6	5.3	框架涵	排洪、交通	55.16			6.88	379.5	变更(加长)
25	DK71+880.0		1	1.5	1.5	盖板涵	排洪	20.15			2.28	45.94	
26	DK75+875.0		1	1.5	2	盖板涵		70.52			2.3		救援通道涵洞
27	DK79+048.0		1	1	1.6	框架涵	排水	29.54			1.6	47.26	
28	DK79+361.8		1	6	6	框架涵	交通、灌溉	21.54			6.88	148.2	
29	DK81+190.0		1	2.5	3	框架涵	灌溉	17.02			3.1	52.7	
30	DK81+391.0		1	6	4.5	框架涵	交通、灌溉	15.52			6.76	104.9	
31	DK81+854.9		1	4	4.7	框架涵	交通、灌溉	16.52			4.68	77.31	
32	DK82+464.1		1	6	4.5	框架涵	交通	16.58			6.76	112.08	
33	DK84+931.5	大昆人行通道	1	3	2.7	框架涵		30.06			3.6	108.2	
34	DK85+570.0		1	2	1.5	框架涵	灌溉	18.51			2.44	45.16	
35	DK86+415.0	泉眼涵洞	1	1		框架涵		238.98			1.36	334.57	
36	DK86+920.0		1	4	4.3	框架涵		28.15			6.2	143	
37	DK87+436.0		1	6	5.3	框架涵	排洪	46.77			6.84	319.9	

(3)特殊结构多:根据通航、防洪、立交及地形等要求,设置了一系列大跨桥梁。主要有跨闽江的(110+198+110) m刚构连续梁桥、跨乌龙江的(114+288+144) m刚构斜拉桥、跨平潭海峡元洪航道(133.1+196+532+196+133.25) m钢桁混合梁斜拉桥、跨鼓屿门航道(129.1+154+364+154+129.2) m钢桁混合梁斜拉桥、跨大小练岛航道(81.1+140+336+140+81.15) m钢桁混合梁斜拉桥、跨北东口航道主跨(92+2×168+92) m双层预应力混凝土连续刚构桥等。

(4)重视结构美学:全线桥梁主要以T梁为主,通过技术处理,将电缆槽从栏杆上移至人行道步板下,既方便检修又美观大方。

第二节　设计原则与采用的主要技术标准

一、设计原则

1. 铁路桥式布置及上部结构

(1)桥式布置

一般情况下以采用32 m简支T梁为主,24 m和其他梁跨可用于调跨布置,16 m以下小跨度可考虑采用刚构连续梁、框架或其他结构形式。当跨越公(道)路、通航河流,或者遇有深水基础、高墩深谷,采用常用梁跨无法通过时,视情况选用大跨度连续梁或其他特殊桥梁结构,一般优先选用连续梁。

(2)桥面布置

铁路采用有砟桥面,附属设施包括人行道、电缆槽、挡砟墙、防水层、保护层、伸缩缝、综合接地等几个部分。桥面系布置如图3-5-1～图3-5-3所示。

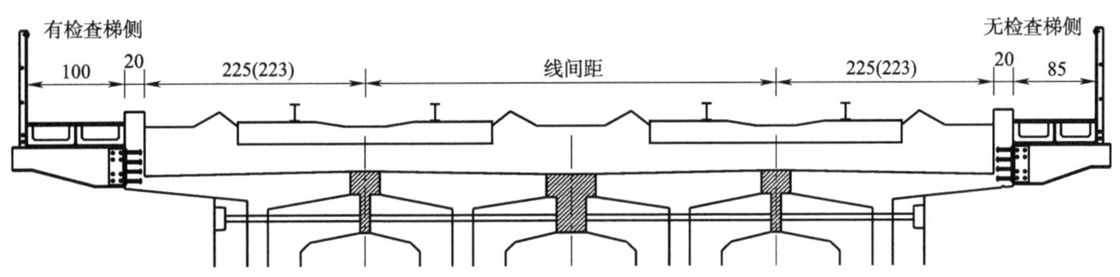

图3-5-1　钢横梁方案T梁桥面系布置(单位:cm)

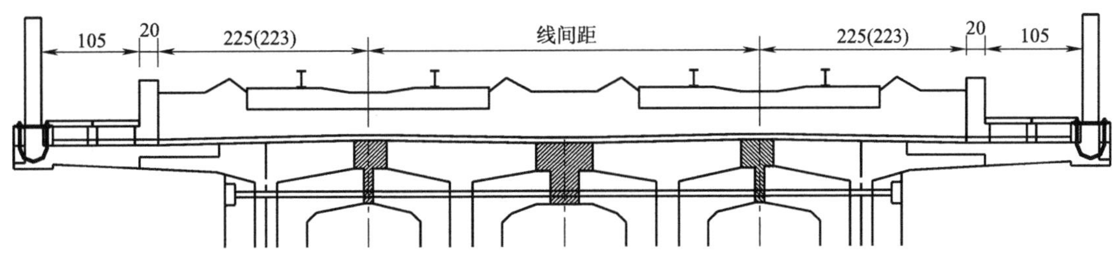

图3-5-2　声屏障方案T梁桥面系布置(单位:cm)

(3)涵洞

以尽量不改变原有交通、灌溉及排水系统为原则,适当考虑远期发展。涵洞一般采用框架箱涵。交通涵净宽≥4.0 m,净高≥2.5 m。涵洞板顶最小填土高:设计时速为200 km区段,涵洞板顶填土≥1.2 m;设计时速≤160 km区段,涵洞板顶填土≥1.2 m,困难条件下板顶不得低于路肩。

(4)其他

①桥面防水层及保护层:按《铁路混凝土桥面防水层技术条件》(TB/T 2965—2018)办理。

②支座:简支T梁等采用客货共线TZ-YZM系列圆柱面钢支座[通桥(2007)8160];连续梁、连续刚架

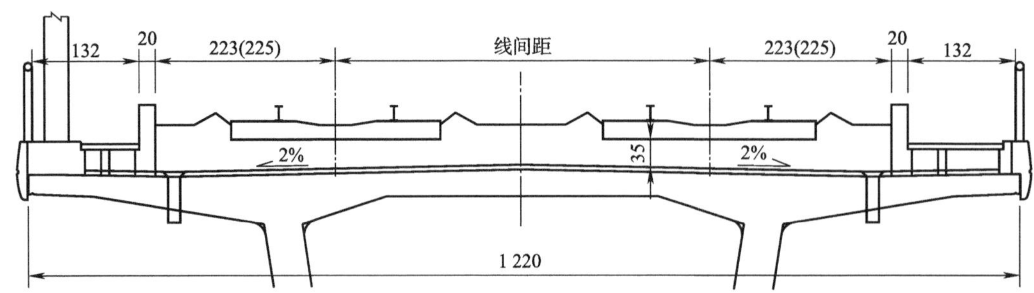

图 3-5-3　箱梁桥面系布置(单位:cm)

和简支梁采用 TQZ(NS)球形支座[福平施(桥)参-31]。

③伸缩缝:T 梁采用通用图上的伸缩装置;跨海段铁路箱梁采用 TSSF 型伸缩缝[通桥(2008)8388A]

④避车台:根据《铁路桥涵设计规范》(TB 10002—2017),全线桥上取消避车台设置。

⑤电缆槽:T 梁、箱梁电缆槽均采用混凝土结构,设置在人行道步板下面。

2. 公铁合建桥梁公路桥式布置及上部结构

(1)桥式布置

公铁合建的上层公路桥孔跨采用和下层的铁路桥对应设置。

(2)桥面布置

公路桥面系含水管区栏杆、水管、防撞护栏、桥面铺装、公路交通安全设施等,如图 3-5-4 所示。

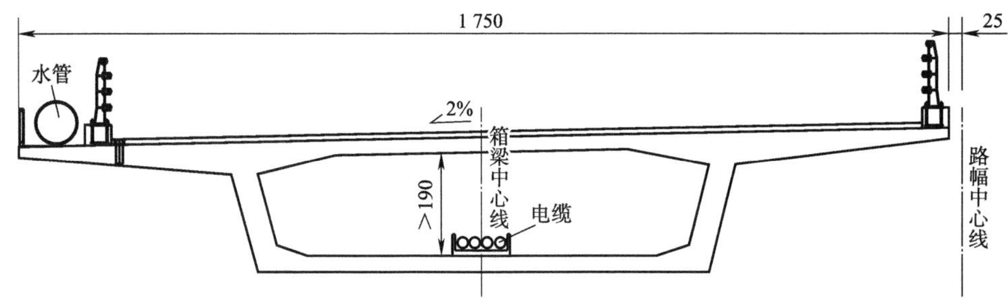

图 3-5-4　跨海桥公路桥面布置(单位:mm)

(3)其他

①路面结构:采用沥青混凝土路面。

②搭载工程:公路梁上考虑搭载 2 条 800 mm 管径水管和 2 个 220 kV 电力通道高压电缆。水管布置在公路外侧防撞墙外侧的悬臂板上面,电缆布置在公路混凝土梁范围的箱梁内部。

③防撞护栏及栏杆:桥梁两侧及中央分隔带设置 SS 加强型级钢结构防撞护栏,外侧护栏设置风屏障螺栓。水管外侧设置钢栏杆。

④支座:采用球形耐蚀支座 TQZ(NS)。

⑤伸缩缝:采用单元式多向变位伸缩缝。

3. 下部结构

(1)墩台

桥台:桥台采用《时速 160 km 单线 T 型桥台》[(福平施(桥)参-19]、《时速 160 km 双线 T 型桥台》[福平施(桥)参-20]、《时速 200 km 单线 T 型桥台》[福平施(桥)参-21]、《时速 200 km 双线 T 型桥台》[福平施(桥)参-22]。

桥墩:采用圆端形桥墩。桥墩高度小于 20 m 采用《时速 160、200 km 客货共线铁路单线圆端形实体桥墩》[通桥(2012)4103-Ⅱ]、《时速 160、200 km 客货共线铁路双线圆端形实体桥墩》[通桥(2012)4104-Ⅱ],大于 20 m 采用《时速 160 km 单线圆端形空心桥墩》[福平施(桥)参-23]、《时速 160 km 双线圆端形空心桥墩》[福平施(桥)参-24]、《时速 200 km 单线圆端形空心桥墩》[福平施(桥)参-25]、《时速 200 km 双线圆端形空心桥墩》[福平施(桥)参-26]。对于超出桥墩通用图范围的桥墩,采用《非标双线圆端形实体桥墩》[福平施(桥)参-18]。立于桥墩的接触网基础按《T 梁格构式接触网立柱基础》[福平施(桥)参-28]设置。接触网格构柱按《T 梁格构式接触网立柱》[福平施(桥)参-27]设置。

(2)基础

桥梁基础类型一般采用扩大基础或桩基础。对桩基础,桩径一般选用 1.0 m、1.25 m、1.5 m、2.0 m、2.5 m、2.8 m、3.0 m。

4. 结构耐久性设计

(1)本跨海桥所处日照、海水、大风等环境非常恶劣,必须加强结构的防腐与耐久性设计。钢结构及混凝土结构防腐采用氟碳漆,同时必须满足《铁路钢桥保护涂装及涂料供货技术条件》(TB/T 1527—2011)或《铁路混凝土结构耐久性修补及防护》(TB/T 3228—2010)中的相关要求。

(2)应根据环境作用类别、等级分类及侵蚀性要求,按《铁路混凝土结构耐久性设计规范》(TB 10005—2010)确定桥梁墩台基础混凝土等级。

(3)对于重要部位的混凝土涂装,采用氟碳漆或其他可靠的涂装材料。

(4)当混凝土结构处于严重腐蚀环境时,对混凝土采用一种或多种防腐蚀强化措施。

(5)桥梁附属钢结构防腐:

陆上段:除钢横梁人行道方案的 T 梁人行道、栏杆采用复核渗层技术外,其他附属钢构件采用热浸锌防腐处理方案。

海上段:根据不同的部位、重要程度、腐蚀程度、修复难度等,对不同的钢构件采取热浸锌、316L 不锈钢等不同的防腐处理措施。

5. 附属工程

(1)桥梁墩台顶需设围栏、吊篮、检查梯、防止落梁措施等。

(2)桥上接触网立柱设于桥墩墩帽上。采用箱形截面的连续梁,其接触网立柱设在桥面上。

(3)全线桥梁除跨海桥外均设护轮轨。

(4)跨越道路桥梁当桥下净高小于 5.0 m 时设限高架。

6. 采用标准图、通用图及参考图

采用的标准图、通用图及参考图见表 3-5-6。

表 3-5-6 采用标准图、通用图及参考图一览

序号	分类	名称	主要内容	图号
1	桥墩	时速 160、200 km 客货共线铁路单线圆端形实体桥墩	直、曲线 $0.05g<A_g\leqslant 0.15g$	通桥(2012)4103-Ⅱ
2		时速 160、200 km 客货共线铁路双线圆端形实体桥墩	直、曲线 $0.05g<A_g\leqslant 0.15g$	通桥(2012)4104-Ⅱ
3		非标双线圆端形实体桥墩	直、曲线 24 m+24 m、32 m+32 m、24 m+32 m 简支 T 梁	福平施(桥)参-18
4		时速 160 km 单线圆端形空心墩	直、曲线 24 m+24 m、32 m+32 m、24 m+32 m 简支 T 梁	福平施(桥)参-23
5		时速 160 km 双线圆端形空心墩	直、曲线 24 m+24 m、32 m+32 m、24 m+32 m 简支 T 梁	福平施(桥)参-24
6		时速 200 km 单线圆端形空心墩	直、曲线 24 m+24 m、32 m+32 m、24 m+32 m 简支 T 梁	福平施(桥)参-25
7		时速 200 km 双线圆端形空心墩	直、曲线 24 m+24 m、32 m+32 m、24 m+32 m 简支 T 梁	福平施(桥)参-26

续上表

序　　号	分类	名　　称	主要内容	图　　号
8	桥台	时速 160 km 单线 T 型桥台	Lp=20 m、24 m、32 m 预制后张法简支 T 梁	福平施(桥)参-19
9		时速 160 km 双线 T 型桥台	Lp=20 m、24 m、32 m 预制后张法简支 T 梁	福平施(桥)参-20
10		时速 200 km 双线 T 型桥台	Lp=20 m、24 m、32 m 预制后张法简支 T 梁	福平施(桥)参-21
11		时速 200 km 双线 T 型桥台	Lp=20 m、24 m、32 m 预制后张法简支 T 梁	福平施(桥)参-22
12	梁部	时速 160 km 客货共线铁路预制后张法简支 T 梁(角钢支架方案)	跨度 32 m	通桥(2017)2101-Ⅰ
13			跨度 24 m	通桥(2017)2101-Ⅱ
14		时速 160 km 客货共线铁路预制后张法简支 T 梁(设声屏障)	跨度 32 m	通桥(2012)2109-Ⅰ
15			跨度 24 m	通桥(2012)2109-Ⅱ
16		时速 200 km 客货共线铁路预制后张法简支 T 梁(角钢支架方案)	跨度 32 m	通桥(2012)2201-Ⅰ
17			跨度 24 m	通桥(2012)2201-Ⅱ
18		时速 200 km 客货共线铁路预制后张法简支 T 梁(设声屏障)	跨度 32 m	通桥(2012)2209-Ⅰ
19			跨度 24 m	通桥(2012)2209-Ⅱ
20		简支 T 梁人行道相关修改图		福平施(桥)参-36
21		2×32 m 连续梁		福平施(桥)参-1
22		(40+64+40) m 单线连续梁		福平施(桥)参-2
23		(43+72+43) m 单线连续梁		福平施(桥)参-3
24		(62+112+62) m 连续梁		福平施(桥)参-4
25		(68+128+68) m 连续梁		福平施(桥)参-5
26		(60+100+60) m 连续梁		福平施(桥)参-6
27		(48+80+48) m 连续梁(桥面宽 12.2 m)		福平施(桥)参-7
28		(48+80+48) m 连续梁(桥面宽 12.6 m)		福平施(桥)参-8
29		(40+72+40) m 连续梁		福平施(桥)参-9
30		(40+64+40) m 连续梁		福平施(桥)参-10
31		(40+2×64+40) m 连续梁		福平施(桥)参-11
32		(40+2×56+40) m 连续梁		福平施(桥)参-12
33		(40+3×56+40) m 连续梁		福平施(桥)参-13
34		(32+48+32) m 连续梁(桥面宽 12.2 m)		福平施(桥)参-14
35		(32+48+32) m 连续梁(桥面宽 12.6 m)		福平施(桥)参-15
36		(32+2×48+32) m 连续梁		福平施(桥)参-16
37	附属设施	客货共线铁路桥梁防水体系	满足时速 160 km、200 km 客货共线铁路桥梁防水要求，本防水体系包括防水层和保护层	通桥(2006)8061
38		客货共线 TZ-YZM 系列圆柱面钢支座安装设计图	Ⅰ型(用于单线简支 T 梁桥)、Ⅱ型(用于双线简支 T 梁桥)	通桥(2007)8160
39		客专铁路常用跨度梁桥面附属设施		通桥(2008)8388A
40		箱梁附属设施设计参考图		福平施(桥)参-17
41		T 梁格构式接触网立柱		福平施(桥)参-27
42		T 梁格构式接触网立柱基础		福平施(桥)参-28

续上表

序　号	分类	名　称	主要内容	图　号
43	附属设施	简支箱梁、连续梁 H 型接触网立柱基础设计		福平施(桥)参-29
44		框架、盖板桥涵防水层沉降缝设计参考图		福平施(桥)参-30
45		简支箱梁、连续梁球形支座安装图［TQZ(NS)］		福平施(桥)参-31
46		防抛网布置图		福平施(桥)参修-32
47		T 梁安设防横移桩图		福平施(桥)参-33
48		T 梁桥面集中排水参考图		福平施(桥)参-34
49		箱梁上、框架上接触网基础参考图		福平施(桥)参修-37

注：A_g 表示地震动峰值加速度，L_p 表示跨度。

二、主要技术标准

1. 采用洪水频率

桥梁、涵洞：1/100；技术复杂、修复困难的海上桥梁按 1/300 检算，并考虑潮汐及洪水对桥渡河流区段的不同影响分别计算确定。

2. 设计行车速度

福州至福州南为 160 km/h 客运专线铁路标准；福州南至平潭为 200 km/h 客货共线铁路标准。

3. 设计活载

铁路采用中-活载；公路采用公路Ⅰ级荷载。

4. 通航净空、立交净空及建筑限界

按《高速铁路设计规范》(TB 10621—2014)和《公路工程技术标准》(JTG B01—2014)办理，并结合福州枢纽总图规划考虑。具体如下：

(1)跨越高速正线桥梁的桥下净空按《高速铁路设计规范》(TB 10621—2014)办理，桥下净空≥7.25 m；跨越速度目标值 160 km/h 及以下其他线路按“建限-1”办理，桥下净空≥6.55 m；对开行双层集装箱的线路按其相应双层集装箱限界“铁科技函〔2004〕157 号”有关要求办理，一般≥7.96 m。

(2)跨越本线的跨线桥建筑限界执行《新建时速 200 公里客货共线铁路设计暂行规定》(铁建设函〔2005〕285 号)，净空≥7.5 m。

(3)本线跨越城市道路及公路时，按《城市道路设计规范》(CJJ 37—2012)、《公路工程技术标准》(JTG B01—2014)规定及地方主管部门审批的规划和所提意见办理。

(4)内河通航限界：按《内河通航标准》(GB 50139—2004)规定及通航论证批复意见办理。

(5)海轮通航净空按《通航海轮桥梁通航标准》(JTJ 311—1997)执行，并结合通航论证批复意见办理。

第三节　基础工程设计

一、影响桥梁下部结构刚度的主要因素

下部结构的刚度是桥梁结构整体刚度的主要组成部分，分析影响桥梁下部结构刚度的主要因素，对桥梁下部结构设计，特别是桩基础的合理设计十分必要。

桥梁下部结构刚度要考虑墩身的弹性变形、基础的转动、基础的水平位移、支座的变形。影响桥梁下部结构刚度的主要因素有墩高、墩形、基础刚度，支座的变形可暂不考虑。由于受地质条件的影响，并考虑铁路桥梁自重较大，对地基承载能力和基础沉降要求高，铁路桥梁基础大多数采用桩基础。对于常用跨度

简支梁来说，在桥墩采用已设计好的通用图情况下，墩高一定时，影响桥梁下部结构刚度的主要因素就只有桩基础刚度了，桥墩墩形、桩的受力形式(柱桩、摩擦桩)、桩的排列方式、桩长、桩间距、地质参数等因素对下部结构刚度的均有较大影响。

二、基础类型

福平铁路桥梁基础主要有两种，分别是桩基础和扩大基础。以钻孔桩基础为主，部分地质条件较好的墩台采用了扩大基础。

1. 扩大基础

承载力较好，基坑开挖深度较浅时采用扩大基础，但在陡坡地形、岩层面倾斜度较大，且抽水困难，难以将岩层面凿平的地基上以及在难以排水施工，且可能发生流砂现象的地基上，不宜采用扩大基础。

2. 桩基础

(1)桩基础构造

桩径、桩长、桩根数，根据受力、沉降、地质条件等因素由计算确定。

(2)桩基础配筋

桩基础配筋根据计算确定，并满足规范轴心受压构件纵筋截面积不小于构件截面积 0.5%的规定。

①钻孔灌注桩的主筋及箍筋采用 HRB400 钢筋。

②桩身根据受力情况分段配筋。

③主筋净保护层厚度根据现行《铁路混凝土结构耐久性设计规范》规范要求，采用 70 mm 或 80 mm。

④桩顶伸入承台内的主筋长度按 45 倍主筋直径设置，主筋采用喇叭形伸入承台内，上端设弯钩，下端不设弯钩。

3. 承台

(1)承台构造

承台是桥梁主要受力结构，承台的厚度根据受力情况确定，并满足承台边缘至最外一排桩的净距、刚性角等构造要求。

(2)承台配筋

承台配筋根据受力情况确定。同时承台配筋需满足《铁路桥涵地基和基础设计规范》(TB 10093—2017)第 6.3.5 条规定。本线常规承台按上下双层配筋设置；主跨跨度≥64 m 时承台采用六面配筋。当桩基布置不满足刚性角要求时，承台配筋应按撑杆体系进行计算并按计算结果进行配筋。

4. 其他基础

对于框架桥、小桥涵，基础一般采用预应力管桩基础、高压旋喷桩基础或扩大基础。

第四节 墩台设计

福平铁路采用无缝线路、有砟轨道，速度目标值 200 km/h。为满足无缝线路轨道的受力要求，桥梁的墩台需满足一定的纵向刚度；为满足列车车桥动力相应要求，桥墩需要一定的横向刚度。总的来说，桥墩设计需综合考虑功能、受力、施工、耐久性、景观、维修、经济性等多方面的因素。

福平铁路以 32 m 简支 T 梁为主要梁型，配套以“客货共线铁路圆端形实体桥墩”通用图为主。

1. 墩顶尺寸设计要求

桥墩墩顶除通过支座支撑梁部外，还有其他附属功能，如更换支座时千斤顶摆放空间、防止落梁的放落梁装置、墩顶排水等。桥墩墩顶尺寸需满足上述功能的需要。

2. 连续梁桥墩墩顶纵向水平力计算

连续梁合龙后梁体收缩徐变、温度变化、列车牵引力、制动力、无缝钢轨力等作用下，对桥墩产生纵向水平力。由于连续梁活动支座摩阻力的存在，连续梁常具有固定支座“不固定”，活动支座“不活动”的特性，连续梁固定墩、活动墩共同承受纵向水平力。为方便计算，无缝线路长钢轨力由固定墩承受。连续梁桥墩墩顶纵向水平力计算原则：

(1)活动墩按支座摩阻力计算。

(2)固定墩承受无缝线路长钢轨力、制动力与支座摩阻力，其中，制动力根据桥墩纵向刚度进行分配，如果分配的制动力大于活动墩的摩阻力，则该活动墩退出分配，重新根据桥墩纵向刚度分配制动力；支座摩阻力为固定墩左侧摩阻力合力与右侧摩阻力合力的差。

3. 桥墩选型原则

(1)一座桥的墩形尽量统一。

(2)全线以圆端形桥墩为主。

(3)涉水桥梁一般采用圆端形桥墩或圆墩。在铁路与河流夹角较小时，水中墩采用圆形桥墩。

4. 桥台

陆上桥梁的桥台多接简支 T 梁，一般采用 T 形桥台。跨海桥的桥台接箱梁，采用矩形空心桥台。

第五节　常用跨度桥梁设计

1. 桥式方案设置原则

(1)桥路分界

地质条件较好的丘陵山区，且附近有优质填料来源时，路桥分界高度为 8 m 左右；软土及松软土分布较多的阶地和谷地或邻近大中城市地区路堤高度应控制在 6 m 左右为宜。

(2)功能需求

桥梁孔跨布置应满足交通、通航、防洪的需要；桥梁跨越公路、通航河流时，桥式方案要满足相应交通现状及规划的需要；桥梁跨越河道时，桥式方案同时要满足防洪的要求。

(3)常用跨度

常用桥跨：32 m 简支 T 梁为主，24 m 简支 T 梁仅作为调跨需要。当跨越道路、河流时，如 32 m 跨不能满足跨越需要时，采用连续梁结构，如(32＋48＋32) m、(40＋56＋40) m、(40＋64＋40) m、(48＋80＋48) m、(60＋100＋60) m 连续梁。

经济分析：在桩基础条件下以跨度 32 m 为最经济的梁型，预制架设为最经济的施工方案。

2. 常用跨度梁部施工方法

简支 T 梁主要有预制架设、支架现浇、造桥机等几种施工方案。预制架设方案可以工厂化生产，可以有效保证质量、提高施工进度和工效，较其他方案投资省、效益好。本线简支 T 梁均采用预制架设。

常用跨度连续梁主要用悬臂浇筑、支架现浇等施工方案。本线连续梁均采用悬臂浇筑法施工。

3. 全线特殊结构

全线有以下工点采用简支 T 梁无法满足跨越需要，故设计为连续梁等其他结构形式，见表 3-5-7。

表 3-5-7　全线特殊结构设计一览

序　号	桥　名	特殊结构
1	山重特大桥	2×32 m 连续梁
2	闽江特大桥	(68＋128＋68) m 连续梁
		27 m 简支 T 梁
		(48＋89＋48) m 连续梁
		(48＋80＋48) m 连续梁
		(110＋198＋110) m 连续刚构
		(40＋72＋40) m 连续梁

续上表

序　号	桥　名	特殊结构
2	闽江特大桥	(43+72+43) m 单线连续梁
		23 m 钢盖梁门式墩
	闽江特大桥右单线桥	(43+72+43) m 单线连续梁
		5×32 m 道岔连续梁
3	永南中桥	2×14 m 刚架
4	跨动车所左线中桥	1-36 m 钢桁梁
5	跨动车所右线中桥	1-18.5 m 单线形钢梁
6	云山寺左线中桥	2×45 m T 构
7	云山寺右线大桥	(40+64+40) m 单线连续梁
		5×16 m 钢筋混凝土连续梁
8	乌龙江特大桥	(144+288+144) m 刚构斜拉桥
	乌龙江特大桥右单线桥	29.3 m 钢盖梁门式墩
9	湾里特大桥	(60+100+60) m 连续梁
		20 m 预应力混凝土门式桥墩
10	跨沈海高速特大桥	(62+112+62) m 连续梁
11	长乐特大桥	(32+48+32) m 连续梁
		4×32 m 变宽连续梁
		(40+56+40) m 双幅连续梁
		32 m 简支箱梁(双线)
		32 m 简支箱梁(单线)
		4×32 m 双幅道岔连续梁
		4×29.7 m 双幅道岔连续梁
		(32+48+32) m 连续梁
		(16.2+26+16.2) m 连续刚架
12	岱岭中桥	(16+2×22+16) m 连续梁
13	青湖特大桥	(8+12.3+12.3+8) m 异形框架
		(32+48+32) m 连续梁
		(40+2×64+40) m 连续梁
		28.8 m 简支 T 梁(钢横梁方案)
14	古槐特大桥	(32+48+32) m 连续梁
15	石门特大桥	(8+12.3+12.3+8) m 异形框架
		(40+2×56+40) m 连续梁
		(40+64+40) m 连续梁
		(20+3×24+20) m 连续刚架
16	松下特大桥	(8+16+16+8) m 异形框架
17	平潭海峡公铁两用大桥	元洪航道桥:(133.1+196+532+196+133.25) m 钢桁混合梁斜拉桥
		鼓屿门航道桥:(129.1+154+364+154+129.2) m 钢桁混合梁斜拉桥
		大小练岛航道桥:(81.1+140+336+140+81.15) m 钢桁混合梁斜拉桥
		北东口航道桥:(92+2×168+92) m 连续刚构

续上表

序　号	桥　名	特殊结构
18	福厝岭大桥	(32+48+32) m连续梁
19	平原特大桥	(48+80+48) m连续梁
20	洋中特大桥	(40+3×56+40) m连续梁

第六节　大跨度桥梁设计(闽江特大桥)

福平铁路闽江特大桥在福州城区跨越闽江,位于既有杭深铁路闽江特大桥上游40 m。该段河道为感潮、通航河段,线路中心与福厦铁路平行,与航道法向交角为20°。桥址处河道宽度约650 m,水深10～14 m。所在河道为感潮、通航河段且较为顺直,航道稳定。百年一遇设计流量$Q_{1\%}$=9 270 m^3/s,设计水位$H_{1\%}$=5.37 m,设计流速$V_{1\%}$=2.45 m/s。内河Ⅱ级航道,单孔双向通航,通航净宽170 m,净高为24 m。最高通航水位4.58 m,最低通航水位−1.38 m。桥址位于剥蚀台地及丘陵斜地貌,下伏燕山中晚期中细粒花岗岩。抗震设防烈度为7度,设计地震基本加速度值为0.10g。

本桥位处下游40 m为既有杭深铁路闽江特大桥,其主跨采用(99+198+99) m连续钢桁梁柔性拱桥,如图3-5-5所示。

图3-5-5　杭深铁路闽江特大桥主跨实景

一、结构设计

主跨:通航孔的主跨采用和杭深铁路闽江特大桥顺航道对孔设置,即(110+198+110) m刚构连续梁桥。本线桥主跨处的轨底高程为45.478 m,高于既有杭深铁路轨面高程13.118 m。

引桥:引桥一般采用32 m简支T梁。跨G104国道、机场二期高速公路、福马铁路、魁岐互通匝道采用2联(68+128+68) m连续梁;跨江滨中大道采用(48+89+48) m双线连续梁;跨规划的南滨江大道采用(40+72+40) m双线连续梁;跨福泉高速公路采用(43+72+43) m单线连续梁。

闽江特大桥全长2 563.51 m,右单线桥全长764.09 m。具体情况见表3-5-8。

表3-5-8　闽江特大桥主要桥跨布置

项　目	跨越位置	采用孔跨
闽江特大桥(双线部分)	G104国道、机场二期高速公路、福马铁路、魁岐互通立交桥M匝道	(68+128+68) m双线连续梁
	魁岐互通立交桥M匝道	(68+128+68) m双线连续梁
	江滨中大道	(48+89+48) m双线连续梁

续上表

项　　目	跨越位置	采用孔跨
闽江特大桥（双线部分）	水中引桥	(48+80+48) m 双线连续梁
	闽江特大桥主桥	(110+198+110) m 刚构连续梁
	南滨江大道	(40+72+40) m 双线连续梁
闽江特大桥(左单线)	福泉高速公路	(43+72+43) m 单线连续梁
	既有杭深铁路(桥顶)	32 m 单线 T 梁+钢盖梁门式墩
闽江特大桥(右单线)	福泉高速公路	(43+70+43) m 单线连续梁

1. 总体布置

主桥采用(110+198+110) m 连续刚构，总体布置如图 3-5-6 所示。

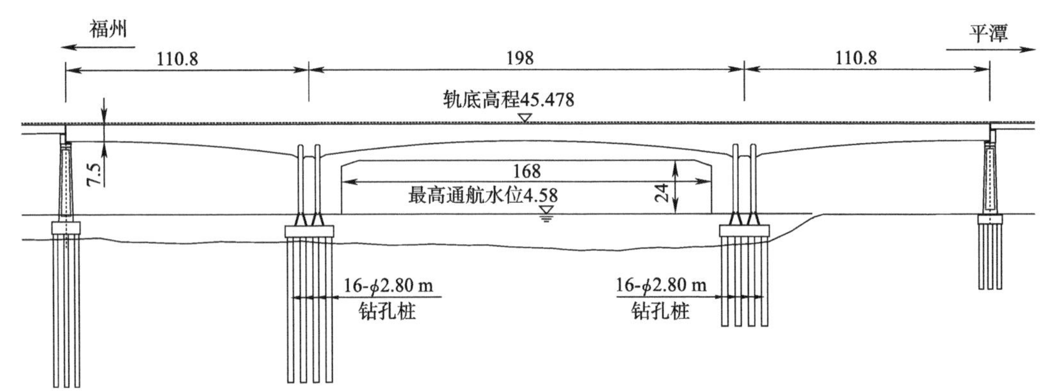

图 3-5-6 (110+198+110) m 连续刚构总体布置(单位:m)

2. 上部结构

主桥采用(110＋198＋110) m 连续刚构桥式。梁体为单箱单室、变高度、直腹板结构，边直段和跨中截面处梁高 7. 50 m，主墩处梁高 14. 0 m；梁高按圆曲线变化，圆曲线半径 R=665. 699 m；全桥箱梁顶宽 12. 2 m、箱梁底板宽 9. 2 m，两侧悬臂各宽 1. 5 m。其中顶板厚度 60 cm，腹板厚度 50 cm、70 cm、85 cm、100 cm、125 cm，底板厚度 50～120 cm。在端支点、中墩处、跨中共设 7 道横隔板，为了满足后期张拉体外索的需要，增设了若干横隔板。如图 3-5-7 所示。

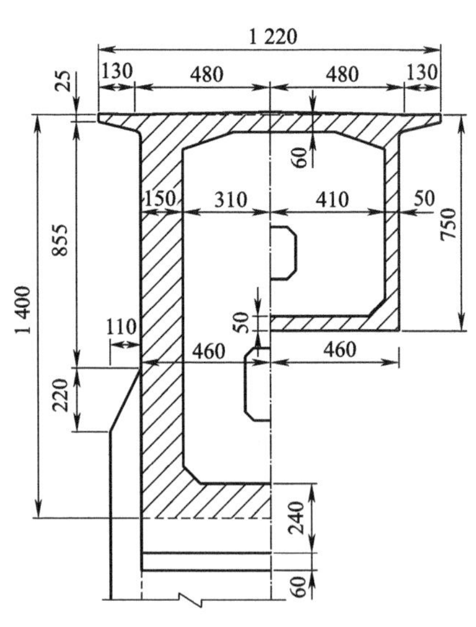

图 3-5-7 箱梁典型截面(单位:cm)

箱梁 0 号段长度为 16 m，混凝土体积 1 732. 6 m^3，最大悬臂重量 320 t，箱梁采用 C60 混凝土。箱梁采用纵向、横向、竖向三向预应力体系。纵向顶板束采用 25、27-7ϕ5、底板束 19-7ϕ5、腹板束 27-7ϕ5，圆形群锚体系。桥面板横向采用 5-7ϕ5，扁锚体系，交替单端张拉。ϕ_j15. 20 mm 低松弛钢绞线，强度标准值 f_{pk}=1860 MPa，预应力管道采用预埋塑料波纹管成孔，真空辅助压浆。

体外索考虑收缩徐变的的不确定性，为防止主梁产生过大的徐变挠度，设计时在边跨中、中跨中预留了 4 根 19-7ϕ5 体外备用索。在运营期间定期观测主梁的挠度，一旦发现主梁异常下挠，即可启用体外预应力钢索，以改善桥梁受力状况和梁部变形。合龙后 1 年上体外索可使跨中徐变下挠最大减少 7. 6 mm，合龙后 3 年内体外索对徐变控制较为显著，但差别甚小。体外索布置如图 3-5-8 所示。

3. 下部结构

两个主墩采用双薄壁墩，墩高均为 31. 5 m，纵向双壁中心距 8. 0 m，墩纵向壁厚 2. 2 m，墩底加大到

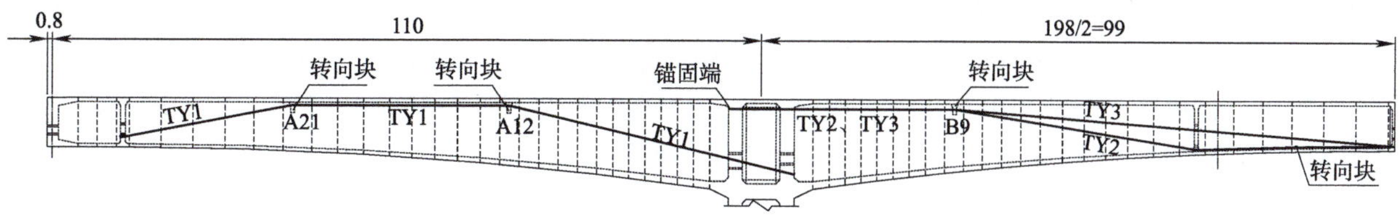

图 3-5-8　主梁体外索布置(单位:m)

5.8 m;横向宽度 11.4 m,墩底加大到 15.0 m。

基础采用 16ϕ2.8 m 钻孔灌注桩,承台平面尺寸 22.6 m×22.6 m,承台厚度 6.0 m。

二、施 工 方 法

简支 T 梁和一般连续梁:32 m 简支 T 箱梁采用预制架设法施工;(68+128+68) m、(48+80+48) m、(40+72+40) m、(43+72+43) m 连续梁采用挂篮悬灌施工。

主跨(110+198+110) m 连续刚构:采用挂篮悬灌浇筑施工方法。

钢盖梁门式墩:墩身采用原位现浇,钢盖梁采用现场吊装就位。吊装时,应利用既有线的天窗时间,并停电作业。

既有线上的 T 梁架设:利用架桥机架设。架设时,应利用既有线的天窗时间,并停电作业。架设完成后,应在梁底架设绝缘材料的封闭吊篮,防止现浇湿接缝和悬臂板时材料坠落。

水中墩基础:引桥浅水区搭设水上施工栈桥,拼装水上钻孔平台、钢板桩围堰施工;主墩深水区采用船拼水上钻孔施工平台,双壁钢吊箱围堰施工。其中 20 号～23 号墩基础施工采用双壁钢围堰施工,其施工顺序:平整场地→栈桥铺设→双壁钢围堰制造→双壁钢围堰浮运就位→下沉→插打钢护筒→围堰水下封底→桩基钻孔→灌注→抽水进行承台施工。

建筑材料采用施工便桥运输。闽江特大桥成桥如图 3-5-9 所示。

图 3-5-9　闽江特大桥成桥照片

三、技术特点和创新点

大跨连续刚构桥主梁设计的关键就是控制梁体的跨中徐变挠度和结构抗裂性能,本桥通过合理配置预应力有效减小主梁的主拉应力和减少主梁上下缘混凝土应力差,通过合龙时施加适当的顶推力,改善墩身受力,减小跨中竖向位移;同时预留体外预应力钢索,必要时可快速地对预应力进行补充和线形调整,使桥梁受力和变形满足列车运行的安全性、平顺性。

(1)控制梁体上下缘应力差减少梁体徐变。由于抵消活载的作用,梁体截面将长期处于偏心受压状态,必然出现徐变上拱或下挠,并随其差值的增大而增加。在设计过程中,采用提高其高跨比提高梁的竖向刚度来减小活载作用下的梁体下缘混凝土拉应力值;其次,通过合理布置预应力钢索使梁截面上下缘应力在预应力筋及恒载的作用下尽量接近,从而将梁体徐变上拱值控制于规定的限值之内。

(2)通过施加顶推力减小由于合龙温差和混凝土后期收缩徐变等因素对结构产生的附加次内力,平衡了自重和部分收缩徐变引起的墩身内力,优化结构受力状况。

(3)预留体外备用索防止后期中跨跨中下挠过大。

(4)提高竖向预应力改善主拉应力:考虑到竖向预应力的可靠性和主梁抗剪的需要,仅计入50%竖向预应力效应,对竖向预应力筋采用二次补张工艺,避免预应力筋锚固体系存在的不足。同时,每一个悬浇节段均设置1对纵向预应力钢束下弯索,以提供预剪力,使得腹板的应力状况得到很大改善。

第七节 特殊结构桥梁设计(乌龙江特大桥)

福平铁路乌龙江特大桥位于福州南站东侧,连接清凉山和金牛山,桥址位于河段垭口处,水流速度大,自然条件复杂。桥位以上汇水面积59 584 km^2,三百年一遇洪峰流量$Q_{0.33\%}$=37 800 m^3/s,$H_{0.33\%}$=5.4 m;百年一遇洪峰流量$Q_{1\%}$=32 660 m^3/s,$H_{1\%}$=5.08 m;五十年一遇洪峰流量$Q_{2\%}$=21 500 m^3/s;十年一遇洪峰流量$Q_{10\%}$=1 880 m^3/s,$H_{10\%}$=4.52 m。三百年一遇洪水高潮位为5.38 m,历年最高水位H_{max}=4.61 m,历年最低水位H_{min}=−2.39 m。通航净空120 m×8 m。内河Ⅳ级航道,单孔双向通航,通航净空120 m×8 m,最高通航水位采用十年一遇洪水位4.52 m,最低通航水位−1.79 m。桥址位于闽东南剥蚀丘陵与海滨平原交接带地貌,下伏侏罗系上统南园组三段凝灰岩。抗震设防烈度为7度,设计地震基本加速度值为0.10g。

桥位处既有桥梁概况:

(1)杭深铁路乌龙江特大桥:在本桥上游,距本桥桥位40 m,全长868.178 m,孔跨布置为5-32 m简支箱梁+(80+3×144+80) m连续梁+3-32 m简支箱梁。跨越乌龙江主航道采用(80+3×144+80) m连续梁,其中,主跨处的轨底高程为24.264 m。

(2)乌龙江公路大桥:为G324国道跨乌龙江公路桥,在本桥下游,距本桥170 m,桥长548 m,孔跨布置为(52+3×144+52) m,主跨均为钢筋混凝土T构,各刚构间采用33m简支挂梁连接。路面高程为18.3 m。

(3)乌龙江公路大桥(新建复线桥):在既有乌龙江公路大桥的下游50 m,桥长640 m,孔跨布置为(80+3×144+80) m连续梁+2-25 m简支梁。此桥目前已建成并通车。

(4)福泉高速公路乌龙江特大桥:在本桥下游,距本桥1 200 m,桥长2 156 m,孔跨布置为4×(6×25.0) m+2×(5×35.0) m+(60+2×110+60) m(主跨)+5×35.0 m+3×(6×25.0) m。主跨为(60+2×110+60) m连续梁。通航水位采用4.48 m,通航净空8.0 m,净宽60.0 m,上底宽50 m,侧高4.0 m,航道线与大桥轴线法线夹角为15°。

一、结构设计

主跨:由于桥址距离杭深铁路乌龙江特大桥和乌龙江公路大桥较近,结合既有桥的孔跨布置和通航论证批复意见,本桥主桥通航孔采用288 m跨和既有桥的2×144 m跨对应、主跨布置为(144+288+144) m桥跨。轨底高程为38.163 m,比既有福厦铁路乌龙江特大桥的轨底高13.899 m。

引桥:均采用32 m简支T梁。跨G324国道和扩建复线公路、既有杭深铁路均采用32 m简支T梁跨越。

乌龙江特大桥全长875.315 m,右线单线桥全长384.835 m。

1. 总体布置

主桥采用(144+288+144) m混凝土部分斜拉桥。经比选,采用塔、梁、墩固结,边墩设置纵向活动支座形式。采用双柱式桥塔柱,桥面以上塔高40.0 m,高跨比1/7.2。总体布置如图3-5-10所示。

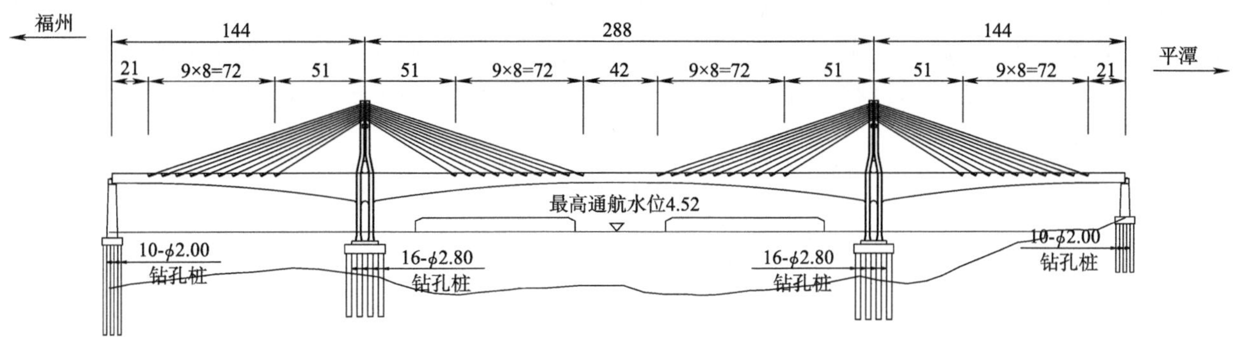

图 3-5-10　主桥总体布置(单位:m)

2. 上部结构

(1)主梁

采用直腹板单箱双室截面,斜拉索锚固于悬臂板。主梁中支点梁高/跨中梁高为 15.5 m/5.5 m,分别为主跨的 1/19.2 和 1/52.4;箱梁顶板宽 13.4 m,底板宽 11.4 m。顶板全梁等厚 42 cm,在中支点附近处加宽至 110 cm;底板厚度由跨中 40 cm 渐变至中支点附近处 135 cm。腹板厚度分 35 cm、50 cm、70 cm 变化,在梁塔墩结合处渐变加厚到 120 cm。截面如图 3-5-11 所示。

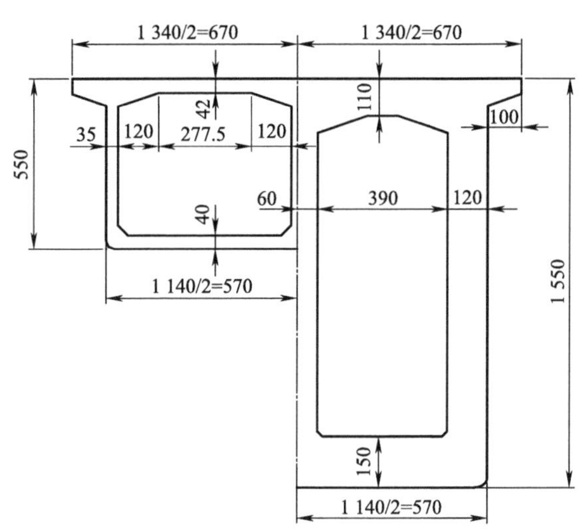

图 3-5-11　箱梁典型截面(单位:cm)

经过比选,塔旁无索区 51 m,跨中有索区 72 m,跨中无索区 42 m,边跨、中跨合龙段长度均为 2.0 m。全梁分别在梁端、墩塔梁固结处、跨中设置横隔板。斜拉索锚固处在主梁箱内设置 2.0 m 高横梁一道,对应翼缘外设置锚固楔块,锚固块与相应梁段一同浇筑。

采用纵向、竖向预应力体系,纵向按全预应力结构设计,纵向和超过 12 m 竖向预应力采用符合 GB/T 5224—2014 标准 ϕ_j15.20 mm 低松弛钢绞线,强度标准值 f_{pk}=1 860 MPa,长度小于 12 m 竖向预应力采用 ϕ32 mm 预应力用螺纹钢筋,产品符合 GB/T 20065—2006 标准。

(2)桥塔

为适应分丝管索鞍设置,桥塔采用矩形双柱式钢筋混凝土桥塔,顺桥向宽 5.6 m,横桥向宽 2.8 m,桥面以上塔高 40.0 m,桥面以上塔的高跨比为 1/7.2。桥塔与主梁连接处设置成倒 Y 形,桥塔外侧设置 0.4 m 凹槽,桥塔横向设置横梁,以增强结构造型表现力,桥塔如图 3-5-12 所示。

(3)斜拉索及锚固装置

斜拉索在采用平行双索面扇形布置,每个桥塔设置 10 对斜拉索,斜拉索采用抗拉标准强度 1 860 MPa

单丝涂覆环氧涂层钢绞线拉索,外套 HDPE 管。其梁上索距 8.0 m,塔上索距 1.0 m,张拉端设置于主梁上。斜拉索规格为 55-7ϕ5 mm、61-7ϕ5 mm、73-7ϕ5 mm,水平夹角为 20.8°～39.8°,斜拉索最长 105.9 m,最短 54.3 m。单根张拉、整体调索。索塔锚固装置采用分丝管索鞍,由多根钢管组焊而成,交叉抗滑,如图 3-5-13 所示。

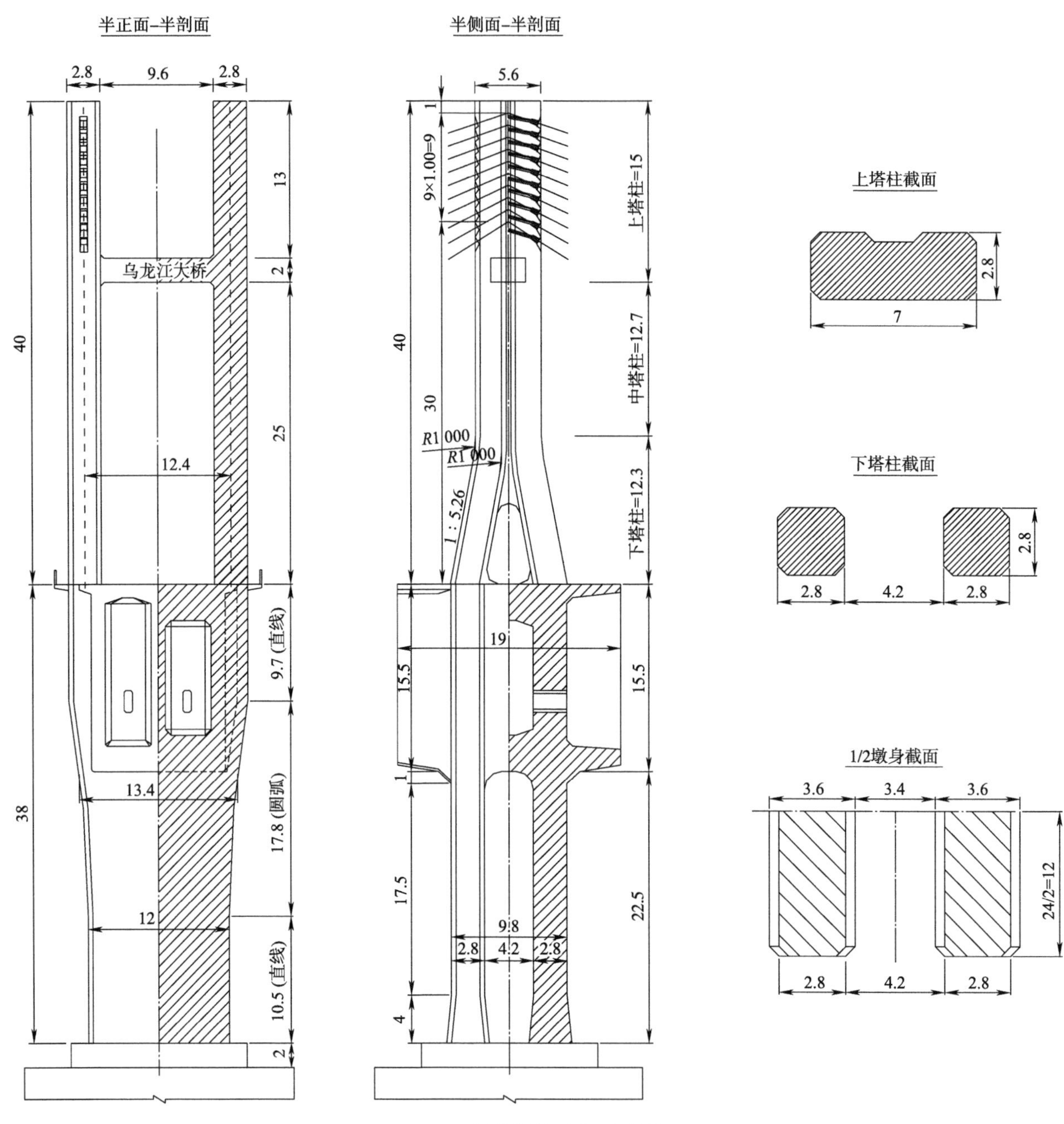

图 3-5-12　桥塔结构示意图(单位:m)

3. 下部结构

主墩:采用双壁墩柱,墩高 22.5 m。桥墩为实心矩形截面,顺桥向为 2.8 m,直坡;横桥向承台以上 11.0 m 高度范围等宽度 12.0 m;并设 20 cm×20 cm 切角,两墩壁中心距 7 m。

承台:分上下两层,上、下层承台顺桥向×横桥向×厚度分别为 17.0 m×15.0 m×2.0 m、23.0 m×23.0 m×5.0 m。

桩基础:采用 16ϕ2.8 m 钻孔柱桩,行列式布置,顺桥 4 排,横桥 4 排,桩中心距 6.0 m。

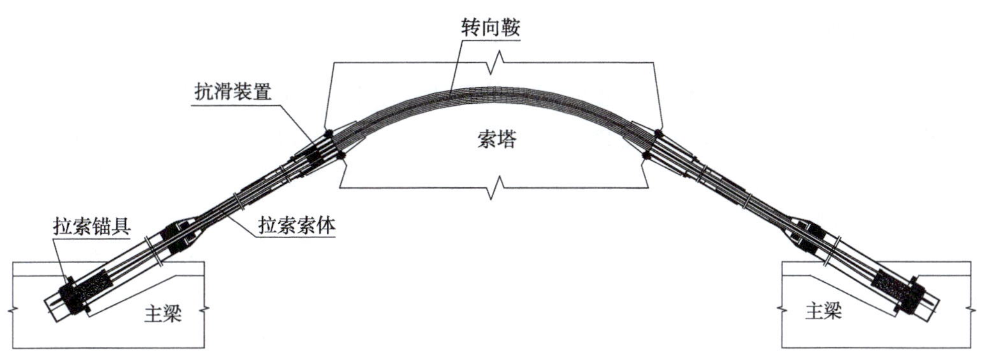

图 3-5-13 斜拉索锚固示意图

二、施 工 方 法

32 m 简支 T 梁采用预制架设。主跨主梁施工采用挂篮悬臂现浇法，悬浇过程中，充分利用斜拉索，滞后一个悬臂节段张拉斜拉索以减少主梁悬臂弯矩；悬浇过程中产生不平衡弯矩，在边跨施加永久压重，并保证施加压重与浇筑梁段重量平衡。边直段及零号块采用支架现浇施工。先进行边跨合龙，后中跨合龙，中跨合龙之前对其进行对顶(对顶力 1 100 t)。主梁合龙后张拉梁内预应力，并第二次张拉斜拉索；之后铺设桥面二期恒载，并进行第三次调索；成桥运营。

水中墩基础：引桥浅水区搭设水上施工栈桥，拼装水上钻孔平台、钢板桩围堰施工；主墩深水区采用船拼水上钻孔施工平台，双壁钢套箱围堰施工。材料运输采用船运。其中钢吊箱围堰的施工顺序为：拆除平台中部围堰范围内的桁架、桁架支撑以及钢护筒与定位桩之间的联结系，割除平台中部的定位桩→吊箱围堰在工厂加工完成后，利用驳船运输至桥位，浮式起重机起吊下放至设计高程，调整好位置后安装吊挂系统，将围堰挂在钢护筒上→在堰底部浇筑水下封底混凝土→待封底混凝土达到设计强度后，围堰内抽水，割除钢护筒，凿出桩头，绑扎钢筋，分层浇筑承台混凝土→拆除钻孔平台。

钢盖梁门式墩：墩身采用原位现浇，钢盖梁采用现场吊装就位。吊装时，应利用既有线的天窗时间，并停电作业。

既有线上的 T 梁架设：利用架桥机架设。架设时，应利用既有线的天窗时间，并停电作业。架设完成后，应在梁底架设绝缘材料的封闭吊篮，防止现浇湿接缝和悬臂板时材料坠落。

乌龙江特大桥成桥如图 3-5-14 所示。

图 3-5-14 乌龙江特大桥成桥照片

三、技术特点和创新点

大跨连续刚构桥主梁设计的关键就是控制梁体的跨中徐变挠度和结构抗裂性能，本桥通过合理配置预应力有效减小主梁的主拉应力和减少主梁上下缘混凝土应力差，通过合龙时施加适当的顶推力，改善墩身受力，减小跨中竖向位移；同时预留体外预应力钢索，必要时可快速地对预应力进行补充和线形调整，使桥梁受力和变形满足列车运行的安全性、平顺性。

(1)控制梁体上下缘应力差减少梁体徐变。由于抵消活载的作用，梁体截面将长期处于偏心受压状态，必然出现徐变上拱或下挠，并随其差值的增大而增加。在设计过程中，采用提高其高跨比提高梁的竖向刚度来减小活载作用下的梁体下缘混凝土拉应力值，通过合理布置预应力钢索使梁截面上下缘应力在预应力筋及恒载的作用下尽量接近，从而将梁体徐变上拱值控制于规定的限值之内。

(2)通过施加顶推力减小由于合龙温差和混凝土后期收缩徐变等因素对结构产生的附加次内力，平衡了自重和部分收缩徐变引起的墩身内力，优化结构受力状况。

(3)预留体外备用索防止后期中跨跨中下挠过大。

(4)提高竖向预应力改善主拉应力：考虑到竖向预应力的可靠性和主梁抗剪的需要，仅计入50%竖向预应力效应，对竖向预应力筋采用二次补张工艺，避免预应力筋锚固体系存在的不足。同时，每一个悬浇节段均设置1对纵向预应力钢束下弯索，以提供预剪力，使得腹板的应力状况得到很大改善。

第八节　公铁两用桥设计(平潭海峡公铁两用大桥)

一、工 程 概 况

1. 概述

福平铁路平潭海峡公铁两用大桥位于福建省中东部沿海、海坛海峡北口，跨海大桥全长约16.3 km。大桥经长乐松下跨越人屿岛、长屿岛、小练岛、大练岛至平潭岛，如图3-5-15所示。依次跨越元洪航道、鼓屿门航道、大小练岛航道、北东口航道四个航道。大桥采取公路在上层、铁路在下层的公铁合建方式。铁路等级为Ⅰ级双线铁路，设计行车速度200 km/h，公路为双向六车道高速公路，设计时速100 km，公路桥宽约35.5 m。

平潭海峡公铁两用大桥共有四座航道桥，其中元洪航道桥采用主孔跨径532 m的钢桁梁斜拉桥，满足5万t级航道单孔双向通航；鼓屿门航道桥采用主孔跨径364 m的钢桁梁斜拉桥，满足5 000 t级航道单孔双向通航；大小练岛航道桥采用主孔跨径336 m的钢桁梁斜拉桥，满足5万t级航道单孔单向通航。北东口航道桥采用主孔跨径2×168 m的双层预应力混凝土连续刚构桥，满足500 t级航道双孔单向通航。跨海大桥全长约16.3 km；其中中铁大桥院设计范围长11.1 km，铁四院设计范围长5.2 km。

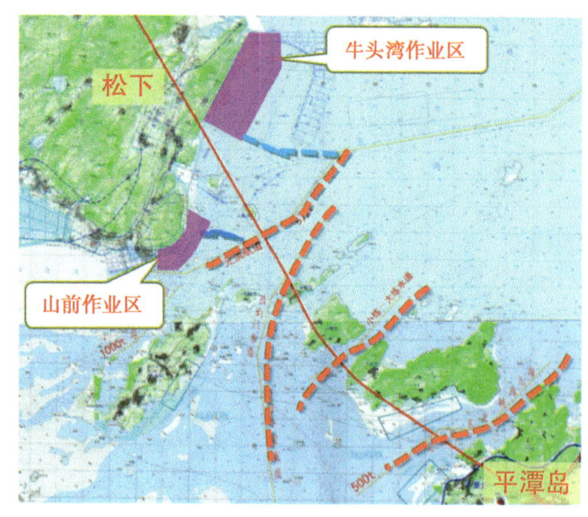

图3-5-15　桥位平面图

2. 建设条件

(1)气象条件

桥址海域为典型海洋季风气候，季风期主要集中在10月～次年4月，持续时间长。桥址工程区域年平均风速6.9 m/s，百年重现期10 min平均最大风速44.8 m/s。台风登陆频次高，年平均登陆6～8次。6级以上大风超过300 d，有效作业时间短。全年大风天数如图3-5-16所示。

(2)海域水文

工程海域平均高潮位高程+2.39 m,平均低潮位为-1.89 m,平均潮差4.28 m。年平均波高为1.1 m,平均周期为5.4 s;100年一遇$H_{1\%}$波高3.09~9.69 m。流速3.09 m/s,最大潮差7.09 m。台风影响如图3-5-17所示。

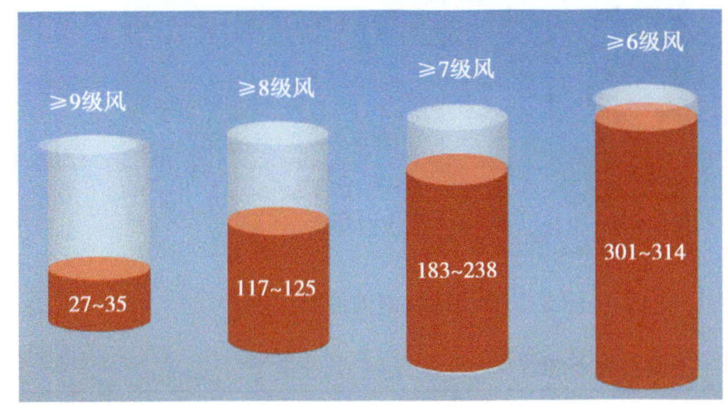

图3-5-16　全年大风天数(单位:d)

图3-5-17　台风影响

(3)通航及防船撞标准

海域最高通航水位为+4.62 m,最低通航水位为-3.40 m。各航(水)道通航标准及通航净空尺寸见表3-5-9。

表3-5-9　各航道通航标准一览

序　号	航　道	代表船型(t)	通航净高(m)	通航净宽(m)	通航方式
1	元洪航道	50 000	52.1	461	单孔双向
2	鼓屿门航道	5 000	40.91	246	单孔双向
3	大小练岛航道	50 000	52.1	280	单孔单向
4	北东口航道	500	19.7	75	双孔单向

(4)工程地质

岛屿多,海床起伏,覆盖层薄,岩面倾斜、裸露;海床起伏大,单墩范围高差达11 m;岩面倾斜裸露(光板岩区段长达8 km)。表层基岩:风化程度低,完整性好、强度高,管桩插打难以入岩。深层基岩:桩位处深层基岩为以花岗岩、凝灰岩、流纹岩和火山角砾岩为主,岩石极其坚硬,岩石强度高(高达213 MPa)。图3-5-18所示为钢管桩弯皱图。

(5)腐蚀环境

根据《港口工程桩基规范》(JTS 167-4—2012),本海域钢材腐蚀速度为0.5 mm/年,经现场实测,腐蚀速度达1 mm/年,为规范腐蚀速率的2倍。图3-5-19所示为现场钢构件腐蚀。

(6)其他条件

施工材料需海运至物流码头中转存储,海运受制因素多,可控性差。山多地少,临时用地困难;现场难以寻找到大型施工码头和场地,施工生产规划困难,码头资源稀缺。施工所需淡水、碎石、河砂需从岛外船运。

二、总体设计

1. 主要技术标准

主要技术标准见表3-5-10。

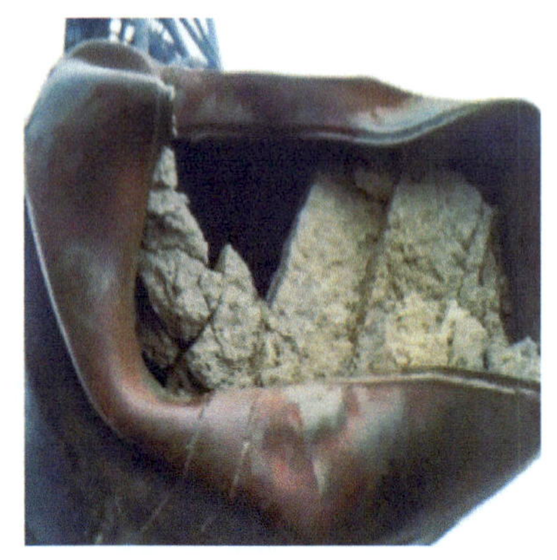

图 3-5-18 钢管桩弯皱图

图 3-5-19 现场钢构件腐蚀照片

表 3-5-10 主要技术标准

铁路主要技术标准		公路主要技术标准	
铁路等级	Ⅰ级	公路等级	高速公路
正线数目	双线	设计速度	100 km/h
设计行车速度	200 km/h	车道数	双向六车道
最小曲线半径	一般 3 500 m,困难 2 800 m	桥梁宽度	35.5 m(考虑桥面两侧搭载 2 根 800 mm 水管)
		设计荷载	公路Ⅰ级

2. 线路条件

平面:铁路直线段线间距 4.4 m,曲线段按规范进行加宽。在松下岸侧和平头岸侧,设铁路分叉段,弯出公路与铁路分离。桥面布置如图 3-5-20 所示。

纵断面:根据通航水位、通航净空、最大纵坡及线路设计规范等因素确定。公路路面高程根据主梁构造(钢桁梁、公铁分岔段引桥框架墩)确定。本桥钢桁梁桁高采用 13.5 m,框架墩处高程需大于 13.96 m。

横断面:采用公铁合建(双线铁路+六车道高速公路)形式,在桥梁横断面布置时,根据铁路、公路的线路技术标准、车道宽度、荷载特点、建筑限界、水电搭载、运营安全、后期养护等各方面情况,本着安全、适用、经济、美观、合理的原则统筹考虑。依据相关技术标准,公路桥面总宽 35.5 m,铁路桥面总宽 12.2 m,如图 3-5-21,图 3-5-22 所示。

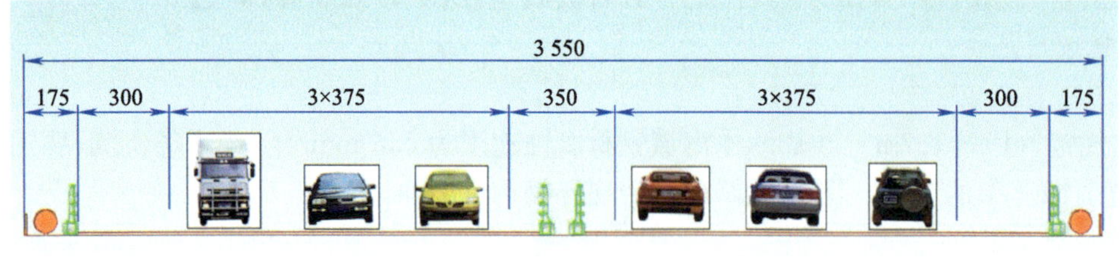

(a) 公路桥

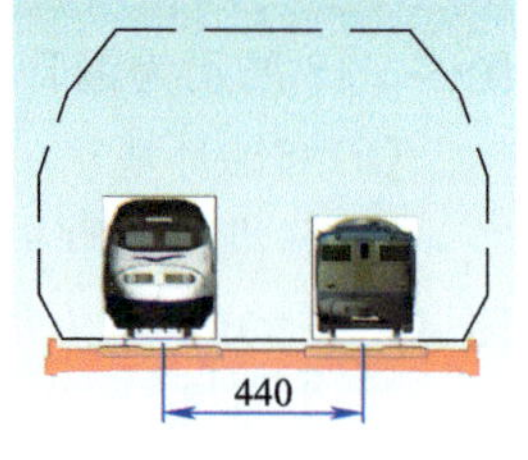

(b) 铁路桥

图 3-5-20 桥面布置(单位:cm)

三、桥 式 布 置

从福州至平潭方向桥跨主桥布置依次为元洪航道桥、鼓屿门航道桥、大小练岛航道桥和北东口航道桥,孔跨布置详见表 3-5-11,引桥根据水深不同铁路分别采用 40 m、48 m、64 m 简支箱梁,以及 80 m、88 m 简支钢桁梁,公路采用同等跨度的预应力混凝土连续梁和简支钢桁梁。

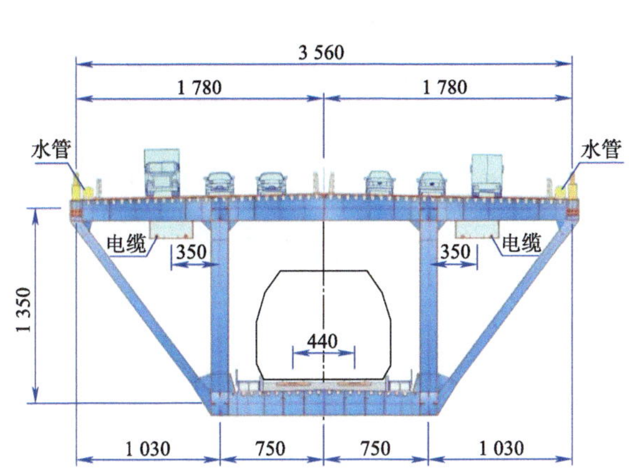

图 3-5-21 钢桁梁桥横断面布置(单位:cm)

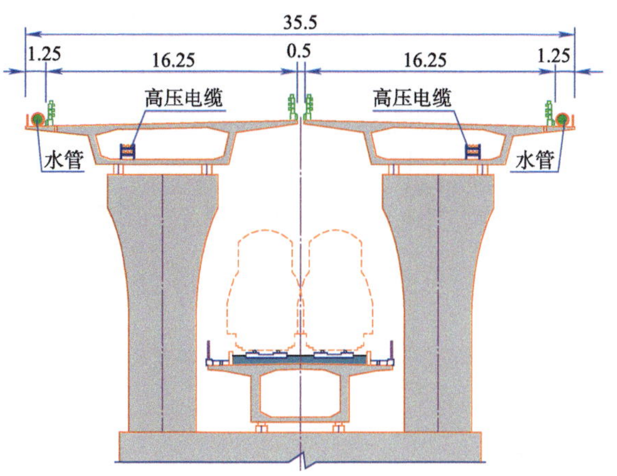

图 3-5-22 混凝土桥横断面布置(单位:m)

表 3-5-11 平潭海峡公铁两用大桥主桥孔跨布置

序 号	航 道	孔跨布置	结构类型
1	元洪航道	(133.1+196+532+196+133.25) m	钢桁混合梁斜拉桥
2	鼓屿门航道	(129.1+154+364+154+129.2) m	钢桁混合梁斜拉桥
3	大小练岛航道	(81.1+140+336+140+81.15) m	钢桁混合梁斜拉桥
4	北东口航道	(92+2×168+92) m	双层预应力混凝土连续刚构桥

平潭海峡公铁两用大桥主桥立面图如图 3-5-23～图 3-5-26 所示。

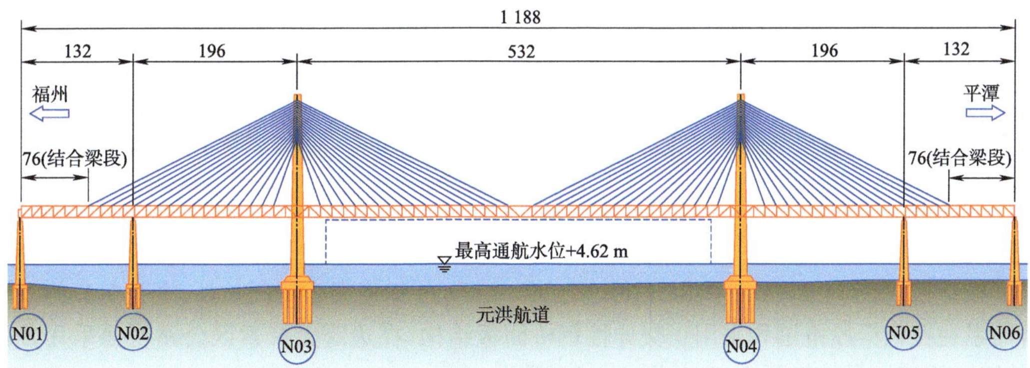

图 3-5-23 元洪航道桥立面图(单位:m)

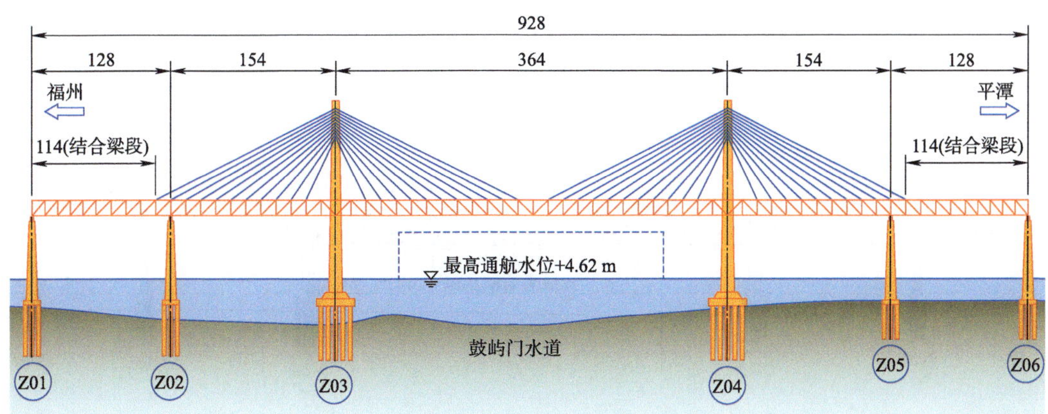

图 3-5-24 鼓屿门航道桥立面图(单位:m)

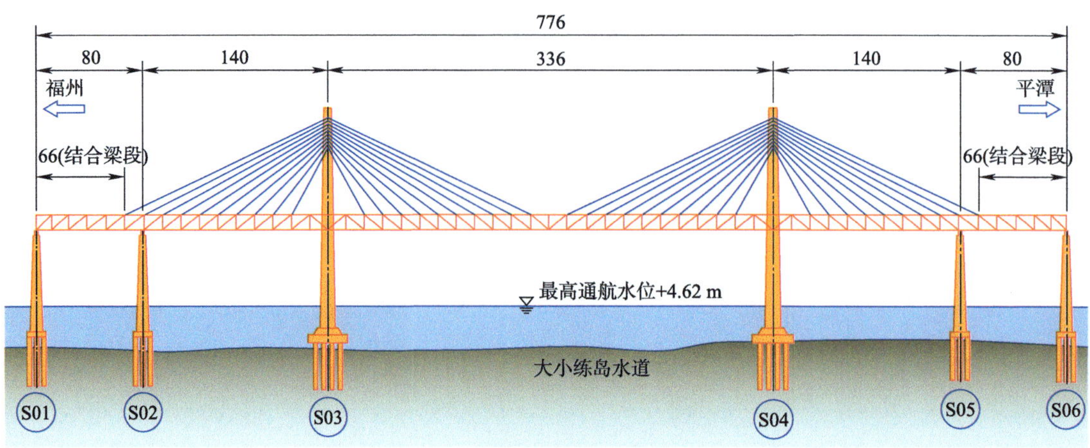

图 3-5-25 大小练岛航道桥立面图(单位:m)

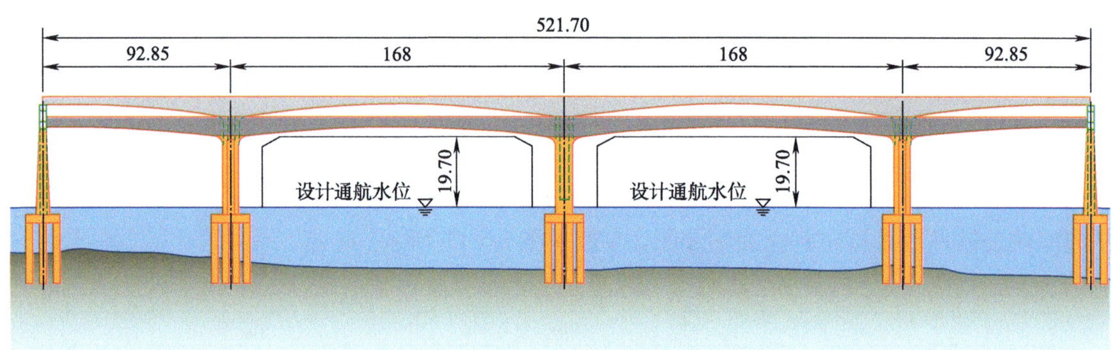

图 3-5-26 北东口航道桥立面图(单位:m)

四、结 构 设 计

1. 主航道桥

以元洪航道桥为例,主跨(132+196+532+196+132) m 钢桁混合梁斜拉桥,全长 1 190.35 m。公路和铁路桥面系在拉索梁段范围均采用正交异性钢桥面板结构;在边跨无拉索区公路桥面采用预制混凝土桥面板,铁路采用正交异性钢桥面板,如图 3-5-27 所示。

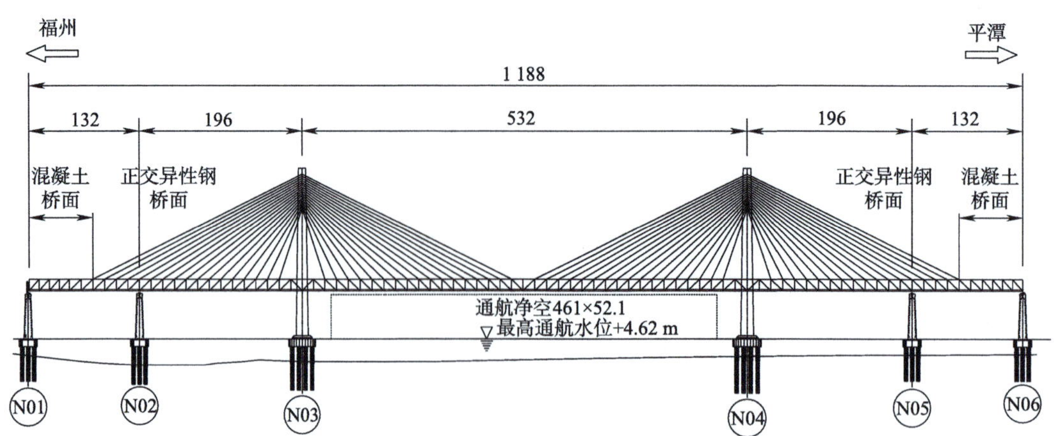

图 3-5-27 元洪航道桥立面布置图(单位:m)

主梁:采用带斜副桁的直桁截面,“N”形桁式,桁高 13.5 m,下弦桁宽 15 m,节间长度分为 14 m 和 12 m 两种类型。主桁上下弦杆均为箱形截面,上弦杆内高 1 600 mm,内宽 1 200 mm。下弦杆内高 1 600 mm,内宽 1 200 mm。腹杆采用箱形和 H 形截面,杆件内宽 1 200 mm,高 900 mm,如图 3-5-28、图 3-5-29 所示。

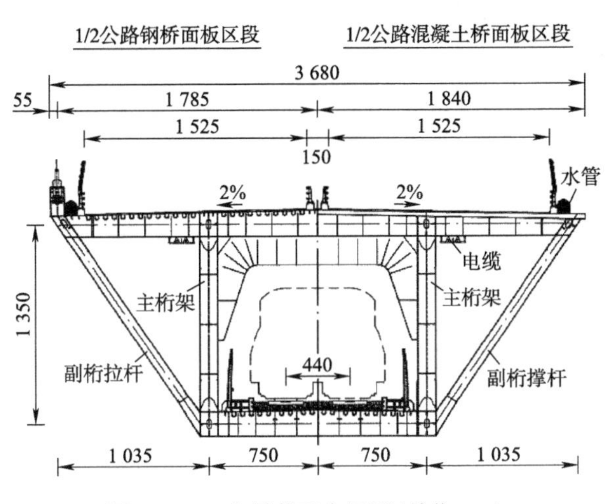

图 3-5-28 主梁截面布置图(单位:cm)

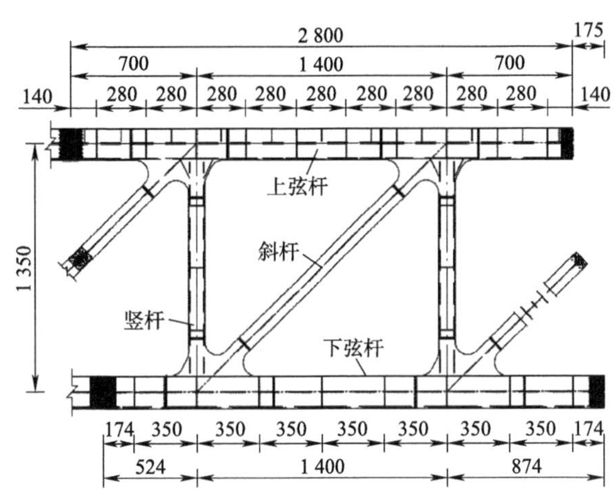

图 3-5-29 标准节段立面构造(单位:cm)

斜拉索:采用 ϕ7 mm 平行钢丝,空间双索面,扇形布置。梁上纵向间距 14 m,横向间距 35.6 m。塔上竖向索距 2.5 m,横向索距 44 m。斜拉索钢丝的标准强度为 1 860 MPa。锚具采用冷铸锚。

主塔:采用“H”形混凝土结构,塔高 200 m。塔柱纵向尺寸由塔顶 9 m 按线性增加到塔底 14.4 m;上塔柱和中塔柱横桥向尺寸为 6 m,下塔柱横向尺寸为 6～10 m。主塔设上、下两道横梁,下横梁高 8.0 m,宽 12.0 m;上横梁高 7.0 m,宽 9.5 m。N03 主塔墩基础采用 24 根 ϕ4.0 m 钻孔桩,N04 主塔墩采用 22 根 ϕ4.0 m 钻孔桩。承台均为圆端哑铃形的低桩承台,承台顶高程为＋5.0 m,平面尺寸 81 m×33 m,厚 9 m。桥塔结构如图 3-5-30 所示。

辅助墩基础采用 10 根 ϕ4.0 m 钻孔桩。承台平面尺寸 33.5 m×17.7 m,厚 5.5 m;桥墩采用门式桥墩,横桥向总宽 24 m,单柱横向宽 8 m。

边墩基础均采用 ϕ4.0 m 钻孔桩。承台平面尺寸 33.5 m×17.7 m,厚 5.5 m;桥墩采用门式桥墩,横桥向总宽 24 m,单柱横向宽 8 m。

2. 简支钢桁梁桥

深水高墩区引桥全长 2 784 m,由 26 孔跨径 80 m 简支钢桁梁和 8 孔跨径 88 m 简支钢桁梁组成。

主梁:采用双层钢桁结合梁结构,华伦式桁架形式,桁高 13.5 m,桁宽 14.0 m,上下弦杆均采用箱形截面,上弦杆内高 800 mm,内宽 720 mm;下弦杆内高 1 000 mm,内宽 720 mm,如图 3-5-31、图 3-5-32 所示。

桥面:公路混凝土预制桥面板标准厚度 25 cm,采用剪力钉与上弦杆、公路纵梁及横梁连接。铁路桥面采用混凝土预制槽梁结构,槽梁底板厚 36 cm,腹板厚 36 cm,采用剪力钉与铁路横梁连接。

桥墩:采用横向等宽、纵向变宽的门式桥墩结构,横桥向宽度分 20.0 m 和 21.4 m 两种,单柱横向宽 6 m。桥墩顺桥向采用 1∶30 的放坡,墩顶顺桥向宽度 6.5 m。承台采用矩形承台,厚度 5.0 m。基础采用钻孔桩设计,桩径采用 3.0 m。

3. 北东口航道桥

跨北东口航道采用(92.05＋2×168＋92.05) m 双层连续刚构,全长 521.7 m(含两侧梁端至边支座中心各 0.8 m),如图 3-5-33 所示。大桥横向分为三幅桥,中间为一幅双线铁路桥,两侧各有一幅三车道高速公路桥,三幅桥孔跨布置相同,梁部和墩身分离,共用承台和桩基础。大桥桥面布置分上下两层,下层为双线铁路桥,上层为两幅三车道高速公路桥,从断面上看,三幅桥形成一个倒写的“品”字形。三幅桥的边

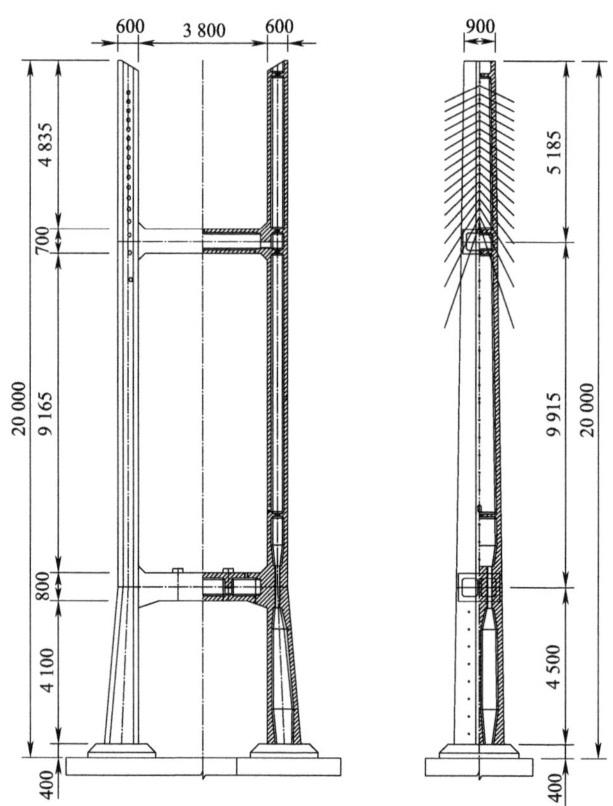

图 3-5-30　桥塔结构(单位:cm)

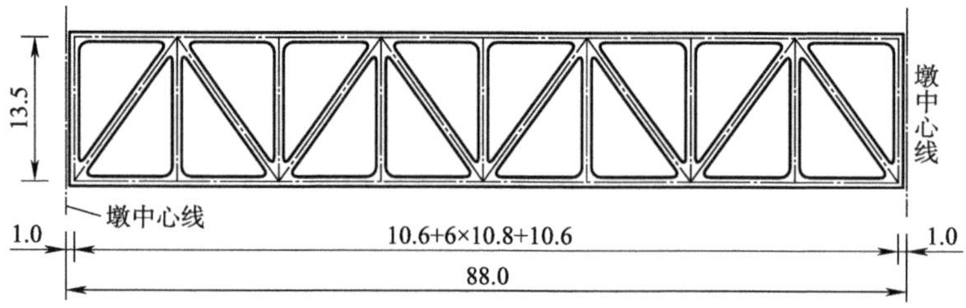

图 3-5-31　简支钢桁梁结构设计图(单位:m)

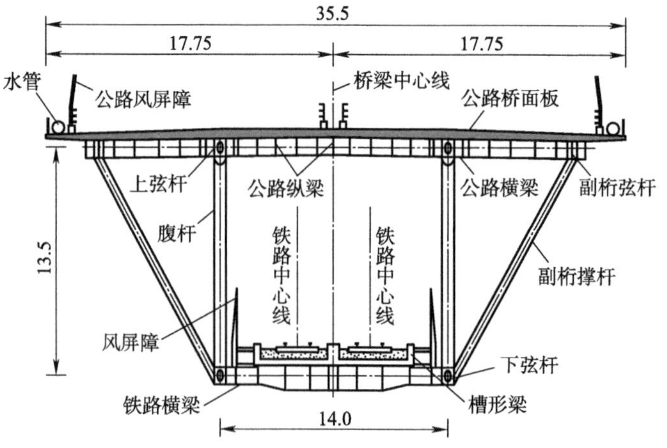

图 3-5-32　简支钢桁梁断面图(单位:m)

主墩均采用双壁墩，中主墩均采用箱形截面墩。两幅公路桥墩的墩身与铁路桥的箱梁顶板净距均为 50 cm，公路桥墩与铁路桥墩间设置横向抗风支座，可以传递横向荷载，使得三幅桥可以共同承受横向风力，改善了整座桥的抗风性能。如图 3-5-34 所示。

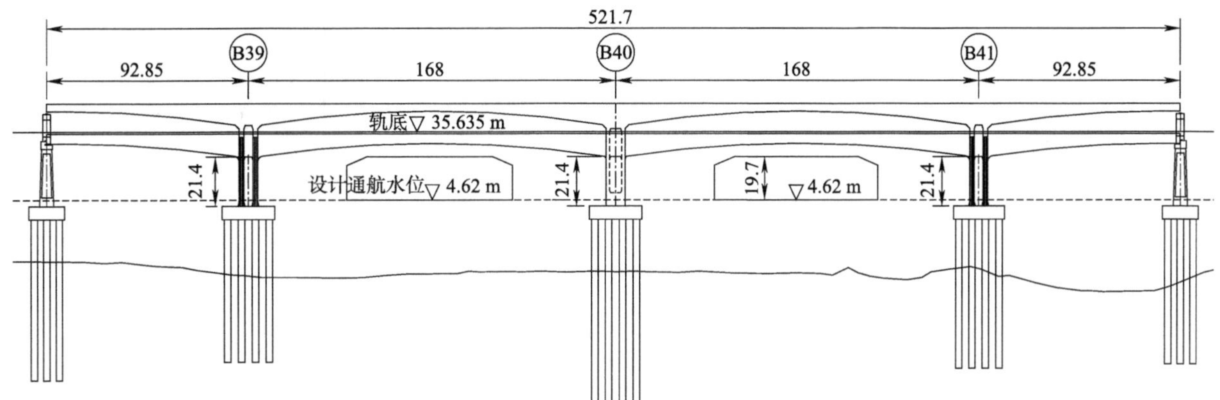

图 3-5-33 公铁合建连续刚构立面图(单位：m)

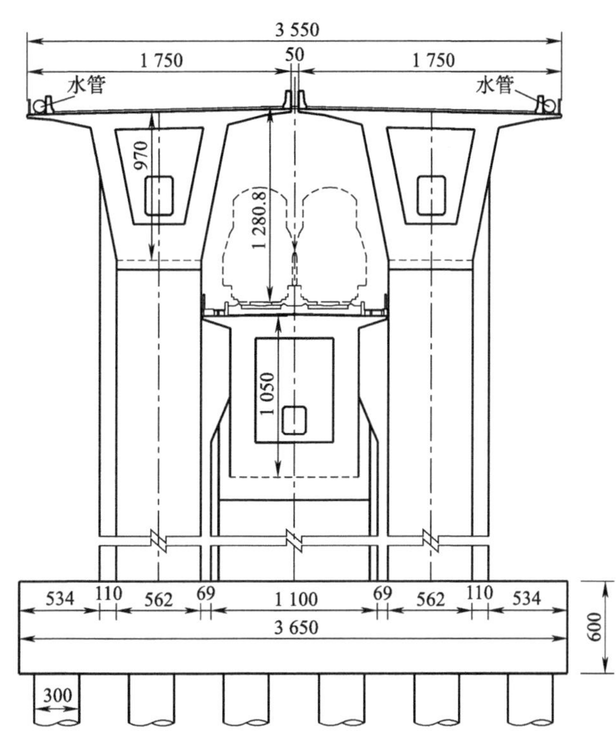

图 3-5-34 刚构桥墩横向布置图(单位：cm)

铁路梁部设计：主梁截面采用单箱单室直腹板变截面，全桥箱梁顶宽 12.2 m(中墩顶顶宽为 11.7 m)，底宽 8.5 m，顶板厚 0.54 m，腹板厚分别为 50 cm、70 cm、100 cm、110 cm，底板厚由跨中的 0.50 m 按圆曲线变化至中支点梁根部的 1.25 m，全梁共设 7 道横隔梁，中墩处设置厚 2.2 m 的横隔梁，边支点处设置厚 1.6 m 的端横隔梁，跨中合龙段设置厚 0.6 m 的中横隔梁，如图 3-5-35 所示。梁体混凝土强度等级为 C60，采用纵、横、竖三向预应力体系。

公路梁部设计：公路桥分左右两幅，结构对称。采用单箱单室斜腹板变截面，箱顶宽 17.5 m，箱底宽 6.2～8.272 m，主墩附近梁高 10.5 m，中跨中梁高 3.60 m，分别为主跨的 1/16、1/44.2；梁底缘采用 1.8 次方抛物线。箱梁顶板等厚 30 cm，底板厚 30～190 cm，腹板厚 48 cm、65 cm、85 cm、100 cm，如图 3-5-36 所示。梁体混凝土强度等级为 C60，采用纵、横、竖三向预应力体系。

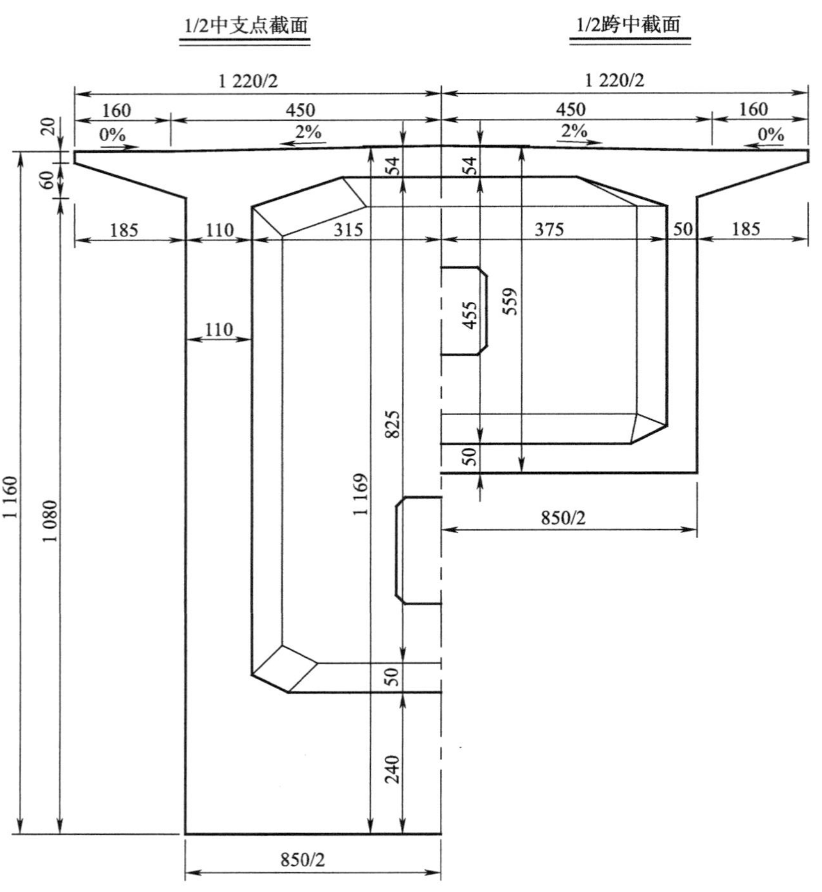

图 3-5-35 铁路梁横断面(单位:cm)

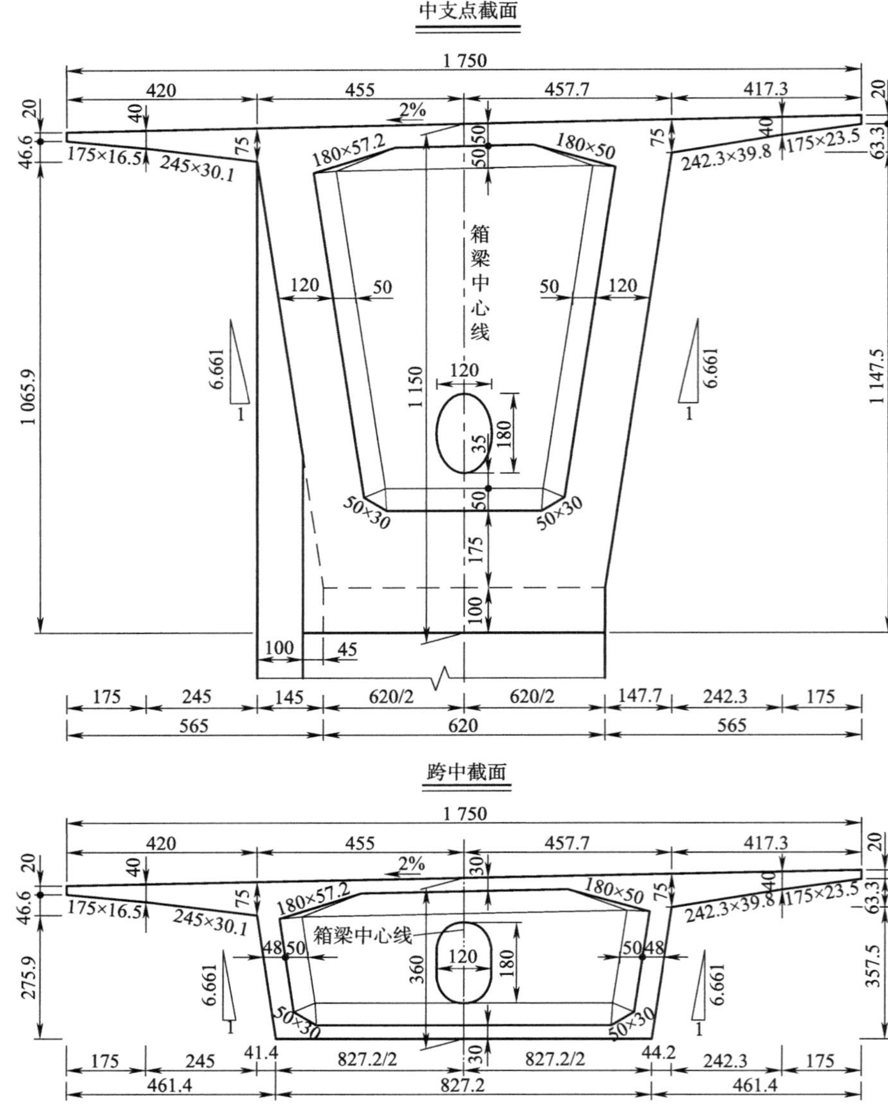

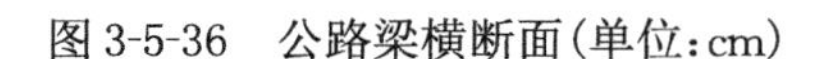
图 3-5-36 公路梁横断面(单位:cm)

下部结构设计：铁路桥边主墩采用圆端形双壁墩，双柱中心距离 8.0 m，净距 5.8 m，墩身截面横向长 9.6 m×纵向宽 2.2 m，墩高均为 22 m。中主墩采用箱形截面，截面纵向长 10.2 m×横向宽 8.5 m，纵向壁厚 2.2 m，横向壁厚 1.6 m，墩高 22 m。

公路桥边主墩采用双薄壁墩，纵向壁厚 2.0 m，横向宽 7.65 m，其中 6.65 m 的直段和 1 m 的圆弧段，迎水面为圆弧，双薄壁墩净距为 6 m，中心距为 8 m。中主墩采用空心矩形墩，墩纵向长 10 m，壁厚 1.5 m，横向宽 7.65 m，靠线路外侧壁厚 2.65 m，内侧壁厚 1.2 m。边主墩和中主墩高度均为 35.904 m（墩高是从 10.5 m 的梁高底到承台顶）。

左右两幅公路桥和中间铁路桥共用基础，两个边主墩承台尺寸相同，每个承台尺寸为长 36.5 m×宽 23.9 m×高 6.0 m。每个承台下设 24ϕ3.0 m 的桩，桩基均按柱桩设计。

4. 大跨度简支箱梁

北东口航道非通航孔采用双线 40 m、64 m 大跨度节段拼装简支箱梁，其中双线 64 m 大跨度简支梁采用节段预制拼装施工方法。

64 m 节段箱梁：采用单箱单室等高度简支箱梁，梁全长 63.9 m，计算跨度 61.4 m。箱梁每孔纵向分 11 个节段，梁端节段长 4.2 m，中间标准节段长 5.5 m，全梁纵向 10 道湿接缝，单个接缝长 0.6 m，最大梁段质量 248.2 t，如图 3-5-37 所示。

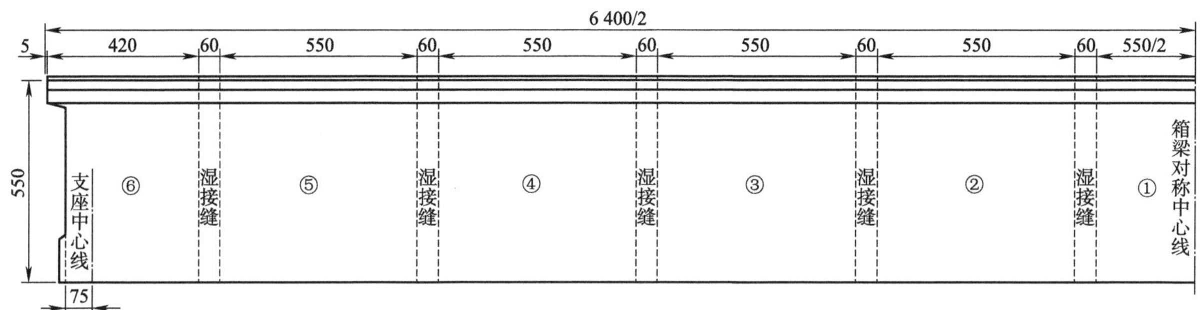

图 3-5-37 简支梁节段划分（单位：cm）

箱梁采用直腹板结构，顶板宽 12.2 m，底板宽 6.4 m，梁高 5.5 m；跨中顶板、腹板、底板分别厚 35 cm、50 cm、50 cm，如图 3-5-38 所示。梁体 C50 混凝土 974.7 m³。支座采用 TQZ(NS)-15 000 kN 铁路耐蚀球形钢支座。

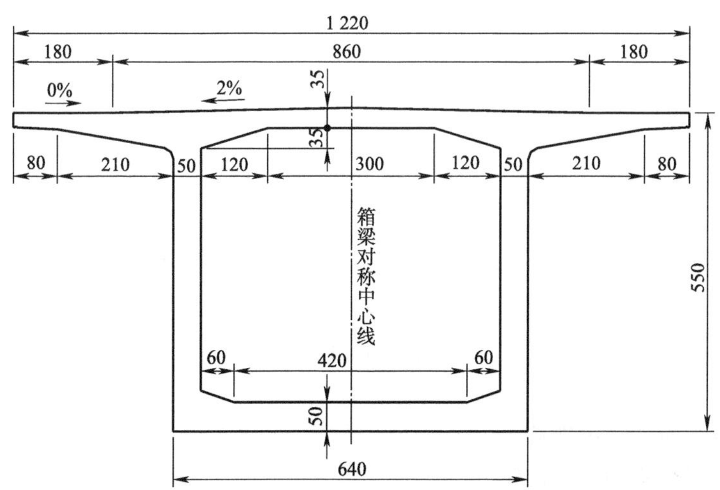

图 3-5-38 简支梁跨中横断面图（单位：cm）

五、耐久性设计

1. 设计年限

桥梁主体结构的设计使用年限为100年，电缆沟槽、栏杆、墩顶吊篮围栏等可更换小型构件设计使用年限为30年。

2. 混凝土结构耐久性设计

结合《铁路混凝土结构耐久性设计规范》、《海港工程混凝土结构防腐蚀技术规范》及本工程服役条件，并参考借鉴既有跨海桥的研究成果和实践经验，开展了平潭海峡公铁两用大桥混凝土结构专项设计。对于严重腐蚀环境(L3、H4、Y4、D4、M3)条件下，混凝土结构采用了混凝土表面涂层耐久性强化措施，见表3-5-12。

表3-5-12 耐久性强化措施

涂装体系	区域名称	涂装方案	工程部位
Ⅰ	陆上大气区	环氧封闭底层涂料＋氟碳面层涂料	人屿岛、长屿岛、小练岛、大练岛、平潭岛上桥梁梁部和墩台，包括现浇梁和全部桥墩、台身等
Ⅱ	海上大气区	环氧封闭底层涂料＋氟碳面层涂料	海上整体现浇梁、节段拼装梁、悬灌现浇梁
Ⅲ	海上大气区	无	桥墩高程＋9 m以上墩身部分、索塔上部区等
Ⅳ	干湿交替区、浪溅区	硅烷浸渍	水中区桥墩浪溅区及以下部分至最低水位(高程＋9 m～承台底)，包括下塔柱

3. 钢结构耐久性设计

根据国内相关试验研究成果，充分吸取了国内类似工程应用的经验和教训，制定了平潭海峡公铁两用大桥钢梁防腐涂装标准，见表3-5-13。

表3-5-13 钢梁防腐涂装标准

涂层名称	每道干膜最小厚度(μm)	涂装道数	总干膜最小厚度(μm)
特制环氧富锌防锈底漆	40	2	80
云铁环氧中间漆	40	2	80
氟碳面漆	35	2	70

六、指导性施工方案

1. 总体施工方案

本桥为国内跨海峡桥梁领域在恶劣的海况环境中首次尝试。其建设所面临的风大、浪高、涌激、强台风、复杂地质等恶劣条件，给大桥施工带来了巨大挑战和超高风险。

施工方案总体思路：以工厂化技术为指导、信息化技术为保障，化部分海上施工为半陆地施工，化高空作业为地面作业，化强风为弱风，化强浪涌集中受力为分散多点抵抗，降低环境施工作业风险。

基础：采用长栈桥、先平台后围堰的方法。其中栈桥全长约10.1 km。通航孔桥采用打入桩、导管架及“打入桩＋锚桩”3种钻孔平台。其中直径为4.0 m和4.5 m大直径钻孔桩基础采用KTY5000型旋转钻机施工。

桥塔墩承台：采用防撞吊箱围堰施工。

桥塔：采用具有包围结构的爬模施工。

主梁：通航孔桥利用浮式起重机及架梁起重机双悬臂法进行两节间全焊整节段架设施工，施工时主梁采用两节间节段全焊、整节段架设。非通航孔桥的简支钢桁梁采用工厂整孔制造、浮式起重机整孔架设施工。混凝土连续刚构采用挂篮悬臂施工。节段混凝土简支箱梁采用梁场短线法预制节段、造桥机桥位拼装施工。整孔混凝土简支箱梁采用移动模架法、满堂支架施工。

2. 工点施工方案

(1)光板岩施工

导管架+支撑桩平台施工：导管架整体平面尺寸为 114 m×75.4 m，其中最大组件平面尺寸 70 m×39 m，导管架最大设计高度为 47.36 m，为目前桥梁基础施工中最大体量导管架。导管架采用工厂整体制造，整体运输至桥位现场利用大型浮式起重机吊装、下放安装，如图 3-5-39 所示。

图 3-5-39 吊装导管架

搭建裸岩区埋置式组合平台：针对深水涌急倾斜裸岩区，北东口航道段共计 12 个裸岩平台、5 个浅覆盖平台，研发了“埋置式组合平台”，使钢结构、混凝土与基岩固结形成能抗台风、抗浪涌的作业平台，为国内首创。

(2)大直径钻孔桩施工

利用研发的 KTY5000 钻机和截锥形三瓣组合式滚刀钻头，进行 4.5 m 大直径钻孔桩施工。大桩断面积达 16.2 m^2，单根桩混凝土量高达 1 500 m^3，通过工艺试桩，确定采用内径 406 mm、壁厚 10 mm 直升单导管法进行水下混凝土灌注，为国内首次采用。创新了复杂海域超大直径钢护筒埋设技术，研发了 C45 高强度高性能水下海工混凝土，以及直升式大直径单导管灌注技术，解决了复杂海域超大直径钻孔桩施工难题，首次实现了 ϕ4.5 m 世界最大直径桥梁钻孔桩施工。

(3)深水围堰及承台施工

主塔墩防撞箱围堰最大需承受超过 2 000 t 波浪力，是内河水流力的 10 倍以上。主塔墩的防撞箱围堰，最大外轮廓尺寸长 96.8 m，宽 36.8 m，高 16.6 m，最大设计重量为 3 937 t。通过围堰工厂整体制造现场整体吊装安装、多层限位导向辅助下放、系梁桁架设计及分块封底等多种工艺，防撞箱既作为主体防撞结构，又兼作承台施工用的围堰侧板，永临结合，有效解决了强波流力海域大型围堰及承台施工难题。海上围堰施工如图 3-5-40 所示。

图 3-5-40 海上围堰施工

(4)主塔施工

塔柱采用 6 m 标准分节进行混凝土浇筑，竖向钢筋标准分节为 12 m，以提高施工效率。为实现快速施工，主塔上、下横梁与塔柱均采用异步施工，上横梁采用非落地支架法施工，下横梁采用落地支架法施工。为改善台风工况下主塔受力，在上横梁支架下方约 5.0 m 处设一道空间桁架式横撑。液压爬模采用全封闭防风设计，有效改善了施工作业环境；爬模和塔式起重机采用特殊抗风设计，满足大风施工要求；增设塔柱空间桁架式临时横撑，解决塔柱施工期间抗风难题。图 3-5-41 所示为海上桥塔施工。

(5)简支钢桁梁海上整孔架设

80 m、88 m 简支钢桁梁在厂内整孔全焊制造完成后，整孔运输至桥位现场，利用 3 600 t 大型浮式起重机进行整孔吊装架设，在工厂整孔进行全焊接制造，为首次采用。图 3-5-42 所示为简支钢桁梁整孔架设施工。

图 3-5-41 海上桥塔施工

图 3-5-42 简支钢桁梁整孔架设施工

3. 大型海上施工装备

(1)“大桥海鸥”号起重船：是国内最大桥梁施工起重船，实现钢梁高位架设。船长 114 m，型宽 48 m；最大吊重 3 600 t；主钩最大吊高 110 m，副钩最大吊高 130 m。海上吊装施工如图 3-5-43 所示。

图 3-5-43 海上吊装施工

(2)800 t 平台式钻爆施工船中铁港航 1 号：船上安装有四条桩腿(桩腿长 36 m)和四具锚(锚重 2.5 t)，四台锚机(拉力 15 t)。最大钻孔深度达 40 m，纵向和横向可以来回移动；船舶每定一次位可爆破面积约 260 m²。海上施工船如图 3-5-44 所示。

图 3-5-44 海上施工船

(3)KTY5000钻机:研发了新型国内最大液压动力头气举反循环全回转钻机——KTY5000钻机,最大钻孔直径可达5 m,最大钻孔深度100 m,最大施钻扭矩450 kN·m,动力头提升能力3 000 kN,总功率356 kW。

(4)国内最大架梁起重机:实现1 100 t两节间整节段钢桁梁的悬臂架设。额定吊重1 100 t(不含吊具),最大起重力矩24 750 t·m,钢梁顶面以下吊高80 m,吊点纵移量2.7 m,吊点横移量±0.1 m,起升速度0～1.5 m/min,走行速度0～0.5 m/min。图3-5-45、图3-5-46为现场钢梁架设情况。

图3-5-45　斜拉桥钢桁梁大节段对称悬臂架设

图3-5-46　斜拉桥跨中节段合龙

(5)双孔连做节段拼装造桥机:研制首台2×64 m双孔连做节段拼装造桥机,达到过孔一次完成两孔梁的造桥任务,降低恶劣自然条件下造桥机过孔的安全风险,提高工效,如图3-5-47、图3-5-48所示。适应40 m、64 m桥跨;门式起重机额定起重量300 t,门式起重机起吊高度15.5 m,最大承载重量2×2 700 t;允许作业风力:过孔7级,正常作业8级,抗台风14级;造桥机自重2 550 t。图3-5-49为简支梁成桥效果。

图3-5-47　双孔连做节段拼装造桥机施工

图3-5-48　刚构桥悬臂施工

图3-5-49　简支梁成桥

七、主要技术经济指标

1. 结构性能指标

航道桥结构性能指标见表 3-5-14。

表 3-5-14 航道桥结构性能指标

航道桥名称	挠跨比	梁端转角	备注
元洪航道桥	1/666	1.5‰	钢桁梁斜拉桥
鼓屿门航道桥	1/787	1.5‰	
大小练岛航道桥	1/837	0.94‰	
北东口航道桥	1/3 262	0.67‰	铁路刚构
	1/5 091	1.0‰	公路刚构
64 m 简支箱梁	1/3 570	0.9‰	节段拼装

2. 主要工程量

主体钢结构 13.95 万 t，通航孔斜拉桥主梁延米用钢量 33.5 t/m，简支钢桁梁主梁延米用钢量为 17.3 t/m；斜拉索 5143 t；桥塔混凝土 106 356 m^3；铁路连续刚构混凝土 18 047 m^3；公路连续刚构混凝土 2×16 759 m^3；64 m 简支箱梁圬工 15.3 m^3/m。

八、技术特点和创新点

平潭海峡公铁两用大桥是我国第一座跨海峡公铁两用大桥，技术含量高、施工难度大，平潭海峡是世界上著名的三大风暴海域之一，大桥建设突破了建桥禁区，其设计主要具有以下特点及创新点：

(1)首座公铁两用跨海大桥：全长 16.34 km，是世界上最长的公铁跨海大桥，也是国内首座公铁跨海大桥；元洪航道桥主跨 532 m 是目前世界上跨度最大的公铁跨海峡钢桁梁斜拉桥。创立了海洋环境条件下公铁两用大桥设计体系。

(2)首创 ϕ4.5 m 超大直径钻孔桩：斜拉桥基础首次采用 4.5 m 超大直径钻孔桩，为目前世界最大直径桥梁钻孔桩。

(3)首次采用斜拉桥钢桁梁整节段全焊设计：节段内各构件通过焊接连接，节段间采用高强螺栓连接及现场焊接；标准桁段包括 2 个节间，最大长度 28 m，单个桁段最大设计重量为 1 250 t。首创了带副桁的两节间整节段全焊钢桁梁结构，采用大节段整体吊装方案，适应了现场快速施工的要求，并减少后期运营维护工作量。

(4)首次采用双层钢—混结合全焊简支钢桁梁设计：深水区非通航桥创造性地采用了双层结合简支钢桁梁结构，钢桁主梁首次采用整孔全焊结构设计，首创主桁预压减小主桁与桥面系共同作用，设计了大间距箱形横梁-预应力混凝土槽形梁新型铁路结合桥面，将复合钢板新材料应用于铁路横梁顶板。

(5)恶劣海洋环境长效防腐体系设计：研发了适应恶劣海洋环境的新型防腐体系。针对平潭桥特殊海洋重度腐蚀环境，在铁路钢结构第 7 防腐体系基础上，环氧富锌底漆锌含量提高到 82%，氟碳面漆氟含量(主剂)提高到 24%，氟碳面漆采用了超耐候 LUMIFLON 氟树脂作为主剂，且其含量不低于 63%，并成倍提高了耐盐雾和耐人工老化试验性能指标。

(6)主墩防撞设计：主塔墩采用了带复合材料填充 V 形防撞梁的钢防撞箱，采用了永临结合设计的思路，兼作主体防撞结构和施工围堰，充分将主体设计和施工设计相结合。

(7)大规模全线风屏障设计：公路风屏障形式整体透风率 50%，公路风屏障安装在防撞护栏上，总高度 3.7～4.5 m。铁路透风率 36.5%，铁路风屏障高 4.2 m，在轨顶以上 3.75 m。全桥通过在公路和铁路上设置风屏障，适应了桥址大风环境的运营需要，满足海上桥梁和陆上同等行车条件要求，满足频繁大风环境下的行车安全性，如图 3-5-50、图 3-5-51 所示。

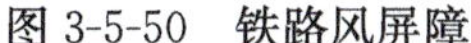

图 3-5-50　铁路风屏障

图 3-5-51　公路风屏障

(8)多功能大桥设计:除满足双向六车道高速公路与双线Ⅰ级铁路通行外,还可满足过桥电力线路及水管线路搭载。搭载管线多且重,管线混合搭载在公铁桥梁中也属首次应用。

(9)倒"品"字形组合式混凝土连续刚构设计:公路、铁路桥连续刚构梁分上下层,横断面呈倒"品"字布置,为新型结构组合,是国内首次采用。

(10)研发了世界上负荷最重、双孔同步施工的节段拼装双孔连做造桥机(SPZ2700×2/64)。

建成后的平潭海峡公铁两用大桥如图 3-5-52 所示。

图 3-5-52　建成后的平潭海峡公铁两用大桥

九、跨海大桥风监测点设置说明

福平铁路灾害监测施工图设计时,在平潭海峡公铁两用大桥设有风监测点 6 处。由于平潭海峡公铁两用大桥铁路线路两侧设有风屏障,为了准确监测沿线的环境风速,在平潭海峡公铁两用大桥铁路线路两侧分别设置风监测点。

根据西南交通大学所做的平潭海峡公铁两用大桥风洞试验研究及《平潭海峡工程抗风行车安全性及防风措施开发研究报告》(2018 年 4 月)的相关成果,以及《福平铁路灾害监测系统设备施工图现场踏勘会纪要》(115 号)要求,为计算平潭公铁两用大桥风屏障对大风的影响,以制定动车组在大风环境下的限速规则。在 K1869+519 处铁路桥风屏障立柱内侧和外侧、公路桥风屏障立柱外侧上分别通过抱箍的方式增设风速仪,每个位置安装的风向风速仪为 2 台。铁路桥上外侧风向风速仪安装于距轨面 4.5 m 处,内侧风向风速仪安装于距轨面 2.9 m 处;公路桥上外侧风向风速仪安装于高于风屏障顶面 1 m 处。铁路桥上距轨面 4.5 m 处风向风速仪可采集铁路桥上的环境风速;公路桥上高于风屏障顶面 1 m 处风向风速仪可采集公路桥上的环境风速;铁路桥风屏障内侧距轨面 2.9 m 处风向风速仪可采集经过风屏障后的桥面风速。

通过上述风监测试验点对风速进行采集,经过计算,桥面平均高度处的环境风速 v_1 与风屏障后铁路

桥面风速的 v_2 的比例关系与研究报告中的数值基本吻合。铁路运营时，可以通过平潭海峡公铁两用大桥风监测点采集到的环境风速换算为风屏障后铁路桥面风速，并根据换算后的铁路桥面风速对列车进行控车。

第九节 桥面系工程设计

福平铁路为客货共线铁路，其桥面采用有砟桥面，附属设施包括人行道、电缆槽、挡砟墙、防水层、保护层、伸缩缝、综合接地等几个部分。

桥梁主要接口有轨道、路基、环保、通信、信号、电力、牵引供电、综合接地几个方面。

跨海桥公路桥面系含水管区栏杆、水管、防撞护栏、桥面铺装、公路交安设施等。

1. 排水系统

桥上采用有砟轨道，排水系统采用双面坡，通过泄水管直排地面。对环境敏感区桥梁、跨越道路时，采用集中排水方式。对跨越铁路地段，封堵泄水孔，采用桥面纵坡排水，排至梁端。

2. 伸缩缝

陆上 T 梁、箱梁、连续梁伸缩缝根据 T 梁通图上的伸缩装置设置。跨海桥的箱梁采用“通桥(2008)8388A”的 TSSF 伸缩缝。

3. 栏杆

T 梁采用通图栏杆：钢横梁方案 T 梁，采用复合渗层防腐的钢栏杆；声屏障方案 T 梁，采用热浸锌防腐的钢栏杆。箱梁采用“通桥(2008)8388A”的钢栏杆，采用热浸锌防腐。

4. 防水系统

T 梁、箱梁、框架桥涵桥面防水层主要采用的是高聚物改性沥青防水层纤维混凝土保护层；框架桥涵侧墙外表面采用聚氨酯防水涂料。技术条件应满足《铁路混凝土桥面防水层技术条件》(TB/T 2965—2018)的要求。

第十节 涵洞工程设计

1. 设计要点

(1)覆土厚度要求：设计时速为 200 km 区段，涵洞板顶填土≥1.2 m，困难条件下涵顶不得高出路基基床底层顶面；设计时速≤160 km 区段，涵洞板顶填土≥1.2 m。对个别困难条件下板顶至轨底高度不满足 1.2 m 的涵洞，板顶不得低于路肩，同时提供轨道专业采取相应措施处理。

(2)涵洞可布置成斜交，单斜交涵洞的斜交角度不宜大于 45°。

(3)涵洞宜采用钢筋混凝土框架涵。

2. 涵洞结构形式

涵洞宜采用钢筋混凝土框架涵。陡坡上或其他有特殊要求的可以采用盖板涵。

3. 地基处理

设置路涵过渡段的涵洞基础，其工后沉降限值应与相邻过渡段工后沉降限值一致；不设过渡段的涵洞基础，其工后沉降限值不应大于 100 mm。地基处理的主要措施有挖除换填、搅拌桩、CFG 桩、高压旋喷桩、预应力管桩、钻孔桩等。

第十一节 沉降变形设计

1. 沉降变形的影响因素

桩基础沉降受下列因素影响：地质条件、桩的布置、单桩群桩、荷载水平。其中地质条件包含桩周土的内摩擦角、桩周土的容重、桩端持力层。试验研究表明：

(1)对于土质较均匀的黏性土，地基整体压缩变形占群桩沉降的比率随土硬度增大而增大，桩间土压缩变形比率则随土变硬而减小。黏性土越软，地基整体压缩变形和桩间土压缩变形由于土的侧向位移引起的份额逐渐增大，因此在软黏性土中的群桩沉降有一定比例是由于土侧向挤出的结果。对于砂土中的桩，在同一桩间距的情况下，其地基整体压缩变形比率大于硬黏土中群桩的相应比率。桥梁桩基的桩端是否置于比较好的土层，对桩基础的沉降有直接影响。而其在桩基设计参数中的直接体现就是桩周土的平均内摩擦角的大小将对桩基础的沉降产生直接影响。

(2)随着群桩桩周土体平均内摩擦角的增大，桩基础底面积增大，使基底以下土层附加应力减小，从而沉降减小。

(3)群桩桩周土体容重的增大，基底以下土层附加应力也将减小，沉降随之减小。

(4)桩基础持力层土体的压缩性与群桩基础的沉降量有着直接关系。桩端持力层对沉降的影响反映在设计参数上就是持力层土体的压缩模量的大小。根据规范要求，计算桩基础的沉降时持力层压缩模量应该根据压缩曲线按照实际应力范围取值，即自重压力至自重压力加附加压力作用时的压缩模量。桩端持力层压缩模量越大，沉降越小。

(5)当上部结构不变(承台底竖向荷载一定)、桩长一定(持力层不变)、承台尺寸不变时，在都能满足承载力要求的前提下，基础沉降不随桩数的变化而变化。

(6)沉降随荷载水平的提高而增大。

2. 沉降变形的限值

墩台基础沉降按恒载计算，其工后沉降量不应超过表 3-5-15 的限值。超静定结构相邻墩台沉降量之差除满足表 3-5-15 的规定外，尚应根据沉降差对结构产生的附件应力的影响确定。墩台基础沉降计算值不含区域沉降。

表 3-5-15　有砟轨道静定结构墩台基础工后沉降限值　(单位：mm)

设计速度	沉降类型	限值
200 km/h	墩台均匀沉降	50
	相邻墩台沉降差	20

3. 沉降变形的观测

主要包括桥梁墩台、梁的变形、涵洞沉降观测。

(1)桥梁沉降观测，桥梁变形测量主要内容见表 3-5-16。

表 3-5-16　桥梁沉降变形测量主要内容

类型	施工期主要测量内容	运营期主要测量内容
梁式桥	桥墩垂直位移 悬臂法浇筑的梁体水平、垂直位移 悬臂法安装的梁体水平、垂直位移 支架法浇筑的梁体水平、垂直位移	桥墩垂直位移 桥面水平、垂直位移

(2)大型桥梁的变形监测，必要时应同步观测梁体和桥墩的温度、水位和流速、风力和风向。

(3)桥梁变形观测点应设在能反应变形特征的变形体上，布设原则如下：

①每个承台应设置 2～4 个垂直位移观测点，分设于底层承台左侧(或右侧)小里程角(或大里程角)上，呈对角形布置。

②每个墩(台)身上应埋设 2～4 个垂直位移观测点，分设于桥墩(台)身底部高出地面或常水位 0.5 m 左右的位置，或设于桥墩墩帽顶面上，点位宜布置成对角形式。

③梁体变形观测点应设置在支点和跨中截面，每孔梁的测点数量不少于 6 个。重点桥跨中部应布置徐变观测点。

④水平位移观测点宜设在桥轴线或墩中心线上。

(4)变形测量的数据分析处理应符合下列规定:

①绘制桥墩单墩、梁跨的变形曲线图。

②绘制出多个桥墩的各期沉降曲线总图。

③对照分析计算的变形值与实际观测值,对桥梁沉降进行判断。

(5)涵洞的沉降观测点设在涵洞边墙两侧帽石顶上,每个涵洞设观测点 4 个。

第六章 隧道设计

第一节 隧道工程概况与特点

1. 福平铁路隧道工程概况

(1)正线:福平铁路正线新建隧道 14 座 30.198 km,最长的隧道为新鼓山隧道,长度 8 199 m。

(2)福州枢纽配套工程:还建沿海铁路联络线 4.3 km,还建双洞单线隧道 2 座,左线隧道长 2.243 km,右线隧道长 2.295 km。

2. 福平铁路隧道特点

福平铁路福州至福州南段隧道横穿福州市区,地表房屋建筑密集,隧道多近邻既有铁路、既有公路,且并行段落长,隧道施工对既有铁路、公路及地表房屋建筑影响较大;隧道下穿福州市多条公路、排水沟渠,地表工程填土较多,地下水位高,工程地质条件较差,设计施工难度极大。

第二节 设计原则

一、路段旅客列车设计行车速度

福州至福州南,正线列车设计行车速度为 160 km/h,大站进出站的加减速地段适当减小,各隧道工点设计行车速度标准根据工点段落 v-S 曲线最高行车速度确定。根据 v-S 曲线,除新鼓山隧道设计行车速度为 160 km/h 外,其余隧道设计行车速度为 120 km/h。

福州南至平潭,正线列车设计行车速度为 200 km/h,大站进出站的加减速地段适当减小,各隧道工点设计行车速度标准根据工点段落 v-S 曲线最高行车速度确定。除福州南站附近 3 个单线隧道设计行车速度为 120 km/h 外,其余隧道设计行车速度为 200 km/h。

还建沿海铁路联络线设计行车速度 120 km/h,衬砌内轮廓满足双层集装箱运输要求。

二、衬砌支护类型及参数

1. 矿山法明洞结构

明洞段采用整体式衬砌,明洞设计断面分路堑式、偏压式、单压式明洞,设计根据地形地质条件分别选用,单压式明洞外侧边墙基础加深一般不超过 3 m。

2. 矿山法暗洞结构设计

双线暗挖隧道采用复合式衬砌结构,Ⅲ、Ⅳ、Ⅴ级围岩隧道均采用曲墙带仰拱的衬砌结构形式,Ⅱ级围岩采用曲墙带钢筋混凝土底板的结构形式。Ⅳ级围岩偏压段、Ⅴ级围岩均采用钢筋混凝土结构。

单线暗挖隧道采用复合式衬砌结构。Ⅲ～Ⅴ级围岩隧道均采用曲墙带仰拱的衬砌结构形式,Ⅱ级围岩采用曲墙带底板的结构形式。Ⅳ级围岩偏压段、Ⅴ级围岩浅埋、偏压地段采用钢筋混凝土结构,其余采用素混凝土结构。

三、隧道洞门、洞口缓冲结构及过渡段

隧道洞口设计应结合地形、地质和环境条件,综合考虑景观要求,贯彻“早进晚出、保护环境、无仰坡进洞”原则,确保线路运营安全,边仰坡较高的隧道洞口均考虑接长明洞,并保证一定的明洞长度。

四、主要建筑材料

建筑材料满足现行《铁路隧道设计规范》《铁路混凝土结构耐久性设计规范》的规定。在侵蚀性环境及有害气体环境下，衬砌的材料选择、性能、指标应符合保证衬砌结构耐久性和运营安全的需要。

第三节　一般隧道设计

1. 一般隧道概况

福平铁路一般隧道共 11 座 10.89 km，其中单线隧道 6 座，双线隧道 5 座；路段设计时速 120～200 km。

2. 衬砌类型

双线暗挖隧道采用复合式衬砌结构，Ⅲ、Ⅳ、Ⅴ级围岩隧道均采用曲墙带仰拱的衬砌结构形式，Ⅱ级围岩采用曲墙带钢筋混凝土底板的结构形式。Ⅳ级围岩偏压段、Ⅴ级围岩均采用钢筋混凝土结构。

单线暗挖隧道采用复合式衬砌结构。Ⅲ～Ⅴ级围岩隧道均采用曲墙带仰拱的衬砌结构形式，Ⅱ级围岩采用曲墙带底板的结构形式。Ⅳ级围岩偏压段、Ⅴ级围岩浅埋、偏压地段采用钢筋混凝土结构，其余采用素混凝土结构。

第四节　长大、重难点隧道设计(新鼓山隧道)

福平铁路重点隧道有高峰山隧道(7 587 m)、新鼓山隧道(8 199 m)2 座隧道，均为单洞双线隧道。下面以新鼓山隧道为例介绍隧道设计情况。

新鼓山隧道为单洞双线隧道，全长 8 199 m，为福平铁路全线最长隧道，隧道位于福州市鼓山风景区，隧道进口长段落下穿福州市三环路及机场高速公路路基，地质条件差，施工难度大，安全风险高，被铁路总公司评定为Ⅱ级风险隧道；隧道进口采用双层管棚超前预支护、双层初期支护、掌子面玻璃纤维锚杆加固全风化层及填土层、双侧壁导坑法施工等施工工艺，顺利穿越三环路及机场高速公路；下穿高速公路采用双层管棚超前支护措施、双层初期支护、纤维锚杆围岩加固等工程措施科学合理；隧道出口段上跨既有线隧道、洞身穿越多条断层破碎带接触带及节理裂隙密集带，设计采用的工程应对措施科学合理。

一、工 程 概 况

新鼓山隧道属于福平铁路正线隧道，为单洞双线隧道，设计时速 160 km；隧道穿越福州市鼓山风景区，进口位于福州市东山村东侧，距离东山村约 400 m，分别在 DK5＋205、DK5＋230 里程处下穿南三环和机场高速；出口位于福州市东村北侧的山坡上，分别在 DK12＋189、DK13＋009 里程处上跨既有温福、福厦铁路联络线隧道。隧道起讫里程 DK5＋095～DK13＋294。隧道洞身设置横洞一座，横洞位于线路前进方向的右侧，与线路右线相交于 DK9＋220 里程处，与线路小里程方向平面交角为 90°，横洞综合坡度为 0.8%，全长 400 m，隧道施工完毕后利用横洞作为防灾疏散紧急出口。

二、主要工程措施

1. 隧道进口下穿设计工程应对措施科学合理

新鼓山隧道进口段在 DK5＋170～DK5＋310 段下穿机场高速及福州市三环路路基。下穿段道路由人行道(4.5 m)、三环路右线机动车道(13.5 m)、绿化带(4.5 m)、机场高速(32.5 m)、绿化带(4.5 m)、三环路左线机动车道(13.5 m)、人行道(4.5 m)组成，总宽约 78 m。下穿道路范围内管道密集，三环路西侧 DK5＋200 有福州电信通信管道，DK5＋201 里程有福州市政通信管道；DK5＋200、DK＋280 里程有给水与雨水管道。

新鼓山隧道与下穿道路的平面交叉角49°，下穿段隧道总长约140 m，隧道埋深5～6 m，属于超浅埋隧道。下穿段隧道顶覆盖填土厚4.1～4.9 m，填土下部为全风化花岗岩，下穿段孔隙潜水及基岩裂隙水较发育，全风化花岗岩遇水强度低，结构松散，下穿段整体工程地质差，设计施工难度大。

针对下穿道路段落长、埋深浅、工程地质条件差的特点，设计采用双层管棚超前预支护＋双层初期支护＋掌子面玻璃纤维锚杆加固＋双侧壁导坑法施工＋临时交通管制等综合工程措施进行处理，隧道顺利穿越了三环路及机场高速公路，取得了较好的社会效益。

(1)双层管棚：管棚施工前在洞口锚固明挖施工由洞口至DK5＋170公路边缘，此前在DK5＋170掌子面左右各施作2.5 m×2.5 m拉杆锚固桩1根，DK5＋164两侧各施作2.5 m×2.5 m拉杆锚固桩1根，以稳固路面边坡，形成稳定工作面，在该里程工作面面向大里程对公路下穿段开展超前支护施工；在DK5＋300～DK5＋310处设置管棚工作井一处，由该工作井处完成向小里程及大里程方向的管棚施工。工作井采用ϕ800@1 m钻孔灌注桩围护，桩顶设置1 m×1 m冠梁，工作井内设支撑三道，井内疏干降水。管棚施工后，该工作井段预先施作护拱后以黏土回填。在隧道二衬施工通过工作井20 m后，拆除工作井出露地表部分，恢复地表及道路原貌。下穿公路段设计采用双层ϕ127(壁厚7 mm)超前长管棚注浆预支护，管棚段长130 m，环向间距40 cm，层间距30 cm。利用DK5＋170、DK5＋300两处掌子面，管棚双向对打，搭接不小于5 m，搭接位置位于机场高速的隔离带下方。注浆过程中控制注浆压力及速率，加强地表监测。洞口侧长管棚导向墙采用C25混凝土，与锚固桩间通过植筋浇筑连接。

(2)掌子面玻璃纤维锚杆加固：为保障施工期间掌子面稳定，掌子面布设ϕ25玻璃纤维锚杆，长6 m，间距1.2 m×1.2 m，梅花形布置；锚杆纵向搭接长度2 m。

(3)双层初期支护加强处理：由于上部道路施工期间有车辆行驶，浇筑二次衬砌前初期支护必须承受上部车辆荷载，为保障二次衬砌前隧道施工安全，下穿段隧道衬砌采用加强的双层初支衬砌，初期支护内设HW175型钢，全环设置，纵向间距0.6 m一榀。

(4)双侧壁导坑法施工：为减少下沉，采用双侧壁导坑法施工，提前施工基础，同时能及时降低水位，保障上台阶施工安全，取得了较好的处理效果。

(5)施工期间临时交通管制：隧道施工期间，上方道路采取临时交通管制，限制路面车速及载重，在施工期间导引车道车流，开挖面上方及前方5 m范围内封闭交通，确保无车辆行驶。隧道上方公路路面铺设5 cm厚钢板，均匀分散车载，确保道路运输及隧道施工安全。

2. 隧道出口段上跨既有线隧道的工程应对措施科学合理

新鼓山隧道出口段隧道上跨既有福州枢纽温福联络线隧道2处(DK12＋189、DK13＋009)，上跨福厦联络线隧道1处(DK13＋319)，交叉处新鼓山隧道轨顶高程分别为61.248 m、54.727 m、52.262 m，既有隧道轨顶高程分别为21.79 m、20.75 m、27.02 m，隧道间净距离约30 m；交叉段隧道埋深约50 m，洞身围岩主要为燕山晚期第二次侵入花岗岩，浅肉红色，弱风化，岩体完整，岩质坚硬，围岩弹性纵波波速为4.6～5.45 km/s；局部有深灰色宽10～30 cm的基性岩脉穿插；地下水主要为基岩裂隙水，不发育，围岩整体条件较好。

由于隧道间净间距较大，隧道围岩条件较好，新鼓山隧道开挖对既有隧道结构影响较小，但爆破开挖振动对既有隧道影响较大，提出了交叉影响范围DK12＋139～DK12＋239、DK12＋959～DK13＋059、DK13＋150～隧道出口段采取精准控制爆破开挖，隧道出口采用机械开挖施工。隧道施工开挖采用短进尺、多台阶进行，爆破浅钻孔、密布眼、少装药、间隔微差起爆，降低爆破振动对既有铁路构筑物及设备的影响(控制允许振速不大于3 cm/s)。施工中，根据与既有隧道的间距、地质条件等因素差异，对隧道工点上跨各段落爆破应进行施工爆破工艺设计及现场试爆试验验证。并根据爆破设计及试验优化确定开挖、支护参数。隧道顺利上跨既有隧道，未对既有隧道产生破坏，未影响既有线运营，取得了较好的社会效益。

三、设计措施

隧道洞身穿越多条断层破碎带接触带及节理裂隙密集带，设计采用的工程应对措施科学合理。隧址区内发育的构造主要为燕山晚期断层,褶皱不发育。断层走向为南北向、北东东向;隧址区共发育有4条断层及2处侵入接触带,此外隧址区还发育有多处节理密集带。

1. 断层

F1断层:为区域正断层,为燕山晚期第一次侵入花岗闪长岩与侏罗纪南园组凝灰熔岩分界线。断层产状为265°∠60°,断层破碎带宽10～15 m。在DK5+570处与线路相交,与隧址中线夹角约66°。断层带内岩石受挤压破碎,节理裂隙十分发育,断面较光滑,略呈舒缓波状,具硅化,发育擦痕、阶步。地表断层两侧影响带宽节理裂隙发育。

F2断层:为区域正断层,产于侏罗纪南园组凝灰熔岩中。在DK6+260处与线路相交,与隧址中线夹角约48°。断层产状为91°∠60°,带宽小于10 m,带内岩石破碎。断层两侧影响带节理裂隙发育。

F3断层:为区域逆断层,发育于侏罗纪南园组凝灰熔岩中。在DK6+610处与线路相交,与隧道中线夹角约85°,断层破碎带宽1～10 m,断层两侧影响带节理裂隙发育,构造裂隙水发育。

F4断层:为区域性质不明断层,发育于燕山晚期花岗岩中。在DK10+605处与线路相交,夹角80°。断层产状为323°∠80°,断层破碎带宽1～5 m,断层两侧影响带节理裂隙发育,构造裂隙水发育。

2. 侵入接触带

DK8+260附近燕山晚期第二次侵入花岗岩侵入侏罗系上统南园组凝灰熔岩。侵入接触带与线路呈小角度相交,侵入角度约为50°,倾向小里程。侵入接触带节理裂隙较发育,岩体破碎。

3. 应对措施及效果

隧道穿越多处断层及接触带,断层内围岩破碎,地下水发育,为降低施工风险,施工至破碎带前,采用TSP、超前水平钻探、地质雷达、加深炮眼等多种综合预报措施进行预报,相互验证,准确判断断层位置,根据预报情况提前采取应对措施,避免了灾害发生。

断层内地下水发育,设计对防排水及结构进行了加强处理,初期支护后采用径向注浆对围岩进行注浆加固,降低围岩渗透系数,加密环向排水盲管,增设排水通道,避免水压上升;二次衬砌采用加强的钢筋混凝土并考虑一定的水压。

隧道施工完毕后,断层内无渗漏水,排水通畅,由于前期设计中已经注意了排水及结构的加强处理,已基本消除了不良地质段运营安全隐患,取得了较好的社会效益。

第五节 洞口设计

隧道洞口设计结合地形、地质和环境条件,综合考虑景观要求,贯彻“早进晚出、保护环境、无仰坡进洞”原则,确保线路运营安全,边仰坡较高的隧道洞口均考虑接长明洞,并保证一定的明洞长度;加强洞口段超前支护及边仰坡防护设计,埋深较浅的洞口段采用明挖进洞,优先采用斜切式洞门,尽量减少开挖高度,少破坏或不破坏地表植被,缓解列车进入隧道产生空气动力学效应对洞口周围环境的影响;洞口开挖坡面配合路堑边坡的防护,选择适宜的树种、草种,达到防护工程、改善路况、绿化环境的目的;工程竣工时,修整、恢复受到破坏的施工场地、洞口便道等。

第六节 洞内设施设计

1. 照明设置

长度500 m以上的隧道内设置固定检修照明;长度5 km以上或有紧急出口的隧道内设置应急照明;其他隧道配备移动式照明设备。救援通道内按规定设图像文字标记,指示两个方向分别到洞口或紧急出口的整百米数,并配备灯光显示方向。

2. 附属洞室

隧道内不设置供维修人员使用的小避车洞,设置综合洞室或大避车洞,并与专业洞室及余长电缆腔合建。

长度大于 500 m 的隧道，在隧道两侧设置余长电缆腔，单侧间距 500 m 设一处，双侧交错设置。隧道长度 500～1 000 m 时，可在中间只设置一处。3 km 及以上隧道内设变压器洞室，变压洞室距隧道洞口的距离小于 3 km，相邻变压器洞室的距离为 3 km，变压器洞室的尺寸 5 m(宽)×6 m(深)，两侧最低的高度不小于 3 m。

隧道内设置无线设备洞室，包括无线中继器洞室及无线基站洞室两类无线设备洞室，面积按不小于 20 m^2 考虑。

3. 沟槽

双线隧道内设双侧电缆槽，电力电缆槽置于边墙侧，通信、信号电缆槽置于道床侧；单线隧道电力电缆槽、通信信号电缆合槽分设于隧道两侧边墙墙脚。靠近道床侧的沟(槽)壁设置构造钢筋，电缆槽设盖板，槽内粗砂填实。

第七节 运营通风及防灾救援设计

一、运营通风系统设计

《铁路隧道运营通风设计规范》(TB 10068—2010)规定，长度大于 15 km 的电力机车牵引客货共线铁路隧道应设置机械通风，本线隧道长度均小于 15 km，因此不设置运营通风设备。

2. 防灾通风系统设计

全线隧道防灾救援疏散工程设置情况见表 3-6-1。

表 3-6-1 全线隧道防灾救援疏散工程设置情况

序号	隧道名称	全长(m)	辅助坑道	辅助坑道全长(m)	防灾疏散工程
1	新鼓山隧道	8 199	横洞	400	紧急出口
2	高峰山隧道	7 562	斜井	1 100	避难所

紧急出口及避难所设机械加压送风系统。紧急出口(避难所)通过隔墙分隔为气闸间(等待区)和疏散通道，隔墙上设置轴流风机和余压阀，疏散通道距气闸间隔墙 200 m 处设置单向射流风机。

第八节 防排水设计

1. 防水等级

隧道防水等级满足《地下工程防水技术规范》(GB 50108—2008)规定的一级防水标准，衬砌表面无湿渍。

2. 防排水设计原则

本段隧道的防排水设计，采用“防、排、堵、截结合，因地制宜，综合治理”的原则。对因地下水流失可能引发地表环境问题的隧道段，以及地下水特别丰富的断层破碎带采取“以堵为主，限量排放”的原则，达到堵水有效、防水可靠、经济合理的目的。

3. 防排水设计措施

(1)隧道衬砌要求混凝土抗渗等级不小于 P8，地下水发育地段采用 P10；混凝土结构的衬砌厚度不小于 30 cm，裂缝宽度不得大于 0.2 mm；当衬砌为钢筋混凝土时，主筋保护层厚度不小于 5 cm。

(2)拱墙初期支护和二次衬砌间设 EVA 防水板和土工布缓冲层；防水板厚度≥1.5 mm，幅宽 2～4 m，土工布质量≥350 g/m^2。

(3)隧道内排水采用侧沟和中心沟的方式。侧沟主要用于汇集地下水，并将地下水引入中心管沟，同时起到沉淀和兼顾部分排水的作用。中心沟主要用于排水，同时汇集道床顶部积水，疏干底板下积水。

(4)隧道衬砌防水板背后环向设置 $\phi50$ 打孔波纹管，结合施工缝设置，纵向间距一般 5～10 m；在隧道两侧边墙墙脚外侧两道环向排水管之间设置纵向 HDPE107/96 双壁打孔波纹管，每 10 m 一段。环向、纵向排水管两端直接与隧道侧沟连通，以便于排水管路的维护。

(5)环向施工缝采用中埋式橡胶止水带和遇水膨胀止水胶；纵向施工缝处设置中埋式橡胶止水带、遇水膨胀止水胶＋界面剂。

4. 辅助坑道设计

全线有 2 座隧道共设置 2 座辅助坑道，总长 1 510 m，分别为高峰山隧道斜井及新鼓山隧道横洞。

第九节　环境保护与水土保持

1. 水资源保护

(1)洞顶及其附近有水塘、水库、河沟时，考虑了修建隧道而引起地表水流失等影响居民生活及农田灌溉的可能。在易造成地表水、地下水缺失的环境中施工时，应采取“以堵为主，限量排放”的原则，防堵结合，以减少水源高程的损失。

(2)根据勘测设计提供的资料，施工前应及早保水，采取拦、堵、截、流等措施以减少水源高程损失。

(3)利用地形、地质等有利条件设置蓄水池，将未经污染的水流经沟、槽或专设管路提升，引入蓄水池，供给用户。

2. 植被保护

(1)隧道洞门的选择应按照“早进晚出”的原则，尽量采用环保型洞门，以减少隧道洞口边、仰坡的刷方，少破坏或不破坏洞口的植被。洞口开挖坡面应配合路堑边坡的防护，选择适宜的树种、草种，达到防护工程、改善路况、绿化环境的目的。

(2)工程竣工时，应修整、恢复受到破坏的施工场地、洞口便道等。

第十节　设计阶段的安全风险评估及技术措施

初步设计阶段及施工图阶段对全线隧道进行了安全风险评估，通过风险评估工作，识别潜在的风险因素，确定风险等级，提出风险处理措施，将各类风险降到可接受水平，以达到保障安全、保护环境、保证建设工期、控制投资、提高效益的目的。风险评估采用定性、定性定量相结合的方法进行。主要对隧道坍塌、突水涌泥、大变形、岩爆、邻近建筑变形坍塌等风险进行评估，并采取了超前帷幕注浆止水、基坑围护开挖控制地表变形、基坑降水降低水位、超前水平旋喷桩加固高水位素填土、双侧壁导坑施工工法穿越高速公路、超前长管棚加固洞口及浅埋段、精准控制爆破减少对既有铁路公路影响、洞内外监测保障地表房屋安全、多种预报措施结合验证的超前地质预报降低施工突发风险等综合处理措施，降低了隧道施工风险，全线隧道无坍塌、大变形、涌泥、地表房屋变形等事故发生。

第七章 轨道设计

第一节 轨道工程概况与特点

福平铁路正线全线铺设跨区间无缝线路，新鼓山隧道、高峰山隧道铺设 CRTSⅠ型双块式无砟轨道，其余铺设有砟轨道。

1. 轨道设计范围

轨道工程设计起点 DK0＋000，终点为 DK88＋099.55。其中沿海铁路下行联络线起点为 XLDK0＋000，终点为 XLDK4＋300；上行联络线起点为 SLDK0＋000，终点为 SLDK4＋300。

2. 轨道结构形式、轨道类型

正线轨道结构形式、轨道类型见表 3-7-1。

表 3-7-1 福平铁路轨道结构形式、轨道类型

序号	地段	轨道结构形式
1	DK3＋300～DK5＋115	有砟轨道
2	DK5＋095～DK5＋115	有砟过渡段
3	DK5＋115～DK13＋274(新鼓山隧道)	CRTSⅠ型双块式无砟轨道
4	DK13＋274～DK13＋294	有砟过渡段
5	DK13＋294～DK48＋423	有砟轨道
6	DK48＋423～DK48＋443	有砟过渡段
7	DK48＋443～DK55＋730(高峰山隧道)	CRTSⅠ型双块式无砟轨道
8	DK55＋730～DK55＋750	有砟过渡段
9	DK55＋750～DK88＋099.55	有砟轨道
10	福州站至樟林段沿海铁路联络线	有砟轨道

3. 大跨度桥梁铺设钢轨伸缩调节器设置情况

正线铺设 24 组钢轨伸缩调节器，其中闽江特大桥(110＋198＋110) m 连续刚构、乌龙江特大桥(144＋288＋144) m 刚构斜拉桥和北东口航道桥(92.85＋2×168＋92.85) m 连续刚构梁端每线各设置一组单向钢轨伸缩调节器，上下行共铺设 12 组图号为“研线 0726(16)-400”的钢轨伸缩调节器；平潭海峡公铁两用大桥的元洪航道桥(133.1＋196＋532＋196＋133.25) m、鼓屿门航道桥(129.1＋154＋364＋154＋129.2) m、大小练岛航道桥(81.1＋140＋336＋140＋81.15) m 两端铺设钢轨伸缩调节器及上承式梁端伸缩装置一体化设备，上下行共铺设 12 组。梁缝一体化设备铺设图号为“研线 0726(20PT)-500Tps”，钢轨伸缩调节器图号为“研线 0726(18WH-J)”。

4. 轨道工程主要特点

福平铁路正线以铺设有砟轨道为主，一次铺设跨区间无缝线路，轨道工程主要特点如下：

(1)在大跨度桥上铺设钢轨伸缩调节器，其中平潭海峡公铁两用大桥的元洪航道桥、鼓屿门航道桥、大小练岛航道桥铺设了梁缝一体化设备，采用“调节器＋上承式伸缩装置”结构，钢轨伸缩调节器与上承式伸缩装置配套使用，同步实施。

(2)在长度大于 6 km 的新鼓山隧道、高峰山隧道铺设了 CRTSⅠ型双块式无砟轨道，避免了因通风不良，有砟轨道捣固作业引起的粉尘使工人工作环境严重恶化的风险，提高了轨道的平顺性，改善了乘车质量，运营期间可减少养护维修工作量，延长维修周期和轨道使用寿命。

(3)有砟地段正线线间采用道砟填平。有砟断面优化后一方面满足了铁路运营后线上道砟储备及道床美观的需要，另一方面有利于轨道整体性和稳定性，同时利于运营期间养护维修人员行走。

第二节 设计原则与采用的主要技术标准

1. 设计原则

福平铁路正线以铺设有砟轨道为主，一次铺设跨区间无缝线路，在长度 6 km 及以上的新鼓山隧道、高峰山隧道铺设双块式无砟轨道，在有砟与无砟轨道间设置过渡段，过渡段设置 25 m 长 60 kg 辅助钢轨，其中有砟轨道范围内 20 m，无砟轨道范围内 5 m。

2. 主要技术标准

福平铁路轨道设计主要技术标准见表 3-7-2。

表 3-7-2 福平铁路轨道设计主要技术标准

项　目	福州至福州南段	福州南至平潭段
铁路等级	Ⅰ级	
正线数目	双线	
设计旅客列车行车速度	160 km/h，大站进出站的加减速地段适当减小	200 km/h，大站进出站的加减速地段适当减小
最小曲线半径	一般 2 000 m，困难 1 600 m，限速区段适当减小	一般 3 500 m，困难 2 800 m，限速区段适当减小
限制坡度	20‰	13‰
牵引种类		电力
机车、动车组类型	和谐型动车组	和谐型货机及动车组
货物列车牵引质量		3 000 t
到发线有效长	650 m	长乐东、平潭 650 m 预留 850 m，其余新建站 450 m
闭塞类型	自动闭塞	
建筑限界		非双层集装箱限界

3. 设计采用的规范

(1)《铁路轨道设计规范》(TB 10082—2005)。

(2)《新建时速 200 公里客货共线铁路设计暂行规定》(铁建设函〔2005〕285 号)。

(3)《铁路无缝线路设计规范》(TB 10015—2012)。

(4)《混凝土结构设计规范》(GB 50010—2010)。

(5)《高速铁路工程测量规范》(TB 10601—2009)。

(6)《客运专线铁路双块式无砟轨道双块式混凝土轨枕暂行技术条件》(科技基〔2008〕74 号)。

(7)《客运专线扣件系统暂行技术条件》(铁科技函〔2006〕248 号)。

(8)《关于新建客运专线出铁路曲线超高设定的指导意见》(铁集成〔2009〕86 号)。

(9)《铁路钢轨胶接绝缘钢轨技术条件》(TB/T 2975—2010)

第三节 有砟轨道结构设计

1. 钢轨

本线为客货混运线，钢轨采用 60 kg/m、100 m 定尺长 U75VG 无螺栓孔新钢轨，福州—福州南段设计时速 160 km，钢轨技术条件应符合钢轨《43 kg/m～75 kg/m 钢轨订货技术条件》(TB/T 2344—2012)，福州南—平潭段设计时速 200 km，钢轨技术条件应符合《高速铁路用钢轨》(TB/T 3276—2011)的相关要求。

根据《关于印发〈钢轨使用指导意见〉的通知》（运工线路函〔2012〕264 号）的要求，福州—福州南及沿海联络线在半径≤1 200 m 的曲线地段应选用 U75V 热处理钢轨，福州南至平潭在半径≤2 800 m 的曲线地段应选用 U75V 热处理钢轨。

2. 有砟轨道地段轨枕及扣件

路基、隧道地段轨枕铺设Ⅲa 型有挡肩混凝土轨枕，配套采用弹条Ⅱ型扣件。

铺设护轮轨且铺设常阻力扣件的桥梁地段采用新Ⅲ型桥枕，配套采用弹条Ⅱ型扣件；未铺设护轮轨且铺设常阻力扣件的桥梁地段采用Ⅲa 型有挡肩混凝土轨枕，配套采用弹条Ⅴ型小阻力扣件，铺设弹条Ⅴ型小阻力扣件及护轮轨的桥梁地段采用Ⅲc 型桥枕；铺设弹条Ⅴ型小阻力扣件及未铺设护轮轨的桥梁地段采用Ⅲc 型轨枕，轨枕每公里铺设 1 667 根。

有砟无砟过渡段处有砟轨道采用 WJ-7A 型扣件，轨枕采用有砟过渡段轨枕[图号：通线(2008)2201-2-58～59]，每公里铺设 1667 根；过渡段处无砟轨道采用 WJ-7A 型扣件，采用无砟过渡段轨枕[图号：通线(2008)2201-2-60、61]，具体铺设情况见福平铁路隧道 CRTSⅠ型双块式无砟轨道结构设计图。

过渡段辅助轨采用 25 m 长 60 kg/m 钢轨，配套扣板式扣件(研线 0607)。根据路基专业要求，路基上铺设护轮的地段铺设桥枕，护轨铺设在路基地段靠山侧。根据信号专业设计原则，有砟轨道单线每 60 m 铺设一根电容轨枕，每 700 m 铺设 3 根电气绝缘节轨枕。有砟轨道扣件轨下胶垫厚 10 mm，静刚度为 50～70 kN/mm。

3. 碎石道床

全线铺设有砟轨道地段道砟采用一级碎石道砟，材料符合国家现行标准《铁路碎石道砟》(TB/T 2140—2008)一级碎石道砟标准。

(1)福州至福州南段铁路(DK3＋300～DK17＋230)

本段设计时速为 160 km，路基基床表层采用土质，路基上道床采用双层道床，道床厚度 50 cm，其中面砟 30 cm，底砟 20 cm；硬质岩石路堑、桥上及隧道内道床厚度为 35 cm，砟肩、边坡与区间相同。单线道床顶面宽度 3.4 m，道床边坡 1∶1.75，砟肩堆高 15 cm，双线道床顶面宽度按单线设计，砟肩堆高示意如图 3-7-1 所示。

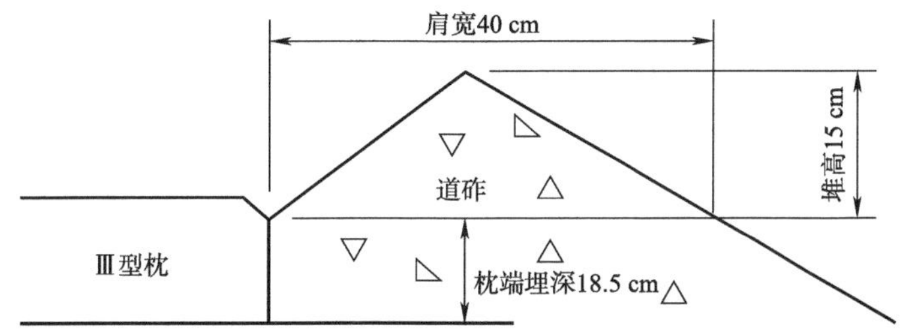

图 3-7-1　3.4 m 道床顶面宽度砟肩堆高示意图

(2)福州南至平潭段铁路(DK17＋230～DK88＋704)

福州南至平潭段铁路设计时速 200 km，道床顶面宽度 3.5 m，砟肩堆高 15 cm，道砟边坡 1∶1.75，土质路基采用单层道床，路基道床厚度 30 cm，硬质岩石路堑、隧道内、桥上道床厚度 35 cm，砟肩堆高示意如图 3-7-2 所示。

4. 轨道结构高度

正线轨道结构高度见表 3-7-3。

5. 曲线超高设置

曲线超高设置执行《关于新建客运专线铁路曲线超高设定的指导意见》(铁集成〔2009〕86 号)、《新建时速 200 公里客货共线铁路设计暂行规定》(铁建设函〔2005〕285 号)及《中国铁路总公司工电部关于新建福平铁路线名、运营里程和线路允许速度的函》(工电综技函〔2019〕42 号)，按要求设置曲线超高。

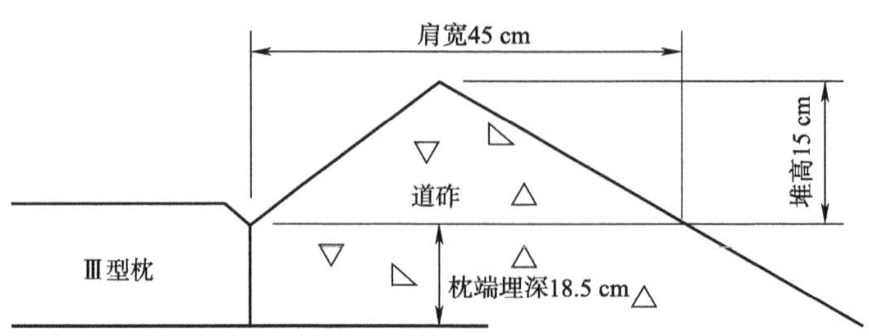

图 3-7-2　3.5 m 道床顶面宽度砟肩堆高示意图

表 3-7-3　正线轨道结构高度

结构类型	铺设地段	轨道结构高度(mm)
有砟轨道	路基(基床表层采用土质填料)	916
	路基(基床表层采用级配碎石)	716
	隧道、硬质岩石路堑	766
有砟轨道	路基(基床表层采用土质填料)	802
	路基(基床表层采用级配碎石)	746
	桥梁地段(不铺设护轮轨地段)	766
有砟无砟轨道过渡段	洞内有砟轨道(距洞口 20 mm)	781
	6 km 及以上的隧道洞内双块式无砟轨道	515

注:有砟轨道结构高度指钢轨顶面至道砟底部的垂直最小高度,不含路拱高度。

第四节　无砟轨道结构设计

长度 6 km 及以上的隧道内铺设双块式无砟轨道,本线共有新鼓山、高峰山两座隧道铺设无砟轨道。无砟道床设计动轮载按 300 kN 设计,最高设计时速 200 km。双块式无砟轨道结构由钢轨、扣件、双块式轨枕、现浇混凝土道床等组成,横断面结构示意如图 3-7-3 所示。

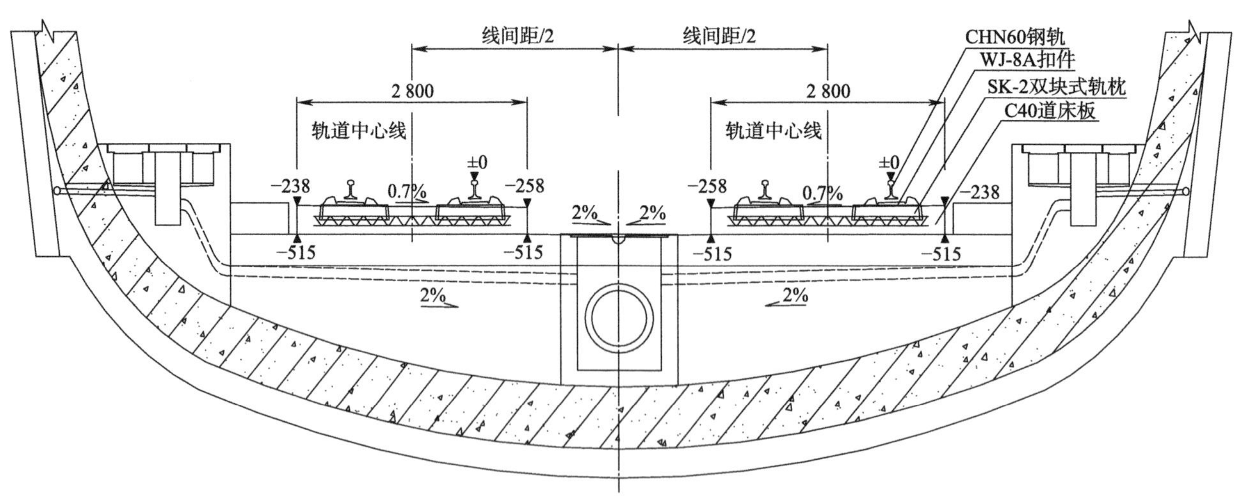

图 3-7-3　隧道横断面设计示意图(单位:mm)

1. 钢轨

同有砟轨道。

2. 轨枕及扣件

采用 SK-2 型双块式轨枕[图号:通线(2011)2351],配套采用 WJ-8A 型常阻力扣件,扣件性能参数应满足《关于发布〈客运专线扣件系统暂行技术条件〉的通知》(铁科技函〔2006〕248 号)中的相关要求，扣件垫板刚度 30～50 kN/ mm。

3. 道床板

隧道内道床板混凝土采用 C40 混凝土现场连续浇筑而成，道床板内配筋采用双层配筋，上下层纵横向钢筋均采用 ϕ20 mm 的 HRB400 钢筋。道床板宽度 2 800 mm，直线地段道床板高度 260 mm。隧道地段道床板铺设在仰拱隧道回填层或钢筋混凝土底板上，隧道内线路曲线超高在道床板上实现。

4. 轨道结构高度

隧道内 CRTSⅠ型双块式无砟轨道结构高度 515 mm。

5. 无砟轨道与轨道电路及综合接地适应性设计

根据轨道电路及综合接地的要求，道床板内接地钢筋利用每块道床板表层(50～100 mm)3 根平行的纵向结构钢筋作为纵向接地钢筋，纵向接地钢筋在每块轨道板内与一根横向接地钢筋(利用横向结构钢筋)横向焊接，两块相邻道床板间通过接地端子及缆线连接，原则上每 100 m 断开与贯通地线单点 T 形连接。

接地钢筋与道床板内其他结构钢筋搭接或交叉处均应绝缘处理。道床板内除接地钢筋外纵横钢筋交叉点均采用小型塑料套管绝缘绑扎。

6. 道床板排水设计

道床板表面采用双向排水坡(直线地段)，横向排水坡度 1%，曲线地段按底座超高设置采用一面坡。道床板表面的水排入隧道，汇入隧道排水系统。

7. 有砟轨道与无砟轨道过渡段设计

在有砟与无砟轨道间设置过渡段，过渡段设置 25 m 长 60 kg 辅助钢轨，其中有砟轨道范围 20 m，无砟轨道范围 5 m。

区间正线有砟、无砟轨道结构过渡段位于新鼓山、高峰山两座隧道洞内，有砟、无砟过渡段范围 DK5＋095～DK5＋120、DK13＋269～DK13＋294、DK48＋423～DK48＋448、DK55＋725～DK55＋750，其中无砟轨道 5 m，有砟轨道 20 m。

第五节　跨区间无缝线路设计

1. 类型及铺设范围

全线正线铺设跨区间无缝线路。

2. 单元轨节布置

(1)跨区间无缝线路由若干单元轨节及正线道岔焊接而成，单元轨节的布置应根据线路条件、工点情况、施工工艺及养护维修等因素综合研究确定。区间单元轨节长度宜为 1000～2 000 m，最短不应小于 200 m。

(2)下列地段宜单独设计为一个或多个单元轨节：

①无缝道岔、钢轨伸缩调节器及其前后线路。

②长大桥梁及两端线路护轨梭头范围之内。

③长度超过 1 000 m 的隧道。

④小半径曲线地段。

(3)单元轨节始、终端左右股钢轨接头相错量不应大于 100 mm。

(4)工地焊接接头不应设置在不同轨道结构过渡段以及不同线下基础过段范围内，并距桥台边墙和桥墩不应小于 2 m。

(5)本设计未考虑配轨，施工时应根据联合接头位置等进行配轨，配轨应尽量减少联合接头数量。

3. 锁定轨温设计

无缝线路设计锁定轨温，应根据当地最高轨温、最低轨温及无缝线路的允许温升、允许温降计算确定，并考虑一定的修正量。无缝线路应在设计锁定轨温范围内锁定，且相邻单元轨节间的锁定轨温差不应大于 5 ℃，同一区间内单元轨节的最高与最低锁定轨温差不应大于 10 ℃。左右股钢轨锁定轨温之差不应大于 3 ℃。本线根据沿线历史最高轨温、最低轨温来确定设计锁定轨温，见表 3-7-4。

表 3-7-4 福平铁路设计锁定轨温 （单位：℃）

地　区	最高轨温	最低轨温	中间轨温	设计锁定轨温	最大温升	最大温降
福州	61.7	－1.7	30	31	36	42

4. 桥上无缝线路

桥上无缝线路按照《铁路无缝线路设计规范》(TB 10015—2012)设计。根据检算，大跨度桥梁铺设钢轨伸缩调节器情况见表 3-7-5。

表 3-7-5 钢轨伸缩调节器的铺设情况

桥　名	桥跨布置	轨道类型	温度跨度(m)	伸缩调节器
闽江特大桥	(110＋198＋110) m 连续刚构	有砟	257/209	4 组单向
乌龙江特大桥	(144＋288＋144) m 连续刚构	有砟	288/288	4 组单向
平潭海峡大桥跨元洪航道	(133.1＋196＋532＋196＋133.25) m 连续钢桁梁	有砟	378/861	4 组单向
平潭海峡大桥跨鼓屿门航道	(129＋154＋364＋154＋129) m 连续钢桁梁	有砟	363/647	4 组单向
平潭海峡大桥跨大小练岛航道	(81.1＋140＋336＋140＋81.15) m 连续钢桁梁	有砟	309/557	4 组单向
平潭海峡大桥跨北东口航道	(92＋2×168＋92) m 连续刚构	有砟	300/260	4 组单向

第六节　道岔设计

1. 道岔类型

车站内与客车到发线连接的正线道岔采用“客专线(07)004”(60 kg/m-18 号道岔)，与货车到发线间连接的正线道岔采用“GLC(08)01”(60 kg/m-12 号道岔)。客车到发线间道岔采用“GLC(07)02”(60 kg/m-18 号道岔)，货物列车到发线间连接道岔采用“SC330”(60 kg/m-12 号道岔)或“专线 4257”，其他站线及次要站线间连接道岔采用“专线 CZ2209”(50 kg/m-9 号道岔)。

全线采用“客专线(07)004”(60 kg/m-18 号道岔)59 组，“GLC(08)01”(60 kg/m-12 号道岔)4 组，“GLC(07)02”(60 kg/m-18 号道岔)34 组，“SC330”(60 kg/m-12 号道岔)11 组，“专线 4257”(60 kg/m-12 号道岔)1 组，“专线 CZ2209”(50 kg/m-9 号道岔)11 组。

2. 道岔的应用及技术要求

(1)区间正线上的道岔不设置在路堤与桥台的连接处。

(2)相邻道岔间插入钢轨长度符合下列规定：区间正线上道岔对向布置时，当有列车同时通过两侧线时，插入 50 m 长度钢轨，当受站坪长度限制时，插入 33 m 长度钢轨。当无列车通过两侧线时或道岔顺向布置时，均插入 25 m 长度钢轨。到发线及其他站线上的道岔之间的连接按《铁路车站及枢纽设计规范》办理。

(3)正线缓和曲线与道岔基本轨缝间的直线长度应符合下列规定：

① 区间渡线及出岔地段不小于 100 m，困难条件下不得小于 70 m。

② 车站两端不小于 70 m，困难条件下不小于 30 m。

(4)除福州站和平潭站正线部分道岔采用 12 号外，其他车站正线道岔和侧向通行客车的道岔均采用 18 号，其他侧向不通行客车的道岔按《铁路车站及枢纽设计规范》办理。

第八章　站场及运营设备设计

第一节　站场工程概况与特点

全线共设福州、福州南、长乐、长乐东、长乐南、平潭 6 个车站，预留莲花山站。福州、福州南为既有改建站；平潭站为客货运站；长乐站、长乐南站为中间站。预留莲花山站为福州至长乐机场铁路与本线的接轨站，本线近期最大站间距 31.160 km(长乐南—平潭)，最小站间距 11.997 km(长乐—长乐东)，平均站间距 17.609 km。全线车站的性质及股道数量见表 3-8-1。

表 3-8-1　车站性质及股道数量

序　号	车站名	中心里程	站间距(km)	车　站	车站规模	附　注
1	福州站	DK00＋000.00	18.478	既有客运站	7 台 14 线	改建既有站
2	福州南站	DK18＋509.75	14.049	既有客运站	7 台 14 线	改建既有站
3	长乐站	DK32＋540.25	5.430	中间站	2 台 4 线	高架站
4	莲花山站(预留)	DK37＋970.00	6.300	预留接轨站	2 台 6 线	预留接轨站
5	长乐东站	DK44＋270.00	12.280	客运站	2 台 4 线	远期为枢纽第三客站
6	长乐南站	DK56＋550.00	25.250	中间站	2 台 6 线	中间站
7	平潭北站(预留)	DK81＋800.00	5.910	预留站	2 台 4 线	预留台海驼背式运输车站
8	平潭站	DK87＋710.00		客货运站	2 台 5 线	办理客货运作业，有大型货场

第二节　设计原则与采用的主要技术标准

福平铁路车站设计执行的规范和规定包括《新建时速 200 公里客货共线铁路设计暂行规定》(铁建设〔2005〕285 号)、《铁路车站及枢纽设计规范》(GB 50091—2006)(以下简称《站规》)和中国铁路总公司、福建省人民政府《关于新建福州至平潭铁路初步设计的批复》(铁总办函〔2013〕220 号)以及国家和国铁集团其他有关的强制性标准和规范。

1. 平面

(1)新建车站均采用正线两侧设到发线的布置形式，正线不邻靠站台，站内正线及到发线进路均按双方向设置。福州站、福州南站、长乐东站、平潭站到发线有效长 650 m，长乐站、长乐南站到发线有效长 450 m。

(2)福州站—福州南站区间为时速 160 km 客运专线；福州南站—平潭站区间为客货共线铁路，新建车站站内正线间为 5.0 m。正线与相邻到发线间考虑线间设置接触网支柱、线间排水沟等设施，正线与相邻到发线线间距采用 6.5 m。

(3)正线缓和曲线与道岔基本轨缝间的直线长度符合下列规定：

①区间渡线及出岔地段不小于 100 m，困难条件下不得小于 70 m。

②车站两端不小于 70 m，困难条件下不小于 30 m。

(4)除福州站和平潭站正线部分道岔采用 12 号外，其他车站正线道岔和侧向通行客车的道岔均采用 18 号，其他侧向不通行客车的道岔按《站规》13.5.2 条办理。

(5)通行正规列车的站线,两曲线间设置不小于 30 m 的直线段;不通行正规列车的站线,两曲线间设置不小于 15 m 的直线段,在困难条件下设置不小于 10 m 的直线段。

(6)车站到发线均按双进路设计。正线上进站信号机采用高柱色灯信号机,出站信号机均采用有表示器的矮柱双机构色灯信号机。

(7)福州南站、长乐站以及长乐南站进站信号机外制动距离内有超过 6‰下坡道,在接车线的末端设置安全线。长乐东站、平潭站的综合维修工区的岔线在车站到发线上接轨,设置了安全线。

(8)平潭站货场规模根据车站近期到发运量确定,按尽端式设置,预留发展为贯通式条件,货场位置结合地形地质条件和城镇规划采用与客运车场纵列式布置形式。

(9)综合维修车间(工区)根据车站地形、地质等条件,采用与车站横列或纵列布置。长乐东站综合维修车间、平潭站综合维修工区根据车站地形、地质等条件,采用与车站纵列布置。

(10)岔后曲线半径的选择:18 号道岔根据道岔型号确定,不小于道岔导曲线半径;12 号道岔一般不小于 400 m;9 号道岔一般不小于 300 m。货物线、综合工区的连接曲线半径不小于 300 m。

(11)区间正线及车站最外线路两侧设置隔离栅栏。

(12)合理布置股道间接触网支柱,尽量与雨棚柱合架,以减少站台上的构筑物。

(13)改建福州站、福州南站充分利用既有设备、设施及用地,满足运营的需要。

(14)车站道岔不与竖曲线和变坡点重叠,正线道岔两端距竖曲线起点或变坡点不小于 20 m。道岔两端距桥台尾边缘的距离不小于 50 m。

2. 纵断面

(1)新建车站除长乐南站外均设在平坡道上,长乐南站设在 1‰的坡度上。

(2)车站咽喉区的正线坡度,与站坪坡度一致。长乐南站咽喉区外的一组渡线设在不大于限制坡度的坡道上。

(3)全线所有车站到发线有效长度范围内设计为一个坡段。

(4)平潭站货场装卸线有效长范围内均设在平坡道上。

(5)平潭站的综合维修工区与长乐东站综合维修车间内的维修机组停放线与轨道车库线均设置在平坡道上。

(6)车站道岔不与竖曲线和变坡点重叠。正线道岔两端距竖曲线起点或变坡点不小于 20 m,

(7)预留平潭至长乐机场铁路联络线的纵断面,与相邻路段正线标准一致。在困难条件下,仅为列车单方向运行的进出站疏解线路,设在不大于限制坡度的下坡道上,特别困难条件下,经行车检算后可采用大坡度。出站疏解线路的坡段长度,采用相邻路段正线规定。

(8)竖曲线半径

正线:设计时速为 200 km 及 160 km 的正线相邻坡段的坡度差大于 1‰时采用不小于 15 000 m 半径的竖曲线。

站线:到发线和其他行驶正规列车的站线相邻坡段的坡度差大于 4‰时采用 5 000 m 半径的竖曲线;不行驶正规列车的站线相邻坡段的坡度差大于 5‰时采用 3 000 m 半径的竖曲线。

3. 信号机类型

(1)进站信号机应设在进站最外方道岔尖轨尖端(顺向为警冲标)不少于 50 m 的地点,如因调车或制动距离的需要,一般不超过 400 m。

(2)到发线及正线均按双进路设计,出站信号机采用双机构、有表示器矮柱色灯信号机。

(3)按信号机与钢轨绝缘节并列的原则配轨时应配设 25 m、12.5 m 标准轨和 8 m、6.25 m、4.5 m 的短轨。新建和改建铁路站线的同一条线路应铺设同类型钢轨,两相邻道岔与相邻线路的钢轨类型不同时,道岔前后各铺一节与道岔同类型钢轨,或异型轨连接,短轨长度不小于 6.25 m,困难条件下不应小于 4.5 m,并不应连续插入两根及以上短轨。

第三节　车站工程设计

一、福　州　站

1. 既有车站概况

车站规模12台14线(含正线),车站西端设有动车运用所、客车整备所和客车车辆段,基本站台2座、中间站台5座,合福线与向莆线在福州站合肥端以方向别形式引入福州站,形成向莆线在外、合福线在里的疏解形式。

2. 车站设计说明

车站维持既有规模不变,仅对车站平潭端咽喉进行改建。既有沿海铁路联络线改为福平铁路正线与合福铁路贯通,两侧分别新建上下行单线至苔井山隧道出口,与既有沿海铁路联络线接通并与福平铁路按方向别疏解,立折列车作业在本站折返。

福州站平面布置如图3-8-1所示。

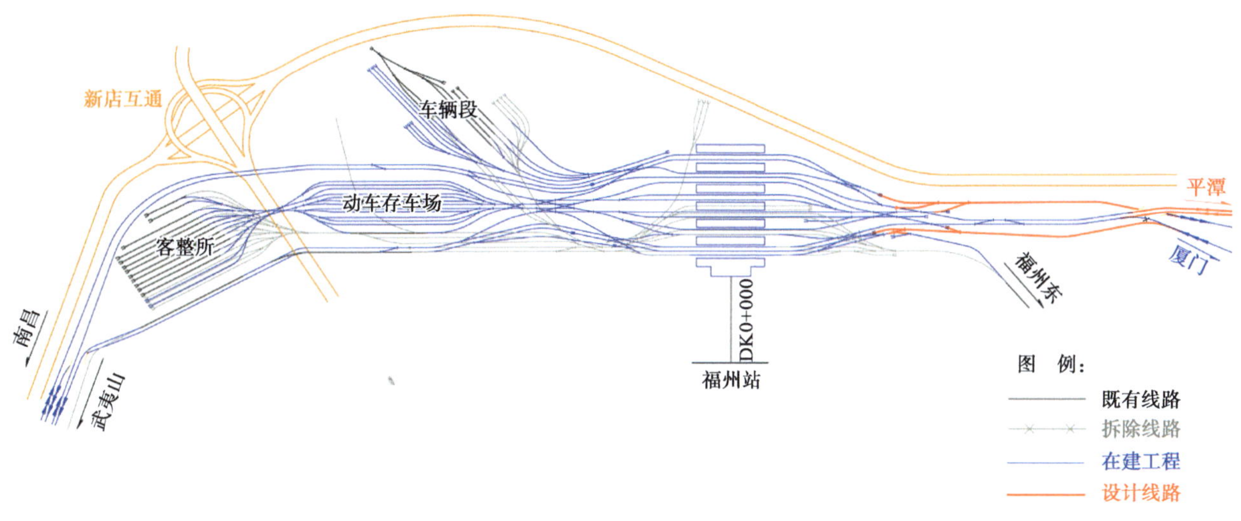

图3-8-1　福州站平面布置示意图

二、福 州 南 站

1. 既有车站概况

福州南站为枢纽主要客运站,办理各个方向旅客列车始发、终到和通过等技术作业以及货物列车不停站通过作业。设正线2条、到发线12条,东西侧基本站台各一座,规模分别为450 m×20 m×1.25 m与450 m×15 m×1.25 m,中间站台(450 m×12 m×1.25 m)5座,并均设长450 m的无站台柱雨棚;车站设在平坡上,轨面高程为18.85 m。东西主站房建筑面积约49 500 m^2,在车站站对右设动车运用维修所及综合维修基地,并分方向别设动车所联络线与车站衔接。

2. 车站设计说明

车站规模维持既有7台14线不变,仅对车站两端咽喉进行了改建。车站南端咽喉,上下行正线分别从上下行侧动车联络线出岔,形成平潭铁路正线与车站南端咽喉用18号道岔侧向连接的形式。下行正线在外侧绕过既有动车所联络线,在既有福厦线乌龙江桥下游跨乌龙江后往平潭方向延伸,上行正线上跨动车所联络线和既有福厦线后,与本线下行线并行跨乌龙江往平潭方向延伸。增设本线与福厦线正线间渡线,使本线货物列车具有利用福厦线正线通过车站的条件,且使车站具有本线与既有福厦线客车同时到达的条件。

福州南站平面布置如图 3-8-2 所示。

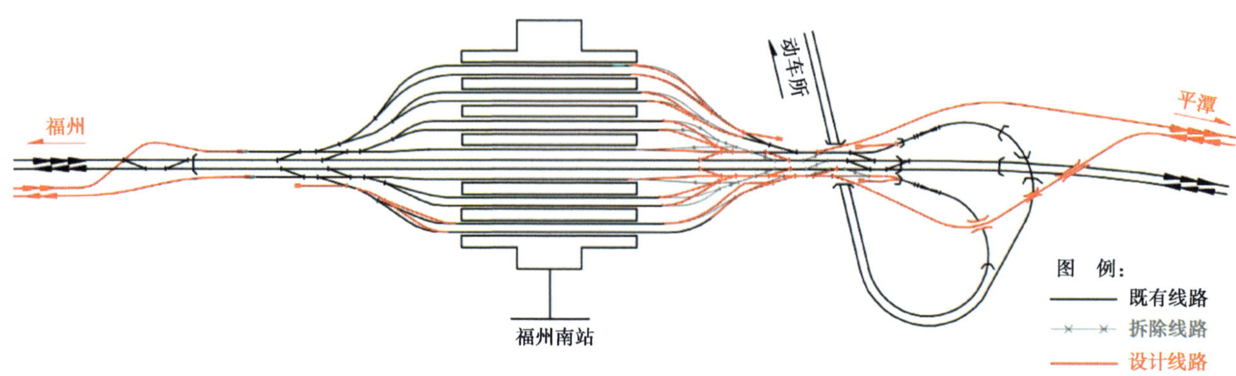

图 3-8-2 福州南站平面布置示意图

三、长 乐 站

长乐站位于首占镇中心南侧，地处海滨平原区，介于屿后村与岱边村中间。站中心里程为 DK32＋540.25，距福州南站 14.049 km，距长乐东站 11.73 km。站坪长 0.9 km，为平坡直线。

车站规模为 2 台 4 线高架站，设基本站台(230 m×8 m×1.25 m)和中间站台(230 m×8 m×1.25 m)各 1 座。车站最高聚集人数 1 000 人，采用线下式站房，场坪尺寸 120 m×70 m。设到发线 2 条(不含正线)，分别设于上、下行正线外侧，到发线有效长为 450 m，由于下行方向进站制动距离范围内坡度大于 6‰，车站下行方向到发线末端设置安全线。

长乐站平面布置如图 3-8-3 所示。

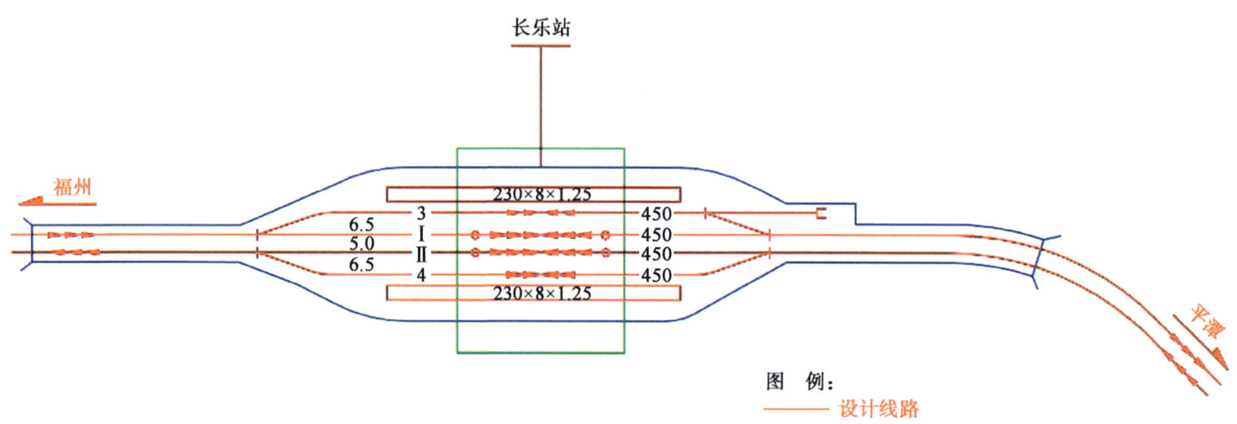

图 3-8-3 长乐站平面布置示意图

四、长 乐 东 站

新建长乐东站位于长乐县古槐镇洋下与港西村之间，车站中心里程 DK44＋270，距长乐站 11.73 km，距长乐南站 12.280 km。站坪长约 1.8 km，为平坡直线。

车站设到发线 2 条(不含正线)，分别设于上、下行正线外侧，到发线有效长为 650 m；车站设基本站台(450 m×12 m×1.25 m)和中间站台(450 m×12 m×1.25 m)各 1 座；宽 10 m 进出站地道 1 座，综合工区设于站同左，内设维修机组停放线 2 条，有效长 260 m，库线 2 条，有效长 120 m。

长乐东站平面布置如图 3-8-4 所示。

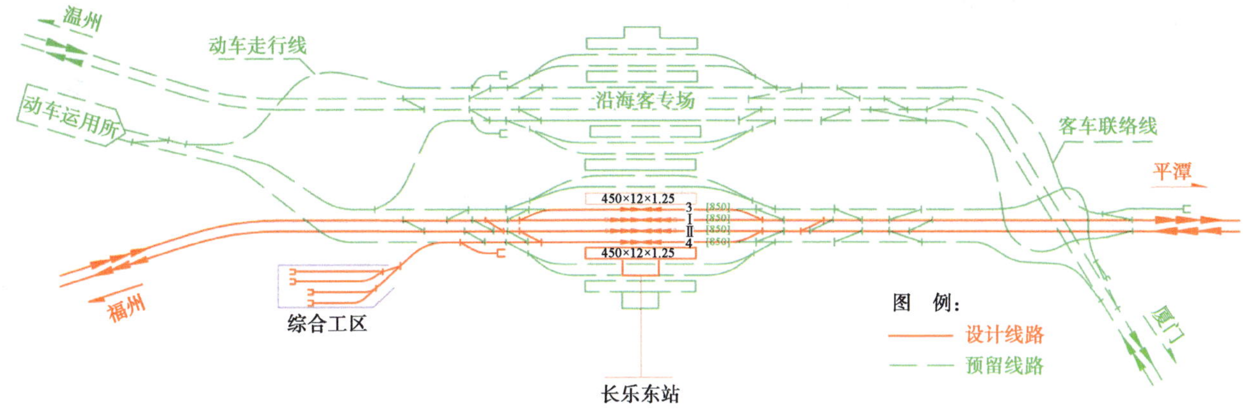

图 3-8-4　长乐东站平面布置示意图

五、长 乐 南 站

车站位于松下镇首祉村西南方向 0.7 km，车站中心里程为 DK56+550，距长乐东站 12.280 km，距平潭站 31.16 km。站坪长约 1.8 km，位于 1‰上坡段上，出站后为 11.5‰上坡。

车站规模为 2 台 6 线，到发线有效长为 650 m；车站设基本站台(230 m×8 m×1.25 m)和中间站台(230 m×10.5 m×1.25 m)各 1 座；宽 8 m 进出站地道 1 座。

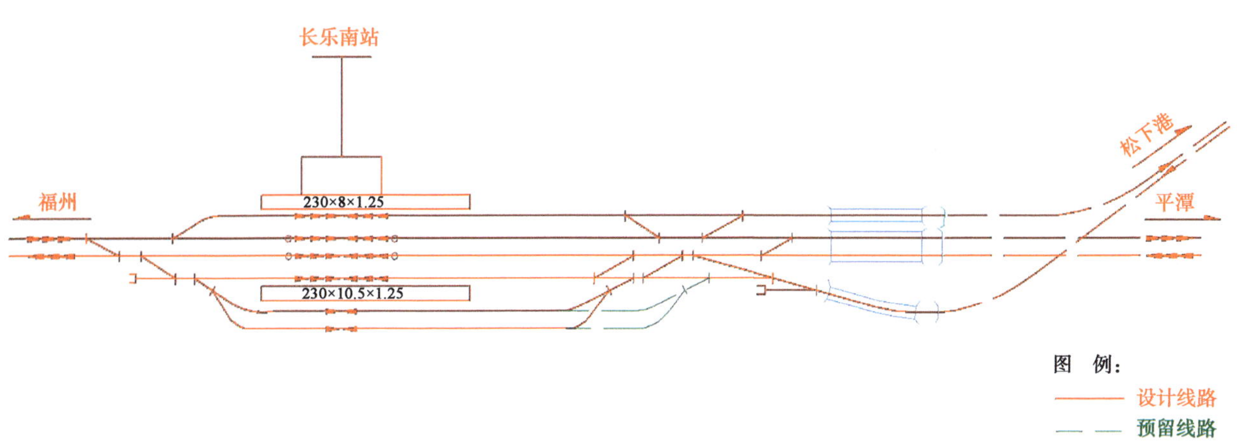

图 3-8-5　长乐南站平面布置示意图

六、平　潭　站

车站位于中楼乡韩厝村与岚城乡正旺村之间，距市中心约 5.0 km，站中心里程 DK87+710.00，距长乐南站 31.16 km。

平潭站为本线的终点站，办理客货运作业，设正线 2 条(含货车到发线)，线路右侧设客车到发线 3 条，有效长为 650 m；同时在线路左侧预留到发线 3 条，站房设于线路右侧，按线侧下式设计。设 450 m×12 m×1.25 m 基本站台和中间站台各 1 座，设站台等长布置雨棚，宽 10 m 的进站天桥与出站地道各 1 座，在车站对侧预留旅客站台 2 座。货场的设置结合城市规划和气象、工程条件，与车站采用纵列式布置，设尽头式货物线 3 条，装卸线有效长分别为 266 m、266 m 与 518 m。设货物站台 266 m×25.5 m×1.1 m(长×宽×高)2 座，站台仓库 238 m×18 m(长×宽)1 座。预留贯通式货场的条件，在货场与正线之间预留 2 条货物到发线，有效长为 850 m。综合维修工区与存车场设置于站对右侧，综合维修工区内设维修机组停放线 2 条，有效长 260 m，库线 2 条，有效长 120 m。在综合维修工区与正线之间预留 6 股道动车存车场一处，有效长为 450 m。

平潭站平面布置如图 3-8-6 所示。

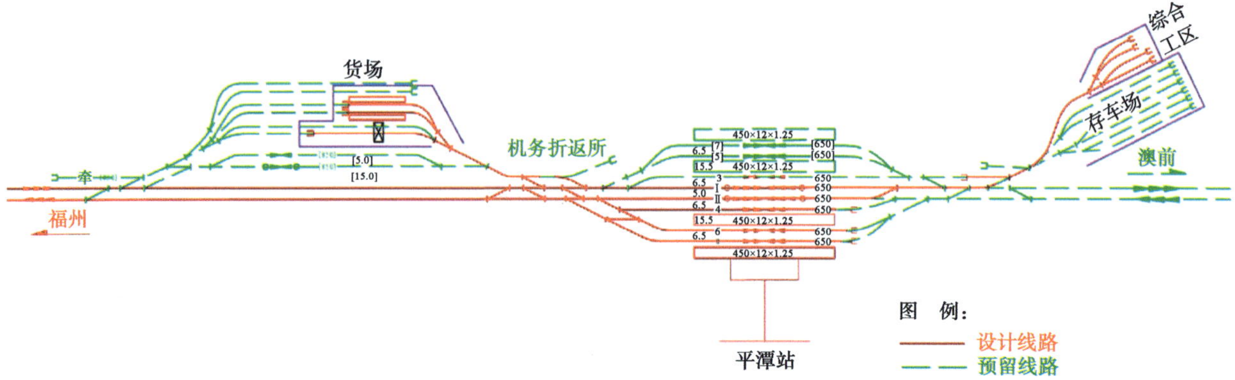

图 3-8-6 平潭站平面布置示意图

第四节 引入枢纽工程设计

一、既有枢纽概况

福州铁路枢纽衔接峰福、温福、福厦三条铁路干线和福马线,为"T"字形枢纽格局。福州站、福州南站为主要客运站,樟林站为编组站,福州东站、杜坞站为主要货运站。主要站段设备现状如下:

福州站:为枢纽主要客运站,既有主站房建筑面积约 25 000 m^2,车站西端设有客车车辆段和客整所,现办理峰福线和沿海铁路旅客列车始发终到作业。沿海、向莆铁路引入福州站后,福州站规模为 7 台 14 线(含 4 条正线),扩建高架候车室(12 310 m^2),车站西端增设 10 线动车存车场、2 线整备库(与车辆合用)。合福铁路引入工程新建北站房(站房面积 25 000 m^2),车站规模维持不变。

福州南站:设基本站台 2 座、中间站台 5 座,客车到发线 14 条(含 2 条正线),东西主站房建筑面积约 49 500 m^2;车站东南侧设动车运用所。

樟林站:为一级三场(远期预留二级四场)区段站,主要担当峰福线、沿海铁路货物列车的解体作业及枢纽内少量小运转列车的编组作业。

杜坞站:为枢纽主要货运站,既有到发线 3 条、存车线 2 条,站对左货场内设 3 条货运线,车站南昌端有水泥厂粉磨站专用线、粮库专用线、粮食交易市场专用线接入,福州端有空军油库专用线、沥青专用线、中石化油库专用线接入。

向莆线双线接入本站后正线贯通至福州站,峰福线分方向别疏解后在南昌端接入,车站规模扩建为到发线 6 条、调车线 4 条。

二、枢纽总图及本线引入工程

1. 枢纽总图

(1)总图格局

随着福平铁路、合福铁路、沿海客运专线及沿海货运专线等新线引入,福州枢纽远景将成为衔接峰福铁路、向莆铁路、京福台铁路、沿海客专、沿海城际铁路、沿海货运专线等 6 条铁路干线,上饶、南昌、北京、温州、厦门、平潭等 6 个方向的铁路枢纽。

(2)客运系统

福平铁路在福州站接轨,经福州南站,在长乐市古槐镇设枢纽第三客站与沿海客专衔接,福州枢纽成福州、福州南、长乐东三个客站格局。

(3)解编系统

枢纽内樟林站为主要技术作业站,办理枢纽内路网性的解编作业及通过技术作业。

(4)货运系统

货运系统由福州东、杜坞站、罗联站共同承担枢纽内货运作业,其中杜坞站为集装箱办理站和一级铁路物流基地。

2. 本线引入工程

本线工程均在福州枢纽范围内。

三、枢纽总运量及能力

预测2020年旅客发送量(含都市区城际)为7 325万人/年,开行客车340对/d;2030年旅客发送量为11 220万人/年,开行客车487对/d。

预测枢纽总运量2020年为5 484×10^4 t/年,2030年为7 258×10^4 t/年。枢纽非集装箱货物车流以地区车流为主,近远期分别占枢纽总交流量的58%、53%。地区车流中以南平、南昌为主流方向,其中南平方向所占比重约为30%,南昌方向约为42%。通过车流主要为温州方向与厦门、南昌、南平方向的车辆交流,分别占通过车流的27%、27%和17%。

第五节　接轨站施工过渡设计

一、福州站施工过渡

第一步:预铺,在维持既有运营的前提下铺设不与既有线干扰的新建股道和道岔。

①完成站内征地拆迁与土石方等工作,为线路的施工过渡做好准备。

②铺设上下行联络线正线,铺设编号为10、30、114、120的道岔及岔后的连接曲线。

第二步:封锁既有Ⅺ道、4道及相关道岔,拆除与既有线路相关的道岔和线路,直至全部竣工。

①拆除(22~28)、(110)与(12~18)道岔后的车挡、铺设其后的连接曲线。

②铺设34、116道岔及岔后的连接曲线,待调试完毕后恢复运营。

福州站施工过渡平面布置如图3-8-7所示。

二、福州南站

第一步:封锁福厦正线左侧的到发线,利用右侧3台7线进行车站的运营作业。

①首先拆除既有(26)、(34)、(36)、(40)、(42)、(44)道岔和相关既有线路。

②按照设计道岔位置和线位铺设编号为20、24、34、36、38、40、42及安3的道岔和相关线路,并改建5、6、7站台。

③利用天窗时间拆除正线上编号为(22)、(28)、(38)既有道岔,按设计道岔位置铺设编号为22和44道岔,并改建4站台。

第二步:待福厦正线左侧的工程施工和调试完毕后,封锁福厦正线右侧到发线,利用左侧4台9线进行车站的运营作业。

①拆除既有(14)、(20、(50)、(52)、(54)、(56)及(43)道岔和相关既有线路。

②按照设计道岔位置和线位铺设编号为16、18、28、54、36、43、45、56、48、50及安2的道岔和相关线路,并改建1站台与3站台。

③利用天窗时间拆除正线上编号为(16)、(18)、(24)、(46)既有道岔,按设计道岔位置铺设编号为14、26、52道岔。

福州南站施工过渡平面布置如图3-8-8所示。

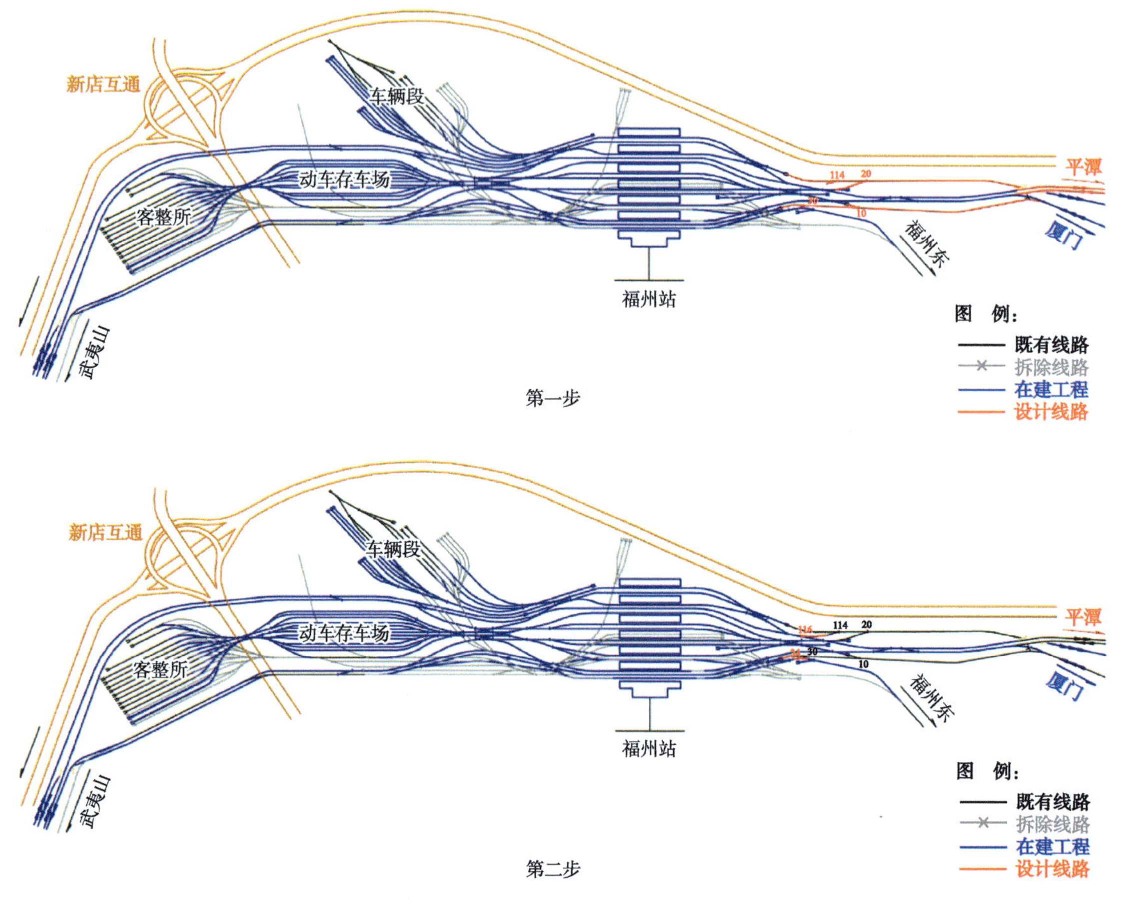

图 3-8-7 福州站施工过渡平面布置示意图

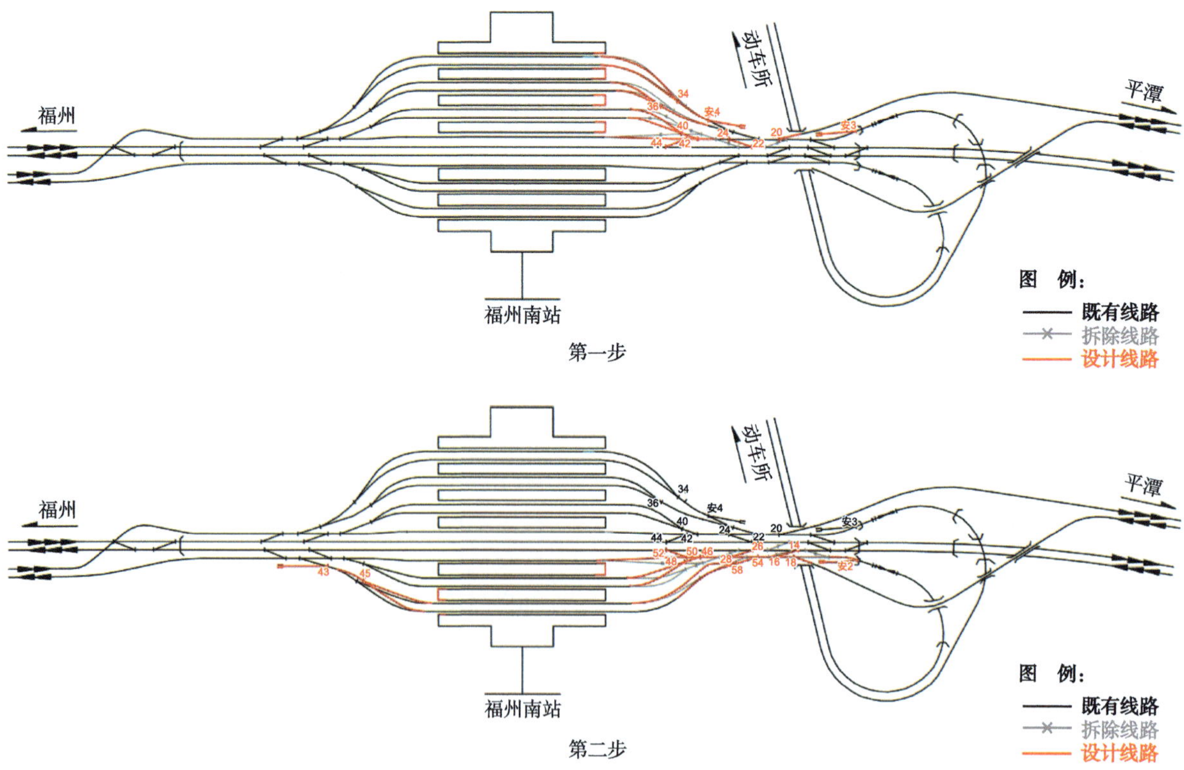

图 3-8-8 福州南站施工过渡平面布置示意图

第六节　动车整备基地设计

本线新建及改建无动车整备基地。

第七节　主要客运设备配置

福平铁路车站客运设备见表 3-8-2。

表 3-8-2　福平铁路车站客运设备

序号	站名	客运设备					
		新建旅客站台		雨棚		跨线设备	
		基本站台	中间站台	基本站台	中间站台	地道	天桥
		长×宽(m)		长×宽(m)		座-宽(m)	座-宽(m)
1	福州站	既有车站无新增客运设备					
2	福州南站	既有车站无新增客运设备					
3	长乐站	230×8×1.25	230×8×1.25	230×8	230×8	无	无
4	长乐东站	450×12×1.25	450×12×1.25	450×12	450×12	1-10	无
5	长乐南站	230×8×1.25	230×10.5×1.25	230×8	230×10.5	1-8	无
6	平潭站	450×12×1.25	450×12×1.25	450×12	450×12	1-10	1-10

第九章　房屋建筑及给排水设计

第一节　站房工程概况与特点

一、机构设置、管辖范围

福平铁路新建线路长 88.432 km，本线沿线设长乐站站房、长乐东站站房、长乐南站站房、平潭站站房新建站房 4 座，旅客地道 3 座，雨棚 8 座，天桥 1 座。建设地点：福州市、平潭试验区。各站站房工程总体概况见表 3-9-1。

表 3-9-1　站房工程总体概况

序号	车站	站房面积(m^2)	雨棚面积(m^2)	天桥(m^2)	地道(m^2)
1	长乐站	3 999	3645	—	—
2	长乐东站	2 998	10 800	—	900
3	长乐南站	1 999	4 255	—	747
4	平潭站	53 985	9 380	1 512	1 802

二、站房分布及设计特点

新建 4 座站房办理客货运(或客运)业务，站房工程特点如下：

1. 长乐站

长乐站为县级市旅客站房，位于长乐区首占镇，采用线正下式布置，建筑面积 3 999 m^2，站房面宽 98.9 m，进深 49.3 m，主体建筑为一层，站房采用钢筋混凝土框架结构，屋面为混凝土屋面，建筑高度 20.1 m。最高聚集人数 1 000 人。

长乐取自《诗经》"长安久乐"，是国内屈指可数的拥有空海"两港"城市，是郑和七下西洋的出发地，贡茶方山露芽和贡盐的场地，中国著名侨乡。站房弯曲的轮廓和上大下小的造型，融入了郑和宝船的形态，隐喻航海文化。站房上部横向条形的线条，比喻船只在波涛中航行，底部舒展的竖向线条，就像滑动的船桨。立面像两只手托起中部的"蓝色聚宝盆"，展现长乐人靠海吃海、不屈不挠的奋斗精神，如图 3-9-1 所示。

图 3-9-1　长乐站外立面效果图

2. 长乐东站

长乐东站为县级市旅客站房，位于长乐区古槐镇，采用线侧下式布置，建筑面积 2 998 m^2，站房面宽

86.2 m,进深 24.3 m,主体建筑为一层,局部两层,站房采用钢筋混凝土框架结构,屋面为混凝土屋面,建筑高度 11.6 m。最高聚集人数 800 人。

长乐自古被誉为“海滨邹鲁,文化名邦”,长乐东站建筑造型展现现代与古典融合的风格,波浪起伏的屋顶建筑与周边自然环境相呼应、彼此融合。木色格栅层层叠叠创造出层次分明的光影,竖向幕墙窗有规律的排列,好像用建筑符号谱写了一段旋律,体现当今长乐区蓬勃发展的时代乐章。建筑采用现代设计手法,恰如其分地点缀了木色装饰格栅,使站房立面体现了古典与现代的交融,如图 3-9-2 所示。

图 3-9-2 长乐东站外立面效果图

3. 长乐南站(原名“松下站”)

长乐南站为县级旅客站房,位于长乐区松下镇,采用线侧下式,建筑面积 2 000 m^2,站房面宽 78 m,进深 16.8 m,主体建筑为一层,站房采用钢筋混凝土框架结构,屋面为混凝土屋面,建筑高度 10.2 m。最高聚集人数 500 人。

马鞍墙是闽地古建筑的突出特点之一,用现代表现手法诠释古典意韵,站房形象典雅大方,造型别致。建筑融入悠久深厚的地方文化底蕴与内涵,长乐南站以极具特色的屋顶与富有韵律的立面造型结合,采用现代建筑的表现手法,在整体比例上采用“三段式”传统美学,在细节上通过具有地域特色的刻纹、凹槽等来传承专属闽东的地域文化,如图 3-9-3 所示。

图 3-9-3 长乐南站(原名“松下站”)外立面效果图

4. 平潭站

平潭站为市级旅客车站,位于福州市平潭县中楼乡,采用线侧平式,建筑面积 53 985 m^2,站房面宽 214 m,进深 104 m,主体建筑为二层,站房采用钢筋混凝土框架结构,屋面为混凝土屋面,建筑高度 20.8 m。最高聚集人数 1 500 人,天桥总长度为 31.1 m,总宽度为 10 m,天桥结构覆盖面积 1 511.6 m^2,采用钢筋混凝土立柱,钢筋混凝土框架结构,钢筋混凝土屋面板形式。

平潭站力图反映平潭海岛风格,用现代表现手法诠释古典意韵,站房形象典雅大方,气势恢宏。建筑融入石头厝元素,站房在石材选择上充分考虑人视特点,结合各个建筑部件做了细致的处理,不仅丰富了立面效果,还使得站房在整体形象上显得繁简有序,如图 3-9-4 所示。

图 3-9-4　平潭站效果图

三、站房情况

全线车站最高聚集人数、近远期旅客发送量、高峰小时发送量见表 3-9-2。

表 3-9-2　站房客流量

车站名称	旅客发送量(万人)		最高聚集人数(人)	高峰小时发送量(人)	
	近　期	远　期		近　期	远　期
长乐站	605	910	1 000	1 640	1 840
长乐东站	510	860	800	990	1 200
长乐南站	120	210	500	320	560
平潭站	1 410	2 100	1 500	3 100	3 700

站房形式：长乐站为桥下站，长乐东站、长乐南站为线侧下式站房，平潭站为线侧平式站房，站房及站场概况见表 3-9-3。

表 3-9-3　站房及站场概况

车站名称	站房中心里程	站房规模(m^2)	车站形式	站房±0.0000 标高的绝对标高值(m)	站前广场规划标高的绝对值(m)
长乐站	DK32+540.25	3 999	线正下	5.680	5.380
长乐东站	DK44+270	2 998	线侧下	5.972	5.672
长乐南站	DK56+550	2 000	线侧下	8.513	8.213
平潭站	DK87+704.41	53 985	线侧平	12.701	5.901

表 3-9-4　站台概况

车站名称	车站中心里程	站场布局	站台规模	跨线站场设施	站中心轨顶绝对标高(m)
长乐站	DK32+540.25	二台四线	基本台站(230 m×8 m×1.25 m) 二站台(230 m×8 m×1.25 m)	无	12.329
长乐东站	DK44+270	二台四线	基本台站(450 m×12 m×1.25 m) 二站台(450 m×12 m×1.25 m)	8 m 宽进出站共用地道 1 座	10.722
长乐南站	DK56+550	二台六线	基本台站(230 m×8 m×1.25 m) 二站台 230 m×10.5 m×1.25 m)	8 m 宽进出站共用地道 1 座	15.263
平潭站	DK87+704.41	二台五线	基本台站(450 m×12 m×1.25 m) 二站台(450 m×12 m×1.25 m)	8 m 宽出站地道 1 座 10 m 宽天桥 1 座	11.031

第二节 设计原则与采用的主要技术标准

一、设 计 原 则

1. 建筑

(1)车站建筑应遵循安全、便捷、舒适、高效的原则。

(2)旅客车站布局应符合城镇发展和铁路运输要求,并根据当地经济、交通发展条件合理确定建筑形式。

(3)铁路旅客车站建筑设计应积极采用安全、节能和符合环境保护要求的先进技术。

(4)车站建筑设计应与站区内其他交通设施协调布局,有机衔接。

(5)车站建筑设计应根据站场和周边环境情况,经技术经济比选后采用技术先进、工艺成熟、安全稳妥、可实施性好的结构方案。

(6)车站建筑宜体现地域特征、民族特色和时代风貌,并应注重城市文脉的延续。

2. 结构

(1)结构设计要根据承载能力极限状态和正常使用极限状态的要求进行验算,保证结构在施工及使用期间具有足够的强度、刚度(楼面、天桥等的自振频率不宜低于 3Hz),并满足抗倾覆、滑移、漂浮、疲劳、变形、抗裂等条件,同时采取有效措施,满足现行规范规定的耐久性要求。

(2)雨棚、地道出口设计中,建筑、结构等相关专业核对建筑限界,并应由限界专业、接触网专业确认,保证建筑装饰面层不超限界。

(3)结构计算中考虑由于耐久性要求,混凝土保护层的变化对结构构件截面计算高度的影响。

(4)在结构设计中应充分考虑施工对周边环境等影响。

二、主要技术标准

(1)设计使用年限:50 年。

(2)结构安全等级:站房二级,雨棚、天桥一级(雨棚及天桥设计按重现期为 100 年的基本风压取值)。

(3)地基基础设计等级:丙级。

(4)耐火等级:站房地上耐火等级二级,地下一级。

(5)防水等级:站房、雨棚和四电房屋屋面均为Ⅰ级,半地下室的泵房地面及侧壁防水按地下工程防水等级Ⅱ级设防。

(6)抗震设防烈度:长乐站、长乐东站、长乐南站、平潭站设防烈度 7 度。

第三节 一般站房设计

一、建 筑

1. 站房概况

(1)总平面图布置

站房和铁路站场、站前广场本着统一规划、合理选址、紧凑布局、节约用地的原则布置,站房建筑与站场股道平行,站房呈“一”字形布置,站房中轴线针对站前广场中心线,同时中心里程和站场中心里程基本重合,各站均设两个站台,其中长乐站和长乐南站站台长度为 230 m,长乐东站、平潭站站台长度为 450 m。跨线设施为旅客进站地道或天桥,站前广场两侧分别布置公交车、出租车和社会车辆停车场。

(2)流线组织

长乐站为线正下式站房,旅客流线为下进下出;长乐东站、长乐南站为线侧下式站房,进入二站台的旅客由地道进出站，采用下进下出的方式组织客流；平潭站为线侧平式站房，旅客流线基本站台为上进上出，二站台旅客通过天桥进入二站台上车，通过地道出站。

(3)平面布局

车站建筑呈中轴对称布局，候车厅布置在站房建筑中间，采用大空间形式，售票厅、出站厅布置在候车厅两侧，办公管理及设备用房布置在站房两侧，联系方便又适度分隔，位置恰当，避免与旅客进出站相互干扰。

(4)竖向标高设计

车站建筑一层室内地坪标高为0.000，考虑防洪要求，高于当地50年一遇洪水位标高，二层标高综合考虑一层电力、信号等设备用房的净空要求确定，候车室、售票厅、出站厅等大空间吊顶标高均高于5.5 m，尽可能提高以增加净空高效。

2. 工程说明

(1)站房形式

长乐站为线正下式站房，长乐东站、长乐南站为线侧下式站房，平潭站为线侧平式站房。

(2)建筑面积

长乐站3 999 m^2，长乐东站2 998 m^2，长乐南站2 000 m^2，平潭站53 985 m^2。

(3)主要材料选用

±0.000以上墙体部分：

①烧结空心页岩砖外墙

墙体采用M10水泥混合砂浆砌MU10空心页岩砖，240 mm厚。

②蒸压加气混凝土砌块内墙

墙体采用M7.5专用砂浆砌A3.5B06蒸压加气混凝土砌块，200 mm厚。

③外立面

长乐站外立面采用LOW-E钢化中空明框玻璃幕墙及白色铝板幕墙；长乐东站采用LOW-E钢化中空明框玻璃幕墙及浅灰色真石漆外墙，局部红棕色铝合金格栅装饰；长乐南站采用LOW-E钢化中空明框玻璃幕墙及浅灰色真石漆外墙，顶部深灰色真石漆线条装饰；平潭站采用LOW-E钢化中空明框玻璃幕墙及干挂"石头厝"花岗石幕墙，架空层底部采用浅黄色真石漆外墙。

④内装修

内墙面：候车室、集散厅、候车厅等公共空间主要采用干挂石材墙面，局部设有铝单板墙面；办公及设备用房根据功能要求采用乳胶漆墙面、无机涂料墙面、面砖墙面以及穿孔吸声板墙面；卫生间采用面砖墙面。

楼地面：公共空间采用石材地面，平潭站采用白麻石材与灰麻地面，长乐站采用灰麻地面，其余各站采用灰麻地面。信息、通信、信号及售票用房采用防静电架空地板，其他办公及设备用房主要采用玻化砖地面，卫生间采用防滑地砖地面。

顶棚：公共空间主要采用白色铝板＋白色铝条板离缝吊顶，局部采用铝板灯槽，长乐站采用蓝色铝板灯槽，长乐东站采用木纹色铝板灯槽、平潭站二层吊顶空间采用沙滩黄色穿孔铝板吊顶。办公及设备用房采用装饰石膏板吊顶、乳胶漆顶棚、无机涂料顶棚等。公共区卫生间采用硅酸钙板吊顶，其他卫生间采用铝扣板吊顶。

(4)屋面

①有保温不上人的钢筋混凝土屋面：用于各站框架结构钢筋混凝土有保温不上人屋面，采用重力流雨水排水系统。

②有保温隔热上人的钢筋混凝土屋面：用于各站框架结构钢筋混凝土有保温隔热上人屋面(天井内院)，采用重力流雨水排水系统。

③瓦屋面：用于平潭站框架结构钢筋混凝土平瓦屋面，采用重力流雨水排水系统。

④旅客活动平台停车屋面：用于平潭站高架旅客活动平台，采用重力流雨水排水系统。

(5)室外工程

①花岗岩坡道参见国标 05J909-坡 8B-2(火烧水洗面花岗岩石材 50 mm 厚)，花岗岩散水参 05J909-散 7B-2(火烧水洗面花岗岩石材 50 mm 厚)。

②地面做法参见国标 12J003-C2-9A(火烧水洗面花岗岩石材 50 mm 厚，混凝土垫层加设双向钢筋网片)。适用范围：平潭站架空层旅客活动平台。

③车道及停车场做法参见国标 12J003-C1-1B。适用范围：旅客活动平台及旅客活动平台两侧车道及停车场。

④3.0 m 高围墙。

3. 雨棚设计

(1)雨棚形式：雨棚采用站台立柱，两侧悬挑的形式。

(2)雨棚结构：各站雨棚均为钢筋混凝土框架结构。

(3)柱跨：雨棚平行股道方向主要柱距为 8～9 m。

(4)本工程设计使用年限：50 年。

(5)耐火等级二级。

(6)屋面防水等级Ⅰ级。

4. 天桥设计

(1)结构形式：主体采用钢筋混凝土立柱，钢筋混凝土结构，钢筋混凝土屋面板，天桥两侧站台楼梯采用钢筋混凝土立柱，钢筋混凝土结构屋面。

(2)本工程设计使用年限：50 年。

(3)耐火等级二级。

(4)屋面防水等级Ⅰ级。

二、站房结构

1. 结构形式

(1)长乐站

建筑轴网尺寸 141.7 m×49.3 m，站房最大跨度 13 m，建筑最大高度 19.800 m。主体结构采用钢筋混凝土框架结构，站房结构在 3～4 与 15～16 轴线处设两道伸缩缝。在桥柱处设柱，与桥梁实现“桥建分离”，仅基础与桥梁基础共建，主要柱截面 700 mm×700 mm、700 mm×800 mm、800 mm×1 000 mm、600 mm×600 mm 等。主要梁截面 350 mm×900 mm、350 mm×800 mm 等。

雨棚采用单柱悬挑 Y 形钢筋混凝土雨棚，站台雨棚总长 450 m，典型柱距 9 m，悬挑长度 5 m。

(2)长乐东站

站房室外地面雨棚建筑面积为 663.74 m^2。建筑轴网尺寸 86.2 m×24.3 m，站房中间候车区最大跨度为 24.3 m，两侧售票办公区最大跨度为 8.1 m，建筑最大高度 15.4 m。站房结构在 4 与 12 轴线处设两道伸缩缝，1～4 轴为出站区，5～12 轴为候车区，13～16 轴为售票区；主体结构采用钢筋混凝土框架结构，两侧区域采用钢筋混凝土楼屋面，中间候车区采用钢筋混凝土楼屋面。主要柱截面 600 mm×600 mm、700 mm×700 mm、900 mm×1 600 mm、900 mm×2 000 mm 等。主要梁截面 600 mm×1 900 mm、300 mm×800 mm 等。

雨棚采用单柱悬挑 Y 形钢筋混凝土雨棚，站台雨棚总长 450 m，典型柱距 9 m，悬挑长度 5 m。

(3)长乐南站

站房位于福建省福州市松下市，建筑轴网 86 m×32.05 m，总高度为 14.8 m(室外地坪至主体结构屋面)。结构形式采用钢筋混凝土框架结构。主要柱截面 600 mm×600 mm、1 000 mm×1 200 mm、1 000 mm×1 400 mm、350 mm×350 mm 等。主要梁截面 500×2 000 mm、350 mm×800 mm 等。

雨棚采用单柱悬挑Y形钢筋混凝土雨棚，站台雨棚总长450 m，典型柱距9 m，悬挑长度5 m。

(4)平潭站

站房轴线尺寸214.00 m(平行股道方向)×(77.00～114.00) m，建筑最大高度35.30 m，局部突出塔楼高度53.00 m。楼屋面结构在6～7轴之间以及14～15轴之间设置两道伸缩缝，将楼屋面结构沿纵向分为三个温度区段，分别为A区、B区和C区。A、C区主体结构三层，局部五层，楼屋面最大跨度为18.0 m；B区主体结构三层，楼屋面最大跨度为24.0 m；站房主体结构采用钢筋混凝土框架结构，屋面采用钢筋混凝土屋面。

平潭站站台雨棚采用钢筋混凝土框架结构，设双柱两边对称悬挑，标准纵向跨度9 m，每隔约50 m设置一道变形缝。

天桥主体与楼梯之间设置伸缩缝，互为独立结构，天桥采用混凝土框架结构。

2. 基础形式

长乐东站：站房采用泥浆护壁钻孔灌注桩基础，桩径为900 mm，桩长40～49 m，单桩承载力2 000 kN；雨棚用泥浆护壁钻孔灌注桩基础，桩径为800 mm，桩长约60 m，单桩承载力1 500 kN。

长乐站：站房采用泥浆护壁钻孔灌注桩基础，桩径为800 mm，桩长40～46 m，单桩承载力2 400 kN。

长乐南站：站房采用预应力管桩基础，桩径为600 mm，桩长15～20 m，单桩承载力2 000 kN；雨棚用预应力管桩基础，桩径为600 mm，桩长20～25 m，单桩承载力2 000 kN。

平潭站：站房采用直径为800 mm的钻孔灌注桩，桩长35～45 m单桩承载力5 000 kN；雨棚和天桥基础采用钻孔灌注桩基础，钻孔灌注桩桩径800 mm，桩长为39～50 m，单桩竖向承载力特征值不小于1 300 kN。

3. 主要结构构件材料的选用及要求

(1)混凝土强度等级

混凝土强度等级见表3-9-5。

表3-9-5 混凝土强度等级

序　　号	构件名称及范围	混凝土强度等级
1	钻孔灌注桩	C35
2	钢筋混凝土承台(或独立基础)	C35
3	钢筋混凝土基础梁	C35
4	钢筋混凝土梁、柱、板、楼梯、女儿墙	C35
5	钢筋混凝土板、楼梯、女儿墙	C35
6	压梁、圈梁	C25
7	电扶梯基坑、地下室等(采用P6抗渗)	C35

(2)混凝土耐久性分类

长乐、长乐东、长乐南站：±0.000以下的混凝土结构环境类别为二a类；桩、承台、基础梁、地下室为二b类；桩、地下室、±0.000以上的室内混凝土结构环境类别为一类。

平潭站：室内正常环境属一类，室内潮湿环境属二a类；室外(墙外挑板、钢筋混凝土女儿墙)属三a类；±0.000以下为二a类；±0.000以上的室内混凝土结构环境类别为一类。

(3)钢筋

采用HPB300、HRB400E(梁柱主筋)钢筋。钢筋混凝土中纵向受力钢筋的抗拉强度实测值与屈服强度实测值比值不小于1.25，钢筋的屈服强度实测值与标准值比值不大于1.3，且钢筋在最大拉力下的总伸长率实测值不小于9%。

(4)钢结构构件

采用Q235-B、Q345-B钢材。钢材具有抗拉强度、伸长率、屈服强度和硫、磷、碳含量的合格保证，焊接结构还具有冷弯试验的合格保证。钢材的强屈比不小于1.2，有明显的屈服台阶，且延伸率大于20%，并具有良好的可焊性和合格的冲击韧性。

(5)焊条

焊条符合现行国家标准的规定。焊接Q235时，可采用H08A、H08E型焊丝配合中锰型、高锰型焊剂，或采用H08 Mn、H08 MnA配合无锰型、低锰型焊剂；焊接Q345时，可采用H08A、H08E型焊丝配合高锰型焊剂，或采用H08 Mn、H08 MnA配合中锰型、高锰型焊剂。

(6)结构构件耐火极限(建筑物耐火等级为二级)

柱：2.5h；梁：1.5h；钢檩条：1.0h。

(7)框架填充墙

±0.000以下墙体采用M5水泥砂浆砌240 mm厚MU15页岩砖；±0.000以上外墙采用Mb5混合砂浆砌MU10空心灰砂砖砌块，200 mm厚；±0.000以上内墙采用Mb5混合砂浆砌A3.5B05加气混凝土砌块，200 mm厚(干容重≤7.5 kN/m^3)。砌筑质量等级为B级。

(8)钢结构防锈及涂装

①所有钢构件表面均进行喷射除锈，除锈等级为Sa2.5。

②钢结构涂装严格执行铁路客站站房总指挥部《关于加强站房、雨棚外露钢结构细部制作及涂装质量控制的通知》[客站总指函(2010)61号]，其中涂料系统的耐久年限为“长期”(15年以上)。防锈防腐涂装选用溶剂型无机富锌底漆2遍(漆膜厚度80 μm)加环氧云铁中间漆2遍(漆膜厚度125 μm)加丙烯酸聚氨酯面漆2遍(漆膜厚度50 μm)。根据建筑装饰需要，面漆可改为氟碳面漆(漆膜厚度50 μm)。

③所用底漆、封闭漆、中间漆、面漆成分性能应相容；各层涂装油漆其物理性能指标满足国家相应标准要求。

第四节　平潭站设计

一、建　　筑

福平铁路平潭站位于平潭试验区中轴线麒麟大道的中心节点处，距离福州站87.704 km，是京台高铁的重要一站，总建筑面积约为53 985 m^2，是目前全国铁路客站中规模最大的侧式站房。站房建筑高度28.8 m，灯塔高度接近40 m。

建筑层数主体二层，局部三层，架空一层。顺轨道方向15跨，标准跨10 m、15 m，中部最大跨24 m；垂直轨道方向9跨，标准跨9 m、10 m。旅客流线为上进下出。

1. 平面布局

站房架空层主要功能为铁路旅客出站、商业服务空间、停车场及辅助功能用房。站房一层中部为进站广厅及基本站台候车厅，站房二层中部布置候车厅；候车室南北两侧面向候车厅分别布置公共卫生间、开水间、客运值班室、安检员值班室、服务员室、旅客服务及公安值班室等用房；站房二层两侧夹层预留有商业服务空间。

(1)进站旅客流线

自城市广场层来的旅客通过设置于架空层的楼扶梯、垂直电梯等垂直交通设施上至站房一层旅客活动平台，持票验证安检后进入站房；乘坐出租车及社会车辆旅客可在站房一层旅客活动平台落客后持票验证安检进入站房。

基本站台乘车的旅客在一层候车厅候车，检票后通过设置于站房与基本站台间的联系廊进入基本站台乘车；二站台乘车的旅客通过楼扶梯上至二层候车厅，检票后通过二层联系通道进入进站天桥再下至二站台乘车。

(2)出站旅客流线

基本站台和二站台下车旅客通过设置于站台的地道出入口楼扶梯等交通设施下至出站地道，前行到达站房北侧架空层的出站厅检票出站，出站后在城市广场和架空层停车场换乘其他城市交通。

2. 建筑剖面

站房室内±0.000 的绝对标高为 12.701 m，基本站台中心里程处绝对标高为 12.281 m。城市架空层室外广场标高－6.800 m(5.901 m)，高于 50 年一遇内涝水位绝对标高 3.60 m。

车站架空层层高 6.8 m，出站厅吊顶下净高 5 m，室外平台吊顶下净空为 5 m。车站一层候车厅及售票厅层高 8.4 m，吊顶下净高 5.5 m。车站二层中部候车室吊顶下净高 10～15 m，二层两侧候车室吊顶下净高 7.7 m。

站房与基本站台间距 8.2～33.14 m，站房中心里程处设联系廊与基本站台相连，联系廊与进站天桥衔接。商务候车室侧设有进站雨棚与基本站台相连，雨棚屋面采用钢筋混凝土屋面。

3. 站房立面

车站造型立意"结合国际旅游岛景区建设，打造站区新世纪石头村落"，建筑采用厚重的建筑体量及石头厝的地域民居元素塑造海边的石头房子形象。建筑正立面有四座塔楼，中部高耸的四坡顶塔楼，仿佛海岛上的灯塔，寓意着引导思乡的游子归航。

4. 城市广场

站房与站前广场紧密衔接，设置有多处风雨连廊、落客岛等功能区，站房下方的社会停车场出入口设置于广场区域，利用广场地下车行道进入。平潭站是最早提出并实践的站房与城市融合的铁路客站。

平潭站在构建高铁交通规划中，整体交通组织以高铁站为中心向外发散，以零距离换乘为目标尽量实现换乘设施与铁路进出站便捷、直接的连接，设置出租车、城市公交及长途汽车等多种交通枢纽，采取"人行优先、公共交通先行"的布置原则，多种交通换乘方式的布置满足了旅客的不同需求，以确保出行畅通。

5. 室外幕墙

站房各公共区出入口处门采用不锈钢边框透明钢化玻璃平开门，外墙主要采用干挂外保温石材幕墙及中空 LOW-E 玻璃幕墙。

平潭地区自然环境独特，全年 8 级以上大风日 90 d 左右，年平均风速 5.6 m/s，一年四季都有大风出现。当地大气环境腐蚀性分类为 C5 级，具有较强的腐蚀性。站房需克服潮湿、盐雾、大风等多重不利因素影响，建设难度大。平潭站房外立面采用石材背栓干挂工艺，当地房屋以大块的不均匀石材砌筑墙体而形成一种独特墙体肌理，站房设计模拟当地建筑，立面塔楼区域采取"横平竖错式"干挂花岗岩外墙，立面其他区域采用"错石错缝式"干挂花岗岩外墙。为了进一步贴近真实民居效果，在选材的使用上，采用 30～50 mm 不同厚度的黄金麻、锈石、虾红石材，采用模块化的方式进行外墙施工，模块中个别石材凸出基准面，增加石材的毛面与平面对比程度。在原来模块的基础上进一步调整石材分缝，避免缝隙横平竖直，破除外墙均值感，避免外墙效果均质化。

屋顶采用混凝土结构形式，瓦屋面体系，幕墙系统及室外吊顶系统均采用防腐抗风措施，最大限度地减少自然恶劣环境对建筑本身的影响。选择与水泥基黏结性强、自重大的屋面瓦，单片带锁扣造型使横向瓦片咬合为统一整体，提升砂浆强度等级，内掺丙纶防水黏结剂增加黏接程度，屋面瓦采用铜丝与钢丝网固定，瓦面孔洞增加水泥钉，避免铜丝颤动松脱，该方案通过钢筋网片与铜丝的固定＋水泥钉机械紧固＋瓦下满铺砂浆的形式，增强其整体抗风性能。

6. 装修优化

2019 年国铁集团站房建设提出了新的设计理念，建设中的平潭站为落实该理念，进行了深刻的挖掘，对站房方案进行了优化调整，全面落实艺术性表达，提升站房品质。根据现阶段新时期站房有关"畅通融合、绿色温馨、经济艺术、智能便捷"精品工程的建设理念，将地域文化融合房屋装饰深化设计，提升建筑艺术品位，提高站房建筑品质，打造福平铁路站房精品工程。站房室内装修提升、优化设计，各功能区域增设文化性表达。

一层候车厅吊顶采用"贝壳"造型，一层候车室铝合金条板吊顶为 2.5 mm 厚三角形铝单板吊顶，如图 3-9-5 所示。二层候车厅采用"金色沙滩"理念，原设计条板吊顶为 2.5 mm 厚穿孔铝单板，两侧采用铝条板曲线拼合展现"海浪"形态，该铝板采用白色弯弧条板背衬深灰色铝板。

墙面底端设置 1.2 m 高深咖色大理石墙裙，墙角为弧形石材踢脚，墙体与吊顶交接处设仿木纹铝方通装饰面层。候车厅圆柱柱顶设仿石铝板柱头造型。二层商业夹层面向旅客的独立柱，采用装饰石版画美化。门洞口设置丰富线条造型的石材门套收边。二层风口采用铝方管＋铝单板装饰格栅装饰，二层候车室效果如图 3-9-6 所示。

图 3-9-5　站房一层候车室效果图

图 3-9-6　站房二层候车室效果图

售票厅采用开放式售票厅，原售票室为开放式与售票厅同装修标准。售票厅进门处墙面，设置贝雕文化墙；售票厅吊顶铝条板改为条板＋方通＋垂片形式，吊顶波浪造型加密区采用铝垂片吊顶，售票厅等墙面与顶棚交接处造型，采用 2.0 mm 厚木色铝方通背衬 1.5 mm 厚铝板，将吊顶做法延伸至墙体顶部，融为一体，如图 3-9-7 所示。仿木纹异型铝垂片相互穿插形成涟漪纹效果，吊顶分隔方式同时也跟地面色带相呼应。

出站厅是重点提升的空间，不同于其他站房的简单装修，平潭站的出站厅地面采用灰麻、白麻交错工字形拼贴。拱形铝板灯条照明造型，延续到地面铺贴色带区分，弱化空间视觉，弧度吊顶采用 2.0 mm 厚木色铝方通背衬 1.5 mm 厚铝板，为旅客到达平潭站展示最好的形象，如图 3-9-8 所示。

图 3-9-7　售票厅效果图

图 3-9-8　出站厅效果图

以古为鉴，利用原有建筑结构，将柱子横梁结构均做仿树皮纹氟碳漆处理，柱脚墩采用仿芝麻灰石材。天桥与雨棚均采用人字屋顶结构，贯穿整个室外空间，天桥竖向工字地面铺设同时对应柱子结构做色块区分，如图 3-9-9、图 3-9-10 所示。

卫生间地面变更为仿大理石玻化砖，墙面增加腰线，丰富墙面层次，盥洗室局部墙面调整为仿流水纹瓷砖内墙，卫生间内墙增加美缝处理。门洞口均增设门套。打造人性化卫生间，增设整面绿植藤蔓植物墙，吊顶改为防潮硅酸钙板吊顶，便于进行造型设计，如图 3-9-11 所示。各处增设人造石门套，镜面采用钛金不锈钢收边，背衬水泥纤维加压板。蹲便器隔断板采用蜂窝铝板且按通高设置，门头增加艺术造型；小便斗间增设隔断板，采用水纹钢化玻璃，小便斗处墙面增加凹槽造型，增设仿大理石瓷砖手机托盘，小便斗区域地面石材采用深色石材与其他区域区分。

图 3-9-9 站台雨棚效果图

图 3-9-10 天桥效果图

图 3-9-11 公共卫生间效果图

二、结 构

1. 工程概况

站房轴线尺寸长 234.00 m(平行股道方向)，建筑最大高度 28.5 m，局部突出塔楼高度 46.2 m。楼屋面结构在 6～7 轴、14～15 轴以及 K～1/K 之间设置三道伸缩缝，将楼屋面结构沿纵向分为四个温度区段，分别为 A 区、B 区、C 区和 D 区。

A、C 区主体结构三层，局部五层，楼屋面最大跨度为 18.0 m，基本柱网尺寸为 10 m×10 m、15 m×10 m。屋面最大高度为 24.0 m，采用采用钢筋混凝土屋面。A、C 区设置汽车坡道出入口与架空层相连。

B 区主体结构三层，楼屋面最大跨度为 24.0 m，基本柱网尺寸为 24 m×10 m，主体屋面最大高度为 35.3 m，局部突出塔楼高度为 53.0 m，采用钢筋混凝土屋面。

D 区主体结构二层，楼屋面最大跨度为 15.0 m，基本柱网尺寸为 10 m×10 m，屋面最大高度为 12.2 m，采用钢筋混凝土屋面。

本工程采用直径为 800 mm 的钻孔灌注嵌岩桩。在站房的北侧有高架桥，高架桥与主站房间设防震缝分开。站台雨棚位于主站房北侧，站台雨棚与站房之间设置进站天桥连接，站台雨棚及天桥采用钢筋混凝土结构。

2. 设计特点

(1)复杂的结构体系

平潭站位于台风区，设计风荷载较大(1.3 kN/m^2，50 年一遇)，且位于沿海地区，环境腐蚀性较强。

经过反复研究对比，为保障结构的安全稳定，整个站房均采用钢筋混凝土结构，这就要求建筑造型全部利用钢筋混凝土实现。为了实现建筑造型，站房存在大开洞、两个高塔楼偏置、多处结构转换等结构不规则现象，整个站房结构属于典型的体型复杂且非常重要的建筑物，如图 3-19-12 所示。

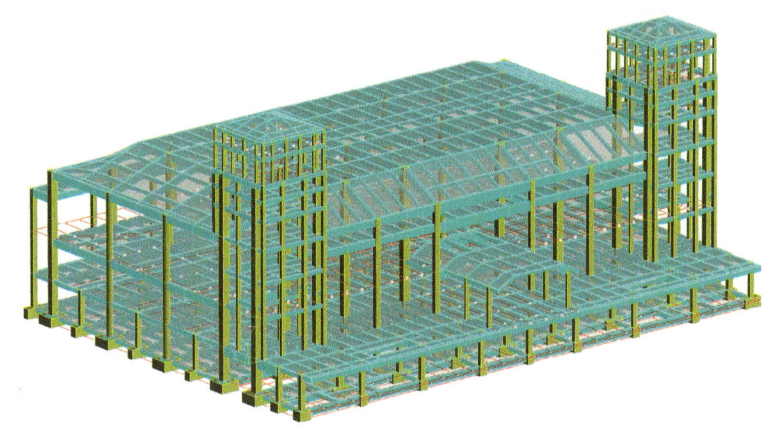

图 3-9-12　站房模型

(2)局部高塔楼设计

局部塔楼高度近 53 m，塔楼坐落在整个结构的角部，偏心很大。偏心将导致结构在风或地震等动力荷载作用下出现弯扭组合扭动的现象，从而导致结构动力响应的增大。故对塔楼结构专门进行了风致动力响应分析，确保结构的安全性。实现了建筑造型的同时，在建筑艺术中完美地彰显了结构智慧。

(3)超长结构设计

平潭站在分缝后，平行于股道方向长度仍然达到 110 m，垂直股道方向达到 84 m，故在结构设计中均进行了温度作用分析，且在混凝土结构中掺入一定量的膨胀剂及高强聚丙烯纤维以保障混凝土的抗裂性能。

(4)防腐除锈设计

平潭站位于沿海地区，腐蚀性较强。为此，平潭站幕墙在进行防腐蚀设计时，根据当地相关研究成果采用了比规范更为严格的标准，并开展专题会议对其进行了论证。

三、暖　　通

根据使用功能，站房不同区域设置不同类型的空调系统：通信机房、信息综合机房、区域信息机房设置分体式风冷机房专用空调；机电设备监控室、客运综控室及分散布置的办公、公安用房等采用变频分体空调器或变制冷剂流量多联空调；站房公共区设置集中空调，冷源采用水冷磁悬浮离心式冷水机组。

集中空调冷冻水系统采用变流量一次泵两管制系统，冷水机组变流量运行；空调冷却水系统采用定流量系统。根据建筑造型及装修要求，集中空调风系统采用不同的气流组织方式，如在二层候车厅、进站广厅等高大空间采用节能的分层空调方式，喷口侧送风，下侧集中回风；在售票厅等较高空间采用条缝百叶风口顶送风，下侧集中回风。

各卫生间、停车场、开水间、消防泵房、无外窗办公用房等设机械排风系统；气体灭火房间设置气灭后排风。各变电所设智能温控轴流风机机械排风，自然进风，并设置分体式空调器辅助降温。售票厅设置过渡季通风。站房的主要出入口设置风幕机。餐饮类旅客服务预留油烟井。

根据国家、铁路行业现行防火规范以及《新建福州至平潭铁路平潭站站房工程特殊消防设计专家评审意见》，除不具备自然排烟条件的走道、建筑面积超标的房间、公共区旅客服务、停车场等场所设置机械防排烟设施外，其他场所均采用自然防排烟方式。

通风空调系统节能设计：采用节能、高效空调设备，提高能源利用率。空调、风机等选用达到国家 1 级能效标准的产品和设备；空调水系统采用变流量一次泵两管制系统，采用有效的平衡控制措施，确保系统按需供水，保证空调效果，节省运行能耗；末端空调机房均靠近空调房间，减少空调系统的输送能耗；高大空间空调采用侧送风方式，分层空调，仅满足人员活动区域对温度的要求，减少空调负荷，节省运行费用；对用能、用水建筑和设备均配置计量和控制仪表，冷热源、水泵、风机的效率和输送系数均满足《公共建筑节能设计标准》(GB 50189)的规定；与室外相通的出入口处均设有风幕机，减少能量损失。空调系统风、水管均采用可靠的绝热保温措施。

四、给 排 水

除高位消防水箱给水采用管道泵加压供水外，其余室内生活、生产用水利用室外给水管网水压直接供水，并在各给水入口分别设置水表。排水系统采用雨、污分流制，生活污水和生活废水合流排放。生活污水采用重力排水，消防泵房集水井、旅客地道和室外电扶梯基坑设置潜污泵抽升排水。旅客服务根据土建条件及商业业态预留给排水条件。站房候车厅、售票办公及其他人员集中的办公管理用房设置带净化功能的电开水器供应饮水。母婴室设置电热水器供应热水。

五、消 防 给 水

站房全室设置室内消火栓系统，除二层候车室、进站广厅和不能用水保护的场所外，其余场所均设置自动喷水灭火系统，其中架空层车库设置泡沫-水喷淋自动灭火系统；室内净空高度超过 12 m 的二层候车室、进站广厅设置固定式消防水炮系统；通信机房、信息综合机房和区域信息机房设置七氟丙烷气体灭火系统；全室设置建筑灭火器。

六、经 济 性

本工程建设规模大，建筑造型独特，因站房毗邻大海，年 7 级以上大风超过 200 d，且空气中饱含氯离子，昼夜温差大，大厅不能采用内陆常见的钢结构网架屋面，采用了大跨钢筋混凝土结构，采取多种措施解决温差的伸缩影响，对合理的方案进行概算测算，选择经济可行方案。站房外立面采用平潭当地石头厝风格，为保证整体效果，设计人员进行了深入的市场调查，综合权衡与比较整体效果与价格，选取较为经济的石材。为保证龙骨的防腐及抗风性，分析定额及补充材料，以达到投资的准确性。

在项目施工图设计、建设施工期间，配合建设单位及专业设计人员进行变更评价，对变更经济性进行比较，为建设单位和设计人员提供有效的参考，使工程投资得以更好的控制。

第五节　生产生活房屋设计

一、主要工程内容

沿线新建区间通信基站 11 处 295.79 m²，区间直放站 15 处 163.5 m²，中继站 1 处 227.2 m²，牵引变电所 2 处 910 m²，10 kV 配电所 2 处 1 710 m²，信号楼 4 处 1 721.28 m²，线路所 1 处 386.76 m²，福州东配电所新增用房 118.72 m²，TFDS 探测站 1 处 13.41 m²，红外轴温探测机房 4 处 53.64 m²，大桥健康监测用房 1 处 139.84 m²，福州南信号机房改造 1 处 57.6 m²，四电房屋建筑面积共计 5 797.74 m²；全线新设除四电和站房外的客货运房屋、车辆房屋、给排水房屋、综合维修车间及工区房屋、公安房屋及职工单身宿舍等生产生活房屋 24 栋，建筑面积 17 567.0 m²；岗亭 3 座，建筑面积 12.0 m²。

二、主要设计原则

1. 建筑

房屋根据工艺专业要求进行平、立、剖面设计，在满足使用要求的前提下，充分考虑与既有建筑的协调、统一等问题；注重对环境及自然资源的保护，特别是绿化及自然水体的保护，注重基地内的绿化及景观设计;在满足功能及工艺要求的前提下,优化建筑平面布局、空间组合,把建筑功能作为建筑设计的重点;总图布置及单体设计符合消防的安全要求。

2. 结构

结构设计应根据承载能力极限状态和正常使用极限状态的要求进行验算,保证结构在施工及使用期间具有足够的强度、刚度(楼面的自振频率不低于 3 Hz),并满足抗倾覆、滑移、漂浮、疲劳、变形、抗裂等条件,同时采取措施,满足现行规范规定的耐久性要求;轨旁房屋设计时,建筑、结构等相关专业核对建筑限界,并应由限界专业、接触网专业确认,确保装饰面层不超限界;结构计算中考虑由于耐久性要求,混凝土保护层的变化对结构构件截面计算高度的影响;在结构设计中应充分考虑施工对周边环境的影响;结构设计除满足现行的国家标准、规范、规定外,尚应满足福建省的有关规范、规定。

三、主要设计标准

1. 建筑设计标准

(1)总图布置及单体设计符合消防的安全要求;房屋采用坡屋面(四坡屋面或双坡屋面),外挑檐沟,采用有组织排水;办公、值班、住宿及有空调要求的生产房屋,外墙、屋面均设置保温层;屋面防水等级,所有房屋均为Ⅰ类(两道防水设防);建筑物耐火等级不低于二级。

(2)装修标准

①墙体。

±0.000 以下墙体:采用 M10 水泥砂浆砌 MU15 页岩砖,240 mm 厚。

±0.000 以上墙体:外墙采用 M5 混合砂浆砌页岩多孔砖,240 mm 厚;内墙采用 Mb5 混合砂浆砌 A3.5B06 加气混凝土砌块,200 mm 厚(100 mm 厚仅用于卫生间等较短内隔墙)。

②外墙饰面。一般采用涂料饰面,少部分采用陶瓷面砖饰面。

a. 涂料外墙。防水环保型外墙涂料饰面(浅灰色)+岩棉保温层+聚合物防水砂浆。

b. 面砖饰面。用饰面砖胶黏剂贴面砖,饰面砖胶黏剂 3~5 mm 厚。面砖缝不得小于 5 mm,立面分缝处加设 20 mm 宽的面砖缝。常温施工 24 h 后喷水养护,粘贴好后用饰面砖填缝剂勾缝,面砖缝应凹进面砖外表面 2 mm。

③内墙饰面。办公居住房间、辅助生产房间及内走道一般采用白色乳胶漆内墙面。选用亚光型环保涂料产品。通信机械室,一般采用无机涂料内墙面。卫生间、浴室、厨房等高湿度房间采用白色面砖防水墙裙。

④顶棚。办公居住房间采用板底涂料顶棚,面层刷(喷)白色内墙涂料。通信机械室等四电设备房间采用无机涂料顶棚,有吊顶要求的,采用矿棉吸声板吊顶。浴室、厨房、卫生间采用铝条板吊顶,燃烧性能 A 级。

⑤楼地面。一般生产房屋、材料间采用细石混凝土地面,办公房屋采用地砖地面,卫生间、浴室、餐厅、厨房采用防滑地砖地面,走廊及楼梯间楼地面做法与相应室内楼地面做法一致,有防腐、防静电等工艺要求的房屋则按工艺要求设计。

⑥踢脚。一般与相应室内楼地面做法一致。楼地面为混凝土或水泥砂浆的,采用水泥砂浆踢脚;楼地面为地砖的,采用地砖踢脚;卫生间等房间内墙面全部为面砖的,不设踢脚。

⑦卫生间及淋浴间等。厕浴隔板采用灰色高密度板、不锈钢包边;洗手盆、小便器、坐便器、蹲便器、小便槽详见国标图集。

⑧门窗。四电设备用房均需采用防火门,其中电力 10 kV 及以上变电所(高压室、控制室)、牵引变电所(高压室、二次设备室)等设备用房采用甲级防火门,其他需采用乙级防火门;所有房屋的外门(入户门)设置节能型防盗门(防火门除外);颜色为深胡桃木色;材质为成品钢质复合门,不锈钢牛耳式门锁;普通内门一般采用木门。

防火窗:有气体灭火的四电设备用房的所有窗户及四电设备用房与其他有房之间的窗户均需采用防

火窗。其中电力 10 kV 及以上变电所(高压室、控制室)、牵引变电所(高压室、二次设备室)等设备用房与其他有房之间的窗户需采用甲级防火窗,其他需采用乙级防火窗;值班、办公、居住的房间选用铝塑节能门窗。

⑨屋面做法。

a. 坡屋面,有保温隔热层的平瓦屋面(Ⅰ级防水),用于宿舍、公寓等的坡屋面,采用重力雨水排水。

b. 平屋面(有保温不上人屋面),采用重力流雨水排水系统。

2. 结构技术标准

(1)设计基准期与结构使用年限

设计基准期为 50 年,结构设计使用年限为 50 年。

(2)基本风压与基本雪压

基本风压与雪压见表 3-9-6。

表 3-9-6 基本风压与基本雪压

站　　名	50 年基本风压(kN/m^2)	50 年基本雪压(kN/m^2)
长乐站、长乐东站、长乐南站	0.7	0
平潭站	1.3	0

(3)建筑结构的安全等级

房屋建筑结构的安全等级均为二级,结构重要性系数均为 1.0。

(4)地基基础设计等级

地基基础设计等级为丙级。

(5)抗震设防烈度及设防类别

抗震设防烈度 7 度,设计地震基本加速度值 0.10g,水平地震影响系数最大值 0.08。建筑抗震设防类别:四电房屋均为乙类,其余为丙类。

(6)房屋室外地面设计标高

牵引变电所室外地面设计标高按同时满足洪水位及内涝水位 100 年重现期+0.5 m 设计,其余房屋室外地面设计标高按同时满足洪水位及内涝水位 50 年重现期+0.5 m 设计。

(7)结构设计

门卫、岗亭等小型生产房屋采用砌体结构,其余房屋均采用钢筋混凝土框架结构,楼屋面均采用现浇钢筋混凝土板。

基础根据地质条件采用无筋扩展基础、筏形基础、柱下条形基础、桩基础。

软土及填土厚度较厚(>15 m)时,对于四电等跨度不大的重要房屋,考虑在室内地面加设一层钢筋混凝土板,钢筋混凝土板与房屋基础设计成整体。软土及填土厚度≤15 m 时,对于四电等跨度不大的重要房屋,采用高压旋喷桩对室内地坪地基进行加固处理。

第十章 通信设计

1. 设计情况

本工程设计通信系统包括传输系统、电话交换及接入系统、数据网、专用移动通信系统、调度通信系统、会议电视系统、应急救援指挥通信系统、同步及时钟分配系统、电源系统、综合视频监控系统、综合网管系统、通信电源及环境监控系统、防雷及接地系统、段(所)综合布线系统等。通信线路包括长途干线光缆线路、地区站场通信光电缆线路、分歧光缆线路以及区间短段光电缆线路。

(1)传输系统

本线传输系统按照骨干层、站段汇聚层及区间/站内接入层共三层网络结构组网。其中骨干层汇聚层采用 SDH 10 Gbit/s ADM 设备组,站段汇聚层采用 SDH 2.5 Gbit/s ADM 设备,区间/站内接入层采用 SDH 622 Mbit/s ADM 设备。

南昌通信站设置传输网管服务器及终端,福州通信车间及长乐东综合维修车间设置复示终端及便携维护终端。同时扩容福州至南昌局干 OTN 系统,满足本线至南昌调度所及通信站通道需求。

(2)电话交换及接入系统

本线利用福州通信站电话交换机,新增的电话用户通过新建接入网系统,接入福州通信站的既有交换机统一组网编号。在既有福州通信站新设 OLT 设备一套,沿线通信机房新设 ONU 设备,接入新设的 OLT 设备。新设的 OLT 设备汇接本线 ONU 设备自动电话用户,接入福州通信站既有程控电话交换机。

(3)数据通信网

本工程数据通信系统属于铁路数据通信网的区域网络,利用南昌局数据通信系统既有核心节点、利旧既有福州通信站汇聚节点、各车站新设接入节点。本线新设数据通信网设备纳入南昌局数据通信网流量监测系统。

(4)移动通信系统

本工程利用并扩容南昌局既有核心网 MSC 设备硬件接口及软件 License,满足本线无线子系统以及用户的接入需求。GSM-R 基站子系统利用并升级南昌局既有杭深 BSC/PCU 以及 TRAU 设备。根据车站分布和场强覆盖的需要,本工程在铁路沿线新设基站或分布式基站设备,在弱场区段设置分布式基站射频拉远单元或区间直放站远端机设备。对福州南枢纽 GSM-R 系统方案进行统一规划。

(5)调度通信系统

对南昌局杭深既有主、备调度所型调度交换机扩容,利用南昌局既有福州枢纽行调台及温福电调台。沿线各新建车站(段)及相关用户设置相应的车站台或调度电话分机。新设车站调度交换机接入南昌调度所既有调度系统网络管理系统。新设调度交换机同址设置数字录音仪,同时在车务段、通信段设置录音仪查询终端。

(6)会议电视系统

本工程利旧扩容南昌调度所既有会议电视中心设备,在长乐站、长乐东站、长乐南站、平潭站分别配置分会场设备,会议电视分辨率要求不低于 1 080P。

(7)其他

设置应急通信系统、时钟及时间同步系统、隧道应急通信系统、综合视频监控系统、通信电源及环境监控系统、综合布线系统、综合网管系统、通信线路等。

2. 施工配合情况

跨海大桥的通信设备安装,应与相关桥梁设计及施工单位做好对接,确保通信轨旁设备的安装条件。公铁合建特大桥应与建设单位加强沟通,明确地方搭载其他设施尤其是超高压强电情况,并采用相应的工程措施确保对通信系统无干扰。因全线地形复杂，部分车站设置于隧道群短路基地段，站内不具备架设无线通信杆塔条件时，可考虑与南昌铁路局及建设单位沟通利用信号楼的侧壁安装GSM－R系统天线。

特大型跨海（江、湖）大桥可采用无线中继设备＋天线的覆盖方案，桥上信源间距和天线规格需根据桥梁结构和实际环境因素进行覆盖模型测算，无线中继设备的选择及安装可因地制宜并根据运营维护单位的建议采用多种方式固定在挡砟墙（防护墙）上或电缆槽内。

福州南枢纽的无线覆盖方案，设计前需向南昌铁路局沟通调研既有、在建、规划中高（普）速铁路对引入枢纽站的总体规划及现网频率资源的使用情况。设计时，充分考虑枢纽内同邻频干扰、多径干扰和频率资源紧张的问题，保证无线设计方案的可延续性，为后续铁路项目预留充分的接入条件，减少后续工程的重复建设，方便南昌铁路局对不同等级线路的维护管理工作。

第十一章 信号设计

福平铁路信号系统包括调度集中系统、闭塞和列控系统、车站联锁系统、信号集中监测系统、电源系统等,具体车站、线路所、中继站的主要工程内容见表 3-11-1。

表 3-11-1 具体车站、线路所、中继站的主要工程内容

序号	车站	系统(套)					站场规模		信号用电(kVA)	备注
		CBI	TCC	CTC	CSM	电源	股道(条)	道岔(组)	容量	
1	福州	修 1	修 1	修 1	修 1				扩容 5	新增道岔 6 组
2	樟岚线路所	1	1	1	1	1		4	45	新建信号楼
3	福州南	修 1	修 1	修 1	修 1			25	扩容 8	新增道岔 25 组
4	长乐	1	1	1	1	1	4	5	50	新建信号楼
5	长乐东	1	1	1	1	1	4	13	55	新建信号楼
6	长乐南	1	1	1	1	1	6	22	55	新建信号楼
7	平潭	1	1	1	1	1	5	21	60	新建信号楼
8	中继站 1	1	1		1	1			20	新建信号楼

根据招标结果,主要信号设备的类型如下:

(1)调度集中:卡斯柯公司卡斯柯 FZK-CTC(CTC3.0)。

(2)列控:CTCS2 级,通号公司 LKD2-T3 列控中心。

(3)联锁:卡斯柯公司 iLOCLK 型。

(4)信号集中监测:通号公司设计院监测设备。

(5)电源屏:北京鼎汉公司综合智能电源屏(带 UPS 及电池柜)。

(6)道岔缺口监测:杭州慧景 JHD 型铁路道岔转换设备综合监测系统。

(7)轨道电路:移频轨道电路采用通号公司 ZPW-2000A(K)型轨道电路,高压脉冲轨道电路采用固安信通设备。

(8)转辙机:提速道岔采用太原铁路电务器材厂 ZYJ7 全主机转辙机,普通道岔采用 ZY7 内锁闭转辙机。

第一节 调度集中

1. 福平铁路调度集中系统(CTC)

系统设计遵循下述技术原则:CTC 系统满足《调度集中系统技术条件》及国家铁路局、国铁集团的其他相关规定。

2. 调度区的划分及调度台的管辖范围

本线纳入南昌铁路局调度所既有福州枢纽调度台管辖,集中指挥本线的运输作业。福平铁路所在既有福州枢纽台在本线引入后的调度区划如图 3-11-1 所示。

3. CTC 系统接入调度所方案

本线新建车站 CTC 分机组网接入南昌铁路局调度所 CTC 中心系统,调度所新设用于本线新建车站、

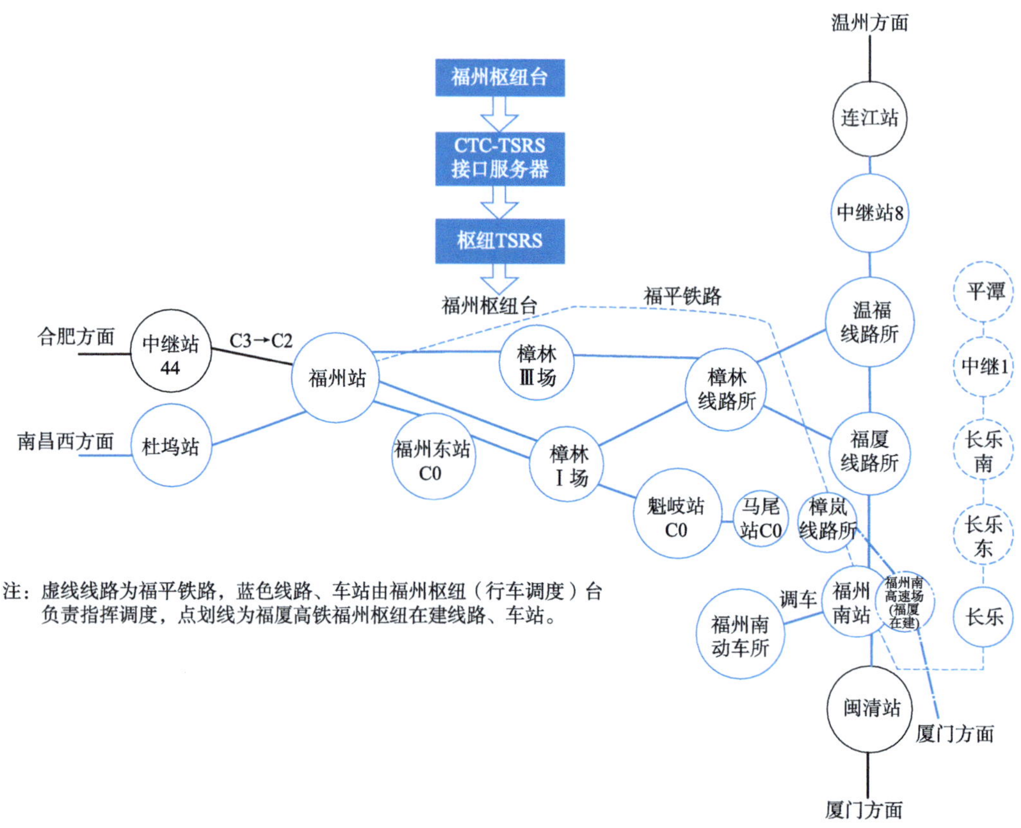

图 3-11-1　福州枢纽调度区划

线路所的通信前置服务器，并对中心系统其他相关设备（如调度员工作站、数据服务器、路由器等）硬软件进行适应性修改。

4. 车站子系统设备

全线新建的 5 站设置 CTC3.0 分机系统，分别设置于樟岚线路所、长乐、长乐东、长乐南、平潭。福州、福州南既有 CTC 分机设备及网络连接利旧改造。既有福州枢纽调度台软件按 CTC3.0 技术标准配置，增加 2 套网络安全 2.0 系统、1 套既有 CTC3.0 通信接口服务器（用于车站服务器）。福州车务段（管辖福平铁路新建车站、线路所、区间）配备 1 套车站服务器设备，设于长乐东站信号机房内。

5. 网络子系统

CTC 系统独立组网，设计为双网，通道为双环结构，每个通道为 2 m 数字通道，在环的两端有连接到中心的双 2 m 通道。

第二节　闭　　塞

1. 福平铁路正线、还建沿海联络线闭塞系统概述

本线采用四显示自动闭塞，正向行车按追踪运行，反向行车按自动站间闭塞运行，区间采用 ZPW-2000A 轨道电路，地面设四显示通过色灯信号机。

2. 正线车站、线路所、中继站的设置

车站区间轨道电路电缆控制距离按不大于 10 km 设计。当轨道电路信息传输超出电缆有效传输距离时，在区间适当位置设置无人值守中继站。本线共设置 1 个中继站。

3. 闭塞分区及轨道电路分割原则

结合《高速铁路信号联锁和列控设备质量控制若干措施的通知》（铁总建设〔2018〕19 号）有关规定，本

次设计按有砟轨道的道床电阻率 2.0 Ω/km、无砟轨道的道床电阻率 3.0 Ω/km 设计，根据设备供货商提供的《客专 ZPW-2000A 轨道电路设计说明》及相关工程经验确定区间股道电路长度。

第三节　列车运行控制系统

1. 福平铁路采用 CTCS2 级列控系统设计

动车组列车追踪间隔满足 3 min 的要求，货物追踪间隔满足 5 min 的要求，反向按自动站间闭塞行车；列控车载设备采用连续速度（目标-距离）控制模式监控列车安全运行。

2. 机车信号信息定义

机车信号信息定义依据《铁路技术管理规程》、《机车信号信息定义及分配》（TB/T 3060—2016）、《列控中心技术条件》（TB/T 3439—2016）及《列控系统相关规范补充规定》（铁总运〔2016〕222 号）设计。

3. 列控系统构成

（1）车载信号设备

运行于本线的动车组车载设备装备 CTCS3 级或 CTCS2 级列控设备＋列车运行监控记录装置（LKJ）；运行于本线的机车车载设备装备列车运行监控记录装置（LKJ）。在地面 CTCS2 级因故停用时，装备 CTCS2 级列控设备的动车可按 CTCS0 级控制列车运行，装备 CTCS3 级列控设备的动车可按机车信号模式运行。

（2）地面设备配置

列控地面设备由临时限速服务器（TSRS）、列控中心（TCC）、ZPW-2000A 轨道电路、点式应答器、LEU 等设备组成。

4. 级间转换及反向运行

（1）级间转换

本线樟岚线路所与采用 CTCS3 级列控系统的福厦客专福州南客专场通过上、下行联络连接，C3 动车组跨本线运行时存在 C2/C3 列控等级转换。

（2）反向运行

本线反向行车按自动站间闭塞运行、列控系统按追踪码序发码。

5. 自动过分相信息提供

根据电气化专业的设计，本线共计 4 处（上、下行按一处计列）分相区，需要列控车载设备感觉地面设备提供分相区信息，在适当位置给动车组过分相专职发送指令，实现自动过分相。

6. 异物侵限灾害的防护

全线异物监测设置位置见表 3-11-2。

表 3-11-2　福平铁路灾害监测异物侵限监测系统与信号系统接口

序　号	灾害监测点	接入列控中心	下行区段	上行区段	备　注
1	平潭公铁两用大桥公路桥上跨本线	长乐南	18691BG	18696CG，18714AG	区间
2	平潭公铁两用大桥北东口桥段公路桥上跨本线	中继 1 站	18825AG	18842BG	区间
3	高峰山隧道口	长乐东	18555AG	18580AG	区间

7. 地震灾害的防护

本线地震动峰值加速度 0.10g，在沿线的牵引变电所、分区所设置地震监测点。各站、线路所、中继站 TCC，在接收到地震信息时，由列车运行控制系统、联锁系统进行安全防护。

南昌局地震预警中心系统尚未建设，福平铁路按接入南昌局地震预警监测中心系统设计。在地震中心系统启用前，地震预警监测系统启用前设计过渡电路，使该继电器常态励磁，启用时按原设计恢复。

8. 信号安全数据网

(1)信号安全数据网的组网

信号安全数据子网，利用通信专业为本线各车站、中继站、TSRS 机房间提供的 2×6 芯信号专用光纤(分别沿线路两侧敷设，每侧 6 芯，实用 4 芯、备用 2 芯)及接口，构成不同物理路径的信号安全数据网，供 CBI/TCC/TSRS 系统设备使用。各车站、线路所、中继站、TSRS 机房间的安全信息通过站间信号安全数据网传递。

(2)网络管理

本线纳入福州电务段既有 EMS 系统管理，该 EMS 服务器结合本线引入进行相应改造。

第四节　联锁系统

1. 车站计算机联锁设备

新建车站联锁采用硬件安全冗余的计算机联锁设备。福州、福州南站利用既有计算机联锁设备配合站场变化进行修改；在福州南站设樟岚线路所联锁、CTC 远程控显设备(传输光缆由信号提供)。车站所有道岔均纳入联锁。

2. 樟岚线路所远程控显的设置

在福州南站设樟岚线路所远程控显设备，实现行车人员集中办公。在福州南信号机房、运转控制室增设线路所联锁控显设备及 CTC 控显设备(远程控显)，并通过网络(以太网/串口)实现与线路所室内的控显主机设备进行通信。线路所室内的联锁控显设备、CTC 控显设备(以下称为线路所控显)保留作为冷备设备。

3. 站内轨道电路

樟岚线路所、长乐站、长乐东站、长乐南站、平潭站列车进路上轨道区段采用 ZPW-2000 型机械绝缘移频轨道电路。本次设计对于容易产生分路不良轨道区段采取措施：长乐东综合维修工区、平潭综合维修工区、货物场的轨道区段采用不对称高压脉冲轨道电路，新建车站正线间渡线采用轨面喷涂。

4. 接近区段长度及延时解锁时间

联锁车站内列车或调车进路均应设接近锁闭。车进路的接近锁闭区段长度，应保证按规定速度行驶的列车在进入该区段时，经采用最大常用制动后停在防护该进路的信号机外方。

进路接近锁闭后，其延时解锁时间应不小于列车按规定速度从接近锁闭区段始端，经采用最大常用制动后停在防护该进路的信号机外方所用的时间。

5. 信号机构及显示

列车信号机机构及显示方式均按照四显示自动闭塞区段要求设置，常态着灯。

信号机采用透镜式双灯泡铝合金机构。信号点灯采用具有主灯丝断丝报警功能的点灯单元，使用灯丝报警主机系统对车站列车信号灯丝进行监督和报警。

6. 道岔转辙设备

提速道岔采用三相交流转辙设备，配备外锁闭装置，其余道岔采用直流电动转辙机牵引。

7. 信号电缆

福平铁路按用途分别设置信号电缆，即信号机、ZPW-2000 轨道电路(或电码化)发送(送电)和接收(受电)、25 Hz 相敏轨道电路送电和受电、不对称高压脉冲轨道电路送电和受电、道岔、应答器。ZPW-2000 轨道电路、电码化发码端采用数字或内屏蔽数字信号电缆。

第五节　信号集中监测系统

各站、线路所、区间中继站均设信号集中监测设备，通过集中维护专用网，对 CTC、列控和联锁设备及信号其他基础设备(如转辙机、轨道电路、电缆绝缘、电源屏、主副熔丝转换装置等)进行实时监测,采用通信 10 m 数据通道。信号机房环境监控由通信专业统一设计。

1. 电务段监测子系统

根据批复的初步设计方案,本线利用福州电务段信号集中监测系统,其信号集中监测服务器按既有标准结合本线接入进行改造。

2. 车站、线路所、中继站监测分机

樟岚线路所、长乐站、长乐东站、长乐南站、中继站、平潭站分别设置 1 套车站信号集中监测子系统。既有福州、福州南、樟林Ⅰ、Ⅲ场监测站机利旧修改。福州、福州南、樟林Ⅰ、Ⅲ场既有监测终端利旧修改。

3. 监测组网

福平铁路信号集中监测系统网络通道连接关系如图 3-11-2 所示。

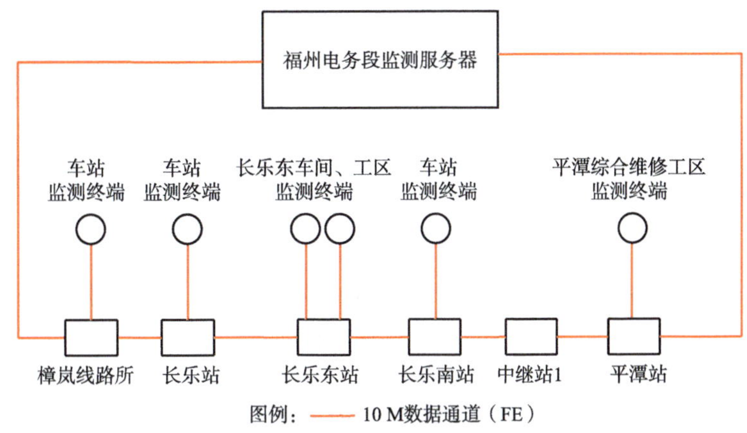

图 3-11-2 信号集中监测系统网络示意图

4. 监测终端

长乐东集中检修工区、长乐信号工区、长乐东信号工区、长乐南信号工区、平潭信号综合维修工区均各设 1 套监测终端设备。

5. 道岔转换设备综合监测系统

樟岚线路所、长乐站、长乐东站、长乐南站及平潭站设道岔转换设备综合监测系统,缺口监测站机信息传输纳入监测系统。

6. ZPW-2000 监测系统

本线车站、线路所、中继站均设置 ZPW-2000 维修终端设备。

7. ZPW-2000A 区间轨道电路室外监测设计原则

福州站、樟岚线路所、福州南站、长乐站、长乐东站、长乐南站、平潭站、中继站 1 所辖福平本线区间轨道电路,按 11 段方式实现 ZPW-2000 区间轨道电路室外监测功能。

第六节 电源系统

本线长乐站、长乐东站、长乐南站、中继站、平潭站及福州南站设铁路信号综合智能电源屏及 UPS 电源,为站内联锁、区间闭塞(室内外设备)、列控、CTC、集中监测系统等设备统一供电,其中福州南站为福平区间设备、樟岚线路所远程控显等增设 1 套电源设备。

第七节 其他设备

1. 机构设置、管辖范围、定员和生产房屋

根据《关于客运专线固定设施维修管理有关问题的指导意见》(铁运〔2009〕36 号)要求,本线维修体制

采用车站值班工区、集中检修工区、维修基地(段)三级机构。行政区划及管辖范围见表 3-11-3。

表 3-11-3　行政区划及管辖范围

综合维修信号机构及定员		信号工区及定员		管辖范围
机构	定员	信号工区	定员	
长乐东综合维修信号车间	3 人	长乐东集中检修	11	长乐至平潭
		长乐信号工区	6	长乐
		长乐东信号工区	6	长乐东
		长乐南信号工区	7	长乐南
				信号中继站
		平潭信号综合维修工区	6	平潭

2. 维修设备、备品备件的配置

(1)仪器仪表、专用工具及交通工具

根据“铁运〔2009〕36 号”文中规定的信号车间、工区的职责及应急抢险要求,新设车间和工区配置信号维修工器具,既有信号工区仪器仪表维持既有。配置处所包括长乐东信号车间、长乐东集中检修工区、4 处信号维修工区。

(2)备品备件

根据《高铁站后“四电”工程备品备件配置指导指南》(铁建设〔2012〕158 号)的要求,本线新建车间、工区、车站、中继站配置信号备品备件,福州、福州南维持既有。

(3)信号防雷及接地

本线设置了综合接地系统,所有相关室外信号设备的接地均按照相关施工规范要求与预留的接地端子相连。

平潭海峡公铁两大桥信号电缆槽内新增钢质电缆槽,电缆槽采取接地措施。平潭海峡公铁两用大桥上信号电缆在钢梁钢槽敷设时采取了绝缘加强措施(通信、信号电缆采取绝缘波纹管防护)。

(4)其他

平潭海峡公铁两用大桥范围室外信号设备改用热渗锌金属基础(热渗锌加厚最低干膜厚度 80 μm),金属基础支架、色灯信号机热镀锌梯子、柱式信号机粉末渗锌金属连接器执行《钢铁制件粉末渗锌》(JB/T 5067)的规定,渗锌层厚度达到 80 μm、满足渗锌层厚度等级 4 级(≥65 μm 为 4 级)标准。附属钢结构的非高强连接螺栓螺帽均采用不锈钢材质要求,螺栓带帽及放松装置采用不锈钢材质(采用 316L 不锈钢,耐腐蚀)。

第八节　综合接地

福平铁路设综合接地。福州站(不含)至平潭站(含)线路全长 88.433 km,其中 DK0+000～DK3+300 利用既有沿海铁路联络线的贯通地线;还建福州站至樟林段沿海铁路下行联络线(XLDK0+970～XLDK4+300,长度 3.33 km)和上行联络线(SLDK0+960～SLDK4+300,长度 3.34 km),预留福厦客专引入本线的上下行联络线。本工程在福州站新增部分设综合接地,与既有综合接地系统连接。

第十二章　信息设计

第一节　设计原则与采用的主要技术标准

(1)信息系统配置应适应运输生产需要,并与运输管理模式相适应。

(2)基于计算机网络技术完成信息资源共享以及系统功能的联动。

(3)为确保安全,信息系统与外部网络的连接及信息交互采用安全隔离和防护措施。

第二节　信息工程主要设计内容

(1)长乐、长乐东、长乐南、平潭4个新建客运车站的票务系统、旅客服务信息系统(包括车站集成平台、综合显示、客运广播、视频监控及入侵报警、时钟、旅客携带物品安全检查系统)、办公自动化系统、车站警务室公安管理信息系统、电源及设备房屋环境监控系统、综合布线系统、门禁系统、电源与防雷接地系统,以及平潭站行包管理系统、架空层停车场管理信息系统。

(2)本线各信息系统接入南昌局相应主系统及配套的扩容、改造、调试安装工程。

(3)平潭货场的货物运输管理信息系统(包括办公自动化系统及视频监控系统)及配套的电源与防雷接地系统、电源及设备房屋环境监控系统。

(4)长乐东综合维修车间、平潭综合维修工区的综合维修管理信息系统及配套的电源与防雷系统。

(5)长乐公安派出所和平潭公安派出所、刑警队、乘警队的公安管理信息系统和配套的电源与防雷系统。

(6)长乐东综合维修车间及平潭综合维修工区综合楼、长乐公安派出所及平潭公安派出所、刑警队、乘警队综合楼、平潭货场货运办公综合楼的综合布线系统。

长乐、长乐东、长乐南、平潭4个新建客运车站的票务系统、旅客服务信息系统及本线车站票务系统接入南昌铁路局既有地区票务中心,本线车站旅服系统接入南昌局调度所旅服集成管理平台的具体内容见第十七章。

第三节　信息系统设计

1. 货物运输管理信息系统

在平潭货场设置货物运输管理信息系统,利用通信专业提供的数据网通道上连至南昌局货运中心,实现发送货物微机制票、到达货票录入、电子货票,货场发送、到达、中转作业、运单受理记录、货调、货运营销、内交付、装卸车管理、货场管理,以及办公自动化等功能。货物运输管理信息系统由货运办公微机、网络设备、打印机、高拍仪及读码器等设备组成。

货场视频监控系统包括生产作业过程监控和安防监控,货场视频监控采取本地存储方式,图像存储时间不小于30 d,在货场办公综合楼监控值班室设置视频监控终端,在货场办公综合楼、仓库、站台及咽喉处设置1 080P网络高清摄像机。

货物运输管理信息系统软件应安装国铁集团、南昌局统一的应用软件。

2. 综合维修管理信息系统

在长乐东综合维修车间、平潭综合维修工区设置综合维修管理信息系统,系统具备办公自动化系统功能，其设备与办公自动化系统共用。

综合维修管理信息系统由路由器、网络交换机、办公微机及打印机等设备组成。系统局域网利用综合布线系统通道，采用千兆以太网组网。广域网接入就近车站办公网，利用通信专业提供的数据网通道接入既有南昌局办公自动化系统。

3. 公安管理信息系统

在长乐公安派出所和平潭公安派出所、刑警队、乘警队设置公安管理信息系统，系统由路由器、网络交换机、警务办公微机及打印机等设备组成，各公安派出所通过 1 个 100 M 通道接入福州公安处公安管理信息系统网络。在长乐公安派出所和平潭公安派出所指挥中心各设置 4 块液晶电视拼接屏。

在各站公安警务室设公安管理信息系统，系统由交换机、公安业务微机、打印传真一体机组成，车站公安警务室公安管理信息系统采用 10 M 专线通道上连至所属派出所，其中长乐站、长乐东站、长乐南站上连至长乐派出所，平潭站上联至平潭公安派出所。

4. 综合布线系统

在各新建车站、长乐东综合维修车间及平潭综合维修工区综合楼、长乐公安派出所及平潭公安派出所、刑警队、乘警队综合楼、平潭货场货运办公综合楼设综合布线系统，系统水平线缆采用六类布线方案，数据垂直主干采用 24 芯室内单模光缆，语音垂直主干采用五类大对数双绞线。

5. 电源及设备房屋环境监控系统

在各新建车站信息机房及信息配线设备间、平潭货场信息机房设置电源及设备房屋环境监控系统 RTU 分站设备，系统利用办公网网络设备，并利用办公网广域网通道接入本线设置在福州车务段的主系统。电源与环境监控系统应符合《铁路信息机房通用技术规范》(Q/CR 578—2017)要求。信息机房视频监控纳入电源及设备房屋环境监控系统，视频图像本地独立存储，图像存储时间 30 d。

6. 行包管理信息系统

在平潭站设置行包管理系统。系统主要实现发送行包检斤、制票，到达行包查询及交付，中转行包管理，行包分检管理，行包查询、通报，行包安全管理等功能。车站行包管理系统主要设备包括行包微机服务器、行包安检称重一体机、行包业务微机、票据打印机、货签打印机等。车站行包管理系统利用车站办公网局域网网络设备，并利用办公网广域网通道接入南昌局地区行包中心。

7. 门禁系统

在各新建客运车站设置门禁系统，实现对售票室、票据室、信息机房、信息配线设备间等重要场所的人员进出控制。系统由主控微机、门禁控制器、读卡器、电磁锁具、出门按钮等组成，感应卡采用非接触式 IC 卡。

8. 停车场管理信息系统

在平潭站架空层停车场设置停车场管理信息系统，系统具备车牌号自动识别、自动计费、自动抬杆、自动抓拍等功能。系统主要由入口设备和出口设备组成，入口设备和出口设备间通过交换机连网。

9. 系统运行环境

(1)电源

除办公终端外，信息系统设备采用集中供电方式，外供电源等级为Ⅰ级负荷。办公终端利用电力专业设置在各房间的办公电源插座就近取电。集中供电的信息设备采用 UPS 供电和交流直供两种方式，UPS 蓄电池备用时间为 1 h。信息机房、信息配线设备间所有信息设备，窗口售票设备、自动售取票设备、补票设备、行包业务办理终端、综控室终端、货运营业厅窗口制票设备采用 UPS 供电，其他信息设备采用交流电源供电。由电力专业在信息机房、区域信息机房分别引入两路电源自动切换箱，内置防雷单元及输出断路器，自动切换装置前端双重电源分别设置塑壳断路器。

(2)防雷与接地

防雷采用分级防护体制，由电力专业提供两路电源切换箱内自带电源防雷箱作为信息系统设备电源第一级防护；在 UPS 设备和交流电源前端，安装电源防雷器，作为机房内设备电源第二级防护。室外电源回路引入信息机房时，在配电柜配置电源防雷器，作为机房内设备电源第三级防护，同时结合建筑物防雷接地，共同构成信息系统的防雷体系。安装于室外的摄像头线缆回路在引入信息机房侧安装浪涌保护器。

所有引入信息机房的线缆应采用钢槽、钢管进行屏蔽，线缆引入室内时金属外护套、屏蔽层、金属加强芯应做接地处理。各类进出机房缆线的防雷措施，应执行《铁路防雷及接地工程技术规范》(TB 10180—2016)的相关要求。信息系统接地采用建筑物共用接地方式，接地电阻≤1 Ω。建筑专业在信息系统所有机房、信息设备配线间防静电地板下预留接地扁钢。接地线布放时要求尽量短直，多余的线缆截断，严禁盘绕。

(3)线缆及防护

RVVP 线缆采用 WDZB 型；6 类双绞线采用 UTP21-6 型；5 类双绞线采用 UTP21-5 型；电源系统采用 WDZ-YJY 型电力电缆或 WDZBYJ-500V 型电源线，信息系统所有配线线缆及防护材料均应采用低烟、无卤、阻燃型材料。

电源线、广播线全程采用钢管或钢槽单独防护(外涂防火涂料)。综合显示、视频监控、综合布线等信号线缆主干共用弱电钢槽防护，分支线缆采用钢管防护。所有管线穿墙洞和楼板洞时需做防火封堵。

10. 接口设计

(1)与通信专业的接口

通信专业为信息专业各系统提供广域互联的传输及数据网通道。信息专业在车站公共区域设置的摄像机接入本线通信专业设置的视频监控平台。

(2)与电力专业的接口

电力专业在信息机房引入 AC 380 V 外供电源，并提供两路电源自动切换设备，提供输入输出两级独立空开及电源防雷单元，供电等级为Ⅰ级负荷。外线侧由电力专业设计，内线侧由信息专业负责。与电力专业 BAS 设备接口在车站旅客服务信息系统集成平台预留接口条件。

(3)与火灾自动报警系统(FAS)系统接口

与 FAS 系统的接口界面位于消防控制室操作台及控制柜外侧。与消防广播的接口界面位于信息机房消防广播切换控制器外侧。

(4)与房建专业接口

信息专业提供设备用房装修、布置及荷载要求，信息终端设备尺寸及安装方式，沟槽管洞预留预埋相关要求。信息机房地线盘由本专业设置，建筑专业设置地线盘接地扁钢。

(5)与暖通专业接口

信息专业提供设备用房温湿度要求、空调要求，由暖通专业统一配置相关设备。

第四节 技术特点及施工配合

1. 技术特点

信息系统设计以为旅客提供便捷、高效、舒适的服务为目的，坚持先进、成熟、经济、适用、可靠的原则，信息系统具有实时处理能力，各系统的方案设计和设备配置均考虑了系统的可扩展性、高安全性；所有信息设备、材料均要求遵守环境保护的要求，电气设备具有良好的电磁兼容性。

2. 施工配合

(1)设计方面

设计过程中，应重点关注与相关专业的互提资料情况，特别是与建筑结构、电力、暖通、通信等专业的互提资料情况，如信息用房面积、荷载要求、防静电地板设置、车站外供电源的容量、信息各类用房的暖通条件、信息各系统的广域网传输通道要求等。设计中对相关专业的互提资料不是一劳永逸，在建筑平面布局变化时，要主动重新与相关专业沟通，并重提相关资料，写明变化原因，对变化后的要求进行明确，确保工程实施的基础条件。

建议在不影响整体建设工期及现场工程实施的前提下，适当延后信息专业的施工图设计，在站场、站房平面布置相对稳定后适时开展，以减少因为站场总平面布置以及建筑平面的频繁修改而引起的信息专业图纸修改问题。

(2)工程实施方面

配合施工时，现场实际情况与设计会有差别，往往需要进行图纸修改，要严格按照工程建设管理程序实施，及时完善变更设计流程。

施工图在实施过程中，依然存在变化调整，相关专业特别是站场、房建专业应及时将最新调整资料反馈给后续专业，以保证各专业及时跟进调整设计。

第十三章 电力设计

第一节 设计概况

1. 系统功能

福平铁路电力工程为福平铁路通信、信号、信息系统、消防防灾设备、接触网远动开关、综合维修设备、空调、通风、电扶梯、给排水设施、红外轴温探测站、机械设备、隧道防灾救援、隧道及构筑物照明、大型桥梁动力照明等用电负荷提供安全、可靠的电源。具有为沿线建筑物、站场提供照明的功能;实现建筑物内机电设备安全、可靠、高效、节能地运行和对这些大量分散的设备进行自动控制和管理功能;沿线车站综合建筑及其他建筑按照相关规范设置火灾自动报警及联动系统,实现消防电气相关功能。

2. 系统组成

福平铁路电力供电系统主要由从国家电网公司接引的高压电源线路、10 kV 配电所、10/0.4 kV 变电所、箱式变电站、沿线两路 10 kV 电力贯通线路、站场及区间高低压电力线路、室外照明、动力配电、机电设备监控系统、消防自动报警系统、防雷接地等部分组成。全线电力远动设施纳入铁路供电调度系统统一调度管理。

第二节 设计原则与采用的主要技术标准

一、主要设计技术标准

福平铁路电力工程设计达到了电力线路入地、电气设备进屋、电力供电全过程监控、变配电所无人值班的要求;全线设两条 10 kV 电力贯通线,保证了通信、信号等重要设备对供电可靠性的要求;10 kV 贯通线路全部采用非磁铠装的单芯铜芯电缆。

新建各配电所均从地方变电站接引两路 10 kV 电源供电;新建的 10 kV 电力变配电所内高压开关柜采用 KYN28 铠装中置式金属封闭开关柜,变压器、调压器均采用节能型,配电所采用无人值班的工作方式;区间负荷大量采用箱式变电站供电,平潭海峡公铁两用大桥上采用地埋式变电站供电;全线电力设备均纳入 SCADA 系统,进行全过程监控。

二、主要设计原则

1. 可靠性

采用以元件组合关系为基础的故障模式后果分析法对福平铁路电力供电方案可靠性进行定量评估,供电可考虑指标达 99.999%以上。除发生大面积自然灾害(如地震、战争、电网崩溃等)或故意损坏外,其可靠性满足每天 24 h 的运输需要(含“维修天窗”时间),并满足以下要求:

(1)当供电网络中的一条外部电源线路停电时,不会导致一级负荷停电。

(2)当供电网络中的一条供电线路停电时,不会导致一级负荷停电。

(3)当供电网络中的一台供电设备停止供电时,不会导致一级负荷停电。

(4)当铁路电力子系统的一级负荷发生两路供电电源同时停电时,系统内部恢复其供电的时间不大于 3 min。

2. 安全性

铁路电力子系统可维护性定义:在规定的条件下并按规定的程序和手段实施维修时,电力元件和系统在规定的使用条件下,保持或恢复能执行规定功能状态的能力。福平铁路电力子系统的主要设备采用模数化、标准化设备,并制定系统维修体制和方案,保证日常维护和校正性维修所需要的时间对可用性的影响是受限的。

第三节 电力供电系统设计

一、供电负荷的分布及电源选择

1. 用电负荷分布

用电负荷主要有沿线各车站、段(所)及区间信号中继站、通信基站和光纤直放站、运营调度系统、动车设备、维修设备、信息系统、各电气化所用电、防灾报警、安全监控、机械设备、给排水设备、空调通风、隧道防灾救援及照明、房屋照明、大型桥梁动力照明等负荷。

2. 负荷等级

电力负荷根据对供电可靠性的要求及中断供电所造成损失或影响的程度分为一级、二级、三级,其中:

一级负荷:与行车密切相关的通信、信号、信息及防灾安全监控;动车段(所)运用设备;电力及电气化各所操作电源;重要建筑物应急照明、隧道防灾救援设备和应急照明;平潭海峡公铁两用大桥航标灯、航空警示灯、桥梁监控监测系统、桥梁防撞监测系统、远动操作电源;重要建筑物火灾自动报警系统设备等。

二级负荷:为通信、信号主要设备配置的专用空调;接触网远动开关操作电源;动车组检修设备;综合检测、工务机械、综合维修、给排水设施等设备;中间站公共区照明;区间视频监控设备;除一级负荷外的其他信息等负荷。

其余用电设备的负荷等级按现行《铁路电力设计规范》及其他相关规程规范确定。

3. 电源选择

一级负荷:两路相对独立电源分别供电至用电设备或低压双电源切换装置处,当两个电源中一个电源发生故障时,另一个电源不应同时受到损坏。

二级负荷:由具备两回电源线路且其高低压至少一侧设有联络的变电所供电,或由贯通线路、环网线路以及其他双端供电线路等能构成等效双回电源线路的变电所供电。

三级负荷:一般采用单回路供电,当供电系统为非正常运行方式时,允许将其切除。

二、供电原则及供电方案

1. 供电原则

全线采用技术先进、经济合理、安全可靠的供电方案,保证对沿线各站及区间负荷的可靠供电。铁路电力系统应确保调度指挥、信号、通信等系统重要负荷安全、可靠、不间断运行的基础设施。铁路电力系统必须满足本线铁路安全、可靠供电的要求,10 kV 配电所无人值守的原则要求。应充分利用既有铁路电源和电力设施,充分利用铁路既有变配电所、电源线路和 10 kV 馈出线路。

铁路电力系统的主要设备标准为模数化、标准化。铁路电力系统与铁路行车和运输安全密切相关,所有本线各个等级负荷的电源均自铁路电力系统接引。与行车相关的一级负荷或重要负荷至少从供电网络接取两路独立电源。在近期工程中,新建电力设施和供电线路等,尽量结合远期工程的要求,适当预留规模,避免二次拆迁或改造造成的浪费。铁路电力系统遵循国家强制性标准,认真贯彻执行国家能源政策,因地制宜、保护环境、节约土地,积极采取节能措施,降低电能消耗。

2. 供电方案

(1)电源接引

沿线 10 kV 配电所均就近从地方接引两路相对独立的专线专屏电源,无配电所的车站亦从地方电网接引两路 10 kV 电源，其中一路为专线专屏。

(2)全线 10 kV 供电方案

全线新建长乐、平潭 2 座配电所，每个配电所馈出二至八回站馈线和二至四回贯通线，10 kV 站馈线主供车站综合负荷，10 kV 双贯通线主要供与行车有关的通信、信号和区间其他负荷。改造既有福州东 10 kV 配电所，增加福平贯通线设备。

(3)车站、车间(工区)供电

各车站站房内设车站 10/0.4 kV 变电所给车站站房及周边的生产生活设施供电，在综合车间(工区)内设有独立 10/0.4 kV 变电所给车间(工区)的生产生活设施供电，从配电所接引两路 10 kV 电源；各车站信号楼设专用 10/0.4 kV 变电所给通信、信号负荷供电。

长乐、长乐东及长乐南车站站房内设两台变压器的变电所一座，平潭车站站房内设两台变压器的变电所四座，所内低压母线采用单母线分段的运行方式。对消防、信息等负荷由不同的母线段提供两路电源，对二级及三负荷由一个母线段供电，正常时两台变压同时运行，一台变压器因故退出运行时，母联投入，由另一台变压器对一级负荷及通信、信号空调等重要的二级负荷供电。

车站与行车有关的信号、通信负荷由 10 kV 电力贯通线接引两路 10 kV 电源，设置 10/0.4 kV 通信信号专用变电所，所内设两台变压器，通信信号变电所设两个单独母线段，第一段母线电源由综合负荷贯通线变压器的低压侧和从综合变电所引来的通信、信号备用电源回路切换后供电，另一段母线由一级负荷贯通线上的变压器低压侧供电。信号分别从两段母线上各引一回至信号设备防雷箱，通信亦分别从两段母线各引一回至通信机械室内的配电箱。

(4)沿线区间用电负荷(不含隧道)供电方案

全线设置 10 kV 一级负荷贯通线和 10 kV 综合负荷贯通线各一回，区间负荷供电除信号中继站、线路所采用室内变电所供电外，其他采用 10 kV 箱式变电站(其中平潭海峡公铁两用大桥上设地埋变)，从二回 10 kV 电力贯通线上各接取一回 10 kV 电源为区间通信基站、光纤直放站、信号中继站等负荷供电。牵引变电所(亭)用电从 10 kV 综合贯通线上接取一回 10 kV 电源供电，另一路电源由牵引供电系统供给。

(5)隧道供电方案

①隧道照明。长度大于 500 m 的隧道设正常固定照明，大于 5 000 m 或设应急出口的隧道设正常固定照明并作为疏散应急照明使用，同时设疏散指示灯及标志灯，光源采用 LED。

②隧道照明供电。长度小于 5 000 m 的隧道照明从 10 kV 综合负荷贯通线上接取单电源供电，大于 5 000 m 的隧道照明从 10 kV 综合负荷贯通线及 10 kV 一级负荷贯通线上各接取一路 10 kV 电源供电，低压供电线路的供电半径为 1.5 km 左右。

③隧道照明控制。长度大于 500 m 的隧道照明就地控制，照明灯采用分段两端控制，分段开关设于隧道两端洞口和隧道洞室内。长度大于 5 000 m 的隧道照明设远动控制，在综合洞室内设置智能监控装置(RTU)；在隧道进口或出口的消防器材间设智能监控通信接口，从通信接口敷设光缆至隧道附近的通信基站；通过通信光缆专用通道上传至综合维修工区控制室。

④接地方式。隧道照明接地系统采用 TN-C-S 系统。各综合洞室电源箱、照明控制箱从隧道综合接地母线接引 PE 线。隧道内疏散指示灯及标志灯回路、其他照明回路从各个洞室电源箱或照明控制箱接引 PE 线。

(6)大型桥梁供电方案

①通航河流桥梁。闽江特大桥、乌龙江特大桥的航标灯照明电源均由附近双电源区间箱变接引一路 AC 220 V 低压电缆。

②平潭海峡公铁两用大桥。

a. 10 kV 主备用电源。由长乐南站 10/0.4 kV 综合变电所 10 kV 专线专屏供电的高压侧环出一路电源供平潭海峡公铁两用大桥动力照明(大桥院设计)等负荷用电，并在此 10 kV 电源线路的另一端“T”接一路地方 10 kV 电源，设两路电源闭锁，避免同时投入。

在大桥专用 10 kV 电源线路的长乐南站端设一台户外 10/10 kV DYn11、500 kVA 隔离变压器箱，经变压器隔离后对 10 kV 线路供电(作为主供)，变压器采用中性点直接接地运行方式，有效实现长距离电缆线路的过电压及接地保护；在大桥专用 10 kV 电源线路的大练岛地方电源"T"端设一台户外 10 kV 计费箱(作为备供)。

b. 一级负荷低压备用电源。从大桥上贯通线地埋变及小练岛贯通线箱变的低压侧接引 AC 220V 线路作为大桥航标灯、航空警示灯、桥梁监控监测系统、桥梁防撞监测系统、远动操作电源(大桥院设计)等一级负荷的备用电源。

3. 区间电力线路

(1)高压贯通线路

全线设置 10 kV 一级负荷贯通线和 10 kV 综合负荷贯通线各一回，其中福州—长乐段 10 kV 一级负荷贯通线导线截面为 50 mm^2，10 kV 综合负荷贯通线截面为 70 mm^2；长乐—平潭段 10 kV 一级负荷贯通线导线截面为 70 mm^2，10 kV 综合负荷贯通线导线截面为 95 mm^2；采用交联聚乙烯绝缘非磁铠装的单芯铜芯电缆。沿两侧土建预留的电力电缆槽敷设。

过轨时沿土建预埋的钢管过轨，当桥隧相连处无预埋钢管时，电缆过轨可从桥台下绕行。电缆在站场地段可沿土建预留的电力电缆槽道及排管敷设。

(2)平潭海峡公铁两用大桥专用 10 kV 电源线路

平潭海峡公铁两用大桥专用 10 kV 电源线路的导线截面为 50 mm^2，采用交联聚乙烯绝缘非磁铠装的单芯铜芯电缆。沿一侧土建预留的电力电缆槽敷设。

过轨时沿土建预埋的钢管过轨，从股道旁区间电缆槽引下至主塔下横梁时沿土建预留保护管敷设，在主塔下横梁处沿自制砖砌电缆沟敷设。

4. 站内高、低压电力线路

站内高、低压电力线路均采用电缆线路；高压电力线路路径选择避开各类建(构)筑物，减少交叉跨越次数以便于运营管理维修。高、低压电缆线路均采用铜芯电力电缆。

5. 510 kV 变、配电所

(1)10 kV 配电所

①10 kV 配电所设置。全线新建长乐、平潭 2 座配电所。

②配电所规模及电源情况。各配电所均从地方变电站接取两路独立 10 kV 电源，见表 3-13-1。

表 3-13-1 10 kV 配电所规模及电源情况

序 号	车站名称	配电所设置	规 模	电源情况
1	长乐站	10 kV 配电所	2 进 8 出	110 kV 龙津变 10 kV 专线
				220 kV 营前变 10 kV 专线
2	平潭站	10 kV 配电所	2 进 12 出	220 kV 竹屿变 10 kV 专线
				220 kV 竹屿变 10 kV 专线

③配电所电气主接线。双电源 10 kV 配电所采用断路器分段的单母线接线，10 kV 贯通线经调压器调压后为贯通母线供电；10 kV 主母线采用不接地系统，贯通母线段采用低电阻接地系统。

④10 kV 配电所设备类型。10 kV 高压开关柜采用 KYN28 铠装中置式金属封闭开关柜、真空断路器；10 kV 无功补偿采用高压分组投切无功补偿装置；10/10 kV 调压器采用干式；直流电源设备采用智能高频开关铅酸免维护电池直流电源柜。

⑤配电所继电保护及自动装置。配电所采用单元式微机保护装置、微机综合自动化系统，实现全所电气设备的测量、控制、保护等功能，并提供电力远动接口；数字继电器、通信装置布置在控制室内。配电所内设置视频监控探头，并布置在设备间，视频信息通过综合监控系统上传到综合调度中心(视频监控系统

由通信专业设计)。配电所的高压电缆终端头均安装无线测温装置,并将测温数据上传至调度主站,纳入SCADA系统。

10 kV配电所继电保护及自动装置配置见表3-13-2。

表3-13-2　10 kV配电所继电保护及自动装置配置

单元名称	继电保护	自动装置
电源	电流速断、定时过电流、低电压	
母联	电流速断(只在合闸过程中投入)	备用电源自投
变压器、调压器	电流速断、定时过电流、温度,其中调压器设零序过流后备保护(电流取自电阻柜CT)	
一般馈出线	电流速断、定时过电流、零序电流保护(作用于信号)	单相接地信号
贯通馈出线	电流速断、定时过电流、失压及零序电流速断及过流保护	备用电源自投 一次自动重合闸装置
电抗器	电流速断、定时过电流、过电压、过负荷	
母线电压互感器		母线绝缘监察

⑥值班方式。配电所采用无人值班远方监控的工作方式。

(2)10/0.4 kV变电所

①变电所的设置。长乐、长乐东、长乐南等在站房内新建车站10/0.4 kV综合室内变电所各一座,平潭在站房内新建车站10/0.4 kV综合室内变电所四座,各变电所均设双台变压器;各站设一座10/0.4 kV通信信号变电所,与信号楼合建;长乐东车间、平潭工区、平潭货场内各设一座独立式10/0.4 kV变电所;樟岚线路所、中继站各合建一座10/0.4 kV通信信号变电所。

②主接线形式。站房内各综合变电所、车间(工区)变电所、货场变电所均设两台变压器,10 kV侧采用环网柜接引电源,高压侧采用环网供电方式,低压侧采用单母线分段的运行方式。对通信、信息、消防等负荷由不同的母线段提供两路电源,正常时两台变压器同时运行,一台变压器因故退出运行时,母联投入,由另一台变压器对一级负荷及通信、信号空调等重要的二级负荷供电。车站及区间线路所和中继站的通信、信号专用变电所设两台变压器,设两个单独母线段,第一段母线电源由综合负荷贯通线变压器的低压侧和从综合变电所引来的通信、信号备用电源回路切换后供电,另一段母线由一级负荷贯通线上的变压器低压侧供电。变压器10 kV侧设高压环网开关柜。

③10/0.4 kV变电所设备类型及布置。高压环网开关柜采用SF_6负荷开关,变压器采用带外罩的干式变压器,低压开关柜采用固定分隔柜并配置数字化仪表。各变电所均设RTU,所有高低压回路均纳入SCADA系统。变电所的高压电缆终端头均安装无线测温装置,并将测温数据上传至调度主站,纳入SCADA系统。10/0.4 kV变电所内高压环网柜、变压器、低压开关柜一般对称布置在同一房间内。

(3)区间10/0.4 kV箱式变电站

①接线形式。10/0.4 kV箱式变电站10 kV侧进出线及变压器设高压负荷开关,环网接线。箱式变电站内高低压开关均采用电动操作机构纳入SCADA系统,实现故障定位、自动隔离故障电力线路、非故障段自动恢复供电等功能。在10 kV电力贯通线路区间分散设置箱式电抗器,补偿贯通线电缆电容电流。

②设备布置及形式。箱式变电站采用中压预装箱式变电站,气体绝缘高压环网开关,高低压开关的操作电源采用交流并配置UPS电源作为备用。沿线区间供电的箱式变电站采用统一模式,箱式电抗器与箱式变电站相邻布置。箱式变电站设气体绝缘高压环网开关间隔和变压器、低压开关、RTU间隔。

(4)平潭海峡公铁两用大桥10/0.4 kV地埋式变电站

①地埋变的设置。在N03墩的主塔下横梁上设置地埋变,综合贯通线和一级贯通线各设置一套。

②接线形式。同10/0.4 kV箱式变电站。

③设备布置及形式。采用分体式设备，高压环网箱、地埋式变压器、低压配电箱均独立设置，其中高压环网柜和地埋变为综合贯通和一级贯通各一台，低压配电箱共一台（内设综合贯通侧低压柜、一级贯通侧低压柜、RTU 柜等）。

高压环网箱、地埋变、低压配电箱等设备均采用通过防腐性能试验的产品，箱体耐盐雾试验满足 1 440 h；同时选用的电力设备能够耐受最大风速 70 m/s。其余同箱式变电站。

(5)10/10 kV 隔离变压器箱与 10 kV 计费箱

①设置位置。10/10 kV 隔离变压器箱设于长乐南站，10 kV 计费箱设于大练岛中继站附近，各一座。

②主接线形式。正常运行时，由长乐南站 10 kV 电源经隔离变压器供电，隔离变二次侧的断路器 1 闭合，另一端设于计费箱中的断路器 2 断开；当长乐南站电源失电，经人工确认后，对断路器 1 跳闸，通过调度远程对另一端断路器 2 合闸，由大练岛"T"接电源对大桥专用 10 kV 电源电缆线路供电。断路器的控制保护采用单元式微机保护装置，装设于箱内高压柜上，断路器设过流、速断、低电压、零序过流、零序速断保护，变压器采用中性点直接接地运行方式，有效实现长距离电缆线路的过电压及接地保护。

防误操作措施：断路器 1 的线路侧、断路器 2 的电源侧均设电压互感器，当断路器 1 或 2 处于断开状态、同时母排及线路（电源）均检测到电压时，开关不能合闸，实现有压电气闭锁，确保两路 10 kV 电源不能合环运行。断路器 1 与断路器 2 各设网络远程开关量联动控制模块，之间通过通信通道，将两个开关的电气状态互相闭锁，确保只能合闸 1 台开关。

③设备布置及形式。隔离变压器箱和计费箱采用中压预装箱式设备，内设气体绝缘高压环网开关间隔和变压器、低压开关、RTU 间隔，高低压开关均采用电动操作机构，操作电源采用交流并配置 UPS 电源作为备用。所有高低压回路均纳入 SCADA 系统。高压电缆终端头均安装无线测温装置，并将测温数据上传至调度主站，纳入 SCADA 系统。隔离变压器箱和计费箱均采用通过防腐性能试验的产品，箱体耐盐雾试验满足 1 440 h；同时选用的电力设备能够耐受最大风速 70 m/s。

6. 电力远动系统配置

全线 10 kV 配电所、10/0.4 kV 变电所、区间箱变、地埋变、隔离变压器箱、10 kV 计费箱均纳入 SCADA 系统。

由 SCADA 统一在全线两条 10 kV 贯通线供电的变电所、箱变、地埋变等处设置 RTU，负责对两条 10 kV 贯通线及其供电的高低压回路的电流电压等数据的采集、监控；当贯通线出现相间短路、单相接地、断相的情况下，迅速完成对其故障区段的定位、隔离及非故障区段的恢复供电工作。SCADA 对电力被控设备处采集的模拟量数据（电流、电压）可在调度端以图形方式显示。

由综合视频监控系统在全线各 10 kV 配电所统一配置视频监视系统，负责对配电所运行相关的场所进行监视。

7. 火灾自动报警系统

沿线信号楼、线路所、站房等重要建筑物按要求设置火灾自动报警及消防联动控制系统。系统具有报警、显示、联动功能，为独立系统；预留与上位管理主机通信功能。

8. 机电设备监控系统

站房内设置机电设备监控系统，对空调通风系统、给排水系统、变配电系统、照明系统、电梯系统等设备运行工况的监视、控制、测量、记录，实现设备运行工况和用能状况最优，优化管理控制以实现节能增效。

平潭站房设置能源管理，作为一个子系统纳入 BAS 系统，加强通风、空调、电扶梯、供暖设备和照明等系统能耗的计量和监测、分析，控制系统设备优化运行以达到管理节能目的。

9. 站场、室外照明及控制方式

道路照明以可倾式柱灯照明为主，车站站场采用升降式投光灯塔照明。控制方式：各车站站场照明控制均在信号楼集中控制，也可就地控制。

10. 动力、照明

动力配电采用放射式和树干式结合的混合式配电网络；动力设备控制方式一般采用就地控制，部分设备控制纳入机电设备监控系统；照明灯具光源一般采用高效节能的LED灯；站房公共区的照明纳入机电设备监控系统。

11. 防雷及接地

(1)防雷

沿线大型建筑物设防直击雷的避雷设施；为防止暂态过电压的干扰，如沿电源线引入的雷电波、主开关操作、无功补偿电容器的投入或切除而产生的过电压，对信号、通信、综合调度系统及其他智能系统设备的220/380V供电电源根据设备的重要性，分别采取相应的过电压保护措施。

信号楼(线路所、中继站)防雷措施按《铁路防雷及接地工程技术规范》(TB 10180—2016)、《建筑物防雷设计规范》(GB 50057—2010)及《铁路信号设备雷电及电磁兼容综合防护设计图册》要求执行。

(2)接地

强、弱电设备较多的场所、沿线变配电设备及用电设备共用接地装置，接地电阻为各类设备接地电阻的最小值；沿线10 kV贯通线电缆铠装金属层采用单点接地，与沿线敷设的综合贯通地线相连，单点接地长度原则上不超过3 km，以防电磁感应对弱电设备的干扰。

低压供电保护制式采用TN-S或TN-C-S系统。

综合接地：信号专业在全线设有综合接地系统，综合接地干线沿线路两侧设置。沿线所需接地的建(构)筑物、电气设施均纳入该系统，距线路20 m以外的建(构)筑物、电气设施采取隔离措施后可独立设置接地装置。

12. 保护环境、节约土地、节约能源措施

电磁环境卫生：高压架空供电线路尽可能远离居民区，否则采用电缆方式，使人员密集场所工频电、磁场满足规范要求。

车站站房内变电所不设于候车厅上、下方或毗邻，以减少噪声干扰。变电所内变压器选用Yn，d_H接线组别，低压电容补偿柜选用带滤波型，有效减少谐波电流产生的电压畸变。电缆采用交联聚乙烯绝缘型，减少PVC对环境的污染。站场投光灯灯具投射方向与角度尽可能不产生光污染。配电所、变电所、箱式变电站内均采用干式变压器，避免采用油浸式调压器、变压器。

第四节　技术特点与创新

1. 设计技术标准高

电力工程达到了电力线路入地、电力设备进屋、电力供电全过程监控、变配电所无人值班的要求，其技术装备水平达到了国际一流水平。

2. 供电可靠性高

由贯通线供电的一级负荷供电可靠率指标达99.999%以上。

3. 维护工作量小

10 kV配电所高压开关柜采用了KYN28铠装中置式金属封闭开关柜，低压开关柜采用智能型模数化组合柜型；变压器、调压器采用干式节能型设备，区间负荷供电均采用统一模式的箱式变电站等。主要电气设备达到了少维修的要求。

电力贯通线电缆采用不锈钢铠装的单芯铜芯电缆，发生故障的概率较架空线路大为降低。10 kV配电所、低压变电所以及区间箱式变电站均纳入SCADA子系统，由综合调度中心对电力设施集中监控，自动化水平大大提高。

4. 技术创新多

10 kV配电所夹层内高压电缆采用阻燃尼龙卡箍固定，控制电缆采用阻燃电缆排卡分层固定于铝合金走线架上，使高低压电力电缆敷设分层、分侧排列整齐，层次分明、整齐美观。

平潭海峡公铁两用大桥上负荷供电采用地埋式变压器，高压环网柜、地埋变、低压配电柜均独立安装

于主塔横梁上，解决了特长桥梁上位置受限无法设置区间箱变的问题。

平潭海峡公铁两用大桥专用 10 kV 电源线路的一端由长乐南站综合变电所高压侧环形接引，另一端 T 接一路地方 10 kV 电源，形成两端对供方式，并首次采用通信通道将两台相距 15 km 的 10 kV 断路器的电气状态互相闭锁，确保只能合闸一台断路器，避免两路电源同时投入。

第五节　新技术、新设备的应用

本工程充分吸收了我国高铁电力建设、运营、科研的最新技术成果，利用了下列新技术、新设备。

1. 精品工程技术

采用信息化手段进行项目管理，使用 BIM、二维码等技术，实现布局规划合理、质量追溯、隐蔽工程可视化等目标，全线每台电力设备表面均贴一个专门的二维码标识，标识清晰唯一，方便管理。

全线 10 kV 一级、综合负荷电力贯通线电缆采用阻燃尼龙卡箍品字形固定，阻燃尼龙卡箍每 5 m 设置一个，保证了 10 kV 电力贯通线电缆的品字形固定，避免了对区间信号电缆的干扰，便于运营管理单位的日常维护。

在 10 kV 配电所调压器室内增设工厂化预制横向电缆爬架，方便高压电缆引入引出调压器；调压器室进门处设置高 1.5 m 的工厂化预制不锈钢栅栏，可以有效防止人员在巡视时误入带电区，同时又保证了美观、耐久。

箱式变电站及箱式电抗器的检修平台周围装设工厂化预制式不锈钢防护栅栏，保障了设备及检修人员的安全。

2. 新设备

电力远动备用操作电源 UPS 选用具备蓄电池定期自动活化和监测功能、在线核容和就地容量指示功能的先进产品，大大提高了自动化水平，减少了运维人员的工作量。

配电所内高压开关柜、低压变电所内高压环网柜及区间箱变的高压电缆终端头装设光纤在线测温系统，可保证及时发现事故隐患，预防事故的发生。

平潭海峡公铁两用大桥电力电缆槽内高低压电缆同沟敷设，槽内加装带阻燃型隔板的成品电缆支架，避免了高、低压电缆在突发状况下互相影响，较大程度提升了电缆运营的安全系数，利于运营维护。

为保证平潭海峡公铁两用大桥上电力设备 30 年使用寿命，桥上的高压环网箱、地埋变、低压配电箱等设备均采用通过防腐性能试验的产品，箱体耐盐雾试验满足 1 440 h；同时选用的电力设备能够耐受最大风速 70 m/s。

3. 施工配合

目前通信、信号电源屏进线开关整定值远比实际容量要求大，难以满足上下级开关选择性的保护要求；同时设备招标后，用电量容易发生变化，在配合施工中应及时了解设备用电量变化，并调整配电开关的有关参数。

电源线路设计方面应加强与地方供电部门和规划部门的联系，及时了解地方供电部门的电源调整和地方规划的最新变化，减少电源线路的变更，从而导致工程造价发生较大变化及影响工程进度。

应进一步加强接口设计，不同设计院之间，应积极协调联系，及时跟进其他设计院的设计情况，使相关设计满足要求，不产生脱节；车站投光灯塔现场立塔的位置经常是路堑或路堤，无立塔位置，建议由电力专业向站场专业提要求，站场专业考虑设置投光灯铁塔的场坪条件。

隧道洞室内电力箱变，箱变基础设计时无设备尺寸及重量等资料，需等到配施时中标厂家提供设备相关数据方能准确提供基础要求，而洞室内箱变基础位置已先期浇筑高强度混凝土，需切割出电缆敷设空间，有可能引起底部渗水。建议洞室内箱变基础和电力电缆槽待四电设备厂家招标后再施工。

第十四章　电气化设计

第一节　牵引供电设计概况

1. 供变电

本工程新建海门1座直供牵引变电所，利用改建既有福厦铁路峡南AT牵引变电所；新建福州东、莲花山、平潭3座直供分区所。牵引供电与电力供电调度管理采用综合SCADA系统，纳入南昌局综合调度中心内SCADA系统既有温福调度台。供电设施由福州供电段运营维护管理，在长乐东、平潭设置供电工区。

2. 接触网

采用直接供电方式，全线新建接触网架设223.512条公里，回流线架设184.066条公里、避雷线架设46.061条公里、供电线架设16.70条公里、供电电缆敷设19.30条公里、回流电缆敷设38.005条公里，隔离开关安装52处、避雷器安装60处，分段绝缘器8台，地面式自动过分相装置8处。

第二节　设计原则与采用的主要技术标准

一、供　变　电

1. 主要设计原则

(1)采用单相工频25 kV交流制；正线采用带回流线的直接供电方式。

(2)充分利用既有牵引设施，全线牵引变电所分布按满足远期行车要求一次布置。

(3)电力牵引负荷按一级负荷设计，牵引变电所按引入两路110 kV电源供电，互为热备用。

(4)新建海门牵引变电所采用三相V/V结线形式牵引变压器；既有峡南牵引变电所维持四台单相变压器两两组成的三相V/X接线形式。两台(或两组)主变采用固定备用方式；变压器安装容量按近期运量需要确定，并按远期运量预留基础。

(5)接触网标称电压为25 kV，最高工作电压为27.5 kV，短时最高电压为29 kV，最低工作电压为20 kV。

(6)当任一座牵引变电所发生故障退出运行时，由相邻牵引变电所越区供电，保证一列重要列车正常运行。

(7)新建牵引变电所、分区所的所址选择尽量少占农田，具备道路进所条件，便于架空线路的引入和引出，避开高填方、大量拆迁建筑物和地下设施地区，具有适宜的地质条件及地基承载力。各新建牵引变电所按满足百年洪水位及历史最高内涝水位、分区所按满足五十年洪水位及历史最高内涝水位选址。

(8)新建牵引变电所采用两路110 kV进线电源，110 kV侧采用线路分支接线方式，27.5 kV母线采用单母线隔离开关分段，馈线断路器采用固定备用方式。

(9)新建牵引变电所110 kV侧除主变压器采用户外低式布置，其余高压侧配电装置采用户外中式布置；27.5 kV配电装置除馈线避雷器及手动隔离开关采用室外布置外，其余均采用户内网栅布置。牵引变电所按无人值班无人值守设计，生产及辅助生产房屋按一层布置。

(10)分区所采用箱式方案，27.5 kV自用变采用户外布置。

(11)牵引变电所、分区所二次设备采用集控制、保护、监测和远动于一体的微机综合自动化装置。所用直流电源采用微机型铅酸免维护电池直流系统。

(12)牵引供电与电力供电采用综合 SCADA 系统,纳入南昌局综合调度中心内 SCADA 系统既有温福调度台调度管理。

2. 执行的相关规范和标准

(1)《铁道部工程管理中心关于系统集成施工图审核有关事项的通知》(工管工技函〔2012〕199 号)

(2)《铁路电力牵引供电设计规范》(TB 10009—2016)。

(3)《铁路技术管理规程》。

(4)《铁路电力牵引供电工程施工质量验收标准》(TB 10421—2018)。

(5)《铁路防雷、电磁兼容及接地工程技术暂行规定》(铁建设〔2007〕39 号)。

(6)《中国铁路总公司关于印发〈铁路建设项目施工图审核管理办法〉的通知》(铁总建设〔2014〕299 号)。

(7)《关于印发〈铁路建设项目施工图审核考核实施暂行办法〉的通知》(铁工管〔2010〕179 号)。

(8)《关于实施施工图招标有关问题的通知》(铁建设〔2010〕87 号)。

二、接　触　网

(1)接触网主要机电性能应满足相关规范和运行要求,福州至福州南满足正线 160 km/h 运营速度要求,福州南至平潭满足正线 200 km/h 运营速度要求。

(2)除与机车车辆有相互作用的接触网设施外,在任何情况下接触网设备不得侵入建筑限界和设备限界,以确保行车安全。

(3)接触网悬挂方式应力求结构简单、安全、可靠、稳定性好,便于安装、维修和运行。

(4)接触网系统的设备及零件应具有技术可靠、经济合理、耐腐蚀性好、寿命长、少维修或免维修的特点,便于安装、故障抢修和日常维护。

(5)电气分段和开关设置应具有较高的供电灵活性和运营保障功能。

(6)空气绝缘间隙及安装距离应满足《铁路技术管理规程》(普速铁路部分)及《铁路电力牵引供电设计规范》(TB 10009—2016)要求。

第三节　牵引供电系统设计

一、牵引供电系统

1. 牵引供电方式

本线采用带回流线的直接供电方式。

2. 牵引供电方案

全线新建海门 1 座牵引变电所,利用既有福厦铁路峡南 AT 牵引变电所增容并增加四回馈线为本工程供电;新建福州东、莲花山、平潭 3 座分区所(其中平潭为末端分区所)。

3. 牵引变压器类型和容量

新建松下牵引变电所推荐采用三相 V/V 接线牵引变压器。既有峡南采用四台单相变压器两两组成的三相 V/X 接线形式,利用既有峡南主变增容,维持既有接线形式,具体见表 3-14-1。

表 3-14-1　牵引变压器类型和容量

牵引变电所	牵引变压器类型	安装容量(MVA)	备　注
峡南(改造)	三相 V/X	2×(20+20)增容至 2×(40+63)	既有所,含福厦客专
松下	三相 V/V	2×(16+16)	

4. 外部电源供电方案

本工程新建海门(松下)牵引变由地方 220 kV 西皋变、江田变各提供 1 回 110 kV 电源线路供电。改造既有峡南牵引变电所外部电源维持既有。

5. 牵引变电所馈线数目

(1)松下牵引变电所:4 回直供馈线(福州和平潭方向上、下行各 1 回,预留 2 回)。

(2)峡南牵引变电所:既有福厦 4 回 AT 馈线(温州和厦门方向上、下行各 1 回),2 回直供馈线供既有福州南动车所开闭所;本线(福平铁路)4 回直供馈线(福州和平潭方向上、下行各 1 回);在建福厦客专 4 回 AT 馈线(福州和厦门方向上、下行各 1 回),2 回直供馈线(供在建福州南 2 号动车所开闭所)。

(3)福州东、莲花山分区所:4 回直供馈线(福州和平潭方向上、下行各 1 回)。

(4)平潭分区所:2 回直供馈线(末端分区所,福州方向上、下行各 1 回)。

6. 运行方式

(1)正常运行

正常运行时,牵引网以供电臂为单元,采用单边供电方式。每个供电臂的上、下行接触网在分区所处进行并联。

(2)非正常运行

牵引变电所故障:牵引变电所故障退出运行后,各供电臂由相邻的牵引变电所通过分区所进行越区供电。

分区所故障:分区所故障退出运行,供电臂末端并联开关打开,供电臂上、下行分开运行。

上、下行牵引网故障:供电臂上、下行牵引网其中一个方向发生断线等故障,跳开分区所处并联断路器,未故障的一个方向可恢复运行。

二、牵引变电

1. 主接线及运行方式

(1)牵引变电所

新建松下 110 kV 牵引变电所进线采用分支接线,引入两回 110 kV 电源,正常时一回供电,一回热备用,两路电源之间设置隔离开关分段的跨条;两台主变压器采用三相 V/V 变压器,一主一备;设置备用电源及变压器自投装置;27.5 kV 母线采用单母线隔离开关分段接线方式,馈线断路器采用固定备用。

本工程对既有峡南牵引变电所进行扩容改建,其中 220 kV 侧主接线形式维持不变,仅对 2×27.5 kV 及 1×27.5 kV 主接线结合本次新增馈线作出调整。拆除 2×27.5 kV 及 1×27.5 kV 的所有设备,将既有的 27.5 kV 设备由户外安装方式改为户内 GIS 开关柜;27.5 kV 进出线由架空线方式改为电缆进出方式,馈线上下行备用隔开设置于所外。

(2)分区所

标准分区所采用两断路器接线方式,即同一供电臂末端通过断路器实现上、下行接触网并联供电,不同供电臂上、下行分别设置电动隔离开关以实现越区供电。

平潭分区所为末端分区所,通过断路器实现上、下行接触网并联供电。

2. 主要设备选择

(1)牵引变压器采用油浸自冷变压器;新建松下牵引变电所采用 110 kV 三相 V/V 变压器,改建峡南牵引变电所采用 220 kV 单相接线变压器。

(2)110 kV 断路器采用 SF_6 断路器配弹簧操作机构。

(3)新建松下牵引变电所 27.5 kV 断路器采用真空断路器配弹簧操作机构;改建峡南牵引变电所 27.5 kV 配电装置采用户内 GIS 开关柜。

(4)避雷器采用氧化锌避雷器。

(5)控制保护装置采用全微机综合自动化系统。

(6)所用直流电源采用智能型直流系统,配铅酸免维护电池。

(7)分区所均采用箱式布置。

3. 总平面及生产房屋配置

(1)牵引变电所

①新建牵引变电所。牵引变电所主变压器采用户外低式布置。变电所高压侧配电装置采用户外中式布置,27.5 kV 配电装置除馈线避雷器及手动隔离开关采用室外布置外,其余均采用户内网栅布置。所内设有与外部公路衔接的运输道路和巡视小道,四周砌 2.5 m 高的实体围墙+0.7 m 金属防护网,并设置激光对射防非法闯入的装置。预留电能质量治理装置场地。

牵引变电所的 110 kV 进线采用电缆进线方式,27.5 kV 进出线采用架空引入引出。所内装设避雷针,设有与外部公路衔接的运输道路和巡视小道,四周砌实体围墙。牵引变电所生产及辅助房屋采用一层楼房布置,设有 27.5 kV 高压室、二次设备室、检修室、通信室、储藏室、卫生间、应急值守室等。

②既有峡南牵引变电所改造。利用既有场坪,既有 220 kV 高压侧设备布置保持不变;利用室外 27.5 kV 场坪,将室外 27.5 kV 设备全部拆除,新建高压室和控制室(带电缆夹层)。既有辅助生产房屋维持不变。

(2)分区所

分区所采用箱式方案,27.5 kV 自用变采用户外布置。所内装设避雷针,设有与外部公路衔接的运输道路和巡视小道,四周砌实体围墙。

4. 架构类型及计算条件

(1)110 kV 进线、中间和主变架构采用 ϕ400 钢筋混凝土环形等径杆和钢横梁。

(2)设备架构采用 ϕ300 钢筋混凝土环形等径杆。

(3)110 kV 进线杆塔按每相导线最大拉力为 4 000 N,每根避雷线最大拉力为 2 500 N,导线最大偏角 15°计算。

(4)杆塔设计考虑靠近挡距中间引下线处的人荷载。

(5)变电所 27.5 kV 进线、馈线由屋顶的Ⅱ形架构引入、引出,每条进线、馈线的最大拉力为 3 000 N。

5. 保护配置及综合自动化系统

牵引所亭继电保护及监控装置采用综合自动化装置。综合自动化系统基于网络化构成,采用分层、分布式结构。

(1)牵引变电所

新建变电所主变及 27.5 kV 进线保护:具有差动、110 kV 侧过电流、重瓦斯、失压、27.5 kV 侧过电流、27.5 kV 侧低电压等使断路器跳闸并作用于事故信号的保护,以及轻瓦斯、过负荷、过热等作用于预告信号的保护,同时具有备用电源自动投入功能。

变电所 27.5 kV 馈线保护:具有阻抗保护、过电流保护、电流增量保护、一次自动重合闸、线路故障点标定功能等。

(2)分区所

馈线设置阻抗保护及一次重合闸装置,并设失压保护;所内两台互为备用的自用变压器,在二次侧设置自动投入装置。

6. 自用电系统

牵引变电所、分区所设有一套交流自用电系统和一套直流自用电系统,交、直流监测单元均纳入综合自动化系统监控。

新建牵引变电所的交流自用电系统设有两段三相 380/220V 交流母线,分别由接引 27.5 kV 两相母线的三相自用变压器和铁路 10 kV 线路的三相自用变压器供电,两路电源互为备用,设有自动投切装置。

新建分区所交流自用电系统设有一段单相负荷 220V 交流母线和一段三相负荷 380/220V 交流母线,分别由接引 27.5 kV 母线的单相自用变压器和铁路 10 kV 线路的三相自用变压器供电。正常运行时,三相 10 kV 自用变压器向三段母线供电,当三相 10 kV 自用变压器因故障或检修需退出运行时,由单相 27.5 kV 自用变压器供电,而三相负荷 380/220V 交流母线失电退出运行。两路电源设有自动投切装置。

牵引变电所、分区所设置两组铅酸免维护蓄电池直流电源装置,蓄电池容量满足全所事故停电2 h的放电容量和事故放电末期最大冲击负荷容量的要求。装置带通信接口，能与所内综合自动化装置进行信息交换。直流系统电压等级110V。牵引变电所蓄电池容量按照2×100 A·h设置，分区所蓄电池容量由分区所厂家考虑设置。

牵引所亭交、直流系统监控通过综合自动化系统纳入远动系统。其中交、直流系统所有进线、馈线开关信息上传远动，并且交、直流系统进线开关及部分重要馈出回路开关设置电操作机构，以实现远方分合操作。

7. 防雷与接地

(1)防雷

各牵引变电所、分区所设独立避雷针以防止直击雷对全所设备、架构及建筑物的袭击。独立避雷针与配电装置带电部分空气中距离不小于5 m。

在新建牵引变电所110 kV进线侧、主变压器低压侧、2×27.5 kV/27.5 kV馈线负荷侧、分区所进线侧设有相应等级的氧化锌避雷器，以限制雷电波的幅值。牵引变电所二次系统及低压配电系统防雷参照《建筑物电子信息系统防雷技术规范》(GB 50343)的要求，进行防雷分区划分，采用等电位连接、加装浪涌保护器及电缆进出户地埋屏蔽等内部防雷措施，保障低压电气设备安全。

为提高全线牵引变电所二次系统防强电侵入防护能力，参照“运供设备函〔2016〕325号”和“运供设备函〔2017〕240号”文相关要求，充分与南昌铁路局供电部门沟通后，在全线牵引变电所设置二次防强电侵入相关措施，包括综合自动系统防强电侵入优化方案、接触网隔离开关控制优化方案、牵引变电所浪涌保护器优化设置方案、接触网隔离开关电源回路隔离变压器实施方案。

(2)接地

牵引变电所、分区所的主接地网的水平接地体采用150 mm^2硬铜绞线，垂直接地体采用ϕ20 mm、l=2 500 mm纯铜棒。水平接地体埋深0.8 m，水平间距5～10 m。

牵引变电所设集中接地箱，接地网回流、钢轨回流、架空回流线回流通过箱内铜母排连接，并通过铜母排与各主变回流连接。外部电源架空线路避雷线应与所内主接地网直接连接，并设有便于分开的连接点。

8. 电力调度所及远动系统

(1)调度所设置

南昌铁路局设置有一套高铁供电远动系统，本工程电力及牵引供电设施调度纳入该远动系统；与行车调度相对应，利用既有温福牵引供电调度台，负责本线的牵引供电及电力供电系统设施的实时监控、指挥供电设施的检修调度及事故情况下的抢修调度工作。既有远动复示系统根据新增被控站情况进行改造。

(2)远动范围

牵引供电系统的被控站设置在沿线牵引变电所、分区所、接触网开关控制站内。电力供电系统的被控站设置在沿线电力配电所、电力变电所、箱式变电站内。

(3)通道构成

本线SCADA通道组网分为电气化远动通道(双环网)、车站及隧道接触网开关站、电力远动通道(双环网)、维护通道(单环网)、调度所与供电段的复示通道(双路点对点)。

三、接 触 网

1. 系统设计及设备选型

福平铁路接触网系统设计详见表3-14-2，主要接触网设备选型见表3-14-3。

表3-14-2 福平铁路接触网系统设计汇总

序 号	名 称	项 目
1	速度目标值	正线双弓运行条件下200 km/h
2	结构设计风速	55 m/s

续上表

序　　号	名　　称	项　　目
3	补偿方式	全补偿
4	悬挂类型	简单链型悬挂
5	张力体系	15 kN+15 kN
6	接触网线材	JTMH95 承力索+CTSM120 接触线
7	支持结构	福州至福州南:三角形钢腕臂;福州南至平潭:整体腕臂
8	定位装置	限位定位装置
9	补偿装置	桥上采用棘轮补偿下锚,路基及隧道内采用滑轮组补偿装置
10	吊弦	不可调整体吊弦
11	接触导线高度	6 000 mm
12	结构高度	950 mm
13	跨距	路基上跨距一般不大于 55 m,T 梁桥区段 32 m,隧道内一般为 45 m
14	拉出值	300 mm
15	锚段关节	四跨或五跨
16	分相关节	六跨
17	回流方式	贯通架设回流线,有轨道电路区段回流线每隔 1 500 m 引下接综合接地
18	接地方式	桥上:所有桥钢柱均通过基础螺栓有效接地。 隧道:回流线在隧道顶非绝缘安装,回流线每 500 m 与电缆槽侧壁预留的接地端子连接接入综合接地系统。 路基:通过支柱基础预留接地端子接入综合接地,支柱装配底座与回流线连通,回流线每间隔 500 m 引下接综合地线

注:1. 还建福州站至樟林段沿海铁路、新建福平铁路樟林至福州南段接触导线高度维持既有标准按 6 400 mm 设计,平潭站调车作业区段接触导线高度按 6 450 mm 设计。
2. 福州至福州南结构高度按 1 400 mm 设计。

表 3-14-3　福平铁路主要接触网设备选型设计

序号	名称	设备选型
1	支柱	路基:ϕ350 混凝土圆杆;隧道:圆形吊柱; T 梁、供电线支柱:格构式钢柱;连续梁、箱梁:H 形钢柱; 平潭跨海大桥:ϕ350 圆钢柱
2	基础	路基地段:挖孔桩基础;桥上:站前专业预留;隧道内:后置锚栓
3	支持装置	福州至福州南:钢制三角形钢腕臂;福州南至平潭:钢制整体腕臂
4	补偿装置	桥梁:棘轮补偿装置;路基:滑轮补偿装置
5	坠砣	隧道外:圆形坠砣;隧道内:矩形坠砣
6	腕臂绝缘子	20 kN 复合绝缘子
7	隔离开关	单极电动
8	避雷器	氧化锌避雷器
9	分段绝缘器	消弧功能的分段绝缘器

2. 接触网可靠性设计

(1)防雷保护措施

为了加强本线接触网防雷电侵害能力,本次设计采取如下防雷措施:

①福州至长乐南段雷暴日大于 40d,隧道外区段柱顶安装单独避雷线,避雷线绝缘架设。

②供电线上网处设置避雷器。

③隧道外绝缘锚段关节、分相设置避雷器。

④下锚绝缘子、分段绝缘子采用抗拉强度≥160 kN 高强度硅橡胶合成绝缘子或绝缘子串。

⑤防雷接地均采用双引下绝缘电缆，路基区段可接至综合接地系统并距最近信号设备 15 m 以上，困难时通过路基电缆沟手孔引出路基 20 m 以外连接至独立不大于 10 Ω 的接地极；桥梁区段连接至经信号专业确认的综合接地系统桥梁墩台处预留的接地端子，或单独双引下连接至桥墩下独立接地极。

(2)防腐措施

①福州至长乐南(含)区间。接触网钢制零件、钢支柱采用三级热浸镀锌防腐，锌层厚度不低于 86 μm。

铝合金零部件：管制零部件(福州至福州南的三角形腕臂装置中的铝合金定位器)采用阳极氧化保护措施，两端头的内壁和外壁均采用微弧氧化技术；铸造类含棘轮、滑轮、定位滑轮等采用硬质阳极氧化保护措施。

紧固件：采用碳钢材质，一级热浸镀锌防腐。

地脚螺栓外露部分及基础面以下 150 mm 范围内：热浸镀锌＋基础帽。

②长乐南(不含)至平潭区间(临海 5 km 以内)。钢制的腕臂、定位管、支撑、腕臂上零部件等采用热浸镀锌及片锌 VCI 浸涂的组合涂层防腐保护。型钢支柱(H 形钢柱、圆钢管柱)采用热浸镀锌防腐，锌层厚度不低于 200 μm，格构式钢柱采用热浸镀锌防腐，锌层厚度不低于 110 μm。铝合金定位器管两端部采用微弧氧化，铝合金管本体采用阳极氧化，铸造铝合金零部件采用硬质阳极氧化等防腐措施。M16 及以上的螺栓，主要承受剪力较大的采用 Q345B，热浸镀锌及片锌 VCI 浸涂防腐。垫片、M16 以下的螺栓等均采用 316 不锈钢材质，316 不锈钢为 31608 牌号，即 06Cr17Ni12Mo2。电连接线采用耐腐蚀软铜绞线。

跨海大桥区段地脚螺栓外露部分及基础面以下 150 mm 范围内采用多元合金共渗＋达克罗＋封闭层处理。

③考虑到该工程部分区段临海、高盐高腐蚀等特点，在长乐南至平潭区间将临海 5 km 范围内的铜包钢承力索预绞丝护线条更换为 HX3-95a 的铜合金丝护线条；附加导线护线条更换 HX2-200a(型号根据线径不同选取)的铝合金丝护线条；对于临海 5 km 以内的钢制零部件如防腐要求(锌层厚度不够、VCI 破损)与上述要求不符时，应采用符合性能不低于 GB/T 9793—2012 规定的高铝锌热喷涂及金属封闭组合涂层防腐保护措施进行修复。

(3)防风措施

①为减少风对支柱产生的荷载，长乐南站至平潭站(含)接触网腕臂柱路基区段一般采用环形等径预应力混凝土支柱，箱梁、连续梁桥区段采用 ϕ350 等径钢管支柱型钢柱，T 梁采用直腿格构式钢柱。

②腕臂结构。福州至福州南(含)采用与既有线一致的三角腕臂结构；福州南至平潭区间，为适应本工程局部地区高达 75 m/s 的结构设计风速，腕臂结构形式采用避免“钩环”连接方式、同时减少腕臂结构连接件的整体腕臂结构形式。

③坠陀限制架。坠砣限制架采用双根限制导管加双导向尼龙轮对的结构设计，将限制架与支柱连接成整体，提高坠砣限制架在大风中的稳定性，如图 3-14-1 所示。

④附加导线安装(图 3-14-2)。回流线设计采用非绝缘安装，一方面可兼做架空地线减少支柱悬挂附加导线数量，另一方面在悬挂点处采用支座固定回流线，避免了安装绝缘子在悬挂点处产生摆动，悬挂点处安装预绞丝护线条增加导线抗疲劳性能。同时长乐南至平潭区间跨海大桥区段回流线落地改电缆敷设。

⑤吊弦。吊弦在接触网系统中起到悬吊、固定接触线的重要作用，每隔 5～10 m 就要布置一套整体吊弦。在风场环境下，易受到风载荷的影响，加剧吊弦线疲劳断裂的可能性。为适应铁路线路穿越风场区域，更大程度地提高整体吊弦使用的安全性、便捷性以及使用寿命，在现有的基础上对整体吊弦的吊弦线、心形护环、承力索线夹以及吊弦的压接方式进行了优化改进。

⑥电连接。电连接线容易出现风稳定性较差的问题，应尽可能缩小结构尺寸，提高导线的抗疲劳和抗变形能力，并尽量缩小电连接的使用范围。本线腕臂结构高度一般为 0.95 m，采用如图 3-14-3 所示 C 形电连接。

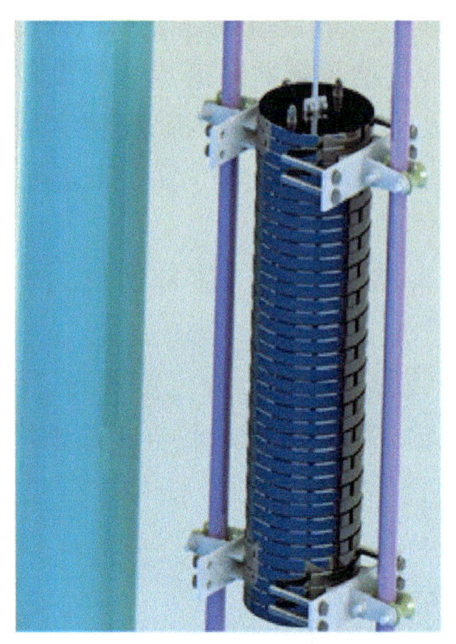

图 3-14-1　坠砣限制架

图 3-14-2　附加导线安装

采用电连接与吊弦进行绑扎的方式，增加电连接的抗风稳定性。由于采用了载流整体吊弦，较绝缘吊弦方案可减少横向电连接使用处所，仅需在每个锚段中心锚节位置安装一处横向电连接。长乐南至平潭区间回流线采用电缆敷设的安装方式。

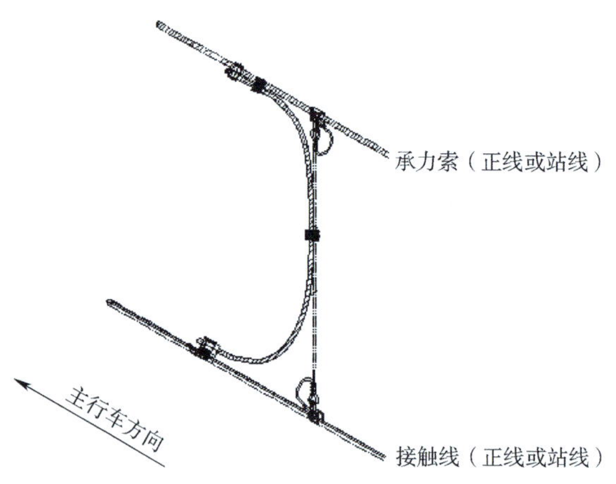

图 3-14-3　C 形电连接安装示意图

3. 防松设计

本工程主要采用成熟可靠的防松措施，具体如下：

(1)接触线、承力索吊弦线夹等螺栓不宜太长的采用单螺母＋弹簧垫片＋止动垫片的双重防松方式。

(2)中心锚结线夹采用止动垫片、带开口销的螺栓的防松方式。

(3)终端锚固线夹采用锥套式终端锚固线夹，带开口销的螺栓的防松方式。

(4)补偿装置:开口销螺栓方式、止动垫片、双螺母等方式。

(5)附加导线肩架采用双螺母的防松方式。

4. 防鸟措施

鸟巢对接触网设备的安全运行存在较大危害，设计、管理和维护单位均应采取有效的防治措施。防鸟采取的技术措施主要是利用光、声、味等措施或者利用物理方法进行隔离，驱鸟方法也区分为视觉驱鸟、化学驱鸟、声音驱鸟及物理驱鸟等多种方式，后期需根据当地的鸟的特性及运营维护单位对邻近线路的有效的驱鸟措施，对本线采取有效的防鸟措施。

第十五章 综合接地系统设计

福平铁路设综合接地。福州站(不含)至平潭站(含)线路全长 88.433 km,其中 DK0+000～DK3+300 利用既有沿海铁路联络线的贯通地线;还建福州站至樟林段沿海铁路下行联络线(XLDK0+970～XLDK4+300,长度 3.33 km)和上行联络线(SLDK0+960～SLDK4+300,长度 3.34 km);预留福厦客专引入本线的上下行联络线。本工程在福州站新增部分设综合接地,与既有综合接地系统连接。

为确保综合接地系统的技术性能,以满足沿线电子、电气设备安全可靠运行和人身安全防护要求,本线根据或参照《铁路防雷及接地工程技术规范》(TB 10180—2016)、《铁路综合接地系统》[通号(2016)9301]进行综合接地系统设计。

第一节 接地系统设计原则

综合接地系统以沿线两侧敷设的贯通地线为主干,充分利用沿线桥梁、隧道、路基地段构筑物设施内的接地装置作为接地体,形成低阻等电位综合接地平台。综合接地系统由贯通地线、接地装置(或接地极)、引接线、接地端子以及接触网闪络保护接地装置等构成。综合接地系统的接地电阻应不大于 1 Ω。

距接触网带电体 5 m 范围以内的金属构件和需要接地的设施、设备接入综合接地系统。距线路两侧 20 m 范围以内的铁路设备房屋的接地装置接入综合接地系统。不便与铁路综合接地系统等电位连接的第三方设施(路外公共建筑物、公共电力系统、金属管线等设施)必须采取可靠的隔离或绝缘等措施。

在综合接地系统中,建筑物、构筑物及设备在贯通地线接入处的接地电阻不应大于 1 Ω。贯通地线的选用应耐腐蚀并符合环保要求,环保性能应满足国家有关规定。桥梁、隧道、无砟轨道、接触网支柱基础等结构物内的接地装置应优先利用结构物中的非预应力结构钢筋作为自然接地体。

构筑物内兼有接地功能(含连接)的结构钢筋和专用接地钢筋应满足:接触网短路电流不大于 25 kA,钢筋截面不小于 120 mm^2 或直径不小于 14 mm。当构筑物内兼有接地功能(含连接)的结构钢筋的截面不满足要求时,可将相邻的两根钢筋并接使用(无需改变钢筋的间距)或局部更换直径为 14 mm 的钢筋。

结构物内的接地钢筋之间均要求可靠焊接,保证电气连接。接地装置应通过结构物内预埋的接地端子与贯通地线可靠连接。接地端子应直接浇筑在混凝土结构内,表面与结构面齐平。沿线路两侧的电气化、电力、通信、信号、信息、轨道、桥梁、隧道、路基、站场、环工、给排水、机械等专业的设备及其相应金属构筑物的接地原则上均接入综合接地系统。综合接地工程的路基地段贯通地线及分支引接线预埋,接地装置的设置、接地端子应与站前工程同步实施。

第二节 横向连接线的设置

本工程新建线路两侧各敷设一根 35 mm^2 截面铜当量的环保型贯通地线,外护套采用金属护套。在 DK3+300 处既有沿海联络线贯通地线与新建福平正线综合贯通地线连接;在联络线尽头新铺贯通地线与沿海联络线既有贯通地线连接;福州南站本线新设的 4 架进站信号机内利用既有沿海铁路综合贯通地线,在以上 4 架信号机处将本线区间新铺设综合贯通地线与既有综合贯通地线连接。

路基地段贯通地线一般直接埋设,设于信号电缆槽下(距基床底层顶面 300～400 mm 处石质路堑地段,将贯通地线埋设于信号电缆槽下约 200 mm 处),长度小于 20 m 的短路基地段可敷设于电缆槽内,并采取水泥(M20)包敷的隔离加填砂防护。

贯通地线通过车站时，沿车站两侧电缆槽走向直接埋设于信号电缆槽下(信号电缆槽下约 300 mm 处，通过站台时埋设于站台墙与线路间级配碎石层下 30～40 mm 处)，并采取砂防护；站台处通过接地扁钢纵向连接站台墙接地端子(站台墙接地端子设置高度与轨面平齐)，并与贯通地线连通。

按照《铁路综合接地系统》[通号(2016)9301]要求，箱梁地段贯通地线铺设在桥面防水层和保护层之间。T 梁地段贯通地线与信号电缆采取物理隔离措施。桥梁收缩缝处加套管防护，隧道地段铺设在通信信号电缆槽内，并采取水泥砂浆(M20)包敷的隔离加填砂防护。

横向连接：长度超过 1 000 m 的路基地段，每间隔 500 m 左右将上下行贯通地线横向连接一次；长度为 500～1 000 m 的路基地段，在中间将上下行贯通地线连接一次；长度小于 500 m 路基地段不设上下行贯通地线横向连接。连接线的规格及埋设深度与贯通地线相同；桥梁地段应通过梁体内的横向结构钢筋将两侧的贯通地线作横向连接；隧道地段通过环向接地钢筋等实行两侧贯通地线的横向连接。

第三节　接地端子及其接地线的设置

路基地段以接触网支柱为间隔设置分支引接线和接地端子(接地端子设于路基电缆槽及接触网立柱基础)。引接线同贯通地线冷压 C 形连接，与接触网基础接地端子栓接，电缆槽侧壁接地端子的尾端同贯通地线冷压 C 形连接(路基工程施工时先将分支引接线埋设于边坡防护层下，待电缆槽铺设时，再将分支引接线与接触网立柱预留的接地端子、电缆槽侧壁预埋的接地端子尾端连接)。电缆槽接地端子及连接线：强电(电力)、弱电(通号)电缆槽内各设用于强电、弱电设备接地的接地端子，且强电、弱电、接触网支柱的接地端子间距≥15 m。桥的每跨梁的起点侧在各通信信号电缆槽内、电力电缆槽外侧和挡砟墙靠线路侧、墩帽处、桥墩处均预留桥隧型接地端子，桥墩设置接地测试端子；隧道内每间隔 100 m，在各信号电缆槽侧墙上各预埋一个接地端子；每间隔 50 m，在通信信号电缆槽靠线路侧外缘预埋一个接地端子，供线路两侧设备接地；每个隧道口两侧均需预埋 4 个接地端子；每个综合洞室均需预埋两个接地端子，供洞室内设备接地。跨线桥、桥头电缆井等处预留接地端子，具体参考综合接地通用参考图说明。

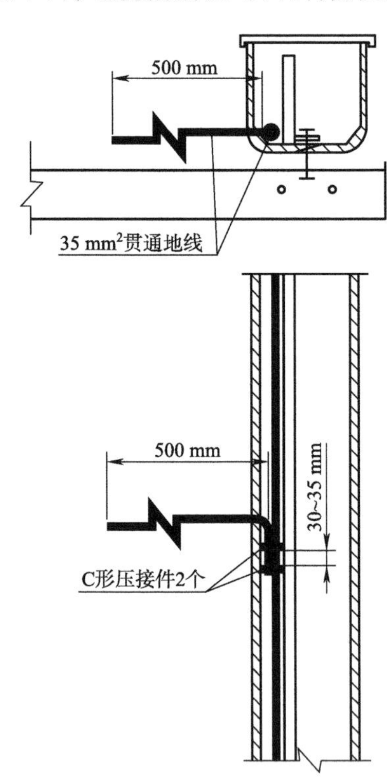

图 3-15-1　钢梁地段分支引接线设置

平潭公铁两用大桥钢梁地段钢梁长度较长，四电室外电缆、设备等需接入贯通地线位置按在钢梁小里程端接地无法实现强、弱点接地位置分开要求。因此，本次考虑在四电接地位置附近增加分支引接线实现强、弱点接地位置分开 15 m 要求。钢梁地段贯通地线与分支引接线连接方案设置示意如图 3-15-1 所示。

四电工程施工时，其设备、器材、线缆等地线需与站前预留的分支引接线可靠电气连接。分支引接线从 SMC 槽底部穿孔(孔径满足 35 mm^2 分引接线穿过即可)，分支引接线长度(不含在贯通地线上压接区域)暂按 500 mm，具体长度现场根据不同专业需求确定，为利于分支引接线固定，分支引接线原则上不超过 1 000 mm。

第四节　接地体的设置

1. 路基地段

为进一步提高路基地段接地性能，沿线路基地段接触网支柱基础钢筋均作为接地极使用。

2. 桥梁地段

有砟轨道桥梁利用梁端的横向结构钢筋作为接地钢筋并与梁底的接地端子连接，道砟厚度小于 0.3 m 的梁体上表面适当位置处应设纵向接地钢筋。梁底的接地端子和墩帽处的接地端子采用 200 mm^2 的不锈钢连接线连接。桥梁的桩基础，在每根桩中采用一根钢筋做接地钢筋，桩中的接地钢筋在承台中环接。桥墩中设两根接地钢筋一端与承台中的环接钢筋相连，另一端与墩帽处的接地端子相连。在每个桥墩的墩帽处适当位置设两个接地端子；在每个桥墩垂直于线路方向的某个侧面、距地面 300 mm 处，设接地端子，供测试之用。扩大基础桥梁，利用基底钢筋网或在基底底面设一层钢筋网作为水平接地极，专设的水平接地极钢筋网格约为 1 m×1 m。桥墩中设两根接地钢筋一端与扩大基础接地钢筋网相连，另一端与墩帽处的接地端子相连。

3. 隧道地段

Ⅱ级围岩利用隧道底板的下层结构钢筋作为接地极，接地极内的纵、横向钢筋采用双面点焊；Ⅲ级围岩利用初期支护中专用环向接地钢筋和系统锚杆作为接地极；Ⅳ、Ⅴ级围岩隧道利用隧道系统锚杆和钢架作为接地极，以约 2 倍锚杆间距选择锚杆作为接地锚杆，以约一个台车长度为间距选择钢架作为环向接地钢筋，用连接钢筋（ϕ16 mm）将锚杆和钢架（或专用环向接地钢筋）焊接，每 100 m 与挡砟墙内的纵向连接钢筋连接。

第五节　连接线、接地端子的材料、规格和工艺

接地母排及接地端子采用不锈钢制造，按照 IEC 62305-3 的规定，不锈钢材料的成分满足 Cr≥16％、Ni≥5％、Mo≥2％、C≤0.08％，如 GB00Cr17Ni14Mo2。接地连接线采用同规格的接地铜缆，线鼻采用与接地端子同材质的不锈钢或镀锡铜。梁体、墩身及无电缆上桥需求的桥墩墩帽，设单孔（M16）接地端子；路基、隧道以及有电缆上桥需求的桥墩墩帽，一般设双孔（M16）接地母排，特殊情况可采用多孔（M16）不锈钢板作为扩展母排使用。

专用桥隧型接地端子的工艺要求：根据不同地方预埋及连接需求，接地端子的连接钢筋形式分为直杆和直角杆两种类型。接地端子的螺套材质为不锈钢，材质成分及性能应符合规范要求。接地端子的螺套外径不小于 29 mm，其中螺套一端加工 M16 内螺纹深度不小于 25 mm，另一端连接钢筋压接深度不小于 10 mm，连接钢筋必须与顶部螺纹腔隔离。连接钢筋的外径为不小于 16 mm。桥隧型接地端子连接钢筋的长度根据现场具体需求在订货时提供给厂家，但最短长度应满足上述要求。

为减少投资、方便现场操作以及减少人为因素对连接质量的影响，除钢筋与钢筋间以及钢筋与钢架间的连接采用焊接工艺外，其他连接采用压接工艺，压接压力不小于 12 t，并且地下连接处应采取防腐措施。

第六节　车站内的综合接地连接

车站内贯通地线在线路最外方（股道）两侧信号电缆槽下敷设；每间隔 500 m 左右将上下行贯通地线连接一次，其中要求保证股道两侧各连接一次；每间隔接触网立柱的距离、在接触网立柱附近，设置分支引接线和接地端子；同路基地段一样接触网支柱基础钢筋作为接地极使用，接触网立柱要求设置接地端子。

同路基地段一样接触网支柱基础钢筋作为接地极使用，接触网立柱要求设置接地端子并与分支引接线栓接、同电缆槽侧壁接地端子的尾端 C 接。选择站台内的连通整个站台的 ϕ16 钢筋作为纵向接地钢筋，每间隔 100 m 在站台墙预留出一个接地端子，并与贯通地线连接一次。除线间有接触网支柱时设接地扁钢外，雨棚基础下面也考虑设接地扁钢。旅客可接触到的雨棚边缘设置纵向接地钢筋，每间隔 100 m 与贯通地线相连。

第七节　无砟轨道道床等的综合接地连接

应优先利用无砟轨道道床上层直径不小于 16 mm 的非预应力结构钢筋作为接地钢筋，其外缘距混凝土表面不大于 100 mm，接地钢筋不应形成闭合电气回路，并与结构钢筋绝缘，每 100 m 分隔一个标准段。无砟轨道的纵向专用接地钢筋按 100 m 左右与贯通地线单点“T”形连接。

第十六章　防灾安全监控设计

第一节　风雨及异物侵限灾害监测系统

1. 系统的总体架构

在铁路沿线设置风、雨、上跨铁路的道路桥梁异物侵限监测现场采集设备，接入沿线车站、通信基站监控单元；监控单元接入监控数据处理设备；监控数据处理设备将数据和报警信息发送至灾害监测终端。

2. 监控数据处理设备

监控数据处理设备由数据库服务器、应用服务器、存储设备、接口服务器(含防火墙)、时钟服务器、交换机、维护终端等组成。南昌调度所在设计时已为灾害监测设备预留了相关电源设备，监控数据处理设备内不再设置 UPS 电源。在南昌调度所灾害监测机房内设置监控数据处理设备。

3. 调度所设备

调度所设备由灾害监测终端、光端机等设备组成。其中，南昌调度所在设计时已为灾害监测设备预留了相关电源设备，调度所设备内不再设置 UPS 电源。在南昌调度所设置福平铁路灾害监测调度所设备，其中监测终端设置于福州枢纽行调台。

4. 灾害监测终端

灾害监测终端按单套配置，液晶显示器不小于 17 in；UPS 电源按单机配置，供电时间不少于 30 min。在南昌铁路局工务调度、南昌信息所、福州工务段、南昌通信段、福州高铁车间以及南昌应急指挥中心、福州应急指挥中心、厦门应急指挥中心分别设置灾害监测终端。

5. 监控单元

监控单元由主机模块、各种监测功能模块、继电器组合模块、防雷单元、电源、蓄电池(每套蓄电池组供电时间不小于 1.5 h)、机柜等组成。根据风、雨、异物侵限监测点的设置，在沿线车站、基站灾害监测机房共设有 14 处风、雨、异物侵限监控单元。

6. 现场采集设备

现场采集设备包括风监测现场采集设备、雨监测现场采集设备、异物侵限监测现场采集设备。风监测现场采集设备由风向风速仪、数据传输单元等组成；雨监测现场采集设备由雨量计、数据传输单元等组成；异物侵限监测现场采集设备由监测双电网、现场控制箱等组成。福平铁路设置风监测点 17 处、雨量监测点 6 处、异物侵限监测点 2 处。

第二节　地震预警监测系统

1. 系统的总体架构

在沿线牵引变电所、分区所、车站、通信基站设置地震预警现场采集设备和地震预警监控单元；监控单元接入地震预警铁路局中心系统；地震预警铁路局中心系统将数据和信息发送至地震预警监测终端监控单元。

2. 地震预警铁路局中心系统

南昌局地震预警中心系统尚未建设，本次工程暂按接入南昌局地震预警监测中心系统进行设计。根据《铁路自然灾害及异物侵限监测系统工程技术规范》(Q/CR 9152—2018)，除前端预警服务器按线设置外，地震预警监测中心的其他服务器均按局设置。本次设计在地震预警监测中心系统设置 2 台福平铁路前端预警服务器、2 台接入交换机，前端预警服务器应用软件应与其下属的监控单元软件相匹配。修改地震预警监测中心的其他服务器的软件，以接入福平铁路地震预警现场监测设备。

3. 地震预警监测终端

本次设计在南昌局调度所福州枢纽台、供电调度台设置地震预警监测业务终端，在福州工务段设置地震预警监测维护终端，对南昌局调度所工务调度台、南昌通信段的地震预警维护终端的软件进行修改。

4. 监控单元

地震预警监控单元由数据采集器、监控主机、牵变接口、信号接口、电源、网络和隔离开关、防雷模块等组成，具备地震监测、牵变触发和信号触发等功能。在沿线的牵引变电所、分区所、车站、通信基站设置地震预警监控单元 12 个。

5. 现场采集设备

地震预警监测现场采集设备由双套地震仪组成。福平铁路全线地震动峰值加速度均大于或等于 0.1g，在沿线各牵引变电所、分区所设置地震监测点，共 5 处。

6. 现场实施情况

目前，对于地震预警监测系统，现场仅敷设电缆，包括地震监测点至监控单元的电缆以及监控单元至信号中继站、牵引变电所的电缆。地震预警监测系统的设备均未安装。

第十七章　客运服务系统设计

福平铁路工程项目客运服务信息系统设计内容主要包括：

(1)长乐站、长乐东站、长乐南站、平潭站4个新建客运车站的票务系统、旅客服务信息系统。

(2)本线车站票务系统接入南昌铁路局既有地区票务中心，本线车站旅服系统接入南昌局调度所旅服集成管理平台的相关内容。

第一节　旅客服务信息系统设计

根据初设批复意见，本线各站旅客服务信息系统采用局管方式接入南昌局调度所旅客服务信息系统集成管理平台，车站旅客服务信息系统按“中心站代管小站”管控模式设计，由平潭站代管长乐站、长乐东站和长乐南站，根据业务管理需要，车站旅服系统均具备独立站控能力。

车站级旅客服务信息系统包括车站级旅服集成管理平台、综合显示、客运广播、视频监控、入侵报警、时钟、旅客携带物品安全检查设施等子系统，相应配置网络设备及电源、防雷设施等，实现对本站旅客服务系统的集中监视和控制，完成系统间信息共享和功能联动；旅服系统预留与车站BAS系统的互连接口。

一、旅服系统集成平台

旅客服务信息系统以集成管理平台为核心，集成综合显示、客运广播、时钟等系统。集成管理平台按运营需要制作业务模版，根据列车到发、检票等相关业务信息，自动生成广播计划和综合显示计划，完成对子系统设备的集中监控、报警和业务管理，实现信息共享和功能联动。

1. 本线旅服系统局端接入方案

本线引入南昌局旅服集成管理平台新设数据库服务器2台(4个8核CPU/128GB内存)、应用服务器2台(4个8核CPU/192GB内存)，同时考虑本工程引入南昌铁路局旅客服务信息系统平台所需的软件移植、修改、调试及数据配置的费用。

南昌局既有旅服平台已统一考虑与TDMS系统的接口硬件设备，本线行车调度指挥并入福州枢纽行车调度台。

2. 车站旅服系统集成平台

车站旅服系统采用千兆以太网组网。在长乐站、长乐东站、长乐南站信息综合机房分别配置1台数据处理服务器、1台接口服务器以及配套的网络设备，在平潭站信息综合机房配置2台数据处理服务器、2台应用处理服务器、身份认证服务器1套、磁盘阵列1套以及配套的网络设备；在平潭中心站信息综控室配置2台双屏业务操作终端、1台单屏业务操作终端以及12块液晶拼接大屏，其他各站均配置1台双屏业务操作终端。

车站旅服系统广域网采用通信专业提供的数据网VPN通道，带宽为主备用各10 M上连至南昌局调度所既有旅服系统集成平台，在正常情况下，由局端旅服系统集成平台直接控制各车站系统，实现统一指挥，当其出现故障等应急情况下，各车站即刻启动车站集成管理平台，转入站控模式，完成本站旅客服务系统应急处理功能。

二、综合显示系统

各新建车站新设综合显示系统，由LED显示屏、LCD显示屏、到发通告微机组成，接入车站旅服集成平台。

根据车站功能区域设置进站大屏、售票大屏、售票窗口屏、候车检票屏、编组屏、站台到发信息屏，出站信息屏等。其中站台/天桥编组屏、通道屏、站台到发信息屏采用室外超高亮双基色 LED 显示屏，地道编组屏采用室内高亮双基色 LED 显示屏，其他显示屏均采用 P4 全彩屏；室外或半室外环境的出站屏、站台屏采用室外防水型超高亮显示屏，防水等级不低于 IP65。在商务候车室设置 50 in 液晶显示屏。在售票室、客运值班员、公安值班员、补票室等处设置到发通告终端，其中售票室设置 42 in LCD 电视显示屏（面对售票人员），其他房屋设置微机作为到发终端。在行包厅设行包显示屏和行包窗口屏，均采用 P4 全彩屏，行包厅显示屏单独设显示屏控制终端。

三、时 钟 系 统

本线在南昌铁路局设一台 NTP 母钟，各站设 NTP 子钟，接入车站旅服网络，统一由南昌铁路局母钟通过旅服网络授时，并由南昌铁路局中心的 NTP 母钟进行集中网管。各站候车厅、售票厅、出站厅采用单面子钟，站台子钟采用双面指针式子钟。

四、客运广播系统

各新建车站新设客运广播系统，接入车站旅服系统联网运行。系统具备自动广播、人工广播、应急广播等各种广播模式。当发生紧急事故（如火灾）时，可根据程序指令自动切换到紧急广播工作状态。本系统可提供任何事件的报警联动广播、手动切换的实时广播等。

长乐站、长乐东站、长乐南站广播系统采用 8 信源、8 通道、24 路负载分区、3 kW 总输出功率设备。平潭站广播系统采用 8 信源、8 通道、36 路负载分区、12 kW 总输出功率设备。

各站广播负载分区按照进站集散厅、候车室、出站厅、售票厅、站台、站前广场等进行划分，原则上每个分区设置至少 2 个广播回路。广播分区不能与站房防火分区的分布有冲突，即同一回路广播不能跨两个防火分区。广播备用功放配置按照至少 4 备 1 的原则，系统具备线路开路、接地、短路保护告警功能，前端扬声器线路出现短路，系统将自动关闭该分区信号输出，保障系统安全。

系统主要由声源设备、扬声器、无线呼叫站、消防接口、功率放大及自动倒换设备、扬声器及回路检测设备等组成。在候车室、售票厅、出站厅、站台等客流聚集区域设置无线呼叫站，可实现无线话筒插播等功能。

客运广播系统在信息机房预留与消防广播的接口；火灾时，消防广播系统能够根据需要将客运广播声场部分（广播线路与扬声器）按照消防分区强切至消防广播控制状态下，完成消防广播功能。客运广播与 FAS 消防广播接口为硬线接口。FAS 系统负责消防控制室的应急声源及功放设备、广播切换控制模块。信息专业负责旅客活动区域、办公区广播扬声器及其线缆的设计，火灾时通过控制模块自动或手动切换为火灾应急广播状态。

五、视频监控系统

视频监控子系统包括售票区域、行包区域、安检区及公共区域视频监控，均采用 1 080P 全高清网络摄像机。

在车站信息机房及信息设备间设置视频接入交换机，采用千兆光口接入车站通信机械室综合视频核心交换机。公共区域 IP 摄像机采用光纤或六类网线就近接入信息机房或信息设备间的视频接入交换机，视频图像由综合视频监控系统（通信专业设计范围）统一存储及管理，视频存储时间为 15 d。车站售票区域（售票室、补票室、进款室、票据室）、安检区及行包区（行包窗口、行包厅、行包库等）设置的摄像机，均采用网络硬盘录像机本地独立存储，存储时间为 30 d，并预留与通信综合视频监控平台的互通条件。

通信专业在车站设置视频监控终端 3 台，分别安装在信息综控室、公安值班室、站长室；售票区、安检区及行包区均单独设置视频监控终端，分别安装在售票办公、公安值班室及行包办公房，实际安装位置可根据运营需要调整。

监控系统主要布点原则：在旅客进出站集散厅、候车区、售票区、票据库、行包区、安检区、站台、站前广场、进出站通道、安检通道附近、重点治安防范区域等处均设置摄像机；在各楼层办公区域走道、售票室、自动售票区设置半球/枪型摄像机（其中售票室内按售票窗口与摄像机 1∶1 比例配置）；在楼梯处设置枪型摄像机；大空间区域（如旅客进出站集散厅、候车室、站前广场等）设置球机；有柱雨棚站台视频按照《中国铁路总公司关于明确铁路旅客车站有柱雨棚站台监控摄像机设置要求的通知》（铁总运〔2015〕7 号）配置；室外摄像机两端均需配置二合一防雷器。

六、入侵报警系统

在各新建车站公安值班室设置报警控制主机，在票据、进款室设置双鉴探头及撤布防键盘，在售补票室设置紧急按钮，在客运值班室设报警警灯，在公安值班室设声光报警器。

七、旅客携带物品安全检查设施

在车站进站口设置双源双视角安全检查仪（含安检仪、监控微机、桌椅、1080P 高清摄像机等）及安检门，设置防爆罐、防爆毯、手持金属探测仪。车站安检区域视频监控图像独立存储（存储时间 30 d），具备接入综合视频监控系统的条件。

第二节　票务系统设计

一、票务系统总体方案

本线车站票务系统均采用南昌铁路局集中管理模式，各站票务系统均接入南昌局集团公司既有地区票务中心，车站仅设应急服务器。为满足本线票务系统接入，在南昌铁路局调度所客票中心扩容既有数据库服务器（扩容 4CPU/32 GB 内存），新设应用服务器 2 台（4 个 6 核 CPU/128 GB 内存）。

各新建车站客票制式已根据国铁集团相关文件要求变更为电子客票方案，售票采用人工售票与自动售票相结合的方式，检票以自动检票为主，人工检票为辅。

二、车站票务系统设计方案

车站票务系统主要由应急服务器、售检票终端、业务管理终端、网络设备、客票安全保障平台组成。

各客运站客票系统终端设备包括窗口售票机、全功能自动售票机、非现金自动售票机、自动取票机、门式自动检票机、验检合一自动检票机、补票机、柱式检票机、手持移动检票终端、公安制证设备等组成，各终端设备均按国铁集团电子客票相关技术标准配置。

车站票务系统局域网采用千兆以太网组网，网络设备采用冗余配置。各车站客票系统广域网采用通信传输网提供的 FE 专线通道上连至南昌局地区客票中心，其中长乐站、长乐东站、长乐南站主备用各 10 M，平潭站主备用各 20 M。

第十八章 工程接口设计

第一节 专业间工程接口设计概述

福平铁路工程接口包括内部接口和外部接口。内部接口包括铁路站前工程之间、站后工程之间、站前工程与站后工程之间的接口；外部接口包括铁路工程项目与铁路外部配套及保障之间的接口，如市政配套，强弱电网运营商等，也包括不同铁路建设项目间存在相关影响的工程接口。

铁路工程内部接口考虑线路工程、路基工程、桥梁工程、隧道工程、站场工程、四电工程、站房工程、生产生活设施、动车段(所)等检修维护工程之间的设计接口。铁路工程外部接口考虑铁路工程与其他工程(包括其他铁路工程、城市轨道交通工程、市政工程、水利工程、公路工程等)的设计接口。

第二节 接口设计原则与要点

一、接 口 原 则

接口设计以提高铁路设计的总体性、系统性为目标，各专业系统的标准、接口设计、固定和移动设施应匹配协调，接口设计应遵循以下的原则：

(1)路基、桥涵及隧道等各类建(构)筑物的设计应注意各建(构)筑物间的变形协调，避免不同建(构)筑物的频繁过渡，重视轨道刚度均匀和不同轨道结构间的刚度过渡。

(2)路基、桥涵及隧道附属工程设计应符合电缆槽、接触网、声屏障、综合接地线、线路标志、站区过轨管线，以及牵引变电、电力、通信、信号电缆过轨等设备设置要求。

(3)分段设计的项目各段之间、项目与外部工程之间以及相邻铁路之间的接口设计应协调。

(4)车站建筑的总体布局应与城市规模整体协调，注重与城市其他交通方式在功能布局、流线设置上的衔接，协调车站内部各子项工程、管线、设备设施的接口。

二、接口设计要点

1. 站前、四电和房建工程的协调设计

设计单位组织站前、四电和房建专业对接口进行统一规划设计，细化电缆槽、电缆井、过轨管、接触网基础、声屏障基础、天桥、地道、场坪、道路等接口设计内容和专业配合要求。

(1)对轨旁设备，设备专业落实尺寸、确认安装位置等；站前专业与设备专业共同确认满足设备设施安装要求。

(2)站前工程设计根据通信、信号、电力和电气化的需要设置电缆槽道、电缆上下桥、上下路基边坡设备、接触网支柱、漏缆支架基础等设施的安装条件。桥隧、桥路、隧路接口段的电缆槽应衔接过渡。

(3)对于车站范围内的桥梁，根据信号专业的要求预留转辙机位置；站内桥墩的布置和建筑专业协商确定。

(4)关于“四电”过轨保护涵设置，桥梁专业根据相关专业的需要设置过轨保护涵：

①原则上保护涵不能利用排水涵或给排水专业保护涵排水。

②避免站台端部涵洞较多，形成涵洞群，影响路基填筑质量。结合上述要求，建议涵洞按照多孔设置，便于站区总平布置和路基填筑要求。

2. 系统性设计

对综合管线、综合排水、综合接地、土石方调配、取弃土(渣)场、景观绿化、轨道工程、四电工程、声屏障工程等进行系统性设计,妥善处理各专业间接口关系。

3. 站后所亭选址及场坪协同设计要求

通信基站、直放站、信号中继站、线路所、牵引变电所、分区所、开闭所、AT 所、电力变电所、配电所、TEDS、公安警务区、维修工区等各类站后所亭,在满足相关专业技术要求的前提下,结合地形、水文、地质、地方意见和经济性等因素,由站前、站后各相关专业及地方相关部门现场进行选址,必要时履行相关确认手续,在施工图阶段稳定所亭选址和用地设计,站前、站后各相关专业应协同完成场坪和道路设计,满足规范规定的防洪标准、使用功能等要求。

第十九章 高性能混凝土及钢结构耐久性设计

第一节 高性能混凝土耐久性设计

平潭海峡公铁两用大桥工程规模宏大，建设条件复杂，海上施工难度大，结构设计基准期为100年，钢筋混凝土结构量大，混凝土质量及其耐久性对于保证整个结构的服役寿命以及服役期内的性能至关重要。鉴于现行《铁路混凝土结构耐久性设计规范》(TB 10005—2010)等技术规范(规程)难以完全满足本工程混凝土结构建设施工的需要，需参考国家和相关行业的技术规范及标准，借鉴国内、国外相关工程实践经验，针对本工程混凝土的耐久性技术要求、混凝土原材料及配合比、混凝土生产与施工以及保证混凝土耐久性的附加强化措施提出了进一步的要求和规定，以利于本工程混凝土的生产、施工。

一、混凝土耐久性的基本要求

1. 混凝土结构类型、环境作用等级及设计强度

平潭海峡公铁两用大桥混凝土结构类型、环境作用等级及混凝土设计强度见表3-19-1。

表3-19-1 混凝土结构类型、环境作用等级及混凝土设计强度

项目		碳化环境	氯盐环境	化学侵蚀环境	盐类结晶破坏环境	混凝土强度
上部结构	预制混凝土桥面板、预制箱梁	T2	L1			C60、C50
	现浇混凝土箱梁	T2	L1			C50、C55
墩身及主塔	海上铁路桥墩、斜拉桥塔柱	T2～T3	L1～L3			C50
	陆地铁路桥墩、公路桥墩；海上公路桥墩	T2	L1～L2			C45
承台	浪溅区、水位变动区	T3	L3	H2	Y3	C50
	非浪溅区	T1	L1	H2	Y3	C40、C50
桩	陆上部分		L2			C45
	海上部分	T1	L1	H2	Y3	C40

2. 混凝土水胶比和胶凝材料

本工程混凝土的水胶比和胶凝材料用量范围见表3-19-2。

表3-19-2 水胶比和胶凝材料用量范围

工程部位	最大水胶比	胶凝材料最低用量(kg/m³)	胶凝材料最高用量(kg/m³)
桩基混凝土(C40/C45)	0.38	360	450/480
非浪溅区承台、墩身(C50～C40)	0.37	360	450
浪溅区承台、墩身(C50～C40)	0.36	400	450
现浇箱梁、索塔(C50)	0.36	400	480
预制桥面板及箱梁(C60)	0.35	400	480

3. 混凝土抗氯离子渗透性能

为保证结构混凝土具有优异的抵抗氯离子渗透的能力，确保结构内部钢筋不过早发生氯离子诱发的锈蚀，表 3-19-3 规定了各混凝土的抗氯离子渗透性能要求。

表 3-19-3 混凝土抗氯离子渗透性要求(56 d 龄期)

结构部位		混凝土强度	6 h库仑电量(C)	混凝土氯离子扩散系数 DRCM(10^{-12} m²/s)
主梁、上中塔柱		C50、C60	<1 000	≤7.0
下塔柱		C50	<1 000	≤3.0
墩身	陆上部分(含水中公路墩)	C45	<1 200	≤5.0
	海上部分	C50	<1 000	≤3.0
承台	水下区、陆地	C40	<1 200	≤5.0
	浪溅区、水位变动区	C50	<1 000	≤3.0
桩	陆上部分	水中 C40	<1 200	≤7.0
	海上部分	水中 C40/C45	<1 200	≤5.0

4. 耐久性设计基本要求和依据

(1)耐久性设计原则

混凝土的耐久性应根据不同的设计使用年限和不同的环境类别及其作用等级进行设计。同一结构中的不同构件或同一构件中的不同部位由于所处的局部环境条件有异，应予以分别对待(或按最严酷环境作用等级要求进行设计)。

(2)混凝土结构的耐久性设计内容

①混凝土的技术要求：包括混凝土原材料的选用和配合比优化设计原则，除满足强度等级、水胶比、水泥用量、含气量、工作度等要求外，尚应满足混凝土抗裂性、抗氯离子渗透性能、抗腐蚀性以及护筋性等要求。

②与耐久性有关的结构构造措施：根据结构所处的环境作用等级与设计使用年限，确定钢筋保护层厚度，提出裂缝控制标准。

③与耐久性有关的施工质量要求重点是混凝土养护(温度、湿度控制与湿养护期限与方法)、保护层质量控制、混凝土匀质性控制、裂缝控制。

④结构使用阶段的检测与维修：应对结构进行定期检测，根据检测结果进行耐久性评估。

⑤防腐蚀强化措施：本工程的防腐蚀强化措施主要是混凝土表面涂层等。

(3)提高混凝土结构耐久性应遵循的一般原则

①采用尽可能有利于阻挡或减轻环境对结构的侵蚀作用、便于施工并有利于保证施工质量的结构类型、结构布置和结构构造。

②提高混凝土材料本身的耐久性。

③海洋环境下应注意加强混凝土的养护措施，适当延长混凝土的保温、保湿养护时间，并尽量延迟新浇混凝土与海水接触的时间。

④使用可靠的保护层定位夹(块)，以确保钢筋保护层厚度。

⑤采用其他防护措施。

5. 其他事项

平潭海峡公铁两用大桥除受到海水中氯盐引起的钢筋锈蚀外，在长期潮湿和长期水作用环境下，必须重视混凝土硫酸盐侵蚀、碱-集料反应和延迟钙矾石反应的发生。

二、混凝土原材料

1. 水泥

(1)各混凝土宜采用 P·O42.5 级普通硅酸盐水泥，但应确认水泥混合材料中不含石灰石粉；若无法满足该要求时，可采用强度等级为P·Ⅰ(P·Ⅱ)42.5级水泥或P·Ⅰ(P·Ⅱ)52.5级水泥。各水泥质量符合国家标准《通用硅酸盐水泥》(GB 175—2007)。

(2)所使用水泥的细度(比表面积)宜为300～350 m^2/kg，C_3A含量不大于8%。

(3)所用水泥的氯离子含量应低于0.06%；水泥的碱含量(按Na_2O当量计)应低于0.6%，且混凝土内总含碱量(包括所有原材料)不应超过1.8 kg/m^3。

(4)水泥质量应稳定，实际强度应与设计强度等级相匹配。定期对分批进场的水泥进行胶砂强度的评定，标准差宜控制在3.0 MPa以内。

(5)水泥进场清单应包括生产厂商名称、水泥种类、数量以及厂商的质量保证书，应证明该批水泥已经试验分析，且符合标准规范要求。

2. 矿物掺合料

(1)混凝土使用的矿物掺合料包括粉煤灰、磨细矿粉、硅灰等材料。掺合料的掺量应根据设计对混凝土各龄期强度、工作性和耐久性的要求以及施工条件和工程特点(如环境、混凝土拌和物温度、构件尺寸等)而定。其技术条件应符合国家标准《高强高性能混凝土用矿物外加剂》(GB/T 18736—2002)的规定。

(2)应检测所用各种矿物掺合料的碱含量。矿物掺合料中的碱含量应以其中的可溶性碱计算(如无检测条件时，粉煤灰可溶性碱约为总碱量的1/6，矿粉约为1/2)。

(3)粉煤灰的主要控制指标和使用要求：粉煤灰(FA)必须来自燃煤工艺先进的电厂，选用组分均匀、各项性能指标稳定的低钙灰。粉煤灰的品质，应首先注重其烧失量和需水量比。本工程C40及以上等级混凝土所用粉煤灰的烧失量不应大于5%，需水量比不大于100%；C40以下等级混凝土所用粉煤灰烧失量不大于8%，需水量比不大于105%。Cl^-含量不大于0.02%，SO_3含量不大于3%。其他指标应符合国家标准《用于水泥和混凝土中的粉煤灰》(GB/T 1596—2005)中的规定。

(4)磨细矿粉的主要控制指标和使用要求：作为掺合料的磨细矿粉比表面积宜控制在350～500 m^2/kg，烧失量不大于3%，Cl^-含量不大于0.06%，SO_3含量不大于3.5%，含水率不大于1%，28 d活性指数不小于95%；其他指标应符合国家标准《用于水泥和混凝土中的粒化高炉矿渣粉》(GB/T 18046—2008)的规定。

(5)硅灰的主要控制指标和使用要求：硅灰(SF)掺量不宜超过5%。硅灰中的SiO_2含量不小于85%，烧失量不大于6%，需水量比不大于125%，含水率不大于3%，比表面积不小于18 000 m^2/kg。硅灰宜与其他矿物掺合料复合使用。

3. 集料

(1)配制各混凝土的集料应符合国标《建筑用砂》(GB/T 14684—2001)和《建筑用卵石、碎石》(GB/T14 685—2001)的技术要求。

(2)选择料场时必须对集料进行潜在活性的检测，本工程不得采用可能发生碱-集料反应(AAR)的活性集料。

(3)本工程混凝土粗集料采用碎石，最大粒径不应超过25 mm，表观密度不低于2 600 kg/m^3；且应选用质地均匀坚固、粒形和级配良好、吸水率低、空隙率小的洁净碎石，紧密堆积空隙率不大于40%，坚固性不大于8%(预应力混凝土结构不大于5%)。

(4)本工程C50及以上混凝土粗集料针片状颗粒含量应不大于5%，含泥量不大于0.5%；C50以下针片状颗粒含量应不大于8%，含泥量不大于1.0%。硫化物及硫酸盐含量(按SO_3质量计)不大于0.5%，Cl^-含量不大于0.02%，吸水率应小于2%。沉积岩粗集料的压缩指标不大于10%，变质岩和火成岩的压缩指标不大于12%。

(5)各混凝土应优选使用颗粒坚硬、强度高、耐风化的Ⅱ区河砂，细度模数宜在2.3～3.0之间，不得使用海砂；当经过足够的试验检验合格后，可选用人工砂，且人工砂的质量尚应满足国家相关规范要求。

(6)各混凝土材料的细集料(砂子)的坚固性应不大于8%，泥块含量不大于0.5%，云母含量不大于0.5%，Cl^-含量不大于0.02%，吸水率应小于2%。C50及以上混凝土细集料中的含泥量应低于2%，C50以下含泥量应低于2.5%。

4. 化学外加剂

(1)所采用的化学外加剂，必须是经过有关部门检验并附有检验合格证的产品，其质量应符合《混凝土外加剂》(GB 8076—2008)的规定，使用前应复检其效果。

(2)各种化学外加剂应有厂商提供的推荐掺量、主要成分(包括复配组分)的化学名称、氯离子含量百分比、含碱量，以及施工中必要的注意事项，如超量或欠量使用时的有害影响、掺加方法等。

(3)各混凝土宜采用聚羧酸类减水剂，其减水率应不低于 25%。

(4)当混合使用高效减水剂、引气剂、缓凝剂、膨胀剂及其他防腐剂时，应事先专门测定它们之间的相容性。

(5)化学外加剂的选用应严格考察生产厂家，根据其化学成分、产品质量，结合使用环境、施工条件，通过技术、经济性比较来确定。

(6)化学外加剂掺量应通过试验，根据使用环境、施工条件、混凝土原材料的变化进行调整。

(7)化学外加剂中的氯离子含量不得大于混凝土中胶凝材料总重的 0.01%。

5. 拌和用水及养护用水

(1)拌和水的化学分析应按《公路工程水质分析操作规程》(JTJ 056—1984)进行。

(2)拌和水中不应含有影响水泥正常凝结与硬化的有害杂质及油脂、糖类、游离酸类、碱、盐、有机物或其他有害物质。

(3)直接养护用水不得采用海水、污水和 pH 值小于 6 的水。水中的氯离子含量应不大于 200 mg/L，硫酸盐含量(按 SO_4^{2-} 计)应不大于 500 mg/L。

三、混凝土配合比

1. 配合比设计依据

混凝土配合比设计应根据不同结构部件、不同侵蚀等级、不同设计要求、不同施工方法分别进行设计。通过对新拌混凝土工作性能、硬化混凝土力学性能以及耐久性指标的测定(包括混凝土抗氯离子渗透性、开裂性能等对比试验)，确定以耐久性为目标的最终配合比。

(1)新拌混凝土性能

①施工和易性：以满足施工工艺要求为目标，对于大流动性混凝土而言，除应规定其坍落度外，还应具有合适的坍落扩展度和抗离析性能；对于桩基工程，混凝土应按水下混凝土进行拌和物性能设计。不同新拌混凝土的工作性要求参见表 3-19-4。

表 3-19-4　混凝土浇筑入模时的工作性要求

混凝土类型	坍落度(mm)	坍落扩展度(mm)	抗离析性能
泵送混凝土	180±20(2 h 坍落度损失不大于 10%)	≥450	良好
水下浇筑混凝土	200±20(2 h 坍落度损失不大于 10%)	≥550	优异，粘聚性好

②凝结时间：以结合施工环境温度、施工组织规划等情况，确定合适的凝结时间，通常新拌混凝土的初凝时间不小于 2 h。

③含气量，含气量对混凝土强度和耐久性均存在显著影响，适当的含气量有利于提高海洋环境下混凝土的耐久性。本工程各新拌混凝土的含气量不得小于 3%。

(2)硬化混凝土性能

除应满足设计强度等级和设计耐久性要求，还需满足以下性能要求：高体积稳定性、优异的抗渗性、高抗盐化学腐蚀及盐结晶侵蚀性能、优异的抗海水冲刷性能(如潮汐区)、抗盐雾侵蚀和碳化作用的性能、良好的护筋性等。

2. 混凝土组成配比参数的选择

(1)原材料选用

选用坚固耐久、级配优良、粒形良好的洁净集料，粗集料最大粒径不大于 25 mm；选用硅酸盐系水泥、矿物掺合料作为胶凝组份;选用减水率高、质量稳定的羧酸系高效减水剂以及引气效果好、气泡稳定的引气剂等原材料,热天浇筑大体积混凝土宜选用缓凝高效减水剂。

(2)掺合料的掺用

掺合料宜采用两种或两种以上的矿物掺合料双掺,矿物掺合料占总胶凝材料总量不应低于40%;在满足单方混凝土中胶凝材料最低用量要求的前提下,尽可能降低硅酸盐水泥用量,使用大掺量优质粉煤灰、矿粉等,以降低混凝土水化热温升。

(3)集料的体积用量

为减少混凝土的收缩变形,确保混凝土的体积稳定性,各单方混凝土中的粗细集料体积用量不宜低于650 L,砂率不宜大于42%(采用人工砂时,砂率可适当增加)。

(4)水胶比及胶凝材料用量

结合混凝土强度设计等级要求和现行普通混凝土配合比设计规程,计算得到水胶比参数。同时,为保证混凝土的耐久性,各混凝土的最大水胶比以及最大、最小胶凝材料用量应满足表3-19-2中的规定。最终的水胶比取上述两者中的小者,胶凝材料用量不应超出表中的规定范围。

(5)混凝土配合比设计的其他耐久性规定

①氯盐环境下,混凝土拌和物中由各种原材料引入的氯离子总量应不超过胶凝材料总量的0.1%(钢筋混凝土结构)和0.06%(预应力混凝土结构)。

②为防止碱-集料反应发生,混凝土内总碱量(包括所有原材料)应小于1.8 kg/m^3。

③确保大体积混凝土内部最高温度不高于70 ℃。

④各混凝土应进行抗裂性能的对比试验,从中优选抗裂性能良好的原材料和配合比。

⑤通过限制混凝土早期强度的发展有效控制开裂。要求12 h抗压强度不大于8 MPa或24 h不大于12 MPa;对抗裂要求较高的构件(如浪溅区承台和铁路墩身),12 h和24 h的抗压强度宜分别不高于6 MPa或10 MPa;对于预应力构件,此要求可适当放宽。

3. 混凝土的试配与配合比确定

(1)根据上述初步设计的配合比参数,选择设计水胶比附近的3个水胶比进行混凝土试配,测定新拌混凝土的工作性和硬化混凝土的强度及耐久性参数。

(2)选定满足工作性和硬化混凝土强度、耐久性要求的配合比,作为试验室配合比。

(3)根据实际施工采用的砂石原材料含水量情况,确定施工混凝土配合比。

(4)对于预应力混凝土的抗压弹性模量、自由收缩和徐变试验应按设计要求另行制备试件。

(5)当水泥、矿物掺合料和集料的品种、质量有改变时,必须重新设计配合比。当环境温度或混凝土浇筑温度升高或降低超过15 ℃时,应考虑调整配合比。

四、混凝土生产与施工

1. 基本要求

(1)混凝土的原材料品质及生产控制是确保混凝土质量的前提,必须严格按照相关规定执行。

(2)结构表层的振捣密实与均匀性、混凝土的良好养护、混凝土保护层厚度或钢筋定位的准确性以及混凝土裂缝控制等是混凝土施工控制的关键环节。

(3)应做好高性能耐久混凝土施工记录,包括:浇筑时间、浇筑气温、混凝土出机坍落度、混凝土浇筑温度、施工缝划分、浇筑厚度的控制以及混凝土的养护方式和养护过程,包括养护开始时间、混凝土养护中的表面温度与降温速率、拆模时间与拆模气温,以及养护、防裂措施等。如出现裂缝,应记录裂缝出现的时间、部位、尺寸及发展情况直至裂缝稳定。

2. 原材料的存贮与检验

(1)水泥在运输过程中必须用防水篷布或其他有效防水覆盖物加以覆盖。散装水泥、矿物掺合料运输车辆的贮料斗和筒仓,不应残留不同类型、不同规格的胶凝材料。

(2)水泥应贮存足够的数量，以满足混凝土的浇筑需要。任何时候不能因水泥供应中断而暂停浇筑。

(3)应在适当地点建立干燥、通风、防风雨、防潮湿的足够容量的水泥库，地板应高出地面至少 0.3 m，以防止受潮。散装水泥宜在专用的仓罐中贮放。

(4)不同种类的水泥应贮存于不同库房；不同批交货的水泥，其贮存方式应便于按出厂的先后次序使用。

(5)水泥运到工地后应尽快使用，如果水泥受潮或存放时间超过 3 个月，应重新取样检验。不得使用受潮或变质的水泥。

(6)掺合料在运输与存贮过程中应有明显标志，严禁与水泥等其他粉状材料混淆。

(7)不同品种的化学外加剂应分别存储，做好标记，在运输与存储时不得混入杂物和遭受污染。

(8)粗细集料储存场地应做硬化处理，严禁地面泥土等杂质混入其中。

(9)集料应按不同规格运抵工地，并贮存在相互分开的不同料堆中。不同来源的集料不得混合或储存在同一料堆。

(10)各种原材料进场必须进行严格检验。含泥量、级配和针片状不符合要求的集料不得进场。

(11)混凝土采用大掺量矿物掺合料，应特别重视矿物掺合料的质量波动，加大抽检频率。粉煤灰及磨细矿粉的抽检频率为每 200 t 一抽检批次，不合格产品坚决予以清退。

3. 混凝土拌和

(1)称量和配水机械装置，应经计量鉴定并维持在良好状态中。各种衡量仪器应至少每周校核一次，以保证计量准确。各原材料的计量误差不得超过规范规定。

(2)混凝土应在预制场、搅拌站点、拌和厂、搅拌车或搅拌船中集中拌和。拌和设备应能自动控制进料、出料和拌和时间，并保持良好的状况。此外，尚应准备应急的完好搅拌设备，以应对随时出现的问题。

(3)混凝土施工前，应采用现场原材料、搅拌和运送设备进行试浇筑，以验证试验室配合比，并测量集料的含水率，以确定施工配合比。

(4)所有原材料除水可按体积称量外，其余均应按照质量称量，配料按配料单进行称量。施工过程中应持续监测集料含水率的变化，并依据测试结果及时调整用水量和集料用量。

(5)混凝土应在浇筑现场测定拌和料的空气含量，以及泵送和振捣过程造成的混凝土含气量损失。对同批量混凝土每工作班不少于 1 次。

(6)现场取样测定混凝土坍落度。泵送混凝土实测坍落度与要求坍落度波动范围宜控制在±2 cm。

4. 混凝土输送

(1)混凝土拌和物运(泵)送到浇筑地点时，应不离析、不分层，并应保证施工要求的工作性。

(2)运输及暂存混凝土的容器应不渗漏、不吸水，每天工作后或浇筑中断超过 30 min 时应予以清洗干净。

(3)为了避免日晒、雨淋和寒冷气候对混凝土质量的影响，需要时应将运输混凝土的容器加上遮盖物。

5. 混凝土浇筑

(1)工程每一部位混凝土的浇筑日期、时间及浇筑条件等全过程都作详细纪录并形成原始档案。

(2)控制混凝土浇筑入模温度，一般不宜高于 30 ℃，冬期不得低于 5 ℃。大体积混凝土宜事先通过温度、应力计算，分析确定混凝土的浇筑温度、合理工序和养护方法，预测施工过程中温度与应力的发展，并提出合理的温控标准和温控措施。

(3)混凝土分层浇筑厚度不应超过表 3-19-5 的规定。混凝土浇筑应连续进行，如因故间断，间断时间应小于前层混凝土的初凝时间，否则应按施工缝要求对界面混凝土进行处理后方可浇筑上层混凝土。

(4)混凝土下落高度不宜超过 2 m，超过 2 m 时应采用导管或溜槽，超过 10 m 时应采用减速装置。导管或溜槽应保持干净，使用过程要避免混凝土离析。

(5)在浇筑及静置过程中，对混凝土的沉降及塑性干缩产生的表面裂缝，应及时进行二次抹光处理。

表 3-19-5 混凝土分层浇筑厚度

<table>
<tr><th>项　次</th><th colspan="2">振捣方法</th><th>浇筑层厚度(mm)</th></tr>
<tr><td>1</td><td colspan="2">用插入式振捣器</td><td>300</td></tr>
<tr><td>2</td><td colspan="2">用附着式振捣器</td><td>300</td></tr>
<tr><td>3</td><td rowspan="2">用表面振捣器</td><td>无筋或配筋稀疏时</td><td>250</td></tr>
<tr><td>4</td><td>配筋较密时</td><td>150</td></tr>
</table>

(6)泵送下料口应及时移动,不得用插入式振捣棒平仓。否则会严重影响混凝土的匀质性,造成不同部位混凝土在收缩性能上的差异而导致开裂。

(7)应控制混凝土的均匀性和密实性,不应出现露筋、空洞、冷缝、夹渣、松散等现象。应采取有效措施,使模板接缝严密,防止在混凝土振捣过程中出现漏浆。对混凝土表面操作应仔细周到,使混凝土表面光滑、无砂线、气泡和蜂窝麻面等缺陷。

(8)工程混凝土处于多风的海洋环境中,施工时应尽量减少暴露的工作面,浇筑完成后应立即抹平进入养护程序。

(9)混凝土泵送除遵守《混凝土泵送施工技术规程》(JGJ/T 10—2011)有关规定外,还应遵守以下规定:在开始浇筑混凝土之前,必须先泵送一部分水泥砂浆,以润滑管道。最先泵出的混凝土应废弃,直到排出和易性好、质量一致的混凝土为止;混凝土泵送作业应连续不断,如因故停机,停机期间应每隔 15 min 泵动一次,防止混凝土凝结,堵塞管道;泵送作业完成后,应及时排出管道内残留的混凝土,并彻底清洗全部设备。

(10)最小壁厚在 300 mm 以上的混凝土预制构件,应先进行试浇筑施工并监测混凝土内部各点的温度发展,以确定正式施工时混凝土的浇筑工艺以及混凝土温度控制参数。

(11)箱形梁的浇筑,应先浇底板,振捣密实后,再浇筑腹板。腹板浇筑可分段分层进行,亦可由一端向另一端逐步推进,并及时振捣。

6. 混凝土振捣

(1)混凝土浇筑后应立即进行振捣,使之形成密实、均匀的整体。

(2)混凝土应采用高频振捣器振捣,工地上应配有足够数量的处于良好状态的高频振捣器,以便随时更换。

(3)振捣器要垂直地插入混凝土内,并插至前一层混凝土 50～100 mm,以保证上下层混凝土结合良好。

(4)当使用插入式振捣器时,应尽可能避免与钢筋和预埋构件相接触。模板角落以及振捣器不能达到的地方,辅以插针振捣,以保证混凝土密实及其表面平滑。

(5)插入式振捣器移动间距不得超过有效振动半径的 1.5 倍,表面振捣器移位间距,应使振动器平板能覆盖已振实部分 100 mm 左右。

(6)不得在模板内利用振捣器使混凝土长距离流动或运送混凝土,以免引起离析。混凝土捣实后 1.5～24 h 之内,不得受到振动。

(7)掺矿物掺合料混凝土浇筑时,应避免漏振或过振。振捣后的混凝土表面不应出现明显的掺合料浮浆层。

(8)对掺矿物掺合料混凝土进行抹面时,应至少进行两次搓压,必要时可增加搓压次数。最后一次搓压应在泌浆结束、初凝前完成。

7. 混凝土养护

(1)暴露于大气中的新浇混凝土表面应及时进行保湿、养护。养护水不得使用海水。

(2)承台混凝土上表面尽可能采用蓄水养护,混凝土立面拆模宜使用自动喷雾系统,也可采取喷水、涂养护剂、外表面紧贴包裹塑料布的保湿措施。养护剂应符合《水泥混凝土养护剂》(JC 901—2002)中相关要求，并经现场试验验证其使用效果。当气温低于+5 ℃时，应覆盖保温，不得洒水养护。

(3)低水胶比、大矿物掺合料的高性能耐久混凝土，潮湿养护的期限应不少于7 d，潮湿养护结束后，仍宜继续保湿覆盖7 d。

(4)混凝土的拆模时间除考虑强度外，还应考虑混凝土的内外温差，避免其接触空气时降温过快而开裂。

(5)浪溅区以下的新浇混凝土，应保证混凝土在14 d内，且强度达到设计等级的85%前(尽可能达到设计强度)，不受海水的侵袭。

(6)非通航孔桥承台钢箱围堰宜采用夹壁内填充聚氨酯等材料保温。

(7)养护用的塑料布、保水土工布等材料应尽可能采用宽幅产品。相邻布(纸)应至少重叠150 mm，并用胶带、胶水或其他方法紧密黏合，使整个混凝土表面形成完全防水覆盖。如有被风吹落或损坏，应立即修补。

(8)预制混凝土构件需采用蒸汽养护时，应事先通过试验研究制定一整套安全、合理的蒸汽控制工艺，包括设备选型、数据采集、工艺控制、参数选取等，确保蒸养混凝土的质量。预制构件蒸汽养护的最高温度应不超过60 ℃。

8. 夏季施工

(1)夏期大体积混凝土施工时，应根据现场工况进行混凝土温度、应力计算，制定相应的温控标准及温控措施。混凝土浇筑后应定时监测混凝土内部温度、环境温度、相对湿度及风速等参数，并根据环境参数变化及时调整养护工艺。

(2)夏季混凝土最高浇筑入模温度不得超过30 ℃，可根据自身环境条件采取以下措施降低浇筑温度。

①水泥温度不宜超过60 ℃，避免使用刚出厂的新鲜水泥。

②使用低温水拌和，如使用制冷机组制冷水或在水中加碎冰，但应避免混凝土中有未融化的冰块。

③集料堆场搭设遮阳棚，或淋水冷却。

④对配料、搅拌、运送、泵送及其他设备遮荫或冷却。

⑤合理安排工期，超大体积混凝土施工尽量避开夏期，一天中选择夜间气温较低的时间施工。

⑥使用超缓凝减水剂，尽量推迟水化热温峰。

⑦优化夏期施工配合比，尽量降低混凝土水化热温升。

(3)应充分考虑海上施工的环境特点，并结合结构的特点和施工工况，科学、合理地选用混凝土内部通水冷却系统。

(4)当相对湿度小、风速大、阳光强烈时，混凝土浇筑后上表面应立即用塑料薄膜覆盖，防止水分蒸发；待抹面时卷起薄膜，抹面后再次覆盖，至终凝后撤除薄膜并立即进行保湿或蓄水养护。

(5)为避免温度裂缝，拆模时混凝土表面点与内部最高温度之差应小于20 ℃。

9. 冬季施工

(1)如工地现场日平均气温连续5 d低于5 ℃，应采取冬期施工措施，包括施工工艺、施工设备、养护方案。

(2)混凝土拌和前，应测量各种原材料温度，并计算混凝土出机温度。当出机温度不满足要求时，应对混凝土拌和材料加热。首先考虑对水加热，再为集料加热，水泥只能保温而不得加热。搅拌混凝土时，搅拌时间应较规定延长50%。

(3)计算拌和物出机温度时，应考虑混凝土拌和、运输至成型的热量损失。热量损失可按《公路桥涵施工技术规范》(JTG/T F50—2011)规定进行计算。

(4)混凝土浇筑后应连续监测新浇筑混凝土内部温度，并采取防寒保温措施。混凝土表面可先铺设塑料布，再铺设保温材料；模板外采取保温措施并延迟拆模时间。

(5)混凝土经试验确定已达到所要求的强度后方可拆模。当混凝土与外界温差大于20 ℃时，拆除模板的混凝土表面应加以覆盖。

(6)制作混凝土试件，除用于标养养护供强度评定外，还应增做两组补充试件与结构同条件养护，用于检验早期拆模或张拉强度以及后期的强度增长。

10. 混凝土耐久性评定

应按照国家或行业现行相关规范要求，严格进行各混凝土性能特别是耐久性参数的检验和评定。考虑各混凝土采用大掺量矿物掺合料，为充分发挥矿物掺合料的作用效应，混凝土各性能宜在56d龄期时进行检测评定验收。

五、结构措施和混凝土裂缝控制

1. 一般规定

(1)保证混凝土结构耐久性的必要措施：隔绝或减轻环境腐蚀因素对混凝土的作用；控制混凝土裂缝的数量、宽度和深度；为钢筋提供足够厚度的混凝土保护层。

(2)根据耐久性设计要求，混凝土保护层厚度从箍筋外缘而不是主筋外缘算起。

(3)处于浪溅区和水位变动区部位的混凝土表面，如设计有要求时，应采取表面涂装及阴极保护等防腐蚀强化措施。

(4)对于可能发生严重锈蚀的构件，浇筑在混凝土中并部分暴露在外的吊环、紧固件、连接件等铁质构件应与混凝土中的钢筋绝缘、隔离，并应采取严格的防腐蚀措施，以消除这类铁质构件的可能锈蚀对构件承载力的影响。

(5)用于封闭预应力筋金属锚具的后浇混凝土，强度等级应符合设计规定；设计无规定时不宜低于构件混凝土强度等级的80%。封闭锚具的混凝土保护层厚度应不小于80 mm，并应在其表面涂敷和覆盖防水、防腐材料。

2. 混凝土保护层

(1)本工程要求使用定制保护层定位夹(块)。保护层定位夹(块)的尺寸及其形状应能保证混凝土保护层厚度的准确性，绑扎钢筋的钢丝不得伸入保护层内。

(2)浇筑混凝土前，应仔细做好以下检查工作：检查保护层定位夹(块)的位置、数量及其紧固程度；检查模板、钢筋、预埋件和预留孔的尺寸、规格、数量和位置。

(3)保护层厚度的选择，应综合考虑结构类型、氯离子渗透过程和保证混凝土具有良好的抗裂能力来确定。混凝土保护层厚度一般不宜超过100 mm。

(4)现场混凝土保护层的实际厚度宜采用非破损检测确定。非破损检测方法使用的仪器应经过计量检验，并用局部破损方法进行校准。

3. 施工缝设置

(1)结构的施工缝和连接缝位置，应尽可能避开可能遭受最不利侵蚀环境的部位(如桥墩中的浪溅区和水位变动区)以及可能发生较大拉应力的部位。对结构连接缝处的混凝土应采取特殊防腐蚀措施(如混凝土表面涂装等)。

(2)在浇筑新混凝土前，施工缝的表面应用压力水冲洗、钢丝刷刷洗或凿毛。在用水刷洗时混凝土抗压强度须达到0.5 MPa，在人工凿毛时须达到2.5 MPa，用风动机凿毛时须达到10 MPa，同时应洒水、保湿，使混凝土保持潮湿状态直到浇筑新混凝土。

4. 混凝土裂缝控制

(1)有关各方应从混凝土原材料选择、配合比设计及生产与施工等各个环节，采取合适措施最大限度降低混凝土开裂的风险。

(2)施工后的养护对保证混凝土的质量、减少混凝土开裂起到至关重要的作用，必须针对具体情况选择合适保温保湿养护措施并保证混凝土有足够的养护时间，保证混凝土在早期具有良好的水化作用和性能发展。各混凝土保温保湿养护不得小于7d。

(3)考虑耐久性的影响，海洋环境下各混凝土结构，混凝土裂缝最大宽度不应大于0.2 mm。

(4)当混凝土出现非结构裂缝时，宜在合适的时机及时进行封闭修补；对混凝土裂缝引起结构受力性能时，应及时进行加固设计与修复。

六、混凝土表面涂料(涂层)

通常在严重腐蚀环境(L3、H4、Y4、D4、M3)条件下，混凝土结构宜采用的一种或多种耐久性强化措施。混凝土表面涂层是保证混凝土结构耐久性的附加强化措施之一，必须严格按照相关技术规程(规范)执行。

1. 涂层区域划分及涂装方案

浪溅区(水位变动区)混凝土采用表面防腐蚀涂装应能适应于干湿交替变化，并应具有耐磨损、耐冲击和耐候的性能。本工程采用表面涂层的构件，见表 3-19-6。平潭海峡公铁两用大桥选用的混凝土表面涂装的设计使用年限为 20 年，其体系组成见表 3-19-8。

表 3-19-6 采用表面涂层的混凝土构件

涂装体系	区域名称	工程部位
Ⅰ	陆上大气区	人屿岛、长屿岛、小练岛、大练岛、平潭岛上桥梁梁部和墩台，包括现浇梁和全部桥墩、台身等
Ⅱ	海上大气区	海上整体现浇梁、节段拼装梁、悬灌现浇梁
Ⅲ	海上大气区	桥墩标高+9 m 以上墩身部分、索塔上部区等
Ⅳ	干湿交替区和浪溅区	水中区桥墩浪溅区及以下部分至最低水位(标高+9 m～承台底)，包括下塔柱

表 3-19-7 混凝土结构涂装防护体系

涂装体系	涂料(涂层)名称	每道干膜最小厚度(μm)	涂装道数	总干膜厚度(μm)	单位面积用量(kg/m²)
Ⅰ	环氧封闭底层涂料+ 氟碳面层涂料	30	1 2	60	0.2 0.33
Ⅱ	环氧封闭底层涂料+ 氟碳面层涂料	50	1 2	100	0.2 0.55
Ⅲ	硅烷浸渍(用量 500 mL/m²)	(浸渍深度 2～3 mm)	2		0.44
Ⅳ	硅烷浸渍(用量 600 mL/ m²)	(浸渍深度 3～4 mm)	2		0.53

2. 技术要求

(1)氟碳涂料

柔性氟碳面层涂料的技术要求见表 3-19-8。

表 3-19-8 柔性氟碳面层涂料的技术指标及检验方法

序　号	项　目		技术指标	检测方法
1	外观		符合标准样板及色差范围	目测
2	干燥时间(h)	表干	≤4	GB/T 1728—1979 甲法
		实干	≤24	GB/T 1728—1979 乙法
3	固含量		≥50%	GB/T 1725—2007
4	含氟量 (主剂溶剂可溶物)		≥24%	HG/T 3792—2005
5	附着力(MPa)		≥3.0	GB/T 5210—2006
6	抗拉强度(MPa)		≥10.0	GB/T 528—1998
7	断裂延伸率		≥150%	GB/T 528—1998
8	不透水性(0.5 h)(MPa)		0.3 h	GB/T 16777—2008
9	低温柔性(−35 ℃)		无裂纹	GB/T 1731—1993

续上表

序　　号	项　　目	技术指标	检测方法
10	耐温变性	合格	JG/T 25—1999
11	耐紫外老化保光率，6 000 h	≥70%	GB/T 14522—2008
12	涂料使用期(23 ℃)	≥5 h	TB/T 1527—2011

(2)环氧涂料

环氧封闭底层涂料技术要求见表 3-19-9、表 3-19-10。

表 3-19-9　水性环氧封闭漆的技术指标及检验方法

序　　号	项　　目		技术指标	检测方法
1	外观		乳白色均匀液体	目测
2	干燥时间(h)	表干	≤3	GB/T 1728—1979
		实干	≤24	
3	固含量		≥35%	GB/T 1725—2007
4	附着力(MPa)		≥3.0	GB/T 5210—2006 (与混凝土及面层涂料)
5	耐温变性		合格	JG/T 25—1999

表 3-19-10　溶剂型环氧封闭漆的技术指标及检验方法

序　　号	项　　目		技术指标	检测方法
1	外观		淡黄色均匀液体	目测
2	干燥时间(h)	表干	≤3	GB/T 1728—1979
		实干	≤24	
3	固含量		≥25%	GB/T 1725—2007
4	附着力(MPa)		≥3.0	GB/T 5210—2006 (与混凝土及面层涂料)
5	耐温变性		合格	JG/T 25—1999

(3)硅烷浸渍涂料

硅烷浸渍涂料相关技术要求见表 3-19-11。

表 3-19-11　硅烷浸渍涂料的技术指标

序　　号	项　　目		相关指标	检测方法
1	外观		无色透明液体	目测
2	主要成分		异丁基三乙氧基硅烷	红外光谱法
3	干燥系数		≥30%	福平铁路平潭海峡公铁两用大桥混凝土结构耐久性实施细则
4	吸水率比		<7.5%	
5	抗碱性		吸水率比<10%	
6	氯离子吸收降低率		>90%(参考 JTJ275 规范，海洋环境，氯离子吸收降低率要求更高)	
7	渗透深度	<C40 混凝土	4～10 mm	
		≥C40 混凝土	≥3～4 mm	
8	抗冻融性	W/C=0.7 混凝土	盐溶液中与基准混凝土相比至少多 15 次循环	

续上表

序　号	项　目	相关指标	检测方法
9	异丁烯三乙氧硅烷含量	≥98.9%	GB/T 9722—2006
10	硅氧烷含量	≤0.3%	GB/T 9722—2006
11	可水解的氯化物含量	≤1/10 000	GB/T 9729—2007
12	密度	0.88 g/cm³	GB/T 4472—1984
13	折光率	1.399 8～1.400 2	GB/T 614—2006

3. 施工技术条件

(1)施工前准备

调查工程范围内混凝土表面状况并对对缺陷部位进行修补→基面清理→基面修补→潮湿基面处理。

(2)不同涂料的施工技术条件

氟碳涂料:施工时基面应干燥;施工时环境温度 5～35 ℃;施工时环境相对湿度不大于 85%;风力≤7 级。

环氧涂料:设计适合涂装及质量检查的工作平台;制定涂装工艺,应采用高压无气喷涂施工方法;按生产厂家规定的比例混合涂料,并须在规定的混合使用期内用完。

硅烷浸渍涂料:大规模施工前应进行喷涂试验;混凝土表面温度应在 5～40 ℃之间,空气相对湿度不大于 80%;施工可采用滚涂、喷涂等方式;喷涂遍数建议喷涂两遍以上。

4. 施工工艺

(1)氟碳涂料

基面清理→基面修补(潮湿基面处理)→环氧封闭底层涂料施工→氟碳面漆施工。

(2)环氧涂料

基层处理→底层涂装施工。

(3)硅烷浸渍涂料

围堰内进行混凝土表面清洁、基面干燥处理→硅烷浸渍涂料喷涂。

5. 试验检验

包括材料进场检验、裂缝检测、涂层厚度检测、涂层附着力检测、涂料与混凝土的黏结强度检测、浸渍深度检测等。

6. 检验规则

包括涂层材料检验(形式检验和进场检验)、现场防护涂层检验。

7. 质量验收

防护涂层施工现场质量管理根据相应的施工技术标准、质量管理体系和施工质量检验制度进行防护涂层材料的进场验收、基面清理及修补质量验收、防护涂层质量验收、单位工程质量综合评定等。

8. 施工管理、安全和环境保护措施

现场应制定施工管理措施、安全措施、环境保护措施,保证施工安全和环境良好。

9. 质保期

防护涂层的质保期限从正式验交工之日起计算。防护涂层的质保期应在合同中明确约定。

第二节　钢结构耐久性设计

平潭海峡公铁两用大桥是国内首座公铁两用跨海大桥,位于东南沿海地区,所处海洋环境,腐蚀条件十分恶劣。全桥钢梁全长为 5 682 m,钢梁主体结构达 13.95 万 t,工程规模大,运营期间的管理养护工作量大。因此,开展钢梁涂装体系及耐久性试验研究工作是非常必要的。在如此特殊的工程环境条件下,钢梁采用合理的防腐涂装体系，同时确定合理、严格的涂料供货技术条件，对于本桥的耐久性有着重要的影响。平潭海峡公铁两用大桥钢梁涂装体系设计选择时，根据结构特点分了四种不同部位：①钢梁主体结构构件外表面；②铁路和公路桥面板的顶面；③高强度螺栓摩擦面及连接部位外表面；④构件密封的内表面。其中钢梁主体结构构件外表面是本桥防腐涂装的重点。

在福平公司组织下，开展了钢结构耐久性专题研究，学习和借鉴了国内相关试验研究成果，参考了国内外钢梁防护的相关标准，充分吸取了国内类似工程应用的经验和教训，体现了平潭海峡公铁两用大桥钢梁的技术特点和质量要求。

在现行的《铁路钢桥保护涂装及涂料供货技术条件》(TB/T 1527—2011)中，根据桥梁结构的不同部位，有7种涂装体系可供选择，其中第7涂装体系适用于沿海环境，由于现行标准中有较为适用的涂装体系，因此再研究采用新的涂装体系必要性不大。但鉴于本桥处于海洋环境，较一般性沿海环境的腐蚀程度更加恶劣，因此设计时在上述体系的基础上对各涂层的性能指标进行了合理调整。

一、涂装体系

1. 涂装前表面清理

防护涂层施工前，钢结构基材表面必须彻底处理，除锈等级达到GB/T 8923规定的Sa3级标准；钢表面粗糙度要求在40～60 μm之间。

2. 防腐涂装体系

防腐涂装体系的基本构成见表3-19-12。

表3-19-12　防腐涂装体系

涂层名称	每道干膜最小厚度(μm)	涂装道数	总干膜最小厚度(μm)
特制环氧富锌防锈底漆	40	2	80
云铁环氧中间漆	40	2	80
氟碳面漆	35	2	70

按照国内铁路钢桥以往的做法，两道面漆一般是工厂一道、工地一道。根据平潭海峡公铁两用大桥气象专题研究成果，桥址处每年6级风天数为270～300 d，8级风天数为100～120 d，大风天气对于现场涂装带来很大影响，难以保证涂装质量。因此鉴于桥址所处的恶劣的海洋环境，同时考虑钢梁的结构特点(主航道斜拉桥采用大节段整体架设，简支钢桁梁桥采用整孔制造、整体架设)，两道面漆均在工厂涂装完成，结构局部现场涂装的方式(主梁拼接点、局部损伤处)。要求钢梁节段在运输和吊装过程中，采取特殊措施，尽可能减少对涂层的损伤和表面污染；对于主梁拼接点，应局部搭设防风棚，改善现场施工作业条件，确保按照涂装体系的技术和工艺要求完成现场涂装。

二、涂层材料性能指标

1. 防护涂层材料

防护涂层体系包括底漆、中间漆和氟碳面漆。其中特制环氧富锌底漆由环氧树脂、锌粉等组成；云铁环氧中间漆由环氧树脂、棕红片状云母氧化铁粉等组成；氟碳面漆由氟碳树脂、颜料、助剂等组成。

2. 防腐涂层材料技术要求

为保证本桥钢梁主体结构的防腐与耐久性，减少运营期间在海上、高空中的养护维修工作量的管理目的，钢梁涂装必须从确保涂料质量这个源头抓起。

(1)参与平潭公铁两用大桥建设的涂料供货企业，必须持有近两年内由国内权威机构所检定的相关涂料产品质量合格的型式检验报告。应具有同类桥梁涂料供货的业绩，要求不少于三座大型桥梁，其中至少有一座建成使用不少于三年。

(2)根据《铁路钢桥保护涂装及涂料供货技术条件》(TB/T 1527—2011)，氟碳面漆采用三氟烯烃/乙烯基醚(酯)共聚的氟碳树脂制备。根据国内氟碳面漆应用工程实例的经验和教训,鉴于本桥所处的特殊环境条件,氟碳面漆采用超耐候性 LUMIFLON 氟树脂生产。

(3)加强涂料企业的主要原材料和生产配方管理。特制环氧富锌防锈底漆相应组分配方中锌粉含量应不低于 82%;氟碳面漆相应组分配方中,LUMIFLON 氟树脂含量应不低于 63%。为从源头上进行控制,须对涂料企业进行主要原材料数量核定,包括主要原材料采购合同、供货清单及发票、本工程使用记录证明等。

(4)底漆、中间漆产品湿样中,有害物质重金属含量应满足如下要求:铅含量 Pb≤1 000 mg/kg,六价铬含量 Cr^{6+}≤1 000 mg/kg,镉含量 Cd≤100 mg/kg,汞含量 Hg≤1 000 mg/kg。其含量指标及检测方法参考《汽车涂料中有害物质限量》(GB 24409—2009)执行。

(5)对涂料生产企业供应的涂料产品,可指定国内权威机构进行及时、不定期、合理频次的型式检验的抽检,抽检及检测过程由监理单位监督。

防腐涂层材料技术要求见表 3-19-13～表 3-19-15。

表 3-19-13 特制环氧富锌底漆技术要求

序　号	项　　目		单　位	技术指标
1	漆膜颜色及外观			锌灰色,漆膜平整,允许略有刷痕
2	流出时间(6 号杯)		s	≥30,<60
3	不挥发物含量			≥80%
4	干膜中金属锌含量			—
5	细度		μm	≤90
6	密度		g/cm³	≥2.73
7	干燥时间	表干	h	≤2
		实干	h	≤24
8	弯曲性能		mm	≤2
9	耐冲击性		cm	≥50
10	附着力(拉开法)		MPa	≥5
11	耐盐雾性		h	≥2 000,样板表面无红锈,可以有轻微起泡,划痕处 24 h 无红锈
12	适用期		h	≥2
13	施工性能			喷涂、刷涂无不良影响,每道干膜厚度不小于 40 μm

表 3-19-14 云铁环氧中间漆技术要求

序　号	项　　目		单　位	技术指标
1	漆膜颜色及外观			表面色调均匀一致,漆膜平整
2	流出时间(6 号杯)		s	≥60,<100
3	不挥发物含量			≥65%
4	细度		μm	≤80
5	干燥时间	表干	h	≤3
		实干	h	≤24
6	弯曲性能		mm	≤2
7	耐冲击性		cm	≥50
8	附着力(拉开法)		MPa	≥5
9	适用期		h	≥2
10	贮存稳定性(沉降程度)			≥8 级
11	施工性能			喷涂无不良影响,每道干膜厚度不小于 40 μm

表 3-19-15 氟碳面漆技术要求

序号	项目		单位	技术指标
1	氟含量(主剂)			≥24%
2	漆膜颜色和外观			表面色调均匀一致,漆膜平整
3	流出时间(6号杯)		s	≥30,<60
4	不挥发物含量			≥55%
5	细度		μm	≤30
6	干燥时间	表干	h	≤2
		实干	h	≤24
7	弯曲性能		mm	≤2
8	耐冲击性		cm	≥50
9	附着力(拉开法)		MPa	≥5.0
10	断裂伸长率			≥50%
11	耐碱性(5%NaOH)		h	240,样板涂层表面无明显变色、无泡、无锈
12	耐酸性(5%H_2SO_4)		h	240,样板涂层表面无明显变色、无泡、无锈
13	耐人工加速老化性能		h	6 000,漆膜试验,0级,无明显变色、无粉化、无泡、无裂纹,保光率≥80%
14	双组份涂料适用期		h	≥3
15	施工性能			喷涂、刷涂无不良影响,每道最小干膜厚度不小于35 μm

注:耐盐雾性、耐人工加速老化性能、贮存稳定性等指标作为涂料供应商保证项目。

三、施工技术要求

鉴于平潭海峡公铁两用大桥所处海洋恶劣环境的特殊性和钢结构防腐涂装的重要性,建议防腐涂装由专业施工单位进行施工。

1. 施工前准备工作

(1)施工单位全员及监理人员进行技质安环等方面培训。

(2)施工单位编制施工组织方案、施工工艺、质量控制方案。

(3)施工设备及用具的查验,检测仪器及计量工具的校验。

(4)防护涂层材料的进场检验(由驻厂监理部、钢梁制造厂、涂料供应商、涂装施工单位等联合取样)。

2. 工艺流程

钢表面处理→底漆施工→中间漆施工→面漆施工。

3. 钢表面处理

(1)涂料的涂层性能通常与表面处理的好坏程度成正比,钢表面处理的质量占整套涂装质量的50%权重。因此钢表面必须清洁,除油、除锈、清除盐分水分和任何污染物。所有粗糙焊缝和尖锐边缘必须处理圆滑,消除所有焊花飞溅物。

(2)除锈处理等级达到Sa3级标准;钢表面粗糙度要求在40～60 μm之间。

(3)表面处理达到技术要求后,应在4 h内完成第一道底漆涂层,防止钢材再次生锈或其他污染。

4. 特制环氧富锌防锈底漆施工

(1)为达到合适的喷涂效果,需要预涂的部位(如边角、夹缝、螺钉头、铆焊处及隐蔽处等)先进行滚刷预涂,预涂结束后,具备大面积喷涂施工条件时,使用高压无气喷涂施工。

(2)将涂料两组份按比例混合并搅拌均匀,并按照涂料用量及适用期配制涂料,现配现用,用多少配多少。混合后熟化30 min后即可使用。必要时可用40～100目的筛网过滤。底漆参考用量为0.4 kg/(m^2·道)。

(3)在施工过程中继续缓慢搅拌物料,以保持混合料的均匀状态。

(4)采用均匀、同向的湿喷涂，每次覆盖前一次的50%范围，避免出现空隙、漏涂和针眼。

(5)在焊点、断面、尖锐边缘、栓接处及转角处的涂层厚度应适当，做到既不厚涂也不漏涂。

(6)涂料进场检验后，按检验批，施工单位工艺工程师进行同等条件试件涂刷，分室内、室外试件。主要目的：①油漆相容性检验；②涂装工艺性检验(含涂装最少间隔时间)；③涂装附着力检验；④色标。两道涂层的间隔时间应符合涂料供应商的有关技术要求。

(7)当涂层完全干燥后，用干膜厚度检测仪测量漆膜厚度。如需要补喷增加膜厚时，须待膜层干燥至可以操作时再喷涂。设计膜层厚度为80 μm，允许范围为75～95 μm。

(8)在施工期间和在最后涂层的固化期间应保持清洁及空气的流通。

5. 中间漆、面漆施工

(1)为达到合适的喷涂效果，需要预涂的部位先进行滚刷预涂，预涂结束后，具备大面积喷涂施工条件时，使用高压无气喷涂施工。

(2)将涂料两组分按比例混合并搅拌均匀，并按照涂料用量及适用期配制涂料，现配现用，用多少配多少。混合后熟化30 min后即可使用。必要时可用40～100目的筛网过滤。中间漆参考用量为0.23 kg/(m^2·道)。

(3)在施工过程中继续缓慢搅拌物料，以保持混合料的均匀状态。

(4)采用均匀、同向的湿喷涂，每次覆盖前一次的50%，中间漆坚决避免空隙、漏涂和针眼。

(5)在焊点、断面、尖锐边缘、栓接处及转角处的涂层厚度应适当，做到既不厚涂也不漏涂。

(6)中间漆与底漆涂层的涂装间隔时间应符合涂料供应商的有关技术要求。

(7)当涂层完全干燥后，用干膜厚度检测仪测量漆膜厚度。如需要补喷增加膜厚时，须待膜层干燥至可以操作时再喷涂。中间漆设计膜层厚度为80 μm，允许范围为75～95 μm。中间漆实干或间隔24 h后应检查厚度及是否有气泡。如果有气泡，则须将气泡剔除，并补涂中间漆，然后进行面漆涂装。

(8)在施工期间和在最后涂层的固化期间应保持清洁及空气的流通。

(9)面漆施工中，应严格按照涂料供应商的技术要求进行配制，严格涂料适用期的控制，工厂两道面漆间隔时间严格按照涂料供应商的技术要求进行。必要时可用40～100目的筛网过滤。面漆参考用量为0.15 kg/(m^2·道)。面漆工厂涂装设计膜层厚度为70 μm，允许范围65～80 μm。面漆实干或间隔24 h后应检查涂层的厚度及是否有气泡，如果有气泡，则须将气泡剔除，并补涂面漆。

(10)钢梁出厂时，不计抽检频次，防护涂层总厚度不应小于230 μm。

(11)坚决杜绝在已涂装完毕的钢梁上再进行切割、焊接、打磨等工序。有钢梁制作工艺特殊要求、如有吊装运输磕碰等漆膜损坏时，须严格工艺审批，严格修补工艺，单独建立平潭海峡公铁两用大桥涂层修补档案，以便质量追踪，追责。

6. 施工条件

(1)施工时钢表面应干燥，温度不得高于50 ℃。

(2)施工时环境温度5～38 ℃。

(3)钢表面温度必须至少高于露点温度3 ℃以上，防止水分凝结。

(4)施工时环境相对湿度不大于85%；风力≤3级。

(5)在有雨、雾、雪、大风和灰尘的条件下，禁止户外施工，户外施工中遇下雨，应立即停工，已施工部位应覆盖防水。继续施工时应检查，如有起泡、起皱、剥落等现象，应清除后再行施工。

7. 施工过程检查、检测

(1)在施工过程中，对于钢表面处理以及油漆每一道涂层的检测，施工单位应严格按照自检、专检、报检的程序进行质量控制。监理工程师负责对报检的产品进行抽检，检验合格后，予以签字确认。

(2)自检喷涂质量：喷涂一段钢梁后，用眼观察湿膜，如湿膜湿润、丰满、有光泽，则喷涂质量好；如湿膜光泽差、有粗糙感，则喷涂不均匀并且偏薄。可用湿膜卡检测湿膜厚度，帮助掌握干膜厚度。

(3)底漆、中间漆、面漆涂层实干后，每个涂层的干膜厚度所测值必须满足涂装体系要求。每度油漆涂装后都应采用磁性法进行干膜厚度测量，测量方法和要求参照 GB/T 4956—2003。

(4)涂层厚度干膜测量仪器使用磁性电子式测厚仪，在施工过程中可使用湿膜卡测量湿膜涂层的厚度以有效控制干膜厚度。干、湿膜厚度的对应关系可根据下式进行换算：

湿膜厚度=[干膜厚度×(1+稀释比)×100]/涂料体积固体含量

(5)自检涂层外观采用目视法，频次为 100%检验，每道漆均应涂层连续平整，颜色达到色卡要求，均匀一致，无破损、气泡、裂纹、针孔、凹陷、麻点、流挂、皱皮等缺陷。

四、附属钢结构耐久性设计

1. 附属钢结构的防腐分类

A 类防腐结构：斜拉桥下层桥面的挡砟墙、员工走道、竖直检查梯、风水管路、铁路伸缩装置、检查车轨道、阻尼器连接件、抗风牛腿、接触网连接件等；简支钢桁梁的员工走道、避车台、检查竖梯、风水管路、接触网连接件、检查车轨道等。

B 类防腐结构(不含预埋在主体混凝土结构中的预埋板和预埋件)斜拉桥的下墩顶检查梯、主塔横梁栏杆、主塔检查通道门、公路防撞栏杆、布索区栏杆、电缆过轨通道、养护设施预埋件、墩顶检查设施等；简支钢桁梁和混凝土箱梁的电缆过轨通道、公路防撞栏杆、水管区栏杆、防抛网、水管区伸缩缝、支座预埋板、防落梁构件、铁路箱梁避车台、墩顶检查设施；塔顶避雷针座板(避雷针材质按施工图执行)；全部风屏障结构等。

C 类防腐结构：主塔内部检查设施、桥墩内部检查设施等。

D 类防腐结构：所有附属钢结构的非高强连接螺栓、预埋在混凝土主体结构中的预埋板、预埋套筒、预埋螺栓和地脚螺栓等。

E 类防腐结构：检查车结构。

F 类防腐结构：箱梁接触网基础、高强螺栓。

2. 附属钢结构的防腐措施

A 类附属钢结构的防腐措施：按钢桁梁主体钢结构涂装标准执行。

B 类附属钢结构的防腐措施：内表面(指钢管内壁、方钢内壁及构件预埋在混凝土部分)采用热浸锌处理(最低干膜厚 80 μm)；外表面采用热浸锌处理(最低干膜厚 80 μm)→环氧封闭漆 1 道(50 μm)→环氧云铁中间漆 2 道(2×40 μm)→工厂聚氨酯面漆 2 道(2×40 μm)。

C 类附属钢结构的防腐措施：采用热浸锌处理(最低干膜厚 80 μm)。

D 类附属钢结构的防腐措施：均采用不锈钢材质，牌号为 022Cr17Ni12Mo2(316L)。

E 类附属钢结构的防腐措施：采用不锈钢材质或铝合金材质。

F 类附属钢结构的防腐措施：维持施工图设计的防腐措施。

3. 其他

(1)A 类附属钢结构的防腐措施应严格按照平潭海峡公铁两用大桥耐久性研究《钢结构防护涂层材料性能指标和实施细则》及相关联系单要求执行。

(2)热浸锌过程中应采用合理措施，确保锌层的干膜厚度和避免构件的翘曲变形。

第二十章 经验体会与问题探讨

第一节 对跨海大桥的认识

由于国内首次修建跨海峡公铁两用大桥，尚无有效经验可循；海峡大桥不同于以往建设的海湾桥，前期对海峡大桥基础施工难度认识不足；国内对于跨海峡大桥建设所面临的复杂地质、大水深、急海流、强台风、强波浪力条件下进行基础施工的巨大挑战和超高风险认识尚不充分。该桥为国内在跨海峡桥梁领域的首次尝试，无论是环境的恶劣程度，还是所面临的技术挑战和工程风险都远超国内已建成或在建的其他跨海湾桥梁。现场条件的复杂程度主要体现在以下几个方面：

1. 浪高、水深、流急

根据水文资料统计，桥址处浪高 100 年一遇最大浪高达 9.69 m，水深达 45 m，潮汐明显，最大潮差达 7.09 m，最大流速达 3.09 m/s。

2. 地质条件复杂

桥址处海床面起伏较大，暗礁多，且无覆盖层或浅覆盖层区段长达 7 km（占水上部分的 61%），栈桥及钻孔平台建立困难；地质条件复杂，存在陡峭裸岩，岩质坚硬，并不时有孤石。钻孔难度大，边坡不稳定，安全风险大。复杂地质现象主要为球形风化、危岩与崩塌、断裂破碎带及节理裂隙密集带、地震液化，特殊性岩土为填土、风化岩与残积土、软土。

3. 大风、台风频繁

桥址位于福建省东北部沿海，属典型的海洋性季风气候，风向季节性变化明显，大风日数主要集中在 10～次年 2 月，占全年的 50%左右。通过福建省气候中心统计分析汇总：桥址海域年平均 6 级及以上大风天数 301～314 d，7 级及以上大风天数 193～238 d。

根据现场实际情况统计，2014 年、2015 年 24 个月中，7 级及以上大风天数占 89%，8 级及以上大风天数占 67%，涌浪 2.5 m 以上天数占 50%，实际施工天数占总天数的 32%。

本工程处于台风多发地区，根据水文资料年平均登陆及影响区域的台风达 3.8 次，主要发生在 6～9 月。经统计，在 2014～2019 年期间共经历 31 次台风，年均 5.2 次，最大台风 15 级。

4. 海洋环境腐蚀严重

福平铁路位于沿海地区，受海洋环境影响，桥梁附属钢构件保护涂装劣化、钢材锈蚀速度明显快于内陆铁路，如厦门北联络线、鹰厦线改造段 2009 年开通运营，2011 年发现杏林跨海大桥等 8 座桥梁人行道等钢质安全检查设备锈蚀严重，杆件有效截面减小，承载能力降低，严重危及人身安全和附挂的电力、通信、信号线缆安全。同时，重新涂刷除锈油漆的维修工作可利用时间短、作业效率低、安全风险大、工作进展缓慢。

第二节 地质勘察

本桥桥位处于典型海洋环境，在施工过程中除受大风、台风侵袭外，还受波流、潮汐等恶劣自然条件的影响。在天气、水文的双重恶劣环境层层叠加的海洋环境下修建国内首座跨海峡公铁两用大桥，尚无成功经验可循。由于本桥址区地质极其复杂，同一墩位不同桩基的地质情况存在很大的差异，虽然设计勘测时按规范进行了地勘，但数量偏少，地勘规范《铁路工程地质勘察规范》（TB 10012—2007）不能满足跨海大桥施工要求，原设计地质勘查报告不能够准确满足桩基施工的要求，自平潭海峡公铁两用大桥开工以来，随着进场深入调查发现建桥条件较原先预估的情况有较大变化，需对钻孔桩地质重新确认。

平潭海峡独特的地理形成过程决定了其底部海床高低起伏大、岩面倾斜大的特点；加之海峡区域海流湍急，长时间的剧烈冲刷使得海床岩面覆盖层浅薄甚至裸露；桥址区基岩主要为白垩系石帽山群下组凝灰岩、燕山晚期侵入花岗岩，强风化层厚度大，极易形成强度较高的球状风化残留体（孤石）。通过前期地质勘探资料及施工期间地质补钻发现，表层基岩风化程度低、完整性好、强度高，深层基岩为凝灰岩和花岗岩，钻芯的抗压强度达到 210 MPa，桥址区海床分布有大量直径 2～12 m 的孤石及“孤石串”。

建议类似工程，可按比《铁路工程地质勘察规范》（TB 10012—2007）高的要求进行地质勘察，最好为逐桩钻孔勘察。

第三节 跨海大桥设计

一、施组调整

通过对现场风浪的监测和分析，对现场水文、气象及地质情况认识的不断深入，参建各方经过多次论证，确定实施性方案中辅助设施按 14 级台风不破坏进行设计，对栈桥、钻孔平台、码头、海上生产平台、围堰等方案进行调整。

1. 栈桥加强和加长

考虑抗台风等级提高，为抵抗风浪荷载，对原设计栈桥部分进行加强。考虑到桥址海域船舶作业受风浪影响较大，为确保计划工期，降低施工安全风险，保证施工质量，将独立平台采用栈桥与附近岛屿或陆地连通，栈桥长度由 5 048 m 增加至 10 165 m。

栈桥根据详细设计的图纸，并根据施工工况，按原批复原则，按详细数量进行编制概算，并核减了因增加栈桥，减少船舶使用的费用。

2. 平台加强和加大

考虑抗台风等级提高，为抵抗风浪荷载，对平台结构加强；为提高作业工效，确保施工质量，满足履带式起重机作业全覆盖，加大平了平台面积，全桥 167 座平台，面积由原 17.98 万 m^2加大为 26.59 万 m^2。

3. 码头规模和数量调整

原平潭海峡公铁两用大桥设计仅布点作为材料起运点，无详细设计，规划了 14 座码头（其中铁四院设计范围 6 座，大桥院设计范围 8 座）。进场后根据现场调研情况，主要考虑各区域物资、设备吞吐及存储需求，结合海峡地貌、海底地形、水位深度和码头资源情况；充分利用潮汐规律，乘潮进港，结合施工船型规格及吃水深度合理选择进出泊位的航道及泊位的前沿水位，减少疏浚工程量；综合论证分析确定码头的结构形式，减少构筑物占海规模；合理利用及改扩建既有码头。根据实际情况选择码头位置，合理确定码头后场的使用规模，并对码头进行专项设计。

本桥址新建 11 座码头（铁四院范围新建 4 座，大桥院范围新建 7 座）。

概算按照详细设计后的数量，按原批复原则进行编制。

为充分提高码头的吞吐能力，建议建设单位对复杂外海工程码头统一设计，并统筹安排，充分论证码头前沿泊位与后场堆场的辩证关系，使码头的利用率实现最大化，减少投资。

4. 增加海上生产平台

为保证元洪航道与鼓屿门航道之间的 N04～Z03 号墩区域工程顺利开展、建设安全和工程质量，新增两座海上生产平台，总面积为 18 327.8 m^2。

5. 围堰结构加强

考虑抗台风等级提高，为抵抗风浪荷载，对围堰侧板、底龙骨、内支撑、限位等结构进行加强，在侧板与底龙骨间增加斜撑，增设刚性拉压杆及抗浮（沉）牛腿，增加钢结构 9 687.9 t。

6. 施工工期调整

原指导性施工组织桥址区域船舶有效作业时间按 180 d 考虑，根据建设期实际统计，现场约为 120 d，施工工期由计划工期的 4.5 年增加到 6 年。

二、航道桥超大直径桩基

1. 原设计情况

(1)桩径选择

平潭海峡公铁两用大桥航道桥均位于深水区，自由桩长较长，且需承受较大的水平力(波流力及船撞力)，经设计综合比选，基础采用大直径桩经济性较好。在大桥设计阶段，经调研铁路桥梁使用的最大桩径为武汉天兴洲长江大桥直径 3.4 m 的钻孔桩，但考虑本桥址区基岩强度高、施工条件较差的自然特征，结合市场既有的设备现状及施工技术水平，为保证大桥施工质量和进度、防患施工风险，设计阶段推荐技术成熟可靠的 3.0 m 直径钻孔灌注桩基础形式。

(2)承台高程选择

在设计阶段对航道桥基础的承台顶高程进行了如下两种方案比较：①低承台方案：将承台顶高程放置在低水位时船舶最大吃水深度以下，使得船舶在低水位航行时碰撞不到承台；根据通航安全影响论证分析，5 万 t 级船舶最大吃水深度为 13.0 m，最低通航水位为－3.42 m，则该方案承台顶高程取－16.5 m。②高承台方案：保证承台在高水位时露出水面有利桥区船舶航行安全，同时承台封底混凝土顶位于最低水位附近，既满足了桩基础的耐久性设计要求，也方便承台围堰及混凝土浇筑施工；考虑承台厚度 7.5 m，则承台顶高程取＋5.0 m。

(3)施工图设计情况

针对上述两种承台高程方案，在设计阶段以元洪航道 N03 号主塔墩为例展开了研究，两种方案均采用水下 C40 混凝土，直径 3.0 m 的钻孔桩。低承台方案需要 38 根 ϕ3.0 m 的钻孔桩，高承台方案需要 56 根 ϕ3.0 m 的钻孔桩，采用高承台方案单个基础投资须增加约 20%。从控制投资角度出发，推荐选用承台顶高程为－16.5 m 的低承台结构方案。

2. 变更设计情况

鉴于低承台施工的难度和风险较大，且对航道的临时占用和干扰较大，为确保大桥建设安全，满足航道和海事部门的要求，减少承台围堰施工期间对通航航道的影响，降低工程施工安全风险及工期风险，施工单位进场后建议将三座航道桥承台标高提高。同时施工单位组织研发了 KTY-5000 新型钻机，其设备技术性能较原有设备大幅度提高，具备了选用更大直径钻孔桩基础的条件。后开展了承台提高结构方案研究及施工组织方案设计，针对“提高承台方案”进行深入研究，推选经济合理、施工便利可行的提高承台结构方案。借鉴国内外类似桥梁工程的设计经验，共研究了以下 6 种基础方案：①直径 3.0 m 钻孔桩基础；②直径 3.4 m 钢管复合桩基础；③直径 3.0 m 联合桩基础；④直径 3.0 m 桩基双承台基础；⑤直径 4.0 m 钻孔桩基础；⑥直径 4.5 m 钻孔桩基础。

通过经济技术综合比选，航道桥基础设计情况如下：元洪航道桥、大小练岛航道桥及鼓屿门航道桥边墩采用 ϕ4.0 m 钻孔桩；鼓屿门航道桥主墩及辅助墩采用 ϕ4.5 m 桩。各塔(墩)基础均采用高桩承台，基础承台底高程选为－4.0 m(确保在最低潮位条件下钻孔桩基本不露出水面)，承台厚度为 8～10 m，承台顶面高程分别为＋4.0～＋6.0 m。

3. 经验体会

(1)基础形式的选择需因地制宜

从国内已经建成的东海大桥、杭州湾大桥和港珠澳大桥等几座公路跨海大桥来看，多数选择了打入桩的基础形式。究其原因，主要是这几座桥所处的建桥条件所决定的，基本上处于水深不大(10～20 m)，覆盖层较厚，地层多为砂层，采用打入桩的基础形式是合理的。对于平潭海峡公铁两用大桥所处的建桥条件而言，水深较深(20～45 m)、覆盖层浅薄、基岩起伏大，应优先选择采用大直径桩基。对于海床较为平整、基岩起伏不大的区域，也可考虑采用大型设置基础形式。

(2)桩基桩径的选择应考虑但不宜拘泥于施工设备条件

对于特殊环境条件下的桥梁，存在“施工(设备)决定设计”的情况。大桥设计阶段以大直径桩基为主要研究对象，也曾考虑采用更大直径的钻孔桩，重点研究了当时国内既有施工设备的技术性能以及复杂的地质条件，推荐选用了 3.0 m 桩。随着 KTY-5000 型钻机的研发，才具备了更大直径桩基的建造条件。因此在技术可行的情况下，也可以通过设计需求来促进施工设备及施工水平的进步。

三、结构大型化、整体化设计

对于跨海大桥而言，由于施工环境复杂恶劣，工效低，应尽可能减小现场施工工作量，结构的大型化、整体化、工厂化应成为跨海桥梁的技术发展趋势。平潭海峡公铁两用大桥的元洪、鼓屿门和大小练岛三座航道桥的斜拉桥主梁，以及 80/88 m 简支钢桁梁均采用了大型化、整体化的结构设计。斜拉桥主桁梁段采用先工厂分段制造再焊接成整体梁段，标准梁段长 28 m。单个梁段内为全焊接结构，仅梁段之间的杆件连接通过高栓连接，梁段最大吊重约 1 000 t。简支钢桁梁采用整体全焊、整孔架设的方式相比，吊重分别为 1 350/1 500 t。与钢桁梁传统的散拼方式相比，大幅度提高了现场施工效率，减小了施工风险。

为满足钢梁安装的需要，施工单位研发建造了最大吊重 3 600 t、最大吊高 110 m 的“海鸥号”起重船。手握利器后，为进一步提高钢梁安装效率，对于鼓屿门航道桥和大小练岛航道桥的边跨钢梁，采用了 7 个节间的大节段整体吊装，最大吊重达 3 200 t。

四、钢结构防腐

1. 钢梁防腐

鉴于腐蚀环境的严重性，为满足福平铁路平潭海峡公铁两用大桥钢梁耐久性防护工程需要，实现质量一流的目标，需对原设计的钢梁防腐涂装方案进行加强。

原设计大桥钢梁外表面涂装参照了《铁路钢桥保护涂装及涂料供货技术条件》(TB/T 1527—2011)，采用了第 7 涂装体系并对中间漆进行了加强。加强后，特制环氧富锌防锈底漆将锌粉含量由 80%提高到 82%，云铁环氧中间漆由一道改为两道涂装，氟碳面漆氟含量由 22%提高到 24%，两道面漆由厂内一道、现场一道改为两道面漆均在工厂涂装。

2. 钢桥面防腐涂装

考虑钢梁制造完成到钢梁与混凝土桥面或混凝土槽形梁结合前和钢梁制造完成到桥面铺装前，剪力钉和铁路、公路桥面铺装范围内钢板需在海洋腐蚀性环境中暴露较长时间，为防止锈蚀影响后期结构耐久性和受力，对剪力钉和铺装范围钢板进行防腐。

3. 附属钢构件防腐标准提高

鉴于沿海和海洋环境腐蚀的特点和《中国铁路总公司工程设计鉴定中心关于福平铁路无声屏障简支 T 梁人行道栏杆调整有关问题的复函》(鉴桥隧函〔2015〕220 号)的意见及《中国铁路总公司工电部关于开展桥梁人行道及墩台吊篮等设施质量排查整治的通知》(工电电〔2018〕49 号)，对桥梁附属钢构件的防腐方案比照办理，以提高结构耐久性。附属工程钢构件的防腐方案变更按结构部位、施工条件、使用环境、养护难易等分门别类进行不同强度等级的加强。

五、结构抗风和风屏障设计

结构抗风和行车防风是海洋桥梁工程的不可忽视的重要问题。如前所述，对于公铁两用跨海大桥，通航孔桥和大跨径的非通航孔桥均以选择钢桁梁为主梁形式。钢桁梁为镂空式结构，透风性较好，且结构空间刚度较大，根据相关专题研究表明，结构抗风并不特别控制设计，即在满足正常荷载作用条件下的钢桁梁结构，其抗最大静风性能往往就可以满足要求，无需再进行抗风的特殊设计。需要通过风洞试验检验其抗风性能。

通过对平潭海峡工程元洪航道主桥的风场特性分析、静力节段模型试验、节段模型动力试验、成桥状态及典型施工阶段气弹模型风洞试验，可以得出如下结论：大桥设计基本风速 46.3 m/s，成桥状态设计基准风速 56.7 m/s。全桥气弹模型风洞试验表明，平潭海峡大桥的成桥状态在检验风速范围内未发生明显涡振现象，在风速小于 85 m/s 时，未发生颤振现象。风向角为 0°、15°、30°时抖振响应均能满足安全性要求。通过对成桥状态、最大单悬臂施工阶段、最大双悬臂施工阶段气弹模型试验和风载内力计算分析，获得相应状态下控制截面的在设计风速下的风载内力，经分析计算判定，其强度能满足要求。在主梁设置最优方案风屏障后，该桁架断面具备气动稳定的必要条件；桥梁颤振临界风速满足大于检验风速的要求；主梁涡振响应明显降低，振幅小于相关规范要求，表明该桥的颤振稳定性、涡振性能均满足相关规范要求。

海上气候恶劣，风大浪高，大风条件下的桥面行车条件是必须重点关注的。为适应桥址大风环境的运营需要，通过在全桥公路和铁路桥面设置风屏障，使大桥行车条件得以改善。国内已经建成的公路跨海大桥，如杭州湾大桥、舟山金塘大桥、西堠门大桥、港珠澳大桥等，均设有风屏障，但多数是在航道桥主塔附近区段设有局部风屏障，风屏障障条多数采用 PC 耐力板材质。平潭海峡公铁两用大桥所处海域的大风环境远比上述工程恶劣，因此在全桥公路、铁路桥面两侧全范围设置了风屏障。并针对性地开展了风屏障足尺模型风洞试验，根据风洞试验成果进行风屏障及障条的开孔形式设计。障条采用金属障条，由镀铝锌钢板冲孔再弯折成槽形，其耐久性较 PC 耐力板形式大幅度提高。公路桥面风屏障置于防撞护栏上方，风屏障立柱与防撞护栏立柱相连，考虑桥面行车的视觉效果，障条采用上下间隔式布置，障条的透空率为 32.7%，总体透空率为 50%。铁路风屏障采用全覆盖整体式布置，透空率为 36.5%。

通过在公路和铁路桥面两侧设置风屏障，使桥面风速有所降低。根据风洞试验成果，风屏障减风率达 55%。根据现场实测情况，铁路桥面风速降低约 2～3 级。使大桥行车条件得以改善，不低于两岸陆地的同等行车条件。

六、施工临时用电

施工临时用电需根据用电负荷，根据国家电网的要求，接入点必须满足用电要求，海底电缆需在禁锚区铺设，临时用电海底电缆高低压配电设施应按照国家相关标准规定的要求设计与建设，需按永久工程的标准进行实施，主航道区海底电缆需加装钢质保护套进行保护。论证比选不同电压等级的双回路与多回路之间的关系。

概算按照详细设计后的数量，按原批复原则进行编制。

七、搭载高压电缆、水管工程

施工图完成后，在实施过程中，根据电力部门的要求，对箱梁内电缆通道位置、净空进行了调整，相应的对平潭海峡公铁两用大桥混凝土箱梁的横隔板空洞位置、大小进行了调整。根据水务部门的要求，对桥上搭载水管的方案也进行了调整。

建议大桥设计、建设时，桥梁搭载工程方案需及时稳定，避免后续返工。

第四节　跨海大桥预拱度设置与轨道线形问题

一、问题的提出

平潭海峡公铁大桥元洪航道桥、鼓屿门航道桥及大小练岛航道桥（均为大桥院设计范围）的跨中静态设计理论最大预拱度分别为 392 mm、217 mm、188 mm。由于调索控制、道砟容重偏差、搭载水管恒载未施工等原因，目前三座航道桥实际线形最大预拱度高于设计值分别为 117 mm、241 mm、248 mm。轨道高程线形设计采用的是在平坡基础上设置预拱度曲线的方式，预拱度偏差有可能影响轨道平顺性。为此，福平公司组织铁四院、大桥院联合编制了《平潭海峡公铁大桥航道桥预拱度设置及轨道线形方案研究报告》。

2020 年 9 月 23 日，国铁集团组织工务工程专业静态验收报告审查会。形成审查意见如下："平潭海峡公铁两用大桥（K1871＋905～K1873＋095、K1873＋576～K1874＋505、K1877＋627～K1878＋405）未按《福平铁路平潭海峡公铁两用大桥施工质量验收补充标准》提供桥梁预拱度允许偏差，轨道高程及个别点 10 m 弦高低不满足的规定，应对福平铁路平潭海峡公铁两用大桥桥上预拱度允许偏差及轨面高程进行专题研究，按规定履行建设程序，开展联调联试"。

二、问题的处理过程

根据专家审查意见，南昌局集团公司组织了平潭海峡公铁两用大桥预拱度允许偏差、轨面高程、桥梁结构安全和轨道平顺性进行专题研究，并完成了平潭海峡公铁两用大桥的补充静态验收和联调联试等工作。

(1)组织桥梁结构检算。中铁大桥院根据实际成桥状态进行了桥梁结构检算，检算结果表明三座航道桥桥梁结构受力安全。

(2)补充开展风-车-桥耦合分析。北京交通大学在 2013 年航道桥风-车-桥计算基础上，结合现场实测线形，就预拱度偏差最大的大小练岛航道桥在给定桥面准静态变形条件下的风-车-桥动力耦合振动问题进行了补充计算分析。计算结论如下：考虑极端温度变形及现状桥面高程偏差时，大小练岛航道桥的车、桥性能未发生显著变化。在控制工况（CRH2 列车风速 20 m/s 车速 240 km/h、风速 25 m/s 车速 220 km/h）下，车桥系统安全性、平稳性指标满足《铁路桥梁设计规范》（TB 10002—2017）第 5.1.2 条中限值要求。

(3)明确预拱度允许偏差值。中铁大桥院根据桥梁结构检算和风-车-桥耦合分析成果，提供了《关于福平铁路平潭海峡公铁两用大桥三座航道桥成桥状态预拱度偏差的补充说明》，明确平潭海峡公铁两用大桥元洪航道桥、鼓屿门航道桥及大小练岛航道桥的预拱度允许偏差应≤300 mm。

(4)优化调整轨道高程设计。福平公司组织了平潭海峡公铁两用大桥航道桥预拱度设置及轨道线形方案专家评审会，专家认为"线路纵断面按平坡设计，桥梁结构按照恒载＋1/2 静活载设置预拱度"方案可行。铁四院根据专家评审意见，并结合航道桥实际成桥状态，优化调整了桥面轨道高程设置，提供了《关于提供平潭海峡公铁两用大桥航道桥设计轨面标高的函》（四院线函〔2020〕347 号）。

(5)明确验收标准和组织现场整改施工。根据设计单位成桥状态预拱度偏差的补充说明、桥面轨道高程优化设计和北京交通大学风-车-桥动力耦合振动问题补充计算，南昌局集团公司下发《关于明确福平铁路平潭海峡公铁两用大桥三座航道桥钢桁梁预拱度允许偏差值并开展补充静态验收的通知》（南铁建设函〔2020〕463 号），同时按优化调整后的轨道高程完成大机作业。

(6)补充静态验收。南昌局集团公司组织了航道桥预拱度偏差及轨道高程、10 m 弦高低偏差等问题的补充验收，补充验收合格，形成补充静态验收报告并报国铁集团。

(7)国铁集团鉴定中心在南昌局集团公司及福平公司研究的基础上提出了意见和建议：三座航道桥线路纵断面建议采用设计平坡叠加实际预拱度曲线，轨道高程为"理论设计轨面标高＋实际预拱度"；三座航道桥线路纵断面采用设计平坡叠加实际预拱度曲线，设计单位按此进行了受力检算，北京交大按实际拱度补充了车桥响应分析，联调联试轨道状态良好，速度已达 220 km/h，大桥可按设计速度验收；考虑大桥主跨轨道线形还受温度、活载及后期徐变等因素影响，目前对三座航道桥线路纵断面随温度变化的监测尚未积累一个温度周期实测数据，各温度工况下的拟合纵断面均基于有限元模型理论计算，大桥初期运营速度按 160 km/h 较为稳妥，随着大桥徐变完成和道砟密度提高，结合桥面及轨道线形变化检测情况，再行研究达速 200 km/h 的可行性。

(8)国铁集团技术委员会召开平潭海峡公铁两用大桥线路纵断面设置专家委员咨询会，并印发《国铁集团技术委员会专家委员会关于平潭海峡公铁两用大桥三座航道桥线路纵断面设置的咨询意见的通知》（技委办函〔2020〕4 号），意见："同意鉴定中心意见，桥上线路纵断面按平坡叠加预拱度进行验收，按设计速度 200 km/h 竣工验收。考虑到海洋大风运营环境复杂，对成桥预拱度较大的桥梁及轨道线形变化规律还需进一步探索，初期可按 160 km/h 开通运营”。

(9)国铁集团工务专家组组织召开了福平铁路平潭海峡公铁两用大桥工务工程专业静态验收补充报告审查会，形成了审查意见，认为福平铁路平潭海峡公铁两用大桥工务工程专业静态验收程序及报告内容符合规定，结合国铁集团技术委员会专家委员会相关咨询意见，同意静态验收补充报告的结论意见，工务工程具备动态验收条件。

(10)联调联试测试情况。针对平潭海峡公铁两用大桥线形特殊性，在联调联试期间，对大桥桥面轨道几何状态、动车组动力学响应、货车动力学响应、轨道结构动力性能、桥梁动力性能进行了测试。结果表明，桥上轨道几何状态、动车组动力学响应、接触网状态各项测试指标满足动车组 200 km/h 及以下速度运行时的安全性、平稳性相关标准要求。列车交会及制动、启停专项试验中，桥梁动力性能、轨道动力性能实测参数满足相关规范和设计文件要求，阻尼器、钢轨伸缩调节器及梁端伸缩装置的工作状态正常。

三、经验体会与问题探讨

大跨度铁路桥梁目前主要有两种纵断面设计方式：一是人字坡，如沪苏通长江大桥、连镇铁路五峰山长江大桥；二是平坡基础上设置预拱度曲线的方式，如福平铁路平潭海峡大桥、武汉天兴洲长江大桥、浩吉铁路荆州长江大桥、黄冈长江大桥、宁安城际安庆长江大桥、合福铁路铜陵长江大桥。铁路工程验收时，轨道部分目前一般按照《铁路线路设计规范》和《铁路轨道工程施工质量验收标准》进行验收。在对于路基和隧道区段(刚性地基)，以及中小跨度桥梁(成桥及活载线形变化幅度有限)是适用的，但随着桥梁跨度越来越大，结构刚度越来越小，仍然采用上述规范和标准进行验收，则不一定合适。大跨度铁路桥梁(尤其是钢结构桥梁)一般需要设置预拱度，而在轨道验收过程中若将预拱度视为“坡度”，则很难满足相关要求，两者在一定程度上是存在矛盾的。如按照新建时速 200 公里客货共线标准“最小坡段长度不宜小于 600 m，个别最小坡段长度不应小于 400 m，且最小坡段不宜连续使用两个及以上……”，上述要求对于主跨千米级桥梁尚有条件满足，对于主跨千米以下的桥梁，在其主跨设置预拱度的情况下，则满足最小坡长的要求。结合平潭海峡公铁两用大桥预拱度设置与轨道线形问题，建议从以下几方面进一步研究。

1. 设计单位应进行大跨度铁路桥梁轨道线形研究，明确预拱度允许偏差

设计单位需要进一步研究探讨大跨度铁路桥梁不同纵断面线形与行车安全性、乘坐舒适性之间的关系，同时结合已建成的大跨度铁路桥梁纵断面设计经验，采用车线耦合动力学理论对不同跨度、不同标准的铁路纵断面设计制定指导性原则，相应采用的纵断面设计方式。考虑道砟容重偏差、施工偏差等原因，通过仿真计算研究，设计拱度＞120 mm 时按照规范要求在设计文件中明确预拱度允许偏差值。

2. 施工、监控单位应将成桥线形结合轨道线形综合考虑，加强成桥线形控制

根据近年来的施工经验，施工期间的荷载一般比设计成桥荷载小(如：施工期间道砟容重一般为 16～17 kN/m^3，与设计容重 21 kN/m^3 相差近 30％；部分二期恒载没有同步施工)，在此情况下，索力很难达到成桥索力状态，单纯去追求索力值的吻合度是不合理的。钢桁梁斜拉桥的主梁成桥状态受施工期间斜拉索主动调索的影响很大，因此在施工控制过程中施工、监控单位结合设计文件开展相关专题研究，更新调索监控理念，采用主梁目标线形和索力双控的原则，宜优先以主梁目标线形控制为主、索力控制为辅，优化调索参数，更好兼顾成桥轨道线形满足行车安全性、乘坐舒适性等要求。

第五节　信号重难点特色设计

一、平潭海峡公铁两用大桥信号相关创新设计

1. 海洋盐雾腐蚀的特殊环境信号室外创新设计

福平铁路平潭海峡公铁两用大桥范围(DK59＋405～DK75＋737，长 16.332 km)位于海上，本段影响信号外部条件主要为大风、海洋盐雾腐蚀。

室外信号包括信号电缆等位于风屏障内方，无需采取特别措施。室外信号电缆、箱盒等为橡胶、SMC材料，具备良好的耐盐雾腐蚀能力；室外扼流变压器为铸铁材料、表层涂防腐漆，具备较好的耐盐雾腐蚀能力；铝合金机构表层喷塑与空气隔绝，具备较好的耐盐雾腐蚀能力。上述室外信号设备未采取特别措施。

方向盒、终端盒、变压器箱盒基础采用热镀锌钢制材料，信号机基础、基础与机构间的连接管，均采用热镀锌钢制金属件，连接螺栓、垫片等均采用热镀锌处理。这些构件、部件在高盐雾地区容易受到腐蚀，本次工程中采取了防腐蚀加强措施。

本线对于平潭海峡公铁两用大桥所处大气腐蚀环境按腐蚀性最强的CX级考虑。在CX级的腐蚀环境状态下，渗锌厚度50 μm，每年损失8.4～25 μm厚度锌，热渗锌金属基础可以使用约2～6年。为提高平潭海峡公铁两用大桥信号室外设备基础在海上防腐蚀耐盐雾性能，平潭海峡公铁两用大桥范围室外信号设备改用热渗锌金属基础(热渗锌加厚最低干膜厚度80 μm)，所有附属钢结构的非高强连接螺栓螺帽均采用316L不锈钢材质。渗锌层厚度增加至80 μm后，可以使用3.2～9.5年。

2. 钢梁钢槽地段信号电缆绝缘措施加强设计

平潭跨海公铁两用大桥钢梁段通信信号电缆槽敷设在电缆槽内。每跨梁上、下行线均与贯通地线连接，同时每跨梁体为一整体，钢梁与贯通地线连接有2处。单个故障发生时(电缆外皮绝缘损坏或电缆外皮接地不良引起钢槽与电缆外皮不等电位，或贯通地线与梁体接触不良引起钢槽与电缆外皮不等电位)电缆设置于钢槽内均不会发生电缆外皮打火烧损情况，但如果两个故障组合发生时会有意外发生。工程中对该范围信号电缆与钢槽间采取绝缘加强措施，进一步降低电缆烧损发生概率，提高信号电缆在接触网短路时的安全性。平潭跨海公铁两用大桥钢梁钢槽内通信信号线缆均采取绝缘加强措施，采用绝缘材料牢固包裹通信信号槽内线缆方案。

3. 提出电务设施维养建议、共同完成维养手册编制

针对本线平潭海峡公铁两用大桥的海洋盐雾腐蚀特殊环境，系统、科学分析该地段信号、防灾室外设备器材耐盐雾腐蚀能力，合理提出更换周期、维养建议，会同施工、维护单位共同完成了信号、防灾室外设施维养手册。海洋环境电务室外设施维养手册编制为工程先例，为后续其他类似项目提供了有益借鉴。

二、福州枢纽信号系统改造涉及面广、设计方案细致完备

福州站：本线引入福州站，既有合福铁路由与沿海联络线正线贯通改为与本线贯通，向莆线在福州站由“直进弯出”改为与沿海联络线正线贯通，在区间沿海联络部分用于福平正线、部分维持连接樟林编组站并与还建的沿海联络线连接。由于本线引入福州站后上述“换线”、运营里程调整、站场变化等，列控系统软件修改影响车站多、范围广，福州站经历2次软件换装。涉及合福中继42、43、44、闽清北、福州、福州南、樟林Ⅰ场、樟林Ⅲ场、温福线路所、樟林线路所、福厦线路所共11套TCC软件修改，既有福州枢纽临时限速服务器及相邻服务器软件修改。

福州南站：2019年福平工程线引入福州南，福州南联锁软件修改，福州南CTC软件修改，福州枢纽CTC调度台软件修改，站间透明相关的温福线路所、福厦线路所、樟林线路所、连江、福清CTC修改，福州南信号集中监测修改、福州电务段监测总机修改；2020年福平铁路简单引入福州南开通，福州南联锁软件修改，福州南CTC软件修改，福州枢纽CTC调度台软件修改，站间透明相关的温福线路所、福厦线路所、樟林线路所、连江、福清、福州南线路所、福州、长乐、长乐东CTC修改，福州南信号集中监测修改、福州电务段监测总机修改，福州南、福州南线路所、福州站列控中心修改，福州南、福州南线路所、福州站应答器修改，福州枢纽临时限速服务器软件修改。

福平铁路引入福州枢纽信号工程改造方案复杂、软件修改范围广，通过合理设计，顺利开通，为后续其他引入枢纽改造项目信号设计提供了有益借鉴。

三、樟岚线路所增加安全余量设计

该线路所位于大下坡道处，当连接的区间均办理朝向岔后(直股、曲股)进路时，因无隔开设备，若列车

冒进信号机则存在发生侧面冲突的风险，设计考虑增加岔后无岔区段长度(警冲标至通过信号机不小于400 m)，在满足行车检算前提下，加大安全余量，进一步降低列车侧面冲突风险。该方案是常规线路所位于大坡道处时信号设计增加安全余量的工程先例，为后续其他项目提供了有益借鉴。

四、突出重点、提前谋划完成一系列重难工作量

工程实施过程中，针对既有福州、福州南、沿海联络线区间等改造方案与运营单位需求问题，工作紧扣重点、难点，统筹全面分析、精心研究、创新设计，高质量完成了设计工作。

福州站至福州南的区间新建福平正线约 16 km，仅运行动车组，若按常规设计区间采用标志牌，因福州、福州南为常态点灯车站，向该区间发车时，司机辨认出站信号机显示含义时容易与区间设信号机的线路产生混淆，存在误认风险。另外，动车组通过该区间时间约 6 min，若区间采用设标志牌，福州枢纽内显示方式不一致，因此，该区间设置通过信号机，开通后效果良好。

福州南站既有道岔增加缺口监测优化设计(压缩工程量、节省投资)；通过深入研究创新设计福州南17 号道岔绝缘维持直股切割条件下实现发码(避免更换道岔、节省投资)；按现行标准对福州站、福州南既有牵引回流优化调整，回流更加通畅；福州站既有 24 号道岔转辙机设备安装空间方案优化(避免新设转辙机、节省投资)。以上方案优化取得良好效果。

铁路枢纽内仅运行动车组的线路上设置通过信号机和既有道岔绝缘维持直股切割实现电码化方案为工程先例，为后续其他引入枢纽客专项目提供了有益借鉴。

五、技术规范、标准变化主动、合理应对

福平铁路信号设计文件从初步设计批复到施工验收阶段时间长达 7 年，这期间存在大量规范、标准的变化。在项目实施时的合适时机能主动反复要求建设单位，对于规范、标准的变化给出明确的意见，完备相关手续，以便这些变化能纳入施工图设计，包括 CTC2.0 到 CTC3.0 的变化，细部设计和工艺质量标准的变化、站内一体化轨道电路增加防绝缘破损变化、区间 ZPW-2000 轨道电路诊断系统、福州枢纽新增信号改造工程变更设计等。主动工作开展取得了良好的效果：一是节约了工程投资，避免了工程施工后的修改和废弃，也避免了招标后设备的更换；二是提高设计质量，变更手续完成后一次纳入施工图设计，既提高了设计效率也保证了施工图的完整；三是保证了工期。

六、精品信号工程精心设计

1. 细部工艺设计

按照高铁“四电”精品工程的要求，对室外安装、室内设备布置、室内布线、标识等进行细化设计，实现信号设备、布线外观精致、实用，结构安全可靠，有利于后期运营管理维护。其中部分细部设计变化情况：原设计室外信号机、箱盒围桩采用混凝土围台、硬面化处理，本次改为拼装式的预制的混凝土板；原设计室外电缆引入在防雷分线柜、综合柜下方成端，本次单独设置电缆成端柜、电缆引入间。

2. 其他提升维护水平设计

本线各车站、线路所、信号中继站共设 8 套 ZPW-2000 移频轨道电路智能诊断系统，通过故障诊断算法对轨道电路传输通道的故障点进行精确定位、智能分析，并通过控显输出诊断结果和处理建议，有效提高了轨道电路故障隐患排查、故障处理的效率。

道岔缺口监测系统利用监测网络通道扩容至 10 m 传送缺口信息，利用监测终端运行缺口监测软件。其传输通道、终端功能与信号集中监测系统高度融合，简化硬件、节省投资、便于维护。

防雷配电箱采用两路分箱设置，箱内考虑配线空间、线缆弯曲度，便于维护。

配备信号蓄电池组增加在线均衡系统，实现 UPS 工作状态信息、蓄电池电压、内阻、容量、温度等在线监测和诊断修复信息纳入信号集中监测系统采集。

本线所有车站、线路所、中继站均设置了电缆引入间、防雷分线室，提高信号设备雷电防护能力。

第六节 接触网重难点特色设计

一、接触网零部件锈蚀

长乐南至平潭区间为跨海高盐高腐蚀区段，部分钢制接触网零部件存在锈蚀的问题。针对现场反馈的锈蚀现象，积极分析锈蚀原因，并对照锈蚀类型提出了设计整治方案，保障了接触网零部件的防腐性能。

此类问题为产品现状问题，鉴于钢制零部件在该环境条件下锈蚀速率较快，进一步结合工程区域的环境条件，进行专题专项研究，制定该条件下减缓接触网零部件锈蚀速率的措施。

二、T 梁桥上无坠砣检修平台

2017 年 10 月，中国铁路总公司发布钢横梁方案简支 T 梁，本线为第一条采用新 T 梁的铁路。

福平铁路 T 梁在无声屏障区段采用的是钢横梁 T 梁[通桥(2017)2101、2201]；在有声屏障区段，根据《铁路桥涵设计规范》，将声屏障 T 梁[通桥(2012)2109、2209]的避车台取消，采用的是整体现浇桥面板声屏障 T 梁，同时将电缆槽道布设在人行道板下。按上述新标准新图纸的要求，造成接触网下锚处无坠砣检修平台。

结合中国铁路总公司《铁路技术管理规程》(普速铁路部分)、中国铁路总公司《铁路技术管理规程》(高速铁路部分)、《铁路电力牵引供电设计规范》(TB 10009—2016)、《高速铁路设计规范》(TB 10621—2014)的相关规定，虽然 T 梁桥上接触网坠砣设置相关平台无相关要求，但鉴于后期运营维护的实际需要，采取专项设计在接触网支柱上增设坠砣检修平台。

此类问题为标准问题，通过在工程实施过程中结合运营维护的实际情况，在工程投资影响较小、对工期不影响的前提下，尽量结合运营维护的实际需求进行设计；对于对工程投资影响较大或对工期影响较严重的可按程序上报建设单位，履行完建设程序后执行。同时在后期新建铁路项目中，类似于该类问题，应在设计过程中提前考虑坠砣检修平台的设计。

三、落实细部设计、着重接触网景观设计

根据《高速铁路电力牵引供电工程细部设计和工艺质量标准》(Q/CR 9523—2018)要求，为便于后期接触网的运营维护管理，在接触网腕臂上重点零部件处增设限位标识。经与运营单位对接，在接触网腕臂安装到位、精调完成后，在腕臂的重点零部件两侧喷涂红色反光三角标识，标识清晰，固定可靠。每套腕臂上共对 5 个部位增设限位标识，标识分别设置在接触网腕臂上的套管双耳、定位环、定位器支座、定位管支撑卡子等处。

四、平潭公铁两用大桥区段部分接触网复合绝缘子污闪放电

根据《高速铁路设计规范》及《电气化铁路接触网用绝缘子 第 2 部分:棒形复合绝缘子》的要求，平潭跨海公铁两用大桥区段接触网选用了 FQBS27.5/20-1600 型棒式复合绝缘子，符合相关标准要求。但该区段接触网送电后，部分绝缘子存在污闪放电的情况，且施工单位多次人工清洗均不能减缓该现象。

经分析，该现象产生的原因是由于平潭跨海公铁两用大桥区段接触网复合绝缘子位于双层桥梁中部，上层桥面较宽，复合绝缘子无法靠自然雨水自清洁，加上跨海高盐高湿环境，从而引起了污闪放电。

现阶段已由福平公司组织南昌局集团公司、设计院、设备管理单位等多家单位组织研究了采用在绝缘子表面加喷 PRTV 涂层的方式，减缓了污闪放电的程度。同时，南昌局集团公司已于 2021 年度正式科研立项“跨海公铁两用大桥部分接触网复合绝缘子局部污闪放电问题解决方案研究”课题，力求通过专题研究，寻找最优最根本的解决该问题的方案。

该问题为今后类似工况环境下接触网绝缘子选取提出了警示，具有典型的意义。

第四篇

工 程 施 工

第一章　大型临时设施工程

第一节　大型临时设施工程的设置原则

在充分考虑桥址处地形、地貌、水文、道路交通等自然条件的基础上，结合本工程施工方案及工期安排，大临设施以遵循"因地制宜、规模适度，标准合理、一次到位"的原则进行设置。根据施工的实际需求进行码头、施工栈桥、混凝土搅拌站、节段梁场、钢结构加工场等布局。针对海上大临规模大、影响大的特点，编制了《大临设施管理制度》，要求"大临设施按主体工程"进行管理，从设计、施工、验收、日常维护等方面进行全方位管理；并以系统规划、规模合理、一次到位，完善基础资料为管理目标。

一、码头规划

本项目特殊的海岛地理特色，可以征拆利用的场地十分有限，需根据实际情况规划码头位置。项目建设初期，因征海、征地困难，新建码头建设周期长，为保障现场施工，满足前期临时工程、新建码头的物资存储及转运以及满足主体工程尽早开工建设，进行码头租赁扩建。

为减少浪涌流影响，降低安全、质量风险，利用时间窗口风浪较好时段，将各类资源先集中供应到陆地和岛屿生产区域存放，为满足在各生产区域需配置具有起重吊装、混凝土原材料装卸料、人员交通等功能要求，新建综合性码头 2 处，以提高可施工作业时间，如图 4-1-1、图 4-1-2 所示。

图 4-1-1　新建大练岛侧渔限码头

图 4-1-2　新建平潭岛侧和平村码头

二、施工栈桥

桥址处气象、水文条件恶劣，对海上施工影响巨大，严重制约着海上物资供应，工期难以保证，安全风险较高。为应对特殊的海岛气象条件，水中基础采用栈桥＋钻孔平台法施工，在大桥两侧将岛屿和海上平台分别修建施工栈桥连通至各墩位(图 4-1-3)，将海上施工转化为栈桥及平台陆上施工，降低安全风险，减少浪涌对施工的影响。

三、节段梁场

考虑海上风、浪、潮流对梁段运输影响以及梁场占用耕地，船舶运梁航线及码头运船回转区占用大量养殖区域，征地费用昂贵、补偿费用较高等问题，经分析论证研究将预制节段梁场设置在大桥两侧桥台后

(a) 浅水区施工栈桥

(b) 裸岩区大跨度栈桥

图 4-1-3 施工栈桥布置

路基上，台后直接运梁上桥。大练岛侧研制双孔连做节段拼装造桥机施工，平潭侧采用单孔节段拼装造桥机施工，如图 4-1-4 所示。变海上为陆上，减少海上运输，减少船舶、浮式起重机、提梁机等设备；同时减少了临时征地，有效降低了施工安全风险，提高了施工工效，节约成本。

图 4-1-4 大练岛、苏澳梁场布置

四、混凝土搅拌站

为满足平潭海峡公铁两用大桥混凝土施工质量，结合桥梁布置及交通运输情况，设置混凝土搅拌站包括陆上搅拌站及海上搅拌船(图 4-1-5)。由于特殊的海工耐久性混凝土要求，搅拌站设计拌和能力为 2×180 m^3/h。

五、钢结构加工场

由于平潭地区山多地狭，尤其大练岛为海上孤岛，岛上地势复杂，道路蜿蜒崎岖，大型车辆运输困难，没有合适的场地新建大型钢结构加工场。考虑现场地形及交通等实际情况，结合施工组织设计，通过新建多个钢结构加工场来满足施工需要，如图 4-1-6 所示。

图 4-1-5 陆上/海上拌和站

图 4-1-6 钢结构加工场

六、电 力 线

海上栈桥施工、大练岛和陆地施工电力由平潭 110 kV 官树下变电站引至专用配电房，通过 10 kV 架空电缆、海底电缆引至各施工现场配电室。根据现场实际施工情况 B0～B25、B40～B56 段施工现场由临电专线进行供应。

大练岛～B30、B26～B38 墩海底电缆临电工程，即在大练线 914 线路大练分线号 059＋1 杆上 T 接，架设 10 kV 架空线路约 0.33 km，埋设 10 kV 高压电缆 510 m，敷设 10 kV 高压海底电缆共 2 350 m，安装 3 座 800 kVA 箱式变压器。10 kV 电源 110 kV 官树下变 10 kV 苏沃线 921 线路大练分线作为和平村码头支线负责和平村码头供电，如图 4-1-7 所示。

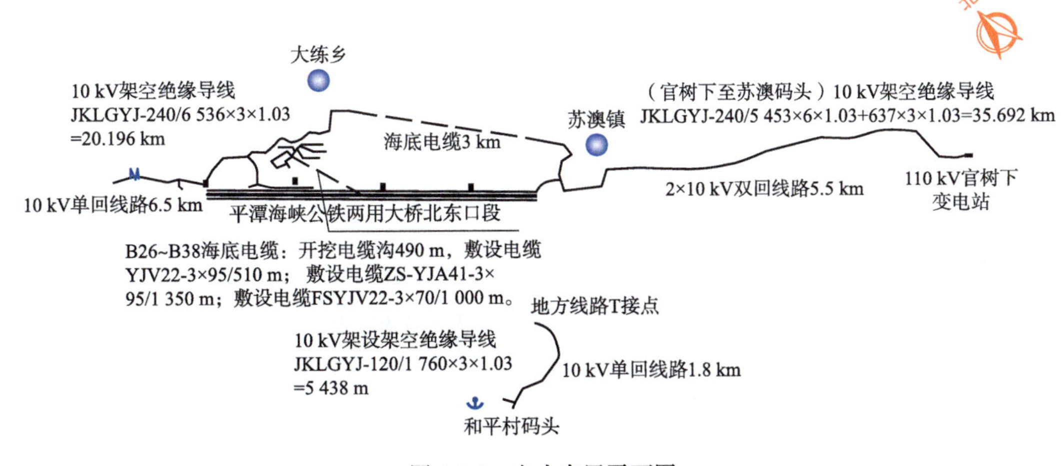

图 4-1-7 电力布置平面图

第二节　平潭海峡公铁两用大桥码头规划与设计

为保证平潭海峡公铁两用大桥按期建成，综合考虑安全、质量、资源配置、施工工效等因素，对码头进行了系统的规划设置。码头设计标准满足8级大风条件下作业、14级台风条件下结构安全、风雨天气连续作业等，且满足100 t/150 t履带式起重机等设备施工荷载等要求。码头设计使用年限5年。码头基本情况见表4-1-1。

表4-1-1　码头基本情况一览

名　　称	功　　能
渔限码头（新建）	设有砂石料泊位、起重泊位、粉料泊位、散货泊位。主要负责D0～D37、B0～B25墩桥梁全部及B25～B38桥梁上部构造所需的混凝土原材料、钢筋及型钢等物资的运输和中转。其中钢筋、钢材11.2万t,碎石、砂子104万t,水泥、粉煤灰25万t
和平村码头（新建）	设有港池泊位、砂石料泊位、粉料泊位及滚装泊位。负责B39～B58墩桥梁全部钢筋、钢构件、混凝土原材料及其他物资的倒运、存储并为B26～B38墩下部工程施工，供应混凝土搅拌船所需混凝土原材料。其中钢筋、钢构件26.23万t,碎石、砂子155.5万t,水泥、粉煤灰35.96万t
看澳码头（租赁扩建）	设有起重泊位1处，负责B26～B38墩钢吊箱加工、转运及B26～B38墩大直径钢护筒及钢吊箱等拆除材料的存储转运
猫子山码头（扩建）	设有靠船泊位1处，主要用于B26～B38号墩海上钢平台施工所需的型钢、主体工程下部结构钢筋、临时周转材料等钢材的转运。其中型钢1.1万t,钢筋1.8万t,临时周转材料0.3万t
梁厝码头（租赁）	负责前期临时工程建设、前期B26～B38墩海上主体基础工程及新建和平村码头砂石料正常供应前，进行砂石料存储、转运，砂石料合计10万t

一、新建渔限码头

新建鱼限码头位于大练岛渔限村，占陆地面积、海上面积总计31.5亩，此处海陆交通方便，距施工线路大桥约1.0 km，主要负责公铁两用大桥D0～D37、B0～B25桥梁全部及B25～B38桥梁上部构造所需的混凝土原材料、钢筋及型钢等物资的运输及中转任务，如图4-1-8所示。设有起重泊位1处、砂石料泊位1处、粉料泊位1处、滚装泊位1处，见表4-1-2。

图4-1-8　新建渔限码头布置图

码头平台平面主尺寸为156 m×49.5 m，码头面顶标高6.0 m，采用高桩梁板结构。码头排架共27排，全部采用直桩，除靠船桩和固定吊基础桩基采用ϕ1 200×25 mm钢管桩外（桩端持力层需根据现场钻探确定），其他桩基采用ϕ600×14 mm钢管桩（桩端持力层需进入中风化岩层）；上部结构采用型钢结构，下横梁选用型钢2I56a，主纵梁选用321高抗剪热浸锌贝雷片，码头面板为250 mm厚预制混凝土面板。

码头引桥长144 m，宽10.8 m，顶标高6.0 m。引桥排架共17排，间距9 m，每排3根桩，间距4.5 m，全部采用直桩，桩基采用ϕ600×14 mm钢管桩，上部结构与码头结构相同。

表4-1-2　渔限码头各泊位任务一览

序号	泊　　位	任务总量	码头日均吞吐量(t)	日高峰吞吐量(t)
1	起重泊位	钢筋等原材的进场总量约8万t，模板、钢结构等材料的转场总量约3.2万t	68.2	1 000
2	粉料泊位	散装水泥、粉煤灰合计25万t	152	2 000
3	滚装泊位	模板、钢结构等材料的进场总量约3.2万t	24	400
4	砂石料泊位	碎石、砂子合计104万t	630	1 400

二、新建和平村码头

新建和平村码头位于苏澳镇和平村，总占地面积 59.0 余亩，此处海陆交通方便，距施工线路大桥约 2.5 km，主要负责公铁两用大桥 B26～B38 下部工程混凝土搅拌船供应混凝土原材料及公铁两用大桥 B39～B58 桥梁全部钢筋、钢构件、混凝土及其原材料的倒运、存储。码头建有靠船泊位、碎石储存区、混凝土拌和区、钢筋钢构件加工区、试验区、生活区六大功能区，由北至南依次为散货泊位、大型钢构港池泊位、滚装泊位、粉煤灰泊位及砂石料泊位五大泊位以及码头陆地综合配套场地，如图 4-1-9 所示。

和平村码头各泊位任务见表 4-1-3。

表 4-1-3　和平村码头各泊位任务一览

序号	泊　位	任务总量	码头日均吞吐量(t)	日高峰吞吐量(t)	备　注
1	港池泊位	钢筋和钢结构原材料、成品、半成品，总量约 26.23 万 t	159.74	1 732	原材料 10.43 万 t，钢构件 9.53 万 t，拆卸废品 6.27 万 t
2	砂石料泊位	碎石、砂子合计 155.5 万 t	947.02	2 000	B26～B38 部分及 B39～B54 全部混凝土原材料装卸船
3	粉料泊位	散装水泥、粉煤灰、矿粉合计 35.96 万 t	219	2 000	B26～B38 部分及 B39～B54 全部混凝土原材料装卸船

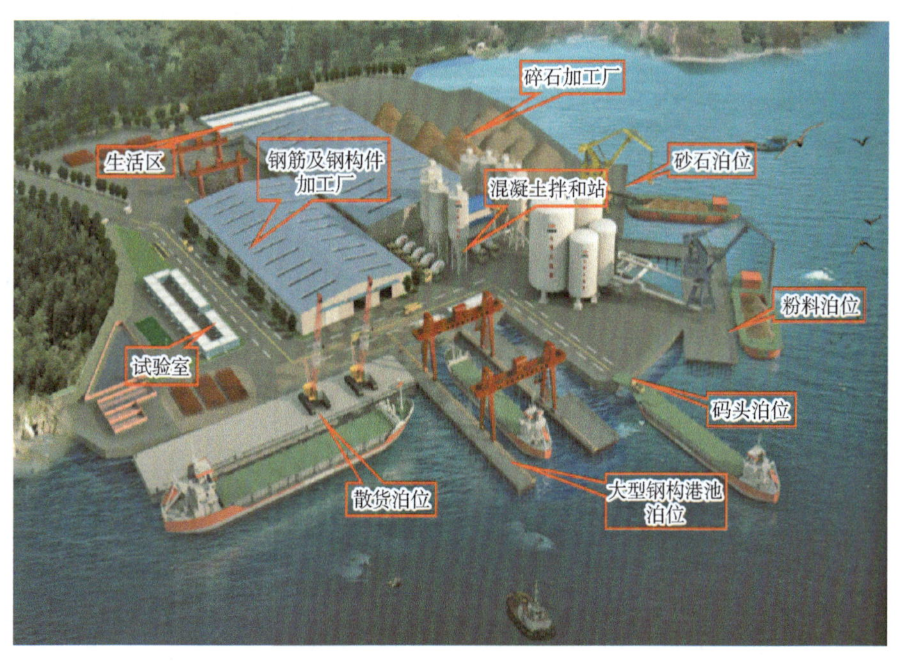

图 4-1-9　新建和平村码头布置图

码头泊位均为钢管桩贝雷梁组合高桩钢平台泊位。粉煤灰泊位及砂石料泊位采用“Z”形连片式布置，每个泊位长 90 m，砂石料泊位码头平台宽 28.8 m，与后方砂石堆放场地顺接；粉煤灰泊位码头平台宽 19.8 m，与后方砂石堆放场地顺接；大型钢构港池泊位采用突堤式布置，港池两侧为长 90.06 m、宽 8 m 码头平台，岸侧与陆域顺接。港池宽 24.7 m，净宽 21 m。码头上设 30 m 跨距门式起重机。滚装泊位宽 21 m、长 18.6 m，布置在陆域中段最西侧；散货泊位顺岸布置，长 102.3 m、宽 19.8 m，与后方陆域堆场顺接。

码头排架间距 6 m，砂石料泊位每榀排架下设 ϕ600×14 mm 钢管桩(端承桩)，间距 4.5 m，全部采用直桩，桩端持力层为微风化基岩面。靠船桩和固定吊基础桩基需根据现场钻探资料确定。上部结构采用型钢结构，下横梁选用型钢 2I56a，纵梁选用 321 高抗剪热浸锌贝雷片，间距 0.9 m，码头选用 0.25 m 厚钢筋混凝土预制面板(钢筋件杂货泊位为 0.35 m 厚面板)。

滚装码头采用固定岸坡道结构形式，长 18.6 m，宽 21 m。坡顶标高 6.0 m，坡底标高 3.8 m。岸坡分为 3 段，坡度分别为 1∶10、1∶8、1∶6。船舶停靠距离为 3.5 m(与辅助靠船墩平齐)，以保证跳板坡度及搭岸区域坡度为 1∶8，靠泊水位范围 2.8～1.6 m。

滚装泊位码头结构形式采用混凝土实心方块＋现浇混凝土胸墙方案，方块基础需开挖至基岩面后抛填块石及二片石整平，外侧抛填护底块石，厚度 0.8 m。墙后回填块石。面层采用 C30 现浇混凝土路面，厚 250 mm，水泥稳定碎石层厚 200 mm，级配碎石层厚 150 mm。

三、看澳码头

看澳码头位于看澳村，设计为重力式码头，总占地面积约 13.7 亩，如图 4-1-10 所示。主要承担 B26～B38 钢吊箱 0.9 万 t 钢材的加工及其转运任务，同时作为 B26～B38 海上平台大直径钢护筒及钢吊箱等拆除材料的存储转运场地。设有起重泊位 1 处，设有钢吊箱拼装区、生活区、半成品及钢材堆放区、回收材料堆放区。

四、猫子山码头

猫子山码头位于苏澳镇猫子山附近，距离施工线路大桥约 2 km，设计为重力式码头，总占地面积约 28.5 亩，如图 4-1-11 所示。建有靠船泊位 1 处，设有材料堆放区、试验区、生活办公区等功能区。主要用于 B26～B38 海上钢平台施工所需的型钢、主体工程钢筋、临时周转材料等钢材的转运。

图 4-1-10　看澳码头

图 4-1-11　猫子山码头

第三节　平潭海峡公铁两用大桥施工栈桥

根据桥位地质情况，平潭海峡公铁两用大桥施工栈桥分为浅水区栈桥、深水区栈桥两大类。栈桥施工方法汇总见表 4-1-4。

表 4-1-4　平潭海峡公铁两用大桥栈桥施工方法

施工标段	施工方法	适用条件	适用长度(m)
DK59＋415～DK70＋564.7 段	打桩船插打法	低潮位时打桩船能驶入且定位方便的区域	6 946
	扩大基础	栈桥和码头，低潮位时，扩大基础露出水面	433
	履带式起重机悬臂法	近岛段栈桥，打桩船无法作业的区域	210
	起重船整体吊装法	5 号栈桥导管架下部基础	198
DK70＋564.7～DK75＋737.65 段	钓鱼法	浅水区栈桥	1 516
	打桩船插打法＋锚桩施工	栈桥和码头	1 090.6

一、DK59＋415～DK70＋564.7 段

DK59＋415～DK70＋564.7 段分为元洪航道桥、鼓屿门航道桥、大小练岛航道桥三个单位工程，由中铁大桥局承建(FPZQ-3 标)。中铁大桥局根据栈桥钢管桩插打试桩成果，大部分钢管桩在强风化岩层的打入深度及单桩稳定可满足设计要求。因此，能满足打桩船施工要求的钢管桩均采用打桩船插打。联结系在工厂加工成整体，现场分榀吊装，同时根据栈桥结构形式和地质、水深情况，采用分段平行作业。上部结构也为分段平行作业，每段首先完成三跨贝雷梁和桥面板施工，形成起始段。起始段行成后履带式起重机上栈桥，并逐跨施工联结系及贝雷梁等结构，最终逐段合龙，将整个栈桥连成整体，如图 4-1-12 所示。

图 4-1-12　栈桥分段施工

浅(无)覆盖层区域：浅(无)覆盖层区域采用以贝雷梁、大桥Ⅰ号桁梁为主梁的栈桥。钢管桩施工方法有打桩船直接插打法、履带式起重机悬臂架设法及扩大基础法；联结系采用散件现场焊接型及整体套入型两种；上部结构采用起重船整体吊装或采用履带式起重机分榀吊装。

低潮位水深能满足大型船舶进入施工的区域采用打桩船直接插打钢管桩；现场相贯焊联结系采用现场焊接(低潮位时焊接下横杆)，套管联结系采用履带式起重机或起重船整体套入，压浆固结；上部结构采用起重船整体吊装或履带式起重机散件吊装或分榀吊装。

当钢管桩的入岩深度不满足设计要求时，应根据具体桩位、结构形式、水深、群桩的入岩情况等，进行针对性的检算。若根据具体情况，经检算，结构的强度、刚度及稳定性满足要求时，可不采取加固措施；否则，应根据实际情况，采取加强栈桥与支栈桥或平台的联结系、施工锚桩或锚杆等措施予以加强。锚桩采用冲击钻管桩内成孔，吊放钢管笼并浇筑混凝土。

近岛段栈桥及码头，采用扩大基础直接安装钢管桩，联结系现场焊接；上部结构整体吊装。1 号栈桥 A243～A237 号段以及 2 号栈桥 B005～B008 号段等近岛段，打桩船无法进行打桩作业，采用悬臂式导向架法施工。钢管桩采用履带式起重机吊装、导向架定位、振动锤振动插打到位；联结系在岸上钢结构加工场加工成型，现场整体吊装焊接；贝雷梁现场拼装；桥面板在岸上预制场预制，现场安装。

厚覆盖层区域：厚覆盖层区域采用以贝雷梁、大桥Ⅰ号梁为主梁的栈桥。此区段全部采用打桩船直接插打钢管桩法施工；厚覆盖层区域钢管桩均为斜打入桩，联结系为现场相贯焊；上部结构采用起重船整体吊装或用履带式起重机分榀吊装，分榀数量根据起重机起重能力确定。

施工工艺流程如图 4-1-13 所示。

1. 浅水区栈桥施工

(1)钢管桩施工

①扩大基础＋钢管桩

在近岛(岸)段栈桥，海床面基岩裸露在平均低潮位以上，具备陆地施工条件，采用扩大基础施工法，其示意如图 4-1-14 所示。施工主要步骤如下：

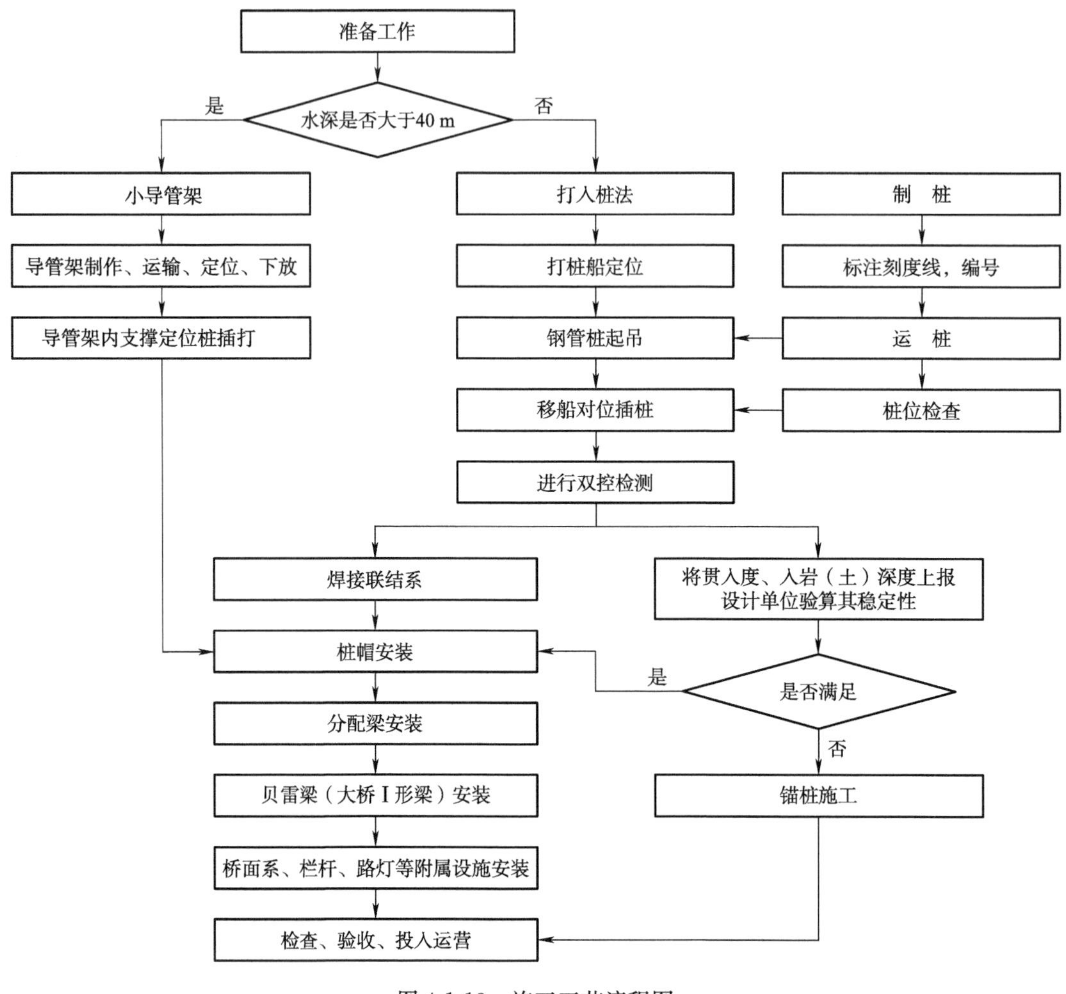

图 4-1-13　施工工艺流程图

a. 利用潮汐，低潮位钢管桩位置海床面在海面以上，立即施工此墩位扩大基础模板，绑扎钢筋及安装预埋件。

b. 低潮位现浇扩大基础混凝土，完成扩大基础施工。

c. 待混凝土达到设计强度，再等待低潮位，利用起重机将钢管桩与预埋件连接，完成栈桥钢管桩施工。

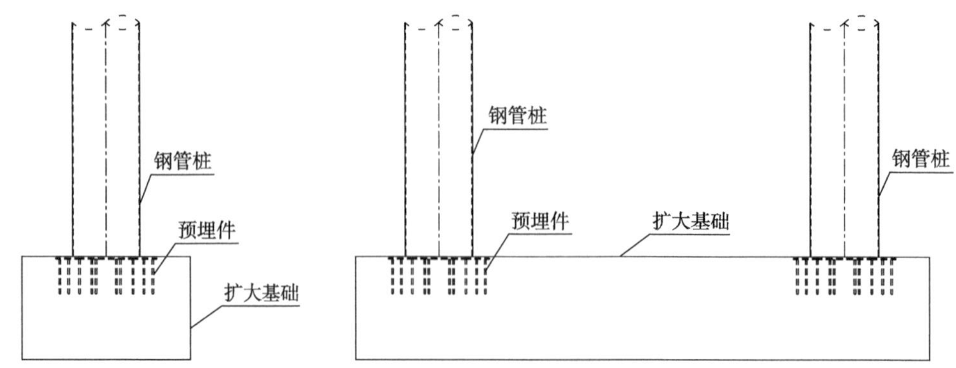

图 4-1-14　栈桥钢管桩扩大基础设置示意图

②打桩船直接插打

当低潮位水深满足打桩船作业时，采用打桩船直接插打钢管桩。打桩船施工主要施工步骤如下：

a. 打桩船抛锚定位。打桩船拖运至桩位作业地点，利用打桩船自带 GPS 系统进行粗定位，下插定位桩并抛锚，完成打桩船定位。

b. 钢管桩运输驳船就位。钢管桩通过运输驳船运至打桩船作业点，运输驳船驳靠打桩船并抛锚定位。

c. 吊装移位。桩架旋转至钢管桩运输驳船一侧，起吊所需插打钢管桩，利用 GPS 系统定位调整打桩船方位角，调整旋转车前后位置，稳定船体，如图 4-1-15 所示。

图 4-1-15　打桩船吊桩

d. 钢管桩姿态调整及定位。利用主副钩完成钢管桩水平至竖直空中转体，桩架抱桩器合龙抱住钢管桩，并提升钢管桩顶进入替打，通过 GPS 系统，调整桩架平面位置及旋转倾角，完成钢管桩精定位。

e. 沉桩。液压沉桩锤完成钢管桩插打，抱桩解除。

f. 停锤标准。钢管桩沉桩以贯入度指标控制为主，沉桩停锤标准见表 4-1-5。整个墩沉桩结束后，应及时利用 GPS 流动站对钢管桩平面偏位、桩顶高程等复测，并及时报验。另外沉桩后由于受水流、风浪、潮流等影响，沉桩完成后及时进行夹桩施工，将每个墩钢管桩连接成整体。

表 4-1-5　沉桩停锤标准

地质条件	管　　径(m)	锤击能量(kJ)	最后 20 cm 平均贯入度 e(mm)	处理方法
厚覆盖层区域	1.2	100	≤15	可停锤
	1.5	150	≤15	可停锤
浅(无)覆盖层区域	1.2	100	3～5	可停锤
	1.5～2.4	150	3～5	可停锤

③悬臂式导向架插打钢管桩

悬臂导向架法，是指利用履带式起重机，在上、下部结构已完成施工的栈桥桥面，悬臂拼装前跨栈桥梁部结构，并在前跨栈桥悬臂端设置导向架，利用履带式起重机吊装钢管桩沿着导向装置下放，待钢管桩自重下沉稳定后，履带式起重机吊装液压沉桩锤进行钢管桩插打，从而完成钢管桩定位插打施工，如图 4-1-16 和图 4-1-17 所示。

对于海床面低于平均低潮位且水深无法满足打桩船作业需求的浅滩区，采用悬臂式导向架插打钢管桩。

悬臂式导向架法施工步骤：悬臂拼装贝雷梁，安装整体式套管联结系导向架→导向架中插入钢管桩，利用液压振动锤插打→整体式套管联结系导向架与钢管桩可靠固结→安装桩帽→安装分配梁→安装贝雷梁→安装桥面板及桥面系→施工下一跨。钢管桩入岩(土)深度不满足设计要求时，需施工锚桩。悬臂式导向架法施工示意如图 4-1-18 所示。

④打桩注意事项、施工要点及问题处理方法

插打注意事项：

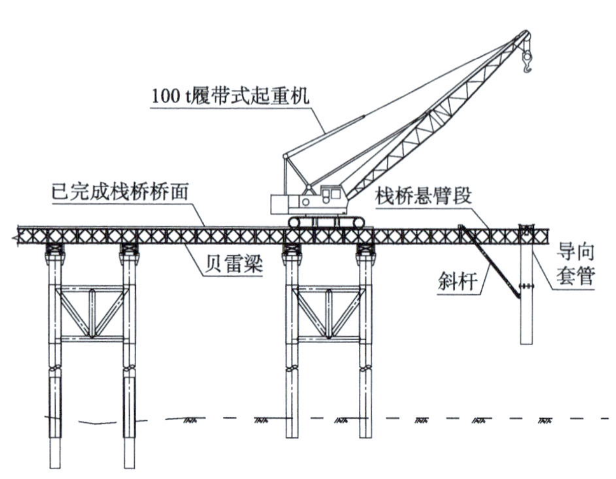

图 4-1-16 悬臂导向架设置示意图

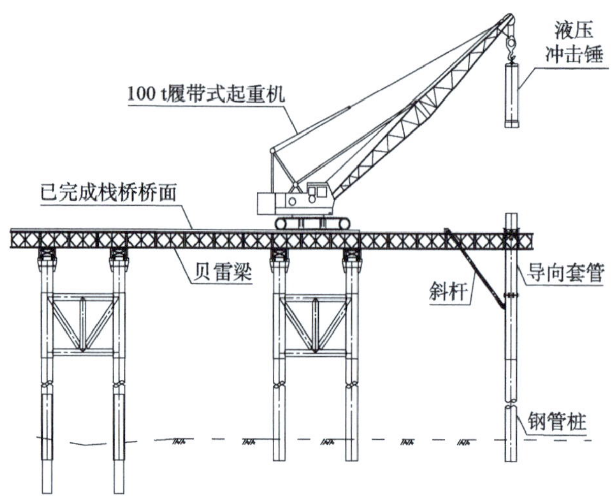

图 4-1-17 悬臂导向架钢管桩定位插打

图 4-1-18 悬臂式导向架法施工

a. 沉桩之前，冲击锤与桩头法兰盘或液压夹持器连接螺栓必须拧紧，不能有微小间隙与松动。检查桩位是否正确，桩的垂直度是否符合规定。

b. 钢管桩下沉过程中，应及时观测钢管桩的倾斜度，发现倾斜应及时采取措施调整，必要时应停止下沉，采取其他措施进行纠正。

钢管桩插打要点：

a. 在与桩头相接的桩顶 30 cm 范围内加 $\delta=8$ mm 钢板加劲以防桩头在锤击过程中破损。

b. 沉桩前，对桩架、桩锤、动力机械、电缆等主要设备部件进行检查，如有不妥处，立即改正处理及更换。

c. 按前项所述，桩已插于桩位并检查符合要求后，可将桩帽、桩锤轻落于桩顶。

d. 开锤前应检查桩锤、桩帽或送桩与桩的中轴线是否一致，如有偏差应改正。

e. 沉桩时，如遇到贯入度突然发生急剧变化、桩身突然发生倾斜和移位、桩不下沉桩锤有严重回弹等异常现象，应即刻停止锤击，查明原因，采取措施后才可继续施工。

f. 沉完一根桩后，应立即进行检查，确认桩身无问题后，再插打下一根桩。不得用移船方法纠正桩位；打桩船进退作业，应注意锚缆位置，防止缆绳绊桩。如桩顶被水淹没，应设置标志。

沉桩中出现的问题及其处理：

a. 桩贯入度突然减小，一般是桩由软土层进入风化岩，或遇到石块等障碍物。此时不可硬打以免桩身被打坏。

b. 桩身突然急剧下沉，有时随着发生倾斜和位移。一般是由于桩身屈服变形，应查明原因，再决定处理措施。对管桩的探测可采取以下两种方法：

圆桶探测：用薄钢板做成圆桶形状，吊入桩内探察管桩内壁的屈曲情况及破损处的标高；并可探测桩内水位及泥面的标高。

铁钩探测：用钢筋制成铁勾，吊入桩内轻轻的上下拉动及转动，可探测管内壁破损处。

c. 桩未发生急剧下沉，但发生倾斜或桩位移动，一般是岩面倾斜或软硬不均匀引起，可对其进行预偏调整。

d. 桩不下沉，桩身颤动，桩锤回跳。一般是桩尖遇到障碍物或桩身弯曲或接桩后自由长度过大引起的。可分析障碍物的位置和类别，采取偏移桩位、加装铁靴、射水配合等方法穿过或避开障碍物。桩身过长可加夹杠。桩身弯曲过大，须换接新桩。

e. 桩身转动。多产生于桩尖制造不对称或桩身有弯曲时，除加强检查外，一般可不处理。

f. 桩顶破损或桩顶开裂。其原因多种，如桩顶面与轴线不垂直，未安装桩帽或虽已安置桩帽但桩帽内无缓冲垫或缓冲垫使用过久失去效用，连接上下两节桩的轴线不在一条直线上，贯入度已很小，仍用重锤猛打等。将破损桩头全断面割除，重新安装桩帽。

⑤钢管桩插打控制标准

锤击沉桩控制应根据地质情况、设计承载力、锤型、桩型和桩长并通过试桩综合考虑确定。本工程以标高和贯入度双控。如桩底未达设计高程，而贯入度较小时，应会同有关部门研究确定处理办法。如桩底达设计高程而贯入度仍很大时，应继续锤击，同时应会同设计等有关单位共同研究确定处理措施。

沉桩后允许偏差符合下列规定：

a. 水上沉桩桩顶偏位应符合表 4-1-6 规定。

表 4-1-6 打桩船沉桩允许偏差

序号	检查项目	规定值或允许偏差	检验方法和频率
1	桩尖高程(mm)或 最后贯入度(mm/击)	符合设计要求	查沉桩记录
2	设计标高处桩顶平面位置	200 mm	用 GPS 定位
3	倾斜度	1/100	吊线用钢尺量或用测斜仪检查，抽查 10%，且不小于 10 根

b. 沉桩完成后应及时测定处于自由状态下的桩顶偏位，并记录。如偏位值较大应及时与设计单位联系。

c. 特殊地区的沉桩桩位允许偏差值，可会同有关单位研究确定。

d. 当桩底端高程不符合上述条件规定，影响桩的垂直承载力时，宜采用高应变动力试验法对单桩垂直承载力进行检测。采用动力试验法对桩进行检测时，应符合国家现行标准规定。

(2)联结系安装

同一墩位处钢管桩施工完成后，立即进行该墩钢管桩间联结系、桩顶分配梁施工。联结系又分为散件现场焊接型及整体套管型两种。

①现场焊接型联结系

先将钢管联结系单片制作为整体，在联结系横杆一头留有调节套管，然后吊装至现场，与钢管立柱现场相贯焊，从而减少了现场相贯焊的工作量。联结系钢管数控切割现场如图 4-1-19 所示，现场联结系施工如图 4-1-20 所示。

②整体套管联结系

套管联结系优点是能快速建立钢管联结系，变水上作业为陆上作业，现场焊接量少；缺点是难以适应插打偏位过大的钢管桩。可在工厂制作胎具，每打完 4 根钢管桩后，实测钢管桩间距，将数据反馈至加工厂，制作套管联结系，再整体运输、吊装至现场，灌浆固结。整体套管联结系如图 4-1-21 所示。

图 4-1-19 联结系钢管数控切割

图 4-1-20 现场联结系施工

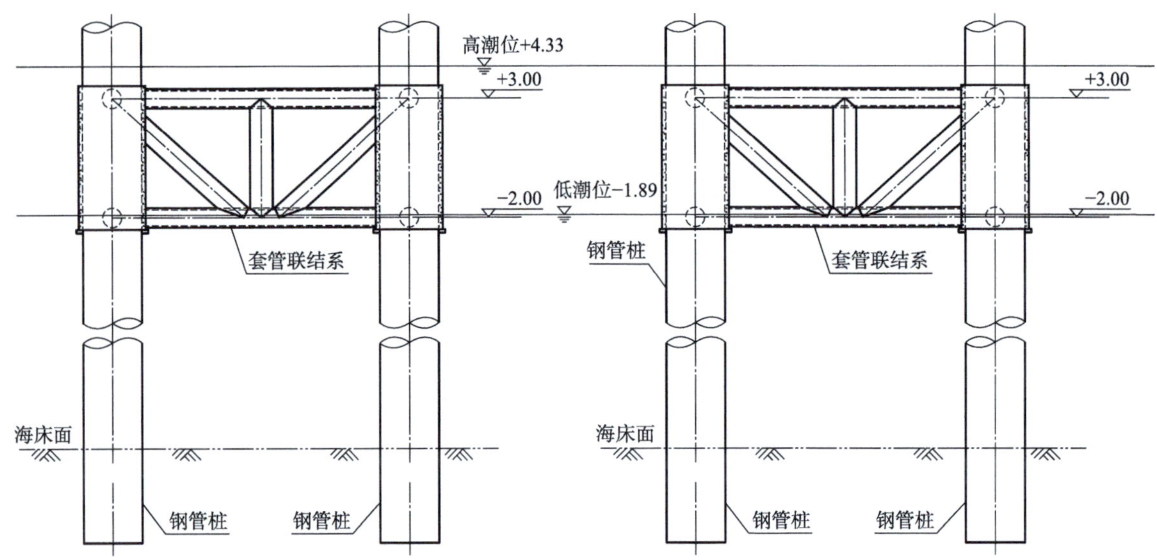

图 4-1-21 整体套管联结系(单位:m)

(3)分配梁安装

分配梁安装步骤:切除多余钢管桩→安装桩帽→履带式起重机或 400 t 起重船悬吊分配梁→纵、横梁焊接→检查验收。

分配梁安装如图 4-1-22 所示。

图 4-1-22 分配梁安装

(4)贝雷梁安装

贝雷梁的组拼：贝雷梁的组拼工作在后场完成，最终形成2榀或4榀一组的起吊单元件。

贝雷梁的架设：当跨度小于16.5 m时，栈桥承重结构为贝雷梁。贝雷梁及支撑架采用2榀或4榀一组，在栈桥已建成桥面上进行组拼或在驳船上组拼成整体，通过100 t履带式起重机吊装架设或通过起重船整体吊装，如图4-1-23和图4-1-24所示。

图4-1-23 履带式起重机分榀吊装

图4-1-24 起重船整体吊装

(5)锚桩施工

钢管桩插打完成后，及时整理汇总钢管桩插打贯入度及入岩(土)深度，上报设计单位，设计单位根据实际插打情况进行验算，确定是否施工锚桩。对于入岩(土)深度不能达到要求的钢管桩，为保证栈桥的整体稳定性及结构受力要求，应在栈桥形成工作面后，施工钢筋混凝土锚桩，如图4-1-25所示。

锚桩施工主要步骤：

①栈桥贝雷梁(大桥Ⅰ号桁梁)完成安装，形成施工平台后，安装冲击钻、配置泥浆循环系统。泥浆循环系统采用专门的泥浆船，设置制浆池、储浆池、沉浆池并用循环槽连接。

②冲击钻钻孔至设计标高。

③利用履带式起重机起吊锚桩钢筋笼，并安装到位。

④锚桩混凝土浇筑。

图4-1-25 锚桩施工

(6)桥面板及附属结构安装

①桥面板安装

单跨栈桥上部结构安装完成后在贝雷梁顶(大桥Ⅰ号桁梁)铺上10 mm厚的橡胶进行栈桥桥面系施工，用履带式起重机吊装混凝土桥面板，桥面板每块面板间设置10 mm的伸缩缝，用于防止因温度变化而引起的桥面翘曲起伏。待桥面板安装完成后，尽快组织焊接桥面板限位，并采用小钢板将桥面板两两焊接成整体，如图 4-1-26 所示。

②栈桥附属结构安装

栈桥桥面形成一段后可接着进行桥面附属结构的安装。附属结构包括水、电管路的槽架和桥面栏杆及照明、消防设施，架设限速标志。附属结构利用 25 t 汽车式起重机配合人工进行安装。栏杆安装如图 4-1-27 所示。

图 4-1-26　桥面板吊装

图 4-1-27　栏杆安装

2. 深水区栈桥施工

(1)钢管桩施工

导管架法施工步骤：导管架工厂整体加工→浮运或驳船托运至桥位→起吊下放导管架至海床面→导管架定位→导管架内插打定位桩→导管架与定位柱可靠固结→定位桩内施工锚桩→安装桩帽→安装分配梁→安装贝雷梁(大桥Ⅰ号梁)→安装桥面系→施工下一跨。

导管架的定位采用 4 个 100 t 混凝土重力锚，抛锚距离根据计算确定，锚链采用卷扬机结合钢丝绳，呈八字形交叉布置。导管架法施工如图 4-1-28 所示。

图 4-1-28　导管架法施工

打桩船直接插打法与浅水区相同。

(2)大桥Ⅰ号桁梁架设

当跨度大于 30 m 时，栈桥承重结构为大桥Ⅰ号桁梁。大桥Ⅰ号桁梁及其支撑架采用 2 榀或 4 榀一组连接成整体，通过驳船运输至栈桥施工位置。当采用 100 t 履带式起重机架设时，按每 2 榀一组起吊架设，架设方法与浅水区贝雷梁架设方法相同；当采用起重船架设时，按每 4 榀一组起吊架设，如图 4-1-29 和图 4-1-30 所示。

起重船整体架设步骤：

①在下部结构顶横梁上进行测量放样，定出大桥Ⅰ号桁梁准备架设的位置。

②将组拼完成的单元贝雷架(大桥Ⅰ号桁梁)装船并运至 400 t 吊船后面。

③贝雷(大桥Ⅰ号桁梁)4 榀一组，400 t 起重船(或 100 t 履带式起重机)首先安装一组贝雷片(大桥Ⅰ号桁梁)，准确就位后先牢固捆绑在横梁上，然后焊接限位器。

④继续安装另一组贝雷梁(大桥Ⅰ号桁梁)，同时与安装好的一组贝雷梁(大桥Ⅰ号桁梁)用支撑架进行连接。

⑤按此方法完成整跨贝雷梁(大桥Ⅰ号桁梁)的安装。

图 4-1-29　起重船整体吊装大桥Ⅰ号桁梁

图 4-1-30　履带式起重机吊装大桥Ⅰ号桁梁

(3)分配梁桥面板及附属结构安装

与浅水区施工方法相同。

3. 施工质量控制

(1)监控监测

栈桥所经区域地质结构复杂，海洋环境条件恶劣，台风、潮汛、龙卷风等灾害性天气时有发生；冲刷、沉降、风、潮、流等不确定因素都将对栈桥安全构成直接的影响。为了更好地校核栈桥的设计参数，由栈桥沉降观测小组根据栈桥观测方案，要求持续不断地对施工和运营中的栈桥进行观测。对栈桥观测的主要内容有冲刷观测、流速观测、风速观测和沉降观测。详细记录、及时整理原始资料，为栈桥的安全运营提供技术保障。其中冲刷观测、沉降观测在栈桥沿线设置的观测点进行。流速观测、风速观测即时从地方专业观测站获取。

①栈桥监测原则及相关要求

a. 观测点设置原则

栈桥变形观测以栈桥的沉降观测为主。无覆盖层区域选择 10％～30％钢管桩监测，厚覆盖层区域根据观测沉降量大小选取 30％～50％钢管桩进行沉降观测。

b. 钢管桩沉降观测

栈桥钢管桩观测标：选择 50 mm×50 mm 反射片，用胶水粘贴到距离钢管桩顶部 0.5 m 处钢管桩外侧，贴反射片方向要对准控制点所在方向。埋设完成后用徕卡 TM30 全站仪自带机载软件(多测回测角)测量反射片，并用徕卡变形监测分析系统进行沉降观测数据分析，得出每一个监测点变形曲线，来分析出钢管桩安全级别。

c. 桥面板沉降观测

待栈桥桥面板铺设完成后，把观测点转移到栈桥上部横梁上，用圆头钢筋焊接在横梁左右两头顶面。完成埋设后采用电子水准仪按二等水准测量进行沉降观测。

d. 冲刷观测

测深仪测量海床深度，与初始海床高程对比反算冲刷深度。

e. 观测频次要求

沉降观测频次见表4-1-7。

表4-1-7 栈桥观测频率

观测内容	观测频次	备　注
钢管桩观测标	1次/1周	全程
横梁观测标	1次/1周	第一、二个月
	1次/2周	第三个月
	1次/1月	第三个月以后
冲刷观测	1次/1周	第一个月
	1次/1月	第一年
	1次/6月	第一年以后

f. 观测数据结果要求

对栈桥结构进行定期观测，当小跨径栈桥相邻钢管桩桩顶不均匀沉降达到35 mm、大跨径栈桥相邻钢管桩桩顶不均匀沉降达到60 mm；栈桥桩平面偏位达到50 mm；冲刷量扣除设计局部冲刷深度后，钢管桩的局部冲刷深度超过其入土深度的20%时，应及时向项目经理汇报，由领导小组负责发出预警或处置措施。

②栈桥监测情况统计分析

测量组根据监测要求，按期完成外业观测，监测工作完成情况统计见表4-1-8，所测结果满足每月观测频次要求。

表4-1-8 作业区监测工作完成情况统计

监测部位	监测内容									备　注
	位移监测			沉降监测			栈桥冲刷观测			
	观测点数	本月观测频次	累计观测次数	观测点数	本月观测频次	累计观测次数	观测点数	本月观测频次	累计观测次数	
1(A)号栈桥	12	1	68	38	1	77	31	1	58	
1(A)号栈桥	22	1	61	22	1	53	102	1	53	
2(B)号栈桥	8	1	61	8	1	52	4	1	53	
3(C)号栈桥	2	1	34	2	1	58	25	1	53	
4(D)号栈桥	18	1	32	18	1	32	16	1	36	
5(E)号栈桥	8	1	32	8	1	32	5	1	36	

监测数据分析见表4-1-9。

表4-1-9 各作业区监测数据分析

项　目		浅水作业区		深水作业区		海上作业区
位移监测	监测段	A020～A028	A142～A149	A220～A230	B05～B08	D02～D06、D31～E05

续上表

项　　目			浅水作业区		深水作业区		海上作业区
位移监测	起讫里程		DK59+709～DK59+812	DK61+338～DK61+436	DK62+733～DK62+929	DK63+595～DK63+640	DK64+586～DK64+643、DK64+976～DK65+430
	观测点数		6 个	6 个	22 个	8 个	10 个、16 个
	观测周期		60 个月不等	60 个月不等	17 至 56 个月不等	66 个月	32 个月
	最大位移量点	里程位移	−6 mm	3 mm	−9 mm	+8 mm	−10 mm
		偏距位移	−2 mm	12 mm	+8 mm	−5 mm	6 mm
	最大累计位移量点	里程位移	7 mm	−6 mm	−10 mm	−15 mm	26 mm
		偏距位移	18 mm	−14 mm	−20 mm	+5 mm	36 mm
沉降监测	监测段		A020～A029	A141～A150	A220～A230	B05～B08	D02～D06、D31～E05
	起讫里程		DK59+709～DK59+832	DK631+338～DK61+446	DK62+733～DK62+929	DK63+595～DK63+640	DK64+586～DK64+643、DK64+976～DK65+430
	观测点数		20 个	20 个	22 个	8 个	10 个、16 个
	观测周期		64 个月不等	62 个月	17 至 68 个月不等	67 个月	32 个月
	最大单点沉降量点沉降量		16 mm	14 mm	8 mm	−7 mm	15 mm
	最大累计沉降量点累计沉降量		17 mm	−14 mm	17 mm	19 mm	+28 mm
	最大沉降速率点沉降速率		0.3 mm/d	0.2 mm/d	0.1 mm/d	0.1 mm/d	0.2 mm/d
栈桥冲刷观测	监测段		A020～A170 段		1(A)号栈桥冲刷观测段	2(B)号、3(C)号栈桥冲刷观测段	N04～Z03 号墩
	起讫里程		DK59+708～DK61+719		DK61+780.4～DK63+096	DK63+550～DK63+960	
	观测点数		31 个		102 个	29 个	21 个
	观测周期		56～60 个月		52 个月	51 个月	36 个月
	最大单点冲刷量		−0.45 m(A160)		−0.7 m	−0.5 m	−0.20 m
	最大累计冲刷量		−0.74 m(A090)		−1.9 m	−1.5 m	−2.05 m
	最大冲刷速率		0.01 m/d(A075)		−0.01 m/d	−0.01 m/d	−0.003 m/d

注:1. 浅水作业区栈桥冲刷观测以栈桥每 5 个墩位,观测左侧,共计 31 个观测点。

2. 深水作业区栈桥冲刷观测共分两段,由于此段海况复杂,水流湍急,为了确保栈桥安全运行,满足现场的施工要求,由原先 19 个监控点增加到 131 个,每个墩位一个观测点,在无施工平台的影响下同时进行栈桥同墩位左右两边的监控。

3. 海上作业区 N04～Z03 号墩栈桥冲刷观测大致 11 个墩位断面,分别布置在墩位大里程侧施工平台的左右两侧,共计 21 个观测点,能同时反应出栈桥与墩位处的海床冲刷情况。

观测结果表明:自 2015 年 3 月至 2019 年 9 月,栈桥沉降、位移及海床冲刷数据满足要求,此段时间内栈桥运行安全可控。

(2)维护管理

①栈桥维护

为设置栈桥维护组,安排专人巡视和养护栈桥的桥面系、贝雷梁及大桥Ⅰ号桁梁和钢管桩结构,发现栈桥的局部损坏,上报上级并及时维修加固。定期观测海床水位高程对栈桥的影响,及时清理栈桥墩顶桩所拦杂物;定期清扫保持桥面干净、整洁,积极做好施工栈桥抗风、浪、雨等防护措施,要保证各结构构件的防腐涂装满足使用要求;定期组织对栈桥进行全方位检查,以确保栈桥的使用安全。

②交通管制

为满足大桥建设的需要，确保栈桥运营过程中的安全和畅通，要有效地对栈桥进行交通管制。

100 t履带式起重机在双墩小跨上均可正吊 50 t和侧吊 20 t。其余位置吊重不大于 18 t，侧吊吊幅不超过 9.5 m。履带式起重机吊装作业区划分如图 4-1-31 所示。

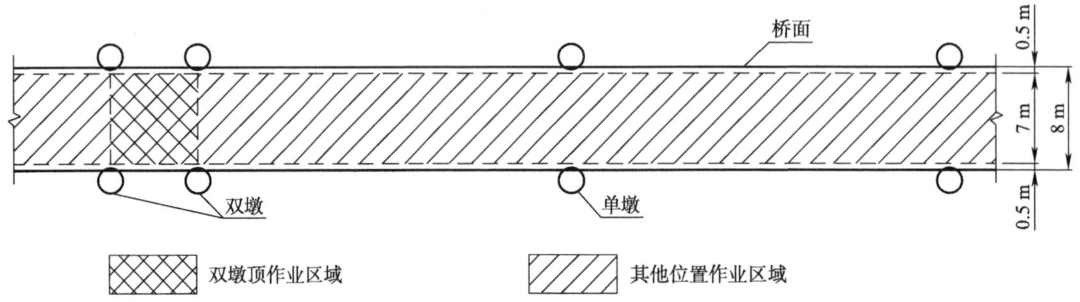

图 4-1-31 履带式起重机吊装作业区划分布置图

4. 栈桥拆除

对于栈桥而言，在钻孔平台拆除后，其横向稳定性将降低，在抵御台风、强冲刷及大风浪等恶劣环境上存在安全隐患。为消除栈桥存在的安全风险，根据栈桥"速建速拆、降低风险"的思想，在全桥施工全部完成后对栈桥进行快速拆除。

拆除施工按照栈桥安装施工的逆序进行，结合吊重、吊距和站位考虑，采用 400 t起重船与 130 t履带式起重机进行栈桥拆除。拆除施工应自上而下进行，按照附属及栏杆、混凝土桥面板、贝雷梁、分配梁、桩帽、钢管桩的顺序逐跨逐段进行拆除，并采取即拆即运的方式陆续将整个栈桥及平台拆除。上部结构拆除完成后，钢管桩采用 DZJ400、DZJ3400 振动打桩锤与 400 t起重船整体拔除吊移，并采用平板车与运输船倒运至存料场。在整个拆除过程中，各类材料应分类堆放，严格控制支撑点及堆码高度。导管架结构按设计分层分块进行分解拆除，上层高 20.42 m，下层平均高 25.0 m，先振动拔出套管内支撑桩，然后水下解除上下节栓接头，水下割断联结系，采用起重机拔除。

浅水区小跨度栈桥采用履带式起重机悬臂拆除法逐跨对栈桥进行拆除；深水区采用起重船整体拆除法整片拆除栈桥。

履带式起重机悬臂拆除法施工步骤：拆除栏杆→拆除桥面板→拆除贝雷片（大桥Ⅰ号）→拆除分配梁→拆除联结系→拔除钢管桩→后退至下一跨。

起重船整体拆除法施工步骤：砸除海床面以上锚桩→履带式起重机拆除整区段栏杆→履带式起重机拆除整区段桥面板→起重船整跨吊装拆除贝雷片（大桥Ⅰ号）→起重船拆除分配梁→起重船逐墩拆除联结系、钢管桩→拆除下一区段。

二、DK70＋564.7～DK75＋737.65 段

本段分为 D0～D23、D27～D31、B0～B58 三个单位工程，由中铁建大桥工程局承建（FPZQ-4 标）。

1. 浅水区栈桥

(1)栈桥构造

浅水区（大练岛侧）栈桥长 1 516 m，设于线路左侧，距承台中心线 28.65 m 处，纵向设计为平坡。栈桥按双向行车道设计，桥面宽 12.0 m/8.0 m，车辆在墩位施工平台处调头。B2～B5 施工独立平台之间栈桥和栈桥入口引桥处桥面设置为 12 m 宽（施工车辆在栈桥小里程尽头范围调头和满足进入栈桥车辆转弯），B5～B25 施工独立平台之间栈桥桥面设置为 8 m 宽，采用基本桥跨单元为 3 m＋5×12 m 一联的"321"型贝雷桁架的组合进行拉通形成栈桥与陆地连通，栈桥结构由钢管桩组成支撑体系，钢管桩之间采用联结系纵横连接，最终形成整体栈桥结构。

浅水区栈桥设计布置如图 4-1-32 所示。

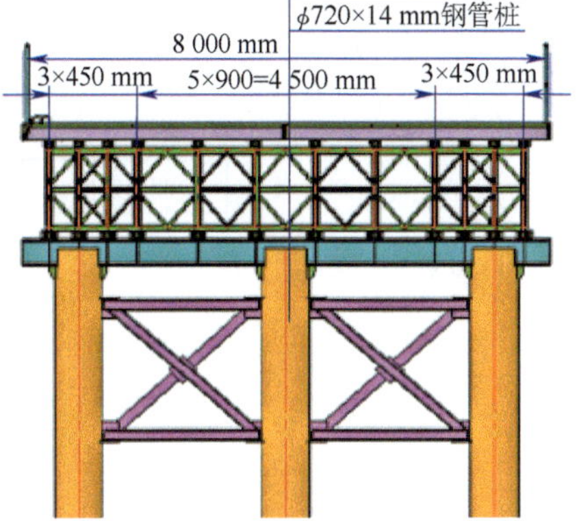

图 4-1-32 浅水区栈桥设计布置图

(2)栈桥施工

浅水区施工栈桥管桩采用钓鱼法施工工艺(图 4-1-33),沉桩采用 100 t 履带式起重机配永安 DJZ-90 振动锤。振动锤采用液压夹具,通过液压油缸的进油和回油实现迅速夹紧钢管和放松钢管。利用夹具夹住钢管桩,同时用履带式起重机通过备用钢丝绳吊住钢管桩顶。准备好后,履带式起重机通过振动锤及备用钢丝绳直接起吊钢管桩,在测量引导下调整钢管桩到测量标定的桩位后快速下钩,钢管桩靠自重入土稳定后,开启振动锤振动下沉钢管桩。后两排桩先起吊钢管下放通过临时支撑固定,再起吊振动锤振动下沉。振动时每次振动持续时间不宜超过 15 min,过长则振动锤易遭到破坏,太短则难以下沉。每根桩的下沉应一气呵成,不可中途停顿或有较长时间的间隔,以免桩周土恢复造成继续下沉困难。振动下沉过程中随时监控垂直度。

图 4-1-33 浅水区栈桥钓鱼法施工

振动锤沉桩施工工艺流程如图 4-1-34 所示。

2. 深水裸岩区栈桥

(1)栈桥构造

深水裸岩区(平潭岛侧)栈桥长 1 090.6 m,栈桥位于桥位左侧,栈桥中心至桥中心线距离 30 m,栈桥跨度最大 28 m,栈桥宽度主要为 8 m,在连通过程中主跨和陆地交界处为方便车辆通行有适当加宽。施工独立平台之间通过桁架和面板组合进行拉通形成栈桥与陆地连通,栈桥结构由钢管桩组成支撑体系,钢管桩之间采用联结系纵横连接,最终形成整体栈桥结构。设计 4 根钢管桩横向侧向布置均为 8 m,根据水深选用 ϕ1 800×22 mm、ϕ1 420×16 mm 直径钢管桩。施工栈桥采用钢管桩基础作为支撑体系,钢管桩之间采用 ϕ630×10 mm 连接成整体,桩顶设置双拼 HN900×300 mm 型钢作为横梁,横梁上布置新型组合杆件作为承重主梁,横向布置 12 片。横梁上布置新型组合杆件作为承重主梁,设计将新型组合杆件之间及底面增加支撑架进行加固相连,桥面板采用预制混凝土面板。

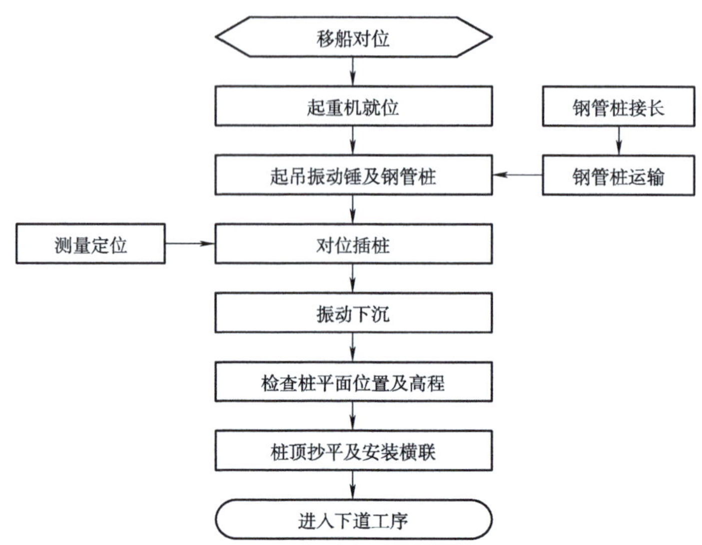

图 4-1-34　振动锤沉桩施工工艺流程图

平潭岛侧栈桥结构布置如图 4-1-35 所示。

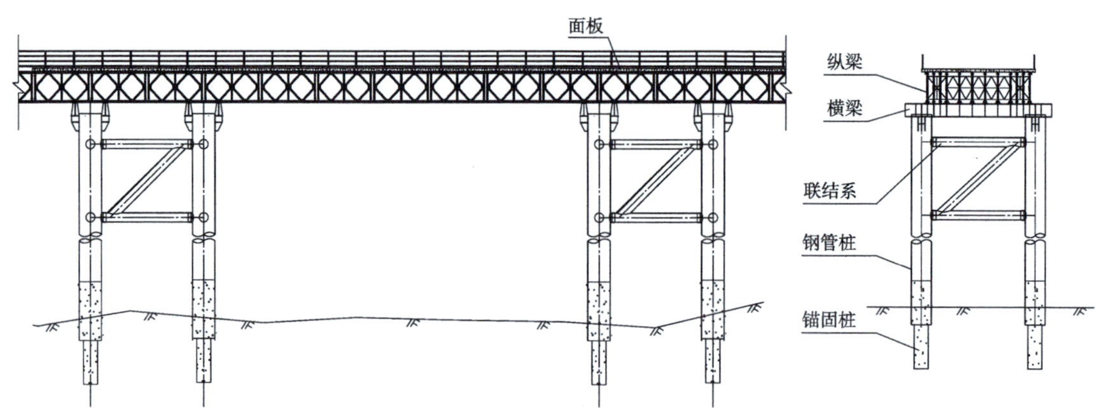

图 4-1-35　平潭岛侧栈桥结构布置(一孔)

(2)栈桥施工

根据时间窗口栈桥施工分两个阶段:第一阶段在非台风期施工,浅覆盖层钢管桩不能打入基岩,钢管桩只考虑竖向受力,满足基本受力;第二阶段为抵抗台风,在台风期前完成锚桩施工,栈桥整体稳定,结构安全可靠,可抵抗台风。采用打桩船直接插打(图 4-1-36)和采用锚桩施工方案。利用打桩船插打钢管桩进行栈桥建造,充分利用打桩船的定位精度高、施工速度快、无需对导管架进行拉锚等特点,快速建造施工栈桥。其施工工艺流程如图 4-1-37 所示。

图 4-1-36　深水裸岩区栈桥打桩船直接插打法施工

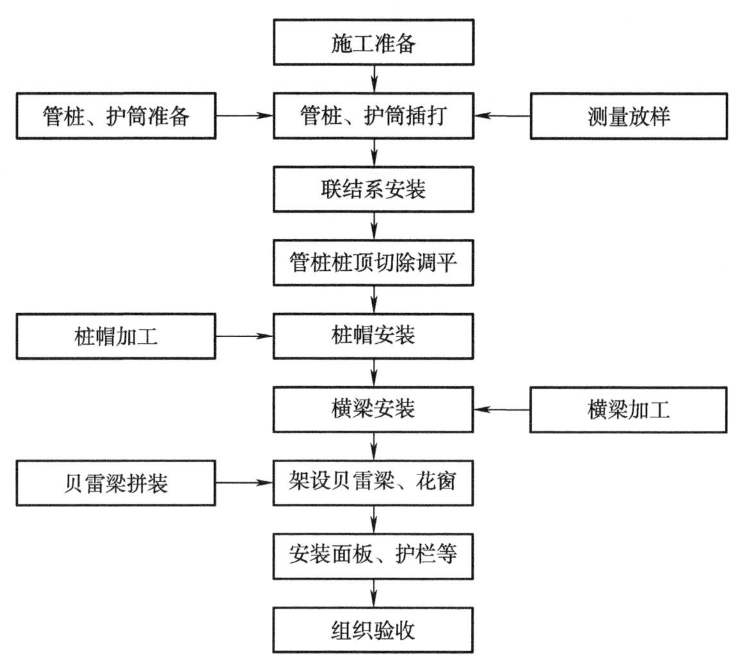

图 4-1-37 打桩船直接插打施工工艺流程图

第四节 平潭海峡公铁两用大桥施工平台

一、工艺流程及技术措施

鼓屿门航道桥 Z02 号和 Z03 号墩钻孔施工平台采用导管架施工平台，其余施工平台均采用钢管打入桩施工，按先下部结构后上部结构的顺序组织施工。

下部结构钢管桩采用打桩船插打，根据设计要求计算复核钢管桩入土(入岩)深度及平面位置偏差、垂直度。满足要求后，测量桩顶高程，焊接整体桩帽。N01、N02 及 N03 墩处于近岛段，无覆盖层，基岩多球形风化强度较大，且起伏变化较大。针对此部分入岩深度不足的钢管桩，采用打入桩＋锚桩的结构形式。联结系根据结构形式“Z”形、“K”形工厂加工成单根杆件或整体结构，采用“钓鱼法”逐孔吊装焊接。为克服钢管桩桩位偏差对联结系尺寸的影响，联结系单端设置伸缩套管。

上部结构分配梁、贝雷梁及混凝土桥面板利用已施工完的栈桥，采用“钓鱼法”逐孔向前安装。主墩钻孔区钢桁架采用起重船整体吊装架设，安装钢桥面板。安装平台附属结构，包括栏杆、水管、电缆及照明设施等。施工工艺流程如图 4-1-38 所示。

二、钢管打入桩平台施工

平潭桥管桩插打施工有海力 801、勇丰桩 2、海威 951、桩 18 共四艘打桩船，性能见表 4-3-10。其中海力 801 打桩船是目前国内最先进的多功能全旋转式起重打桩船，船型 80 m(长)×30 m(宽)×6 m(高)，吃水 2.8 m，采用 7×10 t 锚碇＋4 根定位桩。船上配备 S280 液压锤。4 根定位桩能在 18 m 以下水深自行站立，桩架可 360°旋转、外伸 13～17 m、上下升降 18 m，机械化、自动化程度远远高于国内其他打桩船，如图 4-1-39 所示。

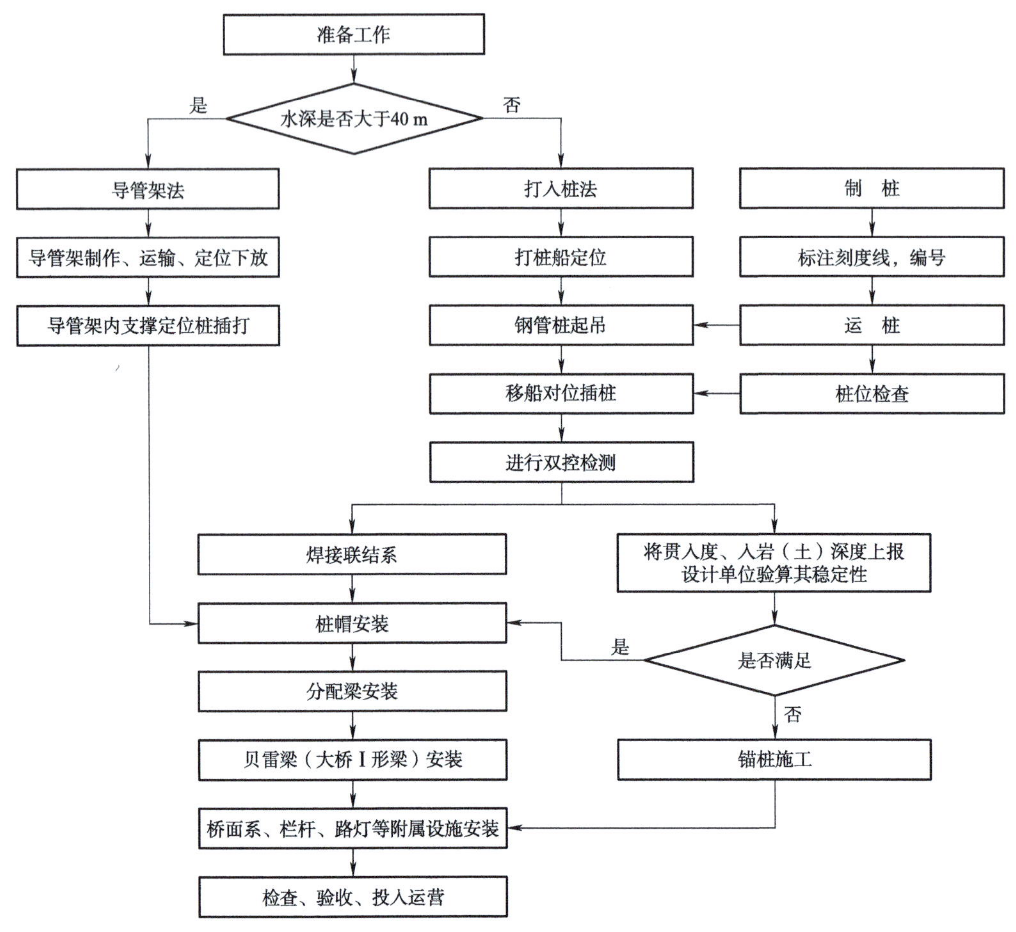

图 4-1-38 施工平台施工工艺流程图

表 4-1-10 打桩船性能

打桩船	船型(长×宽×高)(m)	吃水(m)	桩架高度(m)	锚碇系统	所配锤型	可打桩长度(m)
海力 801	80×30×6	2.8	86+18 旋转式	7×10 t 锚 4 根定位桩	S280 液压锤	80+水深
勇丰桩 2	55×25×4	2.4	80	海军锚	D138 柴油锤	70+水深
海威 951	74×27×74	3.2	95	海军锚+自救锚	D125 柴油锤	84+水深
桩 18	72×28×5.2	2.6	93.5	海军锚	D160 柴油锤	80+水深

图 4-1-39 海力 801 插打钢管桩

1. 打桩船抛锚定位

打桩船由拖轮拖到施工地点附近，根据打桩船上 GPS 定位系统显示数据进行粗定位，下插定位桩，用 50 t 抛锚船顶水抛锚，由于海力 801 是全旋转桩架，为减少移锚次数，打桩船两侧边锚抛出 400 m 左右，这样保证一个墩沉桩完成仅调整前锚和尾锚，每 2～3 个墩调整 1 次边锚，大大减少移锚作业时间。钢管桩用水上驳船运至沉桩现场，待打桩船锚抛好后，桩驳靠打桩船，并在其上系缆。

2. 吊桩

吊桩时，桩架旋转到运桩驳一侧，用 4 点起吊，进龙口采用桩头 2 点吊，吊装时考虑到桩驳平衡，吊装顺序为对称起吊。起吊时，主吊钩吊挂靠近桩顶的前 2 吊点，副吊钩吊其余 2 个吊点，主副吊钩同步上升，平稳起吊，使钢管桩脱离运桩船舶，桩吊起后，旋转到船首部，准备立桩。

3. 打桩船调整

在吊桩的同时，按照沉桩方案选定要沉的钢管桩编号，根据 GPS 定位系统显示的数据，用锚缆移动打桩船，先调整船体的方位角，使得船体纵向中心线尽可能地和所沉钢管桩方位角轴线在一条直线上，锁定左右位置。然后调整旋转车的前后位置，带紧锚缆并且插放定位桩，稳定船体。

4. 钢管桩定位

主吊钩上升，副吊钩下降，使钢管桩由水平姿态逐渐转成竖直状态，同时将桩架立直，桩入抱桩器，合龙抱桩器，提升主吊钩，使桩顶套进替打后逐个解去副吊钩。在操纵室通过观察 GPS 定位系统显示的桩架倾斜角度调整桩架倾斜度，使桩身倾斜率符合设计要求；再根据预先输入的单桩平面扭角（方位角）、平面坐标，依据船上专用的 GPS 定位系统显示的图形和数据，通过旋转桩架和变幅桩架的方法，使桩达到设计位置。沉桩测量定位所需的一系列技术参数包括基桩的坐标、方位角、倾斜度、桩顶高程等，以数字及图形的方式显示在计算机的屏幕上，为施工人员指挥打桩船调整船位、定位下桩及锤击沉桩施工，提供了清晰可靠的依据，沉桩施工的最后监测结果存储在电脑硬盘上，同时也可用打印机输出。

5. 沉桩

桩自沉稳桩，同时监测桩位的变化，若桩位变化超过允许的误差范围，应立即停止桩的下沉，将桩拔起，查明原因，重新定位。稳桩后压锤，待桩不再下沉后，查看桩位是否符合要求，若桩位变化超过允许的误差范围，立即停止桩的下沉，将桩拔起，查明原因，重新定位。桩在压锤稳定后，松开抱桩器，启动液压锤沉桩。锤击沉桩时，桩锤、替打、桩身应保持在同一轴线上，避免产生偏心锤击。在沉桩过程中，如出现贯入度异常、桩身突然下降、过大倾斜、移位等现象，立即停止沉桩，及时查明原因，采取如减小锤击能量、调整船舱压载水使桩架垂直等有效措施，必要时将桩拔起，重新定位。冲击锤开始插打钢管桩时应先轻打 2～3 锤，然后检查并调整钢管桩的平面位置偏差及倾斜度，再逐步增加打桩能量。桩插入时的垂直度偏差不得超过 0.5%。当钢管桩入土深度达到 2 m 左右后，方可连续沉桩。

根据本工程的实际地质情况，钻孔平台钢管桩插打以钢管桩入土深度及桩端承载力为控制依据。钢管桩下沉过程中，应随时观察其贯入度，若钢管桩未达到设计高程，且贯入度小于 5 cm/min 时禁止强振久振，避免因钢管底口卷边而无法采取进一步的加固措施。每次冲击时间应根据土质情况及振动能力的大小，通过实地试验决定，一般不宜超过 15 min。冲击时间过短则对土的结构未彻底破坏，冲击时间过长，则对冲击机的部分零件易于磨损。

6. 管桩插打预偏

受海流影响，因为本桥为东西向，而该处海流方向为南北向，海流使船体有南北方向的晃动，在打桩过程容易在偏距方向（南北向）出现偏差。实际插打前可根据涨落潮海流波浪方向进行预偏插打。

钢管桩沉桩以贯入度指标控制为主。沉桩结束后，应及时利用 GPS 流动站对钢管桩平面偏位、桩顶高程等复测，并及时报验。另外沉桩后由于受水流、风浪、潮流等影响，沉桩完成后及时进行夹桩施工，将每个墩钢管桩连接成整体。

7. 钢管桩入岩深度

施工前根据风浪及地质条件，平台设计时初步判定浅（无）覆盖层区段，管桩无法打入弱微风化岩，且单桩插打后，在形成群桩基础前，单桩稳定性不足，容易倾倒。开工后实际施工过程中，仅有个别桩出现倾倒情况。对《港口工程桩基规范》和《公路桥涵地基与基础设计规范》中桩基入岩深度的相关规定进行研究分析，认为规范规定的有效入岩深度虽然为进入弱风化岩的深度，但其规定是针对一般岩石而定的，其实质是要求岩石要具备一定的强度和完整性。本桥基岩为高强度岩石，强风化岩的饱和单轴抗压强度标准值达到 8 MPa，远远大于规范规定的 2 MPa 的要求，且完整性相对较好。现场选择了有代表性的钢桩进行了水平承载能力试验，证明桩端进入强风化岩后的锚固效果较好，能够达到固结的效果。据此，将进入强风化岩的深度规定为有效入岩深度。并按《港口工程桩基规范》和《公路桥涵地基与基础设计规范》计算单桩的锚固深度，取二者中的大值。若按单排桩或双排桩进行计算管桩的锚固深度，由于群桩竖向拉压力对抵抗倾覆弯矩有所贡献，群桩计算值比单桩计算值小 0.1～0.4 m，偏安全考虑，仍按单桩计算的锚固深度取。

为确定恶劣海洋环境下的钢管桩入岩深度，通过《港口工程桩基规范》和《公路桥涵地基与基础设计规范》分别计算整理（取最大值）需嵌岩的深度和现场进行对拉试验后，验证了单桩抗水平力能力较强，有足够的安全储备，据此给出 ϕ1.2 m、ϕ1.5 m、ϕ2.0 m 和 ϕ2.4 m 钢管桩的计算固结深度，见表 4-1-11。

表 4-1-11　钢管桩入岩深度

序　号	桩　径	海域水深(m)	入强风化岩深度(m)
1	ϕ1.2 m	13.5<水深≤18	≥2.7
2	ϕ1.5 m	18<水深≤23	≥3.5
3	ϕ2.0 m	23<水深≤29	≥4.2
4	ϕ2.4 m	29<水深≤35	≥5

(1)钢管桩水平稳定性试验

测量单桩在水平荷载作用下的水平位移，分析水平位移与荷载之间的关系，确定钢管桩入岩锚固深度；收集试验数据，分析实施过程中应注意的事项和问题，为施工提供指导性意见。参考栈桥 A237 管桩水平稳定性试验，单桩稳定性试验结果表明：钢管桩入岩 2.7 m 可视为固结，稳定性及横向位移满足要求。

(2)部分钢管桩入岩不足处理措施

当钢管桩的入岩深度不满足要求时，根据具体桩位、结构形式、水深、群桩的入岩情况等，进行针对性的检算。若根据具体的情况，经检算，结构的强度、刚度及稳定性满足要求时，可不采取加固措施；否则，应根据实际情况，采取加强平台与栈桥或临边平台的联结系、施工锚桩或锚杆等措施予以加强，其中锚桩是加固的最佳处理措施，但锚桩施工周期长、难度大，同时影响工作面开展，在保证结构安全前提下，尽量减少锚桩数量。具体提出了以下六类处理办法：

第一类：根据打入桩实际入岩情况建模计算，满足设计和使用要求，不需处理。

第二类：桩位处海床面抛石防冲刷处理，抛石厚度≥50 cm。

第三类：与邻近钢管桩进行连接，形成群桩整体受力。

第四类：对在整墩钢桩中部分入岩不足的钢管之间增设桩间联结系。

第五类：施工锚桩，按设计图中施工方法进行锚桩施工，并增设桩间联结系。

第六类：在桩侧补打钢管桩并施工锚桩，在锚桩与栈桥桩间设置联结系。

8. 钢管桩桩帽安装

桩帽在岸上加工车间制作完成后，通过平板车倒运至码头装船，运送至海上施工点位定位起重船（起重船开点），由起重船卸船至起重船夹板上，再利用起重船进行桩帽安装。桩帽施工前可以提前做好桩顶盖板，或预加工一批适宜数量的标准长度桩帽（1 m，含盖板高度）。管桩插打完成后及时进行竣工测量，根据已插打管桩竣工实测桩顶高程、里程、偏距、倾斜度与设计偏位差值数据，确定桩帽加工高度，管桩切割高度、桩帽倾角尽量优化互补切割管桩长度与安装桩帽长度，多余边角料可以用于桩帽安装加劲补强或其他加劲板、桩帽安装导向三角板、简易吊耳等，做到资源合理优化利用，桩帽对接导向如图 4-1-40 所示。

图 4-1-40 桩帽对接导向

在管桩与操作平台适宜位置焊接吊耳，施工操作平台通过导链结合钢丝绳吊挂于管桩吊耳上。管桩切割时，根据测放基准点采用水平管沿桩周切割水平面打八等分点，并利用长钢板尺以点画圆周线（采用软绳量测周长复核画线是否水平），并严格按照画线进行管桩切割（开好坡口）。复杂海况下管桩晃动较大，桩帽对接时设置简易导向约束。桩帽加工时、出场前、进场安装前做好验收（尺寸、涂装、焊缝及坡口质量等）。对接定位完成后进行加固焊接并涂装防腐（桩帽盖板除圆形外其他非中心对称形状的桩帽注意纵横方向的统一性，特别是上部为通长分配梁时）。待管桩与联结系形成相对整体后，再完成桩帽施工，确保焊缝质量。

9. 联结系安装

同一墩位处钢管桩施工完成后，立即进行该墩钢管桩间联结系、桩顶分配梁施工。联结系安装分为伸缩调节功能的整体桁片式联结系和整体套管联结系与散装单根联结系。

(1)具有伸缩调节功能的整体桁片式联结系

针对水深、浪高、涌急的复杂海域，为减少海上作业焊接工程量，提高有效作业时间内的工作效率，联结系在岸上焊接成整体，平联或斜杆端部设有活动套管。活动套管直径比联结系直径大约 30 mm，调节长度为 200 mm 左右，可适应一般钢桩插打中平面位置偏位及垂直度偏差带来的误差。联结系整体吊装到位后，先进行点焊固定，再根据潮位及风浪情况完成剩余焊接工作。在栈桥未连通平台之前，施工平台采用起重船作为临时施工作业平台，为实现快速形成作业面，平台首跨开设施工点位联结系采用具有伸缩调节功能的整体桁片式联结系。

(2)整体套管联结系

整体套管联结系优点是能快速建立钢管桩联结系，变水上作业为陆上作业，现场焊接量少。先在工厂制作胎具，每插打完 4 根钢管桩后，现场测量实测钢管桩间距，将数据反馈至加工厂，制作套管联结系，再整体运输至施工现场，整体起吊套入设计位置，并将其反挂于桩顶，然后将整体套管联结系底口封堵，然后在联结系与钢管桩之间的间隙进行压浆固结。缺点是应先对已插打的钢桩必须进行精确测量再进行加工制造，但该钢桩未焊接联结系前人员不方便达到，测量手段有限，本桥仅做了该试验。

(3)散装单根联结系

低潮位时联结系均位于水面以上，采用现场相贯焊焊接。散片式联结系上下横杆通过起重船或履带式起重机直接吊装与管桩焊接固定，中间斜杆联结系通过起吊设备吊装到位后采用导链悬挂于上横杆上，通过导链调整固定倾角达到设计要求。低潮位进行地层联结系安装，潮位不满足底层联结系施工时，安装上层或斜撑联结系，待管桩与联结系形成相对整体后，再完成桩帽施工，确保焊缝质量。联结系优先施工固定端相贯线焊接，再固定伸缩端套筒，最后两端同时焊接固定并做好防腐涂装。联结系三维模拟如图 4-1-41 所示。

联结系下料时除了考虑管桩偏位外，还需考虑管桩垂直度的影响，必要时通过三维实体模拟，保证套管与联结系搭接长度控制在 20 cm 左右，确认管桩之间联结系整体尺寸、角度及联结套筒伸缩值与相贯线。对联结系进行委托加工，并做好相贯线割除材料核销工作。联结系安装时注意设计高程，禁止潮位不

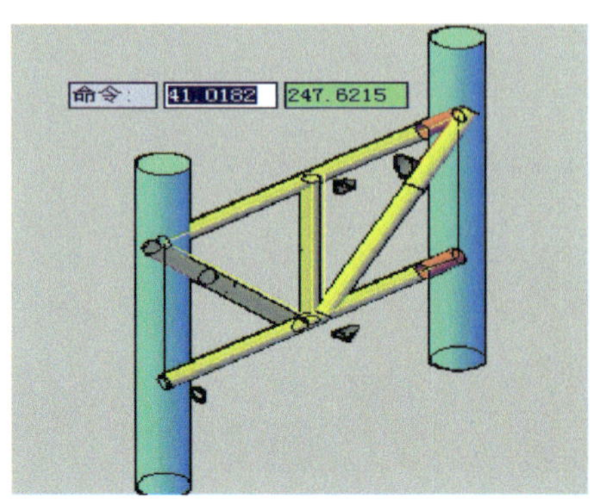

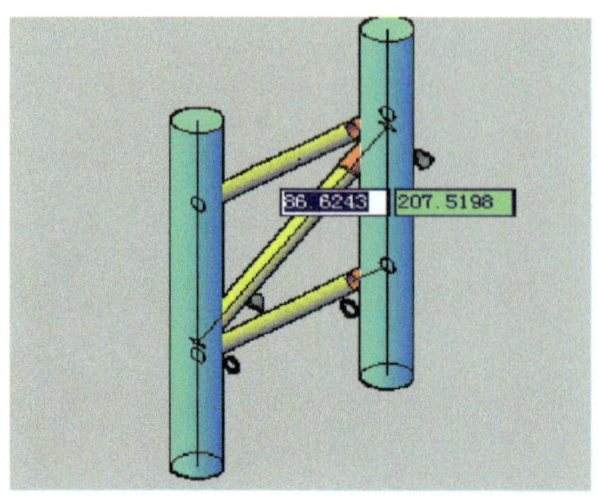

图 4-1-41 管桩偏位及联结系三维模拟

够赶工期而提高联结系高程从而增加有效作业时间，相邻联结系安装时注意节点的对称性，套管焊接固定时注意套管线形，保证传力路径符合设计要求。整片与散片联结系安装如图 4-1-42、图 4-1-43 所示。

图 4-1-42 整片联结系安装

图 4-1-43 散片单根联结系吊挂安装

10. 分配梁安装

平台分配梁为箱形结构，材质为 Q345B，顶板设有倒 T 形加劲肋。分配梁之间采用高强度螺栓群连接成整体。采用工厂分节段加工制作，运至墩位处后整节段吊装。

钢管桩桩顶精确测量放样分配梁位置，焊接侧向导向限位，复测桩顶高程。采用履带式起重机或 400 t 起重船悬吊分配梁至桩顶设计位置，安装就位后复测平面偏位，分配梁与桩顶焊接固定并焊接侧向限位加劲板。

分配梁施工前对桩帽进行测量放样，测量放样桩帽里程偏距中心线，并在桩帽盖板顶手动量测分配梁设计里程偏距中心线，并标识清晰。分配梁吊装落梁时参考标识线进行就位，就位后利用辅助导链或手摇千斤顶进行微调至复核设计要求，现场技术员验收合格后方可进行焊接固定，以确保上部贝雷梁受力明确。分配梁加工制作时安装起吊吊耳，严禁现场开孔吊装分配梁。尤其注意伸缩缝位置分配梁安装精度(伸缩方向)。分配梁安装标识定位如图 4-1-44 所示。

图 4-1-44 分配梁安装标识定位

11. 钢桁架安装

主墩施工平台钻孔区上部结构采用整体式平台桁架，平面尺寸约为 42.4 m×39.7 m，桁高 3 m，单个墩钻孔平台左右幅共设有 2 个整体平台桁架。桁架上层结构横桥向支撑与门式起重机轨道梁平行的桁架分配梁，顺桥向支承于主墩平台中间 B 区通道分配梁。桁架所有杆件之间均通过焊缝连成整体。单个桁架横桥向分为两块进行加工制造，分块墩位吊装到位后，再焊接中间连接杆件连成整体。

桁架下部支承结构为桁架分配梁及桁架支撑梁两部分。桁架分配梁为箱形结构，布置在平台桁架沿纵桥向端部位置。桁架吊装过程中在分配梁设计支撑点边线设置斜向钢导向辅助落梁就位，平台桁架吊装至桁架分配梁后，可在梁上安装千斤顶及反力座精调桁架水平位置。桁架支撑梁为外套梁＋伸缩梁结构，分为"十"字支撑梁和"一"字支撑梁两种规格（"一"字支撑梁适用于最内侧钢护筒，"十"字反之）。每插打完成一根钢护筒后，应立即安装桁架支撑梁，将平台桁架支撑于钢护筒上，桁架支撑安装完毕后方可进行下一根钢护筒吊装、插打作业。钻孔桩施工时，拆除本桩位处的桁架支撑，本桩位钻孔桩施工完成后再将桁架支撑重新安装就位，如图 4-1-45～图 4-1-47 所示。

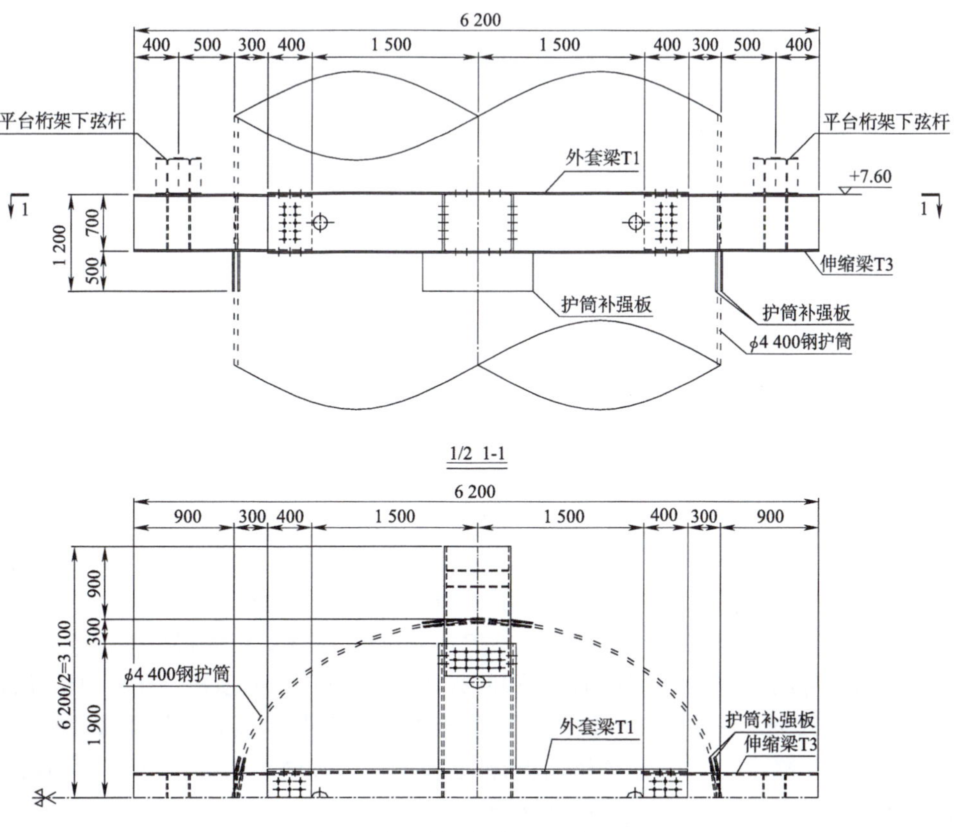

图 4-1-45 桁架支撑梁（单位：mm）

图 4-1-46　钢桁架吊装

图 4-1-47　主墩平台桁架

12. 贝雷梁安装

除平台开点位置外，为加快现场作业面的展开，贝雷梁采用起重船整体吊装。贝雷梁在后场按设计组拼成单组倒运至开点起重船上，在起重船上组拼成整体进行安装。整体吊装前在分配梁顶做好限位装置，选择较好作业窗口进行整体安装，确保贝雷梁安装符合设计要求。贝雷梁桩顶受力立杆下方下弦杆与分配梁接触处抄垫 10 mm 厚小钢板，明确贝雷立杆受力，防止分配梁边线处贝雷受力变形。整体贝雷梁落位后利用导链与千斤顶对其进行精确调位，符合设计要求后利用 U 形卡与分配梁焊接固定(焊接时严格按照设计位置与数量进行安装并不得烧伤贝雷梁)。其他非开点位置贝雷梁采用履带式起重机单组逐跨拼装，及时安装组与组之间连接支撑架，分配梁顶及时安装限位固定，伸缩缝处双向限位及连接支撑架严格按图施工，过程中逐跨进行验收。平台各通道转角及平台与栈桥交界连通处，施工过程中履带式起重机、罐车等机械转弯产生扭矩较大，该转角交界处桩顶贝雷梁长时间使用立杆斜杆易扭转变形，建议该处贝雷梁采用加强型贝雷梁或定期检查维修加固、更换。贝雷梁安装如图 4-1-48、图 4-1-49 所示。

图 4-1-48　整体贝雷梁安装

13. 桥面板安装

施工平台面板分为混凝土面板和钢面板两种，其中钻孔区采用钢面板，辅助平台区采用混凝土面板。

混凝土桥面板为 C30 钢筋混凝土桥面板，标准尺寸为 8 m×2 m×0.2 m，主墩还包括 6.6 m×2 m×0.2 m、4.5 m×2 m×0.2 m、8.25 m×2 m×0.2 m 几种非标准型混凝土桥面板。贝雷梁安装完成后在顶上铺 10 mm 厚橡胶，用履带式起重机吊装混凝土桥面板，桥面板每块面板间设置 10 mm 的伸缩缝(用于防止因温度变化而引起的桥面翘曲起伏)，待桥面板安装完成后，尽快组织焊接桥面板限位，面板顶面采用小钢板将桥面板两两焊接成整体，桥面板构造上预留有卸载孔，防止波浪顶托。在每块桥面板的底部两边和中间预埋件上焊接 12 cm 长的[10 型钢横向限位与贝雷梁上弦杆顶紧。贝雷梁上弦杆顶铺一层宽 25 cm、厚 10 mm 橡胶并绑扎固定，再放置桥面板，桥面板与主梁竖向不连接。初始段采用起重船铺设桥面板，达到履带式起重机作业条件后，整体吊装履带式起重机上平台，然后再利用履带式起重机调整铺设桥面板。桥面板安装如图 4-1-50 所示。

图 4-1-49　散片贝雷梁安装

图 4-1-50　桥面板安装

混凝土桥面板预制时注意模板刚度，保证面板纵横线形顺直；加强养护及预留孔周边裂纹密集现象的保证措施；包边角钢与钢筋骨架严格按图施工焊接牢固；面板顶边板栏杆安装预埋钢板与面板底限位固定钢板预埋深度及位置准确，出厂前凿出标识清楚。确保混凝土桥面板安装质量。平台与栈桥交界处及其他转弯区混凝土桥面板四边都需包边处理。

钢桥面板：在贝雷梁上测量放样，标识分配梁位置，铺设分配梁并焊接限位，然后敷设 10 mm 厚钢面板。

14. 栏杆及附属设施安装

栏杆按安全规范设置，栏杆立杆采用 16 号工字钢，外边焊接两个插旗孔，内径 3 cm，插旗孔钢管位置高程按图统一。栏杆立柱及踢脚油漆面漆为白色，底漆采用红丹防锈漆。涂装厚度需满足涂装规范要求。栏杆横杆采用 $\phi50\times3$ 和 $\phi75\times3$ 钢管，长度定尺为 6 m 每根，连接调直后与立柱进行电焊固定，每 6 m 焊接为一个标准节段。栏杆横杆油漆间距必须严格按照图纸尺寸进行涂装，涂装必须采用喷涂，且颜色必须鲜艳分明。红白相间 50 cm，油漆红白颜色交接位置须采取措施使其整齐一致。

施工平台桥面形成后，安装附属结构，包括水、电管路的槽架和桥面栏杆及照明、消防设施。附属结构利用 25 t 汽车式起重机配合人工进行安装。水管、泵管、电力管线等附属设施不设置在桥面板上，通过在平台一侧安装管道支撑架，将水管、泵管等管线布置于管道支撑架上。

15. 耐久性体系

考虑到海水是一种含有大量盐类的强电解质溶液，对海洋环境中的钢铁腐蚀极为严重，通过查阅大量资料和海上工程实践经验，对钢管桩的设计壁厚均预留腐蚀量，全浸区（高程－6.0 m）以上部分不小于 4 mm，全浸区及以下部分不小于 2 mm。同时对全浸区以上部分钢管桩外表面进行防腐涂装，涂层体系按《熔融结合环氧粉末涂料的防腐蚀涂装》（GB/T 18593—2010）第 3 类涂层类型，厚度按照（350±50）μm 控制；或按《公路桥梁钢结构防腐涂装技术条件》（JT/T 722—2008），涂层厚度按照（260±50）μm 控制。

钢管桩内表面采用灌满水后加盖密封的形式防腐。

对于贝雷梁及支撑架防腐涂装按《公路桥梁钢结构防腐涂装技术条件》(JT/T 722—2008)配套体系S03 涂装,涂层厚度按照 210 μm 控制。钢管桩联结系焊接部位以及油漆破损部位采用环氧富锌底漆 1 道 60 μm 厚和丙烯酸脂肪族聚氨酯面漆 2 道 70 μm 厚进行补漆。

16. 质量控制

施工平台施工过程中,对钢管桩、联结系、桩帽、分配梁及贝雷梁等逐步进行检查验收,确保施工质量,见表 4-1-12。

表 4-1-12 钻孔施工平台检查

序号	检查项目		检查关键点
1	钢管桩	加工	钢管桩材料规格、结构尺寸、焊接质量是否满足设计要求
2		沉桩	桩尖高程/最后贯入度、桩顶平面位置、倾斜度是否满足设计要求
3	联结系	加工	联结系杆件材料规格、结构尺寸、焊接质量是否满足设计要求
4		安装	联结系焊接质量、焊接位置是否满足设计要求
5	桩帽	加工	桩帽材料规格、结构尺寸、焊接质量是否满足设计要求
6		安装	桩帽焊接质量是否满足设计要求
7	分配梁	加工	分配梁材料规格、结构尺寸、焊接质量是否满足设计要求,是否进行声波检测
8		安装	分配梁与桩帽连接是否牢固,分配梁之间连接螺栓是否上满、拧紧
9	贝雷梁安装		贝雷梁销轴、保险销是否全部上满,支撑架布置是否满足设计要求,支撑架螺栓是否上满、拧紧,加强竖杆布置是否满足设计要求
10	轨道梁	加工	轨道梁材料规格、结构尺寸、焊接质量是否满足设计要求,是否进行超声波检测
11		安装	轨道梁与分配梁连接是否牢固,轨道梁之间连接螺栓是否上满、拧紧
12	钢轨		钢轨是否水平、顺直,连接处接头夹板螺栓是否上满、拧紧,压轨板安装是否满足设计要求
13	栏杆		平台四周栏杆设置是否满足设计要求

后期使用过程中,定期对施工平台贝雷梁、桥面板及联结系等进行检查,特别是台风前后应着重检查;对钢管桩冲刷及沉降进行监测,切实保证施工安全。主墩施工平台整体如图 4-1-51 所示。

图 4-1-51 主墩施工平台整体

三、导管架平台施工

针对水深达 45 m、岩层裸露且岩面倾斜、海况恶劣等施工条件下的鼓屿门航道桥 Z02 号、Z03 号墩钻孔平台,采用导管架法进行钻孔平台的搭设。

导管架在制造厂分榀加工制作完成后,采用大型起重船分组吊装运输至墩位就位,调整起重船位置完成导管架的粗定位，下放导管架，使导管架着床，检查导管架倾斜度，导管架稳定后利用起重船调整导管架顶面高程，下放定位角桩(支承桩)，启动吊挂系统，利用液压千斤顶静压支承桩入土(岩)；角桩入土(岩)基本稳定后利用吊挂系统吊挂导管架，起重船缓慢松钩，导管架重量转换至定位角桩上；导管架调平后插打其余支承桩，最后插打定位角桩，并将支承桩与导管架之间适时连接，完成单组导管架施工。相邻导管架按此方法施工完成后，将各组导管架间导向转换为联结系，待导管架平台全部成型后，在导管架套管顶口向套管与支承桩之间抛填级配碎石及细砂，提高导管架稳定性，最后完成钻孔平台下部结构施工。

导管架钻孔平台把大量海上现场焊接的工作转变成陆上工厂加工，成型后的导管架整体运输、吊装、沉放，大大缩短了吊装时间，同时也增加了结构的安全度。此外，支承桩在导管架套管中插打省去了单桩的测量定位时间，极大地提高了深海裸岩复杂海域条件下钻孔平台搭设的安全与质量。

1. 导管架平台施工工艺特点

(1)工厂化、机械化、标准化的作业方式，实现了整体加工、吊装运输、拼装，显著提高工效。

(2)导管架在工厂内采用水平分榀、竖向分层加工制作成整体，利用大型起重船吊装至墩位处定位、沉放。导管架提前在工厂内加工制作，减少了施工现场焊接工作量，保证了焊缝质量，增加了结构的安全性，节约大量工期。

(3)在套管中插打支承桩再进行钻孔平台上部结构施工，保证了支承桩定位精度，也节省了插打、测量定位的时间。

(4)深海裸岩复杂海域条件下采用导管架法搭设平台的方案施工方便，现场施工进度及安全质量控制均得到了保障，有缩短平台搭设时间、减少海上施工作业量、降低海上施工安全风险的优点，可为深海裸岩复杂海域条件下平台施工提供宝贵经验。

2. 导管架平台施工流程

导管架钻孔平台施工工艺流程如图 4-1-52 所示。

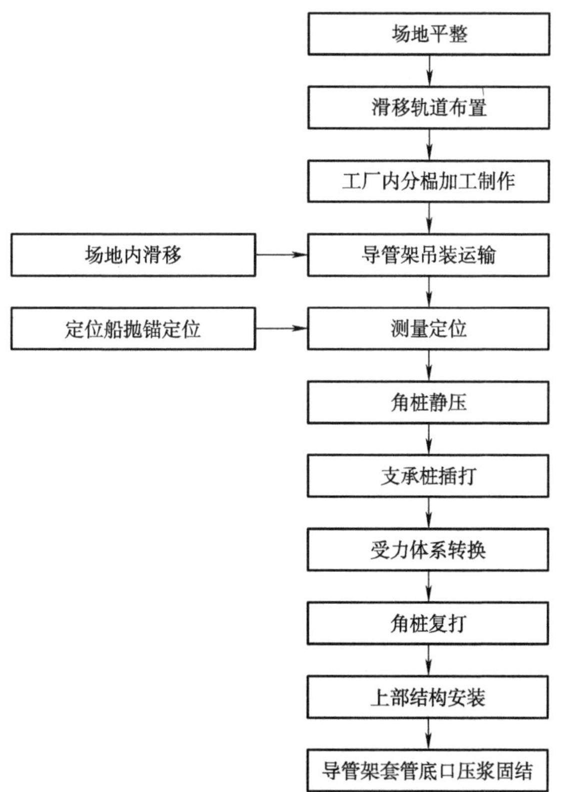

图 4-1-52　施工工艺流程

3. 场地布置

对码头进行场地布置和承载力试验，而后进行场地平整。场地满足施工要求后，根据加工场地布置图，测量放样，按照先加工区，后纵移轨道区，最后横移轨道区进行场地准备，纵移轨道区两侧设施工通道。导管架制作场地平面布置图如图 4-1-53 所示。

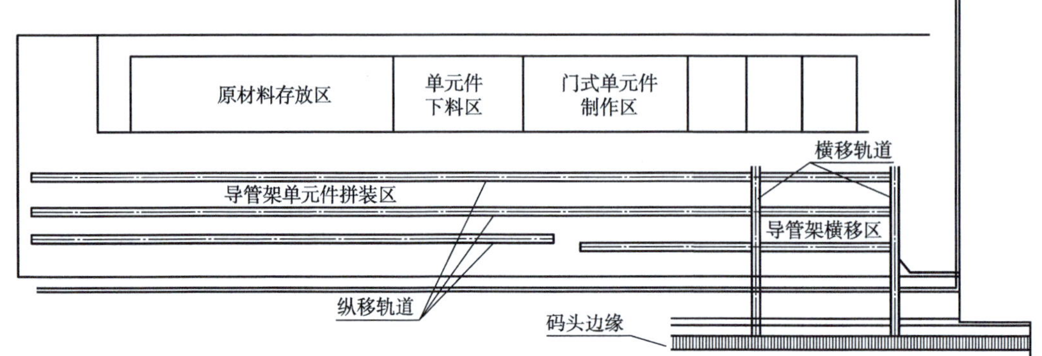

图 4-1-53　导管架制作场地平面布置图

4. 导管架在滑道上的布置

Z02 号墩及 Z03 号墩导管架，根据导管架施工顺序，导管架在滑道上根据出海先后顺序安排及在场地内依次加工：Z03 号墩导管架 A→Z03 号墩导管架 C→Z03 号墩导管架 BD→Z02 号墩导管架 B→Z02 号墩导管架 A。场地内布置如图 4-1-54 所示。

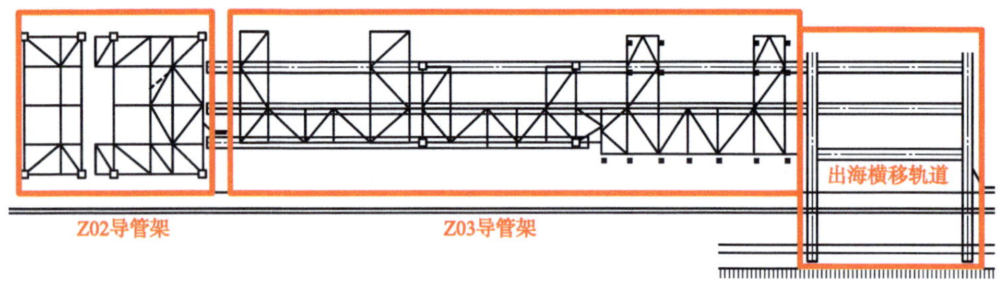

图 4-1-54　导管架拼装平面布置图

5. 单元件制作

导管架先在加工区加工成门式单元件，然后拼装成整体，导管架均分上下 2 层进行组拼，底层拼装完成后，再拼装上层。导管架制作时每根套管均按照统一长度设置，出海前根据设计值进行切割或接长至设计长度，设计长度根据地质钻勘及海床面高程测定资料确定。两层导管架钢管桩采用焊接连接。

平面单元件制作完成后，通过两台履带式起重机分别吊着两片单元件放在两条滑道上，用螺旋管连接两个单元件形成临时的门式结构，固定后在两片单元件间焊接联结系形成稳定的门式结构。然后依靠这个稳定的门式结构继续向前推进拼装其他节段。

底节导管架安装完成后进行顶节管桩对接，在套管顶口处焊接导向板，履带式起重机吊起顶节管桩通过导向板与底节对接、焊接。顶部拉揽风定位固定，做好安全措施。最顶端采用定位仪来精确定位导管架的垂直度和位置，确定位置后先焊接 1 根联结系用于固定管桩位置，然后依次焊接其余联结系，如图 4-1-55、图 4-1-56 所示。

6. 导管架制造标准

由于导管架设计和制造采取模块化，为保证导管架单元组件之间，在海上定位沉放组拼精度，需对导管架加工制造精度进行严格控制，导管架单元顶口纵横向平面位置允许偏差±500 mm，垂直度偏差不大于 0.5%，导管架制造偏差见表 4-1-13。

图 4-1-55　导管架单元加工示意图

图 4-1-56　导管架立面布置图

表 4-1-13　导管架制造允许偏差

序号	项目	允许偏差	说明
1	钢管外周长	±5%周长，且不大于 10 mm	测量外周长
2	钢管椭圆度	±0.2%直径，且不大于 5 mm	两端互相垂直的直径之差
3	管端平整度	2 mm	
4	管端平面倾斜	小于 0.5%，并不大于 4 mm	
5	管壁厚度	符合 GB/T 709—2006 中的 B 类	
6	钢管长度偏差	±50 mm	
7	钢管纵轴线的弯曲矢高	不大于钢管长度的 1/1 500，并不大于 30 mm	
8	钢管接头错台	t/10，且不大于 3 mm	t 为管壁厚度
9	导管架钢管中心平面位置偏差	5 mm	
10	导管架匹配面内钢管端面高差	$\delta \leqslant 50$ mm	δ
11	上、下法兰盘间缝隙	3 mm	

注：表中第 9、10 项为每组导管架单元中导管加工时的位置允许误差。

7. 导管架其余辅助设施制作安装

(1)导管底口和支承桩间缝隙填充保证装置

按设计图纸要求，导管架角桩套管采用外径 1 712 mm、壁厚 18 mm 钢管，其余套管采用外径 1 700 mm、壁厚 12 mm 钢管，支承桩采用外径 1 500 mm、壁厚 18 mm 开口钢管桩。在导管架套管与支承桩间存在 8.8 cm 缝隙。支承桩施打完成后该缝隙须填充级配碎石及细砂，填充高度 7 m，使导管架底口与支承桩间形成固结，确保支承桩与导管架体系整体受力。为保证底口缝隙填充的有效性，导管架制作时需在制造厂制作底口封堵装置。

底口封堵结构为两块钢板固定中间橡胶密封垫而成，如图 4-1-57 所示。制作时先安装焊接下层夹板，完成后通过螺栓将橡胶密封圈、石棉网固定，上层夹板通过 M8 螺栓固定并将上层夹板与管桩焊接固定。

为能充分发挥级配碎石和细砂填充的固结效果，在缝隙填充级配碎石的基础上保留压浆设施，当填充级配碎石不能满足设计要求的固结效果时，须进行导管架底口压浆固结。制作时在导管架套管外部安装 ϕ60×3.5 mm 的压浆管，压浆管底口用弯管引至导管架套管内，布置于底口封堵装置上部，压浆管顶口与导管架套管顶口平齐，并用封堵阀封堵管口。压浆设施如图 4-1-58 所示。

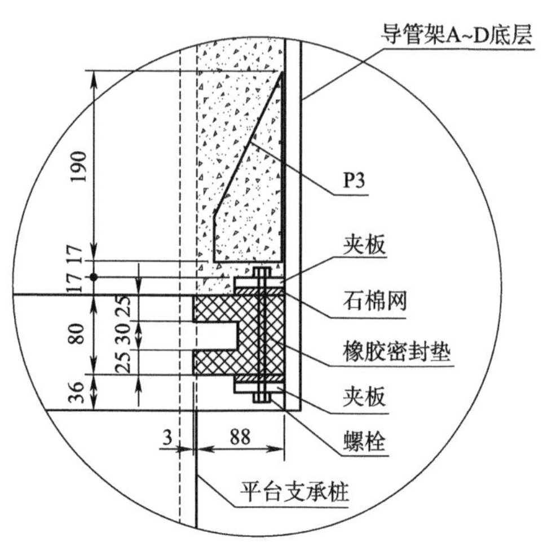

图 4-1-57 底口封堵装置示意图(单位:mm)

(2)作业平台

导管架单元件上均需安装上下两层临时操作平台，以便操作人员进行锁口对接操作、拉缆操作以及吊具安装操作。上层平台用于吊具安装、角桩和支承桩插打以及导管架锁口对接时的操作平台，如图 4-1-59 所示。

下层平台用于导管架锁口对接，以及导管架运输和对位时下层拉缆绳操作平台，如图 4-1-60 所示。

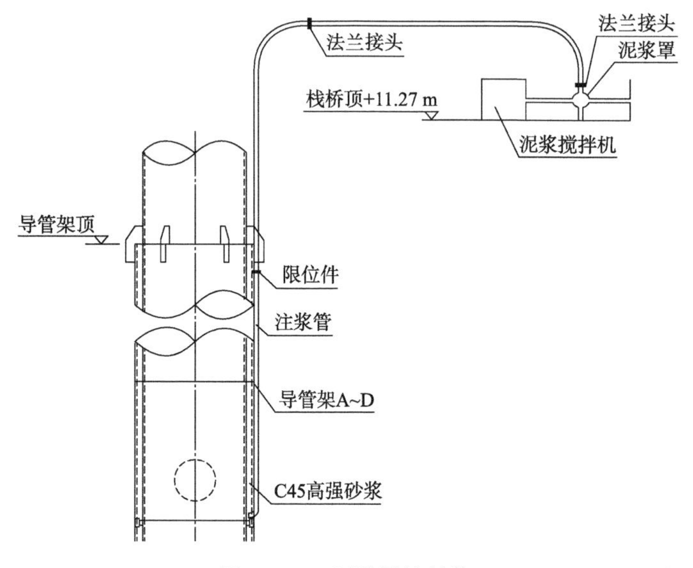

图 4-1-58 压浆设施结构

8. 滑移

所有导管架先纵移至横移轨道位置，再横移至出海位置。

(1)滑移轨道布置

Z02 号墩导管架采用 2 条轨道，直接纵移至海边。Z03 号墩导管架采用 3 条纵移轨道，2 条横移轨道滑移至海边。

每条轨道的结构形式均相同，轨道梁采用 2HN800×300 mm 型钢，中间留 10 cm 缝隙，在缝隙内间隔 1 m 焊接 1 块 10 cm×20 cm 钢板作为顶推反力座，组合制成；轨道下铺枕木，间距 50 cm；枕木下铺 50 cm 厚碎石层，如图 4-1-61 所示。

(2)滑块的布置

滑块与轨道接触位置均采用四氟板(或者 MGE 板)，其上为“4 mm 不锈钢板＋一个底座”，具体结构如图 4-1-62 所示。

纵移滑块的设计有两种，一种为单独一根套管下设置一个独立滑块；一种为两根套管下各设置一块滑块，采用 2HM390×300 mm 型钢将 2 块滑块连接成一个整体。横移滑块结构如图 4-1-63 所示。

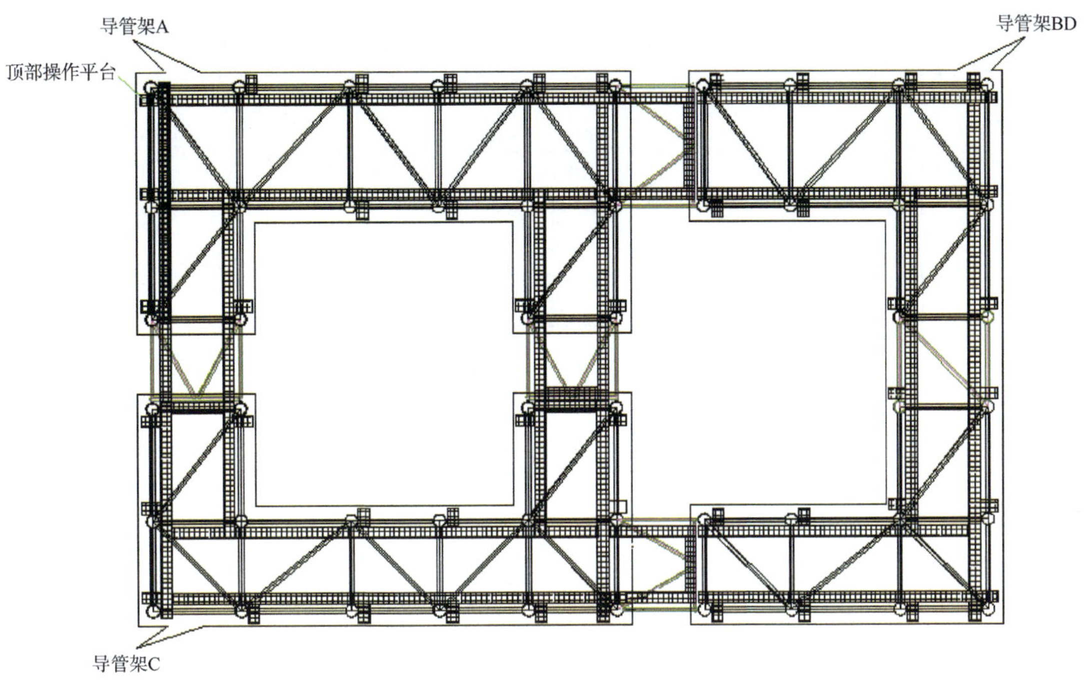

图 4-1-59 顶层操作平台示意图

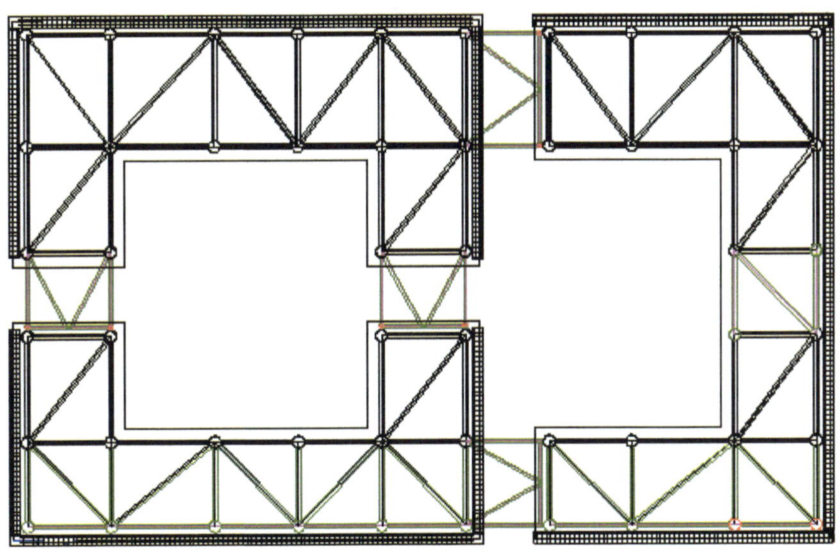

图 4-1-60 底层操作平台示意图

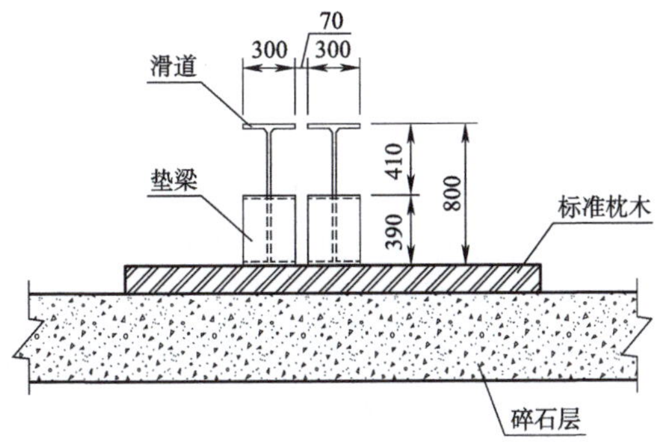

图 4-1-61 滑移轨道布置图(单位:mm)

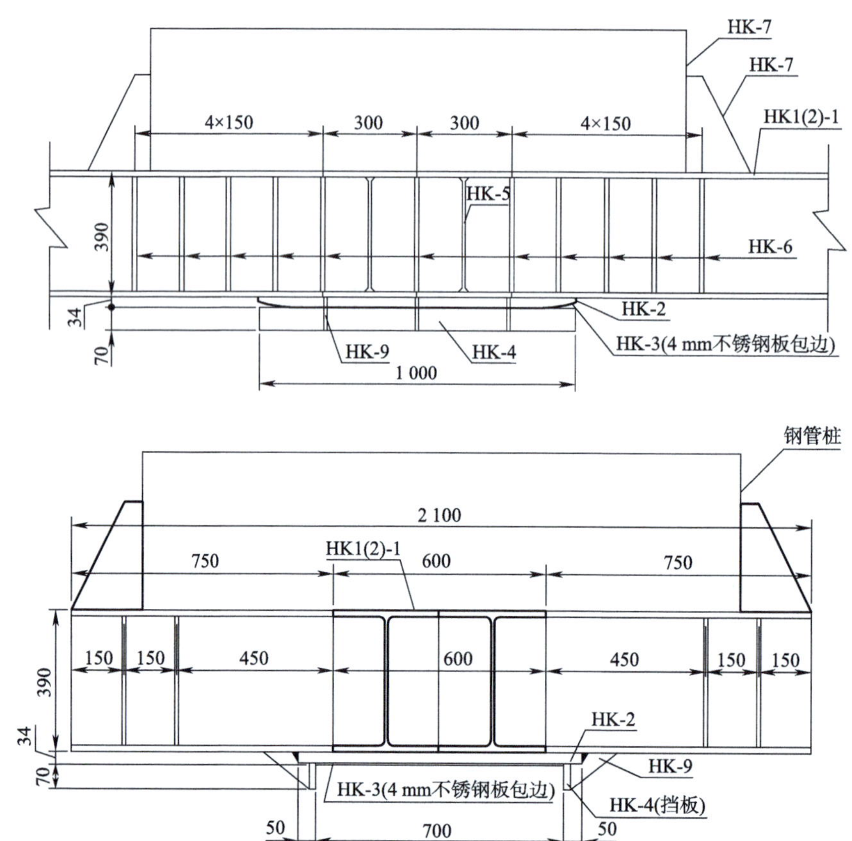

图 4-1-62 滑块结构图(单位:mm)

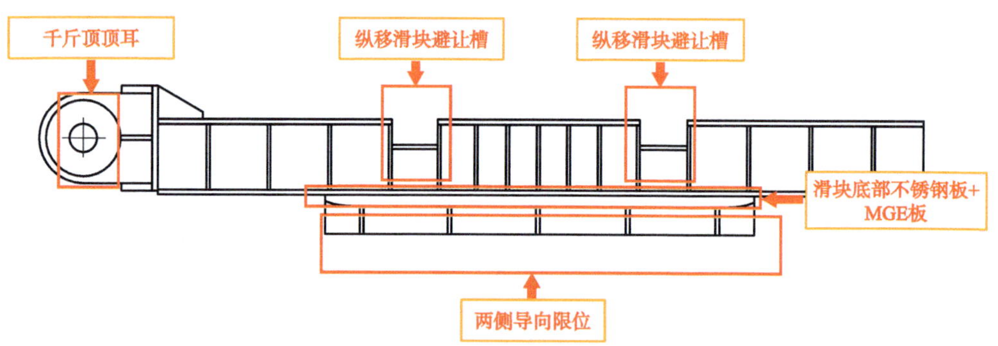

图 4-1-63 横移滑块结构图

导管架滑移时通过轨道两侧导向对导管架滑移进行限位,达到滑移防偏作用,其结构如图 4-1-64 所示。

(3)滑移顶推

顶座 2 底部有开孔,通过卡板与滑道中间的钢板起到限位的作用,当走行千斤顶顶升,导管架滑移 1 m 后,油泵回油,抽出顶座 2 的卡板,油泵继续回油千斤顶回缩带着顶座 2 往前走,再插下卡板继续顶推导管架前进。

一套滑移顶推系统采用 2 个顶座和 1 个 75 t 长千斤顶构成,顶座 1 在导管架制作前,安装在导管架钢管桩与轨道梁之间的滑块上,顶座 2 在顶推前安装完成,其加工均在制造厂加工完成,如图 4-1-65 所示。

(4)纵移

导管架纵移顶推系统根据导管架单元件重量,结合轨道布置进行设置,如图 4-1-66 所示。

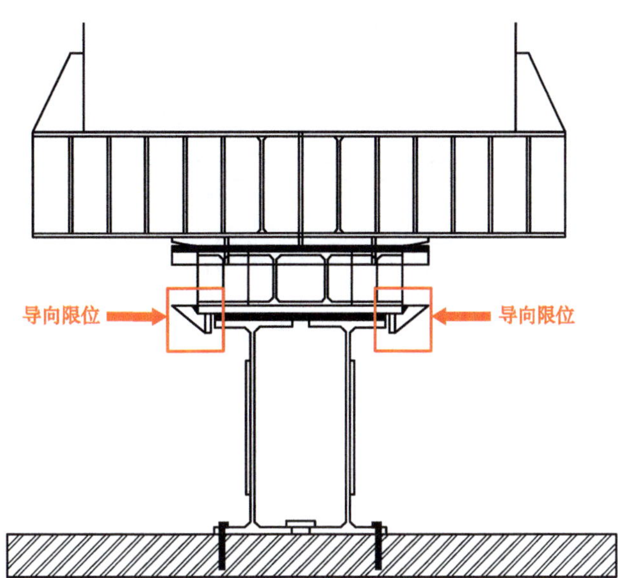

图 4-1-64　导向限位结构图

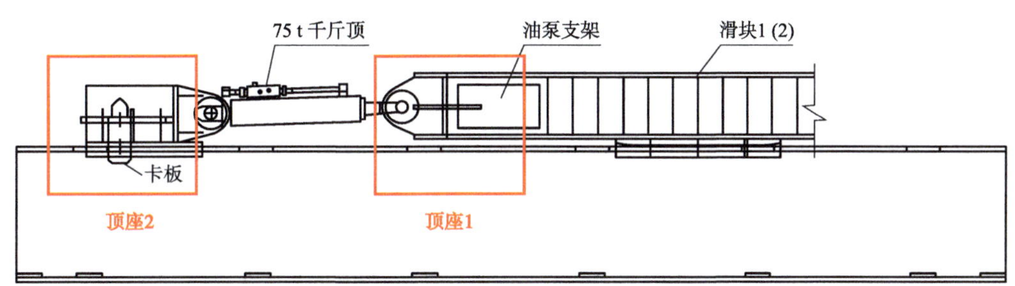

图 4-1-65　滑移顶推系统结构图

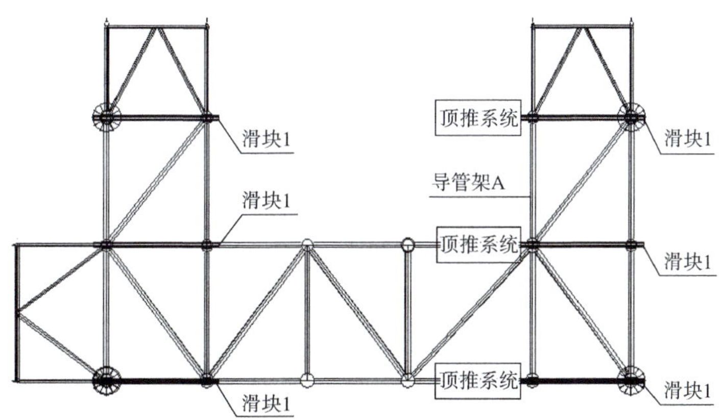

图 4-1-66　纵移顶推系统布置图

在导管架正式滑移前，需对顶推系统进行预顶操作，以校核各千斤顶在顶推时的油表读数来控制顶推过程的同步性。为了控制顶推导管架的同步性，在滑移轨道上必须设置控制刻度，宜采用 10 cm 一个刻度进行标注。正式滑移时由专人进行监控记录各顶读数以及滑移距离，直至滑移至设计纵移位置。

(5)横移

横移轨道的结构与导管架纵移轨道结构基本相似，其区别主要在两个方面，其一横移轨道与纵移轨道交接处的布置，其二横移轨道整体比纵移轨道低 254 mm，如图 4-1-67 所示。

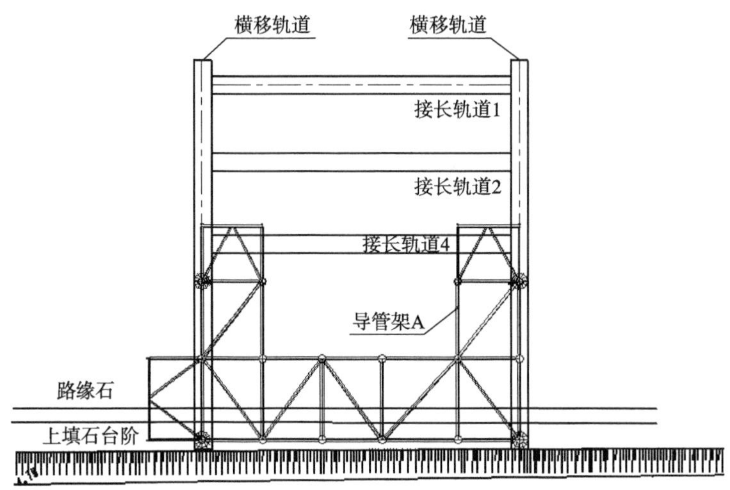

图 4-1-67　横移轨道平面图

Z03 号墩导管架横移设置 4 套顶推系统。横移顶推系统和纵移系统相同，在纵移到位后，将千斤顶和顶座 2 拆移至横移轨道上进行横移。

横移的原理：导管架纵移滑块滑移至横移滑块上，顶推横移滑块，使横移滑块带动纵移滑块一起进行横移，如图 4-1-68、图 4-1-69 所示。

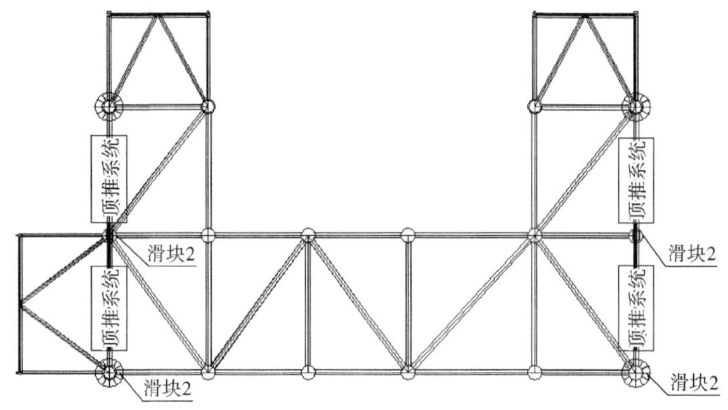

图 4-1-68　横移顶推系统布置图

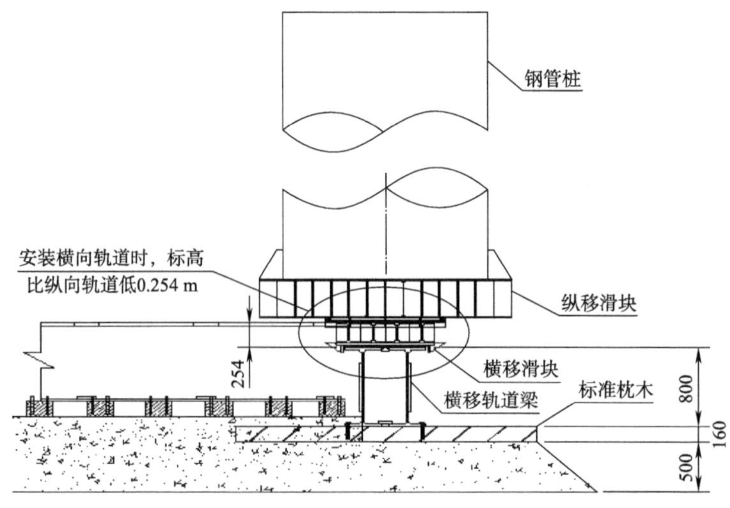

图 4-1-69　纵、横移转换部位布置图(单位：mm)

横移顶推过程与纵移顶推过程相同，横移前在横移轨道前端焊接限位件，控制横移位置。

9. 吊装及运输

(1)导管架吊装施工步骤

步骤一：支承角桩、吊具安装，如图 4-1-70 所示。

①导管架 A 拼装完成后，沿轨道滑移至鑫海码头前沿。

②现场实测水深情况，确定起重船站位区域，秦航工 1 号 2 000 t 起重船码头抛锚就位。

③利用 2 000 t 起重船安插支承角桩(可采用副钩抬吊以增加吊高)，支承角桩分节长度根据起重船站位情况调整。

④安装吊挂系统，完成千斤顶、液压站调试工作，减少墩位操作工序。

⑤利用 2 000 t 起重船安装导管架吊具，安装稳索。

⑥检查验收吊具安装工作，准备导管架起吊。

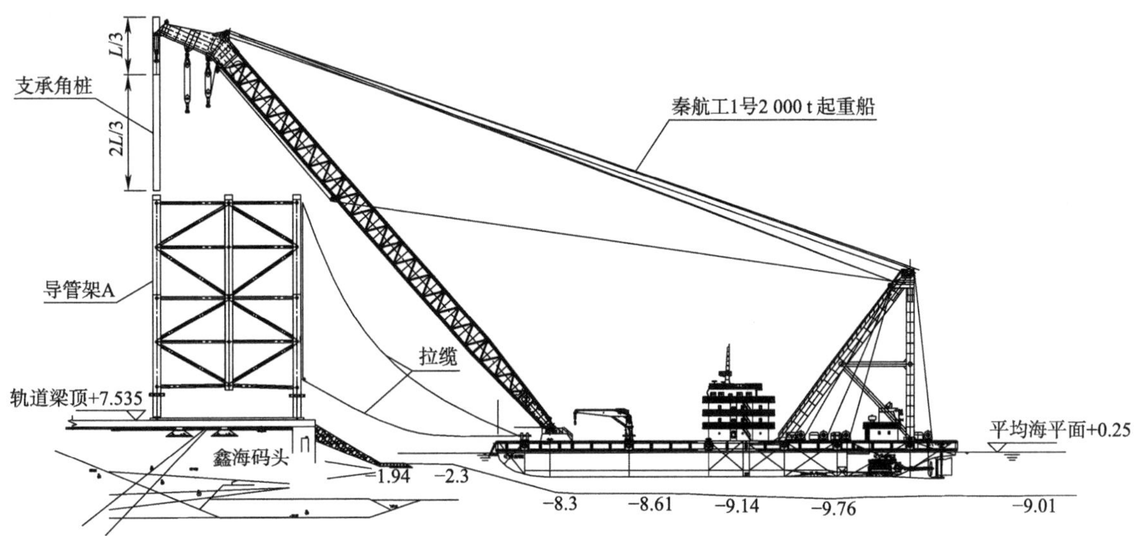

图 4-1-70 支承角桩、吊具安装

步骤二：码头吊装，如图 4-1-71 所示。

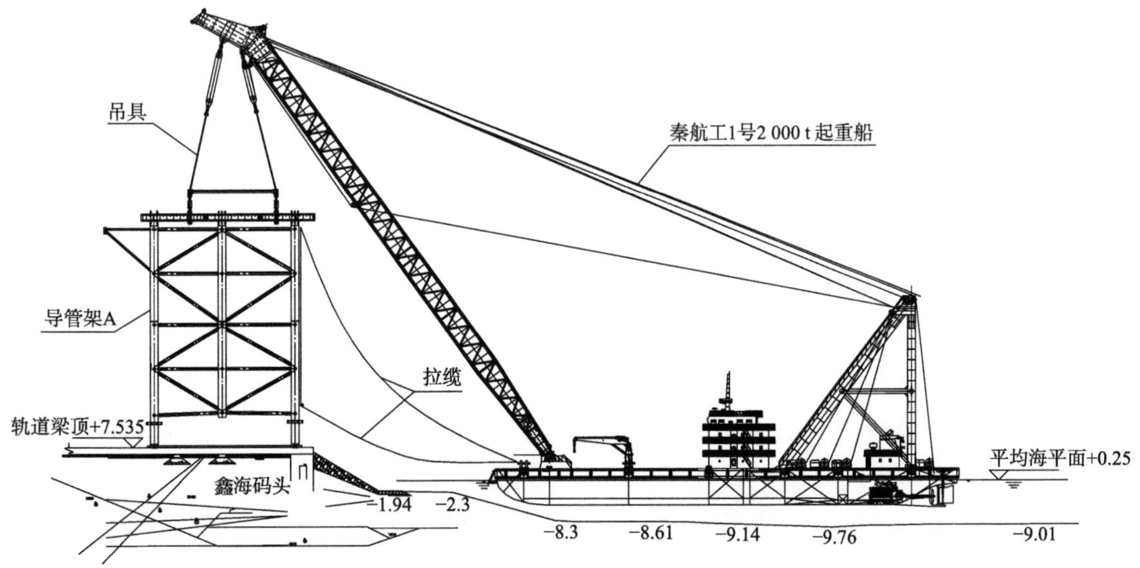

图 4-1-71 导管架码头吊装

①关注天气预报，选择风浪较小天气时段(2～3 d 浪高不超过 2.5 m)进行导管架吊装、下放及调平工作。

②缓慢起吊导管架至最低角桩离地 100 cm，调整导管架的起吊姿态。调整过程以钢丝绳索力及导管架倾斜度双控，单根钢丝绳受力超出计算索力 20%时，应停止起吊，查明原因。

③导管架的四角高差不大于 20 cm 并确认安全后，起重船继续起钩至最低角桩离地 150～250 cm，起重船后移直至导管架吊离码头。

④下放导管架至底口距水面以上 2.0 m，收紧稳索拉缆，直接利用 2 000 t 起重船起吊状态下运输导管架至墩位。

步骤三：导管架下放，如图 4-1-72 所示。

①定位船墩位处抛锚就位(仅第一组导管架 A 定位需要)。

②2 000 t 起重船墩位处抛锚定位，绞锚调整导管架平面误差至 1.0 m 以内，下放导管架 A。

③下放过程中通过起重船、定位船上拉缆调整导管架着床前平面位置偏差至 0.5 m 以内，导管架 A 平面位置偏差须严格保证。

④起重船松钩，使导管架着床，开始导管架定位、调平工作，步骤：

a. 检查导管架顶面倾斜度，导管架稳定后利用起重船将导管架提升至顶面水平(四角高差≤20 cm)。

b. 下放四根定位支承桩，启动吊挂系统，400 t 压力静压支承桩入土。

c. 定位支承桩入土稳定后利用吊挂系统吊挂导管架，起重船缓慢松钩，导管架重量转换至定位支承桩承受。

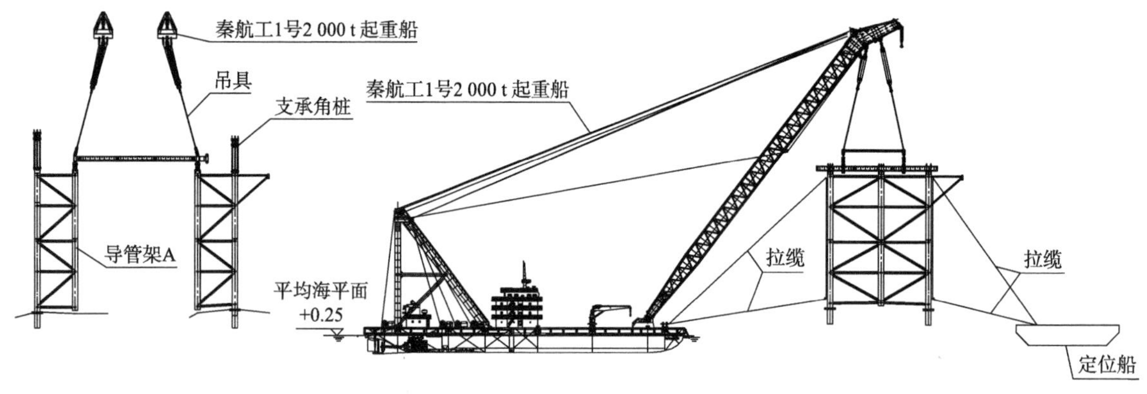

图 4-1-72　导管架下放

步骤四：支承桩安插，如图 4-1-73 所示。

①400 t 起重船插打其他支承桩，插打过程中应设置临时导向辅助支承桩进入导管架套管内。

②支承桩插打完成后及时焊接支承桩与导管架顶口间连接板，并在支承桩与导管架底口缝隙间填充高强砂浆。对于入岩深度不满足要求的应布置小型冲击钻，施工锚桩。

③解除吊挂系统，转换重量至已施工支承桩。

④二次插打四根定位支承角桩，支承角桩与导管架顶口焊接及底口注浆，完成导管架 A 施工。

⑤安装桩顶分配梁、贝雷梁等钻孔平台上部结构。

步骤五：导管架 C 吊装，如图 4-1-74 所示。

①重复步骤一、二，2 000 t 起重船码头起吊导管架 C(含四根定位支承桩)并运输至墩位，起重船抛锚定位，绞锚调整导管架平面误差至 2.0 m 以内，下放导管架 C。

②下放过程中通过起重船上拉缆调整导管架 C 平面位置，与导管架 A 锁口导向对接，以导管架 A 为导向下放导管架 C 着床。

③重复步骤三、四，完成导管架 C 定位调平、支承桩插打施工，完成导管架 C 施工。

④焊接导管架 A 与导管架 C 间联结系，形成整体。

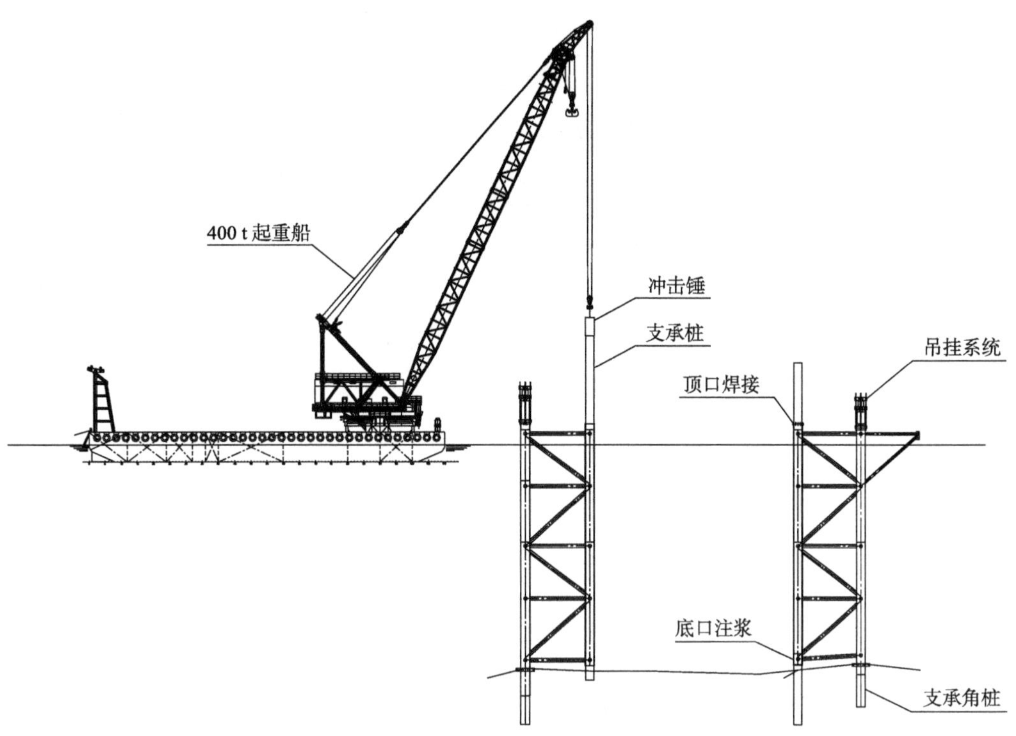

图 4-1-73　支承桩安插

⑤安装桩顶分配梁、贝雷梁等钻孔平台上部结构。

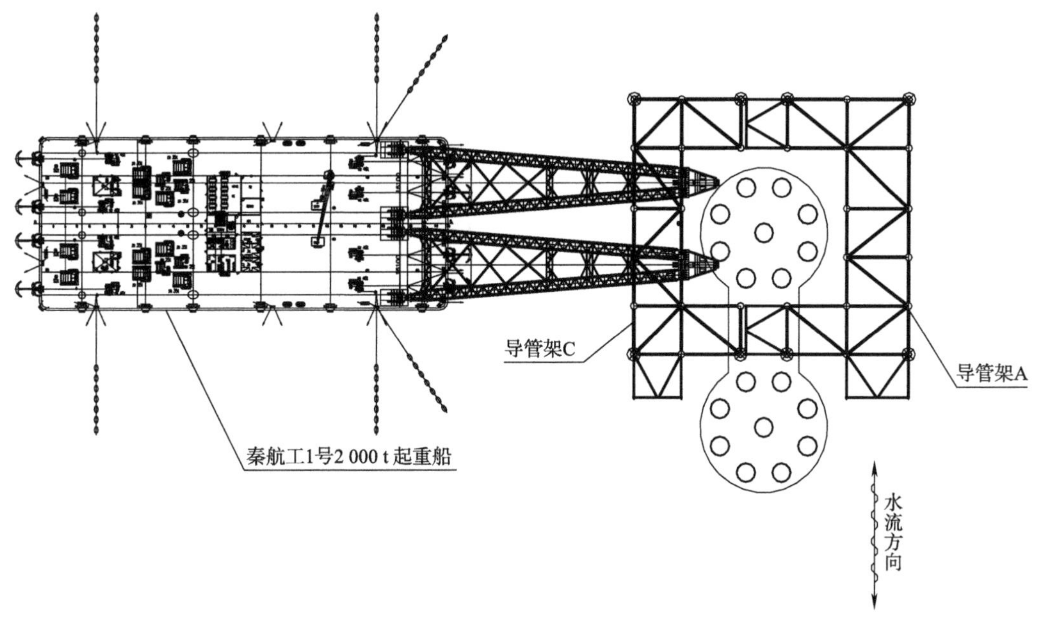

图 4-1-74　导管架 C 吊装

步骤六:导管架 BD 吊装,如图 4-1-75 所示。

①重复步骤一、二,2 000 t 起重船起吊导管架 BD(含四根定位支承桩)并运输至墩位,起重船抛锚定位,绞锚调整导管架平面误差至 2.0 m 以内,下放导管架 BD。

②下放过程中通过起重船上拉缆调整导管架 BD 平面位置,与导管架 A、C 锁口导向对接,以导管架 A、C 为导向下放导管架 BD 着床。

③重复步骤三、四,完成导管架 BD 定位调平、支承桩插打施工,完成导管架 BD 施工。

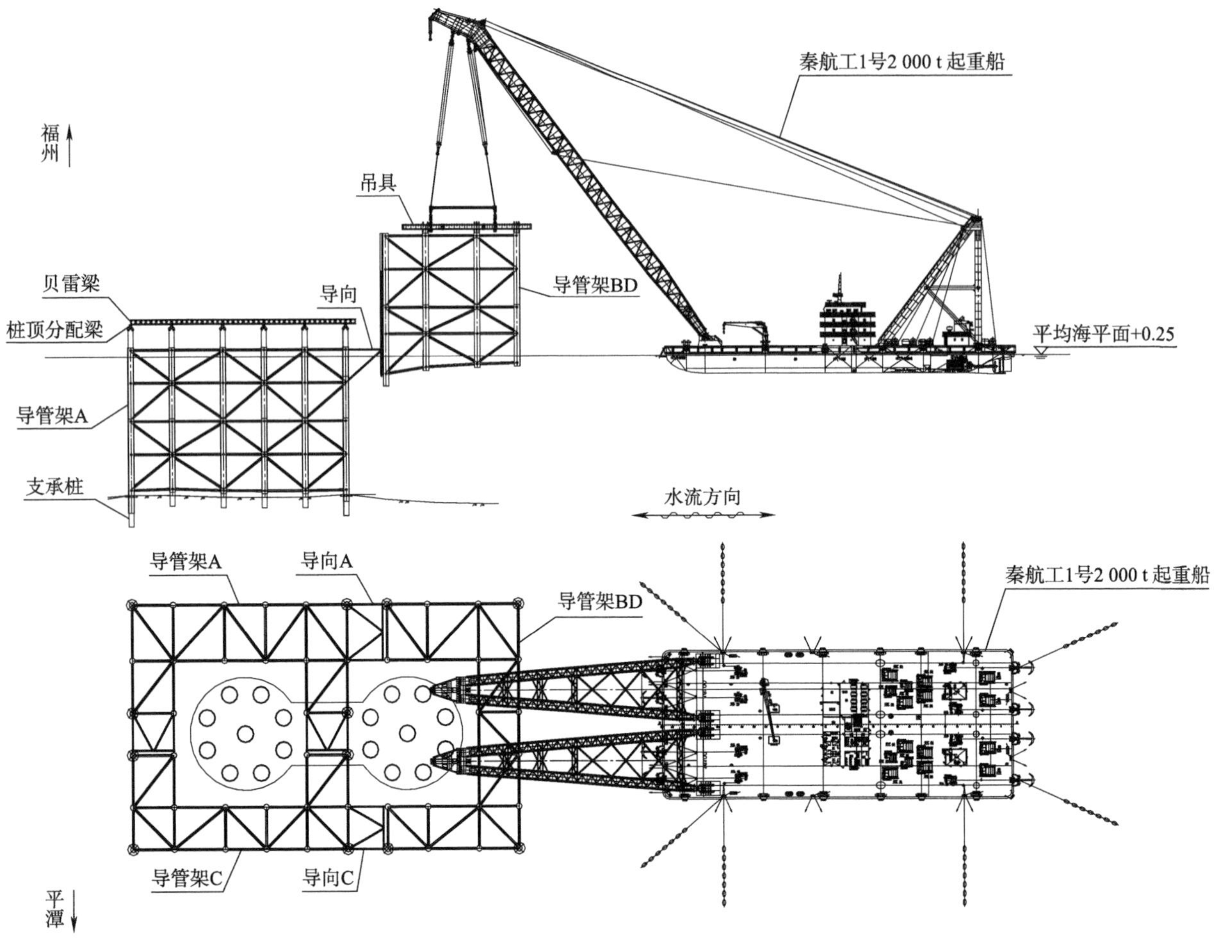

图 4-1-75 导管架 BD 吊装

④焊接导管架 A、C 与导管架 BD 间联结系，形成整体。

⑤安装剩余桩顶分配梁、贝雷梁等钻孔平台上部结构，完成非钻孔区钻孔平台施工。

(2)起吊前准备工作

起吊前的准备工作主要有角桩的安装、吊挂系统的安装、部分钢管底口多余部分的切割、吊具组拼及吊具安装。

①角桩安装

角桩安装用 2 000 t 起重船进行安装，吊挂系统和管桩底口切割在出海位置进行施工。角桩安装时间在导管架滑移至出海位置时进行，单个导管架单元件为 4 根角桩。角桩上设置 3 个抱箍限位件和 2 套吊耳，其结构如图 4-1-76 所示。待导管架滑移至起吊位置后，采用 2 000 t 起重船进行安装。其安装顺序：起吊前在上吊耳上穿一根 30 m 长的 ϕ40 mm 钢丝绳，2 000 t 起重船采用双钩进行起吊，首先悬挂下吊点，在其上方二十多米穿过起重船扒杆，进行下放角桩；下限位坐落到套管上后，进行吊点转换，用上吊耳提吊角桩，解除下限位和下吊耳下放角桩至导管架底(此时采用中限位)，如图 4-1-77 所示。

②吊挂系统安装

吊挂系统为角桩静压系统以及各导管架下放后的悬挂支承系统；其安装在角桩安装完成后在出海前完成。自上至下组成：十字顶座+2 台 250 t 长千斤顶＋十字顶座＋锚座，各部位间连接为 8 根 ϕ40 mm 精轧螺纹钢。

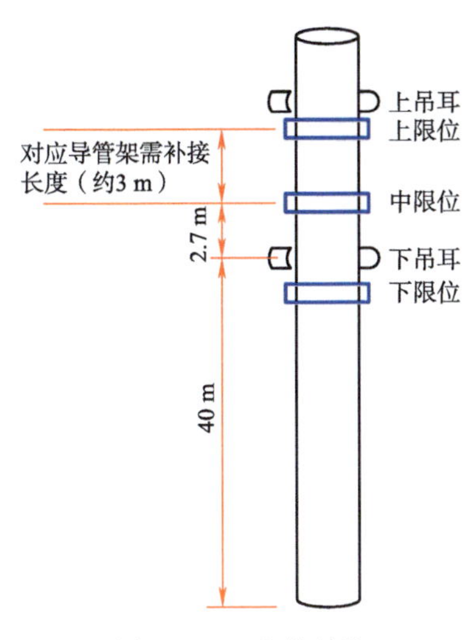

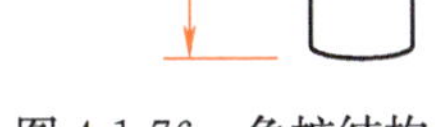

图 4-1-76 角桩结构

图 4-1-77 角桩起重船插入安装

锚座在制作导管架时，焊接到角桩套管上，依次安装下十字顶座、千斤顶和上十字顶座，最后穿精轧螺纹钢。其安装结构如图 4-1-78 所示。

③管桩底部多余部分的切割

导管架底部高程设计是根据下放位置海床面进行，所以其管桩底口不在同一水平面，但在制造厂加工制作时，为了方便加工其底口均在同一水平面；出海前需将其切割至设计要求位置，其施工时间为滑移至码头起吊位置时，可与角桩安装同时进行。

④吊具组拼

吊具自上而下结构为 2 根扁担梁＋2 根压制梁＋横向吊耳。压制梁和扁担梁构件采用截面 1.5 m×0.9 m 钢箱梁对接组拼而成，在码头组拼成整体。

组拼施工工艺流程：抄垫枕木摆放→扁担梁对接→转接头安装→压制梁对接→横向吊耳安装。

扁担梁和压制梁均由钢箱梁对接组成，每根钢箱梁之间的连接采用高强螺栓和连接板连接。扁担梁和压制梁之间采用转接头连接，压制梁与横向吊耳之间通过销轴连接。

a. 扁担梁。扁担梁共 2 根，每根扁担梁由长 38.24 m(2×12 m＋1×14.24 m)、截面 1.5 m×0.9 m 钢箱梁组成，钢箱梁之间采用高强螺栓和连接板连接，如图 4-1-79 所示。

b. 压制梁。压制梁共 2 根，单根压制梁由 36 m(3×12 m)、截面 1.5 m×0.9 m 钢箱梁＋吊耳 A＋吊耳 B 组成，如图 4-1-80 所示。压制梁与横向吊耳间用销轴连接，压制梁与扁担梁之间为转接头，采用销轴连接，其余均通过 ϕ40 mm 精轧螺纹钢预拉连接。

c. 横向吊耳。横向吊耳下接压制梁，连接方式为销轴，上接起重船钢丝绳，连接方式为 1 根双股 ϕ120 mm 钢丝绳和 1 个 500 t 卸扣。

d. 转接头。每根扁担梁上设置 2 个转接头，其作用是连接扁担梁和压制梁，其结构如图 4-1-81、图 4-1-82 所示，由上下锚梁穿精轧螺纹钢组成，在安装完成后，对每根精轧螺纹钢进行预拉，预拉力为 50 t，预拉完成后需对上下锚梁与扁担梁之间焊接，形成限位。

⑤吊具整体安装

吊具与导管架之间采用精轧螺纹钢连接，每根扁担梁与导管架设 3 个锚固点(2 个 B 类锚固和 1 个 A 类锚固)，其中 A 类锚固设 4 根精轧螺纹钢，B 类锚固设 6 根精轧螺纹钢，每根精轧螺纹钢均预拉 50 t 与导管架连接。

导管架角桩安装完成后，将吊具整体吊装至导管架顶部，调整对位好后，安装精轧螺纹钢，进行预拉锚固，预拉力 50 t。精轧螺纹钢预拉完成后，需对扁担梁进行限位，在精轧螺纹钢两侧焊接槽钢对其进行限位，防止吊具吊装过程中的滑动，如图 4-1-83 所示。

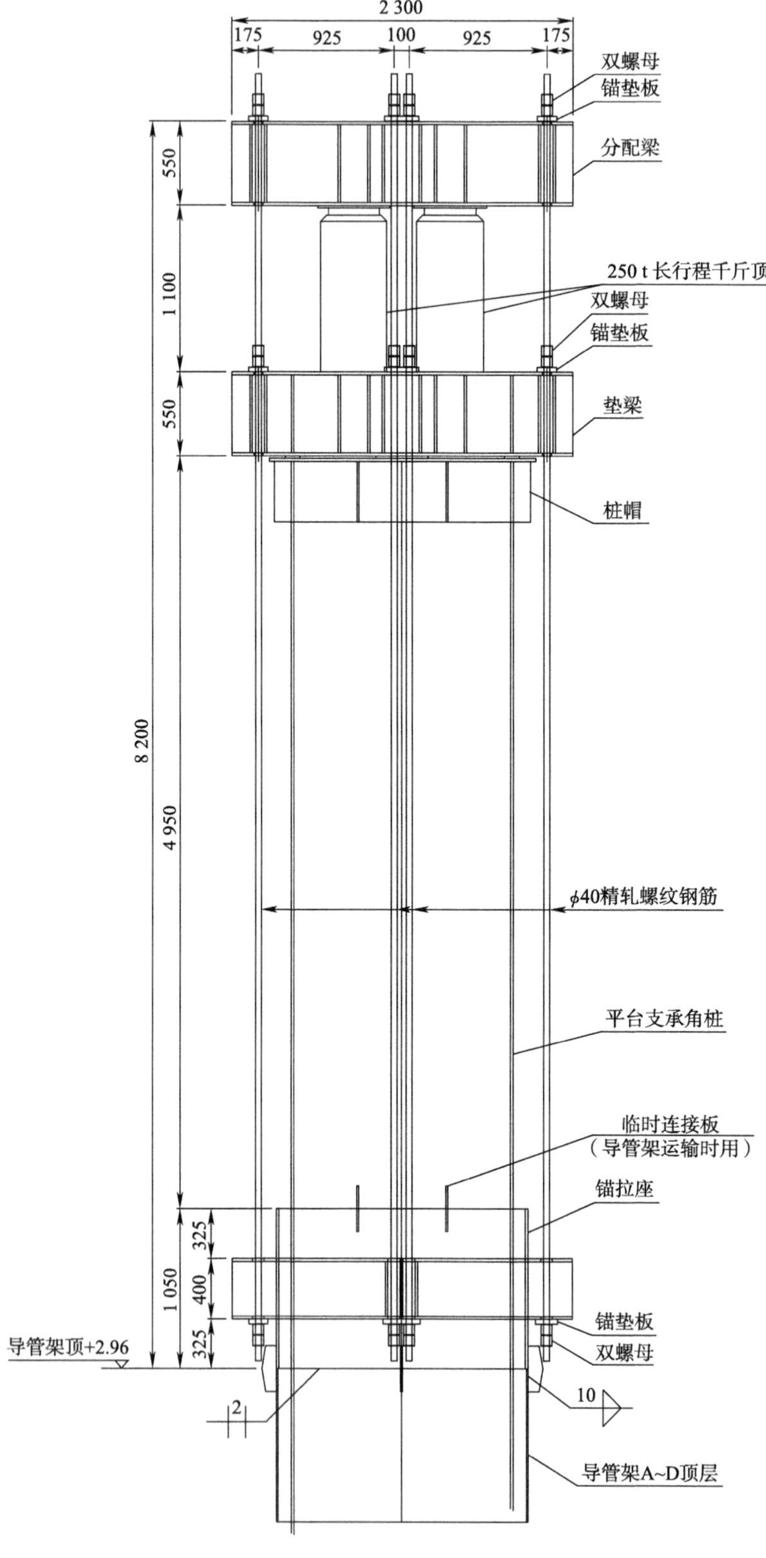

图 4-1-78　吊挂系统安装图(单位:mm)

⑥起吊工作

a. 试吊。导管架有 4 个吊点,每个吊点均由双股 ϕ120 mm 钢丝绳和一个 500 t 卸扣组成(2 000 t 自带),导管架吊装准备工作完成后,先进行试吊。

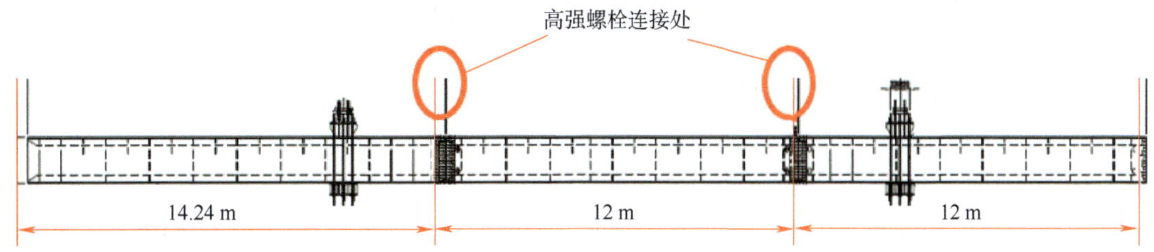

图 4-1-79 扁担梁结构图

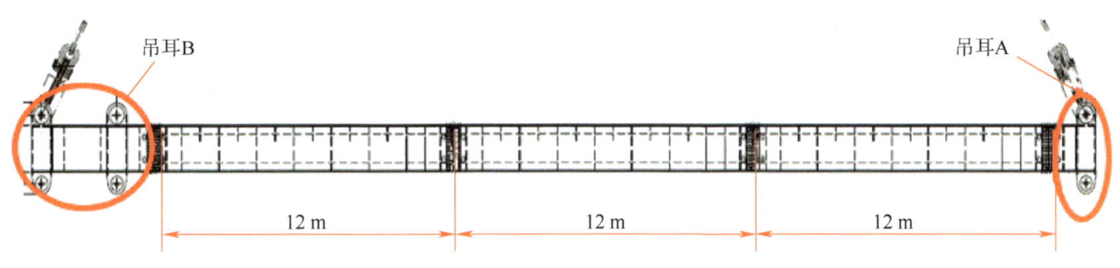

图 4-1-80 压制梁结构图

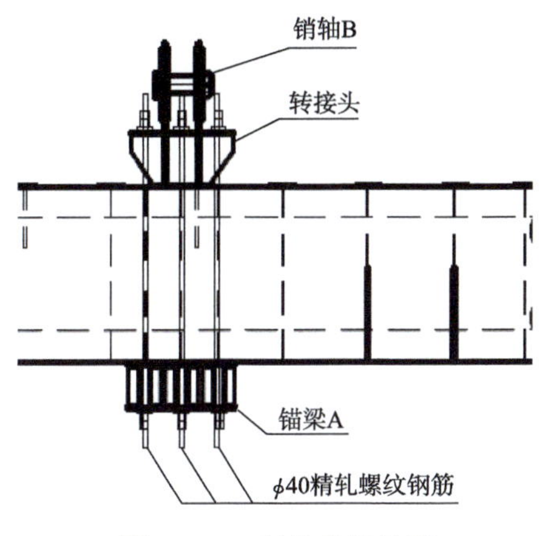

图 4-1-81 转接头结构图

图 4-1-82 吊具组拼实景

图 4-1-83 吊具起重船整体安装实景

单个吊点(2-ϕ120 mm 钢丝绳)最大受力为起吊导管架 BD 时,最大受力 397 t,ϕ120 mm 钢丝绳最小破断力 850 t,安全系数 4.3。

试吊检查每根钢丝绳索力,当单根钢丝绳索力超过计算索力 20%时,应停止吊装,并查明原因。

b. 起吊。试吊检查合格后，即可起吊。正式起吊前需选择良好天气进行(浪高小于 2.5 m，风力不大于 7 级)，考虑到后续施工作业，应满足连续 2 d 的好天气方可进行起吊作业。

经现场详细勘查，2 000 t 起重船起吊导管架作业时，扒杆与水平面夹角按不小于 65°控制。起吊实景如图 4-1-84 所示。

⑦海上运输

在起吊前应确定运输线路，原则为尽量远离礁石，保障海上转弯半径；选择低平潮水深不小于 6 m 的航线(2 000 t 起重船起吊后吃水深度约 5 m)。运输时段选择在白天平潮时段。

导管架吊装及海上运输均选用秦航工 1 号 2 000 t 起重船(可自航)完成，在导管架运输过程中，采用 1 艘拖轮引导 2 000 t 起重船能有效地按照已定航线进行运输；另安排 2 艘拖轮作为 2 000 t 起重船动力不足时的应急动力，还需安排若干警戒船只用于海上警戒，如图 4-1-85 所示。

图 4-1-84 导管架单元组件整体起重船起吊实景

图 4-1-85 导管架单元组件海上运输拖航实景

10. 首件导管架单元件安装

导管架首件单元件是指每个导管架首先下放的单元件。Z02 号墩导管架，首件单元件为导管架单元件 B；Z03 号墩导管架，首件单元件为导管架单元件 A。首件导管架下放需进行粗定位和精定位，粗定位采用 2 000 t 起重船 GPS 进行，精定位采用全站仪进行定位。

(1)船只站位

下放采用 2 艘定位船以及 2 000 t 起重船。定位船停泊到位后，先绞开一定距离，以便 2 000 t 起重船吊运首件导管架单元件到位，如图 4-1-86、图 4-1-87 所示。

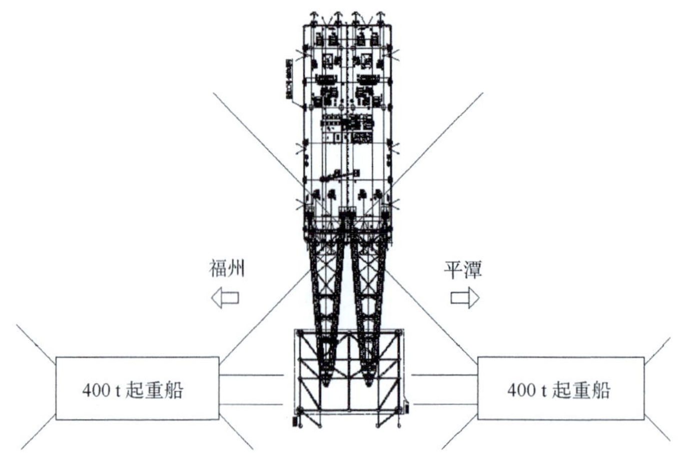

图 4-1-86 Z03 号导管架单元件 A 下放船舶站位

(2)导管架粗定位

导管架选择合适时间段进行下放(宜选择在平潮时),根据起重船自带 GPS 系统进行粗定位,在 4 个角桩上提前安装好 4 台棱镜,使得导管架平面位置偏差均在 1 m 以内。满足定位要求后开始下放,着床时,除四根角桩外,其余套管均入土 0.3 m,如图 4-1-88 所示。

图 4-1-87 Z03 号墩导管架单元件 A 站位

图 4-1-88 Z03 号墩导管架单元件 A 粗定位

(3)导管架精定位

导管架顶口高程在+10 m 时,进行角桩的第 2 次下放,并用吊挂系统将角桩锁死。导管架底口下放至距离海床面 0.5 m 时,应停止下放,收紧 3 艘船的锚绳和上层缆风绳,进行精定位,待平面位置偏差在 0.5 m 以内后下放导管架。精定位采用四根角桩上布置好的棱镜进行检查,通过船上的缆绳进行调整,平面位置根据坐标控制;起重船松钩,使导管架着床,如图 4-1-89、图 4-1-90 所示。

图 4-1-89 Z03 号墩导管架单元件 A 精定位(一)

图 4-1-90 Z03 号墩导管架单元件 A 精定位(二)

(4)角桩静压

导管架着床后,实测四根角桩高差,若高差小于 20 cm,可将起重船缓慢松钩,依次静压四根角桩。

导管架着床后,若实测四根角桩高差大于 20 cm,可利用起重船对导管架进行调平,调平的同时需保证 2～3 根角桩着床,再从低位角桩到高位角桩依次静压。

角桩静压操作细节按如下步骤进行:首先解除一对对角角桩抱箍限位件(因吊挂系统精轧螺纹钢顶部螺母预留 10 cm 空隙,若角桩能直接着床,则抱箍可以直接解除;若角桩不能直接着床,可利用用两艘 400 t 起重船同时提吊对角角桩,解除角桩抱箍),下放该对角角桩,待该对角角桩着床后,起重船提吊另外 2 根角桩,解除抱箍限位件,下放着床,并启动吊挂系统,利用液压千斤顶静压支承桩入土。

吊挂系统的启用步骤:千斤顶顶升→拧紧中间螺母→千斤顶回油→拧紧上螺母。

重复以上步骤直至角桩稳定后拧紧中间螺母,四根角桩全部稳定后,2 000 t 起重船方可摘钩,导管架重量全部转移至 4 根角桩。

考虑到角桩定位精度问题，可能需要反复进行调整，调整时需进行角桩的提吊，提吊考虑使用 2 艘定位起重船进行，提吊后限位采用抱箍进行限位，如图 4-1-91 所示。

(5)支承桩插打

吊挂系统吊挂导管架后，及时组织进行支承桩施工，利用两艘 400 t 起重船交替进行支承桩插打和下放。每根支承桩插打完成后，在导管架顶口插入钢楔子，并在顶口焊接钢板固定支承桩与套管。支承桩的插打顺序应由导管架中间向外侧扩散进行，优先插打未着床的套管，如图 4-1-92～图 4-1-94 所示。

图 4-1-91　Z03 号墩导管架单元件 A 角桩静压

图 4-1-92　Z03 号墩导管架单元件 A 支承桩吊装

图 4-1-93　Z03 号墩导管架单元件 A 支承桩对位

图 4-1-94　Z03 号墩导管架单元件 A 支承桩插打安装

(6)体系转换

导管架单元件支承桩全部插打完成后，需解除 4 根角桩吊挂系统，使导管架重量转移至支承桩上。吊挂系统的拆除步骤：松顶部螺栓向上 10 cm→千斤顶顶升→松中间螺母→千斤顶回油→松上螺母→自上至下拆除千斤顶。

(7)角桩复打

吊挂系统拆除后，用定位起重船提吊液压冲击锤复打角桩，其插打要求同支承桩。

每根角桩复打完成后，同样在导管架顶口插入钢楔子，并在顶口焊接钢板固定支承桩与套管。

11. 导管架其余单元件安装

(1)其余单元件下放

首件导管架下放完成后，进行其余导管架单元件下放，船舶站位原理与首件相同。其平面位置偏差与首件导管架平面偏差基本相同，因为其靠锁口对接，平面偏位偏差可控，如图 4-1-95 所示。

(2)其余单元件后续施工工艺

每个导管架其余单元件后续施工工艺流程同导管架首件单元件。

12. 导管架套管与支承桩间连接及缝隙填充

每根角桩复打完成后，同样在导管架顶口插入钢楔子，并在顶口焊接钢板固定支承桩与套管。顶口连接如图 4-1-96 所示。

图 4-1-95 导管架其余单元件吊装下放安装

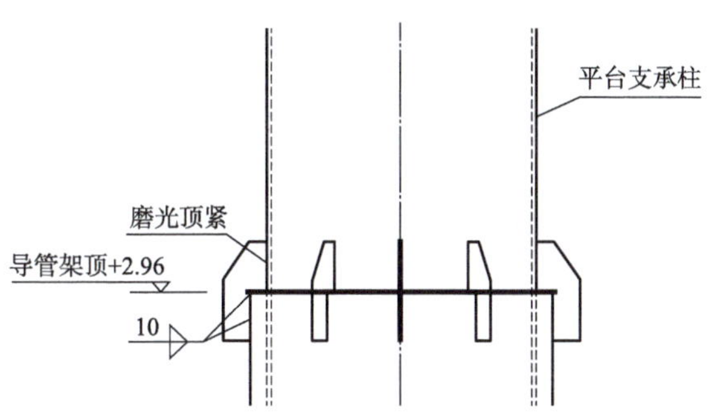

图 4-1-96 导管架套管与支承桩间顶口连接

待导管架平台全部成型后，在导管架套管顶口向套管与支承桩之间抛填级配碎石及细砂，抛填高度 7 m(5 m 高度级配碎石，2 m 高度细砂)，级配碎石最大粒径小于 25 mm。

待导管架套管与支承桩间抛填完成后，利用测锤测量缝隙内填筑高度并详细记录，待 1～2 d 后重新测量并记录，计算砂面下降高度，并补充砂石至设计高度，待 20 d 后，利用测锤检查导管架与支承桩件空隙内抛石及砂的高度，若整体高度较 1～2 d 时测量高度下降大于 1 m，则重新进行缝隙间抛填级配碎石，并考虑采用备用方案，进行缝隙压浆。利用设置好压浆管道在平台桥面板上布置压浆机进行压浆。

13. 钻孔平台上部结构施工

导管架施工完成后根据平台高程，割除多余支承桩，安装桩帽及分配梁，然后根据要求完成钻孔平台上部结构施工。上部结构施工工艺参考打入桩平台上部结构施工工艺。

14. 施工过程中存在的问题及解决方案

(1)平台支承桩插打时，部分底口密封装置损坏。此问题的原因是平台支承桩桩底加劲环板焊接在管桩外侧，导致管径超过设计值，后将加劲环板焊接于钢管内侧，同时在夹板下方焊接三角衬板，变更后支承桩插打顺利。

(2)第一组导管架定位时起重船走锚横移。此问题的原因是第一组导管架下放着床前过于追求粗定位精度，定位时间过长，涨落潮水流速度加大后，入水的导管架水流力大，导管架带动起重船走锚横移约 50 m。后续施工时，导管架粗定位及下放着床工序均在平潮时段快速完成，导管架着床后再利用支承角桩进行调平和精确定位。

(3)组间对位辅助小导向架，现场实际施工时不仅没用上，还起反作用。研究后取消后续两组导管架的导向架，按第一组导管架定位方式进行其他导管架的定位下放，下放完成后增设导管架单元件间联结系。

①存在的问题。本项目导管架组间对接辅助小导向架以 ϕ530 mm 钢管插入 ϕ600 mm 钢管进行阴阳锁扣对接，存在锁扣阴阳头间空间小精度要求高，海况复杂恶劣，水深流急岩面倾斜、导向竖向高度高，角度固定不可调、多点导向对位等难题。

②优化建议。

a. 适当增大导向阴阳锁头之间的对接空间，如顶部增设喇叭口形式的顺接对位装置，组间导向竖向渐变减小，增大对接空间，减小精度要求。

b. 考虑减少锁口导向装置数量，变多点对位为单点对位，单点对接固定后利用起重船调整其他角点至理想位置。

c. 减小锁口导向高度或设置斜度可调导向锁口，减小或动态调整适应导管架竖向垂直度的实际变化，弱化锁口对接锁紧的影响。

d. 利用已经定位好的导管架通过锁口定位后一件导管架，对接前必须对锁口位置及导管架空间姿态进行测量复核，通过三维实体模拟技术，动态调整下榀导管架组间导向尺寸，把控安装精度，控制导管架组间偏位误差的累计复核设计要求。

四、导管架辅助建立施工平台的主要特点及创新点

平潭海峡公铁两用大桥导管架钻孔平台安装位置满足施工要求，并已经历多次超强台风考验。该导管架钻孔平台方案解决了深水裸岩复杂海洋环境下单桩插打和导管架定位调平的难题，具有结构整体刚度大、抗倾覆能力强和施工速度快的优点，对海洋环境下桥梁基础施工有一定的借鉴意义。主要特点及创新点如下：

(1)工厂化、机械化、标准化的作业方式，实现了变海上施工为陆地整体加工、吊装运输、拼装，显著提高工效，增加了结构的安全性，节约大量工期。

(2)导管架平台整体刚度比打入桩方案结构刚度更大，钢结构材料更少。

(3)导管架钻孔平台中，导管架单元中管件的椭圆度、端面平整度、弯曲矢高等均无现行规范可供依据，本桥明确了导管架钻孔平台单元件的允许偏差。

(4)利用导管架运输船舶与起吊船舶兼做定位船舶，选择合理的系缆方式，优化导管架单元安装定位技术。

(5)吸收海上自升式平台可升降支腿的优点，将其创造性地应用于导管架单元的吊装着床与竖向垂直度调平工作中来，自主研发了导管架自调平装置。导管架初步定位后，利用四套角桩自调平装置，可快速将导管架平面位置、垂直度调整到设计允许偏差范围内，具有结构简单、操作方便、调平精准的优点，大大提高了导管架施工效率。

(6)深海裸岩复杂海域条件下采用导管架法搭设平台的方案施工方便，现场施工进度及安全质量控制均得到了保障，有缩短了平台搭设时间，减少了海上施工作业量，降低了海上施工安全隐患，为深海裸岩复杂海域条件下平台施工提供了宝贵经验。

第五节　长乐制梁场

福平铁路站前工程 FPZQ-2 标长乐制梁场位于福州市长乐区古槐镇中街村，占地面积约 90 亩，梁场中心里程为福平区铁路 DK41＋970，承担着全线 1 036 单线孔 T 梁预制任务。线位区域纬度较低，临近海洋，受冷暖气流季节性交换的影响，雨季多，风速大。场地位于福建省福州市长乐区古槐镇东侧 700 m，南侧紧邻新宁路，东侧紧邻福平铁路古槐特大桥，场地属海积平原地貌，场地地形地貌及地层结构较为复杂。

1. 施工方案

长乐制梁场按功能区划分为混凝土搅拌区、制梁区、存梁区、提梁装车区、生活区、办公区、试验检测区、钢筋存放加工区、材料存放区。

建场施工顺序：场地平整→生活区、搅拌站建设→钢筋加工区及材料存放区建设→制梁台座施工→制梁区水沟施工→制梁区场地硬化→存梁区及门式起重机基础施工→存梁区通道硬化。

2. 施工现场布置

(1)混凝土搅拌区

设置 2 台 HZS120 型搅拌站，每台 4 min 搅拌 2 m^3，2 台搅拌站生产能力为 60 m^3/h，满足 T 梁生产要求。搅拌站配备 6 个 150 t 水泥罐(每个站 3 个)、4 个 150 t 粉煤灰罐(每个站 2 个)，新建砂石料仓棚约

1 800 m^2，分隔为 6 个仓(2 个中砂仓、2 个 10～20 mm 碎石仓、2 个 5～10 mm 碎石仓)，每个尺寸为 10 m×30 m×2.2 m，并设有约 1 014 m^2 的砂石料清洗场地，储备的原材料可供梁场日常生产使用 15 d。

(2)制梁区

制梁区总长 320 m，宽度 20 m，制梁台座 16 个，分布于 A～H 八个生产区域内，每个生产区域并列布置 2 个制梁台座。制梁台座采用扩大基础与桩基形式满足初张拉后端部集中受力的要求。制梁区内根据需要设置配电箱、水路等。制梁区内全面硬化，并纵向沿 10 t 门式起重机旁边布置一条主排水沟，横向连接成网，满足场地排水要求。

(3)存梁区及提梁装车区

存梁台座采用通长弹性地基梁基础上浇筑存梁条基形式，分为单层及双层存梁台座。存梁区横向预留 6 m 宽施工通道并进行全面硬化，其余部分播撒草籽进行绿化。每个区设 2 个配电箱及 4 个水管接口。

(4)办公生活区

所有办公及生活用房均采用活动板房，以红白色为格调，区域内种植花草绿化，板房采用岩棉纤维材质，建筑材料燃烧性能等级为 A 级不燃烧类。设置各职能管理部门办公室、员工宿舍、食堂、活动中心、浴室、厕所等公用设施。在大料库对面沿道路设置“五牌一图”，其制作标准、格式按照《铁路建设项目现场安全文明标志》要求办理，另在梁场生活区侧租民房用于防台应急。

(5)试验检测区

试验检测区位于砂石料库后方，靠近搅拌站、场内主干道旁边，便于试验。试验检测区域占地面积 596.6 m^2，室内面积 327.18 m^2，设有办公室、标准养护室、力学室、混凝土室、样品室、化学室、骨料室、胶凝室、计量室及比表面积室、校顶室、高温室。

(6)钢筋存放加工区

钢筋加工区总长 120 m，宽度 30 m，搭建相应面积的钢筋棚。钢筋棚内配备 1 台 10 t×26 m 门式起重机用于钢筋、钢绞线的装卸，门式起重机走线轨两端设置型钢防撞墩，并在防撞墩上设置醒目的发光条，配置 1 套数控多功能钢筋弯箍机，1 套智能盘螺调直机，1 套液压盘条调直切断机，5 台普通钢筋弯曲机，3 台普通钢筋切断机，在保证半成品加工尺寸符合规范要求的同时，实现钢筋加工自动化。钢筋加工区分为原材料区、半成品存放区、钢筋加工区、钢筋调直存放区、连接板及定位网加工存放区，各功能区严格按位置摆放。

(7)材料存放区

梁场材料存放区总长 48 m，宽度 12 m，搭建相应面积的钢构棚。在材料库中按 6 m 宽，4 m 净深设置隔间，总共设置 15 个材料存放库和一个办公室，在料库中间设置 4 m 宽的进料通道，满足料库进料要求。料库按要求进行分类存放，满足施工要求。同时在梁场东侧的单层存梁区位置设置 4 个集装箱，用于存放袋装水泥、压浆剂、膨胀剂。

(8)供电、供水、排水规划

电网供电：高压部分从场地南侧牵线进入梁场；低压部分供电系统采用 TN-S 系统，用电缆从变配电房引至施工工地上，系统基本布局：变压器—配电房主配电柜—低压干线—施工场地总配电箱—支线—漏电保护分配电箱—支线—漏电保护开关箱—支线—用电设备。

备用发电机供电：梁场备置 1 台 500 kW 柴油发电机，在市电故障或临时停电情况下，启动备用电源供电，能够满足梁场生产连续作业要求。

梁场主要采用打深水井取地下水为主，视水井具体出水量决定打井数量，设 20 m^3 水塔两个，100 m^3 蓄水池一个，井水主要用于生活及混凝土拌和。输水管道采用镀锌钢管和 PVC 管相结合，在管路上安装恒压管道泵，保证水压。主水管道以 ϕ50 mm 为主，分水管道逐级降低。

生活生产区布置排水网路，主排水沟位于 2 号施工便道路边(靠搅拌站侧)及梁场外围，宽 90 cm，深 100 cm，主水沟上铺水沟盖板。搅拌站污水经三级沉淀池沉淀后排放，同时梁场排水至水沟的出口处设置隔油沉淀池，再次经沉淀后排放。

第六节 长乐东铺轨基地

铺轨基地轨排生产区设置于长乐区古槐镇长乐东站站场福州端路基范围内，里程位置 DK42＋900～DK44＋000，满足 10 t-14.2 m 门式起重机设置。同时利用新铺福平右线作为基地铺架通道。在基地前后端各设置调车、存车及回车线，并满足铺架运输要求。

长乐东站 4 股道作为存车线，长乐东站Ⅳ道作为铺架主线，Ⅴ道作为装卸线：轨排装车、轨料装卸、平板转向架调整等工作；各股道坡度 0‰。具体线路布置及横断面布置如图 4-1-97、图 4-1-98 所示。

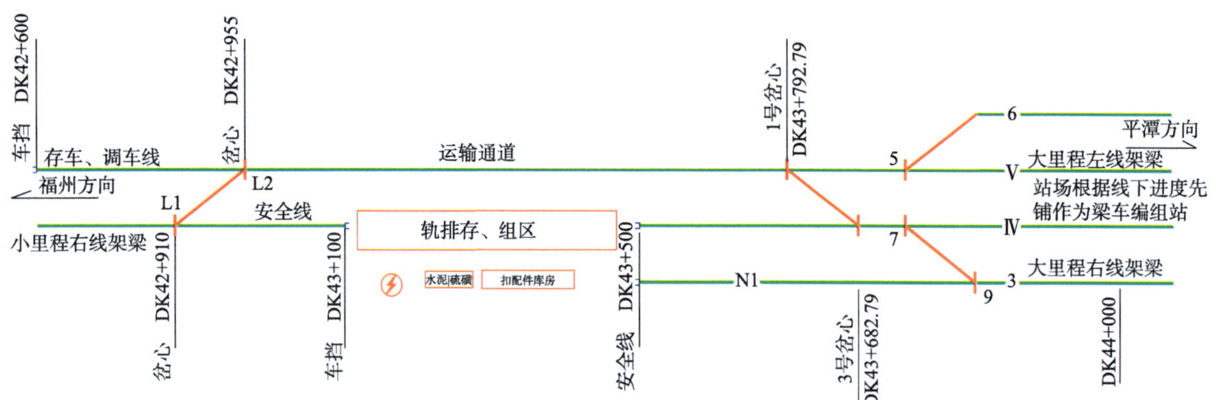

图 4-1-97 铺轨基地线路布置图

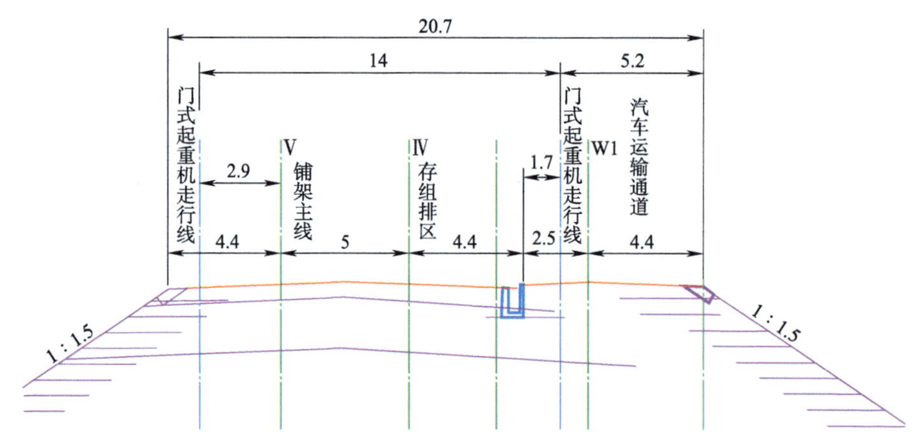

图 4-1-98 铺轨基地横断面布置示意图(单位：m)

1. 铺轨基地生产能力

可存放混凝土轨枕 15 000 根，25 m 工具轨 300 根，轨排 1.5 km。人工组轨排 0.25 km/d。

2. 轨排存放场、轨枕及工具轨存放场

生产区布置 10 t-14.2 m 门式起重机 4 台，便于轨排、枕木的倒运。轨排存放场长 150 m、宽 5.3 m、轨排拼装区长 80 m、宽 5.3 m，枕木存放区长 80 m、宽 5.3 m，工具轨存放区长 50 m、宽 5.3 m。各存放工作区域采用道砟铺设整平并压实。

3. 扣配件存放场及临时住房

基地右侧设扣配件库房、轨枕及道岔存放等设施，就近租赁民房作为项目部管理人员、作业人员住房及存放小型机具用。本基地计划管理人员 5 人，作业人员 15 人，共计 20 人。

4. 交通

铺架基地利用 Y017 乡道进入，交通较为便利。基地内设置汽车运输通道，通道为 5 m 宽汽车便道，采用泥结碎石路面。

5. 供排水

基地生活用水直接采用村自来水网。基地两侧各设置地表水沟，确保流水畅通。

6. 用电

基地用电直接从地方电网接入，并设置 330 kV 变压器一台。

7. 基地施工主要工程数量

铺轨基地主要工程数量见表 4-1-14。

表 4-1-14 铺轨基地主要工程数量

序 号	名 称	单 位	数 量	备 注
1	P50 工具轨铺设	km	1.7	运梁线、存车线、装卸线
2	新Ⅲ型桥枕	根	3 840	
3	10 t 门式起重机走行轨	km	1.48	
4	道岔 9 号-P50 左开	组	2	L1、L2
5	道岔 9 号-P50 右开	组	2	L3、L4
6	线路道砟	m^3	18 310	
7	10 t-14.2 m 门式起重机	台	3	
8	场地平整	m^2	3 100	
9	场地垫层(碎石)	m^3	3 100	
10	场地混凝土硬化(C20)	m^3	240	材料堆放(厚 15 cm)
11	办公区场地混凝土硬化(C20)	m^3	1 250	含有机械维修房、工具房、扣配件料库、项目办工区
12	临时用地	亩	9.75	
13	活动板房	m^2	900	含有机械维修房、工具房、扣配件料库、项目办工区
14	栅栏	m	1 830	办公区和右线与基地隔离段
15	车挡	个	3	装卸线、装梁线
16	330 kV 变压器	台	1	

8. 作业人员安排

铺轨基地施工设现场负责人 1 名、安全员 1 人、施工员 1 人、技术员 1 人、材料员 1 人，作业人员 50 人。

9. 铺轨基地作业步骤

便道施工→平整场地→施工放样→底砟铺设→各装卸线铺设→采用 25t 起重机进行配合安装 10 t 门式起重机→库房安装。

10. 铺轨基地调车方法

(1)铺轨行车组织机构。项目部由运输部负责工程运输工作，运输部设运输技术及行车调度所，安全质量部设行车监察，负责行车组织及安全检查工作。抽调经验丰富的调车人员组成调车组，在长乐东站设固定的驻站联络员；所有调车作业人员在上岗前接受行车业务培训；以铺轨架梁为中心，把运输和施工有机结合起来统一指挥、统筹兼顾；及时协调解决施工中存在的问题，维护行车秩序，加快铺轨进度，确保行车安全。

(2)建立交接班制度。调车组在交接班时要对线路的存车、位置、车辆数、空重方向、止轮措施、铁鞋存放位置等各项注意事项进行详细交班，并做好交班记录，交接班后要对基地内的线路、存车、车辆所采取的防溜措施、装卸作业等情况进行全面检查，并向值班领导和调度进行汇报。

(3)调车作业组执行国铁集团调车作业标准以及南昌局调车的有关规定；进入长乐东站的车辆限速 15 km/h；使用调车作业使用通知单，认真监视调车信号；待基地防护员确认道岔位置正确后，以要道还道的方式，手信号对道，方可越过该道岔；通过平行道口时必须进行现场防护，对平交道口临时封闭，防止村民强行通过。

第二章 路 基 工 程

第一节 工 艺 试 验

为论证福平铁路路基施工工艺的合理性，在大面积填筑前开展了填筑试验。试验选择在地质条件、断面形式具有代表性且长度不小于100 m的路段进行，通过试验路段的施工确定最佳机械组合方式以及有效的压实厚度与碾压遍数的关系，确定填料最佳含水率的控制范围以及松铺厚度，为路基填筑施工提供依据。

1. 路基试验段工艺试验

对基床底层及基床以下部位填筑、基床表层级配碎石填筑、过渡段填筑在大面积施工前均选择了代表性的过渡段作为试验段，进行了工艺试验。工艺试验流程如图4-2-1所示。

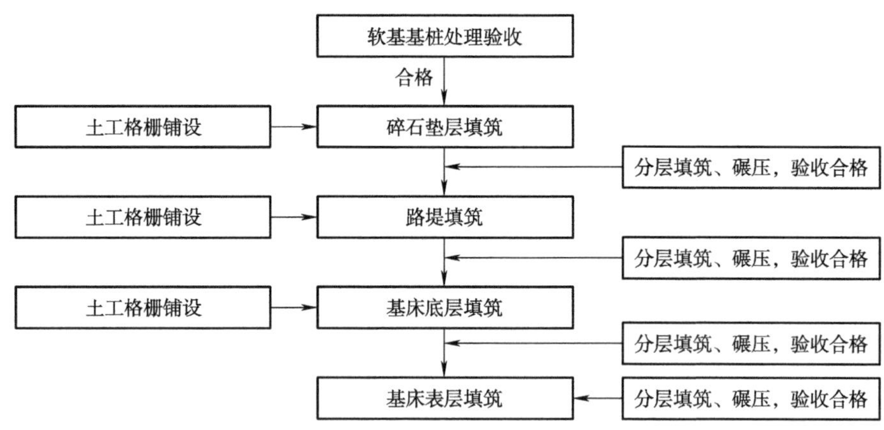

图4-2-1 路基试验段施工工艺流程

基床底层及以下路堤填筑按路基填筑三阶段(准备、施工、整修)、四区段(填、平、碾、检)、八流程(施工准备、基底处理、分层填筑、摊铺平整、洒水晾晒、碾压夯实、检测签证、路基整修)的施工工艺组织施工，填筑按路基横断面全宽一次分层填筑，纵向分层压实。基床底层及以下路基填料摊铺采用推土机初平、平地机精平，20 t重型振动压路机压实。

基床表层级配碎石填筑按“四区段、六流程”的施工工艺组织施工，采用推土机初平、平地机精平，20 t重型振动压路机压实。

试验段与非试验段搭接处预留台阶，台阶宽度不小于1 m，台阶设置高度为每2层设置一个台阶。

2. 工艺试验总结

(1)基床以下路堤及底层填筑工艺试验

通过基床以下路堤填筑试验段的施工和总结，压实后各项参数达到要求，并以此总结指导标段内基床以下路堤填筑大面积施工。基床以下路堤填筑摊铺压实工艺参数如下：

机械组合：推土机摊铺并初平＋平地机精平＋20 t压路机碾压；虚铺厚度：虚铺厚度38 cm，压实厚度30 cm，虚铺系数1.27；碾压遍数及方式：碾压7遍，碾压方式为“静压1遍、弱振1遍、强振4遍＋静压1遍”，行驶速度控制在4 km/h以内，强振时控制在3 km/h左右；含水率控制：最优含水率在－3%～＋2%范围内，本试验段的最佳含水率为9.97%。

(2)基床表层及过渡段级配碎石填筑工艺试验

机械组合:推土机+人工平整+大型振动压路机(20 t);松铺厚度:松铺厚度 30 cm,压实厚度 25 cm,松铺系数 1.2;碾压遍数及方式:碾压 6 遍,采用“先静压、后弱振、再强振”的方式,最后静压收光,碾压速度控制在 4 km/h;含水率控制:控制最优含水率在-3%~+2%范围内,本试验段的最佳含水率为 7.55%。掺水泥的级配碎石填料宜在 2 h 内填筑压实完毕。

第二节 地基处理

福平铁路软土地基处理主要采用水泥搅拌桩、CFG 桩、预应力管桩及塑料排水管等对地基进行加固处理,结合堆载预压,使线路达到稳定状态。

一、换填土

对施工场地进行清理平整,开挖临时水沟将积水排出路基范围之外,不得污染农田和周围环境。根据换填设计核对现场实际情况,确定换填范围,通过测量定出换填长度及宽度。换填范围和深度应符合设计要求,经试验检测核对换填的深度和范围。清除表层土要彻底,保证地面平整,换填底部坡度陡于 1∶5 时,需挖台阶,台阶宽度不小于 2 m,高度不小于 1 m。换填的改良土,根据试验取得的施工参数进行分层摊铺、碾压,各项指标符合设计和规范要求。最后一层碾压完成后,检查高程和平整度,低洼处及时补平。施工工艺流程:施工准备→确定处理范围→挖除表层土→整平碾压→基底检验→测量地面高程→换填料运入施工现场→换填料分层整平碾压→压实检验→换填顶面高程测量→按设计做好顶面横坡。

二、水泥搅拌桩

1. 施工工艺流程

水泥搅拌桩施工工艺流程如图 4-2-2 所示。

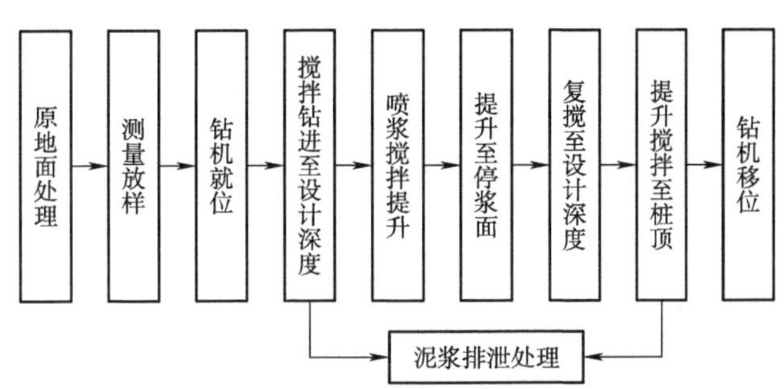

图 4-2-2 水泥搅拌桩施工工艺流程

2. 工艺要点

(1)施工准备

首先根据设计选用固化剂和外加剂。施工前现场取样做室内配方试验,按照设计要求通过试验确定水胶比、固化剂用量和外加剂用量,要求拌和的灰土早期强度高、龄期强度满足设计要求,配置的灰浆要流动性好、不离析,便于泵送、喷搅。通过试验了解强度的增长和龄期关系,便于施工安排。

施工前清理场地,并做好施工机械进、出场地及材料运输的道路。施工场地清理后即进行定位测量,确定定位轴线,随后分段放设井位桩,根据浆体喷射搅拌桩布置范围及间距,在现场采用小木桩或竹片桩准确定出每个桩位置。定位前,对每井位进行编号,以免桩号混乱,防止偏位或漏打。定出桩位标高,以便控制搅拌桩的设计深度。为控制桩入土深度,在搅拌机架上划出标尺,以确保桩底标高符合设计要求。

(2)施工工艺

搅拌机到达指定桩位,对中,桩位偏差不大于 50 mm。搅拌机垂直于地面,控制平整度和导向架垂直度,偏差不超过 1%。

启动搅拌机电机,搅拌头在原地搅拌 1～3 min,待搅拌头转速正常后放松起吊钢丝绳,使搅拌头沿导向架边搅拌边下沉,下沉速度由电气控制装置的电流监测表控制,工作电流不应大于额定值 70 A,一般不超过 0.5～0.6 m/min。

下沉时不宜冲水,当遇到较硬土层下沉较慢时,可适量冲水,同时考虑冲水对成桩强度的影响,并适当调整配合比和适当减少用水量。记录员按规定的表式填写下沉速度、深度和相关的技术参数。

在搅拌头下沉同时,后台拌制固化浆液,浆液搅拌均匀,加筛过滤,现搅拌现用,在压浆前按配合比拌匀后倒入集料斗。记录员按规定表式填写拌制固化剂的配合比等技术参数。

搅拌头下沉到达设计深度(标高)后,开启灰浆泵,泵送距离宜小于 50 m。待浆液到达喷浆口,再按规定的提升速度边喷浆边提升搅拌头,使浆液和土体充分拌和直至设计顶面标高加预留量。在成桩过程中,凡由于电压过低或其他原因造成停机,使成桩工艺中断的,在搅拌机重新启动后,将搅拌叶再搅拌下沉 0.5 m 后再继续成桩。若停机超过 3 h,在原桩位旁边进行补桩处理。搅拌头喷浆提升的速度和次数符合施工工艺的要求。记录员按规定表式记录喷浆每米提升速度,并注明施工中发现的问题及处理情况。

搅拌头喷浆提升至设计顶面标高加预留量时,关闭灰浆泵,搅拌头重复下沉或按设计要求在桩顶以下局部部位重复下沉、提升、拌和一次,此时集料斗中浆液正好排空。为使原土和固化剂搅拌均匀,再次将搅拌头边旋边进入土中直到设计深度后,再边旋边提升出地面。记录员按实作出记录,并注明注入的固化剂用量。

(3)桩身质量检验

水泥搅拌桩质量检验包括桩身完整性、均匀性、桩身强度、单桩或复合地基承载力等。成桩 28 d 后,采用双管单动取样器在桩径方向 1/4 处、桩长范围内钻孔取芯,观察桩体完整性、均匀性,在上、中、下各 1/3 范围中部分别取样作无侧限抗压强度试验,检验率为施工总桩数的 0.2%,且每工点不少于 3 根。单桩或复合地基荷载试验在成桩 28 d 后进行,检验率为施工总桩数的 0.2%,且每工点不少于 3 根。

三、CFG 桩

CFG 桩采用长螺旋钻孔、管内泵压混合料灌注成桩施工工艺进行施工。CFG 桩施工工艺流程如图 4-2-3 所示。

1. 工艺要点

施工设备:长螺旋钻孔机、混凝土泵和强制式混凝土搅拌机。

钻机就位:钻机就位用钻机塔身的前后和左右的垂直标杆检查塔身导杆,校正位置,使钻杆垂直对准桩位中心,确保 CFG 桩垂直度容许偏差不大于 1%。

混合料搅拌:混合料搅拌要求按配合比进行配料,计量准确,上料顺序为先装碎石,再加水泥、粉煤灰和外加剂,最后加砂,使水泥、粉煤灰和外加剂夹在砂、石之间,不易飞扬和粘附在筒壁上,也易于搅拌均匀。每盘料搅拌时间不小于 60 s。在泵送前应将混凝土泵料斗、搅拌机搅拌筒备好熟料。

钻进成孔:钻孔开始时,关闭钻头阀门,向下移动钻杆至钻头触及地面时,启动钻机钻进。钻进过程先慢后快,这样既能减少钻杆摇晃,又容易检查钻孔的偏差,及时纠正。在成孔过程中如发现钻杆摇晃或难钻时,放慢进尺,否则较易导致桩孔严重偏斜、位移,甚至使钻杆、钻具扭断或损毁。根据桩长确定钻孔深度。当钻头到达预定标高时,在动力头底面停留位置处在钻机塔身上作醒目标注,作为施工时控制桩长的依据。

灌注及拔管:CFG 桩成孔到设计标高后,停止钻进,开始泵送混合料,当钻杆芯管充满混合料后开始拔管,混合料泵送量与拔管速度相配合,边灌注边提钻,保持连续灌注,均匀提升,做到钻头始终埋入混合料内 1 m 左右。严禁采用先提钻后灌注混凝土,形成往水中灌注混凝土的错误做法,遇到饱和砂土或饱

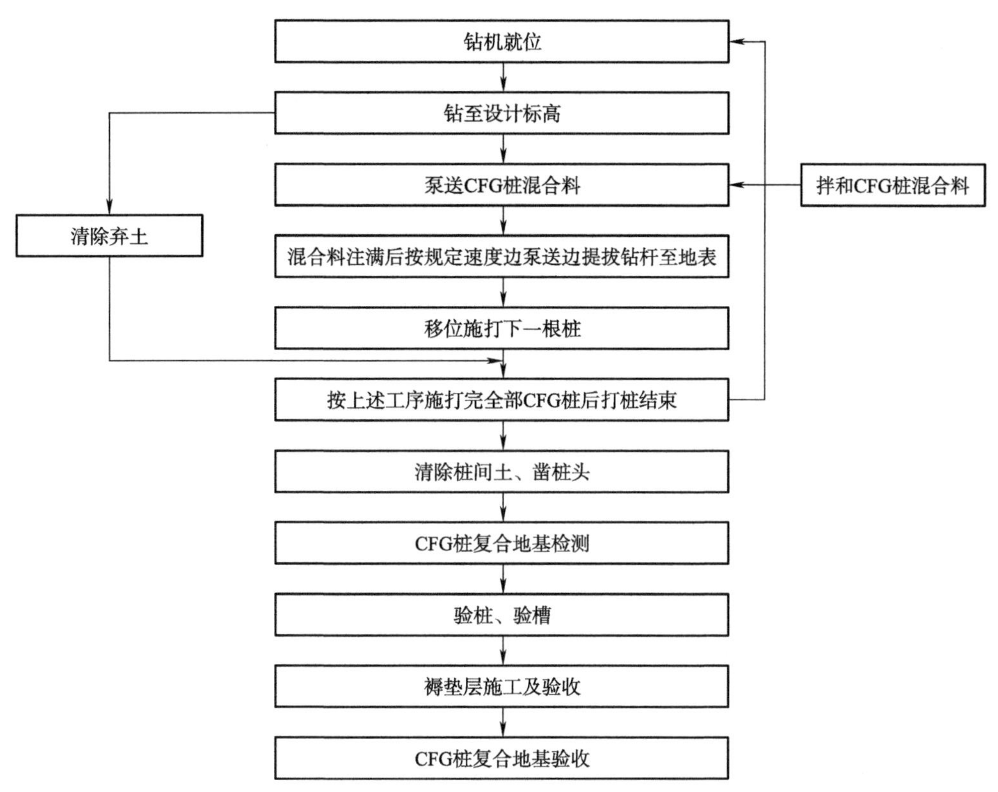

图 4-2-3 CFG 桩施工工艺流程

和粉土层，不得停泵待料，避免造成混合料离析、桩身缩径、断桩和夹泥等。

移机：当上一根桩施工完毕后，钻机移位，进行下一根桩的施工。施工时由于 CFG 桩排出的土较多，经常将邻近的桩位覆盖，有些还会出现钻机支撑时支撑脚压在桩位旁使原标定的桩位发生移动。因此，在下一根桩施工时，根据轴线或周围桩的位置对需施工的桩位进行复核，保证桩位正确。

2. 质量控制

为检验 CFG 桩施工工艺、机械性能及质量控制，核对地质资料，在工程桩施工前，先做不少于 3 根试验桩，并在竖向全长钻取芯样，检查桩身混凝土密实度、强度和桩身垂直度，根据发现的问题修订施工工艺。

施工桩顶标高宜高出设计桩顶标高不少于 0.5 m；为保证施工中混合料的顺利输送，施工中采取强制式搅拌机；桩身每方混合料掺加粉煤灰量 70～90 kg，坍落度控制在 160～200 mm；成桩过程中，随机抽样做混合料试块，每台机械一天制作一组(3 块)试件，检查试件标准养护抗压强度符合设计要求；清土和截桩时，不得造成桩顶标高以下桩身断裂和扰动桩间土。

长螺旋钻孔、管内泵压混合料灌注成桩施工在钻至设计深度后，准确掌握提拔钻杆时间，混合料泵送量与拔管速度相配合，遇到饱和砂土或饱和粉土层，不得停泵待料。为防止串孔应隔排跳桩施工，跳打要求及时清除成桩时排出的弃土，否则会影响施工进度。整个施工过程中，安排技术人员旁站监督，并做好施工原始记录，记录钻压电流值、孔深、单孔混合料灌入量、堵管及处理措施等。

施工中桩长不小于设计值，桩位偏差不大于 0.4 倍桩径，垂直度允许偏差不大于 1%。

3. 质量检验

质量检验在成桩 7 d 内采用低应变动力试验，抽检率为桩数的 10%；28 d 后在桩体中心、桩长范围内垂直钻孔取芯，观察桩体完整性、均匀性，在桩身上、中、下不同深度取不少于 3 个试样作抗压强度试样，试样数量为施工总桩数的 0.2%，且不少于 3 根，成桩 28 d 后，承载力采用单桩及复合地基荷载试验，抽检率为桩数的 0.2%，且每工点不少于 3 处。

四、预应力管桩

本标段所有钢筋(预应力)混凝土管桩均从合格的厂家购置,现场采用振动沉桩及静力压桩施工。

1. 工艺流程

钢筋(预应力)混凝土管桩施工工艺流程如图 4-2-4 所示。

2. 工艺要点

(1)施工准备

清理场地,排除积水,并将路基范围内原地面上淤泥、树根、草皮、腐植土等全部挖除;在路基范围内按设计要求分层填筑软土工作层,小型压路机碾压密实;对桩位进行测量放样并作出标记。

检查预制桩有无出厂合格证,确认没有裂纹、桩身混凝土无剥落露筋现象,并按外观检查要求验收合格后方可使用;检查桩是否达到 100%设计强度并满足混凝土养护龄期 28 d 以上的要求。

清除桩表面的附着物,有接头法兰盘的要除锈去污,并在桩的侧面画上醒目的尺寸标志线,便于沉桩时显示桩的入土深度。

打桩设备进场后,进行安装调试,然后移机至桩位处就位。桩架安装时采用方向相互正交的两台经纬仪对打桩机进行垂直度调整,保证导杆垂直。桩插好后即将桩锤压住桩顶,检查桩锤、桩帽和桩的中轴线是否一致。桩位偏差不大于 2 cm,插桩的倾斜度不得超过 1/400,否则重新调整插桩。

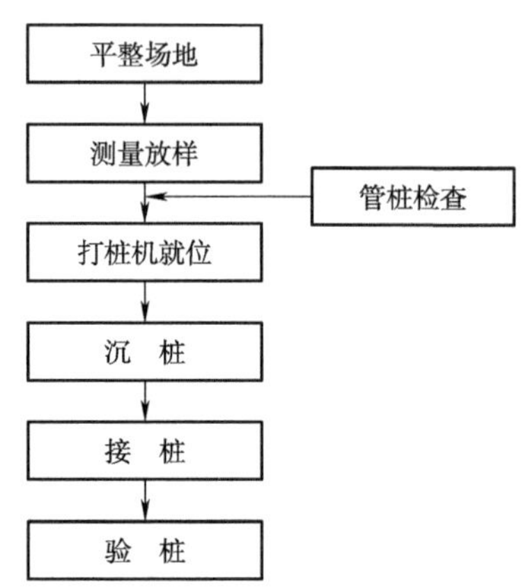

图 4-2-4　钢筋(预应力)混凝土管桩施工工艺流程

(2)沉桩

振动沉桩机机座、桩帽须连接牢固,沉桩机和桩中心轴要保持在同一直线上。开始沉桩时,首先靠桩及振动锤的自重下沉,待桩身有足够稳定性后,再采用振动下沉;每一根桩的沉桩作业一次完成,不可中途停顿过久,避免土的摩阻力恢复后继续下沉困难。沉桩过程中,采用方向相互正交的两台经纬仪经常检查校核,随时保持导杆的垂直度,防止桩的偏移;打入桩采用设计桩尖标高控制法控制,用贯入度进行校核。

(3)接桩

打入桩需就地接桩时,在下节桩露出地面约 1 m 时进行。接桩时,上下节桩轴线的偏斜控制在 3‰～5‰之内,各节偏斜反向错开,施工时按设计要求接桩。

焊接接头接桩:施焊面上的泥土、油污、铁锈等预先清洗干净;接桩时,在下节桩头上安装导向箍,以便上节桩引导就位。当上节桩方向找正后,对称点焊 4～6 点,加以固定,然后拆除导向箍;焊缝连续、饱满,施焊至少分两层进行,第一层适当加大焊接电流,加强熔深,焊接工艺符合有关要求;桩接头入土前,对其焊缝外表面进行清理并补涂防腐蚀涂料。

法兰盘螺栓接头接桩:法兰盘结合处加垫沥青纸或石棉板;接桩时将上下两节桩的法兰盘螺栓孔对准,然后穿入螺栓,对称将螺母逐步拧紧;待全部螺栓均拧紧后,检查上下节桩的纵轴线符合要求后,将锤吊起,轻击一次,然后再复紧一次螺母,用电焊点焊固定;法兰盘和螺栓外露部分涂上防锈油漆或防锈沥青胶泥,即可继续打桩。

(4)送桩

桩顶设计标高低于地面标高时,需进行送桩;送桩杆上进行尺寸标志,便于测读桩顶标高,控制桩的入土深度;送桩杆与桩顶的接触面间加硬木衬垫,防止桩顶击碎。衬垫需经常更换,送桩杆与桩顶接触面保持密贴;送桩时,必须保证送桩杆与桩身的纵向轴线保持一致;送桩达到深度后,及时将送桩杆拔出并回填孔洞。

(5)管桩锤击法沉桩的收锤标准

收锤标准结合地质条件、桩承载力性状、锤重、桩的规格和长度、进入持力层的要求、相同地质条件和邻近工程的沉桩经验以及试桩的情况,由设计、业主、监理、施工等单位共同综合确定,以到达设计桩端持力层，最后贯入度或最后 1.0 m 沉桩锤击数为主要控制指标。摩擦桩按桩长和标高控制。桩端位于一般土层的端承摩擦桩，以控制桩端设计标高为主，贯入度为辅。桩端达到坚硬、硬塑的黏性土及中密以上粉土、砂土、碎石类土、风化岩时，以贯入度控制为主，桩端标高控制为辅。

(6)验桩

当桩顶设计标高高于施工场地标高或与施工场地标高相同时，施工质量验收待打桩完毕后进行；当桩顶设计标高低于施工场地标高进行了送桩时，在每根桩的桩顶打至场地标高时先进行一次中间验收；待全部桩打完并开挖到设计标高后，再作全面检验、检测，在验收前，不得切去桩顶。

(7)浇筑钢筋混凝土桩帽

待预应力管桩施工完毕，挖除桩周土层、去除管桩顶面破坏部分，按设计要求绑扎钢筋，立模浇筑桩帽混凝土。

(8)管桩桩身的施工质量检验

预制桩到场按设计、规范、验标等要求进行质量检验，桩施工完 28 d 后采用无损检测方法进行无损检测，检测桩数不少于全部桩数的 10%，且不少于 3 根；桩施工完 28 d 后还须进行单桩荷载试验，抽检率为总桩数的 0.2%，且不少于 3 根。

五、塑料排水板

1. 工艺流程

塑料排水板施工工艺流程如图 4-2-5 所示。

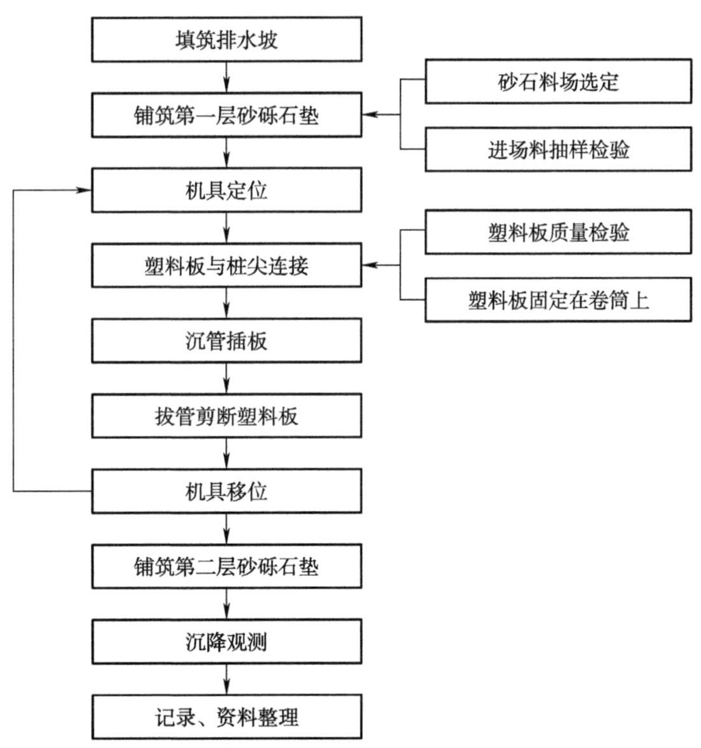

图 4-2-5　塑料排水板施工工艺流程

2. 工艺要点

(1)横坡及第一层砂砾垫层的设置

将软土地基段内沟水排除、清淤，清除原地面的草皮或耕植土，在基底范围内铺设 0.5 m 厚 C 组以上填料(砂砾)工作层，并碾压密实。

(2)机具定位

选用 DZ60KS 打拔桩机，根据设计要求确定出每个板的孔位，并用木桩标记，在套管插入时要将其拔掉；插板机定位时要保证桩锤中心与地面定位在同一点上，并用测量仪器控制桩锤与塔架的垂直。

(3)塑料板与桩尖连接

在塔架插板卷筒上安置塑料板，然后将塑料板通过套管从管靴穿出，固定在桩尖上，并一起贴紧管靴对准板位。

(4)沉管插板

沉管开始时要缓慢，防止套管突然偏斜，入土后要观察，直插至设计要求的深度。

(5)拔管剪断塑料板

沉管到设计深度后即可拔管，此时塑料板因桩尖与土的阻力而垂直设置在软土地基中。套管拔出后剪断塑料板，在砂砾垫层上留出 20～30 cm，拔管连续缓慢进行，中途不得放松吊绳，防止因套管下坠而损坏塑料板。

(6)用土工布及砂垫层封塑料板

塑料排水板施工完成后，铺设两层单向土工格栅(≥80 kN/m)及 0.6 m 厚中粗砂垫层。土工格栅铺设宽度超过路基坡脚 1 m，土工格栅与土工格室相接时，土工格栅深入土工格室不小于 2 m。每层砂垫层铺完后都要进行压实。

六、土 工 格 栅

1. 施工方法

铺设土工格栅的基本做法：将土工格栅按照设计要求满铺，搭接宽度不小于 0.1 m，并在土工格栅的接头上每隔 1.0 m 用 U 形钉固定一处。

铺土工格栅前，先整平、压实底层，铺设时理顺，拉直、绷紧，无褶皱和破损；在补强层上填第一层土时，先填两边后填中间，避免挤动面砂和使土工合成材料松弛；压实时先用轻型压路机从两边开始纵向碾压，逐次向中心推进，碾压 3～4 遍后改用重型压路机碾压至合格。

复合土工格栅用于路堑基床表层处理，对每一批进场的复合土工格栅进行抽检。铺设之前首先将路基面做成向两侧 4%的排水坡并压实平整，再人工铺设 10 cm 厚砂垫层，碾压密实，清除可能刺破土工格栅的尖锐杂物和碎石。铺设做到平整无褶皱，铺设后及时换填 50 cm 厚碎石土覆盖，并拍打压实；复合土工格栅的连接当采用搭接时，搭接长度≥30 cm；当采用粘接时，接缝宽度≥10 cm；要求高端压在低端上。

2. 施工工艺流程

土工格栅施工工艺流程如图 4-2-6 所示。

3. 施工工艺标准及要求

土工格栅运到工地后，按规定存放，并逐批检查出厂检验单、产品合格证及材料性能报告单，对其主要物理力学指标抽样检验，每批不少于一次。

铺设时按强度高的方向将土工格栅铺设在路堤主要受力方向，拉紧展平后用插钉固定，消除褶皱扭曲后与路基面密贴，土工格栅连接时，采用绑扎方法。铺设后及时填筑，避免土工格栅受阳光直接暴晒时间过长。

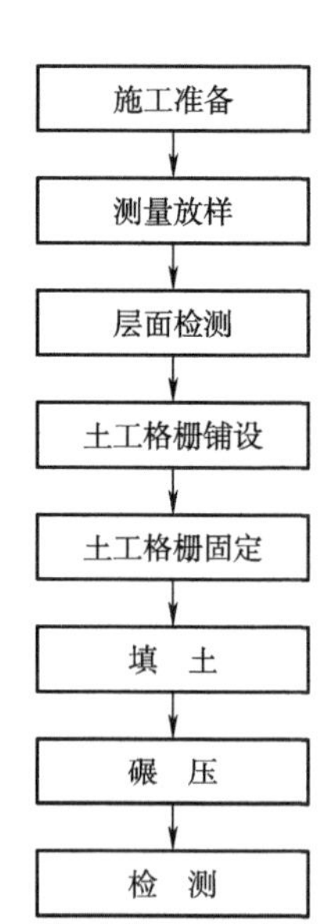

图 4-2-6 土工格栅施工工艺流程

土工格栅填筑第 1 层填料时采用后卸式汽车沿筋材边缘卸土，并用推土机摊铺。第一层填料用轻型压路机压实，填料厚度大于 0.6 m 后，再用重型压路机碾压。运输车辆和碾压机具不能直接在土工合成材料上行走作业。

七、堆载预压填筑施工

1. 施工组织顺序

施工准备→测量放样→沉降观测设备埋设→土工布铺设→预压土填筑→沉降观测和数据分析→预压土卸载。

2. 施工工艺

(1)路基堆载预压前测量基床底层顶面是否达到设计填筑高程,检测各项压实指标是否符合设计及验收要求。

(2)按照设计图纸要求在基床底层埋设沉降监测桩。

(3)于路基基床底层顶面铺设一层土工布,土工布幅宽不小于 2 m,并考虑 0.2 m 的搭接,铺设宽度大于堆载范围每侧不小于 1.5 m,预压土碾压后重度不小于 18 kN/m^3。

(4)路基堆载预压采用清表土或弃土场弃土填筑,采用自卸车拉运。预压填筑过程中第一层填筑厚度不大于 40 cm,采用轻型机械摊铺后压实,压实度不小于 80%,防止压破土工布,污染基床底层顶面;第一层预压土压实后,采用挖掘机配合装载机将预压土堆载至计算高度,剩余 0.2～0.3 m 厚的预压土由机械配合人工进行,这是为了减小机械施工时对原基床底层顶面的扰动,同时卸载过程中不得污染已施工完成的路基。

(5)预压堆载期间及堆载完成后,加强沉降观测,长乐东站(DK42+901.69～DK45+050)堆载预压时间为 18 个月,DK47+969.95～DK48+356.893 堆载预压时间为 12 个月,长乐南站 DK55+975～DK56+833 堆载预压时间为 6 个月。通过绘制填土-时间-沉降曲线图,并进行分析预测工作,为确定预压土具体卸载时间提供依据。沉降观测频次见表 4-2-1。

表 4-2-1　沉降观测频次

观测阶段	观测频率
第 1 月	1 次/周
第 2、3 月	1 次/2 周
3 个月后	1 次/月

路基沉降观测水准测量的精度为±1.0 mm,读数取值至 0.1 mm。剖面沉降观测的精度不低于 8 mm/30 m。

(6)堆载料具备卸载条件后,由挖掘机挖除顶部的填料,为了防止卸载时对基床底层造成破坏,底层的 20 cm 以上填料由平地机配合人工挖除,预留 20 cm 填料保护层由人工清除。卸载全部完成后对基床底层面予以恢复并重新检查,合格后即可按照设计进行上部结构的施工。

第三节　一般路基施工

一、施 工 准 备

(1)施工放样,由测量班放出线路中心桩位和边坡线。

(2)试验室现场取填料土样,进行常规土工试验,确定合格填料。

二、碎石垫层施工

软基基桩桩顶设计为 60 cm 厚的碎石垫层,并在中间夹铺两层土工格栅。

(1)填料要求:碎石垫层采用未风化的干净轧制碎石,最大粒径不得大于 50 mm,含泥量不大于 5%,且不含草根、垃圾等有机杂质。土工格栅的抗拉强度不小于设计值。

(2)施工方法:碎石垫层分 3 层填筑,每层厚度 20 cm,用推土机推平,小型设备压实,然后铺设土工格栅。土工格栅铺设完成经验收合格后,再铺填下一层碎石,平地机找平。

(3)土工格栅铺设操作要求:

①铺设土工格栅时,必须拉直拉平,并与底面层密贴,不得有褶皱、扭曲。铺设土工合成材料下承层的表面如有坚硬凸出物将会刺破或损坏土工合成材料,在铺设前要剔除硬凸出物。

②土工格栅采用绑扎方法连接,固定采用 U 形卡。采用绑扎法时,一般每隔 15~20 cm 应有一个绑扎点,以使搭接处的强度满足要求。

③幅与幅之间要对齐,搭接宽度不小于 0.2 m,路基两边回折宽度 3 m。

(4)土工格栅上部填土要求:

①土工格栅验收合格后,用轻型推土机或装载机铺设上层碎石垫层。

②严禁运输、碾压机械直接在土工格栅上行走、作业,需待上覆填土层厚大于 0.3 m 后方可允许运输车辆行走及碾压机械压实。

③土工格栅摊铺后应及时填筑填料,避免阳光长时间照射。

土工格栅铺设如图 4-2-7 所示。

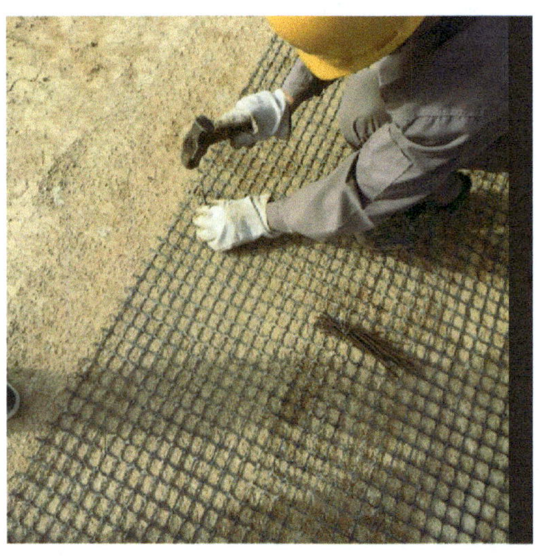

图 4-2-7 土工格栅铺设

三、基床以下路堤填筑

填筑按“三阶段、四区段、八流程”的施工工艺组织施工,区段布置及施工工艺流程如图 4-2-8、图 4-2-9 所示。

图 4-2-8 区段布置

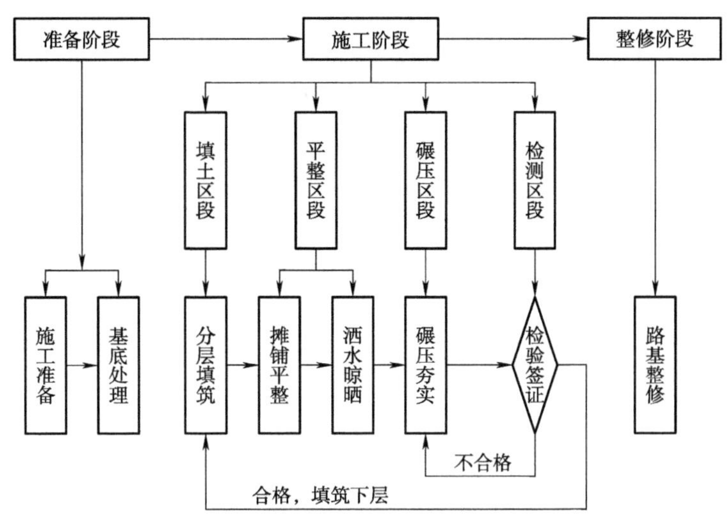

图 4-2-9　基床以下路堤填筑施工工艺流程

第四节　路 堑 施 工

1. 施工工艺流程

机械开挖深路堑施工工艺流程如图 4-2-10 所示。

2. 深路堑开挖

(1)路堑开挖从上至下分层依次开挖，严禁自下而上挖或掏空挖。

(2)每层开挖高度不超过 5 m，每层先开挖路堑中部，路堑边坡预留 1～5 m 厚度。路堑中部开挖到位后，再开挖路堑边坡进行刷坡。挖路堑边坡前先安上坡度尺，按照设计坡度刷坡，确保路堑边坡的稳定性和平顺。

(3)路堑采用单斗反铲式液压挖掘机开挖，挖方利用或弃方运输采用自卸汽车，考虑地形、道路、运距、成本等确定车辆形式和数量，其生产能力等于或略大于挖装能力。一般车辆容积应是挖掘机铲斗容积的 5～7 倍。一个班组的车辆的容积规格接近，以便现场控制铺土厚度时统一卸土间距。

(4)路堑不论采取何种形式开挖都应随时做临时排水沟，并避免超挖和欠挖。

(5)路堑开挖遇到下列情况时，应办理变更设计：

①边坡、基床的土石种类和构造与施工图明显不符。

②因自然灾害危及嵌底或边坡稳定。

③采用新的或特殊性施工方法，需改变边坡坡度。

④需增设或改变支挡、防护结构及排水设施。

3. 路堑高边坡工程监测

根据地质条件及工程实践经验，主要针对以下地质条件、边坡高度设置边坡位移、应力状态的监测系统。

(1)硬质岩路堑边坡高度≥30 m。

(2)软质岩及土质边坡高度≥15 m。

凡满足上述条件者，根据具体的实际情况，选择代表断面进行变形监测。

路堑高边坡地表位移监测：设置不少于 3 个边坡位移监测断面。边坡沿线路纵向每隔 30～50 m 设置监测断面，每个断面分别于路堑边坡的路肩、桩(墙)顶平台、边坡平台、堑顶以及堑顶外 5.0 m、10 m 设置观测桩。分别在边坡可能破坏的范围外 30 m 设照准点和制镜点。采用经纬仪或全站仪测量，监测边坡状态，指导施工。

支护结构变形监测、应力应变监测：采用新技术、新结构的支护工程或对支护工程有特殊要求时，进行支护结构土压力监测及钢筋混凝土应力应变监测。根据工程的具体情况，选择代表性断面布设。

土压力监测：分别于桩（墙）等支护结构顶平台以下 1 m 开始，每 2 m（一般至侧沟底附近）埋设 1 个钢弦式土压力盒，其中侧沟沟底附件和土石分界处应通过调整埋设 1 个钢弦式土压力盒，每个断面不少于 3 个。采用钢弦频率测定仪监测桩（墙）等支护结果背部土压力大小及变化。

钢筋混凝土应力应变监测：钢筋混凝土结构受力钢筋安装应力计，混凝土上安装应变计监测应力应变大小及变化。应力计及应变计一般安装在不同结构及受力变化部位。

4. 路堑弃土

路堑施工尽量考虑移挖做填，符合填料使用条件的土用作路堤填料，必须弃舍时应本着“高土高弃、低土低弃、劣土废弃、优土还田”的原则，合理规划弃土场，防止堆置不当影响路堑边坡的稳定或造成水土流失、淤塞排灌沟渠等病害。

5. 边坡修整

(1)正确标出边桩连线。经常检查边坡开挖坡度、纠正偏差。

(2)坡面平顺，无明显的局部高低差及浮石、渣堆、杂物等。

(3)边坡上出现的坑、凹槽应嵌补平整。

(4)平台有向路基侧沟排水的坡度。

(5)需要防护的边坡，按施工图及时防护；当防护不能紧跟开挖进行，预留一定厚度的保护层并放缓开挖面坡度，待做护坡时再刷够边坡。

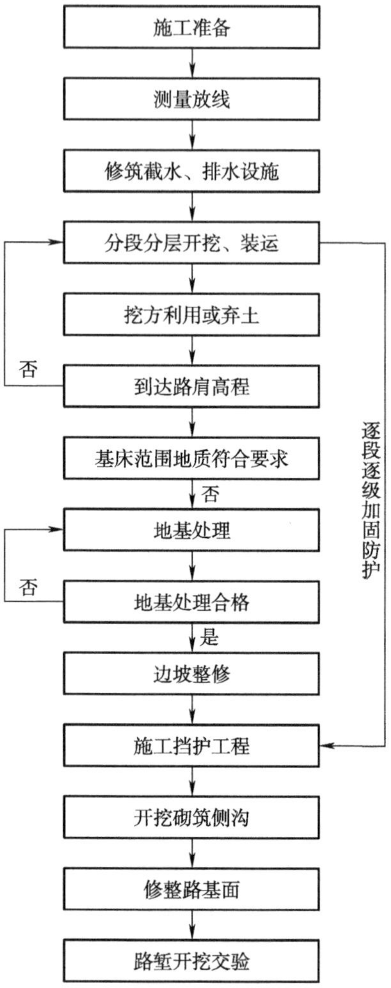

施工准备
测量放线
修筑截水、排水设施
分段分层开挖、装运
挖方利用或弃土
到达路肩高程（否）
基床范围地质符合要求
否
地基处理
地基处理合格（否）
是
边坡整修
施工挡护工程
开挖砌筑侧沟
修整路基面
路堑开挖交验
逐段逐级加固防护

图 4-2-10 机械开挖深路堑施工工艺流程

6. 路基面修整

(1)路堑施工接近嵌底时，需鉴别核对土质，按施工图断面测量放样，开挖修整；或按施工图采取压实、换填、改良土质、排水封闭等措施。

(2)填补凹坑应采用与路基面种类相同的填料并予压实。

7. 深路堑开挖施工要点

(1)深挖方路堑开挖采用装载机配合挖掘机作业，以“先通道纵挖，再多层横向全宽挖掘”的方法。自上而下分层进行，先沿路基纵向挖掘一条通道，探明地质情况，然后根据设计要求将通道向两侧拓宽以扩大工作面。

(2)开挖两侧时，确保各层有独立的出土道路和临时排水设施，不得乱开挖、超挖，严禁掏洞取土。

(3)开挖过程中，根据线路中桩和设计图纸，用全站仪放样，定出开挖线的位置，确定路基轮廓，及时纠正偏差，确保每挖深 5 m 进行一次控制复测工作。

(4)深挖方路堑开挖至接近加强层地面标高时，预留压实产生的下沉厚度，其值以试验结果作为参考确定。

(5)深挖方路堑开挖施工中要注意保护坡顶，弃土或其他材料堆放在开挖线外不小于 5 m 的位置。

(6)深挖方路堑开挖以边开挖边排水为原则；每层表面预留纵坡、横坡及临时排水沟与河道相连接，及时将路基表面积水排除，减少雨水的浸泡和下渗。

(7)深挖方路堑开挖以边开挖边防护为方针;深挖方路堑开挖第一次开挖时预留不小于 20 cm 的保护层来减少雨水的冲刷和下渗;在逐级开挖到坡中平台标高时,用挖掘机配合人工突击刷坡,并开始做防护,对已完成坡面及时支挡和封闭,防护工程施工完毕后,如具备植物成活条件,及时进行植被防护施工,避免边坡长期裸露、暴晒。

(8)深挖方路堑开挖裂缝的处理办法:边坡上出现的无害裂缝,须及时进行灌浆处理,以避免岩缝渗漏和冲刷而引起滑坡;边坡上出现的有害裂缝,应提出处理措施报监理工程师批准。

第五节 过渡段施工

过渡段路基填筑与相邻路基工程同步施工。

过渡段路堤高度小于 3.0 m 时,原地面处理后的质量符合《高速铁路路基工程施工技术指南》的规定;过渡段路堤高度大于等于 3.0 m 时,过渡段基底原地面平整后,用振动压实设备碾压密实,并满足 $E_{vd}>30$ MPa。

过渡段与混凝土结构物连接时,在结构物防水层与保护层完工、圬工强度达到设计要求后方可进行施工。填筑压实过程中,保证桥台、横向结构物稳定、无损伤。

过渡段掺水泥级配碎石混合料在 4 h 内碾压完毕,若不能连续填筑时及时养生。

过渡段的沉降观测按设计要求进行,过渡段范围内的路肩上均布置沉降观测桩;软土地基地段的过渡段还按设计要求进行软土地基表面沉降、位移观测,测点布置宜与相邻路堤软土地基表面的沉降、位移观测位置相协调。

1. 工艺流程

过渡段施工工艺流程如图 4-2-11 所示。

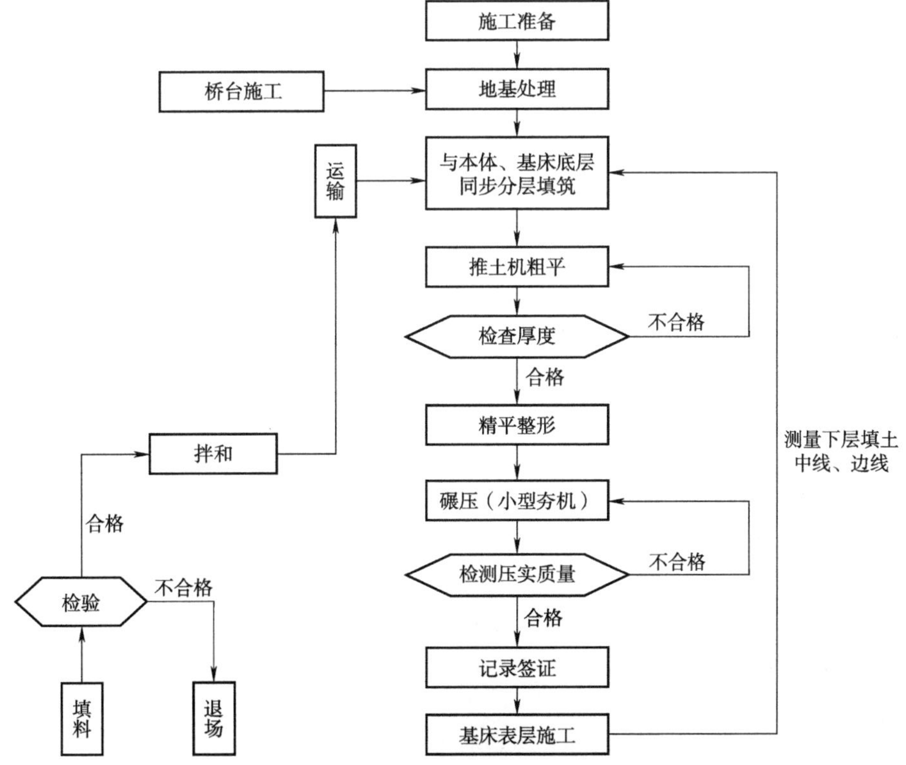

图 4-2-11 过渡段施工工艺流程

2. 施工方法

(1)过渡段基底处理与桥台、横向结构物及相邻路基的地基同时进行，过渡段填筑与相邻路堤按相同施工区段同步施工。

(2)按设计要求对各种形式过渡段的基底进行处理，经检查验收合格后再进行上层填筑。

(3)台后 2 m 范围内，每层摊铺厚度为相邻路堤分层摊铺厚度的 1/2，采用小型打夯机按工艺试验确定的参数进行夯压密实。

(4)台后 2 m 范围外，每层摊铺厚度与相邻路堤分层摊铺厚度相匹配，采用压路机按工艺试验确定的碾压遍数、行驶速率及碾压程序进行碾压。

3. 施工要求

(1)过渡段填料在拌和站集中拌和，自卸汽车运输，推土机配合平地机摊铺，重型碾压设备及小型振动压实设备碾压。

(2)在大型压路机碾压不到的部位及在台后 2.0 m 范围内，采用小型振动压实设备进行碾压。

(3)过渡段填筑工艺参照一般路基“四区段、八流程”的填筑工艺施工。

(4)填筑一层检验一层，检验合格并经监理工程师签认后才能进行下一层的填筑施工。

(5)软土地基地段的过渡段还应按设计要求进行软土地基表面沉降观测。测点布置宜与相邻路堤软土地基表面的沉降观测位置协调。

4. 材料要求

施工前对所选择的填料进行核对确认并经试验鉴定，使其能够确保路堤各相应部位填料的质量检测、压实标准等指标达到设计要求。

根据设计和规范要求，调查选定级配碎石料源，并对选定的料源进行取样试验和筛分检测，填料粒径、级配及质量符合设计要求；碎石颗粒中针状、片状碎石含量应不大于 20%；质软、易破碎的碎石含量不得超过 10%；黏土团及有机物含量不得超过 2%。

5. 质量控制

(1)层厚控制

对压路机碾压部位每层最大压实厚度不宜超 30 cm，最小压实厚度不宜小于 15 cm，具体厚度参照试验结果，小型机具压实部位每层松铺厚度控制在 15～20 cm。在桥台背部及横向结构物墙身的左中右用红油漆标出分层松铺厚度和填层序号。

(2)压实度控制

桥路过渡段路堤基床表层填料与压实标准与相邻基床表层相同，表层以下可用级配碎石分层填筑，填筑压实标准应满足 $K_{30}\geq150$ MPa/m 和孔隙率 $n<28\%$。

(3)填料平整及均匀性控制

基床表层以下部分采用推土机粗平、平地机精平，靠近结构物人工配合进行局部处理，确保层厚及拌和料均匀。表层与区间表层作为一整体施工。

(4)边坡平顺及压实控制

边坡压实采用夯实设备进行，对于设计有绿化要求的坡面采用人工夯拍与种植植被相结合的方法进行。

过渡段与路堤、路堑边坡连接处顺接采用人工挂线精细顺接，过渡段本体填筑局部不利于机械操作地段也采用人工挂线精细刷坡。

(5)沉降观测

①沉降观测按设计要求进行，并符合设计规范要求。

②过渡段的沉降观测按设计要求进行，宜在过渡段范围内的路肩上布置 3～4 个沉降观测断面(含桥台和过渡段尾端)。

③软土地基地段的过渡段按设计要求进行软土地基表面沉降观测。观测点布置与相邻路堤软土地基表面的沉降观测位置协调。

第六节 路基基床施工

1. 基床结构形式

路堤基床表层厚 0.6 m，采用级配碎石填筑，路堑基床表层除按硬质岩石路堑设计地段外为 0.5 m 厚级配碎石加 0.1 m 厚中粗砂。路堤基床底层厚 1.9 m，采用 A、B 组填料。

2. 路基基床填筑

(1)路基基床底层：为不干扰路堤施工和节约时间，基床底层试验段选在基床下的路堤最先完成的路段，当该段路堤本体全部完工获取试验成果后，迅速转入基床底层施工，保持施工的连续性。

松铺厚度控制在 30 cm 以内，采用不同的压实机具、遍数及速度，最终确定各项工艺参数；基床底层用 A、B 组填料或改良土填料填筑，按试验室对 A、B 组填料或改良土填料试验结果确定的施工参数指标分层碾压填筑。用挖掘机装车，自卸汽车运输，填料摊铺使用推土机初平，平地机终平，重型振动压路机压实。

采用 K30 平板荷载仪测定地基系数(K_{30})值，灌砂法、核子密度仪检测压实系数 K、孔隙率 n，静态变形模量测试仪测定变形模量 E_{v2}，动态变形模量测试仪测定 E_{vd}。

(2)路基基床表层：基床底层填筑至设计标高后，根据监测结果，当系统分析评估未达到预期值时，及时调整设计，使其达到预定的变形控制要求。当系统分析评估，沉降稳定，且工后沉降和差异沉降满足要求后，进行基床表层填筑。

(3)对基床底层进行验收，对不符合标准的基床底层进行修整，使其达到基床底层标准要求。基床表层选择不小于 200 m 长的基床表层级配碎石填筑作试验段。

(4)基床表层级配碎石由填料拌和站供应，分层填筑，每层最大填筑压实厚度不得大于 30 cm，最小填筑压实厚度不小于 15 cm，平地机进行摊铺，基床表层上层采用摊铺机进行摊铺，摊铺方法由试验段取得工艺方法、参数确定。

(5)碾压采用振动压路机，先静压，碾压要遵循先轻后重、先慢后快的原则。直线段由两侧路肩向路中心碾压，即先边后中；曲线段由内侧路肩向外侧路肩进行碾压。碾压时沿纵向重叠 0.4 m，横缝衔接处应搭接，搭接长度不少于 2 m。

(6)表层施工按照试验室对级配碎石填料试验结果确定的施工参数，做好碎石的性能检测。级配碎石在拌和站厂拌，自卸汽车运至路基，采用摊铺机摊铺、振动压路机碾压。

第七节 路基防排水施工

路基工程施工前，对影响路基稳定的地下水予以截断、疏干、降低水位，并引排到路基范围以外。在路基施工期，不任意破坏地表植被和堵塞水路；各类排水设施及时维修和清理，保持排水畅通、有效。

路基工程的排水设施主要有排水沟、天沟、侧沟、透水管、护坡排水槽、平台截水沟。施工时，做好路基排水系统与桥涵、车站排水系统的衔接，形成完整的排水系统，保证水流畅通，防止在施工期间因地表水及地下水的侵入而造成路基松软和坡面坍塌。

第八节 路基防护工程施工

路基防护及时完成，保护路基和防止水土流失。软土、松软土地基地段的防护工程应在路堤基本稳定后进行。护坡施工前，护坡基底应稳定，坡面应平整密实。

路基坡面防护主要采用喷播植草、客土喷播植草、混凝土脚墙、混凝土截水骨架护坡、锚杆框架梁护坡、锚杆承压板。

路基支挡工程主要有片石混凝土挡土墙、钢筋混凝土抗滑桩。

第九节　路基沉降控制与评估

路基施工按设计要求进行地基沉降、位移的观测，确保路基质量和施工速度控制。

一、路基沉降控制

加强路基基底处理、使用级配良好的填料、路基填筑压实质量施工过程控制。保证足够的沉降稳定时间，并加强沉降变形观测。

1. 路基沉降控制标准

路基段均铺设有砟轨道，轨道铺设后，为了满足线路的平顺性要求，路基工后沉降控制应满足表 4-2-2 的要求。

表 4-2-2　有砟轨道工后沉降控制标准

设计速度	一般地段工后沉降	路桥过渡段工后沉降	沉降速率
200 km/h	≤150 mm	≤80 mm	≤40 mm/a
160 km/h 及以下	≤200 mm	≤100 mm	≤50 mm/a

软土地基上填筑路堤时，应在边坡坡脚外设置边桩进行水平位移观测，在路堤中心线地面上设置地基沉降观测设备进行沉降观测。在路堤填筑过程中必须严格控制填土速率，控制沉降速率小于 10 mm/d，水平位移速率小于 5 mm/d，并根据观测数据推算地基的最终沉降量。必要时，调整设计使地基处理达到预定的工后沉降控制目标值。

2. 一般规定

(1)观测的目的是通过沉降观测，利用沉降观测资料分析、预测工后沉降，指导进行信息化施工，必要时提出加速路基沉降的措施，确定轨道的铺设时间，评估路基工后沉降控制效果，确保轨道结构的安全。

(2)路基填筑完成或施加预压荷载后应有不少于 6 个月的观测期。观测数据不足以评估或工后沉降评估不能满足设计要求时，应延长观测时间或采取必要的加速或控制沉降的措施。

(3)评估时发现异常现象或对原始记录资料存在疑问，要进行必要的检查。

3. 路基地段沉降观测技术要求

(1)沉降观测内容

沉降观测内容主要有路基面的沉降变形观测、路基基底沉降观测、过渡段路基沉降观测、路基稳定性观测。

(2)沉降观测断面和观测点的设置

沉降观测装置应埋设稳定，观测期间应对观测装置采取有效的保护措施。根据经验，埋设观测设施的有效性以及对其保护是否得力是决定整个观测工作成败的关键。各部位观测点应设在同一横断面上，这样有利于测点看护，便于集中观测，统一观测频率，更重要的是便于各观测项目数据的综合分析。

路基沉降观测断面及观测断面的观测点布置应根据地形地质条件、地基处理方法、路堤高度、地形地势的起伏、堆载预压等具体情况，结合沉降预测方法和工期要求具体确定，同时还应根据施工核对的地质、地形等情况调整或增设。

①观测断面布置原则

软土地段、浸水路基、岩溶路基、填方高度大于 8 m 的路基、地面横坡陡于 1∶2.5 地段的陡坡路堤等每隔 50 m 设置一个观测断面；填方高度在 5～8 m 之间时每隔 100 m 设置一个观测断面；对于地势平坦、地质条件均匀良好、高度小于 5 m 的路堤或路堑，工点长度在 500 m 以内时，间距 100～150 m 设一个观测断面，工点长度大于 500 m 时，间距 200 m 设一个观测断面。

②观测点布置原则

一般路堤地段观测断面包括沉降观测桩和沉降板，沉降观测桩每断面设置 3 个，布置于双线路基中心及两侧路肩处；沉降板每断面设置 1 个，布置于双线路基中心。软土、松软土路堤填筑施工过程中在两侧坡角外 2 m、10 m 处设置位移观测边桩，沿路线走向的间距 50 m，如图 4-2-12 所示。

预压地段预压期因基床表层尚未施工，路基顶面沉降观测应在预压土方底部（基床底层顶面）布置沉降元件进行，即在基床底层顶面临时布置沉降板，位移观测以及基底沉降观测布置与无预压段完全一致，预压土方卸除时临时沉降板随之拆除，基床表层施工后，于路基面上设置正式沉降观测桩。路堑地段观测断面分别于路基中心、两侧路肩各设 1 个沉降观测桩，观测路基面的沉降。

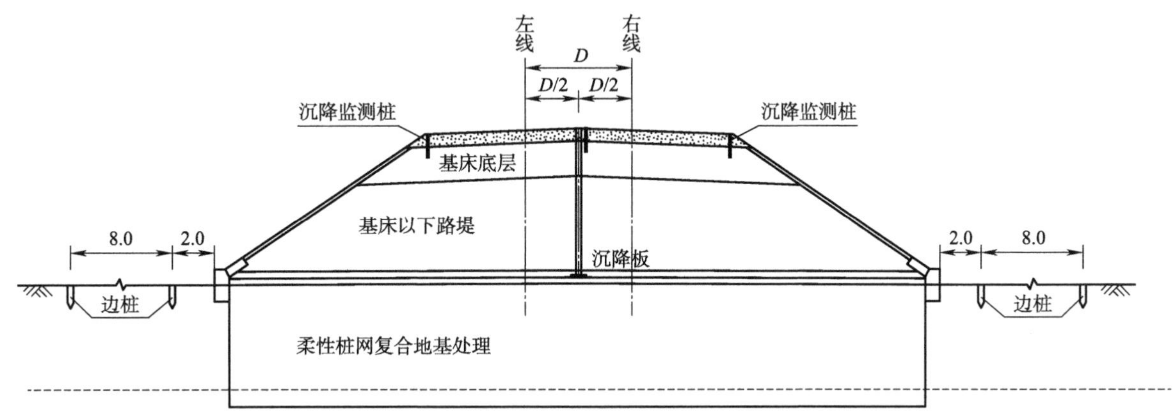

图 4-2-12　路堤沉降变形监测断面示意图（单位：m）

(3)观测元件埋设说明

①沉降观测桩：采用 C15 混凝土方桩或圆桩（边长或直径 0.1 m），其中埋设 ϕ16 mm 钢筋一根，桩长 0.6 m，埋入路基面以下 0.55 m。完成埋设后测量桩顶标高作为初始读数。

②沉降板：由底板、金属测杆（ϕ50 mm 钢管）及保护套管（ϕ90 mm PVC 管）组成。钢底板尺寸为 30 cm×30 cm，厚 0.8 cm。

沉降板埋设位置应按设计测量确定，埋设位置处可垫 10 cm 砂垫层找平，埋设时确保测杆与地面垂直。放好沉降板后，回填一定厚度的垫层，再套上保护套管，保护套管略低于沉降板测杆，上口加盖封住管口，并在其周围填筑相应填料稳定套管，完成沉降板的埋设工作。测量埋设就位的沉降板测杆杆顶标高读数作为初始读数，随着路基填筑施工逐渐接高沉降板测杆和保护套管，每次接长高度以 0.5 m 为宜（不超过 1 m）。接高后的测杆面应高于套管上口，在填土施工中应采取措施保护测沉设施。

③位移边桩：在两侧路堤坡脚外 2 m 及 10 m 处各设一个位移观测边桩。位移观测边桩采用不易开裂的圆木，断面采用直径为 10 cm 圆形，长度为 1.0 m，并在桩顶正中预埋小钢钉。边桩埋置深度在地表以下 1.0 m，桩顶露出地面不应大于 10 cm。埋置方法采用洛阳铲或开挖埋设，桩周以 C15 混凝土浇筑固定，确保边桩埋置稳定。完成埋设后采用经纬仪（或全站仪）测量边桩标高及距基桩的距离作为初始读数。

二、路基沉降评估

(1)根据路基填筑完成或堆载预压后不少于 3 个月的实际沉降观测数据作多种曲线的回归分析，确定沉降变形趋势，曲线回归的相关系数不低于 0.92。

(2)对于设计时速 200 km 的线路，有砟轨道路基工后沉降不应大于 150 mm，年沉降速率应小于 40 mm，桥台台尾过渡段路基工后沉降不应大于 80 mm；对于设计时速 160 km 以及 120 km 的线路，有砟轨道路基工后沉降不应大于 200 mm，年沉降速率应小于 50 mm，桥台台尾过渡段路基工后沉降不应大于

100 mm；且不超过设计文件的规定。

（3）软土地基上填筑路堤时，应在边坡坡脚外设置边桩进行水平位移观测，在路堤中心线地面上设置地基沉降观测设备进行沉降观测。在路堤填筑过程中必须严格控制填土速率，控制沉降速率小于 10 mm/d，水平位移速率小于 5 mm/d，并根据观测数据推算地基的最终沉降量。必要时，调整设计使地基处理达到预定的工后沉降控制目标值。

（4）沉降预测的可靠性应经过验证，间隔不少于 3 个月的两次预测最终沉降的差值不应大于 8 mm。

（5）路基填筑完成或堆载预压后，最终的沉降预测时间应满足下列条件：

$$s(t)/s(t=\infty)\geqslant 75\%$$

式中 $s(t)$——预测时的沉降观测值；

$s(t=\infty)$——预测的最终沉降值。

注：沉降和时间以路基填筑完成或堆载预压后为起始点。

（6）设计预测总沉降量与通过实测资料预测的总沉降量之差值不宜大于 10 mm。

第三章 桥涵工程

全线新建桥梁 71 座合计 42.344 km,其中平潭海峡公铁两用大桥为全线控制性工程,乌龙江特大桥、闽江特大桥为全线重难点工程。平潭海峡公铁两用大桥全长 16.34 km,为国内首座公铁两用跨海峡大桥,其主要通航孔桥含 3 座钢桁混合梁斜拉桥:元洪航道桥(133.1+196+532+196+133.25) m、鼓屿门航道桥(129.1+154+364+154+129.2) m、大小练岛航道桥(81.1+140+336+140+81.15) m;1 座双层连续刚构桥:北东口航道桥(92+2×168+92) m。乌龙江特大桥全长 1 166.29 m,主桥跨径(144+288+144) m,是目前国内跨度最大矮塔斜拉铁路桥。闽江特大桥双线及左单线桥梁全长 2 563.51 m,右单线桥梁全长 764.095 m,主跨为(110+198+110) m 刚构连续梁桥。

第一节 基础施工

根据不同的地质条件和桥梁跨度选择不同的基础:闽江特大桥、乌龙江特大桥以及平潭海峡公铁两用大桥均主要采用钻孔桩基础,个别采用扩大基础。下面以平潭海峡公铁两用大桥为例介绍基础施工。

一、工程概况

平潭海峡公铁两用跨海大桥桥址处风大、浪高、水深、流急、潮汐明显,岛屿、暗礁多,覆盖层浅薄、岩面倾斜、裸露,桥址区有断裂破碎带 3 条,节理裂隙异常发育,岩石球形风化严重,边坡不稳定;自然条件恶劣,地质复杂,有效作业时间短。为确保海上长桥的建设质量,研究适应跨海长桥桥梁结构形式和与之配套的施工作业工艺是桥梁工程技术人员的重要工作内容,尤其是跨海大桥基础施工技术是海峡大桥施工中最为突出的重点和难点。

由于跨海大桥基础受到的波浪力和船舶撞击力巨大,刚度要求高,直径较小的钻孔桩基础难以满足,因此基础向大直径钻孔桩发展。为此,在国内外首次采用了 ϕ4.9 m 超大直径钻孔桩,桩尖嵌入微风化或弱风化花岗岩。而与之配套的施工平台设计及施工方案、大直径钢护筒插打设备及施工技术、钻孔设备及工艺、大直径钻孔桩钢筋笼设计与安装技术、水下混凝土灌注工艺等需要投入专门技术力量研制和攻克。

1. 桩基设计概况

平潭海峡公铁两用大桥包含三座航道桥,即元洪航道桥、鼓屿门航道桥、大小练岛航道桥。元洪航道桥主墩 N03 基础采用 24 根 ϕ4.4 m 钻孔桩、N04 基础采用 22 根 ϕ4.4 m 钻孔桩,边墩、辅助墩基础均采用 10 根 ϕ4.4 m 钻孔桩,如图 4-3-1 所示。鼓屿门航道桥主墩 Z03 基础采用 18 根 ϕ4.9 m 钻孔桩、Z04 基础采用 16 根 ϕ4.9 m 钻孔桩,辅助墩 Z02、Z05 基础采用 8 根 ϕ4.9 m 钻孔桩,边墩 Z01、Z06 基础分别采用 8 根 ϕ4.4 m 钻孔桩,如图 4-3-2 所示。大小练岛航道桥主墩 S03 基础采用 22 根 ϕ4.4 m 钻孔桩、S04 基础采用 20 根 ϕ4.4 m 钻孔桩,辅助墩 S02、S05 基础采用 15 根 ϕ3.4 m 钻孔桩,边墩 S01、S06 基础均采用 12 根 ϕ3.4 m 钻孔桩,如图 4-3-3 所示。具体工程数量详见表 4-3-1。

表 4-3-1 航道桥桩基础主要工程数量

航道桥名称	墩号	桩径(m)	桩数(根)	平均桩长(m)	混凝土强度等级
元洪航道桥	N01	4.4	10	34.9	水下 C45
	N02	4.4	10	54.8	水下 C45
	N03	4.4	24	52.1	水下 C45

续上表

航道桥名称	墩号	桩径(m)	桩数(根)	平均桩长(m)	混凝土强度等级
元洪航道桥	N04	4.4	22	66.7	水下 C45
	N05	4.4	10	66.7	水下 C45
	N06	4.4	10	70	水下 C45
鼓屿门航道桥	Z01	4.4	8	50.5	水下 C45
	Z02	4.9	8	69.5	水下 C45
	Z03	4.9	18	63.1	水下 C45
	Z04	4.9	16	58.5	水下 C45
	Z05	4.9	8	43.0	水下 C45
	Z06	4.4	8	37.0	水下 C45
大小练岛航道桥	S01	3.4	12	39	水下 C40
	S02	3.4	15	38	水下 C40
	S03	4.4	22	59.5	水下 C45
	S04	4.4	20	55	水下 C45
	S05	3.4	15	30	水下 C40
	S06	3.4	12	20	水下 C40

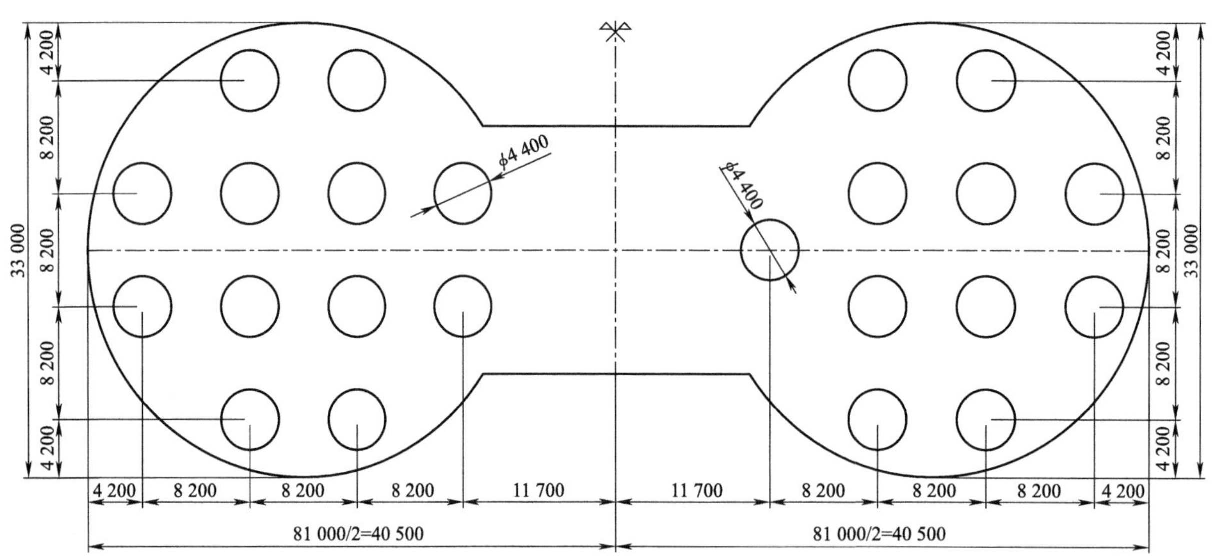

图 4-3-1 元洪航道桥主塔墩桩基础平面图(单位:mm)

2. 地质概况

地质调查结合钻孔揭示,桥址区地层主要有:第四系人工填筑土层(Q_4^{ml})、第四系全新统长乐组滨海相沉积(Q_4^{Cm})层、第四系晚更新统龙海组滨海相沉积层(Q_3^{lm})、第四系坡积层(Q^{dl})、残积层(Q^{el})。基岩主要为白垩系石帽山群下组(K_1Sh_1)火山岩、燕山晚期(γ_5^3)侵入花岗岩、辉绿岩岩脉($\beta\nu$)。受构造作用影响,局部发育构造角砾岩、构造角砾夹泥等。

二、大直径钻孔桩试桩施工

1. 试桩目的

为验证大直径钻孔桩施工设备及钻孔和混凝土灌注工艺的可行性,在现场进行 ϕ4.4 m 钻孔桩成桩

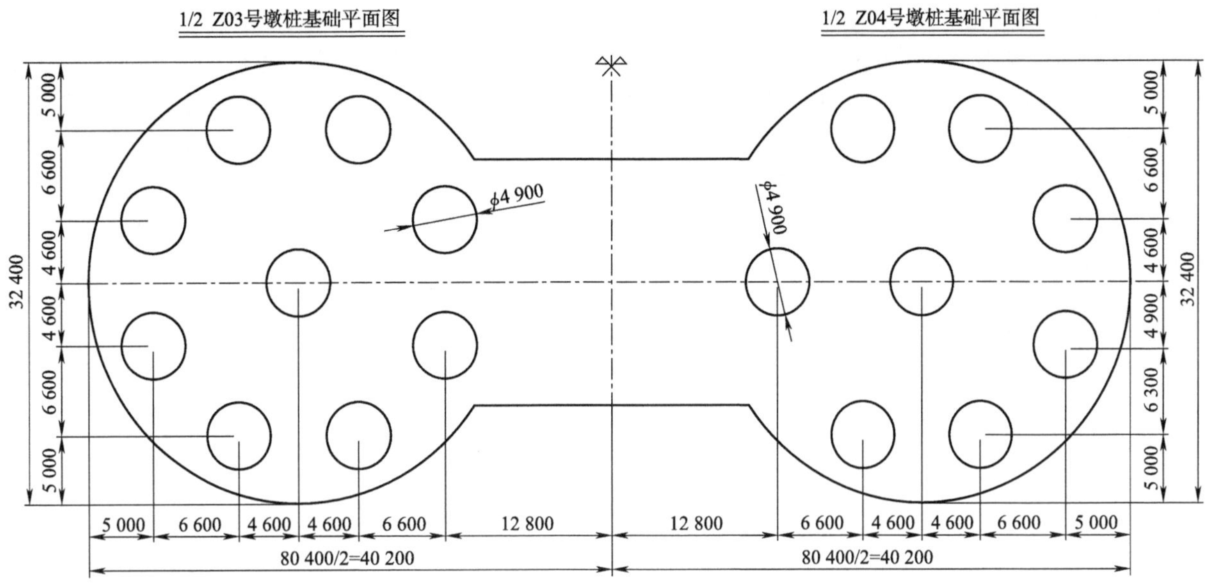

图 4-3-2 鼓屿门航道桥主塔墩桩基础平面图(单位:mm)

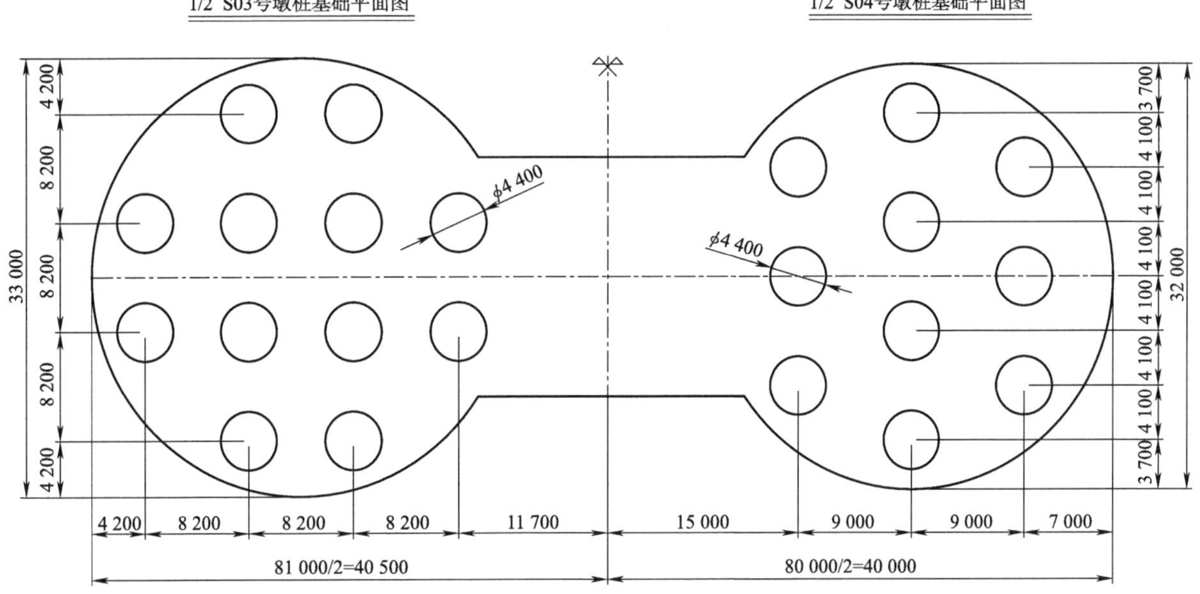

图 4-3-3 大小练岛航道桥桩基础平面图(单位:mm)

试验。根据试验过程,分析收集试验数据,总结实施过程中的具体措施,为今后施工提供指导性意见,主要试验目的如下:

(1)成孔工艺试验:检验施工设备以及钻孔工艺的适用性;总结不同地质地层选择的不同钻进钻孔参数(主机电流,转盘扭矩、转速,钻压等),不同类型钻头的效率,钻进速度,设备配备的合理性;选择钻孔泥浆的配备。

(2)成桩工艺试验:水下混凝土配合比的验证及混凝土工作性能(混凝土坍落度、扩展度、凝结时间)的选择;水下混凝土灌注导管的直径大小和布置单根导管的适用性;混凝土初灌储量、灌注速度、混凝土生产速度等参数选择。

(3)桩身混凝土质量检测:进行桩身完整性检测、桩身混凝土强度检测,为优化施工参数和混凝土配合比提供依据。

(4)积累大孔径钻孔桩现场施工组织与管理经验。

2. 试桩地质概况

在桥址附近鑫海码头的试桩位置进行了地质勘探工作，地质状况为：覆盖层为素填土和淤泥夹砂，厚度为 3 m 左右，基岩为花岗岩，中风化花岗岩埋置深度自地面以下 12.8 m；中粗粒花岗岩结构，块状构造，节理裂隙不发育，属于坚硬岩，标准试件饱和状态下极限抗压强度平均值为 93.3 MPa；微风化花岗岩埋置深度自地面以下 16.7 m，中粗粒花岗岩结构，块状构造，节理裂隙不发育，岩体完整程度较完整，属于坚硬岩，岩石基本质量等级为Ⅲ级，标准试件饱和状态下极限抗压强度平均值为 103.0 MPa。本次试桩自地面钻进 21.3 m，入中风化和微风化花岗岩 8.5 m(其中微风化 4.6 m)。钻孔地质柱状图见表 4-3-2。

表 4-3-2 钻孔地质柱状表

<table>
<tr><td>工程名称</td><td colspan="6">4 m桩基试验</td><td>工程编号</td><td>DCF2014056</td></tr>
<tr><td>孔 号</td><td colspan="2">ZK1</td><td rowspan="2">坐标</td><td rowspan="2"></td><td>钻孔直径</td><td>130 mm</td><td>稳定水位深度</td><td>1.10 m</td></tr>
<tr><td>孔口标高</td><td colspan="2">0.00 m</td><td>初见水位深度</td><td>1.20 m</td><td>测量日期</td><td>2014. 4. 16</td></tr>
<tr><td>层 号</td><td>层底标高（m）</td><td>层底深度（m）</td><td>分层厚度（m）</td><td>柱状图</td><td colspan="4">地 层 描 述</td></tr>
<tr><td>①</td><td>−1.7</td><td>−1.70</td><td>1.70</td><td></td><td colspan="4">素填土：灰、灰黄等杂色，呈松散状态，浸～饱和，主要由黏性土、全强风化组成，分布不均，均匀性差，堆填时间小于 1 年</td></tr>
<tr><td>②</td><td>−3.00</td><td>3.00</td><td>1.30</td><td></td><td colspan="4">淤泥夹砂：黑色、深灰色，饱和，呈流塑～软塑状态，含少量腐殖质与贝壳，稍具臭味，稍有光泽，干强度中等，韧性中等，摇震反应慢，刀切面较光滑，砂含量约 15%～25%</td></tr>
<tr><td>③</td><td>−6.40</td><td>6.40</td><td>3.40</td><td></td><td colspan="4">全风化花岗岩：灰绿色、灰黄色，原矿物成分为长石、石英及云母等，长石已基本风化为高岭土，含石英砂约 15%～30%，原岩结构基本破坏，岩芯风化呈砂土状，手易捏碎，浸水后易软化，岩体完整程度为极破碎，属极软岩，岩体基本质量等级为Ⅴ级</td></tr>
<tr><td>④</td><td>−11.00</td><td>11.00</td><td>4.60</td><td></td><td colspan="4">砂土状强风化花岗岩：灰绿色、灰黄色，中粗粒花岗结构，散体状构造，原矿物成分为长石、石英及云母等，原岩结构基本破坏，长石已基本风化为高岭土，岩芯风化呈砂土状，手易捏碎，岩体完整程度为极破碎，属极软岩，岩体基本质量等级为Ⅴ级</td></tr>
<tr><td>⑤</td><td>−12.80</td><td>12.80</td><td>1.80</td><td></td><td colspan="4">碎块状强风化花岗岩：灰黄、浅黄色，粗粒结构，碎块状构造，主要矿物成分为石英、长石及少量云母等，原岩结构部分破坏，岩芯风化多呈碎块状（表层多呈碎屑状），锤击声闷，易碎，岩体完整程度为破碎，属软岩，岩体基本质量等级为Ⅴ级</td></tr>
<tr><td>⑥</td><td>−16.70</td><td>16.70</td><td>3.90</td><td></td><td colspan="4">中风化花岗岩：灰白色，中粗粒花岗结构，块状构造，主要矿物成分为石英、长石及云母等，岩石风化明显，节理、裂隙不发育，岩体完整程度为较破碎，岩芯以短柱状为主，锤击声较脆，不易碎，TCR≈86%～90%，RQD≈20～40，属坚硬岩，岩石基本质量等级为Ⅳ级</td></tr>
<tr><td>⑦</td><td>−28.60</td><td>28.60</td><td>11.90</td><td></td><td colspan="4">微风化花岗岩：灰白色，中粗粒花钢结构，块状构造，主要矿物成分为石英、长石及云母等，岩石风化明显，节理、裂隙不发育，岩体完整程度为较完整，岩芯为长柱状，锤击声脆，不易碎，TCR≈98%～100%，RQD≈40～80，属坚硬岩，岩石基本质量等级为Ⅲ级</td></tr>
</table>

3. 试桩施工

(1)总体施工方案

试桩采用 KTY-4000 型动力头液压钻机钻孔施工，配备 $\phi 4.0$ m 锲齿和球齿滚刀钻头。泥浆循环采用气举反循环方式。钢筋笼在就近钢筋加工场制作成型，平板车运输至钻孔平台处，采用大型起重机安装。混凝土由 1 号混凝土拌和站生产，用混凝土运输车运至试桩位置，采用垂直导管法灌注混凝土。

(2)埋设钢护筒

钻孔钢护筒采用牌号为 Q235B 的 $\delta=36$ mm 钢板卷制而成，外径 $\phi 4.4$ m，护筒底角设置加强箍。

为固定桩位，保护孔口不坍塌，结合地质资料，先开挖基坑，再埋设钢护筒；基坑开挖完成后，平整夯实坑底及修坡面至基坑底，然后对护筒底至地面四周用混凝土浇筑填平，确保护筒埋设准确、稳定，护筒中心与桩位中心重合，护筒平面位置偏差小于 5 cm，垂直度偏差小于 1%，以保证钻机沿着桩位垂直方向顺利工作。

(3)搭设钻孔平台及钻机安装

试桩的 KTY-4000 型钻机放置在整体式钻孔平台上。整体式钻孔平台采用钢管桩+型钢结构形式。钻机摆放位置要结合平台受力支承情况，合理布置，使荷载均布，具体如图 4-3-4 所示。

图 4-3-4 钻机安装位置

钻机就位，其底座水平误差控制在 5 mm 范围内并保持稳定，钻架中心、钻头中心、钻杆和桩径中心在同一铅垂线上，以保证孔位正确，钻孔顺直。

①泥浆配备

钻孔泥浆选用不分散、低固相、高黏度的 PHP 优质膨润土化学泥浆。泥浆由优质膨润土、纯碱(Na_2CO_3)、氢氧化钠(NaOH)、聚阴离子基纤维素(PAC)、聚丙烯酰胺(PAM)等原料组成，采用海水造浆。钻孔用泥浆在拌浆池集中拌制，通过泥浆泵、管路集中向孔内供应，具体如图 4-3-5 所示。

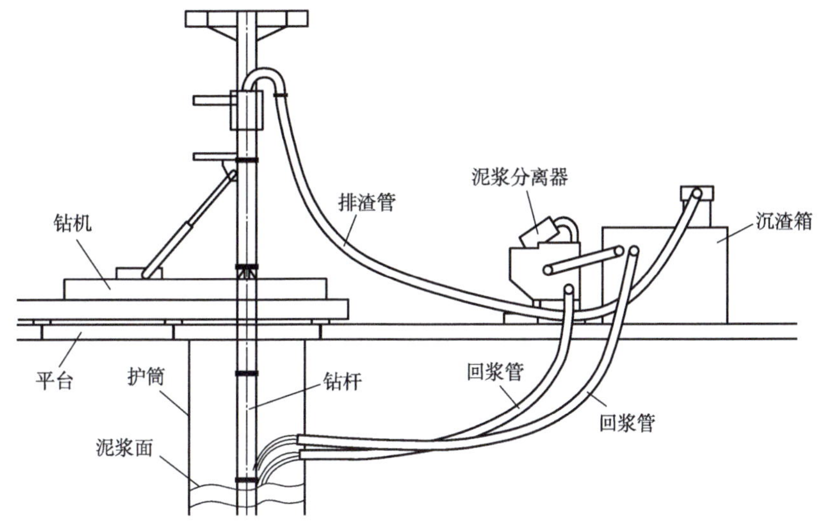

图 4-3-5 浆循环管路示意图

在钻孔施工过程中泥浆的净化采用机械强制净化方法。钻机配备 1 个 30 m^3 沉渣箱、1 台泥浆分离器。钻机排渣管与沉渣箱消能器相连，通过排渣管将孔底带钻渣的泥浆排到沉渣箱消能器粗筛上，过滤出粒径大于 5 mm 的钻渣颗粒，粗筛上的钻渣直接排放到储渣池内，剩余泥浆和小颗粒钻渣落入沉渣箱内。通过自然沉淀，钻渣留在沉渣箱内，泥浆通过沉渣箱上的回浆管流回孔内，循环使用。

②钻孔施工

钻孔前对钻孔的各项准备工作进行检查，钻孔时按实际地质情况绘制地质剖面图。

开孔时采用楔齿滚刀钻头钻进，对应地层为全、强风化岩层，当钻头进入中风化岩层时，注意观察钻具运转情况、进尺速度和渣样。当进尺速度小于 6 cm/h 时，更换为球齿滚刀钻头，楔齿滚刀钻头如图 4-3-6 所示，球齿滚刀钻头如图 4-3-7 所示。

在钻进到钢护筒底口位置时，须采用浓泥浆、低钻压、低转速钻进，并控制进尺，以确保护筒底口部位地层的稳定；当钻头钻出护筒底 4～5 m 后(稳定器出护筒)，再恢复正常钻进状态。

钻孔采用减压钻进，钻压不得超过钻具重力之和(扣除浮力)的 80%，保持重锤导向作用，保证成孔垂直度和孔形。在钻头接触中风化岩层时，由于岩面倾斜，采用小钻压钻进，较大钻压钻进容易造成孔形偏斜，待整个钻头全断面接触硬岩后才逐步加大钻压。钻机在不同的地层中选择的钻进参数见表 4-3-3。

图 4-3-6 楔齿滚刀钻头图

图 4-3-7 球齿滚刀钻头

表 4-3-3 不同地层钻进参数表

地　　层	钻压(kN)	转数(r/min)
砂砾状强风化花岗岩	300～350	4～6
碎块状强风化花岗岩	300～400	4～6
碎块状中风化花岗岩	500～800	3～5
微风化花岗岩	≥800	3～5

钻进成孔过程中，应及时补充泥浆，使孔内泥浆面始终控制在高出护筒外侧水面 2～4 m 之间，保证孔壁稳定，防止塌孔。钻孔作业分班连续进行，每班进行钻孔泥浆抽检检验，不符合要求时要及时补充或调整泥浆。过程中若因故停止钻进时间过长，应将钻头提升至护筒内，以防止塌孔埋住钻头。

详细填写钻孔记录，钻进时参考地质资料，关注土层变化情况，捞取钻渣样，判断土层，与地质资料进行核对，调整钻机的转速和钻压。

③清孔

当钻进至终孔标高以上 2 m 时，即开始终孔前的清孔调浆作业。将沉渣箱上的泥浆管路阀门打开，使沉渣箱内的一部分泥浆流入泥浆分离器内，通过泥浆分离器分离出泥浆中的砂子，降低泥浆的含砂率。经过泥浆分离器净化的泥浆通过另一条回浆管送回孔内。经过以上方法循环处理，逐步降低孔内的含砂率，终孔后停止钻进，再继续清孔若干小时，使孔内泥浆含砂率降至 0.5%～1.0%。清孔过程中需要补充部分新鲜浓泥浆，使孔内泥浆各项指标达到标准指标。

④成孔检测

换浆清孔使泥浆指标和孔底沉淀厚度满足标准要求，拆除钻机钻杆后，采用 JL-IUDS(B)智能超声波检测仪检测，检查钻孔桩的孔径、孔深和倾斜度是否符合验收标准，具体成孔质量检测报告如图 4-3-8 所示。

⑤混凝土灌注

钻孔桩开钻前做好混凝土配合比的设计和试验工作及导管水密承压试验，具体如图 4-3-9 和图 4-3-10 所示。

A. 凝土配合比选定

设计要求：强度等级 C45，设计坍落度为 180～220 mm，为 T1、L1、H2、Y3 环境，设计使用年限 100 年，总碱含量不大于 1.8 kg/m³，总氯离子不应超过胶凝材料总量 0.10%。

理论每立方混凝土材料用量：(水泥＋粉煤灰＋矿粉)：砂：石：减水剂：引气剂：水＝(244＋144＋96)：732：1 010：4.84：0.871：144，胶凝材料总量为 484 kg/m³，水胶比为 0.30，砂率为 42%，粉煤灰掺量为 30%，矿粉掺量为 20%，减水剂掺量为 1.0%，引气剂掺量为 0.18%。

成孔质量检测报告

工程名称	平潭海峡公铁两用大桥试桩工程						
项目编号	FPZQ-3标	施工单位	中铁大桥局股份有限公司				
检测孔号	00#	设计孔径	4 000 mm	设计孔深	27.30 m	顶部标高	6.00 m
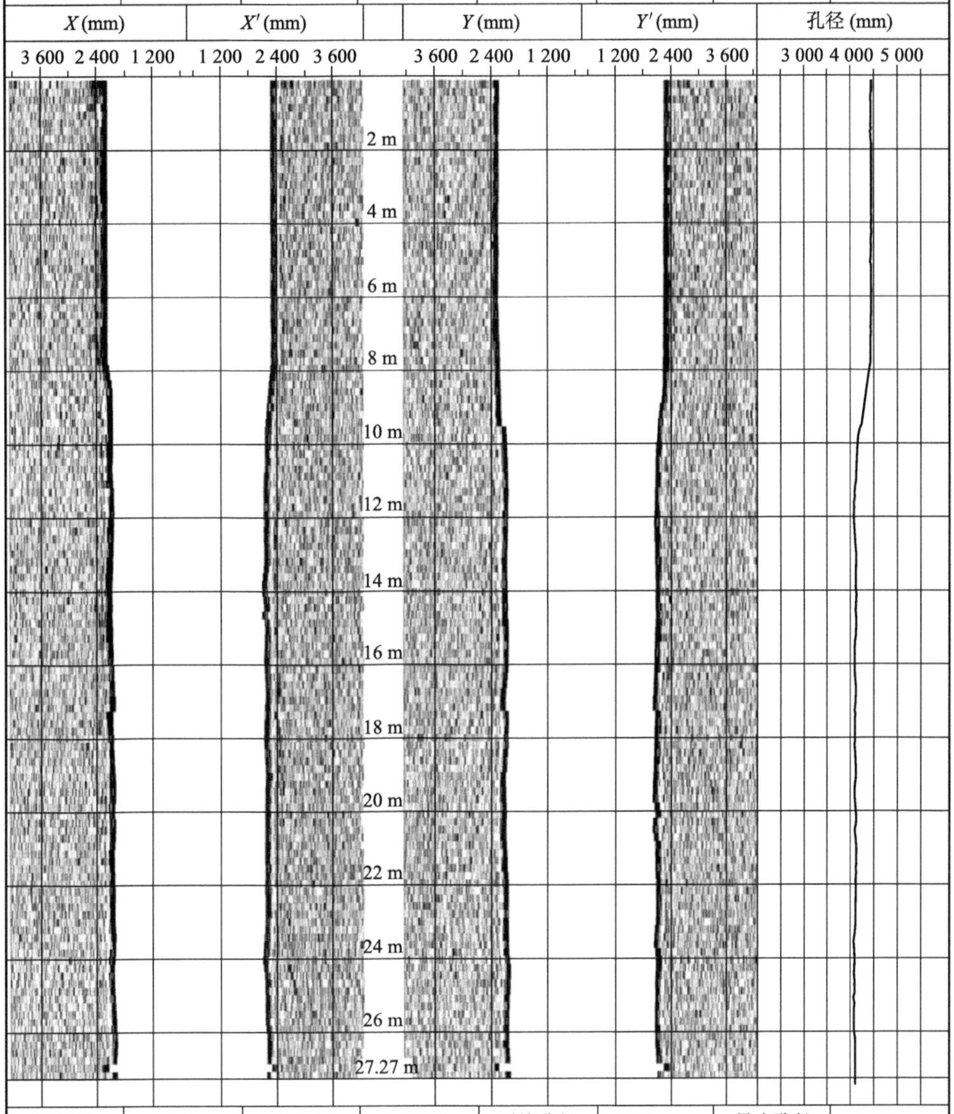 X (mm)		X′ (mm)		Y (mm)	Y′ (mm)	孔径 (mm)	
3 600 2 400 1 200		1 200 2 400 3 600		3 600 2 400 1 200	1 200 2 400 3 600	3 000 4 000 5 000	
		2 m 4 m 6 m 8 m 10 m 12 m 14 m 16 m 18 m 20 m 22 m 24 m 26 m 27.27 m					
检测孔深	27.27 m	垂直度	0.150%	平均孔径	4 226 mm	最小孔径	4 080 mm
检测单位						检测日期	20140609

图 4-3-8 成孔质量检测曲线图

拌和物测试性能：表观密度为 2 360 kg/m³、初始坍落度为 220 mm、初始扩展度为 620 mm、初始含气量为 4.0%；停放 60 min 坍落度为 220 mm、扩展度为 610 mm、泌水率为 0%；初凝时间为 1305 min，终凝时间为 1 495 min。

硬化混凝土性能测试结果：7 d 抗压强度为 46.9 MPa，28 d 抗压强度为 59.8 MPa，总碱含量为 1.294 8 kg/m³，总氯离子含量占胶凝材料总量的 0.014 2%。

B. 灌注导管和料斗选定：

本工程选用 ϕ426×10 mm 单垂直导管。

图 4-3-9 扩展度试验

图 4-3-10 导管水密承压试验

导管底部悬空 40 cm，考虑首灌混凝土方量以导管埋深 1.5 m 为宜，再根据导管内外压力差，计算出首灌方量为 20 m^3；现场配置一个 6 m^3 料斗(与导管连接)和一个 20 m^3 的总储料斗。储料斗底口有阀门，待阀门打开后，储料斗中的混凝土顺着溜槽流入 6 m^3 料斗中。

根据灌注速度，溜槽角度可由储料斗和溜槽上的倒链调节，确保混凝土能顺利流入小料斗中，具体如图 4-3-11 和图 4-3-12 所示。

图 4-3-11 20 m^3储料斗实物图

图 4-3-12 混凝土连续灌注

C. 灌注步骤：

a. 二次清孔后，测量孔内泥浆指标和孔底沉渣厚度。泥浆指标：比重为 1.09、黏度 19 Pa · s、含砂率 0.7%、胶体率 98%、pH 值 8.2，孔底沉渣厚度为 3 cm。

b. 将泡沫隔水栓放入灌注导管内，安装 6 m^3 小料斗，控制导管底口距离孔底 40 cm 后将小料斗底脚抄垫稳固，同时将 20 m^3 总储料斗吊装至施工平台上，并对两个料斗及溜槽洒水湿润。

c. 提前通知拌和站进行混凝土拌和，混凝土运输至现场即进行检测，合格后方可进行下道工序。当检测合格混凝土不少于 30 m^3 时，由两辆混凝土汽车泵同时向储料斗内输送混凝土。

d. 储料斗内混凝土面高度距料斗顶 1.0 m 时，将 1 台汽车泵改为向 6 m^3 小料斗泵送混凝土，总储料斗内混凝土超过 16 m^3 且小料斗混凝土面离顶面 30 cm 时，微微打开储料斗阀门。

e. 混凝土顺利通过滑槽溜，当混凝土刚刚进入小料斗时，打开导管顶口活门开始首批混凝土灌注。

f. 首批混凝土灌入孔底后，立即测量孔内的混凝土面深度，计算出混凝土面高程及导管埋设深度，符合要求方可进行正常连续灌注。

g. 灌注过程根据混凝土灌入速度，调节溜槽角度或储料斗阀门，使得小料斗内始终有混凝土，且不能过量致漫出。

h. 混凝土灌注应连续，严禁中途停止。在灌注过程中及时测量孔内混凝土面高度，考虑到扩孔率，将几个测点所得数据较低值控制混凝土高度，计算导管埋置深度，正确指挥导管的提升和拆除，使导管的埋置深度控制在 4～6 m 以内。拆下的导管要立即清洗干净，堆放整齐，及时填写灌注记录表。

i. 为确保桩顶质量，在桩顶设计标高以上加灌不小于 1.5 m 高度的混凝土。

j. 桩基检测：参照《铁路工程桩基检测技术规程》（TB 10218—2008）、《铁路桥涵工程施工质量验收标准》（TB 10415—2008）规范对试桩采用超声波透射法进行了桩身完整性检测，检测结论为：桩身混凝土均匀完整，综合评价桩身混凝土胶结性好，完整性类别为Ⅰ类桩，具体如图 4-3-13 所示。

图 4-3-13 钢护筒剥开后桩身混凝土完整

4. 试桩结论

通过直径 4.4 m 试桩施工表明：钻孔桩施工配置的设备满足要求，钻孔及灌桩工艺得到验证，达到了试桩的目标任务，主要总结如下：

（1）KTY-4000 型动力头液压钻机及配套的钻孔设备适合 ϕ4.4 m 钻孔桩在硬岩层中钻孔作业，钻孔工艺及流程满足现场施工要求；成孔后孔径及垂直度经超声波检孔仪检测符合规范要求。

（2）ϕ4.4 m 钻孔桩混凝土采用的水下 C45 混凝土配合比各项工作性能及力学性能满足施工要求，水下混凝土灌注施工工艺及流程达到大直径桩基灌注要求；混凝土 3 d 强度检测为 R_3＝32.4 MPa，桩身混凝土经超声波透射法检测其完整性符合规范要求。

（3）成孔过程总结

①施工设备以及钻孔工艺的适用性

本次试桩累计成孔 21.3 m，其中挖孔 4 m，旋转钻孔 17.3 m。旋转钻孔施工从 5 月 6 日开始，6 月 8 日终孔，其中全、强风化岩 8.8 m，净钻时间 122 h；中、微风化岩 8.5 m，净钻时间 330.5 h。

采用 KTY-4000 型钻机钻孔设备，配备 1 台 PESG825 型空压机（23 m^3/min，1.2 MPa）进行泥浆循环，配备直径 ϕ4.4 m 楔齿、球齿钻头各 1 个，首节钻具重量 100 t（含钻头）。在全、强风化地层中用楔齿钻头钻进，进入中风化岩层后，改用球齿滚刀钻头钻进。从整个钻孔施工过程看，在微风化岩地层中，钻机能力能够满足一次钻成直径 ϕ4.4 m 的孔。其中扭矩一般只需用到 120 kN·m 左右，只是由于钻头直径大、滚刀数量多，分配到每个滚刀上的钻压显得不足，对钻进速度有一定的影响，后续施工时应增加配重加大钻压。空压机提供风量充足，泥浆循环量正常。

在钻孔施工过程中，针对预先制定的钻孔施工工艺，从各方面逐一进行了验证，包括泥浆拌制及各地层泥浆指标控制，各地层中有效钻进参数的调整、摸索，钻孔垂直度检查及控制，钻头形式及滚刀布置和提钻检查周期等。通过对钻机运转情况和吸渣效果的观察，认为原定工艺基本适合钻孔施工的需要，可以作为正式桩施工工艺。

②钻进参数的选择

在钻进过程中，针对试桩的各种地层，不断调整钻进参数，初步确定了钻进参数，基本达到了预期的钻进效率。统计实际钻进参数见表 4-3-4。

表 4-3-4 钻进参数

地层特性	主机电流（A）	动力头扭矩（kN·m）	转速（r/min）	钻压（kN）	钻进效率（cm/h）	备注
淤泥夹砂	180	80	4～5	250	12	
全风化花岗岩	180	100	4～5	300	12	
强风化花岗岩	180	120	4～5	350～400	7	

续上表

地层特性	主机电流(A)	动力头扭矩(kN·m)	转速(r/min)	钻压(kN)	钻进效率(cm/h)	备　注
中风化花岗岩	180	130	3.5～5	540	4	倾斜岩面
	180	120	2	800	1.5	岩石强度高，钻架晃动大
	180	150	3	800	2	
微风化花岗岩	180	150	2	800	1.5	
	180	120	3	800	2	钻架晃动减小
	180	120	3	700	3～4	

本次试桩基本达到了预期的钻进效率，在淤泥夹砂层至强风化花岗岩层钻进时由于泥浆浓度大，使得进尺速度有所减慢，今后在正式桩施工时适当改进调整；在中、微风化花岗岩层中钻进时，开始进尺速度只有 1～2 cm/h，不太理想，主要原因是钻压略显不足，钻机晃动大导致转速较低，后经对滑移横梁增加导向块，减小其与立柱间的间隙，钻机运转变得平稳，转速可达到 3 r/min，钻进速度加快，可达 3～4 cm/h。

③球齿钻头与楔齿钻头使用情况对比

在本次试桩过程中，楔齿钻头主要针对淤泥夹砂层至强风化花岗岩地层，属覆盖层和软岩，本次仅钻进 8.8 延米，钻进过程中，地层对刀具磨损不大。进入中风化岩层后，由于岩石坚硬，楔齿滚刀钻头进尺较慢，更换为球齿滚刀钻头，球齿钻头在中、微风化岩层中钻进 8.5 m，净钻时间 330.5 h。

从钻头布刀图上分析，滚刀布置基本合理，各切屑带间无间隙，保证钻头转动时，能够实现对岩层进行全断面切削。由于结构位置限制，d、e 两圈刀分部略有不平衡，这可能造成钻头转动时不稳定，可适当调整各圈布刀分部角度，尽量做到布刀均匀。吸渣口布置略靠外，但在实际使用中吸渣效果正常，出渣颗粒完整。

对两种钻头的磨损情况进行了观察，楔齿钻头情况较好，钻头体和合金基本无磨损；球齿钻头的合金高度磨损2～3 mm，属正常现象，有三个边刀座有明显磨损，可能是钻头在地层中跳动时与孔壁摩擦造成的，具体如图 4-3-14 和图 4-3-15 所示。

图 4-3-14　楔齿钻头磨损情况图

图 4-3-15　球齿钻头磨损情况

④气举反循环排渣情况

试桩过程中，采用 1 台 23 m^3/min(1.2 MPa)空压机配合钻机进行泥浆反循环作业。由于试桩开孔时孔深较浅，开始时空气反循环效果不太好，出浆、出渣不连续，为了尽量改善泥浆循环效果，取消了钻具风包，将风包设置在钻头上。随着孔深进一步加深，泥浆循环效果逐步改善，在中、微风化岩层中钻进时，渣样完整，说明泥浆循环正常，能够及时将孔底钻渣排出，避免钻渣在孔底重复碾磨，影响钻进效率。钻孔渣样如图 4-3-16 所示。

⑤钻机运转稳定性分析

在全、强风化岩层中钻进时，由于岩石强度较低，所需钻压、扭矩较小，钻具重锤导向作用明显，在孔底运转平稳，对钻机运转时的稳定性影响较小，钻机运转平稳且转速可达到 5 r/min。在中、微风化岩层中钻进时，钻压加到 800 kN，钻具在孔底晃动加大，钻机运转不平稳，扭矩波动变大，对钻机结构造成不良影响；钻进过程中钻具异径出现裂纹、动力头短节多次出现裂纹、钻具螺栓多次发生松动现象。针对这些情况，对钻具连接螺栓进行了加固，采取防松措施，使得钻具在运转过程中不会因振动造成螺栓松动；钻杆连接螺栓采用双螺母防松；在滑移横梁两侧加焊导向块，减小其与立柱滑道间的间隙，降低了滑移横梁对立柱的冲击。通过采取这些措施，钻机运转的平稳性得到了改善，转速可提高到 3 r/min，进尺速度增加明显，钻具在孔底净钻 260 多小时，未出现螺栓松动现象。成孔后，通过对钻机结构和钻具的检查，未发现明显损坏现象。本次试桩检验了钻具和钻机结构的能力是适合在平潭跨海大桥进行直径 ϕ4.4 m 钻孔桩施工的。

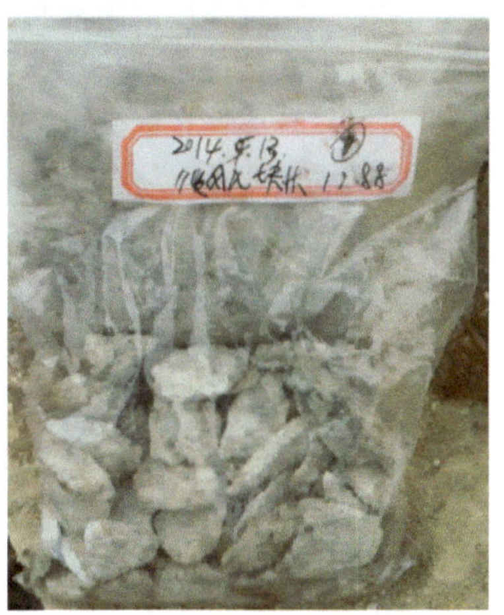

图 4-3-16　钻孔渣样图

⑥成孔垂直度控制

为了确保成孔质量，钻进过程中采取以下措施来保证成孔垂直度：

a. 钻机对位后，对钻机底盘水平进行测量，确保底盘四角高程偏差不超过 5 mm；钻进过程中，钻具出护筒前，再次对底盘水平进行复测。

b. 钻机水平调整好后，对立柱垂直度进行测量，立柱垂直度不应超过 1/200。

c. 钻进过程中，要严格实行减压钻进，钻压不得超过钻具重力之和(扣除浮力)的 80%；不能因为增加钻压需要，降低减压效果，造成成孔垂直的超标。

d. 钻进过程中，每班应对钻杆垂直度进行检查，将垂直度控制在 1/200 以内。

⑦泥浆指标控制

为了确保钻孔过程中孔壁稳定，针对各地层地质特性，制定了各地层的泥浆控制指标，见表 4-3-5。

表 4-3-5　各地层泥浆指标控制

地层特性	比重(g/cm³)	黏度(s)	含砂率(%)	pH 值	胶体率(%)
护筒底口	1.18～1.2	20～22	<8	8～9	95
全、强风化岩层	1.15～1.18	18～20	<5	8～9	95
中、微风化岩层	1.12～1.15	17～18	<5	8～9	95
终孔	<1.13	17～18	<0.5	8～9	98

在全、强风化岩层，由于岩性成砂土状，如果泥浆黏度小，容易造成塌孔。在该层钻进时，泥浆黏度应保持在一个适当高的水平，在孔壁上形成稳定的泥皮，防止发生塌孔现象。同时泥浆内的含砂量也应保持在相对高的水平，以便泥浆在向孔壁内渗透时，泥浆内的砂砾封堵地层内较大的孔隙。

在中、微风化岩层中钻进时，由于岩层较致密，不存在塌孔风险，可适当降低泥浆比重和黏度。但也不能低于规范规定的标准，以免因泥浆黏度过低，长期冲刷护筒底口和全、强风化岩层孔壁造成塌孔。

终孔时一定要使泥浆指标达到工艺要求的标准，低含砂率和高泥浆胶体率，可使泥浆在长时间不循环的情况下，能够保持泥浆的稳定性，有效控制孔底沉淀物厚度，保证成桩质量。

通过在钻进过程中对各地层泥浆指标的控制，保证了孔壁稳定性，未出现坍孔现象，终孔后泥浆黏度为 18 Pa·s、比重为 1.12 g/cm³、含砂率小于 0.5%、pH 值为 9、胶体率大于 99%。拆除钻机、安装完钢筋笼后复测孔底，没有沉淀物。

⑧影响钻进速度的因素及设备配备的合理性

通过本次试桩，检验了 KTY-4000 型钻机在硬岩条件下一次钻进直径 ϕ4.4 m 孔的能力，其配套的空压机和泥浆分离器也能满足施工需要，对以后正式桩施工有很重要的指导意义。

在试桩过程中，为了试验在各地层中的进尺速度，从钻进参数调整、泥浆指标控制各方面进行摸索、调整。在淤泥夹砂层和全、强风化地层钻进时，由于泥浆较浓，地层中大量的砂状钻屑悬浮在浓泥浆中不能沉淀，使得泥浆比重和黏度越来越大，影响了进尺速度。后经对泥浆进行稀释，降低泥浆黏度，使泥浆含砂率降低到 5%以下，进尺速度明显加快，最高进尺速度达到 12 cm/min。在中、微风化岩层中钻进时，由于岩石坚硬，钻机配重量的不足，再加上减压钻进效果降低，造成钻机晃动较大，钻机转速只能用到2 r/min，平均进尺速度只有 1.5～2 cm/h。后经对滑移横梁导向滑块进行改进，使钻机运转平稳性得到改善，钻机转速能达到 3 r/min 左右，增加了单位时间内滚刀对岩面的滚压次数，进尺速度明显提高，平均进尺速度能达到 3～4 cm/h。在今后正式桩施工时，应注意在软岩地层中控制泥浆指标，在中、微风化岩层中可适当增加钻具配重，加大钻头对孔底岩层的钻压，以达到对岩石进行高效破碎的效果。

(4)水下混凝土灌注过程总结

①水下混凝土配合比的验证及混凝土工作性能的总结分析

a. 水下混凝土配合比的验证

通过施工现场取样和砂石含水率检测分析，对混凝土理论配合比用水量进行调整，得出混凝土施工配合比：水泥：掺合料 1：掺合料 2：细骨料：粗骨料 1：粗骨料 2：外加剂 1：外加剂 2：水＝1.00：0.59：0.39：3.08：1.25：2.93：0.02：0.004：0.48；水胶比(W/J)＝0.30，C45 水下混凝土理论配合比：水泥：掺合料 1：掺合料 2：细骨料：粗骨料 1：粗骨料 2：外加剂 1：外加剂 2：水＝1.00：0.59：0.39：3.00：1.24：2.90：0.02：0.004：0.59。

b. 混凝土工作性能

混凝土灌注过程中现场混凝土检测结果：平均坍落度为 220 mm，平均扩展度为 640 mm，平均入模温度为 27 ℃，平均入模含气量为 5.8%。混凝土各项工作性能指标能符合混凝土设计要求。

②ϕ4.4 m 钢筋笼加工、吊装、接长施工工艺

a. ϕ4.4 m 钢筋笼加工

钢筋笼在钢筋加工厂胎架上分段制作。钢筋笼分两节制作，长度分别为 6 m、9 m，制作时分四个不同区域绑扎、加工。钢筋笼制作时，每隔 1.5 m 设置型钢加强环和三角支撑，钢加强环采用槽 8 型钢焊接而成，三角支撑采用 ϕ32 mm 钢筋制作。为控制钢筋笼保护层厚度，采用钢筋保护层垫块，钢筋保护层垫块沿桩身间距 1.2 m 布置，每层设置 8 个垫块。

钢筋笼成型后，验收结果显示钢筋品种、规格、数量、主筋长度误差、主筋间距误差、箍筋或螺旋筋间距、钢筋保护层垫块位置和数量等均满足规范要求。

b. ϕ4.4 m 钢筋笼吊装

ϕ4.4 m 试桩钢筋笼采用大型起重机吊装。由专用吊挂装置，吊装时钢筋笼平稳、安全、快捷的入孔到位，表明此吊挂装置安全、效果良好。钢筋笼吊装、入孔时，钢筋笼的圆度、平面尺寸位置、钢筋间距等保存完好，表明钢筋笼内槽 8 型钢和三角内支撑系统符合实际施工要求。

c. ϕ4.4 m 钢筋笼接长

钢筋笼主筋接头采用直螺纹套筒连接，现场接长时螺纹丝扣完好无损、清洁，接头表面无裂纹，单边外露有效螺纹不超过 2P。接头布置在承受应力较小处，并满足同一截面接头在受弯构件的受拉区不得大于 50%。检查时，扣丝和扭矩值符合要求，直螺纹套筒连接方式可靠、方便，满足设计要求。

③ϕ4.0 m 钻孔桩采用内径为 ϕ406 mm 单根导管灌注混凝土的适用性

2014 年 6 月 9 日晚开始试桩混凝土灌注，拔球效果良好，后续连续灌注正常，没有出现堵管、夹泥、缩径、塌孔等现象。混凝土灌注时，在桥轴线四个方向均匀布置 12 个测量点。测量点布置如图 4-3-17 所

示，混凝土灌注速度曲线如图 4-3-18 所示，从试桩水下混凝土灌注记录表中可以得出，同一时间、12 个测量点的混凝土高程差不大于 0.5 m。证明混凝土向导管四周延展性、扩展度良好，说明内径为ϕ406 mm 的导管符合 ϕ4.4 m 钻孔桩水下混凝土灌注要求。

④混凝土初灌储量、灌注速度、混凝土生产速度等参数选择

考虑混凝土泵车管臂较长、砂浆洗管等因素初灌混凝土量设定为 30 m³，首批混凝土灌注后测定导管埋深 1.3 m。混凝土灌注速度适中，灌注从 6 月 9 日 23:30 至次日凌晨 7:00，共 7.5 h，共 340 m³，平均灌注速度为 45.3 m³/h。混凝土生产由 1 号拌和站的 2 台搅拌机生产，生产速度根据现场的灌注速度而定，确保现场灌注要求。

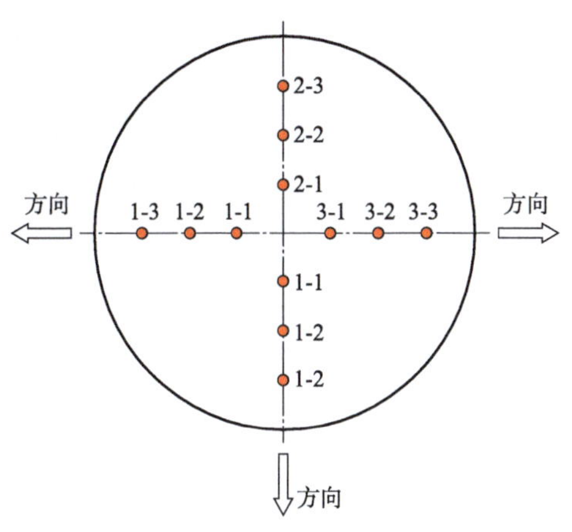

图 4-3-17 水下混凝土灌注测点布置图

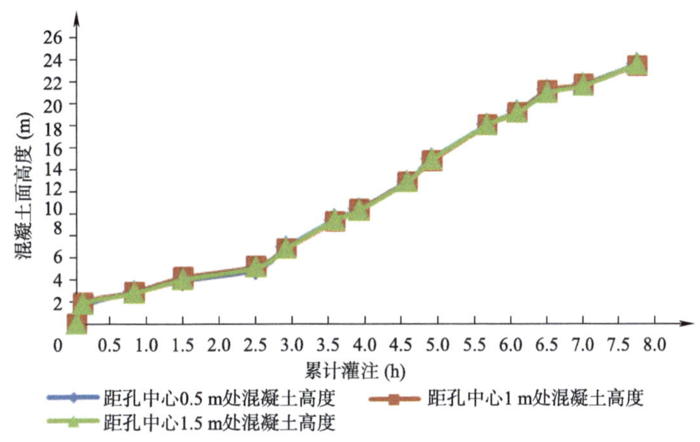

图 4-3-18 混凝土灌注速度曲线

三、钢护筒施工

1. 总体施工流程

钢护筒采取在工厂一次性加工制造成型，大型驳船运输至桥址；采用两艘大型起重船抬吊钢护筒，在平台上设置多层导向；先用液压振动锤初次插打定位，再用液压冲击锤将护筒插打嵌入岩层，具体施工流程如图 4-3-19 所示。

2. 钢护筒参数

ϕ4.4 m 钻孔桩施工均采用 ϕ4 400 mm×36 mm 钢护筒，ϕ4.9 m 钻孔桩施工均采用 ϕ4 900 mm×36 mm 钢护筒；钢护筒顶口 1 倍护筒直径长度范围加厚为 50 mm，底口 1 倍护筒直径长度范围外贴 20 mm 钢板。为防止钢护筒在运输过程中出现失圆和变形，在钢护筒的上、下口及中间位置焊接“米”字支撑。钢护筒参数见表 4-3-6。

3. 主要设备

每座航道桥主要施工设备见表 4-3-7。

4. 钢护筒制造、运输、吊装

(1)钢护筒制造

钢护筒在钢结构加工厂按照设计长度及结构尺寸制造成整根，制造流程为：板材定制、采购→划线、号料和切割→将板材沿长度方向接长，拼缝开 V 形坡口→接缝处磨光整平→卷制钢护筒短节→将短节组焊成吊装节。

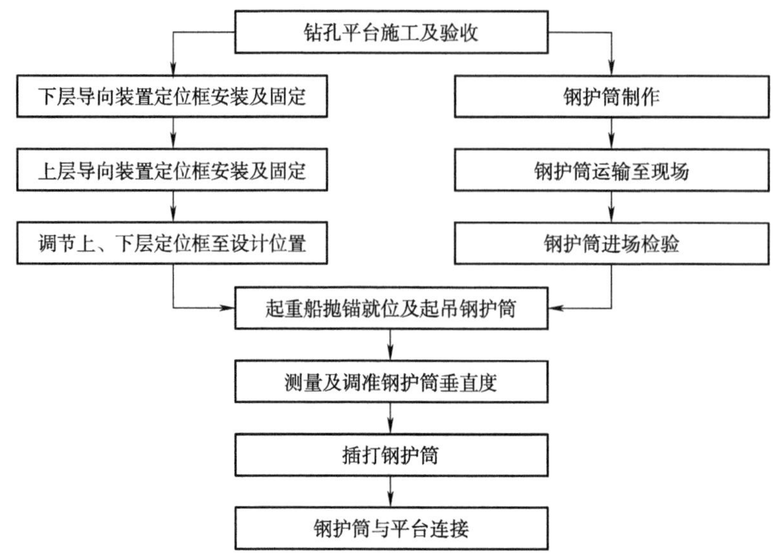

图 4-3-19 钢护筒插打施工流程图

表 4-3-6 钢护筒参数

桩基直径	护筒规格	材质	长度(m)	总重(t)	备 注
ϕ4.4 m	ϕ4 400 mm×36 mm	Q235B	39.5～63	147.9～235.6	顶口 4.5 m 范围加厚段为 50 mm,底口 4.5 m 范围外贴 20 mm 钢板
ϕ4.9 m	ϕ4 900 mm×36 mm	Q235B	47.7～68.7	221.3～311.9	

表 4-3-7 主要设备投入表

序 号	设备名称	型号规格	单 位	数 量	备 注
1	起重船	300 t	艘	1	钢护筒吊装
2	起重船	400 t	艘	1	钢护筒吊装
3	起重船	700 t	艘	1	钢护筒吊装
4	起重船	1 000 t	艘	1	钢护筒吊装
5	起重船	2 000 t	艘	1	钢护筒吊装
6	运输驳船	1 000 t	艘	1	材料运输
7	运输驳船	2 000 t	艘	1	钢护筒运输
8	交通船	20 座	艘	1	
9	拖轮	794 kW	艘	2	
10	抛锚艇		艘	2	起重船抛锚
11	履带式起重机	130 t	台	2	配合吊装作业
12	打桩锤	IHC-S800 液压锤	台	1	插打钢护筒
13	打桩锤	YC50 液压锤	台	1	插打钢护筒
14	振动锤	YZ400 振动锤	台	1	插打钢护筒
15	振动锤	APE400B	台	1	插打钢护筒
16	旋挖钻	XD460	台	1	不良地质处理
17	旋喷钻	MGJ-50	台	2	不良地质处理
18	冲击钻	ϕ4 m	台	2	不良地质处理
19	钢护筒吊具	吊装扁担	个	2	钢护筒吊装
20	钢丝绳	ϕ90 mm	根	4	钢护筒吊装

续上表

序　号	设备名称	型号规格	单　位	数　量	备　注
21	钢丝绳	ϕ50 mm,L=50 m	根	1	钢护筒吊装
22	卸扣	150 t	个	16	钢护筒吊装
23	卸扣	200 t	个	4	钢护筒吊装

说明:起重船和卸扣为三座航道桥所需数量。

(2)钢护筒吊耳设计

根据钢护筒结构形式、长度、重量等特点,顶部布置两个吊耳,并伸出钢护筒,底部布置一个吊耳距底部 1.5 m 处,起吊采用三点起吊方式。吊耳布置如图 4-3-20 所示,吊耳采用 36 mm 厚钢板加工制作,吊耳结构如图 4-3-21 和图 4-3-22 所示。

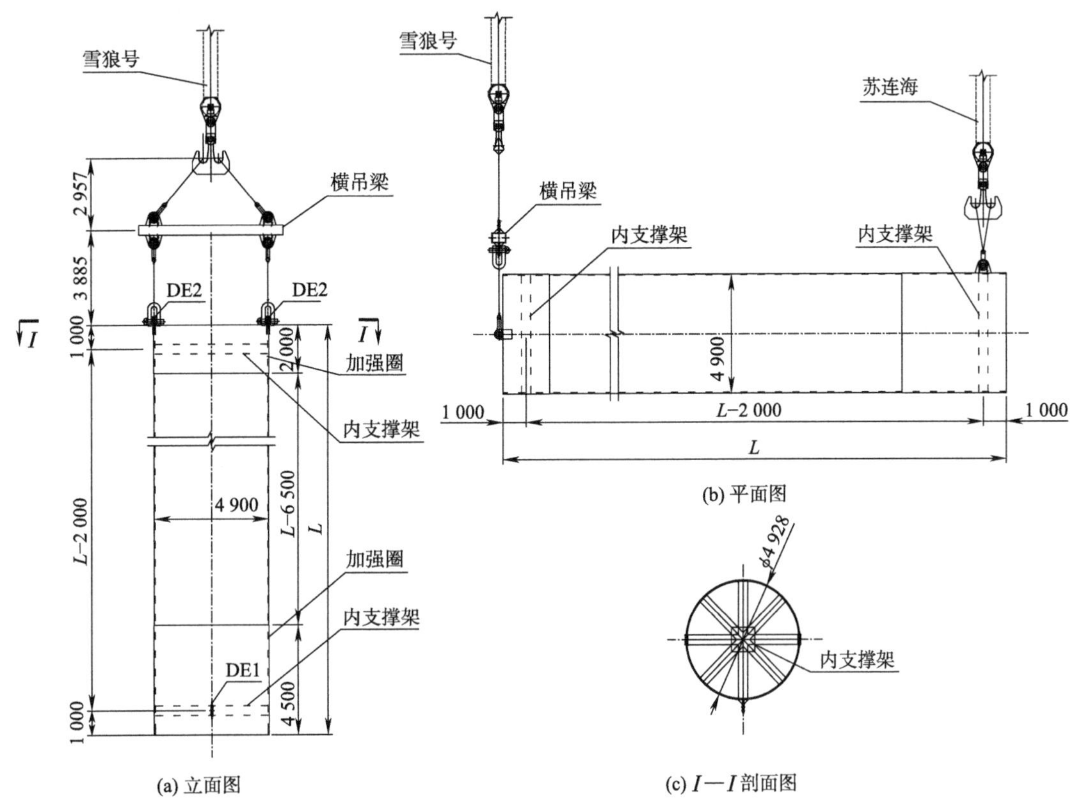

图 4-3-20　钢护筒吊耳布置图(单位:mm)

(3)钢护筒运输

钢护筒在制造厂加工完成后,采用海运,利用驳船直接运输至施工现场。由于护筒直径较大,为防止钢护筒在运输过程中出现失圆和变形,在钢护筒的上、下口及中间位置焊接"米"字支撑,具体如图 4-3-23 所示。

(4)钢护筒吊装

为保证钢护筒起吊时不变形,采用横吊梁顶端吊两点、底部单吊点的方法进行吊装。同时起吊顶部和底部吊点,使钢护筒离开船体约 2.0 m,然后提升顶部吊点,底部吊点不动,使钢护筒由平卧变为斜吊,慢慢起吊至 90°后,完成竖转。

钢护筒中部吊耳在吊装之前割除,人工从一端拿出;钢护筒竖立后解除底部吊耳,然后移位护筒至钻孔平台上,待钢护筒距离钻孔平台 2 m 左右,人员从底部进入护筒,慢慢下放钢护筒,底部用枕木抄垫,待钢护筒停止晃动后用氧割割除底部内支撑,人员安全撤离后起吊钢护筒入孔;顶部吊耳待护筒吊装完成后

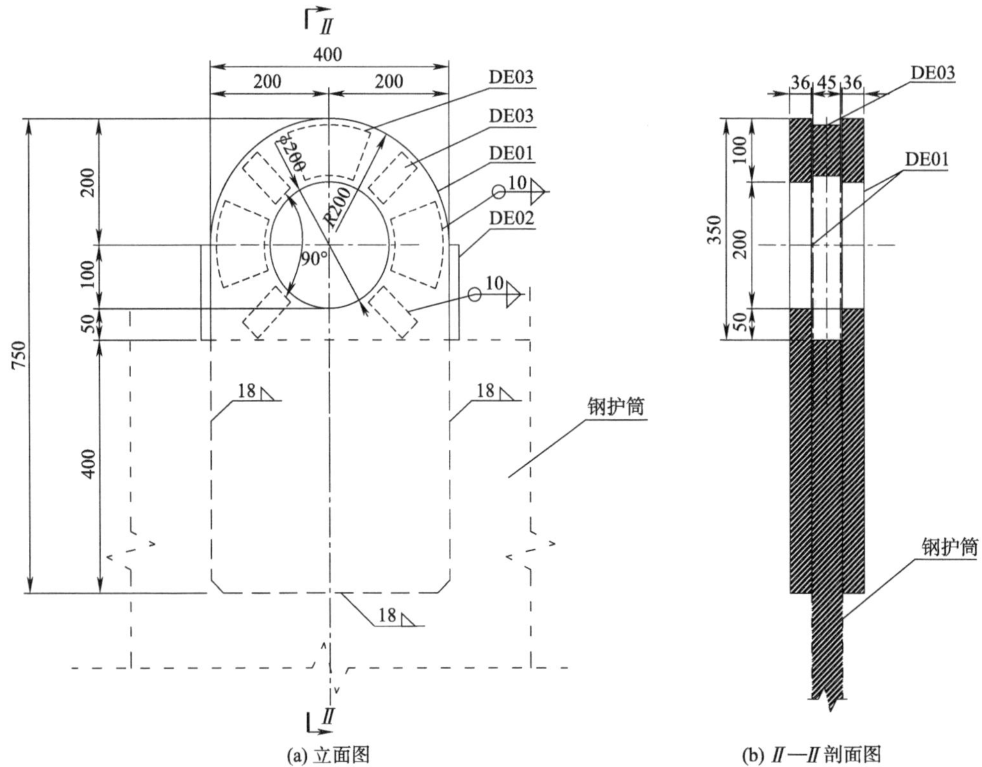

(a) 立面图　　(b) Ⅱ—Ⅱ剖面图

图 4-3-21　顶部吊耳结构图(单位:mm)

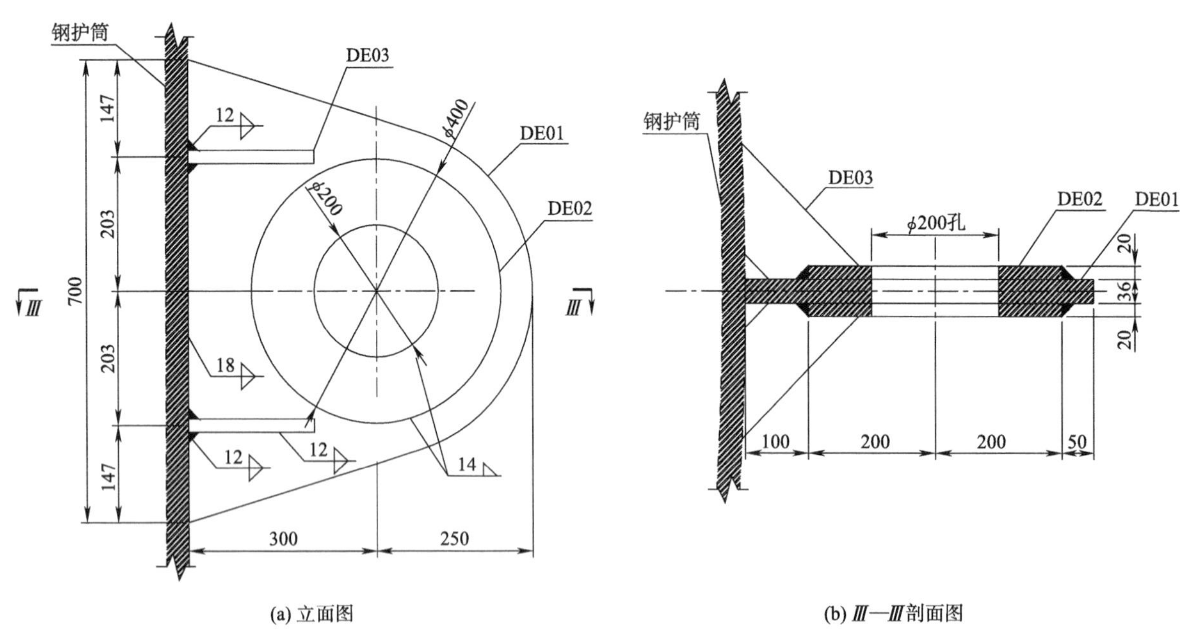

(a) 立面图　　(b) Ⅲ—Ⅲ剖面图

图 4-3-22　底部吊耳结构图(单位:mm)

割除。钢护筒起吊如图 4-3-24 所示。

(5)钢护筒剪力环

为保证钢护筒与围堰封底混凝土间黏结力满足围堰抗浮沉受力要求,护筒插打前,对元洪航道桥 N04-11、N04-12 号钢护筒,鼓屿门航道桥 Z04-8、Z04-9 号钢护筒,大小练岛航道桥 S03-11、S03-12 号钢护筒局部增加焊剪力环(直径 ϕ28 mm 螺纹钢筋,预估护筒插入深度,在后续围堰施工时,封底混凝土区域

图 4-3-23 钢护筒内支撑实例

图 4-3-24 钢护筒起吊图

6 m 范围内按间距 0.5 m 布置，导向轮处断开)。焊接高程根据相邻桩位钢护筒插打情况确定，并确保 6 道以上剪力环位于封底混凝土范围内，具体形式如图 4-3-25 所示。

5. 钢护筒插打施工

(1)导向设置

护筒插打过程受风浪影响会产生不定方向、不同程度的摇摆，大大降低施工精度，可能会产生较大偏位或倾斜。为解决这一问题，在护筒周围设置导向装置。钢护筒导向框主要根据钻孔平台的结构而设计，设置上下双层导向，上层导向作用于钻孔区贝雷梁上；下层导向作用于由钻孔平台联结系所支承的分配梁上。导向装置由导向框和导向轮组成，具体如图 4-3-26～图 4-3-28 所示。

主墩钻孔平台钻孔区为桁架结构，底部无支承结构，因此钢护筒导向只能设置在平台面。钢护筒插打导向装置由导向架、下放导向、上下导向装置构成，导向架主梁由槽 20b 拼装，下放导向装置起引导作用，上下导向装置由定位箱、止推箱、尼龙轮三部分组成，起导向和固定作用。具体导向装置具体如图 4-3-29 和图 4-3-30 所示。钢护筒插打顶层导向架，在实际施工过程发现效果不好，后续取消该导向架，但是在平

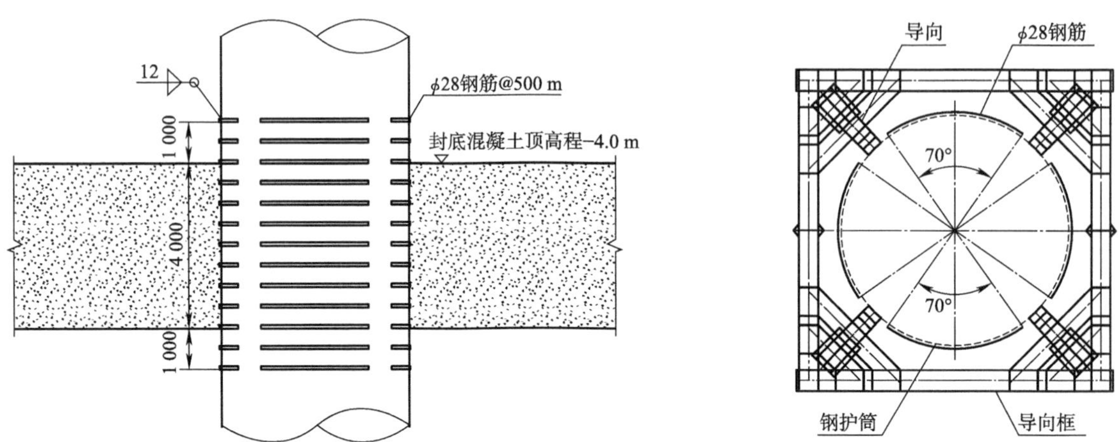

图 4-3-25　钢护筒剪力环布置示意图(单位:mm)

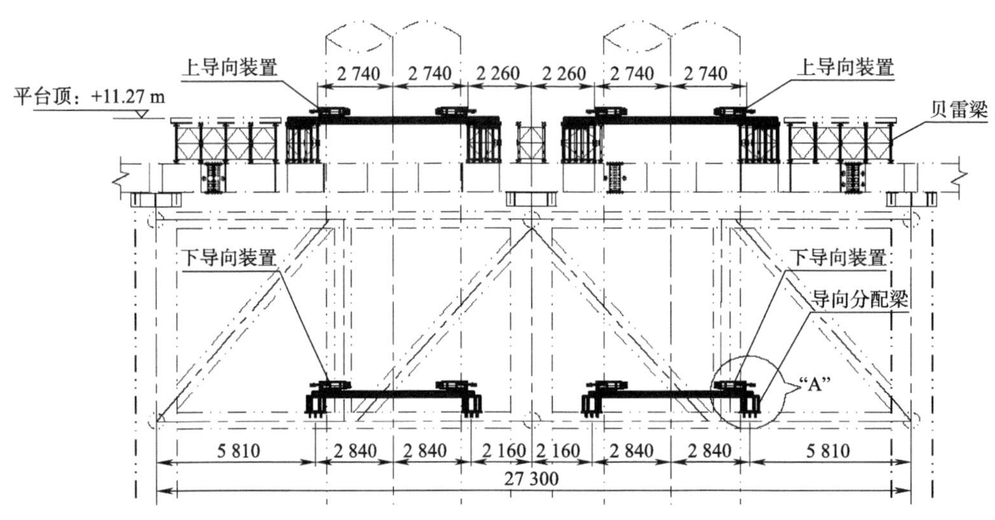

图 4-3-26　过渡墩钢护筒导向装置布置(单位:mm)

台顶面相应位置增加一层导向框。

因原设计尼龙导向轮在浪涌作用下容易被破坏,施工时在原设计上优化了导向框设计,材料由尼龙改为 Q235b 钢质,实践证明钢质导向轮在大风大浪下仍然可以起到导向和限位作用。

(2)钢护筒定位

平面定位:测量组事先按桩位中心沿顺桥向和横桥向两个方向,将四个护桩点标记在钻孔平台上,并标记好护桩到桩中心的距离。护筒下放时,由四个护桩点控制钢护筒的平面位置,通过调整导向架四个导向轮来调节钢护筒平面位置。

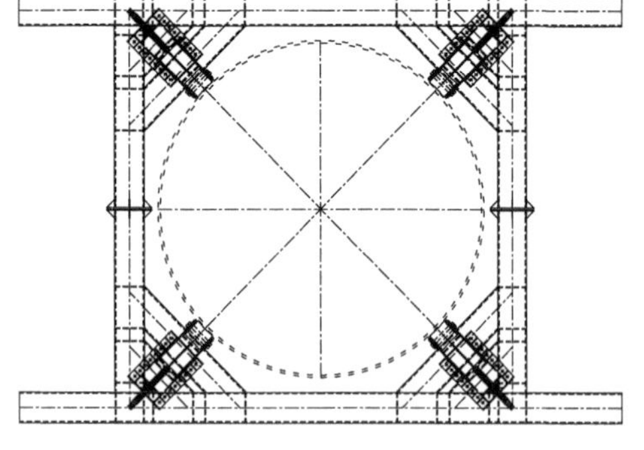

图 4-3-27　过渡墩钢护筒导向装置结构设计图

垂直度控制:采用两台经纬仪在成 90°的两个方向上交汇观测,以此控制垂直度。起重船配合,通过双层导向将护筒垂直度偏差控制在 2/1 000 以内。

(3)钢护筒插打

钢护筒插打分两步,第一步采用双联 APE400 振动锤或双联 YZ400 振动锤插打至钢护筒稳定,及时复核钢护筒平面位置和垂直度;第二步采用 IHC-S800 或 YC50 液压锤进行插打,先用低冲击能量击打一锤,观察倾斜度及护筒偏位变化,复核倾斜度和偏位在允许范围后继续击打,待钢护筒进入稳定地层后逐渐增加冲击能至护筒稳定。具体液压振动锤示意图及实例图如图 4-3-31～图 4-3-36 所示。

图 4-3-28 过渡墩钢护筒导向分配梁及导向框安装图

图 4-3-29 钢护筒插打顶面导向架

图 4-3-30 钢护筒插打底层导向架

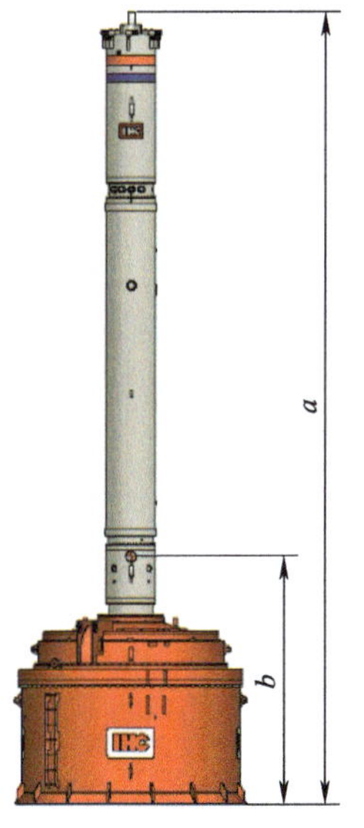

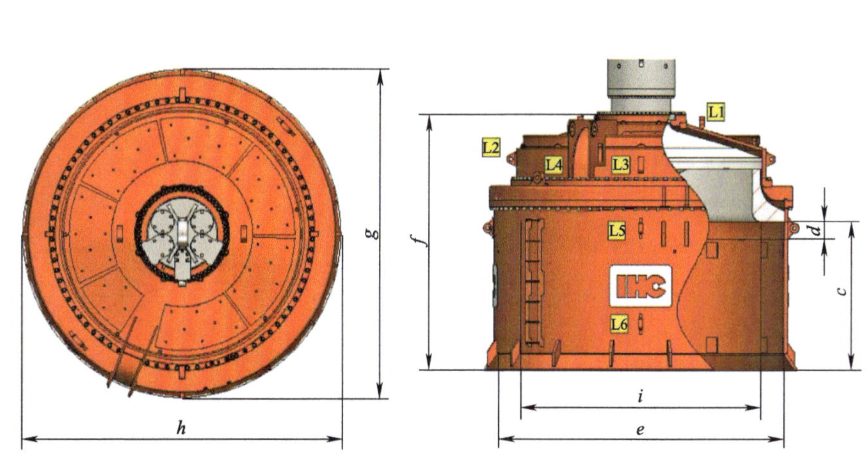

图 4-3-31 IHC-S800 外形结构图

(4)钢护筒插打控制标准及检测

钢护筒插打控制应根据地质情况、锤型、护筒长型号通过试验综合考虑确定。本工程以钢护筒底标高和贯入度双控。如护筒底未达到设计标高，而贯入度较小时，应会同有关部门研究确定处理办法。如桩底达设计标高而贯入度仍然很大时，应继续锤击，同时应会同设计等有关单位共同研究确定处理措施。插打前根据设计提供的地勘报告，逐桩绘制地质柱状图，钢护筒底部必须穿过碎块状强风化岩层，且进入碎块状强风化岩层深度不少于 1 倍护筒直径，锤击能量最大为 550 kJ，最后 30 击平均贯入度在 3～5 mm 时停锤结束插打。钢护筒插打允许偏差应符合表 4-3-8 规定。

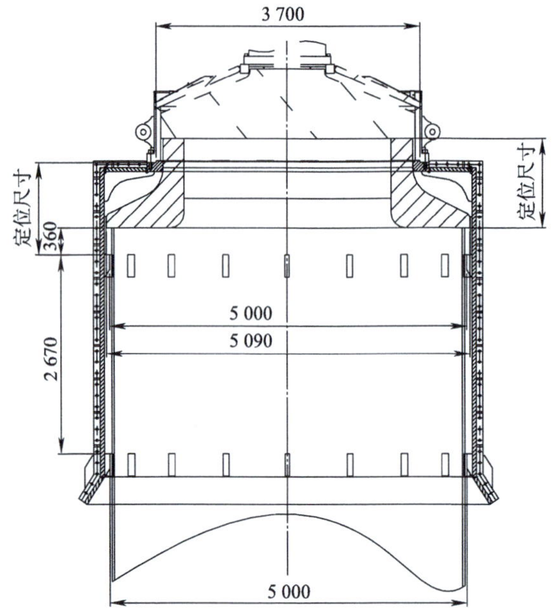

图 4-3-32　替打及套筒示意图(单位:mm)

图 4-3-33　YZ400 振动锤插打护筒

图 4-3-34　液压冲击锤插打护筒

图 4-3-35　APE500 振动锤插打护筒实例

图 4-3-36　S800 液压冲击锤插打护筒实例图

表 4-3-8 钢护筒插打允许偏差控制表

项次	检查项目	规定值或允许偏差	检验方法和频率
1	护筒底标高	符合设计要求	查插打记录
2	最后 30 击贯入度	3～5 mm	查插打记录
3	设计标高处护筒顶平面位置	±50 mm	全站仪测量
4	倾斜度	±1%	吊线用钢尺量或用倾斜仪检查，全部检查

(5)钢护筒插打到位后的限位措施

钢护筒插打完成后，用四根双拼 H440 mm×300 mm 型钢配合其他类型型钢在桁架下弦杆处将护筒夹住固定，布置示意如图 4-3-38 所示。

图 4-3-37 钢护筒平面限位布置图及限位安装实例图

6. 施工遇到的问题及处理方法

桥位处存在直径 2.0～10.0 m 不等、埋置深度从海床表面到海床以下 20 m 左右的花岗岩风化孤石堆，在该地层中钢护筒直接插打无法穿越或无法定位自稳，造成前期插打的大部分钢护筒存在不同程度的卷边及变形，水下切割后漏浆、护筒跟进困难且处理效率低。具体处理情况如下。

问题 1：受复杂地质条件的影响，墩位处存在堆积的球形风化石、光板岩区、倾斜岩面、岩石强度高，钢护筒插打均存在无法自稳定及插打困难，插打后的钢护筒存在底口漏浆、护筒卷边、倾斜等现象。

处理方法：①对护筒无法自稳的情况，将钢护筒拔出，用冲击钻机将海床孤石砸碎后，重新进行埋设。②对于无法插打到设计深度位置的钢护筒宜采用回填块石、黏土，冲击钻反复冲砸的方式进行埋设。③对于原钢护筒加厚段采用 36 mm(母板)＋20 mm(加厚段)形式改进为底部加强板 50 mm 厚整板焊接，如图 4-3-38 和图 4-3-39 所示。

图 4-3-38 钢护筒拔出实例图

图 4-3-39 冲击钻处理钢护筒实例图

问题 2：Z03、Z04 号墩钢护筒在插打完成后，钻孔过程中出现钻头无法钻出护筒情况，经潜水员探摸，护筒底口变形严重。

处理方法：先利用冲击钻钻头钻进至护筒底口以下约 1.5 m 后，由潜水员对变形严重的护筒进行水下切割，如图 4-3-40 所示。

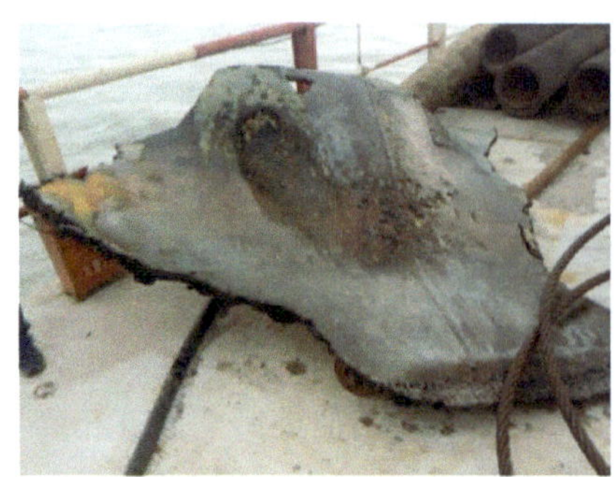

图 4-3-40　部分钢护筒水下切割实例图

问题 3：钢护筒无法自稳，护筒倾斜度超过规范要求。

处理方法：钢护筒发生倾斜、变形后，将钢护筒拔出，由旋挖钻对钢护筒周长范围内钻孔共钻取 12 个 ϕ1 400 mm 孔，旋挖钻孔位布置如图 4-3-41 所示，且各个孔位必须相互咬合，在各个孔位内取岩芯，并参照前期地质勘察报告，查看岩层和深度是否与地质报告一致，确定该区域岩层。对取出的岩石进行抗压试验，确定其强度，针对不同强度岩层选用冲击钻或旋挖钻处理该处孤石，具体如图 4-3-42～图 4-3-45 所示。

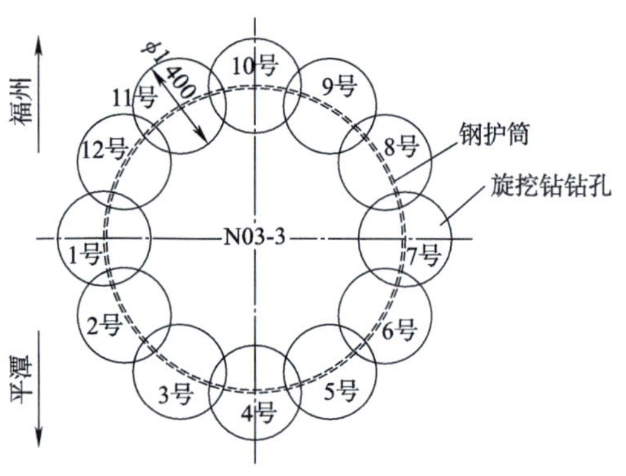

图 4-3-41　旋挖钻处理护筒周边孔位布置图

问题 4：部分钢护筒虽入土深度较大(埋设深度约 14 m)，但钻孔过程发现护筒漏浆，孔内水头无法保持和正常进行钻孔桩施工。潜水员探摸情况为护筒底口周边有多处位置比较

图 4-3-42　旋挖钻机处理照片

图 4-3-43　孔内取出的整体微风化孤石照片

图 4-3-44 孔内取出的较小体积微风化孤石照片

图 4-3-45 孔内取出微风化孤石试件照片

光滑，判断为孤石，线路右侧有空洞，钢护筒无法跟进处理。

处理方法：由高压劈裂注浆机围绕钢护筒外侧布设 72 个孔位，待所有旋喷桩完成后形成一个帷幕结构，截断护筒内外水流通道，在护筒内形成相对封闭的钻孔施工空间，具体如图 4-3-46 和图 4-3-47 所示。

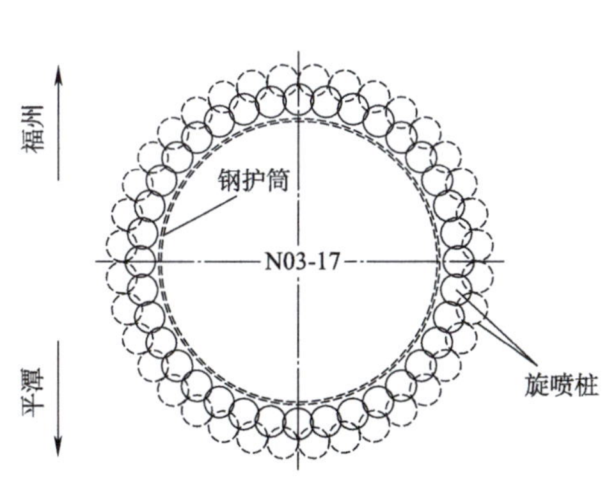

图 4-3-46 旋喷钻孔位置布置图

图 4-3-47 旋喷钻孔实例图

问题 5：水下切割后部分钢护筒漏浆，孔内水头无法保持，无法正常进行钻孔桩施工，另外护筒底口不规则，致使护筒无法跟进处理。

处理方法：利用 2 000 t 起重船将此批护筒拔出，将底部损毁部分切割，同时将原钢护筒底口双层(32＋20＝52 mm)加强型结构变为单层(50 mm)加强结构，具体如图 4-3-48 和图 4-3-49 所示。

问题 6：钻孔桩钢护筒在台风巨浪的冲击下剧烈晃动，导致孔壁破坏、坍孔严重，钢护筒倾斜下沉，护筒顶口完全淹没在海平面以下，具体如图 4-3-50～图 4-3-52 所示。

处理方法：检测钢护筒垂直度，如垂直度满足要求，则接高钢护筒，对护筒进行固定并对护筒周边海床

图 4-3-48　部分水下切割损毁钢护筒拔出实例

图 4-3-49　部分损毁钢护筒切割修复实例

进行压浆固结，再利用 KTY4000 旋转钻成孔；如垂直度不满足要求，由潜水工将变形部位分块进行水下切割，割除的钢护筒钢板先吊出护筒，再利用起重船将钢护筒拔出，重新埋设护筒成孔。

图 4-3-50　部分台风损毁钢护筒情况

图 4-3-51　部分台风损毁钢护筒接长、调整

图 4-3-52 部分台风损毁钢护筒切割、拔出

四、钻 孔 施 工

1. 钻孔施工工艺流程

桥址区主要地质有花岗岩、凝灰岩、火山角砾岩，上层有厚度不均的火山角岩，且其中夹杂斜向辉绿岩、构造岩，地质较为复杂。根据航道桥各墩位处的地质和现有设备情况，ϕ3.4 m钻孔桩采用冲击钻机施工。钻孔桩施工时，配备相应的钻机、压风机、泥浆分离器、泥浆泵、沉渣筒、泥浆船、运渣船及备用电源等，部分机具、材料可摆放在支栈桥上。

ϕ4.4/4.9 m钻孔桩选用KTY-4000型及KTY-5000型全液压动力头回旋钻机钻进成孔，配备滚刀/锲齿钻头钻孔。按照相邻两孔不能同时进行钻孔或灌注混凝土作业的原则安排钻孔顺序。钻孔前对钻孔的各项准备工作进行详细检查，并仔细查看地质勘察剖面资料。钻机安装检查合格，泥浆制备达到要求后，方可开钻，施工工艺流程如图 4-3-53 所示。

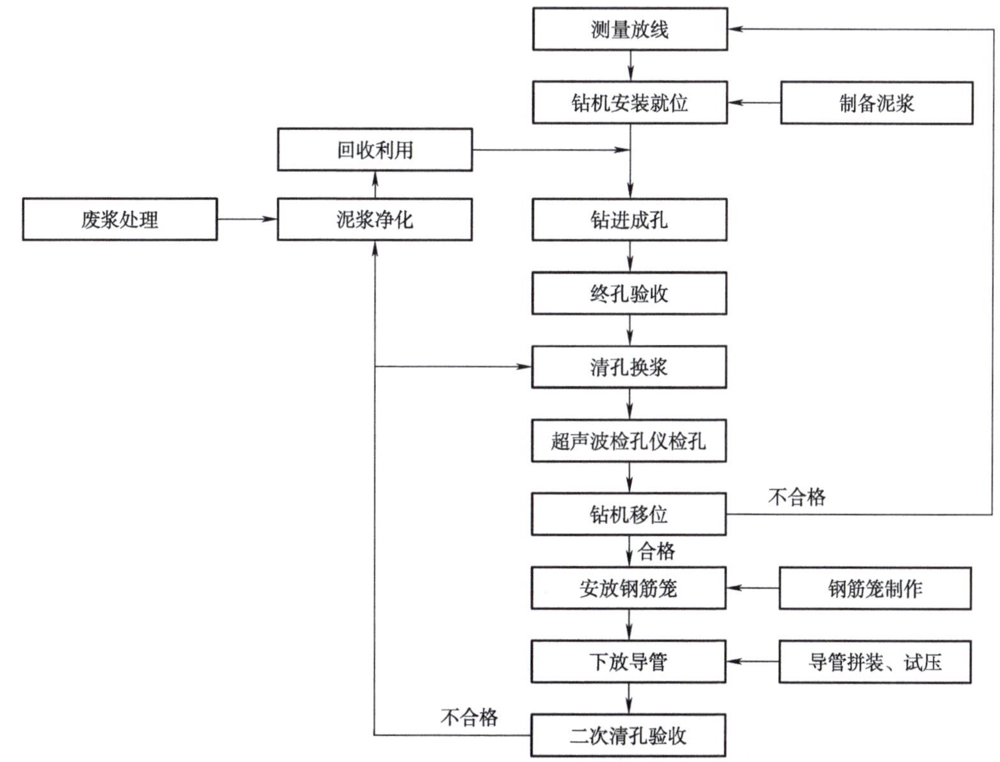

图 4-3-53 钻孔施工流程图

2. 主要设备选型

钻孔桩施工时，配备相应的钻机、压风机、泥浆分离器、泥浆泵、沉渣筒、泥浆船、运渣船及备用电源等，部分机具、材料可摆放在支栈桥上。

1)旋转钻机

ϕ4.4 m钻孔桩施工采用KTY-4000型动力头液压钻机,配备ϕ4.0 m锲齿(或球齿)滚刀钻头直接完成覆盖层和岩层内的钻孔施工,护筒内壁钻渣采用在刀体外侧安装钢丝刷清理;ϕ4.9 m钻孔桩选用KTY-5000型动力头回转钻机。

(1)钻机的概述

该型钻机系液压动力头钻机,钻机能在岩石平均单轴抗压强度$\sigma_c \leqslant$120 MPa的基岩中最大钻孔直径可达5.0 m,最大钻孔深度为110 m,在增加标准钻杆数量的基础上最大钻进深度可达180 m。KTY-5000动力头钻机的工作原理是由动力头驱动钻杆,钻杆带动钻头回转钻进,采用空气反循环的排渣方式,其动力传递为:电动机→液压泵→液压马达→动力头。

(2)钻机的主要性能参数

①钻机型号表示方法

KTY-5000,K表示钻孔、T表示动力头、Y表示液压、5000表示在岩石平均单轴抗压强度$\sigma_c \leqslant$120 MPa下钻进的最大钻孔直径(mm)。

②技术性能参数见表4-3-9。

表4-3-9 KTY-5000/4000动力头钻机技术性能表

主要项目		单　位	KTY-5000	KTY-4000
钻孔直径	岩层($\sigma_c \leqslant$120 MPa)	m	ϕ3.6～ϕ5.0	ϕ2.0～ϕ4.0
	岩层($\sigma_c \leqslant$200 MPa)	m	ϕ3.6～ϕ4.5	ϕ2.0～ϕ3.5
最大钻孔深度		m	100	130
排渣方式			气举反循环	气举反循环
动力头转速及扭拒	转速	r/min	0～5.8	0～6
	扭矩	kN·m	450	300
	转速	r/min	0～11.6	0～15
	扭矩	kN·m	225	120
动力头提升能力		kN	3 000	1 800
封口盘承载力		kN	3 000	1 500
钻架倾斜角度			0～40°	0～40°
钻杆(通径长度)		mm	ϕ330a 4 000	ϕ300a 3 000
总功率		kW	356	285
外形尺寸		mm	12 015×8 680×13 660	7 380×7 470×8 160
主机重量(不含钻具、液压站)		t	74	46
液压站重量		t	13	8.5
主机单件最大重量		t	20	11
钻具系统(不含钻头)		t	230	132
总重量(不含钻头)		t	344	185

③钻机主要结构及特点

KTY-5000钻机主要由动力头、滑移横梁、钻机结构(含底盘、钻架、封口盘等)、钻具系统、司机室、液压站、钻进系统、操纵室、电气控制系统等组成。

a. 动力头

动力头同时起着承受钻具重量、安装钻杆装拆机构、为钻进提供动力和输送压缩空气排渣等各项作用,是该型钻机的核心部件。

动力头由3台高速液压马达驱动,通过3台行星减速机及一级闭式齿轮传动将动力传递给钻具系统，工作平稳可靠，使用寿命长，可实现无级调速和过载自动保护。动力头的中心管上设置有承重轴承和防跳轴承，两个径向轴承用以提高运动精度和运转的平稳性，由中心管内的衬管排渣，压缩空气则通过配气环进入钻具的风道。其衬套磨损后拆卸更换，各密封圈均安装于便于拆卸更换的套和盖中。

动力头的密封形式为旋转轴用齿形组合密封件，该密封具有密封效果好、密封件寿命高等特点。动力头通过吊耳悬挂于滑移横梁下，由两个 180/110-435 油缸驱动，可实现 45°旋转，以便于安装和拆卸钻杆。

动力头由液压马达驱动，液压马达及减速机应采用质量性能可靠的品牌产品，动力头装置应结构紧凑，传动齿轮采用硬齿面，提高齿轮强度，具体如图 4-3-54 和图 4-3-55 所示。

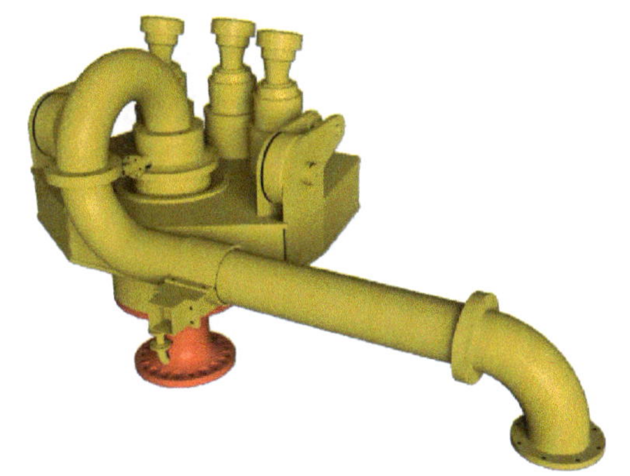

图 4-3-54　动力头立体图

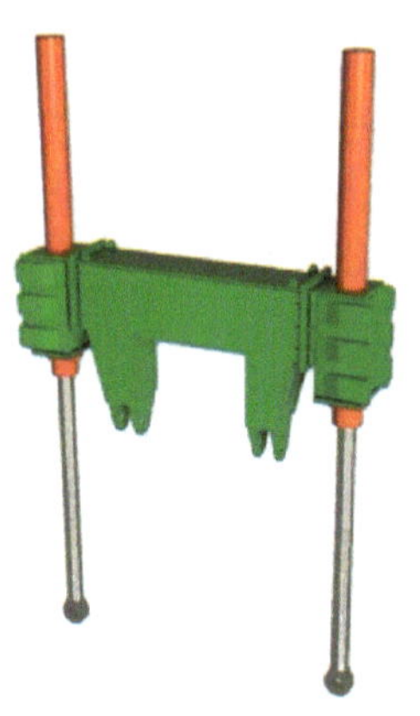

图 4-3-55　滑移横梁立体图

b. 滑移横梁

滑移横梁能沿钻架轨道上下滑移，滑移动力及支承由两个 320/250-4300 液压缸完成，是提升动力头及钻具上下移动的动力机构。滑移横梁上下移动距离为 4 300 mm，左右侧的油缸采用机械刚性同步。

c. 钻机结构

钻机结构主要包括钻架、底盘及封口盘。钻架为门型结构，其与底盘间用双销轴和拉杆连接，抽出一销轴后，在两个油缸驱动下，钻架可后仰 0～40°，且销轴的插拔动作设置了插拔销系统，可有效地减轻工人的劳动强度。底盘外形为矩形结构，下平面设置 4 个调平油缸方便底盘调平。钻机底盘、钻架设计为可拆分式的，以方便运输，具体如图 4-3-56 和图 4-3-57 所示。

图 4-3-56　钻机结构立体图

图 4-3-57　钻具立体图

④钻具系统

钻具系统主要由标准钻杆、钻杆稳定器、风包钻杆、异径接头、风包、钻头稳定器、配重等组成。钻具系统有足够的强度，连接可靠，密封性好，排渣效率高。钻具系统能施加足够钻压，保证钻头有效破岩，全断面快速钻进。钻杆装拆、提放钻头快速方便。

全套钻具系统应包括标准钻杆(23 根)、变径钻杆(1 根)、配重钻杆(1 根)及配重、风包钻杆(1 根)、中间钻杆稳定器(1 根)、钻头鼓形稳定器(1 根)、钻头等。本次全套钻具配置总长度大于 110 m，达到 112 m(本钻机最大钻孔深度可达 180 m)。

标准钻杆为全被动钻杆，法兰盘连接，双壁结构。标准钻杆通径 ϕ330 mm，长度为 4 000 mm，外层钢管为 ϕ630×22 mm，材质采用 Q390C，标准钻杆连接方式为螺栓连接。风包钻杆为钻进过程中间供风钻杆。异径接头一为连接钻杆与重型钻杆的过渡接头，二为重型钻杆和风包的过渡接头。

钻具上共设有 1 个重型钻杆和 1 个钻头稳定器。风包是洗井液循环的动力设备，其结构简单，使用可靠。上述钻具均可悬挂在钻机封口盘上，方便钻具连接，具体如图 4-3-58～图 4-3-61 所示。

图 4-3-58　KTY-4000 型钻机

图 4-3-59　KTY-5000 型钻机

图 4-3-60　球齿钻头

图 4-3-61　楔齿钻头

具体参数如下：单根钻杆长度为 4 000 mm；钻杆根数为 23 根(钻杆配置保证全套钻具总长度 110 m)；钻杆内、外层直径和壁厚，内层 356 mm×13 mm，外层 630 mm×22 mm；钻杆风道形式为直通式，风通直径 76×8 mm；钻杆材质为 Q390C；钻杆连接螺栓规格 M42×205 mm，单个接头数量为 16 个。

⑤液压站

液压站独立设置，液压站与主机间用快速接头相连，液压站动力选用电动机驱动。3 台 H1V160 液控柱塞变量主泵采用 3 台 110 kW 电机驱动，需要同时工作时 2 台主泵供动力头油缸提升，1 台主泵供动力头旋转，当钻进时可 3 台主泵供动力头旋转。控制泵与辅助泵采用三联齿轮泵。液压站设有 2 个风冷却器，以降低油温，保证钻机连续运转。

⑥钻进系统

该型钻机使用液控(同时带智能控制)的减压自动进给系统，在给定的钻压下实现恒压自动进给。其原理为：钻具系统始终保持减压状态和垂直状态，实现自动钻孔作业，并且能够实现过载自动保护，保证孔径精度和孔深的垂直度。

⑦操纵室

室内设置有操纵台，操纵台上设置了液压和电气的操纵手柄、按钮、各种显示仪表，集中控制，操作方便。室内设置有一个可调式座椅，装备有风扇和取暖设备，墙壁内装有隔热层。操纵室安装在钻架底座的侧前方。

⑧辅助装置

底盘上设置钻杆支座，方便动力头更换钻杆。设置用于起吊钻杆和杂物的起重机，起重能力 3 t，由电力驱动，动力回转。

主机、液压站、钻具系统设置吊点，可整体起吊实现移位。

2)其他设备

每墩配备 1～2 台空气压缩机(图 4-3-62)。每台钻机配备 1 台 ZX-250 型泥浆分离器，泥浆净化能力为 250 m^3/h，分筛粒度≤74 μm，可将钻渣从泥浆中分离，便于处理。处理后的泥浆可循环回入孔内，不需要泥浆池沉淀。ZX-250 型泥浆分离器实物如图 4-3-63 所示。

3)泥浆制备及泥浆循环系统

钻孔泥浆采用海水造浆。

(1)造浆原材料分别选用

①聚阴离子纤维素 PAC，主要成分为 PAC，无毒无害，主要作用是提高泥浆黏度，降低失水率，防止泥浆漏失。

图 4-3-62 空气压缩机外形图

图 4-3-63 ZX-250 型泥浆分离器实物图

②纯碱 Na_2CO_3，主要作用是作泥浆的分散剂、除钙剂，调整泥浆的 pH 值。

③膨润土主要成分为蒙脱石，主要作用是作为主要配浆材料，提高泥浆黏度，降低失水率。

④海水取自施工区域，未做任何处理。

(2)泥浆的制备比例

制备比例按海水：膨润土：纯碱：PAC＝1：0.12：0.005：0.003 制备，制备出的泥浆指标比重为 1.06，黏度为 18 Pa·s，含砂率为 0.3%，胶体率为 70%。

(3)气举反循环排渣

采用一台 23 m^3/min(1.2 MPa)空压机配合钻机进行泥浆反循环作业。在中、微风化岩层中钻进时，渣样完整，说明泥浆循环正常，能够及时将孔底钻渣排出。

3. 钻进成孔

(1)钻机摆放位置要结合平台受力支承情况,合理布置。钻机摆放底部增加钻机底座(由型钢 HN900×300 mm 焊接而成的框架结构),放置位置要结合平台受力支承情况合理布置,使荷载均布。钻机底座应水平(误差在 5 mm 范围内)、稳定,钻架中心、钻头中心、钻杆和桩径中心在同一铅垂线上,以保证孔位正确,钻孔顺直。

(2)钻孔前应对钻孔的各项准备工作进行检查,钻孔时应按设计资料及实际地质情况绘制地质剖面图。

(3)在锲齿滚刀钻头护圈上加焊翼板或钢丝绳刷钻孔至护筒底口,对护筒壁进行清理,提出钻头并取下加焊的翼板和钢丝绳刷,重新下放钻头,进行岩层的钻孔直至达到设计标高。开孔时采用楔齿滚刀钻头钻进,对应地层为强风化、中风化岩层。当钻头进入弱风化岩层时,应注意观察钻具运转情况和进尺速度。当进尺速度小于 6 cm/h 时,更换球齿滚刀钻头,检验球齿滚刀在硬岩层中的钻进效果。

(4)钻孔时减压钻进,钻压不得超过钻具重力之和(扣除浮力)的 80%,并保持重锤导向作用,保证成孔垂直度和孔形。

(5)对于强风化层,采用轻压、低档慢速、大泵量、稠泥浆钻进,以免孔壁不稳定,发生局部扩孔或局部坍孔,并充分浮渣、排渣,以防埋钻现象;在岩层中,采用中档慢速,用稀泥浆减压钻进,确保孔壁顺直。

钻机在不同的地层中应选择不同的钻压和钻进速度,不同地层的钻进参数见表 4-3-10。

表 4-3-10 不同地层钻进参数表

地　　层	钻压(kN)	转数(r/min)
砂砾状强风化花岗岩	300~350	4~6
碎块状强风化花岗岩	400~450	4~6
碎块状中风化花岗岩	600~700	3~5
微风化花岗岩	800~900	3~5

注:根据现场施工实际情况可做适当调整。

(6)钻孔作业分班连续进行,过程中若因故停止钻进时间过长,应将钻头提升至护筒内,以免钻头被埋。在钻进成孔过程中每隔 4 h 测试一次泥浆性能指标,主要测试指标有比重、黏度、含砂率,并做好记录,其他指标根据实际情况不定期抽检。根据不同的地层及时调整泥浆指标。优质 PHP 泥浆各阶段性能指标见表 4-3-11。

表 4-3-11 优质 PHP 泥浆各阶段性能指标表

指标项目	①基浆	②新浆	③钻进	④回流	⑤清孔	⑥弃用
	膨润土+碱+PAC	①+P. H. P	②与钻屑混合	③净化+②	④+②	④沉淀中
比重 V(g/cm³)	<1.06	<1.06	<1.20	<1.15	1.08~1.12	>1.3
黏度 T(Pa·s)	20~22	26~35	18~20	18~20	18~20	>25
含砂率 π(%)	<0.3	<0.3	<4.0	2.0~3.0	≤1.0	>10
胶体率 G(%)	>98	100	96	98	98	<75
酸碱度(pH)	9~10	9~10	9~10	9~10	8~9	<7 或 >14

(7)为防止涨(退)潮对钻孔影响,钻进成孔过程中始终保持孔内泥浆面高出外侧水面 2.5 m 左右。具体做法是在平台专门设置一个护筒储存泥浆,高潮位时添加泥浆到正在钻进的孔内,低潮位时适当抽出泥浆临时储存在周边孔内,保证孔壁稳定,防止塌孔。

(8)当钻进至接近钢护筒底口位置 1~2 m 时,须采用低钻压、低转数钻进,并控制进尺,以确保护筒底口部位地层的稳定;当钻头钻出护筒底口 4~5 m 后(稳定器出护筒),再恢复正常钻进状态。

(9)加接钻杆时，应先停止钻进，将钻具提离孔底10～20 cm，维持泥浆循环5 min以上，以清除孔底沉渣并将管道内的钻渣携出排净，然后加接钻杆。升降钻具应平稳，尤其是当钻头处于护筒底口位置时，必须防止钻头钩挂护筒。

(10)详细填写钻孔记录，钻进时应参考地质资料，关注土层变化情况，捞取钻渣渣样，判断土层，与地质资料进行核对，调整钻机的转速和钻压。

(11)垂直度控制，要以预防为主，扫孔修整为辅。可以根据孔的地质柱状图来指导钻孔的钻进参数，能起到提前预防的良好效果。一般钻进到地层交接面和倾斜岩面时，要加强检测，调整钻进参数，保证成孔质量，同一地层钻进适当检测垂直度。

4. 清孔

当钻进至终孔标高3 m前，即开始终孔前的清孔调浆作业。当进尺达到孔底设计标高时，立即采用气举反循环清孔。清孔时将钻头提离孔底20 cm左右，钻机慢速空转，保持泥浆正常循环，同时置换泥浆，使泥浆指标达到相对密度1.10～1.16、黏度17～20 Pa·s、含砂率≤2%后停止清孔，拆除钻具，移走钻机。

5. 成孔检测

用超声波检孔仪对孔径、孔形、垂直度(斜度)进行检测，用测绳对其孔深及孔底成渣厚度进行检测，检查钻孔桩的孔径、孔深和倾斜度是否符合验收标准。大直径钻孔桩成孔检测现场如图4-3-64所示，钻孔成孔质量验收标准见表4-3-12。

图4-3-64　大直径钻孔桩成孔检测

表4-3-12　钻孔成孔质量验收标准

序　号	项　目	允许偏差
1	孔径	不小于设计孔径，扩孔率不大于规定要求
2	孔深	不小于设计桩低标高，不允许超钻
3	孔位偏差	不大于150 mm
4	倾斜度	不大于1/100
5	清孔后泥浆指标	相对密度1.08～1.12，黏度18～20 Pa·s，含砂率<1.0%，胶体率>96%

五、钢筋笼施工

元洪航道桥及大小练岛航道桥主墩钻孔桩钢筋笼护筒内的钢筋笼主筋分内、外两层，钢筋笼下部为单层钢筋排列。鼓屿门航道桥Z01号墩钢筋笼全为双层钢筋笼，单层部分为104根双根环形布置、顶部双层部分为外层104根双根环形布置。Z03号墩钢筋笼为顶部双层或顶部均双层钢筋笼。Z04号墩除7号桩为双层钢筋笼外，其余为单层钢筋笼；单层部分为120根双根环形布置，双层部分为外层60根单根环形布置。Z05号墩钢筋笼全为双层钢筋笼，3号、6号、7号钢筋笼单层部分为120根双根环形布置、双层部分为外层60根单根环形布置；2号、4号钢筋笼单层部分为180根三根环形布置、双层部分为外层120根双根环形布置；1号、5号、8号钢筋笼单层部分为120根双根环形布置、双层部分为外层120根双根环形布置。

所有钢筋笼主筋均为直径40 mm HRB400型钢筋，双根一束主筋采用并排排列，三根一束主筋采用“品”字形布置，内外层钢筋用δ25 mm钢板隔开，单层钢筋笼内部设置3根槽10型钢+2根28 mm HRB400钢筋加劲，型钢在圆周内成“△”形布置，钢筋布置在型钢下部且沿钢筋笼环向布置，每2 m设置一道。

钢筋笼外侧箍筋为ϕ16 mm的HRB400型钢筋，上部间距15 cm，下部间距15 cm；钢筋保护层采用混凝土垫块形成，沿桩身高度布置间距为1.5 m，每断面设置8个圆形垫块。

每根桩断面均匀布置4根声测管,钢管型号为 ϕ50×1.5 mm,为方便后续桩基检测,声测管顶面与钻孔平台面齐平。笼长最长为74.8 m(Z04-3号),最重为259.6 t。具体如图4-3-65~图4-3-68所示。

1. 钢筋笼加工制造

钢筋笼采用长线法分节制造安装,由于钢筋笼的长约30~74.8 m,按照单根钢筋12 m的定尺长度,结合运输条件,可分为3~8节吊装入孔对接,每根桩钢筋笼在长线台座基础和胎模上制造。

钢筋笼分节制造、安装,根据钢筋笼的全长及吊装能力,可分节段吊装入孔对接,钢筋笼的制造在胎具上进行,运输吊装均采用设计专用吊具设备。钢筋笼标准节长度为12 m。严禁吊装运输时损坏和变形。钢筋笼在松下岸侧封闭钢筋车间内利用胎架长线法制作,分段钢筋笼纵向连接,全部采用直螺纹套筒机械接头。制造一根60 m长 ϕ4.4 m钢筋笼,需7人约10 d时间完成;制造一根60 m长 ϕ4.9 m钢筋笼,需9人约10 d时间完成。钢筋笼加工胎架如图4-3-69所示,钢筋笼制作工艺流程如图4-3-70所示。

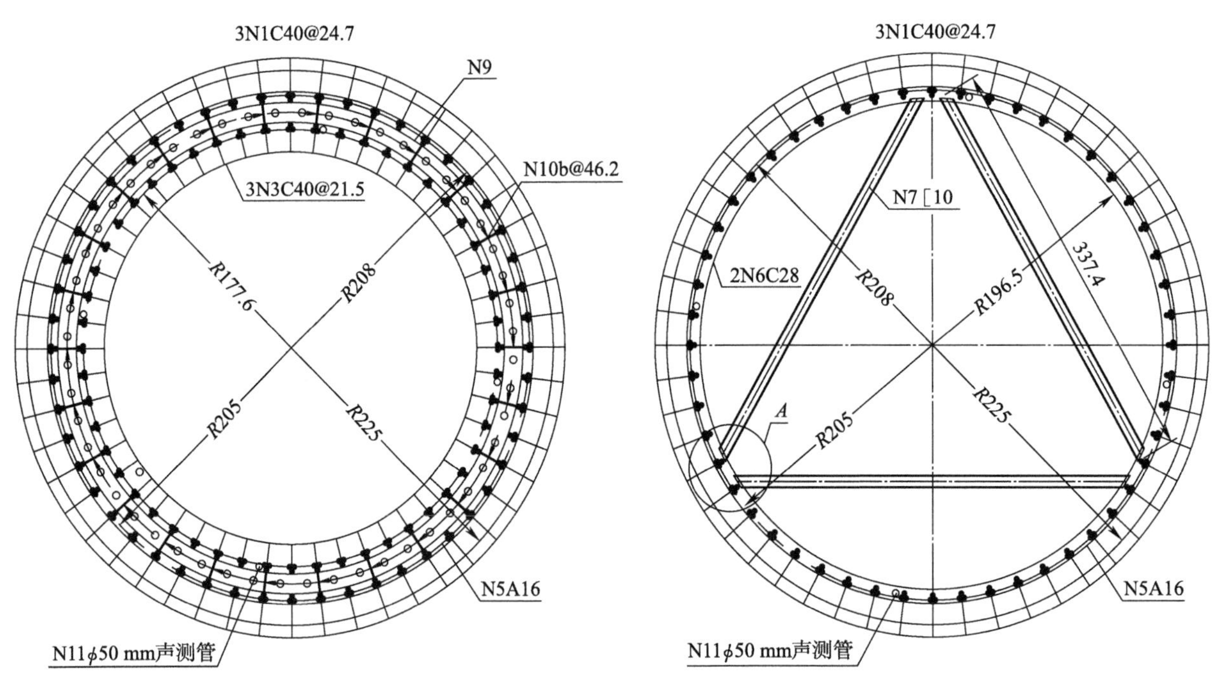

图4-3-65 双层钢筋笼断面图(单位:cm)

图4-3-66 单层钢筋笼断面图(单位:cm)

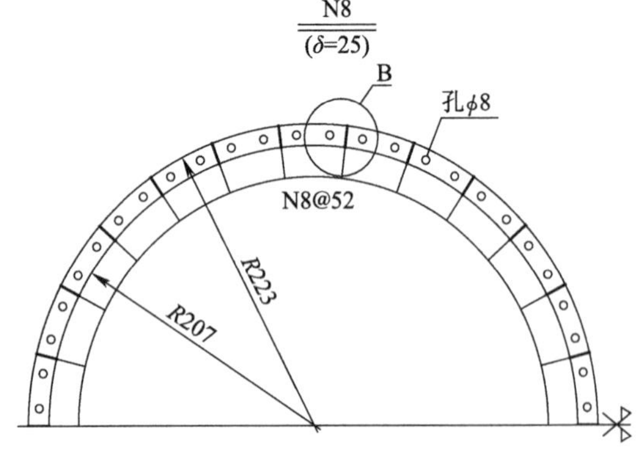

图4-3-67 钢筋笼加劲箍示意图(单位:cm)

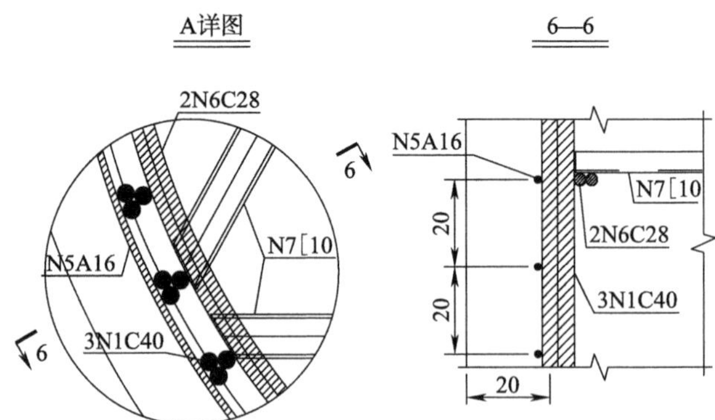

图4-3-68 钢筋笼局部详图(单位:cm)

图 4-3-69　钢筋笼胎膜和长线法加工

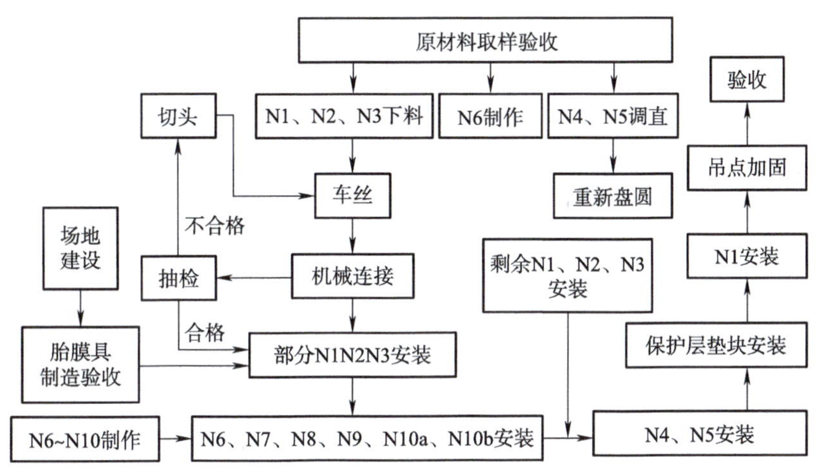

图 4-3-70　钢筋笼制作工艺流程如图

2. 钢筋笼运输吊装

钢筋笼加工完成并经验收合格后从套筒处拆散钢筋笼，拆散前需将套筒连接位置用油漆做好标记。钢筋笼拆散后分节段利用水平吊具从下水码头吊至运输船上，船运至施工区域采用 400 t 起重船吊装至钻孔平台 200 t 门式起重机下方，如图 4-3-71 所示。

图 4-3-71　钢筋笼运输和水平起吊

3. 钢筋笼下放控制

钢筋笼安装，包括钢筋笼的竖立、对接、下放定位三个步骤。

(1)钢筋笼的竖立

钢筋笼竖立由 200 t 门式起重机和 130 t 履带式起重机或 50 t 汽车式起重机配合完成。将门式起重机吊钩与钢筋笼顶部吊耳之间采用专用吊具相连，将钢筋笼底部用钢丝绳采用“兜底”方式与履带式起重机吊钩相连，门式起重机与履带式起重机两者同时起钩，至一定高度后，门式起重机继续起钩，履带式起重机落钩，完成钢筋笼的竖立。钢筋笼的竖立过程如图 4-3-72 所示。

(2)钢筋笼对接

底部钢筋笼由悬挂环卡板固定于护筒顶口后，为减少现场钢筋笼安装时间，加快安装进度，在钢筋加工厂将预先制作完成的圆环箍筋套入待接节段内备用。后续节段钢筋笼由门式起重机吊装与底部钢筋笼对接，由人工使用扳手进行钢筋套筒对接，对接后使用扭矩扳手校核套筒拧紧力矩，最后将预先留置的圆环箍筋按照设计间距提升至设计位置进行绑扎或焊接，钢筋笼对接过程如图 4-3-73 所示。

(3)钢筋笼下放定位

钢筋笼对接完成后，安装下滑轮混凝土垫块并下放钢筋笼。钢筋笼下放至孔口时，使用悬挂环卡板进行固定，加装吊筋后下放至设计位置，如图 4-3-74 所示。

图 4-3-72 钢筋笼竖立

图 4-3-73 钢筋笼对接

图 4-3-74 悬挂环固定和定位钢筋笼

钢筋笼平面定位由钢筋笼顶部焊接定位筋来完成，定位筋如图 4-3-75 所示。

(4)钢筋笼对接时的主要注意事项

钢筋笼主筋对接一定要保持预制和安装的统一，即预制时对接在一起的两根主筋，在安装时必须保证也是这两根主筋对接(在钢筋车间分节拆除接头时应事先做好对应的标记)。

主筋对接时，同一接头两个丝头之间的间隙不得超过 1 mm。若间隙太大，可用导链葫芦将这两根主筋进行对拉。

(5)声测管安装

为了检测钻孔桩质量，在钢筋笼制作时，根据设计要求对称安装 4 根超声波检测管，采用 $\phi50\times1.5$ mm 钳压式声测管。钢筋笼按设计图纸绑扎成型后，在钢筋笼内侧圆周布置声测管。钳压式声测管端部 U 形槽内装有 O 形橡胶密封圈，安装时将声测管的插口端插入承插口端至标线位置，用专用的液压钳对 U 形槽一侧部位同时进行挤压。橡胶密封圈受挤压后起密封作用，钳压部位插口端和承插口端的管材同时收缩变形起定位固定、抗拉拔、抗旋转的作用，从而有效实现了声测管的连接，顶部接长至与施工平台平齐并封闭。声测管安装垂直度容许偏差不大于 0.5%，且接头处孔壁过渡圆顺光滑。声测管总长根据实际终孔标高确定，声测管底口离孔底 20 cm。

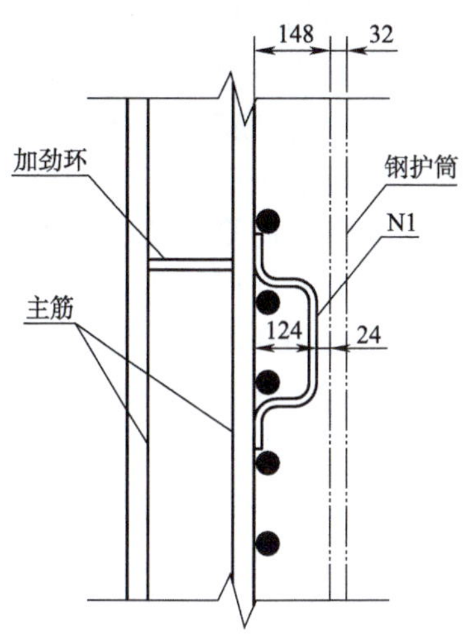

图 4-3-75　定位钢筋图(单位：mm)

每节声测管安装到位后，应向其内灌水，观测声测管是否漏水，若漏水需提起钢筋笼，重新采用专用液压钳拧紧接头部分，再采用防水胶布缠绕密实。

(6)钢筋笼垫块

钢筋骨架上应事先安设控制钢筋骨架与孔壁净距的混凝土垫块或其他材料垫块，这些垫块应可靠地以等距离绑在钢筋骨架周径上，其沿桩长的间距为 1.5 m，每隔断面设置 8 个垫块。

(7)钢筋笼最终下放

全部节段钢筋笼安装到位后，通过钢吊挂＋吊筋下放钢筋笼至设计标高，并通过悬挂环对钢筋笼进行固定，如图 4-3-76 所示。

(8)钢筋笼下放过程中的安全措施

采用加强部分钢筋笼加劲箍、设计专用钢筋笼悬挂吊具及定位器，保证钢筋笼下放、定位的安全及准确。

①钢筋笼加劲箍的设置

由于钢筋笼直径大、重量大，故在分节的钢筋笼最上方起吊位置采用[14 型钢作为加强箍，其能确保钢筋笼在起吊、悬挂的过程中有足够的刚度、强度，钢筋笼加劲箍结构如图 4-3-77 所示。

图 4-3-76　钢筋笼最终下放

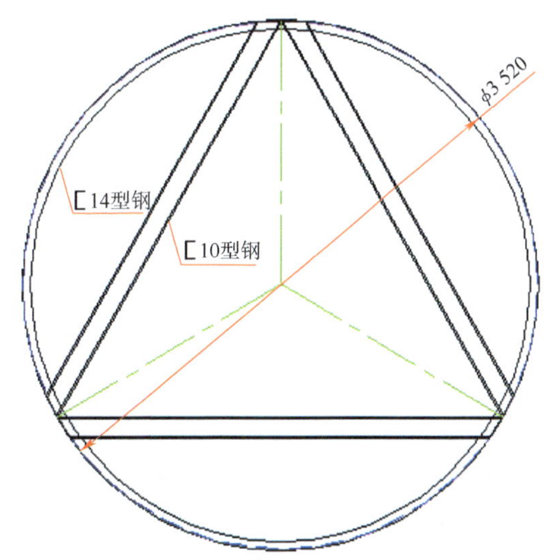

图 4-3-77　钢筋笼加劲箍结构图

②钢筋笼悬挂吊具

钻孔桩桩顶距平台顶高度约 15.1 m,为保证桩顶处钢筋笼的平面位置,平台上钢筋笼悬挂吊具需与护筒同心,钢筋笼中心与悬挂吊具同心。

③钢筋笼定位器

由于钢筋笼直径大、重量大,需设计钢筋笼定位器来解决钢筋笼的支撑及悬挂定位问题。钢筋笼定位器由卡板和支撑圆环两部分组成,支撑圆环由四个 1/4 圆环通过 M27 螺栓连接成一个完整的圆环,卡板可在支撑圆环内前后抽动。安装钢筋笼时,先将钢筋笼定位器安装在孔口钻孔平台顶面,将吊入孔内的钢筋笼通过加强后的加劲箍支撑在钢筋笼定位器上,然后,起吊下一节钢筋笼与之对接。

4. 钢筋笼施工过程遇到的问题及处理方法

问题 1:钢筋笼种类多,各孔钢筋笼结构形式均不一致,桩基均为柱状设计,每根桩长均需根据实际地质情况进行确定,致使钢筋笼均需在距离孔底约 6 m 处。确定孔深后在 7 d 左右时间完成钢筋笼制造,有效加工时间短,加工制造压力大,具体如图 4-3-78 所示。

图 4-3-78 钢筋笼施工过程出现的问题

处理方法:增加钢筋车间人员、设备投入,将钢筋车间按照 24 h 倒班制进行人员配置,增加钢筋车间人员至 100 人,在钢筋车间内增加 1 台 16 t 起重桁车,1 台 50 t 汽车式起重机、1 台 130 t 履带式起重机及 2 台平板运输车,加快钢筋笼单位时间内的产量及倒运速度。

问题 2:钢筋笼加劲钢圈结构为单壁钢板空心结构,在运输过程中易撕裂,影响钢筋质量及吊装安全。

处理方法:①将变形的钢筋笼解体,重新制作。②与设计院沟通改变加劲圈结构形式,增加圈体刚度。③加强加劲圈加工质量控制,确保钢结构加工质量满足要求。

问题 3:双层钢筋布置、每层钢筋三根一束品字形位置,致使钢筋笼主筋过密,钢筋笼对接施拧困难。

处理方法:①优化钢筋车丝加工工艺,改变各根钢筋施拧方向,确保在工艺上的可行性。②增加钢筋对接过程中人员至每班 20 人,确保钢筋笼下放安装速度。

问题 4:钢筋笼直螺纹连接接头安装不正确,操作不方便。首桩钢筋笼现场进行直螺纹连接套筒对接过程中,人员操作不便,需要在钢筋笼里面进行操作,且存在较大安全隐患。

处理方法:钢筋笼接头需按如图 4-3-79 和图 4-3-80 进行优化,方便现场操作。

问题 5:前期钢筋笼安装过程中,需先通过平转竖扁担进行吊装,后通过钢吊筒吊装下放,需要进行吊具更换,体系转换时间较长。钢筋笼下放过程中,使用 12 根 ϕ40 mm 吊筋进行下放,吊筋安装时间较长,且绳卡进行钢筋间对接,施工质量较难保证。

处理方法:在钢吊筒上直接增设 4 个吊点,直接用钢吊筒进行平转竖的吊装,省去吊具转换。修改后的钢吊环如图 4-3-81 所示。

N1（内层）

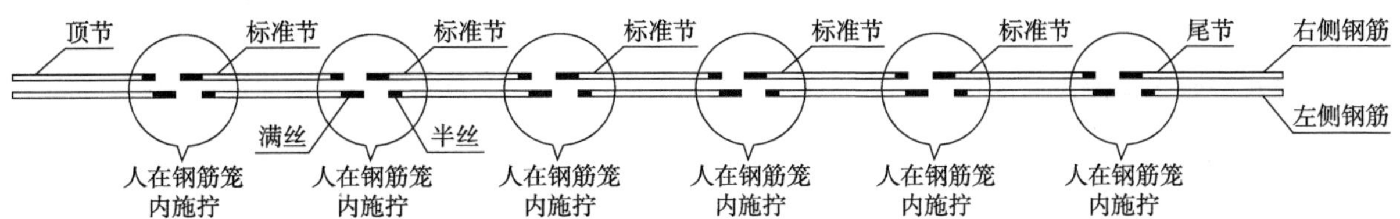

N2（外层）

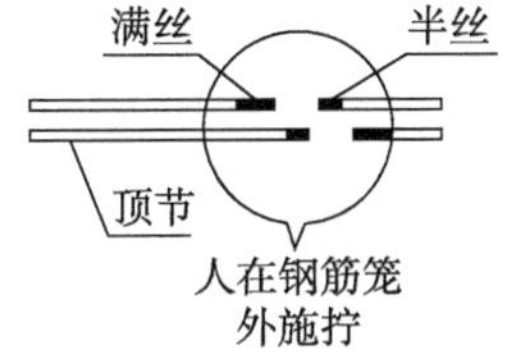

注：1. 图中“▬”表示满丝，“▪”表示半丝；
2. 图中示意为一组（两根）主筋的情况，其余主筋按此顺序依次排列。

图 4-3-79　钢筋笼丝口优化前加工方案图

N1（内层）

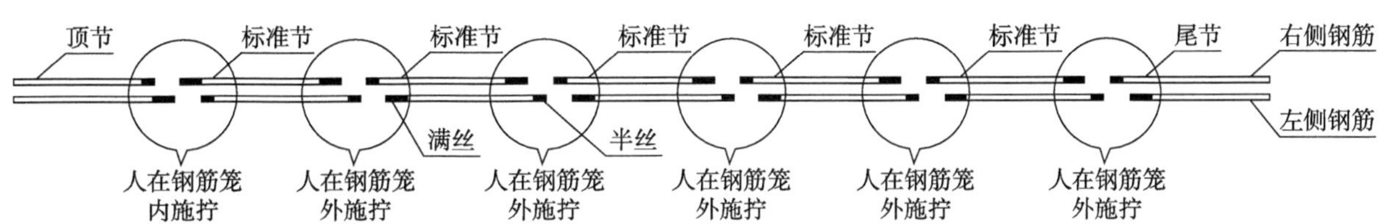

N2（外层）

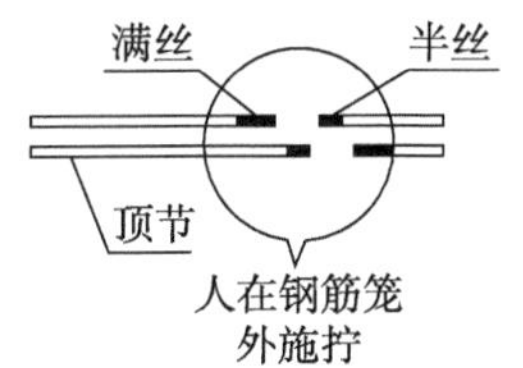

注：1. 图中“▬”表示满丝，“▪”表示半丝；
2. 图中示意为一组（两根）主筋的情况，其余主筋按此顺序依次排列。

图 4-3-80　钢筋笼丝口优化后加工方案图

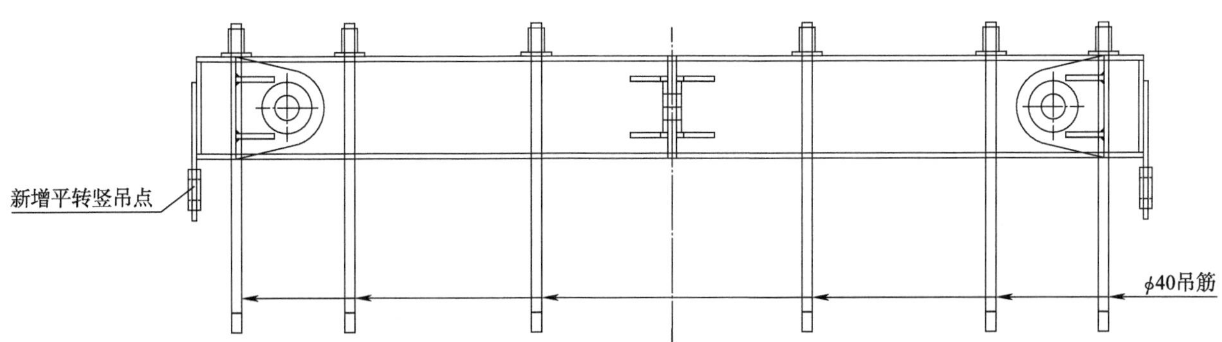

图 4-3-81　钢吊环结构图

优化为使用 ϕ40 精轧螺纹钢(4 根),并通过下侧增设吊具与钢筋笼对接,减少吊筋数量,并取消绳卡连接。优化后方案如图 4-3-82 所示。

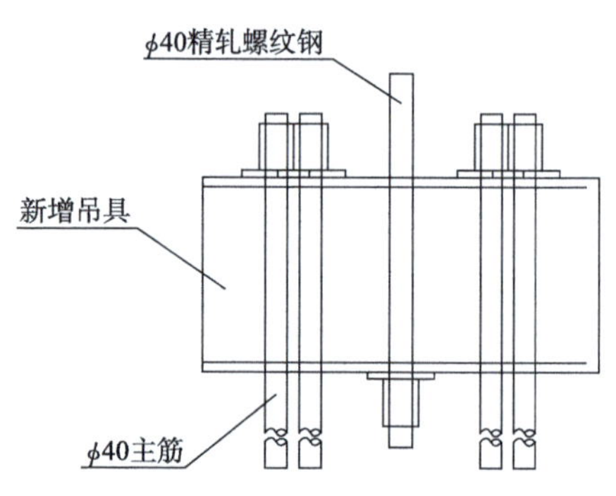

图 4-3-82　修改后的下放吊装方案简图

六、高性能水下混凝土灌注

1. 安装导管

混凝土灌注导管采用垂直单导管,型号为 ϕ426×10 mm 无缝钢管,导管的连接采用丝口状快速接口连接,并在接口之间垫有 4～5 mm 厚的橡胶止水垫圈。在下导管前,采用水密承压和接头抗拉试验,检查其是否损坏,密封圈、卡口是否完好,内壁是否光滑圆顺,接头是否严密。进行水密试验的水压以不小于孔内水深 1.3 倍的压力,且不小于导管壁和焊缝可能承受灌注混凝土时最大压力的 1.3 倍。以实际孔底标高和孔口架之间的距离来配置需要导管长度,并预留 40 cm 的悬空高度。拼装时要严格检查导管内壁和快速接口表面,确保干净无杂物,变形和磨损严重的导管严禁使用。导管的吊放用起重船,要确保其居于孔的中心位置,下放速度要慢,防止卡挂钢筋笼骨架。

2. 二次清孔

在导管内安装风管,利用导管作为吸泥管,对孔底进行二次清孔,清除下钢筋笼过程中造成的孔底沉渣。导管上部连接排渣管,将孔内带沉渣的泥浆抽吸至沉渣箱消能器,通过沉渣箱沉淀和泥浆分离器强制分离,将孔内沉淀的泥砂清理干净,净化后的泥浆通过回浆管流回孔内。测量孔深,达到终孔标高后即可停止清孔,拆除泥浆管和风管,二次清孔完成后即可开始灌注混凝土,具体如图 4-3-83 所示。

图 4-3-83　二次清孔图

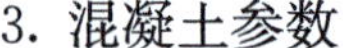

3. 混凝土参数

混凝土参数见表 4-3-13。

表 4-3-13　C45 桩基混凝土配合比

施工部位		桩　基
混凝土强度落级		C45
设计坍落度		180～220
水胶比		0.3
每方混凝土原材料(kg)	水泥	234
	粉煤灰	140
	矿粉	93
	砂	727
	石	1004
	水	140
	减水剂	4.67
	引气剂	3.74
拌和物含气量(%)		5.4
实测坍落度(mm)		220
实测扩展度(mm)		600
停放 60 min 工作性能	实测坍落度(mm)	220
	实测扩展度(mm)	595
抗压强度代表值(MPa)	28 d	—
	56 d	66.1

C45 桩基配合比混凝土，坍落度 220 mm，扩展度 600 mm，和易性良好，无板结泌水现象。混凝土坍落度损失 3 h 为 0，初凝时间为 19 h 27 min，混凝土拌和物含气量初始值和 2 h 之后的值均不小于 4%，能满足设计以及现场施工的要求。

经验证，混凝土在施工过程中，坍落度控制在 200～220 mm，扩展度控制在 600 mm±50 mm，含气量控制在 4.0%～6.0%，坍落度损失 3 h 为 0，初凝时间不低于 18h，无板结泌水现象，混凝土的和易性以及工作性能良好。

4. 灌注前准备

(1)拌和站按试验室配合比检查各种原材料的存储量，检查拌和站各种机械的性能以及是否配备备用发电机。为保证混凝土生产及灌注能够连续进行，每根桩灌注时配备 8 台(含备用 2 台)混凝土搅拌运输车和 2 台输送泵车。

(2)灌注料斗准备

灌注料斗的大小应满足钻孔桩所需首批混凝土数量，钻孔桩所需首批混凝土数量应满足导管初次埋置深度(≥1.0 m)的需要，其混凝土参考数量可按下式计算：

$$V \geqslant (\pi d^2/4)h_1 + (\pi D^2/4)H_c$$

$$H_c = h_2 + h_3$$

式中　V——首批混凝土所需数量(m^3)。

d——导管内径(m)。

D——井孔直径(m)。

H_c——首批混凝土在孔内的高度(m)。

h_2——导管初次埋置深度 $h_2 \geqslant 1.0$ m(m)。

h_3——导管底端至钻孔孔底距离，取 0.4 m。

h_1——井孔内混凝土面高度达到 H_c时，导管内混凝土柱的高度(m)，$h_1 = \gamma_w H_w / \gamma_c$，

其中　H_w——井孔内混凝土面以上水或泥浆深(m)；

γ_w——孔内水或泥浆的容重(kN/m^3)；

γ_c——混凝土的容重(kN/m^3)。

为安全考虑，首灌混凝土放量以导管埋深 1.8 m 为宜，计算出首灌放量为 33.6 m^3；即料斗大小要满足 33 m^3 混凝土要求。

为满足施工要求，现场配置 1 个 6.6 m^3 料斗(与导管连接)和 1 个 26.6 m^3 的总储料斗。总储料斗支撑在钻孔平台上，底口高度比 6.6 m^3 料斗顶面高 2.0 m。储料斗底口有阀门，待阀门打开后，储料斗中的混凝土顺着溜槽流入 6.6 m^3 料斗中。

(3)测量绳和测锤要准备 5 个以上，由于桩径尺寸较大，同时为防止混凝土面存在较大高差，造成导管拔出混凝土面，灌注过程中均采用 5 个测点测量混凝土面高度。

5. 混凝土灌注

(1)将做好的泡沫隔水栓塞球放入导管中。泡沫隔水栓塞是由 10 cm 厚泡沫板裁剪而成，其直径比导管内径小 0.5 cm 左右，能在导管内轻松滑移；在混凝土开始灌注后，将混凝土与导管内泥浆隔离，直至泡沫隔水栓塞冲出导管底口。由于泡沫隔水栓厚度只有 10 cm，直径又比导管内径小，且有极好的韧性，故不会造成堵管现象。

(2)用 130 t 履带式起重机将 6.6 m^3 料斗与导管通过活动阀门接头连接牢固，控制导管底口离孔底 25～40 cm，并将料斗底脚抄垫平稳。

(3)小料斗抄垫完成后，用 130 t 履带式起重机起吊 26.6 m^3 临时储料斗至施工平台上，将混凝土滑槽出口对准小料斗，滑槽通过调节导链葫芦调节出口的高度。

(4)通知拌和站发料，待混凝土罐车运输混凝土到位后，现场试验人员对混凝土进行检查，合格后开始混凝土灌注。

(5)两辆混凝土泵车就位，并做好混凝土灌注准备。泵车开始将混凝土输送至两料斗内之前应对两个

料斗洒水湿润，之后开始泵管且均对准总储料斗。

(6)开始向储料斗内输送混凝土时，安排1名工人到储料斗顶观察混凝土输送情况。安排2名工人到储料斗出料口处，准备开关阀门和调节滑槽高度。

(7)储料斗混凝土快装满时，安排1台泵车泵管继续输送，另1台泵车泵管对准6.6 m^3小料斗输送混凝土，并安排2名工人配合控制导管顶口活门。

(8)储料斗混凝土装满，小料斗混凝土面离顶面30 cm时，微微打开储料斗阀门，确认混凝土能顺利通过滑槽溜入小料斗时，灌注平台上2名工人打开导管顶口活门开始进行混凝土灌注。

(9)首批混凝土灌入孔底后，立即测量孔内的混凝土面高度，计算出导管埋设深度，如符合要求即可进行正常灌注。

(10)混凝土初灌成功后，待导管埋置深度将近6 m时，准备拆除小料斗、活门及第一节导管，在导管口上安装小漏斗，进入正常灌注；灌注过程应连续进行，不得中断，并应始终使导管埋入混凝土中足够深度，保证导管拆卸后导管埋入混凝土的深度不小于4 m，以防止将导管拔出混凝土面；同时导管埋入混凝土中的深度不宜大于7 m且在灌注过程中对5个测量点依次测量，做好原始记录，以免出现堵管事故。混凝土灌注期间要勤测混凝土面的标高，及时拆卸导管。

(11)提升导管时应保持轴线竖直，位置居中。

(12)每隔浇筑两车混凝土(16 m^3)测量一次桩孔内混凝土面深度，并及时填写钻孔桩灌注水下混凝土施工记录，指导导管的拆卸工作。当灌注方量与混凝土面位置不相符时，应及时分析原因，采取处理措施。

(13)灌注时，孔口应设置全封闭平台，避免混凝土散落到孔内。水下混凝土初灌实例如图4-3-84所示。

6. 测绳测锤形式、混凝土灌注过程记录

混凝土灌注时，测绳采用钢丝测绳，测锤采用锥形测锤和钢筋锤头两种，如图4-3-85、图4-3-86所示，两者配合使用。测量混凝土面标高时，校核后的钢丝测绳需能准确测量测锤底部至操作平台间的距离。锥形测锤在灌注初期，可以较为准确的确定混凝土位置，但在后期，由于泥浆浓度增大以及顶部混凝土与泥浆混合，只能测至浮浆面位置。因此在灌注后期，采用比重较大的钢筋锤头测量混凝土面。混凝土面测点布置如图4-3-87所示。

图4-3-84　水下混凝土初灌实例

图4-3-85　标准锥形测锤

图4-3-86　钢筋测锤

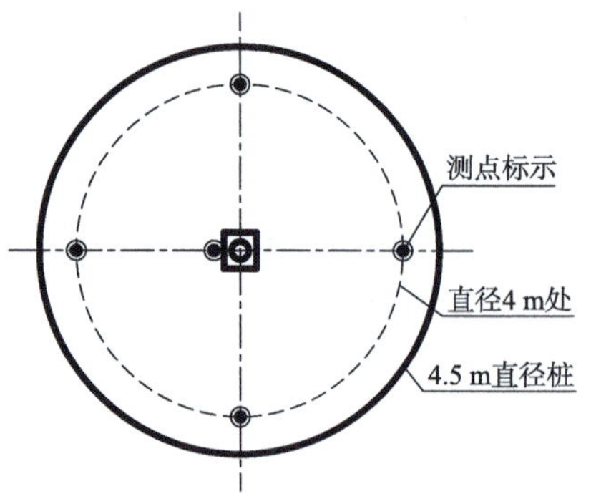

图4-3-87　混凝土面测点布置示意

混凝土灌注过程中，随着混凝土灌注实时监测导管的埋置深度。导管埋置深度通过测量混凝土面高度与导管底口标高进行对比得知。灌注过程中，根据混凝土实际灌注方量计算高度，与测得的混凝土液面高度进行相互校核，确保导管的埋置深度。由于本项目采用的导管标准节长度为 3 m，因此灌注过程中导管的埋深始终控制在 4～7 m，即当导管埋深达到 7 m 时，拆除一节导管后剩余埋深为 4 m。

7. 混凝土灌注注意事项

灌注水下混凝土是钻孔桩施工的重要程序，要特别注意，钻孔完毕经成孔质量检验合格后方可开始灌注工作。

(1)灌注前对孔底沉淀厚度再进行一次测定。如沉淀厚度超出规定，将进行重新清孔，符合要求后再灌注混凝土。

(2)在拔球将首批混凝土灌入孔底后，立即测探孔内的混凝土面高度，计算出导管埋设深度，如符合要求即可进行正常灌注。

(3)灌注开始后，应紧凑、连续地进行，严禁中途停工。在灌注过程中要防止混凝土拌和物从漏斗顶溢出或从漏斗外掉入孔底。注意观察导管内混凝土下降和孔内水位升降情况，及时测量孔内混凝土面高度，计算导管埋置深度，正确指挥导管的提升和拆除，使导管的埋置深度控制在 4～6 m 以内。拆除导管动作要快，时间不超过 15 min，止橡胶垫、工具等掉入孔内，注意安全。拆下的导管要立即清洗干净，堆放整齐。

(4)在灌注过程中当导管内混凝土不满、含有空气时，后续混凝土要徐徐灌入，以免在导管内形成高压气囊。

(5)为确保桩顶质量，在桩顶设计标高以上加灌不小于 1.5 m 高度的混凝土。

(6)混凝土灌注接近设计标高时，工地值班人员要及时计算出还需要的混凝土数量，通知搅拌站按需要数量拌制，以免造成浪费。

(7)在灌注接近结束时，由于导管内混凝土柱的高度减小，压力差降低，而孔内的泥浆及所含渣土稠度增加，相对密度增大。如果在这种情况下混凝土顶升困难，可在孔内加水稀释泥浆，并掏出部分沉淀土。在拔出最后一段导管时，拔管速度要慢，以防桩顶沉淀的泥浆挤入导管下形成泥心。

(8)有关混凝土的灌注情况，包括灌注时间、混凝土面的深度、导管埋深、导管拆除以及发生的异常现象，要作好详细的记录。

(9)灌注完毕后，要及时清洗好灌注工具。

8. 混凝土浇筑时泥浆处理

由混凝土置换出来的孔内泥浆经连通管流入其他待钻钢护筒回收利用；对于混凝土浇至桩顶以上部分含有水泥浆的废浆不能回收再利用，可用砂石泵抽至舱驳或泥浆车内，将废浆排放到泥浆处理场内进行处理。

9. 桩头处理

混凝土灌注完毕后，立即清理桩头，至设计桩顶标高以上 40 cm 为止。制作 ϕ200 mm 吸浆管，采用气举反循环原理将混凝土顶面的水泥浆吸除，待混凝土终凝后抽干护筒内泥浆然后吊放桩头清除支架，利用卷扬机将人工及料斗等下放至混凝土顶面，最后利用卷扬机将料斗中混凝土提升至孔外，具体如图 4-3-88 所示。

图 4-3-88 桩头吸泥实例图

10. 成桩检测

混凝土灌注完成 7 d 以后，参照规范《铁路工程桩基检测技术规程》(TB 10218—2008)、《铁路桥涵工程施工质量验收标准》(TB 10415—2008)对桩基采用超声波透射法进行了桩身完整性检测。

第二节 墩台施工

以平潭海峡公铁两用大桥 DK59＋415～DK70＋564.7 段为例，墩台施工主要分为水中墩承台及陆地墩承台两类。

一、承台施工技术概述

1. 水中墩承台施工

钻孔桩施工完成后，拆除围堰区域钻孔平台，进行围堰安装、下放及封底等作业，待封底混凝土达到一定强度后，进行围堰抽水；然后进行承台钢筋骨架安装、绑扎承台钢筋、承台预埋件及墩身预埋筋安装，浇筑承台混凝土。待承台和底节墩身浇筑完成后，承台施工区域在浪溅区以上时，可拆除承台围堰。

施工主要流程如下：施工准备→围堰拼装→围堰下放→安装吊挂系统→灌注封底混凝土→安装吊挂牛腿（吊箱围堰）→枕头凿除，承台底调平层找平→承台钢筋制安→冷却水管、预埋件及承台预埋钢筋安装→承台模板安装→浇筑承台混凝土→混凝土养护→拆模→冷却水管压浆→施工墩身底部两节→围堰拆除。

2. 陆地墩承台施工

陆地承台及扩大基础采用明挖法施工，岸边近岛段采用筑岛法施工，钻孔桩完成后直接开挖或支护开挖。主要施工流程：施工准备→基坑开挖→桩头破除→浇筑垫层混凝土→钢筋绑扎→立模→混凝土浇筑→混凝土养护→基坑回填。

在平潭海峡公铁两用大桥墩台施工过程中，围堰施工及墩身施工是两大关键难点。

二、围 堰 施 工

非通航孔混凝土梁桥承台围堰有吊箱、套箱和钢板桩围堰三种形式。DK59＋415～DK70＋564.7 段平潭海峡公铁两用大桥共计 55 个围堰，其中吊箱围堰 40 个，套箱围堰 14 个，钢板桩围堰 1 个，其类型根据海床面标高划分见表 4-3-14。

表 4-3-14 围堰分类统计表

序号	承台类型	围堰类型	围堰形式	海床面标高	墩　号	数　量
1	单建段桥墩	A6	套箱	－5.97～－3.82 m	SR08～10 号	3
2		A7	吊箱	－8.7～－6.21 m	SR11～33 号	23
3		A1	吊箱	－9.62～－8.74 m	SR34～39 号、SR40 号铁	7
4	分建段桥墩	A8	吊箱	－9.85 m	SR40 号公	1
5	E2z 型	A10	套箱	－5.55～－1.75 m	SR44 号、SR77 号	2
6		A3	套箱	－4.83～1.7 m	CX29～36 号	8
7		A5	吊箱	－12.84～－6.75 m	SR41～42 号、SR45～48 号、SR65 号	7
8		A4	吊箱	－7～－6.4 m	CX27 号、CX28 号	2
9	分建段桥墩	A9	吊箱	－7.56 m	SR43 号	1
10	钢混交接墩	钢板桩围堰		－7.38～－3.18 m	XD13	1
11	D4z1 型	A2	套箱	－2.0～0 m	XD14 号	1

1. 吊箱围堰施工技术

1）吊箱围堰设计

（1）围堰设计标高

围堰顶设计标高：根据桥位所处海域高潮位统计资料，围堰顶面标高确定原则为 10 年一遇高水位（＋4.18 m）＋10 年一遇波高的一半（长屿岛以北 $H_{5\%}=5.44$ m，长屿岛以南 $H_{5\%}=2.58$ m）＋ 1 m 安全高度。即长屿岛以北围堰顶标高不小于 7.9 m，长屿岛以南标高不小于 6.47 m。

（2）围堰设计荷载

①封底底板处高水位最大静水压力

长屿岛以北：10 年一遇高水位（4.18 m）＋ 1/2 波高（5.44/2 m）－围堰底标高；

长屿岛以南：10 年一遇高水位（4.18 m）＋ 1/2 波高（2.58/2 m）－围堰底标高。

②封底底板处低水位最小静水压力

长屿岛以北:10 年一遇低水位(－3.59 m)－ 1/2 波高(3.43/2 m)－围堰底标高;

长屿岛以南:10 年一遇低水位(－3.59 m)－1/2 波高(2.3/2 m)－围堰底标高。

③波浪力

计算水深按 10 年一遇高潮位计,墩位处波浪要素由国家海洋局第三海洋研究所提供,根据不同计算工况,波浪要素按 10 年一遇取值或波高 2.5 m。

④水流力

长屿岛至大练岛间海域 10 年一遇流速 2.89 m/s,流向为 51°和 231°。水流力按《港口工程荷载规范》(JTS 144-1-2010)进行计算。

⑤浮托力

高潮位时浮托力按 10 年一遇波浪力考虑,低潮位时浮托力为 0。

⑥封底混凝土与钢护筒黏结力按 150 kN/m^{2}计。

(3)围堰结构设计

墩位处海床面标高－6 m 以下非通航孔混凝土梁桥承台采用单壁＋双壁钢吊围堰施工,承台底面以下为双壁结构,底部采用型钢整体加组合面板密封,侧板用钢板组合而成,在内支撑的位置形成圈梁,内支撑分两层分别采用型钢和钢管组合而成。吊箱围堰主要由龙骨、底板、侧板、内支撑、导向、吊挂系统、下放系统和封底混凝土组成,如图 4-3-89 和图 4-3-90 所示。以下叙述以 A1 类吊箱围堰结构为例。

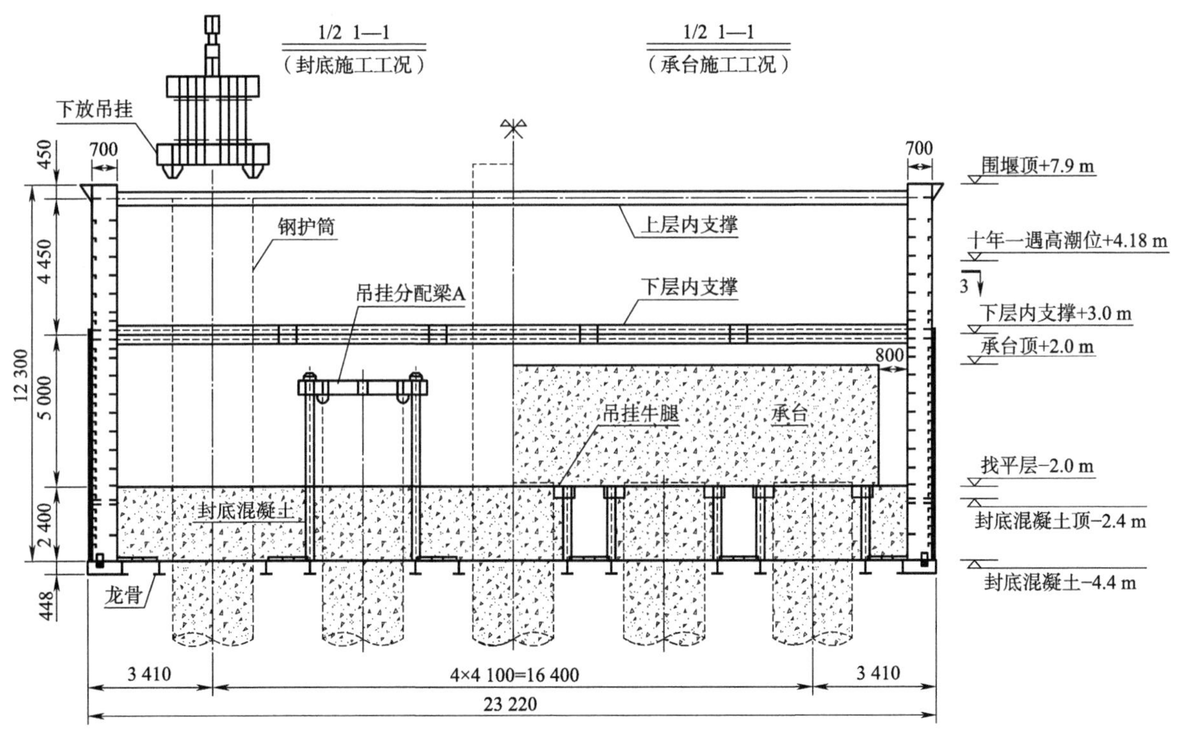

图 4-3-89 A1 类吊箱围堰结构立面图(单位:mm)

①龙骨

龙骨主要采用 HM440×300 mm 的 H 型钢焊接成为一个整体,主要用于承受底板上传来的封底混凝土和承台部分自重和围堰侧板的重量,并最终传递给吊挂系统。

②底板

底板安装在龙骨之上(图 4-3-91),主要采用 6 mm 面板和∠63×6 mm 等边角钢小肋组成,与护筒口匹配 DM8 的面板,增加了一个弯制好的[20b 槽钢封边,并用角钢进行支撑。底板将围堰底部形成一个密封的整体,用于承受围堰封底混凝土的重量和后期浇筑的承台部分重量,传递给下方的龙骨。

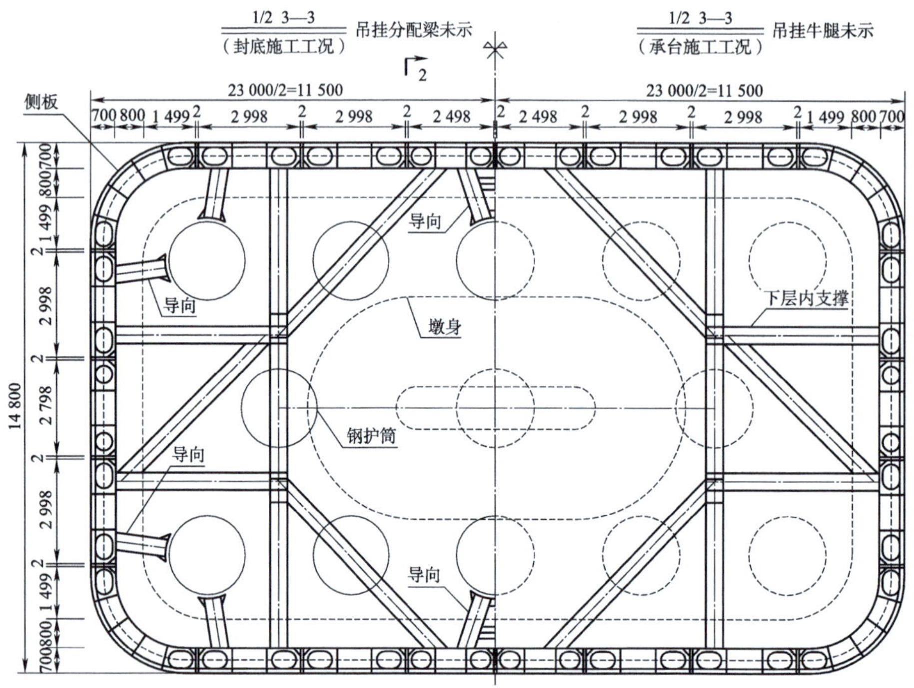

图 4-3-90　围堰结构平面图(单位:mm)

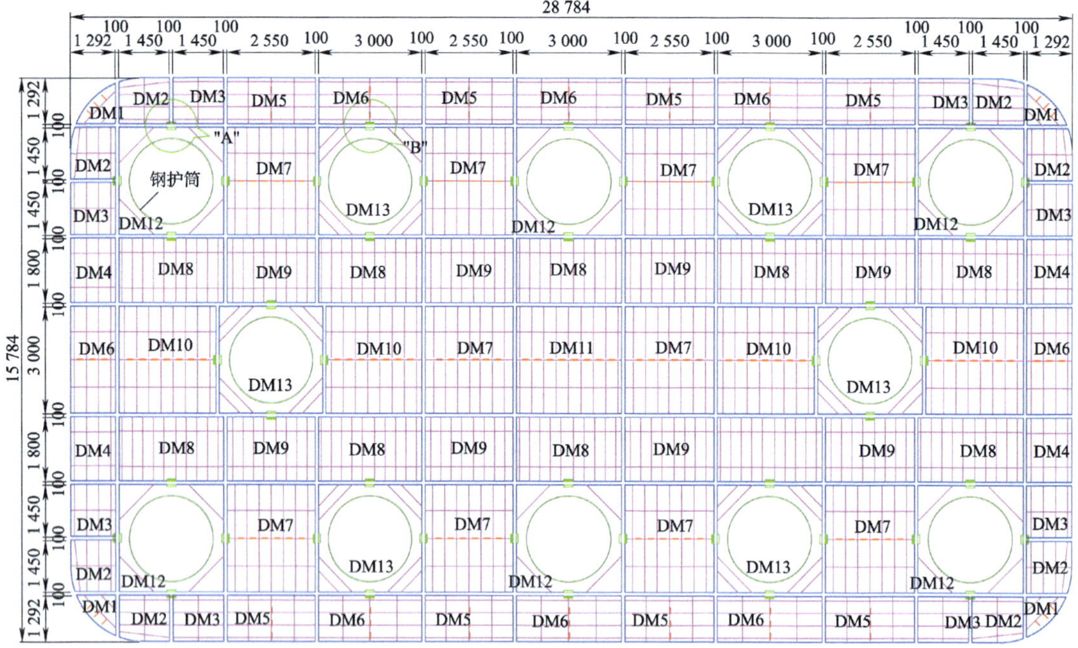

图 4-3-91　底板平面布置图(单位:mm)

③侧板

侧板安装在龙骨之上(图 4-3-92 和图 4-3-93),通过 18 块直线侧板和 4 个圆弧倒角侧板形成一个密封圈,将承台和外界海水隔离开。侧板主要采用 8 mm 钢板作为侧板外面板,12 mm 钢板作为侧板内面板(部分镂空),内部采用 10 mm、12 mm 钢板作为横隔板和竖隔板形成框架受力结构系统,面板上每 300 mm 高度设计有一根等边角钢∠100×10 mm 作为加劲小肋,与竖隔板焊接。

④内支撑

围堰共有两层内支撑,下层内支撑在+3.0 m 标高,是侧板的主要横向支撑结构,采用 2HW488×300 mm 为主要杆件,构成横向桁架,与侧板之间采用螺栓连接,如图 4-3-94 所示。+7.45 m 标高设计有上层内支撑,结构与下层内支撑相似,采用 ϕ325×8 mm 钢管构成,与侧板采用焊接。

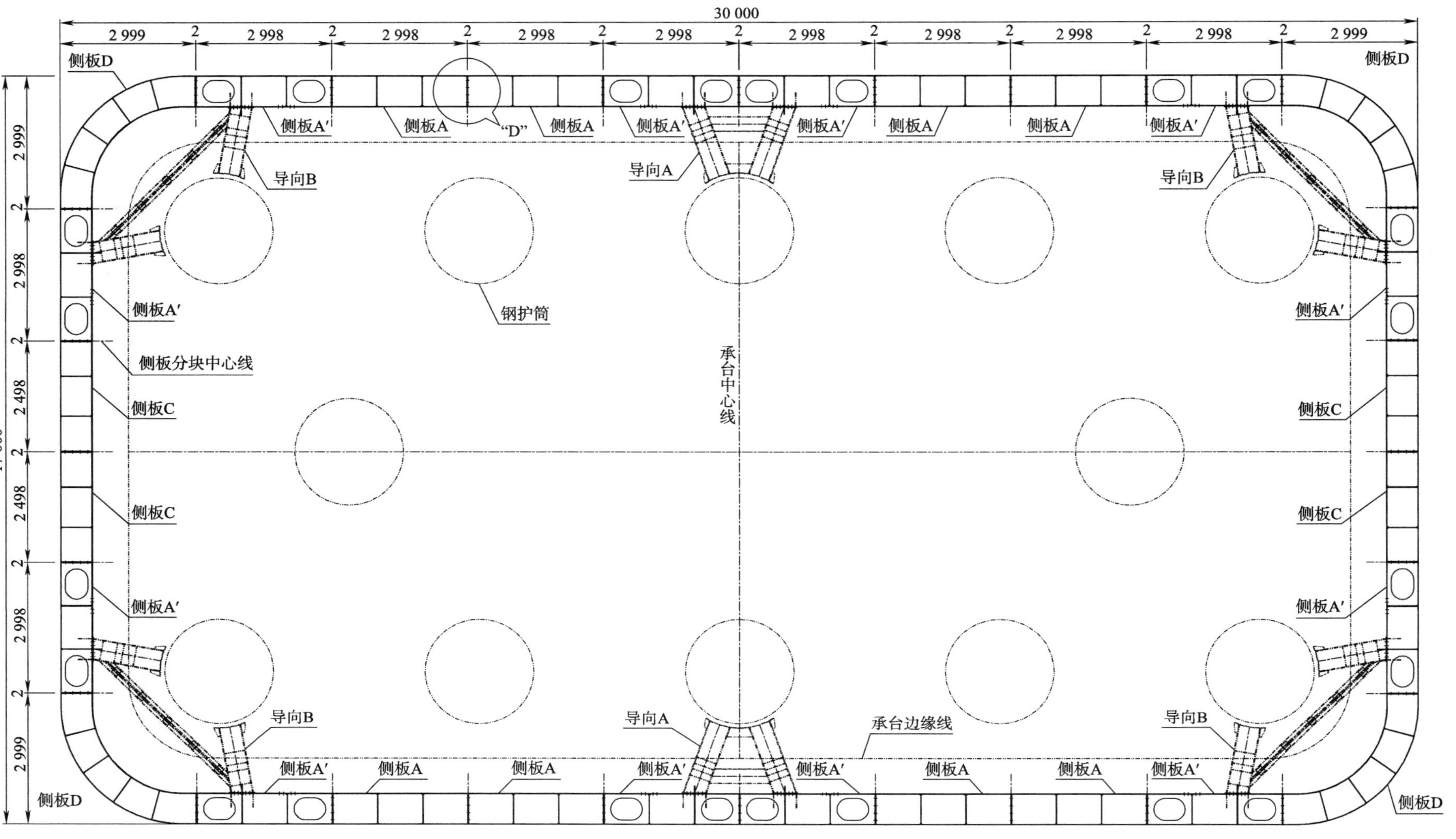

图 4-3-92　围堰侧板平面布置图(单位:mm)

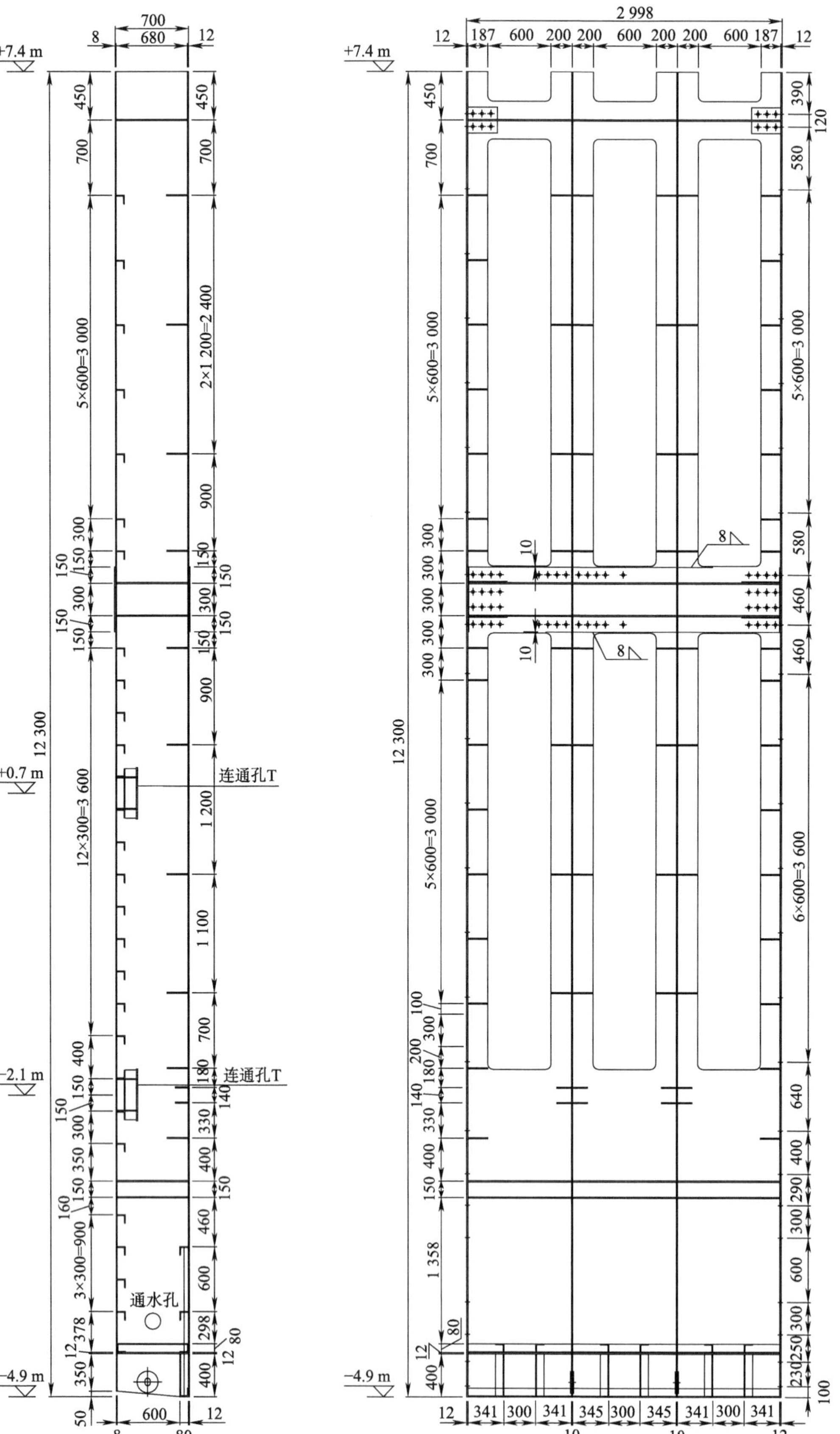

图 4-3-93 侧板内侧立面图(单位:mm)

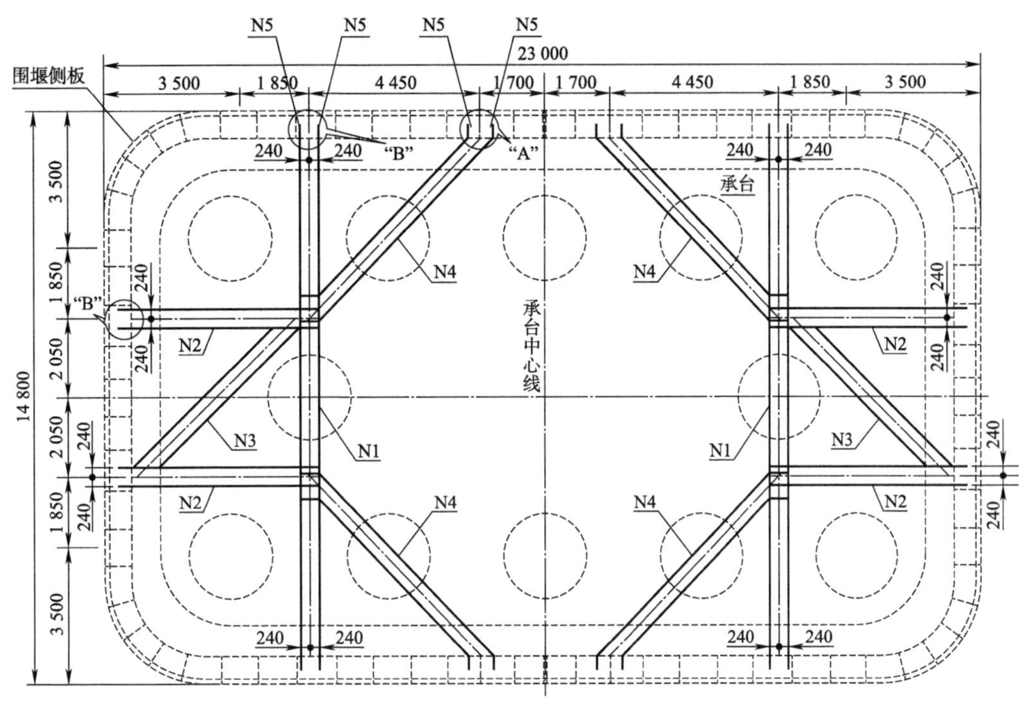

图 4-3-94　内支撑平面图(单位:mm)

⑤导向

导向用于围堰下放时控制围堰的偏位,安装下层内支撑相同的标高+3.0 m,采用 2HW488×300 mm 型钢为主要杆件,与侧板之间采用螺栓连接。护筒口底板 DM8 兼作下层导向,故不另外设置下层导向装置。

⑥吊挂系统

吊挂系统是龙骨在钢护筒上的支承系统,在钢护筒上安装吊挂分配梁和吊挂牛腿再通过吊杆把龙骨吊在钢护筒上,除中心 7 号桩位安装纵向挑梁外,其余 12 个钢护筒均安装十字形分配梁,如图 4-3-95 所示。封底完成后,在承台顶面以下焊接吊挂牛腿,把吊杆固定在牛腿上,拆除与承台冲突的上层吊杆和吊挂分配梁。吊挂分配梁和吊挂牛腿采用钢板焊接成箱形梁,吊杆采用 HW200×200 mm 型钢制作。

⑦下放系统

下放系统是用于将围堰从拼装位置下放至设计位置,先在四个角上的钢护筒接高一节,安装加劲柱头、垫梁、主梁、下放千斤顶、吊杆和接头转换的吊梁和扁担梁,如图 4-3-96 所示。主梁采用 4HN900×300 mm 型钢制作,垫梁、扁担梁等采用 2HM588×300 mm 型钢制作,吊件采用 ϕ36 mm 精轧螺纹钢筋。

2)吊箱围堰施工

下面以 A1 类吊箱围堰(适用于元洪航道桥 SR11 号～SR43 号、SR45～SR48 号、SR65 号墩)施工为例介绍围堰原位拼装、下放施工。

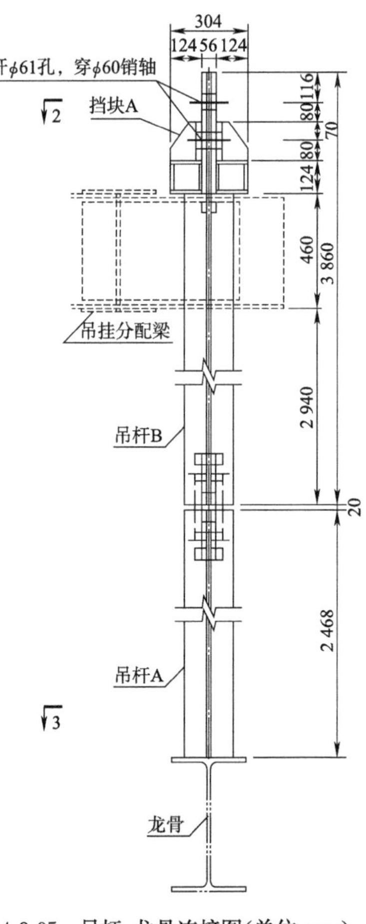

图 4-3-95　吊杆、龙骨连接图(单位:mm)

钻孔桩施工完成后,拆除围堰区域钻孔平台,然后在+1.0 m 标高位置安装拼装牛腿,利用吊机组拼围堰分块单元,并接高四角钢护筒,在钢护筒顶安装围堰下放系统;围堰下放至设计标高后,安装封底吊挂分配梁及吊杆,将围堰底板系统吊挂在钢护筒上，进行封底施工；待封底混凝土达到一定强度后，对围堰进行抽水，在承台底面以下钢护筒上焊接吊挂牛腿并与吊杆连接。承台及墩身施工出水面后，分块拆除围堰。施工流程如图 4-3-97 所示。

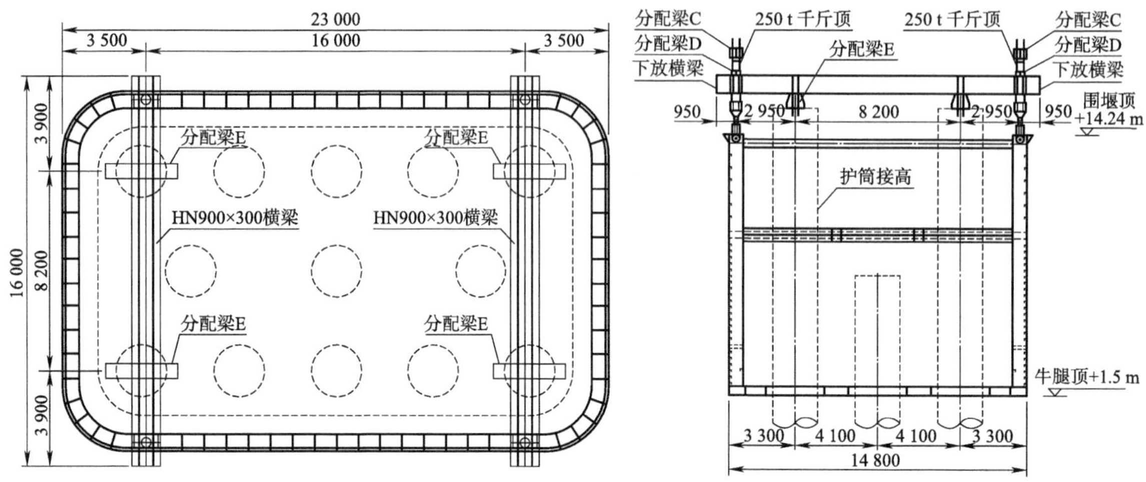

图 4-3-96 下放系统布置图(单位:mm)

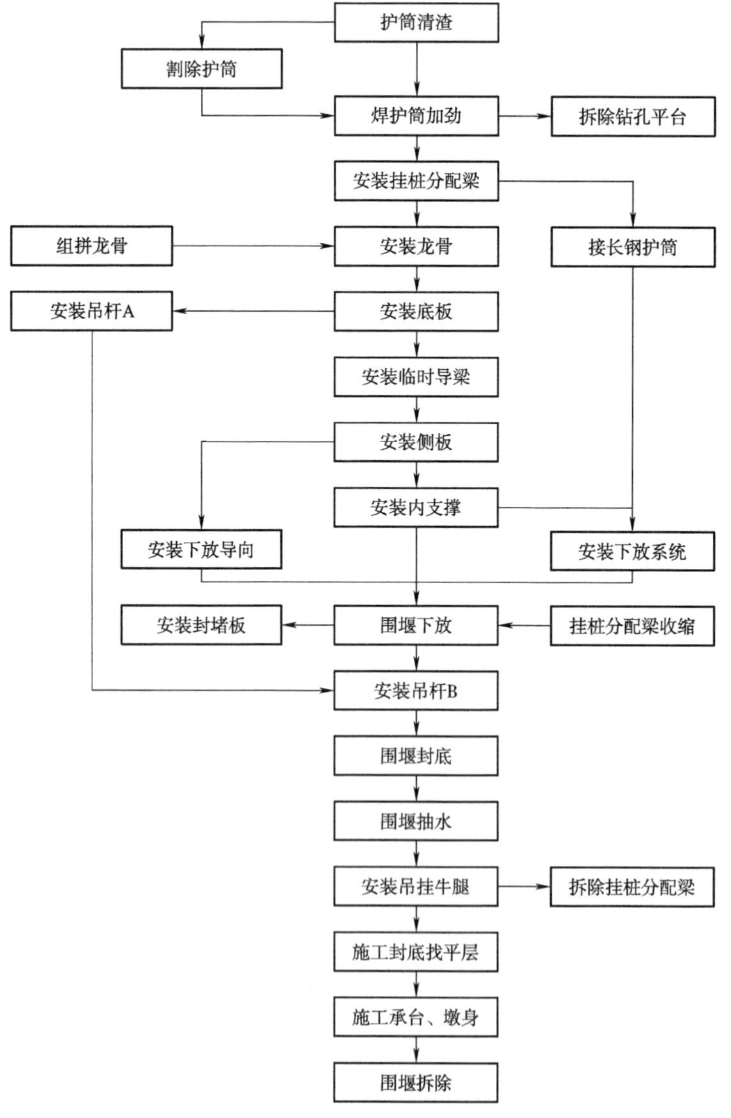

图 4-3-97 吊箱围堰施工流程图

围堰拼装完成后进行下放作业，为了保证围堰下放顺利，密切关注天气和海浪变化，选择风浪较小的时间进行围堰下放。下放之前在吊杆上做相应标记，以 10 cm 为一个行程，保证围堰下放时的垂直度，围堰下放分以下几个步骤：

(1)围堰顶升，由指挥员下令，4 台千斤顶一起操作，将围堰升起 10 cm。

(2)将吊挂分配梁的端头收起，以便围堰下放。

(3)连续操作千斤顶进行围堰下放，4 台千斤顶要操作同步，每 10 cm 进行一次同步性调整，如图 4-3-98 所示。

(4)将围堰下放在设计位置，将护筒与底板抄垫好，安装护筒口封堵板，如图 4-3-99 所示。每个封堵板分为四块，采用螺栓连接。

图 4-3-98　千斤顶配精轧螺纹钢筋下放围堰

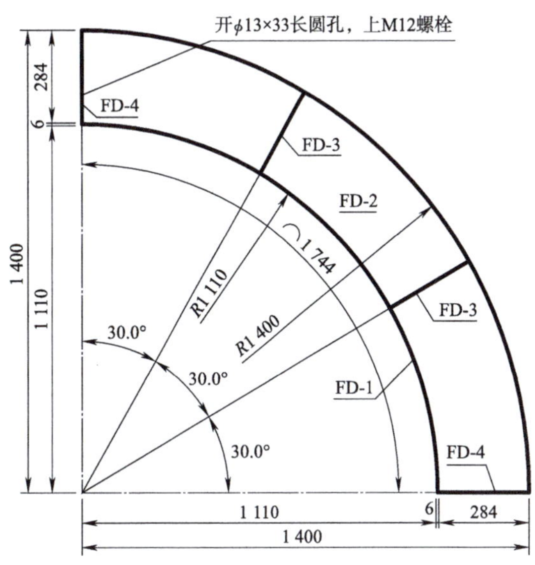

图 4-3-99　封堵板单块结构图（单位：mm）

利用围堰吊挂分配梁及钢护筒搭设封底平台，进行封底作业，待混凝土强度达到设计要求后，关闭联通孔抽水，并焊接抗浮牛腿，如图 4-3-100 所示。

图 4-3-100　吊挂牛腿焊接

2. 套箱围堰施工技术

套箱围堰由侧板、内支撑、下放导向、下放系统和封底混凝土组成。墩位处海床面标高－6 m 以上非通航孔混凝土梁桥承台采用单壁＋双壁钢套围堰施工，承台顶面以下为双壁结构，围堰壁厚 0.7 m。围堰内壁与承台边缘之间保留 0.8 m 以上的涂装空间。围堰设计封底混凝土厚 2 m(2.3 m)，围堰底高程－4.0 m(－4.3 m)，围堰内共设置两层内支撑，底层内支撑标高为＋3.0 m。为便于加工、运输及围堰侧板倒用，围堰侧板采用竖向分块设计，每块宽度为 3 m，单块最大吊重约 15 t，侧板各单元块之间采用螺栓连接。施工时，围堰在工厂内单块加工，运输至拼装场地拼装成整体。在波高小于 2.5 m、风力小于 8 级的天气，围堰可采用起重船整体吊装下放；没有条件采用起重船整体下放的围堰，接高钢护筒，采用千斤顶 4 点下放。下面以 A2 类套箱围堰为例介绍套箱围堰施工技术，其整体布置如图 4-3-101、图 4-3-102 所示。

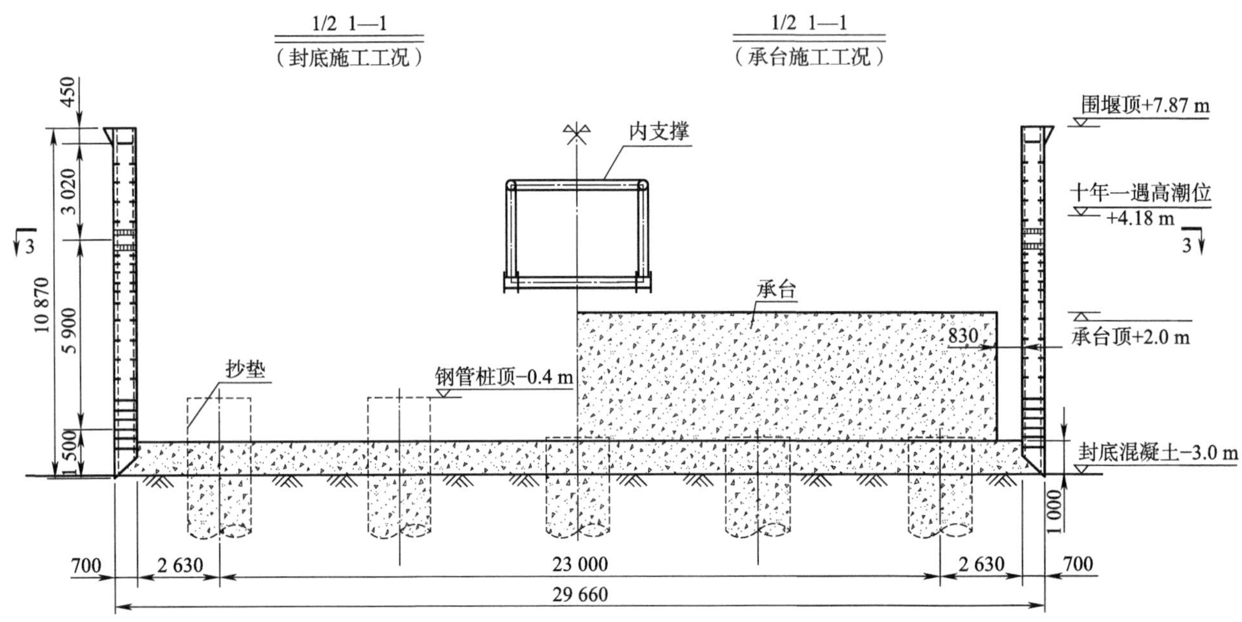

图 4-3-101　A2 类套箱围堰整体布置图(一)(单位:mm)

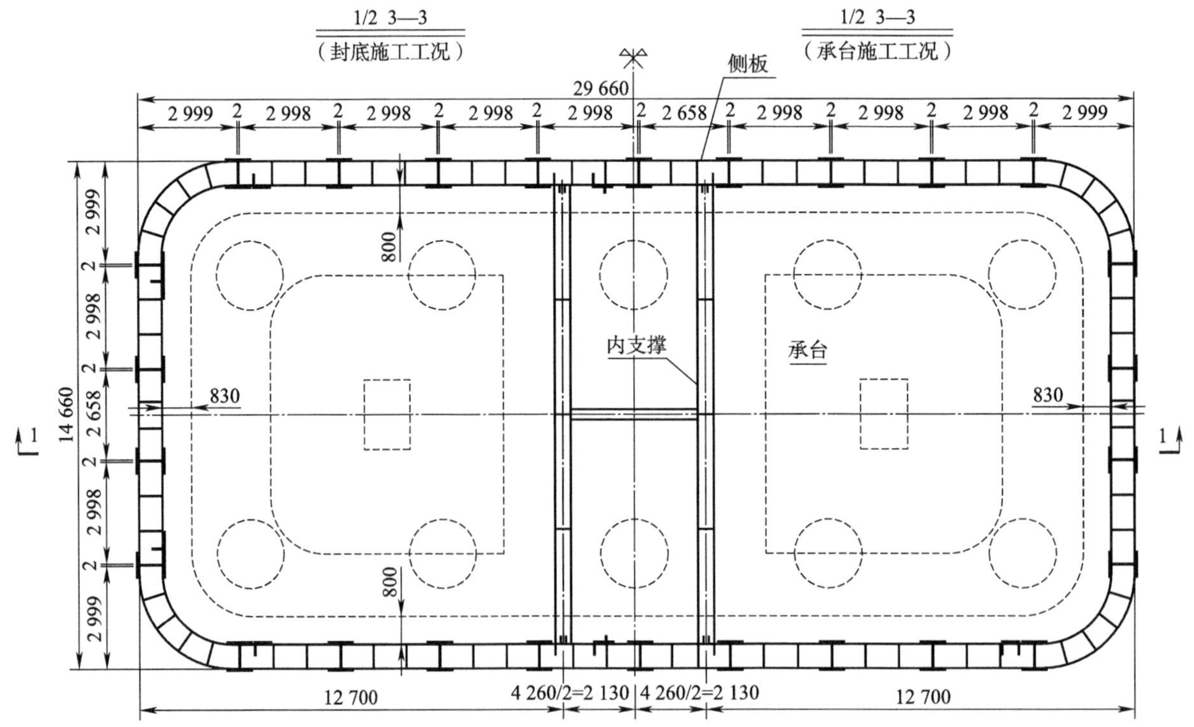

图 4-3-102　A2 类套箱围堰整体布置图(二)(单位:mm)

1)围堰结构设计

(1)侧板

围堰侧板由 22 块直线段和 4 块圆弧倒角组成，与封底混凝土形成密封圈将承台和外界海水隔离开。侧板主要采用 8 mm 钢板作为侧板外面板，12 mm 钢板作为侧板内面板(部分镂空)，内部采用 10 mm、12 mm 钢板作为横隔板和竖隔板形成框架受力结构系统，如图 4-3-103 和图 4-3-104 所示。外侧、内侧面板上每隔一定高度分别设计有一根(块)等边角钢∠80×8 mm 和□20 钢板作为加劲小肋，与竖隔板焊接在一起。

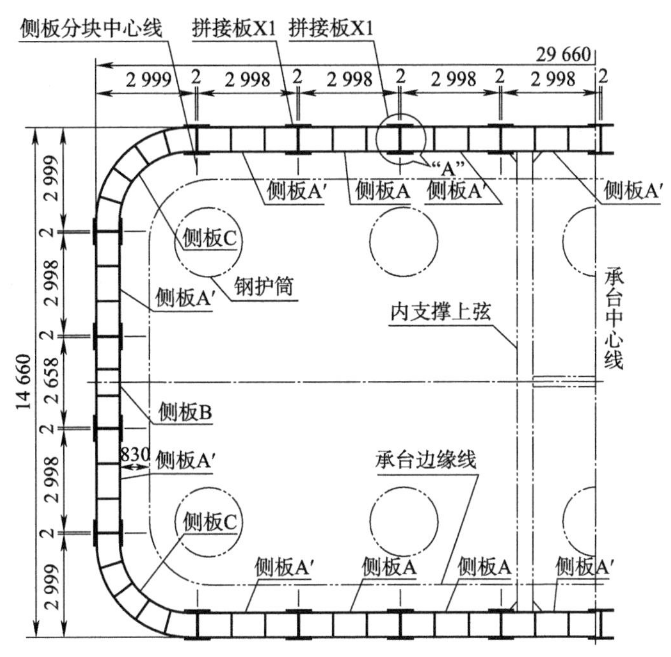

图 4-3-103　围堰侧板平面布置图(单位:mm)

(2)内支撑

围堰共有两层内支撑，侧板的主要横向支撑结构采用 2HW488×300 为主要杆件，构成横向桁架，与侧板之间采用螺栓连接，如图 4-3-105 所示。上层内支撑结构与下层内支撑相似，采用 ϕ325×8 mm 钢管构成，与侧板焊接。

2)套箱围堰施工技术

(1)施工准备

低潮位时，在桩基钢护筒上搭设挖掘机施工平台，挖掘机配镐头将海床面清理至设计标高，并填碎石进行调平。在钻孔平台钢管桩上焊接定位牛腿。

(2)下放

①将拼装为整体的围堰采用起重船整体起吊，运输至墩位处。

②起重船抛锚定位，围堰通过缆风绳来微调其平面位置，使围堰平稳精确沿定位牛腿落至海床面，如图 4-3-106 所示。

(3)围堰封底

①在围堰外侧抛填碎石或沙袋至－1 m 标高，浇筑封底混凝土。

②封底混凝土达到设计强度以后，封堵侧板连通孔，围堰抽水，保证围堰内无水，清理海床面至－3 m，割除承台底标高以上部分钢护筒，并凿除桩头，如图 4-3-107 所示。

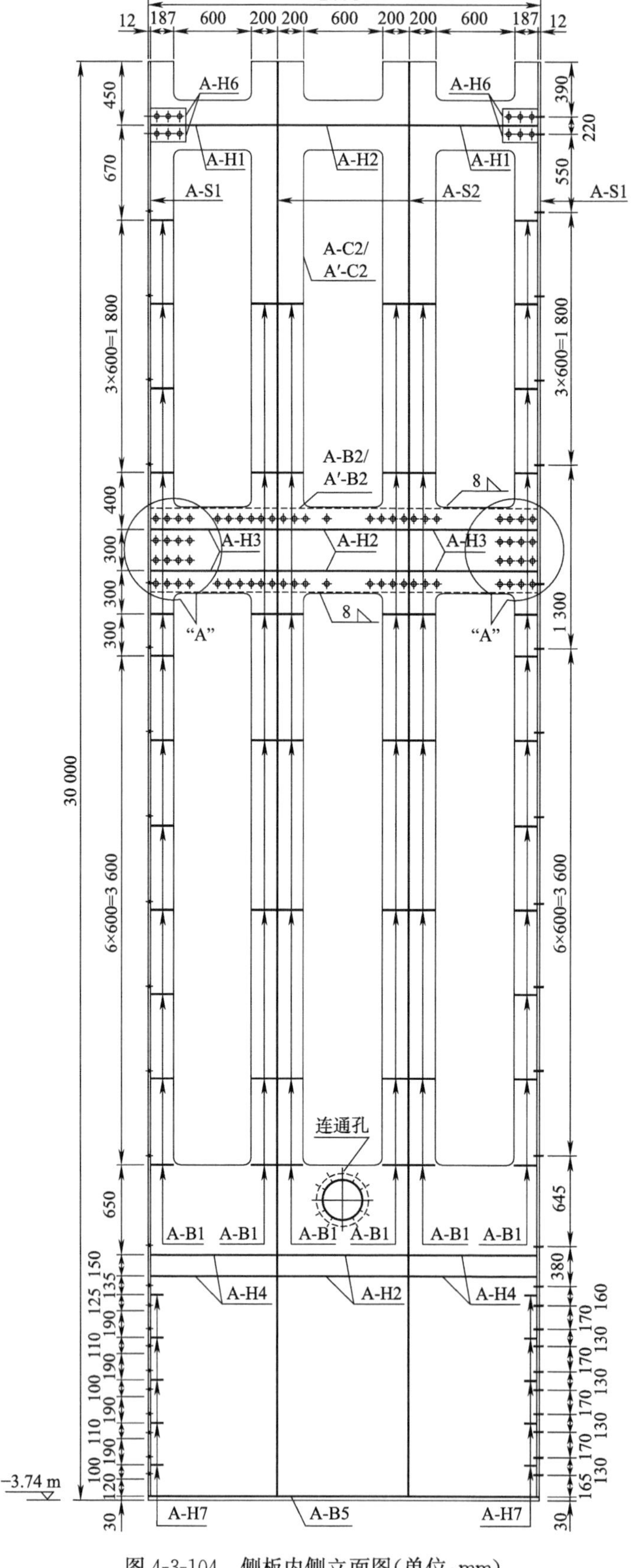

图 4-3-104　侧板内侧立面图(单位:mm)

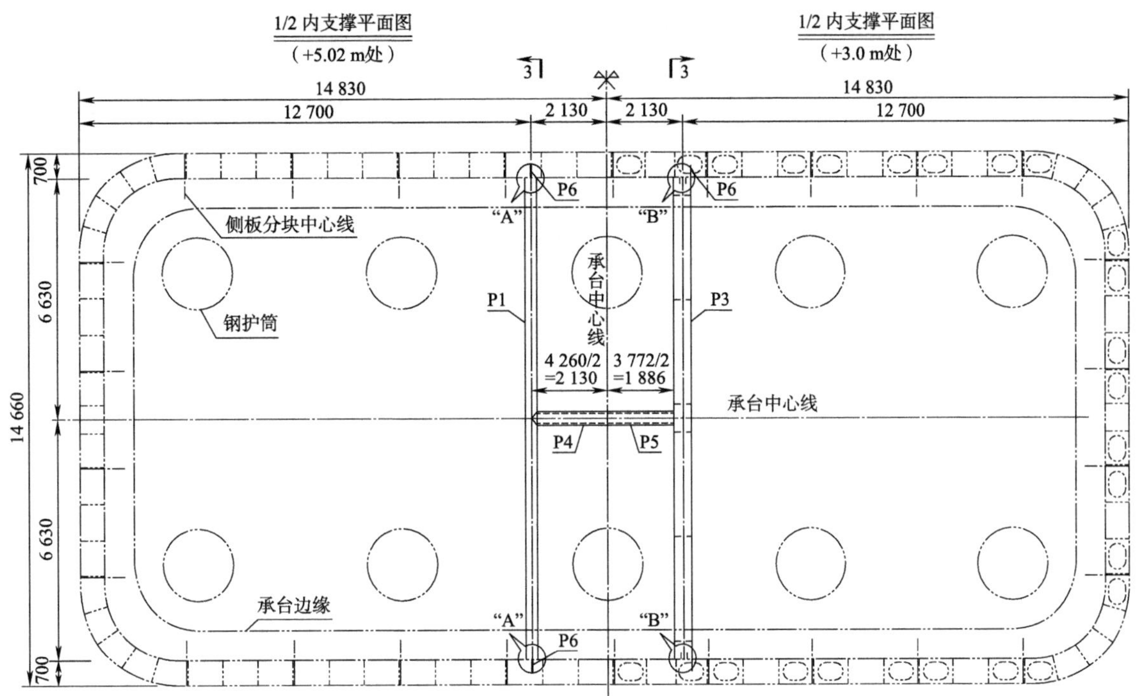

图 4-3-105　围堰内支撑布置图(单位:mm)

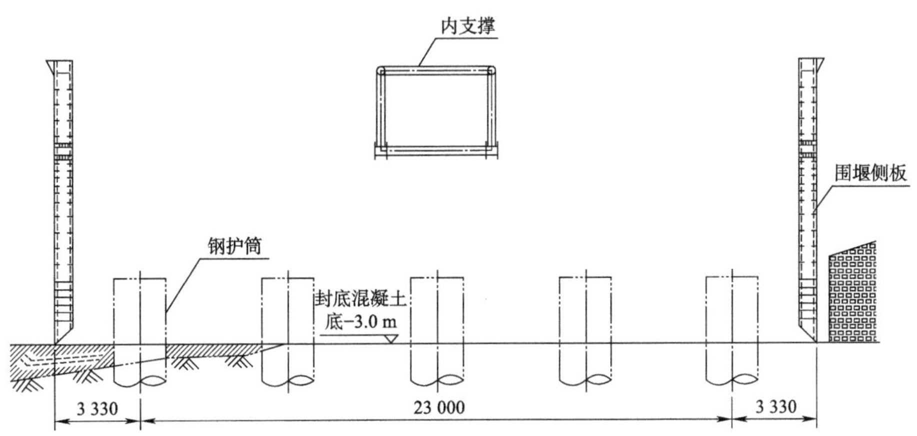

图 4-3-106　围堰下放(单位:mm)

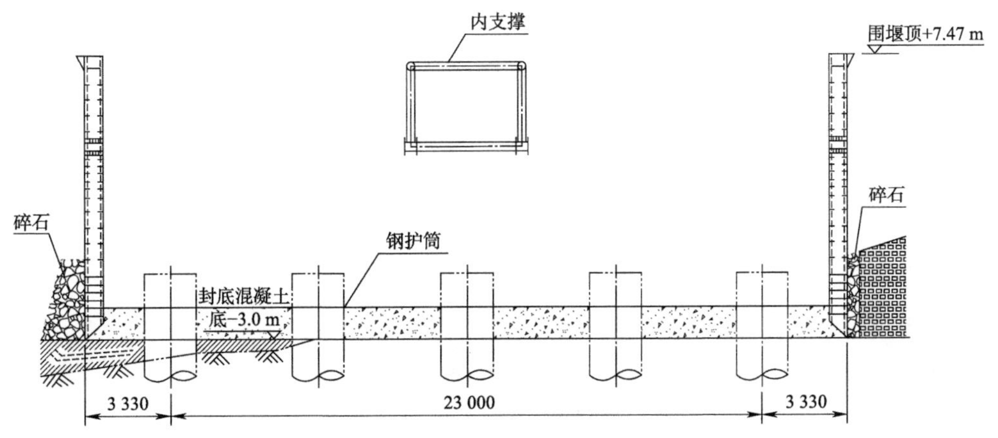

图 4-3-107　围堰封底示意图(单位:mm)

3. 钢板桩围堰施工技术

1)方案选择

XD13 号墩位于岸边浅水区，承台底标高为－5 m，根据前期钻孔桩施工情况及地质勘探资料，墩位处海床标高－7.38～－3.18 m，地层多为砾石覆盖层和碎石土，见表 4-3-15。若采用套箱围堰，则需在围堰施工前大面积清理海床，工程量较大，遂采用钢板桩围堰施工承台。

表 4-3-15 XD13 号墩位处地质情况

序 号	地层名称	地层厚度(m)	层底标高(m)
1	碎石土	3.65～6.10	－12.88～－7.68
2	全风化凝灰岩	11.10	－18.84
3	碎块状强风化凝灰岩	0.9～5.35	－24.19～－12.11
4	碎块状强风化英安岩	1.5～12.5	－20.18～－17.38
5	弱风化英安岩	3.70～4.75	－21.08～－20.18
6	弱风化凝灰岩	4.4～4.5	－28.69～－24.11

2)钢板桩围堰设计

围堰设计标准为在 10 年一遇风荷载、波浪力、水流力作用下围堰结构具有可靠的安全度；100 年一遇台风应急工况下，围堰内外水位大致相等，结构不被破坏。平面尺寸为 18.5 m×29.5 m，采用 18 m 拉森Ⅵ型钢板桩，共设两层内支撑兼作施工导向，内支撑由内、外圈梁，角撑及桁架式对称组成，传力明确，受力合理，且承台施工空间大。考虑到墩位处水域的潮汐特点，在顺桥向围堰侧壁上设连通孔。围堰布置如图 4-3-108 所示。

3)钢板桩围堰施工

(1)钢板桩采用 18 m 拉森Ⅵ型钢板桩，插打前首先通过焊接在钢护筒上的临时牛腿拼装围堰第一层内支撑内圈梁兼作施工导向。按照“插打正直，分散偏差，有偏即纠，调整合龙”的原则，逐块分阶段插打到位。在潮汐明显的海洋环境中进行钢板桩插打作业，采取从顺流侧面开始，根据水流方向插打上下游方向钢板桩，使钢板桩紧贴导向下插，并保证钢板桩垂直度。施工时首先插打第一根定位角桩，然后根据潮汐特点双向施工，在平潮位于顺流侧面合龙。钢板桩插打施工如图 4-3-109 所示。

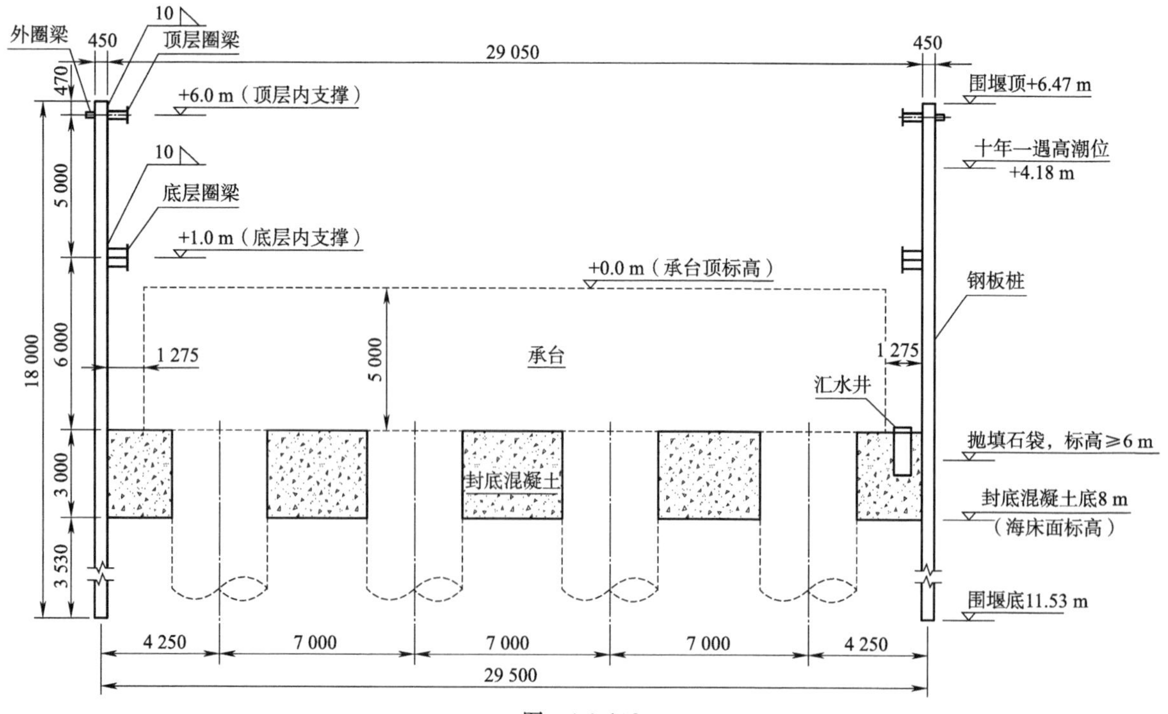

图 4-3-108

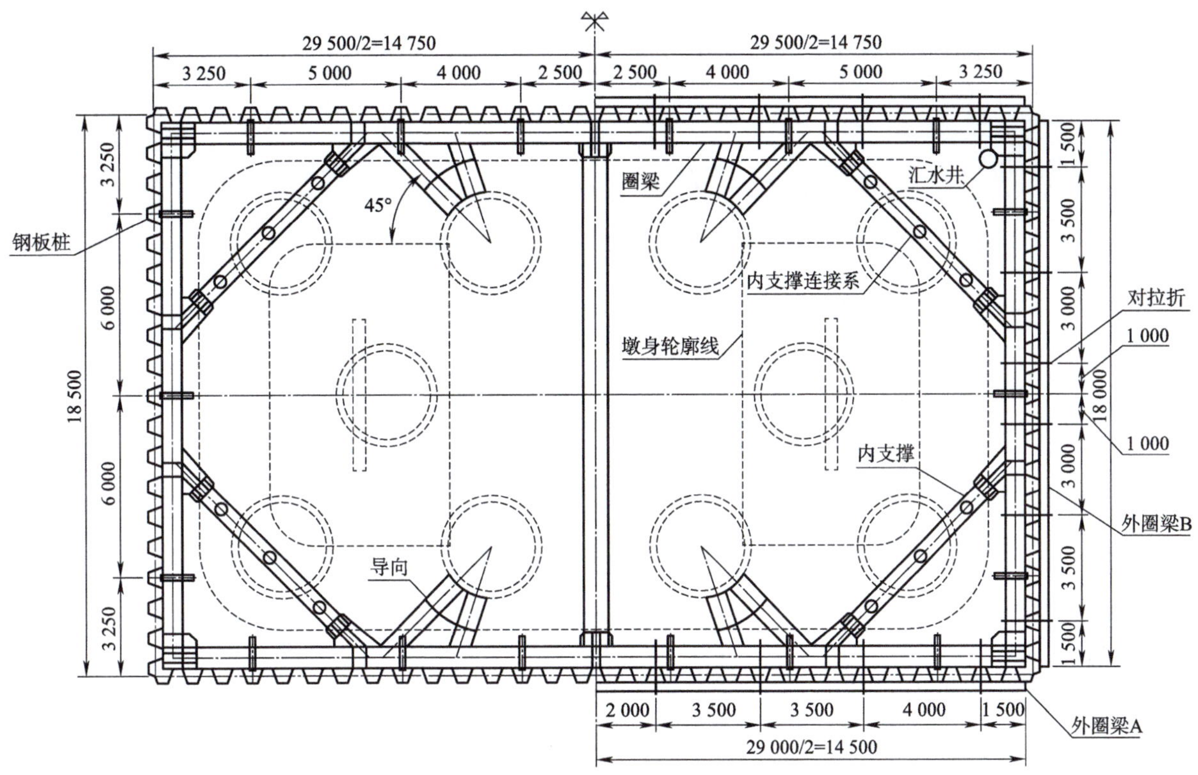

图 4-3-108　钢板桩围堰(单位:mm)

图 4-3-109　钢板桩插打施工

(2)内支撑内圈梁为双拼 HN700 型钢,外圈梁为双拼[28,撑杆由 ϕ600、ϕ800 管桩组成。顶、底层内支撑标高分别为+1.0 m、+6.0 m。钢板桩插打的同时预先制作内支撑各构件(图 4-3-110),以保证插打完成后围堰内支撑尽快安装到位。

4)围堰封底

钢板桩围堰施工完成后进行清基(图 4-3-111),首先采用气举反循环进行表层清理,然后采用长臂挖机、抓斗等机械清理。但由于海床多为板结的碎石土,护筒间作业空间狭小,清基难度极大;若围堰内清基深度过大,会导致围堰内外海床高差加大,围堰侧壁土压力增大,增大了围堰施工风险。

考虑到以上原因,故适当减小了封底混凝土厚度(要求封底混凝土厚不小于 1.0 m),设置了封底混凝土加强劲性骨架,并通过精轧螺纹钢锚杆锚固于岩层,以抵抗封底混凝土水压力。骨架采用∠63 角钢,锚

杆采用 ϕ32 PSB930 精轧螺纹钢，单根锚杆极限抗拔力 700 kN。施工步骤为：围堰清基→劲性骨架安装→封底混凝土浇筑→锚杆施工→抽水→承台施工。

图 4-3-110　钢板桩围堰支撑系统

图 4-3-111　钢板桩围堰清基

三、水中墩承台施工

(1)围堰封底混凝土强度达到 80%后，由潜水员在水下封闭围堰侧板处联通孔(为了确保围堰结构安全，所有联通孔封闭作业均需要在一个潮水周期内完成)。联通孔封闭完成后，利用泥浆泵将围堰内积水抽干。抽水过程中，注意记录围堰内水位变化，并观察围堰内支撑、围堰壁板等受力情况。抽水完成后立即清理封底表面泥沙等沉淀物，并凿除超高的封底混凝土。在钢护筒上放样出找平层顶面标高(标高低于设计承台底标高 1 cm)，每个护筒各做 4 个标高控制点，浇筑混凝土作为承台找平层。

(2)承台混凝土属大体积混凝土，为了降低大体积混凝土的水化热，避免水化热的早期集中释放，削减混凝土的温度峰值，减小温度梯度，避免混凝土产生早期的危害性收缩裂缝，需布置冷却水管。冷却水管采用 ϕ50 mm 钢管，进出水口集中布置，并编号标识清楚，以便统一管理。每根冷却水管进水口安置一个阀门，便于控制通水流量。在承台垂直方向上设 3 层散热管，层距 1 m，上下层距底面和表面 1 m，散热管进出口均露出承台面 0.5 m，水平方向管距 1 m，每层设进水口与出水口，每一层构成各自回路。冷却水管安装完成后进行试水，检查管道是否漏水、阻塞。冷却水管布置如图 4-3-112 所示。

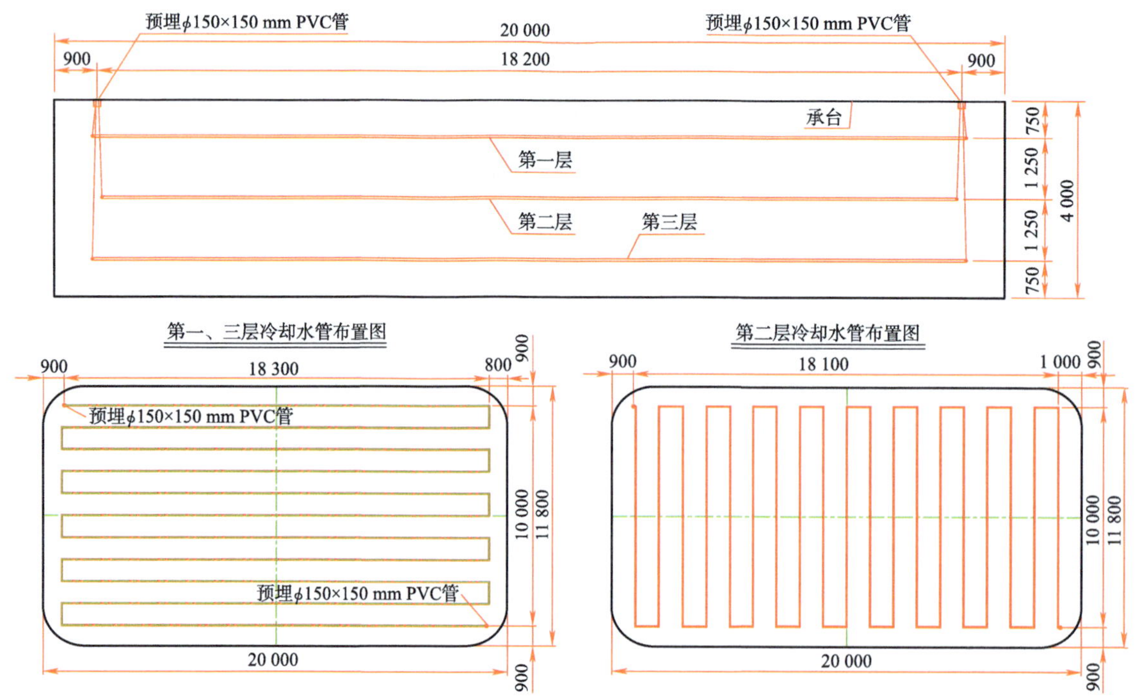

图 4-3-112　冷却水管布置图(单位：mm)

(3)模板采用组合钢模,模板安装必须稳固牢靠,接缝严密,不得漏浆。模板与混凝土的接触面必须清理干净并涂刷模板漆。浇筑混凝土前,承台内的积水和杂物应清理干净,模板拉杆采用锥形套筒连接。模板安装允许偏差及检验方法详见表 4-3-16。

表 4-3-16 模板安装允许偏差和检验方法

序 号	项 目	允许偏差(mm)	检验方法
1	轴线位置	15	尺量每边不少于 2 处
2	表面平整度	5	2 m 靠尺和塞尺不少于 3 处
3	高程	+20 −20	测量
4	相邻两板表面高低差	2	尺量
5	两模板内侧宽度	+10 −5	尺量不少于 3 处

(4)承台混凝土采用天泵泵送混凝土和滑槽施工作业相结合的浇筑方式。混凝土分层连续浇筑,分层厚度宜为 30 cm 左右,分层间隔灌注时间不得超过试验所确定的混凝土初凝时间。大体积混凝土浇筑需严格控制混凝土面高差,杜绝混凝土浮浆聚集,振捣过程中不可漏振、过振。

四、陆地区承台及扩大基础施工技术

陆地区承台及扩大基础采用明挖法施工,钻孔桩完成后直接开挖或支护开挖,具体施工流程如图 4-3-113 所示。

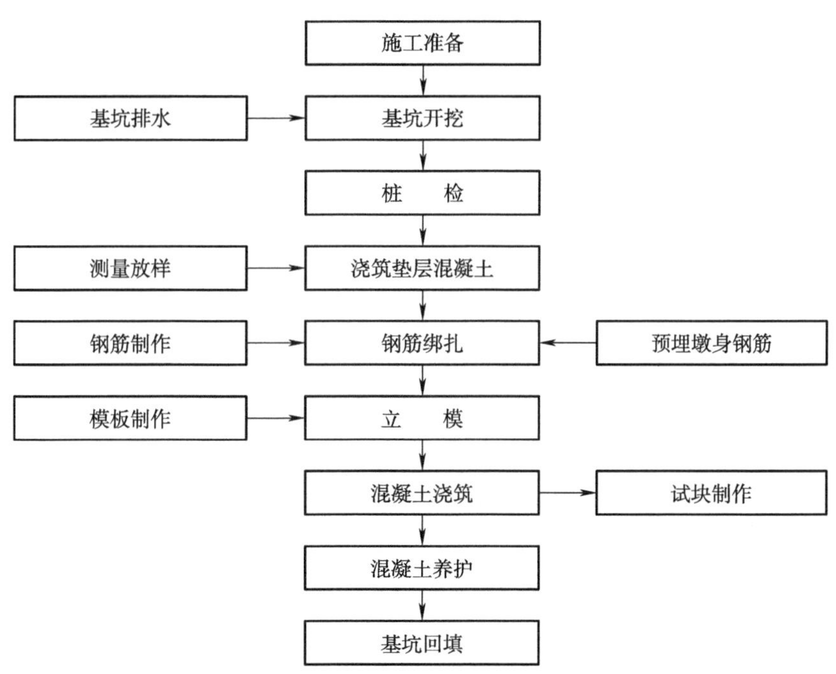

图 4-3-113 陆地区承台施工工艺流程图

(1)对于陆地一般地段承台及扩大基础,覆盖层处采取人工配合机械施工,挖掘机放坡开挖(坡比 1∶0.75),人工配合清底,最后凿除桩头。基坑边线放样完成后,采用挖掘机开挖基坑,基坑的边线比设计值放宽 50 cm,便于设置排水沟、集水坑和安装模板。开挖至距基底 20～30 cm 时,为防止挖掘机开挖扰动基底土层,改用人工开挖至设计标高并清理基底。开挖时基坑顶预留截水沟防止地表水流入基坑内;基坑底设置排水沟和集水井,基坑内积水经排水沟汇入集水井,然后通过水泵将水抽出基坑;基坑开挖完成后,破除桩头至设计标高,桩头高出承台底 10 cm,桩头破除采用环切工艺,采用手持切割机在相应标高处沿桩顶环切一圈,切入深度为 3～5 cm,避免桩头破除时桩顶破损;破除段桩头保护层及钢筋剥离后,采用钢楔一次性截断桩头，打钢楔时注意控制钢楔角度，避免出现“锅底”。浇筑承台垫层混凝土，基坑开挖示意如图 4-3-114 所示。

(2)模板采用大块定型组合钢模，模板要求有足够的强度和刚度，测量人员根据提供的导线点，放出承台的纵、横轴线，安装时要用线铊吊模板的垂直度，保证模板竖直。模板拼缝用双面胶粘贴，底部外周用砂浆填塞，以防漏浆。支撑方式为内拉外撑，内部采用拉杆，外部用槽钢、方木支撑在坑壁上，支撑方式如图 4-3-115 所示。

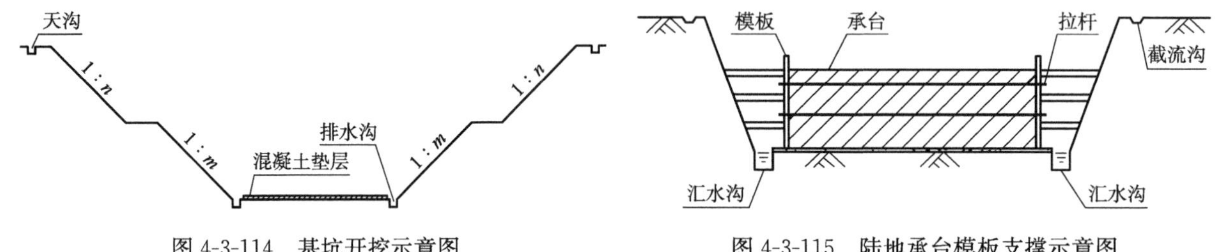

图 4-3-114　基坑开挖示意图　　图 4-3-115　陆地承台模板支撑示意图

(3)在混凝土强度达到 2.5 MPa 后即可拆模，拆模后及时回填。回填时基坑内不得积水，分层夯实。若无法排除基坑积水时，则应采用砂砾材料回填，并在水中分薄层铺筑，直到回填进展到该处的水全部被回填的砂砾材料所掩盖并达到能充分压实的程度时，再进行充分夯实。如在路基范围内，应按照路基施工要求进行回填。

五、墩身施工总体工艺

(1)墩身采用厂制大块组合钢模板，按 9 m/节(2.5 m×4)组模，底部 2.5 m 模板固定在已浇筑的墩身上，作为上部模板的支撑。墩身变截面采用组合模板调整。

(2)墩身外模及内模均采用组合钢模施工，模板设置对拉拉杆。利用起重机安装模板、钢筋，钢筋采用搭设支架平台进行现场绑扎，混凝土采用输送泵泵送。

(3)施工时在外模上安装外侧施工平台，对于空心墩在墩身空腔内设支架作为施工平台兼内支撑。施工时前组模板顶节是后组模板的支撑，下节混凝土浇筑完成后，施工上节模板。在下节混凝土强度达到 2.5 MPa 后，开始凿毛，用清水清洗干净后再施工上节。

六、墩身施工工艺流程

墩身主要施工流程：施工准备→测量放线→钢筋焊接绑扎→安装模板→模板调试检查→浇筑墩身混凝土→混凝土养护。

门式框架空心墩采用整体模板分节段施工，其中底部和顶部倒角段为非标准节段，非标准节段墩身施工外模及内模均采用整体钢模。底部非标准节段施工完成后，外模整体模板导入上节标准节段，同时采用整体节段钢内模配合钢外模进行标准节翻模施工。底部倒角非标准节段墩身施工流程如图 4-3-116 所示，标准节段翻模施工流程如图 4-3-117 所示。

七、墩身施工准备

1. 技术准备

组织技术人员对施工设计图纸及有关施工资料进行复核，组织相关人员培训、学习相关技术规范及施工细则、设计文件，做好墩身施工的技术准备工作。同时对技术、施工人员进行技术交底，交底内容包括施工方法、施工工艺、施工安全、人员及机械设备配备情况等。

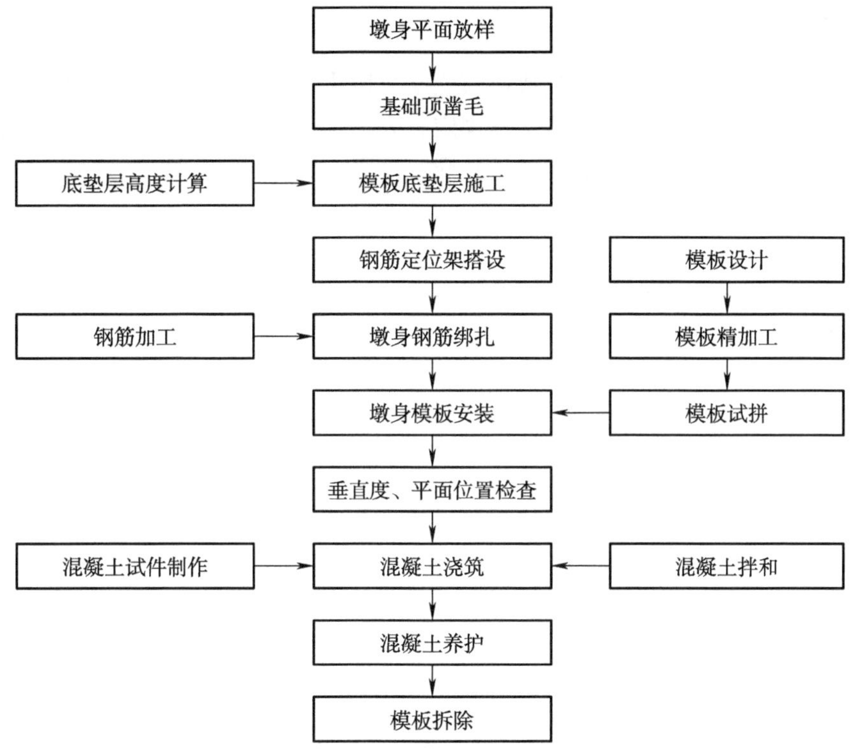

图 4-3-116　底部倒角节段墩身施工工艺流程图

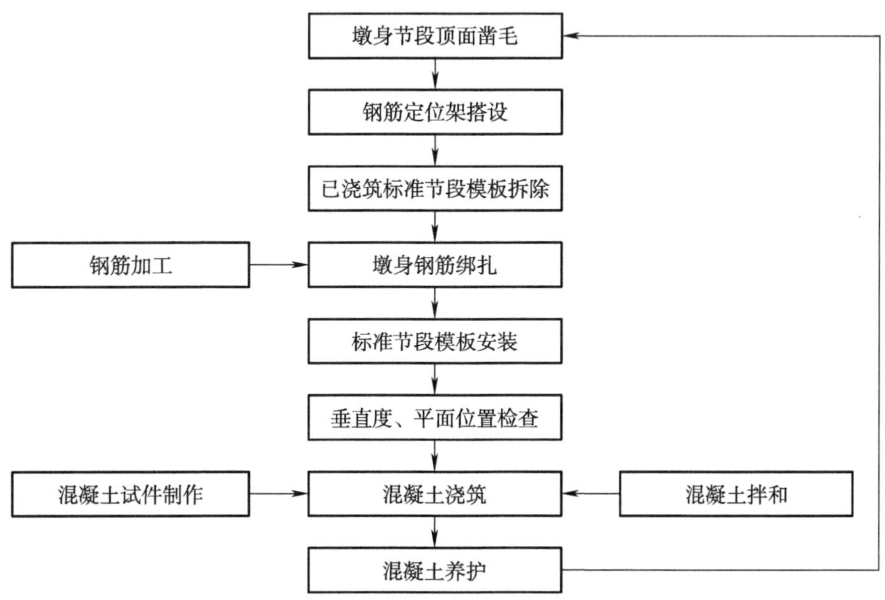

图 4-3-117　标准节段墩身翻模施工工艺流程图

2. 其他准备

在承台预埋件上施工塔式起重机基座，安装塔式起重机。进行混凝土配合比设计，检查模板尺寸、平整度、节缝错台宽度、垂直度是否满足要求。对每套模板进行编号，防止使用混乱。在墩身超出水面并且墩身防腐涂装经检测合格后，才能拆除围堰再进行下节墩身施工。

承台混凝土浇筑前，预埋墩身钢筋。墩身施工前将承台顶面(与墩台身接合部分)混凝土进行凿毛，用淡水冲洗干净。精确测定墩中心线，并用墨线弹出墩身底面尺寸位置。

八、测 量 放 线

在已完成的承台顶面按设计图纸，精确放出薄壁空心墩中心点和内外模边线，标定墩身十字中心线、墩身轮廓线，将轴线控制线延长至适当位置加以固定并妥善保护，用水准仪测量立模底面四周标高，如四周不在一水平面，采用砂浆将立模底面标高调整到同一高程。

九、钢筋制作、安装

(1)根据设计图纸，做出钢筋下料单，工班根据下料单加工、分类编号堆放。下料时要根据墩身钢筋编号和供应钢筋的尺寸，统筹安排，以减少钢筋的损耗。成型钢筋制作时，应按设计图纸或下料单在平台上放大样后再进行弯制。

(2)钢筋安装前应对预埋钢筋进行调直和除锈除污处理，对承台混凝土顶面应凿去浮浆，露出新鲜混凝土，并清洗干净。

(3)钢筋在加工场集中加工成型后运至现场进行绑扎安装，安装时严格控制钢筋间距。钢筋品种、级别、规格、间距、形状、连接接头位置及焊条、焊缝等均应符合设计图纸和施工规范的有关要求。

(4)纵向受力钢筋的连接方式必须符合设计要求，同一断面接头数量不超过 50%，且同一根钢筋上两个接头之间的距离必须符合规范要求不小于 $35d$(d 为钢筋直径)。所有直径不小于 16 mm 的受力主筋接长均采用直螺纹套筒连接，接头性能等级按设计要求选择Ⅰ级，受力主筋在同一连接区段内，接头数量不超过总数的 50%，接头处应保证两根钢筋丝口长度相等误差不大于 $2P$(P=3 mm 螺距)；其余钢筋需要采用搭接焊时，必须保证焊缝厚度及焊缝长度(双面搭接焊不小于 $5d$，单面搭接焊不小于 $10d$)。主筋与箍筋之间采用扎丝绑扎，扎丝头不能侵占混凝土保护层厚度。

(5)钢筋的定位通过搭设定位钢管架的方式进行，承台(扩大基础)施工完成后，首先对预埋墩身钢筋进行除锈等清理，再根据测量放样结果，对预埋钢筋逐根梳理。然后安装钢筋定位管架，钢筋定位管架根据墩身形式，分内外骨架，再通过横联，将内外管架连接成一个整体。钢筋定位如图 4-3-118 和图 4-3-119 所示。

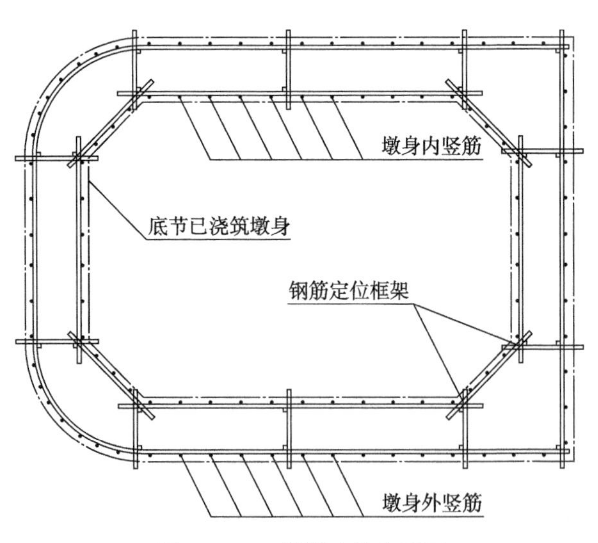

图 4-3-118 钢筋定位布置图

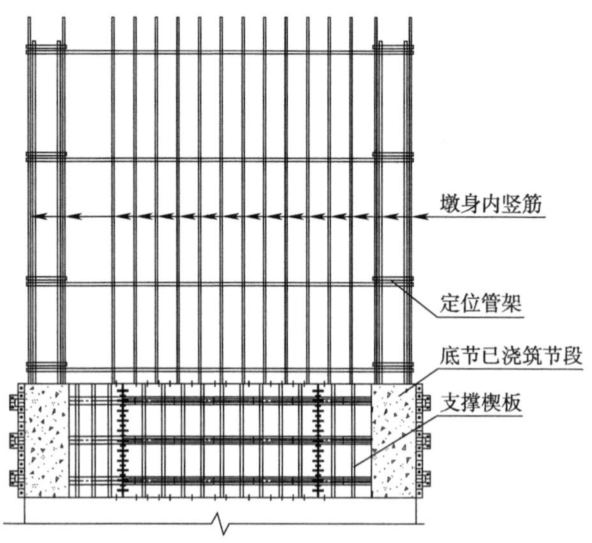

图 4-3-119 钢筋定位详图

钢筋定位管架首先根据测量放样，安装内层管架，内层管架定位完成后，再进行外层管架安装。内外管架都定位完成后，根据钢筋的设计间距，在管架横杆上做好标记，然后开始进行竖筋的安装。将竖筋通过直螺纹接头连接完成后，将竖筋与对应管架标记位置靠帮在一起，使用扎丝固定。

当竖筋全部定位完成后，在竖筋上标识出箍筋等钢筋位置，将制备好的对应墩柱加劲箍按竖筋上标出的控制绑扎位置从下往上与竖筋绑扎紧密，要求绑扎后劲箍筋面水平。最后解除定位卡和水平定位筋，将管架整体吊出钢筋骨架，进行模板施工。

(6)每节钢筋安装时应先将露出混凝土面的预留钢筋进行箍筋绑扎，再接长钢筋，每接长一根钢筋应和其他钢筋在中部和顶部绑扎固定，避免钢筋弯曲和倾倒。

(7)为保证墩身钢筋的保护层厚度不小于 6 cm，护面钢筋骨架与模板之间必须用不低于墩身混凝土强度的混凝土垫块支撑，垫块安装于箍筋上，垫块按每平方不小于 4 块均匀布置。

(8)拉筋的竖向及横向间距大致按 45 cm 布置，竖向间距与相应的箍筋间距一致，拉筋端部设置 135°的弯钩。

(9)所有通过进人孔或其他孔位的钢筋均需截断弯起，进人孔周边应对钢筋采取补强措施。

(10)按图纸设计安装防雷接地各项预埋件。

(11)施工至铁路墩墩帽时，按照设计图纸预埋公路墩身钢筋。

(12)钢筋在加工厂按设计图纸下料后，由运输车运输到施工现场，用起重机将钢筋吊到工作面。

(13)钢筋加工及安装允许偏差和检验方法见表 4-3-17 和表 4-3-18。

表 4-3-17 钢筋加工允许偏差和检验方法

序号	项目	允许偏差(mm)	检验方法
1	受力钢筋全长	±10	尺量
2	箍筋内净尺寸	±3	

表 4-3-18 钢筋安装、钢筋保护层厚度允许偏差及检验方法

序号	项目	允许偏差(mm)	检验方法
1	受力钢筋排距	±5	尺量两端、中间各 1 处
2	同一排中受力钢筋间距	±20	
3	分布钢筋间距	$^{0}_{-20}$	尺量连续 3 处
4	箍筋间距	$^{0}_{-20}$	
5	钢筋保护层厚度 C，$C \geqslant 30$ mm	$^{+5}_{0}$	尺量两端、中间各 2 处

注：表中钢筋保护层厚度的实测偏差不得超出允许偏差范围。

十、墩身模板安装

1. 模板安装

深水区墩身施工采用塔式起重机安拆模板。利用塔式起重机安装上节段匹配模板，安排工人对模板表面进行去污、涂油、清洁。提升过程中应有专人监视，防止模板与周边固定物碰撞。将上层墩身混凝土面凿毛、清理后，用塔式起重机吊装提升，人工辅助对位，将模板安装到对应位置上，安装底口横向螺栓与下层模板连接，并以导链拉紧固定。内模板同步安装就位后，及时与已安装好内外模板拉杆连接。模板整体安装完成后，检查安装质量，调整中线水平，安装横带 4 角螺栓固定。墩身模板安装如图 4-3-120 所示，模板工作平台断面如图 4-3-121 所示。

2. 模板工作平台

模板工作平台采用[10 自作的牛腿支撑，牛腿利用螺栓与外模板连接，每隔 1.5 m 设置一个支撑牛腿，铺设用∠50×5 作为横纵支撑，顶部用 6 mm 花纹钢板组成的平台板。外端设置 1.2 m 高栏杆，设置三道横档，同时用安全网将栏杆全部防护，防止高处吊物。模板工作平台主要作为工人操作平台以及振动棒等小型施工机械的安置平台。

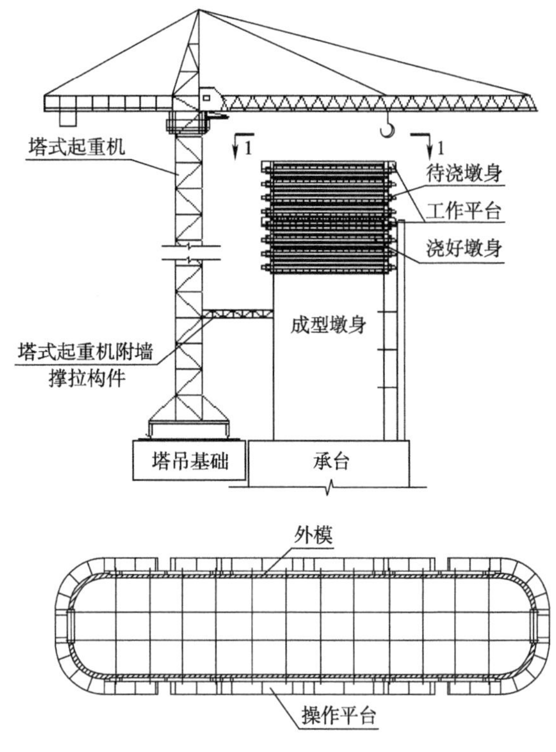

图 4-3-120 墩身模板安装示意图

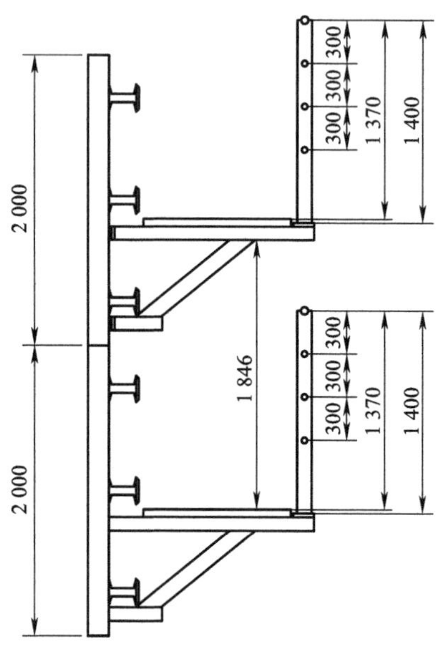

图 4-3-121 模板工作平台断面图(单位:mm)

3. 模板安装要求

(1)模板在使用前应除锈,并涂刷脱模剂,以保证混凝土的外观质量。

(2)依据测量放样的纵横十字线用墨线打出模板边线。安装底节模板前,检查承台顶高程及外轮廓线,不符合要求时凿除或用砂浆找平处理,以确保墩身模板准确就位。承台顶面与模板接触平整,无缝隙,防止漏浆。

(3)模板安装必须稳固牢靠,接缝严密,所有接缝均采用 3～4 mm 厚双面胶带密封。模板使用精轧螺纹钢 ϕ25 mm 做拉杆,拉杆外套 ϕ35 mm PVC 管。墩身上下节模板采用螺栓连接。

(4)模板吊装组拼时,不得发生碰撞,由专人指挥,按模板编号逐块起吊拼接。模板安装完毕四角各设计一道钢丝绳和紧线器作固定缆风绳,使其对位准确牢固,保证混凝土浇筑过程中不产生变形和位移。

(5)模板安装完成后,应对模板的垂直度、平整度,错台、拉杆和螺栓的连接牢固程度以及支架的稳定性等进行检验,并测定墩顶标高。

(6)模板安装允许偏差及检验方法见表 4-3-19。

表 4-3-19 墩身模板安装允许偏差和检验方法

序　号	项　目	允许偏差(mm)	检验方法
1	前后、左右距中心线尺寸	±10	测量检查每边不少于 2 处
2	表面平整度	3	2 m 靠尺检查不小于 5 处
3	相邻模板错台	1	尺量检查不小于 5 处
4	空心墩壁厚	±3	尺量检查不小于 5 处
5	同一梁端两垫石高差	2	测量检查
6	预埋件和预留孔位置	5	

十一、桩帽施工

深水高墩区墩顶外模采用无预埋支架方式，内模采用钢模。深水高墩区墩帽施工支架示意如图 4-3-122 所示。

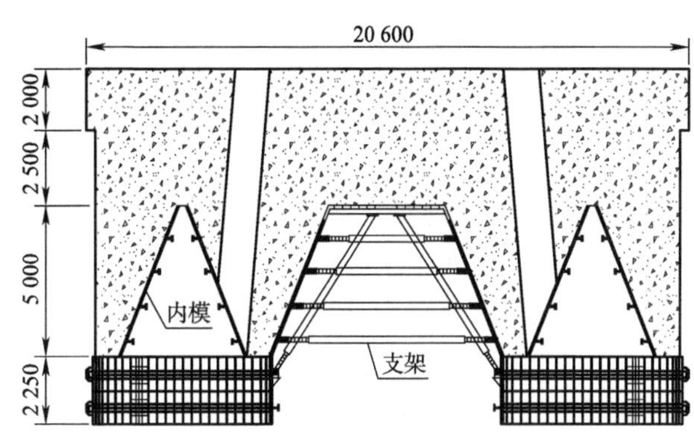

图 4-3-122 深水高墩区墩帽施工示意图(单位:mm)

1. 支架安装

在铁路墩身最后一个标准节段混凝土浇筑完成后，待混凝土强度达到要求，拆除外模底下两节模板，顶部单节模板作为变节段模板的支撑构件，不拆除。同时，将内模全部拆除。

模板拆除后，开始安装中间支架体系，无预埋支架包括斜固定端、水平固定端、丝杆千斤、斜撑杆和水平撑杆、斜固定端和水平固定端一端分别支撑在模架上，另一端焊接着丝杆千斤，丝杆千斤上连接着斜支撑或者水平支撑，斜撑杆上部和墩顶模板底模通过螺栓连接，水平撑杆两端均连接着丝杆千斤。在竖直面方向，水平撑杆从上往下依次布置；斜撑杆左右对称倾斜布置；在水平面方向，水平撑杆与斜撑杆交替间隔布置，水平撑杆和斜撑杆在竖直面与水平面所布置的数量根据施工中的实际情况确定。

2. 模板安装

支架安装完成后，根据测量放样，开始安装钢模，将内模板安装完成后利用支架平台进行钢筋绑扎，钢筋绑扎完成通过监理验收合格后，开始安装模板。外模采用钢模，按照模板编号，模板组拼完成并经测量复核满足要求后，将外支架区域内模板通过木楔将模板固定在外支架上，抄垫时注意同一点必须两边同时抄垫。全部模板通过监理验收合格后，才能开始混凝土浇筑施工。

3. 模板、支架拆除

墩帽浇筑完成，混凝土达到拆模条件要求后，转动支撑杆件的丝杆对支架进行卸载，支架应力释放完成后，即可进行内支架的拆除。拆除支架时对所有杆件单根拆除，待所有支撑杆件拆除完成，才开始拆除支架两侧外模以及底模，然后其余外模按照从下到上的原则，逐步拆除，倒用至下一个墩身，循环作业。

十二、浇筑混凝土

(1)墩身混凝土采用就近的拌和站集中供应，海天号搅拌船辅助供应。混凝土拌和严格按施工配合比配料，砂、石、水泥、水及外加剂等原材料必须经过质量检验并符合要求，计量要准确，严格控制混凝土的拌和时间，保证混凝土的和易性。

(2)采用泵车垂直运输时，混凝土坍落度应符合表 4-3-20 要求。

表 4-3-20 混凝土坍落度与泵送高度的关系

泵送高度(m)	30 以下	30～60	60～100
坍落度(mm)	100～140	140～160	160～180

(3)混凝土下落高度大于 2 m 时必须设置串筒。

(4)采用插入式振动棒捣固，混凝土分层摊铺，分层捣固，分层厚度为 30 cm 左右，捣固的顺序为先四周后中间，相邻两个插入位置的距离不得大于振动棒作用半径的 1.5 倍，防止漏捣、重捣和捣固过量。不得随意加密振点或漏振，每点的振捣时间以混凝土不再沉落、表面呈现浮浆、不出现气泡为准，振捣延续时间宜为 20～30 s，避免过振。

(5)混凝土强度达到 2.5 MPa 后，开始进行人工凿除混凝土表面的水泥砂浆和松弱层，凿毛后露出的新鲜混凝土面积不低于墩底截面总面积的 75%。经凿毛处理后表面应用水冲洗干净，不得存有积水。

十三、混凝土养护

针对本项目季风气候明显的特点，墩身混凝土养护方式采用有色养护液与洒水保护相结合的方式，防止墩身混凝土水分损失过快，而达不到墩身混凝土养护的要求。墩身节段施工完成并达到拆模要求后，拆除底部三节非支撑模板，立即对墩身喷涂易于辨认的有色养护液进行养护，同时在顶节支撑模板施工平台四个面分别安置四个水箱，每隔 1 d 对墩身混凝土进行洒水养护。

墩帽混凝土浇筑后，顶部外露面采用覆盖土工布喷水保湿养护。混凝土养护期间，混凝土的芯部温度与表面温度、表面温度与环境温度之间均不应大于 20 ℃。混凝土表面温度与养护水温度之差不得大于 15 ℃，混凝土芯部的温度不宜超过 60 ℃，最大不得超过 65 ℃。

混凝土自然养护期间，混凝土浇筑完毕后的保温保湿养护时间应满足《铁路混凝土结构耐久性设计规范》(TB 10005—2010)的规定。混凝土自然养护时间见表 4-3-21。

表 4-3-21 混凝土保温保湿最短养护时间表

水胶比	大气潮湿(RH≥150%)，无风，无阳光直射		大气干燥(20%≤RH<50%)，有风或阳光直射		大气极端干燥(RH<20%)，大风，大温差	
	日平均气温 T(℃)	最短养护时间(d)	日平均气温 T(℃)	最短养护时间(d)	日平均气温 T(℃)	最短养护时间(d)
>0.45	$5\leqslant T<10$	21	$5\leqslant T<10$	28	$5\leqslant T<10$	56
	$10\leqslant T<20$	14	$10\leqslant T<20$	21	$10\leqslant T<20$	45
	$T\geqslant 20$	10	$T\geqslant 20$	14	$T\geqslant 20$	35
≤0.45	$5\leqslant T<10$	14	$5\leqslant T<10$	21	$5\leqslant T<10$	45
	$10\leqslant T<20$	10	$10\leqslant T<20$	14	$10\leqslant T<20$	35
	$T\geqslant 20$	7	$T\geqslant 20$	10	$T\geqslant 20$	28

十四、拆 模 要 求

墩身混凝土抗压强度达到 2.5 MPa 前，不得使其承受人员、支架、模板及其他临时荷载。拆模时，混凝土芯部温度与表面温度、表面温度与环境温度之间的温差均不得大于 20 ℃，混凝土芯部开始降温之前不得进行拆模作业。按照先装后拆、后装先拆的原则逐块拆除，拆除的模板应及时修整、磨光并涂油。混凝土拆模强度应满足设计及规范要求，承重结构模板拆除应符合表 4-3-22 要求。

表 4-3-22 拆除承重模板时混凝土强度要求

序 号	结构类型	结构跨度(m)	达到混凝土设计强度的百分率(%)
1	板、拱	<2	≥50
		2～8	≥75
		>8	≥100
2	梁	≤8	≥75
		>8	≥100
3	悬臂梁(板)	≤2	≥75
		>2	≥100

注：非承重结构模板拆除时，混凝土强度应保证其表面及棱角不受损伤。

十五、墩身防腐涂装

根据《平潭海峡公铁大桥混凝土结构耐久性技术实施细则》要求，对福平铁路 FPZQ-3 标平潭海峡公铁大桥海上浪溅区墩身(+9.5 m 以下部分)硅烷浸渍施工。硅烷浸渍涂装工程量见表 4-3-23。

十六、墩身预埋件

铁路墩预埋件形式、用途、预埋位置见表 4-3-24。

表 4-3-23 硅烷浸渍施工工程数量统计表

序　号	区　号	墩身(+9.5 m 以下至承台顶部分)涂装面积(m^2)	墩　号
1	三区	13 440.4	SR49～SR64
2	六区	4 452.6	RC01～RC05
3	八区	1 325.9	CX01～CX02
4	十区	3 634.4	CX19～CX23
5		2 479.5	CX24～CX26
6	十五区	1 729.0	XD10～XD11
7	十七区	1 731.5	XD12～XD13
8	合计	28 793.3	

表 4-3-24 铁路墩预埋件统计表

序　号	墩号或梁号	墩　型	预埋部位	名　称	形　式	用　途
1	钢桁梁墩	铁路墩身	墩身	通风孔	ϕ10 cm 圆孔	通风、爬梯附墙、泵管固定
2		铁路墩身	墩顶	进人孔	带角方孔	进出
3		铁路墩身	墩内	下墩内检查爬梯	钢构件	
4		铁路墩身	墩内	检查平台	钢构件	锚固
5		铁路墩身	墩顶	检查设施围栏预埋	钢构件	锚固
6		铁路墩身	墩顶支座垫石	支座锚栓预留孔	圆孔	锚固
7		铁路墩身	墩身承台	接地钢筋	钢结构	接地
8		铁路墩身	墩顶	观测标	钢构件	观测
9		铁路墩身	墩身	塔式起重机预埋件	钢构件	锚固
10		铁路墩身	墩顶	双头接地端子	钢构件	接地

(1)墩身预留通风孔

根据各个桥墩的施工图纸，确定该桥墩底排通风孔高程、通风孔间距、通风孔直径。在混凝土浇筑时，在相应位置预埋等直径的 PVC 管，PVC 管的长度必须与相应位置处墩身混凝土厚度一致，并用胶带裹紧两端管口，以防止混凝土进入管道。

(2)墩身内部检查设施预埋件

在浇筑混凝土时，按照图纸要求预埋 U 型螺栓、钢筋及角钢，以便后续墩内检查设施的施工。

(3)墩顶检查设施和下桥梯预埋件

墩顶检查设施的预埋件采用 D50×3 钢管，埋入墩顶以下 48 mm，伸出墩顶 5 mm，按图纸要求布置于墩顶四周，同时按图正确预埋下桥梯的预埋件。

(4)预埋件外漏部分防腐措施

对所有预埋件必须进行热浸锌处理，最低干膜厚度 80 μm，U 型螺栓最低干膜厚度 50 μm。

十七、综 合 接 地

墩身内利用结构钢筋作为接地引上线分别引至铁路面墩顶和公路面墩顶支座边，并与接地端子焊接。每节墩身混凝土浇筑之前，接地钢筋必须做好标识。接地端子顶面高出混凝土面 1 cm。作为接地钢筋的非预应力结构钢筋直径不小于 16 mm，在有接头处必须加搭钢筋焊接。接地钢筋之间的连接均采用双面焊，焊缝长度不小于100 mm，焊缝高度不小于 8 mm。

十八、墩身施工上下通道

作业人员上下通道采用成品安全爬梯，该爬梯是由角钢和连接钢板焊接而成，主要构件由刚性框架、梯道、防护钢网、附墙组成。其中刚性框架保障了爬梯整体在三维空间的结构强度和整体稳定性；同时，该爬梯为节段组拼结构，避免了现场散件安装功效问题，缩短了安装时间，提高了爬梯使用效率。另外爬梯框架采用了钢板网防护，提高了爬梯的安全性能，成品安全爬梯如图 4-3-123 所示。

爬梯每隔 5 m 设置一道附墙杆件。附墙通过墩身预埋的 M36 爬锥，将附墙连接杆件与墩身锁死。

由于在施工过程中，爬梯的高度随着墩身节段的施工逐渐升高，因此需要将爬梯顶节与墩身外模用型钢临时固结，作为临时附墙。待模板拆除施工下一节段墩身时，先解除模板与爬梯之间的临时附墙，才能拆除模板，继续向上进行墩身施工。

图 4-3-123 成品安全爬梯结构图

十九、雨 季 施 工

本工程所在地区雨季为 3～6 月份和 7～9 月份。为保证墩身施工不受雨季影响，拟采取以下措施确保工期目标：

(1)场区生产调度加强对气象、气候信息的收集，落实现场防雨措施和准备工作，减少雨期停工损失，雨后及时组织恢复生产。

(2)疏通既有排水系统，保证排水畅通。

(3)备齐备足排水物资和设备，减少损失，提前储备施工材料，保证雨期施工连续性。做好施工现场排水，防止生产材料、设备和临时设施被淹。危险区施工做好防雨应急措施。

(4)加强施工便道、施工场地维护，保证物资运输，减少雨季对施工进度的影响。

二十、大风及台风季节施工

本桥施工区域由于强风和热带气旋影响较为频繁，为安全防风，尽可能地避免大风或台风对人员和设备造成伤害。为确保墩身施工顺利进行，结合现场实际，特制定以下防风措施。

(1)钢筋防风变形措施

在钢筋绑扎过程中突遇大风天气，必须增加钢筋与定位管架之间的连接，增大钢筋体系的刚度，同时对钢筋四个面进行缆风拉设，缆风拉设点为底层节段模板横肋。在大风过后，对钢筋位置进行复测，若存在变形，需在变形钢筋处理完成后再进行后续钢筋绑扎或模板施工。

(2)模板防风安全措施

在模板施工过程中突遇大风天气，通过拉杆将内外模固定成整体，同时在内模设置缆风，缆风点为底层节段模板横肋。大风过后，对模板位置进行复测，如有位移，重新调整后，才可进行下一步施工。

(3)塔式起重机防风安全措施

塔式起重机施工时严格按照塔式起重机安装说明书，根据说明书中塔式起重机附墙安装间距及安装角度进行安装，如图 4-3-124 所示。同时，根据现场地形，埋设缆风锚固基础。时刻关注气象预报，在得到大风或台风预警信息时，及时拉设缆风绳，进行塔式起重机锚固。

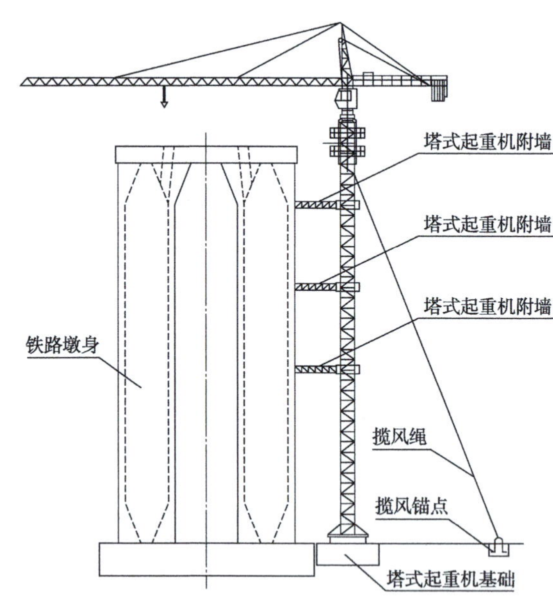

图 4-3-124 塔式起重机防风措施图

(4)船舶防风安全措施

各施工船舶应根据气象台的预报风力、风期长短以及船舶的抗风能力加固锚缆，绑扎易动构件，检查船上救生设备，选派专业人员昼夜值班，与指挥系统保持密切联系。

(5)其他小型机具防风安全措施

在得到大风预警信息后，将施工区域内各小型机具全部统一堆存在平坦背风区域，集中存放，防止由于大风对小型机具损坏而形成的次生灾害。

二十一、质量通病及其防治措施

(1)大体积混凝土表面龟裂

主要原因:收缩裂缝;温差裂缝;养护方法不当,养护不及时,养护时间不够。

防治对策:合理进行墩身施工组织管理,减少墩身每两个节段的施工间隔时间,防止新老混凝土由于收缩应力不同而产生的收缩裂缝;每一节段模板拆除后,防止大风过早将混凝土内水分带走,及时进行墩身混凝土的养护工作,降低由于混凝土内外水分不同而产生的干缩裂纹。

(2)混凝土表面有蜂窝、麻面、气孔

主要原因:混凝土浇筑时局部漏振;模板表面不光滑,板缝漏浆,脱模剂选用不当;混凝土振捣方法不当、过振,局部混凝土产生离析;水灰比控制不当。

防治对策:合理控制振捣棒的插入间距、深度和振捣时间。控制混凝土分层浇筑厚度。模板拼接紧密、板缝封堵严密,且选用性能良好的脱模剂;控制水灰比,清除已离析混凝土。

(3)混凝土漏浆、表面污染及平整度差

主要原因:模板整修不到位,表面不平整,模板刚度不够;模板缝未做有效处理;模板跑模;混凝土坍落度过大。

防治措施:采用平整度、刚度符合要求的模板;处理好模板拼缝,采用合理的脱模剂;将模板的榫槽嵌接紧密;严格控制混凝土水灰比。

(4)钢筋间距不一、保护层厚度不足

主要原因:保护层垫块偏少或偏薄;保护层垫块固定不牢,在浇筑过程中走位或脱落。

防治措施:安装足够合格的保护层垫块并固定牢固。

二十二、墩身施工过程质量控制

(1)凿毛

混凝土结构施工缝处必须进行凿毛处理,凿毛后露出的新鲜混凝土面积(带石子)应不低于总面积的75%,凿毛时混凝土强度须符合要求:人工凿毛不低于2.5 MPa,机械凿毛不低于10 MPa。

(2)钢筋加工

钢筋加工时必须按照图纸及规范要求进行加工,弯曲角度、半径,弯勾长度必须满足要求。

(3)钢筋连接

直螺纹套筒连接必须符合《钢筋机械连接技术规程》(JGJ 107—2016),对直螺纹接头及套筒采用通止规进行验收,拧紧扭矩须满足规范要求最小拧紧扭矩,单侧外漏螺纹不宜超过2P。焊接人员必须持证上岗,保证焊接质量,图纸有焊接要求的按图纸要求执行;图纸没说明的按单面搭接焊焊接长度不得小于$10d$,并且需对钢筋焊接接头进行预弯。

(4)保护层垫块

构件设计保护层决定垫块规格(方向),构件侧面和底面垫块数量不应少于4个/m^2,并应均匀布置,通过扎丝安装牢固。

(5)模板安装

模板安装前必须进行校正、打磨、涂刷隔离剂;安装尺寸偏差必须在容许偏差以内。固定模板的拉杆、支架必须按照要求预紧,并规范安装。安装后的模板须多次进行检查,保证受力安全。

(6)混凝土浇筑

严格控制混凝土配合比,混凝土振捣不可漏振、过振,振捣时必须快插慢拔,控制振捣速度。

(7)混凝土养护

对大体积混凝土控制内外温差,并对表面进行保温保湿养护,当气温低于5℃时禁止洒水。

第三节　T型简支梁的制运架

一、T型简支梁施工

福平铁路采用预制后张法简支T梁,主要跨度有24 m、27 m、29 m、32 m四种,T梁施工工艺流程如

图 4-3-125 所示。其中，关键工序为混凝土拌和、钢筋弯制与绑扎、拆立模板，以△标记；特殊工序为混凝土灌注、预应力施工、孔道压浆、防水保护层施工，以▲标记。

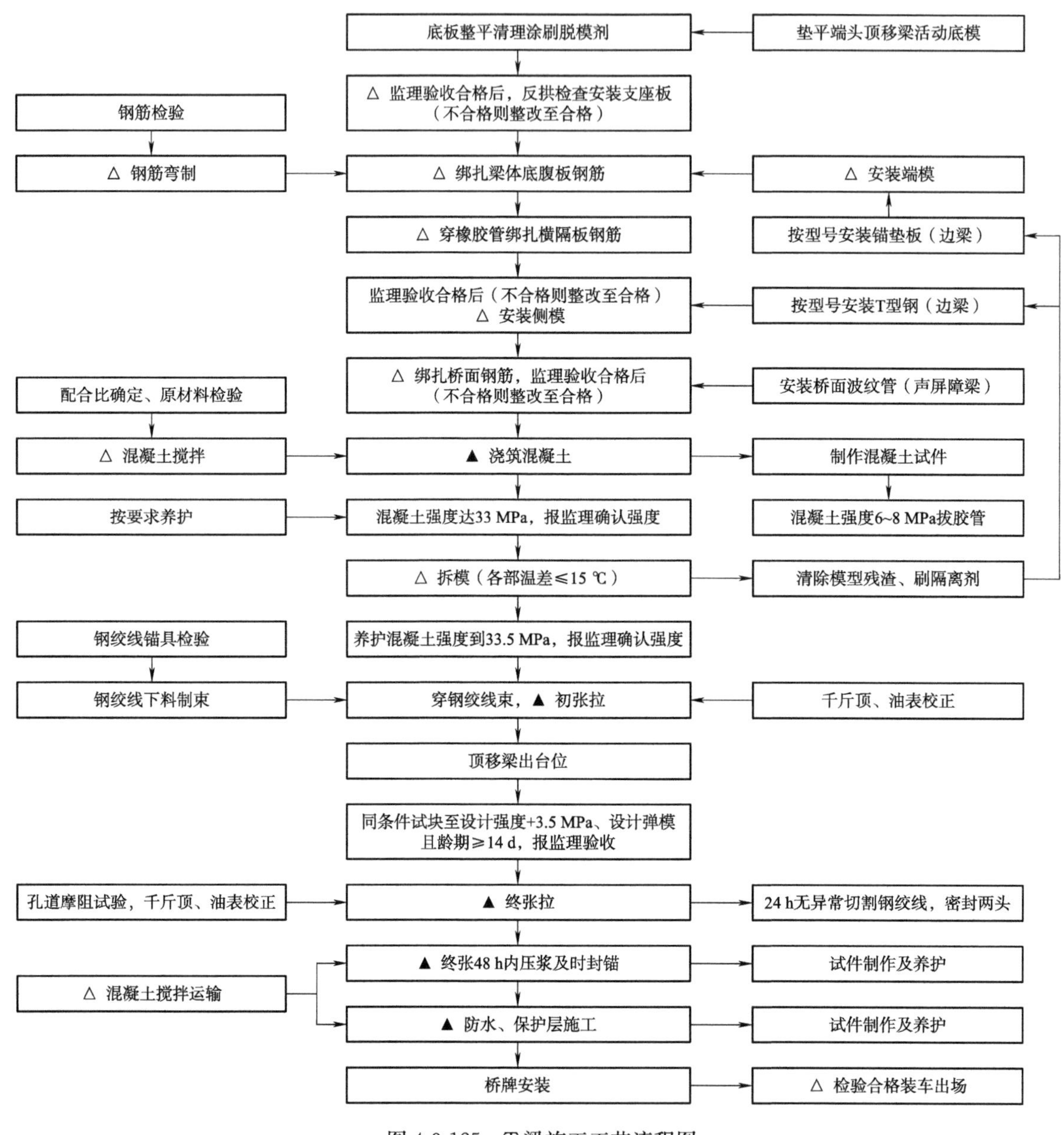

图 4-3-125　T 梁施工工艺流程图

二、T 型简支梁运架

1. 既有线运梁及运梁车防护

福州至福州南区间的 160 孔梁需经过既有福州南站，因福州南站为客运高铁站，停用股道后对旅客接发列车影响大，需采用工程线天窗点内运梁过福州南站；租用机车段 DL1 型大吨位预制梁运输专用车组，预制梁装车超限，取货票按超限货物办理。天窗点有限，运梁工作量大，每次进出车站需要进行列检和取货票，对运梁施工干扰大。

2. 大坡度架运架梁

福平正线坡度大于 20‰且不大于 30‰的大坡道线路 1.05 km，其中位于大坡道线路上的桥梁有 3 孔。左单线 DK15＋319～DK17＋500 采用 DJ168 架桥机架设，架设方向福州往平潭方向，湖边左线大桥第 9 跨～12 跨位于 28‰的下坡，线路总长 550 m。

(1)大下坡道运架梁措施

架桥机走行时,两个风缸必须全部开启,主风缸风压必须保持在 0.7 MPa 以上。对位时,速度必须小于 0.5 km/h,车上安设手动制动和紧急制动阀并设专人操作,车下设两名专职人员手持铁鞋随车前行,并提前在对位位置设置带螺栓坚固专职的铁鞋。对位后,及时放置所有的铁鞋和大木楔。走行时必须先做一次制动试验,确认制动可靠、风压正常后再运行,行驶速度严格控制在 0~2.5 km/h。对位前,距梁端 10 m 处停车检查制动系统。

2 号车走行时,两个风缸必须全部开启,制动风压必须保持在 0.6 MPa 以上,车上必须安设手制动和紧急制动阀并设专人操作,车下设两名专职人员手持铁鞋随车前行,并提前在对位位置设置带螺栓坚固专职的铁鞋,对位后,及时放置所有的铁鞋和大木楔。

距主机 100 m 时必须一度停车,距主机 20 m 时停车检查制动情况和主风机缸风压,在主机指挥发出机动平车与主机对位信号后,2 号车以小于 0.5 km/h 的速度进行对位。设两名专职人员手持铁鞋跟随 2 号车。对位后,立即塞入铁鞋。如遇线路坡度过大导致 2 号车车轮打滑可提前在轨道上铺撒细沙。

主机对位前,应首先确定停车位置。例如,架设 32 m 桥梁时,主机五轴转向架第一轮中心到桥台胸墙或已架桥梁前端的距离为 2.47 m。应预先在 2.47 m 位置处安放两个带螺栓坚固装置的铁鞋,并在主机后端预设两根直径 22 mm 的防溜牵拉钢丝绳,固定于主机后轮上。在主机走行距桥端 10 m 时一度停车,将防溜牵拉钢丝绳的另一端固定在后方已铺好的轨道两股钢轨上,做好防溜准备工作后,主机自行对位。

主机对位时车速不得大于 0.5 km/h,制动风压大于 0.7 MPa。前进对位距桥台胸墙或以架梁前端 10 m 时应一度停车,检查制动系统的制动,风缸充风量是否已充满缸,制动管内风压是否正常,闸瓦厚度、安装间隙是否符合要求。同时,应再次检查、确认带螺栓紧固装置的铁鞋是否妥当;车上设专人手持紧急制动阀,五轴转向架第二轴两侧由专职人员手持铁鞋,在主机前方缓慢前行,主机到位制动后,即塞入铁鞋,并打入木楔防止主机前溜。主机对位后,制动风压应处于保压位,车轮下全部安放铁鞋或木楔,放下前后液压支腿。主机两台空压泵全部打开,保证制动风缸充风量始终保持满缸,制动风压始终保持在 0.6 MPa 以上。

机动平车运梁:当梁片落至机动平车上后,拖梁小车应安放钢支撑,桥梁两侧同时各加设 2 根木支撑,底部支撑在机动平车两侧侧板上,用柱销将拖梁小车与车体固定成整体,用木楔塞住拖梁小车,以防止运梁途中拖梁小车前溜。机动平车运梁速度应控制在 0~2.5 km/h。长大下坡段运行距离超过 1 km 时,每 500 m 停车凉闸。距主机 100 m 时应一度停车,检查制动系统。制动管内风压应保持在 0.6 MPa 以上,距主机 20 m 时应再度停车检查制动风压。对位时,运行速度不得超过 0.5 km/h,同时应有专职人员在机动平车到位后立即将铁鞋塞入车轮下。在对位处提前安放两个带螺栓坚固装置的铁鞋。

如遇线路坡度过大导致 2 号车轮打滑可提前在轨道上铺撒细沙。在大坡度设立专职人员手持铁鞋跟随 2 号车,上坡时位于 2 号车尾部,下坡时位于 2 号车头部,如遇紧急情况,及时于 2 号车溜动方向置入铁鞋。机动平车与主机对位时严禁出现撞钩现象,两车钩必须保持 3 cm 以上的距离。

喂梁:机动平车与主机对位后,启动机动平车上的顶梁扁担顶升梁片前端,取下两侧前端支撑,将梁片落在主机的拖梁小车上,安好支撑,取出机动平车上拖梁小车的止动装置。在大下坡道时,机动平车上拖梁小车的止动装置取出后,机动平车押梁人员应手持木楔,当出现前溜时即应将木楔塞入拖梁小车下方。主机在大下坡道上拖梁时,车上安排专职人员手持木楔,当出现前溜时即应将木楔塞入梁拖梁小车下面,同时起吊司机应采用反向制动将拖梁小车刹住控制前溜。拖梁出现过程中,应随时注意梁片走行速度,当梁片走行速度过快时,应及时暂停拖拉卷扬系统的运转使拖梁小车停止走行,然后再启动。在梁片走行到位前 3 m 处,先停止拖梁小车的走行,将拖拉系统反向带力再继续慢慢向前走行。喂梁时,被动拖梁小车做好防溜措施,梁片应缓慢前进,设置专人手持木楔做好防护。

(2)大上坡道运架梁措施

福平右线 YDK16+750~YDK17+250 段处于 29.95‰的上坡段,长度 500 m,福州至福州南梁片需通过右线运送。为保证大坡度运梁的安全性,采取以下措施:①福州至福州南梁片需经过福州南站,计划每个天窗运送 4~6 片梁,采用两台机车顶推经过上坡段,冲坡过程不能停顿;②为保证既有线安全,新樟岚右线隧道进口设置一组 9 号道岔,防止运梁过车中倒溜侵入营业线。

3. 上跨营业线T梁架设

Ⅱ级封锁架设3处:(1)闽江左线特大桥DK15+790~DK15+823处上跨既有杭深线(K880+600~K880+700处)施工,架设顺序46号墩往49号墩架设;本段线路坡度处于8‰下坡道,位于平面曲线半径800 m中。(2)云山寺右线大桥(YDK20+367处)上跨福州南动车下行联络线(K1+050~K1+100处)施工,架设顺序3号墩往2号墩方向架设,本段架梁处于17.8‰的下坡道,位于平面曲线半径800 m中。(3)乌龙江右线特大桥(YDK20+965~YDK21+006处)上跨杭深线(K885+710~K885+820处)施工,架设顺序5号墩往2号墩方向架设,本段线路为平坡,位于平面曲线半径800 m中。

T梁架设Ⅲ封锁:(1)闽江左线特大桥DK15+790~DK15+823处第49号~50号墩过孔架梁施工(架设顺序49号墩往50号墩架设)。(2)天马山右线大桥4号~6号墩与杭深上行线(K882+150~K882+350)两线间距离9~21 m(距离接触网馈线最近2~19 m)需封锁进行梁片运输及架梁作业,架设顺序由福州南站往福州方向架设。(3)天马山左线大桥5号~7号台与杭深下行线(K882+100~K882+350)两线间距离10~15 m(距离接触网馈线最近2~13 m)需封锁进行梁片运输及架梁作业,架设顺序由福州站往福州南方向架设。(4)乌龙江右线特大桥1号~2号墩与上行杭深线距离7~16 m、5号~6号墩与下行杭深线距离7~15 m(杭深线K885+710~820处)封锁施工,架设顺序6号墩往5号墩、2号墩往1号墩方向架设。(5)云山寺右线大桥2号~3号墩上跨福州南动车下行联络线(K1+070处)湿接缝及桥面系施工。(6)云山寺右线大桥1号~2号墩距离南动车下行联络线16~48 m架梁封锁施工(施工时架桥机尾部距离既有线投影位置2 m)。(7)山重特大桥DK3+900~DK4+050段与福州下行联络线(K6+750~900)施工,其中7号~8号墩距离下行福州联络线8.9~18.2 m,10号墩~11号距离下行福州联络线7.5~20.1 m,T梁架设按Ⅲ级封锁施工。

在既有线架梁过程中,既有设备通信、信号、电力电缆等设备多,所有施工设备和机具使用时均必须做到"一机一人""专人专机",由专职人员负责进行检查和维修,确保状态良好;在营业线与作业区之间设置钢管排架隔离措施,高度1.1(0.8)m,确保隔离排架不侵入铁路限界,并派专人防护,防止各种作业机具侵入界限。施工现场设安全标志,危险地区悬挂"危险"或者"禁止通行"等标志,夜间挂防护灯示警。严格按照审批的施工要点方案、施工内容、施工范围和封锁、慢行计划组织施工。要点施工前,施工负责人要组织对施工人员进行安全教育和施工、安全技术交底,做到合理安排人力、材料、机具的使用,分工明确、责任到人。

第四节 简支箱梁的制运架

平潭海峡公铁两用大桥平潭段(大练岛及北东口航道)非通航孔桥大量采用简支箱梁结构,具体施工内容详见本章第八节公铁两用桥施工(平潭海峡公铁两用大桥)相关介绍。

第五节 海上连续梁的桥位现浇
(平潭海峡公铁两用大桥非通航孔连续梁)

以平潭海峡公铁两用大桥DK59+415~DK70+564.7段非通航孔连续梁为例介绍连续梁的桥位现浇施工。

一、混凝土箱梁海上移动模架施工

平潭海峡公铁大桥非通航孔预应力混凝土箱梁桥跨分布于三个单位工程区段,如图4-3-126所示。

1. 非通航孔混凝土铁路梁桥跨布置

(1)元洪航道桥单位工程:48孔49.2 m箱梁(SR01号~SR49号)浅水区孔桥、14孔49.2 m箱梁(SR64号~SR77号~N01号)浅水及陆地高墩区孔桥。

(2)鼓屿门航道桥单位工程:17孔40.7 m箱梁(CX02号~CX19号)陆地低墩区孔桥。

(3)大小练岛航道桥单位工程:11孔49.2 m(CX26号~CX37号)浅水区孔桥、7孔40.7 m箱梁(CX37号~CX44号)陆地低墩区孔桥、9孔40.7 m箱梁(XD01号~XD10号)陆地低墩区孔桥、5孔40.7 m箱梁(XD13号~XD18号)陆地低墩区孔桥。

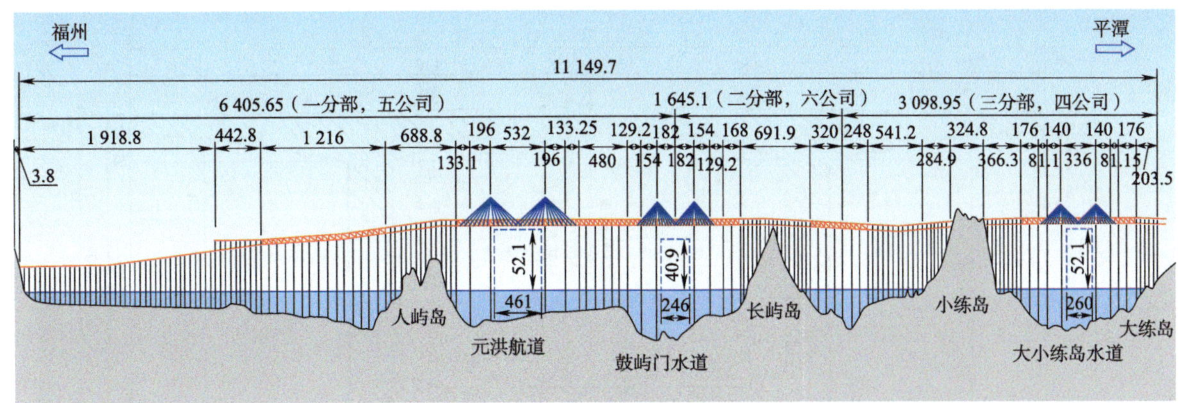

图 4-3-126　桥跨布置图(单位:mm)

共有 49.2 m 跨铁路箱梁 73 孔(单建段 39 孔,SR01 号～SR40 号),40.7 m 跨铁路箱梁 38 孔,预应力混凝土铁路简支箱梁共计 111 孔。

2. 非通航孔预应力混凝土公路箱梁桥跨布置

(1)元洪航道桥单位工程:3 孔 49.2 m 单建段左幅公路箱梁(SR40 号～SR43 号)、6 孔 49.2 m 合建段左右幅公路箱梁(SR43 号～SR49 号)、14 孔 49.2 m 标准段左右幅公路箱梁(SR64 号～SR77 号～N01 号)。

(2)鼓屿门道桥单位施工:17 孔 40.7 m 左右幅公路箱梁(CX02 号～CX19 号)、11 孔 49.2 m 浅水区左右幅公路箱梁(CX26 号～CX37 号)。

(3)大小练岛道修单位工程:7 孔 40.7 m 陆地低墩区左右幅公路箱梁(CX37 号～CX44 号)、8 孔 40.6 m 铁路路基区左右幅公路箱梁(CX44 号～XD01 号)、9 孔 40.7 m 陆地低墩区左右幅箱梁(XD01 号～XD10 号)、5 孔 40.7 m 公路左右幅箱梁(XD13 号～XD18 号)。

共有 49.2 m 跨公路箱梁左右幅 65 孔,40.7 m(40.6 m)跨公路箱梁左右幅 92 孔,预应力混凝土公路箱梁共计 157 孔连续梁。

二、混凝土箱梁工程概况

1. 铁路简支箱梁

(1)跨径 49.2 m 铁路箱梁

箱梁采用等高度直腹板预应力混凝土单箱单室结构,箱梁截面高为 4.0 m,箱梁中心线处梁高为 4.086 m,底板宽度为 6.4 m。简支梁标准截面中心线处顶板厚 0.35 m,底板厚 0.4 m,腹板厚 0.6 m,翼缘板厚 0.25～0.644 m;支点处顶板厚 0.55 m,底板厚 0.6 m,腹板厚 0.85 m。在梁端设横梁,横梁厚 1.5 m。箱梁断面如图 4-3-127 和图 4-3-128 所示。

(2)跨径 40.7 m 铁路箱梁

主梁采用等高度直腹板预应力混凝土单箱单室箱梁,箱梁截面高为 3.5 m,桥面设 2%横坡,箱梁中心线处梁高 3.586 m,顶板宽度为 12.2 m,底板宽度为 6.4 m。简支梁标准截面中心线处顶板厚 0.35 m,底板厚 0.3 m,腹板厚 0.5 m,翼缘板厚为 0.25 m、0.644 m;支点截面顶板厚度增至 0.55 m,底板厚度增至 0.5 m,腹板厚度增至 0.7 m。在梁端设横梁,横梁厚度为 1.5 m。单片箱梁含 C50 混凝土 459.6 m^3,普通钢筋 83.9 t,预应力筋 19.2 t,主梁标准段断面如图 4-3-129 所示。

2. 公路连续箱梁

(1)49.2 m 跨公路混凝土箱梁

49.2 m 跨单幅公路主梁为单箱单室截面,箱中心线梁高为 3.0 m,顶板宽 17.5 m,底板宽 8.5 m,腹板采用斜腹板,两侧各悬臂长 4.0 m,悬臂端部厚度 0.2 m,根部厚度 0.6 m。标准截面顶板厚 0.28 m,底板厚 0.3 m,墩顶附近区段设置倒角,进行了局部加厚。跨中范围内腹板厚 0.5 m,支座附近 9 m 范围内腹板厚 0.85 m,两者之间设 4.2 m 长过渡段,端横梁宽 1.5 m,中横梁宽 2.0 m,横梁上设有 1.25 m×1.6 m 的人孔。桥面横坡由顶板旋转形成,底板面保持水平。一联单幅 4×49.2 m 公路连续梁 C50 混凝

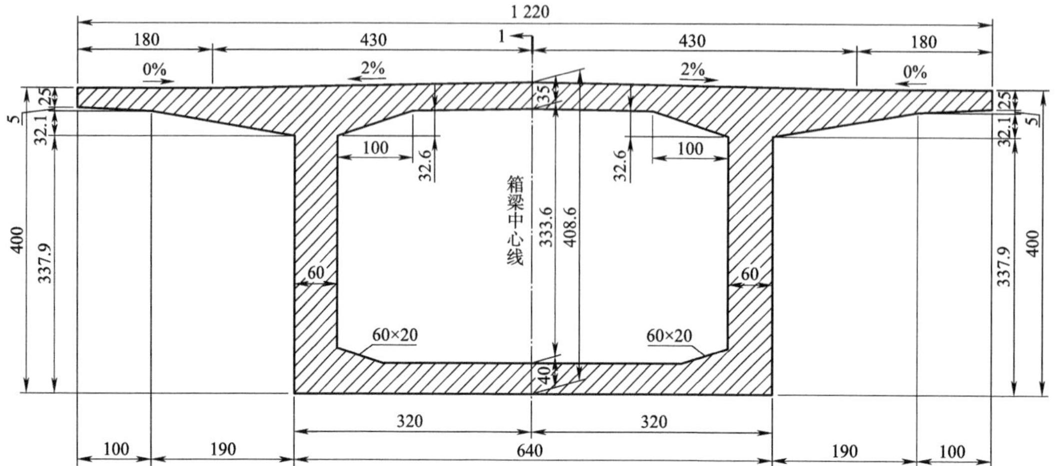

图 4-3-127　49.2 m 跨铁路箱梁标准断面图(单位:cm)

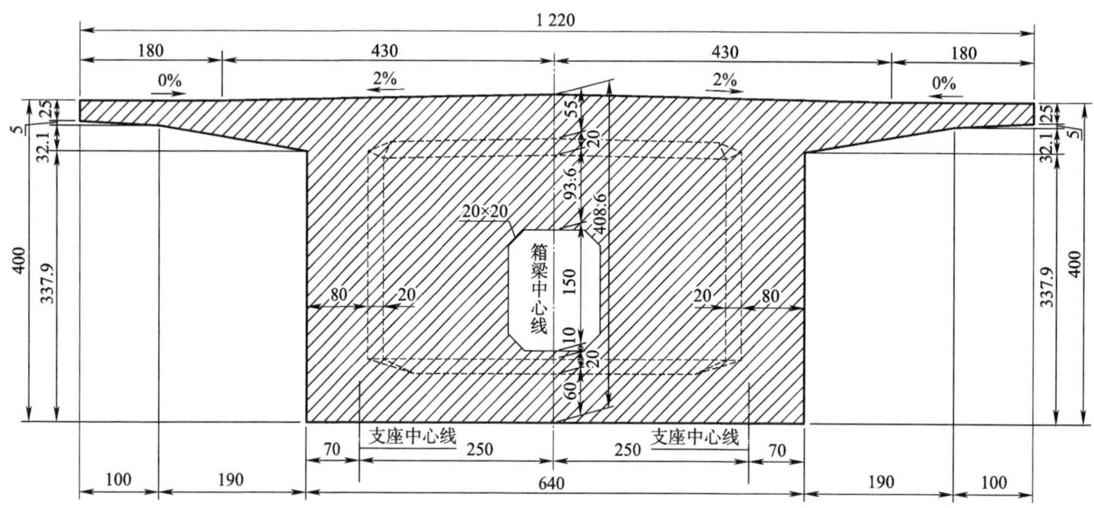

图 4-3-128　49.2 m 跨铁路箱梁横梁处断面图(单位:cm)

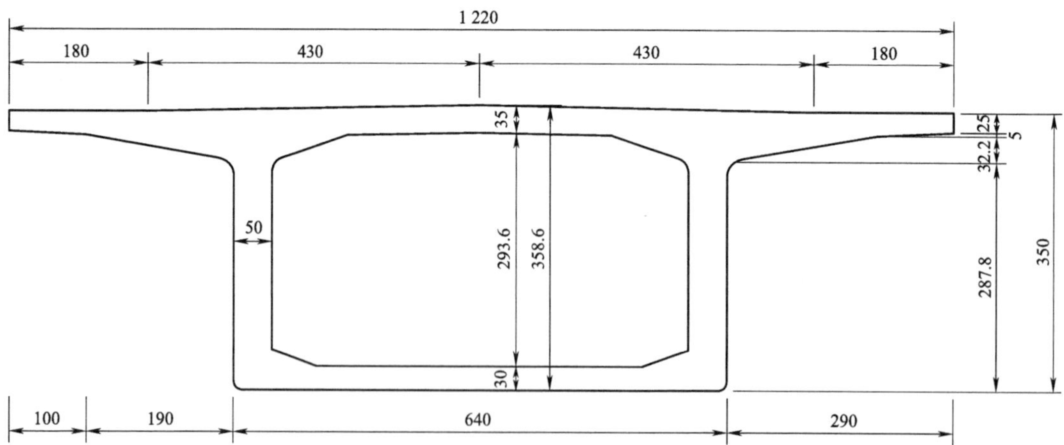

图 4-3-129　跨铁路箱梁标准段断面图(单位:cm)

土量为 2 745.1 m^3,预应力钢绞线 139 070.4 kg,普通钢筋 512 899.6 kg;一联单幅 3×49.2 m 公路连续梁 C50 混凝土量为 2 064.0 m^3,预应力钢绞线 105 029.5 kg,普通钢筋 387 761.3 kg。主梁断面如图 4-3-130 和图 4-3-131 所示。

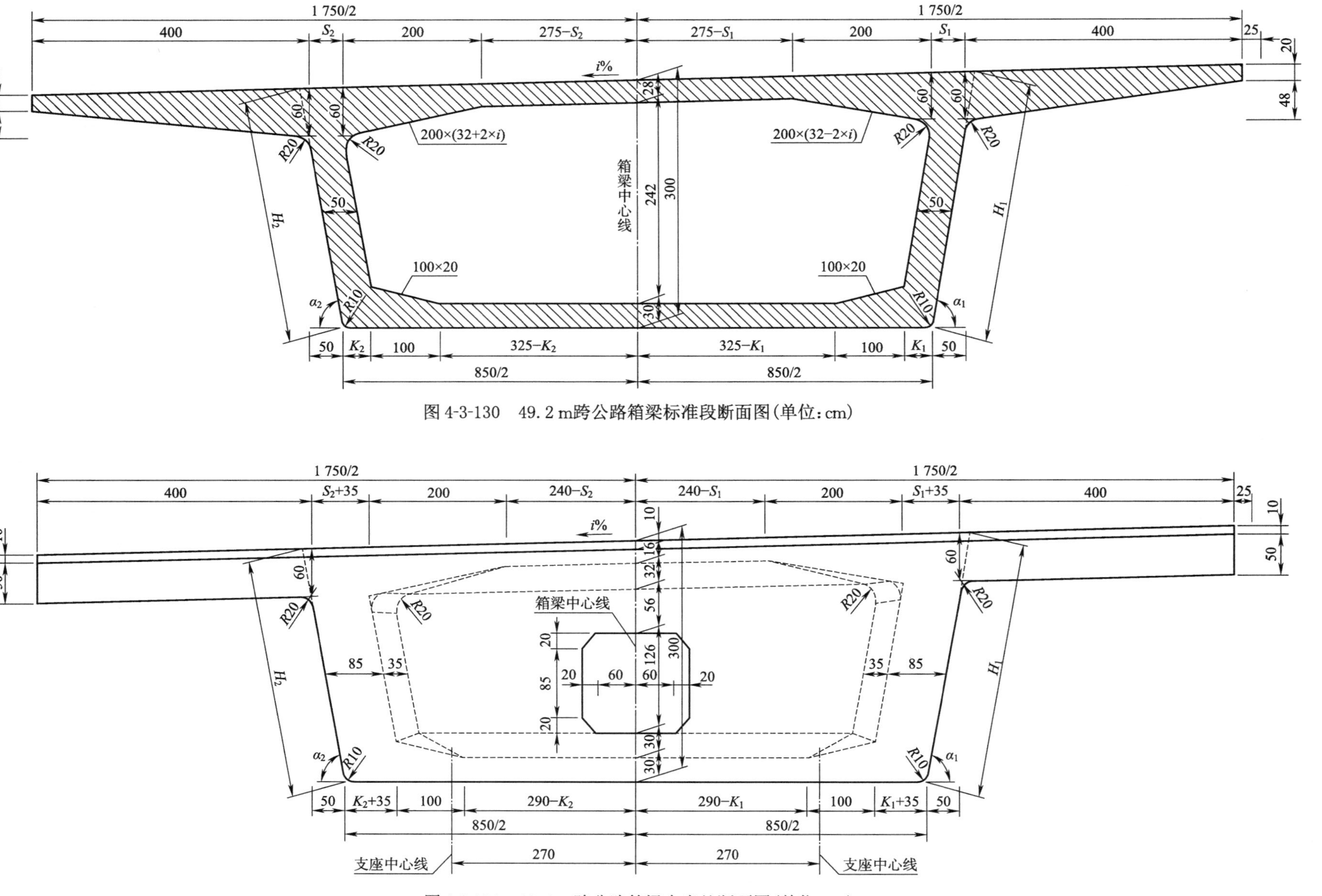

图 4-3-130　49. 2 m跨公路箱梁标准段断面图(单位:cm)

图 4-3-131　49. 2 m跨公路箱梁支座处断面图(单位:cm)

(2)40.7 m(40.6 m)跨公路混凝土箱梁

40 m跨单幅公路主梁为单箱单室截面,箱梁中心线梁高为2.5 m,顶板宽17.5 m,底板宽8.5 m,腹板采用斜腹板,两侧各悬臂长4.0 m,悬臂端部厚度0.2 m,根部厚度0.6 m。标准截面顶板厚0.28 m,底板厚0.3 m,墩顶附近区段设置倒角,进行了局部加厚。跨中范围内腹板厚0.5 m,支座附近7 m范围内腹板厚0.8 m,两者之间设4.2 m长过渡段,端横梁宽1.5 m,中横梁宽2.0 m,横梁上设有1.25 m×1.6 m的人孔。桥面横坡由顶板旋转形成,底板面保持水平。一联单幅4×40.7 m公路连续梁C50混凝土量为2 138.6 m^3,预应力钢绞线103 458.1kg,普通钢筋407 425.3 kg;一联单幅3×40.7 m公路连续梁C50混凝土量为1606.2 m^3,预应力钢绞线77 927.4 kg,普通钢筋308 386.9 kg;一联单幅4×40.6 m公路连续梁C50混凝土量为2 134.0 m^3,预应力钢绞线103 289.9 kg,普通钢筋406 935.5 kg。主梁断面如图4-3-132和图4-3-133所示。

三、混凝土箱梁施工方案

1. 铁路混凝土箱梁施工方案概述

考虑到桥墩结构及所处工程施工环境,铁路混凝土简支箱梁除大小练岛航道桥XD13～XD18号跨铁路箱梁采用现浇支架施工以外,其余均采用移动模架原位逐孔现浇施工。全桥共计采用3套上行式移动模架、2套下行式移动模架和5跨现浇梁支架施工铁路箱梁,其中移动模架施工技术主要包括以下几个方面:移动模架首跨施工(拼装)、预压、箱梁施工(模板安装、钢筋制作、混凝土工程、预应力工程)、末跨施工、换向施工、变跨施工、模架拆除。铁路箱梁施工顺序和方式见表4-3-25。

2. 公路箱梁施工概述

全桥共采用8套公路移动模架逐孔原位现浇施工,其中元洪航道桥采用3套DSZ49/1700型上行式移动模架,鼓屿门航道桥和大小练岛航道桥单位工程采用5套(2套DXZ40-1200/1800型,3套TMS49.2/40.7型)下行式移动模架。公路箱梁施工技术主要包含两大方面,一为移动模架施工,包括拼装、预压、标准跨过孔、首末跨施工、反向施工、变跨施工、横移施工、变幅施工、模架拆除;二为混凝土箱梁施工,包括钢筋工程、模板工程、混凝土施工、预应力施工。非通航孔桥预应力混凝土公路箱梁采用49.2 m、40.7 m和40.6 m跨三种类型连续箱梁,左右幅分离式布置,后两者跨度采用相同截面箱梁,采用移动模架和支架现浇原位施工,公路箱梁施工顺序和方式见表4-3-26。

四、移动模架简介

1. 1号、2号MSS1600型铁路箱梁上行式移动模架

1号、2号铁路移动模架为MSS1600型上行式移动模架,主要由主梁、导梁、内外模板、模架及开模结构、挑梁、吊臂及吊杆、前中后支腿支撑机构等系统组成,如图4-3-134和图4-3-135所示。2号移动模架设置了双导梁具备双向行走功能。主梁采用双主梁结构形式,每根主梁由5节承重钢箱梁组成,各节间用高强螺栓连接,单节最大重量为32.3 t。导梁由3节桁架梁组成,为辅助整机过孔的结构,导梁与主梁之间均以螺栓及节点板连接,导梁间以销轴连接。挑梁上端与钢箱梁铰接,下端与钢箱梁栓接,吊臂与挑梁销轴连接,挑梁上设有滑梁可向外滑移,吊臂下端通过可调撑杆、调节螺杆及小斜杆等调节机构吊挂侧模架,底模架分左右两组,两组之间采用高强螺栓连接。前支腿支承于主梁前端、施工跨的前墩处,中支腿支承于主梁后端、施工跨的后墩处,前、中支腿构造类似,主要由支腿立柱及垫块、横梁及纵梁、托辊轮箱、支承油缸、吊挂系统组成;后支腿位于主梁尾部,后支腿只用于辅助模架整机过孔,从上至下依次为球型铰座、支承千斤顶、垫座、分配梁、横移螺旋千斤顶、走行轮箱及轨道组成。

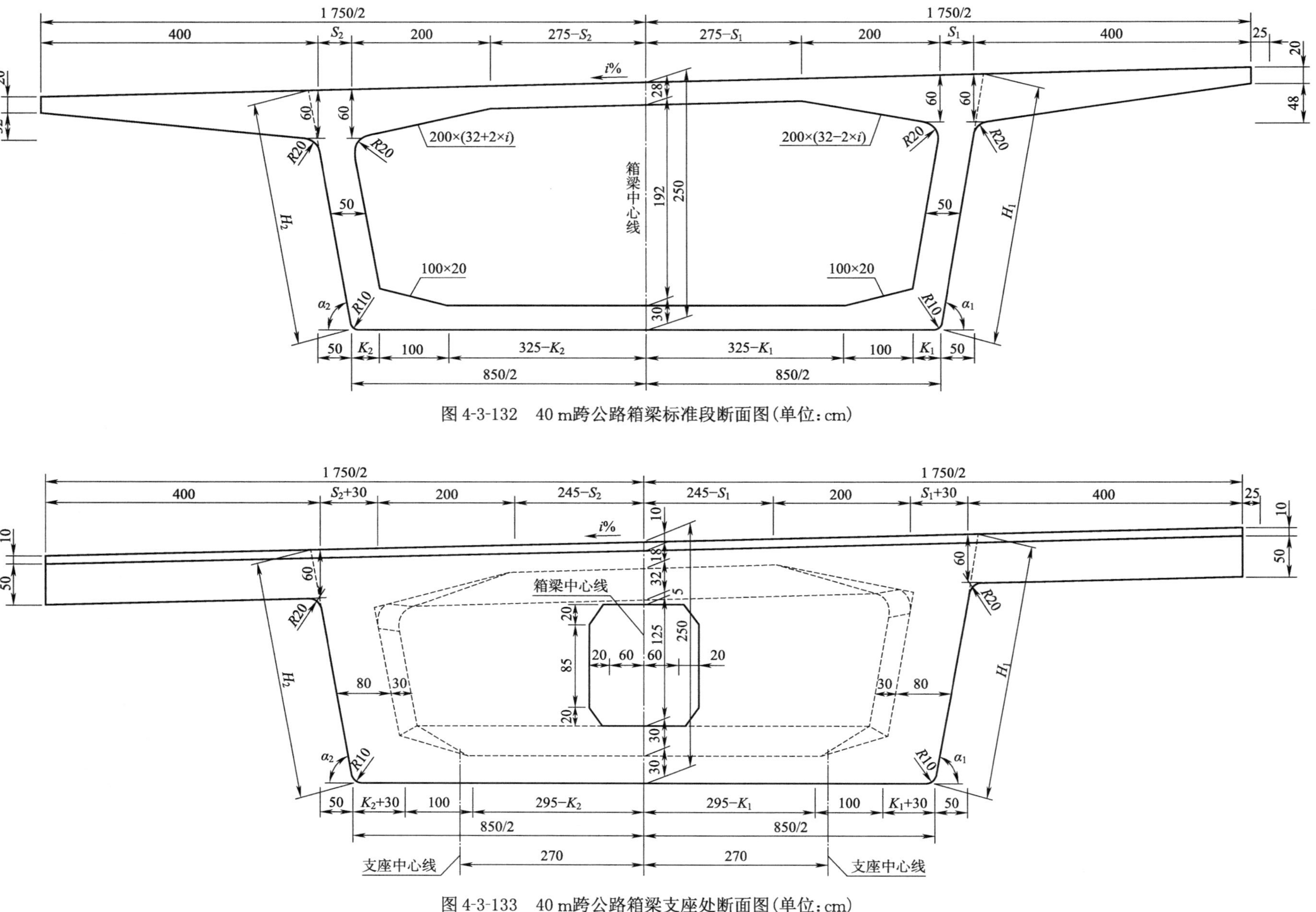

图 4-3-132 40 m跨公路箱梁标准段断面图(单位:cm)

图 4-3-133 40 m跨公路箱梁支座处断面图(单位:cm)

表 4-3-25　非通航孔预应力混凝土铁路箱梁施工统计表

<table>
<tr><th>序号</th><th>区段布置</th><th>墩号区间</th><th>跨径—孔数</th><th>施工方向</th><th>施工方法</th></tr>
<tr><td>1</td><td rowspan="2">铁路单建段</td><td>SR01 号～SR39 号</td><td>49.2 m—38 孔</td><td>正方向</td><td>1 号 MSS1600 型上行式移动模架</td></tr>
<tr><td>2</td><td>SR39～SR49 号</td><td>49.2 m—10 孔</td><td rowspan="2">SR71～N01 号→
SR71～SR64 号→
SR49～SR39 号</td><td rowspan="2">2 号 MSS1600 型(新制)上行式移动模架</td></tr>
<tr><td>3</td><td>公铁合建段</td><td>SR64～N01 号</td><td>49.2 m—14 孔</td></tr>
<tr><td>4</td><td rowspan="6">公铁合建段</td><td>CX02～CX19 号</td><td>40.7 m—17 孔</td><td>先 CX10 向 CX02 号，后 CX10 至 19 号</td><td>3 号 DSZ40/1200 下行式移动模架</td></tr>
<tr><td>5</td><td>CX26～CX30 号</td><td>49.2 m—4 孔</td><td>正方向</td><td>5 号 DSZ40/1600 下行式移动模架</td></tr>
<tr><td>6</td><td>CX30～CX37 号</td><td>49.2 m—7 孔</td><td rowspan="2">反方向</td><td rowspan="3">4 号 TM49.2 上行式移动模架</td></tr>
<tr><td>7</td><td>CX37～CX44 号</td><td>40.7 m—7 孔</td></tr>
<tr><td>8</td><td>XD01～XD10 号</td><td>40.7 m—9 孔</td><td>正方向</td></tr>
<tr><td>9</td><td>XD13～XD18 号</td><td>40.7 m—5 孔</td><td>反方向</td><td>现浇支架</td></tr>
</table>

注：正方向指的是小里程向大里程，即从福州至平潭方向，反方向反之。

表 4-3-26　非通航孔预应力混凝土公路箱梁施工统计表

<table>
<tr><th>序号</th><th>区段布置</th><th>墩号区间</th><th>跨径布置</th><th>施工方向</th><th>施工方法</th></tr>
<tr><td rowspan="2">1</td><td rowspan="2">公铁分岔段</td><td>SR49～SR40 号(左幅)</td><td>三联 9 孔(一联 3×49.2 m)</td><td rowspan="4">反方向(由大里程向小里程)</td><td rowspan="2">7 号 DSZ49/1700 上行式移动模架</td></tr>
<tr><td>SR49～SR43 号(右幅)</td><td>两联 6 孔(一联 3×49.2 m)</td></tr>
<tr><td>2</td><td>公铁合建段</td><td>SR64～N01 号</td><td>单幅四联 14 孔(3+4+4+3)×49.2 m</td><td>1 号(左幅)、2 号(右幅)DSZ49/1700 上行式移动模架</td></tr>
<tr><td>3</td><td rowspan="3">公铁合建段</td><td>CX02～CX19 号</td><td>单幅 5 联 17 孔(3+4+4+3+3)×40.7 m</td><td>3 号(左幅)、4 号(右幅)DXZ40/1800 下行式移动模架</td></tr>
<tr><td>4</td><td>CX26～CX37 号</td><td>单幅三联 11 孔(3+4+3)×49.2 m</td><td>反方向(CX26～29 号正向)</td><td>5 号、6 号、8 号 TM49.2 m/40.7 m 下行式移动模架</td></tr>
<tr><td>5</td><td>CX37～CX44 号</td><td>单幅两联 7 孔(3+4)×40.7 m</td><td>反方向</td><td rowspan="3">5 号、6 号、8 号 TM49.2 m/40.7 m 下行式移动模架</td></tr>
<tr><td>6</td><td>铁路路基段</td><td>CX44～XD01 号</td><td>单幅两联 8 孔(4+4)×40.6 m</td><td>反方向</td></tr>
<tr><td>7</td><td rowspan="2">公铁合建段</td><td>XD01～XD10 号</td><td>单幅两联 9 孔(3+3+3)×40.7 m</td><td>反方向</td></tr>
<tr><td>8</td><td>XD13～XD18 号</td><td>单幅一联 5×40.7 m</td><td>反方向</td><td>支架现浇</td></tr>
</table>

图 4-3-134　1 号移动模架

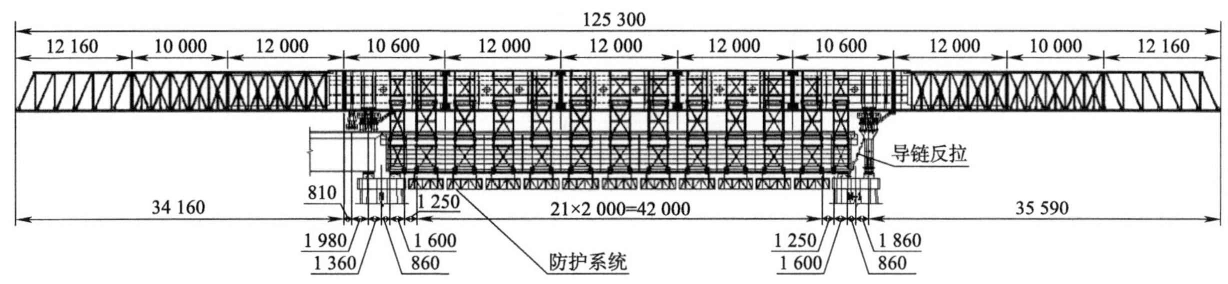

图 4-3-135 2 号移动模架立面布置图(单位:mm)

(1)主要结构

①主梁

本模架采用双主梁结构形式，每根钢主梁各节间以精制螺栓连接。钢箱梁采用 Q345B 钢制造，宽 2 200 mm，高 4 200 mm，单节最大重量为 32.3 t。钢箱梁内侧腹板上部设横联上弦连接法兰孔及加劲，下部设有中吊杆牛腿，牛腿侧面设横联下弦连接法兰。钢箱梁及横联结构如图 4-3-136 所示。

②导梁

导梁由 3×12 m 的等宽变高度桁架梁组成，为辅助整机过孔的结构。导梁与主梁之间均以精制螺栓及节点板连接，导梁间以销轴连接。导梁截面如图 4-3-137 所示。

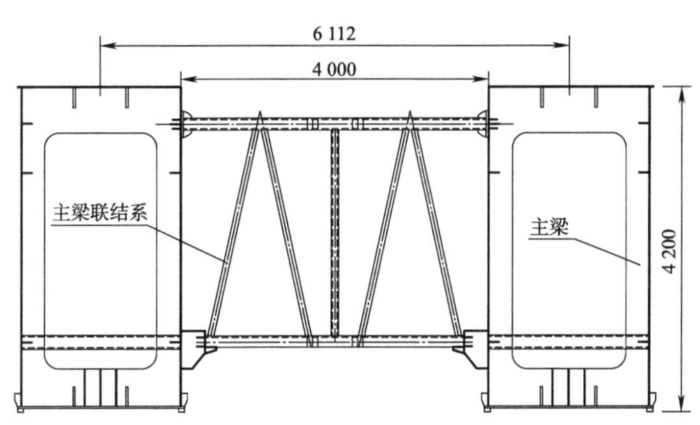

图 4-3-136 主梁及横联结构图(单位:mm)

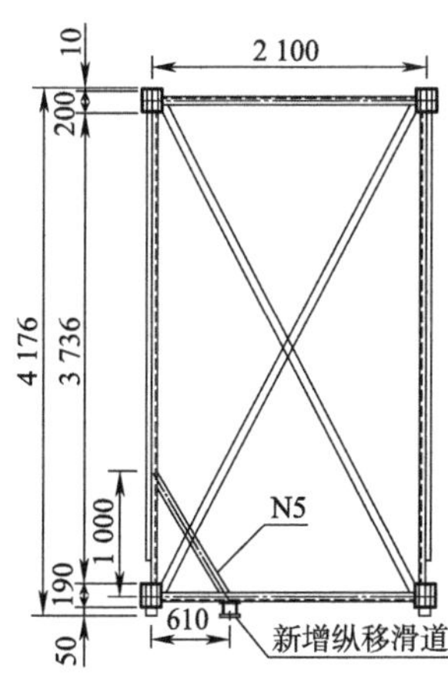

图 4-3-137 导梁截面图(单位:mm)

③横联

横联为两侧钢箱梁及导梁间的连接桁架，一套模架共设置 18 组横联，将钢箱梁及导梁组成一个整体框架，共同受力。钢箱梁间共设置 15 组，导梁间共设置 3 组横联。

④前、中、后支腿

a. 前支腿

支承于主梁前端、施工跨的前墩处，为整个移动模架的前端支点，主要包括支腿立柱、横梁及纵梁、托辊轮箱、支承油缸、吊挂系统等。移动模架工作时，竖向荷载通过钢箱梁牛腿依次传递至支承油缸、支腿横梁、支腿立柱、墩顶。前支腿立柱如图 4-3-138 所示。

支腿横梁为箱形结构，外形尺寸 9 130 mm×1 772 mm×624 mm(长×宽×高)，横梁及纵梁结构如图 4-3-139 所示。托辊分配梁及轮箱共四组，通过铰座安装于支腿纵梁上，托辊结构如图 4-3-140 所示。

支承油缸为混凝土浇筑施工时支承主梁的刚性支承部件。其结构形式有别于普通液压油缸，配有双向液压锁和机械锁(抱箍或螺旋顶)，以保证主梁浇筑混凝土状态万无一失。工作时，它支承于主梁底和支腿横梁之间。支承油缸上法兰为球面结构，可绕球心转动±5°，以适应施工要求。支腿走行吊挂轮如图 4-3-141 所示。

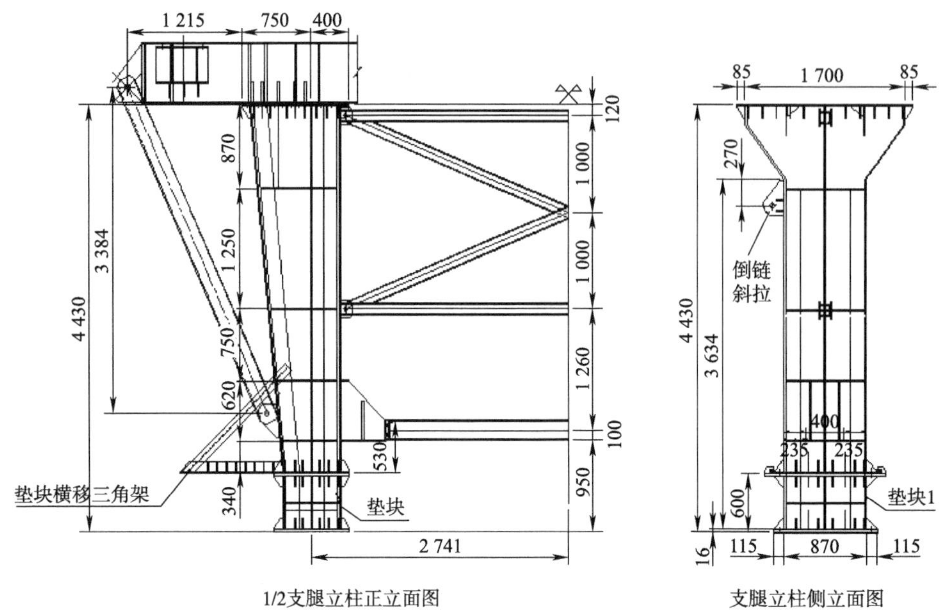

图 4-3-138　前支腿立柱图(单位:mm)

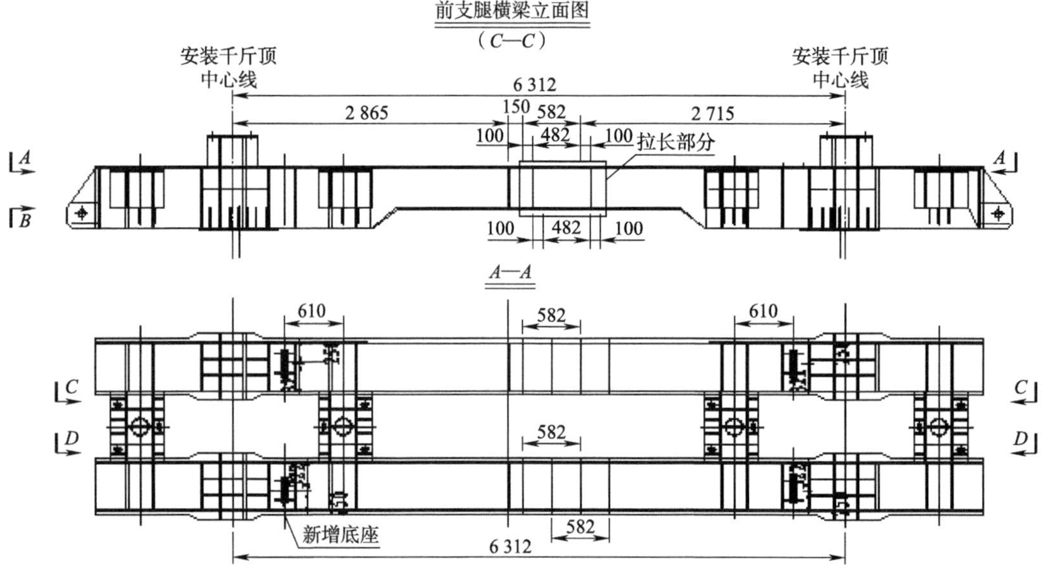

图 4-3-139　前支腿横梁及纵梁(单位:mm)

b. 中支腿

与前支腿基本相同,为整个移动模架的后端支点,主要包括支腿立柱及垫块、横梁及纵梁、托辊轮箱、支承油缸、吊挂系统等。中支腿配置有支腿立柱,仅在施工每联首跨混凝土梁时使用;其余用垫块支于已浇筑混凝土梁面上。中支腿各部分构件参见前支腿相应构件。

c. 后支腿

位于主梁尾部,后支腿只用于辅助移动模架整机过孔。从上至下依次为球型铰座、支承千斤顶、垫座、分配梁、横移螺旋千斤顶、走行轮箱及轨道。后支腿总布置如图 4-3-142 所示。

⑤挑梁、吊臂及滑梁(模架悬挂系统)

挑梁和吊臂是移动模架重要的传力结构,负责悬挂整机模架、模板等混凝土成型结构。过孔走行过程中,挑梁和吊臂悬挂所有外模板及模架;混凝土施工状态,为吊杆分担部分模架、模板和混凝土重量,并传递至移动模架主梁。吊臂、挑梁与滑梁位置如图 4-3-143 所示。

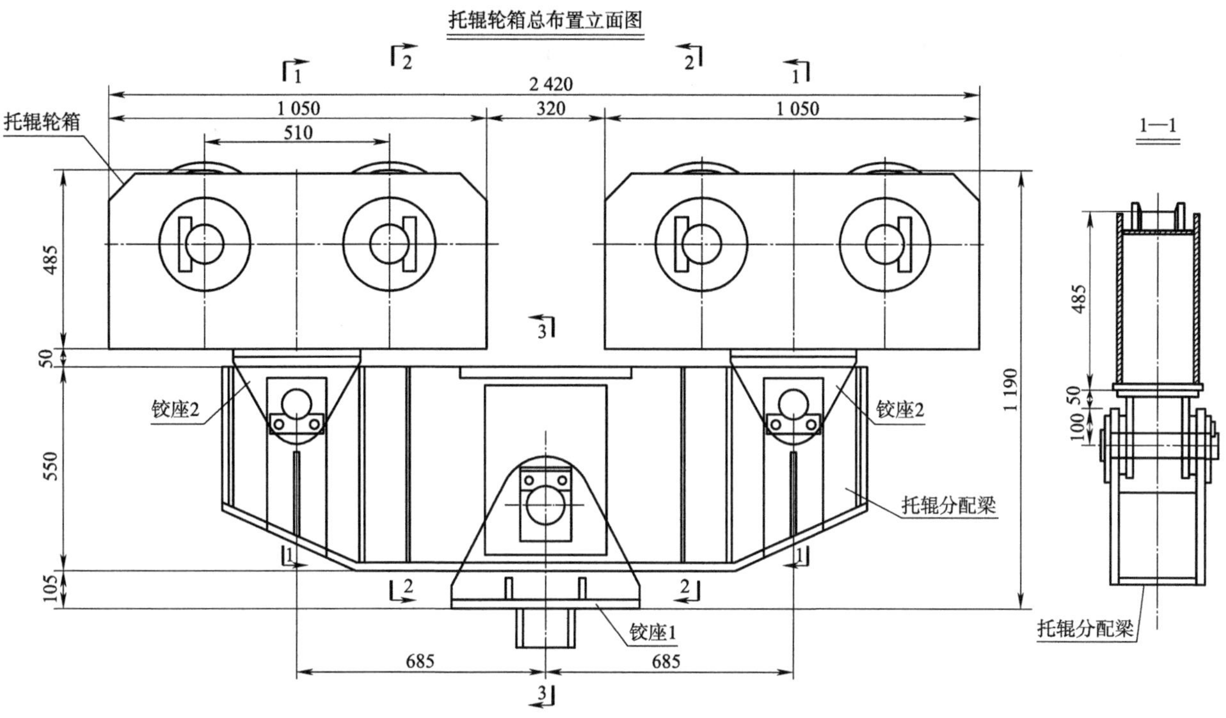

图 4-3-140 托辊分配梁及轮箱(单位:mm)

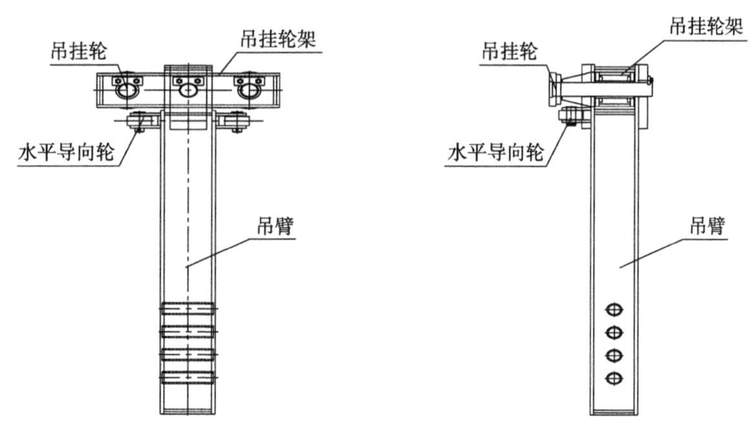

图 4-3-141 支腿走行吊挂系统

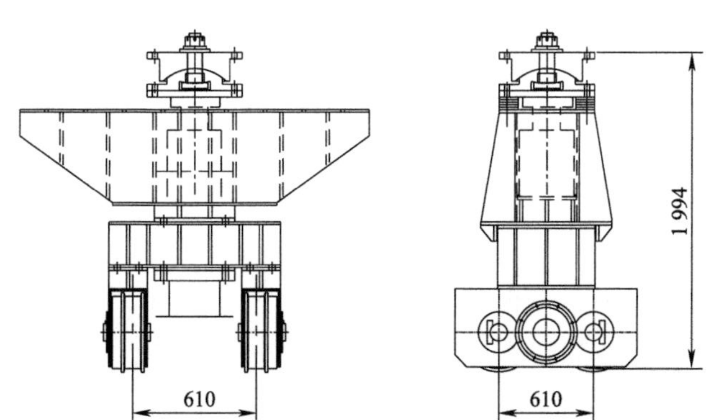

图 4-3-142 后支腿总布置图(单位:mm)

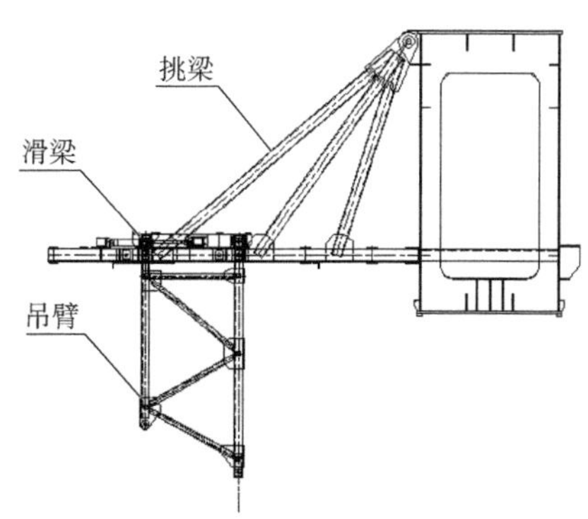

图 4-3-143 模架悬挂系统

挑梁为空间桁架结构，位于主梁的两侧，挑梁上端与钢箱梁之间采用销轴连接，下端采用螺栓连接。挑梁下弦设有滑梁，以实现模架整体横移。挑梁桁架左右各 25 片。挑梁竖向及水平联结系均为焊接桁架结构，与挑梁间焊连。挑梁结构如图 4-3-144 所示。

吊臂为焊接桁架结构，上下分别与挑梁及侧模架通过销轴连接。吊臂结构如图 4-3-145 所示。

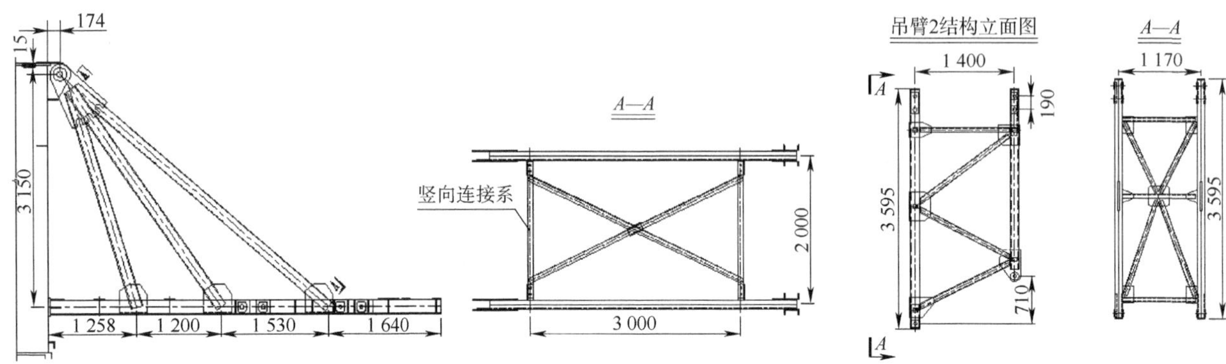

图 4-3-144　挑梁结构(单位:mm)

图 4-3-145　吊臂结构(单位:mm)

滑梁位于挑梁与吊臂之间，与挑梁同时成对加工，并安装于挑梁下弦上，用于模架的开启与合龙。

⑥整台移动模架的外模包括底模、底模架、吊杆、侧模架、墩顶散模、端模。底模架开启后的外模系统如图 4-3-146 所示。

⑦内模采用临时支撑加木模板结构体系，内模系统如图 4-3-147 所示。

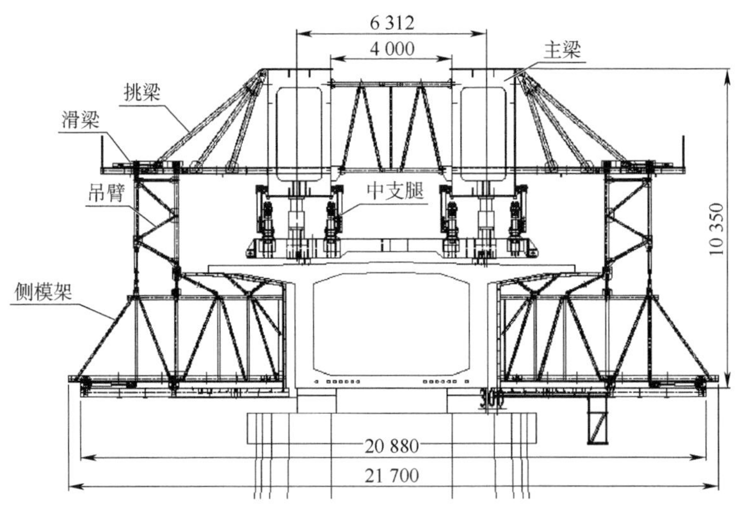

图 4-3-146　底模架开启后的外模系统(单位:mm)

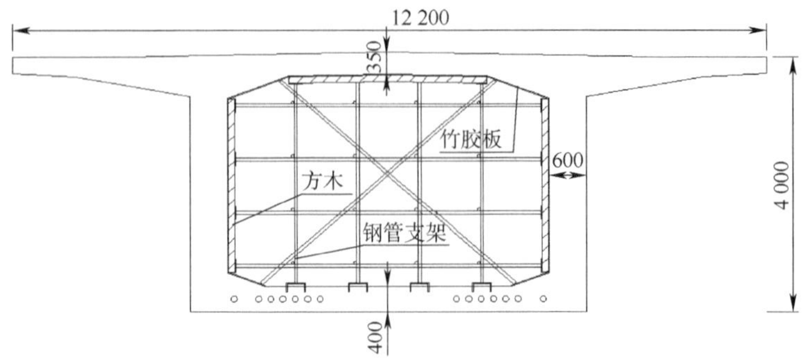

图 4-3-147　内模系统(单位:mm)

⑧模架防护棚

根据需要，可在主梁两侧挑梁顶部设置防风、防雨、防晒的顶棚。能保证移动模架全天候工作，以提高模架的总体工作效率。

⑨爬梯及走道

为方便施工人员通行及操作，MSS1600 型移动模架在挑梁、侧模架等结构上设置了 8 条纵向通长的人行走道，并在前后两端通过若干爬梯及平台连通。按照安装部位的不同，可分为以下四种走道：

a. 挑梁走道：为方便施工人员检查移动模架主梁螺栓及挑梁联结情况，并进行维护，在挑梁下弦靠近移动模架主梁腹板处设置两条走道，上下游各一条。

b. 吊臂走道：设置在吊臂下端，侧模架上弦，便于施工人员对模架调节机构进行操作，上下游各一条。

c. 侧模架走道：设置在侧模架下弦，便于施工人员对侧模架调节机构进行操作，上下游各一条。

d. 底模架走道：设置在底模架下弦，便于施工人员对底模架接头、吊杆下端螺母等机构进行操作。

(2)基本参数

1 号、2 号移动模架基本参数见表 4-3-27。

表 4-3-27 1 号、2 号移动模架基本参数

项　目		1 号、2 号移动模架
移动模架结构组成	主梁	1 号：箱型尺寸为(宽×高×长)2.2 m×4.2 m×(10+4×12)m； 2 号：箱型尺寸为(宽×高×长)2.2 m×4.2 m×(2×10.5+3×12) m
	导梁	桁架结构
	前支腿	立柱式，分段设计
	中支腿(固定中支腿)	立柱式，分段设计
	后支腿(主中支腿)	包含纵移、横移、顶升机构
	后走行机构	纵移时抗倾覆
	外模系统	包含标准、非标准模板、支撑、栏杆
	内模系统	1 号为木模，2 号为钢模
浇筑状态	浇筑时容许最大风力	8 级风
	对前墩身最大压力和	1 585 t
	移动时容许最大风力	7 级风
移位状态	对前墩身最大压力和	820 t
	模架纵移速度	1 m/min
	整机抗倾覆稳定系数	＞1.5
非工作状态	锚固时最大风力	14 级
整机性能参数	现浇梁最大重量	1 600 t
	现浇梁最小曲线半径	3 500 m
	现浇梁纵向最大坡度	2%
	现浇梁横向最大坡度	2%
	设计施工周期	20～30 d
	驱动方式	液压油缸

(3)主要特点

①采用主梁置于桥面上方结构，利用梁端、桥墩安装支腿，具有良好的稳定性。

②采用上行式移动模架能自行完成支腿过孔移位，机械化程度高，操作简单，安全可靠。

③主梁两侧挑梁顶部可设置防雨、防晒顶棚，能保证移动模架全天候工作，以提高移动模架总体工作效率，确保总工期的要求。

④2 号移动模架设置双导梁，具备双向行走功能。

2. 3 号、5 号 DSZ40-1200/49-1600 型铁路箱梁下行式移动模架

3 号、5 号铁路移动模架为 DSZ40-1200/49-1600 型下行式移动模架(图 4-3-148)，设置双向导梁，具备双向走向功能。主要由主梁、前导梁、后导梁、墩顶支撑移位系统、底模、底模横移系统、内模、操作平台、电气系统、液压系统及门式起重机系统等组成，采用双主梁结构形式，每根主梁含 5 节承重钢箱梁组成，前后导梁各由 2 节等高截面桁架梁组成，为辅助整机过孔的结构。墩顶移位机构由主梁纵移机构和横移机构组成，以液压千斤顶为动力实现移位，纵移千斤顶上部支撑主梁下滑道，下部支撑于主梁横移滑座上；横移千斤顶上部支撑纵向顶推主梁支撑铰座，底部与预埋在墩顶的预埋件相连。底模由钢板和型钢组焊而成，底模横梁通过精轧螺纹钢吊杆吊挂在钢箱梁内侧腹板上的牛腿上，最外侧设置吊挂滚轮与主梁的腹板连接，实现底模架的横移开启。开启后将伸出主梁外侧的底模横梁向上翻转，避免与公路墩身预埋钢筋发生干涉，侧模和大部分翼模直接利用主梁钢箱箱体，宽出主梁箱体的翼模板通过牛腿支撑在主梁侧板上，支撑点采用销座连接，支撑斜杆可伸缩调整翼板的角度。

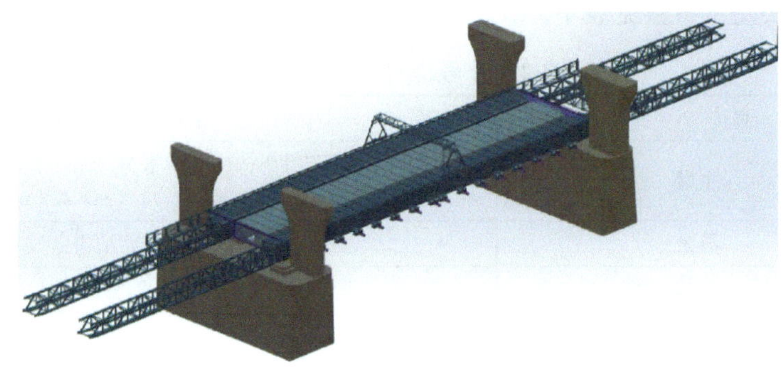

图 4-3-148 DSZ40-1200/49-1600 下行式移动模架

(1)主要构件

①主梁

本模架采用双主梁结构形式，钢箱梁接头、钢箱梁和导梁接头采用螺栓法兰连接，其钢箱梁之间 8 个接头的底部连接处用 M64×950 的高强度对拉螺栓，上盖板和左右腹板接头处用 10.9 级 M30 螺栓连接。钢箱梁采用 Q345B 钢制造，单节最大重量约为 25 t。墩顶节段主梁底部设有两根 320 mm 高工字钢轨道，轨道工钢中心距 1 900 mm，两根轨道间设 394 mm 高钢箱组合梁一根，供整机纵移使用。主梁截面如图 4-3-149 所示。

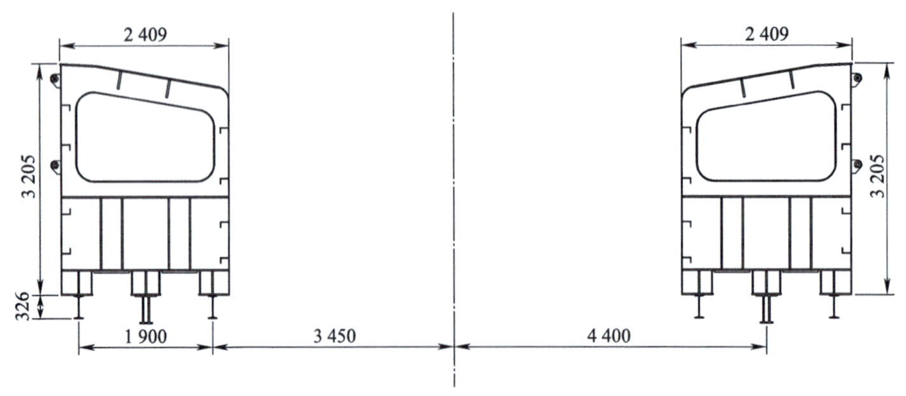

图 4-3-149 主梁截面(单位：mm)

②导梁

导梁由等高截面桁架梁组成，为辅助整机过孔的结构，本移动模架前后均设置导梁，且为对移布置。

导梁与钢箱梁之间均以高强螺栓及节点板连接，导梁间也以销轴高强螺栓及节点板连接。导梁腹杆底焊有两根 320 mm 高工字钢轨道，轨道工钢中心距 1 900 mm，供整机纵移使用；导梁内侧设有耳板及销眼，用以安装横联。导梁立面如图 4-3-150 所示。

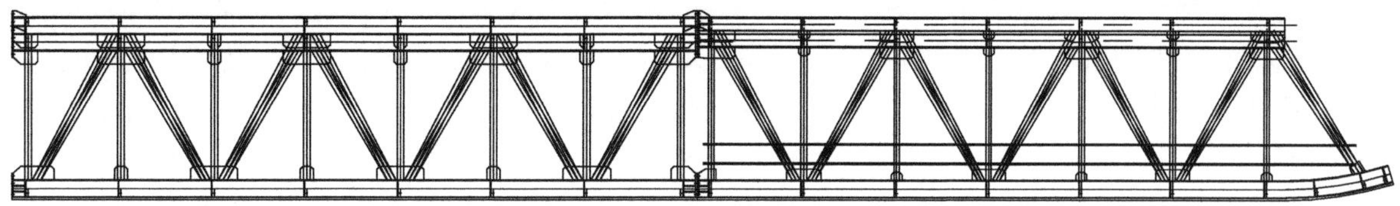

图 4-3-150　导梁立面

③横联

导梁之间设置横向联结系，横向联结系保证移动模架受力的均匀性及克服在走行过程中两侧千斤顶的不同步。导梁横联设计为桁架式结构，采用钢销与导梁相连，横联中心线处采用螺栓连接。主梁横移开启时，需拆开横联连接螺栓，在横联中心处加装一节活动节，待整机纵移到位后，再拆除此活动节。导梁横联结构如图 4-3-151 所示。

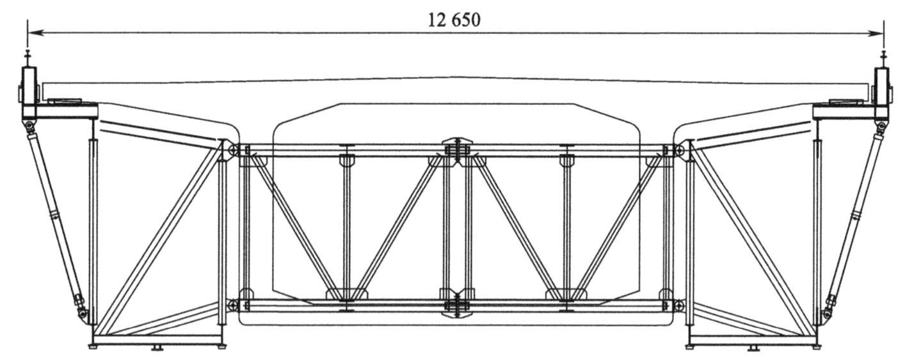

图 4-3-151　导梁横联立面(单位：mm)

④墩顶移位机构

墩顶移位机构主要分为两个部分，即整机纵移机构和主梁横移机构，如图 4-3-152 所示。移位机构均以液压千斤顶为动力，是整机实现自动化移位的操作机构，主要有如下几个构件：

a. 纵向顶推主梁支撑铰座：是一焊接而成的结构功能件，其上部支撑主梁下滑道，下部支撑于主梁横移滑座上，是模架过孔和主梁横移的重要部件。

b. 横移滑座：是一焊接而成的结构功能件，其上部支撑纵向顶推主梁支撑铰座，底部与预埋在墩顶的预埋件相连。

c. 千斤顶：单墩顶设横移千斤顶和纵移千斤顶各 2 台，作为模架过孔和主梁横移的主要动力。

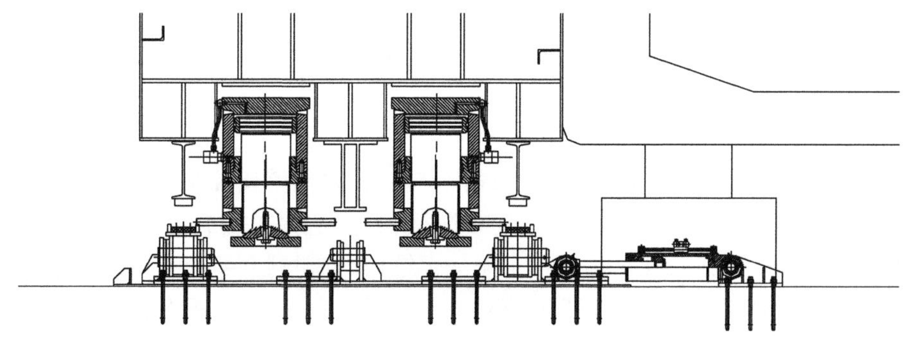

图 4-3-152　墩顶移位机构立面

⑤模板系统

3 号移动模架的模板系统主要包括底模、侧模和翼模、内模、墩顶散模和端模。

a. 底模

底模是箱梁混凝土的直接支承及成型体系，由钢板和型钢组焊而成，为适应施工需要及满足运输要求，底模在纵桥向和横桥向均与底模吊挂横梁对应分块制造。底模的横梁通过精轧螺纹钢吊杆吊挂在钢箱梁内侧腹板上的牛腿上，其最外侧两个节点设置有吊挂滚轮，吊挂滚轮与主梁的腹板连接，实现底模架的横移开启，底模横梁间采用高强螺栓连接。移动模架过孔时，底模对拉螺栓解除，拆除吊杆，底模以主梁下的底模横梁为依托通过油缸向外滑动，到达理想位置后与侧模架临时固定。底模横移机构如图 4-3-153 所示。

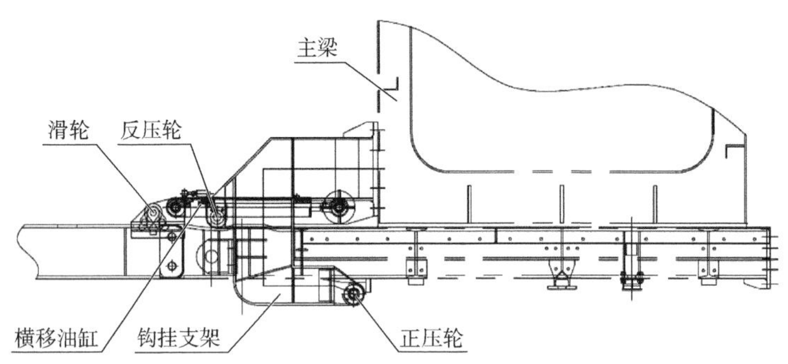

图 4-3-153 底模横移机构

底模横梁采用分段式设计，接头处采用铰接，底模开启后，可将伸出主梁外侧的底模横梁向上翻转。底模横梁向上翻转后，纵桥向与公路墩身预埋钢筋不发生干涉，可满足移动模架整机过孔要求。

b. 侧模和翼模

腹板模板和大部分翼板模板直接利用主梁钢箱箱体，宽出主梁箱体的翼板模板通过牛腿支撑在主梁侧板上，支撑点采用销座连接，支撑斜杆可伸缩调整翼板的角度。

c. 内模

内模采用分块式组合钢模，模板支撑采用可调撑杆组成的桁片结构支撑。

d. 墩顶散模、端模

墩顶散模采用木模支撑在铁路墩帽上，方便拆装。端模采用钢模，端模与外模连接方式为端模包外模，端模与内模连接方式为内模包端模。端模上设预应力孔道张拉锚坑。

⑥辅助设施

辅助设施包括爬梯、走道、操作平台、栏杆等。操作平台和爬梯是保证作业人员施工安全的基本要求。为了方便底模中间的连接螺栓的装拆和主梁下精轧螺纹钢筋大螺母的检查，特设置了底模操作平台，该平台两端可吊挂在梁面上的门式起重机移动，施工人员可站在该操作平台上装拆模架的中间连接螺栓；主梁外侧的走道方便翼模撑杆的安装；泵站操作平台放置在主梁双侧，与底模横移机构连接；另外导梁上设有竖直爬梯，方便人员从桥墩爬上主梁顶部。

⑦门式起重机系统

为方便小型机具、半成品材料转运以及内模、端模安装，在移动模架翼缘模板外侧及导梁外侧设门式起重机轨道，轨道上安装 1 台(5 t+5 t)简易门式起重机。门式起重机起升高度为桥面以上 3.4 m，跨距 12.65 m。门式起重机主梁总长 12.87 m，采用一刚一柔结构，柔腿侧上部铰座可转动，能适应移动模架横移开启后门式起重机跨度的变化(跨度为 12.65 m+0.3 m)。门式起重机配 2 台 5 t 电葫芦，在跨内时可承载不超过 10 t 起吊重物。为满足门式起重机抗风要求，门式起重机走行采用链条驱动，且台风来临时需进行锚固。门式起重机结构如图 4-3-154 所示。

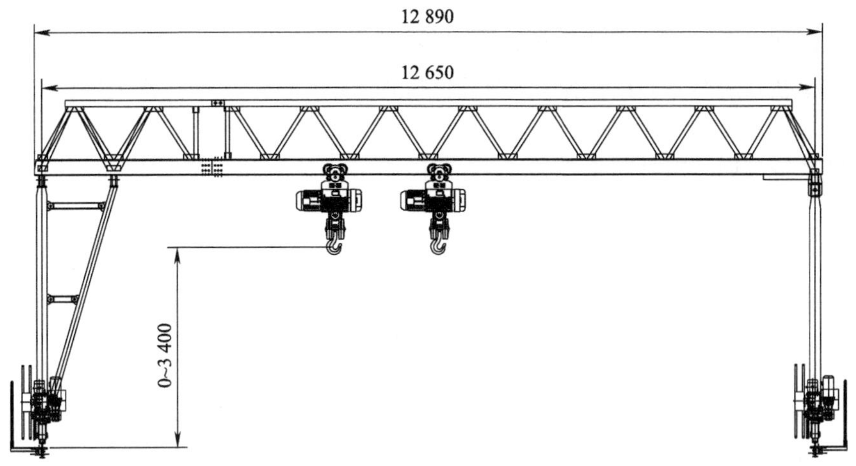

图 4-3-154　梁面门式起重机结构(单位:mm)

⑧液压系统

移动模架整机液压系统共 6 套:纵移液压系统 2 套,该系统总共由 2 台四联阀泵站、4 支纵移油缸、4 支墩顶横移油缸和管路等组成,用来实现主梁纵移过孔和横向调整等动作,纵移油缸上装有双向液压锁,用来锁定油缸;主梁液压系统 4 套,该系统总共由 4 台三联阀泵站、8 支主支撑油缸、24 支底模开启油缸和管路等组成,用来实现主梁升降、底模横移等动作。系统所需液压油总量 1 280 L,电机总功率为 60 kW,但所有电机不会同时工作,最大功率为 2×15 kW。

(2)基本参数

3 号、5 号移动模架基本参数见表 4-3-28。

表 4-3-28　3 号、5 号移动模架基本参数

序号	项目	3 号、5 号移动模架
1	设备型号	3 号为 DSZ40/1200,5 号为 DSZ49/1600
2	施工使用方法	轴跨整孔原位浇筑
3	总体方案	桥面支撑,两根纵向主梁支撑模板系统
4	适用桥跨	3 号:跨度≤40.7 m,梁重小于 1 200 t 的简支预应力箱梁; 5 号:跨度≤49.7 m,梁重小于 1 600 t 的简支预应力箱梁
5	梁底最小操作高度	≥0.75 m
6	适应纵坡	1.5%
7	适应曲线半径	3 500 m
8	环境风压要求	位移时不大于 7 级,浇筑时不大于 8 级,非工作时不大于 14 级(需锚固)
9	自动化方式	竖向顶落用大吨位分离式千斤顶;纵向位移用液压油缸完成; 底模横向开合采用液压油缸完成
10	整机使用总功率	约 100 kW
11	动力条件	4AC、380 V、50 Hz
12	液压系统压力	31.5 MPa
13	位移速度	0～1.8 m/min
14	主梁挠度	小于 $L/500$
15	过孔稳定系数	$K>1.5$
16	运输条件	最大单件重小于 25 t,最大单件尺寸 11.5 m×2.6 m×1.6 m,满足铁路公路运输界线
17	设计施工周期	14 d/跨

(3)主要特点

①外模系统与两侧承重主梁上合为一体,减少侧模及侧模架投入,结构简单。

②主梁系统支撑在铁路墩顶,在铁路墩顶设移位机构,便于移动模架调整主梁位置,以保证梁位的准确,且便于曲线过孔作业。

③过孔时底模系统横向开启并折叠至主梁底部和侧面,以避开桥墩随主梁系统一起纵移过孔。过孔作业与公路墩身施工不发生干涉。

④具备双向行走功能。

3.4 号 TM49.2 上行式铁路移动模架

TMS49.2 上行式移动模架,具备双向走向功能,采用两跨布局,开模方式为底模平开+中间段底模单独过孔;走行方式为前、主中支点支腿支撑走行,后支点梁面走行。主要由前辅助支腿、固定中支腿、主中支腿、后辅助支腿、主箱梁及横联、导梁、挑梁、吊挂、外模及其支撑系统、内模系统、底模工作车及其倒运装置、上小车、中小车、液压系统和电气系统等组成,采用双主梁结构形式。前辅助支腿的功能是在主框架纵移过程中对整机起到支承作用,在非工作状态下,利用倒腿小车将其吊装到超前墩上安装锚固好;固定中支腿是整个模床浇筑工况和倒运主中支腿时的一个主要支承,其上部与主箱梁栓接,下部安装有顶升油缸,支撑在墩顶处;主中支腿是整机浇筑状态和纵移状态的主要支承之一,支腿的台车上纵移过孔时,可以随着模架在梁面轨道上前移。挑梁为三角形桁架结构,内端安装于主箱梁的腹板外侧,外端用于承载吊挂系统。吊挂承受来自外模板的重量,其内侧设有底、侧、翼模撑杆的支撑座。底模开模和过孔分两步进行,所以底模横桥向分成三段,两侧底模横移开模,挂轮组反挂在吊挂上随整机过孔;中间段底模结构设置较强,单独成梁,由底模工作车、中小车和上小车三者配合吊运过孔。具体结构如图 4-3-155 和图 4-3-156 所示。

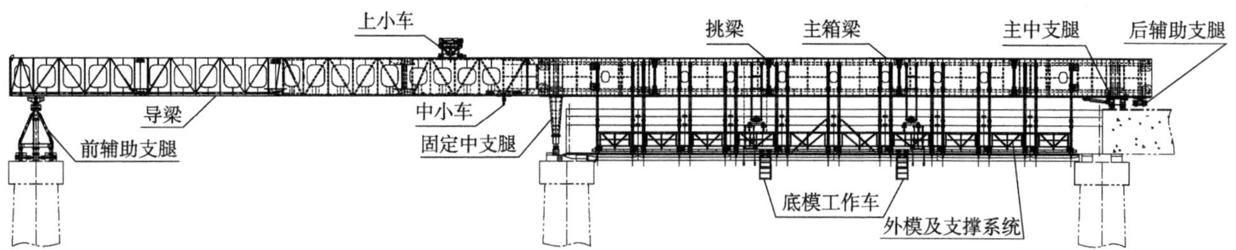

图 4-3-155 4 号 TMS49.2 上行式移动模架立面图

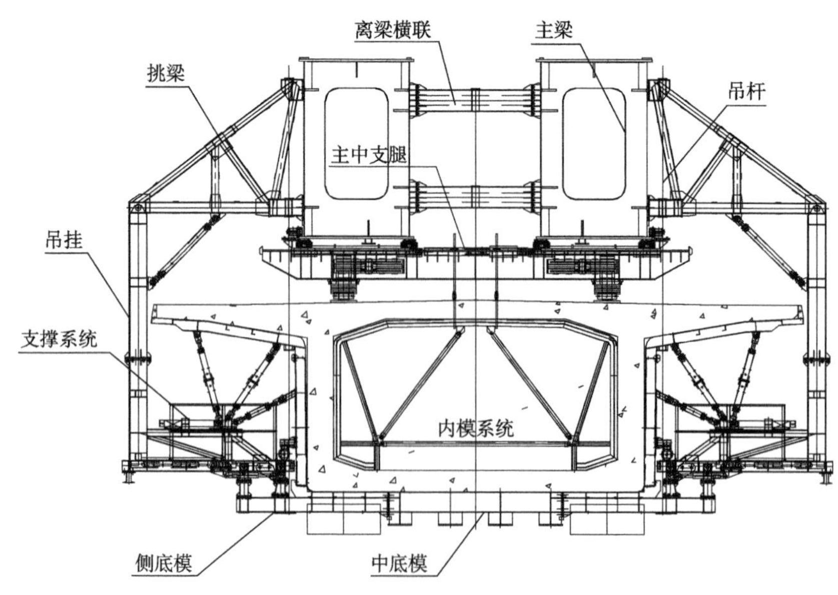

图 4-3-156 4 号铁路移动模架各部件结构示意图

(1)主要构件

①主梁

主箱梁为对称的两组钢箱梁,两侧主箱梁中心距为 4 500 mm,总长为 56 400 mm。两侧钢箱梁通过横联连接为一体形成主框架,是模架浇筑状态的主要受力部件。主梁单侧分五段,共十节,高为 3 500 mm,宽为 2 200 mm,其单节最大重量小于 35 t,每节通过节点板用强度较高的承剪螺栓连接;主梁前后端都有导梁接口,导梁换向安装后整机能实现反向施工 49.2 m 和 40.7 m 跨混凝土梁。在主箱梁底部两边设有纵移轨道及纵移孔板,底部纵移轨道中心距为 2 000 mm。在浇筑状态时,保证纵移轨道底面距离混凝土梁顶面为 1 200 mm。纵移时,主中支腿的纵移油缸顶推其纵移孔板,使其纵移轨道在支腿的 MGE 滑板上滑移,从而实现整机的纵移。

②前辅助支腿

前辅助支腿分上部、中部和下部三段,各段间用螺栓和销轴连接,如图 4-3-157 所示。前辅助支腿上部为铰接支撑座,是支撑滑动副,中部为连接立柱,下部为锚固底盘。前辅助支腿的功能是在主框架纵移过程中对整机起到支承作用。在非工作状态下,利用倒腿小车将其吊装到超前墩上安装锚固好。

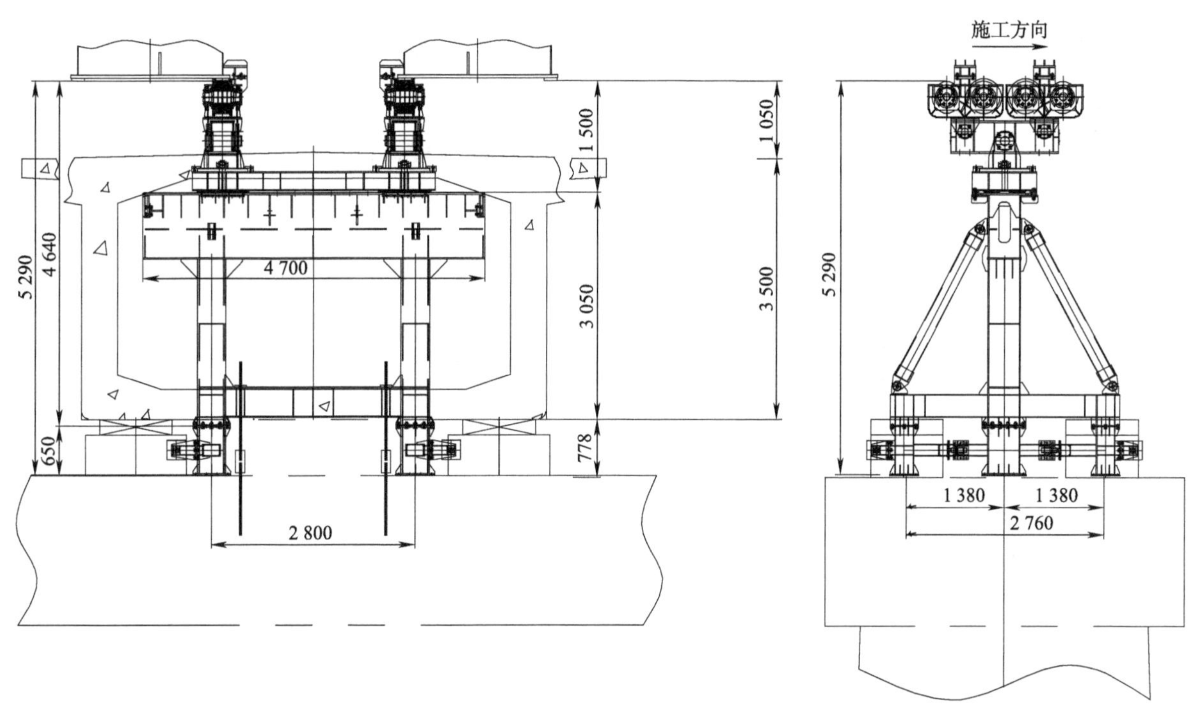

图 4-3-157　前辅助支腿结构图(单位:mm)

③固定中支腿

固定中支腿是整个模床浇筑工况和倒运主中支腿时的一个主要支承,其上部与主箱梁栓接,下部安装有顶升油缸,支撑在墩顶处,如图 4-3-158 所示。在浇筑状态时,通过顶升油缸将模架顶升,而在纵移时,需将顶升油缸完全收起以避开桥墩垫石。固定中支腿与主中支腿顶升油缸配合动作可完成整个模床的升降。

固定中支腿在末跨施工时,只需将顶升油缸和其上部连接,即可支撑在末跨已浇梁面上。固定中支腿设计有两根交叉的斜撑杆,在浇筑工况时锁紧桥墩;在纵移过孔工况时,应将其拆除,以避开前辅助支腿。固定中支腿安装位置整机共有 2 处。40.7 m 正向施工时,安装在主梁节段 4 的前端;40.7 m 反向施工和 49.2 m 反向施工时,安装在主梁节段 1 的后端。

④主中支腿

主中支腿是整机浇筑状态和纵移状态的主要支承之一,包含纵移、横移及顶升三大功能,如图 4-3-159

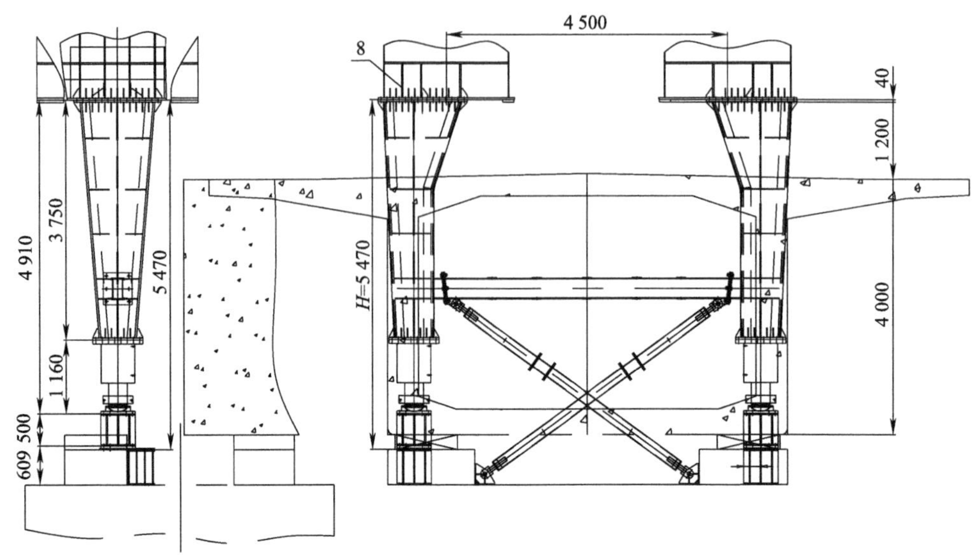

图 4-3-158　固定中支腿结构图(单位:mm)

所示。主中支腿的台车上设有纵移及横移机构。主框架纵移及主中支腿倒运时均使用纵移机构;而整机需要横移微调时,则采用台车上的横移机构。台车上方设有纵移滑板,台车座下方设有横向滑板,材料都为 MGE。在主中支腿的横梁下部设有四个顶升油缸,在浇筑状态时通过顶升油缸将模架顶升 200 mm。在主框架纵移状态时,主中支腿与混凝土梁面间需临时进行锚固。主中支腿的台车上设置有挂轮及挂钩,其中挂轮的横向位置可以调节,在主中支腿倒运时,需将挂轮调整至合理位置,并用顶紧螺栓将其顶紧。

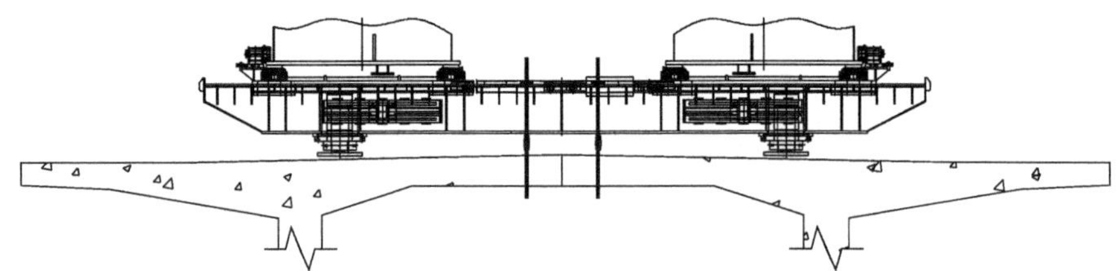

图 4-3-159　主中支腿结构图

⑤后辅助支腿

后辅助支腿是主框架纵移工况和倒运主中支腿的主要支承之一,如图 4-3-160 所示。后辅助支腿上部与主箱梁底用法兰连接,下部安装有 ϕ450 mm 的被动走行轮系。在模架纵移过孔时,可以随着模架在梁面轨道上前移。后辅助支腿安装位置整机共有 3 处。40.7 m 正向施工时,安装在主梁节段 1 的前端;40.7 m 反向施工时,安装在主梁节段 4 的后端;49.2 m 反向施工时,安装在主梁节段 4 的前端。

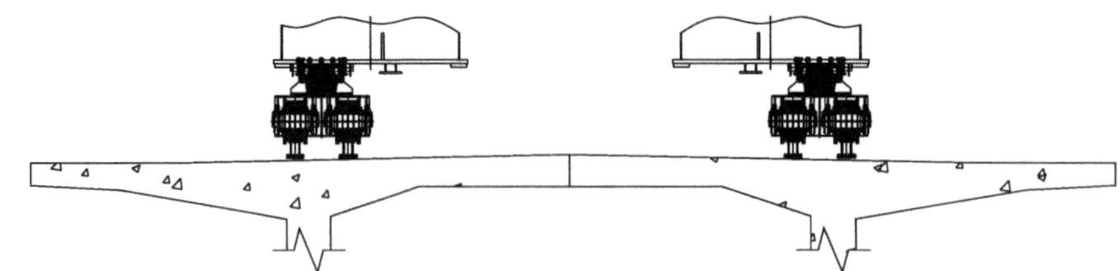

图 4-3-160　后辅助支腿结构图

⑥导梁

导梁是为模架纵移过孔及其前辅助支腿倒运提供支承点,从而完成整体模架的逐孔前移。导梁由 4 段组成,两边共 8 节,总长 49 m。导梁节段 1 和节段 2 结构形式为矩形组合梁,主副桁架为板拼工字形蜂窝梁，之间用杆件连接成矩形；导梁节段 3 和节段 4 的结构形式为三角形组合梁，主桁架为板拼工字形蜂窝梁，两个副桁架为型钢拼焊桁架。

导梁与导梁之间及导梁与主梁之间均采用销轴或高强螺栓连接。在导梁底部设有纵移轨道，两侧轨道的中心距为 2 500 mm，纵移时其轨道可在前辅助支腿的轮系上前移；在导梁上部设有倒腿小车的轨道及两个车挡，倒腿小车可在导梁上走行进行支腿倒运。导梁与主箱梁前后端能互换连接，使整机在主箱梁前后不对称互换的前提下能实现反向施工。

⑦挑梁

挑梁系统共 10＋2 组，即 10 组双片挑梁，2 组单片挑梁。挑梁为三角形桁架结构，内端安装于主箱梁的腹板外侧，外端用于承载吊挂系统。挑梁空载时承受吊挂和外模系统的自重，浇筑施工时，还要通过吊杆承受混凝土梁和内模的大部分自重。

⑧吊挂

吊挂承受来自外模板的重量，其内侧设有底、侧、翼模撑杆的支撑座。吊挂分别对应挑梁分布。吊挂与挑梁铰接并用斜撑进行固定。开模与合模均利用安装在吊挂上的开模油缸伸缩来实现。吊杆采用 $\phi 32$ 高强度精轧螺纹钢筋，每个单片吊挂均配套有 3 根吊杆。吊杆上端与挑梁及主箱梁横联连接，下端固定在底模板横筋上。在浇筑状态，吊杆承受来自底模上的混凝土梁重量，并将其重量通过挑梁和横联传递给主梁。在开模前，需拆除吊杆。

主框架包括主箱梁及其横联，主箱梁为对称的两组钢箱梁；钢箱梁横断面为矩形截面，是模架主承重梁，采用 Q345B 材质。单侧主箱梁分为五节，每节通过节点板用高强螺栓连接。主梁腹板开孔，以减轻重量及梁内采光。主箱梁横联是将主箱梁联成一个大的整体，使其在移动模架动作时更加一致。另外，在横联底部设有纵向工字梁轨道供下小车走行。

⑨外模及其支撑系统

外模板包括非标模板、标准模板、支撑和栏杆等。其中非标模板位于两端，每段长 6.65 m；标准模板根据工作环境按每段长为 4.25 m 和 4.75 m。模板骨架由 16、20、28 号工字钢及角钢组焊而成，底模板面板厚为 8 mm，侧翼模板面板厚为 6 mm。由于底模较宽，底模开模和过孔分两步进行，所以底模横桥向分成三段，两侧底模横移开模，挂轮组反挂在吊挂上随整机过孔；中间段底模结构设置较强，单独成梁，由底模工作车、中小车和上小车三者配合吊运过孔。外模系统在横向和纵向都有螺栓连接，为保证模板起拱时调节方便，在翼模的横桥向连接缝处留有 2 mm 的伸缩缝。为防止此缝漏浆，两块模板之间嵌有 10 mm 厚的橡胶板。

开、合模工况时，模板是采用底侧模平开、侧翼模单独打开和底模中间段单独过孔的组合开合模方式。具体开模顺序为：整体落模→底侧模平开→侧翼模平开→底模中间段单独过孔。

模板起拱线形按二次抛物线特征进行，其跨中最大值应根据桥梁设计方提供的数据来定。侧模和底模起拱必须是同一线形同一拱量。而支撑是用来支撑模板和调节模板，把模板承受的力传给主框结构。为保证施工中安全，模板上设有活动平台和栏杆。

⑩内模系统

内模系统为可拆装式散模。单块模板重量均有控制，以保证其在倒运过程中方便。内模系统的内部骨架由槽钢框架与撑杆组成。顶部横梁由双槽][10 组成，侧边支撑框架由单槽[10 组成，框架之间采用法兰连接。模板面板厚为 4 mm，单块标准模板的尺寸为 1 500 mm×400 mm。模板与内部支撑框架连接时采用钩头连接，便于脱模与安装。

设计内模时为方便模板在 40.7 m 跨与 49.2 m 跨两种梁型之间共用，将模板设计成组合式结构。40.7 m 跨内模比 49.2 m 跨内膜低 400 mm，短 8.5 m，在两种不同梁型中使用时，只需按总图相应地增加或者拆除对应的模板即可。在变跨施工时，只需拆掉或装上 8.5 m 的标准段内模板即可实现 40.7 m 与 49.2 m 之间的变跨。

⑪底模工作车及其倒运装置

底模工作车及其倒运装置主要由底模工作车、卷扬机牵引机构、走行机构、底模工作架及倒运临时固定装置组成。底模工作车在跨内走行由卷扬机牵引，工作车设计成可以折叠、旋转的结构形式，展开时可以作为工人拆装底模的工作平台，过孔时折叠并旋转以方便模架顺利过孔。底模工作架定位装配在主箱梁上，并在其上配有单挂式环链电动葫芦(2 t)，以供模架过孔时吊起底模工作车，随主箱梁一起纵移过孔。底模工作车主要作用一是运送中间段模板过孔；二是底模工作拆除时作为工人的操作平台。底模工作车的正常工作荷载为 200 kN。整机共装配两套底模工作车。

⑫上小车、中小车

上小车主要由大车走行机构、小车架、小车横移机构、吊具及两个 CD1 型 10 t-9 m 固定式电动葫芦组成，如图 4-3-161 所示。上小车可以在导梁及主箱梁上走行。上小车主要作用是模架纵移过孔时，倒运前辅助支腿、底模中间段及其他物件。上小车配置有 CD1 型 10 t-9 m 固定式电动葫芦，其起重量为10 t，最大起升高度为 9 m。

中小车的主要作用是模架纵移过孔时吊运底模中间段及其他物品。同时在49.2 m 跨施工时，辅助支撑底模中间段防止有很大的下挠。中小车配置有两台 CD1 型 10-9 固定式电动葫芦，其起重量为 10 t，最大起升高度为 1.8 m，如图 4-3-162 所示。

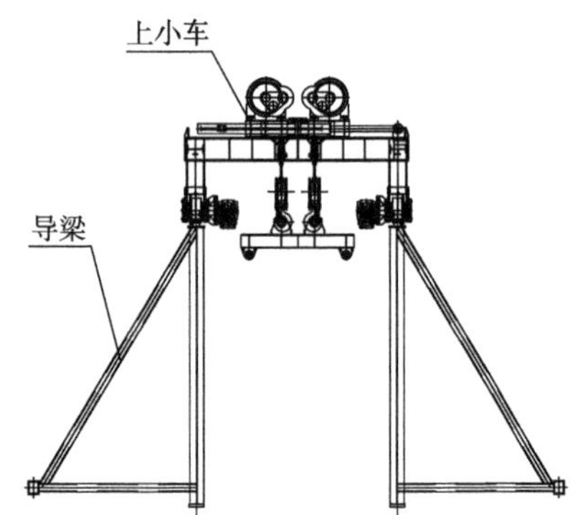

图 4-3-161 移动模架上小车示意图

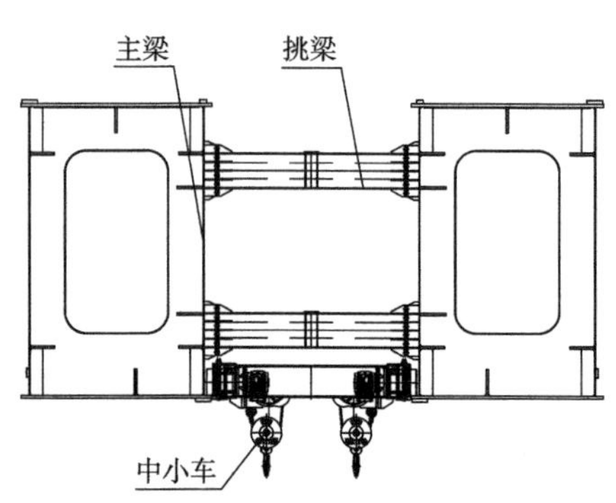

图 4-3-162 移动模架中小车示意图

⑬液压系统

根据移动模架的施工特点，液压系统按功能要求分为五个独立液压站，包括固定中支腿液压系统、主中支腿液压系统、前支腿液压系统、上小车液压系统、底模小车液压系统。每个液压站包括油箱、液压泵、电机、吸油滤清器、回油滤清器、溢流阀、压力表、油温液位计等。控制元件及管路包括手动换向阀、截止阀、单向阀及带快速接头的软管和连接用钢管。通过截止阀的开关和换向阀的换位，可分别使各执行元件动作。

(2)基本参数

4 号铁路移动模架基本参数见表 4-3-29。

表 4-3-29 4 号铁路移动模架基本参数表

项　目		4 号移动模架
移动模架结构组成	主梁	箱型尺寸(宽×高×长)为 2.2 m×3.5 m×(12.7+10.5+12+10.5+10.7) m
	导梁	桁架结构
	前辅助支腿	立柱式，分段设计
	固定中支腿	立柱式，分段设计
	主中支腿	包含纵移、横移、顶升机构
	后辅助支腿	纵移时走行、抗倾覆
	外模系统	包含钢模板、支撑系统
	内模系统	钢模、撑杆

续上表

项目		4 号移动模架
移动模架防风设计等级	合模浇筑状态	8 级风
	纵移过孔状态	7 级风
	非工作状态	14 级
整机性能参数	整机抗倾覆稳定系数	>1.5
	模架纵移速度	1 m/min
	现浇梁最大重量	1 200 t/1 600 t
	现浇梁最小曲线半径	3 500 m
	现浇梁纵向最大坡度	2%
	现浇梁横向最大坡度	2%
	设计施工周期	20～30 d
	驱动方式	液压油缸

(3)主要特点

①模架的整体布局采用两跨式，倒运前辅助支腿不占用主线工期，效率较高。

②模架的底模板采用较薄的结构方式，以适应开模后能够从桥墩上平面通过，其预拱调整来自吊挂曲梁的上部，过孔作业与公路墩身施工不发生干涉。

③具备双向行走功能。

④可以变跨施工，适应 40.7 m 和 49.2 m 跨径施工。

4.1 号、2 号、7 号 DSZ49/1700 型公路移动模架

1 号、2 号、7 号公路移动模架为 DSZ49/1700 上行式移动模架，主要由双承重主梁、导梁及联结系、前主辅支腿、后主辅支腿、挑梁、外肋、吊杆、外侧模板及底模、拆装式内模、爬梯及走道结构、液压及电气系统等几部分组成，采用上行式双主梁结构，如图 4-3-163～图 4-3-165 所示。每根钢主梁含 6 节承重钢箱梁和 5 组接头，主梁之间均设置 16 组横向联结系，保证移动模架受力的均匀性及克服在走行过程中两部千斤顶的不同步。前后导梁由等高度截面桁架梁组成。

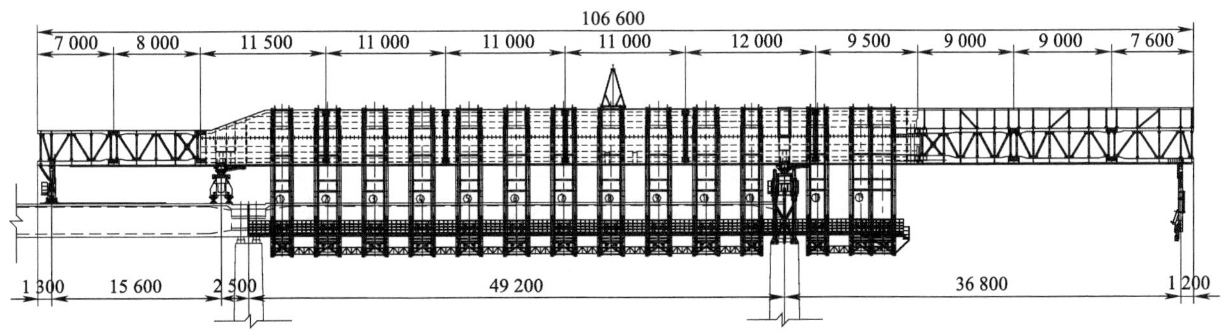

图 4-3-163 1 号 DSZ49/1700 型公路移动模架立面布置图(单位:mm)

前主支腿支承于公路移动模架前进方向公路墩墩顶处，为混凝土箱梁浇筑及过孔走行时的主要承重支腿；前辅支腿位于前导梁前端，为移动模架过孔走行时的前端支点；后主支腿位于主梁尾部，为移动模架混凝土浇筑及过孔走行时的主要承重支腿。挑梁是移动模架重要的传力结构，负责悬挂吊挂外肋、模板等混凝土成型结构，将力传递至移动模架主梁。吊挂外肋是移动模架重要的传力结构，负责悬挂模板等混凝

土成型结构，将力传递至移动模架挑梁，吊挂外肋左右各 13 组，上侧与挑梁采用销轴连接，连接处设置有开启机构。

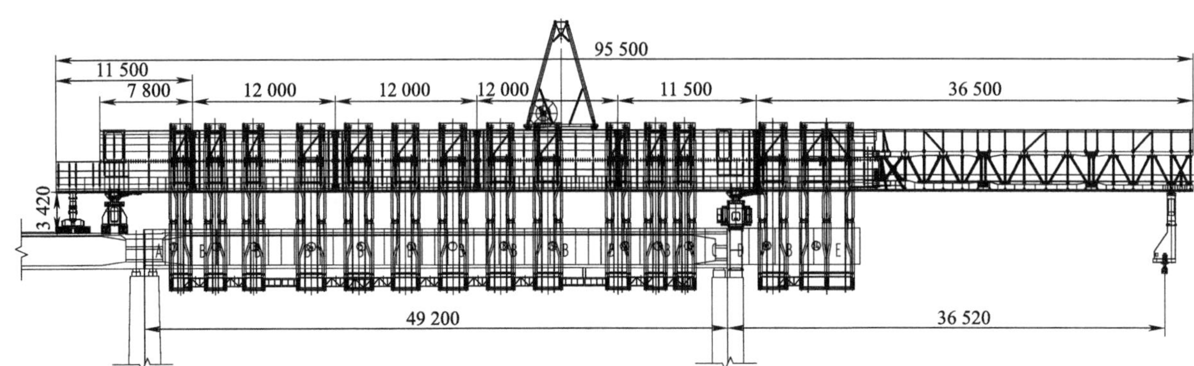

图 4-3-164　2 号 DSZ49/1700 型公路移动模架立面布置图(单位:mm)

(1)主要构件

①主梁

本模架采用双主梁结构形式，每根钢主梁含 6 节(11.5 m+3×11 m+12 m+9.5 m)承重钢箱梁和5 组接头，各节间以 10.9 级高强螺栓连接。移动模架主梁重 294 t。钢箱梁采用 Q345B 钢制造，宽 1 700 mm，高 5 000 mm，单节最大重量为 15.4 t。下翼缘设 2 根 140 mm(宽)×40 mm(高)轨道方钢，供整机纵移使用，轨道方钢中心距(1 700±2) mm。钢箱梁内侧腹板设横联连接法兰孔。

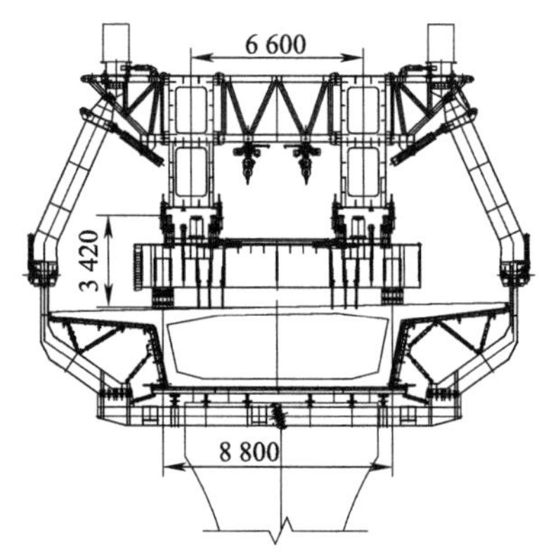

图 4-3-165　7 号 DSZ49/1700 型公路移动模架立面布置图(单位:mm)

在移动模架工作时，移动模架主梁及其模架、模板、箱梁钢筋及混凝土等荷载均通过液压千斤顶传递至移动模架支腿，并通过支腿传递至墩身或混凝土箱梁顶面，主梁结构如图 4-3-166 所示。

②导梁

前导梁由(9+9+7.6) m 的等高度截面桁架梁组成，后导梁由(7+8) m 的等高度截面桁架梁组成，为辅助整机过孔的结构。后导梁与主梁以及导梁与导梁之间均以高强螺栓及节点板连接，前导梁与主梁之间以销轴连接，导梁间以高强螺栓连接及节点板连接。导梁截面如图 4-3-167 所示。

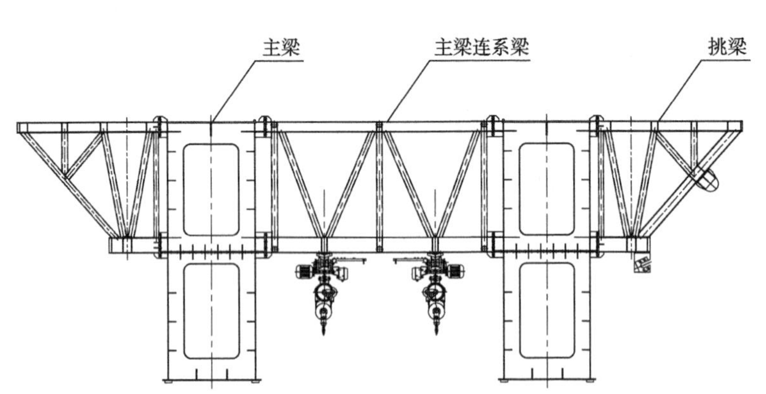

图 4-3-166　主梁结构图

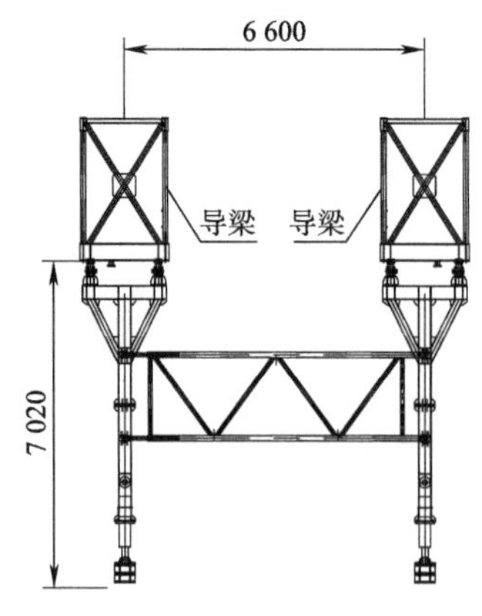

图 4-3-167　导梁截面图(单位:mm)

③横联

主梁之间均设置横向联结系，横向联结系保证移动模架受力的均匀性及克服在走行过程中两部千斤顶的不同步。主梁横联采用箱型结构和桁架结构。主梁横联共 16 组，主梁横联立面如图 4-3-168 所示。

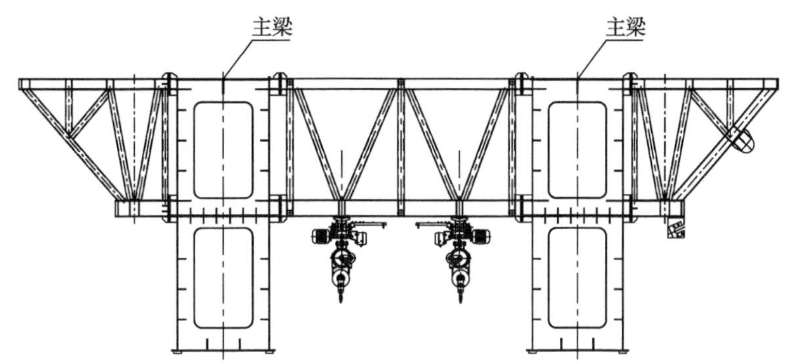

图 4-3-168　主梁横联立面图

④前、后支腿

a. 前主支腿

支承于公路移动模架前进方向公路墩墩顶处，为混凝土箱梁浇筑及过孔走行时的主要承重支腿，主要包括支腿立柱、横梁、移位台车、支承油缸、横移机构、纵移机构等。移动模架工作时，竖向荷载通过钢箱梁依次传递至支承油缸、移位台车、支腿横梁、支腿立柱、墩顶。前主支腿立柱安装于预埋钢管中，且预埋钢管与支腿横梁之间以高强螺栓及法兰盘连接。支腿横梁与墩顶预埋件之间采用 ϕ36 精轧螺纹钢锚固，且预埋螺纹钢筋锚固力不小于 350 kN，支腿立柱如图 4-3-169 所示。

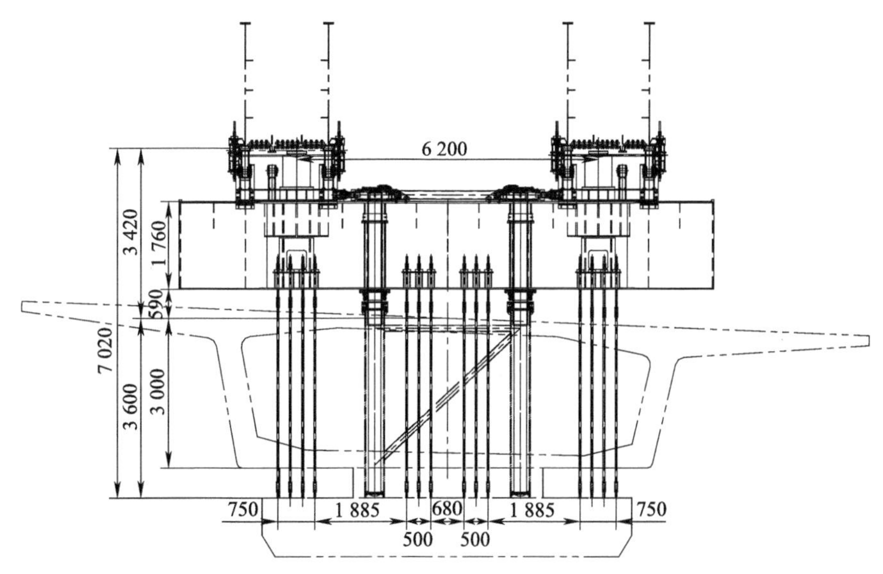

图 4-3-169　支腿立柱立面图(单位：mm)

支腿横梁为箱形结构，外形尺寸为(长×宽×高)为 1 020 mm×2 460 mm×1 750 mm，横梁如图 4-3-170 所示。

移位台车共两组，由托盘、挂钩等结构件构成，移位台车通过限位固定于支腿横梁上。移位台车结构如图 4-3-171 所示。

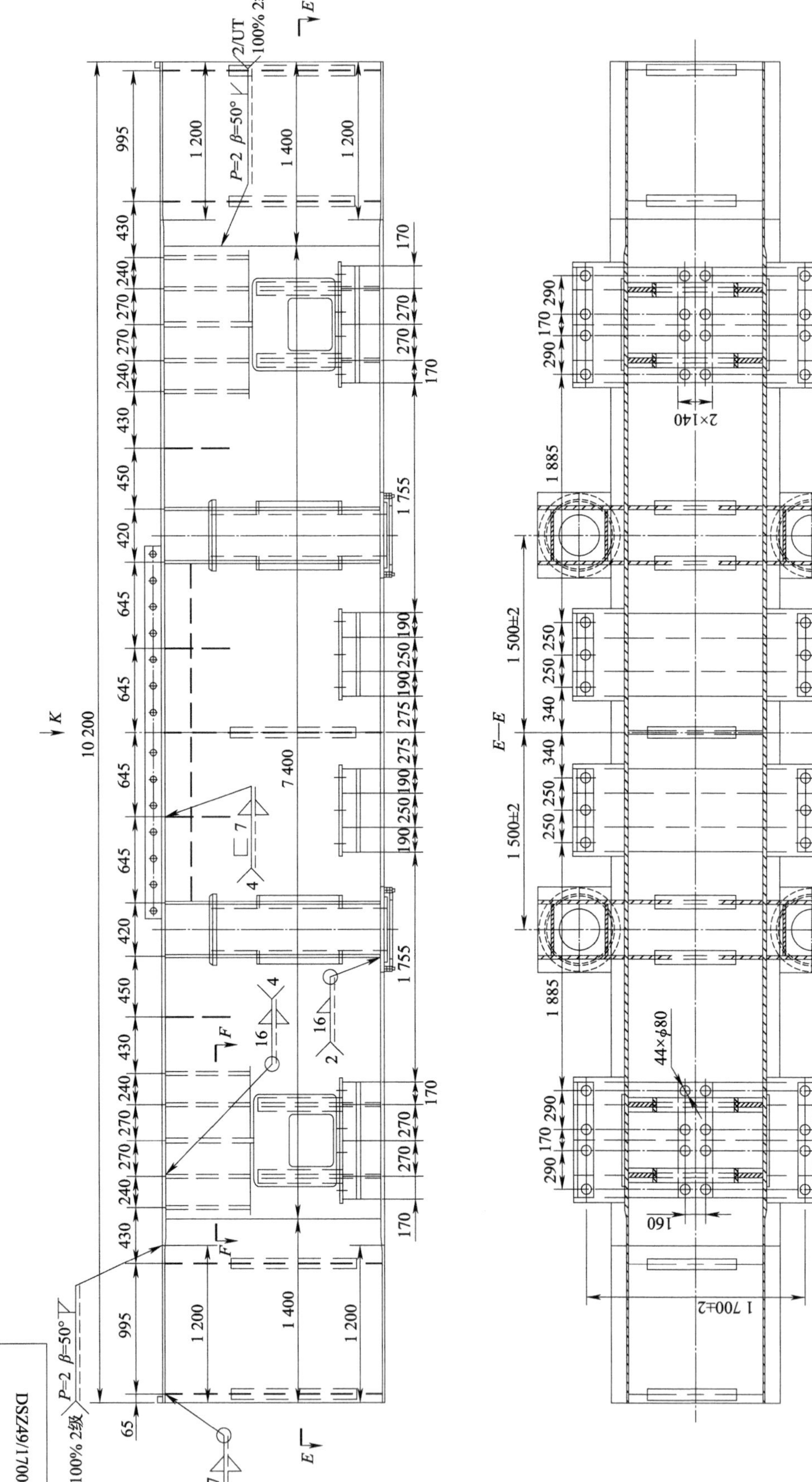

图 4-3-170 前支腿横梁结构图(单位:mm)

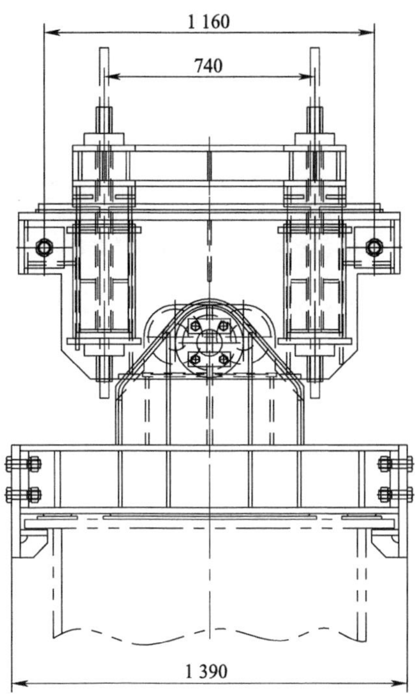

图 4-3-171　移位台车结构图(单位:mm)

b. 前辅支腿

位于前导梁前端,为移动模架过孔走行过孔时的前端支点,主要包括上下绞座、上下立柱、增高节及其固定装置、顶升油缸、挂钩等。移动模架走行过程中,在前主支腿未到设计位置前,前辅支腿为移动模架前端的主要固定支腿。前辅支腿结构如图 4-3-172 所示。

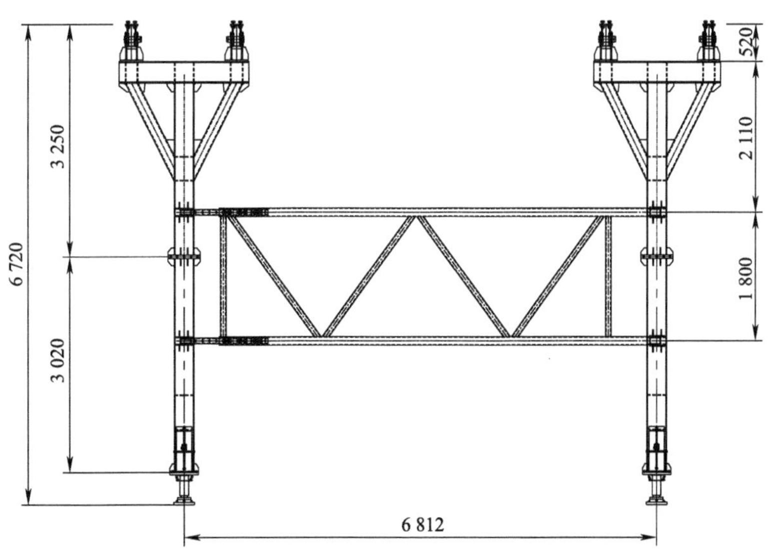

图 4-3-172　前辅支腿结构图(单位:mm)

c. 后主支腿

位于主梁尾部,为移动模架混凝土浇筑及过孔走行时的主要承重支腿,主要包括支腿立柱、横梁、移位台车、支承油缸、横移机构、纵移机构等。移动模架工作时,竖向荷载通过钢箱梁依次传递至支承油缸、移位台车、支腿横梁、支腿立柱、梁面。后主支腿立柱支撑于梁面,支腿横梁与梁面预埋件之间采用 $\phi32$ 精轧螺纹钢锚固,且预埋螺纹钢筋锚固力不小于 200 kN。后主支腿结构如图 4-3-173 所示。

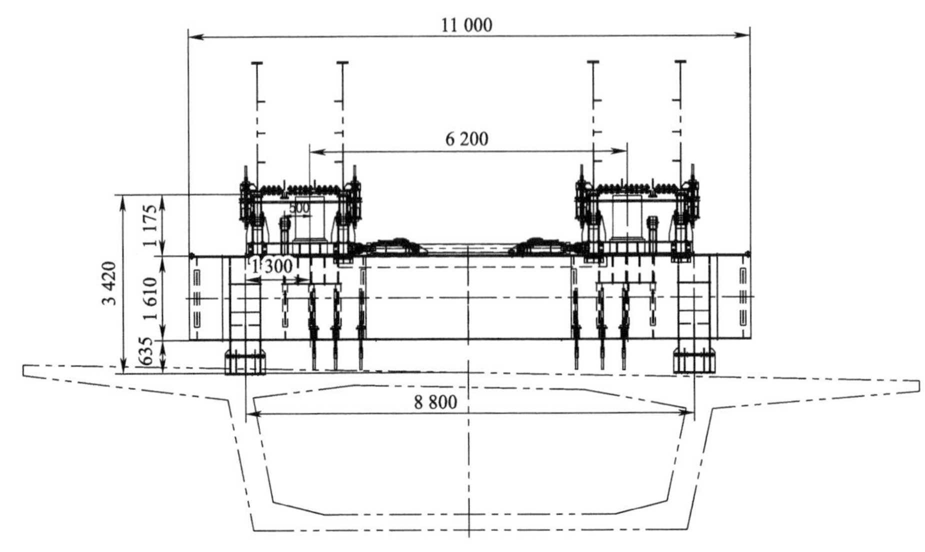

图 4-3-173 后主支腿结构图(单位:mm)

⑤挑梁

挑梁是移动模架重要的传力结构,负责悬挂吊挂外肋、模板等混凝土成型结构,将力传递至移动模架主梁。挑梁为空间桁架结构,位于主梁的两侧,挑梁与钢箱梁之间采用高强螺栓连接。挑梁桁架左右各13组,共计26组。挑梁结构如图4-3-174所示。

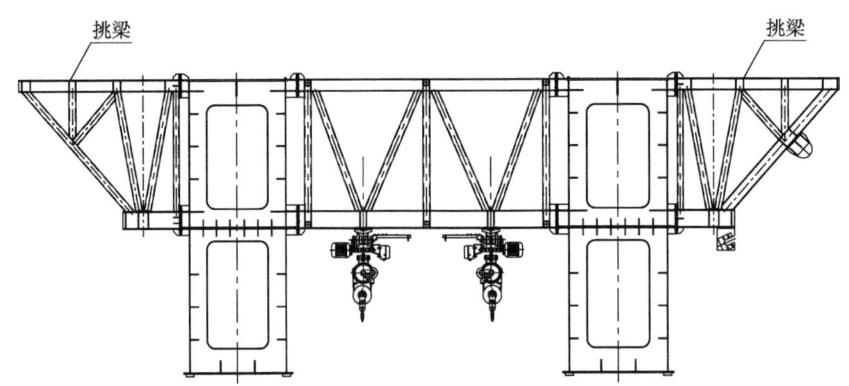

图 4-3-174 挑梁结构图

⑥吊挂外肋

吊挂外肋是移动模架重要的传力结构,负责悬挂模板等混凝土成型结构,将力传递至移动模架挑梁,主要包括横肋梁、斜撑梁、下横梁、吊杆等。吊挂外肋左右各13组,左右两组之间通过10.9级高强螺栓对拉连接成整体,构成一个工作单元,上侧与挑梁采用销轴连接。吊杆采用ϕ36精轧螺纹钢筋,顶端与挑梁间用螺母锚固,下端与吊挂外肋下横梁螺母锚固。现场根据实际操作,可将吊杆进行分节,节间通过专用连接器连接。上下端配有双螺母。吊杆外设有塑料套管,以方便吊杆倒用。吊挂外肋结构如图4-3-175所示。

⑦外模系统

整台移动模架的外模包括底模、侧模、翼模、端头板、墩顶散模、端模、撑杆等。底模架开启后的外模系统如图4-3-176所示。

a. 底模、侧模及翼模

模板系统是箱梁混凝土的直接支承及成型体系,由4 mm面板和型钢组焊而成。底模、侧模及翼模与吊挂外肋之间采用可调撑杆连接,底模、侧模及翼模在纵桥向和横桥向均与吊挂外肋对应分块拼装、制造。

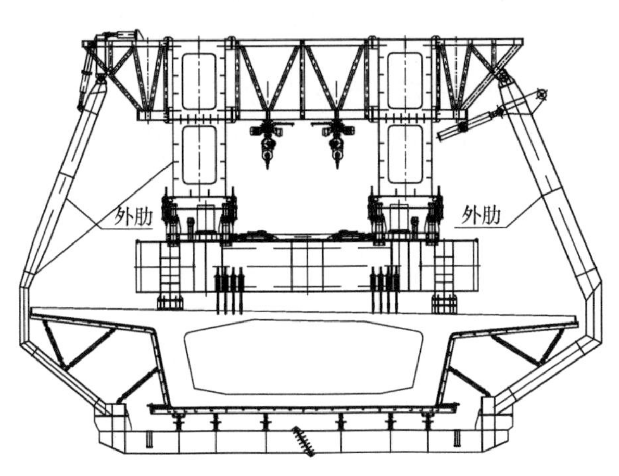

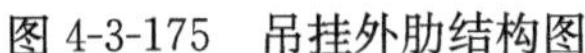
图 4-3-175 吊挂外肋结构图

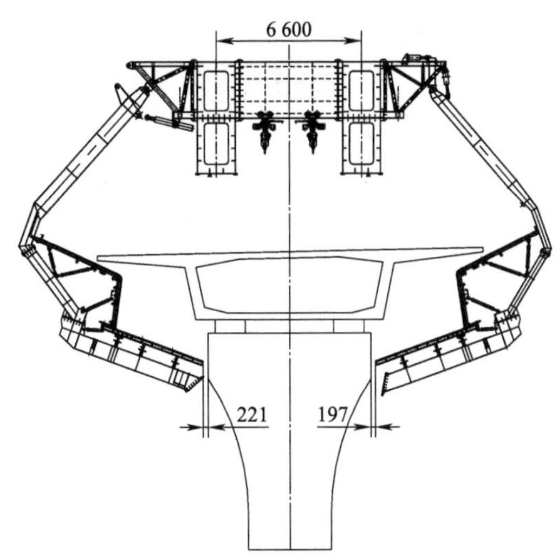

图 4-3-176 底模架开启后的外模系统(单位:mm)

b. 墩顶散模、端模

墩顶散模、端模采用木方、竹胶板制作。模架底模与墩顶模板之间、墩顶散模板与桥梁支座之间固定，支座锁定，以抵抗水平力。

(2)基本参数

DSZ49/1700 型公路移动模架基本参数表见表 4-3-30。

表 4-3-30 DSZ49/1700 型公路移动模架基本参数表

项 目		DSZ49/1700 型公路移动模架
移动模架结构组成	主梁	箱型尺寸(宽×高×长)为 1.7 m×5.0 m×(12+11.5+9.5+3×11)m
	导梁	桁架结构
	前主支腿	立柱式,分段设计
	前辅支腿	立柱式,分段设计
	后主支腿	立柱式,分段设计
	后辅支腿	包含纵移、横移、顶升机构
	后走行机构	纵移时抗倾覆
	外模系统	包含标准、非标准模板、支撑、栏杆
	内模系统	钢模
浇筑状态	浇筑时容许最大风力	8 级风
	移动时容许最大风力	7 级风
移位状态	对前墩身最大压力和	620 t
	模架纵移速度	1 m/min
	整机抗倾覆稳定系数	>1.5
非工作状态	锚固时最大风力	14 级
整机性能参数	现浇梁最大重量	2 100 t
	现浇梁最小曲线半径	700 m
	现浇梁纵向最大坡度	4%
	现浇梁横向最大坡度	4%
	设计施工周期	20～30 d
	驱动方式	液压油缸

(3)主要特点

1号、2号、7号公路移动模架采用主梁置于桥面上方结构，利用梁端、桥墩安装支腿，具有良好的稳定性。其主要特点为：

①采用上行式移动模架能自行完成支腿过孔移位，机械化程度高，操作简单，安全可靠。

②主梁两侧挑梁顶部可设置防雨、防晒顶棚，能保证移动模架全天候工作，以提高移动模架总体工作效率，确保总工期的要求。

③当通过连续梁或连续刚构等桥间转场时，只需展开侧模架和底模，即可方便通过，减少整机拆除工作量，提高转场作业效率。

5. 3号、4号DXZ40/1800型公路移动模架

3号、4号公路移动模架为DXZ40-1800下行式公路移动模架，利用铁路墩顶安装墩旁托架，具有良好的稳定性，且避免公路墩身开预留孔，满足首末跨施工、正反向施工和曲线施工等多种功能；而且同一断面范围内的铁路、公路移动模架前进和后退相互不影响。

图4-3-177　3号、4号公路移动模架

模架的主要部件包括主框架系统、墩旁托架、移位台车、前辅助支腿、中辅助支腿、后辅助支腿、外模系统、内模系统、辅助系统、液压系统及电气系统等。模架主框架部分由并列的2组纵梁组成，2组纵梁之间有11道底模桁架梁联结。每组纵梁由5节钢箱梁及3节桁架导梁组成，如图4-3-177所示。

(1)主要结构

①主框架系统

DXZ40/1800移动模架主框架部分由并列的2组纵梁组成，2组纵梁之间有11道底模桁架梁联结。每组纵梁由5节(12 m+8 m+12 m+8 m+12 m)钢箱梁及3节(12 m+12 m+10.5 m)桁架导梁组成，全长86.5 m，如图4-3-178所示。相邻两组纵梁之间中心距为10.3 m。

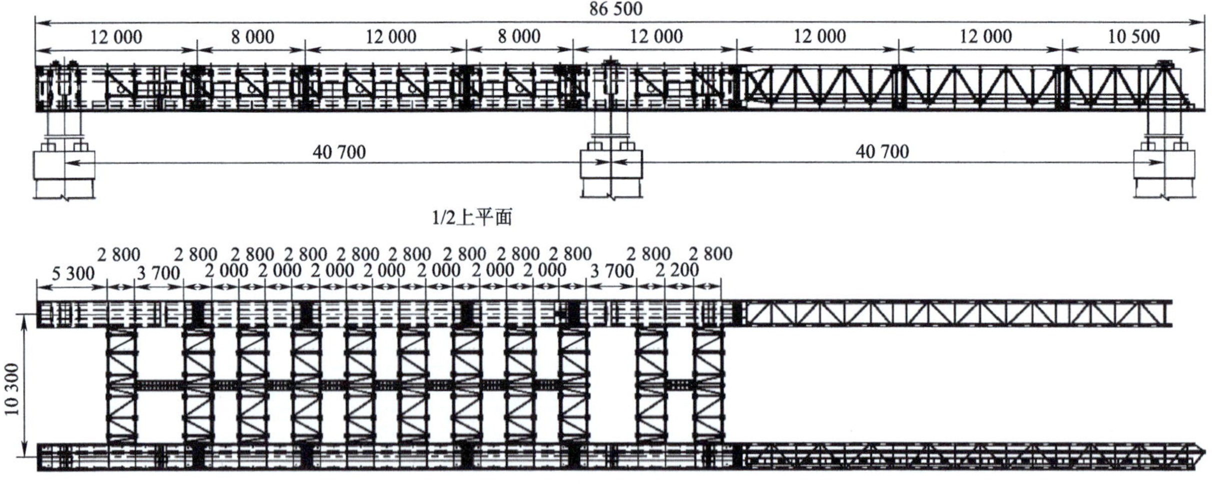

图4-3-178　主框架结构图(单位：mm)

钢箱梁采用等截面设计，梁高3.2 m，翼缘板宽1.92 m，腹板中心距1.7 m。钢箱梁接头采用螺栓节点板连接。两片主梁之间靠底模桁架梁进行连接，是移动模架的主要部件，用于承受制梁时的工作载荷，完成混凝土梁的浇筑。

钢箱梁上部焊有耳板，用于连接外侧模支撑螺杆；内侧焊有与底模横联相连的连接法兰；下部两侧为

支承滑轨，脱模时支承在移位台车上，起纵向移位作用；钢箱梁内部焊有纵向及横向肋板，以保证箱梁的局部稳定性；在有底模桁架处的钢箱梁内腔都加有断面斜撑。单组主梁上设置有对称4处中辅助支腿吊挂位置，对称4处后辅助支腿连接铰座。

②墩旁托架

墩旁托架是模架的支撑基础，共设2套。每套墩旁托架由相同的左右两部分组成，为三角形结构，通过高强度精轧螺纹钢筋将墩旁托架与桥墩紧贴一起，如图4-3-179所示。下部通过支撑立柱支撑在铁路墩顶面上，以传递垂向力。每件托架横梁由两根焊接工字形梁组成，移位机构可沿托架横梁横移。托架横梁的长度满足钢箱梁外模向外横移4 m的要求。托架上下均设有卡墩机构，模架自移过孔时将纵桥向力传递给桥墩。

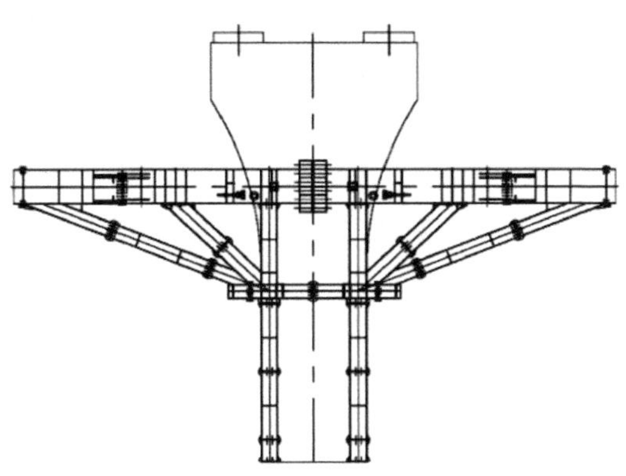
图4-3-179　墩旁托架结构图

横梁端部3.85 m段可平转打开，方便双幅交叉走行不受干扰的条件；支撑托架下方设有支撑立柱，以传递垂向力，立柱可利用电动倒链翻转，以避开铁路梁横移；中部设有墩身保护座在桥墩侧面，以传递水平力。

③移位台车

移位台车由托架、滑座总成、钩挂机构、横移机构、纵移机构及支撑油缸（前墩安装推力80 000 kN超高压油缸，后墩安装推力500 kN超高压油缸）、纵移油缸、横移油缸及勾挂油缸等部分组成，如图4-3-180所示。

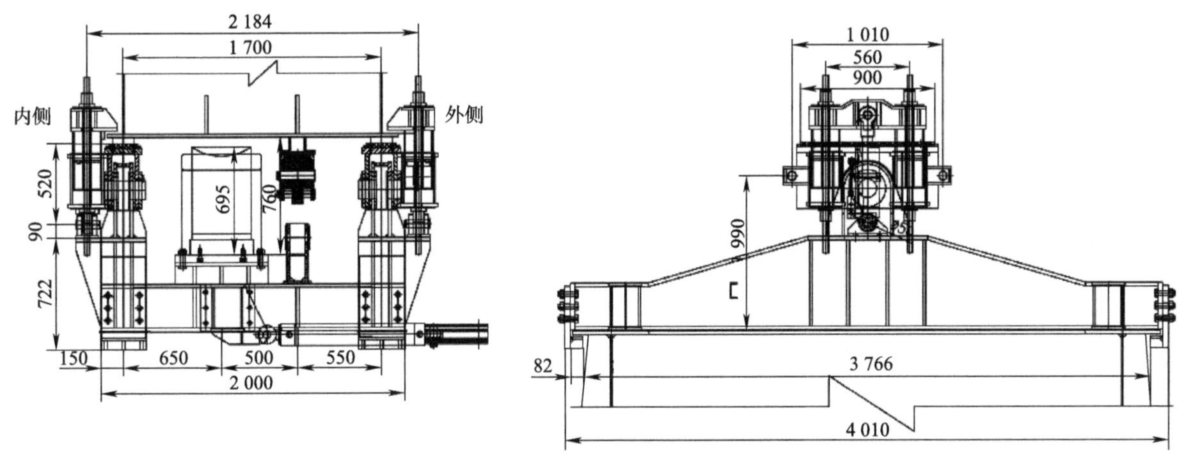

图4-3-180　移位台车结构图(单位:mm)

移位台车在横移油缸的推拉作用下在支撑托架的横梁上横向移动。横移油缸的缸端与支撑装置销接，杆端利用插销与支撑托架的横梁连接，支撑托架横梁上等距设置若干插孔，以倒换插销位置的方式实现主梁在托架上移动。台车架下部还设有边梁托座，通过螺栓连接，其作用是模架在制梁和支腿过墩时起反勾保护。

纵移滑道与主梁腹板和导梁下弦腹板相对，纵移支座上设有减摩材料，以减少模架纵移过孔时的摩擦阻力。主梁下盖板和导梁下弦杆上设置纵移轨道，主梁下盖板中心附近设置纵移顶推轨道。纵移油缸缸端固定在纵移支座上，杆端利用插销与纵移顶推耳板连接，杆端利用插销与纵移顶推耳板连接，纵移油缸每次可以将移动模架向前推进1 m。

纵移机构为拨叉机构，根据机械杠杆机构原理，由其里面插销轴方向的位置不同而实现油缸推着移动模架钢箱梁向前或向后滑动。改变一次方向只需换插一次销轴的方向，不需要每次油缸推或拉时人工换销轴，从而很大地节省了劳动力。

④前辅助支腿

前辅助支腿设置在导梁前端并与导梁连接为一个整体，作为主支腿吊挂过孔时的临时支撑，如图 4-3-181 所示。前辅助支腿可以从中间剖分，以适应移动模架横向开启过孔作业的需要。前辅助支腿设置 2 台 50 t 手动千斤顶，可以调整导梁前端的高度，以适应导梁上墩和主支腿前移安装的需要。

模架后退时，前辅助支腿支撑在已浇梁面，通过螺纹钢筋吊挂导梁前端；前辅助支腿的转移利用行走轮人工拖动实现。

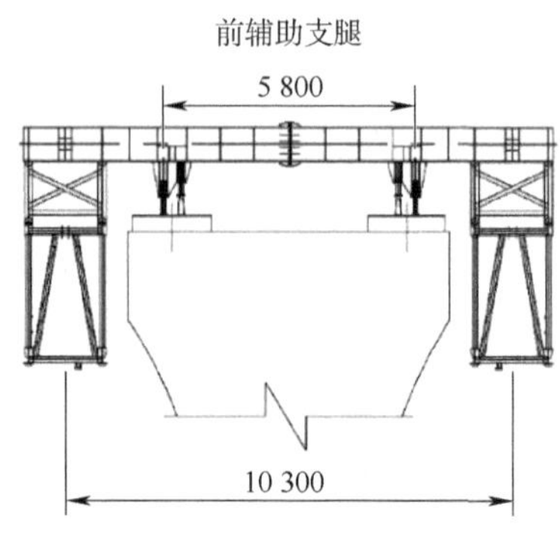

图 4-3-181　前辅助支腿结构图（单位：mm）

⑤中辅助支腿

中辅助支腿主要由横梁、行走机构、支撑立柱、2 台 300 t 张拉千斤顶和 16 根 ϕ36 高强精轧螺纹钢组成，如图 4-3-182 所示。中辅助支腿工作状态依靠支撑立柱支撑在已成桥梁的悬臂端腹板中心处，利用 16 根 ϕ36 高强精轧螺纹钢将移动模架主梁吊挂。为让 16 根 ϕ36 高强精轧螺纹钢通过，需在已成梁翼缘上预留孔。中辅助腿的转移利用行走轮人工拖动实现。

当混凝土浇筑剩最后 5 m 长时，先用撑杆把模板与已浇混凝土顶紧，然后将中辅助支腿作为后吊挂与主梁锚紧，用 2 台 300 t 油缸顶升整个结构，以便与旧混凝土密贴，防止错台，使混凝土接缝良好。在墩旁托架倒腿状态，中辅助支腿吊挂在前墩旁托架处，作为墩旁托架吊挂过孔时的临时支撑。

⑥后辅助支腿

后辅助支腿由上横梁、立柱、滑道梁、吊挂、导杆、支撑油缸及横移油缸等部分组成，如图 4-3-183 所示。支腿下部设走形轮系，在铺设于桥面的 QU120 轨道上走行，在浇筑状态时轮组脱空。

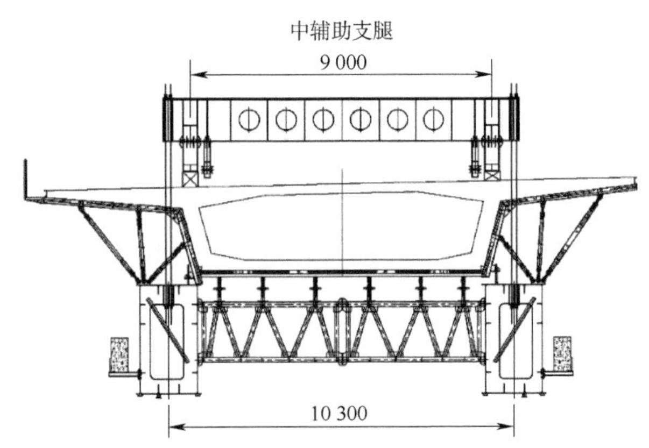

图 4-3-182　中辅助支腿结构图（单位：mm）

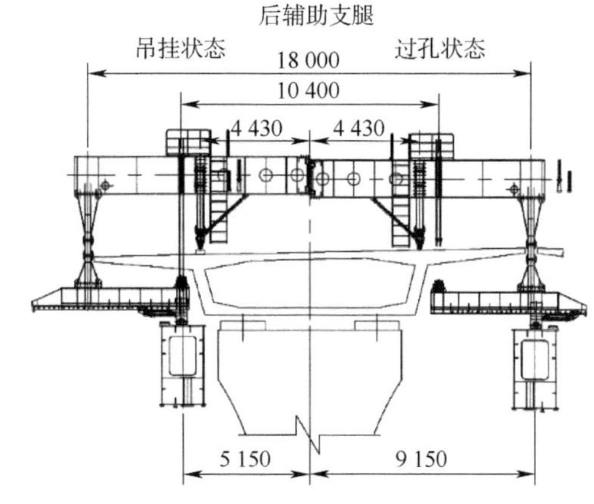

图 4-3-183　后辅助支腿结构图（单位：mm）

后辅助支腿作用：在支腿自移工况下，后辅助支腿支撑在已浇筑好的梁面上，将模架的荷载传递到梁面上，实现后墩旁托架及移位台车的向前移位。在模架纵移工况下，后辅助支腿支撑于已浇筑好梁面上，先横向开合模架，然后两组模架分别单边纵移至新的墩位。

⑦外模系统

外模系统由底模、腹模、翼模、可调支撑系组成，如图 4-3-184 所示。底模通过可调支撑系支撑在底模桁架梁上，腹模、翼模通过可调支撑系支撑在承重钢箱梁上。模板由面板及骨架组焊而成，每块模板在横向和纵向都有螺栓连接。翼模和侧模之间有旋转铰，便于第二幅梁施工时，翼模向下旋转，以保证外模随钢梁一起横移开启的空间。墩柱处的底模现场使用散模组立并固定牢靠。

DXZ40/1800 下承式移动模架方案中采用侧模加长，侧模包着底模，并在侧模外侧利用可调丝杆顶推。当混凝土梁横坡变化时，调整侧模有效长度，便可实现横坡梁的模板调整施工。

底模支撑杆与支撑桁架梁间采用横桥向长圆螺栓连接，底模站位可横桥向调整±30 mm，可实现 3 500 m 曲线梁的调整。

混凝土梁张拉完成后，模板随主框架系统整体下降 150 mm，解除左右底模螺栓连接。模板随主框架通过移位台车上的横移油缸开启 4 m，第二幅梁施工时，翼模向下旋转，以保证外模随钢梁一起横移开启的空间。整体外模系统避开桥墩后准备纵移过孔程序。浇筑中间标准段 40.7 m 及末段 31.7 m 梁时，须把后端主梁与已浇梁吊挂锚固，或将外模后端与已浇梁悬臂段利用精轧螺纹钢筋锚固吊挂，以确保新旧梁间无错台，成型美观。

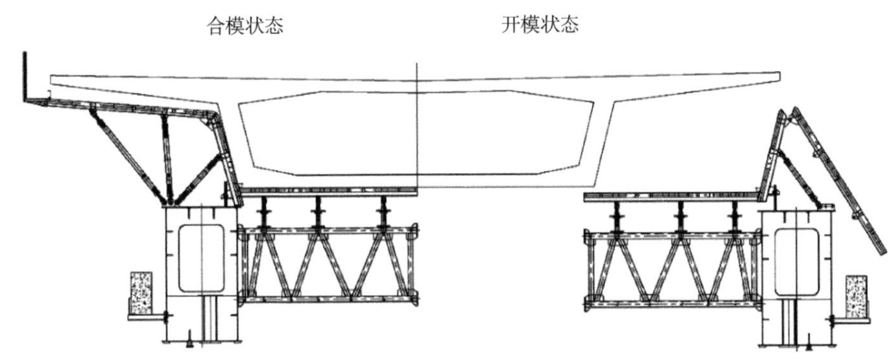

图 4-3-184　外模系统结构图

⑧内模系统

内模采用可拆卸模架、分块式钢模，如图 4-3-185 所示。内模板总长度 40.7 m+9 m，由标准模板和变截段模板及支撑框架组成，在布设底腹板钢筋后进行内模安装作业。内模安装后，通过箱梁泄水孔位置与底模对拉，防止浇筑时上浮。内模系统利用人工拆卸、搬运及安装。单块钢模尺寸 54 mm×300 mm×1 500 mm，重量不大于 50 kg。

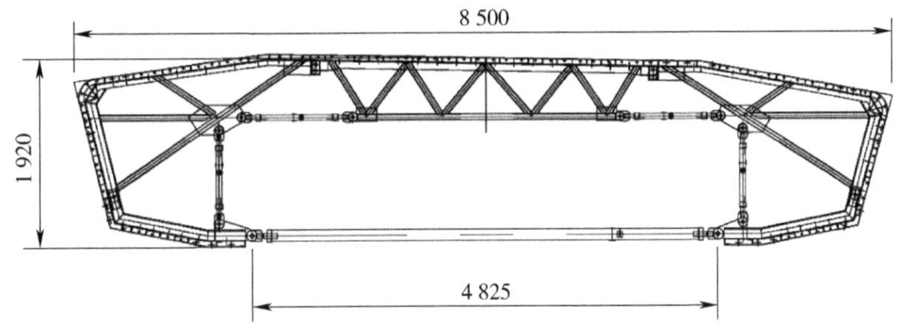

图 4-3-185　内模系统结构图(单位:mm)

⑨配重系统

主箱梁外侧设计有配重系统，以增加模架过孔时的横向稳定性。箱梁单边配重共 50.1 t，由 11 块混凝土块组成，单块混凝土长 3.3 m，宽 0.6 m，高 1 m，重 4.554 t，两边整机配重共计 100.2 t。主箱梁对应位置有配套螺栓孔，配重块支架与主箱梁通过螺栓连接，配重块放置在配重块支架上。主梁配重系统如图 4-3-186 所示。

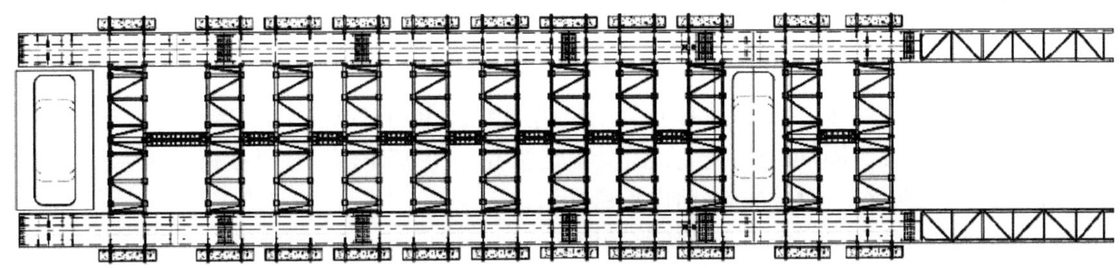

图 4-3-186　箱梁配重系统图

⑩液压系统

DXZ40/1800 移动模架因整机机构分散，所以液压系统采用独立单元设计，系统简化和模块化，减少沿程损失和功率损耗，方便维修和搬运。墩旁托架液压系统 4＋2 套，后辅助支腿液压系统 1 套。每套液压系统都由液压泵站、液压管路和油缸等组成。

⑪电气系统

DXZ40/1800 移动模架电气配置：主电气控制柜 1 台、液压站控制柜 7 台、金属卤化物灯 8 盏、风速风向仪 1 套。

(2)基本参数

DXZ40-1800 公路移动模架技术参数见表 4-3-31。

表 4-3-31 DXZ40/1800 公路移动模架技术参数

序号	项目	3 号、4 号公路移动模架
1	设备型号	DXZ40/1800 下承自行式移动模架
2	施工使用工法	逐跨整孔原位现浇
3	总体方案	桥面下支撑，两根纵向主梁支撑模板系统，自行倒腿
4	适用桥跨/梁重	跨度为 40.7 m/梁重不大于 1 800 t(首跨 49.7 m 梁长)
5	适应桥墩高	≥5 m
6	适应纵坡/横坡	2.0%/2.0%
7	适应曲线半径	≥3 500 m
8	风力条件	移位时不大于 8 级、浇筑时不大于 10 级、非工作状态 14 级(锚固)
9	自动化方式	竖向顶落用大吨位液压油缸实现，纵向移位用液压油缸完成，模架横向开、合采用液压油缸完成
10	前墩旁托架最大支点反力	2×800 t
11	后墩旁托架最大支点反力	2×500 t
12	整机使用总功率	约 80 kW
13	动力条件	4AC、380 V、50 Hz
14	液压系统压力	32 MPa/70 MPa
15	移位速度	0～0.8 m/min
16	主梁挠度	小于 $L/550$
17	过孔稳定系数	$K>1.5$
18	运输条件	最大单件重不大于 25 t，最大单件尺寸小于 12 m×1.92 m×3.2 m，满足铁路、公路运输限界
19	单台总重量	约 790 t(不含墩顶散模、端模)

(3)主要特点

①DXZ40-1800 公路移动模架为下行式结构，利用铁路墩顶安装墩旁托架，具有良好的稳定性，且避免公路墩身开预留孔。

②满足首末跨施工、正反向施工和曲线施工等多种功能；而且同一断面范围内的铁路、公路移动模架前进和后退相互不影响。

③模架支腿支撑在铁路墩上，受力体系明确，采用精轧螺纹钢筋对拉连接，安装和施工方便。

④外模与已浇悬臂段锚固，可有效避免接缝处出现错台；采用液压驱动使外模模板随主梁一同实现升降、横向开合和纵向三向移位，对位准确，动作平稳可靠。

6. 5 号、6 号、8 号 TM49.2/40.7 型公路移动模架

5 号、6 号及 8 号公路移动模架为 TM49.2 m/40.7 m 下行式移动模架，具备双向走行施工和变跨施工功能，如图 4-3-187 和图 4-3-188 所示。同一断面铁路、公路移动模架前进和后退相互不影响，采用两跨布局，后门架梁面走行的方式，效率较高，整机结构紧凑，重量轻。主要由墩旁托架、台车、前门架、中门架、

图 4-3-187　5 号/6 号公路移动模架

后门架、钢箱梁、导梁、底模桁架、外模板及其撑杆系统、内模系统、配重系统、液压系统及电气系统等组成，采用双主梁结构形式。

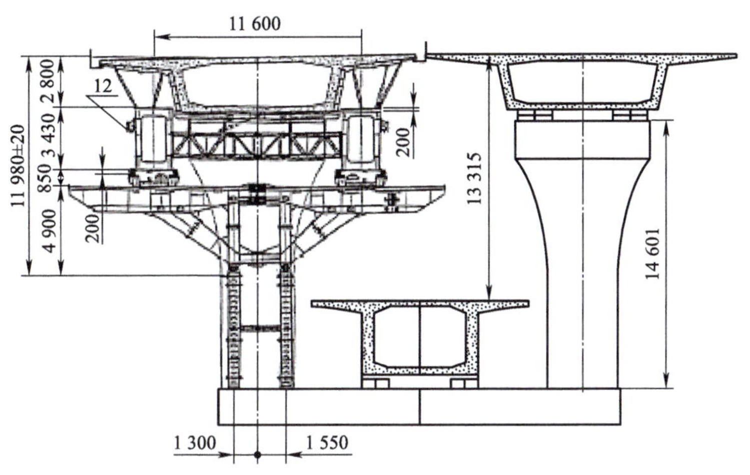

图 4-3-188　5 号/6 号/8 号公路移动模架横截面图(单位:mm)

(1)主要构件

①墩旁托架

墩旁托架是由箱形梁组拼成的三角形空间结构，通过高强度精轧螺纹钢筋将墩旁托架与桥墩紧贴一起，如图 4-3-189 所示。墩旁托架把模架承受的压力传递给桥墩；上部设有横移滑道，台车可在横移油缸的作用下在其上部作横移动作；上部还设有顶紧座，在张拉精轧螺纹钢筋的作用下使墩旁托架抱紧桥墩；竖向荷载通过立柱传到铁路墩顶或承台上，托架立柱长度可调节，适应不同高度的公路墩；上部放垫木的位置可根据桥墩宽度的变化自行定位，但是需保证两侧放垫木的位置对称。

图 4-3-189　墩旁托架结构图

②台车

支承台车是整机动作的执行部件。升模、落模由台车的顶升油缸完成;纵移及倒运支腿动作由台车的纵移油缸完成;另外还有台车提升机构、横移机构和吊挂轮机构均作为倒运支腿的辅助机构,来共同完成倒运支腿的动作。台车在浇筑时不受力,顶升油缸所受的力直接传到墩旁托架上。纵移时台车受到主框架的压力。

台车主要部件由滑动支承梁、台车架、纵移机构、顶升机构、提升机构、横移机构和上挂轮机构等组成,如图 4-3-190 所示。台车滑动支承梁的外侧还设有反扣,以保证整机横向稳定性。台车的滑动支承上方设有纵移滑板,材料为 MGE;台车座下方设有横移滑板,其材料也为 MGE。滑板在使用前必须将滑板与滑道面上清理干净,抹上均匀的润滑油脂,不允许在滑移表面有砂砾、铁屑等杂物,并保证滑板上有一层均匀的润滑油脂。

图 4-3-190 台车实例图

③前门架

前门架的作用之一是将左右两组前导梁连接成一体,加强其横向稳定性;作用之二是为移动模架自动倒腿提供支承。前门架为箱形结构,配有 2 个螺旋千斤顶,可以使其在倒运支承腿时进行升降动作,方便支腿安装。前门架中间有法兰,在过孔时,拆除螺栓,前门架从中间打开,分为两半。在合模时,将法兰连接在一起,前门架实例如图 4-3-191 所示。

图 4-3-191 前门架实例图

④中门架

中门架作用之一为在过孔时,为模架自动倒腿提供支点,承载主箱梁及支腿,如图 4-3-192 所示;作用之二为连续梁施工时,用中门架减缓现浇梁与已浇梁之间的错台。中门架与主箱梁之间通过精轧螺纹钢连接。每跨施工时,应在梁面开预留孔,用来穿精轧螺纹钢筋。中门架下方配有走行车轮,可在梁面上走行。

图 4-3-192 中门架实例图

⑤后门架

后门架是移动模架中一个非常重要的部件,如图 4-3-193 和图 4-3-194 所示。它的作用有四个:浇筑工况时,作为模架的后部主承载部件。为模架自动倒腿提供支点,承载主框架。作为模架开模部件,后门架上设有横移油缸，开模时，同时启动中墩台车及后门架上的横移油缸，打开主箱梁。在模架纵移过孔时，后门架承载钢箱梁，以梁面走行的方式使模架纵移过孔。

图 4-3-193　移动模架后门架实例图(一)

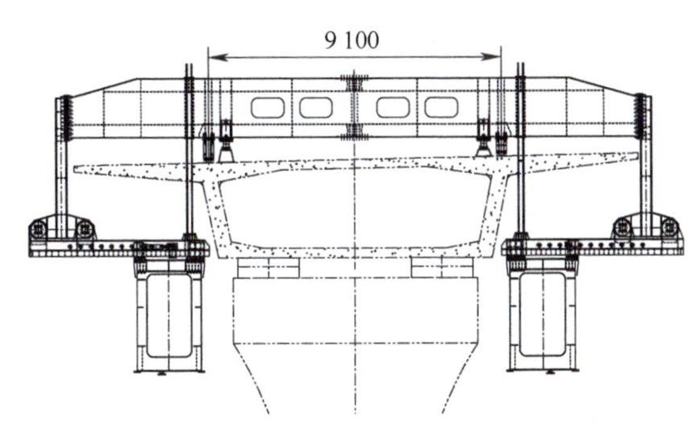

图 4-3-194　移动模架后门架实例图(二)(单位：mm)

⑥钢箱梁

主箱梁为对称的两组钢箱梁，如图 4-3-195 所示。主箱梁分为 5 节，两榀主箱梁共有 10 个节段。其单节最大重量小于 25 t，每节通过节点板用强度较高的承剪型螺栓连接。此种螺栓对预紧力要求不高，预紧力矩大小为 50～60 kN · m 即可。

主箱梁采用 Q345B 材质。主箱梁腹板开孔，在减轻重量同时提高梁内采光，并且可以从开孔处进入到底模桁架内。主箱梁腹板内侧设有法兰座，以安装底模桁架。主箱梁下盖板两边有供台车前移的轨道。下盖板中间有纵移孔板，供纵移油缸使用，使模架纵移过孔。

⑦导梁

导梁的作用是为模架前移过孔和支承腿自行倒运提供支承点。导梁设计为等腰三角形截面，分为三节，如图 4-3-196 所示。导梁与导梁之间，导梁与主梁之间均采用法兰加销轴连接。导梁底部设置有与主箱梁轨距相同的纵移轨道。

图 4-3-195　移动模架钢箱梁实例图

图 4-3-196　导梁实例图

⑧底模桁架

底模桁架为底模的支撑架。底模桁架中间用法兰连接，还可通过旋转折叠以减少开模距离，如

图 4-3-197 所示。另外，底横梁还备有垫片，在对接底横梁完成后，若发现底横梁法兰板之间有间隙，则应将垫片塞入以消除其间隙。

⑨外模及支撑系统

外模板系统由非标模板、标准模板、支撑和栏杆组成，其中标准模板根据工作环境每段长为 5 m，如图 4-3-198 所示。每块模板在横向和纵向都有螺栓连接。为保证模板起拱时调节方便，在翼模的横桥向连接缝处留有 2 mm 的伸缩缝，为防止此缝漏浆，两块模板之间嵌有 10 mm 厚的橡胶板。支撑是用来支撑模板和调节模板，把模板承受的力传给主框架结构。为保证施工中安全，模板上设有活动平台和栏杆。因为桥为双幅桥，两桥间距仅 500 mm，所以将翼模做成折叠式的。这样在开模时，模架模板就不会与另一台模架相互干涉。同时底模也做成折叠式的，以减少开模距离。

图 4-3-197　底模桁架实例图

图 4-3-198　外模及支撑系统实例图

⑩内模系统

内模系统为可拆装式。单块模板重量均有控制，以保证倒运和安装方便。内模板系统由非标模板、标准模板、支撑组成，其中标准模板每段长为 1 m，如图 4-3-199 所示。每块模板在横向和纵向都有螺栓连接，其骨架由钢板筋肋与槽钢组焊而成。

⑪配重系统

主箱梁外侧设计有配重系统，以增加模架过孔时的横向稳定性。箱梁单边配重共 28.1 t，由 9 块混凝土块组成，单块混凝土长 5 m、宽 0.5 m、高 0.55 m、重 3.12 t。两边整机配重共计 56.2 t，混凝土块利用两个卸扣与主梁连接板相连。主梁配重系统如图 4-3-200 所示。

图 4-3-199　内模系统实例图

图 4-3-200　箱梁配重系统图

⑫液压系统

液压系统包含固定后门架液压系统、中吊架液压系统、台车液压系统、开模液压系统。控制元件及管路包括手动换向阀、截止阀、单向阀及带快速接头的软管和连接用钢管。通过截止阀的开关和换向阀的换位，可分别使各执行元件动作。

(2)基本参数

TM49.2 m/40.7 m 公路移动模架技术参数见表 4-3-32。

表 4-3-32 TM49.2 m/40.7 m 公路移动模架技术参数

	项　目	40.7 m	49.2 m
整机性能参数	施工方法	逐跨段原位现浇	逐跨段原位现浇
	适用范围	40.7 m 连续梁;悬臂 9 m	49.2 m 连续梁;悬臂 11 m
	支撑形式	下行式	下行式
	现浇混凝土梁最大重量	1 400 t+300 t	1750 t+400 t
	现浇混凝土梁最小曲线半径	3 500 m	3 500 m
	现浇混凝土梁纵向最大坡度	2%	2%
	现浇混凝土梁横向最大坡度	2%	2%
	运输条件	满足公铁路限界	满足公铁路限界
	驱动方式	液压油缸	液压油缸
	设计施工周期	12 d	13 d
	动力条件	AC,380V,50Hz	AC,380V,50Hz
	整机自重	—	900 t
	钢箱梁挠跨比	—	≤1/700
	模板系统挠跨比	纵向≤1/700　横向≤1/1000	纵向≤1/700　横向≤1/1000
	装机容量	约 100 kW	约 100 kW
	环境条件	−20 ℃~50 ℃	−20 ℃~50 ℃
浇筑状态	浇筑时容许最大风力	8 级风	8 级风
	对前墩身最大重量和	1 420 t	1 820 t
	移动时容许最大风力	7 级风	7 级风
移位状态	对前墩身最大重量和	700 t	700 t
	模架纵移速度	1 m/min	1 m/min
	整机抗倾覆稳定系数	≥1.5	≥1.5
工作状态	锚固时最大风力	14 级台风	14 级台风

(3)主要特点

①同一断面范围内的铁路、公路移动模架前进和后退相互不影响。

②模架采用两跨式布局,后门架梁面走行的方式,效率较高,整机结构紧凑,重量轻。移动模架在调头后退时,可采用双后门架在已浇梁面倒运,节约后退工期。

③具备双向行走功能。

④可以变跨施工,适应 40.7 m 和 49.2 m 跨径施工。

五、各类型移动模架工作流程

1. 上行式铁路移动模架过孔流程

下面以 4 号铁路移动模架为例对上行式铁路移动模架过孔流程进行介绍。

(1)施工步骤一(图 4-3-201)

①拆除内模及端模。

②张拉混凝土梁体并养生。

③清理模架,解除所有影响模架竖向位移的约束。

④固定中支腿和主中支腿,支承油缸下落,模板落模约 150 mm。

⑤驱动底模工作车升油缸，支撑底模中间段并拆除连接螺栓等，将底模中间段下落并支承到墩，同时将两边的侧底模向外开模约 100 mm。

⑥上小车起吊底模中间段前端，底模工作车辅助，准备底模中间段过孔。

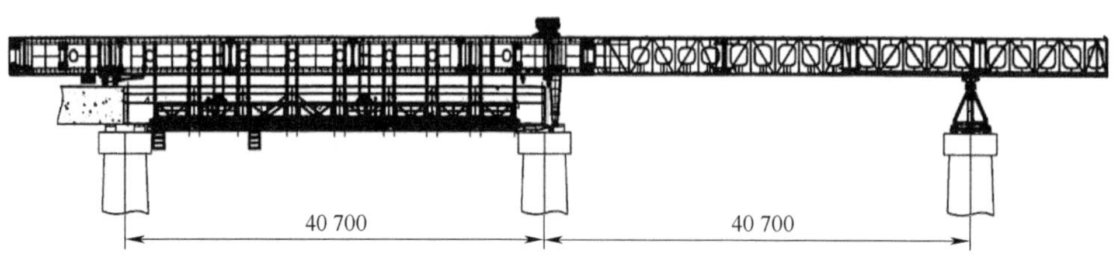

图 4-3-201 施工步骤一(单位:mm)

(2)施工步骤二(图 4-3-202)

①上小车与底模工作车同时支撑底模中间段往前进行倒运。

②当纵移约 7 m 时，将底模中间段临时支承在前墩顶，上小车移位到底模中间段的前端吊点处起吊，与底模工作车一起倒运底模中间段继续过孔。

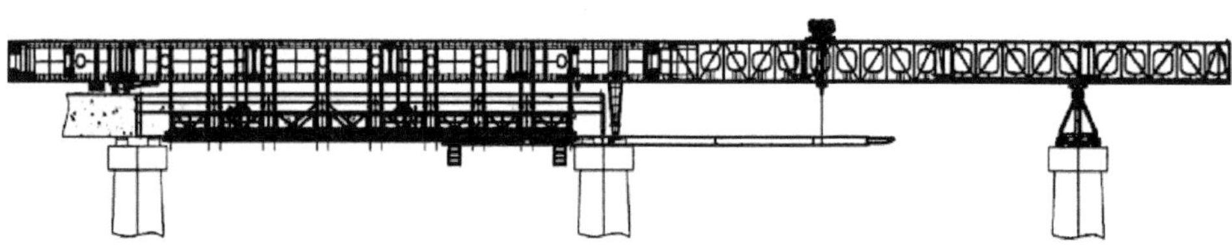

图 4-3-202 施工步骤二

(3)施工步骤三(图 4-3-203)

当前端的底模工作车与上小车吊运底模中间段露出底模中间段尾部的吊装孔后，中小车起吊底模中间段，然后脱开底模中间段与底模工作车的连接。

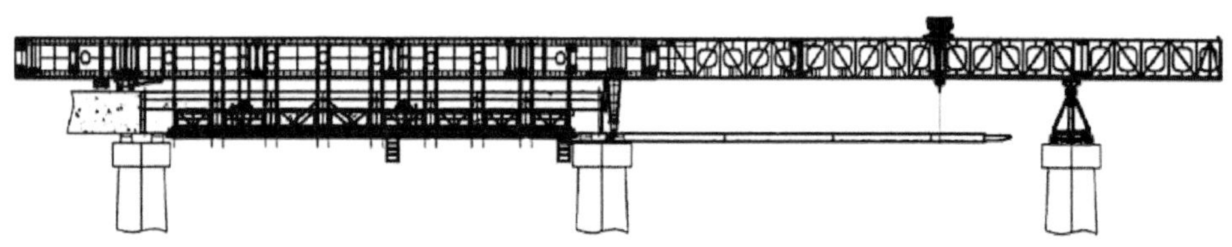

图 4-3-203 施工步骤三

(4)施工步骤四(图 4-3-204)

中小车与上小车一起配合吊运底模中间段完成过孔，然后按照设计标高将底模中间段支承在桥墩墩顶。

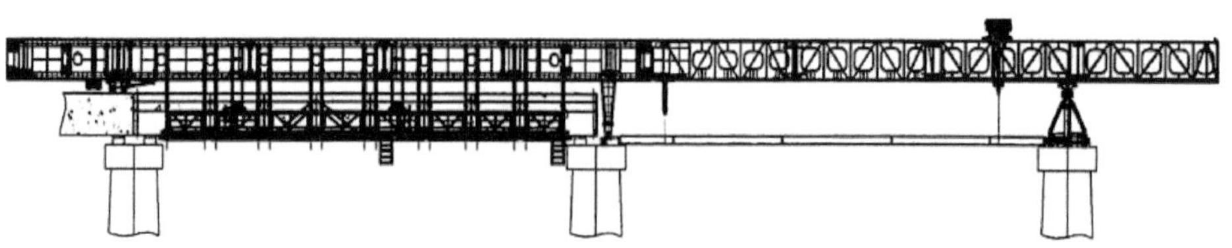

图 4-3-204 施工步骤四

(5)施工步骤五(图 4-3-205)

①上小车和中小车摘吊钩，后退到指定位置固定。

②底模工作车拆开折叠，并收起藏在外模板的翼模下面。

③侧底模向两侧开模就位，侧翼模向两侧开模 150 mm 并就位锁定。

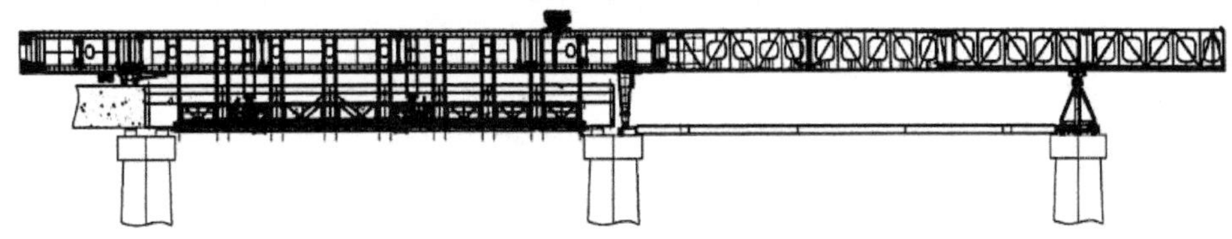

图 4-3-205　施工步骤五

(6)施工步骤六(图 4-3-206)

①安装好辅助后支腿的走行轨道，主中支腿下降，自动倒退到已浇筑跨混凝土梁前端就位。

②主中支腿顶升，支撑模架，然后固定中支腿下降并收起，保证导梁前端落在辅助前支腿上。

③做好模架过孔前准备工作。

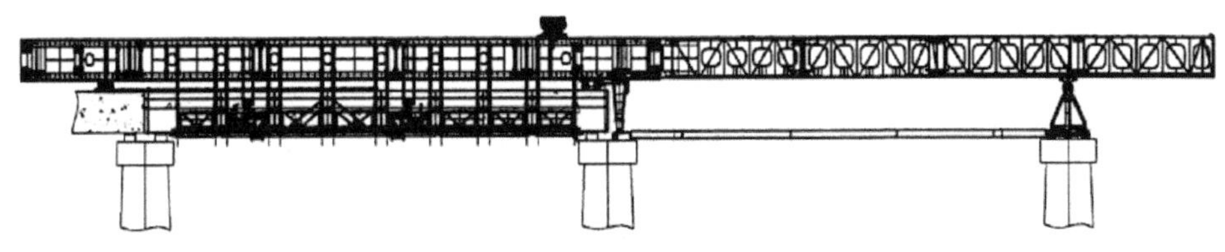

图 4-3-206　施工步骤六

(7)施工步骤七(图 4-3-207)

主中支腿纵移油缸工作，整机前行约 23 m 后，辅助后支腿完全脱开轨道面。

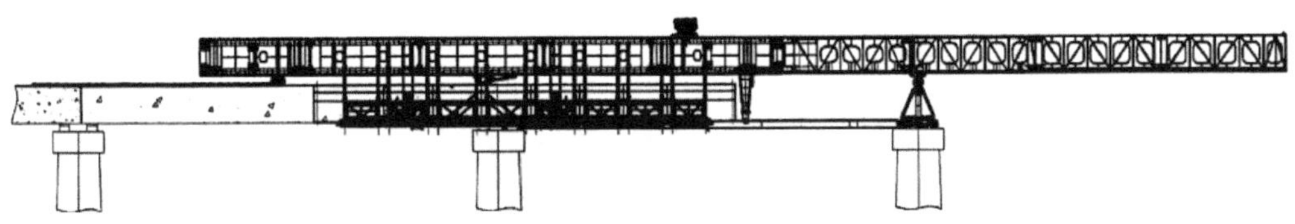

图 4-3-207　施工步骤七

(8)施工步骤八(图 4-3-208)

①模架继续纵移到位。

②主中支腿和辅助前支腿横移机构工作，调整模架姿态，特别是调整模架的中心线达到施工要求。

图 4-3-208　施工步骤八

(9)施工步骤九(图 4-3-209)

①外侧的底模板横移就位，下放并安装底模工作车。

②利用底模工作车将底模连接螺栓安装并拧紧。

③安装所有外模板的连接螺栓，并调整模板的姿态使其符合施工要求。

(10)施工步骤十(图 4-3-210)

①主中支腿、固定中支腿顶升，使导梁前端翘起，做好吊装前支腿到超前墩安装的准备工作。

②上小车将辅助前支腿吊运到超前墩并安装好。

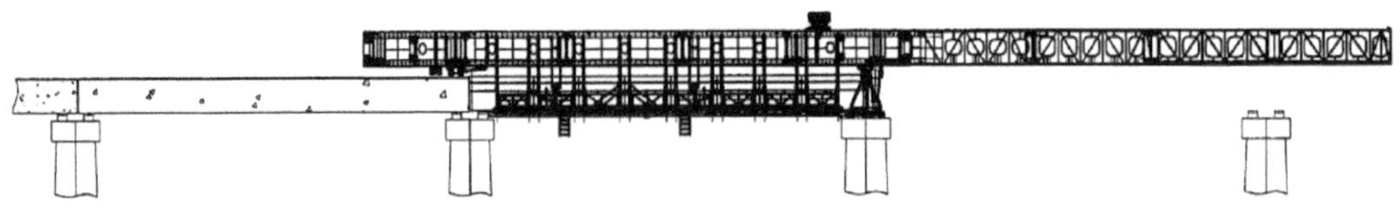

图 4-3-209　施工步骤九

③主中支腿、固定中支腿顶升，调整好模板的标高等，到达施工要求。

④将模架在各锚固点锚固起来，准备进行下一跨架的施工。

图 4-3-210　施工步骤十

2. 下行式铁路移动模架过孔流程

下面以 5 号铁路移动模架为例对下行式铁路移动模架过孔流程进行介绍。

(1)施工步骤一(图 4-3-211)

①安装并调试移动模架完成；绑扎底腹板钢筋，安装内模。

②绑扎顶板钢筋，安装锚固模板顶部对拉螺纹钢筋；浇筑混凝土。

③混凝土养生，拆除模板顶部横向对拉螺纹钢筋。

④张拉；准备模架脱模。

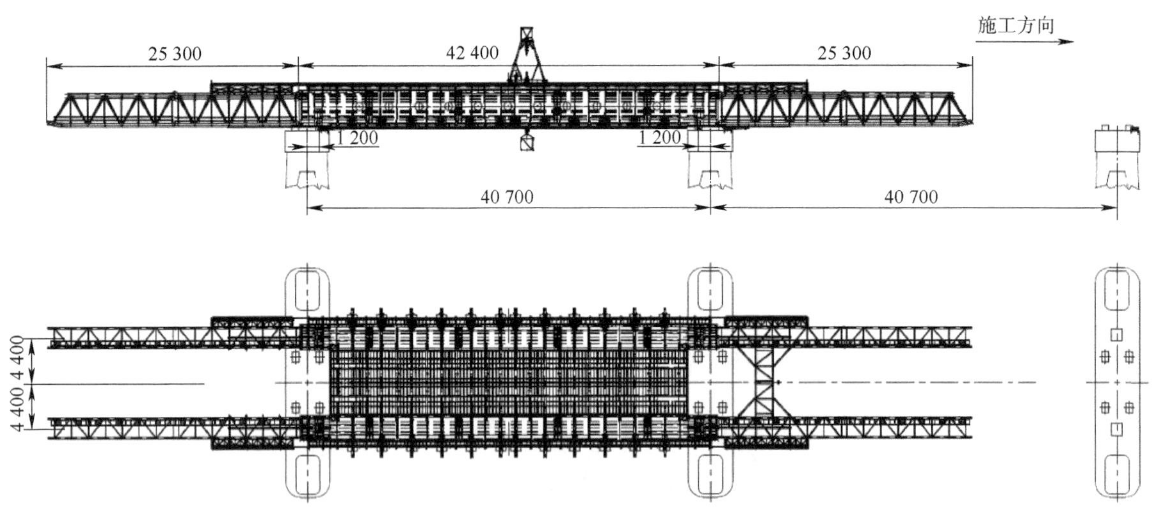

图 4-3-211　施工步骤一(单位：mm)

(2)施工步骤二(图 4-3-212)

①墩顶顶升油缸收缩，模架整体下落 120 mm，完成脱模。

②底模板下葫芦提起操作平台，解除底模中间连接的螺栓；解除底模与主梁之间的锚固螺纹钢筋。

③下落操作平台，并放置在路基或船上，解除操作平台与起吊葫芦间连接，并将操作平台倒运至前跨。

④启动底模横移油缸，推动底模横移向外开启 3. 2 m。

⑤穿上底模与主梁间精轧螺纹钢筋，一块模板保证穿一根。

⑥启动墩顶横移油缸，两侧模架整体向外开移 150 mm。

⑦连接前导梁联系梁。

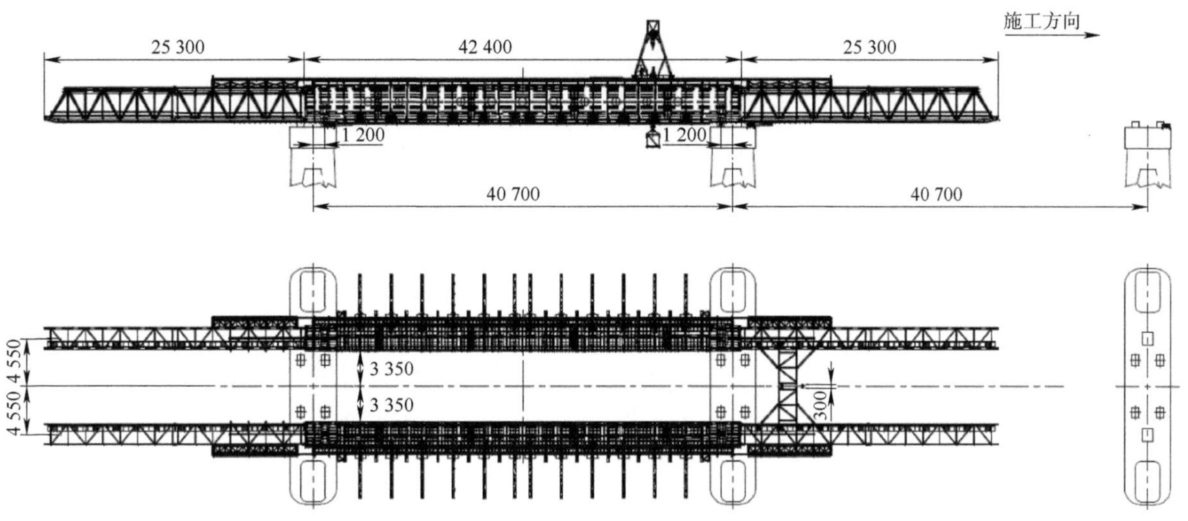

图 4-3-212 施工步骤二(单位:mm)

(3)施工步骤三(图 4-3-213)

①纵移前检查过孔无障碍。

②启动墩顶纵移油缸,模架(除门式起重机外)整体前移 18 m,此时前导梁到达前墩顶滑座上。

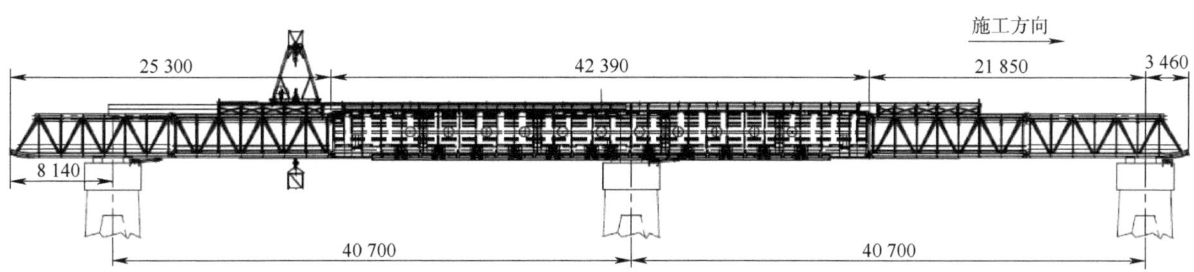

图 4-3-213 施工步骤三(单位:mm)

(4)施工步骤四(图 4-3-214)

整机继续前移 22.7 m,过孔到位。

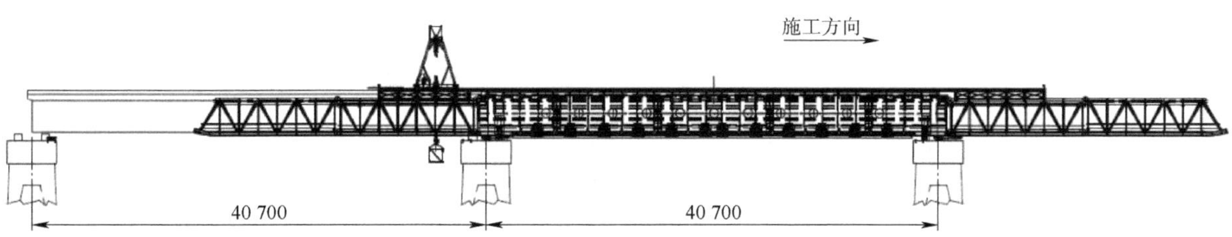

图 4-3-214 施工步骤四(单位:mm)

(5)施工步骤五(图 4-3-215)

①拆除前导梁联结系 300 mm 接长段。

②启动墩顶横移油缸,两侧模架向内横移 150 mm。

③拆除底模与主梁间锁定。

④启动底模横移油缸,两侧底模向内横移 3 200 mm。

⑤底模板葫芦提起操作平台。

⑥安装底模与主梁之间的锚栓;安装底模中间连接螺栓。

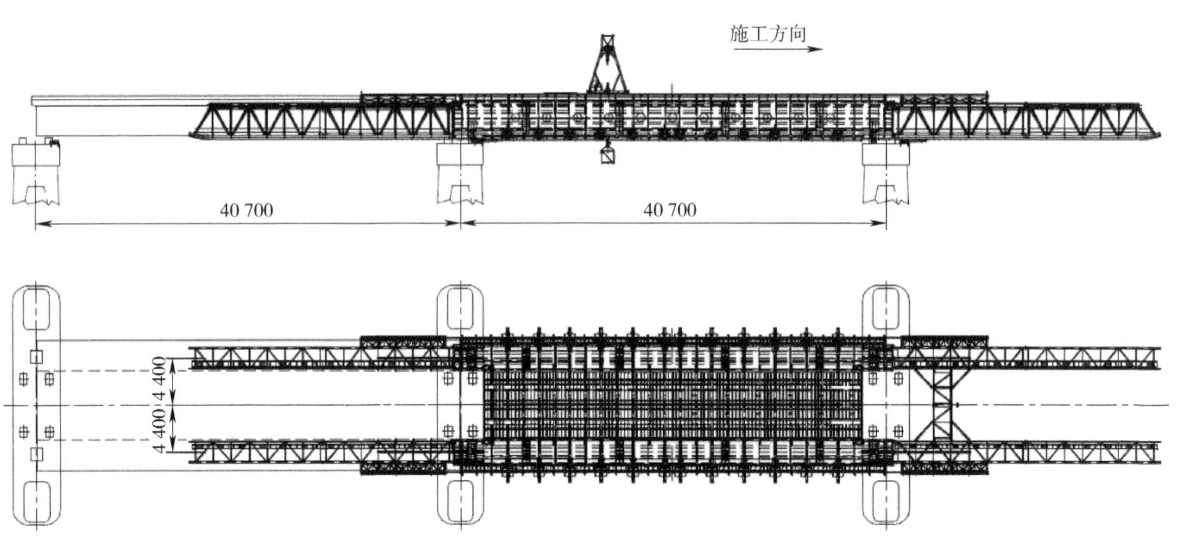

图 4-3-215 施工步骤六(单位:mm)

(6)施工步骤六

①启动墩顶主油缸,模架整体提升 120 mm,到达制梁标高。

②绑扎底腹板钢筋,安装内模。

③绑扎顶板钢筋,安装锚固模板顶部对拉螺纹钢筋;浇筑混凝土。

④混凝土养生,张拉。

⑤重复步骤(1)～(5),进行下一阶段施工。

3. 上行式公路移动模架过孔流程

下面以 4 号铁路移动模架为例对上行式公路移动模架过孔流程进行介绍。

(1)施工步骤一(图 4-3-216)

①模架拼装、预压完成。

②前、后主支腿承重油缸顶升模架就位并调整模板。

③绑扎底板、腹板钢筋,立内模,绑扎顶板钢筋,浇筑。

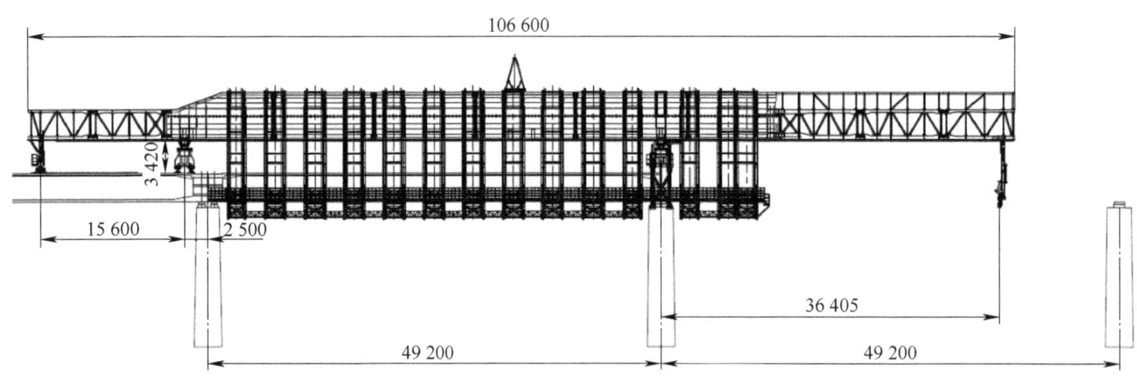

图 4-3-216 施工步骤一(单位:mm)

(2)施工步骤二(图 4-3-217)

①混凝土到达强度后张拉,整机准备过孔。

②整机通过前后主支撑油缸将整机下落 260 mm 左右将主梁落在移位台车纵移轨道上,让整机卸载,拆除精轧螺纹钢筋。

③拆除底模及外肋横向连接螺栓并打开 1 号外肋纵向连接螺栓。

④通过开模油缸将外肋向外旋转打开。

⑤门式起重机运行到运行轨道最后端。

⑥为保证安全,在锚杆预埋力不能保证达到设计要求时,建议在整机一次过孔前,在前支腿横梁下端加临时支撑,支撑力不小于 3 000 kN。

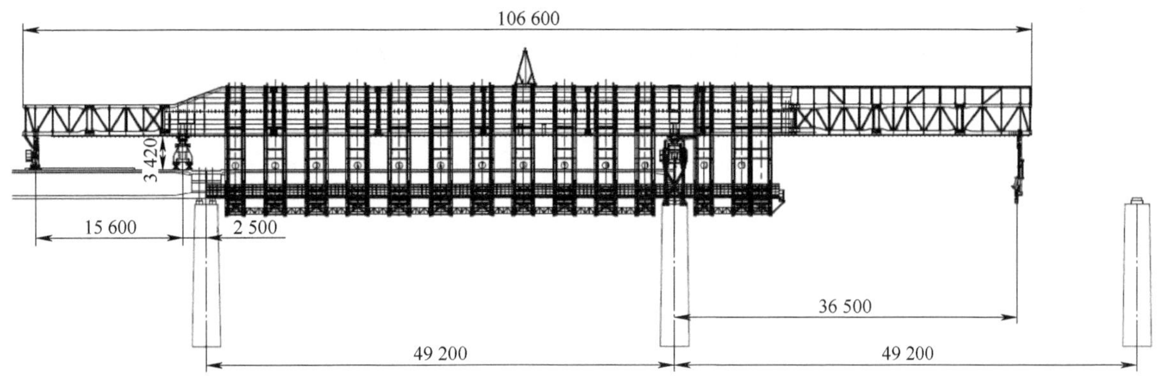

图 4-3-217　施工步骤二(单位:mm)

(3)施工步骤三(图 4-3-218)

①此时后辅助支腿处在悬空状态。

②整机向前纵移 13.92 m。

③前辅助支腿到达前方墩顶并在墩顶支撑。

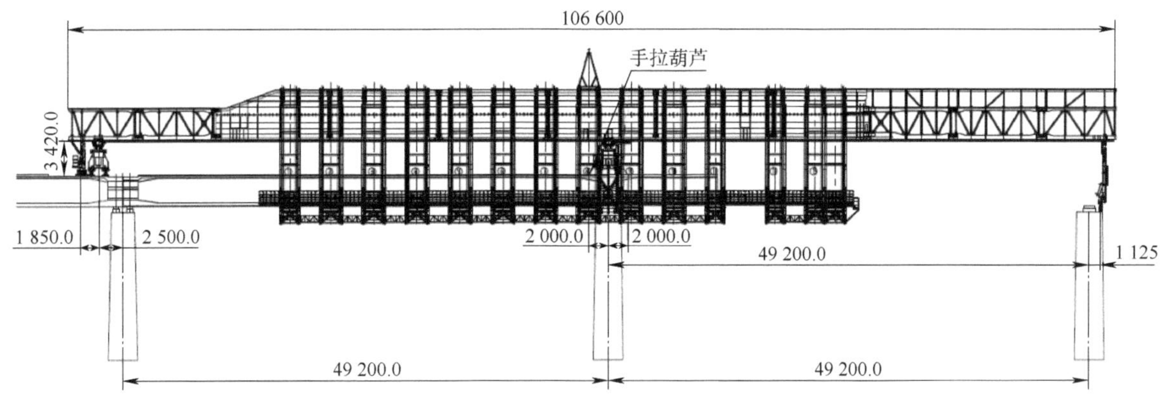

图 4-3-218　施工步骤三(单位:mm)

(4)施工步骤四(图 4-3-219)

①拆除后支腿与桥面锚固。

②前支腿通过支撑油缸和后辅助支腿通过机械顶将整机顶起 50 mm,将后支腿悬空。

③在后支腿脱空后,将可调支撑旋起 150 mm,收起后辅助支腿机械顶让后辅助支腿走行轮踏实。

④后支腿通过自身钩挂前移 49.2 m。

(5)施工步骤五(图 4-3-220)

①前支腿通过后支腿和后辅助支腿支撑油缸脱空、门式起重机将前支腿支撑柱从混凝土梁抽出,钩挂油缸前行 49.2 m 到达前方墩顶支撑锚固,安装立柱框架撑。

②脱空前辅助支腿。

③铺设后辅助支腿走行轨道。

④整机降落 50 mm,让主梁及后辅助支腿走行轮落在轨道上。

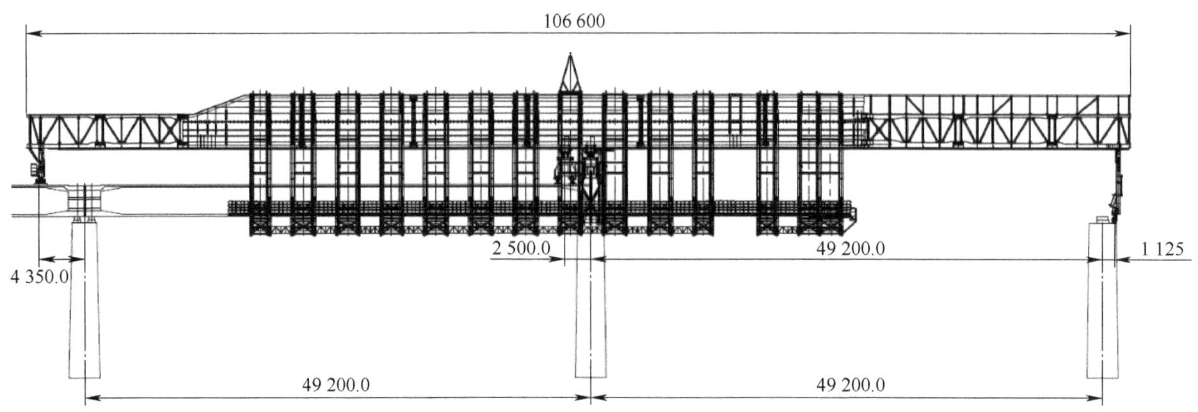

图 4-3-219 施工步骤四(单位:mm)

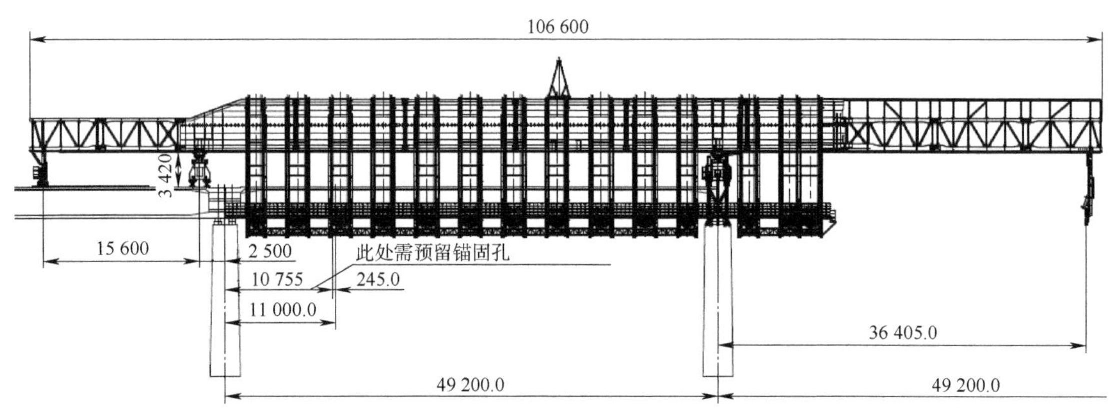

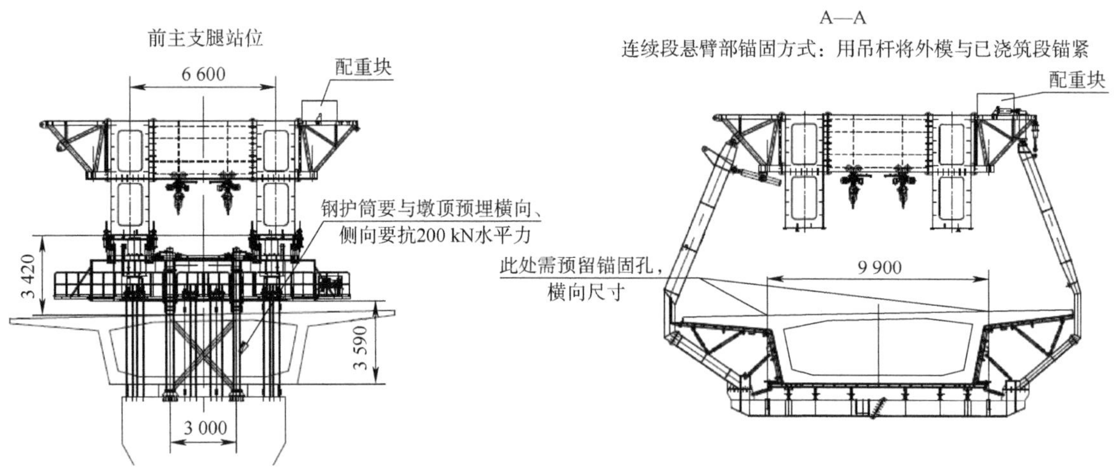

图 4-3-220 施工步骤五(单位:mm)

(6)施工步骤六

①整机向前纵移 35.28 m,过孔到位。

②通过开模油缸将外膜合龙并安装螺栓,1 号、2 号外肋不完全合龙,用吊杆将 3 号模板后方与已浇筑梁锚固并预紧。

③前、后支腿顶起支撑油缸使外膜处在浇筑状态。

④安装精轧螺纹钢筋。

⑤铺设钢筋安装内模,准备浇筑。

⑥完成一次施工流程循环。

4. 下行式公路移动模架过孔流程

(1)施工步骤一(图 4-3-221)

①模架拼装调试完毕后,调整底模、侧模位置及标高,设置预拱度。

②绑扎箱梁底腹板钢筋,安装内腔模板并调整位置及标高。

③绑扎箱梁顶板钢筋,安装端头模板,检查并签证。

④从前往后顺序浇筑首跨(40.7+9) m 混凝土。

⑤混凝土养生。

(2)施工步骤二(图 4-3-222)

①回缩主支腿顶升油缸 80 mm,使模架脱离混凝土。

②安装中、后辅助支腿,吊挂起模架。

③解除墩旁托架左右连接,收缩钩挂油缸使托架脱空。

④启动横移油缸,使托架相对于台车向外横移,避开桥墩。

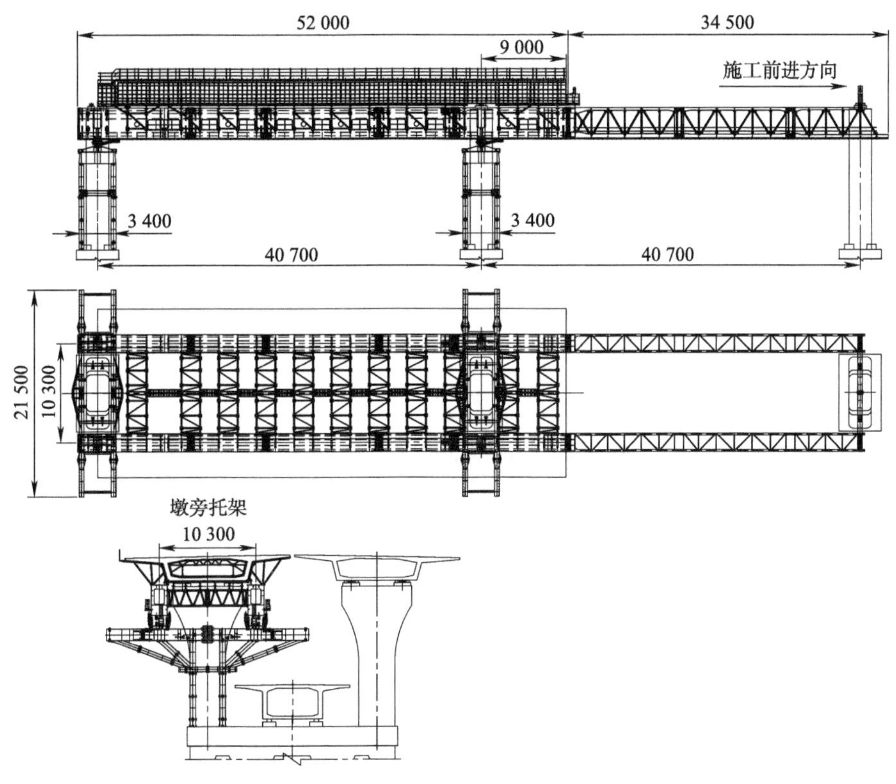

图 4-3-221　施工步骤一(单位:mm)

(3)施工步骤三(图 4-3-223)

①启动纵移油缸,使主支腿前移一跨。

②安装两主支腿。

(4)施工步骤四(图 4-3-224)

①松开前辅助支腿支撑;解除中辅助支腿拉杆螺纹钢筋。

②前、后主支腿及后辅助支腿竖向油缸回缩;模架下落在移位台车滑道上。

③解除底模桁架、底模、前辅助支腿中部的连接螺栓。

④模架在前、后主支腿及后辅助支腿横移油缸作用下,向两侧横移约 4 m 开模;第二幅梁施工时,内侧翼模下旋 15°以避开已浇桥梁。

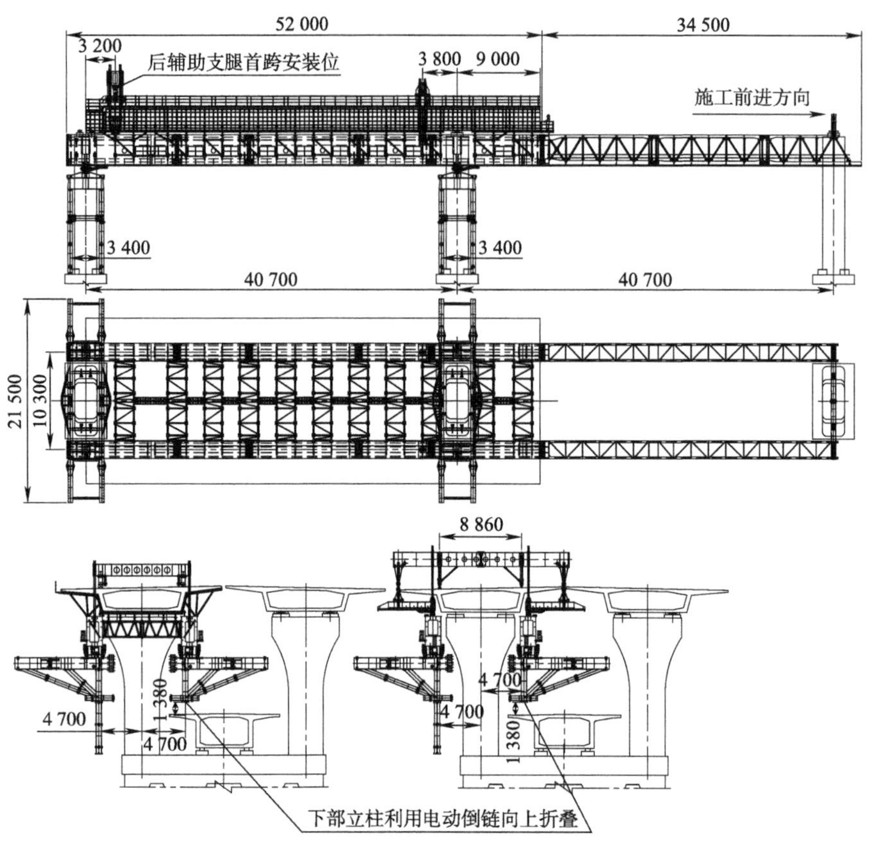

图 4-3-222 施工步骤二(单位:mm)

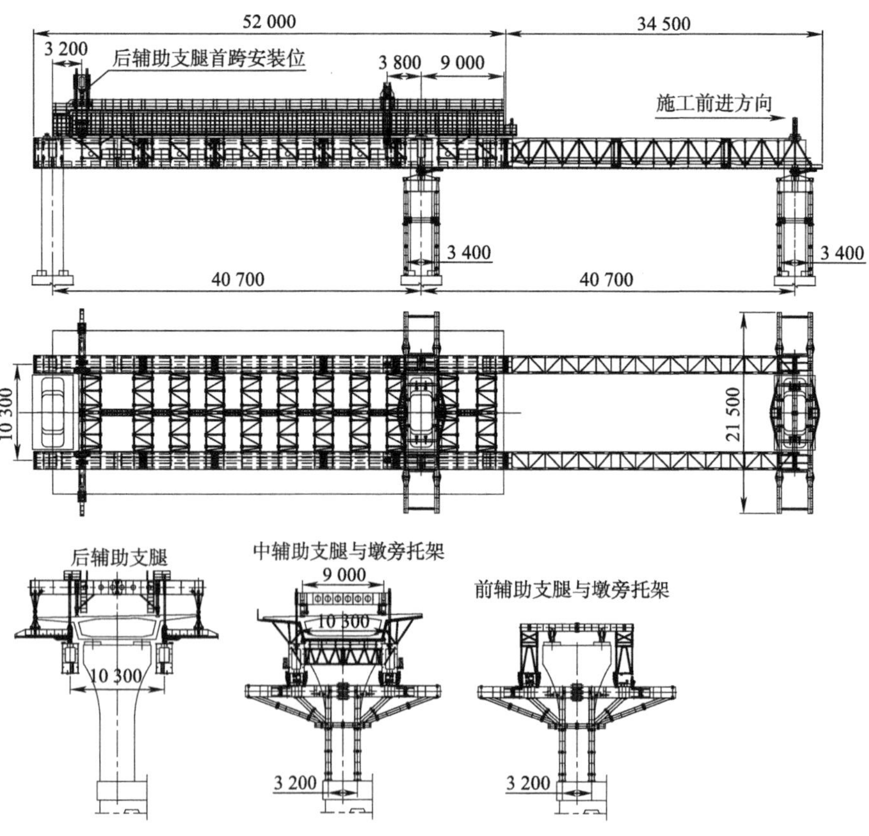

图 4-3-223 施工步骤三(单位:mm)

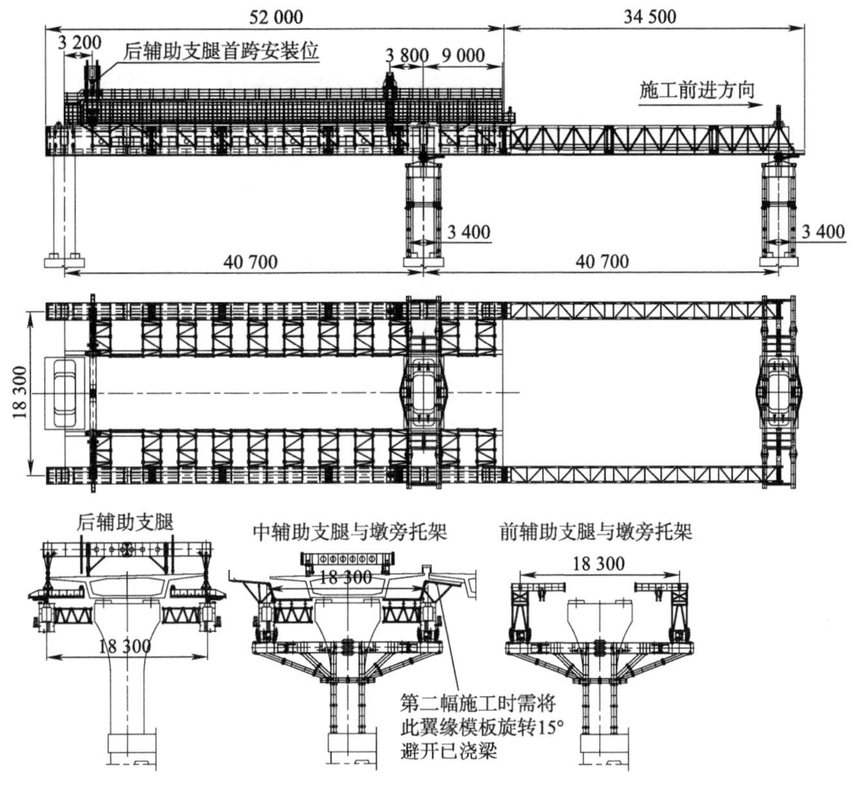

图 4-3-224　施工步骤四(单位:mm)

(5)施工步骤五(图 4-3-225)

①整机在主支腿纵移油缸作用下,前移 40.7 m。

②模架到达新的制梁位。

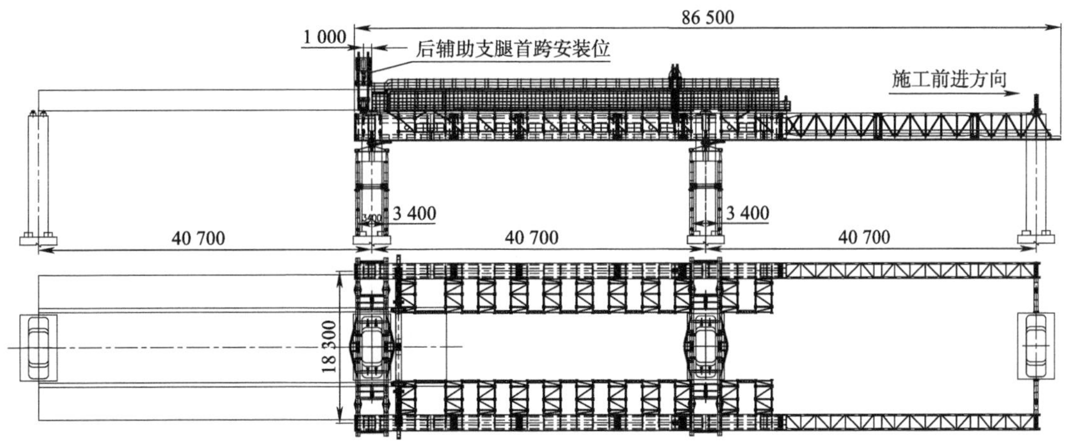

图 4-3-225　施工步骤五(单位:mm)

(6)施工步骤六(图 4-3-226)

①底模横梁及外模横移合龙就位。

②前、后主支腿承重油缸顶升模架就位并调整模板。

③施工缝后方 1 m 处吊挂中辅助支腿;边缘处将外模与已浇混凝土梁锚固。

④绑扎底、腹板钢筋,立内模、绑扎顶板钢筋、浇筑中间标准段 40.7 m 混凝土。

⑤按照以上施工、过孔步骤,完成余下箱梁浇筑。

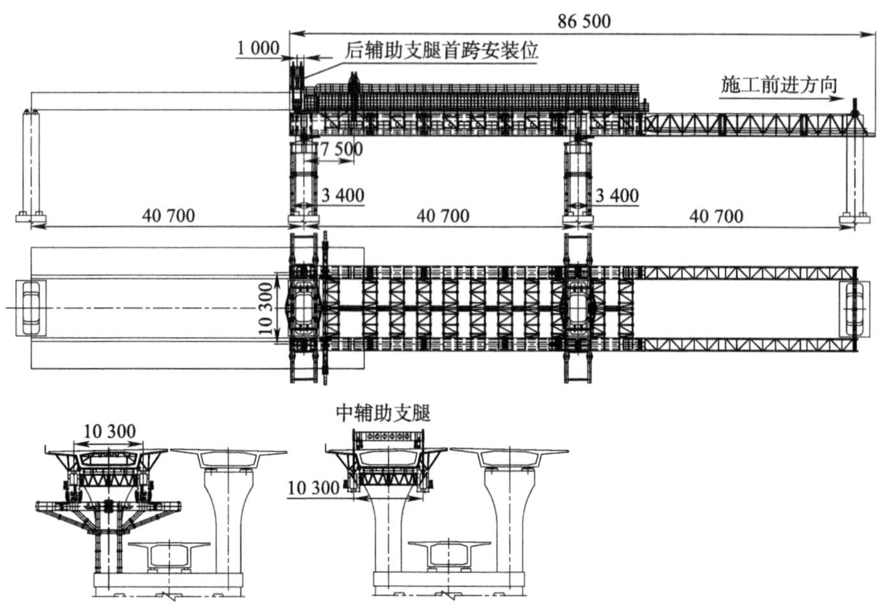

图 4-3-226 施工步骤六(单位:mm)

六、移动模架海上施工关键技术

平潭海峡公铁大桥地处风大、浪高、水深、流急、潮汐明显、季风周期长、台风频繁的复杂海峡环境,同内陆桥梁相比施工环境恶劣。针对恶劣施工环境并结合大桥预应力混凝土箱梁设计特点,上下层公铁混凝土箱梁同步施工要求,对移动模架施工进行了优化、创新以适应环境及施工要求。采用后场整体拼装、吊装技术,解决了海上大风环境高墩模架拼装安全风险大、工效低的难题;通过设计新结构、优化构件,使得同套模架可施工不同跨径箱梁、具备双向行走功能等,解决移动模架掉头难的难题;研发移动模架新结构,使得移动模架具备横向移动的能力,大大增加了施工效率;采用倒"品"字形结构,墩旁托架拼拆式、铁路移动模架中底模先过孔及公路移动模架内侧翼缘可折叠技术,解决公铁合建箱梁模架施工空间受限这一难题,实现三套模架在同一截面过孔,确保施工进度;运用独特的设计,使得移动模架具备抗大风能力。各模架施工技术简介见表 4-3-33。

表 4-3-33 移动模架施工技术简介

移动模架类型		载重	优点
上行式	1号、2号 铁路移动模架	约 1 600 t	采用上行式移动模架能自行完成支腿过孔移位,机械化程度高,操作简单,安全可靠;其中 2 号铁路移动模架具备双向走行功能
	4号 铁路移动模架	1 200 t/1 600 t (分别对应 49.2 m/40.7 m 跨径工况)	(1)模架的整体布局采用两跨式,倒运前辅助支腿不占用主线工期,效率较高。 (2)模架的底模板采用较薄的结构方式,以适应开模后能够从桥墩上平面通过,其预拱调整来自吊挂曲梁的上部,过孔作业与公路墩身施工不发生干涉。 (3)具备双向行走功能。 (4)可以变跨施工,适应 40.7 m 和 49.2 m 跨径施工
	1号、2号 公路移动模架	约 2 100 t	(1)采用上行式移动模架造桥机能自行完成支腿过孔移位,机械化程度高,操作简单,安全可靠。 (2)主梁两侧挑梁顶部可设置防雨、防晒顶棚,能保证移动模架造桥机全天候工作,以提高造桥机总体工作效率,确保总工期的要求。 (3)当通过连续梁或连续刚构等桥间转场时,只需展开侧模架和底模,即可方便通过,减少整机拆除工作量,提高转场作业效率
	7号 公路移动模架	约 2 100 t	(1)其他优点同 1 号、2 号模架类似。 (2)当通过连续梁或连续刚构等桥间转场时,只需展开侧模架和底模,即可方便通过,并具有独特的横移机构以实现模架整体墩顶横移,减少整机拆除工作量,提高转场作业效率

续上表

移动模架类型		载　重	优　点
下行式	3 号、5 号 铁路移动模架	1 200 t/1 600 t (分别对应 49.2 m/40.7 m 跨径工况)	(1)外模系统与两侧承重主梁上合为一体,减少侧模及侧模架投入,结构简单。 (2)主梁系统支撑在铁路墩顶,在铁路墩顶设移位机构,便于移动模架调整主梁位置,以保证梁位的准确,且便于曲线过孔作业。 (3)过孔时底模系统横向开启并折叠至主梁底部和侧面以避开桥墩随主梁系统一起纵移过孔。过孔作业与公路墩身施工不发生干涉。 (4)具备双向行走功能
	3 号、4 号 公路移动模架	约 1 800 t	模架支腿支撑在铁路墩上,受力体系明确,采用精轧螺纹钢筋对拉连接,安装方便,较大的方便施工。外模与已浇悬臂段锚固,可有效避免接缝处出现错台;采用液压驱动使外模模板随主梁一同实现升降、横向开合和纵向三向移位,对位准确,动作平稳可靠
	5 号、6 号、8 号 公路移动模架	1 700 t/2150 t (分别对应 49.2 m/40.7 m 跨径工况)	(1)同一断面范围内的铁路、公路移动模架前进和后退相互不影响。 (2)模架采用两跨式布局,后门架梁面走行的方式,效率较高,整机结构紧凑,重量轻,移动模架在调头后退时,可采用双后门架在已浇梁面倒运,节约后退工期。 (3)具备双向行走功能。 (4)可以变跨施工,适应 40.7 m 和 49.2 m 跨径施工

1. 深水、强风海域环境下移动模架拼装

(1)移动模架后场整体拼装、吊装

海洋环境下移动模架在墩位处的拼装,需要在海中搭设临时拼装平台。考虑到桥址恶劣的风浪环境及最大墩身高达 70 m,海中支架搭设、拆除、模架拼装等安全风险极高、功效低、成本大,移动模架采用在码头拼装,起重船整体吊装安装技术,如图 4-3-227 所示。首先码头搭设移动模架拼装支架,在墩位搭设移动模架安装支架,公路移动模架安装支架支撑于铁路墩帽,铁路移动模架安装支架支撑于承台,分别于墩身锚固,模架结构在码头整体性拼装完成,利用大型起重船整体吊装、运输、安装在墩位。

图 4-3-227　移动模架整体吊装

(2)移动模架顶推拼装

利用路基、桥台进行移动模架主梁、导梁拼装。主框架拼装完成后纵移到首跨施工桥位处,然后利用 100 t 履带式起重机安装吊挂及外模系统。

2. 移动模架双向行走

岛边混凝土箱梁移动模架施工受水深、暗礁影响,大型起重船无法进行移动模架整体吊装,同时墩位拼装困难,采用移动模架双向走行技术,从岛上中间墩位拼装移动模架,向一个方向施工后反向走行,施工另外一侧箱梁。

(1)双导梁模架反向走行

主要通过解除前支腿与立柱连接,使用前支腿、中支腿、后支腿在已浇筑梁面行走。利用中支腿纵移千斤顶,纵移模架 33.2 m;拆除前支腿与前支腿立柱位置的连接,纵移前支腿 49.2 m;前支腿顶紧,再整机前移 16 m;前支腿及后支腿作为支撑,纵移中支腿 49.2 m;前中支腿作为支点,将后支腿吊装后端主梁安装，完成状态转换。在纵移至混凝土端时将中支腿与立柱螺栓连接，转为前支腿，此时移动模架与原来模架走行方式完全一致。

(2)双后门架双向走行

模架正向混凝土浇筑完成后，模架反向走行时，拆除前导梁，模架开模处于走行状态，借用另一副模架的后门架。使用两套后门架悬挂让整机在梁面上走行到未浇筑跨，然后合模、拼装导梁，正常跨施工。

(3)铁路移动模架反向后移

移动模架正向施工完成后，需反向经过铁路路基至施工墩位。模架经过简单的调整即可实现反向施工，移动模架的主箱梁支点完全对称设计。在需要反向施工时，只须把导梁、固定中支腿和后走行机构对称到主箱梁的另一侧即可，模板系统拆除后单独倒运，其他施工工艺同标准跨完全相同。

3. 移动模架横移施工工艺

为满足移动模架能够连续施工左右幅混凝土箱梁，在移动模架主梁间设置横移装置。移动模架横移装置由横移机构和横移梁构成，通过横移装置横向移动模架进行相邻部位的箱梁施工，如图 4-3-228 所示。

图 4-3-228　移动模架横移施工

首先，利用油缸装置同步缓慢开启底模外肋，通过开模油缸将外肋向外旋转打开。模架开模时应分页开启，开启时需将模板之间的横缝螺栓解除。将外肋开启到规定姿态，并锁定油缸。然后，同步缓慢收回前后支腿油缸，使主梁缓慢落在横移台车顶托上。利用横移机构油缸，将整个移动模架横向缓慢移动，横移过程中须确保前后主梁移动同步，横移模架到位后须立即锁定油缸固定模架，前后支腿缓慢顶起主梁，主梁脱空横移台车使前后支腿油缸受力。

4. 移动模架变跨施工工艺

同套移动模架为适应不同混凝土箱梁跨度施工，主箱梁上同时设计有 40.7 m 及 49.2 m 跨的支点；保持前墩支点位置不变，更改后墩托架支点位置，并调整模板长度、高度，满足 49.2 m 跨混凝土箱梁高度和长度施工。

5. 移动模架错车施工设计

根据本桥设计特点，上层公路左右幅、下层铁路混凝土梁空间紧凑，公路左右幅箱梁内侧间距 50 cm，公路墩身与铁路箱梁翼缘间距仅 90 cm，如图 4-3-229 和图 4-3-230 所示。通过优化移动模架结构，采用倒“品”字形结构，模架翼缘采用可折叠的结构，同一断面模架在施工过程中，铁路、公路移动模架前进和后退相互不影响，确保混凝土箱梁施工工期。

图 4-3-229　上层公路左右幅、下层铁路混凝土梁同步施工

图 4-3-230　铁路、公路移动模架施工截面图(单位：mm)

6. 复杂海域环境中移动模架抗风设计

根据施工环境移动模架施工需要抵抗季风期、台风期超常规风荷载，对移动模架的主梁系统、支腿系

统、模板系统等进行加强设计，并增设部分抗风措施，使移动模架施工满足不大于 7 级风正常过孔，满足不大于 8 级风箱梁正常施工。台风工况时，采取将支腿、主梁与墩身、已浇梁进行锚固、抄垫，模板合模等措施，能抵抗 14 级台风，确保大风环境下混凝土箱梁施工安全、质量。

七、混凝土箱梁移动模架法施工

1. 移动模架拼装吊装

对于深水区混凝土箱梁施工，本项目针对复杂海域大风环境下移动模架拼装吊装难题，采用先在后场拼装、预压移动模架，再通过 2 000 t 起重船整体吊运至施工墩位处安装的方案，如图 4-3-231 所示，大大降低了施工风险，实现了移动模架快速精确安装。

图 4-3-231　移动模架吊运至墩位处

对于浅水区及陆地混凝土箱梁施工，采用在墩位处或者相邻墩位处地面进行拼装，利用塔式起重机吊装至墩顶，然后将移动模架纵移至首跨施工位置进行安装的方法，如图 4-3-232 和图 4-3-233 所示。

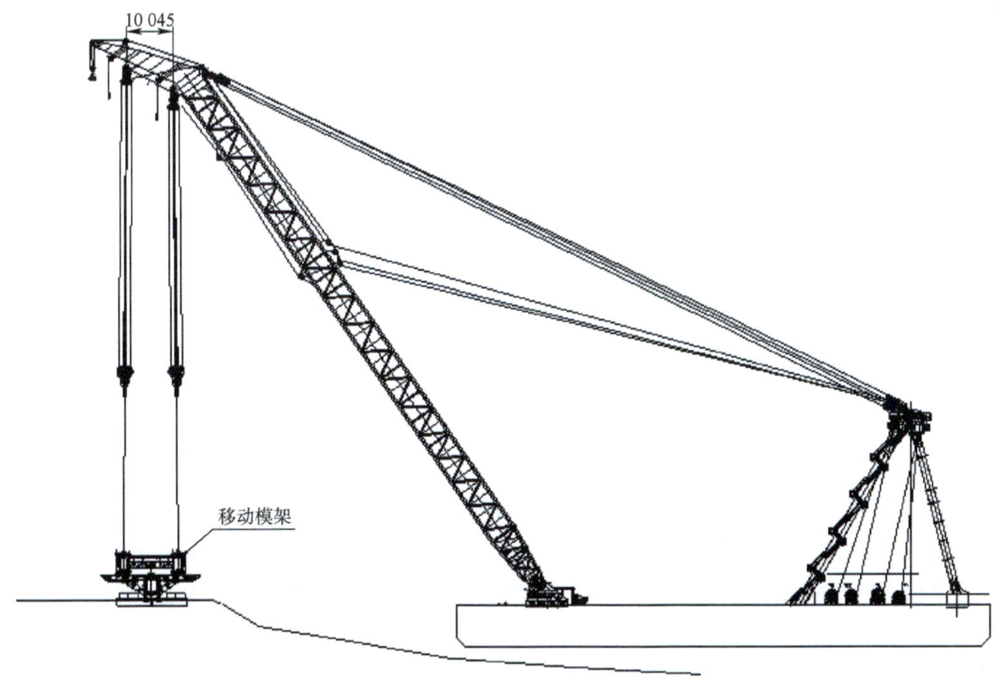

图 4-3-232　移动模架整体起吊示意图(单位：mm)

图 4-3-233　模架主框架纵移到位

具体拼装吊装流程以 8 号公路移动模架及 4 号铁路移动模架为例，见表 4-3-34。

表 4-3-34　移动模架拼装流程示例

工艺	拼装方式	适用范围	示例模架编号	拼装流程(示例)
移动模架拼装吊装	码头拼装	深水、高墩区	8 号公路移动模架	场地整平→搭设临时支架→拼装主梁、导梁结构→将主梁、导梁结构吊放至支架上→拼装吊臂、侧模架、侧模、底模→附属结构安装→液压系统、电气系统安装→起吊前检查验收、调试→预压→码头整体吊装→墩位处下放→微调至制梁状态
	墩位处拼装	浅水、陆地区	4 号铁路移动模架	拼装场地布置→拼装主梁→固定、中支腿安装→拼装走行系统→主梁吊装→主梁横联安装→前后导梁安装→主中支腿液压系统安装→纵移至墩位处→前支腿、固结中支腿与墩顶固结→安装吊挂、外模及支撑系统、底模横梁、纵梁→安装液压电气系统→检查验收→预压

2. 移动模架预压

(1)预压目的

移动模架预压目的是消除移动模架支撑、主梁、模板等非弹性变形的影响；测量结构的弹性变形实际值，作为梁体模板系统设置预拱度的依据；同时检查移动模架的强度、刚度和受力稳定情况，确保箱梁现浇施工的安全性。

(2)预压一般规定和流程

①一般规定

首次拼装后采用不小于 1.2 倍的施工总荷载进行预压，新拼装后应采用不小于 1.1 倍的施工总荷载进行预压。预压应依据荷载分布情况，按总荷载的 50%、80%、100%、110%或 120%分级加载，禁止在局部堆载。每级加载完成后，都必须对焊缝和螺栓连接处等逐一进行检查，对关键部位进行应力和变形监测，卸载分级进行。

②预压流程

模架预压流程：设置沉降观测点→分级加载预压→进行沉降观测→移动模架沉降稳定→分级卸载→预压成果分析→调整模架模板标高。预压流程如图 4-3-234 所示。

加载施工前，在观测点位置做好标记，并测量记录其标高。在整个加载过程中，每施加一级荷载，观测并记录一次。在加载过程中随时测量观测点的变化情况，防止出现意外。在箱梁跨度的 0、$L/4$、$L/2$、$3L/4$、L 位置对应的三排精轧螺纹钢筋上布置观测点。纵桥向共 5 个截面，共计 15 个观测点。40.7 m 跨观测点布置如图 4-3-235 所示。

③荷载计算

以 40.7 m 铁路箱梁为例，荷载计算以箱梁不同区段截面面积来计算每延米荷载，与区段距离相乘，就得到相应区段的荷载，并按翼缘板、腹板、底板区域来计算横截面积。40.7 m 铁路箱梁单侧腹板加厚段荷载

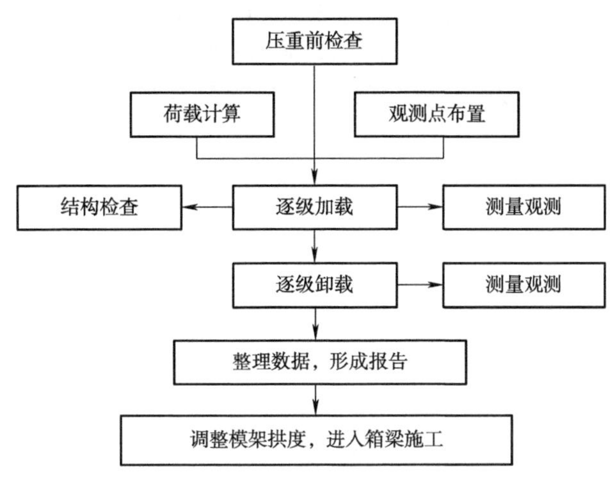

图 4-3-234　模架顶压流程图

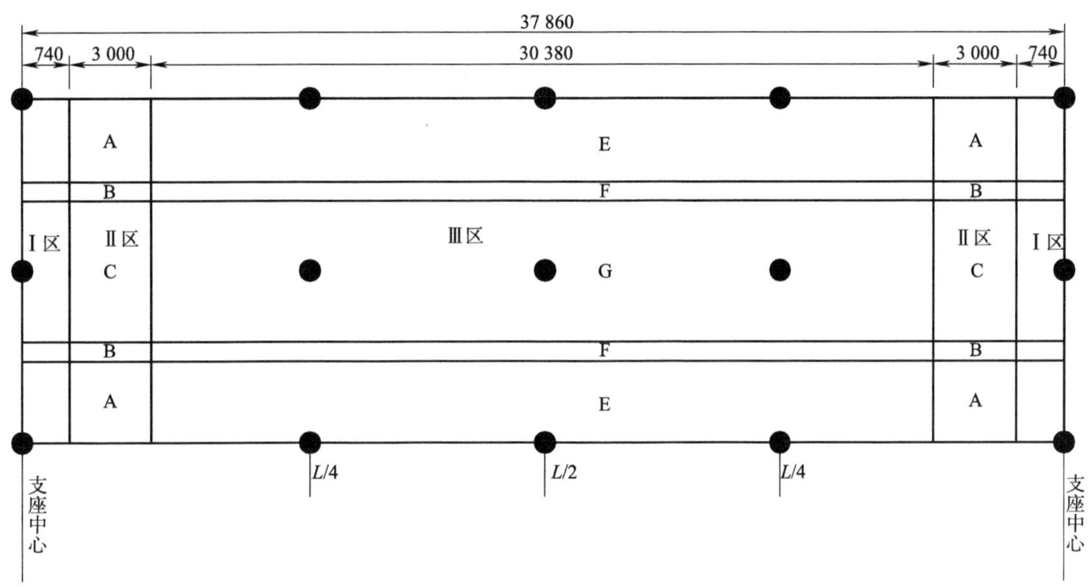

图 4-3-235　移动模架预压观测点布置示意图(单位:mm)

64.2 kN/m、中间标准段荷载 45.8 kN/m,顶、底板加厚段荷载 118.4 kN/m、中间段荷载 102.4 kN/m,单侧翼缘混凝土重 30.4 kN/m、内模及内模支撑系统按 8 kN/m、施工临时荷载按 3.6 kN/m 计算,见表 4-3-35。

表 4-3-35　40.7 m 梁各区段荷载分布值

区域		荷载值(kN/m)	区段总长(m)	模板及支撑系统、施工临时荷载(kN/m)	压重系数	各区荷载分布(kN)
Ⅰ区			1.48	Ⅰ区位于墩顶,不进行压重		
Ⅱ区	A	30.4	6.00	3.6	1.20	244.8
	B	64.2	6.00	3.6	1.20	488
	C	118.4	6.00	8	1.20	910.1
Ⅲ区	E	30.4	30.38	3.6	1.20	1239.5
	F	45.8	30.38	3.6	1.20	1 801
	G	102.4	30.38	8.0	1.20	4 024.7

④加载方法

选用砂袋或水袋作为加载物,首次拼装预压重量为梁体自重的 1.2 倍(40.7 m 跨约 14 400 kN,49.2 m

跨约 19 200 kN),砂袋逐袋称重,每袋重量应基本一致,要设专人称量,专人记录,称量好的砂袋一旦到位就采取防水措施,准备好防雨布,如图 4-3-236 所示。弧形底模先采用砂袋垫平,再将成捆钢筋布置在腹板位置。加载时采用履带式起重机逐袋(捆)将预压材料提升至箱梁底模上,分层堆码,如图 4-3-237～图 4-3-239 所示。

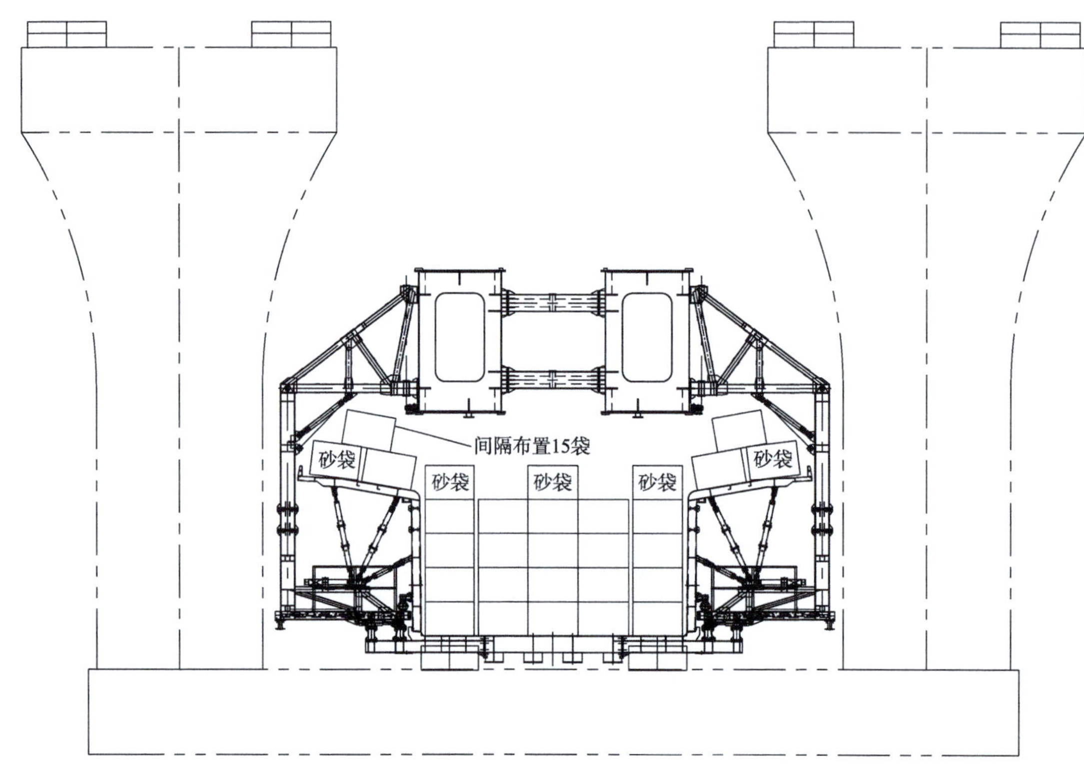

图 4-3-236 压重示意图

图 4-3-237 1 号移动模架砂袋预压现场图(一)

加载程序如下:

a. 加载前,要将箱梁横断面相应部位的荷载换算为砂袋的数量。

b. 堆载前,测出每一个测量观测点的初始标高值 H_1 并记录。

c. 加载顺序为从支座向跨中依次进行,加载时按设计要求分级进行,前三级持荷时间不少于 2 h,最后一级不小于 8 h,每级加载后要进行测量记录,观测移动模架受力情况。

d. 堆载结束后立即测量各观测点的标高值 H_2 并记录。

图 4-3-238　1 号移动模架砂袋预压现场图(二)

图 4-3-239　1 号移动模架吊挂水袋预压图

e. 堆载 24 h 后,卸载前测量各测点的标高值 H_3 并记录。

f. 卸载后测量出各侧点的标高值 H_4,此时计算出各观测点的变形如下:非弹性变形 $\Delta_1 = H_1 - H_4$。通过预压可以认为支腿、模板的非弹性变形已经消除;弹性变形 $\Delta_2 = H_4 - H_3$。

g. 注意事项:加载过程中各级压重荷载必须由专人负责,认真称量、计算和记录,当采用砂袋作为压物时,应采取防雨措施,防止砂袋吸水超重,造成模架超载,影响结构安全。所有压重荷载应提前准备至方便起吊运输的位置。加载过程中,要求详细记录加载时间及位置,要及时通知测量人员现场跟踪观测。未经观测记录不得进行下一级加载。每完成一级加载应暂停一段时间,进行观测并对模架进行检查,发现异常情况及时停止加载,及时分析,并采取相应措施。加载过程中加强施工现场安全保卫工作,确保各方面安全。加载全过程,要统一组织,统一指挥,要有专业技术人员及工点负责人在现场协调。

⑤卸载

卸载类似加载,是加载程序的逆过程,卸载过程要均匀依次卸载,防止突然释荷的冲击,并妥善放置重物以免影响正常施工。卸载时每级卸载均待观察完成,作好记录后卸至下一级荷载,测量记录模架恢复情况。所有测量记录资料要求当天上报,现场发现异常情况要及时上报。

⑥测量方法

测量仪器采用高精度水准仪观测,测量步骤如下:

a. 底模上设置测量点,找强度较好直顺的细铁丝系 2 kg 垂砣挂在观测点上,在铅垂丝上做好观测标记。地下设测站,对铅垂丝上标记进行高程测量。在加载前,测出各点的初始标高值并记录入表格,试验过程中注意对测点及铅垂丝的保护,必要时设专人看护。

b. 分级加(卸)载时,统一指挥,配备专门的荷载记录统计员,对各阶级测点均进行测量一次并有专人复测,确认无误后将计算的各测点的标高值记入表格中。

c. 整理上述各标高值,计算各测点的变形值,编制变形量成果表。

⑦预拱度设置

移动模架底模应设置预拱度,预拱度应计入主梁荷载作用后的弹性变形影响,弹性变形应根据混凝土实际容重计算并结合有关试验数据修正后确定。拱度设置需考虑以下方面的影响:

a. 箱梁自重加载后的弹性变形。试压试验所测得的实际数据与混凝土实际容重加载后的理论计算结果对比,取修正后的弹性变形值。

b. 张拉、混凝土收缩及混凝土箱梁自重(含二期恒载,按设计图纸计算)。

施工预拱度取 $a+b$,预拱度按二次抛物线法分配,其公式为 $y=\dfrac{4\delta \cdot x \cdot (L-x)}{L^2}$。

3. 混凝土箱梁施工

(1)支座安装

①支座安装前,必须检查支座品种、结构形式、规格尺寸及涂装质量,各项指标必须符合设计要求和相关产品标准的规定;固定支座及活动支座安装位置必须符合设计要求。

②支座安装前,先对混凝土垫石凿毛,在其上铺 3～4 个与垫石强度等级相同的砂浆垫块。砂浆垫块

顶标高严格控制为支座底标高，然后立即将支座吊装就位，调整好标高后，拟采用支座灌浆料填满支座与垫石之间的空隙。

③待梁体混凝土灌注后、预应力筋张拉前，及时拆除各支座的上下板连接钢板及螺栓。

(2)预拱度设置及模板调整

移动模架主梁设计制造时考虑了预拱度，当移动模架过孔就位后，要调整好主梁的平面位置及标高，使模板体系处于浇筑混凝土时的正确位置，与此同时需检测预留拱度。各支点预拱度值由预压试验和张拉、混凝土收缩及混凝土箱梁自重影响而定。预拱的设置分两次完成，第一次指在移动模架制造时考虑主梁预留上拱度，第二次由底模间、主梁间螺杆通过丝扣调节来完成。

模板要求接缝严密，相邻模板接缝平整，接缝处用贴胶带密封，防止漏浆，并在模板混凝土面板上涂刷清漆和脱模剂，保证混凝土表面的光洁和平整度，以确保梁体外观质量。

(3)绑扎底板、腹板钢筋及预应力管道安装

①钢筋绑扎基本顺序：梁体底板→腹板、横隔梁→顶板。底、顶、腹板均采用双层钢筋网，钢筋网片间拉筋。

②施工缝处纵向钢筋接长，采用单面焊，焊缝长度不小于 10 d，并且保证在不小于 60 cm 的区段内，有焊接接头的钢筋截面面积不应超过总钢筋面积的 50%。

③腹板竖向箍筋安装宜宁低勿高，以免造成桥面建筑高度超限。

④底(顶)板钢筋绑扎时，顶层钢筋应在纵向预应力筋安装后绑扎。

⑤钢筋网片间应设置拉钩，梅花形布置，与网片扎牢。

⑥保护层垫块采用混凝土垫块，应互相错开，分散布置，数量满足 4 个/m^2。

⑦钢筋与预应力孔道波纹管相碰时，可调整钢筋的位置。

⑧安装支座预埋垫板，保证其位置准确，连接牢固。

⑨预应力孔道采用塑料波纹管，孔道内预先穿入预应力筋，端部的预埋锚垫板应垂直于孔道中心线。管道端部开口须密封以防止水或其他杂物进入，并对预应力筋和波纹管进行保护，防止波纹管被击穿或造成其他损坏。波纹管的接长连接采用塑料波纹管套接。接头装置避开孔道弯曲处，接头部分要用大一号波纹管套接，用胶带纸裹紧，避免混凝土浇筑时水泥浆渗入管内。

⑩箱梁设置纵向、横向预应力体系，预应力体系为高强度低松弛钢绞线。预应力管道采用金属波纹管、真空辅助压浆工艺。施工时根据设计图纸要求安装预应力筋，并待混凝土强度达到设计要求后进行张拉施工。

⑪管道的压浆孔设在锚垫板上，为避免混凝土浇筑时水泥浆进入锚垫板发生堵塞现象，锚垫板压浆孔要用海绵条堵塞严密，并位于上方。管道在模板内安装完毕后，将其端部盖好，如图 4-3-240 所示。

(4)内模安装

内模采用分块组合钢模，预先在已浇梁段上分节拼装成整体后，用梁面门式起重机或人工进行安装。内模顶板适当位置设天窗，以便底板混凝土浇筑。内模支撑体系为型钢桁片，桁片设可调撑杆，便于内模的尺寸调整及拆除。内模体系利用底板卸水孔设支撑，支撑在底模上，如图 4-3-241 所示。

图 4-3-240　铁路箱梁钢筋绑扎、预应力管道安装

图 4-3-241　铁路箱梁内模安装

(5)顶板钢筋绑扎、横向预应力管道安装

道砟墙由于后浇，钢筋应准确定位，模板不需同时安装。钢筋绑扎时注意各种预埋件的安装。

(6)混凝土施工

①混凝土技术要求

箱梁C50混凝土配合比水灰比不大于0.36，并满足耐久性要求，氯离子含量严格控制在0.06%的范围内。混凝土要满足施工所需的和易性、坍落度、含气量、温度等指标。

②混凝土供应及材料组织

为了保证混凝土供应量，考虑混凝土工厂及施工各个环节的工作效率，根据混凝土的浇筑方量，组织足够混凝土原材料储备，保证材料补充及时、迅速，满足施工要求，确保混凝土施工连续进行。浇筑前，紧密关注本地气象情况，选择无雨天气施工。混凝土采用混凝土搅拌车装运，再由2台超高压输送泵输送至移动模架布料机进行浇筑。

③混凝土浇筑

混凝土的浇筑顺序为：从跨中向两端按水平分层、斜向分段依次浇筑，先底板，后腹板，再顶板。

a. 混凝土浇筑前，应对模板、钢筋、预埋件进行检查，符合要求后方可浇筑。模板内的杂物、积水和钢筋上的污垢须清理干净，并对模板支撑情况进行检查。经监理工程师检查合格后，进行混凝土浇筑。

b. 采取措施控制混凝土入模温度，夏季施工时，混凝土的入模温度不宜高于气温且不宜超过30 ℃。气温高时选择室外气温较低时浇筑混凝土，混凝土冬季最低入模温度5°，选择室外温度较高时浇筑混凝土。

c. 在混凝土浇筑过程中，混凝土入模高度以不发生混凝土离析为度，控制混凝土自由倾倒高度不超过2 m，控制出料口下面混凝土堆积高度不超过1 m。

d. 混凝土入模时要下料均匀，混凝土的振捣与下料要交替进行。梁体混凝土采用插入式振捣器振捣，派有经验的混凝土工负责，操作插入式振捣器时宜快插慢拔。插入式振捣器移动间距不超过其作业半径的1.5倍，与模板应保持5～10 cm的间距，插入下层混凝土5～10 cm，振捣密实的标志是混凝土停止下沉，不再冒泡、表面呈现平坦、泛浆。振捣完成后，慢慢提出振捣棒，避免碰撞模板、钢筋、预应力管道和其他预埋件。

e. 箱梁腹板混凝土下料按每层30 cm分层，振捣时注意底板混凝土翻涌，如出现此类情况，及时将底板多余的混凝土清除，确保底板厚度符合设计要求。

f. 混凝土浇筑过程中，及时清理箱梁内箱、内模下口边缘、泄水孔、通气孔等多处的多余混凝土，确保脱模方便。

④混凝土养护

混凝土浇筑后，顶部顶面、箱内底板顶面采用洒水养护，其他部位在拆模后，在混凝土箱梁表面覆盖土工布养护，如图4-3-242所示。

图4-3-242 混凝土养护

(7)预应力施工

引桥简支箱梁所有腹板钢束采用两端张拉，简支箱梁混凝土强度及弹性模量均达到设计值的60%以上时，拆除内模，在移动模架不移动的情况下，进行预应力筋预张拉；混凝土强度及弹性模量、龄期均达到设计要求的条件时，进行预应力筋终张拉。

①预应力张拉

a. 张拉前的准备

千斤顶使用前，须先配套标定。千斤顶使用超过6个月或者200次，在使用过程中出现异常情况，以及千斤顶检修或更换配件后，应重新标定。锚具进场后应有检验证和质量证明，外观检查时锚环、夹片应色泽一致，不得有伤痕、裂纹、锈蚀现象，尺寸符合要求，支承面应无倾斜。检查预应力筋(束)露出锚体的长度是否够长，并清除钢绞线表面上的污物，清除锚板上灰浆，以保证锚具与支承板密贴。

b. 张拉要求

张拉前，工具锚和工作锚之间的各根预应力筋不得错位、扭绞。实施张拉时，千斤顶与预应力筋、锚具的中心线应位于同一轴线上。

预应力张拉时按“对称、均衡”的原则进行，先张拉腹板预应力，后张拉底板预应力。底板预应力张拉时应先张拉长束，后张拉短束。

所有预应力张拉均采用延伸量与张拉力双控，以张拉力为准，通过试验测定 E 值，校正设计延伸量，要求实测延伸量与设计延伸量两者误差在±6%以内，否则应暂停张拉，待查明原因并采取措施予以调整后，方可继续张拉。测定延伸量要扣除非弹性变形引起的全部延伸量。对同一张拉截面，断丝率不得大于1%，每束钢绞线断丝、滑丝不得超过一根，不允许整根钢绞线拉断。

预应力钢束张拉、锚固过程中及锚固完成后，均不得大力敲击或振动锚具。钢绞线多余的长度应用切割机切割，切割后预应力筋的外露长度不应小于 30 mm，且不应小于 1.5 倍预应力筋直径。

c. 张拉工艺

张拉顺序严格按照施工图纸要求进行，按要求进行两端张拉，以张拉力控制为主，张拉力与伸长量双控。预应力张拉时，锚具垫板必须与钢绞线轴线垂直、垫板孔中心与管道中心一致。安装千斤顶时必须保证锚圈孔与垫板孔严格对中，防止滑丝、断丝现象的发生。

②管道压浆、封锚

在工地试验室对压浆材料加水进行试配，各种材料的称量应精确到±1%。经试配的浆液各项性能指标均满足设计要求后方可用于正式压浆。

对孔道进行清洁处理，对孔道内可能存在的杂物等，用水稀释后进行冲洗，冲洗后用不含油的压缩空气将孔道内的积水吹出。对压浆设备进行清洗，清洗后的设备内不应有残渣和积水。预应力管道在张拉后 24 h 内进行管道压浆，采用真空辅助压浆工艺进行孔道注浆并封锚。

八、钢管立柱式支架混凝土现浇梁施工技术

1. 施工方案概述

大小练岛航道桥单位工程 XD13 号～XD18 号跨铁路简支箱梁和公路连续箱梁采用支架现浇法施工。现浇箱梁先施工下层铁路梁，铁路梁施工完成后支架卸载，继续拼装公路现浇支架（部分支架支撑于铁路箱梁），再施工公路混凝土梁。支架预压和箱梁施工参照本章 3.5.6 节混凝土箱梁所述，下面仅介绍支架现浇施工。

施工顺序：XD17～XD18 号、XD16～XD17 号、XD15～XD16 号铁路梁→ZXD18～ZXD16 号公路梁→YXD18～YXD16 号公路梁→XD15～XD14 号铁路梁→ZXD16～ZXD15 号公路梁、YXD16～YXD15 号公路梁→XD14～XD13 号铁路梁→ZXD15～ZXD13 号公路梁→YXD15～YXD13 号公路梁，如图 4-3-243 所示。

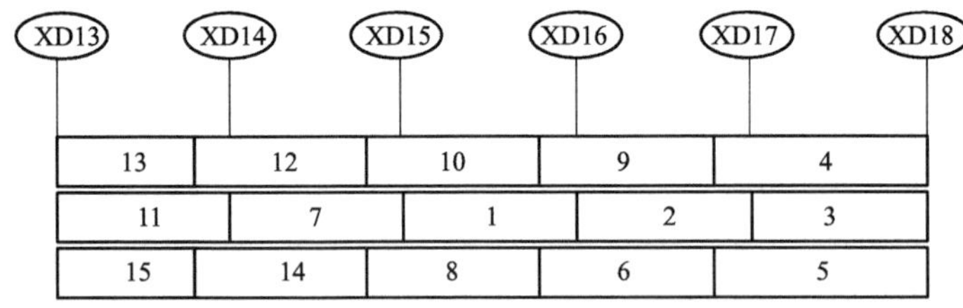

图 4-3-243　混凝土梁支架现浇施工顺序图

2. 现浇支架设计

现浇支架采用钢管立柱＋贝雷梁主梁的结构形式，为梁式支架。钢管立柱采用 ϕ1200×14 mm 钢管，立柱联结系采用 ϕ600×8 mm 钢管和 ϕ400×8 mm 钢管。为方便拼装，钢管立柱采用 15 m 标准节，标准节间采用法兰对接，管桩法兰长线法匹配制造，联结系钢管组焊成整体后现场焊接。

根据现场地质情况，现浇支架下部结构采用桩基础＋钢管立柱形式。为保证支架整体稳定性，在＋32.617 m 高程处设置一道水平联结系与墩身连成整体。XD13 号～XD16 号墩现浇支架总体布置如图 4-3-244 和图 4-3-245 所示。

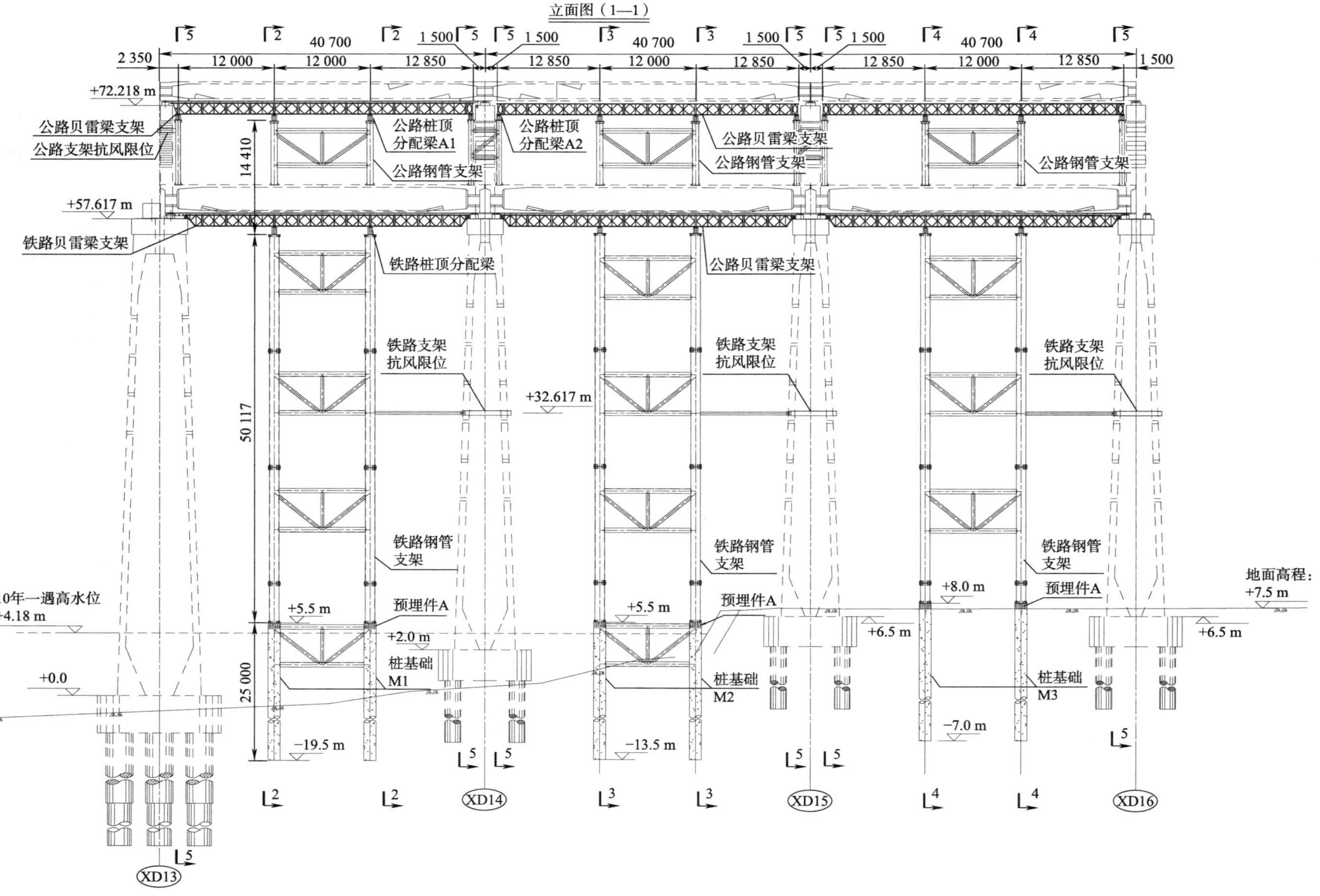

图 4-3-244　XD13号～XD16号墩现浇支架立面布置(单位：mm)

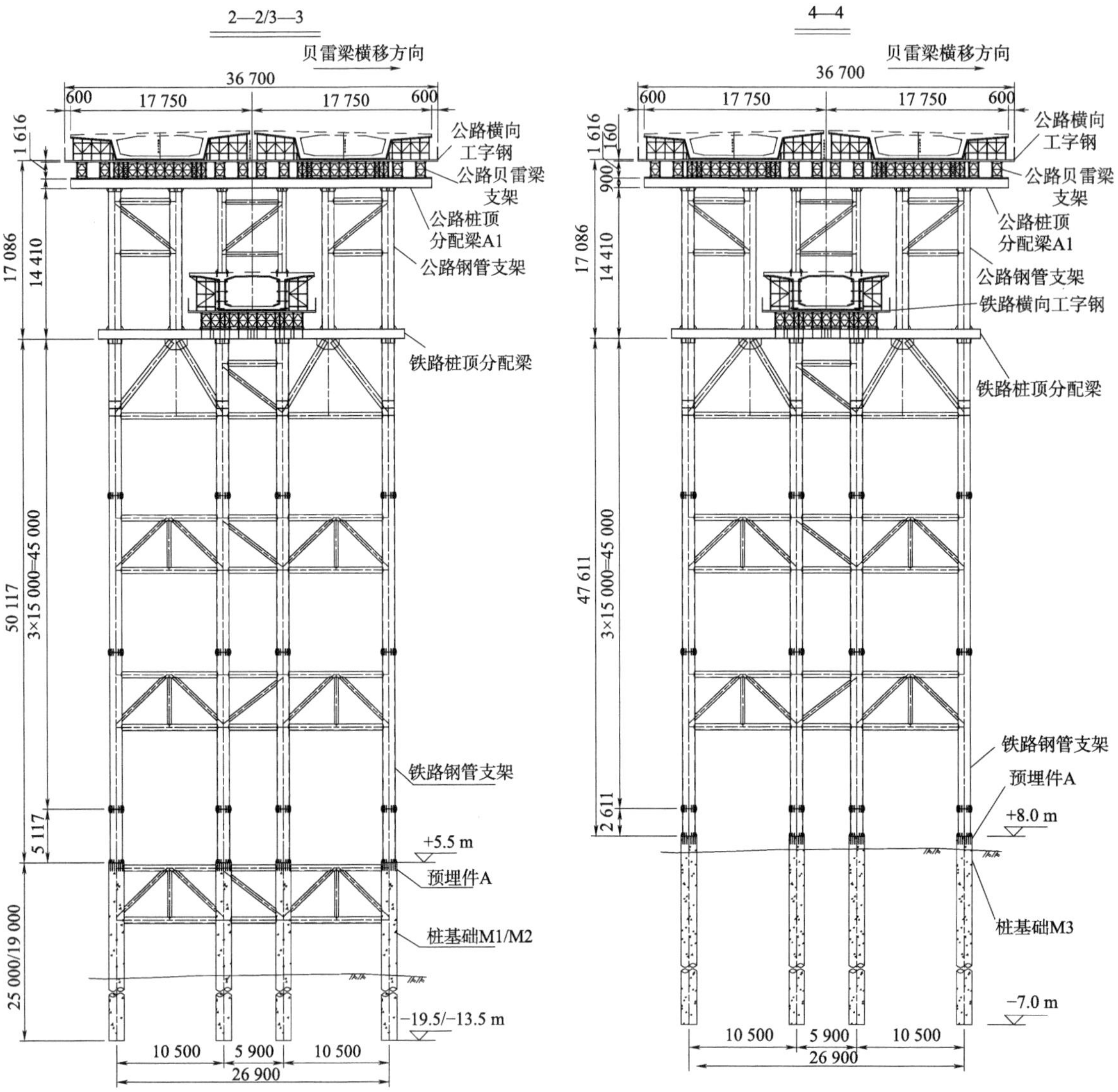

2—2/3—3
贝雷梁横移方向
36 700
600
17 750
17 750
600
1 616
公路横向
工字钢
公路贝雷梁
支架
公路桩顶
分配梁A1
公路钢管支架
17 086
14 410
铁路桩顶分配梁
50 117
3×15 000=45 000
铁路钢管支架
5 117
+5.5 m
预埋件A
桩基础M1/M2
25 000/19 000
−19.5/−13.5 m
10 500
5 900
10 500
26 900
4—4
贝雷梁横移方向
36 700
600
17 750
17 750
600
1 616
160
900
公路横向
工字钢
公路贝雷梁
支架
公路桩顶
分配梁A1
公路钢管支架
铁路横向工字钢
17 086
14 410
铁路桩顶分配梁
47 611
3×15 000=45 000
铁路钢管支架
预埋件A
2 611
+8.0 m
桩基础M3
−7.0 m
10 500
5 900
10 500
26 900

图 4-3-245　XD13 号～XD16 号墩现浇支架段面布置(单位:mm)

支架上部结构采用分配梁＋贝雷梁形式,铁路支架贝雷梁跨度为(12.35 m＋12 m＋12.35 m),公路支架贝雷梁跨度为(12.85 m＋12 m＋12.85 m)。贝雷梁中间为标准型贝雷片,两端各设一片异形贝雷片。铁路支架横桥向共布置 14 榀贝雷梁,公路支架单幅横桥向布置 22 榀贝雷梁,铁路箱梁和公路箱梁现浇施工所用的外侧模板采用整体式钢模板,底模和内模板采用木模板,内外模间设置拉杆。铁路混凝土梁和公路混凝土梁外侧模板设置为可调式结构,可通用,具体如图 4-3-246 和图 4-3-247 所示。

贝雷梁
2×900=1 800
2×450
4 500
900
2×900=1 800

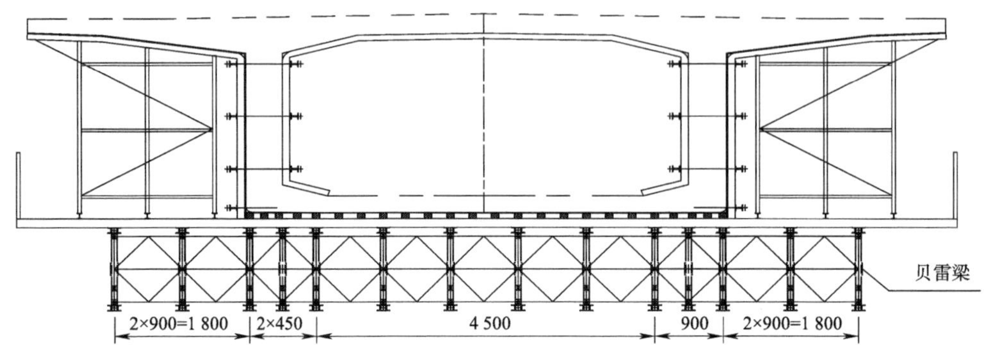

图 4-3-246　XD13 号～XD18 号墩铁路箱梁外模板及贝雷梁断面布置图(单位:mm)

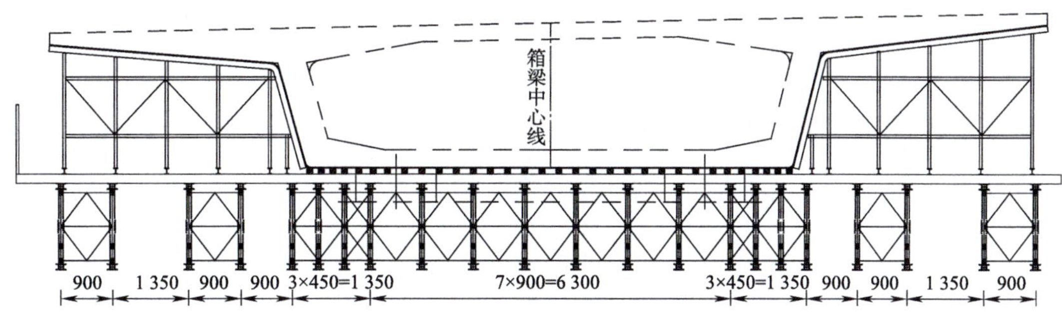

图 4-3-247 XD13～XD18 号墩公路箱梁外模板及贝雷梁断面布置图(单位:mm)

3. 现浇梁支架设计计算

(1)荷载组合

支架安装过程中,立柱未与墩身预埋件连成整体时,考虑可能经历台风,此工况下进行支架抗台验算。支架工作状态风速按 8 级风考虑,水流力及波浪力仅作用于 XD13～XD14 号墩支架,其余孔跨的支架均在岛上。支架工作状态最大风荷载按 8 级风考虑,非工作状态风荷载按十年一遇台风考虑,风速分别为 20.7 m/s 和 45.4 m/s。现浇支架计算荷载组合见表 4-3-36。

表 4-3-36 现浇支架计算荷载组合表

工 况	设计状态	荷载组合	
		主力	附加力
Ⅰ	支架施工非工作状态	结构自重	10 年一遇水流荷载+10 年一遇波浪荷载+台风荷载
Ⅱ	支架工作状态	结构自重	10 年一遇水流荷载+10 年一遇波浪荷载+8 级风荷载
		主梁自重	
		施工临时荷载	
Ⅲ	支架非工作状态(主梁未施工)	结构自重	10 年一遇水流荷载+10 年一遇波浪荷载+台风荷载
		模板荷载	
Ⅳ	支架非工作状态 (主梁已浇筑预应力未张拉)	结构自重	10 年一遇水流荷载+10 年一遇波浪荷载+台风荷载
		主梁自重	
		模板荷载	

(2)现浇支架计算

利用 Midas Civil 软件建立支架有限元模型,钢管立柱、分配梁、贝雷梁及支撑架均采用梁单元。施工时先施工铁路梁,铁路现浇支架贝雷梁脱架后再施工公路梁。故铁路及公路现浇支架分别建模计算(图 4-3-248),计算结果见表 4-3-37,贝雷梁、支撑架、分配梁、钢管立柱受力均满足要求。

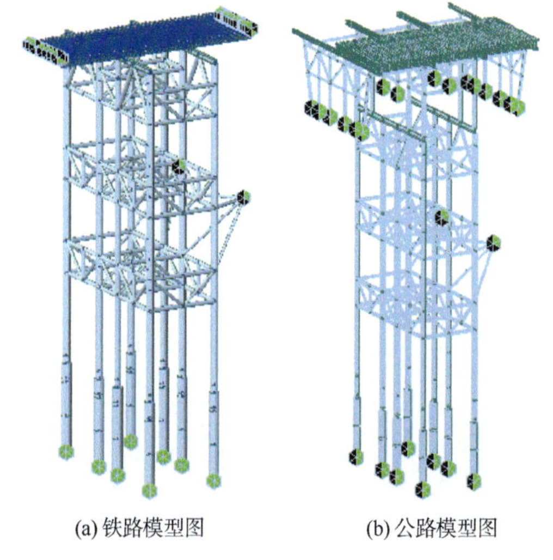

图 4-3-248 XD13-XD14 铁路、公路现浇梁支架模型图

4. 支架抗风措施

(1)铁路梁支架抗风

铁路梁支架搭设过程中,在铁路墩身标高+32.617 m 处设置一道附墙,附墙采用抱箍形式与墩身抄垫顶紧,抱箍与墩身加橡胶块,附墙联结系与铁路墩身上的抱箍框架联结如图 4-3-249 所示。根据计算书计算结果(抗风限位计算)在最不利工况下设置一道附墙已满足稳定性要求。

表 4-3-37　有限元计算结果表

工况		Ⅰ	Ⅱ	Ⅲ	Ⅳ
设计状态		支架施工非工作状态	支架工作状态	支架非工作状态(主梁未施工)	支架非工作状态(主梁已浇筑预应力未张拉)
荷载组合	主力	结构自重	结构自重、主梁自重、施工临时荷载	结构自重、模板荷载	结构自重、主梁自重、模板荷载
	附加力	10 年一遇水流荷载+10 年一遇波浪荷载+台风荷载	10 年一遇水流荷载+10 年一遇波浪荷载+8 级风荷载	10 年一遇水流荷载+10 年一遇波浪荷载+台风风荷载	10 年一遇水流荷载+10 年一遇波浪荷载+台风风荷载
铁路梁支架受力结果	钢管支架	σ=62 MPa<1.2[σ]=204 MPa	σ=53 MPa<1.2[σ]=204 MPa	σ=120 MPa<1.2[σ]=204 MPa	σ=53 MPa<1.2[σ]=204 MPa
	桩顶分配梁		σ=64 MPa<1.2[σ]=204 MPa, τ=53 MPa<[τ]=100 MPa, 折算应力 111.9 MPa<1.1[σ]=187 MPa, 变形 f=3 mm<15 mm	小于工况Ⅱ	小于工况Ⅱ
	Ⅱ6 分配梁		σ=39 MPa<1.2[σ]=204 MPa	小于工况Ⅱ	小于工况Ⅱ
	贝雷梁		弦杆 243 kN<560 kN, 竖杆 204 kN<210 kN, 斜杆 127 kN<170 kN	小于工况Ⅱ	小于工况Ⅱ
	墩身预埋件		拉力 160 kN,剪力 120 kN	拉力 450 kN,剪力 330 kN	小于工况Ⅱ
	抗倾覆计算		$M_{倾}$=30 247.44 kN·m, $M_{抗}$=416 202.15 kN·m, 抗倾覆系数 K=13.8>1.3	$M_{倾}$=86 788.91 kN·m, $M_{抗}$=254 855.95 kN·m, 抗倾覆系数 K=2.9>1.3	$M_{倾}$=86 788.91 kN·m, $M_{抗}$=416 202.15 kN·m, 抗倾覆系数 K=4.8>1.3
公路梁支架受力结果	钢管支架		σ=127 MPa<1.2[σ]=204 MPa	σ=161 MPa<1.2[σ]=204 MPa	
	桩顶分配梁 A		σ=108 MPa<1.2[σ]=204 MPa, τ=56 MPa<[τ]=100 MPa, 折算应力 144 MPa<1.1[σ]=187 MPa	小于工况Ⅱ	
	桩顶分配梁 B		σ=108 MPa<1.2[σ]=204 MPa, τ=41 MPa<[τ]=100 MPa, 折算应力 129.3 MPa<1.1[σ]=187 MPa	小于工况Ⅱ	
	Ⅰ16 分配梁		σ=132 MPa<1.2[σ]=204 MPa	小于工况Ⅱ	
	贝雷梁		弦杆 196 kN<560 kN, 竖杆 155 kN<210 kN, 斜杆 105 kN<170 kN	小于工况Ⅱ	
	墩身预埋件		拉力 60 kN,剪力 50 kN	拉力 200 kN,剪力 160 kN	
	抗倾覆计算		$M_{倾}$=36 175.08 kN·m $M_{抗}$=363 916.58 kN·m, 抗倾覆系数 K=10.0>1.3	$M_{倾}$=115 015.74 kN·m $M_{抗}$=302 106.08 kN·m, 抗倾覆系数 K=2.6>1.3	$M_{倾}$=115 015.74 kN·m $M_{抗}$=363 916.58 kN·m, 抗倾覆系数 K=3.2>1.3

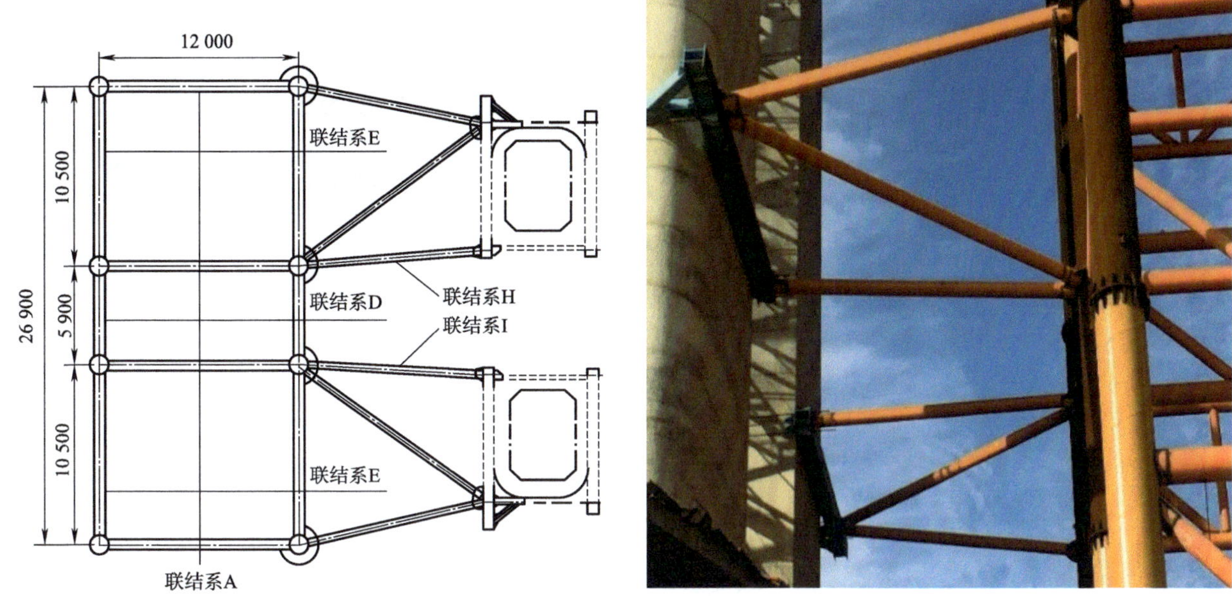

图 4-3-249 铁路墩身附墙断面布置图(单位:mm)

(2)公路梁支架抗风设计

公路梁支架与墩身采用框架连接,搭设过程中及时安装抗风限位将墩顶支架与公路墩身抄垫顶紧形成抱箍,如图 4-3-250 和图 4-3-251 所示。T1 为 ϕ400×8 钢管,T2 主要材料为 2[20b,T2 与公路墩身间抄垫顶紧后焊接固定。

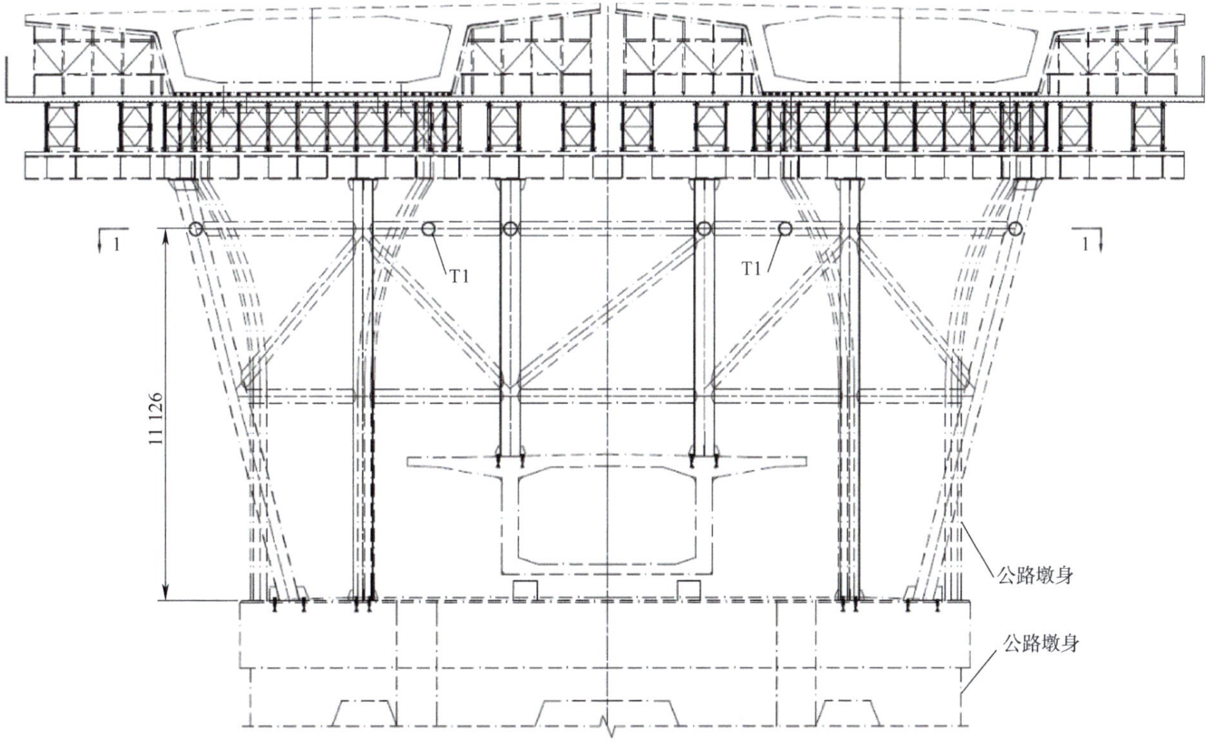

图 4-3-250 公路墩身抗风限位立面布置图(单位:mm)

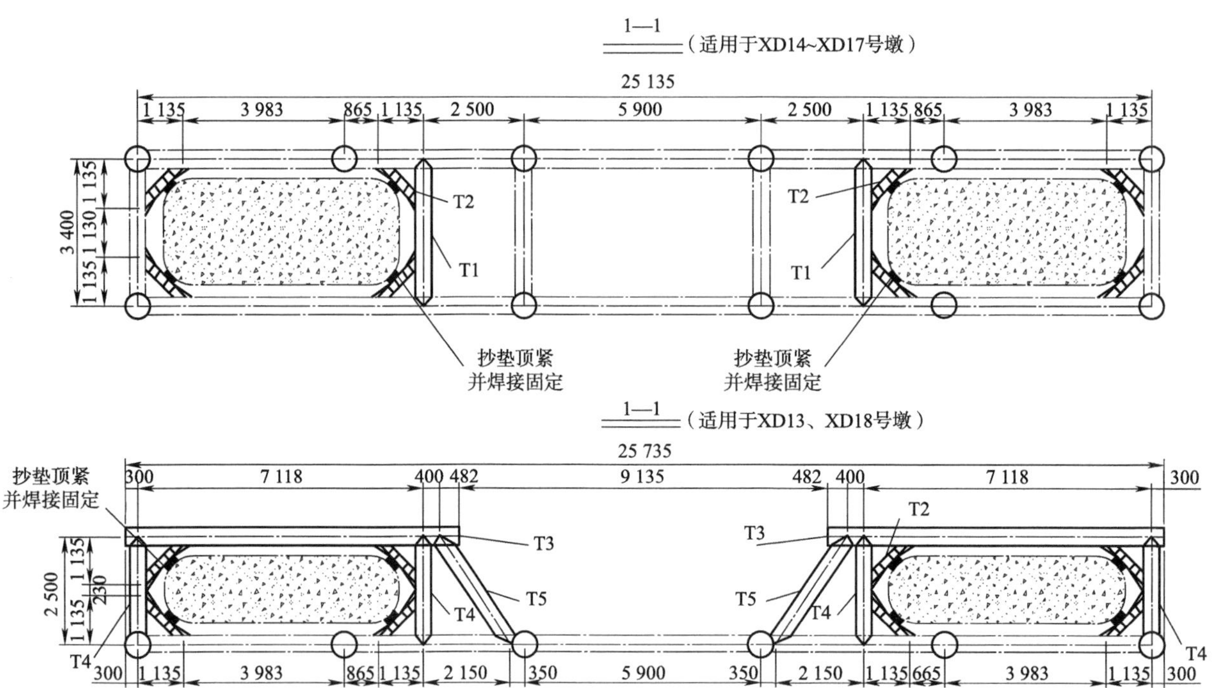

图 4-3-251　公路墩身抗风限位布置图(单位:mm)

(3)贝雷梁抗风设计

贝雷梁组在钢管柱顶分配梁处设置限位件固定。贝雷梁顶底模分配梁采用骑马螺栓固定,具体如图 4-3-252～图 4-3-255 所示。

(4)模板抗风设计

模板采用支架支撑,侧板用钢模和底板用木模,支架下部用螺旋丝杆与支撑连接,如图 4-3-256～图 4-3-258 所示。

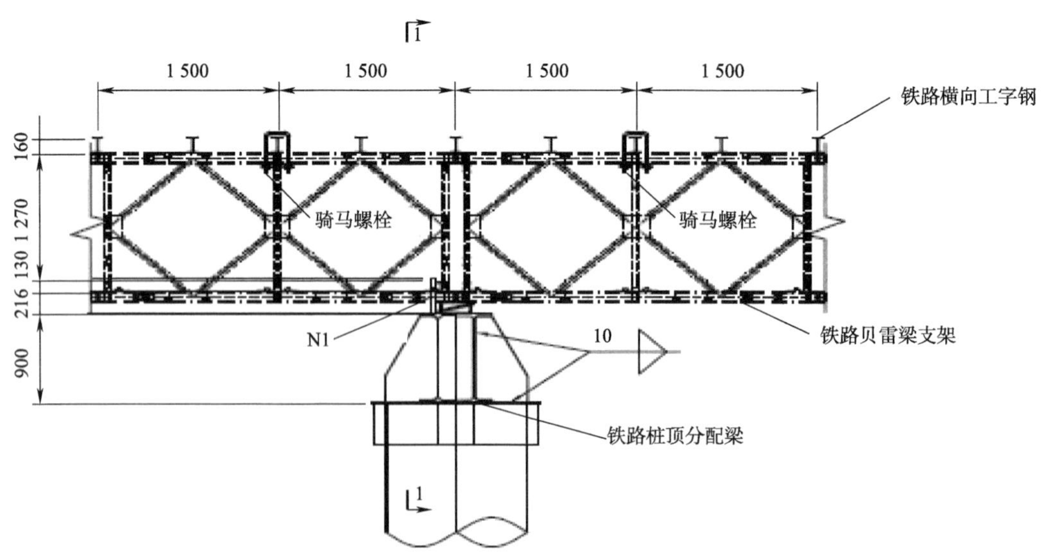

图 4-3-252　铁路支架贝雷梁抗风限位立面布置图(单位:mm)

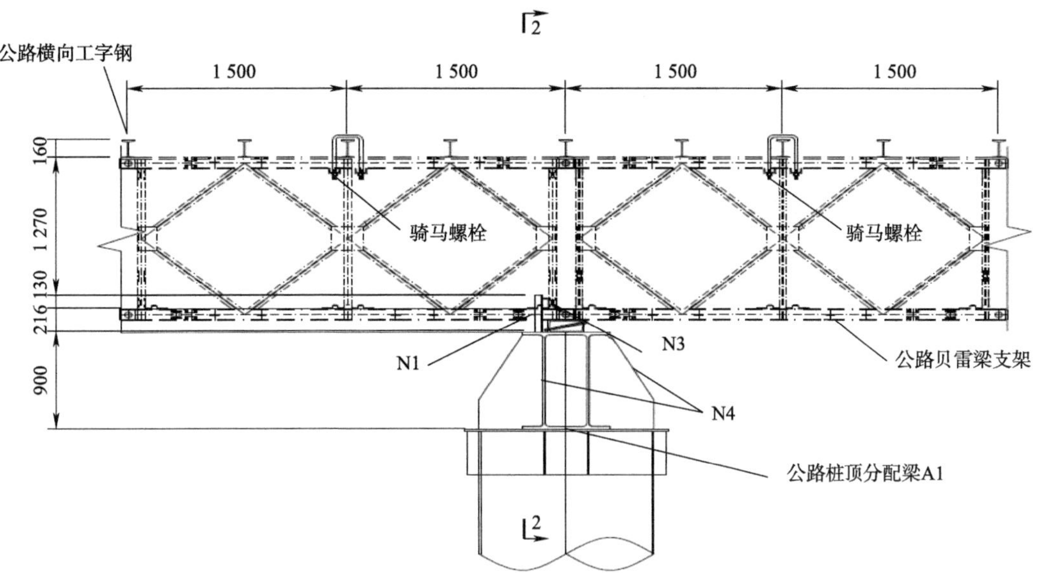

图 4-3-253　公路支架贝雷梁抗风限位立面布置图(单幅)(单位:mm)

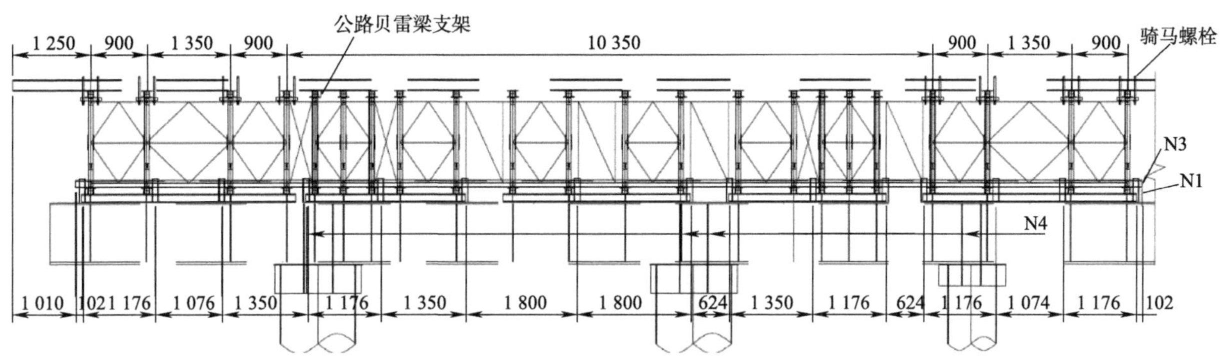

图 4-3-254　公路支架贝雷梁抗风限位断面布置图(单幅)(单位:mm)

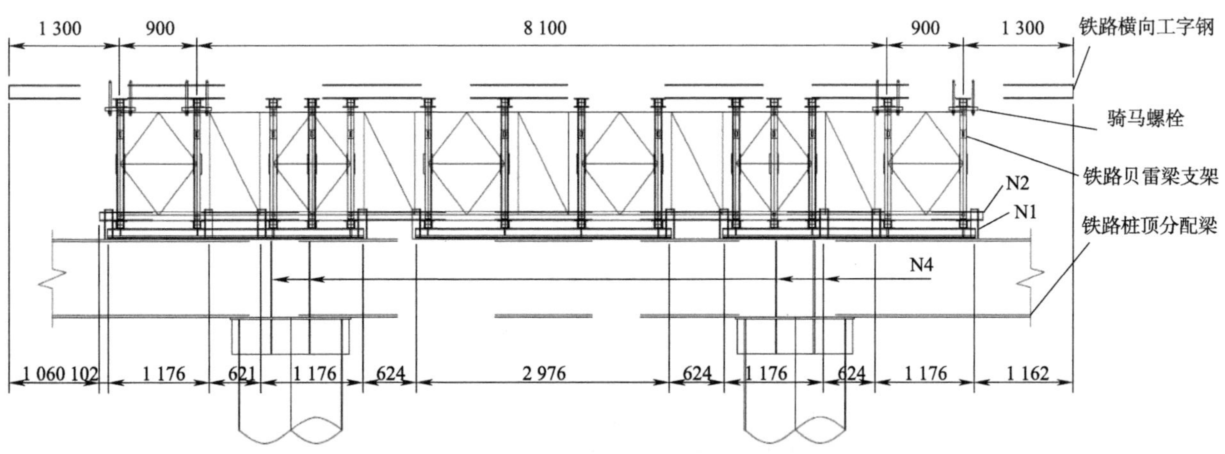

图 4-3-255　铁路支架贝雷梁抗风限位断面布置图(单位:mm)

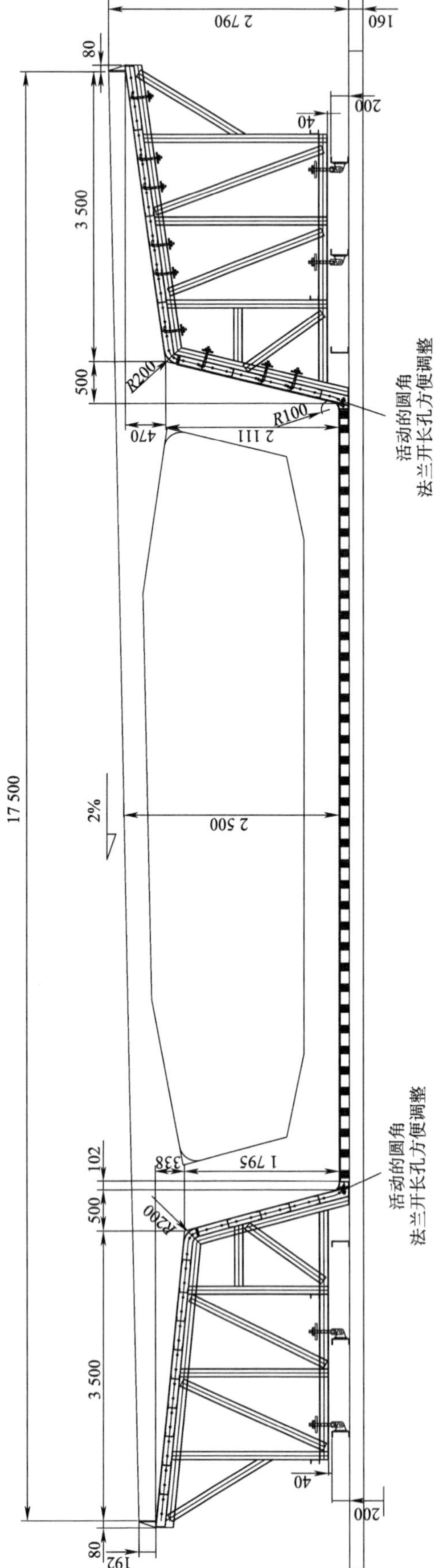

图 4-3-256　公路箱梁模板抗风限位断面布置图(单位：mm)

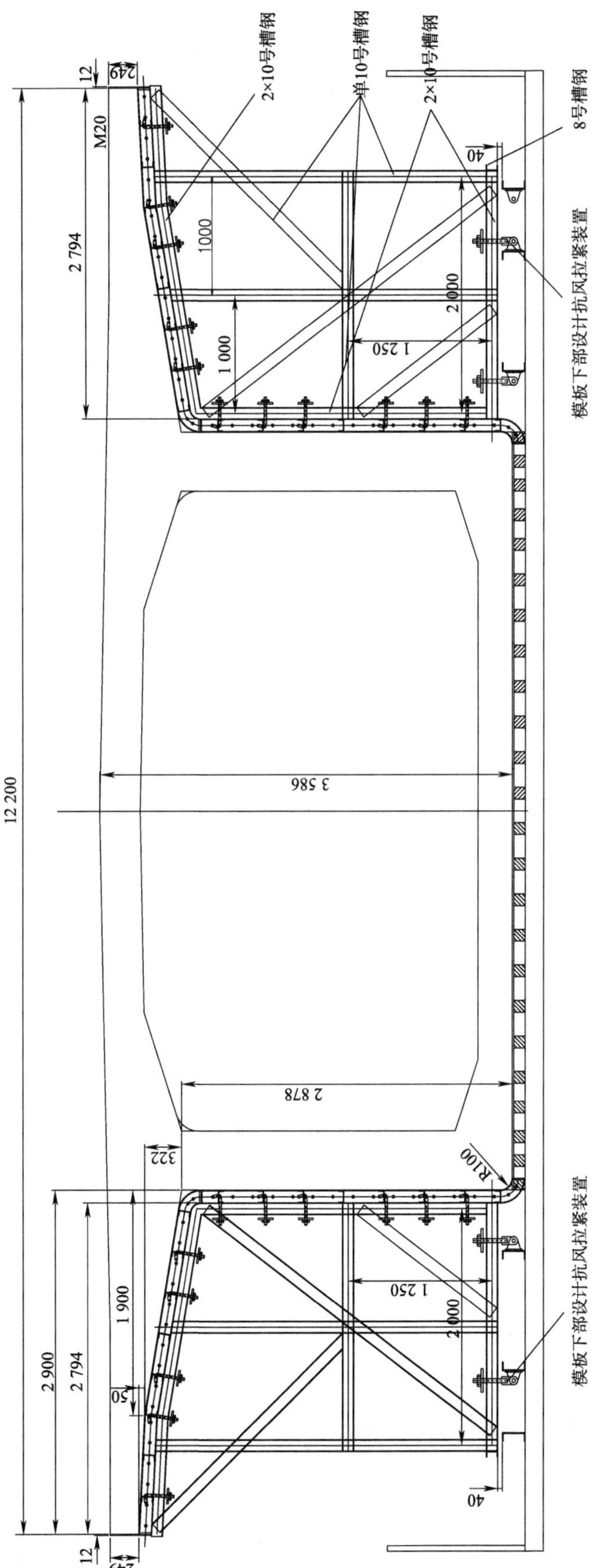

图 4-3-257　铁路箱梁模板抗风限位断面布置图(单位: mm)

5. 支架安装施工

(1)基础施工

XD13 号～XD18 号墩支架基础均采用桩基础，其中XD15 号～XD18 号墩之间桩基础采用人工挖孔成桩，XD13 号～XD15 号墩之间桩基础利用已有平台，采用冲击钻机成孔的方式施工，桩径均为 1.5 m，钻孔桩和挖孔桩施工工艺同本章第二节桩基础施工所述。

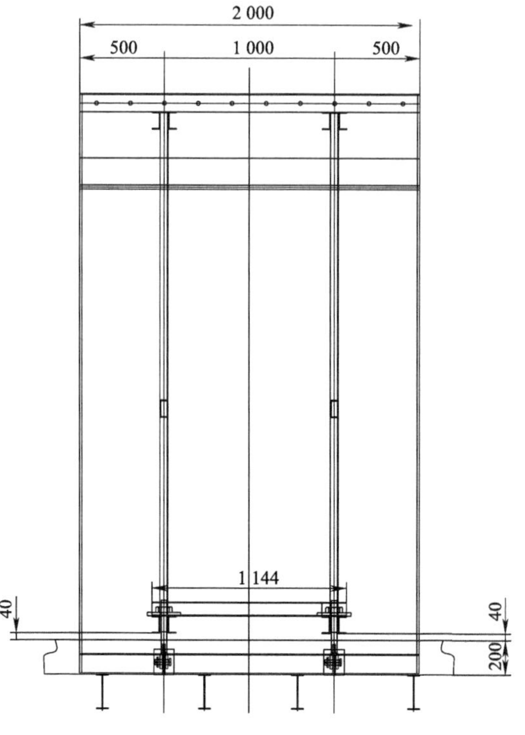

图 4-3-258 模板抗风限位立面(单位:mm)

(2)现浇梁支架施工

①桩基顶预埋件

如图 4-3-259 所示，桩基础经检查满足设计要求后将桩头混凝土清理至设计桩顶标高，清洗干净，补齐桩头处箍筋，安装预埋件要求位置准确，偏位不超过 1 cm。且要有固定措施防止浇筑混凝土时预埋件位置偏移。桩基混凝土强度等级为 C30，浇筑时用振动棒振捣，确保预埋件下混凝土密实，无空洞。现浇支架总体施工流程如图 4-3-260 所示。

②墩身与铁路箱梁预埋件

墩身施工过程中，适时在墩顶安装贝雷梁限位及支架立柱等预埋件，以及在铁路箱梁施工过程中安装公路支架立柱预埋件，如图 4-3-261～图 4-3-263 所示。

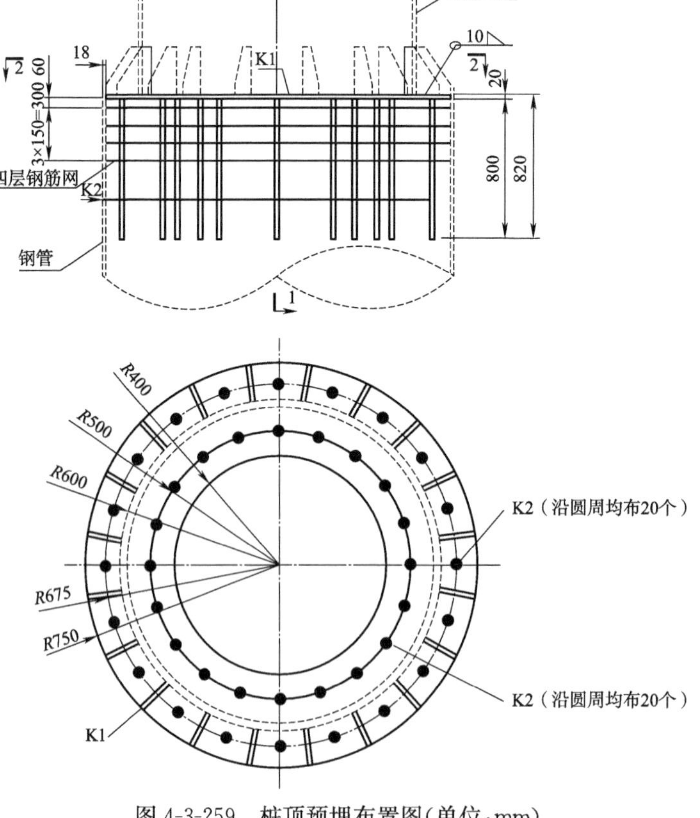

图 4-3-259 桩顶预埋布置图(单位:mm)

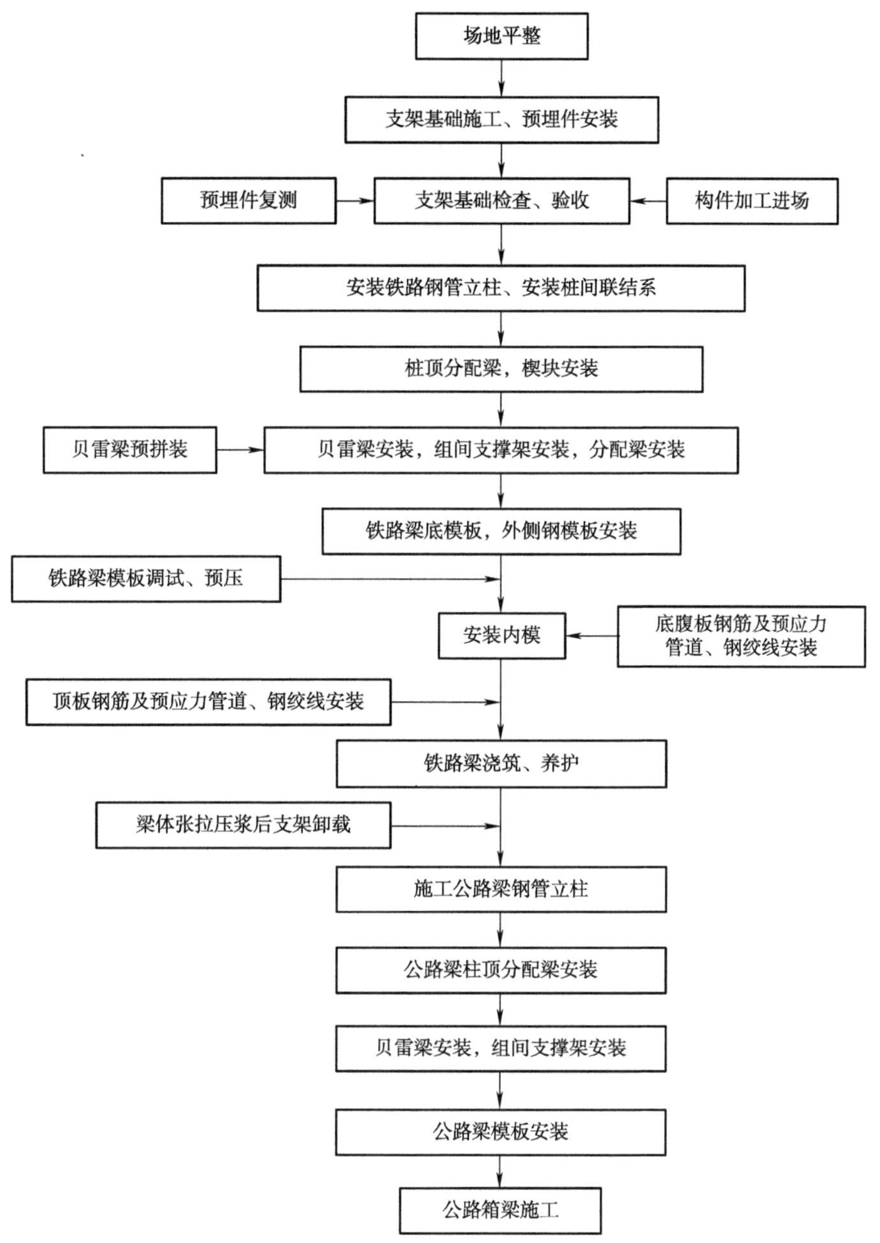

图 4-3-260　支架现浇施工总流程图

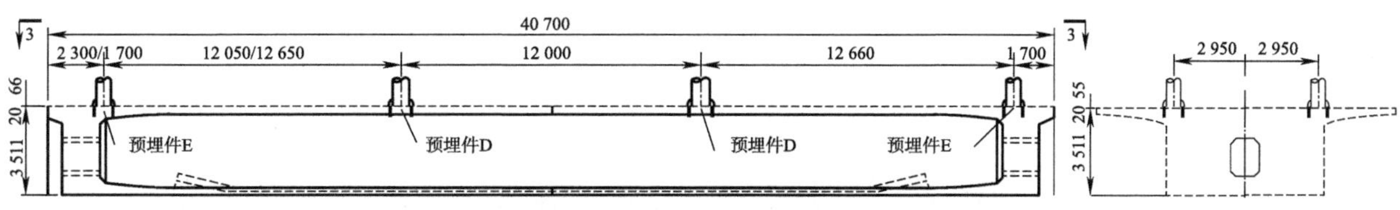

图 4-3-261　铁路箱梁顶面预埋布置图(单位:mm)

③钢管立柱及联结系制作安装

钢管立柱在长线台座上全长匹配制作，分节长度为 15 m，每节需标注编号、方向，节间法兰连接，安装时需严格按照制作时的编号以及方向连接，如图 4-3-264 所示。

现浇支架立柱采用履带式起重机与塔式起重机相结合的方式吊装，立柱单节最大高度 15 m，最大重量 6.2 t，立柱上下节采用法兰对接固定。起重吊装过程中，立柱接长，上下节之间临时固定，起重机不松

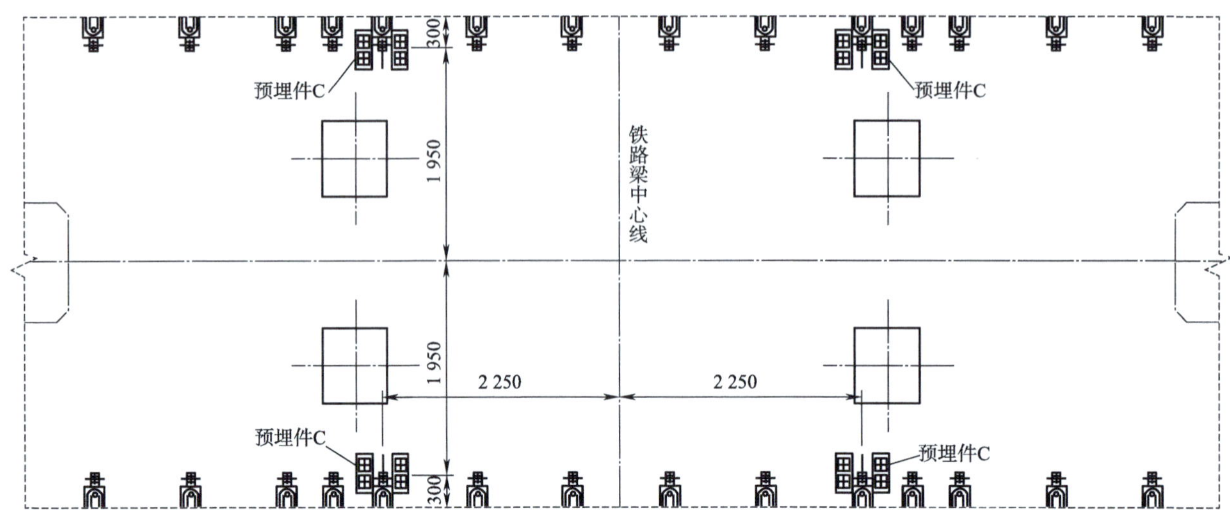

图 4-3-262　铁路墩墩顶预埋布置图(单位:mm)

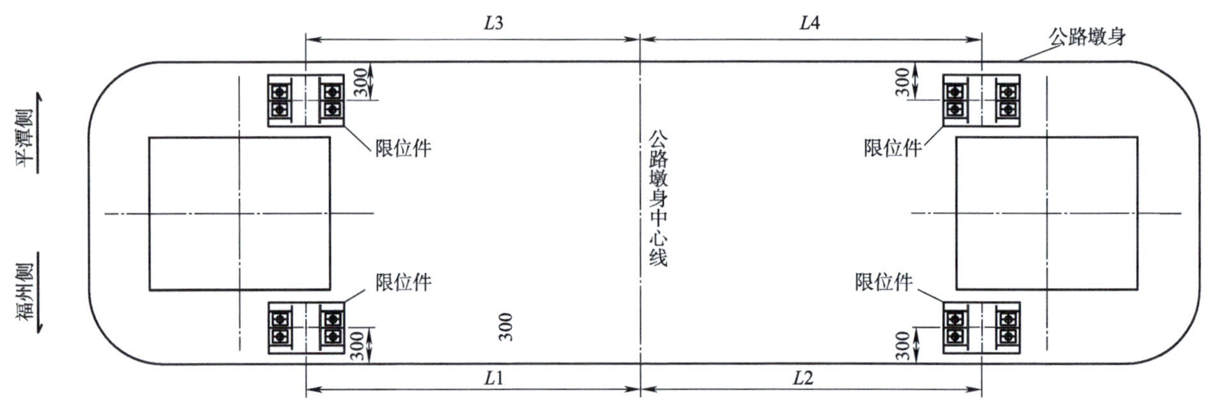

图 4-3-263　公路墩墩顶预埋布置图(单位:mm)

图 4-3-264　管桩及联结系安装

钩,从立柱的顶端下放铅垂线,现场安排人员选取两处测量铅垂线与立柱间的距离,若距离一致说明立柱基本垂直,期间可通过缆风绳调整竖直度,调直后再拧紧螺栓。铁路箱梁支架立柱超出塔式起重机起吊范围的采用履带式起重机安装，立柱安装后及时安装立柱间联结系，单立柱最大自由高度为一节。在附墙未安装前，已安装立柱需用抗台缆风与墩身连接。在附墙安装后，柱顶分配梁安装前，若遇台风则将附墙以上的立柱采用抗台缆风绳与墩身连接。

立柱间联结系采用钢管加工而成，其中水平支撑采用 ϕ600×8 mm 钢管，斜向支撑采用 ϕ400×8 mm 钢管。为提高施工效率，联结系在现场拼装场地按照设计尺寸预先连成整体并在一端设置套管，再吊运至安装点焊接固定，焊接按一级质量等级标准执行。

④支架柱顶分配梁安装

铁路梁支架跨中柱顶分配梁采用双拼 HN700 mm×300 mm 型钢。柱顶分配梁运送至施工现场后，先经过测量组放线确定位置，再吊运至立柱顶安装固定，如图 4-3-265 所示。柱顶分配梁分节方便现场安装并尽量设置在内力较小处。公路梁支架墩顶处分配梁采用双拼 I45b 型钢，跨中处分配梁同铁路梁支架，吊装流程同铁路梁支架。

⑤落梁设备安装

为了便于支架的拆除，需在柱顶分配梁与贝雷梁之间安装垫梁，安装到指定位置后，在垫梁沿横梁方向加装加劲板限位，防止施工过程中偏位滑动，如图 4-3-266 所示。

图 4-3-265 分配梁吊装

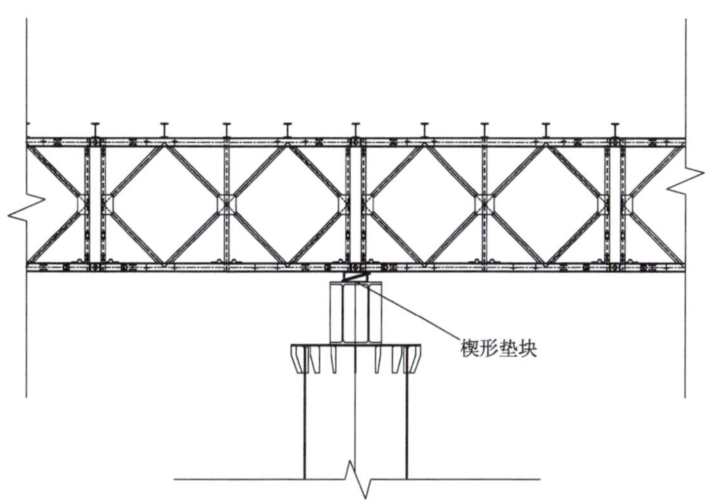

图 4-3-266 分配梁与贝雷梁间楔形垫梁立面布置图

⑥贝雷梁安装

贝雷梁采用后场预拼装＋现场安装的方式施工，单组贝雷梁长度根据立柱跨度确定，榀数根据现场吊装能力确定，经过测量组放线确认位置，在确保安全的情况下减少吊运次数，减少施工工期，榀间贝雷梁通过支架连接成一个整体。贝雷梁在地面先分组拼装，拼装时相应支撑架、销轴及保险销应全部安装到位，检查合格后分组整体吊装。吊装到位后，及时将组间支撑架安装到位。

铁路梁支架上贝雷梁整跨横向分组，采用塔式起重机和履带式起重机吊装就位，吊装过程中，需要安装缆风绳，以便随时调整其水平位置，防止其在空中摇晃，保证平稳落放在分配梁上，然后通过倒链拖拉到安装位置。在铁路箱梁施工完成并且模板拆除后，方可搭设公路箱梁支架，公路梁支架贝雷梁因高度较大无法抬吊需分段分组，通过塔式起重机吊装，分段设置在柱顶处，同时左右幅采取倒链拖拉倒用以减少安装工作量。异形贝雷片须严格按照设计制作，经质检员、监理现场验收后方可组装使用。现浇梁支架如图 4-3-267 所示。

⑦横向Ⅱ16 分配梁安装

Ⅱ16 工字钢为横向分配梁，在贝雷梁安装完成后，经过测量组放线确认位置通过履带式起重机或塔式起重机整捆吊运至贝雷梁顶，贝雷梁顶横向Ⅱ16 分配梁应为通长，其间距应严格按图纸要求控制，分配梁两端与贝雷梁焊接。

⑧模板系统安装

公路、铁路梁模板均分为底模、外模、内模及端模等部分，其中底模、内模为木模，外模、端模为钢模。根据箱梁模板编号，依次将各模板吊运至Ⅱ16 工字钢顶部，模板间连接安装调试。外模由加工场分段加工完成后运到现场，用起重机起吊至支架上组装。模板安装顺序为：先底模后外模，待箱梁底板和腹板钢筋绑扎完成再安装内模。

图 4-3-267 XD13～XD18 现浇梁支架

6. 支架拆除施工

支架及模板的拆除按照“纵桥向对称均衡、横桥向基本同步”的原则分阶段进行，具体拆除施工步骤如图 4-3-268 所示。

(1)拆除模板

公路、铁路箱梁施工完成后，拆除内模，通过梁端进人洞将每块模板运送至梁顶，再通过塔式起重机下放至地面存放。在落梁前，松开侧模竖向撑杆，松开侧模横向连接螺栓，在分配梁顶拆除抗风限位及拆除抄垫，用倒链向梁体外侧拉出 20 cm，使其下落在 20 号槽钢导轨上，依次将墩顶两侧外模过孔到下一孔位安装，或利用塔式起重机运送至地面存放。

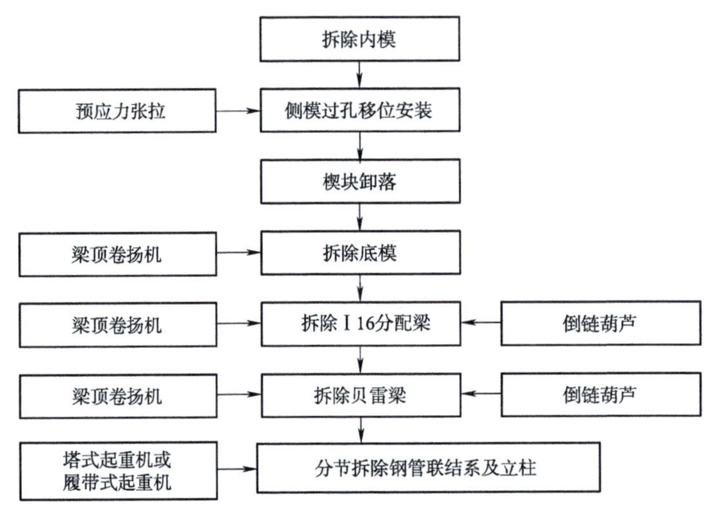

图 4-3-268 支架拆除施工步骤

在梁体混凝土张拉压浆完成后进行落梁。首先安装下放系统将贝雷梁与梁体暂时固定在一起，然后按照对称缓慢分级卸载原则，卸落垫梁，再下落贝雷梁 10 cm，使底模系统与梁体脱离。若个别模板自然脱落不下，采用倒链将其拉下，严禁重击或硬撬模板，避免造成模板局部变形或损坏混凝土棱角。通过贝雷梁顶Ⅰ16 分配梁，将底模平移至Ⅰ16 工钢外侧部位，通过起重机运送至地面。

(2)贝雷梁、Ⅰ16 分配梁拆除

模板拆除完成后，拆除贝雷梁(Ⅰ16 分配梁)与横梁及其他构件的连接；通过塔式起重机与履带式起重机配合吊运，首先将Ⅰ16 分配梁成捆吊运至地面，靠近梁内侧的Ⅰ16 分配梁，可通过倒链平移至梁端，调运到地面。

将贝雷梁每 2 片(间距 900 mm)或 3 片(间距 450 mm)划分为一组，解除每组贝雷梁之间的横向支撑架，然后利用从泄水孔穿出的钢丝绳临时拉住贝雷梁组(做保险绳用，防止贝雷梁拖拉过程中出现倾倒)，再用倒链将每组贝雷梁缓慢拉至分配梁梁端。为防止梁片拖拉过程中的摆动，注意两端同时拖拉，拖拉过程中要加强观测。将每组贝雷梁拉至分配梁梁端后，先挂上吊绳，然后再解除保险绳，最后下放贝雷梁。为方便拆除，在分配梁梁端用钢板接长 1 m，使得贝雷梁组拖拉出箱梁翼端，具体示意如图 4-3-269 所示。

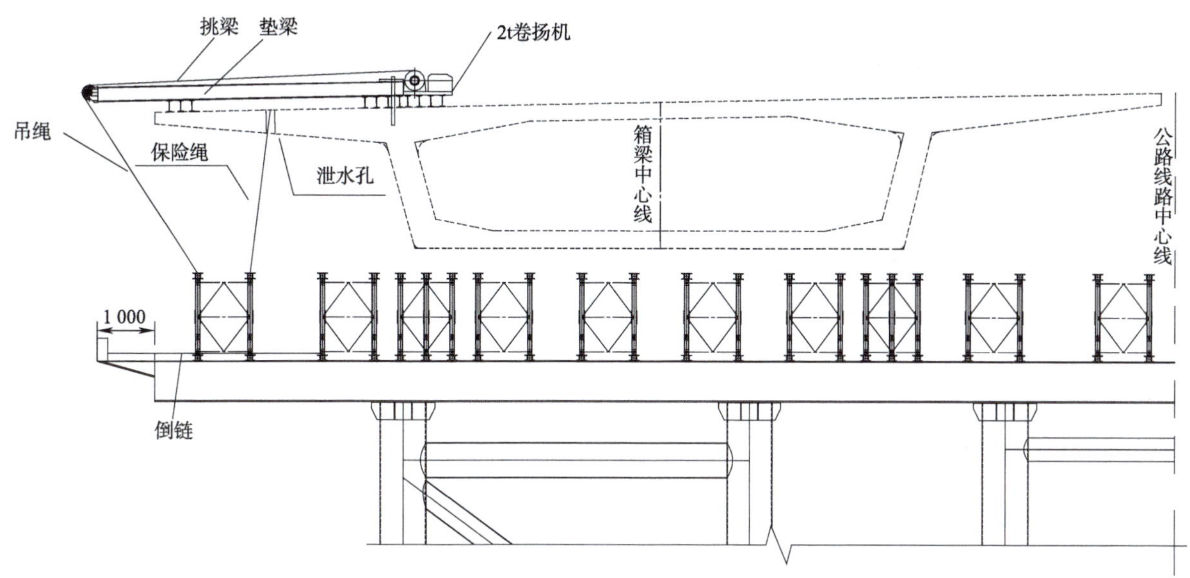

图 4-3-269 贝雷梁拆除施工示意图(单位:mm)

(3)分配梁拆除

分配梁拆除前,首先拆除桩顶限位装置,后在分配梁外侧加工吊装孔,通过塔式起重机与履带式起重机配合将分配梁横向滑移出墩顶并运送至地面,如图 4-3-270 所示。为防止分配梁滑移摆幅过大,可在尾部安装缆风绳。安装高度超出履带式起重机或吊重超出塔式起重机范围的通过在已浇筑铁路箱梁顶放置汽车式起重机配合拆除。

(4)立柱拆除

拆除过程塔式起重机与履带式起重机配合施工,对于超过履带式起重机吊幅的立柱采用塔式起重机单节单根进行拆除。拆除时,先将钢管之间联结系从焊接处割开,整体拆除吊运到地面,然后将吊绳吊挂到要拆除的立柱上,法兰螺栓拆除,在立柱下端及下部立柱上拉设倒链,缓慢松开链条,直至立柱竖直,方可解开倒链与立柱的连接,并下放立柱。

对于履带式起重机可吊范围内的立柱,其拆除按照分节分组原则进行,将同高度前后四根钢管作为整体进行拆除,如图 4-3-271 所示。起重机吊挂到要拆除的立柱上,将节段法兰螺栓全部拆除,最后割除与其他立柱的连接,将拆除的立柱与其他立柱分离。

图 4-3-270 分配梁拆除施工图

图 4-3-271 管桩拆除施工图

第六节　大跨度桥梁施工(闽江特大桥主桥)

闽江特大桥预应力混凝土连续梁共八联,全长 1 786 m,主跨(110＋198＋110) m,为单箱单室变高度截面箱梁结构,道砟桥面,桥面宽度 12.2 m。地震基本烈度Ⅶ度。

闽江特大桥主跨连续刚构跨度为(110＋198＋110)m,0 号块采用托架施工,其余块段采用菱形挂篮悬臂浇筑,直线段采用大钢管落地支架浇筑。根据设计图纸,挂篮悬臂浇筑共计 26 段,27 号段为合龙段,28 号段为边跨直线段。0 号段长 16 m,混凝土方量 1 732.6 m^3,其余块段长度分别为 2.5 m、3 m、3.5 m、4 m、4.5 m、5 m,合龙段长度 2 m,直线段长度 10.8 m。悬臂浇筑方量最大块段为 1 号段,混凝土方量 121.4 m^3。闽江特大桥主桥施工工序,如图 4-3-272 所示。

墩身最后一节浇筑（预埋0号段连接钢筋）
↓
0号段施工
↓
挂篮拼装预压
↓
1号段浇筑
↓
其余各段悬臂浇筑
↓（直线段施工）
合龙段施工

图 4-3-272　闽江特大桥主桥施工工序

一、0 号段施工

0 号段采用现浇托架进行浇筑,墩身施工时预埋托架预埋件,墩身施工完成后焊接托架。托架采用 45 号工字钢与 32 号工字钢焊接,横桥向布置 5 道,侧面在双薄壁墩上各布置 2 道。0 号段托架施工布置如图 4-3-273 所示。

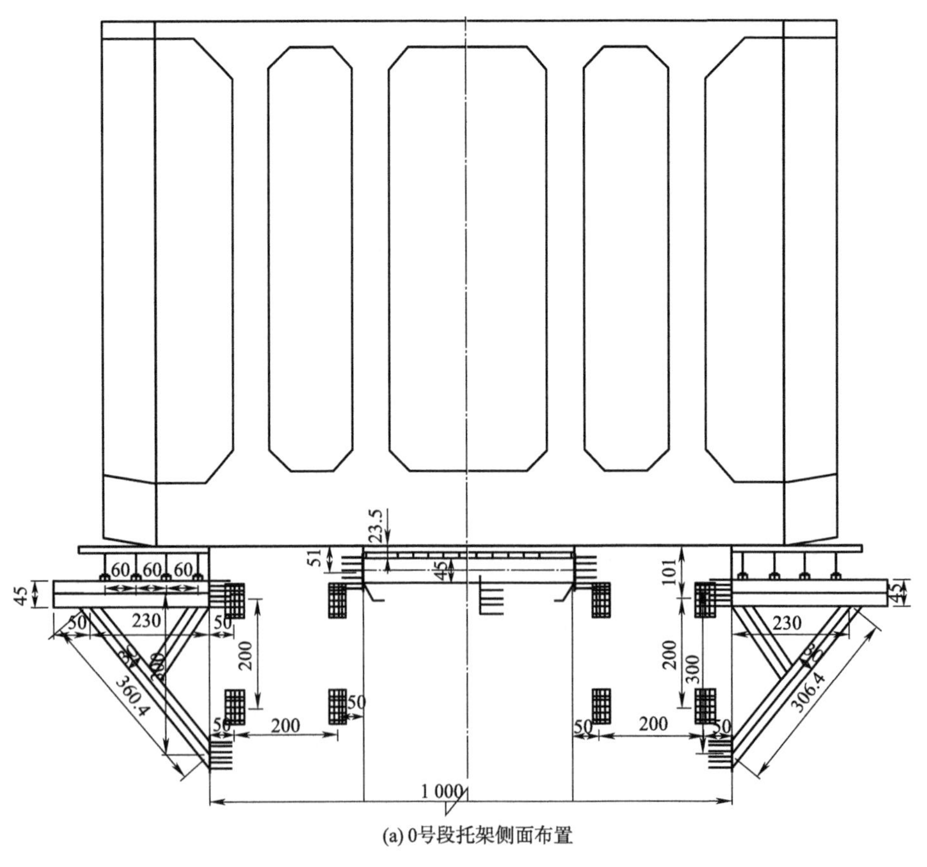

(a) 0号段托架侧面布置

图　4-3-273

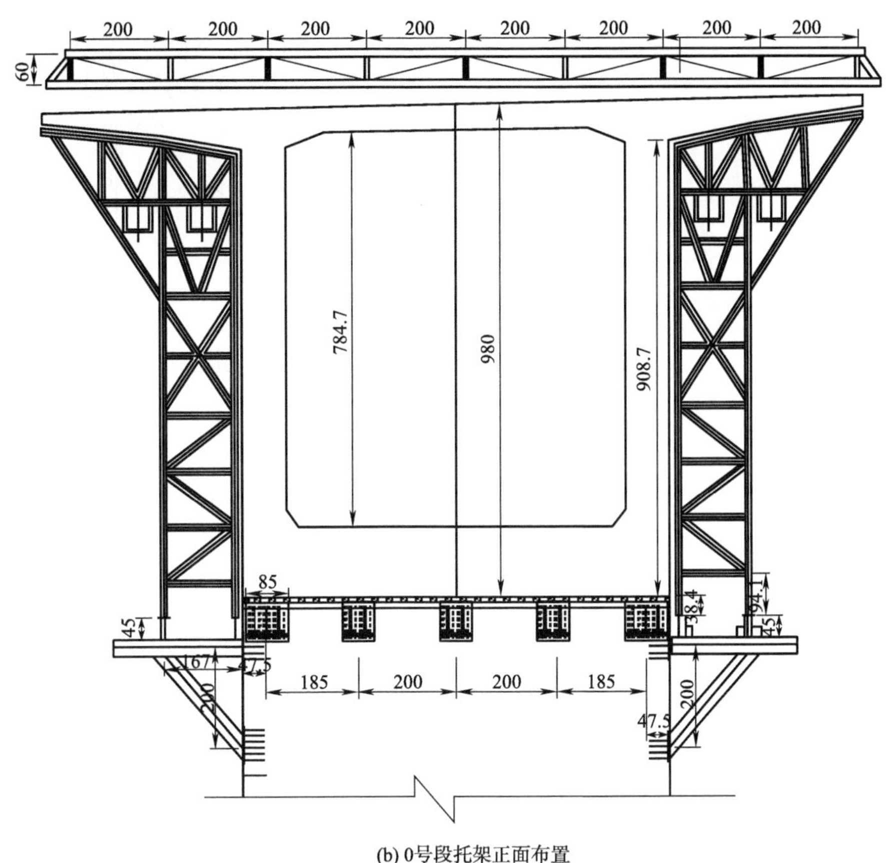

(b) 0号段托架正面布置

图 4-3-273 闽江特大桥 0 号段托架布置(单位:mm)

托架焊接完成后进行预压,检验托架受力是否满足要求。预压按设计重量的 120%控制,预压采用堆载法,在托架上放置预制块,预制块单个采用 1 m^3而成,重 2.5 t。预压时分级加载卸载,并同时测量托架顶面标高变化,最终消除托架非弹性变形,计算出托架弹性变形,为 0 号段底模铺设标高提供参考。

0 号段外模采用挂篮外模,内模采用 3015 标准模板组拼,0 号段内部采用 ϕ48×3.5 mm 钢管搭设脚手架作为钢筋及模板安装平台,脚手架横向、纵向间距及步距均为 90 cm,该脚手架同时用于 0 号段顶板底模支撑。模板加固采用 20 号拉筋,间距 1 m×1 m。

0 号段钢筋在钢筋加工厂制作,运至现场塔式起重机吊至墩顶绑扎,绑扎时注意钢筋间距、保护层厚度、焊接符合要求。

钢筋绑扎完成后经检查无误,浇筑 0 号段混凝土,混凝土在拌和站集中拌和,混凝土运输车运至现场,泵送入模。混凝土浇筑完成后及时覆盖洒水养护,养护时间不少于 7 d。0 号段混凝土强度及弹性模量达到设计值的 100%时张拉 T_0索。

二、挂篮悬浇施工

1. 挂篮拼装及预压

0 号段施工完成后在 0 号段上面拼装挂篮,挂篮采用菱形挂篮,梁面以上部分用塔式起重机吊至墩顶组拼,侧模、底模架及底模用驳船运至 1 号段梁下水面位置,通过在墩顶设置卷扬机起吊安装。挂篮拼装完成后进行挂篮预压,预压采用堆载法,预压荷载按设计重量的 120%控制,检验挂篮受力是否满足要求。挂篮布置如图 4-3-274 所示。

2. 钢筋绑扎

挂篮预压完成后根据监控单位提供数据,调整底模、侧模标高。钢筋绑扎前需对底模、侧模打磨、清

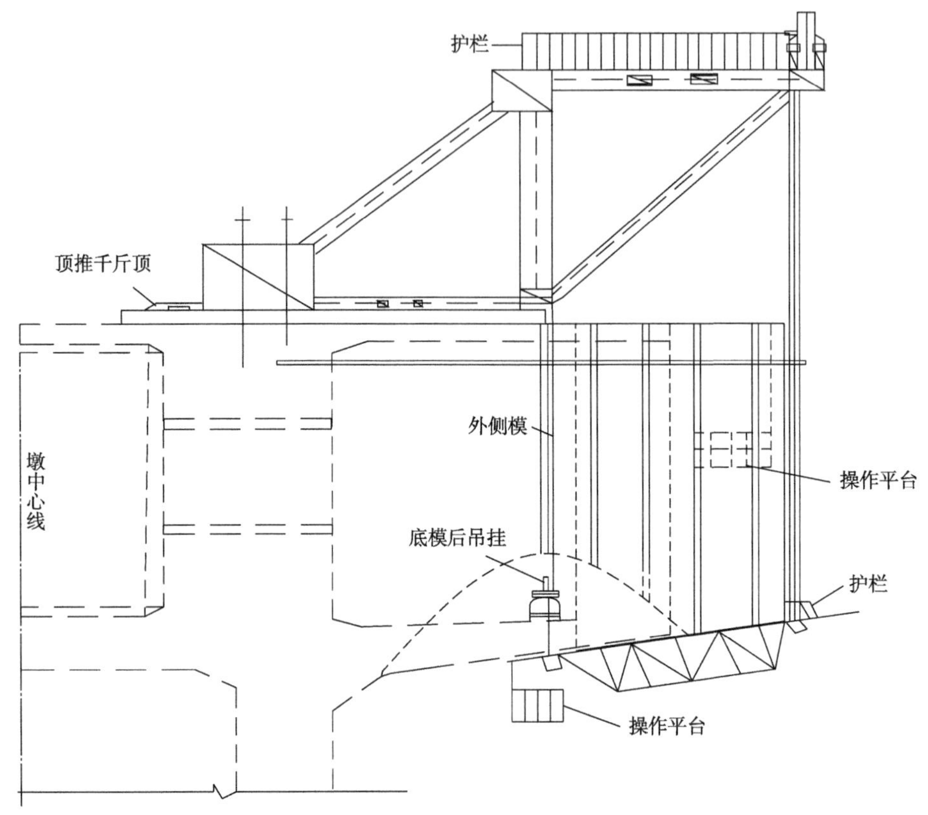

图 4-3-274 闽江特大桥挂篮布置

洗、刷脱模剂。调整底模标高后绑扎钢筋，安装预应力管道，钢筋绑扎自底板开始，然后绑扎腹板，腹板钢筋绑扎完成后将顶板底模滑到位后绑扎顶板钢筋。钢筋绑扎注意钢筋间距、保护层厚度等符合要求。钢筋绑扎注意事项：

①钢筋安装前，必须在加工厂进行半成品的检查，合格后再进行下步工作。

②钢筋安装前，在模板上放样到位，防止钢筋间距偏差不符合要求。

③钢筋与预应力钢筋(管道)、预埋件等相互冲突时，将普通钢筋适当移动位置，严禁截断或减少钢筋数量。

④在立模前检查钢筋保护层垫块数量是否按照 4 个/m^2 布置，垫块绑扎是否牢固，保护层厚度是否符合要求等，如有偏差，及时进行调整。

钢筋完成，经测量检查标高轴线无误后准备浇筑混凝土。

3. 混凝土浇筑养生

(1)混凝土生产及运输

混凝土采用现场拌和站集中拌和。

在混凝土拌和前，试验员严格按照施工配料单进行材料、搅拌时间数据的输入、控制，对电脑数据的真实性和可靠性负责；在每次开拌之始，试验员和拌和站司机应注意监视和检测前 2～3 盘混凝土的和易性。如有异常，应立即分析情况并处置，直至拌和物的和易性符合要求，方可持续生产。当施工配合比调整后，亦应注意开拌时的监视与检测工作；试验员负责拌和站混凝土的和易性检测并作好记录，和易性包括坍落度、坍落流动度、含气量和温度。

对拌和站的原材料的日常储存要定时检查，发现问题要及时和现场相关人员协同处理并向站长报告；严格检查作业队伍对技术交底的执行情况，发现问题及时解决，必要时责令其返工，并向上反应出现的问题，做好相关的资料。

混凝土运输车司机应根据拌和站调度的统一安排，负责将混凝土在规定时间内安全运至使用地点；当因混凝土质量不合格拒绝接受时，司机应要求工地调度及时和拌和站调度取得联系，按照拌和站调度指令进行处理；运输车进场前，主动进行清洗作业，杜绝将污染物带进拌和站；严禁擅自加水，严禁混凝土被拒收后又"转圈回来"的现象。

混凝土到达现场后，技术人员和质检人员要提前对混凝土进行检查并检测混凝土的坍落度；如发现混凝土有问题，迅速联系工地试验室对拌和站混凝土进行调整。

(2)混凝土浇筑

施工现场采用混凝土汽车泵输送到浇筑位置。混凝土浇筑次序：先浇筑底板，再浇筑腹板和顶板。

混凝土分层浇筑，分层厚度 30 cm，振捣采用插入式振动器，振动器移位间距不超过振动器作用半径的 1.5 倍，与侧模保持 5～10 cm 间距，且插入下层混凝土中的深度为 5～10 cm。每一振点的振捣延续时间为 20～30 s。

浇筑底板到距设计标高还差 10 cm 后，紧接着浇筑腹板部分的混凝土。腹板部分的混凝土从腹板顶口浇入，用插入式振捣器振捣。由于混凝土具有流动性，会有部分混凝土从腹板底口流入底板。所以振捣腹板上部的混凝土时，要注意控制插入深度和振捣时间，适当让部分腹板混凝土流入底板内，以补充底板混凝土至设计厚度，并要保证腹板内每个部分都被振捣密实。流入底板的混凝土由人工摊平，并用平板振捣器加以振捣，使底板厚度达到设计要求的厚度。

预应力波纹管密集的部位，振捣时要防止漏振、欠振，在钢筋、预应力管道密集地方采用棒头较小的振动棒，确保混凝土的密实，振捣时不要挤压波纹管避免波纹管变形、漏浆封堵及移位。在浇筑底板、腹板及顶板混凝土时，要做到混凝土浇筑工作对称浇筑。

(3)混凝土养生

在混凝土初凝后，底板及顶板顶面采用土工布覆盖洒水养生，保持表面湿润，腹板采用喷水养生。混凝土洒水保湿养护时间不少于 14 d。

4. 预应力施工

混凝土强度及弹性模量达到设计值的 100%时张拉 T_1、F_1索。预应力施工顺序为先张拉腹板索再张拉顶板索，每个阶段的横向及竖向预应力索滞后一个梁段张拉。

①纵向预应力钢绞线采用一次张拉的工艺，张拉步骤为：安装工作锚→安装限位板→安装千斤顶→安装工具锚→初张拉(20%σ_k)→测量初伸长值→100%σ_k→静停 5 min→σ_k→量测终伸长值→主油缸回油锚固(测回缩量)→副油缸回油卸千斤顶。

张拉采用应力、伸长值双控制，当实际伸长值与理论伸长值不相符并超过±6%时，应停止张拉，查明原因，采取措施予以克服。张拉完成后采用砂轮机切断钢绞线。锚环外露钢绞线长度不得小于 3 cm，然后按规定进行封锚，封锚可采用专用锚固剂或素水泥混凝土。

②竖向预应力张拉采用穿心式单作用千斤顶单端张拉，张拉采用双控法，以油压表值为主，油压表值的误差不得超过±2%，伸长量的误差不得超过±1%。伸长量的测量采用千斤顶上的转数表与实际测量活塞杆伸长相结合的办法。

张拉程序如下：安装锚垫板和锚具→安装千斤顶→初应力取 0.1σ_k→张拉至 σ_k，拧紧螺母，测量伸长量→卸荷。

③管道压浆

压浆前先用压力清水冲洗将要压浆的孔道；压浆机采用连续式压浆泵，其压力表最小分度值不得大于 0.1 MPa；搅拌机的转速不低于 1 000 r/min，浆叶的最高线速度限制在 15 m/s 以内；在配制浆体拌和物时，水泥、压浆剂、水的称量应准确到±1%。

浆体搅拌操作顺序为：首先在搅拌机中加入实际拌和水用量的 80%～90%，开动搅拌机，均匀加入全部压浆剂，边加入边搅拌，然后均匀加入全部水泥。全部粉料加入后再搅拌 2 min；然后加入剩余的 10%～20%的拌和水，继续搅拌 2 min。

浆体压入梁体孔道之前，应首先开启压浆泵，使浆体从压浆嘴排出少许，以排除压浆管路中的空气、水和稀浆。当排出的浆体流动度和搅拌罐中的流动度一致时，方可开始压入梁体孔道。

压浆的压力宜为 0.5～0.7 MPa，对长管道最大压力不宜超过 1.0 MPa。压浆充盈度应达到孔道另一端饱满并于排气孔排出与规定流动度相同的浆体为止。关闭出浆口后，应保持不小于 0.5 MPa 的稳压期，保持时间 3～5 min。无漏浆情况时，关闭进浆阀门卸下输浆胶管。

5. 其他梁段施工

压浆后挂篮前行，重复浇筑其他悬浇段。挂篮前移注意事项：挂篮移动前测量已施工梁段中线及标高，并在梁面标出横向标线以表示挂篮移动位置，保证移动时两侧挂篮平衡；对挂篮各连接部位详细检查；挂篮移动速度不宜大于 0.1 m/min，就位时中线偏差不宜大于 5 mm。

三、直线段施工

直线段长度 10.8 m，混凝土方量 323.5 m^3，采用落地大钢管支架现浇。支架钢管采用 ϕ820×10 mm 螺旋焊管，共设 2 排 6 根，钢管联结系采用 16 号槽钢，钢管顶部顺桥向铺 45 号工字钢作纵梁，纵梁上铺设横向 32 号工字钢作分配梁，分配梁上采用大块钢模板作底模。直线段落地支架布置如图 4-3-275 所示。

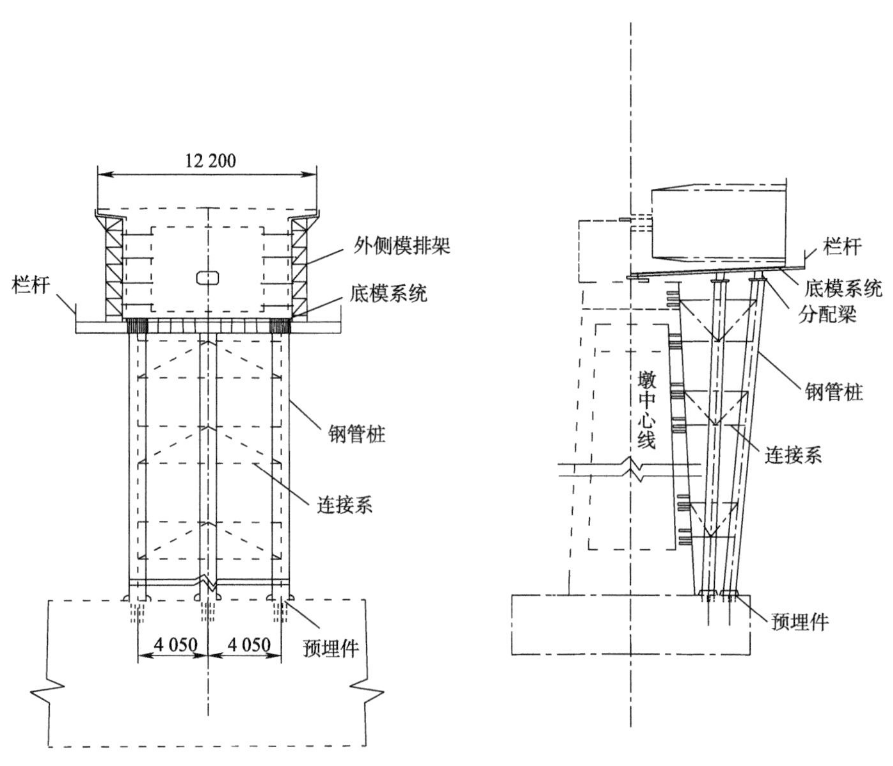

图 4-3-275　直线段落地支架布置(单位：mm)

承台施工时在设计位置预埋钢板作为钢管架的基础，墩身施工时在墩身相应位置预埋钢板作为钢管架扶墙杆固定位置。

钢管架安装采用吊车，人工配合。首先安装靠近墩身侧的钢管，然后安装外侧钢管，钢管接头采用对接，焊缝满焊。钢管顶部设双 45 号工字钢作纵梁，纵梁上横桥向 30 cm 铺 30 号工字钢作分配梁。

分配梁安装完成后进行预压，预压采用堆载法，堆载材料为 1 m×1 m×1 m 混凝土预制块，预压荷载为设计荷载的 120%，按 0%、50%、100%分级加载，每次加载均测量支架标高，检查各部件焊缝、连接情况。消除支架非弹性变形，计算出弹性变形。

预压完成后安装底模及侧模，底模及侧模采用墩身钢模板改制；底模及侧模安装完成后绑扎钢筋安装预应力管道，首先绑扎底板，然后绑扎腹板，安装内模后绑扎顶板，内模采用竹胶板组拼；直线段内模采用竹胶板拼接，ϕ48 mm 钢管脚手架作内部工作平台，兼作顶板浇筑支架；内外模间采用 ϕ20 mm 拉筋固定，拉筋间距 1 m×1 m；混凝土浇筑及养生与悬臂浇筑基本相同，不再叙述。

四、合　　龙

合龙段施工步骤为：边跨合龙→边跨合龙段预应力施工→中跨合龙口顶推→中跨合龙→中跨合龙段预应力施工。

合龙前清理梁顶面不需要的机具设备材料等，可堆放至 0 号段附近或吊至墩下。合龙段利用挂篮浇筑，模板利用挂篮模板。21 号—22 号、23 号—24 号墩边跨合龙段分别利用 22 号小里程侧、23 号大里程侧挂篮浇筑，22 号—23 号中跨合龙段利用 22 号墩大里程侧挂篮浇筑，23 号墩小里程侧挂篮后退 3 m 让出空间，另一侧挂篮前移，前端通过吊带、滑梁等固定在合龙口另一侧悬臂端。边跨合龙段利用挂篮前移，前端通过吊带、滑梁等固定在直线段端部。挂篮及合龙段浇筑吊架布置如图 4-3-276 和图 4-3-277 所示。

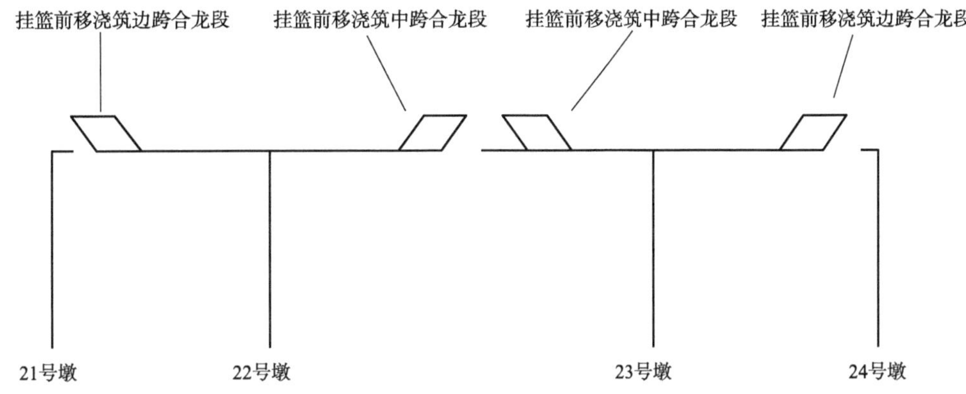

图 4-3-276　挂篮浇筑布置图

中跨合龙段混凝土浇筑前采用千斤顶进行顶推，顶推力 120 000 kN，并同时进行合龙段临时锁定，临时锁定采用刚性支撑，顶板、底板上张拉 2T27、2D0 作为临时索（张拉力 200 kN），锁定梁体。顶推布置及刚性支撑布置如图 4-3-278 所示。

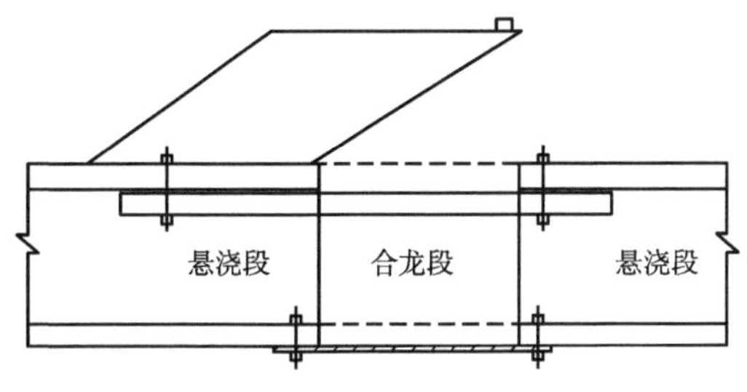

图 4-3-277　合龙段浇筑吊架布置图

合龙段钢筋绑扎、模板安装、混凝土浇筑与悬臂浇筑基本相同，不再叙述；合龙段施工混凝土浇筑选择一天之中温度最低且相对变化较小的时间；合龙段混凝土浇筑后覆盖洒水养护，养护时间不少于 7 d；合龙段混凝土强度及弹性模量达到设计强度的 90%后张拉中跨腹板上弯束，然后张拉中跨底板索及剩余顶板索，同时补张拉临时合龙索至设计值。

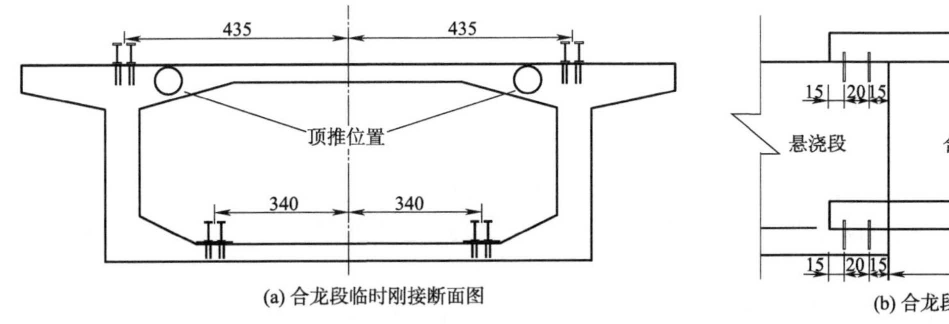

图 4-3-278　顶推布置及刚性支撑布置图（单位：cm）

第七节　特殊结构桥梁施工(乌龙江特大桥)

乌龙江特大桥全长875.315 m,右线单线桥全长384.835 m。主桥采用(144+288+144) m混凝土部分斜拉桥,直腹板单箱双室截面梁、矩形双柱式钢筋混凝土桥塔、双索面扇形斜拉索,具体桥跨布置、结构形式及材料型号详见第三篇第五章第七节特殊结构桥梁设计(乌龙江特大桥)介绍。

一、主 梁 施 工

由于乌龙江特大桥截面形式与闽江特大桥不同,在施工过程中0号段现浇托架及挂篮形式略有差异。

1. 0号段现浇托架布置

乌龙江特大桥0号段现浇托架采用2[36b槽钢焊接,预埋件均采用20 mm厚钢板格构式结构,预埋件预埋深度1.2 m,横桥向布置5道,侧面在双薄壁墩上各布置2道。0号段托架施工布置如图4-3-279所示。

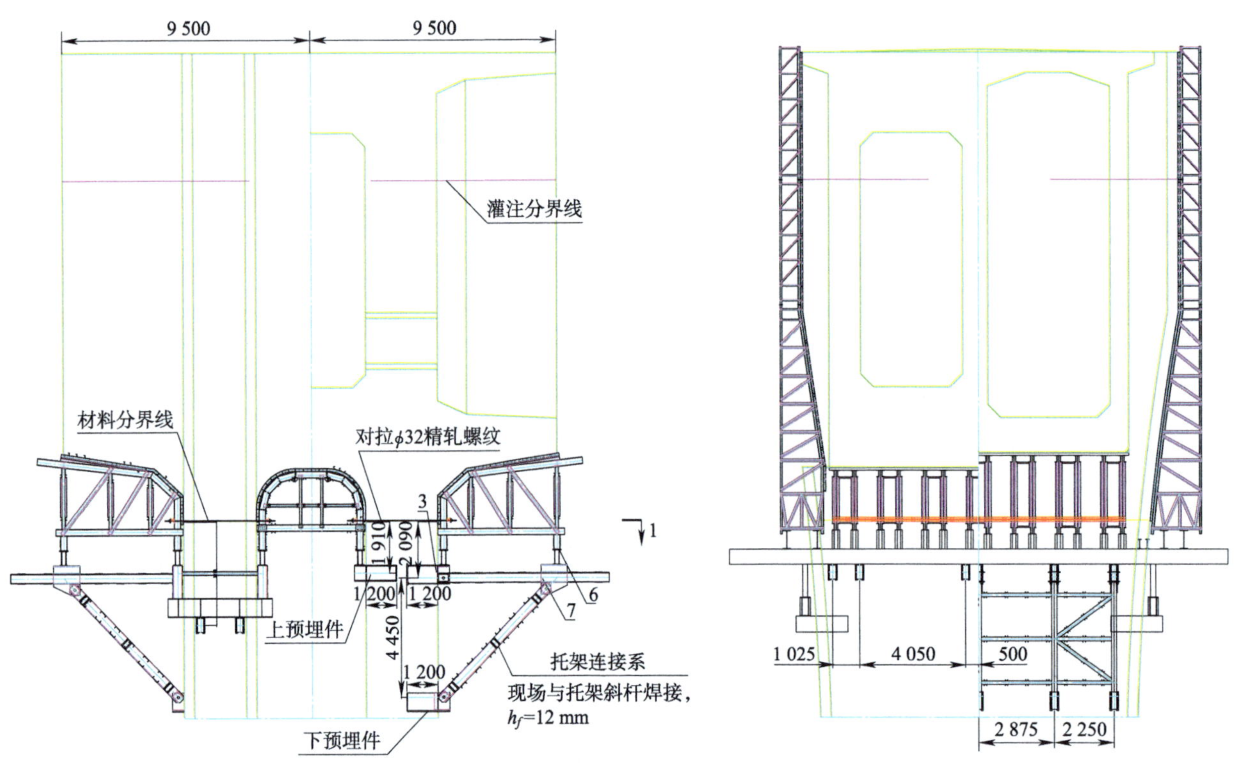

图4-3-279　乌龙江特大桥0号段托架施工布置(单位:mm)

2. 挂篮形式

乌龙江特大桥挂篮采用三角形挂篮,用塔式起重机吊至墩顶组拼,侧模、底模架及底模用拖车运至施工作业平台上采用吊车进行安装。挂篮布置如图4-3-280所示。

3. 主梁施工方案

乌龙江特大桥主要施工工序和关键技术与闽江特大桥施工类似,包括:0号梁段支架的设计与搭设、0号梁段混凝土浇筑施工、挂篮设计拼装、连续梁悬臂灌注、塔身浇筑、斜拉索安装及张拉、合龙段施工、预应力施工、边孔现浇段施工。

总体施工方案为:主墩施工完成后在墩顶安装托架,并设置临时锚固系统,支护0号梁段模板、绑扎钢筋,因0号段高段达15.5 m,故将0号梁段混凝土分成三次浇筑成型。采用2对、4套挂篮,按逐节对称的次序同时进行T构的施工,施工及合龙次序按设计给定的程序进行。挂篮采用塔式起重机和卷扬机安

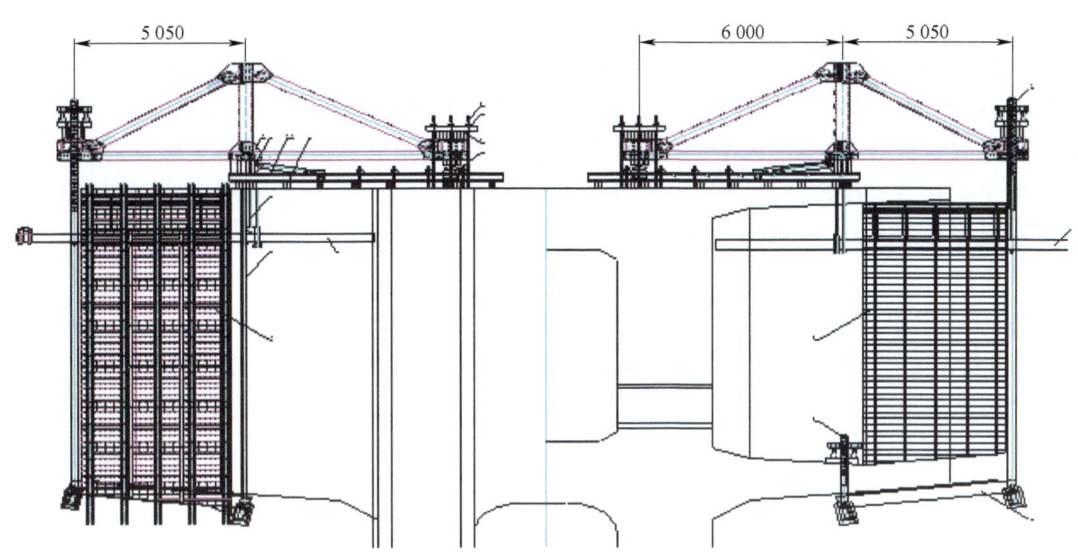

图 4-3-280 乌龙江特大桥挂篮布置(单位:mm)

装。混凝土采用集中拌和,输送车运输,输送泵灌注。

为确保箱梁合龙误差符合规范要求和成桥后的线形,在箱梁灌注过程中,将影响箱梁挠度的各因素变化信息及时向设计单位、线形监控单位反馈,并与设计单位、线形监控单位密切合作,共同完成箱梁线形控制。

二、主 塔 施 工

1. 总体施工方案

乌龙江特大桥两个主墩索塔均采用门式桥塔,墩身高度 22.5 m,采用双肢墩柱,单肢为实心矩形截面,顺桥向为 2.8 m,设 40 cm×40 cm 切角,两墩壁中心距 7 m;横桥向承台以上 11 m 高度范围等宽度 12 m,主墩顶端为与主梁底板平顺过渡,设置 $R=100$ 的圆弧连接。墩柱顺桥向宽度在 4 m 高范围由 3.6 m 渐变至 2.8 m,横桥向 10.5 m 高范围直线段宽度为 12 m。以上至墩梁分界处渐变至 13.445 m。桥面塔柱高度为 40 m,其中下塔柱高度 12.258 m,呈倒 Y 形,相交处以圆弧连接,顺桥向宽度由 9.9 m 渐变至 5.6 m,横桥向宽度 2.8 m;中塔柱高度 12.742 m,顺桥向宽度 5.6 m,横桥向宽度 2.8 m;上塔柱高度 15 m 为有索区塔柱,顺桥向宽度 5.6 m,横桥向宽度 2.8 m,塔冠高 1 m,塔顶设置避雷针及栏杆等附属,左右上塔柱之间以横梁过渡,横梁截面为 2 m×3 m。其中下塔柱、中塔柱为无索区,下塔柱节段划分为 1.981 m +3.898 m+3.470 m+3.351 m(2.909 m+0.446 m 含中塔柱部分);中塔柱节段划分为 2×6;上塔柱为有索区,节段划分为 2×7 需预埋分丝管索鞍,左右塔柱各 10 套。墩身、塔柱模板采用大块钢模翻模法施工,在钢模外侧设置角钢支架作为施工平台。

塔柱采用钢模板翻模施工,除下塔柱异型部分单独设计,其他相同部分模板均采用 2 m 高钢模,每次施工高度 6 m,塔柱分丝管索鞍处锯齿块模板用定制钢模,与侧模采用螺栓连接,在设有鞍座的上部塔柱,设劲性骨架以调整固定鞍座的空间位置。根据本工程索塔的结构特点,索塔施工的主要机械设备有塔式起重机、汽车式起重机、混凝土输送泵等。

(1)塔式起重机

索塔施工采用已安装完成的 QTZ80(5810)塔式起重机,塔式起重机臂长北岸 25 m、南岸 15 m(需考虑临近既有线及未迁改的下游 110 kVA 高压线),起重力矩 699 kN · m,最大起重量 6 t,塔柱工程单个最重吊件 3.7 t,塔式起重机能满足使用要求。在施工承台时需提前预埋塔式起重机基础预埋件。

(2)混凝土输送设备

塔柱混凝土浇筑采用拖泵，拖泵布置在主栈桥上，泵管从钢栈桥桥面沿钢爬梯处的墩身至桥面，顺塔柱施工接高至作业面。泵管竖向每6～9 m设一道附墙，附墙设置在顺桥向，在塔壁预埋250 mm×250 mm×10 mm钢板用于附墙连接件(连接件采用与爬梯共用预埋钢板)。混凝土拖泵采用HBT80C型号，最大混凝土输送垂直距离达到250 m，能满足本工程要求。水平管和垂直管路交接处设置液压截止阀，便于清洗泵管及泵送堵管等事故处理。

(3)上下通道

在塔柱外围设置组合式钢爬梯作为塔柱施工上下通道，爬梯分为两层设置，第一层为承台至梁顶，第二层从梁顶两个塔柱之间至塔顶。爬梯需要在施工承台及0号块时预埋基础连接件，采用预埋螺栓或钢板焊接，爬梯底座与预埋件连接牢固。爬梯为之字形，平面尺寸3 m×2 m(可根据承台尺寸适当调整)，单节高度4 m。立杆采用80 mm×80 mm×5 mm方管，横杆采用60 mm×40 mm×4 mm矩形管，连接板采用12 mm钢板，梯板采用3 mm花纹钢板。每隔8 m设置一套与塔身的水平拉接杆，塔身需提前预埋好连接件，拉结杆规格采用不小于[8a槽钢与塔身预埋钢板及爬梯两边立杆焊接牢固，确保爬梯的局部和整体稳定性。爬梯四周全封闭挂设安全网，安全网采用密目网进行围护。在爬梯入口处设置限制牌，每次通行限制8人。

2. 施工方法及要求

1)模板制作及安装

塔柱采用翻模法进行施工，标准节段高度为2 m，每次施工高度为6 m，拆模需预留最顶部模板作为下一循环底部托模，模板采用钢模，两个主塔各配置1套模板。

塔身模板均采用定型钢模，面板为6 mm，竖边框为12 mm×100 mm的钢板，横边框为12 mm×100 mm的钢板，竖肋为[8号槽钢，间距300 mm，横肋为双[12号槽钢间距800 mm，竖向连接孔之间加扁钢筋板；圆弧模板，面板为6 mm，连接法兰为12 mm×100 mm的钢板，竖边框为12 mm×100 mm的钢板，圆弧肋10 mm×100 mm的钢板(通长)间距500 mm，竖肋为10 mm×100 mm的钢板；模板连接螺栓为M18×65；对拉螺栓采用M18精轧螺纹钢最大间距1.2 m，配套精轧螺纹钢双螺帽。

下塔柱异型部分考虑坡率较大，塔柱未交汇合龙前中间部位模板需进行加固，增设临时支撑。支撑采用在模板背面通长设置[14槽钢，间距0.8 m设置1道，背楞间采用[16槽钢进行对撑，高度每隔1.0 m设置1道，对称与背楞焊接固定，模板采取一次立到位，浇筑混凝土时高度不得超过6 m，如图4-3-281所示。

模板进场后，先进行试拼，检查是否符合要求，使用前用磨光机打磨光亮，并涂刷脱模剂。脱模剂采用同一品种，要涂抹均匀，不得流坠，以免污染钢筋。模板表面应光洁平顺、拼缝严密，无锈斑变形，尺寸偏差在规范允许范围内，保证结构物外露面美观，线条流畅。模板的刚度、强度、稳定性顺直度和接头平整度符合模板设计要求，模板接缝满足混凝土浇筑时水泥浆不得流失，确保混凝土外表美观。检查合格并报监理同意后方可投入使用。

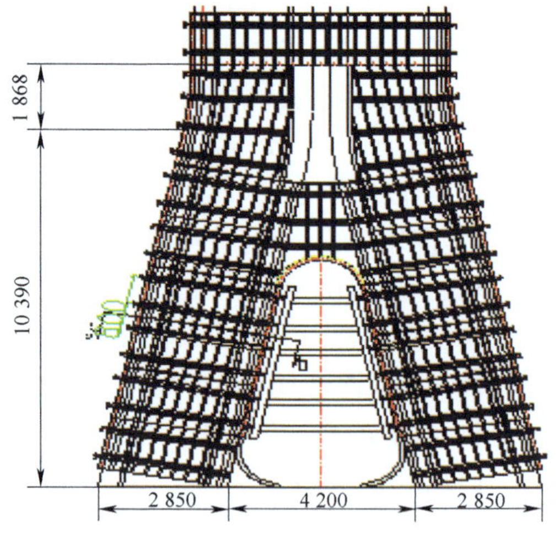

图4-3-281 异形部分模板加固示意图(单位:mm)

塔身施工前，利用凿毛机凿除基础顶面浮浆并冲洗干净，整修连接钢筋。先根据设计位置，用全站仪精确测定出其塔柱中心，然后在基础顶面放出塔柱纵横中线和模板外轮廓线的准确位置，确保塔柱及跨距准确无误后，才能绑扎钢筋、立模。钢筋绑扎前要先清除钢筋表面混凝土浆等污物，调直主筋。绑扎时要注意控制好钢筋间距以及接头要符合设计和规范要求。

在 0 号块顶面放出塔柱中线及实样。检查 0 号块顶面标高，立模前用水泥砂浆将底座找平。由于模板采用定型钢模，因此，安装时先在地面上将模板拼装好，然后采用吊车吊装。模板安装好后对轴线、高程进行检查，符合规范和设计要求后进行加固，保证模板在灌注混凝土后不变形、不移位；模内干净无杂物，直面平整，曲面圆顺，拼缝严密。模板内部涂刷脱模剂。塔身操作平台采用∠63 mm×63 mm×6 mm 的角钢支架与塔身模板上预留连接孔连接牢固，角钢平台竖向栏杆高度 1.2 m 穿 ϕ16 mm 钢筋，并安装细目网。角钢支架上满铺设钢筋网片或 5 cm 厚木板，钢筋网片或木板必须与支架绑扎牢固，重叠部分不得少于 1 m，同时必须搭过相邻支架，不得悬空。平台上严禁堆放任何材料机具。

2)钢筋加工及绑扎

根据设计图纸，对钢筋进行下料，塔身主筋采用等强镦粗直螺纹连接，其余的采用焊接。为保证镦粗钢筋的质量，镦粗直螺纹钢筋及时用通规和止规检测；钢筋的绑扎严格按图纸中的位置、间距以及规范中规定的允许误差要求进行。

钢筋下料采用钢筋切断机进行切断，严禁用氧气切割，加工成型的钢筋应分类存放并设置标识牌。

钢筋接头宜设置在受力较小处，在同一主塔节段内同一竖向受力钢筋不宜设置两个或两个以上接头，主筋的接头应错开布置。

3)钢筋连接质量标准

(1) 焊接头技术要求：单面搭接焊缝长度不小于 10d，双面搭接焊缝不小于 5d。

(2)套筒接头外观质量要求：主筋轧丝后，轧丝不得有缺损、裂纹，丝口露出套筒不大于 2 丝，伸入套筒误差不超过 1 丝，主筋纹勒应对齐。

(3)钢筋接头位置应避开钢筋弯曲处，且距起弯点的距离不得小于钢筋直径的 10 倍。

(4)同一截面的钢筋接头数不超过钢筋总数的 1/2，接头截面错开距离大于等于 35d，且不小于 500 mm。

4)钢筋连接检验

(1)从事钢筋加工和焊(连)接的操作人员必须经考试合格，持证上岗。钢筋正式焊(连)接前，应进行现场条件下的焊(连)接性能检验，合格后方可正式生产。

(2)接头的现场检验按验收批进行，同一施工条件下采用一批材料的同等级、同形式、同规格接头，直螺纹接头以 500 个为一批进行检验和验收，不足 500 个也作为一个验收批；焊接接头以 200 个为一批进行检验和验收，不足 200 个也作为一个验收批。

5)钢筋安装

钢筋采用塔式起重机或汽车式起重机运至工程部位绑扎，宜分批吊装，分批绑扎，不可在操作平台处叠放过重的钢筋。

(1)钢筋安装顺序：竖向主筋接长→水平分布钢筋→水平拉筋及箍筋。

(2)钢筋安装方法：钢筋安装采用现场散扎的方法，主筋接长时需采用起重机将钢筋以 5～10 根一捆起吊，然后逐根接长。钢筋安装时，塔周及塔内均需搭设简易施工平台。

(3)钢筋安装要求：施工中如发生钢筋空间位置冲突，可适当调整其布置，但应确保钢筋的净保护层厚度及主筋数量；钢筋交叉点用铁丝绑扎结实，扎丝头朝钢筋内侧，不得侵入钢筋保护层范围，必要时也可用点焊焊牢；主筋施工时应严格保证套筒两端钢筋丝头各旋进 1/2 套筒长度。

(4)钢筋保护层垫块设置：保护层垫块宜错开布置，底面和侧面垫块数量不得少于 4 个/m^2，水平面不少于 6 个/m^2。

6)劲性骨架施工

(1)劲性骨架设计

考虑乌龙江施工期间风速较大，为满足塔柱钢筋固定及斜拉索分丝管索鞍的精确定位，方便测量放线，塔柱施工时设置劲性骨架，无索区劲性骨架的安装主要起钢筋绑扎定位及塔柱内操作平台作业。为方便安装，劲性骨架采用矩形框架结构，在后场分榀分节段制作，运至现场塔式起重机吊装，劲性骨架主要材料为 L80 mm×80 mm×8 mm、L50 mm×50 mm×6 mm 角钢。

劲性骨架设计中主要考虑以下几点：分丝管索鞍安装稳定的需要；满足精确定位需要；方便劲性骨架加工、运输及现场吊装。

(2)劲性骨架制作、安装

劲性骨架制作在后场钢结构加工区进行，为了保证劲性骨架的平面尺寸以及倾斜角度符合要求，在后场钢结构加工区使用型钢、钢板搭设一个水平度满足要求的作业平台，利用平台进行劲性骨架加工。平台的平面尺寸为 4 m×5 m，采用 6 mm 厚钢板，胎架高度 1 m，采用 L50×5 m 等边角钢制作，水平精度控制在 5 mm 以内(钢板铺设前、后均由测量部门对精度进行检验复核)。劲性骨架加工方法如下：

① 根据劲性骨架尺寸、倾斜角度，在施工平台上使用墨线弹出劲性骨架外廓线。

② 按照构件尺寸进行下料，精确度在±3 mm 内，严格控制加工误差。

③ 根据骨架外轮廓线安装下部型钢，临时固定，安装横向联系杆。

④ 安装上部立杆型钢，安装剩余的横向连接撑以及斜撑杆，并焊接加固。

⑤ 加工完成后按照劲性骨架安装位置进行编号，以方便现场安装。

劲性骨架在地面加工制作好以后，装车运至施工现场进行安装。利用施工塔式起重机吊装，在塔柱施工节段位置就位，骨架安装位置高出混凝土分界面 15～30 cm，上、下两节段间采用螺栓连接，周边支撑定位角钢采用与主骨架焊接，支撑角钢上下层间距为 4 m。骨架安装前，须对已有骨架四个角点放点控制，同时调整控制点，四个上角点用锤球或全站仪校核偏差，各角点偏位控制在±1 mm 之内。劲性骨架作为供测量放样、主筋安装、立模、索鞍安装就位依托的受力构件，安装质量很重要。劲性骨架现场安装方法如下：

①无索区塔柱施工至有索区下部，混凝土浇筑时在劲性骨架顶部焊接定位 10 cm×10 cm 定位钢板，作为有索区第一节段劲性骨架的连接板，钢板顶面标高严格控制精度。

②先在预埋的连接板上按索鞍倾斜角度焊接限位角钢。

③塔式起重机吊装劲性骨架，当劲性骨架对角立柱进入连接板上的限位装置后，由测量人员校核其倾斜位置是否符合要求，当达到设计要求后，立即将骨架与连接板施焊。

③ 劲性骨架安装固定后，在骨架横联上放出索鞍与骨架的连接点位置，并做好标记。

(3)质量控制

①劲性骨架在胎架上制造完成后，必须经质检人员检查验收合格后方能投入使用。其加工制造标准如下：长度、宽度容许误差±5 mm，对角线容许误差±6 mm，轴线容许误差 2 mm。加工及安装后的劲性骨架应填写检查资料，经质检工程师签字后，方可进入下一道工序。

②劲性骨架焊缝质量要办理检查签证。

③劲性骨架安装允许偏差：平面偏差不大于 5 mm；以索塔中线为基准线，斜率偏差不大于 H/3 000 mm，标高容许误差±5 mm，外形尺寸容许误差±5 mm。

7)索鞍分丝管安装

本工程塔身上部设鞍座，以便斜拉索通过。斜拉索横桥向呈双索面布置，分别布置于两个塔柱，每个塔柱设单排鞍座。分丝管索鞍为 55、61、73 孔规格，单个塔柱含分丝管索鞍 10 个，采用成品结构，间距为 1.0 m。由于索塔内每一根斜拉索的角度、标高均不同，施工中的偏差将影响斜拉索的安装质量，因此，分丝管索鞍的定位精度控制是矮塔斜拉桥施工的关键。

塔柱在浇筑前安装分丝管定位支架，支架采用塔内劲性骨架，待分丝管定位好后将弯管焊接在托梁上固定。

(1)在主塔分丝管前一个节段浇筑混凝土前，先安装支架预埋件，预埋件顶面高程与该节段混凝土顶面一致。

(2)待前一节段混凝土浇筑后即在主塔上拼装焊接劲性骨架中的立柱、连接杆及斜撑，立柱与预埋件焊接固定。

(3)以前一节段混凝土顶面高程为参考点来初步确定 1 号分丝管主边跨侧的高程，结合设计图纸中分丝管与主塔的相对位置初步确定 1 号管主边跨侧横桥向及顺桥向位置，并首次临时固定。

(4)取分丝管端垫板外板竖向边中心点作为控制点，用测量仪器精确测量首次固定后分丝管单侧的位置并调整，每调整一次就测量一次，直至分丝管与设计位置误差满足设计规范要求。注：单侧位置精确固定前，应及时调整分丝管另一侧的位置，使其与设计位置相差不至于太大。

(5)牢固焊接托梁，定位钢筋及撑杆、拉杆，固定分丝管。

(6)同(4)步骤精确测量并调整 1 号管另一侧的位置，再按(5)步骤固定分丝管。

(7)然后以 1 号管分丝管为基准点初步确定 2 号管的位置，并临时固定。重复(4)、(5)、(6)步骤即完成 2 号管的安装。

以此类推即可完成主塔所有分丝管的安装。劲性骨架可以按浇筑节段分段拼装。

分丝管索鞍采用塔式起重机进行整体吊装，现有塔式起重机能满足吊装需求，索鞍采用劲性骨架进行固定，采用全站仪进行空间位置的定位测量。索鞍可在劲性骨架安装场地同步安装，再整体吊装至塔柱部位进行安装，也可以在塔柱内安装好劲性骨架，预留并定位好索鞍位置后吊装索鞍并精确定位后固定，如图 4-3-282 所示。

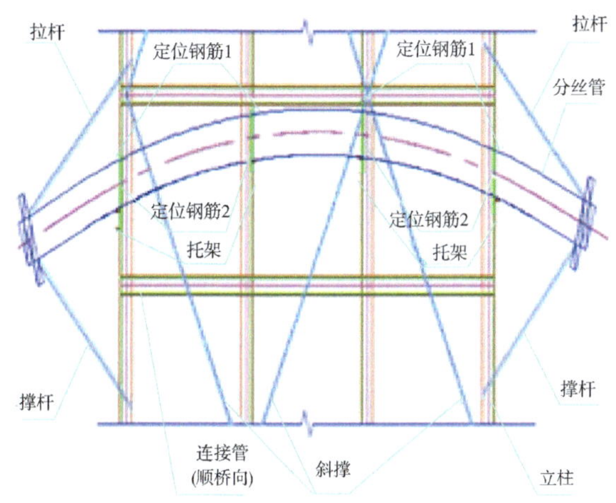

图 4-3-282　分丝管索鞍安装示意图

3. 主塔施工测量

主塔的施工测量包括劲性骨架安装、分丝管索鞍定位、塔柱模板安装、各节段的竣工测量及监测；其定位精度如下：

(1)塔柱定位精度

①塔柱倾斜度：每节段的 $h/1\,000$ 且不大于 8 mm；整个主塔的 $H/3\,000$ 且不大于 30 mm。

②塔柱断面尺寸：±20 mm。

(2)分丝管制作及定位精度

①钢管制作精度：外径$^{+1.5}_{-1.5}$ mm，壁厚$^{+0.5}_{-0.5}$ mm。

②钢管与钢垫板垂直度：$^{+5'}_{-5'}$。

③分丝管孔道位置：管口高程偏差$^{+10}_{-10}$ mm，坐标偏差≤±10 mm，角度不得大于 5′。

根据理论计算及经验，1″级 1 mm+1.5 ppm 的全站仪在 200～300 m 范围内进行施工放样，其平面点位精度可达 1～2.5 mm。三角高程测量在合理消除仪器高度及反射镜高度量测误差的情况下采用正倒镜，其精度可控制在 5 mm 以内。所以主塔的施工测量采用全站仪三维坐标一体化放样方法。即在控制点上安放全站仪设置好测站点及后视点参数，直接测量塔柱上劲性骨架和模板的角点，调整塔柱劲性骨架和模板就位。

分丝管的定位至关重要，管道的偏移可能导致斜拉索和管壁发生挤压，从而影响索力及拉索的使用寿命。索管的定位就是控制分丝管转点和两管口的中心三维坐标。首先对加工好的分丝管进行检查，再根据拉索参数及索管自身的参数确定分丝管的转点和两管口中心三维坐标。

(3)劲性骨架的安装定位

劲性骨架的安装精度直接影响到斜拉索分丝管的安装，必须重视劲性骨架的施工放样测量。施工过程中劲性骨架一般在车间内加工成块件，运至现场进行拼装。安装时在上节骨架上的连接板上设置限位短角钢，限位角钢采用三维坐标定位放样后与连接板进行焊接。用吊垂球的方法，控制骨架垂直度或倾斜度，然后用全站仪测量其上顶面角点的三维坐标，符合要求后，将骨架互相连接、焊牢。

(4)分丝管索鞍的安装定位

放样时先在劲性骨架上放出分丝管的平面控制线和高程点。再由控制线和高程点确定分丝管的转点及管口的位置，焊好角钢。调整时直接移动分丝管到相应位置。考虑到日照、风力对塔柱及分丝管位移的影响，对塔柱及分丝管的测量宜安排在阴天或夜间进行，同时应尽量避免在风较大的时候测量，以保证塔柱及分丝管的定位精度。

分丝管索鞍定位步骤：

①在制作完成的节段劲性骨架上初步吊装索鞍(图 4-3-283)，初定位。

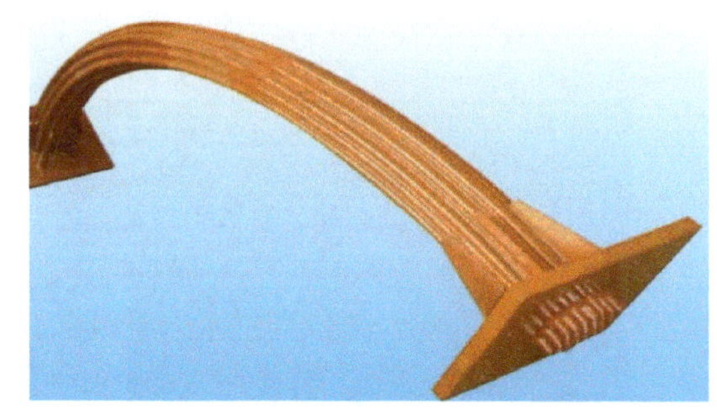

图 4-3-283　索鞍示意图

②对索鞍平面坐标及高程进行测量及精确定位，测量人员根据设计图纸及索鞍的结构对锚板上口两角点的坐标进行计算，另外一侧进行计算复核，利用仪器在塔柱上定出中心点的高程线，用 4 个手拉葫芦挂在索鞍四角拉起索鞍调整高程，高程确定后焊托架进行高程固定。桥向位置调整垫板的水平位置，使垫板的中心线与位置线重合。在高程托架上焊挡块进行限位。顺桥向位置用葫芦调整索鞍顺桥向位置，使垫板的中心线与位置线重合。手拉葫芦微调至设计标高误差允许范围后，索鞍四周均用小角钢与劲性骨架固定、焊牢。

③为增强劲性骨架与索鞍的整体稳定性，采用锚板两段用短角钢与劲性骨架连接。

(5)模板的安装定位

塔柱劲性骨架、分丝管定位以后才能装模。装模前，要先将底座抄平。上、下层模板对中，模板与模板之间及上、下层模板均用法兰螺栓连接且拧紧，上口安装钢管撑，以保证断面的几何尺寸。再根据劲性骨架的位置，对模板初步定位，然后用全站仪测量模板的角点，与塔柱的设计平面位置相比较，根据偏差进行调整，直至符合设计要求。与索鞍接触处的模板与索鞍上锚垫板的四个螺栓孔同位置打孔，利用螺栓固定牢固，避免施工过程造成偏位，在锚垫板四周贴双面胶保证与模板密贴不漏浆。

三、斜拉索施工

1. 斜拉索施工工艺

斜拉索具体施工工艺流程如图 4-3-284 所示。

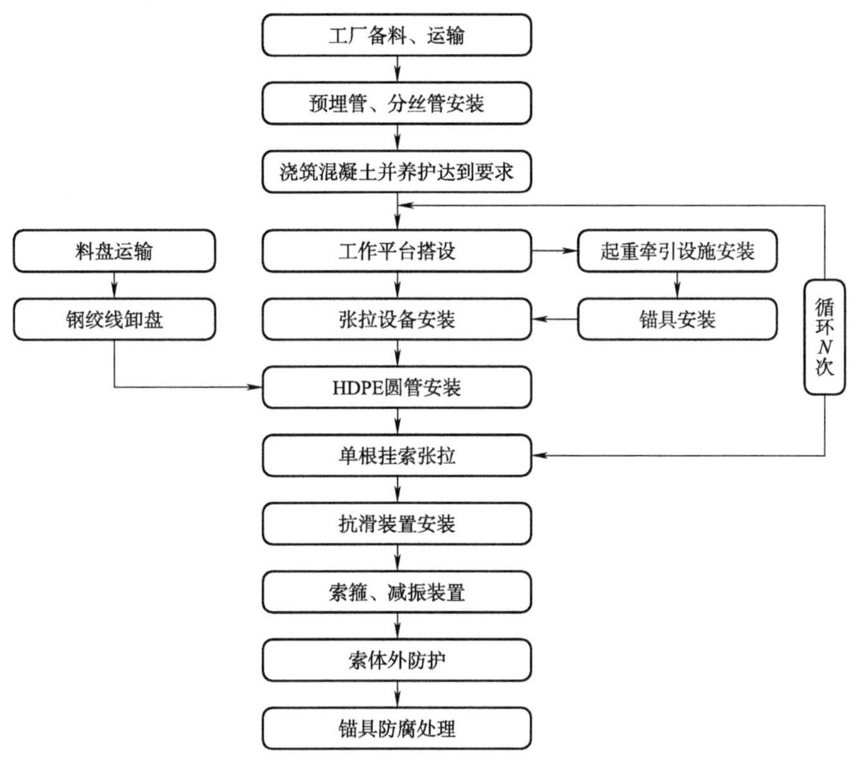

图 4-3-284　斜拉索施工工艺流程

2. 斜拉索安装顺序

斜拉索安装实行两个塔同时对称施工，上下游按顺序依次施工，施工顺序是先上游后下游，由短索到长索，斜拉索按索号依次施工，具体施工顺序如下：Z1 上→Z1 下→Z2 上→Z2 下→Z3 上→Z3 下→Z4 上→Z4 下→Z5 上→Z5 下→Z6 上→Z6 下→Z7 上→Z7 下→Z8 上→Z8 下→Z9 上→Z9 下→Z10 上→Z10 下。

下料时，应对钢绞线索盘出厂编号、质量保证书编号及单个索盘钢绞线重量进行记录。

1)下料长度

按下列公式计算出无应力状态下的自由长度。

(1)下料长度计算公式为

$$L=L_0+2(L_1+A_1+A_2+L_3+L_4)$$

式中　L_0——两侧梁端垫板底面之间的中心线或弧长(mm)，该数据由设计院提供；

A_1——锚板外露长度(mm)；

A_2——锚固螺母厚度(mm)；

L_1——张拉端工作长度(mm)，一般取 1 400 mm；

L_3——有圆管限制的垂直影响长度(mm)；

L_4——塔梁施工误差的影响长度(mm)，一般取 5～10 mm；

通过以上计算公式，可计算出该桥无应力状态下无黏结钢绞线的下料长度。

(2)张拉端钢绞线 HDPE 剥除长度为

$$L_{张}=L_1+A_3+A_4-L_5$$

式中　L_1——张拉端工作长度(mm)，一般取 1 400 mm；

A_3——锚板外露长度(mm);

A_4——密封筒长度(mm);

L_5——为 HDPE 护套进入锚具内的长度(mm)。

说明:由于钢绞线的热挤 PE 护套与钢绞线之间敷有无黏结预应力筋专用防护油脂,两者之间黏结力很小。在钢绞线张拉过程中 PE 层不会随钢绞线的伸长而伸长,因此钢绞线张拉端 HDPE 剥除长度可不考虑伸长值的影响。

通过以上计算公式,可计算出该桥无应力状态下无黏结钢绞线 PE 剥除长度。

2)下料施工注意事项

(1)发现 PE 护套有破损之处,应马上修补;若损坏严重难以修补,则应弃用此段钢绞线。为尽量减少人为损坏 PE 护套,下料人员应严禁穿硬底鞋,同时下料场应进行封闭,以免非下料人员进入现场损坏 PE 护套层。

(2)为了保证钢绞线下料长度准确,除保证钢绞线行走路线为直线外,还应遵守分组进行长度丈量、标识和复核的下料原则。

(3)断料应用高速切割机,严禁用气割等易产生高温的设备进行断料。

(4)钢绞线 PE 层为易燃材料,下料场地应完善防火措施。

3)剥皮及清洗

将钢绞线两端的 PE 剥掉一部分作为工作和锚固长度。剥皮时应注意刀具不能损伤钢绞线,清洗时应将钢绞线端头打散后并用清洗剂清洗干净。同时对清洗后的光面钢绞线进行防污保护。

塔端 PE 剥除应在穿索并单根张拉结束后进行,此时由于钢绞线无法打散,清洗时应特别注意清洗干净。

4)切丝及镦头

钢绞线清洗完成,在钢绞线两端打散后于端头约 12 cm 长度范围内平齐切掉外圈 6 丝,保留中心丝,然后将钢绞线复原。复原后用 LD10 镦头器将两端的中心丝镦成半圆形镦头,供挂索牵引用。

3. HDPE 管焊接

HDPE 管焊接时,应对段管编号、段管长度、焊接头预热温度、预热压力、加热时间、切换时间、焊接压力、冷却时间和焊接时间等进行记录。

1)焊接长度

$$L_2 = L_0 - L_6 - A_5 - L_7 - L_8 - \frac{L_9}{2} + L_{10}$$

式中 L_0——两侧塔梁垫板间距 (mm),该数据由设计院提供;

L_6——梁端预埋管长度及钢垫板厚度之和(mm);

A_5——梁端防水罩 HDPE 管限位长度(mm);

L_7——塔端连接装置长度(mm);

L_8——塔端锚固筒长度(mm);

L_9——分丝管长度(mm);

L_{10}——HDPE 外套管进入塔端连接装置长度(mm)。

通过以上计算公式,可计算出该桥 HDPE 外套管焊接长度。

2)焊接工艺

HDPE 段管的连接采用专用发热式工具对焊方式。HDPE 管焊接工艺流程如图 4-3-285 所示。

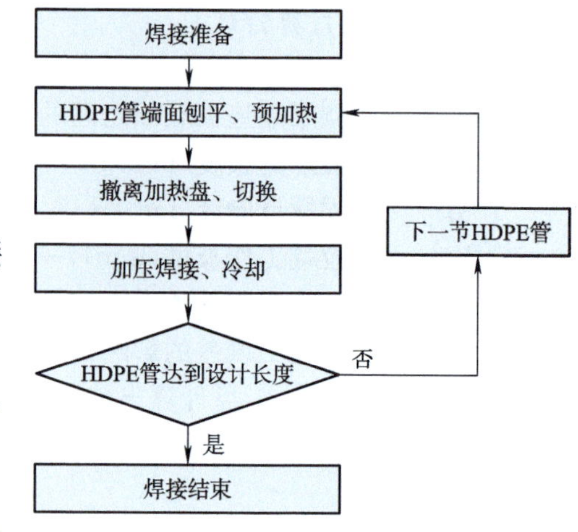

图 4-3-285 HDPE 管焊接流程图

HDEP 管焊接操作要点:

(1)PE 管要按规格大小分类堆放,堆放场地要垫平,堆放高度不宜超过6层，要远离火源。用卷尺选出PE管并做好顺接标记，变形严重的PE管不能使用。

(2)将PE管放上托架在PE焊机处进行对接，调整PE管位置和卡箍使PE管基本顺直，两管外圆高差不大于2 mm。

(3)刨削时压力要均衡，刨花成连续圈状，厚度均匀，才能退刀。退刀时压力要适当减小，退刀时要直进直出，不能左右摆动。退刀后进行试对，看管接缝四周是否有缝隙，如有缝隙必须重新刨削。刀片刀口钝用细砂轮进行水磨，要注意刀口的角度。

(4)刨削后调整卡箍使管口接口处外圆高差小于1 mm。

(5)对每种规格的PE管在正式焊接之前进行试焊，确定焊接参数。

(6)加热时要控制温度和压力恒定，时间控制准确，同时观察熔高要符合要求。

(7)加热完成后取加热板，活塞推进要在5 s内完成，控制好对接压力各时间，观察焊缝翻转高度在5～8 mm。

(8)在冬天进行PE管焊接时要采取取暖措施，保证焊接温度在20℃左右，冷却时用棉纱头、挡风布对接头进行保暖。冷却接近室外温度时取出PE管，焊好的PE管堆放场地要平整，不能在PE管上堆放杂物，不能踩踏PE管，防止焊好的PE管变形。

(9)严格按HDPE焊机操作规程焊接，做好详细记录，保证焊接质量，如图4-3-286所示。

图4-3-286　HDPE护套管焊接

(10)HDPE套管计算长度，必要时考虑上下管口挂索操作空间及整体防护时热胀冷缩的影响长度。

4. 斜拉索梁端预埋件的安装

斜拉索梁端预埋件为壁厚10 mm的钢管，规格为AT55采用377 mm×10 mm，AT61采用402 mm×10 mm，AT73采用436 mm×10 mm。

(1)用精扎螺纹钢加工一个可调整高度的支撑平台，该平台可反复使用。

(2)安装前必须精确测量预埋件的上、下端管口的安装标高值。

(3)根据上、下端管口的坐标，通过测量确定其在模板上的投影点。

(4)在投影点附近安装支撑平台，调整支撑平台上平面的标高值，然后把预埋管搁置在该支撑平台上。

(5)调整预埋管的纵横向坐标值，使之满足设计要求。

(6)通过测量确定锚垫板的坐标满足要求。

(7)用葫芦或其他起重设备调上端管口的仰角，加强测量使其满足设计坐标要求。

(9)焊接临时支架使其固定，拆除支撑平台，绑扎钢筋。

5. 施工塔外平台

塔柱应有拼装辅助施工设施，采用在每组转鞍索下部预埋螺栓，安装角钢支架平台，通过上塔柱上人爬梯连接施工平台。

6. 张拉端锚具安装

梁下张拉端锚具安装前应清洁锚孔，并保持清洁无污。由于锚具分别由多个零部件组成，运到工地后应进行检查。锚具安装就位时要求：

(1)安装前，将锚具的锚板和密封筒的压盖拆下，清洁锚孔、密封筒和锚筒内壁，将锚板按注浆孔在下、排气孔在上定位好，并与锚板孔对正后焊牢，同时焊缝要求用锌粉漆重新防护。

(2)中、边跨锚具组装件的锚板上明显成排的中排孔的中心线必须严格控制在同一垂直平面内。

(3)锚板的中心线与承压板(锚垫板)的中心线应力求保持一致，两者偏差不得超过 5 mm。

(4)中、边跨锚板及塔上分丝管锚孔也必须相互对齐，以免钢绞线打绞。

7. 调整护管安装

在距梁下预埋管口约 50 cm 的预埋管内壁位置上，均布焊上 3 个挡块，并将调整护管放进预埋管内的挡块上。

8. 张拉支座安装

将张拉支座吊装到锚固端锚具端部，然后按支座下的定位板孔对准部位，再用螺杆将张拉支座与锚板连接稳固。

9. HDPE 套管吊装

HDPE 套管吊装前，应先将按给定的长度焊好的套管运至待安装位置上，然后将梁端整圆式防水罩、梁端防护钢管、塔端连接装置、塔端锚固筒组装并固定好。安装时，在套管两端头附近装上专用抱箍，专用抱箍垫上一块 3～5 mm 橡胶板以增加摩擦。然后用塔式起重机或 1 t 卷扬机的循环牵引绳将套管一端吊至塔上管口附近并用葫芦挂好。

按以上方法将两侧的 HDPE 管吊至塔端后，通过张拉锚具最上一排的两根钢绞线将其托住(其挂索张拉工艺与单根挂索张拉一致)。

10. 单根挂索

1)单根挂索工艺流程

单根挂索工艺流程如图 4-3-287 所示。

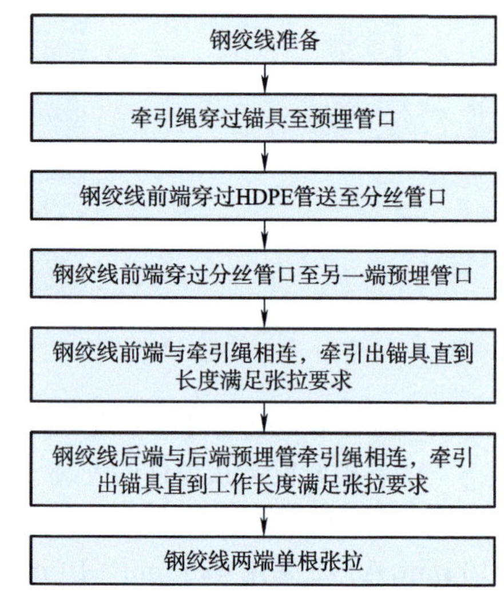

图 4-3-287 单根挂索工艺流程图

2)单根挂索工艺

(1)将单根成盘的钢绞线运至桥面穿索附近点，拆开钢绞线的缠包带，从内圈抽出钢绞线的一头(称前端，与抗滑键距离端头长的一头)，并用人工将其穿过 HDPE 管(称后端，与抗滑键距离端头短的一头)。

(2)人工将钢绞线按事先约定好的顺序先后穿过后端防松装置、后端抗滑锚具、分丝管、前端抗滑锚具及前端防松装置，继续将钢绞线穿出前端的 HDPE 管到达前端预埋管口，待前端钢绞线与牵引绳的穿束器连接好后，在牵引绳的引导下将钢绞线穿过前端锚具直至达到单根张拉所需的工作长度。

(3)前端钢绞线及抗滑键到位，随即将后端钢绞线与牵引绳连接，同样在牵引绳的引导下将钢绞线穿过后端锚具直至达到单根张拉所需的工作长度。

(4)前后两端调整好钢绞线后，单根挂索完毕。

(5)在单根挂索时，应注意钢绞线的 HDPE 护套的保护和打绞现象发生。

11. 斜拉索张拉及调索

每根索的钢绞线均逐根挂索后即用 YDCS160 千斤顶进行张拉。单根张拉时，要对张拉油压、张拉力、传感器读数、初值油压、测量初值、测量终值及回缩值等进行记录。

单根张拉顺序为：先张拉不带抗滑键的一端，让抗滑键紧贴锚垫板；再根据张拉力以及索伸长量，同时张拉钢绞线两端。

1)索力均匀性控制

为使每根索中各钢绞线索力均匀，采用等值张拉法进行张拉，即每根钢绞线的拉力以控制压力表读数为准，对传感器读数进行监测。挂索前，将监测传感器安装在一根不受外界影响的钢绞线上，安装顺序为：

支座垫板→传感器→单孔工作锚。随后张拉时每根钢绞线的拉力是按当时传感器的显示变化值进行控制。

通过以上索力控制，索力均匀性可控制在每根斜拉索的各股钢绞线的离散误差不大于理论值的±2%。

2)单根钢绞线张拉力及张拉方式

张拉力：斜拉索的单根初始张拉力将根据主桥施工单位提供的临时支架刚度后由设计院给出。

工艺要点：

(1)安装上 YDCS160 千斤顶。

(2)加载至单根钢绞线设计应力的 15%时测钢绞线伸长初始值。

(3)用压力表读数控制最后一级张拉力，使之与传感器显示变化值相同时，测终止伸长值，装上工作夹片，适度打紧，卸压至 3 MPa 时测回缩值后锚固。

(4)在挂索结束后，即拆出传感器，并按传感器拆除时的读数再进行补张拉。

(5)在单根张拉完每一根钢绞线后，应严格控制工作夹片的跟进平整度。

(6)在单根张拉过程中，两侧应同时均衡进行加载，力求两端伸长值的不均匀值应控制在设计允许范围之内，如图 4-3-298 所示。

3)斜拉索单根循环调节拉索

单根循环调索施工时，应对调索工况、设计调整索力、设计张拉油压、初动力、实际张拉油压、实际调整索力、回缩值等参数进行记录。

调索过程中，每根钢绞线拉索张拉到位时，注意利用打紧器及时将夹片打紧。当索力调节至设计值时，调索完毕。

12. 塔端抗滑装置安装

斜拉索调索完毕后，进行抗滑装置的安装，抗滑装置由抗滑键、抗滑插片、塔端锚固筒、抗滑螺母等组成。

第一步：先将抗滑插片逐片依次由上至下插入钢绞线间隙之间(注意抗滑插片的方向，确保方向正确)。

第二步：将锚固筒往塔端分丝管上推，一直推到靠近钢垫板，并用螺杆将之与钢垫板连接、扭紧。

第三步：安装抗滑螺母，将螺母旋入锚固筒中，直至螺母顶到抗滑插片达到设计顶紧力为止(具体顶紧力根据设计而定)，如图 4-3-288 所示。抗滑装置安装完毕。

13. 梁端紧索、减振器及管口索夹安装

单根张拉结束后应立即进行梁端紧索、减振器及索夹安装等工作，如图 4-3-289 所示。

图 4-3-288　单根张拉示意图

图 4-3-289　锚固筒安装示意图

(1)紧索时，在管口索夹旁相应的位置装上一套紧索器将索收紧，然后将预先裁好长度为 1.0 m 左右的钢绞线(即假索)填入索体相应位置周围空隙中，使之成型至设计断面。

(2)将组装好的减振器推入调整护管内，直至减振器端面与调整护管端口持平，再收紧螺栓，按内缩外涨原理，使其内外分别与索体和调整护管壁紧紧相贴。

(3)在成型的索体相应位置装上钢质索夹并收紧螺栓，使索与索夹之间紧密。

14. 安装梁端防松装置

(1)安装防松装置前，应先用手提砂轮机切除锚头两端的多余钢绞线，并预留一定的长度。要求钢绞线端头平整、光滑。

(2)装上防松装置，拧紧锁紧螺母，以便有效地防止夹片松动。

15. 塔端减振器、索箍及连接装置安装

塔端锚固筒安装完成后，即可依次进行减振器、索箍及连接装置安装，在安装过程中要注意减振器处索体之间的密封，如图 4-3-290 和图 4-3-291 所示。

图 4-3-290　索箍安装示意图

图 4-3-291　减震器、索箍安装示意图

16. 斜拉索防护

防护材料：根据设计要求，锚具外露钢绞线的保护罩和梁端锚具密封筒内灌注无黏结筋专用防护油脂防腐。

灌注方法：灌注防护油脂时，为保证其密实度，除用专用的高压灌浆泵外，还要注意灌浆孔在下、排气孔在上。

灌注油脂前准备：检查进浆口与出浆口是否堵塞，确保灌浆线路通畅。检查灌浆设备，确保性能良好。

灌注防腐油脂注意事项：灌注油脂过程注意做好防护措施，保护好现场环境不受污染。

17. 斜拉索施工控制及要求

钢绞线在索鞍部分应对号入座，防止错位、缠绕和搅索。钢绞线防护工作十分重要，施工中应认真操作，切实做好。斜拉索安装应采取稳妥措施，防止外层 PE 护套的划痕和破裂，并应防止外层颜色的污染。

每个塔柱都有数个分丝管，结构复杂，钢筋数量较多，施工时务必谨慎。斜拉索分丝管定位误差不超过 1 mm，角度误差不得大于 5°。若普通钢筋与其冲突，可适当调整普通钢筋位置。

斜拉索用料长度未计入施工中主梁立模、塔顶变位等因素的影响，施工时结合施工控制、监测手段以及材料特性准确确定斜拉索的下料长度。斜拉索下料长度应由监控单位根据监控结果提供，并经由设计单位复核后最终确定。斜拉索施工在相应节段箱梁预应力张拉完成后进行。

施工控制采取标高与索力双控，施工期间主梁立模标高允许偏差不大于 5 mm，桥轴线偏差不得大于 10 mm，施工阶段控制标高允许偏差不大于±20 mm，主梁上下游控制标高允许偏差不大于±10 mm；斜拉索张拉力允许偏差不大于±2.5%；单根张拉后各钢绞线索力的离散误差不宜大于±2%；张拉完成后，各钢绞线索力的离散误差不宜超过±1%。

施工中各梁段立模标高的确定和主梁标高控制阶段以及索力的测量必须在凌晨 2:00～5:00 进行。张拉斜拉索用千斤顶必须配备经过校核的测力传感器(压力环)，并与施工控制部门的索力仪测量结果校核。

安装拉索索鞍前，应检查分丝管数量是否正确，有无孔洞；安装时，宜采用劲性骨架进行定位，保证索鞍位置符合设计规定的精度要求。索鞍的预埋钢管应符合下列规定：管口高程的允许误差为±10 mm；管口坐标的允许偏差为±10 mm，且两边同向。

第八节 公铁两用桥施工(平潭海峡公铁两用大桥)

平潭海峡公铁两用大桥总长多达 16.322 km,其中,DK59+415~DK70+564.7 部分由元洪航道桥、鼓屿门航道桥、大小练岛航道桥三个单位工程组成(主桥均为钢桁混合梁斜拉桥),由中铁大桥局承建;DK70+564.7~DK75+737.65 部分由 D0 ~ D23、D27 ~ D31、B0 ~ B58(北东口航道桥)三个单位工程组成,由中铁建大桥工程局承建。

一、平潭段施工(DK70+564.7~DK75+737.65 段)

平潭段长 5.28 km,自北向南跨越大练岛山凹,经过舍人宫,跨越海坛海峡北东口航道,最后抵达平潭县苏澳镇的罗澳。主要工程从福州至平潭方向有大练岛陆地部分、铁路路基公路桥部分、舍仁宫陆地部分、铁路路基公路桥部分、北东口航道部分等几部分组成。

平潭海峡公铁大桥跨越北东口航道部分全长 3 712m,主跨采用 92m+2×168 m+92m 预应力混凝土连续刚构,其余孔跨铁路分别为 64 m、40 m 简支箱梁,公路左右幅各 5 联连续箱梁,其孔跨与铁路简支梁跨度相对应。本段桥梁共 59 个墩台,其中引桥 B2~B25 及 B56 墩(共 25 个墩)位于浅水区,B26~B55 墩位于深水区(共 30 个墩),桥台、B1、B57 墩(共 4 个)位于陆地上,如图 4-3-292 所示。其中上部结构:铁路为简支箱梁位于下层,公路梁按两幅设置位于上层,形成倒“品”字结构。下部结构:铁路为门式空心墩,最高可达 35.5 m;花瓶状公路墩最高可达 20.8 m,其墩身修筑于铁路墩身之上,如图 4-3-293 所示。墩下基础均为桩基础,桩径分别为 ϕ2 m、ϕ2.5 m、ϕ2.8 m、ϕ3.0 m,设计最大桩长 90 m;高桩承台最大尺寸为 23.9 m×36.5 m×6 m。

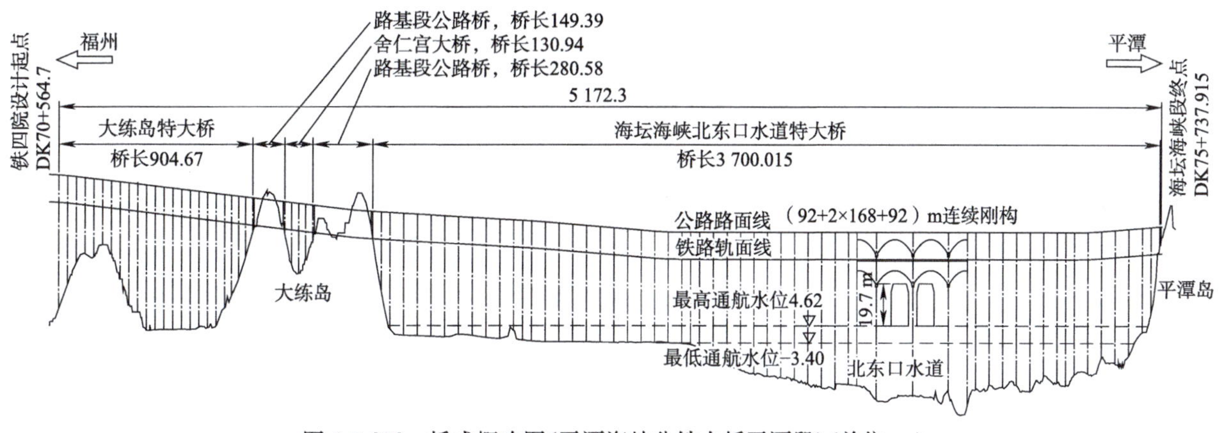

图 4-3-292 桥式概略图(平潭海峡公铁大桥平潭段)(单位:m)

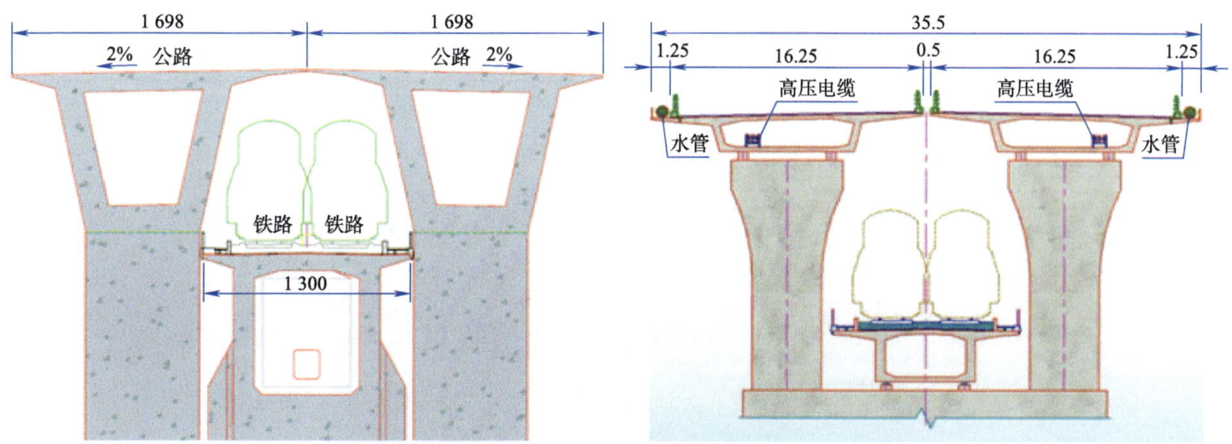

图 4-3-293 通航孔/非通航孔断面图(单位:m)

1. 钻孔桩施工

1)浅水区钻孔桩施工

浅水有覆盖层区采用搭设单侧施工栈桥作为施工便道,从栈桥向墩位处横向延伸做墩位施工平台,采用“钓鱼法”搭建施工平台,在平台上进行冲击钻钻孔施工。

(1)浅水区有覆盖层平台构造

B2～B25 墩共计 24 个墩,平台形式为钢管桩受力结构,采用钓鱼法施工。从施工栈桥向墩位处横向延伸两个支栈桥组建平台,支栈桥钢管桩与钢护筒通过联结系联结成整体组成支撑体系,在承台外侧为贝雷片结构的“U”形平台,中间承台施工区域为工字钢分配梁结构的施工平台。钢管桩采用 ϕ720×14 mm 钢管,钢管桩之间联结系采用双拼 16a 工字钢、双拼 25a 工字钢、单拼 16a 工字钢、单拼 25a 工字钢,呈 X 形连接。桩顶设置横梁,中部横向主横梁采用三拼 40a 工字钢,纵向主横梁双拼 40a 工字钢,采用 10 mm 厚钢板作为加强板,横梁上铺设承重梁,各片桁梁之间采用 45 cm 花窗和 90 cm 花窗连接成整体。承重梁上铺设分配梁,最后铺设厚花纹钢板。平台中间区域采用钢板、28b 工字钢以及 16b 槽钢组合而成的钢模块作为面板,其余部分采用 4 m×1.5 m 的预制混凝土面板。

“U”形平台主要用于桥梁基础、下部及上部工程施工机械作业,模板、小型材料存放等。中间承台区域内平台主要用于桩基施工阶段钻孔桩施工设备(钻机、泥砂分离器及泥浆池等)的作业及相关施工材料的摆放,“U”形平台两侧用于其他机械设备作业和物资材料的存放,如图 4-3-294 所示。

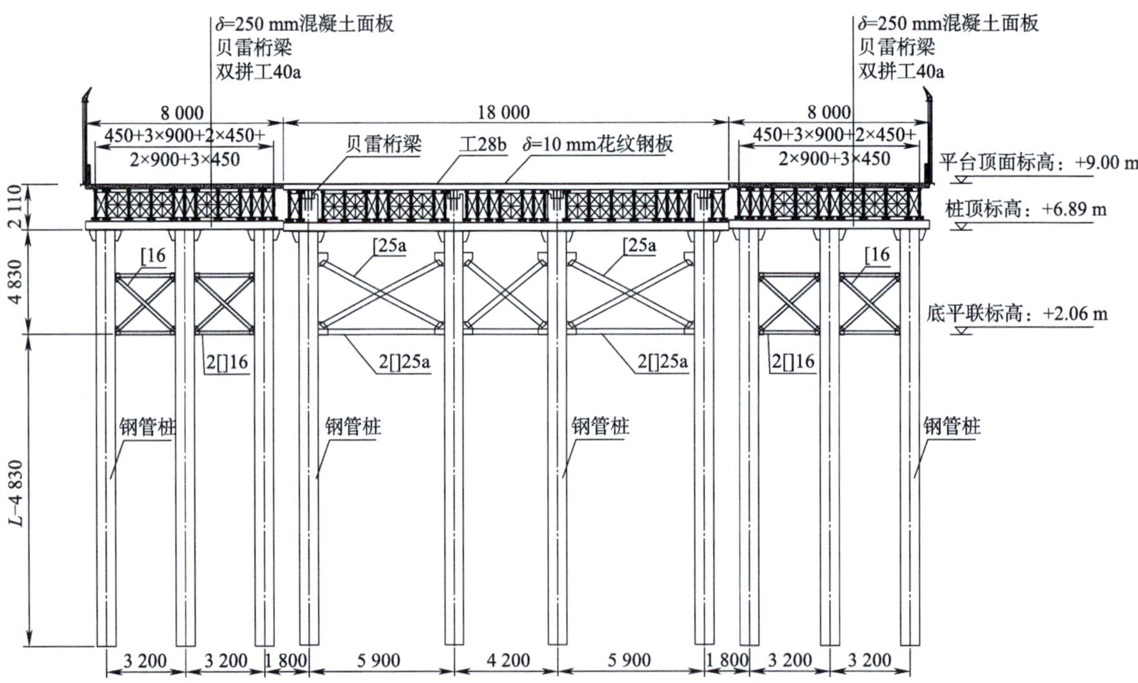

图 4-3-294　非通航孔浅水区基础平台布置图(单位:mm)

(2)浅水区有覆盖层平台搭建

浅水区施工平台管桩采用钓鱼法施工工法，沉桩采用 100 t 履带式起重机配永安 DJZ—90 振动锤。振动锤采用液压夹具，通过液压油缸的进油和回油实现迅速夹紧钢管和放松钢管。利用夹具夹住钢管桩，同时用履带式起重机通过备用钢丝绳吊住钢管桩顶。准备好后，履带式起重机通过振动锤及备用钢丝绳直接起吊钢管桩，在测量引导下调整钢管桩到测量标定的桩位后快速下钩，钢管桩靠自重入土稳定后，开启振动锤振动下沉钢管桩。后两排桩先起吊钢管下放通过临时支撑固定，再起吊振动锤振动下沉。振动时每次振动持续时间不宜超过 10～15 min，过长则振动锤易遭到破坏，太短则难以下沉。每根桩的下沉应一气呵成，不可中途停顿或有较长时间的间隔，以免桩周土恢复造成继续下沉困难。振动下沉过程中测量用仪器随时监控垂直度。浅水区有覆盖层平台搭建如图 4-3-295 所示。

图 4-3-295 浅水区有覆盖层平台搭建

如图 4-3-296 所示为其施工工艺流程，详细步骤如下：

步骤一：采用钓鱼法施工，利用履带式起重机及 DZJ-120 振动锤插打栈桥、平台钢管桩。

步骤二：插打完一排钢管桩后，焊接联结系，安装贝雷片，由栈桥向外侧横向延伸，逐孔施工。

步骤三：继续重复步骤一和步骤二，完成 U 形平台施工。

步骤四：插打承台区域内的钢管桩，安装联结系、承重梁及桥面板。

步骤五：在平台上放样钢护筒位置，设置导向装置，利用履带式起重机及 DZJ-120 形振动锤插打钢护筒。

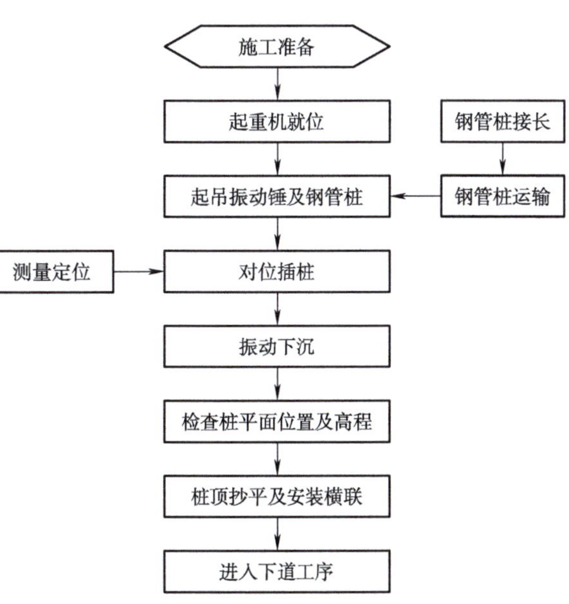

图 4-3-296 振动锤沉桩工艺流程图

(3)钻孔桩施工

平台建立完成，利用冲击钻机进行钻孔桩施工，钻孔完成后，将加工完成的钢筋笼通过栈桥运至墩位，起吊接高下放，然后灌注桩身混凝土，如图 4-3-297 所示。

2)深水有覆盖层区钻孔桩施工

深水有覆盖层区采用无栈桥搭设施工平台，采用打桩船直接插打法搭建施工平台，在平台上进行冲击钻钻孔施工。

(1)深水区有覆盖层平台构造

深水区有覆盖层平台形式为钢管桩和钢护筒组合受力结构，钢管桩采用 ϕ1 020×12 mm 和 ϕ1 200×14 mm 钢管，ϕ2.5 m、ϕ2.8 m 和 ϕ3.0 m 钻孔桩钢护筒分别采用 ϕ2 820×20 mm、ϕ3 120×25 mm 和 ϕ3 320×

图 4-3-297 浅水区钻孔桩施工

25 mm 规格,平台上部结构为 HM588×300 mm 承重梁+321 贝雷梁(各片桁梁之间采用 45 cm 花窗和 90 cm 花窗连接成整体)+I25b 工字钢分配梁+[28a 槽钢面层结构的 U 形施工平台。

平台主要用于桥梁基础、下部及上部工程施工机械作业,模板、小型材料存放等。中间承台区域内平台主要用于桩基施工阶段钻孔桩施工设备(钻机、泥砂分离器及泥浆池等)的作业及相关施工材料的摆放,U 形平台两侧用于其他机械设备作业和物资材料的存放。当桩基施工完成后拆除中间平台,平台结构如图 4-3-298 所示。

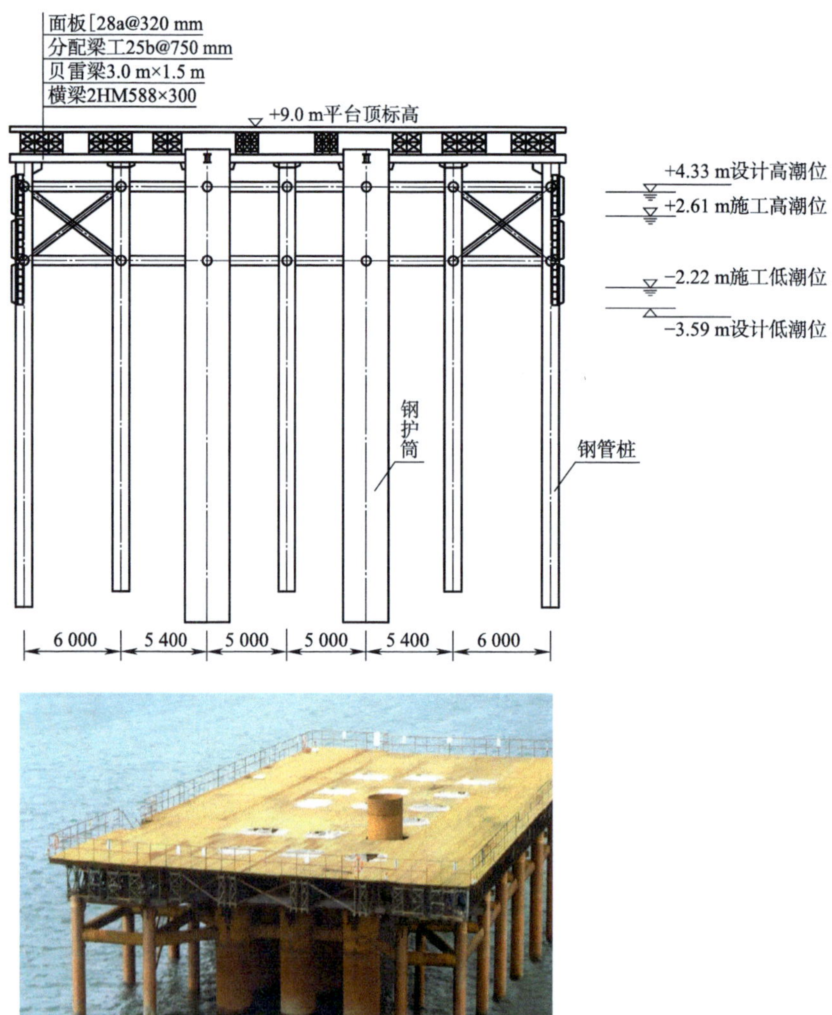

图 4-3-298 非通航孔深水区基础平台布置图(单位:mm)

(2)深水区有覆盖层平台搭建

深水覆盖层区 B26～B37 墩采用独立施工平台方案，基础由 B26 号墩向 B38 号墩推进；施工工艺流程如图 4-3-299 和图 4-3-300 所示。平台搭建如图 4-3-301 所示。

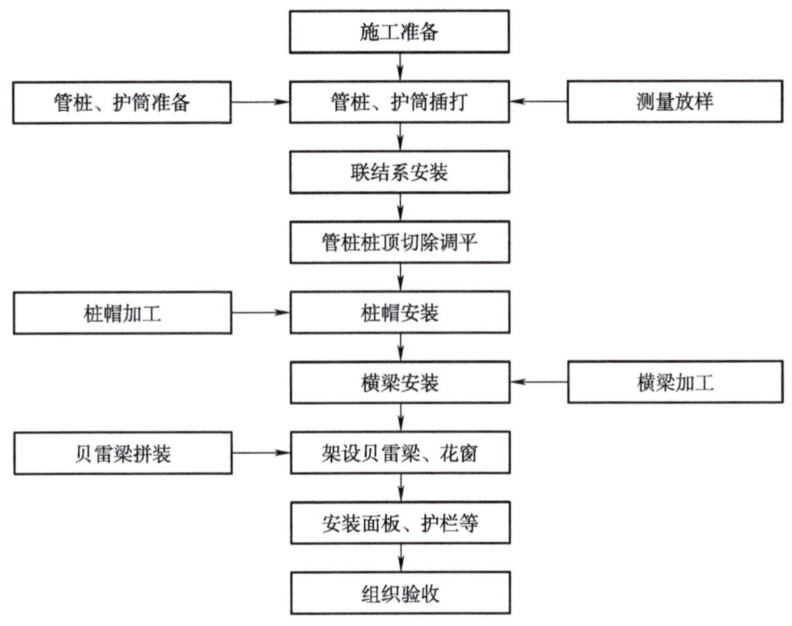

图 4-3-299 施工工艺流程图

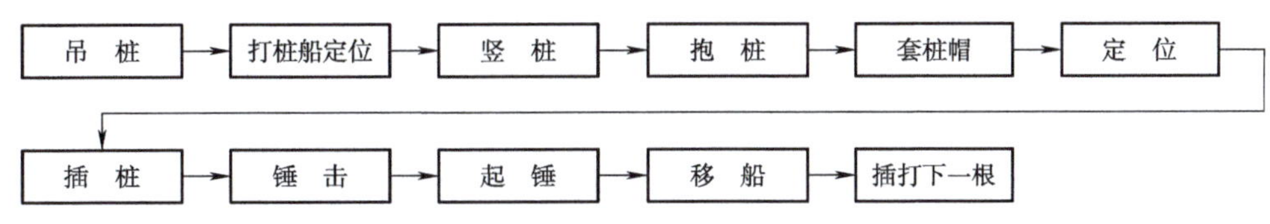

图 4-3-300 主要施工工艺

步骤一：采用打桩船直接进行钢管桩、钢护筒的插打。

图 4-3-301 非通航孔深水区有覆盖层平台搭设

步骤二：待单个平台所有钢管桩、钢护筒插打结束后，立即用联结系进行永久连接。

步骤三：横梁、垫梁以及牛腿在加工厂内组拼焊接运至桩位处。管桩安装联结系稳定后，根据桩顶设计标高切除多余的钢管并调平，安装整体桩帽，在桩帽上标识横梁的设计位置，采用起重船将横梁吊至设计位置处进行焊接固定。在垫梁安装之前在护筒相应标高处焊接牛腿，在牛腿上标识垫梁的设计位置，采用起重船将垫梁吊至设计位置处进行焊接固定。

步骤四：横梁、垫梁安装完毕，可在横梁上标识出纵向承重梁位置。为吊装方便，根据实际需要在加工场将多片承重梁拼接在一起，采用起重船整体安装就位。承重梁节点应放置在横梁顶面，各组承重梁之间应连接成整体，并用连接件与横梁连接牢固。

步骤五：在承重梁上铺设工字钢 I25b 以及倒扣槽钢[28 形成面板，最后平台搭设完成。

(3)钻孔桩施工

平台建立完成，利用冲击钻机进行钻孔桩施工。钻孔完成后，将加工完成的钢筋笼通过栈桥运至墩位，起吊接高下放，然后灌注桩身混凝土。

3)深水浅无覆盖层区钻孔桩施工

(1)浅/无覆盖层(裸岩区)平台构造

主通航孔(B38～B42 号墩)、非通航孔(B43～B55 号墩)深水区浅、无覆盖层(裸岩区)钻孔平台采用平台桩与钢护筒共同受力结构，钢管桩采用钢筋混凝土灌注桩锚固，钢护筒利用"模袋围堰＋水下不离散混凝土"基础稳固，平台与混凝土基础形成一个"埋置式组合平台"整体，共同抵抗波流作用。平台桩采用 ϕ1 800×22/ϕ1 420×16 钢管桩在承台两侧沿桥横向布置，联结系采用钢管型钢结构，采用 ϕ630×10 钢管，上部结构采用大桥 I 型梁，横向间距 90 cm，加密区间距 45 cm，桥面板采用整体制式型钢桥面板，护筒直径为 ϕ3 300×28，参与平台共同受力满足受力要求，护筒间连接采用双拼 HN900×300 型钢和 ϕ630×10 钢管平联。埋置式组合平台布置如图 4-3-302 所示。

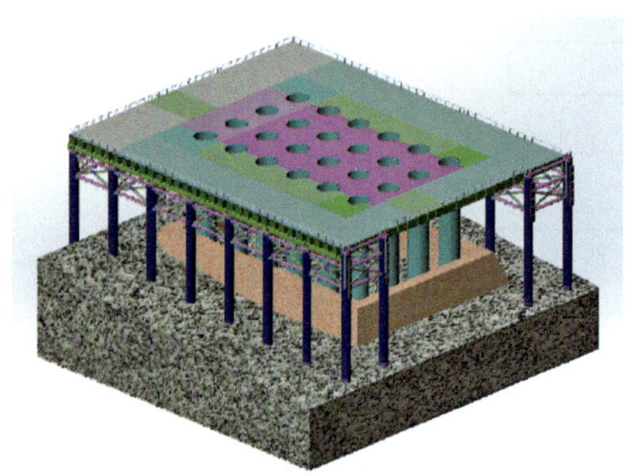

图 4-3-302　埋置式组合平台布置图

(2)浅、无覆盖层(裸岩区)平台搭建

深水浅、无覆盖层平台采用"埋置式组合平台"暨打桩船插打＋锚桩＋埋置式施工平台方案，即钻孔平台在天气窗口内，打桩船快速打设连接钢管形成"板凳"结构，护筒范围内抛垒水下模袋围堰，灌注不离散混凝土，使钢结构、混凝土与基岩固结形成能抗台、抗涌的作业平台。其工艺步骤如下：

步骤一：按设计桩长在工厂加工制造钢管桩，由运输驳船运到墩位处，通过对扫海资料选择海床面较平缓处，利用低平潮期，通过打桩船吊装插打四～六根钢管桩快速建立起始"板凳"桩。钢管桩之间利用起重船配合焊接双拼槽钢临时连接，形成临时稳定体系，陆续展开，最终形成单墩单面平台桩。

步骤二：单墩单面平台形成后，快速利用起重船配合进行永久联结系与临时联结系的过渡受力转换，最终形成基本稳定平台桩体系。

步骤三：单墩单面平台桩完成永久联结系安装后，开始利用起重船搭设临时锚桩平台，进行锚固桩施工。利用纵横向型钢直接铺设在牛腿上，快速搭设临时平台。在施工平台面板施工完，利用其作为施工平台进行锚固桩施工，锚固桩采用冲击钻成孔、下放钢筋笼、灌注混凝土施工。

步骤四：锚固桩完成后，打桩船利用单墩单面稳定平台为依托进行桩基钢护筒插打施工，由于钢护筒重量太大，浅、无覆盖层区无法站立，只能利用打桩船临时抱住，起重船快速吊装联结系和支撑梁进行焊接加固。

步骤五：打桩船插打钢护筒完成后，同理利用钢护筒结构为依托进行"U"形平台另一侧平台施工，重复步骤二～步骤四进行另一侧平台施工。

步骤六：拆除锚桩临时平台后，起重船吊装桩帽、横梁、桁架、制式面板进行“U”形平台上部结构搭设施工。

步骤七：模袋在陆地码头装填干拌混凝土完成后利用驳船运至墩位处，沿钢护筒外围 4 m 为边线抛投水下模袋混凝土，抛投完成后潜水员进行水下探摸检查，对偏移较大或存在缺口位置继续抛投补漏。

步骤八：模袋围堰施工完成后，起重船、驳船配合进行承台区施工平台上部结构施工，形成封闭平台。

步骤九：利用气举法对模袋围堰区域内海床表面泥沙、贝壳类进行清理，清理杂物排放到泥浆船内运至指定弃渣场，完成后利用搅拌船进行模袋围堰内浇筑水下不离散混凝土。水下不离散混凝土浇筑主要施工步骤如图 4-3-303 所示。

图 4-3-303 水下不离散混凝土浇筑主要施工步骤

步骤十：平台面层及防护栏施工完成后，对钢管桩、钢护筒打设不到位的平台进行锚固桩施工。埋置式组合平台施工如图 4-3-304 所示。

图 4-3-304 埋置式组合平台施工图

(3)钻孔桩施工

平台建立完成，利用冲击钻机进行钻孔桩施工，钻孔完成后，将加工完成的钢筋笼通过栈桥运至墩位，起吊接高下放，然后灌注桩身混凝土。

4)不良地质处理

(1)施工勘测、逐墩钻探

针对原设计地勘不足情况，现场对跨海大桥钻孔桩地质补充勘察，逐墩钻探，施工过程中，共补钻 285 孔，如图 4-3-305 所示。

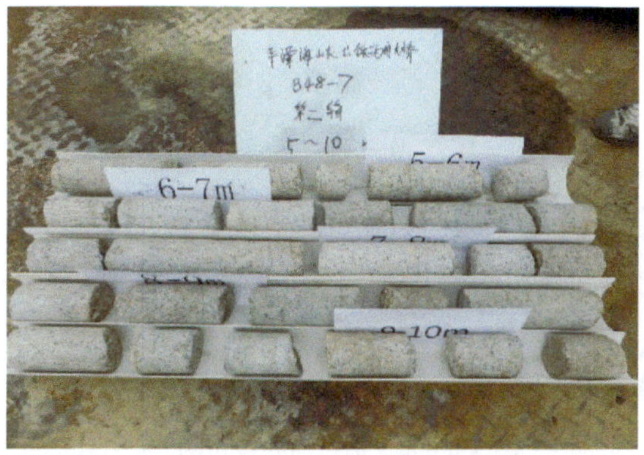

图 4-3-305 现场逐桩补勘

(2)现场漏浆处理

针对斜岩面漏浆、塌孔，在漏浆机理方面进行专题研究，结合实际，采用帷幕注浆、模袋围堰，回填组合黏结料等土体改良措施，如图 4-3-306 所示。

图 4-3-306 帷幕注浆，浇筑不离散混凝土，回填水泥、黄土、片石等堵漏处理

(3)斜岩面处理

当钻进至强度较高的斜岩面时，需向孔内反复回填片石、冲砸，钻进进尺缓慢。当遇到较大孤石或岩面倾斜严重的地质，采用水下爆破进行处理，如图 4-3-307 所示。

图 4-3-307 水下爆破、回填片石处理

(4)钢护筒卷边切割

护筒插打过程中，遇到坚硬的斜岩面或球状凸起，其底部易发生弯皱变形，现场通过潜水员水下切除护筒卷边，如图 4-3-308 所示。

(5)钢护筒顶推纠偏

解除护筒周边联结系及支撑梁，利用反力梁及千斤顶提供反力将护筒顶推扶正，如图 4-3-309 所示。

图 4-3-308 钢护筒卷边切割

图 4-3-309 钢护筒纠偏

(6)钢护筒拔出二次插打

在护筒周边插打辅助桩，解除护筒周边联结系及支撑梁，在护筒上焊接顶升牛腿，利用千斤顶通过辅助桩横梁及牛腿将护筒拔出，再通过导向架及振动锤重新插打护筒，如图 4-3-310 所示。

图 4-3-310　钢护筒重新下放

2. 承台施工

1)浅水区承台施工

(1)钢板桩围堰构造

浅水区钢板桩围堰根据承台大小分 A 型、B 型两种，其中 A 型平面尺寸为 33.6 m×15.6 m，适用于 B2～B6、B8～B14；B 型平面尺寸为 33.6 m×18 m，适用于 B7、B15～B25。

钢板桩采用新日铁 NSP-ⅣW 型，材料规格 SYW390，桩长 9 m、12m、15 m、18 m 四种；围堰内设一道水平支撑，其中水平支撑杆 ϕ530×16 mm，角撑为双拼 HN900 mm×300 mm 热轧 H 型钢；围檩为双拼 HN900 mm×300 mm 热轧 H 型钢，如图 4-3-311 所示。

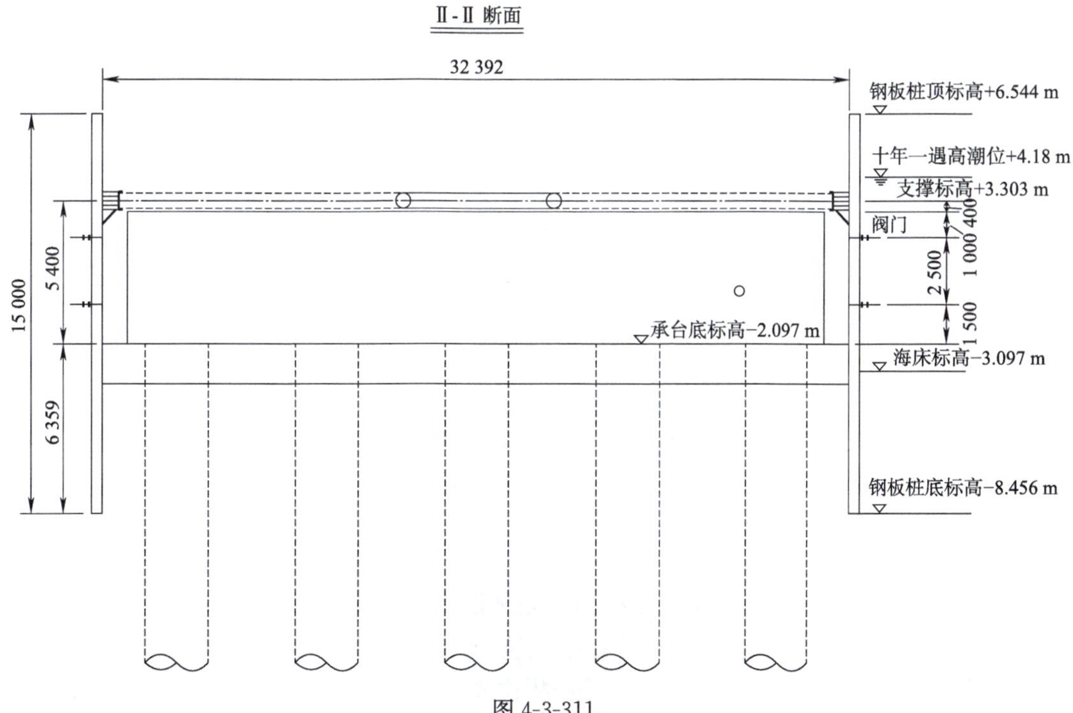

图 4-3-311

图 4-3-311　浅水区基础钢板桩围堰布置图(单位:mm)

(2)钢板桩围堰施工

浅水区钢板桩围堰施工采用履带式起重机站立在平台支栈桥上配置振动锤直接插打施工,施工工艺流程为:施工准备→测量定位→导向架及钢围檩安装→钢板桩插打→切割高出支撑的钢护筒→钢支撑安装→清基、封底、抽水→承台施工。施工如图 4-3-312 和图 4-3-313 所示。

图 4-3-312　浅水区钢板桩围堰施工图(一)

图 4-3-313　浅水区钢板桩围堰施工图(二)

详细步骤如下:

步骤一:在钢护筒上焊接支撑架和限位钢管,安装限位工字钢。

步骤二:插打钢板桩,在钢板桩上焊接围檩支撑架,安装围檩。

步骤三:利用风平浪静时段割除部分钢护筒。快速安装内支撑、拆除限位装置。吸砂、泥,到设计封底混凝土底设计标高,浇筑封底混凝土。

步骤四:封底混凝土达到设计强度后抽水,钢板桩施作防水层,割除钢护筒。

(3)承台施工

浅水区基础承台一次性浇筑,待封底混凝土强度达到要求后,凿除桩头→绑扎钢筋→安装模板→浇筑承台混凝土。承台施工完毕,拆除支撑、拆除钢板桩围堰,如图 4-3-314 所示。

2)深水区承台施工

(1)钢吊箱围堰构造

通航孔主墩基础(B39～B41)设计采用单壁钢吊箱围堰,长 36.7 m,宽 24.1 m,高 12.61 m,由底板、壁板、内支撑、围檩、吊挂系统等部分组成,其中吊挂系统分为拉压杆系统和下放系统,码头整体组拼、大型起重船整体吊装下放,如图 4-3-315 所示。钢吊箱底板由 $\delta=10$ mm 厚钢板、I20a 加劲肋组成;壁板由 $\delta=10$ mm 厚钢板、竖向支撑加劲肋 HN600 mm×200 mm、水平加劲肋 I12.6 组成。吊箱布置上下两层围檩,两层围檩均采用 2HN800 mm×300 mm H 型钢;内支撑采用 ϕ820×14 钢管,斜撑和竖杆采用 2HN500 mm×200 mm 的格构柱。

图 4-3-314 承台施工

图 4-3-315 通航孔主墩钢吊箱围堰布置图

非通航孔深水区基础(B26～B55)设计采用单壁钢吊箱围堰,由底板系统、壁板系统、内支撑系统、悬吊系统、定位系统等组成。其中悬吊系统分为拉压杆系统和下放系统,码头整体组拼、大型起重船整体吊装下放根据现场施工情况,其中 B26～B38 承台采用挑梁式钢吊箱围堰,B42～B55 承台采用悬吊式钢吊箱围堰,围堰均设置两道内支撑,如图 4-3-316 和图 4-3-317 所示。

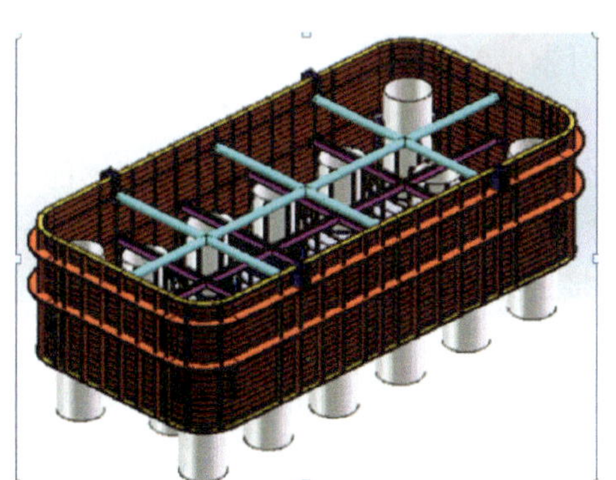

图 4-3-316 非通航孔挑梁式钢吊箱围堰布置图

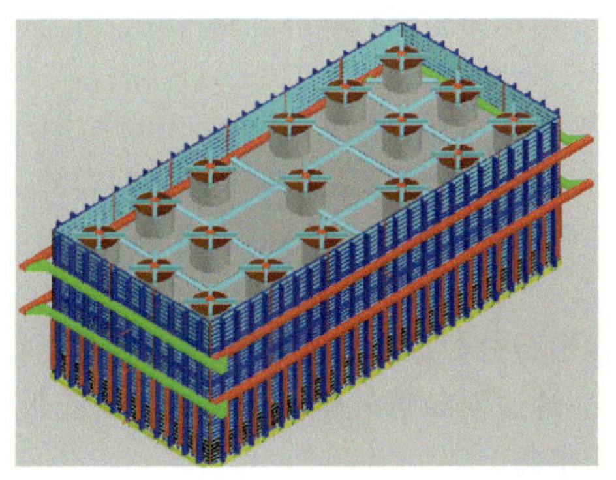

图 4-3-317 非通航孔悬吊式钢吊箱围堰布置图

(2)钢吊箱围堰加工制作

钢吊箱加工制造施工工艺流程如图 4-3-318 所示。

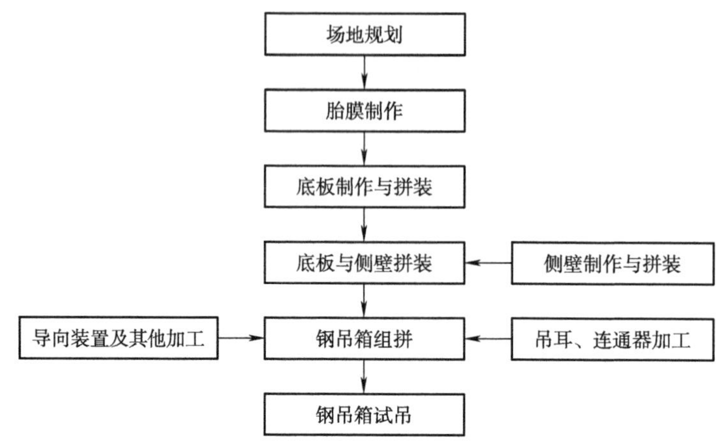

图 4-3-318 施工工艺流程图

①胎膜制造

胎膜由面板和型钢骨架组成,主梁采用 HN500×200 的型钢,内支撑采用[12.6 的槽钢,盖板采用厚 20 mm 的钢板。通过计算机作图放样,确定胎架的尺寸,用全站仪、水平管等分别在胎架制作前、制作中和制作后多次进行平整度控制,使胎架的四角高差控制在 2 mm 内。

②底板制作与拼装

钢吊箱底板为封底和承台混凝土施工的下底模板,比承台平面尺寸每边放大 10 cm。底板由面板和型钢骨架组成,其中面板 6 mm 厚,型钢骨架采用 HN600 mm×200 mm 主梁、Ⅰ40a 边梁和Ⅰ12.6 次梁焊接而成,底板与侧壁连接处采用∠125 角钢组合。底板不进行防腐设计。底板采用整体制作成形施工工艺。

底板制作在码头加工场地内进行,根据底板大小,对钢吊箱底板加工场地进行精确抄平,使钢吊箱底板边角的相对高差控制在 2 mm 以内,平整度控制在 3 mm 以内,以确保钢吊箱的制作精度。

在钢平台上放出主梁的安装线及底板的轮廓线,依次按照主梁→次梁→连接槽钢的安装顺序在轮廓线上安装梁系。梁系安装好后,进行梁系核对,同时进行必要的现场临时固定。确认梁系安装无误后,按照主梁→次梁→连接槽钢的顺序进行焊接。焊接过程中,采用多点分散焊接,避免过焊引起底板变形。

钢吊箱安装时需穿过钢护筒以及钢管桩,底板上开孔位置的准确与否,是直接影响钢吊箱平稳下沉、精确定位的关键因素。因此必须准确测量钢护筒的坐标、椭圆度、竖直度,根据现场测量结果在钢吊箱底板上开孔。开孔前,利用全站仪在吊箱底板上放出实际桩位中心坐标,然后按钢护筒外半径加大 15 cm 为半径画圆,用油漆标出开孔轮廓线。气割开孔时,必须严格按照轮廓线进行开孔。

③侧壁制作与拼装

侧壁为矩形结构,由钢板和型钢焊接组成,侧壁钢板厚 6 mm,型钢为 HN500 mm×200 mm、Ⅰ12.6。侧壁分块制作,分块的平焊及立焊焊完后用两台起重机进行空中翻身后再焊未焊完的焊缝,以减少仰焊,保证焊接质量。每个节段按照侧壁分块示意图编号,并用油漆标记。

④底板与侧板的拼装

钢吊箱拼装时底板置于拼装平台上,底板支撑在钢平台分配梁上每拼一块壁板都需要将壁体与平台临时相连,保证侧壁与底板垂直,侧壁与侧壁间无错缝。通过对拉静轧螺纹钢将壁体与底板连接起来,在底板与侧壁、侧壁与侧壁之间的连接缝处粘贴上膨胀止水条。

拼缝对好后,用气割在底板上开螺栓孔,拧紧螺栓,现场螺栓采用 M20、8.8 级的高强螺栓,预拉力和扭矩力应满足表 4-3-38 要求。

表 4-3-38　高强螺栓预拉力和扭矩力

螺栓规格	螺栓性能等级	预拉力(kN)	扭矩系数	初拧扭矩(N·m)	终拧扭矩(N·m)
M20	8.8 s	140	0.13	220	364

开孔时要注意孔径不得超标，开孔后还要利用砂轮机磨平，以确保螺栓的受力均匀。吊箱拼装好检查尺寸、连接螺栓，满足要求后，在侧壁连接处用型钢加固，检查接缝，对密封不够的地方用防水材料进行密封。

⑤吊耳的加工制作

主墩钢吊箱吊装设置吊具，8 个吊耳，吊耳要进行机械加工，加工焊接后要求外观合格后进行无损探伤检测。吊耳焊接属于一级焊缝，采用超声波进行 100%的检测。

⑥安装其他构件

安装连通器，在封底前，打开连通孔使内外水头一致，浇筑 C25 封底混凝土，待达到设计强度后，封闭连通孔缓慢抽水，安装导向装置。安装内支撑，水平井字钢管内支撑采用 ϕ820×14 钢管，角撑分别采用 ϕ610×8 钢管和 2HN700 mm×300 mm×13 mm×24 mm，斜撑和竖杆均采用 2HN500 mm×200 mm×10 mm×16 mm 的格构柱。安装拉压杆，拉压杆采用 2[25a 槽钢，其下支座焊到钢吊箱底板上，上支座点焊在钢护筒上。至此，钢吊箱拼装完毕。

⑦钢吊箱试吊

钢吊箱拼装完成后在加工厂进行试吊，试吊应满足以下要求：钢吊箱试吊要留有足够的场地。起吊时应缓慢起吊，不可过快，试吊过程中时刻观察吊箱变形量和焊缝质量。试吊要求要稳吊 30 min 以上，观察无焊接质量、变形量过大等缺陷时，方可装船发运。

⑧钢吊箱除锈与防腐

钢吊箱除锈：采用手工和动力工具如铲刀、手工钢丝刷、砂纸、砂轮进行除锈，除锈前厚的锈层应铲除，可见的油脂和污垢也应清除，除锈后应除去浮灰和碎屑。除锈效果与对比板对比后应达到 St2，即钢材表面无可见的油脂和污垢，没有附着不牢的氧化皮、铁锈等附着物，满足《涂装前钢材表面锈蚀等级和除锈等级》(GB/T 8923)的要求。

钢吊箱防腐：钢吊箱底板一次性使用，不做防腐处理，钢吊箱防腐采用涂刷法涂刷防锈漆进行防腐，防锈漆选用环氧类防腐涂料，涂刷 1 遍约 0.3 mm 厚。涂刷时应注意以下问题，一是遇雨、雾、强风天气时应停止露天涂装，应避免在强烈阳光照射下施工；二是涂料调制应搅拌均匀，应随拌随用，不得随意添加稀释剂；三是表面除锈处理和涂装的间隔时间宜在 4 h 之内。

(3)钢吊箱围堰整体下放施工

深水区钢吊箱围堰在天气窗口内，采用整体拼装，利用大型起重船整体起吊、大型工程驳船运输，达到快速就位、快速封底、快速形成受力结构抵抗波流力，其施工工艺流程如图 4-3-319 所示。起吊、运输、下放施工如图 4-3-320 所示。

步骤一：钢吊箱加工制作组拼，整个过程包括直线段胎模制作，弧线段胎模制作，壁板制作，底板制作，吊杆、拉压杆、挑梁、钢管撑、导向装置、抱箍、隔舱板等部件制作，并进行整体组拼。

步骤二：钢吊箱经监理单位验收合格，施工人员按要求对吊箱进行捆绑加固。利用 2 000 t 起重船进行试吊，试吊成功后整体运输至墩位。

步骤三：钢吊箱围堰整体运输至墩位处，按设计要求全部套进桩基钢护筒，继续放松钩头直至到达设计部位。

步骤四：下放到位后，在导向装置上安装千斤顶，调整吊箱横向位置，调整到位后，立即将挑梁/十字吊梁、护筒以及桩顶钢牛腿焊接固定并松钩，钢吊箱重量由起重船承受转换为挑梁/十字吊梁承担。

步骤五：低潮位时将抗拉压措施上端与钢护筒之间进行焊接。潜水员下水调整封堵板位置并拧紧螺

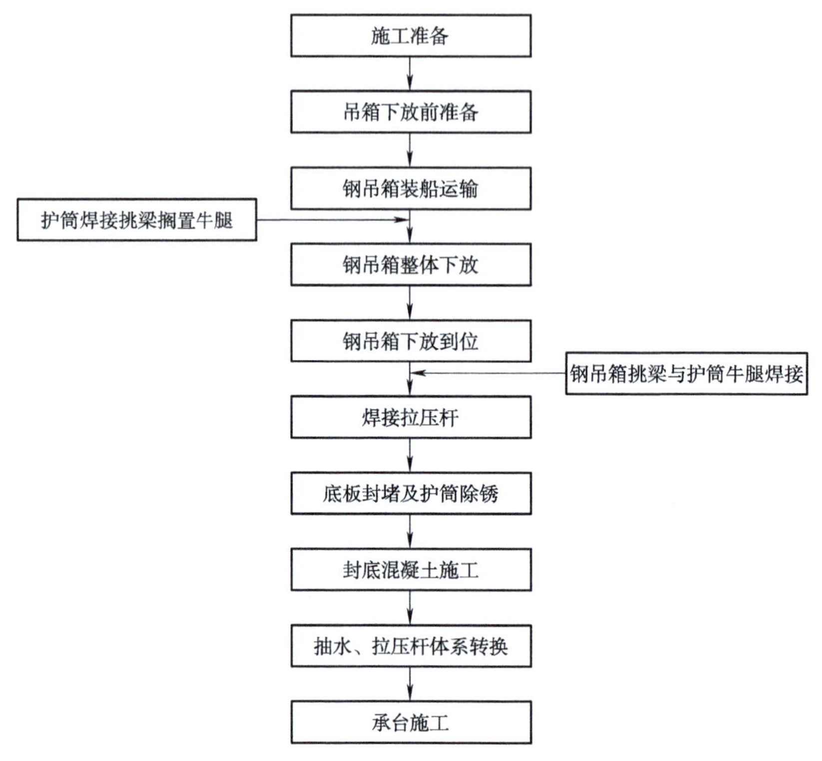

图 4-3-319　施工工艺流程图

栓，在低潮位时将封堵板上抗浮钢板条焊接在护筒上。

步骤六：在钢吊箱围堰顶部搭设封底平台，利用天气窗口分仓浇筑封底混凝土。

步骤七：封底混凝土强度达到设计强度后，即可拆拉压杆体系，完成钢吊箱受力体系转换，割除钢护筒、凿除桩头进行承台施工。

图 4-3-320　钢吊箱围堰整体起吊、运输、下放施工

(4)承台施工

深水区基础承台以钢吊箱面板兼作模板，分两次浇筑，待封底混凝土强度达到要求后，凿除桩头→绑扎钢筋→浇筑第一次承台混凝土；待强度满足要求后，绑扎钢筋→浇筑第二次承台混凝土；养护采用内设冷却水管，外设土工布薄膜覆盖的“外保法”温控措施。承台施工完毕，拆除支撑、拆除钢吊箱围堰，如图 4-3-321所示。

3. 铁路墩身施工

1)墩身施工

铁路墩设计为门式空心墩，墩高 17～35.5 m，采用整体模板分段流水施工，利用模板挂架搭设工作平

图 4-3-321 深水区承台施工

台，每次浇筑高度 4 m。为减少大风天气对施工的影响，按先立模板后绑扎钢筋的顺序施工。模板及钢筋的吊装采用履带式起重机、汽车式起重机及塔式起重机，无栈桥区由拌和船供应混凝土。为了确保钢筋定位准确及稳固设置型钢劲性骨架，劲性骨架随钢筋施工同步接高，如图 4-3-322 所示。

图 4-3-322 门式空心墩墩身施工

2）盖梁（拱形段）施工

门式空心墩盖梁（拱形段）采用支架现浇，支架形式有碗口式支架、梁柱式支架及牛腿支撑组合三种支架。盖梁（拱形段）支架施工如图 4-3-323 所示。

图 4-3-323 盖梁（拱形段）支架施工

（1）碗扣式支架

墩身施工过程中预埋牛腿，在牛腿上顺桥方向铺设双拼 I40b 横梁，在横梁上横桥方向架设桁架，桁架顺桥方向间距 450 mm。在桁架上顺桥方向铺设 I20b 及搭设支架，支架间距为横桥方向间距 600 mm，纵桥方间距 600 mm，步距 600 mm。

(2)梁柱式支架

在承台上立 6 根 ϕ720×14 mm 钢管，钢管顶部顺桥向放置双拼 I40b，双拼 40b 工字钢顶部顺桥向放置 I20b，间距为 600 mm。在工字钢顶部搭设满堂支架，横距和纵距为 600 mm，步距为 600 mm。满堂支架顶部顺桥向安装 80 mm×80 mm 方钢。

(3)牛腿支撑组合支架

在已浇筑完成墩身上设置预埋角钢和钢板的焊接件，每个预埋钢板焊接牛腿，牛腿上面顺桥向安装双拼 I45 作为分配梁。分配梁上横桥向设置 3 组 6 片桁架作为撑杆支撑基础，桁架桁高 1.2m，间距按照 0.9 m 布置，撑杆用 2[12 扣成盒状作为活动撑杆，支撑底模系统。

4. 公路墩身施工

公路墩身设计板式花瓶墩墩高 15.0～20.0 m，采用整体钢模分两次浇筑，第一次浇筑直线段，第二次浇筑弧形段。

5. 铁路简支箱梁造桥机预制拼装

非通航孔铁路梁设计 64 m、40 m 单箱单室等高度简支箱梁，梁顶宽 12.2 m，底宽 6.4 m，梁高 5.5 m。64 m 箱梁每孔分 11 个节段，梁端节段 4.2 m，普通节段 5.5 m；40 m 箱梁每孔分 7 个节段，梁端节段 4.2 m，普通节段 5.5 m、6.05 m，如图 4-3-324 和表 4-3-39 所示。节段梁采用预制场节段梁预制现场造桥机湿接法拼装，其中：B0～B38 孔采用双孔连做节段拼装造桥机拼装施工；B41～B58 孔采用单孔节段拼装造桥机拼装施工。

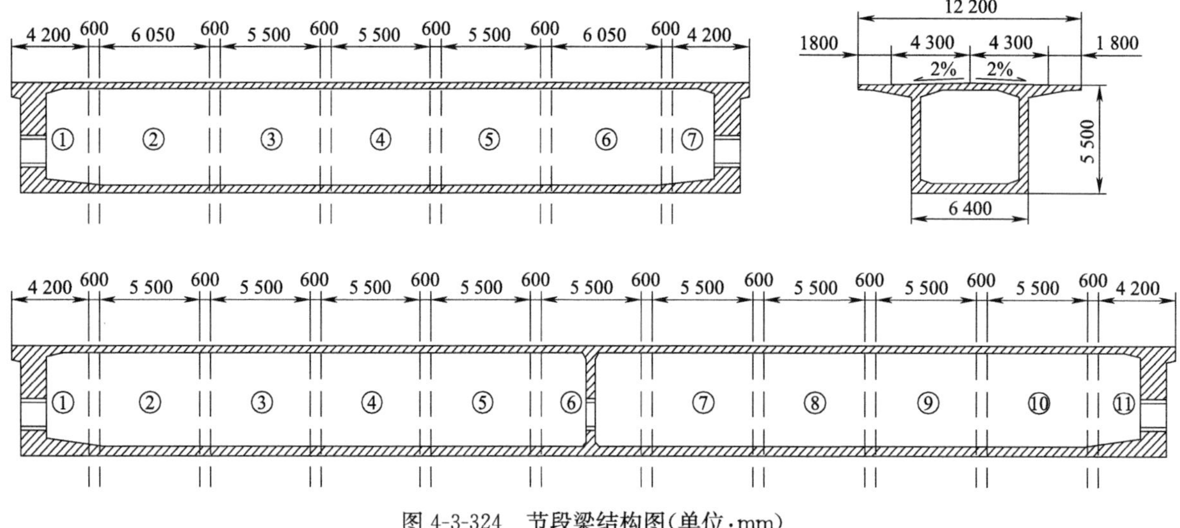

图 4-3-324 节段梁结构图(单位：mm)

表 4-3-39 节段梁参数表

项 目		节段长度(m)	每段混凝土(m^3)	每段重量(t)	项 目		节段长度(m)	每段混凝土(m^3)	每段重量(t)
64 m 简支箱梁	6 号段	5.5 m	83.71	217.646	40 m 简支箱梁	4 号段	5.5 m	61.07	158.782
	5,7 号段	5.5 m	74.17	192.842		3,5 号段	5.5 m	61.07	158.782
	4,8 号段	5.5 m	74.17	192.842		2,6 号段	6.05 m	74.31	193.206
	3,9 号段	5.5 m	76.24	198.224		1,7 号段	4.2 m	88.10	229.06
	2,10 号段	5.5 m	80.68	209.768		混凝土量 561 m^3，总重 14 586 t			
	1,11 号段	4.2 m	95.45	248.17					
	混凝土量 975 m^3，总重 25 350 t								

1)节段梁预制施工

节段梁预制均在大桥两侧路基段设置节段梁场统一预制。

(1)模板体系

箱梁模板由底模、外侧模、内模、端模及相互连接体系等组成,模板采用钢制模板。

底模放在混凝土台座上(注意留出对拉螺杆的位置),台座用C30混凝土浇筑而成。由于底板拟采用敞口直接灌注,插入式振捣棒可直接振捣。

外侧模采用整体式大块钢模板,顶部采用槽钢对拉固定,底部采用对拉螺栓将两扇外侧模定位,每侧腹板中间处还各有两根对拉螺栓与内模框架相连。

内模采用整体式大块钢模板,支承在纵梁滑道上,可在纵梁滑道上移动。滑道立柱采用钢管搭立,底部与台座之间用混凝土连接固定,用丝杠调节内模高度或脱开内模,内模横向丝杠可解决内模横向支承及脱模问题。

为保证梁体外形尺寸的精度,端模采用外包内、外、底模的方式。端模为组装式钢模,保证强度与刚度,端模上留有钢筋及橡胶棒预留孔。

(2)钢筋绑扎和拼装模板

箱梁节段钢筋采取先绑扎成型、再整体吊装入模的施工工艺。钢筋骨架绑扎在专用装配架内进行,吊装采用专用吊具多点起吊。钢筋骨架绑扎严格按程序操作,确保骨架的外形尺寸准确及其自身的刚度。

钢筋绑扎顺序:首先固定底模、外模和端模,调节底板、腹板及梁高等尺寸,外模垂直度、底模平整度达到要求。然后绑扎底板和腹板钢筋,焊好定位网片,穿入橡胶棒,滑入内模,正确固定连接合理。最后绑扎顶板钢筋。

(3)混凝土灌注

箱梁混凝土采取底板→腹板→顶板的顺序灌注。底板采用直接灌注并振捣。腹板采用两侧对称分层灌注,混凝土灌注时应加强振捣,底、顶板保证4根,腹板一侧保证2根振捣棒同时运作。

①混凝土拌和:采取由拌和站统一供应。

②混凝土运输:混凝土用罐车运输到场后,通过门式起重机提升料斗往待浇筑的模板里灌注。

③混凝土振捣:底板、顶板、腹板混凝土采用插入式及腹式振捣器联合振捣。在混凝土振捣时根据实际情况控制振捣时间和振捣强度确保混凝土施工的内实外美。

④混凝土养护:根据梁段预制工期及现场施工环境要求,梁体养护采用塑料薄膜覆盖和洒水养护。

(4)预应力孔道成形

预应力孔道采用抽拔橡胶棒成形。橡胶棒弹性韧性均较好,为增加其刚度在中间环节穿入ϕ28钢筋芯棒。当混凝土强度达到4～8 MPa时抽拔橡胶棒最佳,抽拔太早孔道不光滑、摩阻大、易坍孔,太晚则橡胶棒易损坏。抽拔棒动力采用卷扬机,用特制夹头夹住橡胶棒头部。

(5)模板拆除

待混凝土强度达设计值的70%后即可拆除内、外模,箱梁下拐角等不承重部分模板可在此前拆除。内、外模拆除后及时拆除端模凿毛梁端。

(6)梁段起吊移存

当梁段强度达到可移梁强度后,通过制梁台座侧面的横向滑道将梁段移至存梁区,通过450 t门式起重机将梁段移运至存梁区指定位置,如图4-3-325所示。箱梁堆放时梁底应放置均布支承橡胶垫块。

2)节段梁拼装施工

(1)双孔连做节段拼装造桥机构成

SPZ2700×2/64型双孔连做节段拼装造桥机主要由主桁系统、下托梁系统、托轮系统、提梁龙门式起重机、后端临时支腿、前端临时支腿、液压系统和电气控制系统等部分组成,其性能参数见表4-3-40。

图 4-3-325　节段箱梁预制施工

表 4-3-40　SPZ2700×2/64 型箱梁节段拼装双孔连做造桥机性能参数表

项　　目	设计性能指标	备　　注	SPZ2700×2/64 型双孔连做节段拼装造桥机
下托梁支承重量	2×2 700 t		
适应跨度	64 m、40 m		
允许最大作业纵坡	15‰		
允许作业最大风力	8 级	过孔 7 级	
允许非作业最大风力	14 级		

双孔连做节段拼装造桥机采用两跨连续主桁加尾桁的结构形式，主桁结构过孔时为两跨连续梁结构，造桥时为两跨简支梁结构，如图 4-3-326 所示。主桁下面设下托梁系统，用于支承箱梁节段，梁节的摆放、调整通过主桁上面的提梁龙门式起重机实现，自动化控制系统精确调节线形。

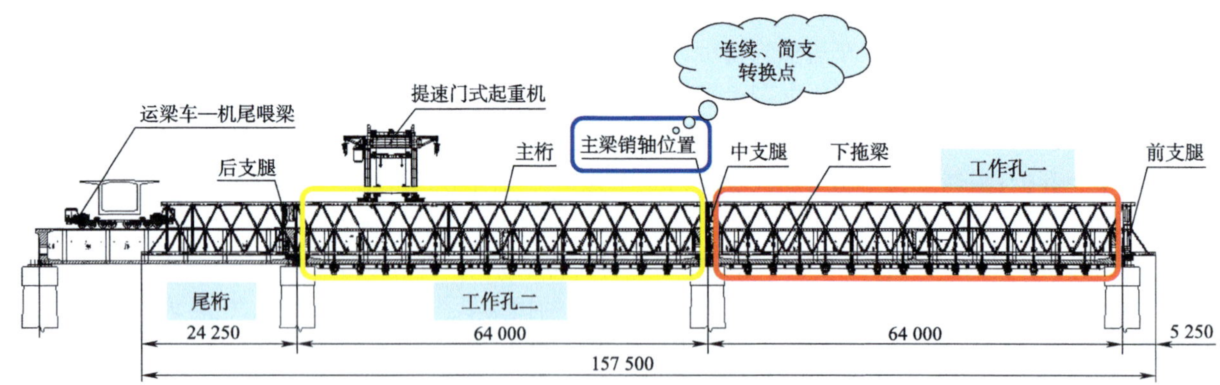

图 4-3-326　双孔连做节段拼装造桥机工作示意图（单位：mm）

(2)双孔连做造桥施工工艺

①架梁施工

箱梁节段的运输和喂梁施工：采用轮胎式运梁车运梁，每次运输 1 个箱梁节段（长 5.5 m、宽 12.2m)。为通过两侧公路墩形成的狭小空间，箱梁节段在梁场先旋转 90°后装梁，运至造桥机尾部后再旋转回正常架梁方向。喂梁时，提梁龙门式起重机后退到造桥机尾桁运梁车的上方，吊起箱梁节段，如图 4-3-327 所示。

箱梁节段的摆放：按照先前跨、再后跨，每跨从前往后的顺序依次摆放箱梁节段，避免提梁龙门式起重机重载通过已摆放箱梁节段的主梁区间，造成造桥机主梁超载，如图 4-3-328 所示。

(a) 梁厂取梁

(b) 运输到位

(c) 吊装落梁

(d) 门吊回程

图 4-3-327 箱梁节段喂梁施工

图 4-3-328 箱梁节段摆放及调位

造桥机分步落架：箱梁节段精调就位后安装模板，浇筑湿接缝混凝土。待湿接缝混凝土达到设计强度后张拉预应力筋。张拉预应力筋过程中，造桥机逐渐卸载，其弹性变形将对桥梁施加向上的作用力。为防止混凝土箱梁顶面开裂，共分 3 次张拉预应力筋。每次张拉后，将造桥机支撑丝杠向下拧回相应的高度，直到预应力筋张拉完成，造桥机支撑丝杠和箱梁底面完全脱离。

步骤一，预应力筋预制、安装：纵向预应力采用低松弛高强钢绞线，采用夹片锚锚固体系；孔道内畅通，锚垫板安装防护钢板，防止穿束过程中钢绞线磨损锚垫板。穿束采用人工和 5 t 卷扬机牵引相结合的方式。采用滑轮组引导“引线”方向。整束预应力筋前端应扎紧并套上子弹头型帽，外径比孔道直径小 10 mm，应使两端外露长度保持一致，孔道外钢绞线进行防腐保护。穿钢绞线时，应随时观察和调整预先插在孔道中的波纹管的位置，以避免钢绞线端部将波纹管拉坏。

步骤二，节段拼装箱梁钢筋和模板：因湿接缝空间有限，架设前箍筋提前安装在节段梁上。先进行底板及腹板钢筋绑扎，然后进行顶板钢筋绑扎。

考虑模板的安装方便和空间限制，采用组合小块钢模板。模板有足够的强度、刚度及稳定性，确保梁体各部位结构尺寸正确及预埋件的位置准确。浇筑底板混凝土考虑到倾落高度较大因素，模板在顶板的底板及内膜腹板开下料窗口。

步骤三，混凝土工程：箱梁的湿接缝要对称浇筑，依次从两端向中间进行。整孔梁所有湿接缝必须一次浇筑完毕，中间不得停顿。每一个湿接缝的浇筑顺序依次为底板、两侧腹板和顶板。

横梁阻碍罐车到浇筑地点，混凝土倒入料斗内，提梁龙门式起重机吊装料斗至湿接缝处。顶板的底板下料窗口和内膜腹板下料窗口通过滑槽连接，混凝土通过下料窗口的连接溜槽浇筑底板，造桥机全长158 m，来回行走需要41 min。浇筑过程中严格控制搅拌时间。采用ϕ30配合ϕ50插入式振动棒振捣，施工中保证预应力筋的管道、预埋件位置及尺寸符合设计要求。造桥机主桁布设喷淋设备养生。

步骤四，预应力张拉施工：节段梁采用智能张拉设备进行节段梁张拉，当同条件养护试块强度达到设计强度的100%及弹模达到设计值后进行张拉施工；张拉顺序按先腹板束，后顶、底板束，从外到内左右对称进行。预施预应力采用双控措施，预施应力值以油压表为主，以预应力筋伸长值进行效核。

步骤五，封锚：张拉完毕24 h后无新滑断丝，采用砂轮锯切割后的外露长度不宜小于其直径的1.5倍，且不宜少于30 mm。张拉完成后进行封锚。

步骤六，预应力孔道压浆：应在24 h内进行管道压浆，不得超过48 h；压浆采用真空辅助工艺，压浆泵采用连续式，同一管道压浆应连续进行，一次完成；压浆顺序先下后上，如有串孔现象，应及时进行压浆。

步骤七，封端：封端前凿毛，绑扎钢筋。浇筑C50补偿收缩混凝土。养护结束后采用聚氨酯防水涂料对封端面进行防水处理。

②过孔施工

过孔模式分为机体全段过孔与逐段过孔两种方式，如图4-3-329所示。

图4-3-329 双孔连做造桥机逐段过孔现场

机体全段过孔为风速在7级或以下时过孔作业。气象采集系统通过对风数据采集上传至电脑，提示操作人员将造桥机转换为“全段过孔”模式，下托梁全部张开，可直接通过桥墩，达到一次性快速过孔的目的。

机体逐段过孔是风速达到7级以上的一种过孔方式。该过孔方式为提高造桥机稳定性所采用的方式。当风速达到7级以上时，造桥机过孔作业通过气象采集系统将风数据传输至电脑，提示操作人员控制造桥机转为“逐段过孔”模式，下托梁根据桥墩位置和过孔需要，部分张开，依次通过桥墩位置，完成造桥机过孔动作。

混凝土箱梁张拉预应力筋形成整孔桥梁后，造桥机过孔前行，在后续架梁跨上就位。造桥机过孔施工步骤如下：

步骤一：造桥机过孔前顶升前、中、后支腿使上弦杆连接钢销与孔壁出现间隙，插入两跨连接钢销，使前后跨形成两跨连续梁。同时撤出下弦杆与托轮之间的支撑垫块，收起前、中、后支腿，使主桁下弦杆支撑在托轮上，如图4-3-330所示。

步骤二：造桥机在前2套托轮系统的驱动下过孔前行，直到后托轮系统完全行至主桁后端可翻转节上方停止，如图4-3-331所示。

步骤三：顶起后端临时支腿顶升液压缸，翻下后端临时支腿下支撑铰座，垫置好200 mm垫墩，使后托轮系统与主桁下弦杆脱离；翻起主桁后端翻转节；提梁龙门式起重机行至主桁尾部，吊起后托轮系统，如图4-3-332所示。

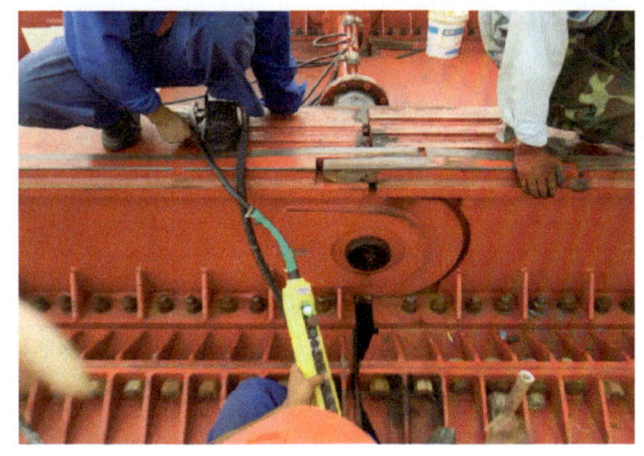

图 4-3-330　过孔前准备工作

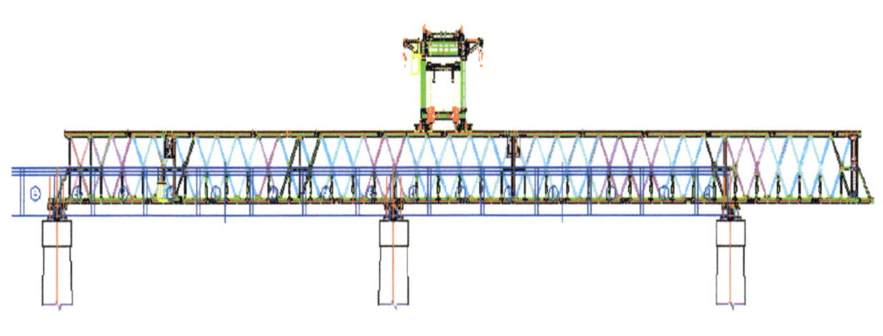

图 4-3-331　施工步骤二

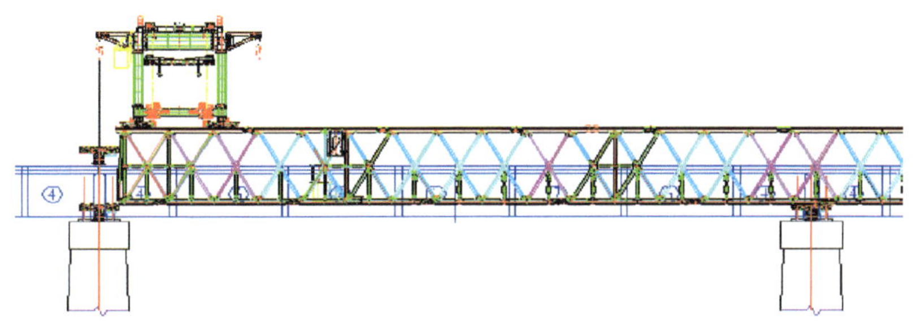

图 4-3-332　施工步骤三

步骤四：龙门式起重机吊运后托轮系统至后跨已造混凝土箱梁前端；收起后端临时支腿顶升液压缸，翻起下支撑铰座；整机继续过孔前行至前端临时支腿顶升液压缸中心，越过前方桥跨墩帽后缘 450 mm 时停止，如图 4-3-333 所示。

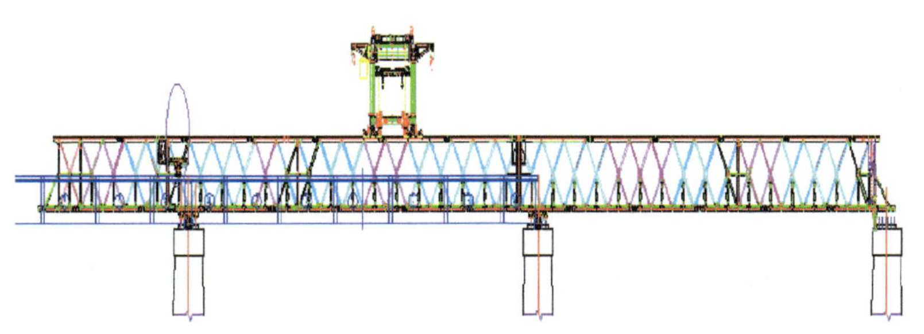

图 4-3-333　施工步骤四

步骤五：顶起前端临时支腿顶升液压缸，插好前支腿伸缩套钢销；翻起主桁前端可翻转节；龙门式起重机吊起托轮系统，前行至造桥机前端，将托轮系统吊放至前方桥墩就位，如图 4-3-334 所示。

图 4-3-334 施工步骤五

步骤六：门式起重机退回主桁中部；翻下主桁翻转节；收起前端临时支腿顶升液压缸和前支腿伸缩立柱；完成第一跨过孔作业，如图 4-3-335 所示。

图 4-3-335 施工步骤六

步骤七：重复步骤二～步骤六，在造桥机第二孔待造桥跨桥墩上安放好前托轮系统，门式起重机退回主桁中部；翻下主桁翻转节；造桥机继续前行约 4.5 m，造桥机纵走到位，如图 4-3-336 所示。

图 4-3-336 施工步骤七

步骤八：闭合所有下托梁；取出前后跨上弦杆连接处的承压楔块；塞入后托轮系统二级均衡梁与主桁下弦杆之间的支承垫块和橡胶垫，拔出两跨连接钢销，使前后跨成为相对独立的两跨简支梁；此时造桥机下弦杆走行轨道脱离托轮系统走行轮，支承在前、中、后三套托轮系统的二级均衡梁上，完成过孔作业，造桥机进入造桥状态，如图 4-3-337 所示。

图 4-3-337　双孔连做造桥机过孔施工

③变跨施工

该桥 64 m、40 m 桥跨交叉不规则布置，出现了(64＋64)m、(64＋40)m、(40＋64)m、(40＋40)m 四种组合，如图 4-3-338 所示。由于造桥机托轮系统可以兼作过孔和架梁两种工况的支承点，且位于造桥机主梁的正下方，极大地简化了造桥机的变跨施工。变跨架梁时，中间托轮系统的位置不变，造桥机主梁前、后跨连接处始终处于 2 孔待架桥跨的中间桥墩上方。架设前跨 40 m 桥时，前托轮系统相对 64 m 跨工况后移 24 m，造桥机主梁前端呈小悬臂状态。架设后跨 40 m 桥时，后托轮系统前移 24 m，喂梁施工仍在造桥机后支腿横梁后方的尾桁空间进行，此时后支腿横梁支撑在已架桥梁顶面，用以抵抗部分喂梁荷载。

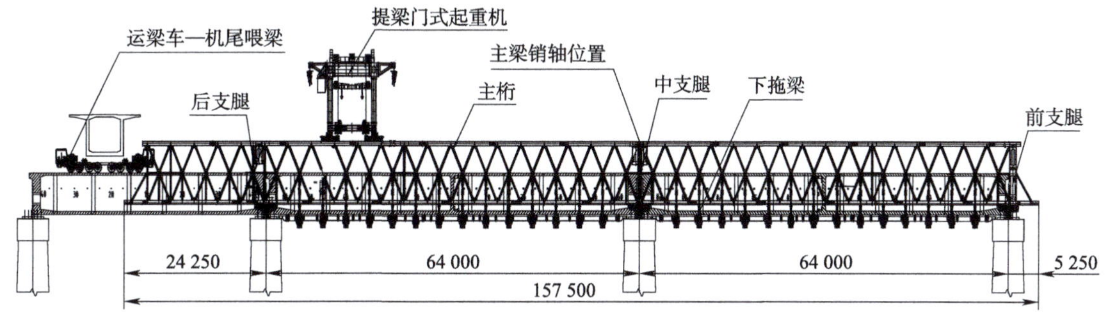

(a) 64 m+64 m造桥机架梁状态图

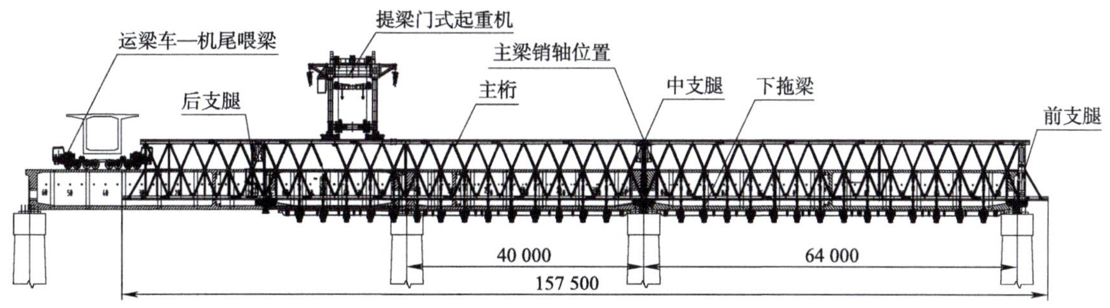

(b) 40 m+64 m造桥机架梁状态图

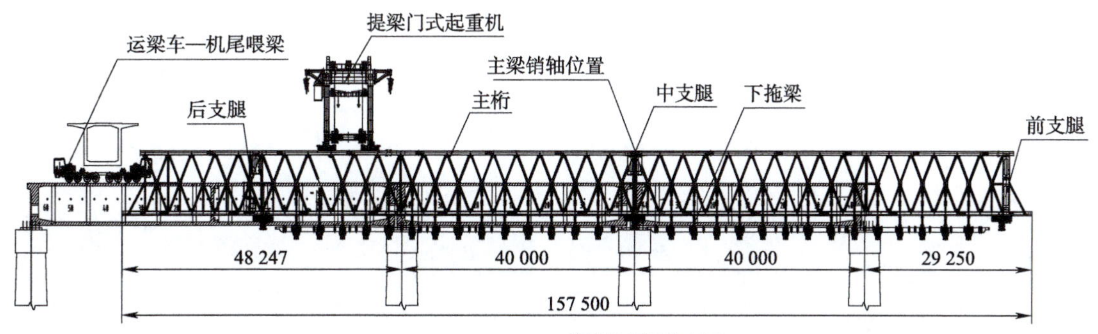

(c) 40 m+40 m造桥机架梁状态图

图　4-3-338

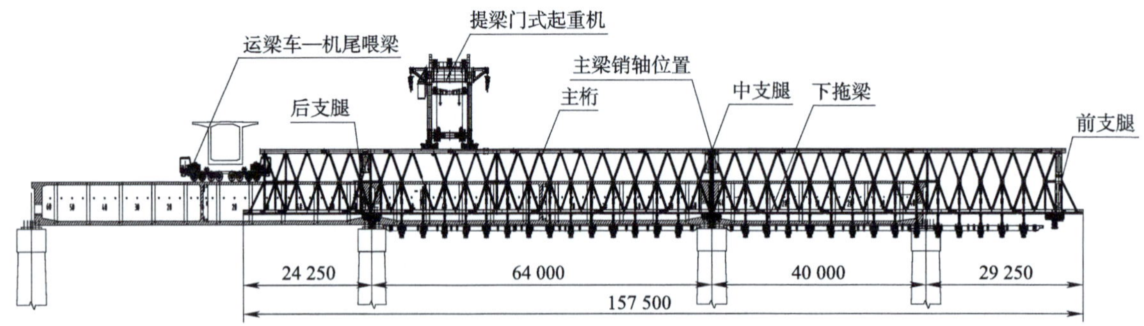

(d) 40 m+40 m造桥机架梁状态图

图 4-3-338　64 m、40 m 变跨组合施工示意图(单位:mm)

6. 铁路梁移动模架施工(跨越大练岛部分 D0～D19)

1)移动模架结构

跨海大桥跨越大练岛部分 D0～D19 为 19×40 m 现浇梁,梁长 40.7 m,箱梁顶板宽 12.2m,梁高 3.58 m,设计采用腹位两跨式移动模架即 DXZ40/1200 下承式移动模架施工。

DXZ40/1200 下承式移动模架主要由主框架、墩顶移位机构、底模横移装置、底模系统、侧翼模系统、MHh(5+5)龙门式起重机、平台走道、端模系统、内模系统、电控液压系统及辅助设施等部分组成,技术参数见表 4-3-41。

表 4-3-41　下承式移动模架技术参数表

项　　目	设计性能指标	DXZ40/1200 下承式移动模架
模架支承重量	1 200 t	
适应跨度	≤40.7 m	
允许最大作业纵坡	2.0%	
作业标准	过孔状态≤7 级,工作状态≤8 级,非工作状态≤14 级	
施工工法	逐跨整孔原位现浇	
设计施工周期	14 d/跨(过孔按 2 d 计)	

2)移动模架拼装施工

拼装步骤一:在 D22～D23 孔搭设临时拼装支墩,平整地面作为移动模架拼装场地;在 D22、D23 墩上安装墩顶滑移机构,在 D23 桥台上墩顶移位机构处安装一块 3 m 段底模板,用于支撑主梁,如图 4-3-339 所示。

图 4-3-339　拼装场地施工

拼装步骤二：吊装主梁边节段在墩顶滑座及临时支墩上；吊装主梁节段 2 在临时支墩上，并与节段 1 连接；依次将两榀主梁安装完成，如图 4-3-340 所示。

图 4-3-340　主梁拼装施工

拼装步骤三：撤出临时支墩(架)，保留 D23 桥台上的临时支墩 4 及支墩 5；安装主梁外侧翼模、走道及门式起重机轨道；安装(5+5)t 门式起重机，如图 4-3-341 所示。

图 4-3-341　门式起重机安装施工

拼装步骤四：利用小吨位吊车安装底模横移座；利用吊车及梁面门式起重机分段安装底模；将底模横移梁与主梁锚固，如图 4-3-342 所示。

图 4-3-342　底模安装施工

拼装步骤五：分段安装施工前方两节导梁节段；安装已拼装完结构上的附属结构、电气液压系统，如图 4-3-343 所示。

拼装步骤六：拼装完成部分的整体准备纵移；操作纵移油缸，使拼装好的主结构部分前移 6.5 m；拆除

图 4-3-343　前导梁安装施工

D23 桥台上的临时支墩 5。

拼装步骤七：安装后端第一节导梁节段并整体再次准备纵移；操作纵移油缸，使拼装好的主结构部分再次前移 12m，如图 4-3-344 所示。

图 4-3-344　后导梁安装并前移施工

拼装步骤八：安装后端第二节导梁节段，安装其余附属结构，模架整体拼装完成，如图 4-3-345 所示。

图 4-3-345　移动模架拼装完成

拼装步骤九：操作纵移油缸，整机前移到达指定的跨度为 40 m 制梁位，如图 4-3-346 所示；调整模架到制梁状态，准备预压试验；预压试验后，调整模板，绑扎底腹板钢筋，安装内模，绑扎顶板钢筋，安装模板顶部对拉螺纹钢筋；准备浇筑首孔箱梁。

3)移动模架过孔步骤

过孔步骤一：完成安装并调试移动模架；绑扎底腹板钢筋，安装内模；绑扎顶板钢筋，安装锚固模板顶

图 4-3-346 移动模架达到制梁位施工

部对拉螺纹钢筋；浇筑混凝土；混凝土养护，拆除模板顶部横向对拉螺纹钢筋；张拉；准备模架脱模，如图 4-3-347 所示。

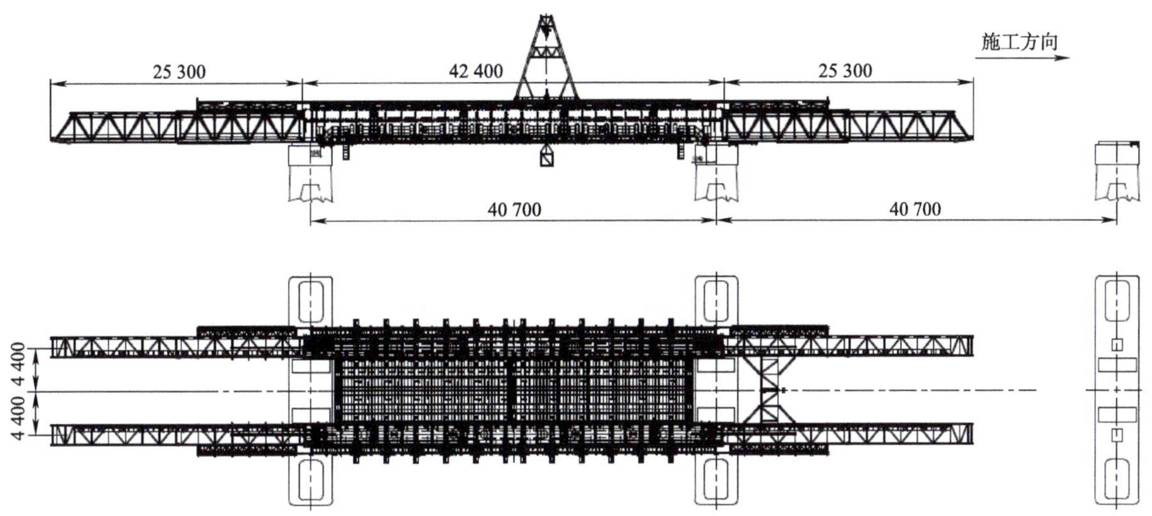

图 4-3-347 过孔步骤一施工图(单位：mm)

施工步骤二：墩顶顶升油缸收缩，模架整体下落 90 mm，完成脱模；底模板下葫芦提起操作平台，解除底模中间连接的螺栓；解除底模与主梁之间的锚固螺纹钢筋；下落操作平台，并放置在路基或船上，解除操作平台与起吊葫芦间连接，并将操作平台倒运至前跨；启动底模横移油缸，推动底模横移向外开启 3.05 m；穿底模与主梁间精轧螺纹钢筋，保证一块模板穿一根钢筋；启动墩顶横移油缸，两侧模架整体向外开移 250 mm；操作底模横移油缸，自动收起最外侧的底模横梁，使其绕着上面一个销轴旋转，向主梁内侧方向收回；连接前导梁联系梁，如图 4-3-348 所示。

施工步骤三：纵移前检查有无过孔障碍；启动墩顶纵移油缸，模架(除门式起重机外)整体前移 18 m，此时前导梁到达前墩顶滑座上，如图 4-3-349 所示。

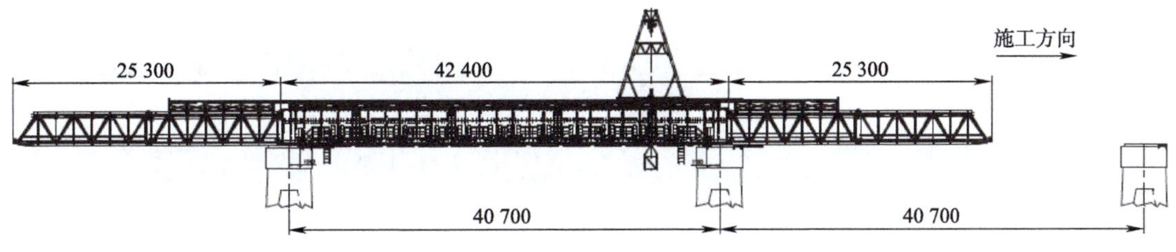

图 4-3-348

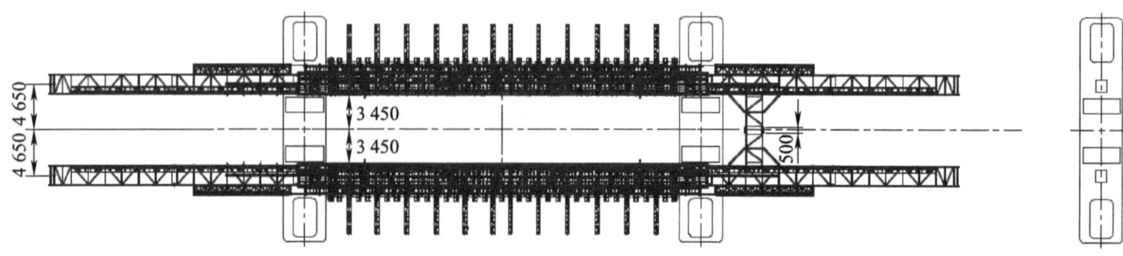

图 4-3-348　过孔步骤二施工图(单位:mm)

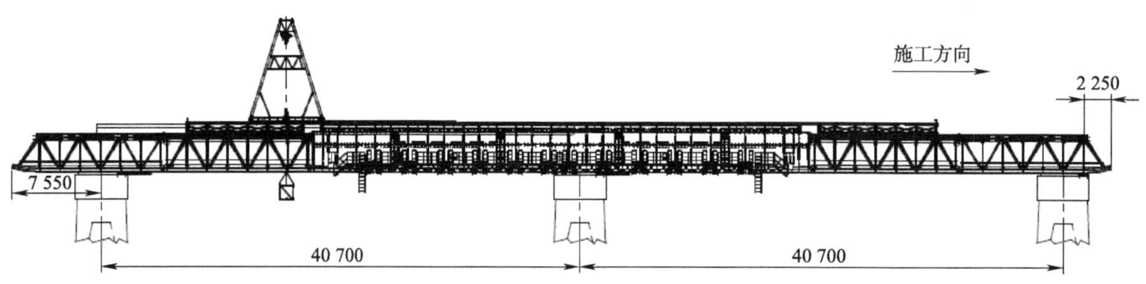

图 4-3-349　过孔步骤三施工图(单位:mm)

施工步骤四:整机继续前移 22.7 m,过孔到位,如图 4-3-350 所示。

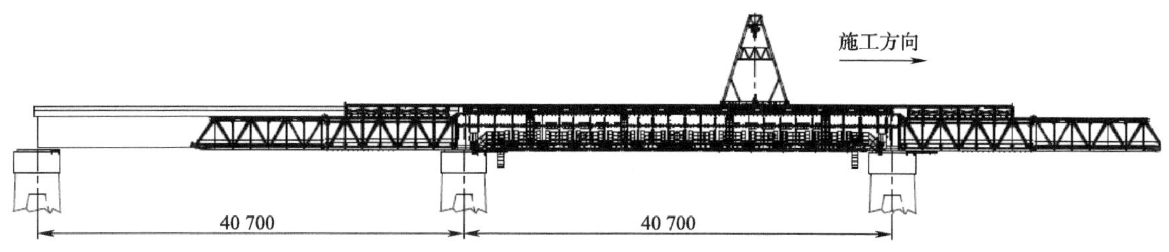

图 4-3-350　过孔步骤四施工图(单位:mm)

施工步骤五:拆除前导梁联结系 500 mm 接长段;启动墩顶横移油缸,两侧模架向内横移 250 mm;拆除底模与主梁间锁定;启动底模横移油缸,两侧底模向内横移 3 050 mm;底模板葫芦提起操作平台;安装底模与主梁之间的锚栓;安装底模中间连接螺栓,如图 4-3-351 所示。

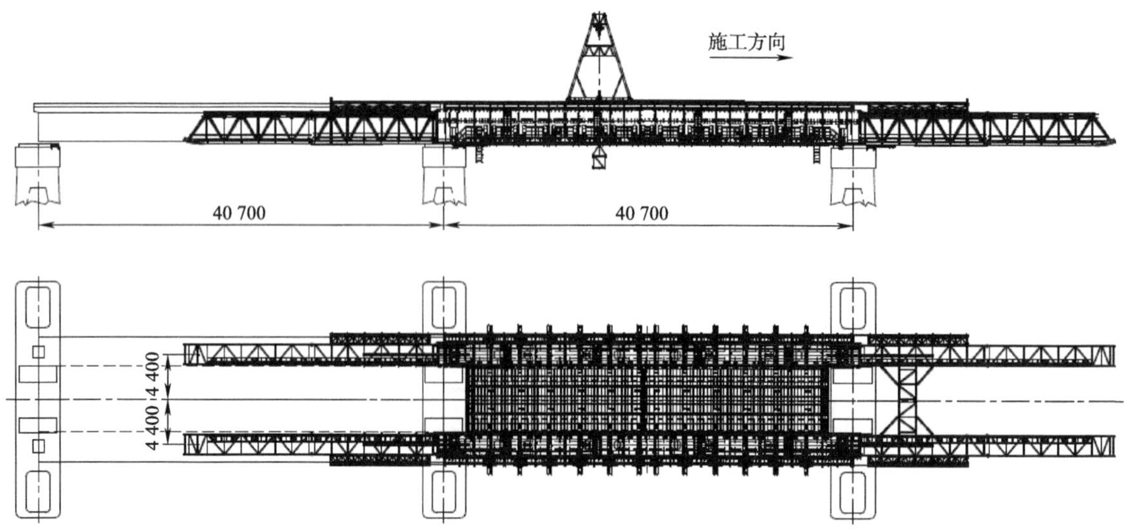

图 4-3-351　过孔步骤五施工图(单位:mm)

施工步骤六:启动墩顶主油缸,模架整体提升 90 mm,到达制梁标高;绑扎底腹板钢筋,安装内模;绑扎顶板钢筋,安装锚固模板顶部对拉螺纹钢筋;浇筑混凝土;混凝土养护,张拉。

7. 大跨高墩钢管支架现浇施工

平潭海峡公铁大桥跨越大练岛部分穿山越谷,右侧为东海,毗邻海坛海峡。桥址区属剥蚀低山及海漫滩地貌,起讫两端桥址位于剥蚀低山区,地形起伏,植被发育。

全桥共 23 跨,铁路孔跨布置为 19-40 m 简支箱梁+4-32m 简支箱梁,公路桥梁孔跨布置为:左幅 1-(5×40 m)等宽连续梁+1-(4×40 m)等宽连续梁+1-(5×40 m)变宽连续梁+1-(5×40 m)变宽连续梁+1-(4×32m)等宽连续梁;右幅 1-(5×40 m)等宽连续梁+1-(4×40 m)等宽连续梁+1-(3×40 m)变宽连续梁+1-(3×40 m)+1-(4×40 m)等宽连续梁+1-(4×32m)等宽连续梁。高墩支架高度统计见表 4-3-42。

表 4-3-42 高墩支架高度统计表

项目	第一联				
	第 1 跨	第 2 跨	第 3 跨	第 4 跨	第 5 跨
支架高度(m)	50.25	42.85	33.62	34.55	28.75
支架、基础钢料(t)	5 136				
支架基础混凝土(m^3)	1 704				
项目	第二联				
	第 6 跨	第 7 跨	第 8 跨	第 9 跨	
支架高度(m)	29.35	38.05	47.65	54.15	
支架、基础钢料(t)	3 657				
支架基础混凝土(m^3)	1 423				
项目	第三联				
	第 10 跨	第 11 跨	第 12 跨	第 13 跨	第 14 跨
支架高度(m)	60.15	63.35	62.65	62.65	61.75
支架、基础钢料(t)	5 621				
支架基础混凝土(m^3)	2 968				
项目	第四联				
	第 15 跨	第 16 跨	第 17 跨	第 18 跨	第 19 跨
支架高度(m)	60.95	60.05	58.95	58.25	53.45
钢料(t)	6 102.5				
混凝土(m^3)	3 447				
项目	第五联				
	第 20 跨	第 21 跨	第 22 跨	第 23 跨	
支架高度(m)	46.25	41.35	33.15	22.65	
支架、基础钢料(t)	3 713				
支架基础混凝土(m^3)	1 314				

1)高墩支架构造

桥梁铁路墩为门式空心墩,墩高最高为 50.5 m。公路墩为板式花瓶墩和门式实心墩,公路墩最高为 14.9 m。公铁合建墩高最高为 65.3 m。铁路为双线桥,桥面宽为 12.2m。公路梁在铁路之上为双向 6 车道,桥面宽为 16.25 m,其中 D9~D19 为变宽桥面,双幅桥面变宽范围为 33~49 m。

综合考虑施工成本、工期、施工工艺以及经济性等因素,现浇支架采用梁柱式钢管支墩结构,基础 D0~D19 采用钻孔桩基础。D0~D8 钢管立柱采用 ϕ720×14 mm 钢管,边墩钢管之间联结系采用双拼 28b 工字钢、双拼 40b 工字钢、400 钢管。牛腿横联采用 ϕ400 mm×10 mm。跨中钢管之间平联、斜撑采用

ϕ400 mm×10 mm 钢管、双拼 40b 工字钢联结。D8～D19 钢管立柱边墩采用 ϕ720 mm×14 mm，跨中钢管立柱采用 ϕ1 200 mm×14 mm 钢管。边墩钢管之间联结系采用双拼 28b 工字钢、双拼 40b 工字钢、ϕ400 mm×10 mm 钢管。牛腿横联采用 ϕ400 mm×10 mm。跨中钢管之间平联采用 ϕ720 mm×14 mm 钢管联结，斜撑采用 ϕ400 mm×10 mm 钢管或双拼 I40b 工字钢联结，呈 Z 字形或八字形布置。边跨横梁采用三拼 56b 工字钢，跨中横梁采用双拼 H700 型钢，横梁与钢管桩交接处采用 10 块 16 mm 厚钢板加强，从桩中心向两边分别布置，间距为 24 cm；承重梁采用 321 贝雷片组装，跨度为 11 m＋2×7.6 m＋11 m。各片桁梁之间采用花窗连接成整体，贝雷梁纵向顶部设置特制顶托便于拆除时落梁，一片贝雷梁上间距 355 mm、880 mm、530 mm、880 mm、355 mm，设置在贝雷梁上接近节点处，然后顶托上纵向放置 150 mm×150 mm 方木，在 150 方木上横向放置 100 mm×100 mm 方木，纵向间距 300 mm，最后铺设 15 mm 厚竹胶板做底模，具体布置如图 4-3-352 所示。

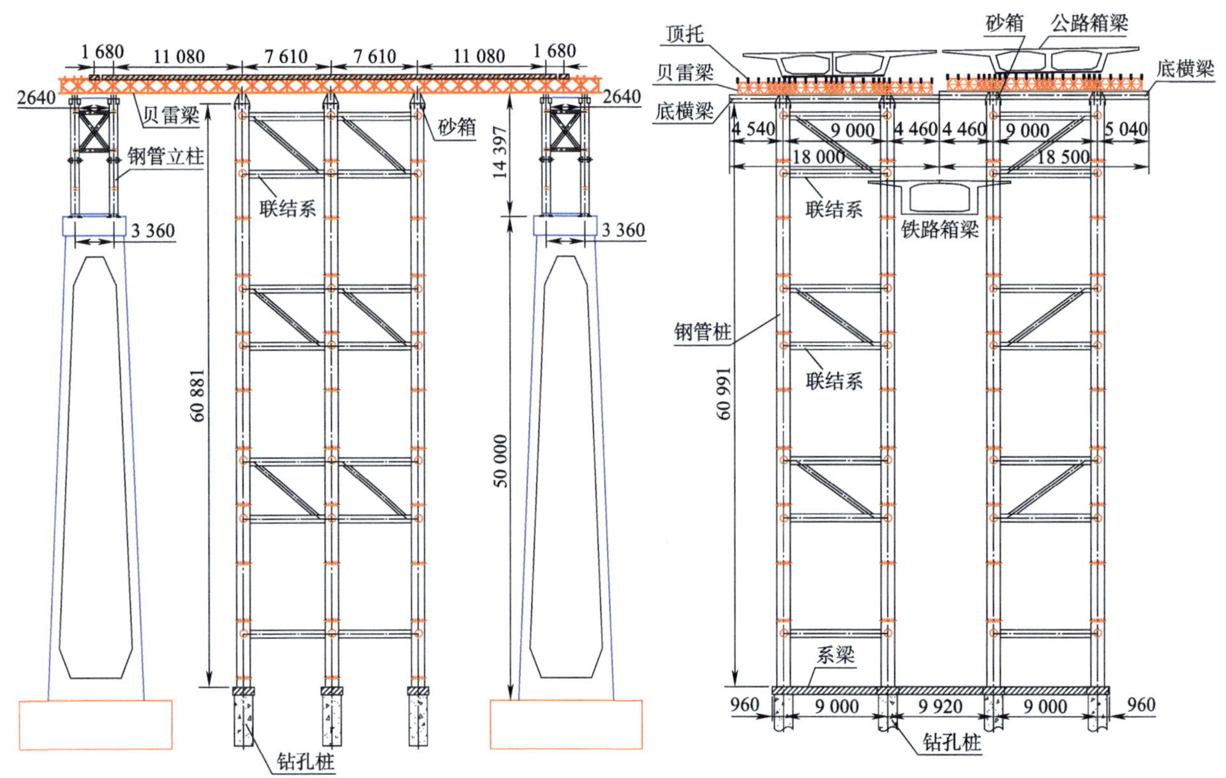

图 4-3-352　高墩支架纵向/横向(跨中)布置形式(单位：mm)

2)高墩支架现浇施工

高墩支架采用冲击钻钻孔施工桩基础，汽车式起重机配合塔式起重机安装立柱平联、横梁、贝雷梁方法施工，其施工流程如图 4-3-353 所示。

(1)基础施工

①钻孔桩基础

钻孔桩直径为 1.0 m 以及 1.5 m，利用冲击钻机进行钻孔桩施工，钻孔完成后，将加工完成的钢筋笼运至墩位，履带式起重机起吊下放，然后灌注桩身混凝土，如图 4-3-354 所示。

②条形基础

条形基础长 33.1 m，顶宽 1.5 m，底宽 3 m，高度为 1.5 m，采用 C20 混凝土浇筑。基础浇筑时在基础顶钢管桩位置预埋 1 m×1 m×15 mm 钢板用于安装钢管桩立柱。

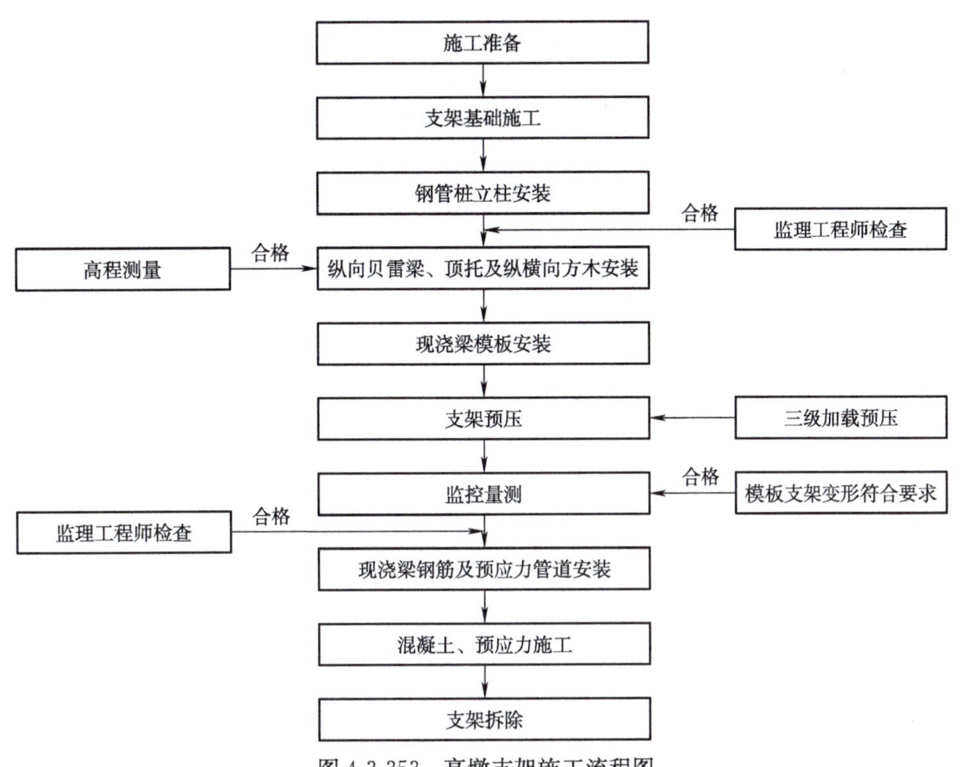

图 4-3-353 高墩支架施工流程图

图 4-3-354 高墩支架桩基础钻孔及静载试验

③钢管桩基础

钢管桩基础采用直径 ϕ720×14 mm 钢管桩，采用 240 振拔锤进行钢管桩插打，插打钢管桩时利用导向架保证桩基础的竖直度。钢管桩顺桥向桩距为 3.5 m，插打深度不小于 17 m。

(2)支架安装

现浇支架采用梁柱式钢管支墩结构，钢管立柱采用 ϕ720 mm×14 mm 和 ϕ609 mm×16 mm 螺旋钢管，钢管之间平联采用 ϕ530 mm×10 mm 和 ϕ609 mm×16 mm 钢管联结，钢管桩顺桥方向剪刀撑采用双拼 28 工字钢，横桥方向剪刀撑采用单拼 28 工字钢；边跨横梁采用三拼 56I 字钢，跨中横梁采用双拼 H700 型钢，横梁与钢管桩交接处采用 10 块 16 mm 厚钢板加强，从桩中心向两边分间距为 24 cm；承重梁采用 321 贝雷片组装。各片桁梁之间采用花窗连接成整体，贝雷梁纵向顶部设置特制顶托便于拆除时落梁，设置在贝雷梁上接近节点处，然后顶托上纵向放置 150 mm×150 mm 方木，在 150 方木上横向放置 100 mm×100 mm 方木，纵向间距 300 mm，最后铺设 15 mm 厚竹胶板做底模。

①钢管立柱及联结系安装

现浇梁支架基础施工完毕，在基础上安装钢管立柱，安装钢管立柱前应对基础顶面进行找平，防止安装钢管立柱时基础不平导致立柱平联连接不上及钢管立柱垂直度偏差过大。钢管立柱与立柱之间、平联与立柱之间采用法兰盘连接。跨中钢管桩竖向高度 30 m 范围内钢管立柱在施工现场组装成一个 10 m 的标准节采用 100 t 履带式起重机整体吊装。30 m 以上采用塔式起重机单根吊装安装。

边跨钢管桩和跨中钢管桩同时施工，在铁路梁上放置一台 70 t 汽车式起重机，按照编号把钢管桩吊到铁路墩顶并与墩顶预埋钢板焊接牢固，然后焊接桩与桩之间的平联和斜撑，按编号直至边跨钢管桩全部安装完成。

立柱间平联采用 ϕ530 mm×10 mm 和 ϕ609 mm×16 mm 钢管，斜撑采用单拼 I28 和双拼 I28 工字钢。为节约施工时间，缩短工期，联结系在现场拼装场地按照设计尺寸预先连接为一个整体，再吊运至安装点栓接固定。

②横梁安装

钢管桩安装完毕将横梁在地面上拼接焊接牢固后，采用塔式起重机分节吊装到钢管桩顶面，钢管桩与横梁采用螺栓临时连接，用于固定横梁。横梁之间采用连接板焊接。

③贝雷梁安装

贝雷梁采用国产“321”(3 m×1.5 m)，横向布置原则为腹板底间距 45 cm，顶底板和翼缘板底为90 cm；贝雷梁在铁路梁面分组拼装，拼装完毕采用塔式起重机分组吊装到横梁上面，施工完左幅，再把贝雷梁横移到右幅进行现浇梁施工。

④特制顶托安装

贝雷梁安装完毕，在贝雷梁的顶面上安装特制顶托，顶托与贝雷梁上弦杆采用夹板固定，一片贝雷梁上 4 个顶托，如图 4-3-355 所示。

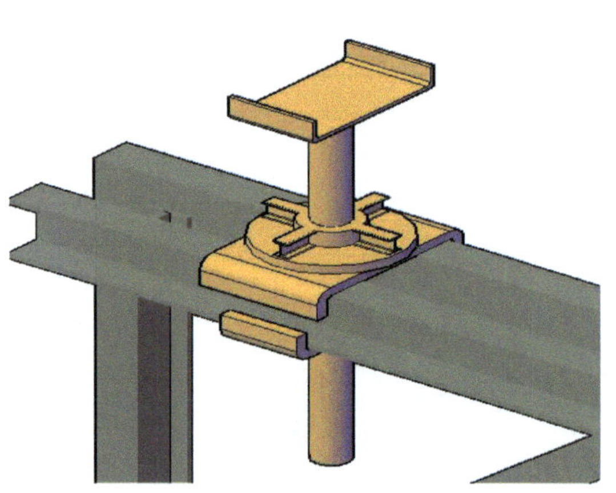

图 4-3-355　特制顶托示意图

(3)箱梁模板安装

在特制顶托和箱梁底模安装完成后，通过塔式起重机将侧模板分组吊运至箱梁底模上，按照设计间距安装。

模板分为底模、外模、内模、端模等部分，其中底模、内模为木模，其他模板为钢模。根据箱梁模板编号，依次将各模板吊运至贝雷梁顶部，模板间连接安装调试。

(4)支架预压

现浇梁支架依据《铁路混凝土梁支架法现浇梁施工技术规程》(TB 10110—2011)的措施进行预压，最大压载为混凝土梁重的 1.1 倍，采用沙袋预压。预压荷载分 60%、100%、110%三级。

(5)监控量测

由于大练岛地理位置的特殊性，支架高度达到 65 m，施工过程中存在极大的安全隐患。为保证施工安全，在施工过程中对支架进行全程监测，对钢管格构柱边柱设立应力监测点以便了解截面应力的变化。监测截面在各施工阶段的变化，如图 4-3-356 和图 4-3-357 所示。

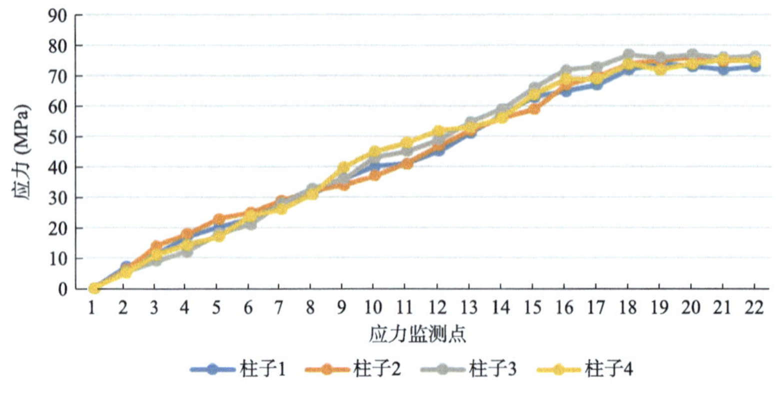

图 4-3-356　第一跨支架监测截面应力变化图

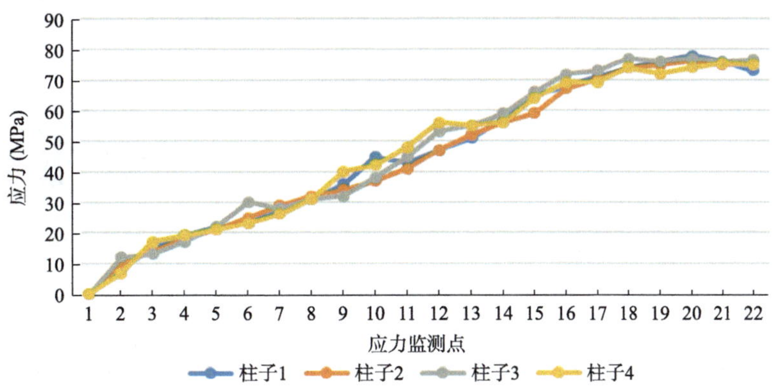

图 4-3-357 第二跨支架监测截面应力变化图

从上图可以看出，在各跨施工过程中最大压应力为 95.0 MPa$<f_{cd}=$140 MPa，在整个浇筑过程中全桥处于安全状态。

两次台风中墩顶位移第一次两个测点的位移分别为 24 mm 和 20 mm，第二次两个测点位移分别为 18 mm 和 17 mm。由结果可知，台风作用下，格构柱顶部位移均较小，满足要求。高墩支架搭设如图 4-3-358 所示。

图 4-3-358 高墩支架搭设布置图

两次台风中格构柱频率第一次为 2.28 Hz，第二次为 2.56 Hz。三阶理论频率为 1.662 Hz，四阶理论频率为 3.467 Hz。在台风作用下，介于三阶和四阶之间，不会引起结构共振响应，结构安全。

8. 三角挂篮悬臂浇筑施工

平潭海峡公铁两用大桥跨越北东口航道部分公铁主跨（通航孔）均采用 92m+2×168 m+92m 预应力混凝土连续刚构，其余桥跨（非通航孔）公路左右幅各为 5 联（40 m+n×64 m+40 m）连续梁。根据施组总体安排跨海北东口航道段公铁主跨连续刚构以及公路连续梁共计 13 联均采用三角挂篮施工。为了满足大桥施工工期，公铁主跨、公路梁共计投入 79 对挂篮形成“群”挂篮同时批量施工，为目前世界上同步投入挂篮施工最多的桥梁。

1）铁路梁 0 号、1 号段现浇施工

（1）三角托架

在纵桥向墩身两侧布设三角托架，托架与墩身预埋件采用销接。三角托架利用双拼[36b 槽钢焊接而成，三角托架间距（70+3×220+70）cm，横向通过[20b 槽钢联结系连接成整体，提高整体稳定性。三角托架上铺设 I25b 横梁，横梁采用 I25b，最后在横梁上搭设碗扣支架，碗扣支架纵向间距 600 mm，翼板和底板处横向间距 600 mm，腹板处间距 300 mm。碗扣架上铺设分配横梁 I10，分配横梁上铺设 100 mm×100 mm 方木，横向间距 300 mm，最后铺设竹胶模板 $\delta=15$ mm。为了满足施工操作人员安全，在托架四周设置安全工作平台，工作平台栏杆采用∠63 mm×6 mm 角钢，底铺热镀锌钢跳板，四周张挂热镀锌钢丝网，如图 4-3-359 所示。

图 4-3-359 铁路梁 0 号、1 号段施工托架

(2)梁底托架

在梁底两侧墩身上布设预埋件，在两侧的预埋件上横放双拼 HN700 mm×300 mm 型钢作为承重梁，承重梁与预埋件间设置砂筒，以方便施工完毕后脱架。双拼 HN700 mm×300 mm 承重梁上铺设贝雷梁，贝雷梁横向间距为 450 mm，贝雷梁之间采用花窗连接成整体，贝雷梁上铺设 I10 作为纵向分配梁，I10 根据贝雷梁上支点进行布置，I10 纵向分配梁上设置 150 mm×150 mm 方木作为横向分配梁，间距为 225 mm，最后在方木上铺设厚 $\delta=15$ mm 竹胶板。

2)公路梁 0 号、1 号段现浇施工

(1)三角托架

在纵桥向墩身两侧布设三角托架，托架与墩身预埋件采用销接。托架利用双拼[36b 槽钢焊接而成，三角托架间距(80+120+160+120+80) cm，横向通过[20b 槽钢联结系连接成整体，提高整体稳定性。三角托架上铺设 I25b 横梁，横梁上搭设碗扣支架，碗扣支架纵向间距 300 mm，翼板和底板处横向间距 600 mm，腹板处横向间距 300 mm，碗扣支架搭设横向分配梁 I10，横向分配梁上铺设方木 100 mm×100 mm，最后铺设 $\delta=15$ mm 竹胶模板。为了满足施工操作人员安全，在托架四周设置安全工作平台，工作平台栏杆采用∠63 mm×6 mm 角钢，底铺热镀锌钢跳板，四周张挂热镀锌钢丝网，如图 4-3-360 所示。

图 4-3-360 公路梁 0 号、1 号段施工托架

(2)梁底托架

在梁底两侧墩身上布设预埋牛腿，在两侧的预埋牛腿上横放双拼 HN700 mm×300 mm 型钢作为承重梁，承重梁与预埋件间设置砂筒，以方便施工完毕后脱架。双拼 HN700 mm×300 mm 承重梁上铺设贝雷梁，贝雷梁横向间距为 450 mm，贝雷梁之间采用花窗连接成整体，贝雷梁上铺设 I10 作为纵向分配梁，

I10 根据贝雷梁上支点进行布置，I10 纵向分配梁上设置 150 mm×150 mm 方木作为横向分配梁，间距为 225 mm，最后在方木上铺设厚 δ=15 mm 竹胶板。

3)64 m 公路梁 0 号段现浇施工

64 m 公路梁墩顶 0 号段采用三角托架施工，在纵桥向墩身两侧布设三角托架，托架与墩身预埋件采用销接。三角托架利用双拼[36b 槽钢焊接而成，三角托架间距(120＋220＋220＋120) cm，横向通过[20b 槽钢联结系连接成整体，提高整体稳定性。三角托架上铺设双拼[25b 纵梁，双拼[25b 槽钢之间焊接钢管 ϕ48 mm×3.5 mm，钢管内插入顶托，顶托横向间距 300 mm，纵向间距 500 mm，以方便施工完毕后脱架。顶托上铺设 I10 作为横向分配梁，横向分配梁上铺设 100 mm×100 mm 方木作为纵向分配梁，间距 300 mm，纵向分配梁上铺设 δ=15 mm 的竹胶模板。为了满足施工操作人员安全，在托架四周设置安全工作平台，工作平台栏杆采用∠63 mm×6 mm 角钢，底铺热镀锌钢跳板，四周张挂热镀锌钢丝网，如图 4-3-361 所示。

图 4-3-361　64 m 公路梁 0 号段施工托架

4)三角挂篮群施工

根据本桥箱梁结构形式，结合不同形式挂篮的优缺点，综合考虑本桥所处特殊的海上大风施工环境，设计采用重心较低的三角挂篮进行悬臂浇筑施工。

(1)三角挂篮构造

挂篮主要由三角主桁架、行走及锚固系统、悬吊系统、底模系统、模板系统五大部分组成。挂篮主桁架底纵梁、竖杆均采用 2HN600 mm×200 mm 型钢，前后斜拉杆采用双拼[28b 槽钢，内模滑梁采用 2HN350 mm×175 mm 型钢，内外模滑梁采用 2HN350 mm×175 mm 型钢，前上横梁采用 2HN600 mm×200 mm 型钢，底模前后下横梁均采用双拼[40b 槽钢，底纵梁采用双拼[36b 槽钢。底模后吊杆为 3 根 ϕ50 mm 精轧螺纹钢，前吊杆为 2 根 ϕ32 mm 精轧螺纹钢，其余两侧 4 根为 160 mm×30 mm 吊带，内外滑梁吊杆均为 ϕ32 mm 精轧螺纹钢，挂篮结构如图 4-3-362 所示。

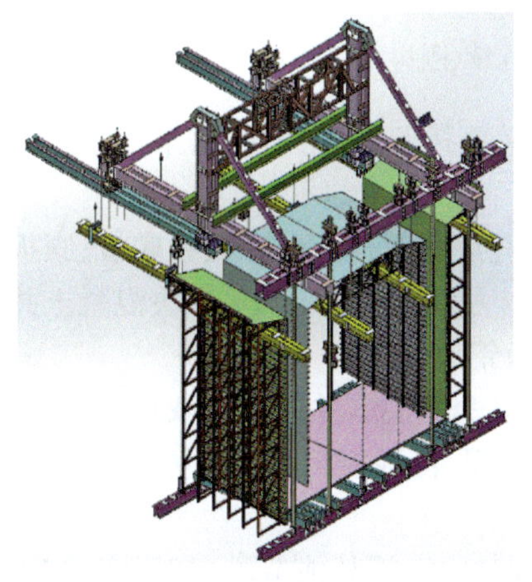
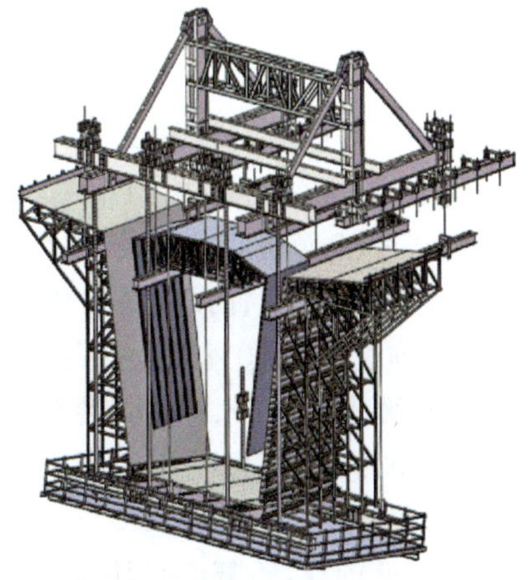

图 4-3-362　铁路梁/公路梁挂篮结构图

(2)三角挂篮抗台措施

增加预留孔措施:每节挂篮施工梁段增加预留孔,确保在台风期挂篮侧模板与已浇筑完混凝土段重叠处安装精轧螺纹钢,将挂篮侧模与已浇筑完混凝土收紧牢固;临空处两侧模采用精轧螺纹钢进行对拉,如图 4-3-363 所示。

图 4-3-363 三角挂篮现场施工

前下横梁与双拼槽钢组成 M 型桁架整体,在浇筑前一梁段混凝土之前在端面提前预埋钢板,当台风来临之前用双拼槽钢一端焊接在预埋板,另一端与挂篮前下横梁连接,限制前下横梁在风荷载作用下自由晃动。

9. 连续(刚构)悬浇施工

1)通航孔连续刚构施工顺序

铁路梁墩顶 0 号、1 号段施工完成后,进行高于铁路梁墩顶剩余部分的公路桥墩身施工,左右幅公路梁挂篮错开 1～2 节段,通航孔连续施工如图 4-3-364 所示,其施工步骤如下:

图 4-3-364 通航孔连续(刚构)施工

施工步骤一:墩身施工完成后安装 B39、B40、B41 墩顶托架,采用堆载预压,测量沉降量,提供相关记录数据,作为 0 号、1 号段底板预拱度的施工依据。

施工步骤二:安装 0 号、1 号块底模板及外模板,绑扎底板、腹板钢筋,设置底板、腹板波纹管及预应力束,安装内模板,安装顶板钢筋,设置顶板波纹管及预应力束,浇筑 0 号、1 号块混凝土并养护、拆模,待混凝土强度及弹性模量达到设计值 90%以上,张拉预应力钢束,压浆。

施工步骤三:按设计要求在 0 号、1 号块梁面上安装三角挂篮,并进行堆载预压。安装 2 号块模板,绑扎钢筋,安装预应力,对称浇筑 2 号块混凝土并养护、拆模,待混凝土强度及弹性模量达到设计值 90%以上,张拉预应力钢束,压浆。

施工步骤四:三角挂篮前移,重复 2 号块施工步骤,对称浇筑其他节段,直至完成 21 号块施工。悬臂施工过程中随时调整梁顶的竖向、横向、纵向位移，计算每一悬灌段的预拱度，严格按设计控制线形。在21号块浇筑施工前，利用B38、B42边跨直线段支架将直线段混凝土浇筑完成。

施工步骤五：在当天施工温度最低条件下进行边跨合龙段合龙。合龙段临时锁定，拆除施工挂篮，安装边跨合龙吊架并在合龙段两端设刚性支撑，临时张拉钢束，每根钢束张拉力400 kN，锁定梁体（刚性支撑采用体外支撑）。合龙段混凝土初凝并达到一定强度后，拆除双壁墩柱间临时固定支撑桁架，解除边支座的临时锁定。合龙段混凝土达到90%强度，张拉临时张拉钢束到设计张拉力，并张拉剩余边跨合龙钢束，张拉该节段的横向预应力索及竖向预应力钢筋；压浆。

施工步骤六：在当天施工温度最低条件下进行中跨合龙段合龙。合龙段临时锁定，安装中跨合龙吊架并在合龙段设刚性支撑，临时张拉钢束，每根钢束张拉力400kN，锁定梁体（刚性支撑采用体外支撑）。安装中跨合龙段施工模板、绑扎钢筋、浇筑混凝土。合龙段混凝土达到90%强度，张拉临时张拉钢束到设计张拉力，并张拉剩余中跨合龙钢束，张拉该节段的横向预应力索及竖向预应力钢筋；压浆。

2)非通航孔连续梁施工顺序

大练岛侧连续梁孔跨布置为A联（40＋9×64＋40）m＋B联（40＋11×64＋40）m＋C联（40＋11×64＋40）m；平潭岛侧连续梁孔跨布置为D联（40＋6×64＋40）m＋E联（40＋5×64＋40）m。

连续梁采用菱形挂篮悬臂浇筑法施工，每一联的悬浇合龙施工先边跨合龙，再次边跨合龙，由两边向中间依次合龙，直至中跨合龙。

公路梁位于铁路梁之上，需考虑二者的相互施工影响，总体施工是铁路先行，即公路的每一联连续梁待铁路节段拼装造桥机离开本联后方可施工。

大练岛侧施工应该滞后于公路桥的节段拼装施工，以避免工序干扰，施工顺序为A联→B联→C联；平潭岛侧由大里程向小里程方向全幅施工，具体施工顺序为E联→D联，如图4-3-365所示。

公路梁非通航孔施工方法与公铁合建通航孔的悬灌施工相同。

图4-3-365　大练岛侧/平潭岛侧连续梁施工

10. B42长大边直段现浇施工

1)现浇支架构造

B42墩大里程侧设计20.9 m，根据现场地形条件难以搭设钢管支架现浇施工，如图4-3-366所示。经研究将20.9 m长的边直段分成4个节段施工，其中两个节段采用斜腿钢管支架施工，另两个节段采用挂篮悬浇施工。斜腿钢管支架结构从下向上依次为：

ϕ1420×14 mm钢管：纵向间距3.5 m，横向间距（7.1＋13.82＋7.1）m，纵横向平联采用ϕ630×7 mm钢管。

ϕ630×7 mm钢管：铁路梁顶钢管立柱采用ϕ630×7 mm钢管，纵向间距3.5 m，钢管立柱支撑在铁路梁腹板中心位置。

横梁：前排3HN900×300型钢，后排2HN900×300型钢。

纵梁：采用2HN900×300及3HN900×300型钢，横向间距（2.0＋1.2＋2×0.8＋2×1.2＋1.15＋2×1.2＋2×0.8＋1.2＋2.0）m。

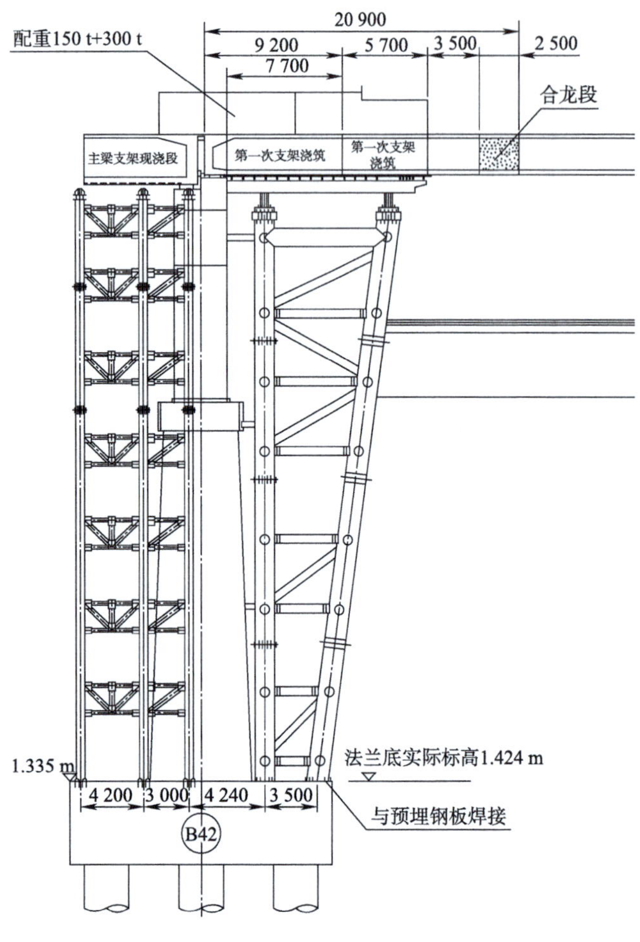

图 4-3-366　现浇施工(单位:mm)

横向分配梁:横梁支撑在承重纵梁上,采用 2[25b 槽钢。纵向间距为 0.21 m 及 0.47 m。

纵向分配梁:I10 工字钢,腹板及底板下间距 40 cm,翼缘板下间距 60 cm。

底模板:10 mm 厚钢模板。

2)现浇施工工艺

(1)钢管支架组拼

钢管支架设计采用斜腿钢管支架,包括钢管立柱、立柱联结系、砂箱、桩顶横梁、纵梁、分配梁,如图 4-3-367 所示。在码头或加工厂内统一进行加工构件并将钢管立柱、联结系组拼成整体。

图 4-3-367　斜腿支架整体组拼

(2)钢管支架搭设

钢管立柱安装:根据现场起重能力钢管支架可选择分节段吊装、整体吊装两种方案,分节吊装中节段间通过法兰连接,钢管桩支架安装过程中注意垂度的控制,钢管桩顶部安装桩帽,方便横梁焊装。

横、纵梁安装:桩顶设置砂箱,砂箱底板与桩顶盖板限位牢固,并通过调节砂箱内的砂的高度,对横梁底标高进行精调。砂箱安装完成后,用起重吊机将组拼横梁吊装到砂箱顶进行安装,同时对横梁进行微调,将横梁加劲板位置对准支立至砂箱顶并限位牢固;横梁铺设牢固后,根据设计图纸间距在横梁上铺设纵梁。

底模安装:在纵梁上根据设计图纸间距铺设分配梁,最后铺设方木、竹胶板。钢管支架搭设完毕,并按规范要求进行预压。斜腿支架整体安装如图 4-3-368 所示。

图 4-3-368　斜腿支架整体安装

(3)第一节段现浇

侧、内模安装:钢管支架安装、预压完成后开始进行侧、内模安装。侧模采用"底包侧"的钢模板形式,外模桁架在工厂内拼装完成后,采用塔式起重机分段吊装到支架上。外模板桁架与侧模板组装验收合格后,整体吊装。吊装顺序为先吊装中间部分模板,左右两侧对称安装,再吊装两端模板,前后、左右对称吊装。及时采用缆风绳拉住模板,防止模板被风吹倒,并及时把模板底模拉杆穿上固定模板。

内模支立前对底、腹板部分钢筋、钢束、锚具、波纹管等项目的定位、坐标进行检查。内模采用木模,内模支撑采用脚手架支撑。

钢筋安装:钢筋统一在加工厂内进行加工,运输至现场绑扎;现场严格控制底板、腹板、顶板两层钢筋的间距以及保护层厚度;浇筑墩身混凝土时根据设计图纸要求预埋钢筋根数、间距预留混凝土内长度,确保梁墩临时锁定固结。

预应力管道、锚具安装:按照图纸预应力管道用钢筋焊接定位框控制钢束的坐标,依据其在相应的钢束坐标图上的位置确定其坐标值,与底板、腹板、顶板钢筋焊接固定。现浇梁底板和腹板钢筋绑扎及预应力管道安装完毕,按施工图设计位置安装锚具。

混凝土施工:混凝土采用泵送入模,采用"先底板,再腹板,后顶板"顺序一次浇筑完成。浇筑方向宜选择由低处向高处进行,混凝土浇筑时应掌握对称、平衡,浇筑完后及时进行养护。

(4)梁面上压重、梁缝垫块设置

根据施工图纸要求,第一节段混凝土浇筑完并达到设计强度后在梁面上以及墩另一侧已浇筑完的混凝土梁面上采用水箱、沙袋进行压重,共计 100 t,在第一节段混凝土和墩另一侧混凝土梁面上居中布置。

为了防止墩身两侧现浇段对拉后梁体发生移动,在现浇段施工时将梁端头部位区域(k1～k6)的后浇段混凝土提前浇筑，在后浇段提前浇筑区域对应 25 cm 梁缝的距离，采用(k1～k6)相同大小的混凝土预制块垫实，并将梁底和墩身缝隙用钢板抄紧，如图 4-3-369 所示。长大直线段现浇施工如图 4-3-370 所示。

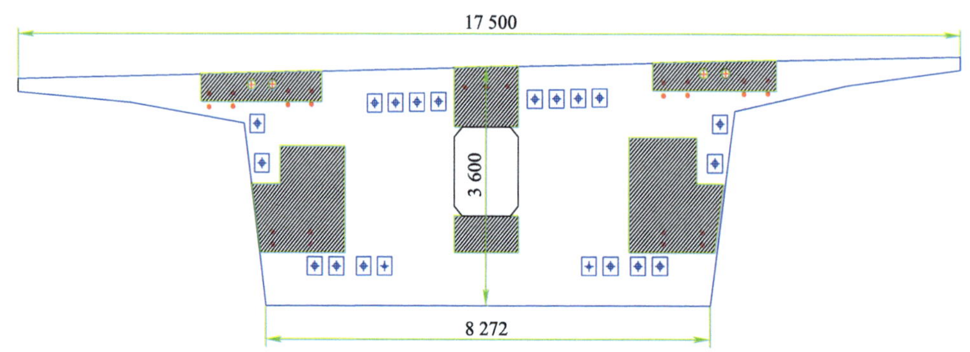

图 4-3-369 梁缝垫块布置图(单位：mm)

图 4-3-370 长大直线段现浇施工

(5)第二节段现浇

第二节段现浇施工步骤同第一节段现浇步骤。

(6)临时索张拉

待第二节段混凝土强度达到设计要求后，张拉临时索，张拉力为 400 kN。

(7)安装挂篮

在第二节段混凝土梁面上安装挂篮，并按照规范要求进行预压。

(8)第三节段悬浇

钢筋安装：挂篮预压、模板调整完后进行钢筋绑扎，钢筋统一在加工厂内进行加工，运输至现场绑扎。现场严格控制底板、腹板、顶板两层钢筋的间距以及保护层厚度。

预应力管道、锚具安装：按照图纸预应力管道用钢筋焊接定位控制钢束的坐标，依据其在相应的钢束坐标图上的位置确定其坐标值，与底板、腹板、顶板钢筋焊在一起。现浇梁底板和腹板钢筋绑扎及预应力管道安装完毕，安装锚具。

混凝土施工：混凝土采用泵送入模，采用“先底板，再腹板，后顶板”顺序一次浇筑完成。混凝土浇筑时应掌握对称、平衡，浇筑完后及时进行养护。

(9)第四节段悬浇

挂篮前移:第三节段混凝土强度达到设计要求后,挂篮前移至第四节段位置,此时挂篮前端不与前端的梁段产生受力关系。

第四节段悬浇:具体施工步骤同第三节段悬浇施工步骤。

临时索张拉:待第四节段混凝土强度达到设计要求后,对临时索张拉,张拉力为 400 kN,完成混凝土锁定。

(10)孔跨预应力施工

根据设计图纸要求对整孔跨预应力钢绞线安装,张拉孔跨纵、横、竖向预应力钢束,张拉完后及时进行管道注浆,完成整孔跨施工。

(11)临时措施拆除

整孔跨现浇完成后,拆除挂篮、临时索、压重、梁缝处的混凝土预制垫块、梁墩临时固结预埋钢筋,并对临时索孔道注浆封闭,浇筑梁缝处后浇带混凝土,最后拆除斜腿钢管支架。

二、斜拉桥钢梁施工(DK59+415～DK70+564.7 段)

1. 墩旁托架施工

元洪航道桥、鼓屿门航道桥、大小练岛航道桥的主塔和辅助墩均设置墩旁托架,元洪航道桥和鼓屿门航道桥边墩也设有墩旁托架。托架主要用于辅助架设主塔墩顶 6 节间钢桁梁及辅助跨 7 节间大节段钢桁梁,并承受钢桁梁吊装时的水平、竖向冲击荷载。落梁后斜拉索挂设前的钢桁梁、架梁吊机自重以及台风荷载,满足钢桁梁纵横移及滑移等要求。

由于钢桁梁采用整节段架设,重量大,跨度大,主墩及辅助墩处均设置落地式承重托架。托架为钢管支架+滑道梁结构,钢管支架底部锚固支撑于承台顶面,由于承台为哑铃形结构,系梁处无桩基,为保证钢桁梁架设至托架后传力至桩基,需将托架设计为双向倾斜的空间结构。主墩及鼓屿门辅助墩处托架结构形式采用大型双向空间倾斜预应力钢结构,其他墩位只设单侧托架,承载能力大、悬臂长度长、空间适应能力强,其 PE 护套环氧钢绞线预应力体系耐候性好,且节省了托架顶层撑杆用钢量,提高了托架结构安全可靠度。墩旁托架采用工厂整体制造、现场整体吊装安装工艺,工厂化、装配化程度高,实现了大临结构现场安装的快速施工。

整孔钢桁梁架设时,整个钢桁梁重量将由托架支撑,为了平衡钢桁梁对钢管支架产生的水平分力,钢管支架顶层联结系内共设置 4 束对拉钢绞线,2 束为一组,单束钢绞线设计预拉力见表 4-3-43。整个托架高 52.5 m,为保证钢管立柱顶、底部局部稳定性,钢管立柱顶、底部灌注 C50 微膨胀混凝土。托架在工厂内采用卧式整体制造保证空间线形结构,然后采用起重船翻身后整体安装至墩位处。

表 4-3-43　托架预拉力

墩号	预应力设计值	钢绞线伸长量(mm)	预拉力允许误差
N01/N06	1 950 kN/束,130 kN/根	141	0.5%
N02/N05	1 560 kN/束,120 kN/根	82	
N03/N04	2 600 kN/束,130 kN/根	420	
Z01/Z06	2 750 kN/束,125 kN/根	135	
Z02/Z05	3 250 kN/束,130 kN/根	279	
Z03/Z04/S03/S04	3 750 kN/束,125 kN/根	396	
S02/S05	1 950 kN/束,130 kN/根	89	

1)托架设计

以大小练岛航道桥为例,钢管立柱及联结系均倒用原钻孔平台圆钢管,其中边跨外侧钢管立柱采用 ϕ2 000×22 mm 钢管,其余钢管立柱采用 ϕ1 500×18 mm 钢管,联结系型号为 ϕ1 200×18 mm、ϕ1 000×

12 mm、ϕ800×10 mm、ϕ600×10 mm钢管。

(1)计算依据及容许应力

①计算依据

《公路桥涵设计通用规范》(JTG D60—2004)、《建筑结构荷载规范》(GB 50009—2012)、《公路钢筋混凝土及预应力混凝土桥涵设计规范》(JTG D62—2004)、《钢结构设计规范》(GB 50017—2003)、《港口工程荷载规范》(JTS 144-1-2010)、《大小练岛航道桥主塔及斜拉索》。

②容许应力

本计算报告主要采用容许应力法进行计算,采用的材料类型及基本容许应力见表4-3-44。

表4-3-44　材料基本容许应力及提高后的容许应力表(单位:MPa)

材料种类	剪应力/提高后剪应力	弯曲应力/提高后弯曲应力	端面承压/提高后端面承压
Q235B	85/100	140/170	232/279
8.8级螺栓	229/274	—	—

注:1. 考虑墩旁托架为临时结构,材料许用应力按基本容许应力提高1.2倍。
2. 钢桁梁即将落梁瞬间,考虑竖向冲击力荷载时,其荷载作用时间较短,材料许用应力按屈服强度取值。

(2)计算荷载

①自重

按钢桁梁实际重量计算。钢桁梁各节段重量统计见表4-3-45。

表4-3-45　钢桁梁节段重量统计表

梁段编号	辅助跨大节段	E14～E15	E16～E17	E18～E19
梁段重量	2 997 t	971 t	901 t	903 t

②架梁吊机荷载

主墩墩顶主梁安装到位后,整体吊装架梁吊机至钢桁梁顶面。架梁吊机整机自重400 t,前支点按2×260 t,后支点按2×(−60 t)(反向)考虑。

③风荷载

钢桁梁纵横移及滑移时考虑8级风荷载(20.7 m/s),钢桁梁吊装至墩旁托架顶并纵横移到落点位置后考虑台风荷载(44.8 m/s)。

按《港口工程荷载规范》(JTS 144-1-2010):

$$W_k=\mu_s\mu_z W_0$$

其中 $\mu_z=2.2$

桁架风载体型系数

$$\mu_s=\mu_{st}\frac{1-\eta^n}{1-\eta}=\phi\mu_s\frac{1-\eta^n}{1-\eta}=1.3\times0.35\frac{1-0.6^2}{1-0.6}=0.728$$

钢管立柱风载体型系数

$$\mu_s=0.6$$

台风荷载基本风压

$$W_0=\frac{1}{1\ 600}V^2=44.8^2/1\ 600=1.25\ \text{kPa}$$

8级风荷载基本风压

$$W_0=\frac{1}{1\ 600}V^2=20.7^2/1\ 600=0.268\ \text{kPa}$$

则钢桁梁台风荷载标准值

$$W_k=\mu_s\mu_z W_0=2.2\times0.728\times1.25=2\ \text{kPa}$$

则各风况下墩旁托架结构风荷载标准值汇总见表 4-3-46。

表 4-3-46 各风况下墩旁托架结构风荷载标准值汇总表

结构部位	8 级风荷载标准值(kPa)	台风荷载标准值(kPa)
钢管立柱	0.353	1.65
钢桁梁	0.429	2

④下放冲击荷载

竖向冲击荷载:钢桁梁吊装下放时对托架的竖向冲击系数按 1.2 考虑。

水平冲击荷载(按以下两种计算方法计算得到的较大值加载):

a. 按钢桁梁接触滑道梁顶面摩擦系数考虑,取钢桁梁自重 0.5 倍乘以最大静摩擦系数 0.2,则水平冲击荷载为 0.1 倍钢桁梁自重。

b. 假定吊装过程中,钢桁梁冲击托架时,钢桁梁最大平面偏差 1 m,钢丝绳吊装竖向倾角为 3°,则水平冲击荷载取此时结构自重的水平分力再乘以 1.2 倍冲击系数。

(3)计算工况

工况 1:安装钢管支架完毕后,预拉顶层联结系内预应力钢绞线,预拉完毕后安装滑道梁。

工况 2:辅助跨 7 节间大节段钢桁梁吊装至托架顶面(采用起重船吊装的钢桁梁节段按纵横向 1 m 偏位考虑),吊装到位后再纵横向调整至设计位置(调整到位后考虑台风荷载)。

工况 3:起重船吊装 E14～E15 节段至主跨侧滑道梁顶面,再向边跨侧滑移至设计位置(调整到位后考虑台风荷载)。

工况 4:起重船吊装 E16～E17 节段至主跨侧滑道梁顶面,再向边跨侧滑移至设计位置(调整到位后考虑台风荷载)。

工况 5:起重船吊装 E18～E19 节段至主跨侧滑道梁顶面,再向边跨侧滑移至设计位置(调整到位后考虑台风荷载)。

工况 6:主跨侧安装架梁吊机。

(4)防腐涂装

钢管立柱、联结系、滑道梁等外表面按环氧粉末和《铁路钢桥保护涂装及涂料供货技术条件》(TB/T 1527—2011)有关规定进行涂装。

①滑道梁防腐涂装标准

a. 特制红丹酚醛(醇酸)防锈底漆,每道干膜最小厚度 35 μm,至少涂装 2 道,总干膜最小厚度 70 μm。

b. 灰铝粉石墨(灰云铁)醇酸面漆,每道干膜最小厚度 35 μm,至少涂装 2 道,总干膜最小厚度 70 μm。

c. 颜色橘黄色。

②钢管立柱、联结系防腐涂装标准

a. 采用《熔融结合环氧粉末涂料的防腐蚀涂装》(GB/T 18593—2010)第 3 类涂层类型。

b. 涂层厚度按照(350±50) μm 控制。

c. 颜色橘黄色。

2)元洪航道桥墩旁托架概况

元洪航道桥主塔墩旁托架主要为起始 7 节间钢桁梁的拼装平台,主要承受 7 节间钢桁梁自重和 2 台架梁吊机的重量。主塔墩旁托架主要由钢管支架、滑道梁、钢桁梁滑移系统、纵横移及竖向起顶装置组成,总重量 803.451 t。钢管支架为双向倾斜的空间结构,其中钢管立柱采用 ϕ1 500 mm×18 mm 钢管,联结系型号为 ϕ1 200 mm×14 mm、ϕ1 000 mm×12 mm、ϕ800 mm×10 mm、ϕ600 mm×10 mm 钢管。钢管支架顶滑道梁为箱形结构。滑道梁需等钢管支架顶层联结系内钢绞线张拉完成后安装。滑道梁顶布置钢桁梁纵横移装置、滑块、水平拖拉连续千斤顶、钢绞线等。元洪航道桥主塔墩墩旁托架总体布置如图 4-3-371 所示。

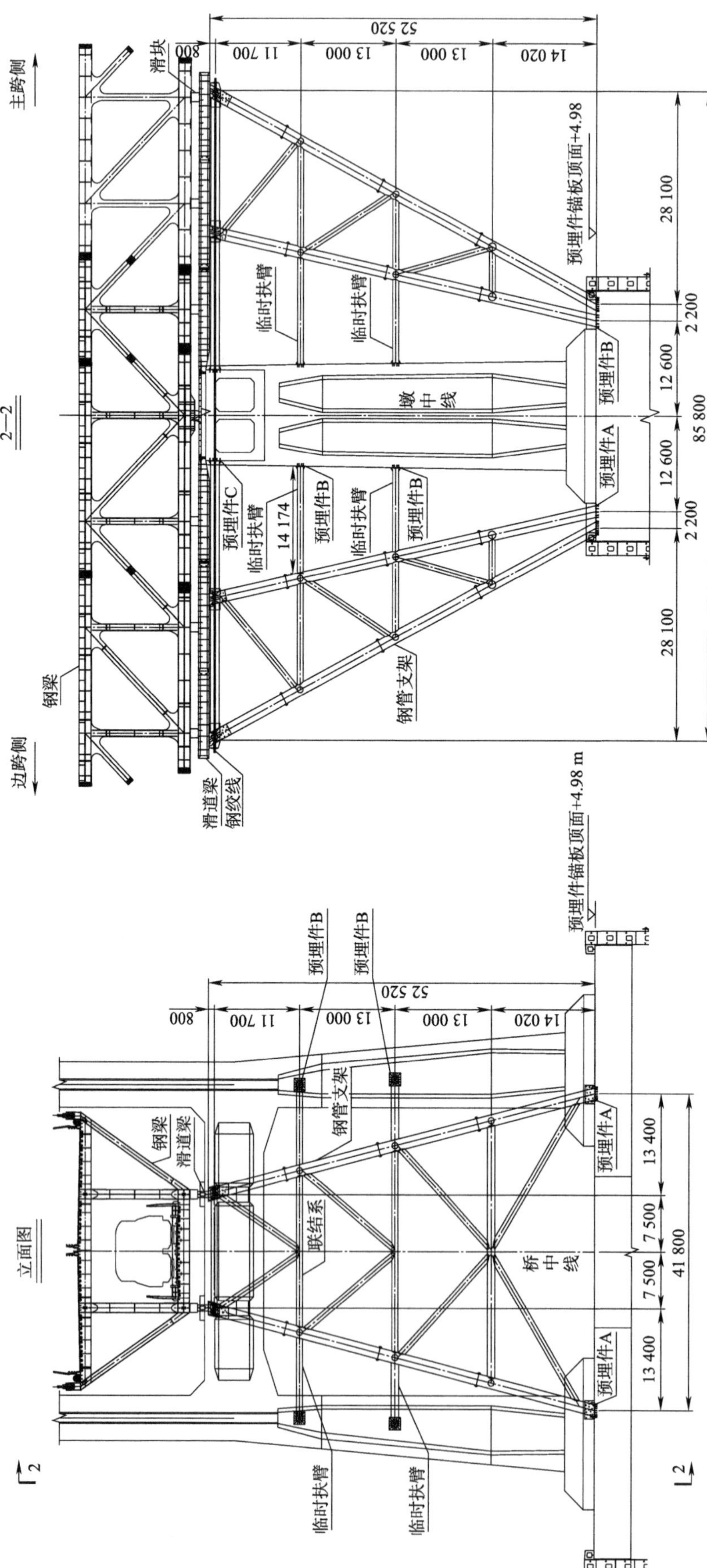

图 4-3-371 元洪航道桥主墩旁托架布置图(单位:mm)

元洪航道桥辅助墩 N02/N05 号墩墩旁托架主要用于墩顶 4 节间钢桁梁(E9～E12)的安装，并承受斜拉索挂设前的钢桁梁自重。钢管立柱采用 ϕ2 000 mm×22 mm 钢管，联结系采用 ϕ1 000 mm×12 mm、ϕ800 mm×10 mm、ϕ600 mm×10 mm 钢管。钢管支架顶滑道梁为箱型结构，材质为 Q345B，箱梁高 1 500 mm，宽 900 mm，滑道梁沿顺桥向采用 8.8 级螺栓群联结成整体。滑道梁需等钢管支架顶层联结系内钢绞线张拉完成后再安装。滑道梁顶布置钢桁梁纵横移装置。

元洪航道桥边墩 N01/N06 号墩旁托架主要用于墩顶 2.5 节间钢桁梁(SE1～SE2)的安装，并承受边跨钢桁梁合龙前的钢桁梁自重。墩旁托架采用钢管支架＋滑道梁结构，其中钢管立柱采用 ϕ1 500 mm×18 mm 钢管，联结系型号为 ϕ1 000 mm×12 mm、ϕ800 mm×10 mm、ϕ600 mm×10 mm 钢管。钢管支架底部锚固支撑于承台顶面，高度方向上共设置两层扶臂。元洪航道桥边墩墩旁托架总体布置如图 4-3-372 所示。

3)鼓屿门航道桥墩旁托架概况

主塔墩旁托架主要用于辅助安装主塔墩顶 6 节间钢桁梁及辅助跨 7 节间大节段钢桁梁，并承受斜拉索挂设前的钢桁梁及架梁吊机自重。墩旁托架采用钢管支架＋滑道梁结构总重量为 964.11 t。钢管支架为双向倾斜的空间结构，其中边跨外侧钢管立柱采用 ϕ2 000 mm×22 mm 钢管，其余钢管立柱采用 ϕ1 500 mm×18 mm 钢管，联结系型号为 ϕ1 200 mm×18 mm、ϕ1 000 mm×12 mm、ϕ800 mm×10 mm、ϕ600 mm×10 mm 钢管。钢管支架顶滑道梁为箱形结构。滑道梁需等钢管支架顶层联结系内钢绞线张拉完成后安装。滑道梁顶布置钢桁梁纵横移装置、滑块、水平拖拉连续千斤顶、钢绞线等。鼓屿门航道桥主塔墩墩旁托架总体布置如图 4-3-373 所示。

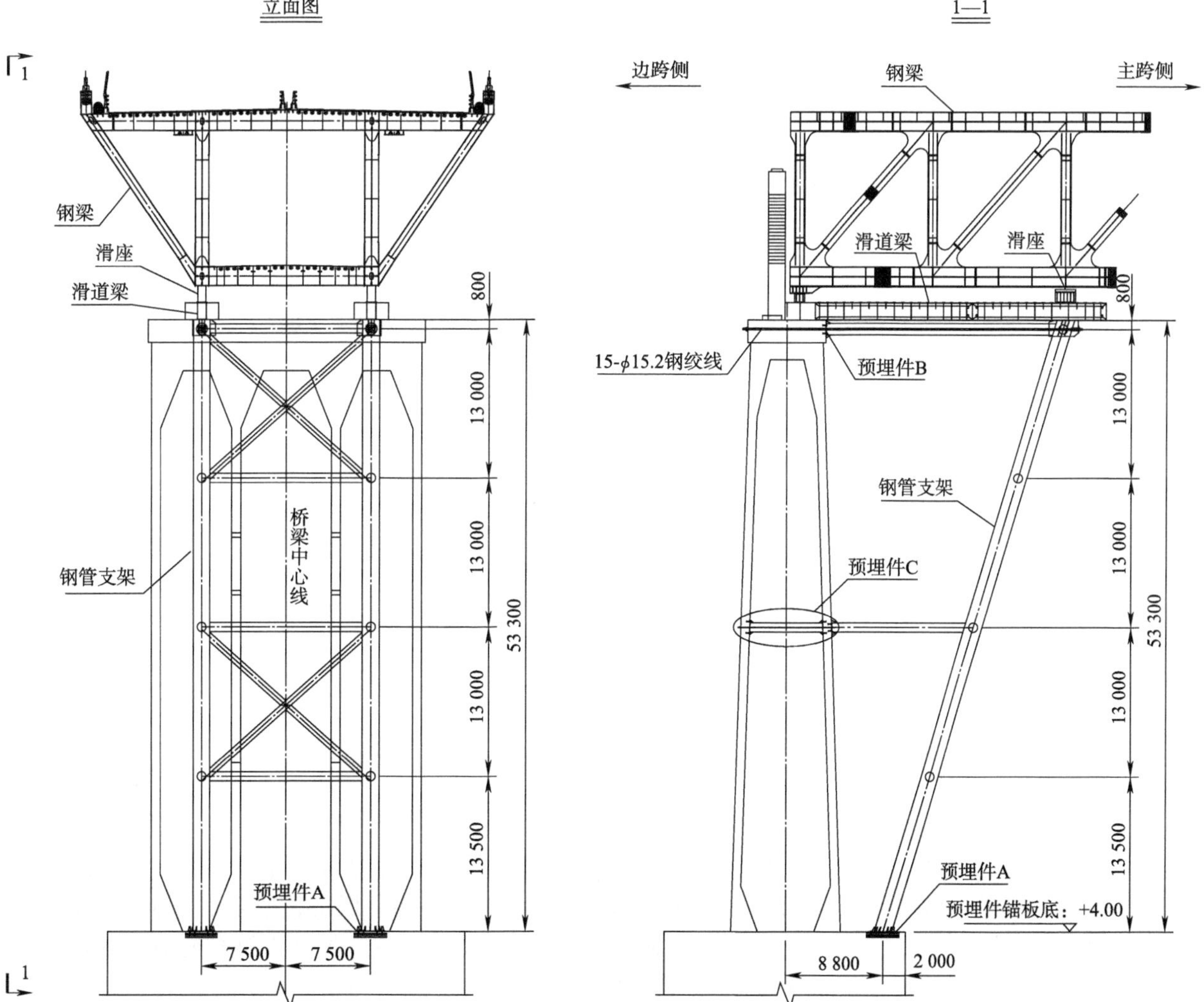

图 4-3-372　元洪航道桥边墩墩旁托架布置图(单位：mm)

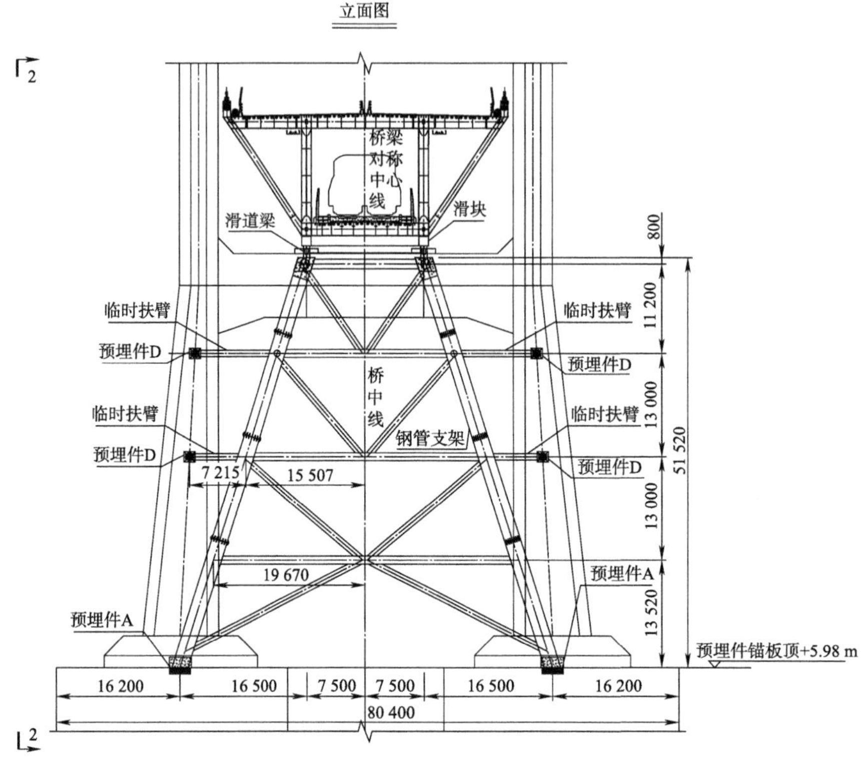

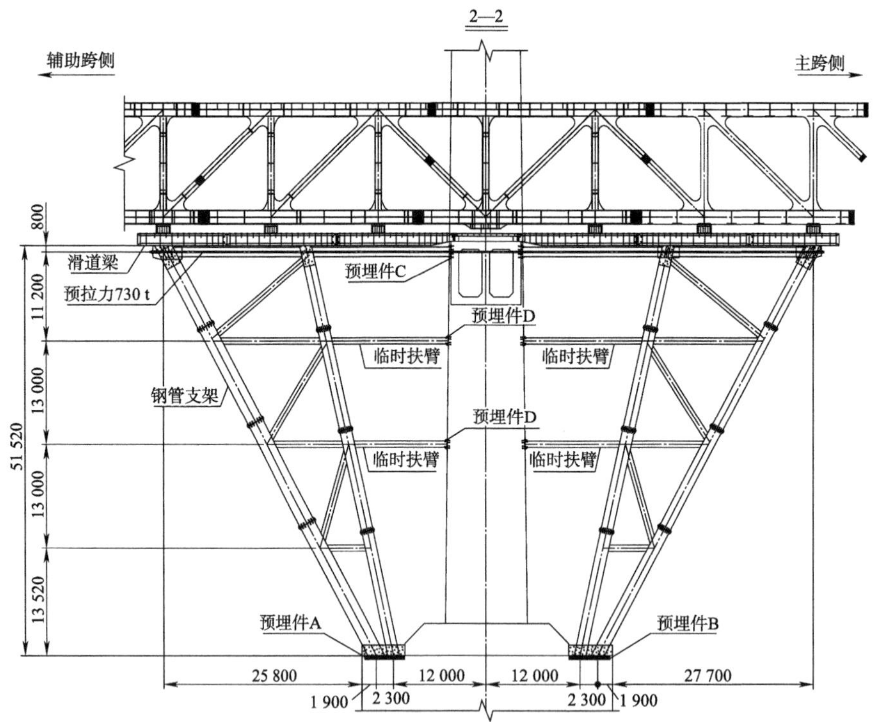

图 4-3-373　鼓屿门航道桥主塔墩墩旁托架布置图(单位:mm)

鼓屿门航道桥辅助墩 Z02/Z05 号墩旁托架主要用于辅助安装边跨 7 节间钢桁梁、辅助墩顶 3 节间钢桁梁及辅助跨 7 节间大节段钢桁梁,并承受斜拉索挂设前的钢桁梁自重。墩旁托架主要由钢管支架、滑道梁、钢桁梁滑移系统、纵横移及竖向起顶装置组成,总重量 649.777 t。墩旁托架沿纵桥向对称设置,其中外侧钢管立柱采用 ϕ2 000 mm×22 mm 钢管,内侧钢管立柱采用 ϕ1 200 mm×14 mm 钢管,联结系型号为 ϕ1 200 mm×14 mm、ϕ800 mm×10 mm、ϕ600 mm×10 mm 钢管。滑道梁采用材质为 Q345B 的焊接钢箱梁。鼓屿门航道桥辅助墩墩旁托架总体布置如图 4-3-374 所示。

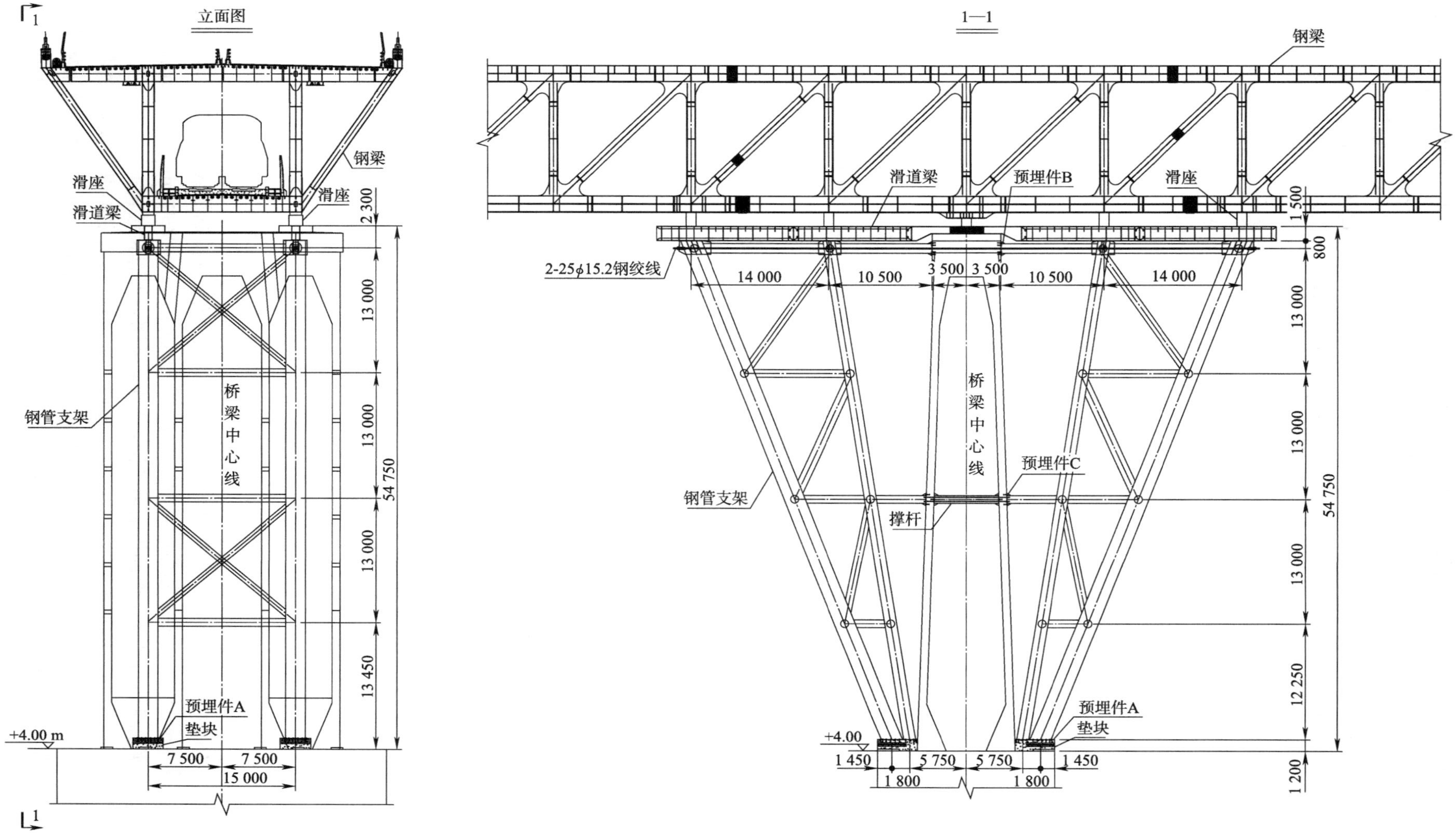

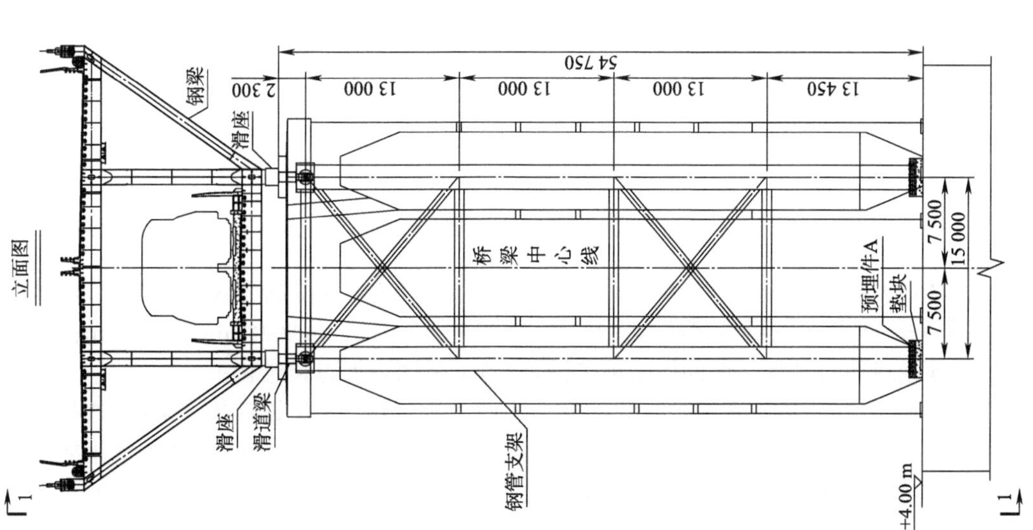

图 4-3-374 鼓屿门航道桥辅助墩旁托架布置图(单位:mm)

鼓屿门航道桥边墩 Z01/Z06 号墩旁托架主要用辅助安装于边墩顶 1.5 节间钢桁梁和边跨 7 节间钢桁梁,并承受斜拉索挂设前的钢桁梁自重。墩旁托架主要由钢管支架、滑道梁、钢桁梁滑移系统、纵横移及竖向起顶装置组成,总重量 258.174 t。钢管立柱采用 ϕ1 500 mm×18 mm、ϕ1 200 mm×14 mm 钢管,联结系型号为 ϕ1 000 mm×14 mm、ϕ800 mm×10 mm、ϕ600 mm×10 mm 钢管。承台顶预埋件与墩身预埋件均采用爬锥。滑道梁采用材质为 Q345B 的焊接钢箱梁。鼓屿门航道桥边墩墩旁托架总体布置如图 4-3-375 所示。

4)大小练岛航道桥墩旁托架概况

大小练岛航道桥主墩 S03/S04 号主塔墩旁托架总体布置与鼓屿门航道桥基本相同,墩旁托架采用钢管支架+滑道梁结构,总重量 920.89 t。钢管支架为双向倾斜的空间结构,其中边跨外侧钢管立柱采用 ϕ2 000 mm×22 mm 钢管,其余钢管立柱采用 ϕ1 500 mm×18 mm 钢管,联结系型号为 ϕ1 200 mm×18 mm、ϕ1 000 mm×12 mm、ϕ800 mm×10 mm、ϕ600 mm×10 mm 钢管。大小练岛航道桥主塔墩墩旁托架总体布置如图 4-3-376 所示。

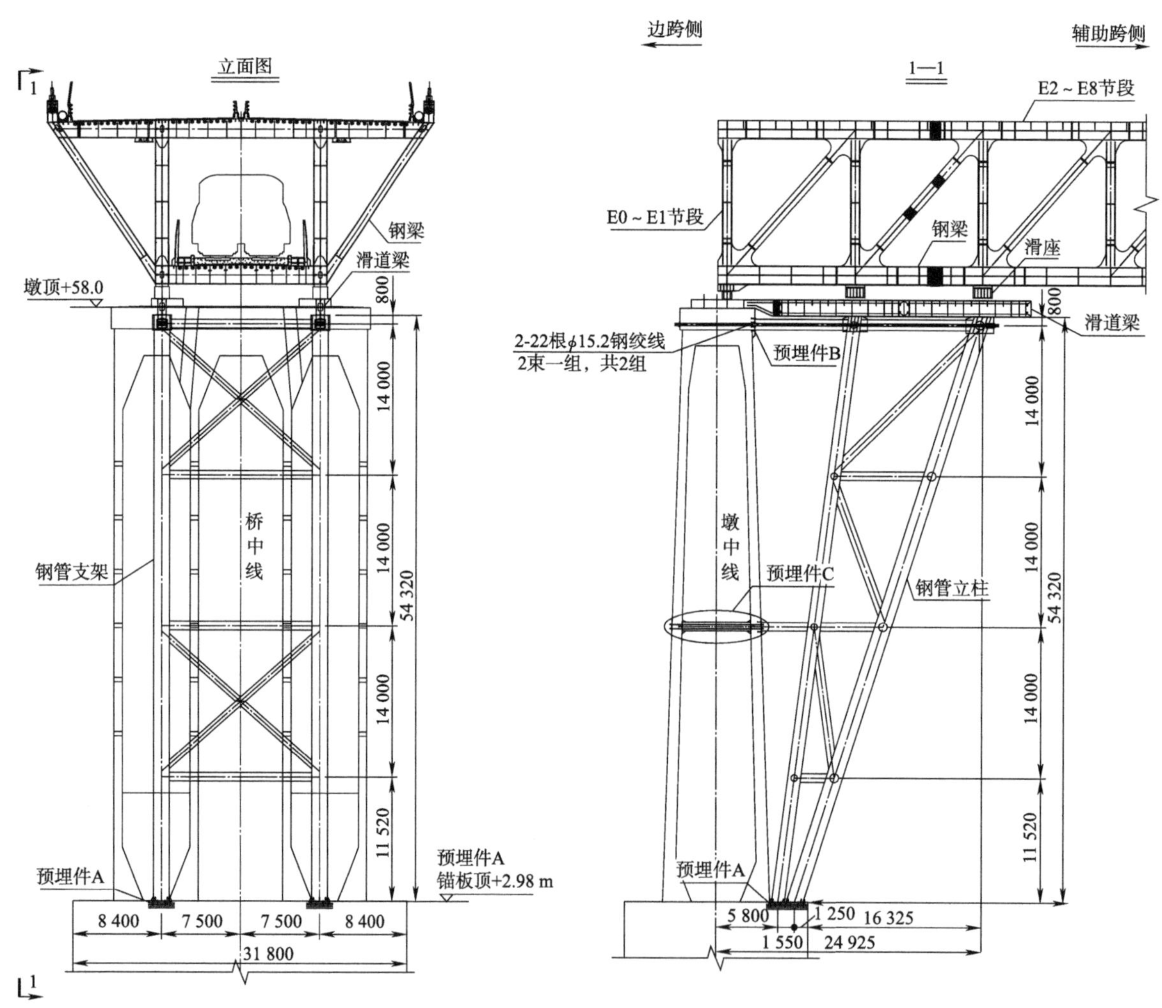

图 4-3-375 鼓屿门航道桥边墩墩旁托架布置图(单位:mm)

大小练岛航道桥辅助墩 S02/S05 号墩旁托架由预埋件、钢管支架、对拉钢绞线、滑道梁等组成。钢管支架立柱采用 ϕ2 000 mm×22 mm 钢管,联结系型号为 ϕ1 000 mm×12 mm、ϕ800 mm×10 mm、ϕ600 mm×10 mm 钢管。承台顶预埋件与墩身预埋件均采用爬锥,滑道梁采用箱型焊接结构。

钢管支架安装完毕后,首先预拉托架顶层联结系内预应力钢绞线,然后安装滑道梁;再选择合适时机利用起重船吊装辅助跨 7 节间钢桁梁至墩旁托架上,最后通过纵横移及竖向起顶装置调整钢桁梁至设计位置。大小练岛航道桥辅助墩墩旁托架总体布置如图 4-3-377 所示。

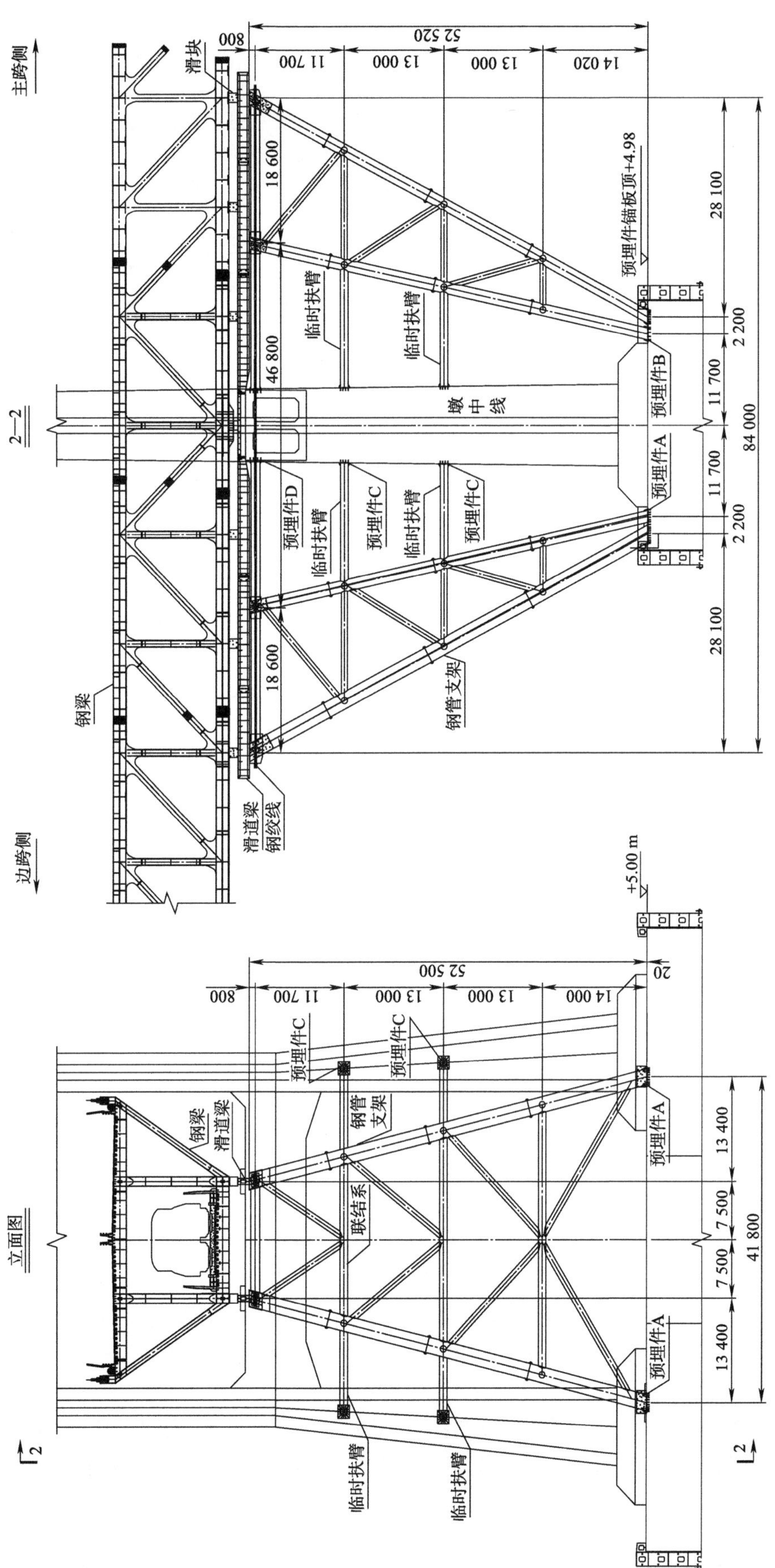

图 4-3-376　大小练岛航道桥主墩旁托架布置图(单位:mm)

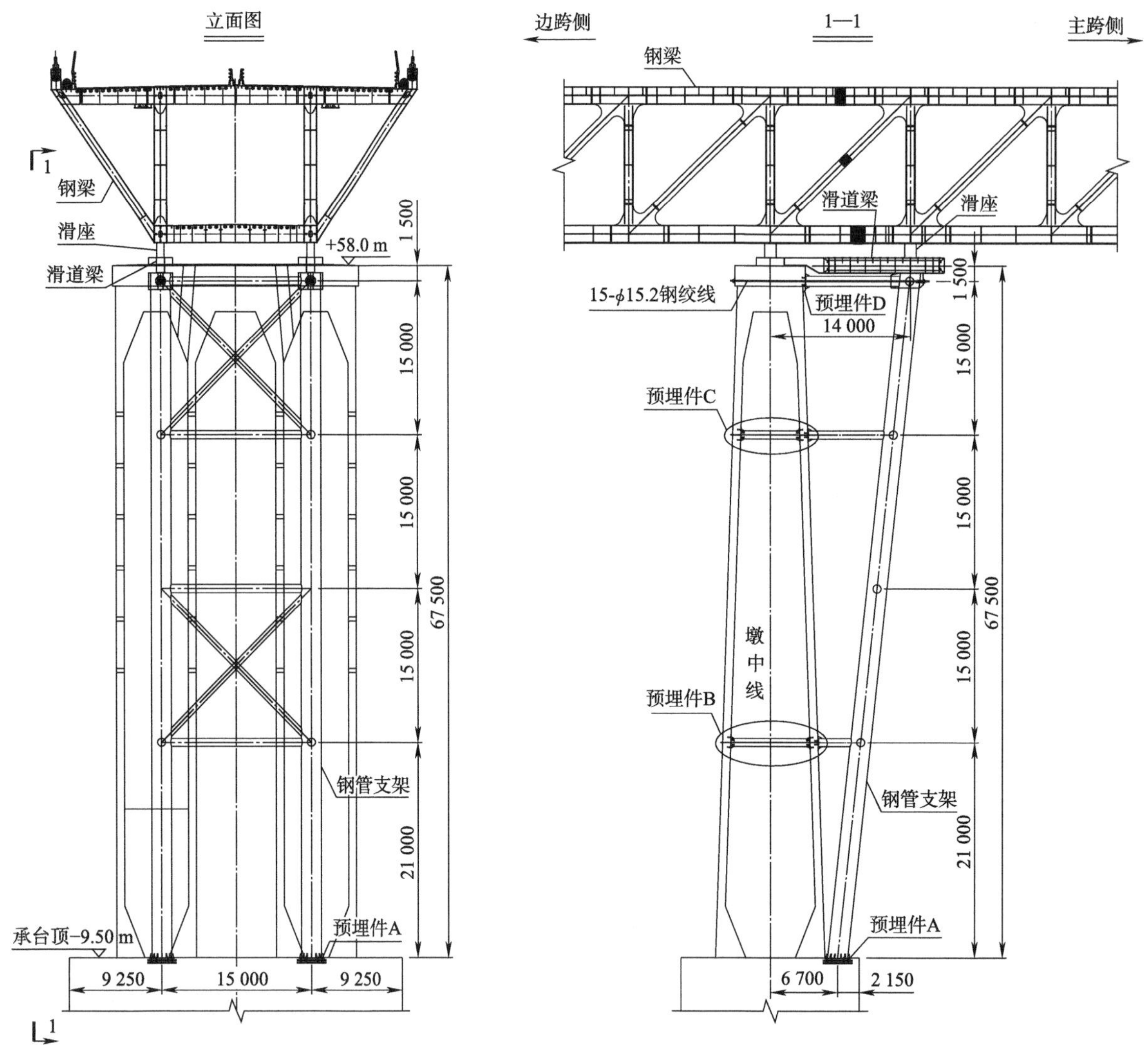

图 4-3-377 大小练岛航道桥辅助墩墩旁托架布置图(单位:mm)

5)墩旁托架加工

墩旁托架在工厂内加工并组拼成整体。尺寸误差均控制在设计和规范允许范围内。焊接作业标准严格按规范执行;二级焊缝委托第三方进行探伤检测。螺栓眼加工时采用套钻,保证结构组拼精度。单根杆件制作完成后进行分块编号,杆件经验收合格后进行组拼。墩旁托架采用卧式拼装,场内组拼如图 4-3-378 所示。

6)墩旁托架海上运输

墩旁托架在加工厂整体加工组拼完成后,利用场地内 700 t 龙门式起重机吊装至驳船上,船运至施工现场。墩旁托架在厂内整体加工与现场单杆件拼装相比,其制造精度高,钢管法兰接头拼缝紧密,联结系的焊缝质量高;减少了现场作业,降低了安全风险。如图 4-3-379 所示为墩旁托架船运图。

7)墩旁托架整体吊装

墩旁托架采用正力/秦航工 2 200 t 起重船吊装。托架上均设 4 个吊点,钢丝绳直径 ϕ120 mm。外侧(桩顶)吊点钢丝绳长度为 30 m,内侧(桩中)吊点钢丝绳长度为 60 m。4 个吊点均采用 500 t 卸扣与钢丝绳连接,如图 4-3-380 所示。

8)墩旁托架加固

为了保证钢管立柱能有效锚固于承台上,将钢管立柱的轴力及水平剪力传递至承台,同时为方便现场

图 4-3-378 墩墩旁托架场内组拼图

图 4-3-379 墩旁托架船运图

施工，主塔墩托架整体吊装前对其进行了柱脚加固及预埋件锚板扩大处理。顶部预应力张拉完成后即可进行柱头微膨胀混凝土灌注。张拉完成后进行顶部平联套筒与联结系钢管的焊接。

9)预应力张拉

托架顶部撑杆及柱脚焊接完成后，浇筑柱头、脚混凝土，达到设计强度后张拉预应力钢绞线。钢管内混凝土达到设计强度后方可张拉预应力钢绞线。张拉操作平台搭设完成后对穿 4 束 ϕ15.2 mm 钢绞线，每束钢绞线 30 根，每根钢绞线长 88 m，每束钢绞线预拉力为 3 650 kN。钢绞线采用单端张拉，依据张拉力选用 2 台 450 t 张拉千斤顶以及相应校对油表。对于钢绞线两端均锚固于钢管立柱上的托架，张拉端及锚固端位置现场自行决定；对于钢绞线一端锚固与钢管立柱上一端锚固于墩帽上的托架，张拉端位于钢管立柱上，锚固端位于墩帽上。如图 4-3-381 所示为墩旁托架张拉实例。

图 4-3-380 墩旁托架张拉实例

图 4-3-381 墩旁托架张拉实例

10)滑道梁吊装

钢管支架顶滑道梁为箱形结构，边跨侧托架顶滑道梁和主跨侧托架顶滑道梁需在工厂内整体加工，所有全焊接头均需在工厂内完成。坡口焊缝均需熔透，质量等级为二级，角焊缝质量等级为三级，焊缝检验合格后再整体吊装到托架顶，如图 4-3-382 所示。

图 4-3-382 滑道梁吊装图

钢管支架顶层联结系内钢绞线张拉完成后，焊接顶层联结系的水平剪刀撑后安装滑道梁。滑道梁顶布置钢桁梁纵横移装置、滑块、水平拖拉连续千斤顶、钢绞线等。

11)墩旁托架拆除

墩旁托架拆除采用连续千斤顶整体下放与散拆方式结

合方案，其中托架柱头(含灌注混凝土部分)以上部分采用4台连续千斤顶整体下放；柱头以下部分采用自上而下、先外后内单根散拆方案，如图4-3-383所示。

图4-3-383 墩旁托架上部结构整体下放拆除及墩旁托架钢管支架拆除实例

12)存在问题及优化建议

①存在问题

由于受托架加工误差与现场预埋精度及吊装作业限制，导致现场托架安装时在保证顶层预应力管道顺直的前提下，大型空间倾斜托架柱脚偏差较大，需额外产生大量的处理加固工作。

②优化建议

托架工厂卧式加工支墩布置较简单，建议采用更完善的胎架加工，数控下料切割柱脚相贯线，管柱焊接推荐先固定柱头与柱脚，然后再对接焊接中间钢管柱形成整体，规避或减小焊接收缩变形引起的托架钢管柱支架尺寸误差。

实际吊装采用正力22 000 kN起重船前后钩吊装，两钩四点起吊不利于空间托架姿态调整，建议条件允许的情况下采用起重船四钩四点起吊(如大桥海鸥号)，利于调整控制，保证安装落位精度。

预应力空间墩旁托架安装，优先对齐顶层预应力管道，保证孔道顺直，减少预应力损失，更能保证墩顶钢桁梁滑道及垫梁等其他结构的布设。

托架顶层扶墙与剪刀撑建议在加工厂安装好柱头端，中间可增设连接套管装置，减少现场工作量保证焊接质量。

墩旁托架柱脚连接现场实际采用预埋爬锥，在承台顶面安装环形钢板与托架柱脚后焊接的形式。由于托架柱脚片尾误差较大，爬锥锥头成为障碍，环形钢板面积过小与实际安装需求不匹配。优化建议以后其他类似工程采用加大柱脚预埋件，建议采用带弯钩钢筋+钢板的预埋件形式，预埋钢板嵌入承台5～10 cm，便于后期封闭防腐。

2. 墩顶布置

1)边墩辅助墩墩顶布置

起重船将钢桁梁吊装至边墩顶或边墩墩旁托架顶、辅助墩墩旁托架顶后，利用三向千斤顶纵横移及竖向调整钢桁梁的纵横向位置、竖向高程。起重船吊装钢桁梁允许最大纵桥向落梁偏差±600 mm、允许最大横桥向落梁偏差±1 000 mm。边墩墩顶、辅助墩墩旁托架顶钢桁梁纵横移及竖向起顶装置布置如图4-3-384所示。

2)主墩墩顶布置

起重船将钢桁梁吊装至主墩墩旁托架顶后，首先利用三向千斤顶纵横移及竖向起顶调整钢桁梁的平面位置，然后再利用连续水平千斤顶将钢桁梁滑移至设计位置。参考现场整体吊装移动模架经验，起重船吊装钢桁梁的平面最大偏差按单向各1 m考虑。主塔墩旁托架顶钢桁梁纵横移及竖向调整墩顶布置如图4-3-385所示。

立面图
E6节点理论设计位置
E0节点理论设计位置
E0节点纵桥向理论落梁中心线
允许最大纵桥向落梁偏差：±600 mm
E6节点纵桥向理论落梁中心线
允许最大纵桥向落梁偏差：±600 mm
E6节点中心
E0节点中心
落梁垫块E6
A0~A6大节段钢梁
下弦中心线
高程：+61.064 m
边墩顶抄垫块
落梁垫块E0
辅助墩顶抄垫块
三向调整系统B
墩旁托架
墩中线
S01/S06
S02/S05
平面图
纵、横向偏位（-600、1 000）
1—1
横向偏位：-1 000
E0节点横桥向理论落梁中心线
允许最大横桥向落梁偏差：±1 000 mm
E0节点横向假想落梁中心线
横向偏位：-1 000
落梁垫块E0
三向调整系统C
边墩顶抄垫块
设计桥中线
平面图
纵、横向偏位（600、-1 000）
边墩顶抄垫块
垫石轮廓线
三向调整系统C竖向顶中心
E0节点假想落梁中心
纵、横向偏位
（-600、1 000）
三向调整系统B竖向顶中心
E0节点理论落梁中心
E0节点理论设计中心
辅助墩顶抄垫块
桥中线
E0节点理论设计中心
E0节点理论落梁中心
三向调整系统B竖向顶中心
E0节点假想落梁中心
纵、横向偏位
（600、-1 000）
三向调整系统C竖向顶中心
E6节点理论设计中心
E6节点理论落梁中心
E6节点假想落梁中心
纵、横向偏位
（600、-1 000）

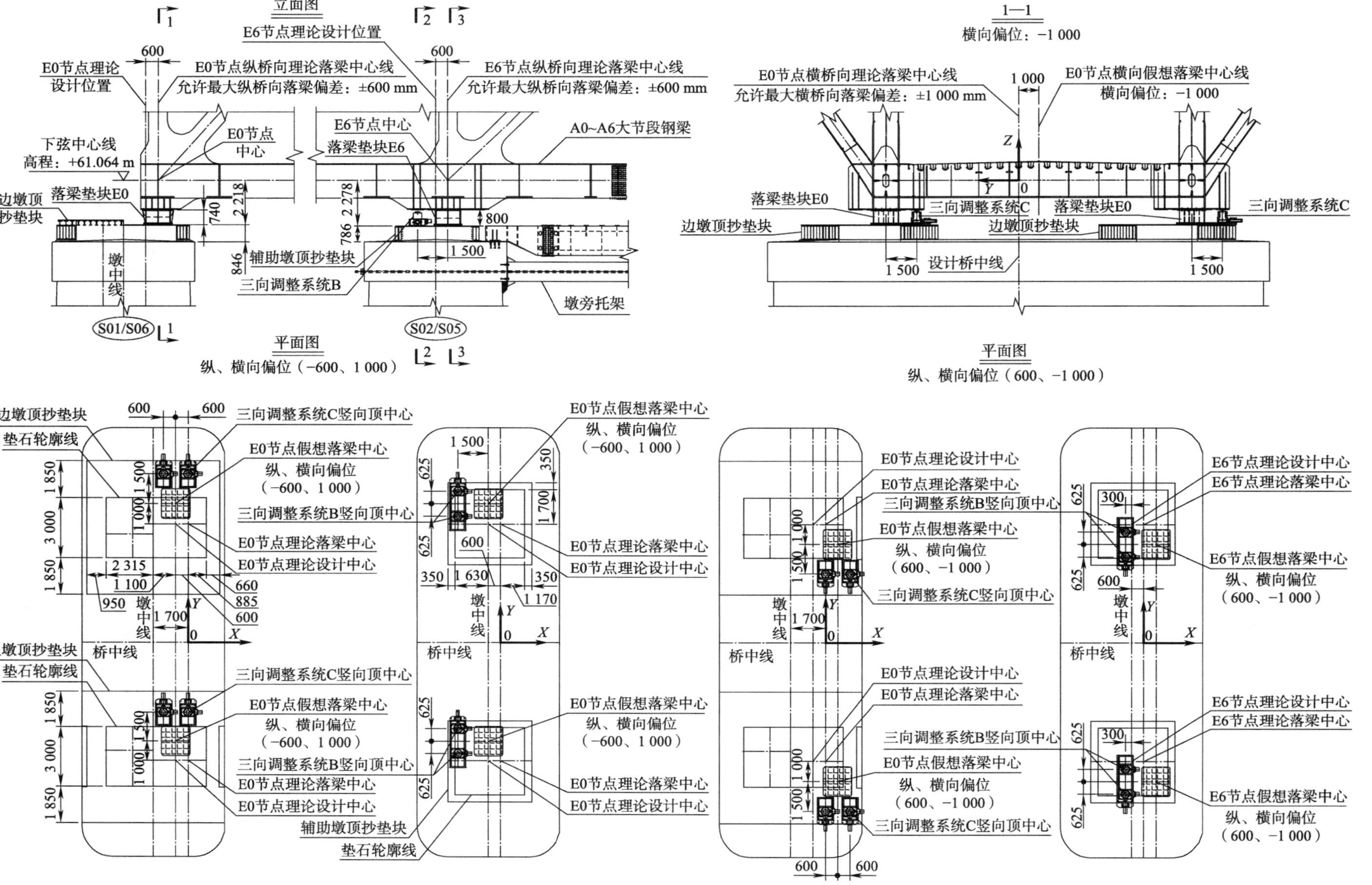

图 4-3-384

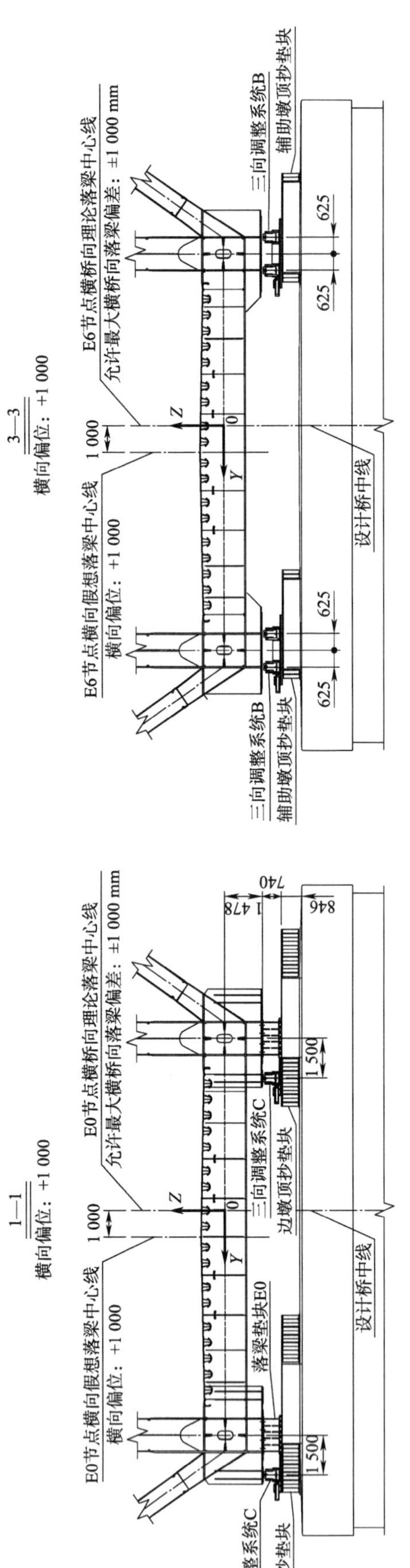

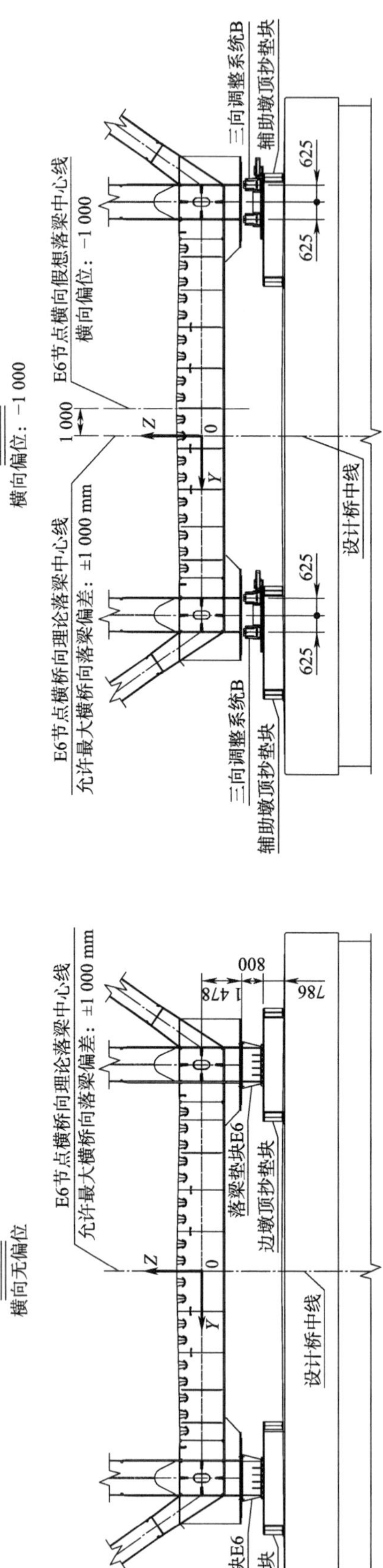

图 4-3-384　边墩辅助墩顶布置(单位：mm)

立面图
边跨侧
A7~A13钢梁节段（纵横移调整状态）
A14A15钢梁节段（滑移状态）
A16A17钢梁节段（纵横移调整状态）
A12
A13
A14
A15
A16
A17
"A"
"B"
"C"
100 t连续千斤顶
拖拉反力座
10-φ15.2钢绞线
钢管支架
钢管支架对拉钢绞线
3 300
18 600
18 900
4 500
4 500
18 900
18 600
3 300
90 600
1—1
90 600
1 400
3 800
35 600
4 500
4 500
21 600
3 800
10 200
3 800
1 400
落梁垫块
操作平台
滑道梁
三向调整系统A
滑道梁连接系
100 t 连续千斤顶
拖拉反力座
支座
支座
支座垫石
支座横移滑道
下横梁
三向调整系统B
三向调整系统B
2 400
2 400
2 400
5 100
5 100
2 400
2 400
2 400
19 800
1 900
1 900
1 900
5 600
5 600
1 900
1 900
1 900
18 800

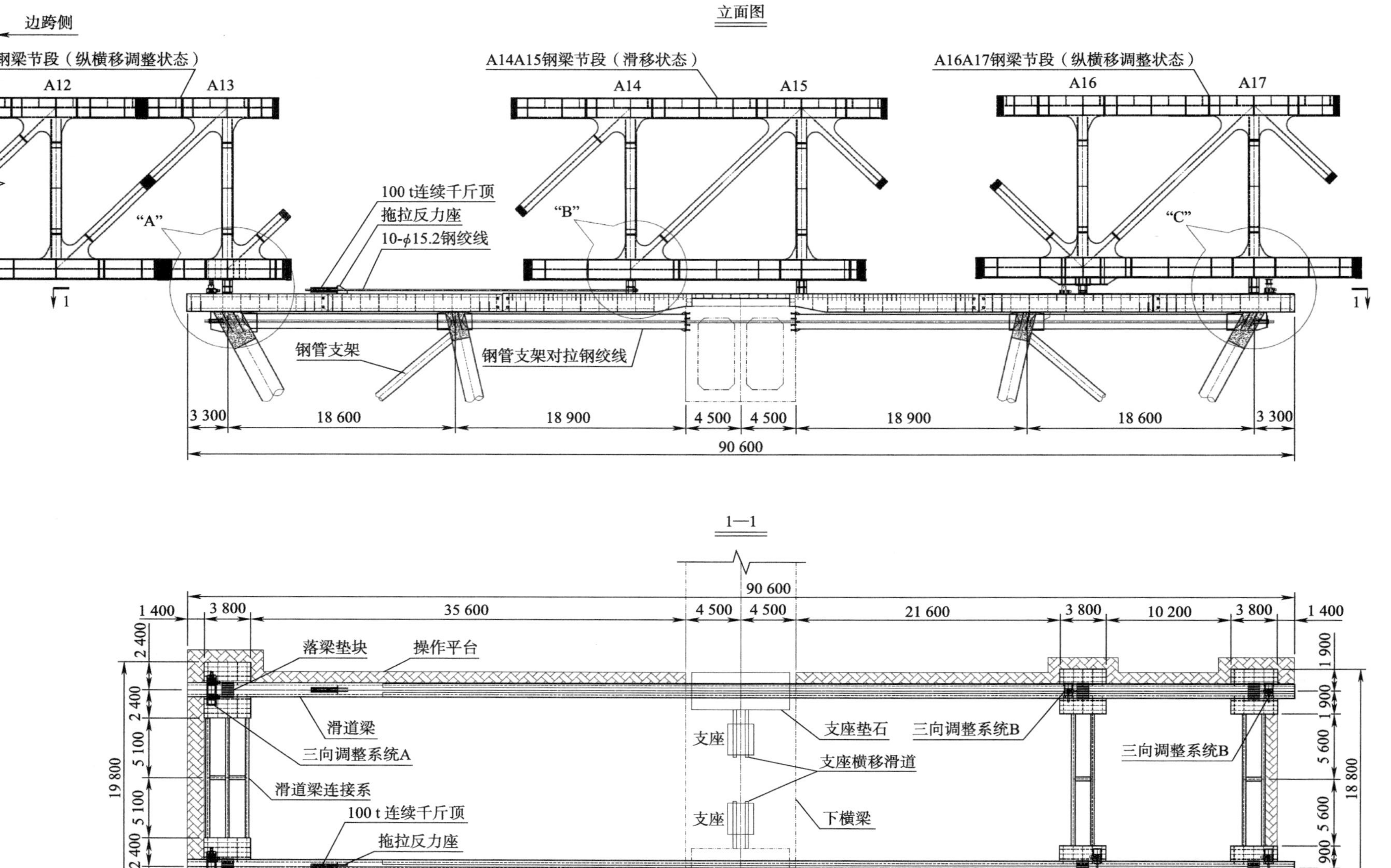

图 4-3-385

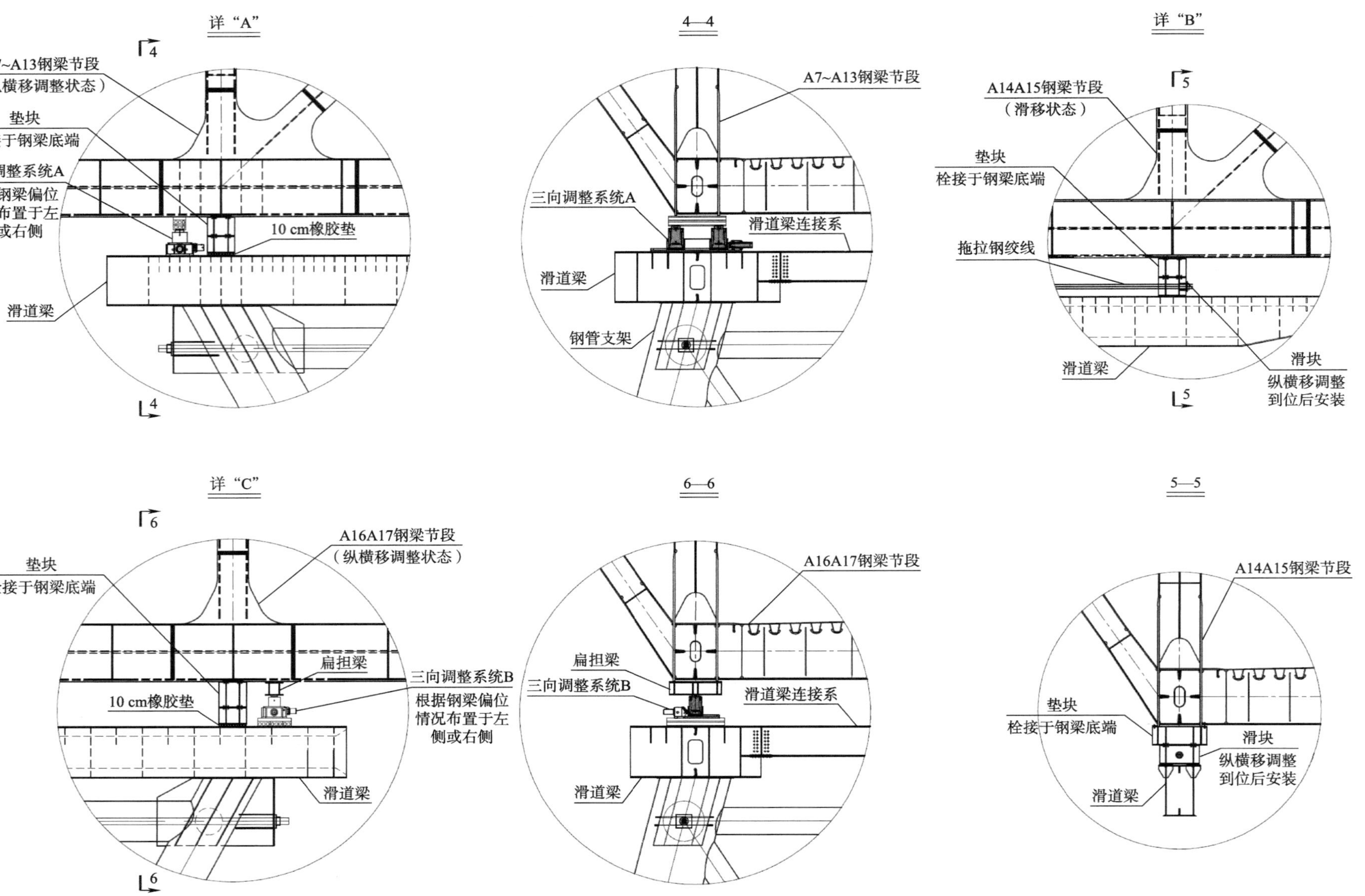

图 4-3-385　主塔墩旁托架顶总体布置(单位：mm)

3. 钢桁梁运输及定位

1)钢桁梁海上运输

(1)运输船装载

所有梁段在加工厂内加工完成后装船，并运输至桥位处架设。运输船装载钢桁梁时，需根据运输船自身结构(纵横舱壁布置、甲板情况)及钢桁梁支点位置进行补强或设置分配梁，并与钢桁梁临时连接。

运输船装载大节段桥梁板后，应具有足够稳性，以抵抗运输过程中风浪流联合作用影响。现对运输船装载典型大节段进行稳性分析计算，稳性计算依据中国船级社《船舶法定检验技术规则 2014》和运输船《完工装载手册》相关要求和数据，计算环境条件为蒲氏风级 9 级，风速(平均风速)24.27 m/s，按沿海航区要求进行稳性计算。

(2)运输路线

从江苏海通海洋工程装备有限公司码头至大桥桥址全程约 521 海里，沿途航道水深满足船舶航行要求。整个作业水域潮差不大，流速普遍在 1～4 节之间。船舶平均航速约 9 节，航行时间 3 d 左右。钢桁梁运输如图 4-3-386 所示。

图 4-3-386 钢桁梁运输实例

(3)船队途经各航段的时间

运输船舶航速见表 4-3-47。

表 4-3-47 运输船舶航速表

序号	转向点	经纬度	航向	航程(海里)	时间(h)
1	如皋港外	32°04′6N120°31.4′E			
2	吴淞口	31°23′9N121°32.6′E	多变	70	10
3	南槽灯船	31°00′N122°31E	多变	129	18.4
5	绿华山	30°47′N122°34E	171°	140	20
6	小板门	30°05′N122°36E	174°	177	25.3
7	台州	28°36′N122°18E	190°	274	39.1
8	海坛岛	25°23′N119°58E	216°	504	72
9	平潭大桥桥址	25°31′N119°40E	多变	521	74.4

(4)航道概况及航行方法

运输船队最大吃水在 5 m 左右，航道水深满足要求。6～10 月为台风高发季节，基本为偏南风；11～

次年 3 月为冷高压南下频繁季节，基本为偏北风；3～4 月由于江淮气旋影响，在黄海及长江口一带都有多雾现象；3～5 月和 10～11 月为热低压控制和冷高压控制转换季节，所以在长江口一带和东海北部有时会产生旋转风，运输工作根据气象季节性特点，合理安排，及时、准确、高效、安全将节段运至桥址。

①长江段航行方法

船舶从如皋离港在 FB(4-1)号浮上线福北航道，出福北航道后从 NO38 号浮上线浏海沙航道，然后沿通州沙航道、白茆沙航道、宝山航道、外高桥航道进入长江南槽航道，本船舶在长江里航行尽量靠航道右侧上驶。

②海上航行方法

船舶从长江南槽出口经过舟山、宁波外、温州外、宁德外至平潭大桥现场。

2)钢桁梁定位

(1)起重船架设钢桁梁定位

“海鸥”号 3 600 t 起重船具备全桥钢桁梁节段架设作业能力，施工时注意钻孔平台靠船桩和防撞箱围堰影响，提前布置吊装图。

①起重船抛锚定位

以鼓屿门航道桥 Z05-Z06 号边跨大节段钢桁梁架设时的抛锚为例。“海鸥”号起重船位于线路右侧海域抛锚，原则为两个前侧锚垂直于起重船侧面抛设，其中靠长屿岛的边锚锚于岸上的 2 号地锚上(右侧)，2 个前进锚均穿过栈桥直接抛设，大节段钢桁梁架设前 15 d 需报备福州海事局，大节段钢桁梁吊装当天对鼓屿门航道进行封航，同时航道上下游均采用抛锚船警戒。“海鸥”号抛锚布置如图 4-3-387 所示。

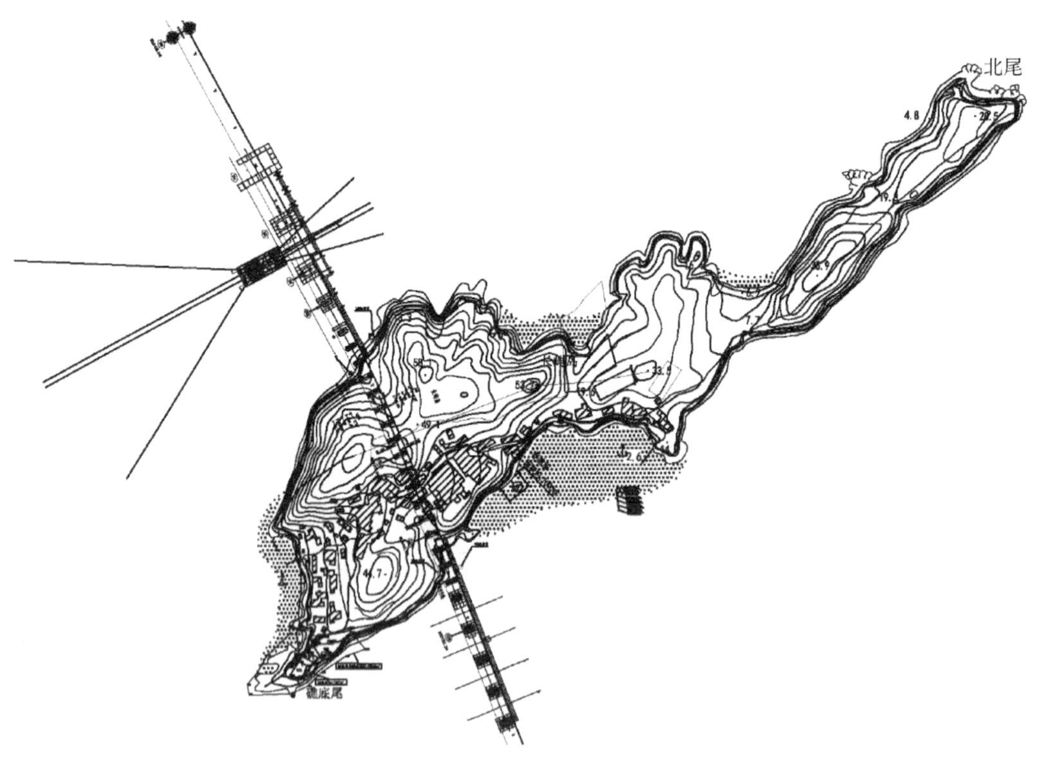

图 4-3-387　E2-E8 梁段“海鸥”号抛锚布置图

②运梁船抛锚定位

拖轮将运梁船拖至桥位海域，开动 3 号锚机，使起重船 3 号锚处于松软不受力状态时，运梁船缓缓行驶至起重船右前方。运梁船在自身正前方抛设单个临时锚，然后拖轮退出，并利用抛锚艇依次挂设预先抛设的 4 个锚链，再通过绞锚使运梁船转向至船体与桥中心线平行，并调整各锚绳使运梁船位于起重船正前方下，细调整锚链完成运梁船的精确定位，运梁船抛锚布置如图 4-3-388 所示。

(2)架梁吊机架设钢桁梁定位

采用 1 100 t 架梁吊机悬臂架设钢桁梁时,由两艘拖轮将运梁船拖至桥位海域,并利用抛锚船依次挂设预先抛设的 4 个锚链,将钢桁梁定位在 1 100 t 架梁吊机正下方。需注意钢桁梁方向,架梁吊机架设钢桁梁时通过锚链微调运梁船,使得钢桁梁吊耳正对架梁吊机吊具。

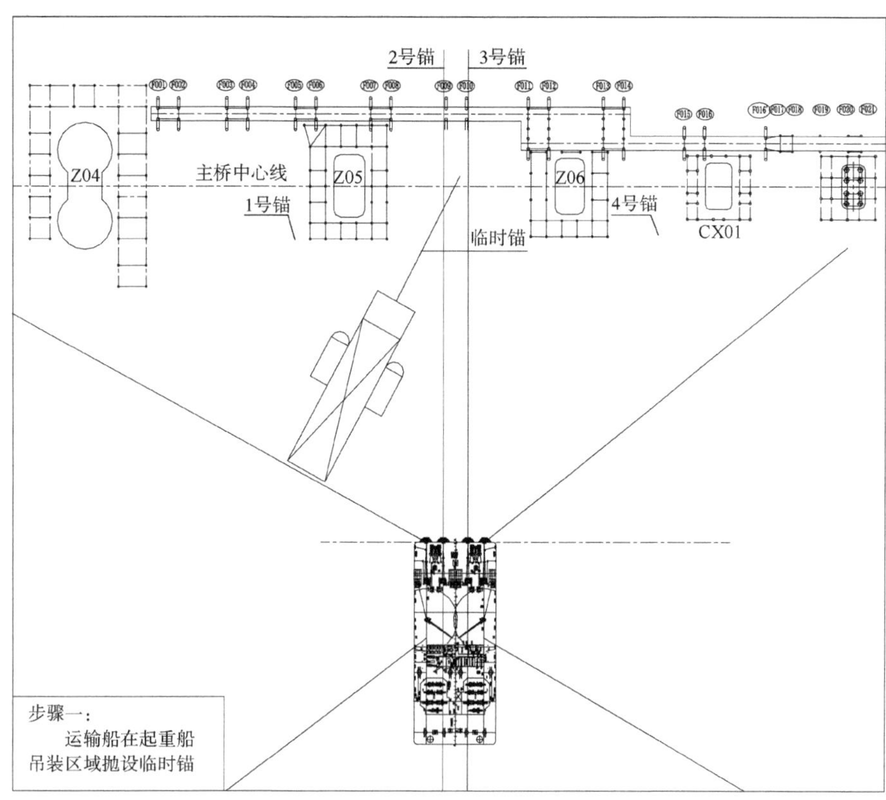

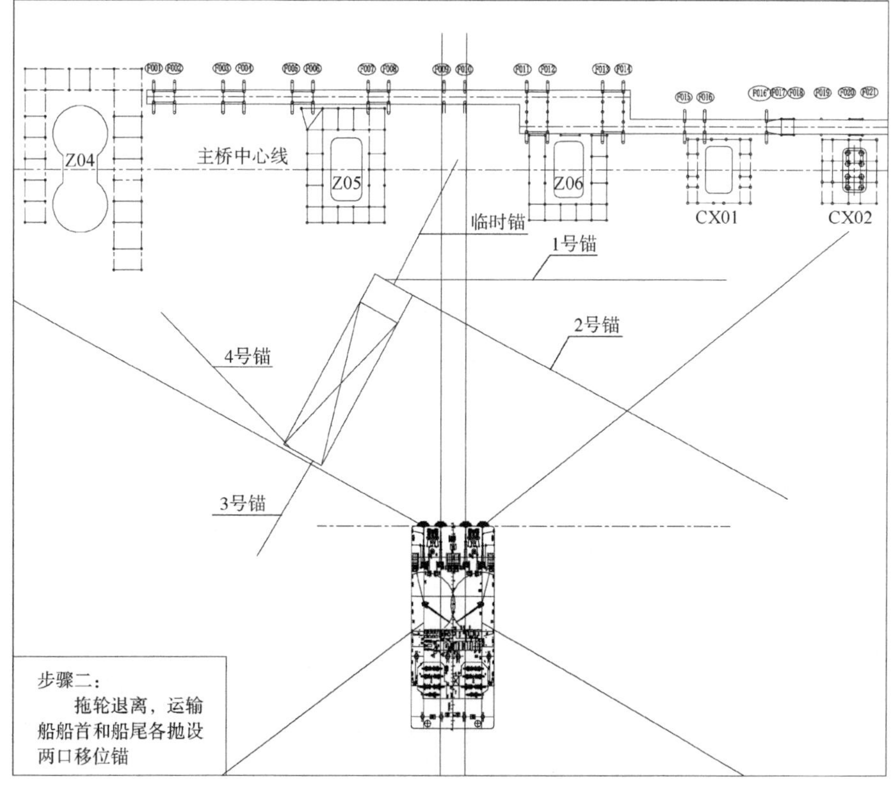

图　4-3-388

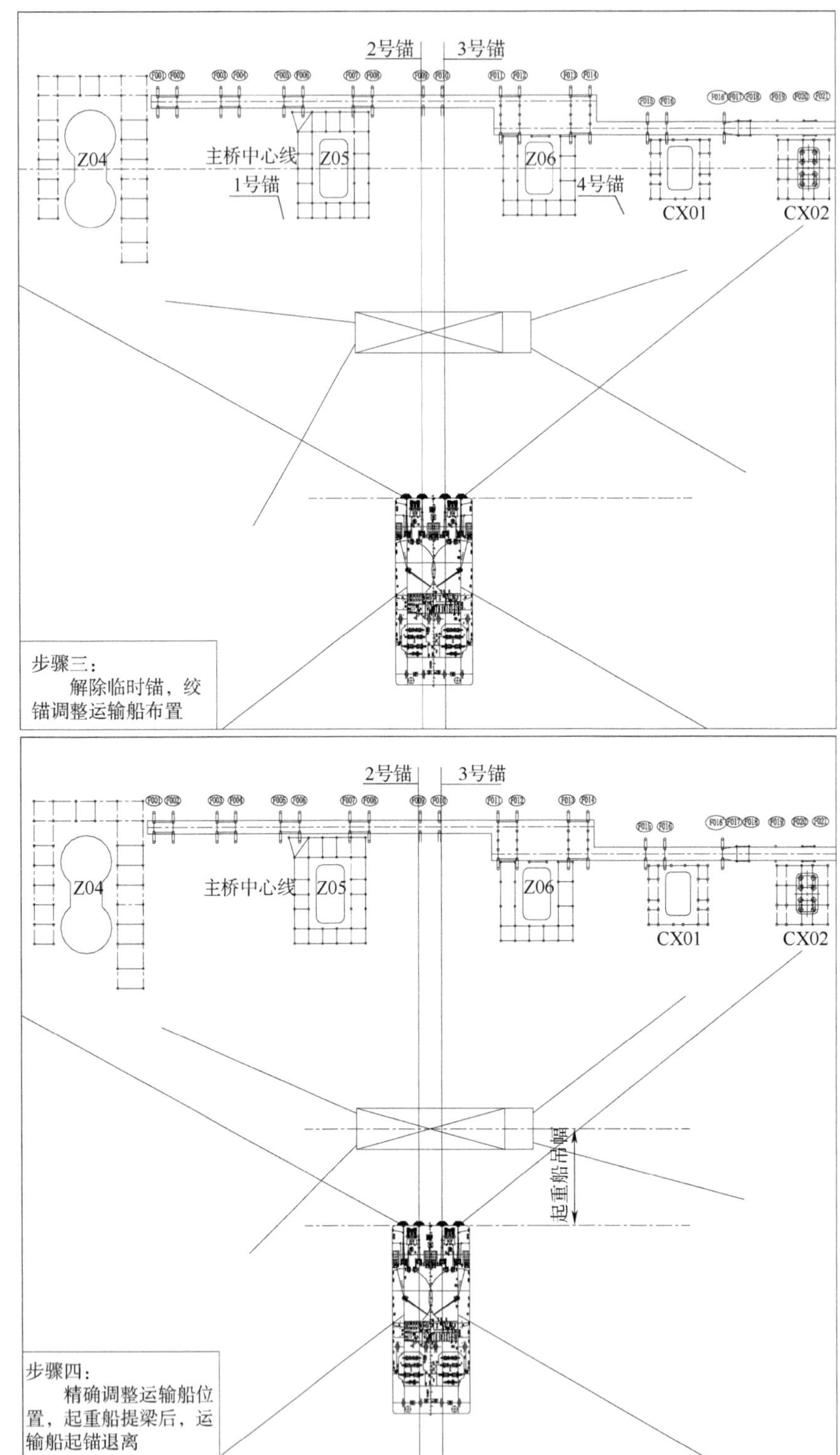

图 4-3-388 梁段架设时运梁船抛锚布置图

4. 元洪航道桥钢桁梁架设

1)整体架设方案

根据前述钢桁梁架设方案比选研究，元洪航道桥钢桁梁在工厂焊接成稳定的整节段，根据架设方案拼接成为 2 节间、2.5 节间和 4 节间长度的整节段，再通过驳船运输到桥址水域。墩位处设置辅助架梁托架，由大型起重船安装墩顶节段钢桁梁，架梁吊机双悬臂架设其余节段钢桁梁，每悬臂架设一个梁段须安装 2 层斜拉索，钢桁梁架设总体布置如图 4-3-389 所示，施工工艺流程如图 4-3-390 所示。具体施工步骤如下：

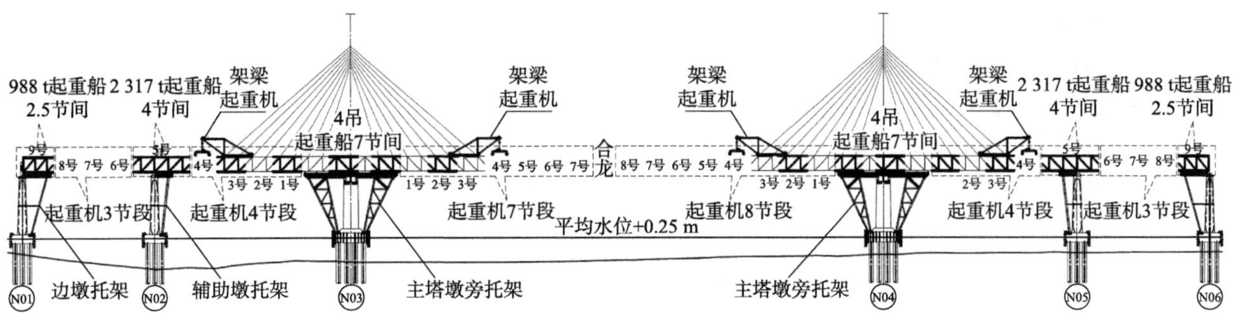

图 4-3-389　元洪航道桥钢桁梁架设总体布置

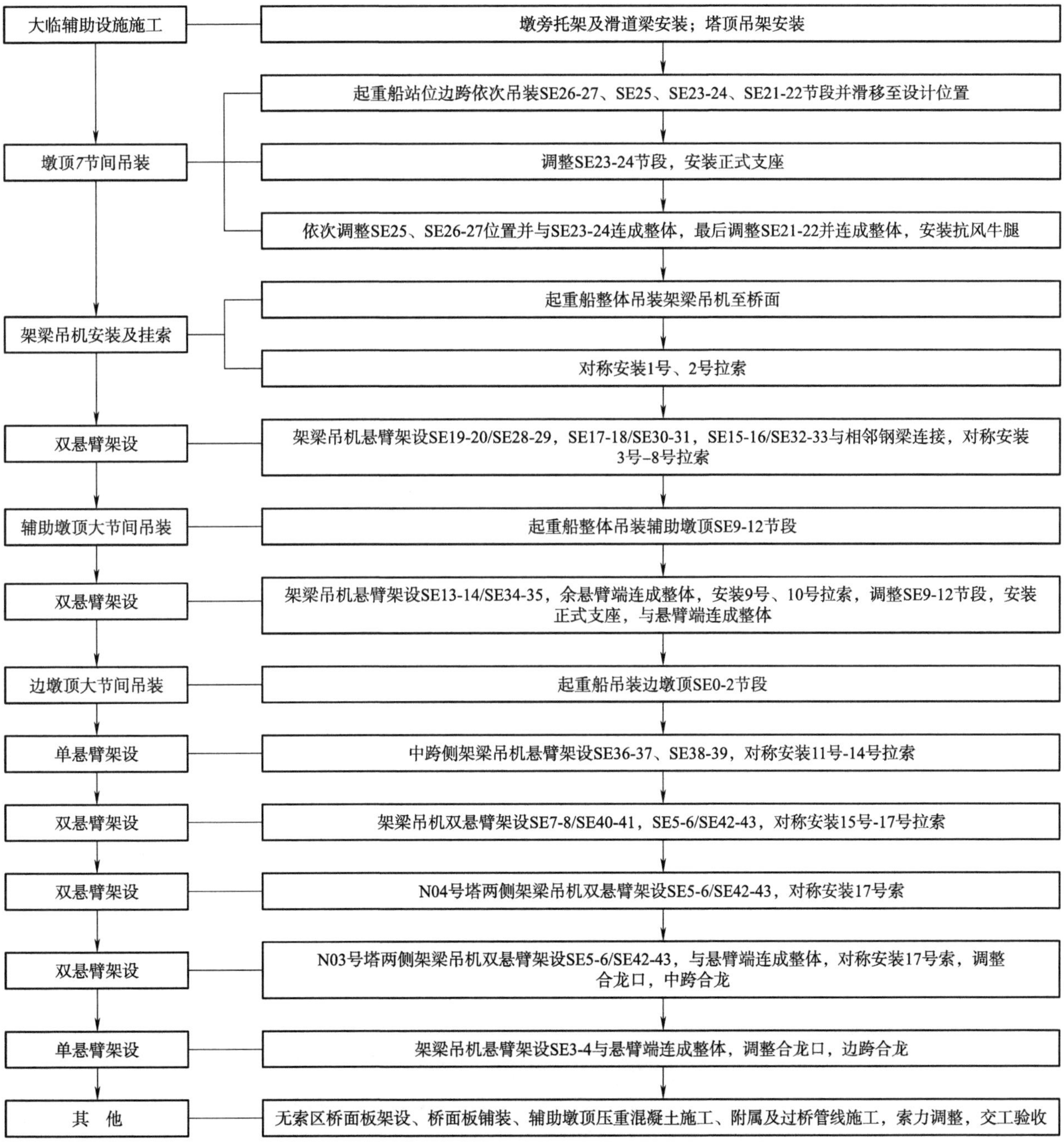

大临辅助设施施工	墩旁托架及滑道梁安装；塔顶吊架安装
墩顶7节间吊装	起重船站位边跨依次吊装SE26-27、SE25、SE23-24、SE21-22节段并滑移至设计位置
	调整SE23-24节段，安装正式支座
	依次调整SE25、SE26-27位置并与SE23-24连成整体，最后调整SE21-22并连成整体，安装抗风牛腿
架梁吊机安装及挂索	起重船整体吊装架梁吊机至桥面
	对称安装1号、2号拉索
双悬臂架设	架梁吊机悬臂架设SE19-20/SE28-29，SE17-18/SE30-31，SE15-16/SE32-33与相邻钢梁连接，对称安装3号–8号拉索
辅助墩顶大节间吊装	起重船整体吊装辅助墩顶SE9-12节段
双悬臂架设	架梁吊机悬臂架设SE13-14/SE34-35，余悬臂端连成整体，安装9号、10号拉索，调整SE9-12节段，安装正式支座，与悬臂端连成整体
边墩顶大节间吊装	起重船吊装边墩顶SE0-2节段
单悬臂架设	中跨侧架梁吊机悬臂架设SE36-37、SE38-39，对称安装11号-14号拉索
双悬臂架设	架梁吊机双悬臂架设SE7-8/SE40-41，SE5-6/SE42-43，对称安装15号-17号拉索
双悬臂架设	N04号塔两侧架梁吊机双悬臂架设SE5-6/SE42-43，对称安装17号索
双悬臂架设	N03号塔两侧架梁吊机双悬臂架设SE5-6/SE42-43，与悬臂端连成整体，对称安装17号索，调整合龙口，中跨合龙
单悬臂架设	架梁吊机悬臂架设SE3-4与悬臂端连成整体，调整合龙口，边跨合龙
其　他	无索区桥面板架设、桥面板铺装、辅助墩顶压重混凝土施工、附属及过桥管线施工，索力调整，交工验收

图 4-3-390　钢桁梁架设施工工艺流程图

(1)施工步骤一(图 4-3-391)

①基础及主塔、墩身施工。

②主塔下横梁施工完毕后,利用起重船安装墩旁托架。

③中塔柱施工完成后,起重船站位于辅助跨,在墩旁托架上架设钢桁梁起始七个节间(共 4 吊,架设顺序:吊装 SE26-27→往中跨滑移 5 节间→吊装 SE25→往中跨滑移 4 节间→吊装 SE23-24→往中跨滑移 2 节间→吊装 SE21-22)。

④安装主塔支座及塔梁临时锁定装置(利用主塔抗风牛腿,将塔梁纵向锁定及主梁悬臂抗风相结合)。

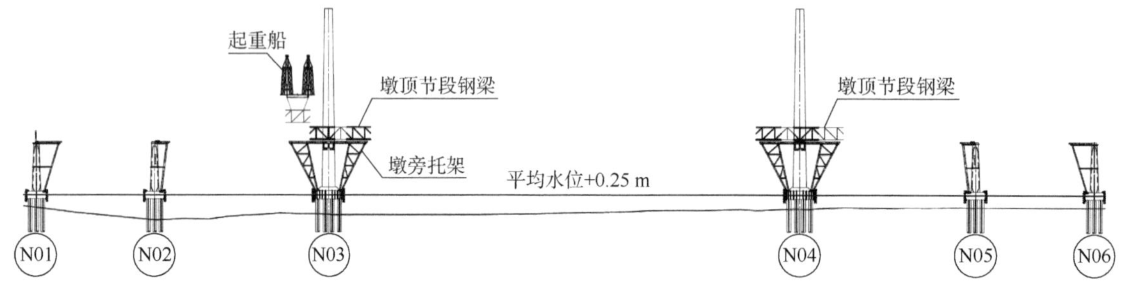

图 4-3-391 主塔钢桁梁起重船吊装架设

(2)施工步骤二(图 4-3-392)

①利用起重船整体吊装架梁吊机。

②挂设第一、第二层斜拉索。

③架梁吊机试吊。

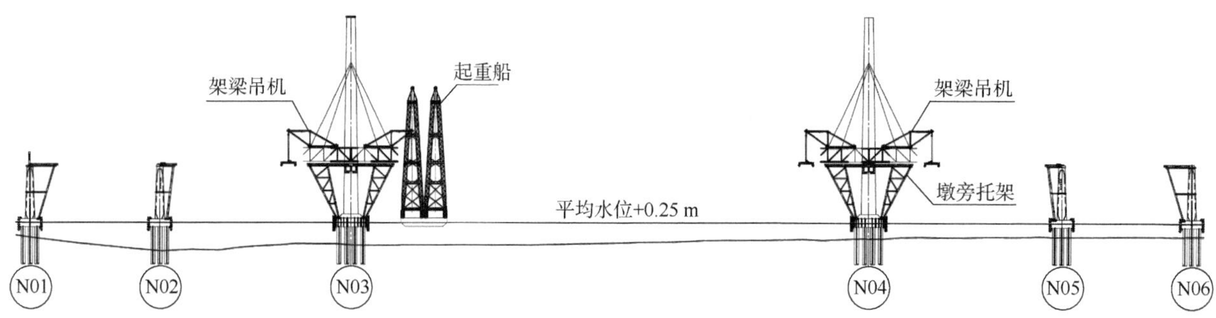

图 4-3-392 起重船整体吊装架梁吊机

(3)施工步骤三(图 4-3-393)

①架梁吊机双悬臂对称架设钢桁梁,每两个节间为一个吊装单元,每架设完一个吊装单元后挂设两层斜拉索,然后架梁吊机前移两个节间。

②按照本步骤一利用架梁吊机架设 4 个钢桁梁节段(8 个节间),直至边跨 SE13-14 节段、中跨 SE34-35 节段架设完成。

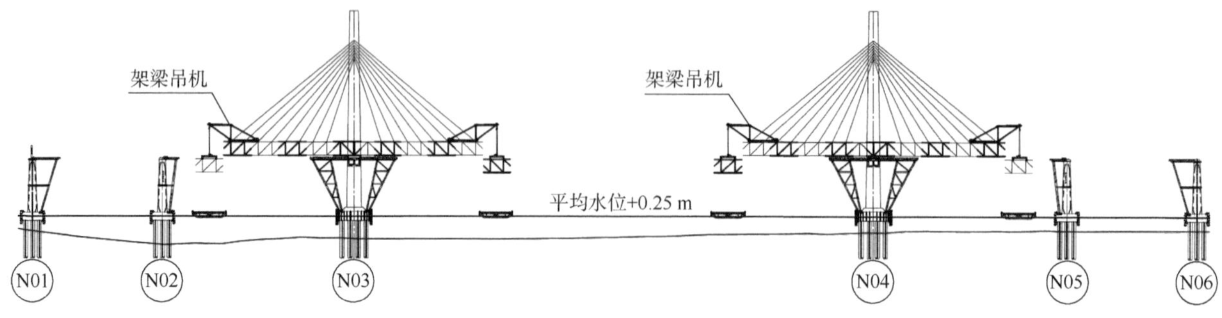

图 4-3-393 架梁吊机双悬臂对称架设钢桁梁

(4)施工步骤四(图 4-3-394)

①辅助墩墩旁托架上安装钢桁梁纵移及竖向起顶装置。

②利用起重船将辅助墩顶 4 节间钢桁梁预先吊装放置于辅助墩顶墩旁托架上,并往边跨预偏 0.7 m。

③利用辅助墩顶钢桁梁纵移装置,将辅助墩顶 4 节间钢桁梁往主跨侧纵移与悬臂端钢桁梁合龙。

④边墩墩旁托架上安装钢桁梁纵移及竖向起顶装置,利用起重船将边墩顶两 2.5 节间钢桁梁预先吊装放置于墩旁托架上,并适当往边跨预偏。

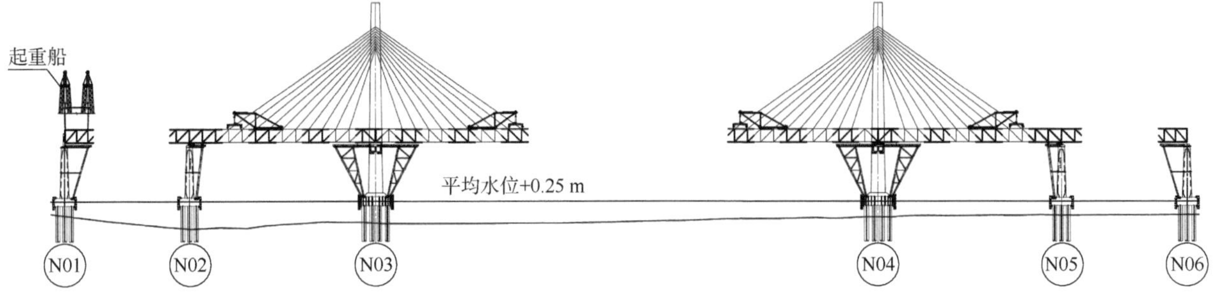

图 4-3-394　辅助墩及边墩墩顶钢桁梁起重船吊装架设

(5)施工步骤五(图 4-3-395)

主跨侧架梁吊机继续架设 2 个钢桁梁节段(4 节间),每架设一节段钢桁梁对称挂设两层斜拉索,然后架梁吊机前移两节间,直至架设至图 4-3-395 状态。

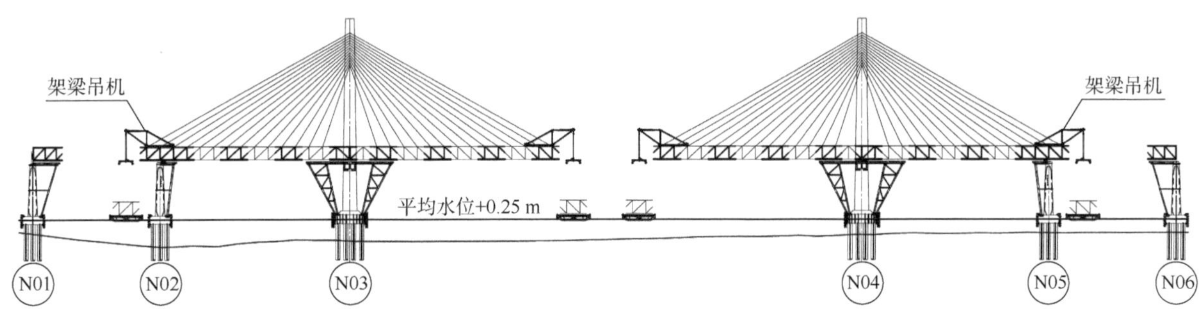

图 4-3-395　主跨侧跨中钢桁梁架梁吊机架设

(6)施工步骤六(图 4-3-396)

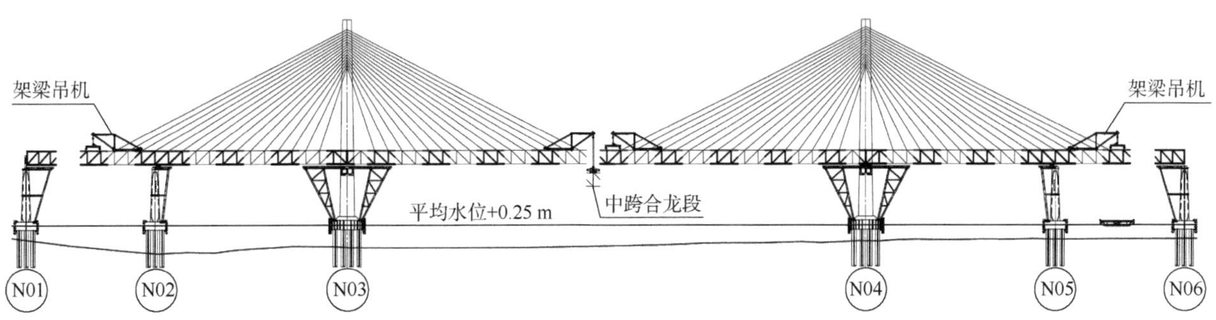

图 4-3-396　架梁吊机架设中跨合龙段钢桁梁

①继续利用架梁吊机双悬臂架设钢桁梁至中跨合龙段(N03 号墩两侧对称架设 1 个钢桁梁节段,N04 号墩两侧对称架设 2 个钢桁梁节段)。

②对两侧主梁进行调整,使合龙节间满足吊装要求。

③利用 N03 号墩中跨侧架梁吊机起吊合龙段钢桁梁,并与 N03 号墩侧钢桁梁连接成整体,同时 N03 号墩边跨侧架梁吊机起吊 SE5-6 钢桁梁并与悬臂端钢桁梁连接成整体。

④观测、调整中跨合龙口的竖向高程、平面位置、倾角，三向匹配后完成中跨合龙，并按监控指令完成体系转换。

(7)施工步骤七(图 4-3-397)

①挂设 N03 号塔最后一层斜拉索。

②架梁吊机吊装边跨合龙段 SE3-4，并与悬臂端钢桁梁连成整体。

③观测、调整边跨合龙口的竖向高程、平面位置、倾角，三向匹配后完成边跨合龙，完成全桥钢桁梁架设。

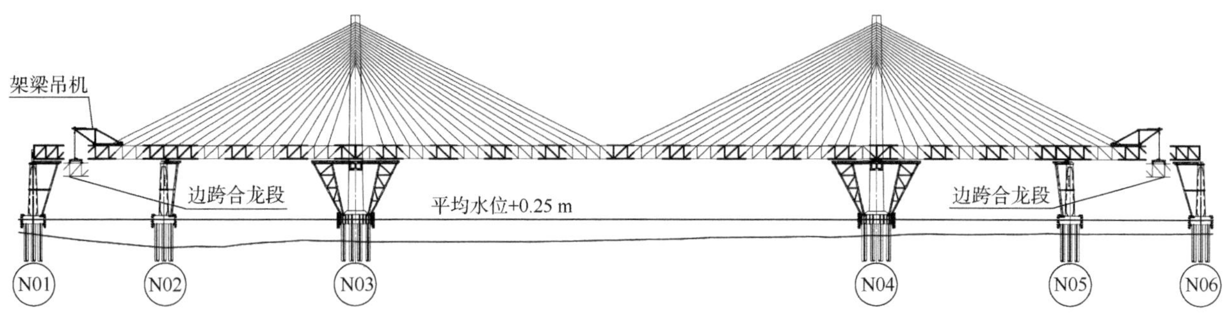

图 4-3-397 架梁吊机吊装边跨合龙段

(8)施工步骤八(图 4-3-398)

①吊装边跨无索区预制混凝土板，进行混凝土板湿接缝施工。

②拆除大临，完成桥面铺装及附属结构、过桥管线的安装。

③全桥索力调整。

④成桥荷载试验。

⑤交工验收。

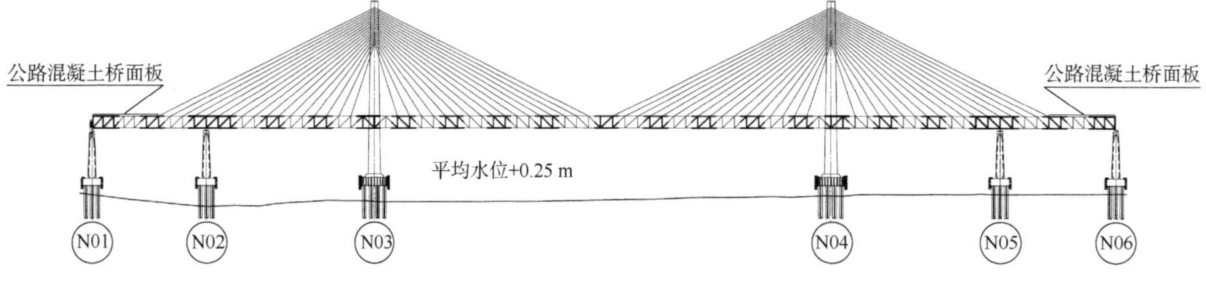

图 4-3-398 吊装边跨无索区预制混凝土板

2)主塔墩顶节段架设

主塔墩顶 7 节间钢桁梁均采用起重船分 4 节段整体吊装，整体吊装顺序：SE26-27→SE25→SE23-24→SE21-22。N04 号墩位受施工平台影响，起重船仅能站位于桥跨北侧吊装，N03 号墩位起重船站位桥跨南北侧均可吊装。主塔墩顶节段吊装流程如图 4-3-399 所示。

(1)吊装前在边跨侧滑道梁落梁区域合理布置三向千斤顶调整装置。在垫石旁倒用型钢或混凝土预制块设置支座横向滑道，将主塔处支座吊至垫石旁的滑道上，滑道布置如图 4-3-400 所示。

风浪较小时(风力不大于 7 级，浪高不大于 2.0 m，流速不大于 1.5 m/s)，起重船边跨侧横桥向站位起吊 SE26-27 钢桁梁节段，起重船缓慢松钩，钢桁梁两端支撑于墩旁托架上，测量钢桁梁偏位情况，再通过偏位情况调整三向调整系统位置及方向。通过三向调整系统调整钢桁梁横向位置及竖向位置，将落梁垫块底口的缓冲橡胶块拆除更换为滑块。滑道梁顶安装 200 t 连续拖拉千斤顶及拖拉钢绞线，滑道梁顶面清理并涂抹黄油。启动连续千斤顶将 SE26-27 梁段滑移至设计位置，如图 4-3-401 所示。

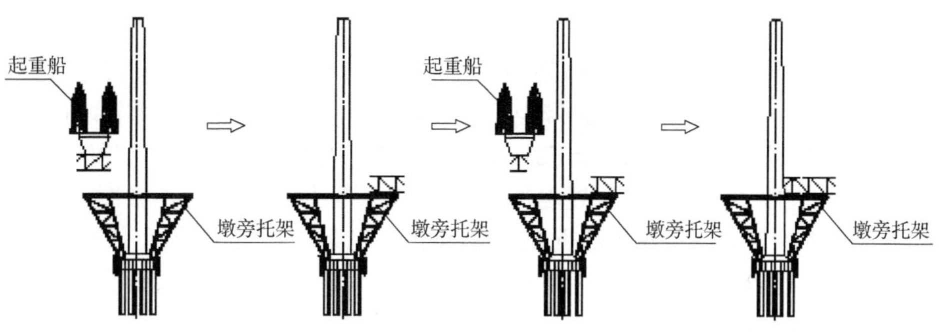

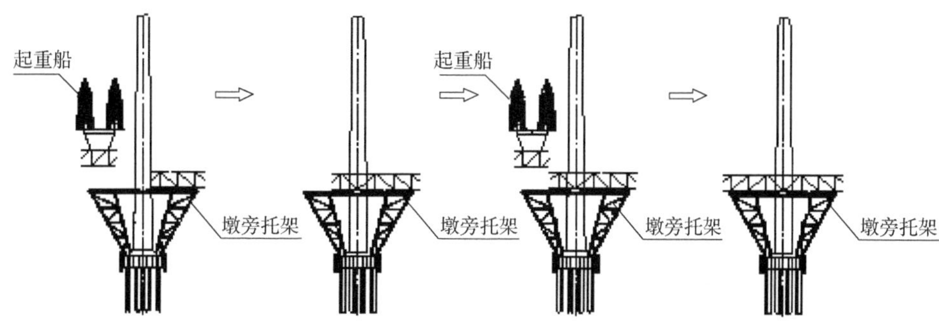

图 4-3-399 主塔墩顶节段吊装流程示意图

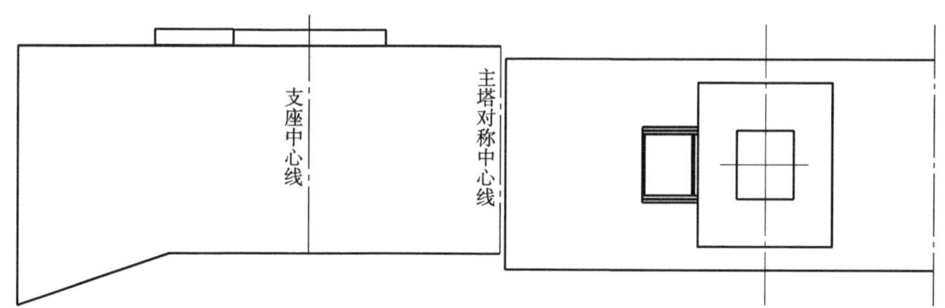

图 4-3-400 主塔支座滑道布置图

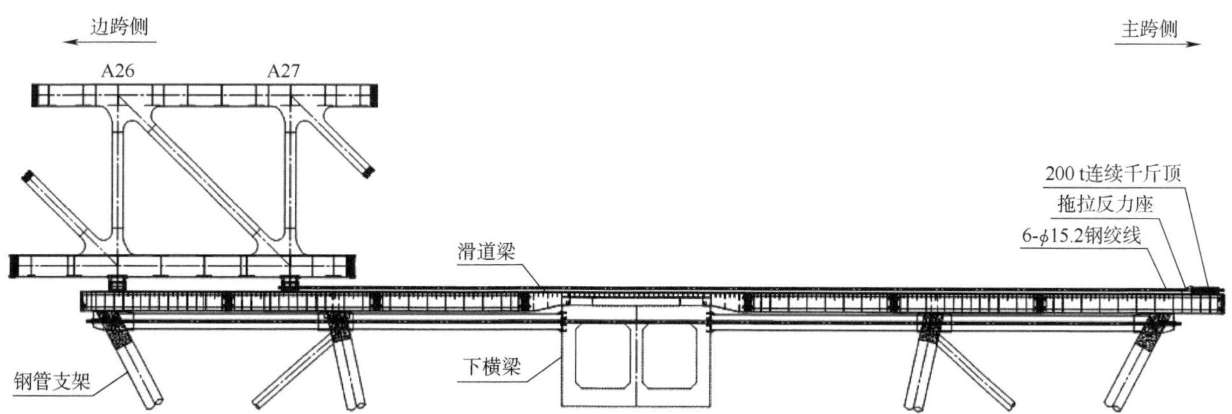

图 4-3-401 SE26-27 梁段安装示意图

(2)在边跨侧落梁区域合理布置三向调整装置。风浪较小时，起重船站位同上吊装 SE25 梁段，如图 4-3-402所示。SE25 梁段出厂运输前须按设计图纸设置临时竖杆，为保证钢桁梁节段的抗倾覆稳定性，SE25 梁段与 SE26-27 梁段间拼接板带至 SE25 节段上，SE25 梁段与 SE23-24 梁段间拼接板带至 SE23-24 节段上。起重船缓慢松钩落梁，同上拖拉 SE25 梁段至设计位置，暂时与 SE26-27 节段不连，钢桁梁节段临时撑杆如图 4-3-403 所示。

为保证 SE25 节段钢桁梁抗倾覆稳定性，须将 SE23-24 节段与 SE25 节段间连接板带至 SE23-24 节段上，将 SE25 节段与 SE26-27 节段间连接板带至 SE25 节段上。但 N03 钢桁梁节段已总拼完成，已将 SE23-24 节段与 SE25 节段间连接板带至 SE25 节段上，SE25 节段与 SE26-27 节段间连接板无法带至 SE25 节段上，因此采用在临时竖杆对应位置增加配重方案，保证抗倾覆稳定性如图 4-3-403 所示。若拆除已带连接板，则须在临时竖杆对应位置配重 20 t；若不拆除已带连接板，则须在临时竖杆对应位置配重 50 t。临时竖杆拆除时需先将临时竖杆与钢桁梁上弦连接，拆除临时竖杆与下弦连接螺栓，用 2 台 10 t 导链固定临时竖杆下端，拆除临时竖杆上端连接螺栓，将临时竖杆放置于横梁顶面，采用塔式起重机将临时竖杆吊至运输船。

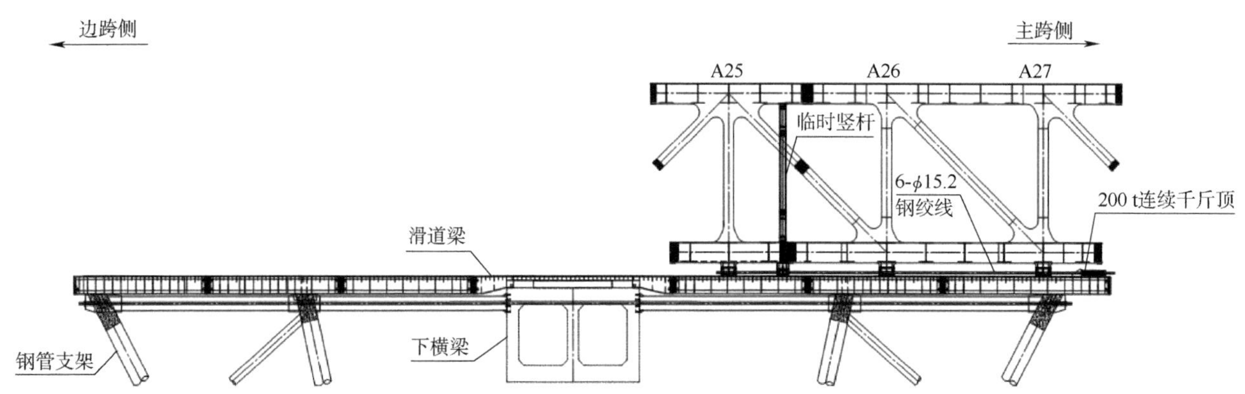

图 4-3-402 SE25 梁段安装示意图

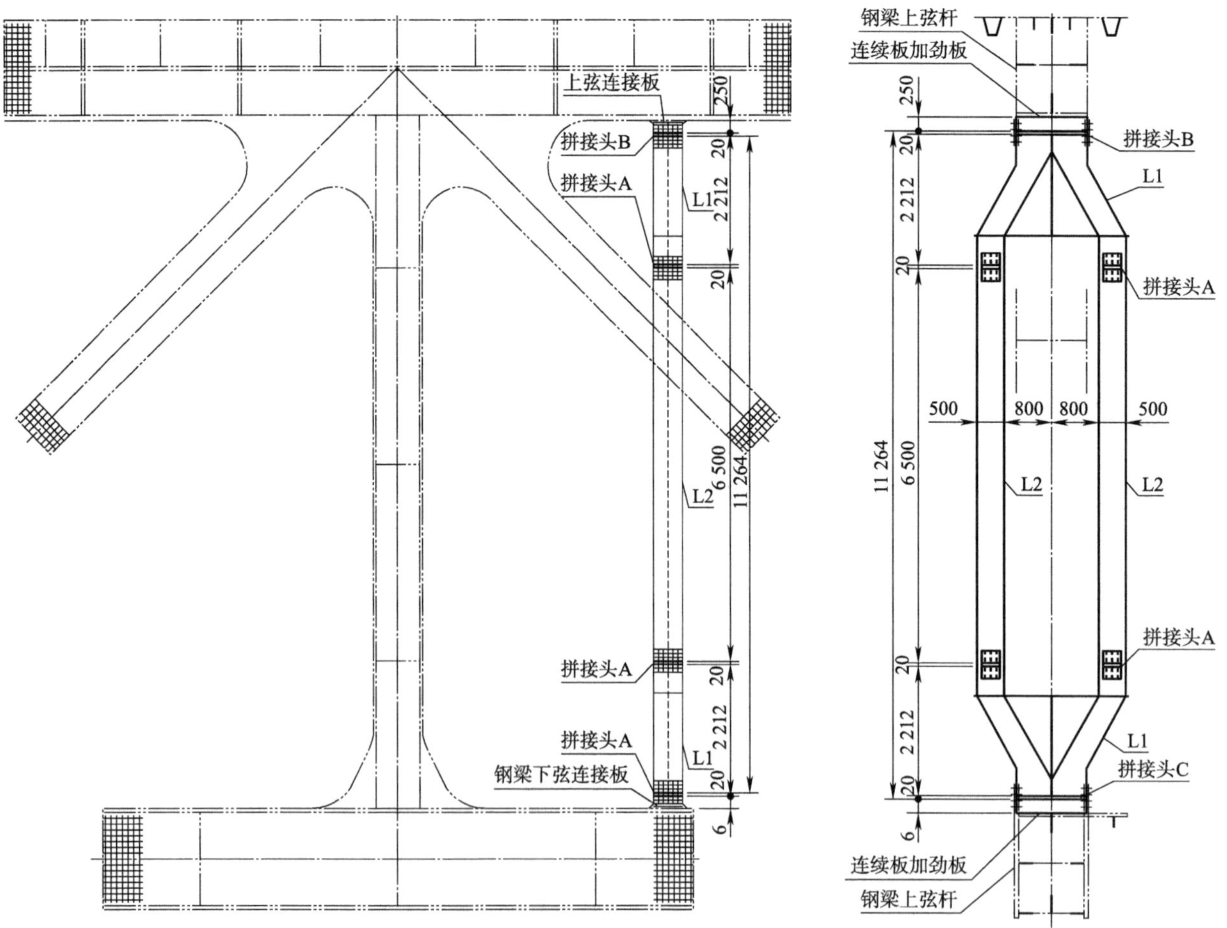

图 4-3-403 SE25 梁段临时撑杆结构图(单位：mm)

(3)同上吊装 SE23-24 节段钢桁梁。受支座处梁高影响,SE23-24 节段钢桁梁落梁后高出设计 230 mm,在图 4-3-404 位置安装三向千斤顶精确调整 SE23-24 梁段至设计位置,拆除 E24 节点下方的滑块,将主塔正式支座横向滑移至设计位置,安装支座。

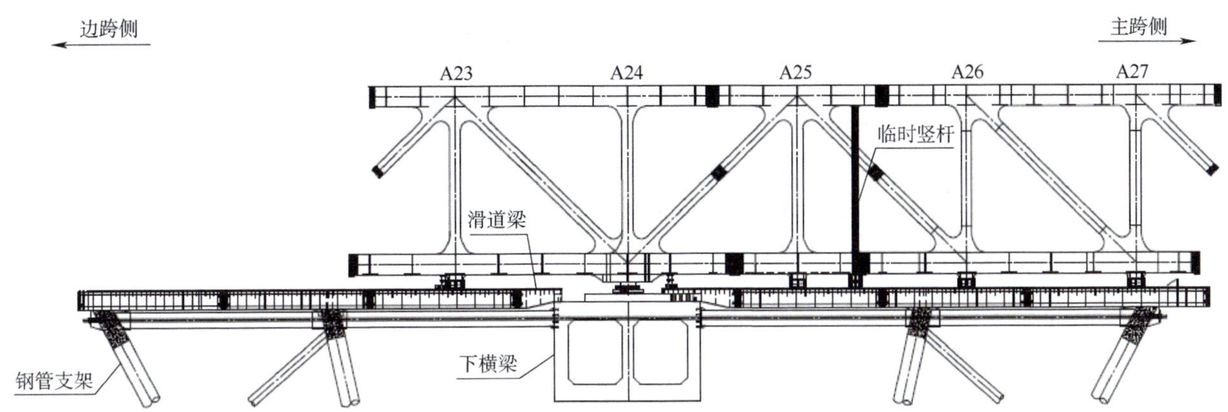

图 4-3-404　SE23-24 梁段三向千斤顶安装示意图

(4)割除垫石上方部分滑道梁,如图 4-3-405 所示。在 E23、E24 节点下方设置三向调整系统,三向千斤顶安装时在纵桥向离 E23 节点中心两侧 1.5 m 处均可以布置三向调整系统,E24 节点处只能布置在辅助跨,如图 4-3-406 和图 4-3-407 所示。精确调整 SE23-24 梁段平面位置及高程。拆除 E24 节点下方滑块,将主塔正式支座横向滑移至设计位置,安装支座,采用位能法灌浆。支座安装完成后,割除垫石上方剩余滑道梁。

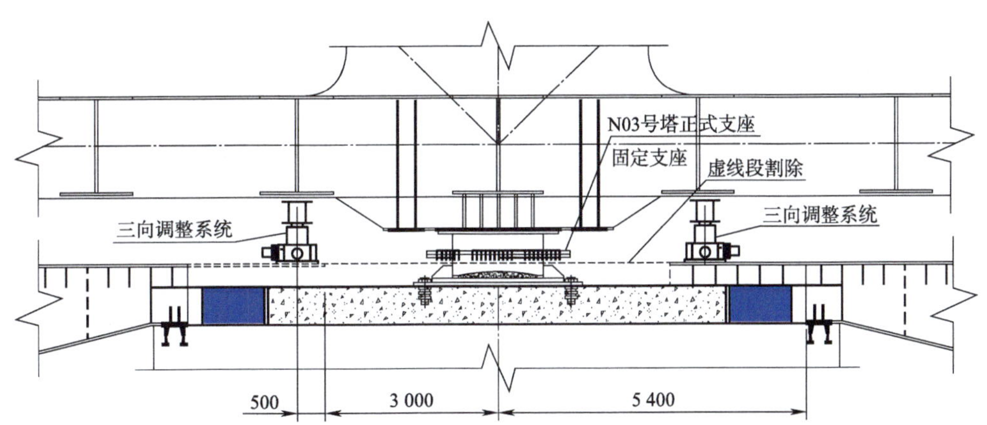

图 4-3-405　垫石顶滑道梁切割及支座安装(单位:mm)

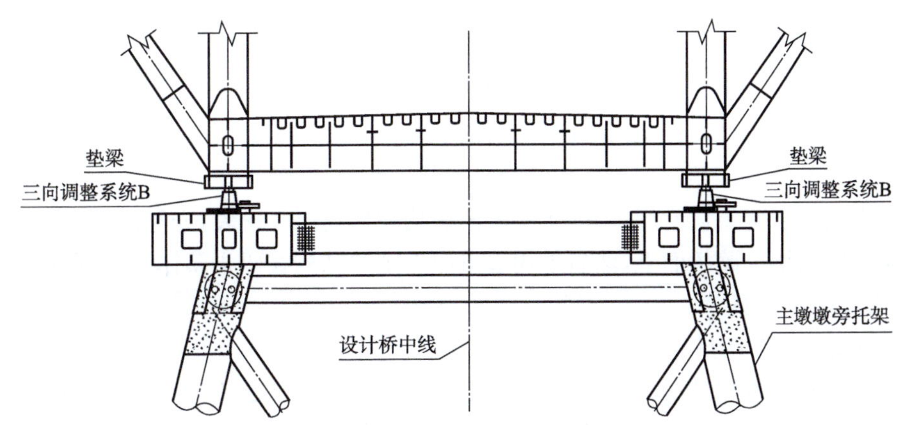

图 4-3-406　三向千斤顶布置断面图

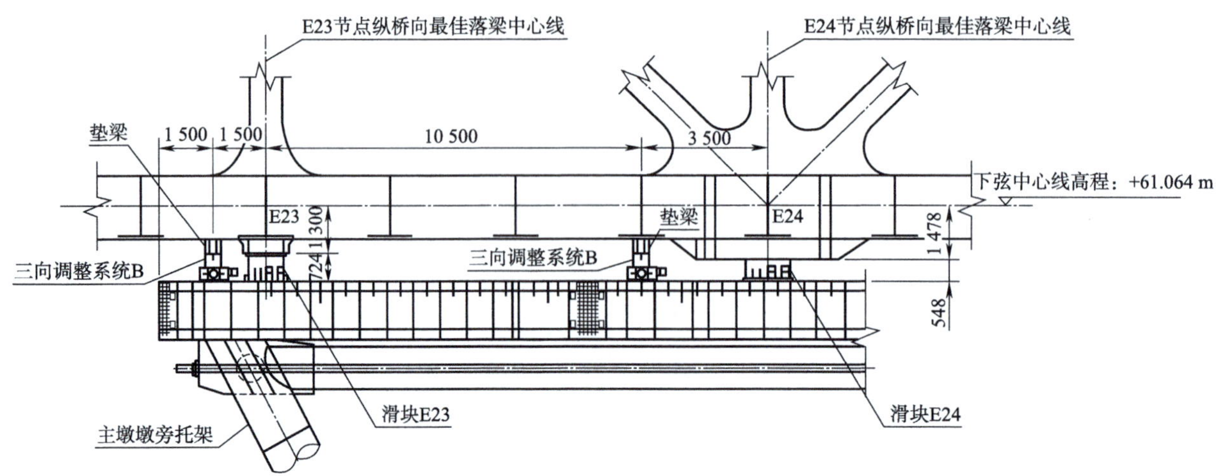

图 4-3-407　三向千斤顶布置立面图(单位:mm)

(5)安装 N04 阻尼器双耳座,利用阻尼器位置设置临时拉压杆作为主跨施工时的纵向限位,两侧分别设有 4 根阻尼器,单根阻尼器可承受 250 t,如图 4-3-408 所示。N03 采用永久固定支座纵向限位。

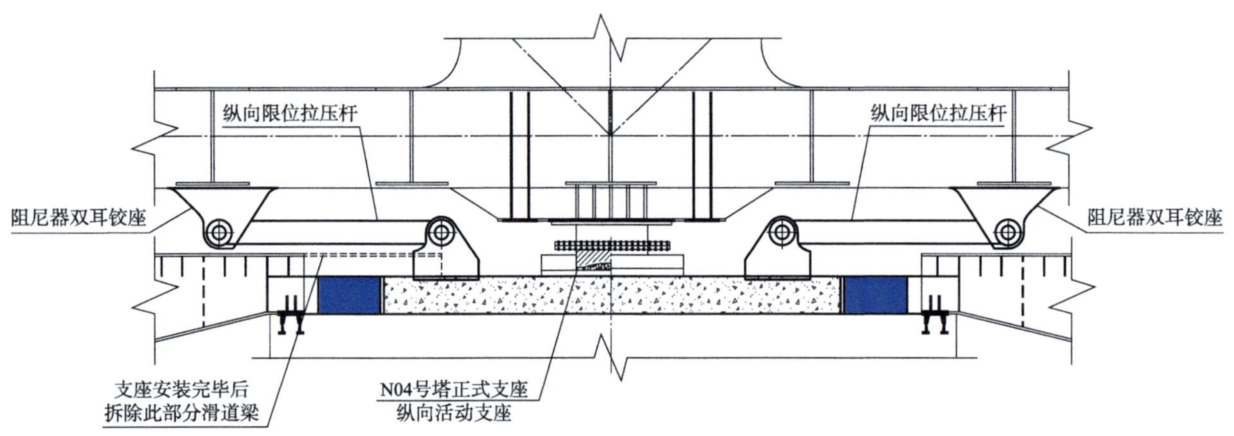

图 4-3-408　临时纵向限位拉杆安装示意

(6)同上吊装 SE21-22 梁段,通过三向调整系统调整钢桁梁横向位置及竖向高程,并与 SE23-24 梁段连成整体。

(7)在 SE25 节段下方布置三向调整系统,通过三向调整系统调整 SE25 节段与 SE23-24 节段合龙口三向位置,将 SE25 节段与 SE23-24 节段连成整体。上弦、斜杆、下弦顶板和腹板连接后拆除 SE25 节段临时竖杆及下方滑块。然后在 SE26-27 节段下方布置三向调整系统,调整 SE26-27 钢桁梁节段与 SE25 节段间合龙口三向位置,将 SE26-27 梁段与 SE25 梁段连成整体,如图 4-3-409 所示。安装主塔墩顶 E23-E24 节段及 E25 节段副桁上弦杆侧抗风牛腿,并与两侧塔壁抄垫顶紧。

3)架梁吊机安装及调试

元洪航道桥钢桁梁悬臂架设所用 1 100 t 架梁吊机均在后场码头拼装,先利用塔式起重机将架梁吊机吊具吊放至已架设钢桁梁公路桥面上,然后采用起重船将主体结构在码头整体起吊,再运输并安装到钢桁梁上,最后安装架梁吊机吊具。

(1)1 100 t 架梁吊机专用吊具

为连接架梁吊机与起重船吊钩,架梁吊机吊装设专用吊具,吊具结构主要包括销轴、吊耳、吊具分配梁、垫梁、精轧螺纹钢筋及限位等。起吊时吊具总体布置如图 4-3-410 所示。

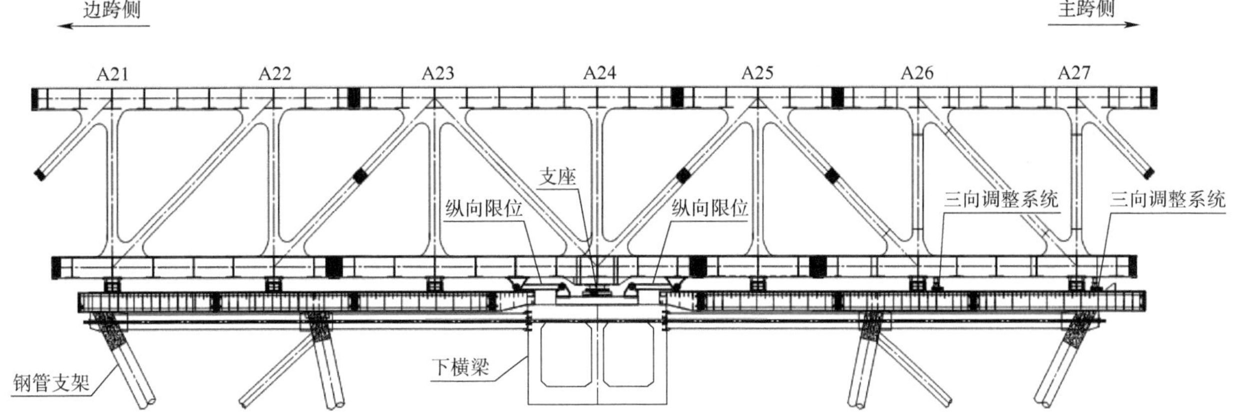

图 4-3-409 墩顶节段连成整体图示

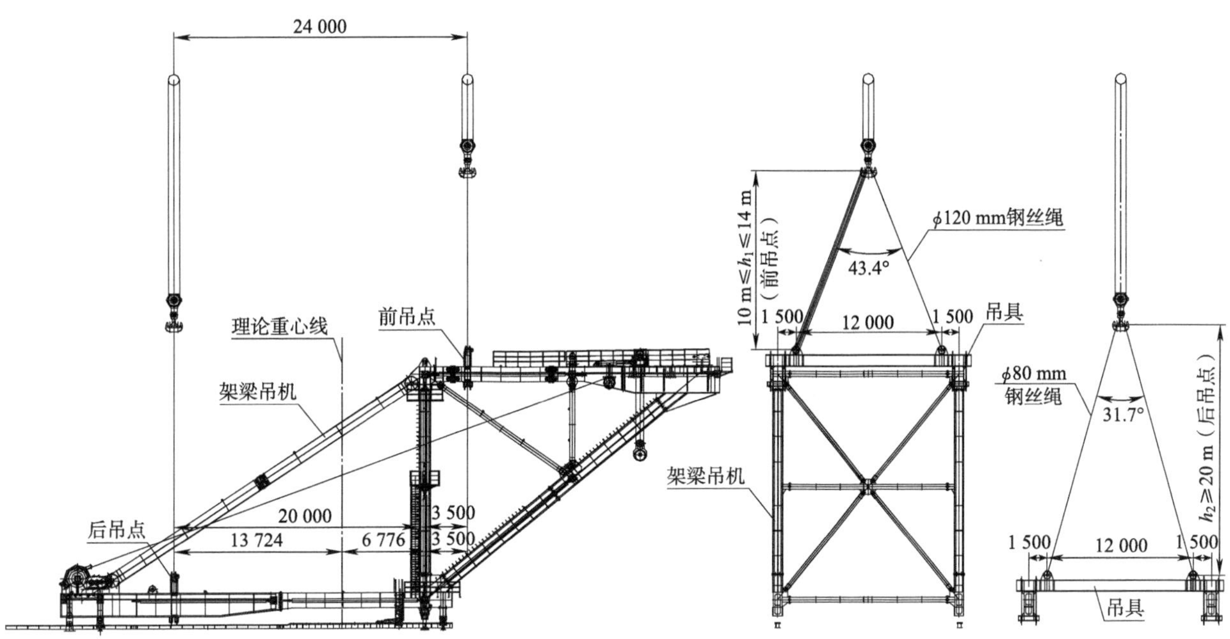

图 4-3-410 前后吊点吊具结构总体布置图(单位:mm)

吊具分配梁采用 2HN900×300 mm 型钢，耳板范围内外侧腹板贴 16 mm 钢板局部加强，吊耳及其加劲板与吊具分配梁之间均采用坡口焊焊接。销轴采用墩顶节段钢桁梁吊装吊具销轴，单套吊具需要 2 套销轴及螺母。垫梁采用 2I32a 型钢+20 mm 上下贴板，贴板与型钢间采用坡口焊焊接，垫梁锚固精轧螺纹钢筋采用 ϕ40 mm(强度标准值为 1 080 MPa)精轧螺纹钢筋。吊具结构与架梁吊机上、下纵梁支架设置 20 mm 橡胶垫及横向限位结构，横向限位与吊具及纵梁之间采用 h_f=10 mm 双面角焊缝焊接。前后吊点吊具如图 4-3-411 所示。

(2)架梁吊机拼装及吊装

架梁吊机在码头拼装成整体，架梁吊机采用 3 600 t 起重船两副钩吊装，吊装重量为 371.2 t(不包括其自身吊具，重量为 48.5 t)，起重船拔杆角度为 55°，副钩吊幅为 76.8 m。架梁吊机前吊点荷载为 2 123 kN，后吊点荷载为 1 589 kN，单套吊装吊具重为 13.2 t，前后吊点各一套。吊装时起重船两主钩需采用钢丝绳临时连接，防止摆动撞击钢丝绳。架梁吊机前、后吊点间距为 24 m，前吊点距竖杆中心线距离为 3.5 m，距理论重心距离 10.276 m，后吊点距理论重心距离为 13.724 m。吊点横向间距为 15 m。前吊点钢丝绳采用 ϕ120 mm 钢丝绳，走 2 布置，吊点与起重船吊钩间垂直距离 10 m≤h_1≤14 m；后吊点钢丝绳采用

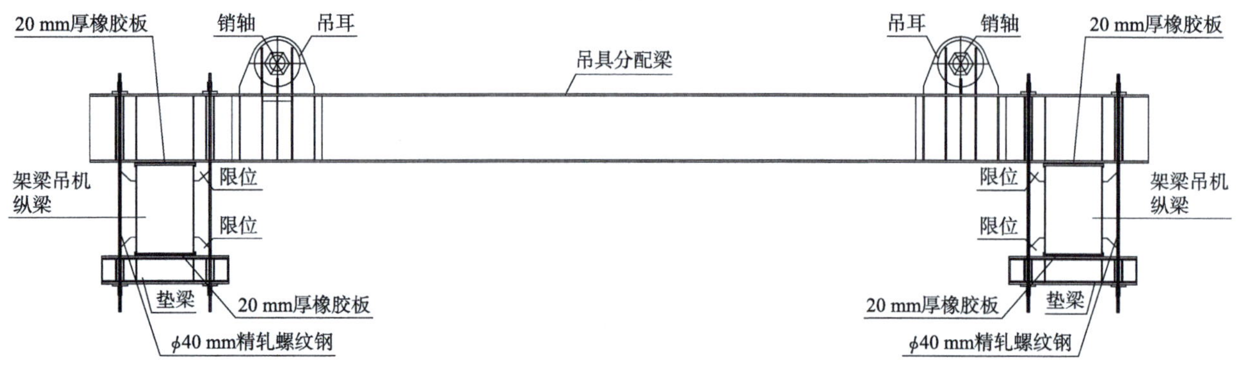

图 4-3-411 前后吊点吊具

ϕ80 mm 钢丝绳走 2 布置，吊点与起重船吊钩间垂直距离 $h_2 \geqslant 20$ m。架梁吊机吊装立面布置如图 4-3-412 所示。

图 4-3-412 架梁吊机吊装实例

为防止架梁吊机吊具摆动，将架梁吊机的吊具事先拆除并吊放至桥面，放置在架梁吊机初步吊装的后方，不影响架梁吊机的吊装。待架梁吊机安装就位后，利用塔式起重机安装吊具。

(3)安装就位

①N03 号墩架梁吊机吊装时，起重船分别位于边跨侧、中跨侧进行吊装至设计位置，架梁吊机吊装就位时起重船站位如图 4-3-413 所示。

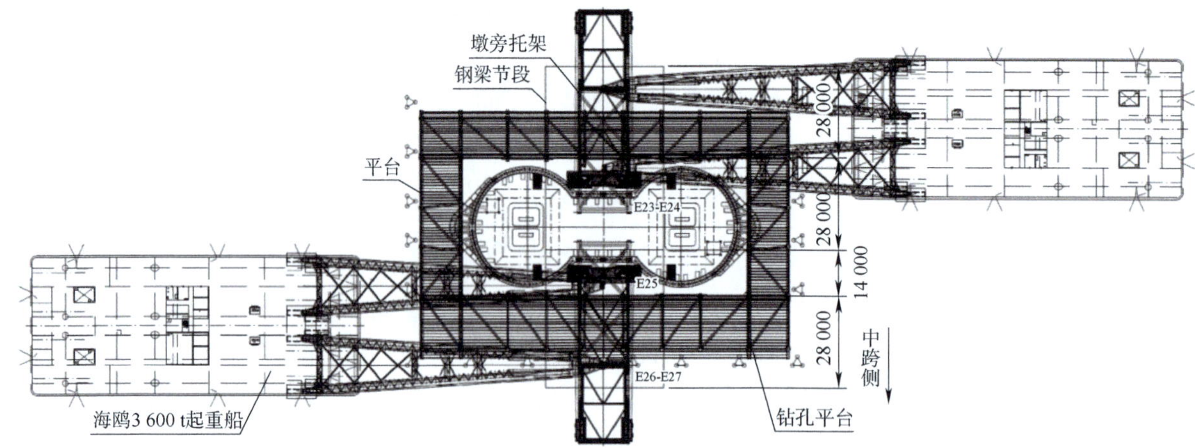

图 4-3-413 N03 号墩架梁吊机吊装站位图(单位：mm)

②N04 号墩架梁吊机吊装时，起重船位于北侧吊装大小里程架梁吊装至设计位置，架梁吊机吊装就位时起重船站位如图 4-3-414 所示。

③3 600 t 起重船移动位置将整机送到安装位，起吊时绑扎的麻绳安排人员拉住，整机开始下降。

④下降至桥面 100 mm 后整机停止下降，再次调整架梁吊机及纵移轨道的姿态。

⑤吊装完成后，架梁吊机前移走行至主跨侧设计位置。

对称挂设第 1、第 2 层斜拉索，拆除 E21、E22、E23、E25、E26 及 E27 节点下方钢桁梁垫块或滑块，完成架梁吊机试吊调试，如图 4-3-415 所示。

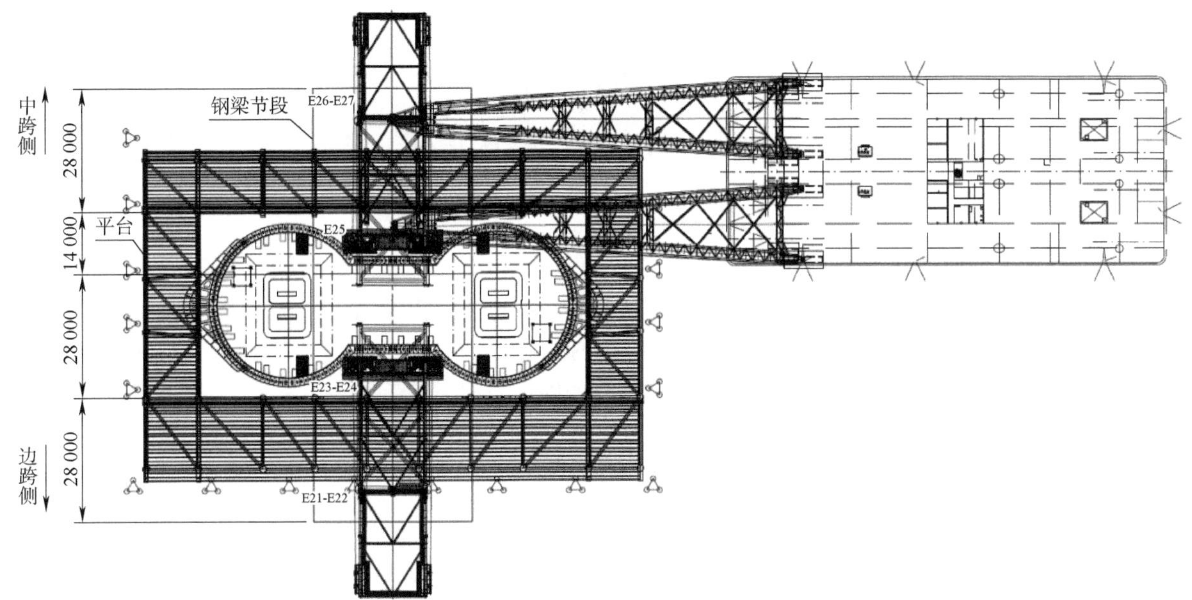

图 4-3-414　N04 号墩架梁吊机吊装站位图(单位：mm)

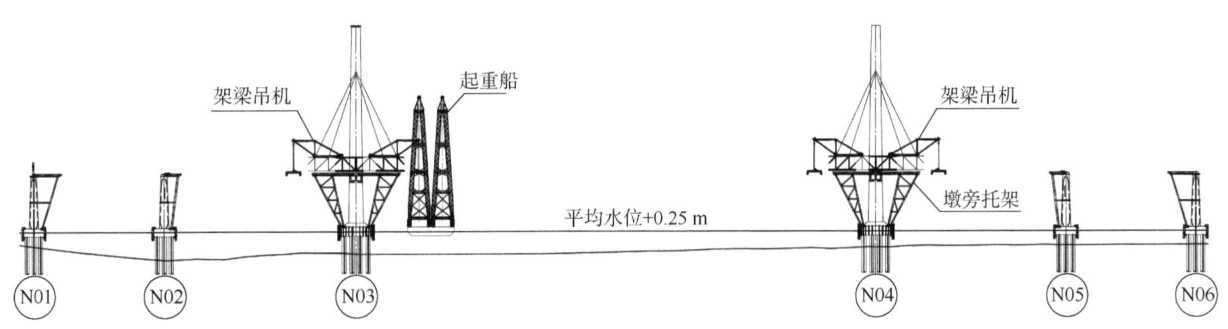

图 4-3-415　架梁吊机及第 1-2 层拉索安装示意图

4)中跨和辅助跨双悬臂对称架设

采用架梁吊机双悬臂对称架设钢桁梁节段 SE15-20/SE28-33 共 6 个节段。每两个节间为一个吊装单元，每节段间桁架采用高强螺栓连接，公路及铁路桥面板间采用坡口焊接连接。边跨侧钢桁梁预拱度采用设计预设结构线形的方法实现，辅助跨侧及主跨采用下弦长度不变，加长或缩短上弦节间长度方法实现，伸长或缩短的值通过调整上弦杆件拼接板的拼接缝间距实现。

架设时先对接副桁和上弦杆，待高栓施工完成后再对接斜杆，待斜杆高栓全部施拧完成后，吊机适当松钩配合下弦法向对拉合龙下弦，待钢桁梁节段对接高栓和焊缝施工完毕后方能松钩。每架设完一个吊装单元后对称挂设张拉 2 层斜拉索，然后架梁吊机前移两个节间，直至完成第 3～8 层斜拉索安装，如图 4-3-416 所示。

图 4-3-416　架梁吊机双悬臂对称架设实例

5)辅助墩墩顶节段架设

架设前将辅助墩(N02/N05)墩顶支座吊装至墩顶,在辅助墩墩顶及墩旁托架上落梁区域合理布置三向调整系统,采用“海鸥号”3 600 t 起重船将辅助墩顶 SE9-12(4 节间)大节段钢桁梁吊装放置于辅助墩顶墩旁托架上,通过三向调整装置往边跨侧预偏 0.7 m,如图 4-3-417 所示。

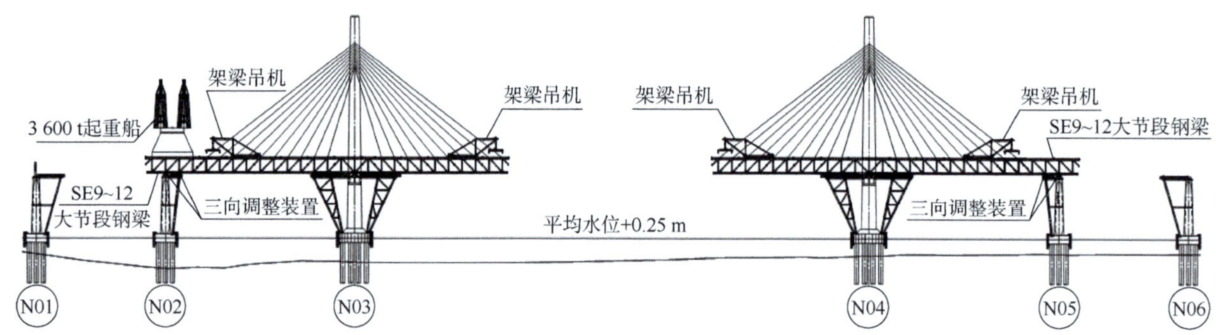

图 4-3-417　辅助墩墩顶钢桁梁架设示意图

架梁吊机悬臂架设 SE13-14/SE34-35 梁段并对称挂设第 9 层、第 10 层斜拉索。辅助墩墩旁托架上落梁区合适位置布置三向调整系统,风浪较小时,起重船横桥向站位吊装辅助墩墩顶 E9-E12 大节段钢桁梁,起重船缓慢松钩,钢桁梁一端支撑于辅助墩顶,一端支撑于墩旁托架上,测量钢桁梁偏位情况,再根据偏位情况调整 E10 及 E11 节点处三向调整系统安装位置及方向;观测、辅助跨合龙口的竖向高程、平面位置及倾角偏差,利用索力调整以及 E10、E11 节点下方三向调整系统调整合龙口两端钢桁梁姿态,三向匹配后完成辅助墩顶 4 节间钢桁梁与悬臂端钢桁梁合龙。安装辅助墩(N02/N05)墩顶支座。

6)压重段钢箱

在辅助墩 N02/N05 号墩墩顶两侧各 3 个节间及 E7-E13 节间范围内设压重段,压重荷载 264 kN/m。压重结构采用钢板封闭桥面底板,形成封闭的箱室,箱室处的横梁腹板及底板设置纵向和横向加劲肋进行加强。压重物采用普通素混凝土灌注于箱室内。在桥面顶板开混凝土灌注孔,灌注完后焊接封闭施工用孔,使钢箱内部达到气密防腐的效果。

7)中跨侧悬臂架设

主跨侧架梁吊机架悬臂架设 2 个梁段 SE36-37、SE38-39,每架设一个梁段对称挂设 2 层斜拉索,架梁吊机前移 2 个节间,完成第 11～14 层斜拉索挂设。

8)边墩墩顶节段架设

架设前将边墩(N01/N06)墩顶支座吊装至墩顶,在边墩墩顶及墩旁托架上落梁区域合理布置三向调整系统，采用“海鸥号”3 600 t起重船吊装边墩顶 SE0-2(2.5 节间)大节段钢桁梁，起重船缓慢松钩，钢桁梁一端落于墩顶，另一端落于墩旁托架上。通过三向调整装置调整钢桁梁横向位置、竖向标高，并将钢桁梁节段往边跨侧预偏适当距离，如图 4-3-418 所示。

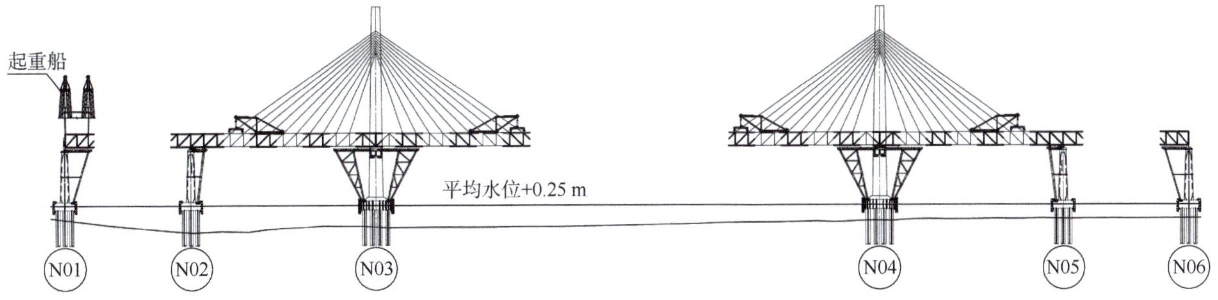

图 4-3-418　边墩墩顶钢桁梁架设示意图

9)中跨和边跨双悬臂对称架设

采用架梁吊机双悬臂对称架设钢桁梁节段，N03 号墩两侧对称架设 SE7-8/SE40-41 梁段，对称挂设第 15 层、第 16 层斜拉索。N04 号墩两侧对称架设 SE5-8/SE40-43 梁段，对称挂设第 15～17 层斜拉索，如图 4-3-419 所示。

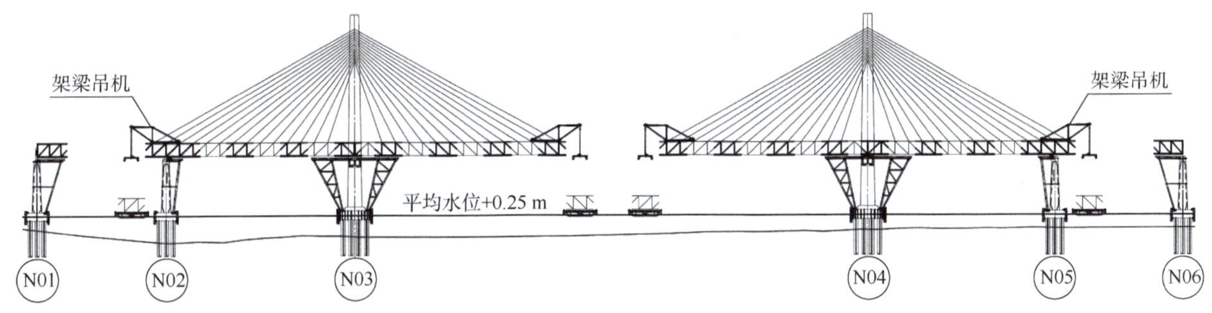

图 4-3-419　双悬臂钢桁梁架设示意图

10)中跨合龙段架设

(1)钢桁梁节段双悬臂架设

①在此工况下进行 72 h 连续观测气温变化、合龙段间距变化及其变化规律，观测频率一次/h，根据测量状态确定 N04 桥塔侧钢桁梁沿桥轴线方向的顶推距离，保证合龙口架设空间较设计距离大 10 cm。以 N03 侧钢桁梁悬臂端轴线偏位为基准调整 N04 侧钢桁梁悬臂端轴线偏位(相对差值小于 1 cm)，纵桥向偏移采用桥塔处 400 t 千斤顶顶推装置调整，并做好钢桁梁与主塔的监测，如图 4-3-420 所示。

图 4-3-420　抗风牛腿处液压顶顶推实物示

②运梁船运输合龙段及边跨 SE5′-6′节段钢桁梁至桥位处，拖轮及抛锚船在待吊位置抛锚定位。N04 桥塔边跨侧架梁吊机起吊 SE5′-6′节段，中跨侧架梁吊机起吊合龙段 SE42′，对称悬臂架设，如图 4-3-421 和图 4-3-422 所示。

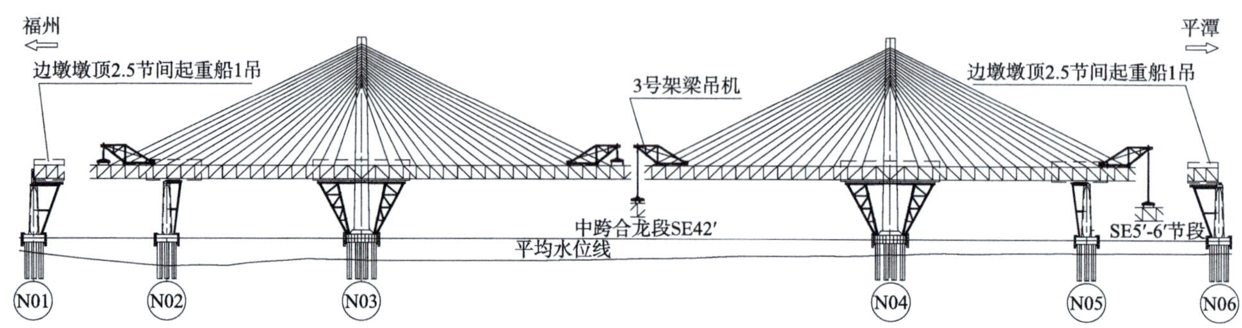

图 4-3-421 合龙节段 SE42′及 SE5′-6′节段吊装示意

图 4-3-422 元洪航道桥合龙段吊装实景

③合龙段 SE42′与 N04 桥塔中跨侧钢桁梁悬臂端对接，各杆件接头仅插打 50％冲钉，SE5-6 节段与 N04 桥塔边跨侧钢桁梁悬臂端对接。N04 桥塔中跨侧架梁吊机后退至与 N03 桥塔中跨侧架梁吊机对称位置或根据监控计算和实际情况确定具体站位。

④测量合龙口状态，调整控制中线、纵向间距及高程，控制要求为保证主桁平面中线差小于 2 mm；两悬臂端间隔距离与设计尺寸的差为 0～100 mm；两悬臂端高程一致，转角匹配。

总体按先横向、再竖向、后纵向的顺序进行合龙口调整。中线（横向）调整方法可通过斜拉索索力调整和对拉导链来实现。间距（纵向）通过 N04 桥塔抗风牛腿处 400 t 千斤顶顶推和温度变化来实现，将合龙口间距调整至 0～100 mm。高程调整方法通过调整架梁吊机站位、梁面汽车吊机等临时荷载和斜拉索共同调整，使两悬臂端高程一致。

⑤根据气温监测情况，选择气温稳定的时段进行合龙。总体按先主桁下弦杆、再主桁上弦杆，其次副桁上弦杆，后斜杆的顺序依次合龙。

⑥通过索力调整，移动桥面临时荷载，使合龙口两侧横向和竖向偏差变小接近合龙要求，再在合龙口利用倒链精调，消除横向和竖向偏差，安装长圆孔合龙销，通过反复精调完成主桁上下弦杆四处的长圆孔合龙销安装（此时悬臂端间隔距离与设计尺寸的间距差为 0～100 mm）。

⑦通过调整 N04 桥塔侧的顶推装置，进行纵移微调，当偏差在 0.5 mm 以内时，安装主桁下弦杆圆孔合龙销，再精调主桁上弦杆间隙至偏差在 0.5 mm 以内时，安装主桁上弦杆圆孔合龙销，随机抽出长圆孔合龙销轴。

⑧依次在主桁下弦杆、上弦杆及斜杆的合龙点打入螺栓孔眼 50％的冲钉，副桁处采用尖头冲钉逐步打入，如图 4-3-423 所示。若存在偏差，可利用架梁吊机、桥面汽车式起重机或斜拉索调整，使副桁精确合

龙对位，并插打50%冲钉。最后对合龙段两侧环口的对接杆件进行高栓施工，同时退出圆孔内合龙销。

⑨合龙口高栓施工完成后，进行铁路及公路桥面嵌补段施焊，挂设安装N04桥塔17号斜拉索，并按监控指令进行张拉。

(2)中跨合龙计算

根据设计图纸，建立全桥空间模型，对中跨合龙口敏感性进行分析计算，然后确定中跨合龙调整措施及合龙顺序。

通过对钢桁梁合龙前结构状态、N04号塔限位拆除前合龙口状态及不考虑摩擦力N04号塔拆除纵向限位后合龙口状态、索力调整、钢桁梁合龙口上下弦杆施加力以及环境温度的影响下合龙口位移变化量分析，最终得出合龙口敏感性分析重点考虑竖向位移及纵向位移的影响，敏感性分析见表4-3-48。

图4-3-423 主桁下弦杆合龙施工销轴安装

表4-3-48 敏感性分析汇总表

影响因素		变形量		
		竖向位移(mm)	纵向位移(mm)	横向位移(mm)
MS17号索力增加	3号塔索力增加250 kN	10.5	0.5	0
	4号塔索力增加250 kN	15.6	−1	0
合龙口两侧压重	3号塔侧压重250 kN	−33.9	1.2	0
	4号塔侧压重250 kN	−39.5	2.6	0
4号塔支座处顶推	4号塔支座处顶推2×1 000 kN	8.9	−77	0
合龙口下弦杆对拉	合龙口下弦杆对拉2×1 000 kN	7.6/18.9	−81.4	0
合龙口横向对拉	合龙口横向对拉2×100 kN	0	0	41.6
合龙口竖向对拉	合龙口竖向对拉2×100 kN	6.2	0	0
环境升温	整体升温10℃	−19.1/−4.3	−65.5	0
上弦合龙后，下弦杆对拉或增加索力	下弦拉2×1 000 kN	12.9	−5.5	0
	MS17号索力增加600 kN	25.8	−5.9	0

注：表中敏感性分析数据中，竖向位移以调整前位移上抬为正。若竖向位移变化量为两个值，则分别代表N03号塔侧和N04号塔侧，纵向位移以合龙口张口为正。

(3)钢桁梁合龙口敏感性分析结论

①钢桁梁主塔处顶推、合龙口处对拉对钢桁梁合龙口纵向位移调整效果基本相当，但合龙口处对拉对钢桁梁竖向位移有一定影响(影响梁端倾角)，总体来说两种措施对合龙口纵向调整效果基本相当，现场根据施工便捷性考虑纵向位移方案。

②钢桁梁纵向调整敏感性较高，调整措施力需先克服支座处摩擦力影响，钢桁梁架设过程中可对边跨侧斜拉索适当超张拉，以减小边跨钢桁梁支座压力，方便纵向调整，但超张拉后需满足纵向限位拆除后钢桁梁仍处于静止状态。

③钢桁梁若上弦合龙后再调整下弦杆合龙口纵向位移，则难度稍大。建议弦杆对接前须通过斜拉索调整合龙口上下弦杆间张口，并保证上下弦杆张口一致。

④钢桁梁纵向合龙调节与竖向调节无明显相关性，施工中可独立考虑。

⑤钢桁梁若采用等温度升高来调整纵向位移则须在白天进行合龙。本计算中仅考虑体系升降温对合龙影响，对白天日照产生的局部温差影响尚未计算。局部温差会引起竖向变位及转角变化，无法十分精确

地进行测试与计算，仅在合龙纵向口位移基本匹配后再利用温度变化精确合龙。

(4)合龙顺序结论

根据以上钢桁梁合龙口敏感性分析结论，钢桁梁合龙按如下顺序进行：

①斜拉索调索或压重，保证钢桁梁合龙口转角相匹配，上下弦杆纵向张口一致。

②通过主塔处顶推或合龙口处对拉调整钢桁梁纵向位移。

③通过接头间竖向对拉(或者斜拉于本侧上下弦杆节点处)、横向对拉调整合龙口两侧钢桁梁高差及横向偏差。

11)边跨合龙段架设

(1)整体方案

完成边墩墩顶大节段 SE0-2 钢桁梁与悬臂段 SE5-6 节段钢桁梁施工后，边跨侧架梁吊机前移 28 m，吊装边跨合龙段 SE3-4，并与悬臂端钢桁梁连成整体。观测边跨合龙口的高程、平面偏位及倾角偏差，利用索力调整以及 SE0-2 节段 E0、E2 节点下方的三向调整系统调整合龙口两端钢桁梁姿态，三向匹配后完成边跨合龙，合龙架设示意如图 4-3-424 所示。

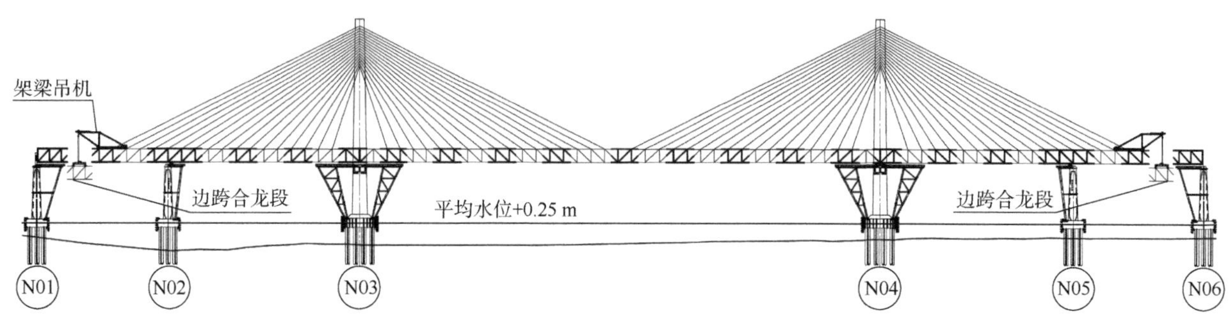

图 4-3-424 元洪航道桥边跨合龙吊装架设示意图

(2)施工步骤

①测量 SE3-4 合龙段吊装前合龙口的状态，采用三向千斤顶将边墩墩顶段钢桁梁尽可能向边跨侧偏移，保证合龙口吊装间距较设计理论距离不小于 10 cm。

②运梁船运输合龙段钢桁梁至桥址待装位置下方，垂直桥轴线方向站位，通过拖轮及抛锚艇辅助抛锚定位。

③边跨侧架梁吊机起吊 SE3-4 及 SE3′-4′节段，并与钢桁梁悬臂端连接，拼接顺序按先主桁下弦杆，再上弦杆，其次副桁上弦杆，后斜杆的顺序连接。

④观测调整合龙口姿态，通过三向千斤顶调整墩顶节段，斜拉索索力调整及临时荷载配重辅助调整悬臂端，使合龙口三向匹配，然后插打冲钉，安装高栓并施拧，再进行公路及铁路桥面嵌补段施工。最后安装边墩支座，位能法灌浆。

(3)边跨合龙计算

根据设计图纸，建立全桥空间模型，计算钢桁梁边跨合龙时合龙口两侧钢桁梁姿态并确定合龙调整措施及合龙顺序。悬臂端钢桁梁架设至边跨合龙口时，悬臂段钢桁梁下弦节点位移为－140 mm，支架上钢桁梁 A0 节点落梁 55 mm 后合龙口两端钢桁梁倾角匹配，托架上钢桁梁再整体落梁 153 mm 后合龙口上下弦杆竖向高程匹配，此时上弦杆水平位移差为 38 mm，下弦水平位移差为 27 mm。托架上钢桁梁反向顶推，先合龙下弦，适当顶梁后合龙上弦，再合龙斜杆。边跨合龙竖向位移计算如图 4-3-425 所示。

5. 鼓屿门航道桥钢桁梁架设

1)整体架设方案

根据整体架设方案将鼓屿门航道桥钢桁梁节段划分为 1.5 节间、2 节间、3 节间、7 节间，工厂焊接完成后再通过驳船运输至桥址水域。主塔墩顶 SE21-22 和 SE19-20 节段由起重船吊装至中跨侧墩旁托架

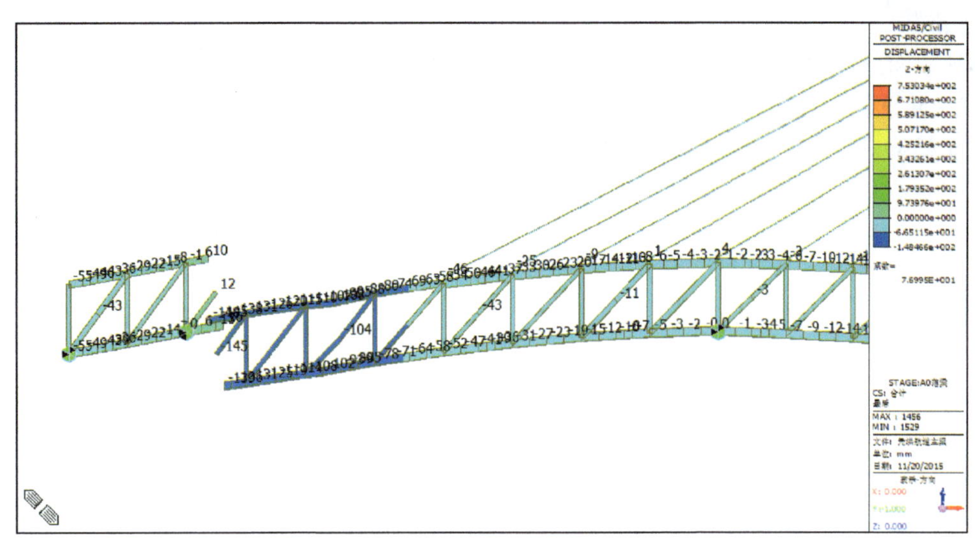

图 4-3-423　边跨合龙竖向位移计算图(单位:mm)

上,然后将落梁垫块转换成移梁滑块,通过 200 t 连续千斤顶滑移至设计位置。SE23-24 节段、辅助跨、边跨墩顶节间、辅助跨和边跨大节段由起重船直接吊装至墩旁托架上,由三向千斤顶调整至设计位置与相邻节段连接。架梁吊机悬臂架设其余节段钢桁梁,每悬臂架设一个梁段须安装 2 层斜拉索,钢桁梁架设总体布置如图 4-3-426 所示。施工步骤如下:

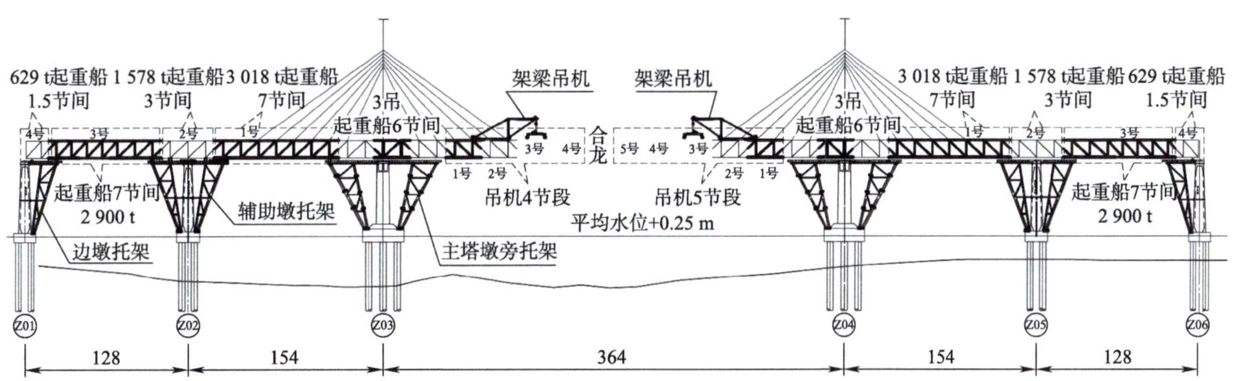

图 4-3-426　鼓屿门航道桥钢桁梁架设总体布置图(单位:m)

(1)施工步骤一(图 4-3-427)

①基础及主塔、墩身施工。

②主塔下横梁施工完毕后,利用起重船安装墩旁托架。

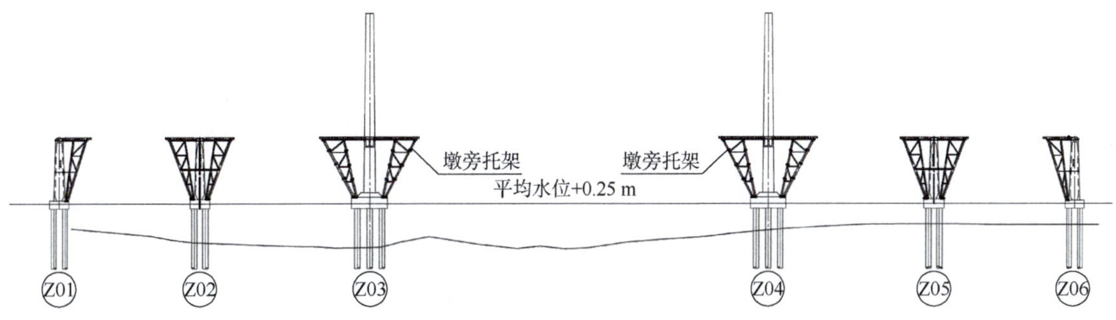

图 4-3-427　起重船安装墩旁托架

(2)施工步骤二(图 4-3-428)

①如图所示,在边墩托架上安装钢桁梁纵横移装置及竖向起顶装置。

②3 600 t 起重船吊装边墩顶 SE0-1 钢桁梁节段(1.5 节间,重约 663 t)至墩旁托架上。

③起重船松钩,通过纵横移装置及竖向千斤顶调整钢桁梁的纵横向位置、竖向高程,并将钢桁梁往边跨侧预偏 0.5 m。

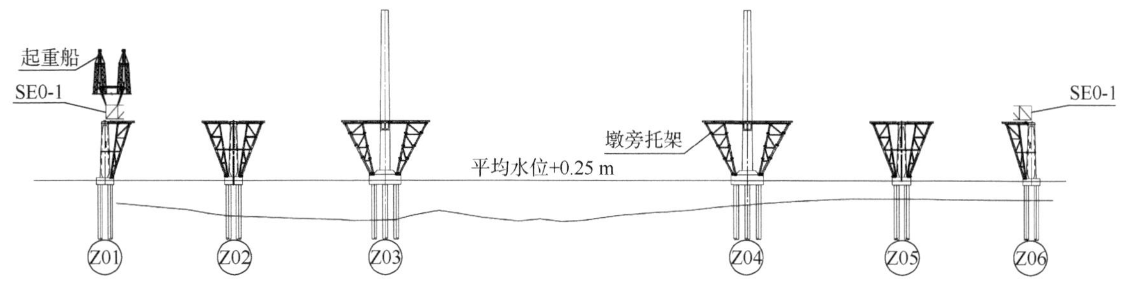

图 4-3-428 边跨墩顶钢桁梁起重船吊装架设

(3)施工步骤三(图 4-3-429)

①如图所示在边墩托架及辅助墩托架上安装钢桁梁纵横移装置及竖向起顶装置。

②3 600 t 起重船吊装边跨 SE2-8 大节段钢桁梁(共 7 节间,重 2 953 t),钢桁梁两端支撑于托架上。

③起重船松钩,通过纵横移装置及竖向千斤顶调整钢桁梁的纵横向位置、竖向高程,并使 SE2-8 节段与 SE0-1 节段接头处纵向预留约 10 cm 间隙。

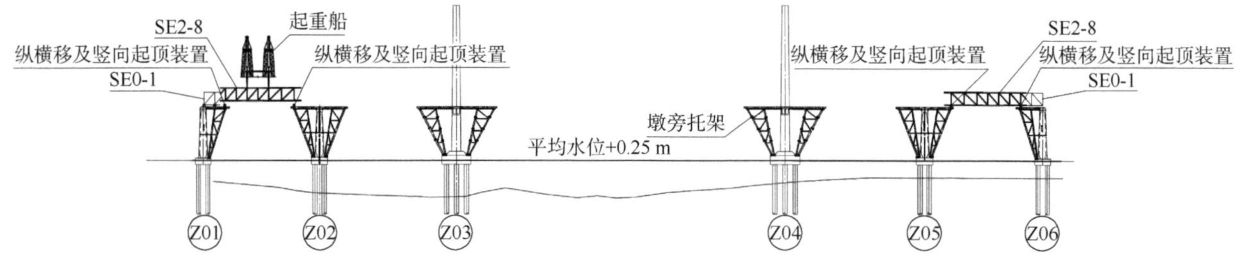

图 4-3-429 边跨大节段钢桁梁起重船吊装架设

(4)施工步骤四(图 4-3-430)

①如图所示辅助墩托架上安装钢桁梁纵横移装置及竖向起顶装置。

②3 600 t 起重船吊装 SE9-11 大节段钢桁梁(3 节间,重 1 692 t)至辅助墩顶。

③起重船松钩,通过纵横移装置及竖向千斤顶调整钢桁梁的纵横向位置、竖向高程,并使 SE9-11 节段与 SE2-8 节段接头处纵向预留约 10 cm 间隙。

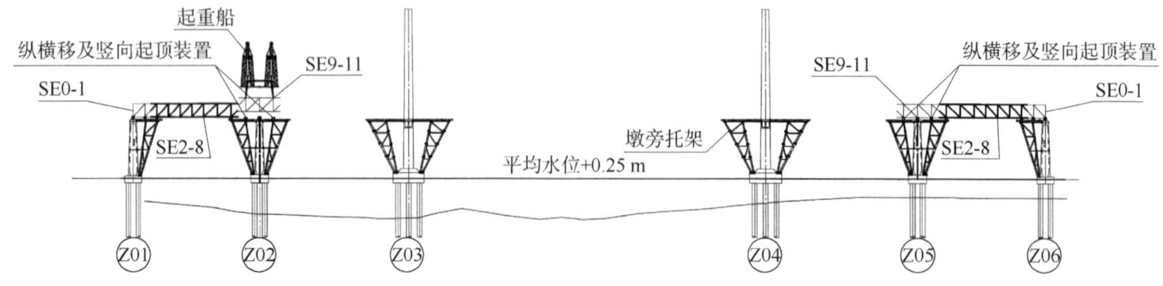

图 4-3-430 辅助墩墩顶钢桁梁起重船吊装架设

(5)施工步骤五(图 4-3-431)

①如图所示辅助墩托架及主塔墩旁托架上安装钢桁梁纵横移装置及竖向起顶装置。

②3 600 t 起重船吊装辅助跨 SE12-18 大节段钢桁梁(7 节间,重 3 147 t),钢桁梁两端支撑于托架上。

③起重船松钩,通过纵横移装置及竖向千斤顶调整钢桁梁的纵横向位置、竖向高程,并使 SE12-18 节段与 SE9-11 节段接头处纵向预留约 10 cm 间隙。

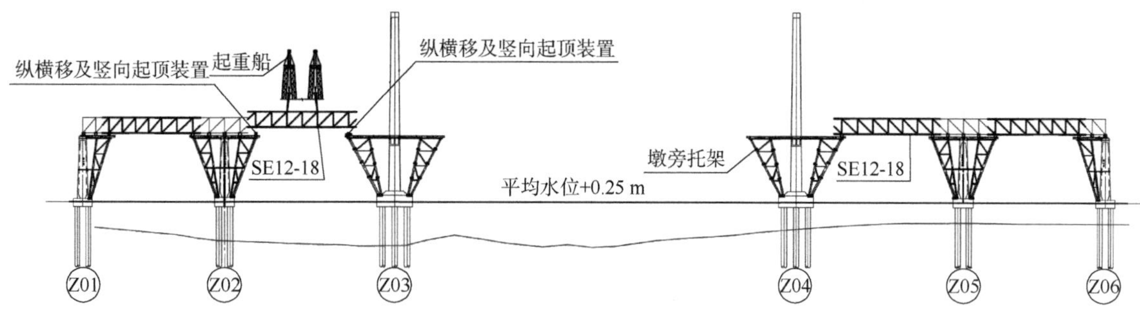

图 4-3-431 辅助跨大节段钢桁梁起重船吊装架设

(6)施工步骤六(图 4-3-432)

①3 600 t 起重船站位于主跨侧,吊装主塔墩顶 SE19-20 节段钢桁梁至主塔墩旁托架上,起重船松钩,通过纵横移装置及竖向千斤顶调整钢桁梁的纵横向位置、竖向高程,并将钢桁梁往边跨侧滑移 4 个节间到达设计位置。

②3 600 t 起重船站位于主跨侧,吊装主塔墩顶 SE21-22 节段钢桁梁至主塔墩旁托架上,起重船松钩,通过纵横移装置及竖向千斤顶调整钢桁梁的纵横向位置、竖向高程,并将钢桁梁往边跨侧滑移 2 个节间,精确调整 SE21-22 节段钢桁梁平面位置及高程,安装主塔正式支座及塔梁纵向锁定装置。

③3 600 t 起重船站位于主跨侧,吊装主塔墩顶 SE23-24 节段钢桁梁至主塔墩旁托架上,起重船松钩,通过纵横移装置及竖向千斤顶调整钢桁梁的纵横向位置、竖向高程,并与 SE21-22 节段钢桁梁连成整体。

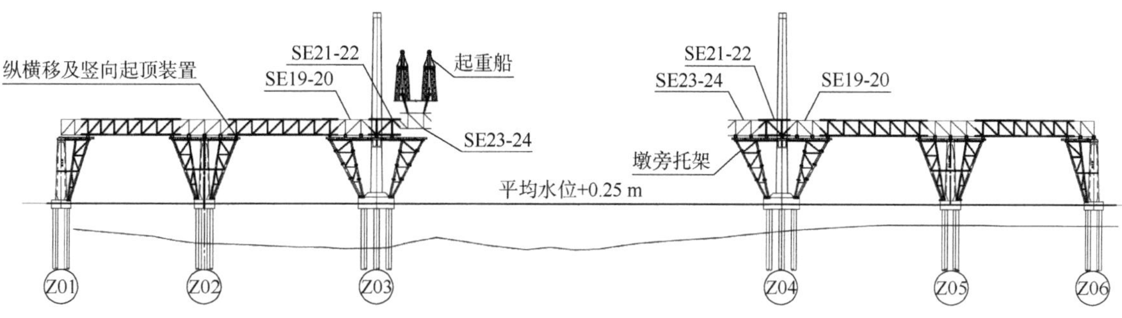

图 4-3-432 主塔墩顶钢桁梁起重船吊装架设

(7)施工步骤七(图 4-3-433)

①利用 E19 及 E20 节点下方的纵横移及竖向起顶装置调整钢桁梁 SE20-21 间合龙口钢桁梁姿态,三向匹配将 SE19-20 节段钢桁梁与 SE21-22 节段钢桁梁连成整体。

②利用 E12 及 E18 节点下方的纵横移及竖向起顶装置调整钢桁梁 SE18-19 节点间合龙口钢桁梁姿态,三向匹配将 SE12-18 节段钢桁梁与 SE19-20 节段钢桁梁连成整体。

③利用 E9 及 E11 节点下方的纵横移及竖向起顶装置调整钢桁梁 SE11-12 节点间合龙口钢桁梁姿态,三向匹配将 SE9-11 节段钢桁梁与 SE12-18 节段钢桁梁连成整体。

④利用 E2 及 E8 节点下方的纵横移及竖向起顶装置调整钢桁梁 SE8-9 节点间合龙口钢桁梁姿态,三向匹配将 SE2-8 节段钢桁梁与 SE9-11 节段钢桁梁连成整体。

⑤利用 E0 及 E1 节点下方的纵横移及竖向起顶装置调整钢桁梁 SE1-2 节点间合龙口钢桁梁姿态,三向匹配将 SE0-1 节段钢桁梁与 SE2-8 节段钢桁梁连成整体。

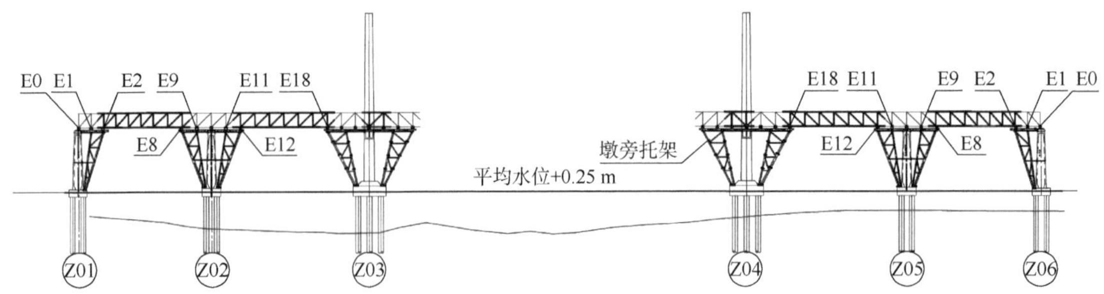

图 4-3-433　节段钢桁梁连成整体

(8)施工步骤八(图 4-3-434)

①起重船整体吊装主跨侧两台架梁吊机。

②对称挂设第一、二层斜拉索。

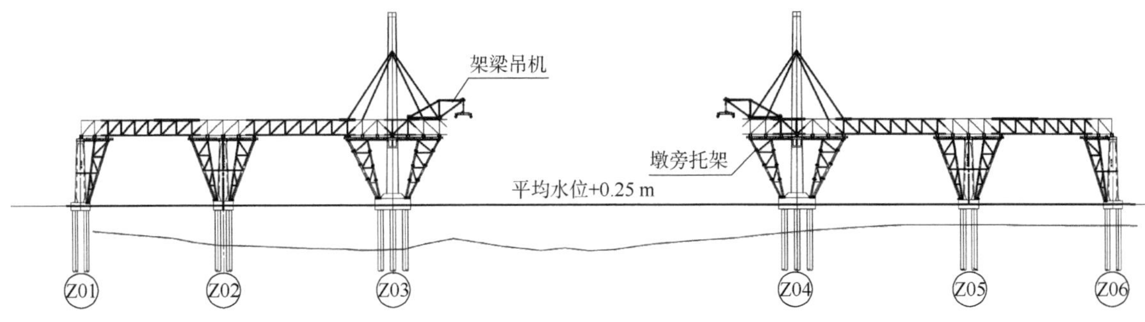

图 4-3-434　起重船整体吊装主跨侧两台架梁吊机

(9)施工步骤九(图 4-3-435)

①架梁吊机悬臂架设主跨钢桁梁,每两个节间为一个吊装单元,每架设完一个吊装单元后挂设两层斜拉索,然后架梁吊机前移两个节间。

②重复本步骤第①条,直至架设至跨中合龙段。Z03 号墩侧共架设 4 个节段钢桁梁,挂设 8 层斜拉索;Z04 号墩侧共架设 5 个节段钢桁梁,挂设 9 层斜拉索。

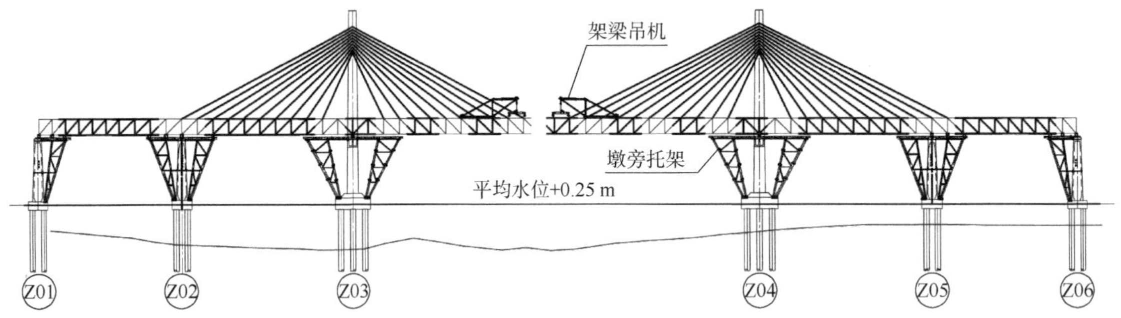

图 4-3-435　架梁吊机吊装架设钢桁梁至合龙段

(10)施工步骤十(图 4-3-436)

①对两侧主梁进行调整,使合龙节间满足吊装要求。

②利用 Z03 号墩侧架梁吊机起吊合龙段钢桁梁,并与 Z03 号墩侧钢桁梁连接成整体。

③观测、调整合龙口的竖向高程、平面位置、倾角,三向匹配后完成中跨合龙,并按监控指令完成体系转换。

④拆除架梁吊机,挂设 Z03 号塔最后一层斜拉索。

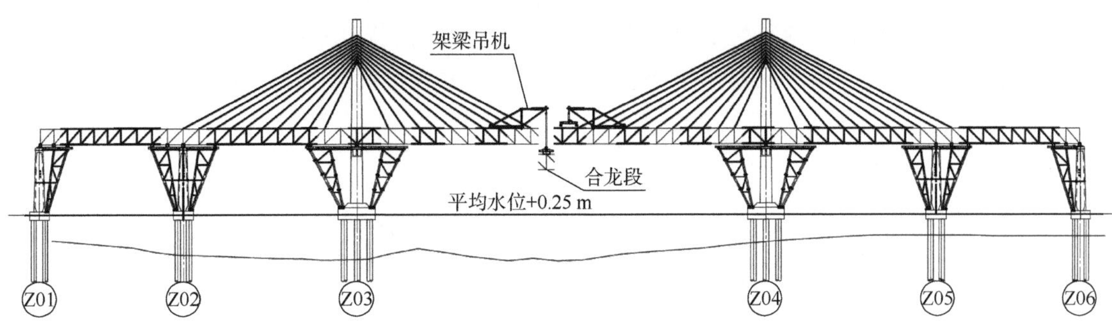

图 4-3-436 架梁吊机吊装架设合龙段钢梁

(11)施工步骤十一(图 4-3-437)

①利用全回转或半回转架板吊机吊装边跨无索区预制混凝土板,混凝土板湿接缝施工。

②拆除大临,完成桥面铺装及附属结构、过桥管线的安装。

③全桥索力调整,成桥荷载试验,交工验收。

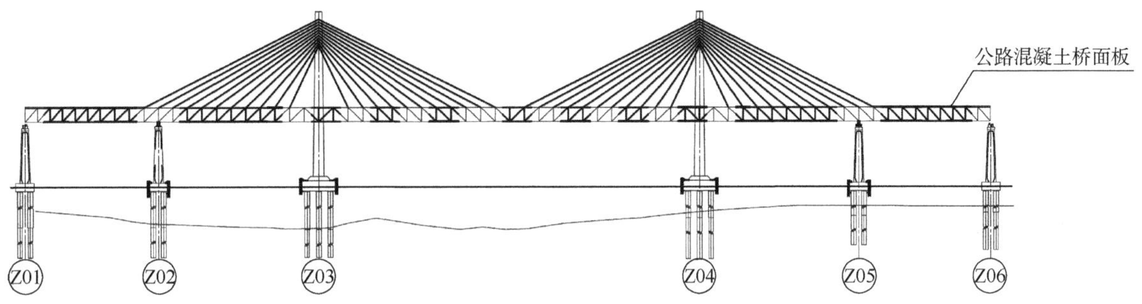

图 4-3-437 架板吊机吊装边跨无索区预制混凝土板

2)主塔墩顶节段架设

主塔墩顶 6 节间钢桁梁均采用起重船分 3 节段整体吊装,整体吊装顺序为 SE19-20→SE21-22→SE23-24。受鼓屿门航道流速和浪涌影响,起重船站位于桥跨北侧吊装。主塔墩顶节段吊装流程如图 4-3-438 所示。

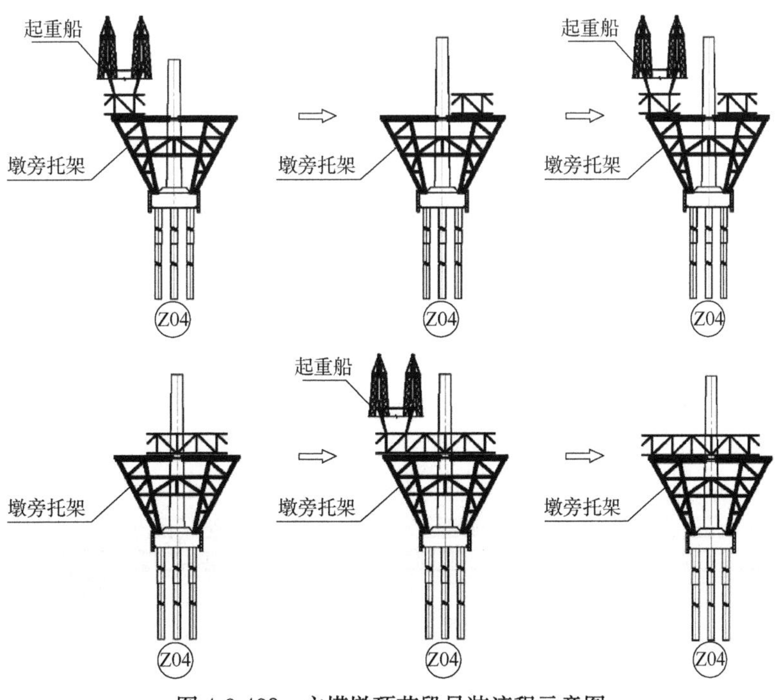

图 4-3-438 主塔墩顶节段吊装流程示意图

(1)吊装前在边跨侧滑道梁落梁区域合理布置三向千斤顶调整装置。在垫石旁倒用型钢或混凝土预制块设置支座横向滑道,将主塔处支座吊至垫石旁的滑道上,滑道布置如图 4-3-439 所示。

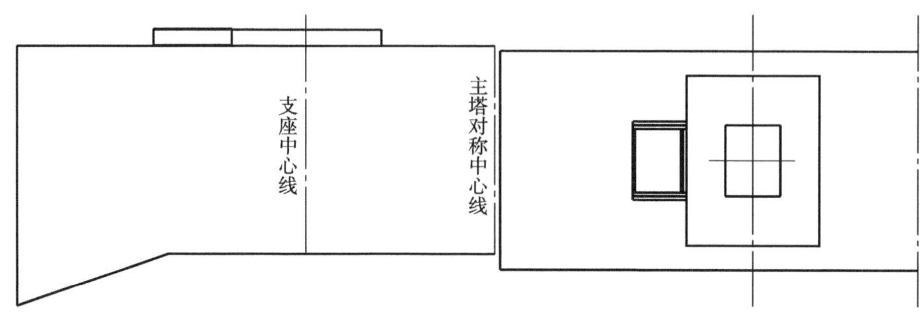

图 4-3-439 主塔支座滑道布置图

(2)风浪较小时(风力不大于 7 级,浪高不大于 2.0 m,流速不大于 1.5 m/s),起重船主跨侧横桥向站位起吊 SE19-20 钢桁梁节段,起重船缓慢松钩,钢桁梁两端支撑于墩旁托架上,测量钢桁梁偏位情况,再通过偏位情况调整三向调整系统位置及方向。通过三向调整系统调整钢桁梁横向位置及竖向位置,将落梁垫块底口的缓冲橡胶块拆除更换为滑块。滑道梁顶安装 200 t 连续拖拉千斤顶及拖拉钢绞线,滑道梁顶面清理并涂抹黄油。启动连续千斤顶将 SE19-20 梁段滑移至设计位置,梁段安装如图 4-3-440 所示。

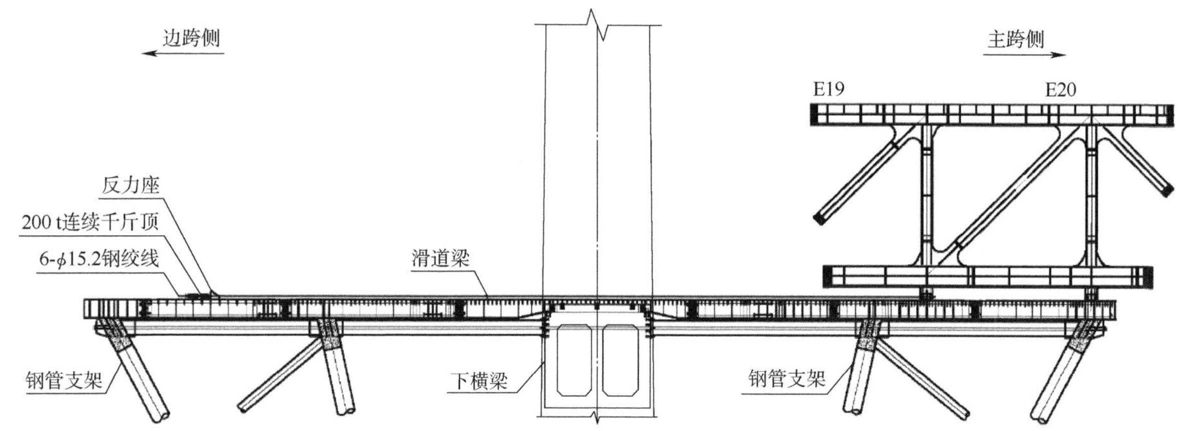

图 4-3-440 SE19-20 梁段安装示意图

(3)在边跨侧落梁区域合理布置三向调整装置。同上吊装 SE21-22 节段钢桁梁。受支座处梁高影响,SE21-22 节段钢桁梁落梁后高出设计 230 mm,在如图 4-3-441 所示位置安装三向千斤,顶精确调整 SE21-22 梁段至设计位置,拆除 E22 节点下方的滑块,将主塔正式支座横向滑移至设计位置,安装支座。

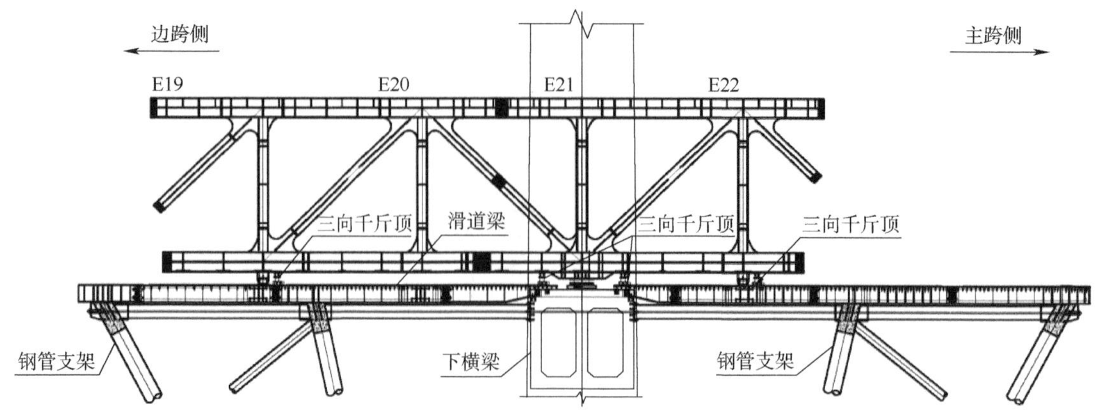

图 4-3-441 SE21-22 梁段三向千斤顶安装示意图

(4)割除垫石上方部分滑道梁,如图 4-3-442 所示。在 E21、E22 节点下方设置三向调整系统,三向千斤顶安装时在纵桥向离 E21 节点中心两侧 3.5 m 处均可以布置三向调整系统,精确调整 SE21-22 梁段平面位置及高程,如图 4-3-443 所示。拆除 E21 节点下方滑块,将主塔正式支座横向滑移至设计位置,安装支座,位能法灌浆。支座安装完成后,割除垫石上方剩余滑道梁。

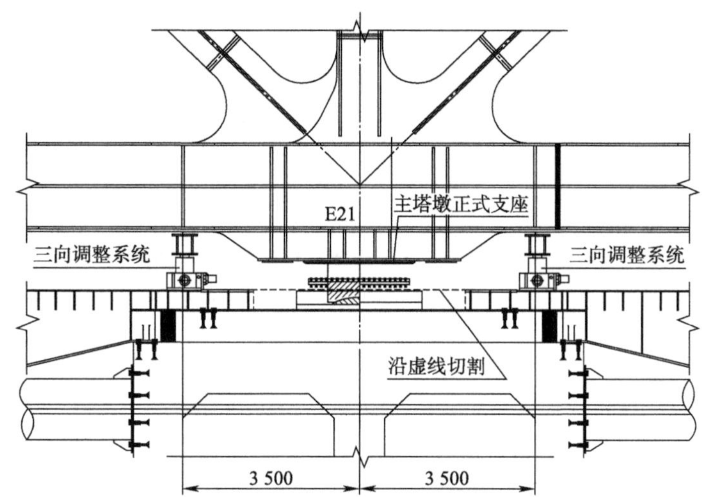

图 4-3-442　垫石顶滑道梁切割及支座安装(单位:mm)

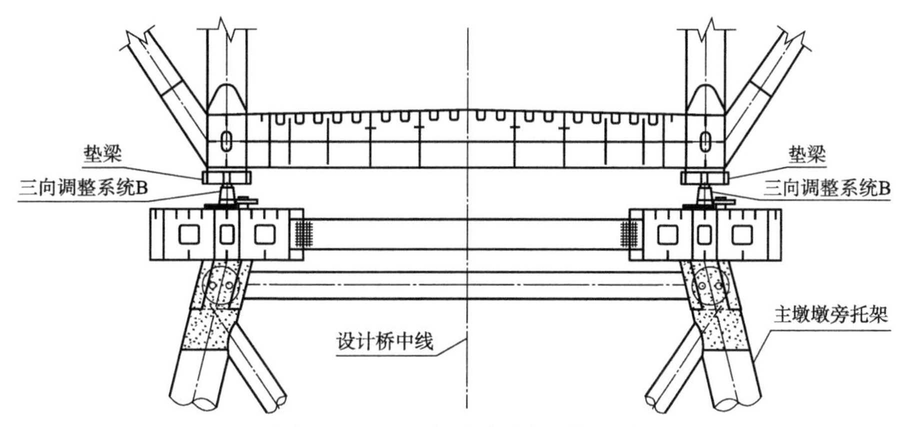

图 4-3-443　三向千斤顶布置断面图

(5)安装 Z04 阻尼器双耳座,利用阻尼器位置设置临时拉压杆作为主跨施工时的纵向限位,两侧分别设有 4 根阻尼器,单根阻尼器可承受 250 t,如图 4-3-444 所示。Z03 采用永久固定支座纵向限位。

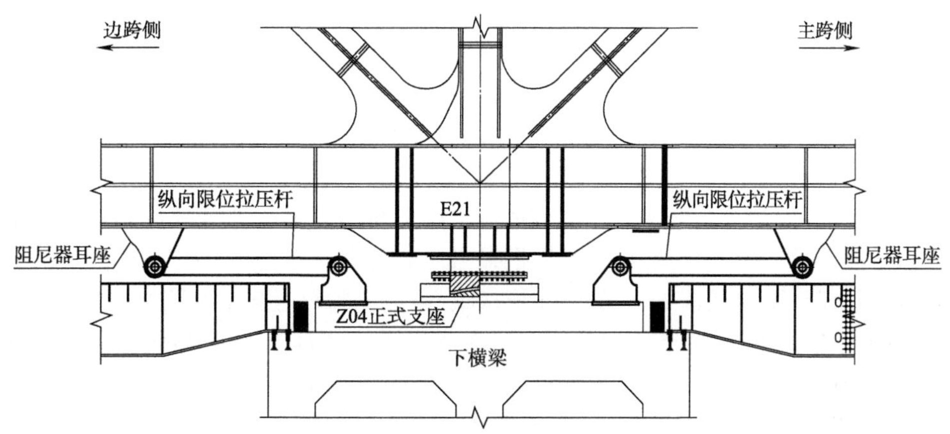

图 4-3-444　临时纵向限位拉杆安装示意

(6)同上吊装 SE23-24 梁段,通过三向调整系统调整钢桁梁横向位置及竖向高程,并与 SE21-22 梁段连成整体,如图 4-3-445 所示。

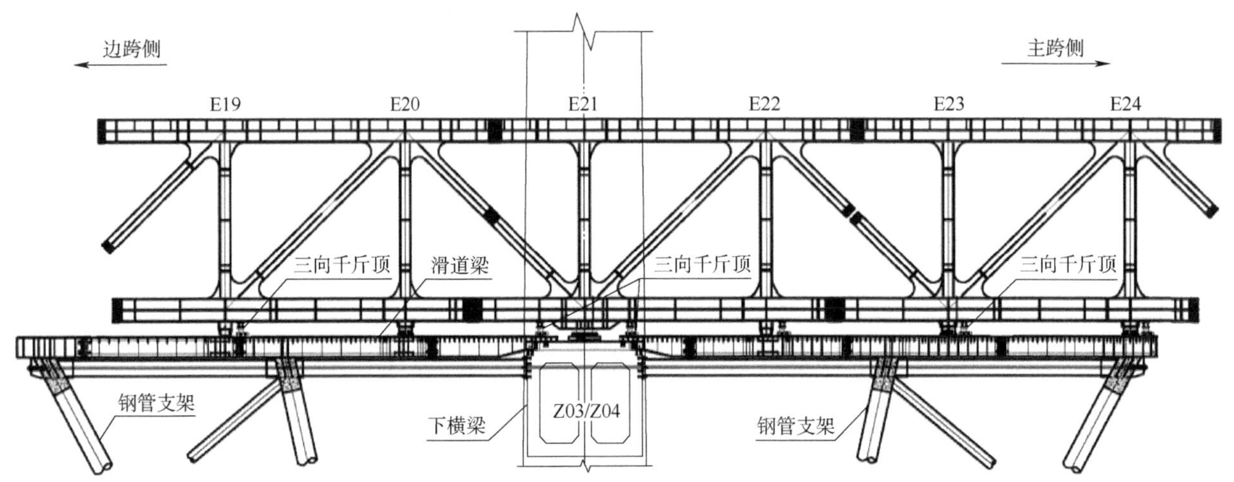

图 4-3-445 墩顶节段连成整体图

3)辅助跨和边跨大节段架设

辅助跨和边跨大节段在工厂组拼成 7 节间整节段,现场采用"海鸥"号起重船整孔架设。梁段详细信息见表 4-3-49。

表 4-3-49 钢桁梁统计表

节段	节间长度(m)	节间数	总长(m)	总重(t)	吊耳纵向间距(m)	吊耳横向间距(m)	小里程吊点(t)	大里程吊点(t)	备 注
SE2-SE8	12/14	6.5	89	3095	38	15.0	694	854	4 个吊钩大节段吊具
SE12-SE18	14	7	98	3356	28	15.0	859	819	4 个吊钩大节段吊具

(1)"海鸥"号起重船布置

以 Z05-Z06 号大节段钢桁梁架设为例,"海鸥"号起重船位于线路右侧海域抛锚,抛锚布置详见设计图纸。两个前侧锚和两个后锚均穿过栈桥抛"八字锚",两个前进锚均穿过栈桥直接抛设,大节段钢桁梁架设前 15 d 需报备福州海事局,大节段钢桁梁吊装当天对鼓屿门航道进行封航,同时航道上下游均采用抛锚船警戒。

(2)运梁船抛锚

拖轮将运梁船拖至桥位海域,开动 3 号锚机,使起重船 3 号锚处于松软不受力状态时,运梁船缓缓行驶至起重船右前方。运梁船在自身正前方抛设单个临时锚,然后拖轮退出,并利用抛锚艇依次挂设预先抛设的 4 个锚链,再通过绞锚使运梁船转向至船体与桥中心线平行,并调整各锚绳使运梁船位于起重船正前方下,细调整锚链完成运梁船的精确定位,运梁船抛锚布置如图 4-3-446 所示。

(3)解除限位及挂钩

钢桁梁整体吊装前,安排 2 名熟练的气割工将运梁船上钢桁梁单侧部分限位割除。其中大节段钢桁梁沿船长度方向单侧共设限位 8 个,墩顶节段钢桁梁沿船长度方向单侧共设限位 3 个,宽度方向船头和船尾各设 2 个限位。从船头到船尾按 1~8 的顺序依次编号,先割除靠近起重船侧偶数编号限位,船头、船尾和远离起重船侧的限位不割除。将起重船抛锚定位在待架桥址区附近,通过拖轮和抛锚艇辅助运梁船横水作业,抛锚定位在起重船正下方。在运梁船抛锚定位之时,割除钢桁梁靠近起重船侧奇数编号的限位以及横向船尾的限位,船头的限位不割除,防止钢桁梁脱离运梁船时摆动对船头产生冲击。

2号锚
3号锚
Z04
主桥中心线
Z05
1号锚
Z06
4号锚
CX01
临时锚
步骤一：
运输船在起重船吊装区域抛设临时锚

Z04
主桥中心线
Z05
Z06
CX01
CX02
临时锚
1号锚
2号锚
4号锚
3号锚
步骤二：
拖轮退离，运输船船首和船尾各抛设两口移位锚

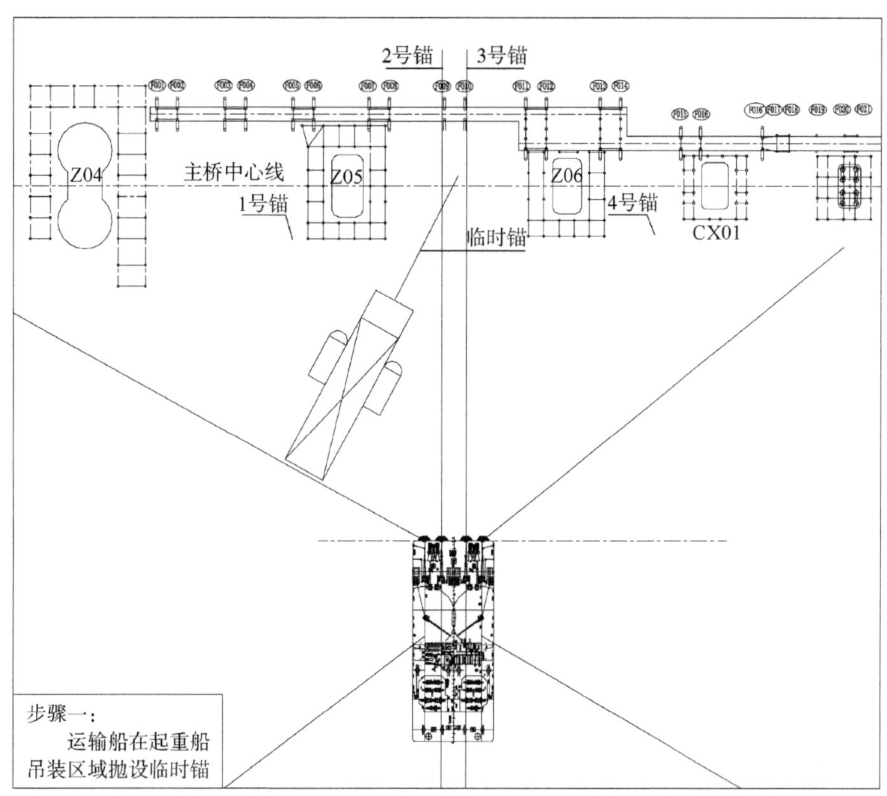

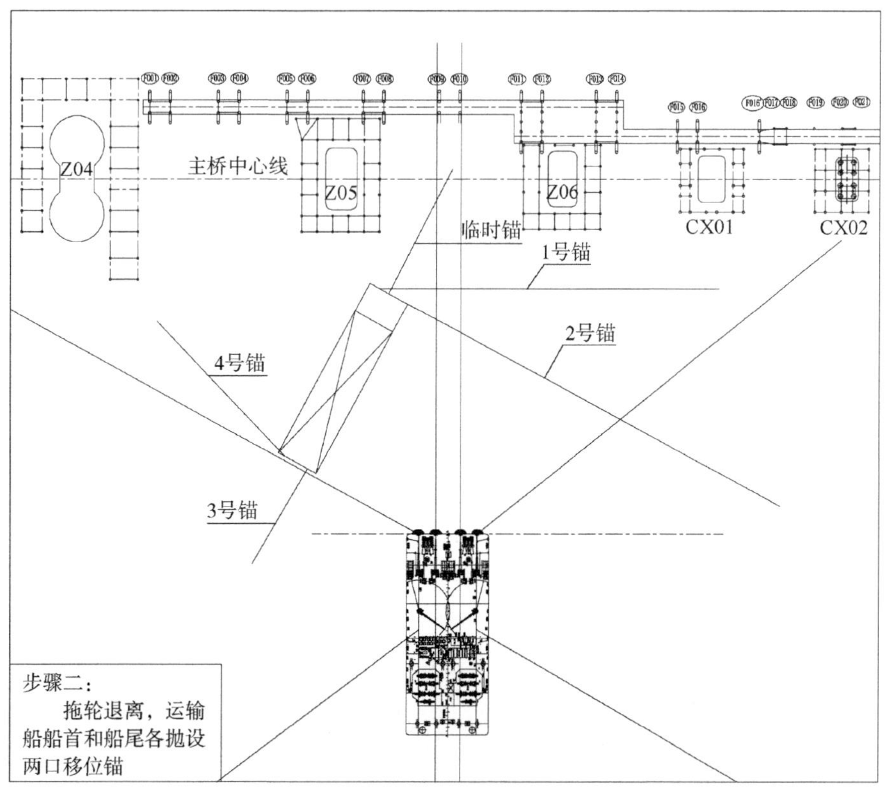

图　4-3-446

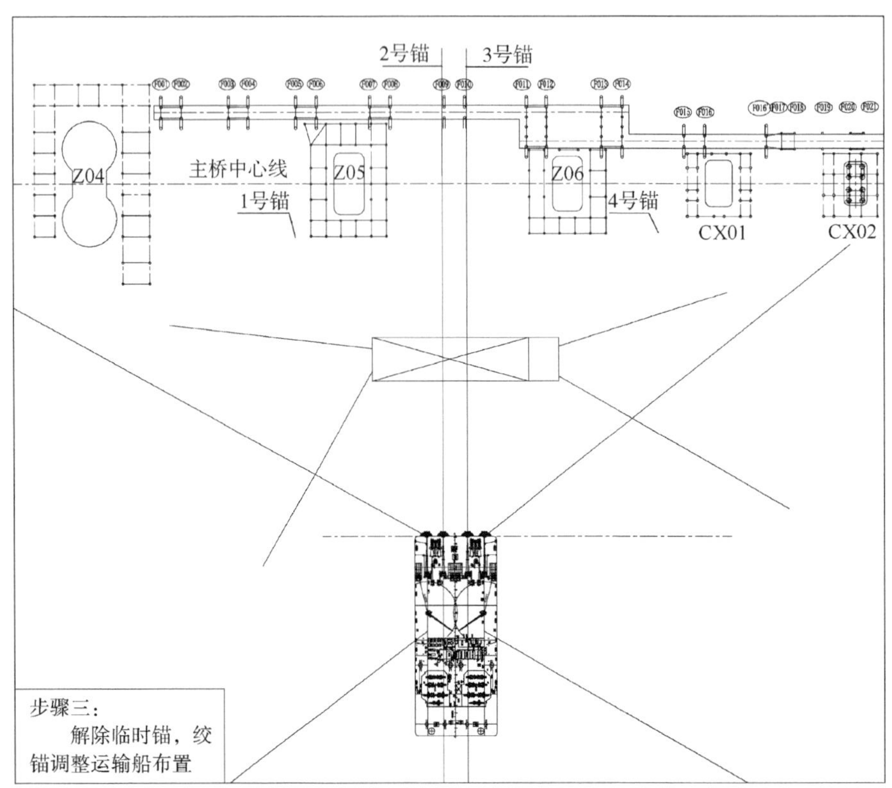

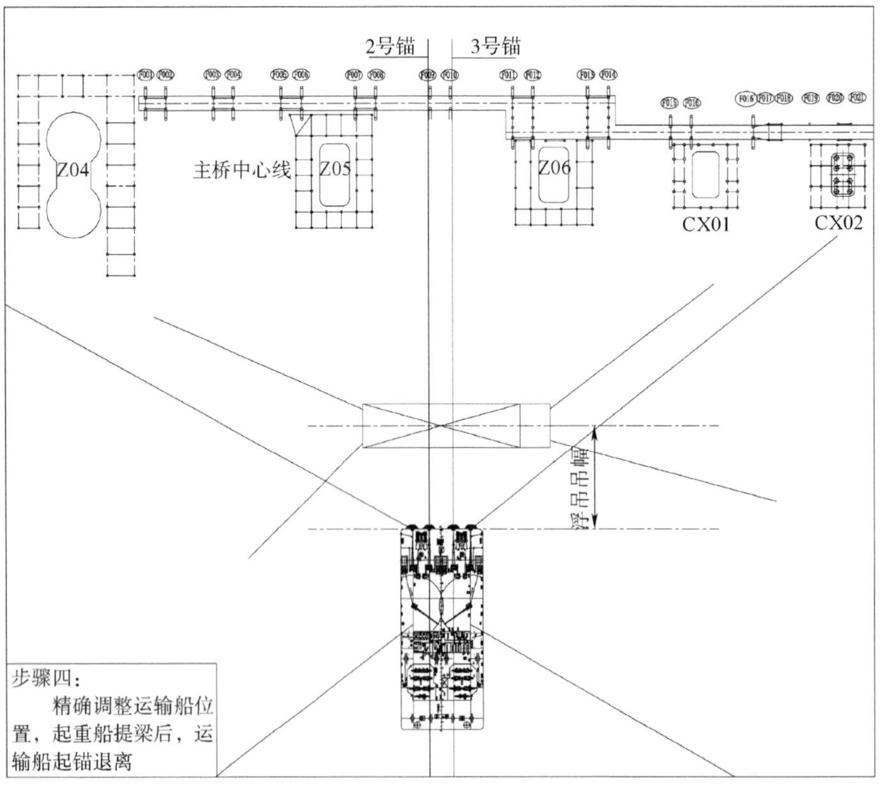

图 4-3-446　梁段架设时运梁船抛锚布置图

待运梁船抛锚定位好之后，通过绞动起重船的锚机，将吊具的 4 个吊点正对钢桁梁的四个吊耳，然后缓慢下落钢丝绳至钢桁梁吊耳滑轮底口。为了减少起重船和运梁船的摆动对挂钩造成的影响，先单边挂钩，每个吊点配备 4 名工人进行协助挂钩。挂钩前先将吊耳销轴上的限位卡板取下，当吊具的绳圈落入钢桁梁吊耳滑轮绳槽后，将限位钢丝绳跳槽的卡板装在销轴上，然后缓慢起钩拉紧钢丝绳后停止，用直径 10 mm 的软尼龙绳将同一个吊点的两个绳圈箍成一个整体，防止因起重船的晃动引起因挂好钩的绳圈跳出绳槽。待挂钩完成后，起重船主钩缓慢用力，拉紧钢丝绳，割除靠起重船侧剩余限位和船头侧限位。

(4)静动载检查

钢桁梁梁体与吊具连接完成后，主梁正式起吊前，需进行静载检查及动载检查，其目的主要是检验吊耳连接质量；检验吊具性能及结构安全；检查起重船起重性能及刹车性能。

①静载检查

起重船正式挂钩前，需由船舶工作人员进行质量安全检查，自检合格后方可进行静载检查。检查前，起重船预先装压舱水 2 149 t 调整船体倾斜角度；检查时，查看并记录驾控室荷载显示器显示的吊载重量、吊载位置及在此位置上所能起吊的最大荷载。

吊具与主梁连接完成后，缓慢调整起重船各钩拉力，确保各钩不出现较大偏载。钢桁梁起吊应逐级加载，每次加载按 100 t 控制，钢桁梁底部悬空后，检查钢桁梁处于悬空状态是否存在不安全因素，检查吊具水平度(测量观察)及各吊钩的受力情况与理论值的差别，根据测量情况对钢桁梁姿态进行调整。钢桁梁缓慢提升过程中，在与运梁船完全脱离前，起重船并未完全承受主梁重量，运梁船吃水深度缓慢减小，船位随之增高，由起重船操作人员根据操作手册调整起重船姿态以满足受力要求。主梁与运梁船脱离时即静载检查开始时刻，匀速提升主梁直至梁底与运梁船上主梁限位顶标高间隔 0.2～0.3 m 时，起重船卷扬机进行刹车制动，检查主梁吊耳、吊具钢结构连接及整体姿态、起重船有关机构及各制动器有无损伤和不正常工作情况，并做好检查记录。

②动载检查

在静载检查完全合格后，方可进行动载检查；检查前，查看并记录驾控室荷载显示器显示的吊载重量、吊载位置及在此位置上所能起吊的最大荷载。

在静载检查的基础上，匀速提升主梁 0.5 m 后起重船卷扬机进行刹车制动，待整体稳定后，再将主梁下放 0.5 m 后刹车制动，观测主梁整体姿态、检查起重船有关机构及各制动器有无损伤和不正常工作情况，并做好检查记录。驱动装置不存在不正常的发热和振动冲击现象，各机构焊缝无裂纹，紧固件和运动件无松动等不良现象；主梁各点高差处于允许范围，各主钩偏载不超过允许值，检查结果满足吊装要求，方可说明动载检查合格。

(5)吊装及下放

在静载、动载检查完全合格后，开始主梁的正式吊装。动载检查完成后，再次精确调整起重船姿态及各钩受力，测量主梁各点高程，最高点与最低点高差不允许超过 0.2m。测量完成后，缓慢提升主梁，直至主梁梁底标高高于运梁船顶标高 3.0 m 以上时，运梁船收锚绞离，并在拖轮辅助下离场，然后缓慢提升主梁直至设计高程，起重船通过绞锚缓慢前移至待架墩位处进行落梁、安装。主梁吊装需进行全过程动态观测，确保吊装安全，并以各点高差作为主控依据，各钩负载作为辅控依据。主梁起吊过程中，需监测、调整主梁的水平度及吊钩受力状况，分次将主梁提升到指定高度，主梁提升过程中需分次进行，并不断复核、调整主梁的水平高差及吊钩的受力状况，并利用预先在吊具上安置的连通管观测整体姿态。

在主梁开始正式吊装时，安排人员对吊装过程进行全过程监控监测，初始吊高 20 m 范围内，分次起吊高度处于 2.0～3.0 m 为宜，后续吊高范围内分次起吊高度在 3.0～5.0 m 为宜，全过程观测主梁各点高差处于 0.2m 为宜，并以高差 0.2m 作为警戒线。吊装过程中还应控制各钩负载偏差不大于 80 t，起吊过程中若发现任何一项不满足控制要求，应立即停止起吊，进行纠偏，查明情况后方可继续起吊。现场以高程控制为主，吊点受力为辅。

提前在待架钢桁梁墩顶垫梁上画好落梁垫块的落梁区域，并用油漆做好标记。起重船利用两前进锚进行绞锚前移，通过绞动锚绳使起重船垂直于两墩之间的连线，待钢桁梁位于桥墩正上方时停止移动，通过微调起重船锚绳或起重船姿态使钢桁梁落梁垫块正好位于墩顶垫梁落梁区域的正上方。初步落梁时，落梁垫块的落梁位置不得偏移设计位置 1.0 m 以外。

落梁时分次下落，待下落至墩顶 20 cm 后进行最后一次姿态调整然后下落至墩顶，且主梁落梁就位选择在高平潮时进行。

主梁与落梁垫块接触后，起重船主钩受力减小，扒杆开始上扬，此时由船舶操作人员调整起重船姿态，并控制落梁速度，保证主钩缓慢卸载，卸载时应采用慢慢降低扒杆角度控制，严禁直接松钩，防止产生水平力拖动钢桁梁。起重船卸载需分级进行，一开始卸载按 200 t 级别，起重船 4 个大钩同时卸载 200 t，静停 15 min，测量托架沉降和位移情况，合格后再进行下一级别卸载；最后卸载 200 t 时，分 4 次卸载，每次卸载 50 t，静停 30 min。待主钩完全卸载后，拆除吊具与主梁的连接，起重船退出作业区域。

钢桁梁架设时必须确保吊具、吊绳连接处牢固可靠，起吊的吊具与钢桁梁接触处应有胶皮垫好。起吊时必须有固定的信号指挥，信号员必须与船舶操作人员、起重船操作人员密切配合，指挥得当，操作准确；钢桁梁起吊时起吊范围内严禁站人。

(6)节段调整对接

大节段钢桁梁架设完成后临时支撑在墩旁托架上，利用三向调整系统与相邻节段对接。

①辅助跨大节段钢梁拼装计算

辅助跨钢梁吊装至墩旁托架上后，首先通过两端支点处布置的纵横移装置调整钢梁的轴线位置。然后 E12 节点顶梁 100 mm，合龙口两端钢梁上下弦杆倾角匹配，此时钢梁纵向位移差为上弦 1 mm、下弦 2 mm、斜杆 15 mm。合龙顺序为上弦→落梁合龙斜杆→再落梁合龙下弦。辅助跨大节段钢梁拼装计算如图 4-3-447 所示。

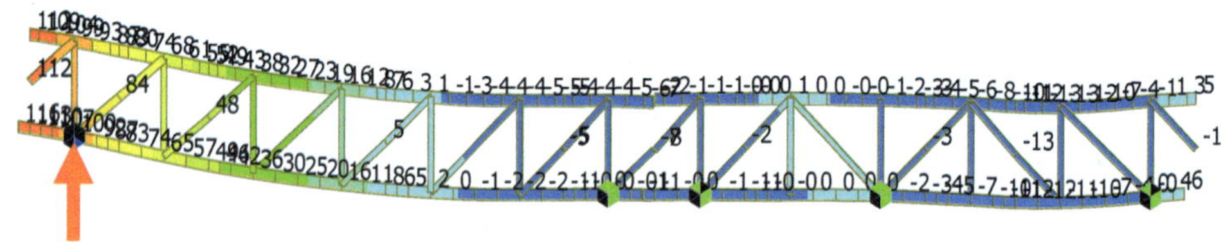

图 4-3-447 辅助跨大节段钢梁拼装计算图(单位：mm)

②边跨大节段钢梁节段拼装计算

边跨钢梁吊装至墩旁托架上后，首先通过两端支点处布置的纵横移装置调整钢梁的轴线位置。然后 E2 节点落梁 150 mm，合龙口两端钢梁上下弦杆倾角匹配，此时钢梁纵向位移差为上弦 4 mm、下弦5 mm、斜杆 7 mm。合龙顺序为上弦→斜杆→下弦。边跨大节段钢梁节段拼装计算如图 4-3-448 所示。

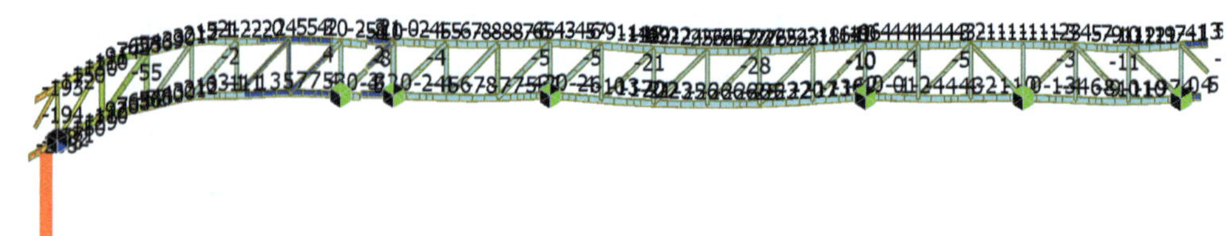

图 4-3-448 边跨大节段钢梁节段拼装计算图(单位：mm)

③杆件合龙时，严格以桥轴线为对称轴，左右对称进行。严格按照设计要求的栓焊顺序进行，需待一个对接环口高栓和焊接施工完成后，方能进行下一个对接合龙口的顶落梁调整及连接施工。

4)辅助墩和边墩墩顶节段架设

架设流程为：施工准备→起重船抛锚定位(安装吊具)→运输船就位→挂钩及解除限位→静载与动载

试验→钢桁梁提升、吊装(过程监控)→分级卸载落梁就位→吊点解除。

架设前将辅助墩和边墩顶支座吊装至墩顶，在墩顶及墩旁托架上落梁区域合理布置三向调整系统，采用“海鸥号”3 600 t 起重船将辅助墩顶 SE0-1、SE09-11 节段钢桁梁吊装放置于墩旁托架上，通过三向调整装置调整。安装辅助墩/边墩墩顶支座。

①辅助墩顶钢梁节段拼装计算

辅助墩顶钢梁节段吊装至墩顶后，首先通过两端支点处布置的纵横移装置调整钢梁的轴线位置。然后 E9 节点顶梁 30 mm，合龙口两端钢梁上下弦杆倾角匹配，此时钢梁纵向位移差为上弦 4 mm、下弦 2 mm、斜杆 3 mm。合龙顺序为整体起顶 10 mm 合龙下弦→E9 落梁合龙斜杆→落梁合龙上弦。辅助墩顶钢梁节段拼装计算如图 4-3-449 所示。

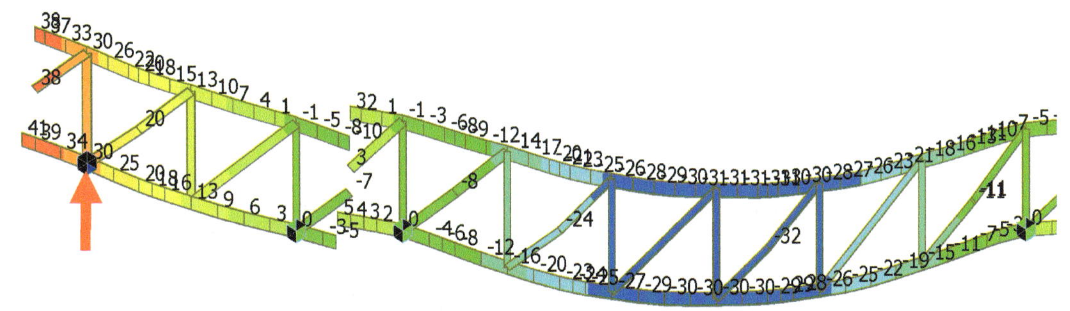

图 4-3-449　辅助墩顶钢梁节段拼装计算图(单位:mm)

②边墩顶钢梁节段拼装计算

边墩顶钢梁节段吊装至墩顶后，首先通过两端支点处布置的纵横移装置调整钢梁的轴线位置。然后 E0 节点落梁 50 mm，合龙口两端钢梁上下弦杆倾角匹配，此时钢梁纵向位移差为上弦 49 mm、下弦 20 mm、斜杆 13 mm。合龙顺序为整体落梁 50 mm 后合龙上弦→E0 节点再落梁 40 mm 后合龙下弦→合龙斜杆。边墩顶钢梁节段拼装计算如图 4-3-450 所示。

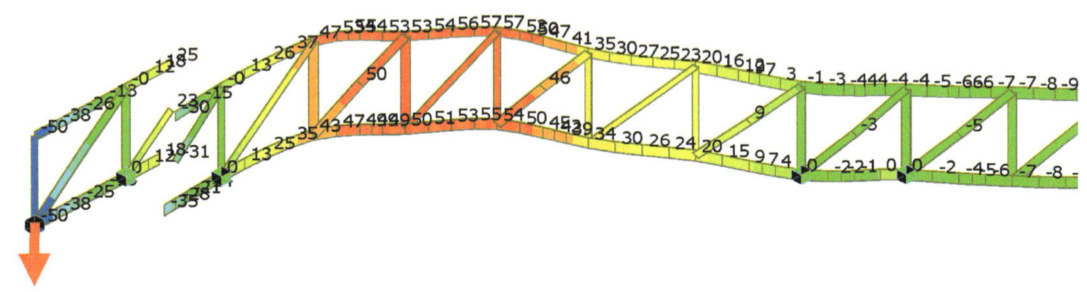

图 4-3-450　边墩顶钢梁节段拼装计算图(单位:mm)

5)中跨悬臂架设

采用 1 100 t 架梁吊机悬臂架设钢桁梁节段 SE25-26、SE27-28、SE29-30、SE31-32、SE33-34 共 9 个节段。每两个节间为一个吊装单元，每节段间桁架采用高强螺栓连接，公路及铁路桥面板间采用坡口焊接连接。边跨侧钢桁梁预拱度采用设计预设结构线形的方法实现。

架设时先对接副桁和上弦杆，待高栓施工完成后再对接斜杆，待斜杆高栓全部施拧完成后，吊机适当松钩配合下弦法对拉合龙下弦，待钢桁梁节段对接高栓和焊缝施工完毕后方能松钩。每架设完一个吊装单元后对称挂设张拉 2 层斜拉索，然后架梁吊机前移两个节间，Z03 号墩侧共架设 4 个节段钢桁梁，挂设 8 层斜拉索；Z04 号墩侧共架设 5 个节段钢桁梁，挂设 9 层斜拉索，如图 4-3-451 所示。

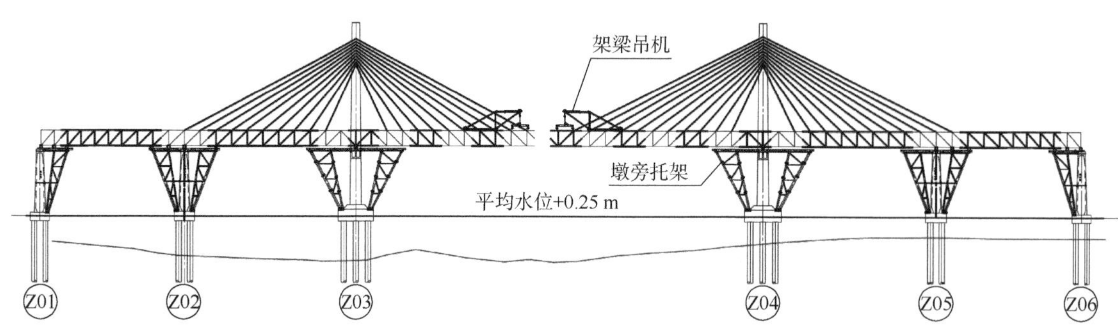

图 4-3-451　架梁吊机双悬臂对称架设示意图

6)中跨合龙段架设

(1)钢桁梁节段悬臂架设

①运梁船运输合龙段(SE33 节段)钢桁梁至桥位处,拖轮及抛锚船辅助在待吊位置抛锚定位。Z03 桥塔边跨侧架梁吊机起吊合龙段如图 4-3-452 所示。

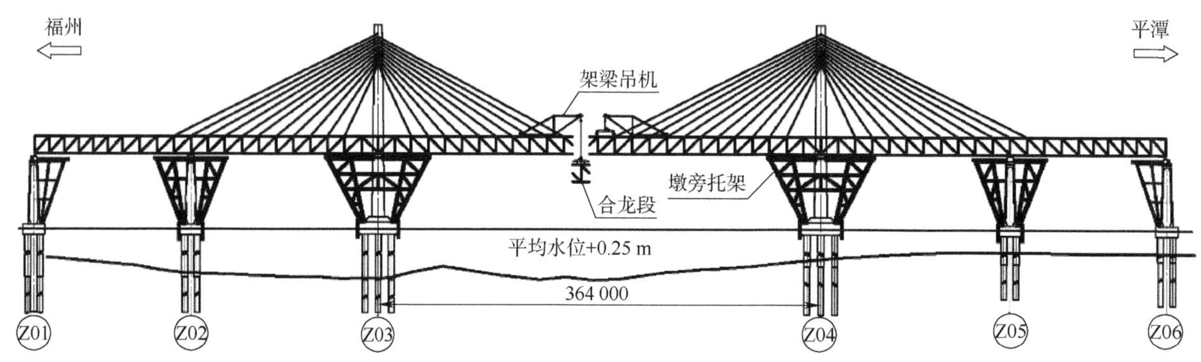

图 4-3-452　合龙段 SE33 节段吊装示意(单位:mm)

②合龙段与 Z04 桥塔中跨侧钢桁梁悬臂端对接,各杆件接头仅插打 50%冲钉,Z04 桥塔中跨侧架梁吊机后退至与 Z03 桥塔中跨侧架梁吊机对称位置或根据监控计算和实际情况确定具体站位。

③测量合龙口状态,调整控制中线、纵向间距及高程,控制要求为保证主桁平面中线差小于 2 mm;两悬臂端间隔距离与设计尺寸的差为 0～100 mm;两悬臂端高程一致,转角匹配。

④总体按先横向、再竖向、后纵向的顺序进行合龙口调整。中线(横向)调整方法可通过斜拉索索力调整和对拉导链来实现。间距(纵向)通过 Z04 桥塔抗风牛腿处 2 台 300 t 千斤顶顶推和温度变化来实现,将合龙口间距调整至 0～100 mm。高程调整方法通过架梁吊机站位、梁面汽车式起重机等临时荷载和斜拉索共同调整,使两悬臂端高程一致。

⑤根据气温监测情况,选择气温稳定的时段进行合龙。总体按先主桁下弦杆,再主桁上弦杆,其次副桁上弦杆,后斜杆的顺序依次合龙。钢桁梁合龙段吊装如图 4-3-453 所示。

⑥通过索力调整,移动桥面临时荷载,使合龙口两侧横向和竖向偏差变小接近合龙要求,再在合龙口利用倒链精调,消除横向和竖向偏差,安装长圆孔合龙销,通过反复精调完成主桁上下弦杆四处的长圆孔合龙销安装(此时悬臂端间隔距离与设计尺寸的间距差为 0～100 mm)。

⑦通过调整 Z04 桥塔侧的顶推装置,进行纵移微调,当偏差在 0.5 mm 以内时,安装主桁下弦杆圆孔合龙销,再精调主桁上弦杆间隙至偏差在 0.5 mm 以内时,安装主桁上弦杆圆孔合龙销,随机抽出长圆孔合龙销轴。

⑧依次在主桁下弦杆、上弦杆及斜杆的合龙点打入螺栓孔眼 50%的冲钉,副桁处采用尖头冲钉逐步打入,如图 4-3-454 所示。若存在偏差时,可利用架梁吊机、桥面汽车式起重机或斜拉索调整,使副桁精确合龙对位,并插打 50%冲钉。最后对合龙段两侧环口的对接杆件进行高栓施工,同时退出圆孔内合龙销。

⑨合龙口高栓施工完成后，进行铁路及公路桥面嵌补段施焊，挂设安装 Z03 桥塔 11 号斜拉索，并按监控指令进行张拉。

图 4-3-453 鼓屿门航道桥钢桁梁合龙段吊装

图 4-3-454 主桁下弦杆合龙施工销轴安装

(2)中跨合龙计算

鼓屿门航道桥主梁结构与元洪航道桥主梁结构较为类似，中跨合龙段均为单节间的全焊节段，架设合龙段时采用一台架梁吊机起吊合龙段钢梁先与其中一侧主塔钢梁相连接，然后再通过系列调整措施使另一侧合龙口的三向位移、倾角相匹配，完成钢梁中跨合龙。

6. 大小练岛航道桥钢桁梁架设

1)整体架设方案

根据整体架设方案将大小练岛航道桥钢桁梁节段划分为 2 节间、6.5 节间、7 节间，工厂焊接完成后再通过驳船运输至桥址水域。主塔墩顶 SE14-SE15 和 SE16-SE17 节段由起重船吊装至中跨侧墩旁托架上，然后将落梁垫块转换成移梁滑块，通过 200 t 连续千斤顶滑移至设计位置。SE18-SE19 节段、辅助跨和边跨大节段由起重船直接吊装至墩旁托架上，由三向千斤顶调整至设计位置与相邻节段连接。

架梁吊机悬臂架设其余节段钢桁梁，每悬臂架设一个梁段须安装 2 层斜拉索，钢梁架设总体布置如图 4-3-455 所示。具体施工步骤如下：

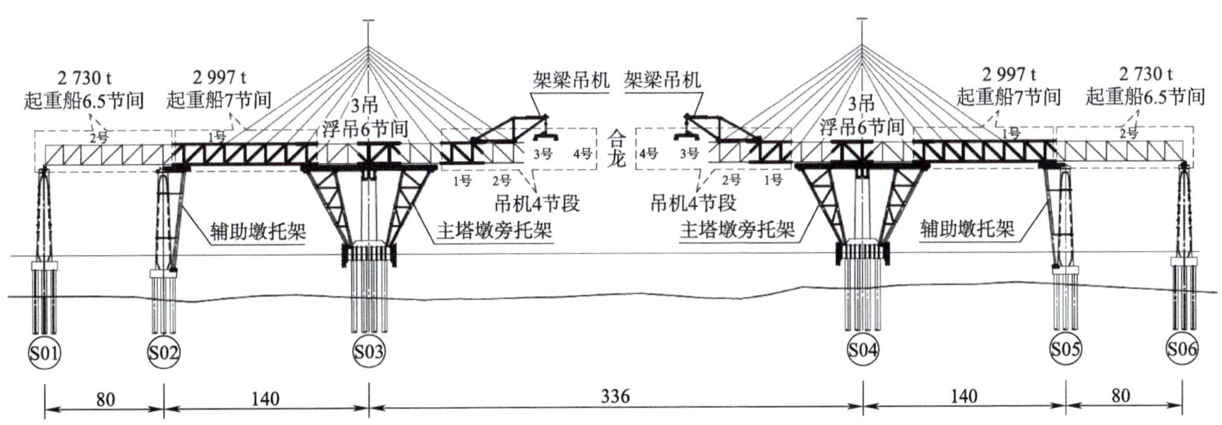

图 4-3-455 大小练岛航道桥钢梁架设总体布置图(单位:m)

(1)施工步骤一(图 4-3-456)

①基础及主塔、墩身施工。

②主塔下横梁施工完毕后，利用起重船施工墩旁托架。

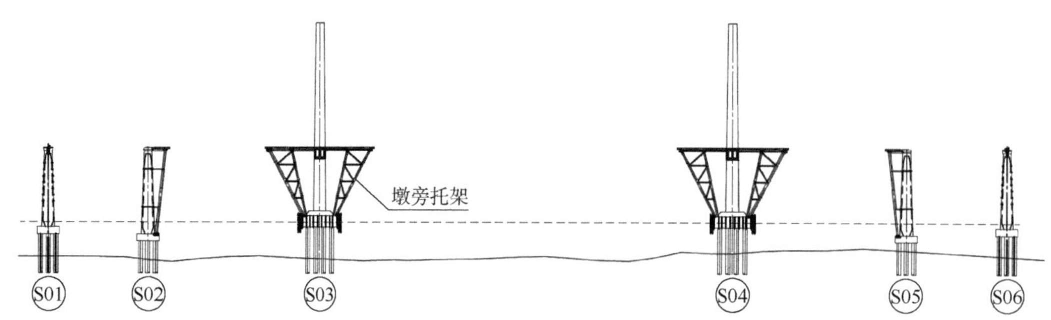

图 4-3-456　起重船吊装安装墩旁托架

(2)施工步骤二(图 4-3-457)

①在边墩顶及辅助墩顶安装钢梁纵横移及竖向起顶装置。

②3 600 t 起重船吊装边跨 SE0-SE6 大节段钢梁(6.5 节间,重 2 809.4 t),钢梁两端支撑于边墩及辅助墩顶。

③起重船松钩,通过边墩和辅助墩顶纵横移装置及竖向千斤顶调整钢梁的纵横向位置、竖向高程。

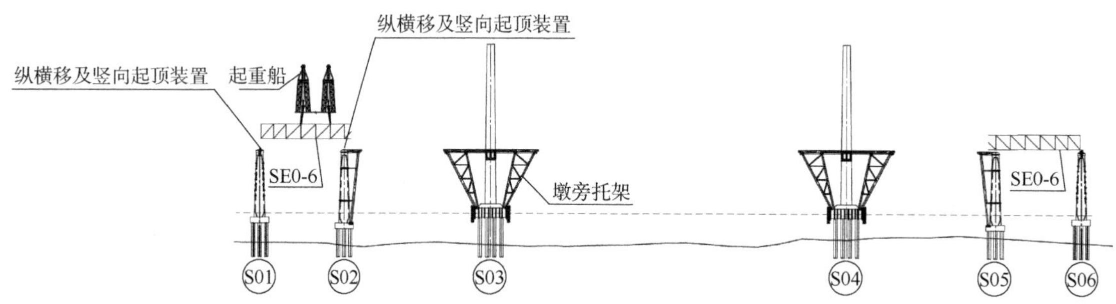

图 4-3-457　起重船吊装架设边跨大节段钢梁

(3)施工步骤三(图 4-3-458)

①在辅助墩托架及主塔墩旁托架上安装钢梁纵横移装置及竖向起顶装置。

②3 600 t 起重船吊装辅助跨 SE7-SE13 大节段钢梁(共 7 节间,重 3 099.3 t),钢梁两端支撑于托架上。

③起重船松钩,通过纵横移装置及竖向千斤顶调整钢梁的纵横向位置、竖向高程,并使 SE7-SE13 节段与 SE0-SE6 节段接头处纵向预留约 5 cm 间隙。

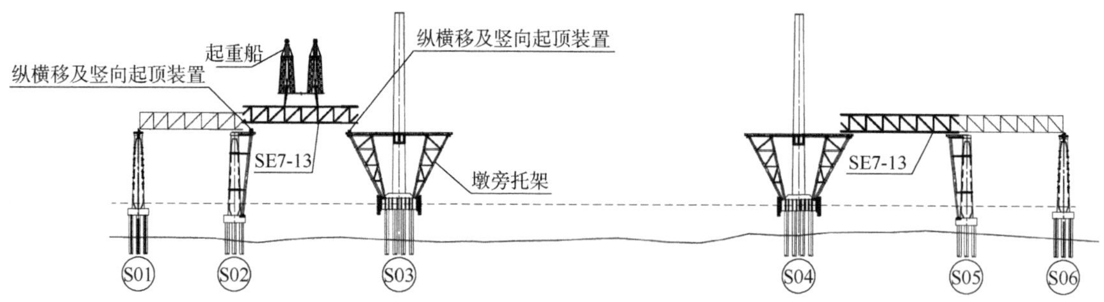

图 4-3-458　起重船吊装架设辅助跨大节段钢梁

(4)施工步骤四(图 4-3-459)

①3 600 t 起重船站位于主跨侧,吊装主塔墩顶 SE14-15 节段钢梁至主塔墩旁托架上,起重船松钩,通过纵横移装置及竖向千斤顶调整钢梁的纵横向位置、竖向高程,并将钢梁往边跨侧滑移 4 个节间到达设计位置。

②3 600 t 起重船站位于主跨侧,吊装主塔墩顶 SE16-17 节段钢梁至主塔墩旁托架上,起重船松钩,通过纵横移装置及竖向千斤顶调整钢梁的纵横向位置、竖向高程,并将钢梁往边跨侧滑移 2 个节间与 SE14-15 节段钢梁连成整体。

③3 600 t 起重船站位于主跨侧，吊装主塔墩顶 SE18-19 节段钢梁至主塔墩旁托架上，起重船松钩，通过纵横移装置及竖向千斤顶调整钢梁的纵横向位置、竖向高程，并与 SE16-17 节段钢梁连成整体。

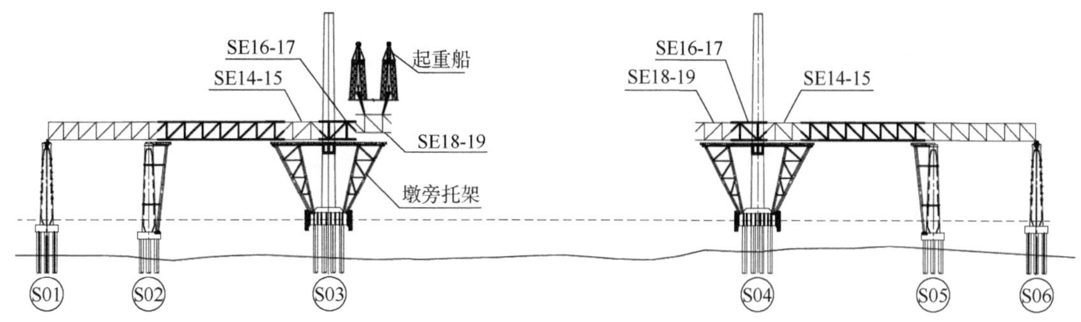

图 4-3-459　起重船吊装架设辅助跨大节段钢梁

(5)施工步骤五(图 4-3-460)

①安装主塔横梁处钢梁临时锁定装置。

②利用 E7 及 E13 节点下方的纵横移及竖向起顶装置调整钢梁 E13～E14 节点间合龙口钢梁姿态，三向匹配将 SE7-13 节段钢梁与 SE14-15 节段钢梁连成整体。

③利用 E0 及 E6 节点下方的纵横移及竖向起顶装置调整钢梁 E6～E7 节点间合龙口钢梁姿态，三向匹配将 SE0-6 节段钢梁与 SE7-13 节段钢梁连成整体。

④起重船整体吊装主跨侧两台架梁吊机。

⑤对称挂设第一、二对斜拉索。

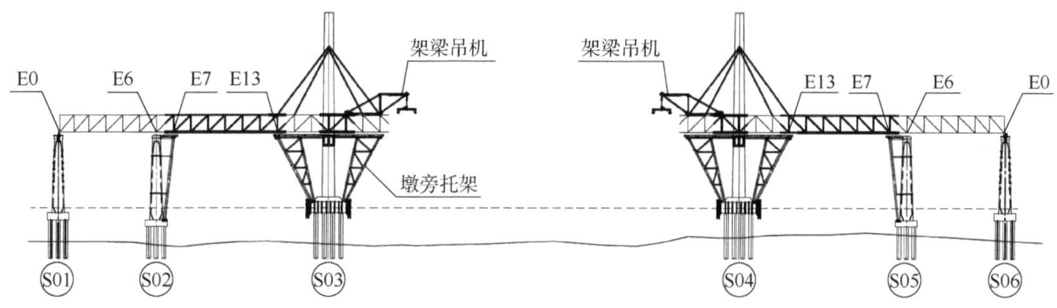

图 4-3-460　起重船整体吊装主跨侧两台架梁吊机

(6)施工步骤六(图 4-3-461)

①架梁吊机悬臂架设主跨钢梁，每两个节间为一个吊装单元，每架设完一个吊装单元后挂设两对斜拉索，然后架梁吊机前移两个节间。

②重复本步骤第①条，直至架设至跨中合龙段。S03 号侧和 S04 号侧架梁吊机各架设 4 个钢梁节段，挂设 8 对斜拉索。

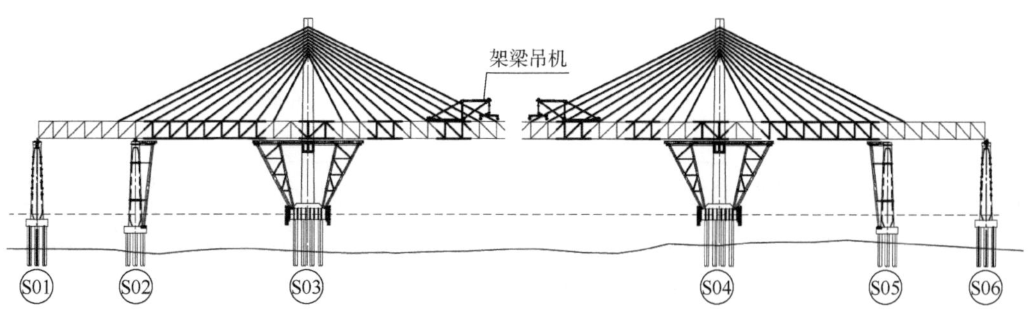

图 4-3-461　架梁吊机悬臂架设主跨钢梁

(7)施工步骤七(图 4-3-462)

①对两侧主梁进行调整,使合龙节间满足吊装要求。

②利用 S03 号墩侧架梁吊机起吊合龙段钢梁,并与 S03 号墩侧钢梁连接成整体。

③观测、调整合龙口的竖向高程、平面位置、倾角,三向匹配后完成中跨合龙,并按监控指令完成体系转换。

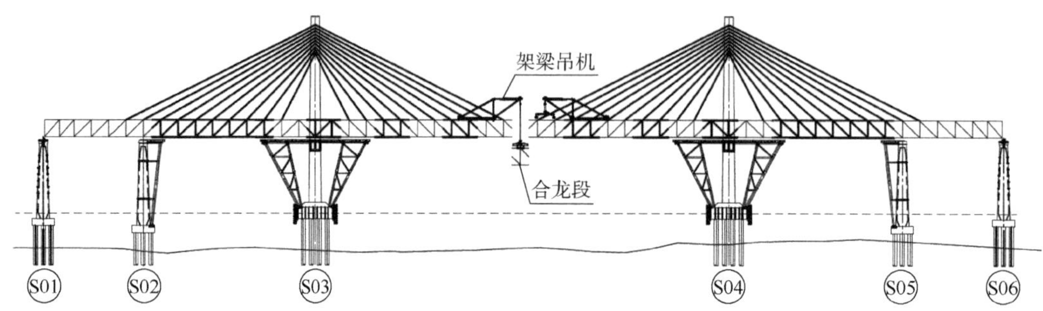

图 4-3-462 架梁吊机吊装架设合龙段钢梁

(8)施工步骤八(图 4-3-463)

①利用全回转或半回转架板吊机吊装边跨无索区预制混凝土板。

②进行混凝土板湿接缝施工。

③拆除大临,完成桥面铺装及附属结构、过桥管线的安装。

④全桥索力调整,成桥荷载试验,交工验收。

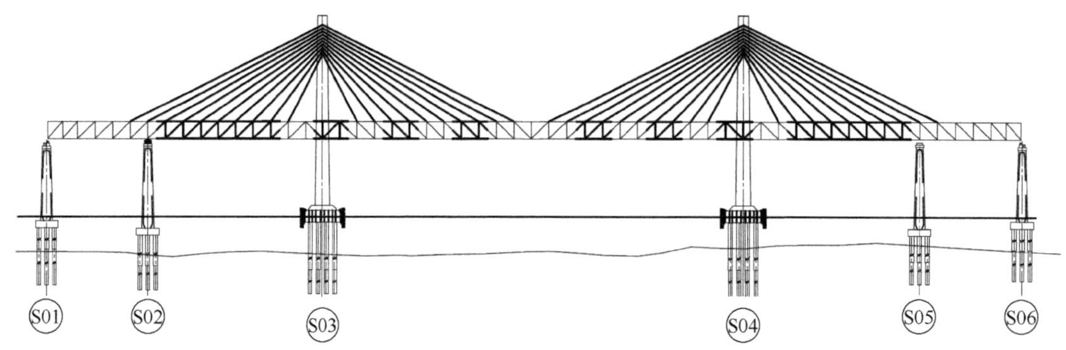

图 4-3-463 架板吊机吊装边跨无索区预制混凝土板

2)主塔墩顶节段架设

(1)总体规则

根据大小练岛航道桥钢桁梁总体架设顺序,待边跨和辅助跨整节段钢桁梁架设完成后,依次按照节间顺序架设墩顶钢桁梁,S03 号、S04 号主塔墩顶节段钢桁梁继续采用 3 600 t 起重船架设于主墩墩旁托架主跨侧,经过滑移至设计位置。钢桁梁吊装参数见表 4-3-50。

表 4-3-50 墩顶钢桁梁吊装参数

墩 位	节 段	重量(t)	节间长度(m)	节段数	吊点距离(m)	吊高(m)	吊幅(m)
S03 号墩顶/S04 号墩顶	E14-E15	942.594	14	2	12	82.721	65
	E16-E17	944.243	14	2	12	82.721	65
	E18-E19	855.833	14	2	12	82.721	65

使用 3 600 t 起重船吊装钢桁梁,起重船吊装墩顶节段时站位如图 4-3-464 和图 4-3-465 所示。

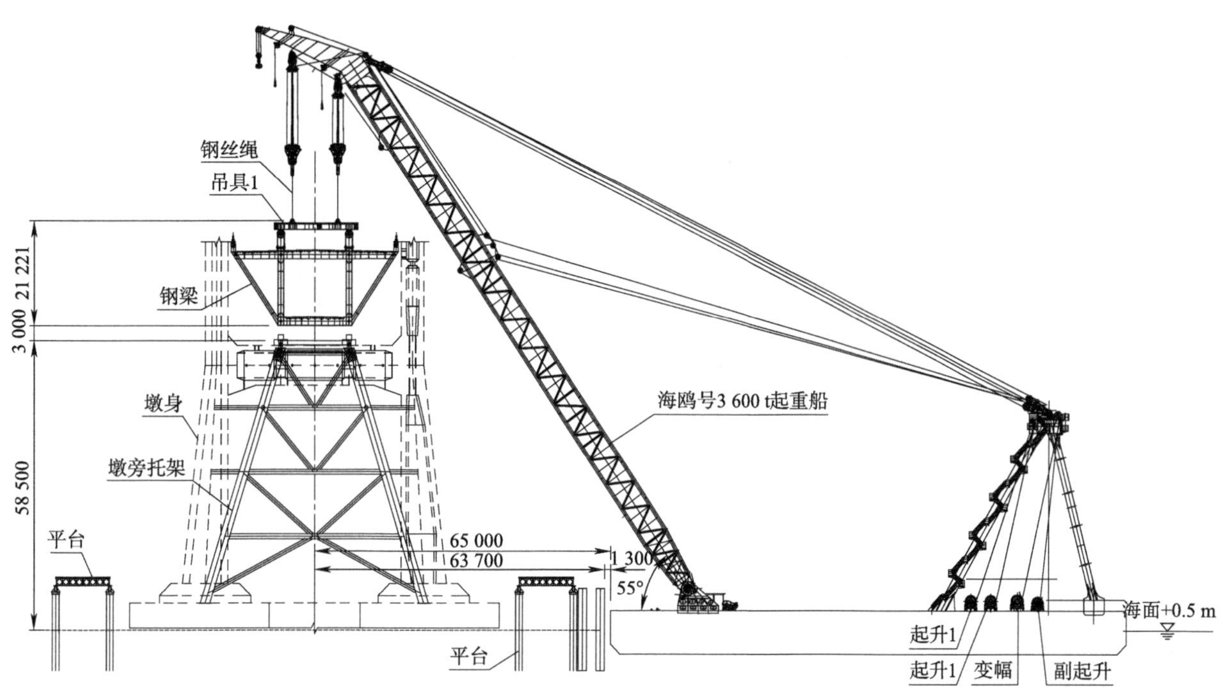

图 4-3-464　墩顶钢桁梁吊装立面图(单位:mm)

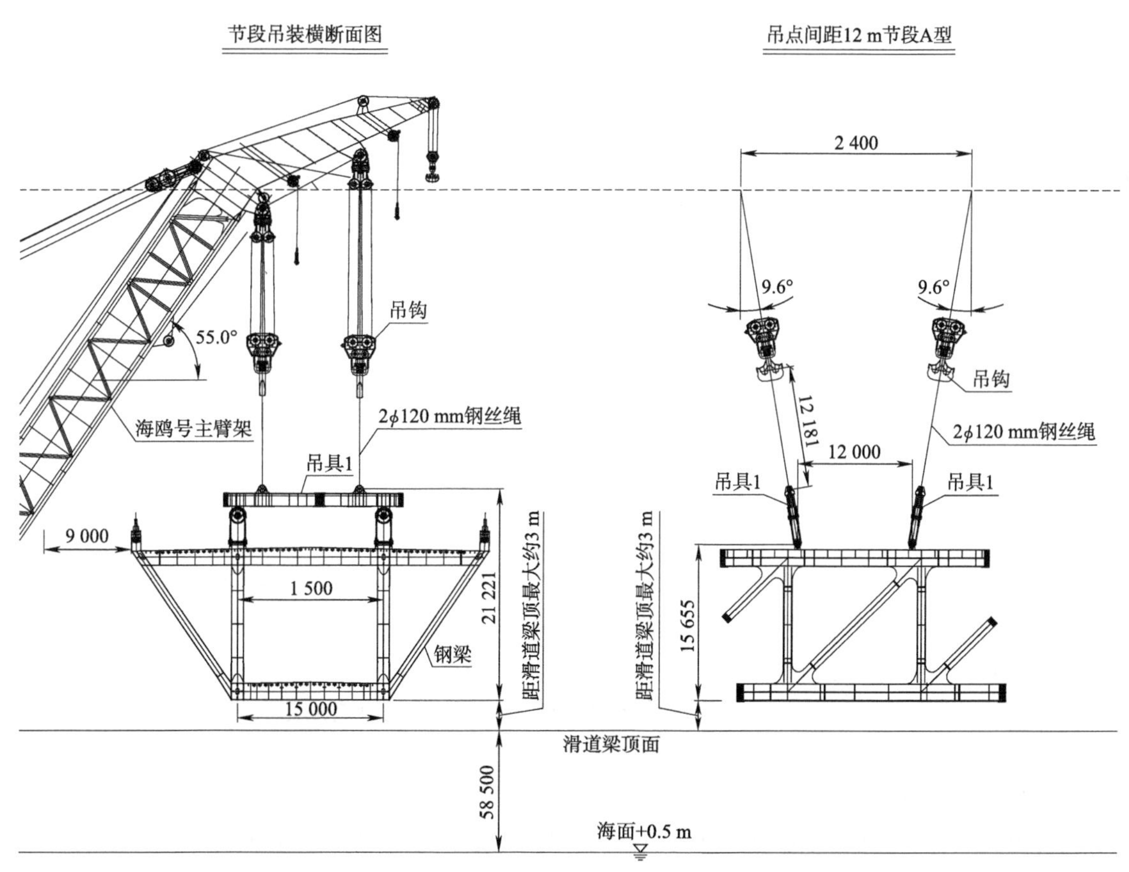

图 4-3-465　墩顶钢桁梁吊装详图(单位:mm)

(2)具体施工步骤

①步骤一

a. 清理主塔托架滑道梁顶面杂物,准备进行主塔墩顶节段施工。

b. 在主跨侧落梁区合适位置布置三向调整系统。

c. 将主塔处支座吊放至垫石旁的支座滑道上。

②步骤二

a. 风浪较小时,3 600 t 起重船主跨侧横桥向站位吊装 A14、A15 钢梁节段。A13、A14 节间公路桥面板嵌补段放置于公路桥面板上,E13、E14 铁路桥面板嵌补段放置于铁路桥面板上。

b. 起重船缓慢松钩,钢梁两端支撑于墩旁托架上,测量钢梁偏位情况,再根据偏位情况确定 E14、E15 节点处三向调整系统安装位置及方向。

c. 通过三向调整系统调整钢梁横向位置、竖向高程,再将 E13、E14 节点下方落梁垫块橡胶垫拆除作为滑块。

③步骤三

a. 滑道梁顶安装 100 t 连续拖拉千斤顶及钢绞线,钢绞线一端锚固于 E14 节点下方滑块上,准备 A14、A15 节段钢梁滑移施工。

b. 清理滑道面,滑道梁涂抹黄油。

④步骤四

a. 启动连续千斤顶,将 A14、A15 节段钢梁拖拉至设计位置,暂不与 A7、A13 节段连接。

b. 在主跨侧落梁区合适位置布置三向调整系统。

⑤步骤五

a. 风浪较小时,3 600 t 起重船主跨侧横桥向站位吊装 A16、A17 钢梁节段。

b. 起重船缓慢松钩,钢梁两端支撑于墩旁托架上,测量钢梁偏位情况,再根据偏位情况调整 E16 及 E17 节点处三向调整系统安装位置及方向。

c. 通过三向调整系统调整钢梁横向位置、竖向高程,再将 E16、E17 节点下方落梁垫块橡胶垫拆除作为滑块。

注:受钢梁支座处梁高影响,A16、A17 节段钢梁落梁后需高于设计高程 200 mm,才能在 E16 节点处安装三向调整系统 B。钢梁横向调整到位后,将 E16 节点处的三向调整系统 B 往边跨侧前移 2m,再将落梁垫块橡胶垫拆除作为滑块,钢梁此时位于设计高程。

⑥步骤六

a. 将拖拉钢绞线一端锚固于 E16 节点下方滑块上。

b. 启动连续千斤顶,将 A16、A17 节段钢梁拖拉至设计位置。

c. 拆除连续千斤顶及拖拉钢绞线。

⑦步骤七

a. 按图 4-3-466 所示割除垫石上方部分滑道梁。

b. 在 E16、E17 节点下方设置三向调整系统,精确调整 A16、A17 节段钢梁平面位置及高程。

c. 拆除 E16 节点下方滑块,将主塔正式支座横向滑移至设计位置。S03 号塔为纵向固定支座,后续主跨施工时,该塔支座作为纵向限位作用。

d. 安装支座,割除垫石上方剩余滑道梁,待边跨侧钢桁梁拼接完成之后进行支座灌浆施工。

⑧步骤八

a. 安装 S04 号塔阻尼器双耳铰座,如图 4-3-467 所示。

b. 利用阻尼器位置设置一根临时拉压杆作为 S04 号塔主跨施工时的纵向限位措施。S04 号塔为纵向活动支座,该塔两侧分别设有 4 根阻尼器,单根阻尼器可承受最大水平力 2 500 kN。

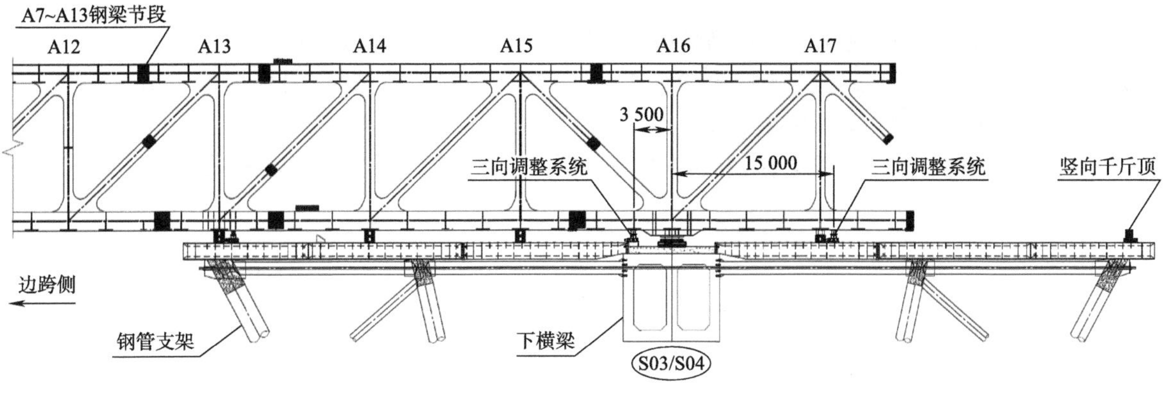

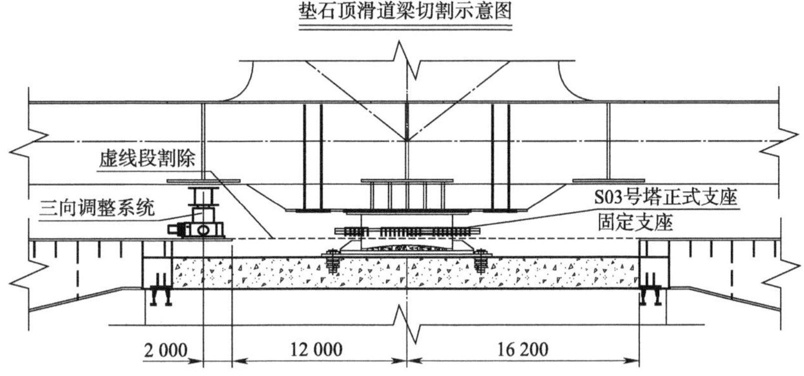

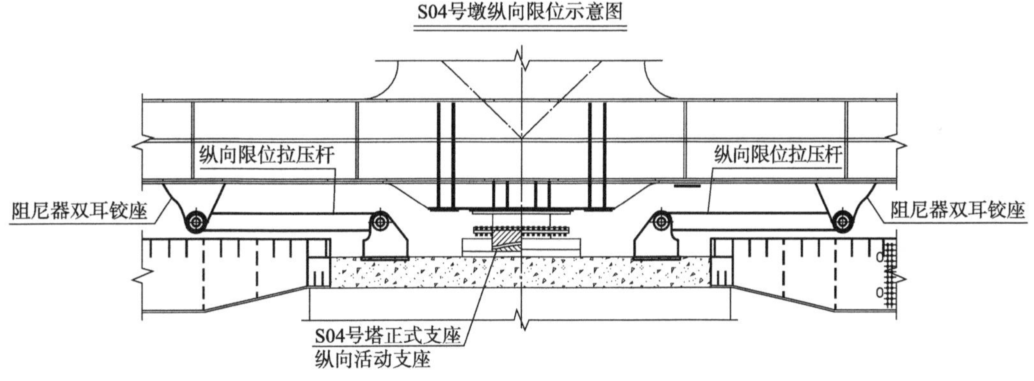

图 4-3-466 支座安装(单位:mm)

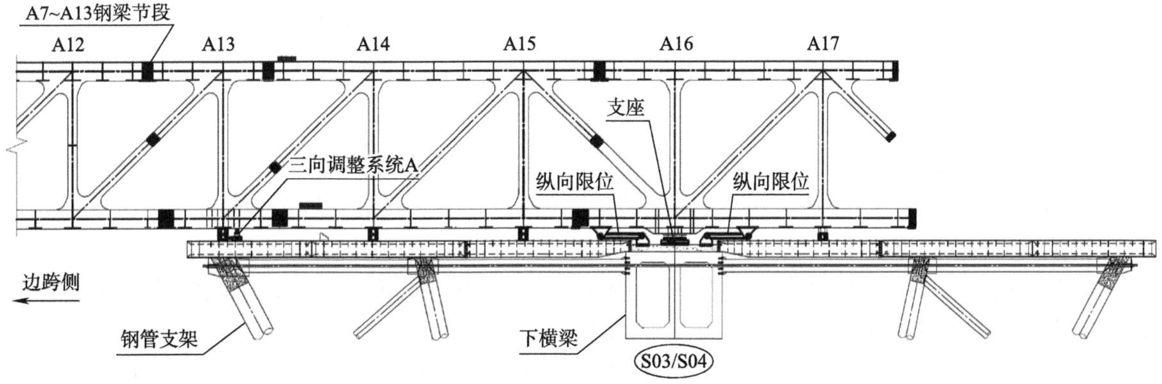

图 4-3-467 阻尼器双耳铰座安装

⑨步骤九

a. 风浪较小时，3 600 t 起重船主跨侧横桥向站位吊装 A18、A19 钢梁节段。

b. 起重船缓慢松钩，钢梁两端支撑于墩旁托架上，测量钢梁偏位情况，再根据偏位情况调整 E18 及 E19 节点处三向调整系统安装位置及方向。

c. 通过三向调整系统调整钢梁纵横向位置、竖向高程，再将 A18、A19 节段钢梁与 A16、A17 节段钢梁连成整体，如图 4-3-468 所示。

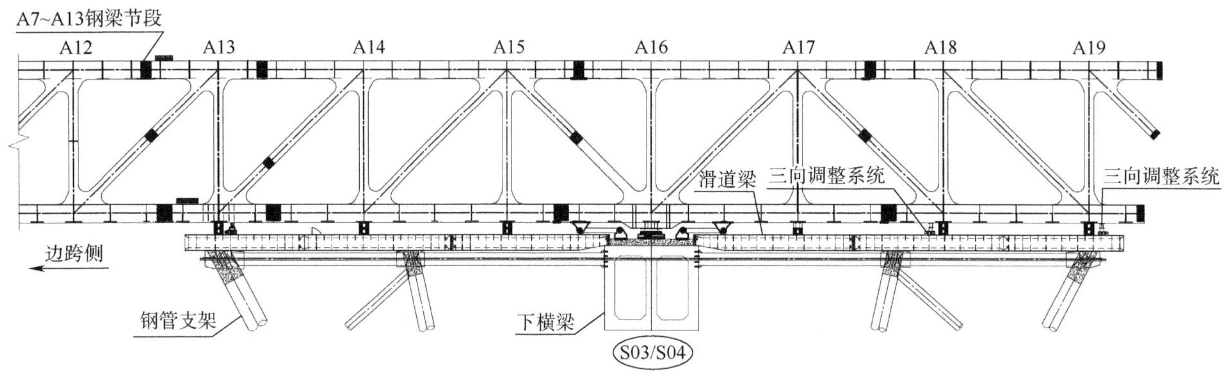

图 4-3-468 A18、A19 节段钢梁与 A16、A17 节段钢梁连成整体

⑩步骤十

a. 如图 4-3-469 所示，在 E14、E15 节点下方安装三向调整系统。

b. 通过三向调整系统调整钢梁纵横向位置、竖向高程，再将 A14、A15 节段钢梁与 A16、A17 节段钢梁连成整体。

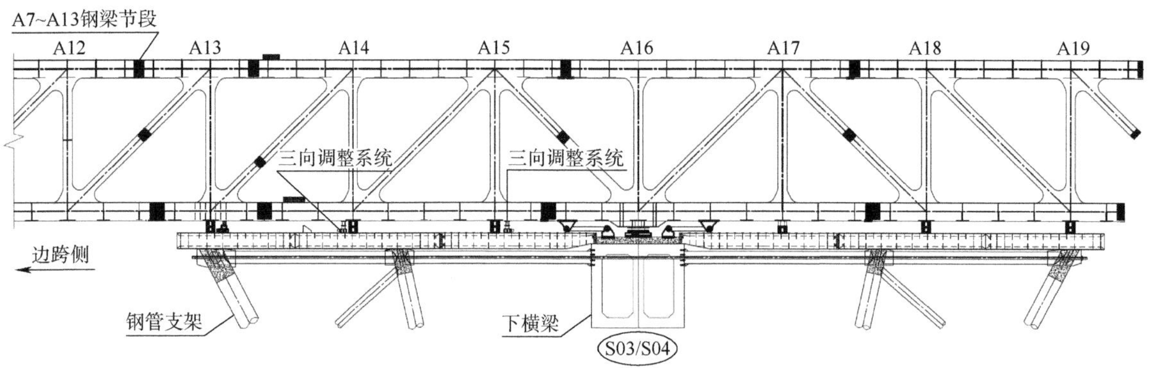

图 4-3-469 A14、A15 节段钢梁与 A16、A17 节段钢梁连成整体

(3)钢桁梁滑移

①滑移步骤

a. 风浪较小时，3 600 t 起重船主跨侧横桥向站位吊装 A14、A15 钢梁节段，起重船缓慢松钩，钢梁两端支撑于墩旁托架上，测量钢梁偏位情况，再根据偏位情况确定 E14、E15 节点处三向调整系统安装位置及方向，如图 4-3-470 所示。通过三向调整系统调整钢梁横向位置、竖向高程，再将 E13、E14 节点下方落梁垫块的橡胶垫拆除作为滑块。

b. 滑道梁顶安装 100 t 连续拖拉千斤顶及钢绞线，钢绞线一端锚固于 E14 节点下方滑块上，准备 A14、A15 节段钢梁滑移施工。清理滑道面，滑道梁涂抹黄油。

c. 启动连续千斤顶，将 A14、A15 节段钢梁拖拉至设计位置，暂不与 A7～A13 节段连接。

d. 3 600 t 起重船主跨侧横桥向站位吊装 A16、A17 钢梁节段，钢梁两端支撑于墩旁托架上。通过三向调整系统调整钢梁横向位置、竖向高程，再将 E16、E17 节点下方落梁垫块的橡胶垫拆除作为滑块。安

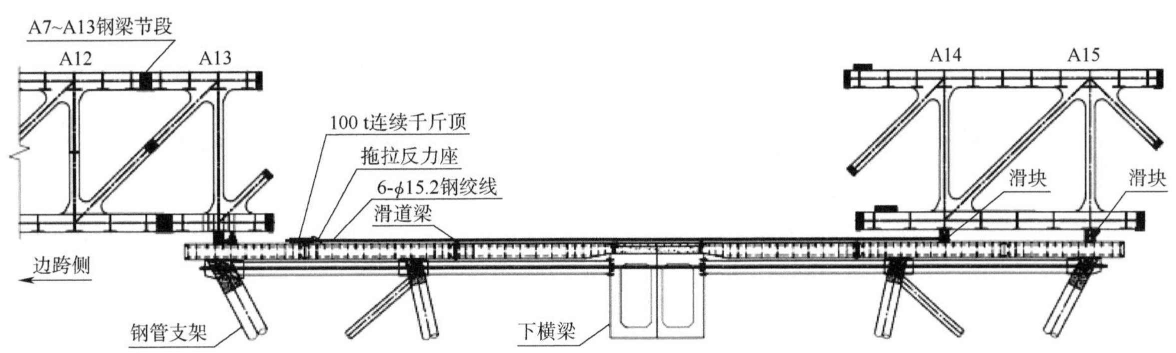

图 4-3-470 起重船吊装 A14～A15 钢梁节段

装拖拉钢绞线于 E16 节点下放滑块上，启动连续千斤顶，将 A16、A17 节段钢梁拖拉至设计位置。拆除连续千斤顶及拖拉钢绞线。

②滑移注意事项

a. 保证滑移前，钢桁梁平面位置，高程调整到位。

b. 滑移前检查滑移系统，反力座是否焊接牢固，锚固在滑块上的钢绞线是否锚固牢固，检查各滑块下限位件。

c. 滑移时在滑道梁上涂抹黄油，钢梁拖拉时保证千斤顶同步进行。滑移时必须平稳缓缓利用千斤顶拖动钢梁滑移前进。

d. 钢梁即将滑移到位时，注意控制操作千斤顶，保证钢梁滑移到设计位置误差范围内。

3)辅助跨和边跨大节段架设

S01、S02 节段，S02、S03 节段，S04、S05 节段，S05、S06 节段钢桁梁，单个节间长最大 14.0 m，节段总长最大 88.0 m，宽 36.8 m，高 13.5 m，总重最大约 2 760 t，统一采用大型 3 600 t 起重船"海鸥"号整体架设。公路桥面区域共设置四个吊点，由于钢桁梁重量分布不均匀，各点吊重略有差异，梁段详细信息见表 4-3-51。

表 4-3-51 大节段钢桁梁统计表

节　段	节间长度(m)	节间数	总长(m)	总重(t)	吊耳纵向间距(m)	吊耳横向间距(m)	小里程吊点(t)	大里程吊点(t)
S01、S02	12/14	6.5	88	2 761	42.0	14.0	733.56	646.98
S02、S03	14	7	96	2 946	28.0	14.0	735.37	737.58
S04、S05	14	7	96	2 946	28.0	14.0	737.58	735.37
S05、S06	12/14	6.5	88	2 761	42.0	14.0	646.98	733.56

大小练岛航道桥大节段钢桁梁架设和对接方案与鼓屿门航道桥大节段钢桁梁施工类似，此处不再赘述。

4)中跨悬臂架设

采用 1 100 t 架梁吊机悬臂架设钢桁梁节段 SE20、SE21、SE22、SE23、SE24、SE25、SE26、SE27 共 8 个节段，每两个节间为一个吊装单元，每节段间桁架采用高强螺栓连接，公路及铁路桥面板间采用坡口焊接连接。边跨侧钢桁梁预拱度采用设计预设结构线形的方法实现。

架设时先对接副桁和上弦杆，待高栓施工完成后再对接斜杆，待斜杆高栓全部施拧完成后，吊机适当松钩配合下弦法向对拉合龙下弦，待钢桁梁节段对接高栓和焊缝施工完毕后方能松钩。每架设完一个吊装单元后对称挂设张拉 2 层斜拉索，然后架梁吊机前移两个节间，S03、S04 号墩侧各架设 4 个节段钢桁梁，挂设 10 层斜拉索(包含 SE18、SE19 节间 2 层斜拉索)，如图 4-3-471 所示。

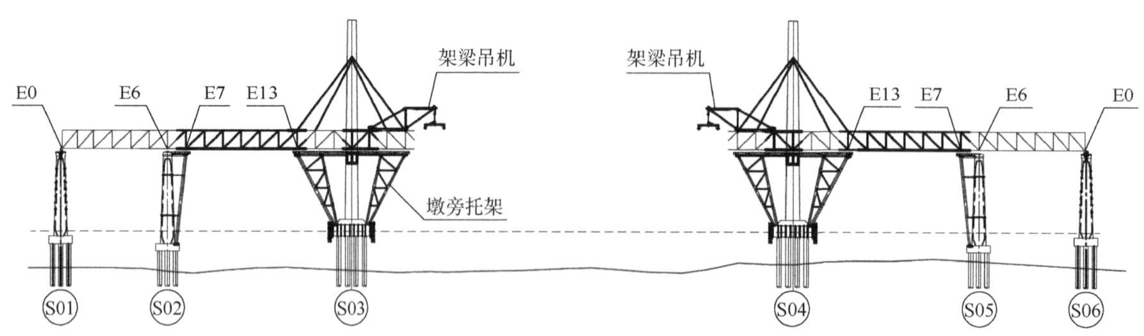

图 4-3-471 架梁吊机双悬臂对称架设示意图

5)中跨合龙段架设

(1)整体方案

S03、S04 侧钢梁分别悬臂架设完成至 E26、E27 节段，将 S04 侧钢梁向大里程顶推 10 cm，以 S03 侧钢梁悬臂端轴线偏位为基准调整 S04 侧钢梁悬臂端梁轴线偏位(相对差值小于 1 cm，以便从 S04 侧起吊 E28 合龙节)，S04 侧架梁吊机向前走行至设计位置，起吊合龙段 E28 节段，先将合龙段与 S04 侧钢梁接口连接，打满 50%冲钉，然后再通过系列调整措施使另一侧合龙口的三向位移、倾角相匹配。合龙点通过弦杆腹板上设长圆孔＋圆孔连接来实现。长圆孔和圆孔均配锥形销栓，合龙按照下弦杆→上弦杆→副桁→斜杆的顺序进行。施工工艺流程如图 4-3-472 所示。

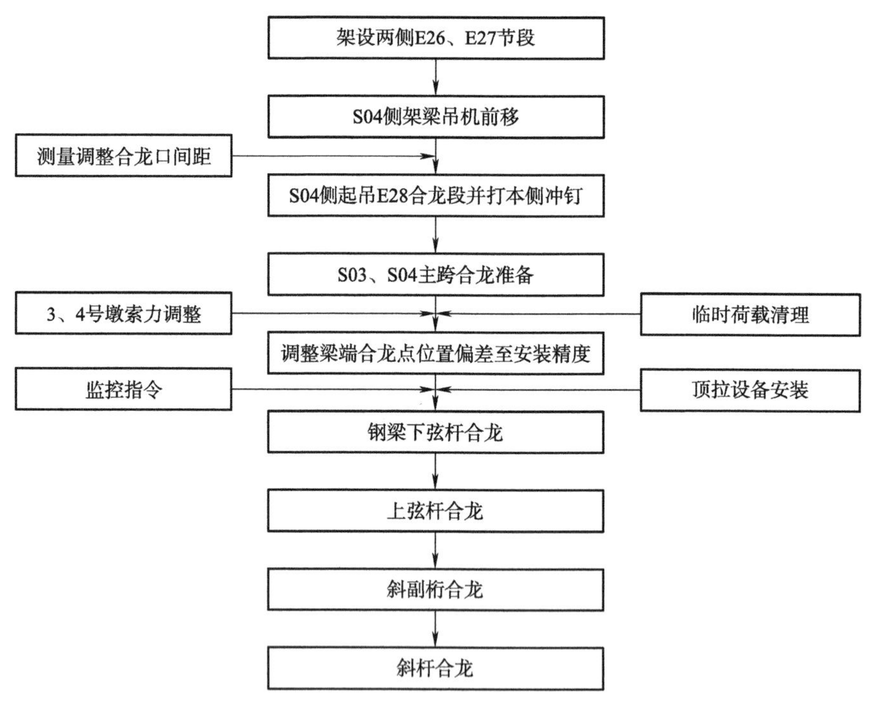

图 4-3-472 钢梁合龙施工流程图

(2)施工准备

①工厂内准备

a. 为确保钢梁合龙段匹配精度及钢梁架设整体线形，在工厂内将合龙段与两侧的 E24、E25 和 E26、E27 节段进行 5 段整体拼装，并设定测量控制点用于现场测量控制。

b. 为便于钢梁合龙段架设，合龙段厂内组拼时，两侧环口突出桥面板部分与其相应主桁、副桁杆件纵向接缝处需预留足够宽度，具体根据桥位架设情况现场进行焊接坡口的开设。

c. 厂内拼装时公路桥面板与主桁、副桁杆件连接焊缝从杆件端部向内预留 1 m 长度范围不焊接，以便于合龙段架设时杆件局部对位调整。

②现场准备

合龙前应随温度测量合龙节点处的实际偏移值、合龙点坐标值及两侧合龙点距离，并对斜拉索作测试，作为合龙时调整的依据。调整架梁吊具的吊点间距至 4 m。在主塔 4 号墩横梁顶塔梁之间设置 4 台水平千斤顶，纵向(里程方向)调整活动端钢梁来调整合龙口的尺寸。合龙使用的冲钉直径及长度应进行严格挑选，保证冲钉尺寸误差在允许范围内。钢梁纵向调位装置如图 4-3-473 所示。

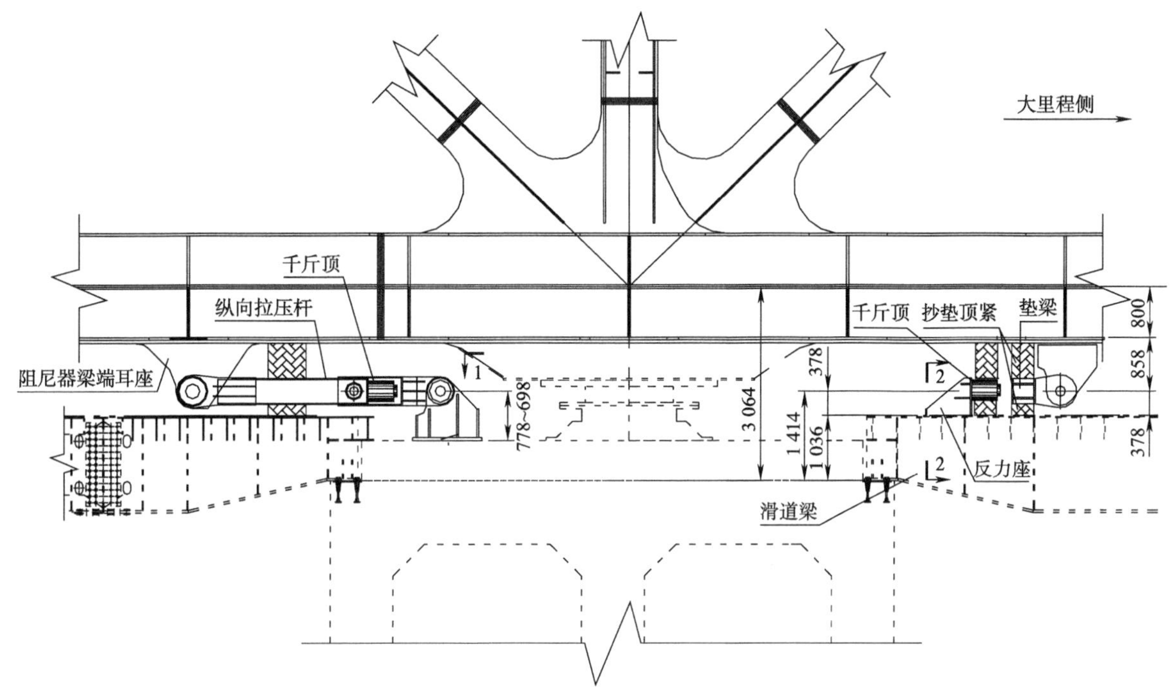

图 4-3-473　钢梁纵向调位装置(单位：mm)

备好合龙所需机具设备、销栓、连接螺栓、冲钉及所用扳手。搭好合龙脚手架、挂设安全网，装上挂顶设备。及时整理好钢梁安装过程中测量监控数据，上报监控领导小组。对参加合龙工作的有关人员进行详细的技术交底，做到人人心中有数。根据监控指令，对合龙前的斜拉索索力进行调整，满足钢梁线形要求。

(3)合龙段施工

S03、S04 两侧 E26、E27 节段架设完毕，斜拉索张拉完成后，S04 侧架梁吊机前移做起吊合龙段准备，S03 侧架梁吊机不动。具体施工步骤如下：

步骤一：测量合龙段吊装前合龙口的状态，根据测量状态确定 S04 侧钢梁沿桥轴线方向的顶推距离，经与监控单位沟通顶推距离保证合龙口较设计距离大 10 cm。以 S03 侧钢梁悬臂端轴线偏位为基准调整 S04 侧钢梁悬臂端梁轴线偏位(相对差值小于 1 cm)，以便从 S04 侧起吊 E28 合龙节。由于 S05、S06 支座尚未安装纵向顶推时在墩顶支座安装位置安装三向千斤顶作为钢梁纵向移动的支撑，利用设置在 S04 边跨侧主桁下弦的 2 台 250 t 千斤顶作为顶推动力。

步骤二：运梁船运输合龙段钢梁至桥跨中点，顺桥轴线方向站位，上下游侧各抛八字锚，拖轮辅助定位。

步骤三：S04 侧架梁吊机起吊合龙段(所有拼接板均缩至梁段内侧不允许有凸出梁体)与本侧钢梁对接，所有接口均上满 50％冲钉，35％高栓，高栓做一般拧紧(根据监控计算此工况下合龙段 S03 侧梁端较已架设好的 S03 侧 E27 前端低 10 cm)。S04 侧架梁吊机后退，以使合龙口两侧高程一致为止。

步骤四:测量靠 S03 侧合龙口状态,凡测量值与下列规定不符合者均应调整。

中线测量:保证主桁平面中线差小于 2 mm。

间距测量:两悬臂端间隔距离与设计尺寸的差为 0～100 mm。

高程测量:两悬臂端高程一致,上下弦杆张口一致。

调整工作包括三部分:间距(纵向)、中线(横向)、高程(竖向)。先调整横向,再调整纵向,最后调整竖向。

中线(横向)调整方法:可通过手拉葫芦对拉来实现,手拉葫芦两端锚固在钢梁两侧的防撞护栏基座上,具体布置如图 4-3-474 和图 4-3-475 所示,现场配备 10 t 手拉葫芦 4 个。

图 4-3-474 大小练岛航道桥主跨合龙段吊装

图 4-3-475 中线调整示意图

间距(纵向)通过 4 号塔柱横梁上 4 台 250 t 千斤顶顶推来实现,将合龙口间距调整至 0～100 mm。

高程调整方法:合龙口两端整体高程通过架梁吊机的前后移动进行调整,左右侧局部高差通过局部压重进行调整,最终使两悬臂端高程一致。

步骤五:当合龙姿态调整好后开始合龙施工

①两侧钢梁采用手拉葫芦对拉,再度精调中线。

②打入下弦长圆孔钢销(此时悬臂端间隔距离与设计尺寸的间距差为 0～100 mm)。

③对钢梁进行纵移微调,当偏差在 0.5 mm 以内时,打入下弦圆孔钢销和冲钉,安装工具螺栓。

④架梁吊机向跨中走行,使合龙口下挠,适时打入上弦圆孔钢销和冲钉,安装工具螺栓。

⑤待钢梁通过合龙销锁定后,依次在下弦、上弦及斜杆的合龙点上打入 50%冲钉、上足 35%高栓并做一般拧紧,副桁处采用尖头冲钉逐步打入,保证副桁可精确合龙对位,然后上 30%冲钉,最后按照正常的顺序进行冲钉的替换、高栓初拧和终拧,同时退出钢销。

当上述步骤完成后,即表示钢梁合龙已完成,开始施焊桥面板及 U 肋焊缝。

(4)钢梁合龙敏感性分析

合龙前的敏感性分析重点考虑竖向位移及纵向位移的影响,分析的主要影响因素有以下几方面,见表 4-3-52。

表 4-3-52 钢梁合龙敏感性分析

分析指标		变形量		
		竖向位移(mm)	纵向位移(mm)	横向位移(mm)
MS10 号索力增加	3 号塔索力增加 250 kN	7.6	−0.5	0
	4 号塔索力增加 250 kN	7.1	−2.3	0
合龙口两侧压重	3 号塔侧压重 250 kN	−26.2	1.3	0
	4 号塔侧压重 250 kN	−21.1	5.2	0
4 号塔支座处顶推	4 号塔支座处顶推 2×1 000 kN	16.3	−70.4	0
合龙口下弦杆对拉	合龙口下弦杆对拉 2×1 000 kN	7.1/22	−5.1/−71.6	0

续上表

分析指标		变形量		
		竖向位移(mm)	纵向位移(mm)	横向位移(mm)
合龙口横向对拉	合龙口横向对拉 100 kN	0	0	16.5
合龙口竖向对拉	合龙口竖向对拉 2×100 kN	24.6	0	0
环境升温	整体升温 10℃	8.1/5.4	−21/−20.5	0
环境降温	整体降温 10℃	−8.6/−5.5	20.9/20.6	
下弦合龙后，上弦杆对拉或减小索力	上弦纵向对拉 2×1 000 kN	−9	−5.1	0
	MS10 号索索力减小 600 kN	−14.9	−3.8	0
	上弦杆竖向对拉 2×100 kN	5.9		
上、下弦合龙后，副桁对拉或减小索力	副桁纵向对拉 2×1 000 kN	−1.4	−2.9	
	MS10 号索索力减小 600 kN	−7.4	−0.8	
	副桁竖向对拉 2×100 kN	5.7		
下弦、斜杆合龙后，上弦杆对拉	主桁上弦纵向对拉 2×1 000 kN	−8.6	−4.9	

①下弦合龙后再合龙上弦、副桁时，调整措施力较大，合龙对接前通过调整斜拉索使合龙口上下弦杆间张口一致，实现主桁上、下弦杆同时合龙。

②下弦合龙后，斜杆先后合龙对其余杆件合龙基本无影响，按先对接主桁上下弦杆，最后合龙斜杆。

③根据计算，由各杆件自重引起的合龙口两侧杆件局部竖向位移差均较小(不超过 10 mm)，所需调整措施力较小(不超过 200 kN)。现场可以通过纵向位移匹配后再逐步打入尖头冲钉的方式调整竖向位移差。

④合龙前，钢梁主塔处顶推、合龙口处对拉对钢梁合龙口纵向位移调整效果基本相当，现场可根据施工便捷性考虑主塔处顶推作为纵向位移方案。

⑤合龙前，钢梁纵向调整敏感性较高，调整措施力需先克服支座处摩擦力影响(按支座最大静摩擦系数 0.04 考虑，摩擦力约 560 kN/桁)。

(5)钢梁合龙测量控制

钢梁合龙段施工测量控制分后场制作测量控制和现场拼装的测量控制。

①钢梁节段制作测量控制

钢结构节段制造时按钢结构施工相应的规范进行长度、宽度、高度控制，保证每段钢梁的设计尺寸。采用全站仪测量节段接口尺寸(主桁中心距、桁高、主桁垂直度、对角线偏差、主桁纵向偏差)，用经纬仪进行复核，保证桥位栓孔通过率及连接质量；将全站仪所测的每个拼装环口测点三维坐标数据记录保存，通过各环口测点数据测量拼装全长的直线度，经纬仪复核；利用精密水准仪测量节段拱度值；与测量的接口尺寸共同组成一整套准确的拼装数据，保证桥梁及连接的顺利进行。

钢梁在制造过程中合龙段与两侧的 SE24、SE25 和 SE26、SE27 进行组拼，按要求检查梁段的匹配性，在每段钢梁顶面做出 6 个标高点、2 个平面点(图 4-3-476)。其中中轴线上的 2 个点为平面和标高共用点，并提供 6 个标高点的相对高差表。

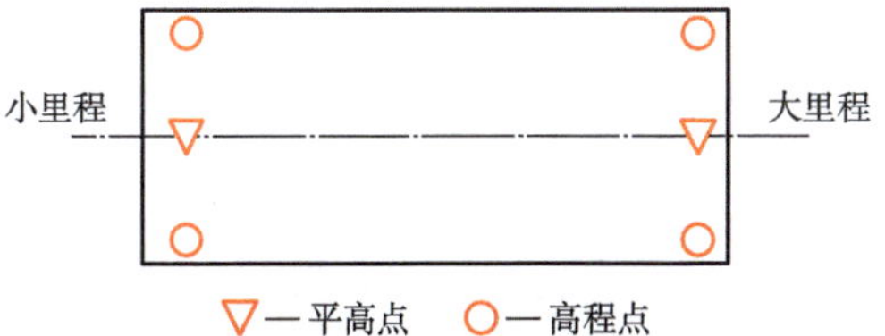

图 4-3-476 节段钢梁顶面观测点布置图

②钢梁段拼装的测量控制

钢梁合龙前悬臂架设时的测量控制：墩顶梁段安装并临时锚固后，在主梁中心按 C 级网加密 1 个高精度控制点，并按二等跨海水准测量要求传递高程，作为控制主梁线形及高程的控制点。拼装时主要需进行主梁线形控制，其内容包括高程线形测量、中线线形测量等。其中高程线形测量必须是监控单位在对主梁进行监控测量后，提供必要的理论主梁拼装线形，据此为依据才能对主梁拼装实施线形控制。

中线线形测量:在钢梁进入施工现场后,在每一节段钢梁架设时,测量出钢梁中心控制点点位坐标与设计坐标偏差值并进行调整。测量选在气候稳定的时间内快速完成。为保证钢梁架设的顺直,避免两相邻节间拼装出现折线,两相邻节间的钢梁中线控制采用方向线顺延的办法进行检核。

高程线形测量:良好的拼装线形,不仅其高程绝对值与设计值相差不大,而且应呈现一条顺滑曲线,而不应出现折线形的突变点。由于钢梁架设过程中高程线形是一种动态曲线,不同时间段不同工况节段两端的标高绝对值不同。为防止钢梁出现折线形的突变点,并使钢梁线形按设计状态延伸,高程线形测量应安排在气候稳定的时间内快速完成。采用"相对高差法+绝对高程法"进行观测,用水准仪观测节段上的6个高程点,并对高程偏差进行调整,调整到位后,再测量2个节段高差值,并根据情况进行调整。

随着钢梁架设的延伸,每节钢梁上的6个测点一起构成控制整个钢梁延伸的控制网。在每节段钢梁拼装前后、斜拉索张拉前后四个工况下对相邻5个节段箱梁进行高程测量,如图4-3-477所示。

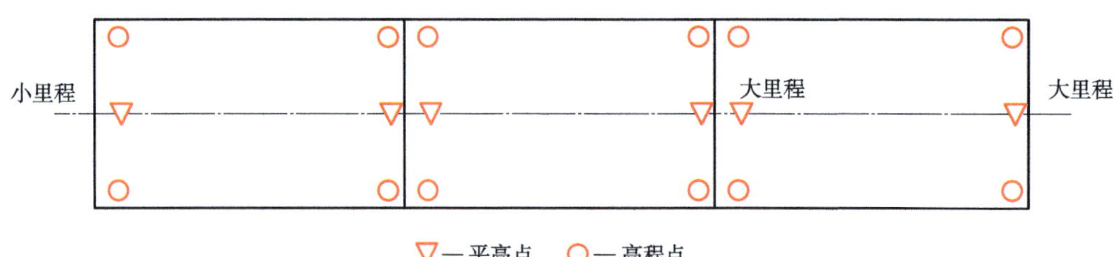

图4-3-477 钢梁顶面测量点

③中跨合龙测量

合龙段长度的观测:合龙段长度主要通过两根主纵梁来确定,影响合龙段长度的因素主要有当前主梁线形与合龙梁段线形的差异、主梁梁段由于拉索水平分力对其产生的压缩变形。主要是用检定钢尺对主梁轴线及两边梁边线长度进行观测。

主梁高程测量:观测合龙段两侧5个节段钢梁高程变化及其变化规律。测量精度满足高程中误差小于3 mm,且观测用的水准仪、塔尺必须进行鉴定,确保准确性及一致性。

轴线测量:在S03、S04主塔横梁中线处设置测量控制点对整个桥梁中线做贯通测量,钢梁架设后利用全站仪测量中线偏位情况进行钢梁轴线的调整。

(6)钢梁合龙监控检测

大小练岛航道桥钢梁施工由铁科院作为施工监控单位对施工过程进行监控。

为保证钢梁施工过程中的结构安全及为监控计算提供实测结构参数和校核,在施工现场设立实时测量体系,对施工过程中结构的内力、线形、索力和温度进行现场实时跟踪监控监测。在主梁悬臂拼装的过程中,确保主梁线形的和顺、正确是第一位的,即施工中以标高控制为主,通过施工中索力的适当调整使主梁线形接近设计要求,直至最终合龙。二期恒载施工阶段,为保证结构内力及线形的理想状态,再次张拉斜拉索以索力控制为主。索力张拉吨位不应超出容许范围,以确保安全。

7. 整节段钢桁梁拼装对接

1)厂内匹配制造

工厂内钢桁梁的加工制造精度是保证现场能够实现整节段拼装对接的前提条件,加工制造精度直接影响钢桁梁拼装对接时的调整难度、钢桁梁架设后的主梁线形和结构内力。

为保证钢桁梁桁段的制造精度,工厂加工时首先按图纸加工主桁杆件,然后在地面卧拼成桁片,最后再立体拼装焊接成单个桁段(一个节间或两个节间)。

初始首轮桁片拼装时,先将不少于6个节间的桁片上、下弦杆按设计线形置于拼装胎架上,并临时锁定限位,然后焊接腹杆。该轮次桁片拼装完成后留一个桁片作为下一轮次的母桁片,且每轮次拼装的桁片均不少于6个节间。

桁段立体拼装时采用“2+1”多节段连续匹配拼装与焊接的总体方案，即每次均有 2 个桁段作为下一桁段匹配拼装的母桁段。立体拼装时，首段按照下层桥面板块就位→两侧桁片拼装→中部上层桥面板块拼装→副桁拼装→两侧上层副桁桥面板块拼装顺序进行，后续匹配节段按照两侧桁片就位→下层桥面板块拼装→中部上层桥面板块拼装→撑杆拼装→两侧上层副桁桥面板块依次拼装推进，并在节段拼装过程中设置三次质量控制点，实现对拼装全方位的监控。

2)架梁吊机整桁段悬拼分析计算

桁段整体悬臂拼装不同于常规单杆件散拼，其结构刚度大、拼装对位点多，需提前模拟计算安装过程，并得出合适对接顺序、安装时杆件的变形及相应的调整措施力大小，并据此考虑工装方案，为现场悬拼施工提供理论参考。

利用架梁吊机悬臂架设的桁段，通过架梁吊机提升待架梁段与已架设梁段进行拼装对位。对接时可先通过架梁吊机调整待架梁段姿态，首先对接上弦、副桁或下弦其中一个接头，然后在利用增加或减少吊机施力并辅以适当的对拉调整力依次分步完成其他杆件对接。

由于采用架梁吊机悬拼钢桁梁节段具有相似规律，以架设大小练主跨 SE26、SE27 节段钢桁梁为例进行计算分析。节段吊装前，边跨斜拉索已挂设至 BS08，中跨斜拉索挂设至 MS08，架梁吊机前支点站位于 A25 节点正上方，前支点自重反力为 2 460 kN/桁，后锚点拉力为 320 kN/桁。已架设钢桁梁计算模型及 XZ 向变形如图 4-3-478 和图 4-3-479 所示。计算模型中钢桁杆件、主塔均按梁单元模拟；索采用只受拉索单元模拟；相邻两拼装节段桥面板采用板单元模拟，其余桥面板按纵横向梁格模拟。

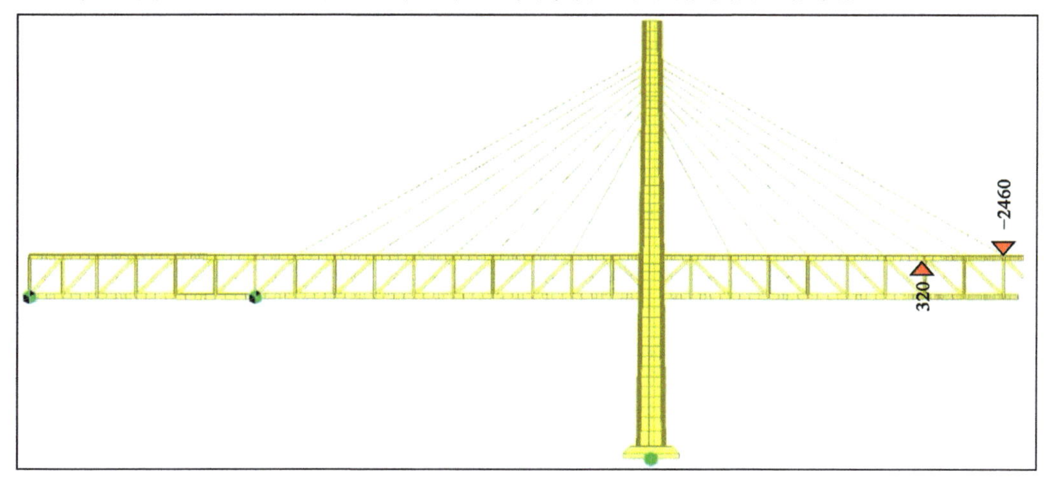

图 4-3-478 已架设钢桁梁计算模型图(单位：kN)

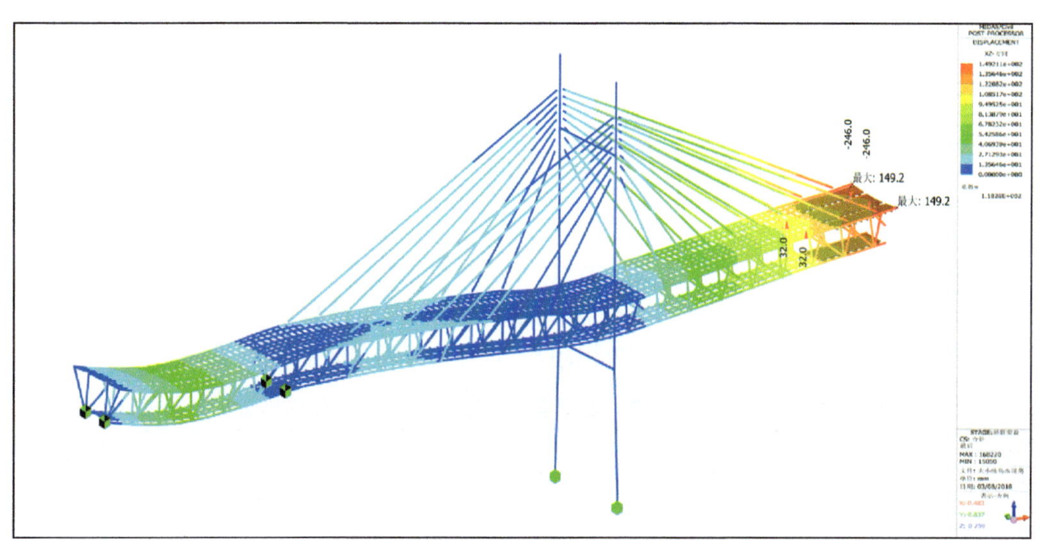

图 4-3-479 已架设钢桁梁 XZ 向变形图(单位：t·mm)

SE26、SE27 节段未吊装前，考虑索力、钢桁梁自重、架梁吊机自重，悬臂端拼接点处位移见表 4-3-53；SE26、SE27 节段吊装后，位移见表 4-3-54。

表 4-3-53 钢桁梁吊装前拼接点位移(单位:mm)

点　　位	竖向 Z	纵向 X	点　　位	竖向 Z	纵向 X
主桁上弦	139.4	−20.1	主桁上弦	139.4	−20.1
副桁上弦	147.5	−22.3	主桁下弦	139.6	−1.3
位移差(副—主)	8.1	−2.2	位移差(下—上)	0.2	18.8

注:表中纵向位移以远离主塔为正;竖向位移以向上为正(后同)。

表 4-3-54 钢桁梁吊装后拼接点位移(单位:mm)

点　　位	竖向 Z	纵向 X	点　　位	竖向 Z	纵向 X
主桁上弦	−210.2	7.7	主桁上弦	−210.2	7.7
副桁上弦	−195.7	3.5	主桁下弦	−200.0	−17.7
位移差(副—主)	14.5	−4.2	位移差(下—上)	10.2	25.4

从上表可知，SE26、SE27 节段吊装后，钢桁梁发生了较大的弯剪变形。水平位移方面，副桁比主桁纵向压缩多 4.2 mm，相对于吊装前，主副桁纵向位移差增加 2 mm，主桁上下弦位移差 25.4 mm，较吊装前增加 6.6 mm。竖向位移方面，副桁比主桁高 14.5 mm，较吊装前位移差增加 6.4 mm，主桁上下弦位移差 10.2 mm。

待拼装梁段起吊后，钢桁梁的 Z 向变形如图 4-3-480 所示。钢桁梁起吊后，拼接点处主桁上弦和副桁竖向位移均为 4.0 mm，主桁下弦竖向位移为 5.4 mm，主桁上下弦位移差为 1.4 mm。主桁竖杆上端竖向位移 0.7 mm，下端竖向位移 1.4 mm，竖杆伸长 0.7 mm。

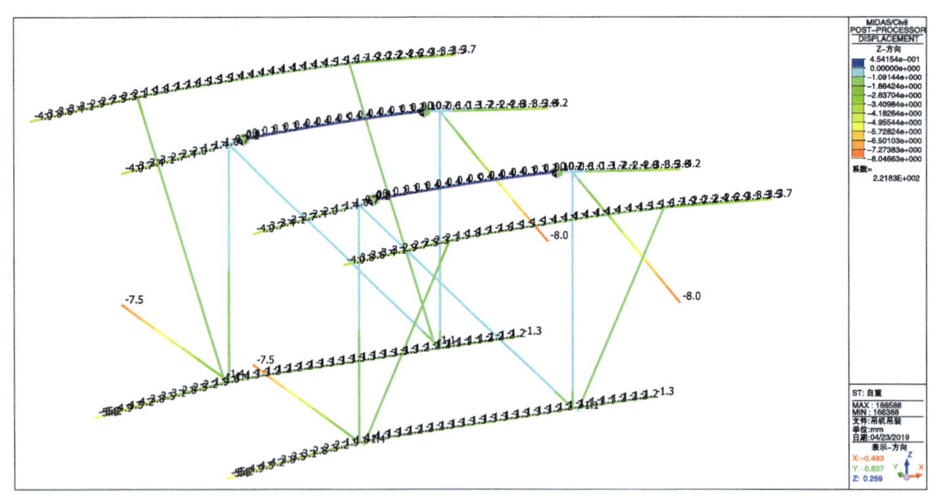

图 4-3-480 待拼装钢桁梁起吊后 Z 向变形图(未显示桥面板)(单位:mm)

(1)主桁下弦对接计算

由于斜拉索位于副桁，桁架顶较桁架底压缩量大(远大于钢桁梁上弦预拱度的伸长值，预拱度伸长值最大为 8 mm)，待架设桁段与已架设钢桁梁拼装对接时应先对接下弦杆，待架桁段起吊后，调整钢桁梁下弦杆倾角，使其与已架设端钢桁梁下弦杆倾角相同，此时合龙口两侧位移姿态见表 4-3-55。

表 4-3-55 待架钢桁梁倾角调整后合龙口姿态(待架段整体落梁 230.8 mm)

点　位	主桁上弦			主桁下弦			斜副桁上弦		
	纵向 X(mm)	竖向 Z(mm)	倾角	纵向 X(mm)	竖向 Z(mm)	倾角	纵向 X(mm)	竖向 Z(mm)	倾角
已架设侧	7.7	−210.2	1/325	−17.7	−200.0	1/299	3.5	−195.7	1/332

续上表

点位	主桁上弦			主桁下弦			斜副桁上弦		
	纵向 X(mm)	竖向 Z(mm)	倾角	纵向 X(mm)	竖向 Z(mm)	倾角	纵向 X(mm)	竖向 Z(mm)	倾角
待架设侧	2.8	−205.6	1/298	−52.0	−200.0	1/296	2.1	−205.5	1/283
位移差	−4.9	−4.6	1/3597	−34.3	0	极小	−1.4	9.8	1/1919

注:表中纵向位移差以合龙口开口为正;竖向位移差取待架端高于已架设端为正,位移单位均为 mm。

由上表可知,待架钢桁梁倾角调整后,整体落梁 232 mm,钢桁梁前移 34.3 mm,下弦合龙口纵向位移匹配,主桁上弦开口 29.4 mm,副桁开口 32.9 mm,上弦、下弦及副桁倾角均基本匹配,主桁下弦 XZ 向位移及倾角匹配,完成下弦杆对接,完成高栓施拧及杆件顶面焊缝焊接。钢桁梁下弦对接完成后 ZX 向变形如图 4-3-481 所示。

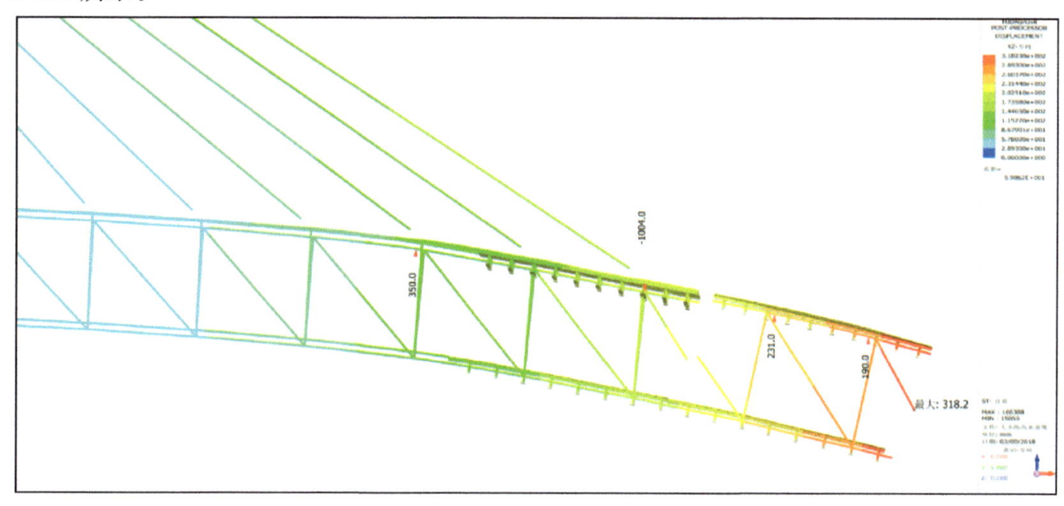

图 4-3-481 钢桁梁下弦对接完成后 XZ 向变形图(单位:t · mm)

(2)按主桁下弦→主桁上弦→副桁→斜杆对接

主桁下弦对接完成后,暂不焊接铁路桥面板横向焊缝。由于主桁上弦及副桁纵向均为合龙口张开状态,则需通过增加吊机施力或拼接点处纵向对拉的方式使主桁上弦或副桁合龙口纵向位移匹配,再配合适当的竖向对拉调整完成竖向位移匹配。

通过分析计算,按主桁下弦→主桁上弦→副桁→斜杆的顺序拼装对接钢桁梁节段时,主桁下弦对接后对接主桁上弦。采用增加吊机施力或者纵向对拉来匹配纵向位移的调整措施力均较小,实现均较容易,根据操作方便现场可任意选择调整措施。但主桁上弦打入部分冲钉实现铰接后,不能继续通过增加吊机施力实现副桁纵向位移匹配,此时副桁需纵向对拉 1 000 kN,竖向对拉 180 kN 才能实现副桁 XZ 向位移匹配。纵向调整措施力较大,需提前考虑设备及结构。可在副桁顶面焊接纵向对拉耳板,主桁上弦、副桁的纵向对位均靠该对拉耳板调整,对于主桁上弦和副桁的竖向高差调整措施力较小,建议采用初步打入尖头冲钉的方式调整。

(3)按主桁下弦→副桁→主桁上弦→斜杆对接

按主桁下弦→副桁→主桁上弦→斜杆的顺序拼装对接钢桁梁节段时,主桁下弦对接后对接副桁。采用增加吊机施力或者纵向对拉来匹配纵向位移的调整措施力均较小,实现均较容易,现场可根据操作方便任意选择调整措施。副桁打入部分冲钉实现铰接后,主桁上弦纵向位移有 3 mm 冲突,竖向有一定高差。

当采用减小吊机施力+主桁上弦竖向对拉的措施调整合龙口位移,则吊机施力需减少 5 000 kN,约占节段重量的 60%(钢桁梁应力满足要求),竖向对拉力 1 000 kN。吊机减小施力过程中副桁内力逐步增加,但其折角也越来越小,则在此过程中需要逐步增加副桁冲钉数量。该措施竖向调整措施力较大,需提前考虑设备及结构。

当采用主桁上弦纵向对顶+竖向对拉的措施调整合龙口位移,则需纵向对顶力约 2 000 kN,竖向对拉力 185 kN。该措施纵向调整措施力达到 2 000 kN/桁，需提前考虑设备及结构。

采用该顺序对接钢桁梁时，主桁上弦对接调整措施力较大，不建议采用该顺序拼装钢桁梁。

(4)按主桁下弦→斜杆→主桁上弦→副桁

根据前述计算，主桁下弦对接后，再对接其中任意一根杆件均较为容易。按主桁下弦→斜杆→主桁上弦→副桁的顺序拼装对接钢桁梁节段时，主桁下弦对接后对接斜杆和主桁上弦均较容易实现，调整措施力均较小。

最后对接副桁时，拼接点有纵向开口及竖向高差。纵向开口不能采用增加吊机施力的方式调整，XZ 向位移差仅能通过副桁纵向对拉＋竖向对拉调整，其中纵向对拉力约 1 000 kN，竖向对拉力 180 kN。需提前考虑设备及结构。

采用该顺序对接钢桁梁时，与按主桁下弦→主桁上弦→副桁→斜杆顺序调整措施基本相当。

(5)按主桁下弦→斜杆→副桁→主桁上弦对接

按主桁下弦→斜杆→副桁→主桁上弦的顺序拼装对接钢桁梁节段时，主桁下弦对接后对接斜杆和主桁上弦。采用增加吊机施力或者纵向对拉来匹配纵向位移的调整措施力均较小，实现均较容易，根据操作方便现场可任意选择调整措施。副桁打入部分冲钉实现铰接后，主桁上弦纵向位移有 3.1 mm 冲突，竖向有一定高差。

当采用减小吊机施力＋主桁上弦竖向对拉的措施调整合龙口位移，即使吊机完全松钩，主桁上弦纵向也还有 1 mm 冲突，若需纵向匹配还需对顶力约 650 kN，则不建议采用该方案匹配合龙口纵向位移。

当采用主桁上弦纵向对顶＋竖向对拉的措施调整合龙口位移，则需纵向对顶力约 2 150 kN，竖向对拉力 250 kN。该措施纵向调整措施力达到 2 000 kN/桁，需提前考虑设备及结构。采用该顺序对接钢桁梁时，主桁上弦对接调整措施力较大，不建议使用该顺序对接钢桁梁。

3)架梁吊机悬拼节段拼装小结

(1)按本文计算的各种拼装顺序，拼装对接过程中钢桁梁最大应力约 183 MPa，均满足要求，主塔最大偏位约 9 cm，全截面处于受压状态。

(2)即使考虑钢桁梁主桁上弦及副桁预拱度的最大伸长量(架梁吊机悬拼节段，最大伸长值为8 mm)，钢桁梁主桁上弦及副桁压缩量也大于主桁下弦，建议拼装对位时先调整待架节段钢桁梁姿态，直接对接主桁下弦，完成主桁下弦高强螺栓施拧及主桁下弦顶板对接焊缝。为降低后续节段对位时的调整措施力，建议此时不焊接铁路桥面板横向焊缝。

(3)主桁下弦对接后，无论是再对接斜杆、主桁上弦或者副桁均较容易，调整措施力较小。但对接时杆件均存在一定折角，此时仅能在螺栓群中间位置打入一定数量冲钉，实现杆件铰接状态。

(4)主桁上弦和副桁无论是纵向还是竖向均存在高差，不能同时对位，后对位者调整措施力均较大，但是先主桁上弦再副桁的对接顺序调整措施力相对较小。建议对位时先对接主桁上弦然后再对接副桁。

(5)根据前述计算分析，斜杆最后对接或下弦对接后就对接(斜杆仅需在栓群中部打入几个冲钉)对主桁上弦及副桁的对接影响较小。但是考虑架梁吊机架设的节段预拱度均为主桁上弦伸长，最长为8 mm，考虑预拱度后斜杆实际制造长度小于理论所需长度(斜杆有拉力)，最后对接时需要拉力较大，所以建议下弦对接后先对接斜杆(栓群中部打入几个冲钉)，使斜杆处于铰接状态，然后再对接其他杆件。

(6)综上所述，建议钢桁梁对接顺序为主桁下弦→斜杆→主桁上弦→副桁，对接副桁时纵向对拉力较大，需提前考虑对拉措施。考虑增加吊机施力操作不够方便，再加之副桁对接时必须纵向对拉，建议拼接点 XZ 向对位均采用纵向＋竖向对拉的方式实现。可在副桁顶面焊接纵向对拉耳板，主桁上弦、副桁的纵向对位均靠该对拉耳板调整。对于主桁上弦和副桁的竖向高差调整，其调整措施力较小，建议纵向调整到位后采用逐步打入尖头冲钉的方式来调整竖向高差。

(7)斜杆、主桁上弦、副桁对位完成后，其杆件间均有一定折角，此时吊机可逐步分级减小吊机施力，杆件折角随之逐步减小，此时及时补充冲钉数量，然后施拧高栓。焊接杆件顶板对接焊缝，再焊接桥面板横向焊缝。焊接完成后挂设斜拉索，吊机前移。

4)架梁吊机整桁段悬拼工艺流程

对于采用散拼或桁片架设的钢桁梁，杆件或桁片对位后，上足一定数量的高栓和冲钉后(对于散拼，一般需上30%高栓、50%冲钉；对于桁片，一般上50%高栓、50%冲钉)，架梁吊机即可松钩。当桥面系采用正交异性钢桥面板时，一般主桁架设完成后再吊装桥面板，桥面板自身重量荷载由主桁承受，后续恒载及荷载由桥面板和主桁共同承受力。

本桥钢桁梁采用全焊桁段设计和架设，为达到设计意图，从节段架设时就板桁共同受力保证结构安全。本桥采用架梁吊机悬拼的钢桁梁节段施工流程如下：钢桁梁运输至桥位，抛锚定位→架梁吊机起吊，拼装对位→高栓施拧→桥面板横缝焊接(此时可挂设、牵引斜拉索，但不可张拉)→架梁吊机松钩→按监控指令挂设、张拉斜拉索→架梁吊机前移，准备下一节段作业。

采用架梁吊机整桁段悬拼其工期优势明显，架设一个节段(2节间)约12 d(一般散拼架设一个节间约10 d左右)，具体安排如下：吊机起吊对位并上足冲钉需2 d；高强螺栓施拧工2～3 d；主桁顶板及桥面板横缝焊接需5 d；斜拉索挂设可在横缝焊接时进行，不占用主线工期，仅拉索张拉占用2 d时间；架梁吊机前移时间较短，一般为几个小时，可利用晚上完成。

5)支架上大节段钢桁梁拼装对接技术

支撑于支架上的大节段钢桁梁在支架上的对接合龙，其实是一种简支变连续的体系转换。大节段钢桁梁吊装至支架上后，跨中变形和梁段转角均较大，且主桁上下弦和副桁弦杆的转角均不同(以鼓屿门航道桥辅助跨大节段为例，跨中最大竖向位移约38 mm，主桁下弦梁端转角约1/730，主桁上弦梁端转角约1/1366，副桁梁端转角约1/932，如图4-3-482所示)，其拼装对接与悬臂架设的节段又有所不同，仍需提前分析计算确定杆件对接顺序、桥面板焊接时机及其对施工和钢桁梁受力的影响、顶落梁位置等，以保证钢桁梁能顺利合龙、合龙后结构内力分部与原设计基本吻合、临时支撑结构受力满足要求。

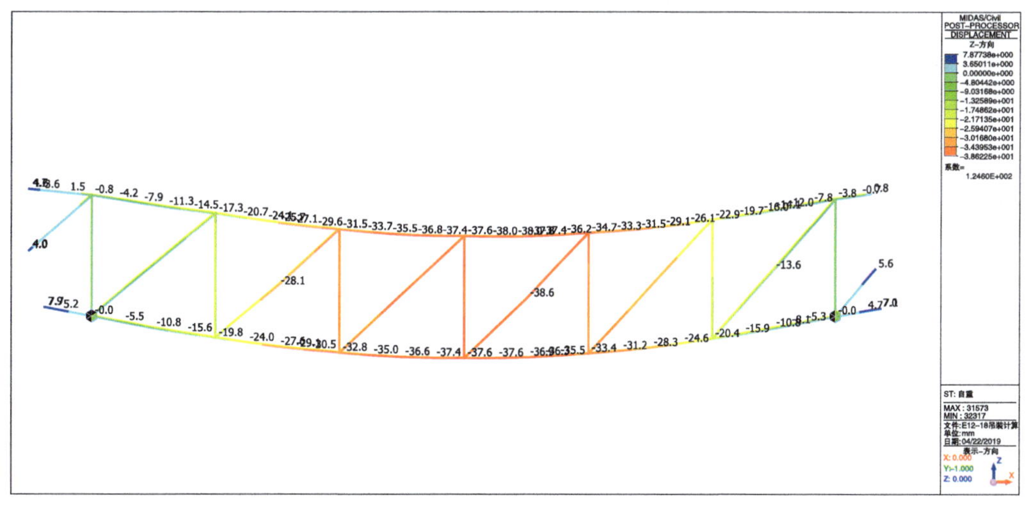

图4-3-482　鼓屿门辅助跨大节段钢桁梁吊装至托架后变形示意图(单位:mm)

根据总体施工方案，鼓屿门航道桥和大小练岛航道桥边跨钢桁梁均采用起重船吊装至墩顶后再拼接成整体。为避免钢桁梁拼接完成后还整体起顶调节钢桁梁位置，钢桁梁拼接以主塔支座节段为起始分别往两边逐段对接的顺序进行。3号塔为纵向固定支座，此处钢桁梁节段调整到位后即安装正式支座；4号塔为纵向活动支座，钢桁梁中心线对齐塔中线，此处钢桁梁节段调整到位也安装正式支座，但支座下摆需要设计值进行预偏。以鼓屿门航道桥为例，钢桁梁全部吊装完成后其钢桁梁节段总体拼装顺序为：调整A21、A22至设计位置→拼装对接A19、A20，拼装对接A23、A24→拼装对接A12～A18→拼装对接A10、A9→拼装对接A2～A8→拼装对接A0、A1，如图4-3-484所示。

支架上大节段钢桁梁拼装对接时，各杆件对接顺序分析与采用架梁吊机悬拼的节段类似，此处不再详细介绍。经分析计算，支架上大节段钢桁梁拼装，各杆件对接宜采用如下顺序：主桁下弦→斜杆→副桁→主桁上弦。斜杆对接时，最大调整力为210 kN；副桁对接时，纵向位移通过对待拼装节段顶落梁实现，竖向位移匹

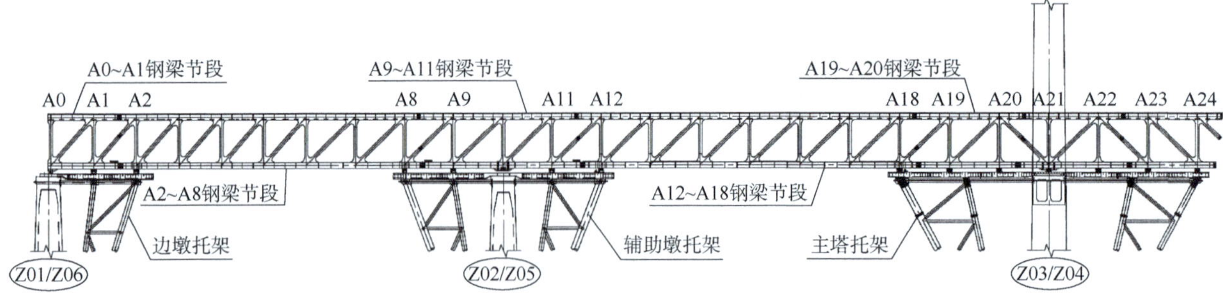

图 4-3-484 鼓屿门边跨钢桁梁节段示意图

配最大对拉力为 370 kN;主桁上弦对接时,纵向位移通过对待拼装节段顶落梁实现,竖向位移匹配最大对拉力为 600 kN。竖向对拉力均较小,可以通过逐步打入尖头冲钉的方式实现,无需设置额外对拉结构。

以 A2～A8 节段与 A9～A24 节段拼装对接为例,计算如下。

E2 节点落梁 36 mm、E8 节点落梁 17 mm 后(相对于设计高程＋厂设预拱度),E8、E9 节间合龙下弦三向位移及倾角基本匹配,此时合龙口 Z 向位移如图 4-3-485 所示。

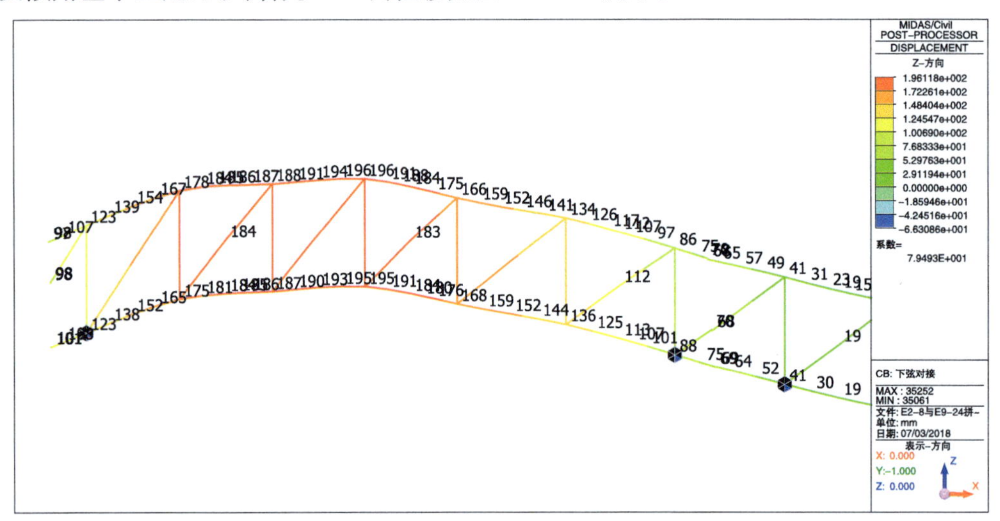

图 4-3-485 合龙口 Z 向位移图 1(单位:mm)

下弦合龙后即可进行斜杆拼装对接调整。经计算,E2 节点顶梁 35 mm、E8 节点顶梁 1 mm 后(相对于设计高程＋厂设预拱度,相对于上一步骤,则 E2 节点顶梁 71 mm、E8 节点顶梁 18 mm),再配合斜杆间法向对拉 210 kN 后,E8、E9 节间斜杆合龙口三向位移及倾角基本匹配,此时合龙口 Z 向位移如图 4-3-486 所示。

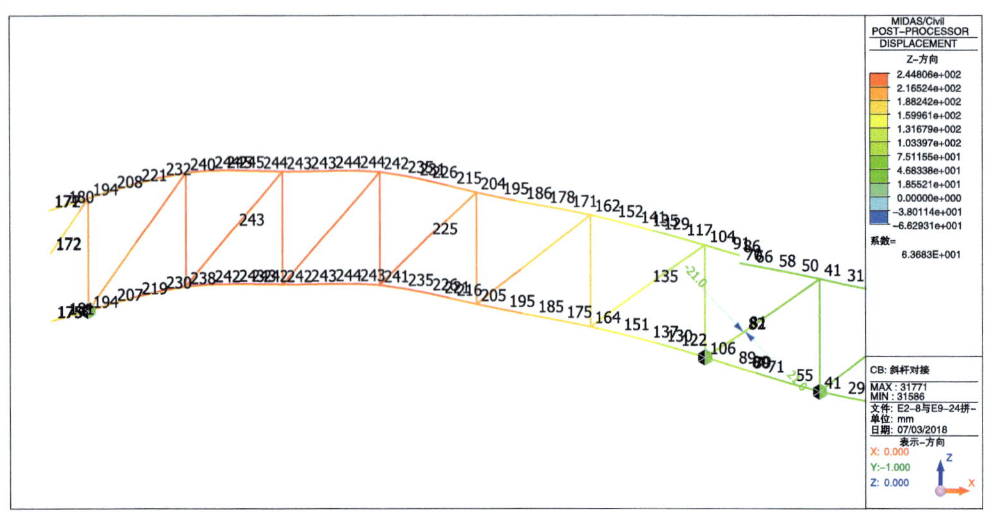

图 4-3-486 合龙口 Z 向位移图 2(单位:mm)

斜杆合龙后，将 E8 节点下弦高程调整至设计高程加厂设预拱度，准备进行副桁合龙口的拼装对位调整。经计算，E2 节点顶梁 30 mm(相对于设计高程＋厂设预拱度，相对于上一步骤则 E2 节点落梁5 mm)，再配合副桁法向对拉 370 kN 后，E8、E9 节间副桁合龙口三向位移基本匹配，此时合龙口 Z 向位移如图 4-3-487 所示。

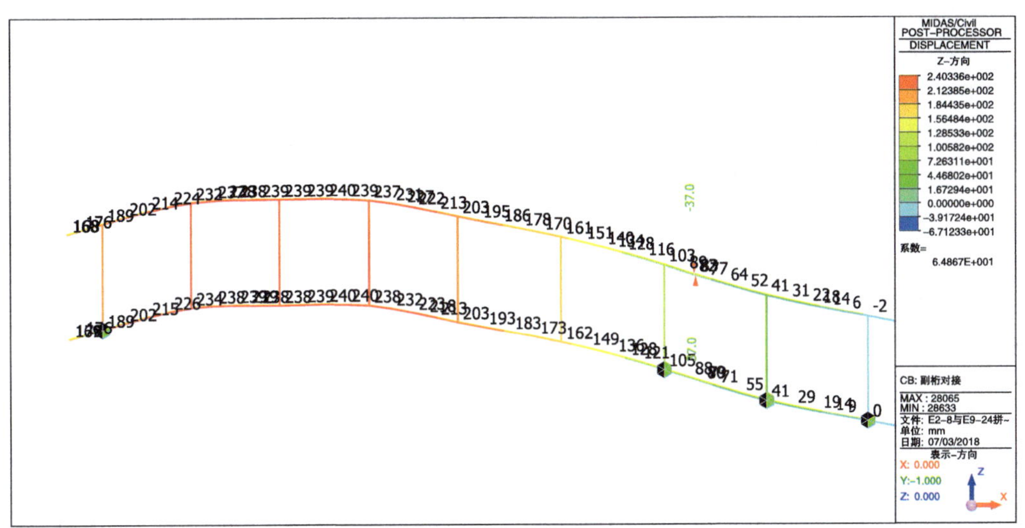

图 4-3-487　合龙口 Z 向位移图 3(单位：mm)

副桁铰接后，准备进行主桁上弦合龙口的拼装对位调整。经计算，E2 节点顶梁 38 mm(相对于设计高程＋厂设预拱度，相对于上一步骤则 E2 节点顶梁 8 mm)，再配合主桁上弦法向对拉 500 kN 后，E8、E9 节间主桁上弦合龙口三向位移基本匹配，此时合龙口 Z 向位移如图 4-3-488 所示。

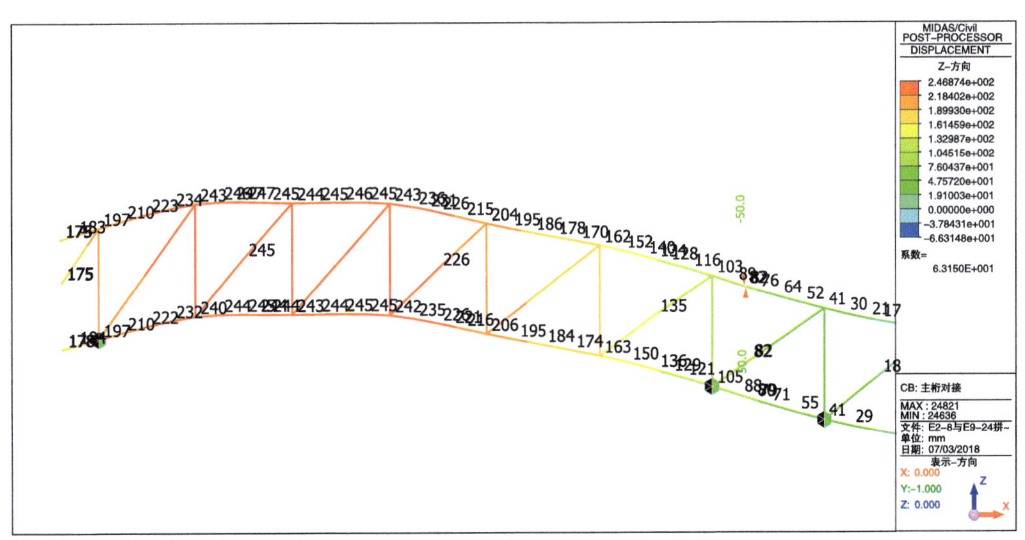

图 4-3-488　合龙口 Z 向位移图 4(单位：mm)

主桁上弦三向匹配后，在栓群中部打入冲钉，实现主桁上弦铰接，然后再在副桁和主桁上弦逐步增加冲钉数量，实现杆件合龙口间倾角匹配。

由于钢桁梁对接前均支撑于墩旁托架上，钢桁梁节段间拼装对接实质为简支变连续的体系转换过程。各杆件合龙过程中，支架上需利用千斤顶顶落梁，顶落梁位置、行程、顶落梁后抄垫高程均影响托架受力安全。拼装过程中，各杆件拼接时对各支点进行顶落梁敏感性分析，在确保钢桁梁和支架受力安全，方便现场操作的前提下，得出支架上大节段钢桁梁拼装总体原则如下：

(1)千斤顶布置位置:三向千斤顶仅布置于待拼装节段的4个支撑节点处,并尽量靠近落梁垫块。其中E21、E10、E0节点处千斤顶需布置于设计起顶垫板正下方。

(2)合龙口三向位移及倾角匹配措施:首先利用待拼装段钢桁梁支撑节点处的三向千斤顶调整待合龙杆件间的纵向及横向位移差,然后再逐步打入尖头冲钉、标准冲钉的方式调整竖向位移差及倾角。

(3)顶落梁总体原则:下弦对接时,通过在待拼装对接节段的4处千斤顶直接顶落梁实现三向位移及倾角匹配。斜杆对接时,合龙口近端千斤顶定落梁不可超过20 mm(相对于设计高程+厂设预拱度),主要通过远端千斤顶顶落梁及斜杆间法向对拉+逐步打入冲钉的方式实现三向匹配。副桁及主桁上弦对接时,合龙口近端支撑节点需调整至位于设计高程+厂设预拱度,即近端不可顶落梁。副桁及主桁上弦合龙口间的三向匹配主要通过远端千斤顶顶落梁及杆件间法向对拉+逐步打入冲钉的方式实现。

(4)上弦和副桁顶落梁对位后,需对起顶处落梁垫块下方进行抄垫,以保证远端起顶点处的标高不变。高栓施拧完毕后焊接桥面板横缝及杆件顶板焊缝,再通过顶落梁抄垫至设计高程+厂设预拱度,然后再进入下一节段对接合龙调整。

如果上弦对接完成后就落梁至设计位置,开始下一节段钢桁梁对接,桥面板横缝焊接后续进行,则可以加快现场拼装速度。但按此步骤施工完成后将导致钢桁梁受力与设计不一致,正交异性钢桥面板未参与自身恒载受力(设计从恒载开始,桥面板参与主桁共同受力)。经计算分析,按此步骤,钢桁梁应力将增加约30 MPa,影响主体结构安全。

(5)为保证抄垫高程准确,待拼装节段对位前建议先拆除橡胶垫,并提前准备抄垫钢板。抄垫面积应与原垫块底面相当。

8. 钢桁梁大悬臂抗风技术

结合气象资料,桥区大风天气频繁,8级及以上大风天气全年超过120 d,百年重现期10 min平均最大风速44.8 m/s,且台风频繁,每年均有6次左右的台风正面袭击。钢桁梁整体吊装支撑至临时结构及钢桁梁悬臂拼装过程中均有可能遭遇台风袭击,对钢桁梁架设期间的自身抗风研究必不可少。

1)常规抗风技术

一般而言,对于风速较大的峡谷口、沿海区域均需对斜拉桥大悬臂施工过程中的抗风稳定性进行专门设计研究。在2000年“第十四届全国桥梁学术会议论文集”中,同济大学项海帆院士关于《公路桥梁抗风设计规范概要及大跨桥梁的抗风对策》一文中指出:“在最大双悬臂状态,主梁会发生围绕桥塔的桥平面外的水平摆动以及平面内的竖向跷跷板振动,在桥塔中产生较大的内力,设置辅助墩或采用临时墩来减小悬臂长度是常用的方法。”

设置抗风临时墩虽然效果较好,但成本较高。如果在类似本桥这样水深、浪高、覆盖层浅薄的条件下,临时墩自身设计与施工将十分困难,经济性差。

2014年建成的黄冈公铁两用长江大桥,在施工过程中采用了一种抗风牛腿来增加大悬臂状态下的抗风稳定性。抗风牛腿焊接于主塔两侧的钢桁梁上弦杆上,大风来临前将牛腿与主塔间抄垫顶紧以抵抗横风作用下的平面扭转。抗风牛腿结构小巧,安装也较为简便,具有良好的经济性和可操作性。

2)本桥实施方案

本桥钢桁梁架设期间的抗风主要分为两类,一是采用起重船吊装至支架上的钢桁梁抗风,二是钢桁梁大悬臂拼装过程中的抗风。对于支架上的钢桁梁,经计算分析,钢桁梁自身与支架间的抗滑移和自身抗倾覆稳定性均满足规范要求,仅支架设计时需考虑承受支架钢桁梁和自身的台风荷载。为进一步加大支架和钢桁梁的抗风安全,台风来临前,钢桁梁需横向调整到设计位置,钢桁梁落梁垫块与滑道梁之间卡死或临时焊接固定。

对于悬臂架设过程中的钢桁梁,参考黄冈长江大桥的成功经验,三座航道桥均在主塔处设置了大型抗风牛腿,以平衡钢桁梁在横向风作用下的扭矩。以元洪航道桥为例,抗风牛腿设在YH-SE23-24节段和YH-SE25节段间,抗风牛腿在工厂整体加工运至现场,主塔墩顶节段架设后整体焊接至设计位置。钢桁梁抗风牛腿平面布置如图4-3-489所示。

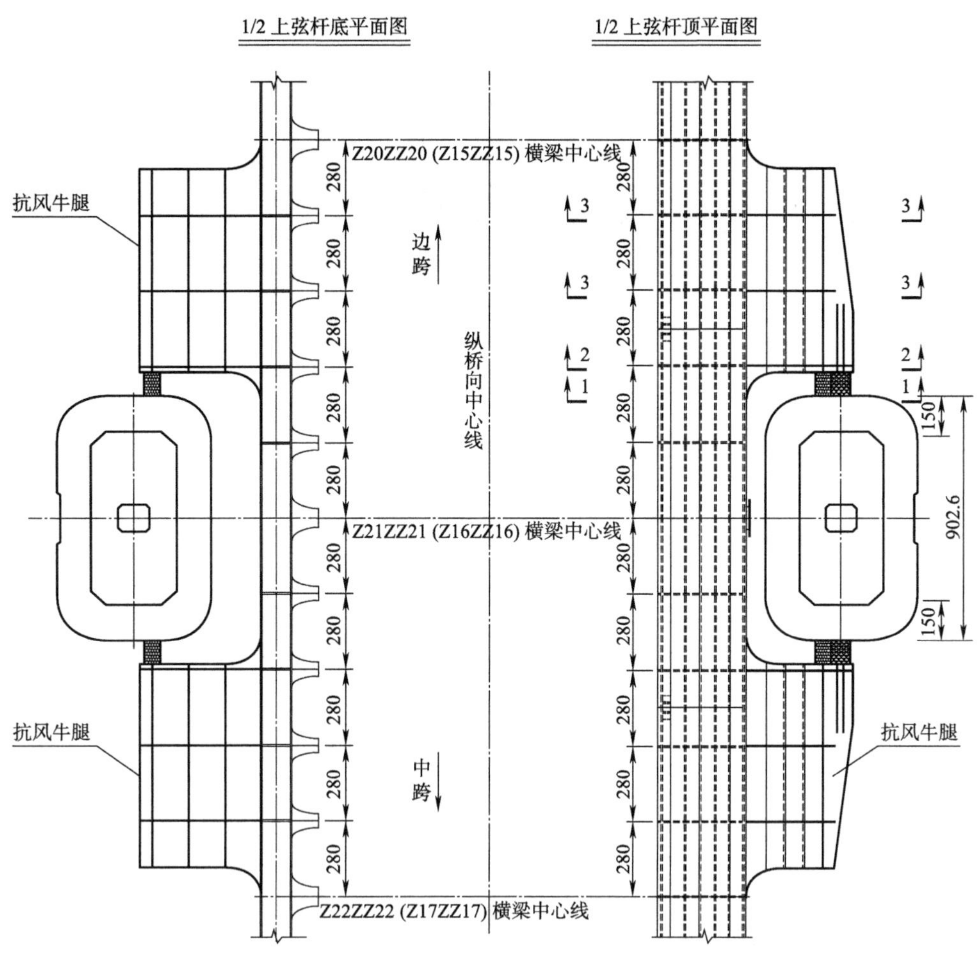

图 4-3-489 钢桁梁临时抗风牛腿平面布置图(单位:cm)

结合本桥钢桁梁架设的总体施工方案,元洪航道桥采用架梁吊机双悬臂架设,采用设置抗风牛腿的方案较常规的设置抗风临时墩更具有经济性,施工也更为简便,则元洪航道桥大悬臂抗风宜采用原设计方案。

对于鼓屿门航道桥和大小练岛航道桥,根据总体施工方案,其边跨钢桁梁架设完成后才开始架设主跨钢桁梁。钢桁梁最不利抗风为最大单悬臂状态,再加之跨度小,对抗风牛腿设置与否进行研究,仅依靠钢桁梁自身承载力和边墩、辅助墩、主塔墩支座的横向承载力抵抗台风荷载。

采用有限元分析软件对鼓屿门航道桥和大小练岛航道桥进行抗风分析计算。风荷载按百年重现期风速考虑,即海平面 10 m 高度处的设计基准风速为 44.8 m/s,钢桁梁自身风荷载采用线荷载形式加载于上下弦杆上,架梁吊机风荷载采用节点荷载作用于前后站位支点处。因风向的不确定性,分别考虑三种工况。

工况一:横桥向同一方向加载,加载模型如图 4-3-490 所示。

工况二:边、辅助跨加载向右侧的风荷载,主跨加载向左侧的风荷载,加载如图 4-3-491 所示。

工况三:边、辅助跨加载向左侧的风荷载,主跨加载向右侧的风荷载,加载如图 4-3-492 所示。

根据计算结果,钢桁梁最大组合应力为 173 MPa,最大横桥向位移为 309 mm。边墩支座处横桥向反力 $F_{边}=1\ 790$ kN<7 000 kN(边墩球形支座横桥向承载力);辅助墩支座处横桥向反力$F_{辅}=8\ 990$ kN<11 000 kN(辅助墩球形支座横桥向承载力);主墩支座处横桥向反力 $F_{主}=4\ 880$ kN<17 500 kN(主墩球形支座横桥向承载力)。钢桁梁应力、变形及支座的横向承载力均满足规范要求。

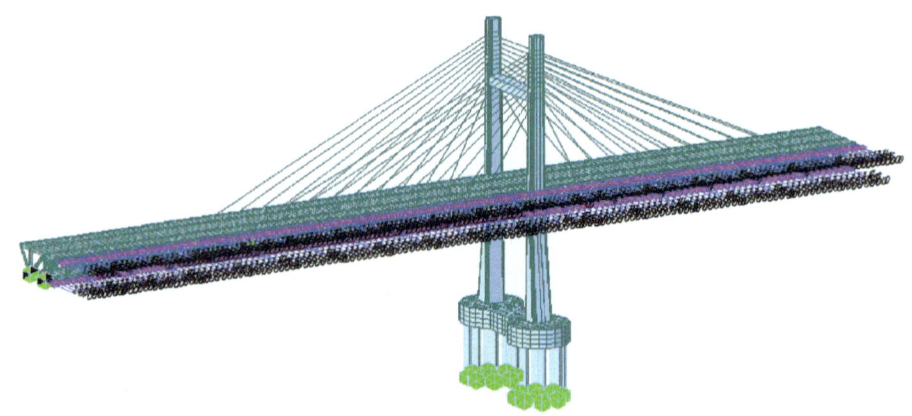

图 4-3-490　工况一加载示意图

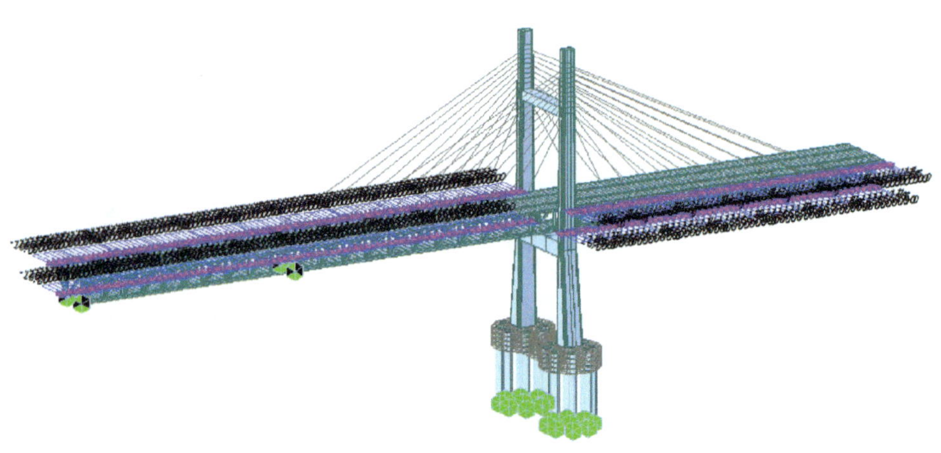

图 4-3-491　工况二加载示意图

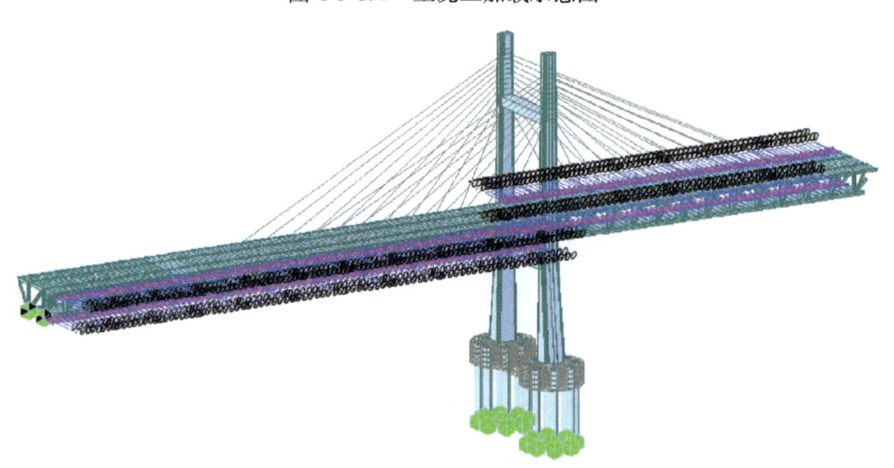

图 4-3-492　工况三加载示意图

结合前述分析研究，本桥钢桁梁大悬臂架设期间抗风总体方案如下：元洪航道桥双悬臂抗风安全依靠主塔处设置抗风牛腿实现。鼓屿门航道桥和大小练岛航道桥则取消抗风牛腿，钢桁梁单悬臂架设期间的抗风安全依靠钢桁梁自身和边墩、辅助墩、主塔墩支座实现。

9. 环口焊接及嵌补段施工

钢桁梁采用正交异性板整体结构，由纵肋、横梁及其加劲的钢桥面板组成，桥面板块纵向分块，横向整体制造并与主桁节段在工厂焊接成整体，现场安装桥面嵌补段，钢梁架设完成后将嵌补段吊放在桥面板待安装位置上存放。

钢桁梁环口对接高强度螺栓施工完成并检验合格后开始环口焊接及嵌补段施工，利用高栓施工步梯和脚手架搭设焊缝焊接平台。先焊接铁路桥面，再焊接公路桥面，具体顺序为：铁路(公路)桥面水平板→铁路(公路)纵梁→铁路(公路)U肋；焊接完成后焊缝需进行超声波/X射线/磁粉检测。

1)焊接方法、设备和材料

根据焊缝位置不同，将焊接方法、设备和焊接材料分类，见表4-3-56。

表4-3-56 焊接方法、设备和材料表

序号	适用范围	焊接方法	焊接材料
1	定位焊	气体保护焊	ER50-6(ϕ1.2)
		焊条电弧焊	J507(ϕ4/3.2)
2	弦杆、桥面板对接焊缝	气体保护焊或气体保护焊+埋弧焊	ER50-6(ϕ1.2) Ho8Mn2E(ϕ5)+SJ101q
3	U肋嵌补段对接焊缝及角焊缝	气体保护焊	E501T—1(ϕ1.2)
4	板肋嵌补段对接及角焊缝	气体保护焊	平位 ER50-6(ϕ1.2)； 立位 E501T—1(ϕ1.2)
5	铁路纵梁间对接焊缝	气体保护焊	平位 ER50-6(ϕ1.2)； 立位 E501T—1(ϕ1.2)
6	其他焊缝	优先采用气体保护焊	平位 ER50-6(ϕ1.2)； 立位、仰位 E501T—1(ϕ1.2)
		个别处也可采用焊条电弧焊	J507(ϕ4/3.2)

2)焊接平台搭设

操作平台和脚手架随高栓施工一起搭设。钢桁梁高栓施拧操作平台，由扣件式钢管脚手架和星式爬梯组合而成。钢管脚手架作为高栓施拧的主要操作平台，星式爬梯作为施工人员上下的安全通道。高强螺栓施拧位置有主桁上弦、主桁下弦、主桁斜杆、副桁上弦。为此在主桁上弦、副桁上弦均设置了高强螺栓施拧吊平台，主桁上弦杆吊平台为在主桁上弦杆接头两侧倒挂两个门式脚手架作为施拧平台，倒置的门式脚手架通过撑杆挂于钢梁横梁翼缘板上，撑杆采用ϕ48×3.5 mm镀锌钢管，两个门架之间铺设脚手板联通。斜副桁上弦杆施拧平台有两种搭设形式，一种是有公路桥面嵌补段的，其搭设方式和主桁上弦相同；另一种是无公路桥面嵌补段，内侧倒扣的门式脚手通过夹具固定在钢梁横梁翼缘板上，外侧倒扣门式脚手通过横杆吊挂于悬挑的工钢上，工钢的另一端与钢板焊接，然后通过M24的螺栓与公路防撞护栏立柱底座固定，内外侧吊平台通过满铺脚手板相连。高栓施工时，按照下弦、斜杆、主桁上弦、斜杆的先后顺序进行施工。钢桁梁高栓施拧、环口焊接操作平台整体布置如图4-3-493和图4-3-494所示。

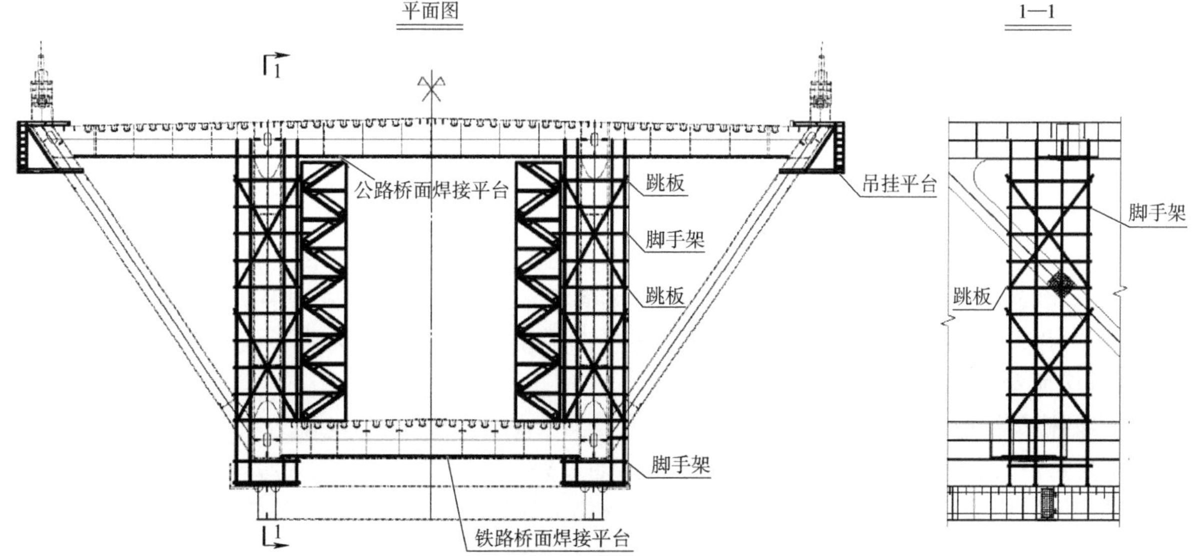

图4-3-493 钢桁梁高栓施拧、环口焊接操作平台示意图

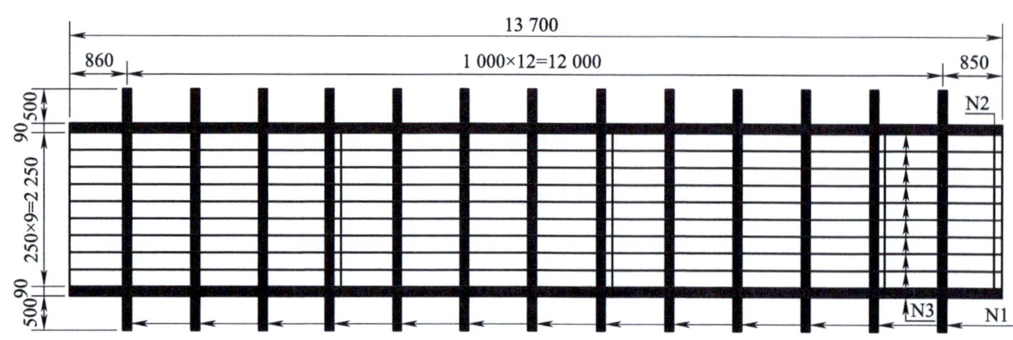

图 4-3-494　环口焊接操作平台详图(单位:mm)

(1)脚手架施工

脚手架作为钢梁高栓施拧和环口焊缝焊接的主要操作平台,结构由镀锌钢管、十字扣件、脚手板、夹具等组成。钢梁高栓施工按照主桁下弦→斜杆→主桁上弦→副桁的先后顺序进行施工,脚手架搭设也按此顺序进行搭设。

主桁下弦:以墩旁托架滑道梁为基础,在下弦节点的正下方的滑道梁顶面上横向焊接三条工字钢,两边各悬挑出滑道梁大约 50 cm,脚手架立杆坐落于工字钢上翼缘并焊接固定。下弦杆内外侧各搭设两根立杆,内外立杆沿高度方向通过横杆连接固定,单侧立杆通过纵向横杆连接固定,每个面布设一道斜杆作为支撑,防止其失稳,各脚手架之间满铺脚手板,作为下弦高栓施拧的平台,其形式如图 4-3-495 所示。

斜杆:斜杆高栓施拧脚手架,内侧以安全爬梯为基础,利用安全爬梯的立柱作为立杆将竖向荷载传递至钢梁顶面,外侧单独搭设两根立杆,每个面纵横向都通过横杆和斜杆连接固定。其中斜杆上下两个面的横杆将爬梯和钢梁斜杆连接为一个整体,可以有效防止爬梯的晃动,同时也使斜杆脚手架平台更加牢固,其形式如图 4-3-496 所示。

图 4-3-495　主桁下弦操作平台布置

图 4-3-496　爬梯及脚手架实例

主桁上弦:主桁上弦采用倒扣的门式脚手架作为高栓施拧的操作平台。在上弦杆接头两侧倒挂两个门式脚手架,倒置的门式脚手架通过夹具固定在钢梁横梁翼缘板上,两侧门式脚手架支架满铺脚手板作为施工平台。为防止脚手板滑落,在脚手板的端头各布置一道横杆作为压杆将脚手板固定。操作平台示意如图 4-3-497 所示。

副桁:副桁高栓施拧平台有两种搭设形式,一种是有公路桥面嵌补段,其搭设形式同主桁上弦相同;另一种是无公路桥面嵌补段,内侧为倒扣的门式脚手,通过夹具固定在钢梁横梁翼缘板上,外侧的倒扣门式脚手通过横杆吊挂于悬挑的工钢上,工钢的另一端与钢板焊接,然后通过 M24 螺栓与公路防撞护栏立柱底座固定,内外侧吊平台通过满铺脚手板相连,布置形式如图 4-3-498 所示。

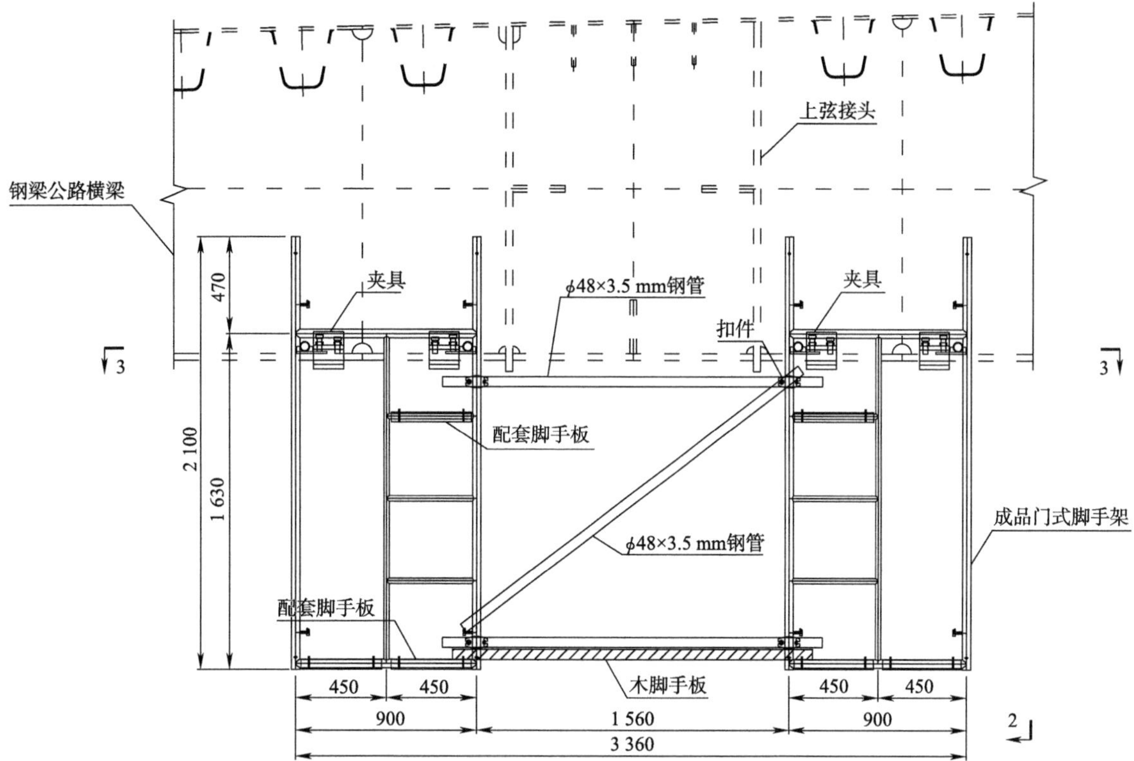

(a) 钢梁主桁上弦接头吊平台布置图（1—1）

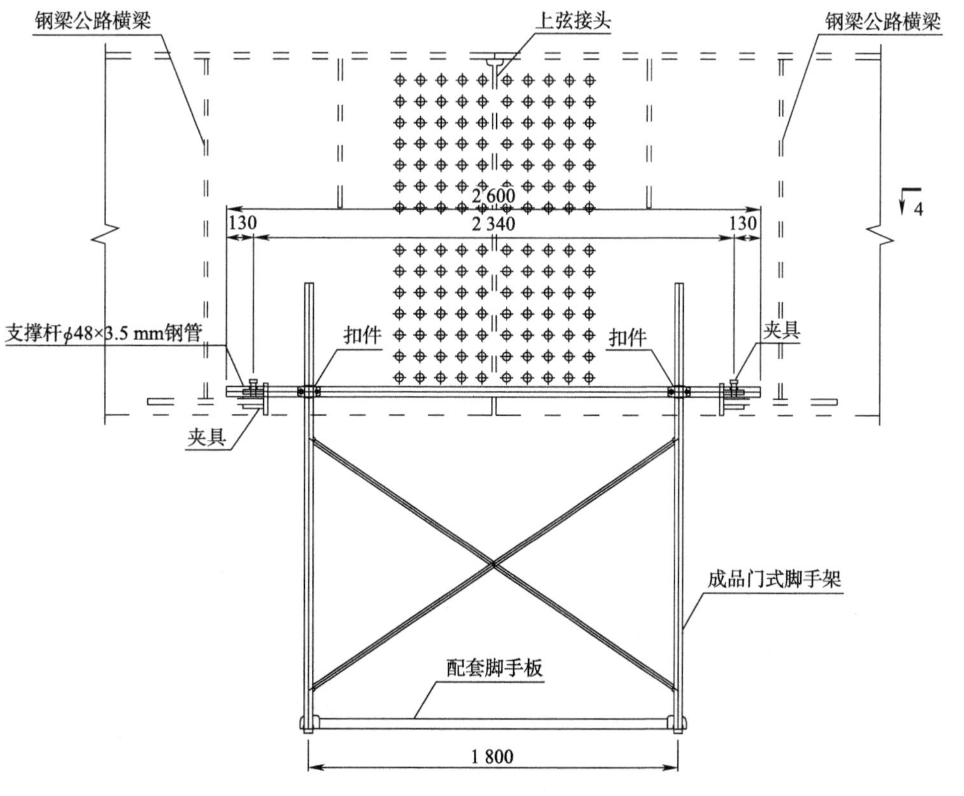

(b) 钢梁主桁上弦接头吊平台布置图（2—2）

图　4-3-497

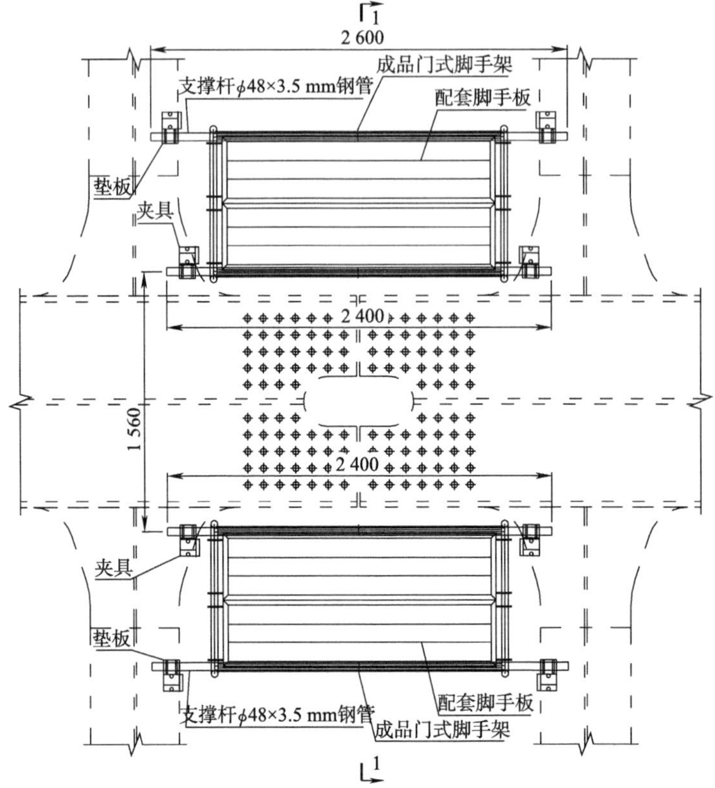

(c) 钢梁主桁上弦接头吊平台布置图（3—3）

图 4-3-497　主桁上弦高栓施拧平台布置图(单位:mm)

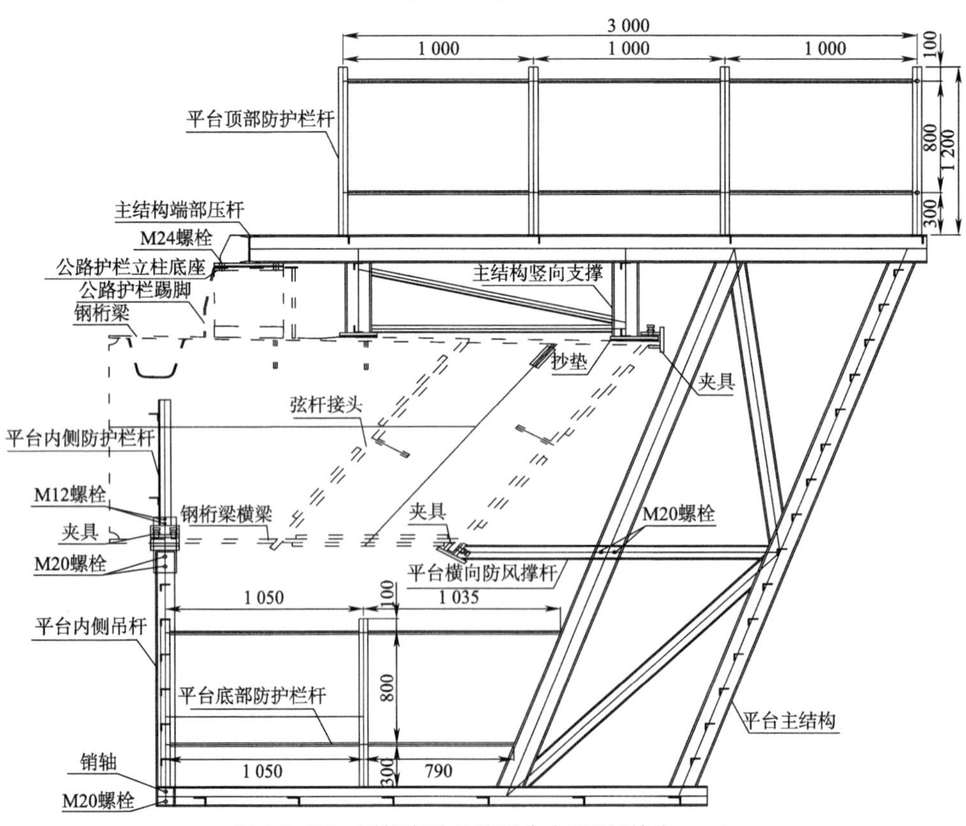

图 4-3-498　副桁高栓施拧平台布置图(单位:mm)

(2)爬梯施工

①爬梯组成

安全爬梯由可调底座、立杆、横杆、横撑、楼梯、扶手、斜拉杆等基本构件组合而成,并采用附着件与建筑施工结构相连,附着一种供施工人员上下行走的步行爬梯。

可调底座:用于调解爬梯的整体的水平度,连接立杆和地基的构件,其作用是将人形爬梯荷载和行人荷载传递到钢梁上。

立杆:安全爬梯的主要受力构件,是门式脚手架爬梯的主要架体杆件。

横杆:连接立杆的受力杆件,是安全爬梯架体的主要杆件之一。

横撑:两端连接在立杆上,用于支撑和放置楼梯的平台。

楼梯:由踏步,侧梁,上、下平台组合焊接而成,全钢板冲压成型,是供行人上下行走的构件。

扶手:通过螺丝、螺母与楼梯连接,分为内扶手和外扶手。

斜拉杆:在安全爬梯外侧设置的与立杆斜交的拉杆,用于增强爬梯的稳定性。

连墙件:将安全爬梯与墩柱等主体结构可靠连接,并能传递拉、压力的附着用构件。

②爬梯制造要求

安全爬梯各部分配件的选材和荷载要求见表 4-3-57。

表 4-3-57　安全爬梯配件

配件名称	规格型号(mm)	结构作用	荷载要求
立杆	ϕ48×3.25×3 000	垂直荷载	立杆荷载 50 kN,销库荷载 30 kN
顶杆	ϕ48×3.25×1 300	顶端护栏	
横杆	ϕ48×3.25×2 038	纵向连接	均布荷载 10 kN
横杆	ϕ48×3.25×1 248	横向连接	
横撑	∠50×4×1 268	横向连接、承托楼梯	均布荷载 15 kN
正面斜拉杆	ϕ48×2.2×3 141	纵向斜支撑连接上下层	
侧面斜拉杆	ϕ48×2.2×2 351	横向斜支撑连接上下层	
楼梯	2 420×1 485×580	人行通道转弯平台	均布荷载 4kN 单步荷载 1kN
内扶手	2 420×1 485	楼梯护栏	
可调底座	T37×600×150×8	底座支撑水平调节	单支荷载 60 kN
安全爬梯组装	2 038×1 248×3 000		整体荷载 180 kN

焊接质量要求:应使用《二氧化碳气体保护焊工艺规程》(JB/T 9186—1999)焊接工艺对产品需要焊接部分进行焊接加工;所有焊接坡口均必须采用双面满焊;焊接焊口应平整光滑,不得有穿焊、漏焊、咬焊、裂纹和夹渣等缺陷;焊接焊缝产生气孔每条焊缝不得超过 2 个,气孔直径不应大于 1.0 mm;焊接主体金属咬肉深度不得超过 0.5 mm,长度总和不应超过焊缝长度 1/10。

钢管要求:安全爬梯杆件应采用现行国家标准《直缝电焊钢管》(GB/T 13793—2016)或《低压流体输送用焊接钢管》(GB/T 3091—2015)中规定的 Q235 号普通钢管,其材质应符合现行国家标准《碳素结构钢》(GB/T 700—2006)中 Q235-A 级钢的规定。

表面处理:安全爬梯所有配件表面应进行浸漆防锈处理,应使用标准红丹防锈漆对产品表面进行浸泡或者喷涂,油漆表面应光滑、均匀、色泽鲜艳,无漏涂、滴瘤等缺陷。

③爬梯拼装

A. 安装工艺流程

a. 在墩柱旁边安装爬梯的位置,地基必须夯实,做 3 m×1.7 m、0.1 m 厚 C20 混凝土地坪或在地基上铺设 2 m×3 m 整块钢板。

b. 在混凝土地坪或钢板上,4 个底座间距 300 mm 同一水平铺设。

c. 4 根 3 135 mm 立杆(也就是 3 m 长的立杆)分别插到 4 个底座,长度方向用 2 000 mm 的横杆插到上下两层的上层销库。宽度方向用 1 210 mm 的横杆插到上下两层的下层销库。注意宽度方向最下面一层不装横杆,安装角钢焊接成的 1 210 mm 横撑(横撑上放置楼梯)。

d. 横撑以上三道不安装横杆,作为通道进口。其余部分横杆按 100 mm 一层顺序向上安装。

e. 楼梯构件的垂直高度为 2.23 m,放置楼梯的横撑安装以进口最低一层横撑为基准,最低一层横撑对面向上 2.23 m 处安装一道横撑;之后向上每隔 2.23 m 交错安装一道横撑(同一垂直面间隔 3 m 一道横撑)。

f. 为保证楼梯结构的整体稳定性,楼梯结构外侧安装斜拉杆。长度方向安装长 3 141 mm 拉杆;宽度方向安装长 1 953 mm 拉杆。注意:斜拉杆安装在两层楼梯踏步结构之间,使其与楼梯踏步结构共同增加结构稳定性。

g. 楼梯安装随横撑安装同步进行,按照转角平台大的在下、转角平台小的在上的方式将楼梯放置在横撑上。

h. 楼梯扶手安装:使用配套的螺丝、螺母将扶手固定在楼梯内面。

i. 按照以上顺序,以此类推往上安装。每升高 3 m 设置一道连墙杆件。利用墩身拉杆孔通过 ϕ25 钢筋与爬梯立杆连接;无法利用拉杆孔的,在墩身埋设预埋件(角钢、工字钢等)通过钢管与立杆进行连接。连墙杆件没做好不能继续往上安装,并且在每层(3 m)之间用配套螺丝、螺母将上、下层的立杆锁紧。

j. 安装防护栏杆:爬梯结构安装到墩顶标高后,安装长 1 650 mm 的立杆作为护栏使用,并用横杆连接、锁紧;出口方向不安装横杆,以便施工人员进出。

B. 组装结构要求

a. 安全爬梯组装好长度为 2 038 mm,宽度为 1 248 mm,每节高度为 3 000 mm。节与节之间应用螺栓锁紧。

b. 楼梯宽为 540 mm,长度为 2 420 mm,垂直高度 1 485 mm,每节包括两个楼梯。

c. 入口处应该减少安装中间两条横杆,便于行人通过。

d. 爬梯架体各层相同型号杆件用在不同层次中,均应保证连接方便、可靠,具有良好的互换性。

e. 上下层拉杆应在同一轴线位置上,爬梯架体立杆轴线对接偏差不大于 2 mm。

f. 斜拉杆应在两层架体之间,两侧斜拉杆应交错布置。

g. 爬梯顶端必须设置护栏,护栏高度应高出工作平台不少于 1 m。

h. 附着件的设置应靠近梯段平台处,距离楼梯平台一般不大于 600 mm。

i. 附着件的设置在同一面上平行设置 2 条,分别锁住两侧立杆。

j. 附着件宜水平设置,当不能水平设置时,连接爬梯架体一端应低于与建筑主体结构相连的一端,附着件的坡度宜小于 1∶3。

C. 拆除要点

a. 拆除爬梯结构时,周围设警戒标志,并设专人看管,禁止无关人员入内。拆除顺序是由上而下,一步一清,禁止上下同时作业。

b. 所有杆件,登高措施必须随支架步层拆除同步进行下降,不准先行拆除。

c. 所有杆件与扣件,在拆除时应分离,不允许杆件上附着扣件输送地面或两杆同时拆下输送地面。

d. 拆除过程中,凡已松开连接的杆、配件应及时拆除运走,避免误扶、误靠。

e. 拆下的杆件应以安全方式吊走或运出,严禁向下抛掷。

f. 拆卸下来的配件应不得混乱堆放,应按品种规格分类堆放,并及时整修与保养。

D. 基层处理

组拼前用打磨机将待焊区域及两侧 20～30 mm 范围内的铁锈、油污、氧化皮、底漆等影响焊接的杂物全部打磨干净,露出金属光泽。

3)桥面板定位

无嵌补段桥面板现场直接采用焊接码板定位(图 4-3-499 和图 4-3-500),码板与钢梁桥面板之间采用气体保护焊接,若桥面板之间有错台,可用千斤顶配合调整,从底部贴上陶瓷衬垫后,用电焊进一步点焊固定。有嵌补段区域利用桥面汽车式起重机将嵌补段起吊至连接位置,与两节段钢梁之间焊接码板定位。

图 4-3-499 码板焊接实例(一)

图 4-3-500 码板焊接实例(二)

4)环口焊接

桥面水平板焊接:桥面板焊接采用气体保护焊焊接 2～3 道,再用埋弧自动焊焊接一道。

纵腹板焊接:纵向腹板之间对接采用对接焊缝连接,采用气体保护焊焊接。

U 肋焊接:U 肋嵌补段之间焊接采用角焊缝连接,采用气体保护焊焊接。

焊接注意事项:

(1)焊接环境温度不得低于 5℃,环境湿度不高于 80%。当环境温度低于 5℃,环境湿度高于 80%时,应采取必要的预热措施后进行焊接。

(2)焊接前应除去定位焊缝表面熔渣,并检查待焊接区的清理状况。

(3)焊接时严禁在母材的非焊接部位引弧,焊后应将焊缝表面的熔渣及两侧飞溅清理干净。

(4)埋弧自动焊必须在距设计焊缝端部 80 mm 外的引(熄)弧板上起、熄弧,如图 4-3-501 所示。焊后必须将焊缝两端的引(熄)弧板用氧割割除,并磨平切口,不得损

图 4-3-501 埋弧自动焊实例

伤母材。当不能加引(熄)弧板时,对起、熄弧处打磨后采用手工电弧焊补焊,焊后将焊缝修磨平整。

(5)埋弧自动焊焊接过程中不应断弧,如有断弧必须将停弧处刨成 1∶5 斜坡,并搭接 50 mm 再引弧焊接,焊后将搭接处修磨平整。

(6)埋弧自动焊回收焊剂距离应不小于 1 m,焊后待焊缝稍冷却后再敲击熔渣。

(7)对于埋弧自动焊,为了防止焊缝焊偏,焊前应认证检查轨道在焊缝的位置和焊丝对准情况,焊接过程中及时调整。

(8)为了防止棱角焊缝烧穿,当组装间隙局部超出规定或钝边较小时,采用气体保护焊打底后再进行埋弧焊。

(9)在焊接进行中或焊缝冷却过程中不得冲击或振动。

(10)要求熔透的焊缝,为了保证熔透,当背面采用碳弧气刨清根时,需用砂轮打磨光滑平整再进行焊接。

(11)多层多道焊时,应将前道焊缝的熔渣清除干净,并检查无裂纹等焊接缺陷后再继续焊接。

(12)为了防止气体保护焊的焊缝缺陷,应随时清除喷嘴上的飞溅物。

(13)经外观检查合格的焊缝方能进行无损检验,无损检验应在焊缝 24 h 后进行。

5)焊缝打磨及返修

(1)重要缺陷的修补,如裂纹等,必须先查明原因,经质检人员、主管技术人员及监理工程师确认后进行,并记入产品质量文件。

(2)焊脚尺寸、焊波或余高超出《制造规则》规定的上限值的焊缝必须修磨匀顺;焊缝咬边超出《制造规则》规定和焊脚尺寸不足时,可采用手弧焊进行补焊,补焊后修磨匀顺。环口现场打磨如图 4-3-502 所示。

(3)返修焊时,应采用碳弧气刨或其他机械方法清除焊接缺陷,在清除缺陷时应刨出利于返修焊的坡口,并用砂轮磨掉坡口表面的氧化皮,露出金属光泽。

(4)焊接裂纹的清除长度应由裂纹两端各外延 50 mm。

(5)返修焊预热温度应按焊接工艺评定的要求再提高 50℃。

(6)用埋弧焊返修焊缝时,必须将返修部位两端刨成 1∶5 的斜坡,焊后将接头处修磨匀顺。

(7)返修焊可采用原焊接方法,对于短段局部缺陷可采用气体保护焊或焊条电弧焊,焊条电弧焊采用 J507 焊条。

(8)返修焊后的焊缝应修磨匀顺,并按原质量要求重新复检,如图 4-3-503 所示。

(9)同一部位的焊缝返修不宜超过两次。

图 4-3-502 环口现场打磨

图 4-3-503 焊缝检测实例

6)焊缝检测

焊缝检测采用超声波探伤仪、磁粉探伤仪、射线探伤仪检测,自检合格后报第三方检测单位检测。不同焊缝部位的检测方法和比例要求见表 4-3-58。

表 4-3-58 焊缝检测方法及验收等级

<table>
<tr><th>序号</th><th>焊缝部位</th><th>质量等级</th><th>探伤方法</th><th>探伤比例</th><th>探伤部位</th><th>检验等级</th><th>验收等级</th><th>执行标准</th></tr>
<tr><td rowspan="3">1</td><td rowspan="2">铁路板块桥面板、压重区底板间纵横向对接焊缝</td><td rowspan="2">Ⅰ级</td><td>超声波</td><td>100%</td><td>焊缝全长</td><td>B</td><td>Ⅰ</td><td rowspan="7">《铁路钢桥制造规范》(Q/CR 9211—2015)</td></tr>
<tr><td>X 射线</td><td>桥面板 100%，底板 30%</td><td>横向对接焊缝应以十字接头为中心检测其两侧 250~300 mm</td><td>B</td><td>Ⅱ</td></tr>
<tr><td>压重区纵腹板间横向对接焊缝</td><td>Ⅰ级</td><td>超声波</td><td>100%</td><td>焊缝全长</td><td>B</td><td>Ⅰ</td></tr>
<tr><td>2</td><td>铁路 T 形纵梁对接焊缝</td><td>Ⅰ级</td><td>超声波</td><td>100%</td><td>焊缝全长</td><td>B</td><td>Ⅰ</td></tr>
<tr><td>3</td><td>U 肋嵌补段对接焊缝</td><td>Ⅰ级</td><td>超声波</td><td>100%</td><td>焊缝全长</td><td>—</td><td>2X</td></tr>
<tr><td>4</td><td>U 肋嵌补段角焊缝</td><td>Ⅱ级</td><td>超声波</td><td>100%</td><td>焊缝全长</td><td>—</td><td>2X</td></tr>
<tr><td>5</td><td>板肋嵌补段对接焊缝</td><td>Ⅱ级</td><td>超声波</td><td>100%</td><td>焊缝全长</td><td>B</td><td>Ⅱ</td></tr>
</table>

7)焊接区域涂装

焊缝检测合格后用砂轮打磨机将焊接区域打磨干净，按照涂装工艺现场涂装底漆、中间漆和氟碳面漆。

10. 支座、阻尼器安装

1)支座布置

通航孔桥在边墩(1 号、6 号)、辅助墩(2 号、5 号)、桥塔(3 号、4 号)处均设置有竖向支承和横向支承，在 3 号桥塔处还设有纵向支承，在 4 号桥塔位置设置纵向阻尼器。

通航孔桥钢桁梁的竖向支座及横向抗风支座采用耐海洋环境腐蚀的球形铸钢支座。元洪航道桥和鼓屿门航道桥在边墩各设置一个 TQZ-35000ZX 支座和一个 TQZ-35000DX 支座，在辅助墩各设置一个 TQZ-50000ZX 支座和一个 TQZ-50000DX 支座；大小练岛航道桥在边墩设置一个 TQZ-25000ZX 支座和一个 TQZ-25000DX 支座，在辅助墩设置一个 TQZ-40000ZX 支座和一个 TQZ-40000DX 支座；三座通航孔桥在 3 号桥塔各设置一个 TQZ-40000GD 支座、一个 TQZ-40000HX 支座和两个 KFQZ-17500DX 横向抗风支座，在 4 号桥塔各设置一个 TQZ-40000ZX 支座、一个 TQZ-40000DX 支座和两个 KFQZ-17500DX 横向抗风支座。航道桥支承体系布置如图 4-3-504 所示。每个通航孔桥均设置八个纵向阻尼器。阻尼器布置在 4 号主塔下横梁。抗风支座布置在塔柱内侧(钢桁梁侧)，中心标高为+74.564 m 处。

2)支座安装

支座安装时，钢桁梁架设前先将支座吊放至垫石旁的支座滑道上，钢桁梁调至设计平面位置时，再进行横向滑移安装支座，如图 4-3-505 所示。

支座安装时，可先将支座地脚螺栓的锚栓放入支座垫石预留孔内(采用临时卡板卡住锚栓防止掉落)，再安装传力钢垫块和钢支座，前一道工序螺栓施拧到位后再安装下一部件，最后安装支座地脚螺栓。支座安装过程中，可采用四个千斤顶同步顶升一定高度，以满足支座安装的空间需求。

抗风支座安装在塔柱内侧竖面上，先将抗风支座吊放在钢桁梁公路桥面上，待安装时利用导链将抗风支座从塔柱处放下与提前预埋在塔柱上的地脚螺栓连接。抗风支座灌浆在钢桁梁合龙后进行，灌浆时需将支座下钢板与塔柱面间的底边和两个侧边用模板围好，保证模板与塔柱、模板与支座下钢板封严(不漏浆)，支座灌浆料从支座下钢板与塔柱面的顶边空隙灌入。

抗风支座上下板间设置间隙，预先将上下板间插入 5 mm 不锈钢板，将支座下板用螺栓连接成整体，连接支座与钢梁间的连接螺栓使支座相对于钢梁固定，复测钢梁状态准确后，进行支座灌浆作业。

因抗风支座地脚螺栓长度大于梁与塔柱之间的空隙，在主塔墩顶节段钢梁滑移到塔柱范围前，需将地脚螺栓放入锚栓孔内。

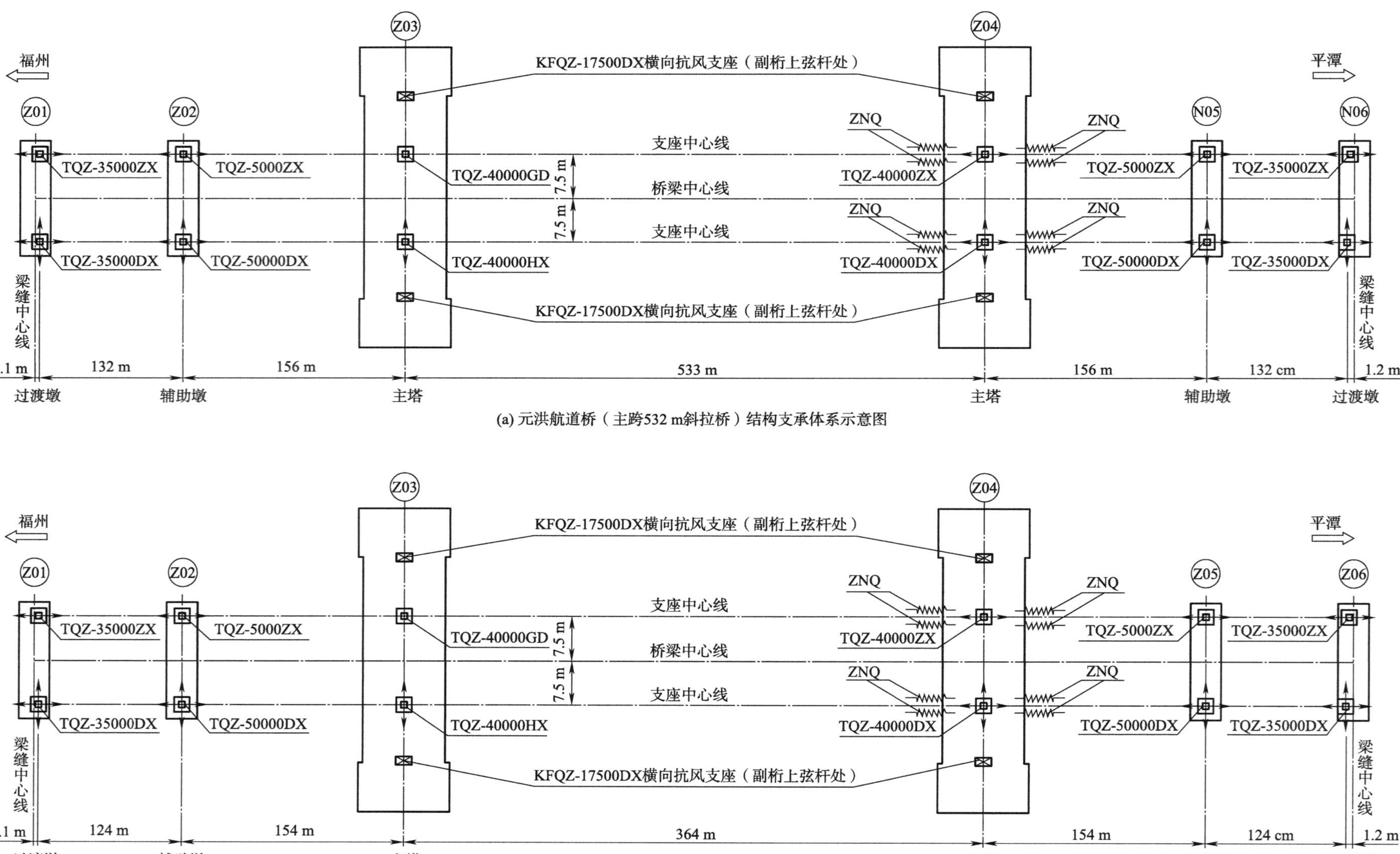

(a) 元洪航道桥（主跨532 m斜拉桥）结构支承体系示意图

(b) 鼓屿门水道桥（主跨364 m斜拉桥）结构支承体系示意图

图 4-3-504

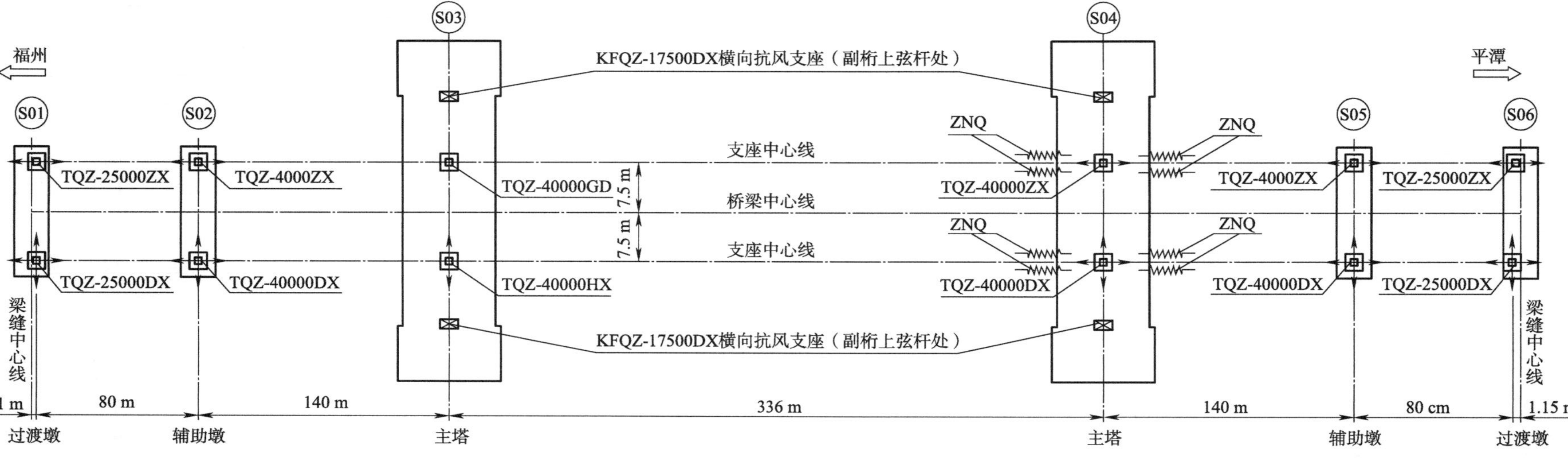

(c) 大小练岛水道桥（主跨336 m斜拉桥）结构支承体系示意图

桥位	支座					
	1号 (m)	2号 (m)	3号 (m)	4号 (m)	5号 (m)	6号 (m)
元洪航道桥	0.045	0.07	0	−0.115	−0.175	−0.15
鼓屿门水道桥	0.025	0.06	0	−0.045	−0.09	−0.06
大小练水道桥	0.025	0.035	0	−0.04	−0.07	−0.06
说明：正值表示较理论位置向大里程方向预偏，负值反之。						

(d) 支座下垫板预偏表

图 4-3-504 航道桥支承体系布置图

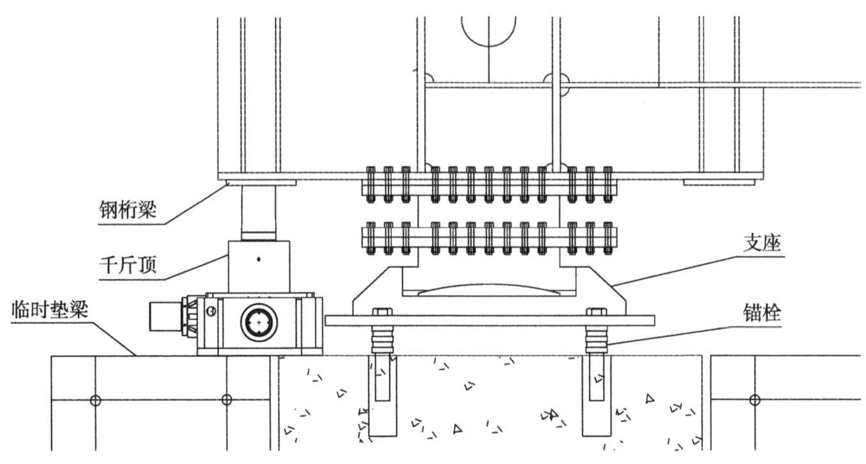

图 4-3-505　支座安装示意图

11. 支座灌浆

安装支座前，需提前将垫石表面及支座预埋孔凿毛处理，再将垫石表面及预埋孔充分湿润。测量人员事先在垫石顶标记出中轴线。

在支座底面与支撑垫石之间提前预留 30 mm 空隙，安装灌浆用模板。调整好标高和平面位置后灌浆。

严格控制支座平整度，每块支座都必须用铁水平尺测其对角线，误差超标应及时予以调整。

仔细检查支座位置及标高后，用无收缩高强度灌注材料灌浆，灌浆材料抗压强度要求不低于 50 MPa，支座上的纵横轴线与垫石纵横轴线要对应。

采用重力灌浆方式。灌注支座下部及锚栓孔间隙处，灌浆过程应从支座中心部位向四周注浆，直至从钢模与支座底板周边间隙观察到灌浆材料全部灌满为止。

第九节　桥面系工程施工

一、公路桥面板架设

1. 设计概况

1)截面尺寸

(1)简支钢桁梁桥面板截面尺寸

简支钢桁梁公路桥面板为钢筋混凝土结构，采用 C60 混凝土。桥面板支撑在上弦杆副桁弦杆及纵、横梁的上翼缘。标准桥面板厚 0.25 m，在与钢梁结合处通过梗肋变厚至 0.35 m，悬臂端桥面板厚 0.2m。桥面板在钢横梁上翼缘板结合处底面宽 0.96 m，梗肋水平长度为 0.5 m；在上弦杆上翼缘板结合处底面宽 1.04 m，梗肋水平长度为 0.35 m。梁端沿桥纵向 2.54 m 范围，桥面板全断面采用等厚板，板厚 0.35 m，并在伸缩缝安装区间预留深 0.12m 的伸缩缝槽口。如图 4-3-506 所示为公路桥面板截面图。

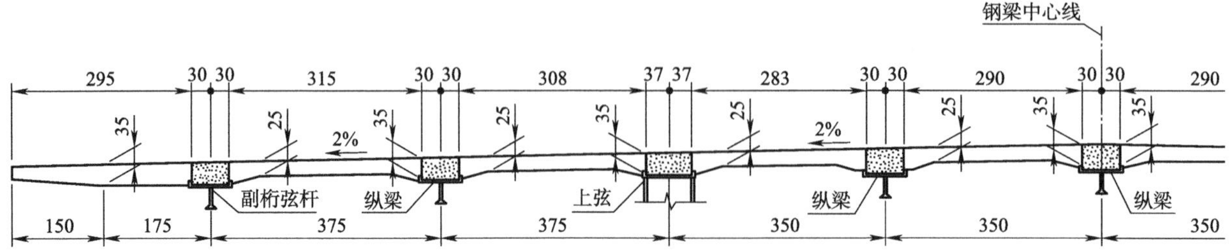

图 4-3-506　公路桥面板截面图(单位：cm)

桥面板在副桁弦杆处设置剪力钉预留槽，用于布置集束式剪力钉。预留槽横向尺寸为 60 cm，纵向为 60 cm。剪力槽净间距 0.4 m。在横梁、纵梁和上弦杆顶面设置全桥通长的现浇缝，横梁接缝纵向宽 56 cm，上弦处纵向接缝横向宽 74 cm，纵梁处纵向接缝横向宽 60 cm。桥面板现浇部分混凝土采用 C60 无收缩混凝土。

预制桥面板与钢梁之间设置垫层，垫层采用抗老化性好的橡胶止浆垫片，高度需保证压缩后能使桥面板顶标高满足设计要求，垫层与桥面板和钢梁均要密贴，避免出现浇筑湿接缝混凝土出现漏浆现象。

(2)航道桥边跨无索区钢桁梁桥面板截面尺寸

边跨混凝土桥面板厚 30 cm，分为预制部分和现浇部分。预制部分采用 C60 混凝土，预制板均设有剪力键，横向剪力键突出 6 cm，纵向剪力键突出 5 cm。在钢梁支撑处边缘设置厚 5 cm 的抗老化性好的橡胶止浆垫片，以防止现浇混凝土浆外溢。

2)桥面板分块

简支钢桁梁桥面板根据公路弦杆和纵横梁的位置进行纵向和横向分块，单跨简支梁纵向共 9 道公路横梁，则预制桥面板纵向分为 8 块。由于梁端节间长度 9.6 m，中间节间长度 9.8 m，标准区段预制板纵向板块尺寸分 9.06 m 和 9.25 m 两种，而在与主桥相接的位置，因伸缩缝安装需要，梁端预制板纵向长度调整为 8.49 m。全桥横向布置了两道上弦杆，两道副桁弦杆，五道纵梁。根据结构尺寸差异，横桥向将桥面板分 A、B、C、D 四大类，其横向标准尺寸分别为 2.9 m、2.83 m、3.08 m、6.7 m。如图 4-3-507 所示为公路桥面板总平面图。桥面板尺寸型号参数见表 4-3-59。

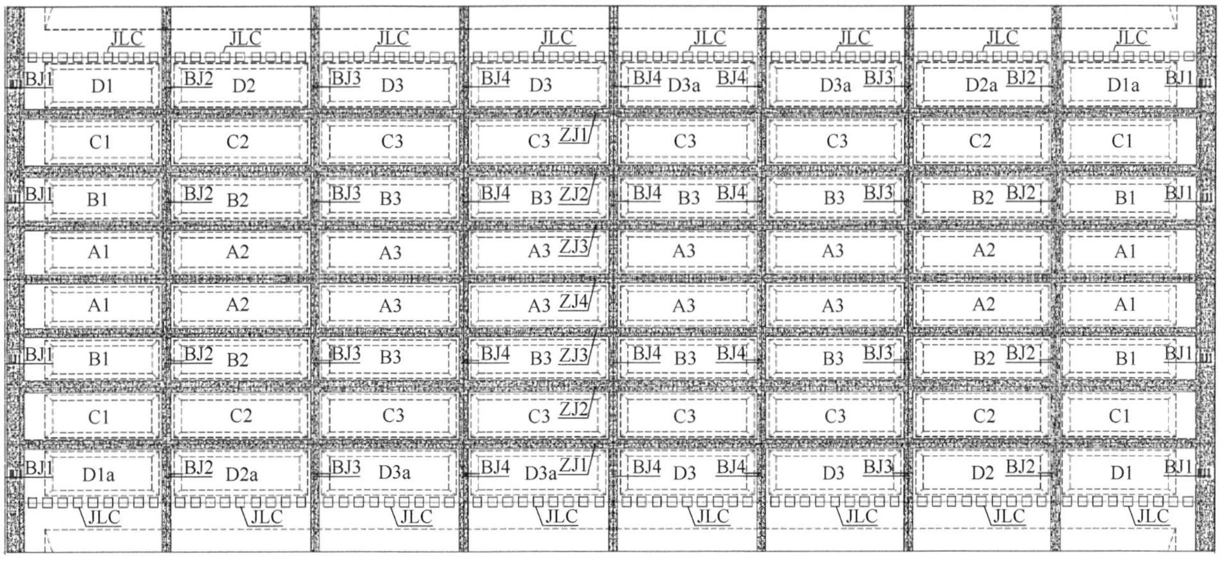

图 4-3-507　简支钢桁梁公路桥面板总平面图(单位:cm)

表 4-3-59　桥面板尺寸型号参数表

名称	型号	尺寸(cm)	单孔块数	总量	单块重(t)	备注
80 m 钢桁梁(5 孔)	A1	906×290	4	20	20.16	直线段钢梁
	A2	925×290	4	20	19.845	
	A3		8	40	19.845	
	B1	906×283	4	20	19.687 5	
	B2	925×283	4	20	19.425	
	B3		8	40	19.425	

续上表

名称	型号	尺寸(cm)	单孔块数	总量	单块重(t)	备注
80 m钢桁梁(5孔)	C1	906×308	4	20	21.315	直线段钢梁
	C2	925×308	4	20	21	
	C3		8	40	21	
	D1	906×670	2	8	46.777 5	
	D1a		2	8	46.777 5	
	D2	925×670	2	8	45.832 5	
	D2a		2	8	45.832 5	
	D3		4	16	45.832 5	
	D3a		4	16	45.832 5	
	QD1 系列	906×640	2	2	45.01	CX01～CX02
	QD1a 系列		2	2	45.01	
	QD2 系列	925×640	2	2	46.03	
	QD2a 系列		2	2	46.03	
	QD3 系列		4	4	46.03	
	QD3a 系列		4	4	46.03	
88 m钢桁梁(1孔)	A1	1 006×290	4	4	22	曲线段钢梁
	A2	1 025×290	4	4	22	
	A3		8	8	22	
	B1	1 006×283	4	4	22	
	B2	1 025×283	4	4	21	
	B3		8	8	21	
	C1	1 006×308	4	4	24	
	C2	1 025×308	4	4	23	
	C3		8	8	23	
	QD1 系列	1 006×640	2	2	51	
	QD1a 系列		2	2	51	
	QD2 系列	1 025×640	2	2	51	
	QD2a 系列		2	2	51	
	QD3 系列		4	4	51	
	QD3a 系列		4	4	51	
	QTD1	949×640	1	1	47.2	
	QTD1a		1	1	47.2	
	TA1	949×290	2	2	21.4	
	TB1	949×283	2	2	20.9	
	TC1	949×308	2	2	22.7	
边跨无索区钢桁梁	GYM-CS-A	900×262	46	46	19.646 9	
	GYM-CS-A1	900×262	2	2	20.032	
	GYM-CS-B	900×242	4	4	18.186 9	
	GYM-CM-A	666×262	46	46	14.490 5	
	GYM-CM-A1	666×262	2	2	14.776 1	
	GYM-CM-B	666×242	4	4	13.416 3	

无索区钢桁梁公路桥面板根据公路弦杆和纵横梁的位置进行纵向和横向分块，全桥纵向共24道公路横梁，则预制桥面板纵向分为26块，横桥向将桥面板分A、B两大类，其横向标准尺寸分别为9.0 m和6.66 m。

3)钢筋布置

公路桥面板设计为钢筋混凝土结构，采用HRB400钢筋。横桥向钢筋纵向间距为10 cm，纵桥向钢筋横向间距为12 cm。横桥向主受力钢筋直径为C22 mm。板块钢筋伸入现浇湿接缝后，在接缝内搭接，搭接钢筋需要在钢筋加工时进行预弯一定角度，保证两搭接钢筋轴线在一条直线上。

无索区钢桁梁预制现浇桥面板的纵向主筋均采用C22钢筋，间距为12 cm；横向主筋均采用C20钢筋，间距为15 cm。

4)剪力钉布置

剪力键采用圆柱头焊钉，材质为ML15。剪力钉直径为22 mm，高250 mm。剪力钉布置在主桁和副桁弦杆及公路纵横梁上。在主桁弦杆和纵横梁上，剪力钉采用均匀布置，依剪力大小适当调整间距。在副桁弦杆，剪力钉采用集束式布置，纵向5排为1个钉群，钉群中心线之间的纵向距离为1 000 mm，每束钉群中剪力钉纵向间距100 mm。无索区钢桁梁公路横梁上翼缘与混凝土桥面板的结合均采用ϕ22圆头焊钉，剪力钉均为工厂焊接。

2. 总体施工工艺

公路桥面板采用70 t架板机整体吊装及安装的施工方案。待公路桥面板在预制板厂制造完成、钢桁梁支座安装完成后，利用运输船舶运输待架墩位，用70 t架板吊机直接进行吊装及安装就位，公路桥面板安装到位后再进行湿接缝施工。钢桁梁公路桥面板安装的主要施工流程如图4-3-508所示。

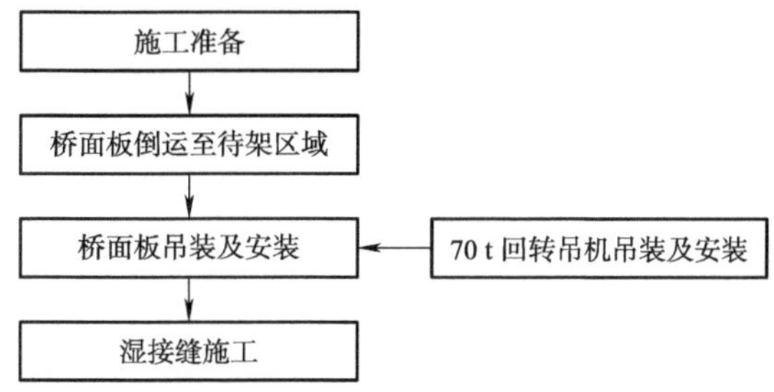

图4-3-508 公路桥面板安装施工流程图

3. 桥面板运输

1)运输船参数

兴洋7号运输船长78 m、宽18 m，最大吃水深度3.25 m，最大载重能力3 000 t，兴洋7号甲板运输船舶的参数见表4-3-60。

表4-3-60 兴洋7号甲板运输船舶的参数表

序　号	名　称	尺　寸
1	总长	78 m
2	垂线间长	75 m
3	夏季载重水线长	76.24 m
4	型宽	18 m
5	型深	4.3 m
6	夏季载重吃水线	3.25 m
7	计算船长	73.95 m
8	满载排水量	3 985.6 t

2)运输船舶桥面板布置

兴洋7号甲板运输船满载排水量为3 985.6 t,空船重量为924.2 t,甲板载重量为2 907.1 t,装载货物的极限高度为2 m。根据甲板有限存放尺寸,单跨桥面板分2船运输。具体船舶桥面板布置如图4-3-509和图4-3-510所示。

根据船舶公路桥面板布置图,第一船:装12块D板+16块中板,分两层布置,总重968 t。第二船:装4块D板+32块中板,分两层布置,总重918 t。

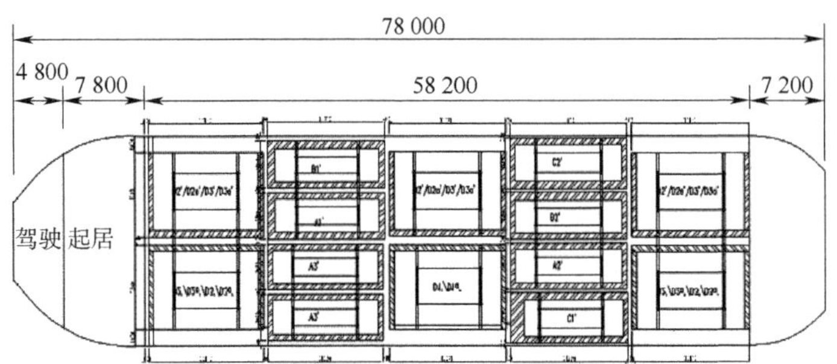

图4-3-509 公路桥面板船舶装船平面图(第一船)(单位:mm)

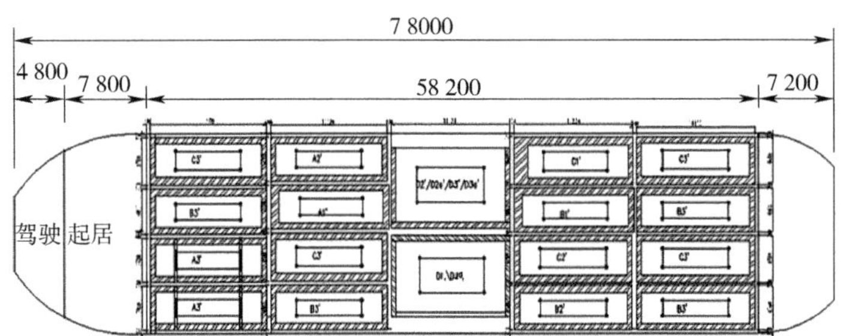

图4-3-510 公路桥面板船舶装船平面图(第二船)(单位:mm)

公路桥面板的装船顺序与最终架板的架设次序相关,先架设的后装船,后架设的先装船,先架设的先卸船,后架设的后卸船。

3)桥面板运输船抛锚就位

桥面板运输船到达架板墩位处,调整船舶姿态,使其船舶纵轴线和栈桥左侧边线平行,分别从船头、船身、船尾牵引锚绳至指定位置进行船舶定位。简支钢桁梁桥面板及边跨无索区钢梁桥面板均不考虑存放,由架板机直接起吊至桥面进行架设施工。

4. 架板机吊装及安装

架板机采用WD70C全回转吊机,吊机整机无需改造。架设系统由WD70C全回转吊机、走行轨道、分配梁及支撑垫块组成,其结构形式如图4-3-511所示。在吊装70 t回转吊机之前,须提前将分配梁安装固定于钢梁上,然后将走行轨道和回转吊机作为整体架设于已安装好的分配梁上并固定。

1)架板机分配梁安装

(1)钢桁梁顶操作平台布置及拆除

在钢桁梁安装分配梁两侧区域用钢脚手板搭设分配梁安装固定通道平台,通道平台外侧焊接临时栏杆。待70 t回转吊机分配梁全部安装完成并和钢桁梁固定好之后,利用公路桥面50 t吊机逐块拆除原有通道平台,方便后续安装公路桥面板。

(2)安装70 t回转吊机分配梁

70 t回转吊机分配梁为箱型结构,总共4根,长17.08 m,高1.3 m,宽1.0 m,单根重2.7 t,采用海鸥号起重船吊装。安装分配梁时,为避免和钢梁剪力钉冲突,在钢梁顶面分配梁支撑处通过垫块K1来避让

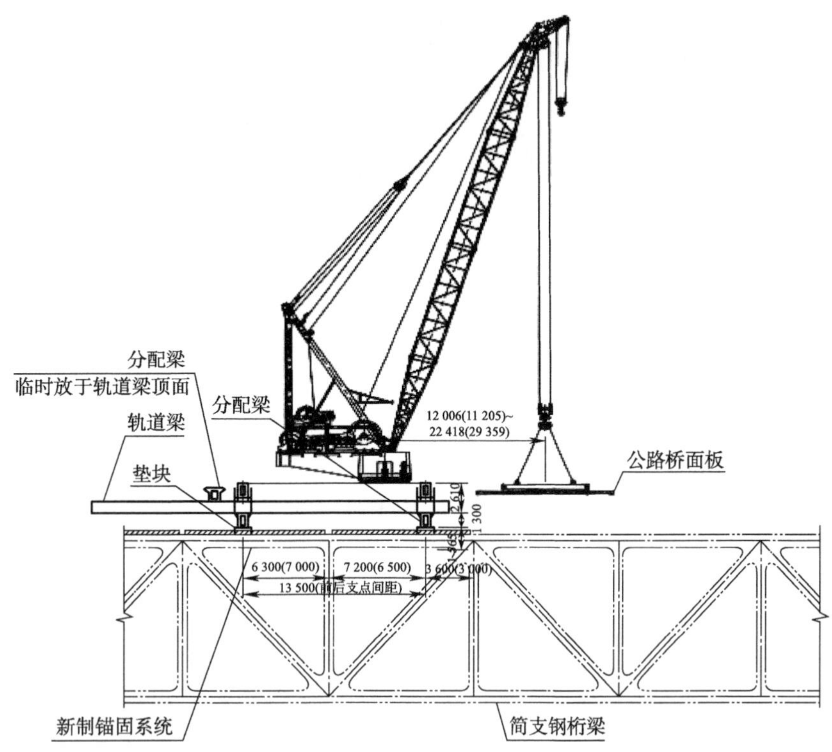

图 4-3-511　70 t 回转吊机吊装示意图(一)(单位:mm)

剪力钉,如图 4-3-512 所示;垫块 K1 安装到钢梁顶面设计位置后,按照设计位置安装 4 根支撑分配梁,简支钢桁梁顶分配梁布置如图 4-3-513 所示。分配梁上相应轨道内侧提前设置限位挡块,方便回转吊机快速精确对位。分配梁安装好后及时和钢桁梁主桁弦杆进行锚固。

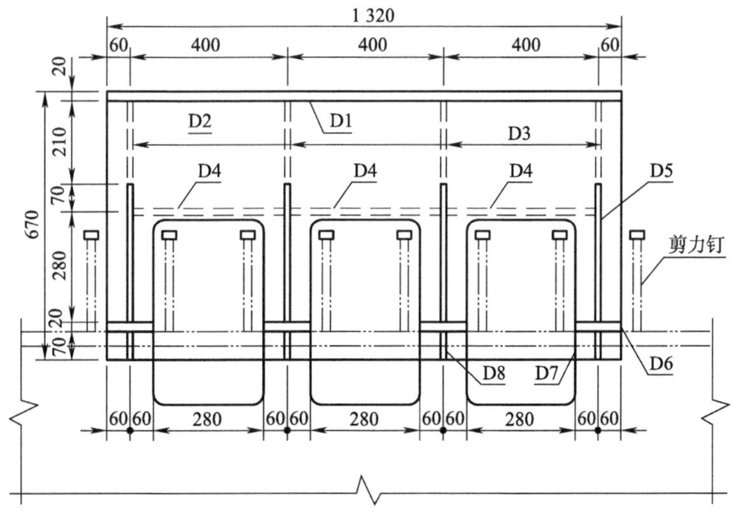

图 4-3-512　垫块 K1 与钢桁梁剪力钉相对位置图(单位:mm)

(3)70 t 回转吊机电源安装

70 t 回转吊机整个动力驱动为电力驱动。电力驱动采用原墩顶横移钢桁梁所采用的电力系统,提前配备好电力电缆,满足架板吊机整跨施工。

2)架板机吊装及安装

70 t 回转吊机型号为 WD70C 全回转吊机,采用“海鸥 3 600 t”起重船整体吊装至待安装钢桁梁顶面。

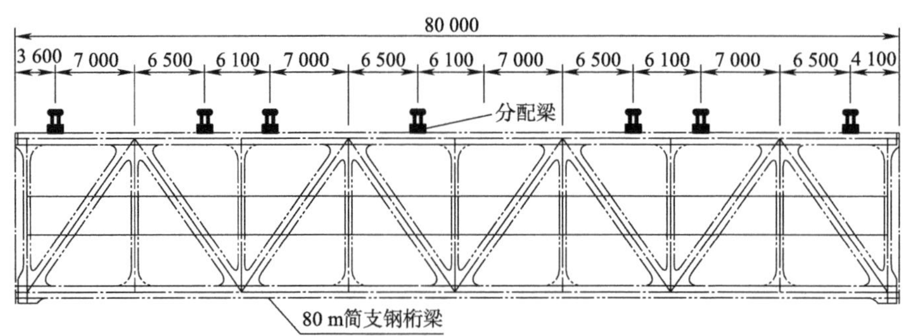

图 4-3-513 简支钢桁梁顶分配梁布置图(单位:mm)

其吊装示意如图 4-3-514 所示。

(1)"海鸥 3 600 t"起重船基本参数

"海鸥 3 600 t"起重船长 118.9 m,宽 48.0 m,主钩最大起重量 3 600 t,设计吃水深度 4.8 m,起重量曲线如图 4-3-515 所示。

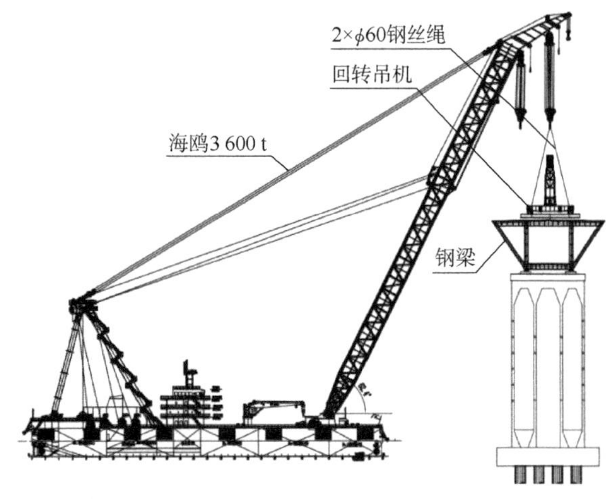

图 4-3-514 70 t 回转吊机吊装示意图(二)

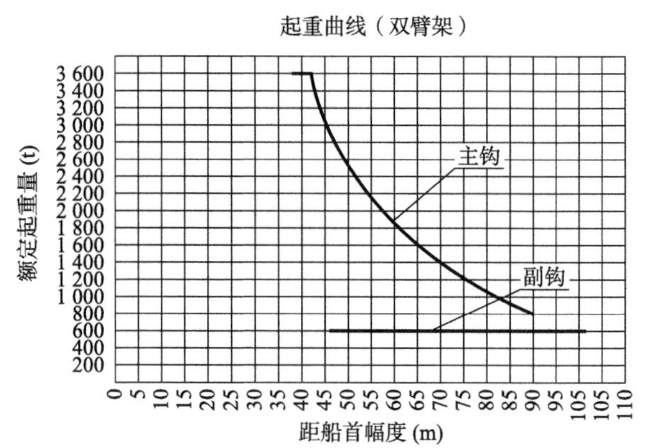

图 4-3-515 "海鸥 3 600 t"起重船起重量曲线图

(2)70 t 回转吊机形态固定

70 t 回转吊机整机重量 195 t,在其扒杆起落的过程中,整机的重心也会随之移动。为保证起吊过程中吊机重心始终为同一位置,须使吊机的各机构呈固定状态,不随起吊错动相对位置。具体操作为:启动吊机的变幅机构,使之与水平角度呈 33°夹角,按厂家要求采用槽钢或大直径钢管将吊臂同三脚架临时焊接固定;将主钩、副钩固定在底盘上,将锚固机构捆扎固定在底盘上;将轨道梁同底盘结构焊接固定在一起。

吊装时,吊臂回转角度 $\alpha=0$,前吊点反力 715 kN,后吊点反力 260 kN,满足吊装要求。

(3)70 t 回转吊机吊装

架板机采用海鸥 3 600 t 起重船由元洪航道桥转运至 CX22~CX23 号(CX02~CX01 号)墩栈桥左侧抛锚定位。海鸥 3 600 t 起重船行走路线需满足"海鸥号"3 600 t 起重船架设时吃水深度。架板机吊装区域应提前进行扫海测量,施工海域已进行扫海测量,满足起重船吃水要求。起吊前,将四个支点的油缸进行锁定,断开电源连接及电缆。事先将钢丝绳和吊机吊耳连接起来。

在 70 t 回转吊机底盘机构设置四个吊点,吊装采用 2ϕ60 mm 的钢丝绳,钢丝绳公称抗拉强度为 1 870 MPa,最小破断力为 2 400 kN,钢丝绳走 2 道布置,起重船吊钩钢丝绳与吊耳之间采用 4 个 150 t 卸扣连接。起重船吊装扒杆角度为 62°,为使吊装钢丝绳与吊机悬臂不冲突,吊点至起重船吊钩间垂直距离不小于 25 m。

70 t 回转吊机安装就位(图 4-3-516):海鸥 3 600 t 起重船驶往 CX22～CX23 号(CX02～CX01 号)墩位后,进行抛锚定位、调整姿态。然后整体缓慢落钩,待吊机底盘距离分配梁 2 m 时,调整缓慢升起前方吊钩一定距离,使回转吊机倾斜,与钢桁梁顶面保持平行。观察摆幅情况,继续降钩直至吊机四个支点落至分配梁上进行摘钩。

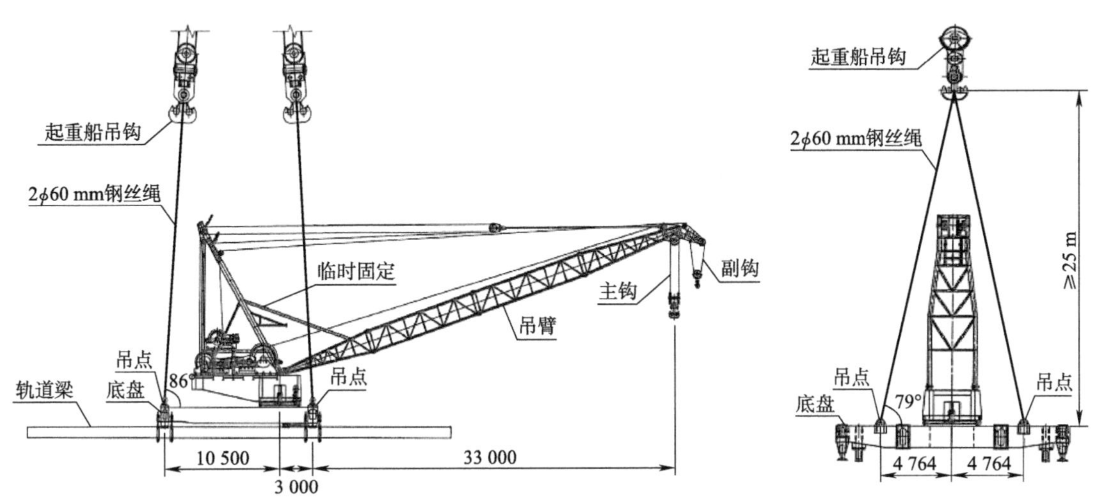

图 4-3-516　70T 回转吊机吊装示意图(单位:mm)

70 t 回转吊机的吊装及下放要求:良好的天气海况,浪高不大于 2.0 m,流速不大于 1.5 m/s,风力不大于 7 级。吊机吊装及下放须有专人指挥,并多次调整姿态确保吊机水平,下放过程中测量人员随时跟踪测量。

回转吊机下放快到位时,须调整姿态使左侧走行轨道和已设置的限位挡块紧贴,以满足吊机落到位后使其中轴线在设计位置上。

接通吊机电源电力系统,解除轨道梁与底盘结构的焊接约束,解除锚固机构与底盘的连接,解除固定在底盘上的主钩与副钩,制动变幅机构,割除吊臂与三脚架间的临时焊接。启动纵移油缸,移动纵移轨道至设计位置。

70 t 全回转架板吊机使用前应做检查签证(附检查签证表),主要检查分配梁、锚固系统、垫块、轨道梁、架板吊机、吊具等几类相关内容。

5. 桥面板吊装及安装

1)桥面板吊具参数

公路桥面板的吊装、运输及架设安装都通过吊具来完成起吊。为满足不同种类桥面板的吊装作业,设计通用型吊具来吊装桥面板。吊具吊点孔间距在 138～420 cm 不等,吊具两端增加两个活动横梁,这样可以满足 A、B、C、D 不同类型的桥面板及斜拉桥无索区桥面板(吊点孔间距不一样)的吊装。根据桥面板重量,吊具主梁采用双拼[36,撑杆采用 I20,吊具布置 5 组撑杆,总重 2.3 t。吊杆采用直径 25 mm 和 30 mm 的 PSB 830 精轧螺纹钢,穿过主梁吊装孔和桥面板吊点孔,利用垫板和螺帽进行固定。吊装时,吊具顶部钢丝绳与吊具水平夹角不小于 60°。吊具采用四点垂直吊装,可以增加桥面板吊装的稳定性。公路桥面板吊具结构图和吊装示意图分别如图 4-3-517 所示。

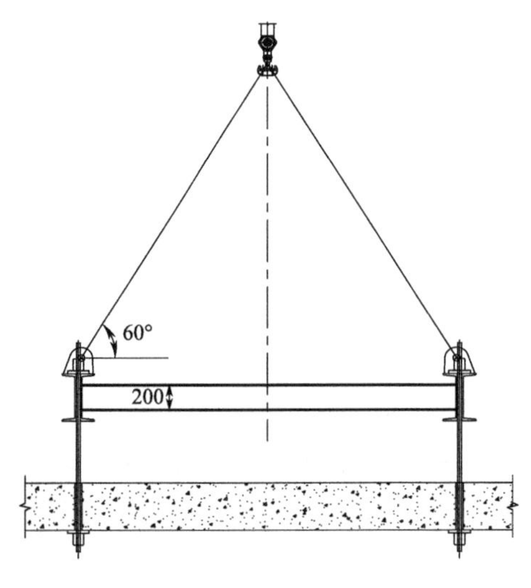

图 4-3-517　公路桥面板吊装示意图(单位:mm)

2)架板机吊重曲线参数

公路桥面板由 70 t 回转吊机整体吊装,然后进行桥面板的逐孔架设。70 t 桥面吊机最大起重力矩为 30×600 kN=18 000 kN·m(桥面板最大重量 51 t,考虑吊具后最大吊重按 60 t 考虑),吊机自重约195 t,70 t 回转吊机的起重曲线如图 4-3-518 所示。

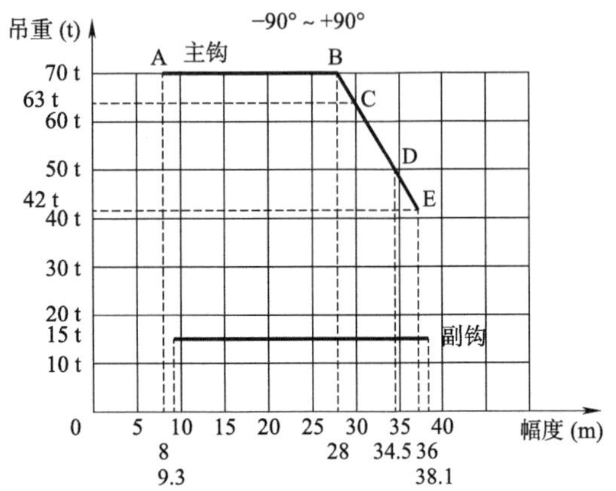

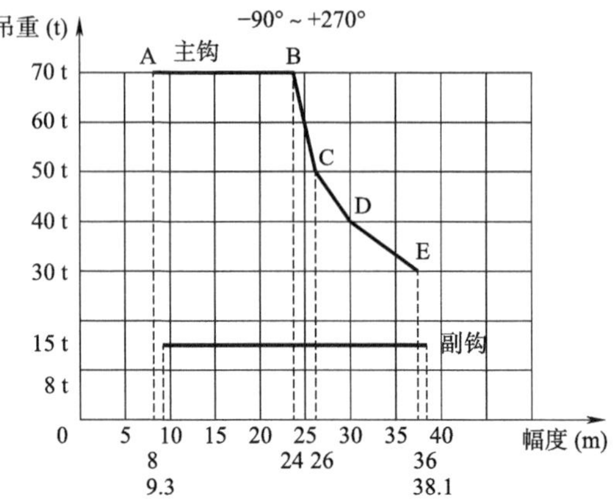

图 4-3-518　70 t 回转吊机的吊重曲线图

根据桥面板的重量和架板机的自身的吊重曲线参数,80 m 简支钢梁的桥面板起重幅度为 23.375～30 m,88 m 钢梁的桥面板起重幅度为 23.875～30 m,吊重时须吊重桥面板距离钢梁最外层桥面板不小于 1 m。架设时 80 m 钢梁的桥面板起重幅度为 11.205～29.359 m,88 m 钢梁的桥面板起重幅度为 12.005～32.418 m。

3)桥面板吊装

桥面板吊装采用 2 根 ϕ60 钢丝绳进行吊装,桥面板吊具由桥面板运输船携带。待钢桁梁支座安装完成后,架板机落钩,侧面取板,将吊具的钢丝绳挂在架板机的吊钩上,起吊吊具,将其移到被起吊桥面板正上方,通过缆绳调整吊具姿态,使吊具的 4 根精轧螺纹钢和桥面板的吊杆孔正对,将精轧螺纹钢穿入吊杆孔,并穿入垫板和拧紧螺帽(精轧螺纹钢上事先做上标记,使 4 根螺帽拧在同一部位,使桥面板起吊时保持水平)。起吊架板机吊钩,首先使垫板和桥面板密贴,然后吊钩缓慢起吊,起吊过程中始终保持吊具水平和桥面板水平。桥面板吊装示意如图 4-3-519。公路桥面板在起吊过程中要水平起吊,保证四个吊点均匀受力,防止损坏桥面板。

4)桥面板安装

(1)安装前的准备工作

公路桥面板安装前先放样基准线,完成公路面剪力钉的处理,并粘贴相应区域橡胶条、环氧砂浆灌注设置垫层,架板机将桥面板提升至安装区域后,先粗定位,错开伸长钢筋后精确调整,保证桥面板安装叠合后满足精度要求。

①剪力钉处理

由于钢桁梁架设过程中碰撞及前期施工等因素影响,部分剪力钉弯曲超标、缺失,需进行恢复处理。剪力钉弯曲不超过 15°的,采取措施扶正即可;弯曲超过 15°的,应割除重新补焊;剪力钉缺失的同样进行补焊。补焊时,移去剪力钉的地方打磨平整,如遇底面金属有损伤的,应用焊条补焊后磨平、重新焊接剪力钉,并检查焊接质量。湿接缝内的剪力钉、杆件顶板前期施工期间附着油污等污染物应彻底清除干净。

②基准线放样

根据钢梁中心线和桥跨中心线在钢梁上分别放样出每块桥面板横向中心线、纵向中心线。安装桥面板时根据纵、横向中心线进行精确调整对位。

③垫层的设置

简支钢桁梁主梁与公路桥面板结合处垫层为橡胶条和环氧砂浆。垫层的设置分为两种情况:在通长剪力钉布置区域,橡胶条沿钢梁边缘布置 50 mm 宽度,混凝土剪力键下方须全部布置;在集束式剪力钉区

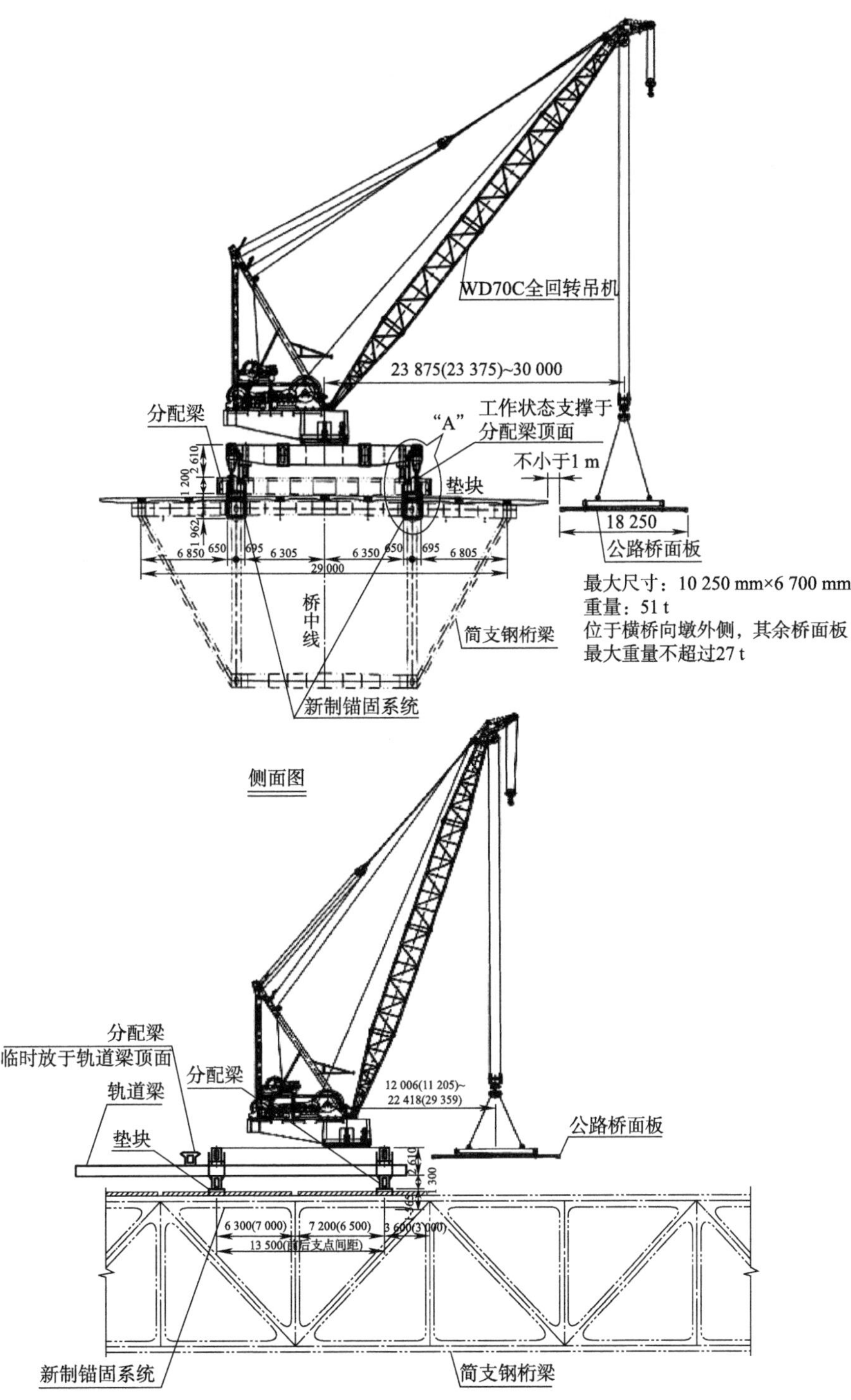

图 4-3-519 公路桥面板安装示意图(单位:mm)

域,橡胶条沿钢梁边缘布置 50 mm 宽度,在集束剪力钉混凝土现浇孔两侧垂直钢梁边缘布置 25 mm 宽度。橡胶条中间区域采用环氧砂浆,坐浆法施工;斜拉桥无索区钢桁梁桥面板垫层沿钢梁边缘 50 mm 宽度进行布置。

a. 橡胶条

钢桁梁公路桥面板安装处的垫层设置高度需保证压缩后能使桥面板顶高程满足设计要求,钢梁边缘四周粘贴可压缩的防腐橡胶条,橡胶材料力学性能技术指标见表 4-3-61。

表 4-3-61 橡胶材料力学性能技术指标

序号	检验项目		检验方法	技术要求
1	硬度(Shore A)		《硫化橡胶或热塑性橡胶 压入硬度试验方法 第1部分:邵氏硬度计法(邵尔硬度)》(GB/T 531.1—2008)	50±5
2	拉断伸长率,%		《硫化橡胶或热塑性橡胶 拉伸应力应变性能的测定》(GB/T 528—2009)	≥300
3	拉伸强度(MPa)			≥12
4	撕裂强度(直角型)(kN/m)		《硫化橡胶或热塑性橡胶撕裂强度的测定(裤形、直角形和新月形试样)》(GB/T 529—2008)	≥25
5	脆性温度(℃)		《硫化橡胶低温脆性的测定 单试样法》(GB/T 1682—1994)	≤−45
6	压缩永久变形(室温, 24 h)(%)		《硫化橡胶、热塑性橡胶 常温、高温和低温下压缩永久变形测定》(GB/T 7759—1996)	≤20
7	热空气老化(70℃, 168 h)	硬度变化,Shore A	《硫化橡胶或热塑性橡胶 热空气加速老化和耐热试验》(GB/T 3512—2001);	−5~+10
		扯断伸长变化率(%)	《硫化橡胶或热塑性橡胶 压入硬度试验方法 第1部分:邵氏硬度计法(邵尔硬度)》(GB/T 531.1—2008);	≤25
		拉伸强度变化率(%)	《硫化橡胶或热塑性橡胶 拉伸应力应变性能的测定》(GB/T 528—2009)	≤15
8	耐臭氧老化(40℃,48 h,拉伸20%,200 pphm)		《硫化橡胶或热塑性橡胶 耐臭氧龟裂静态拉伸试验》(GB/T 7762—2003)	无龟裂
9	耐水性增重率		《硫化橡胶或热塑性橡胶 耐液体试验方法》(GB/T 1690—2010)	≤4%

橡胶条厚度沿钢梁纵桥向方向一致,沿钢梁横桥向分别为2.5 cm、3.0 cm、5.9 cm、7.3 cm,曲线段外侧橡胶条有细微调整,具体尺寸如图4-3-520所示。橡胶条与钢梁顶面之间采用环氧树脂AB胶粘贴,粘贴时,橡胶条两端头带线进行校核,以保证线形顺直,橡胶条不得存在施工损伤及其他缺陷。在施工湿接缝混凝土前,须检查橡胶条与钢梁翼缘粘贴是否密实。

混凝土板安装后,在其自重作用下使橡胶条完全压密封闭,从而实现结合面的密封性,避免浇筑接缝混凝土出现漏浆现象。

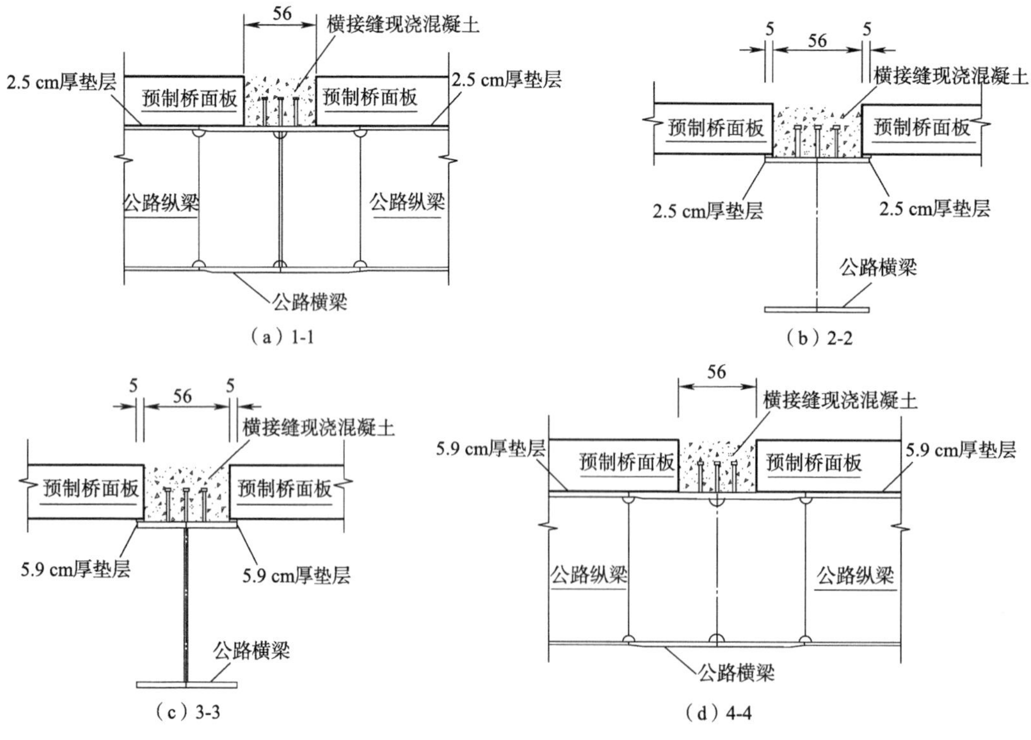

图 4-3-520

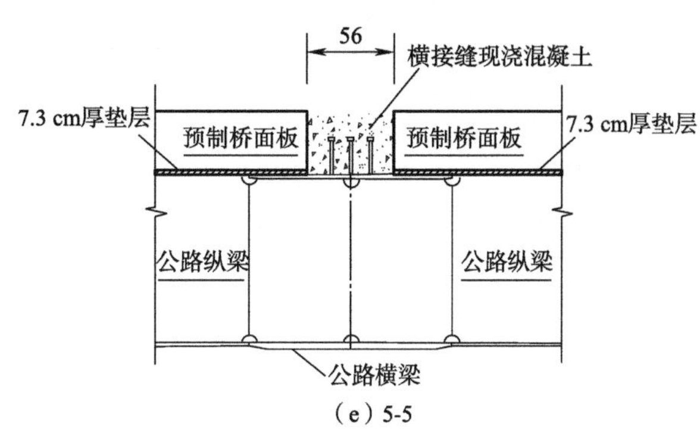

图 4-3-520 钢桁梁混凝土桥面板横接缝处垫层设置示意图(单位:mm)

b. JN 建筑结构胶

JN 建筑结构胶由 A、B 两组改性环氧树脂类结构胶组成。其中,A 组分由双酚 A 型环氧树脂、硅粉等组成;B 组分由改性胺类固化剂组成。两个组分的比例为 A∶B=2∶1,其性能符合《混凝土结构加固设计规范》(GB 50367—2006)及《公路桥梁加固设计规范》(JTG/T J22—2008)A 级胶技术要求,通过国家标准 90 d 湿热老化性能试验。JN 建筑结构胶性能参数见表 4-3-62～表 4-3-65。

表 4-3-62 建筑结构胶性能参数表

性能项目		性能指标	试验方法标准
胶体性能	抗拉强度(MPa)	≥30	《树脂浇铸体性能试验方法》(GB/T 2567—2008)
	受拉弹性模量(MPa)	$\geq 3.5\times10^{3}$	
	伸长率(%)	≥1.3	
	抗压强度(MPa)	≥65	
	抗弯强度(MPa)	≥45	
黏结性能	钢—钢拉伸抗剪强度标准值(MPa)	≥15	《胶粘剂 拉伸剪切强度的测定(刚性材料对刚性材料)》(GB/T 7124—2008)
	钢—钢黏结抗拉强度(MPa)	≥33	《胶粘剂对接接头拉伸强度的测定》(GB/T 6329—1996)
	与混凝土正拉黏结强度(MPa)	≥2.5,且为混凝土内聚破坏	
耐湿热老化能力	与室温短期试验结果相比,抗剪强度降低率(%)	≤12	在 50℃,90%HR 环境中老化 90 d 后,冷却至室温后进行钢对钢拉伸剪切试验
耐热老化能力	与同温度 10 min 短期试验结果相比,抗剪强度降低率(%)	≤5	在(80±2)℃环境中老化 30 d 后,同温度进行钢对钢拉伸剪切试验

表 4-3-63 环氧树脂指标要求

序 号	检测项目	指标要求
1	环氧当量(g/Eq)	210～250
2	挥发分(110℃,3 h)(%)	≤1

表 4-3-64 固化剂指标要求

检测项目	指标要求
胺值(mgKOH/g)	200～700

表 4-3-65 环氧砂浆指标要求

序 号	检测项目	指标要求
1	稠度(mm)	≥80
2	固化时间(h)	表干 3 h,实干 24 h
3	抗压强度(MPa)	≥65
4	抗拉强度(MPa)	≥10
5	抗折强度(MPa)	≥15
6	环氧砂浆对混凝土黏结抗拉强度(MPa)	≥2.5
7	快速老化试验	168 h 无明显变化

拌制前,准备好搅拌器、干净容器、抹刀等,并对 A、B 两组分材料分别进行充分上下搅拌,注意 A、B 搅拌器具不得混用。

建筑结构胶厂家按施工时每块涂抹区域的方量(翼缘板处每块约 0.014 m^3;小纵梁处约 0.004 m^3),备置 A、B 两组分包装罐内的重量。施工时,将 1 罐 A 组分与 1 罐 B 组分混入搅拌,即可满足一块涂抹区域的涂抹方量。将 A、B 两组分材料倒入干净容器中,使用搅拌器慢速搅拌(400～600 r/min),搅拌时间 3～5 min 左右,直至颜色均匀且无混合不均匀的死角。

拌制好后,立即将材料涂抹于钢主梁上翼缘顶面,涂抹厚度为通长橡胶条初始厚度,剪力槽及湿接缝位置不予涂抹。在固化时间内(约 1.5 h),完成桥面板安装。

涂抹前,先在施工部位的边缘固定厚度标尺,然后再进行涂抹;施工时,要边涂抹边压实、找平,按先上后下的顺序涂抹。

橡胶条安装:橡胶条采用环氧树脂胶粘贴;粘贴时,橡胶条两端头带线进行校核,以保证线形顺直。橡胶条不得存在施工损伤及其他缺陷。

单块桥面板施工方法:钢主梁上翼缘顶面建筑结构胶分块涂抹(仅涂抹桥面板实体部位),涂抹区域由纵向通长橡胶条及横向 25 mm 的橡胶条封堵,横向橡胶条最外边缘距离为桥面板混凝土实体部分宽度。集束式剪力钉区域的胶皮布置如图 4-3-521 所示。

施工时,建筑结构胶初始涂抹厚度与通长橡胶条初始厚度相同,安装桥面板后,通过桥面板自重,将通长橡胶条及建筑结构胶厚度压缩至设计要求厚度,多余的建筑结构胶从顺桥向缝隙中溢出,如图 4-3-522 所示。

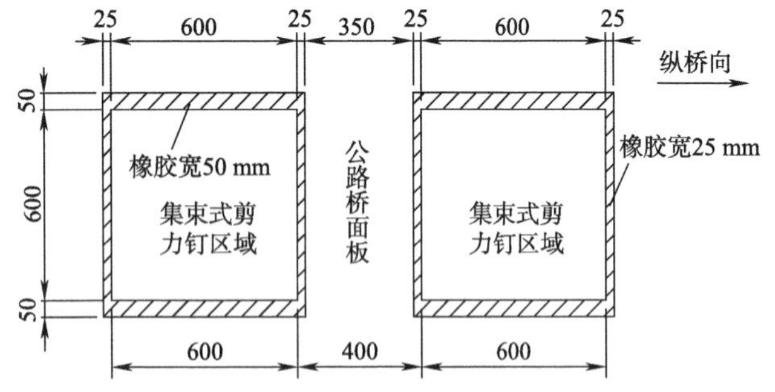

图 4-3-521 集束式剪力钉区域的胶皮布置图(单位:mm)

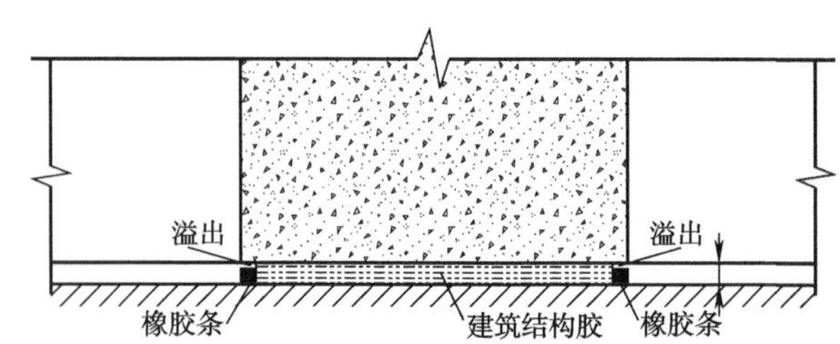

图 4-3-522 建筑结构胶溢出示意图

施工时应注意每次建筑结构胶拌制时,必须随配随用,以免造成不必要的浪费;搅拌时,作业人员应穿工作服,戴橡胶(或塑料)手套,避免化学物质接触皮肤。如果粘到皮肤上,应立即用干布或纸巾擦掉,接触部位应立即用肥皂水清洗,切记不要用溶剂擦洗,溶剂可使有害物质渗入皮肤。

安装前,将湿接缝两侧混凝土板的侧面应凿毛露出粗骨料,清除混凝土碎渣并用水清洗干净。

(2)简支钢桁梁桥面板安装

桥面板安装整体顺序为从钢梁的一端安装到钢梁的另一端。桥面板安装前,在钢主梁上翼缘划线标记每块桥面板位置，从而避免桥面板安装时造成累计误差。桥面板安装后，在其自重作用下使橡胶条完全压密封闭，从而实现结合面的密封性。桥面板吊装吊具采用桥面板存放和转运的吊具。

①单块桥面板的安装步骤

在钢主梁上翼缘划线标记桥面板位置→涂抹建筑结构胶，粘贴橡胶条，环氧砂浆抹面→70 t 回转吊机起吊桥面板，移动到设计位置→精确调整桥面板平面位置→落板，在桥面板自重作用下使橡胶条完全压密封闭，实现结合面密封。

②桥面板安装注意事项

a. 确认待安装桥面板类型，如联号、跨号、左右幅、板号，必须保证对应取板无误。

b. 70 t 回转吊机起吊使桥面板距离钢梁顶约 1 m 后，停止起升，待回转移动到设计位置上方后，缓慢下放桥面板。在接近剪力钉时，停止下放，在精调桥面板位置后，缓慢落板于钢主梁上。

c. 桥面板安装前，放出桥面板顶面中线、底面中线及钢主梁上翼缘边线；桥面板调整位置时，以桥面板中心线与钢主梁中心线共线为标准。

d. 解除精轧螺纹钢时，做好防范措施防止落入水中。

③单孔桥面板架设顺序

单孔简支钢桁梁公路桥面板的架设安装共需要 8 个步骤，具体如下：

a. 步骤一

利用桥面吊机侧面起吊桥面板至桥面(侧面起吊吊幅为 23.9～30 m)，分别架设简支钢桁梁的 E0～E2 节间最外侧 4 块桥面板，桥面吊机吊幅为 13.90～26.69 m，如图 4-3-523 所示。

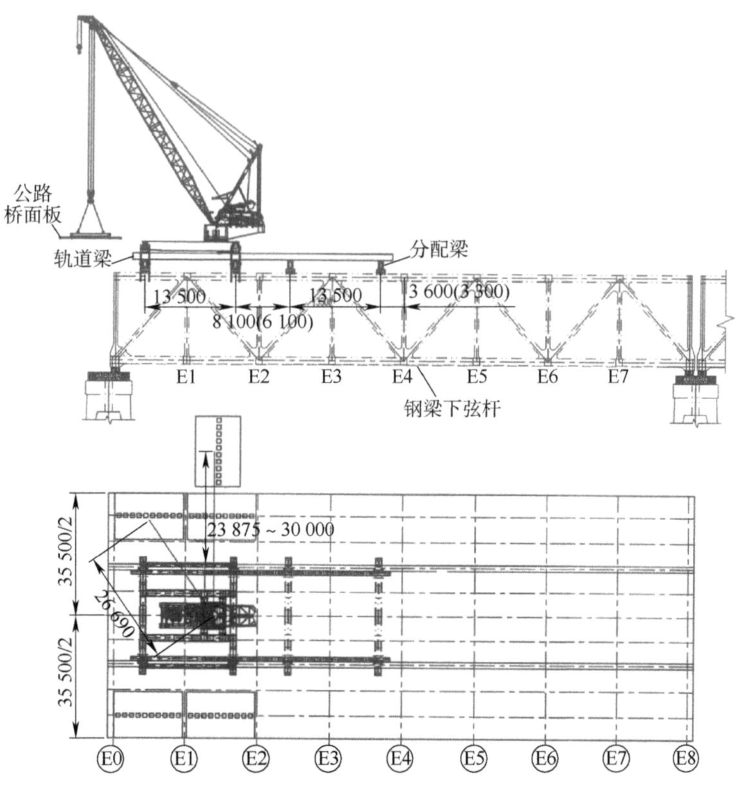

图 4-3-523 步骤一：架设 E0～E2 节间最外侧 4 块桥面板(单位：mm)

b. 步骤二

桥面吊机前移两个节间，吊机前后支顶油缸起顶，轨道前移，同时将前方分配梁吊至吊机下一次站位处。吊机站位至 E2～E4 节间，然后侧面取板(侧面起吊吊幅为 23.9～30 m)。架设 E0～E2 节间剩余 12 块桥面板及 E2～E4 节间最外侧 4 块桥面板，桥面吊机吊装幅度为 13.90～32.44 m，如图 4-3-524 所示。

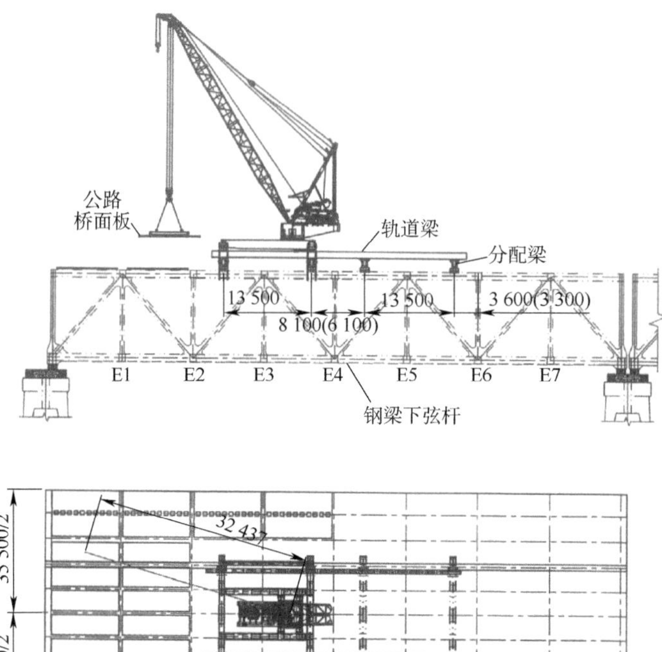

图 4-3-524 步骤二：架设 E0～E2 节间剩余 12 块桥面板及 E2～E4 节间最外侧 4 块桥面板(单位：mm)

c. 步骤三

重复步骤一和步骤二，直至吊机走行至图 4-3-525 该孔简支钢桁梁 E6～E8 节间处。

吊机站位至 E6～E8 节间，然后侧面取板(侧面起吊吊幅为 23.9～30 m)。架设 E4～E6 节间剩余 12 块桥面板及 E6～E8 节间最外侧 4 块桥面板，桥面吊机吊装吊幅为 13.90～32.40 m，如图 4-3-525 所示。

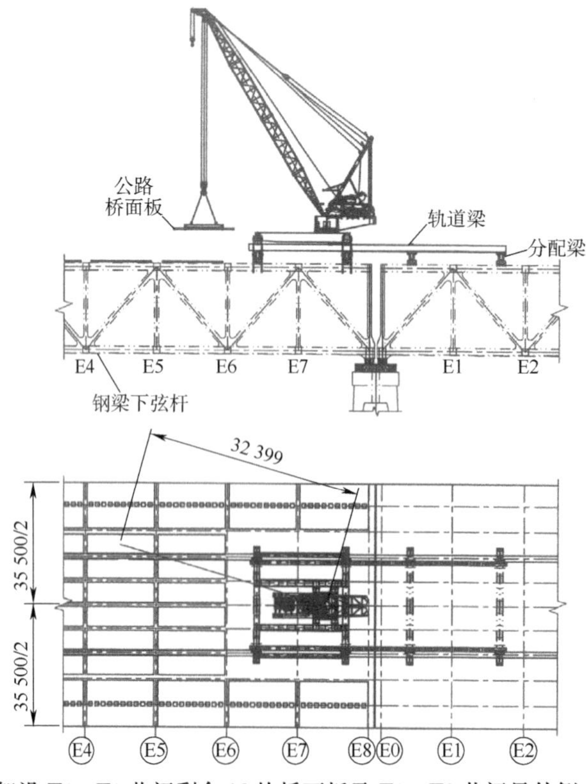

图 4-3-525 步骤三：架设 E4～E6 节间剩余 12 块桥面板及 E6～E8 节间最外侧 4 块桥面板(单位：mm)

d. 步骤四

桥面吊机前移两个节间，站位至下一孔简支钢桁梁 E0～E2 节间，然后侧面取板(侧面起吊吊幅为 23.9～30 m)。架设上一孔 E6～E8 节间剩余 12 块桥面板及本孔 E0～E2 节间最外侧 4 块桥面板，桥面吊机吊装幅度为 13.90～33.92m，如图 4-3-526 所示。

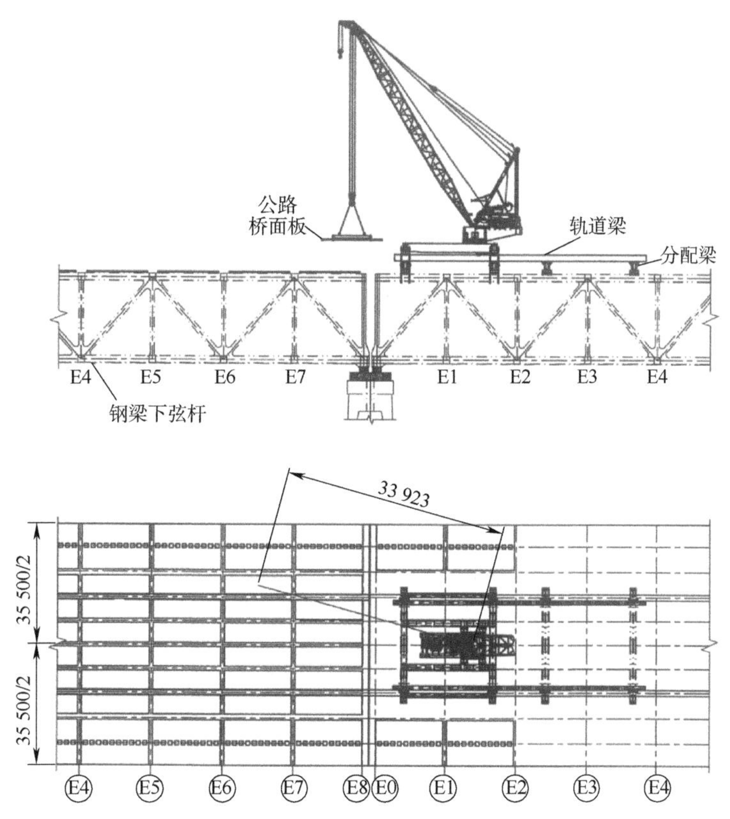

图 4-3-526 步骤四：架设上一孔 E6～E8 节间剩余 12 块桥面板及本孔 E0～E2 节间最外侧 4 块桥面板(单位：mm)

e. 步骤五(末孔钢桁梁架板 CX22-CX23)

重复步骤一和步骤二，直至桥面板架设至该区段末孔简支钢桁梁位置。吊机站位至 E4～E6 节间，然后侧面取板(侧面起吊吊幅为 23.9～30 m)，架设 E2～E4 节间剩余 12 块桥面板及 E4～E6 节间最外侧 4 块桥面板，桥面吊机吊装吊幅为 13.90～32.42m，如图 4-3-527 所示。

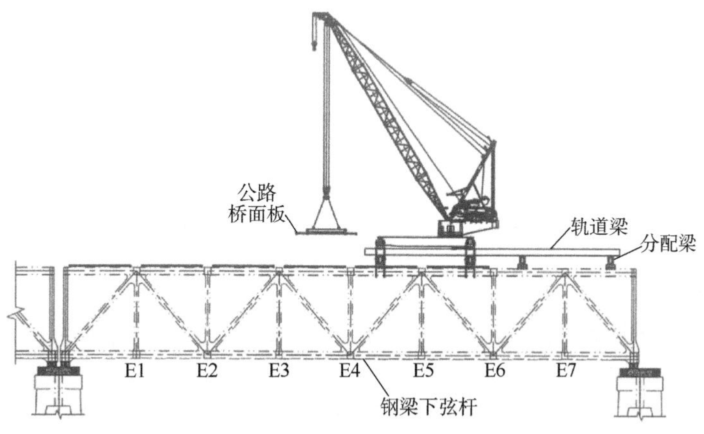

图 4-3-527

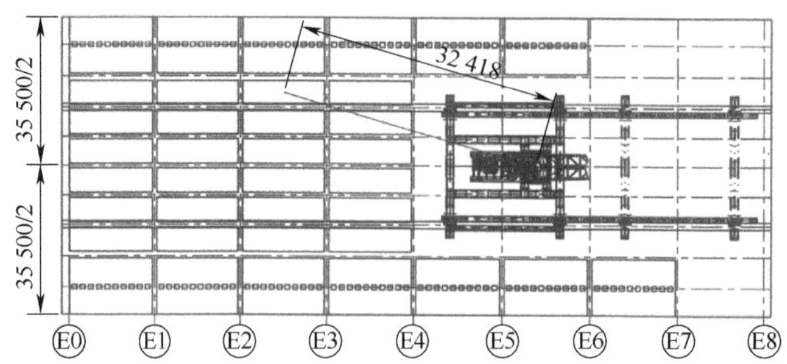

图 4-3-527 步骤五:架设末孔 E2～E4 节间剩余 12 块桥面板及 E4～E6 节间最外侧 4 块桥面板(单位:mm)

当钢桁梁桥面板架设安装至本区段最后一孔钢桁梁,桥面板架设步骤按照步骤六～步骤八进行。

f. 步骤六(末孔钢桁梁架板)

吊机前后支顶油缸起顶,将轨道梁后移,同时利用吊机将分配梁吊至图示位置,如图 4-3-528 所示。桥面吊机架设 E6～E8 节间桥面板,桥面吊机吊装吊幅为 12.16～26.54 m。

吊机将站位处的最后 12 块桥面板吊装至桥面,E4～E5 节间剩余 6 块桥面板放置在 E3～E5 节间外侧区域已架设桥面板上,E5～E6 节间剩余 6 块桥面板放置在 E4～E6 节间外侧区域已架设桥面板上。

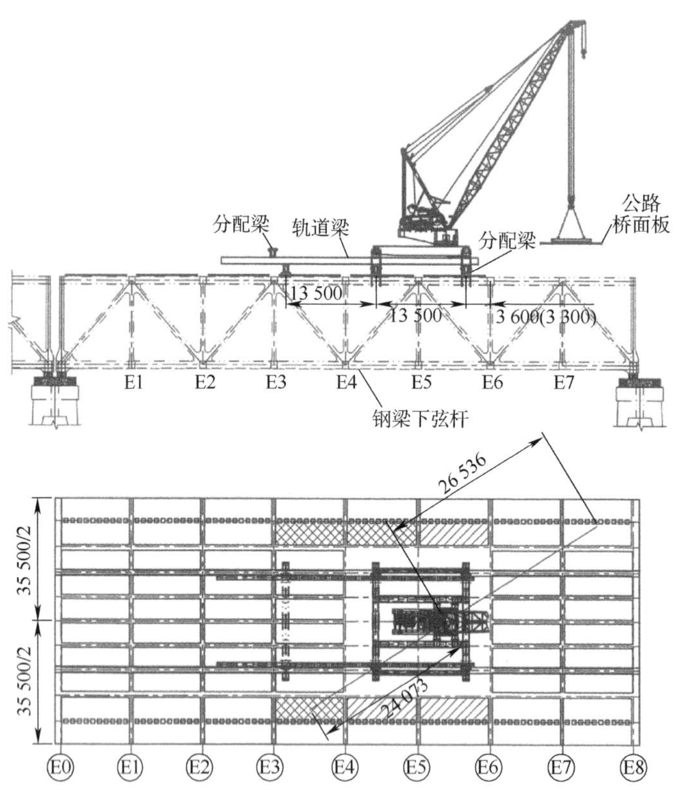

图 4-3-528 步骤六:架设末孔 E6～E8 节间桥面板(单位:mm)

g. 步骤七(末孔钢桁梁架板)

吊机后移一个节间,此时后支点分配梁下方采用垫块 K2,吊机后支点新制锚固系统无法安装,但吊机与分配梁间锚固仍需安装。

吊机站位至 E3～E5 节间,架设 E5～E6 节间剩余 6 块桥面板,根据计算,此工况吊机最小支点反力为 50 kN(压力),此时需将第四根分配梁放置在图示轨道梁上相应位置压重(图 4-3-529),此时吊机支点最大反力 1 140 kN(压力),最小反力 140 kN(压力)。桥面吊机吊装吊幅为 13.36～19.49 m。

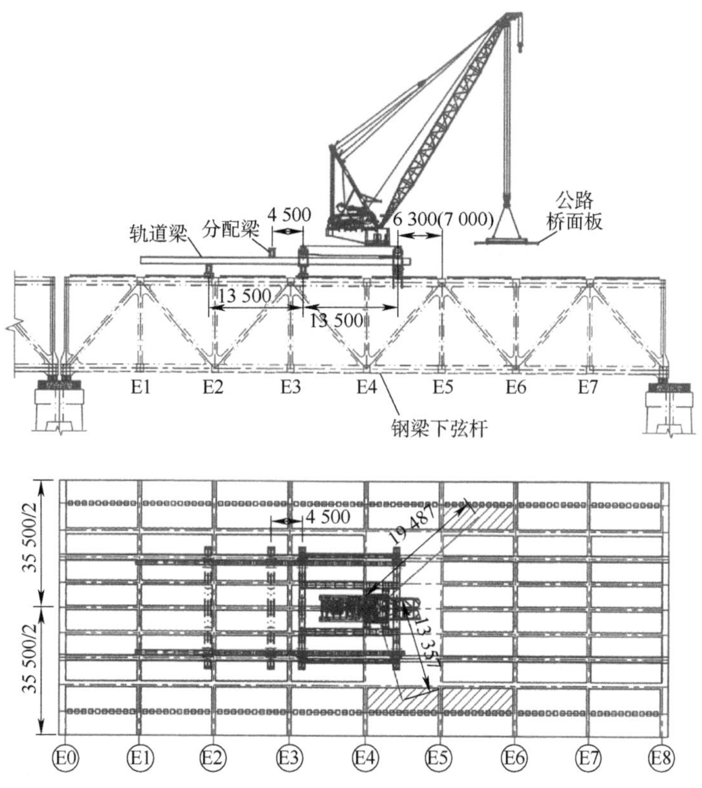

图 4-3-529　步骤七：架设末孔 E5～E6 节间剩余 6 块桥面板(单位：mm)

此步骤下吊机吊幅 13.36 m 时，可允许回转角度为－73°～73°；吊机吊幅 19.49 m 时，可允许回转角度为－41°～41°，如图 4-3-530 所示。

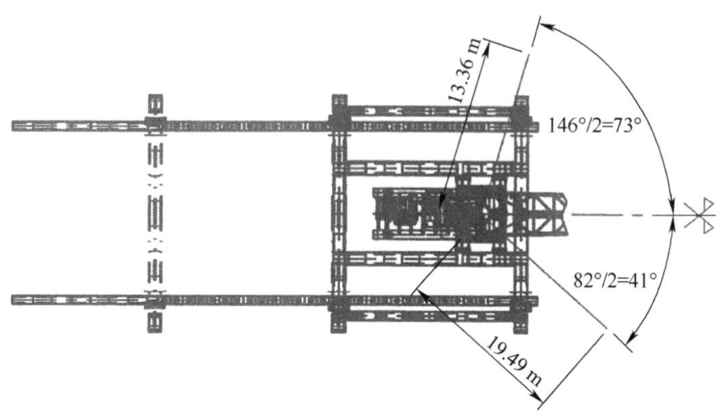

图 4-3-530　步骤七：吊机可允许回转角度图

h. 步骤八(末孔钢桁梁架板)

吊机后移一个节间，此时前、后支点分配梁下方均采用垫块 K2，吊机前、后支点新制锚固系统无法安装，但吊机与分配梁间锚固仍需安装。

站位至 E3～E5 节间，架设 E4～E5 节间剩余 6 块桥面板。根据计算，此工况吊机最小支点反力为 10 kN(压力)，需将分配梁放置在图示轨道梁上相应位置压重(图 4-3-531)，此时吊机支点最大反力 1 180 kN(压力)，最小反力 100 kN(压力)。桥面吊机吊装吊幅为 14.38～21.59 m。

此步骤下吊机吊幅 14.38 m 时，可允许回转角度为－63°～63°；吊机吊幅 21.59 m 时，可允许回转角度为－36°～36°，如图 4-3-532 所示。

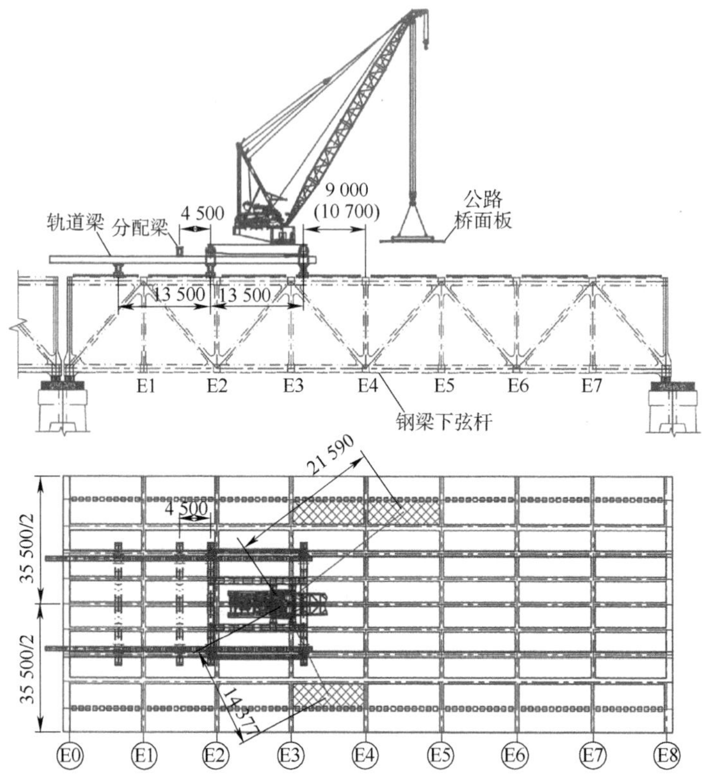

图 4-3-531　步骤八：架设末孔 E4～E5 节间剩余 6 块桥面板(单位：mm)

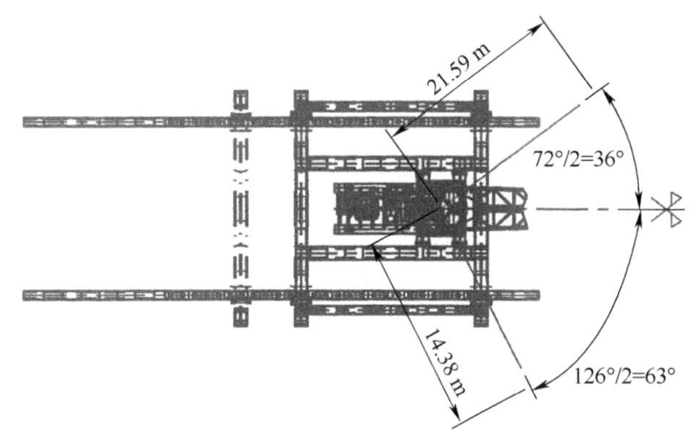

图 4-3-532　步骤八：吊机可允许回转角度图

(3)航道桥边跨无索区公路桥面板架设

鼓屿门航道桥边跨无索公路混凝土桥面板架设安装步骤具体如下：

a. 步骤一

吊机由简支钢桁梁移位至边跨无索区 E1～E3 节间站位，利用桥面吊机侧面起吊桥面板至桥面(侧面起吊吊幅为 23.9～30 m)。分别架设钢桁梁的 E0～E1 节间桥面板，桥面吊机吊幅为 15.4～27.1 m，如图 4-3-533 所示。

b. 步骤二

桥面吊机前移一个节间(12 m)，吊机前后支顶油缸起顶，轨道前移，同时将后方分配梁吊至吊机下一次站位处。吊机站位至 E2～E4 节间，然后侧面取板(侧面起吊吊幅为 23.9～30 m)，架设 E1～E2 节间及 E2～E3 节间前 4 块桥面板，桥面吊机吊装幅度为 14.0～28.4 m，如图 4-3-534 所示。

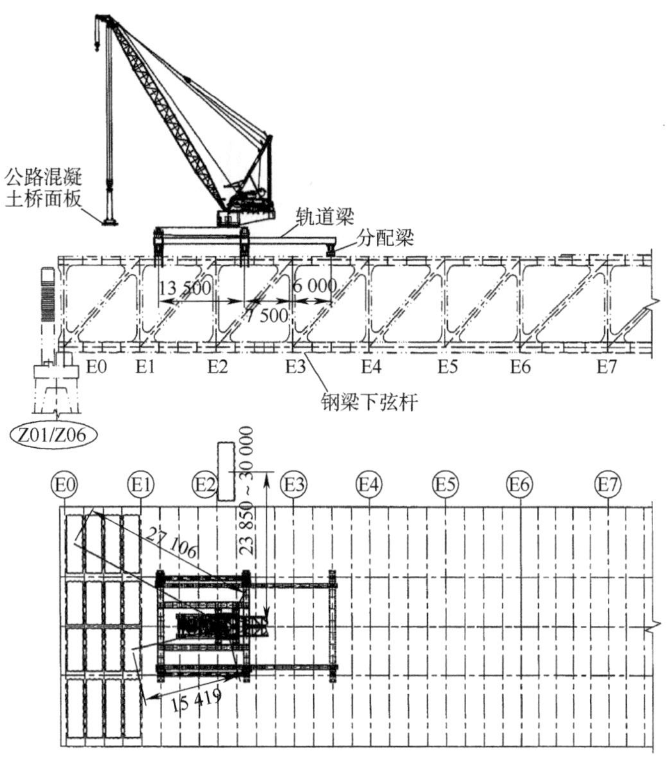

图 4-3-533　步骤一：架设 E0～E1 节间桥面板（单位：mm）

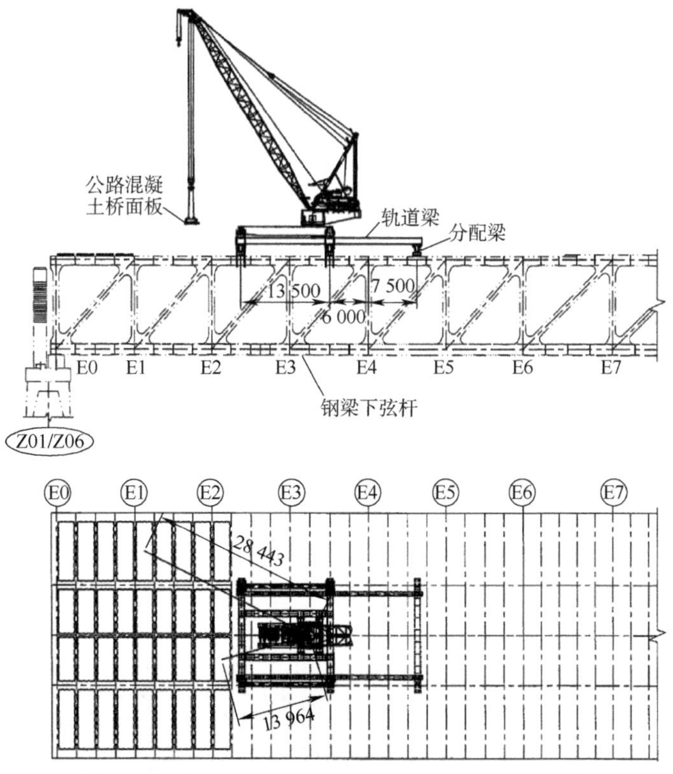

图 4-3-534　步骤二：架设 E1～E2 节间及 E2～E3 节间前 4 块桥面板（单位：mm）

c. 步骤三

桥面吊机前移一个节间（12 m），吊机前后支顶油缸起顶，轨道前移，同时将后方分配梁吊至吊机下一次站位处。吊机站位至 E3～E5 节间，然后侧面取板（侧面起吊吊幅为 23.9～30 m），架设 E2～E3 节间及 E3～E4 节间前 4 块桥面板，桥面吊机吊装吊幅为 15.4～27.1 m，如图 4-3-535 所示。

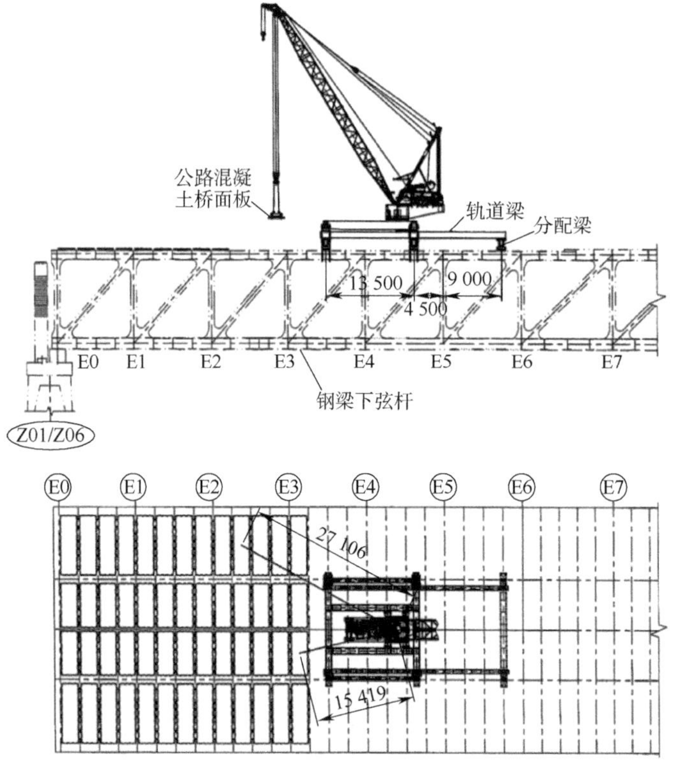

图 4-3-535　步骤三:架设 E2～E3 节间及 E3～E4 节间前 4 块桥面板(单位:mm)

d. 步骤四

吊机前后支顶油缸起顶,将轨道梁后移,同时将前方分配梁吊至轨道梁上。

侧面取板(侧面起吊吊幅为 23.9～30.0 m),架设除吊机站位处及锚固系统安装以外的剩余所有桥面板,共计 32 块,桥面吊机吊装吊幅为 9.7～26.8 m,如图 4-3-536 所示。

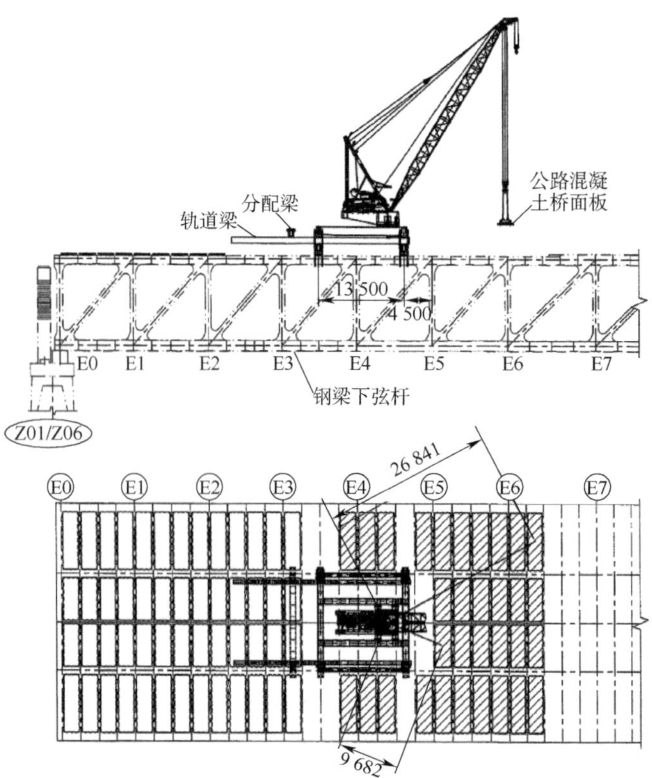

图 4-3-536　步骤四:架设除吊机站位处及锚固系统安装以外的剩余所有桥面板(单位:mm)

e. 步骤五

吊机将轨道梁上分配梁吊至如图 4-3-537 所示位置，此时分配梁下方采用垫块 K2，吊机前后支顶油缸起顶，轨道梁前移如图 4-3-537 所示位置。

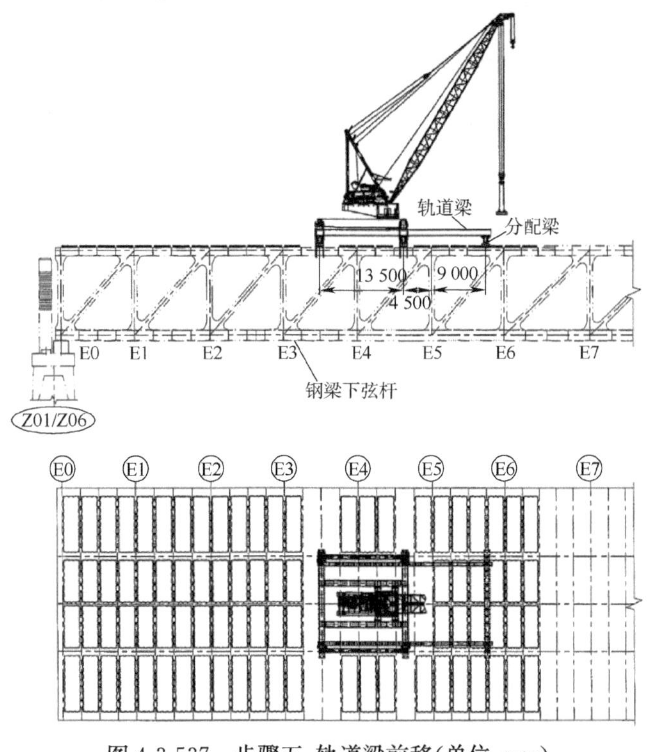

图 4-3-537　步骤五：轨道梁前移(单位：mm)

f. 步骤六

桥面吊机前移一个节间(13.5 m)，轨道梁前移。利用吊机将第三根轨道梁吊至图 4-3-538 位置压重(吊机反向起吊分配梁后，需将吊幅减至 9 m 后方可回转吊臂)，此时吊机前支点新制锚固系统无法安装，但吊机与分配梁间锚固仍需安装，前支点分配梁下放采用垫块 K2。

吊机站位至 E4～E6 节间，然后侧面取板(侧面起吊允许吊幅为 23.9～27.1 m，允许回转角度为－90°～90°)架设 E4～E5 节间中间剩余 4 块桥面板外的 14 块桥面板。根据计算，若不采用第三根分配梁压重时，吊机最小支点压力约 40 kN，采用第三根分配梁放置在轨道梁上相应位置压重后，吊机支点最大反力为 690 kN(压力)，最小反力为 170 kN(压力)。吊机吊装允许幅度为 14.0～28.4 m，允许回转角度为－26.3°～26.3°，如图 4-3-538 所示。

g. 步骤七

吊机将第三根分配梁吊离轨道梁顶面，轨道梁适当后移，再利用吊机将第三根分配梁吊至吊机下一轮站位处(吊机正向起吊分配梁，最大吊幅为 17.5 m，且不可回转吊臂)，再适当前移轨道梁。

解除后支点新增锚固系统，吊机前移一个节间(12 m)，轨道梁前移，利用吊机将第三根轨道梁吊至图 4-3-539位置压重(吊机反向起吊分配梁后，需将吊幅减至 9 m 后方可回转吊臂)。此前、后支点新制锚固系统均无法安装，但吊机与分配梁间锚固仍需安装，前后支点分配梁下方采用垫块 K2。

吊机站位至 E5～E7 节间，然后侧面取板(侧面起吊允许吊幅为 23.9～27.1 m，允许回转角度为－90°～90°)，架设 E4～E5 节间最后剩余 6 块桥面板。根据计算，若不采用第三根分配梁压重时，吊机最小支点压力约 60 kN，采用第三根分配梁放置在图 4-3-539 轨道梁上相应位置压重后，吊机支点最大反力为 710 kN(压力)，最小反力为 190 kN(压力)。吊机吊装允许吊幅为 21.3～27.1 m，允许回转角度为－90°～90°。

(4)桥面板安装注意事项

①安装前务必仔细核对，对号入座，防止差错。

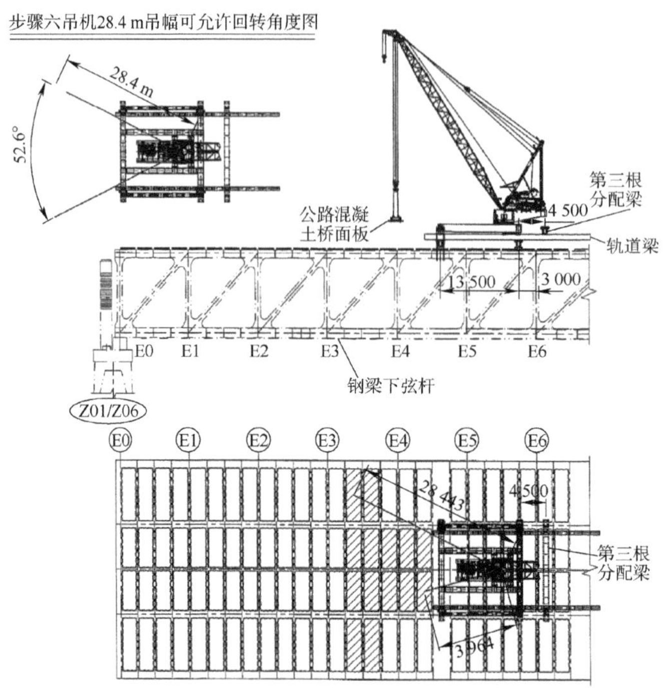

图 4-3-538 步骤六：架设 E4～E5 节间中间剩余 4 块桥面板外的 14 块桥面板(单位：mm)

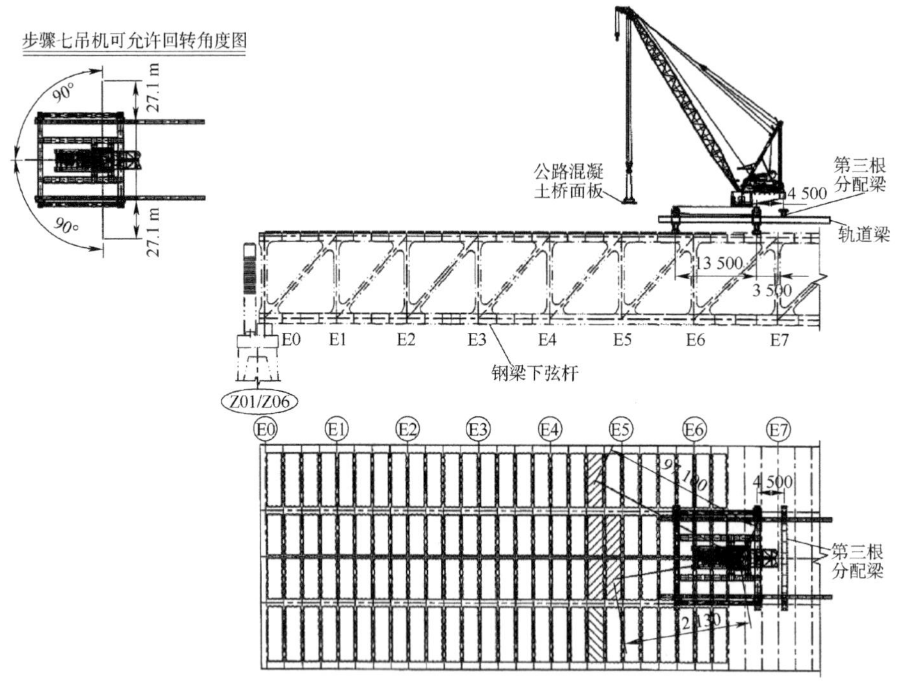

图 4-3-539 步骤七：吊机站位至 E5～E7 节间，架设 E4～E5 间剩余 6 块桥面板(单位：mm)

②安装前应事先将防腐橡胶条牢固粘在钢梁上翼缘板的外边，桥面板安装后应检查橡胶条四周是否压紧，避免出现浇筑接缝混凝土漏浆现象。

③桥面板吊装过程中须采取有效措施保护好预留预埋件。桥面板吊装就位过程须准确、轻缓，不得损坏剪力钉，更不允许因对位不准确而切割钢筋或剪力钉。

④公路桥面板在预制场起吊装车时，在四个侧壁定出纵横中轴线；桥上作业人员定出每块桥面板在纵横梁上对应的理论中轴线，作为公路桥面板落梁就位的参照。

⑤为保证安装精度要求，在吊装距梁面 30 cm 时根据桥面板与纵横梁上的纵横轴线进行粗调对位。

粗调对位完成后，在纵横坡的低位侧现场设置临时限位导向，在导向限位下缓慢松钩 5 cm，并利用三角钢板尺再次检查对位情况，核对纵横轴线对位、边缘与纵横梁重叠宽度情况，确认无误后逐步缓慢下落至松钩，确保吊装一次完成，满足桥面板安装精度要求。

⑥桥面板吊装就位过程须准确、轻缓，不得因碰撞损伤剪力钉、预埋件以及造成外露钢筋局部死弯变形。

⑦最外侧的边板、中桁处两列桥面板安装时，还需注意防撞栏杆预埋件的线形，必要时通过压边重叠宽度微调，以保证预埋件在一条直线上。

6. 湿接缝施工

在公路桥面板精确定位后，安装湿接缝钢筋及接地钢筋，然后安装底模、端模和侧模，最后浇筑无收缩混凝土并进行养护施工。

1)钢筋工程

公路桥面板的钢筋均为直径 $\phi22$ 的 HRB 400 钢筋，拉筋为直径 $\phi8$ 的 HPB300 钢筋。简支钢桁梁湿接缝钢筋采用直径 $\phi22$ 和 $\phi16$ 的 HRB 400 钢筋；无索区钢梁湿接缝钢筋采用直径 $\phi22$ 的 HRB400 钢筋和 $\phi8$ 的 HPB300 钢筋。

(1)钢筋进场

钢筋进场时，检查质量证明文件和钢筋外观质量，经检查合格的钢筋才能进场存放至钢筋加工车间内，钢筋按牌号、炉罐号、规格、检验状态分别标识存放；堆放要整齐，不得直接放在地上，离地面高度不少于 20 cm。

钢筋进场后，按批(同一牌号、同一炉罐号、同一尺寸钢筋不超过 60 t 为 1 批)抽取试件做屈服强度、抗拉强度、伸长率和冷弯试验。对于检验不合格的原材做退场处理，严禁使用。

(2)钢筋加工

钢筋加工在钢筋加工车间内完成。钢筋加工时，根据设计图纸做出钢筋下料单，再将钢筋配料单与设计图复核，检查配料单是否有错误或遗漏，经复核无误后再按配料单放出实样，试制合格后方可成批制作。加工好的钢筋要分类编号、堆放整齐和挂牌。钢筋下料时要根据钢筋编号和供应钢筋的尺寸，统筹安排，以减少钢筋的损耗。

①钢筋表面的油渍、漆污、水泥浆和用锤敲击能剥落的浮皮、铁锈等清除干净。

②钢筋平直，无局部折曲。

③钢筋的切断按钢筋配料单上规定的级别、直径、尺寸等进行。钢筋截断采用剪切机人工下料，切断后的钢筋断口平整，没有马蹄和起弯现象。钢筋表面有劈裂、夹心、缩颈、明显损伤或弯头者，进行切除。

④钢筋切断时支撑部位用橡胶垫保护，严禁用气割或其他热力方法切断钢筋。

钢筋的弯制和末端的弯钩符合以下要求：

a. 钢筋弯曲由专业工人在弯曲机上弯曲成型，弯曲工必须经过相关培训，方可上岗。

b. HRB400 钢筋直角形弯钩，弯钩内侧半径不得小于 $3.5d$。直钩长度按照设计要求或规范标准制作，所有箍筋弯钩加工成 135°弯钩，安装时箍筋接头相互错开。

c. 钢筋在常温状态下加工，严禁加热。弯制钢筋从中部开始，逐步弯向两端，应一次弯成，钢筋弯曲机的芯轴套上尼龙护套，平板面上铺纤维粘垫，避免与金属物的直接接触和挤压。

(3)简支钢桁梁及斜拉桥无索区桥面板湿接缝内钢筋安装顺序

第一步：简支钢桁梁(斜拉桥无索区)桥面板纵横(纵)湿接缝内底层钢筋在橡胶条粘贴后、预制桥面板吊装前提前摆放到位。预制板外露环形钢筋在制作时应预弯 1 个钢筋直径，保证与其他桥面板外露钢筋连接后，环形钢筋受力线通过钢筋的中心线。

第二步：简支钢桁梁预制桥面板安装就位后，安装纵向湿接缝内搭接钢筋 M1、M2(纵向湿接缝 ZJ2 内安装)和 M3、M4(纵向湿接缝 ZJ1、ZJ3、ZJ4 内安装)；斜拉桥无索区预制桥面板安装就位后，安装纵向湿接缝顶层 N1 钢筋及横向湿接缝内搭接钢筋 N2(横向湿接缝 GYM-CXJ-D 类、GYM-CXJ-E 类)、横向湿接缝内 N3 钢筋及搭接钢筋 N4(横向湿接缝 GYM-CXJ -F 类)；该闭合钢筋环按照设计要求采用双面焊接，焊接长度符合规范要求，在加工车间内制造成型。闭合环钢筋与闭合环钢筋之间在纵向湿接缝内钢筋搭接范围内焊接。

第三步：将底层预先摆放的钢筋与外露钢筋及 M1～M4、N1～N4 钢筋绑扎。最后安装斜拉桥无索区湿接缝拉筋 L5 钢筋、防撞栏杆等预埋筋，安装预埋件。

(4)钢筋连接规定

①绑扎扎丝采用包有胶套的特制扎丝。钢筋绑扎时，扎丝的朝向应背向模板一侧，防止浇筑混凝土后扎丝露出混凝土面而成为锈蚀源。

②结构或构件拐角处的钢筋交叉点应全部绑扎，中间平直部分的交叉点可交错绑扎，绑扎须按照梅花形布置。

③钢筋净保护层厚度 4 cm，保护层垫块采用和浇筑混凝土等强相同，垫块按照不少于 4 个/m^{2}进行设置，并按照梅花形布置，垫块绑扎在钢筋十字交叉处以保证垫块绑扎后不会转动，在钢筋交接处等适当加密。混凝土垫块必须布置在外层钢筋外侧，且用扎丝将混凝土垫块与外层钢筋拧紧，保证牢固，混凝土垫块的扎丝不能伸入保护层，垫块尺寸应保证桥面板净保护层厚度。

④混凝土垫块进场后，应对混凝土垫块的出厂资料、外观、外形尺寸和数量进行检查，合格后存放入仓库。垫块表面应洁净，不能受到油污污染，垫块颜色与结构混凝土颜色一致，强度不低于混凝土设计强度(C60)。

⑤桥面板所有环状钢筋均采用双面焊接成型。钢筋焊接接头时应设置在受力较小处，并分散布置。在“同一连接区段”内，焊接接头在受弯构件的受拉区不得大于 50%。钢筋接头应避开钢筋弯曲处，距离曲点的距离不得小于 10d，在同一根钢筋上应少设接头。“同一连接区段” 内，同一根钢筋上不得超过1 个接头。钢筋接头错开距离为 35d 且不小于 500 mm。

⑥钢筋焊接接头的接头搭接部位应预弯，搭接钢筋的轴线应位于同一条直线上。钢筋双面焊接焊缝的长度及焊缝质量要求如图 4-3-540 所示。

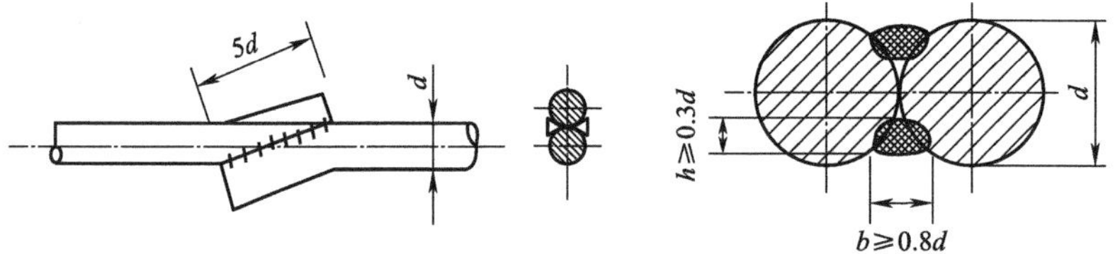

图 4-3-540　钢筋双面焊接长度及焊接质量要求

(5)钢筋施工注意事项

①根据设计图纸，提出下料单，工班根据下料单下料、加工。工班下料时，应根据钢筋编号和供料尺寸的长短，统筹安排以减少钢筋的损耗。

②钢筋在绑扎前，清理桥面板预留钢筋上的污垢；充分考虑各种预埋件的位置，防止发生错埋、漏埋造成返工。

③若钢筋与预埋件相碰，不得擅自移动钢筋位置，经现场技术员及监理工程师同意后，方可适当挪动钢筋位置或进行适当弯折。

④钢筋及预埋件安装完成并先自检、互检合格后请监理工程师检查验收并办理签证手续后方可浇筑混凝土。

2)模板工程

简支钢桁梁的横向接缝 QHJ1～QHJ5、HJ1～HJ4 的端头及钢梁伸缩缝边需设置端模板，斜拉桥无索区钢桁梁的纵向接缝 GYM-CXJ-A 的端头及钢梁伸缩缝边需设置端模板。边板悬臂区域模板采用倒挂的形式，倒扣在混凝土梁面上，湿接缝其他一般部位不需设置模板即可直接浇筑混凝土。

(1)模板制作

模板可采用钢模板或木模板，通过计算设置肋板及背楞。

(2)模板安装

①模板安装必须稳固牢靠，接缝严密、平整。拉杆安装时在套筒外套橡皮垫圈紧贴模板，拧紧套筒，以

防止漏浆。

②为更进一步防止漏浆，沿模板四周贴 5 cm(宽)×2 cm(厚)海绵条，模板安装时海绵条被压缩，使得模板与混凝土桥面板之间密贴无缝隙，确保不漏浆。

(3)模板拆除

侧模端模拆除时湿接缝混凝土抗压强度达到 2.5 MPa 且能保证构件棱角完整，模板拆除后放于已架设桥面板面。

气温急剧变化时不宜进行拆模作业。拆卸模板时，严禁重击或硬撬，避免造成模板局部变形或损坏混凝土棱角。

3)混凝土工程

现浇桥面板湿接缝施工混凝土采用 C60 无收缩混凝土。湿接缝两侧混凝土板的侧面应凿毛露出粗骨料，浇筑湿接缝混凝土时应清除残渣灰尘，并用水湿润后再浇筑混凝土。如图 4-3-541 所示为湿接缝浇筑示意图。

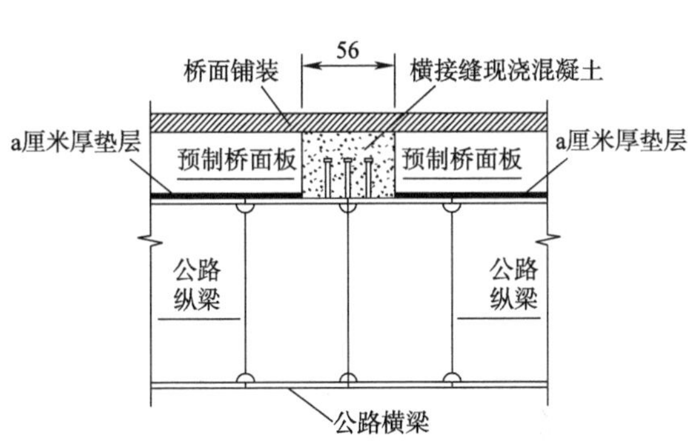

图 4-3-541　湿接缝浇筑示意图(单位:mm)

(1)微膨胀混凝土技术要求

湿接缝及剪力槽采用 C60 微膨胀混凝土，按照《混凝土膨胀剂》(GB 23439—2009)中的限制膨胀率测试方法，21 d 限制膨胀率≥0。

①混凝土掺合料技术要求

微膨胀混凝土的原材料除了应满足《平潭海峡公铁大桥主体工程混凝土结构耐久性设计指南与质量控制技术规程》要求外，尚应加入膨胀剂。

膨胀剂宜选用对混凝土工作性能影响较小且膨胀性能稳定，限制膨胀率在水中 7 d 大于 0.05%，在空气中[温度(20±2)℃，相对湿度(60±5)%]21 d 大于 0。其质量应符合现行《混凝土膨胀剂》(GB 23439—2009)的规定。

②混凝土配合比

微膨胀混凝土配合比设计应符合混凝土强度等级、耐久性指标等的要求，并做到经济合理，混凝土配合比的设计方法和步骤按现行有关国家标准和行业标准的规定进行计算和试配。本工程桥面板湿接缝 C60 高性能微膨胀混凝土配合比见表 4-3-66。

表 4-3-66　C60 高性能微膨胀混凝土配合比(单位:kg/m³)

水	水泥	粉煤灰(Ⅰ级)	矿渣粉(S95 级)	膨胀剂(UEA 型)	碎/卵石(大)	碎/卵石(小)	砂	高性能减水剂	增韧材料
146	319	74	96	42	647	431	660	5.310	2.655

(2)浇筑

①混凝土浇筑顺序为先剪力钉预留槽，后接缝。施工部门应提前列出混凝土浇筑顺序、方法。混凝土浇筑需要在混凝土初凝前完成，每道混凝土接缝需一次浇筑完成。

②混凝土采用长屿岛 4 号拌和站集中供应。混凝土拌和严格按施工配合比配料，砂、石、水泥、水及外加剂等原材料必须经过质量检验并符合要求，计量要准确，严格控制混凝土的拌和时间，保证混凝土的和易性。

③混凝土运输过程中同时对混凝土进行搅拌，防止离析。浇筑时控制好入模温度。

④混凝土浇筑前，预制桥面板端面提前 24 h 洒水湿润充分，以保证结合面新旧混凝土结合良好。但湿接缝内浇筑前不得有积水。

⑤混凝土浇筑时应准备足够数量 $\phi50$、$\phi30$ 振动棒，振动棒要快插慢拔，移动间距不大于振动棒作用半径的 1.5 倍；振捣时插点均匀、成行或交错式移动，以免漏振；每一次振动时间约 20～30 s，以免欠振或过振。振动完毕后，边振动边徐徐拔出振动棒。混凝土应振捣密实，混凝土密实的标志是以混凝土不下沉、不冒气泡、表面开始泛浆为宜。

⑥振动棒应缓慢自然垂直插入混凝土中，避免触碰模板、钢筋、预埋件，振捣棒与侧模保持 5～10 cm 的距离，防止振捣棒碰到侧模。振捣时，振动棒应慢提慢放，并把握好插入混凝土中的深度。振捣完毕后，振动棒应缓慢拔出，以便插孔闭合不留空隙。对新老混凝土接触面上附近混凝土需要特别注意，同时也要防止过分振捣出现混凝土离析现象。

⑦混凝土放料应缓慢，并预留少量高度采取人工补料，最后振捣平整，保证湿接缝混凝土顶面高程与相邻桥面板顶面一致、平顺。

⑧湿接缝浇筑时应放慢布料速度，避免混凝土大量堆积超出湿接缝污染桥面，漫出的混凝土立即清理。混凝土浇筑后先用刮尺刮至与预制桥面板平齐，再反复抹面压光，接近初凝时拉毛处理。拉毛构造深度为 1～2 mm。

⑨湿接缝分区接茬处的混凝土端面在拆模后同样应凿毛至露出粗骨料，并用水润湿后才能浇筑下一分区。

⑩湿接缝要求连续养护 14 d。在强度未达到 10 MPa 前桥面不得走人，未达到 25 MPa 前禁止桥上增加荷载，以免影响混凝土质量。

(3)漏浆应急处理措施

①在铁路梁上准备 1 个水桶，储满淡化水，配备 1 台潜水泵。

②湿接缝混凝土浇筑过程中，安排专人在铁路梁值守。

③如有发现漏浆，立即停止浇筑，用水泵抽水冲洗被污染部位，并用抹布抹干净，污染部位用土工布覆盖。

4)养护施工

混凝土浇筑完毕 1 h 内对混凝土进行保温保湿养护，采用喷洒养护液进行养护，使之平整后再次覆盖，此时应注意覆盖物不要直接接触混凝土表面，直至混凝土终凝为止。自然养护期间应重点加强混凝土的湿度和温度控制，养护龄期应符合表 4-3-67 的规定。

表 4-3-67 不同混凝土保温保湿养护的最低期限

水胶比	大气潮湿(R_H≥150%)，无风，无阳光直射		大气干燥(20%≤R_H<50%)，有风，或阳光直射		大气极端干燥(R_H<20%)，大风，大温差	
	日平均气温 T(℃)	最短养护时间(d)	日平均气温 T(℃)	最短养护时间(d)	日平均气温 T(℃)	最短养护时间(d)
>0.45	5≤T<10	21	5≤T<10	28	5≤T<10	56
	10≤T<20	14	10≤T<20	21	10≤T<20	45
	T≥20	10	T≥20	14	T≥20	35
≤0.45	5≤T<10	14	5≤T<10	21	5≤T<10	45
	10≤T<20	10	10≤T<20	14	10≤T<20	35
	T≥20	7	T≥20	10	T≥20	28

(1)一般季节混凝土养护

养护工作指派专人负责，确保始终处于湿润状态，在养护时间内淋注于混凝土顶面和模板上的养护水与混凝土表面之间的温差不得大于 15℃。

(2)夏季施工的混凝土养护

当日平均气温高于 30℃时，必须采取夏季施工技术措施。夏季施工的养护措施主要有以下几个方面：

①夏季混凝土尽量避开高温时段进行浇筑。

②混凝土浇筑前对模板、钢筋和基底上洒水以降温，但在混凝土浇筑时不能有积水。

③桥面板洒水养护时间为 14 d，应能满足混凝土硬化和强度增长的要求，使混凝土强度达到设计要求。采用土工布覆盖洒水方式养护，保证混凝土表面不形成干湿循环。混凝土收面后不得立即洒水，应当混凝土初凝后才进行洒水养护。

④养护作业人员必须保证 24 h 不间断养护，桥面板养护时不得直接用水冲向混凝土表面，以免增大混凝土芯部和表面的温差；拆模后应用塑料薄膜保湿、土工布覆盖养护，不得使混凝土外露面长时间暴露在阳光下，以免混凝土产生干裂。

二、铁路槽型梁架设

1. 设计概况

1)截面尺寸

铁路桥面采用双幅槽梁布置，槽梁采用C60混凝土，桥纵向按预应力混凝土结构设计，横桥向按普通钢筋混凝土设计。单幅槽梁宽4.85 m，每道槽梁在两侧设置两道竖墙，靠近主桁侧竖墙高1.3 m，靠主梁中线处竖墙高1.15 m。槽梁竖墙厚0.36 m，底板厚0.36 m。槽梁内侧在竖墙底设置宽0.25 m的倒角。左右线槽梁内侧竖墙净距为2 cm，如图4-3-542～图4-3-544所示。

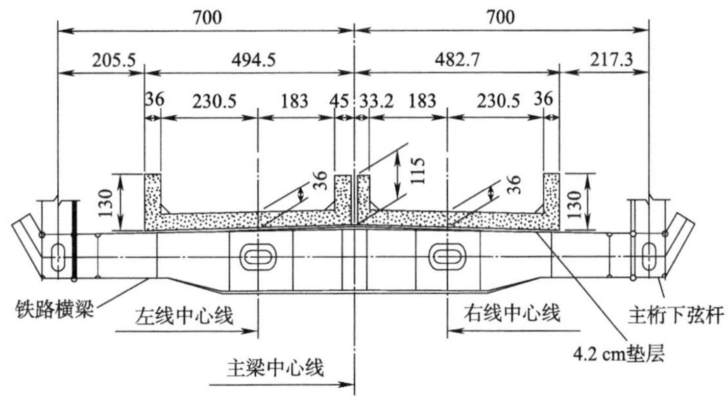

图4-3-542　铁路槽梁截面尺寸断面图(单位:cm)

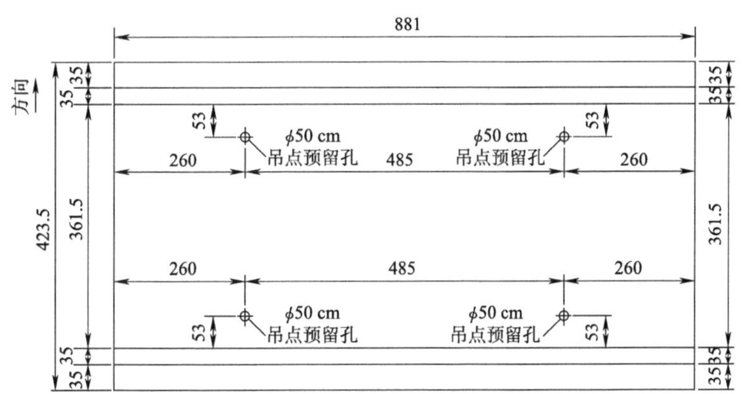

图4-3-543　槽梁平面图(单位:cm)

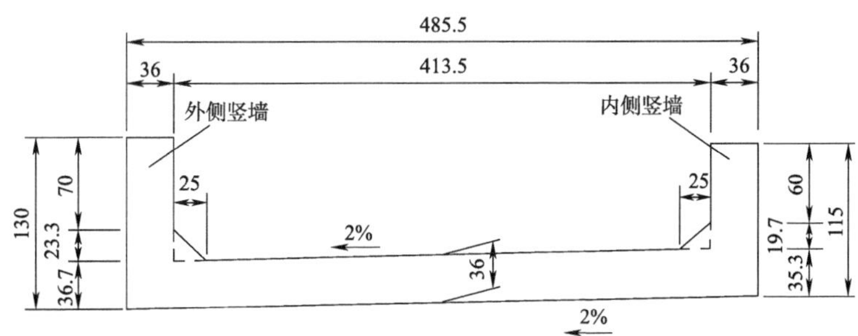

图4-3-544　槽梁立面图(单位:cm)

2)槽梁分块

铁路槽梁在纵向上按节间进行分块，横向现浇接缝设置在铁路横梁上。80 m跨简支钢桁梁每一线槽梁纵桥向分8块预制槽梁，按纵向尺寸分为两类，其纵向长度为8.66 m、8.86 m，每线槽梁横向整体设计；88 m跨简支钢桁梁每一线槽梁纵向分8块预制槽梁，按纵向长度分为9.66 m、9.86 m。槽梁在横梁上通过设置一道现浇带与铁路横梁结合，梁端横梁处现浇带纵桥向宽1.39 m，中间横梁处现浇缝纵桥向宽0.94 m。槽梁平面分块如图4-3-545所示，槽梁参数见表4-3-68。

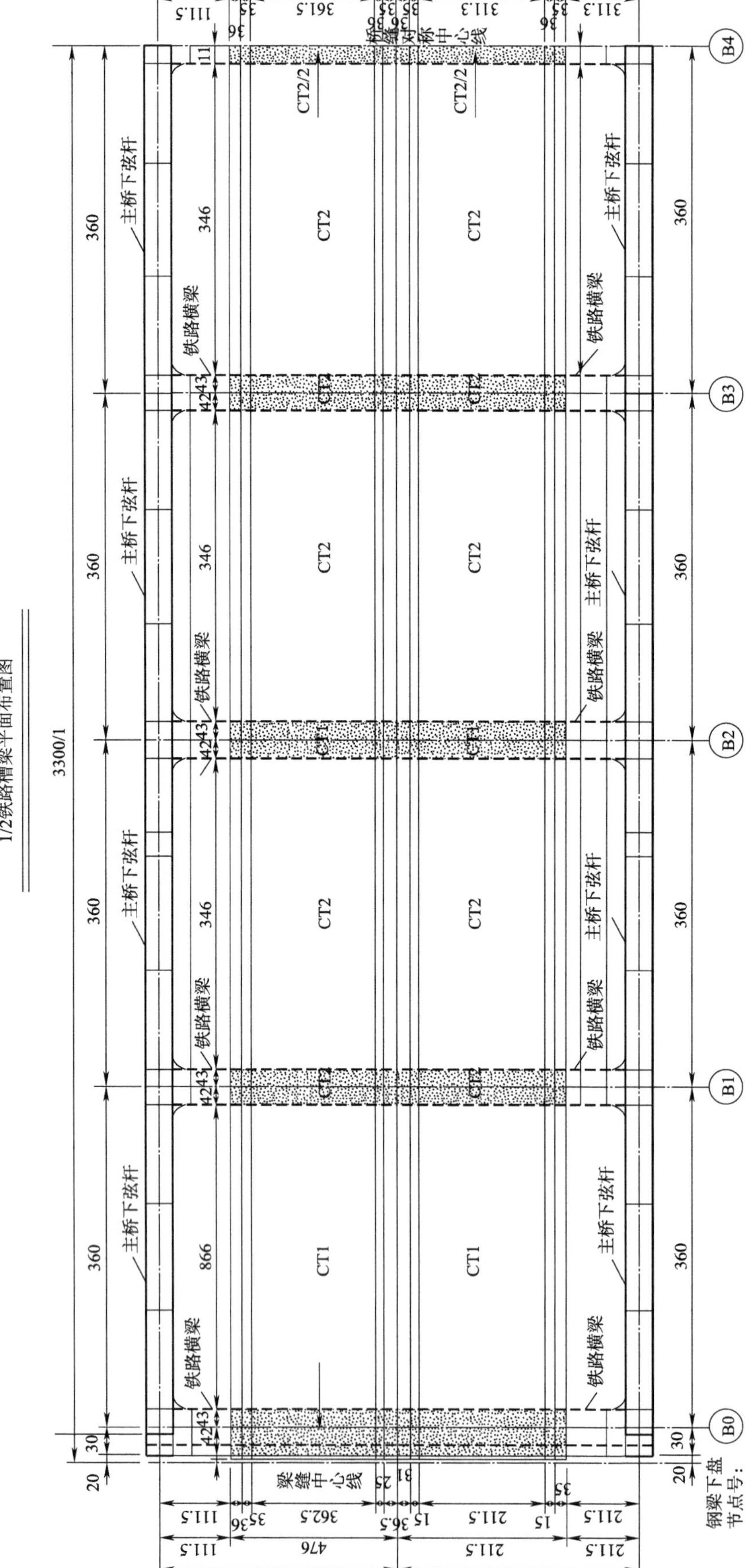

图4-3-545 槽梁平面布置图(单位: cm)

表 4-3-68 铁路槽梁参数表

80 m 跨简支钢桁梁铁路槽梁分布表(仅二分部)									
桥面板编号	顺桥向长度(cm)	横桥向宽度(cm)	混凝土数量(m^2)	重量(t)	每跨数量	跨数	板块总数	混凝土总计(m^3)	备注
CY1	866	485.5	21	55.1	4	5	20	420	预制
CY2	886	485.5	21.5	56.4	12	5	60	1290	
CJ1	139	485.5	3.4	8.9	4	5	20	68	现浇
CJ2	94	485.5	2.3	6	14	5	70	161	
88 m 跨简支钢桁梁铁路槽梁分布表(仅二分部)									
桥面板编号	顺桥向长度(cm)	横桥向宽度(cm)	混凝土数量(m^3)	重量(t)	每跨数量	跨数	板块总数	混凝土总计(m^3)	备注
CY1	966	485.5	23.4	61.5	4	1	4	93.4	预制
CY2	986	485.5	23.9	62.7	12		12	286.8	
CJ3	138.9	485.5	3.4	8.9	1		1	3.4	现浇
CJ3a	138.8	485.5	3.4	8.9	1		1	3.4	
CJ4	94	485.5	2.3	6	7		7	16.1	
CJ4a	94	485.5	2.3	6	7		7	16.1	
CJ5	139.1	485.5	3.4	8.9	1		1	3.4	
CJ5a	138.8	485.5	3.4	8.9	1		1	3.4	

3)预应力钢束布置

铁路槽梁纵向按预应力混凝土结构设计。预应力钢束分长束和短束两类,长束通长布置于整跨铁路槽梁,短束布置于每块预制槽梁内。钢束规格为 12-ϕ^s15.2 mm 和 9-ϕ^s15.2 mm,钢束极限抗拉强度为 1 860 MPa。

预埋预应力钢束管道采用镀锌金属波纹管,预应力采用两端张拉,预应力管道压浆采用真空辅助压浆工艺。预应力短束在预制槽梁制作好,在运输和吊装前进行张拉,预应力长束在整跨槽梁连接为整体而未与钢梁结合前张拉。

4)普通钢筋布置

槽梁横桥向按普通钢筋混凝土结构设计,所有钢筋采用 HRB400 普通钢筋,纵向主受力钢筋和竖墙箍筋采用直径 20 m 的钢筋,纵向钢筋间距 11 cm,横向钢筋间距 10 cm,除横梁外底板底层横向钢筋直径 25 mm,底板顶层钢筋直径 20 mm,横梁处横向钢筋直径均为 20 mm。

5)剪力钉布置

混凝土槽梁与铁路横梁之间通过布置于横梁顶板的剪力焊钉连接,剪力键采用圆柱头焊钉,材质为 ML15,直径 22 mm,高 250 mm。剪力钉布置在横梁顶板。剪力钉采用集束式布置,纵向 4 排为一个钉群,钉群中心线之间的纵向距离为 1 000 mm。每束钉群中剪力钉横向间距 125 mm,纵向间距 126 mm。

2. 总体施工工艺

铁路槽梁采用 MG70 t 架槽机整体安装的施工方案。槽梁在制板厂制造完成后,陆运至松下牛头湾存梁区存放,利用运输舶船将待架设槽梁运输至待架孔位钢梁正下方(或利用平板车将待架槽梁运输至待架孔位钢梁正下方的支栈桥上),架槽机拼装完成并调试通过后,架槽机从下弦纵横梁空隙将下方槽梁吊装到位。铁路槽梁与横梁的结合受预应力张拉的影响,将横向接缝分成两个区段,分两次浇筑混凝土,长束通过区段待槽梁吊装就位后浇筑混凝土,尽量减少浇筑混凝土与铁路横梁间的联系(混凝土浇筑前需在该区域铁路横梁顶面涂刷混凝土脱模剂)。待混凝土达到预应力钢束张拉要求后张拉通长钢束,再浇筑剩余接缝混凝土,与铁路横梁结合。铁路槽梁安装流程如图 4-3-546 所示。

十区简支钢桁梁铁路槽梁采用 MG70 t 架槽机整体吊装,架槽机在 CX19 号墩钻孔平台大里程侧拼装,由桥面 70 t 架板机分单元件吊装至桁内组拼成整体。架槽机安装在 CX19～CX20 号跨,主要满足 CX19～CX23 号墩 4 跨槽梁施工。

八区简支钢桁梁铁路桥面架槽机倒用十区架槽机，架槽机拆除后利用船舶运至 CX02-CX01 跨简支钢桁梁正下方，由 70 t 架板机分单元件提升到桁内组拼成整体。计划 CX19～CX23 号墩 4 跨槽梁施工完成后再施工 CX01～CX02 号铁路槽梁。

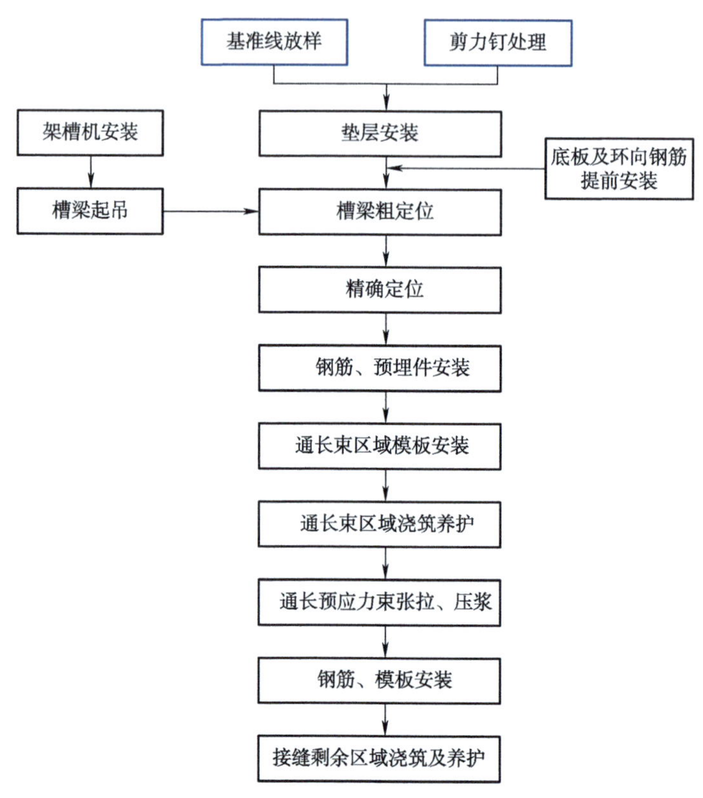

图 4-3-546 铁路槽梁安装流程图

3. 垫层安装及准备工作

1)内业准备

组织技术人员对施工设计图纸及有关施工资料进行复核，组织相关人员培训、学习相关技术规范及施工细则、设计文件，做好铁路槽梁安装的技术准备工作。对技术、施工人员进行技术交底，交底内容包括施工方法、施工工艺、质量标准、安全措施、人员组织、材料、机械设备参数及配备情况等。

2)剪力钉处理

由于钢桁梁架设过程中受碰撞等因素影响，部分剪力钉弯曲超标、缺失，需进行恢复处理。剪力钉弯曲不超过 15°的，采取措施扶正即可；弯曲超过 15°的，应割除重新补焊；缺失的剪力钉同样补焊。切割剪力钉的地方打磨平整，如遇底面金属有损伤的，应用焊条补焊后磨平、重新焊接剪力钉，并检查焊接质量。此外，湿接缝内的剪力钉、杆件顶板前期施工期间附着的油漆、混凝土渣、油污等应彻底清除干净。

缺失的剪力钉需要补焊，剪力钉位置及大于 2 倍范围应打磨除锈，清理铁锈、氧化皮、油污等，使表面露出金属光泽，处理效果达到《涂装前钢材表面处理规范》(SY/T 0407—2012)规定的 St3 级，表面粗糙度应达到 R_z30 μ～70 μm。焊接工作必须由经过剪力钉焊接培训考试合格的焊工担任，严格按照焊钉焊接工艺焊接，并应在每班开始正式焊接前先在试板(与钢梁材质相同)上施焊 2 个剪力钉，经过外观检查及 35°弯曲试验合格方可进行正式焊接，由现场技术负责人协同实验室、安质部、工班组长一起进行检查签证，对试件进行编号并保留影像资料。

3)基准线放样

根据钢梁中心线和桥跨中心线放样出槽梁横向中心线、纵向中心线，安装时根据纵、横向中心线进行精确调整，如图 4-3-547 所示。基准线放样完成后，为方便槽梁就位，可提前在纵向及横向单边安装限位板(具体样式由现场自行决定，但不可破坏钢梁表面油漆)，槽梁沿着限位板缓慢下落达到精确定位的目的。

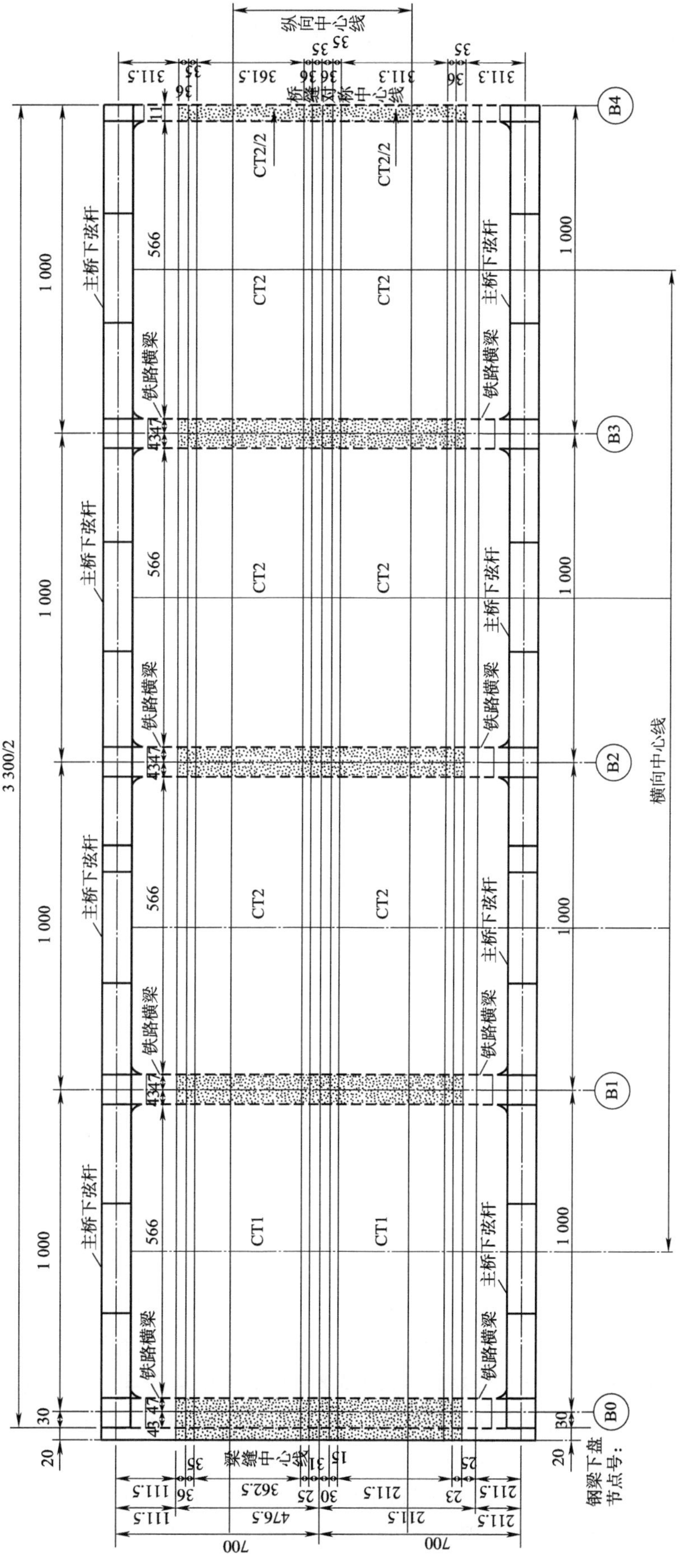

图4-3-547 铁路槽梁基准线示意图(单位:cm)

4)垫层安装

铁路槽梁垫层采用橡胶板上设聚四氟乙烯滑板的形式。橡胶板厚度为 42 mm,槽梁与铁路横梁相交范围内橡胶条宽度为 82 mm,湿接缝边缘橡胶条宽度为 50 mm;四氟乙烯滑板厚度为 2 mm,其平面布置为槽梁与铁路横梁相交范围外侧边线内 82 mm 范围,先浇筑区段下涂混凝土脱模剂,如图 4-3-548 所示。

(1)橡胶条粘贴

钢梁边缘四周粘贴可压缩的防腐橡胶条作为垫层,垫层厚度为 4.2 cm,橡胶条与钢梁顶面之间采用环氧树脂 AB 胶粘贴,并采用玻璃胶对橡胶条进行封堵。橡胶条粘贴完成后,须用少量清水测试橡胶条与钢梁翼缘粘贴是否密实。槽梁垫层示意如图 4-3-549 所示。

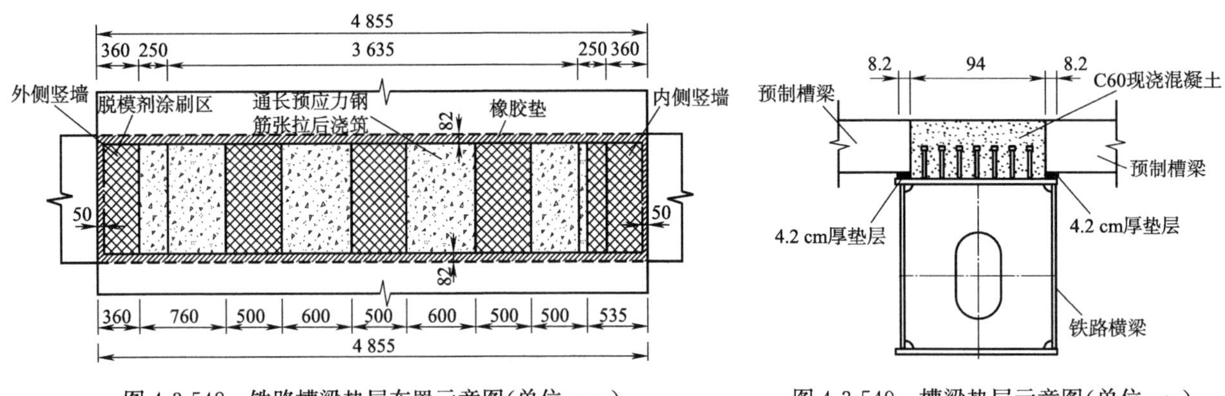

图 4-3-548 铁路槽梁垫层布置示意图(单位:mm)

图 4-3-549 槽梁垫层示意图(单位:cm)

(2)C60 无收缩混凝土

混凝土现浇配合比由试验确定,水胶比为 0.31,砂率为 40%,坍落度为 200 mm,具体参数见表 4-3-69。

表 4-3-69 混凝土参数表

配合比选定结果								
理论配合比								水胶比
水泥∶粉煤灰∶矿粉∶砂∶石∶减水剂∶引气剂∶膨胀剂∶水=0.8∶0.1∶0.1∶1.43∶2.12∶0.014∶0.005∶0.08∶0.31								0.32
每方混凝土用料量(kg/m³)								
水泥	粉煤灰	矿粉	砂	石	减水剂	引气剂	膨胀剂	水
385	48	48	687	1 021	6.73	2.41	38	149

八区及十区简支钢桁梁铁路槽梁湿接缝混凝土由长屿岛 4 号拌和站生产供应,混凝土罐车运抵至施工现场,再通过地泵输送至桥面,在运输过程中同时对混凝土进行搅拌,防止离析。

5)钢筋提前安装

分部认真审核图纸并结合相关联系单,对部分钢筋的安装顺序进行优化。在铁路槽梁湿接缝处,由于钢梁上预先焊接有外侧员工走道预焊件,N3 钢筋难以安装,因此需要将 N3 钢筋提前安装在铁路横梁上。槽梁两侧的环向箍筋 N6 和 N7 在联系单《关于钢桁梁公路桥面板及铁路槽形梁现场湿接缝钢筋冲突安装困难的事宜》中提到,建议对箍筋 N6 及 N7 分段加工,在现场安装到位后采取单面搭接焊焊成整体。考虑到实际施工情况,此处钢筋过密,焊接作业难以完成,焊接后焊渣难以清除且焊接质量不容易保证。准备在槽梁起吊就位前,将 N6 及 N7 提前安装在槽梁上,绑扎其他钢筋前,调整 N6 及 N7 到设计位置。

4. 铁路槽梁运输

槽梁在琯头冠海船厂预制,三区简支钢桁梁铁路槽梁按施工计划,张拉短束后,按照架设顺序装船并水运至人屿岛槽梁存放码头进行存放,如图 4-3-550 所示。存放场地尺寸为 86.4 m×40.67 m,可满足 12

孔钢梁铁路槽梁的存放。六区简支钢桁梁铁路槽梁按施工计划，张拉短束后，按照架设顺序装船并水运至海上平台靠船码头，采用 70 t 全回转码头吊机卸船，并用平板车将槽梁倒运至已完成墩身施工的钻孔平台支栈桥上或砂石料平台上(靠近支栈桥侧)进行存放。

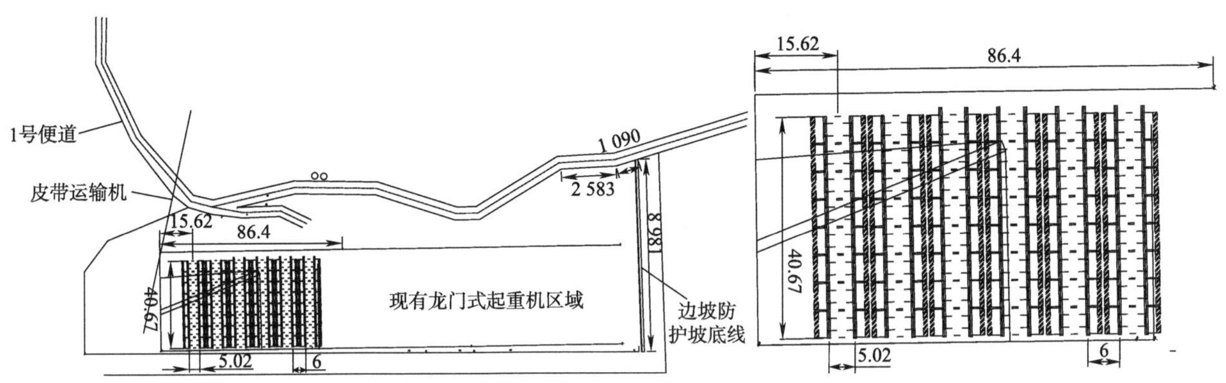

图 4-3-550 人屿岛码头铁路槽梁存放场地布置图(单位：cm)

待槽梁满足架设要求后，可以按照架设顺序装船并水运至现场待架位置停放，架槽机从钢梁底取梁吊装至铁路横梁上；也可以采用平板车将待架设槽梁倒运至简支钢桁梁相邻铁路横梁形成的孔洞在钻孔平台支栈桥上的投影区域内，架槽机从该处取梁吊装至铁路横梁上。

运输以及临时存放过程中铁路槽梁堆放 2 层，每层之间采用 ϕ196 mm×4 mm×1100 mm 的 C60 钢管混凝土桩进行支垫，所有支承垫块顶、底部均用 1 cm 厚橡胶垫进行抄垫。运输过程中须在槽梁两侧设置限位支架，以防止剧烈摇晃产生滑移，如图 4-3-551 所示。

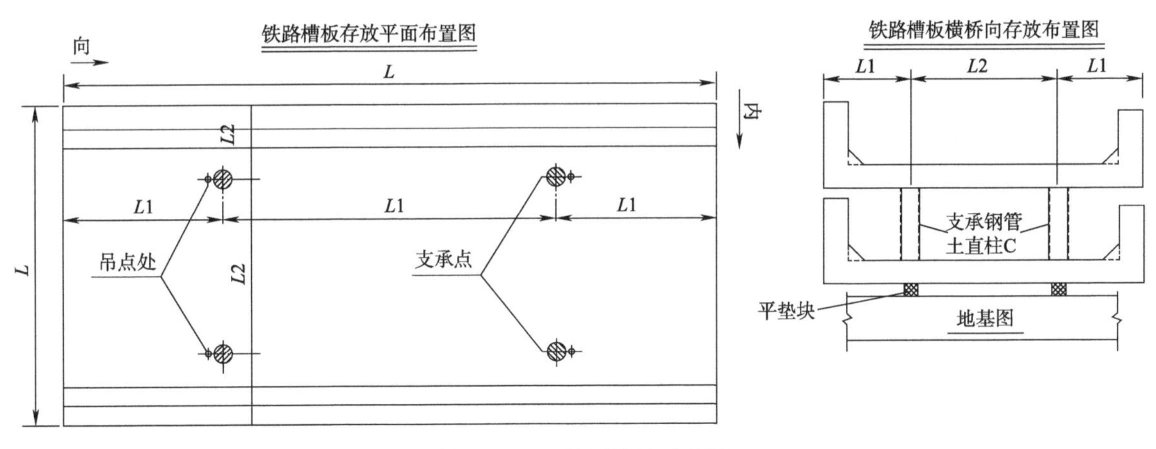

图 4-3-551 槽梁堆放示意图

5. 架槽机拼装

1)架槽机结构

MG70 t 架槽机由大车走行轨道、走行组件、支腿、端主梁、中间主梁、平联、小车轨道梁、撑杆及起重小车等组成，如图 4-3-552 和图 4-3-553 所示。

2)架槽机组拼

根据钢梁节间的大小现场安装实际情况，架槽机在 CX19 号钻孔平台大里程侧，分为 6 组分别进行拼装，利用架板机吊装组拼，最后在钢梁上进行组拼，架槽机的走行组件、支腿、平联为一组(共 2 组)，端主梁和中间主梁为一组(共 2 组)，小车梁轨道和大车走行轨道各为一组。

安装组拼顺序：安装大车走行轨道组件→b 分别走行轨道上方的两组架槽机的走行组件、支腿、平联组件→安装端主梁、中间主梁组件→安装小车走行轨道和撑杆→在小车走行轨道和平联间隙安装起重小车。

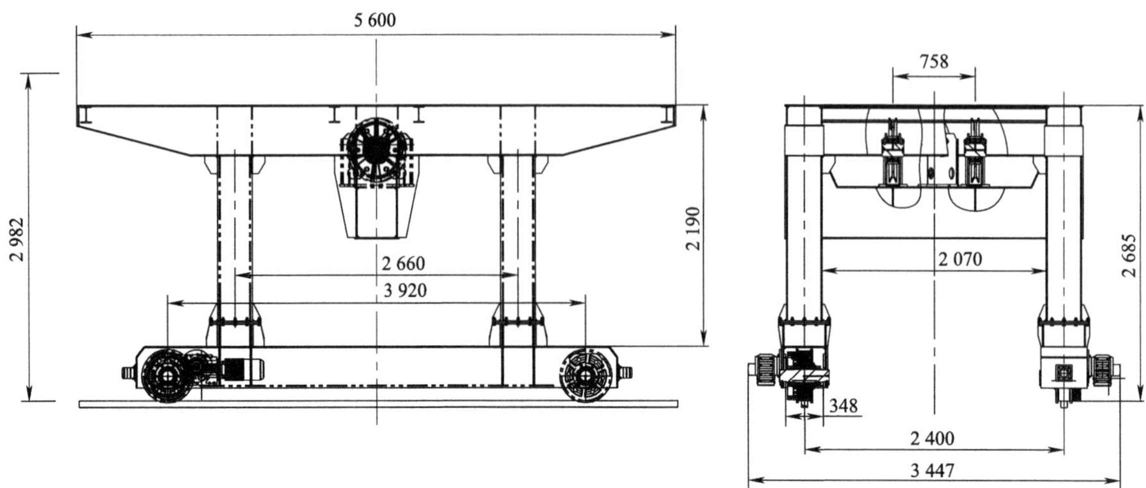

图 4-3-552 起重小车结构图(单位:mm)

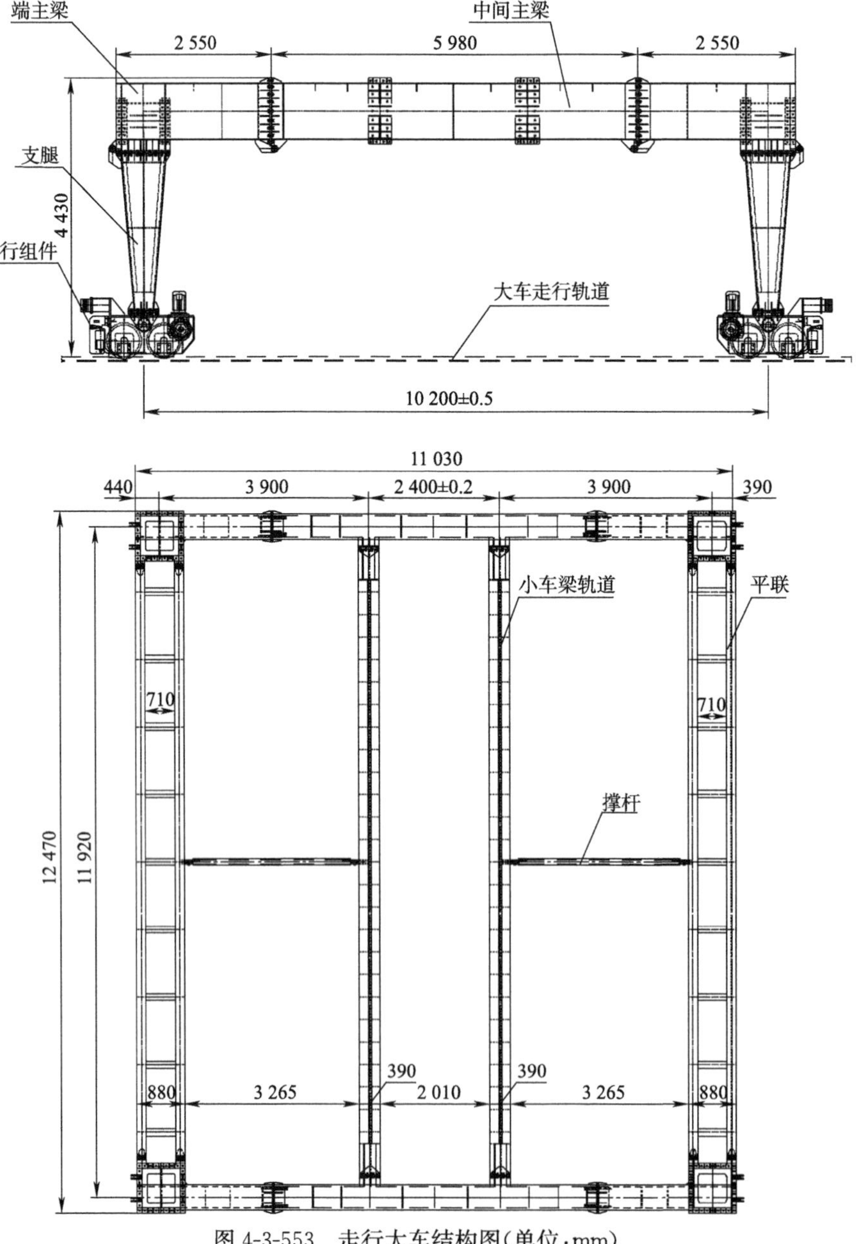

图 4-3-553 走行大车结构图(单位:mm)

6. 槽梁安装

铁路槽梁吊具由厂家设计制造，其结构如图 4-3-554 所示。

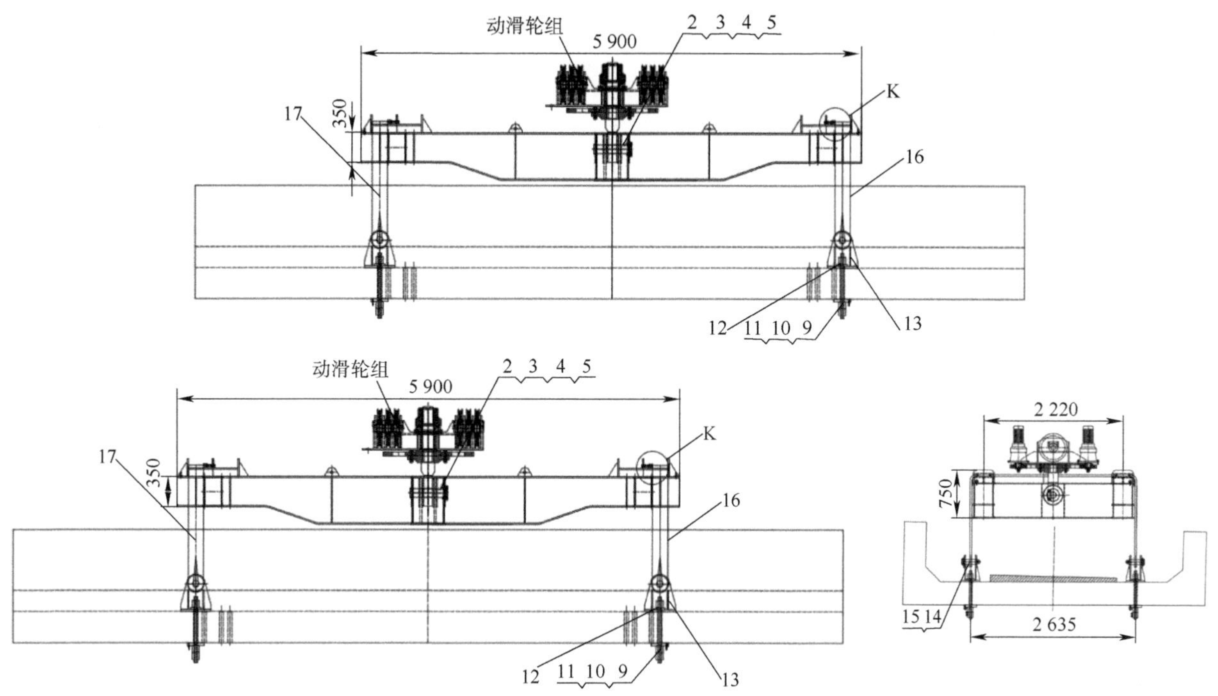

图 4-3-554　槽梁吊具结构图(单位:mm)

吊具拆卸装置与吊具一起安装，槽梁安装到位后，拆除槽梁上方精轧螺纹钢筋螺母，使精轧螺纹从吊点孔内下落，再从槽梁侧面将精轧螺纹钢筋回收，如图 4-3-555 所示。

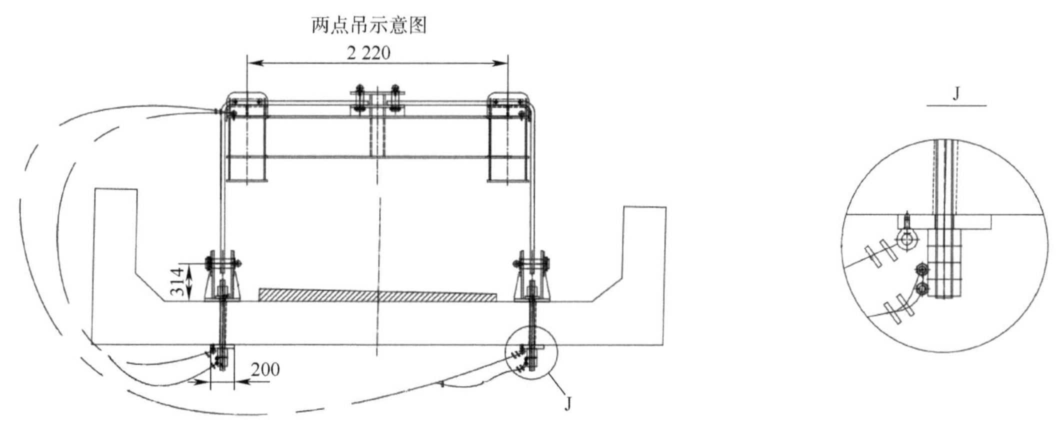

图 4-3-555　吊具拆卸装置示意图(单位:mm)

起重小车每次架设一片槽梁，大车走行轨道可满足四个节间 7 片槽梁的架设，架设下片槽梁时，架槽机轨道梁需要前移。轨道梁前移时，顶升机构起顶，吊机支撑在顶升机构上，链条驱动装置通过链条带动轨道梁前移。

其架梁及走行过孔施工步骤如下：

步骤一：架槽机安装完成后，准备架设左幅槽梁；架槽机吊具旋转 90°后，从桥底取梁，槽梁从横梁空隙穿过，提升至设计位置上方，如图 4-3-556 所示。

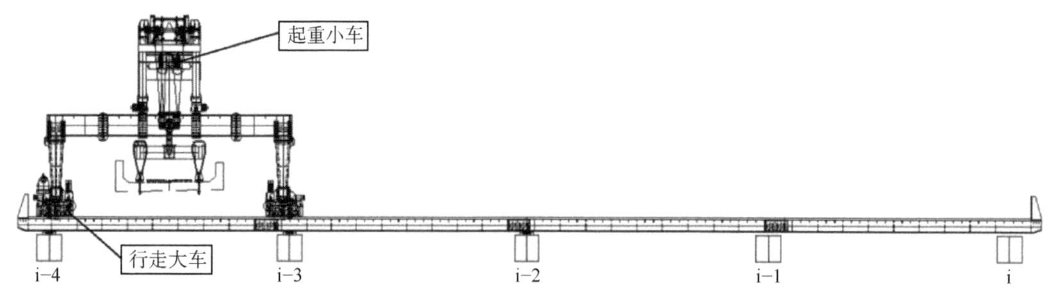

图 4-3-556　施工步骤一

步骤二：下放槽梁至距钢梁面 0.5 m 左右时，吊具反向旋转 90°，调整好槽梁的方向；起重小车横移，将左幅槽梁位置对准，下放吊具，完成左幅槽梁的架设，如图 4-3-557 所示。

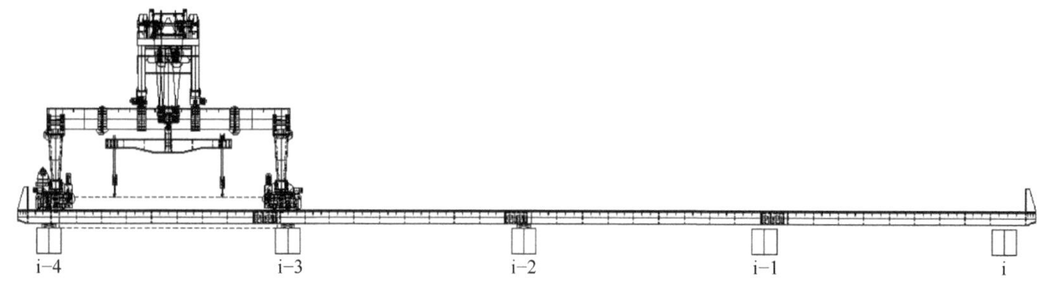

图 4-3-557　施工步骤二

步骤三：架槽机走行至 i-3 号～i-2 号跨取右幅槽梁（吊具旋转 90°），吊具反向旋转 90°调整好槽梁方向后，行走大车走行至 i-4 号～i-3 号跨，起重小车横移将右幅槽梁位置对准，下放吊具完成右幅槽梁的架设；重复上述步骤完成 i-3 号～i-2 号和 i-2 号～i-1 号跨槽梁架设，如图 4-3-558 所示。

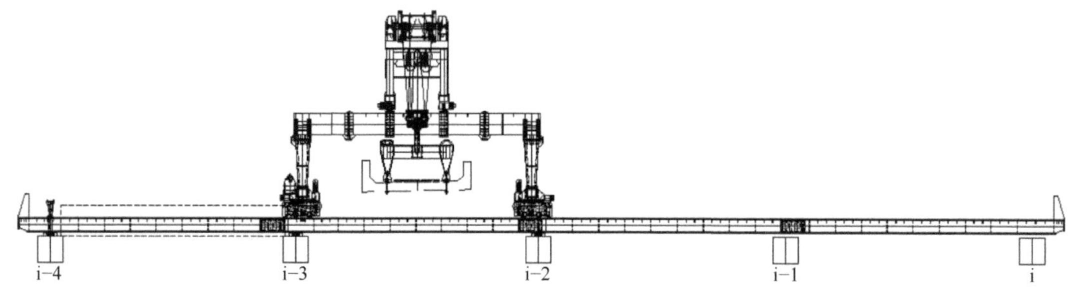

图 4-3-558　施工步骤三

步骤四：架槽机走行至 i-1 号～i 号跨取右幅槽梁，将右幅槽梁存放至已架设梁面上，如图 4-3-559 所示。

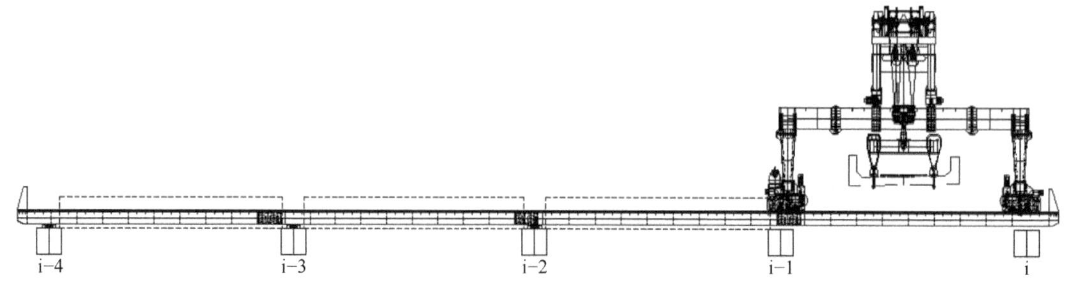

图 4-3-559　施工步骤四

步骤五:按前述步骤架设最后一跨左幅槽梁;取回存放的右幅槽梁,完成右幅槽梁架设,如图 4-3-560 所示。

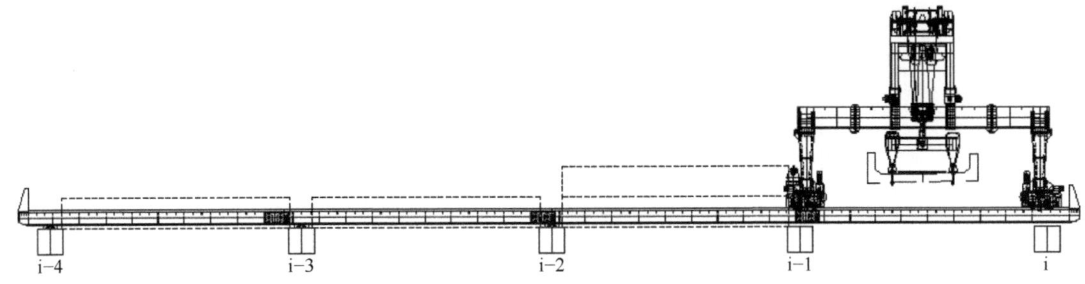

图 4-3-560 施工步骤五

步骤六:架槽机施工完最后一跨后,走行至图 4-3-561 位置,启动竖向顶升装置,将整机顶起至大车车轮脱离轨道 5～10 mm 左右;防风锚固装置安装到位,解除轨道梁与钢梁间连接,保证处于自由状态,准备前移轨道梁,如图 4-3-562 所示。

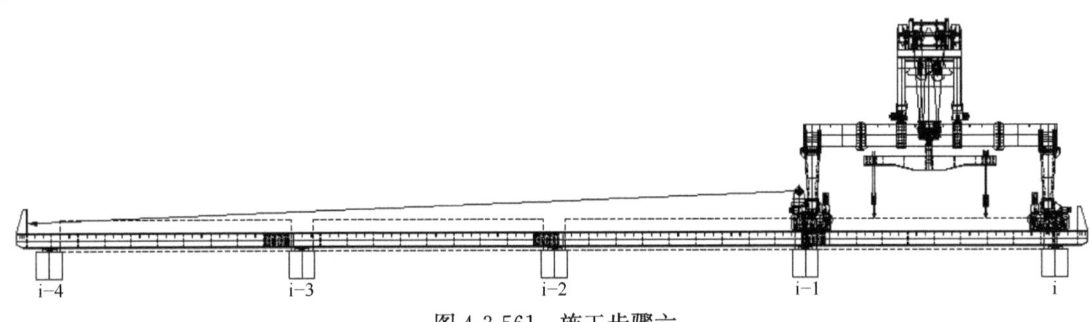

图 4-3-561 施工步骤六

步骤七:轨道梁前移两跨并锚固到位;解除架槽机的防风锚固装置,启动竖向顶升装置,将整机下落直至大车车轮落在轨道梁上,如图 4-3-562 所示。

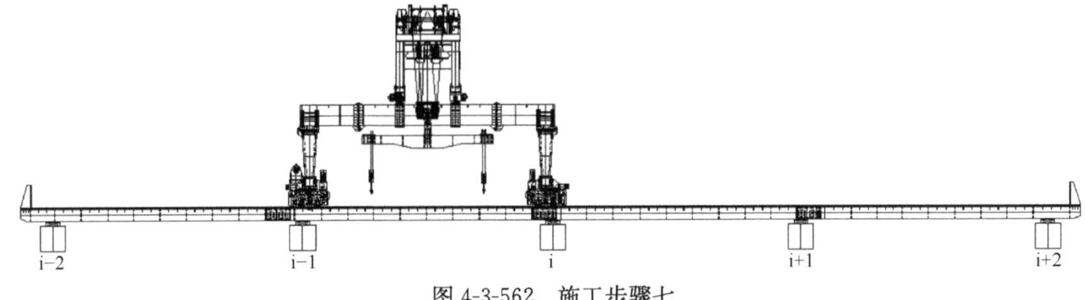

图 4-3-562 施工步骤七

步骤八:重复步骤六和七,完成架槽机过孔;整机进入下一个施工循环,如图 4-3-563 所示。

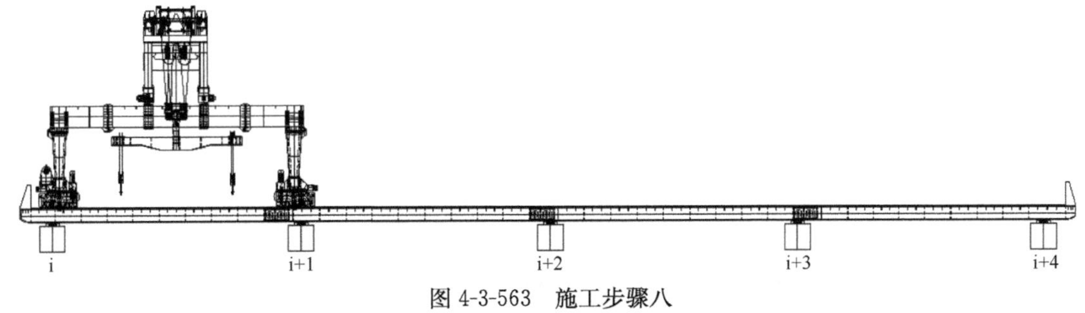

图 4-3-563 施工步骤八

7. 湿接缝施工

铁路槽梁安装后,需浇筑铁路横梁上的湿接缝。分两次浇筑,先浇筑预应力通长束通过区混凝土,待预应力施工完毕后浇筑剩余区域,如图 4-3-564 所示。

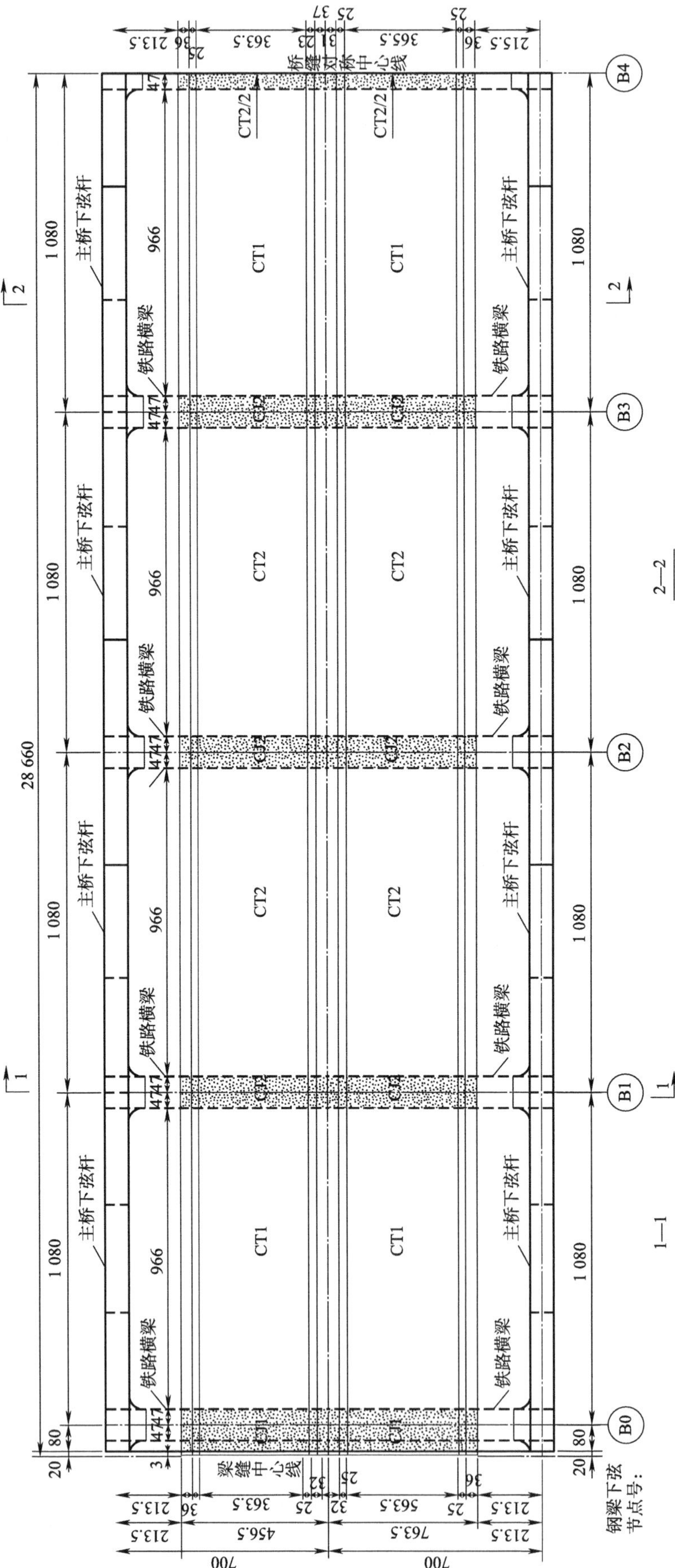

图 4-3-564 铁路槽梁湿接缝结构图(单位: mm)

1)钢筋、预埋件安装

钢筋采用光圆钢筋 HPB300 和带肋钢筋 HRB400,其技术标准应符合《钢筋混凝土用钢筋第 1 部分:热轧光圆钢筋》(GB 1499.1—2008)及《钢筋混凝土用钢筋第 2 部分:热轧带肋钢筋》(GB 1499.2—2007)、《铁路桥涵钢筋混凝土和预应力混凝土结构设计规范》(TB 10002.3—2005)的规定。

槽梁湿接缝内钢筋安装要求如下:相邻两块槽板的纵向钢筋伸出预制板部分预弯一定角度以错开一个钢筋直径后进行连接,竖墙内纵向钢筋采用双面焊接连接。槽梁拉筋纵横向间距不宜大于 40 cm,与预应力管道相碰时,可挪动拉筋位置,但不得遗漏。钢筋与预应力管道相碰时,适当挪动钢筋位置,但不得取消或截断。

梁端伸缩缝预埋件安装:伸缩缝由耐候钢型材、橡胶密封带、挡砟盖板、挡砟侧板、伸缩缝钢筋、定位钢管、定位钢筋及梁体预埋件组成,湿接缝浇筑时需安装梁体预埋件。梁体预埋件安装时,将预埋件与伸缩缝钢筋点焊固定,确保梁体预埋件位置准确,如图 4-3-565 所示。

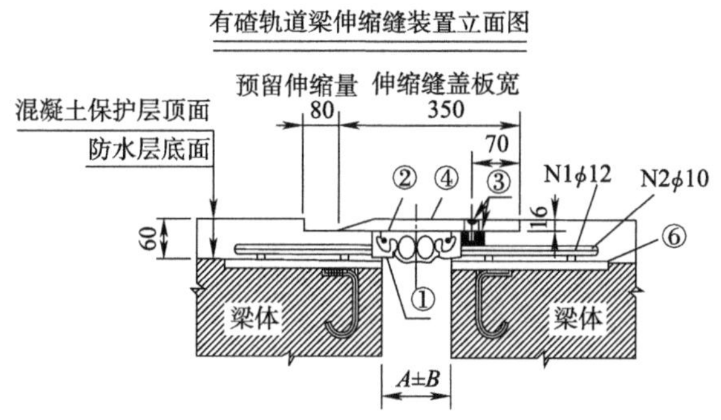

伸缩装置的安装梁端间隙尺寸A±B可按以下公式计算:

$B=0.00001(t_A-t_0)L+B_0$

其中,t_A为实际安装气温值(℃),t_0为标准温度20(℃),

B_0为标准温度时的梁缝宽度,L为变位零点至计算点的长度。

梁体预埋件大样图

(单位重2.0 kg)

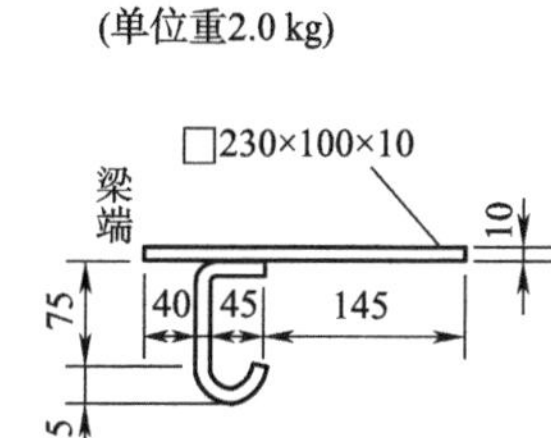

图 4-3-565　梁端伸缩缝预埋件结构图(单位:mm)

梁端锚垫板安装,波纹管接长:各湿接缝段需接长槽梁通长束金属波纹管,金属波纹管接长时,接头处的连接管宜采用大一个直径级别的同材质管道,其长度宜为被连接管道内径的 5～7 倍,且不小于 300 mm,两端旋入长度应大致相等。连接时应不使接头处产生角度变化,在混凝土浇筑期间不应使管道发生转动或位移,应缠裹紧密,防止漏浆。金属波纹管安装就位过程中,应防止电焊火花烧伤管壁。"井"字形 $\phi10$ 定位钢筋按间距 0.5 m 布置且应与接缝钢筋绑扎牢固,以确保钢束按照设计线形固定。梁端预应力通长束张拉锚固端安装锚下螺旋筋和锚垫板,锚垫板应垂直于孔道中心线。

预应力钢绞线在混凝土浇筑前先安装,预应力筋下料长度应经计算确定,计算时应考虑结构的孔道长度、锚夹具厚度、千斤顶长度、弹性回缩值、张拉伸长值和外露长度等因素。首次使用可先下一根钢束试穿,合适后方可成批下料。两端张拉的钢束,钢束下料时每端预留约 85 cm 工作长度。下料用砂轮机切断,不得用电焊切断。切断钢绞线之前,先在切割线左右两端各 3～5 cm 处扎丝一道,防止切断后散头。在预应力筋安装完成后,混凝土浇筑前,进行全面检查,修复管道损坏的部位。

2)模板安装

模板面板采用 15 mm 涂塑竹胶板。内外模面板采用 5 cm×10 cm 方木间距 30 cm 顺桥向加劲,单排 $\phi48$ 钢管间距 30 cm,内外模设置 $\phi16$ 拉杆对拉固定。

模板根据混凝土浇筑顺序分两次安装,模板间拼缝贴双面胶带,竖墙内侧模板与倒角段模板接缝应严密防止漏浆。

模板安装前,模板混凝土接触表面刨光并保持平整,清理铁路横梁面,放出轴线、模板边线、水平控制标高，按照模板放样位置安装内外模。

模板安装完成后，白天由班组长及现场技术人员对模板安装及加固情况进行逐一检查确定；晚上可采用强光手电筒，对待浇筑区域进行检查，检查是否存在模板明显漏光情况，一旦发现说明该处模板不密贴，采用泡沫胶进行填堵缝隙。

3)混凝土浇筑

湿接缝浇筑C60无收缩混凝土。接缝两侧混凝土板的侧面应凿毛露出骨料，浇筑湿接缝混凝土时应清除残渣灰尘，并用水湿润后再浇筑混凝土。

湿接缝混凝土浇筑地泵接软管进行浇筑。混凝土采用水平分层方式浇筑，混凝土布料时禁止单点集中下料，保证下料平均匀顺。混凝土采用 ϕ50 mm 插入式振捣棒振捣，下棒间距 50 cm，振动棒要快插慢拔。振捣时插点均匀，成行或交错式前进，以免过振或漏振，振动棒振动时间约 20～30 s，每一次振动完毕后，边振动边徐徐拔出振动棒，不得将竖墙振捣棒放在拌和物内平拖。不得用振捣棒驱赶混凝土。以混凝土顶面不再下沉、无气泡冒出、表面泛浆为度。振捣时距离模板应有 5～10 cm，严禁碰到预埋件。浇筑过程中应安排专人进行检查，浇筑过程中，布料不应过快，振动棒不要猛烈撞击木模板。一旦出现漏浆情况，及时安排施工人员进行封堵，并立刻对漏浆污染部位采用水冲处理。浇筑完成后，由班组长及技术人员再次对此次浇筑的全部区域进行一次排查，确认没有漏浆情况后，才能结束浇筑。

按照设计图纸要求，应先浇筑通长束区域的混凝土，待其强度不小于设计强度的 100%，龄期不小于 5 d，方可张拉预应力筋。张拉完毕后浇筑湿接缝剩余区域的混凝土，如图 4-3-566 所示。

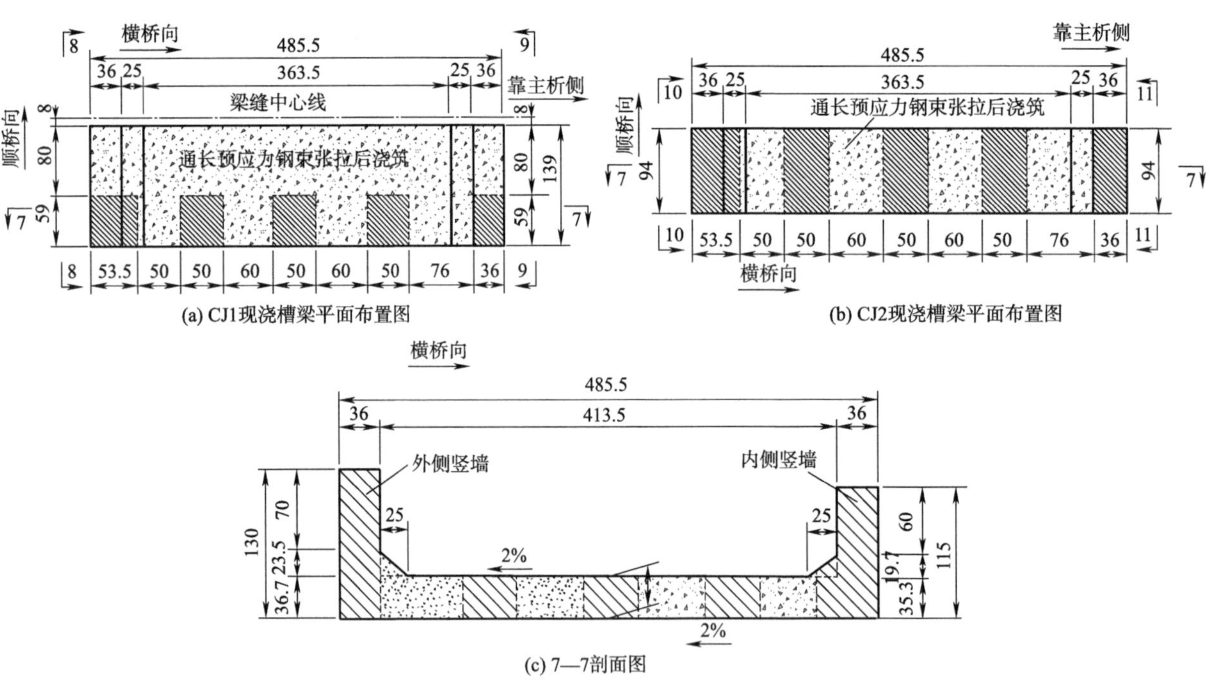

图 4-3-566 槽梁湿接缝结构图(单位：cm)

8. 预应力张拉

槽梁采用高强度低松弛钢绞线，产品应符合现行国家标准《预应力混凝土用钢绞线》(GB/T 5224—2003)的规定。钢绞线公称直径为 15.2 mm，抗拉强度为 1 860 MPa，弹性模量为 $E_p=1.95\times10^5$ MPa；波纹管采用镀锌金属波纹管，真空灌浆工艺；预应力锚具、夹片和连接器应符合现行国家标准《预应力用锚具、夹片和连接器》(GB/T 14370—2007)以及《铁路工程预应力筋用锚具、夹片和连接器技术条件》(TB/T 3193—2008)的规定。

槽梁钢束型号为 12-ϕ^S15.24(长束)和 9-ϕ^S 15.24(短束)两种，采用两端张拉，张拉时张拉力和伸长量双控，以张拉力为主，锚下控制应力 1 210 MPa。钢绞线参数见表 4-3-70。

表 4-3-70　预应力钢束参数表

钢束编号	钢绞线					波纹管			锚具		伸长量		锚下控制应力	钢束位置
	钢束型号	束数	下料长度	钢束总长	钢束总重	波纹管规格	单根长度	管道总长	YJM 15-12	YJM 15-9	左端	右端		
			(cm)	(m)	(kg)	(mm)	(cm)	(m)	(套)	(套)	(cm)	(cm)	(MPa)	
VF1	12-ϕs15.2	1	8 784.0	87.8	1 160.5	JBG-85	8 624	86.2	2	—	26	26	1 210	外侧竖墙
VF2	12-ϕs15.2	1	8 784.0	87.8	1 160.5	JBG-85	8 624	86.2	2	—	26	26	1 210	外侧竖墙
VF3	9-ϕs15.2	2	1 086.0	21.7	215.2	JBG-80	966	19.3	—	4	2.7	2.7	1 300	外侧竖墙
VF4	9-ϕs15.2	6	1 106.0	66.4	657.6	JBG-80	986	59.2	—	12	2.7	2.7	1 300	外侧竖墙
NF1	12-ϕs15.2	1	8 784.0	87.8	1 160.5	JBG-85	8 624	86.2	2	—	26	26	1 210	内侧竖墙
NF2	12-ϕs15.2	1	8 784.0	87.8	1 160.5	JBG-85	8 624	86.2	2	—	26	26	1 210	内侧竖墙
NF3	9-ϕs15.2	2	1 086.0	21.7	215.2	JBG-80	966	19.3	—	4	2.7	2.7	1 300	内侧竖墙
NF4	9-ϕs15.2	6	1 106.0	66.4	657.6	JBG-80	986	59.2	—	12	2.7	2.7	1 300	内侧竖墙
B1	12-ϕs15.2	5	8 784.0	439.2	5 802.7	JBG-85	8 624	431.2	10	—	26	26	1 210	底板
B2	9-ϕs15.2	8	1 086.0	86.9	860.9	JBG-80	966	77.3	—	16	2.7	2.7	1 300	底板
B3	9-ϕs15.2	24	1 106.0	265.4	7 630.2	JBG-80	986	236.6	—	48	2.7	2.7	1 300	底板
一线横梁小计	钢绞线 15 681.4kg					JBG-85:776 m JBG-80:470.9 m			18	96	—	—	—	—
合计	全桥 88 m 主梁共 8 跨，每跨两线横梁，钢绞线 250.9 t；波纹管 JBG-85 12 416 m，JBG-80 7 534.4 m；锚具 YJM15-12 288 套，YJM15-9 1 536 套。													

注：表中钢束伸长量为初始张拉力至 100%控制张拉力间的计算伸长量；施工现场应进行实际孔道摩阻实验，以调整该伸长量。

槽梁在预制好后，运输和吊装之前进行短束预应力束张拉；长束在整跨槽梁连接为整体而未与钢梁结合前(要求通长束区域的混凝土强度不小于设计强度的 100%，龄期不小于 5 d)进行张拉。截面预应力布置如图 4-3-567 所示。

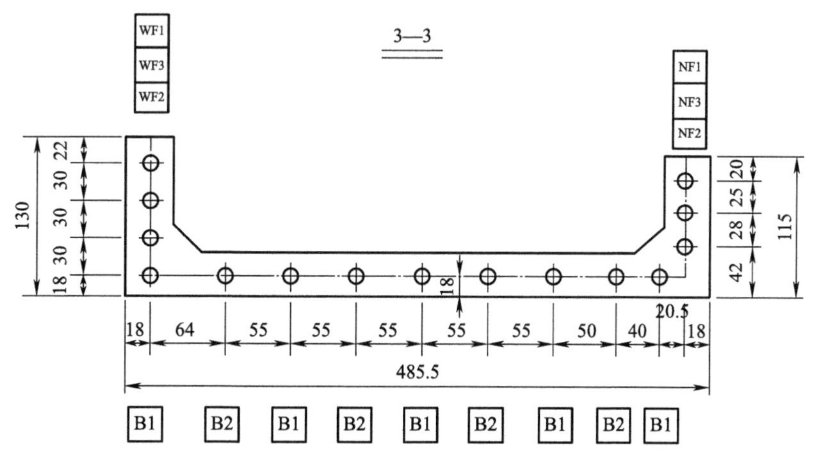

图 4-3-567　截面预应力筋位置示意图(单位：cm)

1)工作锚、千斤顶和工具锚安装

对千斤顶油表进行校核，安装锚板和夹片，使钢绞线平行穿过锚孔，锚垫板与锚板中心对中。安装限位板、千斤顶和工具锚，要求限位板、千斤顶、工具锚三者中心位于同一轴线上。

2)预应力张拉

使用 4 台 300 t 穿心式千斤顶，从槽梁中间向两侧对称张拉。张拉程序：0→10%张拉控制应力(初始应力状态做伸长量标记)→分级张拉→控制应力 σ_k(测伸长值)→持荷 5 min→补拉至 σ_k(测伸长值)→锚固。

锚固后两端钢绞线伸长量之和不得超过计算值的±6%，每端锚具回缩量不得大于 6 mm。张拉完成后，在锚圈口处的钢绞线上做标记，以观察是否滑丝，每个张拉断面总断丝、滑丝不得超过该断面钢丝总数的 0.5%，也不得在同一侧，且每束钢绞线断丝、滑丝不得超过 1 根。经 24 h 复查合格后，用砂轮切割机切断钢绞线头，切断处距锚具不小于 30 mm。

3)压浆、封锚

张拉后 24 h 内进行管道压浆，采取真空辅助压浆法。管道压浆用砂浆要求采用无收缩水泥浆，砂浆强度等级为 M50。封锚混凝土采用 C60 无收缩混凝土，封锚前先将接口混凝土凿毛并清理，对锚具、锚垫板表面及外露钢绞线用聚氨酯防水涂料进行防水处理，浇筑湿接缝混凝土完成封锚。

第十节 沉降变形控制与评估

本线沉降变形测量等级及精度要求按表 4-3-71 执行。

表 4-3-71 沉降变形测量等级及精度要求表

变形测量等级	垂直位移测量		水平位移观测
	变形观测点的高程中误差(mm)	相邻变形观测点的高差中误差(mm)	变形观测点的点位中误差(mm)
三等	±1.0	±0.5	±6.0

1. 垂直位移监测网

线下工程垂直位移监测网按照国家二等水准测量施测，根据沉降变形测量精度要求高的特点，以及标志的作用和要求不同，垂直位移监测网用分级布网等精度观测逐级控制的方法布设。垂直位移监测网主要技术要求按表 4-3-72 执行。

表 4-3-72 垂直位移监测网技术要求表

变形等级	相邻基准点高差中误差(mm)	每站高差中误差(mm)	往返较差、附合或环线闭合差(mm)	检测已测高差较差(mm)	使用仪器、观测方法及要求
三等	1.0	0.3	$0.6\sqrt{n}$	$0.8\sqrt{n}$	DS1 型仪器，按国家二等水准测量的技术要求施测

注：n 为测站数

2. 水平位移监测网

水平位移监测网一般按独立建网考虑，根据沉降变形测量等级及精度要求进行施测，并与施工平面控制网进行联测，引入施工测量坐标系统，实现水平位移监测网坐标与施工平面控制网坐标的相互转换。本线水平位移监测按三等规定执行，对于软土地基等设计有特别技术要求的复杂工点，可根据需要按二等的规定执行，水平位移监测网主要技术要求按表 4-3-73 执行。

表 4-3-73 水平位移监测网主要技术要求表

变形等级	相邻基准点的点位中误差(mm)	平均边长(m)	测角中误差	测边中误差
二等	±3.0	≤400	±1.0″	2.0
		≤200	±1.8″	2.0
三等	±6.0	≤450	±1.8″	4.0
		≤350	±2.5″	4.0

3. 特殊环境下沉降观测

(1)大面积水域、跨海大桥的水中墩沉降测量，施工单位必须根据具体地形地质情况、施工组织情况等制定沉降变形观测的具体实施方案，报监理单位和评估单位确认，必要时可对有关问题报请建设单位组织专家论证实施。施工单位提交的方案应具体阐述施工现场对于观测可利用的条件、各种点位的布置情况、拟实施方案的观测路线及测站设置，并对有关测量误差进行分析及减弱措施，以及测量可能达到的精度等。

(2)路基测点、梁体测点、隧道测点在轨道铺设前必须按照规定的周期进行观测；当原有的测点遭到破坏或已无法观测时，必须进行测点重埋或转移工作，并做好有关的记录，填写测点转移断高表。

4. 桥涵变形控制标准

对于有砟轨道结构按以下标准执行：

(1)墩台基础的沉降量按照恒载计算，对于静定结构须满足工后均匀沉降不大于 50 mm，相邻墩台沉降差不大于 20 mm 的要求，且不超过设计文件的规定；对于超静定结构，其相邻墩台沉降差除满足静定结构的规定外，还应根据沉降对结构产生的附加应力的影响确定。

(2)梁体徐变：有砟轨道桥梁徐变值不宜大于 20 mm，特殊桥跨结构的徐变限值按设计文件规定。

(3)框构、旅客地道及涵洞，铺设有砟轨道，其工后沉降一般不应大于 100 mm，并与相邻路基地段协调。

对于无砟轨道桥梁结构按以下标准执行：

(1)墩台基础的沉降量按照恒载计算，对于静定结构须满足工后均匀沉降不大于 20 mm，相邻墩台沉降差不大于 5 mm 的要求，且不超过设计文件的规定；对于超静定结构，其相邻墩台沉降差除满足静定结构的规定外，还应根据沉降对结构产生的附加应力的影响确定。

(2)无砟轨道桥梁竖向残余徐变变形应符合下列规定：$L \leqslant 50$ m 时，竖向变形不应大于 10 mm；$L >$ 50 m 时，竖向变形不应大于 $L/5\ 000$ 且不大于 20 mm。

5. 变形观测技术要求

(1)观测点设置原则

基准点的间距不宜大于 400 m，基准点到桥址中线的距离宜为 100～200 m。当基准点的间距大于 400 m 时，宜在基准网的基础上加密设置工作基点。工作基点到桥址中线的距离宜为 50～100 m。

(2)桥墩(台)身观测标

观测点数量每墩(台)2 处，位于墩(台)身两侧。桥墩(台)标一般设置在墩(台)底高出地面或水位 1.0 m 左右。当墩(台)身较矮立尺较困难时，桥墩(台)观测标可降低或设置在对应墩(台)身埋标位置的顶帽上。特殊情况可按照确保观测精度、观测方便、利于测点保护的原则，确定相应的位置。桥墩(台)上的观测标的具体设置位置如图 4-3-568 和图 4-3-569 所示。

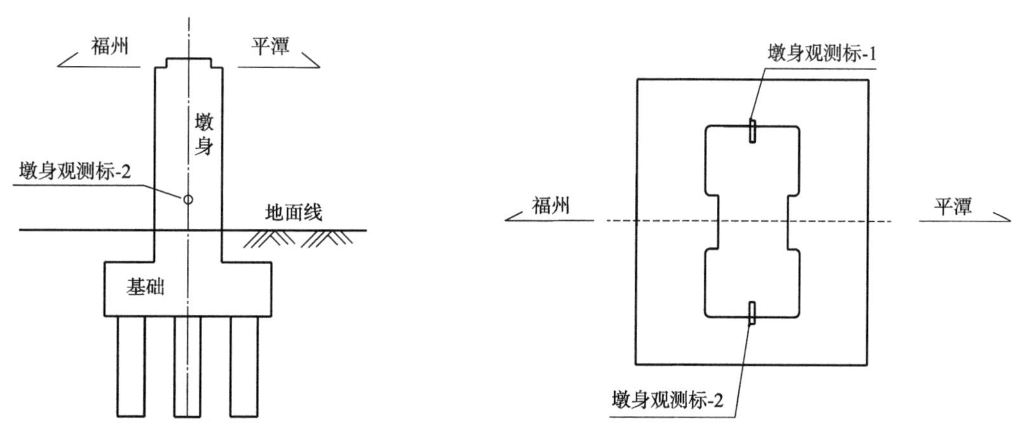

图 4-3-568　墩身观测标设置(墩身侧面)　　图 4-3-569　墩身观测标设置(基础平面)

特殊工点的桥梁墩台沉降观测可按需采用如下方案：

①低矮墩

若墩身很低，1 m 尺无法扶直观测，可以将观测标埋设在墩帽上，采用倒尺观测或者直接在上承台埋设观测标观测。墩高小于 1.5 m 的桥墩，不设墩身观测标，可采用承台观测标观测，当墩身施工结束基坑回填时用砖砌井保护或埋设 PVC 保护管。

②水中墩

水中墩承台在水面以下，无法准确观测，沉降观测从墩身施工完毕后开始。施工单位应根据实际情况，在编制变形观测作业指导书时应提出水中墩变形观测专门措施，经监理单位和评估单位认可后实施。

(3)桥梁梁部观测标

钢筋混凝土连续梁的观测标，当连续梁边跨跨长小于等于 80 m 时，分别在边跨支点及边跨 1/4 跨处设置观测标；当连续梁边跨跨长大于 80 m 时，在边跨跨中处增设一对观测标。当连续梁中跨跨长小于等于 80 m 时，分别在中跨支点、中跨跨中处设置观测标；当连续梁中跨大于 80 m 时，在中跨的 1/4 跨处增设两对观测标，如图 4-3-570～图 4-3-573 所示。

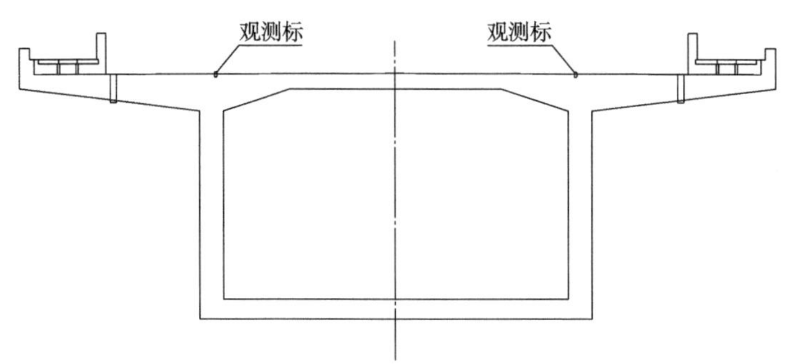

图 4-3-570　梁部测点横向布置示意图

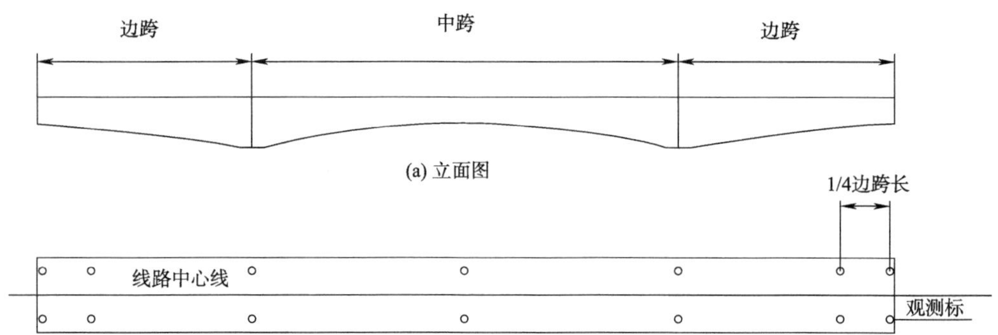

图 4-3-571　中跨跨长与边跨跨长均小于等于 80 m 连续梁观测标布置示意图

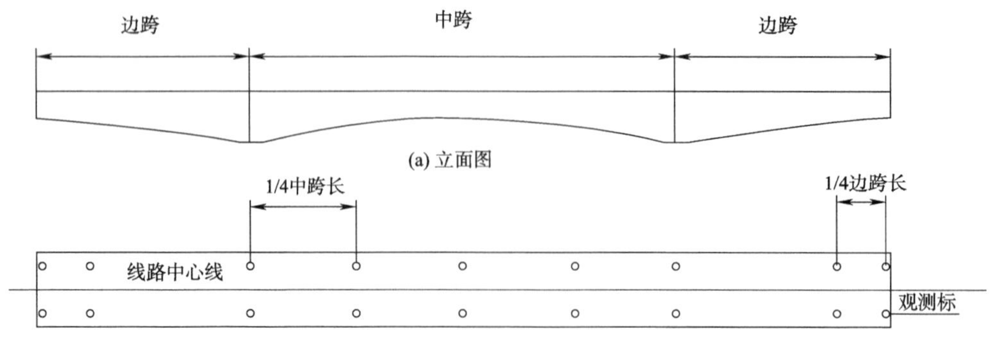

图 4-3-572　中跨跨长大于 80 m 且边跨跨长不大于 80 m 连续梁观测标布置示意图

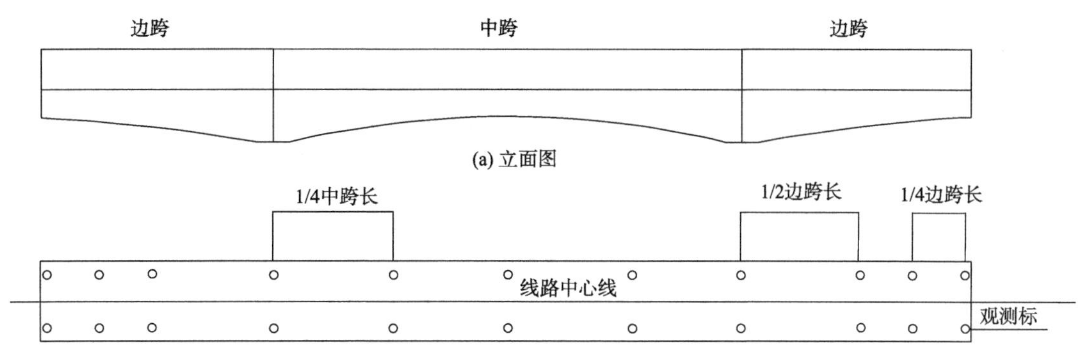

图 4-3-573 中跨跨长与边跨跨长均大于 80 m 连续梁观测标布置示意图

观测标构造：墩身沉降变形观测标，采用 ϕ14 mm 不锈钢螺栓，桥台观测标、梁体观测标、涵洞观测可参考承台观测标的墩身观测标设置。

观测方法：下部结构的沉降变形观测按照固定的观测路线和观测方法进行，观测路线必须形成附合或闭合路线，使用固定的工作基点对应沉降变形观测点进行观测。对于梁体的变形观测，每孔梁支点之间的梁体变形应以两支点的连线为基准线进行观测计算，由于下部结构沉降变形的影响，该基准线的位置会发生变化，梁体观测点至该基准线的垂直距离利用几何方法计算取得，垂直距离差值就是梁体变形量。

6. 观测资料要求

(1)桥梁梁体和墩台：桥涵基础沉降和梁体徐变变形的观测精度为±1 mm，读数取位至 0.1 mm。

(2)框构、旅客地道及涵洞：框构、涵洞的观测数据要求与桥墩台要求一致，参照桥墩台数据要求。

7. 观测频次

(1)梁体徐变变形观测

自梁体预应力张拉开始至轨道铺设前，应系统观测梁体的竖向变形。预应力张拉前为变形起始点，变形观测的阶段及频次要满足表 4-3-74 要求。

表 4-3-74 梁体徐变观测频次表

观测阶段	观测周期
预应力张拉期间	张拉前、后各 1 次
桥梁附属设施安装	1 次/周，要求安装前、后各 1 次
预应力张拉完成～轨道铺设前	张拉完成后第 1 天
	张拉完成后第 3 天
	张拉完成后第 5 天
	张拉完成后 1～3 个月，每 7 天为一测量周期
轨道铺设期间	1 次/天
轨道铺设完成后	0～3 个月每 1 个月为一测量周期
	4～24 个月每 3 个月为一测量周期

(2)墩台沉降观测

每个墩台从承台施工后，就要开始进行沉降首次观测，以后根据表 4-3-75 中要求的时间间隔进行观测。

表 4-3-75 墩台沉降观测频次表

观测阶段	观测频次		备　注
	观测期限	观测周期	
墩台施工完成			建立观测起始点

续上表

<table>
<tr><td rowspan="2">观测阶段</td><td colspan="3">观测频次</td><td rowspan="2">备　注</td></tr>
<tr><td colspan="2">观测期限</td><td>观测周期</td></tr>
<tr><td>墩台施工完成～桥梁架设前</td><td colspan="2">全程</td><td>1 次/周</td><td></td></tr>
<tr><td>桥梁架设期间</td><td colspan="2">全程</td><td>架梁前后各 1 次</td><td></td></tr>
<tr><td>桥梁架设前完成～轨道铺设前</td><td colspan="2">≥6 个月</td><td>1 次/周</td><td>岩石地基的桥梁一般不宜少于 2 个月</td></tr>
<tr><td>架桥机(梁运车)通过</td><td colspan="2">全程</td><td>通过前后各 1 次</td><td></td></tr>
<tr><td>轨道铺设期间</td><td colspan="2">全程</td><td>1 次/天</td><td></td></tr>
<tr><td rowspan="3">轨道铺设完成后</td><td rowspan="3">24 个月</td><td>0～3 个月</td><td>1 次/月</td><td rowspan="3">工后沉降长期观测</td></tr>
<tr><td>4～12 个月</td><td>1 次/3 个月</td></tr>
<tr><td>13～24 个月</td><td>1 次/6 个月</td></tr>
<tr><td>运营期间</td><td colspan="3">根据稳定情况确定观测频次</td><td></td></tr>
</table>

注:测试梁体变形时,应尽量保证环境条件类似以消除温度变形的影响,同时记录环境温度及天气日照情况。

8. 桥涵工程沉降评估标准

(1)根据桥涵实际荷载情况及观测数据,应作多个阶段的回归分析及预测,综合确定沉降变形的趋势,曲线回归的相关系数应不低于 0.92。首次回归分析时,观测期不应少于桥涵主体工程完工后 3 个月,对于岩石地基等良好地质的桥涵不应少于 1 个月。

(2)墩台基础的沉降量按照恒载计算,其工后沉降量不应超过下列允许值:对于无砟轨道桥面,墩台的均匀沉降量不大于 20 mm;对于有砟轨道桥面,墩台的均匀沉降量不大于 50 mm。

(3)静定结构相邻墩台沉降量之差要求:对于无砟桥面桥梁不大于 5 mm;对于有砟桥面桥梁不大于 20 mm。超静定结构相邻墩台沉降量之差除应满足上述规定外,尚应根据沉降差对结构产生的附加应力的影响确定。

(4)框架、旅客地道及涵洞,在铺设无砟轨道时其工后沉降量不应大于 15 mm;铺设有砟轨道时,其工后沉降不应大于 100 mm,并与相邻路基地段协调。

(5)处于岩石地基等良好地质的桥涵,当墩台沉降值趋于稳定且设计及实测沉降总量不大于 5 mm 时,可判定沉降满足轨道铺设条件。

(6)设计预测的总沉降量与通过实测资料预测的总沉降量之差值不宜大于 10 mm。

(7)利用两次回归结果预测的最终沉降的差值不应大于 8 mm。两次预测的时间间隔一般不少于 3 个月,对于岩石地基等良好地质的桥涵不应少于 1 个月。

(8)桥梁主体结构完工至轨道铺设前,沉降预测的时间应满足以下条件:

$$\frac{s(t)}{s(t=\infty)} \geqslant 75\%$$

式中　$s(t)$——预测时的沉降观测值;

$s(t=\infty)$——预测的最终沉降值。

(9)无砟轨道预应力混凝土桥梁上部结构的徐变变形应符合以下规定:$L \leqslant 50$ m 时,竖向变形不应大于 10 mm;$L > 50$ m 时,竖向变形不应大于 $L/5\,000$ 且不大于 20 mm。

(10)对于有砟轨道桥面,预应力混凝土梁的竖向残余徐变变形不应大于 20 mm。

第十一节　新材料、新结构、新设备、新工艺的应用及效果

平潭海峡公铁两用大桥建造历经 7 年时间,通过科研、创新、攻关克服了季风、台风、大浪等恶劣海况,攻克了风大、水深、浪高、流急及海底裸岩、斜岩、球状风化花岗岩、埋入孤石层等特殊海洋环境施工技术难题,顺利完成了在“建桥禁区”建造大桥的施工任务,取得了多项技术创新成果,见表 4-3-76。

1. 新材料、新结构、新设备、新工艺

(1)新材料

首次在公铁两用大桥中采用标准强度为 1 860 MPa 的锌—铝合金镀层高强度低松弛钢丝；简支钢桁梁铁路结合面上采用不锈钢复合钢板；航道桥主塔采用直径 40 mm 的 HRB400 级螺纹钢筋。

(2)新结构

大桥为公路、铁路、水路、电路四通道集成的多功能桥梁结构。简支钢桁梁采用公路和铁路双层钢—混结合梁结构；曲线钢桁梁采用超高设计新构造；通航孔斜拉桥采用带副桁的适应公路铁路桥面不等宽度的节段拼装式主梁；斜拉桥采用了钢围堰＋复合材料组合的新型防船撞结构；斜拉桥主墩采用了 ϕ4.5 m 大直径钻孔桩基础；大直径钻孔桩采用多层集束式钢筋笼结构；3 200 t 多功能无级绳圈钢桁架采用组合结构钢桁梁吊具。

(3)新设备

研制了 KTY5000 型 45T-m 动力头旋转钻机；研制了大直径截锥形三瓣组合式滚刀钻头；研制了吊高 110 m、吊重 3 600 t 的大型起重船；研制了吊重 1 100 t 的架梁吊机；采用 IHC-800 型液压冲击锤；采用全封闭液压爬模设备；公路现浇梁施工采用可以纵横移动新型移动模架；箱梁底模二次移动过孔采用上行式新型移动模架；高抗风采用等级 D1100-63V 新型塔式起重机；钢桁梁桥采用可旋转连续过墩过缝的检查小车。

(4)新工艺

ϕ4.5 m 钻孔桩一次成孔成桩工艺；承台系梁无支撑桩不封底承台施工工艺；深水无覆盖层大型施工平台建造施工工艺；整孔钢桁梁全焊工艺及架设工艺；两节间钢桁梁节段全焊、整节段架设工艺；简支钢桁梁上弦杆预压工艺；斜拉桥主塔拉索锚固区低回缩夹片式锚具预应力施工工艺；大风环境下大型构件(导管架、整体围堰、支架、钢桁梁)及施工设施(200 t 龙门式起重机、移动模架、1 100 t 架梁吊机)整体吊装工艺；倾斜岩面、孤石等复杂地质条件下护筒插打埋设工艺；斜拉桥钢梁大悬臂架设抗风技术；复杂海域钢梁架设吊点快速安装新技术；自主研发大直径冲击钻头及帷幕注浆、模袋围堰等技术；在深水基础施工中实测动水压力，对规范动水压力公式进行修正等。

表 4-3-76　新材料、新结构及新设备统计表

序号	类　型	名　称	备　注
1	新材料	航道桥 1 860 MPa 斜拉索	斜拉桥主索
2		Q370qD 桥梁钢板	80 m(88 m)简支钢梁和斜拉桥主梁
3		不锈钢 316L(复合钢板)	在 80 m(88 m)简支钢梁铁路横梁顶板上采用
4		直径 40 mm 的 HRB400 级螺纹钢筋	超大直径钻孔桩、主塔中采用
5		C45 水下混凝土	超大直径钻孔桩中采用
6	新结构	大桥 1 号桁梁	在栈桥工程中使用，最大跨越能力达 36 m
7		钢＋复合材料新型防撞结构	航道桥防撞结构
8		双层钢—混结合梁结构	简支钢桁梁
9		多功能桥梁结构	公路、铁路、水路、电路四通道集成
10		LUMIFLON 氟树脂	全桥钢桁梁涂装，适合重度腐蚀海洋环境，设计防腐达 25 年
11		钢桁架组合结构钢桁梁吊具	3 200 t 多功能无级绳圈
12		Q355NHD 耐候钢索导管	运用在斜拉桥
13	新设备	KTY5000 型钻机	钻大钻孔直径达 5 m，钻孔深度 110 m
14		一种截锥形三瓣组合式滚刀钻头	刀盘采用三瓣组合式结构，钻头锥面处采用罐式刀座，减少了刀座非正常损坏机率，提高孔底泥浆的流速，利于岩渣迅速排出孔外，减少岩渣二次重复破碎的机率
15		IHC-S800 液压冲击锤	最大冲击能量达 800 kJ，能插打直径 3～5 m 护筒

续上表

序号	类　型	名　称	备　注
16	新设备	D1100-63 塔式起重机及附墙	工作状态下满足 7 级风正常作业，非工作状态下满足 14 级风施工要求，最大吊重 63 t，最大吊具 60 m
17		全封闭液压抗风型爬模设备	爬模架体外侧采用冲孔钢板网全封闭进行防风，7 级风下正常爬升，8 级风下正常施工，能抵抗 14 级台风
18		海鸥号 3 600 起重船	最大吊重 3 600 t，最大吊高 110 m
19		1 100 t 架梁起重机	航道桥钢桁梁悬臂架设，设计最大起重 1 100 t
20		70 t 铁路槽梁提架一体化设备	简支钢桁梁铁路槽型梁架设，具备提梁、架梁功能
21		可纵横移动新型造桥机	满足双向走行、横移、边跨径施工，具备 7 级风走行，8 级风混凝土梁施工能力
22		SUNUP1-200 海水淡化设备	系统设计产水水量为 200 m^3/d。海水淡化产水水质符合《生活饮用水卫生标准》和《混凝土用水标准》
23		埋置式组合平台	解决了深海裸岩区抗台风、抗涌浪、抗波流力的水上作业难题
24		双孔连做节段拼装造桥机	有效解决了大风条件下公铁合建桥施工干扰、造桥机过孔安全等难题，提高了工效，保证工程进度、质量、安全

2. 推广应用技术

平潭海峡公铁大桥为我国首座跨海峡公铁两用大桥，在世界上首次在桥梁基础中采用 4.5 m 超大直径钻孔桩基础，钢桁梁斜拉桥两节间全焊接钢桁梁结构、88 m 跨整孔全焊接钢桁组合梁结构均为国内第一次采用。为攻克复杂海域海峡大桥建设技术难关，开展了“跨复杂海域公铁两用大桥施工关键技术研究”等科研课题，进行了一系列技术创新：海峡环境桥梁深水基础建造技术，常遇大风环境下高塔施工技术，钢桁梁整体全焊建造技术，海峡桥梁安全运营保障技术。科技创新成果均在平潭海峡公铁两用大桥施工过程中得到了良好的应用，使平潭海峡公铁大桥成为体现中国“智造”的世界级桥梁。

第四章 隧道工程

全线隧道除明洞段采用明洞整体式衬砌外，其余均采用复合式衬砌。Ⅲ～Ⅴ级围岩采用曲墙式带仰拱衬砌，Ⅱ级围岩采用带钢筋混凝土底板的曲墙式衬砌；Ⅲ级围岩段采用台阶法施工，Ⅳ、Ⅴ级围岩深埋段采用三台阶法施工，Ⅴ级围岩浅埋段采用三台阶设临时仰拱、预留核心土或CD法施工，下穿重要建筑物和沉降有严格要求的隧道段可采用双侧壁导坑法施工。严格控制双侧壁法、CD法施工段落，尽量减少不同工法之间的转换。

第一节 一般隧道施工

一、洞身开挖

本线工程各隧道洞身段开挖方法主要包括明挖法、全断面法、台阶法、四部CD法及三台阶临时仰拱法。如图4-4-1所示为洞身开挖主要施工工艺。

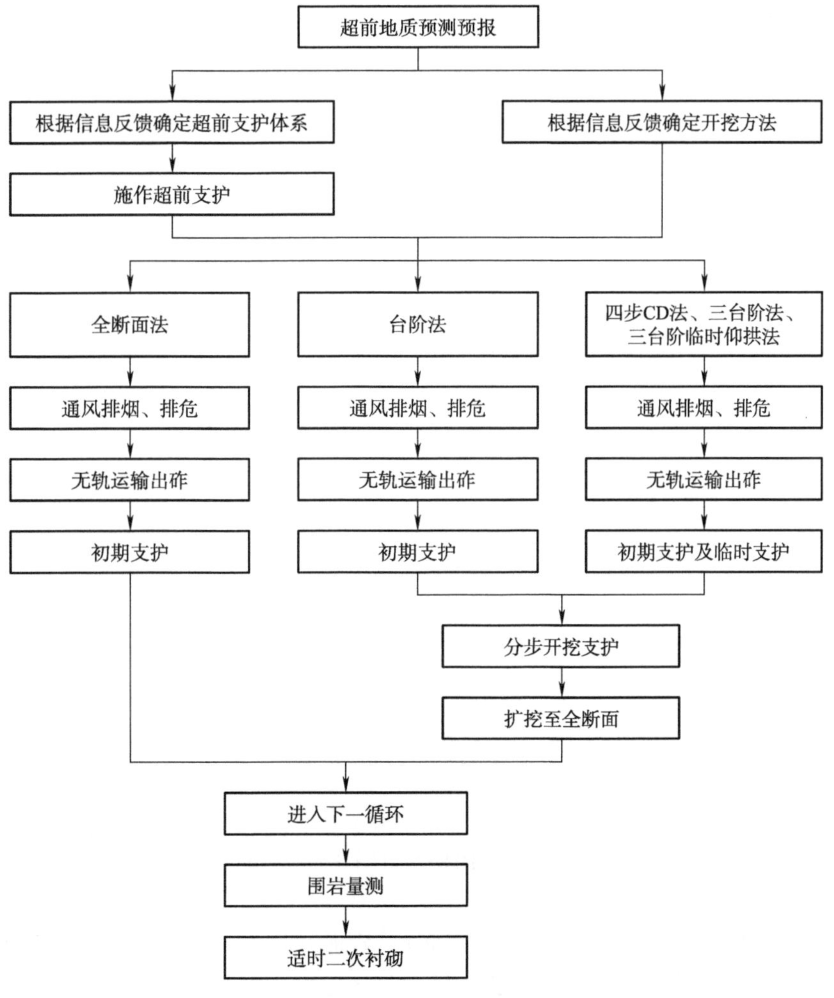

图4-4-1 隧道断面开挖施工工艺流程图

二、超前及初期支护

超前支护体系及初期支护体系见表 4-4-1。

表 4-4-1 超前支护体系

超前支护	超前小导管采用 ϕ42 mm,壁厚 3.5 mm
	大管棚采用 ϕ108 mm、ϕ89 mm 无缝钢管,壁厚 6 mm
初期支护	初期支护在开挖完成后及时施工,紧跟开挖面
	采用带排气装置的 ϕ22 中空组合锚杆,边墙及临时支护锚杆采用 ϕ22 全长黏结型砂浆锚杆,锚杆均应设置钢垫板,垫板尺寸 150 mm×150 mm×6 mm
	喷射混凝土采用 C25 喷射混凝土,且 24 h 强度不低于 10 MPa
	钢架采用型钢钢架和格栅钢架

1. 超前长管棚注浆预支护

超前长管棚注浆预支护分为洞口长管棚超前支护及洞内长管棚超前支护。

(1)洞口长管棚超前支护

洞口段设计拱部采用 ϕ108 mm 轧无缝钢管超前长管棚注浆预支护,初期支护采用工字钢钢架加强,长管棚长 15 m,导向墙采用 C20 混凝土,截面尺寸 1 m×1 m。为保证长管棚施工精度,导向墙内设 2 榀 I18 工字钢架,钢架外缘设 ϕ140 mm×5 mm 导向钢管。洞口长管棚布置示意如图 4-4-2 所示。

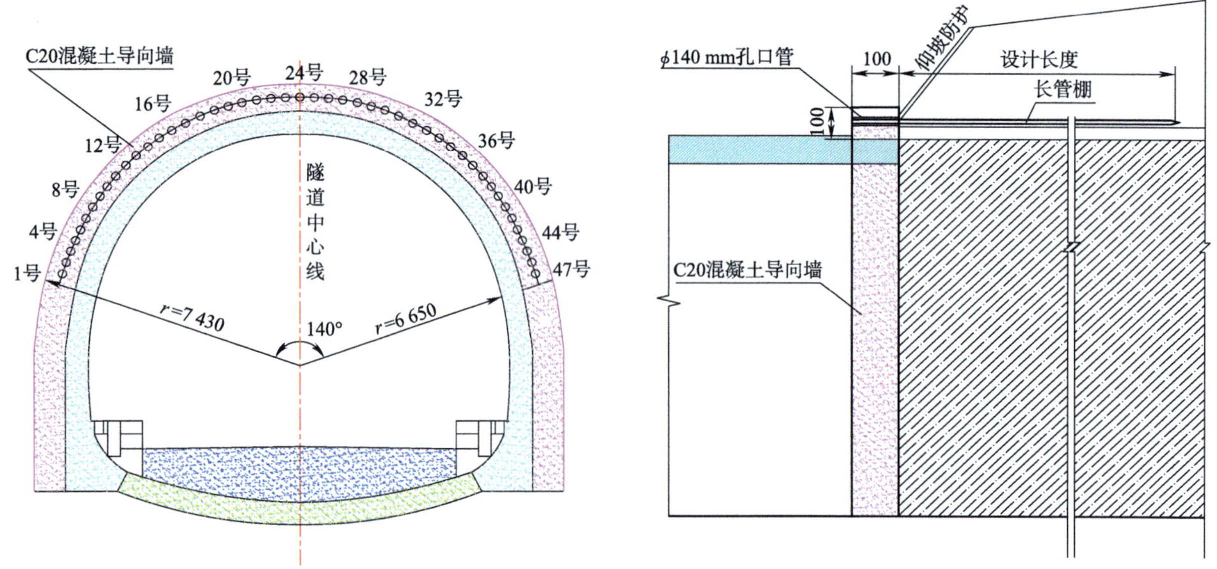

图 4-4-2 洞口长管棚超前支护示意图(单位:mm)

洞口长管棚在现场加工制作,汽车运输到工作面;长管棚采用管棚钻机施工,利用套管(长管)跟进的方法钻进、长管安装一次完成;利用专用高压注浆泵注浆。洞口长管棚施工工艺流程如图 4-4-3 所示。

(2)洞内长管棚超前支护

为确保隧道内施工安全,控制沉降和变形,采用超前长管棚注浆预支护。长管棚采用 ϕ75 mm,壁厚 4.5 mm 热轧无缝钢管超前长管棚注浆预支护,初期支护采用钢架加强,长管棚长 25 m,按一环布置,丝扣连接。

洞身长管棚在现场加工制作,汽车运输到工作面;长管棚采用管棚钻机施工,分节安装,丝扣连接,清孔后,长管一次安装完成;利用专用高压注浆泵注浆。洞身超前长管棚施工工艺如图 4-4-4 所示。

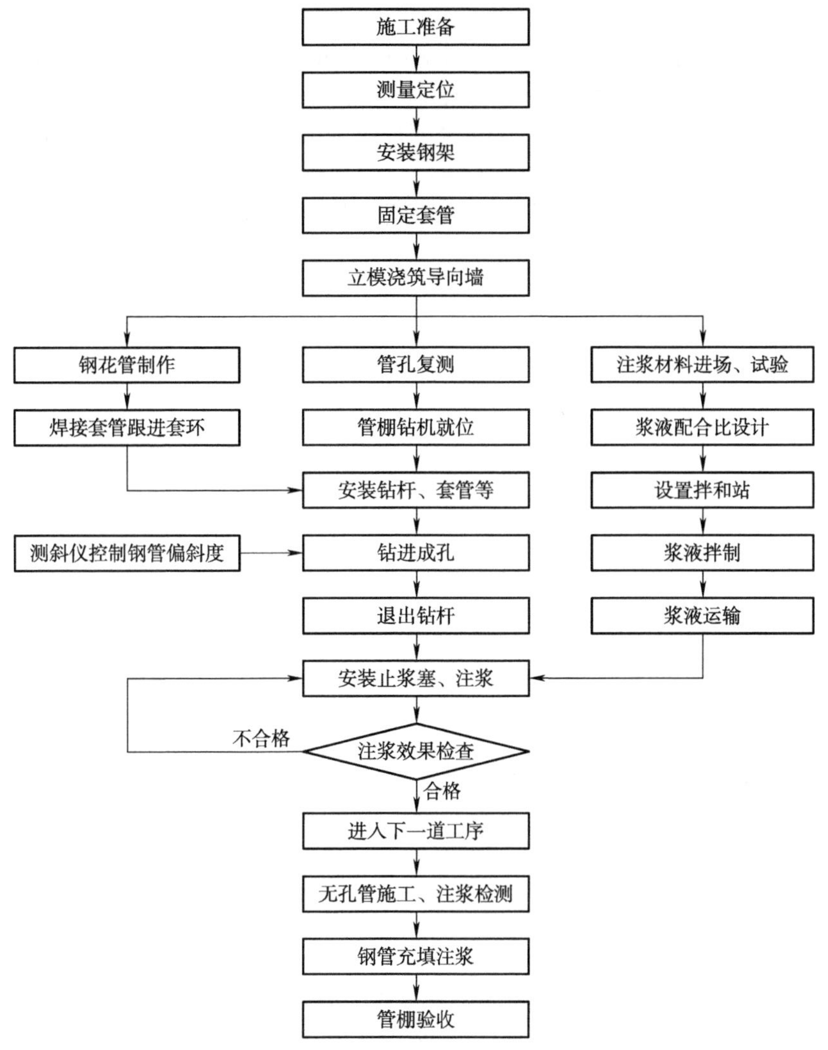

图 4-4-3 洞口长管棚施工工艺流程图

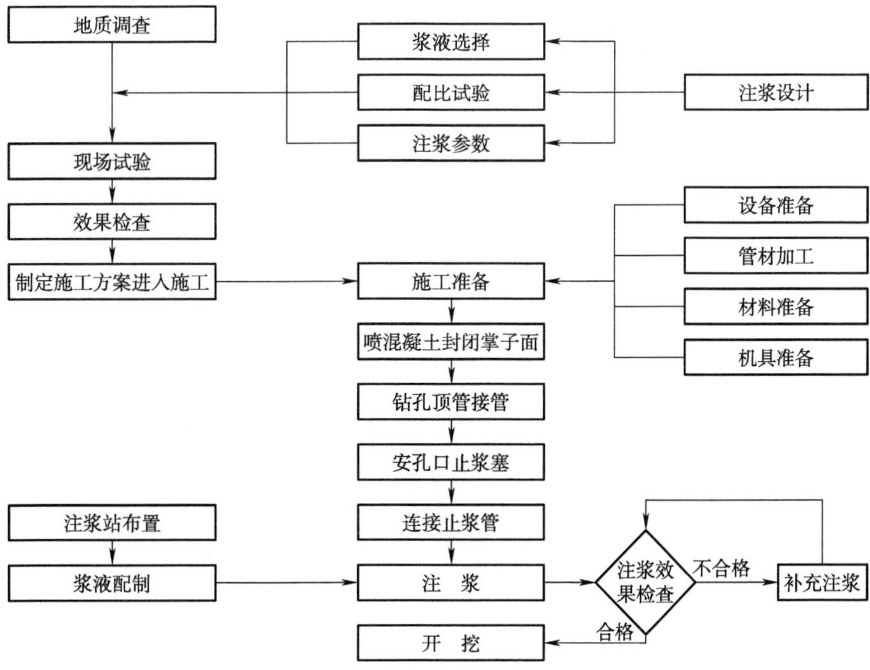

图 4-4-4 洞身超前长管棚施工工艺流程图

(3)管棚设计参数

长管棚为热轧无缝钢管,管径分为外径 89 mm 和 108 mm 两种。其中大管棚主要用于隧道洞口浅埋段。注浆孔采用钢花管,钢花管上钻注浆孔,孔径 10～16 mm,呈梅花形布置,尾部留不钻孔的止浆段 150 cm;检查孔采用无缝钢管。钢花管接头两端均预加工成外丝扣连接,同一断面内接头数量不超过总钢管数的 50%。

环向间距 40 cm。外插角为 1°左右,具体可根据实际情况做调整。钢管施工误差径向不大于 20 cm,相邻钢管之间环向不大于 10 cm。

(4)注浆

水泥浆液水灰比为 1∶1(重量比),注浆压力 0.5～3.0 MPa。注浆前进行现场注浆试验,根据实际情况调整注浆参数,取得管棚注浆施工经验。注浆结束后用 M10 水泥砂浆充填钢管,以增强管棚强度。单根钢花管的注浆量按下式估算:

$$Q=\pi R_k^2 L\eta\zeta$$

式中 R_k——浆液扩散半径,取 $R_k=0.6L_0$,L_0 为注浆钢花管的间距;

L——钢花管长;

η——围岩孔隙率;

ζ——注浆饱满系数,取 0.85。

注浆按钢管施钻顺序从下而上叠加进行,压力逐渐由小加大。

(5)施工注意事项

管棚为超前支护,在隧道暗洞开挖之前完成;先施作注浆孔,后施作检查孔。注浆孔注浆完成后,再与注浆孔同法打设检查孔钢管,以检查注浆孔的注浆质量,最后将检查孔钢管内注入水泥砂浆封堵密实。

洞口长管棚施工前,严格按设计要求施工长管棚导向墙,测量定位准确预埋套管,并用测斜仪控制钢套管的倾斜度,利用导向墙控制长管棚倾斜度;同时,钻进过程中利用测斜仪检查长管棚钢管的倾斜度,并做好每个钻孔地质及钻进长度记录。洞身长管棚按设计位置施工,运用测斜仪进行钻孔偏斜度测量,严格控制管棚打设方向,并做好每个钻孔地质记录。

为保证长管棚支护效果,严格按设计控制管棚的外插角,尽量减小外插角,同时防止长管棚侵入开挖净空,降低管棚超前支护的效率,并给开挖带来困难,洞内管棚尾段与钢架焊接,形成共同支护体系,提高支护效率。管棚施工时,对钢管主要材料进行材质检验。遵守隧道施工技术安全规则和钻眼注浆作业操作规则。

2. 超前小导管注浆加固支护

采用现场加工小导管,喷射混凝土封闭岩面,使用液压钻孔台车或凿岩机钻孔并将小导管打入岩层,注浆泵压注水泥浆。超前小导管布置示意如图 4-4-5 所示。

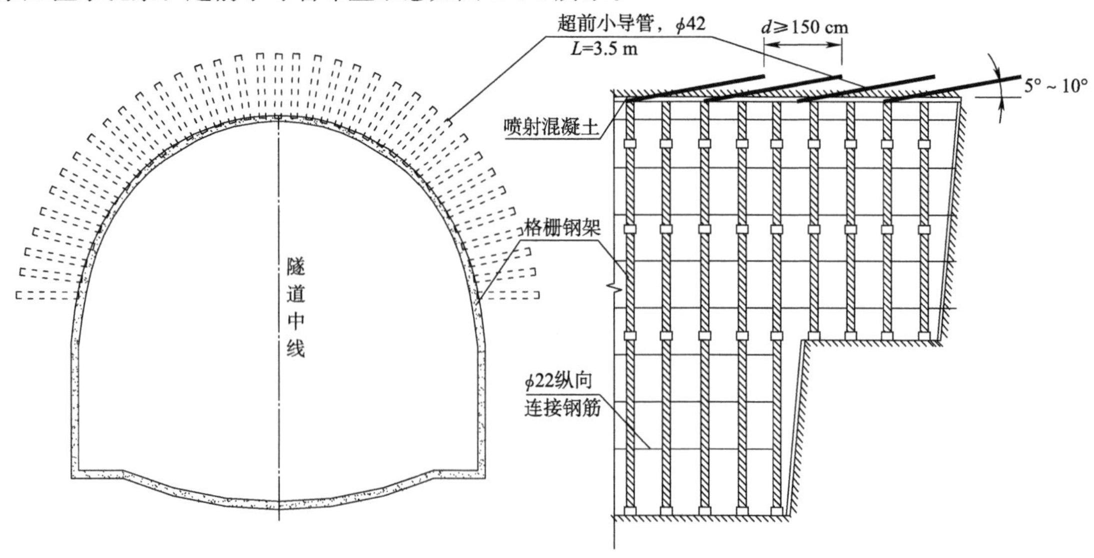

图 4-4-5 超前小导管布置示意图

现场加工小钢管，喷射混凝土封闭岩面，使用钻孔台车或风动凿岩机钻孔，并用钻孔台车或风动凿岩机的顶推力将小导管推送入孔，测斜仪控制钻孔角度，注浆泵压注水泥浆。超前小导管注浆加固支护施工工艺如图 4-4-6 所示。

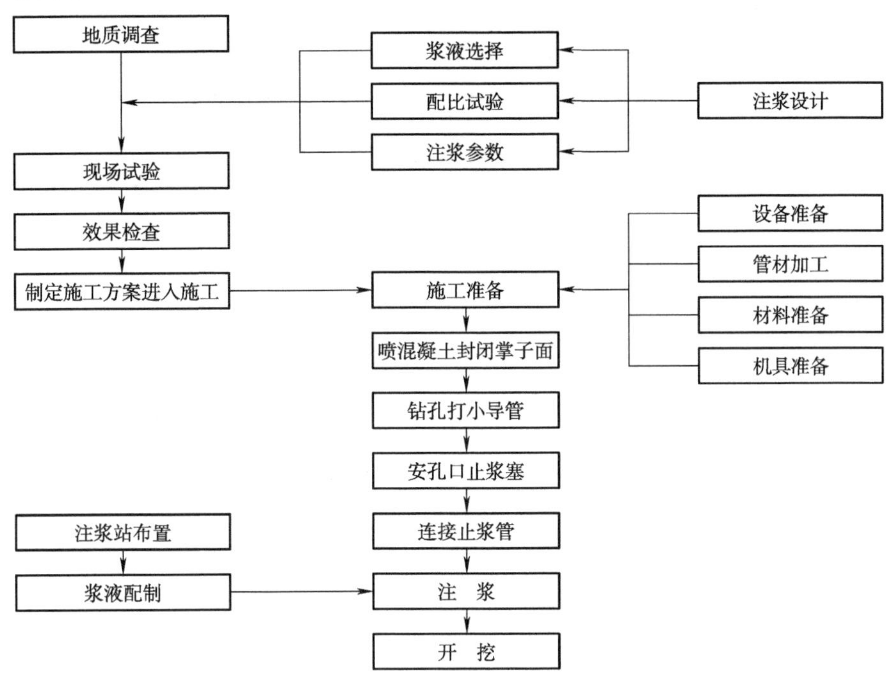

图 4-4-6　超前小导管施工工艺流程图

3. 系统锚杆

(1)砂浆锚杆

砂浆锚杆采用风动凿岩机成孔，先注后插工艺安装锚杆，测斜仪控制锚杆孔道倾角，注浆采用专用注浆泵施工。施工中严格按照如下顺序进行：清理开挖面→设置锚杆孔→清孔→注浆→放入锚杆→安装端头垫板。砂浆锚杆施工工艺流程如图 4-4-7 所示。

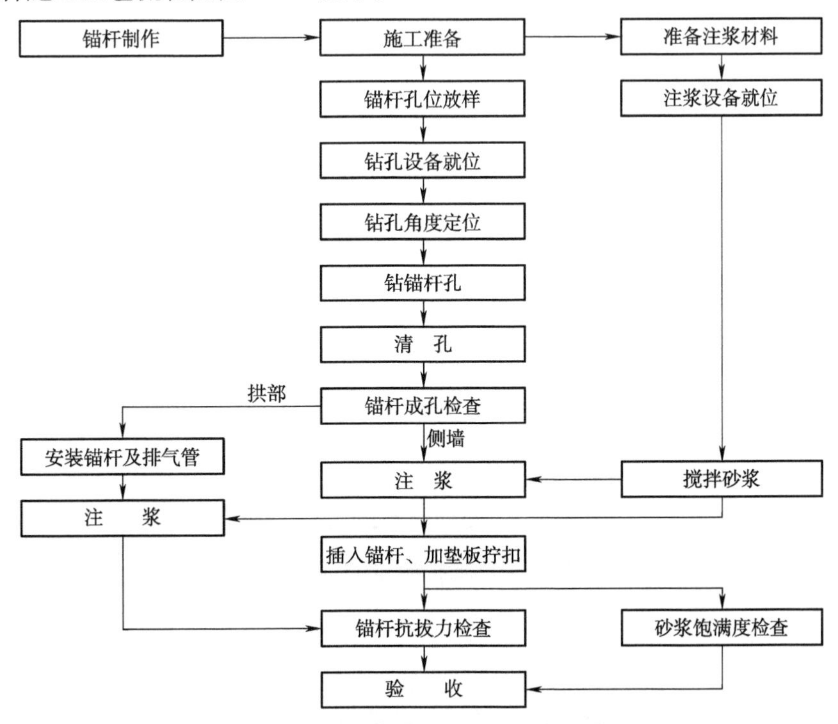

图 4-4-7　砂浆锚杆施工工艺流程图

(2)中空注浆锚杆

中空注浆锚杆在专业厂家购买,采用锚杆钻机钻孔,液压平台辅助人工安装,专用高压注浆泵注浆。中空锚杆结构及施工工艺如图 4-4-8 和图 4-4-9 所示。

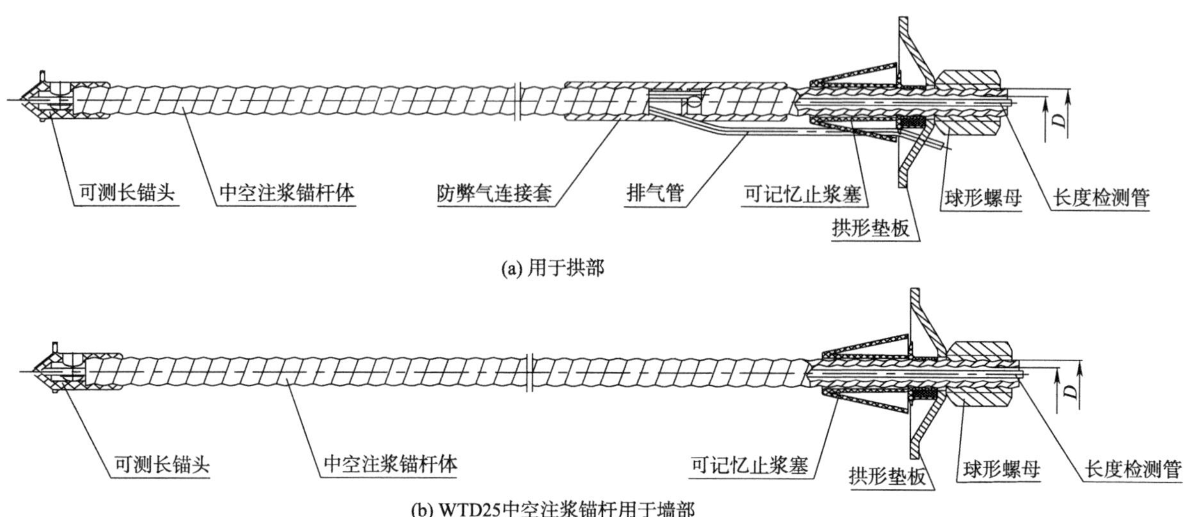

图 4-4-8 中空锚杆结构示意图

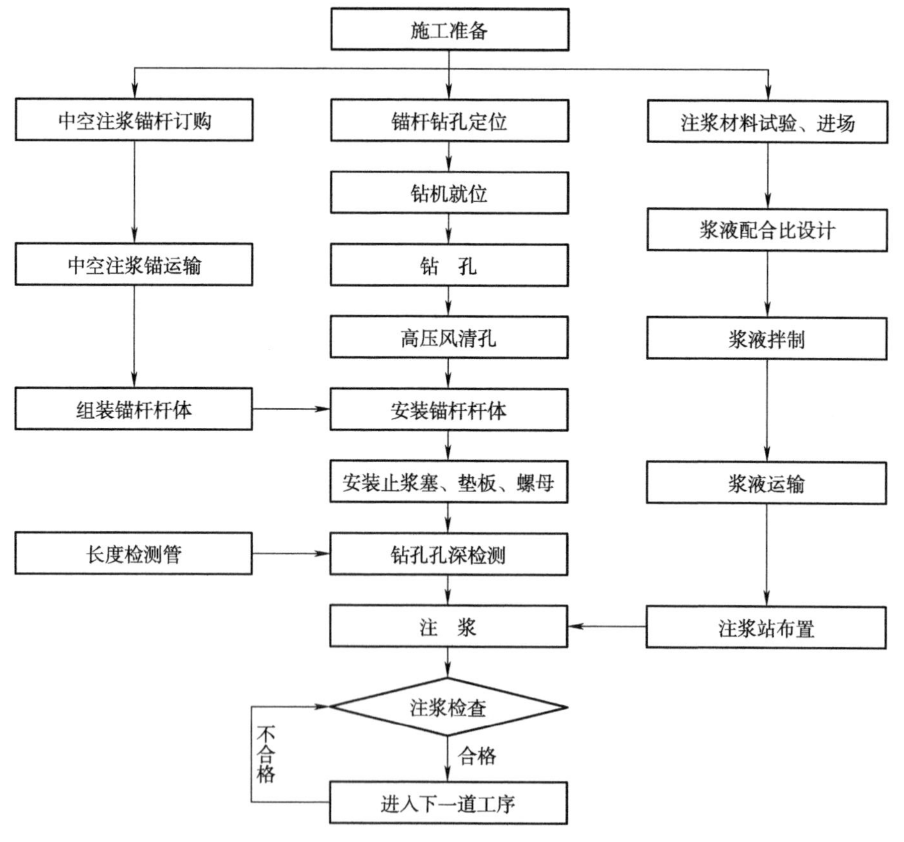

图 4-4-9 中空注浆锚杆施工工艺流程图

三、二 次 衬 砌

衬砌采用 12 m 长液压钢模整体衬砌台车,绝缘、非绝缘下锚段的衬砌台车在前者结构的基础上增加一侧钢模板和底部调节模板，一并在工厂制造运至现场使用。综合洞室二次衬砌采用大块弧形钢模衬砌台架，拱墙一次模筑成型。混凝土由拌和站集中拌和，混凝土输送车运输，泵送入模灌注施工，振动振捣密实。衬砌施工工艺如图 4-4-10 所示。

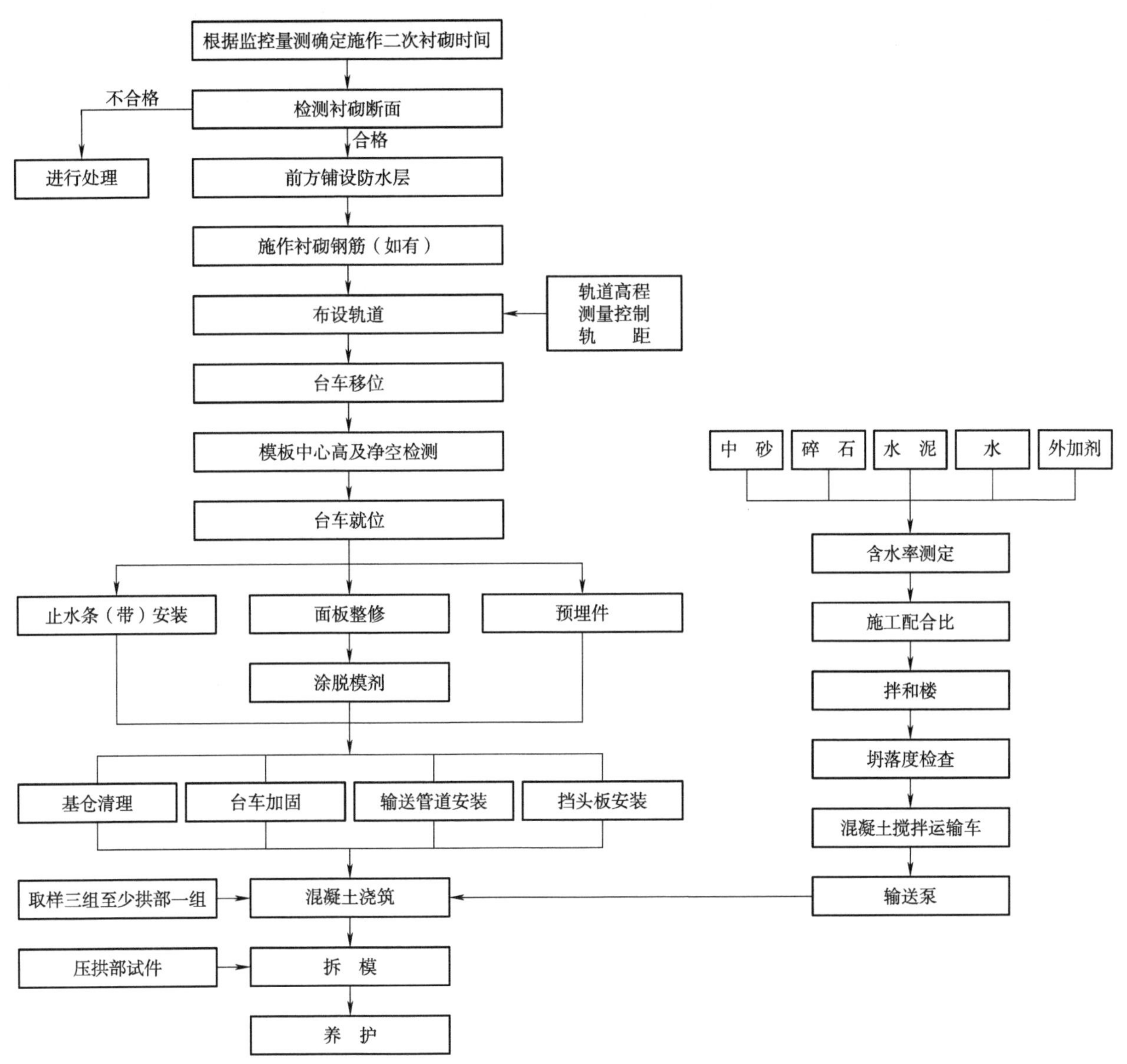

图 4-4-10　衬砌施工工艺流程图

四、施工辅助作业

隧道施工过程中施工辅助作业包括供风、供水、排水、供电与照明、洞内管线布置、施工通风等根据现场实际条件按规范设置。

第二节　长大、重难点隧道施工

一、新苔井山隧道

新苔井山隧道位于福建省福州市，隧址区起于福建省福州市火车站东南，止于福州市机务段生活区，为还建沿海铁路的联络线，两条单线隧道满足双层集装箱通行能力，隧道内轨顶面净空横断面面积为

41.21 m^2。新苔井山左、右线隧道与既有温福铁路福州枢纽苔井山隧道并行，分列于既有隧道两侧。

左线隧道位于三环市政公路和福州枢纽苔井山隧道之间，隧道结构距离左侧三环线公路隧道（三车道）最近处净距约 23 m，隧道结构距既有温福铁路苔井山隧道（双线）最近处净距约 11.5 m。隧道起讫里程为 XLDK0＋970～XLDK3＋213，全长 2 243 m，隧道最大埋深约 78.7 m。隧道进口采用斜切式洞门，洞口里程 XLDK0＋970；出口采用斜切式洞门，洞口里程 XLDK3＋213。

右线隧道位于福州枢纽苔井山隧道右侧，隧道结构距离既有温福铁路苔井山隧道（双线）最近处净距约 8.3 m。隧道起讫里程为 SLDK0＋965～SLDK3＋260，全长 2 295 m，隧道最大埋深约 70 m。隧道进口采用斜切式洞门，洞口里程 SLDK0＋965；出口采用斜切式洞门，洞口里程 SLDK3＋260。

1. 施工组织及进度计划

(1)新苔井山隧道左线

新苔井山隧道左线共分 3 个工区施工：进口工区、出口工区、明挖工区。施工作业面如图 4-4-11 所示。

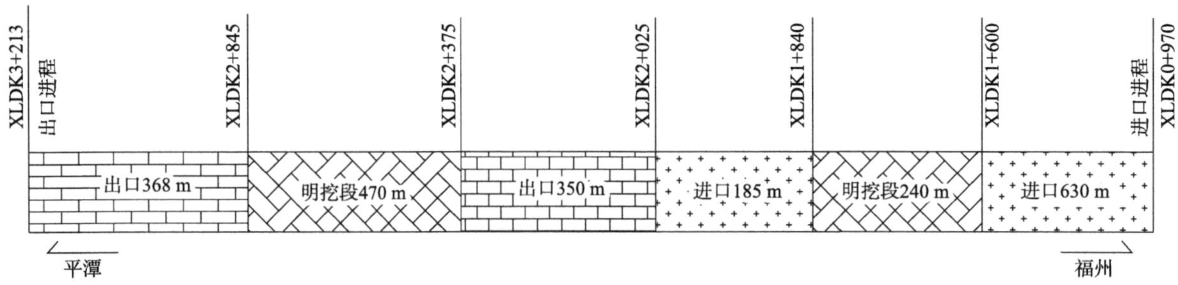

图 4-4-11　施工作业面示意图

左线总工期共 36 个月，自 2013 年 11 月 1 日～2016 年 10 月 31 日，其中施工准备 6 个月，土建施工工期（含开挖、二次衬砌及附属工程）30 个月，综合进度指标见表 4-4-2。各作业面工期统计见表 4-4-3。施工进度横道见表 4-4-4。

表 4-4-2　综合进度指标表（包括开挖及衬砌进度）

围岩级别	单线正洞	备　注
Ⅳ级围岩	40 m/月	综合进度
Ⅴ级围岩	25 m/月	综合进度

表 4-4-3　分工区工期统计表

工　区	进口工区				明挖段工区				出口工区			
围岩级别	Ⅱ	Ⅲ	Ⅳ	Ⅴ	Ⅱ	Ⅲ	Ⅳ	Ⅴ	Ⅱ	Ⅲ	Ⅳ	Ⅴ
长　度	0	0	260 m	555 m	0	0	0	718 m	0	0	0	710 m
工　期	开始时间：2014 年 5 月 1 日 结束时间：2016 年 10 月 31 日 工期：30 个月				开始时间：2014 年 5 月 1 日 结束时间：2016 年 5 月 31 日 工期：24 个月				开始时间：2014 年 5 月 1 日 结束时间：2016 年 10 月 31 日 工期：30 个月			

说明：施工准备 6 个月，2013 年 11 月 1 日～2014 年 4 月 30 日。

表 4-4-4　新苔井山左线隧道施工进度横道图

项目名称	2013 年	2014 年				2015 年				2016 年			
		1	2	3	4	1	2	3	4	1	2	3	4
施工准备	——	——											
进口工区			——	——	——	——	——	——	——	——	——	——	
出口工区			——	——	——	——	——	——	——	——	——	——	
明挖工区			——	——	——	——	——	——	——	——			

(2)新苔井山隧道右线

新苔井山隧道右线共分 3 个工区施工:进口工区、出口工区、明挖工区。施工作业面如图 4-4-12 所示。

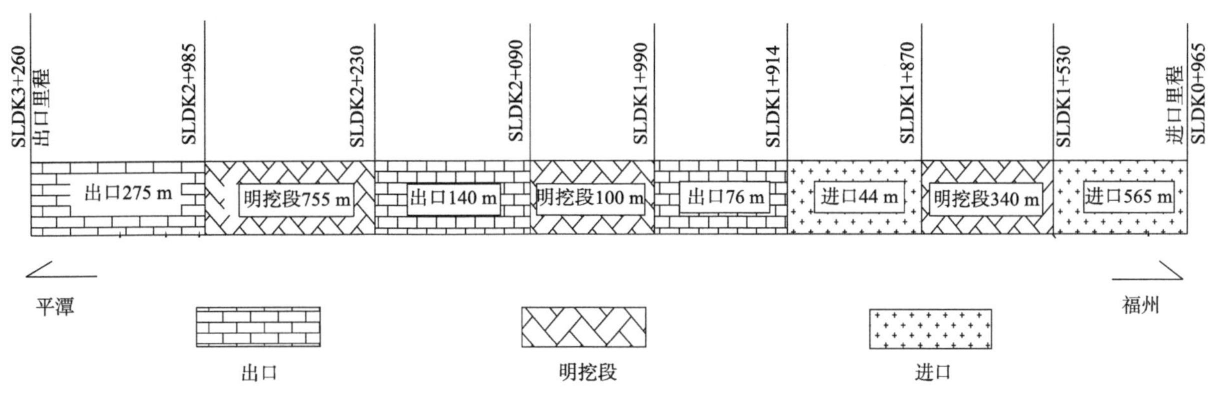

图 4-4-12　施工作业面示意图

右线总工期共 29 个月,其中施工准备 6 个月,土建施工工期(含开挖、二次衬砌及附属工程)23 个月,综合进度指标同左线。各作业面施工持续时间及任务划分见表 4-4-5。施工进度横道图见表 4-4-6。

表 4-4-5　分工区工期统计表

工　区	进口工区				明挖段工区				出口工区			
围岩级别	Ⅱ	Ⅲ	Ⅳ	Ⅴ	Ⅱ	Ⅲ	Ⅳ	Ⅴ	Ⅱ	Ⅲ	Ⅳ	Ⅴ
长　度	0	0	350	259	0	0	0	491	0	0	0	1 195
工　期	开始时间:2014 年 5 月 1 日 结束时间:2016 年 2 月 28 日 工期:23 个月				开始时间:2014 年 5 月 1 日 结束时间:2016 年 2 月 28 日 工期:23 个月				开始时间:2014 年 5 月 1 日 结束时间:2016 年 2 月 28 日 工期:23 个月			

注:施工准备 6 个月,2013 年 11 月 1 日～2014 年 4 月 30 日。

表 4-4-6　新苔井山右线隧道施工进度横道图

项目名称	2013 年	2014 年				2015 年				2016 年			
	4	1	2	3	4	1	2	3	4	1	2	3	4
施工准备	——	——											
进口工区			——	——	——	——	——	——	——				
出口工区			——	——	——	——	——	——	——				
明挖工区			——	——	——	——	——	——	——				

2. 主要施工方案

隧道大部分采用暗挖法施工,隧道暗挖段按喷锚砌筑法原理组织施工,主要采用短台阶法和台阶法光面爆破及湿喷技术。部分浅埋段采用基坑围护明挖法施工。二次衬砌采用整体式模板台车、泵送混凝土浇筑,仰拱先期施作并整体灌注。

3. 工程重难点及主要技术措施

(1)全隧道城市复杂环境

新苔井山左、右线隧道处于福州市区,隧道周边环境复杂,地表及地下近邻公路、铁路、建筑、沟渠、管线等众多建(构)筑物。隧道浅埋段长且围岩软弱,隧道施工对既有建构筑物可能造成影响。采取以下技术措施进行处理:隧道开工前,应对红线范围内的建(构)筑物及管线进行迁改或采取足够的安全防护措施;对无法迁改,但可能影响到的目标进行充分调查,探明现状,并在施工过程中列入监控范围。如在施工过程中，发现产生明显影响预兆，及时通知相关单位处理。因处在复杂环境中，新建隧道应采用精准控制爆破技术进行开挖，短进尺、多台阶进行开挖，爆破应采用浅钻孔、密布眼、少装药、间隔微差起爆等措施，降低爆破振动对周边地上地下既有建筑物及设备的影响。

(2)既有铁路隧道防护与监测

新苔井山左、右线隧道均全线近接福州枢纽既有苔井山隧道，左线隧道在 XLDK1＋170 附近距既有线隧道最近，结构净距约 11.5 m，右线隧道在 SLDK1＋970 附近距既有线最近，结构净距约 8.3 m；左线最大净距约 25 m，右线最大净距约 30 m。新建隧道与既有隧道线位基本等高，局部略有 1～2m 高差。采取以下技术措施进行处理：

①临近既有隧道的施工，洞口、洞身及明洞爆破作业应在封锁行车条件下进行，并采取必要的防护措施。

②新建隧道应采用微振爆破技术进行开挖，短进尺、多台阶进行开挖，爆破应采用浅钻孔、密布眼、少装药、间隔微差起爆等措施，降低爆破振动对既有铁路构筑物及设备的影响。隧道工点段落爆破振动临界速度通过现场试验确定，本阶段建议采用以下控制值：既有隧道二次衬砌为素混凝土时，振速不大于 5 cm/s；既有隧道二次衬砌为钢筋混凝土时，振速不大于 10 cm/s。对部分近接间距很小、既有隧道衬砌存在缺陷或监测发现爆破影响剧烈可能影响既有线运营的特殊段落采用非爆破开挖方式，确保既有线安全。

③隧道施工前须对既有隧道开展调查复测工作，了解隧道线位、衬砌及洞内设备状态。每天开工前及工后线路运营前结合线路养护对既有隧道进行检查。

④施工期间须对既有隧道开展施工监测，监测项目包括爆破振动、拱墙衬砌应力及位移、仰拱位移等，监测应采取远程自动实时监测，减少对既有线运营的影响。对隧道浅埋段区域地表开展位移及沉降变形监测。监测范围为左线左侧 50 m 至右线右侧 50 m 范围。

⑤隧道洞口及洞口段明洞开挖过程中，应通过多次试爆，选择合理的爆破参数，遵从“宁散勿飞”的爆破原则，避免产生飞石，并在既有线附近设置防护排架等保护措施，以降低爆破对既有线安全运营的影响。

⑥新苔井山右线隧道出口段处于既有福州枢纽联络线与福马线之间，近邻福马铁路路基边坡挡墙，该段施工应严格采用控制爆破，并对既有线边坡加强监测，确保既有线安全。

(3)下穿建筑物

新建右线隧道在进口暗挖的 SLDK1＋200～＋450 段下穿双龙寺及福州电务车间等建筑物，建筑物距隧道高差约 40 m。采取以下技术措施进行处理：施工前应对建筑物进行调查，施工中应加强控制爆破措施，尽量避免对正常生产生活的影响，并对地表建筑范围进行位移监测，如发现异常情况，应及时通知相关单位。

(4)近接通过高层建筑

新建右线隧道在 SLDK1＋630～＋735 段临近绕城高速 9 号安置地登云小区，洞顶覆土主要为人工填土及卵石土，覆土厚度在 10 m 左右，地下水发育，围岩稳定性差。本段隧道结构外缘离 18 层高楼地下室结构外缘最小净距约 10 m，离既有苔井山隧道结构外缘最小净距约 8.8 m，情况比较复杂。采取以下技术措施进行处理：

①加强基坑围护，基坑支护除按计算正常设计外，在坑内第一道横撑采用钢筋混凝土撑的基础上，第二道撑亦采用钢筋混凝土支撑，加强基坑围护的整体性，确保围护稳定的同时控制变形，减少隧道施工对既有建筑物的影响。

②在地表及建筑物上布置位移及沉降监测点，围护桩外侧设测斜管，监测施工期间地层位移及建筑物位移情况。监测如发现异常情况，应及时通知相关单位进行处理。

③根据施工监测情况，如发生较大变形，预计可能对既有构筑物产生不利影响时，采用跟踪注浆技术填充地层，控制变形，确保既有建构筑物安全。

(5)下穿沟渠

新建左、右线隧道分别在 XLDK1＋610、SLDK1＋610 两处下穿登云水库泄洪道，在 XLDK2＋710、SLDK2＋690 两处下穿水沟，在 XLDK3＋150、SLDK3＋110 两处下穿水沟，采取以下技术措施进行处理：施工前应做好河沟改移过渡工作。隧道施工通过后对登云水库泄洪道原位恢复，并适当加宽，对沟侧、沟底铺设 30 cm 厚钢筋混凝土防护。

(6)下穿道路

新建左、右线隧道分别在 XLDK1＋515、SLDK1＋510 两处下穿登云路，在隧道洞身浅埋段多次下穿非主要道路。采取以下技术措施进行处理：对暗挖下穿登云路段，施工应加强超前措施及初期支护工作，切实做好管棚质量，施工期间加强对路面的监测工作。下穿段施工期间应对道路进行交通管制，临时封闭道路，待二次衬砌完成后恢复通行。对其余下穿道路，应于施工前完成相关道路改移工作。

(7)管线

隧道左侧伴行市政公路，路侧埋有排水、供水、供电、通信等市政管线，并有部分管线与隧道交叉，施工前应根据给排水、电力、通信等专业文件资料，复测明确管线位置，并做好管线的迁改及防护工作，施工中应加强对管线的监测巡查工作，避免在隧道施工中影响管线运营使用或影响隧道施工安全。

二、新鼓山隧道

新鼓山隧道位于福州市境内。隧道起讫里程 DK5＋095～DK13＋294，全长 8 199 m，隧道最大埋深 393 m。隧道在 DK5＋205、DK＋230 下穿福州三环市政道路和机场高速公路；出口位于福州市东村北侧的山坡上，分别在 DK12＋189、DK13＋009、DK13＋319 和既有铁路隧道立体交叉。

在 DK9＋220 右侧处设一座横洞，长度 400 m，为双车道横洞，与线路小里程方向平面交角为 90°，横洞的综合坡度为 0.8%。横洞与正洞连接处路面标高为正洞对应里程轨面标高－0.48 m；横洞在其与正洞连接段 30 m 范围内考虑采用降低一级围岩复合式衬砌结构。正洞在其与横洞交叉点段 DK9＋190～250 范围内考虑采用降低一级围岩复合式衬砌结构。

隧道为单洞双线隧道，隧道左线 DK5＋19.851～DK7＋415.514 位于曲线上，右线 DK5＋9.856～DK7＋425.509 位于曲线上，其余部分位于直线上。隧道内设人字坡，坡度分别为 3‰、9.5‰、－7.952‰，变坡点里程分别为 DK5＋900、DK10＋400，隧道 DK5＋851.25～＋948.75、DK10＋269.11～DK10＋530.89 段设置圆曲线形竖曲线，竖曲线半径分别为 1 500 m、15 000 m。

1. 施工组织及进度计划

新鼓山隧道分三个工区：进口工区、出口工区、双车道横洞工区。施工作业面如图 4-4-13 所示。

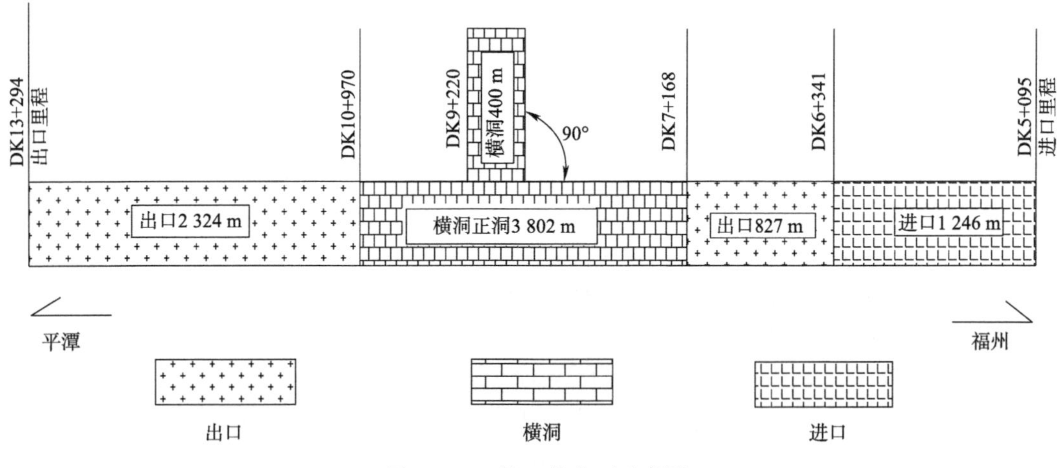

图 4-4-13 施工作业面示意图

总工期共34.5个月(无砟轨道6个月),其中施工准备6个月,土建施工工期(不含无砟轨道工程)28.5个月(开挖工期25.5个月,二次衬砌及附属3个月)。综合进度指标见表4-4-7;各作业面工期见表4-4-8;施工进度横道图见表4-4-9。

表4-4-7 综合进度指标表(指标:m/月)

围岩级别	双线正洞		双车道双向施工正洞		通过单车道横洞施工正洞		横洞洞身施工
	开挖及初期支护	衬　砌	开挖及初期支护	衬　砌	综合进度(主攻方向)	综合进度(次攻方向)	
Ⅱ级围岩	160	160	140	140	110	90	200
Ⅲ级围岩	120	120	100	100	90	70	
Ⅳ级围岩	70	70	50	50	50	40	100
Ⅴ级围岩	30	30	30	30	30	20	

表4-4-8 分工区工期统计表

工　区	进口工区				双车横洞工区				出口工区			
围岩级别	Ⅱ	Ⅲ	Ⅳ	Ⅴ	Ⅱ	Ⅲ	Ⅳ	Ⅴ	Ⅱ	Ⅲ	Ⅳ	Ⅴ
长　度	731	20	20	475	3592	100	110	0	2477	340	205	129
工　期	开始时间:2014年5月1日 结束时间:2016年9月15日 工期:28.5个月				开始时间:2014年5月1日 结束时间:2016年1月31日 工期:28.5个月				开始时间:2014年5月1日 结束时间:2016年9月15日 工期:21个月			

说明:施工准备6个月,2013年11月1日～2014年4月30日。

图4-4-9 施工进度横道图

项目名称	2013年	2014年				2015年				2016年			
	4	1	2	3	4	1	2	3	4	1	2	3	4
施工准备													
进口工区													
出口工区													
双车道横洞													

2. 主要施工方案

隧道光面爆破及湿喷技术,光面爆破严格控制超欠挖。隧道按照喷锚砌筑法原理组织施工,主要采用台阶法和全断面法施工,软弱破碎的Ⅳ、Ⅴ级围岩段采用双侧壁导坑法、四部CD法和三台阶临时仰拱法。衬砌为复合式衬砌,由初期支护、防水隔离层及二次衬砌组成。二次衬砌采用整体式模板台车、泵送混凝土浇筑,仰拱先期施作并整体灌注。Ⅱ级围岩采用曲墙加底板结构形式,其余采用曲墙加仰拱结构形式。下穿公路段衬砌采用双层初期支护。

3. 工程重难点及主要技术措施

(1)下穿道路

新鼓山隧道进口段在DK5＋170～＋310附近下穿机场高速及三环路路基。被下穿道路由人行道(4.5 m)、三环路右线机动车道(13.5 m)、绿化带(4.5 m)、机场高速(32.5 m)、绿化带(4.5 m)、三环路左线机动车道(13.5 m)、人行道(4.5 m)组成,共约宽78 m。公路与铁路交叉角49°,隧道交叉段落长约140 m,穿越段隧道顶覆土厚度约4.1～4.9 m。穿越段均为Ⅴ级围岩,为全风化花岗闪长岩。孔隙潜水及基岩裂隙水较发育。下穿段埋深浅,地质差,通过困难较大。设计采用暗挖通过公路。

明挖施工由洞口至DK5＋170公路边缘,此前在DK5＋170掌子面左右各施作2.5 m×2.5 m锚固桩1根,DK5＋164两侧施作2.5 m×2.5 m锚固桩1根,桩顶施作冠梁,以稳固路面边坡,形成稳定工作面,在该里程工作面向大里程对公路下穿段开展超前支护施工。

在DK5＋300～＋310处设置管棚工作竖井一处,由该竖井处完成向小里程及大里程方向的管棚施工。竖井采用 ϕ800@1 000 钻孔灌注桩围护，桩顶设置 1 000 mm×1 000 mm 冠梁，竖井内设钢围檩与支撑，每 4 m 一道，桩外设一排 ϕ800 旋喷桩止水，竖井内疏干降水。管棚施工后，该竖井段施作明洞衬砌后以黏土回填。在隧道二次衬砌施工通过竖井 20 m 后，拆除竖井出露地表部分，恢复地表及道路原貌。

下穿路段设计采用双层 ϕ127(壁厚 7 mm)超前长管棚注浆预支护，管棚长 130 m，环向间距 40 cm，层间距 30 cm。利用 DK5＋170、DK5＋300 两处掌子面，管棚双向对打，搭接不小于 5 m。洞口侧长管棚导向墙采用 C25 混凝土，并加长至 2 m 形成护拱，撑于两侧锚固桩预留牛腿上，与上部冠梁形成两道支撑于两侧锚固桩间；护拱与上部冠梁间设 30 cm 厚 C25 混凝土端墙防护，护拱下部至开挖底面设 50 cm 厚 C25 混凝土端墙防护，端墙与锚固桩间通过植筋浇筑连接；掌子面打设玻璃纤维锚杆，玻璃纤维锚杆全下穿段均设置。

下穿段隧道衬砌采用加强的双层初期支护并对二次衬砌进行加强设计，HW175 型钢全环钢架，间距 0.6 m，双侧壁导坑法施工。

隧道施工期间，建议上方道路采取交通管制，限制路面车速及载重。在 DK5＋170、DK5＋300 工作面超前措施施工期间，隧道上方公路路面铺设 5 cm 厚钢板，均匀分散车载。隧道进口 DK5＋075～DK5＋170 段明洞同步施工，待明洞施工完成并达到 100%设计强度后，在明洞上方设临时便道，将三环路右侧车道临时过渡，此后开展隧道下穿公路段施工。在隧道下穿各道路时，依次将上方道路向右侧已完成施工段临时改移，使隧道施工开挖期间上方无车辆通行，确保道路运输及隧道施工安全。

施工期间加强洞内外监控量测，除加强加密洞内测量外，洞外地表沿隧道结构两侧在公路绿化带内设测斜管监测土体位移，在下穿段公路地表设沉降位移监测点，监测均为自动实时监测。监测数据如有异常，应及时通知相关单位。

(2)洞身浅埋、穿越断层等地段

隧道穿越多处断层及接触带，当隧道施工至以上里程段落，施工中务必加强围岩变形的监测及采用超前钻孔、地震波反射法等多种方式进行超前地质预测预报工作，探明前方围岩及地下水情况，以便根据情况采取径向注浆、超前注浆等措施对围岩进行加固及止水。

(3)交叉上跨既有铁路

本隧道出口段上跨既有铁路福州枢纽温福联络线 2 处(DK12＋189、DK13＋009)，福厦联络线 1 处(DK13＋319)，新建隧道轨顶高程分别为 61.248 m、54.727 m、52.262 m，既有隧道轨顶高程分别为 21.79 m、20.75 m、27.02m。福州枢纽鼓山 1、2、3 号隧道与本线隧道相交段情况见表 4-4-10。

表 4-4-10 福州枢纽鼓山 1、2、3 号隧道与本线隧道相交段情况表

隧　道	交叉段既有线围岩级别	衬　砌	与新建隧道的关系
鼓山一号隧道	Ⅱ	混凝土(无仰拱)25 cm	新建隧道上跨，轨面高差 39.458 m
鼓山二号隧道	Ⅱ	混凝土(无仰拱)25 cm	新建隧道上跨，轨面高差 33.977 m
鼓山三号隧道	Ⅲ	混凝土(无仰拱)25 cm	线路上跨，轨面高差 25.242 m

施工前，应对既有隧道进行调查，并对隧道上跨点既有隧道前后 50 m 段落进行无损检测，探明隧道结构状态，明确有无缺陷。如发现特殊情况，应及时反馈，以便修改设计。

施工中，应对上跨点前后段落，即 DK12＋139～＋239、DK12＋959～DK13＋059、D13＋150～隧道出口，采取控制爆破开挖，爆破临界值应现场试验确定，本阶段设计建议爆破速度控制在 3 cm/s。如既有隧道存在严重缺陷，需采用静态爆破或非爆破开挖方式施工。施工应按《改建既有线和增建第二线铁路工程施工技术暂行规定》(铁建设〔2008〕14 号)中相关规定办理。

施工期间，对既有隧道交叉点前后各 50 m 段需进行爆破振动、衬砌应力、变形的监控量测，确保既有线路运营安全。既有线监测应采用远程自动实时监测，保证施工安全的同时避免对既有线运营的影响。

三、高峰山隧道

隧道全长 7 562 m，起讫里程为 DK48＋413～DK55＋975，单洞双线隧道，线路前进方向左侧设 1 110 m

斜井一座。与线路大里程方向夹角为81°,综合坡度为2.2%,紧急出口与隧道采用斜交单联式,无轨运输单车道+错车道。斜井与正洞连接处路面标高=正洞左线线路对应里程轨面标高;斜井井身间隔200~300 m和井底处设置缓坡段,以利会车及安全;斜井与正洞连接段,正洞采用降低一级围岩复合式衬砌进行加强。

隧道左线DK48+551.9~DK53+566.68、右线DK48+551.9~DK53+536.06段位于左偏曲线上,左、右线曲线半径分别为7 000 m、7 005 m,隧道内左、右线曲线段长分别为5 014.78 m和4 988.29 m;隧道左线DK54+456.73~DK54+724.29段、右线DK54+444.35~DK54+723.42段位于右偏曲线上,左、右线曲线半径均为3 500 m,隧道内左、右线曲线段长分别为1 267.56 m和1 277.56 m;隧道其余地段均位于直线上。

从隧道进口至DK52+700为3‰上坡,坡长4 287 m;DK52+700至出口为3.0‰下坡,坡长3 095 m。

1. 施工组织及进度计划

本隧道按进口、出口、斜井共3个工区组织施工,施工进度安排为施工准备6个月,土建工期25个月(开挖工期22.3个月、二次衬砌及附属2.7个月),共31个月。施工作业如图4-4-14所示。

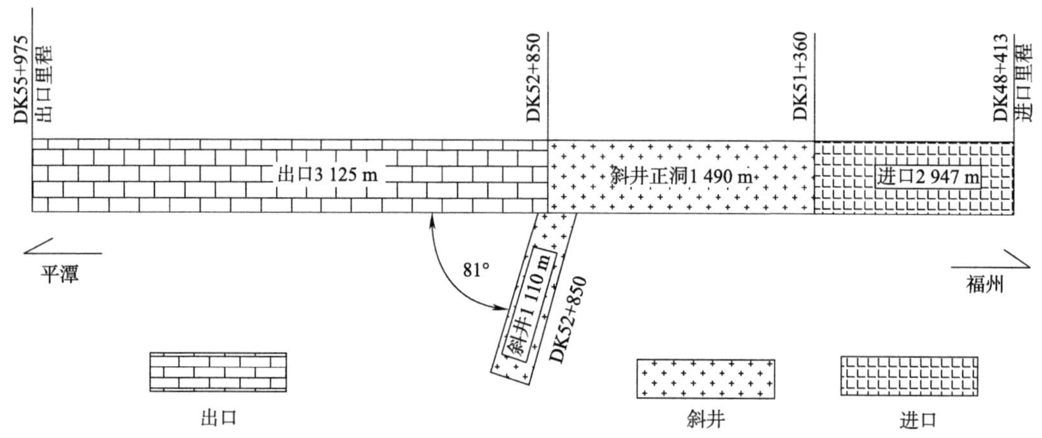

图4-4-14 施工作业面示意图

综合进度指标见表4-4-11;各作业面施工工期见表4-4-12;施工进度横道图见表4-4-13。

表4-4-11 综合进度指标表(只包括开挖进度)

<table>
<tr><th rowspan="2">围岩级别</th><th colspan="2">通过进出口施工正洞</th><th>通过单车道斜井施工正洞</th><th rowspan="2">斜井井身施工</th></tr>
<tr><th>综合进度</th><th>无砟轨道</th><th>综合进度</th></tr>
<tr><td>Ⅱ级围岩</td><td>180 m/月</td><td rowspan="4">2000 m/月</td><td>160 m/月</td><td rowspan="2">220 m/月</td></tr>
<tr><td>Ⅲ级围岩</td><td>110 m/月</td><td>100 m/月</td></tr>
<tr><td>Ⅳ级围岩</td><td>80 m/月</td><td>70 m/月</td><td rowspan="2">120 m/月</td></tr>
<tr><td>Ⅴ级围岩</td><td>50 m/月</td><td>50 m/月</td></tr>
</table>

表4-4-12 分工区工期统计表

<table>
<tr><td>工 区</td><td colspan="4">进口工区</td><td colspan="4">斜井工区</td><td colspan="4">出口工区</td></tr>
<tr><td>围岩级别</td><td>Ⅱ</td><td>Ⅲ</td><td>Ⅳ</td><td>Ⅴ</td><td>Ⅱ</td><td>Ⅲ</td><td>Ⅳ</td><td>Ⅴ</td><td>Ⅱ</td><td>Ⅲ</td><td>Ⅳ</td><td>Ⅴ</td></tr>
<tr><td>长 度</td><td>275 m</td><td>150 m</td><td>195 m</td><td>227 m</td><td>1 255 m</td><td>90 m</td><td>120 m</td><td>25 m</td><td>2 790 m</td><td>0</td><td>150 m</td><td>185 m</td></tr>
<tr><td>工 期</td><td colspan="4">开始时间:2014年5月1日
结束时间:2016年5月30日
工期:25个月</td><td colspan="4">开始时间:2014年5月1日
结束时间:2015年12月15日
工期:19.5个月</td><td colspan="4">开始时间:2014年5月1日
结束时间:2016年5月30日
工期:25个月</td></tr>
</table>

说明:施工准备6个月,2013年11月1日~2014年4月30日。

图 4-4-13　施工进度横道图

项目名称	2013 年	2014 年				2015 年				2016 年			
	4	1	2	3	4	1	2	3	4	1	2	3	4
施工准备	—	—											
进口工区			—	—	—	—	—	—	—	—			
出口工区			—	—	—	—	—	—	—	—			
双车道横洞			—	—	—	—	—	—	—				

2. 主要施工方案

本隧道按喷锚构筑法原理组织施工，工法以台阶法为主，困难地段采用四步 CD 法。隧道Ⅴ级围岩采用四步 CD 法和三台阶临时仰拱法施工；Ⅳ级围岩段采用三台阶临时仰拱法或三台阶法施工；Ⅲ级围岩开挖采用台阶法施工；Ⅱ级围岩开挖采用全断面法施工。

第三节　特殊不良地质条件隧道施工

1. 顺层偏压、浅埋

部分隧道偏压浅埋段采用明挖法开挖，其他地段采用三台阶加临时横撑法及三台阶加临时仰拱法，振松爆破法（或非爆破法）开挖，锚、网、喷初期支护；振松爆破法主要是减少爆破对围岩的扰动，达到不抛掷石渣而经振动松落成型；采用超前大管棚及型钢钢架进行加强支护；衬砌采用Ⅴ级加强衬砌形式；初期支护要及时封闭成环。

顺层偏压隧道在其开挖过程中，其边坡岩体受到较大扰动，强度降低，稳定性受到开挖卸荷和地下水的综合影响，常常容易引起隧道冒顶坍陷，Ⅴ级围岩顺层偏压段，采用三台阶临时仰拱开挖法施工，I22a 工字钢钢架加强。

2. 富水断层

施工处理原则：施工过程中严格遵循“综合预报，先探后掘；排堵结合，综合治理；全程跟踪，突出重点；预案在先，规避风险；试验先行，快速决策；安全第一，确保进度”的原则。

根据施工期洞壁围岩出水形式，制定施工阶段具有快速决策性的参考基准，对渗滴水、线状渗水和高压集中涌水采取超前帷幕注浆、超前周边注浆、径向注浆、定点注浆等不同方式进行处理。根据类比分析，施工期间洞壁围岩出水形式主要有渗滴水、线状渗水和高压集中涌水三种形式。无论何种形式均属溶蚀裂隙涌水，其注浆封堵采取充填（塞）式注浆，具体处理原则见表 4-4-14。

表 4-4-14　不同类型涌水的处理原则

涌水类型	涌水特点	处理原则
渗滴水型出水	涌水量少、水压力低	不考虑注浆处理或在洞身开挖过后再进行后注浆处理，以免影响掘进进度
线状渗水	一般出现在断层、破碎带或节理裂隙发育洞段，虽其涌水压力不高，但涌水面大，对洞内施工也有一定的影响	根据预测涌水量，作周边注浆和定点注浆处理
高压集中涌水	涌水量大、压力高、突发性强、危害性大，一旦揭露后再行封堵费时较多	力争在涌水点未揭露前进行注浆封堵。即采用超前帷幕注浆的施工措施，在静水条件下将其封堵

根据多座富水隧道施工经验，隧道地下水处理的主要措施：利用各种探测仪器预测、不良地质段采用超前水平钻孔等措施，及时了解和掌握前方地下水情况，并根据地下水含量制定相应的处理措施。超前钻孔一旦钻到地下水，立即停钻，并实施灌浆，按照注一段钻一段的前进式注浆方式实施，直至钻到设计深度，将超前钻孔与超前预注浆纳入同一个工序来实施。前后两次超前探孔保证有最小 5 m 的搭接长度，后一次钻孔至少 5 m 在前一次的注浆岩盘内。在水压、水量较大的情况下，坚持采用分层泄水减压、分层注浆的方式，即下层管注浆、中层管放水和中层管注浆、上层管放水，逐层抬水把水排挤到拱顶以上规定的

止水固结圈以外。做好注浆效果的检查工作,做到先检查再开挖。

第四节　洞口工程施工

洞口工程施工工艺流程如图 4-4-15 所示。

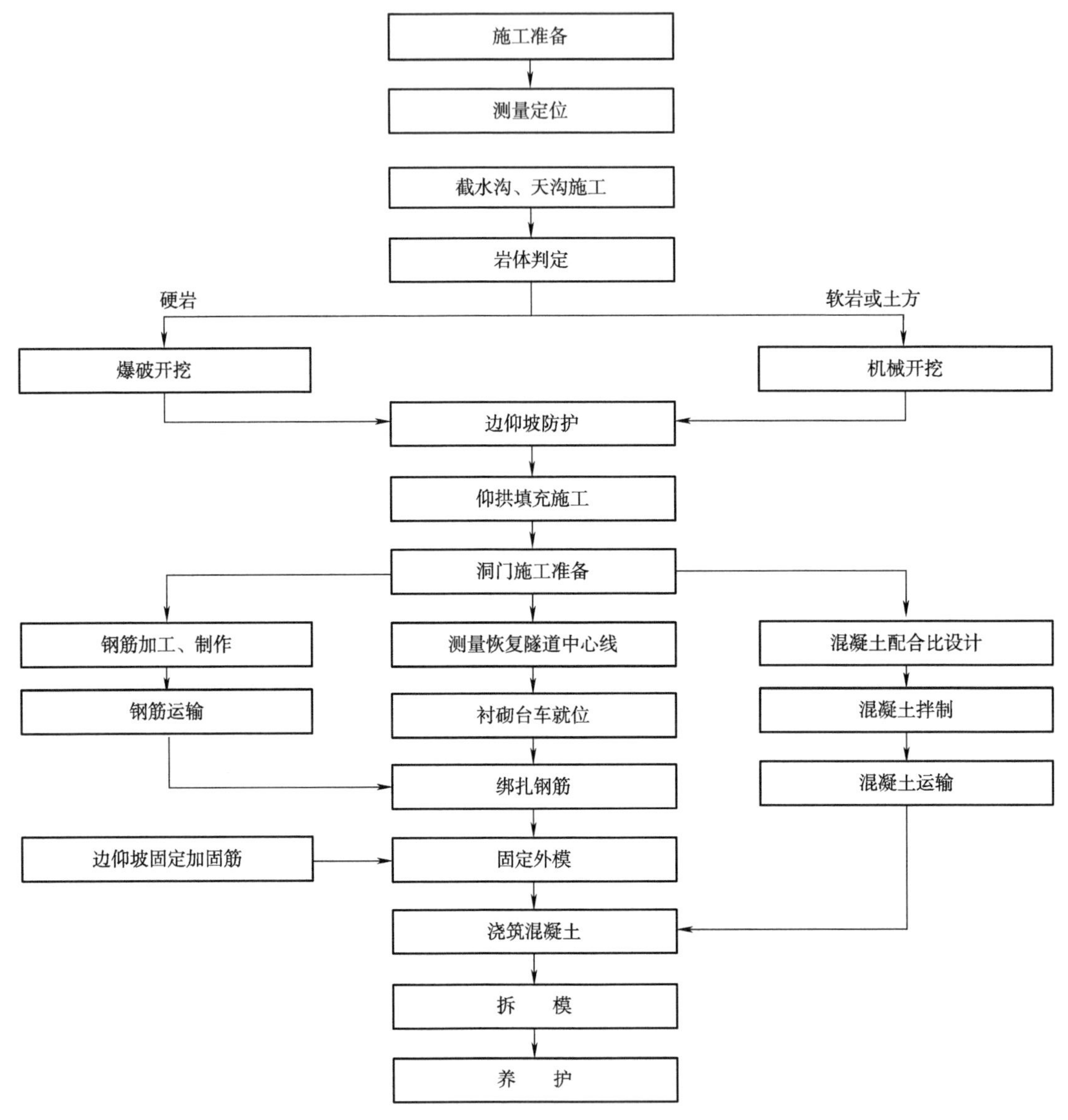

图 4-4-15　洞口工程施工工艺流程图

1. 洞口开挖方法

洞口开挖安排尽量避开雨季施工,测量定位,放出开挖边线,明确开挖范围,判定开挖范围地质状况;施作边仰坡坡顶天沟、截水沟等,完善洞口排水系统与路基永久排水相结合。天沟、截水沟设于边、仰坡顶以外不小于 5 m,沟底坡度根据地形设置,但不小于 3%,以免淤积。

洞口(洞口段若设有明洞时,可与明洞一同开挖)采用自上而下分层明挖法施工,洞口表层土方及风化软岩采用机械开挖,硬岩和机械开挖困难的采用松动爆破开挖,土方及风化软岩边仰坡预留二次开挖层,采用人工配合机械开挖,石方预留二次光面爆破层,确保边仰坡平顺、稳定,为进洞施工创造条件。

在洞口开挖过程中,工作面控制在 2%左右的单面坡,坡脚设置临时排水沟,以利于排除工作面上的积水，保持工作面干燥，提高开挖效果，同时避免洞口基岩被水浸泡，降低基底的承载力。洞口开挖坚持边开挖边防护的原则，二次开挖完成后，及时按照设计进行边仰坡坡面防护，以防破坏坡面稳定性和整体性。

为确保顺利进入暗洞施工，成洞面开挖完成后，严格按设计要求及时做好成洞面防护。

2. 明洞施工方法

采用墙顶明挖法，即拱部明挖，拱部以下暗挖，为保证施工安全，拱部边、仰坡及两侧边墙设置锚、网、喷临时支护。为确保隧道进洞安全，进出口进暗洞时拱部设置一环 ϕ108 大管棚，管棚环向间距 40 cm，长度为 15 m。明洞开挖完成后，施作明洞仰拱及填充，防止地表水浸泡基底，降低基底承载力。

明洞钢筋在加工场加工制作，汽车运输到工作面，现场绑扎施工。明洞衬砌采用整体液压衬砌台车作内模及支架，外模采用建筑钢模板，钢管弯制外拱架组成外支撑体系，拉杆联成整体。明洞衬砌混凝土在拌和站集中拌制，混凝土搅拌运输车运输，泵送混凝土入模。明洞衬砌浇筑完成后，进行覆盖洒水养生。

3. 洞门施工方法

在明洞衬砌完成、暗洞施工进入正常循环后，避开雨季，适时安排洞门施工。

洞门模板采用衬砌台车作底模，外模采用组合钢木模；模板采用内外撑、拉杆固定牢固，外拉采用锚拉法施工，即外拉一端固定在边仰坡埋设锚杆上。洞门混凝土采用拌和站集中拌制，混凝土搅拌运输车运输，泵送混凝土浇筑，拆模后覆盖洒水养生。

设置明洞段，洞门混凝土达到设计强度后，按设计要求施作防水层，两侧对称回填土石方至设计坡度，进行坡面防护等施工。

4. 明洞防排水及回填

按设计施作盲沟、防水层和隔水层。回填分层对称进行，逐层夯实；填料要经土工试验选定，夯实机具、回填层厚和夯实遍数经试验确定。

第五节　洞内设施工程施工

隧道内设施主要是水沟电缆槽、综合洞室、综合接地及过轨钢管等。混凝土施工主要采用现浇、盖板预制安装。综合洞室采用风钻钻孔，光面爆破，洞室采用木模与正洞衬砌一起施工。

第六节　运营通风及防灾救援工程施工

1. 隧道的防灾、减灾和救灾

项目经理部成立应急组织机构，配备充足的应急资源，并制定隧道的防灾、减灾和救灾方案明确，应急期间的应急指挥及有关人员的职责、权限和义务；事故或紧急情况可能发生的地点、原因、性质和后果；应急所需的人员、设施设备、物资、经费及要求；事故发生后的应急措施（包括报告途径；信息交流协作的方式、抢救、补救和人员疏散的办法；重要文件资料及设备物资的保护措施）；报警系统、预警标志、应急照明和动力、逃生工具、安全避难所、消防设备、应急设备、通信设备等的检查与维护。

应急指挥机构、相关人员名单、办公地点与联系方式；平面布置图；应急器材、设施统计表；当地安监、环保、公安、消防、医疗、防疫部门的联络人及联络方式。方案如图 4-4-16 所示。

2. 应急救援预案实施

突发事故事件发生后，发现人员应立即报告现场负责人、应急指挥机构，同时应力所能及地采取控制措施，避免事故蔓延和扩大。

应急指挥机构接到报告后，立即启动应急救援预案进行抢险，向临近单位和群众发出警报设施设备，隔离或切断其他危险源的扩散途径，及时进行现场扑救、伤员转移、急救等。如不能控制事件，应疏散人员，撤离危险物品，妥善保护文件资料和重要事故，立即向协助单位求援，以避免事故的蔓延扩大。

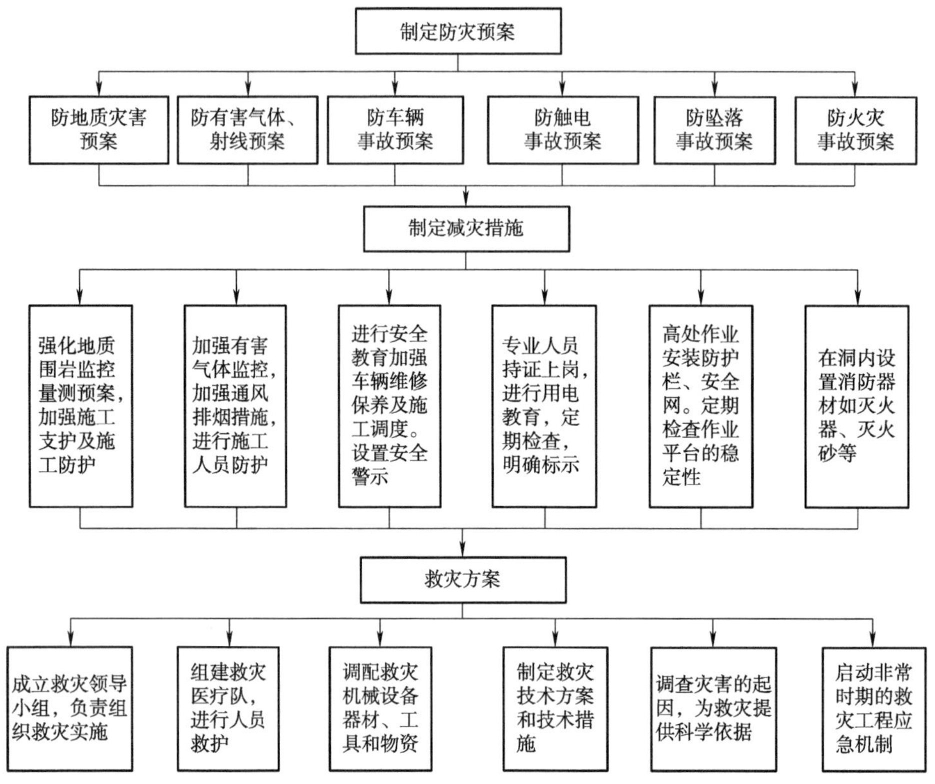

图 4-4-16 隧道的防灾、减灾和救灾方案

3. 安全设施施工

安全设施设置如图 4-4-17 所示。

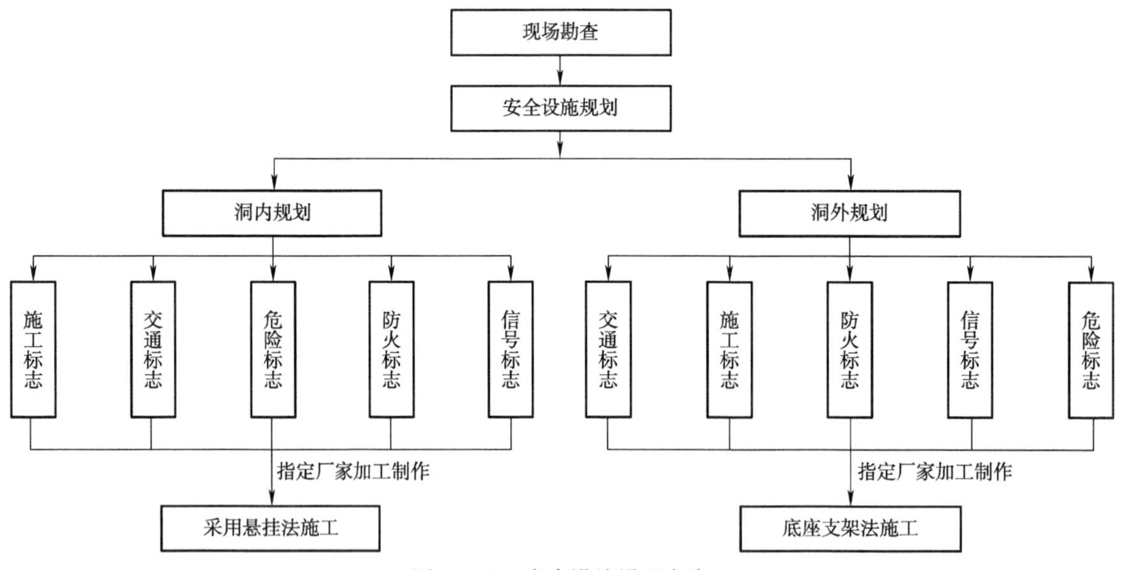

图 4-4-17 安全设施设置方案

第七节 防排水施工

1. 防、排水原则

施工过程中严格遵循“综合预报，先探后掘；排堵结合，综合治理；全程跟踪，突出重点；预案在先，规避风险；试验先行，快速决策；安全第一，确保进度”的原则。据实际情况采用帷幕注浆堵水手段，以达到降低

围岩渗透系数，控制地下水流失的目的。

2. 施工工艺

防、排水设施施工工艺如图 4-4-18 所示。

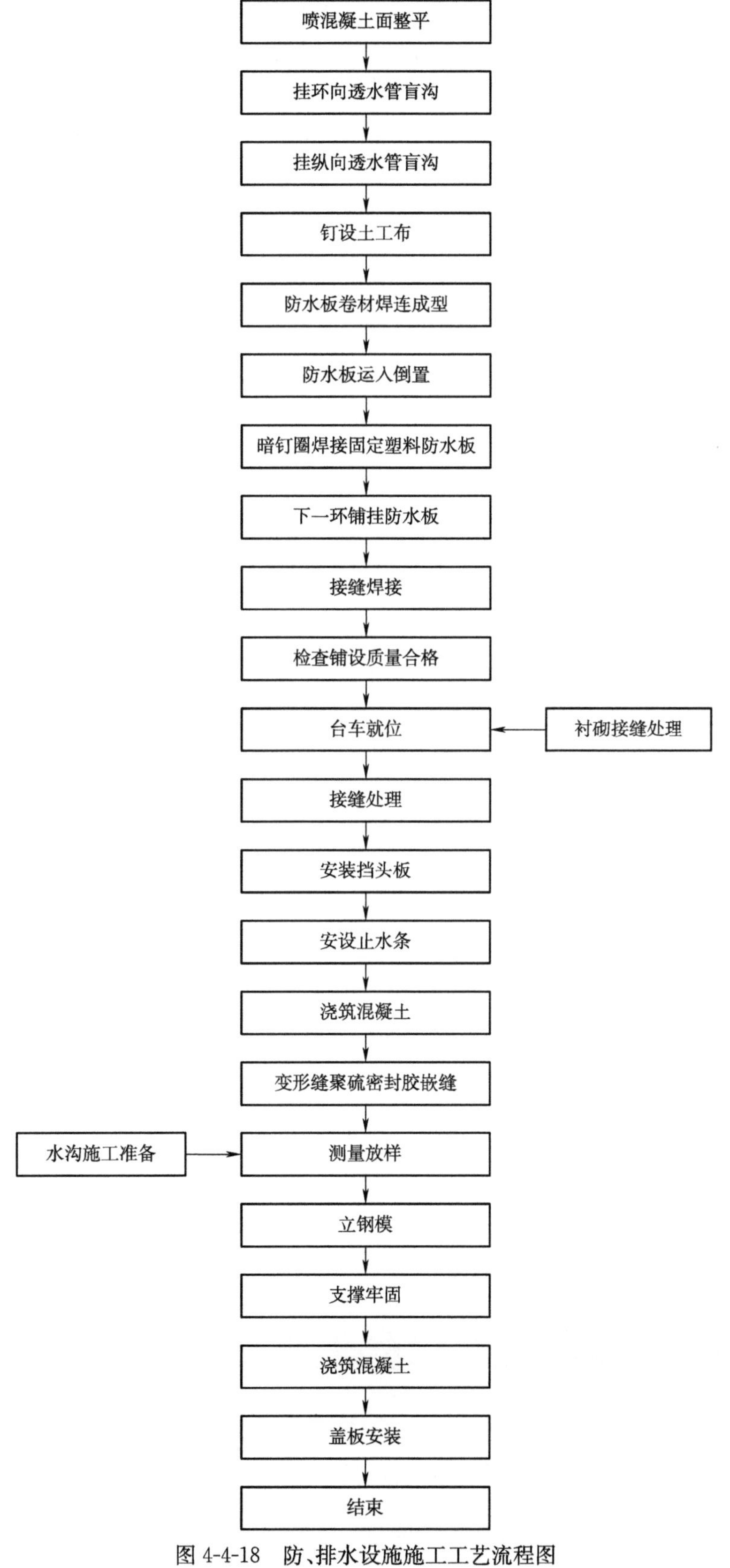

图 4-4-18　防、排水设施施工工艺流程图

3. 防、排水材料主要技术指标

防水卷材：可采用材质为 EVA 的防水卷材，厚度 1.5 mm。

EVA 塑料防水板：拉伸强度≥18 MPa，断裂延伸率≥650%，断裂强度≥100 kN/m，低温弯折性为 −20℃无裂纹，不透水性为 0.2 MPa，24 h 不透水，热处理时变化率不大于 2.5%。

塑料排水盲沟：环向盲沟采用 ϕ50 双壁打孔波纹管，纵向盲沟采用 ϕ80 双壁打孔波纹管；聚乙烯复合材料具有一定的弹性、较好的耐久性，透水性好，可曲扰性好。

中埋式橡胶止水带：宽度不小于 30 cm，橡胶止水带硬度（邵尔 A）60±5，拉伸强度≥15 MPa，扯断伸长率≥450%，撕裂强度≥30 kN/m。脆性温度不小于−45℃。

中埋式橡胶止水条：橡胶止水带硬度（邵尔 A）47±7，拉伸强度≥3.5 MPa，扯断伸长率≥350%，体积膨胀倍率≥200。

外贴式橡胶止水带：宽度不小于 30 cm，橡胶止水带硬度（邵尔 A）60±5，拉伸强度≥15 MPa，扯断伸长率≥450%，撕裂强度≥30 kN/m。脆性温度不小于−45℃。

钢边橡胶止水带：宽度不小于 30 cm，橡胶止水带硬度（邵尔 A）60±5，拉伸强度≥18 MPa，断裂延伸率≥450%，压缩永久变形（700C×24 h）不大于 30%，撕裂强度≥30 kN/m。

4. 防水施工

(1)暗洞防水

初期支护和二次衬砌间拱墙背后设土工布和防水卷材，土工布单位质量不小于 400 g/m^2。对隧道地下水发育地段，采用内掺 HEA 外加剂的高效耐腐蚀防水混凝土，混凝土抗渗等级在各隧道中的要求分为不小于 P8 和 P10 两种，防水剂的掺量为胶凝材料用量的 6%。

纵向施工缝设置采用“中埋式橡胶止水带＋中埋式橡胶止水条”两种防水措施，环向施工缝设置采用“中埋式橡胶止水带＋外贴式橡胶止水带”两种防水措施；变形缝采用“外贴式止水带＋钢边止水带＋嵌缝材料”三种防水措施。

(2)明洞防水

明洞衬砌采用防水钢筋混凝土，混凝土抗渗等级在各隧道中的要求分为不小于 P8 和 P10 两种，衬砌外涂水泥基防水涂料，然后涂 3 cm 厚砂浆保护层接着铺设外贴橡胶止水带和防水板及一层砂浆保护层，最后回填土石方。

①防水层铺设

施工准备及基面处理：彻底清除各种异物，如石子、沙粒等，做到现场平整干净。基面应平整，不能出现酥松、起砂，无大的明显的凹凸起伏。铲除各类尖锐突出物体，如钢筋头、铁丝、凸出在作业面上的各种尖锐物体，并且清除地面积水。根据图纸高程尺寸，定好基准线，准确无误地按线下料。

施工设备如焊接机、检漏器、热风枪、电闸箱等，在工作前要做好检查和调整。确保设备正常运行，达到焊接要求，保证工程质量。防水板材采用双缝热熔自动焊接机焊接。根据板材的厚度和自然环境的温差调整好焊接机的速度和焊接温度进行焊接。焊接完后的卷材表面留有空气道，用来检测焊接质量。防水板材的焊接如图 4-4-19 所示。

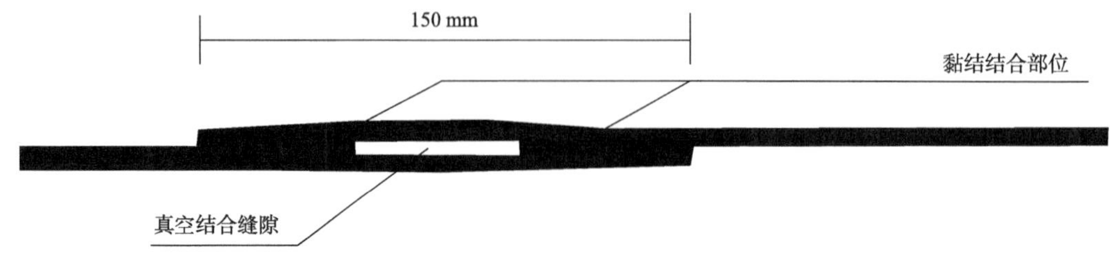

图 4-4-19 防水板焊接示意图

检查方法：采用检漏器现场检测防水板焊接质量。先堵住空气道的一端，然后用空气检测器从另一端打气加压，直至压力达到 0.2～0.5 MPa，说明完全黏合。否则应补焊至合格为止。

②防水板材的铺设、固定

根据实际情况下料，按基准线铺设防水板；用防水板材专用塑料垫和钢钉把缓冲层固定在基面上，用暗钉圈焊接固定塑料防水板，最终形成无钉孔铺设的防水层，如图 4-4-20 所示。

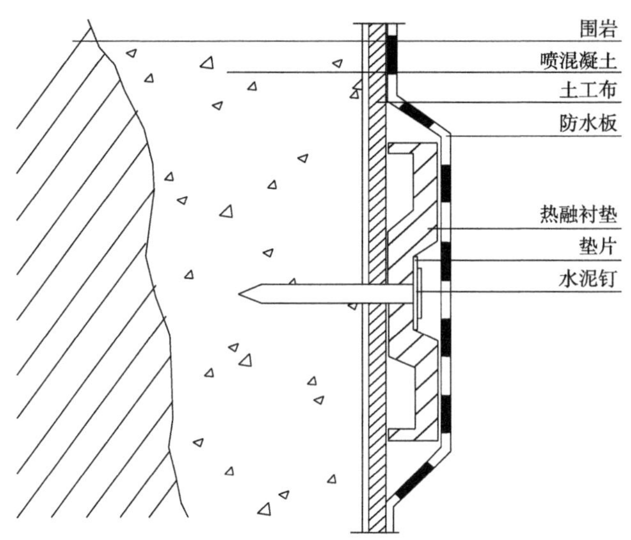

图 4-4-20　防水板固定示意图

在清理好的基面上铺设固定土工布垫层：在喷射混凝土隧道拱顶部标出隧道纵向的中心线，再使裁剪好土工布垫层中心线与喷射混凝土上的标志相重合，从拱顶部开始向两侧下垂铺设，用射钉固定垫片将土工布固定在喷射混凝土面上。水泥钉长度不得小于 50 mm，平均拱顶(3～4)个/m^2，边墙(2～3)个/m^2。

铺设固定防水板：先在隧道拱顶部的土工布上标出隧道纵向的中心线，再使防水卷材的横向中心线与这一标志相重合，将拱顶部的防水卷材与热融衬垫片焊接，再按土工布垫层一样从拱顶开始向两侧下垂铺设，边铺边与热融衬垫焊接。铺设时要注意与土工布密贴，并不得拉得太紧，一定要留出余量。

将防水板专用融热器对准热融衬垫所在位置进行热合，一般 5 s 即可。两者黏结剥离强度不得小于防水板的抗拉强度。

③止水带安设

止水带安设采用安设钢筋卡工艺施工。沿设计衬砌轴线，每隔不大于 0.5 m 钻一直径为 ϕ12 mm 的钢筋孔；将制成的钢筋卡，由待灌混凝土侧向另一侧穿入，内侧卡紧止水带一半，另一半止水带平靠在挡头板上；待混凝土凝固后拆除挡头板，将止水带靠钢筋拉直、拉平，然后弯钢筋卡套上止水带。

④止水条安设

止水条施工时，在先灌注的模筑混凝土端面上预留凹槽，将止水条在凹槽内安装牢固后再灌注新混凝土。

⑤聚硫密封胶施工

施工前将基面清理干净，要求基面干燥。分别将封胶按 A∶B＝10∶(1～1.2)倒入容器中，充分搅拌均匀。用刮刀将聚硫密封胶刮入缝内并压平(嵌缝工作分两次进行，第一遍先刮缝两侧，第二遍再将缝内填满压平)，另外可将聚硫密封胶装入密封胶专用管中，用施胶枪将胶直接挤入缝内压平，发现起泡应及时修补。配制好的聚硫密封胶应在 2 h 内用完，否则会慢慢增稠而造成施工困难，且应贮存在通风、阴凉、干燥处。

5. 排水施工

(1)洞内排水

衬砌背后排水盲沟的设置：环向设外包土工布的排水盲沟，每 10 m 设一环；纵向在洞内两侧水沟泄水孔高程处设外包土工布的排水盲沟一道，每 8～15 m 一段；纵向盲沟与环向盲沟直接与隧道水沟连通，施工时注意不要堵塞。

(2)洞口排水

洞口有沟、渠通过时，采取引排和防渗、防冲淤措施，且洞门顶部设截水天沟，以形成完善的防排水系统。天沟设于边、仰坡顶以外不小于 5 m，其坡度根据地形设置，但不应小于 3%，以免淤积。

洞门端墙及挡翼墙背后设置排水盲沟网，管网采用外包土工布的排水盲沟，横竖间距均为 2 m，横、竖向采用排水盲沟。排水盲沟在路基面高度处采用 ϕ100 PVC 管排入侧沟。端墙及挡翼墙后盲沟要求设中孔，在土体中挖槽埋设，横纵排水盲沟采用接头连接，外铺土工布(每平方米重量不小于 300 g)，然后浇筑端墙或挡墙结构混凝土。

对洞口盲沟系统应定期检查其通畅性，当有阻塞时应及时疏通。

第八节　辅助坑道施工

1. 开挖

斜井、正洞为无轨运输单车道＋错车道。

斜井、正洞按新奥法原理组织，钻爆法施工。Ⅳ、Ⅴ级围岩采用三台阶法开挖，Ⅴ级围岩浅埋、偏压、断层破碎带设置横向临时支撑。斜井作业面均采用无轨运输，每个作业面采用 1 台大容量装载机装渣，多台大吨位自卸汽车运渣，弃渣直接运至弃渣场。

2. 支护

斜井、横洞支护主要由砂浆锚杆、钢筋网喷射混凝土、钢架组成；另外断层破碎带辅助超前支护主要有超前小导管。

喷混凝土采用湿喷机，锚杆采用锚杆钻机或凿岩台车钻眼、人工安装；钢架采取在洞外分段加工，冷弯制作，每段采用接合部焊接钢板，螺栓连接，榀与榀之间采用拉杆连接，拱脚用锁脚锚杆固定；超前小导管和锚杆采用凿岩台车或手风钻钻孔，人工配合机械安装，注浆机注浆。

3. 衬砌

斜井衬砌采用 1 台 9 m 长的液压模板台车，正洞衬砌在作业面采用 2 台 12 m 长的全液压模板台车衬砌。采取先仰拱后拱墙分部衬砌，混凝土采用拌和站、混凝土运输车运输，泵送入模。底板、仰拱超前拱墙衬砌，底板、仰拱浇灌采取半幅施工，以方便洞内运输。

4. 辅助设施

施工通风：斜井、正洞前期采用压入式通风，采用大功率通风机，与正洞贯通后采用混合式通风。

施工供电：在斜井、正洞口配柴油发电机，供隧道各工序施工。待业主安装高压线路贯通后，各施工工区就近接入，在出线至各用电处的线路安装电表进行用电计量。采用高压进洞，靠掌子面安装 1 台变压器，每 800 m 向前移动一次，供掌子面施工用电；已开挖洞段每 800 m 安装 1 台变压器，供后步工序施工用电。

施工照明：洞内配用三防白炽灯具，灯具水平固定在侧壁拱墙连接部位，灯具布置间距 15 m。金属卤化物灯作为局部补充照明使用。

施工供水：斜井、正洞从就近河流中抽取施工用水。在斜井、正洞口适当位置设 1 座 150 m^3 的高压水池，采用 ϕ150 抽水管路，每个抽水站备用 1 台相同功率的抽水机。

施工排水：斜井设置一个移动潜水泵，4 个泵站，顺坡地段自然排水至积水坑，再由积水坑抽水至水仓，然后由斜井排出；反坡段在掌子面设移动潜水泵，将隧道出水抽至水仓，然后经由斜井抽出至洞口处理池。

第九节　沉降变形控制与评估

1. 一般规定

(1)隧道主体工程完工后,变形观测期一般不应少于3个月。观测数据不足或工后沉降评估不能满足设计要求时,应适当延长观测期,直到工后沉降评估满足轨道铺设要求为止。

(2)根据观测结果,分析评价隧道的最终沉降量完成时间,及时调整设计措施使隧道基础达到预定的控制要求,同时作为竣工验收时控制沉降量的依据。

(3)评估时发现异常现象或对原始记录资料存在疑问,应进行必要的检查。

2. 沉降观测的内容

隧道工程沉降观测是指隧道内线路基础的沉降观测,即隧道的仰拱部分。其他如洞顶地表沉降、拱顶下沉、断面收敛沉降变形等不列入本沉降观测的内容。

3. 沉降观测点的布置

对于隧道工程,观测断面及观测点的布设原则如下:

(1)隧道内一般地段沉降观测断面的布设根据地质围岩级别确定,一般情况下,Ⅱ级围岩原则上不设沉降变形观测断面,必要时800 m设一个观测断面;Ⅲ级围岩每400 m、Ⅳ级围岩每300 m、Ⅴ级围岩每200 m布设一个观测断面;当长度不足时,每段围岩或不同衬砌段应至少布置一个断面。

(2)隧道洞口、明暗分界处、变形缝处均应布置观测断面。

(3)每个观测断面在仰拱填充面距离水沟电缆槽侧壁10 cm处埋设一对沉降观测点,隧道工程观测标埋设位置如图4-4-21所示。

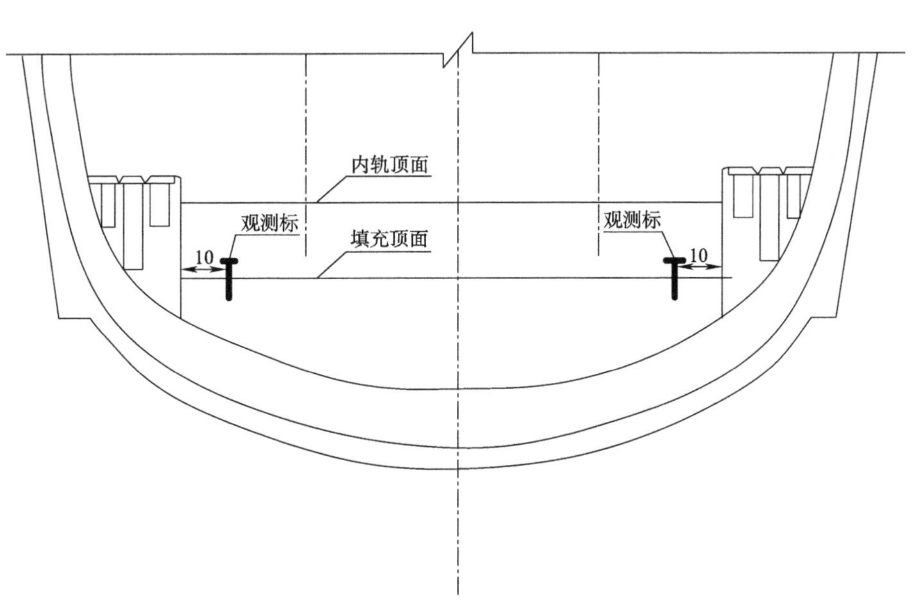

图4-4-21　隧道工程观测标埋设位置示意图(单位:cm)

4. 观测精度

沉降水准的测量精度为±1 mm,读数取位至0.1 mm。

5. 沉降观测频度

(1)沉降观测的开始时间是在衬砌施工结束后立即进行至隧道沉降稳定,进行定期观测并详细记录观测资料、绘制沉降时程曲线。

(2)沉降变形观测一般不少于3个月。当观测数据不足或工后沉降评估不能满足设计要求时,应适当延长观测期。

(3)沉降观测频率根据阶段不同而确定,可根据两次观测的沉降量调整沉降观测的频度,但两次的观测沉降量差值不宜大于 1 mm,具体见表 4-4-15。

表 4-4-15 隧道基础沉降观测频次表

<table>
<tr><th rowspan="2">观测阶段</th><th colspan="3">观测频次</th></tr>
<tr><th colspan="2">观测期限</th><th>观测周期</th></tr>
<tr><td>隧底工程完成后</td><td colspan="2">3 个月</td><td>1 次/周</td></tr>
<tr><td rowspan="2">轨道铺设完成后</td><td rowspan="2">3 个月</td><td>0~1 个月</td><td>1 次/周</td></tr>
<tr><td>1~3 个月</td><td>1 次/2 周</td></tr>
</table>

6. 隧道工程评估标准

铺设无砟轨道的隧道基础工后沉降值一般不应大于 15 mm,轨道基础与路基、桥涵等结构物间的工后差异沉降小于 5 mm,且折角小于 1‰。铺设有砟轨道的路隧过渡段标准同路桥、路涵过渡段。

预测的无砟轨道隧道基础工后沉降不应大于 15 mm,铺设有砟轨道的路隧过渡段标准同路桥、路涵过渡段。

第十节 新工艺、新工法、新装备、新材料的应用及效果

一、工 程 概 况

福平铁路 FPZQ-1 标涉及铁路爆破施工存在线路交叉及邻近营业线爆破施工。其中新苕井山隧道、新鼓山隧道等 9 座隧道均并行或上跨既有福州联络线、杭福联络线、福马线及杭深线,隧道开挖水平净距最小为 8.4 m、最大为 160 m,垂直净距最小为 5.22 m、最大为 28.87 m,具体见表 4-4-16。

表 4-4-16 福平铁路 FPZQ-1 标新建隧道与既有线位置关系统计表

序号	工程名称	隧道长度(m)	控爆长度(m)	与既有线位置关系	既有线名称
1	新苕井山左线隧道	2 243	630	并行既有线,净距离 11.5~25.8 m	合福线、福州联络线
2	新苕井山右线隧道	2 295	565	并行既有线,净距离 8.4~30 m	合福线、福州联络线
3	新鼓山隧道出口	2 324	324	三次上跨既有线隧道(垂直净距离 15 m、23.33 m、28.87 m)	福州联络线
4	新鸡笼山左线隧道	264	234	并行既有线,净距离 21~121 m	杭深线
5	新樟岚左线隧道	561	515	并行既有线,净距离 50~160 m	杭深线
6	新樟岚右线隧道	713	675	并行既有线,净距离 38~96 m	杭深线
7	新云山寺左线隧道	495	465	并行既有线,净距离 16~97 m	福州南南动联络线 B线
8	新云山寺右线隧道	483	440	并行既有线,净距离 18.8~120 m;YDK20+118-133 上穿既有隧道最小垂直净距 522 m	福州南南动联络线 A线
9	清凉山左线隧道	628.8	602.8	并行既有线,净距离 69~123 m	杭深线

二、控爆施工方案

1. 并行邻近营业线控爆施工方案

新苕井山隧道右线并行既有福州联络线苕井山隧道(图 4-4-22 和图 4-4-23),与既有隧道水平净距为 8.4~30 m,隧道右线进口洞身Ⅴ级围岩采用人工配合机械开挖,机械开挖困难的局部地段采用弱松动爆破开挖,Ⅳ级围岩采用短台阶法控制爆破开挖,营业线隧道容许振动速度不大于 3 cm/s。

图 4-4-22　新苔井山左右线隧道与既有隧道断面关系图

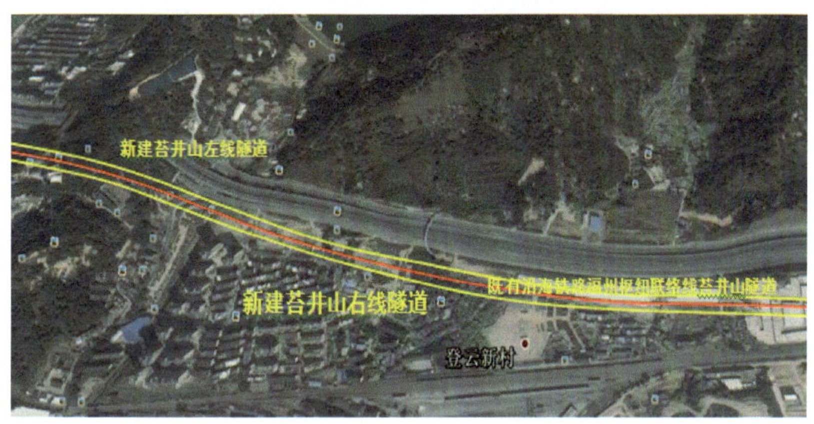

图 4-4-23　新苔井山左右线隧道与既有隧道平面关系图

2. 上跨既有线交叉隧道控爆施工方案

新鼓山隧道出口 3 次上跨既有铁路福州联络线鼓山 3 号、2 号、1 号隧道(图 4-4-24 和图 4-4-25)，垂直净距分别为 15 m、23.33 m、28.87 m，隧道洞身Ⅴ级围岩采用三台阶临时仰拱法并配合机械开挖，局部机械难挖部位采用弱松动爆破开挖。其他围岩采用控制爆破方案施工，营业线隧道容许振动速度不大于 3 cm/s。

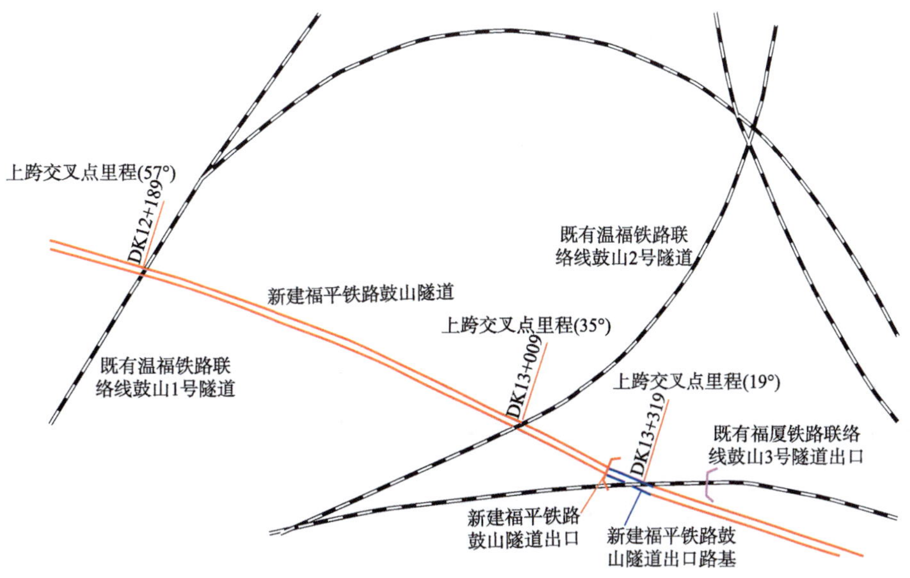

图 4-4-24　新建鼓山隧道及路基与邻近既有铁路平面关系示意图

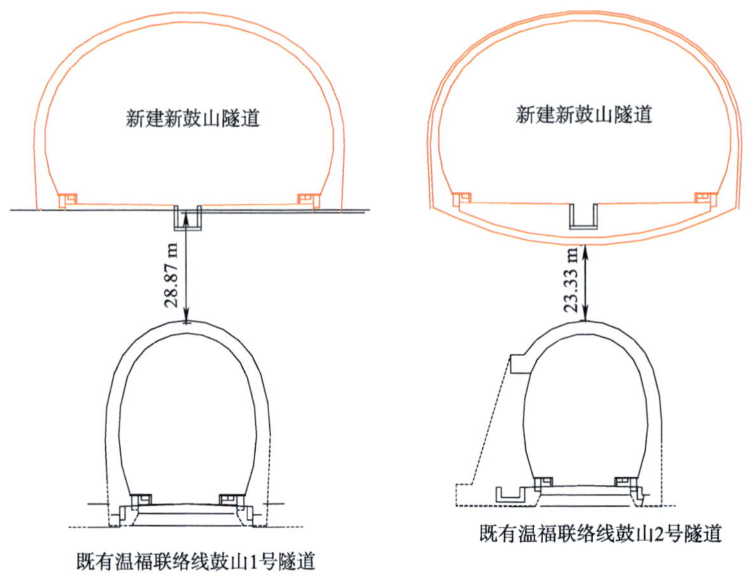

(a) 福平铁路新建鼓山隧道出口路基

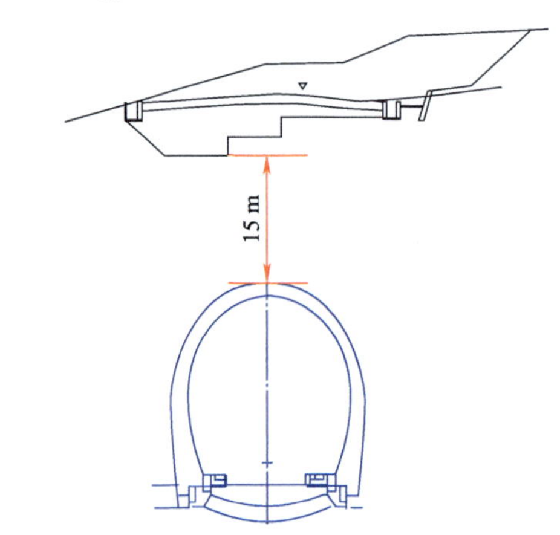

(b) 既有福厦铁路联络线鼓山3号隧道

图 4-4-25　新鼓山隧道与既有鼓山隧道 1 号、2 号、3 号隧道交叉示意图

3. 爆破设计

(1)Ⅱ、Ⅲ级围岩

Ⅱ、Ⅲ级围岩采用台阶法开挖，每循环进尺 1.0 m，控制总装药量 34.2 kg 以内，最大单响药量 3.15 kg 以内。

(2)隧道洞身Ⅳ级围岩短台阶法

隧道洞身Ⅳ级围岩采用短台阶法开挖，在掘进断面中布置掏槽孔、辅助孔、边孔、底孔等，循环进尺 0.8 m。控制总装药量 17.04 kg 以内，最大单响药量控制在 1.6 kg 以内。

(3)Ⅴ级围岩

Ⅴ级围岩采用三台阶临时仰拱法并配合机械开挖，局部机械挖不动部位采用弱松动爆破开挖，每循环进尺 0.8 m，控制总装药量 6 kg 以内，最大单响药量控制在 1 kg 以内。

(4)炮孔布置

在掘进断面中布置掏槽孔、辅助孔、周边孔、底孔等，炮孔布置如图 4-4-26 所示。

(5)现场飞石防护

搭建安全防护排架阻挡爆破后飞石伤及被保护建筑物，防护排架支架采用工字钢或钢管焊接，靠爆破

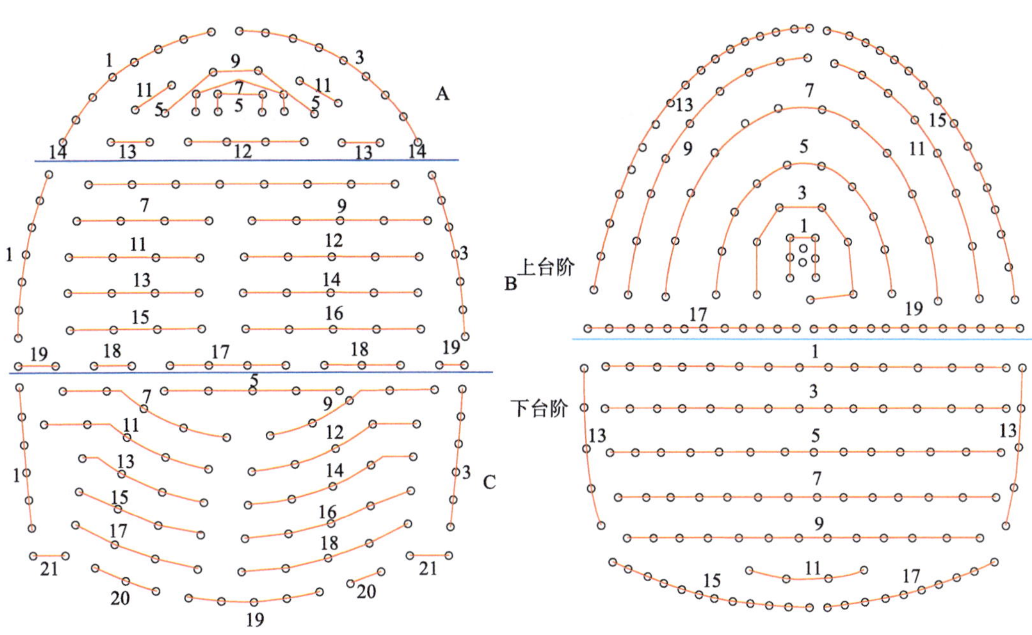

图 4-4-26　炮孔布置图

点方向在排架上采用胶帘、竹芭片、废旧轮胎覆盖，确保遮挡爆破飞石，防护排架必须能支撑住爆破冲击波及飞石。

4. 控爆控制

(1)营业线控制爆破控制流程

营业线控制爆破控制流程如图 4-4-27 所示。

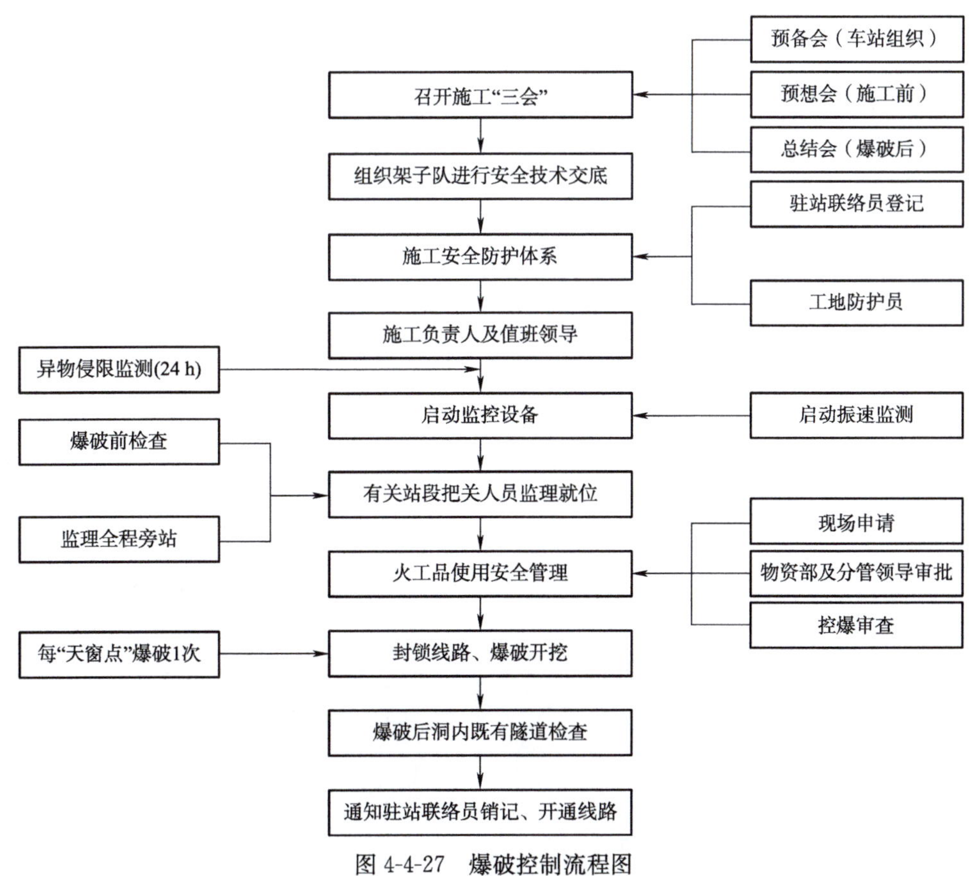

图 4-4-27　爆破控制流程图

(2)控制方法

①爆破振速监测

振速控制标准为不超过 3 cm/s。允许值参考《铁路工程爆破振动安全技术规程》(TB 10313—2019),考虑了隧道衬砌质量存在缺陷的实际情况,将隧道结构安全最严格的 7 cm/s 降低一级以上,其振动安全取值见表 4-4-17。

表 4-4-17　爆破振动安全控表制值表

序号	建(构)筑物类型	爆破振动容许值[v](cm/s)
1	隧道	3
2	轨道(路基)	5
3	桥梁	6
4	涵洞	6
5	通信、信号设备、接触网支柱基座	6

②爆破药量控制

首先通过爆破设计及安全评估确定了每次爆破规模控制在总装药量及最大单响药量,并通过试爆后确定最终参数。

(3)控制措施

①爆破振速测试仪

并行既有线隧道,在离爆破点最近二次衬砌拱腰部位安装振速测试仪,保证爆破点距最近一板二次衬砌范围内有振速测试仪。

②异物侵限自动监测预警系统

通过技术监测手段,判断既有隧道是否有异物坠落,如发现异物坠落系统将立即发出报警信号,以避免或减小灾害造成的损失并且可进行 24 h 不间断监控,有效解决了天窗点外人员不能进入既有隧道检查的弊端,为火车的正常通行提供强有力的保障。监测系统如图 4-4-28 所示。

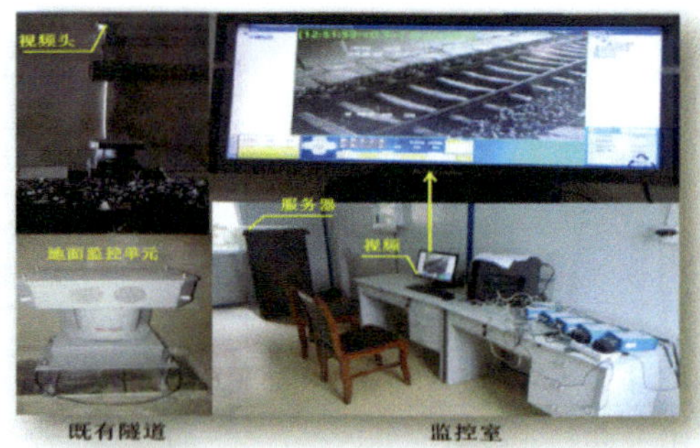

图 4-4-28　监测系统

③隧道变形收敛、水平位移、轨道沉降监测

由于隧道采用爆破开挖,施工过程中会对既有隧道的正常运营和安全产生一定的影响,针对本工程项目特点,在既有隧道,通过 R485 激光测距量测出隧道内轮廓特殊点相对位移变化,并传输到服务器,在远程服务器对数据进行处理并保存,或采用全站仪进行三维变形观测,如图 4-4-29 所示。

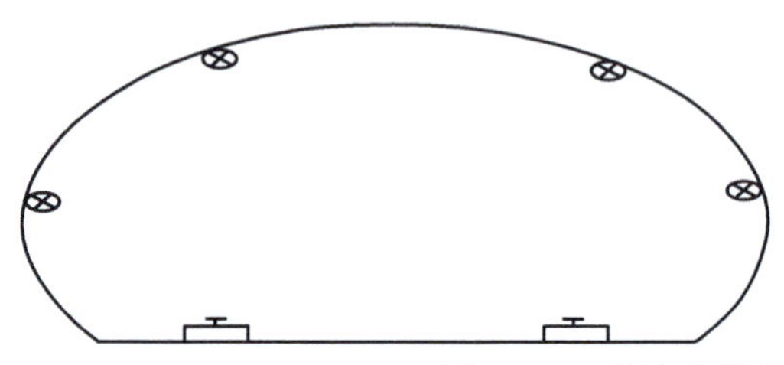

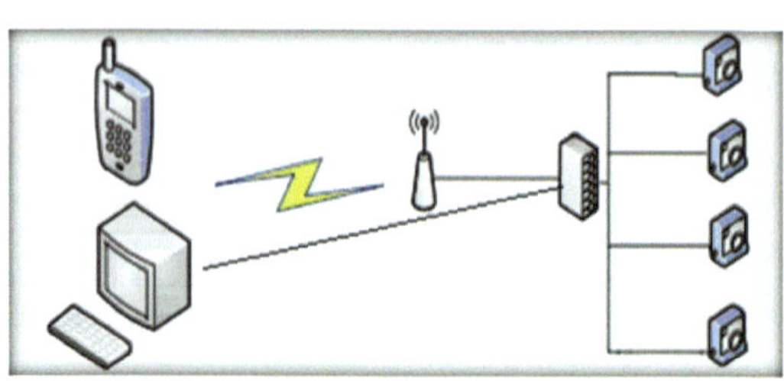

图 4-4-29　测点安设部位及激光测距处理系统图

(4)监测频率

监测频率见表 4-4-18。

表 4-4-18　监测频率表

序号	监测对象	监测项目	一般情况	超过预警值	工程抢险
1	既有隧道结构	振动	每循环		
2	既有隧道	异物侵限	连续		
3	隧道结构变形监测	轨道沉降	2 次/1 d	4 次/1 d	连续测量
4		收敛	2 次/1 d	4 次/1 d	连续测量
5		水平位移、沉降	1 次/3 d	1 次/1 d	连续测量
6		接触网吊杆	1 次/3 d	1 次/1 d	连续测量

(5)监测控制标准

监测控制标准见表 4-4-19。

表 4-4-19　各监测项目的报警值

序号	监测对象	监测项目	报警值		控制值	
			累计值	速率	累计值	速率
1	既有隧道结构	振动	2.5 cm/s(最大值)		3.0 cm/s(最大值)	
2	既有隧道	异物侵限	异物侵限随时报警			
3	隧道结构变形监测	轨道沉降	2 mm	0.6 mm/d	3 mm	1 mm/d
4		收敛	6 mm	连续 2 d	8 mm	连续 3 d
5		水平位移	5 mm	连续 2 d	8 mm	连续 3 d
6		沉降	6 mm	0.8 mm/d	8 mm	1.2 mm/d
7		接触网吊杆	发生位移时报警			

(6)监测设备验收

监测设备安装完毕后，由建设单位组织施工、监理、监测和相关设备管理单位对监控设备的安装情况共同进行验收，确认后方可安排控爆施工。

(7)数据处理与信息反馈

①数据处理

现场测试人员应对监测数据的真实性负责，监测分析人员应对监测报告的可靠性负责，监测单位应对整个项目监测量负责。监测记录、监测当日报表、阶段报告和监测总结报告提供的数据、图表应客观、真实、准确、及时。

观测数据出现超控制标准，立即停工检查。

进行监测项目数据分析时，应结合其他相关项目的监测数据和自然环境、施工工况及以往数据，考察其发展趋势，并做出预报。

监测成果应包括当日报表、阶段性报告、总结报告。报表应按时报送，报表中监测成果宜用表格和变化曲线或图形反映。

对达到或超过监测报警值的监测点应有报警标示，并有原因分析及建议；对巡视检查发现的异常情况应有详细描述，危险情况应有报警标示，并有原因分析及建议。

②信息反馈

监测过程中及时向业主、监理、施工方、铁路部门汇报各项监测数据及初步分析结果。制定应急预案，在监测数据发生急剧变化时，参与甲方及有关各方综合分析，预测各因素的发展趋势，提出施工建议，参与制定合理的解决办法，确保施工安全。

(8)应急处理流程

当以上设备监测或检查出现异常情况时需按如图 4-4-30 所示流程尽快处理。

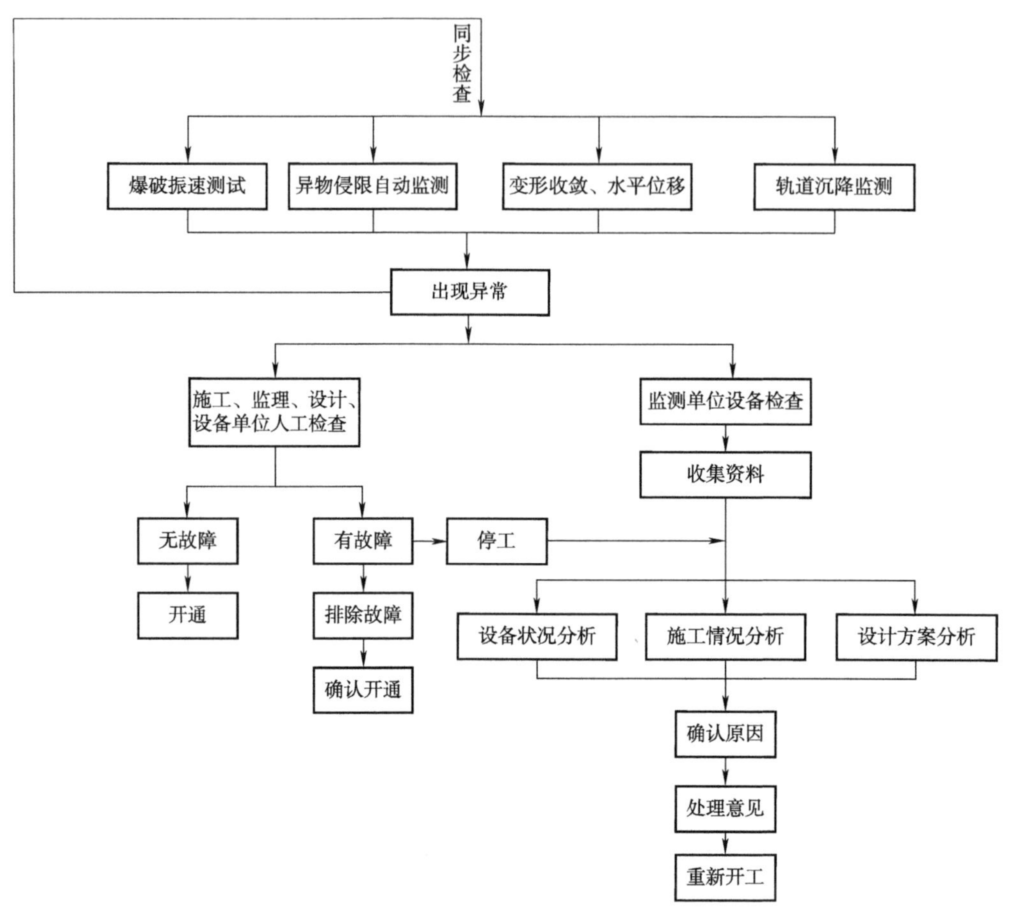

图 4-4-30　应急处理流程

(9)施工具体措施

①施工准备

施工单位提前与铁路相关设备管理单位进行对接,建立完善的安全管理机制,施工、监理、监测及铁路设备管理单位均应安排人员 24 h 值班并明确联系方式。

②施工前既有隧道检查

施工开始前,由建设单位牵头组织对邻近既有铁路隧道进行详细调查,检查既有隧道施工前有无开裂、渗漏水、掉块现象,对检查结果采用照相、文字叙述等方式形成记录并建立台账共同签字。进一步明确监测项目、检测点布置方式及重点监测地段等要求。

③人员培训及配合

抓好施工人员管理与培训。针对本工程的特点,开工前对职工进行岗前培训、安全基本知识和技能教育、遵章守纪和标准化作业的教育,并认真学习,经考试合格持证上岗。

④进行演练

建设单位应组织各参建单位进行铁路行车安全等方面的应急演练,各铁路相关设备管理单位派人员参加。

⑤召开三会

实行了“三会”管理制度,召开预备会、预想会、总结会。

三、南昌铁路局涉及爆破施工的方案和计划申报流程

针对局管内营业线爆破施工较多的情况，路局相关部门单位共同协商，要求交叉和邻近营业线控制爆破施工的项目在实施前，需按照项目管理机构先组织参建单位和设备管理单位共同预审，路局组织运输、工务、电务、供电、安监、铁路公安等部门复审的流程进行管理。

四、施 工 小 结

隧道爆破测振速均未超过 3 cm/s，满足设计要求。每次爆破后，福州工务段、电务段、供电段，南昌通信段配合人员上道对既有隧道设备进行了检查，既有设备均完好无损，对列车通行无任何影响。

第五章 轨道工程

第一节 有砟轨道道床施工

本线轨道结构形式以铺设有砟轨道为主，6 km 及以上的长大隧道铺设 CRTSⅠ型双块式无砟轨道，轨道结构形式及类型见表 4-5-1。

表 4-5-1 轨道结构形式、轨道类型表

序号	地 段	轨道结构形式
1	DK3＋300～DK5＋0105	有砟轨道
2	DK5＋105～DK13＋295(新鼓山隧道)	CRTSⅠ型双块式无砟轨道
3	DK13＋295～DK48＋433	有砟轨道
4	DIK48＋433～DK55＋730(高峰山隧道)	CRTSⅠ型双块式无砟轨道
5	DK55＋730～DK88＋099.55	有砟轨道
6	福州站至樟林段沿海铁路联络线	有砟轨道

一、有 砟 轨 道

1. 钢轨

本线为客货共线铁路，钢轨采用 60 kg/m、100 m 定尺长 U75V 无螺栓孔新钢轨。

2. 有砟轨道地段轨枕及扣件

全线铺设有砟轨道的路基、隧道地段采用Ⅲa 型有挡肩钢筋混凝土轨枕及其配套弹条Ⅱ型扣件，桥上铺设新Ⅲ型桥枕，根据桥上铺设无缝线路计算需要，铺设小阻力扣件地段及铺设钢轨伸缩调节器两端小阻力扣件范围采用Ⅲc 型钢筋混凝土轨枕及其配套的弹条Ⅴ型小阻力扣件，轨枕铺设 1 667 根/km。

有砟无砟过渡段处有砟轨道采用 WJ-7A 型扣件，轨枕采用有砟过渡段轨枕，铺设 1 667 根/km；过渡段处无砟轨道采用 WJ－8A 型扣件。根据信号专业设计原则，有砟轨道单线每 60 m 铺设一根电容轨枕，每 700 m 铺设 3 根电气绝缘节轨枕。有砟轨道扣件轨下胶垫厚 10 mm，静刚度为 50～70 kN/mm。

3. 碎石道床

全线铺设有砟轨道地段采用一级碎石道砟。道床顶面宽度 3.5 m，砟肩堆高 15 cm，道砟边坡 1∶1.75，路基道床厚度 30 cm，硬质岩石路堑、隧道内、桥上道床厚度 35 cm。

4. 轨道结构高度

正线轨道结构高度见表 4-5-2。

表 4-5-2 正线轨道结构高度(单位：mm)

结构类型	铺设地段	轨道结构高度(mm)
有砟轨道	路基(基床表层采用土质填料)	916
	路基(基床表层采用级配碎石)	716
	隧道、硬质岩石路堑	766
	道岔区	802
	桥梁地段(有护轮)	746
	桥梁地段(无护轮)	766

续上表

结构类型	铺设地段	轨道结构高度(mm)
有砟无砟轨道过渡段	洞内有砟轨道(距洞口 20 mm)	781
	6 km 及以上的隧道洞内双块式无砟轨道	515

注:有砟轨道结构高度指钢轨顶面至道砟底部的垂直最小高度,不含路拱高度。

二、有砟轨道道床施工方法

1. 道砟摊铺工艺流程

道砟摊铺工艺流程如图 4-5-1 所示。

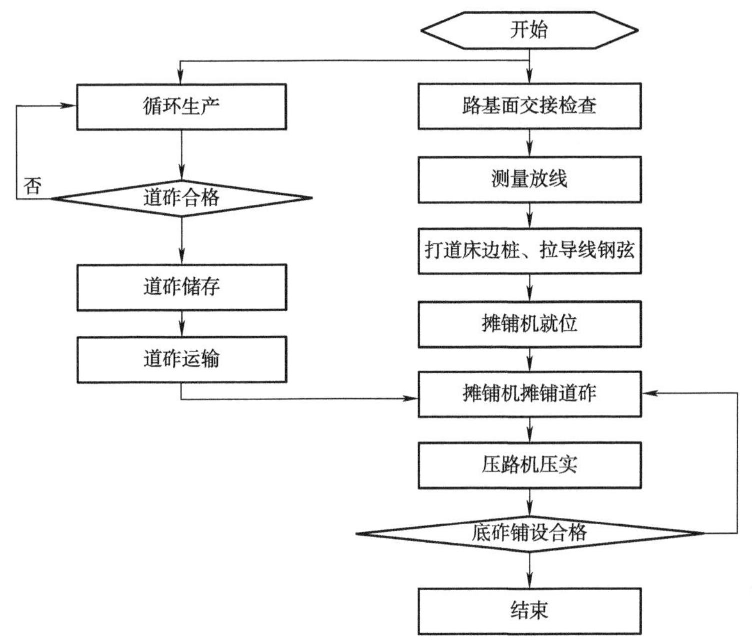

图 4-5-1 底层道砟铺设施工工艺及质量控制流程图

2. 施工方法

(1)由自卸汽车运送道砟至摊铺机处。自卸汽车后轮支撑在摊铺机前面的推滚上,摊铺机操作手控制摊铺机夹具夹住自卸汽车后轮起斗卸砟。

(2)采用人工配合机械进行摊铺,压路机分层碾压的施工方法,确保道床摊铺质量。将摊铺机料斗充满时摊铺机推动自卸汽车行进,边卸砟边摊铺。双线时左、右线交替摊铺,振动压路机跟在摊铺机后面进行碾压。

(3)根据底砟摊铺的厚度,在路肩上引出平桩,并挂拉细弦线,长度控制在 100～150 m。每 10 m 设置一支点,并在两端用加紧器将细弦拉紧。

(4)推土机摊铺时应考虑松铺厚度,待推土机粗平摊铺后,压路机将紧随其后进行压实,最后采用钢钎挂线控制道床顶面,采用人工进行细平,底砟顶面标高误差宜控制在±20 mm,平整度达到规范要求。

(5)道床摊铺压实过程中,应在线路中心轨枕下挑槽,槽宽为 60 cm,深度为 5 cm,并露出线路中心桩,方便后续施工。

(6)道床摊铺压实后,应对其进行质量检测,判断是否达到质量标准。检测内容主要包括砟面外形、平整度、压实密度。

3. 质量控制及检验

铺轨前需进行底层道砟预铺,利用既有马道及正线路基将道砟通过汽车运送到路基上,进行摊铺、平整、压实，路基面(含桥梁、隧道)并检验合格后，方可预铺道砟。

(1)铺轨前的底层道砟摊铺应严格按照《客专线铁路轨道工程施工质量验收暂行标准》进行。

(2)铺砟前应取得线下施工单位线路测量资料、中桩、基桩和水准点，并进行铺砟前路基面(含桥梁、隧道)检查，复测线路中桩、基桩及路基面(含桥梁、隧道)高程，形成交接记录。

(3)道砟进场时应对其品种、外观等进行验收，其质量应符合现行铁路碎石道砟相关技术条件的规定。道砟生产应有生产检验证书和产品合格证。

(4)道砟进场时的颗粒级配、颗粒形状及清洁度应符合现行铁路碎石道砟相关技术条件的规定。

(5)底层道砟摊铺厚度宜为 150～250 mm，双线摊铺宽度宜为 9～10 m。

(6)底层道砟可采用摊铺机或平地机摊铺平整，采用强度不小于 160 kPa 的机械碾压，道床密度不低于 1.6 g/cm^3，正线道岔下道床密度不低于 1.7 g/cm^3，预留起道量不小于 50 mm。

4. 补砟施工

(1)施工要求

铺轨后，为确保轨道稳定，需及时对线路进行补砟整道，待轨道到达一定稳定状态后，进行单元轨节焊(即将已铺设的 500 m 长轨焊接成 1～2 km 单元轨节)，继续对线路补砟，大型机械化养路机组整道，待线路达到初稳定状态，即可进行钢轨应力放散、线路锁定作业。对锁定完的线路还要进行少量补砟、精细整道，以最终使轨道线路达到稳定状态，轨面设计标高、道床密度、道床刚度、道床横纵向阻力、轨道几何形态能够符合规定要求。

(2)卸砟组织

福平铁路段采用统一补砟，在长乐东站维修工区处建立补砟存储基地，利用长乐东站新建道岔，停放 K13 风动卸砟车，用于组织道砟装车。道砟装车采用装载机进行装载。

根据底砟摊铺情况及道床设计标高，确定起道次数和起道量，结合日进度，确定日道砟需要量、卸砟次数和每次卸砟量。K13 风动卸砟车由机车牵引进行卸砟，第一次卸砟在铺轨后立即进行，卸砟量按设计面砟数量的 65%控制，第二次卸砟在 MDZ 机组作业一遍后进行，卸砟量按设计数量的 20%控制。MDZ 机组作业两遍后卸完剩下的道砟，约为设计量的 15%，直至道床厚度达到设计标准，轨面高程符合设计规定要求。

第二节　无砟轨道施工

本线共有新鼓山、高峰山两座隧道铺设无砟轨道，采用 CRTSⅠ型双块式无砟轨道。双块式无砟轨道结构由钢轨、扣件、双块式轨枕、现浇混凝土道床等组成，横断面结构示意如图 4-5-2 所示。

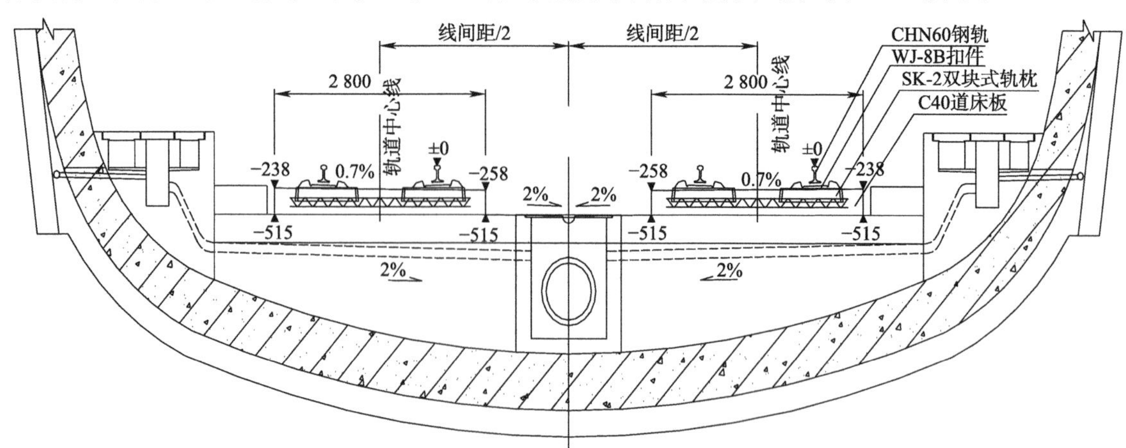

图 4-5-2　隧道横断面设计示意图(单位：mm)

1. 钢轨

本线为客货共线铁路,钢轨采用 60 kg/m、100 m 定尺长 U75V 无螺栓孔新钢轨。

2. 轨枕及扣件

采用 SK-2 型双块式轨枕[图号:通线(2011)2351],配套采用 WJ-8A 型扣件,扣件性能参数应满足铁科技函〔2006〕248 号《关于发布<客运专线扣件系统暂行技术条件>的通知》中的相关要求,扣件垫板刚度为 30～50 kN/mm。

3. 道床板

隧道内道床板采用 C40 混凝土现场连续浇筑而成,道床板内配筋采用双层配筋,上下层纵横向钢筋均采用 ϕ20 mm 的 HRB 335 钢筋。道床板宽度 2 800 mm,直线地段道床板高度 260 mm。

隧道地段道床板铺设在仰拱隧道回填层或钢筋混凝土底板上,隧道内线路曲线超高在道床板上实现。

4. 轨道结构高度

隧道内 CRTSⅠ型双块式无砟轨道结构高度 515 mm,如图 4-5-3 所示。

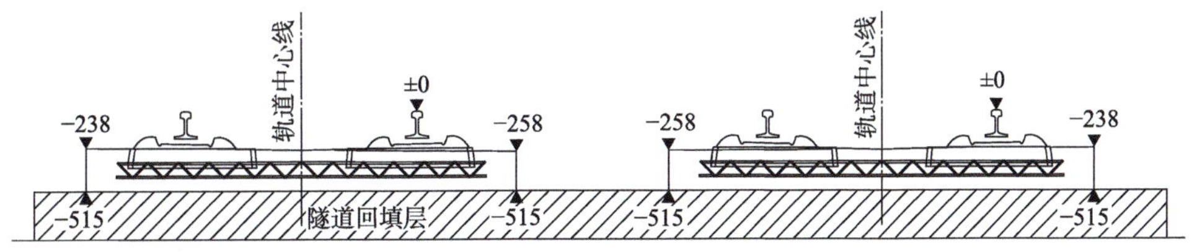

图 4-5-3 隧道地段轨道结构高度示意图(单位:mm)

5. 无砟轨道与轨道电路及综合接地适应性设计

根据轨道电路及综合接地的要求,道床板内接地钢筋利用每块道床板表层(50～100 mm)3 根平行的纵向结构钢筋作为纵向接地钢筋,纵向接地钢筋在每块轨道板内与一根横向接地钢筋(利用横向结构钢筋)横向焊接,两块相邻道床板间通过接地端子及缆线连接,原则上每 100 m 断开与贯通地线单点"T"形连接。

接地钢筋与道床板内其他结构钢筋搭接或交叉处均应绝缘处理。道床板内除接地钢筋外纵横钢筋交叉点均采用小型塑料套管绝缘绑扎。

6. 有砟轨道与无砟轨道过渡段设计

在有砟与无砟轨道间设置过渡段,长度为 25 m,其中有砟轨道范围内 20 m,无砟轨道范围内 5 m,有砟无砟过渡段处有砟轨道采用 WJ-7A 型扣件,轨枕采用有砟过渡段轨枕[图号:通线(2008)2251],每千米铺设 1 667 根/km;过渡段处无砟轨道采用 WJ-8A 型扣件,轨枕采用无砟过渡段轨枕[图号:通线(2008)2251]。

过渡段辅助轨采用 60 kg/m 钢轨及配套的扣板式扣件。区间正线有砟、无砟轨道结构过渡段位于新鼓山、高峰山两座隧道洞内,距隧道洞口不小于 20 m。

一、施工方案的选择

无砟轨道工程具有技术标准高、施工精度要求高、质量控制指标要求严、受天气影响大、施工场地狭小、交通组织困难等特点。通过试验段对"轨排框架法"的使用,项目部已掌握了该种施工方法的施工工艺,试验证明各项技术指标均能达到福平公司的要求。因此,无砟轨道工程采用"轨排框架法"施工,如图 4-5-4 所示。

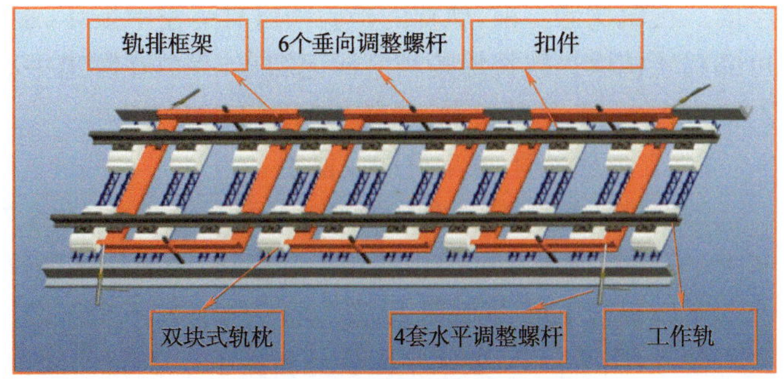

图 4-5-4 轨排框架的组成

二、工艺流程

无砟轨道施工工艺流程如图 4-5-5 所示。

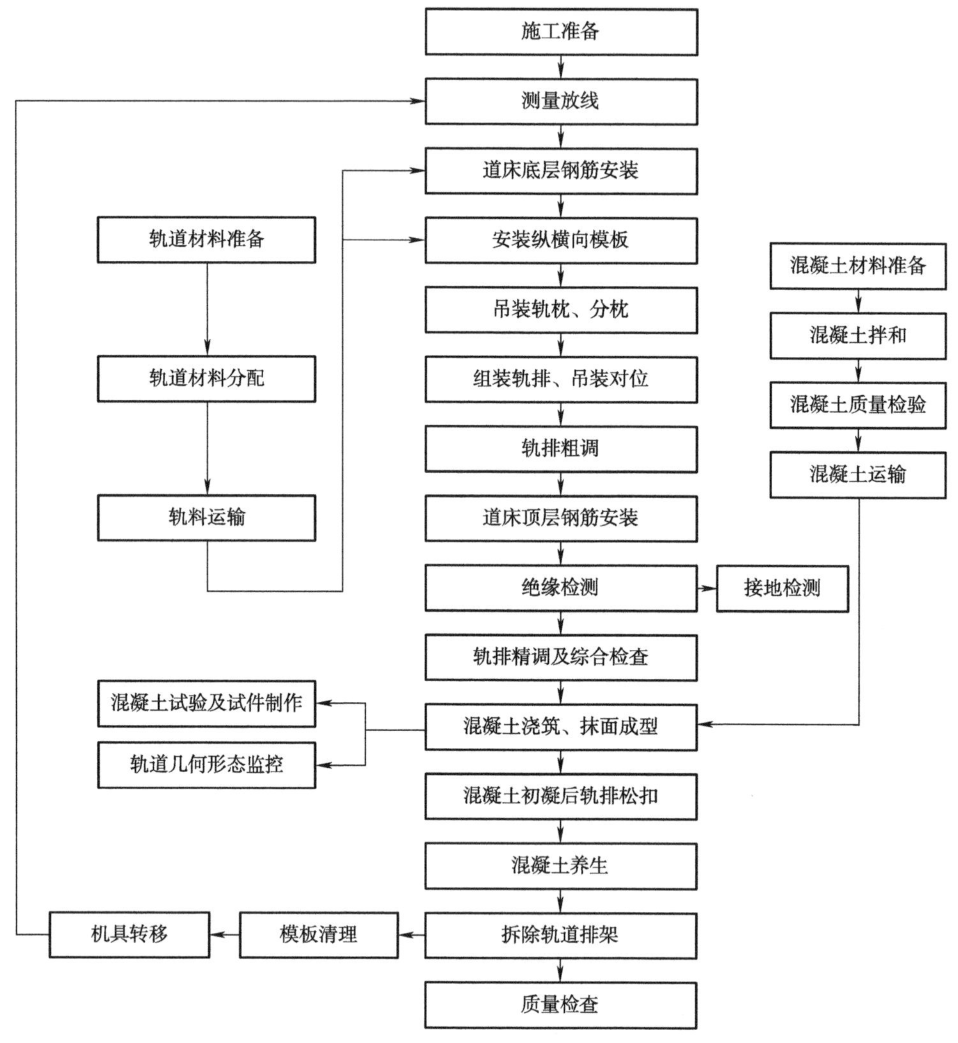

图 4-5-5　无砟轨道施工工艺流程图

三、隧道内道床板施工

1. 轨枕的运送、验收及存放

轨枕采用 10t 卡车运输，使用汽车式起重机装卸。轨枕间采用 10 cm×10 cm 方木支撑，枕木垛绑扎牢固。在轨枕卸车前，轨枕的检验项目有运输中损坏、裂缝、钢筋变形、伸出的钢筋长度。经验收合格后方可卸载轨枕垛。轨枕垛按相应标记卸车，存放在隧道中心水沟间采用 10 cm×10 cm 方木支撑，每垛存放 2 层，每层 4 根，两垛连放，轨枕垛间距 12 m。

2. 工作面清理、施工放线及凿毛

清除道床板范围内的下部结构表面浮渣、灰尘及杂物。根据设计线路资料，采用全站仪直线地段每 10 m、曲线地段每 5 m 放出线路投影中线，同时用水准仪每 10 m、5 m 测出对应点位的实际高程。

道床板施工前，将道床板施工范围内前方不少于 200 m 范围的混凝土表面清除干净，然后对其表面进行凿毛(图 4-5-6)，要求平面的见新面不应小于 75%，立面深度不得小于 5 mm，并尽量保证在立面上存在一定凹凸关系。采用高压水枪和钢丝刷将混凝土碎片、浮砟、尘土等冲洗干净，浇筑混凝土前地板表面应湿润，保湿 2 h 以上且无积水。

图 4-5-6　冲洗及凿毛

3. 底层钢筋布设

道床板钢筋在洞外钢筋加工棚内加工，在洞内绑扎组装。纵向结构单元钢筋每 100 m 单元用绝缘卡进行绝缘搭接，绑扎时在纵、横向钢筋搭接处采用绝缘卡隔离，确保纵、横向钢筋节点绝缘。纵向钢筋进行搭接，相邻钢筋的搭接接头应相互错开，搭接长度不小于 800 mm，相邻搭接接头中心错开距离不小于 1 100 mm。同一截面上的钢筋搭接率不大于 50%，如图 4-5-7 所示。

在纵横向钢筋交叉处及纵向钢筋搭接处设置绝缘卡并用塑料带绑扎牢固，绝缘卡的卡力不得小于 25 N，绑扎后剪去多余的塑料带。绑扎底层钢筋，做好绝缘处理。纵横向钢筋均匀散布，间距允许偏差$^{+20}_{-20}$ mm，保护层厚度允许偏差$^{+10}_{-5}$ mm，搭接长度符合设计要求。按测量放样位置和轨枕下纵向钢筋设计数量，将纵向钢筋依次散铺到线路上。在线路设计的位置安装横向模板基座条。

图 4-5-7　底层钢筋布设

工序质量标准及验收检验方法：

①根据全站仪放样点，在底板顶面上用钢卷尺量出底层钢筋间距，粉笔标记；按梅花形布置预制好的混凝土垫块，每平方米不少于 4 个(5 cm×5 cm×3.5 cm)；布置纵、横向钢筋，安装绝缘卡。

②吊卸过程中防止钢筋变形；维持物流道路的通畅，满足货物运输要求。

4. 散布轨枕

利用散枕平台装置拼装轨排，每工班开始前检查散枕装置的间距尺寸，达到使用要求。在铺枕过程中避免轨枕混凝土破损或钢筋变形，受损轨枕予以更换。龙门式起重机从轨枕垛一次抓取一组 4 根将轨枕均匀散布到设计位置，如图 4-5-8 所示。

工序质量标准及验收检验方法：

①轨枕在隧道段标准间距 650 mm，与结构物接头调整处间距 600～650 mm。

②同组轨枕间距误差$^{+5}_{-5}$mm。

③散布后的轨排线形平顺，与轨道中线基本垂直。

图 4-5-8　散枕照片

5. 轨排、模板、运输

用龙门式起重机随车式起重机配合物流运输车，在不影响混凝土的供给及浇筑前提下，将工具轨、模板、罗杆调节器收集、装运、卸放到指定的位置。用门式起重机随车式起重机从后方倒运至前方轨排至拼装区域，轨排放于空地上，模板存放于轨道两侧。

工序质量标准及验收检验方法：该运输不应干扰混凝土的供给及浇筑。可利用混凝土浇筑完成后的缓冲时间进行钢模板和轨排倒运施工。模板进场进行抽检，检验标准见表 4-5-3。

表 4-5-3　模板质量检验检查表

序　　号	检查项目	检验标准	检测方法
1	纵向模板垂直度	2 mm	尺量
2	纵向模板位置	2 mm	尺量
3	表面平整度	1 mm/2m 2 mm/5 m 3 mm/12m	用直尺、塞规 用悬线、塞规 用悬线、塞规
4	横向模板拼缝错台量	±0.5 mm	游标卡尺
5	横向模板拼缝间隙	1 mm	拉线和尺量
6	模板长度	±3 mm	卷尺
7	模板高度	±1 mm	直尺

6. 轨排组装

(1)工作流程

轨排组装工艺流程如图 4-5-9 所示。

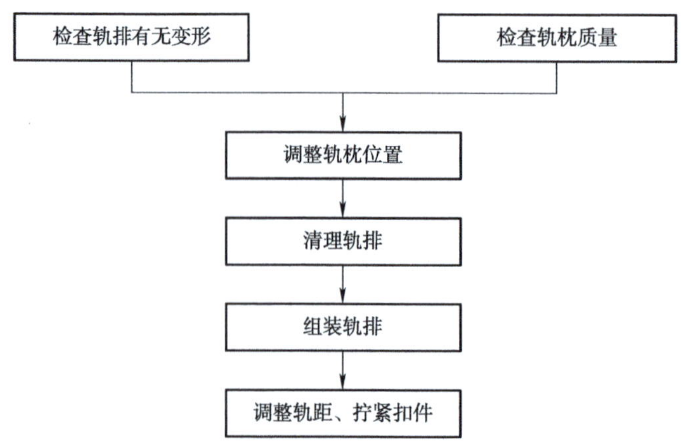

图 4-5-9　轨排组装工艺流程框图

(2)检查轨枕质量及位置

检查已完成散布的轨枕,看是否有在施工中被磕碰坏的,如有则进行更换。对轨枕的间距进行再次检测调整,确保轨枕铺设线形平顺,间距在规范允许的误差范围内。轨枕塑料垫板上的灰尘、混凝土渣等用抹布清理干净,以免引起钢轨底部不平及高程偏差。

(3)检查轨排

①检查轨排轨尺寸外形,主要允许偏差应符合要求。

②要求轨缝顺接应无错牙错台,使用鱼尾板连接,并不少于4个螺栓。检查轨排上有无未清理的混凝土,包括钢轨底部。

(4)组装轨排

检查轨枕与工具轨的垂直度以及扣件是否发生塑性变形,如满足要求后将扣件松开后定位,如不满足要求则进行调整。按照WJ-8型扣件使用说明,扭矩扳手按照160 N·m扭矩要到达最终安装位置,在施工中,隧道段扣件螺栓扭矩控制在160 N·m左右按规定扭矩拧紧对应扣件螺栓后,使钢轨与垫板贴合,弹条中部弯管与轨距突出部分接触。一套扣件系统的两个螺栓必须同时使用双头内燃机扭矩扳手拧紧,安装后轨距满足±1 mm的误差范围。

(5)螺杆调节器主要作用是将粗调后的轨排支承起来,并使轨排在一定范围内可以进行标高、中线的调整。

(6)工序质量标准及验收检验方法

①轨排组装标准见表4-5-4。

表4-5-4 轨排组装检查表

序号	检查项目	检验标准	检测方法
1	轨缝	15～300 mm	尺量
2	螺栓拧紧扭矩	扣件安装技术条件	扭矩扳手
3	轨距	±1 mm	轨距尺

②螺杆调节器托盘质量检查项目

螺杆调节器干净,无附着混凝土;精调前横向移动的调节器应在中间位置;竖向螺杆调节器条在铺装高度位置;所有螺杆调节器必须润滑且容易拆除。

(7)钢筋绑扎、接地焊接

无砟轨道道床板钢筋采用HRB400的ϕ16、ϕ20螺纹钢,分单元设置。道床板在纵向划分成不大于100 m的接地单元,纵向接地钢筋均采用道床板内3根上层纵向ϕ20结构钢筋(道床板钢筋网中间1根,两侧各1根)。接地端子均设置在道床板外侧,与接触网基础上的接地连接。具体钢筋绑扎及接地焊接工艺步骤如下:

①钢筋绑扎

首先按照设计图纸架设底层钢筋,同时在纵横向钢筋交叉处,纵向钢筋与轨枕桁架下层钢筋交叉处以及纵向钢筋搭接处设置绝缘卡,并用尼龙自锁带将钢筋绑扎牢固;然后架设上层纵横向钢筋,穿入横向钢筋,对纵向钢筋与横向钢筋、轨枕桁架上层钢筋交叉处以及上层纵向钢筋搭接范围的搭接点按设计要求设置绝缘卡,用尼龙自锁带绑扎。绑扎过程中不得扰动粗调过的轨排,如图4-5-10所示。

②接地焊接

内部纵向接地钢筋焊接长度不小于200 mm,横向接地钢筋连接纵向接地钢筋时采用L型焊接焊缝长度和焊接质量符合要求。安装时端子位置要正确。为防止接地端子污染,焊接后在端子孔内塞上纱布并用胶带封闭,如图4-5-11所示。

图 4-5-10 道床板钢筋绑扎照片

图 4-5-11 综合接地端子照片

③钢筋绝缘及接地检测

道床板架设完成后，进行绝缘和接地性能测试，确保符合要求。按设计要求对纵横向钢筋进行绝缘处理，并检查绝缘效果。检测采用电阻检测仪。接地电阻不得大于 1 Ω；除接地钢筋外，任意两根钢筋的电阻值不小于 2 MΩ。

7. 隧道内过渡段、变形缝植筋设置、道床板的处理措施

过渡段有砟轨道 45 m 范围内的道砟分三段（每段 15 m）用道砟胶进行黏结。第一段完全黏结（枕下、枕间、边坡）；第二段部分黏结（枕下、边坡）；第三段部分黏结（枕下）。

在有砟轨道和无砟轨道分界点至无砟轨道段范围内设置 ϕ25 长 400 mm 的连接钢筋共 10 排，每排 4 根。其间距根据轨枕间距情况进行调整，每隔两根轨枕设置一排，并使其位于相邻两轨枕间。连接钢筋以植筋方式锚固在仰拱回填层上，采用植筋胶固定，连接钢筋埋深 250 mm。

8. 综合接地

(1)道床板长度大于 100 m

划分接地单元，以不大于 100 m 作为一个接地单元，每一接地单元均与贯通地线单点“T”形连接一次。

(2)道床板长度小于 100 m

在隧道变形缝处断开后，道床板长度可能小于 100 m，则在划分的多个单元板端部设置接地端子，并“三纵一横”焊连一次；当几块道床板组成一个不大于 100 m 的接地单元时，同一接地单元内的相邻单元板接地端子进行 C 形连接，最后该接地单元再与贯通地线单点“T”形连接。

9. 安装模板

模板表面平整无凹凸、无弯折、无污物；脱模剂涂刷完成。

(1)纵向模板安装

①测量放样后，用墨斗弹出两侧纵向模板内边线，在模板锚栓孔位置处用冲击钻提前打设模板加固锚

栓孔，在孔内放入膨胀螺丝套管。

②在纵向模板底部的钢槽内加塞土工布，以防止施工时混凝土跑浆。

③人工将模板安装拼接到位。

④按照标示的模板边线位置，吊运模板就位，将模板上的加固孔用锚栓固定，上部采用拉杆加固，对于底座局部不平整的地方，用楔块垫平，保持底面支承牢固、水平。

⑤纵向模板间采用螺栓固定，模板两侧端部设置双面胶条，避免漏浆。

⑥模板安装人员沿轨道线路依次行走至下一对模板安装位置，直至安装完循环段内所有模板。

(2)储运

计算模板使用数量，使用公铁随车式起重机运输车和物流平板车将纵向、横向模板利用混凝土浇筑间隔时间，从后方倒运至前方，放置于轨道两侧。

(3)模板安装技术要求

①纵向模板干净(无混凝土污染)。

②脱模剂涂刷均匀。

③模板与下部结构顶面保持垂直。

(4)注意事项

①模板安装避免扰动已粗调完的轨排。

②安装时防止模板变形。

③检查接头密封。

④安装横向模板前检查基座条与下部结构牢固连接。

⑤保证物流运输通道畅通。

⑥隧道超高段道床模板设置：隧道地段在道床板设置超高，采用外轨抬高的方式设置，超高在缓和曲线范围内线性过渡，缓和曲线段超高值采用内插法计算。超高段的道床板外侧模板高度较标准底座板外侧模板按照超高值加高，内侧模板采用标准道床板模板。道床板模板安装时按照放样出的模板边线进行立模，然后计算出底座板顶面两侧的标高，在模板上每 5 m 左右标记出高度，固定方式和安装步骤同上。

10. 轨排精调

轨排精调是道床板混凝土施工前的最后一道工序，也是道床板线性及高程控制最关键的技术工作，因此，要充分予以重视。轨排精调的精调小车，通过全站仪与小车顶端的棱镜，将轨排高程、中线偏位等数据显示在小车顶部的电脑上，再用调整螺杆调节器的方法反复测调，最终使轨排线形满足设计要求。

(1)轨排检查

为保证精调效率，精调前由技术人员对已完成好的钢筋、模板、工具轨排以及综合接地再次进行检查验收，不合格的立即整改，确认全部合格后进入精调阶段。

(2)确定全站仪坐标

全站仪采用自由设站法定位，通过观测附近 8 个 CPⅢ点上的棱镜，自动平差、计算确定位置。改变测站位置，必须至少交叉观测后方利用过的 4 个控制点。每工作面配备 1 台天宝 S60＋轨检小车。

(3)测量轨道数据

精调小车停于螺杆调节器对应位置后，全站仪测量轨道精测小车顶端棱镜，小车自动测量轨距、超高，如图 4-5-12 所示。

(4)反馈信息

接收观测数据，通过配套软件，计算轨道平面位置、水平、超高、轨距等数据，将误差值迅速反馈到测量手簿上，指导轨道调整。

(5)调整中线

采用拉顶杆调整轨道中线，如图 4-5-13 所示。

图 4-5-12　精调小车工作图片

图 4-5-13　轨道中线调整

(6)调整轨道高程

用普通六角螺帽扳手,旋转竖向螺杆,调整轨道水平、超高。

(7)注意事项

①所有测量仪器必须按相关标准进行校定。

②精调小车每次测量前都必须在超高传感器上进行校定。

③测量区域尽量减少其他施工作业。

④极端天气条件下不得进行精调作业。

⑤精调后的轨排不允许受到任何外力扰动。

(8)精调后轨道几何形位允许偏差

①轨顶高程以一股钢轨为准,与设计高程允许偏差为±2 mm;紧靠站台为 0～2 mm。

②轨道中线以一股钢轨为准,与设计中线允许偏差为 2 mm;线间距允许偏差为 0～5 mm。

③无砟轨道静态平顺度标准应符合相关规定。

11. 工序质量标准及验收检验方法

接地钢筋焊接长度不小于 200 mm,外端连接点须与模板密贴。接地单元长度不大于 100 m,接地端子焊接宜选择与电缆槽侧壁接地端子正对的位置,以减少不锈钢接地钢缆的长度。

钢筋安装及接地焊接质量检查项目:按图安装钢筋;按图进行焊接;接地连接位置;混凝土保护层两侧和顶部最小厚度符合图纸要求,允许偏差$^{+5}_{-5}$ mm。钢筋接地系统绝缘性能满足设计要求,防止接地端子污染。钢筋绑扎安装允许偏差见表 4-5-5。

表 4-5-5　钢筋绑扎允许偏差表

序号	检查项目		允许偏差(mm)
1	钢筋间距		$^{+20}_{-20}$
2	钢筋保护层厚度(mm)	$c\geqslant35$ 或 $c\leqslant25$	$^{+5}_{-2}$
		$c<25$	$^{+3}_{-1}$

模板安装不能扰动已粗调完的轨排。模板安装质量检查项目:纵向模板干净;脱模剂涂刷情况,油膜应分布均匀;损坏或弯折的模板不得使用;混凝土保护层最小厚度;目测纵向模板与下部结构顶面保持垂直;模板安装后,检查下部结构表面清洁。道床模板安装允许偏差应符合表 4-5-6 规定。

表 4-5-6　道床板模板安装检查表

序号	项　目	允许偏差(mm)	备　注
1	顶面高程	$^{+5}_{-5}$	均为模板内侧面的允许偏差
2	宽度	$^{+5}_{-5}$	
3	中线位置	2	

12. 道床板混凝土浇筑

(1)准备工作

清理浇筑面上的杂物,喷水湿润浇筑机械。为确保轨枕与新浇混凝土的结合良好,需在浇筑前在轨枕表面洒水。用防护罩覆盖轨枕、扣件。检查螺杆调节器中螺杆是否出现悬空,隔离套是否装好。

(2)检查和确认轨排复测结果

浇筑混凝土前,如果轨道放置时间过长(超过 6 h),环境温度变化超过 15℃(钢轨长度 12.5 m 时)或受到外部条件影响,必须重新检查或调整。

(3)混凝土输送

利用混凝土运输车将混凝土运至施工现场后,检测每车混凝土的坍落度、含气量及温度等指标,合格后根据不同的浇筑方案选择卸料方式。

(4)混凝土浇筑

①当轨道板混凝土采用浇筑机械施工时,控制布料及出料槽流量,采取 4 个插入式捣固器将混凝土捣固密实,后面有 2 个辅助振捣器用于人工局部补捣。振捣过程中,应注意避免碰撞钢筋网。混凝土浇筑间隔时间过长,应按施工接头处理。

②采用吊斗浇筑时,用吊斗将混凝土吊至待浇筑的轨排上方(下料口离轨顶不可过高),开启阀门下料。下料过程中须注意及时振捣和防止污染,下料应均匀缓慢,不得冲击轨排。

③当采用泵送时,橡胶泵管口应在轨排上方且下料方向基本垂直轨排。通过移动下料管控制混凝土高程。

(5)移位

混凝土需 1 个轨枕间距接 1 个轨枕单向连续浇筑,让混凝土从轨枕块下漫流至前一格,不至在轨枕下形成空洞。当混凝土量略高于设计标高后,前移到下一格进行浇筑。

(6)抹面及清整

表层混凝土振捣完成后,及时修整、抹平混凝土裸露面,应分三次进行。混凝土入模后完成粗平,然后再用钢抹抹平,在混凝土初凝前进行第三次抹面、压光。为防止混凝土表面失水产生细小裂纹,抹面时严禁洒水润面,并防止过度操作影响表层混凝土的质量。抹面过程中要注意加强对托盘下方、轨枕四周等部位的施工。

抹面完成后,及时清刷钢轨、轨枕和扣件,防止污染。

(7)扣件防护

无砟道床施工过程中,应加强对扣件的保护。混凝土灌注过程前,提前安装好扣件防护罩,浇筑过程或振捣过程中,严禁接触防护罩或扣件遮盖物,避免混凝土污染扣件。

(8)道床顶面排水坡度为 0.7%,由两侧向中间排水,施工时根据模板上弹好的控制线作为标准控制混凝土顶面的排水坡度。

(9)曲线超高段形成的工艺

立模板→根据设计的超高值计算施工段落内道床板两侧的设计标高并标识在模板上→轨道精调→浇筑混凝土形成超高。

13. 工序质量标准及验收检验方法

(1)按要求进行混凝土坍落度、含气量等指标的检查。

(2)记录混凝土入模温度(5～30℃)。

(3)道床板混凝土振捣密实后,表面按设计设置横向排水坡,人工整平、抹光,其外形尺寸应满足允许偏差,见表 4-5-7。

(4)下料时应及时振捣,防止集料过多导致轨排上浮,避免振捣器碰撞螺杆调节器、轨枕和钢筋等。

(5)混凝土浇筑量、振捣时间、浇筑机械合理匹配,确保浇筑时枕底密实。

(6)底座预湿润时不得有积水。

(7)及时抹面,清洁轨枕、扣件、钢轨。

(8)对拌和站、电力使用等建立必要的应急预案。

表 4-5-7 混凝土道床板外形尺寸允许偏差

序号	检查项目	允许偏差(mm)
1	顶面宽度	$^{+10}_{-10}$
2	道床板顶面与承轨台面相对高差	$^{+5}_{-5}$
3	中线位置	2
4	平整度	2 mm/1 m

14. 混凝土养护

混凝土浇筑后,在初凝前,根据天气及混凝土表面失水情况,及时进行喷雾养护,防止混凝土产生龟裂,如图 4-5-14 所示。混凝土浇筑后 0.5～1 h,螺杆放松 1/2 圈,螺杆调节器的放松始终沿逆时针。混凝土浇筑后 2～4 h,提松横向模板和施工缝模板,松开全部扣件,释放轨道在施工过程中由温度和徐变引起的变形。操作时不得扰动轨排。

混凝土初凝后松开钢轨扣件,然后进行养护。在混凝土表面覆盖土工布,然后洒水养护,养护时间不少于 7 d。

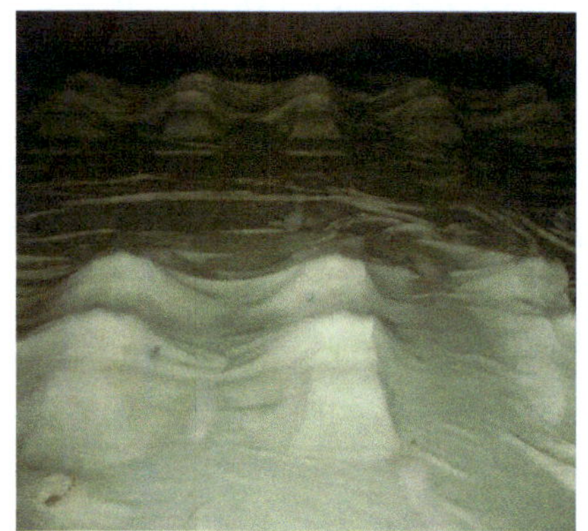

图 4-5-14 混凝土养护

第三节 跨区间无缝线路施工

1. 施工流程

长钢轨焊接锁定采用 UN5-150Z 移动焊轨机将 500 m 长钢轨焊成 1 500 m 或 2 000 m 单元轨节,再将单元轨节逐个放散锁定,主要采用滚筒法或拉伸器滚筒法。作业轨温在设计锁定轨温范围内时,采用滚筒法,基本作业程序为:施工准备→设置临时位移观测点→拆卸扣件→轨下垫滚筒→撞轨、放散应力、观测位移量→轨温测量→落轨→锁定线路→设置位移观测标志。作业轨温低于设计锁定轨温时,则采用拉伸器滚筒法,即在单元轨节终端设置拉伸器拉轨,使线路实际锁定轨温符合设计锁定轨温要求。

2. 轨条长度

福平铁路跨区间无缝线路由若干单元轨节及正线道岔焊接而成单元轨节的布置,根据线路条件、工点情况、施工工艺及养护维修等因素综合研究确定,区间单元轨节长度宜为 1000～2000 m,最短不小于 200 m。

站线无缝线路锁定轨温汇总表中,道岔直股均含在单元轨节之中,经过道岔侧股的单元轨节不含道岔侧股。道岔直股与侧股同步同轨温进行锁定，道岔与道岔之间长度较短的轨道与道岔同轨温锁定，与道岔前后同步焊联。

3. 锁定轨温

无缝线路设计锁定轨温应根据当地最高轨温、最低轨温及无缝线路的允许温升、允许温降计算确定，并考虑一定的修正量。本线的设计锁定轨温见表4-5-8。

表4-5-8 福平铁路设计锁定轨温表(℃)

地区	最高轨温	最低轨温	中间轨温	设计锁定轨温	最大温升	最大温降
福州	61.7	−1.7	30	31	36	42

规范要求锁定轨温：线路锁定时，实际锁定轨温应在设计锁定轨温范围内，相邻单元轨节间的实际锁定轨温之差不得大于5℃，同一区间内单元轨节的最高与最低实际锁定轨温之差不得大于10℃。左右两股钢轨锁定轨温差，当速度大于160 km/h时，不应大于3℃；当速度不大于160 km/h时，不应大于5℃。

道岔区锁定轨温：岔区无缝道岔设计锁定轨温与两端区间无缝线路设计锁定轨温按一致设计，无缝道岔应在设计锁定轨温(31±3)℃范围内锁定，且相邻单元轨节间的锁定轨温差不应大于5℃。

隧道外锁定轨温：隧道外设计锁定轨温均按31℃锁定，即单元轨节应力放散锁定轨温为(31±3)℃。

隧道地段锁定轨温：短隧道内无缝线路锁定轨温与洞外相邻单元轨节的锁定轨温一致。长大隧道内外无缝线路的锁定轨温不同，隧道内距洞口大于200 m的无缝线路的锁定轨温应按“相邻单元轨节间的施工锁定轨温差不大于5℃”的原则递减至隧道内的实际温度。隧道内按(25±3)℃锁定，洞口位置按(28±3)℃锁定。

相邻单元轨节间的施工锁定轨温差不大于5℃，同一单元轨节左右单元轨的施工锁定轨温差不大于3℃，同一区间内的单元轨节的最高和最低的锁定轨温差不大于10℃，左右股钢轨锁定轨温差不应大于3℃。

4. 施工机械及工艺装备

应力放散及线路锁定主要施工机具见表4-5-9。

表4-5-9 应力放散及线路锁定主要施工机具表

序号	名　称	型号	数量
1	锯轨机	HC355	4台
2	液压钢轨拉伸器	TR75	3台
3	撞轨器	—	8套
4	液压起拨道机	—	12台
5	钻孔机	—	2台
6	轨道检测仪	—	1台
7	轨道车	—	1辆
8	工具车	—	1辆
9	平板车	—	1辆
10	经纬仪	—	1台
11	水平仪	—	1台
12	滚筒	ϕ20 mm	300个

5. 工艺及质量控制流程

应力放散、无缝线路锁定施工工艺及质量控制流程如图4-5-15所示。

6. 工艺步序说明

应力放散施工准备包括选择作业时间、测量轨温、安装撞轨器、安装拉伸器、分散作业人员及工具等。

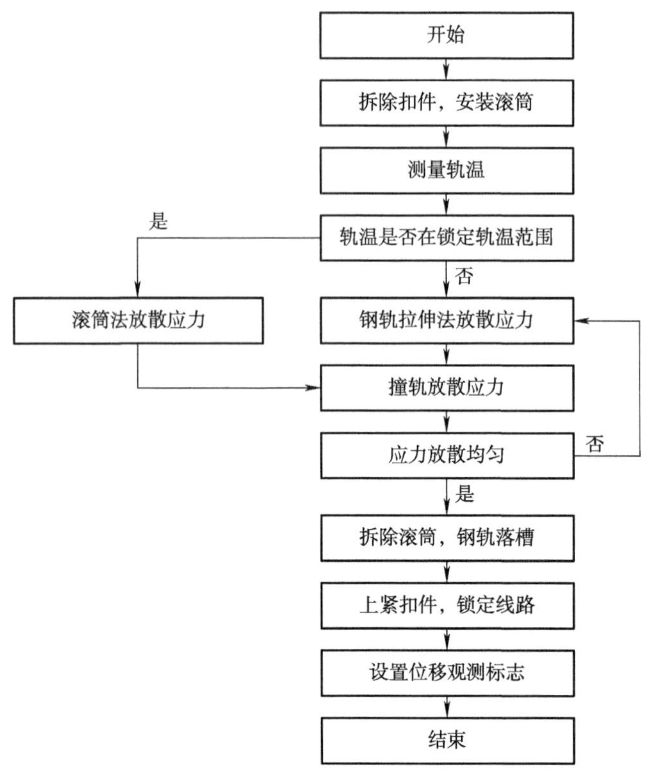

图 4-5-15 应力放散、无缝线路锁定施工工艺及质量控制流程图

作业人员应均匀分布在单元轨节长度范围内，一般分 6 个小组，每小组负责 200～300 m 线路的拆上扣件、垫取滚筒、撞轨、钢轨位移观测等工作。应力放散作业时，应根据测量轨温判断，当轨温在设计锁定轨温范围内时采用滚筒放散法，当轨温低于设计锁定轨温时采用拉伸放散法。

(1)滚筒放散法

放散量按下式计算：

$$\Delta L = a \times L \times (\mathrm{TSS} - T_{\mathrm{P}})$$

式中 ΔL——放散量(mm)；

a——钢轨钢的线膨胀系数，$a=11.8\times10^{-6}/℃$；

L——单元轨节长度(mm)；

TSS——实际锁定轨温(℃)；

T_{P}——铺轨时的平均轨温(温轨时每 300 m 一个轨温值，取各轨温的平均值)。

当实际锁定轨温低于铺轨平均轨温时，ΔL 为负值，即放散后单元轨节要短一截，此时需要准备一相应的短轨，放在单元轨节的未锁定端，作临时连接用。当实际锁定轨温高于铺轨平均轨温时，放散后则需锯轨。

(2)拉伸放散法(综合放散法)

长轨拉伸量按下式计算：

$$\Delta L = a \times L \times (\mathrm{TSS} - T_{\mathrm{d}})$$

式中 ΔL——放散量(mm)；

a——钢轨钢的线膨胀系数，$a=11.8\times10^{-6}/℃$；

L——单元轨节长度(mm)；

TSS——实际锁定轨温(℃)；

T_{d}——锁定作业时实测轨温(℃)。

(3)设置位移观测标志

①在单元轨节的末端设临时位移观测零点，以观测钢轨末端位移回弹量，在放散下一根单元轨节时此点必须归零。

②设置正式位移观测桩零点标记。在位移观测桩与轨头外侧相对应处，做出清晰的、规范的标记，对现场位移观测桩编号标识。

③位移观测桩应按施工图设置。单元轨节起终点的位移观测桩宜与单元轨节焊接接头对应，纵向相错量不得大于 30 m。位移观测桩应与电务设备错开。

④位移观测桩也可利用线路两侧的接触网基础(杆)、线路基桩或在其他固定建筑物上设置。

第四节　道 岔 施 工

1. 施工程序与工艺流程

18 号、12 号可动心轨道岔与 9 号道岔的铺设为正线道岔铺设，采用路用车或者汽车运输至现场直接铺设。

现场直接铺设：利用汽车式起重机或轨道式起重机吊装至铺设地点→按方向散枕→正枕→上铁垫板、橡胶垫等→上道岔钢轨→保留预留轨缝→紧扣件→上砟、捣固→焊轨→打磨→调试。

插铺作业：找平铺设地面→预铺道岔→道岔下方设置滑轨→拆除预铺线路工具轨，移出轨枕→道岔整滑移→上砟、捣固→焊轨→打磨→调试。

2. 道岔铺设

现场直接铺设：运输工具采用轨道车、平板车转运道岔岔料或者汽车运输至铺设位置，起重机吊至待铺岔位。上枕前，对道砟进行分层碾压、平整道床(线下施工完成)，道岔组装完成，补充道砟进行整道，检查并精调道岔，使道岔各部分几何尺寸均达到要求。最后进行道岔应力放散与两端长钢轨之间的焊接并确定做胶结绝缘位置，从而完成有渣道岔的铺设。道岔铺设流程如图 4-5-16 所示。

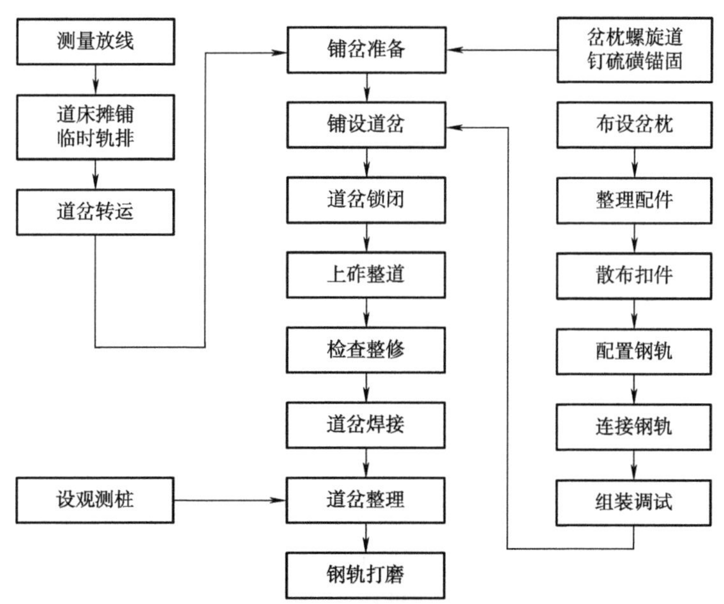

图 4-5-16　道岔铺设流程

(1)精确定位

铺岔前应复核岔位桩、边桩(与线下单位一起复核)。对于岔尾相连的两组正线道岔必须联测，精确定出岔位。

(2)摊铺道床

道岔道床摊铺道砟经由线下完成,要求线下道床摊铺符合质量要求,在道岔全长范围内,分层铺设道砟,用振动压路机碾压,压实密度不低于 1.6 g/cm^3,道岔精调预留量为 60~80 mm,渣面平整度允许偏差为 30 mm/3 m。在剩余少量起道量的情况下,用液压道岔捣固机捣固。岔前和岔后各 30 m 内应与区间和站内正站线摊铺的底渣顺坡。

(3)排布岔枕

排布岔枕前要按图纸准确定位岔枕位置。用全站仪在直股岔枕头外 100 mm 处设置岔头、岔心、岔尾的外移边桩。外移边桩顶面高于道砟面 100 mm,桩钉误差不大于 2 mm。用弦线或细钢丝由岔头至岔尾的外移边桩上拉挂通线,弦线上准确标注岔枕间距位置,所挂弦线要保持绷紧和准确,根据外移边桩精确定位岔头、岔心、岔尾岔枕。排布岔枕时,纵向以岔枕上的螺栓孔对齐,横向岔枕间距以固定的间距控制,并随时消除累积误差。岔枕装车时应注意其编号顺序,将长短岔枕分类,分别装载,以便卸车。以直股为基准股,岔枕编号牌端与基准股同侧,岔枕垂直于基准股,用挖机吊装配合将岔枕一次准确排布到位,间距偏差为±10 mm。

(4)道岔钢轨装卸车与就位

道岔钢轨装车时应注意铺设方向,要装载在平板车上。吊配尖轨、基本轨组件,可动心组件,用两台吊车配合,统一指挥,同步作业,协调行动,平稳吊、运、安装配轨。

(5)道岔安装

连接钢轨配件及轨枕扣件,先尖轨后辙叉,先直股后曲股,严格控制尖轨尖端轨距和尖轨根端距离,允许偏差均要求为±1 mm。

(6)道岔补渣整道

道岔铺设完毕进行拨道、串渣、找平等重点整道工作。检查各部轨距和支距,顶铁与尖轨及可动心轨轨腰间隙不大于 0.5 mm,尖轨尖端至第一牵引点与基本轨密贴,缝隙不大于 0.2 mm。其余部分间隙不得大于 1 mm。各部分螺栓拧紧,弹簧垫圈没有错口,呈压平状态,或拧紧螺栓扭矩 100~140 N·m。液压捣固机对道岔进行捣固作业时要兼顾道岔头尾与线路的顺坡,作业长度应伸出道岔头尾 50 m。作业完成后要对道岔标高、方向进行检查,要求达到相应技术标准。

3. 施工要求

(1)道岔铺设完成,经自检、电务互检合格后,电务应及时安装转辙及锁闭装置。安装转辙装置时,工务、电务应配合施工。转辙及锁闭装置未安装前,应用钩锁器固定尖轨,直向限速 15 km/h 通过,侧向禁止通过工程列车。

(2)装卸、运输与存放作业不得变形、损坏、污染所有组件和零部件。道岔组件装卸、运输、储存期间严禁将垫板保护鞋拆除,装车运输须注意现场的长大杆件铺设的方向性。卸车时严禁将钢轨件从车辆上直接撬下。岔枕装卸严禁碰、撞、摔、掷,严禁用撬棍插入岔枕套管内撬拨岔枕。

(3)一般需要道岔存放时,道岔的现场存放场地应坚实平整;保证排水畅通,严禁积水,并采取有效防雨措施。

4. 吊装作业要求

(1)按照技术要求布置吊点,吊具与钢轨连接完成后,要对锁具锁紧可靠性和平衡性进行检查。先进行不大于 100 mm 起升高度的试吊,验证起吊机具、吊具锁具的可靠性,轨件垂向和横向最大变形量不超过 100 mm。试吊无误可直接起吊,起吊时应慢速启动,注意保持平稳。

(2)起升与转向应分开进行,严禁边起升边转向。轨件离存放位置高度小于 1 000 mm 时要注意减小下降速度。落地后要保持起重机具存在一定受力状况,检查无误后方可落实。

(3)机具必须采用符合起重要求的起重机械,满足吊点设置的横梁吊具、尼龙软索(吊带)。根据不同组件,注意调整吊带长度。

(4)岔枕垛的吊卸应使用起重机械,装卸时应轻吊慢放,避免互相碰撞,发生磕角、掉块、碰伤或折断;

装卸时避免断续加载和急促启动，动荷载必须降至最小值。吊运过程中掉落的岔枕（无论采用任何保护措施）或因其他方式损坏的岔枕严禁使用。严格按照枕垛上标记的起吊位置起吊。岔枕垛临时存放场地应坚固、平整。无论临时存放还是长期存放，均不允许两层及以上岔枕垛叠放。

5. 存放

(1)道岔及部件存放场地平整坚实，排水畅通，支垫顶面高差不大于 10 mm。

(2)道岔零部件按组分类放置，安全稳固且易于检查及搬运，留够运输设备走行空间，防止雨淋、锈蚀等情况发生。

(3)转辙器、可动心轨辙叉轨排、可动心轨辙叉组件最多码放两层。钢轨件的码垛层数不得多于 4 层。轨件和地面间铺垫缓冲衬垫（如木质垫块），每层用衬垫垫实垫平，衬垫按高度方向垂直设置。

6. 运输

(1)运输环节应保证道岔产品质量。转辙器尖轨和基本轨组件、可动心轨辙叉组件的运输采用不致使其产生变形的运输方式；装车时，工件摆放平整，工件之间坚实平整。

(2)尖轨与基本轨组件、可动心轨组件、长轨件，装车多层码垛，每层用木质垫块垫实垫平，垫块按高度方向垂直设置；长大组装轨件运输发运，需考虑铺设地点的组件铺设方向。

(3)岔枕采用平板车或专用车辆运输，装车多层码垛时每层应用木质垫块垫实垫平，每垛用木质垫块垫实垫稳；组装有铁垫板的岔枕，层间垫块的高度高于铁垫板，岔枕避免频繁运输。

7. 主要机具使用

主要机具设备见表 4-5-10。

表 4-5-10　主要机具设备配置

序　　号	名　　称	数量
1	起道机	10 台
2	拨道机	10 台
3	液压捣固机	2 台
4	铝热焊接机	1 套

8. 质量控制及检验

道岔铺设完毕进行拨道、找平等重点整道工作。道床达到初期稳定状态时，道床参数指标应符合道床横向阻力≥6.5 kN/枕，道床支撑刚度≥6.5 kN/mm。

(1)无缝道岔铺设质量控制

无缝道岔铺设应符合表 4-5-11 规定。

表 4-5-11　无缝道岔铺设允许偏差

序号	检验项目		单位	允许偏差 v≤160 km/h	160 km/h<v≤200 km/h
1	道岔方向	直线(10 m 弦量)	mm	3	4
2		导曲线支距	mm	±2	±2
3	轨距	尖轨尖端	mm	±1	±1
4		尖轨跟端	mm	±1	±1
5		其他部位	mm	±2	$^{+3}_{-2}$
6	尖轨尖端至第一牵引力点与基本轨密贴		mm	缝隙≤0.2	缝隙≤0.2
7	尖轨其余部分与基本轨密贴		mm	缝隙≤1	缝隙≤1
8	心轨尖端 460 mm 范围与翼轨密贴		mm	缝隙≤0.5	缝隙≤0.5
9	心轨其余部分与翼轨密贴		mm	缝隙≤1	缝隙≤1

续上表

序号	检验项目	单位	允许偏差	
			160 km/h<v≤200 km/h	v≤160 km/h
10	顶铁与尖轨或可动心轨轨腰的间隙	mm	≤0.5	≤0.5
11	尖轨跟端非工作边与基本轨工作边开口距离	mm	±1	±1
12	尖趾距离	mm	+10	+10
13	可动心轨辙叉咽喉宽	mm	±3	±3
14	护轨轮缘槽宽度	mm	$^{+1}_{-0.5}$	$^{+1}_{-0.5}$
15	动程(尖轨,可动心轨)	mm	±3	±3
16	道岔头、尾接头相错量	mm	≤15	≤15
17	岔枕间距,偏斜	mm	±10	±20
18	尖轨尖端相错量	mm	≤10	≤10

(2)有缝道岔铺设质量控制

有缝道岔铺设允许偏差应符合表 4-5-12 规定。

表 4-5-12 有缝道岔铺设允许偏差

序号	检验项目			单位	允许偏差	
					正线到发线	其他战线
1	道岔方向	直线(10 m 弦量)		mm	4	6
		导曲线支距		mm	±2	
2	轨距	尖轨尖端		mm	±1	
		其他部位		mm	+3/−2	
3	轨距加宽递减	尖轨尖端至基本轨接头		‰	按设计图	
		尖端跟端(直向)向辙叉方向递减距离		m	按设计图	
		导曲线向前向后递减距离	直尖轨	m	按设计图	
			曲尖轨	m	按设计图	
4	尖轨非工作边缘槽最小宽度			mm	−2	
5	尖轨跟段非工作边与基本轨工作边开口距离			mm	±1	
6	轮缘槽宽度			mm	$^{+3}_{-1}$	
7	动程(尖轨,可动心轨)			mm	$^{+10}_{0}$	
8	接头	错牙,错台		mm	≤1	≤2
		头、尾接头相错量		mm	≤15	≤20
		轨缝实测平均值与设计值差		mm	±2	
9	轨枕间距,偏斜			mm	±20	
10	尖轨尖端相错量			mm	≤10	

第五节 轨道及道岔精调

一、有轨道精调

无缝线路锁定焊联完毕,零配件补充齐全,线路大机道砟饱满。

1. 准备工作

全线检查整正胶垫歪斜情况,补充缺少弹条、轨距挡板、挡板座胶垫的地方,切实做好轨道结构零缺陷，以轨道健康良好保轨道精调质量。

零配件补充齐后，安排专业队伍进行全线精确测量，计算中线、高程偏差值，同时分线提供准确里程、测点里程和现场标记、曲线要素、曲线四大桩点和现场标记、电化立桩对应里程和标记。

2. 精调步骤

第一遍线路大机→第一次线路精调→第二遍线路大机→第二次精调→第三遍线路大机→第三遍线路精调→第四遍线路大机→第四遍线路精调→刷新标志标记，整理外观。

(1)方枕：有砟轨道轨枕位置错误或间隔偏差超标不仅影响几何尺寸，还影响轨道刚度的均匀一致，因此首先按标准间距人工方正轨枕。

(2)矫直硬弯和焊缝打磨：有砟轨道因轨枕、道砟运输工作量巨大，新钢轨铺设后在轨道线形、线位都没有进行细致时即开行大量的运料列车，导致钢轨内部残余应力大，易形成钢轨硬弯。调整几何尺寸、测量前一定要先矫直钢轨硬弯，人工打磨焊缝。

(3)督促施工单位对上道点脏污道床进行清筛。

(4)第一次精改：每根枕测量轨距，按轨距控制 0～1 mm，递减率不大于 0.5‰全面调整轨距、轨向。保持轨距块及尼龙挡座落槽且无离缝。

(5)第二次精改：结合线路方向进行轨距精调，保持轨距变化率达标，必要时拉弦线改道消除轨向、碎弯。

(6)第三次精改：结合线路方向进行轨距精调，保持轨距变化率达标，必要时拉弦线改道消除轨向、碎弯。

(7)第四次精改：结合线路方向进行轨距精调，保持轨距变化率达标，必要时拉弦线改道消除轨向、碎弯。

(8)根据轨检仪检查的情况，对大机作业后高低、水平、轨向进行调整；高低、水平应根据测量资料进行起道捣固作业；轨向应根据测量数据拉弦线进行拨道。

3. 质量控制标准

质量控制标准见表 4-5-13 和表 4-5-14。

表 4-5-13 轨道几何尺寸控制

项 目	作业验收	备 注
轨距(mm)	0～1	
水平(mm)	2	
高低(mm)	2	10 m 弦
轨向(直线)(mm)	2	30 m 弦
扭曲(mm/3 m)	2	
轨距递减率	0.5‰	
水平递减率	0.5‰	

表 4-5-14 曲线正矢控制

项 目	实测正矢与计算正矢差(mm)		圆曲线正矢连续差(mm)	圆曲线最大最小正矢差(mm)
	缓和曲线	圆曲线		
作业验收	1	2	3	4

4. 零配件

(1)弹条安装标准：螺旋道钉凸台底面与轨枕承轨槽面距离不得超过 2 mm，橡胶垫板的突出边缘应扣住轨枕承轨台，弹条中部前端下颏与轨距挡板接触或使扭力矩保持在 100～140 N·m。

(2)弹条养护标准:螺旋道钉凸台底面与轨枕承轨槽面距离不得超过 2 mm,确保凸台不与轨距挡板底面相碰,道钉歪斜角度不应超过 2°,钉杆中心与预留孔中心位置的偏差不应超过 2 mm,橡胶垫板的突出边缘应扣住轨枕承轨台,弹条中部前端下颏与轨距挡板接触或使扭力矩保持在 100～140 N·m。

(3)轨距调整量:－12～8 mm,通过更换不同号码的挡板座及轨距挡板实现轨距和轨向调整。

二、无砟轨道精调

1. 基本要求

CPⅢ网重新复测,经评估合格方可应用于精调;各位零配件安装到位,无缺少;无砟轨道经过冲洗,无杂物,无灰尘;无缝线路应力放散完毕且焊联、锁定。

2. 精调步骤

(1)总体流程

无砟轨道精调流程如图 4-5-17 所示。

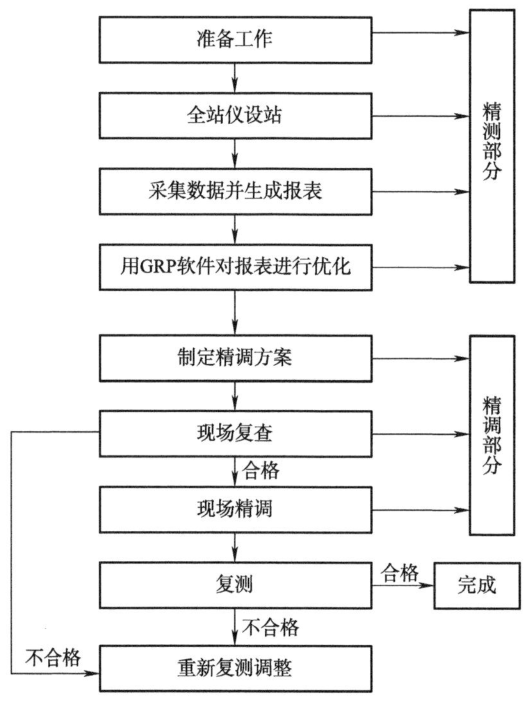

图 4-5-17 无砟轨道精调流程

(2)精确测量

为监测线路设备的变化,指导线路设备养护,需对轨道实测中线、高程进行绝对精度测量。主要采用 GEDO 小车与线路 CPⅢ控制网实现对轨道精测。

(3)精调方法

精调主要流程为:精测→内业计算→现场放样→精调→扣件复拧→质量回检→精测。

3. 质量控制标准

(1)测量作业

全站仪采用后方交会的方法进行设站,为了确保全站仪的设站精度,建议使用 8 个 CPⅢ控制点,如果现场条件不满足,至少也应使用 6 个控制点。设站中误差:东坐标/北坐标/高程 0.7 mm,方向 1.4″。

(2)精调作业几何尺寸控制标准

质量控制标准见表 4-5-15～表 4-5-17。

表 4-5-15　精调作业几何尺寸控制

项　　目	作业验收	备　　注
轨距(mm)	$^{+1}_{-1}$	
水平(mm)	1	
高低(mm)	2	10 m 弦
轨向(直线)(mm)	1	10 m 弦
扭曲(mm/3 m)	2	6.25 m 范围内
轨距变化率	1/1500	

表 4-5-16　长弦标准

项目	弦长(m)	基长(m)	容许偏差(mm)
高低	300	150	≤10
	30	5	≤2
方向	300	150	≤10
	30	5	≤2

表 4-5-17　曲线正矢控制

项　　目	实测正矢与计算正矢差(mm)		圆曲线正矢连续差(mm)	圆曲线最大最小正矢差(mm)
	缓和曲线	圆曲线		
作业验收	1	2	3	4

(3)零配件系统

①垫板作业后,铁垫板、铁垫板下调高垫板、绝缘缓冲垫板的螺栓中心孔必须与预埋套管中心对正。

②弹条安装标准:弹条中部前端下颚与绝缘轨距块不宜接触,两者间隙不得大于 0.5 mm;或使用扭矩扳手检测螺旋道钉扭矩时,W1 型弹条为 130～170 N・m,X2 型弹条为 90～120 N・m。

③轨距挡板应与承轨槽挡肩密贴,间隙不得大于 1 mm;钢轨与绝缘轨距块、绝缘轨距块与铁垫板挡肩缝隙之和不得大于 1 mm。

4. 质量控制措施

(1)测量

①每天开始测量前检查全站仪测量精度,在稳固的轨道上对超高传感器进行校准,校准后可在同一点进行正反两次测量,测量值偏差应在 0.3 mm 以内。

②采集数据时小车要停稳,全站仪应采用精确模式,工作之前要适应环境温度。

③下一区间设站时至少要包括 4 个上一区间精调中用到的控制点,以保证轨道线形的平顺性。

⑷将一个 CPⅢ点当作水准点用水准仪复核轨面高程时,应使用自由设站时高程残差最小的 CPⅢ点。

(2)精调

①外力横移钢轨时,严禁使用锤击。

②严禁用其他方式调整钢轨轨距、轨向。

(3)零配件系统

①作业前后应检查垫板是否装反,螺旋道钉型号是否符合要求。调高 20 mm 时采用 S3 型螺旋道钉。

②为了易于横移钢轨和保护调整处前后扣件,应至少将调整处前后 2 根轨枕螺栓一并拧松。

三、道 岔 精 调

道岔三遍大机作业,岔区焊联锁定,中线偏差控制在 5 mm 以内,高程预留 40～50 mm。

1. 精调步骤

高铁道岔静态结构尺寸是基础,前期铺设和日常的病害整治必须严格按照设计标准作业(按图纸、按工艺、按标准)，先高低轨向，后轨距水平，只有结构尺寸达标到位，才能确保道岔状态良好。在岔区纵断面良好、道床密实度良好的前提下，对道岔病害检查和整治应按照以下步骤进行：

(1)根据轨检小车检测情况定好零点，检查道岔外直股轨向，并采用拨、改方法进行整正，确保外直股轨向良好。

(2)检查直尖轨轨向和直股轨距，采用拨、改方法整正，并同步检查框架尺寸。

(3)检查曲尖(心)轨与直基本(翼)轨竖切密贴、各部支距和顶铁密靠情况，并进行调整。

(4)检查曲股轨距，应结合框架尺寸情况综合分析并进行调整。

(5)结合直尖轨与曲基本轨密贴情况、顶铁密靠情况进行调整。

(6)检查各部滑床台、滚轮与轨底接触状态，根据现场情况调整滑床台离缝和滚轮的高度，防止出现打死现象，应保证闭合端尖轨与辊轮有 1 mm 间隙。

(7)检查尖轨、心轨降低值情况，确保降低值达标。

2. 精调控制标准

(1)道岔轨道静态尺寸容许偏差管理值

道岔轨道静态尺寸容许偏差管理值见表 4-5-18。

表 4-5-18　道岔轨道静态尺寸容许偏差管理值

项　目		作业验收
轨距(mm)	岔区	$^{+1}_{0}$
	尖轨尖	$^{+1}_{0}$
水平(mm)		2
高低(mm)		2
轨向(mm)	直线	2
	支距	1
三角坑(扭曲)(mm)		2
导曲线反超高(mm)		0
轨距递减率		0.3‰
查照间隔		—

(2)做好岔区道床密实性捣固工作

①每次道岔大机作业结束后，必须立即安排人员对作业地段每根轨枕进行对撬通捣，确保轨枕下道砟密实，尽快稳定枕下基础。

②日常养护作业应加强道床密实性捣固，优先处理空吊板处所，并逐步覆盖岔区，对转辙机处所应定期安排捣固。

③加强与电务部门的协调与沟通，联合电务部门应至少完成一遍对管内高铁道岔各转辙机牵引力、动程的检测工作，建立技术台账，并以此作为在转辙机锁框加片的评判标准。

第六章　站场及运营设备工程

第一节　一般中间站施工

一、工 程 概 况

以长乐东站为例进行介绍。长乐东站站场位于长乐古槐镇境内，长乐东车站中心里程为 DK44＋270，站场起点里程 DK42＋901.69，终点里程 DK45＋050，全长 2 148.31 m。

本段路基工程包括地基加固处理、路堤本体填筑、基床填筑、扶壁式钢筋混凝土挡土墙、边坡防护、地面排水、接触网基础、声屏障等施工内容。其中地基加固处理设计形式多样，有预应力管桩、水泥搅拌桩、换填、塑料排水板、堆载预压。

二、施 工 方 案

(一)地基加固处理

1. 地基换填处理

(1)路基填筑施工前应排水疏干地表，整平地面，路堤地段清除表层种植土，按规定回填、压实，其标准符合路堤相应部位要求。

(2)水溏地基处理：水塘设袋装围堰，水塘抽水、清淤、废弃后回填整平地面，回填材料同路基相同部位材料及压实标准。

2. 地基换填施工

(1)水泥搅拌桩

施工前现场取样做室内配方试验，按照设计要求通过试验确定固化剂用量、水灰比和外加剂用量，要求拌和的灰土早期强度高、龄期强度满足设计要求，配置的灰浆要流动性好、不离析，便于泵送、喷搅。通过试验了解强度的增长和龄期关系，便于施工安排。施工前要求清理场地，并做好施工机械进、出场地及材料运输的道路。

施工场地清理后即进行定位测量，确定定位轴线，随后分段放设井位桩，根据浆体喷射搅拌桩布置范围及间距，在现场采用小木桩或竹片桩准确定出每个桩位置。定位前，对每井位进行编号，以免桩号混乱，防止偏位或漏打。定出桩位确定高程以便控制好搅拌桩的设计深度。为控制桩入土深度，在搅拌机架上划出标尺，以确保桩底标高程合设计要求。

(2)预应力管桩

①施工准备

清理场地，排除积水，并将路基范围内原地面上淤泥、树根、草皮、腐殖土等全部挖除。在路基范围内按设计要求分层填筑软土工作层，小型压路机碾压密实。对桩位进行测量放样并作出标记。检查预制桩有无出厂合格证，确认没有裂纹、桩身混凝土无剥落露筋现象并按外观检查要求验收合格后方可使用。检查桩是否达到 100％设计强度并满足混凝土养护龄期 28 d 以上的要求。

清除桩表面的附着物，有接头法兰盘的要除锈去污，并在桩的侧面画上醒目的尺寸标志线，便于沉桩时显示桩的入土深度。打桩设备进场后，进行安装调试，然后移机至桩位处就位。桩架安装时采用方向相互正交的两台经纬仪对打桩机进行垂直度调整，保证导杆垂直。桩插好后即将桩锤压住桩顶，检查桩锤、桩帽和桩的中轴线是否一致。桩位偏差不大于 2 cm，插桩的倾斜度不得超过 1/400，否则重新调整插桩。

②沉桩

桩机机座、桩帽须连接牢固，桩机和桩中心轴要保持在同一直线上。开始沉桩时，首先靠桩及锤的自重下沉，待桩身有足够稳定性后，再采用振动下沉。每一根桩的沉桩作业一次完成，不可中途停顿过久，避免土的摩阻力恢复后继续下沉困难。沉桩过程中，采用相互正交的两台经纬仪检查校核，随时保持导杆的垂直度，防止桩的偏移。打入桩采用设计桩尖标高控制法控制，用贯入度进行校核。

③接桩

打入桩需就地接桩时，在下节桩露出地面约 1 m 时进行。接桩时，上下节桩轴线的偏斜控制在 3‰～5‰之内，各节偏斜反向错开，施工时按设计要求接桩。

焊接接头接桩：施焊面上的泥土、油污、铁锈等要预先清洗干净；接桩时，在下节桩头上安装导向箍，以便上节桩引导就位。当上节桩方向找正后，对称点焊 4～6 点，加以固定，然后拆除导向箍；焊缝要求连续、饱满，施焊至少分两层进行，第一层适当加大焊接电流，加强熔深，焊接工艺符合有关要求；桩接头入土前，对其焊缝外表面进行清理并补涂防腐蚀涂料。

法兰盘螺栓接头接桩：法兰盘结合处加垫沥青纸或石棉板；接桩时将上下两节桩的法兰盘螺栓孔对准，然后穿入螺栓，对称将螺母逐步拧紧；待全部螺栓均拧紧后，检查上下节桩的纵轴线符合要求后，将锤吊起，轻击一次，然后再复紧一次螺母，用电焊点焊固定；法兰盘和螺栓外露部分涂上防锈油漆或防锈沥青胶泥，即可继续打桩。

④送桩

桩顶设计标高低于地面标高时，需进行送桩。送桩杆上设置尺寸标志，便于测读桩顶标高，控制桩的入土深度。送桩杆与桩顶的接触面间加硬木衬垫，防止桩顶击碎。衬垫需经常更换，送桩杆与桩顶接触面保持密贴。送桩时，必须保证送桩杆与桩身的纵向轴线保持一致。送桩达到深度后，及时将送桩杆拔出并回填孔洞。

⑤管桩锤击发沉桩的收锤标准

收锤标准应结合地质条件、桩承载力性状、锤重、桩的规格和长度、进入持力层的要求、相同地质条件和邻近工程的沉桩经验以及试桩的情况由设计、业主、监理、施工等单位共同综合确定，以到达设计桩端持力层，最后贯入度或最后 1.0 m 沉桩锤击数为主要控制指标。摩擦桩应按桩长和标高控制。桩端位于一般土层的端承摩擦桩，以控制桩端设计标高为主，贯入度为辅。桩端达到坚硬、硬塑的黏性土及中密以上粉土、砂土、碎石类土、风化岩时，以贯入度控制为主，桩端标高控制为辅。

⑥验桩

当桩顶设计标高高于施工场标高或与施工场标高相同时，施工质量验收待打桩完毕后进行。当桩顶设计标高低于施工场地标高进行送桩时，在每根桩的桩顶打至场地标高时先进行一次中间验收，待全部桩打完并开挖到设计标高后，再作全面检验、检测，在验收前，不得切去桩顶。

⑦浇筑钢筋混凝土桩帽

待预应力管桩施工完毕，挖除桩周土层、去除管桩顶面破坏部分，按设计要求绑扎钢筋，立模浇筑桩帽混凝土。

⑧管桩桩身的施工质量检验

预制桩到场应按设计、规范、验标等要求进行质量检验，桩施工完 28 d 后采用无损检测方法进行无损检测，检测桩数不少于全部桩数的 10%，且不少于 3 根；桩施工完 28 d 后还须进行单桩荷载试验，抽检率为总桩数的 0.2%，且不少于 3 根。

(3)塑料排水板

①横坡及第一层砂砾垫层的设置

首先将软土地基段内沟水排除、清淤，清除原地面的草皮或耕植土，在基底范围内铺设 0.5 m 厚 C 组以上填料(砂砾)工作层，并碾压密实。

②机具定位

选用 DZ60KS 打拔桩机，根据设计要求确定每个板的孔位，并用木桩标记，在套管插入时要将其拔掉。插板机定位时要保证桩锤中心与地面定位在同一点上，并用测量仪器控制桩锤与塔架的垂直度。

③塑料板与桩尖连接

在塔架插板卷筒上安置塑料板，然后将塑料板通过套管从管靴穿出，固定在桩尖上，并一起贴紧管靴对准板位。

④沉管插板

沉管开始时要缓慢，防止套管突然偏斜，入土后要观察，直插至设计要求的深度。

⑤拔管剪断塑料板

沉管到设计深度后即可拔管，此时塑料板因桩尖与土的阻力而垂直设置在软土地基中。套管拔出后剪断塑料板，在砂砾垫层上留出 20～30 cm，拔管要连续缓慢进行，中途不得放松吊绳，防止因套管下坠而损坏塑料板。

⑥用土工布及砂垫层封塑料板

塑料排水板施工完成后，铺设两层单向土工格栅(≥80 kN/m)及 0.6 m 厚中粗砂垫层。土工格栅铺设宽度超过路基坡脚 1 m，土工格栅与土工格室相接时，土工格栅深入土工格室不小于 2 m。每层砂垫层完后都要进行压实。

(4)堆载预压填筑施工

施工顺序：施工准备→测量放样→沉降观测设备的埋设→土工布的铺设→预压土填筑→沉降观测和数据分析→预压土卸载。

①路基堆载预压前测量基床底层顶面是否达到设计填筑高程，检测各项压实指标是否符合设计及验收要求。

②按照设计图纸要求在基床底层埋设沉降监测桩。

③于路基基床底层顶面铺设一层 CB150 土工布，土工布幅宽不小于 2 m，并考虑 0.2 m 的搭接，铺设宽度应大于堆载范围，每侧不小于 1.5 m，预压土碾压后重度应不小于 18 kN/m^3。

④路基堆载预压采用清表土或弃土场弃土填筑，采用自卸车拉运，预压填筑过程中第一层填筑厚度不大于 40 cm，应采用轻型机械摊铺后压实，压实度不小于 80%，防止压破土工布，污染基床底层顶面。第一层预压土压实后，采用挖掘机配合装载机将预压土堆载至计算高度，剩余 0.2～0.3 m 厚的预压土由机械配合人工进行，这是为了减小机械施工时对原基床底层顶面的扰动，同时卸载过程中不得污染已施工完成的路基。

⑤预压堆载期间及堆载完成后，应加强沉降观测，堆载预压时间为 6 个月，绘制填土—时间—沉降曲线图，并进行分析预测工作，为确定预压土具体卸载时间提供依据。路基沉降观测水准测量的精度为 ±1.0 mm，读数取值至 0.1 mm。剖面沉降观测的精度不低于 8 mm/30 m。沉降观测频次见表 4-6-1。

表 4-6-1　沉降观测频次

观测阶段	观测频率
第 1 月	1 次/周
第 2、3 月	1 次/2 周
3 月后	1 次/月

⑥堆载料具备卸载条件后，由挖掘机挖除顶部的填料，为了防止卸载时对基床底层造成破坏，底层 20 cm 以上填料由平地机配合人工挖除，预留 20 cm 填料保护层由人工清除，卸载全部完成后对基床底层面予以恢复并重新检查，合格后即可按照设计进行上部结构的施工。

(二)路堤填筑

1. 基床以下路堤填筑

在填筑前对路基基底的地质情况进行必要的补勘，以核查地质资料，确保不因地质原因而造成路基产生较大的变形。

(1)施工工艺

路基填筑施工按“三阶段、四区段、八流程”的施工工艺组织施工。

(2)施工方法

①路堤填筑前清除基底表层植被及腐殖土，挖除树根，做好临时排水设施。对无需作地基特殊处理的一般路基的基底，当为土质地层时，要求按规定挖除表层土，再按设计要求分层填筑。

②原地面坡度陡于 1∶5 时，应自上而下挖台阶。沿线路横向挖台阶宽度、高度满足设计要求，沿线路纵向挖台阶宽度不应小于 2 m。

③测出基底处理后的原地面标高，依照设计资料精确测放路基边线及线路中心线，打桩标示；直线地段每 20 m 一个桩，曲线地段每 10 m 一个桩，并在桩上作出虚铺厚度的标记。

④路基填筑采用横断面全宽一次分层填筑、纵向水平分层压实方法。当原地面高低不平时，先从低处分层填筑，并由两边向中心填筑。

⑤不同组别的填料分别填筑，每一水平层的全宽采用同一组别的填料填筑，每种填料累计总厚度不小于 50 cm。对于不同种类的填料，遵循有利于层间土层的渗透反滤的原则施工。

⑥按工艺试验确定的合理摊铺层厚，进行分层上土，虚铺厚度控制采用“方格网法”和“挂线法”，填筑时路基两侧各加宽 50 cm 以上，以保证边坡压实质量。

⑦使用推土机初平，再用平地机精平。摊铺整平过程中尤其注意防止填料离析，使每一摊铺层填料中的粗细料摊铺均匀、层面平整。

⑧按工艺试验确定的施工工艺及碾压遍数，先慢后快的原则进行碾压。各区段交接处互相重叠压实，纵向搭接长度不小于 2 m，纵向行与行之间的轮迹重叠不小于 40 cm，上下两层填筑接头错开不小于 3 m。碾压过程中如发现有凹凸不平现象，采用人工配合及时补平，使碾压好的路面平整度符合要求。沉降板观测管周围采用冲击夯夯实。

⑨松软土地段在路基填筑过程中，每天测量地基沉降及边桩侧向位移，指导控制填土速率。

⑩填至基床底面、基床表层底面标高后，及时恢复中线，进行水平标高测量，检查路基宽度。按照设计结构尺寸进行路面整修后，达到路面平整，横向排水坡符合设计要求。

2. 基床表层填筑

(1)基床表层填筑前对基床底层的压实质量和几何尺寸进行复查确认。

(2)对路堑换填地段，当开挖至换填底面标高时，将开挖表面整理平顺整齐，并按设计做成向两侧的横向排水坡。

(3)依照设计资料精确测放路基边线及线路中心线，打桩标示；直线地段每 10 m 一个桩，曲线地段每 5 m 一个桩，并在桩间挂线标示出填料分层摊铺厚度。

(4)基床表层填料采用级配碎石，级配碎石材料的性能应满足设计及规范的要求。当地基采用桩板结构处理时，基床表层采用级配碎石掺 5% 水泥。

(5)按工艺试验确定的每层摊铺厚度分层铺摊，曲线地段根据所在地段填料的总厚度均匀分层，但分层的压实厚度最大不超过 30 cm，最小不低于 15 cm。

(6)整形后，当表面尚处湿润状态时应立即进行碾压。见表面水分蒸发较多，明显干燥失水，在其表面喷洒适量水分，再进行碾压。

(7)直线地段，由两侧路肩开始向路中心碾压；曲线地段，由内侧路肩向外侧路肩进行碾压。碾压时，压路机的碾压行驶速度开始采用慢速，以后几遍逐渐加快，但最大速度不超过 4 km/h。沿线路纵向行与行之间压实重叠不小于 40 cm，各区段交接处，纵向搭接压实长度不小于 2 m。

(8)表面修整养护。局部表面不平整，要洒水补平并补压，使其外形质量达到设计要求。已施工的基床表层禁止任何车辆通行。

3. 过渡段填筑

(1)过渡段基底处理与桥台、横向结构物及相邻路基的地基同时进行，过渡段填筑与相邻路堤按相同施工区段同步施工。

(2)按设计要求对各种形式过渡段的基底进行处理,经检查验收合格后再进行上层填筑。

(3)台后 2 m 范围内,每层摊铺厚度为相邻路堤分层摊铺厚度的 1/2,采用小型打夯机按工艺试验确定的参数进行夯压密实。

(4)台后 2 m 范围外,每层摊铺厚度与相邻路堤分层摊铺厚度相匹配,采用压路机按工艺试验确定的碾压遍数、行驶速率及碾压程序进行碾压。

第二节　主要客运站施工

一、站场工程概况

1. 车站概况

福平铁路从福州站引出后,利用既有沿海铁路联络线至东山,下穿机场高速公路后以隧道穿鼓山,跨闽江,引入福州南站,再跨乌龙江至长乐首占设长乐站,出站穿董奉山至洋下村设长乐东站,经松下以公铁合建桥梁跨越人屿岛、长屿岛、小练岛、大练岛至平潭岛,在二埠山附近设平潭站,线路长 88.433 km,其中利用沿海联络线 3.30 km,新建段长 85.13 km。

全线共设福州、福州南、长乐、长乐东、长乐南、平潭等 6 个车站,其中福州、福州南为既有改建站,长乐站为福州至长乐机场铁路与本线的接轨站,长乐东站远期为枢纽第三客站,预留沿海客专场和动车运用所,平潭站为客货运站,其余为中间站。本线最大站间距 31.187 km(松下～平潭),最小站间距 11.466 km(长乐～长乐东),平均站间距 17.475 km。

2. 车站性质及规模

全线车站的性质及股道数量见表 4-6-2。

表 4-6-2　车站性质及股道数量表

序号	车站名称	车站中心	站间距(km)	车站性质	车站规模	附　注
1	福州站	DK00＋000.00	18.54	客运站	7 台 14 线	改建既有站
2	福州南站	DK18＋509.75	14.00	客运站	7 台 14 线	改建既有站
3	长乐站	DK32＋537.00	11.46	中间站	2 台 6 线	高架站,长乐机场铁路接轨站
4	长乐东站	DK44＋270.00	12.17	中间站	2 台 4 线	远期为枢纽第三客站
5	长乐南站	DK56＋500.00	31.19	中间站	2 台 4 线	
6	平潭站	DK87＋710		客货运站	2 台 5 线	办理客货运作业,有大型货场

二、站 场 工 程

1. 长乐站

(1)车站所在地基本情况介绍

长乐站坐落于长乐首占镇,首占镇地处长乐中西部内陆,毗邻市区,东邻鹤上镇,南邻玉田镇,西接营前镇及闽侯县兰圃,北连航城街道。峡漳线穿境而过,是长乐城区的重要延伸方向。

(2)车站工作量

本站仅办理客运业务,通过旅客列车对数为 115(159)对/d,车站客运量指标见表 4-6-3。

表 4-6-3　长乐站客运量指标表

车站	年旅客发送量(万人)		最高聚集人数(人)	高峰小时客运量(人/h)	
	近期	远期		近期	远期
长乐站	605	910	1 000	1 640	1 840

(3)车站平面布置及接轨说明

长乐站为接轨站,福州至长乐机场铁路在本站接轨,车站只办理客运作业,站中心里程为 DK32+530,距福州南站 14.01 km,距长乐东站 11.47 km。站坪长 0.9 km,为平坡直线。长乐站平面如图 4-6-1 所示。

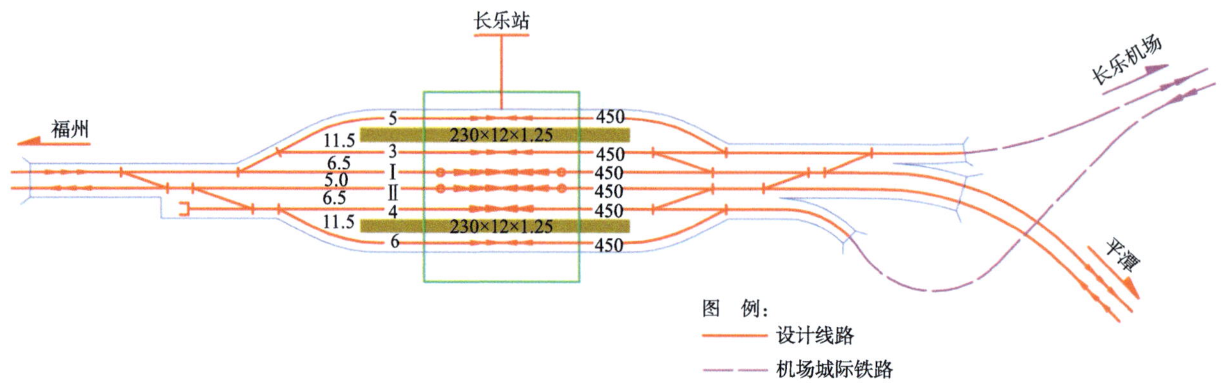

图 4-6-1 长乐站平面布置示意图(单位:m)

长乐站平潭端咽喉预留长乐机场铁路接轨条件,全部工程均纳入福平铁路,长乐机场铁路工程从车站高架桥外的路基地段起计列。

2. 长乐东站

(1)车站所在地概况

新建长乐站位于长乐古槐镇洋下与港西村之间,站区范围内主要为水田,地形较为平坦,有少许拆迁,多为居民住宅。

(2)车站工作量

本站为中间站,只办理客运作业;主要办理旅客列车到发、通过及旅客乘降等业务,以通过作业为主,站房场坪采用线侧下式,场坪尺寸 104 m×46.5 m,车站最高聚集人数 800 人。

(3)车站平面布置说明

车站中心里程 DK44+270,距长乐站 11.46 km,距长乐南站 12.13 km。站坪长约 1.8 km,为平坡直线。长乐站福州枢纽总图规划的第三客站,京福台通道与沿海客专在本站交汇,如图 4-6-2 所示。

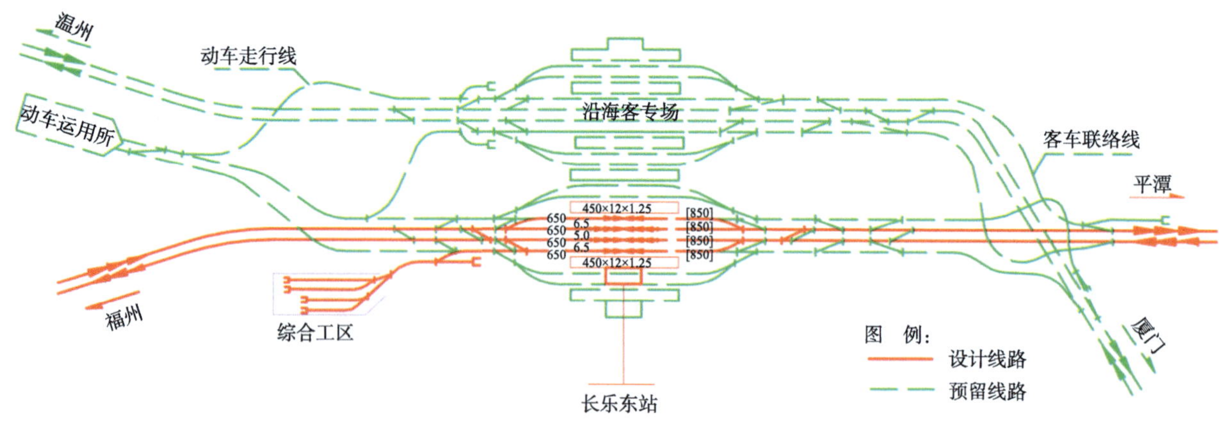

图 4-6-2 长乐东站平面布置示意图(单位:m)

3. 长乐南站

(1)车站所在地基本情况介绍

省道 201 线在车站大里程端下穿而过,车站左侧背靠群山,右侧为龟山。站内主要以填方为主,站内有少许拆迁。

(2)车站工作量

车站中心里程 DK56+500，距长乐站 12.23 km，距平潭站 31.21 km。设计为两台四线车站，只办理客运作业；站坪长约 1.3 km，为平坡直线。站房设于线路左侧，站房场坪采用线侧平式，场坪尺寸 92m×48 m，车站最高聚集人数 500 人。

(3)车站平面布置说明

车站平面布置预留松下港区铁路支线接入的条件，在车站对侧预留 2 股有效长为 850 m 的到发线，如图 4-6-3 所示。

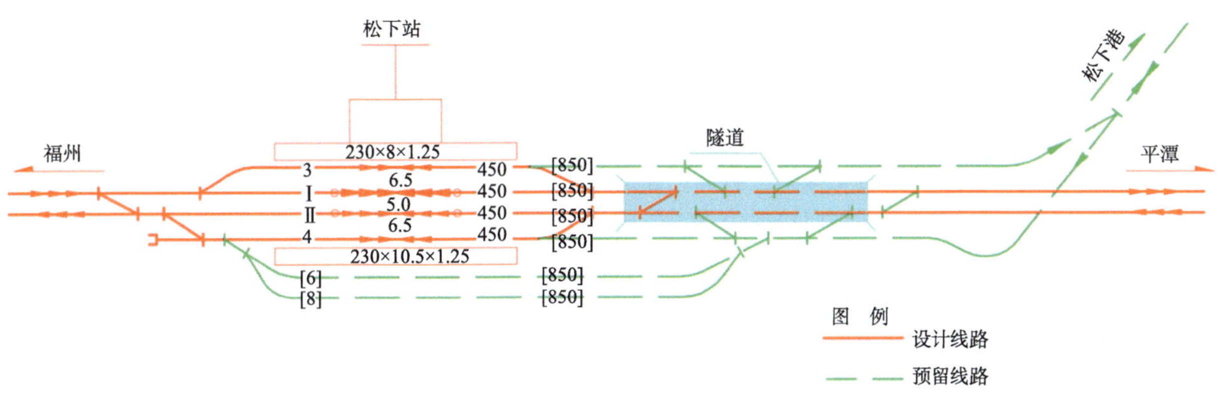

图 4-6-3　长乐南站平面布置示意图(单位：m)

4. 平潭站

平潭站为本线的终点站，办理客货运作业，设到发线 6 条(含正线)，有效长为 650 m，预留 850 m，同时在线路右侧预留到发线 2 条，站房设于线路右侧，按线侧平式设计。流水港支线在车站大里程端接轨。设 450 m×12 m×1.25 m 基本站台和中间站台各 1 座，设站台等长布置雨棚，宽 10 m 地道及天桥各 1 座，如图 4-6-4 所示。

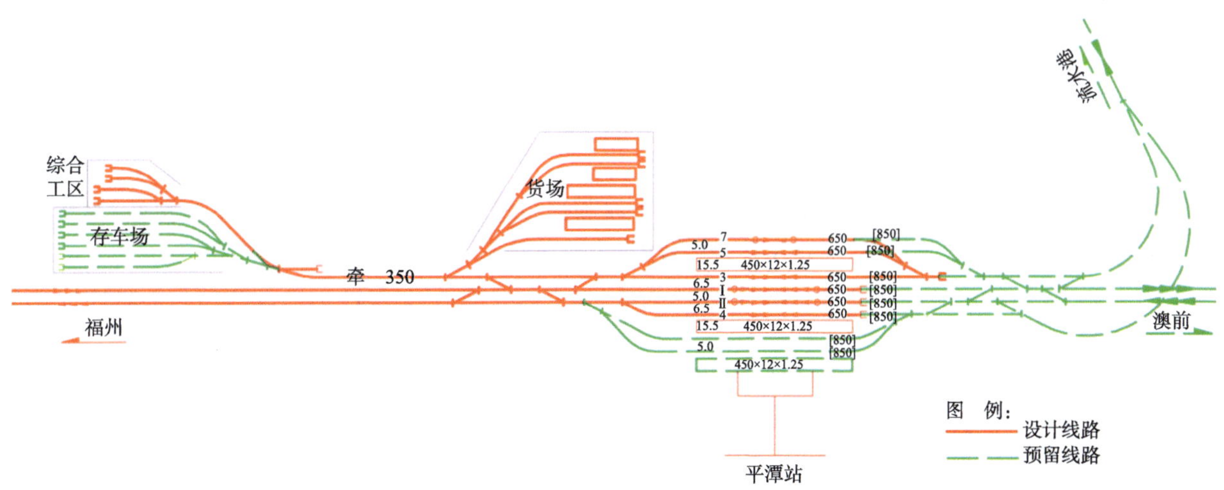

图 4-6-4　平潭站平面示意图(单位：m)

三、施工顺序

施工准备、征地拆迁→站场地基处理和土方填筑→站场通道施工、框架桥涵施工→土方填筑和预压→站房、站场设备安装及调试→轨道工程。

四、工期安排

站场建设涉及站前站后多专业工程,需统筹协调好各专业各工序环节工作。路基土石方工程和各种管线沟槽应于房建施工前1个月完成,以避免或尽可能减少站前站后四电和房建等多专业工程施工干扰。

五、注意事项

(1)站场路基施工前首先应做好天沟、排水沟、涵洞等防排水设施,保证施工场地排水畅通。疏通地表水,统筹安排好排水系统工程与路基主体工程,互相配合,协调施工,以免浸泡路基,影响路基稳定。

(2)各类排水设施应沟基稳固,严禁将排水沟挖筑在未加处理的虚渣、弃土上。新建排水系统应与原有排水系统适应,排出的水不得危及附近建筑物地基、道路和农田。

(3)站内取弃土应结合房屋、给排水等站后设备的布置,以及地方城镇规划、道路规划统筹考虑,并尽可能给车站远期发展留有余地。

(4)为避免或尽量减少站后工程施工破坏已完的站前工程或给站前工程留下质量隐患,尽量做到站后工程与站前工程统筹施工,路基路肩按通信、信号、电力专业要求设置电缆沟槽,路基两侧按接触网专业要求施工完接触网支柱位置,以及电力、通信、信号、给排水等专业预埋的过轨钢管等。站内路基电缆沟槽应与区间路基电缆沟槽及站台电缆沟槽平滑顺接。

(5)站台铺面在通信电缆埋设完成后施工,以免造成重复施工,形成废弃工程。

(6)设轨道电路的线路与信号机有关的轨道绝缘位置,应按信号专业设计图要求设置。

(7)既有车站改建注意施工、运营安全,做好安全防范工作。

(8)与气象部门联系,取得近年来的气象资料。采取切实可行的防台风措施,并合理安排台风季节的施工进度。制定切实可行的冬季路基施工措施。

(9)线路主要控制桩、护桩、水准基点桩应妥善保护。设置轨道绝缘节时,以信号专业图纸为准。作业人员需培训上岗,掌握相关技术、安全知识。

(10)安全管理人员应具备相应的资质。须提前一个月报封锁拨接地段的计划申请。轨道电路段施工作业工具要有绝缘装置。未经运营单位批准,不在既有线上增设临时道口。为了实施路桥过渡段工程,同等条件下桥梁工程应首先施作桥台。

第三节　引入枢纽工程施工

福州铁路枢纽衔接峰福、温福、福厦三条铁路干线和福马线,为"T"字形枢纽格局。福州站、福州南站为主要客运站,樟林站为编组站,福州东站、杜坞站为主要货运站。主要站段设备现状如下:

樟林站:为一级三场(远期预留二级四场)区段站,主要担当峰福线、沿海铁路货物列车的解体作业及枢纽内少量小运转列车的编组作业。

杜坞站:为枢纽主要货运站,既有到发线3条、存车线2条,站对左货场内设3条货运线,车站南昌端有水泥厂粉磨站专用线、粮库专用线、粮食交易市场专用线接入,福州端有空军油库专用线、沥青专用线、中石化油库专用线接入。

向莆线双线接入本站后正线贯通至福州站,峰福线则分方向别疏解后在南昌端接入,车站规模扩建为到发线6条、调车线4条。

一、引入福州站方案

福州站维持原合福引入时基本站台2座、中间站台5座、到发线14条(含正线4条),规模不变,合福线与向莆线在福州站合肥端以方向别形式引入福州站,形成向莆线在外、合福线在里的疏解形式;既有沿海铁路联络线作为福平铁路正线与合福铁路贯通,两侧分别新建上下行单线至莒井山隧道出口,与沿海铁路联络线接通并与福平铁路按方向别疏解，立折列车作业在本站折返，如图 4-6-5 所示。

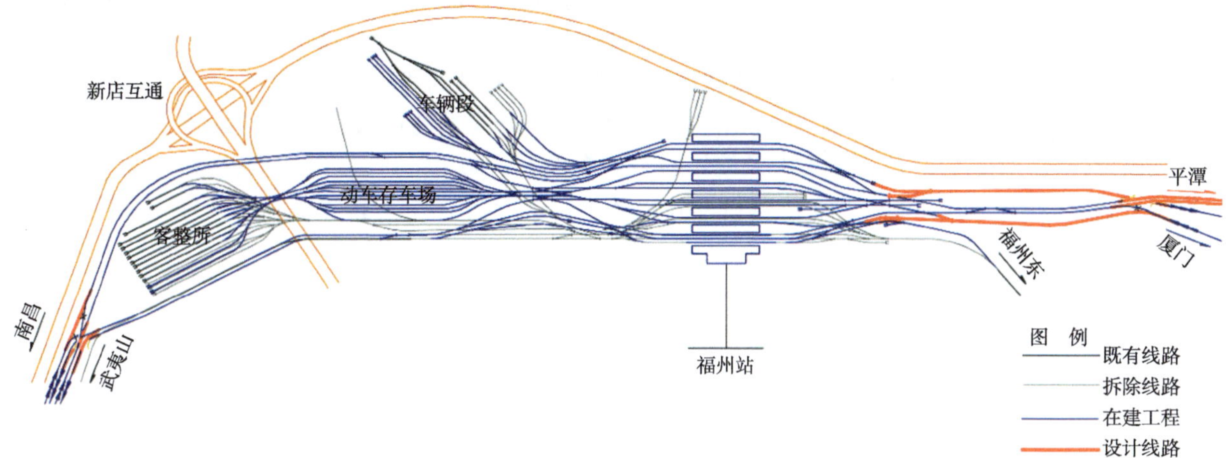

图 4-6-5 福平铁路在内侧与沿海铁路联络线分方向别引入方案

主要工程量：站线新铺轨 1.079 km，新铺 P6012 号道岔 5 组，拆除线路 0.169 km。

工期安排：2017 年 3 月～4 月，在正线铺架前完成车站改造工程。

二、引入福州南方案

车站规模维持既有 7 台 14 线不变，仅对车站两端咽喉进行了改建。车站南端咽喉，上下行正线分别从上下行侧动车联络线出岔，形成平潭铁路正线与车站南端咽喉用 18 号道岔侧向连接的形式，如图 4-6-6 所示。下行正线在外侧绕过既有动车所联络线，在既有福厦线乌龙江桥下游跨乌龙江后往平潭方向延伸。上行正线上跨动车所联络线和既有福厦线后，与本线下行线并行跨乌龙江往平潭方向延伸。增设本线与福厦线正线间渡线，使本线货物列车具有利用福厦线正线通过车站的条件，且使车站具有本线与既有福厦线客车同时到达的条件。

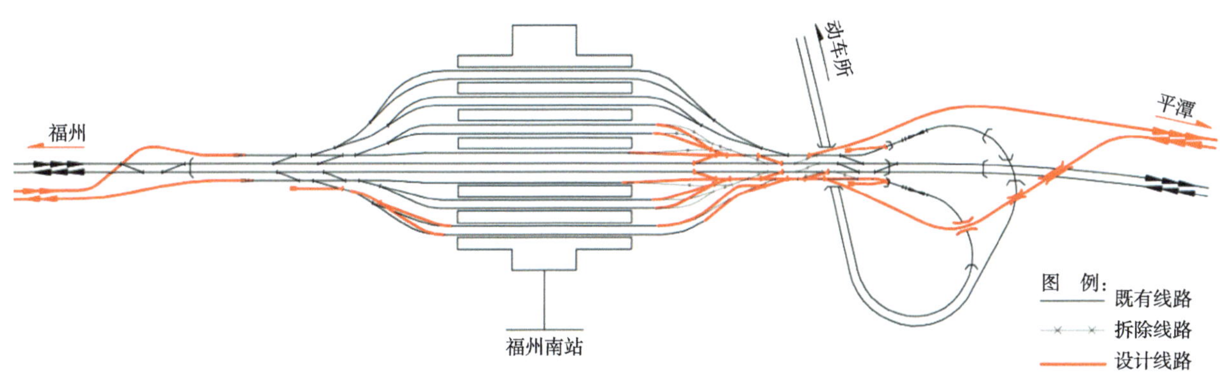

图 4-6-6 福州南站平面布置示意图

该方案车站增加了本线与既有福厦线客车同时到达的条件，咽喉使用灵活，有利于行车组织，客车运行舒适度高，车站改建尽量利用既有道岔，改建工程较小。

主要工程量：新铺轨 3.85 km，新铺 18 号道岔 17 组(拆铺利用 3 组)，铺 9 号道岔 2 组，拆除道岔 15 组，拆除线路 1.25 km，拨移线路 0.65 km。

工期安排：2017 年 5 月～7 月，正线铺架到达前完成。

第四节 接轨站过渡施工

福州南站为枢纽主要客运站，车站行车作业量大，施工过渡存在一定困难，指导性施工过渡方案按以下两步进行：

第一步：封锁福厦正线左侧的线路，利用右侧3台7线运营；拆除封锁部分需改建的既有线路及道岔；铺设20、24、38、40、42号道岔，改建3、5、7到发线。利用天窗或封锁正线，铺设正线上的22、44道岔，同时拆除既有编号为22、28、38的道岔。上述改建实施完成后开通封锁的线路。

第二步：封锁福厦正线右侧到发线，利用左侧4台9线进行车站的运营作业；拆除封锁部分需改建的既有线路及道岔，对4、6、8、10股到发线及编号为16、18、28、34、36、46、48、50等道岔进行改建施工。利用天窗或封锁正线的时间，对正线上编号为14、26、52等道岔进行施工，同时拆除既有编号为14、24、46的道岔。待全部工程施工完毕后，恢复车站正常运营。

第七章 房屋建筑及给排水工程

福平铁路全线设福州、福州南、长乐、长乐东、长乐南、平潭共 6 座车站，其中福州站、福州南站为既有客运站，长乐、长乐东、长乐南及平潭四站为新建车站。

第一节 一般站房施工

本节以长乐站站房、平潭站站房为例进行介绍。

一、长乐站站房施工

1. 工程概况

(1)站房部分

长乐站站房建筑面积 3 999 m^2，地上一层，局部半地下一层，建筑高度 19.800 m，建筑耐火等级不低于二级，屋面防水等级Ⅱ级，地下防水等级Ⅰ级。长乐站如图 4-7-1 所示。

图 4-7-1 长乐站

结构形式为钢筋混凝土框架结构，混凝土屋面，设计使用年限 50 年，结构安全等级Ⅱ级，抗震设防烈度为 6 度，建筑轴网尺寸 141.7 m×49.3 m，站房最大跨度 13 m。站房结构在 3～4 与 15～16 轴线处设两道伸缩缝。在桥柱处设柱，与桥梁实现“桥建分离”，仅基础与桥梁基础共建，主要柱截面有 700 mm×700 mm、700 mm×800 mm、800 mm×1 000 mm、600 mm×600 mm 等。主要梁截面有 350 mm×900 mm、350 mm×800 mm 等。根据地质报告，采用泥浆护壁钻孔灌注桩基础，桩径为 800 mm，桩长 40～46 m，单桩承载力 2 400 kN。

站台标准段雨棚建筑面积 3 644.8 m^2，建筑耐火等级不低于二级，雨棚屋面防水等级为Ⅰ级。钢筋混凝土屋面采用卷材+涂膜防水、重力式排水方式，雨水管明设。雨棚立柱跨度 10.9 m。雨棚雨水立管采用 DN100 白色镀锌钢管。雨棚结构形式为钢筋混凝土站台有柱雨棚，建筑耐久年限 50 年，结构安全等级Ⅰ级。建筑抗震设防类别为丙类，抗震设防烈度为 6 度；雨棚采用单柱悬挑 Y 形钢筋混凝土雨棚。站台雨棚总长 450 m，典型柱距 9 m，悬挑长度 5 m。雨棚柱采用圆形钢筋混凝土柱，直径750 mm；悬挑主梁采用变截面混凝土梁，截面尺寸主要为 400 mm×(500～1 000) mm。

(2)站房内装修

楼地面：候车厅、售票厅、进站通道采用 25 mm 厚福建白麻花岗岩楼地面，办公室、值班室、楼梯间等采用玻化砖楼地面。售票室、通信机械室、信息综合机房、综控室等采用防静电地板地面。

墙面:候车厅、售票厅、进站通道墙面采用25 mm厚白麻花岗岩干挂石材,公共卫生间采用玻化砖墙面、地面,办公用房、车站用房、走廊为乳胶漆墙面。

顶棚:站房候车厅顶棚采用白色铝条板及铝板;售票厅、进站通道采用轻钢龙骨石膏板及铝板;办公区、通信机械室、信息综合机房、综控室等为轻钢龙骨石膏板吊顶;卫生间为铝方板吊顶;消防控制室为9 mm矿棉板吊顶;消防泵房为12 mm穿孔石膏板吸声吊顶。

门窗:办公区、设备用房采用成品木质防火门或木门,售票室、进款室、售票办公、票据室为成品钢制防盗门,候车厅、售票厅为地弹门和感应门,出站口设置一樘电动伸缩门。

(3)站房外装修

8.7 m标高以下6-13轴和13-6轴为明框玻璃幕墙,面板采用8Low－e＋12A＋8双钢化中空超白玻璃,一层局部采用12Low-e＋12A＋12双钢化中空超白玻璃,竖向龙骨采用160 mm×80 mm×8 mm,表面氟碳喷涂,材质为Q235B;为横向龙骨采用80 mm×80 mm×4 mm钢方管,材质为Q235B。7 m标高以下,3-5轴、14-16轴、16-14轴和5-3轴为明框玻璃幕墙,面板采用8Low-e＋12A＋8双钢化中空超白玻璃,竖向龙骨采用120 mm×80 mm×5 mm钢方管,表面氟碳喷涂,材质为Q235B;横向龙骨采用80 mm×80 mm×4 mm钢方管,材质为Q235B。8.7 m标高以上2-17轴和17-2轴为明框玻璃幕墙,面板采用8＋1.52PVB＋8钢化夹胶超白玻璃,竖向龙骨采用160 mm×100 mm×8 mm钢方管,表面氟碳喷涂,材质为Q235B;横向龙骨采用80 mm×80 mm×4 mm钢方管,材质为Q235B;钢构件采用深灰色氟碳喷涂。横竖装饰条宽×长为80 mm×42 mm;装饰条材质均为6063-T5,铝型材室内外可视面氟碳喷涂深灰色,其余阳极氧化处理。

站台地面为30 mm厚火烧水洗花岗岩,雨棚柱、站台雨棚采用防水乳胶漆。

站房屋面为浅色涂料保护层屋面。

(4)工程实景

工程实景如图4-7-2～图4-7-7所示。

图4-7-2 站房外装修工程图

图4-7-3 候车厅

图4-7-4 站台雨棚

图4-7-5 安检口

图 4-7-6 卫生间

图 4-7-7 检票口

2. 施工方案

(1)土方开挖采用机械开挖与人工开挖两种方式。

(2)工程桩采用机械钻孔桩。

(3)模板采用木胶合板全木体系。

(4)脚手架采用扣件式钢管脚手架满堂搭设。

(5)屋面吊顶采用搭设满堂脚手架安装施工技术。

(6)外墙采用玻璃幕墙施工方案,候车厅、售票厅、出站厅采用干挂石材施工方案。

(7)地面采用湿贴花岗岩和防滑地砖施工方案。

二、平潭站站房施工

1. 工程概况

(1)车站站房

站房建筑面积为 53 985 m^2,地上主体 3 层,局部 4 层,地下 1 层,建筑高度 28.8 m。耐火等级地上不低于二级,地下为一级。平潭站如图 4-7-8 所示。

图 4-7-8 平潭站

站房主体屋面为钢筋混凝土保温上人屋面(Ⅰ级防水);站房主体屋面周边的四坡为筒瓦屋面(Ⅰ级防水);结构形式为钢筋混凝土框架结构,混凝土屋面,设计使用年限 50 年,结构安全等级Ⅱ级。建筑抗震设防类别为丙类,地震烈度 7 度。站房的平面为矩形,建筑物轴线尺寸长 244 m(平行股道方向基本柱距为 13 m、15 m 和 24 m)×70 m(垂直股道方向基本柱距为 7 m、9 m 和 10 m),最高处 28 m,在 6、7 轴线和 14、15 轴线处设两条缝,分成办公区、候车区、售票区,均采用钢筋混凝土平屋面,最大跨度 18 m,最大柱距 24 m,主要柱截面为圆柱 1 300 mm、方柱 1 200 mm,主要梁截面为 500 mm×1 800 mm 和500 mm×

2 000 mm。

A、C区长度49 m，B区长度150 m属于超长结构，根据功能设置3道后浇带。

地基基础设计等级为丙级，基础采用钢筋混凝土钻孔灌注桩基础，桩径800 mm，预估桩长为45 m，预估单桩竖向承载力特征值不小于4 000 kN。

(2)站台雨棚

站台雨棚覆盖面积10 800 m^2。建筑耐火等级为不低于二级。雨棚屋面防水等级为Ⅰ级。

雨棚站台立柱，采用悬挑钢筋混凝土框架结构（双柱），建筑耐久年限50年，结构安全等级Ⅰ级。建筑抗震设防类别为丙类，抗震设防烈度为7度；采用圆形框架柱，主挑梁采用变截面矩形梁，屋面采用钢筋混凝土屋面板，板顶平梁顶。雨棚典型柱距9.0 m。站台雨棚全站台覆盖，长450～550 m，每隔40 m左右设置一道温度缝，以减少温度应力的影响。

地基基础设计等级为丙级，雨棚柱基础采用钻孔灌注桩。在地道结构处，雨棚柱以地道侧壁为支承。钻孔灌注桩桩径800 mm，预估桩长为39～50 m，预估单桩竖向承载力特征值不小于1 300 kN。

(3)天桥

天桥总长度70 m，宽度10 m，天桥主体为钢筋混凝土结构，天桥主采用混凝土圆柱。天桥顶也采用钢筋混凝土结构。基础采用钻孔灌注桩，钻孔灌注桩桩径800 mm，预估桩长为50 m，预估单桩竖向承载力特征值不小于2 500 kN。

(4)出站地道

平潭站新建旅客地道一座。地道中心里程DK87+623.44，洞身宽8 m，长度约为53 m。地道洞身穿越2个站台，5条股道，一端以斜坡与站房衔接，另一端设封闭端板。地道在一、二站台设双向出入口，一侧为坡道式出入口，一侧为台阶+自动扶梯式出入口。

地道轨下洞身和出入口封闭段采用箱型框架结构，出入口敞开段采用U形结构。地道结构使用年限按100年设计，地道按一级防水标准设计。

地道范围内地基采用预应力管桩加固(PHC-AB-100)。管桩直径0.5 m，间距2.0 m，正方形布置。管桩桩顶设C35钢筋混凝土桩帽，尺寸为1.6 m×1.6 m，厚0.45 m。

2. 人员配备

项目部设置五部一室，配置管理人员54人，成立土建、安装、装修、长乐站、长乐东站、长乐南站六个架子队。严格按照工程投标承诺，结合工程专业类别、设备，配足现场施工管理人员，明确项目经理部的部门职责、人员配备标准、架子队组织机构及岗位职责，并建立学习培训制度，定期组织有关人员学习管理及专业新知识，切实提高施工管理人员对施工标准化创优管理的认识和实施标准化创优管理的能力。项目管理组织架构如图4-7-9所示。

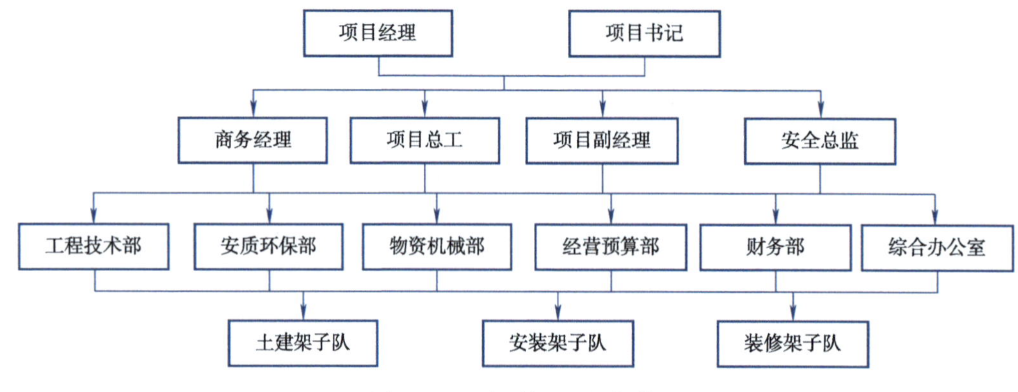

图4-7-9 项目管理组织架构

3. 管理制度建设

项目部编制管理制度汇编手册，建立各项管理制度 24 项，强力推行样板引路制度、三级交底制度、工序交接检验制度、进场三级教育制度，各部位装修前进行样板施工，样板施工工艺可行、施工质量合格后方可继续后序施工，如图 4-7-10～图 4-7-13 所示。

图 4-7-10　卫生间隔断样板

图 4-7-11　二层吊顶样板

图 4-7-12　工序验收

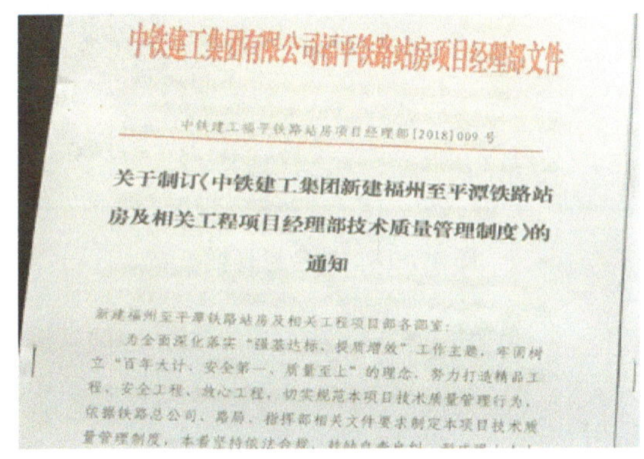

中铁建工集团有限公司福平铁路站房项目经理部文件

中铁建工福平铁路站房项目经理部[2018]009 号

关于制订《中铁建工集团新建福州至平潭铁路站房及相关工程项目经理部技术质量管理制度》的通知

新建福州至平潭铁路站房及相关工程项目部各部室：

为全面深化落实“强基达标、提质增效”工作主题，牢固树立“百年大计、安全第一、质量至上”的理念，努力打造精品工程、安全工程、放心工程，切实规范本项目技术质量管理行为，依据铁路总公司、路局、指挥部相关文件要求制定本项目技术质量管理制度，本着坚持依法合规、持续自查自纠……

图 4-7-13　质量管理制度

4. 工程技术管理

施工过程强调方案、交底先行，对施工班组加强入场教育，落实“三检制”，加强过程控制，在施工现场召开交底会明确施工质量要求，如图 4-7-14～图 4-7-17 所示。积极组织自查自纠，发现的质量问题认真分析，并及时整改闭合。检查问题列入问题库，对于重复发生的质量问题，分析原因，在后序施工中重点盯控，如图 4-7-18～图 4-7-25 所示。

图 4-7-14　施工方案

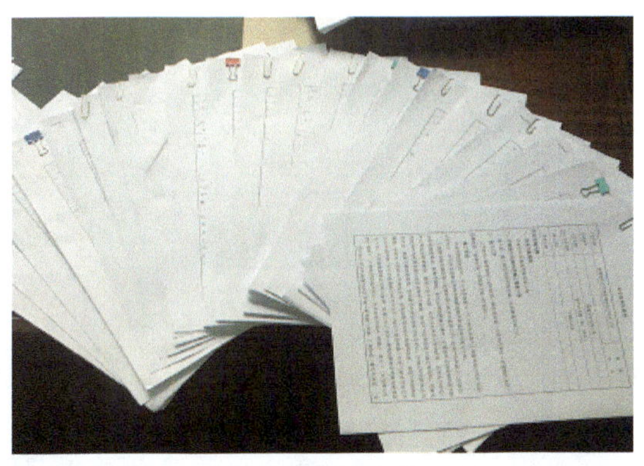

图 4-7-15　三级技术交底

图 4-7-16　入场交底教育

图 4-7-17　培训考试

图 4-7-18　站台栏杆样板

图 4-7-19　现场方案研讨

图 4-7-20　卫生间样板

图 4-7-21　售票厅吊顶样板

图 4-7-22　材料封样

图 4-7-23　幕墙样板

图 4-7-24 BIM 技术应用(一)

图 4-7-25 BIM 技术应用(二)

5. 工程特点及重难点

(1)地区物资匮乏,且地区材料易腐蚀

平潭站位于福建省平潭综合试验区,属于我国第五大岛。该地区物资匮乏,材料进入手续复杂,材料损耗对工程成本控制、工期控制影响大。岛上常年 6～7 级大风,空气潮湿且带有腐蚀性。防止材料腐蚀、降低后期维修成本以及减少材料非正常损耗是本工程的重难点。

(2)地质复杂,桩基施工难度大

平潭站桩基采用钻孔灌注桩,桩径均为 800 mm,桩身混凝土强度等级为 C40 P8。工程桩均为端承桩摩擦桩,桩端全断面进入持力层中风化花岗岩不小于 0.8 m。由于地质情况复杂,局部基岩产状较陡,在钻孔灌注桩冲孔过程中钻头受力不均极易产生偏孔现象。

(3)"石头厝"石材板块多样化

龙骨系统较传统干挂墙面更粗大,龙骨系统需充分考虑海洋环境防腐防风性能,板块厚度、大小、重量、色彩、肌理较传统幕墙有非常大的区别。

(4)智能建筑,系统调试难度大

本工程专业系统多,末端器件数量大,共有 20 多个信息化系统,调试难度大。

6. 质量管理

项目部根据本工程特点建立了质量管理制度,成立了质量管理小组。

施工前,根据设计文件进行方案编制,监理单位审批通过后实施。根据审批后的方案,按工序编制施工技术交底,全面对质量员、技术员、班组长、工人进行技术交底;建立样板先行制度,各工序施工前先进行样板施工,明确工序标准后方可继续施工。现场分工序验收,隐蔽验收留影像资料。

过程中对以下程序进行质量把控:对各部位材料进行进场验收,并按规范见证取样,检测合格的方可使用;后置埋件按规范进行现场检测,编制检测方案并由监理现场随机选择检测部位;对龙骨安装、防腐涂刷等关键工序重点盯控,龙骨安装前核对龙骨规格、尺寸,安装时检查连接件规格数量,检查龙骨焊接质量并按规范进行探伤检测,焊缝验收合格的,按设计要求及时涂刷防锈漆;对石材墙面施工进行检查,确保石材安装位置精确、平整、对缝关系准确、观感质量好,石材挂件规格、数量、位置符合设计要求;防水施工前检查基层处理情况,防水施工全程盯控,避免出现偷工减料,防水施工结束后进行蓄(淋)水试验,对渗漏点进行修补;操作脚手架按方案搭设,使用前进行验收,过程中对操作脚手架进行检查,确保使用安全。材料进场验收如图 4-7-26 所示,技术交底如图 4-7-27 所示,现场拉拔试验如图 4-7-28 所示,隐蔽验收如图 4-7-29 所示。

各级检查及验收发现的质量问题,建立问题库、明确责任人并制定整改措施,按要求时限整改,整改完成并经监理验收合格后进行问题销号。

图 4-7-26　材料进场验收

图 4-7-27　技术交底

图 4-7-28　现场拉拔试验

图 4-7-29　隐蔽验收

7. 施工过程阶段

(1)施工准备阶段

项目部按照三项策划的要求,细化到每个分部分项工程,在每个分项工程开工前均召开项目管理策划讨论会,群策群力,达到最优方案。

(2)施工阶段

方案落实责任到人,以关键工序、样板引路、三检制为基础,采用 PDCA 循环机制,以制度为抓手,狠抓现场管理。积极推广使用草图大师、BIM 技术、广联达建模、CAD、Detail(钢结构细部设计)等软件,很好地解决施工中细部问题和工序穿插。安全卡控采用"四图一表"严把风险源,每天及时更新风险源指示,对现场工作做到交底到位不留死角。定期开展风险演练,进一步提高风险预控及控制能力,项目部多次与当地消防局联系,进入现场给全体工人进行讲解,从周围的事例及实际操作对工人们进行安全管理授课。针对站房检查频次多,现场文明施工难度大,且施工队伍较多等特点,采用文明施工集中管理化。为了能够及时了解现场施工动态情况,项目部建立远程网络监控系统,实现了工地信息远程网络控制管理。各种网络办公系统运用(技术管理子系统、安全管理子系统、质量管理子系统、物资管理子系统、工程管理子系统等信息系统),项目所有资料均通过信息系统填报,进行网上申报和审批,通过系统运用能够完善管理中的漏洞,节约往返的时间,提高办公效率。

8. 精品客站建设

平潭站外型设计形式新颖、恢宏,外墙借鉴平潭传统民居石头厝形式饰面,辅以独具海洋特色的灯塔造型旗楼,鉴于海岛大风多雨的特征,特别设计旅客进站风雨廊和落客门斗,整体造型独具浓厚的海岛特色,同时售票厅及出站地道等区域部分点缀了平潭岛的特色"蓝眼泪"元素,深入传承创新地域文化,使其成为平潭岛的标志性建筑,如图 4-7-30～图 4-7-32 所示。

图 4-7-30 平潭站房外景

图 4-7-31 “石厝”民居

图 4-7-32 “蓝眼泪”海景

平潭站建设过程中，深入贯彻落实国铁集团“畅通融合、绿色温馨、经济艺术、智能便捷”的十六字方针，按照国铁集团建设精心、精致、精细、精品站房的要求，深入融合地域特色、传统文化，开展深化设计创新工作，致力于打造全国领先、地域特色的新时代引领型高铁客站。

(1)深刻理解建筑立意，实现建筑设计意图

平潭站总体造型以“海坛千礁，丝路扬帆”为设计主题定位，站房立面突出“石头厝”这一平潭独特的旅游景观与文化品牌，结合国际旅游岛要求，采用平潭骑楼的人文景观和文化内涵，设两座塔楼，象征着两岸同胞互通航路上的灯塔，与车站广场以“石头厝”为主题的街区设计相互辉映，充分响应了国铁集团畅通融合的指导方针，如图 4-7-33 和图 4-7-34 所示。

图 4-7-33　原设计及当地石厝文化提取

图 4-7-34　第一次样板施工对比

传统的石头厝墙面采用不规则片石堆砌、砂浆勾勒而成，浑然天成，具有强烈的自然肌理，对于站房这样一个大体量公共建筑而言，完全模仿矮小的传统民居用片石堆砌显然难以实现。因此，在深刻理解站房建筑立意的基础上，如何实现好建筑立面表现成为深化设计和施工的难题。

为完美实现这种全国独一无二的建筑形式，在无传统经验可以借鉴的情况下，针对“石头厝”外墙的实现和建筑艺术提升开展了深入的创新研究，完美地实现了建筑设计所需要的效果。

①针对外墙总体布局进行二次排版优化

原设计外墙“石头厝”造型是一个概念化的实现方案，意图采用标准化的组合排版方式实现无规则建筑饰面，石板大小、缝隙宽度均待现场实施时进行优化和处理。在实施过程中，根据样板来确定“石头厝”墙面的实现形式，选择合适的板块大小和缝宽，进行全立面无规则排版设计，既体现“石头厝”的原始风貌，又要根据建筑体量表现其大型公共建筑的气势和气度。施工过程中，对墙面所有板块逐一排版编号实施，确保了整体艺术造型的实现，如图 4-7-35～图 4-7-37 所示。

②针对“石头厝”实现方式进行优化

本工程“石头厝”墙面的难点在于，一是龙骨系统较传统干挂墙面更粗大，二是龙骨系统需充分考虑海洋环境防腐防风性能，三是板块厚度、大小、重量、色彩、肌理较传统幕墙有非常大的区别。为实现建筑效果，

图 4-7-35 第二次样板施工对比(排版及版块大小对比)

图 4-7-36 立面实景图

图 4-7-37 侧立面实景图

更彻底的模拟石头厝的原始肌理,深入调研考察国内各类型厂家,比较了人工水泥预制墙板系统、蒸压陶瓷预制系统等现代技术,考虑到耐久性和色彩的实现度,决定仍然采用石材系统,施工中针对上述三个问题进行重点研究。

石材幕墙龙骨系统:考虑到平潭岛处于台湾岛地震影响区且石材板块最重达 235 kg,需进行专项抗震抗风设计和计算,竖向主龙骨采用 160 mm×80 mm×4 mm 热镀锌方管;横龙骨采用 63 mm×63 mm×5 mm 热镀锌角钢;板块干挂采用不锈钢背栓系统。

龙骨防风防腐研究:龙骨全部采用 100 μm 热镀锌处理;焊接节点均需逐一敲除焊渣满涂无机富锌环氧防腐漆;板面缝结合板缝工艺密封处理,防止进风。

石材板块工艺处理:本工程石材板块最大尺寸为 1 900 mm×1 200 mm;石材厚度最大 10 cm,最重达 235 kg;整个幕墙石材板块约 21 000 块,板块表面选用蘑菇面、火烧面、荔枝面、人工劈裂处理等多种工艺组合,意图在传统自然肌理的基础上予以优化提升,人工现场剔凿石材达 7 500 块;板块颜色采用白麻、深虾红、浅虾红、灰麻、青石等多种色彩组合而成,延续传统无规则石头厝墙面石材选型。

③深入研究"石头厝"勾缝处理艺术

深入研究传统民居"石头厝"的特征,其最大的特点有三个,一是石头的无规则,二是勾缝的无规则,三是缝宽较大。现代幕墙体系要实现无规则的大宽缝系统,在工期有限的情况下基本不可能实现,勾缝的处理则成了该幕墙系统重要的技术难点。

平潭站幕墙系统缝宽 4 cm 以上,传统民居采用石材堆砌砂浆自然勾缝很好实现,幕墙的宽缝系统则要考虑三个因素,一是自然肌理,二是防风防水性能,三是安全性。通过研究若干种处理方法得出,一是采用水泥勾缝,该处理方法自然肌理感最强,但存在脱落收缩渗水等难以解决的缺陷;二是采用石材嵌缝,模拟自然堆砌模式，但是改变了勾缝的肌理特征，也存在地震脱落的风险；三是采用灰色肌理金属条嵌缝，该类型轻薄、缝隙打胶处理、防风防水抗震，比较好的解决了勾缝处理难题。勾缝处理实例如图 4-7-38 所示。

(a) 砂浆勾缝

(b) 石材条嵌缝

(c) 金属条嵌缝

(d) 缝隙曲折调整

图 4-7-38 勾缝处理实例

④优化外墙简欧式弧形门窗洞口

平潭站外幕墙门窗洞口造型借鉴传统石头厝墙面的暗窗洞处理手法，于高大形体上应用具有一定的简欧风格，窗洞口的收边石材力图还原传统民居墙洞特征。在施工优化过程中，采用灰白色石材大板密拼处理，弧形洞口采用放射型构造，完美实现了设计效果，如图 4-7-39 所示。

图 4-7-39 弧形门窗洞口实例

(2)深度贯彻经济艺术，创新室内建筑环境

平潭站作为距离祖国宝岛台湾最近的高铁站，面向台湾同胞和平潭人民，展示祖国高铁建设的伟大成就，体现党和国家、国铁集团以人民为中心，服务于人民和地方发展，具有重要的政治、社会和经济意义。平潭站建设过程中，深入贯彻国铁集团十六字指导方针，室内候车和进出站环境深化设计突出“经济、艺术”两个要素，用常规材料，通过创意性创新创作，打造新时代艺术人文站房。

①平潭站进站门厅设计和施工优化

平潭进站大门厅延伸廊方案为国内首创，具有鲜明的酒店大堂门厅迎宾属性，内设 4 车道落客平台，解决了沿海多雨情况下旅客进站的问题，如图 4-7-40 所示。门厅优化设计突出迎宾感和仪式感，采用暖色系木纹铝板构建藻井顶棚，辅以恢宏大气的石头排柱，给进站旅客以强烈的视觉震撼。

图 4-7-40 进站门厅

主要做法为坚持经济性与文化性相结合，用细部诠释效果与工艺的精美，木纹铝板构造系统采用叠级线条处理，柱面设置厚重的墩柱，柱颈采用深色虾红石材，柱面采用浅虾红辅以凹槽处理，增强柱体艺术表现力。

主要用材为木纹铝板、虾红石材。

②进站广厅深化设计和施工优化

进站广厅室内空间与候车空间一体化设计，创新设计风格和手法，借用主候车空间设计风格，突出海浪和沙滩元素，进站广厅临空面采用叠级错落手法，犹如笔直叠加海岸线，选用内嵌式侧送风口，整体立面干净利落，如图 4-7-41 和图 4-7-42 所示；25 m 高结构柱采用一体化造型处理，采用暖色调虾红石材，弱化横向体量，强化竖向挺拔气度，以高柱裙、藏柱帽、消横缝、破立面、内打光、修线条等手法着力提升空间的整体性和恢宏感受，如图 4-7-43 所示。

图 4-7-41 原设计效果图

图 4-7-42 现场实景图

主要做法为柱面采用虾红造型石材、采用一体化处理工艺，如图 4-7-44 所示；临空面虾红线条叠级造型，风口立面采用光面石材格栅造型；吊顶采用弧形铝条板和收边铝板，模拟大海翻滚之波涛汹涌；进站门内饰面借鉴外墙简欧弧形门洞，创作三联拱门洞造型，凸显工艺之精湛、细节之精美，如图 4-7-45 所示。

主要材料为穿孔喷涂铝板、铝条板、造型铝板、虾红线条石材、普通白麻、不锈钢线条。

图 4-7-43 广厅高柱一体化石材柱面

图 4-7-44 广厅临空面一体化造型石材

图 4-7-45 广厅进站口三联拱一体化造型处理

③一层候车大厅创新深化设计与施工优化

平潭站一层候车大厅空间平面尺寸大，横向 143.9 m，纵向进深 18 m，但井字梁下净空高度只有 6.29 m，吊顶高程只有 5.4 m。为解决超大平面低空间导致的压抑性，重新对设计方案进行了颠覆性的创作创新。

结合平潭海岛特征，选择最具特色的贝壳作为设计主题，由白色贝壳形式演化成圆边三角形阵列，同时对空间开展分区设计和排布，将所有空调、灯具、消防喷淋、烟感、温感等系统进行优化，布置于板块缝隙内，凸显顶面的干净、整洁、大气，具有浓厚的艺术氛围；吊顶分区板采用造型木纹色铝板，墙面采用虾红色造型线条石材竖向设计，独立柱采用构造圆形铝板竖向设计，墙面柱面下部采用深色石材或者铝板，增强空间的视觉稳定性，墙柱顶部设置造型灯，槽内置暖色灯带，使整体空间既充满文化技术性，又具有温馨舒适的候车感受。候车大厅实例如图 4-7-46 所示。

主要做法为吊顶采用贝壳幻化三角圆边造型铝板处理；条缝反扣铝塑板内嵌设备末端；柱面采用浅灰色圆形长大铝板，顶部做凹槽泛灯处理，底部深灰色铝板增强柱体厚重感；分区及收边采用线条木纹铝板造型处理；墙柱面造型为一体化虾红石材柱面，辅以深色石材增强厚重感，黑钛不锈钢线条收口处理；消防箱采用整体 180°旋转推拉式。

主要材料为普通造型铝板、木纹铝板、虾红石材、铝塑板、麻城白麻。

(a) 原设计效果图

(b) 现场实景图

(c) 贝壳造型三角板

(d) 一体化造型墙面

(e) 全开180°消防箱

(f) 柱面及顶部造型铝板

(g) 一体化造型墙柱面

图 4-7-46

(h) 充满海洋文化的精致艺术格栅回风口

(i) 干净整洁的暖色墙面、门洞设置艺术石材门套

图 4-7-46 候车大厅实例照片

④商务候车室深化设计与施工优化

商务候车室坚持经济艺术的方针，既体现商务层次的高级感，又兼具营造舒适的候车氛围，如图 4-7-47 所示。顶面采用造型石膏板，结合镜面金属板、线性灯光照明的设计手法，提升了候车室的视觉高度；墙面采用拱形仿木纹铝板，营造了舒适柔和空间氛围；地面铺贴仿木纹瓷砖，搭配真皮沙发，提供了协调有序的空间氛围。同时墙面采用暖色调艺术涂料，加入贝雕装饰，体现海岛特色。

图 4-7-47 温馨舒适的商务候车空间

主要做法为墙面采用喷涂艺术漆、顶面采用硅钙板造型处理、地面铺设木纹瓷砖，分区分隔采用铝板造型工艺，衬镜面不锈钢，凸显空间的高雅、简洁、大气，如图 4-7-48 和图 4-7-49 所示。

主要用材为石膏板、艺术涂料、镜面不锈钢、玻璃、木纹瓷砖。

⑤二层候车大厅深化设计与施工优化

作为平潭站最重要的空间，承载着旅客对该站最具想象力的期望。二层顶部结构设计为平顶四面坡，设计为混凝土普通框架结构，结构空间最高点 25.991 m，最低点 11.7 m，横向开间 139.9 m，纵向进深 36 m，内设 16 根独立框架柱，其中 4 根双柱系统。结合平潭海岛特征，在深化设计过程中，数易其稿，最

图 4-7-48 分区造型铝板

图 4-7-49 硅钙板造型顶级木纹地板

终在国铁集团的共同研究下，创作了具有浓郁海洋特征的大波浪沙滩吊顶，为尽可能实现具有一定具象意义的特征，顶部吸收海浪涟漪和沙滩的形态元素，采用无规则浅黄色穿孔铝板，辅以晶亮粗砂颗粒，模拟沙滩形式；两侧设渐变海波浪收边大顶；挺拔的高大排柱及边柱纵向线条一体化设计，使空间显得温馨、恢宏，且具有浓郁的地域文化特征。候车大厅和候车室如图 4-7-50 和图 4-7-51 所示。

应用现代光影技术，采用吊顶泛光和柱头泛光烘托波浪氛围；山墙采用硅藻泥仿真肌理艺术浮雕，以"海上丝路"为主题，融入极具平潭特色的石厝村落、石牌洋、公铁大桥、风车、海浪元素，展现福平铁路带动平潭综合试验区融入国家发展规划的重要意义。

主要工艺做法为波浪采用铝单板和铝条板组合而成，模拟三级层叠波浪形态；吊顶采用喷涂穿孔铝板密拼处理，孔洞内局部缀以不锈钢亮片模拟贝壳闪闪发光；柱面采用浅灰色长大铝板辅以不锈钢线条，突出柱子的挺拔和气势；墙柱面采用造型石材一体化处理技术，凸显工艺之细腻、精湛。

主要用材为穿孔喷涂铝板、铝条板、造型铝板、虾红线条石材、普通白麻、不锈钢线条。

图 4-7-50 候车室实景照片

(a) 原设计效果图

(b) 现场实景图

图 4-7-51

(c)"海上丝路"大型艺术浮雕壁画

(d) 二层全景造型空间

(e) 沙滩穿孔铝板

(f) 二层立面一体化造型柱

(g) 平潭沙滩吊顶施工样板

图 4-7-51　候车大厅实例

⑥二层进站天桥设计深化与施工优化

二层进站天桥为折线形空间，为优化空间形态，采用木纹铝板构成多重门廊的形式，铺设竖向工字地面，并将对应的柱子结构进行颜色区分，突出空间的迎宾仪式感，如图 4-7-52 所示。

图 4-7-52　二层进站天桥实景图

主要做法为分区断面处理，顶部采用常规硅钙板吊顶做造型处理，辅以泛灯烘托气氛；用铝板构造门廊形态，断面造型处理，烘托迎宾的温暖氛围。

主要用材为硅钙板吊顶、木纹铝板、灰色铝板、麻城白麻石材。

⑦站台雨棚深化设计与施工创新

站台雨棚形式为铁四院创作的经典塔式结构，在设计上以古为鉴，为区别于其他车站，在用色用材上进行了新的尝试，木纹柱取意自海岛传统祖庭之木柱，具有显著的中式特色；顶部用灰色和白色进行了分区处理，使空间凸具温馨感，与外墙石头厝相互辉映，使旅客领略独特的进出站候车氛围，独具平潭海岛特色，如图 4-7-53 所示。

主要做法为普通涂料应用于顶部处理，柱面采用现场滚涂木纹漆；石墩采用传统柱基形态予以丰富。

主要用材为普通涂料、木纹漆、白麻石材。

⑧出站地道与出站厅深化设计和施工优化

出站地道和出站厅按照使旅客尽快出站的目的考虑，在此基础上丰富空间表现，出站地道顶部改变传

图 4-7-53　站台雨棚实景图

统的条板形式，借意平潭“蓝眼泪”的特征，创新吊顶艺术处理手法；端部为加强短地道的纵深感，采用镜面处理，布置“海上升明月”的端景；出站厅采用传统条板处理，但墙柱面进行了造型丰富处理，使空间显得丰富温馨，如图 4-7-54 和图 4-7-55 所示。

图 4-7-54　出站地道实景图

图 4-7-55　出站厅现场实景图

主要做法为采用铝板构造线形灯槽构建迎宾通廊感受；顶部穿孔铝板并缀以平潭景观“蓝眼泪”元素，突出空间之优美形态；端景采用玻璃镜面延伸空间，设置“海上升明月”以凸显地域文化氛围；出站楼梯通道采用不锈钢收口处理；出站厅墙顶面交接收口广泛采用木格栅，充满舒适迎宾气象。

主要用材为木纹铝板、白麻石材、穿孔背衬铝板、玻璃、金属线条。

(3)深刻理解绿色温馨，智能便捷，营造候车宜人环境

车站是旅客对铁路服务认知的终极场所，体现着国铁集团对旅客的关心关爱，国铁集团提出“绿色温馨”的建站方针，为深化设计和如何建设一座旅客满意的车站提供了明确的方向。平潭站建设过程中，始终抓住“绿色、温馨、智能、便捷”的建站要求，致力于打造一座旅客欣赏、社会赞誉、政府满意的新时代站房。

①售票厅

售票厅是国铁集团为旅客提供温馨便利的第一场所，为旅客提供丰富的进站票务服务体验，在售票厅的深化设计和施工中，我们将舒适性、便捷性、智能性、文化性相结合，打造独特的空间体验。售票厅采用开放式设计，提供银行化高质量面对面交流服务；售票背景墙采用平潭“蓝眼泪”为背景，提升旅客服务的空间体验，如图 4-7-56 所示；顶部深化设计海波浪铝条板吊顶，墙面采用格栅收口；独立柱面采用艺术涂料构建砂砾水纹，将声、光、电、色、影与文化有机融合，如图 4-7-57 所示。售票厅全景如图 4-7-58 所示。

图 4-7-56 “蓝眼泪”背景开放式售票台

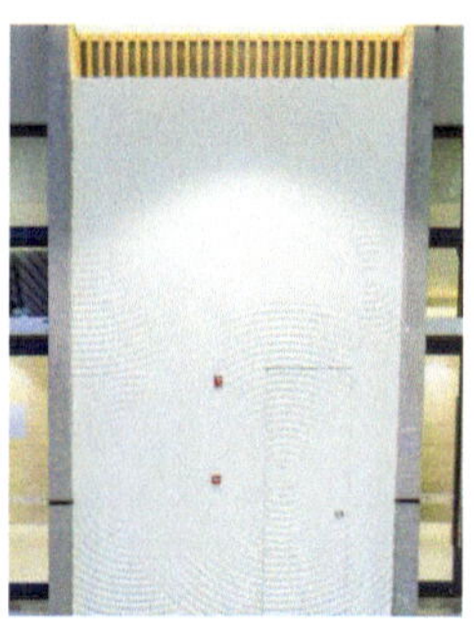

图 4-7-57 水纹艺术泛光墙面

图 4-7-58 售票厅全景

②候车空间深化设计

以国铁集团客站建设“十六字”方针为指引，深化候车室功能分区，提供新时代候车体验，为铁路部门提供更多的候车方式和服务选择，特别对候车空间进行了优化，提供给车站部门参考。在二层候车室增设综合服务台、军人候车区、咖啡休闲区、商务区、母婴区、儿童区，保证不同条件旅客均享有舒适的出候车体验，如图 4-7-59～图 4-7-62 所示；候车室通过提取石厝形态元素，塑造新的空间氛围，集散候车厅融入室内景观植物和建筑小品，增加自然气息，体现绿色结合的建设理念。

图 4-7-59 二层商务候车区设计效果图

图 4-7-60　二层军人候车区设计

图 4-7-61　二层商务咖啡区深化设计效果图

图 4-7-62　结合隐藏式消防箱设计建筑小品，融入座椅和绿植(实景图)

同时站房与站台有 11.27°夹角，将此处形成的三角区域建设成景观花园，以优美的色彩打破单调，帮助旅客缓解旅途疲惫。

③室外空间设计与优化

平潭站建造过程中，特别重视配套设施的建设，在绿化、走廊空间、室外景观、栏板等各种配套细节方面均做了全方位的优化，为旅客和车站工作人员提供一个温馨宜人的环境，如图 4-7-63～图 4-7-65 所示。

④母婴室深化设计与施工优化

母婴室内两边设置哺乳区及清洗区、中间等候活动区，分区合理、私密性好；以浅灰、珍珠绿、暖色木纹等为主体色，营造了极具亲和力的空间效果；暗藏灯光保护儿童视力，搭配云朵吊灯、装饰卡通挂件以及花形软凳，更具趣味性与安全性，如图 4-7-66 所示。

图 4-7-63 车站内庭广场实景图

图 4-7-64 贵宾室门廊实景图

图 4-7-65 独具海洋特色的石雕摆件

图 4-7-66 母婴室

⑤洗手间空间设计与施工优化

平潭站洗手间尝试一种新的设计氛围，致力于提供旅客星级享受，施工过程中，对洗手间布局、空间效果、设计用材均进行了全方位的优化，优化后的平潭站洗手间低调、内敛，动线丰富，追求素雅简洁中的温馨感，如图 4-7-67 所示。

盥洗区以独立式中岛式洗手台，解决通视问题；优化人流动线，通过功能分区、环形路线、绿植引入、文化软装点缀、儿童洗手台、化妆台引入等，凸显对旅客的人文关怀，如图 4-7-68～图 4-7-73 所示。

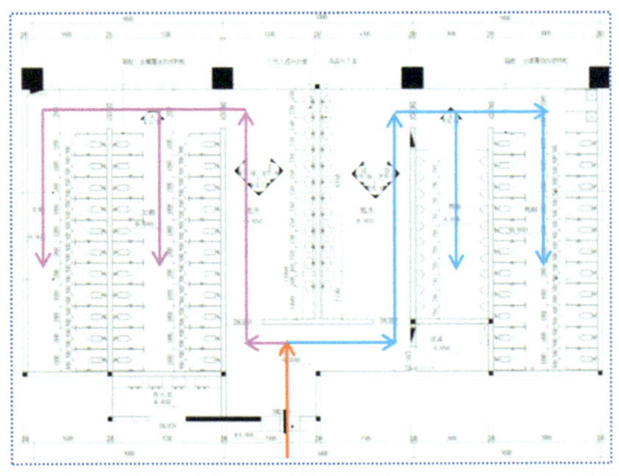
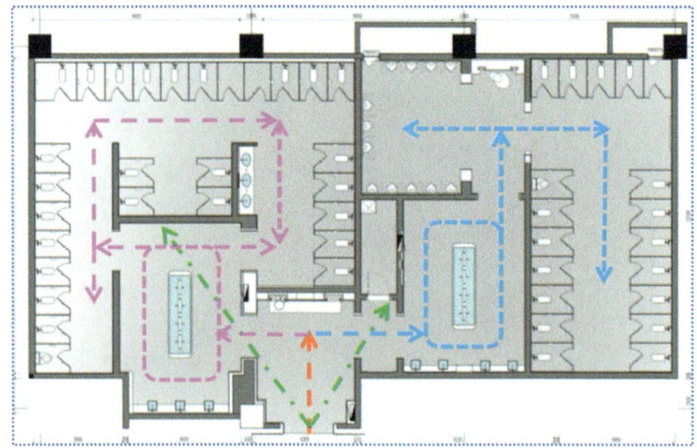

- 男女卫生间入口动线分析图
- 男女动线分析图
- 女卫动线分析图
- 男女私密性分析图

图 4-7-67　洗手间布局和动线优化

图 4-7-68　绿植引入中岛空间

图 4-7-69　时尚典雅、充满时代感的洗手间空间

图 4-7-70　颇具现代感的艺术空间

图 4-7-71　艺术时尚的洗手间公共空间

图 4-7-72　设置自动门的第三卫生间

图 4-7-73　洗手间内丰富的艺术空间

第二节　采暖与通风施工

通风空调有着十分重要的作用，平时可以净化站房空气，改善站房的通风状况，火灾时可以排出烟气，为救援赢取时间。下面就平潭站工程中通风空调的施工工艺、质量控制措施等进行介绍。

站房候车厅采用集中空调系统设计，旅客服务、售票厅、办公等区域采用变制冷剂流量多联分体式空调，设备机房采用机房专用空调。变配电室和设备用房设置通风系统，站房内设置防排烟系统。电务检修楼通信机械室、信息配线间、网络服务器机房设分体式机房专用空调。除工具间、存放间、卫生间、备品间之外的其他房间设热泵变频分体空调。本工程办公室采用热泵分体式空调系统。

一、施 工 工 艺

1. 酚醛复合风管制作

复合风管的制作，采用手工开槽（或者搭接式设备开槽），检查手工开槽刀是否齐全无损坏现象。根据图纸所要求的规格、尺寸，列好风管的制作开槽单，并依此开槽单开出下料单。依开好的槽口，将阔板折成矩形管道，确保两端齐平和雌雄端吻合良好，接缝用压敏胶带密封好。

根据设计图纸尺寸及现场实测进行组装。在组装时，将待组装的风管雌口朝下，垂直立稳，用雌、雄刀切开接口角，翻开折边，修齐对角便于连接。切入内层并清扫干净，然后将另一节待接管道雌口与修好的雄口相接。用装针固定，热敏胶带黏合水平组装时，各管道往一处倾斜，以便于在一侧装订和粘胶带，把胶带粘贴在外径接口上，具体的接口按现场组装。

2. 风系统安装

(1)支架安装

支吊架应符合《通风与空调工程施工质量验收规范》(GB 50243—2016)所规定的标准和施工技术说明。对于直径或边长大于 2 500 mm 的超宽、超重等特殊风管的支吊架应按设计规定。吊架安装前，应进一步核对风管的坐标位置和标高，拉线找标高，找出风管走向和位置后，实测焊吊架上横向槽钢。支、吊架的预埋件或膨胀螺栓埋入部分不得有油漆，并应除去油污。吊架不得直接吊在法兰上。

风管水平安装，直径或长边尺寸不大于 400 mm 时，间距不应大于 4 m；大于 400 mm 时，间距不应大于 3 m。风管垂直安装间距不应大于 4 m，单根直管至少应有 2 个固定点。防火阀、消声器等部件应单独设置支吊架，支吊架不得安装在风口、检查孔等处。

(2)风管安装

风管安装前应确保其清洁无杂物。安装的位置、标高、走向符合设计要求。风管拼装时，法兰间采用 8501 密封胶带作为法兰垫料，法兰与风管连接的四角用银灰色玻璃胶密封，紧固螺栓时采用对角直线顺时针逐步紧固的方式。风管拼装好后，要求用对角拉线法查看风管平直度。水平风管安装如图 4-7-74 所示，风管立管安装如图 4-7-75 所示。

图 4-7-74　水平风管安装示意

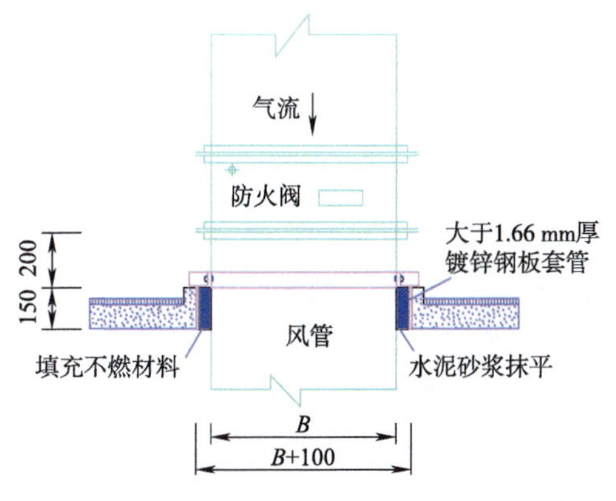

图 4-7-75　风管立管安装示意(单位：mm)

风管吊装时，依据现场条件可采用整体吊装或分节吊装，一般顺序为先干管后支管，竖风管的安装一般由下至上进行。施工期间，须对风管、辅助设备的敞口端做出妥善的保护或覆盖，避免受外来物体污染和损坏。对风管端部必须提供足够的承托支撑。为防止“冷桥”产生，根据设计要求，需要保温的风管应用经过浸泡沥青的木条将风管与支吊架隔开，通常厚度与保温层相同。风管与配件可拆卸的接口和调节机构不得装设在墙或楼板内。安装好的阀门、罩体、风口等部件的调节装置应灵活。

(3)部件安装

防火阀安装时必须注意其方向，防火阀的易熔片要安装在气流迎风方向；其安装位置必须符合设计要求，并有独立的支吊架，防止在火灾发生时因风管变形而影响阀门性能，如图 4-7-76 所示。防火阀安装在吊顶内时，要留出检查开闭状态和进行手动复位的操作空间，并在合适位置留出检查口，检查口设在顶棚或靠墙时，每边长为 400 mm。根据设计要求，防火阀阀体距楼板、墙体之间的距离不小于250 mm，与防火阀连接的穿墙或楼板风管须采用 2 mm 厚钢板加工制作，且做热镀锌处理。风管安装完成后，其两端距墙面和楼板面距离不小于 250 mm，孔洞缝隙用水泥砂浆或其他防火材料填充。

图 4-7-76 风阀安装示意图

对开多叶调节阀、碟阀应安装在便于操作的部位，安装在吊顶内时，要留出检查开闭状态和进行手动操作的操作空间，并在合适位置留出检查口，检查口设在顶棚或靠墙时，每边长为 400 mm。安装完毕后，应在调节阀上标明“开”与“关”字样。

风口安装应横平、竖直，表面平整，位置正确，与风管的连接应牢固；吸顶风口应与顶棚平齐，位置应对称；凡带有调节和转动的风口，其调节与转动装置应灵活。

(4)保温工程

绝热材料必须符合设计和消防要求的材质和规格，必须有产品合格证和性能检测报告。本项目空调风管保温采用难燃 B 级闭泡橡塑保温，吊顶内的排烟风管采用离心玻璃棉进行保温。保温材质应密实，无裂缝、空隙等缺陷，表面应平整，允许偏差为 5 mm。风系统绝热施工要点如下：

①管道保温前，将表面灰尘清除干净。

②风管系统部件的绝热不得影响其操作功能。

③管道穿墙、穿楼板套管处的绝热应采用不燃或难燃的软、松材料填实。

④本项目风管绝热层采用黏结方法固定，施工应符合相关规定。

⑤黏结剂的性能应符合使用温度和环境卫生的要求，并与绝热材料相匹配。

3. 空调水系统安装

(1)材料检验

管材类：焊接钢管表面应光滑，不允许有折叠、裂缝、分层、搭焊缺陷存在。镀锌管外观检查应内外壁镀锌均匀，无腐蚀、无毛刺，不得有未镀上锌的黑斑和气泡存在，同时镀锌必须为热浸镀锌。

阀门类：铸件不得有裂纹、气孔、夹砂等有害缺陷，铸铁阀体缺陷不得补焊。锻件表面质量应良好。阀门应具有清晰的标志，随带装箱清单和附有产品标准规定的产品合格证，产品合格证应有供方技术检验部门盖章和检验员签章、日期。

(2)防腐除锈

焊接钢管、型钢等钢材类产品，经检验合格后，必须立即进行除锈防腐，除锈采用砂纸或钢丝刷，除锈时应除去管材表面的浮锈、灰土、油污等，应达到能见到金属光泽后方可进行涂刷防锈漆，涂刷时应厚薄均匀，无漏涂、气泡、皱纹等缺陷方算合格。

(3)支吊架制作与安装

对同一直线上要求支吊架采用同一规格，对同层管道支吊架安装时，除要求坡度外，支吊架底线保持同一平面。保温管道支吊架应设置在保温层外部，并在支吊架与管道之间必须垫以经过沥青蒸煮过的硬垫木，以免产生“冷桥”，其厚度与保温层厚度相同，宽度应大于支吊架支承面的宽度，支吊架制作好后要进行除锈和刷漆处理并按要求刷面漆。立管活动支架如图 4-7-77 所示，水平主管支吊架如图 4-7-78 所示。

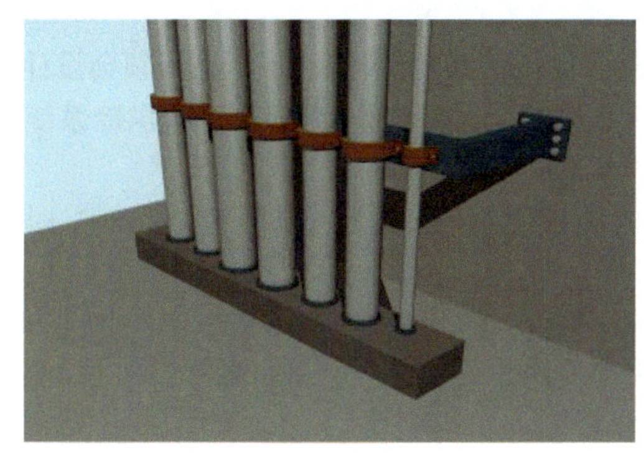

图 4-7-77　立管活动支架

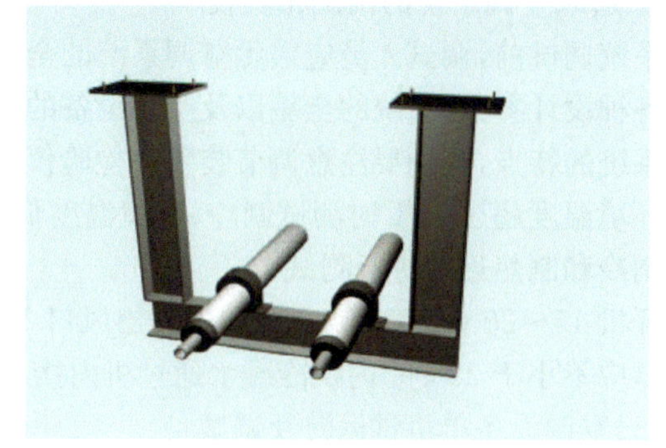

图 4-7-78　水平主管支吊架

固定支架与管道应接触紧密，固定应牢靠。滑动支架应灵活，滑托与滑槽两侧应留有 3～5 mm 的间隙，纵向移动量应符合设计要求。无热伸长管道的吊架，吊杆应垂直安装；有热伸长管道的吊架，吊杆应向热膨胀的方向移动。技术要求：

①管道支架的设置和选型要保证正确，符合管道补偿移位和设备推力的要求，防止管道振动。

②管道支架加工制作前应根据管道的材质、管径大小等按标准图集进行选型。

③邻近阀门和其他大件管道须安装辅助支架，邻近水泵、冷水机组等设备的接头处亦须安装落地支架以免设备受力。对于机房内压力管道必须安装弹簧支架并垫橡胶垫圈。

④垂直安装的总(干)管，其下端应设置承重固定支架，上部末端设置防晃支架固定。管道的干管三通与管道弯头处应加设支架固定。

(4)焊接连接水系统的绝热施工

绝热材料必须符合设计和消防要求的材质和规格。本工程中空调冷水管保温采用橡塑材料。阀门过滤器及法兰处的绝热结构应能单独拆卸，管道穿墙、穿楼板套管处的绝热应采用不燃或难燃的软、松材料填实。

绝热层粘贴应牢固，铺设平整，绑扎紧密，无滑动、松弛、断裂现象。绝热层的端部应做封闭处理。垂直管道作保温层时当层高不大于 5 m 每层应设 1 个支撑托板，层高大于 5 m 每层不少于 2 个支撑托板。支撑托板应焊接在管壁上，其位置应在立管卡的上部 200 mm。

4. 空调设备的安装

(1)开墙洞或预留墙洞

选择与室内机出管线在位置水平或略低的地方开孔。墙孔的直径约 6～8 cm，洞口要求圆整平滑，同时需要保证外墙墙孔的表面圆整，无破损。打墙孔时应向外向下倾斜，保持内高外低，落差为 2～3 cm。

(2)固定室内机

①限于安装位置的不同，当需要改变室内机高低压管路出管方向时，必须用一手按牢高低压管的根部，另一只手按住转弯处的侧面，向需要的方向均匀用力将高低压管压下、保持平直(此步骤非常关键，严禁野蛮操作致使高低压管路出现裂、瘪的现象)。

②将室内机挂在挂墙板上，连接管线、出水管。连接铜管时必须在喇叭口的内外侧都涂上冷冻油，注意保持清洁。

③把铜管和高低压管对直、对正并保持同心后，先用手将螺帽轻轻拧到最底，然后再用扳手适当用力

紧固，避免因用力过大损坏铜管喇叭口或造成高低压管螺纹滑牙。

④加长出水管时注意接头处要充分对接，然后用塑料胶带将接口处进行包扎 2～3 圈，用力不宜过大，避免出现水管瘪或密封不严的情况。

⑤管线包扎、检漏、整理完毕后，再将室内机完全卡入并固定在挂墙板上(室内机底座应紧贴墙面)，双手左右摇晃一下，确认牢固。

5. 通风空调系统的调试和验收

系统调试前，调试人员应熟悉空调系统的全部设计资料，包括图纸和设计说明书，充分领会设计意图，了解各种设计参数、系统的全貌以及空调设备的性能及使用方法等。熟悉送(回)风系统、供冷系统、自动调节系统的特点，特别要注意调节装置和检验仪表所在位置。

环境温度超过 18℃时测试制冷，环境温度低于 18℃时测试制热(当 18℃＜环境温度＜30℃时，则必须对制冷和制热逐一进行测试)。

开机 15～20 min 以后，在距室内进出风口 10～20 mm 处用温度计的检验头测量温度，制冷时进出风口温差应不小于 23℃。内机冷凝水通过机内接水盘、出水管自然流出室外。试机时间不得小于 30 min。

(1)空调设备单机试运转及调试

①通风机、空调机组中的风机

点动风机，检查叶轮运转方向是否正确，运转是否平稳，叶轮与机壳有无摩擦和不正常声响。风机启动后，应用钳形电流表测量电机的启动电流，待风机运转正常后再测量电动机运转电流，检查电机的运行功率是否符合设备技术文件的规定。

风机在额定转速下连续运行 2 h 后，应用数字温度计测量其轴承的温度，滑动轴承外壳最高温度不得超过 70℃，滚动轴承不得超过 80℃。

②水泵的启动和运转

水泵与附属管路系统上的阀门启闭状态要符合调试要求，水泵运转前，应将入口阀全开，出口阀关闭，待水泵启动后再将出口阀打开。

点动水泵：检查水泵的叶轮旋转方向是否正确。

启动水泵：用钳形电流表测量电动机的启动电流，待水泵正常运转后，再测量电动机的运转电流，检查其电机运行功率值，应符合设备技术文件的规定。

水泵在连续运行 2 h 后，应用数字温度计测量其轴承的温度，滑动轴承外壳最高温度不得超过 70℃，滚动轴承不得超过 75℃。

(2)通风与空调系统风量的测试

①风管内风量的测定方法

将毕托管插入测试孔，全压孔迎向气流方向，使倾斜式微压计处于水平状态，连接毕托管和倾斜式微压计。在测量动压时，无论处于吸入管段还是压出管段，都是将较大压力(全压)接“+”处，较小压力(静压)接“—”处，将多向阀手柄扳向“测量”位置，在测量管标尺上即可读出酒精柱长度，再乘以倾斜测量管所固定位置上的仪器常数 K 值，即得所测量的压力值。

②风管内风量的计算

通过风管截面的风量可以按下式计算：

$$L=3\,600\,FV$$

式中 F——风管截面面积(m^2)；

V——测量截面内平均风速(m/s)。

所测得的动压值通过计算求出平均风速

$$V=\sqrt{2gP_{db}/\rho},$$

式中 g——重力加速度，一般取 9.8 m/s^2；

ρ——空气的密度(kg/m^3)；

P_{db}——测得的平均动压(kPa)。

系统总风量的调整可以通过调节风管上的风阀的开度大小来实现。

③空调水系统的调试

空调工程水系统应冲洗干净，不含杂物，并排除管道系统中的空气，系统连续运行应达到正常、平稳。系统调整后，各空调机组的水流量应符合设计要求，允许偏差为20%。

冷却水系统的调试：启动冷却水泵和冷却塔，进行整个系统的循环清洗，反复多次，直至系统内的水不带任何杂质，水质清洁为止。在系统工作正常的情况下，用流量仪测量冷却水的流量，并进行调节使之符合要求。

二、质量保证措施

通风空调系统是站房工程的重要组成部分，车站站房属于人员高度密集区，对新风、排风、排烟的要求更高，很多指标高于民用建筑，施工过程中要对各个环节监督到位，严格按照相关施工规范进行操作。

(1)检查或督促暖通施工单位建立的质量保证体系，并检查执行情况。

(2)严格执行暖通施工验收规范、质量评定标准、加强工序控制；实行检查认证制，关键部位实行旁站监理中间检查和技术复制度。

(3)对于主要材料、构件、风阀和各种风口的质量和出厂合格证质量证明书、材质证明书等进行复核，必要时应进行材料送检试验。

(4)设备进场时应加强质量验收，重点核查规格、型号及质量保证书和安装使用说明书、出厂合格证。

(5)通风(排风)空调工程各类管道的安装，严格控制标高、坡度。对于暗装管道的施压必须在隐蔽前进行，并办理验收手续。

(6)加强对设备基础施工的监督，复核基础的坐标、标高、外形尺寸和预留螺栓孔(预埋件)的位置。

(7)设备的单机试车和联动调试，其结果达到设计要求，设备性能参数均应符合技术文件要求和施工验收规范要求。

第三节　给排水工程施工

本节以平潭站为例介绍给排水施工。平潭站房给排水消防工程主要包括室内生活给水系统、消防给水系统、污废水系统、雨水系统、冷凝水系统、室外给水及排水系统。消防系统包括室内外消火栓系统、固定消防炮系统、自动喷水系统、自动干粉灭火装置等。

一、工 程 概 况

1. 给水

给水水源采用本工程自来水，就近接管供水。给水管径不大于DN 40 mm采用S5系列PP-R管，热熔连接。给水管径不小于DN 50 mm采用内衬塑(PE)外镀锌钢管，其中不大于DN 80 mm采用丝扣连接，大于DN 80 mm采用沟槽卡箍连接。水泵吸水管采用钢管防腐，给水管道一般地带覆土±0.7 m。

2. 排水

室内重力流污，废水及通气管道选用芯层发泡硬聚氯乙烯排水管，承插黏结。室内重力流油污水及通气管道柔性接口机制排水铸铁管及管件。平口对接，橡胶圈密封，不锈钢带卡箍连接。

室内压力流污，废水管道选用内壁涂塑镀锌钢管，管径不大于DN 80 mm采用丝扣连接，管径大于DN 80 mm采用沟槽卡箍连接。室外埋地排水管选用聚乙烯(PE)缠绕结构壁管，承插接口，橡胶圈密封。87型雨水斗选用铸铁制品。

3. 消防

消防给水系统包含消火栓、自喷及消防炮给水系统，采用内外热浸镀锌钢管。管径不大于DN 50 mm采用螺纹连接,管径大于 DN 50 mm 采用卡箍连接。

室内设消火栓系统,系统为临时高压制,消防水量及压力由排水专业设置的室外消火栓管网保证。室内消火栓系统采用两路供水引入管。消火栓采用带灭火器的组合式消火栓箱。

二、施 工 工 艺

1. 给水管道施工

(1)预埋、预留

给排水工程的预埋预留工作主要包括:地下室穿外墙防水套管,穿墙、梁钢套管,卫生器具排水口预留洞,管道穿楼板孔洞,设备基础预留孔洞及预埋铁件等。预埋预留工作主要是通过配合主体结构施工来完成,施工前,对照土建施工图找出所有预埋预留点,同时与土建、暖通、电气等其他专业沟通,查看各专业间安装是否有冲突、交叉现象,做到先期避免,减少返工。

(2)管道支架制作安装

支架的选材要符合设计要求,下料和组对时先点焊,检查合格后编号,然后正式焊接,制作完毕后及时进行防锈处理。支架应紧密固定在墙上、柱子、顶板或其他结构物上,管架要在同一水平或垂直面上,使管架布置整齐、方向统一,受力部件焊接牢靠。

(3)薄壁不锈钢管卡压连接

管材插入管件前确定管材插入长度并划线做好标记,插入后确认在管材上所划的记号应距管件端部保持在 3 mm 以内,以避免脱出而造成实际插入长度不足。管材切断后应内外去毛刺,特别不允许有外翻毛刺,以避免安装时管材插入管件割伤橡胶 O 形密封圈,造成卡压后渗漏。

管道安装时应根据现场情况进行预装配,确认配管长度和管子插入管件长度无误后方可进行卡压作业。卡压作业时将专用卡压工具钳口的凹槽与管件环形凸部紧密贴合,工具的钳口必须与管材呈垂直状,确认无误后开始作业,直至钳口凹槽部咬紧管件,压至上下钳口贴合,即可完成卡压连接。安装完毕的干管不得有明显的起伏、弯曲等现象,管道系统的坐标、标高的允许偏差应符合设计要求。

(4)丝扣连接管道施工

丝扣连接的管道,丝扣螺纹加工要求端正、光滑、无飞刺、不掉丝,断丝和缺丝不得大于螺纹全扣数的10%。安装完成后,丝扣外露螺纹保持 2~3 扣,不得缺丝,接口填料材料采用铅油丝麻或聚四氟乙烯(生料带),外露填料要清理干净。

(5)法兰连接管道施工

施工时按照设计要求及工作压力选取标准法兰盘,法兰盘的连接螺栓直径、长度应符合规范要求,紧固法兰盘螺栓时要对称拧紧,紧固好的螺栓外露丝扣应为 2~3 扣,不大于螺栓直径的 1/3。

(6)管道保温施工

给水系统管道做防结露保温,保温材料采用玻璃棉管壳,厚度为 25 mm。若采用不封边的玻璃丝布作保护壳时,将毛边折叠,不得外露。

2. 排水系统施工

室内重力流排水管道采用柔性接口的机制排水铸铁管,平口对接,橡胶圈密封,不锈钢带卡箍接口。

(1)安装前,将直管及管件内外污垢和杂物、接口处工作面上的泥沙等附着物清除干净,并严格检查胶圈的质量,不合格的产品严禁使用。

(2)连接时,取出卡箍内橡胶密封套。卡箍为整圈不锈钢套环时,可将卡箍先套在接口一端的管材(管件)上。

(3)在接口相邻管端的一端套上橡胶密封套,使管口达到并紧贴在橡胶密封套中间肋的侧边上。橡胶密封套的另一端向外翻转。

(4)连接管的管端固定,并紧贴在橡胶密封套中间肋的另一侧边上,将橡胶密封套翻回套在连接管的管端上。

(5)安装卡箍前应将橡胶密封套擦拭干净。当卡箍产品要求在橡胶密封套上涂抹润滑剂时，可按产品要求涂抹。润滑剂应由卡箍生产厂配套提供。

(6)在拧紧卡箍上的紧固螺栓前应校准接头轴线，使两管轴线在同一直线上。拧紧螺栓时应分多次交替进行，使橡胶密封套均匀紧贴在管端外壁上。

(7)排水管道上的吊卡、卡箍应固定在结构上，固定件间距横管不得大于 2 m，立管不得大于 3 m。层高小于或等于 4 m 时，立管可安装一个固定件。立管底部的弯管处应设支墩或采取固定措施。

(8)隐蔽或埋地的排水管道在隐蔽前进行灌水试验，其灌水高度不低于底层卫生器具的上边缘或底层地面高度，满水15 min 水面下降后，再灌满观察 5 min，液面不下降、管道及接口无渗漏为合格，灌水试验时需做好原始记录。

(9)管道穿墙应安装刚性防水套管(图 4-7-79)，套管型号比管材大 2 号，中间空隙用防水密封胶填满，套管两端面与墙面齐平。

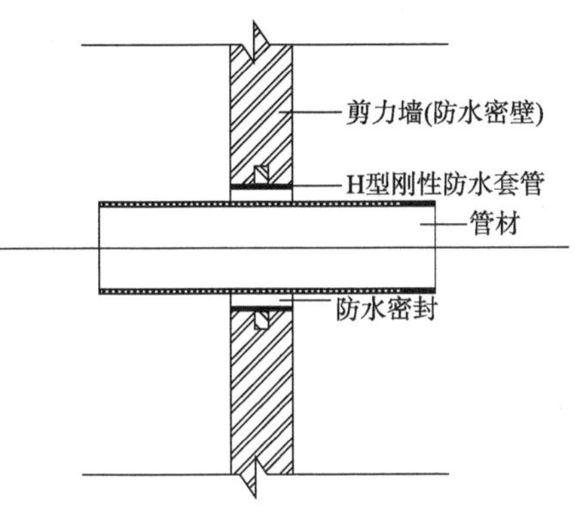

图 4-7-79 管道穿墙防水套管

3. 雨水系统施工

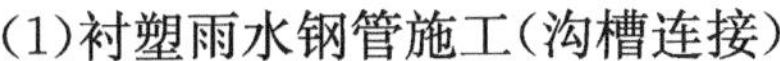
(1)衬塑雨水钢管施工(沟槽连接)

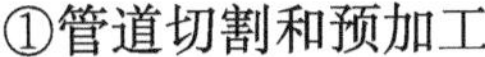
①管道切割和预加工

管道采用机械方法切割，切口表面应平整，无裂缝、凹凸、缩口、熔渣、氧化物，并打磨光滑。按配管图先标定管道外径和长度，其外径误差应在容许范围之内。管材切口端面应垂直于管道中心轴线。

②钢管滚槽

将需加工沟槽的钢管架设在滚槽机与滚槽机尾架上，通过水平仪调整，滚槽机尾架与滚槽机及钢管处于水平位置，钢管端面与滚槽机槽轮挡板端面贴紧，即钢管与滚槽机槽轮挡板端面呈 90°。启动滚槽机电机，徐徐压下千斤顶，使上压轮均匀滚压钢管至预定的沟槽深度为止。取出钢管，用游标卡尺、深度尺检查沟槽深度和宽度等尺寸，尺寸按使用配件的厂家的产品说明及尺寸要求确定。

③钢管开孔

安装机械三通、机械四通的钢管应在连接部位用开孔机先开孔，开孔尺寸按照厂家的产品说明及尺寸要求确定，按开孔的直径选择相应的钻具，用链条将开孔机固定于钢管预定位置处，水平仪校正，启动电动机钻头，采用操作钻孔机使钻头压下，并适量添加开孔钻头的润滑剂保护钻头。

④接头连接和安装

安装时遵循先装大口径、总管、立管，后装小口径、分支管的原则，安装过程中不得跳装、分段装，必须按顺序连续安装，以免段与段之间出现连接困难和影响管路整体性能。

(2)不锈钢雨水管道施工(焊接)

①施工要点

清除影响焊接的油迹、锈迹、水分、漆等，并选择与相应钢种最合适的焊条，根据管材的壁厚来调节焊机的电流。坡口加工宜采用等离子切割或机械加工方法，在坡口两侧 200 mm 范围内用碳水涂刷一遍。手工电弧焊不得有气孔、夹渣、裂纹存在，为防止焊缝产出热裂纹，焊后可采用水冷强制冷却措施。

②雨水斗安装

雨水斗安装时，应在不锈钢天沟上测量定位、开孔，雨水斗底盘与不锈钢天沟之间采用焊接方式安装，在屋面工程结束且虹吸管路系统安装完成后，安装空气挡板或防护罩。

4. 卫生洁具安装施工

所有卫生器具、配件进场时应对品种、规格、外观等进行验收；包装应完好，表面无划痕及外力冲击破损；主要器具和设备必须有完整的安装使用说明书；在运输、保管和施工过程中，采取有效措施防止损坏或腐蚀。

(1)小便器安装

小便器上水管一般要求暗装,小便器感应器与小便器连接;角阀出水口中心应对准小便器进出口中心;配管前应在墙面上划出小便器安装中心线,按小便器中心线打眼、楔入木针或塑料膨胀螺栓。后排水的小便器,先安装入水口与洁具连接的连接件,托起小便斗 T 形定位螺栓,调整好排水口位置,把胶垫、垫圈套入螺栓,将螺母拧至松紧适度。

(2)坐便器安装

预留排水口周围清理干净,取下临时管堵,检查管内有无杂物。将坐便器出水口对准预留排水口放平找正,在两侧固定螺栓眼处划好印记后,将印记做好十字线。在十字线中心处栽膨胀螺栓,将坐便器排水口及排水管口周围抹上油灰后将坐便器对准螺栓,放平,拧上螺栓并套好胶皮垫,垫圈上螺母应拧至松紧适度。

(3)蹲便器安装

在连接管承口内外涂油灰,将蹲便器排水口插入承口,蹲便器承口缝隙填满油灰,在蹲便器底填白灰膏,承口周围填密实并使蹲便器准确定位。蹲便器的安装应与土建专业紧密配合,尤其是在蹲便台回填和贴地面砖阶段。

(4)洗脸盆(洗涤盆)安装

根据洗脸盆中心及洗脸盆安装高度划出十字线,将支架用带有钢垫圈的木螺钉固定在预埋的木砖上。柱式脸盆直接用木螺丝或膨胀螺栓与墙固定,安装多组洗脸盆时所有洗脸盆在同一水平线上。安装存水弯、下水管及水龙头,下水管与地面排水口的交接处用油灰封堵。

(5)地漏安装

核对地面标高,按地面水平线采用 2%的坡度,再低 5～10 mm 为地漏表面标高。地漏安装后,用 1∶2 水泥砂浆将其固定,并按设计做好防渗漏处理。

(6)卫生器具安装质量标准

卫生器具必须完好无损,支、托架埋设要平整、牢固且与卫生器具接触紧密,排水栓和地漏的安装应平整、牢固,低于排水表面,周边无渗漏,地漏水封高度不得小于 50 mm。卫生器具交工前应进行满水和通水试验。卫生器具安装的允许偏差应符合表 4-7-1 的规定。

表 4-7-1 卫生器具安装的允许偏差和检验方法

序 号	项 目		允许偏差(mm)	检验方法
1	坐标	单独器具	10	用拉线、吊线和尺量检查
		成排器具	5	
2	标高	单独器具	±10	
		成排器具	±5	
3	器具水平度		3	用水平尺和尺量检查
4	器具垂直度		3	用吊线和尺量检查

(7)卫生器具排水管道安装

连接卫生器具的排水管道接口应紧密不漏,其固定支架、管卡等支撑位置应正确、牢固,与管道的接触应平整;与排水横管连接的各卫生器具的受水口和立管均采取妥善可靠的固定措施;管道与楼板的接合部位采用膨胀水泥封堵,并涂刷防水涂料进行防渗、防漏。

5. 室内消火栓系统施工

(1)管道焊接连接

管道在焊接前应清除接口处的浮锈、污垢及油脂,当壁厚不大于 4 mm、直径不大于 50 mm 时应采用气焊;壁厚不小于 4.5 mm、直径大于 70 mm 时采用电焊。不同管径的管道焊接,连接时如果两管管径相差不超过小管径的 15%,可将大管端部缩口与小管对焊;如果两管相差超过小管径的 15%,应采用变径管件焊接。管道对口焊缝上不得开口焊接支管，焊口不得安装在支、吊架位置上。碳素钢管开口焊接时要错开焊缝，并使焊缝朝向易于观察和维修的方向。

(2)管道防腐

①涂装前表面处理

表面处理后，应对管道除锈质量进行宏观检查和局部抽查，表面处理检查中发现有不符合表面除锈等级要求时，应重新处理，直到合格为止。钢表面处理后，应在 4 h 内涂底漆，当空气湿度过大时，应立即涂底漆。

②埋地管道的防腐

埋地无缝钢管外壁要求加强级防腐，采用环氧煤沥青涂料，涂层结构为底漆→面漆→玻璃布→面漆→玻璃布→面漆→玻璃布→两层面漆，涂层总厚度不小于 0.8 mm。环氧煤沥青使用时应按比例配制。加入固化剂后必须充分搅拌均匀，静置熟化 10～30 min 后方可涂刷，超过使用期的漆料不得使用。当施工环境温度低或漆料黏度过大时，可适量加入稀释剂，但以能正常涂刷而又不影响漆膜厚度为宜，面漆稀释剂用量不得超过 5%。底漆表干后即可涂下一道漆，并立即缠绕玻璃布。玻璃布绕完后立即涂下一道漆。

③报警阀组安装

安装报警阀组时，先安装水源控制阀、报警阀，再进行报警阀辅助管道的连接。水源控制阀、报警阀与配水干管的连接，应保证让水流方向一致。报警阀组的安装位置应符合设计要求，当设计无要求时，安装在明显且便于操作的位置，且距地高度宜为 1.2m，两侧与墙壁距离不应小于 0.5 m，正面与墙壁的距离不应小于 1.2m，安装报警阀组的室内地面应有排水措施。

④湿式报警阀组的安装要求

报警水流通道上的过滤器安装在延迟器前，且便于排渣操作，确保报警阀前后的管道能顺利充满水，压力波动时，水力警铃不发生误报警。

⑤水力警铃安装

水力警铃应安装在公共通道或值班室附近的外墙上，安装维修、测试用的阀门。水力警铃和报警阀的连接采用镀锌钢管，当镀锌钢管的直径为 15 mm 时，其长度不应大于 6 m；当镀锌钢管的直径为 20 mm 时，其长度不应大于 20 m。安装后水力警铃启动压力不小于 0.05 MPa。

⑥控制阀安装

控制阀的规格、型号、安装位置应符合设计要求，安装方向应正确，控制阀内应清洁，无堵塞、渗漏；主要控制阀应加设启闭标志，便于随时检查控制阀是否处于要求的启闭位置，隐蔽处的控制阀应在明显处有其位置的标志。安装后的阀门应处于要求的正常工作位置状态。

⑦自动排气阀安装

自动排气阀是安装在湿式系统上的能自动排出管网内气体的专用产品。在湿式系统充水调试过程中，管网内的气体被自然驱压到最高点，自动排气阀能自动将这些气体排出，当充满水后，自动关闭。因其排气孔较小，阀塞等零件较精密，为防止损坏和堵塞，自动排气阀应在系统管网试压合格和冲洗完成后进行安装，其安装位置是最后排气处。

⑧末端试水装置安装

末端试水装置是自动喷水灭火系统使用中可检测系统总体功能的一种简易可行的检测试验装置。末端试水装置宜安装在系统管网末端或分区管网末端，由连接管、压力表、控制阀及排水管组成。

⑨喷头安装

喷头的框架、溅水盘变形或释放元件损伤时，应采用规格、型号相同的喷头进行更换；当喷头的公称直径小于 10 mm 时，应在配水干管或配水管上安装过滤器，防止水中的杂物堵塞喷头，影响喷头的喷水灭火效果。较易对喷头造成机械性损伤的场所，加设喷头防护罩，要求不能影响喷头的温感动作和喷水灭火效果。

⑩系统试压、冲洗

管网安装完毕后应进行强度和严密性试验，对不能参加试压的设备仪表、阀门及附件应加以隔离或拆除，加设的临时盲板应突出于法兰的边耳，且应做明显的标志，并记录下临时盲板的数量。系统试压过程中，当泄露时应停止试压，放空管网中的试验介质，消除缺陷后重新试验。

系统管网冲洗应在试压合格后进行，冲洗应分段进行，冲洗顺序为先室外后室内，先地下后地上，室内部分的冲洗应按配水干管、配水管、配水支管的顺序进行。冲洗前应对管网支架、吊架进行检查，必要时采取加固措施，对不能进行冲洗的设备和冲洗后可能存留脏物、杂物的管段进行清理。管网冲洗的水流速度不宜小于 3 m/s，其流量不宜小于规定值。当施工现场冲洗流量不能满足要求时，应按系统的设计流量进行冲洗，或采用水压气动冲洗法进行冲洗。

6. 消防水炮灭火系统施工

净空超过 12m 的部位采用消防水炮灭火系统。消防水炮的布置应能使两门水炮的水射流同时到达被保护区域，炮口出水流量为 40 L/s，射程为 50 m。当火灾发生时，火灾探测器把信号传递至消防控制中心(显示火灾位置)，消防控制中心的控制主机向固定消防炮解码器发出指令，驱动消防炮扫描着火点，确定方向，调整消防炮的仰角指向着火点，值班控制人员确认后，系统自动(或手动)开启相应电动阀，启动固定消防炮加压水泵，固定消防水炮定点喷水灭火，水流指示器及水泵反馈信号至消防控制中心。火灾探测器探测到火灾灭火后，自动(或手动)关闭水泵及电动闸阀。

(1)管道安装

系统管道材料采用内外热镀锌钢管，沟槽式卡箍法兰连接。

(2)高处水炮安装

高处水炮安装于室内吊顶上方检修马道旁，待管道试压冲洗完毕后开始安装，水炮喷头明挂于吊顶饰面层下方。水炮系统干管布置为环状，管道采用热浸镀锌无缝钢管，由消防水炮加压泵出水干管上的压力开关联动控制启动水炮系统加压泵。

(3)电磁阀安装

电磁阀宜靠近高处水炮位置安装，阀体及内件应采用不锈钢或铜质材料，公称压力不小于1.6 MPa。电磁阀的开启压力不大于 0.04 MPa，在不通电条件下应处于关闭状态。

(4)水流指示器、信号阀安装

每个防火分区或每个楼层均设置信号阀和水流指示器，信号阀安装于配水管上，水流指示出口之前。正常情况下信号阀处于开启位置，其开闭状态信号反馈到消防控制中心。

(5)模拟末端试水装置安装

在每个压力分区的水平管网末端最不利点处应设模拟末端试水装置，模拟末端试水装置应由压力表、试水阀、电磁阀、智能型红外探测器组件、模拟喷头(水炮)及排水管组成。

三、质量控制要点

(1)不锈钢管卡压连接施工通过查看卡压工具压力表显示值判断卡压是否到位，一般 DN 15～DN 25 的卡压压力为 40 MPa，DN 32～DN 50 的卡压压力为 60 MPa。整个过程要随时检查，用六角量规随时确认卡压连接是否完好，不得有漏卡、漏检等疏忽。如多次卡压仍达不到规定要求，应检查卡压工具是否完好，钳口是否磨损，不合格工具不得使用。

(2)管道支架的材料一般采用 A_3F 钢，管道支吊架在制作下料、钻孔时均不得采用火焰切割方法，型钢的下料采用切割机，孔位的加工采用台式钻床，支吊架的焊接材料采用 T420～T425。支架在制作完毕后采用热镀锌工艺进行防腐处理；支架在制作焊接完毕后，焊缝表面应进行外观打磨处理，清除焊接时产生的焊瘤、焊渣等杂物；并对支架进行边角毛刺打磨至光滑。

(3)给排水及消防管道外壁应涂色环并喷涂相应的文字，其中色环宽度应为 50 mm，直线管段色环间距为 5 m，在管道弯头及管道穿墙处需补加色环。在涂色环时，应间距均匀、宽度一致。

(4)采用法兰连接时，法兰应垂直于管道中心线焊接，其表面应相互平行。法兰的焊接应按照规定的要求进行，焊接完毕后，焊缝表面的焊渣、飞溅等杂物应清除干净。对管道进行热锌镀工艺防腐处理后进行安装连接,法兰衬垫的厚度、材质应符合设计要求和施工规范的规定,且无双层。管道镀锌层的厚度不得小于 80 μm,法兰的衬垫不得突入管内,其外圆到法兰螺孔为宜。

(5)卡箍连接为机械连接,现场不允许焊接。卡箍连接方式可以满足消防管道的部分伸缩,具有轴向和径向的补偿能力,对于管道卡箍接头具有较高的质量要求;卡箍在管道的轴向最大补偿能力应不小于 3.2 mm,最大允许偏转角度不小于 1°6′。卡箍外壳采用优良球墨铸铁原料及先进的热处理制造工艺制造而成,壳体在相互敲击时,声音应清脆响亮。胶圈结构设计应保证多层防漏和有效正常的使用寿命,在压缩变形时瞬间可恢复原状,并自带润滑剂,便于安装。螺栓设计应具有自锁功能,保证在振动的环境下不滑脱。

(6)伸缩节在安装时一端为固定支架,另一端的第一个导向支架距伸缩节距离为 4 倍管径,第二个导向支架与第一个导向支架的距离为 14 倍管径。管道穿越变形缝时应设金属软管,并在两端设固定支架。金属软管的软管和编织网材质为不锈钢且不低于 SUS316L,法兰材质为碳素钢。金属伸缩节的固定杆件在安装未完成之前不得松开,管道安装、调整完毕后,将固定杆件松开。安装焊接过程中,不允许焊渣、飞溅物掉入波纹管口,不允许波纹管壳受到其他机械损伤和伸缩时受到机械摩擦。对有流向要求的膨胀节应按介质流向箭头的要求进行安装。

第八章　通信工程

第一节　工程概况

一、主要工程数量

新建通信光缆352条公里,7×4×0.9电缆32.1条公里,漏泄同轴电缆34.9条公里。杆塔组立24座,基站设备(BTS)15套,分布式基站3套,分布式基站拉远单元16套,直放站近端机15套,直放站远端机45套;传输设备10G设备6套,2.5G设备6套,622M设备28套,接入网设备OLT设备1套,ONU设备22套;数据网接入路由器12套,交换机56套;FAS系统5套,数字录音仪5套;应急通信设备1套,隧道应急电话65套,隧道应急主机2套,漏缆监测故障定位主机11套,现场管理单元6套;视频前端设备282套,电源系统32套,UPS设备31套,动力及环境监控37套,中心设备1套。

二、系统资源配置

1. 传输系统

本线传输系统按照骨干层、站段汇聚层及区间/站内接入层共三层网络结构组网。其中骨干层、汇聚层采用SDH 10 Gbit/s ADM设备,站段汇聚层采用SDH 2.5 Gbit/s ADM设备,区间/站内接入层采用SDH 622 Mb/s ADM设备。骨干层福州通信站、福州南、长乐、长乐东、长乐南、平潭站设置STM-64ADM设备并利用福平铁路两侧干线光缆中各2纤组成10 Gbit/s(1+1)复用段保护环。站段汇聚层在本线福州通信站、福州南、长乐、长乐东、长乐南、平潭站设置STM-16ADM设备。

在区间基站、线路所、信号中继站、电气化所亭等区间节点,以及公安派出所、长乐东公安派出所及乘警队、综合维修车间、综合维修工区、配电所、站房等站内节点处设置STM-4ADM设备。区间接入层节点利用铁路两侧光缆中各2芯光纤接入相邻车站,组成1个2纤保护环;站内接入层节点采用环路或1+1链路就近接入本站汇聚层节点;各车站站房SDH622M设备纳入区间传输环组网。

2. 电话交换及接入网

本线利用福州通信站电话交换机,新增的电话用户通过新建接入网系统,接入福州通信站的既有交换机统一组网编号。

在既有福州通信站设置OLT设备1套,沿线车站、维修车间、综合维修工区、牵引变电所、分区所、开闭所、电力配电所、站房、公安派出所、公安派出所、乘警队及部分基站等处设置ONU设备,接入新设的OLT设备。

OLT设备汇接本线ONU设备自动电话用户,接入福州通信站既有程控电话交换机。

3. 数据通信网

(1)核心层

本线核心节点利用扩容南昌调度所既有核心层设备,实现区域网络与骨干网络间数据的快速转发。

(2)汇聚层

利用既有福州通信站既有汇聚层路由器设备,实现各数据接入点的数据流量高速汇聚与转发。2台汇聚路由器之间通过GE光口互联,每台汇聚路由与核心层路由器之间的新增通道通过南昌局骨干OTN承载。

(3)接入层

新建车站设置接入层节点,车站配置接入路由器2台;各新设接入层路由器之间分别通过两侧干线光缆提供的光纤GE(o)互联,平潭站接入路由器至既有福州通信站汇聚层路由器设备采用本线干线传输系统的GE(o)通道互联,既有福州通信站汇聚层路由器设备与本站新设接入路由器采用光纤直联。

车站设置2台三层交换机。本线相邻区间三层交换机通过两侧光缆提供的GE(o)接口互联,并接入相邻接车站三层交换机,通过车站三层交换机接入车站数据网路由器。

4. GSM-R专用移动通信系统

本工程交换子系统(SSS)利用南昌既有核心网MSC设备,扩容核心网设备硬件接口及软件License满足本线无线子系统以及用户的接入需求。

本工程GSM-R基站子系统利用并升级南昌局既有杭深BSC/PCU以及TRAU设备。既有BSC软件版本从V3.1(V901R008)升级至V6.0(V901R016),并新建1台U2000网管设备以便监控升级后的BSC。在铁路沿线根据车站分布和场强覆盖的需要设置GSM-R基站;每个BTS与BSC之间的连接采用E1环连接方式,每3～4个基站组成一个E1环路,基站载频板按分板方式冗余。

5. 调度通信系统

对南昌局杭深既有主、备调度所型调度交换机扩容,增加中继板卡等。通过调度所调度交换机与南昌核心网互联,实现固定用户与移动用户的统一呼叫,通过调度所调度交换机之间互联实现本线与相邻线调度通信系统互联。

利用南昌局既有福州枢纽行调台及温福电调台,沿线各新建车站(段)及相关用户设置相应的车站台或调度电话分机。在全线各新设车站及线路所设置车站型调度交换机组建1个2M数字环。福州南设置樟岚线路所远程操作台。利用既有福州枢纽行调台、温福电调台触摸屏操作台。在沿线各车站设置车站值班台,通过2M接口接入车站型调度交换机,值班台处设置应急电话分机。

三、主要节点

通信工程2019年4月8日开工,2020年12月26日开通。缆线工程施工时间为2019年10月8日～2020年8月25日,设备安装及配线时间为2019年12月29日～2020年8月19日,铁塔基础施工及安装时间为2020年1月1日～2020年7月3日,单机加电调试时间为2020年6月5日～8月20日,设备联调联试时间为2020年9月25日～2020年11月18日。

第二节　主要施工工艺

通信系统工程的施工覆盖面广,涉及施工工艺繁杂,有些工艺施工技术难度大。开工之前,组织设计、施工、监理等单位编写施工工艺及方法,在施工过程中严格执行设计、相关技术标准及施工工艺,并根据实际情况对新工艺进行不断完善。

施工关键线路:通信施工测量→漏缆、光电缆敷设→漏缆、光电缆接续测试→主要设备安装配线→单机调试→系统调试→静态验收→动态验收(含全线联调联试、安全评估及试运行)。施工流程如图4-8-1所示。

一、线路施工

区间长途通信光缆敷设于路基两侧预留的电缆槽内,站场光电缆采用直埋敷设,光电缆过轨采用预埋好的钢管进行防护。光缆的敷设采用人工和机械牵引两种方式,在尚未铺轨的施工区段采用机械牵引方法敷设,工艺流程如图4-8-2所示。

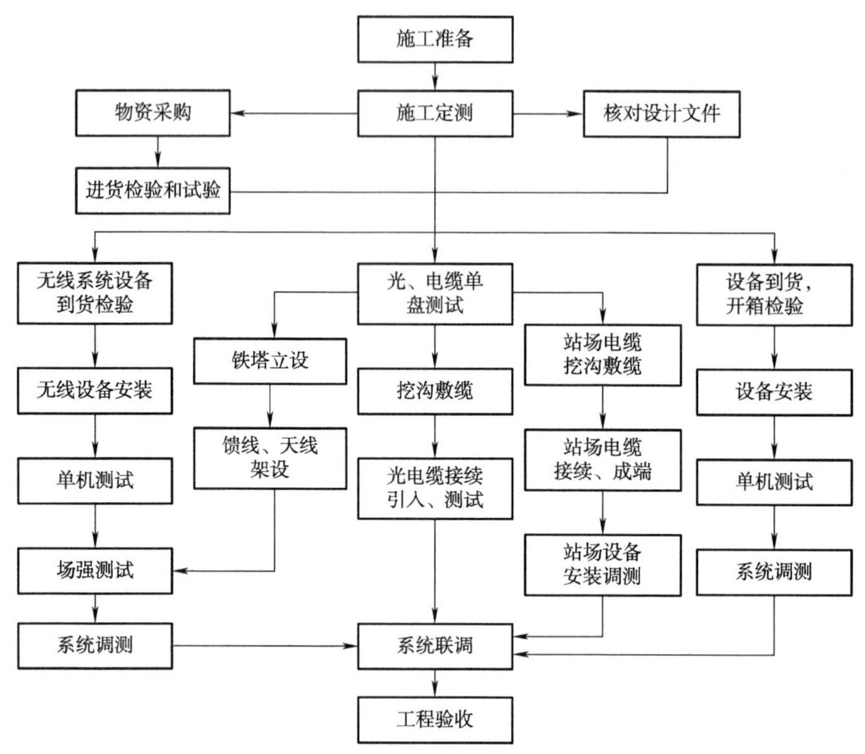

图 4-8-1　施工流程图

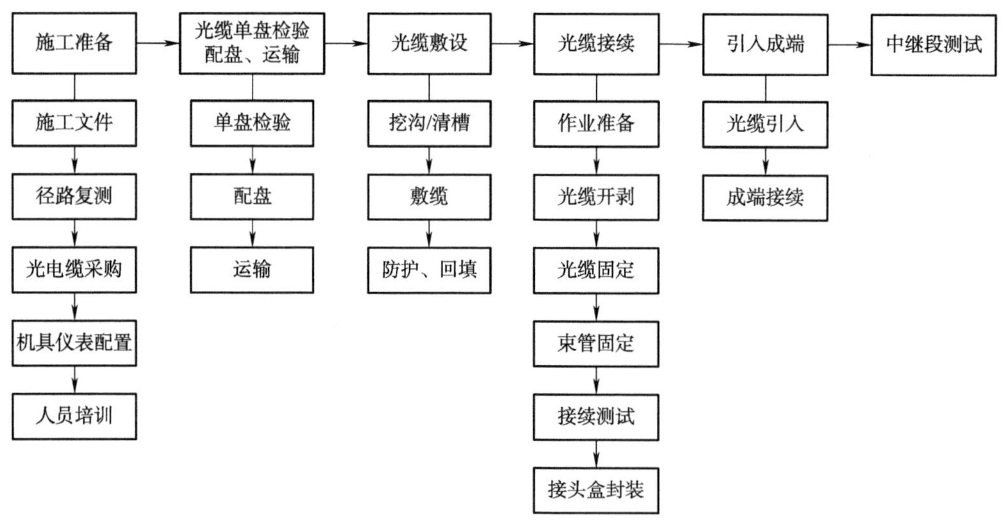

图 4-8-2　线路工艺流程图

二、漏缆施工

1. 施工流程

漏缆敷设工程流程如图 4-8-3 所示。

2. 施工工艺方法说明

(1)画线：施工时，按规定的安装高度要求，本工程漏缆高度距柜面 4.7 m，进行画线打眼，打眼间距为 1 m，孔眼平直，不得成喇叭状。画出的线保持与轨面平行。

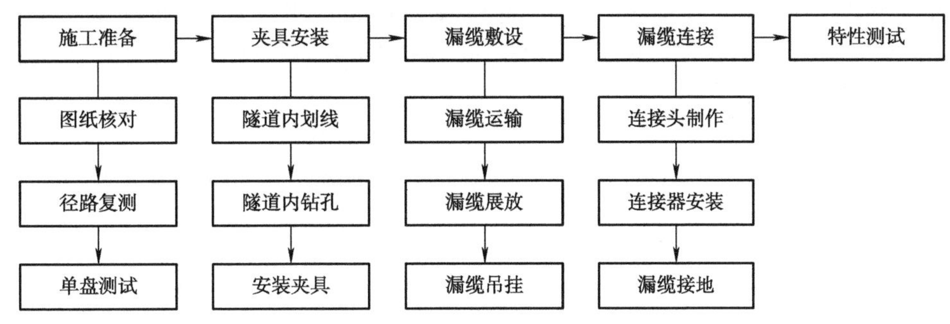

图 4-8-3 漏缆敷设工程流程图

(2)钻孔:在自制轨道梯车上或梯子上,进入地点钻第一个孔后,将孔内灰尘清理干净,移至下一位置钻第二个孔,同时,在前一个孔内插入螺栓固定夹具。

(3)夹具安装:隧道内夹具安装要牢固,防火夹具设置符合设计要求。

(4)漏缆展放:敷设漏缆采用人工抬放、展放,人员间隔不超过 5 m,以免漏缆拖地。敷设过程中,严禁急剧弯曲,漏缆最小弯曲半径应大于漏缆外径的 20 倍。

(5)漏缆连接:严格按照设计图纸及厂家接续操作手册(说明书)的程序进行。

(6)特性测试:每一漏缆连接头制作完毕,用万用表检查内、外导体,不应短路,轻敲接头,万用表应无变化。漏缆成段连接后,在漏缆终端安装终端阻抗,在漏缆始端用驻波比测试仪测量驻波比,不应大于 1.5;如果超过 1.5,需进行障碍测试,找出故障点,处理后重新测试,直至合格。

三、设备安装及配线

1. 施工流程

设备施工流程如图 4-8-4 所示。

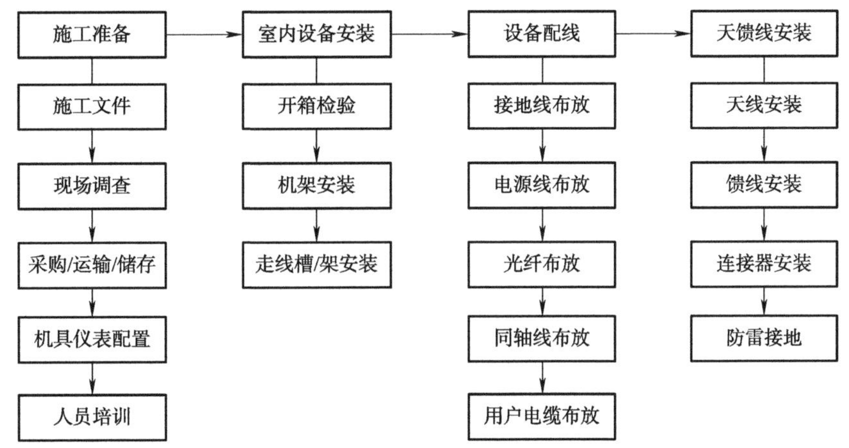

图 4-8-4 设备施工流程

2. 施工工艺方法说明

(1)一般设备安装及配线

严格按照设计要求及相关技术标准下达作业指导书。走线架安装位置和走向、固定安装和组装方式应符合设计规定,机架安装位置应符合机房平面设计要求,机架安装应垂直,机面上下端倾斜偏差应不大于机架高度的 1‰。设备配线原则上按照先地线、电源线,再依次敷设光纤、同轴线、用户电缆的布放顺序施工。

(2)平潭海峡公铁两用大桥直放站设备安装及配线

本工程跨海峡公铁两用大桥覆盖采用光纤直放站+天线的方式解决,大桥两端分别设置基站设备各

1处，在引桥和正桥处设置直放站设备共9处，天线18副。直放站设备及天线布置在铁路下行方向进行覆盖，满足覆盖要求。平潭海峡公铁两用大桥上的直放站站点分布在两种不同结构的桥上，钢结构桥上3个站点，混凝土桥上6个站点。

①混凝土桥直放站设备安装

混凝土桥梁，直放站远端机和UPS及蓄电池通过两个支架安装在挡渣墙外侧，设备安装示意如图4-8-5所示。

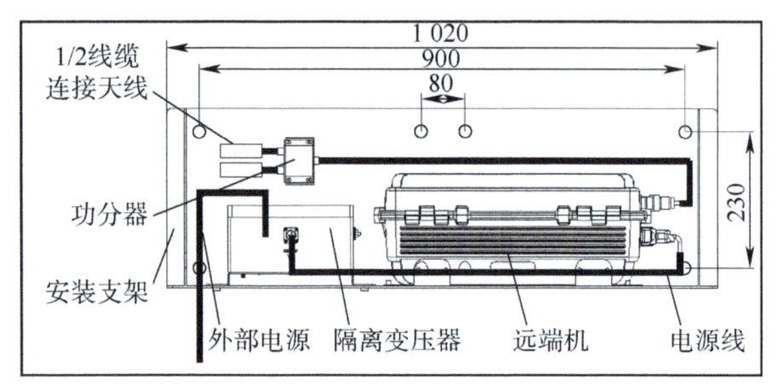

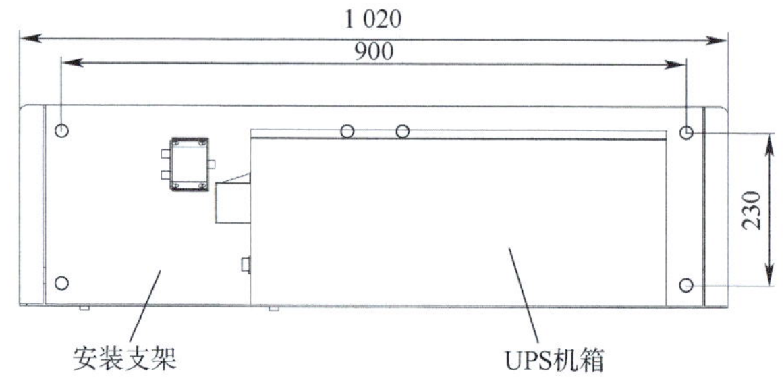

图4-8-5 设备安装示意图(单位:mm)

安装时挡渣墙上按开孔尺寸要求开孔。安装支架先与挡渣墙通过8颗M20×250 mm全螺纹螺杆、螺母、平垫片固定。最后再将设备安装在安装支架上，直放站天馈线从走线槽内引出至天线，安装位置如图4-8-6和图4-8-7所示。

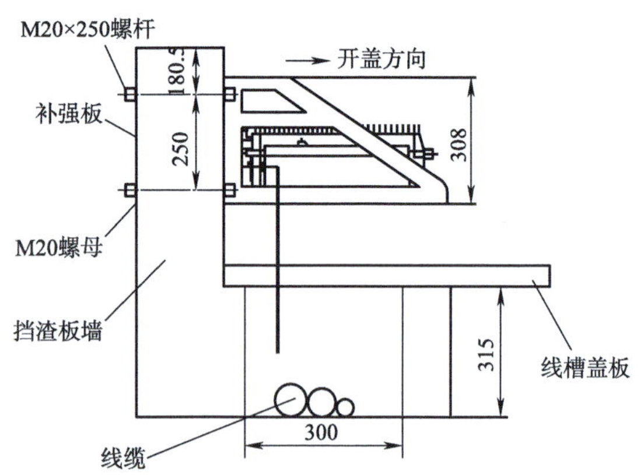

图4-8-6 设备安装位置示意图(单位:mm)

图4-8-7 设备安装完成实例图

②钢结构桥直放站设备安装

在平潭海峡公铁两用大桥的钢结构桥梁段上，结合桥梁特殊结构情况，远端机设备通过特制支架放置在槽内安装固定。直放站远端机、UPS及蓄电池通过两个特制L形支架固定在槽道内先将设备底部支架放入线槽内部进行固定安装；用四个卡箍，并利用槽道底部圆柱杆与底部支架用M6组合螺钉进行紧固，确保支架与槽道安装稳固；最后将设备与支架进行固定；安装完成后底部预留了宽320 mm、高135 mm的走线空间，如图4-8-8和图4-8-9所示。

③跨海大桥天线安装

因跨海大桥的特殊性，天线需要安装在风屏障立杆上。利用风屏障立柱原有的螺栓点位来固定天线安装支架，平潭海峡公铁两用大桥的板状天线的尺寸为272 mm×153 mm×720 mm，天线安装支架采用不锈钢316L材料，板厚3 mm。圆柱形抱杆为50 mm粗，壁厚3 mm。整个支架采用焊接方式，圆柱抱杆四周与底部焊有加强筋，确保了支架的强度。天线支架通过8个螺栓固定在风屏障内侧，馈线引下采用普利卡管保护，使用Ω形卡子及定制支架固定在风屏障立柱上。支架的外形尺寸及示意如图4-8-10和图4-8-11所示。

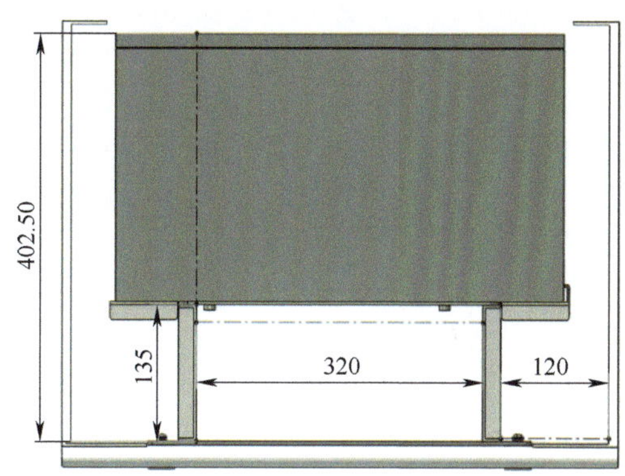

图 4-8-8　设备安装尺寸示意图(单位:mm)

图 4-8-9　设备安装完成实例图

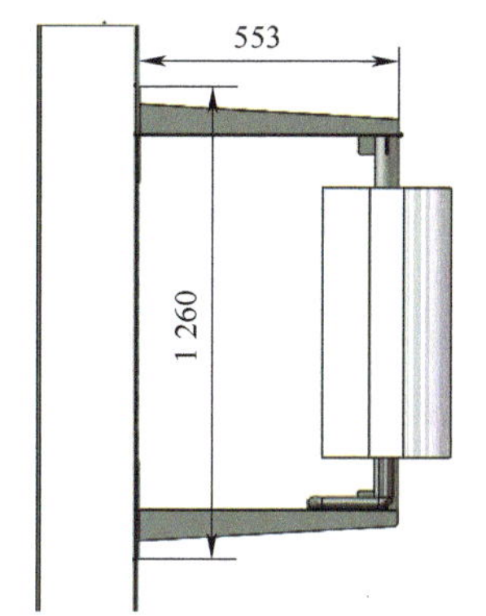

图 4-8-10　支架外形尺寸示意图(单位:mm)

图 4-8-11　设备安装完成示例图

④跨海大桥视频设备安装

平潭海峡公铁两用大桥上每 500 m 设置一处视频采集点,每处设置 2 台枪机背靠背朝相反方向照射铁路沿线,实现大桥线路视频监控全覆盖,如图 4-8-12 所示。

图 4-8-12　跨海大桥视频设备

第九章 信号工程

第一节 工程概况

一、主要工程数量

计算机联锁设计数量5站，利旧改造2套；调度集中系统设计数量5站，利旧改造2套；列控系统设计数量6站，利旧改造5套；集中监测系统设计数量6站，利旧改造4套；道岔缺口监测6套；智能电源屏系统8套，利旧改造3套；临时限速服务器利旧改造1套；行车调度指挥系统利旧改造1套；电缆敷设817.78 km，应答器安装337台，箱盒安装1753个，信号机安装227架，道岔转辙设备安装71组，轨道设备安装298个区段，室内机柜安装276架。

二、系统资源配置

信号系统主要由调度集中系统(CTC)、列车运行控制系统(以下简称列控系统)、车站联锁系统、信号集中监测系统等构成，是一个以调度中心为龙头、车站设备为基础、通信网络为骨架，集调度指挥、行车控制、设备监测等功能于一体的综合控制系统。

1. 运输调度指挥系统

本线运输调度指挥系统采用调度集中系统(CTC)。根据行车调度划分，本线纳入南昌路局调度所既有福州枢纽调度台管辖，集中指挥本线的运输作业。

2. 列车运行控制系统

列控系统由地面和车载设备构成。地面上设备由临时限速服务器、列控中心、LEU及应答器、ZPW-2000(UM)系列轨道电路等组成。

3. 闭塞设备

福平铁路区间新建基于ZPW-2000(UM)系列移频轨道电路四显示自动闭塞，地面设置通过信号机，满足双线双方向运行，动车组列车追踪间隔满足3 min的要求，福州南至平潭段机车牵引货物列车追踪间隔满足5 min的要求，正向追踪、反向按自动站间闭塞行车。

4. 联锁系统

新建车站采用硬件安全冗余结构的计算机联锁系统。全线共新设福州南线路所、长乐、长乐东、长东南、平潭5套硬件安全冗余结构的计算机联锁系统，车站所有道岔均纳入联锁。福州、福州南既有联锁软件结合本线引入作适应性修改，樟林Ⅰ、Ⅲ场联锁维持既有不变。

5. 信号集中监测系统

福州南线路所、长乐、长乐东、长东南、中继站、平潭站新设信号集中监测系统站机，对CTC、列控和联锁设备及信号其他基础设备(如转辙机、轨道电路、电缆绝缘、电源屏、主副熔丝转换装置等)进行实时监测，通过集中维护专用广域网(2M通道)纳入福州电务段信号集中监测服务器，构成信号集中监测系统。

6. 信号电源

福州南线路所、长乐、长乐东、长东南、中继站、平潭站设铁路信号综合智能电源屏及UPS电源，为站内联锁、区间闭塞(室内外设备)、列控、CTC、集中监测系统等设备统一供电。电源屏为联锁、TCC(含安全数据网络交换机)、CTC等主要信号设备提供两个独立的供电电源回路。福州、福州南站既有电源屏利旧，结合新增信号设备扩容修改。

三、主 要 节 点

信号工程于 2019 年 4 月 8 日开工，2020 年 12 月 26 日开通。缆线工程施工时间为 2019 年 4 月 9 日～2020 年 6 月 25 日；室外设备安装及配线时间为 2019 年 5 月 1 日～2020 年 7 月 10 日；室内设备安装及配线时间为 2019 年 9 月 1 日～2020 年 6 月 30 日；单机加电调试时间为 2020 年 6 月 1 日～7 月 31 日；设备联调联试时间为 2020 年 9 月 25 日～2020 年 11 月 18 日。

第二节　主要施工工艺

一、施工重难点

1. 运输调度指挥系统接入南昌路局调度所

(1)实施方案

本工程在南昌铁路局调度所中心新设 CTC 通信服务器 1 套，对中心既有 CTC 数据库服务器、CTC 应用服务器、CTC-TSR 接口服务器、GSM-R 通信服务器、T/D 结合服务器等进行软件修改，对中心既有调度台、大屏显示系统、网络安全设备等进行软件修改。网络设备、电源设备、授时设备、通信质量监督中心设备等利用既有或维持既有不变。

(2)系统软件编制与修改

信号系统软件数据编制与修改需由项目部专人负责，联合厂家工作人员，制定详细施工计划，编制施工方案，对所有软件修改过程做好检验检查记录，严格执行试验步骤，保证软件数据编制、修改完善。

①联锁、CTC 软件

联锁、CTC 软件由厂家负责编制，编制完成后，由电务段相关业务部门进行驻厂试验。试验完毕后，安排专人进行现场核对、测试。

现场进行联锁软件的试验前，必须完成室内设备的单项调试。试验时，按相关表格逐条进行试验，对发现的问题形成书面记录。试验完毕后，将所记录的问题反馈设计单位和软件供应商。完成软件修改后，再次进行现场试验，直至问题解决为止。

②列控软件数据

列控软件数据流程如图 4-9-1 所示。

③数据的准备和编制

新建线路数据表由信号设计单位负责提出，建设单位审核。线路里程、线路速度应采用经运营主管部门批准的运营里程、线路允许速度。站前设计单位负责提出线路允许速度、线路坡度、桥梁及道岔里程等数据，并转换为运营里程，牵引供电设计单位负责提出分区信息，报建设单位。建设单位审核并报运营主管部门批准后，提给信号设计单位。数据内容应与实际工程一致，数据提供单位应确保数据的准确性、完整性及所有数据文件的一致性。

数据表名称应注明线路名称、车站、线别及方向等信息。数据均应采用批复的运营里程进行编制。对于多张数据表格应注明“第 X 页共 X 页”字样。编制表格应使用规范性文字，对于特殊说明应增加附件进行描述。对于特殊数据，根据需要由设计单位、系统集成商和设备供应商确定增加相应的表格或文件。

④现场数据的复核

数据的复核工作由技术人员和测量人员在基础数据上进行，采用全站仪测量进行站内及区间各信号点运营里程的校核，确保数据准确无误。如发现数据需要变更时，应按照规定程序重新编制数据并上报。

⑤数据实施

审核合格的输入数据表格由信号设计单位按规定格式提供给列控中心、CTC、应答器、LEU、联锁、临时限速服务器、计算机监测等相关设备供应商。

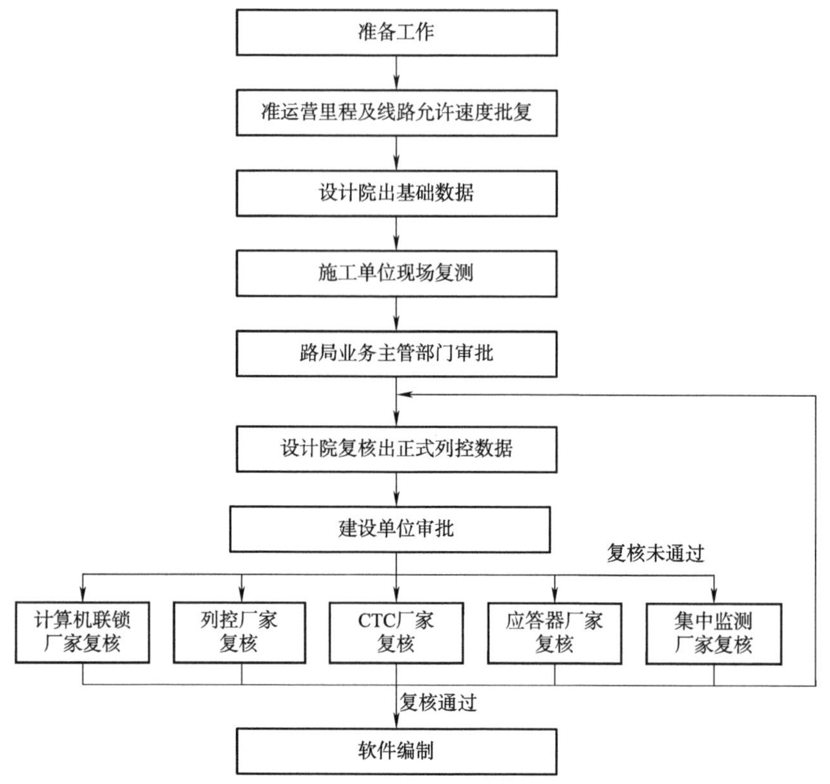

图 4-9-1 列控软件数据流程

数据文件应有电子版(CD 光盘)和印刷版(打印版)两种方式,提供两者的版本及内容应保持一致。工程数据表应由编制者、审核者、设计单位负责人和建设单位负责人签字确认。电子版数据表格文件应采用本规定统一的 EXCEL 文件格式。

2. 福州南简单引入

(1)实施方案

在福州南信号机房、运转控制室增设线路所联锁控显设备,通过网络(以太网/串口)实现与线路所室内的控显主机设备进行通信。线路所室内的联锁控显设备、CTC 控显设备(以下称为线路所控显)保留作为冷备设备。

既有福州南车站新增站内轨道区段采用与既有相同制式的 97 型 25 Hz 相敏轨道电路,采用正线、侧线股道预叠加发码的二线制 ZPW-2000 电码化,站内移频轨道电路、电码化的发送盒采用 1+1 热备冗余,移频轨道电路接收盒采用双机并联运用冗余方式,发送盒由列控中心编码,电化挂网区段安装扼流变压器,并沟通牵引回流。

福州南站拆除既有 21 组 60 kg/m、1/18 道岔及转辙设备(5 机牵引),整治合格的 10 组道岔转辙设于本工程福州南站新铺道岔,其余作为备品备件。

福州南本线范围内接近锁闭按 3 个闭塞分区实施(无论正、反向),福州南站~平潭站间接近锁闭长度正向按 4 个闭塞分区、反向按 3 个闭塞分区实施。福州南站其他正线接近锁闭区段长度维持既有。

(2)开通换装方案

福平引入福州枢纽第二阶段,接入既有线。

(3)福州、福州南先开通,后启用福平新线

联调联试列车可进出福平新线。联锁、列控、临时限速服务器软件均一步到位,相应维修机会产生报警,但不影响主机软件运行。CTC 中心软件需换装两次。

先启用福州、福州南,为使软件一次完成修改,有以下限制条件:

①福平引入福州枢纽，新设福州南线路所，因临时限速管辖范围覆盖至合福线，为不影响合福线临时限速下达，需同步启用福州南线路(樟岚线路所)所室内信号设备，电务段按既有线管理，不能停电，安全数据网光纤通道不能中断。

②福州 SN、SNF 至福州南 XP、XPF，福州南 SP、SPF 至长乐东 S、SF，以上区间列控数据需稳定，先期开始第一批福州、福州南线路所(樟岚线路所)，福州南列控软件编制、仿真，并利用天窗倒接试验。

③因福平未新设临时限速服务器，接入既有向莆 TSRS3。为不影响向莆 TSRS3 软件，长乐东至平潭区间通过信号机及进站、正线出站信号机公里标需稳定。

④为避免产生大量福州南、向莆 TSRS3 与新线接口的报警，建议正线具备联调联试条件时进行换装。

对于动车验证，分为两个阶段，福州南既有进站口至各股道拉通试验(视软件修改情况确定站内既有进路哪些需要动车验证)，福州—闽清、连江—福州南—福清区间拉通(福州站站内视软件修改情况确定站内既有进路是否需要动车验证)，开通当天至少完成正向基本进路；福平方向接发车进路随福平联调联试进行。

二、主要施工工艺

1. 光电缆敷设施工

(1)信号电缆与通信电缆同槽敷设时，信号电缆应敷设在靠线路一侧。槽内同时敷设多条线缆时应互不交叉，并每隔 50 m(接触网杆塔)编排绑扎，悬挂电缆标牌。

(2)电缆敷设前，应再次确认电缆规格、型号及端别。

(3)敷设前应清除沟、槽内杂物。

(4)掀开盖板，并堆放整齐、稳固，严禁侵入铁路建筑限界。恢复盖板时，应平搬平放，防止盖板砸伤电缆。

(5)槽内同时敷设多条线缆时应互不交叉。

(6)电缆敷设时，不得出现背扣、急弯现象。

(7)防护管为钢管时，管口处应打磨光滑，防止电缆穿越时损伤电缆外护套。

(8)电缆敷设时应将缆盘升起离地 100～200 mm 后进行布放，有条件时采用专门放缆车布放。

(9)在手孔、人井内的电缆与其他电缆无物理隔离时应加信号电缆标志。

2. 箱盒安装施工

(1)桥梁地段箱、盒应安装在防护墙外侧。当防护墙边缘至线路中心为 2 200 mm 时，信号机、终端盒基础顶面与防护墙顶面持平；当防护墙边缘至线路中心为 1 900 mm 时，箱、盒顶面高度可高于防护墙顶面，支架应适当外延，以保证箱盒不得侵入限界为准。电缆直径小于 30 mm 时，箱盒底部距电缆槽盖板表面高度为 360 mm±50 mm；电缆直径大于 30 mm 时，应根据引入的电缆型号、电缆直径、电缆受力点等因素，确定其安装高度。防护墙应钻通透孔，采用 M16 防松螺栓和补强板，将安装支架固定在防护墙上。安装在防护墙上的金属底座应与防护墙连接紧固，基础安装端正，基础固定螺栓由防护墙线路侧穿入，补强板、防松螺帽、开口销、防震垫板齐全，开口销开口全部向下，劈开角度为 60°～90°。基础支架严禁跨桥梁伸缩缝安装。在防护墙顶面与电缆槽道盖板上平面间高度小于 300 mm，上部通透螺栓孔中心距防护墙顶面小于 100 mm，两个透螺栓孔中心不能满足 120 mm 的特殊地段，可采用基础支架加宽连接方式。

(2)路基地段的箱盒应安装在所属线路旁，基础垂直于线路，基础中心连线应与钢轨平行。箱盒最突出边缘距钢轨内沿不小于 1 500 mm，方向盒凸出边缘距离槽道 150 mm，基础间距 100 mm。方向盒安装在调谐区内侧，信号机方向盒中心距离发送防护盒中心 2 m，接收方向盒正对接收防护盒安装，基础顶面高出地面(350+50) mm。路基地段轨道用变压器箱，应安装在所属线路旁，其最突出边缘距钢轨内沿不小于 1 500 mm。基础顶面与轨面持平。扼流变压器顶面与 XB 箱顶面平，距离钢轨内侧 1 500 mm(因线间距实情需满足验标要求)。引接线固定采用抱箍固定在枕木上。站内区间横向连接线采用抱箍固定，两线间采用顺向小枕木 M 卡固定。所有基础与设备固定螺栓为双母(外母为防松母)，箱盖统一由大地向线路侧方向开。道岔用终端电缆盒安装在转辙机旁，其最突出边缘距钢轨内沿 1 700～2 000 mm，盒子顶面与转辙机顶面平。高柱信号机用箱盒，应安装在信号机前方；矮型信号机用箱盒，应安装在信号机后方。基础顶面距地面 300 mm±50 mm。信号机基础与箱盒基础边缘间距宜控制在 300～500 mm 范围内。应答器用终端电缆盒，应安装在应答器旁，其最突出边缘距钢轨内沿不小于1 500 mm，基础顶面距地面 300 mm ±50 mm。

(3)箱合金属基础支架采用 M12 化学固定锚栓固定在电缆槽底部(去除电缆槽盖板)，支架适当外延，保证箱盒不得侵入限界。隧道内电缆槽不积水。箱盒底面高于电缆槽盖板上平面 300 mm±50 mm，扼流变安装于槽道壁上，扼流变压器箱底座与电缆槽盖板面平齐。信号机用箱盒应安装在信号机后方和信号电缆槽的正上方(去除既有电缆水泥盖板)，如信号电缆槽道宽度不够，须适当切除信号电缆槽侧壁，同时在信号电缆槽内安装强度适当的热镀锌金属支架与箱盒底座间用不锈钢螺栓固定，热镀锌金属支架底座每个角采用 16 mm 的化学锚栓固定。道岔用终端盒应安装在转辙机旁的电缆槽壁上，其最突出边缘距钢轨内沿 1 700～2 000 mm，基础顶面距地面 300 mm±50 mm。

3. 箱盒配线施工

(1)箱盒配线，方向盒副管电缆线入线槽，在槽道内走大圈略留备用量直接上端子，白胶管打印端子号。主管配线高度高于端子 10～15 mm。2000A 贯通电缆用整组 4 芯，其他贯通电缆用 2 芯，备用芯线绕备用圈盘在线把旁，采取尼龙绳分组，在备用芯线头上挂电缆去向标牌，灌胶将胶室内螺栓覆盖。XB 箱端子应满配，配线不做鹅头弯(端子板固定孔要求为椭圆形，可适当固定距箱壁距离)。

(2)副保护管电缆沿盒的边缘入线槽，数字电缆副保护管线把严禁形成闭合圈，线把绑扎间距应均匀，芯线应尽可能少留余量。备用芯线可盘成弹簧状放在电缆根部，XB 箱不做额头弯，电缆配线打号为箱盒端子号。

(3)箱、盒内每根电缆的屏蔽线采用两根 1.5 mm^2 铜线引出，绕线环在箱、盒内接地铜排端子上。然后采用 35 mm^2 铜缆冷挤压接铜线鼻(并堆焊)固定在箱、盒内接地铜排端子上，引出箱、盒后与贯通地线用铜管冷挤压接连接。35 mm^2 铜缆尽可能单独走一引线孔引出，若无空余引线孔时可与最细的电缆合用一引线孔。

(4)箱盒密封圈采用永久性器材，应满足抗老化、防尘、防水需要，端子编号的标示应清晰、美观并全部配满。箱盒内应附有注明配线来向、去向、使用芯数、备用芯数、长度的铭牌。铭牌字迹应工整、不模糊、耐久及防潮。

(5)电缆配线绑扎采用扎带。电缆芯线采用套管打字进行标识。

(6)室外各种箱盒接线端子(匹配盒除外)采用六柱端子，ZPW-2000A 调谐匹配单元配线端子，应采用密封措施，防潮防水。

(7)信号箱、终端盒内部配线：

①采用 7×0.52 mm 阻燃型多股铜芯绝缘软线缆。软线插入端子时，采用一孔一线，不得一孔多线。

②绝缘软线不得有损伤、老化现象，中间不得有接头。绝缘软线在机柱、电线引入管进出口处应加防护。

③软线与插接端子连接牢固，1 mm^2 以下的多股铜芯线应压接接线帽。

(8)变压器箱内部配线：

①变压器箱内部软线配线采用 7×0.52 mm 铜芯塑料线。采用 ϕ4.0 mm 镀锌铁线加塑料套管做线把骨架。软线缠头加标识后上二柱端子，另一端加标识后上设备端子。软线统一采用蓝色线。

②信号机用软线颜色与信号机显示颜色一致，报警线用黑色，骨架落底放置。轨道电路用软线一次侧用红色线，二次侧用蓝色线，骨架悬空放置，与轨道变压器上沿平齐。

4. 地面固定信号施工

(1)信号机及闭塞分区分界处区间信号标志牌的设置应符合设计要求，设在列车运行方向的左侧。特殊地段因条件限制，需设于右侧时，应按现行《铁路技术管理规程》的规定执行。

(2)信号机或标志牌安装位置和显示方向应符合设计规定,便于瞭望、无遮挡,并保证从列车上不被误认为是邻线的信号机或标志牌。

(3)信号标志牌施工时,与设备管理单位共同确认安装方式,确保高铁的施工安全和质量。

(4)进站信号应设置在距进站最外方道岔尖端(顺向道岔为警冲标)不小于 50 mm 的位置,如因调车作业或制动距离等需要时可适当外延,一般不超过 400 mm。

(5)有高速列车通过的车站出站信号机宜设在警冲标不小于 55 m 或距离最近的对向道岔类轨尖端不小于 50 m 的位置。尽头式车站出站信号机应设置在距离警冲标不小于 5 m 的位置或临近的对向道岔岔前轨缝处。

(6)动车组运行进路上的调车信号机应设置在距离警冲标不小于 5 m 的位置。其他进路上的调车信号机应设置在距警冲标 3.5～4 m 处。

(7)电气绝缘节处信号机或区间信号标志牌,应安装在距列车正向运行方向发送调谐匹配单元盒中心 1 000 mm±200 mm 处。

5. 轨道占用检查装置施工

(1)调谐区长度应符合设计规定。

(2)路基地段设备防护罩边缘至钢轨内缘不应小于 1 500 mm。调谐区双体桩基础顶面高出轨面 200～300 mm,调谐引接线在枕木头竖放两块小枕木,分别固定长调谐线和短调谐线,过轨线入电气绝缘枕。

(3)桥梁地段金属支架应采用 M16 通透式防松螺栓和补强板,将安装支架固定在防护墙上。安装在防护墙上的金属底座,应与防护墙连接紧固,基础安装端正,基础固定螺栓由防护墙线路侧穿入,补强板、防松螺帽、开口销、防震垫板齐全,开口销开口全部向下,劈开角度为 60°～90°。基础顶面与防护墙顶面相平。严禁跨伸缩缝安装。轨道引接线从墙体钻孔引出与钢轨连接。调谐引接线在枕木头竖放两块小枕木,分别固定长调谐线和短调谐线,过轨线入电气绝缘枕。有护轮轨地段过轨线采用 M 卡具固定在枕木上。

(4)路基、桥梁地段调谐匹配单元电缆配线端子应背向所属线路侧,用其配套的螺栓(M10)将调谐匹配单元安装在双体盒内基础桩的固定板上并将其紧固。地线引入应加防护管防护。

(5)空芯线圈应面向所属线路侧安装,用其配套螺栓(M10)将空芯线圈安装在双体盒内基础桩的固定板上并将其紧固。

6. 应答器安装施工

(1)应答器安装在道床上的水泥枕中央,用安装架将应答器固定在水泥枕上,应答器安装架根据钢轨重量和枕木类型确定。

(2)安装高度:应答器侧面基准标记点至钢轨顶部为 $h=93\sim150$ mm,应答器可通过调节底部衬垫数量,使其符合安装高度要求。

(3)X 坐标轴应与钢轨平行,应答器顶面基准标记中心点至两条钢轨间中心线的最大横向误差为±15 mm。

(4)应答器与正常方向的角偏离范围:应答器允许的倾角(X 轴旋转)为±2°;应答器允许的俯仰(Y 轴旋转)为±5°;应答器允许的侧转角(Z 轴旋转)为±10°。应答器安装允许误差及范围符合规定。

(5)在安装前首先要确认应答器标签上标明的公里标位置,根据设计部门的工程图纸安装的位置进行核对。安装时应答器距轨面的高度应以应答器侧面的电气中心十字标记为准。距两钢轨的中心以应答器上表面的电气中心十字标记为准。应答器的安装位置一定要准确。

(6)应答器安装后需要测量误差,其误差值应符合要求。

7. 转辙装置施工

(1)安装装置

检查各牵引点处岔枕间距是否符合要求,检查牵引点中心线(基本轨上两孔中心)距前一岔枕中心线距离是否符合要求，检查牵引点基本轨两孔中心与尖轨安装连接铁的两孔中心是否对中，检查转辙器各牵引点处大轨距、轨距是否符合要求，检查各牵引点处转辙基坑深度是否符合要求。在尖轨牵引点处用撬棍或钩锁器使密贴段内直、曲尖轨分别与曲、直基本轨密贴，密贴段外到位，检查直、曲尖轨第一牵引点后整个密贴段的密贴应符合缝隙不大于 1 mm 要求，检查直、曲尖轨第一牵引点前与曲、直基本轨密贴应符合缝隙不大于 0.5 mm 要求。在心轨第一牵引点处用撬棍或钩锁器使心轨与翼轨密贴，用撬棍使第二牵引点心轨至规定动程，检查心轨第一牵引点处密贴，其缝隙应不大于 1 mm；检查心轨尖端至第一牵引点密贴，其缝隙应不大于 0.5 mm。

(2)ZYJ7 转辙机

动、静接点安装牢固，各接点组接触、断开良好。动接点在静接点片内接触深度不小于 4 mm。动接点打入静接点时，与静接点座应保持 3 mm 以上间隙。开关滚轮在动接点凸轮上时，常开接点应可靠接通；开关滚轮在动接点凸轮下时，常闭接点应可靠接通。电机、油泵间联轴器配合良好，转动时无卡阻、别劲，无过大噪声。油缸、动作杆动作平稳，无颤抖。油路系统各接头部分元泄漏。胶管总成外露部分及与槽钢进出口处防护设施齐全，转角处弯曲半径应不小于 150 mm，进出口端应留有足够余量以避免列车振动受力，防护管槽应固定牢固。胶管总成外层橡胶无较大龟裂。在动作杆、表示杆、锁闭杆正常伸出或拉入过程中，拉簧弹力适当，作用良好。转辙机内缸套与底壳之间，锁闭铁、锁块、推板之间，动作杆、锁闭杆、表示杆出入口处，滚轮、检查柱、锁闭柱等滑动部位应涂上规定规格的润滑油脂。道岔在正常转换时，液压系统应有足够的压力，道岔尖轨因故不能转换到位时，溢流阀应溢流。溢流阀应调整灵活，溢流压力应调整为额定转换力时压力的 1.1～1.3 倍。当道岔转换到底时，起动片尖端离开速动片时能快速切断动作接点，且惰性轮与电机轴摩擦作用良好，接点不得反弹，手动检查不得抱死。挤脱器挤脱力应调整为 27～30 kN，并予铅封。当道岔被挤时，转换锁闭器应能可靠断开表示接点。尖轨与基本轨密贴后，电液转辙机锁闭柱与锁闭杆缺口两侧的间隙：外锁闭为 2 mm±0.5 mm，内锁闭为 1.5 mm±0.5 mm；转换锁闭器检查柱与表示杆检查块缺口两侧间隙为 4 mm±1.5 mm。遮断器的常闭接点应接触良好，在插入手摇把时，常闭接点应能可靠断开。手摇把取出后，未经人工恢复不得接通常闭接点。

8. 室内机柜安装施工

(1)信号机械室内的机柜颜色应统一，CBI、TCC、CTC、TSRS、ZPW-2000A、集中监测、智能电源屏机柜高度 2 350 mm，深度 800 mm；电源屏高度2 350 mm，深度 600 mm；组合柜、移频柜、防雷分线柜高度 2 350 mm，同一机械室同种机柜深度应统一。

(2)机柜底座采用热镀锌支架；设备支架顶面应与防静电地板高度一致；支架用胀管与地面固定牢固，特殊地段(地砖空鼓)采用锚栓固定。

(3)机柜(架)安装应横平竖直，垂直偏差不应大于机架高度的 1‰；同排各种机柜(架)正面处于同一平面、底部处于同一直线。

(4)机柜(架)上部布线时，采用走线架。机柜和上走线架之间采用 5 mm 绝缘板绝缘，组合柜采用 $\phi6$ 绝缘螺丝固定，移频柜和综合柜采用 $\phi8$ 绝缘螺丝固定在机柜上，上走线架和绝缘板采用特制的 L 形拐角连接，组合柜上走线架总宽度为 60 cm，中间横梁宽度为 51 cm，横梁之间的间距为 30 cm(特殊情况另行调整)。上走线架要注意不准形成闭环，所以每排机柜要采取绝缘措施。

9. 室内机柜配线施工

(1)室内架(柜)、设备之间及内部的配线，其规格、型号应符合设计规定。

(2)各种布线全部采用阻燃型。组合外部配线采用阻燃带绝缘护套的信号配线电缆。电源线采用 XV 型电力电缆。所有配线采用多股铜芯线，严禁采用单股线。所有与数据通信线共槽的线缆均应采用阻燃屏蔽线。线条不得有中间接头和绝缘破损现象。

(3)室内所有线缆布线禁止出现环状；布放线条时，应留有适当的作头备用量，配线、电缆应排列整齐。

(4)电缆引出端应有标明去向的铭牌。

(5)室内电源线、发送线、接收线应用隔离栅板分开布线。剖切电缆时,不得损伤芯线外层绝缘。室内发送接收线及发送接收电缆分两边走线,面向配线端,发送缆线在右侧、接收缆线在左侧。

(6)柜与机柜之间采用绿色线;机柜与分线柜之间采用红色线;接口柜线缆采用黄色线;监测线统一使用多芯皮缆采用紫色线;屏蔽线采用棕蓝线;电源线正极采用红色线,负极采用蓝色线,地线均采用黄绿线。

(7)车站室内各子系统机柜之间线缆连接采用下走线方式,组合柜间采用上走线方式,上走线和下走线之间电缆采用爬架固定。下走线原则上采用不锈钢电缆桥架加布线器方式固定,上走线采用布线器方式固定。软线原则上不采用下走线方式;走线架内按电源、屏蔽发送,通用、屏蔽接收分开走线;控制台的配线原则上采用配线电缆和电缆桥架封闭防护,采用下走线布置方式。微机柜及电源屏引出的线缆采用下走线,其余采用上走线。

第三节 信号系统测试

一、设备单项调试

1. 电源屏调试

(1)电源屏的两路输入电源相序应一致。电源屏两路输入电压不超过±25%时电源屏应保证信号设备正常工作。输入电压超过±25%时,电源屏发出声、光报警。

(2)当电源屏两路输入电源中的任何一路发生断电或断相时,应能自动切换到另一路电源供电,并具备手动转换和直供功能。

(3)主、备电源的转换时间(自动或手动)不大于 0.15 s。

(4)输入、输出断路器(熔断器)在短路、过流时应能可靠断开,过流值符合产品说明书规定。

(5)电源屏的表示和声光报警功能、监测功能应工作正常。

2. 车站联锁模拟试验

(1)制作带有轨道、道岔及与联锁相关接口条件的模拟盘,模拟条件应与室外设备相对应,能满足联锁试验的要求。

(2)模拟试验前,应对机柜(架)零层电源端子、侧面端子进行空送电试验,设备插入后进行送电试验,并无混电现象。

(3)对联锁机设备进行试验。

3. 信号机单项调试

(1)信号机灯光调试良好、显示正确,同架信号机两个同一颜色的灯光色谱应接近一致,同一机柱同方向安装的各个机构灯位中心应在同一垂直线上。

(2)信号机正常点灯时应点亮主灯丝;当主灯丝断丝后,能自动转至副丝,并有断丝报警信号。

(3)调整信号机点灯远程变压器、信号点灯单元,使信号机灯端电压为额定值的85%~95%,调车信号为75%~95%;使灯丝继电器电流应在最小可靠工作值的120%~140%范围内;室外灭灯时,相应灯丝继电器落下。

4. 轨道电路单项调试

(1)确认送、受电端通道正确,按轨道电路调整表进行配线。室外设备侧接收或发送端电压符合要求。

(2)ZPW-2000 轨道电路调整:按设计图纸核对移频柜内各发送、接收的载频和选型端子连接线应正确。测量并核对 24 V 工作电源极性正确。发送器工作正常时,对应衰耗盘“发送工作灯”点亮,测量发送器功出电压正常。接收器工作正常时,对应衰耗盘“接收工作灯”点亮;测衰耗本轨道区段轨入电压,调整接收电平,使接收器限入“轨出 1”电压不小于 240 mV,轨道继电器不应小于 20 V,并可靠工作;轨道区段空闲时衰耗盘“GJ”亮绿灯,轨道区段占用时“GJ”亮红灯。试验发送、接收并机,关闭主或并机电源,轨道继电器不应落下。任一发送、接收出现故障时,移频报警应正确。

5. 转辙装置调试

(1)检查确认组合到分线盘、分线盘至转辙机电缆通道正确。

(2)道岔密贴检查:道岔在定位和反位时,密贴段各牵引点的尖轨与基本轨、心轨与翼轨间有4 mm及以上间隙时,道岔不得锁闭和接通道岔表示。两牵引点之间有5 mm及以上间隙时不得接通道岔表示电路。交流电动转辙机在正常转动时,摩擦连接器作用良好,转辙机动作电流不应大于2 A;道岔因故不能转换到位时,摩擦连接器应空转,电流不应大于3 A。通过室内操纵道岔转换,核对启动继电器(2DQJ)与操纵意图一致,道岔实际开向应与室内操纵意图一致,定反位表示继电器与道岔实际开向一致。断开转辙机和密贴检查器中任意一组表示接点时,必须切断表示电路。

6. 调度集中(CTC)设备调试

(1)机柜送电后,主、备用系统正常启动,硬件指示灯显示正常。

(2)当主系统故障后,能够自动切换到备用系统;当备用系统故障时,不影响主系统正常工作。

(3)调度中心行车调度、助理调度、车站维护操作终端能够正确显示系统工作状态。

7. 列控中心(TCC)设备调试

(1)设备启动检查

①在手动切换状态时,先启动一系自动进入主控状态;后启动一系自动进入备用状态。

②在自动切换状态时,同时启动两系,两系均能正常工作,且状态为一个主控系一个备用系。

③表示系统的工作状态指示灯正确。

(2)同步状态下设备切换检查

①双系切换时,列控中心能正常工作。

②关闭主控系,列控中心应自动切换到备用系。

③关闭备用系,主控设备仍能正常使用,不受影响。

(3)列控中心电源冗余检查

①送电后两模块正常工作,电压应调整一致。

②关闭其中任意一个电源模块,另一模块能正常工作。

(4)列控中心开关量驱动、采集对位

①轨道继电器的状态采集正确。

②站内轨道方向切换继电器状态的驱动、采集正确。

③区间方向继电器状态的驱动、采集正确。

8. 信号集中监测设备调试

(1)信号集中监测设备使用前应检查供电电源正常,无短路和断路现象,核对采集线与设计图相符。

(2)设备面板指示灯正常。

(3)测量外接传感器工作电压正常。

(4)操作上位机能够正常工作。

二、子系统调试

1. 车站联锁子系统调试

(1)联锁软件应经过仿真试验合格后,方可进行现场联锁试验。

(2)按照联锁表进行逐条进路的联锁关系试验。

(3)信号机试验

①排列进路时,室外相应信号机实际显示应与控制台显示一致。

②设有灯丝转换的信号机，在主、副灯丝转换及报警正确。

(4)道岔试验

①道岔实际开向与室内控制意图、表示状态相一致。

②断开转辙机密贴检查器的任一表示接点时，表示继电器应可靠落下。

③道岔转换超过规定时间时，应切断启动电路。

(5)轨道电路试验

①轨道电路的占用及空闲，与室内显示状态一致。

②调整状态下，轨道继电器应可靠吸起。

③分路状态下，轨道继电器应可靠落下。

2. 列控子系统调试

(1)ZPW-2000 轨道电路调试

①列控中心按进路和轨道电路信息编码逻辑，对各个轨道区段进行编码。

②列控中心驱动相应轨道电路的方向切换继电器，控制轨道电路迎列车运行方向发码。

③室内外相应区段发送、接收的载频、低频码序正确。

④检查转频码的发送和取消的时机及地点正确。

(2)相邻列控中心之间调试

①相邻站间轨道电路状态及编码所需要的信息，实现闭塞分区编码逻辑的连续性。

②办理改变运行方向时，能够驱动相应的方向继电器。

③相邻车站和区间中继站临时限速信息能够正确传递。

④相邻列控中心运行状态信息能够正确传递。

(3)应答器接口调试

①测试应答器报文发送是否正确。

②测试列控中心控制冗余 LEU 切换功能是否正确。

3. 调度集中子系统调试

(1)监督功能，主要包括信号设备的状态和布局，车次号的追踪和管理等。

(2)控制功能，主要包括中心人工控制功能，中心自动控制功能，车站信号设备控制等。

(3)管理功能，主要包括时刻表的编辑、管理、自动加载和自动下载；准点率统计；事件和报警管理；各种报表管理；回放功能；系统参数管理；系统设备状态管理；车组号的全线追踪和管理等。

(4)临时限速拟定功能，主要包括临时限速拟定与临时限速服务器接口；相邻调度台临时限速接口等。

(5)检查调度中心列车调度、助理调度台功能，车站 CTC 功能，综合维修功能，电务维护功能。

4. 信号集中监测系统调试

(1)监测项目应符合设计规定。

(2)模拟量的监测内容、监测点、监测量程、监测精度、测试方式、采样速率等符合相关技术标准的要求。

(3)开关量的监测类型、内容、方法等符合相关技术标准的要求。

三、信号各子系统接口调试

1. 调度集中(CTC)与联锁(CBI)间的接口调试

(1)CBI 下位机(操作表示机)向 CTC 自律机传送

①站场表示信息：信号状态、道岔状态、区段状态、按钮状态、表示灯状态和各类报警信息。

②联锁由站控模式向自律模式转换时的数据交换信息。

(2)CTC 自律机向 CBI 发送

①控制命令信息:命令类型、命令按钮顺序、按钮状态表示信息。

②时钟信息。

(3)CBI 联锁与 CTC 自律机相互传送控制状态信息

①CBI 下位机(操作表示机)主备运行状态和当前控制模式的控制状态信息。

②CTC 自律机主备运行状态和允许转回自律模式的控制状态信息。

2. 列控中心(TCC)与联锁(CBI)接口调试

(1)TCC 与 CBI 接口的配置和技术性能应符合设计要求和相关技术标准的规定。

(2)TCC 与 CBI 之间建立正常通信后,有相应的通信状态表示。

(3)TCC 应与 CBI 正确交换信息,包括:TCC 应向 CBI 提供区间允许发车信息、区间方向信息、区间监督状态信息、区间闭塞分区状态和灾害防护信息,并接收 CBI 发送的车站进路信息和信号机状态信息。

(4)TCC 主控系与 CBI 备系、TCC 备系与 CBI 主系或备系通信中断不影响系统正常运行,维护终端有报警提示。当全部通信故障时,TCC 按全部接发车进路解锁处理,并保持原区间方向不变。

(5)TCC 采集异物侵限监控系统提供的继电器接点信息,获取异物侵限灾害报警信息。TCC 能对灾害区段的轨道电路发码进行防护。

3. 列控中心(TCC)与调度集中(CTC)接口调试

(1)TCC 与 CTC 接口配置和技术性能应符合设计要求和相关技术标准的规定。

(2)TCC 应与 CTC 之间建立正常通信后,有相应通信状态的表示。

(3)TCC 向 CTC 正确发送区间闭塞分区状态信息、区间信号机状态信息和设备状态信息。无配线车站信号机点灯状态 CBI 向 TCC 设备传输。

(4)CTC 车务终端应有 TCC 设备状态显示。

(5)TCC 主控系与 CTC 备系、TCC 备系与 CTC 主系或备系通信中断时,维护终端有报警提示。

4. 信号集中监测(CSM)与相关子系统接口调试

(1)与 CBI 接口测试

①CBI 与 CSM 的接口应符合设计要求和相关技术标准的规定。

②CBI 与 CSM 之间建立正常通信后,应有相应的通信状态表示。

③CBI 能向 CSM 发送接发车进路、轨道状态、道岔位置、信号显示等信息。

(2)与 CTC 接口测试

①CTC 与 CSM 的接口应符合设计要求和相关技术标准的规定。

②CTC 与 CSM 之间建立正常通信后,应有相应的通信状态表示。

③CTC 应将相关信息发送给 CSM。

(3)与 TCC 接口测试

①TCC 与 CSM 的接口符合设计要求和相关技术标准的规定。

②TCC 与 CSM 之间建立正常通信后,应有相应的通信状态表示。

③TCC 应将临时限速命令、接发车进路信息、列控中心运行状态、轨道电路状态、LEU 状态、报警信息等发送给 CSM。

第四节　新工艺新工法

(1)应用 BIM 技术对设备材料建模,目前共建立通信信号设备模型 140 个,如图 4-9-2 所示;同时对光电缆引入、机柜布置、电源线、地线布放等室内外工艺进行设计、碰撞检查,指导实际施工,提高施工效率。

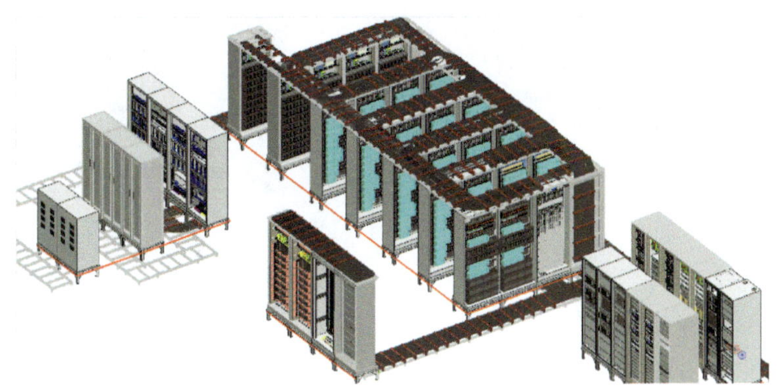

图 4-9-2 长乐东站室内 BIM 应用

(2)平潭跨海大桥设备基础满足防盐雾耐腐蚀要求，在渗锌厚度不小于 100 μm 的基础上，采用了新型防腐涂层，属于纳米技术，提高防腐等级，其中包含 90%以上的锌，既能惰化锌离子，又能增加防腐程度，同时使渗锌基础更加美观。

(3)室外设备采用粘贴式铭牌，安全可靠，如图 4-9-3 所示。

图 4-9-3 粘贴式铭牌

(4)组合侧面配线增加线把支撑：组合侧面配线时，在出线线把内部增加线把固线器，使线把固定更加牢固、美观，能保证线把平直，防止线把下垂，达到工艺美观的效果，如图 4-9-4 所示。

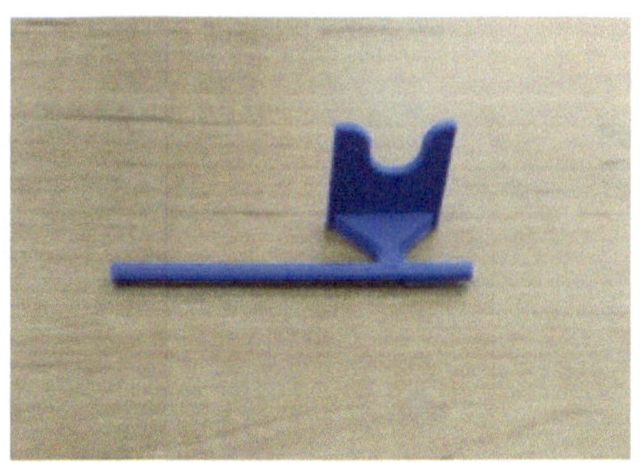

图 4-9-4 辅助加强支撑

(5)改进接地施工工艺：室内接地全部使用铜牌，采用机柜侧面接地方式，增加电气连接可靠性，避免踩踏损坏，通过不同颜色区分接地类型，方便设备检查维护，如图 4-9-5 所示。

(6)室内增加设备标识

移频柜断路器线缆增加标识，柜面板采用中文标注，更加便于故障查找及设备维护；监测组合柜 F 层增加标识，一孔一线，使软线出线弧度标准统一；组合柜零层增加标识牌，电源线功能、来去向清晰明了，便于维护，如图 4-9-6～图 4-9-8 所示。

图 4-9-5　改进接地方式

图 4-9-6　移频柜断路器标识

图 4-9-7　监测组合柜 F 层标识

图 4-9-8　组合柜零层标识

(7)采用新型拼接式围台

采用新型拼接式围台，采用高密度材料，预留透水孔；安装便捷、牢固、可靠，如图 4-9-9 所示。

图 4-9-9　拼接式围台

第十章 信息工程

第一节 工程概况

全线信息系统包括车站客票系统、旅客服务信息系统、门禁系统、电源及设备房屋环境监控系统、办公自动化系统、公安管理信息系统、综合布线系统、电源与防雷接地系统、行包管理系统、公安派出所的公安管理信息系统、综合维修车间工区的综合维修管理信息系统。主要工程数量如下:

车站客票系统:售检票应急服务器4台,路由器8台,核心交换机8台,接入交换机28台,安全设备4套。

旅客服务信息系统:数据处理服务器5台,接口服务器3台,应用服务器2台,身份认证服务器1台,核心交换机8台,接入交换机9台,防火墙8台,异步控制器8台,同步控制器45台,广播控制系统设备4套,硬盘录像机14台,NTP母钟1台。

门禁系统:门禁管理主机4台。

电源及设备房屋环境监控系统:中心站1套,分站设备9套。

办公自动化系统:接入路由器8台,接入交换机12台,微机40台。

公安管理信息系统:接入路由器2台,接入交换机5台,微机29台。

电源与防雷接地系统:UPS电源5套,交流稳压电源5套。

行包管理系统:服务器1台,微机8台。

综合维修管理信息系统:接入路由器4台,接入交换机4台,微机20台。

南昌局集团公司客票、旅服系统等中心接入及局端扩容配合工程。

第二节 施工方案及实施过程

为了保证施工质量与施工工期,站后工程服从于铺轨为主线的控制工期要求,统筹安排、合理布局,紧随房建工程,及时拓展工作面,按照本信息系统工程的特点,在福州市长乐区设置项目经理部和施工作业队,按站设置作业队共计4个,按照每个施工作业队施工的工程数量,配备了相应工班技术人员和一定数量的劳务工。

1. 总体施工方案

施工准备(调查)→综合布线→信息点安装→旅客服务、票务、公安信息、办公信息系统设备安装→联调联试。施工总顺序突出重点、兼顾一般、平行流水、均衡生产。

2. 整体工程施工方案

根据工程特点和招标文件对工期的要求,我方将组织现场施工作业班组采取分区域平行作业与流水作业相结合的方法进行施工,并通过首件施工"标准先行、样板引路"理念,统一全线施工工艺,提高施工效率。

综合布线施工:径路复测→管线预埋→电缆敷设→终端上线→缆线指标测试。

信息设备安装施工:现场环境调查→设备到货检查→设备底座吊挂件安装→外场设备安装配线→室内设备安装配线→设备单机调试→各子系统调试→系统调试。

3. 施工阶段

根据本项目特点,将本项目实施过程分为三个阶段进行。

第一阶段:各种预埋管件的安装、布线及终端设备预埋件、吊挂件、壁挂件、支架、托架的加工、安装。根据设备厂家提供的加工图纸及安装方案,报设计审批,审批后加工需要安装的吊挂件、壁挂件、支架、托架等。根据设计的设备布点图纸,在指定位置安装设备的吊挂件、壁挂件、支架、托架。实施过程中与房建相关施工项目同步进行。通过现场与房建等相关各专业的配合与协调,配备足够的施工力量,确保与房建相关施工项目同步进行。

第二阶段:各系统终端设备的安装和配线。设备到货以后,根据设计图纸及厂家提供的安装图纸,在既有吊挂件、壁挂件、支架、托架的位置上安装终端设备及设备配线。

第三阶段:信息机房及信息配线间内集成设备的安装及配线,在"建维一体"的理念指引下,专门培训的技术工人负责该部分的施工,确保施工质量和工期。

4. 系统调试

系统调试及联调,首先进行电源系统测试,为其他各子系统调试提供电源,然后在分别进行各子系统调试及系统联调,参加设备监造的工程技术人员负责实施,各子系统负责人和在安装过程中积累了经验的人员配合。

5. 工程竣工

(1)进行最终检验,在最终检验合格的基础上,向业主提出工程竣工验收申请。

(2)提交工程竣工文件,包括竣工图纸、施工记录、测试资料、设备出厂资料等。

(3)在工程验收合格的基础上,办理验交接程序。

第十一章 电力工程

第一节 工程概况

1. 电力系统组成

电力系统组成为福平铁路福州站上行进站信号机至平潭站2号道岔尖轨尖范围内(含福平铁路引入南昌调度中心、福州枢纽改造及还建福州联络线等工程)的工务、通信、信号、电力及电力牵引供电、房建(四电房屋、站台、雨棚和天桥等)、自然灾害及异物侵限监测系统、车辆设施和环水保工程等。

主要包括福平线范围内的10 kV高压电源线路、10 kV配电所(含既有10 kV配电所改造)、铁路沿线10 kV综合电力贯通线及10 kV一级负荷贯通线、电力远动、站场及区间高(低)压电力线路、10/0.4 kV箱式变电站、10/0.4 kV室内变电所、室外照明、房屋的照明及配套设备供电、防雷接地、火灾自动报警、隧道照明、隧道防灾救援疏散及监控等,但不含站前专业及土建预留预埋件和预留的沟槽管道及基础。

2. 主要工程数量

新建10 kV配电所2座,改造10 kV配电所1座,10/0.4 kV站房变电所及电力远动间15座,箱式变电站36座,电力高压电缆线路197.949三条公里,低压电缆线路87.947条公里,电源线路124.56条公里(其中架空线路4.83条公里,电缆线路119.73条公里);全线新建10 kV综合负荷贯通及10 kV一级负荷贯通线,接入各车站、变配电所和箱变。

3. 主要节点

2019年4月施工单位开始进场施工,2019年4月开始隧道照明施工,2019年11月开始贯通电缆敷设,2019年12月开始设备安装,2020年6月开始10 kV配电所受电,2020年6月开始贯通线送电,2020年9月开始联调联试,2020年12月26日福平铁路开通运营。

第二节 主要施工工艺

一、变、配电所安装一般原则

(1)电气设备的电压等级应符合电网的额定电压(污秽地区还应提高绝缘等级)。

(2)正常运行的电气设备,在短路和过电压的情况下,不危及人身安全和周围设备的运行安全。

(3)配电装置应装设闭锁装置及联锁装置等“五防锁”,即箱式变压器、高压柜等,以防止带负荷拉合离开关、带接地线合闸、有电挂接地线、误拉合断路器、误入有电间隔等电气误操作事故。

(4)电气设备的连接螺栓和固定螺栓应有垫圈和弹簧垫圈,拧紧后螺栓长应露出端母2～5扣。施工中所有固定采用螺栓或焊接,为了安全起见,室外采用焊接,室内采用螺栓。在使用螺控时,使用力矩扳手按设备安装力矩要求进行加固。

(5)为了保证值班人员在操作及巡视时的安全,高压开关柜及低压配电屏和控制屏的前面操作走廊应铺设不小于8 mm厚的绝缘胶板。高铁施工中整个配电所的高压室、低压室和控制室,只要人能走到的地方都应该铺设绝缘胶板。在高压柜电缆沟上的绝缘垫的厚度应大手8 mm。

二、变、配电所盘柜安装

1. 盘柜的搬运

设专人指挥,配备足够的施工人员,以保证人身和设备安全。根据现场情况,设备的搬运、移动采用推车进行搬运时，用吊车将盘柜吊到液压叉车上，然后1人拉叉车的把手，3人合力推柜体；1人专门负责观察推车行走的路线，防止推车的轮子掉到孔洞里及防止柜体倾覆。对于头重脚轻的盘柜，尤其做好防倾倒措施，使柜底尽量接近地面，可以使用450 mm钢管作滚筒，人工就位。盘柜搬运时应按图纸将盘柜按顺序摆放，各盘柜间留一定空隙，以方便下一步盘柜的就位安装。

2. 盘柜的固定

(1)首先根据设计的尺寸拉好整排盘柜的直线。按设计位置和尺寸把第一面盘柜按规范要求的垂直度、水平度进行找正，如达不到要求可在柜底垫垫块，但垫块不能超过3块且垫块不能有松动，达到要求后，在盘柜的四个底角上烧焊或钻孔用螺栓将其固定。

(2)第一面盘柜安装好后，其他盘柜以第一个盘柜为标准拼装起来。

(3)依次将盘柜体逐面找正靠紧。检查盘间螺栓孔是否相互对应，如位置不对可用圆锉修整。带上柜间螺栓(不要拧紧)，以第一面盘柜为准，用撬棍对盘柜进行统一调整，调整垫铁的厚度及盘间螺栓松紧，使每块盘柜达到规定要求，依次将各盘柜固定。

3. 箱式变电站的安装

(1)施工准备

①对设备运输通道进行检查，为吊车吊装就位利用现有的施工便道尽量创造条件。依据设计图纸和技术标准的要求，对先期工程的基础进行检查和核实工作，以保证箱式变电站的基础螺栓预埋位置符合设计图纸要求。

②依据设计图纸、技术标准和以往的施工经验，对制造厂家的箱体和设备进行检查和核实工作，以保证箱休安装预留孔与基础预留螺栓对位。

③安装箱体前，应检查基础面的平整度，保证箱体底座与基础接触密贴，以防箱体变形。

(2)箱式变电站就位及安装

①箱式变电站的箱体依据现场调查的运输路线，用汽车运抵安装现场。

②测量基础预埋槽钢的相对位置。利用水平仪对设备基础上面进行水平检查。在基础的表面每隔0.5 m选择一个基准点作为测试点，相邻基准点的水平度应不大于±1 mm，全长的不平度应不大于3 mm，以确保箱体安装的稳定性。

③箱式变电站的箱体构件大部分体积大、重量大，利用吊车吊装箱体，安装在设计要求的基础位置。起吊绳安装的位置应严格按照箱体设计的要求，吊装点要在箱体标示的承重点上，保证起吊过程中箱体外形不因受力而变形。在箱体吊装时，应有专业人员对整个吊装过程进行统一指挥，严格遵守货物起吊管理程序及施工规范保证人员、设备的安全。

④当箱体吊到基础上方且距基础表面的高度稍离于基础螺栓时，指挥人员应要求吊车减慢吊装速度，在箱体的四个角各有一名施工人员，利用圆木棒的一端以地为支点，小心地推动箱体，靠近标示的箱体具体位置的红线，使箱体徐徐落在安装位置上。

⑤用水平尺检测箱体水平度和垂直度，边调整边测量，直到箱体水平，符合设计要求，固定安装螺栓。

(3)箱变安装后的处理及记录

①箱体安装完毕后，确认各部的安装位置及尺寸是否符合设计要求，并清除箱体内所有的工机具和杂物，保持箱体内的清洁。

②填写安装记录，所有施工数据做好完整的记录。

4. 电缆敷设

(1)采用电缆拖车敷设方式

贯通电力电缆敷设于桥梁路基两侧的电力电缆沟内，铁路线路两侧一般有施工便道，此种情况下采用电缆拖车敷设电缆是最佳选择。其施工方法及要求如下：

①电缆拖车由牵引车拖车平板及固定在平板上的电缆展放架组成。在铁路线路上使用牵引车，一般为手扶牵引车头将电缆拖车及电缆盘运抵至电缆敷设起点处。

②将待敷设的电缆盘(1 盘或 3 盘)吊放到电缆拖车上，电缆盘要牢固固定在电缆拖车放线架上，电缆要从盘上引出。

③敷设电缆设指挥员 1 人，负责电缆敷设的统一指挥。放线前，先从盘上拉出一定长度作缓冲段，其端头固定在地面坚固物上。指挥员要与牵引车司机约定好信号，根据电缆敷设情况指挥车辆的开动、停止及运行速度；放线车开动后，1～2 人在车上转动电缆盘，使其在敷设时保持动态平衡，车速与电缆展放速度做好良好配合(车速约 30 m/min，即 1.8 km/h)，电缆展放在地面上。

④电缆展放施工完毕后，再用绳索将电缆人工吊拽至桥面或路基电缆槽内。

(2)采用绞磨机牵引敷设方式

采用绞磨机牵引是目前高铁电力工程最常用的一种电缆敷设方式，其适用范围比较广，受环境制约影响比较小，一般地段均可以采用此敷设方式。其施工方法及要求如下：

①将电缆放线支架固定于电缆敷设起点处，将电缆盘架放在支架上，注意电缆头要从电缆盘上方引出。

②将绞磨机牢固固定在电缆敷设终点处，将牵引电缆用的钢丝绳从绞磨机上展放至电缆敷设起点的电缆盘处。

③将电缆从盘上引出适当距离，并将电缆头与牵引钢丝绳连接，一定要连接牢固，能承受一定的牵引力。

④开动绞磨机，徐徐收钢丝绳，2 人沿电缆引出方向根据钢丝绳收的速度转动电缆盘。

⑤作业人员跟随电缆前进，沿电缆前进方向在电缆下部摆放滑轮，尽量不让电缆与地面产生摩擦，在电缆路径的转弯处设万向转向滑轮，并安排专人防护。

5. 10 kV 单芯电缆终端头制作

(1)电缆测试、制作前应用 2 500 V 兆欧表测量电缆绝缘电阻，绝缘应合格。

(2)剥切护套。屏蔽层、绝缘层：剥切电缆外护套，剥离长度为 190 mm。剥切电缆铜屏蔽层，护套口保留 10 mm 铜屏蔽带，其余全部剥去(剥切掉 180 mm)。切电缆半导体层，从铜屏蔽带端口保留 20 mm，其余全部剥去(剥切掉 160 mm)，剥离时，切勿划伤主绝缘。剥切绝缘层，从铜屏蔽带端口保留 95 mm，其余全部剥去(剥切掉 65 mm)。

(3)包绕胶带：用 PVC 胶带绕包导体线芯端部，然后在主绝缘层端部剥倒角 2×45°。

(4)清洁电缆绝缘层：清洁电缆绝缘层表面，保证干净、光滑、无凹痕。

(5)安装应力锥：清洁应力锥内孔，晾干后在内孔及电缆主绝缘层涂抹硅脂，然后将应力锥推入剥切好的电缆，直至应力锥下端与定位标志相接(剥切外护套处下 10 mm 为定位标志)。

(6)压接接线端子：撕去线芯端部 PVC 胶带，套入接线端子，自上而下压接 2～3 道，并锉平压接产生的尖角毛刺，然后清洁金属粉末。

(7)电缆推入固定。

①电缆推入Ⅱ头。清洁Ⅱ头内孔及应力锥表面并均匀涂抹硅脂，然后将已处理过的电缆推入Ⅱ头第一个插孔内，推入时用手托住应力锥底部以防止其在电缆上滑动而改变安装尺寸，直至接线端子顶住Ⅱ头顶部。

②Ⅱ头固定：清洁套管表面，将双头螺栓拧入套管，然后将Ⅱ头推入套管，再用 T 型扳手将螺纹芯棒从Ⅱ头后面拧在双头螺栓上，注意螺孔朝内。

③Ⅱ头表面屏蔽层接地：清洁绝缘层表面并涂抹硅脂，然后按箭头方向用内六角扳手将螺纹堵头拧入Ⅱ头并旋紧，再将防护帽扣在螺纹堵头后面，最后将Ⅱ头表面屏蔽层接地。

(8)电气性能测试：用 2 500 V 兆欧表测试电缆绝缘电阻，做直流耐压试验及泄漏电流试验，需满足国家标准。

6. 灯塔、站场、隧道照明安装

(1)灯塔的布置及高度合理，被照面上的照度均匀，无阴影和眩光，并考虑站场的发展。

(2)灯塔的开启时间采用自动控制。

(3)灯塔基础以厂家提供的基础为准。在浇筑基础的时候,预留好电缆的路径和接地线。

(4)站场照明主要集中在AT所、AT分区所以及牵引变电所内。在施工以前要积极联系站前单位,把庭院灯、路灯、门庭灯以及避雷器上的照明灯电缆路径预留好。

(5)站场照明灯柱的安装要美观、防水等。

(6)隧道照明在施工中需做到:

①接口检查:电缆在隧道内每个洞室都要过轨,电力专业洞室两侧除去预留的2个预留管以外,还应各预留6根管道。

②定测照明灯的位置:如果两侧是交错布置,先定测出一侧照明灯,再定测另外一侧。固定电缆或照明灯的打眼要严格按要求施工,不能把化学膨胀螺丝打在隧道接缝处。

③在打眼以前先要定位,角度、深度都要严格控制,以免影响美观。

④安装电源箱、控制箱、RTU箱以及EPS电池柜都要根据实际情况固定。在几个箱子大小尺寸不等的情况下,都以下沿的高度固定,即下面呈一条直线。

⑤电源箱、控制箱的大小要求厂家量身定做,宜大不宜小。每个箱子的门上都有相应洞室内配电示意图,标明开关的大小和功能,钥匙配套。

⑥隧道内疏散指示灯施工时要考虑接头部分的防水问题,在一般情况下利用矿蜡密封。

⑦隧道内所有的固定卡子以及配线管都采用防火材料。

7. 接地装置的施工

(1)施工准备:检查接地极焊接是否满足有关要求,接地线是否有损伤等缺陷。检查接地电阻测试仪是否合格。

(2)开挖接地沟:采用人工开挖方式,开挖深度及位置应符合设计要求。

(3)敷设接地极:事先预制好的接地装置在开挖好的沟内展开敷设,垂直打入接地极。在打入接地极时,要检查接地体与接地线间的焊缝是否开裂,若开裂要及时补焊或更换。接地装置敷设好,接地极打好后,回填接地沟,回填时不得将砖头、石块等杂物回填于沟内。

(4)测试接地电阻。在接地极的反方向将测试线拉直,探针全部插入地下,接好接地电阻测试仪的地线和测试线。将测试仪放平,右手摇动手柄速度约120r/min,从大到小调好倍率,左手转动刻度盘,由大数值向小数值转动,直到测试仪指针居中,读出读数。

(5)填写记录:填写隐蔽记录表,所有施工数据做好完整的记录。

8. 远动系统的施工

(1)高铁所有的控制开关都纳入远动系统(箱式变压器以及变、配电所)。在施工中安排RTU厂家,从箱式变压器到通信GIS-R基站之间的超五类屏蔽网线和屏蔽水晶头统一由厂家提供。在敷设超五类屏蔽网线时,与低压电缆同沟敷设,但不同槽,超五类屏蔽网线穿保护管敷设至通信GIS-R基站内。RTU设备都是厂家直接安装在箱式变压器内的,内部配线已经完成。

(2)远动系统的调试。箱式变压器低压侧送电成功后,由厂家派技术人员进行本机调试,主要目的是从箱式变压器到通信GIS-R基站内保证不出现问题。

(3)远动系统最终调试:

①箱式变压器远动调试:当所有通信通道以及电调所施工完毕以后,进行真正的远动调试,实现箱式变压器就地或远方的断开和闭合等遥测、遥信和遥控功能。

②变、配电所远动调试:当所有通信通道以及电调所施工完毕以后,进行真正的远动调试,首先利用继电保护仪模拟加量,让电调所内能看到变、配电所内电流值,让变、配电所内的各个开关实现就地或远方的断开和闭合等遥测、遥信和遥控功能。

第三节　电力系统(SCADA系统)的测试

1. SCADA系统概况

高铁电力SCADA系统(简称PSCADA系统)是监视电力系统高低压系统设备运行状态和故障时迅速恢复供电的第一手段。SCADA(Supervisory Control and Data Acquisition)系统，即监视控制与数据采集系统，由调度主站、通道和被控站组成。SCADA系统的调试，也称远动调试，调试完成数据上传与控制指令的有效下达，侧重于运行数据的汇集与调度端功能的实现。新线开通前，有效地组织对供电SCADA系统的调试工作，运用科学的调试方法对SCADA系统各项功能进行完整的验证，是高铁正式运营后实时监控供电系统运行、指挥故障处理的重要保障。

2. PSCADA系统模型

(1)电力SCADA系统的组成

高铁调度主站南昌路局采用(交大光芒公司)GM6000系统。被控站由电力变配电所、电力箱变、车站信号变电所、车站综合变电所、站场维修变电所等组成。

(2)电力SCADA系统的通道构成

调度主站与各被控站间通过2条SCADA通道实现数据传输，在牵引变电所、AT所、分区所间通过2条故标通道实现故障测距信息的数据传输。SCADA通道与被控站成环汇入调度主站，故标通道在牵引所亭间互联后汇入综合维修中心。SCADA和故标通道利用以太网交换方式由两个2M的T型单环网组成双环网结构。

(3)PSCADA系统调试前的准备

调试前明确调试的总体工作量。SCADA系统监控数据量大，调试涉及的配合单位多，新建工程、改扩建工程或同一工程中不同区段等开通时间节点各不相同，被控站设备安装进度、调试数据点表均存在差异。因此调试前综合考虑工程节点和设备特点后明确调试总体工作量，合理制定调试计划，有效组织人力物力。

(4)SCADA系统调试验收原则

①即调即验的原则为达到过程跟踪目的，调度人员与供电人员同步确认调试结果并进行验收，以提高调试效率。

②先验界面后调功能的原则根据竣工图(供电段确认后的主接线图及编号)，首先对调度主站操作界面进行验收，核对界面中主接线图、供电示意图等图形中供电回路开关位置等与现场一致后，再对开关进行功能性的调试，避免因操作界面绘制错误造成停送电错误。

③功能逐项确认的原则严格按照数据点表中项目调试，对各监控点逐一确认，做到不漏项，保证SCADA系统功能的完整性。

④供电设备功能同步验证的原则为调试中同步对远动开关本体的闭锁关系、开关上下行对应关系、开关位置与遥测值数据的逻辑关系进行。

(5)图形界面的验收方法

根据竣工图(供电段确认后的主接线图及编号)，对调度主站界面中主接线图，电力一级图、二级图、三级图等进行核对。

图形界面与现场的一致性：根据竣工图(供电段确认后的主接线图及编号)，检查调度界面中高低压开关编号是否统一、正确，股道道岔号、电连接有无遗漏，馈出回路名称是否标错等。

各级图层的供配电关系：检查调度界面中地理图、一级图、二级图和三级图等图层间的供配电关系是否正确。

带电推倒逻辑关系的验证：检查界面中带电推导关系是否正确，检查不同供电单元或不同相位的带电区域的带电着色是否有区分。

3. SCADA“四遥”功能调试验收方法

(1)遥信(YX)

遥信调试由被控站现场触发(或模拟触发)遥信信号,调度主站根据数据点表对被控站上传的监测点信号进行逐项确认。遥信信号由开关分合信号、远方当地转换信号、报警信号及保护信号等组成。遥信调试需按次序逐项确认:

①注意次序性:调试按顺序逐一确认,当保护信号输出点较多时,切忌一次性将信号全部上传再确认,这样会导致若信号点取反、节点粘连或多信号采用同一节点时不易发现。

②唱票确认:被控端与调度端调试人员紧密配合,当被控端完成信号触发上传后立即告知主站,主站及时给予确认反馈。

不同图层的开关分合位要保持一致。如一级图、二级图、三级图中对同一开关的定义、遥信显示均要保持一致。为实现故障信号的上传,由被控站人员通过短接跳闸回路连片模拟各种故障信号,开关实际并未动作仅将故障信号上传至主站。在调试时,要注意实际触发信号的名称与主站显示故障描述语言是否一致,以及综合系统后台与调度主站显示信息是否一致等。

遥信数据未上传的原因:当遥信未上传时,首先要利用软件进行召唤,判断是否由于网络延迟造成数据未及时更新。若召唤后遥信仍未上传,则检查主站是否收到报文数据或是否报文解析失败。若均未发现问题,则主站应与现场核对遥信点表,判断是否点表有误或是遥信码未对应等。

(2)遥控(YK)

遥控的调试方法是调度主站远动操作分合高低压开关、被控站现场人员确认分合状态。遥控的对象有高压断路器、隔离开关、负荷开关、低压开关以及保护压板等。

开关分合验证:调度主站高低压开关的遥控调试,要在当地所内后台机(或监控盘)远动调试完成后进行。切不可在本体调试完成后,立即开始与调度端进行远动调试。在与调度端确认遥信信号时,要同时与监控屏显示确认。接触网隔离开关调试必须要有接触网专业人员在线路进行确认。

带电推倒关系的验证:调度主界面图中,各线条图形均通过判断开关位置信号对线条进行有电和无电状态分别着色,当操作开关分合时,需同步验证线条的带电着色与实际带电状态的一致性。

机械闭锁关系的验证:开关设备本体的机械闭锁功能,能够在调度员发生误操作时阻止开关产生动作。采用人工现场操作验证开关的闭锁性能,耗时长且操作繁琐,利用遥控调试时充分验证被控开关的闭锁功能,可以优化操作步骤,减少开关操作频次,提高调试效率。

与遥测值的同步验证:遥控分合开关时,同步确认停送电馈线的首末端电压,可以检验馈电进出线有无接反或遥测是否显示异常情况。

(3)遥测(YC)

遥测的调试可以采用被控站现场输入模拟量和实际加负载两种方式进行,由调度主站确认显示值与本体是否一致。遥测的种类分为电压、电流、温度遥测值。遥测功能调试时,要注意低压开关总电流与各馈出电流的关系;牵引所总回流与轨回流、地回流间的逻辑关系;电力变电所贯通线首端电压与末端电压的关系;备用回路的电流显示。通过观察各数值间的逻辑关系,能够及时发现遥测显示的问题。从供电方向依次分断前一个出线开关,观察受电方向进线的遥测值显示情况,能够判断馈电线进出线是否有接反情况发生。若发生遥测值显示有误及逻辑关系不符时,有可能是PT、PC采集错误,电压相序、电流极性接反,SCADA系统中点表对应关系有误,界面显示与实际数据库不一致等原因。

(4)遥调(YT)

遥调的调试方法由调度主站远动操作调节设备各级挡位,被控站确认调节功能是否实现。遥调的种类分为有载调压变压器挡位调节、无载调压变压器挡位调节和无功补偿挡位调节三种。调试中要对各个挡位逐挡验证,并保持调度端、所内后台机与设备本体挡位一致。调试有载或无载调压变压器挡位,在挡位发生变化后,应核对调压器负荷侧的电压是否按照挡位的调整进行正确变化。

4. SCADA 系统通道检测方法

通道检测是在主站与被控站间通过网络 PING 方法，对 SCADA 双通道和故标双通道分别进行测试。

(1)对应关系检查

测试通道前，首先核对数据传输介质、网络端口和通信数据的正确性，防止由于接线及数据制作错误导致通道中断。

(2)网络 PING 方法

利用笔记本电脑网络 PING 方法进行通道检测，通过主站笔记本与被控站设备互 PING、主站设备与被控站笔记本互 PING、主站笔记本与被控站笔记本互 PING 三种方式，能有效检测主站、被控站设备双通道中断原因。

(3)通道切换功能的检验

通过插拔路由器、交换机、通信模块等连接设备接口网线进行通道切换测试，避免由于通信管理机、RTU 设备死机导致双通道切换失败。

第四节　新工艺工法

1. BIM 技术应用

利用 BIM 技术对设备安装及布线进行规划，如图 4-11-1 和图 4-11-2 所示。施工过程中，应用 BIM 技术对长乐配电所的施工呈现 1∶1 的实物比例建模，模拟细化施工工艺流程，一是确保工序衔接、确保精品落实一次成优；二是推进可视化的技术交底，确保全线工艺标准的一致性，对夹层电缆走线方式、高低压电缆、二次线排放顺序，二次线引入弯曲弧度、室内设备安装的技术标准等进行量化确定，对各专业预留预埋进行仿真模拟碰撞，优化交叉施工方案，达到创建精品工程的目的和效果。

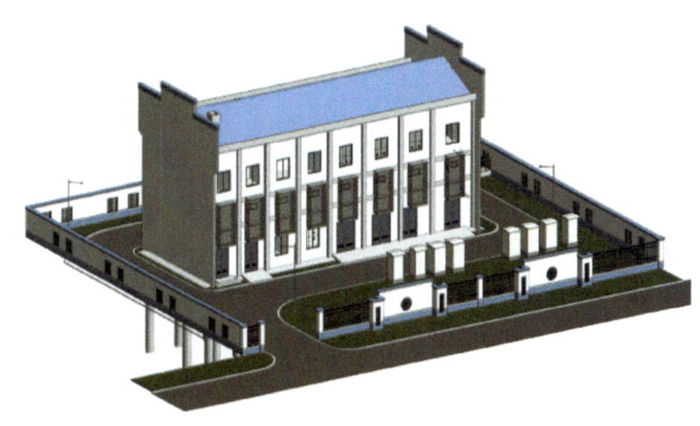

图 4-11-1　长乐 10 kV 配电所 BIM 效果图

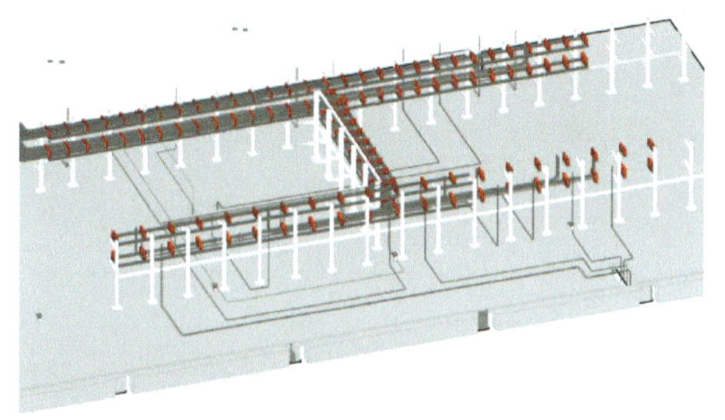

图 4-11-2　夹层内高电压电缆 BIM 模拟

2. 夹层电缆敷设

夹层内控制电缆采用了铝合金走线架的固定方式，配合线缆固线器将电缆固定在走线架上，对控制电缆进行了分层布置，如图 4-11-3 所示。二次电缆布线有序可靠，控制电缆平铺成排固定，电缆弯曲半径满足验标要求，便于辨识，方便维护；高压电缆机柜引上时，在机柜底部增加品字形固线器固定，加强引上电缆稳固性。

3. 平潭跨海大桥电缆敷设

福平铁路平潭跨海大桥 10 kV 贯通线路均为电缆线路，共计 152 条 km，进行如此长的电缆线路敷设施工存在相当的难度。针对此问题，经过施工技术人员的共同努力，编制了采用电缆拖车及绞磨机牵引敷设方法进行长大电缆敷设的施工，即将电缆放线支架固定在拖车上，采用拖车前进进行拖引的施工方法。

图 4-11-3　夹层内高电压电缆敷设

同时为保障两路高压电源电缆出现故障时互不影响，本次大桥上采用增加电缆支架（中间加防火隔板）方式进行隔离敷设，两路高压电源电缆敷设于电缆支架，既避免了高压电缆相互影响，又可以有效利用空间，有利于铁路运营维护工作。

第十二章 电气化工程

第一节 接触网工程施工

一、工 程 概 况

福平铁路接触网工程范围包括福平铁路正线以及福州站、长乐站、长乐东站、长乐南站和平潭站等在内的所有车站的到发线、牵出线、安全线。

福平铁路接触网工程自 2019 年 4 月进行接口检查，2019 年 6 月开始立杆，2019 年 9 月开始架设附加线，2019 年 12 月开始承力索架设，2019 年 12 月开始接触线架设，2020 年 9 月开始送电，2020 年 9 月进行接触网热滑试验。接触网专业根据施工工序及作业面情况合理调节进场人员，会战高峰期进入 1 支作业队，4 个班组，共计 198 人。

二、接触悬挂主要参数

1. 导线高度

还建福州站至樟林段沿海铁路、新建福平铁路樟林至福州南段导线高度 6 400 mm，平潭站调车作业区段导线高度 6 450 mm，其余区段导线高度 6 000 mm。正线接触线工作支悬挂点的高度变化时，其坡度不大于 2‰，坡度变化率不大于 1‰。

2. 结构高度及吊弦长度

隧道外结构高度 950 mm，关节、道岔等处结构高度按照安装图设置。隧道内结构高度 950 mm，关节等处结构高度按照安装图设置。正线承力索采用铜合金绞线，标称截面面积为 95 mm^2；正线接触线采用铜合金接触线，标称截面面积为 120 mm^2，回流线采用铝包钢芯铝绞线，标称截面面积为 200 mm^2；架空地线采用铝包钢芯铝绞线，标称截面面积为 70 mm^2；避雷线采用钢绞线，标称截面面积为 70 mm^2。接触网线材见表 4-12-1。

表 4-12-1 接触网线材一览表

线材名称			线材规格	工作张力
承力索	正线		铜合金绞线 95 mm	15 kN
	站线		铜合金绞线 95 mm	15 kN
接触线	正线		铜合金接触线 120 mm^2	20 kN
	站线		铜合金接触线 120 mm^2	15 kN
吊弦			JTMH-10	3.5 kN
回流线			JL/LB20A-200/30	10 kN(最大值)
架空线			JL/LB20A-63/19	5 kN(最大值)
避雷线			GJ-70	5 kN(最大值)
吸上线			2×VV-150	
接触网供电线	牵引变电所	电缆	3 根 27.5 kV 240 mm^2铜芯	
		架空	JL/LB20A-200/30	
	分区所	电缆	2 根 27.5 kV 240 mm^2铜芯	
		架空	JL/LB20A-200/30	

续上表

线材名称			线材规格	工作张力
N线	牵引变电所、分区所	电缆	回流线3根＋钢轨3根＋综合接地1根150 mm^2电力电缆	
		架空	JL/LB20A-200/30	

3. 拉出值

正线直线或曲线段拉出值按正反定位间隔布置成之字形，正线拉出值300 mm(直线)，曲线及关节处工作值不超过400 mm。绝缘关节悬挂点绝缘间隙按照500 mm布置，非绝缘关节悬挂点绝缘间隙按照200 mm布置。

4. 锚段长度、补偿方式、中心锚结

(1)区间和站场的接触网锚段长度保证承力索、接触线的张力差不大于各自额定张力的10％。

(2)锚段长度：正线接触网锚段长度不超过2×750 m，困难情况不超过2×800 m；站线最大锚段长度不超过2×850 m，困难情况不超过2×900 m。

(3)回流线、供电线的锚段长度不大于2 000 m；架空地线不大于1 000 m。

(4)正线采用防断中心锚结，站线采用防断中心锚结，困难时设置防窜中心锚结。

5. 侧面限界

(1)正线路基区段侧面限界不小于3.1 m(有砟轨道)。

(2)桥上支柱的侧面限界按桥梁设计断面进行选用。

(3)牵出线一般为3.5 m，困难条件3.1 m。

6. 绝缘距离

根据《铁路电力牵引供电设计规范》(TB 10009—2016)，空气绝缘间隙及安装距离见表4-12-2～表4-14-4。

表4-12-2 空气绝缘间隙要求

序号	项 目	正常值(mm)	困难值(mm)
1	接触网、供电线等带电部分至接地体的净空距离	300	
2	同回路自耦变压器供电线带电体距接触悬挂或供电线带电体间隙	500	450
3	接触网带电部分至机车车辆或装载货物的净空距离	350	
4	接触网、供电线等带电部分至跨线建筑物的净空距离	500	
5	受电弓振动至极限位置和导线被抬起的最高位置距接地体的瞬间间隙	200	160
6	绝缘锚段关节两悬挂点间隙	450	
7	25 kV带电绝缘子接地侧裙边距接地体间隙	100	75

表4-12-3 工程设计及安装的一般距离要求

序号	项 目	最小距离(mm)
1	供电线、正馈线带电部分至接地支撑、斜杆净空距离	300
2	供电线、正馈线、接触网、回流线等带电导线跨越非电化股道时，在最大弛度情况下距轨面距离	7 500
3	供电线、正馈线通过居民区、站台及公路时(不包括电气化铁道道口)，在最大驰度情况下距地面距离	7 000
4	供电线、正馈线通过非居民区(包括站场内非居民区)、区间电气化铁道道口，在最大驰度情况下距地面距离	6 000
5	回流线、架空地线、保护线通过居民区、站台及公路时(不包括电气化铁道道口)，在最大驰度情况下距地面距离	6 000
6	回流线、架空地线、保护线通过非居民区(包括站场内非居民区)、区间电气化铁道道口，在最大驰度情况下距地面距离	5 000

续上表

序号	项　　目	最小距离(mm)
7	供电线、正馈线在最大风偏时与建筑物之间的水平距离	3 000
8	不同回路(或不同相序)供电线间悬挂点处的水平距离	2 400

表 4-12-4　附加导线对铁路沿线树木之间的最小水平距离

附加导线类型	供电线、自耦变压器供电线、加强线、捷接线	回流线、自耦变压器中线、保护线、架空地线
与铁路沿线树木之间的最小水平距离	3 500 mm	300 mm

7. 锚段关节

绝缘锚段关节、非绝缘锚段关节一般采用五跨关节,困难地段采用四跨关节。

8. 道岔区接触网交叉设计形式

与正线连接的 18 号接触网道岔采用无交叉方式定位布置,其余道岔采用交叉线岔布置。

9. 电分相

在变电所、分区所出口附近设置接触网电分相装置,电分相采用带中性段、空气间隙绝缘的双断口或多断口的锚段关节形式。电分相无电区或中性段的长度应满足双弓运行需要。

三、接触网施工工艺及要点

1. 站前预留接口检查

站前预留接口检查包括接触网基础检查及接触网电缆槽道检查,如图 4-12-1 所示。

2. 接触网支柱整正

支柱整正严格控制支柱的斜率,采用经纬仪进行支柱整正工作,重点针对锚柱、转换柱以及曲线区段的支柱,如图 4-12-2 所示;整正完成后,地脚螺母齐配,底部螺母在同一平面上。

图 4-12-1　基础底部螺栓检查

图 4-12-2　接触网支柱整正

3. 腕臂安装

接触网腕臂按照不同区段分为三角腕臂和整体腕臂,三角腕臂主要应用于福州站(含)至福州南站(含)区段,整体腕臂主要应用于福州南站(不含)至平潭区段。其中三角腕臂采用工厂化预配,整体腕臂由厂家计算预配。

(1)测量

组建专业测量组进行测量工作。斜率采用经纬仪进行测量。限界测量在轨道铺设完成后,用丁字尺直接测量,如图 4-12-3 所示;由于站前施工进度及接触网工期要求,在轨道未铺设时,采用全站仪进行线路中心放样后测量。

(2)计算

接触网三角腕臂、整体吊弦采用中铁武汉电气化局集团有限公司研发的接触网计算软件进行计算,该

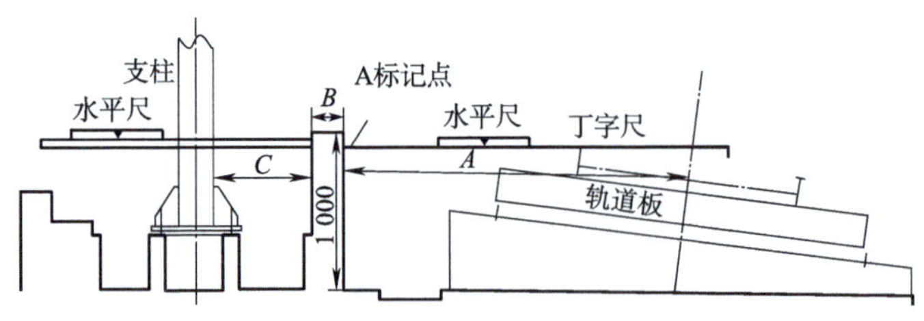

图 4-12-3　采用丁字尺测量限界

软件采用整体锚段计算方式，如图 4-12-4～图 4-12-7 所示。软件计算结果不但能显示预配数据，而且可以显示整个锚段图形及单个支柱的装配图。

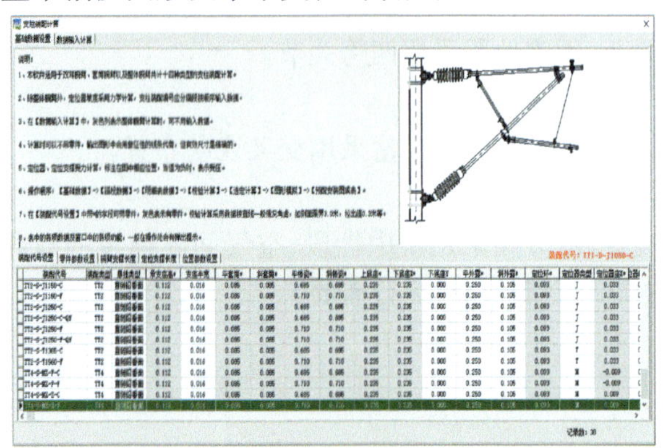

图 4-12-4　腕臂计算输入界面

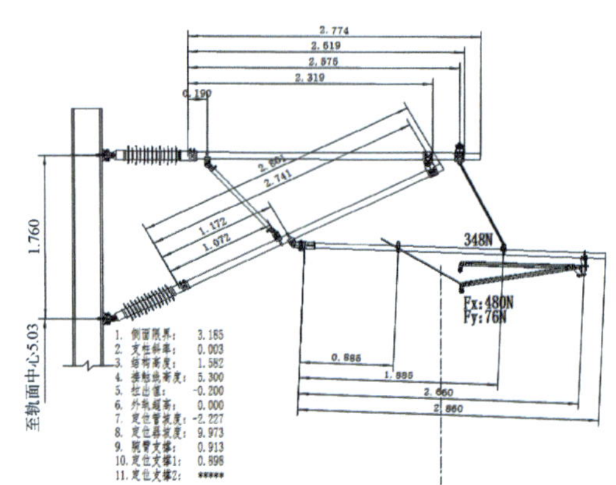

图 4-12-5　腕臂计算结果界面(单位:m)

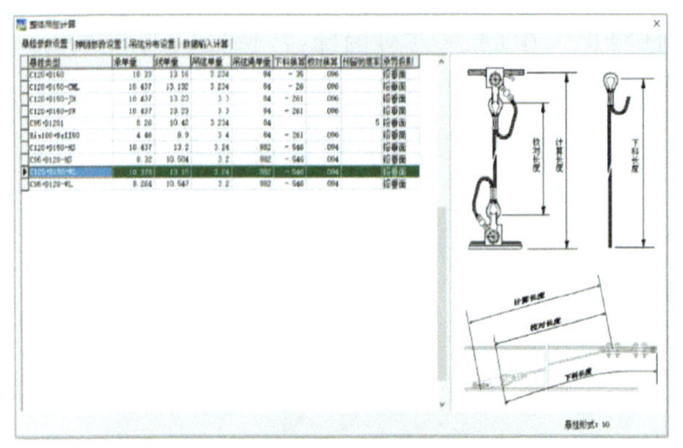

图 4-12-6　吊弦计算输入界面

图 4-12-7　吊弦计算结果界面

(3)预配

腕臂、吊弦在预配中心统一预配，如图 4-12-8 和图 4-12-9 所示。

图 4-12-8　腕臂工厂化预制

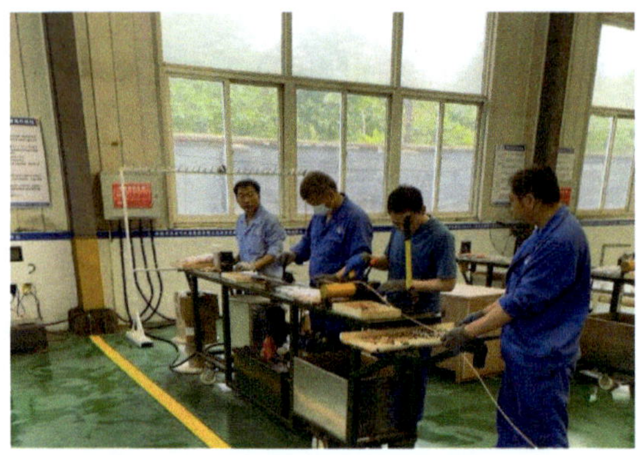

图 4-12-9　吊弦工厂化预制

(4)安装

腕臂一般采用人工方式安装，如图 4-12-10 所示。安装流程：检查支柱状态→标记轨面高度→安装腕臂底座→悬挂棒式绝缘子→安装腕臂→填写安装记录。

图 4-12-10 腕臂安装

4. 承力索、接触线架设

根据现场实际条件及工期等因素，本线承力索采用小张力架设，接触线采用恒张力架设，如图 4-12-11 和图 4-12-12 所示。架设过程中的注意事项：承力索架线张力一般为 8 kN，恒张力架线车的速度保持在 3～5 km/h。架线车在架线过程中，指挥人员注意协调张力车走向速度和挂线作业人员的一致性，恒张力车应尽可能避免停车、启动。施工人员提前清理架线线路，并在架线过程中来回巡视，发现异常及时通知现场负责人。架线车上的作业平台基本接近下锚柱时停止展线，指挥人员与起锚人员随时联系，掌握起锚处的变化状况，并根据此情况进行落锚。

图 4-12-11 承力索架设

图 4-12-12 接触线架设

5. 吊弦安装

吊弦由中心料库统一预配，预制时做好锚段及位置标记，载流环预制时预留长度适宜，载流环不得有背线现象，与主吊弦成 30°～45°安装。吊弦载流环应固定在吊弦线夹螺栓的尾侧，承力索载流环安装于来车方向，导流环线鼻子安装在螺栓根部(主体侧)，承力索吊弦线夹需要加 U 型销钉，U 型销钉从来车方向穿向去车方向，闭环侧在来车方向。承力索吊弦线夹与接触线吊弦线夹的螺栓安装方向相反，直线区段接触线吊弦线夹螺栓由线路侧穿向田野侧，承力索吊弦线夹由田野侧穿向线路侧，曲线段时接触线吊弦线夹的螺栓应穿向曲线内侧(由高轨穿向低轨)，承力索吊弦线夹螺栓穿向与接触线相反。车站站线吊弦线夹螺栓穿向与正线一致。接触线位置吊弦安装方式如图 4-12-13 所示，承力索位置吊弦安装方式如图 4-12-14 所示。

6. 定位安装

(1)接触线拉出值的布置应符合设计要求，允许偏差±30 mm。在任何情况下其导线偏移值(相对

图 4-12-13　接触线位置吊弦安装方式

图 4-12-14　承力索位置吊弦安装方式

于受电弓中心）不宜大于 400 mm。

(2)电分段锚段关节内两接触线间接触悬挂其他各带电部分的绝缘距离应符合设计要求；四跨关节中心柱、五跨关节两中心转换柱跨中间两接触线应等高，并应符合设计要求。

(3)非电分段锚段关节转换支柱处，两接触线间垂直、水平距离应符合设计要求，允许偏差±20 mm；四跨关节中心柱、五跨关节两中心转换柱跨中两接触线应等高，并应符合设计要求。

(4)双线电气化区段，上、下行接触网带电体间距离，正常情况下不应小于 2 000 mm，困难时不应小于 1 600 mm。

(5)限位间隙调整：限位间隙应符合要求，限位间隙施工允许偏差为±1 mm。

7. 悬挂调整

(1)腕臂顺线路偏移值应符合安装曲线要求，施工允许偏差为±20 mm。

(2)悬挂点接触线高度的误差为±20 mm，结构高度的误差为±100 mm。

四、新工艺工法

1. 福平铁路防风、防腐措施

根据福平铁路的气候特征，本工程按照以下防风、防腐措施实施。

(1)防风措施

①为提高抗风性能，本工程采用加大接触网的张力组合，采用 15 kN+20 kN。

②接触网支柱选用原则：福州站至长乐南站(含)接触网腕臂柱路基区段一般采用环形等径预应力混凝土支柱，桥梁 T 梁区段采用直腿格构式钢柱，箱梁桥区段采用 H 型钢柱；为减少风对支柱产生的荷载，长乐南站至平潭站(含)接触网腕臂柱路基区段一般采用环形等径预应力混凝土支柱，箱梁、连续梁桥区段采用 ϕ350 等径钢管支柱型钢柱，T 梁采用直腿格构式钢柱。

③腕臂结构：福州至福州南(含)采用与既有线一致的三角腕臂结构；福州南至平潭区间，为适应本工程局部地区高达 75 m/s 的结构设计风速，腕臂结构形式采用避免“钩环”连接方式、同时减少腕臂结构连接件的整体腕臂结构形式。

④坠陀限制架：福州南至平潭坠砣限制架采用双根限制导管加双导向尼龙轮对的结构设计，将限制架与支柱连接成整体，提高坠砣限制架在大风中的稳定性，如图 4-12-15 和图 4-12-16 所示。

⑤风区绝缘子选用：本线地处沿海地段，为加强接触网抵抗海风及盐雾污染能力，采用高强度的憎水性能更优且有自清洁功能的复合绝缘子。腕臂用绝缘子采用抗弯破坏荷重为 20 kN 的棒形复合绝缘子；下锚绝缘子、分段绝缘子采用 160 kN 复合悬式绝缘子。

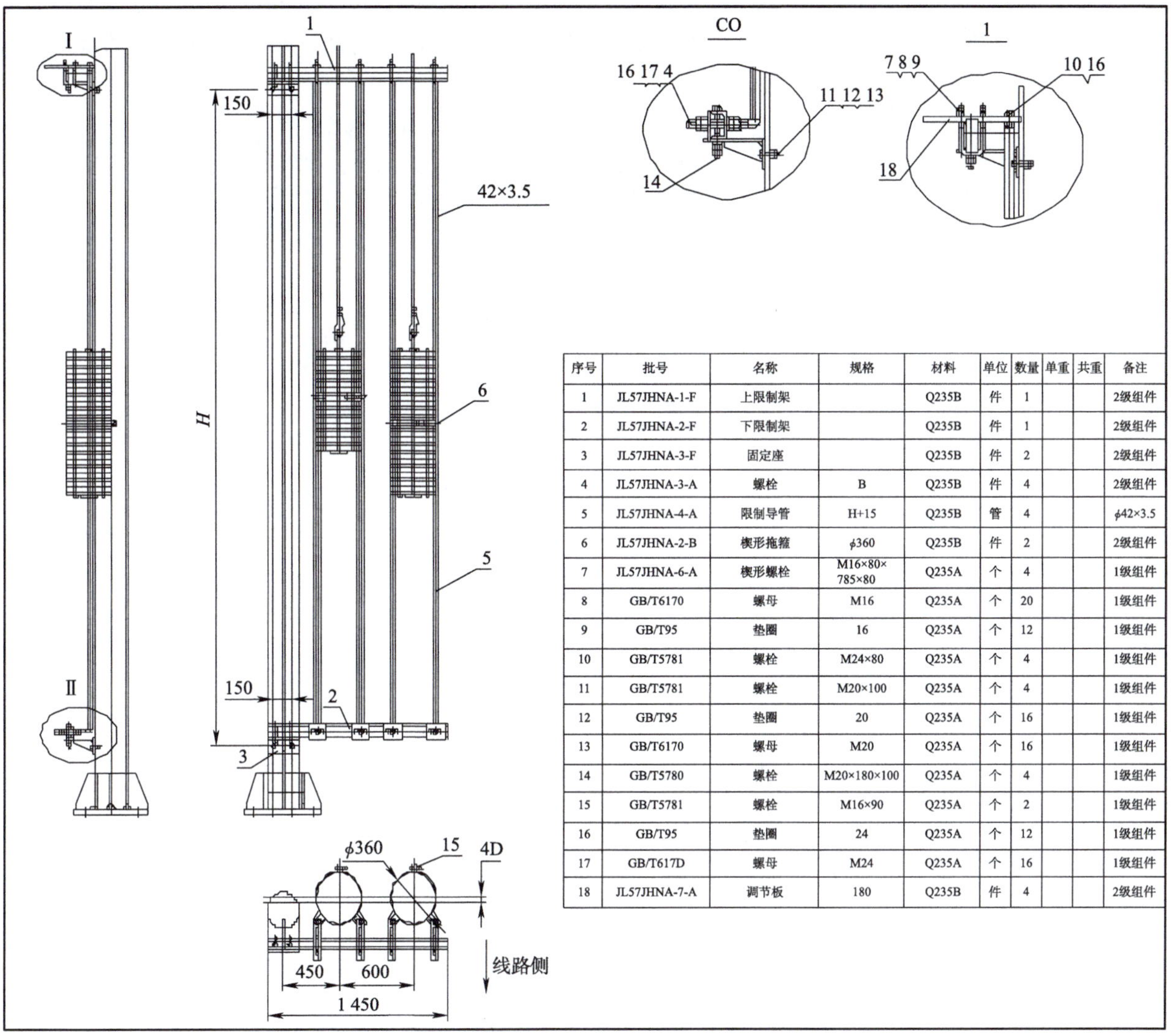

序号	批号	名称	规格	材料	单位	数量	单重	共重	备注
1	JL57JHNA-1-F	上限制架		Q235B	件	1			2级组件
2	JL57JHNA-2-F	下限制架		Q235B	件	1			2级组件
3	JL57JHNA-3-F	固定座		Q235B	件	2			2级组件
4	JL57JHNA-3-A	螺栓	B	Q235B	件	4			2级组件
5	JL57JHNA-4-A	限制导管	H+15	Q235B	管	4			ϕ42×3.5
6	JL57JHNA-2-B	楔形拖箍	ϕ360	Q235B	件	2			2级组件
7	JL57JHNA-6-A	楔形螺栓	M16×80×785×80	Q235A	个	4			1级组件
8	GB/T6170	螺母	M16	Q235A	个	20			1级组件
9	GB/T95	垫圈	16	Q235A	个	12			1级组件
10	GB/T5781	螺栓	M24×80	Q235A	个	4			1级组件
11	GB/T5781	螺栓	M20×100	Q235A	个	4			1级组件
12	GB/T95	垫圈	20	Q235A	个	16			1级组件
13	GB/T6170	螺母	M20	Q235A	个	16			1级组件
14	GB/T5780	螺栓	M20×180×100	Q235A	个	4			1级组件
15	GB/T5781	螺栓	M16×90	Q235A	个	2			1级组件
16	GB/T95	垫圈	24	Q235A	个	12			1级组件
17	GB/T617D	螺母	M24	Q235A	个	16			1级组件
18	JL57JHNA-7-A	调节板	180	Q235B	件	4			2级组件

图 4-12-15　双根限制导管坠砣限制架安装图(单位:mm)

图 4-12-16　双根限制导管

⑥附加导线安装:回流线设计采用非绝缘安装,一方面可兼作架空地线减少支柱悬挂附加导线数量,

另一方面在悬挂点处采用支座固定回流线避免了安装绝缘子在悬挂点处产生摆动，悬挂点处安装预绞丝护线条增加导线抗疲劳性能，如图 4-12-17 所示。同时松下至平潭区间跨海大桥区段回流线落地改电缆敷设。

图 4-12-17 回流线非绝缘安装形式

⑦设备安装及跳线：松下至平潭区间隔离开关安装于支柱柱顶，跳线在柱顶采用"V"形棒式绝缘子悬挂固定，中间增加横担固定，开关电连接线采用直形结构。同时结合《关于福平铁路接触网防风防腐防松措施研讨会的纪要》中的要求，隔离开关引线采用预绞式非等距间隔线夹两两固定，如图 4-12-18 所示。

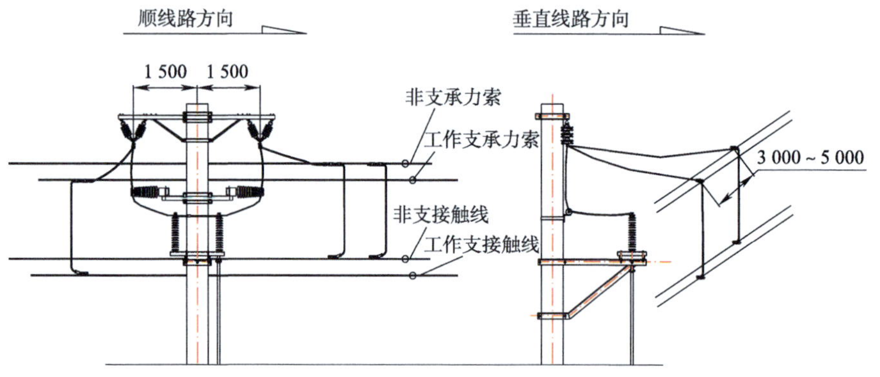

图 4-12-18 松下至平潭区间隔离开关安装形式(单位：mm)

⑧吊弦：吊弦在接触网系统中起到悬吊、固定接触线的重要作用，每隔 5～10 m 就要布置一套整体吊弦。在风场环境下，易受到风载荷的影响，加剧吊弦线疲劳断裂的可能性。为适应铁路线路穿越风场区域，更大程度地提高整体吊弦使用的安全性、便捷性以及使用寿命，在现有的基础上对整体吊弦的吊弦线、心形护环、承力索线夹以及吊弦的压接方式进行了优化改进。

为提高吊弦线抗弯曲能力，吊弦线采用《电气化铁路用铜及铜合金绞线》(TB/T 3111—2017)规定的 JTMH10 型铜合金绞线，较既有开通线路上采用的吊弦线提升反复弯曲次数。

改变心形护环材质并优化其结构，降低硬度的同时确保运行过程不与吊弦线夹本体发生碰撞。将心形护环选用综合性能更好的不锈钢材质，并通过特殊热处理工艺降低心形护环硬度。使心形护环在使用过程中不易开裂，从而不会对吊弦线造成磨损。

承力索吊弦线夹本体增加厚度、增加螺纹卡子。承力索吊弦线夹本体增至 3 mm 及增加螺纹卡子，增强线夹本体的强度，更有利于抗击风荷载。

⑨电连接：电连接线容易出现风稳定性较差的问题，应尽可能缩小结构尺寸，提高导线的抗疲劳和抗变形能力，并尽量缩小电连接的使用范围。本线腕臂结构高度一般为 0.95 m，建议采用如图 4-12-19 所示 C 型电连接。

采用电连接与吊弦进行绑扎的方式，增加电连接的抗风稳定性。由于采用了载流整体吊弦，较绝缘吊弦方案可减少横向电连接使用处所，仅需在每个锚段中心锚节位置安装一处横向电连接。

(2)防腐措施

普通区段钢件采用热浸镀锌防腐措施。

全线临海岸线 5 km 以内区段及隧道内暂按海洋大气环境考虑,对接触网主要零部件加强防腐措施,具体措施如下:

①腕臂定位装置和钢结构部件:钢腕臂、腕臂支撑、定位管及定位管支撑、定位支座、腕臂底座、附加导线底座、下锚底座、拉线底座、坠陀限制架、定滑轮等钢制部件,钢件采用热浸镀锌+VCI 涂层的加强防腐措施或采用性能不低于上述方式的以 3 级热浸镀锌为底层的其他双重防腐措施,并提供国家权威检测机构的防腐性能检测报告。

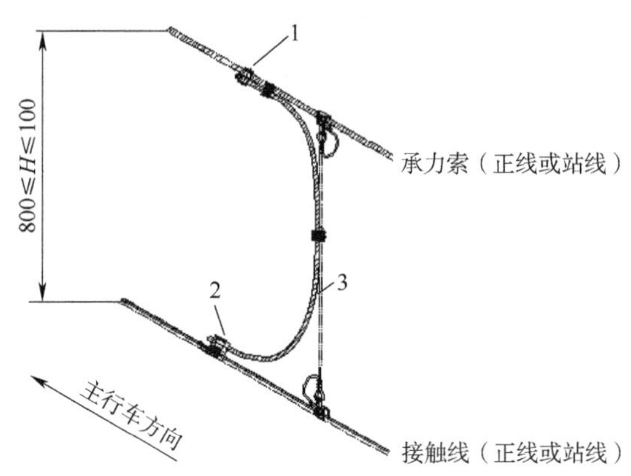

图 4-12-19 C 型电连空装示意图

型钢支柱、钢管硬横梁等采用 Q345B 牌号钢材制造,内外表面热浸镀锌,热浸镀锌厚度应不小于 200 μm;格构式钢柱采用 Q345B 牌号钢材制造,内外表面热浸镀锌,主角钢热浸镀锌厚度应不小于 110 μm。

②接螺栓副:M16 及以上的螺栓,采用 Q345B,热浸镀锌及片锌 VCI 浸涂防腐或采用性能不低于上述方式的以 1 级热浸镀锌为底层的其他双重防腐。垫片、M16 以下的螺栓等均采用 316 不锈钢材质。

2. 平潭海峡公铁两用大桥回流线悬挂方式优化

(1)存在问题:平潭海峡公铁两用大桥回流线悬挂位置与公路桥桥墩位置距离较近,施工后无法保证强风天气下回流线的绝缘距离。

(2)优化方案:回流电缆采用 1 kV-VLV-240 mm^2 单芯铝芯电缆,在混凝土梁上与 10 kV 贯通电力电缆同槽敷设方式,同时在槽内做好隔离措施(采用防火隔板或防火包带),如图 4-12-20 所示。

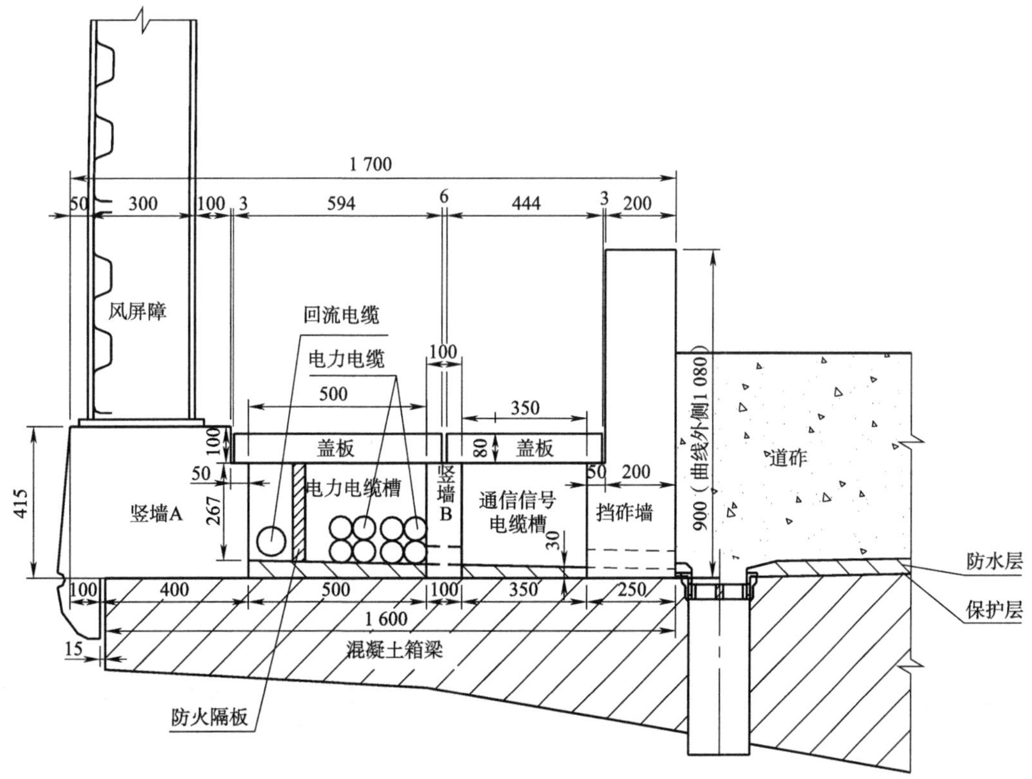

图 4-12-20 回流电缆与电力电缆同槽敷设方案(单位:mm)

在钢桁梁区段，回流缆在风屏障两立柱距离员工走道顶面 1 100 mm 范围(风屏障障叶间)采用 2 套 UL 形卡箍与风屏障支柱合架的方式进行固定，在 UL 形卡箍两侧安装电缆卡子(不锈钢材质)，如图 4-12-21 和图 4-12-22 所示；回流缆采用卡子悬挂。

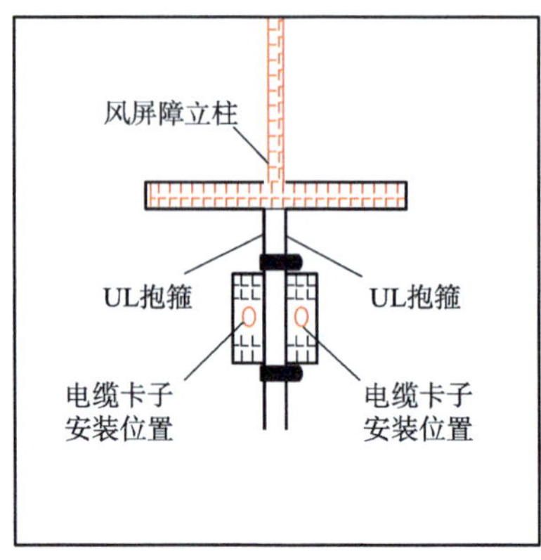

图 4-12-21 公铁两用大桥桥上 UL 型卡箍与风屏障连接示意图

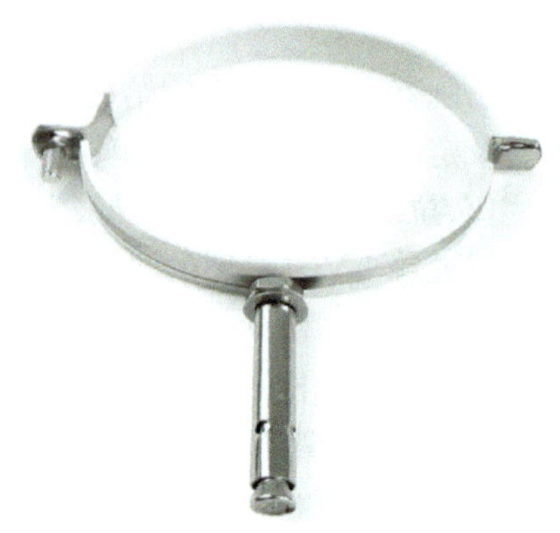

图 4-12-22 电缆卡子示意图

同一根回流线电缆一般为 2～3 km，敷设时在两根电缆连接处采用压接形式并接后采用热缩管保护。回流线电缆通过 2 根 1kV-VLV-150 mm² 的聚乙烯电缆就近连接至扼流变中性点处，吸上线电缆一端采用 YJB-42 型异径并沟线夹将回流电缆与吸上线电缆并接，另一端用接线端子与接扼流变压器中性点相连。由于原设计回流线为非绝缘架空架设方式，回流线兼作闪络保护接地通道。现由于调整为电缆的敷设方式，将每根接触网支柱与综合贯通地线实现连接。

3. 峡南牵引变电所供电线路径优化

(1)存在问题：峡南变电所供电线径路，由于山上地势陡峭且坟地较多，在山区迂回穿越，原设计格构式钢柱承载力原因布置较多，无法满足安全运营维护及快速应急处置需要，如图 4-12-23 所示。

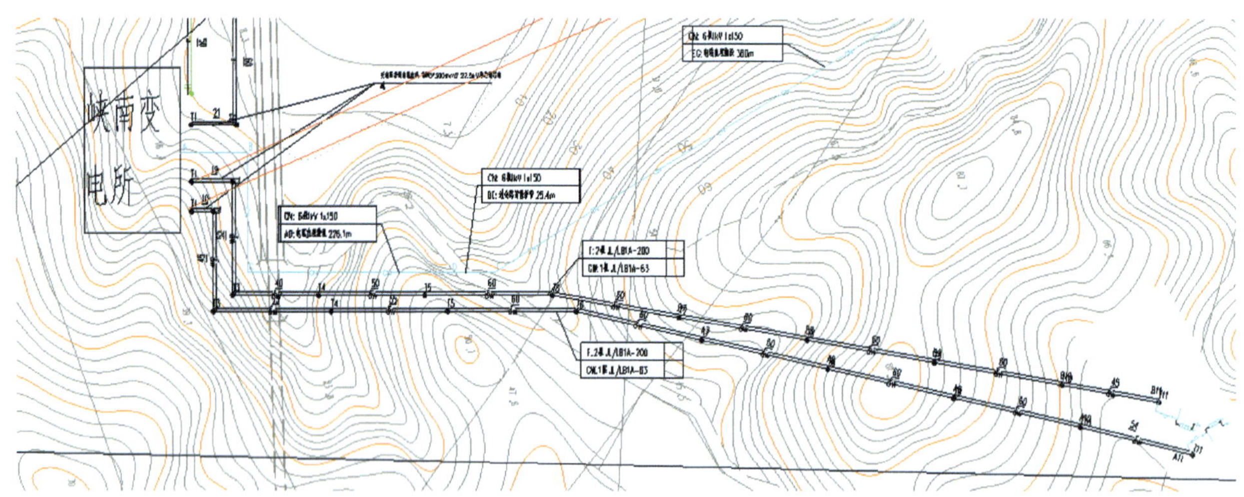

图 4-12-23 峡南牵引变电所原设计

(2)优化方案：为适合山区地势，同时满足后期维养的要求，供电线出所后采用 5 基免维护、大跨距的电力铁塔形式，至峡南隧道出口 DK23＋665.28 处，减少支柱数量，减轻维护工作，如图 4-12-24 所示。

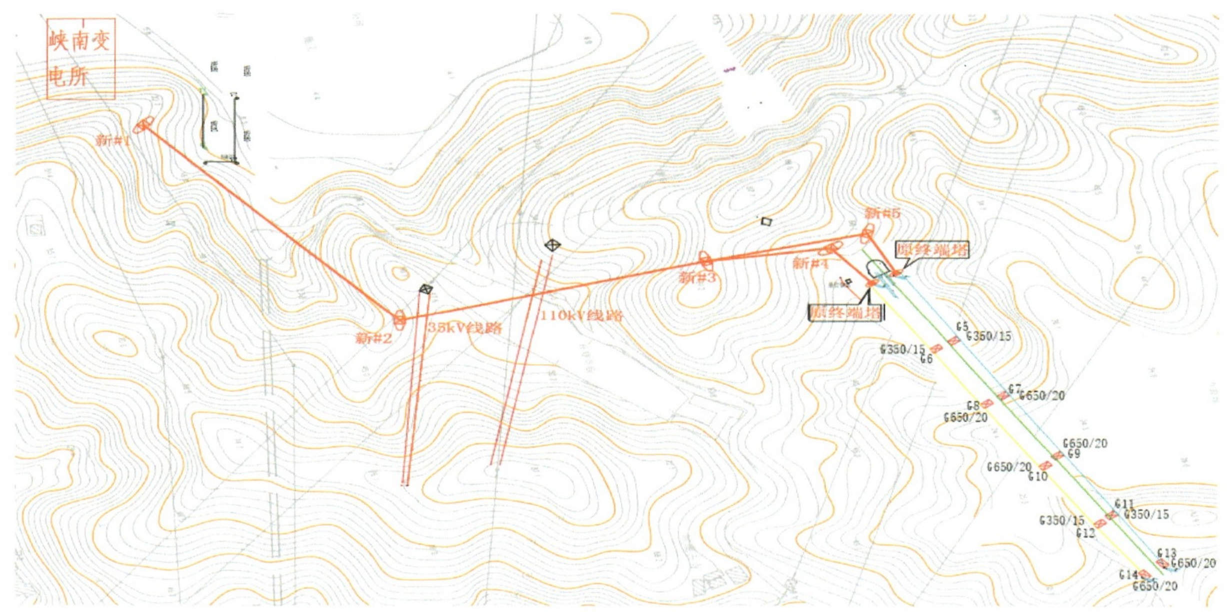

图 4-12-24 峡南变电所 5 基电力铁塔敷设示意图

第二节 牵引供电工程施工

一、工程概况

牵引供电工程自 2019 年 7 月开始进场配合房建专业接口检查，2020 年 4 月开始基础定测、浇筑施工，2020 年 5 月开始设备安装，2020 年 7 月开始远动调试，2020 年 8 月送电完成，主要工程数量如下：

1. 牵引变电

(1)新建直供牵引变电所 1 座：松下牵引变电所。

(2)改扩建既有牵引变电所 1 座：峡南牵引变电所(含福厦客专引入相关工程)。

(3)新建直供分区所 3 座：福州东、莲花山、平潭分区所。

(4)新建直供开闭所 1 座：福州站开闭所(已在福州站应急工程中提前实施)。

2. SCADA 系统

福平铁路牵引供电及电力 SCADA 系统纳入南昌铁路局电力调度所，利用既有温福调度台对本线牵引供电、电力供电系统进行运行调度管理工作。

本工程范围内被控站含新建牵引变电所 1 座，分区所 3 座，开闭所 1 座以及各类接触网开关控制站、各类电力供电设施 RTU 等。其中本专业提供远动通道。接触网开关控制站网开关控制屏(主站)与接触网开关当地测控及光电转换单元(子站)远动通道采用点对点光纤通道。利用既有福州供电段的既有复示系统，对复示系统软、硬件进行扩展改造。

通信专业负责供电设施视频监控纳入综合视频。本线综合视频系统在南昌铁路局电力调度所；对设置于福州供电段、南昌路局供电处的既有视频终端进行扩容改造。

本系统具备与时钟系统、防灾安全监控系统、运行调度系统、铁路调度系统、相邻线路电力调度系统、外电源电力调度系统等接口功能，通过网络通信与其他系统形成一个有机整体，实现系统间的信息传送与必要的联动。

二、主要技术参数

全线采用带回流线的直接供电方式。新建松下牵引变电所采用三相 V/v 接线牵引变压器。既有峡南采用四台单相变压器两两组成的三相 V/X 接线形式，利用既有峡南主变增容，维持既有接线形式。牵引变压器安装容量见表 4-12-5。

表 4-12-5　牵引变压器安装容量表

牵引变电所	牵引变压器类型	安装容量(MVA)	备　注
峡南	三相 V/X	2×(20+20)增容至 2×(40+63)	既有所(含福厦客专)
松下	三相 V/v	2×(16+16)	

1. 外部电源供电方案

松下牵引变电所：松下牵引变电所采用 110 kV 电压等级接入电网，断开 110 kV 江田变～西皋变线路接入松下牵引变，形成松下牵引变由 220 kV 西皋变、江田变各 1 回 110 kV 线路供电。新建线路长度(4+4) km，导线截面面积 300 mm^2，并对西皋变～江田变 110 kV 线路已建段 240 mm^2 导线改造为同截面耐热导线。西皋变至松下牵引变电所线路作为牵引变电所正常运行的主供线路，按重要线路标准进行建设和改造。

峡南牵引变电所：峡南由 220 kV 长坪变、高岐变各 1 回 220 kV 线路供电。结合峡南牵引变供电负荷增长情况，在 31.5 MVA 主变更换为 40 MVA 时，同步将现有 2 回供电线路截面由 240 mm^2 改造为同截面耐热导线。

2. 牵引变电所和分区所馈线数目

松下牵引变电所：4 回直供馈线(福州和平潭方向上、下行各 1 回，预留 2 回)。

峡南牵引变电所：既有福厦有 4 回 AT 馈线(温州和厦门方向上、下行各 1 回)，2 回直供馈线供既有福州南动车所开闭所；本线(福平铁路)有 4 回直供馈线(福州和平潭方向上、下行各 1 回)。

在建福厦客专：4 回 AT 馈线(福州和厦门方向上、下行各 1 回)，2 回直供馈线供在建福州南 2 号动车所开闭所。

福州东分区所：4 回直供馈线(福州和平潭方向上、下行各 1 回)。

莲花山分区所：4 回直供馈线(福州和平潭方向上、下行各 1 回，预留往机场线越区条件)。

平潭分区所：2 回直供馈线(末端分区所，福州方向上、下行各 1 回)。

3. 运行方式

(1)正常运行

正常运行时，牵引网以供电臂为单元，采用单边供电方式。每个供电臂的上、下行接触网在分区所处进行并联。

(2)非正常运行

牵引变电所故障：牵引变电所故障退出运行后，各供电臂由相邻的牵引变电所通过分区所进行越区供电。

分区所故障：分区所故障退出运行后，供电臂末端并联开关打开，供电臂上、下行分开运行。

上、下行牵引网故障：供电臂上、下行牵引网其中一个方向发生断线等故障，跳开分区所处并联断路器，没有故障的一个方向可恢复运行。

三、变电施工工艺及要点

变电工程的主要施工工序有：基础安装、接地网敷设、构支架安装、网栅安装、防雷接地装置安装、回流柜及回流母排安装、主变压器安装、自耦变压器安装、断路器安装及调整、隔离开关安装、互感器安装、软母线作制安装、电缆桥架安装、电缆敷设、27.5 kV 电缆头制作安装、GIS 开关柜安装、所内盘柜安装、安全监控安装、电缆二次配线。

1. 基础、架构安装

混凝土符合设计强度等级;内部钢筋型号和绑扎符合设计要求;支模、浇制、捣固、养护符合工艺要求;基础的位置、高程及外形尺寸符合设计要求;预埋件位置误差符合设计要求。同一安装中心线上的构架基础应位于同一中心线上,施工偏差不大于 10 mm。

2. 接地网敷设

水平、垂直接地体所采用的材料的规格和型号符合要求;水平、垂直接地体的位置和埋设深度符合设计要求;接地电阻阻值符合设计要求;扁铜的放热焊符合规范,焊接牢固。

3. 防雷接地装置安装

避雷针的安装应牢固;倾斜度符合规范要求;各接地引下线、连接线与主接地网的连接牢固可靠;连接焊接无裂纹、气孔或假焊;螺栓连接齐全、牢固;避雷针接地线与全接地网连接距变压器、主接地网的连接点、35 kV 及以下设备的连接点的距离符合规范要求。

避雷器应安装垂直、牢固;瓷件无裂纹;三相并列安装的避雷器,其中心线在同一垂直平面;节间接触应紧密;放电计数器安装位置正确,计数器动作可靠、密封良好;设备连接线连接可靠,防腐涂层完好;母线引下线与避雷器的连接可靠;均压环的安装应水平。

4. 回流柜、回流母排安装

柜体外观应不变形,没有漆层脱落或损伤现象;柜内设备及配件齐全;柜体安装平稳,接地可靠;柜体门锁良好;柜内密封良好;同流母排安装牢圈,连接可靠;母排防腐涂层完好。

回流线规格和截面符合设计要求;回流线与变压器中性点、扼流变中间端子连接牢固;回流线保护管及固定夹具不构成闭合磁路。

5. 牵引变压器安装

牵引变压器规格型号符合设计要求,器身完整,无锈蚀,铭牌齐全,油位正常,色相标志正确,油路通畅无杂物,如图 4-12-25 所示;调压切换装置动作正确,分接头与运动指示器指示位置一致;器身本体、附件及阀门不漏油,阀门的开闭灵活、指示正确;冷却装置及测温的动作准确可靠;法兰连接处密封良好,连接面平整清洁,无渗油现象;高压套管顶部密封结构安装正确,连接面密封良好,连接母线后,顶部结构无松动现象;吸湿器、净油器内吸附干燥剂干燥,管道畅通。

图 4-12-25 牵引变压器

牵引变压器必须采用真空注油,当器身内的真空度达到 0.101 MPa 或产品规定后,应停机继续保持真空度 8 h 内无编号,即可开始按速度不大于 100L/min 或产品规定的注油速度注油,注油全过程应保持器身内规定的真空度。抽真空时,凡不能承受机械强度的主变附件应与器身隔离;允许承受真空强度测量及保护回路接线正确,应能及时准确反映设备的状态。

6. 断路器安装、调整

SF_6 断路器内部气体压力符合产品设计要求;同组断路器安装后底座平面水平误差小于 2 mm;相间支架或传动机构中心线的误差不大于 5 mm;各支架间的水平高度误差应符合产品说明书的规定,且必须固定牢固。当采用垫片调整支架的水平高度时,一般不育超过 3 片,总厚度不应大于 10 mm,且应该将垫片与支架焊接为一个整体,并进行防腐处理。断路器合闸时的行程,超行程及相间同期应符合产品的技术规定。断路器传动试验应正常,传动部位无卡阻。所有连接螺栓按规定的力矩紧固。

7. 隔离开关安装

隔离开关的相间距离误差符合相关规定;支持绝缘子的安装垂直、连接牢固;合闸同期值符合有关规定;传动机构灵活;辅助开关转动灵活;主触头与接地刀闸的闭锁可靠、灵活、正确。

负荷开关的安装、调整、传动试验应符合产品的技术规定;开关的辅助接点转换灵活、准确、可靠;二次回路接线正确,当地及远方操作性能均能满足有关规定。

8. 互感器安装

变比分接头位置和极性符合设计要求;二次接线完整、正确;接线端子连接可靠、绝缘良好、标志清晰;油位正常;法兰连接处不漏油;紧固件齐全无松动,附件完好;接地良好。

9. 软母线制安

软母线的安装没有损伤、扭结、松股和断股现象;所用金具零件齐全,表面光滑,无裂纹,无砂眼及锌层脱落现象;软母线与压接型线夹连接时,导线端头伸入耐张线夹或设备线夹的长度达到规定的长度;安装弛度、相间及对地距离应符合设计要求,如图 4-12-26 所示。

10. 电缆桥架安装

电缆桥架的规格必须符合设计要求和有关规范规定。电缆桥架两端必须进行可靠接地,直线距离超过 30 m 必须增加接地点。电缆桥架应紧贴建筑物表面,固定牢靠,横平竖直,布置合理,盖板无翘角;接口严密整齐,拐角、转角、丁字连接、转弯连接正确严实,电缆桥架内外无污染;可用金属膨胀螺栓固定或焊接支架与吊架,也可采用万能卡具固定电缆桥架,支架与吊架应布置合理、固定牢靠、平整。缆线路穿过梁、墙、楼板等处时,电缆桥架不应被抹死在建筑物上;跨越建筑物变形缝处的电缆桥架底板应断开。

11. 电缆敷设

电缆出口处用防渗水和防火材料封堵;电缆的最小牵拉半径和最小安装半径符合产品的技术要求;电缆牵拉力必须小于最大允许牵拉力;电缆敷设排列整齐;电缆头的制件符合技术和工艺要求;电缆之间及电缆与建筑物之间的距离符合有关规定;电缆保护管及其他金属夹具之间的距离符合有关规定,如图 4-12-27 所示。

图 4-12-26　软母线安装图

图 4-12-27　电缆敷设图

12. GIS 开关柜安装

设备安装位置与设计图纸相符,正反面排列正确、整齐美观、放置平稳、固定牢固;开关柜气室内的压力值符合产品的规定;二次配线工艺美观,接线正确。

13. 所内盘柜安装

所内盘柜安装位置与设计图纸相符,排列正确、整齐美观、放置平稳、固定牢固,如图 4-12-28 所示;二次配线工艺美观,接线正确,如图 4-12-29 所示;盘柜接地符合设计要求,接地线连接充分、牢固。

14. 安全监控安装

设备安装位置符合设计要求,与高压设备的安全净距符合设计要求;设备安装应严格按照设备说明书进行;管线布线正确、美观,安全距离满足规范要求。

图 4-12-28 盘柜安装图

图 4-12-29 二次接线图

第十三章　防灾安全监控工程

第一节　工 程 概 况

一、工 程 概 况

福平铁路从福州站引出后，DK0＋000～DK3＋300 利用既有沿海铁路联络线至东山，下穿机场高速公路后以隧道穿鼓山，跨闽江，引入福州南站，再跨乌龙江至长乐首占设长乐站，出站穿董奉山至洋下村设长乐东站，经松下以公铁合建桥梁跨越人屿岛、小练岛、大练岛至平潭岛，在二埠山附近设平潭站，线路长 88.433 km，其中 DK0＋000～DK3＋300 段利用沿海联络线 3.30 km，新建段建筑长 85.133 km。以左线计算的桥梁 28 座长 38134.24 延米，隧道 13 座长 29156.8 延米，桥隧比占全线 80.2%。

本线设灾害监测系统，对铁路沿线风、雨、地震及上跨铁路的道路桥梁实现有效、准确、实时监测，为调度指挥及维护管理提供报警、预警信息，有效防止或减少灾害对高速列车运行安全影响。根据初步设计文件及其批复，本线灾害监测系统采用统一的处理平台，系统由监控数据处理设备、调度所设备、监测终端、监控单元、现场各采集设备及通信网络设备构成。

二、主要工程数量

(1)风监测点:15 套。
(2)雨监测点:6 套。
(3)异物侵限监测点:2 处。
(4)监控单元:14 套。
(5)灾害监测中心系统:1 套。
(6)灾害监测终端:9 套。
(7)信号电缆:107 km。

第二节　总体技术要求和集成配置方案

一、防灾安全监控系统总体技术要求

(1)防灾系统是风监测子系统、雨量监测子系统、异物侵限监控子系统以及地震监控子系统的集成系统。
(2)防灾系统设备布设于铁路用地界内，现场监测设备的安装不得侵入客运专线的建筑限界。
(3)防灾系统与其他系统的接口设备故障时，不应影响其他系统的正常运行。
(4)防灾系统应具有抗雷电及抗电气化铁路电磁干扰的能力。
(5)防灾系统的构建支持系统容量、功能等方面的平滑扩展。
(6)防灾系统现场设备满足无人值守的要求，具有较完善的故障自诊断和远程维护功能。
(7)提供的产品适应沿线长年潮湿、多雨、多雷、多风的气候条件。室外设备材料选用防潮、防腐、耐湿、抗风、密封、防雷的产品。

二、防灾工程技术标准

1. 现场采集设备

现场采集设备包括风监测现场采集设备、雨监测现场采集设备、异物侵限监测现场采集设备。风监测现场采集设备由风向风速仪、数据传输单元等组成;雨监测现场采集设备由雨量计、数据传输单元等组成;异物侵限监测现场采集设备由监测双电网、现场控制箱等组成。风监测现场采集设备实时监测风速、风向等信息;雨监测现场采集设备实时监测降雨量信息;异物侵限监测现场采集设备实时采集异物侵限状态信息。现场采集设备将采集到的信息传送至监控单元。

2. 监控单元

(1)设备组成:监控单元主机模块、各种监测功能模块、继电器组合模块、防雷单元、电源、蓄电池(每套蓄电池组供电时间不小于 1.5 h)、机柜等。

(2)主要功能:监控单元接收由各个监测点现场传来的数据和信息,完成风速风向、降雨量、异物侵限监测数据采集、初步分析和处理。

(3)监控单元的分布:监控单元机柜安装于现场监测设备附近的车站、通信基站通信机房内。福平铁路共设有监控单元 14 个。

3. 监控数据处理设备

(1)设备组成:监控数据处理设备由数据库服务器、应用服务器、存储设备、接口服务器(含防火墙)、时钟服务器、交换机、维护终端等组成。

(2)设备设置:在新建南昌铁路调度所灾害监测机房内设置监控数据处理设备。

(3)监控数据处理设备功能:

①能够接收管辖区内的各监控单元上传的风、雨、异物侵限信息及监控单元工作状态信息。

②按设定的报警门限值和信息处理规程,对风、雨、异物侵限信息进行综合分析处理,根据灾害强度,生成各类报警、预警信息以及相应的行车管制预案并传送至工务终端和调度所灾害监测终端。

③存储风、雨、异物侵限信息和报警、预警及设备故障信息。

④具备对各类信息按照指定时段的统计分析功能,并为维护管理人员提供监测报警、预警及设备故障等信息的查询显示和报表输出功能。

⑤提供监测信息维护、系统运行参数配置、用户权限管理及访问日志等在内的系统管理功能。

⑥向各监控单元、监测终端授时,同步监控单元时钟。

⑦具备接入南昌铁路局灾害监测中心系统的功能并预留相关接口条件。

⑧预留与国家气象部门的通信接口,接收灾害预报、预警信息。

4. 调度所设备

在新建南昌铁路调度所设置福平铁路灾害监测调度所设备,其中监测终端设置于福州枢组台。调度所设备由灾害监测终端、接口服务器(含防火墙)、网络交换机、电源等设备组成。

灾害监测终端:由于工务、通信是灾害监测设备的用户,且负责对灾害监测设备进行维护管理,因此在南昌铁路局工务调度、福州工务段、南昌通信段分别设置灾害监测终端。

传输网络:监控单元、监控数据处理设备、调度所设备、灾害监测终端设备等通过通信专业提供通道连接,工程灾害监测专用网络。

第三节　总体施工程序

根据施工总目标和指导思想,总体施工程序分为三个阶段,即施工准备阶段、全面施工阶段、工程验收阶段。每一阶段都必须完成规定的工作内容,并为下一阶段工作创造条件。

一、第一阶段:施工准备阶段

按照工期要求,在项目开始实施前 2 d 内做好各项准备工作,其主要内容如下:

(1)做好人员、机械设备的调配工作。编制详细的项目实施施工组织设计,经项目经理审核后报业主和监理审批。

(2)在总工程师的主持下,组织工程技术人员对系统方案进行研讨充分理解对系统方案的各项要求,制定框架方案,做好技术分工,明确各部门及各主要技术人员的职责范围。做好技术交底工作,为项目实施的有序进行打下良好的基础。

二、第二阶段:全面施工阶段

(1)以招标文件和现场勘测为依据,结合设计图纸,将此项工程分为多个施工阶段。

(2)确定各分项阶段工程的功能和需达到的要求。

(3)制定各阶段详细的实施方法,并确定实施中的重点和难点,组织人员进行讨论,制定出解决方案。

三、第三阶段:工程验收阶段

根据工程实施的不同阶段,工程验收可分为设备材料的验收、工程过程的检验、竣工验收、终验交接。

第四节　主要工程项目的施工方法

一、电 缆 敷 设

根据施工设计图,核实电缆径路范围内地下管线、障碍及土质情况。确定电缆与其他管线平行、交叉距离以及达不到要求时的防护措施;确定电缆引入位置;确定电缆的存盘位置、运输、敷设方案。

1. 电缆单盘测试及配盘

电缆单盘测试,验证电缆的主要电气特性是否符合要求;根据电缆出厂测试记录,进行电气特性测试,测试结束后,用热缩帽封头,并在电缆盘上标明自编盘号、A 端(或 B 端),整理测试记录;对配盘后的电缆加以标志。

2. 电缆敷设前,应严格按程序对土建等相关工程施工的接口、作业面验收交接,并检查是否符合下列进场条件

(1)桥、路基地段,同一区间的电缆槽及衔接部分的槽道(包括防水层)已同步建成并贯通。

(2)同一区间预留的手孔(井)已完成,过轨管道与手孔(井)之间已连通,并预留钢丝保持管道畅通。

(3)桥、路基地段,经过手孔、水沟、路堑、边坡到设备房电缆井的电缆槽、管道应贯通,并在路基、护坡形成前已完成。

(4)站台电缆槽及出口与相关通道同步建成并贯通;车站站台电缆槽至机械室电缆间的引入槽道(或防护钢管)已同步形成。

(5)桥梁上预留的锯齿孔、电缆槽用爬架滑道齐全。

(6)灾害监测设备房屋楼层间电缆爬架已完成。

(7)电缆槽衔接部分要平顺光滑。

3. 灾害监测电缆敷设时应符合下列要求

(1)灾害监测电缆与通信电缆同槽敷设时,灾害监测电缆应敷设在靠线路一侧。槽内同时敷设多条线缆时应互不交叉,并每隔 50 m(接触网杆塔)编排绑扎,悬挂电缆标牌。

(2)电缆敷设前,应再次确认电缆规格、型号及端别。

(3)敷设前应清除沟、槽内杂物。

(4)掀开盖板，并堆放整齐、稳固，严禁侵入铁路建筑限界。恢复盖板时，应平搬平放，防止盖板砸伤电缆。

(5)槽内同时敷设多条线缆时应互不交叉。

(6)电缆敷设时，不得出现背扣、急弯现象。

(7)防护管为钢管时，管口处应打磨光滑，防止电缆穿越时损伤电缆外护套。

(8)电缆敷设时应将缆盘升起离地 100～200 mm 后进行布放，有条件时应采用专门放缆车进行布放。

(9)在手孔、人井内的电缆与其他电缆无物理隔离时应加灾害监测电缆标志。

(10)电缆采用直埋方式时，应符合表 4-13-1 要求；如无法满足时应加以防护。电缆敷设完毕应填写电缆隐蔽工程记录表。

表 4-13-1　电缆直埋深度

序号	敷设地段	埋深(m)
1	区间	1.2
	站内	0.7
2	石质	0.5
3	水田	1.4
4	穿越公路(距路面基底)	1.2
5	穿越沟渠	1.2
6	市区人行道	1.0

4. 电缆防护

(1)电缆槽引出的外露电缆、电缆槽至现场箱盒的电缆应采取防护措施，防护管应自然弯曲并符合电缆弯曲半径的要求。

(2)电缆穿越路基地段防水层，应在防水层下采用热镀锌钢管或 UPVC 管进行防护，施工后恢复路基表面防水层。

(3)跨越电力电缆时，灾害监测电缆应采用钢管防护；电力电缆跨越灾害监测电缆时，电力电缆应采用钢槽等措施进行防护。

(4)灾害监测电缆上下桥梁时，可利用通信信号线缆上下桥槽道。当不具备条件时，应新设上下桥电缆槽道。

(5)电缆敷设在高边坡、深路堑地段时，应采用电缆槽或钢管防护；电缆敷设在桥梁外侧时，应采用钢槽等进行防护；电缆跨越涵洞顶部时，应采用电缆槽或钢管防护，钢管外部应采用砖砌混凝土包封。

(6)电缆通过桥梁接缝处，应采取防护措施；在槽道间落差处敷设电缆时，应采取防护措施，避免电缆悬空或受力。

(7)电缆穿越防护墙、人(手)孔时，管口应用泡沫填充剂封堵防护。

(8)电缆径路应设置标识，其设置位置、间距以及标识信息等应符合有关技术标准的规定。

5. 电缆接续

(1)电缆接续时，应 A、B 端相连，相同芯组内相同颜色的芯线相连。

(2)电缆穿越铁路、公路及道口时，在距铁路钢轨、公路和道口的边缘 2 000 mm 内的地方不得进行地下接续。

(3)地下电缆接续盒应水平放置，接头两端各 300 mm 内不得弯曲；埋设于地下的接续盒应用电缆槽防护，防护长度不应小于 1 000 mm。

(4)通径路上相邻电缆接续盒距离不宜小于 1 000 mm。

(5)遇雨、雪天气进行电缆接续时应采用防护措施。

6. 电缆引入与成端

(1)电缆在进入室内引入口处内侧应采用防火、防鼠胶泥封堵,外侧应用泡沫填充剂进行封堵。

(2)楼层间电缆应分段固定,固定间距不应大于 2 000 mm。

(3)电缆引入室内时,其室内外两侧的金属护套应进行绝缘;室内部分的金属护套不得与接地金属构件、机壳连通;室外部分的金属护套应可靠接地,接地电阻应符合设计要求。

(4)电缆终端应加挂电缆铭牌,并标明电缆去向。

(5)灾害监测系统电缆应进行成端,包括成端制作和冷封胶灌注。

(6)成端制作工艺应符合下列规定:

①电缆穿越保护套和密封套后,将电缆做头部分外护套清洁干净。

②电缆开剥长度按配线要求确定。

③钢带长度保留 10 mm,露出铝护套,锯钢带时不得伤及铝护套。

④保留 10 mm 铝护套,剩余部分锯断后抽出,露出内屏层;锯铝护套时不得锯伤金属内屏蔽层及电缆芯线。

⑤剔除铝护套保护层,并用砂纸将铝护套和钢带打毛。

⑥保留 40 mm 的四芯组内屏蔽层,剪除剩余部分,露出电缆芯线。

⑦去除内屏蔽层外绝缘层 25~30 mm 后,再剥开内屏蔽层纵缝。

⑧内衬管放置在芯线和内屏蔽层之间,压接管套入内屏蔽层外侧,然后用专用压接钳进行压接。

⑨剥开电缆时注意保持电缆芯组的自然排序,并用电缆的编号扎纱将芯线组缠紧,避免配线时造成芯线混乱。

⑩用脱脂棉白布带将芯线和电缆护套之间的缝隙填塞严密,防止灌胶时胶液渗漏。

(7)冷封胶灌注工艺应符合下列规定:

①检查冷封胶包装袋及隔离条件是否完好,严禁使用过保质期产品。

②开袋前将 A、B 两种胶液充分混合。

③灌胶前将电缆四线组内芯分开,芯线间用冷封胶灌注。

④灌注胶面高于芯线根部 20 mm。

⑤灌胶后无漏胶现象。

二、风、雨监测设备安装

1. 风、雨监测设备安装要求

(1)风、雨监测设备设置地点和安装方式应符合施工图要求和相关技术标准的规定。风速风向仪或雨量计采用专用托架安装在接触网支柱上。安装固定高度和朝向应符合设计要求,具体安装如图 4-13-1 所示。

(2)风速风向仪或雨量计固定托架与接触网支柱之间的接触固定处采用不小于 10 mm 的绝缘垫片使托架与接触网支柱绝缘隔离。

(3)固定托架的螺母统一朝向线路外侧,螺栓不应与接触网支柱接触:参照设备技术文件,利用指北针对风传感器指向角度进行调整,调整完毕后,将风传感器固定牢固。雨量计不需要做角度调整。

(4)传感器引下至监测数据传输单元线缆采用钢管防护,采用钢管防护时,弯曲部分采用钢丝皮管进行过渡防护,钢管与钢丝皮管结合部位采用抱箍紧固并用橡胶胶密封防水,托架及监测数据传输单元穿线孔处加垫圈保护,防止传感器电缆被割伤。

(5)监测数据传输单元箱体安装在接触网支柱上,安装高度依据设计文件并根据现场情况进行调整,确保箱体不侵入铁路建筑限界。箱体与地面保持垂直,倾斜角度不超过±5°,箱体门开启朝向主线路外侧。

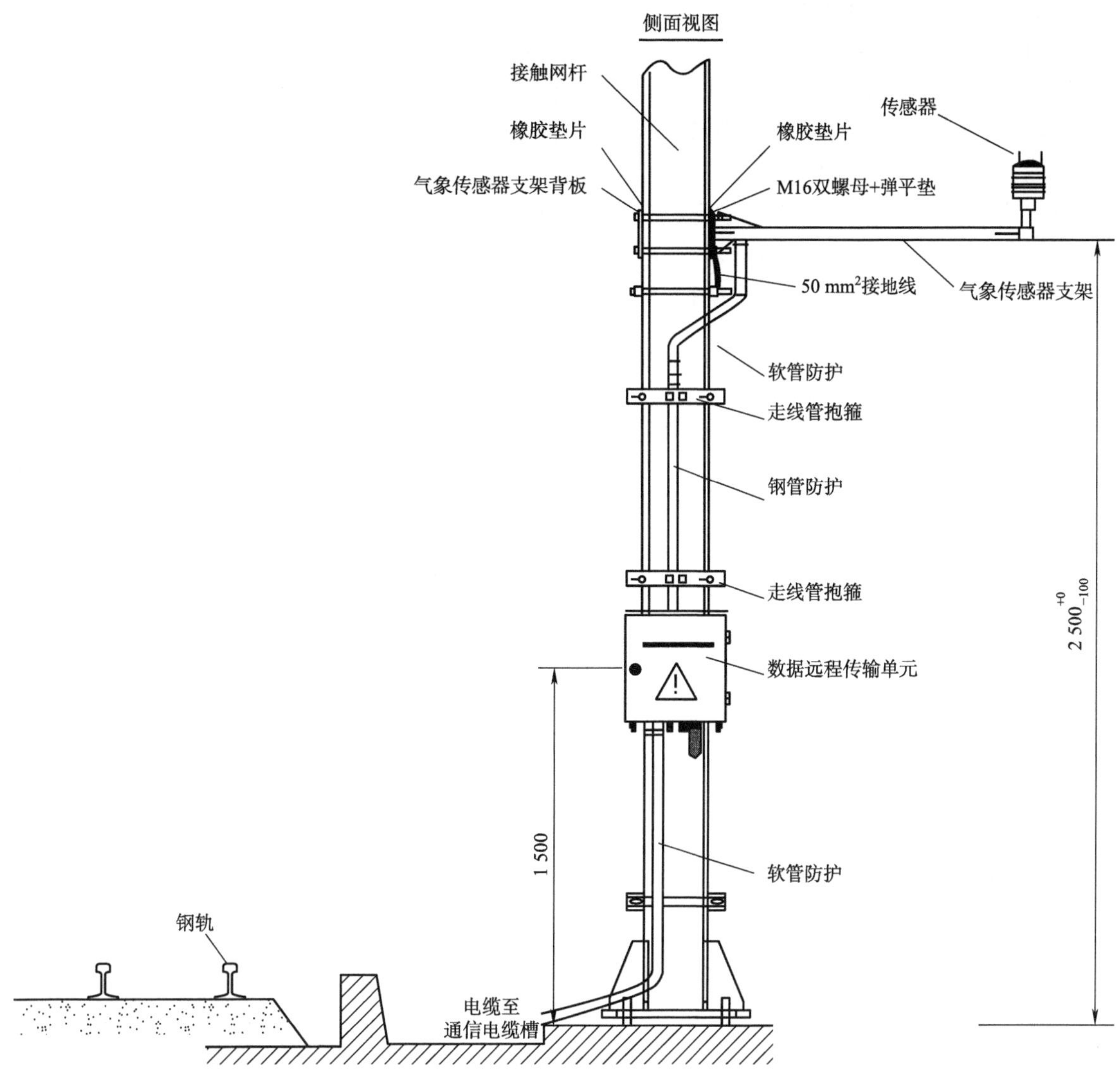

图 4-13-1 风、雨监测设备安装图(单位:mm)

2. 监测设备配线准备

监测设备配线包括传感器至监测数据传输单元和基站监控单元至监测数据传输单元的电缆配线。配线前应做好下列准备工作:根据设计图纸,对每一根电缆导通、确认;每根电缆应有标识牌,标明去向;配线前应清除监测数据传输单元内杂物,保持内部清洁。

3. 监测设备配线要求

(1)传感器至数据传输单元间配线宜采用带护套的配线电缆,线把绑扎间距应均匀,芯线应有 2～3 次做头余量,芯线端头做成鸭头弯后与端子连接,备用芯线可盘成弹簧状放在电缆根部。

(2)基站监控单元至监测数据传输单元的电缆自监测数据传输单元箱体底部保护管引入箱内并完成成端制作;配线时,芯线端头应有 2～3 次做头余量,并严禁盘圈,芯线端头做成鸭头弯后与端子连接,备用芯线可盘成弹簧状放在电缆根部。

(3)监测数据传输单元内采用弹簧接线端子配线时,根据接线端子的规格,应使用专用配线工具;截面积小于 1 mm^2 的多股铜芯线应压接冷压接线帽,根据导线截面大小,选用适合的冷压接线帽,并使用与冷压接线帽对应的压接钳压接。

(4)风雨传感器支架应采用设计要求截面积尺寸的地线与接触网钢柱本体做接地连接,如是混凝土杆体应引至杆根部的接地端子处。监测数据传输单元箱体应利用接触网杆基础预留接地端子做接地处理,所使用的地线截面大小符合设计要求。

4. 风、雨监测设备安装注意事项

(1)风雨监测设备安装属于高处作业施工,登高安装施工人员必须是经过登高作业培训合格,且持有登高作业执业资格的人员。作业施工必须佩戴安全帽和系安全带。

(2)各设备厂商所带配线由厂商督导施工。

(3)施工完毕,所有预留管件都应进行防火防鼠孔洞封堵。电缆过电力电缆沟、水沟时,用钢管防护放在沟表面,钢管方向与沟垂直且用化学锚栓固定。

(4)做好施工安全防护和人身安全防护,确保施工中的人身和设备安全。

三、风、雨监测设备安装异物侵限设备安装

异物侵限监测电网防护范围在平潭公铁两用大桥公路桥上设置,其中 GK61+298～GK61+478 段共 180 m,GK75+723～GK75+893 段 170 m,桥梁专业预留检修通道和安装锚栓。异物侵限监控点设备安装,主要包括 T 型支架安装、监测网安装、双电网配线、电缆及地线的引下防护、轨旁控制器安装、综合接地装置安装等。监测电网及轨旁控制器(或称现场控制箱)安装按《铁路自然灾害及异物侵限监测系统工程施工及验收标准》(Q/CR 9745—2014)要求执行。预埋件平面布置如图 4-13-2 所示,公跨铁桥横断面如图 4-13-3 所示。

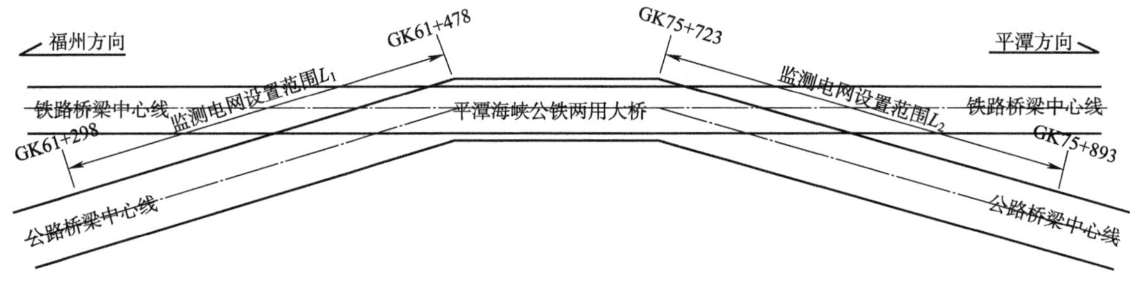

图 4-13-2　预埋件平面布置图

(1)监测电网连接线缆采用镀锌钢管防护(ϕ50),钢管卡具采用螺栓连接方式固定,固定到公路防撞墙外侧,如图 4-13-4 所示。

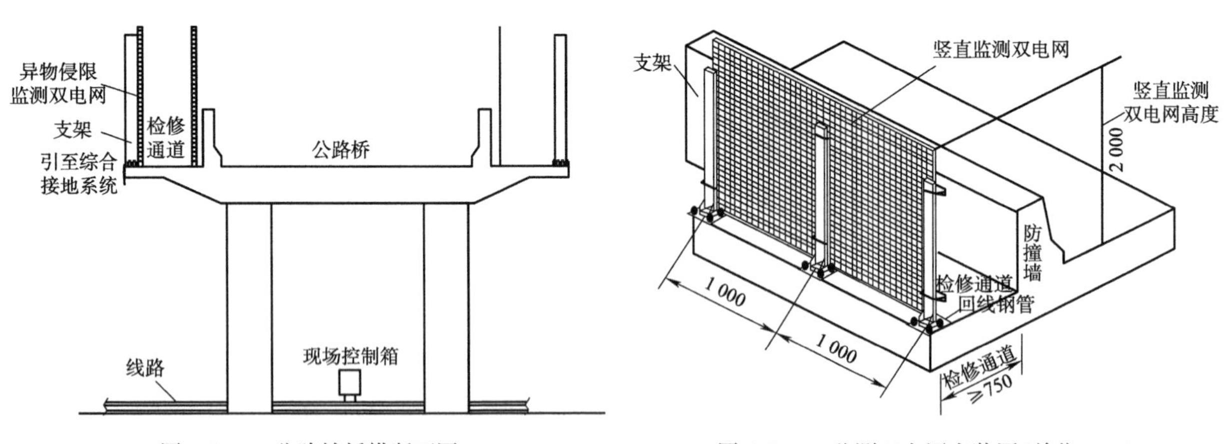

图 4-13-3　公跨铁桥横断面图

图 4-13-4　监测双电网安装图(单位:mm)

(2)监测电网终端盒采用钢支架固定在网片立柱上,支架与墙面采用预埋螺栓固定。

(3)监测电网连接地线采用黄绿地线(ZR-BVR-50 mm^2)连接至贯通地线连接端子上,地线成端采用压接端子螺栓连接,综合接地系统应按设计要求施工,贯通地线接头连接、综合接地端子与贯通地线连接应牢固。

四、室外设备安装注意事项

风速计、雨量计安装用专用托架与接触网杆固定处采用钢板，钢板与接触网杆之间垫橡胶垫片，风速计、雨量计专用托板用平弹垫加双螺母紧固，表面涂抹螺丝固定剂，螺栓丝扣外露长度小于 5 mm。固定风速计、雨量计支架的螺母统一朝向线路外侧，螺栓与接触网杆不得接触。

各设备厂商所带配线由厂商督导施工，施工完毕，所有预留管件都应进行防火防鼠孔洞封堵。电缆过电力电缆沟、水沟时，用钢管防护放在沟表面，钢管方向与沟垂直且用化学锚栓固定。

五、室内设备安装施工方法及工艺

室内设备包括机柜、终端、蓄电池等设备安装、设备配线、布线、防雷接地。

1. 机柜及终端设备安装

机柜及终端设备包括机柜底座、机柜、监测终端设备安装。底座安装时应符合设计文件的要求，采用膨胀螺栓直接固定在房屋地面上，调整高度，保证底座顶面水平，且高度与防静电地板顶面齐平。机柜安装应用螺栓固定在底座上，连接牢靠，安装应垂直，与其他相邻机柜互相靠拢时，其间隙不大于3 mm 并与相邻机柜正立面平齐。机柜内接地汇集板应与机房等电位端子排栓接牢固，接地连接线走线路径应短捷，并减少长度和方向变化。

2. 蓄电池设备安装

电池柜/架安装位置及方式应符合设计文件要求；蓄电池应排放整齐，前后位置、间距适当，调整行或列在一条之间上，偏差不大于 3 mm；电池单体保持垂直和水平，底部四角均匀着力；蓄电池之间的连接应可靠，外罩塑料盒盖不得缺失；各组电池应根据馈电母线走向确定正负极出线位置，电池间连接电缆尽可能短。用电压表检查电池端电压和极性，保证极性正确连接，端电压偏低的电池应进行筛选更换。

3. 室内布线及配线

信号线、交流电源线、地线应分开布放，同一线槽内走线时间距不宜小于 50 mm；电缆桥架或保护线槽内的各种线缆应均匀绑扎分层固定，按顺序出线，布放应顺直、整齐、圆滑、无绞扭、无交叉；对绞电缆弯曲半径不得小于电缆外径的 10 倍，非屏蔽对绞电缆的弯曲半径不小于电缆外径的 5 倍，同轴电缆的弯曲半径不小于电缆外径的 15 倍；线缆两端应贴有标签，标明型号、长度及起止设备名称等信息，标签应选用不易损坏脱落的材料。室内线缆接线端子安装牢固，端子外壳无污渍、锈蚀、开裂及变形；室内线缆使用压接配线时，端子应与配线截面积相适应，配线应套冷压接线帽，并用压接钳按照操作工艺进行施工；电源线与设备端子连接时，不应使端子受到外界机械拉力。

4. 室内设备防雷及接地

室内设备防雷及接地方式应符合设计文件及有关技术标准要求；金属机柜门体、柜内设备金属壳体及接地工作地与机柜工作保护接地汇集板等电位连接，机柜工作保护接地汇集板就近与室内工作保护接地汇流排栓接；金属槽道与机柜主体部分进行等电位连接；机柜内防雷接地汇集板就近与室内防雷接地汇流排栓接；接地线连接线不得有续接和缩径，走线不留余长。

第十四章　客运服务系统

第一节　工程概况

一、工程范围

1. 工程概况

福平铁路新建线路长度88.433 km，全线设站福州、福州南、长乐、长乐东、长乐南、平潭共6个站，其中福州、福州南为既有站，其余为新建站，另设樟岚所。预留莲花山设站条件，全线新建站房4座，旅客站台8座，旅客雨棚8座，旅客地道3座，进站天桥1座，独立四电房屋44栋，生产生活房屋24栋，岗亭3座。

2. 施工范围

包括长乐、长乐东、长乐南、平潭等4个新建客运车站的票务系统、旅客服务信息系统（包括车站集成平台、综合显示、客运广播、视频监控、入侵报警、时钟、旅客携带物品安全检查系统）、办公自动化系统、车站警务室公安管理信息系统、电源及设备房屋环境监控系统、综合布线系统、门禁系统、电源与防雷接地系统以及平潭站行包管理系统、架空层停车场管理信息系统。

本线各信息系统接入南昌局相应主系统及配套的扩容、改造、调试安装工程，包括但不限于网络接入、系统调试等内容，具体为：车站票务系统接入南昌铁路局既有地区票务中心；车站旅服系统接入南昌局调度所旅服集成管理平台；公安管理信息系统接入南昌铁路局既有相关系统网络等。

长乐东综合维修车间、平潭综合维修工区的综合维修管理信息系统及配套的电源与防雷系统。

长乐公安派出所和平潭公安派出所、刑警队、乘警队的公安管理信息系统和配套的电源与防雷系统。

二、系统概况

1. 票务系统

客票制式采用电子客票，售票采用人工售票与自动售票相结合的方式，检票以自动检票为主，人工检票为辅。客票系统终端设备包括电子客票窗口售票机、电子客票全功能自动售票机、电子客票非现金自动售票机、电子客票自动取票机、电子客票门式自动检票机、验检合一自动检票机、补票机、柱式检票机、手持移动检票终端、公安制证设备等，各终端设备均按国铁集团电子客票相关技术标准配置。

票务系统上联南昌局集团公司信息中心机房客票TRS系统。车站票务系统完成售票、检票、订票、退票、取票、补票和改签。票务系统一方面负责采集和处理站内票务系统设备的运行、交易及账目信息并统一上传到上级票务系统，另一方面实现从上级路局票务系统统一下载运营参数下发到票务系统终端设备。票务系统采用中国铁路总公司统一软件。

车站设置业务管理终端，完成日常业务管理。车站设置客票销售终端（窗口售票机、全功能自动售票机、非现金自动售票机、自动取票机、补票机、自助信息单打印机）和检票终端（进站检票机、出站检票机、柱式检票机、手持检票终端）。

2. 旅客服务系统

旅客服务信息系统以信息的自动采集为基础，以为旅客提供全方位信息服务为目标，实现客运车站信息自动广播、综合显示、视频监控等功能，运用多样化的服务手段为旅客提供优质的服务，实现旅客服务的信息化。

旅客服务信息系统的设置旨在体现以人为本的理念，在旅客出行前、进站、候车、乘车、换乘、出站等各环节上提供全方位的信息服务。通过对综合显示、广播、视频监控等服务资源进行有机的整合，形成统一的旅客服务平台。

车站旅客服务信息系统以集成管理平台为核心，集成综合显示、客运广播、查询等子系统，实现对本站旅客服务信息系统的集中控制，完成系统间信息共享和功能联动。

福平铁路旅客服务信息系统采用统一局管平台、中心站集中操作模式。正常工作模式下，车站集成管理平台实现与局管旅服集成管理平台的数据同步。

第二节　施工方案

一、总体施工方案

1. 总体施工顺序

施工准备(调查)→综合布线→信息点安装→旅客服务、票务、公安信息、办公信息系统设备安装→联调联试的施工总顺序，突出重点、兼顾一般、平行流水、均衡生产。

2. 整体工程施工方案

根据工程特点和招标文件对工期的要求，我方将组织现场施工作业班组采取分区域平行作业与流水作业相结合的方法进行施工，并通过首件施工。“标准先行、样板引路”理念，统一全线施工工艺，提高施工效率。

综合布线施工：径路复测→管线预埋→电缆敷设→终端上线→缆线指标测试。

信息设备安装施工：现场环境调查→设备到货检查→设备底座吊挂件安装→外场设备安装配线→室内设备安装配线→设备单机调试→各子系统调试→系统调试。

3. 施工阶段

根据本项目特点，将本项目实施过程分为三个阶段进行。

第一阶段：各种预埋管件的安装、布线及终端设备预埋件、吊挂件、壁挂件、支架、托架的加工、安装。根据设备厂家提供的加工图纸及安装方案，报设计审批，审批后加工需要安装的吊挂件、壁挂件、支架、托架等。根据设计的设备布点图纸，在指定位置安装设备的吊挂件、壁挂件、支架、托架。实施过程中与房建相关施工项目同步进行。通过现场与房建等相关各专业的配合与协调，配备足够的施工力量，确保与房建相关施工项目同步进行。

第二阶段：各系统终端设备的安装和配线。设备到货以后，根据设计图纸及厂家提供的安装图纸，在既有吊挂件、壁挂件、支架、托架的位置上安装终端设备及设备配线。

第三阶段：信息机房及信息配线间内集成设备的安装及配线，在“建维一体”的理念指引下，专门培训的技术工人负责该部分的施工，确保施工质量和工期。

4. 系统调试

系统调试及联调，首先进行电源系统测试，为其他各子系统调试提供电源，然后在分别进行各子系统调试及系统联调，参加设备监造的工程技术人员负责实施，各子系统负责人和在安装过程中积累了经验的人员配合。

(1)单机调试

加电试验前，重新对设备线路电气特性进行检查测试，特别是对电源线绝缘特性进行测试，区分火线和零线，确保供电安全。进行通电时，随时监测供电电压情况和设备状态，做好应急处理。

(2)设备接线调试

接线前，将已布放的线缆再次进行对地与线间绝缘摇测；机房设备采用专用导线将各设备进行连接，各支路导线线头压接好，设备及屏蔽线应压接好保护地线。接地电阻采用联合接地，接地电阻值不应大于1 Ω；接线时应严格按照设备接线图接线，接完再进行校对，直至确认无误。

(3)检测试验

调试前检查各电子元件及配线是否牢固;检查系统电压和电池的正负极方向,确保安装正确;检查接地和通风是否符合要求;对各功能单元进行试验测试,全部合格后方可进行试验和检测。

5. 工程竣工

(1)进行最终检验,在最终检验合格的基础上,向业主提出工程竣工验收申请。

(2)提交工程竣工文件(包括竣工图纸、施工记录、测试资料、设备出厂资料等)。

(3)在工程验收合格的基础上,办理验交接程序。

二、分项施工方案、流程及工法

1. 控制机房

(1)施工准备

现场调查和测量,结合实际情况做好施工图纸会审,确定设备的布置,联合厂家做好效果图。

(2)方案确认

根据效果图及设计图纸,及时调整设备的安装位置,综合考虑装修效果。提交接管运营单位审核,确定最终实施方案。

(3)现场培训

指派专业技术工程师对技术工人进行现场培训。

(4)设备安装

根据审批方案,严格按照施工工艺安装。

设备机柜应严格按照设备平面设计图进行安装,安装时充分利用水平尺,定位仪反复比较保证垂直度,水平度在设备安装规范范围内,机柜内元器件安装应考虑防滑和加固处理,以防造成位移。机柜底部采用绝缘处理,保证设备的整体绝缘效果。机房设备以及各系统终端设备安装时,统一考虑安装位置,做到协调一致。避免位置冲突。

设备配线:地面电缆槽的安装,配线电缆的布放,电缆头的制作,电缆的绝缘,对号测试,做好电缆名牌并标记,电缆与设备的连通,与相关专业接口的对接。同时做好防雷接地装置。配线时,应遵照设备内部配线图及设备连接图的规定,进行防水处理,用防水胶密封终端盒、出线管孔、设备底座。

(5)系统调试

在设备加电之前,仔细检查各回路、支路线缆的连接,确认无误后方可合闸加电。设备正常运行以后,配合做好设备的性能测试及参数试验。当出现意外时应及时采取应急方案,以保证设备的安全。

2. 网络系统

对机房条件进行确认,检查机房面积、机房高度、沟、槽、管、洞等是否符合设计要求,是否具备设备安装条件。确定设备的安装位置和安装方式。检查机房交流电源是否到位,交流电源是否满足设备使用,设备用电与空调用电是否分开,电源电压是否稳定。检查地线是否已经引入,阻值是否符合要求。落实确定各种配线的长度和布线方式。

(1)设备安装

设备机架固定方式应符合设计或厂家规定,防震加固措施符合设计要求,各紧固部分应牢固无松动现象,各种零件不得脱落或碰坏,机架安装采用整体连接固定方法,即制作与设备机架相符和与静电地板高度相等的安装底座,采用调平调直导轨进行安装、连接和固定,如此可对设备前后、左右、高矮平面进行调整,保证设备整体稳固和整齐美观。

(2)缆线布放

电缆的规格、路由等应符合施工设计规定,在施工前期提前细化设计机房机柜布置及线缆路由,采用上走线和下走线相结合的方式布线，强弱电线缆分离，避免了电流的干扰，降低了故障率，同时在上走线运用尾纤槽，在光纤配线柜中分段设置盘纤盒，方便尾纤进出及收容；线缆布放做到顺直、整齐，间距一致，减少交叉，拐弯弧度一致，机房布线采用分层固线、分层铺设，增加铺设备用线缆，并采用铝合金走线架、固线器和缆线标识牌，以便于维护人员的辨识和检查维护。

3. 导向系统

导向系统安装主要包括吊挂式显示屏、壁装式大型显示屏、PDP 显示屏和线缆成端、设备配线、加电调试等。

4. 广播系统

广播系统安装主要包括线缆敷设及测试、预埋吊杆、机房设备安装、终端设备安装、设备配线和加电调试。

5. 监控系统

监控系统安装主要包括线缆敷设及测试、预埋支架、加工底座、机房设备安装、摄像机安装、线缆成端及设备配线、加电调试。

6. 门禁系统

门禁系统安装主要包括线缆敷设及测试、门禁控制箱安装、终端设备安装、设备线缆连接和加电测试。

7. 自动售检票系统

自动售票系统安装主要包括实名制验证闸机、自动售取票机、进出站闸机、电子客票人工辅助检票设备子系统等。

8. 入侵报警系统

入侵系统安装主要包括报警控制主机、双鉴探头、布撤防键盘、紧急按钮、报警警灯、声光报警器等。

9. 安检系统

根据设计图纸、厂家的施工及接管运营单位要求，在准确、合适的位置安装安检仪。在既有线槽内布放配线电缆，保证布线平直、扎把方正、标识清晰、弯度适中。

10. 其他系统

其他系统包含办公自动化、公安管理信息、综合布线系统、行包管理系统、停车场管理系统。

第三节　子系统调试

一、票务系统调试

系统调试主要测试各项功能，保证功能实现，工作良好，为联调联试提前做好准备。

1. 窗口售票系统

窗口售票系统功能测试包括车站窗口售票系统售票、退票、收入管理、统计管理、系统管理、热敏打印、写磁与读磁、自动上纸、车票自动定位与剪切、定位标记检测容错、写磁与校验、废票处理、工作参数设置、故障检测与报警、上电自检、看票号、成票磁信息读取、空白票作废、成票废票、图形下载/编辑/存储与打印、制票总张数查询、灯光/显示提示、车票排出。

2. 补票机

旅客可以在车站进行补票，支持补票收取手续费，对于特定的情况加收票款，能够灵活设置手续费和票款额度；记录补票存根；对补票存根分类存储、整理、管理、统计；补票存根需要作为清算依据之一。

3. 自动检票系统

自动检票系统包括自动检票机测试、时钟同步客户端、检票日计划接收、进站出站检票、控制命令接收、检票存根上传、状态信息采集和软件升级。

4. 自动售票系统

自动售票机向旅客提供以下基本功能:现金购票、银行卡购票、整叠出票、硬币找零、纸币找零、收据打印、广告播放、语音提示、人体接近感应、求助、监控摄像、预留、储值卡业务。

旅客在购票交易成功时凭条记录正常的交易信息,如果在购票过程中出现故障,设备将记录故障信息,旅客可凭此故障凭条寻求帮助。车站管理人员可通过设备交易记录数据库查询核对,以防止伪造收据行为。

二、客运服务系统调试

对各个系统进行单独调试、测试功能,为联调联试做准备。

1. 应急集成管理平台

集成管理平台以工业实时中间件技术为基础,以向工作人员和旅客提供综合的生产服务和旅客服务为目标,采用信息技术、分布式实时数据库技术、自动化技术、冗余技术、系统集成技术、中间件技术、接口技术和面向对象的方法,把分离的各个系统按照统一的接口标准集成到集成管理平台,提供综合业务操作,实现信息共享和功能联动。集成管理平台根据铁路运营需要将综合显示、广播、监控业务等功能整合到一起,提高旅客服务的信息化和自动化水平。

2. 导向引导系统

导向引导系统测试包括引导显示、列车到发信息显示、售票显示、临时信息发布显示、综合资讯发布功能、检票同步提醒、视频信息显示、时钟显示、模板制作、播放列表制作管理、数据读取/发送/显示及接收、系统显示控制、系统管理维护、系统自诊断、信息优先级管理、日志管理、参数设置、用户权限管理、监控和多种语言文字支持。

3. 数字广播系统

客运广播系统向旅客播报铁路通告、列车运行时刻、票务、站内设施说明、站内环境说明、旅客乘车、安全提示及旅行相关等信息。火灾时,消防广播系统通过控制模块自动切换至火灾应急广播状态下,完成消防广播功能。广播信息要求统一、易懂、完整、简洁、准确。

4. 视频监控系统

视频监控系统测试包括视频监控、视频录像及回放、快球摄像机控制和系统管理等。

5. 入侵报警系统

入侵报警系统与视频监控系统联动,对设防区域的非法入侵、盗窃、破坏等进行实时、有效的探测和报警。

6. 安全检查系统

安全检查系统主要完成对进站旅客随身行包、行李进行安全检查,确保车站及列车运行安全。

7. 客运作业管理系统

以综控室为车站调度中枢,在客运作业管理系统平台上,将各相关部门资源整合,汇集行车组织、售票情况、运输动态等方面信息,形成集综合功能于一体的车站管理新模式,实现对车站安全管理、应急指挥、生产组织、信息收集及联系协调等重要职能。

第四节 联调联试

在联调联试阶段,主要测试票务系统、集成平台系统接收上级信号的准确性、及时性。

一、票务系统

1. 检票基础数据获取

自动检票系统通过路局客票系统接口服务器从客票系统中获取基础字典、列车运行图数据,并以此为基础编制基本检票计划；通过旅客服务系统与运调系统接口服务器获取列车到发变化信息，根据需要自动编制并执行动态调整计划，并将调整后的检票日计划下发到自动检票机，从旅客服务系统获取正确的时钟信息，并在系统内同步时钟。

2. 检票计划管理

检票计划管理是自动检票系统的核心功能，以车次为单位，按基本检票计划和动态调整计划分别进行管理，实现了自动检票机检票业务的全面控制。

检票计划管理包括基本检票计划编制、动态调整计划执行、检票日计划下发、日计划生成日期定义等。

3. 自动检票机参数设置和数据交换

自动检票系统服务器与自动检票机间采用 TCP/IP 协议完成数据的上传与下载。一方面实现自动检票机运行参数和检票日计划的设置和下载；另一方面从自动检票机获取设备运行状态信息、采集自动检票机检票信息等。

4. 用户管理

完成自动检票系统的授权管理，操作员只能按照系统规定的权限进行操作，保证系统应用安全。

5. 结班统计

根据自动检票机上传的检票存根数据进行统计分析并提供相关报表，包括检票存根统计分析图、自动检票机作业日报表。

6. 系统管理

后台系统数据可能由于硬件或软件故障而变得不能使用，因此必须制定一个切实可行的备份与恢复策略，以防止数据库可能出现的异常情况而造成不必要的数据丢失。

7. 日志监控

系统日志主要功能有检票日计划生成日志、动态调整计划执行日志、检票日计划下载日志、客票数据传输日志等。

二、旅服系统集成平台

1. 总体功能

旅服平台集成导向揭示、广播、求助、查询等系统进行互联。按运营需要制作业务模版，根据列车到发、检票等相关业务信息，自动生成广播计划和综合显示计划，实现综合业务操作。对各子系统设备进行集中监控和报警管理。

平台在紧急情况下启动应急预案为决策人员提供综合决策信息，为操作人员提供及时的操作指导，提高整体应急处理能力。为运营人员提供完整的、定制化的权限管理。通过数据统计、报表制作与打印功能，满足各类统计数据业务需求。

2. 业务功能

旅服平台集成导向揭示系统、广播系统、监控系统、查询系统、求助系统、时钟等子系统。各子系统的业务操作集成在旅服平台上完成，各子系统执行旅服平台监控指令，并完成本系统的维护管理。主要包括到发管理功能、导向揭示功能、广播功能、查询功能、求助功能、大屏幕 DLP 功能、应急联动及预案、报表制作、打印。

3. 系统管理功能

系统管理功能包括权限管理、用户管理、界面体系、基础信息维护、操作日志等。

4. 接口功能

旅服平台采用分布式客户端/服务器体系架构。提供丰富的接口形式，如 XML、Modbus、TCP/IP、OPC、DDE 等，完成与外部接口系统的接口；接口层针对高铁旅客服务系统集成的特点，提出了旅服接口规范(ETIS)，采用可配置的方式，通过统一的旅服接口规范完成与各子系统的接口。

第五节　施工重难点及创新点

一、实施重点难点分析

本工程专业多，涉及内部、外部接口单位多，协调处理工作量较大。控制工程和重难点表现为：接口预留是否到位直接影响着集成工程的工期和质量；设备房屋能否按计划交付，直接影响到本信息工程能否如期展开；信息工程设备安装是重点；联调联试检验各系统功能配合是否匹配，是线路投入试运行前的重要环节。

1. 接口预留工程方案

站前、站后接口工程主要涉及以下内容：综合接地系统、电缆沟槽、站房管线引入、综合布线管线预埋等。因此，站前接口预留工程的施工质量、工程进度直接影响并制约着站后各专业的施工进程和质量。

加强组织和协调，做好站前站后接口预留工程，保证接口工程节点工期合理布置、接口施工有序、质量可控，确保工程总体工期的实现。

快速组织相关人员进场，在接受相关安全技术培训考核合格的基础上，配合站前施工单位做好接口工程施工、检查、整改工作。

坚持样板引路。未正式施工的接口工程施工前，通过样板工程施工试验，总结技术参数和样板工艺。通过召开现场经验交流会，统一标准、统一工艺，推广经验，以点带面，全面提升施工质量。

派专人配合站前施工单位的接口工程的施工，对施工完的接口工程，及时联系站前施工单位对其进行复核，以确保接口工程各部尺寸、高程、位置等正确无误。

2. 主要设备安装重点施工方案

为了保证设备安装的施工质量，在施工准备阶段应由技术骨干接受设备供货商的现场培训；认真研究图纸，领会设计意图；严格落实设备、材料的质量检验。施工过程中主要从两方面采取措施，一是加强有关管理人员岗位责任制，二是完善直接操作过程的管理办法。

3. 设备调试过程中的难点及对策

设备调试过程中的难点：如果前期工程滞后，供电专业未能提供正式电源的问题；系统联调过程中，出现通道不通、误码等问题。

调试方案对策：根据施工进展，当供电专业无法提供正式电时，及时向业主提出申请临时用电，说明用电地点、用电负荷并配备电源保护设备，保证设备调试的正常用电；临时电也仍未能满足时，将利用发电机电加稳压器的方式，保证设备调试的正常进行；系统联调过程中，出现通道不通、误码等问题，关键在于通道连线、设备接地、单机测试等是否均符合要求。

二、电子客票系统创新

1. 系统简介

电子客票也叫“无纸化客票”，旅客通过互联网订购车票之后，仅凭有效身份证件直接到车站办理乘车手续即可成行，即实现“无票乘车”。现有的铁路旅客车票为红色条码票和蓝色磁介质车票两种，均采用实名制，集铁路旅客承运合同凭证、乘车凭证、报销凭证等功能于一体，实行电子客票，就是将纸质车票承载的旅客运输合同凭证、乘车凭证、报销凭证功能相分离。依据有关法律条文规定，以电子数据作为铁路旅客承运合同凭证，推进乘车凭证无纸化和多样化，报销凭证逐步电子化。

2. 系统效益

实施电子客票打通了互联网与车站窗口的服务渠道，有利于推行旅客自助化实名验证、自助化验票等无干扰服务。

旅客持购票时所使用的有效身份证件原件即可快速、自助进站检票乘车，减少排队取票环节，通过闸机用时更少，通行速度明显提升。

如旅客未使用现金购票且未取出报销凭证，无论哪个渠道购买的车票，都可以在互联网自助办理退票或改签，方便旅客的同时，也有效减轻车站窗口压力。

由于没有纸质车票，丢失车票、挂失补票、贩卖假票等问题将彻底解决。同时，实施电子客票还有提高售票组织和乘降组织效率、降低设备故障率等诸多优点。

三、施工工艺创新

1. 福平铁路信息主机房优化设计

①外电引入柜由墙壁嵌入安装方式改为与信息专业电源设备同排摆放方式，统一机柜颜色、宽度和高度，提高整体美观度。

②提前规划好下走线架的布设位置，避免与防静电地板脚撑发生冲突；提前规划室外线缆引入信息机房的管线路由，网线从上走线架引入，网络跳线、光缆、电源线和广播线从下走线架引入，避免在信息主机房墙面设置纵向爬架。

③优化机房工作接地与保护接地的原有连接方式，将接地铜排延伸至各机柜底部(工作接地铜排位于机柜前方、保护接地铜排位于机柜后方)，接地线就近接入至接地铜排，走线简洁美观，便于维护。

④线缆布放坚持“平顺分明、直齐圆柔”工艺标准，确保达到“整齐划一、拐弯圆润、顺畅平整、走线分明”的效果。线缆选用 3 种颜色：橙色(网线、网络跳线)，黑色(光缆、电源、广播线)，黄色(尾纤)，层次分明，去向清晰。

2. 站台显示屏、摄像机预埋件预埋、广播安装工艺

施工前与房建单位进行装饰装修方案对接，站台显示屏、摄像机预埋件外露部分及法兰部位均采用外形、颜色与站台雨棚装饰装修相协调的防护罩进行美化。定制与站台桥架、灯具颜色及宽度一致的扬声器，安装方式为两灯具间桥架底部吸顶安装，提高美观性。

第十五章　工 程 接 口

各专业间接口施工主要有路基专业、桥梁专业、隧道专业、轨道专业与站场专业。各站前专业与四电工程接口皆在站前工程施工过程中按规范预留设置。本章主要介绍站后四电各专业接口工程施工情况。

一、通信与各专业接口

(1)信号专用光纤接口为信号机房 ODF/DDF/RJ45 子架(信号专业设置)外线侧,用户侧至信号设备间的跳纤/跳线由信号专业布放。信息系统的 FE/2M 通道接口均为通信机房的 RJ-45/DDF 架用户侧,用户侧至相关设备间的线缆由相关专业布放。

(2)通信机房与牵引变电所、AT 所、分区所、开闭所、开关站及电力 10 kV 配电所、箱变等 SCADA 接入点在同一建筑物内,且通信机房至电气化、电力机房 RTU 设备配线长度小于 100 m 时,SCADA 系统的 FE(电口)通道分界接口在通信机房的 RJ-45 架用户侧;配线长度大于 100 m 时或 SCADA 接入点与通信机房不在同一建筑物内,FE(光口)通道分界接口设置在 SCADA 接入点 ODF 子架(电力、电气化专业设置)用户侧。分界接口用户侧至 SCADA 设备间的线缆由 SCADA 专业布放。

(3)隧道照明控制系统由电力专业敷设光缆至邻近通信传输机房,FE(光口)通道分界接口设置在通信机房 ODF 子架用户侧。

(4)电力、电气化专业提供通信机房的 2 路外电引入及室内交流配电箱(含外电源防雷单元)。直放站机房由电力专业设置 2 路外供交流电源切换装置,其他通信机房由通信电源设备自行完成 2 路外供交流电源切换。室内交流配电箱至通信电源设备的配线由通信专业负责。

(5)通信专业在车辆机房设置综合接入远端设备,该设备供电、机房及接地由车辆专业统一提供,车辆专业网线由通信专业布放。

(6)通信专业不单独设置地线,通信房屋内接地端子由房建专业负责预留。

二、信号与各专业接口

1. 与通信专业的接口

(1)光纤通道

通信线路在本线正线两侧的干线光缆中各提供 6 芯(含备用 2 芯)光纤,构成信号安全数据网,供各站列控中心、临时限速服务器、联锁系统使用。具体光缆路径参考信号安全数据组网图。

通信机械室和信号机房之间光纤布放由通信专业负责,接口位于车站信号机房列控机柜 ODF 子架(由列控提供)。安全数据网使用的光纤在通信机械室采用光缆熔接的方式直接提供到信号机房列控机柜中 ODF 子架的外线侧。

(2)数字通道

GSM-R 系统与 CTC 系统在调度中心接口,本线不新设 GSM-R 服务器设备,利用既有接口服务器。

通信为信号专业提供 CTC 系统用传输系统 2M 接口。

调度中心至沿线各站、各线路所间组不同物理路径、单独通道、独立组网的环型结构自愈网,每5～10站增加一条迂回通道与调度所相连。网络带宽不低于 2M,数据接口为 F-E 接口。

通信为信号专业提供电务集中监测系统用传输系统 2M 接口。

(3)信号系统与综合监控系统(环境监控系统)接口

通信专业的环境监控需要在信号维修工区配置终端。各车站、中继站均提供通信综合监控系统与信号监测站机的CAN总线或422接口。

2. 与电力专业的接口

电力专业应为信号设备提供一级负荷的电源，电力专业提供电源至信号电源防雷配电箱(A/B箱)。与电力专业工程界面为A/B箱的引入处。电力专业根据信号设备用电负荷配置相应的隔离开关。

3. 与牵引供电、接触网专业的接口

信号根据牵引供电方式、牵引电流等资料选择轨道电路扼流变压器类型，并为牵引回流提供CPW接钢轨的地点(加空扼流)。

信号系统根据电气化专业提供的分相区设置及里程设计自动过分相应答器。信号机布置考虑避开接触网分相区无电区。

高柱信号机设置地点需要与接触网设计协调，确保信号机上方的信号机构外缘与接触网带电部分的距离不得少于规定的要求。

4. 与灾害监测专业的接口

信号系统以继电接口的方式与落物监控系统接口。当监测点发生异物侵限时，防灾监控单元直接通过专用电缆以继电电路方式通知列控系统，控制列车运行。

对于风雨雪监测宜采用临时限速的方法，通过列控系统保证列车运行安全。

5. 与信息专业的接口

与信息专业在调度所接口，通过既有TD结合服务器进行。

三、灾害监测工程与各专业接口

(1)灾害监测系统接入点监控单元与通信专业接口位于通信专业数字配线架或数据配线架外线侧。

(2)灾害监测监控单元与车站、信号中继站信号设备接口界面为分线盘接线端子，其中分线盘及其接线端子由信号负责。信号列控系统、联锁系统、集中监测系统均对异物侵限监测报警信息进行相应的处理。

(3)电力专业在各设有灾害监测设备的车站和通信基站灾害监测设备机房提供两路交流220V电源，并设置双电源自投自复式配电箱以及接地箱。灾害监测专业与电力专业接口位于灾害监测机房内灾害监测电力配电箱低压出线开关下端头。

(4)灾害监测专业区间干线电缆设置于通信信号电缆槽，经由站前预留的过轨钢管过轨。

第十六章　高性能混凝土及耐久性施工

平潭海峡公铁两用大桥处于海洋重度盐雾腐蚀环境，通过环境水质调查检测表明，福平铁路工程服役环境条件存在多类含量较大的侵蚀性盐类介质。按照《铁路混凝土结构耐久性设计规范》(TB 10005—2010)的相关规定，相应海域的海水具有硫酸盐侵蚀、镁盐侵蚀、氯盐腐蚀等，其盐类化学侵蚀环境作用等级为H2，盐类结晶破坏作用等级为Y3，氯盐侵蚀作用等级为L3，这将对钢筋混凝土结构存在严重的腐蚀作用。

全桥钢梁全长为5 682 m，钢梁主体结构达13.95万t，工程规模大，运营期间的管理养护工作量大。因此，开展钢梁涂装体系及耐久性试验研究工作也是非常必要的。在如此特殊的工程环境条件下，钢梁采用合理的防腐涂装体系，同时确定合理、严格的涂料供货技术条件，对于本桥的耐久性有着重要的影响。因此，海工混凝土及钢结构防腐是提高跨海桥梁耐久性的关键。

第一节　海洋环境下混凝土结构的耐久性研究及实施

一、环境特点

平潭海峡公铁两用跨海大桥主体结构的设计使用年限为100年，根据《铁路混凝土结构耐久性设计规范》(TB 10005—2010)，铁路混凝土结构所处环境类别分为碳化环境、氯盐环境、化学侵蚀环境、盐类结晶破坏环境、冻融破坏环境、磨蚀环境，依据规范对环境类别的评价标准，平潭海峡大桥各结构部位所处的环境作用等级划分见表4-16-1。

表4-16-1　桥梁结构所处环境划分表

桥梁部位		环境类别			
		碳化环境	氯盐环境	化学侵蚀环境	盐类结晶环境
箱梁、混凝土桥面板		T2	L1	—	—
公路桥墩、主塔上中塔柱		T2	L1	—	—
陆上铁路墩		T2	L1-L2	—	—
水中铁路墩、主塔下塔柱		T3	L1-L3	H2	Y3
承台	海上承台顶高程＞−3.76 m	T3	L3	H2	Y3
	陆上、海上承台顶≤−3.76 m	T2	L1	—	—
桩		T2	L1	H2	Y3

在海洋环境中，飞溅区、潮汐区和海洋大气区对混凝土结构具有较强的腐蚀作用，而海水全浸区则由于含氧量的影响，腐蚀作用相对较弱。另外，还应注意飞溅区和潮汐区的磨损、干湿交替、机械冲击、冻融以及碱骨料反应等可能对混凝土结构耐久性造成的不利影响。不同环境区域的腐蚀特点见表4-16-2。

表4-16-2　不同环境的腐蚀特点

环境区域	环境条件和腐蚀影响因素	腐蚀特点
大气区	风带来细小的海盐颗粒。 腐蚀影响因素：NaCl含量、高度、雨量、温度、湿度、风速、尘埃、日照	海盐粒子使腐蚀加快，但随距离不同而不同，背风腐蚀严重

续上表

环境区域	环境条件和腐蚀影响因素	腐蚀特点
飞溅区	潮湿、充分充气的表面，无海洋生物附着。 腐蚀影响因素：NaCl 含量、高度、雨量、温度、湿度、波浪	海水飞溅，干湿交替腐蚀最激烈，涂层易损坏
潮汐区	周期沉浸，供养充足，海洋生物附着。 腐蚀影响因素：水电阻率、温度、波浪、水流、水质污染	钢和水线以下区组成氧浓差电池，本区受保护，孤立样板在此区腐蚀严重

二、海洋环境下混凝土结构的腐蚀机理

海水是一种含有大量以氯化钠为主的盐类的近中性电解质溶液，并溶有一定量的氧。盐度是海水的一项重要指标，海水的许多物理化学性质如密度、电导率、氯度及溶解氧等都与盐度有关。海水腐蚀的主要影响因素有：含盐量，电导率，溶解物质如二氧化碳、碳酸盐等，pH 值，温度，流速和波浪等。海水的组成中，氯离子含量最高，氯度为 19‰，占离子总量的 55%，是造成混凝土结构中钢筋腐蚀的主要原因。

1. 混凝土中钢筋的基本腐蚀机理

钢筋的腐蚀是一种电化学的过程，包括金属表面形成阳极（腐蚀）和阴极（钝化）区域以及不同区域间的电位差等。在坚实的混凝土内部，由于其孔隙中含有氢氧化钾和氢氧化钠以及大量的微溶氢氧化钙，其 pH 值在 12～14 之间。钢筋在这种高碱性溶液中，由于初始的电化学腐蚀作用，会形成一层致密的氧化物薄膜，这层薄膜牢牢地吸附在钢筋表面，会使钢筋的锈蚀率陡然下降。但由于种种原因（如氯离子侵蚀或者混凝土碳化），钢筋表面的钝化膜将遭到破坏，并导致钢筋锈蚀。

2. 混凝土腐蚀的主要成因

从本质上讲，混凝土在气体介质中的腐蚀过程与其在液体介质中的过程基本相同。这是因为酸性气体与水泥矿物质之间的化学反应是在水膜上进行的，气体首先溶解在水中，然后才能与矿物质发生反应。混凝土的主要腐蚀成因有混凝土碳化、硫酸盐侵蚀、碱—骨料反应、氯离子侵蚀、冻融等。

三、海洋/沿海环境条件下桥梁混凝土耐久性技术实践调研

海洋服役环境下的工程结构，特别是桥梁结构施工难度大，必须确保足够的服役寿命，通常设计使用寿命一般要求 100～120 年以上。而海洋/沿海环境条件具有气温高、湿度大、海水含盐度高的特点，受海水、海风、盐雾、潮汐、干湿循环等众多因素影响，工程主体的钢筋混凝土构件容易因氯离子侵蚀、化学介质侵蚀破坏等产生锈蚀，导致结构性能退化，危及结构的安全使用，耐久性问题非常突出。要在海洋环境中达到 100 年以上的使用寿命是一项难度非常大的工作，用传统的、简单的材料和工艺无法实现。因此，必需采用先进的混凝土结构设计理念和技术进行海湾桥梁工程的耐久性设计。

现阶段我国对于海洋环境下的大桥耐久性设计的系统研究不多，系统性的规范还很不完善。超长跨海大桥的建设，需要借鉴国内外同行们的研究成果和建设经验。依托国内现阶段的技术平台，通过专题研究，形成符合我国国情的跨海大桥的桥梁设计理念和耐久性保障体系。

为满足经济社会发展需要，近年来，我国沿海（海洋）环境下的新建成或正在（规划）建设的大型工程结构逐渐增多。这些工程结构耐久性技术实践表明，为保证工程中钢筋混凝土结构的耐久性能和服役寿命，需要从技术和经济两方面综合考虑，在采用高性能混凝土（海工混凝土）等基本措施的基础上，有针对性地对钢筋混凝土结构采取附加强化措施，如适当增加混凝土保护层厚度、表面涂层、环氧涂层钢筋、采用阻锈剂等。上述沿海或海洋工程的建设不仅积累了宝贵的技术经验，而且极大地增强了对海洋环境条件下工程结构耐久性的深刻认识，相应结构耐久性技术实践成果为将来类似工程建设提供了重要的技术支撑。

四、混凝土耐久性提升技术措施研究

针对本工程服役条件，结合相关最新成果，优化并提出确保设计要求的平潭海峡公铁大桥混凝土耐久性技术措施建议方案。

1. 试验方案

结合本工程的环境特点，主要调研了杭州湾大桥、港珠澳大桥、东海大桥以及温福铁路工程桥梁工程的耐久性。在前期既有试验研究成果的基础上，针对该桥梁工程的两个典型工点环境，分别选取Ⅲ标和Ⅵ标进行了试验室试验，并分别选定3个典型暴露环境下的混凝土设计性能要求进行配合比设计和原材料选择，在满足相关规范(技术规程)要求的前提下，分别设计了见表4-16-3(Ⅲ标)和表4-16-4(Ⅵ标)混凝土配合比。每类环境条件下重点考察了不同胶凝材料组成的影响，鉴于现场实际情况，各混凝土主要考察胶凝材料组成及掺量对混凝土力学性能和耐久性能的影响，各混凝土配比分别试验测试了相应坍落度、含气量以及早龄期的强度、吸水性以及抗氯离子渗透性能等。按照配合比成型了150 mm×150 mm×150 mm立方体混凝土试件，测试相应坍落度和含气量以及1 d、3 d、7 d、28 d、56 d强度/吸水性。

表4-16-3 Ⅲ标试验混凝土配合比(单位:kg)

编号	水泥	粉煤灰	矿粉	砂	石子(1)	石子(2)	减水剂	引气剂	水	坍落度/含气量
桩基 C45-Y3-H2	244	144	96	732	707	303	4.84	0.86	144	220/4.0
	268	120	96	700	707	335	4.84	0.86	144	
承台 C40-T1-L1	210	126	84	711	747	320	4.2	0.588	143	220/2.0
	210	105	105	690	747	341	4.2	0.67	143	
海上承台 C50-T3-L3	239	143	95	655	748	321	4.77	0.858	141	220/4.0
	270	98	122	655	748	321	4.77	0.858	141	
C45/L3-T2	220	79	140	687	752	322	4.29	0.65	145	210/2.1
	242	88	110	687	752	322	4.29	0.7	145	

表4-16-4 Ⅵ标试验混凝土配合比(单位:kg)

编号	水泥	粉煤灰	矿粉	砂	石子	减水剂	引气剂	水	坍落度/含气量
承台C40-T3-Y3	192	77	115	700	1090	3.84	0.768	143	190/4.1
	154	96	134	700	1090	3.84	0.768	143	185/4.5
桩基C45-Y3-H3	201	81	121	694	1081	4.03	0.806	142	185/4.1
	161	101	141	694	1081	4.03	0.806	142	180/5.0
海上承台 C50-T3-L3-Y3	236	95	142	654	1062	4.73	0.946	139	185/4.4
	189	118	166	654	1062	4.73	0.946	139	190/4.8

2. 试验结果

按照试验计划要求，分别测试了相应混凝土在新拌阶段和硬化阶段的性能，表4-16-5为各试验新拌混凝土性能和硬化混凝土性能。

表4-16-5 中各配比新拌混凝土的工作性能及含气量结果

编号	坍落度(mm)	扩展度(mm)	含气量(%)	成型日期
1	205	490	4.9	2014年6月11日
2	205	500	5.1	2014年6月11日
3	195	485	3.6	2014年6月11日
4	185	480	4.3	2014年6月11日

续上表

编号	坍落度(mm)	扩展度(mm)	含气量(%)	成型日期
5	200	500	3.4	2014年6月11日
6	195	510	4.7	2014年6月11日
7	195	495	3.2	2014年6月11日
8	180	470	3.5	2014年6日11日

从表4-16-5的结果可以看出,当胶凝材料中矿物掺合料掺量适当变化(掺合料取代胶材总量45%~50%,粉煤灰和矿渣在20%~30%变化)时,所测8组混凝土拌和物的坍落度和坍落扩展度均较大,拌和物的黏聚性很好,满足设计要求,含气量也在3%~5%之间,掺合料的上述变化对新拌混凝土的性能影响不明显。

从表4-16-6所给出的56 d混凝土的6 h库仑电量可以看到,其抗氯离子渗透性能也满足设计要求。

表4-16-6 各试验硬化混凝土6 h库仑电量(单位:C)

龄期	试样编号							
	1	2	3	4	5	6	7	8
56 d	756	800	980	1 050	630	715	782	760

从表4-16-7中的强度测试结果可以看到,尽管各混凝土中的掺合料掺量已达到45%以上,其1 d龄期混凝土的抗压强度基本在10 MPa左右,但各混凝土3 d龄期的抗压强度均达到了30 MPa以上,而7 d龄期时混凝土抗压强度基本已接近了设计强度值。

表4-16-7 Ⅲ标试验硬化混凝土强度测试值(单位:MPa)

龄期	试样编号							
	1	2	3	4	5	6	7	8
1 d	11.5	12.8	10.4	8.7	14.9	18.8	14.6	13.9
3 d	33.1	32.7	31.1	27.7	38.3	34.2	31	30.6
7 d	43.0	47.9	40	42	52	46.2	45.9	39.5
56 d	55.3	56.4	49.5	51.6	63.2	61.2	57.2	55.1

如图4-16-1~图4-16-3所示是表4-16-5中各混凝土早期对水的吸附性能测试结果。研究混凝土对水的吸附性能可从掌握海洋环境施工条件,环境中的氯盐介质对混凝土在施工期内受到侵蚀作用,从而可有效控制氯盐环境对混凝土的侵蚀作用。

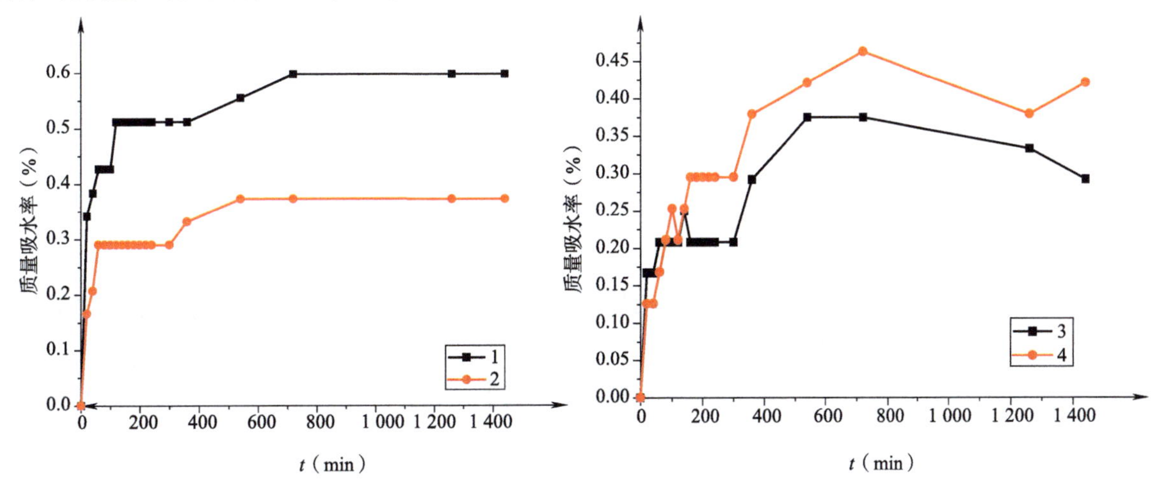

图 4-16-1

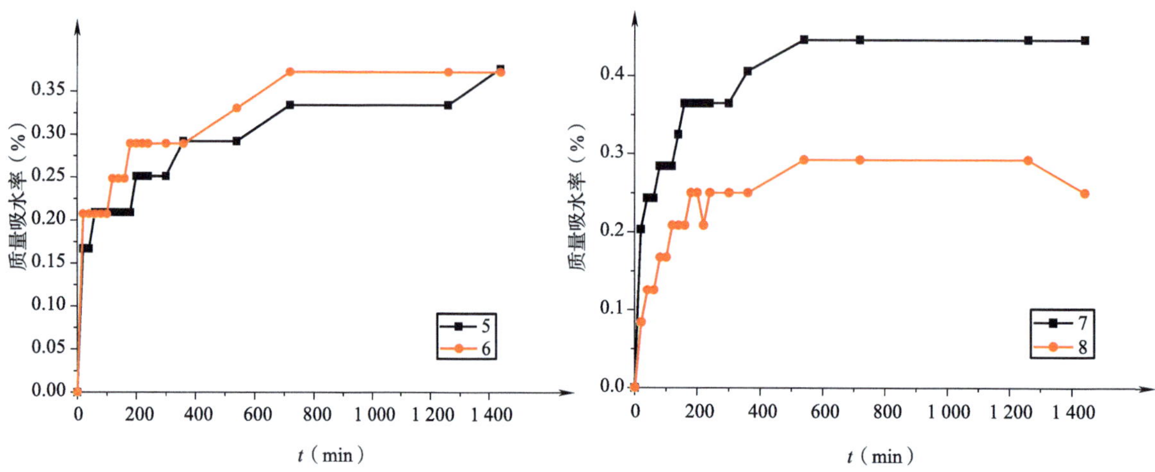

图 4-16-1　各组配比混凝土 1 d 质量吸水率

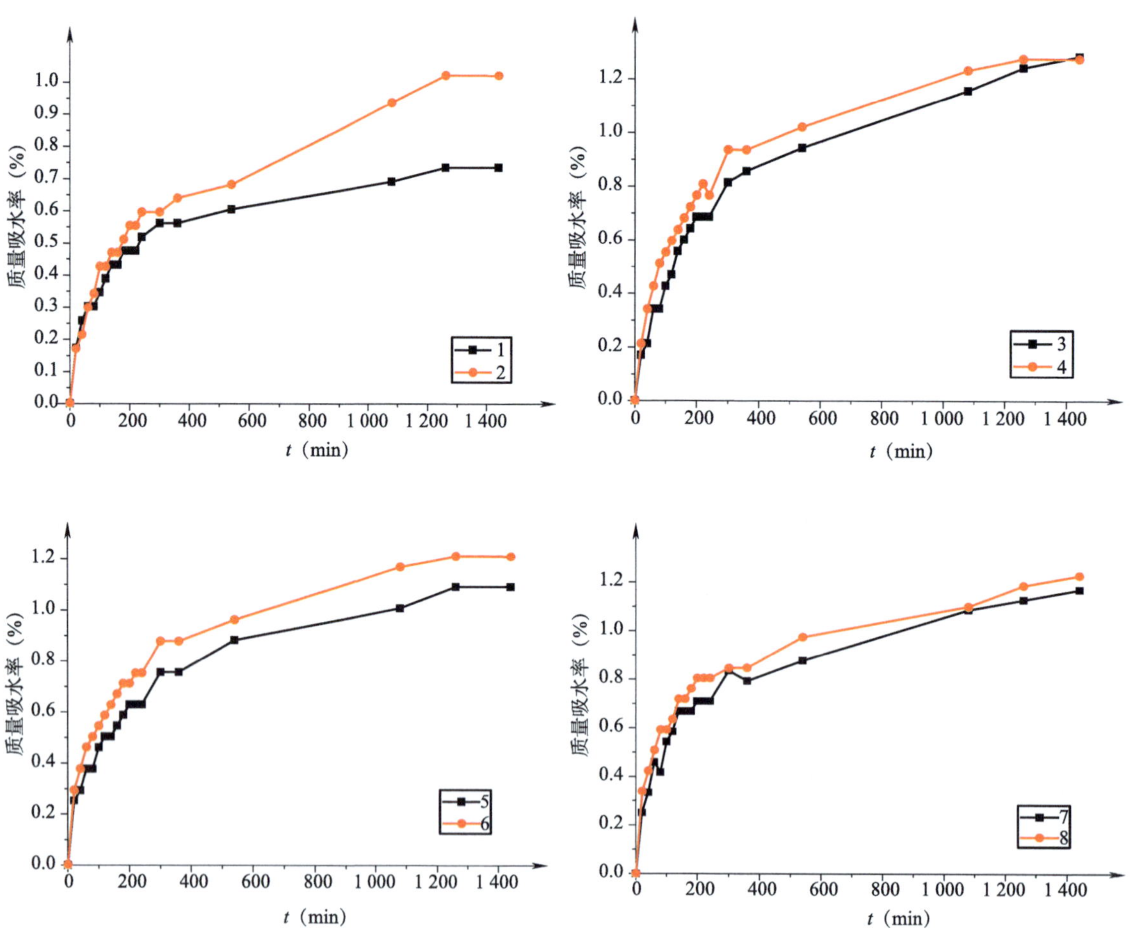

图 4-16-2　各组配比混凝土 3 d 质量吸水率

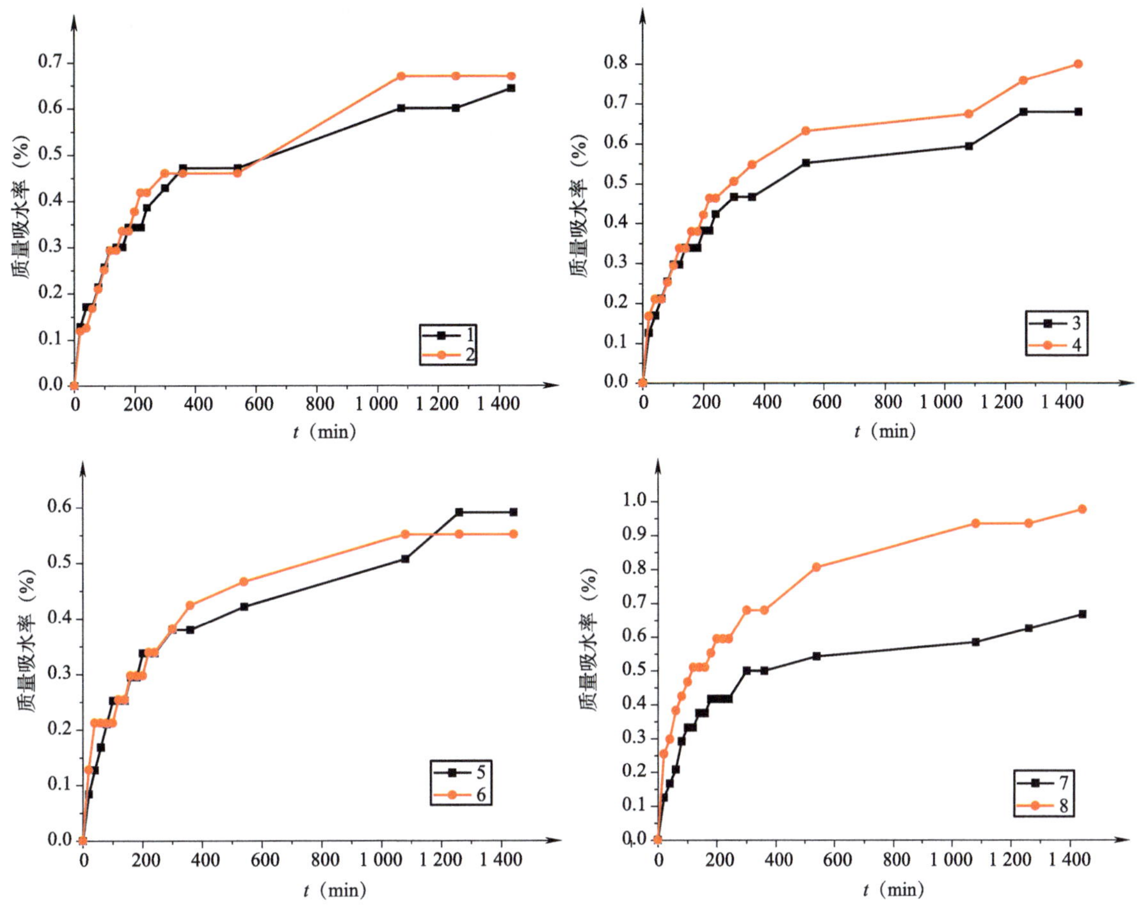

图 4-16-3　各组配比混凝土 7 d 质量吸水率

从上图的结果可以看到，所测 8 组混凝土配合比的吸收性能非常低，表明此时混凝土内部微观结构非常致密，而且联通的毛细管孔也非常小。此条件下，环境中侵蚀性离子介质对混凝土的侵蚀作用较小，特别是控制了早期阶段氯离子的渗入。

表 4-16-8 给出了表 4-16-4(Ⅵ标)试验混凝土 28 d、56 d 龄期的抗压强度，6 h 库仑电量以及 RCM 方法测试得到的氯离子扩散系数结果。从所测结果可以得知，所测 6 组混凝土的抗压强度结果满足设计要求。56 d 龄期的 6 h 库仑电量和氯离子扩散系数也较低，特别是 C40、C45 和 C50 三种混凝土的氯离子扩散系数均小于 5.0×10^{12} m²/s，表明氯离子在各混凝土中的迁移速率非常小，有利于保证钢筋混凝土的长期耐久性能。表 4-16-9 列出了实际施工配合比及其性能测试结果，表明各混凝土可满足相应的氯离子渗透性要求，同时这些混凝土也具有良好的抗裂性能。

表 4-16-8　Ⅳ标各混凝土强度及抗氯离子渗透性能试验结果(50%～60%掺合料)

编　号	强度(MPa)		电通量(C)		氯离子扩散系数(10^{12} m²/s)	
	28 d	56 d	28 d	56 d	28 d	56 d
承台 C40-T3-Y3	46.5	52.4	—	907	—	4.3
	46.3	50.2	1 933	1 081	11.4	4.7
桩基 C45-Y3-H3	42.2	54.9	—	733	—	2.6
	51.2	55.4	62	1 022	8.0	3.8
海上承台 C50-T3-L3-Y3	52.7	60.8	—	805	—	2.4
	60.3	64.8	1 621	909	3.8	2.7

表 4-16-9　实际施工混凝土配合比和性能测试结果

强度等级	工程部位	环境等级	每立方混凝土材料用量(kg)								56 d抗压强度(MPa)	电通量(C)	扩散系数
			水泥	砂	石子	减水剂	引气剂	粉煤灰	矿粉	水			
C40	桩基	L2/T3/H3/Y3	245	716	1 026	4.09	0.409	164	—	140	55.1	915	3.5
C45	承台	L2/T3/H3/Y3	163	685	1 059	4.09	0.409	164	82	140	56.6	837	2.0
C50	承台	T3/H2/Y3/L3	236	659	1 047	5.20	0.946	95	142	138	66.5	704	2.8
C40	桩基	T3/H2/Y3/L1	298	689	1 048	4.69	0.852	128	—	142	59.5	836	6.1
C40	桩基	L2/T3/H3/Y3	298	684	1 065	4.26	0.852	128	—	142	67.5	692	4.2

采用粉煤灰或粉煤灰和矿渣粉双掺技术，且掺合料掺量在30%以上变化条件下，各混凝土抗压强度满足设计强度等级要求，且各混凝土的抗氯离子渗透性能优异。

上述混凝土在3 d龄期时的强度基本可达30 MPa以上，7 d龄期时各混凝土对水的吸附性能较低，表明上述方案设计的混凝土在早龄期内受环境侵蚀性介质侵入作用较小；且混凝土抗氯离子渗透性能优异，满足混凝土耐久性的技术指标要求。

3. 原材料要求

结合既有的相关最新成果及相应的针对性试验，对该桥梁结构混凝土采用的原材料配比参数等提出以下建议，以确保混凝土的耐久性。本工程结构各混凝土的原材料除应满足《铁路混凝土结构耐久性设计规范》(TB 10005—2010)中的相关规定外，还应遵守以下规定。

(1)水泥

①各混凝土宜采用P·O 42.5普通硅酸盐水泥，但应确认水泥混合材中不含石灰石粉；若无法满足该要求时，可采用强度等级为P·Ⅰ(P·Ⅱ)42.5水泥或P·Ⅰ(P·Ⅱ)52.5水泥。各水泥质量符合国家标准《通用硅酸盐水泥》(GB 175—2007)。

②所用水泥的细度(比表面积)宜为300～350 m^2/kg，C_3A含量不大于8%。

③所用水泥的氯离子含量应低于0.06%；水泥的碱含量(按Na_2O当量计)应低于0.6%，且混凝土内总含碱量(包括所有原材料)不应超过1.8 kg/m^3。

④水泥质量应稳定，实际强度应与设计强度等级相匹配。定期对分批进场的水泥进行胶砂强度的评定，标准差宜控制在3.0 MPa以内；应注意水泥的保管，避免水泥受潮，不得使用时间过长或过期的水泥。

⑤水泥进场清单应包括生产厂商名称、水泥种类、数量以及厂商的质量保证书，应证明该批水泥已经试验分析，且符合标准规范要求。

(2)矿物掺合料

①混凝土使用的矿物掺合料包括粉煤灰、磨细矿粉、硅灰等材料。掺合料的掺量应根据设计对混凝土各龄期强度、工作性和耐久性的要求以及施工条件和工程特点(如环境、混凝土拌和物温度、构件尺寸等)而定。其技术条件应符合国家标准《高强高性能混凝土用矿物外加剂》(GB/T 18736—2002)的规定。

②应检测所用各种矿物掺合料的碱含量。矿物掺合料中的碱含量应以其中的可溶性碱计算(如无检测条件时，粉煤灰可溶性碱约为总碱量的1/6，矿粉约为1/2)。

③粉煤灰的主要控制指标和使用要求：粉煤灰(FA)必须来自燃煤工艺先进的电厂，选用组分均匀、各项性能指标稳定的低钙灰。粉煤灰的品质，应首先注重其烧失量和需水量比。本工程C40及以上等级混凝土所用粉煤灰的烧失量不应大于5%，需水量比不大于100%；C40以下等级混凝土所用粉煤灰烧失量不大于8%，需水量比不大于105%。Cl^-含量不大于0.02%，SO_3含量不大于3%。其他指标应符合国家标准《用于水泥和混凝土中的粉煤灰》(GB/T 1596—2005)中的规定。

④磨细矿粉的主要控制指标和使用要求：作为掺合料的磨细矿粉比表面积宜控制在350～500 m^2/kg，烧失量不大于3%，Cl^-含量不大于0.06%，SO_3含量不大于3.5%，含水率不大于1%，28 d活性指数不小于95%，其他指标应符合国家标准《用于水泥和混凝土中的粒化高炉矿渣粉》(GB/T 18046—2008)的规定。

⑤硅灰的主要控制指标和使用要求:硅灰(SF)掺量不宜超过5%。硅灰中的SiO_2含量不小于85%,烧失量不大于6%,需水量比不大于125%;含水率不大于3%,比表面积不小于18 000 m^2/kg。硅灰宜与其他矿物掺合料复合使用。

(3)集料

①配制各混凝土的集料应符合国标《建筑用砂》(GB/T 14684—2011)和《建筑用卵石、碎石》(GB/T 14685—2011)的技术要求。

②选择料场时必须对集料进行潜在活性的检测,本工程不得采用可能发生碱—集料反应(AAR)的活性集料。

③本工程混凝土粗集料采用碎石,最大粒径不应超过25 mm,表观密度不低于2 600 kg/m^3;且应选用质地均匀坚固,粒形和级配良好、吸水率低、空隙率小的洁净碎石,紧密堆积空隙率不大于40%,坚固性不大于8%(预应力混凝土结构不大于5%)。

④本工程C50及以上混凝土粗钢料针片状颗粒含量应不大于5%,含泥量不大于0.5%;C50以下针片状颗粒含量应不大于8%,含泥量不大于1.0%。硫化物及硫酸盐含量(按SO_3质量计)不大于0.5%,Cl^-含量不大于0.02%,吸水率应小于2%。沉积岩粗钢料的压缩指标不大于10%,变质岩和火成岩的压缩指标不大于12%。

⑤各混凝土应优选颗粒坚硬、强度高、耐风化的Ⅱ区河砂,细度模数宜在2.3~3.0之间,不得使用海砂;当经过足够的试验检验合格后,可选用人工砂,且人工砂的质量尚应满足国家相关规范要求。

⑥各混凝土材料的细集料(砂子)的坚固性应不大于8%,泥块含量不大于0.5%,云母含量不大于0.5%,Cl^-含量不大于0.02%,吸水率应小于2%。C50及以上混凝土细集料中的含泥量应低于2 %,C50以下含泥量应低于2.5%。

(4)化学外加剂

①所采用的化学外加剂,必须是经过有关部门检验并附有检验合格证的产品,其质量应符合《混凝土外加剂》(GB/T 8076—2008)的规定,使用前应复检其效果。

②各种化学外加剂应有厂商提供的推荐掺量、主要成分(包括复配组分)的化学名称、氯离子含量百分比、含碱量以及施工中必要的注意事项,如超量或欠量使用时的有害影响、掺加方法等。

③各混凝土宜采用聚羧酸类减水剂,其减水率应不低于25%。

④当混合使用高效减水剂、引气剂、缓凝剂、膨胀剂、阻锈剂及其他防腐剂时,应事先专门测定它们之间的相容性。

⑤化学外加剂的选用应严格考察生产厂家,根据其化学成分、产品质量,结合使用环境、施工条件,通过技术、经济性比较来确定。

⑥化学外加剂掺量应通过试验,根据使用环境、施工条件、混凝土原材料的变化进行调整。

⑦化学外加剂中的氯离子含量不得大于混凝土中胶凝材料总重的0.01%。

(5)拌和用水及养护用水

①拌和水的化学分析应按《公路工程水质分析操作规程》(JTJ 056—84)进行。饮用水可以不进行试验。

②拌和水中不应含有影响水泥正常凝结与硬化的有害杂质及油脂、糖类、游离酸类、碱、盐、有机物或其他有害物质。

③直接养护用水不得采用海水、污水和pH<5的水。水中的氯离子含量应不大于200 mg/L ,硫酸盐含量(按SO_4^{2-}计)应不大于500 mg/L 。

五、混凝土中离子的运输特性及混凝土性能劣化规律研究

通过现场、室内试验,了解并掌握现场条件(浸泡于海水中、潮汐区、水面上)与室内快速模拟条件(半浸泡、干湿循环)下结构中的离子介质运输特性、混凝土性能的演变及氯离子达到保护层后钢筋的锈蚀规律与时效性。

1. 试验方案

本次试验主要选取了平潭海峡公铁大桥的3种典型腐蚀环境条件下相应混凝土配合比进行试验构件(试验桩)和试件的制作,构件制作考虑保护层厚度、涂层的影响。构件和试件同时采用搅拌站规模化生产混凝土进行制作,制作的试件一部分与构件放置在相同的现场环境下,一部分进行室内快速模拟试验,以利于进行对比分析和测试相应的耐久性能参数。试验共制作了尺寸为400 mm×400 mm×10 000 mm构件4根(试验桩)、尺寸为150 mm×150 mm×150 mm的立方体混凝土试件157组(每组3块),构件(试验桩)、试件制作和处置方案见表4-16-10和表4-16-11,构件截面尺寸及构件钢筋保护层厚度示意如图4-16-4所示。

表4-16-10 试验桩制作及处置方案

桩号	混凝土强度等级及配比	桩尺寸及配置	附加涂层处置
桩1	按Y3-H2-T3-L3-IV环境配合比,C50	400 mm×400 mm×10 000 mm,配置8根ϕ20 mm钢筋,水下1 m,潮汐区7 m,大气区2m	左右面无,上下面涂氟碳漆涂层
桩2	按Y3-H2-T3-L3-IV环境配合比,C50		左右面无,上下涂环氧,后面涂硅烷浸渍
桩3	按Y3-H2-T3-L2环境配合比,C40		左右面无,上下面涂氟碳漆涂层
桩4	按Y3-H2-T3-L2环境配合比,C40		左右面无,上下涂环氧,后面涂硅烷浸渍

表4-16-11 试验试块制作与处置方案

混凝土强度等级及配比	尺寸和数量	拆模后试件处置
按Y3-H2-T3-L3-IV环境条件下的配合比,C50	150 mm的立方体,试件7组	无涂层,置于现场大气区
按Y3-H2-T3-L3-IV环境条件下的配合比,C50	150 mm的立方体,试件7组	无涂层,置于现场潮汐区
按Y3-H2-T3-L3-IV环境条件下的配合比,C50	150 mm的立方体,试件7组	无涂层,置于现场水下区
按Y3-H2-T3-L3-IV环境条件下的配合比,C50	150 mm的立方体,试件6组	硅烷浸渍,置于现场潮汐区
按Y3-H2-T3-L3-IV环境条件下的配合比,C50	50 mm的立方体,试件6组	氟碳漆涂层,置于现场潮汐区
按Y3-H2-T3-L3-IV环境条件下的配合比,C50	150 mm的立方体,试件6组	环氧涂层,置于现场潮汐区
按Y3-H2-T3-L3-IV环境条件下的配合比,C50	150 mm的立方体,试件42组	基准无涂层24组,硅烷浸渍、氟碳漆和环氧涂层各6组;所有42组试件带回试验室
按Y3-H2-T3-L2环境条件下的配合比,仅掺粉煤灰,C40	150 mm的立方体,试件38组	20组留置现场(不涂涂层14组置水下和潮汐区各7组,涂氟碳漆涂层6组置潮汐区),18组带回室内试验(基准强度测试6组,不涂涂层、涂氟碳涂层干湿作用各6组)
按Y3-H2-T3-L2环境条件下配合比,掺粉煤灰、矿渣粉(总量50%),C40	150 mm的立方体,试件38组	20组留置现场(不涂涂层14组置水下和潮汐区各7组,涂氟碳漆涂层6组置潮汐区),18组带回室内试验(基准强度测试6组,不涂涂层、涂氟碳漆涂层干湿作用各6组)

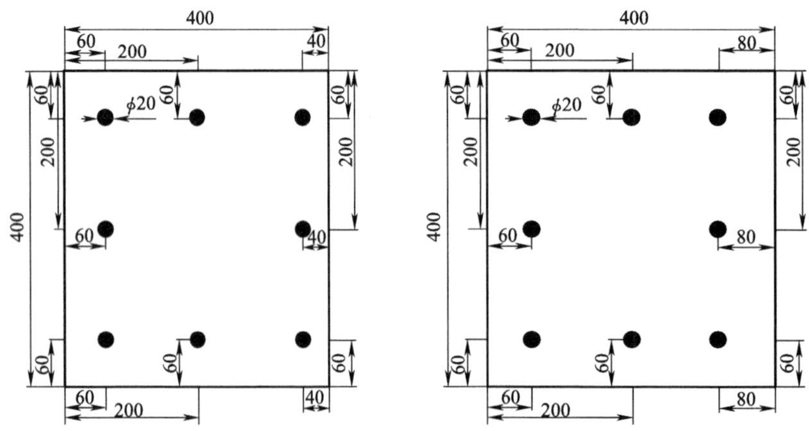

图4-16-4 现场试验桩截面尺寸、保护层厚度及附加涂层处置示意图(单位:mm)

(注:构件上下两个面采用氟碳漆、环氧涂层)

2. 试验构件及试件现场制作

根据试验方案，于 2014 年 11 月～12 月进行了试验构件及试件的现场制作。试验混凝土采用的原材料及配合比见表 4-16-12 和表 4-16-13。

表 4-16-12 C40 河砂混凝土原材料及配比

材料名称	水泥	粉煤灰	细骨料	粗骨料 5～20 mm		水	外加剂	
规格型号	P·Ⅱ52.5	Ⅰ级 F 类	河砂中砂	5～10 mm	10～20 mm	饮用水	减水剂	引气剂
材料用量(kg/m³)	298	129	675	420	631	147	4.29	0.858

表 4-16-13 C50 河砂混凝土原材料及配合比

材料名称	水泥	粉煤灰	矿渣粉	细骨料	粗骨料 5～20 mm		水	外加剂	
规格型号	P·Ⅱ52.5	Ⅰ级 F 类	S95 级	河砂中砂	5～10 mm	10～20 mm	饮用水	减水剂	引气剂
材料用量(kg/m³)	236	95	142	602	444	667	138	5.3	0.946

按照上述配比，采用现场混凝土搅拌站进行混凝土拌和生产。试验测得的新拌混凝土性能如下：新拌 C40 混凝土坍落度 240 mm，扩展度 600 mm，含气量 5.0%，容重 2 306 kg/m³；新拌 C50 混凝土坍落度 240 mm，扩展度 590 mm，含气量 4.5%，容重 2 309 kg/m³。硬化混凝土性能测试结果见表 4-16-14，达到了设计要求。

表 4-16-14 硬化混凝土性能测试结果

项目	56 d 电通量(C)	抗压强度(MPa) 7 d	28 d	56 d	56 d 气泡间距(μm)	56 d 氯离子扩散系数($\times10^{-12}$ m²/s)	56 d 胶凝材料抗蚀系数
C40	873	38.9	50.6	59.5	245	6.1	0.92
C50	704	43.9	57.5	66.5	220	2.8	0.93

如图 4-16-5 所示为现场浇筑成型后的试验桩，如图 4-16-6 所示为现场制作成型后的混凝土试件。现场试件制作完成后，人员立即按照相关要求进行养护，并按照试验测试方案，对试件进行分类处置，一部分试件运回了试验室进行相应的快速试验测试，后续将按照测试方案进行数据采集整理。同时，考虑室内标准条件下的对比试验，将从现场运回一定量的原材料，进行室内试件的制作和养护，并测试相应的性能参数。

图 4-16-5 现场浇筑成型的混凝土试验桩

图 4-16-6 现场制作成型的混凝土试块

3. 试验结果

1)现场试验结果

(1)试块强度

如图 4-16-7 所示给出了置于现场大气区的混凝土试块强度值，其中 C40F 表示单掺粉煤灰，C40FK

表示双掺粉煤灰和矿粉。如图 4-16-8 所示为置于现场大气区的混凝土试块外观。从图中可以看到，现场大气环境下，各混凝土的抗压强度均呈现较大的增加，试件 90 d～270 d 龄期之间抗压强度最大增加率可达 50%以上。

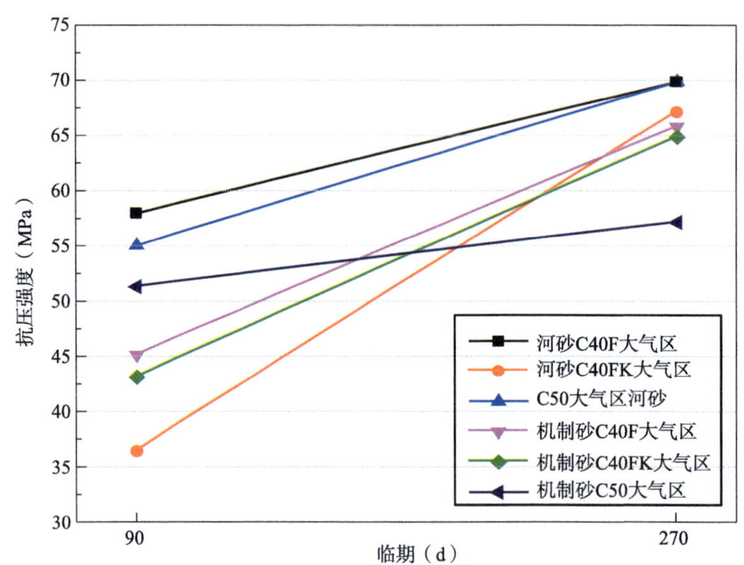

图 4-16-7　各组配比混凝土 90 d、270 d 抗压强度

图 4-16-8　大气区混凝土外观

(2)氯离子扩散系数

①试件准备

试件标准尺寸为直径 ϕ(100±1)mm，高度 h 为(50±2)mm。

②真空饱水

切割好的试件用 NEL-VJH 型混凝土智能真空饱水机进行 24 h 的饱水，如图 4-16-9 所示。

③试件安装

如图 4-16-10 和图 4-16-11 所示，将装有试件的橡胶套安装到试验槽中，并安装好阳极和阴极。然后在橡胶套中注入约 300 mL 浓度为 0.3 mol/L 的 NaOH 溶液，并应使阳极板和试件表面均浸没于溶液中，在阴极试验槽中注入 12 L 质量浓度为 10%的 NaCl 溶液，并应使液面与橡胶套中 NaOH 溶液液面齐平，按设备说明书进行试验。

图 4-16-9 饱水过程

图 4-16-10 试验槽

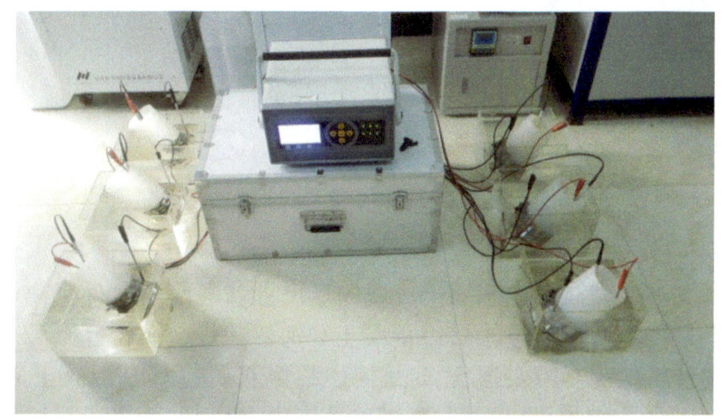

图 4-16-11 试验过程

④试验结果见表 4-16-15。

表 4-16-15 各组配比混凝土 270 d 氯离子扩散系数(大气区)

配合比	河砂 C50	河砂 C40F	河砂 C40FK	机制砂 C50	机制砂 C40F	机制砂 C40FK
扩散系数(m^2/s)	4.1	5.2	2.0	0.8	2.2	3.0

(3)氯离子和硫酸根离子渗透深度

①外观

如图 4-16-12 所示为置于潮汐区的试验桩,桩身形状完整,位于潮汐区的桩身表面已被海洋微生物形成的薄膜覆盖,呈浅绿色。

图 4-16-12 潮汐区试桩

②取样

试验方法:用吊车把 6 根竖立在海里的试验桩取出,平铺在干燥的水泥地面上。在位于潮汐区的桩身左右面用电锤钻孔取粉。每个面均取 6 个点,取样范围为垂直于桩身面向内 0～0.5 cm、0.5～1 cm、1～1.5 cm、1.5～2 cm、2～2.5 cm、2.5～3 cm、3～3.5 cm、3.5～4 cm。最后将 6 个点相同范围内的粉末汇合于同一取样袋中。如图 4-16-13 所示为取样过程。

图 4-16-13　取样过程

③试验结果

如图 4-16-14 所示是龄期为 270 d 的不同组成现场足尺桩基混凝土试件氯离子浓度随龄期的变化结果,其中 1、4 分别是机制砂粉煤灰矿粉复掺 C50 混凝土和河砂粉煤灰矿粉复掺 C50 混凝土,2 是机制砂粉煤灰 C40 混凝土,6 是河砂粉煤灰 C40 混凝土,3 是河砂粉煤灰矿粉 C40 混凝土,5 是机制砂粉煤灰矿粉 C40 混凝土。如图 4-16-15 所示结果可以看到,本试验范围内,机制砂粉煤灰 C40 混凝土的氯离子浓度较高,河砂粉煤灰 C40 混凝土内的氯离子含量次之,其余几组混凝土在 270 d 龄期时的氯离子含量较低,表明外部氯离子进入混凝土内的数量较少。

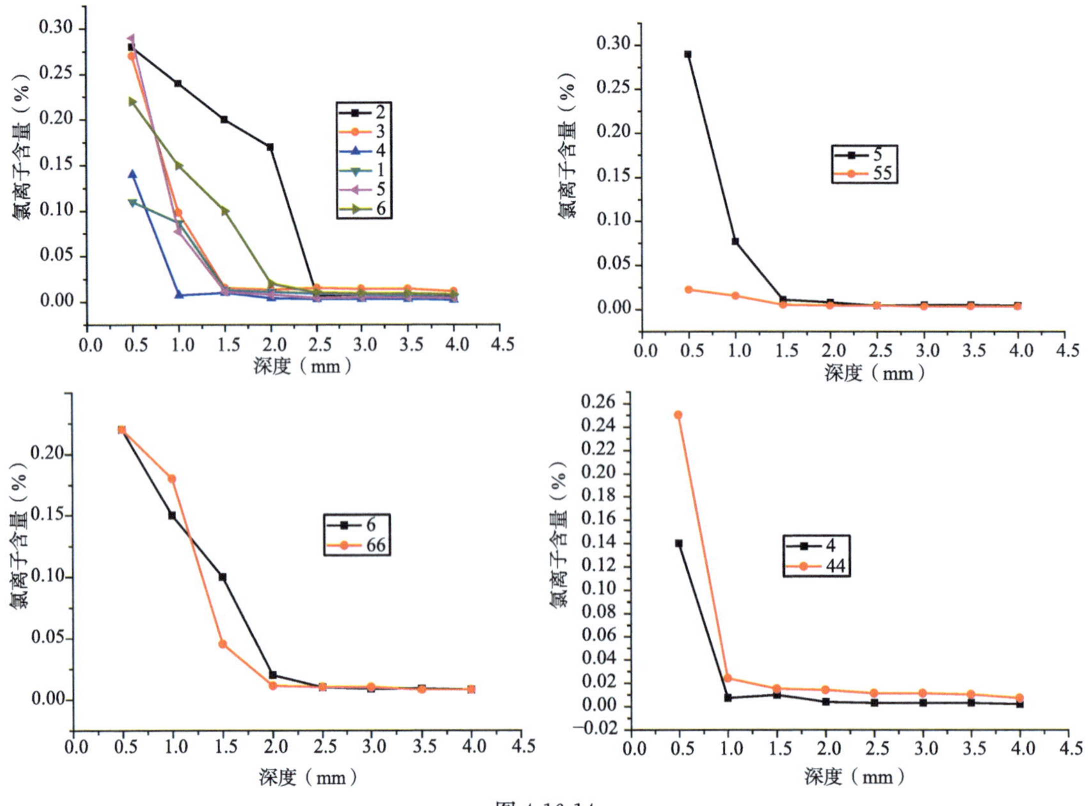

图 4-16-14

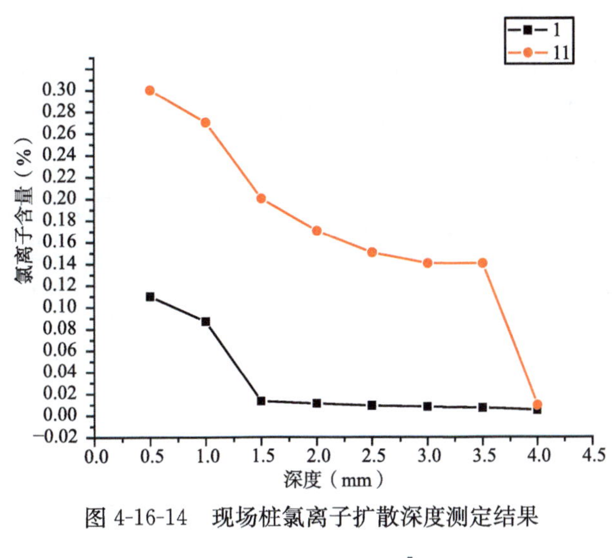

图 4-16-14 现场桩氯离子扩散深度测定结果

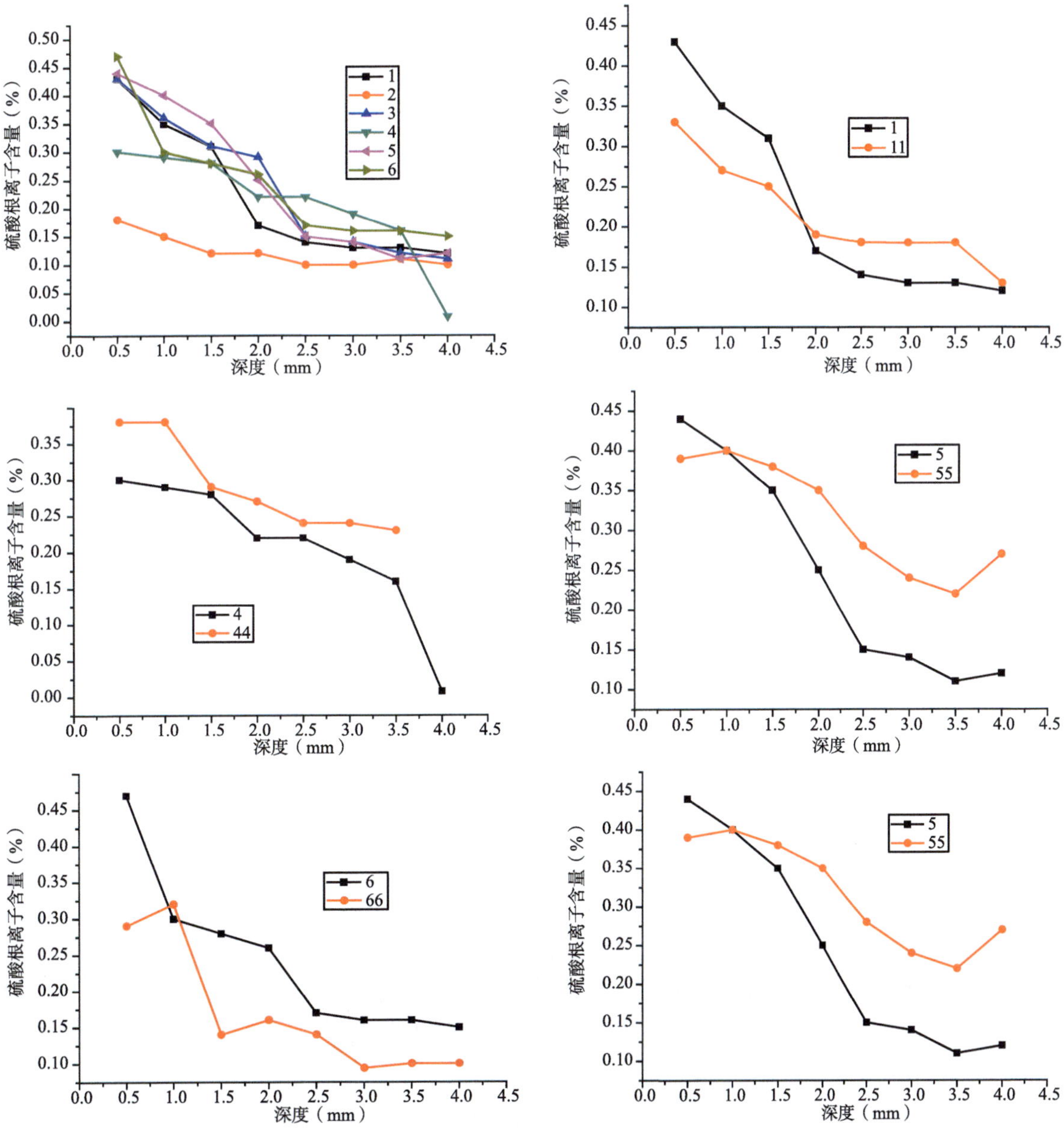

图 4-16-15 现场桩硫酸根离子扩散深度测定结果

2)试验室试验结果

对现场运回的试块分别进行室外半浸泡和室外空气养护处理。其中,室外半浸泡的溶液成分为3.5%的 NaCl 和5%的 Na_2SO_4,溶液浸泡深度为试块高度的0.6倍,浸泡情况如图4-16-16所示。测试安排见表4-16-16,各配比均分为河砂与机制砂两类。

图4-16-16 半浸泡处理的试块

表4-16-16 试件处理及测试安排

配 比	涂层处理	养护方式	测试内容
C40F(粉煤灰)	无	半浸泡	强度;扩散深度
		空气养护	强度;电通量
C40FK(粉煤灰和矿粉)	无	半浸泡	强度;扩散深度
		空气养护	强度;电通量
C50	无	半浸泡	强度;扩散深度
		空气养护	强度;电通量
C50	硅烷浸渍	半浸泡	强度;扩散深度
C50	环氧树脂涂刷	半浸泡	强度;扩散深度
C50	氟碳漆涂刷	半浸泡	强度;扩散深度

(1)试块强度

如图4-16-17~图4-16-20所示为按计划龄期测得的抗压强度结果。从图4-16-17可以看到,在室内模拟侵蚀环境条件下(室外大气、半浸泡),粉煤灰单掺、矿粉与粉煤灰复掺两组试件的抗压强度随着处理龄期的延长而呈现增长趋势。

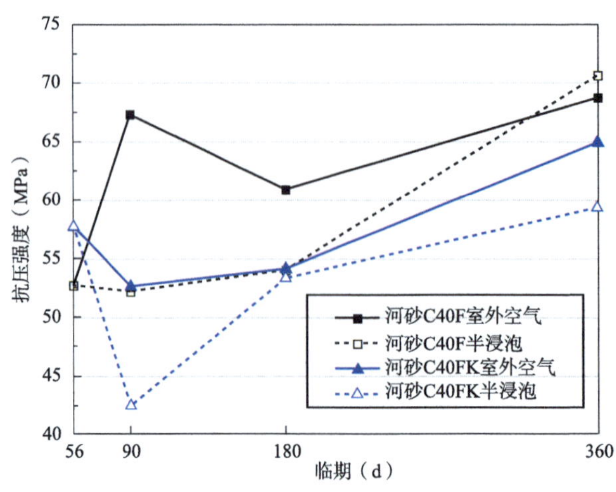

图4-16-17 不同侵蚀条件下河砂C40粉煤灰、粉煤灰矿粉混凝土抗压强度

从图 4-16-18 中的结果也可看到，采用机制砂制备的粉煤灰、粉煤灰矿粉 C40 混凝土的抗压强度也随龄期增长而逐渐增大，但总体强度要低于河砂混凝土。分析原因可知，各混凝土强度的增加主要是水泥水化作用的不断进行导致的，侵蚀作用对混凝土强度的劣化作用目前还较小。因此，总体上混凝土的抗压强度随龄期而呈现增大。

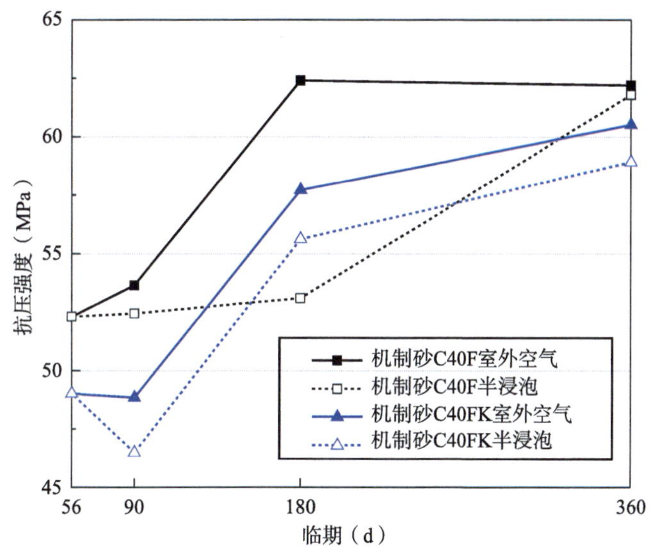

图 4-16-18 不同侵蚀条件下机制砂 C40 粉煤灰、粉煤灰矿粉混凝土抗压强度

从图 4-16-19 中所示河砂 C50 混凝土在不同条件下的强度发展变化结果可知，随着龄期的增长，不同条件下混凝土抗压强度变化不同，在室外空气、硫酸盐半浸泡条件下，混凝土抗压强度呈现缓慢增加趋势。然而，表面涂了硅烷、氟碳以及环氧涂层的混凝土试件随着龄期的延长反而呈现下降趋势，这可能是因为涂层在混凝土表层形成了一个封闭层，使得外部水无法进入混凝土内部，一定程度上阻止了混凝土的进一步水化。

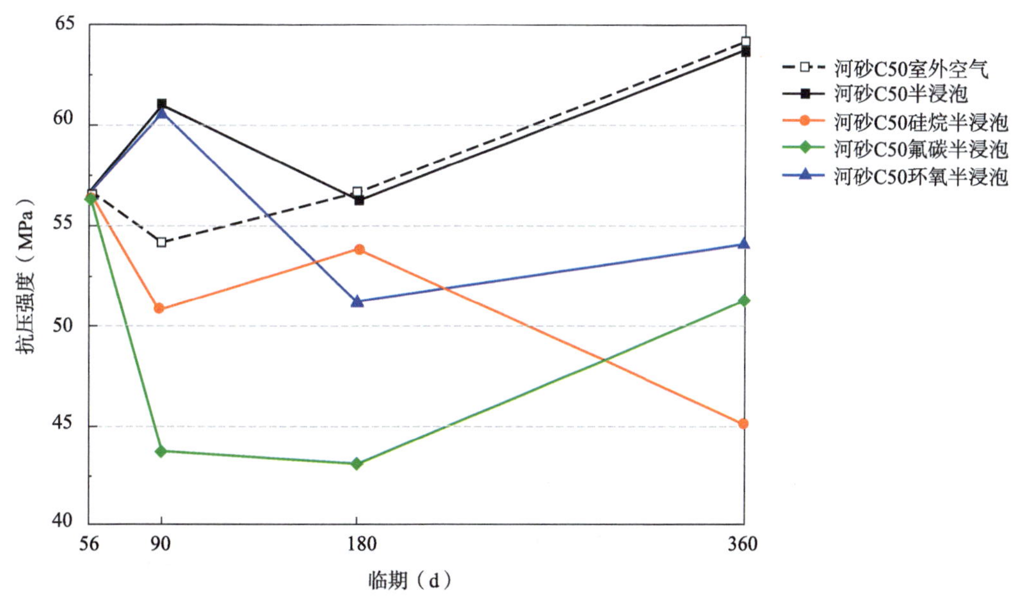

图 4-16-19 不同侵蚀条件和涂层种类下河砂 C50 混凝土的抗压强度

图 4-16-20 的结果表明，机制砂 C50 混凝土在室外大气、硫酸盐半浸泡条件下的抗压强度随龄期也呈现逐渐增加的趋势，外表涂了一层涂层的试件强度要稍低于未涂涂层的试件。

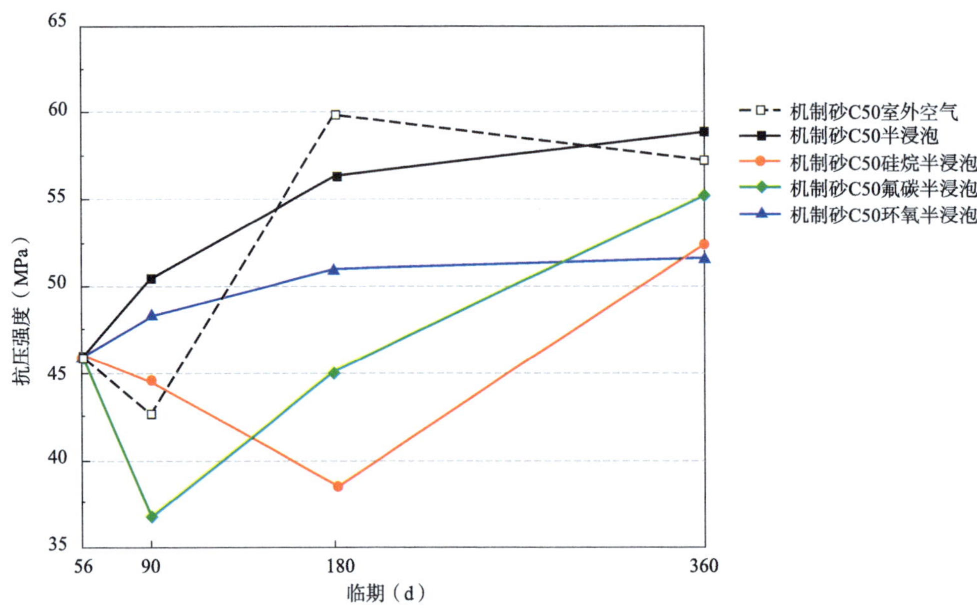

图 4-16-20　不同养护条件和涂层种类下机制砂 C50 混凝土的抗压强度

(2)电通量

将混凝土试件加工成厚度为 51 mm、直径为 102 mm 的圆块，在真空条件下进行饱水处理然后固定在夹具上，两端夹具所用溶液分别为溶液 3%的 NaCl(阴极)和 0.3 mol/L 的 NaOH 溶液(阳极)，在 60 V 的外加电场下，每隔一定时间记录一次电流，持续 6 h。由电流和时间函数曲线计算通过的总电量，来评价混凝土的氯离子渗透性。如图 4-16-21 所示为电通量测试过程。如图 4-16-22 和图 4-16-23 所示为按计划龄期测得的河砂混凝土和机制砂混凝土各龄期下的电通量测试结果。

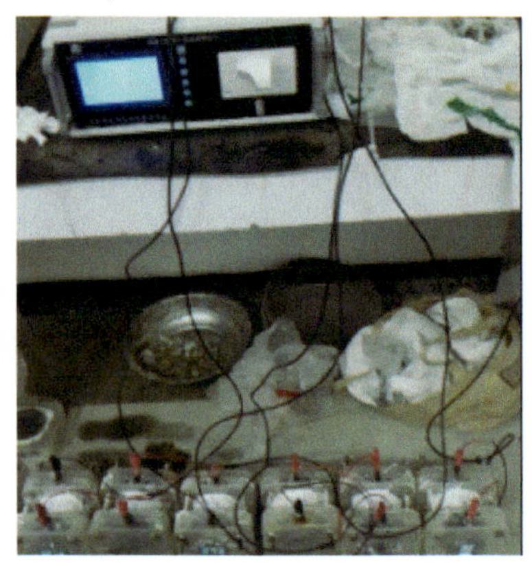

图 4-16-21　电通量测试过程

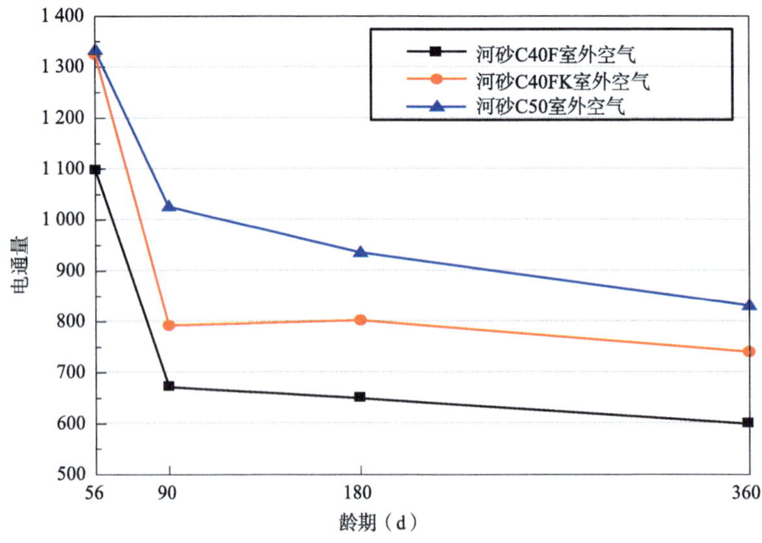

图 4-16-22　电通量测试过程图河砂组各配比规定龄期的电通量

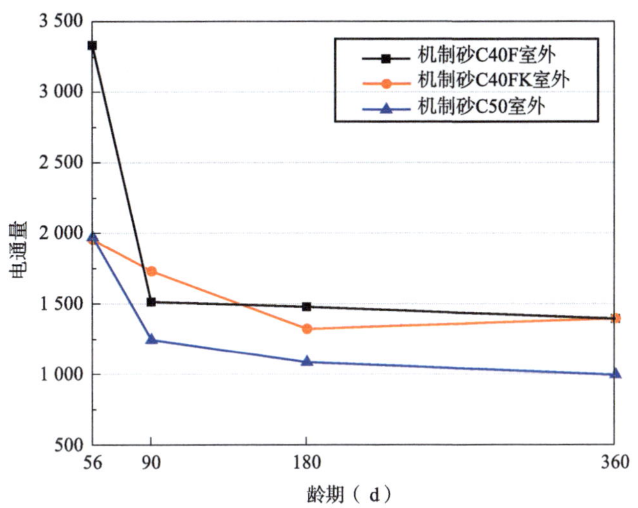

图 4-16-23　机制砂组各配比规定龄期的电通量

从图 4-16-22 和图 4-16-23 中的结果可知，在 1 年龄期内，随着龄期的延长，各试件的电通量不断降低，其中龄期从 56 d 增加至 90 d 龄期范围，各混凝土的电通量显著下降，随后混凝土电通量则随龄期变化缓慢。总体上，在其他条件相同时，机制砂混凝土的电通量要大于河砂配制的混凝土。

(3)氯离子和硫酸根离子渗透深度

如图 4-16-24～图 4-16-31 所示为 270 d 龄期下，硫酸盐氯盐复合侵蚀条件下混凝土氯离子和硫酸根离子浓度随深度的变化，此试验目的是真实模拟存在氯离子、硫酸根离子的海洋环境下混凝土中氯离子的渗透传输。

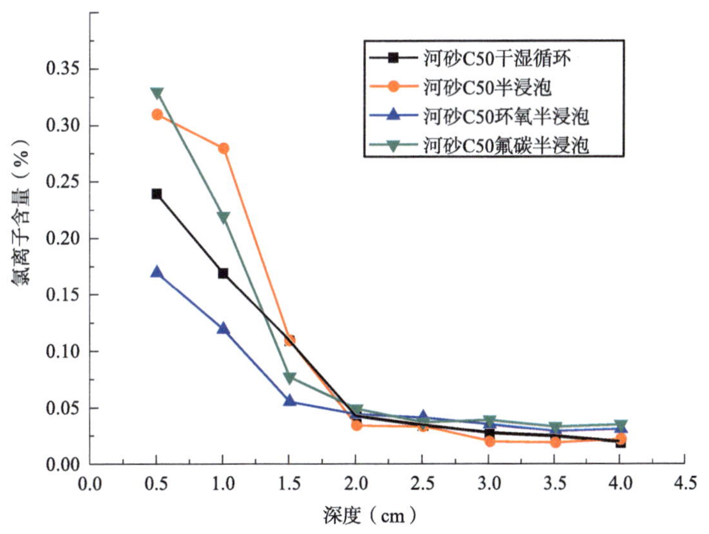

图 4-16-24　河砂 C50 混凝土氯离子扩散深度

从图 4-16-24 中可知，在 270 d 龄期下，氯离子传输至混凝土内部 2 cm 范围内，相对于干湿循环，半浸泡试件中的氯离子含量较大；相对于涂氟碳涂层的混凝土试件，涂环氧涂层混凝土试件内部的氯离子浓度较低，同时也低于未涂涂层的试件。

图 4-16-25 中的结果表明，在半浸泡条件下，复掺粉煤灰和矿渣粉混凝土中的氯离子含量低于单纯粉煤灰混凝土，表明复掺粉煤灰和矿渣的混凝土抵抗氯离子渗透扩散的能力较强。

图 4-16-26 中的结果表明，半浸泡条件下机制砂 C50 混凝土中的氯离子含量最多，涂硅烷混凝土中的氯离子含量最少，涂氟碳、环氧涂层河砂混凝土中氯离子含量基本相似，但要低于半浸泡条件下未涂涂层

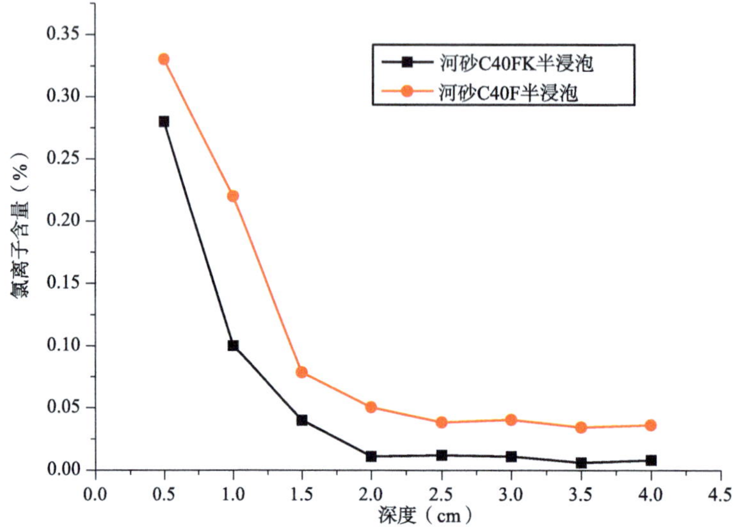

图 4-16-25　河砂 C40 混凝土氯离子扩散深度

机制砂混凝土中的氯离子含量。相比于图 4-16-24，270 d 龄期时机制砂混凝土中的氯离子已渗透至 25 mm 处，大于同条件下的河砂混凝土。

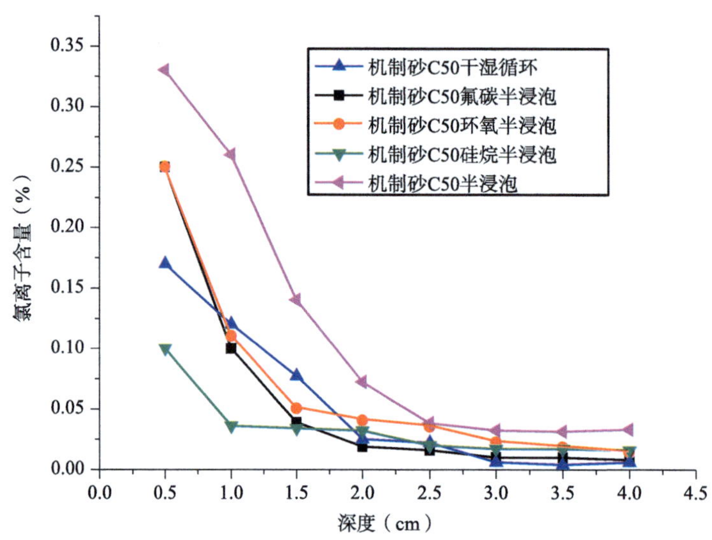

图 4-16-26　机制砂 C50 混凝土氯离子扩散深度

图 4-16-27 中的结果表明，除表面处氯离子浓度外，机制砂粉煤灰 C40 混凝土在半浸泡条件下的氯离子浓度与机制砂粉煤灰矿渣粉复掺 C40 混凝土的氯离子浓度几乎相似，而且与图 4-16-25 的结果相比，机制砂混凝土中各位置处的氯离子含量要大于河砂混凝土。

图 4-16-28 中的结果表明，C50 混凝土在半浸泡条件下，其内部各位置处的硫酸根离子含量均要大于干湿循环条件下的氯离子含量；同时，表面涂了氟碳涂层的试件中硫酸根离子含量低于未涂涂层的混凝土试件。

图 4-16-29 中的结果表明，分别掺粉煤灰、粉煤灰矿渣的混凝土中表层硫酸根离子浓度基本相似，但内部硫酸根离子浓度差别较大，这主要是由于初始原材料引入的内部硫酸根离子不同造成的。

图 4-16-30 中的结果表明，在硫酸根氯离子复盐半浸泡侵蚀处理条件下，表层涂环氧涂层的混凝土的硫酸根离子含量最低，涂氟碳涂层的混凝土次之，涂硅烷涂层与未涂涂层的基准试件基本相似，即硅烷涂层对抵抗硫酸根离子的渗透侵蚀作用不明显。相对于半浸泡，干湿循环作用下混凝土试件内的硫酸根离子浓度较低，这可能是由于干湿循环作用对氯离子在溶液中的传输迁移作用造成的。

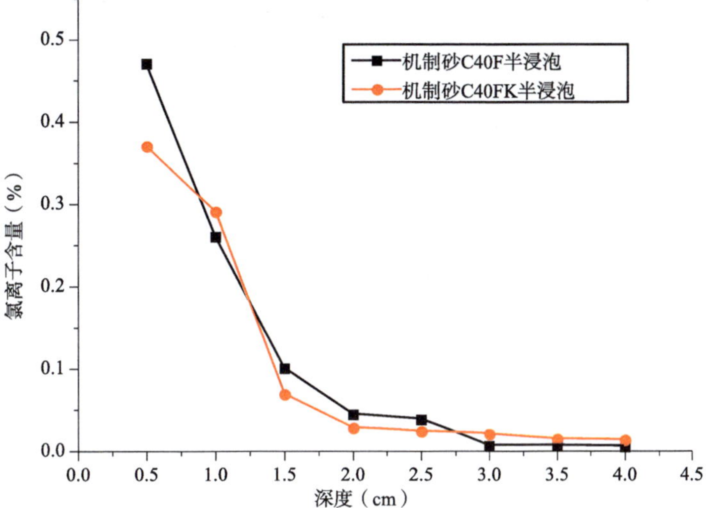

图 4-16-27　机制砂 C40 混凝土氯离子扩散深度

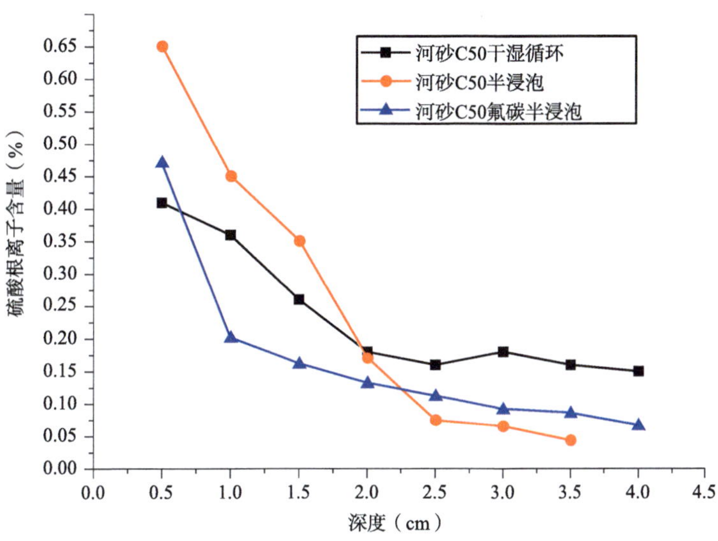

图 4-16-28　河砂 C50 混凝土硫酸根离子扩散深度

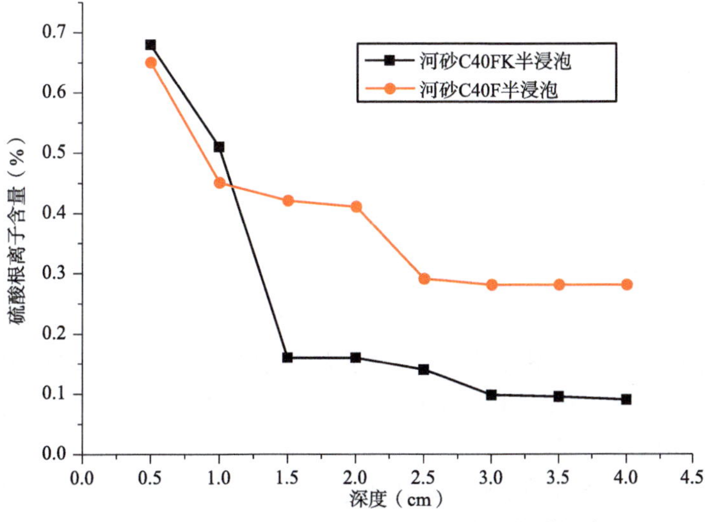

图 4-16-29　河砂 C40 混凝土硫酸根离子扩散深度

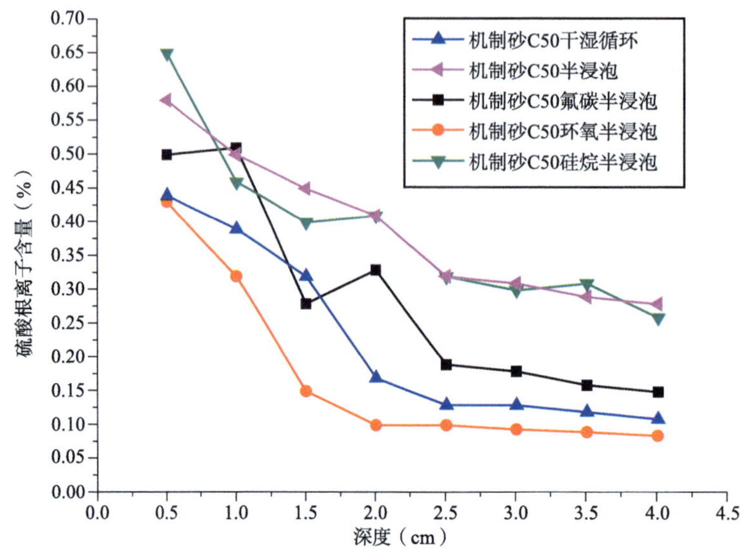

图 4-16-30 机制砂 C50 混凝土硫酸根离子扩散深度

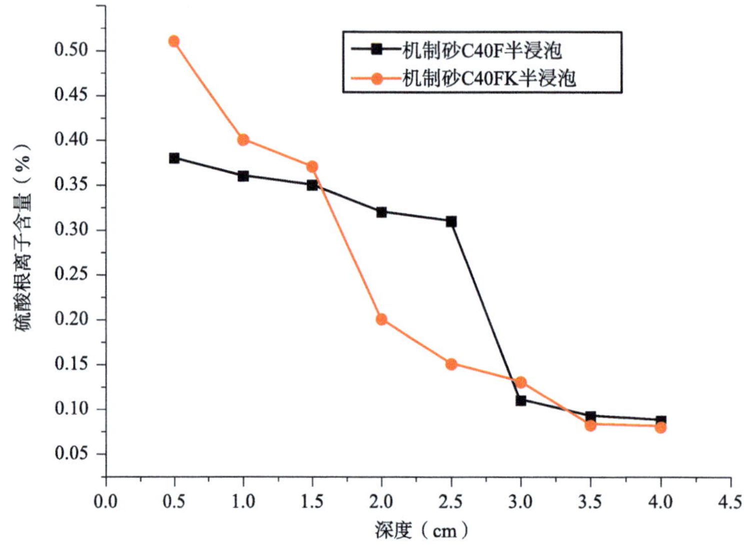

图 4-16-31 河砂 C40 混凝土硫酸根离子扩散深度

六、混凝土配合比设计

1. 基本原则与要求

混凝土配合比设计应根据不同结构部件、不同侵蚀等级、不同设计要求、不同施工方法分别进行设计。通过对新拌混凝土工作性能、硬化混凝土力学性能以及耐久性指标的测定(包括混凝土抗氯离子渗透性、开裂性能等对比试验)，确定以耐久性为目标的最终配合比。

(1)新拌混凝土性能

①施工和易性:以满足施工工艺要求为目标，对于大流动性混凝土而言，除应规定其坍落度外，还应具有合适的坍落扩展度和抗离析性能;对于桩基工程，混凝土应按水下混凝土进行拌和物性能设计。不同新拌混凝土的工作性要求参见表 4-16-17。

②凝结时间:以结合施工环境温度、施工组织规划等情况，确定合适的凝结时间，通常新拌混凝土的初凝时间不小于 2 h。

表 4-16-17　混凝土浇筑入模时的工作性要求

混凝土类型	坍落度(mm)	坍扩度(mm)	抗离析性能
泵送混凝土	180±20(2 h 坍落度损失不大于 15%)	≥450	良好
水下浇筑混凝土	200±20(2 h 坍落度损失不大于 15%)	≥550	优异,黏聚性好

③含气量:含气量对混凝土强度和耐久性均存在显著影响,适当的含气量有利于提高海洋环境下混凝土的耐久性。本工程各新拌混凝土的含气量不得小于 3%。

(2)硬化混凝土性能

除应满足设计强度等级和设计耐久性要求,还需满足以下性能要求,如:

①高体积稳定性;

②优异的抗渗性,其抗氯离子渗透系数宜不大于 5.0×10^{12} m^2/s(RCM 法);

③高抗盐化学腐蚀及盐结晶侵蚀性能;

④优异的抗海水冲刷性能(如潮汐区);

⑤抗盐雾侵蚀和碳化作用的性能;

⑥良好的护筋性。

2. 混凝土组成配比参数的选择

(1)原材料选用

选用坚固耐久、级配优良、粒形良好的洁净集料,粗集料最大粒径不大于 25 mm;选用硅酸盐系水泥、矿物掺合料作为胶凝组分;选用减水率高、质量稳定的羧酸系高效减水剂以及引气效果好、气泡稳定的引气剂等原材料,热天浇筑大体积混凝土宜选用缓凝高效减水剂。

(2)掺合料的掺用

掺合料宜采用两种或两种以上的矿物掺合料双掺,矿物掺合料占总胶凝材料总量不应低于 40%;在满足单方混凝土中胶凝材料最低用量要求的前提下,尽可能降低硅酸盐水泥用量,使用大掺量优质粉煤灰、矿粉等,以降低混凝土水化热温升。

(3)骨料的体积用量

为减少混凝土的收缩变形,确保混凝土的体积稳定性,各单方混凝土中的粗细骨料体积用量不宜低于 650 L,砂率不宜大于 42%(采用人工砂时,砂率可适当增加)。

(4)水胶比及胶凝材料用量

结合混凝土强度设计等级要求和现行普通混凝土配合比设计规程,计算得到水胶比参数;同时,为保证混凝土的耐久性,各混凝土的最大水胶比以及最大、最小胶凝材料用量应满足表 4-16-18 中的规定。最终的水胶比取上述两者中的小者,胶凝材料用量不应超出表中的规定范围。

表 4-16-18　水胶比和胶凝材料用量范围

工程部位	最大水胶比(W/B)	胶凝材料最低用量(kg/m^3)	胶凝材料最高用量(kg/m^3)
桩基混凝土(C40/C45)	0.38	360	450/480
非浪溅区承台、墩身(C40～C50)	0.37	360	450
浪溅区承台、墩身(C40～C50)	0.36	400	450
现浇箱梁、索塔(C50)	0.36	400	480
预制桥面板及箱梁(C60)	0.35	400	480

(5)混凝土配合比设计的其他耐久性规定

① 氯盐环境下,混凝土拌和物中由各种原材料引入的氯离子总量应不超过胶凝材料总量的 0.1%(钢筋混凝土结构)和 0.06%(预应力混凝土结构)。

② 为防止碱—集料反应发生,混凝土内总碱量(包括所有原材料)应小于 1.8 kg/m^3。

③确保大体积混凝土内部最高温度不高于70℃。

④各混凝土应进行抗裂性能的对比试验，从中优选抗裂性能良好的原材料和配合比。

⑤通过限制混凝土早期强度的发展有效控制开裂。要求12 h抗压强度不大于8 MPa或24 h不大于12 MPa；对抗裂要求较高的构件(如浪溅区承台和铁路墩身)，12 h抗压强度不宜高于6 MPa或24 h不宜高于10 MPa；对于预应力构件，此要求可适当放宽。

⑥对于浪溅区的承台、铁路墩身，混凝土中可掺加阻锈剂以防止钢筋锈蚀；钢筋阻锈剂应符合有关标准规范要求，并应进行试验检验合格后才能使用。

3. 混凝土的试配与配合比确定

(1)根据上述初步设计的配合比参数，选择设计水胶比附近的3个水胶比进行混凝土试配，测定新拌混凝土的工作性和硬化混凝土的强度及耐久性参数。

(2)选定满足工作性和硬化混凝土强度、耐久性要求的配合比，作为试验室配合比。

(3)根据实际施工采用的砂石原材料含水率情况，确定施工混凝土配合比。

(4)对于预应力混凝土的抗压弹性模量、自由收缩和徐变试验应按设计要求另行制备试件。

(5)当水泥、矿物掺合料和集料的品种、质量有改变时，必须重新设计配合比。当环境温度或混凝土浇筑温度升高或降低超过15℃时，应考虑调整原定配合比。

七、混凝土结构防腐蚀强化措施研究

对于钢筋混凝土结构而言，海洋环境属于严酷服役条件，其中存在的氯盐腐蚀作用对钢筋混凝土结构的长期服役是一个严峻的挑战。通常，对于腐蚀等级为L3、H4、Y4、D4、M3等存在严重腐蚀的服役环境条件，为了确保钢筋混凝土结构的服役寿命，除了采用高性能混凝土等基本措施外，还需采用一些强化附加措施，特别是对保护层混凝土宜采用一种或多种耐久性强化措施。混凝土表面涂层是保证混凝土结构耐久性的附加强化措施之一，已在不少大型工程中得到了应用。为确保该工程钢筋混凝土结构的耐久性，需要采取涂层等附加强化防腐措施。

1. 工程调研

(1)国内相关规范的规定

除了混凝土结构本身满足碳化环境、氯盐环境、化学侵蚀环境、盐类结晶破坏环境等，常见环境下的耐久性设计外，严重腐蚀环境下的混凝土工程还需采取防腐蚀强化措施。对于沿海工程混凝土的防腐蚀技术，我国《铁路混凝土结构耐久性设计规范》(TB 10005—2010)、《海港工程混凝土结构防腐蚀技术规范》(JTJ 275—2000)、《公路工程混凝土结构防腐蚀技术规范》(JTG/TB 07-01-2006)和《混凝土结构耐久性设计规范》(GB/T 50476—2008)均提出了明确的要求。

①《铁路混凝土结构耐久性设计规范》(TB 10005—2010)第8.0.1条中明确规定“当混凝土结构处于严重腐蚀环境(L3、H4、Y4、D4、M3)条件时，应根据工程的具体情况，对混凝土结构采取一种或多种防腐蚀强化措施。”

②《海港工程混凝土结构防腐蚀技术规范》(JTJ 275—2000)第3.0.2条中明确规定“混凝土结构防腐蚀耐久性设计，应针对结构预定功能和所处环境条件，选择合理的结构形式、构造和抗腐蚀性、抗渗性良好的优质混凝土；对处于浪溅区的混凝土构件，宜采用高性能混凝土，或同时采用特殊防腐蚀措施。”

③《公路工程混凝土结构防腐蚀技术规范》(JTG/TB 07-01-2006)4.1节中明确规定“对于重要工程中受环境严重作用(D,E和F级)的结构部位，应考虑是否需要采取附加防腐蚀措施。”

④《混凝土结构耐久性设计规范》(GB/T 50476—2008)第3.1.2条中明确规定“混凝土结构的耐久性设计应包括下列内容：a、结构的设计使用年限、环境类别及其作用等级；b、有利于减轻环境作用的结构形式、布置和构造；c、混凝土结构材料的耐久性质量要求；d、钢筋的混凝土保护层厚度；e、混凝土裂缝控制要求；f、防水、排水等构造措施；g、严重环境作用下合理采取防腐蚀附加措施或多重防护策略；h、耐久性所需的施工养护制度与保护层厚度的施工质量验收要求；i、结构使用阶段的维护、修理与检测要求。”第6.1.4条中明确规定“氯化物环境下的重要混凝土结构和构件，当环境作用等级为E或F级时应采用防腐蚀附

加措施。"

由此可见，规范已将防腐蚀强化措施作为混凝土结构耐久性设计的一项必要内容加以明确规定。对于沿海工程混凝土的防腐蚀技术，除了选择合理的结构形式和抗腐蚀性、抗渗性良好的混凝土之外，采用防腐蚀强化措施也是提高混凝土结构物耐久性的重要措施。

(2)国内外桥梁工程调研

①国内工程调研

主要调研了东海大桥、黄海大桥和崇启大桥三座大桥的耐久性附加措施的应用情况。在对三座大桥服役环境对比的基础上(表 4-16-19)，分别分析三座大桥耐久性附加措施的实际应用情况。

表 4-16-19　服役环境对比表

项目名称	设计使用年限(年)	地理位置	环境条件		
			氯离子含量(mg/L)	平均水流速度(m/s)	平均潮差(m)
东海大桥	100	杭州湾与长江口交界位置	4 948～17 452	2	3.2
黄海大桥	100	南通港洋口港区	18 348	1.26	4.61
崇启大桥	100	长江口北支崇明岛与启东之间	7 008～14 060	2.13	4.45

在东海大桥工程建设过程中，根据结构安全使用 100 年的要求，确定耐久性的设计思路为：首先，采用高性能混凝土来提高混凝土材料本体的耐久性；其次，针对不同构件的部位，确定合理的钢筋保护层厚度；最后，对于环境条件严苛的结构部位增加其他辅助措施，如增加防护涂层等，以提高大桥混凝土结构的使用寿命。

黄海大桥为提高混凝土结构的耐久性及抗海水侵蚀性能，采取的主要防腐措施为：在混凝土结构物表面采用硅烷浸渍和环氧涂层两道防护措施。

在崇启大桥工程建设前期，首先对桥位环境进行调研分析，根据环境的特殊性进行理论分析研究，最终根据理论研究成果，在保证桥梁结构安全满足设计要求的前提下，确定经济合理的耐久性防护措施。

港珠澳大桥作为海洋工程的典型结构物，针对结构所处的不同海洋环境区域，结合混凝土结构的耐久性及经济效应，综合考虑结构主要受力区以及结构不能更换的部位，采用了相应必要的防腐措施。四大桥各部位耐久性方案见表 4-16-20。

表 4-16-20　国内桥梁耐久性方案设计

工点	结构部位	环境分区	最低强度等级	最小保护层厚度(mm)	辅助措施
东海大桥	承台	水位变动区、浪溅区	C40	90	涂防腐蚀涂层
	墩柱	水位变动区、浪溅区	C40	70	涂防腐蚀涂层
	箱梁	大气区	C50	40	—
	桥面板	大气区	C60	40	—
	塔柱	下部为水位变动区、浪溅区，上部为大气区	C50	70	下部涂防腐蚀涂层
黄海大桥	承台	水位变动区、浪溅区	C45	100	涂防腐蚀涂层
	墩柱	水位变动区、浪溅区	C45	90	涂防腐蚀涂层
	箱梁	大气区	C50	70	—
崇启大桥	承台	水下区	C35	90	—
		水位变动区	C35	90	—
		浪溅区	C35	90	—
	墩身	水位变动区	C45	75	—
		浪溅区	C45	75	—
		大气区	C45	75	—

续上表

工点	结构部位	环境分区	最低强度等级	最小保护层厚度(mm)	辅助措施
崇启大桥	箱梁	大气区	C50	预应力钢绞线 70	—
				普通钢筋 45	—
港珠澳大桥	预制箱梁	大气区	C50	内 45/外 50	硅烷浸渍
	现浇箱梁	大气区	C50	内 45/外 50	硅烷浸渍
	箱梁	浪溅区	C55	内 50/外 80	硅烷浸渍/防腐钢筋
	预制、现浇墩身	大气区、浪溅区、水位变动区、大气区	C50	内 50/外 80	硅烷浸渍/防腐钢筋
	预制、现浇承台	泥下区	C40	外 60	—
	钻孔桩	泥下区	C40 水下	外 60	—
	钢管复合桩填芯	泥下区	C40 水下	—	涂层+牺牲阳极

对上述四座桥梁采用的耐久性防护措施进行对比分析，发现目前国内主要的防护措施是选用高性能混凝土，并对混凝土表面进行防护。但各个桥梁采用的防护措施不尽相同，是根据桥梁所处的特殊环境以及施工技术水平而制定的具有其工程特点的施工方案。

②国外工程调研

国外一些跨海工程的耐久性防护措施见表 4-16-21。

表 4-16-21　国外跨海工程耐久性防护措施

工程名称	混凝土耐久性防护措施				
	表面涂层防护	阻锈剂	防腐蚀套	耐蚀或不锈钢筋	阴极保护
日本福冈博多湾跨海大桥	√				
挪威 Skarnsun 大桥	√				
新加坡丹戎愚悬索桥	√				
巴林-沙特阿拉伯法赫德国王大桥					
马来西亚 Seri Wawasan 大桥	√				
莫斯考索大桥			√		
悉尼水族馆	√				√
英国 Memorial 大桥					√
美国 St. anthony&MTC 通道		√			

对上表进行分析可知，国外跨海工程中使用较多的耐久性防护措施是进行表面涂层防护，有的工程选用了阴极防护措施、防腐蚀套和掺加阻锈剂的方法。

(3)调研结论

沿海桥梁所处环境及运营条件比较恶劣，桥梁混凝土结构受到环境侵蚀程度较大，这对沿海桥梁的耐久性设计工作提出了更高的要求，需要在防腐蚀强化措施的经济性、可施工性以及可更换性方面进行全面考虑。如果耐久性强化措施设计不当，不仅浪费人力、物力和财力，而且也会增加桥梁后期运营维护的压力。因此需要根据实际环境及工程特点，采取适宜的耐久性强化措施，以提高桥梁混凝土结构耐久性能和使用寿命。

2. 防腐蚀强化措施分类

除了混凝土结构本体满足碳化环境、氯盐环境、化学侵蚀环境、盐类结晶破坏环境等常见环境下的耐久性设计外，严重腐蚀环境下的混凝土工程还需采取防腐蚀强化措施。根据相关混凝土耐久性规范并结合一些工程实例，将防腐蚀强化措施主要分为表面涂层、表面浸渍、阴极保护、涂层钢筋。

3. 表面涂层

混凝土表面涂层是海洋腐蚀环境混凝土耐久性防腐蚀强化措施之一。表面涂层包括防腐蚀涂层和防水层等。混凝土属于强碱性建筑材料，采用的涂层涂料应具有良好的耐碱性、附着性和耐蚀性，常用的有氟碳涂料、环氧树脂涂料等。

1)氟碳涂层

(1)研发及应用

我国氟碳涂料的发展始于20世纪90年代，由大连振邦、常熟中昊率先成功开发三氟氯乙烯—醋酸乙烯酯共聚物，并实现产业化。2004年，铁科院金化所在万州长江特大桥研究课题基础上，借鉴日本在桥梁领域广泛的应用。大连振邦氟涂料股份有限公司于20世纪90年代初期开展常温固化型氟碳漆的研制，其产品先后在重庆嘉陵江大桥、宜昌夷陵长江大桥均采用了环氧富锌底漆＋环氧云铁中涂漆＋常温固化氟碳面漆的配套体系，并取得了良好应用效果。中科院上海有机化学所、上海3F氟材料研究所、晨光化工研究院、浙江化工研究院、上海曙光化工厂等单位也从事树脂的相关开发与研究工作。近年来国内的某些大型混凝土结构的桥梁对此进行了涂装防护和装饰的实践，也取得了很好的效果。国内桥梁用氟碳漆涂料涂装的应用案例见表4-16-22。

表4-16-22 桥梁氟碳涂料涂装案例

桥　名	修建年份	防腐体系	腐蚀环境
嘉陵江大桥	1994年	FEVE氟涂料涂装试验	酸雨地区
大连滨海路北大桥	1995年	含氟涂料的应用试验	盐雾地区
广东省肇庆市大旺桥	1996年	含氟涂料的应用试验	紫外线照射严重、高温、高湿环境
万州长江大桥	2003年	环氧富锌＋环氧云铁中间漆＋ 氟碳面漆	酸雨环境
杭州湾跨海大桥钢箱梁	2006年	氟碳面漆	海洋环境
青藏铁路拉萨河大桥	2006年	环氧富锌＋环氧云铁中间漆＋Xvflon氟碳涂料面漆	太阳辐射强
天兴州大桥	2007年	四氟型FEVE氟碳面漆	腐蚀环境

1993年，大连塑料研究所成功开发FEVE后，在桥梁领域进行的FEVE早期试验研究包括重庆嘉陵江大桥、大连滨海路北大桥、广东省肇庆市大旺桥进行的含氟涂料的应用试验。上述试验均证明氟碳涂料比传统的耐候面漆具有更高的环境适应性，在严酷腐蚀环境表现出优异的耐候性能和防腐性能。

万州长江大桥是最早采用氟碳面漆涂层体系的桥梁，2007年的天兴州大桥、大胜关大桥也采用了氟碳面漆，标志着氟碳涂料在桥梁领域的推广应用进入了大发展阶段。青藏铁路拉萨河大桥(图4-16-32)选用的是Xvflon氟碳涂料面漆涂装，经过多年使用，没有出现任何粉化、开裂、剥落等现象。

图4-16-32 青藏铁路拉萨河大桥

氟碳涂料面漆较其他面漆具有明显的耐老化性能，国内的氟碳涂料在主要性能上与国外产品尚有一定的差距。

(2)性能与作用机理

氟碳涂料是指以氟树脂为主要成膜物质的涂料，又称氟碳漆、氟涂料、氟树脂涂料等，是在氟树脂基础上经过改性、加工而成的一种新型涂层材料，其主要特点是树脂中含有大量的 F-C 键，其键能为 485 kJ/md，键极短、键能高，因此分子结构非常稳定，在所有化学键中堪称第一，可以满足长效防腐的要求。氟树脂涂料由于引入的氟元素电负性大，碳氟键能强，具有特别优越的各项性能，如优异的耐候性、耐热性、耐低温性、耐化学腐蚀性、稳定性，而且具有独特的不黏性和低摩擦性。经过几十年的快速发展，氟涂料在建筑、化学工业、电器电子工业、机械工业、航空航天产业、家庭用品的各个领域得到广泛应用，成为继丙烯酸涂料、聚氨酯涂料、有机硅涂料等高性能涂料之后，综合性能最高的涂料品牌，在行业内有“涂料王”之称。目前，应用比较广泛的氟树脂涂料主要有 PTFE、PVDF、PEVE 三大类型。

PEVE 树脂是常温固化氟碳涂料用得最多的一种氟树脂，它是由氟烯烃结构单元与不同的烃基乙烯基醚结构单元交替排列而成。采用三氟氯乙烯、乙烯基化合物、烯酸、乙烯基醚的四元共聚物(亦称 PEVE 树脂)做基本漆料，采用 HDI 缩二服做固化剂于常温下交联成膜。分子主链或侧链含有氟碳键(F-C)的聚合物为氟碳树脂，由含氟单体(如四氟乙烯、三氟氯乙烯、偏氟乙烯等)通过均聚或共聚反应制得。由于氟碳键的键能是有机化合物共价键中键能最大的，这就赋予了氟碳防腐蚀涂层良好的物理化学稳定性。氟碳涂料采用双组分包装，贮存期长，其性能特点主要有：

①优良的防腐蚀性能：得益于极好的化学惰性，漆膜耐酸、碱、盐等化学物质和多种化学溶剂，为基材提供保护屏障；该漆膜坚韧，表面硬度高、耐冲击、抗屈曲、耐磨性好，显示出极佳的物理机械性能。

②免维护、自清洁：氟碳涂层有极低的表面能，表面灰尘可通过雨水自洁，极好的疏水性(最大吸水率小于 5％)且斥油，极小的摩擦系数(0.15～0.17)，不会粘尘结垢，防污性好。

③强附着性：在铜、不锈钢等金属、聚酯、聚氨酯、氯乙烯等塑料、水泥、复合材料等表面都具有其优良的附着力，基本显示出宜附于任何材料的特性；还具有高装饰性，在 60 度光泽计中，能达到 80％ 以上的高光泽。

④氟碳漆具有优良的耐候性能，根据涂层、施工、环境的不同，氟碳涂料在 10～30 年内基本不会失光、失色。

⑤超长稳定性，涂层中含有大量的 F-C 键，决定了其超强的稳定性，不粉化、不褪色，使用寿命长达 20～30 年。

氟碳涂料原子间结合能力强，所以其更耐大气暴晒，更耐酸、碱、盐等有害介质的侵袭，其保光性强，更适合用于对景观有要求的钢结构防腐涂装。目前也开始在桥梁混凝土结构中应用。

常温固化氟碳树脂涂料是由氟碳树脂、有机溶剂、水及改性剂配制而成的水性涂料，将其涂在混凝土结构表面后，部分液体立即渗入到混凝土表层，在混凝土表面形成附着良好、坚韧的无色透明漆膜。渗有氟碳树脂溶剂的表层混凝土及混凝土表面的漆膜共同作用，对混凝土结构形成有效的保护。

跨海大桥的承台和部分桥墩处于潮差区，在落潮间隙涂装时，要求涂料具有以下功能：在潮湿混凝土基面具有很好的润湿性、渗透性和优异的附着力；涂料干燥速度快，经过短暂的空气中停留便可浸入海水中，经受海水波动的冲击；涂料在海水中能够完成固化，其性能基本不受影响。

防护涂层材料包括环氧封闭底漆和氟碳表面漆。其中环氧封闭底漆为环氧类，氟碳表面漆由柔性氟碳树脂、颜料、助剂等组成。

氟碳涂层虽有这么多优点，但实际推广应用较难，原因在于价格高和涂层制备困难。如：聚四氟乙烯(PTFE)本身有着极佳的耐化学品性能，但使用 PTFE 悬浮液制备涂层时，存在孔隙率高和难以制备厚涂层等缺点，涂层防腐性能差，以致不能单独使用。PTFE 中加入聚苯硫醚可以提高涂层的附着力，减少孔隙，涂层的防腐综合性能有所提高。另外，氟碳树脂只有在含氟的溶剂中才能较好地溶解，要生产低 VOC 含量的产品有难度，同时它的反应物可能会含有异氰酸酯，所以，在环境友好及健康方面仍需改进。另外，在氟碳漆施工中常见的质量事故主要有剥壳、起皮、龟裂、表面粗糙、起泡变色等。

2)环氧涂层

(1)研发及应用

国内外的混凝土桥梁纷纷采用环氧类涂料体系进行表面涂装防护,如汕头海湾大桥、厦门海沧大桥、江阴长江大桥、珠江大桥、宁波招宝山大桥、杭州湾大桥。环氧涂料体系在海港工程混凝土中得到广泛应用,案例见表 4-16-23。

表 4-16-23 桥梁环氧涂料涂装案例

序号	项目名称	桥梁方案	提供的涂料品种
1	汕头海湾大桥	混凝土箱梁	环氧封闭漆+环氧厚浆漆+丙烯酸厚浆面漆
2	武汉军山长江大桥	混凝土箱梁	环氧封闭漆+刮涂型环氧腻子+环氧云铁中间漆+丙烯酸聚氨酯面漆
3	宁波招宝山大桥	混凝土箱梁、桥塔	环氧封闭漆+氯化橡胶调和腻子+环氧厚浆型封闭漆+氯化橡胶面漆
4	浙江舟山桃夭门大桥	混凝土箱梁、桥塔	环氧封闭漆+环氧漆+聚氨酯面漆

(2)性能与作用机理

混凝土表面环氧涂层防腐工艺适用于大气区、浪溅区及平均潮位以上的水位变动区,作用机理为物理黏合,涂料在混凝土表面固化成膜。环氧涂料具有良好的耐碱性、附着性、抗老化性和耐蚀性,底层涂料具有良好的渗透能力,表层涂料具有耐老化性。

组成中含有较多环氧基团的涂料统称为环氧漆,环氧漆是近年来发展极为迅速的一类工业涂料。环氧漆的主要品种是双组分涂料,由环氧树脂和固化剂组成。其他还有一些单组分自干型的品种,不过其性能与双组分涂料比较有一定的差距。

环氧漆有溶剂型和无溶剂型两种。①溶剂型环氧涂料由环氧树脂、体质颜料及固化剂组成,适用于油罐内壁的涂刷,可广泛用于室内外各种轻金属和水泥结构的表面,可涂覆于不同环境下使用的铁路桥梁、高压输电铁塔、集装箱、海上钻探及采油设备,各种车辆底盘、重型机械、船舶、化工、设备与管道、煤气工程储气柜。②无溶剂环氧涂料,又可称活性溶剂涂料,溶剂最终成为涂膜组分,且该型涂料由于环氧树脂分子结构中含有大量的羟基和醚基等极性基团,加之在固化过程中活泼的环氧基能与界面金属原子反应形成极为牢固的化学键,这保证了涂层与基材的优异附着力,特别是具有极佳的湿附着力,从而保证了涂层在液态介质腐蚀环境下优异的耐久性。无溶剂环氧涂料在交联固化后能够形成类似瓷釉一样的光洁涂层,由于交联密度高和分子链中的苯环结构,使涂层坚硬且柔韧性好、耐磨性优、抗划伤性好、耐撞击性优。无溶剂环氧涂料在反应固化过程中收缩率极低,具有一次性成膜较厚、边缘覆盖性好、内应力较小、不易产生裂纹等特点。目前无溶剂环氧涂料的单价虽然略高于溶剂型环氧涂料,但无溶剂环氧涂料的固体分近 100%,在达到相同涂膜厚度的情况下,所需的涂料量比采用溶剂型环氧涂料要少;可制成厚浆型防腐涂料,涂刷厚度可达 100~700 μm,涂层结合强度高,收缩率小。

环氧树脂涂料一般是由底层、中间层和面层等配套涂料涂膜组成,底层涂料(封闭漆)具有低黏度和高渗透能力,能渗透到混凝土内起封闭孔隙和提高后续涂层附着力的作用;中间层涂料具有较好的防腐蚀能力,能抵抗外界有害介质的入侵;面层涂料具有抗老化性,对中间层和底层起保护作用。

①水性环氧封闭漆的技术指标及检验方法见表 4-16-24。

表 4-16-24 水性环氧封闭漆的技术指标及检验方法

序号	项目		技术指标	检测方法
1	外观		乳白色均匀液体	目测
2	干燥时间(h)	表干	≤3	《漆膜,腻子膜干燥时间测定法》(GB/T 1728—1979)
		实干	≤24	

续上表

序号	项　目	技术指标	检测方法
3	固含量(%)	≥35	《色漆、清漆和塑料　不挥发物含量的测定》(GB/T 1725—2007)
4	附着力(MPa)	≥3.0	《色漆和清漆拉开法附着力试验》(GB/T 5210—2006)
5	耐温变性	合格	《建筑涂料涂层耐冻融循环性测定法》(JG/T 25—1999)

②溶剂型环氧封闭漆的技术标准及检验方法见表 4-16-25。

表 4-16-25　溶剂型环氧封闭漆的技术指标及检验方法

序号	项　目		技术指标	检测方法
1	外观		淡黄色均匀液体	目测
2	干燥时间(h)	表干	≤3	《漆膜，腻子膜干燥时间测定法》(GB/T 1728—1979)
		实干	≤24	
3	固含量(%)		≥25	《色漆、清漆和塑料　不挥发物含量的测定》(GB/T 1725—2007)
4	附着力(MPa)		≥3.0	《色漆和清漆拉开法附着力试验》(GB/T 5210—2006)
5	耐温变性		合格	《建筑涂料涂层耐冻融循环性测定法》(JG/T 25—1999)

一般防腐涂装，基本配套为环氧封闭漆一道 20 μm 左右；环氧中间漆两道 250 μm 左右。

(3)优缺点分析

优点：

①具有良好的疏水性能，耐淡水、海水、有机溶剂和化学腐蚀，其化学稳定性高。

②具有较大的渗透半径和凝固体积比，遇水发生化学反应放出 CO_2，由气体产生的压力推动浆液向深处扩散，形成坚韧的固结体。

③涂层与混凝土基层黏结性能优异，可直接在潮湿的水泥基材表面喷涂，有很好的附着力，可以深深地渗透进混凝土表面，增强混凝土的表面强度和密度。可直接在潮湿的水泥基材表面喷涂，并且光滑、耐磨，外观漂亮。

④具有较大的渗透半径和凝固体积比，遇水发生化学反应。

⑤灌浆胶的黏度及固化速度可根据工程需要调节。

⑥环氧涂料具有优良的耐碱性以及与其他面漆有良好的配套性，因此可优先选用环氧涂料作为混凝土保护涂料体系的底漆和中间层漆。

⑦环氧涂料能有效防护外界有害介质的入侵，工艺成熟，价格合理，在我国工程建设中广泛应用。

⑧涂膜无毒。

缺点：

①耐候性不好，日光照射久了有可能出现粉化现象，因而只能用于底漆或内用漆。

②装饰性较差，光泽不易保持。

③对施工环境要求较高，低温下涂膜固化缓慢。

4. 表面硅烷浸渍

(1)研发及应用

硅烷浸渍技术在国外应用非常广泛，目前硅烷防护技术已在青岛海湾大桥、上海东海大桥、杭州湾跨海大桥、黄海大桥等大型桥梁工程的钢筋混凝土主体工程中获得了推广应用。工程应用实践证明，硅烷浸渍混凝土防水技术对建筑结构物具有良好的防水、防护作用。硅烷在一些桥梁工程推广应用案例见表 4-16-26。

表 4-16-26　桥梁硅烷浸渍防腐案例

工程项目	应用部位
杭州湾大桥	箱梁湿接缝
甬台温、温福铁路等	海工环境桥梁墩身
马来西亚槟城二桥	全桥混凝土结构
烟威高速公路金山港大桥	桥面板底部、桥墩等维修加固
湛江东海岛大桥	桥墩浪溅区
杭州湾大桥、广深高速(深圳段)	箱梁湿接缝
杭州湾嘉绍大桥	表湿区(浪溅区及以下)、索塔下部区
厦漳大桥	桥墩浪溅区
惠东范和港大桥、福建平潭岛大桥	桥梁下部结构、桥墩等部位
厦深铁路螺河特大桥等 9 座桥	墩台、梁部
港珠澳大桥	墩身、预制承台大气区部分、支座垫石、挡块等

(2)性能与作用机理

按硅烷的主要成分，可将硅烷浸渍产品分为烷基烷氧基硅烷和烯烃基烷氧基硅烷。一般而言，烷基烷氧基硅烷类应用较多，其主要产品有异丁基三甲氧基硅烷、异丁基三乙氧基硅烷、异辛基烯三甲氧基硅烷、异辛基烯三乙氧基硅烷。硅烷小分子结构可深入渗透混凝土表层，而涂层树脂无法渗透。同样，硅氧烷结构也无法渗透入混凝土，在表面成膜，耐久性不强，也会造成涂层脱落。由于硅氧烷体系表观效果更加明显，在一些工程中业主和施工单位仅考虑施工验收时的表面滚珠效果，目前市场上有少数供应商采用短链(甲基或丙基)硅氧烷体系。一方面短链硅烷遇碱不稳定，会断裂生产甲基(丙基)硅酸等流失，同时由于硅氧烷分子较大渗透深度有限，一般来说这种表观效果时效性也只有几个月的时间，但造成的破坏性影响却是不能忽视的。

硅烷广泛应用于各类钢筋混凝土结构防腐工程。硅烷浸渍简单地说就是在混凝土表面进行硅烷喷涂，在海港工程、内陆盐碱地、冻融破坏较严重、环境恶劣的工程中，可在混凝土结构表面采用硅烷浸渍防腐施工。这里所指硅烷一般仅指异丁基(烯)三乙氧基硅烷 DB-H538(液体)和异辛基三乙氧基硅烷 DB-H580(膏体)，且对含量要求高，分别要求为 98.9%以上和 80%以上。

采用异丁烯三乙氧基硅烷单体作为硅烷浸渍材料，通过渗透进入混凝土表面与水化的水泥发生化学反应，缩聚为有机硅树脂并脱醇，有机硅树脂能与混凝土表面形成稳定的化学共价键，硅烷的长碳链烷基是非极性憎水官能团，在混凝土表面以及毛细孔内壁形成致密的憎水性保护膜，使水分和水分所携带的氯化物难以渗入混凝土，从而将氯化物与钢筋隔离，起到保护钢筋的作用。防水处理后的基材形成了远低于水的表面张力，并产生毛细逆气压现象，且不堵塞毛细孔，保持了混凝土结构的“呼吸”。同时，固化学反应形成的硅酮高分子与混凝土有机结合为一整体，使基材具有了一定的韧性，能够防止基材开裂且能弥补 0.2 mm 的裂缝。当防水表面由于非正常原因导致破损(如外力作用)，其破损面上的硅烷与水分继续反应，使破损表面的防水层具有自我修复功能。除了公认的憎水性，硅烷混凝土防护剂也不会受到新浇混凝土碱性环境的破坏。相反，碱性环境如浇制不久的混凝土，会刺激该反应并加速斥水表面的形成。

按照形态来划分，硅烷产品主要有溶液状、乳液状、膏体、凝胶和干粉状等诸多形态。据资料显示，传统液态的硅烷产品黏度低容易挥发，在顶面及立面施工时有效成分大量流失，为克服这些弊病开发出了膏体以及凝胶状硅烷产品。由高固含量硅烷乳化而成的膏体以及凝胶状硅烷在顶面及立面施工具有更好的防水效果，它们不易挥发且施工方便，还可以减少硅烷的损耗量。但在水平面上施工，液态硅烷和膏体以及凝胶状硅烷应用差别不大，可以发挥同等效果的防护作用。

硅烷的小分子结构可穿透胶结性表面，渗透到混凝土内部与暴露在酸性或碱性环境中的空气及基底中的水分子发生化学反应，形成一斥水处理层，从而抑制水分进入到基底中。产生防水、防 cl^-、抗紫外线的性能且具有透气性，可有效防止基材因渗水、日照、酸雨和海水的侵蚀而对混凝土及内部钢筋结构的腐蚀、疏松、剥落、霉变而引发的病变，提高建筑物的使用寿命。

硅烷适用于海港工程浪溅区混凝土结构表面的防腐蚀保护，具有良好的耐酸、耐碱、耐磨、耐紫外线、耐风化、耐冻融、耐氯离子、透气性佳等性能，其使用年限跟异丁烯— 三乙氧基硅烷的含量有关。在海港环境下一般含量大于 40％的在 10～15 年之间，含量大于 98. 9％的在 20 年以上。

硅烷浸渍材料在混凝土耐久性方面的防腐作用如下：

①氯离子是引起海工混凝土结构腐蚀的主要原因之一，而符合规范要求的硅烷浸渍能够降低氯离子吸收率，从而起到防腐的作用。

②碳化作用是空气中 CO_2 与混凝土中的碱性物质反应，使混凝土 pH 值降低，导致钝化膜破坏而引起腐蚀。水在碳化反应过程中起着关键作用，通过硅烷浸渍能明显降低混凝土的吸水率，从而有效抑制碳化作用。

干缩裂缝是混凝土内部水分的损失所致，在内外湿度梯度的作用下，混凝土内外湿度差异所致的不协调干缩变形会导致应力的产生，引起开裂。硅烷可以减少混凝土内部水分的迁移，填充部分失去水分后的毛细孔，减少干缩应力，防止干缩裂缝的出现。

硅烷浸渍材料在混凝土表面和毛细孔内壁形成特殊防水结构，可使混凝土内部的湿度逐渐降低，从而防止或减少碱骨料反应对混凝土结构造成的损害。硅烷浸渍材料形成的防水结构使混凝土内部与潮湿环境隔离，从而防止混凝土内部形成饱和水状态，减轻冻融破坏。

《海港工程混凝土结构防腐蚀技术规范》(JTG 275—2000)7.7.1 条规定：硅烷浸渍适用于海港工程浪溅区混凝土结构表面的防腐蚀保护。宜采用异丁烯三乙氧基硅烷单体作为硅烷浸渍材料，其他硅烷浸渍材料经论证也可采用。异丁烯三乙氧基硅烷质量应满足下列要求：

①异丁烯三乙氧基硅烷含量不应小于 98.9％。

②硅氧烷含量不应大于 0.3％。

③可水解的氯化物含量不应大于 1/10 000。

④密度应为 0.88 g/cm^3。

⑤活性应为 100％，不得以溶剂或其他液体稀释。

《海港工程混凝土结构防腐蚀技术规范》(JTG 275—2000)7.2 条文说明：海港工程混凝土结构处于氯化物侵入的恶劣环境中，由于毛细管的吸收或扩散作用，使氯化物侵入混凝土中，这是混凝土结构中钢筋腐蚀的最重要原因之一。硅烷的小分子结构可穿透胶结性表面，渗透到混凝土内部与暴露在酸性或碱性环境中的空气及基底中的水分子发生化学反应，反应物使毛细孔壁憎水化，使分子和分子携带的氯化物都难以渗入混凝土，从而保护了混凝土受到氯化物等的侵蚀。

(3)优缺点分析

硅烷浸渍产品是第四代有机硅防水材料，是一种具有良好渗透性、防水性、耐久性，环境友好型的有机硅防水、防腐剂，也是一种性能优良的混凝土表面密封剂，已广泛应用于道路、桥梁、隧道、水工、海工等工程中。硅烷浸渍涂层作为混凝土防腐材料应用于海工结构物大气区和浪溅区防腐蚀，混凝土基体表面处理要求相对较低，施工工艺简单，施工效率高。施工采用辛基三乙氧基硅烷膏体浸渍材料，聚合反应主要释放物为乙醇，对环境污染和施工人员健康影响小。主要优点有：

①大幅降低水分渗透率，耐冻融破坏、钢筋腐蚀及霉菌滋生；

②渗透深度大；

③大幅降低混凝土毛细孔吸水率，对 2 mm 裂缝也有防水效果；

④保持混凝土表面自然外观；

⑤硅烷浸渍涂层施工较方便。

⑥优异的防水性及防氯离子渗透性；

⑦紫外线稳定性，减少风化损坏；

⑧透气性，减少冻融损害。

⑨无色，均匀，中性外观；

⑩耐久性强，长效保护。

缺点：

①成本较高，混凝土表面施工包工包料每平方米40～60元左右，由于是专利技术产品，最早从国外引进，硅烷浸渍剂作为一种高质量和不易生产的产品，对于技术的要求十分苛刻。

②如果混凝土表面出现了裂缝，水分或水气进入，硅烷则失去防水作用，故对构件的表面裂缝的宽度控制严格。

③市场上的产品和品牌参差不齐，材料检测和见证取样检测的专业机构未普及，检测专业工程技术人员缺乏。

5. 阴极保护

阴极保护是降低钢筋锈蚀速率的有效辅助措施。该方法是通过引入一个外加牺牲阳极或直流电源来抑制钢筋电化学腐蚀反应过程，从而延长海洋环境下钢筋混凝土的服役寿命，一般在钢筋腐蚀开始后启用，以降低腐蚀扩展速率。20世纪80年代以来，阴极保护(CP)及电化学处理(EC)在欧美及中东已成功应用多年。

6. 涂层钢筋

环氧涂层钢筋是美国在20世纪70年代开发的，1973年首先用于宾夕法尼亚的一座桥梁的桥面板。1988年美国50个州的公路部门中，有46个州规定：凡是撒除冰盐的桥面板都应采用环氧涂层钢筋。目前美国、日本、欧洲及中东国家均已采用，并已制订了制造和应用环氧涂层钢筋的规范。1987年全美国的环氧涂层钢筋的销售总量达到20万t，2000年全美国的总用量达到80万t。近年来，环氧涂层钢筋占桥梁钢筋总用量的70%～80%。环氧涂层钢筋的主要不利方面是，环氧涂层钢筋与混凝土的握裹力降低20%，使钢筋混凝土结构的整体力学性能有所降低；施工过程中对环氧涂层钢筋的保护要求极其严格，加大了施工难度。

7. 防腐蚀强化措施研究及选择

平潭海峡公铁大桥所处海洋环境对混凝土结构具有严重腐蚀作用。在严重腐蚀环境下，仅靠提高混凝土保护层材料的质量与厚度，是无法保证混凝土结构在设计使用年限内安全服役的，必须采取一种或多种防腐蚀强化措施。常用的防腐蚀强化措施有：表面涂层、表面浸渍、涂层钢筋、钢筋阴极保护等。可有机组合若干种技术措施，以保证整体耐久性达到设计要求。

不同环境作用下混凝土劣化的机制是不同的，不同结构部位对馄饨防腐蚀强化措施的要求也不相同。因此，应根据工程实际情况来选择混凝土结构的防腐蚀强化措施。

(1)表面涂层、表面(硅烷)浸渍

混凝土结构耐久性防腐蚀附加措施中对表面进行处理的主要有以下两种：表面涂层、表面硅烷浸渍。其对混凝土的保护原理如图4-16-33所示。

混凝土表面涂层，其主要是采用具有良好的耐碱性、附着性和耐蚀性的涂料，如环氧树脂、氟碳树脂等，通过在混凝土表面涂刷一定厚度的连续性膜层，将表面孔隙全部密封，保护混凝土结构，不受外界有害介质的入侵。作为密封材料只是做了表面处理，且只有良好的表面处理才能使涂层达到最佳效果。要求材料和混凝土较高的黏结性。目前所使用的材料，除氟碳涂层外，其他材料的分子结构的稳定性、耐紫外辐射性都不尽人意，几乎所有的涂层很难超过20年的寿命。在恶劣环境下，寿命更低。在服役期需要定期检查和修补，使用寿命受限，维护成本也较高。

硅烷混凝土防护是一种具有良好渗透性、耐久性、环保型的有机硅防水、防腐剂，又是一种性能优良的混凝土表面密封剂。混凝土硅烷浸渍技术在欧美已经沿用了10～20年，至今仍然保持着出色的防腐效

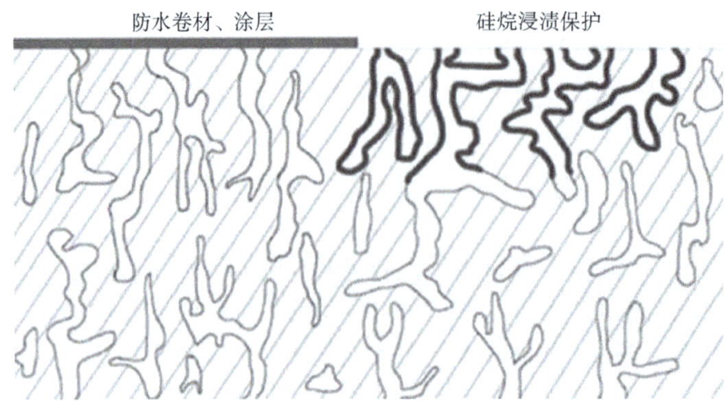

图 4-16-33　表面涂层、硅烷浸渍保护原理图

果。与其他防水料分子相比，混凝土硅烷防护剂分子结构尺寸最小，所以能轻松渗入混凝土结构中。其原理依据如图 4-16-34 所示。

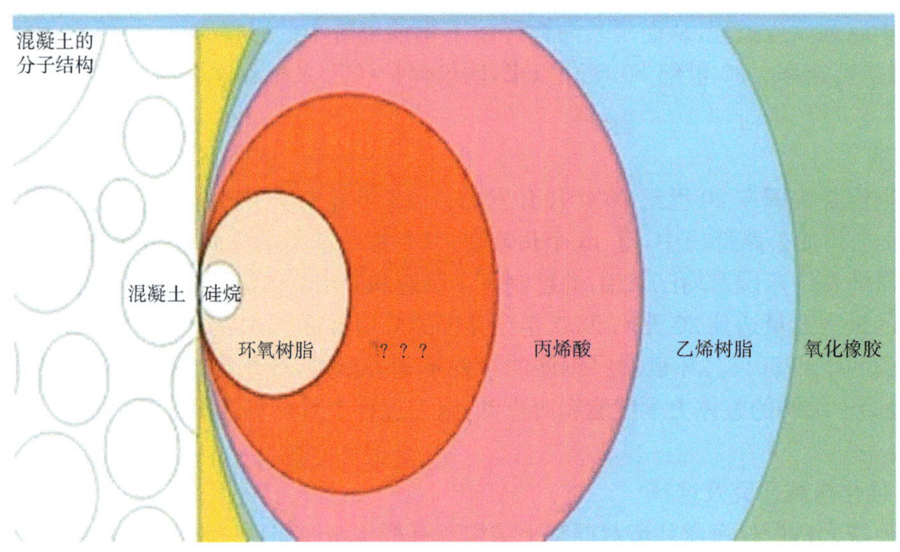

图 4-16-34　硅烷与其他涂料分子力径比较图

混凝土分子的粒径为 10 000 个 A，硅烷的分子粒径为 80 个 A，而大多数涂料或防水剂分子的粒径多为几千个 A。事实证明，硅烷为小分子结构，更易于深层渗透而达到理想的保护效果。不仅如此，混凝土表面硅烷浸渍是通过其特殊小分子结构，渗入混凝土毛细孔壁上 2～20 mm，并与已水化的水泥发生化学反应，从而在毛细孔壁上形成牢固的憎水屏障，使水分和水分所携带的氧化物都难以渗入混凝土，大大提高了混凝土制品的防水、防腐和耐久性综合性能。在浇筑不久的混凝土等碱性环境，会刺激该反应并加速斥水层的形成，既密封防水又能使混凝土正常“呼吸”，混凝土孔隙保持开放，不影响气体和水蒸气的扩散，使混凝土内外压力保持平衡，减少了混凝土内应力的存在，又能保持基材原有外观。因为硅烷深层渗透，并与混凝土结构结合为一体，不受动载应力传递的影响，其独特的透气性能，能使基材内部潮气畅通排出。硅烷浸渍前和浸渍后效果试验如图 4-16-35 所示。

图 4-16-35　硅烷浸渍前和浸渍后效果试验

氟碳涂料、环氧涂料以及硅烷漆三种混凝土防腐强化措施都具有优异的特性，氟碳涂料是在氟树脂基础上经过改性、加工而成的一种新

型涂层材料，其主要特点是树脂中含有大量的F—C键。由于引入的氟元素电负性大，碳氟键能强，使得其具有优异的耐候性、耐热性、耐低温性、耐化学腐蚀性、稳定性，而且具有独特的不黏性和低摩擦性。而环氧漆是双组分涂料，由环氧树脂和固化剂组成，其主要优点是对水泥、金属等无机材料的附着力很强，且涂料本身非常耐腐蚀。机械性能优良，耐磨，耐冲击，其缺点是耐候性不好，一般用于底漆或内用漆。硅烷的小分子结构可穿透胶结性表面，渗透到混凝土内部与暴露在酸性或碱性环境中的空气及基底中的水分子发生化学反应，形成斥水处理层，从而抑制水分进入到基底中，产生防水、防Cl^-、抗紫外线的性能且具有透气性，可有效防止基材因渗水、日照、酸雨和海水的侵蚀而对混凝土及内部钢筋结构产生腐蚀，提高建筑物的使用寿命，但必须保证硅烷的浸渍效果。

从三种涂料的施工要求来看，三种涂料都对涂刷基面以及涂刷工序提出了严格的要求，氟碳漆涂层一般按照基层要求与处理抗裂腻子、抛光腻子、底漆喷涂和面漆涂装等几个工序，氟碳漆的适宜施工温度为0～35℃，基面温度最好不低于5℃，不能在雨、雪、雾、霜、大风或相对湿度85%以上的条件下施工。硅烷浸渍施工应特别注意表面干燥状态和施工条件，喷涂硅烷的混凝土表面应为面干状态；混凝土表面温度应在5℃～40℃之间；下雨或有强风或强烈阳光直射时不得喷涂硅烷；环氧树脂一般的固化温度为10℃以上，否则固化缓慢，这对于冬季对户大型建筑物施工造成困难。

为了切实掌握氟碳漆、环氧漆以及硅烷涂料各自的施工难易程度以及施工效果，现场工人分别采用三种涂料进行涂刷施工，如图4-16-36～图4-16-38所示分别为混凝土试件表面的氟碳涂层、硅烷浸渍涂层以及环氧涂层照片。基于试验结果的涂刷效果看，采用氟碳涂层施工效果最好，且较容易保证质量。

图4-16-36　试件表面氟碳漆涂层照片

图4-16-37　试件表面环氧涂层照片

图 4-16-38 试件表面硅烷浸渍照片

三种涂防腐方案的综合比较分析见表 4-16-27。

表 4-16-27 三种防腐方案综合比较分析表

序号	项目	表面涂层		表面浸渍
		氟碳涂料	环氧涂料	硅烷涂料
1	作用机理	涂料渗入到混凝土表层，在混凝土表面形成附着良好、坚韧的无色透明漆膜	物理黏合，涂料在混凝土表面固化成膜	通过渗透进入混凝土表面与水化的水泥发生化学反应，在基材表面上生成了不溶性防水树脂薄膜
2	耐腐蚀性	良好的耐腐蚀性	良好的耐腐蚀性	优异的防水性及防氯离子渗透性
3	稳定性	常温固化、优异的化学稳定性；附着力、抗冲击、硬度、柔韧性好	附着力强、优异的化学稳定性、耐碱性、机械性能	紫外线稳定性、耐久性强，长效保护、渗透深度大
4	外观	良好的装饰效果	装饰性差	无色，保持混凝土表面自然外观
5	施工	对施工要求高	低温下涂膜固化缓慢，施工时构件混凝土表面一定要干燥，否则涂层易鼓泡、剥落	固化反应时间长，施工时混凝土表面应尽量干燥
6	用途	稳定性好，常用于面漆	耐候性不好，常用于底漆或中间漆	混凝土表面浸渍
7	典型涂装体系	湿固化环氧封闭底漆＋湿固化环氧树脂中间漆或环氧云铁中间漆＋溶剂性氟碳漆	环氧底漆（环氧封闭漆、环氧腻子）＋环氧云铁中间漆＋聚氨酯面漆或丙烯酸面漆	硅烷浸渍＋湿固化环氧封闭底漆＋湿固化环氧树脂中间漆＋聚氨酯面漆或氟碳面漆
8	价格	70～80 元/m^2	60～70 元/m^2	60～70 元/m^2
9	寿命	20 年	5～10 年	15～20 年

由于现场施工条件的限制，而且是多层涂批，涂层往往在实际工作中很容易受机械、磨耗等损伤。而且，防水涂料主体强度低，与混凝土材质不同，铺装层容易开裂、空鼓，同时，由于不透气，防水涂料会因基材内部潮气膨胀而导致防护层被破坏，使涂层与混凝土发生剥离。

基于以上分析，单一选用一种涂装材料对混凝土的防腐具有一定的局限性，应根据其特点发挥各自的优良特性，合理选用。氟碳涂料用于面漆，环氧涂料用于底漆和中间漆，硅烷用于混凝土表面浸渍。

(2)环氧涂层钢筋

对于钢筋表面的环氧涂层，虽然它能够很好地保护钢筋锈蚀，但是会降低钢筋和混凝土的咬合，使黏结强度降低，钢筋刚度下降，不均匀应变增加，裂缝间距增大，所承载安全性会降低。同时，因为涂装工艺要求高，造价高，施工质量不易保证，致使环氧涂层钢筋使用 4～6 年后失效，严重锈蚀，故本桥没有选用。

(3)阴极保护

主要用在 168 m 连续刚构 B39、B40、B41 三个薄刚臂墩上。阴极保护设计范围如图 4-16-39 所示。

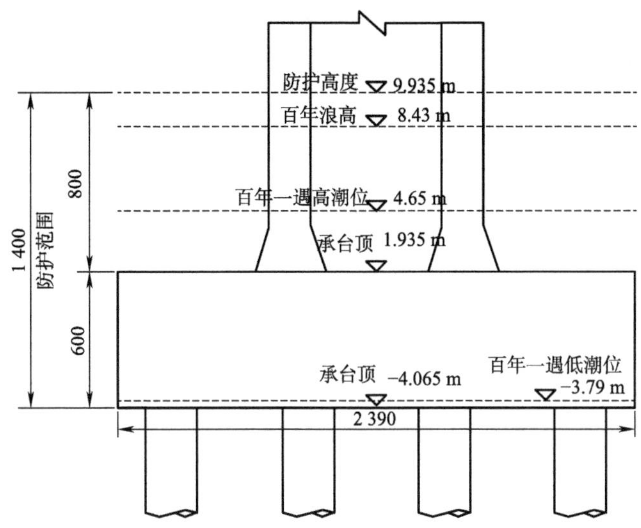

图 4-16-39 B39、B40、B41 号墩阴极保护设计范围(单位:cm)

8. 桥梁结构涂装部位及区域划分

根据平潭跨海公铁两用大桥混凝土结构所处位置和工作环境,将全桥需要涂装的混凝土表面划分为 3 个不同的区域,见表 4-16-28。位于水下的桩基不涂装。

表 4-16-28 桥梁结构涂装区域划分

序号	区域名称	工程部位
1	陆上大气区	人屿岛、长屿岛、小练岛、大练岛、平潭岛上桥梁梁部和墩台,包括现浇梁和全部桥墩、台身等
2	海上大气区	海上整体现浇梁、节段拼装梁、悬灌现浇梁和桥墩标高+9 m 以上墩身部分、索塔上部区等
3	干湿交替区和浪溅区	水中区、桥墩浪溅区及以下部分至最低水位(标高+9 m～承台底),包括下塔柱

9. 涂装体系设计

(1)涂装体系划分

参考嘉绍大桥、杭州湾大桥、港珠澳大桥混凝土防腐涂装的方案和施工情况,结合本桥位处的环境条件特点,根据涂装划分的 3 个区域,分别制定 3 套不同的混凝土涂装体系。防护涂装体系设计使用年限为 20 年,具体内容见表 4-16-29。

表 4-16-29 混凝土结构防护体系划分

序号	区域名称	工程部位	涂装体系
1	陆上大气区	人屿岛、长屿岛、小练岛、大练岛、平潭岛上桥梁梁部和墩台,包括现浇梁和全部桥墩、台身等	Ⅰ
2	海上大气区	海上整体现浇梁、节段拼装梁、悬灌现浇梁	Ⅱ
3	海上大气区	桥墩标高+9 m 以上墩身部分、索塔上部区等	Ⅲ
4	干湿交替区和浪溅区	水中区、桥墩浪溅区及以下部分至最低水位(标高+9 m～承台底),包括下塔柱	Ⅳ

(2)涂装方案

设计了两套涂装方案,分别见表 4-16-30。

表 4-16-30　混凝土结构防护涂装方案

涂装方案	涂装体系	涂料(涂层)名称	每道干膜最小厚度(mm)	涂装道数	总干膜厚度(mm)	单位面积用量(kg/m²)
方案一	Ⅰ	环氧树脂封闭底层涂料+环氧树脂面漆	—	1	150	0.12
			150	1		0.6
	Ⅱ、Ⅲ	环氧封闭底层涂料+氟碳面层涂料	—	1	300	0.12
			150	2		0.6
	Ⅳ	环氧封闭底层涂料+环氧树脂中间漆涂料环氧树脂面层涂料	—	1	500	0.12
			300	1		0.6
			200	1		0.4
方案二	Ⅰ	环氧封闭底层涂料+氟碳面层涂料	—	1	60	0.12
			30	2		0.33
	Ⅱ	环氧封闭底层涂料+氟碳面层涂料	—	1	70	0.12
			35	2		0.33
	Ⅲ	硅烷浸渍	浸渍深度 2～3 mm	2	—	0.2～0.33
	Ⅳ	硅烷浸渍	浸渍深度 3～4 mm	3	—	0.3～0.44

原则上两套方案都是可行的，为保证全桥涂层方案及外观的一致性，建议选择涂装方案二。

(3)涂装工程数量及造价费用估算

①涂装工程数量

全桥混凝土表面防腐涂层工程数量见表 4-16-31～表 4-16-34。

表 4-16-31　混凝土结构防护体系Ⅰ工程数量

范围	设计墩号	涂装部位	涂装面积(m²)	备　注
大桥院		公路梁	33 350	陆上大气区
		铁路现浇简支梁	23 680	
		公路墩身	19 607	
		铁路墩身	52 775	
铁四院	D0～D37、S1～S3	公路连续梁	73 460	
		铁路现浇简支梁	18 405	
		公路墩身	19 072	
		铁路墩身	58 147	
合计			298 496	

表 4-16-32　混凝土结构防护体系Ⅱ工程数量

范围	设计墩号	涂装部位	涂装面积(m²)	备　注
大桥院		公路梁	111 365	海上大气区
		铁路现浇简支梁	72 616	
铁四院	B0～B58	公路现浇连续梁	166 488	
		铁路节段拼装简支梁	84 475	
合计			434 934	

表 4-16-33　混凝土结构防护体系Ⅲ工程数量

范围	设计墩号	涂装部位	涂装面积(m²)	备　注
大桥院		公路墩身	23 126	
		铁路墩身(标高+9 m以上部分)	252 686	
		索塔上塔柱	117 930	

续上表

范围	设计墩号	涂装部位	涂装面积(m²)	备　注
铁四院	B0～B58	公路墩身	40 203	海上大气区
		铁路墩身(标高+9 m 以上部分)	68 387	
合计			502 332	

表 4-16-34　混凝土结构防护体系Ⅳ工程数量

范围	设计墩号	涂装部位	涂装面积(m²)	备　注
大桥院	承台顶高程大于−4.0 m的水中墩	铁路墩身(标高+9 m 以下)	53 010	干湿交替区和浪溅区
		下塔柱	18 564	
铁四院	B2～B56	铁路墩身(标高+9 m 以下)	20 023	
合计			91 597	

②涂装造价估算

大桥院设计范围按方案一估算，铁四院设计范围按方案二估算，费用估算见表 4-16-35～表 4-16-38。

表 4-16-35　混凝土结构防护体系Ⅰ费用估算表

范围	涂装部位	涂装面积(m²)	单价	费用(万元)	备注
大桥院	公路梁	33 350	50	166.75	陆上大气区
	铁路现浇简支梁	23 680	50	118.40	
	公路墩身	19 607	50	98.04	
	铁路墩身	52 775	50	263.88	
铁四院	公路连续梁	73 460	50	367.30	
	铁路现浇简支梁	18 405	50	92.03	
	公路墩身	19 072	50	95.36	
	铁路墩身	58 147	50	290.74	
合计		298 496	50	1 492.48	

表 4-16-36　混凝土结构防护体系Ⅱ费用估算表

范围	涂装部位	涂装面积(m²)	单价	费用(万元)	备注
大桥院	公路梁	111 365	60	668.19	海上大气区
	铁路现浇简支梁	72 616	60	435.70	
铁四院	公路现浇连续梁	166 488	70	1 165.42	
	铁路节段拼装简支梁	84 475	70	591.33	
合计		434 934		2 860.63	

表 4-16-37　混凝土结构防护体系Ⅲ费用估算表

范围	涂装部位	涂装面积(m²)	单价	费用(万元)	备　注
大桥院	公路墩身	23 126	60	138.76	海上大气区
	铁路墩身(标高+9 m 以上部分)	252 686	60	1 516.11	
	索塔上塔柱	117 930	60	707.58	
铁四院	公路墩身	40 203	70	241.22	
	铁路墩身(标高+9 m 以上部分)	68 387	70	410.32	
合计		502 332		3 014.0	

表 4-16-38 混凝土结构防护体系Ⅳ费用估算表

范围	涂装部位	涂装面积(m^2)	单价	费用(万元)	备　注
大桥院	铁路墩身(标高+9 m以上部分)	53 010	70	371.07	干湿交替区和浪溅区
	下塔柱	18 564	70	129.95	
铁四院	铁路墩身(标高 +9 m以上部分)	20 023	70	140.16	
合计		91 597		641.18	

八、混凝土结构的耐久性设计与实施

1. 混凝土结构耐久性设计的技术要求

根据《铁路桥涵设计基本规范》(附条及说明)(TB 10002.1—2005)及《铁路混凝土结构耐久性设计规范》(TB 10005—2010),桥梁主体结构的设计使用年限为100年。依据平潭海峡大桥各结构构件所处的环境作用等级,并参考借鉴既有公路跨海大桥的研究成果和实践经验,平潭海峡公铁两用大桥在进行混凝土结构设计时应选择合适的混凝土强度等级、钢筋保护层、表面裂缝宽度、最大水胶比、混凝土氯离子扩散系数,见表4-16-39。混凝土中氯离子含量严格控制在0.06%范围内,混凝土的碱含量最大限值为1.8 kg/m^3。混凝土配合比、浇筑和养护等工艺应满足《铁路混凝土结构耐久性设计规范》(TB 10005—2010)的相关规定。

表 4-16-39 混凝土构件耐久性控制指标

结构部位		混凝土强度等级	钢筋最小保护层(mm)	表面裂缝宽度限值(mm)	最大水胶比	最小胶凝材料用量(kg/m^3)	混凝土氯离子扩散系数	
							56 d	84 d
主梁、上中塔柱		C50/C60	40	0.15	0.36	400	≤7.0	≤1.5
下塔柱		C50	60	0.15	0.36	400	≤3.0	≤1.5
墩身	陆上部分	C45	50	0.20	0.40	360	≤5.0	≤2.5
	海上部分	C50	60	0.15	0.36	400	≤3.0	≤1.5
承台	非浪溅区	C40	50	0.15	0.40	360	≤7.0	≤3.5
	浪溅区	C50	60	0.15	0.36	400	≤3.0	≤2.5
桩	陆上部分	水中C40	50	0.15	0.40	360	≤7.0	≤3.5
	海上部分	水中C40	70	0.15	0.40	360	≤5.0	≤3.0

2. 结构与构造措施

(1)混凝土结构的外形应简洁平顺,混凝土表面的棱角宜做成圆角,并尽量避免采用突变结构。承台及墩身采用了圆弧倒角,以减少应力集中;箱梁翼缘根部及腹板底部采用了R形拐角,以防止空气中的盐分附着。

(2)混凝土结构受雨淋的表面或者易积水的表面宜做成斜面,尽量避免水、汽和腐蚀性介质在混凝土表面聚集。铁路墩帽、公路墩帽均设置排水坡使雨水等顺利排走,并在铁路墩帽底口设置滴水槽以减少雨水对墩身的侵蚀;公路及铁路箱梁在横向设置排水坡,在翼缘端头设置泄水孔、滴水槽使桥面雨水顺利排走。

(3)在箱梁底板、主塔横梁底板及主塔塔顶横隔墙设置排水孔避免积水、局部潮湿和水汽聚集;并设置足够的通风孔,防止箱梁内外温差过大,引起混凝土结构拉力过大而开裂。

(4)水中墩浇筑填芯C25混凝土至+5 m,避免墩内积水。

(5)混凝土结构应易于日后的检查与维修。在箱梁侧面配置下墩顶梯,墩内设置有检查梯、检查平台,以便养护人员检查、维修。

3. 防腐蚀强化措施

1)桥面防水层

(1)铁路混凝土箱梁防水层设计(图 4-16-40)由防水卷材或防水涂料和 C40 细石聚丙烯腈高性能混凝土保护层构成,分为两部分,一部分为挡砟墙之间的防水层,为高聚物改性沥青防水卷材上覆盖 C40 细石聚丙烯腈高性能混凝土;一部分为挡砟墙外侧电缆槽内防水层为聚氨酯防水涂料上覆盖 C40 细石聚丙烯腈高性能混凝土。铁路槽形梁防水层为高聚物改性沥青混凝土防水卷材上覆盖 C40 细石聚丙烯腈高性能混凝土,防水设计如图 4-16-41 所示。

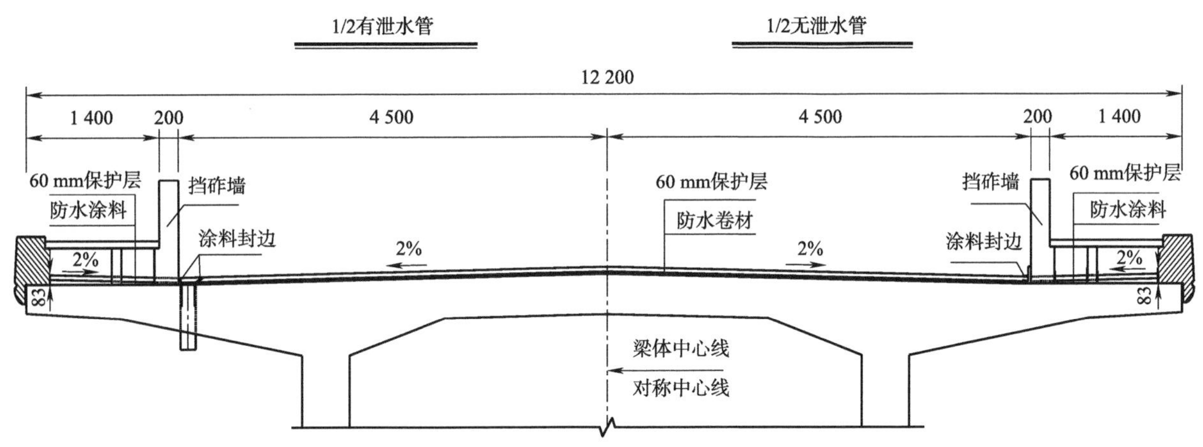

图 4-16-40 铁路混凝土箱梁桥面防水层设计(单位:mm)

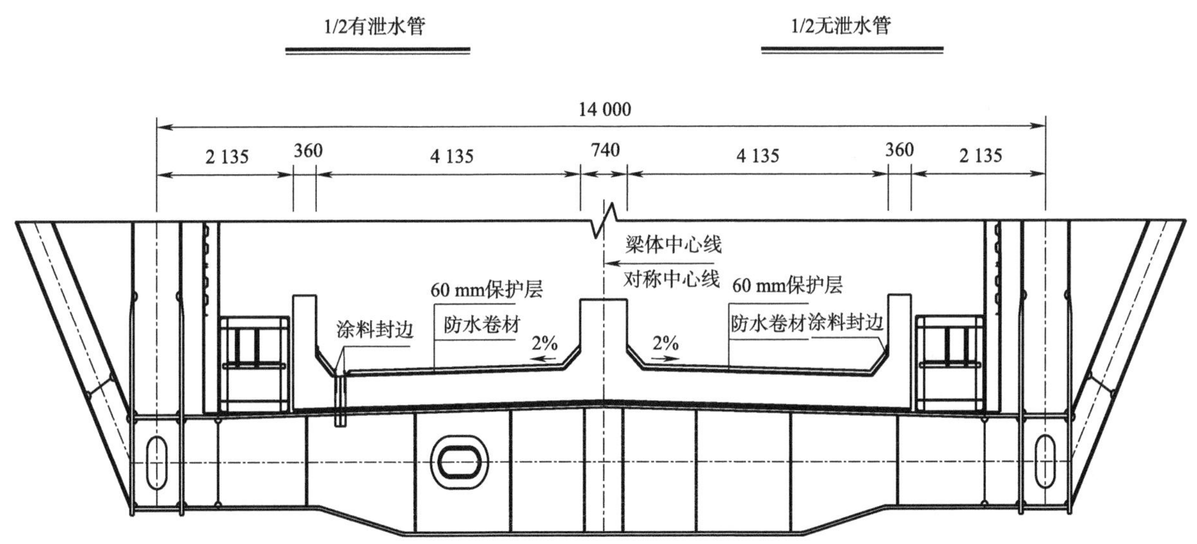

图 4-16-41 铁路混凝土槽型梁桥面防水层设计(单位:mm)

(2)公路简支钢桁混凝土结合梁及混凝土箱梁桥面铺装结构方案具体为:凝土桥面板铣刨处理+聚氨酯防水层+粘层(改性乳化沥青 0.3～0.6 kg/m^2)+底层(热洒 1.0～1.4 kg/m^2 SBS 高粘改性沥青并同步洒 4.75～9.5 mm 辉绿岩碎石 10～13 kg/m^2)+下面层(55 mm 厚 AC-16 改性沥青混凝土)+粘层(改性乳化沥青 0.3～0.6 kg/m^2)+表面层(45 mm 厚 SMA-13 改性沥青混合料)。

2)氟碳涂层

(1)技术要求

柔性氟碳面层涂料的技术指标见表 4-16-40。

表 4-16-40　柔性氟碳面层涂料的技术指标及检验方法

序号	项　　目		技术指标	检测方法
1	外观		符合标准样板及色差范围	目测
2	干燥时间	表干(h)	≤4	GB/T 1728—1979
		实干(h)	≤24	
3	固含量(%)		≥50	GB/T 1725—2007
4	含氟量(%)(主剂溶剂可溶物)		≥24	HG/T 3792—2005
5	附着力(MPa)		≥3.0	GB/T 5210—2006
6	抗拉强度(Mpa)		≥10.0	GB/T 528—1998
7	断裂延伸率(%)		≥150	GB/T 528—1998
8	不透水性(MPa)		0.3,0.5 h	GB/T 528—1998
9	低温柔性(−35℃)		无裂纹	GB/T 1731—1993
10	耐温变性		合格	JG/T 25—1999
11	耐紫外老化保光率,6 000 h(%)		≥70	GB/T 14522—2008

(2)材料

氟碳漆涂料的施工储存如下:

①涂装前须将物体表面灰尘、油物、锈蚀等处理干净,以保证涂刷质量。施工中严禁带入水份,并严格按照说明要求进行配料施工,配好的材料一般要求随配随用,不可久贮,配比后的涂料须在六小时之内用完。未配完的材料要密封保存。

②施工应选择晴好天气,避免在风沙、雨雪天气条件下施工。涂装最佳温度 5～30℃为宜。阴雨、雾、雪天或相对湿度大于 85%时,应停止施工。施工时,如漆质过稠,可用专用稀释剂调整施工黏度。

③氟碳漆产品应存放在阴凉干燥处,防止日光直接照射,隔绝火源,远离热源。贮存期为六个月,期满后应检验各项技术指标,如达到指标要求,可继续使用。

(3)施工技术条件

氟碳漆的适宜施工温度为 0～35℃,基面温度最好不低于 5℃。材料贮存要注意防潮、防水、防太阳直射。每次配料量不宜过多,以免长时间静置,导致固化。应注意施工条件为湿度 85%以下,温度 0～35℃,切勿在以下条件下施工:雨、雪、雾、霜、大风,或相对湿度 85%以上。常温下涂装后的漆膜 7 d 左右方可完全固化,建议不要提前使用。注意安全措施,保证良好通风,佩戴防护用具,防止沾污皮肤、眼睛。如有漆料溅入眼睛,请立即用清水冲洗并及时就医,施工环境严禁烟火。

防护涂层施工前,必须彻底清除混凝土基层的浮浆、粉化层及剥离、酥松部分,做好基面裂缝等缺陷修补。

施工条件应符合下列要求:

①施工时基面应干燥。

②施工时环境温度:5℃～35℃。

③施工时环境相对湿度不大于 85%;风力≤6 级。

④施工中遇下雨,应立即停工,已施工部位应覆盖防水。继续施工时应检查,如有起泡、起皱、剥落等现象,应清除后再行施工。

(4)施工工艺

氟碳涂层施工工艺流程为:基面清理→基面修补(潮湿基面处理)→环氧封闭底层涂料施工→氟碳面漆施工。

①基面清理

混凝土基层应密实、平整,使用打磨砂轮、钢丝刷等处理混凝土基面上的浮浆、杂渣等疏松部位,尖角、凸起部位要予以剔除并打磨平整，使用吸尘器等清除粉尘杂质，使用稀料等溶剂清除污垢、霉菌、苔藓等污染物，并用淡水冲洗至中性。

②基面修补

混凝土表面的裂缝、蜂窝、麻面和错台等缺陷，用环氧腻子找平，裂缝宽度小于 0.2 mm 时，可采用水性环氧封闭漆或溶剂型环氧封闭漆进行 3 次以上刷涂，让浆液自然渗入裂缝中，至裂缝不再吸收浆液为止；裂缝宽度大于 0.2 mm 时，则先沿裂缝切出 V 形槽，然后用聚合物砂浆堵塞修补。混凝土基层局部出现严重开裂、掉块、强度小于 C10 时，应彻底清理、重新施工，再进行防护涂层施工，检查合格的混凝土基面应及时涂覆封闭漆。

③潮湿基面处理

对于潮湿基面，应烘干或喷涂找平层，找平层施工后 48 h 后喷涂封闭漆。

④环氧封闭底层涂料施工

在底层涂料喷涂前，应检查基层是否符合要求，有问题的地方及时修补，并要求基面完全干燥，要求喷涂均匀，不能漏喷，颜色应保持均匀一致，不得出现发花现象，刮风(六级以上)及雨天不能施工。底漆喷涂一遍，喷涂完毕进行检查，发现基面有批刮印痕或蜂眼现象，必须打磨至符合要求。打磨应采用 280 目或 360 目水磨砂纸，打磨应仔细，注意不能将涂膜磨穿。打磨完毕应进行除尘处理，用抹布等将基面上打磨产生的粉尘处理干净。如果除尘不彻底，氟碳漆施工后将无法达到平滑的涂膜。底漆喷涂后，应颜色均匀，光泽均匀，涂膜表面光滑。封闭底层涂料实干或间隔 24 h 后即可进行中间涂料施工。

⑤氟碳面漆施工

面漆喷涂时，要求底漆必须完全干燥，不得有粉尘等杂物。调配后的面层氟碳漆必须采用 200 目纱网进行过滤，稀释剂在放置过程中应不断搅拌，以免沉淀。施工时应考虑喷涂人数、喷涂面积、喷涂基面、吊笼分布的配合，在保证不流挂的前提下，尽可能的喷厚一些。应做好防污和防毒工作，对落水管等应进行保护，工人施工时应戴防毒面罩和手套等防护用品，同时严禁烟火；喷涂应均匀，密度合理，无流挂、明暗不均、发花等现象，手感细腻，光泽均匀，无批刮印痕和凸凹不平现象。

环氧封闭底漆实干或间隔 24 h 后应检查封闭底漆是否有气泡。如果有气泡，则须将气泡剔除，并补涂底漆，然后进行面漆涂装。

面漆在使用前应按材料使用说明进行配制，参考用量为 0.36 kg/m^2。刷涂、喷涂、滚涂均可。面漆实干或间隔 24 h 后应检查涂层的厚度及是否有气泡，防护涂层总厚度应大于等于 100 μm。如果有气泡，则须将气泡剔除，并补涂面漆。

3)环氧涂层

(1)技术要求

环氧封闭底漆技术要求见附录 A。

(2)材料

环氧涂料的施工储存如下：

①为双组分包装。产品在运输时，应防止雨淋、日光曝晒，避免碰撞，并应符合交通部门的有关规定。

②产品应存放在阴凉通风处，贮存于远离火源的通风阴凉干燥处，存放温度不高于 40℃，防止日光直接照射，并隔绝火源，远离热源的库房内。切忌碰撞，严禁与水接触。

③属易燃品，请注意包装容器上的警告标识。施工场地应有良好的通风设施，油漆工应戴好眼镜、手套、口罩等，避免皮肤接触和吸入漆雾。如果油漆不慎溅到皮肤上应立即用合适的清洁剂，肥皂水清洗。溅入眼睛时应用清水充分清洗并立即就医诊治。施工现场严禁烟火。

④有效期为一年，超过有效期，经重新检验合格后仍可使用。

(3)施工技术条件

①针对混凝土构件情况，应设计适用于混凝土表面处理、涂装及质量检查的工作平台，并安全、牢固、移动和拆装方便。应充分考虑桥上风力对涂装平台的不利影响。

②应根据涂料的物理性能、施工条件、涂装要求和被涂构件的情况制定涂装工艺，涂装施工流程和施工工艺应切实可行。应采用高压无气喷涂施工方法。当条件不允许时，可采用刷涂或滚涂，但应有监理工程师批准，施工工艺应符合相应规范。最后一道面漆必须采用高压武器喷涂方法施工，以保证表面光洁。高压无气喷涂应适用大流量、高比率的高压无气喷涂设备，喷出压力和喷嘴孔径应与涂料的黏度相适应，确保涂层均匀、平整、光滑，喷涂施工应符合《高压无气喷涂典型工艺》(JB/T 9188)的要求。

③应按生产厂家规定的比例混合涂料，一套涂料混合后，必须在规定的混合使用期内用完。因各种原因超过了混合使用期的涂料不得继续使用本桥工程。

④第一道涂层封闭漆施工后，如有可见的混凝土表面气孔、缺陷等，应使用环氧腻子修补平整，确保涂层的光滑连续。腻子应与涂层面结合良好，既能与结构物基面牢固地粘合，又能和涂层很好的相容。

⑤涂层之间的重涂应参照使用说明书及现场气温确定，重涂间隔应符合规定的要求。

⑥使用完的涂料空桶应保留，按照监理工程师的要求核对并妥善处置。

(4)施工工艺

①基层处理

涂装前须将构件混凝土表面碎屑及不牢的附着物清除，用汽油等溶剂抹除油污，最后用淡水冲洗，使处理后的混凝土表面平整无油污、灰尘及不牢附着物等。对混凝土面孔洞缺损处用高标号水泥砂浆或环氧胶泥找平。由于环氧涂层无透气性，所以施工时构件混凝土表面一定要干燥，否则涂层易鼓泡、剥落。

②涂装方法：环氧涂层的涂装方法宜采用高压无气喷涂，也可采用涂刷或滚涂。后道涂装必须在前道涂装 8 h 后进行，每次涂装前，必须对涂装面进行适当清理，把污染降到最低且表面要干燥。

③涂装工艺：环氧涂层的涂装方法宜采用高压无气喷涂，也可采用涂刷或滚涂。后道涂装必须在前道涂装 8 h 后进行，每次涂装前，必须对涂装面进行适当清理，把污染降到最低且表面要干燥。

④底层涂装

底层涂料配制应严格按底层涂料出厂说明规定，并经试验检测满足性能指标后，确定配合比，按比例进行调配。按照当天涂料的用量及涂料的使用期，现用现配。配漆前、后应充分搅匀，配漆用品应分开使用。

使用前应将调配好的涂料用 40 目～100 目的筛网过滤，并经过 30 min 熟化；表面处理完后，用胶辊或毛刷将底层涂料均匀涂覆在混凝土结构上；底层涂料涂一道的参考用量约为 0.12～0.15 kg/m^2；底层涂料的涂装应均匀、平整，不应漏涂和明显流挂。

⑤中间层涂装

基层处理及底层涂料涂装完成后，进行中间层环氧树脂涂料涂装，具体要求如下：

对环氧树脂涂料的涂装可采用滚涂、刷涂、喷涂等方式进行；涂料为双组分涂料，配制后施工适应期大约为 1～2 h，其配制可按底层涂料配制要求进行；湿面涂料一道，最小干膜厚度 150 μm；第二道涂装间隔时间，最短为 4 h，最长不超过 7 d；涂刷施工完毕，应采用专用清洗剂对滚筒及漆刷进行清洗；涂层外观质量要求：涂膜表面要求涂层厚度均匀，无色差、流挂和堆积等现象；环氧涂层工艺在水位变动区涂装时，由于涨落潮时间短，构件混凝土表面不够干燥，容易造成涂层鼓泡、剥落，须及时修补。

4)硅烷浸渍

按照《海港工程混凝土结构防腐蚀技术规范》(附条文说明)(JTJ 275—2000)的规定，将混凝土结构所处部位划分为大气区(+9.38 m 以上)、浪溅区(−2.08～+9.38 m)、水位变动区(−3.76～−2.08 m)及水下区(−3.76 m 以下)四个分区。因本桥为跨海桥梁，为保证浪溅区和水位变化区混凝土的耐久性，在 −4.0～+9.5 m 高度范围内的墩塔外表面及承台顶面需采用硅烷浸渍的防腐蚀强化措施。表面涂层质量需达到如下四项要求：涂层与混凝土的表面黏结力不得小于 1.5 MPa；涂层应具有良好的耐碱性(试验大于 30 d)和耐老化性(试验大于 1 000 h)；涂层应具有较好的抗氯离子渗透性(试验大于 30 d)，氯离子穿过涂层片的渗透量应小于 5.0×10^{-3} mg/(cm^2 · d)；涂层应具有湿固性、耐磨性和耐冲性等性能的要求。硅烷浸渍施工如图 4-16-42 所示。

图 4-16-42　硅烷浸渍施工

(1)根据平潭海峡公铁两用大桥耐久性专题报告相关研究课题,结合其他跨海大桥的成熟经验,确定平潭海峡公铁两用大桥混凝土表面防护要求:

①防腐体系:硅烷浸渍防护。

②防腐部位:−2.0～+9.5 m 墩身范围及主塔预应力封锚区域。

③防腐技术要求:承台钢筋净保护层 8 cm≤c≤10 cm;硅烷浸渍涂装的技术要求按照《平潭海峡公铁两用大桥混凝土结构耐久性技术实施细则》执行。

④硅烷浸渍涂料采用异丁基三乙氧基硅烷(亦称异丁烯三乙氧基硅烷),其产品特性见表 4-16-41。

表 4-16-41　异丁基三乙氧基硅烷特性

特　征	指　标
异丁烯三乙氧硅烷含量	≥98.9%
硅氧烷含量	≤0.3%
可水解的氯化物含量	≤1/10 000
密度	0.88 g/cm^3
折光率	1.3998～1.4002
活性	活性应为 100%,不得以溶剂或其他液体稀释

⑤材料应原罐封存,密封闭光保存,禁止与酸、碱、胺和重金属或其化合物一起贮存,也不能放置在被其污染的场所。每次使用过后应封好包装以免失效,启封后应在 72 h 内用完。

⑥材料应贮存在有遮盖、无阳光直射处,并不接触潮湿的地板或地面。宜将材料贮存受控制的环境中,贮存区域应设立负责职业卫生和安全部门要求的警告牌。

⑦材料应按到货顺序使用。任何超过厂方建议适用期的材料均不得使用。

(2)施工前的准备

①调查工程范围内混凝土表面状况,按粉化、开裂、剥离和强度等级进行分类,确定存在缺陷的程度并做好相应记录及现场标记。针对不同的缺陷,确定不同的清理、修补及防护方案。

②基面清理混凝土基层应密实、平整。使用打磨砂轮、钢丝刷等处理混凝土基面上的浮浆、杂渣等疏松部位,尖角、凸起部位要予以剔除并打磨平整;使用吸尘器等清除粉尘杂质;使用稀料等溶剂清除污垢、霉菌、苔藓等污染物,并用淡水冲洗至中性。

③混凝土表面存在的因施工需要设置的各种预埋件,应在涂装施工前 28 d 处理完毕。因施工原因存在于混凝土表面的金属焊渣、绑扎铁丝头、铁钉头等应清除干净。

④混凝土表面宜采用高压水(压力不小于 20 MPa)清洁,或者使用各种动力打磨工具进行打磨,彻底除去混凝土表面上的不牢灰浆、尖角、碎屑、海生物、苔藓、油污等污染物及其他松散附着物,必要时可用适

当溶剂抹除油污。

⑤清理后的混凝土表面，应用饮用水冲洗干净，混凝土表面应无油污等影响涂层质量的物质。

⑥基面修补混凝土表面的裂缝、蜂窝、麻面和错台等缺陷，用环氧腻子找平。裂缝宽度小于0.2 mm时，可采用水性环氧封闭漆或溶剂型环氧封闭漆进行3次以上刷涂，让浆液自然渗入裂缝中，至裂缝不再吸收浆液为止；裂缝宽度大于0.2 mm时，则先沿裂缝切出V形槽，然后用聚合物砂浆堵塞修补。

⑦检查合格的混凝土基面应及时涂覆封闭漆。

⑧对于潮湿基面，应烘干或喷涂找平层，找平层施工48 h后喷涂封闭漆。

(3)施工技术条件

①大规模施工前应进行喷涂试验，试验面积为1～5 m^2。试验结果满足要求后，再进行大量施工。

②操作人员应使用必要的安全保护设施；施工人员施工过程中要按要求穿戴护目镜和防护手套。如不慎吸入，应立即移到有新鲜空气的地方。如接触到皮肤，立即用水清洗15 min；不慎接触到眼睛后，立即用水清洗15 min，并脱下受污染的衣服、鞋子及时就医。应注意避免硅烷和氯丁橡胶、沥青密封等其他可能腐蚀的材料接触。本品固化反应过程中会释放乙醇，应注意安全预防措施。施工现场保持通风良好，远离火花、明火。

③施工环境要求：混凝土表面温度应在5～35℃之间，空气相对湿度不大于85%；下雨或有强风或强烈阳光直射时不得喷涂硅烷；浸渍所需的全部硅烷用料在施工现场应一次备足，使用前方可开封，并应于启封后72 h内用完，否则应予废弃；在施工中切忌使用烘干设备。因为硅烷需要与水化的水泥发生化学反应才能发挥防水性能，但表面过湿会影响渗透深度，因此基面表干时喷涂效果最好。

④施工可采用滚涂、喷涂等方式。施工工具可采用密封喷枪、滚筒和刷子。如使用刷子或滚筒施工，应当重复涂抹，直到表面润湿。大面积施工建议使用低压喷涂方式，这样可以减少材料的损耗。如采用连续循环的泵送系统，应注意喷枪的压力不能超60～70 kPa。浸渍施工后，应用黑色记号笔标明已喷涂区域与未喷涂区域分界线，便于监理工程师目测检验，同时避免下次漏涂或重涂。

⑤浸渍硅烷工作应连续施涂，施涂可采用连续喷涂、刷涂或滚涂工艺，施涂时必须使被涂表面饱和溢流。在立面上，应自下向上的施涂，被涂立面至少有5 s保持“看上去是湿的”状态；而在顶面或底面上，都至少有5 s保持“看上去是湿的镜面”状态。

⑥如进行修补进行潮差区施工。应在落潮过程中对混凝土表面进行清洁后烘干。喷涂硅烷应在下一次高潮之前，掌握好潮汛期，尽量提供混凝土表层表干时间，同时又要保证硅烷浸渍后能够固化的时间，防止硅烷还未能反应固化就被潮水冲走。

⑦喷涂遍数：建议喷涂两遍以上，第二遍喷涂应与前一层喷涂间隔不少于6 h，也不应停顿时间过长。当基材吸收完上一次涂层并不再光亮时，涂敷下一次。潮差区施工每层应在每次潮位低于施工部位烘干后时施工，建议每层施工应在不同落潮期进行施工。

⑧养护期：大气区施工后24 h内不湿水自然风干，3 d完全固化即可产生最佳的防水防腐护效果，7 d后可钻芯取样检测。

(4)硅烷浸渍质量验收

①吸水率：≤0.01 $mm/min^{1/2}$。

②浸渍深度：混凝土强度等级不小于C45浸渍深度(2～3 mm)。

③氯化物吸收量的降低效果：≥90%。

第二节　海洋环境下钢结构的耐久性研究及实施

一、环 境 特 点

平潭岛和福州市在1988～1989年所作降水pH值同步观测结果表明：平潭岛pH＝4.49，酸雨率为

57.7%，约1/10强酸雨出现；福州市pH=4.25，酸雨率为89.4%，约有1/3强酸雨出现，两地酸雨污染较严重，为重酸雨区(pH<4.50)或中酸雨区(4.50≤pH<5.00)，见表4-16-42。这种酸雨和海洋双重环境必然使钢结构材料产生腐蚀与破坏。

表4-16-42　平潭地区每月降雨pH分档频率

站名	月份	<3.5	3.5～4.0	4.1～4.5	4.6～5.0	5.1～5.5	5.6～6.0	6.1～6.5	>6.6
平潭	1	0.0	0.0	0.0	7.0	38.0	38.0	15.0	0.0
	2	0.0	0.0	0.0	5.0	5.0	38.0	38.0	11.0
	3	0.0	3.0	0.0	3.0	17.0	6.0	62.0	6.0
	4	0.0	37.0	18.0	37.0	5.0	0.0	0.0	0.0
	5	0.0	9.0	41.0	45.0	3.0	0.0	0.0	0.0
	6	0.0	0.0	60.0	20.0	0.0	0.0	0.0	0.0
	7	0.0	0.0	0.0	0.0	0.0	75.0	25.0	0.0
	8	0.0	0.0	0.0	0.0	0.0	100.0	0.0	0.0
	9	0.0	3.0	23.0	11.0	7.0	11.0	23.0	19.0
	10	9.0	9.0	0.0	0.0	18.0	0.0	45.0	18.0
	11	0.0	0.0	0.0	27.0	9.0	18.0	27.0	18.0
	12	0.0	0.0	0.0	0.0	28.0	42.0	14.0	14.0

平潭岛酸雨率月变化呈“单峰型”，峰值出现在4、5、6月，酸雨率高达95%以上。经计算，这3个月pH平均值为4.26，其他月份为5.23。

二、海洋环境下钢结构的腐蚀机理

从海洋大气到海泥的不同海洋环境区域，各种因素变化很大，对钢结构的腐蚀作用也有所不同，主要影响因素有：阴阳离子组成及含量、充气种类及其饱和度、生物活性影响、温度变化、海水流速、海域环境污染、pH值的大小、海域的天然环境及变化等。

1. 海洋大气区腐蚀

海洋大气区中主要含量有水蒸气、氧气、氮气、二氧化碳、二氧化硫及悬浮在其中的氯盐、硫酸盐等。由于海洋大气湿度很大，水蒸气在毛细管作用下、吸附作用、化学凝结作用的影响下，二氧化碳、二氧化硫和一些盐分溶解在水膜中，使之成为导电性很强的电解质溶液。同时海洋大气环境中的钢结构白天经日光照射，水分蒸发提高了表面盐度，晚间又形成潮湿表面，这种干湿循环使得腐蚀速度大大加快。

2. 海洋浪溅区腐蚀

海洋浪溅区钢结构表面几乎连续地被充分且不断更新的海水所湿润，由于波浪和海水飞溅，海水与空气充分接触，海水含氧量达到最大程度，浪溅区海水的冲击也加剧材料的破坏。此外海水中的气泡对钢梁表面的保护膜及涂层来说具有较大的破坏性，漆膜在海水的浪溅区通常老化得更快。对钢铁构筑物来说，浪溅区是所有海洋环境中腐蚀最为严重的部位。

3. 海洋水位变动区腐蚀

海洋水位变动区钢结构在海水涨潮时被海水所浸没，产生海水侵蚀，而退潮时又暴露在空气中，产生湿膜下同大气一样的腐蚀。同时较大的潮流运动会因物理冲刷及高速流水形成的空泡腐蚀作用导致腐蚀作用增加。

三、平潭海峡公铁两用大桥钢桁梁防腐涂装体系研究及实施

根据桥址处自然环境，平潭铁路跨海大桥不仅地处海洋，也属酸雨地区，腐蚀环境恶劣，通过调研已完

桥梁结构的涂装体系以及现有的防腐底漆、中间漆、面漆的各自特性，选择合适的试验样本进行对比试验，以选择出适合平潭海峡公铁两用大桥钢桁梁的涂装体系。

1. 试验样品

(1)防锈底漆

目前，我国随着工业化快速发展，大气环境污染日益严重，属于酸雨环境的地区较多，酸雨地区面积大约占全国国土面积的 30%以上。酸雨大气环境特点主要是雨水 pH 值低于 5.6，呈酸性，大气中 SO_2 含量偏高。表 4-16-43 列出了我国不同地区大气环境下所测量的四大类标准材料腐蚀速率比较。表 4-16-44 列出了 13 种金属材料在不同地区腐蚀破坏的比较数据。

表 4-16-43 标准金属材料在酸雨和非酸雨地区腐蚀速率比较(μm/年)

标准材料	地　区				
	北京	武汉	广州	万宁	青岛
碳钢	19.0	27.0	37.0	32.0	41.0
纯铝	0.026	0.044	0.077	0.090	0.19
紫铜	1.1	1.6	2.0	1.2	1.6
特级纯锌	1.32	2.16	—	1.76	1.99

表 4-16-44 金属材料在国内不同大气环境下腐蚀倍率比较

序号	材　料	环　境					
		北京：干、冷，污染轻	海南琼海：湿、热，污染极轻	武汉：湿、热，污染一般	广州：湿、热，污染一般	海南万宁：湿、热，海洋大气	青岛：湿、冷，海洋大气
1	碳钢 A3	1	1.38	1.62	2.0	3.69	2.23
2	普通低合金钢 16 mn	1	1.64	1.79	2.07	5.0	2.21
3	耐候钢 09CuPTiXt	1	1.55	1.36	1.91	1.45	2.18
4	马氏体不锈钢 2Cr13	1	2.40	0.83	0.45	4.2	4.5
5	纯铝 L3	1	2.38	1.69	2.96	3.46	7.31
6	防锈铝 LF21Y2	1	2.13	1.81	1.94	7.5	7.81
7	硬铝材 LY12	1	3.0	1.57	4.0	3.57	6.0
8	超硬铝型材 LC	1	—	1.57	2.94	7.25	13.7
9	紫铜 T2	1	1.36	1.45	1.82	1.09	1.45
10	黄铜 H62	1	1.30	1.71	1.86	0.41	1.71
11	锡青铜 QSn4-4-2.5	1	1.15	1.48	1.80	1.07	1.97
12	锌白铜 BZn15-20	1	1.56	1.88	2.66	0.19	1.88
13	纯锌	1	0.77	1.64	2.48	1.33	1.51

表 4-16-43 和表 4-16-44 数据表明，对于碳钢、铝、锌、铜 4 种材料来说，在酸雨环境下，其腐蚀速率明显高于其他非酸雨地区；在海洋环境下，其腐蚀速率明显高于其他非海洋环境地区。对不同牌号的金属而言，酸雨地区比其他非酸雨地区，其腐蚀破坏的严重程度也是不一样的。以北京为例，对于铝，其破坏性高 13～20 倍；对铜，高出 3～4 倍；对黑色金属，高出 2～3 倍。

酸雨是金属材料大气腐蚀的主要因素。在一般地区酸雨的主要成分是硫酸和硝酸，而在盐化工业逐渐发展的万州地区由于大气中含有 HCl、Cl_2，其浓度有时还超过 SO_2 和 NOx。根据德国标准(TGL33408/01)HCl、Cl_2 对钢材腐蚀的严重性远胜过 SO_2、NOx 等，它们在很低的浓度下(0.05 mg/m^3 和 0.01 mg/ m^3)已对钢材产生明显的腐蚀作用，所以平潭地区大气对金属材料的腐蚀将比一般地区更为严重。

防锈底漆按防锈原理一般分为 3 种类型。第一类，物理屏障型防锈底漆：常用的铁红底漆、云母氧化铁底漆、铝粉漆等就是属于物理屏障型防锈漆，它们的防锈颜料具有良好的物理屏蔽作用，可减缓或阻止有害介质与金属表面的接触。第二类，钝化磷化膜型防锈底漆：这类底漆通过其中的防锈颜料，在金属表面形成化学稳定的钝化膜或磷化膜，从而有效地阻缓膜下金属的进一步腐蚀；例如红丹防锈底漆、磷化底漆、磷酸锌防锈底漆等，都具有优良的防锈性能。第三类，阴极保护型防锈底漆：阴极保护型防锈底漆一般是指富锌底漆，它分为环氧富锌底漆、无机富锌底漆两种，其中无机富锌底漆又分为溶剂性和水性；由于 Zn 的电极电位值是－0.763 V，比 Fe 的电极电位值（－0.409 V）更低；当富锌底漆中 Zn 的含量足够大时，即在钢表面形成一层锌粉膜，并与钢表面紧密接触，这样，Zn 成为阳极被腐蚀，Fe 则为阴极而得到保护。

在上述 3 种防锈底漆中，以第三类底漆的防锈效果最好，富锌类防锈底漆除具有前两类底漆的防锈作用外，在涂层由于撞击等原因出现破坏时，对破坏处的金属表面仍有保护作用。因此，目前在钢结构涂料重防腐体系中，防锈底漆一般都采用富锌类底漆。

①水性无机富锌防锈漆

水性自固型无机富锌涂料主要由硅酸盐水溶液作为黏合剂，配合锌粉在金属表面形成漆膜。水性无机硅酸锌涂料在 1942 年由发明家 Victor Nightengall 首次应用于横穿澳大利亚 250 英里长的 Wyalla 输油管道上，它当时是采用刷涂施工和高温烘烤来固化漆膜。经过近 60 年风吹日晒、海边盐雾侵蚀涂层仍保持完好状态，即使在焊缝等薄弱区域仍没有粉化、开裂、剥落。

20 世纪 50 年代初，在美国出现一种用酸固化的硅酸锌涂料，许多这种早期的涂层至今仍保护着钢铁和铝不受腐蚀。

20 世纪 60 年代，人们又发明了自固型硅酸锌及醇溶型硅酸乙酯富锌涂料，这些技术都显示了硅酸锌涂层的极佳防腐性能。但在施工时需要加热、加酸或经过较长时间，自固化定义不准确。

我国在 20 世纪 70～80 年代，相继出现了二次固化型水性无机硅酸锌涂料和醇溶型硅酸锌涂料。前者是由钠水玻璃与锌粉组成，在金属表面成膜后再使用酸溶液或盐溶液对漆膜进行固化处理；后者属溶剂型涂料，由水解硅酸乙酯和锌粉组成，可实现自固化。

20 世纪 90 年代中期，国内研制出了以锂水玻璃（硅酸锂）为基料的水性无机富锌涂料，该涂料可自固化，但固化时间较长，一般需要 2～7 d 时间甚至更长。在这期间，国外以美国产品 IC531 为代表的水性自固化无机富锌涂料开始进入我国，该类产品在很短时间内（一般 3～4 h）即可自固化，不怕雨淋，大大方便了用户的使用。

②环氧富锌防锈漆

环氧富锌防锈漆主要成膜物质是环氧树脂和锌粉，由于环氧树脂本身特性决定了它对钢表面具有极强的附着力。环氧富锌防锈漆作为目前铁路钢梁保护涂装第 5、6、7 体系中的底漆，从 1993 年鉴定到 1996 年在铁路钢桥推广至今，已先后在芜湖铁路长江大桥、长东黄河铁路二桥、乌海黄河铁路大桥、柳江大桥、武汉长江大桥等得到使用，使用效果很好。

环氧富锌防锈漆在国内外钢结构防腐保护中作为底漆也已屡见不鲜，并都表现出了很好的防锈效果。如日本 NKK 公司等在日本濑户内海地区新两国大桥桁梁上进行的长期防锈涂层试验，经过 30 年的试验，环氧富锌防锈漆与其他涂料配套使用，防锈效果良好；日本钻井有限公司的 Hakuryu（Ⅱ）半潜式钻井平台支架下部使用环氧富锌防锈漆迄今已用了 20 多年，防锈效果良好。在我国，化工行业标准中已将环氧富锌防锈漆作为钢结构长效防锈体系的配套底漆；上海的南浦、杨浦大桥用环氧富锌防锈漆作为底漆等。

③水性无机富锌防锈漆和环氧富锌防锈漆性能比较

水性自固型无机富锌涂料由于是水溶性的，所以要求钢表面不能有任何油污类物质存在，否则会严重影响涂层在钢表面的附着性能。为保证涂层中金属锌粉与低材的有效接触，提高涂层的附着性能，表面要求喷砂处理，喷砂后达到 Sa 3.0 级以上，粗糙度达到 Rz 60～100 μm。

环氧富锌防锈漆由于环氧树脂本身对物体具有很好的黏结作用，所以该涂料形成的涂层在钢结构表面具有很好的附着力，对钢表面的处理要求并不高。但对于富锌防锈漆来说，如要很好地发挥其阴极保护作用，保证其防锈效果的实现，就要求其中的锌粉充分地与钢表面进行接触，同时为进一步提高涂层的附着力，所以要求表面处理最好达到 Sa 3.0 级以上。

比较了水性无机富锌防锈漆和环氧富锌防锈漆施工性能及漆膜性能，结果见表 4-16-45。

表 4-16-45　施工性能及漆膜性能比较

项　　目	水性无机富锌防锈漆	环氧富锌防锈漆
溶剂	水	有机溶剂
表面处理要求	≥Sa 3.0	≥Sa 3.0
施工及固化气候条件	5℃～50 ℃，相对湿度＜80％	10℃～35 ℃，相对湿度＜80％
安全性	不燃，无毒	易燃，有毒
固化特性	喷涂后 2 h 干燥，即可进行吊装等处理	喷涂后 24 h 才能实干
漆膜耐盐雾性能（在表面处理相同条件下）	经 4 000 h 漆膜无红锈出现，划痕处锈蚀无扩展（试验仍在进行中）	经 1 500 h 漆膜局部出现锈蚀，划痕处锈蚀扩展

选择了一种国外进口的水性无机富锌防锈漆（以下简称无机富锌防锈漆）和环氧富锌防锈漆作为配套底漆进行试验研究。环氧富锌防锈漆试验结果分别见表 4-16-46 和表 4-16-47。

表 4-16-46　无机富锌防锈漆试验结果

项　　目		单位	技术指标	检验结果
漆膜颜色和外观		—	锌灰色，漆膜平整	合格
黏度（涂 4 号杯）		s	≥7	12.5
不挥发物		%	≥75	80
干膜中锌粉含量		%	—	90
干燥时间	表干	min	≤20	合格
	实干	h	≤2	合格
附着力（划格法）		级	≤2	合格
附着力（拉开法）		MPa	—	7.4
硬度		H	—	6
耐盐雾性		h	1 000 h，不起泡、不生锈；划痕处腐蚀蔓延宽度不大于 2 mm（单向）	合格
混合后有效使用时间		h	≥6	合格

注：表中技术指标是渝怀线铁路长寿桥用水性无机硅酸锌涂料技术指标。

表 4-16-47　环氧富锌防锈漆试验结果

序号	检验项目		技术要求	单位	检验结果
1	漆膜颜色及外观		锌灰色，漆膜平整，允许略有刷痕	—	合格
2	流出时间（6 号杯）		30≤流出时间＜60	s	58
3	不挥发物含量		≥80	%	87
4	细度		≤90	μm	85
5	密度		≥2.73	g/cm^3	2.74
6	干燥时间	表干	≤2	h	合格
		实干	≤24	h	合格
7	漆膜中铁元素含量		无	—	无
8	弯曲性能		≤2	mm	合格
9	耐冲击性		≥50	cm	合格

续上表

序号	检验项目	技术要求	单位	检验结果
10	附着力	≥5	MPa	6.5
11	耐盐雾性	≥1 000 h,样板表面无红锈可以有轻微气泡,划痕处 24 h 无红锈	h	1 200 h,板面无泡无锈,划痕处 24 h 无红锈
12	适用期	≥2	h	合格
13	施工性能	喷涂、刷涂无不良影响,每道干膜厚度不小于 40 μm	—	合格

注:表中技术指标是《铁路钢桥保护涂装及涂料供货技术条件》(TB/T 1527—2011)中规定的技术指标。

(2)中间漆

目前国内外在钢结构重防腐保护体系中,一般都使用云铁环氧中间漆,我国的铁路钢桥保护第 4 涂装体系也使用此中间漆。以鳞片状天然云母氧化铁为颜料的云铁环氧中间漆性能稳定,鳞片状天然云母氧化铁在漆膜中以平行的方向重叠排列,可有效地阻挡外来的介质对涂层渗透,起到屏蔽作用。同时由于云铁环氧中间漆漆膜有一定的粗糙度,也有利于底漆面漆的附着。选用云铁环氧中间漆进行了试验测试,结果见表 4-16-48。

表 4-16-48 云铁环氧中间漆试验结果

序号	检验项目		技术要求	单位	检验结果
1	漆膜颜色及外观		表面色调均匀一致,漆膜平整	—	合格
2	流出时间(6 号杯)		60≤流出时间<100	s	88
3	不挥发物含量		≥65	%	85
4	细度		≤80	μm	78
5	干燥时间	表干	≤3	h	合格
		实干	≤24	h	合格
6	弯曲性能		≤2	mm	合格
7	耐冲击性		≥50	cm	合格
8	附着力		≥5	MPa	8.6
9	适用期		≥2	h	合格
10	贮存稳定性(沉降程度)		≥8 级	—	合格
11	施工性能		喷涂无不良影响,每道干膜厚度不小于 40 μm	—	合格

注:表中技术指标是《铁路钢桥保护涂装及涂料供货技术条件》(TB/T 1527—2011)中规定的技术指标。

(3)氟碳涂料

氟碳涂料主要是作为面漆使用,在试验中,我们对目前国内外有代表性且有一定生产规模的氟碳涂料进行综合比对试验,共选用三个品牌的产品,包括 1 号氟碳涂料(含氟量≥18%,氟树脂由国内生产);2 号氟碳涂料(LUMIFLON 氟树脂由国外进口,涂料由国内生产);3 号氟碳涂料(完全由国外提供的涂料)。对比试验用面漆为灰铝粉石墨醇酸面漆和灰铝粉石墨脂肪族聚氨酯面漆。

①1 号氟碳涂料

颜色:灰色,大红;

配比:主剂:固化剂=9:1;

条件:温度为 23℃,相对湿度为 50%;

固体含量:61.31%,60.36%;

黏度(6 号杯):32 s;

黏度(4 号杯):51 s;

细度:<20 μm;

表干:1 h;
弯曲性能:2 mm;
冲击强度:50 kg·cm;
附着力:≥10 MPa。
②2 号氟碳涂料
颜色:浅灰、灰;
配比:主剂∶固化剂=13.3∶1;
条件:温度为 23℃,相对湿度为 50%;
固体含量:51.79%,52.17%;
黏度(6 号杯):19 s;
黏度(4 号杯):29 s;
细度:<20 μm;
表干:1 h;
弯曲性能:2 mm;
冲击强度:50 kg·cm;
附着力:≥10 MPa。
③3 号氟碳涂料
颜色:白色、浅灰;
配比:主剂∶固化剂=1∶0.2;
条件:温度为 23℃,相对湿度为 50%;
固体含量:58.42%;
黏度(6 号杯):47 s;
黏度(4 号杯):77 s;
细度:<25 μm;
表干:1 h;
弯曲性能:2 mm;
冲击强度:50 kg·cm;
附着力:≥10 MPa。
(4)样板的制备
①表面处理
喷涂环氧富锌防锈漆的 A3 钢表面,先去油,再用 1 号砂纸进行打磨。喷涂无机富锌防锈漆的 A3 钢表面,先去油,再进行喷砂处理,达到 Sa 3.0 级以上。
②喷漆
按比例配制防锈漆,分别喷涂,其中环氧富锌防锈漆喷涂 2 道,每道间隔 24 h,每道漆膜厚度为 50 μm 左右,漆膜厚度为 100 μm 左右;水性无机富锌防锈漆喷涂 1 道,漆膜厚度为 80~100 μm。24 h 后,在防锈漆漆膜上喷涂云铁环氧中间漆 1 道,总漆膜厚度达到 140 μm 左右。24 h 后,在中间漆漆膜上喷涂面漆 2 道,每道间隔 24 h,每道漆膜厚度为 30 μm 左右,总漆膜厚度达到 200 μm 以上。样板的反面喷涂工艺及用漆与正面相同。样板制备完成后在温度 23℃,相对湿度 50%的恒温恒湿条件下,放置 7 d 进行盐雾、人工加速老化等试验。
2. 盐雾试验
采用 YQ-25D 盐雾试验箱,按《色漆和清漆　耐中性盐雾性能的测定》(GB/T1771—2007)规定的方法进行测试。

(1)环氧富锌防锈漆＋中间漆＋面漆盐雾试验

试验结果见表 4-16-49。

表 4-16-49 盐雾试验结果

编号		0 h		2 345 h	
		60°光泽	色差	60°光泽	色差
1 号氟碳涂料	16	47.8	—	45.9	0.08
	15	49.7	—	45.3	0.29
3 号氟碳涂料	14	72.8	—	74.8	1.10
	15	72.0	—	71.5	0.82
2 号氟碳涂料	28	70.4	—	67.8	0.22
	29	61.7	—	60.1	0.23
灰脂肪族聚氨酯面漆	J8	59.69	—	—	—
	J9	59.94	—	—	—
灰铝粉石墨醇酸面漆	C1	32.7	—	—	—
	C2	32.3	—	—	—

氟碳涂料体系经 3 500 h 盐雾试验后,样板漆膜完好;灰脂肪族聚氨酯面漆和灰铝粉石墨醇酸面漆体系经 1 700 h 盐雾试验后,样板漆膜完好。

(2)无机富锌防锈漆＋中间漆＋面漆盐雾试验

试验结果见表 4-16-50。

表 4-16-50 盐雾试验结果

编号		0 h		2 345 h	
		60°光泽	色差	60°光泽	色差
1 号氟碳涂料	8	52.5	59.35	40.1	58.94
	14	58.5	59.22	19.5	57.36
2 号氟碳涂料	3	66.9	31.32	8.9	29.99
	7	66.4	31.40	65.2	31.25
3 号氟碳涂料	10	76.1	1.32	44.3	3.13
	18	78.6	2.00	76.7	3.36
灰脂肪族聚氨酯面漆	9	35.0	—	—	—
	11	36.1	—	—	—

经过 631 h,灰脂肪族聚氨酯面漆 11 号样板上边缘处出现一个鼓泡;经过 1 104 h,灰脂肪族聚氨酯面漆 11 号样板上边缘处的鼓泡没有进一步的发展,1 号氟碳涂料 8 号和 14 号样板、3 号氟碳涂料 18 号样板上边缘处都出现一个鼓泡,位置基本与灰脂肪族聚氨酯面漆 11 号样板相同。将鼓泡破坏,发现富锌层有溶解现象,初步认为是富锌层没有完全干燥。经过 1 937 h,1 号氟碳涂料 14 号样板右侧中间部位又出现一个较大鼓泡,2 号氟碳涂料 7 号样板上边缘处出现一个鼓泡,3 号氟碳涂料 10 号样板上边缘处和中下部右侧各出现一个小鼓泡,灰脂肪族聚氨酯面漆 9 号样板左侧上部和右侧下部各出现一个鼓泡;经过 2 250 h,1 号氟碳涂料 8 号样板右上角出现一个鼓泡,2 号氟碳涂料 3 号样板右上角出现一小鼓泡。

盐雾试验后漆膜光泽变差的原因是由于将漆膜上的鼓泡破坏后,无机富锌涂层中锌粉腐蚀出现白锈,对样板表面造成污染所致,尽管在测试前用水擦洗,但效果不好。

表 4-16-51 简明表示了无机富锌防锈漆＋中间漆＋面漆样板盐雾试验的破坏时间。

表 4-16-51　无机富锌防锈漆＋中间漆＋面漆样板盐雾试验的结果

编　号		破坏时间			
		631 h	1 104 h	1 937 h	2 250 h
1 号氟碳涂料	8	√	×		
	14	√	×		
3 号氟碳涂料	10	√	√	×	
	18	√	×		
2 号氟碳涂料	3	√	√	√	×
	7	√	√	×	
灰脂肪族聚氨酯面漆	9	√	√	×	
	11	×			

注：√表示板漆膜完好；×表示样板漆膜起泡。

3. 人工加速老化试验

人工加速老化试验采用《机械工业产品用塑料、涂料、橡胶材料人工气候加速试验方法》(GB/T 14522—2008)中的 a 方法即光源为荧光紫外线灯(UV-B313nm)，光照时温度为 60℃，冷凝阶段的温度为 50℃，光照和冷凝的周期为 4 h 光照、4 h 冷凝。采用的设备为：美国 Q-Panel 公司生产的 Accelerated weathering tester 试验机。

(1)环氧富锌防锈漆＋中间漆＋面漆人工加速老化试验

试验结果见表 4-16-52～表 4-16-55。

表 4-16-52　1 号氟碳涂料

0 h		100 h		220 h		500 h		1 000 h	
60°光泽	色差	60°光泽	色差	60°光泽	色差	60°光泽	色差	60°光泽	色差
55. 9	—	45. 2	0. 63	39. 5	0. 53	43. 5	0. 45	25. 7	0. 58
53. 2	—	43. 4	0. 50	38. 3	0. 52	43. 1	0. 38	26. 6	1. 39
1 500 h		2 000 h		2 500 h		3 000 h		3 500 h	
60°光泽	色差	60°光泽	色差	60°光泽	色差	60°光泽	色差	60°光泽	色差
33. 1	4. 57	25. 9	4. 70	10. 8	2. 37	9. 2	2. 43	8. 2	2. 67
32. 6	2. 51	29. 2	4. 57	12. 4	2. 43	10. 1	2. 41	9. 2	2. 67

注：60°光泽是表示涂层的光亮程度，涂层破坏是从失光开始的，一旦 60°光泽达到 3. 0 以下即完全失光时，涂层就开始出现粉化破坏，失光越快，涂层耐老化性能越差；色差是表示涂层颜色试验前后的差别，色差值越大，表示涂层颜色变化越大，涂层耐老化性能越差。

表 4-16-53　2 号氟碳涂料

0 h		100 h		220 h		500 h		1 000 h	
60°光泽	色差	60°光泽	色差	60°光泽	色差	60°光泽	色差	60°光泽	色差
64. 3	—	61. 1	0. 60	60. 6	0. 03	59. 8	0. 61	59. 2	0. 38
64. 3	—	60. 8	0. 41	60. 6	0. 20	60. 2	0. 57	59. 7	0. 43
64. 2	—	62. 2	0. 62	61. 2	0. 57	58. 9	0. 92	59. 9	1. 31
1 500 h		2 000 h		2 500 h		3 000 h		3 500 h	
60°光泽	色差	60°光泽	色差	60°光泽	色差	60°光泽	色差	60°光泽	色差
61. 5	0. 74	63. 4	0. 40	60. 6	0. 15	59. 1	0. 38	58. 0	0. 84
62. 3	0. 71	63. 1	0. 12	61. 3	0. 15	59. 9	0. 98	58. 8	1. 05
60. 7	1. 12	56. 3	1. 25	56. 8	1. 35	54. 3	1. 03		

表 4-16-54　3 号氟碳涂料

0 h		100 h		220 h		500 h		1 000 h	
60°光泽	色差	60°光泽	色差	60°光泽	色差	60°光泽	色差	60°光泽	色差
60.1	—	59.0	0.29	58.3	0.12	57.0	0.44	57.3	0.6
65.8	—	59.7	0.7	60.7	1.04	59.7	0.53	58.5	0.22
67.6	—	64.9	0.9	64.4	0.05	63.3	0.42	62.5	0.61
1 500 h		2 000 h		2 500 h		3 000 h		3 500 h	
60°光泽	色差	60°光泽	色差	60°光泽	色差	60°光泽	色差	60°光泽	色差
57.0	0.28	56.9	0.42	58.4	0.11	57.4	0.55		
59.4	0.32	58.6	0.54	59.1	0.25	56.4	0.38	54.3	0.90
62.6	0.46	62.6	0.69	63.3	1.04	61.9	0.91	60.7	0.92

表 4-16-55　灰铝粉石墨醇酸面漆

0 h		100 h		220 h		500 h	
60°光泽	色差	60°光泽	色差	60°光泽	色差	60°光泽	色差
35.8	—	13.3	4.17	3.9	5.97	3.6	5.21
35.3	—	12.1	4.23	2.2	6.08	3.5	5.5
1 000 h		1 500 h		2 000 h			
60°光泽	色差	60°光泽	色差	60°光泽	色差		
2.7	5.67	3.7	5.67	4.1	5.90		
2.8	4.96	3.4	4.73	3.6	2.08		

灰铝粉石墨醇酸面漆经过 500 h 人工加速老化试验后，完全失光，开始出现粉化。

(2)无机富锌防锈漆＋中间漆＋面漆人工加速老化试验

试验结果见表 4-16-56～表 4-16-59。

表 4-16-56　1 号氟碳涂料

0 h		100 h		245 h		500 h		1 100 h	
60°光泽	色差	60°光泽	色差	60°光泽	色差	60°光泽	色差	60°光泽	色差
58.4	—	49.2	0.02	41.4	0.10	37.6	0.42	29.4	0.74
46.4	—	37.8	0.55	33.6	0.04	30.6	0.51	24.4	0.73
1 500 h		2 000 h		2 500 h		3 000 h		3 600 h	
60°光泽	色差	60°光泽	色差	60°光泽	色差	60°光泽	色差	60°光泽	色差
24.3	1.05	22.6	1.47	18.5	1.62	14.8	2.15	13.8	1.13
20.8	0.96	18.6	1.54	16.0	1.57	12.8	1.98	12.0	0.97

表 4-16-57　2 号氟碳涂料

0 h		100 h		245 h		500 h		1 100 h	
60°光泽	色差	60°光泽	色差	60°光泽	色差	60°光泽	色差	60°光泽	色差
68.1	—	66.3	0.63	65.7	0.79	65.5	0.87	67.9	1.86
67.2	—	64.9	0.49	64.8	0.58	64.6	0.35	67.0	1.19
1 500 h		2 000 h		2 500 h		3 200 h			
60°光泽	色差	60°光泽	色差	60°光泽	色差	60°光泽	色差	60°光泽	色差
69.6	1.98	71.6	2.51	72.9	1.71	71.4	3.45		
68.1	1.37	70.9	1.92	71.1	1.39	70.3	2.99		

表 4-16-58 3 号氟碳涂料

0 h		100 h		245 h		500 h		1 100 h	
60°光泽	色差	60°光泽	色差	60°光泽	色差	60°光泽	色差	60°光泽	色差
67.3	—	62.0	0.64	60.5	1.12	58.5	1.58	57.7	0.57
55.7	—	49.4	0.24	48.5	1.18	47.6	1.77	47.7	0.29
1 500 h		2 000 h		2 500 h		3 000 h		3 600 h	
60°光泽	色差	60°光泽	色差	60°光泽	色差	60°光泽	色差	60°光泽	色差
58.5	1.43	57.8	0.91	58.9	0.60	58.8	0.85	57.5	2.40
47.8	1.34	47.6	0.65	48.3	0.46	48.0	1.33	47.6	0.74

表 4-16-59 灰铝粉石墨脂肪族聚氨酯面漆

0 h		100 h		245 h		500 h	
60°光泽	色差	60°光泽	色差	60°光泽	色差	60°光泽	色差
36.9	—	24.4	1.01	21.6	0.83	20.1	1.20
37.1	—	23.7	0.75	21.3	0.46	19.6	0.88
1 100 h		1 500 h		2 000 h		2 500 h	
60°光泽	色差	60°光泽	色差	60°光泽	色差	60°光泽	色差
9.0	5.72	1.9	3.86	2.3	4.33	2.8	4.82
11.9	4.81	2.3	3.31	2.3	3.51	2.7	4.2

灰铝粉石墨脂肪族聚氨酯面漆经过 1 500 h 的人工加速老化试验后，完全失光，开始出现粉化，2 500 h 后，漆膜仍为很轻微粉化，属于 1 级。

如图 4-16-43 是氟碳涂料面漆与其他面漆的人工老化试验结果曲线。

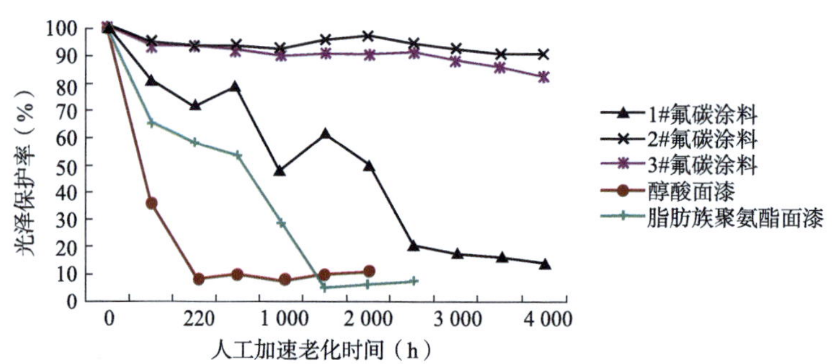

图 4-16-43 氟碳涂料面漆与其他面漆的人工老化试验结果曲线

从人工加速老化试验结果可以看出氟碳涂料的耐老化性能明显优于聚氨酯面漆和醇酸面漆，1 号、2 号、3 号氟碳涂料耐老化性能的差异是由于不同厂家提供的产品不一样造成的。据厂家提供的技术资料显示 1 号氟碳涂料采用的氟树脂含氟量不低于 22%，2 号、3 号氟碳涂料采用的氟树脂含氟量在 24%以上，这可能是造成其耐老化性能差异的主要原因。

(3)各种面漆在另外一台人工加速老化机上的试验结果

该人工加速老化机与前述试验机相同，试验方法和试验条件也相同，试验样板见表 4-16-60～表 4-16-62，图 4-16-44 和图 4-16-45。

表 4-16-60 树脂氟含量

涂料名称	颜　　色	树脂氟含量(%)
1 号氟碳涂料	灰色	22

续上表

涂料名称	颜　色	树脂氟含量(%)
1 号氟碳涂料	灰色	18
1 号氟碳涂料	灰色高光	
1 号氟碳涂料	大红色	22
1 号氟碳涂料	大红色	18
2 号氟碳涂料	浅灰色	
2 号氟碳涂料	灰色	
3 号氟碳涂料	白色	
3 号氟碳涂料	浅灰色	
醇酸面漆	灰色	
聚氨酯面漆	灰色	

表 4-16-61　人工老化试验光泽与色差测试结果

名　称	样板编号	0 h		100 h		220 h		500 h		1 009 h	
		60°光泽	色差	60°光泽	色差	60°光泽	色差	60°光泽	色差	60°光泽	色差
1 号(22%灰色)	D1	56	0.23	49.4	0.28	46.6	0.34	43.5	0.45	39.5	1.25
	D2	56	0.24	48.4	0.39	46.7	0.39	44.2	0.51	40	0.96
1 号(18%灰色)	D3	54	0.28	42.6	0.58	40.4	0.77	37.2	0.5	34.3	1.2
	D4	54	0.27	42.6	0.62	40.6	0.88	37.1	0.45	34.5	1.74
1 号(中灰色高光)	D5	81	0.2	77.6	0.44	74.7	0.56	74.5	0.39	71.4	1.07
	D6	80	0.32	77.5	0.37	76	0.68	74.2	0.32	68.6	0.89
1 号(22%红色)	D	60	0.33	46.5	0.38	44.6	0.87	42.2	1.7	38.4	2.66
	D8	60	0.33	46.6	0.74	44.4	0.82	42.5	2.77	38.6	2.18
1 号(18%红色)	D9	79	0.8	70.4	0.65	68.5	0.78	64.5	1.71	61.6	1.98
	D10	79	0.69	70.6	0.95	68.7	0.47	65.2	1.49	62	1.86
醇酸面漆	C1	36	0.1～0.3	24.6	1.46	5.6	3.87	2.6	4.52	1.6/16.6	4.11
	C2	37	0.1～0.27	26	1.45	6	3.51	2.6	4.24	1.5/13.5	3.8
聚氨酯面漆	J1	38	0.2	27.6	0.86	26.2	0.83	25	0.41	22.3	2.04
	J2	39	0.2	27.6	0.93	26.8	1.02	25.5	0.38	23.6	2.8
2 号(浅灰色)	N1	72	0.35	76	0.48	74.6	0.47	74.2	0.73	74.6	0.98
	N2	73	0.35	75.5	0.45	74.5	0.34	73.5	0.53	74	0.82
2 号(灰色)	N3	69	0.27	68.5	0.46	67.7	0.22	66.3	0.69	66.2	0.83
	N4	70	0.31	68.6	0.71	67.7	0.38	67.2	0.67	67.3	0.72
3 号(白色)	R1	77	0.12	80.6	0.5	79.5	0.78	78.5	1.3	78.7	1.67
	R2	80	0.26	82.5	0.66	81.4	0.66	81.2	1.22	80.6	1.28
3 号(浅灰色)	R3	83	0.16	84.3	0.28	83.5	0.32	82.6	0.75	81.6	0.75
	R4	85	0.1	84.5	0.25	83.5	0.28	82.5	0.59	82.6	0.74

表 4-16-62　人工老化试验光泽与色差测试结果

名　称	样板编号	1 516 h		2 014 h	
		60 度光泽	色差	60 度光泽	色差
1 号(22%灰色)	D1	36.6	0.36	29.6	0.89
	D2	35.4	0.58	30	0.81

续上表

名　称	样板编号	1 516 h		2 014 h	
		60 度光泽	色差	60 度光泽	色差
1 号(18%灰色)	D3	31.6	0.83	27.5	0.84
	D4	31	0.77	28.6	0.93
1 号(中灰色高光)	D5	61	1.15	55.6	1.1
	D6	63	0.46	57	1.3
1 号(22%红色)	D7	38	2.18	31.5	1.98
	D8	37.6	1.63	30.5	1.57
1 号(18%红色)	D9	55.2	1.75	50.6	1.95
	D10	55.5	2.85	51.6	2.05
醇酸面漆	C1	—	—	—	—
	C2	—	—	—	—
聚氨酯面漆	J1	7.5	1.73	3.7/11	2.33
	J2	8.6	1.68	4.4	2.42
2 号(浅灰色)	N1	76	1.91	76.3	1.32
	N2	77	1.03	76.2	1.21
2 号(灰色)	N3	67.5	1.1	65.5	1.42
	N4	68.2	0.9	66.6	1.86
3 号(白色)	R1	79	1.17	78	1.42
	R2	81	1.14	80	1.73
3 号(浅灰色)	R3	83	0.68	80	0.63
	R4	82	1.26	81	0.65

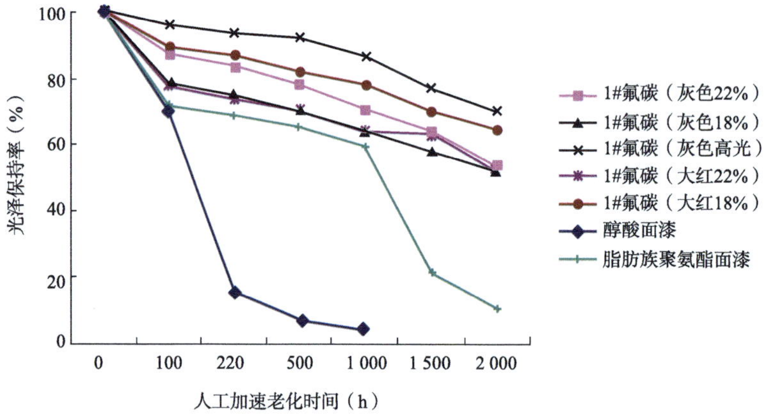

图 4-16-44　1 号氟碳涂料面漆与其他面漆的人工老化试验结果曲线

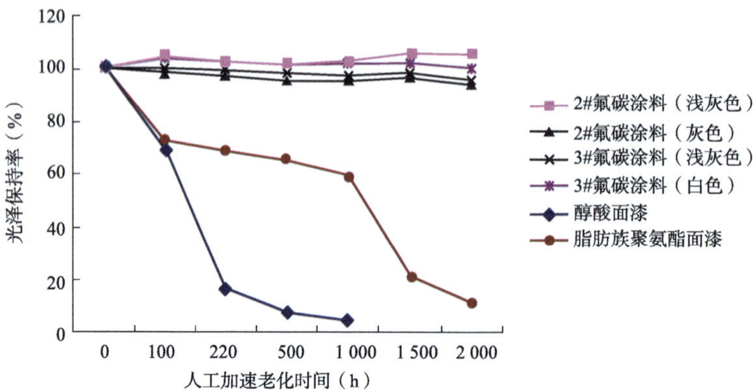

图 4-16-45　2 号、3 号氟碳涂料面漆与其他面漆的人工老化试验结果曲线

从图中可以看出，尽管试验条件一样，由于老化机不同，得到的试验结果数值也不同，但涂层耐老化的趋势相同，光泽保持率的趋势相同，所以可以用人工加速老化对涂料耐老化性能进行评价和比较。

(4)国内公司对氟碳涂料耐人工加速老化性能的试验结果

国内公司对自行生产的氟碳涂料也进行了耐人工加速老化性能的试验，试验结果见表 4-16-63。

表 4-16-63　耐人工加速老化试验结果

名称	原光泽	试验后光泽	试验时间(h)	失光率(%)	失光程度	变色程度	起泡(级)	粉化(级)
配方 1	42.9	32	1 440	25.4	轻微失光	轻微变色	0	0
		21.8	2 904	49.2	明显失光	轻微变色	0	0
		19.4	3 456	54.8	严重失光	明显变色	0	0
配方 2	55	51.5	1 440	6.3	很轻微失光	很轻微变色	0	0
		48.2	2 904	12.4	很轻微失光	很轻微变色	0	0
		46.5	3 456	15.4	轻微失光	轻微变色	0	0

4. 耐酸碱性试验

通过对我国铁路钢桥使用的保护面漆并结合研究情况以及国内外最新钢结构保护面漆使用分析，选择灰铝粉石墨醇酸面漆、灰铝粉石墨脂肪族聚氨酯面漆和氟碳涂料等进行对比试验，选出更耐老化、更耐介质的保护面漆。表 4-16-64 列出了几种面漆的性能比较。

表 4-16-64　各种面漆的耐人工加速老化性能、耐介质性能比较

涂料名称 项目	醇酸面漆	聚氨酯面漆	1 号氟碳涂料	2 号氟碳涂料	3 号氟碳涂料
耐碱性(5%NaOH)	47 h，膜溶解	1 100 h，膜无变化	1 100 h，膜无变化	1 100 h，膜无变化	1 100 h，膜无变化
耐酸性(pH3.0H_2SO_4)	1 300 h，膜无变化	1 300 h，膜无变化	1 300 h，膜无变化	1 300 h，膜无变化	1 300 h，膜无变化
耐老化性	220 h 完全失光，500 h 出现粉化	1 500 h 完全失光，出现很轻微粉化	3 000 h 保光率为 22.1%	3 000 h 保光率为 89.8%	3 000 h 保光率为 89.3%

同时对提供 1 号氟碳涂料的厂家几种不同规格的氟碳涂料进行了耐碱性(5%NaOH)试验，结果见表 4-16-65。

表 4-16-65　氟碳涂料耐碱性试验结果

编号项目	1-1	1-2	1-3	1-4	1-5
漆膜颜色	大红	灰	大红	灰	灰、高光
氟含量(%)	>22	>22	>18	>18	
耐碱性	66 h 漆膜完全被小鼓泡覆盖	完好	66 h 漆膜出现较大的鼓泡	66 h 漆膜出现小鼓泡	完好

5. 重涂试验

将试验后的样板(包括老化试验、盐雾试验、耐酸碱试验、耐酸性气体腐蚀试验)表面清洗干净，然后分别喷涂相应的面漆，干燥 7 d 后，用划格法测附着力，结果显示 1 号、2 号、3 号氟碳涂料面漆的附着力为 0 级即没有出现剥落，表明氟碳涂料重涂性良好。

6. 氟碳涂料面漆技术指标

通过试验我们提出氟碳涂料面漆的技术指标要求，表 4-16-66 列出了氟碳涂料面漆的技术指标。

表 4-16-66　氟碳涂料面漆技术指标

项　　目	单　位	技　术　指　标
氟含量(主剂)	%	≥22
漆膜颜色及外观	—	表面色调均匀一致，漆膜平整

续上表

项目		单位	技术指标
流出时间(6号杯)		s	30≤流出时间<60
不挥发物含量		%	≥55
细度		μm	≤30
干燥时间	表干	h	≤2
	实干	h	≤24
弯曲性能		mm	≤2
耐冲击性		cm	≥50
附着力(拉开法)		MPa	≥5
断裂伸长率		%	≥50
耐碱性(5%NaOH)		h	240 h样板表面无明显变色、无泡、无锈
耐酸性(5%H_2SO_4)		h	240 h样板表面无明显变色、无泡、无锈
耐人工加速老化性		h	3 000 h,0级,保光率≥85%
适用期		h	≥2
施工性能		—	喷涂、刷涂无不良影响,每道干膜厚度不小于35 μm

注:氟含量是指氟碳面漆主剂溶剂可溶物的含氟量。

(1)在技术指标中,明确规定了氟含量。我们认为氟含量是生产氟碳涂料所用原料氟树脂的一个技术指标,是涂料生产厂家用来保证其生产的氟碳涂料产品质量合格的一个重要指标。根据调研和试验室对不同氟含量的氟碳涂料试验结果分析比较,显示常温固化氟碳涂料的耐候性随着氟含量的增加而增大。

(2)在氟碳涂料技术指标中,漆膜颜色和外观项目与以前的桥梁用面漆有所不同,没有规定颜色和光泽要求,这主要是考虑氟碳涂料的耐老化性能机理与现在使用的醇酸面漆或聚氨酯面漆不完全一样。氟碳涂料主要是由于氟树脂分子结构的特点而呈现出优良的耐老化性能,而醇酸面漆或聚氨酯面漆特别是醇酸面漆除了树脂的性能外,主要是通过添加片状颜料来提高其耐老化性能的,目前我国使用的片状颜料主要是灰色的云母氧化铁和灰色的铝粉石墨浆等。因此使用氟碳涂料不仅能制成灰色的也可以制成其他颜色,而不会影响其使用性能,同时由于其良好的保光性,也保证了其在使用过程中的光亮度,方便设计单位或用户可对跨海大桥钢桁梁外观颜色的选择。

(3)氟碳涂料具有优秀的耐老化性能和耐化学介质性能,但由于其价格高,所以目前用量较小。为了降低成本,现在使用的氟碳涂料一般是涂2道,每道干膜厚度在30 μm左右,因其优良的使用性能,所以并不影响防护效果,如日本大森桥的氟碳涂料涂层厚度50～60 μm,至今已使用近20年,防护效果很好,光泽保持在80%以上。经试验室试验,若氟碳涂料的不挥发物在55%以上时,就可以保证涂层每道干膜厚度不小于30 μm,所以将氟碳涂料的不挥发物指标确定为不小于55%。若每道干膜厚度在35 μm左右,涂3道,防护效果会更佳。

(4)涂料的流出时间即黏度在涂料的性能指标中是一个次要指标,黏度的大小直接影响涂料的施工性能。黏度太大,施工时需加入较多稀料进行稀释,将涂料调配成易于使用的黏度;黏度太低,施工时可能出现流挂以及每道涂层厚度达不到要求的情况。国外的涂料大多没有此项指标规定,它们主要是通过涂料的不挥发物来调控涂层干膜厚度。为了方便用户在施工现场对涂料性能进行测试,通过试验确定流出时间为不小于30 s且小于60 s时可以满足使用要求。

(5)由于氟碳涂料较聚氨酯面漆的优势就是耐老化性,在使用过程中能保持光泽的美观,在氟碳涂料的耐老化性能指标中,规定了保光率不小于85%。

7. 涂装体系

通过对防锈底漆和保护面漆的试验研究和国内外钢结构表面涂料保护涂装的分析,我们对无机富锌防锈漆(80～100 μm)＋云铁环氧中间漆(40 μm)＋氟碳涂料面漆体系(60～80 μm)和环氧富锌防锈漆(80～100 μm)＋云铁环氧中间漆(40 μm)＋氟碳涂料面漆(60～80 μm)体系进行综合试验。

(1)配套性试验

氟碳涂料面漆与云铁环氧中间漆配套使用不会出现咬底和起皱等现象,它们之间有较大附着力,见表 4-16-67,可以配套使用。

表 4-16-67　氟碳涂料面漆与云铁环氧中间漆之间的附着力

涂装体系	附着力(MPa)
中间漆＋1 号氟碳涂料	8.5
中间漆＋2 号氟碳涂料	8.9
中间漆＋3 号氟碳涂料	8.4

(2)耐盐雾试验

采用 YQ-25D 盐雾试验箱,按《色漆和清漆耐中性盐雾性能的测定》(GB/T 1771—91)规定的方法进行测试。

(3)人工加速老化试验

人工加速老化试验采用(GB/T 14522—93)中的 a 方法即光源为荧光紫外线灯(UV-B313nm),光照时温度为 60℃,冷凝阶段的温度为 50℃,光照和冷凝的周期为 4 h 光照、4 h 冷凝。采用的设备为美国 Q-Panel 公司生产的 Accelerated weathering tester 试验机。

(4)耐酸性溶液浸泡试验

酸性溶液为 pH＝3.0 的硫酸溶液,主要是参照重庆地区酸雨的 pH 值确定的,试验结果见表 4-16-68。

表 4-16-68　涂装体系耐盐雾、人工老化、耐酸溶液浸泡试验结果

涂装体系	耐盐雾性能	耐老化性能	耐酸浸泡性能
无机富锌防锈漆＋中间漆＋氟碳涂料	从 1 100～2 250 h 漆膜陆续出现鼓泡	3 500 h,漆膜无粉化、无起泡、无裂纹、无生锈、无脱落	1 300 h,漆膜完好,无锈蚀、无起泡、无脱落
环氧富锌防锈漆＋中间漆＋氟碳涂料	3 500 h 漆膜完好	3 500 h,漆膜无粉化、无起泡、无裂纹、无生锈、无脱落	1 300 h,漆膜完好,无锈蚀、无起泡、无脱落

(5)耐低温试验

将制备的样板放入盛有干冰的密闭容器(－65℃)中,放置 16 h,然后取出置于室温条件下 8 h,此为 1 个周期。连续进行 5 个周期的试验,对样板观察,结果显示样板涂层无任何变化。

(6)耐 HCl、SO_2、Cl_2气体试验

万州地区的大气中含有 HCl、SO_2、Cl_2等腐蚀性气体,为模拟试验条件我们设计了如下试验方法:

在一个密闭容器中通过电解 NaCl 水溶液的方法制备 Cl_2。

反应式为在阳极 $Cl^- - e \rightarrow Cl$,$Cl + Cl \rightarrow Cl_2$。

通过化学反应的方法制备 SO_2,反应式为 $Na_2S_2O_3 + HCl \rightarrow SO_2 + S + H_2O$。

通过气体在不同温度下在水中的溶解度不同产生 HCl;普通化学纯盐酸中的 HCl 含量为 37%,在 60℃温度下 HCl 的溶解度为 35.94%,通过温度控制,使盐酸溶液产生 HCl。

试验中采用的干燥器体积为 0.005 m^3,在其中放置 3 个小玻璃杯,第 1 个玻璃杯盛 1 ml 盐酸,第 2 个玻璃杯盛硫代硫酸钠,第 3 个玻璃杯盛 3%的 NaCl 水溶液,然后放入试验样板。试验时向第 2 个玻璃杯中滴加 1 mL HCl 溶液,对第 3 个玻璃杯中的 NaCl 水溶液在电流为 0.1 mA 条件下进行电解 1 min,然后放入 60℃的烘箱内。试验用的溶液每天更换一次。干燥器内混合气体的含量见表 4-16-69。

表 4-16-69 混合气体含量

HCl(g/m³)	SO_2(g/m³)	Cl_2(g/m³)
2.12	1.60	65.0

表 4-16-70 是涂装体系耐酸性气体的试验结果。经过 480 h 耐酸性气体腐蚀试验，样板没有出现锈蚀。

表 4-16-70 涂层耐酸性气体的试验结果

涂料种类		初始值		试验后(480 h)	
		光泽	色差	光泽	色差
1 号氟碳涂料	灰色(22%)	47.1	—	50.7	0.51
	灰色(18%)	44.6	—	48.8	0.24
	灰色(高光)	77.8	—	45.8	0.85(紫蓝色)
2 号氟碳涂料	灰色	63.8	—	59.2	0.62
	浅灰	68.8	—	49.5	0.48
3 号氟碳涂料	灰色	81.6	—	70.6	1.27
	白色	76.7	—	66.6	0.23
聚氨酯面漆	灰色	35.4	—	20.4	1.43
醇酸面漆	灰色	29.0	—	11.3	1.91

综合以上试验结果，环氧富锌防锈漆＋云铁环氧中间漆＋氟碳涂料面漆涂装体系适合平潭铁路跨海大桥的钢结构表面防腐涂装，该涂装体系不仅具有优良的防腐和耐酸雨性能，而且还具有优秀的耐大气老化性能。

8. 综合经济效益分析

本氟碳涂料涂装体系与目前我国铁路钢桥使用的第 5 涂装体系及环氧富锌防锈漆＋中间漆＋聚氨酯面漆涂装体系进行了综合比较，结果见表 4-16-71 和表 4-16-72。

表 4-16-71 各涂装体系技术经济综合比较

项　目	第 5 涂装体系	第 6 涂装体系	氟碳涂料体系
表面处理要求	Sa 2	Sa 2.5	Sa 3
施工工艺要求	一般	较严格	较严格
环境对施工的影响	中等	中等	中等
适用环境	气候干燥、腐蚀级别低等	气候干燥、污染较轻	腐蚀严重(如潮湿、酸雨、沿海、污染严重等)，对景观有要求
使用年限(年)	20	≥30	≥30
罩面漆维修年限(年)	10～15	20	≥30

表 4-16-72 各涂装体系费用比较

项　目	第 5 涂装体系	第 6 涂装体系	氟碳涂料体系	
			国内氟碳涂料	国外氟碳涂料
喷砂处理	18 元/m²	18 元/m²	18 元/m²	18 元/m²
环氧富锌防锈漆	28 元/m²	28 元/m²	28 元/m²	28 元/m²
云铁环氧中间漆	6.25 元/m²	6.25 元/m²	6.25 元/m²	6.25 元/m²
灰铝粉石墨醇酸面漆	10.5 元/m²	—	—	—
灰铝粉石墨脂肪族聚氨酯面漆	—	22.5 元/m²	—	—

续上表

项　　目	第5涂装体系	第6涂装体系	氟碳涂料体系	
			国内氟碳涂料	国外氟碳涂料
氟碳涂料面漆	—	—	43.75	57.75
整个涂装体系总单价	62.75元/m^2	74.75元/m^2	96元/m^2	110元/m^2

表4-16-71中的环氧富锌防锈漆按单价35元/kg，用量0.8 kg/m^2计算；云铁环氧中间漆按单价25元/kg，用量0.25 kg/ m^2计算；灰铝粉石墨醇酸面漆按单价25元/kg，用量0.42 kg/ m^2计算；灰铝粉石墨脂肪族聚氨酯面漆按单价45元/kg，用量0.50 kg/ m^2计算；国产3F氟碳树脂生产的氟碳涂料面漆按单价125/kg，用量0.35 kg/ m^2计算；国外进口3F氟碳树脂生产的氟碳涂料面漆按单价165元/kg，用量0.35 kg/m^2 计算。

经过对现场实际涂装情况的调研，由于施工现场的地域差别，施工环境的不同，人工费用差别很大，所以没有对各涂装体系每平方米总的施工费用进行核算，而是仅仅对基材处理价格以及相关涂料费用进行了有限比较。

氟碳涂料体系由于使用更耐老化、更耐腐蚀的氟碳涂料面漆，使整个体系在使用寿命较第5、6装体系延长的基础上，减少了维修次数，延长了维修周期。尽管初始投资在材料费用上有所增加，但对于今后降低钢桥维修、大修费用，降低由于钢桥防腐维护对列车运行的影响以及在改善人文景观方面，都有明显的经济效益和社会效益。在对铁路新钢桥实施防腐涂装保护时优先考虑采用第7涂装体系——特制环氧富锌防锈底漆＋云铁环氧中间漆＋氟碳面漆，尤其对于沿海地区在建钢结构桥梁宜采用3F交替结构超耐候性Lumiflon氟树脂生产的氟碳面漆。

四、平潭海峡公铁大桥钢桁梁防腐涂装施工

1. 防护涂层材料及技术要求

防护涂层体系包括底漆、中间漆和氟碳面漆。其中：特制环氧富锌底漆是由环氧树脂、锌粉等组成；云铁环氧中间漆是由环氧树脂、棕红片状云母氧化铁粉等组成；氟碳面漆由氟碳树脂、颜料、助剂等组成。

(1)参与平潭公铁两用大桥建设的涂料供货企业，必须持有近两年内由国内权威机构所检定的相关涂料产品质量合格的形式检验报告。应具有同类桥梁涂料供货的业绩，要求不少于三座大型桥梁，其中至少有一座建成使用不少于三年。

(2)根据《铁路钢桥保护涂装及涂料供货技术条件》(TB/T 1527—2011)，氟碳面漆采用三氟烯烃/乙烯基醚(酯)共聚的氟碳树脂制备。根据国内氟碳面漆应用工程实例的经验和教训，鉴于本桥所处的特殊环境条件，氟碳面漆采用超耐候性Lumiflon氟树脂生产。

(3)加强涂料企业的主要原材料和生产配方管理。特制环氧富锌防锈底漆相应组分配方中锌粉含量应不低于82%；氟碳面漆相应组分配方中，Lumiflon氟树脂含量应不低于63%。为从源头上进行控制，须对涂料企业进行主要原材料数量核定，包括主要原材料采购合同、供货清单及发票、本工程使用记录证明等。

(4)底漆、中间漆产品湿样中，有害物质重金属含量应满足如下要求：铅含量Pb≤1 000 mg/kg、六价铬含量Cr6＋≤1 000 mg/kg、镉含量Cd≤100 mg/kg、汞含量Hg≤1 000 mg/kg。其含量指标及检测方法参考《汽车涂料中有害物质限量》(GB 24409—2009)执行。

(5)对涂料生产企业供应的涂料产品，可指定国内权威机构进行及时、不定期、合理频次的形式检验的抽检，抽检及检测过程由监理单位监督。特制环氧富锌底漆技术指标及质量要求见表4-16-73，技术要求见表4-16-74和表4-16-75。

表 4-16-73　特制环氧富锌底漆技术指标及质量要求

序号	项　目		单位	技 术 指 标
1	漆膜颜色及外观		—	锌灰色，漆膜平整，允许略有刷痕
2	流出时间(6 号杯)		s	30≤流出时间<60
3	不挥发物含量		—	≥80%
4	干膜中金属锌含量		—	—
5	细度		μm	≤90
6	密度		g/cm^3	≥2.73
7	干燥时间	表干	h	≤2
		实干	h	≤24
8	弯曲性能		mm	≤2
9	耐冲击性		cm	≥50
10	附着力(拉开法)		MPa	≥5
11	耐盐雾性		h	≥2 000 h，样板表面无红锈，可以有轻微起泡，划痕处 24 h 无红锈
12	适用期		h	≥2
13	施工性能		—	喷涂、刷涂无不良影响，每道干膜厚度不小于 40 μm

表 4-16-74　云铁环氧中间漆技术要求

序号	项　目		单位	技 术 指 标
1	漆膜颜色及外观		—	表面色调均匀一致，漆膜平整
2	流出时间(6 号杯)		s	60≤流出时间<100
3	不挥发物含量		—	≥65%
4	细　度		μm	≤80
5	干燥时间	表　干	h	≤3
		实　干	h	≤24
6	弯曲性能		mm	≤2
7	耐冲击性		cm	≥50
8	附着力(拉开法)		MPa	≥5
9	适用期		h	≥2
10	贮存稳定性(沉降程度)		—	≥8 级
11	施工性能		—	喷涂无不良影响，每道干膜厚度不小于 40 μm

表 4-16-75　氟碳面漆技术要求

序号	项　目		单 位	技 术 指 标
1	氟含量(主剂)		—	≥24%
2	漆膜颜色和外观		—	表面色调均匀一致，漆膜平整
3	流出时间(6 号杯)		s	30≤流出时间<60
4	不挥发物含量		—	≥55%
5	细　度		μm	≤30
6	干燥时间	表　干	h	≤2
7		实　干	h	≤24
8	弯曲性能		mm	≤2
9	耐冲击性		cm	≥50
10	附着力(拉开法)		MPa	≥5.0

续上表

序号	项　　目	单位	技 术 指 标
11	断裂伸长率		≥50%
12	耐碱性(5% NaOH)	h	240 h样板涂层表面无明显变色、无泡、无锈
13	耐酸性(5% H_2SO_4)	h	240 h样板涂层表面无明显变色、无泡、无锈
14	耐人工加速老化性能	h	6 000 h漆膜试验,0级,无明显变色,无粉化,无泡,无裂纹,保光率≥80%
15	双组分涂料适用期	h	≥3
16	施工性能	—	喷涂、刷涂无不良影响,每道最小干膜厚度不小于35 μm

2. 防腐涂装体系基本构成

钢桁梁防腐涂装体系的基本构成见表4-16-76。

表4-16-76　钢桁梁防腐涂装体系的基本构成

部　　位	涂层名称	每道干膜最小厚度(μm)	涂装道数	总干膜最小厚度(μm)
钢梁外表面(含未全封闭、与大气直接接触的内表面)	特制环氧富锌防锈底漆	40	2	80
	云铁环氧中间漆	40	2	80
	氟碳面漆	35	2	70
上弦及公路桥面	无机硅酸锌车间底漆	20～25	1	20
	环氧富锌防锈底漆	40	1	40
	环氧沥青涂料	100	工地	100
杆件密封内表面(简支钢桁梁)	无机硅酸锌车间底漆	20～25	1	20
	环氧富锌防锈底漆后封闭(修补)	40	1	40
铁路桥面板道砟槽部位	环氧富锌防锈底漆	50	2	100
高强度螺栓连接摩擦面	无机富锌防锈防滑涂料	130±40		
高强度螺栓连接部位外露面	环氧磷酸锌封闭底漆(工地)	20	1	20
	环氧云铁中间漆(厚浆)	80	1	80
	氟碳面漆(工地)	35	2	70
杆件密封的内表面(航道桥)	环氧富锌防锈底漆	60	1	60
	环氧云铁中间漆(厚浆型)	60	2	120
	环氧(厚浆)漆(浅色)	80	1	80

3. 涂装前表面清理

(1)防护涂层施工前,钢结构基材表面必须彻底处理,钢梁外表面除锈等级达到规定的Sa 3级标准;钢表面粗糙度Rz要求在40～60 μm之间。上弦及公路桥面以及构件密封内表面除锈等级应达到Sa2.5级,钢表面粗糙度Rz要求在40～60 μm之间。

(2)高强度螺栓拼接摩擦面:表面清理Sa 3.0级后电弧喷铝(160±40) μm[或无机富锌防锈防滑涂料(130±40) μm]。高强度螺栓施拧完毕后,用环氧磷酸锌封孔剂封孔后加涂相应配套涂料。

(3)航道桥箱型杆件两端焊接封端隔板,其内部为气密防腐,箱型弦杆拼接缝处隔板外留泄水孔排水,箱型腹杆采用焊接钢板将腹杆与主桁节点板封闭。杆件所有翼缘的直角边缘和杆件泄水孔周围必须进行打磨倒圆处理以保证涂层厚度;杆件拼装完成后,所有隅角部位及拼接板间缝隙的两端都必须用以聚硫橡胶为基料的阻蚀型防腐密封腻子填实后再做涂装。

4. 环氧富锌底漆施工工艺

为达到合适的喷涂效果,可能需要可改变压力及软管和喷嘴尺寸的施工工具,并配备有可调速的强力搅拌机。

(1)环境的要求

空气温度:4～49℃;

表面温度:4～54℃,表面温度必须至少高于露点3℃以防止水分凝结;

施工和最初干燥时的相对湿度:≤80%。

(2)施工程序

①所有工具使用前应用溶剂冲洗。

②用强力搅拌机搅拌液体物料。

③将两组分按比例混合并搅拌均匀,并按照涂料用量及适用期配制涂料,现配现用,用多少配多少。混合后熟化30 min后即可使用。

④在施工过程中继续缓慢搅拌物料,以保持混合料的均匀状态。

⑤采用均匀、同向的湿喷涂,每次覆盖前一次的50%,以避免空隙、漏涂和针眼。

⑥在焊点、断面、尖锐边缘、铆接点、栓接处及转角处的涂层厚度应适当,涂层过厚会出现裂纹。

⑦使压力罐和喷枪保持在同一高度,以便物料能顺利地流入喷枪。

⑧当涂层完全干燥后,用无损伤干膜层的厚度检测仪测量膜层厚度。如需要增加膜厚时,须待膜层干燥至可以操作时再喷涂。通常建议膜层厚度为80 μm,允许范围为70～100 μm。

⑨当膜层干燥至可以进行操作时,用刷涂添补针眼、空隙、较小面积的破损和漏涂。面积较大时则采用喷涂。在施工期间和在最后涂层的固化期间应保持清洁净空气的流通。

⑩使用后立即用溶剂清洗工具。

5. 中间漆、面漆的施工工艺

(1)施工条件要求

涂漆时环境温度为10～35℃(如超出范围,作业时间应调整);涂漆时环境相对湿度不人于80%(相对湿度80%～85%时,在特殊情况下,可以考虑作业);钢板温度不大于50℃(大于50℃时应调整作业时间,避免太阳直射);施工中遇雷阵雨时,应作为特殊情况处理;喷涂的空气压力4～6 kg/cm^2;喷涂的空气要干净,无油无水;调漆要准确;涂装时涂料黏度要合适;中间漆、面漆的熟化期为30 min(即两组分混合均匀后,30 min后使用),应注意中间漆、面漆的使用期,在使用期内用完;涂漆间隔时间,底漆与中间漆涂装间隔时间为24～168 h,不允许超过168 h。中间漆与第一道面漆涂装间隔时间为24～168 h,超过168 h时,表面应清理,必要时在涂装面漆前表面应用细砂纸轻轻打磨,再行涂装。应严格控制每道漆的干膜厚度。

(2)调漆(配漆)

①底漆、中间漆、面漆为双组分涂料,严格按要求的比例进行调漆。

②按照当天涂料的用量及涂料的使用期,计划配制涂料,现用现配,用多少配多少。

③配漆前后必须充分搅匀,配漆用品要分开使用。

④使用前要将调配好的涂料用40目～100目的筛网过滤。

(3)涂料涂装

①试喷:正式涂装前应试喷涂料,掌握温度、黏度、走枪速度等对涂装质量的影响,取得经验。

②喷漆前准备:准备喷枪,调整漆雾,搅拌油漆,除去被涂表面的灰尘和异物。

③喷涂方式:行枪速度均匀,枪距物面适当。先喷上面后喷下面,先难后易。压盖(1/3)～(1/2),压盖要均匀。

④防止流挂、超薄和干喷,允许少量流挂,超薄可以补喷,干喷必须返工。

⑤自检喷涂质量:喷涂一个区段后,用眼观察湿膜,如湿膜湿润、丰满、有光泽,喷涂质量好;如湿膜光泽差、有粗糙感,则喷涂不均匀并且偏薄,可用湿膜测厚计帮助掌握厚度。

⑥补偿喷涂:在光泽差、有粗糙感的地方,可补喷加厚。干膜超薄的地方,在喷涂下一道漆时可加厚补偿。

⑦清洗用具：用少量相应稀料清洗喷具，至少清洗三次，用过的稀料可重复使用。

(4)质量验收

涂层质量检查(自检)：底漆干喷检查，涂层干后，用指甲刮划涂层，疏松、多孔、附着力低的地方，即为干喷，此时必须对表面重新处理，重新涂装。棱角、死角部位应加大检查力度，不合格处应补涂涂料。对涂层外观进行可目测检查，涂层应基本无流挂，有一定光泽。

6. 钢梁临时防腐涂装体系

(1)剪力钉临时防腐

全桥剪力钉原设计未要求进行防腐涂装，但由于桥址腐蚀严重，且从钢梁架设完成到钢梁与混凝土桥面板或槽形梁结合前，剪力钉需在桥址环境下暴露较长时间，极易发生锈蚀破坏，不利于结构耐久性和受力。因此结合现场环境，对剪力钉喷涂防锈油漆进行临时防腐，防腐油漆采用水性铁锈转化底漆及环氧沥青涂料，总喷涂厚度要求达到 100 μm。

(2)铁路及公路钢桥面区临时防腐

由于桥址腐蚀严重，钢梁从架设完成到桥面铺装施工前，铁路及公路钢桥面范围内钢板需在大气环境中暴露较长时间，钢板极易发生锈蚀破坏，影响后期结构耐久性和受力，因此对钢桥面区进行临时防腐涂装。根据现场实际情况，临时防腐涂装分为：

①已涂装完成的部件：先清理表面附着不牢的锈蚀、污染物等，然后喷涂一道水性带锈转化防锈漆，应做临时防腐，仅要求对表面全覆盖即可，涂层厚度不做具体要求。

②未涂装部件：此部分构件在厂内生产，未进行涂装施工，故需先喷砂除锈，保证清洁度在Sa 2.5，粗糙度在 40～60 μm 之间，然后在表面喷涂一道环氧磷酸锌底漆，厚度不小于 60 μm。

五、简支钢桁梁铁路横梁防腐

传统铁路结合钢桁梁铁路桥面系钢—混结合是通过在普通桥钢作为铁路横梁的顶板上焊接剪力钉，结合面横梁顶板通过防腐涂装进行防腐，在长期列车动载作用下，结合面涂装很容易破坏，结合面耐久性较差。平潭海峡公铁大桥研发并应用了铁路横梁顶面不锈钢复合钢板复层植焊剪力钉技术，该项成果克服了 Q370qD 基层、不锈钢复层和铆螺钢剪力钉三种钢材焊接的难题，成功实现了铁路横梁顶板采用不锈钢复合钢板并在其上植焊剪力钉，有效改善了铁路结合钢桁梁铁路桥面系钢—混结合面耐久性问题。

六、斜拉索防护体系

大跨度斜拉桥的斜拉索易产生风雨振，使斜拉索处于大幅交变应力循环作用之下，在应力集中较为严重的斜拉索锚头处，易于产生斜拉索疲劳损伤；同时风雨振也将加快斜拉索的锚固点出现裂纹和损坏，加快斜拉索的锈蚀速度，缩短斜拉索使用寿命。因此在斜拉索表面采取双螺纹凸线措施，以减小发生风雨振的可能，同时斜拉索除在预埋钢管内设置减振器外，参照抗风研究结果设置体外液压减振装置，在斜拉索主梁端锚固点附近设外置式黏性剪切型阻尼减振器，抑制风雨振，提高斜拉索的耐久性。

1. 斜拉索设计

斜拉索采用平行钢丝，设计防腐周期为 25～30 年，拉索防护体系为：

(1)钢丝镀锌。

(2)钢丝外绕包高强度复合带。

(3)双层热挤高密度聚乙烯防护层。

(4)锚杯、螺母选用锻件加工，粗车后热处理，表面硬度 HB229-269。锚具金属部分采用粉末渗锌，渗锌层厚度不小于 85 μm，并封闭处理，需满足《钢铁制件粉末渗锌》(JB/T 5067—1999)要求。

(5)斜拉索与锚索管之间安装内置减振器，外面用套管封闭锚索管管口，阻止雨水顺斜拉索流入锚索管，避免积水腐蚀锚头。

2. 斜拉索防腐措施

(1)首先将预埋管内壁和索体清洁干净,达到密封条件后方可进行密封施工,以保证密封可靠,达到防腐、防水效果。

(2)使用灌注型防腐密封胶在预埋管内封底,最小厚度不低于 5 cm,待其固化后填充非硫化不干性防腐密封胶至减震装置下方 5~10 cm 处,确保密封胶与索体混为一体,达到最佳防腐密封效果。

(3)将锚头、锚板与保护罩的溢水口及结合处的缝隙使用聚硫防腐密封胶密封完好。

(4)防水罩与 PE 防护套接触的地方先采用防水嵌缝密封胶进行填缝,最后再用聚硫防腐密封胶进行表面密封,防水罩直缝直接用聚硫防腐密封胶进行密封。

3. 斜拉索维护

(1)第一年在风雨天气观测是否发生涡振、驰振或雨振,如果发现有风雨振,应记录发生风雨振的索编号、振分理处频率及振幅和振动阶次。根据记录数据对减振器参数进行调整。

(2)春、秋两季检查护套是否开裂破损,防振圈有无松脱,预埋管是否进水,锚头是否回缩。护套机械损伤用同材质热成型修补。

(3)三年左右重大灾害事故后作全面索力检测并与竣工数据比较,必要时进行调索。

七、钢桥面铺装

1. 铁路桥面铺装

为提高铁路钢桥面的耐久性和抗腐蚀性能,斜拉桥钢桁梁铁路桥面采用弹性环氧聚氨酯防水体系。其防水示意如图 4-16-46 所示。

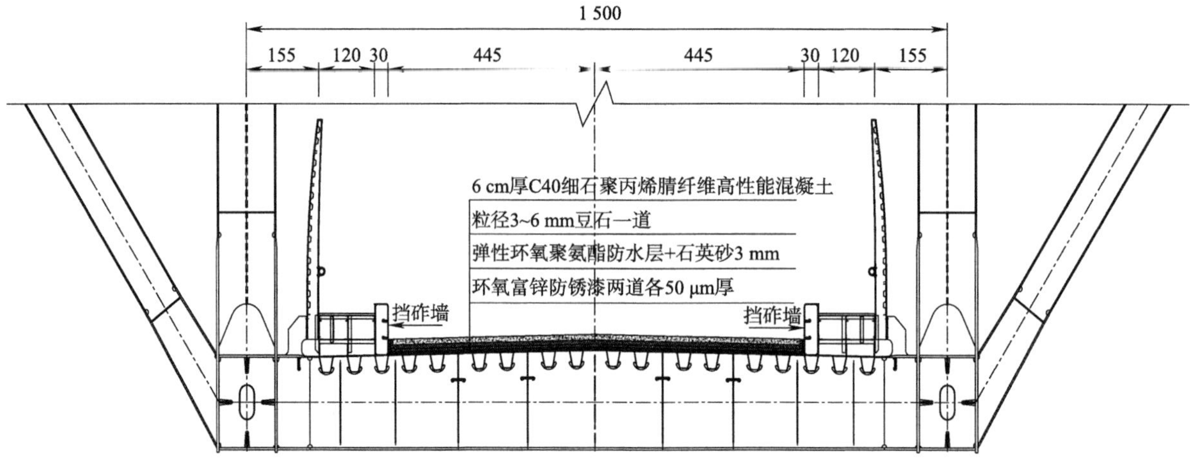

图 4-16-46 斜拉桥铁路钢桥面防水示意图(单位:cm)

2. 公路桥面铺装

航道桥区公路钢桥面行车道沥青铺装方案设计为:钢桥面板喷砂除锈+甲基丙烯酸树脂防水体系(防腐底漆+甲基丙烯酸甲酯防水层+胶黏剂)+35 mm 浇筑式沥青混凝土 GA10(撒布 5~10 mm 预拌碎石 4~7 kg/m²)+乳化沥青粘层(0.3~0.5 kg/m²)+45 mm 高弹改性沥青 SMA13,如图 4-16-47 所示。

八、附属钢结构防腐体系

1. 钢桁梁附属结构

下层桥面的挡砟墙、员工走道、竖直检查梯、风水管路、铁路伸缩装置、检查车轨道、阻尼器连接件、抗风牛腿、接触网连接件等;简支钢桁梁的员工走道、避车台、检查竖梯、风水管路、接触网连接件、检查车轨道等采取与钢桁梁主体钢结构相同的涂装标准执行。

磨耗层	高弹改性沥青SMA13，厚度45 mm
粘层	改性乳化沥青，用量0.3~0.5 kg/m^2
	撒布5~10 mm预拌碎石，用量4.0~7.0 kg/m^2
保护层	浇注式沥青混合料GA10，厚度35 mm
防水黏结层	丙烯酸胶粘剂，用量0.15~0.20 kg/m^2
	甲基丙烯酸甲酯树脂防水膜，用量2.50~3.50 kg/m^2
	丙烯酸防腐漆，用量0.10~0.20 kg/m^2
钢板	喷砂除锈，清洁度Sa2.5级，粗糙度≥60 μm

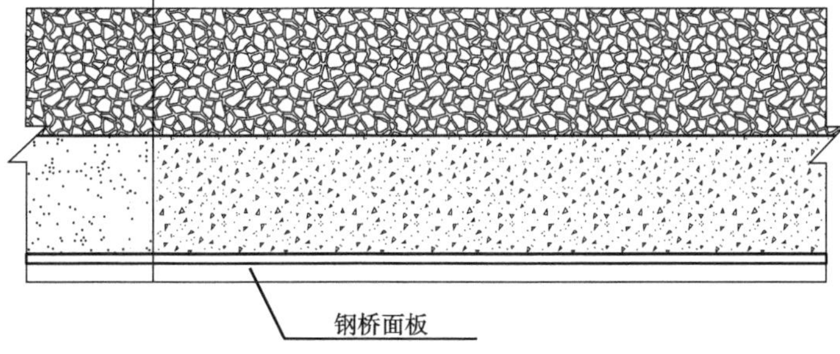

图 4-16-47　斜拉桥铁路钢桥面防水示意图(单位:cm)

2. 其他上部结构附属

斜拉桥的下墩顶检查梯、主塔横梁栏杆、主塔检查通道门、公路防撞栏杆、布索区栏杆、电缆过轨通道、养护设施预埋件、墩顶检查设施等;简支钢桁梁和混凝土箱梁的电缆过轨通道、公路防撞栏杆、水管区栏杆、防抛网、水管区伸缩缝、支座预埋板、防落梁构件、铁路箱梁避车台、墩顶检查设施;塔顶避雷针底板等内表面(指钢管内壁、方钢内壁及构件预埋在混凝土部分)采用热浸锌处理(最低干膜厚度 80 μm);外表面采用热浸锌处理(最低干膜厚度80 μm)+环氧封闭漆 1 道(50 μm)+环氧云铁中间漆 2 道(2×40 μm)+工厂聚氨酯面漆 2 道(2×40 μm)。

3. 主塔附属结构

(1)主塔内部检查设施、桥墩内部检查设施等采用热浸锌处理,确保最低干膜厚度不小于 80 μm。

(2)避雷针:塔顶避雷带采用热浸锌圆钢构成;避雷针座板采用 B 类防腐;连接器采用不锈钢钢管,接闪器(避雷针)采用 ESE-60 特制产品;但图纸中要求对钢料采用第六涂装体系涂装。

(3)航空障碍灯:塔中航空障碍灯支架结构按 C 类防腐体系进行施工,采用热浸锌处理,确保最低干膜厚度不小于 80 μm;塔顶外露金属件结构按 B 类防腐体系进行施工,内表面(指钢管内壁、方钢内壁及构件预埋在混凝土部分)采用热浸锌处理(最低干膜厚度 80 μm);外表面采用热浸锌处理(最低干膜厚度 80 μm)+环氧封闭漆 1 道(50 μm)+环氧云铁中间漆 2 道(2×40 μm)+工厂聚氨酯面漆 2 道(2×40 μm);其余连接处采用不锈钢膨胀螺栓进行固定。

4. 混凝土中预埋件

所有附属钢结构的非高强度连接螺栓、预埋在混凝土主体结构中的预埋板、预埋套筒、预埋螺栓和地脚螺栓等采用不锈钢材质进行防腐,牌号要求为 022Cr17Ni12Mo2(316L)。

5. 检查小车结构

为适应桥址区强腐蚀环境,检查小车结构采用不锈钢(022Cr17Ni12Mo2)或铝合金材质,若车体采用铝合金,则受力结构不得采用碳素钢,须采用不锈钢(022Cr17Ni12Mo2)。其他非不锈钢材质外露金属表面须进行防腐涂装,涂装前钢结构基材表面必须彻底处理,除锈等级达到规定的 Sa 3 级标准,表面粗糙度 Rz 要求在 40～60 μm 之间。涂装体系为:特制环氧富锌防锈底漆 2 道,干膜厚度 2 ×40 μm;云铁环氧中间漆 2 道,干膜厚度 2×40 μm;氟碳涂料面漆 2 道,干膜厚度 2×35 μm;面漆颜色与钢桁梁一致。防腐涂装技术要求按《新建福州至平潭铁路平潭海峡公铁两用大桥耐久性研究钢结构防护涂层材料性能指标和实施细则》执行。

6. 箱梁接触网基础、高强螺栓

高强度螺栓防腐要求详见钢桁梁防腐涂装体系。接触网基础防腐要求：对螺母、垫圈及预埋钢板均做防腐处理；基础面以下 150 mm 范围内的锚杆及外露部分均应采用多元合金共渗＋达克罗技术＋封闭层处理，预埋板 1(外露板)采用多元合金共渗＋封闭层处理。对于基础施工完成后，外露地脚螺栓涂防腐油漆进行防腐，并包扎保护物防止螺纹被破坏。

(1)多元合金共渗：经过真空加温，锌粉、铝粉、稀有金属为主的多元渗剂，其中的金属原子通过扩散在钢铁表面形成锌—铝—稀有金属—铁多元合金共渗层的表面处理工艺。多元合金共渗技术要求见表 4-16-77。

表 4-16-77　多元合金共渗技术要求

序号	项　目	技术要求
1	外观	灰色、色泽均匀
2	渗层中金属元素	含 Zn、Al、La、Fe 等元素
3	渗层厚度	≥50 μm
4	渗层表面硬度	不小于基体硬度
5	耐中性盐雾性能	500 h，样板表面没有红锈出现

(2)技术要求：①将待处理工件去污、除油；②抛丸除锈，除锈等级为不低于《涂覆涂料前钢材表面处理 表面清洁度的目视评定 第 1 部分：未涂覆过的钢材表面和全面清除原有涂层后的钢材表面的锈蚀等级和处理等级》(GB/T 8923.1—2008)中规定的 Sa 2.5 级；③用锌粉、铝粉、稀有金属等材料的多元渗剂在真空条件下处理的工件，炉温不应超过 450 ℃。

达克罗技术(锌铬涂层)：为满足某些工程对产品防腐性能的特殊设计要求，在渗层上加涂锌铬涂层时，技术要求见表 4-16-78。

表 4-16-78　锌铬涂层技术要求

序号	项　目	单　位	技术要求
1	外观	—	色泽均匀、无流挂
2	厚度	μm	15～20
3	耐中性盐雾性能	h	1 000 h，样品表面红锈

注：厚度为锌铬涂层加封闭层的总厚度。

九、电力通道结构防腐体系

1. 钢梁区吊架

钢梁区段范围内采用吊架平台结构，要求所有板件焊接及涂装均须在工厂内完成。所有钢板进厂后均须进行预处理，在厂内表面喷砂处理并涂装 1 道 25 μm 无机硅酸锌车间底漆。表面清理达到 St 3.0 级后，涂环氧富锌底漆 2 道共 2×40 μm，环氧云铁中间漆 2 道共 2×40 μm，氟碳面漆 2 道共 2×40 μm，总干膜厚度 240 μm。

2. 混凝土预埋件

全桥所有混凝土预埋件均采用不锈钢(316L)材质施工。

3. 电力支架

电力支架结构所有构件采用不锈钢(316L)材质施工。要求均为工厂内预制完成，现场装配，不允许现场焊接。其中减震连接件采用 EPDM 三元乙丙高弹混合橡胶制成，起到防火、抗老化、抗紫外线、抗日照、耐低温、耐高温、耐酸、耐碱腐蚀、耐油等作用。

4. 电缆槽道

电缆槽道采用 Q235B 材质，进行 VCI 表面处理，以满足防火和海洋气候防腐要求。要求通过 VCI 高耐腐双金属涂层 3 000 h 以上的盐雾试验及 12 周期交变湿热试验、20 周期抗紫外线老化试验。

十、风屏障、声屏障结构防腐体系

1. 异形 H 型钢立柱、钢底板和加劲板

异形 H 型钢立柱、钢底板和加劲板材质均为 Q345D 级，外露钢件采用热浸镀锌防腐处理，镀锌厚度不小于 80 μm，防腐标准应不低于《铁路钢桥保护涂装及涂料供货技术条件》(TB/T 1527—2011)中第七体系标准，防腐年限应满足 20 年的使用寿命。

2. 风障障条

风障障条采用《连续热镀铝锌合金镀层钢板及钢带》(GB/T 14978—2008)厚度 3 mm 镀铝锌钢板，双面镀锌含量 180 g/m^2，基材材质为 Q235，屈服强度不小于 235 MPa。采用《涂装作业安全规程　粉末静电喷涂工艺安全》(GB 15607—2008)静电粉末喷涂，涂层厚度大于 80 μm。

3. 螺栓、螺母和垫圈

(1)风障立柱与公路防撞护栏立柱之间连接螺栓为 8.8 级 A 级螺栓。铁路风屏障风障 H 型钢立柱和员工走道连接螺栓分 10.9 级高强摩擦螺栓和 8.8 级 A 级螺栓两种，高强螺栓螺母和垫圈为 45 号钢，垫圈为防松动垫圈。

(2)风障条与钢立柱之间连接采用 M12 不锈钢螺栓，材质为 316L。风障条与钢夹板之间采用橡胶缓冲垫，采用三元乙丙橡胶。

4. 风障拉索

风障拉索采用直径为 6 mm 的冷拉不锈钢丝，材料为 06Gr19Ni9(304)，应符合现行国家标准《不锈钢丝》(GB/T 4240—2009)的规定，静载锚固效率大于 95%。拉索锚固体系的材料采用 1Cr18Ni9 不锈钢棒，应符合现行国家标准《不锈钢棒》(GB /T 1220—2007)中的有关规定。

5. 声屏障

声屏障金属单元板采用铝合金复合吸声板，背板及面板采用强度等级不低于 5A03 的铝合金材料，背板及面板厚度不小于 3 mm，并需要进行铬酸钝化或类似预处理。

外露钢件应采用热镀锌或不低于热镀锌防腐效果的防腐处理，防腐标准应不低于《铁路钢桥保护涂装及涂料供货技术条件》(TB/T 1527—2011)中第七涂装体系。

单管橡胶垫、橡胶条、解耦装置等所有橡胶制品均采用三元乙丙有筋橡胶，上下单元板间采用三元乙丙橡胶垫，封堵桥面及遮板间缝隙的材料采用三元乙丙空心橡胶棒，橡胶必须抗老化，使用期内保持消音特性，保证位置稳定、功能完好。

声屏障、风屏障预埋基础中预埋板及锚栓均采用不锈钢材质。

十一、防撞箱防腐体系

1. 防撞箱耐久性要求

(1)防撞结构钢板内、外表面均进行防腐涂装，涂装防腐寿命不小于 20 年。

(2)正常使用条件下防撞设施设计寿命为 20 年，采取特别的防腐措施和养护措施后，可进一步延长使用寿命。

2. 防腐涂装体系

防腐涂装寿命按不小于 20 年设计，防腐涂装体系详见表 4-16-79。其他未注明要求，应符合《海港工程钢结构防腐蚀技术规范》(JTS 153-3—2007)。

表 4-16-79　防腐涂装体系

部　位	工　序	涂装用料	道　数	干膜厚度(μm)
Ⅰ	表面处理	喷砂除锈(Sa 2.5)		
	底漆	环氧重型防腐涂料	1	100
	中间漆	环氧重型防腐涂料	2	300
	面漆	环氧重型防腐面漆	2	200
	小计		5	600
Ⅱ	表面处理	喷砂除锈(Sa 2.5)		
	底漆	环氧重型防腐涂料	1	100
	中间漆	环氧重型防腐涂料	2	300
	面漆	厚浆型聚氨酯面漆	2	150
	小计		5	550

3. 防腐涂装施工

(1)施工环境的要求

防腐施工的作业场地应该尽量远离厂房、办公、居民区等，必要时应具备防雨、防风设施。施工温度为0～38 ℃，相对湿度小于85%，基体表面应干燥清洁。

(2)表面处理(喷砂除锈)

①采用喷砂处理时，应采取妥善措施，防止粉尘扩散。

②磨料应具有一定的硬度和冲击韧性，磨料必须净化，使用前应经筛选。天然砂应选用质坚有棱的金刚砂、石英砂、硅质河砂等。

③喷砂处理薄钢板时，磨料粒度和空气压力应适应。

④当喷嘴出口端的直径磨损量超过起始内径的20%时，喷嘴不得继续使用。

⑤磨料的堆放场地及施工现场应平整、坚实，防止磨料受潮、雨淋或混入杂质。

⑥表面不作喷砂处理的螺纹、密封面及光洁面应妥善保护，不得受损。

⑦喷砂作业完毕后，用干燥、清洁的压缩空气清理喷砂表面，其表面达到规定的Sa 2.5，粗糙度Ra 60～100 μm；表面灰尘清洁度不大于ISO 8502-3规定的3级。

⑧喷砂操作以及处理完的钢铁表面，所处环境空气相对湿度不应大于85%，并且钢铁表面不应出现结露现象。在此条件下，涂料必须在表面处理完成后金属裸露时间应4 h内准备涂装在表面上；当所处环境的相对湿度较低时(≤40%)，可以适当延长涂料准备涂装的表面上的时间，但最长不应超过12 h。

4. 涂装作业

(1)采用高压无气喷涂时，应满足以下操作规定：

①一般情况下，压力宜为4～6 MPa。具体压力选用与涂料黏度和一次成膜厚度等因素有关。

②喷嘴的选用对涂料的施工影响很大。黏度高，一次性成膜要求较厚，被涂物面积较大，操作者技术熟练，可选用大型号的喷嘴；反之选用小型号喷嘴。

③喷涂时，手持喷枪使喷束始终垂直于表面并与被涂表面保持30 cm的距离。每一喷道应在前一喷道上重叠50%。喷枪移动速度应根据膜厚等因素而定。

(2)在表面处理完成并检查合格后，采用高压无气喷涂对防撞箱进行涂装，打开包装桶，按照涂料说明书上的配比对涂料进行配置，并用搅拌机对混合后的涂料进行均匀搅拌，熟化后放置10～30 min即可进行喷涂。

(3)涂装时应注意控制喷枪的重叠、涂层的厚度以及涂层的均匀性等，不可有漏涂，厚度大于50 μm。

(4)底漆喷涂完成后，待其表干后即可进行下道涂层的涂装。

(5)每道的间隔时间以上道涂层表干为原则。

(6)全部涂层喷涂完成后，必须等涂层完全固化后(通常为 2 d)才能投入使用，在 2 d 内投入使用将影响涂层的性能。

(7)在防撞箱吊装、运输及堆放时，应注意保护涂层，若有损伤应及时进行修补后，方可投入使用。

十二、栈桥、钻孔平台结构

1. 栈桥、平台防腐体系

钢管桩设计中壁厚均预留腐蚀裕量，全浸区(高程－6.0 m)以上部分不小于 4 mm，以下部分不小于 1 mm。同时对全浸区以上部分钢管桩外表面及栈桥其他钢结构按《公路桥梁钢结构防腐涂装技术条件》(JT/T 722—2008)和《铁路钢桥保护涂装及涂料供货技术条件》(TB/T 1527—2011)有关规定进行涂装。

(1)桩顶分配梁防腐

按《铁路钢桥保护涂装及涂料供货技术条件》(TB/T 1527—2011)1 号涂装体系涂装。

①特制红丹酚醛(醇酸)防锈底漆，每道干膜最小厚度为 35 μm，至少涂装 2 道，总干膜最小厚度为 70 μm。

②灰铝粉石墨(或灰云铁)醇酸面漆，每道干膜最小厚度为 35 μm，至少涂装 2 道，总干膜最小厚度为 70 μm。

③颜色为橘黄色。

(2)新制大桥 1 号桁梁、贝雷梁及支撑架防腐

按《公路桥梁钢结构防腐涂装技术条件》(JT/T 722—2008)S03(C5-M)涂装体系涂装。

①1 道干膜厚度为 20～25 μm 的车间底漆。

②1 道环氧富锌底漆，最低干膜厚度为 60 μm。

③1～2 道环氧(云铁)漆中间涂层，最低干膜厚度为 80 μm。

④2 道丙烯酸脂肪族聚氨酯面漆，最低干膜厚度为 70 μm。

⑤总干膜厚度为 210 μm。

⑥颜色为绿色。

(3)钢管桩、连接系防腐涂装

防腐按《公路桥梁钢结构防腐涂装技术条件》S03(C5-M)涂装体系涂装。

①1 道干膜厚度为 20～25 μm 的车间底漆。

②1 道环氧富锌底漆，最低干膜厚度为 60 μm。

③1～2 道环氧(云铁)漆中间涂层，最低干膜厚度为 120 μm。

④2 道丙烯酸脂肪族聚氨酯面漆，最低干膜厚度为 80 μm。

⑤总干膜厚度为 260 μm。

⑥颜色为橘黄色。

钢管桩内表面采用灌满水后加盖密封的形式防腐。

(4)钢管桩、联结系防腐涂装要求(导管架钻孔平台)

①采用《熔融结合环氧粉末涂料的防腐蚀涂装》(GB/T 18593—2010)第 3 类涂层类型。

②涂层厚度按照(350±50) μm 控制。

③颜色为橘黄色。

2. 涂装施工工艺

(1)基体表面处理

①涂覆前应先将待涂装件表面棱角打磨或 $R \geqslant 2$ mm 的圆角，其焊缝部位应无尖角、缺肉、气孔、裂纹、缝隙和焊渣；清除待涂装件表面容易引起针孔和涂层厚度不匀的疵点和缺陷。

②涂覆前，必须用适当的方法将待涂装件表面的灰尘、油、脂及其他污染物清理干净。

③对待涂装件表面进行喷砂或抛丸除锈，使之达到 Sa 52.5 级标准，锚纹深度应在 40～100 μm 范

围内。

④再次对涂装件进行目视检查,将所发现的疵点和缺陷消除。

⑤用净化压缩空气或金属刷除去因上述过程残存在基体表面的残留物。

⑥将待涂件不需涂装部位覆盖保护。

⑦待涂装件表面处理后,必须在 8 h 内进行涂覆,涂覆前待涂装件表面不得出现肉眼可见的锈迹,否则应重新进行表面处理。

(2)环氧粉末涂料

①每批环氧粉末产品的标签应标明生产厂名、产品型号、批号、重量、生产日期、储存条件、储存期限。

②环氧粉末应具备生产厂的产品说明书、出厂检验合格证书和有关质量评定技术文件。

③环氧粉末涂料应该是含环氧树脂的热固性粉料。

④涂装厂或车间应按照涂料生产厂家规定的条件储存粉末涂料。

⑤环氧粉末性能应符合表 4-16-80 所列的技术指标,方可使用。

表 4-16-80 环氧粉末性能指标

序号	试验项目	单位	技术指标	测试指标
1	外观	—	色泽均匀,不结块	目测
2	密度 a	g/cm³	1.3～1.6	《化工产品密度、相对密度的测定》(GB/T 4472—2011)
3	挥发性	%	≤0.6	《化工产品密度、相对密度的测定》(GB/T 4472—2011)
4	粒度分布	%	粒径(>150 μm)≤3, 粒径(>250 μm)≤0.2	《化工产品密度、相对密度的测定》(GB/T 4472—2011)
5	胶化时间	s	厂家提供值±20%	《化工产品密度、相对密度的测定》(GB/T 4472—2011)
6	固化时间	min	厂家提供值±20%	《钢质管道熔结环氧粉末外涂层技术规范》(SY/T 0315—2013)
7	磁性物含量	%	≤0.002	《普通磨料 磁性物含量测定方法》(JB/T 6570—2007)

注:对特殊用途的环氧粉末涂料的密度值控制在厂商提供值±20%以内。

(3)预热

①待涂装件可以采用不同方式预热,如采用加热炉或连续式感应圈加热。

②预热温度根据各粉末涂料生产厂推荐的温度确定,但不得超过 275℃。预热时若因温度过高或时间过长,而致工件表面出现深蓝色或深褐色过氧化现象,应重新进行表面处理。

(4)涂敷

①可采用静电喷涂法、摩擦静电喷涂法、流化床法、静电流化床法等方式进行涂覆,保证涂层达到应有的厚度和均匀度。

②使用无油空气压缩机,并配以空气干燥器,使供粉用的压缩空气预先除去油和水。

第十七章　经验体会与问题探讨

平潭海峡公铁两用大桥作为福平铁路项目的关键控制性工程，同时也是世界最长、国内第一座跨海峡公铁两用大桥。大桥跨越福建东部沿海的海坛海峡北口，全长约 16.34 km。平潭海峡公铁两用大桥是世界上首次在风浪涌及地质条件极端复杂的暴风潮海峡环境建桥，是国内复杂海域桥梁建造的开创性工程，标志着国内公铁两用路桥梁由内陆江河迈向海洋，是中国桥梁的又一标志性工程。

第一节　体　　会

平潭海峡公铁两用大桥于 2013 年 11 月开工建设，2020 年 12 月建成通车。历经 7 年多施工，对于恶劣环境条件下跨海桥梁施工技术研究的根本是充分认识环境条件。对施工措施和环境影响等方面充分认识，分析环境影响对海上基础施工的难度，并采取科学技术进行攻关。海上施工的核心是大型海上装备"吃技术饭、打设备仗"，减少海上作业时间，采取有效措施变海洋为半陆地。科学的大临设计是项目高效运转的前提；规模化生产是提高效益的关键；积极开展科技创新是项目发展的源泉。

目前以及今后很长时间，国内的基础建设依然是国家的重点发展领域。正在规划建设的甬舟(宁波到舟山)铁路跨海大桥工程、渤海湾通道、琼州海峡通道以及台湾海峡通道，是我国从内陆走向海洋的真正体现。跨海大桥建设方兴未艾，跨海铁路桥也将会越来越多，平潭海峡公铁大桥的建成，积累了宝贵的建造技术，为今后的跨海铁路大桥建设打下坚实的基础，为今后建造更长、更深的海峡大桥提供宝贵的借鉴。

第二节　建　　议

1. 加大跨海桥梁前期设计调查、地勘等工作深度

平潭海峡公铁大桥桥位处于典型海洋环境，海域气象多变、水文条件复杂、地质条件差。在施工过程中受大风、台风侵袭外，还受雷暴、大雾及潮汐等恶劣自然条件的影响，各种恶劣的气候条件对施工现场的安全都是很大的威胁。恶劣的气候条件导致一年中平均有效施工作业天数少，可连续作业时间短，加之水深浪高、潮大流急、流向紊乱；海床地形复杂、地质多变；钻探装备限制，定位困难等严重地制约了本工程的正常作业，导致了施工工期有不确定因素。

跨海桥梁勘察难度极大，地质勘察造价受限，地质勘查深度不够，建议在施工过程中利用作业平台做补充地勘，细化勘察成果并修订设计。在实际施工过程中为确保现场施工安全及为可施工作业条件提供依据，现场开展了风、浪监测工作。在栈桥、平台、围堰设置波浪力风速监测点，安装超声风速风向仪，移动模架、塔式起重机上设置测风仪，通过联网来预报和实时监测波浪力要素、风速、风向数据。一方面为施工结构设计计算提供科学参数，另一方面为大型吊装、移动模架等施工提供气象依据，降低安全风险。

2. 加大大临设计深度

跨海桥梁大临工程、施工辅助措施对桥梁建造起关键作用，是影响桥梁工程造价的主要因素之一，大临设施规划、措施设计要与主体结构一样纳入施工图设计。

在风大、涌浪高、深水、裸岩、倾斜岩面等复杂海域条件中建立栈桥及施工平台存在很大难度。栈桥及平台结构要承受较大的波浪力及每年超强台风袭击，在大风强浪涌环境等复杂海域栈桥和平台修建困难，同时复杂海况、深水光板岩区域导管架施工难度大，导管架结构尺寸大、重量重(导管架高 47 m，平面约 7 个篮球场大，单榀最重 1 300 t)，从制造、下海、运输及吊装定位难度大，精度控制难、安全风险大。而其

他如围堰、支架等大型结构,受恶劣的海洋环境影响,较陆地上的工程有较大的区别,加大设计深度,利于施工安全控制、建设成本控制。

3. 加强跨海桥梁材料耐久性研究,提高主体结构及附属设施防腐标准

耐久性的提高是跨海桥梁主要设计指标之一,要围绕影响跨海桥全寿命的环境条件对跨海桥的钢结构的长效防腐体系以及混凝土材料全过程耐久性开展研究,以期提高跨海桥梁的耐久性。

本桥所处海洋重度盐雾腐蚀环境,根据《港口工程桩基规范》(JTJ167-4—2012)本海域钢材腐蚀最大速度为 0.5 mm/年,但根据现场实测,腐蚀速度基本达 1 mm/年,为规范最大腐蚀速度的 2 倍。

但本桥混凝土结构均采用普通钢筋施工,未采用环氧钢筋或其他防腐措施。钢结构原设计采用普通钢材,部分钢结构后经变更采用 316L 不锈钢。临时结构防腐标准不足,后经变更才进行了提高。并且混凝土结构防腐涂装不足。仅在−4.0～+9.5 m 高度范围内的墩塔外表面及承台顶面及侧面需采用表面涂层的防腐蚀强化措施。未对+9.5 m 以上桥墩、箱梁及主塔采取任何的防腐措施。

4. 提高钢结构用量,加大工厂化、预制化程度,提前布置弃土、弃渣处理

(1)混凝土用量过多,钢结构用量过少。福平铁路 3 标大桥主体结构混凝土用量 136.74 万 m^3(换算为 330.9 万 t),钢桁梁用钢量仅为 15.2 万 t,重量比高达 21.8∶1,总体混凝土用量过多,钢结构用量过少。

(2)进行工厂化、预制化的偏少。施工区域山多,地狭,施工用地资源紧缺,无可用的大型施工场地,施工生产规划困难。项目钢结构加工场地布置分散零碎,高达 12 处之多。采用预制整体架设方案少,仅有钢梁及配套混凝土桥面板进行工厂化制造,且距离现场较远,然后运输至桥位处进行现场架设,其余大部分混凝土梁均采用现浇方式施工。

(3)弃土、弃渣处理未进行提前布置。本桥路堑施工、扩大基础及承台基坑施工均有弃方,且钻孔桩施工有弃渣,前期未考虑弃土、弃渣场地布置,给现场弃土、弃渣处理带来一定困难。

5. 加强工装设备研发

基于跨海桥梁施工环境的复杂性,以及批量的如承台、墩身、节段梁和整孔梁等大型构件,为减少风、浪等恶劣天气对施工的影响,确保施工装备的稳定性及工效,需要进一步研究适应结构的特殊装备,提高装备定位、安装精度。

6. 实行装配式结构

重视跨海桥梁的引桥设计方案比选,围绕合理的墩跨比、结构形式、耐久性等方面开展研究。建议充分利用海中大吨位驳船、起重船的运输起重能力强的特点,进行装配式结构设计,通过工厂化生产,现场拼装,把现场变为“装配车间”,减少海上作业,有利于质量控制、结构耐久性、作业安全、绿色节能环保。

7. 明确设计成桥预拱验收要求

现行规范未对跨度超过 120 m 的斜拉桥预拱度验收标准进行规定,建议进一步研究予以明确。

8. 维修养护研究

工程主体完工后,涉及铁路维养、安保等设施,进行了大量的增设、修改、返工,建议在施工图设计阶段,由路局组织接管单位审核,避免施工期大量修改。同时,针对跨海大桥维修养护的特点,对全寿命期健康监控检测体系、方法及设备开展研究。

9. 尽快制定可供参考的海工定额标准

东海大桥的建设环境条件、大件化结构预制安装、70 m 箱梁整孔预制吊装等工艺,发布了《东海大桥补充预算定额》;杭州湾大桥对基础工程、预制墩身、预制整体箱梁、桥面系及防腐等工程项目,发布了《杭州湾跨海大桥专项预算定额》;港珠澳大桥发布了《广东省沿海桥梁、沉管隧道、人工岛工程预算补充定额》。以上跨海桥梁形成了“一桥一定额”的特点。

跨海桥由于其独特的环境、工效、特殊装备、材料、施工组织、大临及施工措施,各具特色,不同海域桥梁环境、施工工法等因素各不相同,造成了各跨海桥梁造价不一。应建立一种基于不同跨海桥梁定额的调整机制,建设过程适时调整投资。

平潭海峡公铁大桥是我国首座跨海峡公铁大桥，无可借鉴的成功经验，参建各方对建设环境及施工难度认识不足，且无海上施工定额，项目概算不足，费用缺口大，资金严重短缺，项目推进困难。主要原因分析如下：

(1)无海上施工定额。项目概算编制时没有外海铁路预算定额可参考，套用的是内河铁路定额再加上一定的人工及机械降效系数，概算费用严重不足，而且投标限价在概算价基础上又降了约4%。

(2)施工工效低下。受海洋环境影响，有效作业时间短，人工、船机作业效率大幅降低，年有效作业时间约120 d左右，极大地增加了施工成本，延长了施工工期。

(3)大临数量和费用严重不足。由于复杂海洋环境的不可预见性，为满足在台风、浪涌、腐蚀环境下的施工条件，增加了栈桥、码头、材料存储场等大临工程及钻孔平台、钢围堰等基础辅助措施的数量，提高了海上施工船机的规格。此外，原概算中大临及基辅措施费指标为内河水平，严重偏低。

(4)市场价格上涨。受国家环水保宏观政策及项目特殊的施工条件影响，项目进场后砂石料等材料大幅上涨，同时海上施工的人工单价也较概算单价大幅上涨。

(5)桥位地质复杂。桥址区域海床起伏、岩面倾斜、裸露、孤石密布。钻孔桩基础施工采取和投入了多项措施处理，增加了大量的成本费用。

(6)安全生产费用不足。概算中的安全生产费用，是基于内陆上的铁路工程标准计列的。平潭海峡公铁大桥处在复杂海洋环境条件下建造，为确保安全生产，现场安全生产费用约是原概算费用的2倍。

第五篇

科研与技术创新

第一章　科研项目的立项与组织实施

福平铁路工程平潭海峡公铁两用大桥是我国首座公铁两用跨海大桥，建成后将成为世界上最长的公铁两用跨海大桥。为保障大桥建设安全有序推进，在国铁集团和南昌局集团公司指导下，福平公司组织参建单位结合海况自然条件和主体结构特点，以科研攻关为指导，以技术创新为保障，重点开展了《新建铁路桥隧设计施工关键技术研究——平潭海峡公铁两用大桥修建关键技术研究》，化部分海上施工为半陆地施工，化高处作业为地面作业，化强风为弱风，化强浪涌集中受力为分散多点抵抗，从而降低海洋环境施工难度，保证工程施工质量。福平公司在南昌局集团公司立项多项课题，对跨海大桥的设计、桥梁预拱度及轨道平顺性关系、桥上列车交会及制动、启停关键技术进行了研究。此外，在平潭海峡公铁两用大桥建设过程中，设计单位和施工单位分别在中国中铁和中国铁建立项并完成多项研究课题。

第一节　国铁集团科研立项

《新建铁路桥隧设计施工关键技术研究——平潭海峡公铁两用大桥修建关键技术研究》已结题。该课题是由国铁集团、南昌局集团公司、福平公司、中铁大桥局、中铁十三局(后改为中铁建大桥工程局)、大桥院、铁四院等单位共同参与，2019 年 2 月 28 日，国铁集团在北京组织召开了平潭海峡公铁两用大桥修建关键技术研究结题验收，评价为 B 级。通过科研攻关和课题研究，在大桥的建设过程中获得授权专利 50 项，正在申报专利 130 余项；省部级工法 6 项，企业级工法 23 项；省部级科学技术奖一等奖 3 项、二等奖 2 项，核心期刊发表 110 余篇，通过科技成果评审 9 项，达到国际领先水平 7 项，国际先进水平 2 项。

本课题研究的目的是针对平潭海峡公铁两用大桥特殊海况以及复杂地质条件下，研究海峡大风环境下施工抗风技术，大直径钻孔桩辅助钻孔平台设计及施工技术，海洋环境下桥梁结构耐久性提升技术，施工工厂化技术，海峡环境下高墩、高塔建造技术，确保海峡桥梁安全、快速建设。同时为今后准备修建的琼州海峡大桥、渤海海峡通道工程、舟山连岛工程、甚至台湾海峡的通道工程等类似条件海上桥梁施工积累经验。本课题由五个分项课题组成，主要研究内容如下：

一、海峡大风环境下施工抗风技术研究

1. 研究内容

以平潭海峡公铁两用大桥为依托展开的海峡大风环境下施工抗风技术研究，是国内在常遇大风复杂海峡环境下进行桥梁施工的首次尝试。桥址为典型的海洋性季风气候，季风持续时间长、大风天数多、台风登录频次高、有效作业时间短等恶劣环境条件，给大桥建设施工设施结构如栈桥、平台、爬模及移动模架等施工设备的安全带来巨大挑战。针对该桥的特殊环境，通过施工抗风技术研究，确保了 7 级风现场正常作业，8 级选择性作业，确保季风、台风等强风条件下自身的安全，实现了海洋环境桥梁快速施工。

2. 研究方法

基于桥址区域布设风速仪监测桥址处风要素，分析桥址风速、风向分布规律，为复杂海域跨海桥梁施工技术积累提供了有益参考；结合桥址处大量实测数据与海洋预报台数据，研究了一种预报桥址处风力的方法，经过实践验证，桥址处风力预报具有良好的进度，目前已累计预报 1200 余天，为现场施工组织提供了重要参考；通过对桥址区风力监测及桥梁施工设施进行抗大风研究，制定了本工程 8 级风正常施工，14 级台风主体结构不被破坏作为基准，并总结编制了《新建福州到平潭铁路工程平潭海峡公铁两用大桥复杂海域环境施工工序作业条件》，明确了各工序作业风力、浪涌条件和需采取的安全技术措施。

3. 关键技术

(1)基于BP神经网络建立了实测点之间风速的关系，进而建立了实测点与气象预报之间的数据关系，从而可以通过气象预报数据推测桥址处未来的风速大小，指导现场施工组织。

(2)通过对桥址区风力监测及桥梁施工设施进行抗大风研究，制定了本工程8级风正常施工，14级台风主体结构不被破坏作为基准。

(3)针对平潭桥恶劣的海洋大风环境，现场施工都将严重受到大风天气的影响，恶劣的气候条件导致一年中平均有效施工作业天数少，严重地制约了本工程的正常作业，施工将面临巨大的质量、安全风险及工期压力。通过对本工程抗风技术研究，总结编制了《新建福州到平潭铁路工程平潭海峡公铁两用大桥复杂海域环境施工工序作业条件》，明确了各工序作业风力、浪涌条件和需采取的安全技术措施，可作业风速从现行规范规定的六级风最高提高到八级风，增加了可作业天数，经专家评审后直接指导本工程后续施工。

4. 获得成果

(1)建立了大风预警机制及互联网风环境监测、预报、预警机制。

(2)编制发布了《复杂海域环境施工工序作业条件》。

二、复杂海域条件下大直径钻孔桩及钻孔平台施工技术研究

1. 研究内容

依托平潭海峡公铁两用大桥元洪航道桥、鼓屿门航道桥、大小练岛航道桥ϕ4.0 m、ϕ4.5 m超大直径钻孔桩施工开展研究，主要技术线路为:收集国内外海湾桥有关桥梁基础及大直径钻孔桩施工技术和设备资料，分析各方案的优缺点及其使用范围，在此基础上提出适应海峡桥梁大直径桩施工的技术参数、施工装备。进行工艺试桩，通过工艺试桩确定施工技术参数，并用于指导主体工程施工。结合工程实际应用情况，总结、研究并制定复杂海域深水施工平台设计方案、大直径钢护筒插打技术、大直径嵌岩钻孔桩成孔工艺、大直径钻孔桩钢筋笼安装工艺、混凝土灌注工艺。

2. 研究方法

基于大型自动化钻机系统，结合平潭公铁两用大桥桥区的地质条件，通过现场所采集的大量数据，不断分析总结，提出相关成套的施工工艺:大直径钢护筒吊装、插打等施工工艺及钢护筒壁厚的研究；一次成孔或二次成孔施工工艺研究；低固相高黏度泥浆的配比技术和钻孔过程护壁技术；超大直径钻孔桩钢筋笼的制安工艺研究；超大直径钻孔桩混凝土灌注工艺研究；深水、无覆盖层、浪高环境下钻孔平台施工技术研究。

3. 关键技术

针对复杂海域条件下大直径钻孔桩及钻孔平台施工技术研究，获得多项成果并形成关键技术，主要如下：

(1)在首创4.5 m直径的最大海上桥梁钻孔灌注桩，解决海峡强波流力环境高桩承台桩基水平承载问题，减少单墩桩基数量，提高海上施工工效。

(2)自主研发新型KTY5000全液压动力头旋转钻机，具有传递扭矩最大、动力头提升能力最强的特点，可实现一次成孔最大直径达5.0 m;研发采用截锥形三瓣组合式滚刀钻头，钻进效率高，方便运输及安拆。

(3)大型导管架辅助建立钻孔平台技术，采用桥梁施工最大导管架钻孔平台，最大平面尺寸114 m×70 m，最大高度49.98 m，最大总重3 194 t，工厂整体制造，现场吊装定位下放，解决强波流力、45 m深水和裸岩海域快速安全建立钻孔平台的问题。

(4)复杂海域超大直径钢护筒埋设技术，设计多层导向及限位装置实现钢护筒精确定位和插打导向，采用振动锤与液压冲击锤相结合的二次插打工艺，实现ϕ4.5 m钢护筒在强浪、裸岩海域的埋设，首次使用IHC-S800大型液压冲击锤插打大直径钢护筒技术并制定停锤标准。

(5)研发C45高强度等级高性能水下海工混凝土，以及直升式大直径单导管灌注技术，完成ϕ4.5 m钻孔桩混凝土灌注，确保大直径钻孔桩质量。

4. 获得成果

通过本课题研究顺利完成了施工平台、钢护筒、ϕ4.0 m、ϕ4.5 m超大直径钻孔桩施工，已编制完成ϕ4.0 m、

ϕ4.5 m超大直径钻孔桩试桩总结报告、水下C45高强度等级混凝土配合比研究报告、不良地质条件下大直径钻孔桩施工总结报告等技术资料，形成了《直径4.0 m、4.5 m大直径钻孔桩施工工法》，授权《一种截锥形三瓣组合式滚刀钻头》实用新型专利1项，编制并发布了《新建福州至平潭铁路平潭海峡公铁两用大桥基础施工技术规范及验收标准》，发表了《平潭海峡公铁两用大桥鼓屿门航道桥主墩基础设计》《复杂海域地质环境中超大直径钻孔桩施工技术研究》《平潭海峡公铁两用大桥裸岩区施工平台搭建技术》高水平论文3篇。

通过复杂海域条件下大直径钻孔桩及钻孔平台施工技术研究，完成了平潭海峡公铁两用大桥ϕ4.5 m桩共50根、ϕ4.0 m桩共144根，通过第三方检测，桩身混凝土质量均为Ⅰ类桩。钻孔工效：ϕ4.5 m、ϕ4.0 m桩风化岩层中进尺0.07～0.15 m/h、微风化层中进尺0.03～0.05 m/h，达到了预期钻进速度要求。

ϕ4.5 m大直径钻孔桩施工技术在平潭海峡公铁两用大桥的成功实施刷新了桥梁钻孔桩最大直径的记录，开创了我国复杂海洋环境下ϕ4.5 m大直径嵌岩钻孔桩施工的先河，是我国桥梁钻孔桩发展的重要突破；通过在复杂海域中ϕ4.5 m深大直径钻孔桩施工总结，形成了复杂海况及复杂地质条件下钻孔平台搭建技术，钢护筒定位及限位技术，孤石、倾斜裸露岩面等特殊地质条件下钢护筒埋设处理技术，倾斜岩面上成孔技术，直升式大直径单导管法水下C45高强度等级高性能海工混凝土技术等，形成一套在海洋环境下大直径钻孔桩施工工法，为海洋环境大直径钻孔桩积累了经验，提供了借鉴，开辟了行业新领域。

三、海洋环境下桥梁结构耐久性提升技术研究

1. 研究内容

福平铁路工程桥梁结构大部分置身于海洋环境中，是我国第一条真正意义上的海洋服役环境铁路工程，其服役环境条件存在多类含量较大的侵蚀性盐类介质，按照《铁路混凝土结构耐久性设计规范》(TB 10005—2010)的相关规定，相应海域的海水具有硫酸盐侵蚀、镁盐侵蚀、氯盐腐蚀等，其盐类化学侵蚀环境作用等级为H2；盐类结晶破坏作用等级为Y3；氯盐侵蚀作用等级为L3，这对钢筋混凝土结构存在严重的腐蚀作用。鉴于目前我国海洋环境下钢筋混凝土结构工程经验和应用实践积累较为薄弱，课题以大量工程建设为背景，开展海洋环境下工程结构耐久性的相关研究。

2. 研究方法

针对平潭海峡海域的实际服役条件，工程建设方、设计方等有关各方，在结合既有相关工程实践成果的基础上，对平潭海峡公铁两用大桥工程功能设计及耐久性进行了专项论证。本课题主要是在上述基础上，通过相关理论分析和室内、室外测试试验，优化并提出该工程桥梁结构混凝土耐久性技术措施建议，有针对性地研究分析海洋环境下混凝土性能劣化规律以及相应工程结构的服役行为与服役寿命，进一步积累和丰富海洋环境下铁路工程结构耐久性建造技术成果经验，从而为形成我国海洋环境铁路工程耐久性建造技术体系提供基础，为海洋服役环境铁路工程的设计、建造以及维护管理提供科技支撑。

3. 关键技术

(1)试件的现场试验处置技术。

(2)混凝土中介质传输特性的分析技术。

(3)混凝土性能演变的参数提取技术。

(4)室内试验的快速模拟技术。

(5)混凝土中离子含量的精确测试分析技术。

(6)现场和室内快速模拟试验条件下，混凝土性能演变及离子输运特性相关性的分析技术。

(7)该桥梁结构服役寿命的计算分析技术。

(8)海洋环境下高性能混凝土涂装保护技术。

(9)海洋环境下钢梁结构涂装保护技术。

4. 获得成果

(1)桥梁结构混凝土耐久性研究及研究成果

通过桥梁结构混凝土本体耐久性模拟试验研究，了解了组成材料及配比参数对混凝土耐久性的影响，

提出了保证该桥梁结构混凝土耐久性的建议，形成了《平潭海峡公铁两用大桥混凝土耐久性研究报告》。

通过桥梁混凝土结构防腐蚀强化措施研究，提出了平潭海峡公铁两用大桥的防腐涂装体系、涂装方案，编制了《平潭海峡公铁两用大桥混凝土结构防腐蚀强化措施》。根据研究结论，制定了《平潭海峡公铁两用大桥混凝土耐久性实施细则》，用于指导现场施工。

(2)钢梁涂装体系耐久性研究及研究成果

通过对国内外相关类似工程实例应用情况的调研，结合现行的《铁路桥梁钢结构保护涂装及涂料供货技术条件》(TB/T 1527—2011)，提出平潭海峡公铁两用大桥的涂装体系。同时现场进行了为期一年以上腐蚀环境挂板试验，对涂料生产企业进行全面考察。同时制定了《钢结构防护涂层材料性能指标和实施细则》，用于指导工厂和现场施工。

四、施工工厂化技术研究

1. 研究内容

随着桥梁建设理念和技术的快速发展，以及大型工程装备研发的不断突破，桥梁建设逐步由小体量预制构件现场散拼向“工厂化、标准化、大型化、装配化”程度更高的整体预制安装方向发展，针对平潭海峡公铁两用大桥特殊工况下，研究以斜拉桥钢桁梁大节段制造、简支钢桁梁整孔制造、导管架制造工厂化技术、复杂海域环境下钢筋混凝土箱梁胶拼技术为主的四项施工技术，实现施工工厂化技术，降低恶劣海洋环境对本项目施工的影响，降低施工过程安全风险，提高工程质量控制水平，保证桥梁结构质量和美观，合理缩短施工周期，降低施工成本，确保施工工期可控。

为解决平潭桥工厂化施工中遇到的技术难点，共开展了以下四个方面的课题研究：

(1)斜拉桥钢桁梁大节段制造技术、大节段钢桁梁大节段总体组装方案、大节段钢桁梁的下海及运输方案，大节段钢桁梁的现场吊装技术。

(2)“整孔全焊钢桁梁”制造基本单元分块及连接形式，“整孔全焊钢桁梁”总体组装方案与精度控制技术，“整孔全焊钢桁梁”的下海及运输方案，“整孔全焊钢桁梁”的现场吊装技术。

(3)导管架设计分组及结构形式研究，导管架整体制造研究，导管架现场吊装、定位等施工技术。

(4)海洋环境节段预制胶接拼装密闭性能试验研究，海洋环境节段预制胶接拼装箱梁模型试验研究，海洋环境节段预制胶接拼装箱梁施工技术研究，海洋环境节段预制胶接拼装箱梁装备技术研究。

2. 研究方法

采用施工工厂化理念，结合平潭公铁两用跨海大桥实际施工环境和条件，指定斜拉桥钢桁梁大节段制造、简支钢桁梁整孔制造、导管架制造工厂化技术及海洋环境下钢筋混凝土箱梁胶拼方案和控制工艺，形成制造、工厂组装、运输和现场安装一体化施工技术。实现施工工厂化技术，降低恶劣海洋环境对本项目施工的影响，降低施工过程安全风险，提高工程质量控制水平，保证桥梁结构质量和美观，合理缩短施工周期，降低施工成本，确保施工工期可控。同时为今后准备修建的琼州海峡大桥、渤海海峡通道工程甚至台湾海峡的通道工程等类似条件海上桥梁施工积累经验。

3. 关键技术

(1)钢桁梁全工厂化整孔全焊制造技术。

(2)平行钢丝索预压主桁上弦、缩短公路纵梁并滞后安装弱化主桁与桥面系共同作用技术。

(3)铁路横梁顶面不锈钢复合钢板复层植焊剪力钉技术。

(4)复杂海域或恶劣水文气象条件钢桁梁整孔架设技术。

(5)钢桁梁大节段工厂化制造及架设技术。

(6)平台导管架工厂化制造及架设技术。

(7)钢筋混凝土箱梁胶拼技术。

4. 获得成果

(1) 钢桁梁工厂化制造方面

可一次性在工厂内完成单孔跨度 88 m 以上钢桁梁的整孔全焊接制造，实现现场零焊接施工，且钢桁梁结构几何尺寸和线形控制精度等性能指标满足现行《钢结构工程施工质量验收规范》(GB 50205—2020)、《铁路钢桥制造规范》(Q/CR 9211—2015)及《平潭海峡公铁两用大桥钢梁制造规则》的相关规定。单孔钢桁梁较传统钢桁梁可节省高栓用量 5.5 万套，节省拼接板钢料 310 t，避免大量栓孔施钻工作，减少后期运营养护工作量。

钢桁梁采用工厂内小节段全焊制造，船位整孔拼装，工厂化程度高，质量更易保证，减少了现场作业量，且安全风险低；工厂内涂装，绿色环保。节省边跨大型架梁吊机 1 台，同时，边跨、辅助跨架设完成后，形成稳定结构，增加了中跨大悬臂架设时抗风稳定性，省去了抗风牛腿等临时抗风结构。钢桁梁厂内整孔制造总拼可与桥位现场下部结构施工平行同步进行，相应下部结构施工完成即可快速完成整孔钢桁梁安装，有效节省了施工时间，提高了施工工效。

(2)平台导管架工厂化制造及架设技术

导管架平台采用"工厂化、模块化、标准化"的作业方式，能直接在恶劣海况下快速实现自稳，缩短海上作业时间，降低海上施工安全风险，显著提高工效。导管架既是支承桩插打导向，又是水下联结系，在岸上整体制造，海上整体吊装、下沉、定位、着床，解决了裸岩海域单桩插打难以自稳及水下联结系安装、焊接困难的难题。导管架采用陆地模块化制造，将海上施工变为陆地工厂施工，保证了工程质量。导管架平台整体刚度大，稳定性好，抵抗波浪力作用效果显著，比单桩工法平台结构合理，用钢量少。自主研发了导管架自调平装置，导管架初步定位后，利用四套角桩自调平装置，可快速将导管架平面位置、垂直度调整到设计允许偏差范围内，具有结构简单、操作方便、调平精准的优点。导管架平台整体安装时间短，定位精度高，可减少海上作业，提高工效，降低安全风险。

(3)钢筋混凝土箱梁胶拼技术方面

对于铁路 64 m 跨度混凝土简支箱梁施工，课题组研究比选了混凝土箱梁架设施工总体方案，采用混凝土预制节段梁胶拼方案。针对预制梁节段胶拼建桥技术，在铁路桥梁方面尚属全新技术，尤其是在恶劣复杂海洋环境，缺乏成熟经验。课题组通过一系列科学试验，取得了阶段性成果。

五、海峡环境下高墩、高塔建造技术研究

1. 研究内容

本课题研究复杂海况环境高墩模板设计及施工技术，研究超高塔柱液压爬模设计、施工精确测量控制，确保复杂海域高墩、高塔施工安全。平台海峡公铁两用大桥铁路墩身均采用门式空心墩设计，墩身最大高度约 74.5 m，针对桥址区域恶劣的海洋大风大浪环境以及墩身设计高度，从墩身模板设计、机械设备配置以及安全设施配置到翻模施工，需要考虑系列的技术保障措施，研究具有针对性的设计方案和施工方案。

2. 研究方法

三个航道桥六座主塔均采用爬模法进行塔柱施工，在液压爬模设计是满足以往塔柱对于其施工功能的前提下，必须要着重研究复杂海洋环境下大风对其施工的影响，从不同的工况进行研究分析。在保证塔柱施工质量的进度不受影响的前提下，必须保证液压爬模及塔柱的结构安全，从施工的角度去研究液压爬模的设计。航道桥主塔最大塔高 200 m，主塔施工过程中，尤其是上横梁施工前，主塔始终处于大悬臂状态，海洋大风环境下主塔必然存在一定偏位。如何保证主塔的平面位置的准确和高程的精确、如何精确定位索导管和钢锚梁，都需要对测量控制技术进行相应研究，为主塔的施工做好测量技术保障。

3. 关键技术

(1)高墩模板设计及翻模施工技术研究。

(2)全封闭液压爬模施工技术研究。

(3)塔式起重机施工安全技术研究。

(4)大风环境下高塔施工测量控制技术研究。

(5) 复杂海域大风检测技术研究。

4. 获得成果

(1)高墩施工技术方面

针对复杂海域高墩施工，本项目从墩身模板设计、塔式起重机及安全爬梯防风设计，再到墩身翻模施工等各方面进行研究，增加了模板外侧操作平台，加强了塔式起重机及安全爬梯的横向附着，保证了高墩施工的质量和安全。

(2)高塔施工技术方面

爬模模板架体采用固定支架，爬模通过对杆件截面加强、架体数量增加从而可满足 7 级风爬升、8 级风以下正常施工，14 级台风工况下能够确保自身安全。同时对模板系统和爬升体系进行改进设计，使之适应塔柱 6 m 分节施工，有效提高施工效率，降低作业风险。每个主塔配备 2 台 1 100 t·m 塔式起重机，通过对主塔结构、塔式起重机结构进行加强设计和塔式起重机附墙专项设计研究，塔式起重机满足 7 级风环境下正常顶升，8 级风正常作业，抵抗 14 级台风要求，同时也无需安装临时附墙，塔式起重机最大悬臂自由高度可达 40 m。

全封闭式液压爬模施工技术、高塔整体抗风技术、塔式起重机抗风技术，成功解决了高塔施工阶段塔身及施工机具结构受力问题；大风环境下高塔施工测量技术，解决了大风环境下主塔偏位导致的测量精度问题。

第二节　中国铁路南昌局集团公司立项的科研课题

一、《平潭海峡公铁两用大桥钢桁梁斜拉桥预拱度及轨道平顺性关键参数研究》

因大跨度斜拉桥的预拱度控制难度大，预拱度极易超标，本课题通过理论分析、仿真计算及实车检测结果提出钢桁梁斜拉桥预拱度及轨道平顺性关键参数限值，为运营养护维修提供科学依据。该课题由南昌局集团公司、福平公司、铁科院、大桥院、铁四院、大桥局、铁四院铁一院监理联合体、中铁二十四局共同参与。

1. 主要研究内容

(1)平潭海峡公铁两用大桥钢桁梁斜拉桥预拱度变化规律及影响因素分析

对钢桁梁斜拉桥成桥线形特征进行分析，通过理论计算和实测数据对照分析的方法，提出了温度变化对大桥预拱度的影响规律。

(2)线路纵断面关键参数研究

根据大桥成桥线形及变化规律与特征，对纵断面关键参数开展系统研究，提出了取值原则。

(3)轨道几何尺寸等关键参数研究

针对大桥轨道平顺性特征，对轨道平顺性指标要求开展系统研究，提出了相应控制原则。

2. 研究方法

采用理论分析、仿真模拟、实测数据评估分析等相结合的技术路线，根据大桥预拱度的特征及变化规律，对比分析国内已建类似桥梁的预拱度及轨道平顺性关键参数的研究情况，对比分析拟采用的参数与我国现行高铁规范、验收技术规范、维修规则等不同文件中相关要求的差异，对推荐的指标从理论分析、仿真模拟、实测检验等角度综合分析评估，并结合运营铁路实际情况，提出了推荐取值范围和要求。

3. 技术关键

(1)提出平潭海峡公铁两用大桥钢桁梁斜拉桥预拱度及轨道平顺性关键参数推荐值。

(2)形成平潭海峡公铁两用大桥钢桁梁斜拉桥预拱度及轨道平顺性关键参数验收标准及养修建议。

4. 获得的成果

通过对该课题的研究，提出了平潭海峡公铁两用大桥钢桁梁斜拉桥预拱度及轨道平顺性关键参数推荐值、《福平铁路平潭海峡公铁两用大桥施工质量验收补充标准》的补充内容和三座钢桁梁斜拉桥的养修建议，形成了《平潭海峡公铁两用大桥钢桁梁斜拉桥预拱度及轨道平顺性关键参数研究报告》。

二、《平潭海峡公铁两用大桥列车交会及制动、启停关键技术研究》

为验证纵向力作用下桥梁力学性能，以及双线列车以不同速度在桥上交会时的动力响应等关键问题，通过理论分析、仿真计算及实车现场试验得出平潭海峡公铁两用大桥列车交会、列车制动及启停作用下的桥梁结构动力响应，列车运行安全性和平稳性，为检验桥梁制动力及其对塔梁间黏滞阻尼器、支座的影响，检验列车在桥上交会时的结构动力性能和行车性能，提供最直接的测试数据。该课题由南昌局集团公司科信部（总师室）、运输部、机务部、工务部、建设部、福平公司、铁科院共同参与。

1. 主要研究内容及技术关键

（1）列车交会试验、桥上列车制动及启停试验相关成果调研

对已开展的列车交会试验、桥上列车制动及启停试验相关成果进行调研，收集试验方案、试验内容及结果、试验结论等，为制定平潭海峡公铁两用大桥的交会、制动及启停试验方案提供基础依据。

（2）平潭海峡公铁两用大桥列车交会试验研究

通过开展动车组牵引仿真分析，采用理论计算和实测数据对照分析的方法，提出列车交会的具体技术方案、现场组织实施方案。通过交会试验研究桥梁梁体、桥墩、桥塔的横向振动，梁体的竖向振动、梁体控制截面的动应变，支座动位移、端横梁动挠度，轮轨作用力，列车运行安全性和平稳性规律等。

（3）平潭海峡公铁两用大桥列车制动、启停试验研究

通过开展理论分析、数值模拟，提出桥上列车制动、启停的技术方案以及现场组织实施方案，通过制动、启停试验，研究桥梁梁缝位移，支座及阻尼器纵向位移，主梁、桥墩纵向加速度和纵向振幅，车体纵向加速度，钢轨纵向力，梁轨相对位移，钢轨纵向振动加速度等变化规律。

2. 研究方法

通过理论分析、仿真模拟等手段确定列车交会及制动、启停的试验方案，并结合现场实际情况，研究提出了现场实施方案。通过在桥上及列车上布设相关传感元件，系统测试桥梁、列车的响应特征。根据试验结果，与我国现行相关规范文件中的技术参数进行对比分析、综合评估，对桥梁在列车制动力作用和列车交会作用下的各项响应、列车的动力响应等进行评价。

3. 技术关键

编制了切实可行的大跨度铁路桥上列车交会、制动及启动的技术方案，掌握了大跨度桥上列车交会条件下的车—桥响应特征，分析了在列车制动力作用下桥梁及轨道的振动、变形等参数测试结果和列车制动力特性。

4. 获得的成果

动车组交会试验分析了双线动车组以不同速度在桥上交会时桥梁振动特性及动力响应，与单线行车振动特征进行对比，得到运营状态最大竖向加载和偏载作用下梁体的竖向和扭转振动情况。根据综合检测列车测试数据，掌握了交会时动车组运行的稳定性（安全性）、平稳性状态，为动态验收提供依据。

动车组制动、启停试验验证了纵向力作用下的铁路大跨度桥梁力学性能和动力响应，掌握了阻尼器、钢轨伸缩调节器及梁端伸缩装置的工作状态，分析了梁轨纵向相对动位移、钢轨应力、制动力大小及其对下部支座、桥墩影响。

发表了《斜拉桥上动车交会及制动、启停试验设计与实施》论文 1 篇，编写了《福平铁路平潭海峡公铁两用大桥列车交会、制动及启停专项试验技术方案及组织实施方案》，形成了《平潭海峡公铁两用大桥列车交会及制动、启停关键技术研究报告》。

三、《福平铁路邻近既有线隧道控制爆破施工经济指标分析》

该课题由南昌局集团公司、福平公司、中铁十八局共同参与，2017 年在南昌局集团公司立项。因福平铁路有 9 座隧道邻近既有线隧道施工，为真实反映现场实际，严格控制投资成本，福平公司在国铁集团经规院的指导下，组织集团公司相关部门、设计和施工单位进行了一年半的现场实际写实，详细测定邻近既有线隧

道爆破施工与正常条件下施工的人工、机械消耗量指标对比，取得了翔实的第一手资，积累了邻近既有线隧道爆破施工技术经济参数，填补了国内相关预算定额的空白，为进一步完善造价体系提供了数据支撑。

1. 主要研究内容

施工单位现场收集隧道控制爆破工、料、机消耗数量及实际发生费用，设计单位对施工现场收集的资料进行整理分析。

2. 研究方法

分析在天窗点条件下隧道开挖、喷射混凝土、锚杆、超前小导管、注浆、型钢钢架、钢筋格栅等工序与正常条件下施工定额消耗量的差异。

3. 技术关键

测定并编制邻近既有线隧道控制爆破施工的相关预算定额，根据隧道的围岩级别划分定额子目，分别分析不同工况下的人工、机械等的消耗数量和相关费用指标。

4. 获得的成果

通过本课题分析研究得出了人机消耗量关键数据，为以后类似工程施工提供参考，从而有效控制投资。形成了《福平铁路邻近既有线隧道控制爆破施工经济指标分析报告》《短天窗点间隔邻近既有营运隧道先行导洞微振爆破施工工法》，获得了《临近既有营运隧道的爆破结构》实用新型专利 1 项。

四、《锌镍渗层防腐新技术应用于福平铁路跨海区段的接触网钢构件研究》

该课题为南昌局集团公司立项的科研课题，因福平铁路位于我国东南沿海地区，亚热带季风并伴随酸雨多发带气候，且年平均相对湿度为 79%，属于湿热海洋大气环境，具有潮湿、多雨的特点，接触网钢构件、零部件长年处于该气候环境下，时刻受盐雾和酸雨腐蚀的威胁。同时由于传统涂层式的防腐处理技术，在施工过程中易受到运输保护不当、现场施工操作粗糙等因素引起防腐涂层破损，更加容易引发接触网钢构件、零部件锈蚀，从而造成供电故障，影响行车供电安全。

针对上述情况，2020 年 3 月该课题选取了锌镍渗层防腐技术作为接触网钢构件新的防腐处理方案，并采取对福平铁路长乐至长乐东、长乐南至平潭区间试挂 1 844 套接触网非悬挂钢构件开展了相关课题研究。

采用锌镍渗层防腐技术的接触网钢构件，通过试验室中性盐雾试验和在福平铁路海门隧道试挂，验证了其具有针对性的满足了海洋大气环境下铁路接触网钢构件防腐性能的要求，满足了工程施工过程中各种情况下不易破损的实际需求，确定了应用锌镍渗层防腐技术的接触网钢构件的可靠性。

该课题已于 2021 年完成结题，结题评审委员会评审意见为采用锌镍渗层防腐技术的接触网钢构件，通过在福平铁路跨海区段的试挂，初步验证了锌镍渗层防腐技术在高温、高湿、高盐海洋大气环境下具备防腐效果优良、高耐磨、附着力强等优点，全寿命周期综合成本低；锌镍渗层防腐技术首次在海洋大气环境下电气化铁路接触网钢构件应用，填补了该防腐技术在接触网领域的应用空白，具备国内领先水平；具备作为今后沿海铁路或是跨海铁路接触网钢构件及零部件新的防腐技术方案的实用价值。正在申办一种铁路接触网钢构件锌镍渗层的制备方法及其应用发明专利和一种锌镍渗层加热通用工装实用新型专利两项专利。

第三节　中国中铁科研课题

一、《平潭海峡公铁两用大桥设计关键技术研究》

该课题于 2014 年完成结题，主要研究内容如下：

1. 基础波流力研究

研究内容及关键技术：通过物理模型试验，测定在设计波浪和水流共同作用下，不同水位高度、不同海床条件、不同波向组合情况下桥墩基础的总水平力(矩)和总垂直力。合理界定大、小直径桩柱结构分类，并结合以往跨海桥梁基础波流力研究成果，归纳总结跨海桥梁基础波流力分析理论和计算方法。

研究方法：结合桥梁基础选型，通过宽波浪水槽模型试验及数值模拟相结合的方法，对规则波作用、不规则波作用、潮流作用、波流共同作用下的桥梁基础及施工围堰的作用力进行系统研究，进而提出准确计算桥梁基础（桩基、承台、墩身）及施工围堰波浪力的分析方法。

2. 全焊钢桁双层结合梁新技术

研究内容及关键技术：分析计算双层结合梁桥的整体受力特性及应力分布规律；全面了解无纵梁多横梁预应力混凝土铁路槽梁桥面的受力机理和特点；对全焊钢桁梁技术的焊接工艺、焊缝质量及桥梁细节构造提出合理性建议。

研究方法：采用 ANSYS 进行实体仿真分析，对钢桁梁双层组合截面的受力性能进行全方位计算和分析，准确掌握全焊结构焊接变形对构造细部应力及总体应力分布的影响，应力状态对焊缝质量的要求及铁路不锈横梁的焊接性能状态，并通过试验进行验证。

3. 风屏障、风车桥动力响应分析及风洞试验

研究内容及关键技术：对公路及铁路风屏障的设计及构造进行优化；通过风车桥动力响应分析掌握桥梁受力特性，行车安全及舒适度与轨道的平顺性关系；通过风洞试验，对风屏障防风性能及风车桥线的相互影响成果进行验证。

研究方法：风屏障设计采用 CFD 流体动力学软件仿真分析优化并通过节段模型进行验证；风车桥动力响应采用有限元软件 ANSYS 及桥梁科研分析软件 BASYS 建立车辆、轨道、桥梁模型，并模拟不同风向及风速的风荷载作用。风洞试验即通过建立局部节段模型及 532 m 主跨斜拉桥全桥模型在风洞试验室进行结构抗风性能验证。

4. 桥梁结构耐久性专题研究

研究内容及关键技术：通过环境调查，明确腐蚀条件及结构腐蚀机理，结合桥梁结构特点分材质、分区段、分部位研究防腐对策及实施方案，并指导桥梁耐久性设计和工程投资控制。

研究方法：根据既有跨海大桥的耐久性研究成果，结合本桥的地域特点、桥址环境、地材特性，提出适合本桥混凝土结构的水胶比、钢筋保护层厚度、抗氯离子渗透系数及防腐蚀措施等。

5. 桥梁运营健康监控检测专题系统研究

研究内容及关键技术：针对跨海公铁桥梁的特点，提出合理的检测内容，采取简单可视化的操作界面，迅速准确判别桥梁的安全度和使用性能，为运营养护部门提供现场一线的监测基础资料和桥梁技术档案。

研究方法：通过现场检测仪器采用自动化数据采集系统，由网络将检测数据传至可视化的管理系统，再由桥梁管家软件对桥梁使用性能进行深入分析和综合评价，然后由用户界面将分析成果呈现给运营管养部门进行维护或抢修。

二、《恶劣海洋环境下大型桥梁工程建造技术研究》

2014 年中国中铁股份有限公司科技研究开发计划《恶劣海洋环境下大型桥梁工程建造技术研究》（2014-专项-01），以平潭海峡公铁两用大桥建设为依托，主要研究内容如下：

1. 海洋长大桥梁施工波浪力的数值方法和应用研究

建立三维数学模型应用于平潭海峡公铁两用大桥各种典型复杂结构形状的单桩、群桩及围堰（承台）的波浪力数值计算，对该桥施工的通航孔桥主墩、辅助墩、边墩围堰和栈桥桩群所受的波浪力作用进行数值模拟。根据该桥的基础及下部结构施工情况，结合该桥的具体研究需求，全方位对施工过程中的主体结构和施工结构所受波浪力、水流力等方面提供技术支持。基于数学模型的研究成果和波浪力的数值计算，通过该桥实际工程的具体实践，形成适用于海洋长大桥梁施工期间波浪力参数取值的计算方法及计算程序，以进一步指导后续同类海洋桥梁工程的施工。

2. 恶劣海洋环境下桥梁施工技术研究

恶劣海洋环境下桥梁施工主要研究恶劣海洋环境下桥梁基础、梁部施工技术，确保大桥的顺利施工，

并结合工程实际总结恶劣海洋环境下桥梁施工经验，完善施工方案并制定合理的施工工艺，为今后类似项目的开展提供有益的参考。

3. 不锈钢复合钢板与剪力钉连接性能试验研究

不锈钢复合钢板与剪力钉连接性能试验研究桥址区海洋腐蚀严重，大桥深水高墩区采用跨径 80 m 双层钢桁结合梁，铁路桥面采用混凝土槽形梁与铁路横梁结合的桥面系。为了提高桥梁耐久性，铁路横梁顶板采用不锈钢复合钢板，通过在复合钢板顶面焊接剪力钉与混凝土槽形梁结合的方式形成结合梁。由于不锈钢复合钢板是第一次在跨海桥梁上应用，同时也是第一次采用剪力钉与复合钢板焊接连接方式，为保证结构安全、耐用、合理，需开展复合钢板与剪力钉焊接性能试验研究。

第四节　中国铁建科研课题

一、《强台风区典型海洋环境桥梁基础施工技术研究》

通过福平铁路工程平潭海峡公铁两用大桥(B0～B58)下部结构施工综合技术的研究，对风大、浪高、流急、地质特殊的典型海洋环境下跨海桥梁下部结构施工技术进行系统分析，通过理论分析、数值研究和现场实践等，研究了大倾斜基岩裸露条件平台和栈桥的研发、跨海桥梁临时结构智能健康监测和施工作业条件的限定、海洋环境大型结构物动水压力以及大型钢吊箱围堰的研发；大倾斜基岩裸露条件大直径钻孔桩漏浆机理分析及处理等难题，并提出了强台风区典型海洋环境桥梁基础施工关键技术。通过理论分析、模型试验和现场检测等相配合，研究确定了强台风区典型海洋环境桥梁基础施工关键技术，并付诸实践形成成套成果，以上研究成果具有普遍意义，研究成果可在今后我国同类施工环境条件下跨海桥梁的设计、施工中推广应用，为跨海桥梁建设顺利进行提供保障。

二、《双孔连做铁路移动支架造桥机的设计与应用》

针对平潭海峡公铁两用大桥工程量大、施工周期长，公铁合建交叉干扰大，施工海域风大、台风多等特点，自主研发了国内首座“SPZ2700×2/64 型双孔连做节段拼装造桥机”，解决了原设计单孔造桥机作业时间长、成桥速度慢、海上高处作业风险大等问题，降低了工程风险，保证了施工安全，在加快施工进度的同时又节约了工程造价。该项目研究成果具有普遍意义，研究成果可在今后我国同类施工环境条件下跨海桥梁的设计、施工中推广应用，为跨海桥梁建设顺利进行提供保障。

三、《BIM 技术在桥梁工程施工中的应用研究》

针对上部结构施工存在的空间碰撞、时间冲突、环境影响等问题，利用 BIM 技术建立上部结构三维模型，模拟上部结构施工工序，在虚拟模拟施工过程中找出空间碰撞、时间冲突环境影响等时点，进而去优化现场施工组织，指导现场施工，确保了现场上部结构施工组织有序、高效、安全。该项目研究成果具有普遍意义，研究成果可在今后桥梁施工中推广应用，为桥梁建设顺利进行提供保障。

第二章　科研项目对工程的指导作用和成果的工程化应用

第一节　科研项目对工程的指导作用

《新建铁路桥隧设计施工关键技术研究——平潭海峡公铁两用大桥修建关键技术研究》是针对平潭海峡公铁两用大桥特殊海况以及复杂地质条件下，研究海峡大风环境下施工抗风技术，大直径钻孔桩辅助钻孔平台设计及施工技术，海洋环境下桥梁结构耐久性提升技术，施工工厂化技术，海峡环境下高墩、高塔建造技术，确保海峡桥梁安全、快速建设。同时为今后准备修建的琼州海峡大桥、渤海海峡通道工程、舟山连岛工程甚至台湾海峡的通道工程等类似条件海上桥梁施工积累经验。

(1)复杂海域条件下大直径钻孔桩及钻孔平台施工技术研究课题为海洋环境大直径钻孔桩积累了经验，提供了借鉴，开辟了行业新领域。主要创新如下：

设计方案的创新：一是采用增大桩径和承台提高设计，通过技术、经济比选工作，增加桩径、减少桩数，将 10 个通航孔主、边墩承台面提高到水面以上，从源头解决施工难题和降低安全风险，加快工程进度；二是主墩防撞设计，平潭桥主塔墩采用了带复合材料填充 V 型防撞梁的钢防撞箱，采用了永临结合的设计思路，兼作主体防撞结构和施工围堰，充分将主体设计和施工设计相结合。

施工技术创新：一是研发了复杂海域长栈桥及施工平台快速施工技术，优化大临施工和设计方案，采用长栈桥＋海上平台方案施工，以海中岛屿为中心向两侧延伸的长栈桥方案(除在通航孔桥的主跨处断开外)＋海上工作平台、围堰整体下放及导管架方案，化部分海上施工为半陆地施工，化高空作业为地面作业，化强风为弱风，化强浪涌集中受力为分散多点抵抗，来提高设备使用效率、作业工效从而降低海洋环境施工作业风险；二是新型施工装备研发，为适应海洋环境施工要求，研发了 KTY5000 新型液压动力头旋转钻机、3 600 t 大型起重船、1 100 t 架梁式起重机机、2×64 m 双孔连做造桥机等多种新型海洋施工装备，有效确保了现场施工，推动我国施工装备研制水平；三是强波流力海域大型防撞箱围堰及承台施工技术，主塔墩防撞箱围堰最大需承受超过 20 000 kN 波浪力，通过围堰工厂整体制造现场整体吊装安装、多层限位导向辅助下放、系梁桁架设计及分块封底等多种工艺，有效解决了强波流力海域大型围堰及承台施工难题。

(2)海洋环境施工工厂化技术研究将大部分现场工作转到制造厂完成，减少了海上作业施工时间，降低了恶劣环境下海上作业风险，同时减少了对现场施工过程中船舶设备的占用时间，加快了现场施工进度。主要创新有：

设计创新：一是首次采用斜拉桥钢桁梁整节段全焊设计，首创了带副桁的两节间整节段全焊钢桁梁结构，采用大节段整体吊装方案，满足了现场快速施工的要求，并减少后期运营维护工作量；二是首次采用双层钢—混结合全焊简支钢桁梁设计，钢桁主梁首次采用整孔全焊结构设计，首创主桁预压减小主桁与桥面系共同作用，设计了大间距箱型横梁—预应力混凝土槽形梁新型铁路结合桥面，将复合钢板新材料应用于铁路横梁顶板。

施工技术创新：一是斜拉桥钢桁梁整节段全焊制造及架设技术，实现了斜拉桥钢桁梁两节间整节段全焊制造，采用两节间整节段悬臂架设和边跨、辅助跨整孔吊装架设方案，为国内首创，有效提高了海上施工工效；二是 80/88 m 双层简支钢桁梁整孔全焊制造及架设技术，首次实现了 80/88 m 简支钢桁梁主梁采用全工厂化整孔全焊制造、现场起重船整孔架设，工厂化、装配化程度高，解决了复杂海域大型双层结合简支钢桁梁快速安装难题。

(3)海峡大风环境下施工抗风技术研究形成了复杂海域施工结构抗风浪安全关键技术，通过对平潭桥桥址风、浪、流场监测及预报，有效指导桥址现场施工；制定了《平潭海峡公铁两用大桥施工工序作业条件》，经业内专家对施工作业条件评审、界定，确定移动模架、造桥机、挂篮过孔均在7级风以下(规范要求6级风以下)，其他工序作业在8级风以下，9级风及以上停止一切作业，明确工序作业条件并严格遵守，大幅提高了现场作业工效，确保了施工安全，降低现场施工安全风险。

(4)海洋环境下桥梁结构耐久性研究在传统铁路第7防腐体系基础上，研发了适应恶劣海洋环境的新型防腐体系。

(5)海洋环境高墩高塔建造技术研究高墩模板设计及翻模施工技术，在降低模板投入的同时，配合塔式起重机、安全爬梯等资源，加快了全桥高墩的施工工期，提高了墩身施工工效，避免了墩身施工支架投入。高塔抗风技术研究通过增加拉压式临时横撑，加大了主塔悬臂施工时的可悬臂高度，缩短主塔施工工期；同时取消了塔式起重机厂家设计的临时附着，提高了主塔施工工效。

第二节　科研成果的工程化应用

《新建铁路桥隧设计施工关键技术研究——平潭海峡公铁两用大桥修建关键技术研究》研究成果已运用于平潭海峡公铁两用大桥工程，工程主体结构已完成，工程质量满足国家规范要求；抗风技术研究成果确保了海峡大风环境施工安全，编制了复杂海域作业条件及相应的安全防护措施，在有限的作业时间内提高了作业工效，施工工厂化技术加快了现场施工工效，节约了施工工期；大直径施工技术、耐久性提升技术、高墩高塔建造技术确保海峡桥梁施工质量，加快施工进度，保护了海洋环境。

第三章　(拟)申报科研成果奖

第一节　平潭海峡公铁两用大桥已获得的奖项

(1)《恶劣海洋环境下桥梁基础超大直径钻孔桩施工技术》获得中国交通运输协会 2018 年度科技进步奖一等奖、中国施工企业管理协会 2019 年度科技进步奖一等奖、中国公路学会 2019 年度科技进步奖二等奖、湖北省 2020 年度科技进步奖二等奖；

(2)《全工厂化焊接钢桁梁整孔制造及海上整孔架设成套技术》获得中国钢结协会 2019 年度科技进步奖一等奖、中国施工企业管理协会 2020 年度科技进步奖一等奖；

(3)《恶劣海洋环境下斜拉桥钢桁梁整节段全焊制造及架设技术》获得中国钢结构协会 2020 年度科技进步奖一等奖、中国公路学会 2020 年度科技进步奖二等奖、中国公路建设行业协会 2021 年度科技进步奖一等奖；

(4)《复杂海域大跨度栈桥建造技术与标准》获得中国交通运输协会 2020 年度科技进步奖二等奖；

(5)《海洋大风环境高墩高塔建造技术》获得中国公路建设行业协会 2020 年度科技进步奖二等奖；

(6)《复杂海洋环境公铁两用特大桥建造关键技术》获得 2019 年度中铁建科学技术特等奖，2021 年中国公路学会科学技术二等奖；

(7)《公铁两用跨海桥梁施工 BIM 智慧管控软、硬件系统研发与应用》获得 2019 年度中国公路学会首届“交通 BIM 工程创新奖”二等奖；

(8)《复杂海域跨海桥梁下部结构关键技术研究》获得 2018 年度中国交通运输协会科学技术奖二等奖；

(9)《台风区深水裸岩跨海桥梁基础施工关键技术》获得中央团工委“航天科工杯”第三届中央企业青年创新奖优秀奖；

(10)《国内首座跨海公铁大桥的科技创新管理》获得中国铁建第三届企业管理现代化创新成果一等奖；

(11)《一种海中强风浪高强度裸岩钢管桩基的方法》获得天津市人民政府 2018 年度省部级专利优秀奖。

第二节　平潭海峡公铁两用大桥拟申报奖项

《复杂海洋环境公铁两用特大桥建造关键技术》拟申报中国铁道学会铁道科技奖，平潭海峡公铁两用大桥拟申报鲁班奖、詹天佑奖。

第四章　技术创新

第一节　设计创新

一、海洋环境公铁两用大桥设计体系

我国的海洋桥梁建设始于20世纪90年代初的汕头海湾大桥，随后在沿海地区建设了多座跨海湾或近海的总体规模不大的桥梁工程。进入新世纪，海洋桥梁工程的建设逐步向外海、长距离、大规模方向发展，陆续建成了东海大桥、杭州湾跨海大桥、舟山联岛工程和港珠澳大桥等公路跨海大桥。中国的海洋桥梁建设在过去20多年中取得了巨大的进步和成就。中国海上长桥建设克服了作业环境恶劣，风、雾、寒潮、潮汐及海流影响大，可作业天数少等诸多困难，积累了丰富经验，形成了海上长桥成套施工关键技术，实现了中国建桥人海上建桥的百年梦想。近年来国内修建了多座大型海洋桥梁，积累了比较丰富的海洋桥梁建造经验，尤其对于海洋桥梁大型深水基础的设计选型、施工实施以及非通航孔桥整孔预制架设技术有了较深入的理解。海上建桥受到大风、涌浪等环境条件的影响，有效作业时间短，作业风险高，保证施工质量的难度比一般桥梁要大得多。因此应尽可能地减少海上施工作业，桥梁结构在工厂制作成大的节段或块件，由船舶运输至桥位快速安装，这样可缩短施工工期，降低施工风险，提高成桥质量。海洋环境桥梁总体上向大型化、工厂化、标准化、装配化方向发展。

平潭海峡公铁两用大桥作为国内第一座公铁两用跨海大桥，风、浪、地质等建设条件相比上述的公路跨海大桥更为恶劣。因此设计和施工必须结合建桥条件，因地制宜地开展设计总体体系方面的研究工作。跨海海坛海峡桥梁群位于强风、浪高、水深、航道复杂的海洋环境，给桥梁设计方案提出更严要求。在设计中进行了海床演变分析及潮流数学模型研究、气象观测及风参数研究、强风环境下跨海大桥运营期间的行车安全分析与应对策略、桥梁结构抗风性能与防风措施研究、结构抗震性能及减隔振措施研究、桥深水基础关键技术专题研究、跨海桥结构耐久性专题研究、搭载220 kV高压电缆对铁路通信信号和行车安全的研究等五十多项专题研究，解决了桥梁结构、施工、防风、防腐、耐久性、搭载给水管道、高压电缆等关键技术问题。

1. 下部结构

东海大桥、杭州湾跨海大桥和港珠澳大桥等公路跨海大桥工程所处的建设条件的共同特点是：水深总体不深，且变化差异不大；海床较为平缓，起伏不大；地质地层多为砂层，基岩埋深较深。因此上述桥梁普遍采用打入钢管桩的基础形式、墩身预制安装的方式均是因地制宜的合理选择。

平潭海峡公铁两用大桥所处的建设条件则大不相同：最大水深接近50 m，且水深变化差异大，海床起伏大，基岩埋深较浅、强度高，大部分区域覆盖层浅薄，或无覆盖层。在此条件下选用打入钢管桩（或预制桩）是不合适的，若选用设置基础形式，则海底清基平整的工程浩大，且对海洋环境保护造成不利影响，因此采用钻孔桩基础成为合理的选择。由于水深较大，则桩长相应较长，桩身刚度减小，单桩承载力下降；由于海洋桥梁所承受的波流力、风力等横向作用较大，基础所承受的横向弯矩较大，常规桩径的钻孔桩显得适用性较差，且不经济，因此采用超大直径钻孔桩成为一个合理的选择。平潭海峡公铁两用大桥的三个主航道斜拉桥基础采用了直径ϕ4.0 m（成桩直径ϕ4.0 m）和ϕ4.5 m（成桩直径ϕ4.5 m）的超大直径钻孔桩基础。

2. 上部结构

对于公路跨海大桥来说，仅需考虑单层交通功能，则钢箱梁和混凝土箱梁成为上部结构的合理选择。

而对于公铁两用跨海大桥而言，需兼顾铁路和公路的交通功能，公路在上、铁路在下的双层布置往往成为较为常规的选择，该布置方式可以大幅度减小基础规模、提高结构的总体刚度。在此情况下，钢桁梁成为较大跨径桥梁主梁结构的合理选择。对于航道桥，为满足通航要求，往往采用主梁为钢桁梁的大跨径斜拉桥或悬索桥。对于非通航孔桥，采用连续钢桁梁或简支钢桁梁均是可行的，但公铁两用大桥还需兼顾铁路轨道的设计，根据《铁路桥涵设计规范》(TB 10002—2017)的相关要求，当桥梁温度孔径超过 100 m 时，应设置轨道伸缩调节器。沪通铁路长江大桥非通航孔桥简支钢桁梁跨度达 112 m，未设置轨道伸缩调节器，但据悉已经到了无温度伸缩调节器轨道布设的极限。现在已经进入高铁时代，客运列车运行时速一般在 200 km 及以上，过多的轨道伸缩调节器将严重影响列车走行的平稳性和舒适性，应考虑尽量减少轨道温度伸缩调节器的布设。综合考虑，对于深水高墩区的非通航孔桥，为减少基础数量和规模，宜采用跨径 80～100 m 的简支钢桁梁。跨径选择还需考虑整体安装时的吊装重量和起吊高度，以及吊装施工设备的技术条件。对于浅水低墩区的非通航孔桥，往往位于陆地或岛屿的岸边浅滩区，水深条件有限且礁石密布，大型起吊设备难以进入，则该处的主梁上部结构宜选用中等跨径(40～50 m)的预应力混凝土箱梁，采用架桥机或造桥机进行施工。

3. 抗风防风设计

结构抗风和行车防风是海洋桥梁工程不可忽视的重要问题。如前所述，对于公铁两用跨海大桥，通航孔桥和大跨径的非通航孔桥均选择钢桁梁为主梁形式。钢桁梁为镂空式结构，透风性较好，且结构空间刚度较大，根据相关专题研究表明，结构抗风并不特别控制设计，即在满足正常荷载作用条件下的钢桁梁结构，其抗风性能往往就可以满足要求，无需再进行抗风的特殊设计，因此需重点关注行车的防风问题。

以往建成的杭州湾跨海大桥和港珠澳大桥等公路跨海大桥，为满足桥面行车防风的要求，一般情况下仅在主航道桥的局部区域设置风屏障，其原因是海轮的通航净空较高，通航孔桥桥面距离海面较高、风速较大。而公路桥可选用的纵坡较大(一般可达 3%)，过了通航孔之后可以快速降坡，大部分非通航孔桥的高度不大，防风问题相对不太突出。对于公铁两用跨海大桥来说，由于铁路的最大纵坡受限(一般不超过 0.6%)，过了通航孔后也不能快速降坡，导致非通航孔桥桥面也处于比较高的位置。特别是像平潭海峡公铁两用大桥有多座航道桥，通航净高要求 52.1 m，航道桥公路桥面距离海面达 75 m，非通航孔也都在 55 m 以上，因此需考虑在全桥范围内的公路和铁路桥面两侧均设置风屏障，以满足桥面行车的防风安全要求。此外，风屏障的减风性能(遮挡效果)的选择也需要把握一定的“度”，减风率偏小往往达不到桥面行车安全需要，减风率过大则会导致风屏障不经济，如果两岸陆地不能正常行车的话，桥面行车条件再好也没有意义。这个“度”也就是使桥面的行车条件不低于两岸陆地的行车条件，即两岸陆地可以正常行车的话，桥上也可以正常行车。

4. 结构耐久性

海洋环境条件下腐蚀环境比较恶劣，结构的耐久性设计也是一个较为突出的问题。下部结构所处的浪溅区，处于海水干湿交替的变换区间，腐蚀条件往往最为恶劣。对于采用打入钢管桩的基础，往往需要采用阴极保护(牺牲阳极)措施。对于下部结构基础采用钻孔桩、墩身采用混凝土结构来说，一般采用的措施是:采用密实性防渗性能更好的海工混凝土标准;混凝土强度提高一个等级;适当增加保护层厚度;控制结构裂缝宽度;对于浪溅区还需采用外表面涂装防护。

对于上部结构，受海水影响较小，主要是所处的盐雾环境和空气中的氯离子渗透腐蚀。上部混凝土结构的防腐蚀措施与下部结构基本相同。钢结构的防护一般是采用适合海洋环境的涂装体系，并适当提高底漆、中间漆和面漆的相关性能指标。附属结构多采用不锈钢(预埋件)或热浸镀锌等防腐标准。

二、双层结合整体钢桁梁设计技术

平潭海峡公铁两用大桥深水区非通航孔引桥采用跨度 80 m(88 m)的整体全焊、整孔架设、双层结合钢桁梁，该技术为国内在钢桁梁的设计、制造、架设技术方面第一次应用，如图 5-4-1～图 5-4-3 所示。钢桁梁整孔结构在工厂内整体全焊(主体构件之间没有连接高栓),现场采用大型吊船进行整孔架设。88 m 钢桁梁最大吊重约 1 520 t。全焊结构避免了大桥运营期间高栓因延迟断裂影响行车安全,同时提高了海洋环境下结构的耐久性。公路桥面采用钢筋混凝土板与钢桁上层纵、横梁结合。为减小主桁与桥面系共同作用,改善横梁面外受力,钢主梁组装时利用公路纵梁缩短弱化桥面系的共同作用。采用预先压缩主桁上弦,缩短公路纵梁及副桁弦杆,滞后安装公路纵梁及副桁弦杆的设计。下层铁路桥面采用双幅预应力混凝土槽形梁,槽梁通过集束式剪力钉与铁路横梁结合。为了提高铁路槽梁与铁路横梁结合界面处耐久性,铁路横梁顶板采用不锈钢复合钢板,剪力钉植焊在复合钢板的不锈钢复层上。铁路槽梁按预应力混凝土结构设计,槽梁采用节间内整体预制、预应力按节间短束和跨内通长束两种布置,湿接缝分两次浇筑,优化铁路槽梁结合顺序、充分发挥预应力的作用。钢桁梁、公路桥面板和铁路槽梁均在工厂预制、现场架设安装,实现了跨海大桥钢桁梁建设的标准化、工厂化、预制化、大型化,大幅度提高了现场架设的工效,降低了海上施工风险。

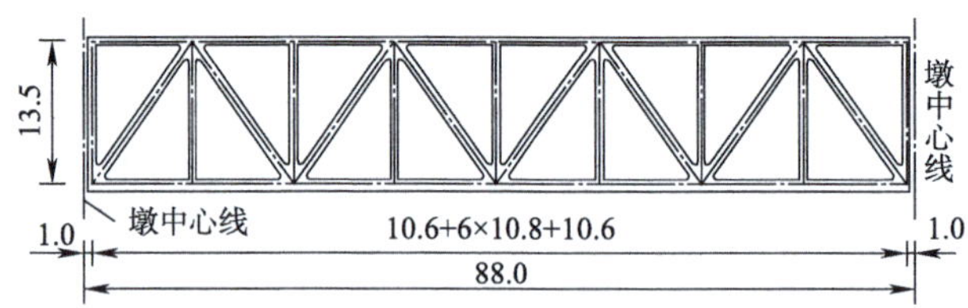

图 5-4-1 钢桁梁结构设计图(单位:cm)

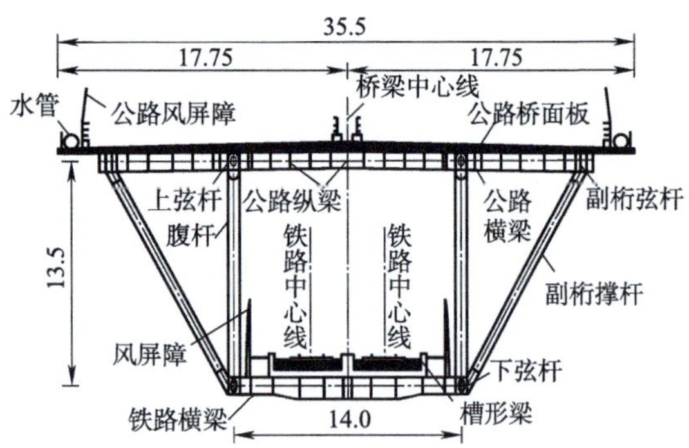

图 5-4-2 简支钢桁梁断面图(单位:cm)

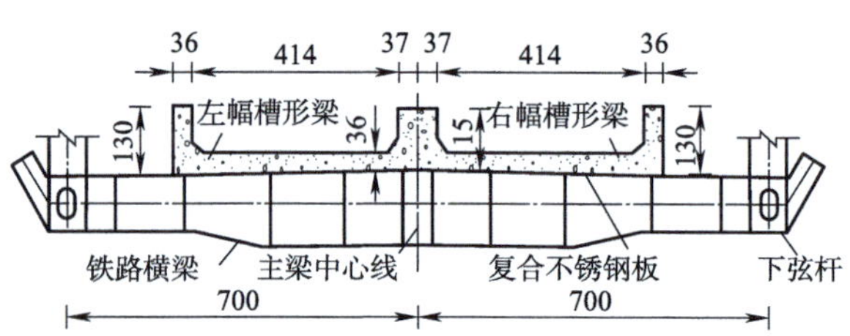

图 5-4-3 下层结合铁路槽梁断面图(单位:m)

为满足钢桁梁的整体架设,同时研制了国内最大的架梁吊船"海鸥"号,主钩最大吊高达 110 m,副钩吊高可达 130 m,最大吊重 3 600 t,在本桥用于架设简支钢桁梁和通航孔斜拉桥部分节段,如图 5-4-4 和图 5-4-5 所示。

图 5-4-4 整孔全焊钢桁梁场内组装制造

图 5-4-5 钢桁梁现场整孔吊装

三、全焊大节段钢桁梁斜拉桥设计技术

国内传统的钢桁梁斜拉桥多采用单一构件现场散件拼装，单次安装的构件吊重达十几吨至几十吨，这在风大浪高的海洋环境条件下是无法保证施工安全和建设工期的。近十几年来，国内钢桁梁斜拉桥也在逐步进行整体化、大型化架设的探索和工程实践，在武汉天兴洲长江大桥采用了单节间拼装式节段的整体架设，在合福高铁铜陵长江大桥采用了全焊桁片的架设方法。在平潭桥通航孔斜拉桥以及同期建设的沪通铁路长江大桥均采用了两节间大节段全焊、现场整体架设技术，这是国内钢桁梁斜拉桥主梁架设技术的又一大突破。

斜拉桥钢桁梁节段由主桁、副桁、公路桥面系、铁路桥面系、横向联结系（桥门架）及主梁锚拉板组成，厂内采用全焊形成节段整体。铁路桥面系为正交异性钢桥面板整体桥面，公路桥面系在有索区为正交异性钢桥面板整体桥面，边跨无索区为纵横梁体系的钢—混结合结构。节段内铁路桥面系横向整体制造，公路桥面板横向分三块制造并分别与主桁、副桁在工厂焊接成整体。钢桁梁采用两节间整体大节段全焊设计，其优势在于可以使节段本身形成闭合稳定的结构，避免采用临时杆件进行节段加固，且单次吊重更大、安装工效更高。工地安装时，节段间公路、铁路桥面系全部构件及弦杆顶板为现场熔透对接焊，弦杆竖板、底板及腹杆采用高强度螺栓现场连接。主梁标准节段包括 1 个标准节间和前后外伸各半个节间，节段理论长度 28 m、宽 36.8 m、高 15.35 m，普通节段重量约 1 000 t，特殊节段最大重量为 1 250 t，如图 5-4-6 所示。为便于吊装时节段间各构件的现场对位和安装间隙，节段的上弦（含公路桥面系）、腹杆、下弦（含铁路桥面系）三者之间的外伸长度采用台阶形交错布置，节段轮廓长度为 29.75 m，如图 5-4-7 所示。

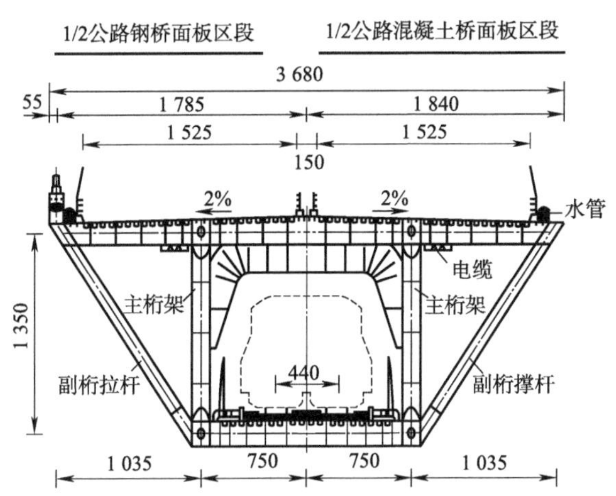

图 5-4-6　斜拉桥主梁横断面布置（单位：cm）

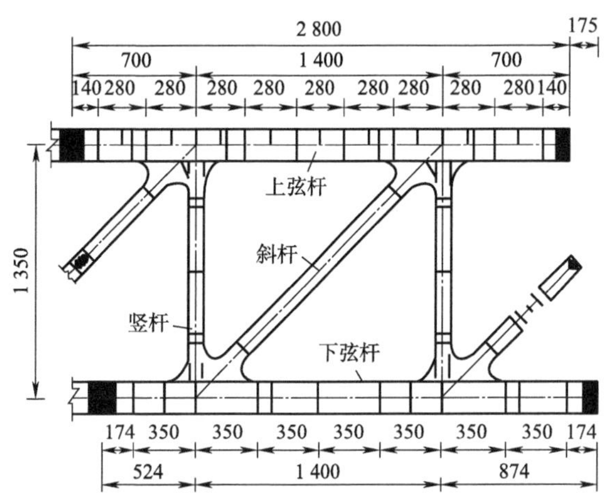

图 5-4-7　斜拉桥钢桁梁标准节段立面构造（单位：cm）

斜拉桥钢桁梁节段在工厂按照“板件→杆件（单元件）→桁片（单元构件）→主桁节段”的制造工艺流程。制造时除确保本节段的制造误差满足规范要求外，与相邻节段连接口的匹配公差也必须严格控制。因此，厂内节段组装时采用“1＋2”连续匹配制造方案，进行整节段全焊接制造，以确保现场安装时节段对接口的安装精度。元洪航道桥钢桁梁的现场安装采用架梁吊机双伸臂架设方案，主塔两侧节段同步起吊。为进一步提高现场施工工效，对于鼓屿门航道桥和大小练岛航道桥的边跨和辅助跨，将全焊大节段进一步拼装成为更大节段梁段（七个节间），现场利用“海鸥号”进行整体吊装，最大吊重达3 400 t，刷新了国内钢梁吊装的新纪录。将斜拉桥主梁双伸臂安装调整为中跨单伸臂安装，进一步降低了海上施工风险。现场如图 5-4-8 和图 5-4-9 所示。

图 5-4-8　斜拉桥钢桁梁大节段对称悬臂架设

图 5-4-9　斜拉桥跨中节段合龙

四、超大直径钻孔桩基础设计技术

平潭海峡公铁两用大桥所在桥址处基岩埋深浅、强度高，基础采用嵌岩钻孔桩则是必然的选择。主塔(墩)基础除承受桥塔传递的巨大轴向力和弯矩以外，尚需考虑船舶撞击力、巨大波流力和极限风力的横向作用组合，这对于水深大、桩基自由长度大的桩基础，往往成为基础设计的控制性因素。此前国内常用的钻孔桩最大桩径为 ϕ3.0 m，该桩径对于水深不大的条件下是适用的。当水深超过 25 m 时，桩基自由长度过长，导致桩基抗弯能力和单桩承载力逐步下降，则所需桩基数量多，相应的承台尺寸大，造成现场施工的工作量大，这在平潭桥是不经济不合理的。经过经济技术比选，平潭海峡公铁两用大桥在 25～35 m 左右水深条件下选用了 ϕ4.0 m 桩径(护筒及成桩桩径 4.0 m)，水深超过 35 m 时选用了 ϕ4.5 m 桩径(护筒及成桩桩径 4.5 m)。通过采用超大直径钻孔桩，节省了工程量，大幅度减少了海上现场施工作业量。

以水深超过 40 m 的鼓屿门航道桥 Z03 主塔墩为例，若采用 ϕ3.0 m 桩径，主塔墩需 56 根钻孔桩，承台平面尺寸为 87 m×39 m。若采用 ϕ4.5 m 桩径，主塔墩仅需 18 根钻孔桩，承台平面尺寸为 80.4 m×32.4 m。两种不同桩径的平面布置如图 5-4-10 和图 5-4-11 所示。

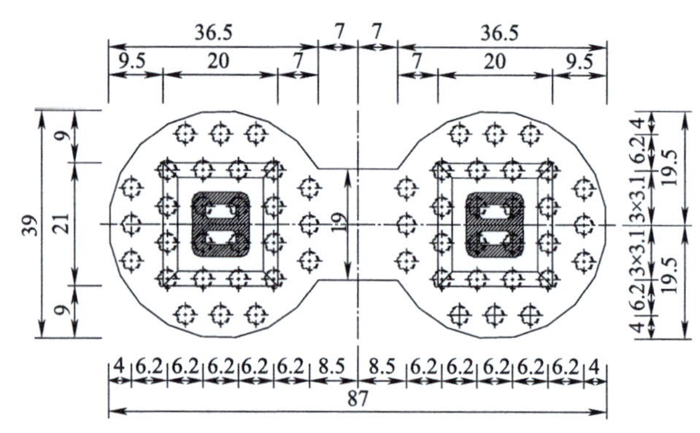

图 5-4-10　直径 ϕ3.0 m 桩基础平面图(单位:m)

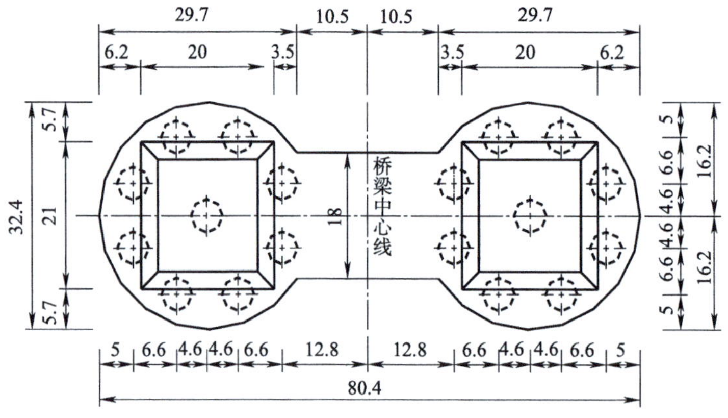

图 5-4-11　直径 ϕ4.5 m 桩基础平面图(单位:m)

相比之下，桩基数量减少了 67.9%，桩基工程量减少了 32.2%，承台面积减少了 23.2%，承台工程量减少了 7.2%，采用超大直径钻孔桩优势明显。Z03 主塔墩的钻孔桩基础和承台布置如图 5-4-12 所示。

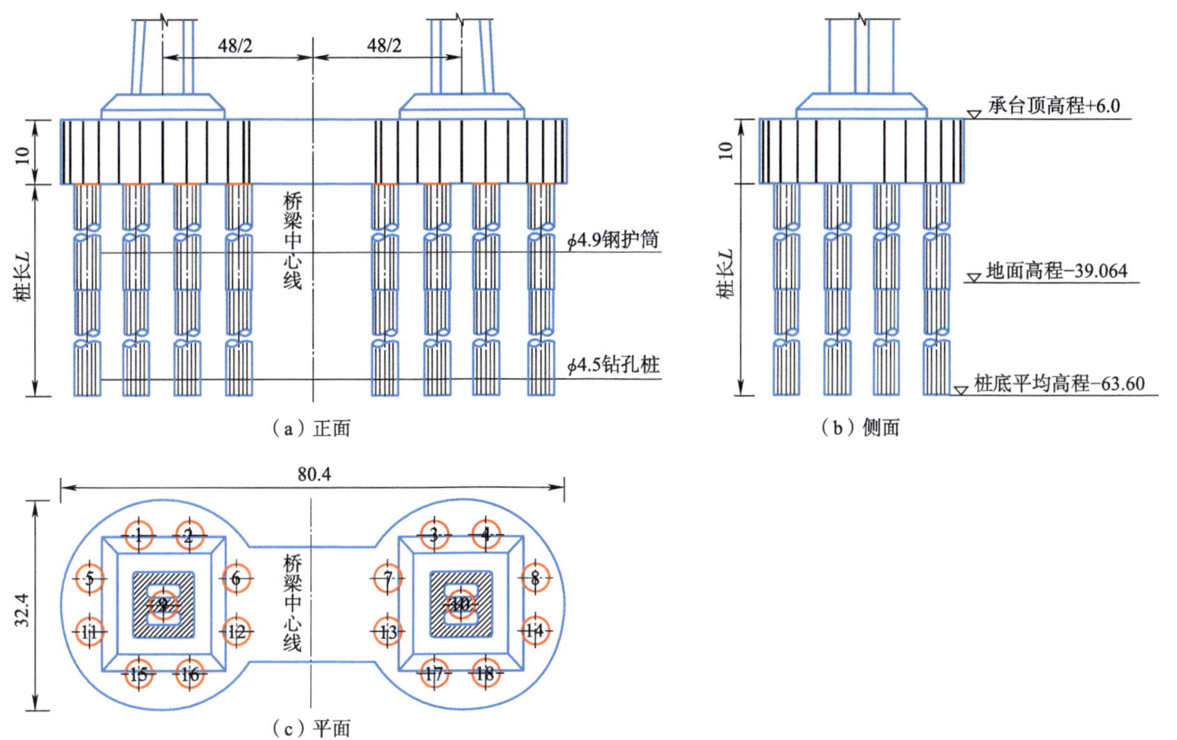

图 5-4-12 Z03 主塔墩桩基础及承台设计(单位:m)

根据平潭桥的地质条件,为满足超大直径钻孔桩基础施工需要,研发了 KTY5000 型全液压动力头回转钻机,每台钻机配备 ϕ4.5 m 锲齿和球齿 2 种类型滚刀钻头完成覆盖层和岩层内的钻孔施工。钻机最大扭矩达 450 kN·m,在坚硬岩层条件下最大钻孔直径 5.0 m,最大钻孔深度可达 100 m。同时采用内径 ϕ406 mm 大直径单导管灌注水下混凝土,使用扩展度大、流动性好的 C45 高强度等级水下混凝土,保证桩基混凝土灌注质量。

五、防撞系统永临结合设计技术

平潭海峡公铁两用大桥主塔墩承台体量庞大,船舶撞击力大。以元洪航道桥 N03 主塔墩为例,承台平面尺寸达 81.0 m×33.0 m,需承受 5 万吨级海轮的撞击,最大撞击力达 110 000 kN。浮式复合材料防撞圈不能适用,因此需采用固定式钢浮箱方案,即在主塔承台周围布置固定式的钢箱作为主要的防撞设施。若施工围堰与防撞设施分开考虑、单独设计,则大幅度增加了工程量和施工工序,既不经济也不合理。平潭桥三座斜拉桥的主塔墩均采用哑铃形承台,承台围堰设计为防撞箱围堰,即主体防撞设施与施工围堰"永临结合",既作为承台施工的吊箱围堰,又作为主塔墩防船撞设施。承台吊箱围堰防撞箱结构由吊箱、V 形防撞梁(内填复合材料)及联结系 3 部分组成,如图 5-4-13 所示。防撞浮箱内设水平隔板及水平向加劲肋、竖向环状加劲肋;外壁板、顶底板、水平隔板等均开设消浪孔,如图 5-4-14 所示。浮箱采用分段设计和加工,节段间采用不锈钢螺栓连接,运营阶段可更换维修。

针对防撞等级高、船撞力大、风流及波浪力大、防撞结构尺度大的特点,经比选,防撞设施采用 V 形防撞梁。V 形防撞梁的基本防撞机理为构造斜面削能、削力,为对其梁体刚度及张开角进行合理取值,采用有限元软件进行仿真分析,结果表明梁体刚度对船舶和梁体的变形产生较大的影响。根据分析结果,V 形防撞梁梁体采用了较船头略大的刚度,张开角取为 90°。通过设置 V 形防撞梁后,船舶撞击力峰值削减幅度达 22.7%。

全桥共计 6 个主塔墩防撞箱围堰,最大外轮廓尺寸长 96.8 m,宽 36.8 m,高 16.6 m,最大设计重量为 3 937 t。

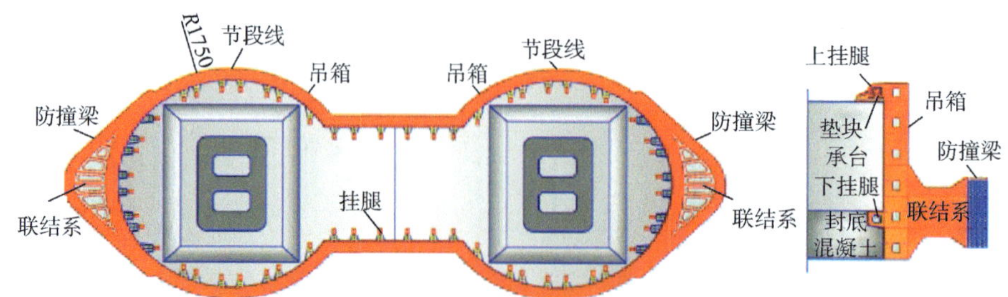

图 5-4-13 吊箱围堰＋防撞箱永临结合一体化构造图

图 5-4-14 围堰外围的消浪孔

六、全桥抗风防风设计技术

结构抗风和行车防风是海洋桥梁工程中不可忽视的重要问题。如前所述，对于公铁两用跨海大桥，通航孔桥和大跨径的非通航孔桥均以选择钢桁梁为主梁形式。钢桁梁为镂空式结构，透风性较好，且结构空间刚度较大，根据相关专题研究表明，结构抗风并不特别控制设计，即在满足正常荷载作用条件下的钢桁梁结构，其抗最大静风性能往往就可以满足要求，无需再进行抗风的特殊设计，需要通过风洞试验检验其抗风性能。

通过对平潭海峡工程元洪航道主桥的风场特性分析、静力节段模型试验、节段模型动力试验、成桥状态及典型施工阶段气弹模型风洞试验，可以得出如下结论：大桥设计基本风速 46.3 m/s，成桥状态设计基准风速 56.7 m/s。全桥气弹模型风洞试验表明，平潭海峡公铁两用大桥的成桥状态在检验风速范围内未发生明显涡振现象，在风速小于 85 m/s 时，未发生颤振现象。风向角为 0°、15°、30°时抖振响应均能满足安全性要求。通过对成桥状态、最大单悬臂施工阶段、最大双悬臂施工阶段气弹模型试验和风载内力计算分析，获得相应状态下控制截面在设计风速下的风载内力，经分析计算判定，其强度能满足要求。在主梁设置最优方案风屏障后，该桁架断面具备气动稳定的必要条件；桥梁颤振临界风速满足大于检验风速的要求；主梁涡振响应明显降低，振幅小于相关规范要求，表明该桥的颤振稳定性、涡振性能均满足要求。

海上气候恶劣，风大浪高，大风条件下的桥面行车条件是必须重点关注的。为适应桥址大风环境的运营需要，通过在全桥公路和铁路桥面设置风屏障，使大桥行车条件得以改善。国内已经建成的公路跨海大桥，如：杭州湾大桥、舟山金塘大桥、西堠门大桥、港珠澳大桥等，均设有风屏障，但多数是在航道桥主塔附近区段设有局部风屏障，风屏障障条多数采用 PC 耐力板材质。平潭海峡公铁两用大桥所处海域的大风环境远比上述工程恶劣，因此在全桥公路、铁路桥面两侧全范围设置了风屏障，并针对性地开展了风屏障足尺模型风洞试验，根据风洞试验成果进行风屏障及障条的开孔形式设计。障条采用金属障条，由镀铝锌钢板冲孔、再弯折成槽形，其耐久性较 PC 耐力板形式大幅度提高。公路桥面风屏障置于防撞护栏上方，风屏障立柱与防撞护栏立柱相连，考虑桥面行车的视觉效果，障条采用上下间隔式布置，障条的透空率为 32.7%，总体透空率为 50%。铁路风屏障采用全覆盖整体式布置，透空率为 36.5%。已经安装完成的铁路风屏障如图 5-4-15 所示。

通过在公路和铁路桥面两侧设置风屏障，使桥面风速有所降低，公路风屏障如图 5-4-16 所示。根据风洞试验成果，风屏障减风率达 55%。根据现场实测情况，铁路桥面风速降低约 2～3 级，使大桥行车条件得以改善，不低于两岸陆地的同等行车条件。

图 5-4-15 安装完成的铁路风屏障

图 5-4-16 安装完成的公路风屏障

七、海洋环境桥梁结构耐久性设计

1. 混凝土结构耐久性设计

为保证平潭海峡公铁两用大桥 100 年设计使用年限，所有混凝土结构均采用高性能混凝土，其耐久性设计的主要内容如下：

(1)高性能混凝土的技术要求：包括混凝土原材料的选用和配合比优化设计原则，除满足强度等级、水胶比、水泥用量、含气量、工作度等要求外，尚应满足混凝土抗裂性和抗氯离子渗透性能等要求。

(2)与耐久性有关的结构构造措施：根据结构所处的环境作用等级与设计使用年限，确定钢筋保护层厚度，提出裂缝控制标准。

(3)与耐久性有关的施工质量要求重点是混凝土养护(温度、湿度控制，湿养护期限与方法)、保护层质量控制、混凝土匀质性控制、裂缝控制。

(4)结构使用阶段的检测与维修：应对结构进行定期检测，根据检测结果进行耐久性评估。除目测外，检测的重点在确定表层混凝土劣化现状，如混凝土开裂情况、碳化深度、混凝土表层内不同深度的氯离子浓度分布，钢筋的锈蚀或锈蚀倾向等。定期检测的间隔时间视劣化速率而定。

(5)防腐蚀强化措施：本工程主要的防腐蚀强化措施为混凝土表面涂层。针对本桥严重的腐蚀环境，浪溅区和水位变动区混凝土处于干湿交替变化，应具有耐磨损、耐冲击和耐候的性能，保证耐久性需要。平潭海峡公铁两用大桥的浪溅区和水位变动区的混凝土采用了硅烷浸渍涂装防护系统。

2. 钢结构耐久性设计

平潭海峡公铁两用大桥是国内首座公铁两用跨海大桥，位于东南沿海地区，所处海洋环境，腐蚀条件十分恶劣。全桥钢梁全长为 5 682 m，占大桥院范围工程总长的 51%，钢梁主体结构达 13.95 万 t，工程规模大，运营期间的管理养护工作量大。因此，在如此特殊的工程环境条件下，钢梁采用合理的防腐涂装体系，同时确定合理、严格的涂料供货技术条件，对于本桥的耐久性有着重要的影响。

在现行的《铁路桥梁钢结构保护涂装及涂料供货技术条件》(TB/T 1527—2011)中第 7 涂装体系适用于沿海环境。但鉴于本桥处于海洋环境，较一般性沿海环境的腐蚀程度更加恶劣，因此设计时在上述体系的基础上对中间漆适当加厚，具体涂装体系见表 5-4-1。

表 5-4-1 涂装体系

涂层名称	每道干膜最小厚度(μm)	涂装道数	总干膜最小厚度(μm)
特制环氧富锌防锈底漆	40	2	80

续上表

涂层名称	每道干膜最小厚度(μm)	涂装道数	总干膜最小厚度(μm)
云铁环氧中间漆	40	2	80
氟碳面漆	35	2	70

根据国内铁路钢桥以往的做法，两道面漆一般是工厂一道、工地一道。平潭海峡公铁两用大桥桥址处每年六级风天数为 270～300 d，八级风天数为 100～120 d，大风天气对于现场涂装带来很大影响，难以保证涂装质量。因此鉴于桥址所处的恶劣海洋环境，两道面漆均在工厂涂装完成。特制环氧富锌防锈底漆相应组分配方中锌粉含量应不低于 82%；氟碳面漆采用超耐候性 Lumiflon 氟树脂生产，氟碳面漆相应组分配方中，Lumiflon 氟树脂含量应不低于 63%。底漆、中间漆产品湿样中，有害物质重金属含量应满足如下要求：铅含量 Pb≤1 000 mg/kg、六价铬含量 Cr^{6+}≤1 000 mg/kg、镉含量 Cd≤100 mg/kg、汞含量 Hg≤1 000 mg/kg。

第二节　施工技术创新

平潭海峡公铁大桥为我国首座跨海峡公铁两用大桥，在世界上首次在桥梁基础中采用 4.5 m 超大直径钻孔桩基础，钢桁梁斜拉桥两节间全焊接钢桁梁结构、88 m 跨整孔全焊接钢桁组合梁结构均为国内第一次采用。为攻克复杂海域海峡大桥建设技术难关，开展了“跨复杂海域公铁两用大桥施工关键技术研究”等科研课题，进行了一系列技术创新，包括海峡环境桥梁深水基础建造技术，常遇大风环境下高塔施工技术，钢桁梁整体全焊建造技术，海峡桥梁安全运营保障技术，使平潭海峡公铁大桥成为体现中国“智造”的世界级桥梁。

一、DK59＋415～DK70＋564.7 段

1. 复杂海域长栈桥设计及施工技术

通过开展《复杂海域栈桥设计与施工技术研究》，栈桥方案先后组织两次专家评审，修订版栈桥施工方案通过细化钢管桩入岩标准及入岩深度，通过现场钢管插打和已插打钢管桩荷载对拉试验，当钢管桩入岩深度不足时，根据具体桩位、结构形式、水深、群桩的入岩情况等，制定处理措施，锚桩数量较第一版 460 多根减少至 62 根，大大加快了栈桥施工进度，同时修改版中进一步优化了施工组织方案和防台措施。项目部在施工管理过程中不断总结分析栈桥施工方案，优化施工组织，顺利完成复杂海域 7.6 km 栈桥施工。《栈桥设计与施工技术》获得集团公司科学技术进步一等奖，集团公司工法一项，申请专利 3 项。栈桥施工如图 5-4-17 所示。

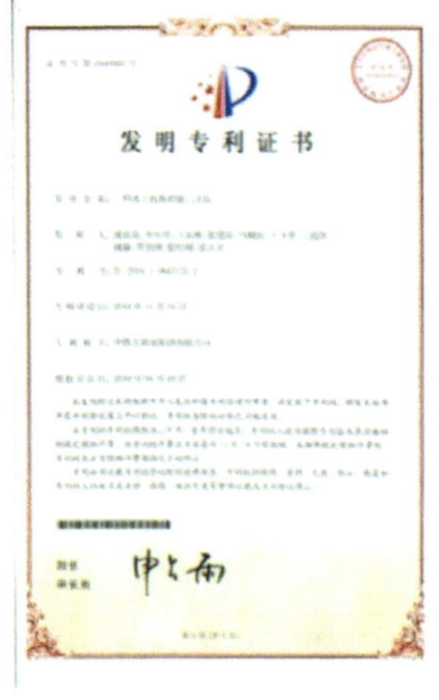
发明专利证书

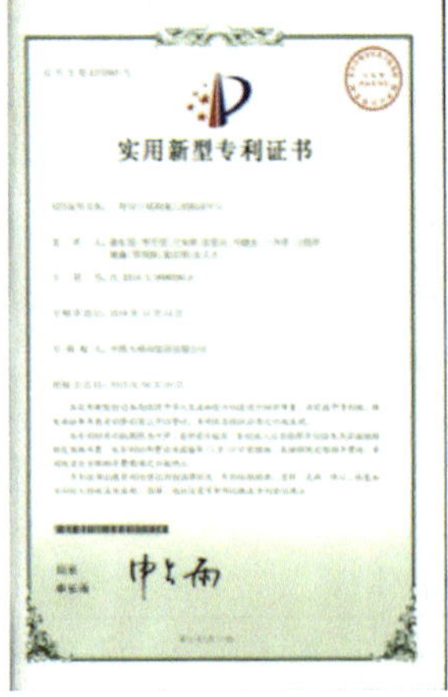
实用新型专利证书

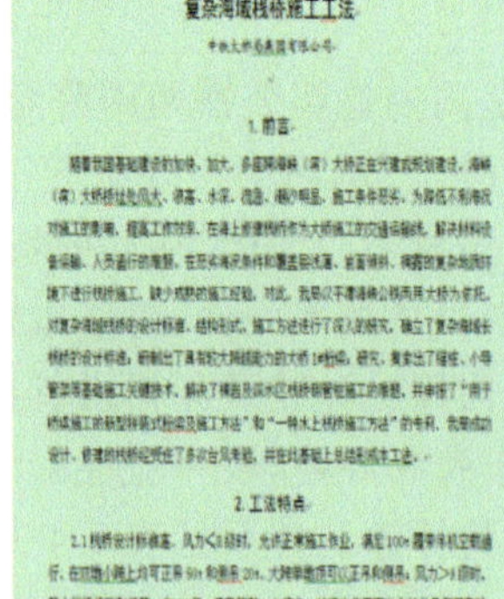
复杂海域栈桥施工工法

1.前言

2.工法特点

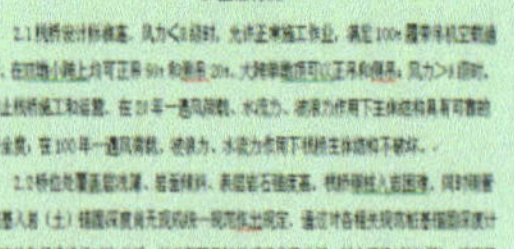

图 5-4-17　栈桥施工

在经济效益方面，采用自主研发的大桥 1 号梁作为栈桥上部结构，其最大跨度从 15 m 跨越至36 m，节约了钢管桩基础的用量，也减少了受恶劣海洋环境影响的海上打桩作业。栈桥施工后，与采用独立式海中施工平台相比，提高了工作效率，节约船机费约 6 000 万元。

在社会效益方面，复杂海域长栈桥的设计与施工技术在平潭海峡公铁大桥的成功实施，克服了海上恶劣的施工条件，经受了多次台风的考验，成功的提高海上作业工效、保障主体施工质量的同时，得到了监理、业主、政府部门等有关领导、业界同行的一致肯定和广泛好评，具有较高的社会效益。为“一带一路”建设，高铁技术走向海外，同类型桥梁建设提供了宝贵的技术资料，体现了其创新性、适应性和先进性，并具有较显著的经济效益推广。

2. 超大直径钻孔桩施工技术

原航道桥基础设计为低端承台，承台顶标高－16.5 m，直径 3 m 的钻孔桩，经方案研究，主墩承台施工围堰波流力达 4 000 t，按常规深水基础施工需布设较大规模的锚锭定位系统。而锚锭系统需占用较宽海域，对通航影响较大，为降低施工风险和工期压力，经多方努力，将承台标高提高至＋4.0 m，将桩径变更为直径 4.0/4.5 m 两种桩径，减少桩基根数，缩短施工时间。

为了验证大直径桩施工工艺，项目部先后组织了 4.0 m、4.5 m 大直径钻孔桩试桩，确定了成桩、成孔工艺的可行性。在大直径钻孔桩施工过程中，项目部多次召开研讨会，组织专家评审，优化桩基施工工艺，特别是在复杂地质条件下护筒插打、孤石处理、大倾角斜岩面钻进、破碎带风化层钻进等施工，先后采取了二次成孔，旋挖钻、冲击钻辅助埋设护筒，护筒多次插打，旋喷压浆处理易塌孔地质施工、海水泥浆施工等方法，确保了主墩大直径钻孔桩顺利完成，项目部下发关于大桩施工纪要 13 份，施工总结报告 5 份，召开专家评审 1 次，各分部总结会、专题会、现场会几十次，总结形成《恶劣海洋环境下桥梁基础大直径钻孔桩施工技术》。

在经济效益方面，采用 4.5 m 直径大桩，有效减少了单墩桩基数量，以平潭海峡公铁大桥为例，高端承台采用大直径(144 根 ϕ4.0 m 和 50 根 ϕ4.5 m)桩基方案比 ϕ3.0 m 桩基(466 根)方案节约成本 2.67 亿元，提高了海上施工工效；导管架辅助建立施工平台技术，与传统的施工平台搭设方案相比，单个平台节约钢材 4 445 t 和混凝土 736 m^3。

在社会效益方面，在首创 ϕ4.5 m 桥梁钻孔桩，刷新了桥梁钻孔桩最大直径的记录，开创了我国复杂海洋环境下 4.5 m 大直径钻孔桩施工的先河，是我国桥梁钻孔桩发展的重要突破；大型导管架辅助建立施工平台技术，推动了桥梁施工平台工厂化、模块化、标准化的发展；自主研发的 KTY5000 型全液压动力头全回转钻机，是我国在大型钻孔装备研发和制造上的又一次突破，具有重要意义；该项目的研究成果，可有效适应如海峡、外海等复杂海洋环境下的桥梁桩基施工，对我国未来海洋桥梁建设的发展具有极其重要的推动作用。

3. 大型承台施工技术

项目围堰施工分 3 大类，第一类混凝土梁桥区围堰有 56 个，采用原位拼装；第二类简支钢梁区围堰有 35 个和航道桥边墩、辅助墩 12 个，采用整体吊装方案；第三类航道桥主墩 6 个，采取工厂整体制作，分左右两块进行墩位吊装，然后拼装成整体进行下放。大型承台施工如图 5-4-18 所示。

由于围堰施工受波浪力及台风影响，围堰结构先后进行多次优化，主要在多层限位、底板和侧板连接、底侧板斜杆、刚性拉压杆、吊杆、内支撑、施工工况、抗台措施、施工组织等方面进行详细优化，先后组织专家评审 2 次，项目部下发正式纪要 11 份，与设计分公司优化设计联系单二十几份，各分部组织专题会几十次，总结形成《强涌浪海域大型防撞箱围堰施工技术》《复杂海域深水区钢围堰施工技术》。

在经济效益方面，主体防撞结构与承台施工围堰采取“永临”相结合，防撞结构侧板既作为承台围堰侧板挡水防浪结构，又作为承台混凝土施工的模板结构，单个主塔墩节约钢材约 987 t；哑铃形承台施工时设计了系梁桁架和单壁隔舱的新型结构，实现系梁区不封底、不施工辅助桩完成承台浇筑，单个主塔墩节约封底混凝土 1 210 m^3。

在社会效益方面，首创一种防撞梁及带有防撞梁的防撞装置，防撞等级高，研发的大型防撞箱围堰施

图 5-4-18 大型承台施工

工技术，成功突破了强涌浪环境下大型承台施工，克服了大潮差、巨大波浪力、台风等恶劣海洋环境，实现防撞箱围堰快速安全施工；该项目的研究成果，可有效适应如海峡、外海等复杂海洋环境下的桥梁承台施工，对我国未来海洋桥梁建设的发展具有极其重要的推动作用。

该项技术成果先后在各大交流会、各大高校进行交流，每年迎接了大批国内外专家团队、业主单位的调研考察，被央视、新华网、人民网、铁道网等多家媒体多次报道，取得各界好评。

4. 主塔施工技术

本标段 3 座航道桥 6 个主塔，塔高分别为 200 m、156 m、152m。项目部经过多次方案研讨会，确定了塔柱单节浇筑高度 6 m，主塔和上、下横梁采取异步施工，塔柱施工采用带防风网的全封闭液压爬模施工。爬模设计抗台风 14 级，在≤7 级风可进行爬模爬升，在≤8 级风进行塔柱正常施工，爬模增设 50％孔隙率钢板冲孔防风网，实现了高空 8 级风条件下，人员全天候安全施工，同时保证了塔柱拆模后混凝土的养生质量，总结形成《海洋环境高墩高塔建造技术》。主塔爬模施工如图 5-4-19 所示。

图 5-4-19 主塔爬模施工

在经济效益方面，新界定施工工序作业风速后，理论上可作业天数从 42 d(六级风以下天数)增加至 248 d(八级风以下天数)。可施工天数的增加有效缩短了施工工期，从而减少人力成本、机械船舶租赁成本，所产生的经济效益无法用数字直接衡量。高塔抗风技术研究通过增加拉压式临时横撑，加大了主塔悬臂施工时的可悬臂高度，加快主塔施工工期；同时取消了塔式起重机厂家设计的临时附着，提高了主塔施工工效，经济效益明显。

在社会效益方面，海洋环境高墩高塔建设技术在平潭海峡公铁大桥的成功实施，克服了海上恶劣的施工条件，经受了多次台风的考验，在提高海上作业工效、保障主体施工质量的同时，得到了监理、业主、政府部门等有关领导、业界同行的一致肯定和广泛好评，具有较高的社会效益。为“一带一路”建设，高铁技术走向海外，同类型桥梁建设提供了宝贵的技术资料，体现了其创新性、适应性和先进性，具有较显著的经济效益，值得推广。

5. 简支钢桁梁施工技术

平潭海峡公铁大桥包括 26 孔 80 m、8 孔 88 m 简支钢桁梁，针对具有一定水深、现场作业环境差、现场有效作业时间短的复杂海峡环境及类似复杂海域，开展的一项跨海公铁桥梁钢桁梁"工厂化、标准化、大型化和装配化"快速施工技术和方法的研究，首次实现了大型钢桁梁全工厂化整孔全焊制造和复杂海域整孔吊装架设。其钢桁梁全工厂化整孔全焊制造技术，解决了大型钢桁梁全焊制造焊接变形控制难、焊接残余应力控制难度大、组装精度控制要求高以及主桁与桥面共同作用等一系列技术难题。其钢桁梁海上整孔吊装架设技术，为我国跨海峡公铁两用大桥钢桁梁海上快速施工技术奠定了基础，总结形成《全工厂化焊接钢桁梁整孔制造及海上整孔架设成套技术》《复杂海域公铁两用双层钢—混结合简支钢桁梁桥建造技术》。简支钢桁梁制造架设如图 5-4-20 所示。

图 5-4-20 简支钢桁梁制造架设

在经济效益方面，钢桁梁采用全工厂化整孔全焊制造，摒弃传统的杆件间高栓连接方式，无需使用高强螺栓及拼接板，有效节省了钢料，减轻了结构自重，避免了大量厂内栓孔施钻作业，减少了后期维护工作量。该项成果在平潭海峡公铁大桥应用过程中，与传统方式相比，单孔梁可节省高栓 5.5 万套，节省拼接板钢料 310 t，桥面系构造更为简化；且海上整孔架设较传统方法大幅缩短了安装时间，单孔梁可节约海上安装工期约 30 d，综合考虑材料费、加工制造费、施工人工费、施工机械费用等单孔钢桁梁可节约相应成本费用约 420 万元，全桥非通航桥共计 34 孔钢桁梁，共计节约费用约 1.43 亿元，经济效益显著。

在社会效益方面，该技术开创了多项钢桁梁施工新技术，有效地推动了我国钢桁梁制造技术、架设技术以及装备制造工业的发展。在平潭海峡公铁大桥应用过程中，有效提高了海上作业工效、保证了施工质量，大幅降低了海上施工安全风险，得到了监理、业主、政府部门等有关领导、业界同行的一致肯定和广泛好评，并多次被央视等多家大型媒体正面宣传报道，在业内引起了强烈的反响，增强我国从桥梁大国向桥梁强国发展的信心。目前该项成果已走出国门，在孟加拉国帕德玛大桥中得到成功应用，有效提升了我国钢桁梁桥施工技术竞争力，对我国未来海洋桥梁建设的发展具有极其重要的推动作用，具有较高的社会效益。

6. 航道桥钢桁梁施工技术

平潭海峡公铁大桥含三座航道桥斜拉桥，为元洪航道桥、鼓屿门航道桥、大小练岛航道桥，主跨分别为 532 m、364 m、336 m，斜拉桥钢桁梁采用架梁起重机节段悬臂拼装与起重船整孔大节段高位架设相结合的方式，架梁起重机最大吊重 1 100 t，起重船整孔大节段最大吊重 3 147 t。元洪航道桥斜拉桥钢梁采用大节段双悬臂架设，鼓屿门航道桥和大小练岛航道桥其边跨及辅助跨跨度均较小，若采用常规的 4 台架梁起重机双悬臂架设方案，则单台架梁起重机仅能架设 4 吊，起重机投入高、利用率低。结合利用我局打造的 3 600 t 起重船的总体思路，本桥斜拉桥钢桁梁在工厂内大节段制造，采用先起重船吊装边跨、辅助跨钢梁，然后再采用 2 台架梁起重机单悬臂架设主跨钢梁的总体方案，总结形成了《恶劣海洋环境下钢桁梁整节段制造及架设技术》《元洪航道桥钢梁制造与架设技术》。航道桥钢桁梁架设如图 5-4-21 所示。

图 5-4-21　航道桥钢桁梁架设

在经济效益方面，钢桁梁采用两节间工厂全焊制造，大幅节省了高强螺栓及拼接板的数量，有效节省了钢料、减轻了结构自重、减少了后期维护工作量，同时也减少了厂内栓孔施钻作业量。

元洪航道桥钢梁采用两节间整节段工厂全焊制造，对比单节间节段钢梁节约高强螺栓约 131 634 套，节约拼接板钢材约 258 t，直接节约成本约 326 万元。钢梁采用两节间整节段起重船架设或悬臂架设的方案，相对传统的杆件散拼、单节间架设，大幅减少了吊装次数，减少了资源投入，降低了施工成本。钢梁采用架梁起重机两节间整节段需 24 吊，若采用单节间整体吊装需 47 吊。每次吊装周期平均 15 d，每天平均作业人员 30 人，每次吊装投入架梁起重机 2 台，运输船 2 艘，拖轮 2 艘，抛锚艇 5 艘，50 t 汽车式起重机 1 台，对比单节段吊装，节约工期约 180 d，直接节约成本约 6 135 万元。

创新使用双节间整节段工厂全焊、双悬臂对称架设等成套施工技术，实现了复杂海域钢梁快速法施工，达到了工地作业工厂化、高处作业地面化、海上施工陆地化、散装作业整体化的施工目标，大幅缩短了钢梁施工工期，提高了海上施工工效，节约了建设及后期维养成本，取得了良好的经济效益。

在社会效益方面，首创双节间整节段钢梁工厂全焊及双悬臂对称架设技术，刷新了大跨度钢梁节段制造架设的记录，开创了复杂海洋环境下大节段钢梁制造与架设的先例，成为大跨钢梁创新发展的里程碑；研制 3 600 t 巨型起重船，国内外单台起重力最大的双主桁架梁起重机，新型结构吊具以及系列海洋环境下钢梁架设抗台风、抗涌浪施工装备，有力推动了大跨钢梁向深海迈进的进程，对国内外大跨度桥梁建设具有重要的意义。

通过该项目的研究成果，克服了复杂海域施工作业时效短、安全风险高的难题，有效保证了施工质量、安全及进度。大桥建设多次被央视等主流媒体宣传，吸引了国内外大批科研院校、同行单位参观交流，在业界同行中成为复杂海域桥梁建设的开创性工程，对国内外大跨钢梁创新发展具有极大的推动作用，为平潭综合试验区高速发展提供了经济动脉，为连接台湾海峡及造福两岸人民奠定了坚实基础，取得了极高的社会效益。

7. 海上造桥机施工技术

本桥投入公路模架 8 套，铁路模架 5 套，为了保模架施工安全，项目部多次召开移动模架施工方案会，对每套移动模架方案设计进行专项审查会，对各支腿受力、模架开模、合模、走行、抗台等设计细节进行详细审查，避免设计缺陷；对模架拼装、预压、过孔等编制专项方案，积极吸取不同模架施工的利弊，不断的优化施工方案；明确施工安全质量标准，检查要求，加强施工组织安排；同时组织了专家评审，优化施工方案，总结形成了《恶劣海洋环境下海上造桥机关键技术》。海上造桥机施工如图 5-4-22 所示。

在经济效益方面，平潭桥年 6 级及以上大风天数达 314 d，如按现行施工规定，年有效作业天数仅 52 d，采用抗大风技术后，造桥机满足≤7 级风正常过孔，满足≤8 级风箱梁正常施工，锚固非工作状态下能抵抗 14 级台风，年有效作业天数 120 d 左右，提高工效，节约成本。

造桥机采用整体拼装吊装技术，避免了墩位搭设、拆除高支架，高位拼装造桥机工作，减少海上低工效

图 5-4-22 海上造桥机施工

作业，单套造桥机节约工期约 3 个月，全桥有 7 套造桥机采用整体吊装技术，累计节约 21 个月。单套节省支架搭设、拆除费用约 131 万元，共计节省约 917 万元。

7 号造桥机采用横向走行技术，相较使用两套造桥机进行施工节约了一套造桥机，缩短工期，节约了造桥机采购、运输、拼装、吊装等费用约 1 100 万元。

造桥机采用变跨径技术，与采用两套造桥机相比，可以节省造桥机购买费用 900 万元，运输拼装安装以及施工前一系列试验调试费用 200 万元，在时间上可以节约运输拼装吊装约 90 d 的时间，显著缩短施工工期，也避免了后期拆除退场时的 60 万元。

采用双向走行、变跨径、同一截面三套造桥机随意过孔等技术，公路、铁路箱梁造桥机施工不受空间位置影响，满足不同跨径箱梁施工，确保了施工进度。

在社会效益方面，本项目的技术研究在提高海上作业时效、保障主体施工质量的同时，得到了监理、业主、政府部门等有关领导、业界同行的一致肯定和广泛好评。该项目的研究成果，可有效适应如海峡、外海、峡谷等复杂环境下的桥梁混凝土箱梁施工，对我国未来海洋、峡谷等大风环境桥梁建设的发展具有极其重要的推动作用，具有较高的社会效益。

8. 风浪监测及抗风技术

该技术所研究的桥址区风力预报、预警为现场施工组织提供了依据；确定的各工序可作业风速，为桥梁工程顺利施工提供了合理合规的依据；研究的施工结构抗风技术措施实现了 7 级风正常作业，8 级风选择性作业，14 级台风主体结构不破坏的目的，总结形成了《复杂海域桥梁施工结构及设备抗风浪安全关键技术》。监测及预报如图 5-4-23 所示。

Remote DAQ MCP
远程数据采集云监测平台

首页 版本信息 联系我们 退出系统 帮助
2016/7/16 星期六 当前用户:高级用户

云监测：数据查看　测站管理　报表下载　线路绘制
系统应用
系统维护

数据查看　刷新

测站: 移动式波浪仪　通道: 最大波高(cm)　历史查询　导出当前页　导出全部页

移动式波浪仪 / 4#变电站平台 / 13#变电站平台 / Z04#变电站平台 / S04#变电站平台 / 6#变电站平台 / 海流数据 / 1#移动模架 / 固定式波浪仪(New)

	最大波高(cm)	最大波周期(0.01s)	1/10波高(cm)	1/10波周期(0.01s)	1/3波高(cm)	1/3波周期(0.01s)	平均波高(cm)	平均波周期(0.01s)
[illegible]	41	300	32	322	26	312	18	284
[illegible]	37	400	25	299	19	287	13	258
[illegible]	26	350	20	270	16	284	10	249
[illegible]	20	250	16	259	13	278	9	237
2016-07-16-12-00-00	21	400	15	275	12	277	8	235
2016-07-16-11-00-00	22	250	16	258	13	273	9	244
2016-07-16-10-00-00	33	350	25	286	20	285	13	254
2016-07-16-09-00-00	46	350	35	299	28	300	18	265
2016-07-16-08-00-00	36	350	27	324	22	323	15	279
2016-07-16-07-00-00	38	200	27	318	22	323	15	280

总记录: 500 页码: 1/50 每页: 10　首页 上一页 1 2 3 4 5 6 7 8 9 10 ... 下一页 尾页 1 go

图 5-4-23 监测及预报

在经济效益方面，通过预报及监测施工海域风浪情况，制定工序作业条件，明确抗风浪措施，确保工序 7 级风正常作业，8 级风部分作业，将理论有效作业时间 50 多天，提高到实际有效作业时间 120 d 左右。防台技术的成功应用，确保14级台风防台安全，减少人力成本、机械船舶租赁成本，产生经济效益显著，解决了恶劣海洋环境桥梁建造难题，同时在质量、安全、技术、进度、环保等方面更加保障了工程的顺利建设。

在社会效益方面，随着我国桥梁建设水平的进步，跨海桥梁的建设处于蓬勃发展阶段。本技术形成的成套技术可为类似跨海桥梁建设提供有益的参考。同时提出的桥址处环境预报方法，可以推广到海洋、山区峡谷桥梁的建设中；界定的复杂海域施工工序作业条件极大地提高了海洋工程可作业时间，有效作业时间得到了保证，为海洋工程建设积累实践经验；首创的海域施工结构及设备抗风技术措施，解决了复杂海域桥梁施工结构设计标准、施工工况等难题；在经济合理的范围内，研究制定了海洋环境下桥梁施工结构及设备的设计、施工标准，大大提高了施工工效，确保了施工安全。该研究成果，可有效适应如海峡、外海等复杂海洋环境下的桥梁施工建设，对我国未来海洋桥梁建设的发展具有极其重要的推动作用。

二、DK59＋415～DK70＋564.7段

1. 施工组织方案创新

大临设施是物流组织、后勤补给、施工生产的保证，其位置选取直接影响施工组织，规模与标准直接影响施工成本；合理的主体工程变更是实现降低施工难度、减少施工成本的有效手段，项目遵循“因地制宜，规模适度，标准合理、一次到位”的原则开展了一系列优化工作，首先对栈桥、码头等大临及梁场主体工程进行优化。

(1)调整梁场位置，改变运、架梁方式

原设计2处梁场均设置在红线外，大练岛侧节段梁需陆运至桥下通过提升站提梁上桥；平潭岛侧节段梁需提升站装船海运，分发两处海中提升上桥，并须对航道炸礁疏浚。经优化，2处梁场均调整至台后路基上，对台后进行了桥改路变更，使梁从台后直接运梁上桥。同时研发了双孔连做节段拼装造桥机将造桥机由3台优化为2台，避免了海运。

(2)合并码头功能，减少码头数量

针对项目陆运不便、物流组织难的特点，对物流组织开展研究《海上临时码头与施工后场综合规划》，对码头设置进行了全面优化。原设计中设置6处码头，位置较为分散，多处需与地方共用。经优化，合并码头功能，泊位集中建设，在大练岛、平潭岛各设大型综合码头1处，泊位与施工后场相互配套、有机结合，形成加工生产运输为一体的物流综合体，有效应对恶劣海况对物流的制约；码头集中建设减少征地、租赁费用，降低管理成本。

(3)增加栈桥长度，降低海上施工风险

原设计中栈桥只设置在浅水有覆盖层区，针对风、浪对船机设备影响大，海上设备有效作业时间短、工效低、费用高的实际情况，深水裸岩区新增栈桥，并对主通航孔设计通行索道桥，变海上为陆上，避免恶劣海况对施工的影响，降低了海上施工风险，减少了海上施工船舶投入。

2. 施工关键技术

(1)“埋置式”平台搭建技术

针对深水涌急倾斜裸岩区，研发了“埋置式组合平台”，如图5-4-24所示。在天气窗口内，快速打设连接钢管形成“板凳”结构，护筒范围内抛垒水下模袋围堰，灌注不离散混凝土，使钢结构、混凝土与基岩固结形成能抗台、抗涌的作业平台。

(2)海上桩基施工技术

受潮差、斜岩的影响，遇到了桩锤破碎、漏浆塌孔、进度缓慢等难题。通过漏浆机理、锤头结构及材料等方面的研究，改进锤头设计，采用帷幕注浆、模袋围堰，回填组合料等土体改良措施，攻克了大潮差复杂地质桩基施工技术，如图5-4-25所示。

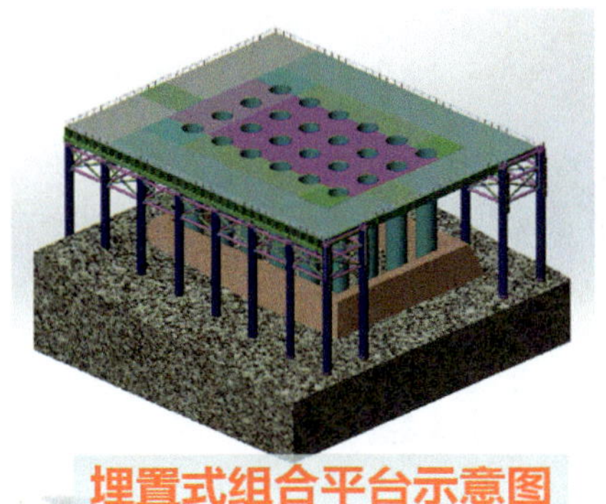

图 5-4-24 埋置式组合平台

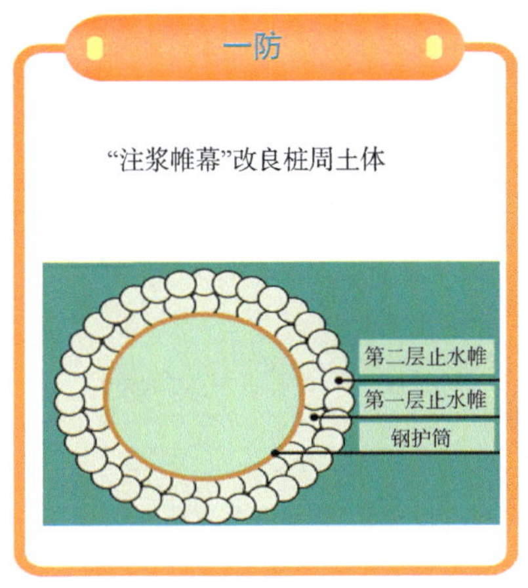

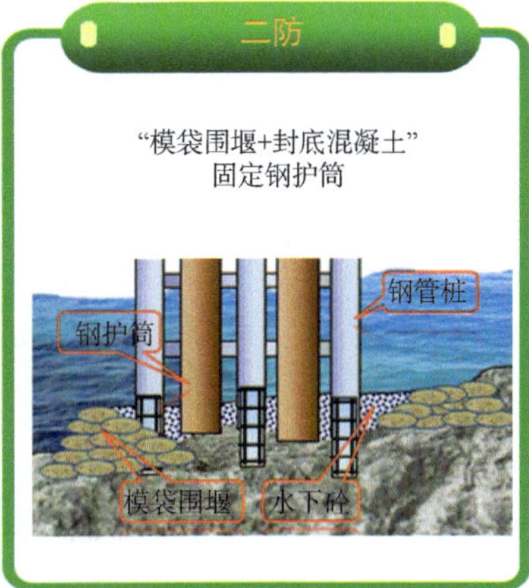

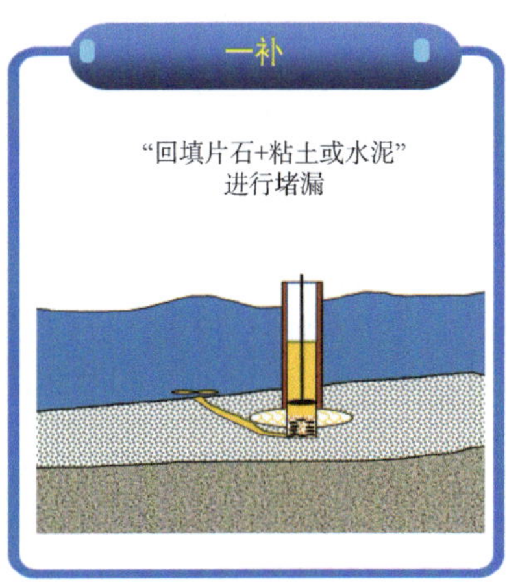

图 5-4-25 改良桩周土体措施

(3)钢吊箱快速施工技术研究

通过实测海中大尺度结构动水压力，优化钢吊箱结构设计；在天气窗口内，采用整体拼装，利用 2 000 t 大型起重船快速就位、快速封底，快速形成受力结构，研究出一种恶劣海况条件下钢吊箱快速施工技术，如图 5-4-26 所示。

图 5-4-26 钢吊箱整体吊装下放

(4)“双孔连做”节段拼装造桥技术

为适应桥址区台风频繁、季风期长的恶劣大风环境，主导研制出首台高铁双孔连做节段拼装造桥机，达到过孔一次完成两孔梁的造桥任务，降低恶劣自然条件下造桥机过孔的安全风险，提高工效，如图 5-4-27 所示。

(5)BIM 技术应用

针对公铁合建和自然环境特点，利用 BIM 技术，建立起空间碰撞、时间冲突、环境影响结构响应的四

图 5-4-27　双孔连做造桥机施工

维模型，指导现场设备调度、施工组织，如图 5-4-28 所示。

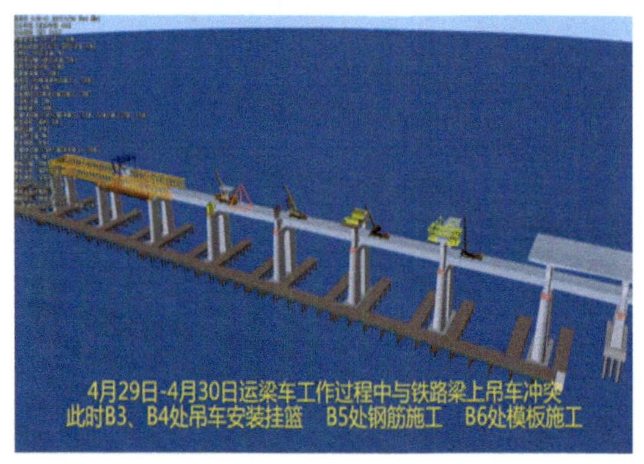

图 5-4-28　BIM 技术仿真模拟施工

(6)机制砂海工耐久性混凝土研究应用

针对河砂资源紧缺以及保证海工混凝土耐久性性能，研制出高性能机制砂海工耐久性混凝土并成功应用，绿色环保，节约资源。

第三节　科研技术成果

福平铁路建设期间注重科研技术研究，除获得第五篇第 3 章(拟)申报科研成果奖以外，还注重知识产权维护、加强工法申报等。

一、知识产权

截至目前国家已授权专利 129 项，其中 65 项为发明专利，计算机软件著作权登记证书 3 项，见表 5-4-2 和表 5-4-3。《一种海中强风浪高强度裸岩插打钢管桩基的方法》荣获天津市优秀专利奖；《一种大型钢吊箱内支撑结构及其施工工艺》和《一种装配式钢吊箱结构》荣获中国铁建股份有限公司优秀专利奖；《一种大型钢吊箱内支撑结构及其施工工艺》和《一种两孔连做节段拼装造桥机》选入国家铁路局铁路重大科技创新成果库。

表 5-4-2　授权专利一览表

序号	专利名称	授权专利号	备　注
1	公铁合建双层连续刚构	ZL 201320743880.2	新型证书
2	公铁合建连续刚构桥	ZL 201320771993.3	新型证书
3	公、铁路桥面宽度不一致的节段拼装式公铁两用斜拉桥主梁	ZL 201410128805.4	发明证书

续上表

序号	专利名称	授权专利号	备 注
4	公路和铁路双层钢—混结合梁	ZL 201410279689.6	发明证书
5	一种弱化桥面系参与主桁共同作用的方法	ZL 201410279687.7	发明证书
6	一种新型限位模具	ZL201420453463.9	新型证书
7	一种海中钢护筒定位导向架	ZL201420453902.6	新型证书
8	一种新型工具护筒	ZL201420435609.7	新型证书
	一种工具护筒	ZL201410379167.3	发明证书
9	一种两孔连做节段拼装造桥机	ZL201420482224.6	新型证书
10	一种大型钢吊箱新型内支撑结构及其施工工艺	ZL201420435907.6	新型证书
		ZL201410379168.8	发明证书
11	一种海中强风浪高强度裸岩插打钢管桩基的方法	ZL201410379415.4	发明证书
12	强波流力倾斜裸岩大直径护筒精确植入方法	ZL201410378819.1	发明证书
13	一种大直径钢护筒精确纠偏的方法	ZL201510320692.2	发明证书
14	一种送风装置及应用送风装置清理桥梁钻孔桩桩头的方法	ZL201520696915.0	新型证书
		ZL201510572540.1	发明证书
15	一种抗强风浪的桥梁通航孔临时索道桥及其施工方法	ZL201520697517.0	新型证书
		ZL201510572538.4	发明证书
16	一种抗强风高墩拼装式劲性骨架	ZL201520698938.5	新型证书
17	深水裸岩平台	ZL201520730517.6	新型证书
18	深水裸岩平台及其施工工法	ZL201510601893.X	发明证书
19	一种裸岩区施工平台及搭设方法	ZL201620044900.0	新型证书
20	一种用于高墩盖梁的悬空组合模板支撑架	ZL201620045072.2	新型证书
21	一种用于高墩盖梁的悬空组合模板支撑架及施工方法	ZL201610031822.5	发明证书
22	一种栈桥锚固结构及搭设施工方法	ZL201620044800.8	新型证书
23	一种钢护筒围堰及应用钢护筒围堰的钢护筒沉放就位方法	ZL201620046461.7	新型证书
24	一种大悬臂梁施工抗强风导流式挂篮模板	ZL201610829257.7	发明证书
25	一种防撞梁及带有防撞梁的防撞装置	ZL 2016 1 0023703.5	发明证书
			新型证书
26	一种用于桥板浇筑的组合模具	ZL201720782652.4	新型证书
27	一种挂篮辅助组合式托架	ZL201720771607.9	新型证书
28	一种钢混装配式钢吊箱结构	ZL201821197819.1	新型证书
29	一种截锥形三瓣组合式滚刀钻头	ZL201620572301.6	新型证书
30	一种用于钢管桩的联结系及具有联结系的桩基	ZL201620570703.2	新型证书
31	一种围堰封底装置	ZL201821152796.2	新型证书
32	一种多点对位导向结构	ZL201821418371.1	新型证书
33	一种钢护筒内壁清理装置	ZL201821412921.9	新型证书
34	一种带安全防护的上行式移动模架	ZL201821403930.1	新型证书
35	一种用于深水吊箱围堰止水的密封装置	ZL201821419178.X	新型证书
36	一种低回缩二次张拉锚具	ZL201821308142.4	新型证书
37	一种砂筒预压装置及预压方法	ZL201811004622.6	新型证书
38	一种桁梁整孔压缩加力系统及其使用方法	ZL201611138079.X	发明证书

续上表

序号	专利名称	授权专利号	备　注
39	一种薄壁结构的简易连接装置	ZL201821307951.3	新型证书
40	一种围堰	ZL201811474612.9	新型证书
41	一种辅助钢护筒注浆钻孔的限位装置	ZL201821308145.8	新型证书
42	一种钻头打捞装置	ZL201310443644.3	新型证书
43	一种大型钢围堰的滑移下水装置	ZL201920031923.1	新型证书
44	一种打捞钻头的方法及用于打捞钻头的装置	ZL201920397411.7	新型证书
45	一种模板误差调节系统	ZL201721824436.8	新型证书
46	一种高桩承台围堰	ZL201820440468.6	新型证书
47	一种可循环使用的桥梁施工测量平台	ZL201721838388.8	新型证书
48	一种海上钢护筒海蛎子清除装置及方法	ZL201710032846.7	发明证书
49	一种用于全站仪竖向高程传递的接收平台及高程传递方法	ZL201810128649.X	新型证书
50	用于索导管管口中心定位的可调式定位装置及使用方法	ZL201811211289.6	新型证书
51	一种桥梁钢管桩施工装置	ZL201920391488.3	新型证书
52	一种用于测量定位的棱镜架	ZL201821411907.7	新型证书
53	一种用于桥面板钢骨架的胎架	ZL201822014143.4	新型证书
54	一种门吊抗风固定装置和门吊系统	ZL201920403969.1	新型证书
55	固定模板的拉杆组件	ZL201920448139.0	新型证书
56	一种快速安装预制桥面板的吊具及吊装桥面板的方法	ZL201822254358.3	新型证书
57	一种水上栈桥的施工方法	ZL201410647127.2	发明证书
58	一种深水桥梁组合式基础结构	ZL201420291383.8	新型证书
59	一种用于栈桥施工的移动平台	ZL201420688296.6	新型证书
60	一种稳固结构及基于该稳固结构的钻孔平台施工方法	ZL201510019592.6	发明证书
61	一种哑铃型承台的施工方法	ZL201510915628.9	发明证书
62	一种稳固结构	ZL201520025094.8	新型证书
63	一种重物起重船止摆装置	ZL201610285076.2	发明证书
64	钻孔平台自调平安装的施工方法	ZL201610472507.6	发明证书
65	一种铁路槽梁提架一体化设备	ZL201610638791.X	发明证书
66	大节段钢桁梁的吊装方法	ZL201610536386.7	发明证书
67	一种同时实现发电和消浪的桥梁防撞装置	ZL201510197158.7	发明证书
68	用于跨海大桥施工海域波浪场、风速场的区域预测方法	ZL201610086866.8	发明证书
69	一种跨海桥梁施工处波浪高度监测预警方法	ZL201610296317.3	发明证书
70	一种用于跨海桥梁施工的最大风浪预报方法	ZL201510952921.2	发明证书
71	基于波浪压力的跨海桥梁海域的波浪要素及潮位测量方法	ZL201610211187.9	发明证书
72	一种跨海桥梁钢吊箱围堰波浪浮托力测量装置	ZL201821920612.2	新型证书
73	一种跨海大桥钢吊箱围堰波浪浮托力监测装置	ZL201821919635.1	新型证书
74	棱镜安装装置及棱镜组件	ZL201821694678.4	新型证书
75	一种使用预制混凝土抄垫架设钢桁梁的方法	ZL201810837067.9	发明证书
76	一种基于混凝土搅拌机的喷水除尘装置	ZL201920403970.4	新型证书
77	一种冲钉退出装置	ZL201920404092.8	新型证书
78	钢护筒插打导向装置及系统	ZL201920739519.X	新型证书

续上表

序号	专利名称	授权专利号	备　注
79	桥梁门式墩顶合龙段的支架	ZL201920789533.0	新型证书
80	一种有限空间内斜拉索张拉装置	ZL201921152076.0	新型证书
81	一种套箱围堰分块式加劲封底结构	ZL201921153126.7	新型证书
82	一种套箱围堰整体式加劲封底结构	ZL201921152135.4	新型证书
83	一种用于海上钢梁吊装的减振缓冲方法及系统	ZL201811354238.9	发明证书
84	一种低回缩锚具的张拉支撑装置及张拉方法	ZL201810923945.9	发明证书
85	爬模挂座板和安装有该爬模挂座板的主塔	ZL201920745490.6	新型证书
86	一种护筒下沉遇孤石的处理方法	ZL201810797000.7	发明证书
87	一种大功率振动锤船用存放架	ZL201910276723.7	发明证书
88	一种大风环境中大吨位塔吊超大荷载附墙结构	ZL201811624718.2	发明证书
89	一种用于整体吊装大型门吊的吊具及其吊装使用方法	ZL201910475659.5	发明证书
90	一种解决吊装重心偏位的简易装置	ZL201910661763.3	发明证书
91	一种墩身合龙段模板支架	ZL201920897883.9	新型证书
92	一种在运输设备上安装龙门吊的方法和装置	ZL201910475784.6	发明证书
93	一种用于吊装节段钢梁的吊具	ZL201910475838.9	发明证书
94	一种海洋环境下的围堰快速隔水引流系统及施工方法	ZL201910233865.5	发明证书
95	一种桥梁合龙口调整装置	ZL201921713946.7	新型证书
96	一种导管架定位装置及导管架	ZL201921713949.0	新型证书
97	一种用于跨海大桥简支钢梁架设的滑道型减振器	ZL201811417855.9	发明证书
98	一种用于跨海大桥简支钢梁架设的万向轮型减振器	ZL201811419141.1	发明证书
99	钢护筒下沉遇孤石的处理方法、钢护筒结构及钻孔桩	ZL201810995252.0	发明证书
100	一种围堰吊挂系统及方法	ZL201910802480.6	发明证书
101	一种冲击试验测试平台及测试装置和吊装缓冲试验方法	ZL201910475609.7	发明证书
102	一种升降机电缆定位装置	ZL201910475626.0	发明证书
103	用于固定升降机附墙的装置以及固定升降机附墙的方法	ZL201910475603.X	发明证书
104	一种钢筋绑扎间距卡距尺	ZL201910475603.X	发明证书
105	一种提高全回转架桥机施工效率的方法	ZL201910475603.X	发明证书
106	一种大风环境下移动模架抗滑移装置	ZL201811580010.1	发明证书
107	一种安装定位钢锚梁的测量控制方法	ZL201910517585.7	发明证书
108	一种海上岩面仿生套箱围堰及其施工方法	ZL201910046301.0	发明证书
109	一种用于高精度跨海三角高程测量的棱镜安装装置	ZL202020059256.0	新型证书
110	GPS 和棱镜一体化的位置测量装置和主塔	ZL201922485459.6	新型证书
111	一种大风环境下主塔上横梁支架整体安装方法	ZL201910233844.3	发明证书
112	一种墩柱钢筋定位装置	ZL201921707541.2	新型证书
113	一种钻孔桩钢护筒下沉遇孤石的处理方法	ZL201910016415.0	发明证书
114	一种缓和曲线处箱梁腹板模板调整装置及其使用方法	ZL201910475803.5	发明证书
115	一种高栓安装接长装置及其使用方法	ZL201910475608.2	发明证书
116	一种施工平台联接系安装装置及方法	ZL201811211287.7	发明证书
117	一种三段式大直径钻孔灌注桩结构	ZL201910280978.0	发明证书
118	一种主塔锚固区钢筋恢复连接的方法	ZL201811474607.8	发明证书

续上表

序号	专利名称	授权专利号	备　注
119	一种钢筋弯曲工具	ZL201910475605.9	发明证书
120	斜拉桥主塔锚固区的钢骨架节段及塔柱施工方法	ZL201910517579.1	发明证书
121	一种钢桁梁副桁施工操作平台	ZL201910475628.X	发明证书
122	一种大偏心钢结构吊装对接辅助装置及辅助工具	ZL201910662790.2	发明证书
123	一种多点起吊平衡控制装置及控制方法和应用	ZL201910475651.9	发明证书
124	一种复杂环境下可纵、横移移动模架施工公路连续梁的方法	ZL201910281648.3	发明证书
125	一种用于大吨位钢管支架整体拆除的起落架及施工方法	ZL201910281115.5	发明证书
126	一种桥梁主梁吊装辅助装置	ZL202021907093.3	新型证书
127	临近既有营运隧道的爆破结构	ZL201920010427.8	新型证书
128	短天窗点间隔临近既有隧道先行导洞微振爆破网络	ZL 2018 2 1161599.7	新型证书
129	临近既有营运隧道的爆破结构	ZL 2019 20010427.8	新型证书

表 5-4-3　计算机软件著作权登记证书一览表

序号	软件名称	登记号
1	公路铁路两用桥梁专业进度管理 BIM 系统[简称:8DBIM-HR]1.0	2017SR743542
2	数字桥梁 BIM 管理系统[简称:8DBIM-DB]1.0	2017SR743541
3	双孔连做造桥机架梁施工定位控制程序 V1.0	2018SR766487

二、优秀工法

本工程项目现已形成工法 40 项，多项工法分别荣获国家铁路局、天津市、辽宁省、黑龙江等省部级工法及行业协会工法，见表 5-4-4。

表 5-4-4　优秀工法一览表

<table>
<tr><th>序号</th><th>工法名称</th><th colspan="2">奖　项</th></tr>
<tr><td rowspan="2">1</td><td rowspan="2">台风区深海裸岩钻孔平台施工工法</td><td>辽宁省工法</td><td rowspan="8">国家铁路局铁路工程建设工法</td></tr>
<tr><td>天津市工法</td></tr>
<tr><td rowspan="2">2</td><td rowspan="2">深海钢吊箱围堰整体吊装就位施工工法</td><td>天津市工法</td></tr>
<tr><td>中铁建优秀工法二等奖</td></tr>
<tr><td rowspan="2">3</td><td rowspan="2">台风区公铁两用跨海桥变跨双孔连做造桥机施工工法</td><td>黑龙江省工法</td></tr>
<tr><td>天津市工法</td></tr>
<tr><td rowspan="2">4</td><td rowspan="2">高压气冲法湿桩桩头快速清理施工工法</td><td>天津市工法</td></tr>
<tr><td>中铁建优秀工法一等奖</td></tr>
<tr><td>5</td><td>厚覆盖层深水独立钻孔平台建造工法</td><td colspan="2">中铁建优秀工法二等奖</td></tr>
<tr><td rowspan="2">6</td><td rowspan="2">复杂海域深水裸岩区大跨度栈桥快速施工工法</td><td colspan="2">天津市工法</td></tr>
<tr><td colspan="2">中铁建优秀工法二等奖</td></tr>
<tr><td>7</td><td>强台风区大倾斜裸岩跨海桥梁深水基础施工工法</td><td colspan="2">中铁建优秀工法一等奖</td></tr>
<tr><td>8</td><td>特殊海洋环境装配式钢吊箱施工工法</td><td colspan="2">中铁建优秀工法二等奖</td></tr>
<tr><td>9</td><td>填造覆盖层、注浆固结处理钻孔漏浆施工工法</td><td colspan="2">黑龙江省工法</td></tr>
<tr><td>10</td><td>钻孔平台无堆放场地快速制造钢护筒施工工法</td><td colspan="2">中铁建大桥工程局优秀工法</td></tr>
<tr><td>11</td><td>等跨连续梁边直线段钢管支架+挂篮组合现浇施工工法</td><td colspan="2">中铁建大桥工程局优秀工法</td></tr>
<tr><td>12</td><td>复杂海域海峡大桥导管架平台施工工法</td><td colspan="2">中铁大桥局工法</td></tr>
</table>

续上表

序号	工法名称	奖　项
13	复杂海域栈桥施工工法	中国公路建设行业协会、中铁大桥局工法
14	复杂海域海峡大桥 ϕ4.9 m 大直径钻孔桩施工工法	中国公路建设行业协会、中铁大桥局工法
15	斜拉桥钢桁梁大节段整孔架设施工工法	中国公路建设行业协会、中铁大桥局工法
16	斜拉桥主塔墩顶钢桁梁架设施工工法	中铁大桥局工法
17	简支钢桁梁主桁预压施工工法	中国公路建设行业协会、中铁大桥局工法
18	复杂海域简支钢桁梁整孔架设施工工法	中国公路建设行业协会、中铁大桥局工法
19	复杂海域大型墩旁托架预制吊装施工工法	中铁大桥局工法
20	常遇大风环境主塔塔柱施工工法	中国公路建设行业协会、中铁大桥局工法
21	大风环境斜拉桥主塔上横梁施工工法	中国公路建设行业协会、中铁大桥局工法
22	主塔锚固区低回缩量钢绞线锚固预应力施工工法	中铁大桥局工法
23	复杂海域围堰原位拼装施工工法	中铁大桥局工法
24	D1100—63V 超大型塔吊安拆施工工法	中国公路建设行业协会、中铁大桥局工法
25	恶劣海况大风环境下斜拉桥索导管安装工法	中铁大桥局工法
26	斜拉桥钢桁梁整节段合龙施工工法	湖北省、中国公路建设行业协会、中铁大桥局工法
27	海上大型可拆卸式吊箱围堰施工工法	国家铁路局、湖北省、中国中铁、中铁大桥局工法
28	海洋桥梁大体积混凝土承台施工工法	中铁大桥局工法
29	复杂海工环境下移动模架安装施工工法	中铁大桥局工法
30	上行式移动模架变跨施工工法	中铁大桥局工法
31	恶劣海况大风环境下斜拉桥钢锚梁安装测量工法	中铁大桥局工法
32	钢桁梁桥面板底部电力通道提升安装施工工法	中铁大桥局工法
33	大跨度移动现浇支架施工工法	中铁大桥局工法
34	可左右幅同步推进的移动模架原位制梁工法	中铁大桥局工法
35	深基坑(围堰)承台模板柔性拉杆施工工法	中铁大桥局工法
36	主塔下横梁异步施工工法	湖北省、中国公路建设行业协会、中铁大桥局工法
37	复杂海域公铁两用双层钢—混结合钢桁梁施工工法	湖北省、中国公路建设行业协会、中铁大桥局工法
38	短天窗点间隔临近既有营运隧道先行导洞微振爆破施工工法	中铁十八局 2018-2019 年优秀工法 中国铁建股份公司 2018-2019 年优秀工法二等奖 天津市优秀工法 国家铁路局铁路工程建设工法
39	上跨隧道爆破对近距离既有铁路群影响规律研究	中国爆破行业协会一等奖
40	深水急流裸岩钢栈桥施工工法	铁路工程建设部级工法

三、论文发表

福平铁路工程建设过程中不断探索总结工程经验和科研成果，目前，在《桥梁建设》等国内外期刊发表论文 119 篇，其中《台风区跨海桥梁基础施工综合技术》《台风区公铁两用跨海桥梁建造技术研究》《机制砂混凝土抗弯曲疲劳性能研究》《平潭海峡公铁两用大桥钻孔灌注桩成孔关键问题分析及处理措施》《大尺度矩形钢吊箱上波流力计算方法研究》共计 5 篇论文入选国家铁路局铁路重大科技创新成果库。

依托“平潭海峡公铁两用大桥设计关键技术”课题在《桥梁建设》期刊发表论文 3 篇：《平潭海峡公铁两用大桥主桥整节段全焊钢桁梁设计》《平潭海峡公铁两用大桥双层结合全焊钢桁梁设计》《平潭海峡公铁两

用大桥主航道斜拉桥深水基础设计》;在《世界桥梁》期刊发表论文1篇:《平潭海峡公铁两用大桥鼓屿门航道桥主墩基础设计》。

此外,《福平铁路闽江特大桥主桥设计》也在《桥梁建设》发表。在乌龙江特大桥施工期间发表了多篇QC、工法和论文,主要有《提高深水急流区钢吊箱拼装及下放定位合格率》《深水急流裸露基岩钢栈桥施工工法》《深水急流裸岩钢栈桥施工技术研究》《高强度大体积0号块混凝土施工技术研究》《深水急流裸岩条件下的钢护筒设计与施工技术》《浅析深水区大直径砂层钻孔桩成孔技术》,同时申报中铁建股份集团有限公司2014年度科技研究开发课题《深水大跨连续梁钢构斜拉铁路桥综合施工技术研究》。具体论文书籍情况见表5-4-5。

表5-4-5 福平铁路书籍及论文一览表

序号	题 名	作 者	备 注
1	中国铁路桥梁(1920-2020)	陈良江、文望青	福平铁路乌龙江特大桥、平潭海峡公铁两用大桥入选
2	平潭海峡公铁大桥建造关键技术(第一册)	刘自明、张红心、谭立新、彭光辉、段雪炜等	《中国铁路重大桥梁工程建设丛书》
3	平潭海峡公铁大桥建造关键技术(第二册)	刘自明、王东辉、张红心、肖世波、孙英杰等	
4	平潭海峡公铁大桥建造关键技术(第三册)	纪尊众、谭立新、文望青、彭光辉、樊立龙等	
5	福平铁路桥梁总体设计及技术特点	陈良江、王德志、段雪炜、杨利卫	《铁道标准设计》
6	平潭海峡公铁大桥施工关键技术	刘自明	《桥梁建设》
7	平潭海峡公铁两用大桥总体施工方案	马晓东	《桥梁建设》
8	平潭海峡公铁两用大桥非通航孔引桥围堰设计与施工	王东辉	《桥梁建设》
9	平潭海峡公铁两用大桥元洪航道桥桥塔桁架式临时横撑设计	王杰、徐启利	《世界桥梁》
10	平潭海峡公铁两用大桥双层结合全焊钢桁梁设计	孙英杰、徐伟	《桥梁建设》
11	平潭海峡公铁两用大桥主桥整节段全焊钢桁梁设计	康晋、段雪炜、徐伟	《桥梁建设》
12	减小桥面系与主桁共同作用效应的技术措施方案比选	张兴志、朴泷、孙英杰	《世界桥梁》
13	平潭海峡公铁两用大桥鼓屿门航道桥主墩基础设计	孙英杰、梅新咏	《世界桥梁》
14	平潭海峡公铁两用大桥大小练岛水道桥主墩墩旁托架设计	顿琳、沈大才	《交通科技》
15	平潭海峡公铁两用大桥总体设计	梅新咏、徐伟、段雪炜、陈翔	《铁道标准设计》
16	平潭海峡公铁大桥通航孔桥桥塔墩围堰设计	徐启利	《桥梁建设》
17	福平铁路(92.05+2×168+92.05)m公铁合建连续刚构桥设计	李喜平、杨勇、王德志、杨利卫	《铁道标准设计》
18	平潭海峡北东口水道特大桥总体设计	宋子威、杨利卫、王德志	《世界桥梁》
19	平潭海峡公铁两用大桥双线64 m节段拼装简支梁创新技术	陈国顺、王德志	《铁道标准设计》
20	平潭海峡公铁大桥桥塔塔吊附着设计与施工	潘胜平	《世界桥梁》
21	跨海大桥施工结构设计要点	马晓东	《交通科技》
22	平潭海峡公铁两用大桥航道桥基础设计与施工创新技术	王东辉	《铁道标准设计》
23	平潭海峡公铁两用大桥主航道斜拉桥深水基础设计	陈翔、梅新咏	《桥梁建设》
24	平潭海峡公铁两用大桥元洪航道桥V形防撞梁设计	贾恩实	《桥梁建设》
25	平潭海峡公铁两用大桥深水区栈桥下部结构设计	王东辉、胡雄伟	《铁道标准设计》
26	平潭海峡公铁两用大桥栈桥设计	王东辉、张立超	《桥梁建设》

续上表

序号	题　名	作　者	备　注
27	海洋桥梁施工围堰的波浪压力实测与数值模拟	逾子龙、李永乐、秦顺全、梅大鹏	《西南交通大学学报》
28	Assessment of Random Wave Pressure on the Construction Cofferdam for Sea-crossing Bridges under Tropical Cyclone	逾子龙、魏凯、秦顺全、梅大鹏、李永乐	《Ocean Engineering》
29	Estimation of the Significant Wave Height in the Nearshore Using Prediction Equations Based on the Response Surface Method	逾子龙、张明金、吴联活、秦顺全、魏凯、李永乐	《Ocean Engineering》
30	Numerical Simulation of Wave Conditions in Nearshore Island Area for Sea-crossing Bridge Using Spectral Wave Model	逾子龙、魏凯、秦顺全、李永乐、梅大鹏	《Advances in structural engineering》
31	Vehicle-bridge Coupling Dynamic Response of Sea-crossing Railway Bridge Under Correlated Wind and Wave Conditions	房忱、李永乐、魏凯、张景钰、梁春明	《Advances in structural engineering》
32	Extreme Wave Monitoring and In Situ Wave Pressure Measurement for the Cofferdam Construction of the Pingtan Strait Bridge	逾子龙、秦顺全、李永乐、梅大鹏、魏凯	《Structure Congress 2017》
33	平潭海峡大桥主塔墩围堰吊装过程力学分析	秦伟朋、王东辉、石峻峰、陈娜、肖本林	《中国高新科技》
34	中、美、英规范关于跨海桥梁桩基波浪力的对比	房忱、李永乐、秦顺全、梅大鹏	《桥梁建设》
35	平潭海峡公铁两用大桥施工海域风速预测研究	王波、孙家龙、刘鹏飞、伊建军	《桥梁建设》
36	台风灾害下复杂海域桥址区波高特性研究	魏凯、梁春明、徐博	《防灾减灾工程学报》
37	平潭海峡公铁两用大桥墩承台大体积混凝土温控研究	刘传志	《中国高新科技》
38	跨海大桥小尺度下部结构非线性波浪荷载分析	房忱、李永乐	《铁道标准设计》
39	极端波浪作用下海上施工栈桥承载性能评估	刘强、魏凯	《海洋工程》
40	大风条件下跨海桥梁建造施工作业条件研究	彭光辉、钱立军	《施工技术》
41	海洋季风环境下简支箱梁移动模架法施工工艺研究	罗少华	《中国高新科技》
42	平潭海峡公铁两用大桥栈桥钢管桩插打试验分析	顿琳	《交通科技》
43	平潭海峡公铁两用大桥预制板制造关键技术	鄢禹、王东辉、肖本林、陈娜、代翼飞	《施工技术》
44	平潭海峡公铁大桥钢桁梁预压主桁减小桥面系与主桁共同作用技术	王东辉、何华武、韩冰、雷俊卿	《桥梁建设》
45	平潭海峡公铁两用大桥通航孔桥桥塔墩承台施工技术	张立超	《桥梁建设》
46	平潭海峡公铁两用大桥深水区围堰施工关键技术	肖世波	《桥梁建设》
47	平潭海峡公铁两用大桥防撞吊箱围堰施工关键技术	肖世波	《中国高新科技》
48	复杂海域桥塔墩防撞吊箱围堰施工关键技术	张红心	《桥梁建设》
49	平潭海峡公铁大桥大小练岛水道桥钢桁梁施工关键技术	王东辉、韩冰、沈大才	《桥梁建设》
50	平潭海峡公铁两用大桥简支钢桁梁制造关键技术	王东辉	《桥梁建设》
51	平潭海峡公铁两用大桥通航孔桥桥塔施工关键技术	王东辉、韩冰	《桥梁建设》
52	平潭海峡公铁两用大桥 Z03 号墩导管架施工关键技术	徐启利、王东辉	《桥梁建设》
53	平潭海峡公铁两用大桥钢梁架设关键技术	沈大才、马晓东	《桥梁建设》
54	哑铃形承台无辅助桩分区施工技术	徐启利	《世界桥梁》
55	平潭海峡公铁两用大桥元洪航道桥钢锚梁精确测量定位技术	赵家仁	《世界桥梁》

续上表

序号	题　　名	作　　者	备　　注
56	平潭海峡公铁两用大桥元洪航道桥桥塔墩顶钢梁施工技术	刘传志、妥鹏	《世界桥梁》
57	双机抬吊吊装法在MSS1600移动模架拼装中的应用	秦志洪	《基层建设》
58	平潭海峡公铁两用大桥栈桥施工技术	叶绍其	《工程技术》
59	浅谈复杂海域中栈桥钢管桩稳定性施工技术	程细平	《科学与财富 》
60	恶劣海况吊箱围堰墩位施工技术	吴佩发	《建筑工程技术与设计》
61	测距三角高程法在平潭海峡公铁两用大桥海中墩沉降变形观测中的应用	赵家仁、兰其平	《工程技术》
62	平潭海峡公铁两用大桥超大直径钻孔桩施工技术	杨碧波	《卷宗第1期》
63	平潭海峡公铁两用大桥铁路移动模架施工技术	杨碧波	《科学与财富 》
64	复杂海洋环境无覆盖层大直径钢护筒施工技术	陈建新	《中国科技期刊数据库》
65	ϕ4.0～4.5 m大直径钻孔桩混凝土质量控制	袁封钦	《城市建筑》
66	海洋环境大型防撞箱围堰拼装下放施工技术	刘宏达	《工程技术》
67	大体积混凝土水化热有限元分析及防裂措施	王刚	《工程技术研究》
68	浅谈近岛浅水区承台挡水结构施工技术	张科	《建筑学业研究前沿》
69	主塔大型超重墩旁托架整体吊装技术	杨龙	《建筑学业研究前沿》
70	平潭海峡大桥栈桥施工关键技术	宋阳	《工程技术研究》
71	平潭海峡公铁两用大桥移动模架整体安装施工技术	周琰	《价值工程》
72	平潭海峡公铁两用大桥混凝土梁桥钻孔平台施工技术	龚金才	《华东科技:学术版》
73	平潭海峡公铁大桥大小练岛水道桥施工技术	姚华	《桥梁建设》
74	平潭海峡公铁大桥墩旁托架施工关键技术	陈娜、王东辉、夏冬桃、蔡小明、鄢禹	《桥梁建设》
75	跨海大桥主墩承台大体积混凝土施工技术	夏康、王东辉、肖本林	《施工技术》
76	平潭海峡公铁两用大桥裸岩区施工平台搭建技术	彭光辉、钱立军	《施工技术》
77	海上深水桥梁施工平台的应用与展望	潘胜平、吴佩发	《中国高新科技》
78	平潭海峡公铁两用大桥钢梁高强螺栓质量控制要点及试验检测方法	张辉	《中国高新科技》
79	控制点晃动状态下斜拉桥索导管精密定位技术	赵家仁	《世界桥梁》
80	平潭海峡公铁两用大桥超大直径钻孔桩施工工艺与造价分析	滑利星	《华中科技杂志》
81	平潭海峡大桥4.5 m钻孔桩施工工艺及单价分析	陈洪军、彭伟力	《铁路工程技术与经济》
82	平潭海峡公铁两用大桥项目中人力资源管理的重要性分析	邵鹏	《企业改革与管理》
83	平潭海峡公铁两用大桥通航孔桥主塔墩承台提高变更设计分析	钱立军	《中国高新科技》
84	平潭海峡公铁两用大桥施工安全风险评估	朱治宝、马长飞、王波、荆国强	《桥梁建设》
85	复杂海况裸岩地质大跨度栈桥快速施工技术	刘长辉	《铁道建筑技术》
86	SPZ2700×2/64型双孔连做节段拼装造桥机的研制	张亚锋	《铁道建筑技术》
87	台风区浅无覆盖层(裸岩区)平台设计及施工技术	蔡维栋	《铁道建筑技术》
88	海中桥梁钢管沉桩施工技术	李志辉	《铁道建筑技术》
89	跨海桥梁钢板桩围堰渗流模拟研究	赵多苍	《铁道建筑技术》
90	台风区跨海桥梁独立钻孔平台抗风浪设计	范发财	《铁道建筑技术》

续上表

序号	题　　名	作　　者	备　　注
91	平潭海峡公铁两用大桥平台施工监测研究	省有金	《铁道建筑技术》
92	石粉含量、含气量对C50机制砂海工混凝土性能的影响	蔡维栋，樊立龙	《铁道建筑技术》
93	深水裸岩区钻孔平台施工方案比选	孙百锋	《铁道建筑技术》
94	复杂海况下深海钢吊箱围堰的设计分析	池忠波	《建筑建材装饰》
95	国内首座跨海公铁大桥绿色施工管理体系建设	梁勋、李招明、卢宏志	《铁道工程企业管理》
96	台风区跨海桥梁基础施工综合技术	纪尊众、樊立龙、李志辉	《铁道建筑技术》入选国家铁路局重大科技创新成果库
97	复杂恶劣海况公铁跨海大桥大临设施规划设计	纪尊众	《铁道建筑技术》
98	海洋高压气冲法快速清理钻孔桩桩头施工技术	张建勋	《铁道建筑技术》
99	浅谈深水有覆盖层打桩锤的对比分析应用	李志辉	《铁道建筑技术》
100	大风区大跨高墩现浇支架方案比选与设计及研究	王登田	《铁道建筑技术》
101	强风区公铁两用跨海桥双孔连做造桥机节段拼装方案对比及技术研究	唐小军	《铁道建筑技术》
102	大风区大跨连续刚构三角挂篮抗风加固分析及研究	韩春光	《铁道建筑技术》
103	机制砂混凝土抗弯曲疲劳性能研究	樊立龙、李北星、尹立愿	《建筑材料学报》入选国家铁路局重大科技创新成果库
104	平潭海峡公铁两用大桥钻孔灌注桩成孔关键问题分析及处理措施	纪尊众	《铁道建筑技术》入选国家铁路局重大科技创新成果库
105	公铁两用连续(刚构)桥“群”挂篮设计与施工管控	李志辉	《铁道建筑技术》
106	平潭海峡公铁大桥建造关键技术	纪尊众、谭立新、文望青、彭光辉、樊立龙等	专著
107	福平铁路闽江特大桥主桥设计	刘清江	《桥梁建设》
108	福平铁路(110＋198＋110)m刚构设计研究	赵志军	《铁道工程学报》
109	福平铁路乌龙江特大桥主桥桥式方案设计研究	姚汉文	《铁道工程学报》
110	铁路大跨度混凝土部分斜拉桥关键技术研究	宋子威	《铁道工程学报》
111	福平铁路乌龙江(144＋288＋144)m部分斜拉桥主桥设计	宋子威杨利卫王德志	《铁道标准设计》
112	短天窗点间隔临近既有隧道导洞微振爆破研究	文勇	中外公路
113	粉质黏土层盾构施工中沉降控制因素	文勇	《兰州工业学院学报》
114	粉质黏土层盾构区间Peck公式修正及应用	黄林祥	《兰州工业学院学报》
115	浅析深水区大直径砂层钻孔桩成孔技术	张玉强	《科技与管理》
116	高强度大体积0号块混凝土施工技术研究	王贵宏	《建筑技术开发》
117	深水急流裸岩钢栈桥施工技术研究	伊凯	《铁道建筑技术》
118	深水急流裸岩条件下的钢护筒设计与施工技术	庄乾涛	《铁道建筑技术》
119	沿海(跨)海电气化铁路接触网钢构件防腐处理方案剖析	何春生、周俊	《大科技》

附　　录

附录一　大　事　记

2010 年 3 月，铁道部计划司下达勘察设计任务书。

2010 年 6 月 22 日，铁道部、福建省联合批复项目建议书。

2010 年 9 月 25 日，铁道部鉴定中心组织可研报告审查。

2010 年 12 月 17 日，铁道部、福建省联合批复可行性研究报告。

2010 年 12 月 25 日，福平铁路举行开工奠基仪式。

2011 年 11 月 14 日，交通运输部组织对平潭桥(新桥位)进行现场调研。

2012 年 3 月 13 日，交通部批复平潭桥通航论证报告。

2012 年 5 月 24 日，铁道部工程鉴定中心对可研报告(修改)进行审查。

2012 年 7 月 19 日，铁道部上报国家发改委。

2012 年 7 月 28 日，国家发改委委托中咨公司对可研报告进行评估。

2012 年 10 月 25 日，国家发改委正式批复福平铁路可研报告。

2012 年 11 月 21 日，鉴定中心下发福平铁路初步设计审查意见。

2012 年 12 月 14 日，鉴定中心主持召开海峡大桥初步设计专项审查会。

2013 年 5 月 17 日，中国铁路总公司正式批复福平铁路初步设计。

2013 年 9 月 6 日，工管中心下发施工图审查意见(批复施工图)。

2013 年 9 月 25 日，提交正式施工图，开始施工招标。

2013 年 11 月 1 日，平潭海峡公铁两用大桥正式开工。

2014 年 1 月 25 日，高峰山隧道开工。

2014 年 4 月 1 日，新鼓山隧道、闽江特大桥、乌龙江特大桥开工。

2017 年 8 月 13 日，新鼓山隧道贯通。

2017 年 11 月 18 日，高峰山隧道贯通。

2018 年 10 月 3 日，北东口航道桥铁路混凝土连续梁合龙。

2018 年 12 月 16 日，大小练岛航道桥钢桁梁合龙。

2018 年 12 月 20 日，福州站改开始施工。

2019 年 1 月 24 日，闽江特大桥竣工。

2019 年 1 月 26 日，乌龙江特大桥竣工。

2019 年 6 月 5 日，元洪航道桥钢桁梁中跨合龙。

2019 年 7 月 17 日，北东口航道桥公路混凝土连续梁合龙。

2019 年 9 月 25 日，全桥合龙贯通(鼓屿门航道桥合龙)。

2019 年 10 月 18 日，福州站改全部完成。

2019 年 11 月 2 日，福平铁路正式开始铺轨。

2020 年 5 月 20 日，架梁全部完成。

2020 年 6 月 25 日，平潭海峡公铁两用大桥竣工。

2020 年 8 月 10 日，铺轨全部完成。

2020 年 8 月 20 日，海门牵引变电所受电成功。

2020 年 9 月 22 日，全线接触网送电和首趟电力机车热滑成功。

2020 年 9 月 26 日，全线联调联试启动。

2020 年 10 月 10 日，平潭海峡公铁两用大桥成桥静、动载试验完成。

2020 年 11 月 11 日，完成静态验收。

2020 年 11 月 25 日，完成动态验收。

附录二　项目批复等重要文件目录

(1)2010 年 6 月 22 日，铁道部、福建省人民政府《关于新建福州至平潭铁路项目建议书的批复》(铁计函〔2010〕754 号)。

(2)2010 年 10 月 14 日，《福建省国土资源厅关于福州至平潭铁路压覆矿产资源的审查意见》。

(3)2010 年 11 月 19 日，国土资源部《关于新建福州至平潭铁路工程建设用地预审意见的复函》(国土资预审字〔2010〕314 号)。

(4)2010 年 12 月 7 日，福建省环境保护厅《关于新建铁路福州至平潭铁路工程环境影响报告书的函》(闽环保监〔2010〕132 号)。

(5)2011 年 2 月 17 日，水利部《关于新建福州至平潭铁路水土保持方案的复函》(水保函〔2011〕38 号)。

(6)2012 年 10 月 7 日，铁道部发展计划司关于转发《国家发展改革委办公厅关于新建福州至平潭铁路项目节能评估报告的审查意见》的通知(计节环函〔2012〕79 号)。

(7)2012 年 10 月 8 日，原福建省环境保护厅《关于新建铁路福州至平潭铁路工程部分建设内容调整的函》(闽环保监〔2012〕101 号)。

(8)2012 年 10 月 25 日，国家发展改革委《关于福州至平潭铁路可行性研究报告的批复》(发改基础〔2012〕3393 号)。

(9)2013 年 5 月 17 日，中国铁路总公司、福建省人民政府《关于新建福州至平潭铁路初步设计的批复》(铁总办函〔2013〕220 号)。

(10)2013 年 9 月 6 日，中国铁路总公司工程管理中心《关于新建福州至平潭铁路平潭海峡公铁两用大桥、乌龙江特大桥、闽江特大桥施工图及施工方案审查意见的函》(工管工技函〔2013〕313 号)、《关于新建福州至平潭铁路站前工程施工图审核报告审查意见的函》(工管工技函〔2013〕315 号)。

(11)2013 年 9 月 6 日，国土资源部办公厅《关于福州至平潭铁路控制性工程先行用地的复函》(国土资厅函〔2013〕865 号)。

(12)2013 年 9 月 16 日，国土资源部办公厅《关于福州至平潭铁路控制性工程先行用地的复函》(国土资厅函〔2013〕865 号)。

(13)2013 年 12 月 30 日，国家林业局《使用林地审核同意书》(林资许准〔2013〕512 号)。

(14)2015 年 2 月 5 日，中国铁路总公司《关于福州至平潭铁路福州南动车运用所扩能工程Ⅰ类变更设计的批复》(铁总办函〔2015〕115 号)。

(15)2015 年 2 月 17 日，《国土资源部关于新建福州至平潭铁路工程建设用地的批复》(国土资函〔2015〕75 号)。

(16)2015 年 6 月 8 日，《福建省人民政府关于新建福州至平潭铁路福州段建设用地的批复》(闽政文〔2015〕202 号)。

(17)2015 年 6 月 8 日，《福建省人民政府关于新建福州至平潭铁路平潭段建设用地的批复》(闽政文〔2015〕203 号)。

(18)2015 年 6 月 16 日，中国铁路总公司《关于新建福州至平潭铁路长乐等 3 站站房初步设计的批复》(铁总鉴函〔2015〕598号)。

(19)2015年9月21日,国网福建省电力有限公司《关于福州至平潭铁路牵引变电站外部供电方案审查意见的函》(闽电函〔2015〕165号)。

(20)2016年6月13日,中国铁路总公司工程设计鉴定中心《关于福州至平潭铁路松下港铁路专用线引入长乐南站引起变更设计的复函》(鉴综函〔2016〕66号)。

(21)2016年12月27日,国家海洋局《关于福州至平潭铁路平潭海峡公铁两用大桥项目用海的批复》(国海管字〔2016〕693号)。

(22)2017年6月16日,中国铁路总公司《关于福州至平潭铁路预留新建福州至厦门铁路引入同步实施及相关工程Ⅰ类变更设计的批复》(铁总鉴函〔2017〕463号)。

(23)2017年6月29日,中国铁路总公司《关于福州至平潭铁路松下牵引变电所外电电压等级调整引起Ⅰ类变更设计的批复》(铁总鉴函〔2017〕523号)。

(24)2017年7月21日,中国铁路总公司《关于新建福州至平潭铁路平潭站站房及相关工程初步设计的批复》(铁总鉴函〔2017〕601号)。

(25)2017年7月28日,中国铁路总公司《关于福州至平潭铁路综合视频监控系统及相关配套工程Ⅰ类变更设计的批复》(铁总鉴函〔2017〕610号)。

(26)2017年11月15日,中国铁路总公司工程管理中心《关于新建福州至平潭铁路长乐等4站站房及相关工程施工图审核报告审查意见的函》(工管施审函〔2017〕216号)。

(27)2018年7月3日,中国铁路总公司工程管理中心《关于新建福州至平潭铁路四电及相关工程施工图审核报告审查意见的函》(工管设函〔2018〕133号)。

(28)2018年12月4日,中国铁路总公司工程管理中心《关于福州至平潭铁路生产生活房屋工程施工图审核报告审查意见的函》(工管设函〔2018〕268号)。

(29)2018年12月17日,《关于福建省分公司福平铁路无线通信公网覆盖配套工程项目立项的批复》(中国铁塔批〔2018〕143号)。

(30)2019年5月28日,《关于福平铁路无线通信公网覆盖工程初步设计的批复》(福建铁塔〔2019〕70号)。

(31)2020年8月20日,南昌局集团公司关于印发《福平铁路平潭海峡公铁两用大桥施工质量验收补充标准》的通知(南铁建设〔2020〕183号)。

(32)2020年9月15日,福建省水利厅《关于福州至平潭铁路弃土(渣)场变更水土保持方案补充报告书的批复》(闽水审批〔2020〕82号)。

(33)2020年12月4日,国铁集团技术委员会办公室关于印发《国铁集团技术委员会专家委员会关于平潭海峡公铁两用大桥三座航道桥线路纵断面设置的咨询意见》的通知(技委办函〔2020〕4号)。

(34)铁道部、中国铁路总公司和国铁集团的有关规定,其他相关批复、变更及设计文件等。